PORTUGÁL—MAGYAR SZÓTÁR

DICIONÁRIO PORTUGUÊS-HÚNGARO

R. KIRÁLY

DICIONÁRIO PORTUGUÊS-HÚNGARO

1828

AKADÉMIAI KIADÓ

KIRÁLY RUDOLF

PORTUGÁL–MAGYAR SZÓTÁR

AKADÉMIAI KIADÓ

ISBN 963 05 6495 5

Kiadja az Akadémiai Kiadó Zrt.,
az 1795-ben alapított Magyar Könyvkiadók és Könyvterjesztők Egyesülésének tagja
1117 Budapest, Prielle Kornélia u. 19.
www.akademiaikiado.hu

Első kiadás: 1978
Változatlan lenyomat: 2006

A kiadásért felelős az Akadémiai Kiadó Rt. igazgatója
A szerkesztésért felelős: Pomázi Gyöngyi
Termékmenedzser: Sztáryné Benkő Krisztina
Kötésterv: Németh Zsuzsa

Nyomdai előállítás: Akadémiai Nyomda, Martonvásár
Felelős vezető: Reisenleitner Lajos igazgató

Printed in Hungary

ELŐSZÓ

A magyar—portugál és a magyar—brazil kapcsolatok egyre szorosabbá válása indokolttá és sürgőssé tette a portugál—magyar szótár megjelentetését.

A szótár megszerkesztésében az irodalmi és a közhasználatban élő szókincset vettük tekintetbe. Bár a szótár, korlátozott terjedelménél fogva, nem törekedhetett teljességre, használója megtalálhatja benne mindazokat a szavakat, szólásmódokat és szókapcsolatokat, amelyek irodalmi és általános jellegű szakszövegek megértéséhez vagy lefordításához, valamint a mindennapi társalgás nyelvének megértéséhez és használatához szükségesek.

A szótár a Portugáliában beszélt nyelvet veszi alapul, de közli a portugál nyelvnek csak Brazíliában használt fontosabb szavait is, illetve feltünteti a portugál szónak Brazíliában felvett különleges jelentését (a **B** jelzés erre utal). Mivel a Portugáliában beszélt nyelv szavainak kiejtése eléggé bonyolult, célszerűnek láttuk, hogy a címszó után, hangtanilag megközelítő átírásban, a szó kiejtését is megadjuk. A brazil kiejtés jóval egyszerűbb és könnyen elsajátítható szabályokba foglalható. A brazil kiejtésre vonatkozó tudnivalóknak a bevezető részben külön fejezetet szenteltünk.

Itt mondok köszönetet Varga Koritár Pál barátomnak, a Brazíliában működő magyar külkereskedelmi kirendeltség vezetőjének, amiért a brazil nép ajkán élő sajátos szavak és szólásmódok gyűjtésével hozzájárult a szótár tökéletesebbé tételéhez.

Király Rudolf

PREFÁCIO

O estreitamento das relações húngaro—portuguesas e húngaro—brasileiras tornou motivada e urgente a publicação de um dicionário português—húngaro.

Na compilação do dicionário, levámos em consideração o vocabulário literário e o de uso cotidiano. Dado o seu volume limitado, o dicionário não pode pretender ser completo, no entanto, o estudioso encontrará nele as palavras, locuções e expressões idiomáticas que lhe façam falta para compreender ou traduzir textos literários ou técnicos de carácter geral, assim como para entender e empregar o vocabulário corrente.

O dicionário toma por base a linguagem usada em Portugal, registando no mesmo tempo, as mais importantes palavras e expressões idiomáticas usadas exclusiva ou principalmente no Brasil, assinalando também o significado especificamente brasileiro de uma ou outra palavra portuguesa (a letra **B** refere-se a este facto).

Sendo a pronúncia das palavras da linguagem falada em Portugal assaz complexa, achou-se oportuno indicar, após o primeiro vocábulo de cada parágrafo, em transcrição fonéticamente aproximativa, a pronúncia da referida palavra. A pronúncia brasileira, sendo bem mais simples pode ser resumida em regras que se aprendem com facilidade. Nas notas preliminares o leitor encontrará um capítulo especial contendo as indicações relativas à pronúncia brasileira.

Nesta altura, dirijo gratos agradecimentos ao meu estimado amigo Pál Varga Koritár, chefe da Secção Comercial da Embaixada da Hungría em Brasília, por ter contribuído com numerosos idiomatismos brasileiros na elaboração deste dicionário.

R. Király

TUDNIVALÓK A SZÓTÁR HASZNÁLATÁHOZ

1. SZÓKÉSZLET

A szótár mintegy 45 000 címszót és a címszavakon belül számos jellegzetes szólásmódot és szókapcsolatot tartalmaz. Az irodalmi és a köznyelv általánosan használt szavain és kifejezésein kívül a népnyelvben gyakrabban előforduló szavak, a fontosabb földrajzi és személynevek, a közhasználati rövidítések és mozaikszavak is megtalálhatók a szótárban. Helyet kaptak az újságokban és folyóiratokban meghonosodott neologizmusok is.

2. A SZÓCIKKEK ELRENDEZÉSE

A felvett szóanyag a portugál ábécé szerinti betűrendben szerepel. A tulajdonnevek és a rövidítések is e betűrenden belül találhatók meg.

A címszó után, szögletes zárójelben, megadjuk a címszó hangtanilag megközelítő átírását (az átírásnál használt betűket és jeleket l. lejjebb a 3. pontban).

A *szófaj* megjelölését az átírás után, rövidítve adjuk meg. Ezt követően legtöbbször rövidítve adjuk meg a címszónak tárgykör szerinti hovatartozását, ha erre szükség van (a Rövidítések és jelek jegyzékét l. a 6. pontban).

A nyelvtanilag hímnemű *főnevet* *m* (= masculino), a nőneműt *f* (= feminino) jelöli. Ha a címszó közös nemű, vagyis egyformán vonatkoztatható férfira és nőre, a *fn* jelölést használjuk. Pl. **estudante** *fn* diák és diáklány; **pianista** *fn* zongoraművész és zongoraművésznő.

Ha valamely főnév csak többes számú alakjában használatos, az *m tb*, illetve *f tb* jelölést alkalmazzuk. Pl. **arredores** *m tb* környék.

A főnevek és melléknevek többes számának képzéséhez a Függelékben található táblázat ad útmutatást.

A *melléknevet* a *mn* rövidítés jelöli. A melléknév nőnemű alakját a címszóban megadjuk. Pl. **ameaçador** *m*, **-a** *f mn* fenyegető. Viszont csak: **fácil** *mn* könnyű; **ruim** *mn* rossz; **valente** *mn* bátor, amikor olyan melléknevekről van szó, amelyeknek azonos alakjuk van mind a hímnemre, mind a nőnemre.

Elhagytuk a nőnemű alak jelölését a rendkívül nagy számban előforduló *-o* végű melléknevek mellett, ahol a nőnemű alak mindig *-a* végű. Így pl. **caro** *mn* kedves; nőnemű alakja magától értetődően **cara**; — **italiano** *mn* és *fn* olasz; nőnemű alakja **italiana** olasz, ill. olasz nő.

A *participio* (múlt idejű melléknévi igenév) csak akkor szerepel külön címszó alatt, ha jelentése eltér az alapige jelentésétől. Így pl. *comprado* vásárolt, megvett, nem szerepel külön, mert jelentése a **comprar** alapige jelentéséből szabályosan levezethető. Viszont külön címszót alkot pl. **agitado** *mn* nyugtalan, háborgó, mert itt a melléknévként használt participio már jelentősebb értelmi eltérést mutat az alapigével szemben.

A *határozószót hat* rövidítéssel jelöljük és csak ott szerepeltetjük külön címszó alatt, ahol jelentése eltér a melléknévi alak jelentésétől. A *-mente* képzővel ugyanis szabályosan képezhető a határozószó a melléknév (nőnemű) alakjából. Pl. **feliz** szerencsés: *felizmente* szerencsésen; — **claro** világos: *claramente* világosan.

Itt kell megjegyeznünk, hogy az ékezetes melléknevek (*fácil, difícil*) a *-mente* képzős alakjukban az 1973-ban kiadott minisztériumi rendelet értelmében elhagyják ékezetüket: *facilmente, dificilmente* (régebben: *fàcilmente, difìcilmente*).

Az ige, az igeragozás. A címszóban szereplő ige ragozás szerinti hovatartozását törtszám jelöli. A számláló a három ragozási típus valamelyikére utal (*1*: **-ar**, *2*: **-er**, *3*: **-ir** végű igék). A törtszám nevezője megmutatja, hogy az ige a Függelékben megadott szabályos vagy rendhagyó igék melyik csoportjába tartozik.

Az ige tárgyas (tranzitív) vagy tárgyatlan (intranzitív) jellegét a *ts*, illetve *tl* rövidítés jelöli. A visszaható igét a **-se** végződés jellemzi. Sok tárgyas ige tárgyatlan és visszaható is lehet; ilyenkor római számmal tesszük áttekinthetőbbé az ige különféle használatát. Pl. **enfurecer** *2/2* **I.** *ts.* feldühít **II.** *tl,* **III.~-se** feldühödik.

Az ige vonzatát megadjuk ott, ahol eltérés mutatkozik a portugál és a megfelelő magyar ige vonzata között. Tárgyas szerepében az ige tárgyesetet vonz; ha a magyar jelentés nem áll tárgyesettel, a **T** jelzés hívja fel a figyelmet arra, hogy a portugál ige tárgyesetet vonz. Pl. **desconsolar** *1/15 ts* bánatot okoz vkinek **T**; a portugál ige mellett tárgyesetben áll a személy, akinek bánatot okoznak.

A címszó különböző jelentéseit arab számjegyekkel választjuk el egymástól. Pl. **damasco** *m* **1.** damaszt **2.** sárgabarack **3.** damaszkuszi penge. — A megközelítően azonos jelentéseket vesszővel, a nagyobb eltérést mutató jelentésárnyalatokat pontosvesszővel választjuk el.

3. A KIEJTÉS FONETIKAI ÁTÍRÁSA

A címszó után — szögletes zárójelben — megtaláljuk a portugál szó kiejtésének megközelítő hangtani átírását. A hangsúlyos magánhangzót vastag szedés jelöli.

Több portugál hangnak nincsen magyar megfelelője. E hangok jelölésére néhány ékezetes betűt használunk az átírásban.

Az átírásban használt betű	Hangértéke	Példák		
à	*a* és *á* közötti hang	mar	[màr]	tenger
	(német: ja, Lampe)	saltar	[szàlt**à**r]	ugrál
è	nyílt rövid magyar *e*	terra	[t**è**rrö]	föld
	(mint: Ede)	eco	[èku]	visszhang
é	zárt rövid *é*	negro	[n**é**gru]	fekete
	(mint: ékkő, éppen)	eu	[éu]	én
ò	nyílt, *a* és *o* közötti hang	obra	[òbrö]	mű
	(német: offen)	roda	[r**ò**dö]	kerék
o	zárt rövid magyar *o*	dor	[dor]	fájdalom
ö	*a* és *ö* közötti hang	dano	[d**ö**nu]	kár
	(angol: but, come)	partir	[pört**i**r]	elutazni
e^{n}, i^{n}, o^{n}, ö^{n}, u^{n}	orrhangok	canto	[k**ö**^{n}ntu]	ének
	(francia: lampe, un, onze)	centro	[sz**e**^{n}ntru]	központ
	Az *e, o* mint orrhang mindig	jardim	[zsörd**i**^{n}]	kert
	zárt ejtésű	viajem	[vj**à**zsö^{n}j]	utazás

A portugál magánhangzók közepes hosszúságúak; hangsúlytalan szótagban, gyorsabb beszédben erősen redukálódnak, vagyis annyira megrövidülnek, hogy szinte nem is hallhatók; pl. **palavra** [pölàvrö] szó; gyors ejtésben: [plàvr]. A mássalhangzók kiejtése nem okoz különösebb nehézséget.

4. SZÓKÉPZÉS

Egy szótár az élő nyelv valamennyi szavát nem tudja felölelni. Ezért fontos, hogy megismerkedjünk a leggyakrabban előforduló képzőkkel, mert e képzők segítségével az alapszóból könnyen levezethetjük a származékszók jelentését. A leggyakrabban előforduló képzők:

A képző	Magyar megfelelője	Példák
1) **Főnévképző:**		
-ade, -dade	-ás, -és, -ság,	*amigo* barát: *amizade* barátság
-ão, -ção, -são	-ség, -at, -et	*bom* jó: *bondade* jóság
-ada, -ida		*unir* egyesít: *união* egyesülés
-dura		*reparar* kijavít: *reparação* kijavítás
-gem		*confundir* összezavar: *confusão* zűrzavar
-mento		*chegar* érkezik: *chegada* érkezés
-ância, -ência		*partir* elutazik: *partida* elutazás
		verde zöld: *verdura* zöldség
		viajar utazik: *viagem* utazás
		mover mozgat: *movimento* mozgalom
		importante fontos: *importância* fontosság
		paciente türelmes: *paciência* türelem
-ismo	-izmus	*real* valóságos: *realismo* realizmus
-tor, -dor, -sor	-ó, -ő	*cantar* énekel: *cantor* énekes
-eiro	-ász, -ész	*vencer* győz: *vencedor* győztes
-ante, -ente, -inte	-os, -es, -ös	*defender* véd: *defensor* védelmező
-ista	-ista	*arma* fegyver: *armeiro* fegyverkovács
		representar képvisel: *representante* képviselő
(Utóbbiak a cselekvést végző személyt jelölik)		*doer* fáj: *doente* beteg
		contribuir adózik: *contribuinte* adófizető
		economia közgazdaság: *economista* közgazdász
		Marx: *marxista* marxista
2) **Melléknévképző:**		
-ável, -ível	-ható, -hető	*separar* elválaszt: *separável* elválasztható
		evitar elkerül: *evitável* elkerülhető
		eleger megválaszt: *elegível* megválasztható
-ão (m), -ã (f)	-i	*aldeia* falu: *aldeão, aldeã* falusi
-ano	-os, -es, -ös	*república* köztársaság: *republicano* köztársasági
-ense		*Viena* Bécs: *vienense* bécsi
-esco		*pintura* festmény: *pinturesco* festői

A képző	Magyar megfelelője	Példák
-ês (m), -esa (f)		*França* Franciaország: *francês, francesa* francia
-oso		fama hírnév: *famoso* híres
3) **Kicsinyítő képző:**		
-inho, -inha	-ka, -ke	*mesa* asztal: *mesinha* asztalka
-zinho, -zinha	-cska, -cske	*café* kávé: *cafezinho* szimpla
-ito, -ita		*Ana* Anna: *Anita* Panni
-ete, -eto, -eta		*papel* papír: *papelete, papeleto* papírszelet
-ote, -ota		*ilha* sziget: *ilhota* szigetecske
-ejo		*animal* állat: *animalejo, animalzinho* állatka
4) **Nagyító képző:**		
-aço, -aça	nagy...	*animal* állat: *animalaço, animalão* nagy állat
-ão (m), -ona (f)	hatalmas...	*mulher* asszony: *mulheraça, mulherona* hatalmas termetű, erős asszony
-zarrão	erős...	*homem* férfi: *homenzarrão* hatalmas, erős férfi

5. A BRAZILIÁBAN HONOS PORTUGÁL NYELV

I. KIEJTÉSBELI SAJÁTOSSÁGOK

A két nyelvterület közötti különbség főleg a kiejtésben mutatkozik. Nevezetesen Brazíliában

1. a redukciót, vagyis a hangsúlytalan magánhangzók egészen rövid ejtését vagy teljes elhagyását nem alkalmazzák olyan mértékben, mint Portugáliában. Ennek következtében a brazil beszéd lassúbb, érthetőbb;

2. a tipikusan portugáliai *ö* hang helyett *à*-t ejtenek; pl. *ataque* [öt**à**k, **B**: àt**à**ki] támadás. — Csak *m, n* előtt szerepel az *ö* ejtés, amely ilyenkor mindig orrhang; pl. *cama* [k**ö**mö, **B**: k**ö**^{n}mö] ágy. — A szóvégi *-a* kiejtése (vidék szerint) *à* vagy *ö*; pl. *dia* [d**i**ö, **B**: d**i**à v d**i**ö] nap;

3. a portugáliai hangsúlytalan *e*-t a szó belsejében nem *i*-nek, hanem *é*-nek ejtik; *beber* [bib**é**r, **B**: béb**é**r] inni. — Csak a szóvégi *e* — amely Portugáliában legtöbbször néma — hangzik rövid *i*-nek; pl. *peixe* [p**é**js, **B**: p**é**jsi] hal.

4. A hangsúlytalan *o* hangértéke a szó belsejében nem *u*, hanem zárt *o*; pl. *crocodilo* [krukud**i**lu, **B**: krokod**i**lo, krokod**i**lu] krokodil. — Szó végén az *o* kiejtése lehet *o* vagy *u*.

5. Portugáliában az *s* és a *z* hangértéke *s*, illetve *zs*; Brazíliában *sz*, illetve *z*; pl. *escola* [isk**o**lö, **B**: iszk**o**lö] iskola; *asno* [**à**zsnu, **B**: **à**znu] szamár; *capaz* [köp**à**s, **B**: kàp**à**sz] képes. A szóvégi *s*-t *s*-nek is ejtik: *dez* [d**è**s, **B**: d**è**sz, d**é**s] tíz.

6. A szóvégi *l* rövid *u*-nak hallatszik; pl. *Brasil* [brözil, **B**: bröz**i**u] Brazília.

7. A szóvégi *r*-t nem ejtik; pl. *senhor* [szinyor, **B**: szényo] úr.

8. A *lh*-t *j*-nek (nem pedig *lj*-nek) ejtik; pl. *folha* [f**o**ljö, **B**: f**o**jö] falevél.

9. A *te, de* szótagot egyes vidékeken *tyi*-nek, illetve *gyi*-nek ejtik; pl. *noite* [n**o**jt, **B**: n**o**jti, n**o**jtyi] éjszaka; *cidade* [szid**à**d, **B**: szid**à**di, szid**à**gyi] város.

II. HELYESÍRÁSI ELTÉRÉSEK

1. Az olyan szavakban, ahol a hangsúly a szó végétől számított harmadik szótagon van, a hangsúlyos *e* és *o* fölé, *m* vagy *n* + *magánhangzó* előtt, Brazíliában kúpos ékezetet tesznek, Portugáliában éles ékezetet. (Az éles ékezet mindig nyílt, a kúpos ékezet zárt kiejtést jelöl.) Pl.

género	**B**: *gênero*	fajta
milénio	*milênio*	évezred
ténis	*tênis*	tenisz
colónia	*colônia*	gyarmat
económico	*econômico*	gazdasági

E három szó: *cômoro* dombocska, *fêmea* nőstény és *estômago* gyomor, Portugáliában is kúpos ékezetet kap.

2. Brazíliában két pontot (*trema*) tesznek az *u* fölé, *g* és *q* után, *e* és *i* előtt, ha az *u*-t ki kell ejteni; Portugáliában a tremát nem használják. Pl. *arguir* [àrgvìr] érvelni, **B**: *argüir;* — *quinquenal* [kvi^{n}nkvinàl] ötéves, **B**: *qüinqüenal.*

3. Az *ei* szótag *e*-je Portugáliában zárt ejtésű, Brazíliában nyílt és rendszerint ékezetet is kap; pl. *ideia* [idéjö] ötlet, **B**: *idéia;* — *europeia* [éurupéjö] európai, **B**: *européia.*

4. Az *-oo* végű szavakban az első *o*-t kúpos ékezettel látják el Brazíliában; pl. *voo* [vou] repülök, **B**: *vôo.*

5. Az *-er* végű igék ragozásában a *pretérito perfeito simples* többes szám első személyében Portugáliában ékezik az *-amos* rag *a*-ját (megkülönböztetésül a jelen idő azonos alakjától), Brazíliában nem; pl.

falámos [fölàmus]	beszéltünk	**B**: *falamos* [fàlö^{n}mus]
falamos [fölömus]	beszélünk	**B**: *falamos* [fàlö^{n}mus[

6. Portugáliában kötőjelet használnak, Brazíliában nem írnak kötőjelet

a) a *haver de* + főnévi igeneves szerkezetben; pl. *hei-de fazer* **B**: *hei de fazer* meg fogom tenni; — *has-de fazer* **B**: *has de fazer* meg fogod tenni;

b) *anti-*, *arqui-* igekötők után, *i* előtt; pl. *anti-imperialista* **B**: *antiimperialista* imperialistaellenes;

c) egyes különálló esetekben; pl. *circum-navegação* **B**: *circumnavegação* körülhajózás; — *tão-pouco* **B**: *tampouco* nem is, sem.

7. Brazíliában kis kezdőbetűvel írják az évszakok, hónapok, nemzetek neveit, Portugáliában nagy kezdőbetűvel; pl. *Primavera* **B**: *primavera* tavasz; — *Janeiro* **B**: *janeiro* január; — *os Franceses* **B**: *os franceses* a franciák.

8. Brazíliában több száz szóban egyszerű mássalhangzót írnak ott, ahol Portugáliában két mássalhangzó kerül egymás mellé (mint pl. cc, cç, bd, bt, pt, mn stb.); pl.

portugál:	*acção*	**B**: *ação*	akció
	director	*diretor*	igazgató
	activo	*ativo*	aktív
	eléctrico	*elétrico*	villany-
	excepção	*exceção*	kivétel
	optimismo	*otimismo*	optimizmus
	comummente	*comumente*	rendszerint
	omnipotente	*onipotente*	mindenható

9. Egyes szavakban egyik-másik hang vagy végződés módosul; pl.

ampério	**B**: *ampere*	amper
checo	*tcheco*	cseh
desporto	*esporte*	sport
dezasseis	*dezesseis*	tizenhat
dezassete	*dezessete*	tizenhét
dezannove	*dezennove*	tizenkilenc
equipa	*equipe*	csapat
golo	*gol*	gól
húmido	*úmido*	nedves
verosímil	*verossímil*	valószínű
voleibol	*volibol*	röplabda
catorze	*quatorze*	tizennégy

III. A SZAVAKBAN MUTATKOZÓ ELTÉRÉSEK

Egyik-másik fogalom megjelölésére egészen más szót használnak Brazíliában, mint Portugáliában. Így például

Portugáliában:	Brazíliában:	
caminho de ferro	*estrada de ferro*	vasút
carro eléctrico	*bonde*	villamos
comboio	*trem*	vonat
fato	*terno*	férfiöltöny
quarteirão de casas	*quadra*	háztömb
quarto de banho	*banheiro*	fürdőszoba
quarto de dormir	*dormitório*	hálószoba
rapariga	*moça*	nagy lány
rapaz	*moço*	legény
quarto, sala	*cômodo*	szoba
mercearia	*empório*	bolt, üzlet
talho	*açougue*	húsbolt
quinta	*fazenda*	major, birtok

IV. EGYÉB ELTÉRÉSEK

Alaktani és mondattani tekintetben alig van különbség a portugáliai és brazíliai nyelvhasználatban.

1. A hangsúlytalan személyes névmási alak az ige előtt is állhat a kijelentő mondatban; pl. *Eu dei-lhe o livro.* Odaadtam neki a könyvet. **B** így is: *Eu lhe dei o livro.*

2. Tagadó mondatban: *Não lhe dei o livro.* Nem adtam neki oda a könyvet. **B** így is: *Não dei-lhe o livro.*

3. A folyamatban levő cselekvést *estar* ige mellett Brazíliában gerundio-val fejezik ki; pl. *estou a estudar* (most éppen) tanulok, **B**: *estou estudando.*

6. RÖVIDÍTÉSEK ÉS JELEK — ABREVIATURAS E SINAIS

áll	állattan	zoologia
ásv	ásványtan	mineralogia
átv	átvitt értelem	figurado
B	brazil szó *v* jelentés	brasileirismo
bány	bányászat	mineralogia

biz	bizalmas társalgási nyelv	familiar
csill	csillagászat	astronomia
él	élettan	biologia
ép	építészet	arquitectura
f	nőnemű főnév	substantivo feminino
fényk	fényképészet	fotografia
fil	filozófia	filosofia
fiz	fizika	física
fn	főnév	substantivo
fni	főnévi igenév	infinitivo
földr	földrajz	geografia
geol	földtan	geologia
gúny	gúnyos jelentés	irónico
gyerm	gyermeknyelv	infantil
haj	hajózás	náutica
hat	határozószó	advérbio
irod	irodalmi	literário
isk	iskolaügy	escolar
isz	indulatszó	interjeição
ját	játék	jogo
jog	jogtudomány	jurídico
kat	katonai műszó	militar
kb	körülbelül	aproximadamente
ker	kereskedelem	comércio
konyh	konyhaművészet	culinária
köz	közönséges	vulgar
közg	közgazdaság	economia
közl	közlekedés	viação
közm	közmondás	provérbio
ksz	kötőszó	conjunção
m	hímnemű főnév	substantivo masculino
mat	matematika	matemática
mezőg	mezőgazdaság	agricultura
mit	mitológia	mitologia
mmi	múlt idejű melléknévi igenév	particípio
mn	melléknév	adjectivo
műsz	műszaki kifejezés	tecnologia
műv	művészet	arte
nép	népies	popular
névm	névmás	pronome
növ	növénytan	botânica
nyelvt	nyelvtudomány	linguística
nyomd	nyomdaipar	tipografia
orv	orvostudomány, anatómia	medicina, anatomia
pejor	pejoratív *v* rosszalló	pejorativo
pl	például	por exemplo
pol	politika	política
rég	régies	arcaico
rep	repülés	aviação
sp	sport	desporto
szính	színház	teatro
szn	számnév	numeral
szól	szólás	locução
T	tárgyeset(tel álló ige)	acusativo

távk	távközlés	telecomunicação
tb	többes szám	plural
text	textilipar	indústria têxtil
tl	tárgyatlan ige	verbo intransitivo
tört	történelem	história
tréf	tréfás	jocoso
ts	tárgyas ige	verbo transitivo
tv	televízió	televisão
v	vagy	ou
vál	választékos	estilo elevado
vall	vallás	religião
vegy	vegytan	química
vill	villamosipar	electricidade
vsz	viszonyszó	preposição
vki, vmi, vhova	valaki, valami, valahova	alguém, algo, algures

A fentebb nem említett és ritkább tárgykörök teljes nevükön szerepelnek, mint pl.:

argó	jassznyelv	gíria
autó	autó(zás)	automobilismo
címertan	címertan	heráldica
film	filmtechnika	cinema
kártya	kártyajáték	jogo de cartas
rádió	rádió	rádio
vasút	vasút	caminho de ferro
zene	zene(művészet)	música

~	A címszót pótolja	Substitui o primeiro vocábulo do parágrafo
=	ugyanaz, mint	é igual a
→	lásd ott (is)	veja-se (também)
( )	a) elhagyható részre utal	contêm a) a parte da palavra que se pode omitir
	n) közelebbi magyarázatot tartalmaz	b) uma explicação mais completa
[ ]	a megközelítő kiejtést tartalmazza	incluem a pronúncia aproximativa
I., II., III.	a címszót szófajok *v* eredet szerint taglalja	repartem o parágrafo segundo a categoria ou origem
1., 2., 3.	a szó különböző jelentéseit sorolja fel	enumeram os diferentes significados da palavra
a), b), c)	az arab szám alatt megadott jelentés további változataira utal	apontam ulteriores variantes dos significados indicados com os algarismos árabes
1/1, 1/2, 3/17 stb.	a Függelékben található igeragozási típusra utal	referem-se ao tipo de conjugação a que o verbo pertence (vid. o Apêndice)
¹, ², ³	az azonos alakú, de eltérő jelentésű *v* eredetű szavakat sorolja fel külön címszóban	referem-se a homónimos de etimologia diferente, dispostos em parágrafos separados
,, ''	a magyar jelentés argó jellegére utal	fazem referência ao carácter gírio do significado húngaro

7. A PORTUGÁL ÁBÉCÉ

A portugál betűsor 23 betűje:

A betű	Neve magyar átírásban	A betű	Neve magyar átírásban
A, a	à	N, n	èni
B, b	bé	O, o	o
C, c	szé	P, p	pé
D, d	dé	Q, q	ké
E, e	è	R, r	èrri
F, f	èfi	S, s	èszi
G, g	zsé	T, t	té
H, h	àgà	U, u	u
I, i	i	V, v	vé
J, j	zsòtö	X, x	sis
L, l	èli	Z, z	zé
M, m	èmi		

A K, k [kà], W, w [vè dubràdu] és Y, y [i grègu, ipszilon] csak idegen eredetű szavakban fordul elő.

8. A PORTUGÁL KIEJTÉS RÖVID VÁZLATA

I. JELEK ÉS ÉKEZETEK

A portugál nyelvben több a hang, mint a betű; ezt a hiányosságot jelek és ékezetek segítségével pótolják.

1) A *hullámos vonal*, a tilde, az *a* és az *o* fölött (ã, õ) orrhangot jelöl. Az *e, i, u* fölé nem tesznek tildét, mert ezeknél az orrhangot az utánuk álló *m, n* vagy *nh* hang idézi elő.

2) Az *éles ékezet* (´) bármely magánhangzó fölött állhat; az *e* és az *o* fölött az éles ékezet e hangok *nyilt* ejtését jelöli.

3) A *kúpos ékezet* (ˆ) *a, e, o* fölött állhat és e hangok *zárt* ejtésére utal.

4) A tompa ékezet (`) csak az *a* fölött fordul elő és hangzóösszevonást jelöl (a + a = à); pl. *vou à cidade* a városba megyek; *às* (= a + as) *duas* két órakor.

5) A *c* alatti vesszőcske (ç) *a, o* és *u* előtt fordul elő; hangértéke *sz*.

II. A SZÓHANGSÚLY ÉS JELÖLÉSE

1) A portugál szavakban a hangsúly túlnyomórészt az utolsó előtti szótagon van. Ilyen hangsúllyal rendelkeznek az *-a, -e, -o, -em, -am* végű szavak és ezek többes számú alakjai; pl.

casa, casas	ház, házak	*homem, homens*	ember, emberek
pobre, pobres	szegény, szegények	*falam*	beszélnek
livro, livros	könyv, könyvek		

2) Az utolsó szótagot hangsúlyozzák a *mássalhangzóra* végződő, az *-i* és az *-u* végű, az *orrhangra* (ã, *-im, -um*) és a diftongusra (kettős magánhangzóra) végződő szavak. Pl.

o papel	a papír	*aqui*	itt	*maçã*	alma	*irmão*	testvér
chegar	érkezni	*ali*	ott	*jardim*	kert	*falei*	beszéltem
feliz	boldog	*peru*	pulyka	*algum*	valaki	*estou*	vagyok

3) A fenti két szabálytól való eltérés esetében a hangsúlyos magánhangzót éles ékezettel (a zárt ejtésű *a, e, o* hangot kúpos ékezettel) jelölik; pl.

fábrica	gyár	*fácil*	könnyű	*café*	kávé	*Tomás*	Tamás
médico	orvos	*nível*	színvonal	*após*	azután	*saúde*	egészség
câmara	kamra	*estêncil*	stencil	*português*	portugál	*cônsul*	konzul

4) Ékezettel jelölik a hangsúlyos magánhangzót az 1) és 2) pontban említett esetekben is, nevezetesen

a) ha a szó hangsúlytalan *-ia, -io, -ua, -uo* hangzóra végződik (ezek a hangzók mint diftongusok egy szótagnak számítanak); pl.

história	történelem	*rádio*	rádió	*fátuo, fátua*	beképzelt
família	család	*diário*	újság	*contínuo*	folytonos

De ha e végződésekben az *i* vagy az *u* hangsúlyos, azt nem jelölik ékezettel; pl. *dia* nap, *geografia* földrajz, *rua* utca, *continuo* folytatom.

b) az *-ância, -ência* végződésben mindig kúpos ékezet van; pl. *importância* fontosság, *ciência* tudomány.

c) gyakran ékezik az egyszótagú szavakat, valamint az olyan több szótagú szavakat, ahol a hangsúly az utolsó előtti szótagon van; ilyenkor az ékezet a hangsúlyos magánhangzó nyíltságát vagy zártságát jelöli; pl. *o pé* a láb, *o pó* a por, *três* három; *o pólo* a pólus, *o pêlo* a haj.

d) az ékezet kitételétől vagy elhagyásától függ több esetben valamely szó értelme; pl.

o avô	a nagyapa	*a avó*	a nagyanya
o país	az ország	*os pais*	a szülők
pôr	helyezni	*por*	által
sê	légy (*ser* lenni)	*a sé*	a székesegyház

III. A MAGÁNHANGZÓK

A magánhangzó	hangértéke	fonetikai átírása	Példák
a	1. *a* és *á* közötti hang a) hangsúlyos szótagban, de nem *m, n, nh* előtt	à	*a casa* [ökàzö] a ház *o sofá* [uszöfà] a heverő
	b) hangsúlytalan helyzetben az *-ar* végződésben és a szótagzáró *l* előtt		*o açúcar* [uöszukàr] a cukor *saltar* [szàltàr] ugrálni
	2. *a* és *ö* közötti hang a) hangsúlyos szótagban *m, n, nh* + *magánhangzó* előtt	ö	*a cama* [ökömö] az ágy *o pano* [upönu] a posztó *o banho* [ubönyu] a fürdő

A magánhangzó	hangértéke	fonetikai átírása	Példák
	b) hangsúlytalan helyzetben az 1.b) pontban említett esetek kivételével		*a batata* [öbötàtö] a burgonya *a palavra* [öpölàvrö] a szó
	3. *a* és *ö* közötti orrhang, *m, n* előtt, zárt szótagban	ö^{n}	*o campo* [ukö^{n}mpu] a mező *o canto* [ukö^{n}ntu] az ének *a lâmpada* [ölö^{n}mpödö] a lámpa
e	1. nyílt *e* a) hangsúlyos szótagban (de nem *m, n* előtt)	è	*terra* [tèrrö] föld *débil* [dèbil] gyenge *sete* [szèt] hét (szám)
	b) hangsúlytalan helyzetben szóvégi és szótagzáró *l* előtt		*visível* [vizìvèl] látható *delgado* [dèlgàdu] sovány
	2. zárt *e* a) hangsúlyos szótagban (*m, n* előtt és az *-er* igevégződésben mindig zárt)	é	*mesa* [mézö] asztal *parede* [pöréd] fal *tema* [témö] téma *menos* [ménus] kevesebb *correr* [kurrér] futni
	b) hangsúlytalan szótagban nagyon rövid *i* vagy *j* (sokszor nem is ejtik)	i, j	*escrever* [iskrivér] írni *breve* [brèv] rövid *real* [rjàl] valódi
	3. zárt szótagban *m, n* előtt orrhang	e^{n}	*tempo* [te^{n}mpu] idő *entrar* [e^{n}ntràr] belépni
em	a szó végén kiejtése:	ö^{n}	*viagem* [vjàzsö^{n}j] utazás
ens	a szó végén kiejtése:	ö^{n}js	*homens* [omö^{n}js] emberek
i	1. *i* a) hangsúlyos szótagban	i	*livro* [lìvru] könyv *pedir* [pidìr] kérni *lima* [lìmö] reszelő *fino* [fìnu] finom
	b) hangsúlytalan szótagban nagyon rövid *i*, amelyet sokszor ki sem ejtenek		*difícil* [difìszil] nehéz *Filipe* [filìp] Fülöp
	2. a hangsúlytalan *i* magánhangzó mellett *j*-nek hangzik		*lacaio* [lökàju] lakáj *diabo* [djàbu, gyàbu] ördög *cadeira* [ködéjrö] szék
	3. szótagzáró és szóvégi *m, n* előtt orrhang	i^{n}	*limpo* [li^{n}mpu] tiszta *tinta* [ti^{n}ntö] tinta *jardim* [zsördi^{n}] kert
o	1. nyílt, *a* és *o* közötti hang	o	*avó* [övò] nagyanya *moda* [mòdö] divat *dócil* [dòszil] tanulékony

A magánhangzó	hangértéke	fonetikai átírása	Példák
	2. zárt *o* hang a) hangsúlyos szótagban	o	*avô* [öv**o**] nagyapa *zorro* [z**o**rru] róka *como* [k**o**mu] hogyan
	b) hangsúlytalan szótagban (főleg szó elején és szótagzáró *l* előtt)		*ordinário* [ordin**à**rju] közönséges *obreiro* [obr**é**jru] munkás *devolver* [divolv**é**r] visszaadni
	3. szótagzáró *m*, *n* előtt orrhang	o^n	*bom* [bo^n] jó *comprar* [ko^{n}mpr**à**r] vásárolni *trombeta* [tro^{n}mb**é**tö] trombita
	4. hangsúlytalan szótagban a legtöbbször	u	*poderoso* [pudir**o**zu] hatalmas *colóquio* [kul**ò**kju] beszélgetés
u	1. *u*, hangsúlyos és hangsúlytalan helyzetben	u	*tumulto* [tum**u**ltu] tumultus *cultura* [kult**u**rö] kultúra
	2. *m*, *n* előtt zárt szótagban és a szó végén orrhang	u^n	*cumprir* [ku^{n}mpr**i**r] teljesíteni *fundo* [f**u**^{n}ndu] fenék *um* [u^n] egy
	3. nagyon rövid *u*, szinte *v*, *a* és *o* előtt vagy után	u, v	*água* [**à**gvö] víz *quatro* [kv**à**tru] négy *vácuo* [v**à**kvu] üres
	4. néma a *gue*, *gui*, *que*, *qui* szótagban	—	*guerra* [g**è**rrö] háború *querer* [kir**é**r] szeretni *química* [k**i**mikö] kémia

IV. KETTŐS ÉS HÁRMAS MAGÁNHANGZÓK

1) Kettős magánhangzó vagy diftongus akkor jön létre, amikor az *a*, *e* vagy *o* magánhangzó hangsúlytalan *i* vagy *u* mellé kerül. Ilyenkor az *i*-t *j*-nek, az *u*-t pedig nagyon röviden, szinte *v*-nek ejtjük. Pl.

pai [p**à**j] apa	*baile* [b**à**jl] tánc	*piano* [pj**à**nu] zongora
máu [m**à**u] rossz	*pausar* [pàuz**à**r] szünetelni	*fiel* [fj**è**l] hű
papéis [pöp**è**js] papírok	*reitor* [réjt**o**r] rektor	*sueco* [szv**è**ku] svéd
chapéu [söp**è**u] kalap	*neutral* [néutr**à**l] semleges	*palácio* [pöl**à**szju] palota
noite [n**o**jt] éjszaka	*oitavo* [ojt**à**vu] nyolcadik	*espécie* [isp**è**szjö] fajta

2) Az *ou* ejtése: zárt *o;* pl. *ou* vagy (kötőszó); *ouro* [**o**ru] arany.

3) Az *i* és az *u* találkozásakor vagy az *i*, vagy az *u* hangsúlyos; pl.

viu [v**i**u] látott	*viúvo* özvegyember
miúdo [mj**u**du] kicsi	*Suiça* [szv**i**szö] Svájc
fui [f**u**j] voltam	*ruim* [ru**i**^{n}] gonosz, rossz

4) Az *ã* és az *õ* orrhang *e*-vel, illetve *o*-val képez diftongust; pl. *mãe* [mö^{n}j] anya; *cão* [k**ö**^{n}u] kutya; *Japão* [zsöp**ö**^{n}u] Japán; *órfão* [**ò**rfö^{n}u] árva; *nações* [nösz**o**^{n}js] nemzetek.

5) Rendhagyó kiejtésű:
a) *mui, muito* nagyon, sokat: [mu^{n}j, mu^{n}jntu];
b) az *-am* igevégződés: [ö^{n}u]; *falam* [f**à**lö^{n}u] beszélnek.
6) Hármas magánhangzót főleg a szavak ragozott vagy képezett alakjaiban találunk; pl. *saia* [sz**à**jö] szoknya; *leão* [ljö^{n}u] oroszlán; *leões* [ljo^{n}js] oroszlánok; *cueiro* [kv**é**jru] pelenka. — Figyeljük meg a *cair* [kö**i**r] esni alakjait: *caio* [k**à**ju] esem, *caia* [k**à**jö] essem, *caía* [kö**i**ö] estem.

V. A MÁSSALHANGZÓK

A mássalhangzó	hangértéke	fonetikus átírása	Példák
b	b, szó elején; a szó belsejében sokszor *b* és *v* közötti hang: a felső fogsor nem érinti az alsó ajkat	b	*banana* [bön**à**nö] banán *beber* [bib**é**r] inni *cabelo* [köb**é**lu] haj *libra* [l**i**brö] font
c	1. k; *a, o, u* és *mássalhangzó* előtt	k	*cabina* [köb**i**nö] kabin *comer* [kum**é**r] enni *cultura* [kultur**ö**] műveltség *clima* [kl**i**mö] éghajlat
	2. sz; *e* és *i* előtt	sz	*cena* [sz**é**nö] jelenet *fácil* [f**à**szil] könnyű
ç, cç	3. sz; csak *a, o, u* előtt	sz	*caça* [k**à**szö] vadászat *açucar* [öszuk**à**r] cukor *acçao* [**à**szö^{n}u] akció
ch	s	s	*chá* [s**à**] tea *chorar* [sur**à**r] sírni
d	d; szó belsejében sokszor lágy ejtésű: a nyelv hegye alig érinti a felső fogsort	d	*dedo* [d**é**du] ujj *cidade* [szid**à**d] város *bom dia* [bo^{n}d**i**ö] jó napot!
f	f	f	*fácil* [f**à**szil] könnyű *difícil* [dif**i**szil] nehéz
g	1. g; *a, o, u* és *mássalhangzó* előtt; a szó belsejében sokszor lágy ejtésű: a nyelv hegye alig érinti a szájpadlást	g	*gato* [g**à**tu] macska *lago* [l**à**gu] tó *grande* [grö^{n}nd] nagy
	2. zs; *e* és *i* előtt	zs	*gelo* [zs**é**lu] fagy *gigante* [zsig**ö**^{n}nt] óriás
h	nem ejtik	—	*hábil* [**à**bil] ügyes *Hungria* [u^{n}ngr**i**ö] Magyarország
j	*zs*	zs	*já* [zs**à**] már *hoje* [**o**zsi] ma *ajuda* [özsud**ö**] segítség

A mássalhangzó	hangértéke	fonetikus átírása	Példák
l	1. l	l	*lado* [làdu] oldal *palácio* [pölàszju] palota
	2. „kemény" l: szótagzáró vagy szóvégi *l* szinte *u*-nak hangzik		*balcão* [bàlkö^{n}u] erkély *sol* [szol] Nap
lh	lj	lj	*olho* [olju] szem
m	1. m; magánhangzó előtt	m	*mapa* [màpö] térkép *calmo* [kàlmu] nyugodt
	2. szó végén néma; az előtte levő magánhangzót orrhangnak kell ejteni		*som* [szo^{n}] hang *jardim* [zsördi^{n}] kert *um* [u^{n}] egy
	3. szótagzáró *m* előtt a magánhangzót orrhangnak kell ejteni		*também* [tö^{n}mbö^{n}j] is *tempo* [te^{n}mpu] idő
am, em	szó végén	ö^{n}j	*falam* [fàlö^{n}u] beszélnek *devem* [dèvö^{n}j] tartoznak *sem* [szö^{n}j] nélkül
n	1. n; magánhangzó előtt	n	*menina* [mininö] kisasszony *nono* [nonu] kilencedik
	2. szótagzáró *n* előtt a magánhangzót orrhangnak kell ejteni; *d, t* és *g*-nek vagy *k*-nak ejtett hang előtt az *n*-et kiejtik, egyébként néma		*quando* [kvö^{n}ndu] mikor *ponte* [po^{n}nt] híd *frango* [frö^{n}ngu] kis kakas *arenque* [öre^{n}nk] hering *anjo* [ö^{n}zsu] angyal *onze* [o^{n}z] tizenegy
nh	ny	ny	*banho* [bönyu] fürdő *senhor* [szinyor] úr
-ens	a szó végén:	ö^{n}js	*homens* [òmö^{n}js] emberek
p	p	p	*papel* [pöpèl] papír
qu	1. k, *e* és *i* előtt	k	*pequeno* [pikénu] kicsi *aqui* [àki] itt
	2. *a, o, u* előtt a *q* utáni *u* egészen rövid, szinte *v* Olykor *e* és *i* előtt is kiejtik az u-t	kv	*quatro* [kvàtru] négy *propinque* [prupi^{n}nkvu] közeli *eloquente* [ilukve^{n}nt] ékesszóló
r	1. Veláris (raccsolva) ejtett *r*	r	*caro* [kàru] drága *autor* [àutor] szerző
	2. szó elején erős (magyaros) *r*-t ejtenek	r(r)	*raio* [rràju] sugár *rio* [rriu] folyó

A mássalhangzó	hangértéke	fonetikus átírása	Példák
	A kettős *r* kettőzve ejtendő		*carro* [kàrru] kocsi *zorro* [zorru] róka
s	1. sz: szó elején; mássalhangzó után; kettőzve	sz	*sábado* [szàbödu] szombat *o sal* [uszàl] a só *falso* [fàlszu] hamis *pássaro* [pàszöru] madár *nosso* [nòszu] a mienk
	2. z: magánhangzók közt	z	*casa* [kàzö] ház *rosa* [ròzö] rózsa *os amigos* [uzömigus] a barátok
	3. s: szó végén; zöngétlen mássalhangzó (c, f, p, qu, t) előtt	s	*lápis* [làpis] ceruza *Paris* [pöris] Párizs *pesca* [pèskö] halászat *as questões* [öskisto^{n}js] a kérdések
	4. zs: zöngés mássalhangzó (b, d, g, j, l, m, n, r, v, z) előtt	zs	*Lisboa* [lizsboö] Lisszabon *esgrima* [izsgrimö] vívás *as mesas* [özsmézös] az asztalok
t	t	t	*total* [tutàl] teljes *tinta* [ti^{n}ntö] tinta
v	v	v	*viver* [vivér] élni *novo* [novu] új
x	1. s: a) szó elején b) magánhangzók között c) mássalhangzó után d) mássalhangzó előtt e) a szókezdő *ex*-ben, mássalhangzó előtt	s	*xeque* [sèk] csekk *xicara* [sikörö] csésze *luxo* [lusu] luxus *enxofre* [e^{n}sòfr] kén *texto* [tèstu] szöveg *expedição* [ispidiszö^{n}u] expedíció *excelente* [is-szile^{n}nt] kiváló
	2. z, a szókezdő *ex*-ben, magánhangzó előtt	z	*exame* [izàm] vizsga *exemplo* [ize^{n}mplu] példa *existir* [izistir] létezni
	3. sz: két magánhangzó között, néhány szóban	sz	*auxílio* [àuszilju] segítség *máximo* [màszimu] legnagyobb *próximo* [pròszimu] legközelebbi
	4. ksz: más nyelvekből átvett és tudományos szavakban	ksz	*táxi* [tàkszi] taxi *boxe* [bòksz] ökölvívás *sexo* [szèkszu] szex *reflexo* [riflèkszu] reflex

A mássalhangzó	hangértéke	fonetikus átírása	Példák
z	1. z: szó elején és magánhangzók között	z	*zéro* [zèru] zérus *prazer* [prözér] öröm *luz eléctrica* [luzilètrikö] villanyfény
	2. s: a) a szó végén	s	*paz* [pàs] béke *luz* [lus] fény
	b) zöngétlen mássalhangzó előtt		*luz forte* [lusfòrti] erős fény
	3. zs: zöngés mássalhangzó előtt	zs	*luz do dia* [luzsdudiö] napfény *paz duradoura* [pàzsduröödurö] tartós béke

Néma mássalhangzók:

A *c*-t és a *p*-t gyakran nem ejtik *c, ç, t* előtt:

acção [àszö^{n}u] akció
acto [àtu] cselekedet
de: *pacto* [pàktu] szerződés
excepção [is-szèszö^{n}u] kivétel
excepto [is-szètu] kivéve
de: *apto* [àptu] alkalmas

A

A[1], **a** [à] *m* a (betű)
A.[2] = *Autor* szerző
a[3] [ö] **I.** (nőnemű névelő:) a, az; *a ilha* a sziget; *a porta* az ajtó **II. 1.** (mutató névm:) az (ott); *a minha mesa é a que está ali* az ott az én asztalom **2.** (nőnemű személyes névm:) őt, azt; *não a vejo* nem látom (őt, azt)
a[4] [ö] *vsz* **1.** -nak, -nek; *dou-o a Paulo* Pálnak adom **2.** (hely*hat hova?* kérdésre:) *vou a Lisboa* Lisszabonba megyek; (*hol?* kérdésre:) *a alguns passos* néhány lépésnyire; *a pouca distância* nem messze **3.** (idő*hat mikor?* kérdésre:) *a uma hora* egy órakor **4.** (mód*hat hogyan?* kérdésre) *a nado* úszva; *a pé* gyalog **5.** (vonzatként:) *é disposto a vir* hajlandó eljönni; *começou a ler* olvasni kezdett
a.[5] = *assinado* alulírott
à [à] = **a** + **a** (a nőnemű névelő és az *a vsz* összevonása); *à direita* jobbra; *caiu à água* beleesett a vízbe; *à húngara* magyarosan, magyar módra
AA. = *Autores* szerzők
aba [àbö] *f* **1.** szegély, szél **2.** (kalap)karima **3.** kabátszárny
abacaxi [öbökösi] *m* **B** ananász
abacial [öböszjàl] *mn* apáti
ábaco [àböku] *m ép* abakusz, oszlop fedőlapja
abade [öbàd] *m* apát
abadessa [öbödészö] *f* (zárdai) főnöknő, fejedelemasszony
abadia [öbödiö] *f* apátság
abafadiço [öböfödiszu] *mn* **1.** fülledt, nyomasztó **2.** hirtelen haragú, ingerlékeny
abafado [öböfàdu] *mn* **1.** fülledt, nyomasztó **2.** *vinho* ~ édes bor
abafador *m*, **-a** *f* [öböfödor(ö)] **I.** *mn* nyomasztó **II.** *fn*, *m* **1.** *zene* hangtompító **2. B** *argó* tolvaj
abafamento [öböföme^{n}ntu] *m* **1.** fülledt levegő; nyomasztó hőség **2. B** *argó* lopás, csórás
abafar [öböfàr] *1/12* **I.** *ts* **1.** elbágyaszt, tikkaszt; *átv* fojtogat **2.** betakar, bebugyolál **3.** elnyom, elhallgattat **4. B** *argó* csen, lop **5.** *szól:* ~ *uma carta* levelet eltüntet; ~ *a criança* melegen öltözteti *v* bebugyolálja a gyereket; ~ *o escândalo* eltussolja, leplezi a botrányt; ~ *o fogo* elfojtja *v* eloltja a tüzet; ~ *o grito* visszafojtja a kiáltást; ~ *a revolta* leveri a lázadást; ~ *as velas* bevonja a vitorlákat; *o calor abafava todos* a hőség mindenkit elbágyasztott **II.** **~-se 1.** melegen öltözik, jól betakaródzik **2.** beborul (ég)
abafo [öbàfu] *m* **1.** = **abafamento** **2.** meleg holmi; **3.** *átv* a szeretet melege
abainhar [öböinyàr] *1/10 ts* beszeg, szegélyez
abairrar [öböjrràr] *1/12 ts* kerületekre *v* körzetekre oszt
abaixa-luz [öbàjsölus] *m* lámpaernyő
abaixamento [öbàjsöme^{n}ntu] *m* **1.** csökkenés; (hő)süllyedés **2.** árleszállítás **3.** megalázás
abaixar [öbàjsàr] *1/1* **I.** *ts* **1.** leenged, lehúz (redőnyt); ~ *a cabeça* lehorgasztja a fejét; ~ *os olhos* lesüti a szemét; ~ *a voz* leereszti a hangját, halkabban beszél **2.** csökkent; ~ *os preços* leszállítja az árakat **3.** *átv* el-

nyom, megaláz **II.** *tl* süllyed; csökken **III.** **~-se** **1.** lehajol, meghajol **2.** leereszkedik (*átv* is)
abaixo [öbàjsu] **I.** *hat* lent, le, lefelé; *desde* ~ lentről, alulról; *mais* ~ lejjebb; *deitar* ~ **a)** lerombol **b)** *átv* lebuktat, megbuktat; *deitar* ~ *a casa* lebontja a házat; *deitar* ~ *o governo* megdönti a kormányt; *ir* v *vir* ~ **a)** lemegy, lejön **b)** leszakad, beomlik **c)** tönkremegy **d)** süllyed (hőmérséklet) **e)** meghiúsul (terv); *ir (por) água* v *rio* ~ a folyón lefelé, az árral halad *v* úszik; *átv* elúszik, füstbe megy **II.** *vsz* ~ *de* alatt, alá; ~ *do armário* a szekrény alatt, alá; *vender* ~ *do seu valor* értékén alul elad **III.** *isz* ~! le vele!
abajur [öbözsur] *m* lámpaernyő
abalada [öbölàdö] *f* **1.** hirtelen távozás *v* elutazás; *estou de* ~ éppen indulok, máris megyek, már itt sem vagyok **2.** madarak húzása
abalado [öbölàdu] *mn* **1.** laza; rozoga; *dente* ~ laza *v* mozgó fog **2.** *átv* megrendült; *nervos* ~*s* feldúlt idegek
abalançar [öbölö^{n}szàr] *1/3* **I.** *ts* **1.** lemér; megmér; mérlegel; egyensúlyba hoz **2.** ringat, lenget, lóbál, csóvál **II.** *tl* ring, leng **III.** **~-se** *a* **1.** ráveti magát vkire **2.** ~*-se a+fni* merészel megtenni vmit, vetemedik vmire
abalar [öbölàr] *1/12* **I.** *ts* **1.** megingat; megrázkódtat, megrendít (*átv* is) **2.** (fel)izgat; meghat, megindít; *abala os meus nervos* idegeimre megy **II.** *tl*, **III.** **~-se** **1.** meginog, megrendül; meglazul **2.** elindul, elrohan; *não se abale* **a)** maradjon veszteg! **b)** ne izguljon!
abalienar [öböljinàr] *1/14 ts* elidegenít
abalizado [öbölizàdu] *mn* **1.** kicövekelt, felmért, elhatárolt **2.** hozzáértő; tehetséges, kiváló, kimagasló
abalizador [öbölizödor] *m* földmérő (eszköz és személy)
abalizar [öbölizàr] *1/1* **I.** *ts* kicövekel, kijelöl, felmér, elhatárol **II.** **~-se** kiemelkedik, kitűnik
abalo [öbàlu] *m* **1.** lökés; ~ *sísmico* v *de terra* földlökés **2.** *átv* megrendülés; megrázkódtatás; *fazer/causar* ~ megrendít
abalofar [öbölufàr] *1/15* **I.** *ts* felfúj **II.** **~-se** **1.** fel-, megdagad, felfújódik **2.** megkel (tészta) **3.** *átv* pöffeszkedik
abalroar [öbàlruàr] *1/8 ts* **1.** *haj* megcsáklyáz **2.** nekimegy; nekiütközik vminek, összeütközik vmivel **T**
abanadela [öbönödèlö] *f* = **abanadura**
abanador [öbönödor] *m* legyező (eszköz és személy)
abanadura [öbönödurö] *f* legyez(get)és; lengetés; csóválás
abana-moscas [öbönömoskös] *m* **1.** légycsapó; **2.** *átv* jelentéktelenség
abananado [öbönönàdu] *mn* **1.** banánszerű **2.** kábult; elképedt; kótyagos
abanão [öbönö^{n}u] *m* **1.** legyez(get)és **2.** rázás, rázogatás
abanar [öbönàr] *1/1 ts* legyez(get), ráz(ogat); ~ *a cabeça* fejét rázza; ~ *a cauda* farkát csóválja; ~ *o lume* feléleszti a tüzet; ~ *as moscas* elhessegeti a legyeket
abancar [öbö^{n}nkàr] *1/2* **I.** *ts* leültet; elültet, szétültet **II.** *tl* ül a padon *v* asztalnál **III.** **~-se** leül, helyet foglal
abandalhar [öbö^{n}ndöljàr] *1/12* **I.** *ts* bemocskol, beszennyez (*átv* is) **II.** **~-se** lezüllik, lealjasodik
abandar [öbö^{n}ndàr] *1/1* **I.** *ts* **1.** elkülönít, szétválaszt **2.** csoportosít **II.** *tl* csapatba verődik
abandeirar [öbö^{n}ndéjràr] *1/1 ts* fellobogóz
abandidar-se [öbö^{n}ndidàrszi] *1/1 tl* beáll banditának
abandoar-se [öbö^{n}nduàrszi] *1/8* **1.** csoportba verődik **2.** pártba tömörül
abandonadamente [öbö^{n}ndunàdöme^{n}nti] *hat* **1.** elhagyatottan, árván **2.** tartózkodás nélkül, fékevesztetten
abandonado [öbö^{n}ndunàdu] *mn* **1.** elhagyatott, árva **2.** elhanyagolt (külsejű); lezüllött
abandonar [öbö^{n}ndunàr] *1/15* **I.** *ts* **1.** elhagy, cserbenhagy **2.** felhagy vmivel, eláll vmitől **T**; ~ *o campo* feladja a harcot **II.** **~-se** elhagyja magát; elcsügged; ~*-se à embriaguez* ivásra adja a fejét
abandono [öbö^{n}ndonu] *m* **1.** elhagyás; vminek a feladása, felhagyása **2.** elhanyagolás, nemtörődömség **3.** *átv* odaadás
abanicar [öbönikàr] *1/2 ts* legyez(get)
abanico [öböniku] *m* legyező
abano [öbönu] *m* **1.** legyező **2.** ventillátor **3.** lökés, rázás

abará [àbàrà] *m* **B** pálmaolajjal és fűszerrel elkészített babfőzelék

abaratar [öbörötàr] *1/12* **I.** *ts* olcsóbbá tesz, leszállítja az árát **II.** *tl* olcsóbb lesz

abarbado [öbörbàdu] *mn* **1.** munkával túlhalmozott **2.** szorongatott helyzetben levő; *estar ~ com a morte* haláltusáját vívja

abarbar [öbörbàr] *1/12* **I.** *ts* túlterhel munkával **II.** *tl* szembeszáll vkivel, szembenéz vmivel; felveszi a versenyt vkivel; *~ com o perigo* szembenéz a veszéllyel

abarbarado [àbàrbàràdu] *mn* **B** barbár, állatias

abarcar [öbörkàr] *1/2 ts* **1.** átkarol, felölel; *~ com o pensamento* ésszel felér, felfog; *quer ~ o céu com as pernas* nagyra törő tervei vannak; *közm: quem muito abarca, pouco aperta v ensaca* ki sokat markol, keveset fog **2.** kisajátít, magáévá tesz; megszerez

abarracamento [öbörrököme^{n}ntu] *m* barakktábor

abarracar [öbörrökàr] *1/2 ts* barakkokban elhelyez

abarrancar [öbörrö^{n}nkàr] *1/2* **I. 1.** eltorlaszol; akadályoz **2.** árokba fordít **3.** földet feltúr; árkot ás **II.** *tl,* **III.** **~-se** elakad, megfeneklik; *átv* csávába kerül

abarreirar [öbörréjràr] *1/1 ts* elsáncol, elbarikádoz

abarroado [öbörruàdu] *mn* **1.** önfejű, nyakas **2.** neveletlen

abarrotar [öbörrutàr] *1/15* **I.** *ts* zsúfolásig megtölt, teletöm **II.** **~-se** teletömi magát étellel

abastado [öböstàdu] *mn* mindennel ellátott, jómódú; *viver ~* jómódban él

abastamento [öböstöme^{n}ntu] *m* ellátás; ellátottság; bőség

abastança [öböstö^{n}szö] *f* bőség, jólét, gazdagság

abastar [öböstàr] *1/12* **I.** *ts* bőven ellát vmivel (*de*) **II.** **~-se** bőven ellátja magát; teletömi a bendőjét

abastardar [öböstördàr] *1/12* **I.** *ts* megront; meghamisít **II.** *tl,* **III.** **~-se** elfajul; megromlik

abastecedor *m,* **-a** *f* [öböstiszidor(ö)] *mn* és *fn* szállító; beszerző

abastecer [öböstiszér] *2/2 ts* ellát vmivel (*de*)

abastecimento [öböstiszime^{n}ntu] *m* **1.** ellátás; *posto de ~* tankolóhely, benzintöltő állomás **2.** *~s* élelem

abastoso [öböstozu] *mn* bőven ellátott; bőséges

abatatado [öbötötàdu] *mn* krumpli alakú; *nariz ~* krumpliorr

abate [öbàt] *m* **1.** levágás (állaté) **2.** árengedmény **3.** *átv* megalázás **4.** levertség

abater [öbötér] *2/6* **I.** *ts* **1.** leüt vkit, levág (állatot), elejt (vadat), lelő (repülőgépet) **2.** kidönt (fát); lebont (házat) **3.** leszállít, csökkent (árat) **4.** *átv* lever, legyengít; megaláz; *a doença abateu-o muito* a betegség nagyon elgyengítette **5.** *szól: ~ a bandeira* leereszti *v* bevonja a zászlót; *~ o crédito de* vkinek a tekintélyét csorbítja; *~ os fumos de* leszállít vkit a magas lóról; *~ os olhos* lesüti a szemét; *~ o pó* port töröl, leveri a port **II.** *tl* **1.** ledől, beszakad; süllyed (talaj) **2.** elül, csendesedik (szél); *o calor abate* a hőség alábbhagy **3.** útirányáról letér (hajó) **4.** elgyengül, lesoványodik (beteg)

abatido [öbötidu] *mn* ernyedt, lankadt; levert

abatimento [öbötime^{n}ntu] *m* **1.** leütés; levágás (állaté), elejtés (vadé) **2.** kidöntés (fáé); lebontás; beomlás (falé, házé); beszakadás, süllyedés (talajé) **3.** leeresztés, bevonás (zászlóé) **4.** leszállítás, csökkentés (áraké); árkedvezmény **5.** levertség, gyengeség **6.** megalázás

abatocar [öbötukàr] *1/2, 1/15 ts* bedugaszol

abaulado [öbàulàdu] *mn* ív alakú; kidomborodó

abaulamento [öbàulöme^{n}ntu] *m* **1.** boltív, hajlás **2.** ív alakú hajlat *v* púposodás (úttesten)

abaular [öbàulàr] *1/1 ts* ív alakban meghajlít

abc [àbészé] *m* ábécé; *o ~ duma ciência* egy tudományág alapfogalmai

abcesso [öbszèszu] *m* tályog

abcisão [öbszizö^{n}u] *f* levágás, lemetszés

ABDIB = *Associação Brasileira das Indústrias de Base* Brazil Alapiparágak Egyesülése

abdicação [öbdiköszö^{n}u] *f* lemondás, leköszönés

abdicar [öbdikàr] *1/2 tl* lemond vmiről (*de*); ~ *à pátria* önkéntes számkivetésbe megy

abdome, abdomen (*tb: -mes, -mens*) [öbdòm, öbdòmèn; -mis, -mö^{n}js] *m orv* has, alsótest

abdominal [öbduminàl] *mn orv* has-, hasi; *cavidade* ~ hasüreg

abdominoso [öbduminozu] *mn* pocakos, nagy hasú

A.B.E. = *Associação Brasileira de Educação* Brazil Nevelésügyi Társaság

abeberar [öbibiràr] *1/13* **I.** *ts* (meg)itat, áztat; ~ *o pão no leite* a kenyeret tejbe márt(ogat)ja **II.** ~**-se** teleszívja magát; átitatódik

abecedário [öbiszidàrju] **I.** *mn* betűrendes **II.** *fn, m* **1.** betűrend **2.** ábécéskönyv

abegão [öbigö^{n}u] *m* mezőgazdasági munkás, béres

abegoaria [öbigvöriö] *f* **1.** ököristálló **2.** szerszámkamra

abeirar [öbéjràr] *1/1* **I.** *ts* megközelít **II.** *tl,* **III.** ~**-se** *de* közeledik vmihez

abelha [öbéljö] *f* **1.** méh; ~*-mestra* méhkirálynő, méhanya **2.** furfangos *v* ravasz nő

abelhão [öbiljö^{n}u] *m* **1.** poszméh, dongó **2.** *átv* ingyenélő

abelhar-se [öbiljàrszi] *1/14* serénykedik, szorgoskodik

abelheira [öbiljéjrö] *f* **1.** méhkas **2.** méhraj

abelheiro [öbiljéjru] *m* **1.** méhész **2.** *áll* méhfaló gyurgyalag

abelhudar [öbiljudàr] *1/1 tl* kiváncsiskodik, leskelődik

abelhudice [öbiljudisz] *f* kiváncsiskodás; leskelődés

abelhudo [öbiljudu] *mn* indiszkrét, kiváncsi(skodó); leskelődő

abemolado [öbimulàdu] *mn* **1.** bé mollba tett (zenemű) **2.** *átv* lágy, nőies

Abencerrage, -gem [öbe^{n}szirràzs, -zsö^{n}j] *m: último* ~ vmely eszme utolsó hirdetője, „utolsó mohikán"

abençoadeira [öbe^{n}szvödéjrö] *f* **1.** javasasszony **2.** boszorkány

abençoadeiro [öbe^{n}szvödéjru] *m* varázsló; kuruzsló

abençoar, abendiçoar [öbe^n(ndi)szvàr] *1/8 ts* megáld; *Deus o abençoe* Isten áldja meg!

aberração [öbirröszö^{n}u] *f* aberráció; eltérés; eltévelyedés

aberrar [öbirràr] *1/13 tl* **1.** letér a helyes útról; eltévelyedik **2.** elhagy, megtagad (hitet, eszmét)

aberta [öbèrtö] *f* **1.** nyílás, rés; ~ *de água* lék (hajótesten) **2.** erdőtisztás **3.** felhőzet felszakadt része **4.** kedvező alkalom; *lançar mão da* ~ él a jó alkalommal

aberto [öbèrtu] **I.** *mmi* → **abrir II.** *mn* nyitott, nyílt; *de braços* ~*s* tárt karokkal; *deixar em* ~ nyitva hagy (kérdést); *estar* ~ nyitva van; *ficar* ~ nyitva marad

abertura [öbirturö] *f* **1.** nyílás, rés **2.** nyitás, kezdés, kezdet; *cerimónia de* ~ megnyitó ünnepség **3.** felbontás; ~ *de concorrência* árajánlatok felbontása; ~ *de testamento* végrendelet felbontása **4.** (zenei) nyitány

abespinhado [öbispinyàdu] *mn* zsémbes; ingerlékeny

abespinhar-se [öbispinyàrszi] *1/1 tl* felháborodik; felizgatja magát

abessim, abessíneo, abessino [öbiszi^n, öbiszinyu, öbiszinu] *mn* és *fn* abesszin, etióp

abestalhado [öbistöljàdu] *mn* tompa elméjű, ostoba

abeto [öbétu] *m* fenyőfa

abetumado [öbitumàdu] *mn* szurokkal bekent, szurkos **2.** sületlen *v* ragacsos (kenyér) **3.** *átv* mélabús; unalmas (ember)

abexigar [öbisigàr] *1/4 ts* **1.** bosszant, ingerel; bánt, sérteget **2.** kinevet, kigúnyol

abexim [öbisi^n] *mn* és *fn* abesszin, etióp

abibe [öbib] *m áll* bibic

abichar [öbisàr] *1/1 ts biz* megkaparint, eloroz

abiscoitar [öbiskojtàr] *1/1 ts* szerez, megkaparint

abismado [öbizsmàdu] *mn* **1.** elsüllyedt, elmerült; ~ *de dívidas* fülig eladósodott **2.** gondolatokba mélyedt

abismar [öbizsmàr] *1/1* **I.** *ts* **1.** letaszít **2.** megsemmisít, tönkretesz **3.** megrémít, elképeszt **II.** ~**-se 1.** elsüllyed **2.** tönkremegy, elpusztul **3.** meglepődik, elképed **4.** *átv* belemerül, bele-

mélyed; *~-se nos divertimentos* elmerül az élvezetekben
abismo [öbizsmu] *m* **1.** feneketlen mélység **2.** *közm: um ~ chama outro* v *leva a outro* **a)** a rossz rosszat szül **b)** a baj sosem jön egyedül
abissal [öbiszàl] *mn* mélytengeri
Abissínia [öbiszinyö] *f* Abesszinia, Etiópia
abisso [öbiszu] *m* **1.** mély tenger **2.** *átv* pokol
abjecção [öbzsèszö^{n}u] *f* **1.** alávalóság, hitványság **2.** nyomor; megalázottság
abjecto [öbzsètu] **I.** *mn* aláváló, hitvány **II.** *fn, m* aljas fráter
abjudicar [öbzsudikàr] *1/2 ts* bírói ítélettel megfoszt
abjurar [öbzsuràr] *1/1* **I.** *ts* esküvel tagad **II.** *tl* hitét elhagyja; elpártol
ablação [öblöszö^{n}u] *f* eltávolítás (műtéttel)
ablactação [öblöktöszö^{n}u] *f* elválasztás (csecsemőé)
ablactar [öblöktàr] *1/12 ts* elválaszt (csecsemőt)
ablativo [öblötivu] *m* **1.** *nyelvt* ablativusz **2.** *szól: estar em ~ de viagem* útra készen áll; *fazer ~ de viagem* váratlanul elutazik, eltűnik
ablução [öbluszö^{n}u] *f* mosdás
abnegação [öbnigöszö^{n}u] *f* önzetlenség; áldozatkészség; önmegtagadás; lemondás
abnegado [öbnigàdu] *mn* önzetlen; áldozatkész
abnegar [öbnigàr] *1/4 ts* lemond vmiről **T**
abóbada [öbòbödö] *f* **1.** *ép* boltozat; kupola **2.** *~ celeste* égbolt; **3.** *~ palatina* szájpadlás
abobadado [öbubödàdu] *mn* boltozatos, boltíves
abobado [öbubàdu] *mn* buta, ostoba
abóbara [öbòburö] *f* **1.** *növ* tök **2.** *nép* nyápic alak
abobar-se [öbubàrszi] *1/15* butának tetteti magát, adja az ostobát
aboborar [öbuburàr] *1/15 ts* **1.** áztat, puhít **2.** lassú tűzön főz *v* melegít **3.** (tervet) forral, kiagyal
abocado [öbukàdu] *mn* ízletes (étel); *vinho ~* édes bor, óbor
abocanhar [öbukönyàr] *1/1 ts* **1.** szájába vesz vmit, beleharap vmibe **T 2. B** hatalmába kerít; *~ um bom emprego* jó állást kaparint meg magának **3.** rágalmaz, megszól
abocar [öbukàr] *1/2* **I.** *ts* **1.** szájába vesz, szájával elkap **2.** *szól: ~ a artilharia* tűzérséggel célba vesz; *~ o porto* befut a kikötőbe; *~ a rua* befordul az utcába **II.** *tl* nyílik, vezet vhova; *esta rua aboca na praça* ez az utca a térre vezet
aboiar [öbojàr] *1/1* **I.** *ts* **1.** bójával megjelöl **2.** (fát) úsztat **3. B** (állatokat) terel **II.** *tl* **1.** úszik a felszínen **2. B** kiáltozik, kurjant, dalol (a marhapásztor, legeltetés közben)
aboio [öboju] *m* **B** marhapásztorok dal(olás)a
aboiz [öbuis] *f* (madárfogó) hurok; *cair no ~* lépre megy
abolachado [öbulösàdu] *mn* lelapított, lapos; *cara ~a* holdvilágképű
aboleimado [öbuléjmàdu] *mn* **1.** lapos, belapított **2.** esetlen, ügyefogyott
aboletar [öbulitàr] *1/13 ts* beszállásol; beutal
abolição [öbuliszö^{n}u] *f* eltörlés, megszüntetés
abolir [öbulir] *3/10 ts* eltöröl, megszüntet
abolorecer [öbuluriszér] *2/2 tl* megpenészedik
abombado [öbo^{n}mbàdu] *mn* **B** agyonhajszolt, kimerült
abombar [öbo^{n}mbàr] *1/1 tl* **B** nem bírja tovább, kimerül
abominação [öbuminöszö^{n}u] *f* utálat
abominar [öbuminàr] *1/1 ts* utál, gyűlöl
abominável, abominoso [öbuminàvél, -ozu] *mn* utálatos
abonação [öbunöszö^{n}u] *f* **1.** kezesség, kezeskedés **2.** megbízhatóság **3.** igazoló adat *v* okmány, „beléq"
abonado [öbunàdu] *mn* megbízható, szavahihető
abonador *m*, **-a** *f* [öbunödor(ö)] **I.** *mn* kezeskedő **II.** *fn* kezes
abonançar [öbunö^{n}szàr] *1/3* **I.** *ts* elcsendesít, megnyugtat **II.** *tl* elcsendesedik, megnyugszik
abonar [öbunàr] *1/15* **I.** *ts* **1.** kezeskedik, jótáll vkiért **T 2.** jóváír; megtérít **3.** előlegez **II.** *~-se de* kiadja magát vminek; kérkedik vmivel; *~-se de rico* gazdagnak adja ki magát, kérkedik a vagyonával

abonatório [öbunötòrju] *mn* kezességi, jótállási

abono [öbonu] *m* 1. kezesség, jótállás 2. előleg 3. (meg)térítés, kárpótlás; segély; ~ *de família* családi pótlék; ~ *de Natal* karácsonyi segély; 4. játékpénz, zseton 5. *szól: em* ~ *da verdade* az igazat megvallva; *falar em* ~ *de* kiáll vki érdekében

aboquejar [öbukizsàr] *1/14* = **abocanhar**

abordagem [öburdàzsö^{n}j] *f* 1. hajó megcsáklyázása 2. kikötés, partraszállás 3. megszólítás 4. kérdés megközelítése

abordar [öburdàr] *1/15* I. *ts* 1. hajót megcsáklyáz 2. odalép vkihez, megszólít vkit T 3. (kérdést) megközelít *v* érint II. *tl* kiköt, partra száll

abordável [öburdàvèl] *mn* megközelíthető

abordo [öbordu] *m* 1. kikötés, partraszállás 2. megközelítés; *de fácil* ~ könnyen megközelíthető

abordoar [öburduàr] *1/8* I. *ts* 1. bottal üt, megbotoz 2. felkaróz (szőlőt) II. ~-**se** 1. botra támaszkodik 2. (elveken) alapul

aborígene [öburizsin] *mn* és *fn* őslakó

aborrecer [öburriszér] *2/2* I. *ts* 1. untat, zavar, terhére van 2. utál, megvet II. ~-**se** 1. unatkozik 2. bosszankodik vmi miatt (*de*); *não se aborreça!* ne izgassa magát!

aborrecido [öburriszidu] *mn* 1. unalmas; ~ *da vida* életunt; 2. rosszkedvű; bosszús; *estou* ~ *com ele* haragszom rá

aborrecimento [öburriszime^{n}ntu] *m* 1. unalom 2. rosszkedv 3. bosszúság, kellemetlenség

aborrecível [öburriszivèl] *mn* utálatos, undorító

aborrido [öburridu] *mn* = **aborrecido**

abortamente [öburtöme^{n}ntu] *m* = **aborto**

abortar [öburtàr] *1/15* I. *ts* 1. magzatot elhajt 2. *átv* (tervet) meghiusít II. *tl* 1. abortál, elvetél 2. meghiusul

abortivo [öburtivu] *mn* és *fn*, *m* magzatelhajtó (szer)

aborto [öbortu] *m* 1. abortusz, koraszülés, elvetélés 2. torzszülött, korcs 3. kudarc

abostelar [öbustilàr] *1/13* *tl* pattanásos lesz

abotoadura [öbutvödurö] *f* 1. begombolás 2. kézelőgombok

abotoar [öbutuàr] *1/8* I. *ts* begombol II. *tl* rügyezik, bimbózik

Abr. = *Abril* április

abra [àbrö] *f* kis tengeröböl

Abraão [öbr(ö)ö^{n}u] *m* Ábrahám

abraçadeira [öbröszödéjrö] *f* 1. vaspánt, vaskapocs 2. függönyt összefogó pánt *v* hurok

abraçar [öbröszàr] *1/3, 1/12* I. *ts* 1. megölel 2. átkarol, felkarol 3. *átv* magáévá tesz, csatlakozik vmihez T; ~ *uma carreira* életpályát választ; ~ *uma opinião* véleményt elfogad *v* magáévá tesz; ~ *um partido* párthoz csatlakozik II. ~-**se** *a* kapaszkodik, fogódzik vmibe

abraço [öbràszu] *m* 1. ölelés, átkarolás; *dar um* ~ *a* megölel vkit 2. *növ* kacs, inda

abrandamento [öbrö^{n}ndöme^{n}ntu] *m* 1. enyhítés, csillapítás; 2. enyhülés, csillapodás

abrandar [öbrö^{n}ndàr] *1/1* I. *ts* 1. megpuhít 2. enyhít, csillapít; ~ *a dor* enyhíti a fájdalmat II. *tl*, III. ~-**se** enyhül, felenged; csillapodik; *a chuva abrandou* az eső alábbhagyott

abranger [öbrö^{n}zsér] *2/3* *ts* 1. átfog, felölel; tartalmaz; *isto não abrange todos* ez nem vonatkozik mindenkire; *até onde a vista abrange* ameddig a szem ellát 2. felfog, megért

abrasado [öbrözàdu] *mn* égető, perzselő, lángoló

abrasar [öbrözàr] *1/12* I. *ts* éget, perzsel; elpusztít II. *tl* 1. lángol, izzik 2. *átv* fellángol, lángra gyúl III. ~-**se** meggyullad, lángba borul

abrasileirar [öbröziléjràr] *1/1* I. *ts* brazillá tesz II. *tl* brazillá lesz, brazil szokásokat vesz fel

abrasivo [öbrözivu] *m* csiszolószer

abre-cartas [àbrikàrtös] *m* levélnyitó kés

abrejar [öbrizsàr] *1/14* B *ts* eláraszt; mocsárrá változtat

abrejeirado [öbrizséjràdu] *mn* és *fn* huncut, csibész

abre-latas [àbrilàtös] *m* konzervnyitó

abrenunciar [öbrinu^{n}szjàr] *1/7* *ts* elutasít; lemond vmiről T

abrenúncio! [öbrinu^{n}szju] *isz* ments isten!

abrev. = *abreviatura* rövidítés

abreviação [öbrivjöszö^{n}u] *f* rövidítés

abreviadamente [öbrivjàdöme^{n}nti] *hat* röviden, tömören

abreviar [öbrivjàr] *1/7 ts* **1.** (le)rövidít; ~ *razões* rövidre fogja a mondanivalóját **2.** siettet

abreviatura [öbriviöturö] *f* (le)rövidítés; *em* ~ röviden, kivonatosan

abricó, abricote [öbrikò(t)] *h* **B** sárgabarack

abricoteiro [öbrikutéjru] *m* **B** sárgabarackfa

abrideira [öbridéjrö] *f* **B** aperitif, étvágygerjesztő ital

abridor [öbridor] *m* (sör)nyitó

abrigada [öbrigàdö] *f* menedékhely

abrigadoiro, -douro [öbrigödojru, -doru] *m* menedékhely

abrigar [öbrigàr] *1/4* **I.** *ts* **1.** menedéket *v* védelmet nyújt, befogad **2.** *átv* (érzelmet) táplál **II.** **~-se** **1.** menedéket keres **2.** elrejtőzik

abrigo [öbrigu] *m* **1.** menedékhely, menedékház; hajlék; *sem* ~ hajléktalan **2.** oltalom, védelem; óvóhely; ~ *antiaéreo* légoltalmi pince, bunker; **3.** *ao* ~ *de* vmitől védett *v* védve (*átv* is); *ao* ~ *do acordo* az egyezmény értelmében

Abril [öbril] *m* április

abrilhantar [öbriljö^{n}ntàr] *1/1 ts* **1.** (ki)fényesít **2.** *átv* fényt kölcsönöz, beragyog

abrimento [öbrime^{n}ntu] *m* kinyitás, megnyitás; ~ *de boca* ásítás

abrir [öbrir] *3/13* **I.** *ts* **1.** kinyit, felnyit, megnyit; **2.** felbont (csomagot, levelet); **3.** szabaddá tesz, megtisztít **4.** *szól:* ~ *o apetite* v *a vontade de comer* étvágyat gerjeszt; ~ *as asas* kiteregeti szárnyait, repül; ~ *a bolsa, átv* erszényébe nyúl; ~ *caminho* v *passagem* **a)** szabaddá teszi az utat **b)** utat tör (magának) ~ *uma conta* számlát nyit; ~ *gestões* tárgyalásokba kezd; ~ *mão de* felhagy vmivel, lemond vmiről, eltekint vkitől; ~ *as mãos* **a)** bőkezű, nagylelkű; **b)** hagyja magát megvesztegetni; ~ *a marcha* elöl *v* az élen halad; ~ *os ouvidos* fülel, figyel **II.** *tl* **1.** kinyílik, megnyílik; *a porta abre para o jardim* az ajtó a kertre nyílik **2.** elkezdődik, megkezdődik **3.** (ég, idő) kiderül **III.** **~-se** *com* kiönti a szívét vkinek

abgrogação [öbrugöszö^{n}u] *f* eltörlés (törvényé)

abrogar [öbrugàr] *1/4, 1/15 ts* eltöröl, megszüntet

abrolho [öbrolju] *m* **1.** bogáncs **2.** *-s* sziklazátony(ok); *átv* nehézségek

abronzeado [öbro^{n}zjàdu] *mn* bronzszínű

abroquelar [öbrukilàr] *1/13 ts* megvéd, oltalmaz

abrumado [öbrumàdu] *mn* ködös; zavaros

abrumar [öbrumàr] *1/1 ts* (el)ködösít, (el)sötétít

abrunheiro [öbrunyéjru] *m* **1.** szilvafa **2.** ~ *bravo* kökénybokor

abrunho [öbrunyu] *m* **1.** szilva **2.** kökény

abrupto [öbruptu] *mn* **1.** meredek **2.** hirtelen **3.** barátságtalan

abrutalhar [öbrutöljàr] *1/12* **I.** *ts* elállatiasít **II.** *tl* elállatiasodik

abscesso [öbs-szèszu] *m* kelés, tályog

absenteísmo, absentismo [öbsze^{n}ntéizsmu, öbsze^{n}ntizsmu] *m* **B** távolmaradás; tartózkodás vmitől

abside [öbszid] *f ép* apszis

absíntio, absinto [öbszi^{n}ntyu, öbszi^{n}ntu] *m* abszint; üröm

absolto [öbszoltu] *mmi* → **absolver**

absolutamente [öbszulutöme^{n}nti] *hat* teljesen; ~ *nada* teljességgel semmi

absolutismo [öbszulutizsmu] *m* önkényuralom

absoluto [öbszulutu] *mn* abszolút, korlátlan; teljes; független; *tom* ~ ellentmondást nem tűrő hang; *em* ~! szó sincs róla!

absolutório [öbszulutòrju] *mn* felmentő; *sentença* ~*a* felmentő ítélet

absolver [öbszolvér] *2/8 ts* **1.** felment, felold vmi alól (*de*) **2.** megbocsát

absolvição [öbszolviszö^{n}u] *f* **1.** felmentés **2.** megbocsátás

absorção [öbszòrszö^{n}u] *f* abszorpció; elnyelés; felszívódás

absorto [öbszortu] *mn* gondolatokba mélyedt, merengő

absorvedoiro, -douro [öbszorvidojru, -doru] *m* **1.** örvény **2.** vízlevezető csatorna

absorvente [öbszorve^{n}nt] **I.** *mn* felszívó, oldó **II.** *fn, m* oldóanyag

absorver [öbszorvér] *2/8* **I.** *ts* **1.** felszív, magába szív; felemészt **2.** teljesen igénybe vesz *v* lefoglal **3.** beolvaszt **II.** ~**-se** *em, átv* elmerül vmiben, belemélyed vmibe

abstémio [öbstèmju] *mn* és *fn* **1.** bornemissza **2.** önmegtartóztató

abstenção [öbsti^{n}szö^{n}u] *f* tartózkodás vmitől

abstencionismo [öbste^{n}szjunizsmu] *m* tartózkodás (szavazástól)

abster [öbstér] *2/23* **I.** *ts* visszatart vmitől, megakadályoz vmiben (*de*) **II.** ~**-se** *de* tartózkodik vmitől, lemond vmiről

abstergente [öbstirzse^{n}nt] *mn* és *fn, m* tisztító(szer)

abstinência [öbstine^{n}szjö] *f* önmegtartóztatás

abstinente [öbstine^{n}nt] *mn* önmegtartóztató

abstracção [öbströszö^{n}u] *f* **1.** absztrakció, elvonás, általánosítás **2.** szórakozottság

abstracto [öbstràtu] **I.** *mn* **1.** absztrakt, elvont **2.** szórakozott **II.** *fn, m* elvontság; *em* ~ elvontan, elméletben

abstrair [öbströir] *3/22* **I.** *ts* elvon, elkülönít **II.** *tl* eltekint vmitől (*de*) **III.** ~**-se** elvonatkozik; *-se em pensamentos* gondolatokba merül

abstruso [öbstruzu] *mn* **1.** rejtett, sötét **2.** bonyolult, zavaros

absurdo [öbszurdu] **I.** *mn* abszurd, értelmetlen **II.** *fn, m* abszurdum, képtelenség

abulia [öbuliö] *f* abúlia, kóros akarathiány

abúlico [öbuliku] *mn* és *fn* kóros akarathiányban szenvedő

abundância [öbu^{n}ndö^{n}szjö] *f* bőség, gazdagság

abundante [öbu^{n}ndö^{n}nt] *mn* bőséges; gazdag vmiben (*de*)

abundar [öbu^{n}ndàr] *1/1 tl* **1.** bővelkedik vmiben (*de*) **2.** ~ *na opinião de* azonos véleményen van vkivel

aburguesado [öburgizàdu] *mn* elpolgáriasodott

abusão [öbuzö^{n}u] *f* **1.** visszaélés **3.** tévedés, illúzió

abusar [öbuzàr] *1/1 tl* túlzásba visz vmit, visszaél vmivel (*de*); ~ *da paciência de* visszaél vkinek a türelmével

abusivo [öbuzivu] *mn* **1.** túlzott **2.** jogtalan

abuso [öbuzu] *m* visszaélés, túlkapás; ~ *de confiança* vkinek a bizalmával való visszaélés; ~ *de poder* hatalommal való visszaélés

abutre [öbutr] *m* keselyű

AC = *Acre* (brazil állam)

A/C = *ao*(*s*) *cuidado*(*s*) *de* ...... leveleivel

A.C. = **1.** *ano corrente* folyó év **2.** *antes de Cristo* időszámításunk előtt

aca [àkö] *f* **B** bűz

acabado [ököbàdu] *mn* **1.** teljesen kész, tökéletes; *produto* ~ készáru, késztermék; ~ *de imprimir* most jelent meg (könyv) **2.** elhasznált, kimerült; öreg

acabar [ököbàr] *1/12* **I.** *ts* **1.** befejez, elkészít, elvégez **2.** végez vkivel, megöl vkit **II.** *tl* **1.** befejeződik, végződik, véget ér; ~ *em bem* jól *v* szerencsésen végződik; ~ *mal* rossz vége van; *está a* ~ mindjárt vége; *é coisa de nunca* ~ ennek sohasem lesz vége; *isso acabará em briga* ennek verekedés lesz a vége **2.** meghal **3.** ~ *com* véget vet vminek; *para* ~ *com o assunto* hogy pontot tegyünk az ügy mögé; *acabe com isso!* fejezze már be! hagyja már abba! **4.** ~ *com* + *fni* a végén, végül is; *acabou com comprá-lo* a végén meg (is) vette; *acabou com persuadir-me* a végén sikerült rábeszélni engem **5.** ~ *de* + *fni* éppen most (történik vmi); *ele acaba de sair* ő az imént ment el; *acabo de vê-lo* az imént láttam **III.** ~**-se** vége van; *acabou-se!* és ezzel vége, nincs tovább! *acabaram-se os belos dias de Aranjuez* elmúltak azok a szép napok!

acabrunhado [ököbrunyàdu] *mn* levert, bánatos

acabrunhar [ököbrunyàr] *1/1* **I.** *ts* **1.** lever, elszomorít **2.** elnyom; zaklat **II.** ~**-se** elcsügged

açacalar [öszökölär] *1/12 ts* **1.** csiszol **2.** *átv* tökéletesít

acaçapar [öközszöpàr] *1/12* **I.** *ts* **1.** lelapít **2.** elrejt **II.** ~**-se** **1.** lehajol, lapul **2.** megbújik, (el)rejtőzik

acachoar [ökösvàr] *1/8 tl* bugyog, buborékot vet

acácia [ökàszjö] *f* akácfa

acadeirar-se [öködéjràrszi] *1/1* leül egy székre

academia [öködimiö] *f* **1.** akadémia; ~ *de ciências* tudományos akadémia **2.** főiskola

académico [öködèmiku] **I.** *mn* akadémiai **II.** *fn* **1.** akadémikus **2.** főiskolai diák

açafata [öszöfàtö] *f* udvarhölgy

açafate [öszöfàt] *m* kis kosár

acafelar [ököfilàr] *1/13 ts* **1.** (be)vakol **2.** *átv* leplez, palástol

açafrão [öszöfrö^{n}u] *m* sáfrány

açaimo [öszöjmu] *m* szájkosár

acaipirado [ökàjpiràdu] *mn* **B** falusi (külsejű)

acairelar [ökàjrilàr] *1/13 ts* szegélyez

acaju [àkàzsu] *m* **B** mahagóni(hoz hasonló) fa

acalcanhado [ökàlkönyàdu] *mn: sapatos* ~*s* félretaposott cipő

acalcanhar [ökàlkönyàr] *1/1* **I.** **1.** *ts* lábbal tipor **2.** *átv* elnyom, megaláz **II.** *tl* **III.** ~**-se** cipője sarkát elkoptatja

acalentar [ököle^{n}ntàr] *1/1 ts* **1.** (fel)-melegít, megmelegít **2.** álomba ringat, elaltat; *canção de* ~ altatódal; ~ *sonhos* illúziókban ringatja magát **3.** lelkesít

acalmar [ökàlmàr] *1/1* **I.** *ts* **1.** megnyugtat, lecsendesít **2.** enyhít (fájdalmat) **II.** *tl* megnyugszik, lecsendesedik; *o vento acalma* a szél alábbhagy

acalmia [ökàlmiö] *f átv* szélcsend, nyugalom

acalorado [ököluràdu] *mn* heves, tüzes; felhevült, izgatott; *debate* ~ parázs vita

acalorar [ököluràr] *1/15* **I.** *ts* felhevít; *átv* lelkesít; felizgat **II.** ~**-se** nekihevül, izgatott lesz

acamar [ökömàr] *1/1* **I.** *ts* **1.** ágyba fektet **2.** beágyaz (gépet) **3.** rétegez, rétegenként elrak (*pl* halakat hordóban) **II.** *tl* **1.** lefekszik **2.** ágynak esik

açamar [öszömàr] *1/1 ts* **1.** szájkosarat rak rá **2.** *átv* megzaboláz, elhallgattat, elnyom

acamaradar-se [ökömörödàrszi] *1/12* barátkozik, pajtáskodik

açambarcador [öszö^{n}mbörködor] *m* harácsoló, feketéző

açambarcar [öszö^{n}mbörkàr] *1/2, 1/12 tl* harácsol, üzérkedik

açamo [öszömu] *m* szájkosár

acampamento [ökö^{n}mpöme^{n}ntu] *m* tábor

acampar [ökö^{n}mpàr] *1/1 tl* tábort üt, (le)táboroz

acanalar [ökönölàr] *1/12 ts* barázdál, rovátkol, hornyol

acanalhar [ökönöljàr] *1/1* **I.** *ts* elzülleszt **II.** ~**-se** elzüllik

acanhado [ökönyàdu] *mn* **1.** szűk, szoros **2.** félszeg, félénk **3.** kicsinyes, korlátolt, szűk látókörű

acanhar [ökönyàr] *1/1* **I.** *ts* **1.** szorongat; elnyom **2.** szűkít, szűkebbre vesz **3.** megfélemlít **II.** ~**-se** megzavarodik, megijed

acanto [ökö^{n}ntu] *m növ* medveköröm

acantoar [ökö^{n}ntvàr] *1/8* **I.** *ts* **1.** sarokba állít; elkülönít; félretesz **2.** *átv* sarokba szorít; félretol **II.** ~**-se** visszahúzódik, félrevonul, elkülönül

acantonamento [ökön^{n}tunöme^{n}ntu] *m* elszállásolás (csapatoké)

acantonar [ökö^{n}ntunàr] *1/15* **I.** *ts* elszállásol **II.** *tl* el van szállásolva

acção [öszö^{n}u] *f* **B** = **acção**

acapachar [ököpösàr] *1/12* **I.** *ts* megaláz **II.** ~**-se** megalázkodik

acapelar [ököpilàr] *1/13 ts* tajtékkal eláraszt (hajót)

acareação [ökörjöszö^{n}u] *f* szembesítés

acarear [ökörjàr] *1/5 ts* **1.** szembesít **2.** egybevet, összehasonlít

acariciador *m*, **-a** *f* [ököriszjödor(ö)] *mn* és *fn* hízelgő

acariciar [ököriszjàr] *1/7 ts* simogat; hizeleg vkinek **T**; ~ *esperanças* reményekben ringatja magát

acaridar-se [ököridàrszi] *1/1* megkönyörül vkin; szánalmat érez vki iránt (*de*)

acarinhar [ökörinyàr] *1/1 ts* **1.** simogat; hizeleg vkinek **T** **2.** elkényeztet

ácaro [àköru] *m* atka; ~ *de sarna* rühatka

acarpetado [ökörpitàdu] *mn* tapétázott

acarraçar-se [ökörröszàrszi] *1/12* **1.** belecsimpaszkodik **2.** alkalmatlankodik

acarrar [ökörràr] *1/12* **I.** *tl,* **II.** ~**-se** **1.** delel, árnyékban pihen *v* alszik **2.** kialussza mámorát

acarretar [ökörritàr] *1/13 ts* **1.** kocsin szállít *v* elhoz **2.** *átv* magával hoz, előidéz, okoz; ~ *consequências* következményekkel jár; ~ *lágrimas* könynyekre fakaszt; ~ *razões* érveket hoz fel

acasalar [öközölàr] *1/12* I. *ts* párosít (állatot) II. *tl* párosodik

acaso [ökàzu] I. *m* véletlen, sors; *ao* ~ találomra; *por* ~ véletlenül, netán II. *hat* talán, esetleg

acastanhado [ököstönyàdu] *mn* gesztenyebarna

acastelar [ököstilàr] *1/13* I. *ts* 1. erődít 2. felhalmoz II. **~-se** 1. elsáncolja magát 2. felhalmozódik

acastiçar [ököstiszàr] *1/1* *ts* csiszol (stílust)

acatado [ökötàdu] *mn* 1. tisztelettudó, engedelmes 2. tiszteletben álló, megbecsült

acatamento [ökötöme^{n}ntu] *m* 1. tisztelet, megbecsülés; 2. tiszteletben tartás

acatar [ökötàr] *1/12* *ts* 1. tisztel, becsül 2. tiszteletben tart, betart; ~ *a lei* törvénytisztelő

acatarrado [ökötörràdu] *mn* hurutos

acatassolado [ökötöszulàdu] *mn* *text* moaré-

acatável [ökötàvèl] *mn* tiszteletreméltó

acaudalado [ökàudölàdu] *mn* 1. bővizű 2. pénzes, gazdag

acaudilhar [ökàudiljàr] *1/1* I. *ts* vezérel II. **~-se** alárendeli magát egy vezérnek

acautelado [ökàutilàdu] *mn* óvatos, körültekintő

acautelar [ökàutilàr] *1/13* I. *ts* óva int, figyelmeztet II. **~-se** óvakodik, óvatos, vigyáz; *acautele-se!* vigyázzon! legyen óvatos!

acavalado [ökövölàdu] *mn*: *dentes* ~*s* egymásra nőtt fogak

acavalar [ökövölàr] *1/12* I. *ts* 1. befedez 2. egymásra rak, felhalmoz II. **~-se** *em* ráugrik, ráül vmire

ACB = *Automóvel Clube do Brasil* Brazil autóklub

acção [àszö^{n}u] *f* 1. akció, tett, cselekedet; cselekvés, működés; *uma boa* ~ jó cselekedet; *liberdade de* ~ cselekvési szabadság; *entrar em* ~ akcióba *v* működésbe lép; *pôr em* ~ működésbe helyez 2. cselekmény, bonyodalom 3. ünnepélyes aktus, szertartás; ~ *de graças* hálaadó ünnep *v* ima 4. katonai akció, fegyvertény 5. panasz, vád, bírói eljárás, per; ~ *civil* magánvád; *intentar* v *promover uma* ~ *contra* beperel vkit; *pôr* v *instaurar uma* ~ eljárást indít 6. részvény, értékpapír; ~ *nominal* névre szóló részvény 7. hatás; ~ *quimica* vegyi hatás; *de* ~ *retardada* késleltetett hatású; *mina de* ~ *retardada* időzített akna

accionador *m*, **-a** *f* [àszjunödor(ö)] *mn* és *fn* indító, hajtó (berendezés, gomb)

accionamento [àszjunöme^{n}ntu] *m* meghajtás; *mecanismo de* ~ hajtómű

accionar [àszjunàr] *1/15* I. *ts* 1. elindít, működésbe hoz, meghajt 2. működtet; használ 3. perbe fog, beperel II. *tl* gesztikulál

accionista [àszjunistö] *fn* részvényes, részvénytulajdonos

acedência [öszide^{n}szjö] *f* beleegyezés; belenyugvás

aceder [öszidér] *2/7* *tl* beleegyezik, hozzájárul vmihez (*a*); kérését teljesíti

acedia [öszidiö] *f* = **acidia**

aceirar [öszéjràr] *1/1* *ts* 1. acéloz, edz; 2. kiirt (bokrokat), megtisztít (terepet)

aceiro [öszéjru] I. *mn* acélos, acél- II. *fn*, *m* irtás (erdő *v* ültetvény körül, tűzkár megelőzésére)

aceitação [öszéjtöszö^{n}u] *f* 1. elfogadás 2. befogadás, elismerés; *ter boa* ~ kedvezően fogadják; szívesen veszik; *ter* ~ *na sociedade* befogadják a társaságba

aceitante [öszéjtö^{n}nt] *m* *ker* 1. elfogadó 2. intézvényezett

aceitar [öszéjtàr] *1/1* *ts* 1. elfogad; *aceita um charuto?* parancsol egy szivart? 2. elismer, helyesnek tart

aceitável [öszéjtàvel] *mn* elfogadható

aceite [öszéjt] I. *mmi* = **aceito** elfogadott; → **aceitar** II. *fn*, *m* *ker* elfogadvány

aceito [öszéjtu] *mn* elfogadott

aceleração [öszilirösző^{n}u] *f* 1. meggyorsítás; gyorsulás 2. sietség; sebesség; *em plena* ~ teljes sebességgel

acelerado [öszilirádu] *mn* gyors, gyorsított

acelerador [öszilirödor] *m* *műsz* 1. gázpedál, 2. akcelerátor, gyorsító

acelerar [ösziliràr] *1/13* I. *ts* siettet II. *tl* (fel)gyorsul III. **~-se** siet, rohan

acelga [öszèlgö] *f növ* cékla
acem [öszö^{n}j] *m* (marhahús) oldalas
acenar [öszinàr] *1/14 ts* int, jelez; ~ *um táxi* int egy taxinak; ~ *com a cabeça* bólint; ~ *de não com a cabeça* nemet int a fejével; ~ *com a mão* kezével int(eget)
acendedor [ösze^{n}ndidor] *m* **1.** ~ (*automático*) öngyújtó **2.** lámpagyújtogató **3.** bujtogató, izgató; ösztönző
acender [ösze^{n}ndér] *2/1* **I.** *ts* **1.** meggyújt; ~ *um fósforo* gyufát gyújt; ~ *um cigarro* rágyújt egy cigarettára; ~ *uma vela a Deus e outra ao diabo* kétkulacsoskodik **2.** bujtogat, izgat; ösztönöz **II.** **~-se 1.** meggyullad, ég **2.** *átv* fellángol, kitör (háború); felébred, támad (vágy)
acendido [ösze^{n}ndidu] *mn* izzó, lángoló, tüzes
aceno [öszénu] *m* intés; bólintás
acento [ösze^{n}ntu] *m* **1.** akcentus, hangsúlyozás, ejtésmód, hanghordozás **2.** ~ *ortográfico* ékezet **3.** ~ *tónico* (szó)hangsúly
acentuação [ösze^{n}ntuöszö^{n}u] *f* **1.** hangsúlyozás **2.** nyomaték, kiemelés
acentuado [ösze^{n}ntuàdu] *mn* hangsúlyos, nyomatékos, kiemelt; markáns
acentuar [ösze^{n}ntuàr] *1/9 ts* **1.** hangsúlyoz, kiemel **2.** ékezettel ellát
acepção [öszèszöu] *f* jelentés, értelem
acepilhar [öszipiljàr] *1/1 ts* **1.** kikefél **2.** *átv* kiken-kifen; kicsiszol, kisimít
acepipe [öszipip] *m* ínyencfalat, csemege; előétel
ácer [àszèr] *m* juharfa
acerado [ösziràdu] *mn* **1.** acél-, acélos **2.** *átv* maró, éles, irónikus
acerar [ösziràr] *1/13 ts* **1.** acéloz, edz **2.** *átv* ingerel, izgat
aceraria [öszirörìö] *f* acélöntöde
acerbar [öszirbàr] *1/13 ts* **1.** elkeserít **2.** kiélez; kellemetlenné tesz
acerbidade [öszirbidàd] *f* **1.** fanyarság **2.** *átv* szigor, kemény bánásmód
acerbo [öszèrbu] *mn* **1.** fanyar **2.** *átv* keserű; kemény, szigorú
acerca [öszérkö] **I.** *hat* közel **II.** *vsz* ~ *de* -ról, -ről, felől, illetően
acercar [öszirkàr] *1/2, 1/13* **I.** *ts* közelebb hoz **II.** **~-se** közeledik vmihez (*de*)
acérrimo [öszèrrimu] *mn* ádáz, elkeseredett; → **acre**
acertado [öszirtàdu] *mn* **1.** találó, pontos, helyes **2.** okos, értelmes **3.** ügyes
acertar [öszirtàr] *1/13 ts* **1.** eltalál; megtalál; *não acertou o caminho* nem találta meg az utat **2.** kitalál, helyesen tippel; fején találja a szöget; ~ *na loteria* nyer a lottón; *acertou!* eltalálta! kitalálta! **3.** igazít; ~ *o passo* lépést tart, lépteit máséhoz igazítja; ~ *o relógio* beigazítja az órát **4.** ~ *com* rátalál, rábukkan, ráhibáz; *não acertei com o meu hotel* nem találtam meg a szállodámat **5.** boldogul (az életben), „befut"
acerto [öszèrtu] *m* **1.** (teli)találat **2.** értelmesség, ügyesség; *com* ~ találóan, ügyesen; *de* ~, *por* ~ véletlenül, esetleg, hozzávetőleg
acervar [öszirvàr] *1/13 ts* (fel)halmoz
acervo [öszèrvu] *m* **1.** halom, halmaz, rakás, tömeg; *um* ~ *de asneiras* egy rakás butaság **2.** állag, vagyon; kincsek
aceso [öszézu] **I.** *mmi* meggyújtott; → **acender** **II.** *mn* **1.** égő, lángoló **2.** *átv* izgatott
acessão [ösziszö^{n}u] *f* növekedés, gyarapodás
acessível [öszisziv̀èl] *mn* megközelíthető; elérhető (ár)
acesso [öszèszu] *m* **1.** bejárat **2.** megközelítés; *cano de* ~ szállítócső; csővezeték; *as vias de* ~ az odavezető utak; *de fácil* ~ könnyen megközelíthető **3.** előlépés; előléptetés **4.** görcs, roham; ~ *de choro* sírógörcs; ~ *de cólera v fúria* dühroham; ~ *de tosse* köhögési roham
acessório [ösziszòrju] **I.** *mn* járulékos, mellék-, pót- **II.** *fn, m* **1.** pótalkatrész **2.** *~s* kellékek
acetato [öszitàtu] *m vegy* acetát
acético [öszètiku] *mn* ecet-
acetilene, acetileno [öszitilèn, -lénu] *m* acetilén
acetinado [öszitinàdu] *mn* simított, fényezett
acetona [öszitonö] *f vegy* aceton
acha [àsö] *f* **1.** fahasáb **2.** harci bárd
achacadiço [ösöködiszu] *mn* betegeskedő
achacar [ösökàr] *1/2* **I.** *ts* **1.** bírál, kifogásol, kritizál **2.** vádol, bűnül felró **3.** *biz B* **a)** megtámad és kirabol; **b)** megpumpol **II.** *tl* betegeskedik, megbetegszik

achacoso [ösökozu] *mn* betegeskedő

achada [ösàdö] *f* **I.** talált tárgy; lelet **II.** fennsík

achado [ösàdu] **I.** *mn* talált; felfedezett; *não se dar por* ~ butának tetteti magát **II.** *fn, m* **1.** talált tárgy, lelet **2.** váratlan szerencse

achadoiro, -douro [ösödojru, -doru] *m* lelőhely

achamboado [ösö^{n}mbuàdu] *mn* **B** durva, nyers

achanar [ösönàr] *1/1 ts* kiegyenget

achaparrado [ösöpörràdu] *mn* **1.** zömök, tömzsi **2.** *növ* alacsony növésű; gyatra

achaque [ösàk] *m* **1.** (öregkori *v* krónikus) gyengélkedés, betegeskedés **2.** megrögződött hiba *v* bűn **3.** ~*s* bajok; kellemetlenségek

achar [ösàr] *1/12* **I.** *ts* **1.** talál vmit; *közm: quem busca, acha* ki keres, az talál **2.** találkozik vkivel; rátalál, rábukkan vkire *v* vmire **T**; ~ *por acaso* véletlenül rátalál **3.** vmilyennek talál, vél, hisz, gondol, tart; *acho que* úgy érzem, hogy; *que tal acha?* milyennek találja? mit szól hozzá? *acho bom* jónak találom; ~ *direito* helyesnek vél; *acho estranho que* furcsának találom, hogy; *acho que sim* (*não*) úgy gondolom, hogy igen (nem); ~ *para si* magában gondolja, megvan a maga véleménye; *acho graça nisso* mulatságosnak tartom; *não acho grande coisa* nem tartom különösebbnek **II.** ~**-se** **1.** érzi magát; *como se acha o senhor v você?* hogy van? **2.** van vhol; *o seu quarto acha-se aqui* a szobája itt van

acharoado [ösöruàdu] *mn* lakkozott

achatado [ösötàdu] *mn* lapos; *nariz* ~ tömpe *v* lapos orr

achatar [ösötàr] *1/12 ts* **1.** lelapít; szétlapít; **2.** *átv* lehengerel; megfélemlít

achavascado [ösövöskàdu] *mn* eldurvult, durva

achavascar [ösövöskàr] *1/2* **I.** *ts* összetákol, összecsap **II.** ~**-se** eldurvul

achega [öségö] *f* **1.** előleg; segély; hozzájárulás **2.** adalék; pótlás

achegado [ösigàdu] *mn* közel álló, rokon

achegar [ösigàr] *1/4, 1/13* **I.** *ts* közelebb hoz **II.** ~**-se** közelebb jön

achicar [ösikàr] *1/2 ts* kiszivattyúz (vizet csónakból)

achinado [ösinàdu] *mn* kínaihoz hasonló

achincalhar [ösi^{n}nköljàr] *1/12 ts* kigúnyol, nevetségessé tesz

achincalhe [ösi^{n}nkàlj] *m* gúny, csúfolódás

achoar [ösvàr] *1/8 ts* tapos, rálép

achocalhar [ösuköljàr] *1/12 ts* elhíresztel

achocolatado [ösukulötàdu] *mn* csokoládébarna

aciano [öszjönu] *m növ* búzavirág

acicatar [öszikötàr] *1/12 ts* **1.** megsarkantyúz **2.** ösztökél, ösztönöz

acicate [öszikàt] *m* **1.** sarkantyú **2.** ösztökélés, ösztönzés

acidade [öszidàd] *f* = **acidez**

acidado [öszidàdu] *mn* savanyú

acidar [öszidàr] *1/1 ts* savanyít

acidência [öszide^{n}szjö] *f* véletlen(ség)

acidentado [öszide^{n}ntàdu] **I.** *mn* **1.** egyenetlen, hepehupás **2.** kalandos, eseménydús, mozgalmas **3.** **B** balesetes, sérült **II.** *fn* balesetet szenvedett egyén

acidental [öszide^{n}ntàl] *mn* **1.** véletlen, váratlan, esetleges **2.** lényegtelen, mellékes

acidente [öszide^{n}nt] *m* **1.** szerencsétlenség, baleset; ~ *de trabalho* üzemi baleset; ~ *de viação* közúti baleset; *por* ~ véletlenül **2.** egyenetlenség, hepehupásság **3.** gutaütés; roham, ájulás **4.** *zene* módosító jel

acidez [öszidés] *f* sav, savtartalom; ~ *de estómago* gyomorsav; gyomorégés

acidia, acídia [öszidiö, öszigyö] *f* **1.** tétlenség, tunyaság **2.** kábulat

acidificar [öszidifikàr] *1/2* **I.** *ts* (meg)savanyít **II.** ~**-se** megsavanyodik

ácido [àszidu] **I.** *mn* **1.** savanyú **2.** *átv* zsörtölődő, házsártos **II.** *fn, m vegy* sav

acidose [öszidoz] *f* savbőség, gyomorsavtúltengés

acidulado [öszidulàdu] *mn* savanykás

acidular [öszidulàr] *1/1 ts* (meg)savanyít

acídulo [öszidulu] *mn* savanykás

acima [öszimö] **I.** *hat* fel, felfelé, fent; *água v rio* ~ a folyón felfelé, az árral szemben; *abaixo e* ~ fel-alá; ~ *mencionado* fent említett; *os nomes* ~ a fenti nevek; *escadas* ~ felfelé a lépcsőn **II.** *vsz* ~ *de* vmi fölött, fölé; ~ *de tudo* mindenekfölött; ~ *de zero* nulla fok fölött **III.** *isz* fel! rajta!

acinte [öszi^{n}nt] I. *hat* szándékosan; rosszakarattal II. *fn, m* szándékosság; rosszakarat

acintoso [öszi^{n}ntozu] *mn* rosszakaratú, gonosz

acinzentado [öszi^{n}ze^{n}ntàdu] *mn* hamuszürke

acionar B = **accionar**

acirrado [öszirràdu] *mn* 1. ingerült 2. makacs

acirrar [öszirràr] *1/1* I. *ts* 1. (rá)uszít 2. feldühít II. **~-se** feldühödik

A.C.L. *Academia das Ciências de Lisboa* Lisszaboni Tudományos Akadémia

aclamação [öklömöszö^{n}u] *f* 1. kikiáltás 2. megválasztás (közfelkiáltással) 3. *aclamações* éljenzés, taps, ováció

aclamar [öklömàr] *1/1 ts* 1. kikiált, egyhangúlag megválaszt 2. megéljenez, ünnepel

aclarar [öklöràr] *1/12* I. *ts* 1. tisztít, derít 2. világossá tesz; ritkít (erdőt) 3. *átv* fényt derít vmire; felvilágosít; megmagyaráz II. **~-se** világos lesz

aclimação [öklimöszö^{n}u] *f* akklimatizálódás

aclimar [öklimàr] *1/1* I. *ts* akklimatizál, hozzászoktat II. **~-se** akklimatizálódik, hozzászokik

aclimatar [öklimötàr] *1/12* = **aclimar**

aclimatizar [öklimötizàr] *1/1* = **aclimar**

aclive [ökliv] I. *mn* emelkedő, meredek II. *fn, m* magasodó út(szakasz)

acne [àkn] *f* bőrkiütés, pattanás

aço [àszu] *m* 1. acél; ~ *ao cromo* krómacél; *de* ~ acélos, acélkemény; ~ *do espelho* foncsor 2. **~s** acéláru

acobardar [öhubördàr] *1/12* I. *ts* megfélemlít II. **~-se** inába száll a bátorsága; gyáváskodik

acobertar [ökubirtàr] *1/13* I. *ts* 1. betakar 2. *átv* leplez, titkol; ~ *a fuga* fedezi *v* elősegíti a szökést II. **~-se** megbújik vmi mögött (*com*); elrejtőzik

acobrear [ökubrjàr] *1/5 ts* rézzel bevon

acocorar-se [ökukuràrszi] *1/15* 1. leguggol 2. *átv* megbújik, lapul

açodado [öszudàdu] *mn* sürgős, sietős

açodar [öszudàr] *1/15* I. *ts* sürget, siettet; hajt, ösztökél II. **~-se** siet

acogular [ökugulàr] *1/1 ts* telerak

acoimar [ökojmàr] *1/1 ts* 1. megbüntet, megbírságol 2. vádol; kifogásol

acoitar [ökojtàr] *1/1* I. *ts* befogad, menedéket nyújt; megvéd II. **~-se** menedéket keres

açoitar [öszojtàr] *1/1 ts* ostoroz

açoite [öszojt] *m* ostor; ostorcsapás

acolá [ökulà] *hat* ott, amott

acolchetar [ökolsitàr] *1/13 ts* 1. bekapcsol, összekapcsol (kapcsokkal) 2. összeilleszt

acolchoado [ökolsvàdu] *m* paplan

acolchoar [ökolsvàr] *1/8 ts* (vattával) megtöm, kitöm; tűzdel

acolhedor *m*, **-a** *f* [ökuljidor(ö)] *mn* és *fn* vendéglátó; hívogató

acolher [ökuljér] *2/8* I. *ts* 1. fogad (vendéget) 2. befogad; menedéket nyújt II. **~-se** menedékre talál; rejtőzik

acolhimento [ökuljime^{n}ntu] *m* 1. fogadtatás; *ter bom* ~ szíves fogadtatásra talál 2. menedék(hely)

acolitar [ökulitàr] *1/1 ts* kísér; követ; segédkezik

acólito [ökòlitu] *h* 1. segítőtárs, vkinek híve *v* követője 2. ministráns

acometer [ökumitér] *2/7 ts* 1. rárohan, nekimegy, megtámad 2. belekezd vmibe, vállalkozik vmire T 3. *közm: quem acomete vence* aki mer, az nyer

acometida [ökumitidö] *f* 1. rá-, megrohanás, (meg)támadás 2. merész vállalkozás

acometimento [ökumitime^{n}ntu] *m* = **acometida**

acomia [ökumiö] *f* hajhullás; kopaszság

acomodação [ökumudöszö^{n}u] *f* 1. elhelyezés, elszállásolás 2. elhelyezkedés, állás; foglalkozás 3. alkalmazkodás 4. kiegyezés, megegyezés, egyezség

acomodadiço [ökumudödiszu] *mn* 1. alkalmazkodó 2. rendezhető, elsimítható (ellentét)

acomodado [ökumudàdu] *mn* megfelelő; kényelmes; elfogadható (ár)

acomodar [ökumudàr] *1/15* I. *ts* 1. elhelyez, elszállásol 2. elrendez, elsimít (ellentétet) II. **~-se** 1. (kényelmesen) elhelyezkedik 2. alkalmazkodik vmihez (*a*) 3. kiegyezik

acomodatício [ökumudötiszju] *mn* alkalmazkodó; megalkuvó

acompadrar [öko^{n}mpödràr] *1/12* I. *ts* összebarátkoztat II. **~-se** összebarátkozik

acompanhadeira [öko^{n}mpönyödéjrö] *f* gardedám, kísérő

acompanhador *m*, **-a** *f* [öko^{n}mpönyödor(ö)] *mn* és *fn* kísérő

acompanhamento [öko^{n}mpönyöme^{n}ntu] *m* kísérés; kíséret; ~ (*fúnebre*) halottasmenet

acompanhar [öko^{n}mpönyàr] *1/1 ts* kísér, elkísér; ~ *ao piano* zongorán kísér

aconchegar [öko^{n}sigàr] *1/13 ts* **1.** kényelmessé tesz; kényelembe helyez **2.** megvéd, oltalmaz **3.** közelebb hoz egymáshoz; egyesít

aconchego [öko^{n}ségu] *m* **1.** kényelem **2.** oltalom

acondicionamento [öko^{n}ndiszjunöme^{n}tu] *m* csomagolás; kiszerelés

acondicionar [öko^{n}ndiszjunàr] *1/15 ts* **1.** (ládába) csomagol; kiszerel **2.** megőriz, megóv, tárol

acónito [ökònitu] *m növ* sisakvirág

aconselhado [öko^{n}sziljàdu] *mn* higgadt, meggondolt; *mal* ~ meggondolatlan

aconselhar [öko^{n}sziljàr] *1/14* **I.** *ts* tanácsol, tanácsot ad vkinek **T II.** **~-se** *com* tanácskozik vkivel, tanácsot kér vkitől

aconselhável [öko^{n}sziljàvèl] *mn* tanácsos, célszerű

acontecer [öko^{n}ntiszér] *2/2 tl* történik, megesik, előfordul; *aconteça o que* ~ bármi történjék is; *como geralmente acontece* ahogy ez már történni szokott; *aconteceu eu estar aqui* véletlenül éppen itt voltam; *que lhe aconteceu?* mi történt vele? *ele diz que faz e acontece* henceg, nagyokat mond

acontecimento [öko^{n}ntiszime^{n}ntu] *m* esemény, eset

acoplamento [ökuplöme^{n}ntu] *m* (össze-) kapcsolás

acoplar [ökuplàr] *1/15 ts* (össze)kapcsol

açor [öszor] *m áll* héja; ölyv; karvaly

açorar [öszuràr] *1/15* **I.** *ts* vágyat ébreszt; megkísért **II.** **~-se** hő vágyat érez; sóvárog

açorda [öszordö] *f* **1.** fokhagymaleves **2.** *átv* puhány, gerinctelen ember

acordado [ökurdàdu] *mn* **1.** összehangolt **2.** éber; figyelmes

acórdão [ökòrdö^{n}u] *m* (törvényszéki) ítélet

acordar [ökurdàr] *1/15* **I.** *ts* **1.** (fel)ébreszt; *acorde-me às seis* ébresszen fel engem hat órakor **2.** hangol (hangszert) **3.** egybehangol, összeegyeztet **II.** *tl* **1.** felébred **2.** egyezik **III.** **~-se** megegyezik vkivel

acorde [ökòrd] **I.** *mn* összhangban levő, megegyező **II.** *fn*, *m zene* akkord, összhang

acordeão [ökòrdiö^{n}u] *m* harmonika

acordeonista [ökòrdiunistö] *fn* harmonikás

acordo [ökordu] *m* **1.** megegyezés; megállapodás; *de* ~ *com* vmivel összhangban *v* egyetértésben; vminek az értelmében **2.** egyezmény, egyezség; ~ *comercial* kereskedelmi szerződés *v* egyezmény; ~ *de cavalheiros* „gentlemen's agreement"; ~ *de credores* kényszeregyezség; *chegar* v *vir a* ~, *entrar em* ~ egyezségre jut, *por-se de* ~ kiegyezik; egyezkedik **3.** *szól*: *de* ~! rendben van! *não dar* ~ *de si* ájult, nincs magánál; *estar no seu* ~ magánál van; *pôr de* ~ kibékít; *ter pronto* ~ van lélekjelenléte, talpraesett, szavakész

Açores [öszoris] *m*, *tb*: *os* ~ az Azori-szigetek

açoriano [öszurjönu] *mn* és *fn* az Azori-szigetekről való

acoroçoado [ökuruszuàdu] *mn* bátor, lelkes

acoroçoador *m*, **-a** *f* [ökuruszuödor(ö)] *mn* és *fn* bátorító, lelkesítő

acoroçoar [ökuruszuàr] *1/8 ts* bátorít, lelkesít

acorrentar [ökurre^{n}ntàr] *1/1 ts* megláncol, odaláncol; rabságban tart

acorrer [ökurrér] *2/8 tl* **1.** odafut, odasiet, segítségére siet **2.** eljön, érkezik

acorrilhar [ökurriljàr] *1/1 ts* sarokba szorít

acossar [ökuszàr] *1/15 ts* **1.** űz, hajt **2.** zaklat, szorongat, gyötör; *acossado pela fome* éhségtől gyötört

acostamento [ökustöme^{n}ntu] *m* **B 1.** járdaszegély **2.** padka **3.** leállás (az út szélén)

acostar [ökustàr] *1/15* **I.** *ts* parthoz köt, kiköt **II.** *tl* parthoz ér, lehorgonyoz **III.** **~-se** hátradől, nekidől vminek (*a, em*)

acostumado [ökustumàdu] *mn* **1.** hozzászokott; (rá)szoktatott; *bem* ~ jól nevelt; *mal* ~ neveletlen **2.** megszokott, szokásos

acostumar [ökustumàr] *1/1* **I.** *ts* hozzászoktat vmihez, rászoktat vmire (*a*) **II.** *tl*, **III.** **~-se** hozzászokik, rászokik
açoteia [öszutéjö] *f* tetőterasz
acotovelamento [ökutuvilöme^{n}ntu] *m* **1.** könyöklés **2.** tolongás, tolakodás, tülekedés
acotovelar [ökutuvilàr] *1/13* **I.** *ts* könyökével (meg)lök **II.** **~-se** könyököl; lökdös, tolakszik
açougada [öszogàdö] *f* orditozás; zsivaj
açougue [öszog] *m* **1.** húscsarnok, mészárszék, hentesüzlet **2.** vágóhíd; *átv* vérfürdő
açougeiro [öszogéjru] *m* **1.** mészáros, hentes **2.** *biz* felcser
acoutar [ökotàr] *1/1* = **acoitar**
açoutar [öszotàr] *1/1* = **açoitar**
acovardar [ökuvördàr] *1/12* = **acobardar**
acovilhar [ökuviljàr] *1/1* *ts* befogad, menedéket nyújt
A.C.P. = *Automóvel Clube de Portugal* Portugál Autóklub
acre [àkr] **I.** *mn* **1.** fanyar, csípős **2.** *átv* merev, zord, szigorú **II.** *fn, m* hold (föld)
acreditado [ökriditàdu] *mn* **1.** akkreditált, elismert **2.** megbízható, szavahihető **3.** tekintélyes
acreditar [ökriditàr] *1/1* **I.** *ts* akkreditál, elismer; **II.** *tl* hisz, bízik vmiben (*em*); *não acredito nisso* nem hiszem el, ebben nem hiszek; *ao que se acredite* amint tudni vélik; *dito, ninguem acredita* elmondva senki sem hinné el **III.** **~-se** hitelt *v* tekintélyt szerez magának
acreditável [ökriditàvèl] *mn* (el)hihető
acrescentar [ökris-sze^{n}ntàr] *1/1* *ts* **1.** hozzátesz, hozzáfűz **2.** gyarapít; felemel (fizetést) **3.** hígít (levest) **II.** **~-se** nő, gyarapodik
acrescer [ökris-szér] *2/2* **I.** *ts* növel, gyarapít **II.** *tl* hozzájárul; gyarapszik; *acresce que* azonfelül, tetejébe
acrescido [ökris-szidu] **I.** *mn* gyarapított, megnövesztett **II.** *fn, m* **1.** gyarapodás; hozzáadás **2.** *~s* járulékok, költségek; **3.** *geol:* *~s* hordalék
acréscimo [ökrès-szimu] *m* **1.** hozzáadás, növekedés; (fel)emelés **2.** fizetéskiegészítés; pótdíj
acriançado [ökrjö^{n}szàdu] *mn* gyerekes
acrimónia [ökrimònyö] *f* fanyarság; csípősség
acrimonioso [ökrimunyozu] *mn* fanyar; *átv* csípős; heves
acrisolar [ökrizulàr] *1/15* *ts* finomít, tisztít
acrobacia [ökrubösziö] *f* akrobatika, erőművészet; *~ aérea* műrepülés
acrobata [ökrubàtö] *fn* akrobata, erőművész, légtornász
acrobático [ökrubàtiku] *mn* akrobatikus; nyaktörő
acromatizar [ökrumötizàr] *1/1* *ts* színtelenít
acrópole [ökròpul] *f* fellegvár
acta [àtö] *f* **1.** jegyzőkönyv **2.** jelentés, tudósítás **3.** okirat; *~ final* záróokmány
actinia [àktinyö] *f* *növ* tündérrózsa
activa [àtivö] *f* aktíva
activação [àtivöszö^{n}u] *f* aktiválás; működtetés
activar [àtivàr] *1/1* *ts* aktivál, működésbe hoz; lendületet ad
actividade [àtividàd] *f* aktivitás, tevékenység; *~s partidárias* párttevékenység; *esfera de ~* hatósugár; hatáskör; *em ~* tényleges szolgálatban
activista [àtivistö] *mn* és *fn* aktivista
activo [àtivu] **I.** *mn* **1.** aktív, tevékeny, tetterős **2.** tényleges; *oficial em serviço ~* tényleges tiszt **II.** *fn, m* **1.** *ker* aktíva, cselekvő vagyon; *~ e passivo* követel és tartozik (oldal) **2.** *no ~* tevőlegesen
acto [àtu] *m* **1.** aktus, tett, cselekedet; *~ solene* ünnepélyes aktus *v* szertartás **2.** cselekmény; *~ juridico* jogi cselekmény **3.** (színházi) felvonás **4.** *szól:* *~ contínuo* rögtön utána, azon nyomban; *no ~ mesmo* ugyanakkor, egyszerre; *fazer ~ de presença* megjelenik, mutatja magát
actor [àtor] *m* **1.** színész **2.** részvevő
actriz [àtris] *f* színésznő
actuação [àtuöszö^{n}u] *f* **1.** cselekvés, működés; ténykedés, tevékenység **2.** hatás; hatékonyság **3.** fellépés; szereplés; *ter boa ~* jó fellépése van
actual [àtuàl] *mn* aktuális, időszerű
actualidade [àtuölidàd] *f* aktualitás, időszerűség **2.** jelen(kor) **3.** *~s* napi hírek; (mozi)híradó

actualizar [àtuölizàr] *1/1 ts* időszerűvé tesz, korszerűsít
actuar [àtuàr] *1/9* **I.** *ts* tesz, csinál **II.** *tl* **1.** hat vmire (*em, sobre*) **2.** eljár (ügyben) **3.** szerepel (színműben)
actuoso [àtuozu] *mn* aktív, tevékeny; szorgalmas
acuar [ökuàr] *1/9* **I.** *ts* sarokba szorít; harcra kényszerít **II.** *tl* megtorpan, visszahőköl
açúcar [öszukàr] *m* cukor; ~ *cristal* v *cristalizado* kristálycukor; ~ *de beterraba* répacukor; ~ *de uvas* szőlőcukor; ~ *em cubos* kockacukor; ~ *em pó* porcukor; *engenho de* ~ cukorgyár
açucarado [öszuköràdu] *mn* cukros; *átv* negédes
açucarar [öszuköràr] *1/12 ts* cukroz, édesít
açucareiro [öszukoréjru] **I.** *mn* cukor- **II.** *fn, m* cukortartó
açucena [öszuszénö] *f növ* (fehér) liliom
açudar [öszudàr] *1/1 ts* duzzaszt, gátat emel
açude [öszud] *m* duzzasztógát
acudir [ökudir] *3/12* **I.** *ts* **1.** segít, támogat **2.** kapásból válaszol, rávág **II.** *tl* **1.** odasiet, segítségére siet; ~ *à mente* eszébe jut *v* ötlik; *acudam! acode!* segítség! *Deus me acuda!* Isten, segíts! **2.** folyamodik vkihez (*a*) **3.** teljesít (kérést)
acuidade [ökujdàd] *f* **1.** élesség **2.** éleselméjűség
açular [öszulàr] *1/1 ts* uszít, ingerel, felizgat
aculeado [ökuljàdu] *mn* fullánkos; tüskés; szúrós
acúleo [ökulju] *m* fullánk; tövis, tüske (*átv* is)
acuminado [ökuminàdu] *mn* heggyel ellátott, hegyes
acumulação [ökumulöszö^{n}u] *f* felhalmoz(ód)ás
acumulador [ökumulödor] *m* akkumulátor
acumular [ökumulàr] *1/1* **I.** *ts* felhalmoz, gyűjt **II.** ~**-se** felhalmozódik, egybegyűl
acúmulo [ökumulu] *m* = **acumulação**
acunhar [ökunyàr] *1/1 ts* **1.** beékel; bepresel **2.** teletöm
acurado [ökuràdu] *mn* gondos
acusação [ökuzöszö^{n}u] *f* **1.** vád; szemrehányás **2.** igazolás (átvételről)
acusado [ökuzàdu] **I.** *mn* markáns, határozott, éles; *feições bem* ~*as* markáns arcvonások **II.** *fn* vádlott, alperes
acusador *m,* **-a** *f* [ökuzödor(ö)] *mn* és *fn* vádló; ~ *público* ügyész
acusar [ükuzàr] *1/1* **I.** *ts* **1.** vádol, bevádol, megvádol, okol; vádat emel; ~ *de traição* árulással vádol **2.** kimutat, elárul **3.** bemond (kártyajátékban) **4.** igazol (levél vételét); *acusamos o recebimento da sua carta* igazoljuk levelük vételét
acusativo [ökuzötivu] *m* tárgyeset
acusatório [ökuzötòrju] *mn* vád-, vádló
acusável [ökuzàvèl] *mn* vádolható
acústica [ökustikö] *f* akusztika
acústico [ökustiku] *mn* halló-; *tubo* ~ hallócső
acutangulado [ökutö^{n}gulàdu] *mn* hegyesszögű
acutilar [ökutilàr] *1/1 ts* **1.** szétvagdal **2.** lekaszabol **3.** felhasít
A.D. = *Anno Domini ; no ano do Senhor* az Úr . . . évében
adaga [ödàgö] *f* tőr
adágio [ödàzsju] **I.** *hat, zene:* adagio, lassan **II.** *fn, m* szólás(mód), közmondás
Adalberto [ödölbèrtu] *m* Adalbert
adamado [ödömàdu] *mn* nőies; *homem* ~ piperkőc; *vinho* ~ kontyalávaló (édes) bor
adamascado [ödömöskàdu] *mn* damasztszerű
Adão [ödö^{n}u] *m* Ádám
adaptabilidade [ödöptöbilidàd] *f* alkalmazhatóság; átformálhatóság
adaptação [ödàptöszö^{n}u] *f* átformálás, átalakítás; átdolgozás
adaptar [ödàptàr] *1/1 ts* átformál, átalakít; átdolgoz; (vmilyen célra) berendez (*a*)
adega [ödégö] *f* borospince
adegar [ödigàr] *1/4, 1/13 ts* **1.** pincébe rak, pincében tárol **2.** gyakran megy le a pincébe (inni)
adegueiro [ödigéjru] *m* pincemester
adejar [ödizsàr] *1/14 tl* lebeg, röpköd
adejo [ödézsu] *m* lebegés, röpködés
adela [ödèlö] *f* = **adeleira**
Adelaide [ödilàjd] *f* Adél
adeleira [ödiléjrö] *f* **1.** zsibárusnő **2** kerítőnő

adelgaçar [ödèlgöszàr] *1/3, 1/12* **I.** *ts* soványít, vékonyít; csökkent **II.** *tl* lesoványodik
Adélia [ödèljö] *f* Adél
adelo [ödèlu] *m* zsibárus
Adem [ödö^{n}j] *m földr* Aden
ademanes [ödimönis] *m tb* mesterkéltség, modorosság
adenda [öde^{n}ndö] *f* pótlás, toldalék, kiegészítés
adensar [öde^{n}szàr] *1/1* **I.** *ts* sűrít **II.** *tl* sűrűsödik
adentro [öde^{n}ntru] *hat* bent, be; (*de v das*) *portas* ~ bent (a házban); *pela porta* ~ a kapun át (befelé)
adepto [ödèptu] **I.** *mn* beavatott **II.** *fn* vkinek a híve, követője
adequado [ödékvàdu] *mn* megfelelő, alkalmas, célszerű
adequar [ödékvàr] *1/1 ts* mér, szab vmit vmihez (*a*)
adereçar [ödiriszàr] *1/3, 1/13 ts* **1.** elkészít (ételt) **2.** feldíszít, felcicomáz
adereço [ödirészu] *h* **1.** dísz, ékesség, cicoma **2.** lószerszám **3.** *~s* kellékek, eszközök; *~s de casa* házi bútorok *v* felszerelés
aderência [ödire^{n}szjö] *f* **1.** ragadás, tapadás; kötőképesség **2.** ragaszkodás **3.** csatlakozás (vkihez) **4.** *orv:* *~s* összenövések
aderente [ödire^{n}nt] **I.** *mn* ragadó, tapadó **II.** *fn* vkinek híve, követője
aderir [ödirir] *3/8 tl* **1.** ragad, tapad vmihez (*a*) **2.** csatlakozik, belép (pártba); előfizet vmire (*a*)
adernar [ödirnàr] *1/13 tl haj* oldalára dől
adesão [ödizö^{n}u] *f* **1.** ragadás, tapadás **2.** csatlakozás, belépés (pártba) **3.** helyeslés, rokonszenvtüntetés
adesivo [ödizivu] **I.** *mn* ragadó, tapadó **II.** *fn m* ragtapasz, leukoplaszt
adestrar [ödistràr] *1/13 ts* betanít, idomít, dresszíroz
adeus [ödéus] **I.** *fn, m* elbúcsúzás **II.** *isz* ~*!* isten vele(d)!
adeusinho [ödiuzinyu] *isz:* ~*!* a viszontlátásra!
adiáfano [ögyàfönu] *mn* nem átlátszó
adiamento [ögyöme^{n}ntu] *h* elhalasztás, elnapolás
adiantadamente [ögyö^{n}ntàdöme^{n}nt] *hat* előre; előlegezve
adiantado [ögyö^{n}ntàdu] **I.** *mn* **1.** előlegezett; *dinheiro* ~ előleg **2.** haladó; *aluno* ~ haladó tanuló **3.** előrehaladott; koraérett (gyermek); siető; ~ *na idade* hajlott korú, idős **4.** szerénytelen; szemtelen, követelődző **II.** *hat* előre, előlegként; *chegar* ~ korábban érkezik; *pagar* ~ előre fizet
adiantamento [ögyö^{n}ntöme^{n}ntu] *m* **1.** előleg(ezés) **2.** haladás **3.** sietés; sietősség **4.** előreigazítás (óráé)
adiantar [ögyö^{n}ntàr] *1/1* **I.** *ts* **1.** előretol, előreigazít; előbbre visz (*átv* is) **2.** előlegez; előre fizet **3.** megelőz *v* túlszárnyal vkit **4.** *szól:* ~ *una ideia* ötletet felvet **II.** *tl* **1.** előbbre jut, halad **2.** siet (óra) **3.** használ, jó vmire; *que é que adianta?* mire jó ez? van értelme? *isso não adianta nada* ez nem használ, ennek nincs semmi értelme **III.** *~-se* előlép, előrejön; *~-se nos anos* öregszik, megvénül **2.** korábban jön; siet (óra); **3.** elhamarkodja, túllő a célon
adiante [ögyö^{n}nt] **I.** *hat* előre; tovább; *pouco* ~ kissé tovább *v* messzebb; *pelo tempo* ~ az eljövendő időben, a jövőben **II.** *vsz* ~ *de* előtt **III.** *isz:* ~*!* előre! gyerünk! rajta!
adiar [ögyàr] *1/7 ts* **1.** elhalaszt, elnapol; halogat **2.** megbuktat (vizsgán)
adiável [ögyàvèl] *mn* elhalasztható, elnapolható
adição [ödiszö^{n}u] *f* **1.** összeadás **2.** hozzáadás, ráadás **3.** (vendéglői) számla
adicional [ödiszjunàl] **I.** *mn* járulékos, pót-; újabb, további **II.** *fn, m* pótlék
adicionar [ödiszjunàr] *1/15* **I.** *ts* összead, hozzáad **II.** *tl* **B** megsérül (ló)
adicto [öditu] *mn* **1.** vminek hódoló, szentelt; vminek rabja (*a*) **2.** (hatóságnak) alárendelt
adido [ödidu] *m* attasé; ~ *aéreo* (*comercial, militar, naval*) légügyi (kereskedelmi, katonai, haditengerészeti) attasé; ~ *de imprensa* sajtóattasé
adiposidade [ödipuzidàd] *f* kövérség
adiposo [ödipozu] *mn* kövér
aditamento [öditöme^{n}ntu] *m* pótlás, kiegészítés
aditar [öditàr] *1/1 ts* hozzáad, gyarapít
aditivo [öditivu] *mn* **1.** járulékos, pót- **2.** *mat: sinal* ~ pluszjel

ádito [àditu] *m* bejárat

adivinha [ödivinyö] *f* 1. jósnő, jövendőmondó 2. rejtvény, talány

adivinhação [ödivinyöszö^{n}u] *f* 1. jövendölés, jóslás; (meg)sejtés 2. rejtvény, talány

adivinhar [ödivinyàr] *1/1 ts* 1. jövendöl, jósol; (meg)sejt 2. felfed (titkot); kitalál, megfejt; *adivinhou!* kitalálta! eltalálta!

adivinho [ödivinyu] *m* jós, jövendőmondó

adjacência [ödzsösze^{n}szjö] *f* 1. szomszédság, közelség; 2. *~s* környék

adjacente [ödzsösze^{n}nt] *mn* határos, környező, közeli

adjecção [ödzsèszö^{n}u] *f* hozzáadás

adjectivar [ödzsètivàr] *1/1 ts* 1. *nyelvt* melléknevesít 2. jelzőkkel ékesít (stílust)

adjectivo [ödzsètivu] I. *mn* melléknévi II. *fn, m* melléknév

adjecto [ödzsètu] *mn* hozzáadott; kiegészítő

adjudicação [ödzsudiköszö^{n}u] *f* odaítélés

adjudicar [ödzsudikàr] *1/2 ts* odaítél

adjudicatário [ödzsudikötàrju] *m* 1. (díj)nyertes 2. jogosult; tulajdonos

adjunção [ödzsu^{n}szö^{n}u] *f* hozzáadás; összekapcsolás

adjunto [ödzsu^{n}ntu] I. *mn* 1. hozzáadott; csatolt 2. beosztott, kisegítő, segéd-; *professor ~* óraadó tanár II. *fn* asszisztens, (tanár)segéd

adjurar [ödzsuràr] *1/1 ts* 1. kérve kér, könyörög 2. ördögöt űz

admin. = *administrador* gondnok

administração [ödministröszö^{n}u] *f.* 1. adminisztráció, ügyintézés 2. közigazgatás 3. gondnoki hivatal 4. szolgáltatás; *~ da justiça* igazságszolgáltatás

administrador *m*, **-a** *f* [ödministrödor(ö)] *fn* igazgató, intéző; adminisztrátor; gondnok; *~ de bens* vagyonkezelő

administrar [ödministràr] *1/1 ts* 1. igazgat, intéz 2. *~ justiça* igazságot szolgáltat

administrativo [ödministrötivu] *mn* adminisztrációs, (köz)igazgatási

admiração [ödmiröszö^{n}u] *f* csodálat, csodálkozás

admirado [ödmiràdu] *mn* 1. meglepődött, csodálkozó; *ficar ~* csodálkozik 2. megcsodált

admirador *m*, **-a** *f* [ödmirödor(ö)] *mn* és *fn* csodáló

admirar [ödmiràr] *1/1* I. *ts* 1. megcsodál 2. csodálatot kelt, bámulatba ejt; *não admira que* nem meglepő, hogy II. **~-se** csodálkozik vmin (*de*)

admirativo [ödmirötivu] *mn* csodálkozó

admirável [ödmiràvèl] *mn* csodálatos

admissão [ödmiszö^{n}u] *f* 1. bebocsátás 2. felvétel 3. beismerés

admissibilidade [ödmiszibilidàd] *f* megengedhetőség

admissível [ödmiszivèl] *mn* 1. megengedhető 2. felvehető (iskolába)

admitir [ödmitir] *3/1 ts* 1. bebocsát, beenged 2. megenged; beismer 3. feltételez 4. elnéz, eltűr; *não ~* nem tűri, kikéri magának

admoestação [ödmuistöszö^{n}u] *f* megintés, figyelmeztetés

admoestar [ödmuistàr] *1/14 ts* megint, figyelmeztet

admonição [ödmuniszö^{n}u] *f* megintés, figyelmeztetés

admonitório [ödmunitòrju] *mn* intő, figyelmeztető

adm.^{or} = *admirador* tisztelő híve

adobe [ödob] *m* vályogtégla

adoçante [öduszö^{n}nt] *m* édesítőszer

adoçar [öduszàr] *1/3, 1/15 ts* 1. (meg)édesít 2. *átv* enyhít, csillapít 3. (le)köszörül

adocicado [öduszikàdu] *mn* édeskés

adocicar [öduszikàr] *1/2 ts* (kissé) megédesít

adoecer [öduiszér] *2/2 tl* megbetegszik vmiben (*de*)

adoentado [ödue^{n}ntàdu] *mn* indiszponált, gyengélkedő

adoentar [ödue^{n}ntàr] *1/1 ts* beteggé tesz

adoidado [öduidàdu] *mn* ütődött, bolond

adolescência [ödulis-sze^{n}szjö] *f* serdülőkor, ifjúkor

adolescente [ödulis-sze^{n}nt] *mn* és *fn* serdülő, ifjú, fiatal

adolescer [ödulis-szér] *2/2 tl* felserdül

Adolfo [ödolfu] *m* Adolf

adomingar-se [ödumi^{n}ngàrszi] *1/4* ünneplőbe öltözik

adopção [ödòszö^{n}u] *f* 1. adoptálás, örökbefogadás 2. befogadás, elfogadás, átvétel (*pl* szokásé)

adoptar [ödòtàr] *1/1 ts* **1.** adoptál, örökbe fogad **2.** *átv* befogad, elfogad, átvesz **3.** (rendszabályt) bevezet, alkalmaz; ~ *como base* kiindulási alapul vesz
adoptável [ödòtàvèl] *mn* elfogadható; alkalmazható
adoptivo [ödòtívu] *mn* örökbe fogadott
adoração [ödurösző^{n}u] *f* imádás, imádat, mély hódolat; *ter* ~ *por* imád vkit
adorador *m*, **-a** *f* [ödurödor(ö)] *mn* és *fn* imádó, tisztelő, hódoló
adorar [öduràr] *1/15 ts* imád, tisztel
adorável [ödurável] *mn* imádni való, gyönyörűséges
adormecer [ödurmiszér] *2/2* **I.** *ts* elaltat, álomba ringat **II.** *tl* elalszik, álomba merül
adormecido [ödurmiszidu] *mn* alvó
adormentador *m*, **-a** *f* [ödurme^{n}ntödor(ö)] *mn* altató, álomba ringató
adormentar [ödurme^{n}ntàr] *1/1* **I.** *ts* elaltat **II.** *tl* elalszik
adornar [ödurnàr] *1/15 ts* díszít, felékesít
adorno [ödornu] *m* dísz, ékesség
adot... → **adopt...**
adquirente [ödkire^{n}nt] *fn* beszerző
adquirir [ödkirir] *3/1 ts* **1.** beszerez, megszerez; *bens mal adquiridos* ebül szerzett jószág **2.** elkap (betegséget) **3.** *átv* megnyer a maga számára
adquirível [ödkirivèl] *mn* megszerezhető
adrede [ödrèd] *hat* szándékosan, készakarva
adregar [ödrigàr] *1/4, 1/13 tl* megesik, megtörténik
Adriático [ödrjàtiku] *m*: *o* ~ az Adriai-tenger
Adriana [ödrjönö] *f* Adrienne
adriça [ödriszö] *f haj* felhúzó kötél
adro [àdru] *m* templom előtti tér(ség)
adrogar [ödrugàr] *1/4, 1/15 ts jog*: jogot formál vmire **T**
adsorção [ödszursző^{n}u] *f vegy* adszorpció, elnyelés
adstringente [ödstri^{n}zse^{n}nt] *m orv* vérzéscsillapító szer
adstringir [ödstri^{n}zsir] *3/3 ts* összehúz, összenyom
adstrito [ödstritu] *mn* **1.** összehúzott **2.** ~ *a* **a)** vmivel egybekötött **b)** vmire kötelezett *v* ráutalt
aduana [öduönö] *f* vám(hivatal)
aduanar [öduönàr] *1/1 ts* elvámol
aduaneiro [öduönéjru] **I.** *mn* vám- **II.** *fn* vámtiszt
adubação [ödubösző^{n}u] *f* **1.** *mezőg* trágyázás **2.** *konyh* fűszerezés, elkészítés **3.** kikészítés (bőré)
adubar [ödubàr] *1/1 ts* **1.** *mezőg* trágyáz **2.** (ételt) fűszerez, elkészít **3.** kikészít (bőrt)
adubo [ödubu] *m* trágya; ~ *químico* műtrágya; ~ *sideral v verde* zöldtrágya
adução [ödusző^{n}u] *f* (oda)szállítás, (oda-)vezetés
aduela [öduèlö] *f* **1.** donga **2.** *ép* boltkő; **3.** *szól*: *ter uma* ~ *a v de menos* hiányzik egy kereke
adufa [ödufö] *f* **1.** zsalu(gáter) **2.** zsilip
adulação [ödulösző^{n}u] *f* hízelgés
adulador *m*, **-a** *f* [ödulödor(ö)] *mn* és *fn* hízelgő, talpnyaló
adular [ödulàr] *1/1 ts* hízeleg vkinek **T**
adulteração [ödultirösző^{n}u] *f* hamisítás (italé)
adulterado [ödultiràdu] *mn* hamisított
adulterador *m*, **-a** *f* [ödultirödor(ö)] *mn* és *fn* hamisító
adulterar [ödultiràr] *1/13 ts* **1.** (meg-)hamisít; vizez (bort, tejet) **2.** házasságtörést követ el
adulterino [ödultirinu] *mn* **1.** házasságtörő **2.** *filho* ~ házasságon kívül született gyermek **3.** hamisított; elrontott
adultério [ödultèrju] *m* **1.** (meg)hamisítás **2.** házasságtörés; *cometer* ~ házasságtörést követ el
adulter(i)oso [ödultir(j)ozu] = **adúltero**
adúltero [ödultiru] *mn* és *fn* házasságtörő
adulto [ödultu] *mn* és *fn* felnőtt
adumbrar [ödu^{n}mbràr] *1/1 ts* **1.** beárnyékol **2.** vázol, körvonalaz
adunar [ödunàr] *1/1* **I.** *ts* egyesít **II.** **~-se** összejönnek
adunco [ödu^{n}nku] *mn* görbe, kampós, horgas; *nariz* ~ horgas orr
adurente [ödure^{n}nt] **I.** *mn* maró, égető **II.** *fn*, *m* marószer
adusto [ödustu] *mn* **1.** égetett, megperzselt **2.** tüzes **3.** napbarnított
adutor *m*, **-a** *f* [ödutor(ö)] *mn* odavezető; *orv*: *músculo* ~ közelítő *v* adduktorizom

adutora [ödutorö] *f* vízcső; vízvezeték
aduzir [öduzir] *3/14 ts* **1.** odavezet **2.** *átv* felhoz, idéz
ádvena [àdvinö] *mn* és *fn* jövevény, idegen; *expressão* ~ jövevényszó
adventício [ödve^{n}ntiszju] **I.** *mn* véletlen; mellékes **II.** *mn* és *fn* **1.** jövevény, idegen, bevándorolt **2.** betolakodó
advento [ödve^{n}ntu] *h* **1.** eljövetel, érkezés **2.** *vall* ádvent
adverbial [ödvirbjàl] *mn* határozószói
advérbio [ödvèrbju] *m* határozószó
adversão [ödvirszö^{n}u] *f* ellenállás; ellenkezés **2.** ellenséges érzület **3.** intés, figyelmeztetés
adversar [ödvirszàr] *1/13 ts* ellenez
adversário [ödvirszàrju] **I.** *mn* ellenkező; ellentétes **II.** *fn* ellenfél
adversativo [ödvirszötivu] *mn* ellentétes
adversidade [ödvirszidàd] *f* balsors, balszerencse
adverso [ödvèrszu] *mn* **1.** ellentétes, ellenkező; *parte* ~*a* ellenfél; *é* ~ *a isto* ellene van **2.** balszerencsés
advertência [ödvirte^{n}szjö] *f* **1.** (meg)intés, figyelmeztetés **2.** értesítés, közlemény
advertido [ödvirtidu] *mn* óvatos, meggondolt; *mal* ~ óvatlan, meggondolatlan
advertir [ödvirtir] *3/8* **I.** *ts* **1.** int, figyelmeztet **2.** értesít **3.** észrevesz **II.** *tl*, **III.** ~**-se** felfigyel vmire (*em, de*)
advir [ödvir] *3/23 tl* **1.** megesik, történik, előfordul **2.** következik vmiből (*de*); *donde advem que* amiből az következik, hogy
adv.º = *advogado* ügyvéd
advocacia [ödvuköszlö] *f* ügyvédség, ügyvédeskedés
advocatório [ödvukötòrju] *mn* ügyvédi
advogado [ödvugàdu] *m* ügyvéd; jogtanácsos; ~ *de acusação* ügyész; ~ *de defesa* védőügyvéd
advogar [ödvugàr] *1/4, 1/15* **I.** *ts* **1.** (meg)véd (bíróságon) **2.** támogat **II.** *tl* ügyvédkedik
aeração, aeragem [öjrösző^{n}u, öjràzsö^{n}j] *f* szellőzés, szellőztetés
aéreo [öèrju] *mn* **1.** légi; *ataque* ~, *incursão* ~*a* légitámadás; *correio* ~ légiposta; *por via* ~*a* légipostával **2.** *átv* légies, könnyed; hiú, ábrándos; *projectos* ~*s* fantasztikus tervek
aerodinâmica [öèròdinömikö] *f* aerodinamika
aerodinâmico [öèròdinömiku] *mn* áramvonalas
aeródromo [öèròdrumu] *m* repülőtér
aerólito [öèròlitu] *m* meteorkő
aerómetro [öèròmitru] *m* légsűrűségmérő
aeromoça [öèrumoszö] *f rep* utaskísérő, légikisasszony
aeromoço [öèrumoszu] *m* steward, pincér, utaskísérő (hajón, repülőgépen)
aeromodelismo [öèrumudilizsmu] *m* repülőmodellezés
aeromodelista [öèrumudilistö] *fn* repülőmodellező
aeromodelo [öèrumudélu] *m* repülőmodell
aeromotor [öèrumutor] *m* szélmotor, légmotor
aeronauta [öèrunàutö] *fn* léghajós
aeronáutica [öèrunàutikö] *f* léghajózás
aeronáutico [öèrunàutiku] *mn* léghajózási
aeronave [öèrunàv] *f* léghajó
aeronavegação [öèrunövigösző^{n}u] *f* léghajózás
aeroplano [öèruplönu] *m* repülőgép
aeroporto [öèruportu] *m* légi kikötő
aeróstato [öèròstötu] *m* léggömb
aeroterapia [öèrutiröpiö] *f* levegő-gyógykezelés
aerotransportar [öèrutrö^{n}spurtàr] *1/15 ts* légi úton szállít
afã [öfö^n] *m* **1.** erőlködés, fáradozás **2.** buzgóság, szorgalom, iparkodás
afabilidade [öföbilidàd] *f* nyájasság, szívélyesség, kedvesség
afadigado [öfödigàdu] *mn* fáradt, kimerült
afadigar [öfödigàr] *1/4* **I.** *ts* kifáraszt, zaklat **II.** *tl* fáradozik, gyötrődik (munkával) **III.** ~**-se** agyondolgozza magát
afadigoso [öfödigozu] *mn* fárasztó
afagar [öfögàr] *1/4, 1/12 ts* **1.** simogat, kényeztet, dédelget; ~ *com os olhos* szeretettel nézi, gyönyörködik benne; ~ *esperanças* reményeket táplál **2.** lesimít, kisimít; legyalul
afago [öfàgu] *m* simogatás, dédelgetés
afagoso [öfögozu] *mn* hízelgő
afamado [öfömàdu] *mn* híres; *mal* ~ hírhedt

afamar [öfömàr] *1/1* I. *ts* híressé tesz II. ~**-se** híressé lesz
afanado [öfönàdu] *mn* 1. fáradt, kimerült 2. fáradságos 3. pénzzavarral küzdő
afanar-se [öfönàrszi] *1/1* agyondolgozza magát
afanoso [öfönozu] *mn* fáradságos, kimerítő
afasia [öfözíö] *f* beszédzavar
afásico [öfàziku] *mn* és *fn* beszédzavarban szenvedő
afasta! [öfàstö] *isz* vigyázat! félre az útból!
afastado [öföstàdu] *mn* távoli, félreeső; *parentes* ~*s* távoli rokonok; *manter-se* ~ távol tartja magát
afastar [öföstàr] *1/12* I. *ts* 1. eltávolít; ~ *a multidão* visszaszorítja a tömeget 2. félretol; elhárít; ~ *suspeitas* gyanut eloszlat II. ~**-se** 1. eltávozik, elmegy 2. *átv* eltávolodik; visszahúzódik
afável [öfàvèl] *mn* barátságos, nyájas, kedves vkivel (*para com*)
afazendar-se [öföziⁿndàrszi] *1/13* meggazdagodik
afazer [öfözér] *2/13* I. *ts* (hozzá)szoktat vmihez (*a*) II. ~**-se** hozzászokik, megszokja
afazeres [öfözéris] *m tb* teendők, ügyletek; ~ *caseiros* v *domésticos* házi teendők; *tenho muitos* ~ sok dolgom van
afear [öfjàr] *1/5* I. *ts* elcsúfít; elront II. *tl* megcsúnyul; elromlik
afecção [öfèszöⁿu] *f* bántalom, baj, betegség
afectação [öfètöszöⁿu] *f* modorosság; mesterkéltség
afectado [öfètàdu] *mn* modoros; mesterkélt
afectar [öfètàr] *1/1* *ts* 1. színlel, tettet 2. megtámad (betegség), sújt; *ser afectado pela fome* éhínség sújtja 3. befolyásol 4. *átv* érint, illet
afectivo [öfètivu] *mn* 1. szeretetteljes 2. érzelmi
afecto [öfètu] I. *mn* 1. szerető, gyengéd; *bem* ~ jóindulatú 2. ~ *a* vminek alárendelt, vmitől függő; *fontes* ~*as a* vmihez közel álló körök 3. ~ *de* (betegségtől) sújtott II. *fn, m* szeretet, ragaszkodás
afectuoso [öfètuozu] *mn* szerető, gyengéd; ragaszkodó
Afeganistão [öfgönistöⁿu] *m: o* ~ Afganisztán
afeição [öféjszöⁿu] *f* szeretet, ragaszkodás; *tomar* ~, *tomar-se de* ~ *por* megszeret, megkedvel vkit *v* vmit
afeiçoado [öféjszuàdu] I. *mn* 1. szerető, ragaszkodó (*a*) 2. mérték utáni, rászabott, ráillő II. *fn* jó barát
afeiçoar [öféjszuàr] *1/8* I. *ts* alakít, formál, rászab II. ~**-se** (*a, de, por*) megszeret, megkedvel vkit *v* vmit
afeito [öféjtu] I. *mmi* → **afazer** II. *mn* hozzászokott; ~ *ao trabalho* munkához szokott
afélio [öfèlju] *m csill* naptávol
aferir [öfirir] *3/8* *ts* 1. (mértéket) hitelesít 2. egybevet; ellenőriz; köböz
aferrado [öfirràdu] *mn* nyakas, csökönyös; *estar* ~ *à ideia* csökönyösen kitart ötlete mellett
aferrar [öfirràr] *1/13* I. *ts* 1. odaköt, megerősít 2. megragad, elfog 3. megtámad 4. szigonnyal eltalál (halat) II. ~**-se** *a* 1. (meg)kapaszkodik vmibe 2. csökönyösen kitart vmi mellett
aferro [öférru] *m* 1. csökönyösség 2. erős vonzalom
aferroar [öférruàr] *1/8* *ts* 1. szurkál, ösztökél, ösztönöz 2. ingerel, bosszant
aferrolhar [öférruljàr] *1/15* *ts* 1. (ajtót) elreteszel, eltorlaszol 2. bezár, lezár 3. lecsuk (tolvajt)
aferventar [öfirveⁿntàr] *1/1* *ts* felforral
afervorar [öfirvuràr] *1/15* I. *ts* felizgat, feltüzel, lelkesít II. ~**-se** tűzbe jön
afestoar [öfistuàr] *1/8* *ts* virágfűzérrel díszít
afet... → **afect...**
afiação [öfjöszöⁿu] *f* élesítés, köszörülés
afiado [öfjàdu] *mn* éles, kifent; *átv* kicsiszolt
afiador [öfjödor] *m* 1. fenőkő, fenőkészülék, fenőszíj; 2. ~ (*de facas*) köszörűs
afiambrar-se [öfjöⁿmbràrszi] *1/1* 1. piperkőc módon öltözködik 2. túlzottan udvarias *v* finomkodó
afiançado [öfjöⁿszàdu] *mn* 1. szavatolt; minőségi; ~ *por um ano* egy éves garanciával 2. lekötött, biztosított; óvadékkal rendelkező
afiançador *m*, **-a** *f* [öfjöⁿszödor(ö)] *mn* és *fn* kezes, kezeskedő

afiançar [öfjö^{n}szàr] *1/3 ts* garantál; kezeskedik *v* felel vkiért *v* vmiért T
afiar [öfjàr] *1/7 ts* élesít, kifen, köszörül
aficionado [öfiszjunàdu] *mn* és *fn* vmit kedvelő, vmiért rajongó; ~ *de futebol* futballrajongó
afidalgado [öfidölgàdu] *mn* előkelő, nemes
afidalgar [öfidölgàr] *1/4* **I.** *ts* nemesi rangra emel **II.** ~**-se** **1.** adja az előkelőt **2.** kerüli a munkát
afigurar [öfiguràr] *1/1* **I.** *ts* bemutat, ábrázol; alakít, formál **II.** ~**-se** **1.** elképzel, hisz, vél **2.** látszik, tűnik; mutatkozik; *afigura-se-me vê-lo ainda* úgy tűnik, mintha még mindig látnám
afilado [öfilàdu] *mn* **1.** vékony, nyúlánk **2.** hegyes; éles; *nariz* ~ hegyes orr
afilar [öfilàr] *1/1* **I.** *ts* **1.** élesít; soványít (→ **afiar**) **2.** (mértéket) hitelesít (→ **aferir**) **3.** uszít (kutyát, → **açular**) **II.** ~**-se** csúcsban *v* hegyben végződik
afilhada [öfiljàdö] *f* **1.** keresztlány **2.** védenc
afilhado [öfiljàdu] *m* **1.** keresztfiú **2.** védenc
afiliação [öfiljöszö^{n}u] *f* felvétel (egyesületbe, pártba)
afiliado [öfiljàdu] **I.** *mn* testvér-; *associação* ~*a* testvéregyesület **II.** *fn* (egyesületi) tag
afiliar [öfiljàr] *1/7* **I.** *ts* felvesz (a tagok sorába) **II.** ~**-se** tagja lesz
afim [öfi^n] **I.** *mn* **1.** sógorságban levő **2.** *átv* vkivel *v* vmivel rokon, vmihez hasonló, vmivel összefüggő (*a*) **II.** *fn* rokon (házasság révén)
afinação [öfinöszö^{n}u] *f* **1.** finomítás, tökéletesítés, utolsó simítás **2.** pontos beállítás (féké, motoré) **3.** behangolás; hangtisztaság **4.** *szól: chegar à* ~, *estar na* ~ ingerült, haragos
afinador [öfinödor] *m* **1.** (zongora)hangoló **2.** finommechanikus
afinal [öfinàl] *hat* végül (is), elvégre, mindent összevéve; ~ *de contas* végeredményben
afinar [öfinàr] *1/1* **I.** *ts* **1.** finomít, tökéletesít, véglegesen megformál **2.** pontosan beállít; ~ *as travões* beállítja a fékeket **3.** összehangol, összhangba hoz **4.** *biz* ingerel, izgat; ~ *a paciência a* próbára teszi vkinek a türelmét **II.** ~**-se** *biz* felingerül, megharagszik
afincado [öfi^{n}nkàdu] *mn* kitartó; makacs
afincar [öfi^{n}nkàr] *1/2* **I.** *ts* beleszúr, beledöf **II.** ~**-se** makacsul ragaszkodik vmihez, állhatatosan kitart vmi mellett (*a*)
afinco [öfi^{n}nku] *m* kitartás; *trabalhar com* ~ kitartóan *v* komolyan dolgozik
afinidade [öfinidàd] *f* **1.** komaság, sógorság **2.** rokonság (házasság révén); *irmão por* ~ féltestvér
afirmação [öfirmöszö^{n}u] *f* állítás, kijelentés
afirmar [öfirmàr] *1/1* **I.** *ts* állít, kijelent; *afirma-se que* azt beszélik, hogy **II.** ~**-se** **1.** bizonyul vmilyennek **2.** megvalósul, valóra válik **3.** megbizonyosodik vmiről (*de*)
afirmativa [öfirmötivö] *f* **1.** állítás; igenlés; *responder pela* ~ igennel válaszol **2.** állító mondat
afirmativo [öfirmötivu] *mn* helyeslő, beleegyező, igenlő; (*no*) *caso* ~ igenlő esetben
afivelar [öfivilàr] *1/13 ts* becsatol, rácsatol
afixação [öfikszöszö^{n}u] *f*: ~ *de publicidade* hirdetések felragasztása
afixar [öfikszàr] *1/1 ts* felerősít, felragaszt (hirdetést)
aflautado [öflàutàdu] *mn* fuvolaszerűen lágy (hang)
aflição [öfliszö^{n}u] *f* szomorúság, bánat; *causar* ~ bánatot okoz
afligir [öflizsir] *3/3* **I.** *ts* lesújt, elszomorít **II.** ~**-se** szomorkodik, bánkódik; *não se aflija* ne búsuljon!
aflitivo [öflitivu] *mn* **1.** a testet sújtó; *pena* ~*a* testi fenyíték **2.** kétségbeejtő; *gritos* ~*s* szívet tépő kiáltozás
aflito [öflitu] *mmi* és *mn* lesújtott; → **afligir**
afloração [öflurösző^{n}u] *f* **1.** felszínre jutás **2.** feltárás
aflorar [öfluràr] *1/15* **I.** *ts* **1.** érint, súrol **2.** egyenget, egyenletessé tesz **II.** *tl* felszínre jut, napfényre kerül; feltűnik, mutatkozik
afluência [öflue^{n}szjö] *f* **1.** (ember)áradat, tömeg; tolongás **2.** látogatók özöne, látogatottság **3.** ~ *de palavras* szóáradat
afluente [öflue^{n}nt] **I.** *mn* bőséges, gazdag **II.** *fn, m* mellékfolyó

afluir [öfluir] *3/6 tl* 1. odafolyik, odaáramlik 2. *átv* odaözönlik
afluxo [öflukszu] *m* 1. folyás, áramlás, özön 2. vértolulás
afobação [öfubösző^{n}u] *f* B sietség, kapkodás; izgalom
afobar [öfubàr] *1/15* B *biz* I. *ts* (fel)izgat II. ~**-se** (fel)izgul; siet, kapkod; *não se afobe!* ne izguljon! nyugodjék meg!
afocinhar [öfuszinyàr] *1/1* I. *ts* 1. orrával fellök *v* megtámad (állat) 2. orrával feltúr II. *tl* 1. ágaskodik, bokkol (ló) 2. orra bukik; bukdácsol (hajó)
afofar [öfufàr] *1/15 ts* fellazít; (párnát) felráz
afogadiço [öfugödiszu] *mn* 1. fuldokló 2. fullasztó
afogadilho [öfugödilju] *m* sietség; *de* ~ sebtében; *obra feita de* ~ összecsapott munka
afogado [öfugàdu] *mn* 1. vízbe fúlt; *morrer* ~ vízbe fúl 2. fullasztó, fülledt 3. *konyh* párolt; *carne* ~*a* párolt hús 4. *átv: estar* ~ (*com, em, de*) nyakig van *v* elmerül vmiben; *olhos* ~*s em lágrimas* könnybe lábadt szemek
afogar [öfugàr] *1/4, 1/15* I. *ts* 1. vízbe fullaszt 2. megfojt; ~ *as tristezas* v *os cuidados* borba fojtja bánatát 3. pörköl, párol (húst) II. ~**-se** 1. **a)** vízbe fullad, megfullad; **b)** vízbe fojtja magát 2. ~*-se de rir* majd meghal a nevetéstől; ~*-se em pouca água* minden apróságon fennakad, vihart támaszt egy pohár vízben
afogo [öfogu] *m* 1. fulladás 2. *átv* nyomás, nyomasztó érzés 3. sietség
afogueado [öfugjàdu] *mn* tüzes, lángoló, izzó; *com rosto* ~ kipirult arccal
afoguear [öfugjàr] *1/5* I. *ts* felgyújt, eléget II. ~**-se** 1. fellángol, meggyullad 2. elvörösödik; kipirul
afoitar, afoutar [öfojtàr, öfotàr] *1/1* I. *ts* (fel)bátorít II. ~**-se** vakmerősködik; merészel
afoiteza [öfojtézö] *f* vakmerőség, merészség
afoito [öfojtu] *mn* vakmerő, merész
afolhamento [öfuljöme^{n}ntu] *m* vetésforgó
afonia [öfuniö] *f orv* kóros hangtalanság
afónico, áfono [öfòniku, àfunu] *mn* hangtalan
afonsin(h)o [öfo^{n}szin(y)u] *mn: na era dos* ~*s, em tempos* ~*s* valamikor régesrégen
Afonso [öfo^{n}szu] *m* Alfonz
afora [öfòrö] I. *hat* ki, kifelé, kint; *rua* ~ ki az utcára; *por este mundo* ~ széles e világon, világszerte II. *vsz* -on kívül, kivételével
aforar [öfuràr] *1/15* I. *ts* (örök)haszonbérbe ad *v* vesz II. ~**-se** *de* v *em* kérkedik vmivel; *afora-se de fidalgo* adja az előkelőt
aforismo [öfurizsmu] *m* aforizma, szellemes mondás
aformosear [öfurmuzjàr] *1/5 ts* szépít, csinosít
aforquilhado [öfurkiljàdu] *mn* villa alakú; kettéosztott, kétágú
aforquilhar [öfurkiljàr] *1/1* I. *ts* 1. villával felszed 2. kettéhasít II. ~**-se** kettéágazik
aforrar [öfurràr] *1/15* I. *ts* 1. megtakarít 2. bélel, béléssel lát el 3. felgyűri az ingujját 4. felszabadít (rabszolgát) II. ~**-se** 1. leveti kabátját 2. könnyű ruhát vesz fel
aforro [öforru] *m* megtakarított pénz
afortunado [öfurtunàdu] *mn* szerencsés; *mal* ~ balszerencsés
afout . . . → **afoit . . .**
afrancesar [öfrö^{n}szizàr] *1/13 ts* elfranciásít; a franciákat utánozza
afreguesado [öfrègizàdu] *mn* látogatott, jól menő (bolt); *estar* ~ *com* v *em* vkinek állandó vevője
afreguesar [öfrègizàr] *1/13* I. *ts* (állandó) vevőket szerez II. ~**se** állandó vevője lesz
afretar [öfritàr] *1/13 ts* hajót bérel
África [àfrikö] *f* 1. *a* ~ Afrika; *na* ~ Afrikában; 2. *biz* hőstett; *meter uma lança em* ~ nagy hőstettet visz végbe; nehéz feladatot old meg
africanista [öfrikönistö] *fn* 1. Afrikakutató 2. olyan személy, aki Afrikában él *v* ott élt sokáig *v* ott vannak üzleti érdekeltségei
africano [öfrikönu] *mn* és *fn* afrikai; *artigos* ~*s* gyarmatáruk
afrodisíaco [öfrudiziöku] *mn* és *fn* nemi vágyat fokozó (szer)
afroi . . . → **afrou . . .**
afronta [öfro^{n}ntö] *f* sértés; gyalázat
afrontadamente [öfro^{n}ntàdöme^{n}nt] *hat* csúfosan, gyalázatosan

afrontado [öfro^{n}ntàdu] *mn* 1. (meg)sértett, meggyalázott 2. gyengélkedő; emésztési *v* légzési zavarokban szenvedő

afrontamento [öfro^{n}ntöme^{n}ntu] *m* 1. sértés 2. gyengélkedés, (betegségből eredő) hőérzet

afrontar [öfro^{n}ntàr] *1/1* I. *ts* 1. sért(eget), gyaláz 2. dacol, szembeszáll vkivel T 3. fáraszt, kimerít, gyötör II. **~-se** 1. megsértődik; felháborodik 2. szembeszáll, szembehelyezkedik; szemközt találja magát vkivel 3. gyengélkedik

afrontoso [öfro^{n}ntozu] *mn* sértő, gyalázó

afrouxar [öfrosàr] *1/1* I. *ts* 1. (meg)lazít, (ki)enged; 2. lassít; csökkent (sebességet) 3. *átv* gyengít; enyhít (fájdalmat) 4. *nép: afrouxar o garrão* v *os quartos* elpatkol II. *tl*, III. **~-se** meglazul; (el)gyengül, csökken, alábbhagy

afta [àftö] *f* afta, szájfekély

aftoso [öftozu] *mn* aftás; *febre ~a* száj- és körömfájás

afugentar [öfuzse^{n}ntàr] *1/1* *ts* megfutamít; elzavar; elriaszt; *~ as moscas* elhessegeti a legyeket

afumar [öfumàr] *1/1* *ts* 1. befüstöl 2. trágyáz

afundar [öfundàr] *1/1* I. *ts* 1. elsüllyeszt 2. kimélyít; *átv* vminek a mélyére hatol; *~ uma questão* kérdést alaposan megvizsgál II. **~-se** elsüllyed, alámerül

afunilado [öfunilàdu] *mn* tölcsér alakú

afunilar [öfunilàr] *1/1* *ts* összeszűkít

afusar [öfuzàr] *1/1* *ts* élesít, kihegyez

agá [ögà] *m* I. a *h* betű neve II. aga (török katonatiszt)

agachar [ögösàr] *1/12* I. *ts* elrejt II. **~-se** 1. leguggol, lehajol 2. megbújik, lapul 3. megalázkodik

agadanhar [ögödönyàr] *1/12* *ts* 1. karmaival megragad 2. csen, lop

agaiatar-se [ögöjötàrszi] *1/12* huncutkodik

agalegado [ögöligàdu] *mn* *átv* közönséges, durva

agaloar [ögöluàr] *1/8* *ts* paszománnyal díszít

ágape [àgöp] *m, f* 1. szeretetvendégség 2. hivatalos ebéd *v* vacsora; lakoma

agarotado [ögörutàdu] *mn* huncut(kodó)

agarradiço [ögörrödiszu] *mn* tolakodó

agarrado [ögörràdu] *mn* 1. ragaszkodó; kapaszkodó, csimpaszkodó; *amigo ~* testi-lelki jó barát; *planta ~a com o chão* kúszónövény; *~ às suas opiniões* csökönyös 2. zsugori, szűkmarkú

agarrar [ögörràr] *1/12* I. *ts* megragad, megfog, elfog; *agarra!* fogják meg! II. **~-se** megkapaszkodik; rákapaszkodik, csimpaszkodik

agasalhar [ögözöljàr] *1/12* I. *ts* 1. szívélyesen fogad, befogad; jóltart 2. melegen öltöztet, betakar; melenget; megvéd 3. *~ uma ideia* dédelget egy gondolatot II. **~-se** 1. menedékre talál; szállást vesz ki 2. melegen öltözik

agasalho [ögözàlju] *m* 1. barátságos fogadtatás 2. figyelmesség 3. meleg ruha

agastadiço [ögöstödiszu] *mn* ingerlékeny

agastado [ögöstàdu] *mn* bosszús, haragos

agastar [ögöstàr] *1/12* I. *ts* bosszant, ingerel II. *tl* elgyengül (elégtelen táplálkozástól) III. **~-se** 1. megharagszik 2. megsértődik 3. bánkódik

ágata [àgötö] *f* achát

Ágata [àgötö] *f* Ágota

agatanhar [ögötönyàr] *1/1* *ts* (meg)karmol

agaturrar [ögàturràr] *1/1* *ts* **B** megragad, elfog

agauchado [ögàusàdu] *mn* gauchószerű

agência [özse^{n}szjö] *f* 1. ügynökség, képviselet; iroda, hivatal; *~ funerária* temetkezési vállalat; *~ noticiosa* v *de notícias* hírügynökség; *~ telegráfica* távirati iroda; *~ de câmbio* pénzváltó (intézmény); *~ de colocações* v *de empregos* állásközvetítő hivatal; *~ de publicidade* reklámiroda; *~ de turismo* idegenforgalmi hivatal, utazási iroda 2. tevékenység, buzgóság

agenciar [özse^{n}szjàr] *1/6, 1/7* I. *ts* 1. beszerez, megszerez 2. megkeres, felkutat 3. közvetít; üzletet köt II. *tl* 1. ügyködik, intézkedik 2. korteskedik, házal, eljár vkinek a képviseletében III. **~-se** (meg)szerez magának, szert tesz vmire

agencioso [özse^{n}szjozu] *mn* tevékeny, aktív

agenda [özse^{n}ndö] *f* 1. tárgysorozat, napirend; program 2. határidőnapló 3. notesz, zsebkönyv

agente [özse^{n}nt] **I.** *mn* ható-, hatékony; cselekvő **II.** *fn* **1.** ügynök, közvetítő; ~ (*de policia*) rendőr; ~ *comercial* kereskedelmi ügynök, utazó; ~ *provocador* beugrató rendőrkém; ~ *de ligação* összekötő (személy); ~ *de transportes* szállítási ügynök *v* vállalkozó; ~ *de venda* eladással foglalkozó ügynök **2.** *m* hatást kiváltó tényező; ~ *transmissor* kórokozó **3.** *m* hatóerő, mozgató erő

agermanar [özsèrmönàr] *1/1 ts* összekapcsol, egybeköt

agigantado [özsigö^{n}ntàdu] *mn* óriási; hatalmas

agigantar [özsigö^{n}ntàr] *1/1 ts* (el)túloz

ágil [àzsil] *mn* ügyes; fürge

agilidade [özsilidàd] *f* ügyesség, fürgeség

ágio [àzsju] *m* **1.** ázsió, felár **2.** alkuszdíj

agiota [özsjòtö] *m* tőzsdespekuláns, üzérkedő

agiotagem [özsjutàzsö^{n}j] *f* tőzsdespekuláció; üzérkedés

agiotar [özsjutàr] *1/15 tl* spekulál; üzérkedik

agir [özsìr] *3/3 tl* **1.** cselekszik; *fazer* ~ működésbe hoz **2.** eljár (ügyben) **3.** hatást fejt ki vmire (*em*)

agitação [özsitöszö^{n}u] *f* nyugtalanság, izgalom

agitado [özsitàdu] *mn* nyugtalan; háborgó

agitador[1] [özsitödor] *m műsz* keverő edény; rázó szerkezet

agitador[2] *m*, **-a** *f* (özsitödor(ö)] **I.** *mn* és *fn* lázító bujtogató **II.** *fn* agitátor

agitar [özsitàr] *1/1* **I.** *ts* **1.** ráz, felráz, megráz; *agite antes de usar* használat előtt felrázandó **2.** nyugtalanít; (fel)izgat, lázít **3.** *szól:* ~ *uma questão* kérdést megvitat; **II.** **~-se** **1.** (ide-oda) mozog; kavarog, röpköd **2.** foglalatoskodik, serénykedik **3.** nyugtalankodik, izgul

aglomeração [öglumiröszö^{n}u] *f* **1.** felhalmoz(ód)ás, zsúfolódás **2.** csődület **3.** tömörülés; település

aglomerado [öglumiràdu] *m* **1.** *geol* agglomerátum **2.** töltőanyag; ~ *de carvão* (szén)brikett

aglomerar [öglumiràr] *1/13* **I.** *ts* (fel)halmoz; összezsúfol **II.** **~-se** felgyülemlik; *átv* tömörül

aglutinante [öglutinö^{n}nt] *m* kötőanyag; ragasztószer

aglutinar [öglutinàr] *1/1 ts* összeragaszt; egyesít

agoir . . . → **agour . . .**

agongorado [ögo^{n}nguràdu] *mn* dagályos (stílus)

agonia [öguniö] *f* **1.** agónia, haldoklás, haláltusa; *na* ~, *nas vascas da* ~ halálos ágyán **2.** gyötrődés **3.** **B** sietség

agoniado [ögunyàdu] *mn: estar v sentir-se* ~ rosszul van, szédül

agoniar [ögunyàr] *1/7* **I.** *ts* **1.** kínoz, gyötör **2.** lesújt, elszomorít **II.** **~-se** **1.** aggódik, izgul **2.** rosszul van, szédül; *agoniei-me* rosszul lettem

agonizante [ögunizö^{n}nt] *mn* és *fn* haldokló

agonizar [ögunizàr] *1/1* **I.** *ts* kínoz, gyötör **II.** *tl* agonizál, haldoklik, halálán van

agora[1] [ögòrö] *hat* most; ~ ~ **a)** éppen most **b)** most azonnal; ~ *ou nunca* most vagy soha; ~ *que* most, hogy; *de* ~ *em diante, desde* ~ mostantól kezdve; *por* ~ egyelőre; ~ *quer uma coisa,* ~ *quer outra* hol ezt akarja, hol azt; ~ *venhas,* ~ *não venhas* akár jössz, akár nem; *e* ~? na és most mi lesz? *que há* ~? most meg mi a baj? *essa v esso* ~! na de ilyet!

àgora[2] [àgòrö] *isz* valóban? hát lehetséges?

agorinha [ögurinyö] *hat* éppen az imént

Agostinho [ögustinyu] *m* Ágoston

Agosto [ögostu] *m* augusztus

agourar [ögorar] *1/1 ts* jósol, jövendöl

agoureiro [ögoréjru] **I.** *mn* ominózus, baljóslatú **II.** *fn* jós, jövendőmondó; borúlátó

agourentar [ögore^{n}ntàr] *1/1 ts* bajt jósol

agourento [ögore^{n}ntu] *mn* **1.** baljóslatú **2.** babonás

agouro [ögoru] *m* **1.** jóslat, jövendölés **2.** előjel, intő jel; *mau* ~ rossz ómen, baljóslatú jel

agraciar [ögröszjàr] *1/7 ts* **1.** megkegyelmez **2.** kegyben részesít, kitüntet; ~ *com um título* címet adományoz vkinek **T**

agraço [ögràszu] *m* **1.** éretlen szőlő **2.** savanyú bor, vinkó

agradado [ögrödàdu] *mn* **1.** megelégedett; örvendő **2.** tetsző, szívesen fogadott

agradar [ögrödàr] *1/12* **I.** *ts* jó néven vesz,

örömét leli vmiben, tetszik vmi; *isso não me agrada* ez nem tetszik nekem, ezt nem szeretem **II. ~-se** *de* örül vminek, megszeret vmit

agradável [ögrödàvèl] *mn* kellemes, tetsző; *pouco ~* nem éppen kellemes

agradecer [ögrödiszér] *2/2 ts* meghálál, megköszön, köszönetet mond *v* hálás vkinek **(T)** vmiért (*por*)

agradecido [ögrödiszidu] *mn* hálás; *mal ~* hálátlan; *muito ~!* hálásan köszönöm!

agradecimento [ögrödiszime^{n}ntu] *m* köszönet, hála; *mil ~s!* ezer köszönet! *dar ~* köszönetet mond vmiért (*por*)

agrado [ögràdu] *m* **1.** tetszés; *não é do meu ~* nem tetszik nekem, nincs ínyemre **2.** báj, kellem

agrafe, agrafo [ögràf, ögràfu] *m* **1.** *orv* kapocs **2.** iratkapocs, gemkapocs

agrário [ögràrju] *mn* mezőgazdasági, földművelési

agravação [ögrövöszö^{n}u] *f* **1.** megnehezítés **2.** súlyosbodás

agravante [ögrövö^{n}t] **I.** *mn* súlyosbító, terhelő; *testemunha ~* terhelő tanú **II.** *fn* **1.** fellebbező **2.** *f* súlyosbító körülmény

agravar [ögrövàr] *1/12* **I.** *ts* **1.** megnehezít, súlyosbít **2.** megterhel; túlterhel **3.** fellebbez **4.** megsért, megbánt **II. ~-se 1.** súlyosbodik, romlik **2.** *~-se de* panaszt emel vmi miatt

agravo [ögràvu] *m* **1.** súlyosbodás, romlás **2.** sértés, megbántás; sérelem **3.** fellebbezés

agraz [ögràs] *mn* fanyar, savanyú

agre → **acre**; **agro**

agredir [ögridir] *3/9 ts* megtámad, nekimegy

agregação [ögrigöszö^{n}u] *f* **1.** hozzáadás; kiegészítés **2.** egyesítés, tömörítés **3.** csatlakozás

agregado [ögrigàdu] *m* **1.** aggregát, gépcsoport **2.** beosztott munkaerő, segítőtárs

agregar [ögrigàr] *1/4, 1/13* **I.** *ts* **1.** hozzátesz, csatol, kiegészít **2.** egyesít, tömörít **3.** vki mellé beoszt (*a*) **II. ~-se** *a* csatlakozik vkihez

agremiação [ögrimjöszö^{n}u] *f* testület, egyesülés, (munka)közösség, érdekszövetkezet, céh

agremiado [ögrimjàdu] *fn* testület *v* közösség tagja

agremiar [ögrimjàr] *1/7 ts* összehoz, egyesít; testületet alkot

agressão [ögriszö^{n}u] *f* támadás, agresszió

agressividade [ögriszividàd] *f* **1.** kihívó viselkedés *v* modor **2.** erőszakos magatartás

agressivo [ögriszivu] *mn* **1.** kihívó; sértő **2.** erőszakos; rámenős

agressor [ögriszor] *m* agresszor, támadó fél

agreste [ögrèst] *mn* **1.** falusi **2.** durva **3.** vad(on termő); *flor ~* vadvirág

agrião [ögrjö^{n}u] *m* vízi torma

agrícola [ögrikulö] **I.** *mn* mezőgazdasági, földművelési **II.** *fn* mezőgazdász, földműves

agricultor *m*, **-a** *f* [ögrikultor(ö)] *fn* mezőgazdász, földműves; farmer

agricultura [ögrikulturö] *f* mezőgazdaság, földművelés

agridoce [ögridosz] *mn* savanyú-édes

agrilhoar [ögriljuàr] *1/8 ts* megbilincsel

agrimensor *m*, **-a** *f* [ögrime^{n}szor(ö)] *fn* geodéta, földmérő

agrimensura [ögrime^{n}szurö] *f* geodézia, földmérés

agrisalhado [ögrizöljàdu] *mn* ősz hajú

agr.º = *agradecido* hálás köszönettel

agro[1] [àgru] **I.** *mn* **1.** savanyú **2.** *átv* érdes; kemény; *castigo ~* kemény büntetés; *resposta ~a* durva válasz **II.** *fn, m* **1.** savanyú íz

agro[2] [àgru] *m* mező, szántóföld

agronomia [ögrunumiö] *f* mezőgazdaságtan

agronómico [ögrunòmiku] *mn* mezőgazdasági

agrónomo [ögrònumu] *m* mezőgazdász

agro-pecuária [ögrupikuàrjö] *f* földművelés és állattenyésztés

agro-pecuário [ögrupikuàrju] *mn* földművelési és állattenyésztési

agrupar [ögrupàr] *1/1 ts* **1.** csoportosít **2.** összefog, egyesít, tömörít

agrura [ögrurö] *f* **1.** keserű íz **2.** *átv* keserűség, baj

Ag.^{to} = *Agosto* augusztus

água [àgvö] *f* **1.** víz **2.** folyó, ár; hajó sodra; *por ~* vízi úton; **3.** eső; *~ da chuva* esővíz **4.** nyál; *fazer vir ~ à boca* étvágyat gerjeszt, ínycsiklandó **5.** izzadság; *estar todo em água* folyik róla az izzadság **6.** lék; *abrir* v *fazer* v *meter* ~ léket kap; *tapar uma* ~ léket betöm 7. átlátszóság, tisztaság (gyémánté); *de primeira* ~, *da melhor* ~ a legtisztább, a legjobb 8. ~*s* gyógyvíz, gyógyforrás; *tomar* ~*s* gyógyfürdőket vesz, ivókúrát tart 9. ~*s* vizelet; *verter* ~*s* vizel 10. magzatvíz 11. ~*s-mestras* lejtős tető; 12. *szól:* ~-*fria-na-fervura* ünneprontó; *ir nas* ~*s de* vkinek a nyomdokain halad, vkit (szolgai módon) követ; *átv: ir* v *navegar nas mesmas* ~*s* egy cipőben jár vkivel; *deitar* v *jogar* v *lançar* ~ *no mar* Dunába vizet hord; hiábavaló munkát végez; *navegar em duas* ~*s* két úrnak szolgál egyszerre, kétkulacsoskodik; *até lá muita* ~ *passará por baixo da ponte* addig még sok víz folyik le a Dunán; *sem dizer* ~-*vai* annyit sem mondott, hogy bikkmakk; *közm:* ~*s paradas são as mais fundas* lassú víz partot mos

aguaçal [ögvöszàl] *m* pocsolya

aguaceiro [ögvöszéjru] *m* zápor, égszakadás

aguacento [ögvösze^{n}ntu] *mn* mocsaras; nedves

aguada [ögvàdö] *f* 1. *haj* vízkészlet; *tomar* ~ vizet vesz fel 2. zápor 3. akvarell, vízfestmény 4. könyvkötő enyv

água-de-colónia [àgvödikulòniö] *f* kölnivíz

aguadeiro [ögvödéjru] *fn* vízhordó, vízárus

aguadilha [ögvödiljö] *f* vérsavó

aguado [ögvàdu] *mn* vízzel feleresztett, felhígított; *ficar* ~ kútba esik, füstbe megy

aguador [ögvödor] *m* öntözőkanna; locsoló készülék

água-forte [àgvöfòrt] *f* 1. választóvíz 2. rézkarc

água-fortista [àgvöfurtistö] *fn* rézkarcoló

água-furtada [àgvöfurtàdö] *f* padlásszoba, manzárd

água-marinha [àgvömörinyö] *f* akvamarin

água-pé [àgvöpè] *f* lőre, vinkó

aguar [ögvàr] *1/12* I. *ts* 1. öntöz 2. vizez, felhígít; *átv* elront; ~ *as cores* tompítja a színeket; ~ *o prazer* elrontja a jó hangulatot, ünneprontó II. ~-**se** 1. megtelik vízzel 2. folyik a nyála; *átv* eleped vki *v* vmi után (*por*)

aguardar [ögvördàr] *1/12* I. *ts* 1. vár, megvár; *aguardando a sua resposta* válaszát várva 2. betart, tiszteletben tart; ~ *as leis* betartja a törvényt, törvénytisztelő II. *tl* vár(akozik)

aguardente [ögvörde^{n}nt] *f* pálinka

água-régia [àgvörrèzsjö] *f vegy* királyvíz

aguarela [ögvörèlö] *f* akvarell; vízfesték; vízfestmény

aguarelar [ögvörilàr] *1/13 ts* vízfestékkel fest

aguarelista [ögvörilistö] *fn* akvarellfestő

aguarrás [ögvörràs] *f* terpentinolaj

aguazil [ögvözil] *m* (törvényszéki) hivatalsegéd

aguçadeira [öguszödéjrö] *f* 1. ceruzahegyező 2. fenőkő 3. aperitif, étvágygerjesztő ital

aguçado [öguszàdu] *mn* éles, hegyes

aguçar [öguszàr] *1/3 ts* 1. kifen, élesít, kiélez (*átv* is); kihegyez (ceruzát); ~ *a vista* mereven néz; feszülten figyel; (alaposan) szemügyre vesz; 2. ingerel, ösztönöz; ~ *o apetite* étvágyat csinál

agudeza [ögudézö] *f* 1. élesség, vminek hegyes volta 2. éleslátás; éleselméjűség; ~ *de espírito* szellemesség

agudo [ögudu] *mn* 1. éles, hegyes; *tornar-se* ~ kiéleződik 2. *átv* erős, metsző; *moléstia* ~*a* heveny betegség; *som* ~ magas hang; *átv* éles *v* érdes hang

Águeda [àgvidö] *f* Ágota

agueiro [ögvéjru] *m* 1. vízárok 2. ereszcsatorna, lefolyó

aguentar [ögve^{n}ntàr] *1/1* I. *ts* 1. tart, elbír, (meg)támaszt 2. kibír, elvisel; ~ *bem o vinho* jól bírja a bort II. *tl* helyt áll, kitart, vár; ellenáll; ~ *firme* megállja a sarat III. ~**se** végig kitart

aguerrido [ögirridu] *mn* harcedzett; harcias

aguerrir [ögirrir] *3/8* I. *ts* harcedzetté tesz II. ~-**se** harcedzetté lesz, megedződik

águia [àgjö] *f* sas

aguilhada [ögiljàdö] *f* ösztöke

aguilhão [ögiljö^{n}u] *m* 1. tüske; szúrós hegy 2. fullánk, tövis 3. *átv* erős vágy, kísértés; ~ *da carne* v *dos sentidos* érzéki vágy

aguilhoada [ögiljuàdö] *f* szúrás

aguilhoar [ögiljuàr] *1/8 ts* 1. (meg)szúr 2. ösztönöz, hajt

agulha [öguljö] *f* 1. tű; ~ *de cerzir* v *de passajar* stoppolótű; ~ *de coser* varrótű; ~ *de croché* horgolótű; ~ *de meia* kötőtű; *trabalho de* ~ kézimunka; *vinho* ~ csípős bor; *átv: buscar* v *procurar* ~ *em palheiro* reménytelen vállalkozásba kezd 2. ~ (*de marear*) iránytű, tájoló 3. vasúti váltó; *cabine* v *posto de* ~*s* váltóház; *acertar as* ~*s* beállítja a váltókat 4. toronycsúcs 5. ~ *ferrugenta* intrikus, besúgó

agulhada [öguljàdö] *f* tűszúrás

agulhão [öguljö^{n}u] *m* kardhal

agulhar [öguljàr] *1/1 ts* 1. szúr 2. *átv* ösztönöz, felbiztat

agulheira [öguljéjrö] *f* B horgászzsinór horoggal

agulheiro [öguljéjru] *m* 1. tűpárna, tűtartó 2. vasúti váltókezelő 3. lyuk, (szellőző)nyílás

agulheta[1] [öguljétö] *f* 1. fűzővég (*pl* cipőzsinóron) 2. *kat* vállbojt, vállszalag 3. öntözőcső csapszája *v* szórófeje 4. fúvóka (hangszeren)

agulheta[2] [öguljétö] *m* csővezető tűzoltó

ah! [à] *isz* ah! ó!

ai[1] [àj] I. *isz* 1. jaj; ~ *de mim!* jaj nekem! ~ *deles!* jaj nekik! ~ *Jesus!* uram Jézus! ~, *meu Deus!* ó Istenem! *dar* ~*s* sóhajtozik 2. ejnye! ~ *gente!* ejha! na de ilyet! II. *fn, m* 1. jaj(kiáltás); *num* ~ szempillantás alatt 2. ~*s* jajgatás

ai[2] [àj] *m áll* lajhár (*átv* is)

aí [öi] *hat* ott; *até* ~ odáig, addig; *de* ~ cnnan (→ **daí**); *por* ~ itt valahol, errefelé; ~ *pelas cinco* úgy öt óra körül; ~ *está porque* ez az oka annak, hogy; *eis* ~ hát így vagyunk! *espere* ~*!* várjon itt! várjon csak!

aia [àjö] *f* 1. dajka 2. szobalány

aiaia [öjàjö] *f* B 1. játékszer 2. gyermekruha

aiar [öjàr] *1/12 tl* jajgat

ainda [öindö] *hat* még; ~ *agora* éppen most, az imént; ~ *bem que* még jó, hogy; még szerencse, hogy; ~ *mais que* annál is inkább, mert; ~ *mal* sőt még rosszabb; *não* ~ *por cem escudos* még száz escudóért sem; ~ *quando;* ~ *que* még ha ... is; jóllehet; ~ *quando fosse verdade* még ha igaz is volna; *e* ~ és mégis; *mais* ~ sőt mi több

aio [àju] *m* 1. házitanító, nevelő 2. udvarmester, kamarás

aipo [àjpu] *m* zeller

airado [àjràdu] *mn* könnyelmű, léha

airoso [àjrozu] *mn* 1. csinos, jóvágású, elegáns 2. udvarias, előzékeny 3. méltóságteljes

aiveca [àjvèkö] *f* ekevas

ajaezar [özsöizàr] *1/13 ts* 1. felkantároz 2. (fel)díszít, ékesít

ajanotar-se [özsönutàrszi] *1/15* jampecosan öltözködik

ajantarado [özsö^{n}ntöràdu] *mn* ebédnek (is) beillő; *almoço* ~ kiadós villásreggeli *v* ebéd

ajardinar [özsördinàr] *1/1 tl* kertté alakít át, beültet

ajeitado [özséjtàdu] *mn* 1. elrendezett, rendes, szép 2. megfelelő, odaillő

ajeitar [özséjtàr] *1/1* I. *ts* 1. elrendez, rendbe szed; kisímít 2. előkészít, alkalmassá tesz II. ~**-se** 1. igazodik vmihez (*a*) 2. beéri vmivel, belenyugszik vmibe (*com*)

ajoelhado [özsuiljàdu] *mn* és *hat* térden állva

ajoelhar-se [özsuiljàrszi] *1/14* letérdel

ajornalar [özsurnölàr] *1/12* I. *ts* leszerződtet, felfogad II. ~**-se** leszerződik, munkába áll

ajoujar [özsozsàr] *1/1 ts* 1. igába fog; összeköt 2. *átv* leigáz, elnyom

ajuda [özsudö] *f* 1. segítség; ~ *de custo* térítés, napidíj; *com a* ~ *de* vkinek a segítségével; *dar uma* ~, *prestar* ~ *a* segítséget nyújt vkinek; *ir em* ~ *de* segítségére siet 2. (*m, f*) segítőtárs, segéd, asszisztens

ajudante [özsudö^{n}nt] *fn* 1. segítőtárs, asszisztens; ~ *de cartório* írnok, irodatiszt; ~ *de cozinha* kukta 2. ~ (*de campo*) adjutáns, segédtiszt 3. ~ (*de missa*) ministráns

ajudar [özsudàr] *1/1* I. *ts* segít, támogat, előmozdít; ~ *à missa* ministrál; *ajuda-me a fazer isso* segíts nekem ezt megcsinálni II. ~**-se** segít magán, felhasznál vmit (*de*); ~*-se de pés e mãos* minden követ megmozgat (saját érdekében); *eles ajudam-se* segítenek egymásnak; *közm: ajuda-te, que Deus te ajudará* segíts magadon, az isten is megsegít

ajuizado [özsuizàdu] *mn* értelmes, józan

ajuizar [özsuizàr] *1/10* **I.** *ts* **1.** megítél vmit, véleményt alkot vmiről **T 2.** bíróság elé visz **3.** kijózanít, észre térít **II.** **~-se 1.** kijózanodik, észre tér **2.** *~-se de, sobre* ítéletet alkot magának vmiről

ajuntadeira [özsu^{n}tödéjrö] *f* cipővarrónő

ajuntamento [özsu^{n}ntöme^{n}ntu] *m* gyülekezet; csődület

ajuntar [özsu^{n}ntàr] *1/1* → **juntar**

ajuramentar [özsuröme^{n}ntàr] *1/1* **I.** *ts* megesket, felesket **II.** **~-se** megesküszik, felesküszik

ajustado [özsustàdu] **I.** *mn* rászabott; *~ ao corpo* testére szabott; → **ajustar** **II.** *fn, m* megegyezés, megállapodás; *ir pelo ~* a megállapodáshoz tartja magát; *não faltar ao ~* nem szegi meg az egyezményt

ajustador [özsustödor] *m* beigazító (szerelő *v* gép)

ajustagem [özsustàzsö^{n}j] *f* beigazítás, beállítás

ajustar [özsustàr] *1/1* **I.** *ts* **1.** beigazít, beállít (gépet) **2.** rászab (ruhát) **3.** rendbe hoz, elrendez **4.** kifizet (számlát), visszafizet (adósságot); *eu tenho contas a ~ contigo* van veled egy kis elszámolni valóm **5.** megköt (alkut, egyezményt) **6.** szerződtet, felvesz (munkaerőt), megbíz (munkával) **II.** *tl* ráillik, feszesen áll rajta (ruha) **III.** **~-se 1.** megegyezik vkivel; *~-se no preço* megegyeznek az árban **2.** leszerződik **3.** belenyugszik vmibe, igazodik vmihez (*com*)

ajuste [özsust] *m* **1.** beigazítás, beállítás **2.** megegyezés, megállapodás; *~ comercial* kereskedelmi egyezmény **3.** *~ de contas* elszámolás; *átv* leszámolás

ajutório [özsutòrju] *m* **B 1.** segítség, kisegítés **2.** kaláka, önkéntes munkaközösség

AL = *Alagoas* (brazil állam)

Al. = *alameda* fasor, körút

ala [àlö] **I.** *fn, f* **1.** szárny (épületé, hadseregé) **2.** sorfal; *abrir* v *fazer* v *formar ~s* sorfalat állít **3.** *sp: ~ direita* jobbszárny, jobbszél; *~ esquerda* balszárny, balszél **II.** *isz* **1.** gyerünk! iszkolás! **2.** *~ arriba!* hórukk!

Alá [ölà] *m* Allah

alabarda [ölöbàrdö] *f* alabárd

alabardeiro [ölöbördéjru] *m* alabárdos

alabar-se [ölöbàrszi] *1/12* kérkedik, henceg

alabastrino [ölöböstrinu] *mn* alabástrom(szerű)

alabastro [ölöbàstru] *m* alabástrom

alacaiar [ölököjàr] *1/12 ts* lakáj módjára kiszolgál

álacre [àlökr] *mn* **1.** derűs, jókedvű, vidám **2.** fürge, eleven, élénk; serény

alacridade [ölökridàd] *f* **1.** vidámság, jókedv **2.** lelkesedés

alado [ölàdu] *mn* szárnyas

alagadiço [ölögödiszu] *mn* mocsaras

alagado [ölögàdu] **I.** *mn* elárasztott; csuromvizes **II.** *fn, m* mocsár; zöldár

alagar [ölögàr] *1/4, 1/12* **I.** *ts* **1.** eláraszt **2.** *átv* elmos, elpusztít **II.** **~-se 1.** víz alá kerül **2.** elmerül (*átv* is)

alamar [ölömàr] *m* paszomány, zsinórdísz, sujtás

alamarado [ölömöràdu] *mn* zsinórral szegélyezett

alambazado [ölö^{n}mbözàdu] *mn* **1.** falánk **2.** kövér, elhízott

alambazar-se [ölö^{n}mbözàrszi] *1/12* telezabálja magát

alambicado [ölö^{n}mbikàdu] *mn* kifinomult; *estilo ~* cikornyás stílus

alambicar [ölö^{n}mbikàr] *1/2* **I.** *ts* **1.** desztillál, finomít **2.** *átv* kicsiszol, aprólékosan kidolgoz **II.** **~-se** pózol, affektál

alambique [ölö^{n}mbik] *m* lombik

alameda [ölömèdö] *f* fasor, sétány

álamo [àlömu] *m* nyárfa

alancear [ölö^{n}szjàr] *1/5 ts* **1.** lándzsával megdöf **2.** *átv* megsért, megbánt **3.** felbujt, uszít

alandroal [ölö^{n}druàl] *m* oleander- *v* babérrózsa-liget

alanhar [ölönyàr] *1/1 ts* **1.** felhasít, feltép **2.** kibelez (halat) **3.** *átv* mélyen megbánt

alano [ölönu] *m* **1.** alán (ember) **2.** → **alão**

alanzoar [ölö^{n}zuàr] *1/8 tl* halandzsázik, fecseg, mellébeszél

alão (*tb: -ãos, -ães, -ões*) [ölö^{n}u, -ö^{n}us, -ö^{n}js, -o^{n}js] *m* szelindek

alap(ard)ar-se [ölöp(örd)àrszi] *1/12* elbújik, elrejtőzik

alar [ölàr] *1/1* **I.** *ts* **1.** felemel, felhúz (vitorlát, zászlót) **2.** *átv* szárnyat ad, sarkall **II.** **~-se** szárnyra kap, szárnyal; lebeg

alaranjado [ölörö^{n}zsàdu] *mn* narancsszínű
alarde [ölàrd] *m* kérkedés, hencegés; *fazer ~ de* kérkedik, henceg vmivel
alardear [ölördjàr] *1/5 ts* kérkedik, henceg
alargar [ölörgàr] *1/4, 1/12* **I.** *ts* **1.** kitágít, kiszélesít; kinyújt, meghosszabbít; *~ o passo* meggyorsítja lépteit **2.** meglazít; kienged (nadrágszíjat, ruhát); *~ a bolsa* erszényébe nyúl (hogy adakozzék); *~ a lingua* elereszti a nyelvét; *~ as rédeas* megereszti a gyeplőt (*átv* is) **II.** *tl*, **III.** **~-se 1.** kitágul, kiszélesedik; kinyúlik **2.** költekezik **3.** kiönti a szívét vkinek (*com*)
alarido [ölöridu] *m* kiabálás, lárma, zaj, hűhó
alarma [ölàrmö] *f* → **alarme**
alarmante [ölörmö^{n}nt] *mn* nyugtalanító
alarmar [ölörmàr] *1/12* **I.** *ts* **1.** riaszt **2.** nyugtalanít, (fel)izgat **II.** **~-se** nyugtalankodik, (fel)izgul
alarme [ölàrm] *m* **1.** riadó, riasztás; *falso ~* vaklárma; *sinal de ~* vészfék; vészcsengő; *dar ~* vészjelzést ad, fellármáz **2.** nyugtalanság, izgalom
alarmista [ölörmistö] *fn* rémlátó, vészmadár
alarvado [ölörvàdu] *mn* faragatlan, durva
alarve [ölàrv] *m* **1.** faragatlan, durva ember **2.** nagybélű, falánk ember
alastrar [ölöstràr] *1/12* **I.** *ts* **1.** nehezékkel, ballaszttal ellát (hajót) **2.** teleszór; befed **II.** *tl*, **III.** **~-se** terjed, elharapódzik (járvány, tűz)
alaúde [ölöud] *m* lant
alavanca [ölövö^{n}nkö] *f* emelő(rúd), emeltyű; *~ manual* hajtókar, kurbli; *~ de comando* kormányrúd; *~ de ferro* feszítővas; *~ de mudanças* sebességváltó karja
alavercar [ölövirkàr] *1/2, 1/13* **I.** *ts* megaláz **II.** **~-se** megalázkodik
alazão [ölözö^{n}u] *m* (*cavalo*) *~* vörössárga ló
albanês *m*, **albanesa** *f* [àlbönés, -**nézö**] *mn* és *fn* albán
Albânia [àlbönyö] *f* Albánia
albarda [àlbàrdö] *f* **1.** málhanyereg **2.** formátlan kabát
albardão [àlbördö^{n}u] *m* **1.** málhanyereg **2.** B hegylánc; hegynyereg
albardar [àlbördàr] *1/12 ts* **1.** felrakja a málhanyerget **2.** tojásban meghengerget (ételt) **3.** kontármunkát végez, „eltol" vmit
albardeiro [albördéjru] *m* **1.** málhanyereg-készítő **2.** kontár; rossz szabó
albatroz [àlbötros] *m* albatrosz, viharmadár
alberca [àlbèrkö] *f* víztartály, víztároló
albergar [àlbirgàr] *1/4, 1/13* **I.** *ts* elszállásol; menedéket nyújt **II.** *tl* lakik vhol **III.** **~-se** szállásra talál
albergaria [àlbirgöriö] *f* → **albergue**
albergue [àlbèrg] *m* szállás, fogadó; menedékház; *~ nocturno* éjszakai szállás; *~ para jovens* diákszálló
albergueiro [àlbirgéjru] *m* fogadós, vendéglős
Alberto [àlbèrtu] *m* Albert
albornoz [àlburnòs] *m* burnusz, arab köpönyeg
albricoque [àlbrikòk] *m* sárgabarack
albricoqueiro [àlbrikukéjru] *m* sárgabarackfa
albufeira [àlbuféjrö] *f* **1.** lagúna **2.** víztároló medence
álbum [àlbu^n] *m* album
albumina [àlbuminö] *f* albumin, fehérje
albuminado [àlbuminàdu] *mn* fehérjetartalmú
albuminoso [àlbuminozu] *mn* → **albuminado**
albuminúria [àlbuminurjö] *f* fehérjevizelés
alburno [àlburnu] *m* szíjács
alça [àlszö] *f* **1.** nadrágtartó **2.** fogantyú, fül **3.** *~* (*de mira*) célgömb, nézőke
alcáçar [àlkàször] *m* (arab) vár, erőd; palota
alcácel [àlkàszèl] *m* zöldtakarmány
alcácer [àlkàszèr] *m* → **alcáçar**
alcachofra [àlkösòfrö] *f* articsóka
alcáçova [àlkàszuvö] *f* vár, erőd
alcaçuz [àlköszus] *m* *növ* édesgyökér
alçada [àlszàdö] *f* hatáskör, illetékesség; *isso não é da minha ~, isso está fora da minha ~* ez nem tartozik rám, ez hatáskörömön kívül fekszik
alçado [àlszàdu] *m* függőleges vetület
alcaide [àlkàjd] *m* **1.** (spanyol) polgármester, falusi bíró; *tem pai ~* gazdag apja van; befolyásos protektora van **2.** bírósági segédtiszt; börtönőr **3.** csúnya ember **4.** hitvány gebe **5.** haszontalan portéka, poros áru

álcali [àlköli] *m vegy* alkáli
alcalino [àlkölinu] *mn* alkalikus, lúgos vegyi hatású; *sal* ~ alkálisó
alcalóide [àlkölòjd] *m* alkaloid
alcançadiço [àlkö^n szödiszu] *mn* könnyen elérhető
alcançar [àlkö^n szàr] *1/3* **I.** *ts* **1.** elér, utolér; ~ *o seu fim* eléri célját; *até onde a vista alcança* ameddig a szem ellát; ~ *alguém nas contas* sikkasztáson ér vkit **2.** elnyer, megkap; ~ *o emprego* elnyeri az állást **3.** megért, felfog; ~ *por experiência* tapasztalatból tudja **4.** sikkaszt; *o tesoureiro alcançou-se cem contos* a pénztáros száz contót sikkasztott **II.** *tl* (el)ér vmeddig, sikerül elérni; *não alcança a fazé-lo* nem tudja megcsinálni **III.** ~**-se** egymást követik
alcançável [àlkö^n szàvèl] *mn* elérhető
alcance [àlkö^n sz] *m* **1.** elérés, utolérés; **2.** hatótávolság, lőtávolság, hallótávolság, látótávolság; ~ *visual* látóképesség; *ao* ~ *de todos* mindenki számára elérhető *v* érthető; *de (grande)* ~ messzehordó, nagy hatósugarú; távolsági; *átv* nagy horderejű, nagy jelentőségű; *estar ao* ~ *de* keze ügyében van, elérheti; *estar fora do* ~ nem érhető el; fel nem fogható; *ir no* ~ *de* nyomon követ vkit; vkinek a nyomában halad (*átv* is); *pôr ao* ~ *de* vki számára hozzáférhetővé tesz **3.** deficit, pénztári hiány
alcandorado [àlkö^n nduràdu] *mn* **1.** magas, magasan fekvő **2.** magasztos, fennkölt
alcandorar-se [àlkö^n nduràrszi] *1/15* **1.** felül, rászáll (*pl* madár a magas ágra) **2.** *átv* felemelkedik
alcantil [àlkö^n ntil] *m* **1.** meredek part, szakadék, szurdok **2.** meredek szikla
alcantilado, alcantiloso [àlkö^n ntilàdu, -lozu] *mn* meredek
alçapão [àlszöpö^n u] *m* **1.** csapóajtó **2.** csapda **3.** (nadrág)slicc
alcaparra [àlköpàrrö] *f növ* kápri(bogyó)
alçapé [àlszöpè] *m* hurok (madárfogáshoz)
alça-perna [àlszöpèrnö] *f* gáncs(olás)
alçaprema [àlszöprémö] *f* **1.** emelőrúd **2.** foghúzó fogó
alçapremar [àlszöprimàr] *1/13 ts* (emelőrúddal) felemel
alçar [àlszàr] *1/3* **I.** *ts* **1.** felemel, a magasba emel; ~ *mão de* **a)** leveszi a kezét vkiről **b)** abbahagy vmit **2.** felállít, létesít **3.** *átv* kiemel, kitüntet; ~ *a fama* dicsőségét zengi; ~ *a general* tábornoki rangra emel **II.** ~**-se** **1.** felemelkedik, felszáll **2.** fellázad
alcaravão [àlkörövö^n u] *m áll* bölömbika
alcaravia [àlkörövlö] *f* (réti) kömény
alcateia [àlkötéjö] *f* falka, csapat, banda; *estar de* ~ lesben *v* résen áll
alcatifa [àlkötifö] *f* szőnyeg
alcatifar [àlkötifàr] *1/1 ts* szőnyeggel borít *v* befed
alcatra [àlkàtrö] *f* bélszín, vesepecsenye
alcatrão [àlkötrö^n u] *m* kátrány
alcatroado [àlkötruàdu] *mn* **1.** kátrányos; *papelão* ~ kátránypapír; *sabonete* ~ kátrányszappan **2.** aszfaltozott
alcatroar [àlkötruàr] *1/8 ts* **1.** (be)kátrányoz **2.**aszfaltoz
alcatruz [àlkötrus] *m* veder (kotrógépen)
alce [àlsz] *m* jávorszarvas
alcião [àlszjö^n u] *m* jégmadár
alcofa [àlkofö] **1.** *f* (füles) kosár **2.** *m, f* kerítő(nő)
alcoice [àlkojsz] *m* = **alcouce**
álcool [àlkuòl] *m* alkohol, szesz; ~ *vinico* borszesz
alcoólatra [àlkuòlötrö] *fn* alkoholista
alcoólico [àlkuòliku] **I.** *mn* szeszes **II.** *fn* alkoholista
alcoolismo [àlkuulizsmu] *m* alkoholizmus
alcoolizado [àlkuulizàdu] *mn* ittas, részeg
alcoolizar [àlkuulizàr] *1/1* **I.** *ts* szeszesít, szesszel vegyít **II.** ~**-se** leissza magát, lerészegedik
alcorão [àlkurö^n u] *m* korán (mohamedánok szent könyve)
alcorça [àlkorszö] *f* cukormáz, cukorbevonat
alcouce [àlkosz] *m* bordélyház
alcova [àlkovö] *f* hálófülke
alcovitar [àlkuvitàr] *1/1* **I.** *ts* elcsábít, kerít (nőket) **II.** *tl* intrikál, ármánykodik
alcovit(eir)ice [àlkuvit(éjr)isz] *f* **1.** kerítés (nőké) **2.** intrika, ármánykodás
alcoviteiro *m,* **-a** *f* [àlkuvitéjru, -ö] **1.** kerítő(nő) **2.** intrikus, ármánykodó
alcunha [àlkunyö] *f* gúnynév

alcunhar [àlkunyàr] *1/1 ts* gúnynevet ad vkinek **T**

aldeano [àldiönu] *mn* és *fn* falusi, paraszt

aldeão *m*, **aldeã** *f* [àldjö^{n}u, àldjö^{n}] = **aldeano**

aldeia [àldéjö] *f* falu; *na* ~ vidéken; *para a* ~ vidékre

aldeola [àldjòlö] *f* falucska, tanya

aldraba [àldràbö] *f* **1.** ajtóretesz; kilincs **2.** ajtókopogtató

aldrabada [àldröbàdö] *f* kopogtatás (ajtón)

aldrabão[1] [àldröbö^{n}u] *m* nagy ajtóretesz

aldrabão[2] *m*, **aldrabona** *f* [àldröbö^{n}u, -bonö] *fn* kontár; csaló

aldrabar [àldröbàr] *1/12* **I.** *ts* **1.** bezár, elreteszel **2.** bekopog **3.** kontármunkát végez **II.** *tl* hazudozik, szélhámoskodik

aldrabice [àldröbisz] *f* **1.** kontármunka **2.** szélhámoskodás

aldrav . . . → **aldrab . . .**

aleatório [öliötòrju] *mn* kockázatos, bizonytalan

alecrim [ölikri^{n}] *m* rozmaring

alegação [öligiszö^{n}u] *f* **1.** állítás; bizonyítás **2.** megokolás, indokolás **3.** *jog* védőbeszéd **4.** ürügy

alegar [öligàr] *1/4, 1/13 ts* **1.** felhoz, felsorakoztat (érveket, okokat) **2.** hivatkozik vmire **T,** idéz **3.** előhoz, érvel; állít, bizonygat

alegoria [öligurìö] *f* allegória

alegórico [öligòriku] *mn* allegorikus, képletes

alegorizar [öligurizàr] *1/1 ts* allegóriával fejez ki

alegrão [öligrö^{n}u] *m* nagy öröm, vígasság

alegrar [öligràr] *1/4, 1/13* **I.** *ts* **1.** megörvendeztet, jókedvre hangol, felderít; *isso me alegra* ennek örülök; *muito me alegra saber que está de boa saúde* nagyon örülök, hogy jó egészségben van **2.** felüdít, felfrissít **II.** **~-se** **1.** örül vminek (*em, com, de*) **2.** *biz* felönt a garatra

alegre [ölègr] *mn* **1.** vidám, víg, jókedvű; *uma notícia* ~ kellemes hír; *festas ~s!* boldog ünnepeket! **2.** becsípett

alegrete[1] [öligrét] *mn* **1.** vidám **2.** becsípett

alegrete[2] [öligrét] *m* virágágy; virágedény

alegria [öligriö] *f* öröm, jókedv, vidámság, vígadozás; *não se conter de* ~ nem tud hova lenni örömében

alegro [ölègru] *m zene* allegro, élénken

aleia [öléjö] *f* fasor, sétány

aleijado [öléjzsàdu] *mn* és *fn* nyomorék

aleijão [öléjzsö^{n}u] *m* testi fogyatékosság

aleijar [öléjzsàr] *1/1* **I.** *ts* nyomorékká tesz, megnyomorít (*átv* is) **II.** **~-se** megsérül

aleiloar [öléjluàr] *1/8* → **leiloar**

aleitar [öléjtàr] *1/1 ts* tejjel táplál

aleive [öléjv] *m* **1.** rágalom, rágalmazás **2.** hitszegés; árulás

aleivosia [öléjvuziö] *f* hitszegés, árulás

aleivoso [öléjvozu] *mn* hitszegő, álnok

Aleixo [öléjsu] *m* Elek

aleluia [ölilujö] *f* alleluja, örömujjongás; *Sábado de* ~ nagyszombat

além [ölö^{n}j] **I.** *hat* odaát; mögötte; *ir* ~ tovább megy (*átv* is); *nadar* ~ átúszik (a másik partra); *passar* ~ átsiklik vmin **T,** mellőz; *é uma coisa por aí* ~ rendkívüli dolog **II.** *vsz* ~ *de* **1.** -on át, -on túl; ~ *do esperado* várakozáson felül; ~ *do mar* a tengeren túl; ~ *de setenta* a hetvenen túl; *isso está* ~ *das suas forças* ez meghaladja erejét **2.** -on kívül; ~ *de que,* ~ *disso,* ~ *disto,* ~ *do mais* azonkívül; ~ *de tudo* mindenekelőtt, elsősorban **III.** *fn, m* másvilág, túlvilág; *no* ~ a másvilágon

alemã [ölima^{n}] *f* → **alemão**

Alemanha [ölimönyö] *f* Németország; *a* ~ *Oriental* (*Ocidental*) Kelet- (Nyugat-) Németország

alemão *m*, **alemã** *f* (*tb: alemães, -ãs*) [ölimö^{n}u, -mö^{n}, -mö^{n}js, -ö^{n}s] *mn* és *fn* német

além-mar [ölö^{n}jmàr] **I.** *hat* a tengeren túl **II.** *fn, o* ~ a tengerentúl

além-mundo [ölö^{n}jmun^{n}du] *m* túlvilág

alentado [ölè^{n}ntàdu] *mn* erős; bátor, merész

alentador *m*, **-a** *f* [ölè^{n}ntödor(ö)] **I.** *mn* és *fn* lelkesítő **II.** *fn* kultúrfelelős

alentar [ölè^{n}ntàr] *1/1* **I.** *ts* bátorít, lelkesít **II.** *tl* lélegzik; liheg **III.** **~-se** nekibátorodik

alentecer [ölè^{n}ntiszér] *2/2 tl* lelassul, meglassul

alentejano [ölè^{n}ntizsönu] *mn* és *fn* Alentejo-ból való

alento [ölè^{n}ntu] *m* **1.** lélegzet, lehelet;

lutar até o último ~ utolsó leheletéig harcol; *tomar* ~ lélegzetet vesz, fellélegzik 2. bátorság, erő; *cobrar* ~ bátorságot *v* erőt merít; *dar* ~ lelkesít, ösztönöz

alergia [ölirzsiö] *f* allergia, túlérzékenység

alérgico [ölèrzsiku] *mn* allergiás, túlérzékeny

alerta [ölèrtö] **I.** *mn* éber, őrködő **II.** *hat* éberen, résen állva, készenlétben **III.** *fn, m* riadó; készültség; *tocar* ~ riadót fúj **IV.** *isz:* ~! vigyázat!

alertar [ölèrtàr] *1/1 ts* riaszt

alestar [ölistàr] *1/13 ts* **1.** elkészít, rendbe hoz **2.** gyorsabbá tesz, megkönnyít

aleta [ölétö] *f* **1.** szárnyacska **2.** orrcimpa

aletria [ölitriö] *f* finommetélt (tészta)

alevim, alevino [ölivi^n, -inu] *m* **B** kis hal; halembrió

Alexandre [ölisö^{n}ndr] *m* Sándor

alfa [àlfö] *m* alfa (görög betű); ~ *e ómega* alfa és ómega, kezdete és vége

alfabetar [àlföbitàr] *1/13 ts* **1.** betűrendbe szed **2.** betűvel megjelöl

alfabético [àlföbètiku] *mn* betűrendes

alfabetizar [àlföbitizàr] *1/1 ts* megtanít írni és olvasni

alfabeto [àlföbètu] *m* **1.** ábécé **2.** ábécéskönyv

alface [àlfàsz] *f* fejes saláta

alfacinha [àlföszinyö] *f* **1.** zsenge saláta **2.** lisszaboni (gúnynév)

alfafa [àlfàfö] *f* **B** lucerna

alfafal [àlföfàl] *m* lucernás

alfaia [àlfàjö] *f* **1.** felszerelés, szerszám; eszköz; ~*s agrícolas* mezőgazdasági eszközök **2.** ~*s* ékszerek, dísz

alfaiar [àlföjàr] *1/12 ts* díszít, ékesít

alfaiataria [àlföjötöriö] *f* szabóság; ~ *sob medida* mérték utáni szabóság

alfaiate [àlföjàt] *m* szabó

alfândega [àlfö^{n}ndigö] *f* vám(hivatal); *pauta* v *tarifa* v *taxa de* ~ vámtarifa

alfandegagem [alfö^{n}ndigàzsö^{n}j] *f* vámkezelés

alfandegar [àlfö^{n}ndigàr] *1/4, 1/13 ts* vámkezel

alfandegário [àlfö^{n}ndigàrju] **I.** *mn* vám- **II.** *fn* vámtiszt

alfanje [àlfö^{n}zs] *m* görbe kard

alfarrábio [àlförràbju] *m* régi nagy alakú könyv, salabakter

alfarrabista [àlförröbistö] *m* antikvárius

alfarroba [àlförrobö] *f* szentjánoskenyér

alfarrobeira [àlförrubéjrö] *f* szentjánoskenyér-fa

alfavaca [àlföváкö] *f* bazsalikom; ~ *do campo* pereszlény, borsfű

alfazema [àlfözémö] *f* levendula

alféloa [àlfèluö] *f* cukorkaféle; *ser de* ~ kényeskedő

alfenim [alfini^n] *m* **1.** mandulás cukorka **2.** *átv* nebáncsvirág

alfeninar-se [àlfininàrszi] *1/1* **1.** elnőiesedik **2.** finnyáskodik

alferce [àlfèrsz] *m* kapa

alferes [àlfèris] *m* zászlós; *fazer pé de* ~ udvarol, csapja a szelet

alfinetada [àlfinitàdö] *f* tűszúrás (*átv* is)

alfinetar [àlfinitàr] *1/13 ts* **1.** feltüzdel, tűvel odaerősít **2.** tűvel megszúr; *átv* szurkál, piszkál

alfinete [àlfinét] *m* **1.** gombostű; kalaptű; ~ *de ama* v *de dama* v *de fralda* v *de gancho* v *de mola* v *de passador* v *de segurança* biztosítótű; ~ *de gravata* nyakkendőtű; ~ *de peito* melltű **2.** ~*s* tűpénz

alfineteira [àlfinitéjrö] *f* tűpárna, tűdoboz

alfobre [àlfobr] *m* melegágy

alfombra [àlfo^{n}mbrö] *f* szőnyeg; gyepszőnyeg

alfombrar [àlfo^{n}mbràr] *1/1* → **alcatifar**

alforjada [àlfurzsàdö] *f* zsákravaló, zsákba férő mennyiség

alforjar [àlfurzsàr] *1/15 ts* zsákba rak *v* tölt

alforje [àlforzs] *m* (nyereg)zsák, tarisznya; *a* ~*s* zsákszámra

alforra [àlforrö] *f* üszög (növénybetegség)

alforria [àlfurriö] *f* rabszolga felszabadítása; *dar carta de* ~ szabadon bocsát

alforriar [àlfurrjàr] *1/7 ts* felszabadít (rabszolgát)

Alfredo [àlfrèdu] *m* Alfréd

alfurja [àlfurzsö] *f* rablófészek; lebuj

alga [àlgö] *f* alga, moszat, tengeri hínár

algália [àlgàljö] *f* **I.** *orv* katéter **II.** *áll* **1.** cibetmacska **2.** pézsmapocok

algaliar [àlgöljàr] *1/7 ts orv* katéterez

algar [àlgàr] *m* **1.** barlang **2.** szakadék

algaravia [àlgöröviö] *f* arab nyelv; *átv* zagyva beszéd

algaraviada [àlgörövjàdö] *f* hangzavar; kiabálás

algaraviar [àlgörövjàr] *1/7 ts* zagyvaságot beszél *v* ír
algarismo [àlgörizsmu] *m* számjegy
algazarra [àlgözàrrö] *f* lárma, zsivaj, ordítozás
álgebra [àlzsibrö] *f* algebra
algébrico [àlzsèbriku] *mn* algebrai
algema [àlzsémö] *f* bilincs, béklyó (*átv* is)
algemar [àlzsimàr] *1/14 ts* **1.** megbilincsel **2.** *átv* gátol; megköti a kezét
algeroz [àlzsiros] *m* ereszcsatorna, csorgó
algibe [àlzsib] *m* ciszterna
algibebe [àlzsibèb] *m* készruha-szabó, készruha-árus
algibeira [àlzsibéjrö] *f* zseb; *ciência de ~* *~* féltudás; *pergunta de ~* fogas kérdés; *andar de mãos na ~* zsebre dugott kézzel járkál; csatangol; *meter os pés na ~ a* megtréfál vkit, kitol vkivel
algidez [àlzsidés] *f* fagyosság, hidegség
álgido [àlzsidu] *mn* fagyos, hideg
algo [àlgu] **I.** *mn* valami(t) **II.** *hat* egy keveset **III.** *fn, m* vagyon **IV.** *szól: filho de ~* nemes származású ember; *homem de ~* gazdag ember
algodão [àlgudöⁿu] *h* gyapot, pamut; *~ hidrófilo* sebvatta; *~ em rama* vatta; *fazenda de ~* pamutszövet; *fio de ~* pamutfonal, gyapotszál
algodão-pólvora [àlgudöⁿupòlvurö] *m* lőgyapot
algodoal [alguduàl] *m* gyapotföld
algodoar [àlguduàr] *1/8 ts* vattával bélel *v* kitöm
algodoeiro [àlguduéjru] **I.** *mn* gyapot- **II.** *fn, m* gyapotcserje
algoz [algos] *m* hóhér, pribék; *átv* szörnyeteg
alguém [algöⁿj, B àlgeⁿ] *névm* valaki
alguergue [àlgèrg] *m* mozaikkő
alguidar [àlgidàr] *m* agyagtál
algum *m*, **alguma** *f* [àlguⁿ, àlgumö] **I.** *névm* valaki; *alguns* (*m*), *algumas* (*f*) néhányan **II.** *mn* **1.** valamilyen, egy kevés, néhány; (a főnév mögé téve:) semmi(lyen); *~a coisa* valami; *coisa ~a* semmi; *~ dia* valamelyik nap(on), egy (szép) napon, egyszer; *~a hora* egyszer, valamikor; *~ tanto* egy kevés, egy keveset; valami(t); *~ tempo* egy ideig; *~a pessoa* valaki; *pessoa ~a* senki; *de ~ modo* valahogyan, valamiképpen; *de modo ~, de maneira* v *de forma ~a* semmiképpen (sem); *em ~ lugar* valahol; *em lugar ~* sehol; *não há dúvida ~a* semmilyen kétség sem forog fenn **2.** körülbelül, mintegy; *alguns quinhentos* mintegy ötszáz(an)
algures [àlguris] *hat* valahol; *de ~* valahonnan
alhada [öljàdö] *f* **1.** fokhagymás étel **2.** zavaros ügy
alhal [öljàl] *f* fokhagymaföld
alheado [öljiàdu] *mn* gondolatokba mélyedt, szórakozott
alhear [öljiàr] *1/5* **I.** *ts* elidegenít, ellene hangol **II.** *~-se* **1.** elidegenül, elfordul vmitől (*de*) **2.** gondolatokba merül
alheio [öljéju] **I.** *mn* **1.** idegen, másé; *opiniões ~as* mások véleménye; *meter-se com a vida ~a* beleavatkozik mások dolgába **2.** *~ a, de* vmitől távol álló; *~ ao mundo* a világtól elzárkózott; *~ de si* magánkívül; önfeledt; meghabarodott; *mostrar-se ~ a* idegenkedik vmitől **II.** *fn, m* más tulajdona, a másé; *amigo do ~* tolvaj
alho [àlju] *m* **1.** fokhagyma; *contente como um ~* rendkívül megelégedett, nagyon boldog; *confundir* v *misturar ~s com bugalhos* összetéveszti a szezont a fazonnal **2.** okos *v* ügyes ember
alhures [öljuris] *hat* máshol, máshova
ali [öli] *hat* ott, oda; *~ em baixo* ott lent; *~ mesmo* ott mindjárt; *de ~* onnan; *por ~* arrafelé
aliado [öljàdu] *mn* és *fn* szövetséges
aliança [öljöⁿszö] *f* **1.** szövetség; *fazer ~ com* szövetkezik vkivel **2.** jegygyűrű
aliar [öljàr] *1/7* **I.** *ts* egyesít, összeköt; ötvöz **II.** *~-se* egyesül, csatlakozik; egybefonódik, ötvöződik
aliás [öljàs] *hat* **1.** egyébként, (más)-különben, amúgy is **2.** illetőleg, más szóval
alibi [ölibi] *m* **1.** alibi, máshollét; *alegar um ~* alibit igazol; *forjar um ~* hamis alibit szerez **2.** mentség, ürügy
alicate [ölikàt] *m* (harapó)fogó, csipesz; *~ de unhas* körömcsipesz; *~ para tubos* csőfogó
alicerçar [öliszirszàr] *1/3, 1/13 ts* megalapoz, megveti alapját
alicerce [öliszèrsz] *m* alap; *lançar os ~s de* megveti vminek az alapjait (*átv* is)
aliciação [öliszjöszöⁿu] *f* csábítás
aliciante [öliszjöⁿnt] = **aliciente**

aliciar [öliszjàr] *1/7 ts* **1.** (el)csábít **2.** megveszteget, lepénzel

aliciente [öliszje^{n}nt] **I.** *mn* csábító **II.** *fn, m* **1.** csábítás **2.** megvesztegetés

alienabilidade [öljénöbilidàd] *f* elidegenítési jog

alienação [öljénöszö^{n}u] *f* **1.** elidegenítés, átruházás **2.** ~ *mental* elmebaj, téboly

alienado, -a [öljénàdu, -ö] *fn* elmebeteg;

alienador *m,* **-a** *f* [öljénödor(ö)] *fn* elidegenítő, átruházó

alienar [öljénàr] *1/14* **I.** *ts* **1.** elidegenít, átruház **2.** kihoz a sodrából; megőrjít **II.** **~-se** kijön a sodrából; megőrül

alienável [öljénàvèl] *mn* elidegeníthető, átruházható

alienista [öljénistö] *fn* ideg- és elmegyógyász

alífero [ölifiru] *mn* szárnyas

aliforme [ölifòrm] *mn* szárny alakú

aligeirar [ölizséjràr] *1/1* **I.** **1.** *ts* megkönnyít, könnyebbé tesz, meggyorsít **2.** enyhít (fájdalmat) **II.** **~-se** megkönnyebbül, megszabadul vmitől (*de*)

alígero [ölizsíru] *mn* szárnyas

alijar [ölizsàr] *1/1* **I.** *ts* **1.** (hajóból) könnyítésül kidob **2.** megkönnyít, felszabadít **II.** **~-se** *de* megszabadul vmitől

alimária [ölimàrjö] *f* **1.** oktalan állat **2.** ostoba fráter

alimentação [ölime^{n}ntöszö^{n}u] *f* táplálkozás, táplálás, ellátás; ~ *forçada* mesterséges táplálás

alimentar [ölime^{n}ntàr] **I.** *mn* = **alimentício** **II.** *1/1 ts* táplál, ellát **III.** **~-se** táplálkozik

alimentário [ölime^{n}ntàrju] *mn* → **alimentício**

alimentício [ölime^{n}ntiszju] *mn* élelmezési, táplálkozási; *artigos* v *géneros* ~*s* élelmiszer; *indústria* ~*a* élelmiszeripar; *pensão* ~*a* kosztpénz

alimento [ölime^{n}ntu] *m* **1.** táplálék, étel **2.** *átv* táp(anyag) **3.** ~*s* tartásdíj; táppénz

alimentoso [ölime^{n}ntozu] *mn* tápláló

alimpa [öli^{n}mpö] *f* gyomlálás; nyesés

alimpadura [öli^{n}mpödurö] *f* **1.** tisztogatás **2.** ~*s* hulladék; pelyva

alimpar [öli^{n}mpàr] *1/1* → **limpar**

alindar [öli^{n}ndàr] *1/1* **I.** *ts* szépít, díszít **II.** **~-se** kicsinosítja magát

alínea [ölinyö] *f* **1.** új bekezdés **2.** fejezet, cikkely

alinhado [ölinyàdu] *mn* **1.** sorba állított, felsorakoztatott **2.** rendes, jól öltözött **3.** *pol: países não* ~*s* el nem kötelezett országok

alinhar [ölinyàr] *1/1* **I.** *ts* **1.** felállít, sorba állít; kiegyenesít **2.** szabályoz, rendbe hoz; átfésül **II.** **~-se** **1.** rendbe hozza, kicsinosítja magát **2.** *~-se ao lado de* vki mellé áll *v* felsorakozik, elkötelezi magát vkinek

alinhavar [ölinyövàr] *1/12 ts* összefércel (*átv* is)

alinhavo [ölinyàvu] *m* **1.** fércelés **2.** fércmunka

alinho [ölinyu] *m* **1.** elrendezés, rend, tisztaság; gondosság **2.** dísz, ékesség; előkelő megjelenés

alíquota [ölikutö] **I.** *mn zene: sons* ~*s* felhangok **II.** *fn, m* arányos rész

alisado [ölizàdu] *mn* **1.** lesimított, sima **2.** *ventos* ~*s* passzátszelek

alisador [ölizödor] *m* simító szerszám

alisar [ölizàr] *1/1 ts* (ki)simít

aliseu, alísio [ölizéu, ölizju] *mn: ventos* ~*s* passzátszelek

alistamento [ölistöme^{n}ntu] *m* **1.** jegyzékbe vétel; besorolás **2.** *kat* sorozás, toborzás

alistar [ölistàr] *1/1* **I.** *ts* **1.** jegyzékbe felvesz, besorol **2.** *kat* besoroz, toboroz **II.** **~-se** **1.** belép (*pl* pártba) **2.** beáll katonának

aliteração [ölitiröszö^{n}u] *f* betűrím

aliterar [ölitiràr] *1/13 tl* alliterál, összecseng

aliviar [ölivjàr] *1/7* **I.** *ts* **1.** megkönnyít; megszabadít (terhétől); ~ *a roupa* könnyebb ruhát vesz fel **2.** enyhít (fájdalmat); ~ *o luto* félgyászban jár **3.** (meg)lazít **II.** *tl* **1.** megkönnyebbül **2.** *o tempo alivia* kezd kiderülni

alívio [ölivju] *m* megkönnyebbülés; vígasz

aljava [àlzsàvö] *f* tegez

aljôfar [àlzsofàr] *m* **1.** apró szemű gyöngy **2.** (harmat-, könny-, verejték)csepp

aljofarar [àlzsuföràr] *1/12* = **aljofrar**

aljofrar [àlzsufràr] *1/15 ts* **1.** gyöngyökkel kirak **2.** beharmatoz

aljofre [àlzsofr] *m* = **aljôfar**

aljube [àlzsub] *m* börtön, tömlöc

alm. = **1.** *almirante* admirális **2.** *almude(s)* 20 *v* 25 liter

alma [àlmö] *f* 1. lélek; ~ *danada*, ~*-do-diabo* gonosz lélek; ~ *errada* bolyongó lélek; ~ *penada* v *perdida* hazajáró lélek; kísértet; ~ *viva* teremtett lélek; *não havia viva* ~ teremtett lélek nem volt ott; ~ *de Deus!* jó ember! öregem! ~ *do outro mundo* kísértet; *com* ~ szívből; *de* ~ *e coração* szívvel-lélekkel; *dia das* ~*s* mindenszentek napja; *do fundo da* ~ lelke *v* szíve mélyéből; *pela* ~ *que Deus me deu* igaz lelkemre! *sem* ~ szívtelen, lelketlen; *abrir* v *descobrir a* ~ szívét *v* lelkét kiönti; *dar a* ~ *a Deus* lelkét visszaadja Istennek; *dar vida e* ~ *por* mindent megtesz vkiért; *ter* ~ *para* van szíve megtenni vmit; *közm: sua* ~, *sua palma* az alma nem esik messze a fájától 2. *átv* szív, szellem, kedély 3. *műsz* talpbélés, belső talp

almaço [àlmàszu] *m* (*papel*) ~ miniszterpapír

almagre [àlmàgr] *m* okker, vörösessárga festék

almanaque [àlmönàk] *m* almanach, évkönyv, naptár

almanjarra [àlmö^{n}zsàrrö] *f* járgány

almargem [àlmàrzsö^{n}j] *f* legelő, rét

almécega [àlmèszigö] *f* ragasztómézga

almejar [àlmizsàr] *1/14* **I.** *ts* hőn óhajt, megkíván **II.** *tl* 1. haldoklik, halálán van 2. ~ *por* vágyódik *v* sóvárog vmi után

almejo [àlmézsu] *m* vágyódás, sóvárgás

almiranta [àlmirö^{n}ntö] *f* zászlóshajó

almirantado [àlmirö^{n}ntàdu] *m* tengernagyi *v* tengerészeti hivatal

almirante [àlmirö^{n}nt] *m* admirális, tengernagy

almíscar [àlmiskàr] *m* pézsma; pézsmaszag

almiscarado [àlmisköràdu] *mn* pézsmaszagú

almo [àlmu] *mn* jóságos

almoçado [àlmuszàdu] *mn* aki megreggelizett *v* megebédelt; *depois de* ~ reggeli *v* ebéd után; *venho* ~ már megreggeliztem *v* megebédeltem

almocafre [àlmukàfr] *m* csákány

almoçar [àlmuszàr] *1/2, 1/15 ts* reggelizik; ebédel

almoço [almoszu] *m* ebéd; *pequeno* v *primeiro* ~ reggeli; ~ *de garfo* villásreggeli

almocrevar [àlmukrivàr] *1/13* **I.** *ts* teherhordó állaton szállít **II.** *tl* hajcsárként dolgozik

almocreve [àlmukrèv] *m* öszvérhajcsár

almoeda [àlmuèdö] *f* árverés

almoedar [àlmuèdàr] *1/1 ts* elárverez

almofaça [àlmufàszö] *f* lóvakaró

almofaçar [àlmuföszàr] *1/3, 1/12 ts* lóvakaróval tisztít

almofada [àlmufàdö] *f* 1. párna, fejpárna; ~ *eléctrica* villanypárna; ~ *pneumática* v *de ar* felfújható párna; ~ *de tinta* bélyegzőpárna 2. panel, (ajtó)bélés

almofadar [àlmufödàr] *1/12 ts* (ki)párnáz

almofadinha [àlmufödinyö] 1. *f* kis párna, tűpárna 2. *m* B jampec

almofariz [àlmuföris] *m* mozsár

almofate [àlmufàt] *m* cipészár

almôndega [àlmo^{n}ndigö] *f* húsgombóc, húshenger, krokett

almorreimas [àlmurréjmös] *f tb orv, nép* aranyér

almotolia [àlmutuliö] olajkanna; ~ *de pressão* olajfecskendő

almoxarifado [àlmusörifàdu] *m* raktár

almoxarife [àlmusörif] *m* raktárnok

almude [àlmud] *m* űrmérték (20 *v* 25 liter)

alocução [ölukuszö^{n}u] *f* 1. rövid beszéd, felszólalás; ~ *de encerramento* záróbeszéd; *proferir uma* ~ beszédet mond 2. szózat

alodial [ölugyàl] *mn* allodiális; *propriedade* ~ tehertől mentesen öröklött birtok

aloirar [ölojràr] *1/1 ts* 1. szőkére fest, szőkít 2. barnára *v* ropogósra süt (ételt)

aloisar [ölojzàr] *1/1 ts* palával befed; kőlapokkal borít (padlót)

Aloísio [öluizju] *m* Alajos

alojamento [öluzsöme^{n}ntu] *m* szállás; elszállásolás; kvártély

alojar [öluzsàr] *1/15* **I.** *ts* 1. elszállásol, bekvártélyoz 2. *műsz* beágyaz, elhelyez (gépet) **II.** ~**-se** megszáll vhol, lakást kivesz; *átv* befészkeli magát vhol

alombado [ölo^{n}mbàdu] *mn* 1. hajlított 2. B lusta

alombar [ölombàr] *1/1* **I.** *ts* meghajlít **II.** ~**-se** görnyed (súly alatt)

alongado [ölo^{n}ngàdu] *mn* hosszúkás

alongar [ölo^{n}ngàr] *1/4* **I.** *ts* **1.** meghosszabbít, kinyújt, kiterjeszt **2.** elhalaszt **II.** **~-se** **1.** kinyúlik **2.** eltávozik
alopecia [ölupisziö] *f* hajhullás
alou. . . → **aloi. . .**
alpaca [àlpàkö] *f* **1.** dél-amerikai láma *v* annak szőre **2.** alpakka **3.** *manga de ~* kabátujj-védő; *átv* írnok, tintanyaló
alparca [àlpàrkö] *f* = **alpargata**
alpargata [àlpörgàtö] *f* fonott talpú cipő, bocskor
alpendrada [àlpe^{n}ndràdö] *f* fedett (elő)-csarnok
alpendre [àlpe^{n}ndr] *m* védőtető
alperce, alperche [àlpèrsz, àlpèrs] *m* duránci (sárga)barack
alperceiro, alpercheiro [àlpirszéjru, -séjru] *m* duránci (sárga)barackfa
Alpes [àlpis] *m tb*: *os ~* az Alpok
alpestre [àlpèstr] *mn* **1.** alpesi **2.** hegyes, sziklás
alpinismo [àlpinizsmu] *m* hegymászás
alpinista [àlpinistö] *fn* hegymászó
alpino [àlpinu] *mn* alpesi
alpista [àlpistö] *f* madáreleség
alpiste [àlpist] *m* = **alpista**
alporca [àlpòrkö] **1.** dugvány, bujtatóág **2.** *nép* skrofula, görvély
alporcar [àlpurkàr] *1/2, 1/15 ts* dugványoz
alporque [àlpòrk] *m* = **alporca 1.**
alq. = *alqueire*
alquebrado [àlkibràdu] *mn átv* letört, elgyengült
alquebrar [àlkibràr] *1/13 tl átv* letör, elgyengül
alqueire [àlkéjr] *m* **1.** véka, űrmérték (20 liter) **2.** **B** területmérték (2,5 hektár)
alqueivar [àlkéjvàr] *1/1 ts* **1.** földet bevetetlenül hagy **2.** ugarol; ugart felszánt
alqueive [àlkéjv] *m* ugar, parlag
alquilar [àlkilàr] *1/1 ts* kölcsönöz (állatokat)
alquilaria [àlkilöriö] *f* állatkölcsönzés
alquimia [àlkimiö] *f* alkímia
alquimista [àlkimistö] *m* alkimista, aranycsináló
Alsácia [àlszàszjö] *f* Elzász
alsaciano [àlszöszjönu] *mn* és *fn* elzászi
alta [àltö] *f* **1.** (ár)emelkedés, (tőzsdei) hossz; *~ dos preços* drágaság, drágulás; *sofrer uma ~* megdrágul **2.** kiírás, elbocsátás (kórházból); *dar ~ a um doente* kiír (meggyógyult) beteget; *ter ~* kiírják **3.** megállás, pihenő **4.** az előkelő társaság, a felső tízezer
altamente [àltöme^{n}nt] *hat* **1.** magasan **2.** nagymértékben **3.** hangosan
alta-frequência [àltöfrikve^{n}szjö] *f vill* nagyfrekvencia
altanado [àltönadu] *mn* gőgös, dölyfös
altaneiro [àltönéjru] *mn* **1.** magasan repülő (madár) **2.** magasba nyúló (torony) **3.** *átv* magasröptű **4.** büszke, dölyfös
altar [àltàr] *m* oltár
altar-mor [àltàrmòr] *m* főoltár
alta-roda [àltöròdö] *f* az előkelők társasága, a felső tízezer
altear [àltjàr] *1/5* **I.** *ts* felemel, magasít, növel; *~ a voz* felemeli a hangját **II.** *tl,* **III.** **~-se** emelkedik; növekszik
alteia [àltejö] *f* fehér mályva
alterabilidade [àltiröbilidàd] *f* **1.** megváltoztathatóság **2.** romlandóság **3.** ingerlékenység
alteração [àltiröszö^{n}u] *f* **1.** megváltoztatás; átállítás **2.** hamisítás; rontás; romlás **3.** izgalom, bosszúság, ingerültség **4.** veszekedés, szóváltás
alterado [àltiràdu] *mn* **1.** megváltozott **2.** dühös, magából kikelt
alterar [àltiràr] *1/13* **I.** *ts* **1.** megváltoztat, átállít **2.** hamisít, elront; elferdít (igazságot) **3.** (fel)bosszant, (fel)-ingerel **II.** **~-se** **1.** megváltozik **2.** megromlik **3.** felizgul, kijön a sodrából
alterável [àltiràvèl *mn* **1.** változékony **2.** romlandó
altercação [àltirköszö^{n}u] *f* veszekedés, szóváltás
altercar [àltirkàr] *1/2, 1/13 tl* veszekedik, perlekedik
alternação [àltirnöszö^{n}u] *f* váltakozás, váltás
alternadamente [àltirnàdöme^{n}nt] *hat* váltakozva, felváltva
alternado [àltirnàdu] *mn* váltakozó; *rima ~a* keresztrím
alternador [àltirnödor] *m* váltóáramú generátor
alternante [àltirnö^{n}nt] *mn* váltakozó
alternar [àltirnàr] *1/13* **I.** *ts* váltogat,

felvált, felcserél; ~ *o trabalho com o descanso* a munkát pihenéssel váltja fel **II.** *tl,* **III.** **~-se 1.** váltakozik **2.** váltják egymást

alternativa [àltirnötivö] *f* választási lehetőség

alternativo [àltirnötivu] *mn* **1.** váltakozó **2.** vagylagos

alternidade [àltirnidàd] *f* váltakozó jelleg

alterno [àltèrnu] *mn* váltakozó

alteroso [àltirozu] *mn* **1.** nagyon magasan fekvő **2.** fenséges, fennkölt

alteza [àltézö] *f* **1.** magasság **2.** fenség

altibaixos [àltibàjsus] *m tb* a sors viszontagságai

altifalante [àltifölö^{n}nt] *m* hangszóró

altiloquência [àltilukve^{n}szjö] *f* ékesszólás

altiloquente [àltilukve^{n}nt] *mn* ékesszóló

altímetro [àltimitru] *m* magasságmérő

altiplano [àltiplönu] *m* fennsík

altíssimo [àltiszimu] *mn* a legmagasabb; nagyon magas

altissonante [àltiszunö^{n}nt] *mn* **1.** harsogó, harsány **2.** magasröptű, fellengzős

altíssono [àltiszunu] *mn* = **altissonante**

altista [àltistö] *m* **1.** hosszra spekuláló tőzsdés **2.** mélyhegedűn játszó zenész

altitude [àltitud] *f* magasság (tengerszint fölött); ~ *de voo* repülési magasság

altivez [àltivés] *f* büszkeség, gőg

altivo [àltivu] *mn* büszke, gőgös

alto [àltu] **I.** *mn* **1.** magas; *em ~ dia* világos *v* fényes nappal; *~a manhã* késő reggel, délelőtt; *a noite ~a* késő éjjel; *por ~* felületesen; *passar por ~* **a)** átsiklik vmi fölött **b)** elhallgat **c)** figyelmen kívül hagy **2.** magasan fekvő, felső; *o ~ Danúbio* a Duna felső folyása **3.** *átv* nagy, kiemelkedő; *~a sociedade* az előkelők társasága **4.** hangos **II.** *hat* **1.** magasan, fent; **2.** hangosan; *falar ~* fennhangon beszél **III.** *fn, m* **1.** magasság, magaslat **2.** nyílt tenger **3.** *os ~s da casa* a ház emeleti részei **4.** megállás; *fazer ~* megáll; *~ lá!* állj! elég! **5.** *szól: de ~ a baixo* tetőtől talpig; *coração ao ~!* fel a fejjel! *mãos ao ~!* fel a kezekkel!

alto-comissário [àltukumiszàrju] *m* főmegbízott

alto-falante [àltufölö^{n}nt] *m* hangszóró

alto-relevo [àlturilévu] *m* dombormű

altruísmo [àltruizsmu] *m* altruizmus, önzetlenség

altruísta [àltruistö] *mn* és *fn* önzetlen (ember)

altura [àlturö] *f* **1.** magasság; nagyság; *ter três metros de ~* három méter magas; *ele é da minha ~* ő olyan magas, mint én **2.** *átv* szint; pont; időpont; *a ~ de* magasságában, *átv* színvonalán; *a certa ~, a dada ~* **a)** egy adott pillanatban **b)** végül is, *na ~* annak idején; *nessa ~* akkor(iban); *nesta ~* pillanatnyilag, most, jelenleg; *pelas ~s de 1970* 1970 körül *v* tájékán; *chegar a boa ~* a kellő pillanatban érkezik; *estar à ~ da situação* ura a helyzetnek; *em que ~ se deu isso?* mikor történt ez? *em que ~ está o seu trabalho?* hol tart a munkájában? *a obra está em boas ~s* a munka jól halad

alucinação [öluszinöszö^{n}u] *f* hallucináció, érzékcsalódás

alucinado [öluszinàdu] *mn* és *fn* eszelős, őrült

alucinante [öluszinö^{n}nt] *mn* szédítő, káprázatos

alucinar [öluszinàr] *1/1* **I.** *ts* megszédít, elkápráztat **II.** **~-se** megszédül, megzavarodik, téved(ésbe esik)

alude [ölud] *m* lavina

aludido [öludidu] *mn: o ~* az említett, a fent megnevezett

aludir [öludir] *3/1 tl* **1.** célzásokat tesz, célozgat vmire (*a*) **2.** megemlít vmit, utal vmire (*a*)

alugar [ölugàr] *1/4 ts* bérbe ad *v* vesz; *quartos para ~* kiadó szobák; *aluga-se* kiadó; *alugam-se quartos* szobák kiadók

aluguel, aluguer [ölugèl, -èr] *m* **1.** bérbeadás; kibérelés **2.** szobabér, lakbér **3.** *carro de ~* bérkocsi; *casa de ~* bérház; *dar (tomar) de ~* bérbe ad (vesz)

aluir [öluir] *3/6* **I.** *ts* **1.** megingat **2.** lerombol **II.** *tl,* **III.** **~-se 1.** meginog **2.** romba dől

alume, alúmen [ölum, ölumén] *m* timsó

alumina [öluminö] *f* **1.** alumínium-oxid **2.** timföld

alumínio [öluminyu] *m* alumínium

aluna [ölunö] *f* tanulólány

alunagem [ölunàzsö^{n}j] *f* holdraszállás

alunar [ölunàr] *1/1 tl* a holdon kiköt

aluno [ölunu] *m* tanuló, növendék

alusão [öluzö^{n}u] *f* célzás, utalás; *fazer* ~ *a* célozgat, utal vmire

alusivo [öluzìvu] *mn* célzó, utaló; vmire vonatkozó (*a*)

aluvial, aluviano [öluvjàl, öluvjõnu] *mn* alluviális

aluvião [öluvjö^{n}u] *m geol* áradmány, lerakódás; *terra de* ~ hordalékföld

alva [àlvö] *f* **1.** hajnal, pirkadat **2.** miseing **3.** ~ (*do olho*) szem fehére

alvação *m*, **alvaçã** *f* [àlvöszö^{n}u, alvöszö^n] *mn* fehéres

alvacento, alvadio [àlvösze^{n}ntu, -vödìu] *mn* = **alvação**

alvado [àlvàdu] *m* **1.** fok, köpü (szerszámon) **2.** méhkas nyílása

alvaiade [àlvöjàd] *m vegy* ólomfehér

alvar [àlvàr] *mn* **1.** fehér, fehéres **2.** buta

alvará [àlvörà] *m* engedély, igazolvány; okirat, oklevél; ~ *de construção* építési engedély; ~ *de soltura* szabadonbocsátási bírói végzés

alvarenga [àlvöre^{n}gö] *f* **B** átrakó hajó

alvedrio [àlvidrìu] *m* önkény; szeszély; *a seu* ~ kénye-kedve szerint

alveiro [àlvéjru] **I.** *mn* fehér **II.** *fn*, *m* **1.** fehér célpont **2.** fehér kötény *v* kendő

alveitar [àlvéjtàr] *m* (képesítés nélküli) állatorvos, lódoktor

alvejar [àlvizsàr] *1/14* **I.** *ts* **1.** fehérít **2.** (meg)céloz, célba vesz **3.** sakkban tart **II.** *tl* **1.** megfehéredik, kifakul **2.** fehérlik

alvenaria [àlvinöriö] *f* kőművesség; kőművesmunka

álveo [àlvju] *m* **1.** folyómeder **2.** gödör; barázda

alveolado [àlvjulàdu] *mn* sejtszerű, likacsos

alveolar [àlvjulàr] *mn* **1.** sejt- **2.** fogmeder-

alveolite [àlvjulit] *f* fogmedergyulladás

alvéolo [àlvèulu] *m* **1.** lépsejt **2.** fogmeder **3.** magtok **4.** üreg

alvião [àlvjö^{n}u] *m* (bontó)csákány

alvinitente [ölvinite^{n}nt] *mn* fehéren csillogó

alvíssaras [àlviszörös] *f tb* jutalomdíj (jó hír *v* talált tárgy hozójának)

alvitrar [àlvitràr] *1/1 ts* javasol, tanácsol

alvitre [àlvitr] *m* javaslat; vélemény

alvo^1 [àlvu] **I.** *mn* fehér; tiszta; *pão* ~ búzakenyér **II.** *fn*, *m* fehér szín

alvo^2 [àlvu] *m* **1.** céltábla, célpont; *errar o* ~ eltéveszti a célt; *acertar* v *dar no* ~, *ferir o* ~ célba *v* telibe talál **2.** *átv* cél; *atingir o* ~ eléri célját

alvor [àlvor] *m* **1.** fehérség, fehér ragyogás **2.** hajnali szürkület

alvorada [àlvuràdö] *f* hajnal, hajnalhasadás

alvorecer [àlvuriszér] *2/2 tl* hajnalodik; *átv* ébredezik; *ao* ~ hajnalban, napkeltekor

alvorejar [àlvurizsàr] *1/14* = **alvorecer**

alvoroçar [àlvuruszàr] *1/3, 1/15* **I.** *ts* **1.** (fel)izgat, lázít **2.** *átv* lázba hoz, lelkesít **II.** ~**-se** **1.** fellázad **2.** izgul vmi miatt (*com*) **3.** ujjong, nagyon örül

alvoroço [àlvuroszu] *m* **1.** izgalom **2.** lázongás **3.** lelkesedés, zajos öröm, ujjongás **4.** sietség, kapkodás

alvorotar [àlvurutàr] *1/15* = **alvoroçar**

alvoroto [àlvurotu] *m* lárma, zűr, izgalom

alvura [àlvurö] *f* fehérség; tisztaság

AM = *Amazonas* (brazil állam)

ama [ömö] *f* **1.** házvezetőnő **2.** ~ (*de leite* v *de peito*) dajka; ~ *seca* szárazdajka, pesztra, pesztonka

amabilidade [ömöbilidàd] *f* szeretetreméltóság, kedvesség, előzékenység; *falta de* ~ barátságtalanság; *tenha a* ~ legyen szíves!

amibilíssimo [ömöbiliszimu] *mn* nagyon kedves

amacacado [ömökökàdu] *mn* majomszerű

amachucar [ömösukàr] *1/2 ts* **1.** behorpaszt; összegyűr **2.** *átv* lehangol, lesújt

amaciar [ömöszjàr] *1/7 ts* **1.** hajlékonnyá tesz, puhít **2.** kisimít **3.** enyhít, csillapít

amado [ömàdu] **I.** *mn* szeretett, kedves **II.** *fn* kedvese, szeretője

amador *m*, **-a** *f* [ömödor(ö)] *mn* és *fn* amatőr, műkedvelő

amadorismo [ömödurizsmu] *m* műkedvelés

amadurar [ömöduràr] *1/1* = **amadurecer**

amadurecer [ömöduriszér] *2/2* **I.** *ts* érlel **II.** *tl* érlelődik, beérik

amadurecido [ömöduriszìdu] *mn* érett

amadurecimento [ömöduriszime^{n}ntu] *m* érlelés; érés

âmago [ömögu] *m* **1.** *növ* velő, bél **2.** *átv* vminek a magva, lényege, veleje

amainar [ömàjnàr] *1/1* **I.** *ts* **1.** vitorlát bevon **2.** megnyugtat; kiengesztel **II.** *tl* alábbhagy, lecsendesedik, csillapodik, megnyugszik

amaldiçoado [ömàldiszuàdu] *mn* (el)átkozott

amaldiçoar [ömàldiszuàr] *1/8 ts* elátkoz

amálgama [ömàlgömö] *m* **1.** amalgám, foncsor **2.** elegy, keverék

amalgamar [ömàlgömàr] *1/1 ts* **1.** amalgámoz, foncsoroz **2.** összekever, egybeolvaszt

amalhar [ömöljàr] *1/12 ts* **1.** akolba hajt **2.** *átv* sarokba szorít

amalucado [ömölukàdu] *mn* bolondos, hóbortos, kelekótya

amamentar [ömöme^{n}ntàr] *1/1 ts* anyatejen felnevel, szoptat; táplál

amancebado [ömö^{n}szibàdu] **I.** *mn* házasság nélkül életközösségben élő **II.** *fn* élettárs

amancebamento [ömö^{n}sziböme^{n}ntu] *m* házasság nélküli életközösség, „vadházasság"

amancebar-se [ömö^{n}szibàrszi] *1/13* házasság nélküli életközösségben él vkivel

amaneirado [ömönéjràdu] *mn* mesterkélt, finomkodó

amaneirar-se [ömönéjràrszi] *1/1* mesterkélten viselkedik; fontoskodik, nagyképűsködik

amanhã [àmönyö^n] **I.** *hat* holnap; ~ *de manhã* holnap reggel; ~ *à* v *de tarde* holnap délután, holnap este; ~ *à noite* holnap este *v* éjjel **II.** *m* a holnap(i nap)

amanhar [ömönyàr] *1/1* **I.** *ts* **1.** ~ *a terra* megműveli a földet **2.** *konyh:* ~ *o peixe* elkészíti a halat **II.** ~**-se** **1.** szorgoskodik, ügyeskedik **2.** felöltözik, rendbe hozza magát

amanhecer [ömönyiszér] *2/2* **I.** *tl* **1.** hajnalodik **2.** ébred(ezik), felébred **II.** *m* hajnal; *ao* ~ hajnalban

amanho [ömönyu] *m* **1.** megművelés, megmunkálás **2.** felkészülés **3.** ~*s* szerszámok, felszerelés

amansar [ömö^{n}szàr] *1/1* **I.** *ts* **1.** megszelídít, megfékez, betör (állatot) **2.** megbékít, megnyugtat; olt (szomjat); enyhít (fájdalmat) **3.** nemesít (növényt) **II.** ~**-se** megszelídül, megnyugszik, eláll (vihar)

amantar [ömöntàr] *1/1 ts* betakar, takaróval befed

amante [ömö^{n}nt] **I.** *mn* szerető; ~ *da paz* békeszerető **II.** *fn* vkinek a szeretője, szerelme, kedvese; ~*s* szerelmespár, szerelmesek

amanteigado [ömö^{n}ntéjgàdu] *mn* **1.** vajszínű, vajas **2.** vajszerű, puha

amantíssimo [ömö^{n}ntiszimu] *mn* vmit nagyon szerető (*de*)

amanuense [ömönue^{n}sz] *m* írnok, másoló

amar [ömàr] *1/1 ts* szeret, kedvel; *fazer-se* ~ megkedvelteti magát; *közm: quem o feio ama bonito lhe parece* akit szeretünk, az mindig szép

amarado [ömöràdu] *mn* elárasztott

amaragem [ömöràzsö^{n}j] *f* leszállás (vízre, hidropláné)

amaranto [ömörö^{n}ntu] *m növ* disznóparéj

amarar [ömöràr] *1/12* **I.** *tl* leereszkedik a vízre (hidroplán) **II.** ~**-se** **1.** megtelik vízzel **2.** ~*-se de lágrimas* könnybe lábad a szeme

amarelado [ömöriládu] *mn* sárgás; fakó

amarelecer [ömöriliszér] *2/2* **I.** *ts* sárgára fest **II.** *tl,* **III.** ~**-se** megsárgul; kifakul

amarelejar [ömörilizsàr] *1/14 tl* sárgállik

amarelento [ömörile^{n}ntu] *mn* sárgás, megsárgult; fakó

amarelidão, amarelidez [ömörilidö^{n}u, -lidés] *f* sárgás szín; sápadtság

amarelo [ömörèlu] *mn* sárga; *febre* ~*a* sárgaláz

amarfalhar [ömörföljàr] *1/12* = **amarfanhar**

amarfanhar [ömörfönyàr] *1/1 ts* összegyűr

amargar [ömörgàr] *1/4, 1/12* **I.** *ts* elkeserít **II.** *tl* keserű íze van

amargo [ömàrgu] **I.** *mn* keserű **II.** *fn, m* **1.** keserű íz **2.** gyomorkeserű, étvágygerjesztő ital **3.** **B** cukor nélküli brazil tea

amargor [ömörgor] *m* = **amargura**

amargoso [ömörgozu] *mn* keserű

amargura [ömörgurö] *f* **1.** keserű íz **2.** *átv* keserűség, bánat

amargurar [ömörguràr] *1/1* **I.** *ts* **1.** elkeserít **2.** bánt **II.** ~**-se** bánkódik, kesereg

amaricado [ömörikàdu] *mn* elnőiesedett, nőies
amaro [ömàru] *mn* = **amargo**
amarra [ömàrrö] *f* (hajó)kötél, kábel; *estar a duas ~s* két úrnak szolgál egyszerre; *ter boas ~s* jó összeköttetései vannak
amarração [ömörröszö^{n}u] *f* kikötés, lehorgonyzás
amarrado [ömörràdu] **I.** *mn* **1.** megkötött, összekötözött **2.** *átv* lehorgonyzott; nős, házas **3.** *szól: com a cara ~a* komor arccal; *é ~ a sua opinião* kitart a véleménye mellett **II.** *fn, m* batyu, csomag
amarradoiro, -douro [ömörrödojru, -doru] *m* kikötőhely
amarradura [ömörrödurö] *f* **1.** hajókötél (kikötéshez) **2.** kikötés
amarrar [ömörràr] *1/12* **I.** *ts* **1.** kiköt, odaköt **2.** *~ a cara* savanyú képet vág **II.** **~-se** **1.** leköti magát vmi mellett, ragaszkodik vmihez (*a*); *~-se a uma ideia* ragaszkodik egy elgondoláshoz **2.** *átv* lehorgonyoz; megházasodik
amarrotar [ömörrutàr] *1/15 ts* **1.** összegyűr **2.** a lap sarkát behajtja, szamárfület csinál **3.** ellátja a baját, beveri az orrát **4.** megdönt (érvet)
amarujem [ömöruzsö^{n}j] *f* keserű mellékíz
amarujento [ömöruzse^{n}ntu] *mn* kesernyés, fanyar
amásia [ömàzjö] *f* szerető, ágyastárs
amassadeira [ömöszödéjrö] *f* dagasztóteknő, dagasztógép
amassadela [ömöszödèlö] *f* dagasztás; *dar uma ~* átgyúr, meggyúr
amassadoiro [ömöszödojru] *m* **1.** dagasztóteknő **2.** gyúródeszka **3.** meszesgödör
amassador [ömöszödor] *m* **1.** dagasztógép **2.** keverőgép **3.** habarcskészítő gép
amassadouro [ömöszödoru] *m* = **amassadoiro**
amassadura [ömöszödurö] *f* **1.** dagasztás; keverés **2.** (nyers) tészta **3.** habarcs
amassar [ömöszàr] *1/12 ts* **1.** dagaszt, gyúr **2.** (össze)kever **3.** összegyűr (ruhát)
amassilho [ömöszilju] *m átv* keverék, egyveleg
amatório [ömötòrju] *mn* szerelmi, szerelmes
amável [ömàvèl] *mn* kedves, szíves, barátságos
amavio [ömöviu] *m* szerelmi bájital
amavioso [ömövjozu] *mn* elbűvölő, csábító
amazona [ömözonö] *f* **1.** amazon; harcias nő **2.** sportlovasnő **3.** lovaglóruha
Amazonas [ömözonös] *m: o ~* az Amazonas folyó
amazonense [ömözune^{n}sz] *mn* és *fn* az Amazonas területéről való
amazónico, -ónio [ömözòniku, -ònyu] *mn* amazonasi
ambages [ö^{n}mbàzsis] *m tb* kertelés; kibúvó; *falar sem ~* nyíltan beszél
âmbar [ö^{n}mbàr] *m* **1.** borostyánkő **2.** ámbra
ambição [ö^{n}mbiszö^{n}u] *f* ambíció, becsvágy; nagyravágyás, törtetés
ambicionar [ö^{n}mbiszjunàr] *1/15 ts* törtet, vágyódik vmi után **T**
ambicioso [ö^{n}mbiszjozu] *mn* becsvágyó; nagyravágyó, törtető
ambidestro [ö^{n}mbidéstru] *mn* mindkét kezével egyformán ügyes
ambiência [ö^{n}mbje^{n}szjö] *f* környezet, miliő
ambientar [ö^{n}mbjentàr] *1/1* **I.** *ts* új környezethez szoktat; légkört teremt **II.** **~-se** hozzászokik az új környezethez; bedolgozza magát
ambiente [ö^{n}mbje^{n}nt] **I.** *mn* környező; *música ~* hangulatos zene **II.** *fn, m* környezet, miliő; *~ doméstico* otthonos légkör
ambiguidade [ö^{n}mbigvidàd] *f* kétértelműség
ambiguo [ö^{n}mbigvu] *mn* kétértelmű, kétes, bizonytalan
âmbito [ö^{n}mbitu] *m* **1.** terület; körzet **2.** hatáskör; *caber no ~ de* hatáskörébe tartozik **3.** körülzárt terep; *átv* keret; *no ~ de* vminek a keretében
ambos, -as [ö^{n}mbus, -ös] mindkettő; *~ a* (v *de* v *e* v *os*) *dois* mind a kettő; *~ nós* mi ketten, mind a ketten
ambrósia [ö^{n}mbròzjö] *f* isteni eledel, ínyencfalat
ambrosíaco [ö^{n}mbruzlöku] *mn* isteni, pazar, élvezetes
âmbula [ö^{n}mbulö] *f* ampulla, fiola

ambulância [ö^{n}mbulö^{n}szjö] *f* 1. tábori kórház; segélyhely 2. betegszállító *v* mentőkocsi 3. *vasút* mozgóposta

ambulante [ö^{n}mbulö^{n}nt] *mn* vándor-; *vendedor* ~ házaló

ambulatório [ö^{n}mbulötòrju] I. *mn* járó- II. *fn, m* orvosi rendelőintézet; járóbeteg-rendelés

ameaça [ömjàszö] *f* fenyegetés

ameaçador *m*, **-a** *f* [ömjöszödor(ö)] *mn* fenyegető

ameaçar [ömjöszàr] *1/3, 1/12 ts* fenyeget; *está ameaçando chuva* eső fenyeget

ameaço [ömjàszu] 1. fenyegetés 2. betegség tünetei

amealhar [ömjöljàr] *1/12 ts* apránként összerakosgat, összespórol

amear [ömiàr] *1/5 ts ép* lőrésekkel ellát, kicsipkéz (falat)

amedrontar [ömidro^{n}ntàr] *1/1* I. *ts* megijeszt; megfélemlít II. **~-se** megijed

ameia [öméjö] *f ép* csipkézet, csipkedísz

ameigar [öméjgàr] *1/4 ts* becéz, kényeztet

amêijoa [öméjzsuö] *f áll* fekete kagyló

ameixa, amêixoa [öméjsö, öméjsuö] *f* szilva

ameixal [öméjsàl] *m* szilváskert

ameix(i)eira [öméjs(j)éjrö] *f* szilvafa

Amélia [ömèljö] *f* Amália

amém, ámen [ömö^{n}j, àmèn] *m* ámen; *num* ~, *em menos de um* ~ szempillantás alatt; *dizer* ~ *a tudo* mindenre igent mond, mindenbe beleegyezik

améndoa [öme^{n}nduö] *f* 1. mandula; *~s cobertas* drazsé 2. húsvéti ajándék (Portugáliában)

amendoada [öme^{n}nduàdö] *f* mandulás sütemény

amendoado [öme^{n}nduadu] *mn* mandula alakú; mandulás

amendoeira [öme^{n}nduéjrö] *f* mandulafa

amendoim [öme^{n}ndui^{n}] *m* amerikai *v* földimogyoró(bokor)

amenidade [öminidàd] *f* kedvesség, nyájasság; báj

ameninado [ömininàdu] *mn* 1. gyerekes 2. gyenge, törékeny

amenizar [öminizàr] *1/1* I. *ts* 1. szépít, (ki)díszít 2. kellemessé *v* derűssé tesz II. *tl*, III. **~-se** kellemessé válik, (meg)enyhül

ameno [öménu] *mn* 1. kedves, kellemes 2. enyhe

amentáceo [öme^{n}ntàszju] *mn növ* barkás

amentilho, amento [öme^{n}ntilju, öme^{n}ntu] *m* barka

amercear [ömirszjàr] *1/5* I. *ts* megkegyelmez, megbocsát II. **~-se** *de* megkönyörül vkin; *amerceu-se de mim* megkönyörült rajtam

América [ömèrikö] *f* Amerika; *a* ~ *do Norte* (*do Sul*) Észak- (Dél-) Amerika

americanada, americanice [ömirikönàdö, -nisz] *f* amerikaiakra jellemző eljárás *v* gondolkodásmód

americano [ömirikönu] *mn* és *fn* amerikai

ameríndio [ömiri^{n}ngyu] *mn* és *fn* indián

amesendar-se [ömize^{n}ndàrszi] *1/13* kényelmesen elhelyezkedik

amesquinhador *m*, **-a** *f* [ömiskinyödor(ö)] *mn* és *fn* lekicsinylő, becsmérlő

amesquinhar [ömiskinyàr] *1/1* I. *ts* lekicsinyel, becsmérel II. **~-se** 1. megalázza magát 2. krajcároskodik, zsugorgat

amestrador *m*, **-a** *f* [ömiströdor(ö)] *fn* idomító

amestramento [ömiströme^{n}ntu] *m* idomítás

amestrar [ömistràr] *1/13* I. *ts* dresszíroz, idomít; betanít II. **~-se** begyakorolja magát, beletanul

ametista [ömitistö] *f* ametiszt

amial [ömjàl] *m* égerfa-liget

amianto [ömjö^{n}ntu] *m* azbeszt

amiba [ömibö] *f* amőba

amido [ömidu] *m vegy* keményítő

amieiro [ömjéjru] *m* égerfa

amiga [ömigö] *f* barátnő

amigado [ömigàdu] *mn biz: estar* ~ *a* együtt él vkivel

amigalhaço [ömigöljàszu] *m* öreg barát, pajtás, cimbora

amigar-se [ömigàrszi] *1/4* összeáll vkivel

amigável [ömigàvel] *mn* barátságos, barátkozó

amígdala [ömigdölö] *f* (garat)mandula

amigdalite [ömigdölit] *f* mandulagyulladás

amigo [ömigu] I. *mn* baráti, barátságos; ~ *leitor* nyájas olvasó; *pessoa ~a* ismerős II. *fn, m* barát; *um* ~ *meu* egyik barátom; ~ *particular* legjobb barátja; ~ *urso*, ~ *da onça*, ~ *de Peniche* álbarát, hamis barát; ~ *da coração* *v do peito* testi-lelki jóbarát, kebelbarát; ~ *de música* zenekedvelő; *ser muito* ~ *de* szoros barátságban van vkivel, nagyon kedvel vmit; *ter cara de poucos* ~*s* barátságtalan *v* mogorva külseje van; *tornar-se* ~ *de* megbarátkozik vkivel, megkedvel vmit; *közm: amigos, amigos, negócios a parte* barátság és üzlet: különálló dolgok; ha pénzről van szó, megszűnik a barátság

amiláceo [ömilàszju] *mn* keményítő tartalmú

amimado [ömimàdu] *mn* elkényeztetett

amimalhar [ömimöljàr] *1/12* = **amimar**

amimar [ömimar] *1/1 ts* elkényeztet

amiserar [ömiziràr] *1/13* **I.** *ts* megsajnál **II.** ~**-se** *de* szánalmat érez vki iránt

amistar [ömistàr] *1/1* **I.** *ts* megbarátkoztat **II.** ~**-se** összebarátkozik

amistoso [ömistozu] *mn* barátságos; *jogo* ~ barátságos mérkőzés

amiudado [ömjudàdu] *mn* ismételt, gyakori; ~*as vezes* ismételten, gyakran

amiudar [ömjudàr] *1/11* **I.** *ts* gyakran ismétel, ismételget; ~ *as visitas* sűríti látogatásait **II.** *tl,* **III.** ~**-se** gyakran *v* gyakrabban fordul elő

amiúde [ömjud] *hat* ismételten, gyakran

amizade [ömizàd] *f* barátság, baráti szeretet; *fazer* ~ baráti szívességet tesz; *com toda a* ~ *do* v *da* szívélyes barátsággal köszönt a te...

amnésia [ömnèzjö] *f* az emlékezőtehetség elvesztése

amnésico, amnéstico [ömnèziku, ömnèstiku] *mn* amnéziában szenvedő

amnistia [ömnistiö] *f* amnesztia

amnistiar [ömnistyàr] *1/7 ts* közkegyelemben részesít

amo [ömu] *m* úr, tulajdonos, gazda

am.º = *amigo* barát(ja)

amodorrado [ömudurràdu] *mn* álmos, álomittas

amodorrar [ömudurràr] *1/15* **I.** *ts* elaltat, álomba ringat **II.** ~**-se** álmos lesz, elálmosodik

amoedar [ömuidàr] *1/13 ts* pénzt ver

amofinado [ömufinàdu] *mn* bosszús; rosszkedvű

amofinar [ömufinàr] *1/1* **I.** *ts* felbosszant **II.** ~**-se** bosszankodik

amoitar-se [ömojtàrszi] *1/1* **B** elbújik, elrejtőzik

amolação [ömulöszö^{n}u] *f* **1.** élesítés, köszörülés **2. B** *átv* tolakodó személy; bosszantó *v* kellemetlen dolog

amoladela [ömulödèlö] *f* = **amoladura**

amolado [ömulàdu] *mn* **1.** éles, kifent **2.** bosszús, rosszkedvű

amolador [ömulödor] *m* **1.** köszörűs **2. B** tolakodó fráter

amoladura [ömulödurö] *f* élesítés, köszörülés

amolante [ömulö^{n}nt] *mn átv* tolakodó, terhes

amolar [ömulàr] *1/15 ts* **1.** élesít, köszörül; *pedra de* ~ köszörűkő **2.** *biz* jól megfontol, megrág **3. B** zaklat, untat; *não me amoles* szállj le rólam! *vá* ~ *o boi; va* ~ *outro* eridj a fenébe!

amoldar [ömuldàr] *1/15* **I.** *ts* formál, alakít **II.** ~**-se 1.** kiformálódik, kialakul **2.** alkalmazkodik vmihez (*a*)

amoldável [ömuldàvèl] *mn* formálható, alakítható

amolecar [ömulèkàr] *1/2* **B. I.** *ts* csúnyán bánik vkivel **T II.** ~**-se** gazember módjára viselkedik

amolecer [ömuliszér] *2/2* **I.** *ts* megpuhít, meglágyít (*átv* is) **II.** *tl,* **III.** ~**-se** megpuhul, meglágyul (*átv* is)

amolegar [ömuligàr] *1/13* = **amolgar**

amolentar [ömule^{n}ntàr] *1/1* = **amolecer**

amolgar [ömolgàr] *1/4* **I.** *ts* **1.** szétlapít, behorpaszt **2.** kicsorbít **3.** lever, legyőz (ellenséget) **II.** *tl,* **III.** ~**-se 1.** szétlapul, behorpad **2.** *átv* meghátrál, enged

amónia [amònyö] *f* ammónia; szalmiákszesz

amoníaco [ömuniöku] **I.** *mn* ammónia-; *sal* ~ szalmiáksó **II.** *fn, m* = **amónia**

amónio [ömònyu] *m* ammónium

amontoa [ömo^{n}ntoö] *f mezőg* feltöltés

amontoar [ömo^{n}ntuàr] *1/8* **1.** felhalmoz **2.** feltölt (földkupacot rak a növény gyökere köré)

amonturar [ömo^{n}nturàr] *1/1* felhalmoz, összegyűjt (szemetet)

amor [ömor] *m* **1.** szeretet, szerelem; ~ *filial* gyermeki szeretet; ~ *maternal* v *materno* anyai szeretet; ~ *paternal* v *paterno* apai szeretet; ~ *à Pátria* hazaszeretet; *carta de* ~ szerelmes levél; *perdido de* ~ fülig szerelmes; *consumir-se de* ~ gyötrődik a szerelemtől, emészti a szerelem; *estar a morrer de* ~*es por*

halálosan szerelmes vkibe; *fazer* ~ szerelmeskedik; *ter* ~ *a* szeret vkit; *tenho-lhe* ~ szeretem őt; *ter* ~ *com* szerelmes vkibe; *közm: o* ~ *é cego* a szerelem vak; *közm:* ~ *com amor se paga* jótett helyébe jót várj **2.** ~*es* szerelmeskedés; szerelmi viszony **3.** *szól: meu* ~ kincsem, szerelmem; *com mil* ~*es* szives örömest; *por* ~ *de* kedvéért, miatt; *por* ~ *de ti* a te kedvedért; *ele é um* ~ *de rapaz* ő aranyos fiú; *ter* ~ *à pele* félti a bőrét
amora [ömòrö] *f* szeder (fán)
amoral [ömuràl] *mn* amorális, erkölcsi érzék nélküli
amorável [ömuràvèl] *mn* szeretetre méltó, kedves
amordaçar [ömurdöszàr] *1/3, 1/12 ts* **1.** száját betömi *v* felpeckeli; **2.** *átv* elhallgattat
amoreira [ömuréjrö] *f* szederfa
amorenado [ömurinàdu] *mn* barnás, sötétes
amorfo [ömòrfu] *mn* amorf; formátlan, alaktalan
amoricos, amorinhos [ömurikus, amurinyus] *m tb* futó szerelmek
amoriscar-se [ömuriskàrszi] *1/2* udvarolgat, flörtöl
amornar [ömurnàr] *1/15 ts* megmelegít, langyossá tesz
amoroso [ömurozu] **I.** *mn* szerető, kedves; gyengéd; szelíd **II.** *fn, m* hősszerelmes
amor-perfeito [ömorpirféjtu] *m növ* árvácska
amor-próprio [ömorpròpriu] *m* önérzet, önbecsülés
amorrinhar-se [ömurrinyàrszi] *1/1* **1.** dögvészben megbetegszik (állat) **2.** legyengül, betegeskedik
amortalhar [ömurtöljàr] *1/12 ts* **1.** (be)göngyöl, becsavar **2.** halotti lepelbe burkol
amortecedor [ömurtiszidor] *m műsz* lengéscsillapító; ~ *de som* hangtompító
amortecer [ömurtiszér] *2/2* **I.** *ts* tompít, gyengít **II.** *tl* gyengül; kialszik
amortecido [ömurtiszidu] *mn* tompított; gyenge, erőtlen
amortização [ömurtizöszö^{n}u] *f* amortizáció, fokozatos törlesztés
amortizar [ömurtizàr] *1/1 ts* fokozatosan töleszt
amortizável [ömurtizàvèl] *mn* törleszthető
amostra [ömòströ] *f* (áru)minta, próba
amostragem [ömustràzsö^{n}j] *f statisztika* szúrópróbaszerű vizsgálat
amotar [ömutàr] *1/15 ts* **1.** feltöltöget, körülárkol (növényt) **2.** védőgátat emel
amotinação [ömutinöszö^{n}u] *f* lázadás, felkelés, zendülés
amotinado [ömutinàdu] *mn* lázadó, felkelő, zendülő
amotinador *m*, **-a** *f* [ömutinödor(ö)] *fn* lázadó, felkelő, zendülő
amotinar [ömutinàr] *1/1* **I.** *ts* fellázít **II.** ~**-se** fellázad, felkel
amoucado [ömokàdu] *mn* nagyothalló
amover [ömuvér] *2/8 ts* (állásából) elmozdít, elbocsát
amovível [ömuvivèl] *mn* elmozdítható, eltávolítható
amparado [ö^{n}mpöràdu] *mn* alátámasztott; védett
amparar [ö^{n}mpöràr] *1/12* **I.** *ts* **1.** alátámaszt, megtámaszt **2.** megvéd, megóv **II.** ~**-se 1.** támaszkodik vmire, tartja magát vmihez (*a*) **2.** oltalmat keres; ~*-se na lei* a törvényben keres védelmet
amparo [ö^{n}mpàru] *m* **1.** támasz, segítség **2.** védelem, oltalom
amperagem [ö^{n}mpiràzsö^{n}j] *f* áramerősség, amperszám
ampere, ampério [ö^{n}mpèr, ö^{n}mpèrju] *m* amper
ampere-hora [ö^{n}mpèròrö] *f* amperóra
amperímetro, amperômetro [ö^{n}mpirimitru, -omitru] *m* ampermérő
amplexo [ö^{n}mplèkszu] *m* ölelés
ampliação [ö^{n}mpljöszö^{n}u] *f* **1.** kibővítés, kiszélesítés **2.** (fénykép)nagyítás
ampliador [ö^{n}mpljödor] *m fényk* nagyítógép
ampliar [ö^{n}mpljàr] *1/7 ts* **1.** kibővít, kiszélesít **2.** *fényk* nagyít
ampliável [ö^{n}mpljàvèl] *mn* kibővíthető; megnagyítható
amplidão [ö^{n}mplidö^{n}u] *f* = **amplitude**
amplificação [ö^{n}mplifiköszö^{n}u] *f* **1.** kiterjesztés **2.** megnagyítás **3.** (hang)erősítés
amplificador [ö^{n}mplifiködor] *m* (hang)erősítő
amplificar [ö^{n}mplifikàr] *1/2 ts* **1.** kiterjeszt, kibővít **2.** megnagyít **3.** erősít (hangot)

amplificável [ö^{n}mplifikàvèl] *mn* = **ampliável**
amplitude [ö^{n}mplitud] *f* **1.** amplitúdó, kilengés (távolsága) **2.** nagyság, kiterjedés
amplo [ö^{n}mplu] *mn* bő, tág, széles; messzemenő; átfogó; *dar informações mais ~as* bővebb felvilágosítást ad
ampola [ö^{n}mpolö] *f* **1.** ampulla **2.** *~ eléctrica* izzó, égő **3.** hólyag, pattanás
ampulheta [ö^{n}mpuljétö] *f* homokóra
amputação [ö^{n}mputöszö^{n}u] *f* amputálás, csonkolás
amputar [ö^{n}mputàr] *1/1 ts* amputál, csonkol
Amsterdão [ö^{n}mstirdö^{n}u] *m* Amszterdam
amuado [ömuàdu] *mn* **1.** rosszkedvű, mogorva, zsémbes **2.** *dinheiro ~* befagyott *v* behajthatatlan *v* beruházatlan pénz; **3.** *fogo ~* parázsló, lángok nélküli tűz
amuar [ömuàr] *1/8* **I.** *ts* felhergel, bosszant **II.** *tl*, **III.** **~-se** **1.** duzzog, zsémbes; dacoskodik **2.** *orv* nem érik be, nem fakad fel (kelés)
amuleto [ömulétu] *m* amulett
amulherado, amulherengado [ömuljiràdu, ömuljire^{n}ngàdu] *mn* elnőiesedett, nőies; finnyás
amuo [ömuu] *m* rosszkedv, duzzogás
amura [ömurö] *f* felhúzó kötél (hajón)
amurada [ömuràdö] *f* hajókorlát
amuralhar [ömuröljàr] *1/12 ts* körülfalaz; *átv* körülbástyáz
amurchecer [ömursiszér] *2/2, 2/7 tl* elhervad
Ana [önö] *f* Anna
anã [önö^n] *f* → **anão**
anaba(p)tista [önöbàtistö] *mn* és *fn* anabaptista, újrakeresztelő
anacarado [önököràdu] *mn* világossárgás-piros, élénkpiros
anaconda [önöko^{n}ndö] *f* óriáskígyó
anacoreta [önökurétö] *m* remete
anacrónico [önökròniku] *mn* kortévesztő, korszerűtlen
anacronismo [önökrunizsmu] *m* kortévesztés, korszerűtlenség
anafado [önöfàdu] *mn* jól táplált, kövér, hízott
anais [önàjs] *m tb* évkönyv, krónika
anal [önàl] *mn orv* végbél-
analecta [önölèktö] *f* = **analecto(s)**
analecto(s) [önölèktu(s)] *m* (*tb*) szemelvények, gyűjtemény
analéptico [önölètiku] *mn* és *fn*, *m* erősítő(szer)
analfabetismo [önàlföbitizsmu] *m* írástudatlanság
analfabeto [önàlföbètu] *mn* és *fn* írástudatlan
analgesia [önàlzsiziö] *f* a fájdalomérzés hiánya, érzéketlenség
analgésico, análgico [önàlzsèziku, önàlzsiku] *mn* és *fn*, *m* fájdalomcsillapító (szer)
analisador [önölizödor] *m* **1.** elemző *v* vizsgáló műszer **2.** (lélek)elemző
analisar [önölizàr] *1/1 ts* **1.** elemez, elemeire bont **2.** vizsgál, tanulmányoz
análise [önàliz] *f* **1.** elemzés, elemekre való bontás **2.** vizsgálat, próba
analista [önölistö] fn **1.** elemző **2.** krónikaíró; hírmagyarázó
analítico [önölitiku] *mn* elemző
analogia [önàluzsiö] *f* analógia, hasonlóság, megegyezés
analógico [önölòzsiku] *mn* = **análogo**
análogo [önàlugu] *mn* analóg, hasonló; megegyező, megfelelő
anamnese, anamnesia [önömnèz, önömniziö] *f orv* kórelőzmény
ananás [önönàs] *m* ananász
anão *m*, **anã** *f* [önö^{n}u, önö^n] *mn* és *fn* törpe
anarquia [önörkiö] *f* anarchia, fejetlenség, zűrzavar
anárquico [önàrkiku] *mn* anarchikus, törvény nélküli
anarquismo [önörkizsmu] *m* anarchizmus
anarquista [önörkistö] *mn* és *fn* anarchista
anarquizar [önörkizàr] *1/1 ts* a rend felforgatására izgat, bomlaszt
anátema [önàtimö] *m* kiátkozás, egyházi átok
anatematizar [önötimötizàr] *1/1 ts* kiátkoz, (egyházi) átokkal sújt
anatomia [önötumiö] *f* **1.** anatómia, bonctan **2.** szervezet(i felépítés)
anatómico [önötòmiku] *mn* anatómiai, bonctani
anatomista [önötumistö] *fn* anatómus
anatomizar [önötumizàr] *1/1 ts* **1.** boncol **2.** *átv* boncolgat, elemezve vizsgálgat
anavalhar [önövöljàr] *1/12 ts* megkésel

anca [ö^{n}nkö] *f* **1.** csípő, derék **2.** ülep, alfél, far
ancestral [ö^{n}szistràl] *mn* ősi, régi
ancho [ö^{n}su] *mn* **1.** széles, tágas, bő **2.** felfuvalkodott, gőgös; *apresentar-se todo* ~ nagyképűsködik
anchova [ö^{n}sovö] *f* szardella
anchura [ö^{n}surö] *f* szélesség
ancianidade [ö^{n}szjönidàd] *f* magas életkor
anciã [ö^{n}szjö^n] *f* idős nő
ancião (*tb: -ães, -ãos, -ões*) [ö^{n}szjö^{n}u] *m* **1.** aggastyán **2.** korelnök
ancila [ö^{n}szilö] *f* szolgáló, cseléd
ancilose [ö^{n}szilòz] *f orv* izületmerevség
ancinho [ö^{n}szinyu] *m* gereblye
âncora [ö^{n}nkurö] *f* horgony; *deitar* v *lançar* ~ horgonyt vet; *levantar* v *levar* ~ horgonyt felszed
ancoração [ö^{n}kuröszö^{n}u] *f* lehorgonyzás
ancoradoiro, -douro [ö^{n}nkurödojru, -doru] *m* horgonyzóbak; horgonyzóhely
ancoragem [ö^{n}nkuràzsö^{n}j] *f* **1.** lehorgonyzás **2.** horgonybér
ancorar [ö^{n}nkuràr] *1/15 tl* **1.** (le)horgonyoz, horgonyt vet **2.** ~ *em* alapoz, épít, támaszkodik vmire
ancoreta [ö^{n}nkurétö] *f* **1.** kis horgony **2.** kis hordó
ancudo [ö^{n}nkúdu] *mn* széles csípőjű
andaço [ö^{n}ndàszu] *m* könnyű járvány(os betegség)
andadeiras [ö^{n}ndödéjrös] *f tb* **1.** járószalag **2.** *átv* póráz
andadeiro [ö^{n}ndödéjru] *mn* **1.** szapora járású, könnyen lovagolható (ló) **2.** könnyen járható (út)
andador *m*, **-a** *f* [ö^{n}ndödor(ö)] **I.** *mn* jó járású (ló) **II.** *fn* **1.** jó gyalogoló **2.** küldönc **3.** alamizsnagyűjtő
andadura [ö^{n}ndödurö] *f* járás(mód)
andaimada, andaimaria [ö^{n}ndàjmàdö, ö^{n}ndàjmöriö] *f* = **andaime**
andaimar [ö^{n}ndàjmàr] *1/1 ts* állványoz
andaime [ö^{n}ndàjm] *m* építőállvány(zat)
andamento [ö^{n}ndöme^{n}tu] *m* **1.** menet, mozgás; *com o comboio em* ~ mozgásban levő vonaton, menet közben; *dar* ~ *a, pôr em* ~ mozgásba hoz, elindít; *estar em* ~ mozgásban van; *átv* folyamatban van **2.** *átv* lefolyás; ügymenet **3.** teljesítmény (gépé) **4.** zenei ütem, tempó
andança [ö^{n}ndö^{n}szö] *f* **1.** dolgok menete *v* lefolyása **2.** munka, elfoglaltság **3.** *boa* ~ jó szerencse; *má* ~ balszerencse; *gúny: meter-se em boas* ~*s* szép kis bajba keveredik
andante [ö^{n}ndö^{n}nt] *mn* vándor, kóborló; *cavaleiro* ~ kóbor lovag; *escavador* ~ lépkedő exkavátor
andar[1] [ö^{n}ndàr] *1/1* **I.** *ts* bejár vmit; *andou toda a Europa* bejárta egész Európát; *szól:* ~ *seu caminho* megy a maga útján **II.** *tl* **1.** jár, megy; ~ *à vela* vitorlázik; ~ *aos saltos* ugrál, ugrándozik; ~ *de automóvel* v *de carro* autózik, kocsin jár; ~ *de manso* óvatosan *v* lábujjhegyen lépked; ~ *de rojos* kúszik; ~ *para diante* halad, előbbrejut (*átv* is); ~ *para trás* hátrafelé megy, hátrál; *por-se a* ~ elindul, útnak indul; mozgásba jön; *anda cá!* gyere ide! *anda depressa!* siess! *anda* (*lá*)! gyerünk! rajta! tovább! *átv* ugyan! menj már! *vamos andando!* induljunk! *közm: dize-me com quem andas e dir-te-ei quem és* madarat tolláról, embert barátjáról lehet megismerni; *közm: quem corre cansa, quem anda alcança* lassan járj, tovább érsz **2.** működik, mozog, mozgásban van (gép); *o meu relógio anda mal* rosszul jár az órám **3.** érzi magát (egészségileg); *como anda?* hogy van? *ando bem* (*mal*) jól (rosszul) vagyok; *vou andando* megvagyok valahogy; *para aqui ando!* még élek! *não tenho andado bem estes dias* nem voltam jól a napokban **4.** *átv* folyik, múlik (idő), halad (munka); ~ *bem* (*mal*) jól (rosszul) megy (üzlet); *vai andando* megy valahogy (a dolog) **5.** ~ *a* (+*fni*), ~ (+*gerúndio*) (folyamatosságot jelöl:) ~ *a estudar*, ~ *estudando* tanul; ~ *a fazer*, ~ *fazendo* éppen csinál vmit, el van foglalva vmivel; ~ *pintando* festeget **6.** (melléknévvel alkotott kifejezésekben:) ~ *aborrecido* unatkozik; bosszankodik; ~ *alegre* vidám, boldog; ~ *contente* meg van elégedve; ~ *desesperado* kétségbe van esve; ~ *doente* beteg(eskedik); ~ *fiado em* bízik vkiben; ~ *triste* szomorkodik; ~ *bem vestido* elegánsan öltözködik **7.** ~ (+*com* v *sem:*) ~ *com medo* fél; ~ *sem medo* nem fél **8.** (képletes kifejezésekben:) ~ *ao corrente de* tájékozva van vmiről; ~ *às pancadas* verekszik; ~

com illik vmihez; érintkezik *v* kapcsolatot tart fenn vkivel; ~ *bem* (*mal*) *de, em* jól (rosszul) áll vmiből, vmiben; ~ *bem no exame* sikeresen vizsgázik; ~ *mal de dinheiro* rosszul áll pénz dolgában; ~ *mal de saúde* rosszul áll egészség dolgában; ~ *de mal com* rosszban van vkivel; ~ *em direito* jogot hallgat *v* tanul; ~ (*sempre*) *na lua* a felhőkben jár, szórakozott; ~ *nos quarenta* a negyvenes éveit tapossa; *pôr a* ~ **a)** útnak indít, elindít **b)** kiutasít, ajtót mutat vkinek **T**; *não sabe a quantas anda* nem tudja, hogy hányadán áll

andar² [ö^{n}ndàr] *m* **1.** menés, járás; utazás; (menet)sebesség; *a todo o* ~ teljes sebességgel *v* gőzzel; *levar grande* ~ nagy sebességgel halad; *com o* ~ *dos tempos* az idők folyamán **2.** emelet; *primeiro* ~ első emelet; *o* ~ *de cima* a felső emelet; *casa de um* (*só*) ~ földszintes ház **3.** lakás

andarengo [ö^{n}ndöre^{n}ngu] *mn* vándorló, vándor

andarilho [ö^{n}ndörilju] *m* vándor, gyalogos; csavargó

andas [ö^{n}ndös] *f tb* gólyaláb(ak)

andebol [ö^{n}ndibòl] *m* kézilabda

andebolista [ö^{n}ndibulistö] *fn* kézilabdázó

andejar [ö^{n}ndizsàr] *1/14 tl* kószál, járkál; futkos

andejo [ö^{n}ndézsu] *mn* **1.** kószáló **2.** nyugtalan; ingatag

Andes [ö^{n}ndis] *m tb*: *os* ~ az Andok

andino [ö^{n}ndinu] *mn* és *fn* andokbeli

andirá [ö^{n}ndirà] *m* **B** denevér

ândito [ö^{n}nditu] *m* **1.** gyalogút **2.** átjáró; folyosó; tornác

andorinha [ö^{n}ndurinyö] *f* **1.** fecske; *közm*: *uma* ~ *não faz verão* egy fecske nem csinál tavaszt **2. B** bútorszállító kocsi **3. B** kisebb hajó, propeller

andorinhão [ö^{n}nduriny$ö^n$u] *m* sarlós fecske

andrajo [ö^{n}ndràzsu] *m* rongy

andrajoso [ö^{n}ndrözsozu] *mn* rongyos

André [ö^{n}ndrè] *m* András, Endre

andu [ö^{n}ndu] *m* **B** brazil borsófajta

andurrial [ö^{n}ndurrjàl] *m* félreeső, magányos hely

anedota [önidòtö] *f* anekdota, adoma

anedotário [önidutàrju] *m* anekdotakincs

anedótico [önidòtiku] *mn* anekdotaszerű

anedotizar [önidutizàr] *1/1 ts* adomákat mond; adomaszerűen ad elő

anegar [önigàr] *1/4, 1/12* **I.** *ts* alámerít, vízbe fojt **II.** *tl* alámerül; elsüllyed

aneiro [önéjru] *mn* **1.** időjárástól függő, bizonytalan **2.** *növ* minden második évben termő

anejo [önézsu] *mn* és *fn* éves (állat, bárány, bika)

anel [önèl] *m* **1.** gyűrű; ~ *pastoral* püspöki gyűrű; ~ *de casamento* jegygyűrű; ~ *de noivado* eljegyzési gyűrű; ~ *do pescador* (pápai) halászgyűrű **2.** ~ *de cabelo* hajfürt, lokni; ~ *de cadeia* láncszem; ~ *de segmento* dugattyúgyűrű

anelação [önilösz$ö^n$u] *f* nehéz légzés

anelado [önilàdu] *mn* gyűrű alakú; göndör

anelante [önil$ö^n$nt] *mn* **1.** lihegő, ziháló **2.** vmi után sóvárgó (*por*)

anelão [önil$ö^n$u] *m* pecsétgyűrű

anelar [önilàr] *1/13* **I.** *ts* **1.** gyűrűkbe rak, göndörít **2.** megkíván vmit **II.** *tl* **1.** sóvárog, epekedik vmi után (*por*) **2.** nehezen lélegzik, levegő után kapkod

anélito [önèlitu] *m* **1.** lélegzet, lehelet **2.** hő óhaj

anelo [önèlu] *m* hő vágy, sóvárgás

anemia [önimiö] *f* vérszegénység

anémico [önèmiku] *mn* vérszegény (*átv* is)

anemómetro [önimòmitru] *m* szélsebességmérő (műszer)

anémona [önèmunö] *f növ* kökörcsin

anestesia [önistiziö] *f* **1.** érzéketlenség **2.** érzéstelenítés

anestesiar [önistizjàr] *1/7 ts* érzéstelenít

anestésico, -tético [önistèziku, -tètiku] *mn* és *fn, m* érzéstelenítő (szer)

anete [önét] *m* vasgyűrű, horgonygyűrű

aneto [önètu] *m növ* kapor

aneurisma [önéurizsmö] *m orv* verőértágulat

anexação [önèkszösz$ö^n$u] *f* bekebelezés, elcsatolás (területé)

anexar [önèkszàr] *1/1 ts* **1.** bekebelez, elcsatol (területet) **2.** csatol, mellékel (iratot)

anexim [önisi^n] *m* szólás, közmondás

anexo [önèkszu] **I.** *mn* egybekötött; mellékelt, mellék-; *edifício* ~ melléképület **II.** *fn, m* **1.** hozzátoldás, függelék; melléképület **2.** csatolt irat, melléklet

anfíbio [ö^{n}fibju] **I.** *mn* kétéltű; *tanque* ~ kétéltű tank **II.** *fn, m áll* kétéltű

anfiteatro [ö^{n}fitjàtru] *m* amfiteátrum, körszínház; ~ *anatómico* boncterem

anfitrião [ö^{n}fitrjö^{n}u] *m* vendéglátó házigazda

anfitrioa [ö^{n}fitrioö] *f* vendéglátó gazdasszony

anfractuosidade [ö^{n}fràktvuzidàd] *f* **1.** kanyargósság; kanyarulat **2.** egyenetlenség, érdesség

anfractuoso [ö^{n}fràktvozu] *mn* **1.** kanyargó, görbe, tekervényes **2.** egyenetlen, érdes, rögös

anga [ö^{n}ngö] *f* **B** szemmel verés

angariação [ö^{n}ngörjöszö^{n}u] *f* **1.** elérés, elnyerés **2.** beszerzés, üzletszerzés; beszervezés, korteskedés

angariador *m*, **-a** *f* [ö^{n}ngörjödor(ö)] *fn* **1.** üzletszerző **2.** beszervező, kortes(kedő)

angariar [ö^{n}ngörjàr] *1/7* **1.** *ts* elér, elnyer, szerez; ~ *simpatias* kedveltté teszi magát **2.** beszervez, felhajt (vevőket); korteskedik

angarilha [ö^{n}ngöriljö] *f* vesszőfonadék (üvegen)

Ângela [ö^{n}zsilö] *f* Angéla

angélica [ö^{n}zsèlikö] *f* *növ* tubarózsa

angélico [ö^{n}zsèliku] *mn* angyali

angina [ö^{n}zsinö] *f* *orv* angina; ~ *estreptocócica* vírusos torokgyulladás; ~ *membranosa* diftéria, torokgyík; ~ *de garganta* torokgyulladás; ~ *de peito* angina pectoris, szívgörcs

angiologia [ö^{n}zsuluzsiö] *f* *orv* értan

angioma [ö^{n}zsjomö] *m* *orv* érdaganat

angiosclerose [ö^{n}zsjuskliroz] *f* *orv* érelmeszesedés

angiostenose [ö^{n}zsjustinoz] *f* *orv* érszűkület

anglicanismo [ö^{n}nglikönizsmu] *m* anglikán vallás

anglicano [ö^{n}nglikönu] *mn* és *fn* anglikán

anglicismo [ö^{n}ngliszizsmu] *m* anglicizmus, angolos szóhasználat

anglo-americano, -na [ö^{n}nglòömirikönu, -nö] *mn* angol—amerikai

anglo-brasileiro, -ra [ö^{n}nglubröziléjru, -rö] *mn* angol—brazil

anglofilia [ö^{n}nglufiliö] *f* angolbarátság

anglófilo [ö^{n}nglòfilu] *mn* angolbarát

anglófobo [ö^{n}nglòfubu] *mn* angolgyűlölő

anglomania [ö^{n}nglumöniö] *f* angolimádat

anglo-saxão *m*, **-xã** *f* [ö^{n}ngluszökszö^{n}u, -kszö^n] *mn* és *fn* angolszász

anglo-saxónico [ö^{n}ngluszökszòniku] *mn* angolszász

Angola [ö^{n}ngòlö] *f* Angola

angolano, angolense [öngulönu, -le^{n}sz] *mn* és *fn* angolai

Angora [ö^{n}ngòrö] *f* *földr* Ankara (régebben: Angóra)

angorá [ö^{n}ngurà] *mn* angóra-; *gato* ~ angóramacska

angra [ö^{n}ngrö] *f* kis öböl

angu [ö^{n}ngu] *m* **B** **1.** kukoricakása, puliszka **2.** *nép* zűrzavar, slamasztika

angulado [ö^{n}ngulàdu] *mn* = **anguloso**

angular [ö^{n}ngulàr] *mn* sarok-, szöglet-

angulário [ö^{n}ngulàrju] *m* szögmérő

ângulo [ö^{n}ngulu] *m* szög, sarok; ~ *agudo* hegyesszög; ~ *adjacente* társszög; ~ *alterno* váltószög; ~ *suplementar* mellékszög; pótszög

angulómetro [ö^{n}ngulòmitru] *m* szögmérő

anguloso [ö^{n}ngulozu] *mn* szögletes

angústia [ö^{n}ngustyö] *f* **1.** félelemérzet; kínszenvedés; nyugtalanság **2.** vminek a szűk volta; idő rövidsége

angustiado [ö^{n}ngustyàdu] *mn* félelemmel teli; gyötrődő

angustiante [ö^{n}ngustyö^{n}nt] *mn* aggasztó

angustiar [ö^{n}ngustyàr] *1/7* *ts* aggaszt, gyötör

angustioso [ö^{n}ngustyozu] *mn* aggasztó, gyötrő, kínzó

anho [önyu] *m* bárány

aniagem [önyàzsö^{n}j] *f* zsákvászon

anichar [önisàr] *1/1* **I.** *ts* **1.** (fülkébe) rak, tesz, helyez **2.** menedéket nyújt vkinek **3.** (érdemtelenül) jó állásba helyez vkit **II.** **~-se** **1.** el-, megbújik **2.** (érdemtelenül) jó álláshoz jut

anídrico [önidriku] *mn* *vegy* vízmentes

anidrido [önidridu] *m* *vegy* anhidrid; ~ *carbónico* szénoxid, széngáz

anil [önil] *m* **1.** *növ* indigó **2.** indigókék (szín)

anilado [önilàdu] *mn* indigókék (színű)

anilar [önilàr] *1/1* *ts* indigókékkel (be)fest

anilha [öniljö] *f* (függöny)karika

anilho [önilju] *m* = **anilha**

animação [önimöszö^{n}u] *f* **1.** lelkesítés, ösztönzés **2.** élénkség, emelkedett hangulat

animado [önimàdu] *mn* eleven, élénk, felhangolt, jókedvű; *está* ~ *de boas intenções* jó szándékok vezérlik

animador *m*, **-a** *f* [önimödor(ö)] *mn* és *fn* lelkesítő, buzdító, animátor

animadversão [önimödvirszö^{n}u] *f* 1. ellenszenv 2. rosszallás, bírálgatás, kifogásolás

animal [önimàl] **I.** *mn* állati; *reino* ~ állatvilág **II.** *fn, m* **1.** állat; **B** ló **2.** durva, állatias ember; *átv* barom

animalaço, animalão [önimölàszu, -lö^{n}u] *m átv* címeres ökör

animalejo [önimölézsu] *m* **1.** állatka **2.** ostoba alak

animalesco [önimölésku] *mn* állati(as)

animália [önimàljö] *f* állat, barom

animalidade [önimölidàd] *f* állatiasság, állati természet

animalismo [önimölizsmu] *m* állati természet

animalista [önimölistö] *fn* állatfestő, állatszobrász

animar [önimàr] *1/1* **I.** *ts* **1.** lelkesít, ösztönöz **2.** felhangol, bátorít **II.** **~-se** **1.** felélénkül, jó hangulata támad **2.** nekibátorodik

anímico [önimiku] *mn* lelki

ânimo [önimu] *m* **1.** lélek, szellem **2.** érzület; kedv, kedély **3.** bátorság **4.** szándék, cél **5.** *szól:* ~! bátorság! fel a fejjel! *dar* ~ bátorít, lelkesít; *perder o* ~ elcsügged; (*re*)*cobrar* ~ (újra) erőre kap, visszanyeri bátorságát; *ter* ~ *de* az a szándéka, hogy; *ter* ~ *para* képes vmit megtenni; *estou de* ~ *cantar* kedvem van dalolni

animosidade [önimuzidàd] *f* **1.** ingerültség **2.** gyűlölség, harag, ellenséges indulat **3.** elfogultság **4.** tetterő, bátorság

animoso [önimozu] *mn* **1.** ingerült, heves **2.** lelkes, bátor tetterős

aninar [öninàr] *1/1 ts* **1.** álomba ringat **2.** **B** betakar, bebugyolál

aninhar [öninyàr] *1/1* **I.** *ts* **1.** fészekbe rak **2.** menedéket nyújt, elszállásol **II.** **~-se** **1.** befészkeli magát **2.** ágyba bújik; összekuporodik

aninheiro [öninyéjru] *m* fészektojás

aniquilar [önikilàr] *1/1 ts* megsemmisít

anis [önis] *m* ánizs

anisar [önizàr) *1/1 ts* ánizzsal behint *v* ízesít

aniseta [önizétö] *f* ánizslikőr

aniversariante [önivirszàrjö^{n}nt] *mn* és *fn* születésnapját ünneplő

aniversariar [önivirszàrjàr] *1/7 tl* születésnapot *v* évfordulót ünnepel

aniversário [önivirszàrju] **I.** *mn* évfordulót ünneplő, jubileumi **II.** *fn, m* évforduló, születésnap, jubileum; ~ *de casamento* házassági évforduló

anjinho [ö^{n}zsinyu] *m* angyalka; *ir para os* ~*s* meghal

anjo [ö^{n}zsu] *m* angyal; ~ *custódio* v *tutelar* v *da guarda* őrangyal

ano [önu] *m* **1.** év; ~ *económico* gazdasági év; ~ *escolar* v *lectivo* tanév; *~-luz* fényév; ~ *novo* újév; *o* ~ *que corre* a folyó év; *o* ~ *próximo* v *que vem* a jövő év; *dia de* ~ *bom* újév napja; ~ *a* ~ évről évre; ~ *após* ~ egyik év a másik után; *uns* ~*s por outros* évi átlagban; *faz* v *há um* ~ egy évvel ezelőtt; ennek egy éve; *de*(*sde*) *há muitos* ~*s* hosszú évek óta; *há* ~*s que o não vejo* évek óta nem láttam; *vai agora em dez* ~*s* ennek most már mintegy tíz éve; (*seja*) *por muitos* ~*s!* sok-sok boldogságot! még száz évet! *dar os bons* ~*s* boldog újévet kíván **2.** ~*s* életévek, életkor; *um senhor com 30* ~*s* harmincéves úr; *aos quarenta* ~*s* negyvenéves kor(á)ban; *entrado em* ~*s* éltes, idős, koros; *quantos* ~*s tem?* hány éves? *faço* v *tenho vinte* ~*s* húsz éves vagyok **3.** *dia de* ~*s* születésnap; *fazer* ~*s* születésnapja van

ano-base [önubàz] *f statisztika* kiindulási év

anódino [önòdinu] *mn* **1.** fájdalomcsillapító **2.** ártalmatlan; jelentéktelen

anódio, ânodo [önòdju, önudu] *m* anód

anófele [önòfil] *m* maláriát terjesztő szúnyog

anoitecer [önojtiszér] *2/2, 2/7 tl* esteledik, sötétedik; *ao* ~ alkonyatkor

anojado [önuzsàdu] *mn* **1.** haragos **2.** gyászoló

anojar [önuzsàr] *1/15* **I.** *ts* **1.** émelyít, undorít **2.** bosszant **II.** **~-se** **1.** émelyeg a gyomra, undorodik **2.** bosszankodik **3.** gyászt ölt, gyászol

anomalia [önumöliö] *f* **1.** anomália, rendellenesség **2.** hiba, ferdeség; visszaélés

anómalo [önòmölu] *mn* rendellenes, szabálytalan

anonimato [önunimàtu] *m* névtelenség

anónimo [önònimu] **I.** *mn* névtelen **II.** *fn* névtelen szerző; ismeretlen személy

ANOP = *Agência Noticiosa Portuguesa*
anoraque [önuràk] *m* anorák
anormal [önòrmàl] *mn* abnormis, rendellenes
anormalidade [önòrmölidàd] *f* rendellenesség
anortear [önortyàr] *1/5 ts* **1.** (észak felé) kormányoz (hajót) **2.** *átv* vezet, irányít
anosidade [önuzidàd] *f* öregkor
anoso [önozu] *mn* éltes, koros
anotação [önutöszö^{n}u] *f* feljegyzés, megjegyzés
anotar [önutàr] *1/15 ts* feljegyez, felír; megjegyez
anoutecer [önotiszér] = **anoitecer**
anquilose [ö^{n}kilòz] *f* = **ancilose**
anseio [ö^{n}széju] *m* hő vágy, vágyódás
ânser [ö^{n}szir] *m* gúnár, lúd
anserino [ö^{n}szirinu] *mn* lúd-, liba-
ânsia [ö^{n}szjö] *f* **1.** aggódás, nyugtalanság, gond **2.** *~s* rosszullét, émelygés; *~s da morte* halálfélelem
ansiado [ö^{n}szjàdu] *mn* **1.** aggódó **2.** hőn óhajtott **3.** *estar ~* rosszul van, émelyeg a gyomra
ansiar [ö^{n}szjàr] *1/6* **I.** *ts* hőn óhajt; vágyódik vmi után (*por*) **II.** **~-se** rosszul lesz, émelyeg a gyomra
ansiedade [ö^{n}szjidàd] *f* = **ânsia**
ansioso [ö^{n}szjozu] *mn* **1.** aggódó, nyugtalan **2.** vmi után (mohón) vágyódó (*por; de + fni*) *estou ~ de vê-la* égek a vágytól, hogy láthassam őt
ant. = *antigo* régi, régebben
Ant. = *António* Antal
anta [ö^{n}ntö] *f* **1.** dolmen, őskori kőemlék **2.** *ép* sarokpillér **3.** **B** *áll* tapír
antagónico [ö^{n}ntögòniku] *mn* ellentétes, ellentmondó
antagonismo [ö^{n}ntögunizsmu] *m* ellentét, ellentmondás
antagonista [ö^{n}ntögunistö] **I.** *mn* ellentétes, ellentmondó **II.** *fn* ellenfél
antálgico [ö^{n}ntàlzsiku] *mn* fájdalomcsillapító
antanho [ö^{n}ntönyu] *hat* a múlt évben; valamikor régen; *tempos de ~* régi jó idők
Antão [ö^{n}ntö^{n}u] *m* Antal
antártico [ö^{n}ntàrtiku] *mn* délsarki; *polo ~* déli sark
ante [ö^{n}nt] *vsz* előtt, jelenlétében; *~ o juiz* a bíró(ság) előtt
anteacto [ö^{n}ntiàtu] *m* előjáték
antebraço [ö^{n}ntibràszu] *m* alsókar
antecâmara [ö^{n}ntikömörö] *f* előszoba
antecedência [ö^{n}ntiszide^{n}szjö] *f* **1.** elölhaladás **2.** korábbi bekövetkezés **3.** *~s* előzmények **4.** *com ~* előzetesen, előre; *com duas semanas de ~* két héttel korábban
antecedente [ö^{n}ntiszide^{n}nt] **I.** *mn* (meg)előző, előbbi **II.** *fn, m* **1.** előzmény; (logikai) előtétel **2.** *~s* **a)** elődök **b)** eddigi magatartás; *~s penais* priusz; *de maus ~s* büntetett előéletű; *atestado de bons ~s* erkölcsi bizonyítvány
anteceder [ö^{n}ntiszidér] *2/7 ts* megelőz, előbb ér oda
antecessor *m*, **-a** *f* [ö^{n}ntiszTiszor(ö)] *fn* előd
antecipação [ö^{n}ntiszipöszö^{n}u] *f* előlegezés; *com ~* korábban, előbb; *com dois meses de ~* két hónappal előbb
antecipar [ö^{n}ntiszipàr] *1/1* **I.** *ts* **1.** előre megcsinál vmit; előbbre hoz, siettet; megelőz **2.** előlegez **3.** előrelát, elvár vmit **II.** *tl* elébe vág a dolgoknak **III.** **~-se** **1.** elöl jár **2.** megelőz **3.** (túl) korán érkezik
antedata [ö^{n}ntidàtö] *f* előbbrekeltezés
antedatar [ö^{n}ntidötàr] *1/12 ts* előbbre keltez
antediluviano [ö^{n}ntidiluvjönu] *mn* vízözön előtti
antedito [ö^{n}ntiditu] *mn* előbb említett
antedizer [ö^{n}ntidizér] *2/12 ts* előre megmond
anteface [ö^{n}ntifàsz] *m* arcfátyol; álarc
antefirma [ö^{n}ntifirmö] *f* udvariassági záradék (levélben)
antegostar [ö^{n}ntigustàr] *1/15* = **antegozar**
antegozar [ö^{n}ntiguzàr] *1/15 ts* előre élvez, előre örül vminek **T**
antegozo [ö^{n}ntigozu] *m* előíz, előre élvezés
antelóquio [ö^{n}ntilòkju] *m* előszó, bevezető
antemanhã [ö^{n}ntimönyö^n] **I.** *fn, f* hajnal **II.** *hat* hajnal előtt
antemão [ö^{n}ntimö^{n}u] *hat: de ~* előre; előzőleg
antemeridiano [ö^{n}ntimirigyönu] *mn* délelőtti
antena [ö^{n}nténö] *f* **1.** antenna; *~ de quadro* keretantenna **2.** vitorlarúd **3.** *áll* csáp
antenome [ö^{n}ntinom] *m* **1.** előnév **2.** cím, rang

antenupcial [ö^{n}ntinupszjàl] *mn* házasság előtti

anteolhos [ö^{n}ntiòljus] *m tb* szemellenző

anteontem [öntio^{n}ntö^{n}j] *hat* tegnapelőtt

antepagar [ö^{n}ntipögàr] *1/4, 1/12 ts* előre (ki)fizet

antepara [ö^{n}ntipàrö] *f* = **anteparo**

anteparar [ö^{n}ntipöràr] *1/12* **I.** *ts* **1.** *átv* védőgátat emel, megvéd, megóv, oltalmaz **2.** hirtelen megállít *v* fékez (lovat, kocsit) **II.** ~**-se** előre felkészül vmire

anteparo [ö^{n}ntipàru] *m* **1.** elfedésre szolgáló tárgy (spanyolfal, legyező, lámpaellenző, kályhaellenző, deszkafal stb.) **2.** *átv* védelem, oltalom

anteparto [ö^{n}ntipàrtu] *m* szülés előtti időszak

antepassado [ö^{n}ntipöszàdu] **I.** *mn* előbbi, előző, elmúlt **II.** *fn, m* ~*s* ősök

antepassar [ö^{n}ntipöszàr] *1/12 ts* megelőz

antepasto [ö^{n}ntipàstu] *m* előétel

antepenúltimo [ö^{n}ntipinultimu] *mn* az utolsó előttit megelőző, a hátulról számított harmadik

antepor [ö^{n}ntipor] *2/17 ts* **1.** elébe helyez **2.** jobban szeret, előnyben részesít

anteporta [ö^{n}ntipòrtö] *f* **1.** külső ajtó **2.** ajtófüggöny

anteporto [ö^{n}ntiportu] *m* külső kikötő

anteposição [ö^{n}ntipuziszö^{n}u] *f* **1.** előbbre helyezés **2.** előnyben részesítés

anteprojecto [ö^{n}ntipruzsétu] *m* előzetes terv

antera [ö^{n}ntèrö] *f növ* portok

anterior [ö^{n}ntirjor] *mn* **1.** elülső **2.** előbbi, előző

anterioridade [ö^{n}ntirjuridàd] *f* **1.** előidejűség **2.** előny **3.** *com* ~ előbb, előzőleg

anteriormente [ö^{n}ntirjorme^{n}nt] *hat* előbb, előzőleg

anterrosto [ö^{n}ntirrostu] *m nyomd* szennycím

antes [ö^{n}ntis] **I.** *hat* **1.** előbb; inkább **2.** *szól:* ~ *pelo contrário* sőt, ellenkezőleg; ~ *pouco do que nada* a kevés jobb a semminél; *de* ~, *em antes* régebben, azelőtt; *um ano* ~ egy évvel előbb *v* korábban; *quanto* ~ mielőbb, lehetőleg azonnal; *quanto* ~ *melhor* minél előbb, annál jobb; *közm:* ~ *só do que mal acompanhado* jobb egyedül, mint rossz társaságban; *közm:* ~ *tarde do que nunca* jobb későn, mint soha **II.** *vsz:* ~ *de* előtt; ~ *de então,* ~ *daquela época* azt megelőzően; ~ *de mais* (*nada*), ~ *de tudo* mindenekelőtt, elsősorban; ~ *de tempo* idő előtt; ~ *dontem* tegnapelőtt; ~ *dum ano* egy éven belül **III.** *ksz:* ~ *de,* ~ *que* mielőtt; ~ *de sair* mielőtt elmennék; ~ *de terminada a lição* az óra vége előtt; ~ *que partam* mielőtt elutaz(ná)nak

antessala [ö^{n}ntiszàlö] *f* előszoba

antever [ö^{n}ntivér] *2/26 ts* előrelát

antevéspera [ö^{n}ntivèspirö] *f* **1.** a tegnap előtti nap; *na* ~ két nappal ezelőtt *v* előtte **2.** előest (*átv* is)

anti... [ö^{n}nti...] (igekötő) ellen-

antiácido [ö^{n}ntiàszidu] *mn* saválló

antiaéreo [ö^{n}ntiöèrju] *mn* légvédelmi; légelhárító; *abrigo* ~ óvóhely; *defesa* ~*a* légvédelem, légelhárítás

antibiótico [ö^{n}ntibjòtiku] *m* antibotikum

anticanceroso [ö^{n}ntikö^{n}szirozu] *mn* rák elleni

anticiclone [ö^{n}ntisziklon] *m* anticiklon

anticlerical [ö^{n}ntiklirikàl] *mn* egyházellenes

anticoncepcional [ö^{n}ntiko^{n}szèpszjunàl] *mn* fogamzásgátló

anticongelante [ö^{n}ntiko^{n}zsilö^{n}nti] *m* fagyálló folyadék

anticonstitucional [ö^{n}ntiko^{n}stituszjunàl] *mn* alkotmányellenes

anticorpo [ö^{n}ntikorpu] *m* ellenanyag, ellenméreg

anticorrosivo [ö^{n}ntikurruzivu] *mn* és *fn, m* rozsdásodást gátló (szer)

antidemocrático [ö^{n}ntidimukràtiku] *mn* demokráciaellenes

antiderrapante [ö^{n}ntidirröpö^{n}nti] *mn* és *fn, m* = **antideslizante**

antideslizante [ö^{n}ntidizslizö^{n}nti] *mn* és *fn, m* csúszást gátló (anyag)

antídoto [ö^{n}ntidutu] *m* ellenszer, ellenméreg

antieconómico [ö^{n}ntikunòmiku] *mn* nem gazdaságos

antiestético [ö^{n}ntistètiku] *mn* nem esztétikus

antifascista [ö^{n}ntifösistö] *mn* és *fn* antifasiszta

antifebril [ö^{n}ntifibril] *mn* lázcsillapító

antiferruginoso [ö^{n}ntifirruzsinozu] *mn* rozsdaálló

antiflogístico [ö^{n}ntifluzsistiku] *mn* gyulladás elleni

anti-foguete [ö^{n}ntifugét] *m kat* ellenrakéta

antífona [ö^{n}ntífunö] *f* **1.** (templomi) bevezető *v* kezdő ének **2.** *átv* célzás

antigalha [ö^{n}ntigàljö] *f* régiség; *gabinete de* ~ ritkaséggyűjtemény

antigamente [ö^{n}ntigöme^{n}nt] *hat* régen, hajdanában

antigo [ö^{n}ntigu] **I.** *mn* egykori, régi, antik; *à ~a* régimódiasan; *o ~ Testamento* az ótestamentum **II.** *fn: os ~s* a régiek, az ősök

antigovernamental [ö^{n}ntiguvirnöme^{n}ntàl] *mn* kormányellenes

antigualha [ö^{n}ntigvàljö] *f* = **antigalha**

antiguidade [ö^{n}ntigvidàd] *f* **1.** ókor; régi idők **2.** *~s* régiségek; antik tárgyak **3.** szolgálatban eltöltött idő; *prémio de ~* korpótlék; hűségjutalom

anti-hemorrágico [ö^{n}ntiimurràzsiku] *mn* vérzéscsillapító

anti-higiénico [ö^{n}ntizsjèniku] *mn* egészségtelen

anti-incrustador [ö^{n}nti^{n}nkrustödor] *m* vízkő elleni szer

antilhano [ö^{n}ntiljönu] *mn* és *fn* az Antillákról való

Antilhas [ö^{n}ntiljös] *f tb: as ~* az Antillák

antilhense [ö^{n}ntilje^{n}z] *mn* és *fn* = **antilhano**

antilogía [ö^{n}ntiluzsiö] *f* ellentmondás

antílope [ö^{n}ntilup] *m* antilóp

antimagnético [ö^{n}ntimögnètiku] *mn* mágneses hatásnak ellenálló

antimilitarismo [ö^{n}ntimilitörizsmu] *m* antimilitarizmus

antimilitarista [ö^{n}ntimilitöristö] *mn* és *fn* antimilitarista

antimonárquico [ö^{n}ntimunàrkiku] *mn* monarchiaellenes

antimónio [ö^{n}ntimònyu] *m vegy* antimon

antinacional [ö^{n}ntinöszjunàl] *mn* nemzetellenes

antinatural [ö^{n}ntinöturàl] *mn* természetellenes

antineurálgico [ö^{n}ntinèuràlzsiku] *mn* fájdalomcsillapító

antinódoa [ö^{n}ntinòduö] *f* folttisztító szer

antioxidante [ö^{n}ntiòkszidö^{n}nt] *mn* és *fn, m* rozsdásodást gátló (szer)

antipatia [ö^{n}ntipötiö] *f* ellenszenv; idegenkedés

antipático [ö^{n}ntipàtiku] *mn* **1.** ellenszenves **2.** össze nem illő, egymást ütő (színek)

antipatizar [ö^{n}ntipötizàr] *1/1 tl* ellenszenvet érez vki iránt (*por*)*;* ki nem állhat vkit

antipatriótico [ö^{n}ntipötriòtiku] *mn* hazafiatlan

antipirético [ö^{n}ntipirètiku] *mn* és *fn, m* lázcsökkentő (szer)

antípoda [ö^{n}ntipudö] *m* antipódus, ellenlábas

antipopular [ö^{n}ntipupulàr] *mn* népellenes

antiquado [ö^{n}ntikvàdu] *mn* elavult, (ős)régi, ódon

antiqualha [ö^{n}ntikvàljö] *f* = **antigalha**

antiquário [ö^{n}ntikvàrju] *m* **1.** régiségkereskedő **2.** régész

antiquar-se [ö^{n}ntikvàrszi] *1/1* elavul

antiquíssimo [ö^{n}ntikiszimu] *mn* ősrégi

anti-rábico [ö^{n}ntirràbiku] *mn* és *fn, m orv* veszettség elleni (szer)

anti-regulamentar [ö^{n}ntirrigulöme^{n}ntàr] *mn* szabályzatellenes, nem előírásos

anti-revolucionário [ö^{n}ntirrivuluszjunàrju] **I.** *mn* ellenforradalmi **II.** *fn* ellenforradalmár

antirugas [ö^{n}ntirrugös] *mn* gyűrődésmentes

anti-semita [ö^{n}ntiszimitö] *mn* és *fn* zsidóellenes

antiséptico [ö^{n}ntiszètiku] *mn* és *fn, m* fertőzésellenes (szer)

anti-social [ö^{n}ntiszuszjàl] *mn* társadalomellenes

antispasmódico [ö^{n}ntispözsmòdiku] *mn* és *fn, m* görcsoldó (szer)

antítese [ö^{n}ntitiz] *f* **1.** ellentét **2.** *fil* ellentétel

antitético [ö^{n}ntitètiku] *mn* ellentétes

antitoxina [ö^{n}ntitòkszinö] *f* ellenanyag

antituberculoso [ö^{n}ntitubirkulozu] *mn* tüdővész elleni

antivariólico [ö^{n}ntivörjòliku] *mn* himlő elleni; *certificado de vacina ~a* himlőoltási bizonyítvány

antivenéreo [ö^{n}ntivinèrju] *mn* nemibetegségek elleni

antojar [ö^{n}ntuzsàr] *1/15* **I.** *ts* **1.** szeme elé rak **2.** (meg)néz, szemlél **3.** elképzel **4.** megkíván; sóvárog vmi után, kedve van vmihez **T II.** *~-se* maga elé képzel

antojo [ö^{n}ntozsu] *m* **1.** kívánság, vágy; sóvárgás **2.** kedv; *dão-me ~s de viajar* kedvem van utazni

antolhar [ö^{n}ntuljàr] *1/15* = **antojar**
antolhos [ö^{n}ntòljus] *m tb* szemellenző (*átv* is)
antologia [ö^{n}ntuluzsiö] *f* antológia, gyűjtemény
antonímia [öntunimjö] *f nyelvi* ellentétes értelem
antónimo [ö^{n}ntònimu] *mn* és *fn*, *m* ellentétes értelmű (szó)
Antónia [ö^{n}ntònyö] *f* Antónia
António [ö^{n}ntònyu] *m* Antal
antracite [ö^{n}ntröszit] *m ásv* antracit
antraz [ö^{n}ntràs] *m orv* lépfene
antro [ö^{n}ntru] *m* barlang, odú; *átv* bűnbarlang, játékbarlang
antropofagia [ö^{n}ntrupòfözsiö] *f* emberevés
antropófago [ö^{n}ntrupòfögu] *mn* és *fn* emberevő
antropóide [ö^{n}ntrupòjd] **I.** *mn* emberhez hasonló **II.** *fn*, *m* emberszabású majom
antropologia [ö^{n}ntrupuluzsiö] *f* embertan
antropologista [ö^{n}ntrupuluzsistö] *fn* embertan tudósa *v* kutatója
antropólogo [ö^{n}ntrupòlugu] *m* = **antropologista**
antropomorfo [ö^{n}ntrupòmòrfu] *mn* = **antropóide I.**
antropopiteco [ö^{n}ntrupupitèku] *m* jávai majomember
Antuérpia [ö^{n}ntvèrpjö] *f* Antwerpen, Anvers
anual [önuàl] *mn* évi
anualidade [önuölidàd] *f* **1.** évenként esedékes összeg **2.** évi jövedelem *v* járadék *v* részlet
anuário [önuàrju] *m* **1.** évkönyv **2.** címtár
anuência [önue^{n}szjö] *f* beleegyezés, hozzájárulás
anuidade [önuidàd] *f* annuitás, törlesztési részlet
anuir [önuir] *3/6 tl* **1.** beleegyezik vmibe, hozzájárul vmihez (*a*) **2.** egyetért vmiben (*em*)
anulação [önulöszö^{n}u] *f jog* érvénytelenítés
anular[1] [önulàr] *1/1 ts* érvénytelenít
anular[2] [önulàr] **I.** *mn* gyűrű alakú **II.** *fn*, *m* (*dedo*) ~ gyűrűsujj
anunciação [önu^{n}szjöszö^{n}u] *f* **1.** kihirdetés; bejelentés **2.** *vall* **a)** angyali üdvözlet **b)** gyümölcsoltó boldogasszony ünnepe
anunciador *m*, **-a** *f* [önu^{n}szjödor(ö)] **I.** *mn* kihirdető, bejelentő **II.** *fn* **1.** hirdető; **2.** ~ *de rádio* rádió-bemondó
anunciante [önu^{n}szjö^{n}nt] *mn* és *fn* hirdető; bejelentő
anunciar [önu^{n}szjàr] *1/7 ts* **1.** kihirdet, bejelent, közzétesz **2.** *távk* bemond **3.** hirdetést tesz közzé (újságban)
anúncio [önu^{n}szju] *m* **1.** kihirdetés, bejelentés, közzététel **2.** *távk* bemondás, közlemény **3.** (újság)hirdetés; *~s classificados* v *económicos* apróhirdetések; ~ *luminoso* fényreklám; *colocar* v *pôr um* ~ hirdet az újságban
ânuo [önvu] *mn* évi
anúria [önurjö] *f orv* vizeletrekedés
ânus [önus] *m anat* végbélnyílás
anuviado [önuvjàdu] *mn* felhős, borús
anuviar [önuvjàr] *1/7* **I.** *ts* **1.** felhőbe takar **2.** *átv* elkedvetlenít **II.** **~-se** **1.** beborul, besötétedik **2.** *átv* elborul, elkomorodik
anverso [ö^{n}vèrszu] *m* pénz *v* érem előlapja *v* képes fele
anzol [ö^{n}zòl] *m* **1.** horog; *cair no* ~, *morder* v *tragar o* ~ horogra akad; *átv* bekapja a horgot **2.** csapda, kelepce; *cair nos anzóis de* vkinek a hálójába kerül
ao = **a** + **o**
aonde [öo^{n}nd] *hat* ahova
aorta [öòrtö] *f* főverőér, főütőér
aortite [öòrtit] *f* főütőérgyulladás
aos = **a** + **os**
ap. = **1.** *apartamento* lakás **2.** *aprovado* megfelelt
apachorrar-se [öpösurràrszi] közömbössé, fásulttá, tunyává válik
apadrinhador *m*, **-a** *f* [öpödrinyödor(ö)] *mn* és *fn* patronáló, védelmező, oltalmazó
apadrinhar [öpödrinyàr] *1/1* **I.** *ts* **1.** keresztapaságot *v* keresztanyaságot vállal **2.** patronál, védnökséget vállal **II.** **~-se** *com* vkinek a védnöksége alá helyezi magát
apadroar [öpödruàr] *1/8 ts* patronál, vminek a védnökségét vállalja
apagado [öpögàdu] *mn* **1.** kioltott; kivilágítatlan, sötét **2.** halk, csendes **3.** *figura ~a* jelentéktelen alak **4.** *tempos ~s* történelem előtti idők
apagador [öpögödor] *m* **1.** gyertya- *v* lámpaoltó (személy és eszköz) **2.** táblatörlő (rongy)

apagar [öpögàr] *1/4, 1/12* **I.** *ts* **1.** elolt, kiolt **2.** elsötétít, elhomályosít **3.** tompít, mérsékel **4.** töröl, levakar **5.** megnyugtat, lecsendesít; *közm: mais apaga boa palavra que caldeira de água* többet ésszel, mint erővel **II.** **~-se** **1.** kialszik **2.** gyengül; eltompul

ápage [àpözs] *isz* távozzál! el innen!

apainelar [öpöjnilàr] *1/13 ts ép* panelez, (fa)borítással lát el (falat)

apaixonado [öpàjsunàdu] **I.** *mn* **1.** szenvedélyes, indulatos; elfogult **2.** vmiért lelkesedő (*por*); *ele é ~ pela música* él-hal a zenéért **3.** fülig szerelmes vkibe (*por*) **4.** *szól: ele ficou muito ~ com a má notícia* a rossz hír nagyon felizgatta őt **II.** *fn* **1.** vkinek a szerelmese, kedvese **2.** *sp* rajongó; szurkoló

apaixonar [öpàjsunàr] *1/15* **I.** *ts* **1.** szenvedélyt *v* indulatot ébreszt vkiben **T** **2.** lelkesít, elragad **3.** heves szerelmet *v* vágyat gyújt vkiben **T** **II.** **~-se** **1.** fülig szerelmes lesz vkibe (*por*) **2.** lelkesedik vmiért (*de*)

apalaçado [öpölöszàdu] *mn* palotaszerű; *casa ~a* előkelő ház

apalavrado [öpölövràdu] *mn* megbeszélt; megígért

apalavrar [öpölövràr] *1/12* **I.** *ts* **1.** megbeszél, megtárgyal **2.** megegyezik vmiben, megköt (üzletet), leköt vmit; szavát adja vmire **T** **II.** **~-se** kötelezi magát; *~-se para casar* eljegyzi magát

apalear [öpöljàr] *1/5 ts* mgbotoz, bottal elver

apalermado [öpölèrmàdu] *mn* ostoba, együgyű

apalpação [öpàlpöszö^{n}u] *f orv* kitapogatás

apalpadeira [öpàlpödéjrö] *f* motozónő

apalpadela [öpàlpödèlö] *f* **1.** tapogatás; megmotozás **2.** *átv* tapogatózás; *andar às ~s* botorkál, tapogatózik

apalpar [öpàlpàr] *1/1 ts* **1.** tapogat, megmotoz **2.** kitapasztal, kipróbál; *~ v sondar o terreno* felderíti a terepet

apanágio [öpönàzsju] *m* **1.** jellegzetesség, különös ismertetőjel **2.** apanázs, rendszeres pénzjuttatás

apanha [öpönyö] *f* aratás; betakarítás

apanhadeira [öpönyödéjrö] *f* **1.** gyümölcsszedő *v* marokszedő nő **2.** szemétlapát

apanhado [öpönyàdu] **I.** *mn* leszedett, betakarított (gyümölcs, termés) **2.** *estilo ~* tömör stílus **3.** *homem ~ de coração* kegyetlen *v* szívtelen ember **II.** *fn, m* **1.** maroknyi (mennyiség) **2.** ruharánc, redő **3.** áttekintés; összefoglalás; tartalomjegyzék

apanhador *m*, **-a** *f* [öpönyödor(ö)] *fn* **1.** (gyümölcs)szedő, betakarító **2.** *m* szemétlapát

apanha-gotas [öpönyögòtös] *m műsz* cseppfogó

apanha-moscas [öpönyömoskös] *m* **1.** *növ* Vénusz légycsapója **2.** légycsapó

apanhar [öpönyàr] *1/1* **I.** *ts* **1.** megfog, megragad; *~ moscas* legyeket fogdos; *átv* hiábavalóságokkal fecsérli idejét **2.** elfog, elcsíp, rajtakap; *~ no facto ; ~ em flagrante (delito) ; ~ com a boca na botija ; ~ com a mão no saco* tetten ér, rajtakap **3.** felemel, felszed; felgyűr, feltűr; *~ do chão* felvesz a földről; *~ o vestido* felgyűri *v* feltűzi a ruháját **4.** szed (gyümölcsöt), begyűjt, betakarít **5.** kap, elkap, megkap, megkaparint; kifog; *~ chuva* kifogja az esőt; *~ uma doença* betegséget szed fel; *~ um bom emprego* kifog egy jó állást; *~ o sentido de* felfogja vminek az értelmét; *~ uma sova* v *uma tareia* v *pancadas* verést kap, elpáholják, alaposan helybenhagyják; *~ em taquigrafia* gyorsírással leír; *apanha!* itt a bökkenő! *apanhei-te!* most aztán megvagy! *não me apanham noutra!* többször nem fognak ki rajtam! *közm: quem primeiro anda, primeiro apanha* szemesnek áll a világ **II.** *tl* kikap, elverik; *sp* vereséget szenved, veszít

apanho [öpönyu] *m* = **apanha**

apaniguado [öpönigvàdu] *m* követő, csatlós; védenc, kreatúra

apaparicar [öpöpörikàr] *1/2 ts* elkényeztet, becéz

apara [öpàrö] *f* hulladék; forgács

aparador [öpörödor] *m* tálalóasztal

aparafusar [öpöröfuzàr] *1/1 ts* rácsavar, felcsavar

apara-lápis [öpàrölàpis] *m* ceruzahegyező

aparar [öpöràr] *1/12 ts* **1.** felfog, kivéd (labdát, ütést) **2.** kihegyez (ceruzát) **3.** kisimít, legyalul; *átv* kicsiszol, szépít **4.** stuccol, kurtít (hajat), kiigazít **5.** eltűr; *~ um insulto* lenyel egy sértést **6.** **B** hízeleg; csalogat

aparatar [öpörötàr] *1/12 ts* (fel)díszít, ékesít

aparato [öpöràtu] *m* **1.** dísz, pompa **2.** apparátus

aparatoso [öpörötozu] *mn* díszes, pompás; mutatós

aparceirar [öpörszéjràr] *1/1* **I.** *ts* partnerként bevesz **II.** ~**-se** partnerként beáll

aparcelar [öpörszilàr] *1/13 ts* felparcelláz

aparecer [öpöriszér] *2/2 tl* megjelenik, előtűnik, mutatkozik; fellép; *este livro acaba de* ~ ez a könyv most jelent meg; *közm: quem não aparece se esquece* a távollevőket könnyű elfelejteni

aparecimento [öpöriszime^{n}ntu] *m* megjelenés, fellépés

aparelhado [öpöriljàdu] *mn* felkészült *v* kész vmire (*para*); *bem* ~ jól felszerelt

aparelhador [öpöriljödor] *m* előmunkás; művezető

aparelhagem [öpöriljàzsö^{n}j] *f* **1.** felszerelés, berendezés **2.** elkészítés

aparelhar [öpöriljàr] *1/14* **I.** *ts* **1.** előkészít, készenlétbe helyez **2.** felszerel, ellát **3.** felkantároz, befog **4.** kifarag; legyalul **II.** *tl haj* felkészül a kifutásra

aparelho [öpörélju] *m* **1.** készülék; ~ *de rádio* rádiókészülék; ~ *de televisão* televíziókészülék ~ *para fazer a barba* borotvakészülék **2.** berendezés, felszerelés; műszer, szerszám; készlet; ~ *contra incêndios* tűzoltó berendezés; ~ *de café* kávéskészlet; ~*s de casa* háztartási berendezés; ~ *de segurança* biztonsági berendezés **3.** *biol* rendszer; ~ *circulatório* vérkeringési rendszer **4.** *o* ~ *estatal* az állami gépezet **5.** lószerszám **6.** vitorlázat **7.** előkészítés, elkészítés

aparência [öpöre^{n}szjö] *f* látszat; *em* ~ látszólag; *guardar* v *salvar as* ~*s* megóvja *v* fenntartja a látszatot; *as* ~*s enganam* a látszat csal

aparentado [öpöre^{n}ntàdu] *mn* rokon, vérrokonságban levő; *bem* ~ **a)** jó családból való **b)** befolyásos rokonokkal bíró; *mal* ~ alacsony származású

aparentar[1] [öpöre^{n}ntàr] *1/1* **I.** *ts* rokoni kapcsolatot teremt **II.** ~**-se** *com* rokonságba kerül vkivel

aparentar[2] [öpöre^{n}ntàr] *1/1 ts* vminek a látszatát kelti; úgy tűnik, mintha; mutatkozik vmilyennek; ~ *riqueza* megjátssza a gazdagot; *ela não aparenta sua idade* nem látszik a kora, fiatalabbnak tűnik; *közm: nem tudo é o que aparenta* a látszat csal; nem mind arany, ami fénylik

aparente [öpöre^{n}nt] *mn* látszólagos

aparentemente [öpöre^{n}ntöme^{n}nt] *hat* látszólag

aparição [öpöriszö^{n}u] *f* **1.** megjelenés **2.** látomás, szellem

aparo [öpàru] *m* tollhegy

aparrado [öpörràdu] *mn* zömök, tömzsi

apart. = *apartamento* lakás

apartação [öpörtöszö^{n}u] *f* különválasztás

apartado [öpörtàdu] **I.** *mn* **1.** elkülönített, magányos **2.** távoli, félreeső **II.** *fn, m* **1.** magánlakás **2.** postafiók

apartamento [öpörtöme^{n}ntu] *m* **1.** különválasztás, elkülönítés **2.** lakás, lakosztály

apartar [öpörtàr] *1/12* **I.** *ts* **1.** elkülönít; eltávolít; ~ *o grão da palha* megtisztítja a gabonaszemet a pelyvától **2.** kiválogat, elrendez **3.** elválaszt (csecsemőt) **4.** szétválaszt (verekedőket) **5.** *szól:* ~ *a gente* utat tör magának a tömegen keresztül; ~ *as ondas* szeli a habokat; ~ *os olhos* elfordítja tekintetét; ~ *de um propósito* eltéríti szándékától **II.** *tl* letér, eltér; ~ *do caminho* letér az útról; ~ *da lei* megszegi a törvényt **III.** ~**-se** **1.** félreáll, félrehúzódik; ~*-se do mundo* félrevonul **2.** *átv* visszalép; elkülöníti magát

aparte [àpàrt] *m* **1.** *szính* félreszólás, „félre" **2.** közbeszólás

apartear [àpörtjàr] *1/5 ts* félbeszakít, közbeszólásokkal megzavar

apartidarismo [öpörtidörizsmu] *m* pártonkívüliség

aparvalhado [öpörvöljàdu] *mn* elképedt; bamba

aparvalhar [öpörvöljàr] *1/12 ts* elképeszt; zavarba hoz

aparvoado [öpörvuàdu] *mn* = **aparvalhado**

apascentador [öpös-sze^{n}ntödor] *m* pásztor, juhász

apascentar [öpös-sze^{n}ntàr] *1/1* **I.** *ts* **1.** legeltet **2.** megörvendeztet; ~ *os olhos* legelteti a szemét, gyönyörködik **II.** ~**-se** örvend, örül; ~*-se de vãs esperanças* hiú reményekben ringatja magát

apassamanar [öpöszömönàr] *1/12 ts* paszományjal díszít

apatacado [öpötökàdu] *mn* pénzes, gazdag

apatetado [öpötitàdu] *mn átv* ütődött

apatia [öpötiö] *f* apátia, közömbösség, nemtörődömség

apático [öpàtiku] *mn* közömbös, nemtörődöm

apátrida [öpàtridö] *fn* külföldi menekült, hazátlan

apatriotismo [öpötrjutizsmu] *m* hazafiatlanság

apaulado [öpöulàdu] *mn* mocsaras

apavonar-se [öpövunàrszi] *1/15* páváskodik

apavorador *m*, **-a** *f* [öpövurödor(ö)] *mn* ijesztő, félelmetes

apavorar [öpövuràr] *1/15* **I.** *ts* megijeszt, megrémít **II.** *tl* megijed, megrémül

apaziguador *m*, **-a** *f* [öpözigvödor(ö)] *mn* és *fn* békítő

apaziguar [öpözigvàr] *1/9* **I.** *ts* megbékít, megnyugtat **II.** **~-se** megbékél, megnyugszik

apeadeiro [öpjödéjru] *m vasút* megállóhely

apear [öpjàr] *1/5* **I.** *ts* **1.** segít a leszállásnál; leszállít, letesz, lerak **2.** lebont (építményt); szétszed (gépet) **3.** (trónjától *v* hivatalától) megfoszt **II.** *tl* leszáll (lóról, kocsiról); *eu apeio na próxima estação* én a következő állomáson leszállok **III.** **~-se** leszáll, kiszáll; megszáll

apedido [öpididu] *m* **B** „levelesláda" (újságban: az olvasók levelei)

apedrejar [öpidrizsàr] *1/14 ts* **1.** kövekkel megdob, megkövez; **2.** *átv* szitkokkal eláraszt

apegadiço [öpigödiszu] *mn* **1.** ragadós **2.** ragályos, fertőző **3.** *homem* **~** szerelmes természetű *v* könnyen barátkozó ember

apegado [öpigàdu] *mn* **1.** ragaszkodó; állhatatos **2.** szomszédos

apegar [öpigàr] *1/4, 1/13* **I.** *ts* **1.** ráerősít **2.** megfertőz **II.** **~-se** *a* **1.** ragaszkodik vkihez *v* vmihez **2.** megkapaszkodik vmiben (*a*); *~-se ao muro* a falnak támaszkodik, a falhoz simul **3.** *szól: apegam-se-lhe as mãos, átv:* enyves a keze

apego [öpégu] *m* ragaszkodás

apeiro [öpéjru] *m* felszerelés, szerszámkészlet

apelação [öpilöszö^{n}u] *f* **1.** *jog* fellebbezés; *sem* **~** *nem agravo* végérvényesen, visszavonhatatlanul **2.** *sp* megóvás

apelante [öpilö^{n}nt] *mn* és *fn* fellebbező

apelar [öpilàr] *1/13 tl* **1.** fellebbez; **~** *de uma sentença* fellebbez egy ítélet ellen **2.** folyamodik vkihez *v* vmihez (*para*); **~** *para os bons sentimentos de* vkinek jobb érzéséhez folyamodik; **~** *para a brutalidade* tettlegességhez folyamodik

apelatório [öpilötòrju] *mn jog* fellebbező, fellebbezési

apelidar [öpilidàr] *1/1 ts* hív, szólít, nevez vmilyennek **T**

apelido [öpilidu] *m* **1.** családnév **2.** becenév; gúnynév

apelo [öpélu] *m* **1.** *jog* fellebbezés **2.** felhívás; segélykérés; *lançar um* **~** *a* felhívást intéz vkihez

apenas [öpénös] **I.** *hat* csak **II.** *ksz* mihelyt, alighogy

apéndice [öpe^{n}ndisz] *m* **1.** függelék, hozzátoldás **2.** melléképület **3.** **~** (*cecal* *v* *vermicular*) vakbél

apendicite [öpe^{n}ndiszit] *f* vakbélgyulladás

apensar [öpe^{n}szàr] *1/1 ts* hozzáfűz, csatol (iratokat)

apensionado [öpe^{n}szjunàdu] *mn biz* nagyon elfoglalt

apenso [öpe^{n}szu] **I.** *mn* csatolt, mellékelt **II.** *fn, m* melléklet; függelék

apepinar [öpipinàr] *1/1 ts köz* kiröhög

apepsia [öpipsziö] *f orv* emésztési zavar

apequenado [öpikinàdu] *mn* meglehetősen kicsi

aperaltado [öpiröltàdu] *mn* kikent-kifent; túl elegáns

aperceber [öpirszibér] *2/7* **I.** **1.** észrevesz, meglát **2.** előkészít; felszerel, ellát vmivel (*de*) **II.** **~-se** *de* **1.** észrevesz vmit **2.** felkészül vmire (*para*); ellátja magát vmivel (*de*)

apercepção [öpirszèpszö^{n}u] *f fil* appercepció, megértés, észlelés

aperfeiçoamento [öpirféjszuöme^{n}ntu] *m* tökéletesítés; *curso de* **~** továbbképző tanfolyam

aperfeiçoar [öpirféjszuàr] *1/8* **I.** *ts* tökéletesít **II.** **~-se** tovább képezi magát

apergaminhado [öpirgöminyàdu] *mn* pergamenszerű

aperitivo [öpiritivu] *mn* és *fn* étvágygerjesztő (ital)

aperos [öpérus] *m tb* **1.** díszes lószerszám **2.** felszerelés

aperrar [öpirràr] *1/13 ts* felhúzza a kakast (puskán)

aperrear [öpirrjàr] *1/5 ts* kutyául bánik vkivel **T**; kínoz, gyötör

apertada [öpirtàdö] *f* **1.** hegyszoros **2.** szorongás, tolongás; *átv* szorult helyzet

apertadela [öpirtödèlö] *f* összenyomás, szorítás

apertado [öpirtàdu] **I.** *mn* **1.** szűk, szoros; feszes **2.** nyomasztó, kellemetlen; szigorú; *~as medidas* szigorú rendszabályok **3.** szűkmarkú, zsugori **4.** szorult (anyagi) helyzetben levő **II.** *fn, m* **B** szűk rés

apertador *m,* **-a** *f* [öpirtödor(ö)] **I.** *mn* összeszorító, szűkítő **II.** *fn, m* **1.** (haj)csat **2.** női fűző

apertão [öpirtö^{n}u] *m* nyomás; tolongás

apertar [öpirtàr] *1/13* **I.** *ts* **1.** (össze)nyom, szorít; *~ a mão a* kezet fog vkivel; *~ ao peito* keblére szorít, átölel **2.** szűkít (ruhát); összehúz (derékszíjat); begombol (kabátot); meghúz (csavart) **3.** *átv* elnyom, gyötör, szorongat; *~ o coração* nyomja a szívét; *~ com perguntas* kérdésekkel ostromolja; *a canícula aperta* az ember szenved a nagy hőségtől **4.** *szól: ~ as despesas* csökkenti, lefaragja a kiadásokat; *~ a disciplina* megszigorítja a fegyelmet; *~ a mão* zsugori(skodik) **II.** *tl* **1.** szorít (cipő) **2.** rosszabbodik; fokozódik (hideg, hőség); **3.** *o tempo aperta* az idő sürget; *aperta!* gyorsan! siess! **III.** **~-se** összeszorul; *aperta-se-me o coração* összeszorul a szívem

aperta-livros [öpèrtölivrus] *m* könyvtámasz

aperto [öpértu] *m* **1.** nyomás, összeszorítás; *~ de coração* szívszorongás; bánat; *~ de mão* kézfogás, kézszorítás **2.** szorult helyzet, baj; *estou em grande ~* nagy bajban vagyok; *sair-se do ~* kimászik a csávából **3.** idő rövidsége; sürgősség; *com ~* sürgetően; *neste ~ de tempo* ez alatt a rövid idő alatt **4.** *szól: ~ da disciplina* szigorú fegyelem; *no maior ~ do inverno* a tél kellős közepén; *no ~ da morte* halálos ágyán

apesar [öpizàr] **I.** *vsz: ~ de* ellenére, dacára; *~ de todos os pesares* mindezek ellenére, mindazonáltal **II.** *ksz: ~ de que* noha, jóllehet

apessoado [öpiszuàdu] *mn: bem ~* szép termetű, jóvágású

apetecer [öpitiszér] *2/2* **I.** *ts* erősen megkíván, sóvárog vmi után **T** **II.** *tl* étvágyat gerjeszt; vágyat *v* kedvet ébreszt; *não me apetece* nem ízlik nekem; nincs hozzá kedvem; *apetece-me comer agora* szeretnék most enni

apetecível [öpitiszivèl] *mn* kívánatos, ingerlő

apetência [öpite^{n}szjö] *f* erős vágy

apetitar [öpititàr] *1/1 ts* étvágyat gerjeszt; csalogat, ingerel

apetite [öpitit] *m* **1.** étvágy **2.** sóvárgás; inger

apetitivo [öpititivu] *mn* vágyódó, sóvárgó

apetitoso [öpititozu] *mn* **1.** ízletes **2.** vágyat ébresztő, ingerlő

apetrechar [öpitrisàr] *1/13 ts* felszerel, ellát

apetrecho [öpitrésu] *m* felszerelés; szerszámok, tartozék

ápice [àpisz] *m* **1.** (hegy)csúcs **2.** parányi (mennyiség); *num ~* szempillantás alatt; *por um ~* kis híja, hajszál híja **3.** *átv* csúcspont, tetőpont **4.** *nyelvt* tréma (két pont az *u* fölött; *pl:* **B** *argüir*)

apícola [öpikulö] **I.** *mn* méhészeti **II.** *fn, m* méhész

apicultor *m,* **-a** *f* [öpikultor(ö)] *fn* méhész

apicultura [öpikulturö] *f* méhészet

apiedar [öpjédàr] *1/13* **I.** *ts* szánalmat kelt **II.** **~-se** *de* szánalmat érez vki iránt

apimentado [öpime^{n}ntàdu] *mn* **1.** fűszerezett, erős **2.** *átv* rosszmájú

apimentar [öpime^{n}ntàr] *1/1 ts* **1.** borssal megszór; fűszerez **2.** *átv: ~ a conversa* pikáns megjegyzésekkel fűszerezi a társalgást

apinhado [öpinyàdu] *mn* zsúfolt; *~ de gente* zsúfolásig telt

apinhar [öpinyàr] *1/1 ts* felhalmoz; összezsúfol

apinhoar [öpinyuàr] *1/8 ts* = **apinhar**

ápio [àpju] *m növ* zeller

apirético [öpirètiku] *mn* és *fn, m* lázcsillapító (szer)

ápiro [àpiru] *mn* tűzálló

apisoar [öpizuàr] *1/8 ts* **1.** kallóz, ványol **2.** hengerel (utat)

apisteiro [öpistéjru] *m* csőrös csésze (betegeknek)
apisto [öpistu] *m* erőleves
apitar [öpitàr] *1/1 tl* fütyül
apito [öpitu] *m* fütty
aplacar [öplökàr] *1/2, 1/12* **I.** *ts* lecsendesít, megnyugtat, csillapít **II.** **~-se** csillapodik, megnyugszik
aplainar [öplàjnàr] *1/1 ts* **1.** le-, meggyalul **2.** lesimít, hengerel
aplanado [öplönàdu] *mn* lapos
aplanador [öplönödor] *m* szintező- *v* talajegyengető gép
aplanar [öplönàr] *1/1 ts* szintez, lesimít
aplaudir [öplàudir] *3/1* **I.** *ts* megtapsol; dícsér, ünnepel **II.** *tl* tapsol; ~ *de pé* felállva tapsol
aplauso [öplàuzu] *m* taps
aplicação [öpliköszöu] *f* **1.** alkalmazás, felhasználás; használat; ~ *pacífica da energia nuclear* atomerő békés felhasználása **2.** ruhaszegély **3.** szorgalom
aplicado [öplikàdu] *mn* szorgalmas
aplicar [öplikàr] *1/2 ts* **1.** alkalmaz, felhasznál **2.** rárak, rátesz, ráhelyez; ~ *uma compressa de água fria na cabeça* hideg borogatást rak a fejére; ~ *uma multa* pénzbüntetést kiró **II.** **~-se** *a* **1.** vonatkozik, ráillik vkire *v* vmire; *isto não se aplica ao senhor* ez nem vonatkozik önre **2.** szenteli magát vminek **3.** serénykedik, szorgoskodik; *~-se a fundo* mindent belevet
aplicável [öplikàvèl] *mn* alkalmazható, felhasználható
aplique [öpliki] *m* **1.** faldísz **2.** műkonty
apocalipse [öpukölipsz] **I.** *f* kinyilatkoztatás **II.** *m vall* a Jelenések könyve
apocalíptico [öpuköliptiku] *mn* **1.** látomásszerű **2.** titokzatos, homályos **3.** szörnyű, rettenetes
apócrifo [öpòkrifu] *mn* nem valódi
apodar [öpudàr] *1/15 ts* **1.** gúnynévvel illet; elnevez vminek (*de*) **2.** kigúnyol, „felhúz"
ápode [àpud] *mn áll* lábatlan
apoderado [öpudiràdu] *m* megbízott
apoderar-se [öpudiràrszi] *1/13* hatalmába kerít, birtokába vesz vmit (*de*)
apodíctico [öpudiktiku] *mn* **1.** megcáfolhatatlan **2.** ellentmondást nem tűrő
apodo [öpodu] *m* **1.** gúnynév, ragadványnév **2.** gúnyolódás, élcelődés, tréfa; tréfás hasonlat
apodrecer [öpudriszér] *2/2* **I.** *ts* **1.** elront; elrothaszt **2.** *átv* megront **II.** *tl,* **III.** **~-se** **1.** elromlik, elrothad **2.** *átv* megromlik, elzüllik
apodrentar [öpudre^{n}ntàr] *1/1* = **apodrecer**
apogeu [öpuzséu] *m* **1.** *csill* földtávol **2.** *átv* csúcspont, tetőpont
apoiado! [öpojàdu] *isz* pompás! nagyszerű! nagyon jó!
apoiar [öpojàr] *1/1* **I.** *ts* **1.** alátámaszt, megtámaszt, nekitámaszt **2.** támogat, segít; megvéd; ~ *um candidato* jelöltet támogat **3.** kiemel, kihangsúlyoz **II.** **~-se** *em* v *sobre* támaszkodik vkire *v* vmire (*átv* is); alapszik vmin
apoio [öpoju] *m* **1.** *müsz* támasz, alátét; alapzat, ágyazat; ~ *de cabeça* fejtámasz **2.** *átv* támogatás, védelem; *em ~ de* vminek az alátámasztására; *dar ~ a* támogatást nyújt vkinek; *ter ~ de* vkinek a támogatását élvezi
apólice [öpòlisz] *f* kötvény, részvény; ~ *de seguro* biztosítási kötvény
apolítico [öpulitiku] *mn* apolitikus
apologético [öpuluzsètiku] *mn* dícsérő, védelmező
apologia [öpuluzsiö] *f* dícséret; védőbeszéd
apologista [öpuluzsistö] *fn* dícsérő, védelmező
apologizar [öpuluzsizàr] *1/1 ts* dícsér; védelmez
apólogo [öpòlugu] *m* tanítómese; példázat
apoltronar-se [öpultrunàrszi] *1/15* **1.** elhelyezkedik egy karosszékben **2.** elkényelmeskedik, ellustul
apontador [öpo^{n}ntödor] *m* **1.** *kat* irányzó **2.** *szính* súgó **3.** (munka)felügyelő, ellenőr **4.** jegyzetfüzet **5.** ceruzahegyező
apontamento [öpo^{n}ntöme^{n}ntu] *m* **1.** *kat* beirányítás **2.** *átv* célzás, utalás **3.** bejegyzés, feljegyzés, jegyzet; *tomar ~s* feljegyzéseket készít; jegyzetel **4.** találka
apontar [öpo^{n}ntàr] *1/1* **I.** *ts* **1.** mutat, mutogat **2.** *átv* rámutat, utal vmire **T**; ~ *exemplos* példákat idéz **3.** feljegyez **4.** ráirányít, rászegez (fegyvert); célba vesz, megcéloz **5.** *szính* súg **6.** kinevez (állásra) **7.** kihegyez, meghegyez **8.** *ját* fogad(ást köt); rátesz **II.** **~-se** **1.** *haj*

irányt vesz vmerre (*a, para*) **2.** megbeszél (találkozót) **3.** dicsekszik; nagyzol
apontoar [àpo^{n}ntuàr] *1/8 ts* **1.** alátámaszt (*átv* is, *pl* idézetekkel) **2.** (össze)fércel
apopléctico [öpuplètiku] *mn* és *fn* gutaütött, szélhüdéses
apoplexia [öpuplèsziö] *f* gutaütés, szélhüdés, agyvérzés
apoquentação [öpuke^{n}ntöszö^{n}u] *f* gyötrelem, gond; nyugtalanság
apoquentado [öpuke^{n}ntàdu] *mn* gyötrődő; gondterhes; nyugtalan
apoquentar [öpuke^{n}ntàr] *1/1* **I.** *ts* gyötör; nyugtalanít **II. ~-se** gyötrődik; nyugtalankodik
apor [öpor] *2/17 ts* **1.** rátesz, ráilleszt, ráragaszt, felragaszt **2.** *~ a sua assinatura a* aláírásával ellát vmit **3.** befog (lovat)
aporreado [öpurrjàdu] *mn* **B** vad, meg nem fékezett (ló)
aporrear [öpurrjàr] *1/5 ts* bunkóval *v* bottal ver
aportar [öpurtàr] *1/15 tl* kikötőbe ér, befut
aporte [öport] *m*: *~ de capital* tőkével való hozzájárulás
aportuguesar [öpurtugizàr] *1/13 ts* elportugálosít
após [öpòs] **I.** *vsz* után; *~ isso* ezután **II.** *hat* **1.** utána; *correr ~* utána szalad **2.** azután, aztán
aposentação [öpuze^{n}ntöszö^{n}u] *f* **1.** nyugdíjazás **2.** nyugalomba vonulás; nyugdíjasság
aposentado [öpuze^{n}ntàdu] *mn* és *fn* nyugdíjazott, nyugdíjas
aposentador [öpuze^{n}ntödor] *m kat* szállásmester
aposentadoria [öpuze^{n}ntöduriö] *f* nyugellátás; *direito a ~* nyugdíjjogosultság
aposentar [öpuze^{n}ntàr] *1/1* **I.** *ts* **1.** nyugdíjaz **2.** elszállásol **II. ~-se 1.** nyugdíjba vonul **2.** lakást kivesz
aposento [öpuze^{n}ntu] *m* **1.** lakás, szállás **2.** szoba, helyiség
após-guerra [öpozsgèrrö] *m* háború utáni időszak
aposição [öpuziszö^{n}u] *f* **1.** *nyelvt* értelmező jelző **2.** kiegészítés, hozzátevés **3.** *~ de selo* lebélyegzés
apósito [öpòzitu] **I.** *mn* találó, megfelelő **II.** *fn* flastrom; sebkötés
apossar-se [öpuszàrszi] *1/15*: *~ de* birtokba vesz vmit
aposta [öpòstö] *f* fogadás vmibe; *fazer uma ~* fogadást köt; *de ~* vetélkedve egymással
apostado [öpustàdu] *mn* **1.** hajlandó vmire (*a*) **2.** elszánt, makacs
apostador *m*, **-a** *f* [öpustödor, -ö] *fn* fogadó (nyereményjátékban)
apostar [öpustàr] *1/15* **I.** *ts* **1.** fogad vmibe **2.** kihív vmire **II. ~-se** *a* **1.** rászánja magát vmire **2.** kötelezi magát vmire
apostasia [öpustöziö] *f* **1.** *vall* hittagadás **2.** hitszegés, árulás
apóstata [öpòstötö] *mn* és *fn* **1.** *vall* hitehagyott **2.** esküszegő, hűtlen
apostatar [öpustötàr] *1/12 tl* **1.** elhagyja a hitét, kitér **2.** megtagadja az elveit
apostema [öpustémö] *m orv* tályog
apostil(h)a [öpustil(j)ö] *f* **1.** széljegyzet; magyarázat **2.** utóirat
apostil(h)ar [öpustil(j)àr] *1/1 ts* széljegyzettel ellát, magyaráz
aposto [öpòstu] **I.** *mmi* ráillesztett; →**apor II.** *mn* **1.** mellékelt, csatolt **2.** jóvágású, jóképű **III.** *fn, m nyelvt* értelmező
apostolado [öpustulàdu] *m* apostoli küldetés *v* hivatás
apostólico [öpustòliku] *mn* apostoli; pápai
apóstolo [öpòstulu] *m* apostol
apostrofar [öpustrufàr] *1/15 ts* **1.** fordul vkihez, megszólít vkit **T 2.** rátámad; megdorgál
apóstrofe [öpòstruf] *f* **1.** (szónoki) megszólítás **2.** kirohanás
apóstrofo [öpòstrufu] *m* aposztróf, hiányjel
apoteose [öputeòz] *f* **1.** dicsőítés, istenítés **2.** megdicsőülés, istenülés
apoucado [öpokàdu] *mn* **1.** kicsi, csekély **2.** félénk **3.** megalázott, megvetett
apoucador *m*, **-a** *f* [öpoködor(ö)] *mn* és *fn* lekicsinylő, ócsárló
apoucar [öpokàr] *1/2* **I.** *ts* lekicsinyel, megvet **II. ~-se 1.** lebecsüli magát **2.** lealacsonyítja magát
apr. = *aprovado* jóváhagyva
aprazar [öprözàr] *1/12 ts* **1.** kitűz, meghatároz (időpontot) **2.** elnapol
aprazer [öprözér] *2/9* **I.** *ts* kedvében jár vkinek **T II.** *tl* tetszik, jólesik, kelle-

mes; *apraz-me satisfazer ao seu pedido* örömmel teljesítem kérését; *muito me apraz de vos ver* nagyon örülök, hogy láthatlak benneteket; *ela faz o que lhe apraz* azt csinálja, amihez kedve van

aprazimento [öprözime^{n}ntu] *m* öröm; tetszés

aprazível [öprözivèl] *mn* örvendetes; kellemes

apre! [àpr] *isz* a kutyafáját! mi a fenét! pfuj!

apreçador *m*, **-a** *f* [öpriszödor(ö)] *mn* és *fn* árazó

apreçar [öpriszàr] *1/3, 1/13 ts* **1.** áraz, megállapítja az árát **2.** felbecsül, taksál

apreciação [öpriszjöszö^{n}u] *f* **1.** becslés, felbecsülés, értékelés **2.** *statisztika: periodo em* ~ vizsgált időszak

apreciador *m*, **-a** *f* [öpriszjödor(ö)] *mn* és *fn* **1.** értékelő; becslő **2.** szakértő **3.** ínyenc

apreciar [öpriszjàr] *1/7 ts* **1.** (fel)becsül, méltat, értékel; ~ *os factos* kiértékeli az eseményeket **2.** élvez, örül vminek **T**

apreço [öprészu] *m* **1.** felbecsülés, értékelés **2.** megbecsülés, tisztelet; *ter em grande* ~ nagyra értékel **3.** *o assunto em* ~ a szóbanforgó ügy

apreender [öprje^{n}ndér] *2/1 ts* **1.** megfog, megragad **2.** elfog, letartóztat **3.** *jog* lefoglal; elkoboz **4.** *kat* zsákmányol **5.** felfog, megért **6.** fél vmitől **T**

apreensão [öprje^{n}szö^{n}u] *f* **1.** elfogatás, letartóztatás **2.** *jog* lefoglalás; elkobozás **3.** *kat* zsákmányolás **4.** felfogás, megértés **5.** félelem, aggódás, aggodalom

apreensível [öprje^{n}szivèl] *mn* felfogható, megérthető

apreensivo [öprje^{n}szivu] *mn* aggódó, nyugtalan

apregoador *m*, **-a** *f* [öpriguödor(ö)] *fn* (vásári) kikiáltó

apregoar [öpriguàr] *1/8* **I.** *ts* **1.** kikiált **2.** ajánl, kínál (árut) **II.** **~-se** dicsekszik

aprender [öpre^{n}ndér] *2/1 ts* tanul, tapasztal

aprendiz *m*, **-a** *f* [öpre^{n}ndis, öpre^{n}ndizö] *fn* tanonc, inas; kezdő

aprendizado [öpre^{n}ndizàdu] *m* tanonckodás; tanoncidő

aprendizagem [öpre^{n}ndizàzsö^{n}j] *f* = **aprendizado**

apresar [öprizàr] *1/13 ts* elvesz; zsákmányol

apresentação [öprize^{n}ntöszö^{n}u] *f* **1.** bemutatás; bemutatkozás **2.** átadás, átnyújtás; benyújtás **3.** bevezetés; ajánlás **4.** külső (megjelenés); kiállítás (könyvé); *de* (*boa*) ~ jó megjelenésű; szép kiállítású

apresentar [öprize^{n}ntàr] *1/1* **I.** *ts* **1.** bemutat **2.** átad, átnyújt; bead, benyújt; felmutat; ~ *argumentos* érveket felhoz; ~ *os seus cumprimentos* kifejezi hódolatát, üdvözletét küldi; ~ *desculpas* bocsánatot kér, mentegetőzik; ~ *objecções* kifogásokat emel, ellenvetéseket tesz; ~ *um pedido* kérvényt nyújt be; ~ *provas* bizonyítékokkal szolgál; ~ *os seus respeitos* tiszteletét teszi, üdvözöl vkit (*a*); ~ *sinais de cansaço* a fáradtság jeleit mutatja **II.** **~-se** **1.** bemutatkozik **2.** jelentkezik; megjelenik, előtűnik; *~-se como voluntário* önkéntesnek jelentkezik; *este rapaz apresenta-se bem* ez a fiú jó benyomást kelt; *~-se como candidato* jelölteti magát; *apresenta-se-me* úgy tűnik nekem

apresentável [öprize^{n}ntàvèl] *mn* tisztességes *v* elfogadható külsejű

apressado [öpriszàdu] *mn* **1.** gyors, sietős, sürgős **2.** elhamarkodott **3.** kevés idővel rendelkező

apressar [öpriszàr] *1/13* **I.** *ts* siettet, sürget; gyorsít **II.** **~-se** siet

apressurado [öpriszuràdu] *mn* **1.** sietős, gyors **2.** kapkodó

apressurar [öpriszuràr] *1/1* **I.** *ts* siettet, sürget **II.** **~-se** siet; gyorsan elkészül

aprestar [öpristàr] *1/13* **I.** *ts* elkészít; ellát, felszerel **II.** **~-se** felkészül vmire (*a, para*)

apresto [öprèstu] *m* felszerelés; *~s da viagem* utazási előkészületek

aprimorado [öprimuràdu] *mn* tökéletes; kiváló, pompás

aprimorar [öprimuràr] *1/15* **I.** *ts* tökéletesít, finomít, szépít **II.** **~-se** **1.** kitűnik **2.** (tovább)képezi magát

aprisco [öprisku] *m* juhakol

aprisionar [öprizjunàr] *1/15 ts* foglyul ejt; fogva tart

aproar [öpruàr] *1/8 ts haj* irányt vesz, fordul vmerre (*a, para*)

aprobativo, aprobatório [öprubötivu, -tòrju] *mn* helyeslő, jóváhagyó
aprofundado [öprufu^{n}ndàdu] *mn* mélyreható
aprofundamento [öprufu^{n}ndöme^{n}ntu] *m* elmélyítés; elmélyedés (*átv* is)
aprofundar [öprufu^{n}ndàr] *1/1* **I.** *ts* elmélyít **II. ~-se** elmélyed, belemerül vmibe (*em*)
aprontar [öpro^{n}ntàr] *1/1* **I.** *ts* elkészít **II. ~-se** *para* felkészül vmire
apronto [öpro^{n}ntu] *m* elkészítés
apropinquar [öprupi^{n}nkvàr] *1/9* **I.** *ts* közelebb hoz **II. ~-se** közeledik, közelebb jön, odajön
apropositadamente [öprupuzitàdöme^{n}nti] *hat* a kellő pillanatban; a kellő helyen
apropositado [öprupuzitàdu] *mn* megfelelő, alkalmas; illő; *mal ~* alkalmatlan
apropositar [öprupuzitàr] *1/1* **I.** *ts* **1.** megfelelővé *v* alkalmassá tesz **2.** jókor szól (közbe) **II. ~-se** éppen jókor érkezik
a-propósito [öprupòzitu] *m* apropó, kellő pillanat *v* hely
apropriação [öpruprjöszö^{n}u] *f* eltulajdonítás; *~ indébita* jogtalan eltulajdonítás
apropriado [öpruprjàdu] *mn* alkalmas, megfelelő, célszerű
apropriar [öpruprjàr] *1/7* **I.** *ts* **1.** kioszt, juttat **2.** alkalmassá tesz **II. ~-se** *de* eltulajdonít vmit
aprovação [öpruvöszö^{n}u] *f* **1.** helyeslés **2.** jóváhagyás, engedélyezés **3.** *~ no exame* sikeres vizsga
aprovado [öpruvàdu] **I.** *mn* megfelelt (vizsgán) **II.** *isz* elfogadjuk! helyes!
aprovar [öpruvàr] *1/15* *ts* **1.** helyesel **2.** jóváhagy, engedélyez **3.** elfogad (vizsgafeleletet), átenged
aprovativo [öpruvötivu] *mn* = **aprobativo**
aprovável [öpruvàvèl] *mn* helyeselhető; jóváhagyható
aproveitado [öpruvéjtàdu] *mn* **1.** jól kihasznált; megművelt **2.** takarékos, házias **3.** szorgalmas; ügyes
aproveitamento [öpruvéjtöme^{n}ntu] *m* **1.** felhasználás, kihasználás, hasznosítás **2.** haszon, előny **3.** haladás
aproveitar [öpruvéjtàr] *1/1* **I.** *ts* **1.** kihasznál, hasznosít; *~ a maré ; ~ a ocasião* kihasználja a kedvező alkalmat **2.** elér vmit **II.** *tl* **1.** hasznára van, használ **2.** halad, előbbre jut **3.** *~ com* hasznot húz vmiből **III. ~-se** *de* felhasznál vmit; *~-se da ocasião* él az alkalommal
aproveitável [öpruvéjtàvèl] *mn* (fel)használható; értékesíthető
aprovisionar [öpruvizjunàr] *1/15* *ts* ellát élelemmel, élelmez
aproximação [öpròszimöszö^{n}u] *f* **1.** megközelítés; durva becslés **2.** közeledés **3.** vigaszdíj (a portugál lottóban)
aproximar [öpròszimàr] *1/1* **I.** *ts* **1.** közelebb hoz **2.** kapcsolatba hoz **II. ~-se** *a* *v* *de* megközelít; közeledik *v* odamegy vkihez *v* vmihez; *~-se do termo* a végéhez közeledik; *ele aproximou-se de mim* odalépett hozzám
aproximativo [öpròszimötivu] *mn* megközelítő
aprumado [öprumàdu] *mn* **1.** függőleges **2.** egyenes tartású **3.** *átv* egyenes, derék, becsületes
aprumar [öprumàr] *1/1* **I.** *ts* **1.** függőleges állásba *v* merőleges helyzetbe tesz **2.** kiegyenesít; *~ a mesa* megtámasztja az asztalt (hogy ne mozogjon) **II. ~-se** **1.** felegyenesedik **2.** fölényeskedik
aprumo [öprumu] *m* **1.** függőleges állás, merőleges helyzet **2.** stramm tartás; biztos fellépés, magabiztosság
áptero [àptiru] *mn áll* szárnyatlan
aptidão [öptidö^{n}u] *f* alkalmasság; ügyesség; hajlam; tehetség; *~ profissional* szakmai jártasság; *~ para linguas* nyelvtehetség
apto [àptu] *mn: ~ a* alkalmas vmire, ügyes vmiben
Ap.^{to} = *apartamento* lakás
apunhalar [öpunyölàr] *1/12* *ts* **1.** tőrrel leszúr **2.** *átv* megsért; gyötör
apupada [öpupàdö] *f* **1.** orditozás **2.** lehurrogás, kifütyülés, pfujozás **3.** kigúnyolás
apupar [öpupàr] *1/1* *ts* **1.** kiált, ordít **2.** lehurrog, kifütyül **3.** kigúnyol
apupo [öpupu] *m* **1.** kiáltás, ordítás **2.** kigúnyolás
apuração [öpuröszö^{n}u] *f* = **apuramento**
apurado [öpuràdu] *mn* **1.** gondos, pontos **2.** tiszta, világos **3.** választékos, finom, előkelő **4.** tisztázott, ellenőrzött; alkalmasnak minősülő; *dinheiro ~* (tiszta) bevétel; *ser v ficar ~ para o serviço militar* katonai szolgálatra alkalmasnak minősül; *sp: ficar ~* bejut a dön-

tőbe, továbbjut 5. kiadós, tartalmas; *um caldo de galinha bem* ~ jól elkészített, kiadós tyúkleves 6. súlyos, nehéz (helyzet) 7. *szól: estar com a paciência ~a* türelme fogytán van

apuramento [öpuröme^{n}ntu] *m* 1. tisztítás, finomítás, tökéletesítés 2. tisztázás, kivizsgálás, megállapítás 3. ellenőrzés, megszámlálás

apurar [öpuràr] *1/1* I. *ts* 1. tisztít, finomít, tökéletesít 2. tisztáz, kivizsgál, megállapít; ~ *os factos* kideríti a tényeket 3. ellenőriz, megszámol; ~ *os votos* megszámolja a szavazatokat 4. kiválaszt, kiválogat 5. igazol, megerősít; értesít, közöl 6. *szól:* ~ *bom dinheiro na venda* jó pénzért adja el; ~ *o ouvido* fülét hegyezi; ~ *a memória* emlékezetében kutat; ~ *a vista* figyelmesen néz II. ~**-se** 1. tisztázza magát 2. csinosítja magát, kiöltözik; ~*-se no traje* nagy gonddal öltözködik 3. iparkodik, törekszik, megtesz minden tőle telhetőt; 4. *sp:* bekerül a döntőbe 5. bajba *v* nehéz helyzetbe jut 6. ~*-se com* összekülönbözik vkivel

apuro [öpuru] *m* 1. tökéletesség 2. gondosság, választékosság, finomság 3. ellenőrzés, megszámolás 4. ~*s* napi *v* tiszta bevétel 5. ~ *de ensaios* divatrevü; *szính* jelmezpróba 6. kellemetlen *v* súlyos helyzet; *livrar-se de ~s* kimászik a csávából; *ver-se em ~s* szorongatott helyzetben van

aquarela [ökvörèlö] *f* = **aguarela**

aquário [ökvàrju] *m* 1. akvárium 2. *csill* vízöntő

aquartelado [ökvörtilàdu] *mn* 1. *kat* elszállásolt 2. *címertan* négyelt, négy mezőre osztott

aquartelar [ökvörtilàr] *1/13 ts kat* elszállásol

aquático [ökvàtiku] *mn* vízi

aquecedor [ökèszidor] *m* 1. fűtőtest 2. gyorsforraló 3. fürdővíz-melegítő; bojler

aquecer [ökèszér] *2/1, 2/2* I. *ts* 1. fűt 2. melegít, (fel)forral 3. *átv* felizgat; feltüzel; lelkesít II. *tl,* III. ~**-se** 1. (fel)melegszik 2. *átv* tűzbe jön, fellelkesül

aquecimento [ökèszime^{n}ntu] *m* 1. fűtés; ~ *central* központi fűtés; ~ *a distância* távfűtés 2. melegítés, forralás

aquecível [ökèszivel] *mn* fűthető

aqueduto [ökidutu] *m* vízvezeték

aquela[1] →**aquele**

aquela[2] [ökèlö] *f* teketória; *sem mais ~(s)* minden további nélkül

àquela [àkèlö] = **a** + **aquela**

aquele *m*, **aquela** *f* [ökéli, ökélö] (*mutató*) *névm* az; amaz; *todo ~ que* mindaz, aki *v* ami

àquele [àkéli] = **a** + **aquele**

aqueloutro, -a [ökilotru, -ö] *névm* az a másik

aquém [ökö^{n}j] I. *vsz:* ~ *de* -on innen; *estar v ficar ~ de* vmiben *v* vkivel szemben alul marad, vmit nem sikerül megtenni; *ficar ~ da água* elcsügged, reményét veszti; *é muito ~ das minhas esperanças* messze elmarad várakozásaimtól II. *hat* itt, innen; ezen az oldalon

aquém-fronteiras [ökö^{n}j-fro^{n}ntéjrös] *hat* a határon innen

aquém-mar [ökö^{n}j-màr] *hat* a tengeren innen; itt Európában

aquentar [öke^{n}ntàr] *1/1* = **aquecer**

aqui [öki] *hat* itt, ide; ~ *dentro* itt benn; ~ *e ali* itt is, ott is; ~ *há oito dias* nyolc nappal ezelőtt, van vagy nyolc napja; ~ *para nós* köztünk szólva; ~ *para o futuro* mostantól fogva, a jövőben; *para* ~ ide; *por* ~, *faça o favor* erre szíveskedjék jönni! *é por ~ que se vai ao muséu?* erre kell menni a múzeumhoz?

aqui-del-rei! [ökidilrèj] *isz* segítség!

aquiescência [ökjès-sze^{n}szjö] *f* 1. beleegyezés, hozzájárulás 2. belenyugvás

aquiescer [ökjès-szér] *2/2 ts* beleegyezik, hozzájárul

aquietar [ökjètàr] *1/1* I. *ts* megnyugtat II. *tl,* III. ~**-se** megnyugszik

aquilão [ökilö^{n}u] *m vál* északi szél

aquilatar [ökilötàr] *1/12 ts* 1. az arany minőségét megvizsgálja 2. mérlegel, méltat, értékel

aquilino [ökilinu] *mn* sas-; →**nariz**

aquilo [ökilu] *mutató névm* az, amaz

àquilo [àkilo] = **a** + **aquilo**

aquinhoado [ökinyuàdu] *mn* arányosan felosztott; *bem ~ pela sorte* szerencsés, a sors kegyeltje

aquinhoar [ökinyuàr] *1/8 ts* egyenlő részekre feloszt

aquisição [ökiziszö^{n}u] *f* 1. (meg)szerzés 2. beszerzés, vétel, vásárlás 3. szerzett holmi

aquisitivo [ökizitivu] *mn* beszerzési, vásárlási

aquista [ökvistö] *fn* fürdővendég

aquoso [ökvozu] *mn* vizes, vizenyős

ar [àr] *m* **1.** levegő, lég; ~ *ambiente* légkör; *corrente* v *golpe de* ~, ~ *encanado* (lég)huzat; *falta de* ~ nehéz légzés, fuldoklás; *ao* ~ *livre* a szabad levegőn, a szabadban **2.** ~*es* éghajlat **3.** látszat, külső, arc(kifejezés); ~ *atrevido* kihívó külső, merész tekintet; ~ *espantado* csodálkozó arc; ~ *trágico* tragikus arckifejezés **4.** paralízis, bénulás, hűdés **5.** *szól: andar com a cabeçano* ~ a felhőkben jár, szórakozott; *apanhar um* ~ megfázik; *armar castelos no* ~ légvárakat épít; *atirar com tudo pelos* ~*es* megvadul, feldühödik; *continuar no* ~ még lóg a levegőben, még nincs eldöntve; *dar* ~ szellőztet; *dar* ~*es com* hasonlít vkire; *dar-se* ~*es* nagyképűsködik; *estar com o pé no* ~ indulni készül; *átv* ugrásra készen áll; *estar no* ~, *ir ao* ~ **B** *távk* közvetítik; *fazer no* ~ v *pelos* ~*es* elsietve, kutyafuttában csinálja; *ir aos* v *pelos* ~*es* **a)** a levegőbe repül, felrobban **b)** feldühödik; *mudar de* ~*es* levegőt változtat (*átv* is); *pescar as coisas pelos* ~*es* azonnal felfogja *v* megérti a dolgokat; *pôr ao* ~ kiteszi a szűrét; *ter* ~*(es) de* úgy tűnik *v* úgy fest, mintha; *tomar* ~ levegőzik; kimegy a levegőre; *tomar de* ~*es* levegőkúrát vesz

ara [àrö] *f* áldozati oltár

árabe [àröb] *mn* és *fn* arab

arabesco [öröbésku] *m* arabeszk

arábias [öràbjös] *f tb, biz: homem das* ~ hóbortos, vakmerő fickó

arábico, arábigo, arábio [öràbiku, -igu, -ju] **I.** *mn* arab **II.** *fn, m* arab nyelv

arabismo [öröbizsmu] *m* arab nyelvi sajátosság

arabutã [àràbuta^{n}] *m növ* **B** brazilfa

aracnídeos [öröknidjus] *m tb, áll* pókfélék

arada [öràdö] *f* **1.** szántás **2.** szántóföld

arado [öràdu] *m* eke

arador [örödor] *m* szántóvető

aradura [örödurö] *f* = **arada**

aragem [öràzsö^{n}j] *f* szellő

aramado [örömàdu] *mn* drótkerítéssel körülzárt

aramagem [örömàzsö^{n}j] *f* drótkerítés

arame [öröm] *m* **1.** sárgaréz **2.** drót, huzal; ~ *farpado* szögesdrót, tüskésdrót; *pêlo de* ~ drótszőrű foxi **3.** *argó* guba, dohány; *estar sem* ~ egy vasa sincs

arandela [örö^{n}ndèlö] *f* gyertyatartó cseppfogója

aranha [örönyö] *f* **1.** *áll* pók; ~ *cruzeira* keresztes pók; *teia(s) de* ~ pókháló; *andar* v *estar às* ~*s* elveszti a fejét, megzavarodik; *tirar as teias de* ~ *a, átv* felnyitja vkinek a szemét **2.** csillár **3.** egylovas, kétkerekű kocsi **4.** *biz* fajankó; „pali"

aranhento [örönye^{n}ntu] *mn* pókokkal teli

aranzel [örö^{n}zèl] *m* üres fecsegés, unalmas *v* zavaros beszéd

arapuca [àràpukà] *f* **B** **1.** madárfogó háló **2.** rozoga ház **3.** játékbarlang

aráquida [öràkidö] *f* földi mogyoró, amerikai mogyoró

arar [öràr] *1/12* **I.** *ts* (fel)szánt **II.** *tl* **B** **1.** szörnyen éhes **2.** benne van a csávában

arara [öràrö] *f* **1.** *áll* brazil papagájfajta **2.** füllentés, „kacsa" **3.** *biz* hülye pasas

aratório [örötòrju] *mn* szántóföldi

araucária [öràukàrjö] *f* brazil fenyőfa

arauto [öràutu] *m* herold, hírnök, kikiáltó

arável [öràvèl] *mn* (fel)szántható

aravela [örövèlö] *f* ekeszarv

aravia [öröviö] *f* = **algaravia**

arbitrador [örbitrödor] *m* választott bíró

arbitragem [örbitràzsö^{n}j] *f* választott bíróság döntése, döntőbírói ítélet

arbitral [örbitràl] *mn* választott bírói; *convénio* ~ döntőbírósági megállapodás

arbitramento [örbitröme^{n}ntu] *m* = **arbitragem**

arbitrar [örbitràr] *1/1 ts* **1.** döntőbírósági ítéletet hoz **2.** bíráskodik **3.** *sp:* ~ *um jogo de futebol* labdarúgó-mérkőzést vezet

arbitrariedade [örbitrörjédàd] *f* önkény(es eljárás)

arbitrário [örbitràrju] *mn* önkényes

arbítrio [örbitrju] *m* **1.** döntőbírói ítélet **2.** ~ *livre* szabad akarat; *ao* ~ *de* vkinek kénye-kedve szerint

árbitro [àrbitru] *m* **1.** döntőbíró **2.** *sp* bíró, játékvezető

arbóreo [örbòrju] *mn* fa-

arborescência [örburis-sze^{n}szjö] *f* fává növekedés

arboricultor [örburikultor] *m* fatenyésztő

arboricultura [örburikulturö] *f* fatenyésztés

arborização [örburizöszö^{n}u] *f* befásítás

arborizar [örburizàr] *1/1 ts* befásít

arbusto [örbustu] *m* bokor, cserje

arca [àrkö] *f* 1. láda; ~ *da Aliança* frigyláda; ~ *de Noé* Noé bárkája 2. pénzszekrény; *andar com ~s encouradas* titkolózik; *közm: na ~ aberta o justo peca* alkalom szüli a tolvajt

arcaboiço, arcabouço [örköbojszu, -oszu] *m* 1. *anat* mellkas 2. építőállvány

arcabuz [örköbus] *m rég* szakállas puska

arcada [örkàdö] *f* árkád; boltív

arcaico [örkàjku] *mn* 1. ősrégi, ókori 2. régies, elavult

arcaísmo [örköizsmu] *m* 1. régiesség 2. *nyelvt* régies szóhasználat

arcaizar [örköjzàr] *1/1 tl* régebbi stílust utánoz

arcanjo [örkö^{n}zsu] *m* arkangyal

arcano [örkönu] I. *mn* titkos, titokzatos II. *fn, m* titok

arção [örszö^{n}u] *m* nyeregváz

arcar [örkàr] *1/2, 1/12* I. *ts* 1. hajlít, görbít; 2. (hordót) abroncsoz II. *tl:* ~ *com* megbirkózik, megküzd vmivel; ~ *com as dificultades* megküzd a nehézségekkel

arcaria [örköriö] *f ép* tartószerkezet

arcebispado [örszibispàdu] *m* érsekség

arcebispo [örszibispu] *m* érsek

archa [àrsö] *f* alabárd

archeiro [örséjru] *m* alabárdos

archote [örsòt] *m* (szurok)fáklya

arco [àrku] *m* 1. ív, boltív; ~ *triunfal v de triunfo* diadalív; ~ *de circulo* körív; ~ *de pau* évgyűrű (fában); ~ *de pé, orv* lábboltozat 2. íj; *tiro ao* ~ íjászat 3. ~ (*de violino*) (hegedű)vonó; *pôr resina no arco* gyantázza a vonót; *átv* rosszat mond másról 4. ~ (*de pipa*) (hordó)abroncs 5. B *sp* kapu 6. kerek zárójel; *fechar em ~s* zárójelbe tesz 7. (játék)-karika 8. *~-celeste, ~-de-deus, ~-da-chuva, ~-da-velha, ~-iris* szivárvány; 9. *cousas do* ~ *da velha* fantasztikus dolgok

arcobotante [àrkubutö^{n}nt] *m* gyámpillér, gyámív

árctico [àrtiku] *mn* északi, északsarki

árdego [àrdigu] *mn* tüzes, izzó

ardência [örde^{n}szjö] *f* 1. tűz, parázs 2. *orv* égés, égető fájdalom 3. *átv* hév, lángolás

ardente [örde^{n}nt] *mn* 1. égő, tüzes; égető; gyújtó- 2. *átv* izzó, heves, forró

ardentia [örde^{n}ntiö] *f* tenger villódzása

arder [ördér] *2/6 tl* 1. ég, lángol; izzik; ~ *em febre* lázban ég, magas láza van 2. ~ *por* (+ *fni*) ég a vágytól, hogy 3. *átv* dühöng; ~ *em cólera* forr a dühtől

ardidez [ördidés] *f* bátorság, merészség

ardido [ördidu] *mn* 1. égetett; →**arder** 2. romlott; dohos; *farinha ~a* dohos liszt; *gosto* ~ avas íz 3. bátor, merész, vakmerő

ardil [ördil] *m* 1. ravaszság, csel(fogás) 2. csapda, kelepce

ardileza [ördilézö] *f* = **ardil**

ardiloso [ördilozu] *mn* ravasz, álnok

ardimento [ördime^{n}ntu] *m* merészség, vakmerőség

ardina [ördinö] *m argó* újságárus fiú, rikkancs

ardor [ördor] *m* 1. forróság, hőség 2. *orv* égető érzés 3. hő óhaj, vágyódás 4. lelkesedés, hév

ardoroso [ördurozu] *mn* 1. tüzes, égő, heves 2. bátor, vakmerő

ardósia [ördòzjö] *f* pala

árduo [àrduu] *mn* 1. meredek 2. nehéz, fáradságos

are [àr] *m* ár (100 m^2)

área [àrjö] *f* felület; terület (*átv* is); ~ *de estacionamento* parkolóhely; ~ *de serviço*, B lakáshoz tartozó nyitott terasz (mosás, ruhaszárítás stb. elvégzésére); *~s residenciais* lakónegyedek

areal [örjàl] *m* 1. homokbánya 2. homokos talaj; strand

arear [örjàr] *1/5 ts* 1. homokkal tisztít; *pó* v *pasta para* ~ *metais* fémtisztító por *v* paszta 2. homokkal beszór

areento [örje^{n}ntu] *mn* homokos

areia [öréjö] *f* 1. homok; ~ *movediça* v *cega* futóhomok; ~ *nos rins, orv* vesehomok; *banco de* ~ homokzátony; *caixa de* ~ homokláda; *jacto de* ~ homokvihar; *semear na* ~, *edificar sobre areias* homokra épít, hiábavaló munkát végez; *ter* ~, *ter ~s na cabeça* hóbortos 2. *biz* butaság, ostobaság

arejado [örizsàdu] *mn* szellős

arejamento [örizsöme^{n}ntu] *m* szellőzés

arejar [örizsàr] *1/14* I. *ts* szellőztet II. *tl*

1. szellőzik 2. fonnyad, elszárad III. ~-se kimegy a friss levegőre

arena [örénö] *f* aréna, porond

ARENA = *Aliança Renovadora Nacional* Nemzeti Megújhodási Szövetség (brazil párt neve)

arenga [öre^{n}ngö] *f* **1.** ünnepi szónoklat **2.** hosszú, unalmas beszéd **3.** *~s* üres fecsegés **4.** veszekedés, perlekedés

arengar [öre^{n}ngàr] *1/4* **I.** *ts* szónokol; beszédet intéz vkihez **T II.** *tl* veszekszik, perlekedik

arenífero [örinifiru] *mn* homokot tartalmazó

arenito [örinitu] *m* homokkő

arenoso [örinozu] *mn* homokos, homok-

arenque [öre^{n}k] *m* hering; ~ *defumado* v *de fumo* füstölt hering; ~ *enrolado* göngyölt hering; ~ *salgado* sós hering

aréola [örèulö] *f csill, orv* areóla, udvar; folt

areómetro [örjòmitru] *m* fajsúlymérő

areoso [örjozu] *mn* homokos

aresta [örèstö] *f* **1.** *növ* szálka, szakáll, kacs; *achar ~s nos olhos dos outros* más szemében a szálkát is meglátja **2.** *geom* él **3.** (kiugró) sarok, szeglet; *polir as ~s* lesimítja a kiugró részeket, *átv* egyengeti a dolgokat **4.** halszálka **5.** hegygerinc

aresto [örèstu] *m* **1.** bírósági ítélet, jogi döntés **2.** jogeset

arestoso [öristozu] *mn* **1.** csúcsban végződő **2.** cakkos, fogazott

aretino [àrètinu] **I.** *mn* arezzói **II.** *fn* **B** bértollnok

arfagem [örfàzsö^{n}j] *f haj* bukdácsolás

arfar [örfàr] *1/12 tl* **1.** *haj* bukdácsol **2.** ágaskodik (ló) **3.** liheg, szuszog

argamassa [örgömàszö] *f* habarcs, malter; vakolat

argamassar [örgömöszàr] *1/12 ts* bevakol

arganaz [örgönàs] *m* **1.** *áll* mormota **2.** langaléta, hórihorgas ember

Argel [örzsèl] *m* Algír

Argélia [örzsèljö] *f* Algéria

argelino [örzsilinu] *mn* és *fn* algériai

argentado [örzse^{n}ntàdu] *mn* ezüstözött; ezüstös

argentão [örzse^{n}ntö^{n}u] *m* alpakka, újezüst

argentar [örzse^{n}ntàr] *1/1 ts* ezüstöz

argentaria [örzse^{n}ntöriö] *f* **1.** ezüst (evő)készlet; ezüstnemű **2.** ezüsthímzés

argentário [örzse^{n}ntàrju] *m* **1.** dúsgazdag ember **2.** ezüstnemű szekrény

argênteo [örzse^{n}ntyu] *mn* ezüstös, ezüst-

argentífero [örzse^{n}ntifiru] *mn* ezüstöt tartalmazó

Argentina [örzse^{n}ntinö] *f*: *a ~* Argentína

argentino [örzse^{n}ntinu] *mn* és *fn* argentin

argento-vivo [örzse^{n}ntuvivu] *m* higany

argila [örzsilö] *f* agyag

argiloso [örzsilozu] *mn* agyagos; *terra ~a* agyagföld

argola [örgòlö] *f* **1.** gyűrű (alakú tárgy), karika; tornagyűrű; szalvétagyűrű; *~ de chaves* kulcskarika; *~ de porta* ajtókopogtató **2.** karika alakú fülbevaló

argúcia [örguszjö] *f* **1.** éleselméjűség, eszesség **2.** szellemesség; élc, tréfa

argucioso [örguszjozu] *mn* éles eszű, szellemes

argueireiro [örgéjréjru] *mn* és *fn* kicsinyeskedő

argueiro [örgéjru] *m* **1.** szalmaszál; *ver o ~ nos olhos alheios e não ver a tranca nos seus* más szemében a szálkát is meglátja, de a saját szemében a gerendát sem látja meg **2.** *átv* apróság, csekélység; *de um ~ fazer um cavaleiro* bolhából elefántot csinál

arguente [örgve^{n}nt] *mn* és *fn* érvelő, vitatkozó

arguição [örgviszö^{n}u] *f* **1.** érvelés **2.** feddés, rendreutasítás

arguido [örgvidu] **I.** *mmi* →**arguir** **II.** *fn* vádlott

arguidor *m*, **-a** *f* [örgvidor(ö)] *mn* és *fn* **1.** érvelő **2.** vádoló, vádló **3.** feddő

arguir [örgvir] *3/5* **I.** *ts* **1.** következtet **2.** (meg)vádol, bepanaszol **3.** fedd, rendreutasít **II.** *tl* érvel, vitatkozik

argumentação [örgume^{n}ntöszö^{n}u] *f* érvelés; bizonyítás

argumentar [örgume^{n}ntàr] *1/1* **I.** *ts* **1.** megvitat **2.** bizonyít **3.** következtet **II.** *tl* vitatkozik, érvel

argumento [örgume^{n}ntu] *m* **1.** érv; bizonyíték **2.** téma, tárgy, cselekmény, bonyodalom

arguto [örgutu] *mn* **1.** éles eszű; szellemes **2.** ravasz, ügyes **3.** érces (hang)

ária[1] [àrjö] *f* ária, dal

ária,[2] **ariano** [àrjö, örjönu] *mn* és *fn* árja

aridez [öridés] *f* **1.** szárazság **2.** *átv* sivárság

árido [àridu] *mn* száraz; terméketlen
aríete [örijt] *m műsz* hidraulikus kos
arisco [örisku] *mn* **1.** homokos (talaj) **2.** vad, nehezen szelídíthető (állat) **3.** emberkerülő
aristocracia [öristukrösziö] *f* arisztokrácia
aristocrata [öristukràtö] *fn* arisztokrata
aristocrático [öristukràtiku] *mn* arisztokratikus
aritmética [öritmètikö] *f* számtan
aritmético [öritmètiku] *mn* számtani
arlequim [örlikiⁿ] *m* bohóc
arlequinada [örlikinàdö] *f* bohóckodás
arma [àrmö] *f* **1.** fegyver; ~ *branca* szúrófegyver; ~ *de ar comprimido* légpuska; ~ *de arremesso* hajítófegyver; ~ *de caça* vadászfegyver; ~ *de fogo* lőfegyver, tűzfegyver; ~ *de longo alcance* messze hordó ágyú; *carreira das ~s* katonai pálya; *sala de ~s* vívóterem; *suspensão de ~s* fegyverszünet; *às ~s!* fegyverbe! *de ~s e bagagens* cókmókostul, mindenestül; *por força das ~s* fegyveres erővel; *abater* v *depor* v *pôr* v *pousar as* ~ leteszi a fegyvert; *apresentar ~s, kat* tiszteleg; *estar em ~s* fegyverben áll; *passar pelas ~s* agyonlő; *tomar* (*as*) *~s, pegar em ~s* fegyvert ragad **2.** fegyvernem; ~ *anticarro* páncéltörő alakulat **3.** *~s* **a)** címer **b)** *áll* szarvak, agyarak
armação [örmöszöⁿu] *f* **1.** fegyverzet **2.** felszerelés; ~ *de armazém* bolti berendezés; ~ *de pescaria* horgászfelszerelés **3.** állvány, állványzat; váz; ~ *dos ossos* csontváz **4.** keret; armatúra, szerelék, tartószerkezet; tartópánt; ~ *de cama* ágykeret; ~ *de janela* ablakkeret; ~ *de óculos* szemüvegkeret **5.** agancs; szarvak **6.** *haj* kötélzet, árbocozat
armada [örmàdö] *f* hadiflotta
armadilha [örmödiljö] *f* csapda; csel
armado [örmàdu] *mn* felfegyverzett, fegyveres; ~ *até aos dentes*; ~ *de ponto em branco* **a)** állig felfegyverezve **b)** teljes díszben; *chapéu* ~ háromszögetű kalap
armador [örmödor] *m* **1.** hajótulajdonos **2.** (temetési) vállalkozó **3.** kárpitos, díszítő
armadura [örmödurö] *f* **1.** *műsz* armatúra, szerelék, tartószerkezet **2.** állvány, állványzat, váz **3.** agancs; szarvak, agyarak
armamentário [örmömeⁿntàrju] *m* szerszámkészlet, műszerkészlet
armamento [örmömeⁿntu] *m* **1.** *haj* felszerelés **2.** (fel)fegyverkezés; *indústria de ~s* hadiipar
armão [örmöⁿu] *m* ágyútaliga
armar [örmàr] *1/12* **I.** *ts* **1.** felfegyverez **2.** felszerel, felállít, berendez; készenlétbe helyez; felhúz (ravaszt), feltűz (szuronyt); ~ *uma ratoeira* egérfogót állít fel; ~ *o relógio* felhúzza az órát; ~ *ao efeito* látszatra dolgozik *v* tesz vmit **3.** *átv* mesterkedik, fondorkodik; ~ *briga* viszályt kelt, verekedést kezd; ~ *uma traição* árulást sző; ~ *no jogo* csal a játékban **II.** **~-se** **1.** (fel)fegyverkezik **2.** (fel)készül; *~-se de paciência* elhatározza, hogy türelmes lesz; *armase uma trovoada* vihar van készülőben (*átv* is)
armarinheiro [àrmàrinyéjro] *m* **B** rövidáru-kereskedő
armarinho [àrmàrinyo] *m* **B** rövidárukereskedés
armário [örmàrju] *m* faliszekrény; ~-*roupeiro* ruhásszekrény
armazém [örmözöⁿj] *m* **1.** áruház, üzlet, bolt **2.** raktár, lerakat
armazenagem [örmözinàzsöⁿj] *f* **1.** elraktározás **2.** fekbér
armazenamento [örmözinömeⁿntu] *m* (el)raktározás, tárolás
armazenar [örmözinàr] *1/14 ts* elraktároz, tárol
armazenário [örmözinàrju] *m* **B** árukat tároló nagykereskedő
armazenista [örmözinistö] *m* **1.** üzlettulajdonos **2.** **B** raktárkezelő
armeiro [örméjru] *m* **1.** fegyverkovács **2.** puskatartó állvány
armela [örmélö] *f* fémkarika
armelina [örmilinö] *f* hermelinprém
armelino [örmilinu] *m áll* hermelin
Arménia [örmènyö] *f* Örményország
arménio [örmènyu] *mn* és *fn* örmény
armento [örmeⁿntu] *m* nyáj; csorda
armífero [örmifiru] *mn* fegyverviselő
armila [örmilö] *f* karperec
arminho [örminyu] *m* **1.** *áll* hermelin **2.** hermelinprém **3.** *~s* nemesi címer
armistício [örmistiszju] *m* fegyverszünet
armorial [örmurjàl] *mn* címer-
arnado [örnàdu] *m* = **arneiro**

arneiro [örnéjru] *m* föveny, homokos talaj

arnês [örnés] *m* **1.** vért, páncél **2.** (díszes) lószerszám

aro [àru] *m* **1.** kerékabroncs, keréktalp **2.** ablak- *v* ajtókeret **3.** szemüvegkeret

aroma [öromö] *m* illat; buké, bor zamata

aromático [örumàtiku] *mn* illatos; zamatos; fűszeres

aromatizar [örumötizàr] *1/1 ts* illatosít; fűszerez

arpado [örpàdu] *mn* cakkos, fogazott

arpão [örpö^{n}u] *m* szigony

arpar [örpàr] *1/12* = **arpoar**

arpear [örpjàr] *1/5* = **arpoar**

arpéu [örpèu] *m* vasmacska; horog; kampó

arpoar [örpuàr] *1/8 ts* **1.** szigonyoz **2.** *átv* megkaparint

arq.^{o} = *arquitecto* építész(mérnök)

arqueação [örkjöszö^{n}u] *f* **1.** görbület; kanyar **2.** (hajó)köbözés, tonnatartalom mérése; akolás

arqueado [örkjàdu] *mn* hajlított; ív alakú

arqueadura [örkjödurö] *f* hajlat; (bolt)ív

arquear [örkjàr] *1/5 ts* **1.** ívalakban (meg)hajlít, boltoz **2.** köböz, akol

arqueio [örkéju] *m* = **arqueação**

arqueiro [örkéjru] *m* **1.** ládakészítő **2.** bodnár, kádár **3.** íjász **4.** *sp* **B** kapuvédő

arquejante [örkizsö^{n}nt] *mn* lihegő, szuszogó

arquejar [örkizsàr] *1/14 tl* liheg, szuszog

arquejo [örkézsu] *m* lihegés, szuszogás

arqueologia [örkjuluzsiö] *f* régészet

arqueológico [örkjulòzsiku] *mn* régészeti

arqueólogo [örkjòlugu] *m* régész

arqueta [örkétö] *f* ládikó; gyűjtőpersely

arquétipo [örkètipu] *m* **1.** ősi *v* eredeti alak **2.** őskép, szimbólum

arquibancada [örkibö^{n}nkàdö] *f* (kör alakú) üléssor

arquibanco [örkibö^{n}nku] *m* nagy láda

arquidiocese [örkidjuszéz] *f* főegyházmegye; érsekség

arquiducado [örkidukàdu] *m* főhercegség

arquiduque [örkiduk] *m* főherceg

arquiduquesa [örkidukézö] *f* főhercegnő

arquiepiscopado [örkjèpiskupàdu] *m* érsekség

arquiepiscopal [örkjèpiskupàl] *mn* érseki

arquipélago [örkipèlögu] *m* szigettenger, szigetvilág

arquitectar [örkitètàr] *1/1* **I.** *ts* **1.** tervez; épít; kigondol **2.** kiagyal, forral; ~ *planos* terveket sző **II.** *tl* építészként működik

arquitecto [örkitètu] *m* **1.** építész **2.** alkotó; értelmi szerző

arquitectónico [örkitètòniku] *mn* építészeti, építőművészeti

arquitectura [örkitèturö] *f* építőművészet

arquitrave [örkitràv] *f* architráv, oszlopokon nyugvó főgerenda

arquivar [örkivàr] *1/1 ts* **1.** irattárba helyez **2.** (tényeket) feljegyez

arquivista [örkivistö] *fn* irattáros; levéltáros

arquivo [örkivu] *m* **1.** levéltár **2.** ~ (*de escrita*) irattár; kartoték

arr. = *arroba*

arrabalde [örröbàld] *m* külváros; környék

arraçoar [örröszuàr] *1/8 ts* **1.** adagol (élelmiszert) **2.** táplál, etet (állatokat)

arraia [örràjö] *f* **1.** *áll* rája **2.** ~ *miúda* csőcselék

arraial [örröjàl] *m* **1.** tábor **2.** népünnepély **3.** **B** kis falu

arraigada [örràjgàdö] *f* **1.** foggyökér; nyelvtő; körömágy **2.** árboccsúcs

arraigado [örràjgàdu] *mn* **1.** meggyökerezett **2.** *átv* megrögzött

arraigar [örràjgàr] *1/4* **I.** *ts* meggyökereztet **II.** *tl*, **III.** **~-se** **1.** meggyökerezik, gyökeret ereszt **2.** meghonosodik; letelepszik

arrais [örràjs] *m* (halász)hajó tulajdonosa *v* kapitánya

arrancada [örrö^{n}nkàdö] *f* **1.** nekirugaszkodás, lendület, iram; *de uma só* ~ egyetlen nekilendüléssel, egy csapásra, hirtelen **2.** indulás, startolás; *sp* start, nekifutás **3.** vetésre előkészített szántóföld

arrancadeira [örrö^{n}nködéjrö] *f* burgonyaszedő gép

arrancador [örrö^{n}nködor] *m autó* indító(gomb)

arrancão [örrönkö^{n}u] *m* heves lökés *v* lendület

arranca-pregos [örrö^{n}nköprègus] *m müsz* szeghúzó

arrancar [örrö^{n}nkàr] *1/2* **I.** *ts* **1.** (gyökerestül) kiránt, kitép; kihúz (fogat); ~ *a alma* kiadja lelkét, meghal; ~ *o voo*, *rep* startol **2.** (erőszakkal) elvesz, magához ragad; *átv* kicsikar, kierőszakol; ~ *lágrimas* könnyeket csal ki; ~ *a verdade a* kiszedi vkiből az igazságot; ~ *à morte* kiragad vkit a halál torkából **II.** *tl* **1.** elindul, startol; mozgásba jön; nekilendül, nekiiramodik; ~ *para o inimigo* rárohan az ellenségre **2.** agonizál, hörög **III.** **~-se** **1.** kiszabadítja magát **2.** hirtelen távozik

arranco [örrö^{n}nku] *m* **1.** hirtelen nekiiramodás, lendület; rántás, rángatás **2.** start, indulás **3.** *autó* indító(gomb) **4.** erdei tisztás **5.** hév, felindulás; *de* ~ hirtelen; hevesen **6.** ~ *da morte* haláltusa; *dar os últimos* ~*s* agonizál

arranha-céu [örrönyöszèu] *m* felhőkarcoló

arranhadela [örrönyödèlö] *f* = **arranhadura**

arranhadura [örrönyödúrö] *f* karcolás; könnyebb vágás *v* seb

arranhar [örrönyàr] *1/1* **I.** *ts* **1.** karmol, karcol **2.** nyekerget (hegedűt) **3.** töri a nyelvet

arranjado [örrö^{n}zsàdu] *mn* rendezett, rendes; gondozott; *estou bem* ~, *gúny* ezt jól megkaptam!

arranjar [örrö^{n}zsàr] *1/1* **I.** *ts* **1.** rendbe hoz, elrendez; eligazít, megigazít; elintéz; ~ *a vida* elrendezi az életét; *deixe, que eu arranjo isso* bízza csak rám, én majd elintézem **2.** megszerez, beszerez, felhajt; elér, elnyer; ~ *uma doença* betegséget szerez; ~ *um emprego* álláshoz jut **II.** **~-se** **1.** rendbe jön **2.** rendbe hozza dolgait; álláshoz jut; megházasodik; *saber* ~*-se* feltalálja magát, boldogul; *ele sempre se arranja* ő mindig kivágja magát; *arranje-se!* ez a maga dolga!

arranjista [örrö^{n}zsìstö] *m* mindenből hasznot húzó, nyerészkedő, spekuláns

arranjo [örrö^{n}zsu] *m* **1.** rendezés, elintézés; megegyezés **2.** takarékosság; *viver com* ~ beosztással él **3.** otthoni berendez(ked)és; háztartás; **4.** *szól: isto faz-me* ~ ez megfelel nekem, ezt tudom használni; ez kapóra jön nekem; *ter o seu* ~ van mit aprítania a tejbe

arranque [örrö^{n}nki] *m* = **arranco**

arras [àrrös] *f tb* **1.** nászajándék; hozomány **2.** foglaló

arrasar [örrözàr] *1/12 ts* **1.** talajt egyenget, (le)simít **2.** a földdel egyenlővé tesz, lerombol, elpusztít **3.** színültig megtölt; *arrasam-se-lhe os olhos de lágrimas* könnybe lábad a szeme **4.** megaláz

arrastado [örröstàdu] *mn* **1.** vontatott, lassú; *falar* ~ vontatottan beszél; *vender por preço* ~ potom áron ad el **2.** *vida* ~*a* nyomorúságos élet

arrastão [örröstö^{n}u] *m* hirtelen megrántás; *rede de* ~ húzóháló

arrastar [örröstàr] *1/12* **I.** *ts* húz, von, vonszol; (magával) ránt; ~ *a asa* udvarol, csapja a szelet; ~ *os pés* v *as pernas* maga után húzza a lábát, *biz* táncol; *está arrastando os pés* sírban van a fél lába; ~ *a vida* tengeti életét; ~ *a voz* v *as palavras* vontatottan beszél; ~ *na lama* v *no lodo* v *pela rua da amargura*, *átv* sárba ránt **II.** *tl*, **III.** **~-se** mászik, kúszik, vonszolja magát

arrasto [örràstu] *m* húzás, vonszolás; *rede de* ~ húzóháló; *vida de* ~ nyomorúságos élet

arrátel [örràtèl] *m* régi portugál súlymérték, 459 gramm

arrazoado [örrözuàdu] **I.** *mn* értelmes, logikus **II.** *fn*, *m* érvelés; védőbeszéd

arrazoar [örrözuàr] *1/8* **I.** *ts* kifejt, fejteget **II.** *tl* érvel, vitatkozik

arre! [àrri] *isz* **1.** gyű te! **2.** hej! tyűha! az ördögbe!

arrear [örrjàr] *1/5 ts* **1.** felkantároz **2.** bebútoroz, berendez; díszít **3.** →**arriar**

arreata [örrjàtö] *f* kötőfék, pányva

arrebanhar [örribönyàr] *1/1 ts* **1.** összeterel (nyájat) **2.** összehord, összegyűjt

arrebatado [örribötàdu] *mn* **1.** heves, forróvérű, erőszakos **2.** hirtelen haragú **3.** elbűvölt, eksztázisban levő

arrebatador *m*, **-a** *f* [örribötödor(ö)] *mn* elragadó, bűbájos

arrebatar [örribötàr] *1/12* **I.** *ts* **1.** erőszakkal elvesz, elragad **2.** *átv* magával ragad, elbűvöl **II.** **~-se** **1.** elragadtatja magát; dühbe gurul **2.** eksztázisba *v* bűvöletbe esik

arrebentar [örribe^{n}ntàr] *1/1* = **rebentar**

arrebicado [örribikàdu] *mn* **1.** kifestett (arc) **2.** feltűnően öltözött **3.** mesterkélt

arrebicar [örribikàr] *1/2* **I.** *ts* **1.** kipingál (arcot) **2.** felcicomáz **II.** **~-se** feltűnően *v* ízléstelenül festi magát *v* öltözködik

arrebique [örribik] *m* **1.** arcfesték **2.** cicoma; ízléstelen öltözködés
arrebitado [örribitàdu] *mn* felfelé hajló
arrebitar [örribitàr] *1/1* **I.** *ts* felfelé hajlít, felgyűr; ~ *o chapéu* félrecsapja a kalapját; ~ *a(s) orelha(s)* fülét hegyezi **II.** **~-se** fölényeskedik, szemtelenkedik
arrebol [örribòl] *m* hajnalpír, alkonypír
arrebolar [örribulàr] *1/15 ts* gömbölyűre formál
arre-burrinho [àrriburrinyu] *m* mérleghinta, libikóka
arrecada [örrikàdö] *f* fülbevaló; ékszer
arrecadação [örriködöszö^{n}u] *f* **1.** raktár, megőrző; fészer **2.** őrizet, fogság **3.** adószedés, behajtás
arrecadado [örriködàdu] *mn* takarékos, háziás; →**arrecadar**
arrecadador *m*, **-a** *f* [örriködödor(ö)] **I.** *mn* takarékos **II.** *fn* adóvégrehajtó
arrecadar [örriködàr] *1/12 ts* **1.** megőrzésre átvesz, biztonságba helyez, elraktároz **2.** bevételez; (adót) behajt **3.** elér, elnyer; ~ *uma herança* örököl
arreda! [örrèdö] *isz* ki *v* el innen! mars hátra!
arredado [örridàdu] *mn* félreeső, távoli; *parente* ~ távoli rokon
arredar [örridàr] *1/13* **I.** *ts* eltávolít, elkülönít; félretesz; ~ *pé* visszalép; teret enged; távozik; *não* ~ *pé* nem tágít, állja a sarat; ~ *para trás* hátrál **II.** **~-se** *de* visszahúzódik; elmegy, eltávozik vhonnan
arredio [örridiu] *mn* **1.** vándorló, kószáló **2.** emberkerülő
arredondado [örrido^{n}ndàdu] *mn* kerek, gömbölyű
arredondar [örrido^{n}ndàr] *1/1 ts* kikerekít, kigömbölyít
arredor [örridòr] **I.** *hat* körös-körül **II.** *vsz:* ~ *de* vmi körül
arredores [örridòris] *m tb* környék
arrefecer [örrifiszér] *2/2* **I.** *ts* (le)hűt (*átv* is) **II.** *tl*, **III.** **~-se** **1.** lehűl (*átv* is) **2.** közömbössé válik
arrefecido [örrifiszidu] *mn* lehűlt, langyos
arrefecimento [örrifiszime^{n}ntu] *m* **1.** (le)hűtés **2.** *átv* elhidegülés
arregaçar [örrigöszàr] *1/3, 1/12 ts* felgyűr, feltűr, felhajt (ruhát)
arregalar [örrigölàr] *1/12 ts:* ~ *os olhos* tágra nyitja a szemét
arreganhar [örrigönyàr] *1/1* **I.** *ts* **1.** fogát vicsorítja **2.** vigyorog **II.** *tl* kinyílik, szétreped (érett gyümölcs) **III.** **~-se** **1.** tréfálkozik **2.** *~-se com frio* vacog a hidegtől
arreganho [örrigönyu] *m* **1.** vicsorítás; vigyorgás **2.** vad arckifejezés; büszkeség, gőg **3.** merészség, vakmerőség
arregimentar [örrizsime^{n}ntàr] *1/1* **I.** *ts* ezredbe beoszt **II.** *tl* csapatba tömörül
arregoar [örriguàr] *1/8* **I.** *ts* barázdát von **II.** *tl* felreped (érett gyümölcs)
arreig . . . →**arraig . . .**
arreio [örréju] *m* **1.** dísz, ékesség **2.** **~s** (díszes) lószerszám
arrelia [örriliö] *f* bosszúság; *que ~!* milyen kellemetlen!
arreliado [örriljàdu] *mn* **1.** bosszús; ingerült **2.** **B** kihívó, szemtelen
arreliar [örriljàr] *1/7 ts* felingerel, bosszant
arreliento [örrilje^{n}ntu] *mn* bosszantó
arrelioso [örriljozu] *mn* = **arreliento**
arrelvar [örrèlvàr] *1/12 ts* gyepesít, pázsittal fed
arremangar [örrimö^{n}ngàr] *1/1 ts* feltűr, felgyűr (ingujjat)
arrematação [örrimötöszö^{n}u] *f* **1.** árlejtés **2.** árverés, árverezés **3.** bírói odaítélés
arrematador *m*, **-a** *f* [örrimötödor(ö)] *fn* **1.** nyertes árlejtő **2.** árverésen legtöbbet ígérő
arrematar [örrimötàr] *1/12 ts* **1.** elárverez; **2.** →**rematar**
arremedar [örrimidàr] *1/13 ts* utánoz, majmol
arremedo [örrimédu] *m* utánzás, majmolás
arremessado [örrimiszàdu] *mn* fékelen, szilaj; *cavalo* ~ fékezhetetlen ló; ~ *no falar* sokat beszélő *v* fecsegő
arremessador *m*, **-a** *f* [örrimiszödor(ö)] *mn* és *fn* dobó, hajító
arremessar [örrimiszàr] *1/13* **I.** *ts* dob, hajít, vet, lök **II.** **~-se** *contra v sobre* rárohan, ráveti magát vkire *v* vmire
arremesso [örrimészu] *m* **1.** dobás, hajítás, vetés, lökés; ~ *de disco* diszkoszvetés; ~ *de peso* súlylökés **2.** megtámadás, rárohanás **3.** hajlam, tehetség; ~ *de poeta* költői tehetség **4.** látszat; *fazer* ~ *de* úgy tesz, mintha
arremeter [örrimitér] *2/7 ts* megtámad, megrohan, rárohan

arremetida [örrimitidö] *f* támadás, roham

arrendado[1] [örre^{n}ndàdu] *mn* **1.** bérelt; bérbe adott **2.** engedelmes; tanulékony

arrendado[2] [örre^{n}ndàdu] **I.** *mn* csipke-, csipkés **II.** *fn, m* csipkekendő

arrendador *m*, **-a** *f* [örre^{n}ndödor(ö)] *mn* és *fn* bérlő; bérbeadó

arrendamento [örre^{n}ndöme^{n}ntu] *m* bérlet; bérbeadás; *contrato de* ~ bérleti szerződés

arrendar [örre^{n}ndàr] *1/1 ts* **I.** bérel, bérbe vesz, bérbe ad **II.** csipkékkel díszít

arrendatário [örre^{n}ndötàrju] *fn* bérlő; bérbeadó

arrenegação [örrinigöszö^{n}u] *f* **1.** hitehagyás **2.** harag; ingerültség

arrenegado [örrinigàdu] *mn* dühös, ingerült

arrenegar [örrinigàr] *1/4, 1/13* **I.** *ts* **1.** elhagyja hitét **2.** kiátkoz, elátkoz,átkokat szór **3.** felizgat, dühösít **II.** **~-se** feldühödik

arrenego [örrinégu] *m* = **arrenegação**

arrepanhado [örripönyàdu] *mn* **1.** ráncos, redős **2.** szűkmarkú, fösvény

arrepanhar [örripönyàr] *1/1 ts* **1.** összegyűr **2.** elragad, elvesz, ellop **3.** összezsugorgat

arrepelar [örripilàr] *1/13* **I.** *ts* cibál, huzigál; *~ os cabelos* a haját cibálja **II.** **~-se** **1.** tépdesi a haját *v* szakállát **2.** *átv* kétségbeesik

arrepender-se [örripe^{n}ndérszi] *2/1* **1.** magába száll; megbán vmit (*de*) **2.** megmásítja véleményét

arrependido [örripe^{n}ndidu] *mn* bűnbánó; sajnálkozó; *estar ~ de* megbán vmit

arrependimento [örripe^{n}ndime^{n}ntu] *m* **1.** bűnbánat **2.** sajnálkozás **3.** szándék megváltoztatása

arrepia-cabelo [örripiököbélu] **I.** *hat; de ~* szőr ellen; *átv* akarata ellenére **II.** *mn* hajmeresztő

arrepiado [örripjàdu] *mn* szőrös; kócos; *pele ~a* libabőr; *estou ~* borzongok; *estou com o pelo ~* égnek áll a hajam szála

arrepiante [örripjö^{n}nt] *mn* szörnyű, hátborzongató

arrepiar [örripjàr] *1/7* **I.** *ts* **1.** szőr ellen fésül **2.** *~ caminho v carreira* visszafordul; *átv* pályát változtat **3.** megrémít; *~ as carnes* libabőrössé tesz **II.** **~-se** reszket a hidegtől *v* a félelemtől; *arrepio-me* végigfut a hátamon a hideg *arrepia-se-me a pele* libabőrös leszek

arrepio [örripiu] *m* borzongás, hideglelés; *ao ~* szőr ellen; *átv* ár ellen, akarata ellen

arrestado [örristàdu] **I.** *mn* zárolt, lefoglalt **II.** *fn* letartóztatott

arrestar [örristàr] *1/13 ts* **1.** lefoglal, zárol **2.** letartóztat

arresto [örrèstu] *m* lefoglalás, zárolás

arrevesado [örrivizàdu] *mn* bonyolult; *estilo ~* tekervényes stílus; *palavras ~as* nyakatekert *v* homályos szavak

arrevesar [örrivizàr] *1/13 ts* **1.** kifordít (ruhát) **2.** fordítva csinál vmit **3.** elferdít (értelmet)

arriar [örrjàr] *1/7* **I.** *ts* **1.** letesz (a földre) **2.** leenged, leereszt (zászlót) **3.** *átv* leteszi (a fegyvert), feladja (a harcot), visszalép **II.** *tl* alábbhagy; enged; feladja a küzdelmet, nem bírja tovább

arriba [örribö] **I.** *hat* fent, fel; *água ~* az árral szemben, a folyón felfelé; *coisa de costa ~* kényes ügy; *de abaixo a ~* **a)** lentről felfelé **b)** tetőtől talpig **II.** *isz ~!* rajta! előre!

arribação [örriböszö^{n}u] *f* **1.** megérkezés (kikötőbe) **2.** *ave de ~* vándormadár (*átv* is)

arribada [örribàdö] *f* **1.** kikötőbe érkezés **2.** *átv* lábadozás

arribadiço [örriböd̀iszu] *mn* vándor, idegen

arribana [örribönö] *f* kunyhó, viskó

arribar [örribàr] *1/1 tl* **1.** kikötőbe érkezik **2.** *átv* rendbe jön, meggyógyul **3.** *átv* visszatér; *~ sobre a matéria* visszatér a tárgyra

arribe [örribi] *m* **B** = **arribação**

arrieiro [örrjéjru] *m* öszvérhajcsár

arrimar [örrimàr] *1/1* **I.** *ts* **1.** megtámaszt, alátámaszt **2.** elrendez; *~ os livros no estante* elrendezi a könyveket a könyvespolcon **3.** *szól: ~ dinheiro* pénzt halmoz; *~ os ombros* megfeszített erővel dolgozik **II.** **~-se** *a* **1.** nekitámaszkodik vminek, *átv* támaszkodik vkire; **2.** *~-se à opinião v ao parecer de* csatlakozik vkinek a véleményéhez

arrimo [örrimu] *m* támasz (*átv* is)

arriosca [örrjòskö] *f* **1.** csalás; intrika **2.** csapda

arriscado [örriskàdu] *mn* **1.** kockázatos, veszélyes **2.** merész, vakmerő

arriscar [örriskàr] *1/2* **I.** *ts* kockáztat, veszélyeztet; ~ *a sorte* szerencsét próbál; ~ *a vida* életét kockáztatja; *közm: quem não arrisca, não petisca; quem não arrisca não perde nem ganha* bátraké a szerencse; aki mer, az nyer **II. ~-se** merészel; veszélynek teszi ki magát
arrivismo [örrivizsmu] *m* törtetés, karrierizmus
arrivista [örrivistö] *mn* és *fn* törtető, karrierista
arroba [örrobö] *f* (súlymérték) *15* kg
arrochada [örrusàdö] *f* ütés (bunkós)bottal
arrocho [örrosu] *m* furkósbot, bunkósbot
arrogação [örrugöszö^{n}u] *f* **1.** igény, követelés **2.** bitorlás **3.** *jog* adoptálás
arrogância [örrugö^{n}szjö] *f* gőg, önteltség
arrogante [örrugö^{n}nt] *mn* **1.** gőgös, öntelt **2.** szemtelen
arrogar [örrugàr] *1/4, 1/15* **I.** *ts* jogtalanul eltulajdonít, bitorol **II. ~-se** *o direito de* jogot formál arra, hogy
arroio [örroju] *m* patak
arrojadiço [örruzsödiszu] *mn* **1.** hajító-, dobó- **2.** = **arrojado**
arrojado [örruzsàdu] *mn* merész, vakmerő, vállalkozó szellemű
arrojar [örruzsàr] *1/15* **I.** *ts* dob, hajít; ~ *de si* eldobja magától, visszautasít; ~ *para longe* messzire elhajítja **II. ~-se** *a* **1.** merészkedik vmit tenni **2.** ráveti magát vkire *v* vmire
arrojo [örrozsu] *m* **1.** dobás, hajítás; **2.** ~*s* hajótörésből származó, partra vetett roncsok **3.** merészség, vakmerőség; *ter* ~ *de* van olyan arcátlan, hogy
arrolar [örrulàr] *1/15 ts* **1.** jegyzékbe foglal; leltárt készít vmiről **T 2.** *kat* toboroz, besoroz **3.** álomba ringat
arrolhar [örruljàr] *1/15 ts* **1.** bedugaszol (üveget) **2.** *átv* befogja vkinek a száját, elhallgattat, hallgatásra kényszerít
arrolo [örrolu] *m* altatódal
arromba [örro^{n}mbö] *f* **1.** hangos gitárzene **2.** *de* ~ pompás, klassz; *um jantar de* ~ pazar ebéd
arrombador [örro^{n}mbödor] *m* betörő; ~ *de cofres* kasszafúró
arrombamento [örro^{n}mböme^{n}ntu] *m* betörés
arrombar [örro^{n}mbàr] *1/1 ts* **1.** feltör (zárat), betör (házba); ~ *a porta* betöri *v* kidönti az ajtót **2.** széttör, tönkretesz
arrostar [örrustàr] *1/15* **I.** *ts* szembenéz, szembeszáll, dacol vkivel *v* vmivel **T II. ~-se** *a* merészel vmit tenni
arrotador [örrutödor] *m* szájhős
arrotar [örrutàr] *1/15 tl* **1.** böfög **2.** szájhősködik, henceg
arrotear [örrutyàr] *1/5 ts* művelhetővé tesz; művelés alá vesz
arroteia [örrutéjö] *f* művelés alá vetett föld
arroto [örrotu] *m* böfögés
arroubar [örrobàr] *1/1* **I.** *ts átv* elragad, magával ragad **II. ~-se** eksztázisba esik
arroubo [örrobu] *m* elragadtatás, eksztázis
arrox(e)ado [örros(j)àdu] *mn* ibolyaszínű, vöröseskék
arroz [örros] *m* rizs; ~ *doce* rizsfelfújt
arrozal [örruzàl] *m* rizsföld
arrozeira [örruzéjrö] *f* = **arrozal**
arrozeiro [örruzéjru] **I.** *mn* rizs-, rizses **II.** *fn, m* rizstermelő
arruã [àrruö^{n}] *mn* **B** vad, fékezhetetlen
arruaça [örruàszö] *f* **1.** utcai tüntetés **2.** csődület
arruaceiro [örruöszéjru] *m* huligán
arruadeira [örruödéjrö] *f* utcai nő
arruador [örruödor] *m* **1.** léhűtő, csavargó **2.** útépítő munkás
arruamento [örruöme^{n}ntu] *m* **1.** útfektetés **2.** házsor
arruar [örruàr] *1/9 ts, tl* **1.** utcákat nyit vhol **T 2.** utakat épít
arruçar [örruszàr] *1/3 tl* megszürkül, megőszül
arruda [örrudö] *f növ* ruta
arruela [örruèlö] *f műsz* alátétlemez
arrufar [örrufàr] *1/1* **I.** *ts* felizgat, bosszant **II. ~-se 1.** felborzolódik (szőr, toll); fodrozódik (víz tükre) **2.** elkedvetlenedik, ingerült lesz
arrufo [örrufu] *m* **1.** rossz kedv, bosszúság **2.** szerelmesek múló haragja
arrugar [örrugàr] *1/4 ts* ráncol, redőz
arruido [örruidu] *m* zaj, lárma, ordítozás
arruinar [örruinàr] *1/1* **I.** *ts* tönkretesz; lerombol **II.** *tl,* **III. ~-se** tönkremegy, elpusztul
arruivado [örrujvàdu] *mn* vöröses
arrulhar [örruljàr] *1/1 tl* **1.** turbékol (*átv* is) **2.** álomba ringat

arrulho [örrulju] *m* turbékolás
arrumação [örrumöszö^nu] *f* 1. elrendezés, rendbehozatal; kitakarítás 2. elraktározás, elhelyezés 3. becsomagolás, összecsomagolás 4. ~ *de contas* v *dos livros* könyvelés, könyvvitel 5. elhelyezkedés, állás
arrumaços [örrumàszus] *m tb* civódások, múló haragok (szerelmesek közt)
arrumadeira [örrumödéjrö] I. *mn* rendszerető, házias II. *fn, f* B szobalány
arrumadela [örrumödèlö] *f*: *dar* v *fazer uma* ~ gyors rendet csinál
arrumador [örrumödor] *m* 1. rakodómunkás 2. *szính, mozi* jegyszedő 3. B háziszolga
arrumadora [örrumödorö] *f szính, mozi* jegyszedőnő
arrumar [örrumàr] *1/1* I. *ts* 1. elrendez, rendbe hoz, kitakarít; ~ *as contas* rendezi a számlákat; ~ *a gravata* megigazítja a nyakkendőjét; ~ *livros* könyvel, a könyvelői teendőket végzi; ~ *os móveis* elrendezi a bútorokat; ~ *o quarto* kitakarítja a szobát 2. eltesz, elraktároz, biztonságba helyez; ~ *o carro* parkol 3. elkészít (ételt) 4. ~ *as malas* v *a bagagem* becsomagol, összecsomagol; ~ *a trouxa* összeszedi a cókmókját 5. elhelyez (állásban); kiházasít 6. *haj* irányt vesz; kormányoz II. ~-*se* 1. elhelyezkedik, rendbe jön; *átv* révbe jut 2. megházasodik
arrumo [örrumu] *m* = **arrumação**
arsenal [örszinàl] *m* lőszer- és fegyverraktár
arsénico [örszèniku] I. *mn* arzén-, arzénes II. *fn, m* arzén
art. = *artilharia* tüzérség
arte [àrt] *f* 1. művészet; ~ *aplicada* iparművészet; ~ *culinária* konyhaművészet; ~ *dramática* színművészet; ~*s liberais* szabadművészetek; *belas* ~*s* szépművészetek; *sem* ~ művészietlen 2. mesterség, foglalkozás; ~ *mecânica* kézművesség 3. ügyesség; agyafúrtság, ravaszság, furfang, fortély; *com más* ~*s* fondorlatosan 4. mód; *de tal* ~, *dessa* ~, *desta* ~ ilyen módon, így tehát
artefacto [örtifàtu] *m* (kézműipari) termék, készítmény
arteirice [örtéjrisz] *f* 1. furfang, ravaszság 2. B gyerekcsíny
arteiro [örtéjru] *mn* 1. ravasz 2. B huncut, csínytevő
artelho [örtélju] *m orv* boka
artéria [örtèrjö] *f* 1. ütőér, verőér 2. (forgalmas) főútvonal
arterial [örtirjàl] *mn* ütőér-, verőér-
arteriosclerose [örtèrjosklirọz] *f* érelmeszesedés
artesão [örtizö^nu] *m* I. kézműves; mesterember II. *ép* kazetta (mennyezeten)
artesiano [örtizjönu] *mn*: *poço* ~ artézi kút
artesonado [örtizunàdu] *mn ép* kazettás (mennyezet)
articulação [örtikulöszö^nu] *f* 1. *orv* ízület 2. *műsz* zsanér, csuklópánt 3. *nyelvt* artikuláció
articulado [örtikulàdu] I. *mn* 1. tagolt, részekre osztott 2. világos, érthető II. *fn, m* 1. *jog* (pontokba foglalt) okfejtés; tényállás ismertetése 2. *áll*: ~*s* ízeltlábúak
articular[1] [örtikulàr] *mn* ízületi
articular[2] [örtikulàr] *1/1 ts* 1. *orv* összeilleszt 2. tagol, részletez, pontról pontra elemez 3. *nyelvt* tagolva és érthetően kiejt
articulista [örtikulistö] *fn* cikkíró
artículo [örtikulu] *m* 1. ízület 2. cikkely
artífice [örtifisz] *m* 1. mesterember 2. *átv* értelmi szerző 3. *közm*: *cada um é* ~ *de sua própria fortuna* kiki saját szerencséjének kovácsa
artificial [örtifiszjàl] *mn* mesterséges; mesterkélt
artificiar [örtifiszjàr] *1/7 ts* művésziesen előállít
artifício [örtifiszju] *m* 1. ügyesség, tehetség 2. mesterfogás, fortély, csel 3. mesterkedés, fondorlat 4. *fogo de* ~ tűzijáték (*átv* is)
artificioso [örtifiszjozu] *mn* furfangos, ravasz
artigo [örtigu] *m* 1. *nyelvt* névelő 2. árucikk; ~ *estrangeiro* külföldi áru; ~ *nacional* hazai termék; ~ *semi-manufacturado* félkészáru; ~*s de grande consumo* tömegfogyasztási cikkek; ~ *de fantasia* díszműáru; ~*s para escritório* irodaszerek 3. (újság)cikk; ~ *de fundo* vezércikk 4. fejezet, cikkely, tétel; ~ *de fé* hittétel; *em* ~ *de morte* halálos ágyán
artilharia [örtiljöriö] *f* tüzérség; *peça de* ~ ágyú, üteg

artilheiro [örtiljéjru] *m* 1. *kat* tüzér 2. B *sp* csatár; góllövő

artimanha [örtimönyö] *f* fortély, csel, ravaszság

artista [örtistö] *fn* 1. művész(nő) 2. mesterember

artístico [örtistiku] *mn* művészi

art.º = *artigo* cikk

artralgia [örtrölzsiö] *f* izületi fájdalmak

artrite [örtrit] *f* izületi gyulladás *v* csúz

arvorado [örvuràdu] *mn* 1. befásított 2. magasabb funkcióval megbízott (tisztviselő)

arvorar [örvuràr] *1/15* I. *ts* 1. felállít (árbocot) 2. felhúz (zászlót) II. *tl* elszalad, meglép III. ~**-se** *em* vminek kiadja magát; ~*-se em crítico* felcsap kritikusnak; ~*-se em médico* orvosnak adja ki magát

árvore [àrvuri] *f* 1. (élő)fa; ~*-mãe* magnak való fa; ~*-da-borracha* gumifa; ~ *de corte* vágásra érett fa; ~ *de fruto*, B: ~ *frutífera* gyümölcsfa; *ver a* ~ *e não a floresta* nem látja a fától az erdőt; *közm: tal* ~, *tal fruto* amilyen a fa, olyan a gyümölcse; az alma nem esik messze a fájától; *közm: quem a boa* ~ *se acolhe, boa sombra o cobre* szemesnek áll a világ; ki mint vet, úgy arat 2. árboc 3. *műsz* tengely; ~ *de transmissão* közlőtengely, *autó* kardántengely

arvoredo [örvurédu] *m* 1. liget, berek 2. *haj* árbocozat

arvorejar [örvurizsàr] *1/14 ts* befásít

a. s. = *a saber* tudniillik

as[1] [öz, ös, özs] *névelő, tb: as portas* az ajtók; *as janelas* az ablakok

as[2] [öz, ös, özs] *mutató névm* (*legtöbbször: -é, -éi*)*: as minhas irmãs e as do meu amigo* nőtestvéreim és a barátoméi

às [öz, ös, özs] = **a** + **as**; *às quintas-feiras* minden csütörtökön; *às três horas* három órakor

ás (*tb: ases*) [às, àzis] *m* 1. *kártya* ász, disznó; *kockajáték:* egyes 2. *szính, film, sp* kiválóság, sztár

asa [àzö] *f* 1. szárny; *golpe de* ~ szárnycsapás; *bater as* ~*s* csapkod a szárnyaival; *cortar as* ~*s a* szárnyát szegi vkinek; *dar* ~*s, átv* szárnyakat ad, bátorít, lelkesít; *dar* ~*s à fantasia* szabadjára engedi a képzeletét 2. fogantyú, fül, tartó 3. ~ *da orelha* fülcimpa; ~*s do nariz* orrcimpák

asado [özàdu] *mn* 1. szárnyas 2. fogantyús, füles

asbesto [özsbèstu] *m* azbeszt

asca [àskö] *f* 1. ellenszenv, undor 2. B bűz, rossz testszag

ascárida [öskàridö] *f áll* orsógiliszta

ascendência [às-szeⁿdeⁿszjö] *f* 1. emelkedés; *rep: ângulo de* ~ emelkedési szög 2. családfa; felmenő rokonság 3. befolyás, hatás

ascendente [ös-szeⁿdeⁿnt] I. *mn* 1. emelkedő, felmenő, növekvő 2. *vasút: comboio* ~ csomóponti vonat II. *fn, m* ős, előd

ascender [ös-szeⁿdér] *2/1 tl* 1. felszáll, emelkedik 2. kitesz (összeget) 3. hatalomra jut

ascensão [ös-szeⁿszöⁿu] *f* 1. felemelkedés, felszállás 2. ~ *ao poder* hatalomra jutás 3. *vall: dia de Ascensão* az Úr mennybemenetele

ascensional [ös-szeⁿszjunàl] *mn* emelkedő; *força* ~ emelő erő

ascensor [ös-szeⁿszor] *m* felvonó, lift

ascensorista [ös-szeⁿszuristö] *fn* liftkezelő

ascese [ös-szèz] *f* aszkézis

asceta [ös-szètö] *m* aszkéta

ascético [ös-szètiku] *mn* aszketikus, önmegtartóztató

ascetismo [ös-szitizsmu] *m* aszkézis

asco [àsku] *m* ellenszenv, undor; *dá v faz* ~ undort kelt, undorító; *ter* ~ *a* undort érez vmitől; *que* ~*!* pfuj!

asc(or)oso [ösk(ur)ozu] *mn* undorító

áscua [àskvö] *f* égő parázs, zsarátnok

aselha [özéljö] *f* kis fogantyú, fülecske

asfaltagem [ösfàltàzsöⁿj] *f* aszfaltozás

asfaltar [ösfàltàr] *1/1 ts* aszfaltoz

asfalto [ösfàltu] *m* aszfalt

asfixia [ösfikszìö] *f orv* lélegzet elakadása, fulladás

asfixiante [ösfikszjöⁿnt] *mn* fulladást okozó; *gás* ~ fojtógáz

asfixiar [ösfikszjàr] *1/7 ts* megfullaszt, fulladást okoz

Ásia [àzjö] *f* Ázsia

asiático [özjàtiku] *mn* és *fn* ázsiai

asilado [öziládu] *mn* és *fn* menhelyes; szociális otthonban lakó

asilar [özilàr] *1/1 ts* 1. menedéket nyújt; szállást ad 2. menhelyen *v* szociális otthonban elhelyez

asilo [özilu] *m* 1. menhely; ~ *dos velhos* szociális otthon 2. menedék(hely); *di-*

reito de ~, *pol* menedékjog; *pedir* ~ politikai menedékjogot kér 3. (magán)kórház; ~ *de loucos* bolondokháza

asinino [özininu] *mn* szamár-; *gado* ~ szamárállomány

asma [àzsmö] *f orv* asztma, légszomj

asmático [özsmàtiku] *mn* asztmás

asna [àzsnö] *f* 1. kancaszamár 2. *ép* fedélszék

asnático [özsnàtiku] *mn* buta, ostoba

asnear [özsniàr] *1/5 tl* szamárságokat mond *v* cselekszik

asneira [özsnéjrö] *f* szamárság, ostobaság

asneirão [özsnéjrö^{n}u] *m* tökfej, hülye alak

asneiro [özsnéjru] **I.** *mn* szamár- **II.** *fn, m* szamárhajcsár

asneirola [özsnéjròlö] *f* trágárság

asno [àzsnu] *m* szamár (*átv* is); *ficar com cara de* ~ hoppon marad, hosszú orral távozik; *közm: asno morto, cevada ao rabo* eső után köpönyeg; késő bánat, eb gondolat; *közm:* ~ *que tem fome, cardos come* az éhség a legjobb szakács; ha ló nincs, a szamár is jó

aspa [àspö] *f* 1. András-kereszt (*pl* címerben) 2. szélmalom szárnya 3. ~*s* idézőjel; *entre* ~*s* idézőjelben

aspárago [öspàrögu] *m növ* spárga

aspecto [öspètu] *m* 1. meglátás; látvány, *átv* kép; *ao primeiro* ~ első látásra 2. külső, megjelenés; *ter bom* (*mau*) ~ jó (rossz) színben van 3. szempont; *debaixo deste* ~ e tekintetben; *por todos os* ~*s* minden tekintetben

aspereza [öspirézö] *f* 1. durvaság, érdesség, keménység 2. *átv* szigor; *com* ~ nyersen, szigorúan

asperges [öspèrzsis] *m vall* 1. szenteltvízhintő 2. szenteltvízhintés

aspergir [öspèrzsir] *3/3, 3/8 ts* meglocsol, meghint; befecskendez

áspero [àspiru] *mn* 1. durva, érdes 2. fanyar, éretlen (gyümölcs) 3. nyers, szigorú

aspérrimo [öspèrrimu] *mn* = **áspero** *felsőfoka*

aspersão [öspirszö^{n}u] *f* meglocsolás, meghintés

aspersório [öspirszòrju] *m* szenteltvízhintő

áspide [àspid] *f* (*átv m* is) 1. áspiskígyó; vipera 2. gonosz nyelvű ember; *közm: um* ~ *não mata outro* ~ holló a hollónak nem vájja ki a szemét

aspiração [öspiröszö^{n}u] *f* 1. belélegzés, lélegzetvétel 2. *műsz* szívás; *tubo de* ~ szívócső 3. *nyelvt* aspirálás, hehezetes kiejtés 4. törekvés, vágyakozás; *pessoa com aspirações* ambiciózus ember

aspirador *m*, **-a** *f* [öspirödor(ö)] **I.** *mn* szívó **II.** *fn, m* szívókészülék; ~ *de pó* porszívó

aspirante [öspirö^{n}nt] **I.** *mn* szívó- **II.** *fn* pályázó, jelölt; ~ *a oficial* tisztjelölt

aspirar [öspiràr] *1/1 ts* 1. belélegez 2. *műsz* beszív 3. *nyelvt* aspirál, hehezve ejt 4. ~ *a* törekszik, pályázik vmire

aspirativo [öspirötivu] *mn nyelvt* aspiráló

aspirina [öspirinö] *f* aszpirin

asqueroso [öskirozu] *mn* utálatos, undorító

assacar [öszökàr] *1/2, 1/12 ts* hamisan vádol, rágalmaz; ~ *injúrias contra* rágalmakat szór vkire

assadeira [öszödéjrö] *f* 1. (gesztenye)sütő kályha 2. gesztenyesütő asszony

assado [öszàdu] **I.** *mn* sült; *peru* ~ sült pulyka **II.** *fn, m* 1. sült; ~ *de terneiro* borjúsült 2. ~*s* nehézség, baj, *átv* pác; *ver-se em* ~*s, átv* pácban van

assador [öszödor] *m* pecsenyesütő (eszköz és személy

assadura [öszödurö] *f* (pecsenye)sütés

assa-fétida [àszöfètidö] *f növ* aszandkóró

assalariado [öszölörjàdu] **I.** *mn* fizetett, díjazott **II.** *fn* 1. bérmunkás, bérért dolgozó 2. bértollnok, fizetett csatlós

assalariar [öszölörjàr] *1/7 ts* 1. fizetéssel alkalmaz 2. felbérel (cinkosokat)

assaltador *m*, **-a** *f* [öszöltödor(ö)] *mn* és *fn* támadó

assaltar [öszöltàr] *1/1 ts* 1. megtámad; megrohamoz vmit; behatol vhova T 2. *assaltou-me a ideia* az a gondolatom támadt

assalto [öszàltu] *m* 1. támadás, roham; ~ *a mão armada* fegyveres támadás; *tropas de* ~ rohamosztagok; *tomar de v por* ~ rohammal bevesz 2. *sp: vívás* asszó, csörte; *ökölvívás* menet

assanhadiço [öszönyödiszu] *mn* ingerlékeny

assanhado [öszönyàdu] *mn* felizgatott, dühös

assanhar [öszönyàr] *1/1* **I.** *ts* felingerel, feldühít **II.** *tl* rosszabbodik (baj, seb) **III.** ~**-se** megdühödik, dühöng

assar [öszàr] *1/12* **I.** *ts* süt; pirít; ~ *no forno* sütőben süt; ~ *na grelha* roston süt **II.** ~**-se** *ao sol* barnítja magát a napon, lesül

assarapantar [öszöröpö^{n}ntàr] *1/1 ts* megijeszt, megrémít

assassinar [öszöszinàr] *1/1 ts* meggyilkol, megöl

assassinato [öszöszinàtu] *m* = **assassínio**

assassínio [öszöszinyu] *m* gyilkosság

assassino [öszöszinu] *mn* és *fn* gyilkos

assaz [öszàs] *hat* eléggé, meglehetősen

assazoar [öszözuàr] *1/8* **I.** *ts* megérlel **II.** *tl* beérik

assazonar [öszözunàr] = **assazoar**

asseado [öszjàdu] *mn* **1.** tiszta, rendes; szobatiszta; *pouco* ~ piszkos, rendetlen **2.** *szól: estamos* ~*s!* ezt jól megkaptuk! *fez-a limpa e* ~*a, gúny* ezt aztán jól megcsinálta!

assear-se [öszjàrszi] *1/5* **1.** tisztálkodik, rendbe hozza magát **2.** rendesen öltözködik

assedado [öszidàdu] *mn* selymes

assedar [öszidàr] *1/13 ts* **1.** gerebenez **2.** selymessé tesz

assediar [öszigyàr] *1/7* **1.** *ts* ostromol **2.** *átv* alkalmatlankodik vkinek **T**

assédio [öszègyu] *m* **1.** ostrom, blokád **2.** *átv* tolakodás, alkalmatlankodás

assegurar [ösziguràr] *1/1 ts* **1.** (be)biztosít **2.** biztosít vkit vmiről (*de*)

asseio [öszèju] *m* tisztaság, tiszta *v* rendes külső

asselvajado [öszèlvözsàdu] *mn* vad, durva

asselvajar-se [öszèlvözsàrszi] *1/12* elvadul, eldurvul

assembleia [öszе^{n}mblèjö] *f* gyülés; gyülekezet; ~ *constituinte* alkotmányozó gyülés; ~ *geral* közgyűlés; ~ *de credores* hitelezők összejövetele

assemelhação [öszimiljöszö^{n}u] *f* hasonulás

assemelhar [öszimiljàr] *1/14* **I.** *ts* hasonlóvá tesz **II.** ~**-se** hasonul; hasonlít vkihez *v* vmihez (*a, com, em*)

assenhorear-se [öszinyurjàrszi] *1/5* birtokába vesz, elfoglal vmit (*de*)

assenso [öszе^{n}szu] *m* hozzájárulás, beleegyezés

assentada [öszе^{n}ntàdö] *f* **1.** *jog* tanúkihallgatásra kitűzött ülés **2.** *ler um livro de uma* ~ egy ültében olvas el egy könyvet **3.** *da mesma* ~ egyúttal

assentadamente [öszе^{n}ntàdöme^{n}nt] *hat* nyugodtan, higgadtan

assentado [öszе^{n}ntàdu] **I.** *mn* **1.** ülő **2.** megalapozott **3.** leszögezett **4.** találó **II.** *hat* ülve; nyugodtan

assentador [öszе^{n}ntödor] *m* **1.** *vasút* pályamunkás **2.** szerelő **3.** ~ (*de navalha*) fenőszíj

assentamento [öszе^{n}ntöme^{n}ntu] *m* **1.** elhelyezés; lefektetés; ~ *de fios* kábelfektetés; ~ *de trilhos* útépítés; vágányfektetés **2.** berendezés **3.** bejegyzés

assentar [öszе^{n}ntàr] *1/1* **I.** *ts* **1.** leültet **2.** elhelyez, tesz; felállít; fektet, rak; ~ *as bases de* (*átv* is) lefekteti vminek az alapjait; ~ *a primeira pedra de um edifício* lehelyezi egy épület alapkövét **3.** feljegyez, felír; bejegyez, elkönyvel; ~ *as despesas* felírja a kiadásokat; ~ *no papel* felír, papírra vet **4.** jóváhagy, beleegyezik, engedélyez; belenyugszik **5.** vél, gondol, feltételez **6.** elhatároz, eldönt; ~ *não ir* úgy dönt, hogy nem megy el **7.** *szól:* ~ *uma bofetada* leken egy pofont; ~ *os cabelos* lesimítja a haját; ~ *a mão* begyakorolja a kezét; ~ *a mão em* elver, megbüntet vkit; ~ *morada* letelepszik; ~ *a navalha* kifeni a borotvakést; ~ *praça* bevonul katonának; ~ *o visto em* láttamoz vmit **II.** *tl* **1.** illik, jól áll (ruha); ~ *bem, mal* jól, rosszul illik rá; jól, rosszul áll rajta (*a*); *o verde assenta-lhe muito bem* a zöld szín nagyon jól áll neki **2.** leülepszik; kitisztul (folyadék) **3.** ~ *em, átv* **a)** alapszik *v* nyugszik vmin **b)** egyetért vmiben **III.** ~**-se** leül

assente [öszе^{n}nt] **I.** *mmi* →**assentar II.** *mn* **1.** eldöntött, biztos (dolog) **2.** csendes, nyugodt **3.** leülepedett (folyadék) **4.** ~ *em* vmin alapuló **5.** *ter a mão* ~ jártasságot szerez

assentimento [öszе^{n}ntime^{n}ntu] *m* beleegyezés

assentir [öszе^{n}ntir] *3/8 tl* beleegyezik

assento [öszèntu] *m* **1.** ülés, ülőhely; ~ *de janela* ablakülés; *bilhete de* ~ helyjegy; *tomar* ~ **a)** helyet foglal, leül **b)** elfoglalja hivatalát **c)** *átv* megjön az esze **2.** alap, bázis **3.** fenék, ülep; hordó *stb* feneke **4.** lerakódás; leülepedés **5.** (állandó) lakhely **6.** bejegyzés, feljegyzés; könyvelési tétel; ~ *de baptismo* keresztelési bizonyítvány **7.** ész, okosság

asséptico [öszèptiku] *mn orv* aszeptikus, csírátlanító
asserção [öszirszö^{n}u] *f* állítás, kijelentés
asserto [öszèrtu] *m* = **asserção**
assessor *m*, **-a** *f* [ösziszor(ö)] *fn* **1.** ülnök **2.** tanácsadó; ~ *técnico* szaktanácsadó
assessoria [ösziszuriö] *f* ülnöki *v* tanácsadói tisztség
assestar [öszistàr] *1/13 ts* irányít, beállít; rászegez (fegyvert); ~ *o ouvido* fülét hegyezi
assetear [öszityàr] *1/5 ts* (meg)nyilaz, nyíllal eltalál *v* megöl
asseveração [öszivirösző^{n}u] *f* állítás, bizonygatás, megerősítés
asseverar [ösziviràr] *1/13 ts* állít, bizonygat, erősít
assiduidade [ösziduidàd] *f* **1.** szorgalom, serénység **2.** állandóság, folytonosság
assíduo [öszidvu] *mn* **1.** szorgalmas, serény **2.** állandó, folytonos
assim [öszi^n] **I.** *hat* így, úgy, ilyen *v* olyan módon; ~ ~ csak úgy lassacskán; ~ *como, e bem* ~ valamint; éppúgy; ~ *como* ~ mindenesetre, akárhogy is (legyen); *e* ~ *por diante* és így tovább; *ainda* ~, *mesmo* ~ még így is, ennek ellenére; ~ *mesmo* **a)** ugyanúgy, hasonlóképpen **b)** pontosan! így is van! *tanto* v *bem* ~ pontosan így; *e tanto* ~ *que* mégpedig annyira, hogy; és éppen ezért; *como* ~? hogy-hogy? *para* v *por* ~ *dizer* hogy úgy mondjam; *basta* ~ *por agora* egyelőre ennyi elég; ~ *ou assado* így vagy úgy, valahogy; *tanto faz* ~ *como assado* teljesen egyre megy; ~ *Deus me salve* Isten engem úgy segéljen! **II.** *ksz* **1.** tehát, ennélfogva, ezért; **2.** ~ *que* mihelyt; ~ *que ele chegar* mihelyt megérkezik
assimetria [öszimötriö] *f* részaránytalanság
assimétrico [öszimètriku] *mn* részaránytalan
assimilação [öszimilösző^{n}u] *f* asszimiláció, hasonlóvá tétel, hasonulás
assimilar [öszimilàr] *1/1 ts* asszimilál, hasonlóvá tesz
assimilável [öszimilàvèl] *mn* asszimilálható, hasonítható
assinação [öszinösző^{n}u] *f* **1.** aláírás **2.** *jog* idézés **3.** küldemény, utalvány **4.** kijelölés, kitűzés
assinado [öszinàdu] **I.** *mn* aláírt **II.** *fn, m*: *o abaixo* ~ alulírott
assinalação [öszinölösző^{n}u] *f* jelzés, jel; ~ *das estradas* útjelzések
assinalar [öszinölàr] *1/12* **I.** *ts* **1.** jelez, megjelöl **2.** kijelöl, szán vmire (*a*) **3.** kiemel, kitüntet **II.** ~**-se** kiemelkedik, kitűnik
assinante [öszinönt] *fn* **1.** aláíró **2.** előfizető
assinar [öszinàr] *1/1 ts* **1.** aláír; ~ *de cruz* **a)** keresztet ír (aláírás helyett) **b)** *átv* vakon beleegyezik; *közm*: ~ *e beber não se faz sem ver* nézd meg jól, hogy mit írsz alá és hogy mit iszol **2.** kijelöl, meghatároz, kitűz **3.** előfizet vmire (**T**, *para*); ~ *um jornal, uma revista* újságra, folyóiratra előfizet
assinatura [öszinöturö] *f* **1.** aláírás **2.** előfizetés; ~ *anual* évi előfizetés; *tomar de* ~ előfizet; bérletet vált
Assíria [öszirjö] *f* Asszíria
assírio [öszirju] *mn* és *fn* asszír
assisado [öszizàdu] *mn* értelmes, okos
assistência [ösziste^{n}szjö] *f* **1.** jelenlét **2.** jelenlevők, közönség, hallgatóság; látogatottság **3.** támogatás, segítség, gondoskodás; ellátás; ápolás; közreműködés; ~ *hospitalar* kórházi ápolás; ~ *médica* orvosi ellátás; ~ *pública* elsősegély-szolgálat, mentők; ~ *social* szociális támogatás; ~ *à infância* csecsemővédelem; *prestar* ~ *a* segítséget nyújt vkinek
assistente [öszisteⁿnt] **I.** *mn* **1.** jelenlevő **2.** segítő; *médico* ~ háziorvos, kezelőorvos **II.** *fn* **1.** asszisztens, munkatárs; *professor* ~ tanársegéd **2.** jelenlevő, megjelent, néző **3.** *f* **B** szülésznő
assistir [öszistìr] *3/1* **I.** *ts* **1.** segít, támogat **2.** ápol (beteget) **II.** *tl* jelen van, ott van, részt vesz vmin (*a*); ~ *a um casamento* elmegy egy esküvőre
assoalhada [öszuöljàdö] *f* (parkettázott) szoba *v* helyiség
assoalhado [öszuöljàdu] **I.** *mn* **1.** faburkolatos; parkettázott **2.** napos, verőfényes **3.** közszájra adott, kikürtölt **II.** *fn, m* (parkettás) padló
assoalhador *m*, **-a** *f* [öszuöljödor(ö)] **I.** *mn* pletykáló, rágalmazó **II.** *fn* **1.** *m, f* pletykafészek, hírharang **2.** *m* padlóburkoló, parkettázó
assoalhar [öszuöljàr] *1/12 ts* **I. 1.** kitesz a

napra szárítani 2. *átv* elpletykál, kikürtöl II. padlót burkol, parkettáz
assoar-se [öszuàrszi] *1/8* kifújja az orrát
assoberbado [öszubirbàdu] *mn* 1. kevély, dölyfös 2. *szól:* ~ *de pânico* pániktól elragadott; ~ *de serviço* munkával elárasztott
assoberbar [öszubirbàr] *1/13* I. *ts* 1. fölényesen *v* megvetően bánik vkivel T 2. megfenyeget, megfélemlít 3. túlhalmoz munkával 4. felülről (le)tekint, ural II. ~-**se** gőgösen viselkedik
assobiada [öszubjàdö] *f* füttykoncert
assobiar [öszubjàr] *1/7* I. *ts* kifütyül, lehurrog II. *tl* fütyül, pisszeg, nemtetszését nyilvánítja
assobio [öszubiu] *m* fütty, pisszegés; *não vale um* ~ lyukas garast sem ér; *de três* ~*s!* pompás! nagyszerű!
associação [öszuszjöszö^{n}u] *f* 1. egyesület, társaság, klub; ~ *de beneficência* jótékonysági egyesület 2. egyesülés, tömörülés, szövetkezés; ~ *comercial* kereskedelmi kamara; ~ *de ideias* képzettársítás
associado [öszuszjàdu] *fn* tag(társ)
associar [öszuszjàr] *1/7* I. *ts* 1. összeköt, társít 2. egyesületbe felvesz *v* tömörít 3. társként maga mellé vesz II. ~-**se** *a* csatlakozik vmihez, részt vesz vmiben; *associo-me a sua dor* osztozom fájdalmában
assolação [öszulöszö^{n}u] *f* elpusztítás; pusztulás
assolar [öszulàr] *1/15 ts* elpusztít, letarol, a földdel tesz egyenlővé
assoldadar [öszoldödàr] *1/12* I. *ts* zsoldjába felvesz II. ~-**se** vkinek a zsoldjába szegődik (*a*)
assomada [öszumàdö] *f* 1. csúcs, magaslat 2. előtűnés, megjelenés 3. haragkitörés
assomadiço [öszumödiszu] *mn* ingerlékeny
assomado [öszumàdu] *mn* 1. haragos, ingerlékeny 2. B félénk, ijedős 3. ~ *de vinho* ittas, részeg
assomar [öszumàr] *1/15* I. *ts* felizgat, felbosszant II. *tl* 1. előtűnik, megjelenik; ~ *à janela* kiáll az ablakba 2. felmászik a csúcsra III. ~-**se** 1. ingerült lesz, megharagszik 2. itókás lesz, becsíp
assombração [öszo^{n}mbröszöu] *f* B vakrémület; rémlátomás, szellem
assombradiço [öszo^{n}mbrödiszu] *mn* ijedős, félénk
assombrado [öszo^{n}mbràdu] *mn* 1. árnyékos, árnyas 2. ijedős, félénk; *cavalo* ~ ijedős ló 3. rémült 4. B *casa mal* ~*a* kísértetek-járta ház 5. *szól: as coisas estão mal* ~*as* rosszul áll az ügy
assombramento [öszo^{n}mbröme^{n}ntu] *m* rémület, döbbenet; elképedés
assombrar [öszo^{n}mbràr] *1/1* I. *ts* 1. beárnyékol (*átv* is) 2. rémületbe ejt; elképeszt 3. villámmal sújt II. ~-**se** megrémül; elképed
assombro [öszo^{n}mbru] *m* 1. rémület; elképedés, ámulat 2. csoda; *foi um* ~ csodás volt
assombroso [öszo^{n}mbrozu] *mn* 1. rettenetes, ijesztő 2. csodás, csodálatos
assomo [öszomu] *m* 1. előtűnés, megjelenés 2. látszat, vminek a nyoma 3. ~ *de cólera* haragkitörés
assorear-se [öszurjàrszi] *1/5* eliszaposodik (folyó, kikötő)
assuada [összuàdö] *f* 1. csürhe, banda 2. csődület 3. zsivaj, ricsaj, ordítozás; *fazer* ~ lármát csap
assumir [öszumir] *3/1 ts* 1. elvállal 2. átvesz (hivatalt) 3. *szól:* ~ *um ar importante* fontoskodó ábrázatot ölt; ~ *grandes dimensões* hatalmas méreteket ölt
assunção [öszu^{n}szö^{n}u] *f* 1. előléptetés 2. *vall* Nagy Boldogasszony ünnepe
assuntar [àszu^{n}ntàr] *1/1* B I. *ts* megfigyel; megvizsgál II. *tl:* ~ *em* meggondol vmit, töpreng vmin
assunto [öszu^{n}ntu] *m* 1. ügy, dolog; *o* ~ *em questão* a szóban forgó ügy; *dar por concluído o* ~ befejezettnek tekinti az ügyet; *entender do* ~ tisztában van az üggyel; *matar de vez o* ~ véglegesen lezárja az ügyet; *isso não tem nada a ver com o* ~ ennek semmi köze az ügyhöz 2. téma, tárgy; bonyodalom; motívum; ~ *aborrecido* unalmas téma; *apartar-se v afastar-se do* ~ eltér *v* elkalandozik a tárgytól; *passar para outro* ~ más tárgyra tér át
assustadiço [öszustödiszu] *mn* ijedős, félénk
assustado [összustàdu] I. *mn* ijedős, félénk II. *fn, m* B rögtönzött táncmulatság
assustador *m*, -**a** *f* [öszustödor(ö)] *mn* ijesztő

assustar [öszustàr] *1/1* **I.** *ts* megijeszt **II.** **~-se** megijed; *não se assuste* ne ijedjen meg

astenia [östiniö] *f orv* gyengeség

asténico [östèniku] *mn orv* erőtlen, gyenge

áster [àstèr] *m növ* őszirózsa

asterisco [östirisku] *m* csillag (írásjel)

asteróide [östiròjd] **I.** *mn* csillag alakú **II.** *fn, m csill* aszteroida, kisbolygó

astral [östràl] *mn* csillag-

astro [àstru] *m* csillag, csillagzat; *o ~-rei, o ~ do dia* a Nap; *o ~ da noite* a Hold; *~ da tela* mozicsillag

astrologia [östruluzsiö] *f* csillagjóslás

astrólogo [östròlugu] *m* csillagjós

astronave [östrunàv] *f* űrhajó

astronomia [östrunumiö] *f* csillagászat

astronómico [östrunòmiku] *mn* csillagászati

astrónomo [östrònumu] *m* csillagász

astúcia [östuszjö] *f* **1.** ravaszság, agyafúrtság **2.** fortély, csel

astucioso, astuto [östuszjozu, östutu] *mn* ravasz, agyafúrt, fortélyos

ata [àtö] *f* **B** = **acta**

atá [atà] *m* **B** *ao ~* cél nélkül

atabafar [ötöböfàr] *1/12* **I.** *ts* **1.** betakar **2.** *átv* titkol, titokban tart **3.** ellop **II.** *tl* nehezen lélegzik

atabale [àtàbàl] *m* **B** üstdob

atabalhoado [ötöböljuàdu] *mn* zavaros, rendszertelen, rendetlen

atabalhoar [ötöböljuàr] *1/8 tl* kapkodva *v* meggondolatlanul beszél *v* cselekszik

ataca [ötàkö] *f* fűzőzsinór; tartószíj; *szól: isto não admite ponto nem ~* itt már nincs mit tenni

atacadista [àtàkàdistö] *m* **B** nagykereskedő

atacado [ötökàdu] **I.** *mmi* → **atacar** **II.** *mn ker: preço de ~* nagybani ár

atacador [ötöködor] *m* **1.** *kat, rég* töltővessző **2.** = **ataca**

atacante [ötökö^{n}nti] *m* **B** *sp* csatár, támadó

atacar [ötökàr] *1/2, 1/12 ts* **1.** megtámad, rárohan **2.** teletöm **3.** begombol

atado [ötàdu] **I.** *mn* **1.** (össze)kötözött **2.** félénk; határozatlan **II.** *fn, m* batyu

atadura [ötöduro] *f* **1.** (össze)kötés **2.** *orv* kötés **3.** *átv* kapcsolat

atafona [ötöfonö] *f* kézi *v* lóval hajtott malom

atafular-se [ötöfulàrszi] *1/1* kiöltözik, kicsípi magát

atafulhar [ötöfuljàr] *1/1 ts* teletöm, telerak

atalaia [ötölàjö] *f* **1.** őrtorony **2.** őrség; *estar de ~* őrt áll **3.** (*m* is) őrszem

atalhar [ötöljàr] *1/12 ts* **1.** elvágja az útját, akadályoz, visszatart **2.** utat rövidít, átvág **3.** szavába vág, közbeszól

atalho [ötàlju] *m* **1.** akadály(ozás), visszatartás **2.** útlerövidítés, átvágás; *andar por ~s* kibúvókat keres; *tomar pelo ~* a rövidebb utat választja; *átv* kertelés nélkül beszél; *közm: não há ~ sem trabalho* nincsen öröm üröm nélkül; mindenért meg kell dolgozni **3.** *pôr ~ a* véget vet vminek

atamancar [ötömö^{n}nkàr] *1/2 ts* összetákol, kontármunkát végez

atanar [ötönàr] *1/1 ts* (bőrt) cserez

atapetar [ötöpitàr] *1/13 ts* tapétáz

ataque [ötàk] *m* **1.** támadás; *~ falso* színlelt támadás, elterelő hadmozdulat; **2.** *orv* roham; *~ epiléptico* nyavalyatörés; *~ de apoplexia* gutaütés; *~ de nervos* idegroham; *deu-lhe um ~* rohama volt

atar [ötàr] *1/12 ts* köt, megköt, összeköt, ráköt; *~ de pés e mãos* kezét-lábát megköti (*átv* is); *louco de ~* kötni való bolond; *~ relações com* kapcsolatokat létesít vkivel; *não ~ nem desatar* se előre, se hátra; nem tudja magát rászánni; *~ o fio da conversa* felveszi a társalgás fonalát, visszatér a tárgyra

atarantar [ötörö^{n}ntàr] *1/1 biz* **I.** *ts* zavarba hoz vkit **II.** **~-se** zavarba jön

atarefado [ötörifàdu] *mn* nagyon elfoglalt; *estou ~* nagyon sok a dolgom

atarefar [ötörifàr] *1/13 ts* munkával megterhel *v* túlterhel vkit

atarracado [ötörrökàdu] *mn* zömök, tömzsi

atarracar [ötörrökàr] *1/2, 1/12 ts* **1.** kovácsol, kalapál **2.** rácsavar, ráerősít **3.** *átv* zavarba hoz

atarraxar [ötörrösàr] *1/12 ts* **1.** rácsavar; **2.** *átv* megszorít

atascar-se [ötöskàrszi] *1/12* beleragad a sárba

atassalhar [ötöszöljàr] *1/12 ts* **1.** eltép, széttép **2.** rágalmaz

ataúde [ötoud] *m* **1.** koporsó **2.** sír; sírbolt

ataviar [ötöviàr] *1/7* **I.** *ts* feldíszít, szépít, csinosít **II.** ~**-se** csinosítja magát, kiöltözik

atávico [ötàviku] *mn* atavisztikus, ősökre visszaütő

atavio [ötöviu] *m* dísz, cicoma

até [ötè] **I.** *vsz* -ig, egészen ...-ig; ~ *onde?* (hely) meddig? ~ *quando?* (idő) meddig? ~ *acabar* ameddig a készlet tart; ~ *agora* mostanáig; ~ *amanhã* holnapig; a holnapi viszontlátásig! ~ *aqui* eddig; ~ *então* addig; ~ *hoje* máig; ~ *o dia de hoje* mind a mai napig, mostanáig; ~ *já!* azonnal! rögtön jövök! ~ *lá* odáig; addig (is); *daqui* ~ *lá* innen odáig, mostantól addig; ~ *logo!* a (mielőbbi) viszontlátásra! ~ *a esquina* egészen a sarokig; ~ *às últimas* a végsőkig; ~ *bem pouco* egészen legutóbbig; ~ *mais não poder* végkimerülésig; ~ *mais tarde* a későbbi viszontlátásig; ~ *o fim do ano* az év végéig; ~ *que* addig, amíg; ~ *que enfim* végül, végre, már ideje volt; ~ *que eu viva* amíg élek **II.** *hat* sőt, még... is; ~ *quando* még akkor is, ha; *disse* ~ *que* sőt azt is mondta, hogy; ~ *os velhos o dizem* még az öregek is ezt mondják

atear [ötyàr] *1/5* **I.** *ts* **1.** meggyújt, felgyújt; ~ *fogo a* felgyújt vmit **2.** feléleszt; *átv* szít, feltüzel **II.** ~**-se 1.** meggyullad **2.** *átv* felizgul, felhevül

ateia → **ateu**

ateísmo [ötéizsmu] *m* istentagadás

ateísta [ötéistö] *fn* istentagadó

ateliê, atelier [ötéljé] *m* műterem

atemorizador *m*, **-a** *f* [ötimurizödor(ö)] *mn* ijesztő, rettenetes

atemorizar [ötimurizàr] *1/1* **I.** *ts* megijeszt; megfélemlít **II.** ~**-se** megijed

Atenas [öténös] *f* Athén

atenazar [ötinözàr] *1/12* *ts* megkínoz, gyötör

atença [öte^{n}szö] *f* remény; bizalom; *estar às* ~*s de* remél vmit, bízik vkiben *v* vmiben

atenção [öte^{n}szö^{n}u] *f* **1.** figyelem; ~*!* vigyázat! *em* ~ *a* tekintettel vmire; *chamar a* ~ felhívja a figyelmet vkire *v* vmire (*a, para, sobre*); *chamou sobre si as atenções gerais* felhívta magára mindenki figyelmét; *aplicar a* ~ *a, dar v prestar* ~ *a* figyelmet fordít vmire, figyelmet szentel vminek; *ter em* ~ figyelembe vesz **2.** figyelmesség, udvariasság, előzékenység; *falta de* ~ figyelmetlenség, udvariatlanság; *tratar com* ~ udvariasan bánik vkivel

atenciosamente [öte^{n}szjòzöme^{n}nt] *hat* „őszinte híve", „tisztelettel" (levélzáradék)

atencioso [öte^{n}szjozu] *mn* figyelmes, udvarias

atender [öte^{n}ndér] *2/1* *ts* **1.** tekintetbe vesz, ügyel vkire *v* vmire; ~ *à porta* az ajtóhoz megy, kinyitja az ajtót; ~ *ao telefone* felveszi a telefonkagylót; ~ *a uma pergunta* válaszol egy kérdésre; ~ *pelo nome de* vmilyen névre hallgat; *atendendo a isto* erre való tekintettel **2.** kiszolgál; gondoskodik vkiről *v* vmiről **T**; *está atendido?* tetszik már kapni? (üzletben) **3.** meghallgat, (kérést) teljesít

atendimento [öte^{n}ndime^{n}ntu] *m* **1.** kiszolgálás **2.** szolgáltatás; ~ *hoteleiro* szállodai szolgáltatások

ateneu [ötinéu] *m* akadémia, főiskola

ateniense [ötinje^{n}nz] *mn* és *fn* athéni

atentado[1] [öte^{n}ntàdu] *mn* figyelmes; értelmes; óvatos

atentado[2] [öte^{n}ntàdu] *fn, m* merénylet; *autor do* ~ merénylő

atentar[1] [öte^{n}ntàr] *1/1* **I.** *ts* **1.** megfigyel **2.** észrevesz **3.** meggondol, megfontol **II.** *tl:* ~ *em, por* ügyel vmire; ~ *por si* v *por sua cabeça* résen van; óvatosan jár el

atentar[2] [öte^{n}ntàr] *1/1* **I.** *tl* **1.** ~ *a* megkísérel vmit **2.** ~ *contra* (*a vida de*) merényletet követ el vki ellen; ~ *contra a moral* vét a közerkölcs ellen; **II.** *ts:* ~ *uma mulher* megkörnyékez egy nőt, próbálkozik egy nőnél

atentatório [öte^{n}ntötòrju] *mn jog* vétkes, bűnös, törvényszegő

atentíssimo [öte^{n}tiszimu] *mn* és *fn* odaadó *v* tisztelő híve (levél végén)

atentivo [öte^{n}ntivu] *mn* figyelmes

atento [öte^{n}ntu] *mn* **1.** figyelmes, vmire ügyelő (*a*); *de olhos abertos e ouvidos* ~*s* éberen ügyelve mindenre; ~ *que* tekintettel arra, hogy **2.** odaadó, vkit tisztelő **3.** udvarias, előzékeny

atenuação [ötinuöszö^{n}u] *f* **1.** gyengítés, csökkentés **2.** enyhítés

atenuante [ötinuö^{n}nt] **I.** *mn* gyengítő, enyhítő **II.** *fn, f jog* enyhítő körülmény
atenuar [ötinuàr] *1/9 ts* **1.** gyengít, csökkent **2.** enyhít
aterrado [ötirràdu] *mn* **I. 1.** földdel feltöltött **2.** földre szállt (gép) **II.** rémült
aterrador *m*, **-a** *f* [ötirrödor(ö)] *mn* rémületet keltő
aterragem [ötirràzsö^{n}j] *f rep* földreszállás, landolás; ~ *forçada* kényszerleszállás; *campo de* ~ repülőtér; leszállásra alkalmas terep
aterrar[1] [ötirràr] *1/13* **I.** *ts* földdel feltölt *v* betakar **II.** *tl rep* leszáll, landol
aterrar[2] [ötirràr] *1/13 ts* megrémít
aterrissagem [àtirriszàzsö^{n}j] *f* **B** = **aterragem**
aterrissar [àtirriszàr] *1/1 tl* **B** = **aterrar**[1] **II.**
aterro [ötérru] *m* **1.** feltöltés földdel **2.** töltés, gát
aterrorizar [ötirrurizàr] *1/1 ts* terrorizál, rémületben tart
ater-se [ötérszi] *2/23* ~ *a* **1.** támaszkodik vmire, megkapaszkodik vmiben **2.** *átv* tartja magát vmihez, igazodik vkihez *v* vmihez
atestação [ötistöszö^{n}u *f* bizonyítás, igazolás; ~ *de saúde* egészségi bizonyítvány
atestado [ötistàdu] **I.** *mn* szinültig teli, zsúfolt **II.** *fn, m* bizonyítvány; igazolvány; ~ *de nascimento* születési anyakönyvi kivonat
atestar [ötistàr] *1/13 ts* **I.** szinültig megtölt **II.** bizonyít, igazol, tanúsít
ateu *m*, **ateia** *f* [ötéu, ötéjö] *mn* és *fn* ateista, istentagadó
ati ... → **acti ...**
atiçador[1] *m*, **-a** *f* [ötiszödor(ö)] *mn* és *fn* bujtogató, uszító
atiçador[2] [ötiszödor] *m* piszkavas
atiçar [ötiszàr] *1/3 ts* **1.** piszkál, éleszt (tüzet) **2.** *átv* bujtogat, uszít
atijolar [ötizsulàr] *1/15 ts* téglákkal kirak
atilado [ötilàdu] *mn* **1.** okos, értelmes, intelligens **2.** gondos; jól öltözött
atilar [ötilàr] *1/1 ts* **1.** gondosan elkészít, az utolsó simítást végzi **2.** szépít, csinosít
atilho [ötilju] *m* madzag, zsinór; *szól, nép: não tem* ~ *nem vincilho* semmire sem jó
átimo [àtimu] *m* **B** pillanat; *num* ~ pillanat alatt
atinado [ötinàdu] *mn* **1.** értelmes, okos **2.** találó; elmés
atinar [ötinàr] *1/1 ts, tl:* ~ (*com*) **1.** eltalál, kitalál **2.** fején találja a szöget **3.** rájön a nyitjára, felfed(ez); ~ *com a solução* megtalálja a megoldást
atingir [öti^{n}zsìr] *3/3 ts* **1.** elér, elnyer; ~ *maioridade* eléri a nagykorúságot, nagykorú lesz **2.** eltalál (célpontot); elér (célt) **3.** felfog, megért **4.** *átv* érint vkit, vonatkozik vkire; *esta lei não atinge os médicos* ez a törvény nem vonatkozik az orvosokra
atingível [öti^{n}zsivèl] *mn* elérhető; felfogható
atiradiço [ötirödiszu] *mn biz* rámenős, vállalkozó szellemű (nőkkel szemben)
atirado [ötiràdu] *mn* **B** merész; szemtelen
atirador [ötirödor] *m kat* lövész, vadász; *franco* ~ szabadharcos, felkelő; ~ *ao arco* íjász; ~ *de precisão* mesterlövész; ~ *de tocaia* orvlövész
atirar [ötiràr] *1/1* **I.** *ts* **1.** dob, hajít, vet; ~ *fora* kidob; *közm: quem tem telhado de vidro não atira no do vizinho* aki szelet vet, vihart arat **2.** *szól:* ~ *às urtigas* eldob, kidob (értéktelen holmit); ~ *fora aos quatro ventos* fűnek-fának elmondja, kikürtöli a nagyvilágba **II.** *tl* **1.** lő vkire *v* vmire (*em*); ~ *ao alvo* célba lő; ~ *de arco* íjjal lő, nyilaz **2.** *szól:* ~ *com o dinheiro à rua* pénzét kiszórja az ablakon **III.** ~**-se 1.** leveti magát; ~*-se debaixo do comboio* a vonat elé veti magát **2.** ~*-se a* v *em* v *para* rárohan, ráveti magát vkire
atitude [ötitud] *f* **1.** magatartás **2.** állásfoglalás; felfogás; világnézet; ~ *para com o novo Governo* az új kormánnyal szembeni állásfoglalás; *marcar* v *tomar uma* ~ állást foglal
atlântico [ötlö^{n}ntiku] *mn* atlanti
Atlântico [ötlö^{n}ntiku] *m: o* ~ az Atlanti-óceán
atlas [àtlös] *m* atlasz
atleta [ötlètö] *fn* atléta
atlética [ötlètikö] *f* atlétika
atlético [ötlètiku] *mn* **1.** atlétaszerű **2.** atlétikai
atletismo [ötlitizsmu] *m* atlétika

at.^{mo} = *atentíssimo* odaadó *v* tisztelő híve
atmosfera [ötmusfèrö] *f* atmoszféra, légkör
atmosférico [ötmusfèriku] *mn* légköri
at.^{o} = *atento* tisztelettel
ato → **acto**
à-toa [àtoö] *mn* **1.** meggondolatlan; hebehurgya **2.** értéktelen, haszontalan; → **toa**
atoalhado [ötuöljàdu] *m* abrosz
atoar [ötuàr] *1/8 ts haj* vontat
atoarda [ötuàrdö] *f* kósza hír, „kacsa"
atocaiar [àtoköjàr] *1/12 ts* **B** megles, útját állja
atochar [ötusàr] *1/15 ts* **1.** beékel, beszorít, benyom **2.** eltöm, eldugaszol
atocho [ötosu] *m* ék
atoladiço [ötulödiszu] *mn* sáros
atolado [ötuladu] *mn* **1.** sárba ragadt, sáros **2.** bolond
atolar [ötulàr] *1/15* **I.** *ts* **1.** megrekeszt a sárban **2.** *átv* nehéz helyzetbe hoz **II.** **~-se** **1.** elakad (sárban) **2.** *átv* mélyre süllyed (a bűn fertőjében)
atoleimado [ötuléjmàdu] *mn* együgyű, ostoba
atoleiro [ötuléjru] *m* **1.** mocsár, ingovány **2.** *átv* fertő **3.** kellemetlen helyzet; *sair da lama e meter-se no* ~ cseberből vederbe
atómico [ötòmiku] *mn* atom-; *bomba ~a* atombomba
atomizar [ötumizàr] *1/1 ts* **1.** porlaszt **2.** teljesen elpusztít
átomo [àtumu] *m* atom
atonia [ötuniö] *f orv* petyhüdtség
atónito [ötònitu] *mn* elképedt, megdöbbent
átono [àtunu] *mn nyelvt* hangsúlytalan
atontar [öto^{n}ntàr] *1/1 ts* elkábít; elbutít
atopetar [ötupitàr] *1/13 ts* **1.** eléri a csúcsot *v* tetőt **2.** teletöm
atordoamento [öturduöme^{n}ntu] *m* **1.** kábultság, zavarodottság **2.** elképedés, megdöbbenés
atordoar [öturduàr] *1/8 ts* **1.** elkábít **2.** elképeszt, megdöbbent
atormentação [öturme^{n}ntöszö^{n}u] *f* gyötrelem; bánat
atormentado [öturme^{n}ntàdu] *mn* meggyötört; bánatos, lesújtott
atormentar [öturme^{n}ntàr] *1/1* **I.** *ts* **1.** kínoz, gyötör, zaklat; bánt, nyugtalanít **2.** lesújt, elszomorít **II.** **~-se** gyötrődik; bánkódik; *~-se com bagatelas* jelentéktelen dolgokon rágódik
atóxico [ötòkszìku] *mn* mérget nem tartalmazó
atrabiliário [ötröbiljàrju] *mn* melankólikus, kedvetlen, mogorva, rosszkedvű, zsémbes
atracação [ötrököszö^{n}u] *f* partraszállás, kikötés
atracar [ötrökàr] *1/2, 1/12* **I.** *ts* kiköt (hajót) **2.** (ismeretlenül) megszólít; lerohan vkit **II.** *tl* kiköt (hajó) **III.** **~-se** *com* hajba kap vkivel
atracção [ötràszö^{n}u] *f* **1.** vonzás, vonzerő; ~ *universal* gravitáció, nehézségi erő **2.** attrakció, kimagasló műsorszám
atractivo [ötràtivu] **I.** *mn* vonzó **II.** *fn, m* **1.** vonzás **2.** vonzerő, varázs
atraente [ötröe^{n}nt] *mn* vonzó
atrafegar-se [ötröfigàrszi] *1/13* túl sok munkát vállal magára
atraiçoadamente [ötràjszuàdöme^{n}nt] *hat* áruló módon, alattomosan
atraiçoar [ötràjszuàr] *1/8 ts* **1.** elárul; cserbenhagy **2.** félrevezet
atrair [ötröir] *3/22 ts* **1.** vonz, odahúz **2.** elcsábít, csalogat
atrapalhação [ötröpöljöszö^{n}u] *f* **1.** összevisszaság, zűrzavar **2.** megzavarodás, tanácstalanság
atrapalhar [ötröpöljàr] *1/12* **I.** *ts* zavart kelt, megzavar, zavarba hoz; *~ os planos de* felborítja vkinek a terveit **II.** **~-se** zavarba jön, megzavarodik; kijön a sodrából; *~-se com pouca coisa* minden csekélység kihozza a sodrából
atrás [ötràs] *hat* **1.** (hely) hátul; *para ~* hátra, vissza(felé); *por ~* hátulról; *o que ~ ficou dito* az imént mondottak; *correr ~ de* **a)** vki után fut(kos) **b)** *átv* vkinek a nyomdokait követi, utánozza; *dar para ~ em* ellenez vmit, akadékoskodik vmiben; *estar de pé ~* **a)** gyanakszik, résen áll **b)** bizalmatlan vkivel szemben (*com*); *fazer pé ~* visszahúzódik; *fazer-se ~* hátralép; *ficar ~ de* v *a* elmarad vki mögött; *ir ~ de* megy *v* fut vki után; *voltar com a palavra ~, átv* nem tartja be ígéretét, visszatáncol **2.** (idő) előbb, régebben; *anos ~* évekkel ezelőtt;

alguns meses ~ néhány hónappal ezelőtt; *estes dias* ~ az elmúlt napokban, a minap

atrasado [ötrözàdu] **I.** *mn* **1.** hátramaradt, elmaradott; ~ *nos estudos* a tanulmányaiban elmaradt **2.** elkésett, késve; *estar* ~ késve érkezik, (el)késik; *o comboio vem 20 minutos* ~ a vonat 20 percet késik **II.** *fn, m* **1.** (*-a, f*) fejlődésben hátramaradt gyermek **2.** hátralékos illetmény; hátralék; restancia **3.** *os* ~*s* az ősök

atrasar [ötrözàr] *1/12* **I.** *ts* **1.** késleltet, akadályoz **2.** hátraigazít (órát); előbbre keltez (levelet) **II.** *tl* késik; lemarad **III.** **~-se** (el)késik

atraso [ötràzu] *m* **1.** késés, késlekedés; ~ *de uma hora* egyórás késés; *chegar com* ~ elkésik, késve jön; *estar em* ~ késik, *átv* visszamarad; *o comboio traz 30 minutos de* ~ a vonat 30 percet késik **2.** halogatás; elmaradás; ~ *de jogo, sp* időhúzás **3.** visszamaradottság; ~ *mental* szellemi elmaradottság **4.** hátralékos illetmény; hátralék, restancia

atravancar [ötrövö^{n}nkàr] *1/2 ts* eltorlaszol; telezsúfol; akadályoz

atravanco [ötrövö^{n}nku] *m* akadály, torlasz

através [ötrövès] **I.** *hat* át, keresztül **II.** *vsz* ~ *de* -on át, -on keresztül; ~ *dos tempos* az évek során

atravessadiço [ötröviszödiszu] *mn* akadályozó; akadékoskodó

atravessado [ötröviszàdu] *mn* **1.** keresztbe rakott; rézsútos; *estar* ~ *com* haragban van vkivel **2.** *átv* ferde; hamis; nem valódi; korcs, keverék; *raça* ~*a* keverék faj

atravessar [ötröviszàr] *1/13* **I.** *ts* **1.** keresztbe rak, rézsút fektet **2.** átmegy, keresztülmegy, áthalad, átutazik; átlép (határt); ~ *o rio a nado* átúszik a folyón; *é proibido* ~ *as linhas* a vágányokon átjárni tilos **3.** akadályoz, visszatart; keresztülhúzza (számításait) **4.** áthatol (golyó), keresztülszúr; ~ *com o olhar* pillantásával keresztüldöf **5.** *átv* átmegy (bajokon), végigcsinál (sok mindent); ~ *dificuldades* nehézségekkel küzd **6.** keresztez (fajokat) **7.** *kártya* felülüt **II.** **~-se** **1.** keresztbe fekszik; megakad (a torkán); ~*-se no caminho de* útját állja, útjába áll vkinek **2.** közbeavatkozik

atreito [ötréjtu] *mn átv: estar* ~ *a* hajlik vmire; hajlamos, hajlandó, kész vmire; hozzá van szokva

atrelado [ötrilàdu] *m* utánfutó; pótkocsi

atrelagem [ötrilàzsö^{n}j] *f* **1.** (ló)fogat **2.** *vasút* hozzákapcsolás

atrelar [ötrilàr] *1/13* **I.** *ts* **1.** hozzáköt; befog (lovat); pórázon vezet **2.** *vasút* hozzákapcsol **3.** *átv* leköt vkit, magához láncol **II.** **~-se** *a, átv* nyakába akaszkodik vkinek

atrever-se [ötrivérszi] *2/7* **1.** ~ *a* merészel vmit tenni; vetemedik vmire **2.** ~ *com v contra* kikezd vkivel, szembehelyezkedik vkivel

atrevido [ötrividu] *mn* **1.** merész, vakmerő **2.** pimasz, szemtelen

atrevimento [ötrivime^{n}ntu] *m* **1.** merészség, vakmerőség **2.** pimaszság, szemtelenség

atribuição [ötribujszö^{n}u] *f* **1.** feljogosítás **2.** jogosultság **3.** odaítélés

atribuir [ötribuìr] *3/6* **I.** *ts* **1.** tulajdonít; felró **2.** adományoz **II.** **~-se** igényel, követel a maga számára

atribuível [ötribuivèl] *mn* tulajdonítható

atribulação [ötribulöszö^{n}u] *f* = **tribulação**

atribulado [ötribulàdu] *mn* **1.** szomorú, bánatos **2.** gyötrelmes, kínos; *dia* ~ szerencsétlen *v* gyászos nap

atribular [ötribulàr] *1/1 ts* lesújt, elszomorít; gyötör

atributivo [ötributivu] *mn nyelvt* jelzői

atributo [ötributu] *m* **1.** *nyelvt* jelző **2.** különös ismertetőjel, jellemző tulajdonság **3.** jelvény

atrição [ötriszö^{n}u] *f* **1.** dörzsölődés, horzsolódás **2.** *orv* horzsolás **3.** *vall* tökéletlen bánat

atrigueirado [ötrigéjràdu] *mn* barnás

atril [ötril] *m* olvasóállvány

átrio [àtrju] *m* **1.** előudvar, pitvar **2.** hall, nappali szoba

atrito [ötritu] *m* **1.** dörzsöl(őd)és, súrlódás **2.** *átv:* ~*s* súrlódások, nézeteltérések

átro [àtru] *mn* fekete; sötét, komor

atroada [ötruàdö] *f* dübörgés, robaj

atroado [ötruàdu] *mn* **1.** (zajtól) kábult **2.** B hangosan és gyorsan beszélő

atroador *m*, **-a** *f* [ötruödor(ö)] *mn* dörgő; fülsiketítő
atroar [ötruàr] *1/8* **I.** *ts* **1.** megrázkódtat **2.** (zajjal) elkábít, megsüketít **II.** *tl* mennydörög, dübörög
atrocidade [ötruszidàd] *f* kegyetlenség; szörnyűség
atrocíssimo [ötruszìszimu] *mn* nagyon kegyetlen, a legkegyetlenebb; → **atroz**
atrofia [ötrufìö] *f* *orv* sorvadás, pangás
atrofiar [ötrufjàr] *1/7* **I.** *ts* sorvaszt **II.** **~-se** (el)sorvad, lesoványodik
atropelamento [ötrupilöme^{n}ntu] *m* **1.** gázolás **2.** jogsértés; kihágás **3.** sietség
atropelar [ötrupilàr] *1/13* **I.** *ts* **1.** elgázol, elüt; eltapos **2.** nekimegy; eldönt, kidönt **3.** megsért (törvényt), kihágást követ el **4.** szidalmaz, leszól **5.** erőszakoskodik vkivel **T** **6.** elhalmoz munkával **II.** **~-se** **1.** szorong (tömegben) **2.** tornyosulnak (hullámok), kavarognak (gondolatok)
atropelo [ötrupélu] *m* **1.** = **atropelamento** **2.** *de* **~** hanyatt-homlok, sebtiben
atroz [ötròs] *mn* **1.** kegyetlen **2.** iszonyú, szörnyű, borzalmas
at.^{te} = *atenciosamente*
atu . . . **actu . . .**
atucanar [ötukönàr] *1/1* *ts* **B** bosszant, ingerel
atufar [ötufàr] *1/1* **I.** *ts* teletölt **II.** **~-se** **1.** beleveti magát **2.** alámerül
atulhamento [ötuljöme^{n}ntu] *m* torlódás, forgalmi „dugó"
atulhar [ötuljàr] *1/1* **I.** *ts* teletölt; telezsúfol **II.** **~-se** zsúfolásig megtelik
atum [ötu^n] *m* tonhal
aturado [öturàdu] *mn* **1.** kitartó; türelmes **2.** tartós; folytonos
aturar [öturàr] *1/1* **I.** *ts* elvisel, elszenved, eltűr, kibír **II.** *tl* megállja a sarat
aturável [öturàvèl] *mn* elviselhető
aturdido [öturdìdu] *mn* **1.** kábult **2.** elképedt, „paff"
aturdir [öturdìr] *3/12* **I.** *ts* **1.** elkábít **2.** elképeszt, összezavar **II.** **~-se** **1.** elkábul **2.** megdöbben; megzavarodik
audácia [àudàszjö] *f* **1.** merészség **2.** szemtelenség
audacioso [àudöszjozu] *mn* = **audaz**
audaz [àudàs] *mn* merész, vakmerő
audição [àudiszö^{n}u] *f* **1.** hallás; meghallgatás **2.** előadás; **~** (*musical*) hangverseny; *primeira* **~** bemutató előadás **3.** *távk* vétel
audiência [àudje^{n}szjö] *f* **1.** audiencia, fogadás, kihallgatás; *dar* **~** *a* audiencián fogad vkit **2.** bírósági tárgyalás
auditivo [àuditìvu] *mn* halló-
auditor *m*, **-a** *f* [àuditor(ö)] *fn* **1.** *távk* hallgató **2.** *jog* ülnök
auditório [àuditòrju] *m* **1.** hallgatóság **2.** előadóterem
audível [àudìvèl] *mn* hallható
auferir [àufirìr] *3/8* *ts* szerez, nyer; kap; **~** *lucros* nyereségre tesz szert; **~** *os seus honorários* felveszi a tiszteletdíját
Aug.^{o} = *Augusto* Ágoston
auge [àuzs] *m* *átv* tetőfok, tetőpont
augural [àuguràl] *mn* jós-, jóslási
augurar [àuguràr] *1/1* **1.** jósol, jövendöl **2.** megsejt, megérez
augúrio [augùrju] *m* **1.** jóslás, jövendölés **2.** előjel(ek); *de bom* **~** jót jelentő, kedvező
augusto [àugustu] *mn* fennkölt, fenséges
aula [àulö] *f* **1.** tanóra; **~** *de canto* énekóra; *dar uma* **~** **a)** órát ad; **b)** órát vesz; *faltar à* **~** hiányzik az óráról **2.** **~**, *sala de* **~***s* tanterem; **~** *magna* díszterem **3.** *proferir a* **~** *inaugural* tanévnyitó beszédet mond
áulico [àuliku] **I.** *mn* udvari **II.** *fn, m* udvaronc
aulido [àulìdu] *m* üvöltés, vonítás
aulista [àulìstö] *fn* **1.** tanuló, diák **2.** udvaronc
aumentar [àume^{n}ntàr] *1/1* **I.** *ts* **1.** növel **2.** megnagyobbít, fokoz, emel **II.** *tl,* **III.** **~-se** növekszik, gyarapszik, fokozódik
aumentativo [àume^{n}ntötìvu] **I.** *mn* fokozó **II.** *fn, m nyelvt* nagyítóképző
aumento [àume^{n}ntu] *m* **1.** növekedés, gyarapodás; *ir em* **~** növekszik, fokozódik **2.** fokozódás, emelkedés; **~** *salarial* v *de ordenado* fizetésemelés; *vidro de* **~** nagyítóüveg
aunar [öunàr] *1/1* **I.** *ts* egyesít **II.** **~-se** egyesül
aura [àurö] *f* **1.** szellő **2.** **~** *popular* népszerűség
áureo [àurju] *mn* arany-, aranyból való
auréola [àurèulö] *f* dicsfény, glória
aureolar [àurjulàr] *1/15* *ts* dicsfénnyel övez

aurícula [àurikulö] *f orv, távk* fülkagyló

auricular [àurikulàr] **I.** *mn* fül-, halló- **II.** *fn, m:* (*dedo*) ~ kisujj

auriculista [àurikulistö] *fn* fülorvos

aurífero [àurifiru] *mn* aranyat tartalmazó

aurífice [àurifisz] *m* aranyműves

auriverde [àurivérd] *mn* arany és zöld; *o pendão* v *pavilhão* ~ a brazil zászló

aurora [àuròrö] *f* hajnal, hajnalpír; ~ *boreal* északi fény; *ao romper da* ~ hajnalhasadáskor, pirkadatkor

auscultação [àuskultöszö^{n}u] *f orv* auszkultáció, hallgatózás

auscultador [àuskultödor] *m* **1.** hallócső **2.** *távk* fejhallgató **3.** *orv* sztetoszkóp, hallgatócső

auscultar [àuskultàr] *1/1 tl orv* auszkultál, hallgatózik

ausência [àuze^{n}nszjö] *f* **1.** távollét; ~ *sem licença* igazolatlan távolmaradás; iskolakerülés; *na* ~ *de* vkinek a távollétében; *fazer* ~ távol van, nincs jelen; *fazer más* ~*s de* távollétében rosszat mond vkiről **2.** ~ *de* vminek a hiánya; *közm:* ~ *de notícias, boas notícias* a jó hír, hogy nincs hír

ausentar-se [àuze^{n}ntàrszi] *1/1* **1.** eltávozik, távol marad **2.** elmegy, elutazik

ausente [àuze^{n}nt] *mn* és *fn* távollevő

auspiciar [auspiszjàr] *1/7 ts* jövendöl, jósol

auspício [àuspiszju] *m* ómen, előjel, intő jel; *sob* ~ *de* vkinek a védnöksége alatt

auspicioso [àuspiszjozu] *mn* kedvező; reményteljes

austeridade [àustiridàd] *f* ridegség, szigor; *medidas de* ~ takarékossági intézkedések

austero [àustèru] *mn* rideg, szigorú, zord

austral [àustràl] *mn* déli

Austrália [àustràljö] *f* Ausztrália

australiano [àuströljönu] *mn* és *fn* ausztráliai

Áustria [àustrjö] *f* Ausztria

austríaco [àustriöku] *mn* és *fn* osztrák

autarquia [àutörkiö] *f* **1.** önkormányzat; ~ *local* helyi önkormányzat **2.** önellátás

autárquico [àutàrkiku] *mn* **1.** önkormányzati **2.** önellátó

autenticação [àute^{n}ntiköszö^{n}u] *f* hitelesítés

autenticar [àute^{n}ntikàr] *1/2 ts* hitelesít; igazol

autenticidade [àute^{n}ntiszidàd] *f* hitelesség

autêntico [àute^{n}ntiku] *mn* hiteles, valódi

auto[1] [àutu] *m* autó; → **automóvel**

auto[2] [àutu] *m* **1.** okirat; oklevél; ~ *jurídico* ügyvédi megbízás; ~ *de posse* beiktatási okirat; **2.** ~*s* periratok **3.** jegyzőkönyv; *levantar* ~, *passar a* ~ jegyzőkönyvet vesz fel **4.** hivatalos jelentés **5.** középkori egyfelvonásos színmű **6.** *szól:* *não estar pelos* ~*s* nincs jó hangulatban; ellenzi

autobiografia [àutòbiugröfiö] *f* önéletrajz

autobiográfico [àutòbiugràfiku] *mn* önéletrajzi

autobomba [àutòbo^{n}mbö] *f* motorfecskendő

autocaminhão [àutòköminyö^{n}u] *m* kamion

auticarro [àutòkàrru] *m* autóbusz; társaskocsi

autoclave [àutòklàv] *f* autokláv

autoclismo [àutòklizsmu] *m* öblítő víztartály (vécé fölött)

autocracia [autòkröszìö] *f* önkényuralom

autócrata [àutòkrötö] *m* kényúr, zsarnok

autocrático [àutukràtiku] *mn* önkényuralmi, zsarnoki

autocrítico [àutòkritiku] *mn* önbíráló

autóctone [autòktun] *mn* és *fn* bennszülött, őslakó

auto-de-fé [àutudifè] *m* autodafé, máglyahalál (az inkvizíció idejében)

autodidacta [àutòdidàtö] *mn* és *fn* autodidakta, önképző

autodidaxia [àutòdidökszìö] *f* magántanulás, önképzés

autodisparador [àutòdispörödor] *m fényk* önkioldó

autodomínio [àutòduminyu] *m* önuralom

autódromo [autòdrumu] *m* autóversenypálya

auto-escola [àutòiskòlö] *f* gépjárművezetői tanfolyam

auto-estrada [àutòistràdö] *f* autópálya

autogestião [àutòzsistyö^{n}u] *f* saját kezelés; gebines üzemeltetés

autogestionàrio [àutòzsistyunàrju] *m* gebines

autogiro [àutòzsiru] *m* helikopter
autografar [àutògröfàr] *1/12* sajátkezűleg (alá)ír
autógrafo [àutògröfu] **I.** *mn* sajátkezű **II.** *fn, m* **1.** sajátkezű (alá)írás **2.** autogram
auto-idolatria [àutòidulötriö] *f* önimádat
auto-indução [àutòi^{n}nduszö^{n}u] *f* önindukció
automático [àutumàtiku] *mn* önműködő; *elevador* ~ önműködő lift; *telefone* ~ telefonautomata
automatismo [àutumötizsmu] *m* automatizmus; önműködő berendezés
automatização [àutumötizöszö^{n}u] *f* gépesités
automatizar [àutumötizàr] *1/1 ts* gépesít
autómato [àutòmötu] *m* automata; *átv* akarat nélküli ember
automobilismo [àutumubilizsmu] *m* **1.** gépjárműközlekedés **2.** autósport
automobilista [àutumubilistö] *fn* autós, gépkocsivezető
automobilístico [àutumubilistiku] *mn* autó-
automotora [àutomutorö] *f* motorkocsi; motorvonat
automotriz [àutòmòtris] *f* **B** = *automotora*
automóvel [àutumòvèl] **I.** *mn* önműködő; *veículo* ~ gépkocsi **II.** *fn, m* autó, automobil
autonomia [àutunumiö] *f* önkormányzat; önállóság
autónomo [àutònumu] *mn* önkormányzattal rendelkező; önálló, független
auto-ónibus [àutuònibus] *m* **B** omnibusz; autóbusz; társaskocsi
autoprodutor [àutòprudutor] *m* őstermelő
autópsia [autòpszjö] *f* halottszemle
autopsiar [àutopszjàr] *1/7 ts* halottat felboncol
auto-pullman [àutòpulmö^n] *m* autocar, társas gépkocsi
autor *m*, **-a** *f* [àutor(ö)] *fn* **1.** szerző; író; alkotó **2.** *jog* panaszos, felperes
autoral [àuturàl] *mn* szerzői; *direitos autorais* szerzői jog
autoria [àuturiö] *f* szerzőség; *uma obra da ~ de um escritor húngaro* egy magyar író műve; *chamar à* ~ felelősségre von
autoridade [àuturidàd] *f* **1.** tekintély; szaktekintély; *assentar* v *fazer valer a sua* ~ latba veti a tekintélyét **2.** ~*s* hatóság(ok)
autoritário [auturitàrju] *mn* tekintélyi; önkényeskedő
autoritarismo [àuturitörizsmu] *m* önkényuralmi rendszer
autorização [àuturizöszö^{n}u] *f* felhatalmazás; engedély(ezés)
autorizado [àuturizàdu] *mn* **1.** felhatalmazott **2.** tekintélyes, mérvadó, szavahihető
autorizar [àuturizàr] *1/1* **I.** *ts* **1.** felhatalmaz, feljogosít **2.** megenged, engedélyez **II.** **~-se** *de* v *com* hivatkozik vmire; igazolja magát vmivel
auto-suficiência [àutuszufiszje^{n}szjö] *f* **1.** önelégültség **2.** önellátás
auto-suficiente [àutuszufiszje^{n}nt] *mn* **1.** önelégült **2.** önellátó
auto-sugestão [àutuszuzsistö^{n}u] *f* **1.** önbefolyásolás **2.** önbecsapás
auto-sugestionar-se [àutuszuzsistyunàrszi] *1/15* bebeszéli magának; becsapja önmagát
autuar [àutuàr] *1/9 ts* **1.** jegyzőkönyvet *v* vádiratot készít **2.** *jog* eljárást indít vki ellen
auxiliar[1] [àusziljàr] **I.** *mn* kisegítő, segéd- **II.** *fn* asszisztens; kisegítő alkalmazott
auxiliar[2] [àusziljàr] *1/7 ts* segít, támogat
auxílio [àuszilju] *m* segítség, támogatás
av. = *aviador* repülő
Av. = *Avenida* út
a.v. = *à vista* látra
avacalhar [övököljàr] *1/12* **I.** *ts* **1.** demoralizál, bomlaszt **2.** **B** nevetségessé tesz **II.** *tl* inába száll a bátorsága, gyáváskodik; megalázkodik
aval [övàl] *m* (váltó)kezesség
avalancha [övölö^{n}sö] *f* lavina
avaliação [övöljöszö^{n}u] *f* **1.** becslés, értékelés **2.** adókivetés; vámbecslés
avaliador *m*, **-a** *f* [övöljödor(ö)] *mn* és *fn* becslő, értékelő; becsüs
avaliar [övöljàr] *1/7 ts* **1.** (fel)becsül, kiértékel; értékel vmire (*em*); ~ *por alto* hozzávetőleg értékel **2.** megállapít, kivet (adót) **3.** elképzel, vél, gondol; *a ~ por* vmi után ítélve; ~ *pelos vestidos* a ruhák után ítélve; *você não avalia!* el nem képzelheti!
avalista [övölistö] *fn* váltókezes

avalizar [övölizàr] *1/1 ts* (váltó)kezességet vállal
avançada [övö^{n}szàdö] *f* **1.** előnyomulás, előretörés; *às ~s* apránként, lépésről lépésre; *de uma ~* egyszerre, egy csapásra **2.** előőrs, élcsapat
avançado [övö^{n}szàdu] **I.** *mn* **1.** előretolt; *posto ~* előretolt állás **2.** éltes, koros; *hora ~a* késői óra; *idade ~a* idős kor **3.** haladó szellemű **II.** *fn, m sp* csatár; *~-centro* középcsatár
avançamento [övö^{n}szöme^{n}ntu] *m* = **avanço**
avançar [övö^{n}szàr] *1/3* **I.** *ts* **1.** előretol, előreküld **2.** előbbre hoz *v* visz (*átv* is) **3.** előlegez; **4.** előhozakodik vmivel **T**, felhoz vmit **5.** *közl: ~ o sinal* áthajt a piros jelzésen **II.** *tl* **1.** előrenyomul, előretör; *~ contra v por cima de* rátámad, nekiront; *não avance nas minhas coisas!* ne bántsa az én dolgaimat! **2.** halad(ást ér el) **3.** közelebb jön, előre merészkedik; **4.** kiugrik (épületrész) **III.** **~-se** **1.** közelebb lép **2.** túlságosan előremerészkedik
avanço [övö^{n}szu] *m* **1.** előnyomulás, előretörés **2.** haladás; előny **3.** előleg **4.** *müsz* adagoló, etető
avantajado [övö^{n}ntözsàdu] *mn* **1.** előnyös, jobb; *aluno ~* kiváló tanuló **2.** testes, kövér
avantajar [övö^{n}tözsàr] *1/12* **I.** *ts* **1.** felülmúl vmiben (*em*) **2.** előmozdít **3.** feljavít, megjavít **II.** **~-se** **1.** előnyben van vkivel szemben (*a*) **2.** *~-se em* kitűnik vmiben
avante [övö^{n}nt] **I.** *hat* előre; *de ora ~* mostantól kezdve **II.** *fn, m sp* csatár **III.** *isz ~!* előre!
avarento [övöre^{n}ntu] *mn* és *fn* fösvény, zsugori, fukar
avareza [övörézö] *f* fösvénység, zsugoriság, fukarság
avaria [övöriö] *f* **1.** hajókár; károsodás **2.** defekt; üzemzavar; *tenho uma ~ no pneu* gumidefektet kaptam
avariar [övörjàr] *1/7* **I.** *ts* megrongál **II.** *tl,* **III.** **~-se** megrongálódik, defektet kap; *o carro avariou-se* a kocsi defektet kapott
avaro [övàru] = **avarento**
avassalar [övöszölàr] *1/12 ts* rabságba dönt, alávet, leigáz; meghódít
ave [àv] **I.** *f* **1.** madár; szárnyas **2.** **B** *átv* jómadár, csaló, szélhámos **II.** *isz ~!* üdvözöllek!
aveal [övjàl] *m* zabföld
aveia [övéjö] *f* zab
avejão [övizsöu] *m* **1.** nagy madár **2.** gonosz szellem **3.** csúnya ember
avelã [övilö^n] *f* mogyoró; *biz: cabeça de ~* tökfej(ű)
avelanado [övilönàdu] *mn* mogyorószín, halványbarna, drapp
avelar [övilàr] *1/13* **I.** *tl,* **II.** **~-se** ráncos lesz, összeaszik; megöregszik
aveleira [öviléjrö] *f* mogyoróbokor
avelhado [övèljàdu] *mn* megöregedett, éltes, koros
avelhentar [övèlje^{n}ntàr] *1/1* **I.** *ts* megöregít **II.** *tl* megöregszik
avelórios [övilòrjus] *m tb* ócskaság, vacak holmi
aveludado [öviludàdu] *mn* bársonyos
ave-maria [àvèmöriö] *f* **1.** üdvözlégy **2.** esti harangszó
avenca [öve^{n}nkö] *f növ* vénuszhaj
avença [öve^{n}szö] *f* **1.** kiegyezés; *közm: mais vale má ~, que boa sentença* jobb megegyezni, mint pereskedni; két baj közül a kisebbet kell választani **2.** előfizetés; átalány, pausálé **3.** bér, fizetés **4.** *szól: homem de boa ~* előzékeny ember; *fazer ~ com o tempo* együtt halad a korral
avençar [öve^{n}szàr] *1/3* **I.** *ts* bérmunkára szerződtet **II.** **~-se** **1.** elszegődik **2.** kiegyezik, egyezséget köt **3.** előfizet vmire (*a*)
avenida [övinidö] *f* **1.** széles út, körút, bulvár; fasor, sétány **2.** **B** házcsoport (közös udvarral)
avental [öve^{n}ntàl] *m* **1.** kötény **2.** borbélykendő
aventar [öve^{n}ntàr] *1/1 ts* **1.** gabonát szelel *v* megtisztít **2.** hajít, dob **3.** *átv* felvet (kérdést), kifejt (álláspontot) **4.** kiszimatol; nyomára jön
aventura [öve^{n}nturö] *f* kaland; *à ~* céltalanul, találomra
aventurado [öve^{n}nturàdu] *mn* **1.** veszélyes, nyaktörő (vállalkozás) **2.** merész, kalandos **3.** *bem ~* szerencsés; *mal ~* szerencsétlen
aventurar [öve^{n}nturàr] *1/1* **I.** *ts* **1.** kockáztat, mer(észel) **2.** *átv* felvet, előhoz **II.** **~-se** odamerészkedik (*a*), merészel, kockázatot vállal

aventureiro [öve^{n}nturéjru] **I.** *mn* kalandos, kockázatos, veszélyes **II.** *fn* kalandor

aventuroso [öve^{n}nturozu] = **aventurado**

averbar [övirbàr] *1/13 ts* **I. 1.** feljegyez; írásba foglal **2.** nevez vmilyennek; vádol vmivel (*de*); ~ *de suspeito* részrehajlónak nevez *v* mond **II.** *nyelvt:* ~ *um nome* igét alkot névszóból

avergoar [övirguàr] *1/8 ts* ostorral *v* bottal üt (úgy, hogy sávok keletkeznek)

averiguação [övirigvöszö^{n}u] *f* vizsgálat, kivizsgálás

averiguar [övirigvàr] *1/9 b) ts* **1.** kivizsgál, kinyomoz **2.** ellenőriz **3.** megállapít, megtud

averiguável [övirigvàvèl] *mn* megállapítható

avermelhado [övirmiljàdu] *mn* vöröses, pirosba hajló

avermelhar [övirmiljàr] *1/14* **I.** *ts* pirosít, vörösre fest **II.** **~-se** elvörösödik

aversão [övirszö^{n}u] *f* averzió, idegenkedés, undor; *causar* ~ ellenszenvet vált ki; *ter* ~ *a* ellenszenvvel viseltetik vki iránt

avessas [övèszös] *f tb* fordítottja, fonákja; *sair às* ~ balul üt ki; *tomar tudo ás* ~ mindent félreért *v* félremagyaráz; *vestir às* ~ fordítva vesz fel ruhát

avesso [övészu] **I.** *mn* fordított; ellentétes **II.** *fn, m* visszája; *o* ~ *duma fazenda* szövet visszája; *ao* ~ fordítva; *não tem* ~ *nem direito* se füle, se farka

avestruz [övistrus] *m áll* strucc

avezar [övizàr] *1/13* **I.** *ts* hozzászoktat vmihez (*a*) **II.** **~-se** hozzászokik

avezinha [övizinyö] *f* madárka

aviação [övjöszö^{n}u] *f* repülés, légi közlekedés

aviado [övjàdu] **I.** *mn* **1.** útnak indított **2.** *gúny: estamos* (*bem*) *~s!* jól nézünk ki! **II.** *fn, m* **B** kereskedelmi ügynök

aviador *m,* **-a** *f* [övjödor(ö)] *fn* **1.** repülő, pilóta **2.** **B** szállító

aviamento [övjöme^{n}ntu] *m* **1.** (útnak) indítás, elküldés, elszállítás; *dar* ~ *a* elindít vmit **2.** elintézés, végrehajtás **3.** *~s* szerszámok, eszközök, kellékek

avião [övjö^{n}u] *m* repülőgép; ~ *de bombardeio* bombázó repülőgép; ~ *de caça* vadászrepülőgép; ~ *de carga* v *de transporte* teherszállító repülőgép; ~ *de combate* harci repülőgép

aviar [övjàr] *1/7* **I.** *ts* **1.** elindít, útnak indít **2.** elintéz; végrehajt; ~ *um freguês* vevőt kiszolgál; ~ *uma receita* receptet elkészít **3.** *átv* elintéz vkit, elteszi láb alól **II.** **~-se** siet; *avia-te!* siess!

aviário [övjàrju] *m* madárház, nagy kalitka

aviatório [övjötòrju] *mn* repülési, repülő

avicultor *m,* **-a** *f* [övikultor(ö)] *fn* baromfitenyésztő

avicultura [övikulturö] *f* baromfitenyésztés

avidez [övidés] *f* mohóság; sóvárgás

ávido [àvidu] *mn* mohó; sóvár

avigorar [öviguràr] *1/15 ts* erősít, megszilárdít

aviltante [öviltö^{n}nt] *mn* megalázó

aviltar [öviltàr] *1/1* **I.** *ts* lealacsonyít; megaláz **II.** **~-se** lealacsonyodik; megalázkodik

avinagrado [övinögràdu] *mn* **1.** savanyú, ecetes **2.** mogorva, rosszkedvű

avinagrar [övinögràr] *1/12* **I.** *ts* **1.** ecettel ízesít, ecetbe rak **2.** *átv* megkeserít **II.** **~-se** megsavanyodik

avindo [övi^{n}ndu] *mn* megegyezésre jutott; *bem* ~ egyetértő; *mal* ~ más véleményen levő; → **avir**

avindor *m,* **-a** *f* [övi^{n}ndor(ö)] *mn* és *fn* közvetítő; egyeztető

avinhado [övinyàdu] *mn* **1.** borral kevert, borba áztatott **2.** részeg, ittas

avinhar [övinyàr] *1/1* **I.** *ts* **1.** borral vegyít **2.** szőlővel beültet **3.** megrészegít **II.** **~-se** leissza magát

avioneta [övjunétö] *f* sportrepülőgép

avir [övir] *3/23* **I.** *ts* kibékít; elrendez (viszályt) **II.** **~-se** *com* megegyezésre jut vkivel

avisado [övizàdu] *mn* okos; megfontolt, óvatos; *mal* ~ meggondolatlan

avisador *m,* **-a** *f* [övizödor(ö)] *mn* és *fn* figyelmeztető; bejelentő; feljelentő

avisar [övizàr] *1/1* **I.** *ts* **1.** értesít, közöl **2.** *int,* figyelmeztet vmire (*de*) **II.** **~-se** *de* **1.** értesül vmiről; meggondol, fontolóra vesz vmit **2.** felkészül vmire; résen van

aviso [övizu] *m* **1.** értesítés, közlemény; hirdetés, hirdetmény; bejelentés; ~

convocatório meghívó (gyűlésre); ~ *de chegada* bejelentőlap; ~ *de multa* büntetőparancs 2. intés, figyelmeztetés; 3. *andar sobre* ~, *estar de* ~ vigyáz, résen van, óvatos
avistar [övistàr] *1/1* **I.** *ts* megpillant, észrevesz **II.** ~**-se** *com* találkozik, összejön vkivel
avistável [övistàvèl] *mn* látható, kivehető
avitaminose [övitöminoz] *f* vitaminhiány
avitualhar [övituöljàr] *1/12 ts* élelemmel ellát
avivar [övivàr] *1/1* **I.** *ts* életre kelt, felelevenít, feléleszt **II.** ~**-se** megelevenedik, felélénkül, felvidul
aviventar [övive^{n}ntàr] *1/1* **I.** *ts* **1.** = **avivar** 2. lelkesít, bátorít **II.** ~**-se 1.** fellelkesedik 2. életre kel
avizinhar [övizinyàr] *1/1* **I.** *ts* **1.** közel hoz, közelít 2. határos vmivel **II.** ~**-se** *de* közeledik vmihez
avo [àvu] *m* **1.** (a törtszám kifejezője) *três treze avos* három tizenharmad 2. *átv* nagyon kevés, mákszemnyi
avô [övo] *m* **1.** nagyapa, nagypapa; 2. ~*s* nagyszülők
avó [övò] *f* **1.** nagyanya, nagymama; 2. ~*s* ősök, elődök
avoado [àvuàdu] *mn* **B** szeleburdi, könnyelmű
avocação [övuköszö^{n}u] *f* fellebbezés
avocar [övukàr] *1/15, 1/2 ts* **1.** fellebbez 2. odahúz, vonz 3. elvállal; ~ *a si a culpa de um erro* magára vállalja vminek az ódiumát
avoengo [övue^{n}ngu] **I.** *mn* ősi; **II.** *fn, m* ős; *os* ~*s* az ősök
avolumar [övulumàr] *1/1* **I.** *ts* növeli terjedelmét, gyarapít **II.** *tl* nagy helyet foglal el, terjedelmes **III.** ~**-se** terjed, gyarapszik
à-vontade [àvo^{n}ntàd] **I.** *m* fesztelenség, vkinek a kénye-kedve; **II.** *hat* tetszés szerint; *esteja* ~ érezze magát otthon!
avulso [övulszu] *mn* **1.** kiszakított; laza 2. különálló, egyes; *venda* ~*a* egyes különálló darabok árusítása
avultado [övultàdu] *mn* **1.** terjedelmes, vastag 2. tetemes, jelentős; *soma* ~*a* tekintélyes összeg
avultar [övultàr] *1/1* **I.** *ts* **1.** megnagyobbít, kiszélesít, gyarapít 2. *átv* kiemel, (túlzottan) kidomborít **II.** *tl* kinyúlik, kimagaslik, kidomborodik (*átv* is)
avultoso [övultozu] *mn* terjedelmes
axadrezado [ösödrizàdu] *mn* kockás
axe[1] [às] *m gyerm* bibi
axe[2] [àksz] *m* = **eixo**
axial [ökszjàl] *mn* tengely-
axila [ökszilö] *n* hónalj
axioma [öszjòmö] *m* axióma, sarkigazság
az [às] *f kat* **1.** szárny 2. raj
azado [özàdu] *mn* alkalmas, megfelelő; *o momento* ~ a kellő pillanat
azáfama [özàfömö] *f* **1.** kapkodás 2. hűhó
azafamado [özöfömàdu] *mn* **1.** kapkodó 2. serény
azafamar [özöfömàr] *1/1* **I.** *ts* unszol, hajszol **II.** ~**-se** hajszolja magát
azálea [özàljö] *f növ* azálea, havasszépe
azamboar [özö^{n}mbuàr] *1/8 ts* elszédít, elkábít
azambujeiro [özö^{n}mbuzséjru] *m növ* vadolajfa
azar [özàr] *m* **1.** vakszerencse, véletlen; *jogo de* ~ hazárdjáték, szerencsejáték; *ao* ~ találomra; ahogy lesz, úgy lesz 2. balszerencse, pech; *estar* v *andar de* ~ nincs szerencséje; *estou com* ~ pechem van; *que* ~! micsoda pech! 3. *ter* ~ *a* utál vmit, haragszik vkire
azarado [özöràdu] *mn* és *fn* balszerencsés, peches (ember)
azarento [özöre^{n}ntu] *mn* = **azarado**
azebre [özébr] *m* **1.** rézrozsda 2. *növ* áloé 3. *biz* gonoszkodás, rosszmájúság
azeda [özédö] *f* sóska
azedado [özidàdu] *mn* savanykás, csípős
azedar [özidàr] *1/13* **I.** *ts* **1.** besavanyít 2. *átv* elkeserít **II.** *tl*, **III.** ~**-se** megsavanyodik; *átv* bosszankodik
azedeira [özidéjrö] *f* sóska
azedo [özédu] *mn* **1.** savanyú, ecetes 2. haragos; ingerlékeny
azedume [özidum] *m* **1.** savanyúság, savanyú íz 2. mogorvaság, rosszkedv
azeitar [özéjtàr] *1/1 ts* olajjal leönt, olajjal ízesít
azeite [özéjt] *m* olaj; olívaolaj; ~ *contra a queimadura do sol* napolaj; *estar com os seus* ~*s* rosszkedvű
azeiteira [özéjtéjrö] *f* olajoskanna
azeiteiro [özéjtéjru] *m* olajárus
azeitona [özéjtonö] *f* olíva

azeitonado [özéjtunàdu] *mn* olívaszínű, zöldes
azeitoneira [özéjtunéjrö] *f* **1.** olívahordó, olívatál **2.** olívaszedő (nő)
azeitoneiro [özéjtunéjru] *m* olívaárus; olívaszedő
azêmola [özémulö] *f* **1.** teherhordó állat **2.** *átv* szamár, ostoba
azenha [özényö] *f* vízimalom
azerar [öziràr] = **acerar**
azeviche [özivìs] *m* szurokszén; *negro como o ~* koromfekete
azevim [azévi^n] *m* **B** = **azevinho**
azevinho [özivínyu] *m növ* magyal
azia [öziö] *f* gyomorégés
aziago [öziàgu] *mn* baljóslatú, szerencsétlen(séget hozó)
aziar [özjàr] *m* szájpecek
ázimo [àzimu] *mn* kovásztalan (kenyér)
azinha [özinyö] *f* bükkmakk
azinhaga [özinyàgö] *f* mélyút, szurdok
azinhal [özinyàl] *m* tölgyfaliget
azinhavre [özinyàvr] *m* rézrozsda
azinheira [özinyéjrö] *f* kocsánytalan tölgy
azinheiro, azinho [özinyéjru, özinyu] *m* = **asinheira**
azinhoso [özinyozu] *mn* tölgyfában gazdag
aziumar [özjumàr] *1/1 ts* = **azedar**
azo [àzu] **1.** ok, ürügy **2.** alkalom **3.** *dar ~ a* alkalmat ad, okot szolgáltat vmire
azoar [özuàr] *1/8 ts* **1.** elkábít; elképeszt **2.** bosszant, ingerel
azoinar [özojnàr] *1/1* **I.** *ts* **1.** elkábít; *~ os ouvidos a* agyonbeszél vkit **2.** zaklat **II.** *~-se* megharagszik; felingerül
azorragar [özurrögàr] *1/4, 1/12 ts* ostoroz, korbácsol; büntet
azorrague [özurràg] *m* ostor, korbács; büntetés
azotado [özutàdu] *mn* nitrogén tartalmú
azotato [özutàtu] *m* salétromsavas só
azote [özòt] *m* nitrogén
azótico [özòtiku] *mn* salétromos
azoto [özòtu] *m* nitrogén
azotoso [özutozu] *mn* salétromos
azougado [özogàdu] *mn* **1.** higanyozott, higanyos **2.** *átv* élénk, eleven
azougar [özogàr] *1/1 ts* **1.** foncsoroz **2.** élénkít, lelkesít
azougue [özog] *m* higany
azucrim [özukri^n] *m* **B** **1.** manó, kobold **2.** kellemetlen fráter
azucrinante [özukrinö^{n}nt(i)] *mn* **B** kellemetlen(kedő), bosszantó
azucrinar [özukrinàr] *1/1 ts* zaklat, bosszant
azul [özul] *mn* kék; *~ celeste* égszínkék; *~ claro* világoskék; *~ ferrete* v *turqui* sötétkék; *ver tudo ~* rózsaszínben látja a világot; *ver-se ~* bajban van
azulado [özulàdu] *mn* kékes
azular [özulàr] *1/1 ts* kékít; kékre fest
azulejar [özulizsàr] *1/14 ts* **1.** = **azular** **2.** csempéz, csempékkel kirak
azulejo [özulézsu] *m* csempe; *revestir a ~* kicsempéz
azulóio [özulòju] *mn* ibolyakék
azumbrado [özu^{n}mbràdu] *mn* hajlott hátú
azurrar [özurràr] *1/1 tl* ordít (szamár)

B

B, b [bé] *m* b (betű)
B. = *beco* utca
BA = *Bahia* (brazil állam)
bâ [bà] *f* **B** öreg dajka
baba [bàbö] *n* csorgó nyál; *deitar* ~ nyáladzik
babá [bàbà] *f* **B** dajka; dada; nörsz
bababi [bàbàbi] *m* biz **B** verekedés; balhé
babado [böbàdu] **I.** *mn* **1.** nyálas **2.** *átv* fülig szerelmes **II.** *fn, m* **B** ruhafodor
babadoiro, -douro [böbödojru, -doru] *m* előke, partedli, állkendő
babão *m*, **babona** *f* [böbö^{n}u, böbonö] *fn* **1.** nyáladzó **2.** szenilis; hülye
babar [böbàr] *1/12* **I.** *tl* nyáladzik; **II.** ~**-se** **1.** csorog a nyála **2.** *átv: ~-se por* bolondul vkiért
babatar [bàbàtàr] *1/1 tl* **B** tapogatódzik
babáu! [bàbàu] *isz* vége! befellegzett!
babel [böbèl] *m* bábeli zűrzavar, lárma
babona → **babão**
baboseira [böbuzéjrö] *f* zagyvaság; ostobaság
babosice [böbuzisz] *f* = **baboseira**
baboso [böbozu] *mn* **1.** nyáladzó **2.** ostoba **3.** bolondul szerelmes
babugem [böbuzsö^{n}j] *f* **1.** csorgó nyál **2.** ételmaradék **3.** tajték; *à ~ de água* a víz felszínén
babuíno [böbuinu] *m* pávián
babujar [böbuzsàr] *1/1 ts* **1.** benyálaz **2.** aljasul hizeleg vkinek **T** **3.** megront; bemocskol
bacafuzada [bàkàfuzàdö] *f* **B** zűrzavar, lárma
bacalaureato [bökölàuriàtu] *m* = **bacharelado**
bacalhau [bököljàu] *m* szárított tőkehal; *biz: ~ de porta-de-venda*, **B** vézna ember; *ficar* v *dar em água(s) de ~* balul üt ki, csődöt mond, hoppon marad
bacalhoada [bököljuàdö] *f* **1.** tőkehalétel **2.** **B** korbácsütés
bacalhoeiro [bököljuéjru] *m* **1.** tőkehalárus **2.** tőkehal-halász
bacamarte [bökömàrt] *m* **1.** mordály, flinta **2.** régi vaskos könyv **3.** **B** *átv* hóhányó
bacana [bàkànà] *mn* **B** *biz* fess, elegáns, klassz, döfi
bacanal [bökönàl] *m* bacchanália, vad tivornya
bacano [bàkànu] *m* **B** nagypénzű ember
bacará [bökörà] *m* **1.** csiszolt kristályüveg **2.** bakkara (kártyajáték)
bacelo [böszélu] *m* szőlőhajtás
bacento [bösze^{n}ntu] *mn* fénytelen, matt
bacharel [bösörèl] *m* **1.** egyetemet végzett személy **2.** *biz* jogász; szószátyár
bacharela [bösörèlö] *f* **1.** egyetemi végzettségű nő **2.** nagyhangú nő
bacharelada [bösörilàdö] *f* dagályos szónoklat
bacharelado [bösörilàdu] **I.** *mn* egyetemi végzettségű **II.** *fn, m* **1.** egyetemi végzettség **2.** egyetemi tanulmányok
bacharelando [bösörilö^{n}ndu] *m* utolsó éves egyetemi hallgató
bacharelar [bösörilàr] *1/13* **I.** *tl* fecseg; **II.** ~**-se** egyetemet végez; *~-se em direito* leteszi a jogot
bacharelato [bösörilàtu] = **bacharelado**
bacharelice [bösörilisz] *f* fecsegés; unalmas beszéd
bacia [böszìö] *f* **1.** tál; mosdótál **2.** *földr, orv* medence

baciada [böszjàdö] *f* tálba férő mennyiség
baciano [böszjönu] *mn* bogyó alakú; húsos (termés)
bacífero [böszifiru] *mn* bogyótermést hozó (növény)
baciforme [böszifɔrm] *mn* bogyó alakú
bacilar [böszilàr] *mn* bacilus-; pálcika alakú
bacilo [böszilu] *m* bacilus
bacinete [böszinét] *m* 1. *orv* vesemedence 2. *rég* bőr- *v* acélsisak
bacio [böszíu] *m* éjjeliedény
baço [bàszu] I. *mn* 1. barna (bőrű *v* hajú) 2. fénytelen, matt II. *fn, m* 1. lép 2. májfolt
bácora [bàkurö] *f* malac; → **bácoro**
bacorejar [bökurizsàr] *1/14* I. *ts* megsejt, megérez II. *tl* röfög (malac)
bacorejo [bökurézsu] *m* megsejtés, előérzet
bacorim [bàkori^n] *m* **B** = **bacorinho**
bacorinho [bökurinyu] *m* szopós malac
bácoro [bàkuru] *h* malac
bactéria [böktèrjö] *f* baktérium
bactericida [böktiriszidö] *mn* baktériumölő
bacteriologia [böktiriuluzsiö] *f* bakteriológia
bacteriologista [böktiriuluzsistö] *m, f* bakteriológus
báculo [bàkulu] *m* pásztorbot
badalada [bödölàdö] *f* 1. harangszó, harangozás 2. üres fecsegés
badalão *m*, **badalona** *f* [bödölö^{n}u, -lonö] *fn* szószátyár, fecsegő
badalar [bödölàr] *1/12* I. *ts* 1. üti, harangozza 2. *átv* kifecsegi II. *tl* 1. cseng, szól a harang 2. *átv* fecseg
badalejar [bödölizsàr] *1/14* *tl* 1. szól (harang); üt (óra) 2. vacog a hidegtől; reszket félelmében
badalo [bödàlu] *m* 1. harang nyelve 2. kereplő 3. *correr o* ~, *dar ao* ~ fecseg, locsog
badalona → **badalão**
badame [bödöm] *m* = **bedame**
badameco [bödömèku] *m* 1. senkiházi, széltoló 2. (iskola)táska
badana [bödànö] *f* 1. öreg, sovány juh 2. (cseres) birkabőr 3. lógó bőrdarab, lebeny
badanal [bödönàl] *m* felfordulás, zűrzavar
baderna [bàdèrnö] *f* **B** 1. csibész banda 2. korhely *v* lump társaság 3. kiruccanás, buli
badernar [bàdèrnàr] *1/1* *tl* **B** korhelykedik, lumpol
badminton [bèdminton] *m* *ját* tollaslabda
badulaque [bödulàk] *m* 1. tökfilkó, ostoba 2. csecsebecse, semmiség 3. vagdalt májból és belsőségekből készített étel
baeta [böétö] *f* 1. gyapjúflanell 2. **B** Minas Gerais lakosainak gúnyneve
baetilha [böitiljö] *f* vékony flanell
bafafá [bàfàfà] *f* **B** hűhó, zenebona
bafagem [böfàzsö^{n}j] *f* 1. lehelet; kilélegzés 2. enyhe szellő
bafejar [böfizsàr] *1/14* I. *ts* 1. kilehel, rálehel 2. *átv* (szerencse) kedvez vkinek, rámosolyog vkire **T** II. *tl* lengedez
bafejo [böfézsu] *m* 1. enyhe szellő 2. jó szerencse
bafio [böfiu] *m* penészszag
bafo [bàfu] *m* 1. lehelet, lélegzet 2. kegy; jó szerencse
baforada [böfuràdö] *f* 1. füstfelleg; *tirar ~s* pöfékel (dohányzás közben) 2. széllökés 3. bűzös lehelet
baforar [böfuràr] *1/15* 1. kilehel; szagot áraszt 2. kérkedik, henceg
baga [bàgö] *f* 1. (szőlő-, eper)szem; bogyó 2. izzadságcsepp
bagaceira [bögöszéjrö] *f* 1. törköly; pálinka 2. **B** limlom, hulladék 3. **B** farakás 4. üres fecsegés
bagaço [bögàszu] *m* 1. törköly, pálinka 2. *biz* pénz, guba, dohány; *ter dinheiro como* ~ annyi a pénze, mint a pelyva
bagada [bögàdö] *f biz* vastag könnycsepp, izzadságcsepp
bagageira [bögözséjrö] *f* szállítási díj
bagageiro [bögözséjru] *m* 1. hordár 2. poggyászkocsi 3. **B** utolsónak befutó ló
bagagem [bögàzsö^{n}j] *f* 1. poggyász; csomag; ~ *de mão* kézipoggyász; *despacho de* ~ poggyászfeladás 2. *kat* trén, vonatosztály 3. szellemi felkészültség; egy szerző művei 4. **B** bagázs, csőcselék
bagana [bögönö] *f* **B** csikk
baganha [bögönyö] *f* 1. lenmaghüvely; maghéj 2. váratlan nyereség; előnyös vétel

bagatela [bögötèlö] *f* bagatell, csekélység
bagateleiro [bŏgötiléjru] *m* kicsinyeskedő, szőrszálhasogató
bagaxa [bàgàsà] *f* B kéjnő
bago [bàgu] *m* 1. (szőlő)szem 2. *biz* dohány, guba
bagre [bàgri] *m* B 1. *áll* harcsaféle hal 2. *növ* gumitermő növény
baguá, bagual [bàguà(l)] *m* B szilaj csikó
bagulho [bögulju] *m* (körte-, szőlő)mag
bagunça [bàgu^{n}szà] *f* B 1. bulldózer 2. *biz* felfordulás, zűrzavar
baia [bàjö] *f* lóállás (istállóban)
baía [böíö] *f* 1. (kisebb) öböl 2. vízgyűjtő árok
baiano [bàjönu] *mn* és *fn* Bahiá-ból való
baila [bàjlö] *f* tánc; *trazer à ~, átv* előhoz, szőnyegre hoz; *vir à ~* a) szőnyegre kerül b) kapóra jön; *voltar à ~* ismét szőnyegre kerül
bailadeira [bàjlödéjrö] *f* táncosnő
bailado [bàjlàdu] *m* tánc; balett
bailar [bàjlàr] *1/1 ts, tl* táncol
bailarico [bajlöriku] *m* 1. népi tánc 2. rögtönzött táncmulatság
bailarina [bajlörinö] *f* balerina, balett-táncosnő
bailarino [bàjlörinu] *m* balett-táncos
baile [bàjl] *m* tánc; bál; *corpo de ~* tánckar, tánccsoport; *salão de ~* táncterem
bailéu [bàjlèu] *m* 1. *ép* állvány 2. *haj* kikötőhíd
bainha [böinyö] *f* 1. kardhüvely 2. *növ* hüvely 3. ruhaszegély 4. *szól: não caber nas ~s* büszkélkedik; fontoskodik; *ele não corta as ~s* nem ő találta fel a puskaport
bainhar [böinyàr] *1/1 ts* szegélyez
baio [bàju] I. *mn* vörösesbarna II. *fn, m* pej ló
baioneta [böjunétö] *f* szurony
bairrismo [bàjrrizsmu] *m* lokálpatriotizmus
bairrista [bàjrristö] *fn* 1. városkerület lakója 2. lokálpatrióta
bairro [bàjrru] *m* (városi) kerület, negyed; *~ económico* olcsó lakónegyed; *~ operário* munkásnegyed
baita [bàjtö] *mn* B *biz* remek, klassz
baiuca [böjukö] *f* kocsma
baiuqueiro [böjukéjru] *m* 1. kocsmáros 2. kocsmatöltelék
baixa [bàjsö] *f* 1. *ker* bessz; áresés; *jogar na ~* besszre játszik (tőzsdén) 2. alacsony ár; árengedmény; *a ~ dos salários* az alacsony bérek; *dar ~ a uma mercadoria* leszállítja egy árucikk árát 3. *kat* elbocsátás, leszerelés; *dar ~ a* leszerel vkit 4. *kat: ~s* veszteségek, halottak és sebesültek; *~s elevadas* súlyos veszteségek 5. lapály 6. *átv* hanyatlás, pusztulás 7. kórházba szállítás
baixada [bàjsàdö] *f* alföldi lapály
baixa-mar [bàjsömàr] *f* apály
baixar [bàjsàr] *1/1* I. *ts* 1. leenged, leereszt; *~ a cabeça* lehajtja a fejét; *átv* engedelmeskedik; *~ a vista* v *os olhos* lesüti a szemét 2. levesz, levisz, lehoz 3. csökkent, leszállít (árakat) 4. *~ um decreto* v *uma portaria* rendeletet kiad *v* kibocsát II. *tl* 1. süllyed, esik, apad, lejt 2. → **hospital** III. *~-se* 1. lehajol 2. *átv* lealacsonyodik
baixel [bàjsèl] *m vál* csónak
baixela [bàjsèlö] *f* asztali edénykészlet
baixeza [bàjsézö] *f* aljasság, hitványság
baixinho [bàjsinyu] *mn* 1. eléggé alacsony 2. halk 3. titkos
baixio [bàjsiu] *m* (homok)zátony
baixo [bàjsu] I. *mn* 1. alacsony; sekély; *água ~a* sekély víz; *maré ~a* apály; *de ~* lenti, lent, lentről; *em ~* lent; *para ~* le, lefelé; *de cabeça para ~* fejjel lefelé, tótágast; *para cima e para ~* fel-alá; *por ~* lent, alatta; *estar em ~* a) rossz egészségben van b) rossz anyagi helyzetben van 2. olcsó; silány, közönséges 3. aláváló, hitvány, aljas II. *hat* 1. alacsonyan 2. halkan III. *vsz: em* v *por ~ de* vmi alatt; IV. *fn, m* 1. alacsonyan fekvő rész 2. vminek a feneke 3. basszus(hang) 4. *os ~s da casa* a ház földszintje 5. *altos e ~s, átv* derü és boru, a sors váltakozása
baixo-relevo [bàjsurrilévu] *m* féldombormű
baixote [bàjsòt] *mn* eléggé alacsony; tömzsi
bajoujar [bözsozsàr] *1/1 ts* körülhízeleg
bajoujice [bözsozsisz] *f* hízelgés
bajoujo [bözsozsu] *mn* és *fn* hízelgő; képmutató
bajulação [bözsulöszö^{n}u] *f* talpnyalás
bajulador [bözsulödor] *m* talpnyaló
bajular [bözsulàr] *1/1 ts* körülhizeleg

bala [bàlö] *f* 1. golyó; ~ *incendiária* gyújtólövedék; ~ *perdida* eltévedt golyó; ~ *traçadora* nyomjelző lövedék; *ferimento de* ~ lőtt seb; *como uma* ~ mintha puskából lőtték volna ki 2. *ker* bála; köteg 3. **B** cukorka
balaço [bölàszu] *m* lövés
balada [bölàdö] *f* ballada
balaieiro *m*, **-a** *f* [bàlöjéjru, -rö] *fn* **B** utcai gyümölcs- és zöldségárus, kofa
balaio [bölàju] *m* 1. (kerek) kosár 2. táncfajta 3. **B** eleség, kaja
balança [bölö^{n}szö] *f* 1. mérleg; ~ *de mola* rugós mérleg; *pesar muito na* ~ sokat nyom a latban; *pôr em* v *na* ~ a mérlegre tesz; *átv* mérlegel 2. ~ *comercial* kereskedelmi mérleg; ~ *de pagamentos* fizetési mérleg 3. egyensúly 4. *csill* Mérleg
balançar [bölö^{n}szàr] *1/3* I. *ts* 1. (ki)egyensúlyoz 2. megmér; *átv* mérlegel 3. ringat, lenget, lóbál; ~ *a cabeça* bólogat II. *tl* 1. inog, ingadozik; *átv* habozik 2. *haj* dülöngél III. **~-se** hintázik
balancear [bölö^{n}szjàr] *1/5* = **balançar**
balanceiro [bölö^{n}széjru] *m* 1. inga 2. *műsz* lengőkar 3. egyensúlyozó rúd
balancim [bölö^{n}szi^n] *m* = **balanceiro**
balanço [bölö^{n}szu] *m* 1. *ker* mérleg; *por motivo de* ~ *não abrimos* leltár miatt zárva 2. ingamozgás 3. *haj* dülöngés
balandra [bölö^{n}ndrö] *f* egyárbocos vitorláshajó
balão [bölö^{n}u] *m* 1. ballon, léggömb; ~ *cativo* kötött léggömb; ~ *veneziano* lampion 2. gömb alakú edény *v* tartály 3. futball-labda 4. (*saia*) ~ abroncsos szoknya 5. hamis hír, kacsa
balar [bölàr] *1/12 tl* béget
balastro [bölàstru] *m* zúzott kő, sóder
balaustrada [bölöustràdö] *f* 1. mellvéd, korlát 2. *ép* párkány; erkély
balaústre [bölöustr] *m* baluszter, korlátbáb
balbuciante [bàlbuszjö^{n}nt] *mn* dadogó, hebegő
balbuciar [bàlbuszjàr] *1/7 ts, tl* dadog, hebeg
balbucie [bàlbuszji] *f* dadogás, hebegés
balbúrdia [bàlburdjö] *f* zűrzavar; lárma
balça [bàlszö] *f* 1. bozót; bozótos 2. sövény(kerítés) 3. szalmafonat
balcânico [bàlkönìku] *mn* balkáni
balcão [bàlkö^{n}u] *m* 1. boltasztal, pult; *empregado de* ~ bolti kiszolgáló 2. színházi karzat
Balcãs [bàlkö^{n}s] *m tb*: *os* ~ a Balkán
balcedo [bàlszédu] *m* 1. bozótos 2. ingovány
balconista [bàlkunìstö] *fn* **B** elárusító
balda [bàldö] *f* 1. hiba, rossz szokás; *átv* gyenge pont; *dar na* ~ *de* az elevenjére tapint 2. *kártya* hiányzó *v* eldobott lap
baldado [bàldàdu] *mn* hiábavaló
baldão [bàldö^{n}u] *m* 1. szégyen, gyalázat 2. balszerencse
baldaquim, baldaquino [baldöki^n, -kinu] *m* baldachin
baldar [bàldàr] *1/1* I. *ts* 1. meghiusít, megakadályoz 2. hiába próbál meg vmit II. *tl*, III. **~-se** 1. nem sikerül 2. *kártya* elfogy a színe
balde [bàld] *m* 1. vödör 2. *de* ~ → **debalde**
baldeação [bàlgyöszö^{n}u] *f közl* átszállás; átszállítás
baldear [bàlgyàr] *1/5* I. *ts* 1. átönt, kiönt 2. kézről kézre ad; átrak, átszállít 3. lemos, megmos; leöblít II. *tl közl* átszáll III. **~-se** siet, rohan
baldio [bàldiu] I. *mn* meg nem művelt; hasznot nem hajtó; *terreno* ~ parlag II. *fn*, *m* kopár *v* terméketlen föld
baldo [bàldu] *mn* 1. hiábavaló 2. ~ *de* vmiben szegény, vmit nélkülöző 3. *kártya*: *estar* ~ nincs jó lapja
baldoar [bàlduàr] *1/8 ts* sérteget, szidalmaz
baldréu [bàldrèu] *m* kesztyűbőr
baldroca [bàldròkö] *f* csalás; *trocas e* ~*s* csalárd üzletezés
baldrocar [bàldrukàr] *1/2, 1/15* 1. becsap, rászed 2. *kártya* csal
balear [böljàr] *1/5 ts* meglő, (golyó)sebet ejt
baleeira [böljéjrö] *f* bálnavadász-hajó
baleeiro [böljéjru] I. *mn* bálna-, cet- II. *fn*, *m* bálnavadász
baleia [böléjö] *f* bálna, cet
balela [bölèlö] *f* álhír, kacsa
balido [bölidu] *m* bégetés
balir [bölir] *3/13 tl* béget
baliza [bölizö] *f* 1. bója 2. *közl* terelőoszlop 3. határkő 4. *sp* kapu

balizador [bölizödor] *m*: (*navio*) ~ bójarakó hajó

balizar [bölizàr] *1/1 ts* elhatárol; (határkövekkel, bójákkal) megjelöl *v* elkülönít

balneador *m*, **-a** *f* [bàlnyödor(ö)] *mn* és *fn* fürdőző, fürdővendég

balnear [bàlnyàr] *mn* fürdő-

balneário [bàlnyàrju] *m* **1.** fürdő (helyiség) **2.** fürdőhely **3.** *sp* öltöző

balofo [bölofu] *mn* **1.** (meg)duzzadt, dagadt, puffadt **2.** laza, puha; szivacsszerű **3.** *átv* felfújt; üresfejű; hiú

baloiçar [bölojszàr] *1/3 ts* hintáztat; ringat

baloiço [bölojszu] *m* **1.** hinta **2.** hintázás; ringatás

balote [bölòt] *m* kis golyó

balouç... → **baloiç...**

balroa [bàlroö] *f haj* csáklya

balsa [bàlszö] *f* **1.** tutaj **2.** taposókád **3.** gyümölcslé; must

balsâmico [bàlszömiku] *mn* balzsam-, balzsamos

bálsamo [bàlszömu] *m* balzsam

balseiro [bàlszéjru] *m* **1.** tutajos **2.** taposókád

Báltico [bàltiku] *m*: *o* ~ a Keleti-tenger

báltico [bàltiku] *mn* keleti-tengeri

baluarte [bölużrt] *m* bástya, erőd (*átv* is)

bamba [bö^{n}mbö] *m* **B** *argó* hozzáértő, mester vmiben; „nagy fej"

bambá [bömbö^n] *m* **1.** néger táncfajta **2.** szerencsejáték

bambalear [bömböljàr] *1/5* = **bambolear**

bambalhão *m*, **bambalhona** *f* [bö^{n}mbölljö^{n}u, -jonö] *mn* erélytelen; lagymatag; lusta

bambaqueré [bö^{n}mbökirè] *m* **B 1.** ricsaj, buli **2.** táncmulatság

bambar [bö^{n}mbàr] *1/1* = **bambear**

bambear [bömbjàr] *1/5* **I.** *ts* gyengít; lazít (kötelet) **II.** *tl* elgyengül, elernyed, elerőtlenedik

bambo [bö^{n}mbu] *mn* ernyedt; laza; *corda* ~*a* kötéltáncos kötele; *dançar na corda* ~*a*, *átv* kötélen táncol, veszély fenyegeti

bamboar [bö^{n}mbuàr] *1/8* = **bambolear**

bambolear [bö^{n}mbuljàr] *1/5 tl* **1.** ide-oda mozog, leng, inog; hintázik **2.** riszálva lépked

bamboleio [bö^{n}mbuléju] *m* **1.** ingó mozgás **2.** riszálás

bambolina [bö^{n}mbulinö] *f szính* menynyezet-díszlet

bambu [bö^{n}mbu] *m* bambusz(nád)

bambúrrio [bömburrju] *m* szerencsés véletlen

bamburrista [bö^{n}mburristö] *m* szerencsés fickó

banal [bönàl] *mn* banális, lapos, elcsépelt

banalidade [bönölidàd] *f* közhely; elcsépelt dolog

banalizar [bönölizàr] *1/1 ts* köznapivá tesz

banana [bönönö] *f* **1.** banán **2.** teddideteddoda ember **3. B** durva megvető kézmozdulat

bananada [bönönàdö] *f* banánból készült édesség

bananal [bönönàl] *m* banánültetvény

bananeira [bönönéjrö] *f* banánfa

bananeiral [bönönéjràl] *m* = **bananal**

bananeiro [bönönéjru] *m* **1.** banántermesztő **2.** banánárus

bananicultor [bönànikultor] *m* **B** banántermesztő

banazola [bönözòlö] *m* = **banana 3.**

banca [bö^{n}nkö] *f* **1.** asztal, íróasztal; **2.** játékbank; *jogo da* ~ szerencsejáték; *levar a* ~ *à glória* bankot robbant; ~! vabank! **3.** árus bódéja; ~ *de jornais* újságárus bódé **4.** (jegyzői, ügyvédi) iroda; *abrir* ~ irodát nyit

bancada [bö^{n}nkàdö] *f* **1.** hosszú pad; padsor **2.** tribün, esztrád, emelvény **3.** *pol* képviselőcsoport

bancar [bö^{n}nkàr] *1/1 ts* **B 1.** *ját* a bankot adja **2.** *átv* adja a bankot, képmutatóskodik

bancário [bönkàrju] **I.** *mn* bank- **II.** *fn* banktisztviselő

bancarrota [bö^{n}nkörròtö] *f* csőd, anyagi összeomlás

bancarroteiro [bö^{n}nkörrutéjru] *m* csődbe jutott adós

banco [bö^{n}nku] *m* **1.** bank; banképület; *nota de* ~ bankjegy **2.** pad, ülés; ~ *corrediço* gurulóülés (csónakban); ~ *de piano* zongoraszék; ~ *de três pés* háromlábú szék; ~ *dos réus* vádlottak padja **3.** munkapad; ~ *de carpinteiro* gyalupad **4.** *geol* réteg; (homok)zátony; jéghegy **5.** ~ *de hospital* kórházi járóbeteg-rendelés

banda [bö^{n}ndö] *f* **1.** oldal; hajó oldala **2.** part **3.** *kat* vállszalag, zsinór; vállöv, derékszíj **4.** ~ (*de música*) zenekar, banda; ~ *militar* katonazenekar **5.** sereg, csapat, csoport **6.** képsorozat **7.** *címer:* harántpólya; **8.** *szól:* *à* ~ ferde, rézsút; *chapéu à* ~ félrecsapott kalap; *da outra* ~ más oldalról, másrészt; *por essas* ~*s* errefelé; *ficar de cara à* ~ elszégyelli magát, zavarba jön; *mandar a outra* ~ elküld, kidob; *passar de* ~ *a* ~ keresztülhatol; *pôr de* ~ félretesz, félredob; *sair de* ~, **B** elsomfordál; *ter-se à* ~ nem enged a negyvennyolcból, makacskodik; *vindo à* ~ pártoskodó, elfogult

bandada [bö^{n}ndàdö] *f* madársereg

bandagem [bö^{n}ndàzsö^{n}j] *f* **1.** kötés, pólya; kötszer **2.** acél- *v* gumiabroncs (keréken)

bandalheira [bö^{n}ndöljéjrö] *f* kicsapongás; léhaság

bandalho [bö^{n}ndàlju] *m* korhely, lump fráter

bandarilha [bö^{n}ndöriljö] *f* zászlós dárda (bikaviadalon)

bandarra [bö^{n}ndàrrö] *m* naplopó, munkakerülő

bandear [bö^{n}ngyàr] *1/5* **I.** *ts* **1.** egyesít; összeterel **2.** beszervez; megnyer a maga számára **II.** *tl* **1.** oldalára dől **2.** *átv* elhajlik **III.** ~**-se** tömörül, egyesül

bandeira [bö^{n}ndéjrö] *f* **1.** (nemzeti) zászló, lobogó; ~ *verde-rubra* a portugál zászló; ~ *vermelha* vörös zászló; *às* ~*s despregadas* kibontott zászlókkal; *átv* nyíltan; *arriar* ~ leengedi a zászlót, *átv* megadja magát; *arvorar v hastear* ~ felhúzza a lobogót; *átv* győzelmet arat; *szól:* *rir a* ~*s despregadas* harsányan kacag **2.** *tört* **B** expedíció (Brazília felkutatására) **3.** ajtó fölötti ablak **4.** szélkakas **5.** lámpaernyő; fényellenző

bandeirada [bö^{n}ndéjràdö] *f* taxi alapdíja (a taksamérő zászlócskájának lecsapásakor)

bandeirante [bö^{n}ndéjrö^{n}nti] *m* *tört* Brazília őserdőinek felkutatója

bandeirinha [bö^{n}ndéjrinyö] **I.** *f* zászlócska **II.** *m* **1.** állhatatlan ember; politikai szélkakas **2.** **B** *sp* partjelző (bíró)

bandeiro [bö^{n}ndéjru] *mn* állhatatlan; pártoskodó, részrehajló

bandeirola [bö^{n}ndéjròlö] *f* jelzőzászló

bandeja [bö^{n}ndézsö] *f* **1.** tálca **2.** gabonarosta

bandido [bö^{n}ndidu] *m* bandita

banditismo [bö^{n}nditizsmu] *m* banditizmus, rablás és gyilkolás

bando [bö^{n}ndu] *m* **1.** (rabló)banda **2.** csapat, sereg, raj; falka **3.** párt; *tomar* ~ *por* vkinek a pártját fogja **4.** kiáltvány; kihirdetés

bandola [bö^{n}ndòlö] *f* töltényöv

bandoleira [bö^{n}ndoléjrö] *f* vállon átvetett puskaszíj; *à* ~ vállon átvetve

bandoleiro [bö^{n}nduléjru] **I.** *mn* állhatatlan; csapodár **II.** *fn, m* bandita, rabló

bandolim [bö^{n}nduli^n] *m* mandolin

bandulho [bö^{n}ndulju] *m* nagy has, pocak

bandurra [bö^{n}ndurrö] *f* gitárfajta

bangaló [bö^{n}ngölò] *m* bungaló

bang-bang [bö^{n}ngbö^{n}ng] piff-puff

Bangha Desh [bö^{n}ngödès] *m* *földr* Bangades

banha [bönyö] *f* **1.** zsír, háj; ~ *de porco* sertészsír **2.** hajkenőcs

banhar [bönyàr] *1/1* **I.** *ts* füröszt, vízbe merít, áztat **II.** ~**-se** **1.** fürdik **2.** *átv* ~*-se em* úszik vmiben, élvez vmit; ~*-se em água de rosas* élvezi az élet örömeit

banheira [bönyéjrö] *f* fürdőkád

banheiro [bönyéjru] *m* **1.** fürdőmester **2.** **B** fürdőszoba

banhista [bönyistö] *fn* fürdővendég

banho [bönyu] *m* **1.** fürdő; ~*s* gyógyfürdő; ~ *finlandês* szauna; ~ *russo* gőzfürdő; ~ *de assento* ülőfürdő; ~ *de banheira* kádfürdő; ~ *de chuva* zuhany(ozás); *tomar* ~ fürdőt vesz, fürdik; *ir a* ~*s* fürdőhelyre utazik **2.** ~*s* házassági kihirdetés; *dispensa de* ~*s* diszpenzáció; *publicar os* ~*s* házasulandókat kihirdet

banho-maria [bönyumöriö] *m* ételmelegítés *v* -főzés vízben

banir [bönir] *3/1* *ts* száműz; kiutasít

banja [bö^{n}zsö] *f* **B** *kártya* csalás

banjista [bö^{n}zsistö] *m* **B** hamiskártyás

banjo [bö^{n}zsu] *m* bendzsó

banqueiro [bö^{n}nkéjru] *m* 1. bankár 2. bukméker, könyves 3. *ját* bankos
Banquecoque [bö^{n}nkikòk] *m* Bangkok
banqueta [bö^{n}nkétö] *f* 1. sámli, zsámoly 2. lépcsőfok; lépcsőzet
banquete [bö^{n}nkét] *m* bankett, lakoma
banquetear [bö^{n}nkityàr] *1/5* I. *ts* bankettet *v* díszebédet ad vkinek a tiszteletére T II. ~-se 1. részt vesz a banketten 2. lakmározik
banquinho [bö^{n}nkinyu] *m* (láb)zsámoly
banquisa [bö^{n}nkizö] *f* (úszó) jégtábla
banza [bö^{n}zö] *f biz* gitár
banzar [bö^{n}zàr] *1/1 ts* megdöbbent, elképeszt
banzé [bö^{n}zè] *m nép* muri, buli
banzeiro [bö^{n}zéjru] *mn* 1. kissé hullámos (tenger) 2. változó irányú (szél) 3. *kártya* kiegyensúlyozott játék
banzo [bö^{n}zu] I. *mn* B szomorú, bánatos II. *fn, m* honvágy (afrikai négereké)
banzos [bö^{n}zus] *m tb* 1. létra oldalrúdjai 2. fogantyúk (*pl* fűrészé)
baptismal [bàtizsmàl] *mn* keresztelési
baptismo [bàtizsmu] *m* 1. keresztelés; *certidão do* ~ keresztelési bizonyítvány; *nome de* ~ keresztnév, utónév 2. ~ *de fogo* tűzkeresztség; ~ *de sangue* vérfürdő
baptista [bàtistö] *fn* 1. keresztelő 2. baptista
baptistério [bàtistèrju] *m* keresztelőkápolna
baptizado [bàtizàdu] I. *mn* megkeresztelt (*átv* is); *vinho* ~ vizezett bor II. *fn, m* 1. *vall* keresztelés 2. keresztelési ünnepség *v* lakoma
baptizar [bàtizàr] *1/1 ts* megkeresztel (*átv* is)
baque [bàk] *m* 1. puffanás; esés; *dar um* ~ leesik, lepottyan 2. sorscsapás, szerencsétlenség 3. (rossz) előérzet
baquear [bökjàr] *1/5* I. *tl*, II. ~-se földre zuhan
baqueta [bökétö] *f* dobverő
baquetear [bökityàr] *1/5 tl* dobol
bar [bàr] *m* 1. bár, éjjeli mulatóhely 2. italbolt; eszpresszó
baraço [böràszu] *m* zsineg, spárga; kötél; *senhor de* ~ *e cutelo* korlátlan úr; *por* ~ erőszakkal; *por um abraço dar um* ~ hálátlansággal fizet; *pôr o* ~ *na garganta* kést szegez a torkának (*átv* is); *em casa do ladrão não lembrar o* ~ akasztott ember házában ne említsünk kötelet
barafunda [böröfu^{n}ndö] *f* 1. zsivaj, lárma 2. tolongás, zűrzavar
barafustar [böröfustàr] *1/1 tl* hadonászik; ficánkol
baralha [böràljö] *f* 1. *ját* talon, kártyatalon, kártyaletét 2. civakodás, veszekedés 3. ~*s* kellemetlenség, baj; *andar metido em* ~*s* bajban van
baralhar [böröljàr] *1/12* I. *ts* 1. *kártya* kever 2. szétdobál; felforgat 3. felcserél, összetéveszt II. ~-se belezavarodik
baralho [böràlju] *m* kártyacsomag; *cortar o* ~ leemel
barão [börö^{n}u] *m* báró
barata [böràtö] *f* 1. svábbogár 2. B kisautó 3. köpülő
barataria [börötöriö] *f* csalárd üzletelés
baratear [börötyàr] *1/5 ts* árat lenyom, olcsóbban elad
barateiro [börötéjru] *m* olcsójános
barateza [börötézö] *f* olcsóság
barato [böràtu] I. *mn* olcsó; *o* ~ *sai caro* ami olcsó, az sokba kerül; *dar de* ~ egyetért, könnyen beleegyezik II. *hat* olcsón; *comprar* ~ olcsón vásárol III. *fn, m* 1. *ját* nyereségrészesedés 2. kedvezmény, előny
báratro [bàrötru] *m* feneketlen mélység
barba [bàrbö] *f* 1. szakáll; ~ *cerrada* hosszú, sűrű szakáll; ~ *de cabra v de bode* kecskeszakáll; *navalha de* ~ borotvakés; *fazer a* ~ borotvál, borotválkozik; *com a* ~ *por fazer* borotválatlan(ul); 2. *áll* bajusz 3. halcsont 4. *növ* szálka, toklász, bajusz; ~*s* hajszálgyökerek 5. *szól:* ~ *a* ~ szemtől szembe(n); ~ *azul* kékszakáll, nőcsábász; *dá-lhe água pela* ~ bajban van; *nas* ~*s do pai* apja akarata ellenére, apja bosszantására; *dizer nas* ~*s de* szemébe mondja; *essa é de* ~*s* ez igen! ezt nevezem! ez már döfi! *fazer a* ~ *a um texto* csiszolgat egy szöveget; *fazer-se as* ~*s um ao outro* segítenek egymásnak; *homem de* ~*s* neves *v* ismert ember; *não é para as tuas* ~*s* ez nem neked való; *pôr as* ~*s de molho* felkészül minden eshetőségre; *ter* ~, *átv* szakálla van (viccnek); *ter a* ~ *tesa* konok, keményfejű; *ter* ~*s para fazer algo* van ereje *v* bátorsága, hogy vmit megtegyen;

ter boas ~*s* jóvágású, jó megjelenésű; *ter poucas* ~*s* még gyerek, kevés a tapasztalata; *ver-se à* ~ *com* problémái vannak vkivel *v* vmivel
barbaças [börbàszös] *m* szakállas (öreg-) ember
barbado [börbàdu] *mn* szakállas
barbalho [börbàlju] *m növ* hajszálgyökér
barbante [börbö^{n}nt] *m* zsineg, spárga
barbaria [börböriö] *f* barbárság
barbaridade [börböridàd] *f* **1.** barbárság, kegyetlenség, embertelenség; **2.** *que* ~*!* minő ostobaság!
barbárie [börbàrji] *f* = **barbaria**
barbarismo [börbörizsmu] *m* **1.** durvaság, műveletlenség **2.** *nyelvt* idegen *v* helytelen nyelvhasználat
barbarizar [börbörizàr] *1/1 ts* durva beszédhibákat ejt
bárbaro [bàrböru] **I.** *mn* barbár, kegyetlen, durva **II.** *fn* barbár
barbatana [börbötönö] *f* uszony
barbeador [börbjödor] *m:* ~ *eléctrico* villanyborotva
barbear [börbjàr] *1/5* **I.** *ts* borotvál **II.** ~**-se** borotválkozik
barbearia [börbjöriö] *f* férfifodrászat
barbeiragem [börbéjràzsö^{n}j] *f aut* **B** vad *v* ügyetlen gyorshajtás
barbeiro [börbéjru] *m* **1.** borbély, férfifodrász **2.** *biz* metsző, hideg szél **3. B** *közl* gyalogosok életét veszélyeztető gépkocsivezető
barbela [börbèlö] *f* **1.** lebeny **2.** toka
barbicacho [börbikàsu] *m* **1.** kötőfék **2.** *átv* akadály
barbicha [börbisö] *f* rövid, gyér szakáll
barbilhão [börbiljö^{n}u] *m* **1.** lebeny (kakas *v* pulyka nyakán) **2.** *áll* márna
barbilho [börbilju] *m* **1.** szájkosár **2.** zavar; akadály
barbileiro [börbilojru] *mn* szőke szakállú
barbilongo [börbilo^{n}ngu] *mn* hosszú szakállú
barbinegro [börbinégru] *mn* fekete szakállú
barbirruivo [börbirrujvu] *mn* rőt szakállú
barbo [bàrbu] *m áll* márna
barbudo [börbudu] *mn* szakállas
barca [bàrkö] *f* **1.** bárka, csónak **2.** komp
barça [bàrszö] *f* szalmafonat (üvegáru csomagolásához)
barcaça [börkàszö] *f* **1.** nagy csónak; átrakó hajó **2.** partmenti hajó
barcada [börkàdö] *f* bárkarakomány
barcagem [börkàzsö^{n}j] *f haj* fuvardíj
barcarola [börköròlö] *f* gondolások dala
barco [bàrku] *m* csónak, hajó; ~ *desmontável* szétszedhető csónak; ~ *remeiro* v *de remo* evezős csónak; ~ *salva-vidas* mentőcsónak; ~ *a motor* motorcsónak; ~ *a vela* vitorlás (hajó)
barda [bàrdö] *f* **1.** élősövény, sövénykerítés **2.** *em* ~ bőven, bőségben
bardana [bördànö] *f növ* bojtorján, lapu
bardar [bördàr] *1/12 ts* bekerít, körülkerít
bardo [bàrdu] *m* **1.** bárd, dalnok **2.** sövénykerítés **3.** akol, karám
barganha [börgànyö] *f* **1.** cserebere **2.** zugügylet
barganhar [börgönyàr] *1/1 ts* **1.** csereberél; elkótyavetyél **2.** üzletel
bargante [börgö^{n}nt] *m* csirkefogó
barítono [böritunu] *m* bariton
barlaventear [börlöventyàr] *1/5 tl* lavíroz, szél ellen vitorlázik
barlaventejar [börlöve^{n}ntizsàr] *1/14 tl* szél irányában hajózik
barlavento [börlöve^{n}ntu] *m haj* szél felé eső oldal
barómetro [böròmitru] *m* barométer
baronesa [börunézö] *f* bárónő
baronia [böruniö] *f* **1.** bárói cím *v* rang **2.** bárói birtok
barqueiro [börkéjru] *m* hajós, csónakos
barquejar [börkizsàr] *1/14 tl* csónakázik
barquilha [börkiljö] *f haj* sebességmérő
barquilheiro [börkiljéjru] *m* ostyasütő, ostyaárus
barquilho [börkilju] *m* fagylalttölcsér
barquinha [börkinyö] *f* **1.** = **barquilha** **2.** léggömbkosár
barra [bàrrö] **1.** *f* **1.** rúd; ~ *do leme* kormányrúd; *ouro em* ~ rúdarany, aranyrúd **2.** korlát, gerenda; sorompó **3.** ~ (*do tribunal*) korlát (a bírói emelvény előtt); bíróság, törvényszék; *vir à* ~bíróság elé áll **4.** *sp:* ~ *fixa* nyújtó; ~*s assimétricas* felemás korlát; ~*s paralelas* korlát **5.** kikötő bejárata **6.** balharántpólya (címerben) **7.** ruhaszegély; sáv, szalag **II.** *m* erős egészséges ember
barraca [börràkö] *f* **1.** *kat* barakk; sátor; *armar* ~*s* lesátoroz; *desarmar*

~*s* tábort bont 2. (vásári) sátor, bódé 3. strandkunyhó, strandkosár
barracão [börrökö^{n}u] *m* 1. nagy sátor 2. vegyeskereskedés 3. fészer; hangár
barraco [börràku] *m* kunyhó, barakk
barragem [börràzsö^{n}j] *f* 1. gát, duzzasztógát, völgyzáró gát 2. *kat: fogo v tiro de* ~ zárótűz
barranca [börrö^{n}nkö] *f* = **barranco**
barranco [börrö^{n}nku] *m* 1. szurdok; vízmosás 2. szakadék, mélység, meredély
barrancoso [börrö^{n}nkozu] *mn* vízmosásos
barraqueiro [börrökéjru] *m* bódétulajdonos
barrar [börràr] *1/12 ts* I. 1. elzár, eltorlaszol; ~ *o caminho* lezárja az utat 2. *müsz* rúd alakúra formál 3. szegélyez (ruhát) II. 1. agyaggal bevon; bevakol, bepucol 2. ~ *o pão com manteiga* vajat ken a kenyérre
barrear [börrjàr] *1/5 ts* besároz
barregã [börrigö^{n}] *f* kitartott nő, szerető
barregar [börrigàr] *1/13 tl biz* óbégat, rikoltoz
barreira [börréjrö] *f* 1. (vasúti) sorompó; korlát, védőrács 2. ~*s* a) városhatár b) padsor (arénában) 3. *sp: corrida de* ~*s* gátfutás 4. *átv* akadály, nehézség
barreiro [börréjru] *m* agyagbánya
barrela [börrèlö] *f* 1. lúg 2. ruhamosás
barreleiro [börriléjru] *m* hamulúg
barrento [börre^{n}ntu] *mn* agyagos
barrete [börrét] *m* 1. sapka; *vall* birétum 2. *áll* recés gyomor
barretina [börritinö] *f kat* csákó
barrica [börrikö] *f* hordó
barricada [börrikàdö] *f* barikád, (utcai) torlasz
barriga [börrigö] *f* 1. has; pocak; *encher a* ~ teletömi a pocakját; *estar com a* ~ *para o ar* sütteti a hasát a napon, lustálkodik; *estar de* ~, *biz* másállapotos 2. kidudorodás; ~ *de perna* lábikra; *fazer* ~ a) pocakot ereszt b) megduzzad; megvetemedik
barrigão [börrigö^{n}u] *m* nagy pocak
barrigudo [börrigudu] *mn* hasas, pocakos
barril [börril] *m* kis hordó
barrilete [börrilét] *m* hordócska
barrir [börrir] *3/13 tl* bőg, ordít (mint az elefánt)
barrista [börristö] *fn* 1. nyújtóakrobata 2. agyagmintázó
barro [bàrru] *m* 1. agyag 2. ~*s* kiütés az arcon
barroca [börròkö] *f* 1. szakadék, szurdok 2. barlang, üreg
barroco [börroku] *mn* és *fn, m* barokk
barroso [börrozu] *mn* 1. agyagos; sáros 2. kiütéses
barrote [börròt] *m* 1. (kis) gerenda; szarufa 2. (hordó)állvány
Bartolomeu [börtuluméu] *m* Bertalan
barulhada [böruljàdö] *f* 1. pokoli lárma 2. szörnyű felfordulás
barulheira [böruljéjrö] *f* = **barulhada**
barulhento [böruljе^{n}ntu] *mn* lármás, zajos, hangos
barulho [börulju] *m* zsivaj; *armar* ~ zsibong
basáltico [bözàltiku] *mn* bazalt-
basalto [bözàltu] *m* bazalt
basbaque [bözsbàk] *m* szájtáti; hiszékeny, balek
báscula [bàskulö] *f* 1. (híd)mérleg 2. *carrinho de* ~ billenőkocsi
basculante [böskulö^{n}nt] I. *mn* billenő II. *fn, m* billenőkocsi
basculh . . . → **vasculh . . .**
base [bàz] *f* 1. bázis, alap; *na* ~ *de, com* ~ *a* vminek az alapján; *não tem* ~ nincs alapja, nem indokolt 2. *ép* talp, talapzat 3. *vegy* bázis 4. *mat* alap, alapvonal, alapszám 5. *kat* támaszpont; ~ *naval* haditengerészeti támaszpont; ~ *de aviação* légi támaszpont 6. kiindulási pont; alapelv
baseamento [bözjöme^{n}ntu] *m* alapépítmény
basear [bözjàr] *1/5* I. *ts:* ~ *em* alapít *v* alapoz vmire (*átv* is) II. ~*-se em* 1. alapul *v* alapszik vmin 2. hivatkozik vmire
básico [bàziku] *mn* 1. alapvető 2. *vegy* bázisos
basilar [bözilàr] *mn* alapvető, lényeges, fő-
Basilea [böziléjö] *f* Bázel
basílica [bözilikö] *f* bazilika
basílico [böziliku] *m növ* bazsalikom
basilisco [bözilisku] *m* 1. mesebeli sárkány 2. dél-amerikai gyíkfajta
basquetebol [bàskitibòl] *m* kosárlabda
basta [bàstö] *isz* elég! ~ *de tolices!* elég a butáskodásból!

bastante [böstö^{n}nt] **I.** *mn* elegendő, elégséges **II.** *hat* eléggé, meglehetősen

bastão [böstö^{n}u] *m* bot; bunkó; *~ de marechal* marsallbot

bastar [böstàr] *1/12* **I.** *tl* elég, elegendő, kifutja, kitelik belőle; *e basta* és ez minden, és ezzel mindent megmondtam **II.** **~-se** *a si próprio* önelégült

bastarda [böstàrdö] *f nyomd:* (*letra*) *~a* basztardbetű, fattyúbetű

bastardão [böstördö^{n}u] *m* durva reszelő

bastardo [böstàrdu] *mn* és *fn* **1.** törvénytelen *v* házasságon kívül született (gyermek) **2.** korcs, fattyú, nem valódi

bastear [böstyàr] *1/5 ts* fércel; letűz

bastião [böstyö^{n}u] *m* bástya

bastidão [böstidö^{n}u] *m* **1.** sűrűség (erdőé) **2.** sokaság, tömeg

bastidor [böstidor] *m* **1.** himzőkeret **2.** színfal, kulissza; *nos ~es* a kulisszák mögött; *por detrás dos ~es* a kulisszák mögül (*átv* is)

basto [bàstu] *mn* **1.** sűrű, tömör, tömött **2.** számos; gyakori; *~as vezes* számos alkalommal, gyakran

bastonada [böstunàdö] *f* megbotozás

bata [bàtö] *f* **1.** (háló)köntös; pongyola **2.** munkaköpeny

batalha [bötàljö] *f* csata, ütközet; *dar ~* harcba bocsátkozik

batalhador *m*, **-a** *f* [bötöljödor(ö)] *mn* és *fn* harcoló, harcos

batalhão [bötöljö^{n}u] *m kat* zászlóalj

batalhar [bötöljàr] *1/12 tl* **1.** harcol **2.** veszekszik

batata [bötàtö] *f* **1.** burgonya, krumpli; *~s inglesas* hasábburgonya; **2.** *~ de perna* lábikra **3.** *isk* zérus, egyes, „tök" **4.** **B** ostobaság **5.** **B** beszédhiba **6.** *szól: ele diz as coisas na ~, biz* nevén nevezi a gyermeket

batatal [bötötàl] *m* **1.** burgonyaföld **2.** *szól: é ~!* ez holtbiztos!

batateira [bötötéjrö] *f* burgonya (növény)

batateiro [bötötéjru] *mn* **1.** burgonyát kedvelő **2.** **B** durva beszédhibákat ejtő

bate-boca [bötibokö] *f* heves szóváltás, veszekedés

bate-cu [bötiku] *m* **1.** *biz* seggreesés **2.** *ját* seggrepacsi

batedeira [bötidéjrö] *f* **1.** köpülő **2.** habverő

batedoiro [bötidojru] *m* **1.** szérű **2.** fehérnemű mosására alkalmas hely folyóparton

batedor [bötidor] *m* **1.** verő *v* ütő (szerszám); habverő **2.** hajtó (vadászaton) **3.** *kat* felderítő; előörs; *~ de estrada* lovas csendőr **4.** *~ de moeda* pénzverő (személy) **5.** **B** csép; cséphadaró; **6.** *~ de carteiras* zsebmetsző, zsebtolvaj

batedouro [bötidoru] *m* = **batedoiro**

bate-estacas [bötistàkös] *m* cölöpverő (eszköz)

bátega [bàtigö] *f* **1.** mosogatódézsa **2.** zápor

bateira [bötéjrö] *f* lapos fenekű csónak

batel [bötèl] *m* csónak, sajka

batelão [bötilö^{n}u] *m* uszály

bateleiro [bötiléjru] *m* hajós, csónakos

batente [böte^{n}nt] *m* **1.** ajtószárny **2.** ajtófélfa **3.** ajtókopogtató **4.** hullámtörő (gát) **5.** **B** *biz* munka(hely); kereset

bate-orelha [bötiorèljö] *f átv* szamár; buta fráter

bate-papo [bötipàpu] *m* csevegés

bater [bötér] *2/6* **I.** *ts* üt, ver; **II.** *tl* üt, ver (óra, pulzus); *bateram duas horas* kettőt ütött az óra, két óra van **III.** **~-se** harcol, küzd vmiért (*por*); *~-se em duelo* párbajt vív **IV.** *szól: ~ boca* járatja a száját, fecseg; *~ bola* rúgja a labdát, focizik; *~ a bota* v *a caçuleta* v *o trinta-e-um, biz* elpatkol, fűbe harap; *~ os calcanhares* összevágja a bokáját; *~ o campo* bejárja a vidéket; kifürkészi a terepet; *~ carteira* zsebmetszésből él; *~ os ovos* felveri a tojásokat; *~ o pé* **a)** dobbant a lábával **b)** *átv* makacsul kitart; *bater uma praça forte* ágyúz egy erődöt; *~ os dentes* v *o queixo* vacog a foga, fázik; *~ a roupa* ruhát *v* fehérneműt mos; *~ com os costados no xadrez* a börtönbe jut; *~ sempre na mesma tecla* mindig ugyanazt a nótát fújja; *~ na testa* fejéhez kap, eszébe jut vmi; *~ no peito* mellét veri, megbán vmit; *ai bate o ponto* itt a bökkenő

bateria [bötiriö] *f* **1.** villamos elem *v* telep; akkumulátor; *~ de pilhas secas* szárazelemes telep **2.** *kat* ágyuüteg; *assestar as ~s* becélozza az ütegeket, *átv* betervez vmit **3.** zenekar ütőhangszerei **4.** *~ de cozinha* konyhaedények

baterista [bötiristö] *fn* ütőhangszeres, dobos

batida [bötidö] *f* 1. ütés, verés; ~ *do relógio* az óra ütése 2. kitaposott ösvény, csapás 3. hajtóvadászat 4. *kat* portya 5. razzia 6. dorgálás, feddés 7. *B* koktél, kevert ital 8. *de* ~ sebtiben

batido [bötidu] *mn* 1. kitaposott, járt (út) 2. elnyűtt, elhasznált, kopott 3. *átv* elcsépelt

batimento [bötimeⁿntu] *m* ütés, verés; ~ *cardíaco* szívverés

batina [bötinö] *f* reverenda

batom, baton [bàtoⁿ] *m* ajakrúzs

batoque [bötòk] *m* 1. hordódugasz 2. hordólyuk, száд

batota [bötòtö] *f* hamis játék, csalás; *casa de* ~ játékbarlang; *fazer* ~ csal a játékban

batoteiro [bötutéjru] *m* hamiskártyás, csaló

batrácios, batráquios [bötràszjus, -ràkjus] *m tb áll* kétéltűek

batuque [bötuk] *m* 1. négertánc dobbantással és tapssal 2. négerdob

batuta [bötutö] *f* karmesteri pálca

baú [böu] *m* nagy láda

baunilha [bàuniljö] *f* vanilia; ~ *dos jardins, növ* kerti vanilia, kunkor

bauxita [bàukszitö] *f* bauxit

bávaro [bàvöru] *mn* és *fn* bajor

Baviera [bövjèrö] *f* Bajorország

bazar [bözàr] *m* bazár; ~ *de brinquedos* játékbolt

bazófia [bözòfjö] *f* dicsekvés, kérkedés

bazofiar [bözofjàr] *1/7 tl* dicsekszik, kérkedik

bazófio [bözòfju] *mn* és *fn* dicsekedő, kérkedő

bazuca [bözukö] *f kat* tankelhárító fegyver, páncélököl

bazulaque [bözulàk] *m* 1. szalontüdő (étel) 2. nagyon kövér ember 3. *B* kókuszból és mézből készült édesség

BC = *Banco Central* Központi Bank

bê [bé] *m* bé (betű neve)

bê-a-bá [béàbà] *m* ábécé; *não sabe o* ~ nem tud semmit; írni-olvasni nem tud

beata [bjàtö] I. *mn* → **beato** II. *fn, f biz* cigarettavég, csikk

beatice [bjötisz] *f* álszenteskedés

beatificação [bjötifiköszöⁿu] *f vall* boldoggá avatás

beatificar [bjötifikàr] *1/2 ts* boldoggá avat

beatitude [bjötitùd] *f* boldogság

beato [bjàtu] *mn* és *fn* 1. boldog 2. vakbuzgó, szenteskedő

bebé [bèbè] *m* csecsemő, kisbaba

bebedeira [bibidéjrö] *f* részegség, ittasság; *apanhar uma* ~, *cair na* ~ leissza magát, berúg; *cozer* v *cozinar a* ~ v *a borracheira* kialussza mámorát

bebedice [bibidisz] *f* részegség

bêbedo [bébidu] I. *mn* ittas, részeg II. *fn* iszákos, részeges

bebedoiro, bebedouro [bibidojru, -doru] *m* itató vályú; madáritató

bebedor *m*, **-a** *f* [bibidor(ö)] *mn* és *fn* iszákos

beber [bibér] *2/7 ts* 1. iszik; 2. magába szív, felszív 3. *átv* bevesz vmit, elhiszi 4. eltitkol; visszafojt; ~ *dores* eltitkolja szenvedéseit; ~ *lágrimas* visszafojtja könnyeit; 5. *szól:* ~ *os ares* v *os ventos por* fülig szerelmes vkibe, rajong vkiért; ~ *uma pinga, biz* iszik egy kortyot; ~ *à saúde de* iszik vkinek az egészségére; *beber até não querer mais* leissza magát a sárga földig; ~ *do fino* jól értesült, bennfentes; *dar a* v *de* ~ inni ad, megitat; *dar para* ~ ivásra adja a fejét

beberagem [bibiràzsöⁿj] *f* 1. gyógyital 2. *átv* kotyvalék

beberes [bibéris] *m tb* italok

beberete [bibirét] *m* 1. koktélparti 2. frissítő ital

bebericar [bibirikàr] *1/2 tl* hörpint, szürcsöl(get)

beberrão *m*, **beberrona** *f* [bibirröⁿu, -ronö] *mn* és *fn* iszákos, alkoholista

bebes [bèbis] *m tb biz* italok; *comes e* ~, *argó* kaja és pia

bebida [bibidö] *f* ital; *dar-se* v *entregar-se à* ~ iszákos lesz

bebível (bibivèl] *mn* iható

beca [bèkö] *f* talár; palást

beco [béku] *m* (mellék)utca

bedame [bidàm] *m* véső (szerszám)

bedel [bidèl] *m* pedellus, iskolai hivatalsegéd

bedelho [bidélju] *m* 1. rögzítőpecek (ajtón); kallantyú 2. gyerkőc, ifjonc 3. *meter o* ~ részt vesz a társalgásban, közbeszól; *meter o* ~ *em negócios alheios* beleszól más dolgaiba

beduino [böduinu] *mn* és *fn* beduin
beguina [biginö] *f* szenteskedő nő
bei [béj] *m* bej
beiça [béjszö] *f biz* pofa
beicinho [béjszinyu] *m*: *fazer* ~, *biz* pofákat vág, duzzog
beiço [béjszu] *m* **1.** (alsó) ajak; *~-de-lebre* nyúlajak; *lamber os ~s* nyalja a szája szélét, *átv* előre élvezi; *trazer pelo ~* orránál fogva vezeti, ujja köré csavarja **2.** seb széle
beiçudo [béjszudu] *mn* vastag ajkú
beijado [béjzsàdu] *mn* megcsókolt; *de mão ~a* szívességből, ingyen
beija-flor [béjzsöflor] *m áll* kolibri
beija-mão [béjzsömö^{n}u] *m* **1.** kézcsók **2.** *átv* behódolás
beijar [béjzsàr] *1/1 ts* **1.** (meg)csókol **2.** megérint
beijinho [béjzsinyu] *m* **1.** röpke csók **2.** vminek a veleje, krémje, legjobb része
beijo [béjzsu] *m* csók
beijoca [béjzsòkö] *f* cuppanós csók, puszi
beijocar [béjzsukàr] *1/2, 1/15 ts* cuppanós csókokat ad
beijoqueiro [béjzsukéjru] *mn* csókolódzó
beira [béjrö] *f* **1.** vminek a széle; *~ do telhado* eresz; *à ~ de* mellett, közelében, -nál, -nél; *à ~ do abismo* a tönk szélén; *à ~ de estrada* az út szélén; *estar à ~ da sepultura* fél lábbal a sírban van; *não tem leira nem ~* se kutyája, se macskája **2.** (folyó)part
beirada [béjràdö] *f* **1.** vminek a széle **2.** eresz **3.** **B** környék, szomszédság
beirado [béjràdu] *m* tető széle; eresz
beiral [béjràl] *m* = **beirado**
beira-mar [béjrömàr] *f* tengerpart; strand; *à ~* a tenger mellett, a strandon
beirão *m*, **beirã** *f* [béjrö^{n}u, béjrö^n] *mn* és *fn* beirai, Beirából való
beirar [béjràr] *1/1 ts* érint, súrol; vminek a szélén halad; nincs messze vmitől (*átv* is); *~ os quarenta* közel áll a negyvenhez
beira-rio [béjröriu] *f* folyópart
beisebol [béjzibòl] *m sp* baseball
B.^{el} = *bacharel* bakkalaureus
beladona [belödònö] *f növ* nadragulya
belamente [bèlöme^{n}t] *hat* nagyon szépen, kiválóan, pompásan
belas-artes [bèlözàrtis] *f tb* szépművészetek
belas-letras [bèlözslétrös] *f tb* szépirodalom
belchior [bèlsjor] *m* **B** régiségkereskedő; antikvárius
beldade [bèldàd] *f* szépség
beleguim [biligi^n] *m* **1.** törvényszolga **2.** *biz* zsaru
Belém [bilö^{n}j] *m* Betlehem
beleza [bilézö] *f* szépség; *salão de ~* kozmetikai szalon; *que ~!* jaj de szép! csodás! (*gúny* is)
belfo [bèlfu] *mn* vastag ajkú
belga [bèlgö] *mn* és *fn* belga
Bélgica [bèlzsikö] *f* Belgium
beliche [bilis] *m* kabin (hajón); hálóhely
bélico [bèliku] *mn* háborús, harci
belicoso [bilikozu] *mn* harcias
beligerância [bilizsirö^{n}szjö] *f* hadviselés
beligerante [bilizsirö^{n}nt] *mn* hadviselő
beliscar [biliskàr] *1/2 ts* **1.** (meg)csíp, belecsíp **2.** *átv* piszkál, szurkál
belo [bèlu] *mn* szép
bel-prazer [bèlprözér] *m*: *a (seu) ~* tetszése *v* kénye-kedve szerint
beltrano, beltrão [bèltrönu, -rö^{n}u] *m* egy valaki
belvedere [bèlvidér] *m* kilátó(torony)
bem [bö^{n}j] **I.** *hat* **1.** jól; *~ . . ., mas* jóllehet . . ., de; *~ como* éppen úgy, mint; valamint; *~ que* még ha . . . is; *ainda ~!* nagyon jó! annál jobb! *ora ~! pois ~!* nos hát; hát jó; *se ~ que* noha, jóllehet, ámbár, még ha . . . is **2.** nagyon; meglehetősen; *~ bom v bonzinho* egészen jó, nem is rossz; *~ de* jó sok vmiből; *~ longe* jó messze; *~ mais* jóval több; *~ pouco* elég kevés, nagyon kevés **II.** *fn, m* **1.** a jó, jóság **2.** jólét; előny, haszon; *a ~ de* vkinek előnyére *v* hasznára **3.** *bens, tb* javak, vagyon; *bens móveis* ingó vagyon, ingóság; *bens de raiz* ingatlan(ok); *közm*: *bens de sacristão cantando vem, cantando vão* ebül szerzett jószág ebül vész **III.** *szól*: *fazer ~* jót tesz (*átv* is); *haver v ter por ~* jónak talál; helyesli; *isso é ~ dele!* ez ő! ebből ráismerek! *~ que lhe disse!* hát nem megmondtam? *está ~* jól van, rendben van; *estar (de) ~ com* jóban *v* jó viszonyban van vkivel; *~ haja* **a)** sok szerencsét! **b)** jó neki! *~ haja quem* jó annak, aki; *meu ~* kedvesem, kincsem; *por ~*

ou por mal akár így, akár úgy; *por ~ fazer, mal haver* jótett helyébe jót ne várj! ez a hála! *közm: excesso de ~ não faz mal a ninguém* minél több, annál jobb! *közm: não há ~ que sempre dure, nem mal que por si perdure* semmi sem tart örökké

bem-aventurado [bö^{n}jöve^{n}turàdu] *mn* boldog

bem-aventurança [bö^{n}jöve^{n}turö^{n}szö] *f* (örök) boldogság

bem-criado [bö^{n}jkrjàdu] *mn* **1.** jól nevelt **2.** jól táplált

bem-dizer [bö^{n}jdizér] *2/12* → **bendizer**

bem-educado [bö^{n}jidukàdu] *mn* jól nevelt

bem-entendido [bö^{n}je^{n}nte^{n}ndidu] *hat* természetesen

bem-estar [bö^{n}jistàr] *m* jólét

bem-fadado [bö^{n}jfödadu] *mn* szerencsés

bem-falante [bö^{n}jfölö^{n}nt] *mn* jól beszélő; ékesszóló

bem-fazer [bö^{n}jfözér] *2/13 tl* jótékonykodik, jót tesz

bem-humorado [bö^{n}jumuràdu] *mn* jókedvű

bem-intencionado [bö^{n}ji^{n}nte^{n}szjunàdu] *mn* jó szándékú

bem-me-quer [bö^{n}jmikér] *m növ* **1.** margaréta, margitvirág **2.** százszorszép

bem-nado, bem-nascido [bö^{n}jnàdu, bö^{n}jnös-szidu] *mn* jó családból való

bemol [bimòl] *m zene* **1.** b-jel **2.** félhanggal leszállított hang

bem-parecido [bö^{n}jpöriszidu] *mn* jóvágású, csinos

bem-posto [bö^{n}jpostu] *mn* jól öltözött

bem-querer [bö^{n}jkirér] *2/18 ts* szeret, kedvel

bem-soante [bö^{n}jszuö^{n}nt] *mn* dallamos

bem-vindo [bö^{n}jvindu] *mn* szívesen fogadott *v* látott

bem-visto [bö^{n}jvistu] *mn* szívesen látott; kedvelt

bençăo [be^{n}szö^{n}u] *f* áldás

bendito [be^{n}nditu] *mn* áldott

bendizer [be^{n}ndizér] *2/12 ts* **1.** dicsér, magasztal; áld **2.** jót mond vkiről **T**

Benedito [biniditu] *m* Benedek

beneficiaçăo [binifiszjöszö^{n}u] *f* **1.** jobbá *v* szebbé tétel, megjavítás **2.** dúsítás

beneficiar [binifiszjàr] *1/7* **I.** *ts* **1.** jót tesz vkivel **T** **2.** megajándékoz, adományoz **3.** javít, dúsít, nemesít **II.** *tl: ~ de* hasznot húz vmiből, élvez vmit

beneficiário [binifiszjàrju] *m* haszonélvező; kedvezményezett

benefício [binifiszju] *m* **1.** jótett, jótétemény **2.** előny, haszon; *a ~ de inventário* fenntartással; *em ~ de* vkinek a javára *v* érdekében **3.** *szính* jótékony célú előadás

benéfico [binèfiku] *mn* jótevő

benemerência [binimire^{n}szjö] *f* érdem

benemerente [binimire^{n}nt] *mn* nagyérdemű

benemérito [binimèritu] *mn: ~ de* érdemes *v* méltó vmire

beneplácito [biniplàszitu] *m* beleegyezés, jóváhagyás

benevolência [binivule^{n}szjö] *f* jóakarat; jóság

benevolente [binivule^{n}nt] *mn* = **benévolo**

benévolo [binèvulu] *mn* jóindulatú

benfazejo [be^{n}fözézsu] *mn* jótevő

benfeitor *m*, **-a** *f* [bö^{n}jféjtor(ö)] *mn* és *fn* jótevő

bengala [be^{n}ngàlö] *f* bot, sétapálca

bengalada [be^{n}ngölàdö] *f* botütés

bengaleiro [be^{n}ngöléjru] *m* **1.** sétabot- *v* esernyő-készítő **2.** esernyőtartó **3.** ruhatár **4.** ruhatáros

benignidade [binignidàd] *f* jószívűség, jóság

benigno [binignu] *mn* **1.** jóindulatú **2.** enyhe

benjamim [be^{n}zsömi^n] *m* **1.** benjámin, legkisebb fiú (a családban) **2.** kedvenc

benjoim [be^{n}zsui^n] *m vegy* benzoe(gyanta)

benquerença [be^{n}nkire^{n}szö] *f* szeretet, ragaszkodás

benquisto [be^{n}nkistu] *mn* szeretett, kedvelt

bens → **bem II. 3.**

bento [be^{n}ntu] **I.** *mn* áldott; *água ~a* szenteltvíz **II.** *fn, m* Benedek-rendi szerzetes

benzedeira [be^{n}zidéjrö] *f* javasasszony; boszorkány

benzedeiro [be^{n}zidéjru] *m* kuruzsló; boszorkánymester

benzer [be^{n}zér] *2/1* **I.** *ts* (meg)áld **II. 1.** **~-se** keresztet vet **2.** csodálkozik

benzina [be^{n}zinö] *f* benzin

benzol [be^{n}zòl] *m vegy* benzol

bequadro [bèkvàdru] *m zene* feloldójel
beque [bèk] *m* **1.** hajóorr **2.** nagy orr **3.** *sp* hátvéd
berbequim [birbiki^n] *m müsz* mellfurdancs, amerikáner
berço [bérszu] *m* **1.** bölcső; *közm: o que o ~ dá a tumba o leva* kutyából nem lesz szalonna **2.** *müsz* alapzat, talp **3.** csúszda (hajó vízrebocsátásához) **4.** B festékpárna **5.** B itatós
bergantim [birgö^{n}nti^n] *m* kétárbocos vitorláshajó
berilo [birilu] *m ásv* berill
berimbau [biri^{n}mbàu] *m zene* doromb
berinjela [biri^{n}nzsèlö] *f növ* padlizsán, törökparadicsom
Berlim [birli^n] *m* Berlin
berlinda [birli^{n}ndö] *f* **1.** utazókocsi **2.** *estar na ~* **a)** napirenden van **b)** a gúny *v* bírálat céltáblája
berlinense [birline^{n}sz] *mn* és *fn* berlini
berliques [birlikis] *m tb: por artes de ~ e berloques* bűvészkedéssel; csalárd módon
berloque [birlòk] *m* (zsebórán függő) csecsebecse
berma [bèrmö] *f* padka (útszélen)
berra [bèrrö] *f áll* párzás (ideje), dürgés; *andar v estar na ~* **a)** közszájon forog **b)** divatos
berrante [birrö^{n}nt] *mn* rikító
berrar [birràr] *1/13 tl* **1.** ordít, bőg, béget **2.** rikít
berraria [birröriö] *f* = **berreiro**
berregar [birrigàr] *1/4, 1/13 tl* ordítozik, kiabál
berreiro [birréjru] *m* ordítozás
berro [bèrru] *m* ordítás, kiáltás; bőgés, bégetés
besoiro, besouro [bizojru, -oru] *m* bogár; cserebogár; *~-da-batata* burgonyabogár
besta[1] [béstö] **I.** *mn* buta, ostoba **II.** *fn, f* **1.** barom, állat, marha (*átv* is); *deixe de ser ~* ne hülyéskedjen! **2.** fajankó, mamlasz
besta[2] [bèstö] *f rég* íjpuska
besta-fera [béstöfèrö] *f* vadállat
bestar [bistàr] *1/13 tl* ostobán beszél *v* cselekszik
besteira [bistéjrö] *f* B **1.** butaság **2.** potom összeg
besteiro [bistéjru] *m* **1.** *rég* íjpuskás **2.** lövész
bestial [bistyàl] *mn* bestiális, állatias, vad, durva
bestialidade [bistyölidàd] *f* állatiasság, durvaság
bestializar-se [bistyölizàrszi] *1/1* elállatiasodik
bestunto [bistu^{n}ntu] *m biz* kobak, fej
besugo [bizugu] *m áll* durbincs
besuntão *m*, **besuntona** *f* [bizu^{n}ntö^{n}u, -tonö] *fn* koszfészek
besuntar [bizu^{n}ntàr] *1/1 ts* összemaszatol
beta [bétö] *f* **1.** színes sáv *v* csík **2.** kis ércér
betão [bitö^{n}u] *m* beton
beterraba [bitirràbö] *f* (cukor)répa
betesga [bitézsgö] *f* szűk utca; zsákutca
betonar [bitunàr] *1/15 ts* betonoz
betoneira [bitunéjrö] *f* betonkeverő gép
bétula [bètulö] *f* nyírfa
betumado [bitumàdu] *mn* kátrányos, kátrány-; *cartão ~* kátránypapír
betumar [bitumàr] *1/1 ts* **1.** (be)kátrányoz **2.** aszfaltoz **3.** begittel
betume [bitum] *m* **1.** aszfalt **2.** gitt
betuminoso [bituminozu] *mn* bitumenes
bexiga [bisigö] *f* **1.** hólyag; húgyhólyag; *~ de fel* epehólyag **2.** *~s, tb* himlő; *~s doidas* v *loucas* bárányhimlő; *picado das ~s* himlőhelyes **3.** *szól: fazer ~* kigúnyol; megtréfál
bexigoso, bexiguento [bisigozu, -ge^{n}ntu] *mn* himlőhelyes
bezerra [bizérrö] *f* üsző
bezerro [bizérru] *m* **1.** borjú; fiatal bika **2.** borjúbőr
B. F. = *boas-festas* boldog ünnepeket!
bibe [bib] *m* játszókötény
biberão [bibirö^{n}u] *m* cuclisüveg
Bibl. = **1.** *bibliografia* bibliográfia **2.** *biblioteca* könyvtár
Bíblia [bibliö] *f* biblia
bíblico [bibliku] *mn* **1.** bibliai **2.** ősi, ősrégi
bibliófilo [bibliòfilu] *m* könyvbarát, könyvgyűjtő
bibliografia [bibliugröfiö] *f* bibliográfia, könyvészet; szakirodalom
bibliográfico [bibliugràfiku] *mn* bibliográfiára vonatkozó
bibliómano [bibliòmönu] *m* könyvek bolondja
biblioteca [bibliutèkö] *f* könyvtár; *~ viva, átv* élő lexikon
bibliotecário [bibliutikàrju] *m* könyvtáros

biboca [bibokö] *f* B 1. vízmosás, szurdok 2. szalmakunyhó

bica [bikö] *f* 1. vízcső 2. vízsugár 3. *szól:* *em* ~ bőségesen; *correr em* ~ patakokban ömlik; *suar em* ~ csorog a verejtéke; *estar à* v *na* ~, *átv* küszöbön áll

bicada [bikàdö] *f* 1. csípés *v* ütés csőrrel 2. csőrbe férő mennyiség 3. hegy lába 4. erdő széle

bicampeão [bikö^{n}mjö^{n}u] *m sp* kétszeres bajnok

bicéfalo [biszèfölu] *mn* kétfejű

biceps [biszèpsz] *m* kétfejű izom (a felső karon)

bicha [bisö] *f* 1. csúszómászó állat; kígyó; gyík; féreg; giliszta; ~ *solitária* galandféreg; ~ *de sangrar* pióca; *estar* v *ficar com uma* ~ dühöng, dühös 2. sor, sorbaállás; *entrar na* ~ beáll a sorba; *fazer* ~ sort áll 3. ~ *de rabear* béka (röppentyűfajta)

bicha-cadela [bisöködèlö] *f áll* fülbemászó

bichado [bisàdu] *mn* B kukacos, férges

bichanar [bisönàr] *1/1 tl* suttog(va beszél)

bichano *m*, **-a** *f* [bisönu, -ö] *fn* kiscica

bichão [bisö^{n}u] *m* fenegyerek; nagy menő

bichar [bisàr] *1/1 tl* megférgesedik (gyümölcs)

bicharada [bisöràdö] *f* B 1. férgek, kukacok 2. *átv* nyüzsgés; tolongás

bicharia [bisöriö] *f* = **bicharada**

bicharrão [bisörrö^{n}u] *m* → **bicho** (nagyító képzős alakja)

bicheiro [biséjru] I. *mn* kicsinyes, aprólékos II. *fn, m* 1. horgászbot; horog 2. *haj* csáklya 3. B sorsjegyárus

bichento [bise^{n}ntu] *mn* kukacos, férges

bicho [bisu] *m* 1. állat; rovar; féreg; kukac; tetű; poloska; ~ *de conta* ászka, pincebogár 2. különc, emberkerülő; csúnya külsejű alak; ~ *raro* csodabogár 3. elsőéves, „gólya" 4. B *biz átv* **a)** nagyfejű; góré **b)** vmiben kiváló ember 5. *szól:* ~ *da consciência* lelkiismeretfurdalás; ~ *de cozinha átv* kukta; ~ *de sete cabeças* hétfejű sárkány; *átv* nehéz ügy; *fazer de alguma cousa um* ~ *de sete cabeças* bolhából elefántot csinál; ~ *do monte* v *do mato* v *da toca* különc; *matar o* ~, *biz* (éhgyomorra) lehajtja reggeli kupicáját; *que* ~ *te mordeu?* mi szállt beléd? *pancadaria de criar* ~ parázs verekedés

bichoca [bisòkö] *f* 1. bélféreg 2. (kis) kelés, furunkulus

bicho-carpinteiro [bisukörpi^{n}ntéjru] *m áll* szú; *ter* ~ elaludt *v* bizsereg a lába

bicho-da-seda [bisudöszédö] *m* selyemhernyó

bicho-de-buraco [bisudiburàku] *m* emberkerülő

bicho-de-pé [bisudipè] *m* bolha

bicho-de-queijo [bisudikéjzsu] *m* sajtkukac

bichoso [bisozu] *mn* férges; poloskás; tetves

bicicleta [bisziklètö] *f* kerékpár; ~ *de corridas* versenykerékpár; *andar* v *ir de* ~ kerékpározik

bico [biku] *m* 1. csőr; csőrszerű hegy *v* vég; ~ *de gás* gázégő 2. száj; *calar o* ~ befogja a száját; hallgat; *não abrir* ~ egy kukkot sem szól; ~! csend (legyen)! ~ *calado!* pofa be! 3. írótoll; ~ *da pena* tollhegy; *desenho a* ~ *de pena* tollrajz 4. *szól:* ~ *de obra* bonyolult ügy; ~ *do pé* lábujjhegy; *andar em* ~*s de pés* lábujjhegyen jár; ~ *do peito* mellbimbó; *chapéu de três* ~*s* háromszögletű kalap; *melro de* ~ *amarelo* ravasz kópé; *isso leva* v *tem* v *traz água no* ~ e mögött lappang valami; *jogar com pau de dois* ~*s* kettős játékot űz; *molhar o* ~ iszik; *ter* ~ nehéz, bonyolult

bicorne [bikòrn] *mn* = **bicórneo**

bicórneo [bikòrniu] *mn* kétszarvú; *argumento* ~ szarvasokoskodás, dilemma

bicudo [bikudu] *mn* 1. hegyes, éles 2. nehéz, bonyolult

bidente [bide^{n}nt] *m* kétágú villa *v* irtókapa

biela [bjèlö] *f műsz* hajtórúd

bienal [bjènàl] *mn* kétévi, kétévenkénti

biénio [bjènju] *m* kétéves időköz

bifar [bifàr] *1/1 tl biz* elcsen, (el)csór

bife (bif] *m* 1. bifsztek; ~ *a cavalo* bifsztek tükörtojással; ~ *à milanesa* rántott szelet 2. *gúny* angol ember

bifesteque [bifsték] *m* = **bife**

bifurcação [bifurköszö^{n}u] *f* kettéágazás, (út)elágazás

bifurcar [bifurkàr] *1/2* I. *ts* 1. kettéválaszt, szétválaszt 2. szétterpeszt II. ~**-se** kettéágazik, elágazik

bigamia [bigömiö] *f* bigámia
bígamo [bigömu] *mn* és *fn* bigámista
bigode [bigòd] *m* **1.** bajusz; *deixar crescer o* ~ bajuszt növeszt; *raspar o* ~ leborotválja a bajszát **2.** *dar um* ~ *a* megtréfál vkit
bigodudo [bigududu] *mn* nagy bajuszú
bigorna [bigòrnö] *f* üllő; *estar entre o martelo e a* ~ két tűz között találja magát
bigorrilha(s) [bigurriljö(s)] *m* hitvány alak, gazfickó
bijuteria [bizsutiriö] *f* ékszeráru; ékszerüzlet
bilateral [bilötiràl] *mn* kétoldalú, kétoldali
bilha [biljö] *f* korsó, kancsó; *dar* ~ *de leite por* ~ *de azeite* előnyös üzletet köt
bilhar [biljàr] *m* biliárd
bilh.^{e} = *bilhete* jegy
bilhete [biljét] *m* **1.** jegy, belépőjegy, menetjegy; ~ *de ida e volta* menettérti jegy; ~ *de loteria*, ~ *das sortes* sorsjegy, lottócédula **2.** levél(ke); cédula; ~ *postal* postai levelezőlap **3.** bankjegy
bilheteira [biljitéjrö] *f* jegypénztár
bilheteiro [biljitéjru] *m* jegyárus
bilheteria [biljitiriö] *f* **B** = **bilheteira**
bilhostre [biljòstri] *m* **1.** csaló; gazfickó; pimasz **2.** *pejor* külföldi
bilião [biljö^{n}u] *m* milliárd
biliar [biljàr] *mn* epe-
bilingue [bili^{n}ngvi, bili^{n}ng] *mn* kétnyelvű
bilioso [biljozu] *mn* epés
bilis [bilis] *f* **1.** epe **2.** *átv* ingerlékenység, rosszkedv
bilontra [bilo^{n}ntrö] *m* **B** csibész; szélhámos
bilrar [bilràr] *1/1 ts* csipkét ver
bilro [bilru] *m* **1.** klöpli, vert csipke **2.** verőcséve **3.** labdaütő **4.** emberke, kis göcs
biltre [biltr] *m* csirkefogó
bimbalhada [bi^{n}mbölj àdö] *f* harangozás; csengetyűszó
bimbalhar [bi^{n}mböljàr] *1/12 ts* harangoz; csenget
bimbarra [bi^{n}mbàrrö] *f* emelőrúd
bimensal [bime^{n}szàl] *mn* félhavi; havonként kétszer megjelenő
bimestral [bimistràl] *mn* kéthavonkénti
bimotor [bimutor] *mn* és *fn*, *m* kétmotoros (repülőgép)
binário [binàrju] **I.** *mn* **1.** *mat* biner; bináris **2.** *zene: compasso* ~ kétnegyedes ütem **II.** *fn*, *m* erőpár
binóculo [binòkulu] *m* (**B**: ~*s*, *tb*) színházi látcső
biografar [bjugröfàr] *1/12 ts* megírja vkinek az életrajzát
biografia [bjugröfiö] *f* életrajz
biográfico [bjugràfiku] *mn* életrajzi
biógrafo [bjògröfu] *m* életrajzíró
biologia [bjuluzsiö] *f* biológia
biológico [bjulòzsiku] *mn* biológiai
biologista [bjuluzsistö] *fn* biológus
biólogo [bjòlugu] *m* biológus
biombo [bjo^{n}mbu] *m* spanyolfal; kályhaellenző
bioquímica [bjukimikö] *f* biokémia, életvegytan
bipartidarismo [bipörtidörizsmu] *m pol* kétpártrendszer
bipartido [bipörtidu] *mn* két részre *v* pártra osztott
bípede [bipid] *mn* és *fn*, *m* kétlábú
biplano [biplönu] *m* kétfedelű repülőgép
biquadrado [bikvödràdu] *mn mat* negyedik hatványra emelt
biqueira [bikéjrö] *f* **1.** csőr **2.** csorgó, esőcsatorna nyílása; lefolyócső; vízköpő **3.** cipőorr
biqueiro [bikéjru] *mn* kis étkű
biquíne [bikini] *m* bikini (fürdőruha)
birbante [birbö^{n}nt] *m* semmirekellő; csibész
birmã [birmö^n] *fn* **1.** *m*, *f* burmai **2.** *m* burmai nyelv
birmanês *m*, **birmanesa** *f* [birmönés, -nézö] *mn* és *fn* burmai
Birmânia [birmönyö] *f* Burma
biró [birò] *m* **B** falat
birra [birrö] *f* **1.** nyakasság, önfejűség **2.** gyűlölet; ellenszenv **3.** *szól: de* ~ csak azért is; *por* ~ rosszindulatból; *estar com a* ~ akaratoskodik, megköti magát; *ter* ~ *a*, *tomar* ~ *por* gyűlöl vkit
birrento [birre^{n}ntu] *mn* **1.** akaratos, önfejű **2.** mogorva, zsémbes
biruta [birutö] *f* **1.** *rep* szélzsák **2.** **B** *argó* ütődött, bolond
bis [bis] **I.** *hat* kétszer **II.** *isz:* ~! még egyszer! hogy volt!
bisagra [bizàgrö] *f* ajtósarok
bisanual [bizönuàl] *mn* kétéves; kétévenkénti
bisão [bizö^{n}u] *m áll* bölény

bisar [bizàr] *1/1 ts szính* **1.** ismétlést kér **2.** megismétel
bisarma [bizàrmö] *f* hatalmas termetű ember
bisavô [bizövo] *m* **1.** dédapa **2.** *~s* dédszülők
bisavó [bizövò] *f* dédanya
bisbilhotar [bizsbiljutàr] *1/15 tl* **1.** pletykál **2.** áskálódik
bisbilhoteiro *m*, **-a** *f* [bizsbiljutéjru, -ö] *fn* **1.** pletykás **2.** ármánykodó
bisbilhotice [bizsbiljutisz] *f* **1.** pletykálás **2.** ármánykodás
bisbórria [bizsbòrrjö] *m* **1.** bolond **2.** csibész, csirkefogó
bisca [biskö] *f* **1.** kártyajáték **2.** maró megjegyzés **3.** kétszínű ember
biscate [biskàt] *m* = **biscato 3.**
biscato [biskàtu] *m* **1.** madár csőrébe férő (étel)mennyiség **2.** darabka, apróság **3.** kis munka, apró szívesség
biscoiteira [biskojtéjrö] *f* kétszersültes *v* kekszes doboz
biscoito [biskojtu] *m* **1.** kétszersült; keksz; piskóta **2.** *biz* pofon, nyakleves
biscout . . . → **biscoit . . .**
bisel [bizèl] *m* rézsútos metszés
biselar [bizilàr] *1/13 ts* ferdén metsz *v* vág
bismuto [bizsmutu] *m vegy* bizmut
bisnaga [bizsnàgö] *f* **1.** tubus **2.** illatszerszóró
bisnau [bizsnàu] *mn*: *pássaro ~, átv* ravasz róka, nagy csibész
bisneto *m*, **-a** *f* [bizsnètu, -ö] *fn* dédunoka
bisonho [bizonyu] *mn* és *fn* tapasztalatlan, újonc, kezdő
bisonte [bizo^{n}nt] *m áll* bizon
bispado [bispàdu] *m* püspökség
bispal [bispàl] *mn* püspöki
bispar [bispàr] *1/1* **I.** *ts* **1.** messziről megpillant **2.** megfigyel; kifürkész **II.** *~***-se** eloson, olajra lép
bispo [bispu] *m* **1.** püspök **2.** *sakk* futó **3.** *szól*: *o arroz tem ~* a tűz odakapta a rizst; *trabalhar para o ~* ingyen dolgozik
bissecção [biszè(k)szö^{n}u] *f geom* felezés
bissectriz [biszèktris] *f geom* felezővonal
bissemanal [biszimönàl] *mn* kéthetenként megjelenő
bissemanário [biszimönàrju] *mn* hetenként kétszer megjelenő
bissexto [biszéstu] *mn*: *ano ~* szökőév
bisturi [bisturì] *m* műtőkés
bitácula [bitàkulö] *f haj* tájolóház
bitola [bitòlö] *f* **1.** szabványminta, sablon, idomszer, kaliber; *medir tudo pela mesma ~, átv* mindent egy kaptafára húz **2.** *vasút* nyomtáv(olság); *~ estreita* (*larga*) keskeny (széles) nyomtáv; *de ~ simples* egyvágányú
bitributação [bitributöszö^{n}u] *f* kettős adóztatás
bivacar [bivökàr] *1/2, 1/12 tl* táborozik
bivaque [bivàk] *m* **1.** (szabad ég alatti) táborozás **2.** *kat* tábori sapka
Bizâncio [bizö^{n}szju] *m tört* Bizánc
bizantino [bizö^{n}ntinu] *mn* **1.** bizánci **2.** bizantin, talpnyaló **3.** szőrszálhasogató, fontoskodó
bizarrear [bizörrjàr] *1/5 ts* fitogtat
bizarria [bizörriö] *f* **1.** bátorság, vakmerőség, bravúr **2.** nemeslelkűség, nemes cselekedet **3.** báj, kedvesség, csín **4.** kérkedés, fitogtatás; gőg **5.** makkegészség; *como vai essa ~?* hogy állunk egészség dolgában?
bizarrice [bizörrisz] *f* **1.** hiú viselkedés; fitogtatás **2.** hencegés, felvágás
bizarro [bizàrru] *mn* **1.** bátor, vakmerő **2.** lovagias **3.** csinos, jóvágású; elegáns **4.** kérkedő; gőgös; büszke
blandícia [blö^{n}ndiszjö] *f* kedveskedés, gyengédség
blandicioso [blö^{n}ndiszjozu] *mn* **1.** kedveskedő, gyengéd **2.** hízelgő
blasfemar [blösfimàr] *1/14* **I.** *ts* káromol; szid, gyaláz **II.** *tl* káromkodik, szitkozódik
blasfematório [blösfimötòrju] *mn* istenkáromló
blasfémia [blösfèmjö] *f* istenkáromlás
blasfemo [blösfému] *mn* és *fn* istenkáromló, gyalázkodó; szitkozódó, sértegető
blasonar [blözunàr] *1/15* **I.** *ts* henceg, dicsekszik, kérkedik vmivel **T II.** *~***-se** **1.** önmagát dicséri **2.** nagyképűsködik, felvág
blefar [blèfàr] *1/1 tl* blöfföl, nagyzol
blefe [blèf] *m* blöff
blenda [ble^{n}ndö] *f ásv* szfalerit, cinkszulfid
blenorragia [blènòrrözsiö] *f orv* gonorrhoea, kankó, tripper
blindado [bli^{n}ndàdu] *mn* **1.** páncélos; *carro ~* harckocsi, páncélkocsi, tank;

divisão ~*a* páncélos hadosztály **2.** *vill* (le)árnyékolt; *motor* ~ árnyékolt motor

blindagem [blindàzsö^{n}j] *f* **1.** páncélozás, páncélzat **2.** *vill* (le)árnyékolás

blindar [bli^{n}ndàr] *1/1 ts* **1.** páncéloz, páncéllal bevon **2.** *vill* (le)árnyékol

bloco [blòku] *m* tömb, blokk; ~ *habitacional* háztömb; ~ *político* pártok szövetsége, koalíció; ~ *de cilindros, műsz* hengertömb; *em* ~ mindenestül, együttvéve

bloquear [blukjàr] *1/5 ts* **1.** körülzár, ostromzár alá vesz **2.** lezár, elzár **3.** megállít, lefékez **4.** útját állja **5.** gátol, akadályoz, meghiúsít

bloqueio [blukéju] *m* **1.** blokád, ostromzár **2.** lezárás, elzárás

blusa [bluzö] *f* **1.** blúz **2.** zubbony, zeke

blusão [bluzö^{n}u] *m* anorák

BNDE B = *Banca Nacional de Desenvolvimento Económico* Nemzeti Gazdaságfejlesztési Bank

B.º = *beco* utca

boa[1] → **bom**

boa[2] [boö] *f áll* óriáskígyó

boá [buà] *f* boa (szőrme)

boas-festas [boösfèstös] *f tb:* (*votos de*) ~ ünnepi jókívánságok; *telegrama de* ~ üdvözlő távirat; *dar* v *desejar as* ~ kellemes ünnepeket kíván

boas-vindas [boözsvi^{n}ndös] *f tb* fogadtatás, üdvözlés; *dar as* ~ üdvözöl, fogad (érkező vendéget)

boateiro [buötéjru] *m* kósza hírek terjesztője, pletykahordó

boato [buàtu] *m* kósza hír; *há* ~*s de que* azt suttogják, hogy

boba [bobö] *f* **B** *átv* buta liba

bobagem [bobàzsö^{n}j] *f* **B** butaság

bobalhão *m*, **bobalhona** *f* [boböljö^{n}u, -ljonö] *fn átv* **B** pojáca, nevetség tárgya

bobar [bobàr] *1/1* **B** = **bobear**

bobear [bobjàr] *1/5 tl* **B** butáskodik

bobice [bobisz] *f* = **bobagem**

bobina [bubinö] *f műsz* tekercs; cséve, orsó

bobinador [bubinödor] *m* tekercselőgép, csévélőgép

bobinagem [bubinàzsö^{n}j] *f* tekercselés, felcsévélés

bobinar [bubinàr] *1/1 ts* felcsévél, felgombolyít

bobo [bobu] **I.** *mn* buta, bolond **II.** *fn* pojáca; udvari bolond; *fazer-se de* ~ **a)** adja az ostobát **b)** bolondozik

boca [bokö] *f* **1.** száj; pofa **2.** bejárat, kapu **3.** nyílás, torkolat; rés **4.** edény széle **5.** csorba **6.** *műsz* pofa **7.** *koh* adagolónyílás **8.** *szól:* ~ *danada* v *de-inferno, átv* rossz nyelv; ~ *da chaga* seb széle; ~ *de cena* színpad előtere; ~ *de estômago* gyomorszáj; ~ *de fogo* ágyú, löveg; ~ *de incêndio* tűzcsap; *à* ~ *cheia* nyíltan, őszintén; *à* ~ *da noite* alkonyatkor; *à* ~ *do inverno* a tél elején; *de* ~ szóban; *abrir a* ~ **a)** megszólal **b)** ásít; *andar* v *passar de* ~ *em* ~ szájról szájra jár; *andar na* ~ *do mundo* közszájon forog; *cala a* ~! csend legyen! pofa be! *crescer água na* ~ összefut szájában a nyál; *dizer a* v *pela* ~ *pequena* halkan mondja, suttogja; *dizer o que vem à* ~ ami a szívén, az a száján; *estar* v *ficar com a* ~ *aberta, átv* nyitva marad a szája, elámul; *estar com a palavra na* ~ a nyelve hegyén van (csak nem jut eszébe); *fazer* ~ eszik vmit ivás előtt; *fechar* v *tapar a* ~ *a, átv* befogja vkinek a száját, elhallgattat vkit; *pôr a* ~ *em* szájára vesz vkit, rosszat mond vkiről; *ter boa* ~ nem válogatós, mindent megeszik; *ter má* ~ válogatós, finnyás; *vir à* ~ felböfög (étel); *közm:* *quem tem* ~ *vai a Roma* aki beszélni tud, mindenütt boldogul; *közm:* *do prato à* ~ *perde-se a sopa* nyugtával dicsérd a napot! *közm:* *em* ~ *cerrada não entra mosca* hallgass szám, nem fáj fejem

boca-aberta [bokàbèrtö] *f* szájtáti, fajankó

bocadinho [buködinyu] *mn:* *um* ~ egy kevéske

bocado [bukàdu] *m* **1.** falat; *um* ~ egy kevés, egy keveset; *um* ~ *sem osso* könnyű kereset; *um* ~ *de papel* darabka papír; *tirar os* ~*s da boca* megvonja a falatot a szájától **2.** kis idő; *há* ~ kis ideje, nemrég; *passar um mau* ~ kellemetlen perceket él át

bocal [bukàl] *m* **1.** nyílás, (edény) száj; ~ *de poço* kútkáva; ~ *de telefone* telefonkagyló **2.** *zene* fúvóka

boçal [buszàl] *mn* tudatlan, tanulatlan, faragatlan

bocejar [buszizsàr] *1/14 tl* ásít
bocejo [buszézsu] *m* ásítás; *disfarçar um* ~ elfojt egy ásítást
boceta [buszètö] *f* doboz; szelence
bochecha [busésö] *f* orca; *dizer nas ~s de* vkinek az arcába mondja
bochechar [busisàr] *1/14 tl* száját öblíti; gargarizál
bochecho [busésu] *m* **1.** szájöblítés; gargarizálás **2.** korty
bochechudo [busisudu] *mn* pufók arcú
bochorno [busornu] *m* tikkasztó hőség
bócio [bòszju] *m* golyva
boda [bodö] *f* **1.** menyegző, esküvő, lakodalom; ~ *de ouro* aranylakodalom; ~ *de prata* ezüstlakodalom **2.** ünnepélyes évforduló
bode [bòd] *m* kecskebak
bodega [budègö] *f* **1.** kocsma, borozó **2.** kotyvalék **3.** piszok, szenny
bodegueiro [budigéjru] *m* kocsmáros
bodo [bodu] *m* szegényeknek nyújtott étkezés (ünnep alkalmával)
bodum [budu^{n}] *m* bakbűz
boémia [buèmjö] *f* bohém életmód
Boémia [buèmjö] *f* Csehország
boémio [buèmju] *mn* és *fn* **1.** bohém **2.** cseh
bofar [bufàr] *1/15* **I.** *ts* kihány **II.** *tl* **1.** ömlik **2.** nagyzol, henceg
bofe [bòf] *m* **1.** tüdő; *deitar os ~s pela boca* kifullad, kilóg a nyelve **2.** *~s, konyh* belsőség **3.** *átv* természet; szív; *homem de maus ~s* szívtelen ember
bofetada [bufitàdö] *f* pofon
bofetão [bufitö^{n}u] *m* szájonvágás
bofete [bufét] *m* arcullegyintés
boi [boj] *m* ökör, marha
bóia [bòjö] *f* **1.** *haj* bója **2.** *műsz* úszó **3.** **B** *argó* kaja
boiada [bojàdö] *f* ökörcsorda
boia-fria [bojöfriö] *fn* **B** idénymunkás, alkalmi munkás
boiante [bojö^{n}nt] *mn* (víz felszínén) úszó *v* lebegő
boião [bojö^{n}u] *m* **1.** széles szájú üveg- *v* agyagedény **2.** **B** ~ *de farmácia* orvosságos tégely
boiar [bojàr] *1/1* **I.** *ts* bójához köt **II.** *tl* **1.** lebeg *v* úszik a víz felszínén **2.** **B** *argó* kajál
boiça [bojszö] *f* műveletlen *v* terméketlen föld
boicotagem [bojkutàzsö^{n}j] *f* bojkott
boicotar [bojkutàr] *1/15* = **boicotear**
boicotear [bojkutyàr] *1/5 ts* bojkottál
boieiro [bojéjru] *m* ökörhajcsár, csordás
boina [bojnö] *f* svájci *v* baszk sapka
boite [boàt] *f* éjjeli mulatóhely, lokál
boiz [buis] *f* madárfogó hurok
bojar [buzsàr] *1/15 tl* kidudorodik, kiáll
bojo [bozsu] *m* **1.** dudor, kidomborodás **2.** készség; befogadóképesség (*átv* is); *ter* ~ *para sofrer* türelemmel viseli el a szenvedést
bojudo [buzsudu] *mn* kidomborodó; hasas (üveg)
bola[1] [bòlö] *f* **1.** golyó; gömb; ~ *de bilhar* biliárdgolyó; *jogo da* ~ tekejáték **2.** labda; ~ *elástica* gumilabda; ~ *ao cesto* kosárlabda; ~ *de futebol* futball-labda; ~ *de ténis* teniszlabda **3.** hólyag (a bőrön); szappanbuborék **4.** *biz* fej, kobak **5.** *~s* tojásbrikett **6.** tréfa ,vicc **7.** *~s* **B** golyós pányva (állatok befogásához) **8.** *szól:* *~!* ugyan már! egye a fene! *ora ~!* jó jó! most már hagyjuk! ebből elég (volt)! *boa ~! que ~!* milyen jó vicc! *dar* ~ bátorít, biztat; *dar* ~ *a um cachorro* megmérgez egy kiskutyát; *não dar* ~ *a* nem törődik vmivel; *dar tratos à* ~ töri a fejét; *ele é uma* ~ ő egy jó pofa
bola[2] [bolö] *f* kalács, sütemény
bolacha [bulàsö] *f* **1.** kétszersült, keksz **2.** *biz* pofon, nyakleves **3.** *de cara de* ~ holdvilágképű
bolachudo [bulösudu] *mn* kerek, telt, pufók (arcú)
bolada [bulàdö] *f* **1.** golyózás; lökés (biliárd- *v* tekegolyóval) **2.** *ját* tét
bolandas [bulö^{n}ndös] *f tb* sietség, rohanás; *andar em* ~ ide-oda futkos
bolar [bulàr] *1/15 ts* tekével eltalál; *tenisz* szervál; *kártya* lapot kér
bolbo [bolbu] *m növ* gumó, hagyma
bolchevique [bolsivik] *mn* és *fn* bolsevik
bolchevismo [bolsivizsmu] *m* bolsevizmus
bolchevista [bolsivistö] *mn* és *fn* bolsevista
bolchevizar [bolsivizàr] *1/1 ts* bolsevizál
boldrié [boldrjè] *m* vállszíj
bolear [buljàr] *1/5 ts* **1.** lekerekít, legömbölyít **2.** csiszol, szépít (stílust)
boleeiro [buljéjru] *m* kocsis
boleia [buléjö] *f* **1.** kocsibak **2.** kisafa, hámfa **3.** teherautó vezetőfülkéje; *dar*

uma ~ *a* felvesz vkit a kocsijába; *ir de* ~ (autóstoppal) ingyen utazik
boleima [bulėjmö] *fn* tökfilkó, fajankó
bolero [bulèru] *m* **1.** táncfajta **2.** rövid, ujjatlan női kabátka
boletim [buliti^n] *m* **1.** (hivatalos) jelentés, közlemény; ~ *médico* orvosi szakvélemény; **2.** ~ *oficial* hivatalos lap **3.** űrlap, kérdőív **4.** ~ *de alojamento* bejelentőlap
boletineiro [bulitinéjru] *m* táviratkézbesítő (postás)
boleto [bulétu] *m* **I. 1.** *kat* szállásutalvány **2.** szállás, kvártély **II.** *növ* vargányagomba
boléu [bulèu] *m* esés, zuhanás
bolha [boljö] *f* **1.** *orv, fiz* hólyag; ~ *de ar* buborék; ~ *de sabão* szappanbuborék **2.** *átv* rögeszme, „bogár"; *ter* ~ hóbortos, bogaras
boliche [bolisi] *m* **B 1.** tekepálya **2.** szatócsüzlet **3.** söntés
bólide [bòlid] *m* meteorkő
bolina [bulinö] *f haj* vitorlafeszítő kötél; *ir à* ~ szél irányában vitorlázik
bolinar [bulinar] *1/1 tl haj* szélfélt jár, ferdéz
bolo [bolu] *m* **1.** kalács; torta **2.** pirula; pasztilla; ételkocka **3.** *orv* púp, daganat **4.** *biz* ütés a tenyérre (vonalzóval) **5.** *ját* tét; befizetett összeg **6.** *szól: dar o* ~ *a* felültet vkit, nem jön el a megbeszélt találkára; *levar o* ~ hiába vár
bolónio [bulònyu] *mn* tudatlan; együgyű
bolor [bulor] *m* penész
bolorecer [buluriszér] *2/2 tl* megpenészedik
bolorento [bulure^{n}ntu] *mn* penészes; *közm: por fora, muita farofa; por dentro, pão* ~ fenn az ernyő, nincsen kas
bolota [bulòtö] *f növ* **1.** makk **2.** *szól: quem quer* ~ *trepa* mindenért meg kell dolgozni
bolsa[1] [bolszö] *f* **1.** táska, erszény; ~ *escolar* iskolatáska; ~ *de senhora* női kézitáska, retikül; ~ *de tabaco* dohányzacskó; *cortador de* ~*s* zsebmetsző **2.** tőzsde, börze; ~ *de câmbios* v *de valores* értéktőzsde, értékpiac; ~ *de trabalho* munkaközvetítő hivatal **3.** ~ (*de estudos*) ösztöndíj **4.** ránc, dudor (ruhán) **5.** *szól:* ~ *de ar, rep* légzsák; ~ *do fel* epehólyag; *levar a* ~ *bem provida* tele van a pénztárcája; *meter na* ~ zsebre vág; *puxar pela* ~, *puxar pelos cordões a* ~ előveszi erszényét, erszényébe nyúl; *ter a* ~ *larga* bőkezű; *ter a* ~ *seca* lapos a pénztárcája
bolsa[2] [bolszö] *m* (egyesületi) pénztáros
bolsa-de-pastor [bolszödipöstor] *f növ* pásztortáska
bolseiro [bolszéjru] *m* **1.** (egyleti) pénztáros **2.** ösztöndíjas
bolsinho [bolszinyu] *m* **1.** kis zseb **2.** zsebpénz
bolsista [bolszistö] **I.** *mn* tőzsde- **II.** *fn* **1.** tőzsdejátékos, tőzsdés **2. B** ösztöndíjas
bolso [bolszu] *m* zseb; ~ *chapeado* rávarrott zseb; ~ *do colete* kis zseb; *couraçado de* ~ zsebcirkáló
bom *m*, **boa** *f* [bo^n, boö] **I.** *mn* jó; jóságos; ~ *ano* jó év; *ano* ~ újév; ~ *homem* jóravaló, egyszerű ember; *homem* ~ jó, derék ember; *estou* ~ jól vagyok; *isso não está* ~ ez nincs rendjén; *parece* ~ *demais para acontecer* túlságosan szép volna; *bons ares* jó, egészséges levegő; *boas tardes* jó napot! jó estét! (délután mondják); *é boa!* kitűnő! nem rossz! *às boas* szépszerével; *voltar às boas* kibékül **II.** *fn* a jó **III.** *isz* ~*!* jó! rendben van!
bomba[1] [bo^{n}mbö] *f* **1.** pumpa, szivattyú; ~ *aspiradora* szívó rendszerű szivattyú; ~ *de ar* légszivattyú; ~ *de incêndio* tűzifecskendő; *dar à* ~ pumpál, szivattyúz **2.** *vasút, műsz* ütköző, lökhárító
bomba[2] [bo^{n}mbö] *f* **1.** bomba; ~ *falhada* fel nem robbant bomba; ~ *de tempo* időzített bomba **2.** bombaként ható esemény; óriási meglepetés **3.** bukás (vizsgán); *levar* v *tomar* ~ megbukik (vizsgán)
bombachas [bo^{n}mbàsös] *f tb* (derékben szűk, alul széles gaúcho)nadrág
bombagem [bo^{n}mbàzsö^{n}j] *f* szivattyúzás
bombardeamento [bo^{n}mbördjöme^{n}ntu] m bombázás; ~ *aéreo* légitámadás
bombardear [bo^{n}mbörgyàr] *1/5 ts* bombáz
bombardeio [bo^{n}mbördéju] *m* bombázás; ~ *atómico* atombombázás
bombardeiro [bo^{n}mbördéjru] *m* bombázó repülőgép

bombástico [bo^{n}mbàstiku] *mn* dagályos, fellengzős

bombeador, -a [bo^{n}mbjödor, -ö] *fn* **B** buktató tanár(nő)

bombear [bo^{n}mbjàr] *1/5 ts* **1.** legömbölyít, kikerekít **2. B** pumpál, szivattyúz **3. B** kifürkész, felderít

bombeiro [bo^{n}mbéjru] *m* **1.** tűzoltó; *corpo de ~s* tűzoltók, tűzoltó testület **2. B** bádogos; *~ hidráulico* vízvezetékszerelő **3. B** szivattyúkezelő **4. B** kém; felderítő **5. B** utcai árus

bombista [bo^{n}mbistö] *fn* bombamerénylő

bombo [bo^{n}mbu] *m* nagydob

bombom [bo^{n}mbo^n] *m* (töltött) cukorka

bombordo [bo^{n}mbordu] *m* hajó baloldala

Bona [bonö] *f földr* Bonn

bonachão, bonacheirão [bunösö^{n}u, -séjrö^{n}u] *mn* és *fn* jóindulatú, jóságos (lélek)

bonaerense [bunöire^{n}sz] *mn* és *fn* Buenos Aires-i

bonança [bunö^{n}szö] *f* **1.** szélcsend; jó idő **2.** *átv* nyugalom; boldogság

bonançoso [bonö^{n}szozu] *mn* derűs; nyugodt; boldog

bonda! [bo^{n}ndö] *isz* elég!

bondade [bo^{n}ndàd] *f* jóság, kedvesség; *tenha a ~ de me ajudar* legyen szíves, segítsen nekem!

bondadoso [bo^{n}ndödozu] *mn* jóságos, kedves

bonde [bo^{n}ndi] *m* **B** villamos(kocsi)

bondoso [bo^{n}ndozu] *mn* jó, jóságos

boné [bunè] *m* (szemellenzős) sapka

boneca [bunèkö] *f* **1.** baba; *átv* báb, paprikajancsi; *~ de trapos* rongybaba **2.** *műsz* tampon, rongycsomó

boneco [bunèku] *m* **1.** ember, baba (gyermekrajzon) **2.** *átv* divatbáb; piperkőc

bonificação [bunifiköszö^{n}u] *f* jutalom; kárpótlás

bonificar [bunifikàr] *1/2 ts* jutalmat ad; kárpótol

bonifrate [bunifràt] *m* **1.** báb; *átv* akarat nélküli egyén **2.** piperkőc, ficsúr

bonina [buninö] *f növ* százszorszép

boniteza [bunitézö] *f* szépség, báj

bonito [bunitu] *mn* szép, csinos; *fizeste-a ~a! gúny* ezt aztán jól megcsináltad!

bonitote [bunitòt] *mn* eléggé csinos

bonomia [bunumiö] *f* jólelkűség; jó kedély

bónus [bònus] *m* **1.** prémium; jutalék **2.** (díj)kedvezmény

bonzão [bo^{n}zö^{n}u] *mn* **B** *nép* nagyon jó, klassz

boquear [bukjàr] *1/5 tl* **1.** levegő után kapkod **2.** = **boquejar**

boqueira [bukéjrö] *f* = **boqueiro**

boqueirão [bukéjrö^{n}u] *m* **1.** nagy nyílás; csatorna *v* folyó torkolata **2. B** völgyszoros; hegyszoros

boqueiro [bukéjrö] *f* kiütés a szájszélen

boquejar [bukizsàr] *1/14 tl* **1.** ásít **2.** motyog, suttog, susog

boquejo [bukézsu] *m* ásítás

boquiaberto [bokjöbèrtu] *hat* tátott szájjal, szájtátva; *átv* elámulva

boquiabrir [bokjöbrir] *3/13* **B I.** *ts* elképeszt **II.** *tl* **~-se** elképed

boquilha [bukiljö] *f* cigaretta- *v* szivarszipka

boquim [buki^n] *m zene* fúvóka

boquinha [bukinyö] *f* **1.** szájacska **2.** kis csók **3.** *fazer ~* félrehúzza a száját, duzzog

borato [buràtu] *m vegy* bórsavas só

bórax [bòràksz] *m* bórax

borboleta [burbulétö] *f* **1.** pillangó **2. B** útelzáró forgókereszt

borboletear [burbulityàr] *1/5 tl* **1.** ide-oda röpköd **2.** *átv* csapong

borborejar [burburizsàr] *1/14 tl* bugyborékol

borborigmo [burburigmu] *m: ~s, orv* korgás; felfúvódás

borborinho [burburinyu] *m* lárma, hangzavar

borborismo [burburizsmu] *m* = **borborigmo**

borbotão [burbutö^{n}u] *m* áradat; bugyogás, bugyborékolás; *sair em borbotões* bugyogva előtör

borbotar [burbutàr] *1/15 tl* bugyborékol; előtör

borbulha [burbuljö] *f* **1.** rügy, bimbó **2.** *orv* pattanás, hólyag **3.** *átv* vkinek a gyengéje, gyenge pontja

borbulhão [burbuljö^{n}u] *m* = **borbotão**

borbulhar [burbuljàr] *1/1 tl* **1.** bugyborékol, bugyog **2.** rügyezik; *átv* előtör

borco [borku] *hat: cair de ~* hasra vágódik; orra bukik; *dar de ~* felfordít (*pl* edényt szájával lefelé)

borda [bòrdö] *f* vminek a széle, pereme;

~ *do mato* erdő széle; *estar à* ~ *do precipício, átv* a tönk szélén áll
bordada [burdàdö] *f* 1. hajó oldala 2. *kat* hajóágyuk oldaltüze
borda-d'água [bòrdödàgvö] *f* 1. tengerpart 2. kalendárium, szöveges naptár
bordadeira [burdödéjrö] *f* hímzőnő
bordado [burdàdu] *m* hímzés
bordadura [burdödurö] *f* 1. hímzés 2. szegély
bordagem [burdàzsö^{n}j] *f* deszkaburkolat
bordalengo [burdöle^{n}ngu] *mn* durva; műveletlen, tudatlan
bordão [burdö^{n}u] *m* **I.** 1. vándorbot 2. *átv* támasz, segítség **II.** *zene* mély húr; mély basszus
bordar [burdàr] *1/15 ts* 1. hímez 2. beszeg 3. *átv* szépít, kiszínez
bordear [burgyàr] *1/5* = **bordejar**
bordejar [burdizsàr] *1/14 tl* 1. *haj* lavíroz 2. (ittasan) dülöng
bordel [burdèl] *m* bordélyház
Bordéus [burdèus] *m földr* Bordeaux
bordo[1] [bòrdu] *m* 1. *haj, rep* fedélzet; *diário* v *livro de* ~ hajónapló; *navio de alto* ~ nagy tengerjáró hajó; *descer de* ~ kiszáll, partra száll; *ir a* ~, *subir para* ~ hajóra v repülőgépre száll; *virar de* ~ elkanyarodik, irányt változtat; *átv* meggondolja magát 2. vminek a széle; szegély, perem 3. *szól: asno de alto* ~, *átv* hatökör; *coisa de alto* ~ fontos v jelentős ügy; *andar aos* ~*s, fazer* ~*s* inog, dülöng (részeg)
bordo[2] [bordu] *m* jávorfa, juharfa]
bordoada [burduàdö] *f* botütés; ütlegelés
boreal [burjàl] *mn* északi
boreste [borèszti] *m* **B** hajó jobboldala
borgonha [burgonyö] *m* burgundi bor
bórico [bòriku] *mn vegy* bór-
borla [bòrlö] *f* 1. bojt, rojt 2. pamacs 3. négyszögletű (doktori) süveg; *átv* doktori fokozat; *tomar a* ~ tudományos fokozatot szerez 4. *biz* ingyenjegy, potyajegy, potyadolog; *de* ~ ingyen, potyán; *conseguir uma* ~ kipotyáz
borlista [burlistö] *fn* potyaleső
bornal [burnàl] *m* abrakos zsák
borne [bòrn] *m műsz* 1. szorítócsavar 2. (pólus)saru
boro [bòru] *m vegy* bór
boroa [buroö] *f* = **broa**
borra [borrö] *f* 1. üledék 2. selyemhulladék 3. értéktelen holmi, vacak
borra-botas [borröbòtös] *m gúny* 1. cipőtisztító 2. jelentéktelen alak, egy senki
borraçal [burröszàl] *m* vizenyős rét
borraceiro [burröszéjru] *m* szitáló eső
borracha [burràsö] *f* 1. gumi; ~ *de apagar* radír; *botas de* ~ gumicsizma; *capa de* ~ vízhatlan esőkabát; **B** *casa da* ~ műanyagbolt 2. borostömlő
borrachão *m*, **borrachona** *f* [burrösö^{n}u, -sonö] *fn átv* boroshordó, részeges ember
borracheira [burröséjrö] *f* 1. részegség, mámor 2. kontármunka; mázolmány; vacak
borracheiro [burràséjru] *m* **B** gumijavító, vulkanizáló
borracho[1] [burràsu] *mn* és *fn* részeg; részeges
borracho[2] [burràsu] *m* galambfióka
borradela [burrödèlö] *f* 1. paca, folt 2. (légy)piszok 3. egyszeri befestés 4. *átv* mázolmány
borrador [burrödor] *m* 1. előjegyzési napló 2. fogalmazvány, piszkozat; vázlatfüzet 3. (*papel*) ~ itatóspapír 4. falfestő; kontár festő 5. firkász, tehetségtelen író
borradura [burrödurö] *f* törlés; radírozás (helye)
borragem [burràzsö^{n}j] *f növ* borrágófű
borralheiro [burröljéjru] *mn* 1. fázékony 2. mindig otthon ülő 3. *gata-*~*a* **a)** hamupipőke **b)** otthonias, jó háziasszony
borralhento [burrölje^{n}ntu] *mn* hamuszínű; hamuszerű
borralho [burràlju] *m* 1. parázs 2. *biz* házi tűzhely (*átv* is)
borrão [burrö^{n}u] *m* 1. paca, (tinta)folt 2. *átv* szégyenfolt 3. vázlat; fogalmazvány
borrar [burràr] *1/15 ts* 1. (tinta)foltot ejt; bemocskol 2. töröl, áthúz, kiradíroz 3. *átv* mázol, kontárkodik
borrasca [burràskö] *f* 1. vihar 2. dühroham
borrascoso [burröskozu] *mn* viharos
borregar [burrigàr] *1/4 tl* béget
borrego *m*, **-a** *f* [burrégu, -ö] *fn* bárány
borrifar [burrifàr] *1/1 ts* öntöz, locsol; befröcsköl

borrificador [burrifiködor] *m* szórófej (öntözéshez)
borrifo [burrifu] *m* öntözés, locsolás; befröcskölés
borzeguim [burzigi^n] *m* magas szárú fűzős cipő
bosque [bòsk] *m* erdő; liget
bosquejar [buskizsàr] *1/14 ts* vázlatot készít, (fel)vázol, körvonalaz
bosquejo [buskézsu] *m* vázlat
bossa [bòszö] *f* **1.** *orv* daganat, púp, kinövés **2.** *műsz* kerékagy **3.** *átv* hajlam, tehetség, hozzáértés; *ter ~ para a música* van tehetsége a zenéhez
bosta [bòstö] *f* tehéntrágya
bostela [bustèlö] *f orv* pattanás, kiütés
bostelento [bustile^{n}ntu] *mn* pattanásos, kiütéses
bota [bòtö] *f* magas szárú cipő; *~ (alta)* csizma; *~ de montar* lovaglócsizma; *~ de sete léguas* hétmérföldes csizma; *descalçar a ~, átv* kimászik a bajból; *estar com as ~s calçadas* útra készen áll; *átv* mindenre kész
bota-fogo [bòtöfogu] *m* **1.** gyújtókanóc **2.** izgató, lázító **3.** ingerlékeny *v* dühös ember
bota-fora [bòtöfòrö] *m* **1.** *haj* vízrebocsátás; kifutás kikötőből **2.** búcsúest **3.** kikísérés és búcsúzás
botânica [butöniko] *f* növénytan
botânico [butöniku] *mn* és *fn* botanikus
botão [butö^{n}u] *m* **1.** gomb; *~ de alarme* vészcsengő (gombja); *~ de arranque, autó* indítógomb; *~ de mola* nyomókapocs, patentkapocs; *casa do ~* gomblyuk; *falar com os seus botões* magában beszél; *coser* v *pregar botões em* gombokat varr vmire **2.** rügy, bimbó; *~ de rosa* rózsabimbó **3.** *orv* szemölcs, bibircsók
botar [butàr] *1/15 ts biz* **1.** dob, hajít, vet; *~ (para) fora* kidob; *~ no chão* a földre dob **2.** *szól: ~ o bote* v *a lancha* vízre bocsátja a csónakot; *~ corpo* (meg)hízik; *~ as cartas* kártyát oszt *v* vet; *~ discurso* beszédet rögtönöz; *~ ferro* horgonyt vet; *~ a fugir* futni kezd, elfut; *~ a gravata* megköti a nyakkendőjét; *~ a língua* kiölti a nyelvét; *~ a perder* elront, tönkretesz; *~ a pique* elsüllyeszt (hajót); *~ vinho* bort önt
botaréu [butörèu] *m ép* falpillér; támasz
bote [bòt] *m* **I.** csónak; *~ salva-vidas* mentőcsónak; *~ a vela* vitorlás csónak; *~ de remar* evezős csónak **II. 1.** késdobás; késszúrás **2.** *sp* csapás, döfés (vívásban)
botelha [butéljö] *f* üveg, flaskó, palack
botequim [butiki^n] *m* **1.** italbolt **2.** (olcsó) kávéház
botica [butikö] *f* gyógyszertár, patika
boticão [butiköu] *m* foghúzó fogó
boticário [butikàrju] *m* gyógyszerész, patikus
botija [butizsö] *f* **1.** szűknyakú, füles korsó **2.** *~ de oxigénio* oxigénpalack **3.** pocakos, kövér ember
botina [butinö] *f* magas szárú (női *v* gyermek) fűzős cipő
boto [botu] *mn* buta, tompa elméjű
botoeira [butuéjrö] *f* **1.** gomblyuk **2.** = **botoeiro**
botoeiro *m*, **-a** *f* [butuéjru, -ö] *fn* gombkészítő
bouça [boszö] *f* = **boiça**
bouçar [boszàr] *1/1 ts* felperzsel (talajt, megművelésre)
bovídeos [buvigyus] *m tb* szarvas állatok (ökrök, juhok, kecskék)
bovino [buvinu] **I.** *mn* marha-; *gado ~* szarvasmarha-állomány **II.** *fn, m: ~s* szarvasmarhák
boxe [bòksz] *m* **1.** ökölvívás **2. B** fülke; zuhanyozó
boxeador, B: boxista [bòkszjödor, -isztö] *m* ökölvívó
br. = *brochado* fűzve
braça [bràszö] *f* **1.** öl (hosszmérték, 2,2 méter) **2.** *haj* hajósöl, fonál (1,66 méter)
braçada [bröszàdö] *f* **1.** két karral átfogható mennyiség; nyaláb **2.** *úszás* (kar)tempó **3.** = **braça 2.**
braçadeira [bröszödéjrö] *f* **1.** függönyelkötő zsinór **2.** fogantyú (megkapaszkodásra, autó belsejében)
braçado [bröszàdu] *m* **1.** = **braçada 1. 2.** nagy mennyiség, fölösleg
braçagem [bröszàzsö^{n}j] *f* karral *v* kézzel végzett munka
braçal [bröszàl] **I.** *mn* kar-; kézzel végzett (munka) **II.** *m rég* karvért
bracarense [brököre^{n}sz] *mn* és *fn* Bragából való
bracejar [bröszizsàr] *1/14 tl* **1.** hadonászik **2.** *átv* küszködik; vergődik

bracelete [brösziléť] *m* karkötő, karperec

braço [bràszu] *m* **1.** kar; felsőkar **2.** állat elülső lába **3.** munkás kéz, munkás **4.** hegedűnyak **5.** karfa **6.** ág, gally **7.** emelőrúd; mérlegkar **8.** *haj* vitorlakötél **9.** hatalom, erő **10.** *szól:* ~ *secular* világi hatalom; ~ *de mar* tengerszoros, keskeny öböl; ~ *de rio* folyóág; *é o* ~ *direito de, átv* vkinek a jobbkeze; *homem de* ~ *e saber* erős és okos ember; *à força de* ~*s* kézi erővel; *abrir os* ~*s* karját (ölelésre) széttárja; *andar* v *estar a* ~*s com* küzd, viaskodik vkivel v vmivel; *andar a* ~*s com a miséria* nyomorban sínylődik; *não dar o seu* ~ *a torcer* nem hagyja magát, nem tágít, nem enged a negyvennyolcból; *dar-se os* ~*s* ölelkeznek; *deixar cair os* ~, *átv* elcsügged, feladja a harcot; *ficar de* ~*s cruzados* karba tett kézzel áll, nem tesz semmit; *receber de* ~*s abertos* tárt karokkal fogad; *vir a* ~*s com* hajba kap, összeverekedik vkivel; *viver dos seus* ~*s* keze munkájából él

bráctea [bràktyö] *f növ* murvalevél

braçudo [bröszudu] *mn* erős karú

bradar [brödàr] *1/12 tl* **1.** kiált, ordít; (*que*) *brada ao céu* eget verő, égbe kiáltó **2.** ~ *de* kikel vki v vmi ellen

bradejar [brödizsàr] *1/14 tl* kiabál, ordítozik

bradípode [brödìpud] *m áll* lajhár

brado [bràdu] *m* kiáltás, ordítás; *dar* ~ feltűnést kelt

bragal [brögàl] *m* vászonnemű, fehérnemű, asztalnemű

bragueiro [brögéjru] *m* sérvkötő

braguilha [brögiljö] *f* slicc, nadrághasíték

brama [bràmö] *f* szarvasbőgés; párzás ideje

brâmane [brömön] *m* brahman

bramar [brömàr] *1/1 tl* **1.** bőg (szarvas) **2.** ordítozik, kiabál **3.** dühöng

bramido [brömidu] *m* **1.** bőgés, ordít(o-z)ás **2.** dühöngés

bramir [brömir] *3/1 tl* **1.** bőg, ordít **2.** dühöng

branca [brö^{n}nkö] *f* ősz haj

Branca de Neve [brö^{n}nkö di nèvi] *f* Hófehérke

branco [brö^{n}nku] **I.** *mn* **1.** fehér; ~ *como a neve* hófehér; *fazer* ~ fehérre fest; *vestir de* ~ fehérbe öltözik **2.** halvány; sápadt; *fazer-se* ~ *de medo* félelmében elsápad **3.** tiszta; üres; *página em* ~ üres papírlap **II.** *fn, m* **1.** fehérség, fehér (szín, ember); ~ *de chumbo* ólomfehér; ~ *de zinco* horganyfehér **2.** ~ (*do ovo*) tojásfehérje **3.** ~ *do olho* szem fehére **4.** *nyomd* spácium **III.** *szól: assinar em* ~ üres v kitöltetlen lapot ír alá; *átv* vakon beleegyezik; ~ *é, galinha o põe* könnyen kitalálható dolog; *ficar em* ~ semmit sem ért (az egészből); *sair em* ~ eredménytelenül végződik; *tornar no* ~ megőszül; *vestido de ponto em* ~ kifogástalanul öltözött

brancura [brö^{n}nkurö] *f* fehérség

brandão [brö^{n}ndö^{n}u] *m* (viasz)fáklya

brandir [brö^{n}ndir] *3/1 ts* lóbál; lenget

brando [brö^{n}ndu] *mn* **1.** puha, lágy, szelíd, enyhe **2.** gyenge; gyengéd, engedékeny

brandura [brö^{n}ndurö] *f* **1.** puhaság, lágyság **2.** szelídség, engedékenység **3.** ~*s* gyengédség, figyelmesség

branquear [brö^{n}nkjàr] *1/5* **I.** *ts* fehérít; meszel **II.** *tl* fehérlik

branquejar [brö^{n}nkizsàr] *1/14 tl* **1.** fehérlik (a távolban) **2.** fehér lesz

brânquias [brö^{n}nkjös] *f tb* kopoltyúk

branquidão [brö^{n}nkidö^{n}u] *f* fehérség

braquial [brökjàl] *mn orv* kar-, a karhoz tartozó

bras. = *brasileiro* brazil

Bras. = *Brasil* Brazília

brasa [bràzö] *f* parázs, zsarátnok; *estar em* ~ ingerült, dühös; *andar* v *estar sobre* ~*s* tűkön ül, izgatott, alig várja; *cair do fogo na* ~*s* cseberből vederbe jut; *puxar a* ~ *para a sua sardinha* a maga malmára hajtja a vizet

brasão [brösö^{n}u] *m* címer

braseira [brözéjrö] *f* szénserpenyő

braseiro [brözéjru] *m* **1.** szénserpenyő **2.** halom parázs **3.** máglya

brasil [brözil] *m* brazilfa

Brasil [brözil] *m: o* ~ Brazília; *no* ~ Brazíliában; *ir ao* ~ Brazíliába utazik

brasileirismo [bröziléjrizsmu] *m* brazil kifejezés v szóhasználat

brasileiro [bröziléjru] *mn* és *fn* brazíliai, brazil

Brasília [bröziljö] *f* Brazília (főváros)

brasiliano [bröziljönu] *mn* = **brasil(i)ense**

brasil(i)ense [brözil(j)e^{n}nsz] *mn* braziliai, brazil

brasílio [brözilju] *mn* brazil

brasonar [brözunàr] *1/15* **I.** *ts* címerrel díszít **II.** *tl* henceg; parádézik

bravata [brövàtö] *f* kihívó viselkedés; hősködés

bravatear [brövötyàr] *1/5 tl* hősködik; henceg, felvág

braveza [brövézö] *f* **1.** vakmerőség, vakmerő tett **2.** dühöngés

bravio [bröviu] **I.** *mn* **1.** vad, nem szelídített (állat) **2.** vadon növő **3.** durva, műveletlen (ember) **II.** *fn, m* meg nem művelt földterület

bravo [bràvu] **I.** *mn* **1.** vad, féktelen; *mar* ~ viharos tenger **2.** bátor, merész **3.** pompás, nagyszerű **II.** *fn, m* tetszésnyilvánítás **III.** *isz:* *~!* bravó! hogy volt!

bravura [brövurö] *f* **1.** bravúr, elszántság **2.** vadság

brear [briàr] *1/5 ts* (be)kátrányoz

breca [brèkö] **I.** *fn, f* **1.** izomgörcs **2.** *szól:* *estar levado da ~* az ördög bújt belé; kiállhatatlan; *fazer coisas da ~* képtelen dolgokat művel; *ir-se com a ~* olajra lép, eltűnik **II.** *isz:* *com a ~!* az ördögbe!

brecha [brèsö] *f* rés; repedés, nyílás, lyuk; *abrir ~* rést tör; *estar na ~* az élvonalban küzd

brejeiro (brèzséjru] **I.** *mn* szemtelen, pimasz **II.** *fn, m* **1.** csibész **2.** naplopó

brejo [brèzsu] *m* **1.** mocsaras vidék **2.** pusztaság

brejoso [brizsozu] *mn* **1.** mocsaras **2.** kietlen

brenha [brényö] *f* **1.** sűrű bozót; vadon **2.** zűr, bonyodalom

brenhoso [brinyozu] *mn* bozótos

breque [brèki] *m* **1.** társaskocsi két hoszszanti paddal **2.** **B** fék

brequista [brèkistö] *m vasút* **B** fékező

Bretanha [britönyö] *f* Bretagne; *a Grã ~* Nagy-Britannia

bretão *m*, **bretã** *f* [britö^{n}u, britö^n] *mn* és *fn* **1.** breton; **2.** brit

brete [brèt] *m* madárháló

breu [bréu] *m* kátrány; *escuro como ~* koromsötét

breve [brèv] **I.** *mn* rövid; tömör; *até ~* a mielőbbi viszontlátásig! *dentro* (*em*) *~*, *para ~*, (*em*) *~* rövidesen, nemsokára; *em ~s anos* pár éven belül; *o mais~ possível* a lehető leghamarabb; *para ser ~* hogy rövid legyek, röviden szólva **II.** *hat* rövidesen **III.** *fn* **1.** *m* bréve, pápai irat **2.** *f zene* duplakotta, brevis **3.** *f nyelvt* rövid magánhangzó

brevemente [brèvime^{n}nt] *hat* röviden; rövidesen

brevet [brivè(t)] *m* pilóta-igazolvány

brevetar-se [brivitàrszi] *1/13* pilótaképesítést szerez

breviário [brivjàrju] *m* **1.** kivonat, szemelvény **2.** *vall* breviárium; *ler* v *rezar pelo mesmo ~* egy véleményen van vkivel

brevidade [brevidàd] *f* rövidség

bricabraque [brikàbràki] *m* **B** ócskaság, limlom

brida [bridö] *f* gyeplő, kantárszár; *a toda a ~* megeresztett gyeplővel, lóhalálában

bridar [bridàr] *1/1 ts* megfékez, megzaboláz

bridge [bridzs] *m kártya* bridge

briga [brigö] *f* **1.** verekedés, kézitusa **2.** veszekedés, szóváltás; *puxar ~ com* beleköt vkibe

brigada [brigàdö] *f* munkáscsoport, brigád

brigadeiro [brigödéjru] *m* dandártábornok; vezérőrnagy

brigalhão [brigöljö^{n}u] *m* **B** kötekedő, garázda

brigante [brigö^{n}nt] *mn* lázadozó; hőbörgő

brigão *m*, **brigona** *f* [brigö^{n}u, -gonö] **I.** *mn* kötekedő; házsártos **II.** *fn* krakéler, verekedős fickó

brigar [brigàr] *1/4 tl* **1.** verekedik; *átv* küzd **2.** veszekedik, vitatkozik; *közm:* *quando um não quer, dois não brigam* kettőn áll a vásár

brigue [brig] *m haj* brick

brilhante [briljö^{n}nt] **I.** *mn* ragyogó, fénylő **II.** *fn, m* briliáns

brilhantina [briljö^{n}ntinö] *f* brillantin, hajolaj, hajkenőcs

brilhantismo [briljö^{n}ntizsmu] *m* ragyogás, pompa; *com ~* fényes sikerrel

brilhar [briljàr] *1/1 tl* ragyog, csillog, fénylik, tündöklik

brilho [brilju] *m* ragyogás, csillogás

brim [bri^n] *m* vitorlavászon

brincadeira [bri^{n}nködéjrö] *f* **1.** játék,

játszadozás; *não é ~!* nem gyerekjáték! 2. tréfa, vicc; élcelődés; *~ pesada, ~ de mau gosto* durva tréfa, rossz vicc; *não sou para ~s* nem vagyok tréfáló kedvemben; *deixe-se de ~s!* félre a tréfával!

brincador *m,* **-a** *f* [bri^{n}nködor(ö)] **I.** *mn* tréfás, mókás **II.** *fn* tréfamester, mókázó

brincalhão *m,* **brincalhona** *f* [bri^{n}nköljö^{n}u, -ljonö] *mn* és *fn* = **brincador**

brincar [bri^{n}nkàr] *1/2 tl* **1.** játszik, játszadozik; *~ às guerras* háborúsdit játszik; *~ com fogo* tűzzel játszik; *~ às escondidas, ~ de esconder* bújócskázik **2.** tréfál, viccel; *estou brincando* csak tréfálok, nem mondom *v* mondtam komolyan **3.** ugrándozik, táncol

brinco [bri^{n}nku] *m* **1.** játék, játékszer; *é v fica um ~* nagyon szép *v* csinos **2.** tréfa, vicc **3.** *~s* fülbevaló

brincos-de-princesa [bri^{n}nkuzsdipri^{n}szészö] *m tb növ* fukszia

brindar [bri^{n}ndàr] *1/1* **I.** *ts* **1.** megajándékoz vkit **2.** megkínál vkit vmivel (*com*) **II.** *tl* poharköszöntőt mond; *~ à saúde de* vkinek az egészségére iszik

brinde [bri^{n}nd] *m* **1.** pohárköszöntő, tószt **2.** ajándék

brinquedo [bri^{n}nkédu] *m* játék(szer)

brio [briu] *m* **1.** önérzet, becsület **2.** bátorság; határozottság **3.** *szól: cheio de brio* lelkes, tüzes; *homem de ~* határozott, energikus ember; *abater os ~s a* leszállít vkit a magas lóról, megaláz; *fazer ~ de* becsületbeli kérdést csinál vmiből

brioso [brjozu] *mn* **1.** önérzetes **2.** bátor, határozott **3.** lelkes, tüzes

briquete [brikét] *m* brikett

brisa [brizö] *f* szellő

brita [britö] *f* kőtörmelék, kavics

britânico [britöniku] *mn* és *fn* brit, angol

britar [britàr] *1/1 ts* **1.** követ tör *v* zúz **2.** felaprít, szétzúz **3.** *~ as leis* megszegi a törvényeket

broa [broö] *f* **1.** kukoricalisztből készült kenyér **2.** karácsonyi ajándék

broca [bròkö] *f* **1.** fúró, fúrógép **2.** *áll* fúróbogár

brocado [brukàdu] *m* brokát

brocar [brukàr] *1/2, 1/15 ts* fúr

brocardo [brukàrdu] *m* mondás, aranyköpés

brocha [bròsö] *f* **1.** nagy festőecset; *estar v ver-se à ~, argó* kutyaszorítóban van **2.** csat, kapocs **3.** cipészfaszeg

brochado [brusàdu] *mn* fűzött (könyv)

brochador *m,* **brochadeira** *f* [brusödor, -déjrö] *fn* könyvfűző (személy)

brochagem [brusàzsö^{n}j] *f* könyvfűzés

brochar [brusàr] *1/15 ts* **1.** könyvet fűz, brosíroz **2.** (rá)szegel (cipőtalpat, cipősarkot)

broche [bròs] *m* **1.** csat, kapocs **2.** melltű, bross

brochura [brusurö] *f* **1.** könyvfűzés; fűzött könyv **2.** brosúra, röpirat

broma[1] [bromö] *f áll* szú

broma[2] [bromö] **I.** *mn* **1.** nehézkes; balkezes **2.** rossz minőségű **II.** *fn, f* **1.** tréfa; gúny **2.** *m, f* tudatlan és durva személy

bromar [brumàr] *1/15* **I.** *ts* szétrág; tönkretesz **II.** *tl* **B** **1.** megromlik **2.** balszerencséje van, balul üt ki

brómio, bromo [bròm(j)u] *m vegy* bróm

bronco [bro^{n}nku] *mn* **1.** durva, műveletlen **2.** esetlen, faragatlan **3.** nehéz felfogású

bronquial [bro^{n}nkjàl] *mn orv* légcsövi

brônquio [bro^{n}nkju] *m orv* hörgő; tüdőcső

bronquite [bro^{n}nkit] *f* légcsőhurut, hörghurut

bronze [bro^{n}z] *m* bronz

bronzeado [bro^{n}zjàdu] *mn* bronzszínű; lebarnult

bronzear [bro^{n}zjàr] *1/5* **I.** *ts* bronzol; barnára éget **II.** **~-se** megbarnul a napon

brônzeo [bro^{n}zju] *mn* bronzból való, bronz-

broquel [brukèl] *m* **1.** kis pajzs **2.** *átv* védelem, oltalom

brossa [bròszö] *f* durva kefe; lóvakaró

brotar [brutàr] *1/15* **I.** *ts* fakaszt, termeszt, előhoz; *~ injúrias* sértések özönét szórja **II.** *tl* **1.** előjön, fakad, rügyezik **2.** ered, előbugyog (forrásvíz)

brotinho [brotinyu] *m* **B** tinédzser lány, bakfis

broto [brotu] *m* **B** **1.** rügy, bimbó **2.** = **brotinho**

broxa [bròsö] *f* nagy falfestő ecset

broxante [brusö^{n}nt] *m* mázolósegéd

broxar [brusàr] *1/15 tl* (falat) fest, mázol

bruaca [bruàkö] *f* **B** utazótáska nyersbőrből

bruços [bruszus] *m tb ; de* ~ **1.** négykézláb **2.** hason, hasra; *atirar-se* v **B** *jogar-se de* ~ hasra veti magát **3.** *sp* mellúszás

bruma [brumö] *f* **1.** (talajmenti v tengeri) köd **2.** *átv* homály, homályos ügy

brumal [brumàl] *mn* ködös; télies

brumoso [brumozu] *mn* ködös

brunideira [brunidéjrö] *f* vasalónő

brunido [brunidu] *mn* **1.** ragyogó, fényes, kifényezett **2.** kivasalt, kikeményített

brunidor [brunidor] *m* **1.** polírozó, fényező (ember) **2.** fényezővas

brunir [brunir] *3/1 ts* **1.** fényez, simít, csiszol **2.** vasal, keményít (fehérneműt)

bruno [brunu] *mn* barna; sötét

brusco [brusku] *mn* **1.** hirtelen, váratlan **2.** rideg, barátságtalan **3.** sötét, felhős (idő)

brusquidão [bruskidö^{n}u] *f* **1.** hevesség **2.** nyerseség, ridegség

brutal [brutàl] *mn* brutális, állatias, erőszakos

brutalidade [brutölidàd] *f* brutalitás

brutalizar [brutölizàr] *1/1 ts* brutálisan bánik vkivel **T**

brutamontes [brutömo^{n}ntis] *m* **1.** brutális alak; *átv* barom **2.** behemót ember

bruto [brutu] **I.** *mn* **1.** durva, nyers; *força ~a* nyers erő; *matéria ~a* nyersanyag; *em* ~ nyers (állapotban) **2.** *átv* faragatlan; tudatlan **II.** *fn, m* **1.** állat **2.** brutális, durva lelkű, tudatlan ember; *átv* vadállat

bruxa [brusö] *f* boszorkány

bruxaria [brusöriö] *f* boszorkányság

bruxedo [brusédu] *m* = **bruxaria**

Bruxelas [brusèlös] *f* Brüsszel

bruxo [brusu] *m* boszorkánymester

bruxuleante [brusuljö^{n}nt] *mn* lobogó, pislogó

bruxulear [brusuljàr] *1/5 tl* lobog, pislog

bubão [bubö^{n}u] *m* lágyékdaganat; kelevény

bubónico [bubòniku] *mn: peste ~a* bubópestis

bucal [bukàl] *mn* száj-

Bucareste [bukörèst] *m* Bukarest

bucéfalo [buszèfölu] *m* csatamén; *gúny* gebe

bucha [busö] *f* **1.** fojtás (töltényben) **2.** vattacsomó, tampon **3.** *müsz* tipli; faszeg **4.** *műsz* szigetelő hüvely **5.** (étel)falat, darabka **6.** kellemetlenség; nyűg

buchada [busàdö] *f* **1.** falat **2.** állati belsőségek **3.** kellemetlenség; nyűg

bucho [busu] *m* pocak; has; gyomor; *despejar o* ~ kiönti a szívét; *tirar do* ~ *de* kiszed egy titkot vkiből

buço [buszu] *m* serkedő bajusz; pelyhes szőrzet

bucólica [bukòlikö] *f* **1.** pásztorköltemény **2.** pásztordal **3.** idill

bucólico [bukòliku] *mn* pásztorköltészeti, pásztori, idillikus

Buda [budö] *m* Buddha

Budapeste [budöpèst] *m, f* Budapest

budapestense; budapestino [budöpèste^{n}sz, -tinu] *mn* és *fn* budapesti

budismo [budizsmu] *mn m* buddhizmus

bueiro [buéjru] *m* lefolyócső

buena-dicha [buénödisö] *f* jó szerencse; *dizer* v *ler a* ~ jósol (tenyérből)

búfalo [bufölu] *m* bival

bufão [bufö^{n}u] *m* kérkedő, Háry János

bufar [bufàr] *1/1 tl* **1.** nagyokat fúj, liheg, zihál **2.** prüszköl, horkan

bufarinha [buförinyö] *f* **1.** olcsó rövidáru **2.** limlom

bufarinheiro [buförinyéjru] *m* házaló

bufete [bufét] *m* **1.** tálalóasztal **2.** büfé, falatozó

bufido [bufidu] *m* fujtatás, lihegés, zihálás

bufo[1] [bufu] *m* = **bufido**

bufo[2] [bufu] **I.** *mn* komikus, mulatságos **II.** *fn, m szính* komikus

bufo[3] [bufu] **1.** bagoly; *átv* emberkerülő **2.** fösvény, zsugori **3.** rendőrségi spicli, besúgó

bufonaria [bufunöriö] *f* **1.** bohóckodás **2.** hencegés

bugalho [bugàlju] *m* **1.** gubacs **2.** szemgolyó

bugia[1] [buzsiö] *f* nőstény majom

bugia[2] [buzsiö] *f* **1.** gyertya **2.** gyertyatartó **3.** *orv* szonda, kutasz

bugiar [buzsjàr] *1/7 tl: mandar* ~ a fenébe küld; *vá ~!* kopj le!

bugiaria [buzsjöriö] *f* **1.** majomszerű viselkedés **2.** olcsó rövidáru; limlom

bugigangas [buzsigö^{n}ngös] *m* = **bugiaria**

bugio [buzsiu] *m* 1. pávián 2. majom (*átv* is)

bugre [bugri] *m* **B** 1. vad indián 2. bugris alak

bujão [buzsö^{n}u] *m* 1. (fa)dugó, dugasz 2. *müsz* tipli, faszeg 3. biztosító dugó

bujarrona [buzsörronö] *f* 1. *haj* orrvitorla 2. *átv* sértés

bula [bulö] *f* 1. (pápai) bulla; *contar ~s* vadakat mesél, lódít; *ter ~ para tudo* mindenre talál magyarázatot 2. előírás, (használati) utasítás 3. képesítés; kiváltság, előjog

bulbo [bulbu] *m növ* hagyma; gumó

bulboso [bulbozu] *mn* hagyma-, hagyma alakú; gumós

buldogue [buldòg] *m* bulldog

buldozer [buldozèr] *m* bulldózer

bule [bul] *m* teáskanna (amiben forralnak)

bulevar [bulivàr] *m* bulvár, körút

Bulgária [bulgàrjö] *f* Bulgária

búlgaro [bulgöru] *mn* és *fn* bolgár

bulha [buljö] *f* 1. lárma; felfordulás 2. veszekedés; parázs vita

bulhar [buljàr] *1/1 tl* 1. veszekszik 2. verekszik

bulhento [bulje^{n}ntu] *mn* kötekedő

bulício [buliszju] *m* 1. zaj, lárma 2. tolongás; csődület

buliçoso [buliszozu] *mn* 1. zajos, lármás 2. eleven; nyugtalan

bulir [bulir] *3/12* I. *ts* megérint, hozzányúl II. *tl* 1. mozdul, mozog 2. *~ em* játszik, babrál vmivel; *não bula nisso!* ne nyúljon hozzá!

bumba! [bu^{n}mbö] *isz* bumm!

bunda [bu^{n}ndö] *f* **B** *köz* segg

buque [buk] *m* kis hajó

buquê [buké] *m* virágcsokor

buraco [buràku] *m* 1. lyuk; *~ da fechadura* kulcslyuk; *tapar ~s* lyukakat betöm; *átv* adósságot fizet 2. odu, szűk hely

burburinho [burburinyu] *m* tompa zaj; morgás

burel [burèl] *m* durva gyapjúszövet

burgo [burgu] *m* mezőváros; község; előváros

burgomestre [burgumèstr] *m* polgármester

burguês *m*, **burguesa** *f* [burgés, burgézö] I. *mn* burzsoá, polgári; kispolgári, nyárspolgári II. *fn* polgár; nyárspolgár

burguesia [burgiziö] *f* burzsoázia

buril [buril] *m* vésőár; karcolótű

burilador [burilödor] *m* vésnök

burilar [burilàr] *1/1 ts* vés, metsz

burla [burlö] *f* 1. csalás, ámítás 2. gúnyolódás

burlador *m*, **-a** *f* [burlödor(ö)] I. *mn* 1. csalárd 2. gúnyolódó II. *fn* 1. csaló, szélhámos 2. tréfamester, mókázó

burlão *m*, **burlona** *f* [burlö^{n}u, burlonö] *mn* és *fn* = **burlador**

burlar [burlàr] *1/1 ts* 1. becsap, ámít 2. kigúnyol, kinevet 3. csúfol, bosszant 4. *~ a lei* kijátssza a törvényt

burlequear [burlikjàr] *1/5 tl* kóborol, csatangol

burlesco [burlésku] *mn* burleszk, kacagtató

burleta [burlétö] *f* burleszk

burlista [burlistö] *fn* = **burlador**

burocracia [burukröszïö] *f* bürokrácia

burocrata [burukràtö] *fn* bürokrata

burocrático [burukràtiku] *mn* bürokratikus

burocratizar [burukrötizàr] *1/1 ts* bürokratizál

burra [burrö] *f* 1. kancaszamár 2. pénzesláda, vaskazetta 3. fűrészbak

burrada [burràdö] *f* = **burrice**

burricada [burrikàdö] *f* 1. szamárcsorda 2. = **burrice**

burrice [burrisz] *f* 1. szamárság, ostobaság 2. csökönyösség

burrico [burriku] *m* szamárcsikó

burrinho [burrinyu] *m* kismotor; segédmotor

burriqueiro [burrikéjru] *m* szamárhajcsár

burro [burru] I. *mn* buta, ostoba II. *fn, m* 1. szamár (*átv* is); *cabeça de ~* tökfej; *andar* v *estar com os ~s* rosszkedvű; *prender o ~* rosszkedvű lesz; *dar com os ~s n'água* **a)** butaságot művel **b)** melléfog; *ter dinheiro como* (**B**: *para*) *~*, *biz* marha sok pénze van *közm: vozes de ~ não chegam ao céu* kutyaugatás nem hallatszik az égbe 2. fűrészbak 3. *isk* szamarak hídja; „puska"

bus [bus] *isz: ~!* csitt! csend! *sem dizer chus nem ~* egyetlen szó nélkül

busca [buskö] *f* 1. keresés; *cão de ~* vizsla, kopó; *andar em ~ de* vkinek *v* vminek a keresésére indul; *dar* ~ *a* keres; átkutat 2. házkutatás; nyomozás; vizsgálat; *passar uma* ~ *a* átkutat vmit

busca-pé [busköpè] *m* tűzkígyó (tűzijáték)

buscar [buskàr] *1/2 ts* 1. keres; felkeres vkit; *ir, vir* ~ érte megy, jön 2. átkutat, felkutat

busílis [buzilis] *m*: *aí é que está o* ~ ez itt a bökkenő!

bússola [buszulö] *f* iránytű

busto [bustu] *m* 1. mell, kebel 2. mellkép, mellszobor

butique [butik] *m* bolt, bódé; butik, kis divatbolt

buxo [busu] *m növ* puszpáng

buzina [buzinö] *f* 1. vadászkürt 2. *autó* kürt, duda 3. hangszóró; szócső (*átv* is)

buzinar [buzinàr] *1/1 tl* 1. kürtön játszik; trombitál 2. *autó* kürtöl, dudál

búzio [buzju] *m* 1. búvár 2. gyöngyhalász 3. *áll* kürtcsiga

C

C, c [szé] *m* c (betű)

c. = **1.** *capítulo* fejezet **2.** *cena* jelenet **3.** *cento* száz

c/ = **1.** *caixa* pénztár **2.** *com* -val, -vel **3.** *conta* számla

C. = *calçada* utca

C.ª = *companhia* társaság

cá [kà] **I.** *hat* itt, ide; ~ *dentro* (*fora*) itt benn (kinn); *de* ~ itteni, innenső; *de então para* ~ attól kezdve (mostanig); *de uns tempos para* ~ egy idő óta; *para* ~ *e para lá* oda-vissza; *ser tu* ~ *tu lá com* tegezik egymást **II.** (erősítő szócska) *eu* ~ *me entendo* én csak tudom! *eu* ~ *sou assim* én már ilyen vagyok; *diga* ~ mondja csak! *ouça* ~ hallja maga! ide figyeljen!

caá [kàà] *f* **B** növény (sok összetételben fordul elő)

caatinga [kàtingö] *f* **B** cserjés

cabaça [köbàszö] **1.** *f növ* tök **2.** lopótök) **3.** *m* **B** másodszülött iker

cabaço [köbàszu] *m* **1.** = **cabaça 1.** **2.** *szól: dar* ~ *a, átv* kosarat ad, kikosaraz; **3.** *levar* ~ kosarat kap

cabal [köbàl] *mn* teljes, tökéletes; *de maneira* ~ meggyőzően

cabala [köbàlö] *f* **1.** kabala; babona **2.** intrika, ármány

cabalar [köbölàr] *1/12 tl* fondorkodik vki ellen (*contra*)

cabana [köbönö] *f* kunyhó

cabanal [köbönàl] *m* fészer

cabaneiro [köbönéjru] *m* kunyhólakó

cabaré [köbörè] *m* kabaré; éjszakai mulatóhely

cabaz [köbàs] *m* **1.** (füles, záras) kosár; piaci kosár **2.** ételhordó (edény)

cabeça [köbészö] **I.** *f* **1.** fej (*átv* is); ~ *de alho* fej fokhagyma; ~ *de ponte* hídfő; **2.** fejléc, fejezetcím; **3.** (kerületi *v* megyei) székhely; **4.** ~ (*de gado*) darab állat *v* marha **5.** *szól:* ~ *de alho chocho* v *de vento* v *no ar* szeleburdi, széllelbélelt; *de* ~ fontos, jelentős; *dos pés à* ~, *da* ~ *até os pés* tetőtől talpig; *sem pés nem* ~ se füle, se farka; *andar de* ~ *levantada* magasan hordja a fejét; *aprender de* ~ könyv nélkül megtanul; *atirar-se de* ~ fejest ugrik; *deu-lhe na* ~ fejébe vette; *estar à* ~ *de* vminek az élén áll; *fazer contas de* ~ fejből számol; *matar a* ~ *com* töri a fejét vmin; *passou-me pela* ~ eszembe jutott, átvillant az agyamon; *ter* ~ van esze, okos; *közm: cada* ~ *cada sentença* ahány fej, annyi vélemény **II.** *m, f* vminek a feje, főnök, vezető; ~ *de motim* a zendülés irányítója

cabeçada [köbiszàdö] *f* **1.** lökés fejjel; *sp* fejes **2.** bólintás **3.** *haj* bukdácsolás **4.** butaság; *dar uma* ~ butaságot csinál, ballépést követ el

cabeçal [köbiszàl] *m* fejpárna

cabeçalho [köbiszàlju] *m* **1.** kocsirúd **2.** címfelirat, könyvcím, címrajz

cabeção [köbiszö^{n}u] *m* **1.** (dísz)gallér **2.** levehető (papi) gallér

cabecear [köbiszjàr] *1/5 tl* **1.** bóbiskol **2.**bukdácsol (hajó)

cabeceira [köbiszéjrö] *f* **1.** ágyfej; fejpárna; *mesa de* ~ éjjeliszekrény **2.** asztalfő **3.** könyvgerinc **4.** papírlap *v* oldal felső része; bevezető sor **5.** ~*s* folyó felső ágai

cabecel [köbiszèl] *m* rajz a könyvoldal tetején

cabecilha [köbiszilljö] *m* 1. pártvezér 2. főkolompos

cabeço [köbészu] *m* 1. dombtető, hegycsúcs 2. kötélbak

cabeçorra [köbiszorrö] *f biz* (nagy) fej, kobak

cabeçudo [köbiszudu] *mn* 1. nagy fejű 2. keményfejű, csökönyös

cabedal [köbidal] *m* 1. tőke, vagyon, jövedelmi forrás; *um ~ de conhecimentos* sok tudás, bő ismeretek; *fazer ~ de* gyűjt, halmoz; *átv* számít vmire 2. cipőbőr

cabedelo [köbidélu] *m* düne, homokpart

cabeleira [köbiléjrö] *f* 1. (hosszú) haj, üstök 2. paróka 3. *m* **a)** hosszú hajú férfi **b)** *átv* konzervatív, maradi **c) B** bandita

cabeleireiro *m*, **-a** *f* [köbiléjréjru, -ö] *fn* fodrász(nő); parókakészítő

cabelo [köbélu] *m* 1. hajszál; haj (*tb* is); *até a ponta* v *a raiz dos ~s, átv* nyakig, fülig; *em ~* hajadonfővel; *pelos ~s* erőszakkal, akarata ellenére; *agarrar pelos ~s* üstökön ragad; *estar pelos ~s* izgatott, türelmetlen; *é de arrepiar* v *é de pôr os ~s em pé* ez hajmeresztő; *estar por um ~* hajszálon függ; *não tocar a ponta dum ~* haja szálát sem görbíti; *ter ~s no coração* szőrösszívű, rideg; kegyetlen; zsugori 2. hajszálrugó

cabeludo [köbiludu] *mn* 1. hosszú hajú; szőrös; *coiro* v *couro ~* fejbőr 2. *átv* kényes, nehéz (kérdés)

caber [köbér] *2/10* 1. befér, helye van, tartalmaz; *não ~ em si de contente* nem tud hova lenni örömében; *essa mesa não cabe por aquela porta* az az asztal nem fér be azon az ajtón; 2. kijut, esik vkire (*a*), kötelessége, feladata; *cabe-me a honra de* nekem jut ki az a megtiszteltetés, hogy

cabida [köbidö] *f* 1. befogadóképesség 2. *szól: ter ~ com* nagy hatással van vkire

cabide [köbid] *m* ruhafogas

cabidela [kövidèlö] *f* szárnyas aprólék

cabido [köbidu] **I.** *mn:* helyes, találó **II.** *m fn* káptalan

cabimento [köbime^{n}ntu] *m* 1. hely, tér, befogadóképesség 2. helyénvalóság; *isso não tem ~* ez nem helyénvaló *v* célszerű

cabina; **cabine** [köbinö, köbin] *f* 1. kabin 2. fülke (vasúti is)

cabineiro [köbinéjru] *m* **B** 1. hajópincér 2. hálókocsi-kalauz 3. liftkezelő

cabisbaixo, -a [köbizsbàjsu] *mn* és *hat* lehorgasztott fővel, *átv* levert(en), csüggedt(en), lógó orral

cablar [köblàr] *1/12 tl* kábelez

cabo [kàbu] 1. nyél, fogantyú; *~ de vassoura* seprűnyél 2. kábel; hajókötél, vontatókötél 3. (hegy)fok, előhegység 4. vminek a vége; *ao ~* végül, a végén; *ao ~ de tudo* végeredményben, mindazonáltal, mindezek ellenére; *ao ~ de dez dias* tíz nap múlva *v* elteltével; *de ~ a ~, de ~ a rabo* elejétől végig, ától cettig; *dar ~ de* véget vet vminek; tönkretesz; *átv* nyakára hág vminek; *ir às do ~* magán kívül van, dühöng; *levar a ~* véghezvisz, befejez 5. főnök, vezető; *kat* káplár; *~ da polícia* rendőrőrmester; *~ de esquadra* rajvezető; *é de ~ de esquadra!* ez hülyeség! 6. előmunkás, brigádvezető

caboclo, -a [kàboklu, -à] **B I.** *mn* rézszínű, rézbőrű **II.** *fn* 1. brazil indián 2. félvér (indián és fehér ember keveréke)

cabograma [kàbugràmö] *m* kábeltavırat

cabotagem [köbutàzsö^{n}j] *f* partmenti hajózás

cabotar [köbutàr] *1/15 tl* a part mentén hajózik

cabotino [köbutinu] *m* 1. vándorénekes 2. vándorszínész, ripacs (*átv* is)

cabouc . . . → **cavouc . . .**

Cabo Verde [kàbuvérdi] *m* Zöld-fok

cabo-verdiano [kàbuvirgyönu] *mn* és *fn* zöld-foki

cabra [kàbrö] *f* 1. kecske; kecskebőr 2. *műsz* emelő 3. *m*, *f* néger félvér 4. *m* bandita, orgyilkos; *é um ~ de sorte* szerencsés fickó

cabra-cega [kàbröszègö] *f* szembekötősdi

cabrada [köbràdö] *f* kecskenyáj

cabrão [köbrö^{n}u] *m* 1. kecskebak 2. felszarvazott férj

cabrar [köbràr] *1/12 tl* függőleges vonalban emelkedik (repülőgép)

cábrea [kàbrjö] *f haj* emelőbak

cabrestante [köbristö^{n}nt] *m* csörlő

cabresteiro [köbristéjru] **I.** *mn* 1. kötőféken vezetett 2. *átv* engedelmes, szelíd **II.** *m, fn* kötőfék

cabresto [köbréstu] *m* kantár, kötőfék

cabril [köbril] *m* kecskeól

cabrim [köbri^n] *m* kecskebőr

cabriola [köbriòlö] *f* ugrándozás; bohóckodás

cabriolé [köbriolè] *m* **1.** egylovas kétkerekű kocsi **2.** felnyitható tetejű autó

cabrita [köbritö] *f* (nőstény) gödölye; *levar às ~s* vállon visz

cabrito [köbritu] *m* gödölye

cabrocha [kàbròsà] **B** *m, f* mulatt

cabrum [köbru^n] *mn* kecske-; *gado ~* kecskék, kecskeállomány

cábula [kàbulö] **I.** *mn* lusta, hanyag **II.** *fn* iskolakerülő

cabular [köbulàr] *1/1 tl* iskolát kerül, lóg

cabulice [köbulisz] *f* iskolakerülés, lógás; hanyagság

caç. = *caçador* vadász

caça[1] [kàszö] *f* **1.** vadászat; *dar ~ a* vadászik vmire **2.** vad, vadászzsákmány; *~ grossa* (*miúda*) nagyvad (apróvad); *közm: um dia da ~, outro do caçador* ma nekem, holnap neked

caça[2] [kàszö] *m* vadászgép

caçadeira [köszödéjrö] *f* **1.** vadászpuska **2.** vadászkabát **3.** vadászcsónak

caçadeiro [köszödéjru] *mn* vadász-

caçado [köszàdu] *mn* ügyes, gyakorlott, tapasztalt

caçador [köszödor] *m* **1.** vadász; *~ clandestino* v *furtivo* orvvadász; vadorzó **2.** *kat* lövész

caçamba [kàszö^{n}mbà] *f* **B I.** vödör, kútvödör **2.** kengyel **3.** tragacs

caça-minas [kàszöminös] *m* aknaszedő hajó

caça-níqueis [kàszönikéjsz] *m* **B** pénzbedobós (játék)automata

caçar [köszàr] *1/12* **I.** *ts* **1.** vadászik vmire **T 2.** űz, hajt, kerget; *közm: quem não tem cão, caça com gato* ha nincs ló, szamár is jó **II.** *tl haj* eltér az útiránytól

cacaracá [kàkörökà] *m* kotkodácsolás; *coisa de ~* jelentéktelen ügy, semmiség

cacarejar [kökörizsàr] *1/14 tl* kotkodácsol; *~ e não pôr ovo* szép szóval hiteget vkit

cacarejo [kökörézsu] *m* kodácsolás; *átv* fecsegés

cacarejos [kökörézsus] *m tb* ócska holmi, limlom

caçarola [köszöròlö] *f* serpenyő

cacatua [kökötuö] *f* kakadu

cacau [kökàu] *m* kakaó

cacaual [kökàuàl] *m* kakaóültetvény

cacau(z)eiro [kökàu(z)éjru] *m* kakaófa

cacetada [köszitàdö] *f* ütés bunkóval *v* gumibottal

cacete [köszét] *m* **1.** bunkó; gumibot **2. B** unalmas *v* alkalmatlankodó ember

cacetear [köszityàr] *1/5 ts* **B** zavar, alkalmatlankodik

cachaça [kösàszö] *f* **B I.** pálinka (nádcukormelaszból), (fehér) rum **II.** szenvedély, hobbi

cachaceira [kösöszéjrö] *f* **I.** vastag nyak *v* tarkó **II. B** ivászat, részegeskedés

cachaço [kösàszu] *m* **1.** tarkó **2.** ütés a tarkóra **3.** *átv* felfuvalkodottság

cachaçudo [kösöszudu] *mn* **1.** vastag nyakú **2.** *átv* felfuvalkodott

cachalote [kösölòt] *m áll* ámbrás cet

cachamorra [kösömorrö] *f* bunkó, buzogány

cachão [kösö^{n}u] *m* **1.** áradat; örvény(lés) **2.** bugyborékolás

cacharolete [kösörulét] *m* koktél (ital)

cacheado [kösjàdu] *mn* **B** fürtös; göndör

cachecol [kösikòl] *m* nyaksál

cacheira [köséjrö] *f* bunkó

cachimbar [kösi^{n}mbàr] *1/1 tl* pipázik

cachimbo [kösi^{n}mbu] *m* pipa

cachimónia [kösimònyö] *f biz* kobak, fej

cachinar [kösinàr] *1/1 tl* (gúnyosan) kacag, röhög

cacho [kàsu] *m* **1.** *növ* fürt; *~ de uvas* szőlőfürt **2.** hajfürt

cachoar [kösuàr] *1/8 tl* bugyog; bugyborékol

cachoeira [kösuéjrö] *f* vízesés

cachola [kösòlö] *f biz* kobak, fej

cachopa [kösòpö] *f* fiatal lány

cachopo [kösopu] *m* **I.** fiatalember, legény **II. 1.** sziklazátony **2.** *átv* akadály; veszély

cachorra [kösorrö] *f* nőstény kölyökkutya

cachorro [kösorru] *m* **1.** kölyökkutya **2.** állat kölyke **3.** *biz* komisz kölyök

cachumba [kösu^{n}mbö] *f* **B** fültőmirigygyulladás, mumpsz

cacifo [köszifu] *m* kis láda, ládikó; rekesz

cacimba [köszi^{n}mbö] *f* **1.** pára; köd; harmat **2.** vízgyűjtő medence

caciquismo [köszikizsmu] *m* önkény; hatalmaskodás
cacique [köszik] *m* 1. indiánfőnök 2. *biz* főnök, tulaj; fejes
caco [kàku] *m* 1. üvegcserép, fazékcserép; *fazer em* ~*s* darabokra tör 2. *biz* kobak, fej; *ter* ~ van sütnivalója 3. ~*s* ócska holmi
caço [kàszu] *m* merőkanál
caçoada [köszuàdö] *f* gúnyolódás; tréfálkozás, tréfa
caçoar [köszuàr] *1/8 ts* kigúnyol, megtréfál, tréfát űz vkiből **T**
cacofonia [kökufuniö] *f* kakofónia, rossz hangzás, hangzavar
caçoila [köszojlö] *f* (agyag)lábas
caçoleta [köszulétö] *f* 1. kis lábas 2. *kat* gyújtófej 3. *műsz* (próba)tégely
caçoula [köszolö] *f* = **caçoila**
cacto [kàtu] *m* kaktusz
caçula [köszulö] *m* **B** a legkisebb fiú a családban
cada [kàdö] *mn* 1. mindegyik, minden; ~ *dia* mindennap, naponta; ~ *três dias* minden harmadik napon; ~ *um,* ~ *qual* minden egyes, mindegyik, mindenki 2. *szól:* ~ *macaco no seu galho* mindenkit a megfelelő helyre! *fazer* v *ter* ~ *uma* képtelen dolgokat művel; *tens* ~ *uma!* milyen (ostoba) ötleteid vannak!
cadafalso [ködöfàlszu] *m* vérpad
cadarço [ködàrszu] *m* fűzőzsinór; ~ *de sapatos* cipőfűző
cadastrado [ködöstràdu] *mn* és *fn* büntetett előéletű
cadastrar [ködöstràr] *1/12 tl* nyilvántartásba vesz; (telekkönyvbe) bejegyez
cadastro [ködàstru] *m* 1. kataszter, telekkönyv 2. bűnügyi nyilvántartó
cadáver [ködàvèr] *m* hulla, tetem
cadavérico [ködövèriku] *mn* hullaszerű; halálsápadt
cadeado [ködjàdu] *m* lakat
cadeia [ködéjö] *f* 1. lánc; ~ *de montanhas* hegylánc 2. bilincs 3. börtön, fogház 4. *átv* hálózat, láncolat; *uma* ~ *de acontecimentos* események láncolata; ~ *de rádio e televisão* rádió- és televízió-hálózat
cadeira [ködéjrö] *f* 1. szék; ülés; ~ *dobradiça* összecsukható szék; ~ *giratória* forgószék; ~ *de balanço;* ~ *de baloiço* hintaszék; ~ *de braços* (párnázott) karosszék, fotel; ~ *de repouso* v *de cura* nyugszék; ~ *de rodas* tolókocsi, tolószék 2. tanszék 3. ~*s, tb* csípő, derék, far; *mexer com as* ~*s* riszálja a farát
cadeirado [ködéjràdu] *m* széksor
cadeirinha [ködéjrinyö] *f* 1. székecske 2. hordszék
cadeirudo [ködéjrudu] *mn* széles csípőjű; nagy fenekű
cadela [ködèlö] *f* szuka
cadência [köde^{n}szjö] *f* 1. *zene* hanglejtés; taktus, ütem; ritmus; *marchar em* ~ ütemre menetel *v* masíroz 2. *kat* lövedék sebessége
cadenciado; cadencioso [köde^{n}szjàdu, -jozu] *mn* ritmikus, ütemes
cadente [köde^{n}nt] *mn* leeső, lehulló; *estrela* ~ hullócsillag
cadernal [ködirnàl] *m műsz* csigasor
caderneta [ködirnétö] *f* 1. könyvecske, notesz; ~ *militar* katonakönyv; ~ *de poupança* takarékbetét-könyv 2. tanulmányi értesítő
caderno [ködèrnu] *m* 1. füzet; ~ *eleitoral* választói névjegyzék; ~ *de encargos* versenytárgyalási hirdetmény *v* feltételek; ~ *de papel* ív papír 2. jegyzetkönyv, notesz
cadete [ködét] *m* hadapród, tisztjelölt
cadilhos [ködiljus] *m tb* 1. rojtok 2. gondok; *közm: quem tem filhos tem* ~ a gyermeknevelés gondokkal jár
cadimo [ködimu] *mn* 1. ügyes 2. agyafúrt, dörzsölt
cadinho [ködinyu] *m* olvasztótégely
caducar [ködukàr] *1/2 tl* 1. megöregszik, elgyengül; hanyatlik; összeroskad 2. *jog* elévül 3. érvényét veszti, lejár (jegy)
caducidade [köduszidàd] *f* 1. öregedés; roskatagság 2. *jog* elévülés 3. vminek a lejárta
caduco [köduku] *mn* 1. roskatag, düledező 2. elévült; érvénytelen 3. múló, mulandó; *árvore de folha* ~*a* lombhullató fa 4. *mal* ~ nyavalyatörés
cafajeste [köfözsèsti] *m* 1. aki nem diák (*argó* a coimbrai egyetemen) 2. **B** huligán; vagány
café [köfè] *m* 1. kávé; ~ *puro,* ~ *só;* **B**: ~ *preto,* ~ *sem leite* feketekávé; ~ *com leite* tejeskávé; ~ *da manhã* reggeli; ~ *em grão* babkávé, szemes kávé

2. kávéház, eszpresszó; ~*-caneca* olcsó kávézó; kávépult; ~ *cantante,* ~*-concerto* zenés kávéház 3. **B** ~ *pequeno* **a)** kis csésze erős fekete **b)** *átv* könnyű feladat **c)** jelentéktelen ember

cafedório [köfidòrju] *m nép* gyenge kávé, lötty

cafeeiral [köfijéjràl] *m* kávéültetvény

cafeeiro [köfjéjru] *m* kávécserje

cafeicultor [köféjkultor] *m* **B** kávétermesztő

cafeína [köfèinö] *f* koffein

café-restaurante [köfèristàurö^{n}nt] *m* kávéház és étterem

cafeteira [köfitéjrö] *f* kávéskanna

cafeteiro [köfitéjru] *m* **B** kávéház tulajdonosa

cafezal [köfèzàl] *m* kávéültetvény

cafezeiro [köfèzéjru] *m* 1. kávéültetvényes 2. = **cafeteiro**

cafezista [köfèzistö] *fn* 1. = **cafezeiro** 1. 2. kávékedvelő; (*f*) kávénéni

cáfila [kàfilö] *f* 1. karaván 2. tolvajbanda

cafre [kàfr] *m* kaffer

cafua [köfuö] *f* 1. barlang 2. *átv* sötét lyuk 3. **B** *isk* karcer, iskolai zárka

cafundó [kàfu^{n}dò] *m* **B** nehezen megközelíthető magányos hely

cafuz [köfus] *m, f* **B** mulatt és néger leszármazottja

cagaço [kögàszu] *m köz* félelem, drukk

cagada [kögàdö] *f köz* szar

cagadeira [kögödéjrö] *f köz* vécé

cagadela [kögödèlö] *f* légypiszok

cágado [kàgödu] *m* 1. (édesvízi) teknősbéka 2. ravasz kópé

caganita [kögönitö] *f köz* kecske- *v* juhtrágya; egérpiszok

caganar [kögönàr] *1/4, 1/12 ts köz* leszar

cagão [kögö^{n}u] *m köz* beszari alak

cagarola [kögöròlö] *m* = **cagão**

caiadela [köjödèlö] *f* 1. meszelés 2. arcfesték, arcfestés

caiaque [kàjàk] *m* kajak

caiar [köjàr] *1/12 ts* 1. meszel 2. arcát festi

cãibra [kö^{n}jmbrö] *f* izomgörcs

caibro [kàjbru] *m* födémgerenda

caída [köidö] *f* 1. esés 2. *átv* hanyatlás; bukás

caído [köidu] **I.** *mn* 1. leesett; → **cair** 2. *átv* elesett; levert; *ânimo* ~ csüggedtség; *rosto* ~ szomorú ábrázat 3. esedékes; hátralékos **II.** *fn, m:* ~*s, tb* 1. esedékes kamatok; hátralékos járulékok 2. maradékok, hulladék 3. **B** cirógatás; kedveskedés

caieira [köjéjrö] *f* mészégető kemence *v* üzem

caieiro [köjéjru] *m* mészégető (ember)

caimão [kàjmö^{n}u] *m áll* kajmán

caimento [köime^{n}ntu] *m* 1. esés 2. *átv* hanyatlás; bukás 3. lejtés (tetőé)

cainheza [köinyézö] *f* kapzsiság

cainho [köinyu] *mn* kapzsi

caipira [kàjpirö] *m* **B** *pejor* paraszt; műveletlen ember

caipora [kàjpòrö] *m* **B** 1. lidércfény 2.balszerencsés alak, szerencsétlen flótás

caiporismo [kàjpurizsmu] *m* **B** állandó balszerencse, sorozatos pech

cair [köir] *3/22 tl* 1. esik, leesik, lezuhan; *cai* elestem; *caiu dentro de água* beleesett a vízbe 2. süllyed, csökken, hanyatlik; (le)bukik 3. *szól: caiu-me a alma* v *o coração aos pés* inamba szállt a bátorságom; ~ *como uma bomba* bombaként hat; ~ *das mãos* kiesik *v* kicsúszik a kezéből; ~ *da memória* kiesik az emlékezetéből, elfelejt; ~ *de costas* hanyatt esik; ~ *doente* v *de cama* ágynak dől, megbetegszik; ~ *de* v *em pé* talpára esik (*átv is*); ~ *do céu* v *das nuvens* az égből pottyan, váratlanul bekövetkezik; ~ *em erro* tévedésbe esik; ~ *em esquecimento* feledésbe merül; ~ *em silêncio* elhallgat; ~ *em si* magához *v* eszméletre tér; ~ *em sorte* osztályrészül jut; ~ *morto* holtan elterül; ~ *na esparrela* v *no laço* v *na ratocira* v *na rede* tőrbe esik, lépre megy; ~ *na razão* észre tér, megjön az esze; ~ *no jeito de* vminek a nyitjára jön; *fazer* ~ elbuktat, feldönt; *a festa cai num domingo* az ünnep vasárnapra esik; *não ter onde* ~ *morto* semmije sincs, ágrólszakadt; *nessa não caio eu!* én ennek nem dőlök be! *a responsabilidade cai sobre mi* a felelősség engem terhel; *o vestido cai bem* (*mal*) a ruha jól (rosszul) áll; (főnevesítve:) *ao* ~ *da folha* lombhulláskor; *ao* ~ *da tarde* (esti) szürkületkor, alkonyatkor

cairel [kàjrèl] *m* 1. beszegés, szegély 2. *o* ~ *do abismo* a szakadék széle

cairo [kàjru] *m* kókuszrost
Cairo [kàjru] *m: o* ~ Kairó
cairota [kàjròtö] *mn* és *fn* kairói
cais [kàjs] *m* **1.** rakpart; rakodóhely **2.** *vasút* peron
caixa [kàjsö] *f* **1.** láda, doboz; tok; ~*a acústica* hangdoboz, hangfal; ~ *postal* postaláda; postafiók; ~ *tipográfica* szedőszekrény; → **letra 2.** ~ *torácica* mellkas; ~ *de cartão* kartondoboz; ~ *das esmolas* alamizsnagyűjtő persely; ~ *de música* zenélődoboz; ~ *de óculos* szemüvegtok; ~ *do ponto* súgólyuk **2.** *műsz* ház; tok; dob; ~ *de mudanças* v *de velocidades* sebességváltóház **3.** pénztár, kassza; ~ *económica* takarékpénztár; ~ *forte* páncélszekrény; ~ *registradora* pénztárgép **4.** *zene* dob **5.** ~ *de escada* lépcsőház (aknája) **6.** *m, f* pénztáros **7.** *m* pénztárkönyv
caixão [kàjsö^{n}u] *m* nagy láda; koporsó
caixeira [kàjséjrö] *f* eladó(nő)
caixeiro [kàjséjru] *m* eladó; ~ *de balcão* bolti eladó, kiszolgáló; ~ *viajante;* kereskedelmi utazó
caixilharia [kàjsiljörîö] *f* ablak- és ajtókeretek
caixilho [kàjsilju] *m* **1.** keret, képkeret **2.** ajtó- *v* ablakkeret
caixinha [kàjsinyö] *f* (kis) doboz
caixotaria [kàjsutöriö] *f* **B** csomagoló *v* kiszerelő vállalat
caixote [kàjsòt] *m* csomagolóláda
caixotim [kàjsuti^{n}] *m nyomd* betűrekesz
cajadada [közsödàdö] *f* botütés; *matar dois coelhos de uma* ~ két legyet üt egy csapásra
cajado [közsàdu] *m* **1.** pásztorbot **2.** *átv* támasz
cal [kàl] *f* mész; ~ *apagada* (*viva*) oltott (oltatlan) mész; *de pedra e* ~ sziklaszilárd, *átv* hajthatatlan
cala [kàlö] *f* **1.** kis öböl **2.** bevágás, rés; lék(elés) (dinnyén)
calaboiço, calabouço [kölöbojszu, -oszu] *m* fogda, börtöncella
calaceiro [kölöszéjru] *m* naplopó
calada [kölàdö] *f* csend; *a* v *pela* ~, *às* ~*s* titokban, lopva; *na* v *pela* ~ *da noite* az éjszaka leple alatt
calado[1] [kölàdu] *mn* csendes, hallgatag; *homem* ~ szűkszavú ember; *estar* v *ficar* ~ hallgat, nem szól
calado[2] [kölàdu] *m haj* merülés
calafetagem [kölöfitàzsö^{n}j] *f haj* dugarozás
calafetar [kölöfitàr] *1/13 ts* **1.** *haj* dugaroz **2.** (légmentesen) elzár, betöm
calafeto [kölöfétu] *m* **1.** *haj* dugarozás **2.** tömítés
calafrio [kölöfriu] *m* hideglelés, borzongás; *tenho* ~*s* ráz a hideg
calamidade [kölömidàd] *f* katasztrófa, szerencsétlenség
calamitoso [kölömitozu] *mn* szerencsétlen; gyászos
cálamo [kàlömu] *m* **1.** gabona szára *v* szalmája **2.** írónád **3.** pásztorsíp **4.** *növ* kálmos
calandra [kölö^{n}ndrö] *f műsz* mángorló; simítógép
calandrar [kölö^{n}ndràr] *1/1 ts* **1.** mángorol **2.** *műsz* hengerel, simít
calão [kölö^{n}u] *m* tolvajnyelv; argó
calar[1] [kölàr] *1/12* **I.** *ts* **1.** elhallgat vmit; **2.** elhallgattat vkit **II.** *tl* hallgat, nem szól; *közm: quem cala consente* a hallgatás beleegyezés **III.** ~**-se** elhallgat, nem szól többet
calar[2] [kölàr] *1/12 ts* **1.** leereszt, leenged (vitorlát, zászlót); a tenger fenekére küld, elsüllyeszt (hajót) **2.** köböz, akol **3.** meglékel (dinnyét) **4.** helyére tesz *v* rak **5.** ~ *a baioneta* szuronyt szegez
Calç. = *calçada* utca
calça [kàlszö] **1.** madarak lábára húzott gyűrű **2.** ~*s* **a)** (hosszú) nadrág **b)** női alsónadrág, bugyi **3.** ~ *elástica* guminadrág (csecsemőnek) **4.** *szól: ver-se em* ~*s pardas* kellemetlen helyzetben van
calçada [kàlszàdö] *f* **1.** utcakövezet, aszfaltburkolat **2. B** járda
calçadeira [kàlszödéjrö] *f* cipőkanál
calçado [kàlszàdu] *m* **1.** cipő, lábbeli **2.** *autó* abroncsozás
calcador [kàlködor] *m* **1.** döngölő; sulyok **2.** mozsártörő
calcanhar [kàlkönyàr] *m* lábsarok; *dar aos* ~*es* kereket old, elillan
calção (*tb: calções*) [kàlszö^{n}u, kàlszo^{n}js] *m* rövid nadrág; térdnadrág; ~ *de banho* úszónadrág; ~ *de futebol* futballnadrág
calcar [kàlkàr] *1/2 ts* **1.** tapos, tipor; **2.** tör, aprít **3.** pauzíroz, kopíroz
calçar [kàlszàr] *1/3 ts* **1.** felhúz (haris-

nyát, cipőt, kesztyűt) 2. (utat) kövez, burkol, aszfaltoz 3. megtámaszt, alátámaszt; (ékkel) rögzít 4. ~ *bem* ráillik, jól áll rajta **T**

calcário [kàlkàrju] **I.** *mn* mésztartalmú, mész- **II.** *fn, m* mészkő

calcetamento [kàlszitöme^{n}ntu] *m:* ~ *da rua* útburkolat, kövezet

calcetar [kàlszitàr] *1/13 ts* burkolattal ellát, kövez (utat)

calceteiro [kàlszitéjru] *m* útburkoló *v* kövező munkás

calcificação [kàlszifiköszö^{n}u] *f orv, vegy* elmeszesedés

calcificar-se [kàlszifikàrszi] *1/2 orv* elmeszesedik

calcinação [kàlszinöszö^{n}u] *f* mésszé égetés; szénné égés

calcinar [kàlszinàr] *1/1 ts* mésszé *v* szénné éget

cálcio [kàlszju] *m* kalcium

calcite [kàlszit] *f* mészpát

calco [kàlku] *m* pauzírozás, kopírozás

calço [kàlszu] *m műsz* ék; (fék)saru; alátét

calcografia [kàlkugröfiö] *f* rézmetszés; rézmetszet

calculadora [kàlkulödorö] *f* számológép

calcular [kàlkulàr] *1/1* **I.** *ts* **1.** kiszámít **2.** gyanít, sejt vmit, számít vmire **T** **II.** *tl* számol; *máquina de* ~ számológép

calculável [kàlkulàvèl] *mn* kiszámítható; megszámlálható

calculista [kàlkulistö] *fn* számító (*átv* is); tervező

cálculo [kàlkulu] *m* **1.** számítás, számolás; tervezés; ~ *das probabilidades* valószínűségszámítás **2.** *orv* kő; ~*s biliários* epekövek; ~*s renais* vesekövek; ~*s urinários* húgykövek

calda [kàldö] *f* **1.** szirup, cukoroldat; *pêssegos em* ~ őszibarack-befőtt **2.** forráspont; *dar* ~ *ao ferro* vasat izzít **3.** ~*s* meleg forrás; termálfürdő

caldeação [kàldjöszö^{n}u] *f* **1.** izzítás, hevítés **2.** forrasztás, hegesztés **3.** ~ *de raças* fajok keveredése

caldear [kàlgyàr] *1/5 ts* **1.** izzít, hevít **2.** forraszt, hegeszt **3.** *átv* elegyít, ötvöz **4.** (fajokat) kever

caldeira [kàldéjrö] *f* üst; kazán, gőzkazán

caldeirada [kàldéjràdö] *f* **1.** üstbe férő mennyiség **2.** üstben főtt (hal)étel *v* halászlé

caldeirão [kàldéjrö^{n}u] *m* **1.** nagy üst *v* kazán **2.** gödör *v* lyuk az úttesten **3.** *zene* korona (a hangjegy felett)

caldeiraria [kàldéjröriö] *f* **1.** kazángyár **2.** zajos hely

caldeireiro [kàldéjréjru] *m* kazánkovács

caldeirinha [kàldéjrinyö] *f* **1.** kis üst **2.** ~ (*de água benta*) szenteltvíztartó; *estar entre la cruz e a* ~ kínos helyzetben *v* két tűz között van

caldeiro [kàldéjru] *m* **1.** serpenyő **2.** merítőveder

caldo [kàldu] *m* **1.** ~ (*de carne*) húsleves; ~ *amarelo* tojásleves; ~ *verde* káposztaleves; ~ *de substância* erőleves; *estar a* ~*s* csak levest eszik, diétán él **2.** *szól: entornar o* ~, *átv* beleköp a levesbe, felborítja vkinek a számításait; *ter o* ~ *entornado* rosszul áll az ügye

caleça [kölèszö] *f* hintó

caleche [kölès] *m* = **caleça**

calefacção [kölifàszöu] *f* fűtés; melegítés; ~ *central* központi fűtés

calefrio [kölifriu] *m* = **calafrio**

caleira [köléjrö] *f* ereszcsatorna, csorgó, lefolyó

caleiro [köléjru] *m* **I.** = **caleira** **II.** mészégető

calejado [kölizsàdu] *mn* **1.** kérges tenyerű, munkához szokott **2.** tapasztalt, jártas

calembur [köle^{n}mbur] *m* szójáték

calendário [köle^{n}ndàrju] *m* naptár; évkönyv

calha [kàljö] *f* kis lefolyócsatorna

calhamaço [köljömàszu] *m* salabakter, régi könyv

calhambeque [köljö^{n}mbék] *m* **1.** *haj* kis partmenti hajó **2.** ócska autó, tragacs

calhandra [köljö^{n}ndrö] *f áll* kalandra pacsirta

calhandro [köljö^{n}ndru] *m* **1.** szemétvödör **2.** vécékagyló; **B** éjjeliedény

calhar [köljàr] *1/12 tl* **1.** történik, megesik; *como* ~ ahogy éppen jön; *se* ~ talán, esetleg **2.** beillik, megfelel; *vir mesmo a* ~ éppen kapóra jön

calhau [köljàu] *m* **1.** szikla(darab) **2.** kovakő

calheta [köljétö] *f* kis öböl

calibrador [kölibrödor] *m műsz* kalibermérő eszköz; osztályozógép

calibrar [kölibràr] *1/1 ts műsz* kalibert meghatároz; nagyság szerint osztályoz

calibre [kölibr] *m* 1. kaliber, cső belső átmérője 2. minta, öntőforma, sablon
caliça [köliszö] *f* mészhulladék, gipsztörmelék
cálice [kàlisz] *m* 1. talpas pohár 2. kehely; serleg; kupa 3. *növ* virágkehely
cálido [kàlidu] *mn* 1. meleg, forró 2. *átv* heves, tüzes
califa [kölifö] *m* kalifa
caligem [kölizsö^{n}j] *f* 1. sűrű köd; sötétség 2. *orv* szürkehályog
caliginoso [kölizsinozu] *mn* ködös; sötét
caligrafia [köligröfiö] *f* 1. kézírás 2. szépírás
calinada [kölinàdö] *f* 1. hülyeség 2. baklövés
calino [kölinu] *mn* ostoba, buta
calista [kölistö] *fn* tyukszemvágó
cálix [kàlis] *m* = **cálice**
c.alm. = *contra-almirante* ellentengernagy
calma [kàlmö] *f* 1. a nap heve; hőség; *faz* ~ hőség van 2. csend; szélcsend; nyugalom; *falar com* ~ higgadtan beszél; *perder a* ~ kijön a sodrából
calmante [kàlmö^{n}nt] *mn* és *fn*, *m* nyugtató(szer)
calmar [kàlmàr] *1/1 ts* megnyugtat
calmaria [kàlmöriö] *f* 1. forróság, hőség 2. szélcsend, nyugalom
calmo [kàlmu] *mn* 1. forró; fülledt, nyomasztó 2. csendes, nyugodt
calmoso [kàlmozu] *mn* = **calmo**
calo [kàlu] *mn* 1. bőrkeményedés 2. tyúkszem 3. *ter feito* ~ *em* megedződik, érzéketlenné válik vmivel szemben
caloiro [kölojru] *m* 1. új ember; új tanuló, elsőéves, „gólya" 2. kezdő, tanonc
calombo [kàlo^{n}mbu] *m B* kelés, daganat
calor [kölor] *m* 1. hőség, meleg; *está* v *faz* ~ meleg van; *tenho* ~, *estou com* ~ melegem van 2. *átv* tűz; élénkség; szenvedély; *com* ~ buzgón, élénken; *no* ~ *do combate* a csata hevében
caloria [köluriö] *f* kalória
calorífero [kölurifíru] *m* fűtőtest, fűtőberendezés
calorífico [kölurifiku] I. *mn* melegítő II. *fn*, *m* fűtőtest
caloroso [kölurozu] *mn* 1. meleg 2. szívélyes, lelkes, forró, heves; *acolhimento* ~ szívélyes fogadtatás; *protesto* ~ heves tiltakozás
calosidade [köluzidàd] *f* bőrkeményedés, kérgesség
caloso [kölozu] *mn* bőrkeményedéses, kérges
calota [kölòtö] *f* 1. kerek sapka (a fej búbján); papi sapka 2. *geom* gömbszelet 3. *műsz* fedél, fedő 4. *a* ~ *do Polo Norte* az északi félteke
calote [kölòt] *m* 1. vissza nem fizetett adósság 2. csalás, szélhámosság; *armar* v *pregar* ~*s* fizetés nélkül elpárolog *v* lelép
calotear [kölutyàr] *1/5 ts* pénzt csal ki vkitől
caloteiro [kölutéjru] *m* csaló, szélhámos
calouro [köloru] *m* = **caloiro**
caluda! [köludö] *isz* csend legyen!
calúnia [kölunyö] *f* rágalom
caluniador *m*, **-a** *f* [kölunyödor(ö)] *mn* és *fn* rágalmazó
caluniar [kölunyàr] *1/7 ts* rágalmaz
calunioso [kölunyozu] *mn* rágalmazó
calva [kàlvö] *f* kopaszság; *pôr a* ~ *à mostra a* felfedi vkinek a hibáit *v* terveit
calvário [kàlvàrju] *m* 1. *vall* kálvária, keresztút 2. kínszenvedés; *levar a cruz ao* ~ a szenvedések útját járja
calvejar [kàlvizsàr] *1/14 tl* kopaszodik
calvície [kàlviszji] *f* kopaszság
calvo [kàlvu] *mn* kopasz; *mentira* ~*a* arcátlan hazugság
cama [kömö] *f* 1. ágy; ~ *de casal* dupla ágy; *abrir a* ~ megveti az ágyat; *fazer a* ~ beveti az ágyat; *fazer a* ~ *a*, *átv* bosszút áll vkin 2. folyómeder 3. *műsz* ágyazat; alátét
camada [kömàdö] *f* 1. (festék)réteg; ~*s socialis* társadalmi rétegek 2. *uma grande* ~ *de fruta* nagy mennyiségű gyümölcs
camafeu [kömöféu] *m* 1. ékkő 2. *biz* nagyon csúnya nő
camaleão [kömöljö^{n}u] *m* 1. *áll* kaméleon 2. *átv* köpönyegforgató, szélkakas
camaleonismo [kömöljunizsmu] *m* köpönyegforgatás
câmara [kömörö] *f* 1. kisebb szoba, kamra; ~ *ardente* halottaskamra; ~ *escura* sötétkamra 2. kamara; ~ *alta* felsőház; ~ *baixa* alsóház; ~ *de comércio* kereskedelmi kamara; ~ *dos deputados* képviselőház 3. kamera; ~ *cinematográfica* filmfelvevőgép; ~ *fotográ-*

fica fényképezőgép; ~ *lenta* lassított felvétel 4. ~ *de ar* gumitömlő, belső 5. *kat* tölténytár 6. *müsz:* ~ *de explosão* robbanótér
camarada [kömöràdö] *fn* (jó)barát, kolléga, bajtárs, kartárs, elvtárs; ~ *de escola* iskolatárs, osztálytárs
camaradagem [kömörödàzsö^{n}j] *f* 1. pajtásság, bajtársiasság 2. pajtáskodás
camarão [kömörö^{n}u] *m áll* rövidfarkú rák(fajta)
Camarões [kömöro^{n}js] *m tb* Kamerun
camareira [kömöréjrö] *f* szobalány; felszolgáló; komorna
camareiro [kömöréjru] *m* inas; felszolgáló; komornyik
camarilha [kömöriljö] *f* bűnszövetkezet, klikk
camarim [kömöri^n] *m* színházi öltöző
camarista [kömöristö] *m* 1. kamarás 2. városi tanácsnok
camarlengo [kömörle^{n}ngu] *m* pápai kamarás
camarote [kömöròt] *m* 1. *haj* hálófülke, utasfülke, kabin 2. színházi páholy
camaroteiro [kömörutéjru] *m* 1. hajópincér 2. színházjegy-árus
camba [kö^{n}mbö] *f* keréktalp
cambada [kö^{n}mbàdö] *f* 1. (madár- *v* hal)raj 2. gengszterbanda; csőcselék 3. sokaság, tömeg
cambado [kö^{n}mbàdu] *mn* 1. x-lábú 2. ferdére taposott (cipő)
cambaio [kö^{n}mbàju] *mn* = **cambado**
cambalear [kö^{n}mböljàr] *1/5 tl* dülöng, tántorog, inog
cambalhota [kö^{n}mböljòtö] *f* bukfenc; *dar uma* ~ bukfencet hány
cambão [kö^{n}mbö^{n}u] *m* 1. *műsz* ellensúly 2. **B** ökörfogat
cambapé [kö^{n}mböpè] *m* 1. gáncs(olás) 2. csapda
cambar [kö^{n}mbàr] *1/1 tl* biceg, sántít
cambeta [kö^{n}mbétö] *mn* = **cambado**
cambial [kö^{n}mbjàl] *mn* váltó-, deviza-; *política* ~ devizapolitika
cambiante [kö^{n}mbjö^{n}nt] **I.** *mn* színjátszó **II.** *fn, m* színárnyalat; színezet
cambiar [kö^{n}mbjàr] *1/7* **I.** *ts* 1. vált, bevált, felvált; ~ *dólares por escudos* dollárt portugál pénzre vált be 2. cserél, kicserél; megváltoztat **II.** *tl* megváltozik
câmbio [kö^{n}mbju] *m* 1. pénzváltás, beváltás; *casa de* ~ pénzváltóüzlet 2. valuta, valutaárfolyam; *taxa de* ~ beváltási árfolyam 3. csere; csereüzlet 4. piac; kereskedelem; ~ *livre* szabad kereskedelem 5. *letra de* ~ → **letra** 4.
cambista [kö^{n}mbistö] *m* 1. pénzváltó (személy) 2. **B** jegyárus; lottóárus
cambo [kö^{n}mbu] *m* gyümölcsszedő rúd
Camboja [kö^{n}mbozsö] *m* Kambodzsa
cambojano [kö^{n}mbozsönu] *mn* és *fn* kambodzsai
cambota [kö^{n}mbòtö] *f* keréktalp
cambraia [kö^{n}mbràjö] *f* finom lenvászonfajta, gyolcs
cambudo [kö^{n}mbudu] *mn* hajlított, görbe
cambulhada [kö^{n}mbuljàdö] *f* zűrzavar, rendetlenség; *de* ~ összevissza
camburão [kö^{n}mburö^{n}u] *m* rabszállító jármű
cameleão [kömiljö^{n}u] *m* = **camaleão**
cameleiro [kömiléjru] *m* tevehajcsár
camélia [kömèljö] *f növ* kamélia
camelice [kömilisz] *f biz* ostobaság
camelo [kömélu] *m* 1. teve 2. ostoba alak
camião [kömjö^{n}u] *m* kamion
caminhada [kömínyàdö] *f* 1. kiadós séta 2. hosszú út
caminhador *m,* **-a** *f* [köminyödor(ö)] *mn* és *fn* jó gyalogoló
caminhante [köminyö^{n}nt] *mn* és *fn* 1. utazó, utas 2. gyalogos, *közm:* ~ *cansado monta em asno se não tem cavalo* ha nincs ló, jó a szamár is
caminhão [köminyö^{n}u] *m* nagy teherautó; kamion; *tenho um* ~ *de cosas para fazer* rengeteg dolgom van
caminhar [köminyàr] *1/1* **I.** *ts* megtesz (utat) **II.** *tl* 1. gyalogol 2. megy, jár, utazik
caminheiro [köminyéjru] *fn* 1. jó gyalogoló 2. hírnök; küldönc
caminheta [köminyétö] *f* kis teherautó
caminho [köminyu] *m* út; ösvény; ~ *batido* kitaposott *v* járt út; ~ *estreito* keskeny ösvény; ~ *de cabras* meredek ösvény; ~ *de pé posto* utat lerövidítő ösvény; *a* ~ *do hospital* kórházba szállítás közben; *a meio* ~ feleúton; *de* ~ útközben; *átv* egyidejűleg; *pelo* ~ az úton, útközben; *andar muito* ~ nagy utat tesz meg; *é a duas horas de* ~ két órai járásra van; *enganar-se*

no ~, *errar o* ~ eltéveszti az utat, eltéved; *fazer* ~ utat tör magának, érvényesül; *não sei que* ~ *levou* nem tudom, hogy mi lett belőle *v* vele; *meter-se* v *por-se a caminho* útnak ered; *qual é o* ~ *mais curto para chegar ao muséu?* melyik a legrövidebb út a múzeumhoz? *tomar* ~ észre tér, megjön az esze; *vai de* ~! rajta! gyerünk! *közm: todos os* ~*s levam a Roma* minden út Rómába vezet

camionagem [kömjunàzsö^{n}j] *f* **1.** (áru)szállítás teherautókon **2.** autóbuszokon lebonyolított távolsági forgalom; *empresa de* ~ szállítási vállalat

camioneta [kömjunétö] *f* **1.** kis teherautó **2.** társasautó; minibusz

camionista [kömjunistö] *m* kamion *v* teherautó vezetője

camisa [kömizö] *f* **1.** ing; ~ *de dormir* v *de noite* hálóing; ~ *de força* kényszerzubbony; *mudar de* ~ inget vált **2.** (bútor)huzat; tok **3.** *műsz* burkolat; vakolat **4.** Auer-égő **5.** ~ *de Vénus* óvszer; **6.** *szól: ficar sem* ~ mindenét elveszíti; *meter-se em* ~ *de onze varas* **a)** kényes helyzetbe kerül **b)** reménytelen vállalkozásba kezd

camisaria [kömizöriö] *f* ingbolt; ingkészítő üzem

camiseira [kömizéjrö] *f* fehérneművarrónő

camiseiro [kömizéjru] *m* ingkészítő

camisola [kömizòlö] *f* **1.** sporting; ~ *interior* atlétatrikó **2.** matrózblúz **3.** munkaruha **4.** hálóing, hálóköntös

camomil(h)a [kömumil(j)ö] *f növ* kamilla

campa [kö^{n}mpö] *f* **I.** sírkő **II.** csengettyű; kis harang

campainha [kö^{n}mpöinyö] *f* **1.** csengettyű, csengő; ~ *musical* dallamcsengő; *tocar a* ~ csenget **2.** *növ* harangvirág **3.** *anat* nyelvcsap; hangrés **4.** *átv* hírharang

campal [kö^{n}mpàl] *mn* tábori

campanário [kömpönàrju] *m* harangtorony; *questões de* ~ lényegtelen problémák

campanha [kö^{n}mpönyö] *f* **1.** nyílt mező; síkság **2.** hadjárat; kampány; ~ *de publicidade* reklámhadjárat

campanudo [kö^{n}mpönudu] *mn* **1.** harang alakú **2.** dagadt; *átv* dagályos

campânula [kö^{n}mpönulö] *f* **1.** üvegbura **2.** *növ* harangvirág

campanulado [kö^{n}mpönulàdu] *mn* harang alakú

campar [kö^{n}mpàr] *1/1 tl* **1.** csillog, ragyog (*átv* is) **2.** henceg, felvág; mutatja magát vmilyennek (*por*)

campeão *m*, **campeã** *f* [kö^{n}mpjö^{n}u, kö^{n}mpjö^n] *fn* **1.** hős; harcos, előharcos **2.** *sp* bajnok(nő); ~ *de peso pesado* nehézsúlyú (birkózó *v* ökölvívó) bajnok

campear [kö^{n}mpjàr] *1/5 tl* **1.** *kat* táboroz **2.** hadjáraton van; portyázik **3.** *átv* kitűnik, kiválik; ragyog, tündököl **4.** ~ *por* adja *v* játssza vkinek a szerepét, mutatkozik vmilyennek **5.** **B** belovagolja a legelőt (nyájat terelve) **6.** *castelo que campeia sobre a planície* az erőd, amely uralja a síkságot

campeonato [kö^{n}mpjunàtu] *m sp* bajnokság; ~*s* bajnoki torna

campesin(h)o [kö^{n}mpizin(y)u] *mn* = **campestre**

campestre [kö^{n}mpèstr] *mn* falusi; mezei

campina [kö^{n}mpinö] *f* síkság; rét; préri

campino [kö^{n}mpinu] **I.** *mn* falusi; mezei **II.** *fn, m* **1.** paraszt **2.** (bika)pásztor

campismo [kömpizsmu] *m* kempingezés; *tenda de* ~ kempingsátor

campista [kö^{n}mpistö] *fn* kempingező

campo [kö^{n}mpu] *m* **1.** mező, rét; préri **2.** vidék **3.** tér, térség; *átv* terület **4.** játszótér; (sport)pálya **5.** tábor **6.** *müv* háttér **7.** *szól:* ~ *desportivo* sportpálya; ~ *dobrado* **B** dombos vidék; ~ *petrolífero* olajmező; ~ *de aviação* repülőtér; ~ *de batalha* csatatér, harcmező; ~ *de corrida* futópálya; ~ *de corridas* lóversenypálya; ~ *de futebol* futballpálya; *no* ~ vidéken; *casa de* ~ vidéki ház, nyaraló; *vida do* ~ falusi *v* vidéki élet; *cair* v *entrar em* ~ porondra lép; *dar* ~ *a* okot szolgáltat vmire; *deixar o* ~ *aberto* visszavonul, *átv* lemond vmiről; *há* ~ *para suspeitas* van ok gyanakodásra; *ir para o* ~ vidékre utazik; *pôr em* ~, *átv* bevet a küzdelembe; *pôr fora do* ~ kiüt, harcképtelenné tesz; *por-se em* ~ felkészül; intézkedik

camponês, -nesa [kö^{n}mpunés, -nézö] **I.** *mn* falusi, vidéki **II.** *fn* paraszt(asszony)

campónio [kö^{n}mpònyu] *m pejor* paraszt, faragatlan ember

campo-santo [kö^{n}mpuszö^{n}ntu] *m* temető

camuflagem [kömuflàzsö^{n}j] *f* álcázás
camuflar [kömuflàr] *1/1 ts* álcáz
camurça [kömúrszö] *f* zerge; zergebőr
cana [könö] *f* **1.** nád; ~ *de açúcar* cukornád **2.** szár; gabonaszár **3.** bot, rúd; ~ *de pescar* horgászbot; ~ *do leme, haj* kormányrúd **4.** *anat:* ~ *do nariz* orrcsont; ~ *da perna* lábszárcsont **5.** *ter uma voz de* ~ *rachada* olyan a hangja, mint a repedt fazéké
Canaã [könöö^n] *f* Kánaán
canada [könàdö] *f* űrmérték: 1,4 liter; **B** 2,77 liter
Canadá [könödà] *m: o* ~ Kanada
canadiano, canadense [könödjönu, -de^{n}sz] *mn* és *fn* kanadai
canal [könàl] *m* csatorna (*tv* is); *o Canal da Mancha* a La Manche-csatorna
canalha [könàljö] **I.** *fn* csőcselék, söpredék **II.** *m* csirkefogó, gazember
canalização [könölizöszö^{n}u] *f* csatornázás
canalizador [könölizödor] *m* **1.** bádogos, vízvezeték-szerelő **2.** csatornázó munkás, csatornatisztító
canalizar [könölizàr] *1/1 ts* **1.** csatornáz **2.** *átv* levezet; elterel; irányít vmerre (*para*)
canana [könönö] *f* töltényöv
canapé [könöpè] *m* kanapé, heverő
canarinho [könörinyu] *mn* kanárisárga
canário [könàrju] *m áll* kanárimadár
Canas [kànös] *f tb földr* Cannes
canastra [könàströ] *f* fűzfa kosár
canastrada [könöstràdö] *f* kosárnyi; *às* ~*s* kosárszámra
canastrão [könöströ^{n}u] *m* **1.** nagy piaci kosár **2. B** ripacs
canastreiro [könöstréjru] *m* kosárfonó
canastro [könàstru] *m* **1.** nagy magas falú kosár **2.** *biz* csontváz; hulla; *dar cabo do* ~ hullára ver, megöl
canavial [könövjàl] *m* nádas
canção [kö^{n}szö^{n}u] *f* dal; ~ *de berço* v *de ninar* bölcsődal; ~ *de moda* divatos dal, sláger
cancela [kö^{n}szèlö] *f* **1.** rácsos kapu **2. B** vasúti sorompó
cancelar [kö^{n}szilàr] *1/13 ts* érvénytelennek nyilvánít, töröl, visszavon
cancer [kö^{n}szèr] *m* **1.** *orv* rák **2.** *csill: Cancer* Rák
canceroso [kö^{n}szirozu] *mn* és *fn* rákos, rákbeteg
cancha [kö^{n}sö] *f* **B** sportpálya; lóversenypálya
cancioneiro [kö^{n}szjunéjru] *m* daloskönyv
cançoneta [kö^{n}szunétö] *f* dalocska; slágerdal
cancro [kö^{n}nkru] *m orv* **1.** rák **2.** rákos daganat **3.** kankó
candango [kö^{n}ndö^{n}ngu] *m* **B** Brazília főváros építő munkása; Brazília első lakója
candeeiro [kö^{n}ndjéjru] *m* **1.** lámpa; ~ *de petróleo* petróleumlámpa **2.** bányatám
candeia[1] [köndéjö] *f* **1.** (függő)lámpa; (olaj)mécses **2.** *szól: estar de* ~*s às avessas com* haragban van vkivel
candeia[2] [kö^{n}ndéjö] *mn, f* **B** bájos; elegáns
candelabro [kö^{n}ndilàbru] *m* karos gyertyatartó
Candelária [kö^{n}ndilàrjö] *f* gyertyaszentelő (ünnepe)
candelinha [kö^{n}dilinyö] *f* **1.** kis gyertya **2.** *orv* katéter
candente [kö^{n}nde^{n}nt] *mn* fehéren izzó
cândi [kö^{n}ndi] *m* kandiscukor
candidatar-se [köndidötàrszi] *1/12* jelölteti magát, jelöltként fellép; pályázik
candidato [kö^{n}ndidàtu] *m* jelölt; ~ *a concursos* pályázó
candidatura [kö^{n}ndidöturö] *f* jelölés; jelöltség; pályázat
candidez [kö^{n}ndidés] *f* **1.** fehérség **2.** tisztalelkűség; nyíltság; naívság
cândido [kö^{n}ndidu] *mn* **1.** fehér **2.** nyílt, őszinte; naív
candonga [kö^{n}ndo^{n}ngö] *f* **I.** (élelmiszer)-csempészés; feketézés **II.** *nép* hízelgés
candor [kö^{n}ndor] *m* = **candidez**
candura [kö^{n}ndúrö] *f* = **candidez**
caneca [könèkö] *f* kancsó; korsó
caneco [könèku] *m* dézsa; favödör
caneiro [könéjru] *m* kis csatorna; vízlevezető árok
canela [könèlö] *f* **I.** fahéj **II.** *orv* sípcsont; *dar à* ~, *biz* olajra lép **III.** szövőorsó
canelado [könilàdu] *mn* **1.** barázdált; *folha* ~*a* hullámbádog **2.** *text* bordázott (kelme), ripsz
canelar [könilàr] *1/13 ts* barázdál, hornyol
caneleira [köniléjrö] *f* **I.** *növ* cimetfa **II.** *sp* sípcsontvédő **III.** orsózó munkásnő

canelura [könilurö] *f ép* barázda, horony
caneta [könétö] *f* tollszár; ~*-esferográfica* golyóstoll; ~ *hidrográfica*, ~ *de feltro* filctoll; ~*-tinteiro*, ~ (*de tinta*) *permanente* töltőtoll
cânfora [kö^{n}furö] *f* kámfor
canga [kö^{n}ngö] *f* járom (*átv* is)
cangaceiro [kö^{n}ngöszéjru] *m* **B** bandita; bérgyilkos
cangaço [kö^{n}ngàszu] *m* törköly
cangalhas [kö^{n}ngàljös] *f tb* **1.** málhanyereg; *de* ~ lábbal az ég felé **2.** *biz* szemüveg
cangalheiro [kö^{n}ngöljéjru] *m* **1.** ökörhajcsár **2.** temetkezési vállalkozó
cangalho [kö^{n}ngàlju] *m* **1.** járomszeg **2.** ócska holmi **3.** törődött öregember
cangar [kö^{n}ngàr] *1/4 ts* járomba fog (*átv* is)
canguinhas [kö^{n}nginyös] *m* **1.** nyavalyás alak, görcs **2.** fukar ember
canguru [kö^{n}nguru] *m* kenguru
canha [könyö] *f* bal kéz; *às* ~*s* fonákul
canhamaço [könyömàszu] *m* kenderkóc
cânhamo [könyömu] *m* kender
canhão [könyö^{n}u] *m* **1.** ágyú, löveg; *bucha* v *carne de* ~ ágyútöltelék; *tiro de* ~ ágyúlövés **2.** hajtóka (ruhaujjon) **3.** karima; *bota de* ~ magas szárú karimás csizma
canhenho [könyényu] *m* notesz; *escrever no* ~ emlékezetébe vési
canhestro [könyéstru] *mn* balkezes, ügyetlen
canhonada [könyunàdö] *f* ágyútűz
canhonear [könyunyàr] *1/5 ts* ágyúz
canhoneio [könyunéju] *m* ágyúzás
canhoneira [könyunéjrö] *f* **1.** lőrés (ágyú számára) **2.** ágyúnaszád
canhoto [könyotu] **I.** *mn* és *fn* ügyetlen, félszeg, balkezes **II.** *fn, m* **1.** *nép* ördög **2.** **B** szelvényfüzet ellenőrző (megmaradó) szelvénye
canibal [könibàl] *m* kannibál, emberevő; vérszomjas ember
canibalesco [köniböléscku] *mn* kannibálra valló, kegyetlen
canibalismo [könibölizsmu] *m* **1.** emberevés **2.** kegyetlenkedés
caniçal [köniszàl] *m* nádas, láp
canície [köniszji] *f* őszülés, ősz haj; öregség
caniço [köniszu] *m* **1.** nád, nádszál **2.** nádfonat **3.** horgászbot
canícula [könikulö] *f* kánikula
canicular [könikulàr] *mn* kánikulai, tikkasztó
canil [könil] *m* kutyaól
canino [köninu] *mn* kutya-; *dente* ~ szemfog; *fome* ~*a* farkaséhség
canivete [könivèt] *m* zsebkés
canja [kö^{n}zsö] *f* **1.** tyúkleves rizzsel **2.** *argó*: *isto é* ~ ez már döfi!
canjica [kö^{n}zsikö] *f* **B** **1.** brazil étel kukoricakásából **2.** tubák **3.** részegség
canjirão [kö^{n}zsirö^{n}u] *m* boroskancsó
cano [könu] *m* cső; ~ *da chaminé* kürtő, kémény; ~ *de órgão* orgonasíp; ~ *de água*, *de gás* vízvezeték, gázvezeték; ~ *de bota* csizmaszár; ~ *de espingarda* puskacső; ~ *de limpeza* szennyvízcsatorna; ~ *do ar* légcső; *entrar pelo* ~, **B** csőbe kerül, bajba jut
canoa [könoö] *f* **1.** kenu, csónak **2.** *biz* fürdőkád **3.** *argó* **B** razzia
cânon(e) [könon(i)] *m* **1.** *vall, zene* kánon **2.** zsinórmérték, szabály **3.** hivatalos jegyzék **4.** *nyomd* kánon (betűnagyság)
canonical [könunikàl] *mn* kanonoki
canonicato [könunikàtu] *m* kanonoki méltóság
canónico [könòniku] *mn* kánoni; *direito* ~ egyházjog
canonisa [könunizö] *f* **1.** *vall* kanonissza **2.** alapítványi hölgy
canonização [könunizöszö^{n}u] *f* **1.** szentté avatás **2.** törvényesítés
canonizar [könunizàr] *1/1 ts* **1.** szentté avat **2.** törvényesít
cansaço [kö^{n}szàszu] *m* fáradtság, kimerültség; *morto de* ~ holtfáradt
cansado [kö^{n}szàdu] *mn* fáradt, kimerült; elhasznált; *estar* ~ *de* belefáradt vmibe, unja
cansar [kö^{n}szàr] *1/1* **I.** *ts* fáraszt, kimerít; untat **II.** *tl*, **III.** ~*-se* **1.** kifárad, kimerül **2.** fáradozik, agyondolgozza magát **3.** ~*-se de* v *em* belefárad vmibe, megun vmit
canseira [kö^{n}széjrö] *f* **1.** = **cansaço** **2.** fárasztó munka
cantadeira [kö^{n}ntödéjrö] *f* (sanzon)énekesnő
cantador [kö^{n}ntödor] *m* (sanzon)énekes
cantante [kö^{n}ntö^{n}nt] **I.** *mn* éneklő **II.** *fn, m* **B** csaló, szélhámos
cantão [kö^{n}ntö^{n}u] *m* kanton (Svájcban, Franciaországban)

cantar [kö^{n}ntàr] *1/1* **I.** *ts* megénekel, dicsőít; ~*-lhas* jól odamondja, beolvas neki(k) **II.** *tl* énekel, dalol; csattog (fülemüle); kukorékol; brekeg, kuruttyol; ciripel **III.** *fn, m* **1.** éneklés, dalolás; *ao ~ do galo* kakasszóra **2.** *szól: isto é outro ~* **a)** ez más lapra tartozik **b)** az már (egészen) más

cantaria [kö^{n}ntöriö] *f* **1.** kőfaragás **2.** (*pedra de*) ~ faragott kő

cantárida [kö^{n}tàridö] *f* kőrisbogár

cântaro [kö^{n}ntöru] *m* agyagkorsó; vizeskancsó; *közm: tanta vez vai o ~ à fonte até que lá fica* addig jár a korsó a kútra, míg el nem törik

cantarola [kö^{n}ntöròlö] *f* dúdolás, dudorászás

cantarolar [kö^{n}ntörulàr] *1/15 tl* dúdol, dudorászik

cantata [kö^{n}ntàtö] *f zene* kantáta

canteira [kö^{n}ntéjrö] *f* kőbánya

canteiro [kö^{n}ntéjru] *m* **1.** kőfaragó **2.** virágágy

cântico [kö^{n}ntiku] *m* ének; dicsőítő *v* hálaadó ének

cantiga [kö^{n}ntigö] *f* **1.** dalocska, sanzon; népdal; **2.** *szól: cantar sempre a mesma ~* mindig ugyanazt a nótát fújja

cantil [kö^{n}ntil] *m* **1.** horonygyalu **2.** kőfaragó vésője **3.** butykos; kulacs

cantilena [kö^{n}ntiléno] *f* **1.** *zene* énekszerű dallam **2.** *biz* hosszú, unalmas mondóka, „litánia"

cantina [kö^{n}ntinö] *f* **1.** csapszék, kocsma; borozó **2.** kantin

canto [kö^{n}ntu] *m* **I. 1.** sarok, szöglet, zug; *~s e recantos* zegzugok; *~ da boca* szájzug, szájszöglet; *~ de olho* szemzug; *~ de pão* sercli, kenyér vége; gyürke; *casa do ~* sarokház; *aos quatro ~s* a szélrózsa minden irányába, széltében-hosszában **2.** sarokkő **3.** *sp* szöglet(rúgás); saroklabda **II.** dal, ének; *~ do cisne* hattyúdal

cantoeira [kö^{n}ntuéjrö] *f* sarokvas, kapocsvas

cantoneira [kö^{n}ntunéjrö] *f* **1.** sarokszekrény **2.** = **cantoeira**

cantoneiro]kö^{n}ntunéjru] *m* útkaparó

cantor [kö^{n}ntor] *m* énekes; kántor

cantora [kö^{n}ntorö] *f* énekesnő

canudo [könudu] *m* **1.** cső; *~ de órgão* orgonasíp **2.** hajfürt **3. B**: *~ de palha* szalmaszál (szörphöz) **4.** *tréf* diploma, oklevél, „kutyabőr" **5.** kellemetlen meglepetés; csalódás; kudarc, balsiker

cânula [könulö] *f orv* kanül, csövecske

cão (*tb: cães*) [kö^{n}u, kö^{n}js] *m* **1.** kutya; *~ danado* veszett kutya; *~ policial* rendőrkutya; *~ de água* pudli, uszkár; *~ de caça* vadászkutya; *~ de gado* juhászkutya, pásztorkutya; puli **2.** kakas (lőfegyveren) **3.** *~ de chaminé* v *de lareira* hasábtartó vasbak (kandallóban); **4.** *biz* piszkos adósság; *pregar um ~* adósságot csinál; megvág vkit **5.** *szól: vida de ~* kutya élet; *entre (o) ~ e (o) lobo* az esti szürkületben; *ser conhecido como o ~ ruivo* úgy ismerik, mint a rossz pénzt; *despertar o ~ que dorme, átv* felébreszti az alvó oroszlánt, kellemetlenséget szerez magának; *viajar a ~* feketén *v* potyán utazik

caolho [köolju] *mn* **B** kancsal; félszemű

caos [kàus] *m* káosz, összevisszaság, zűrzavar

caótico [köòtiku] *mn* kaotikus, zűrzavaros

cap. = **1.** *capítulo* fejezet **2.** *capitão* százados

Cap. = *Capital* főváros

capa[1] [kàpö] *f* **1.** köpeny; felöltő; *~ aguadeira* v *de borracha* v *de chuva* esőköpeny; *romance de ~ e espada* romantikus kalandregény **2.** (védő)huzat **3.** könyv fedőlapja **4.** *átv* lepel; ürügy; *~ de santidade* képmutatás

capa[2] [kàpö] *m* **1.** kappa (görög betű) **2.** a *k* betű neve

capacete [köpöszét] *m* sisak; *~ protector* v *de motoreta* bukósisak; *~ de aço* acélsisak; *~ de borracha* úszósapka; *~ de cortiça* parafa sisak; *~ de gelo* jégtömlő

capacho [köpàsu] *m* **1.** lábtörlő **2.** *átv* talpnyaló

capacidade [köpöszidàd] *f* **1.** befogadóképesség, űrtartalom, térfogat **2.** kapacitás, teljesítőképesség **3.** *átv* képesség, tehetség, hozzáértés; *~ aquisitiva* v *de compra* vásárlóerő; *~ para ser eleito* megválaszthatóság; *conforme a minha ~* (anyagi) erőmhöz képest

capacitar [köpöszitàr] *1/1* **I.** *ts* **1.** képesít, alkalmassá tesz **2.** meggyőz **II.**

~-*se de* meggyőződik vmiről; belát vmit

capanga [kàpö^{n}ngö] **B 1.** *f* tarisznya **2.** *m* gengszter, bérgyilkos

capão [köpö^{n}u] *m* **1.** kappan **2.** herélt ló **3. B** kis erdő, liget

capar [köpàr] *1/12 ts* **1.** kiherél **2.** megnyes

caparrosa [kàpörròzö] *f vegy* gálic; ~ *azul* rézgálic

capataz [köpötàs] *m* **1.** művezető; bányamester **2. B** gazdatiszt, intéző

capaz [köpàs] *mn* **1.** képes vmire (*de*) **2.** befogadóképes; *um cinema ~ de receber mil pessoas* ezer nézőt befogadó filmszínház **3.** *um homem ~* tisztességes ember **4. B** valószínű, bizonyos

capcioso [köpszjozu] *mn* fortélyos, cseles; *argumento ~* álokoskodás

capeador [köpjödor] *m* **1.** (bikát ingerlő) bikaviador **2.** kabáttolvaj

capear [köpjàr] *1/5 tl* **1.** köpenyt lobogtat (a bika előtt) **2.** köpenybe burkol **3.** becsap, rászed

capela [köpèlö] *f* **1.** kápolna; ~ *ardente* gyertyákkal körülvett díszes ravatal; ~-*mor* **a)** főoltár **b)** templomi karzat **2.** kórus, énekkar **3.** virágfüzér **4.** ~ *do olho* szemhéj **5.** *loja de ~s* rövidáru-kereskedés

capelania [köpilöniö] *f* káplánság; segédlelkészség

capelão [köpilö^{n}u] *m* káplán, segédlelkész

capelista [köpilistö] *fn* rövid- *v* divatáru-kereskedő

capelo [köpélu] *m* **1.** kámzsa, csuklya **2.** bíborosi kalap **3.** professzori *v* doktori ornátus; *tomar ~* elnyeri a doktori fokozatot

capenga [köpe^{n}ngö] *mn* és *fn* **B** sánta

capilar [köpilàr] **I.** *mn* hajszál-, hajszálvékony **II.** *fn, m* (*tubo, vaso*) ~ hajszálcső, hajszálér

capim [köpi^n] *m* **B** fű; szénafajta

capinar [köpinàr] *1/1 ts* **1.** (füvet, szénát) kaszál **2.** *argó* nyeli az utat, száguld

capinzal [köpi^{n}zàl] *m* **B** füves terület; *capim*-mal bevetett föld

capirote [köpiròt] *m rég* uszályos sapka

capiroto [kàpirotu] *m* **B** *nép* ördög

capitação [köpitöszö^{n}u] *f* **1.** fejadó **2.** egy főre eső hányad

capital [köpitàl] **I.** *mn* fő-, főbenjáró, lényeges; *inimigo ~* esküdt ellenség **II.** *fn, f* **1.** főváros **2.** *nyomd:* (*letra*) ~ nagybetű, verzál **III.** *fn, m* tőke; ~ *circulante* v *de giro* forgótőke; ~ *empatado* befagyasztott tőke; ~ *fixo* állótőke; ~ *invertido* v *investido* befektetett tőke; ~ *privado* magántőke

capitalismo [köpitölizsmu] *m* kapitalizmus, tőkés gazdasági rendszer

capitalista [köpitölistö] *mn* és *fn* kapitalista, tőkés

capitalizar [köpitölizàr] *1/1 ts* tőkésít

capitanear [köpitönyàr] *1/5 ts* vezényel, parancsnokol

capitania [köpitöniö] *f* kapitányság; parancsnokság; ~ *do porto* révkapitányság

capitânia [köpitönyö] *f* zászlóshajó

capitão (*tb: -ães*) [köpitö^{n}u, -ö^{n}js] *m* **1.** százados, kapitány; ~-*tenente* tengerészhadnagy; ~ *de corveta* korvettkapitány; ~ *de fragata* fregattkapitány; ~ *de mar e guerra* sorhajókapitány **2.** ~ *de ladrões* haramiavezér

capitel [köpitèl] *m ép* oszlopfő

capitólio [köpitòlju] *m* **1.** Capitolium **2.** *átv* dicsőség, győzelem; *subir ao ~* diadalt ünnepel

capitulação [köpitulöszö^{n}u] *f* kapituláció; behódolás

capitular[1] [köpitulàr] *1/1 tl* kapitulál, behódol

capitular[2] [köpitulàr] *mn* **1.** káptalani **2.** *nyomd:* (*letra*) ~ iniciálé

capítulo [köpitulu] *m* **1.** fejezet; cikkely, pont **2.** káptalan; *chamar a ~* felelősségre von; *ter voto* v *voz no ~* van befolyása *v* beleszólása **3.** *növ* fészkes virágzat

capoeira [köpuéjrö] *f* **1.** tyúkól **2.** ~ *para coelhos* nyúlketrec **3. B** erdőirtás **4. B** = **capoeiragem**

capoeiragem [köpuéjràzsö^{n}j] *f* **B** brazil dzsiu-dzsicu

capota [köpòtö] *f műsz* motorház (teteje)

capotar [köputàr] *1/15 tl* felborul (jármű)

capote [köpòt] *m* **1.** (katona)köpeny; bikaviador köpenye **2.** *ját* maccs; *dar ~* minden ütést megcsinál; *levar ~* egy ütést sem visz el, veszít

caprichar [köprisàr] *1/1 tl* **1.** szeszélyeskedik **2.** ~ *em* **a)** megköti magát vmiben **b)** kedve kerekedik vmit tenni

capricho [köprisu] *m* **1.** szeszély, szeszélyes ötlet **2.** makacsság, önfejűség **3.** *zene* capriccio **4.** rögeszme, hóbort **5.** aprólékosság, gondos munka; *a* ~ aprólékosan, gondosan

caprichoso [köprisozu] *mn* **1.** szeszélyes **2.** makacs, önfejű **3.** aprólékos, gondos

capricórnio [köprikòrnyu] *m csill* Bak

caprino [köprinu] *mn* kecske-; *gado* ~ kecskeállomány

cápsula [kàpszulö] *f* **1.** *orv* kapszula **2.** tok; (töltény)hüvely

captação [köptöszö^{n}u] *f* **1.** *jog:* örökség fondorlatos megszerzése **2.** *műsz:* elnyerés, szerzés

captador [köptödor] *m* ~ *sonoro* pick-up

captar [köptàr] *1/12 ts* **1.** elnyer, megszerez, kieszközöl **2.** *távk* állomást fog

captura [köpturö] *f* **1.** fogás; elfogás **2.** *haj* zsákmány

capturar [köpturàr] *1/1 ts* elfog

capucha [köpusö] *f* **1.** csuklya **2.** kapucinus kolostor **3.** *a* ~ feltűnés nélkül, suttyomban

capuchinho [köpusìnyu] *m* kapucinus szerzetes

capuz [köpus] *m* kámzsa, csuklya

cara [kàrö] *f* **1.** arc; **2.** külső, megjelenés, fellépés **3.** elülnézet, homloknézet; elülső rész **4.** merészség, arcátlanság, „pofa" **5.** *szól:* ~ *chupada* megviselt arc; ~ *direita* becsületes, nyílt arc; ~ *estanhada* v *deslavada* v *de aço* v *sem vergonha* pimasz fráter; pléhpofa; ~ *de anjinho* angyali ábrázat; ~ *de boneca* babaarc; ~ *de condenado* betörő képű; ~ *de pau* pléhpofa; (*de*) ~ *a* ~ szemtől szemben; ~ *ou coroa* fej vagy írás; *a má* ~ erőszakosan; *de* ~ elölről; szemben; *atirar* v *deitar a* ~ *a* vkinek a szemébe mondja *v* veti; *dar com* (v *bater*) *a porta na* ~ *de* vkinek az orra előtt becsapja az ajtót; *dar de* ~ *com* véletlenül találkozik, összefut vkivel; szemközt találja magát vkivel *v* vmivel; *estar com* ~ *de saúde, ter* ~ *de saúde* jó színben van; *fazer* ~ arcokat vág; *fazer boa* ~ jó arcot vág; *fazer má* ~ kelletlen arcot vág; *ficar com a* ~ *a banda* zavarban van; *ficar com* ~ *de asno* megrökönyödik; *ficar com a* ~ *no chão* rettenetes zavarban van; *partir a* ~ *a* arcul üt vkit; *não ter* ~ *de* nem úgy fest, mint aki; *não ter* ~ *para* nincs bátorsága vmihez *v* vmit megtenni; *ter má* ~ rossz színben van

carabina [köröbìnö] *f* karabély

cárabo [kàröbu] *m áll* futrinka

caraça [köràszö] *f* álarc

caracol [körököl] *m* **1.** *áll* csiga; *escada de* ~ csigalépcső **2.** hajfürt

caracolar [körökulàr] *1/15 ts* **1.** körben forgat **2.** (lovat) táncoltat

carácter (*tb: caracteres*) [köràtèr, köràtèris] *m* **1.** jellem **2.** jelleg, jellegzetesség; *em* ~ *oficioso* félhivatalosan **3.** *nyomd* betűtípus

característica [körötiristikö] *f* **1.** jellegzetesség, jellemző vonás **2.** *mat* karakterisztika

característico [körötiristiku] *mn* jellegzetes, jellemző

caracterização [körötirizöszö^{n}u] *f* **1.** jellemzés; leírás **2.** *szính* ábrázolás, szerep

caracterizador *m*, **-a** *f* [körötirizödor(ö)] **I.** *mn* jellemző, jellegzetes **II.** *fn szính* vkinek a szerepét játszó színész; ábrázoló

caracterizar [körötirizàr] *1/1* **I.** *ts* jellemez, leír **II.** *tl szính* vkinek a szerepét játssza

caradura [körödurö] *fn, m, f* **B** szemtelen alak

caradurismo [köródurìzsmu] *m* **B** szemtelenség, arcátlanság

caramanchão [körömö^{n}sö^{n}u] *m* lugas

caramanchel [körömö^{n}sèl] *m* = **caramanchão**

caramba! [körö^{n}mbö] *isz* a fene egye meg!

carambola [körömbòlö] *f* **1.** *biliárd:* **a)** piros golyó **b)** karambol **2.** svindli, csalás

carambolar [körö^{n}mbulàr] *1/15 tl* **1.** *biliárd:* karambolozik **2.** csal

caramboleiro [körö^{n}mbuléjru] *m* csaló

carambolice [körö^{n}mbulìsz] *f* csalás

caramelo [körömèlu] *m* **1.** karamell **2.** jégdarab

carantonha [körö^{n}ntonyö] *f* csúnya arc, ronda pofa

carão [körö^{n}u] *m* **1.** nagy, széles arc **2.** *carões, tb* **B** arcszín

carapau [köröpöu] *m* 1. *áll* pikó 2. B vézna ember; *átv* madárijesztő
carapeta [köröpétö] *f* 1. *ját* pörgettyű, csiga 2. füllentés
carapinha [köröpinyö] *f* göndör haj
carapinhada [köröpinyàdö] *f* jégbe hűtött citrom- *v* narancsszörp
carapuça [köröpuszö] *f* 1. bojtos kötött sapka 2. csípős megjegyzés; aljas célzás; *talhar ~s* rejtett célzásokat tesz; *vestir a ~* találva érzi magát; *a ~ não me serve* nem érzem magamat találva; *serve-lhe a ~!* megérdemli! úgy kell neki! 3. *szól: qual ~!* ugyan már! szó sincs róla!
carapuço [köröpuszu] *m* = **carapuça**
carat... → **caract...**
caraté [körötè] *m sp* karaté
caravana [körövànö] *f* karaván
caravela [körövèlö] *f* négyárbocos vitorláshajó
carbonato [körbunàtu] *m vegy* karbonát, szénsavas só
carbone [körbòn] *m vegy* szén
carboneto [körbunétu] *m* = **carbureto**
carbonífero [körbunifiru] *mn* széntartalmú; *indústria ~a* szénbányászat
carbonizar [körbunizàr] *1/1 ts* elszenesít, szénné éget
carbono [körbònu] *m* 1. *vegy* szén 2. karbonpapír, átütő másolópapír
carbúnculo [körbu^{n}nkulu] *m* 1. vörös színű drágakő 2. *orv* karbunkulus, darázsfészek
carburação [körburöszö^{n}u] *f* karburálás, porlasztás
carburador [körburödor] *m* karburátor, porlasztó
carburar [körburàr] *1/1 ts* karburál; elgázosít
carbureto [körburétu] *m vegy* karbid
carcaça [körkàszö] *f* 1. csontváz 2. hajó váza 3. hajóroncs 4. csúnya öreg nő, vén csoroszlya
carcamano [körkömönu] *m* B 1. házaló; utcai árus 2. cipőtisztító fiú 3. *pejor* taljján, olasz
carcás [körkàs] *m* tegez, puzdra
cárcere [kàrszir] *m* börtön
carcereiro [körsziréjru] *m* börtönőr
carcoma [körkomö] *f* 1. *áll* szú, famoly 2. féregrágás, szuvasság 3. *átv* rágódás
carcomer [körkumér] *2/8 ts* szétrág; tönkretesz
carcomido [körkumidu] *mn* 1. férges, kukacos 2. *átv* romlott; rozzant
carcunda [körku^{n}ndö] I. *mn* púpos II. *fn* púpos ember
card. = *cardeal* bíboros
carda [kàrdö] *f* kártológép
cardápio [kördàpju] *m* B étlap
cardar [kördàr] *1/12 ts* 1. kártol, (gyapjút) fésül 2. *argó átv* megkopaszt
cardeal [körgyàl] I. *mn* fő, alapvető, sarkalatos; *pontos cardeais* égtájak II. *fn, m* bíboros
cardenho [kördényu] *m* kunyhó
cardenilho [kördinilju] *m* rézrozsda
cárdia [kàrgyö] *f orv* gyomorszáj
cardíaco [kardiöku] I. *mn* szív-; *ataque ~* szívroham II. *fn* szívbajos, szívbeteg
cardinal [kördinàl] *mn* fő-, alapvető; *número ~* tőszám
cardite [kördit] *f* szívgyulladás
cardo [kàrdu] *m növ* bogáncs
cardume [kördum] *m* raj; halraj
careca [körèkö] I. *mn* kopasz II. *fn* 1. *f* kopaszság, kopasz fej 2. *m, f* kopasz ember
carecer [köriszér] *2/2 tl: ~ de* híján van vminek, nélkülöz vmit; szüksége van vmire; *a notícia carece de fundamento* a hír minden alapot nélkülöz
careiro [köréjru] *m* drágán áruló kereskedő
carência [köre^{n}szjö] *f* hiány; nélkülözés
carente [köre^{n}nt] *mn: ~ de* vminek híjában levő, vmit nélkülöző
carestia [köristiö] *f* drágaság; *~ de vida* magas megélhetési költségek
careta [körétö] *f* 1. (arc)fintor 2. álarc
carga [kàrgö] *f* 1. teher, teheráru; rakomány, megterhelés; *~ permanente* holtsúly; *~ útil* hasznos teher; *besta de ~* teherhordó *v* málhás állat 2. *kat* támadás, roham; *~ cerrada* sortűz; *~ de baioneta* szuronyroham; *voltar à ~* újra kezdi, visszatér a régi témához 3. (elektromos) töltés 4. felelősség 5. vád 6. *műsz, bány* adagolás 7. *szól: ~ de água* zápor, felhőszakadás; *~ de lenha* v *pau, biz* egy rakás ütleg; *~ de ossos, átv* vézna ember, csontváz; *por que ~ de água?* minek a fenébe? *deitar a ~ ao mar* hány, okád
cargo [kàrgu] *m* hivatal, tisztség, megbízás; kötelesség, kötelezettség; *a ~*

de terhére, számlájára; felelősségére; *tomar a seu* ~ magára vállal; *ter a seu* ~ reá hárul, kötelessége

cargueiro [körgéjru] **I.** *mn* teherhordó, teher- **II.** *fn, m* **1.** öszvérhajcsár **2.** teherhajó

cariado [körjàdu] *mn* odvas, szuvas, lyukas (fog)

cariar [körjàr] *1/7 tl* odvasodik, szuvasodik

cariboca [köribokö] *m, f* **B** mesztic

caricato [körikàtu] **I.** *mn* nevetséges, groteszk **II.** *fn* parodista

caricatura [köriköturö] *f* karikatúra, torzkép, gúnyrajz

caricaturar [köriköturàr] *1/1 ts* karikíroz, kifiguráz

caricaturesco [köriköturésku] *mn* torzképszerű, groteszk

caricaturista [köriköturistö] *m, f* karikaturista

carícia [köriszjö] *f* becézgetés, cirógatás

caridade [köridàd] *f* **1.** jótékonyság; adakozás **2.** felebaráti szeretet; *hospício de* ~ szeretetház

caridoso [köridozu] *mn* jótékony, adakozó

cárie [kàrji] *f* fogszú; csonttuberkulózis

caril [köril] *m* curry (indiai fűszer)

carimbar [köri^{n}mbàr] *1/1 ts* lebélyegez

carimbo [köri^{n}mbu] *m* bélyegző; pecsét

carinho [körinyu] *m* szeretet; gyengédség

carinhoso [körinyozu] *mn* szerető; gyengéd

carioca [kàrjòkö] *mn* és *fn* Rio de Janeiró-i

caritativo [köritötivu] *mn* jótékony(kodó), adakozó

cariz [köris] *m* **1.** külső, arculat **2.** (időjárási *stb*) helyzet; *estar de mau* ~ nem valami kecsegtető

carlinga [körli^{n}ngö] *f* pilótafülke

Carlos [kàrlus] *m* Károly

Carlota [körlòtö] *f* Sarolta

carme [kàrm] *m* költemény

carmesim [körmizi^n] *m vegy* karmazsin

carmim [körmi^n] *m* kármin(piros)

carmíneo [körminyu] *mn* kárminpiros

carnação [körnöszö^{n}u] *f* testszín, hússzín

carnadura [körnödurö] *f* hús (az emberi testen)

carnagem [körnàzsö^{n}j] *f* **1.** állatvágás **2.** húsellátás **3.** *átv* vérfürdő

carnal [körnàl] *mn* **1.** testi **2.** érzéki **3.** vérrokon

carnalidade [körnölidàd] *f* érzékiség

carnaval [körnövàl] *m* farsang

carnavalesco [körnövölésku] *mn* farsangi

carnaz [körnàs] *m* a bőr húsos oldala

carne [kàrn] *f* **1.** hús; ~*s frias* hidegtál, felvágott; ~ *guisada* pörkölt; ~ *verde* friss hús; ~ *de boi* v *de vaca* marhahús; ~ *de carneiro* ürühús; ~ *de fumeiro* v *de fumo* füstölt hús; ~ *de peito* **a)** mellehúsa **b)** marhaszegy; ~ *de porco* sertéshús, disznóhús; ~ *de vitela* borjúhús; ~ *em conserva* húskonzerv; *de cor de* ~ hússzínű **2.** *szól:* ~ *quebrada, orv* izomgyulladás; *ter* ~ *de cão* vasból gyúrták; *tomar* ~ hízik

carnê [körné] *m* bérlet; igazolvány

carneira [körnéjrö] *f* **1.** (kikészített) báránybőr **2.** bőrszegély (a kalapban)

carneirada [körnéjràdö] *f* juhnyáj

carneiro [körnéjru] *m* **1.** juh, kos; ~ *castrado* ürü **2.** ~*s* tajtékos hullámok

cárneo [kàrnyu] *mn* hús-, hússzínű

carniça [körniszö] *f* **1.** (ehető) hús; levágott állat (húsa) **2.** *átv* vérfürdő **3.** gúny *v* nevetség tárgya

carniçal [körniszàl] *mn* húsevő

carniçaria [körniszöriö] *f* **1.** mészárszék, húsbolt **2.** mészárlás, öldöklés

carniceiro [körniszéjru] **I.** *mn* **1.** húsevő **2.** vérszomjas, kegyetlen **II.** *fn, m* **1.** mészáros **2.** *argó* rossz orvos, felcser **3.** ~*s, áll* húsevők, ragadozók

carnífice [körnifisz] **I.** *mn* vérengző **II.** *fn, m* hóhér, bakó

carnificina [körnifiszinö] *f* vérfürdő, öldöklés

carnívoro [körnivuru] **I.** *mn* húsevő **II.** *fn, m áll* ragadozó

carnosidade [körnuzidàd] *f orv* húsos kinövés; polip

carnoso [körnozu] *mn* húsos, hús-; *excrescência* ~*a* húskinövés

carnudo [körnudu] *mn* húsos, izmos; kövér

caro [kàru] *mn* **1.** drága **2.** kedves, szeretett

carocha [köròsö] *f* szarvasbogár

carochinha [körusinyö] *f: histórias da* ~ dajkamesék

caroço [köroszu] *m* **1.** (kemény gyümölcs)mag **2.** csutka **3.** *orv* dagadt mandula **4.** *argó* guba, pénz

carola [köròlö] *mn* és *fn* szenteskedő, álszent; fanatikus
carolice [körulisz] *f* szenteskedés; fanatizmus
carona [köronö] *f* **B 1.** ingyenes utazás; autóstop; *dar* ~ felvesz vkit a kocsijába; *pedir* ~ felkéredzkedik a kocsiba; *ir* v *viajar de* ~ autóstoppal utazik **2.** rászedés, becsapás; *levar* ~ bedől vminek, rászedik, becsapják; *pregar* ~ rászed, becsap **3.** *de* ~ ingyen; *entrada de* ~ ingyenes belépőjegy
carótida [köròtidö] *f* fejverőér
carpa [kàrpö] *f* **1.** ponty **2. B** gyomlálás
carpar [körpàr] *1/12 ts* **B** gyomlál
Cárpatos [kàrpötus] *m tb* : *os* ~ a Kárpátok
carpeta [körpétö] *f* **B 1.** zöld posztó (kártyaasztalon) **2.** játékbarlang
carpideira [körpidéjrö] *f* **1.** siratóasszony **2.** sirám, panasz **3. B** gyomlálógép
carpido [körpidu] **I.** *mn* síró, panaszos **II.** *fn, m* sírás, panasz
carpim (*tb* : *carpins*) [körpi^n, körpi^{n}sz] *m* **1.** zokni **2.** babacipő
carpintaria [körpi^{n}ntöriö] *f* ácsmesterség; ácsmunka; ácsműhely
carpinteiro [körpi^{n}téjru] *m* **1.** ács; épületasztalos; ~ *de carros* bognár, kerékgyártó; *bicho de* ~ fűrészbak, kecskeláb; *ter bicho* ~ bizsereg a lába **2.** *szính* díszlettervező
carpintejar [körpi^{n}ntijàr] *1/14 ts* ácsol
carpir [körpir] *3/13* **I.** *ts* **1.** kitép, kiszakít **2. B** gyomlál **3.** megsirat **II.** *tl*, **III.** ~**-se** haját tépi; bánkódik
carpo [kàrpu] *m* **1.** csukló(csontok) **2.** *növ* gyümölcs
carraça [körràszö] *f* kullancs (*átv* is)
carrada [körràdö] *f* kocsirakomány, fuvar; *às* ~*s* kocsiszámra; *ter* ~*s de razão* nagyon is igaza van
carranca [körrö^{n}nkö] *f* mogorva tekintet *v* ábrázat
carrancudo [körrö^{n}nkudu] *mn* mogorva, morcos, bosszús
carrão [körrö^{n}u] *m* nagy kocsi; minibusz
carrapata [körröpàtö] *f* **1.** nehezen gyógyuló seb **2.** bonyodalom, galiba
carrapateiro [körröpötéjru] *m növ* ricinus(cserje)
carrapato [körröpàtu] **I.** *mn* : *feijão* ~ zöldbab **II.** *fn, m* **1.** *növ* ricinus; *óleo de* ~ ricinusolaj **2.** zömök ember
carrapicho [körröpisu] *m* **1.** konty **2.** *növ* **B** bojtorján
carrapito [körröpitu] *m* hajtincs
carrascão [körröskö^{n}u] *mn* : (*vinho*) ~ karcos; csípős bor
carrasco [körràsku] *m* hóhér; kegyetlen ember
carrear [körrjàr] *1/5 ts* talicskáz; fuvaroz
carregação [körrigöszö^{n}u] *f* **1.** rakodás; rakomány **2. B** betegség, baj; ~ *de peito* hörghurut; ~ *dos olhos* kötőhártya-gyulladás; *mercadoria de* ~ gyenge minőségű áru
carregado [körrigàdu] *mn* **1.** megrakott; teli; *sono* ~ mély álom; ~ *de anos* nagyon öreg, agg; ~ *de sonho* álomittas, kábult; *estar* ~ ittas, félig részeg **2.** sötét; *azul* ~ sötétkék **3.** szomorú, mélabús; *rosto* ~ szomorú *v* bánatos arc
carregador [körrigödor] *m* **1.** rakodómunkás; anyagmozgató **2.** hordár **3.** *kat* tölténytár
carregamento [körrigöme^{n}ntu] *m* **1.** rakodás; rakomány, teher **2.** *bány* etetés, adagolás
carregar [körrigàr] *1/4, 1/13* **I.** *ts* **1.** megrak, telerak; megterhel **2.** szállít, fuvaroz; hord, cipel **3.** (meg)tölt (fegyvert; (fel)tölt (akkut) **4.** vádol, felelőssé tesz **5.** *bány* betáplál, adagol **6.** kurtít (vitorlát) **7.** szorongat **8.** túloz **9.** *szól* : ~ *a mão* szigorúan büntet; ~ *o povo de impostos* adókkal sanyargatja a népet; ~ *o preço de* felemeli vminek az árát; ~ *pedra enquanto descansa* munkával tölti a szabad idejét; ~ *de pancadas* alaposan helybenhagy; ~ *de trabalho* elhalmoz *v* túlhalmoz munkával **II.** *tl* **1.** rakodik **2.** *kat* támad, rohamoz **3.** ~ *com* **a)** megrakodik vmivel **b)** cipel, visz vmit **c)** magára vállal vmit; ~ *com a responsabilidade* viseli a felelősséget **4.** ~ *em* **a)** ránehezedik **b)** rátámaszkodik **c)** kitart vmi mellett, nem tágít **5.** ~ *para* v *sobre* útját veszi vmerre; ~ *para o sul* délnek tart; ~ *sobre a esquerda* balra tart **6.** ~ *sobre* ostromol vkit, igyekszik rábeszélni vkit **III.** ~**-se** **1.** beborul, elsötétül; *átv* elkomorodik **2.** ~*-se de* elvállal, magára vállal vmit; ~se de *família* sok gyereket hoz a világra

carrego [körrégu] *m* 1. szállítás; hordás 2. teher; rakomány 3. *kat* töltés; töltet
carregoso [körrigozu] *mn* nehéz; terhes
carreira [körréjrö] *f* 1. út; útvonal; utazás; menet, járat; ~ *aérea* légijárat; *avião* v *navio de* ~ menetrendszerű légi *v* hajójárat 2. futás; rohanás; vágtatás; futam; *a toda* ~, *de* ~, *às* ~*s* vágtatva, teljes sebességgel 3. sor; ~ *das árvores* fasor; *em* ~ sorban, egymás után 4. (élet)pálya; foglalkozás; karrier; *diplomata de* ~ hivatásos diplomata 5. ~*s* lóverseny 6. folyó rohanója, zuhogó 7. hajválaszték 8. ~ *de tiro* céllövölde
carreirista [körréjristö] *fn* **B** 1. karrierista 2. lóversenyző
carreiro [körréjru] *m* 1. kocsis, fuvaros 2. keskeny út, ösvény
carreta [körrétö] *f* 1. kis kocsi; taliga; targonca; *ir pelo caminho das* ~*s* a kitaposott utat járja, rutinmunkát végez 2. *kat* ágyútalp
carretagem [körritàzsö^{n}j] *f* szállítás, fuvar; rakomány, teher
carrete [körrét] *m* 1. kis kocsi 2. tekercs 3. írógép kocsija
carreteiro [körritéjru] *m* 1. fuvaros 2. kocsis 3. bognár 4. (*navio*) ~ rakodó hajó
carretel [körritèl] *m* tekercs; cséve; orsó
carretilha [körritiljö] *f* rádli, derelyemetélő
carreto [körrétu] *m* 1. szállítás, fuvarozás 2. fuvardíj
carriça [körriszö] *f áll* ökörszem
carril [*tb: carriles*] [körril] *m* vágány, sín(pár); kerékvágás
carrilhão [körriljö^{n}u] *m* 1. harangjáték 2. zenélő falióra
carrinha [körrinyö] *f autó* kombi
carrinho [körrinyu] *m* 1. kis kocsi; ~ *de chá* zsúrkocsi; ~ *de criança* v *para bebé* gyermekkocsi; ~ *de mão* kézikocsi; taliga 2. *sp* **B** becsúszó szerelés
carripana [körripànö] *f* rozoga kocsi, tragacs
carro [kàrru] *m* kocsi; szekér; autó; ~ *aéreo* libegő; ~*-berço* (mély) gyermekkocsi; ~*-correio* postakocsi; ~*-dormitório*, **B** hálókocsi; ~ *fúnebre* halottaskocsi; ~ *plataforma* pőrekocsi; ~*-restaurante* étkezőkocsi; ~ *de assalto* v *de combate* harckocsi; ~ *de boi* ökörfogat; ~ (*de rádio*)*-patrulha* URH-kocsi, rendőrautó; *atulhamento* v *bolo de* ~*s* forgalmi dugó; *botar* v *pôr o* ~ (*a*)*diante dos bois* a végével kezdi; *untar o* ~, *átv* megveszteget
carroça [körroszö] *f* (tár)szekér
carroçada [körruszàdö] *f* kocsirakomány, fuvar
carroçaria [körruszöriö] *f* karosszéria
carroceiro [körruszéjru] *m* fuvaros, kocsis
carrocel [körruszèl] *m* körhinta
carruagem [körruàzsö^{n}j] *f* (vasúti) kocsi; ~*-cama* hálókocsi
cart. = *cartonado* kartonkötésben
carta [kàrtö] *f* 1. levél; írás; okmány; alapokmány; igazolvány; ~ *aberta* nyílt levél; ~ *aérea* légipostával küldött levél; ~*-armadilha* robbanó levél; ~ *branca* teljes rendelkezési jog, „szabad kéz"; ~ *constitucional* alkotmány; ~ *credencial* megbízólevél; ~ *expressa* expresszlevél; ~ *partida* hajóbérszerződés; ~ *patente* szabadalomlevél; ~ *de apresentação* v *de recomendação* ajánlólevél; ~ *de aviso* értesítés; ~ *de condução* v *de condutor* v *de guiar* (gépjármő)vezetői igazolvány; ~ *de crédito* hitellevél; ~ *de saúde* egészségi bizonyítvány; *ter* ~ *branca* szabad keze *v* teljhatalma van 2. térkép; kimutatás; diagram; ~ *de tempo* időjárási térkép 3. ~ (*de jogar*) játékkártya; *partida de* ~*s* kártyaparti; *dar as* ~*s* kártyát oszt; *átv* irányítja a dolgokat; *levantar as* ~*s* emel 4. doktori diploma 5. étlap
cartabuxa [körtöbusö] *f* drótkefe
cartada [körtàdö] *f kártya* kijátszás
cartão [körtö^{n}u] *m* karton(papír); ~ *postal* postai levelezőlap
cartapácio [körtöpàszju] *m* 1. ócska rongyos könyv 2. iratcsomó; régi újságcsomó 3. (iskola)táska 4. jegyzetfüzet
cartaz [körtàs] *m* plakát, falragasz, hirdetmény; *pregador de* ~*es* plakátragasztó; *ganhar* ~ hírnévre *v* népszerűségre tesz szert; *ter* v *ser um ótimo* ~ nagyhatású műsorszám; *é proibido afixar* v *pregar* ~*es* hirdetések felragasztása tilos
cartazeiro [körtözéjru] *m* plakátragasztó

carteira [körtéjrö] *f* 1. pénztárca; irattáska; női kézitáska 2. iskolapad 3. igazolvány; ~ *de chofer* gépjárművezetői jogosítvány
carteirista [körtéjristö] *m* zsebmetsző, zsebtolvaj; *cuidado com os ~s* óvakodjunk a zsebtolvajoktól
carteiro [körtéjru] *m* levélhordó, postás
cartel [körtèl] *m* I. *közg* kartell II. 1. kihívás, provokáció 2. rosszindulatú levél
cárter [kàrtèr] *m* *műsz* karter, forgattyúház
cartilagem [körtilàzsö^{n}j] *f* porc, porcogó
cartilagíneo [körtilàzsinyu] *mn* porcos, porcogós
cartilaginoso [körtilàzsinozu] *mn* = **cartilagíneo**
cartilha [körtiljö] *f* ábécéskönyv
cartola [körtòlö] *f* *biz* cilinderkalap
cartomancia [körtumö^{n}sziö] *f* kártyavetés
cartomante [körtumö^{n}nt] *fn* kártyavető
cartonagem [körtunàzsö^{n}j] *f* 1. kartondoboz 2. kartonkötés
cartonar [körtunàr] *1/15 ts* kartonál, kartonpapírba köt
cartório [körtòrju] *m* 1. közjegyzői iroda 2. irattár; nyilvántartó; *ter culpas no ~* van titkolnivalója, van mit takargatnia
cartucheira [körtuséjrö] *f* tölténytáska
cartucho [körtusu] *m* 1. töltény 2. papírzacskó; *papel ~* csomagolópapír
cartuxa [körtusö] *f* karthauzi rend *v* kolostor
cartuxo [körtusu] *m* karthauzi szerzetes
caruma [körumö] *f* *növ* tűlevél
caruncho [köru^{n}su] *m* 1. kopogóbogár 2. féregrágás, szuvasság
carunchoso [köru^{n}sozu] *mn* féregrágta, szúette
carvalhal [körvöljàl] *m* tölgyfaerdő
carvalho [körvàlju] *m* tölgyfa
carvão [körvö^{n}u] *m* 1. szén 2. szénrajz
carvoaria [körvuöriö] *f* szénkereskedés; széntelep
carvoeiro [körvuéjru] *m* szénkereskedő
casa [kàzö] *f* 1. ház 2. lakás, otthon; szoba 3. *ker* cég, üzletház 4. gépház 5. major, tanya 6. *sakk* mező 7. *szól: a ~ pegada* v *vizinha* a szomszédos ház; *~ posta* berendezett lakás; *~ pública* nyilvánosház; *~ da misericórdia* szeretetkórház; *~ de abafo* melegház; *~ de penhores* v *de prego* zálogház; *~ de recreio* nyaraló, üdülő; *~ de saúde* gyógyintézet, (magán)kórház; *~ de sobrado* emeletes ház; *crise de ~* lakáshiány; *em ~* otthon; *para ~* haza; *estar na ~ dos quarenta* a negyvenes években van; *ser de ~* a családhoz tartozik; *viver em ~ de seu tio* nagybácsijánál lakik; *voltar em ~* hazamegy, hazatér; *a ~ é sua* helyezze magát kényelembe! *közm: ~ roubada, trancas à porta* eső után köpönyeg
casaca [közàkö] *f* frakk; *cortar na ~ de* rosszat mond vkiről; fúr vkit; *virar* v *voltar a ~*, *átv* átnyergel, köpönyeget forgat
casacão [közökö^{n}u] *m* felöltő
casaco [közàku] *m* kiskabát, zakó
casadeiro [közödéjru] *mn* házasulandó
casado [közàdu] I. *mn* házas, nős, férjezett II. *fn: ~s* házastársak
casadoiro, casadouro [közödojru, -doru] *mn* házasulandó (korú)
casal [közàl] *m* I. major, tanya II. pár (férj és feleség), házastársak; *um ~ de noivos* jegyespár
casamata [közömàtö] *f* kazamata
casa-matriz [kàzömötris] *f* anyavállalat
casamenteiro [közöme^{n}ntéjru] *fn* házasságközvetítő
casamento [közöme^{n}ntu] *m* házasság; házasságkötés; *~ civil* polgári házasság; *~ religioso* egyházi esküvő; *atestado* v *certidão de ~* házasságlevél, házassági anyakönyvi kivonat
casar [közàr] *1/12* I. *ts* 1. összeesket 2. párosít; egyesít II. *tl*, III. *~-se* megházasodik, megnősül, férjhez megy; *közm: antes do que cases, vê* v *olha o que fazes* nézd meg az anyját, vedd el a lányát; jól gondold meg, mielőtt megnősülsz!
casarão [közörö^{n}u] *m* hatalmas ház
casaria [közöriö] *f* házsor
casario [közöriu] *m* = **casaria**
casca [kàskö] *f* 1. fakéreg 2. héj; tojáshéj; (kemény) gyümölcshéj 3. *átv* külső, látszat 4. *~ grossa* goromba fráter
cascalho [köskàlju] *m* kőtörmelék; kavics
cascar [köskàr] *1/2, 1/12 ts* 1. meghámoz, héját leszedi 2. alaposan elver, elpáhol

cascata [köskàtö] *f* vízesés
cascavel [köskövèl] *m* **1.** csörgő, kereplő **2.** (*cobra*) ~ csörgőkígyó
casco [kàsku] *m* **1.** pata **2.** hajótörzs **3.** fejbőr, skalp **4.** hordó **5.** *átv* ész, sütnivaló
cascudo [köskudu] **I.** *mn* vastag héjú **II.** *fn, m átv* barack (a fejre)
casear [közjàr] *1/5 ts* gomblyukat készít *v* varr
casebre [közèbr] *m* viskó, rozoga kunyhó
caseira [közéjrö] *f* **1.** gazdasszony **2.** házvezetőnő
caseiro [közéjru] **I.** *mn* házi; házias; házilag készített **II.** *fn, m* **1.** gazdálkodó, bérlő **2.** gazdatiszt, intéző
caserna [közèrnö] *f* kaszárnya
casimira [közimirö] *f* kasmírszövet
casinha [közinyö] *f* házikó
casinhoto [közinyòtu] *m* kis szoba, odu
casino [közinu] *m* kaszinó; klub
casita [közitö] *f* ~ *quintal* víkendház, nyaraló
casmurro [közsmurru] *mn* **1.** konok, önfejű **2.** mogorva, zsémbes
caso [kàzu] *m* **1.** eset; ügy, dolog **2.** esemény; körülmény **3.** *nyelvt* eset **4.** *szól:* ~ *de armas* harci cselekmény; ~ *que* feltéve, ha; *conforme o* ~ a körülményekhez képest; *dado o* ~ *que* abban az esetben, ha; *em* ~ *algum v nenhum* semmi esetre sem; ~ *necessário, em* ~ *de necessidade* szükség esetén; *em qualquer* ~ bármiképpen; *em todo o* ~ mindenesetre; *na maioria dos* ~*s* a legtöbb esetben; *neste* ~, *em tal* ~ ebben az esetben; *no v em* ~ *de* esetén, esetében; *no* ~ *contrário* ellenkező esetben; *no melhor dos* ~*s* a legjobb esetben; *no pior dos* ~*s* a legrosszabb esetben; *fazer* ~ *de* törődik vmivel, súlyt vet vmire; *dá-se o* ~ megesik, előfordul; *dar-se-á o* ~ *que* ha netán úgy adódik, hogy; *isto não faz nada ao* ~ ez nem tartozik a tárgyhoz; *vamos ao* ~! térjünk a tárgyra!
casório [közòrju] *m biz* házasság, esküvő
casota [közotö] *f* kutyaház
caspa [kàspö] *f* fejkorpa
casquete [köskét] *m* szemellenzős sapka
casquilharia [köskiljörìö] *f* piperkőc viselkedés
casquilhice [köskiljisz] *f* = **casquilharia**
casquilho [köskilju] **I.** *mn* kikent-kifent, elegáns **II.** *fn, m* dendi, arszlán
casquinar [köskinàr] *1/1 tl* kuncog, vihog
casquinha [köskinyö] *f* **1.** fenyőfa (anyag) **2.** fém- *v* falemez **3.** ~ *de ouro* aranyfüst
cassa [kàszö] *f text* muszlin
cassação [köszöszö^{n}u] *f jog* megsemmisítés, hatálytalanítás, törlés
cassar [köszàr] *1/12 ts* **I. 1.** érvénytelenít, töröl **2.** rendelést visszavon **3.** ~ *a palavra de* megvonja a szót vkitől **II.** inkasszál, pénzt beszed
cassete [köszét] **I.** *mn műsz* kazettás; *gravador* ~ kazettás magnó **II.** *fn, m* kazetta
cassetete [kàsztét] *m* (rendőri) gumibot
casta [kàstö] *f* **1.** kaszt **2.** faj, fajta; nem; *toda a* ~ *de* mindenféle
castanha [köstönyö] *f* **1.** gesztenye **2.** konty **3.** *műsz* szorítókengyel
castanheiro *m,* **-a** *f* [köstönyéjru, -ö] *fn* gesztenyeárus
castanheta [köstönyétö] *f* **1.** újjpattogtatás **2.** ~*s, zene* kasztanyetta
castanho [köstönyu] **I.** *mn* gesztenyebarna **II.** *fn, m* gesztenyefa (anyag is)
castanholas [köstönyòlös] *f tb zene* kasztanyetta
castão [köstö^{n}u] *m* sétapálca gombja
Castela [köstèlö] *f földr* Kasztília
castelã [köstilö^n] *f* várúrnő
castelão [köstilö^{n}u] *m* várúr
castelhano [köstiljönu] *mn* és *fn* kasztíliai
castelo [köstèlu] *m* **1.** vár, várkastély, erőd; ~ *de cartas* kártyavár; *fazer* ~*s no ar* légvárakat épít **2.** *haj* fedélzet
castiçal [köstiszàl] *m* gyertyatartó
castiço [köstiszu] *mn* valódi; tiszta, telivér
castidade [köstidàd] *f* szűziesség, tisztaság
castigar [köstigàr] *1/4 ts* **1.** büntet; dorgál **2.** *átv* ostoroz; sújt **3.** szépít, csiszol (stílust)
castigo [köstigu] *m* **1.** büntetés; dorgálás **2.** *sp* büntetőrúgás
casto [kàstu] *mn* szűzies, tiszta
castor [köstor] *m áll* hód; hódprém
castração [köströszö^{n}u] *f* kasztrálás
castrar [köstràr] *1/12 ts* kasztrál, ivartalanít

castrense [köstre^{n}sz] *mn* katonai; tábori
casual [közvàl] *mn* esetleges, véletlen
casualidade [közvölidàd] *f* véletlen; *por* ~ véletlenül
casula [közulö] *f vall* miseruha
casulo [közulu] *m* **1.** (selyem)gubó **2.** *növ* magtok
cat. = *catálogo* katalógus
cata [kàtö] *f* **1.** keresés, kutatás; *andar em ~ de* vminek a keresésére indul; *dar ~ a* átkutat **2.** B kávészüret
cataclismo [kötöklizsmu] *m* világkatasztrófa
catacumbas [kötöku^{n}mbös] *f tb* katakombák
catadeira [kötödéjrö] *f* B kávészüretelő (nő)
catador [kötödor] *m* B kávétisztító gép
catadupa [kötödupö] *f* vízesés
catadura [kötödurö] *f* külső, arckifejezés; *tipo de má ~* gyanús külsejű alak; *estar de má ~* rossz hangulatban van
catafalco [kötöfàlku] *m* katafalk, díszes *v* jelképes ravatal
catalão *m*, **-lã** *f* [kötölö^n(u)] *mn* és *fn* katalán
catalepsia [kötölèpsziö] *f orv* katalepszia
catalogar [kötölugàr] *1/4, 1/15 ts* katalógust készít, katalógusba felvesz
catálogo [kötàlugu] *m* katalógus; jegyzék
catão [kötö^{n}u] *m* szigorú erkölcsű férfi, erkölcsbíró
cataplasma [kötöplàzsmö] *f* pépes borogatás
catapora(s) [kötöpòrö(s)] *f* (*tb*) B bárányhimlő
catapulta [kötöpultö] *f* katapult
catapultar [kötöpultàr] *1/1 ts* katapultál, a levegőbe kirepít
catar [kötàr] *1/12 ts* megvizsgál, átkutat; *~ piolhos* bolház, bolhászkodik
catarata [kötöràtö] *f* **1.** vízesés **2.** *orv* szürke hályog
Catarina [kötörinö] *f* Katalin
catarral [kötörràl] **I.** *mn* hurutos **II.** *fn, f* heveny légcsőhurut
catarrento [kötörre^{n}ntu] *mn* hurutos
catarro [kötàrru] *m* hurut; megfázás
catástrofe [kötàstruf] *f* katasztrófa
catastrófico [kötöstròfiku] *mn* katasztrofális
cata-vento [kàtöve^{n}ntu] *m* **1.** szélkakas **2.** *átv* köpönyegforgató
catecismo [kötiszizsmu] *m* katekizmus
catecúmeno *m*, **-a** *f* [kötikuminu, -ö] *fn* katekumen
cátedra [kàtidrö] *f* katedra, tanszék
catedral [kötidràl] *f* székesegyház
catedrático [kötidràtiku] **I.** *mn* tanszéki, tanszékvezető **II.** *fn* tanszékvezető docens *v* professzor *v* tanár
categoria [kötiguriö] *f* kategória, osztály, csoport; fokozat; *de ~* minőségi
categórico [kötigòriku] *mn* kategorikus, határozott, ellenkezést nem tűrő
categorizado [kötigurizàdu] *mn* minőségi, elsőrendű
categorizar [kötigurizàr] *1/1 ts* osztályoz, minősít
catequizar [kötikizàr] *1/1 ts* katekizál, kérdés-felelet alakjában tanít
caterva [kötèrvö] *f* csapat, sereg; tömeg; banda
cateto [kötètu] *m geom* befogó
catilinária [kötilinàrjö] *f* **1.** komoly vád; **2.** szigorú feddés
catimplora [köti^{n}mplòrö] *f* **1.** kulacs **2.** öntözőkanna
catinga [köti^{n}ngö] *f* **I.** B rossz (test)szag, bűz **II. 1.** fösvénység, zsugoriság **2.** *m, f* B fösvény, zsugori
catita [kötitö] *mn* csinos, elegáns
cativante [kötivö^{n}nt] *mn* elbűvölő, megnyerő; lekötelező
cativar [kötivàr] *1/1 ts* **1.** elfog, rabságba dönt **2.** elbűvöl, magával ragad
cativeiro [kötivéjru] *m* **1.** rabság, fogság **2.** fogház
cativo [kötivu] **I.** *mn* **1.** elfogott; fogoly **2.** *~ de* vminek alávetett; *~ de imposto* adóköteles **II.** *fn, m* **1.** hadifogoly **2.** rabszolga
catódio, cátodo [kötògyu, kàtudu] *m* katód
católico [kötòliku] *mn* és *fn* katolikus; *não estou muito ~* nem érzem magam valami jól
catorze [kötorz] *szn* tizennégy
catrafilar [kötröfilàr] *1/1 ts biz* megkaparint; elcsen
catrapus [kötröpus] *isz* puff! bumm!
catre [kàtr] *m* tábori ágy; priccs
caturra [köturrö] *mn* és *fn* maradi, vaskalapos
caução [kàuszö^{n}u] *f* **1.** kaució, óvadék **2.** kezesség
caucho [kàusu] *m* kaucsuk

caucionar [kàuszjunàr] *1/15 ts* kezességet vállal, kezeskedik vkiért *v* vmiért **T**

caucionário [kàuszjunàrju] *mn* és *fn* kezes

caucasiano [kàuközjönu] *mn* és *fn* kaukázusi; *o círculo de giz ~* a kaukázusi krétakör

Cáucaso [kàuközu] *m: o ~* a Kaukázus

cauda [kàudö] *f* **1.** farok, fark **2.** (ruha)uszály **3.** *kat* hátvéd **4.** kíséret, „slepp"

caudal [kaudàl] **I.** *mn* **1.** farok- **2.** bővízű; sebes folyású **II.** *fn, m* és *f* **1.** rohanó hegyipatak **2.** bővízű folyó **3.** *átv* özön, áradat

caudaloso [kàudölozu] *mn* **1.** bővízű; erős sodrású **2.** *átv* bőséges, gazdag

caudato [kàudàtu] *mn* farokkal ellátott

caudel... →**coudel...**

caudilho [kàudilju] *m pol* vezér; pártvezér

caule [kàul] *m növ* szár; fűszál

caulim, caulino [kauli^{n}, kaulinu] *m* kaolin

causa [kàuzö] *f* **1.** ok, indítóok, indíték **2.** *jog* ügy, peres ügy; per **3.** *szól: ~ final* végső cél; *~ primária* eredeti ok; *por ~ de* miatt; *por minha ~* miattam, tőlem; *dar ~ a* okot szolgáltat vmire

causador *m,* **-a** *f* [kàuzödor, -ö] *mn* és *fn* okozó, előidéző

causal [kàuzàl] **I.** *mn* okozati **II.** *fn, f* ok

causalidade [kàuzölidàd] *f* okság, okozati viszony

causar [kàuzàr] *1/1 ts* okoz, előidéz; *~ dó* fájdalmat okoz; *~ prazer* örömet szerez

causídico [kàuzidiku] *m* ügyvéd; védő

causticar [kàustikàr] *1/2 ts* **1.** éget, marat **2.** *átv biz* zavar, kellemetlenkedik vkinek **T**

cáustico [kàustiku] **I.** *mn* égető, maró (*átv* is) **II.** *fn, m* marószer

cautela [kàutèlö] *f* **1.** óvatosság, vigyázat; *à ~* óvatosan; óvatosságból; *estar com ~* vigyáz, óvatos; *ter ~ com* óvatos vkivel szemben **2.** ideiglenes nyugta; *~ de penhor* zálogcédula

cauteleiro [kàutiléjru] *m* sorsjegyárus

cauteloso [kàutilozu] *mn* óvatos

cautério [kàutèrju] *m* **1.** marószer; égetővas **2.** szigorú büntetés

cauterizar [kautirizàr] *1/1 ts orv* kauterizál, kiéget

cauto [kàutu] *mn* óvatos

cav. = *cavalaria* lovasság

cava [kàvö] *f* **1.** felásás **2.** gödör, árok **3.** pince **4.** (ruhaujj- *v* nyak)kivágás

cavaca [kövàkö] *f* **1.** fahasáb, darab fa **2.** süteményféle, keksz

cavaco [kövàku] *m* **1.** szálka **2.** barátságos csevegés; *dar dois dedos de ~* egy kicsit elcseveg; *dar o ~* megharagszik, megsértődik; *dar o ~ por* bármit adna vmiért, nagyon megkívánja

cavadeira [kàvàdéjrö] *f* **B** ásó

cavadela [kövödèlö] *f* (fel)ásás; *dar uma ~ a* felás vmit

cavado [kövàdu] **I.** *mn* kivájt **II.** *fn, m* **1.** gödör **2.** *~ (axilar)* hónalj

cavador [kövödor] *m* **1.** (ásással foglalkozó) földmunkás **2.** aranyásó **3. B** szélhámos

cavadora [kövödorö] *f* földmunkagép

cavala [kövàlö] *f áll* makréla

cavalada [kövölàdö] *f* szamárság, ostobaság

cavalagem [kövölàzsö^{n}j] *f* fedeztetés (ára)

cavalar [kövölàr] *mn* ló-; *gado ~* lóállomány

cavalaria [kövölöriö] *f* **1.** ménes **2.** *kat* lovasság **3.** lovasok csoportja **4.** lovagiasság; hőstett; *romance de ~* lovagregény; *meter-se em ~s altas* ábrándokat kerget

cavalariça [kövölöriszö] *f* lóistálló

cavaleira [kövöléjrö] *f* lovasnő; *às ~s* lovagolva; a hátán hordva

cavaleiro [kövöléjru] *m* **1.** lovas **2.** lovag; *~ errante* kóbor lovag **3.** *szól: ~ de indústria* szélhámos; *a ~* kimagasló helyen; *viver à ~* fényűzően él

cavaleiroso [kövöléjrozu] *mn* lovagias

cavalete [kövölét] *m* **1.** festőállvány; rajzállvány **2.** *nyomd* szedőállvány **3.** fűrészbak **4.** kínpad, deres

cavalgada [kövàlgàdö] *f* **1.** lovas díszfelvonulás **2.** társas lovaglás

cavalgadura [kövàlgödurö] *f* **1.** hátasló **2.** *biz* tökfej

cavalgar [kövàlgàr] *1/4 tl* lovagol

cavalheiresco [kövöljéjrésku] *mn* lovagias

cavalheirismo [kövöljéjrizsmu] *m* lovagiasság

cavalheiro [kövöljéjru] *m* **1.** lovag **2.** jól nevelt, udvarias ember **3.** gavallér; táncpartner

cavalicoque [kövölikòk] *m biz* vén gebe

cavalinho [kövàlinyu] *m* **1.** lovacska **2.** *(circo de) ~s* lovascirkusz

cavalitas [kövölitös] *f tb: às* ~ lovaglóhelyzetben

cavalo [kövàlu] *m* **1.** ló (*sakk* is); ~ *aguado* megrokkant ló; ~*-marino, áll* csikóhal; ~*-vapor* lóerő; ~ *de batalha* **a)** harci mén **b)** *átv* vkinek vesszőparipája, erős oldala, főérve; *fazer* ~ *de batalha de* lovagol vmin; ~ *de corrida* versenyló; ~ *de lançamento* tenyészmén; *ját:* ~ *de pau* vesszőparipa; ~ *de montar* v *de sela* hátasló; ~ *de raça* v *de puro sangue* telivér ló; ~ *de tiro* v *de lavoura* igásló; *a* ~ lóháton; lovagolva; *andar* v *ir* v *montar a* ~ lovagol; *passar de* ~ *para burro* cseberből vederbe jut **2.** *növ* oltóág, oltóvessző

cavaquear [kövökjàr] *1/5 tl* cseveg, elbeszélget

cavaqueira [kövökéjrö] *f* csevegés

cavar [kövàr] *1/12 ts* **1.** kiás, kiváj **2.** kivág, kibővít (ruhát) **3.** *átv* vájkál, firtat **4.** *szól:* ~ *a vida* megél valahogy; *mandar* ~ *batatas* a fenébe küld; *por-se a* ~ kereket old

cave [kàv] *f* pince; alagsor

caveira [kövéjrö] *f* halálfej

caveiroso [kövéjrozu] *mn* sovány, szikár

caverna [kövèrnö] *f* **1.** barlang, üreg **2.** *orv* kaverna

cavernoso [kövirnozu] *mn* üreges; kivájt

caviar [kövjàr] *m* kaviár

cavidade [kövidàd] *f* üreg; mélyedés; ~ *bucal* v *oral, orv* szájüreg

cavilar [kövilàr] *1/1 tl* okoskodik; kibúvót keres

cavilha [köviljö] *f* csapszeg

caviloso [kövilozu] *mn* körmönfont; félrevezető, csalóka

cavo [kàvu] *mn* kivájt, üreges, üres; mély

cavoucar [kövokàr] *1/2 ts ép* alapárkot ás

cavouco [kövoku] *m ép* alapárok

cc = *centímetro cúbico* köbcentiméter

c/c = *conta corrente* folyószámla

cê [szé] *m* cé (betű és hang)

cé-aga [széàgà] *m* ch (betű és hang)

cear [szjàr] *1/5 tl* vacsorázik

cebola [szibolö] *f* **1.** hagyma **2.** régi zsebóra, „krumpli"

cebolada [szibulàdö] *f* hagymás étel

cebolal [szibulàl] *m* hagymaföld

cebolinho [szibulinyu] *m* **1.** metélőhagyma **2.** hagymamag; dughagyma

cebolório [szibulòrju] *isz* ostobaság!

Ceca [szèkö] *f: andar por* ~ *e Meca* ide-oda bolyong, vándorol

cecear [sziszjàr] *1/5 tl* **1.** selypít **2.** suttog

cé-cedilha [szészidiljö] *m* x (betű és hang)

ceceio [sziszéju] *m* selypítés

ceceioso [sziszéjozu] *mn* selypítő

ceco [szèku] *m* vakbél

cedência [szide^{n}szjö] *f* = **cessão**

ceder [szidér] *2/7* **I.** *ts* **1.** átenged, átad; ~ *o passo* előreenged, félreáll **2.** *jog* átruház **II.** *tl* enged vmiben, eláll vmitől

cediço [szidiszu] *mn* elavult, régi; elcsépelt

cedilha [szidiljö] *f* cédille, horgocska a ç alatt

cedinho [szidinyu] *hat* jó korán

cedo [szédu] *hat* **1.** korán; túl korán; ~ *de manhã* korán reggel; *desde* ~ már korán **2.** hamar, rövidesen; *tão* ~ *quanto possível* a lehető leghamarabb; ~ *nos encontraremos* rövidesen ismét látjuk egymást

cedro [szèdru] *m* cédrusfa

cédula [szèdulö] *f* **1.** cédula **2.** hivatalos írás *v* igazolvány **3.** szavazólap **4.** ~ (*de banco*) bankjegy

CEE = *Comunidade Económica Européia* Európai Gazdasági Közösség

CEF B = *Caixa Económica Federal* Szövetségi Gazdasági Pénztár (= Országos Takarékpénztár)

cefalalgia [szifölàlzsiö] *f* fejfájás

cefálico [szifàliku] *mn* koponya-, fej-; agyi

cegamente [szègame^{n}nt] *hat* vakon

cegar [szigàr] *1/4, 1/13* **I.** *ts* **1.** megvakít; *átv* elvakít; ~ *a vista* vakít; *as aparências cegam* a látszat csal; *isto é tão claro que cega os olhos* ez olyan világos, mint a nap **2.** betöm, eltöm; ~ *a artilharia* beszegezi, hasznavehetetlenné teszi az ágyúkat **II.** *tl* megvakul

cegarrega [szègörrègö] *f* **1.** kabóca, tücsök **2.** monoton hang; unalmas beszéd **3.** rikácsolás

cego [szègu] *mn* **1.** vak; *às* ~*as* vaktában, találomra; ~ *de um olho* félszemű **2.** eltömődött **3.** tompa, életlen

cegonha [szigonyö] *f* **1.** gólya **2.** kútgém

cegueira [szigéjrö] *f* **1.** vakság **2.** *átv* elvakultság

ceguinho [szèginyu] *m* vak, világtalan (koldus)

ceia [széjö] *f* 1. vacsora 2. *müv, vall:* *a Ceia do Senhor* az Utolsó Vacsora
ceifa [széjfö] *f* aratás; betakarítás
ceifadeira [széjfödéjrö] *f* = **ceifeira**
ceifar [széjfàr] *1/1 ts* (le)arat; betakarít
ceifeira [széjféjrö] *f* 1. aratógép; *~-debulhadora* arató-cséplő gép 2. aratómunkásnő
ceifeiro [széjféjru] *m* aratómunkás
Ceilão [széjlö^{n}u] *m* Ceylon
ceitil [széjtil] *m* fillér; *átv* csekélység
C.^{el} = *coronel* ezredes
cela [szèlö] *f* cella (börtönben, kolostorban)
celebérrimo [szilibèrrimu] *mn* nagyon híres; →**célebre**
celebração [szilibröszö^{n}u] *f* ünneplés; megemlékezés
celebrar [szilibràr] *1/13* **I.** *ts* 1. ünnepel; dicsőít, magasztal 2. megül, megtart; *~ um acordo* egyezményt köt *v* aláír **II.** *tl* misét mond
célebre [szèlibr] *mn* híres
celebridade [szilibridàd] *f* híresség
celebrizar [szilibrizàr] *1/1* **I.** *ts* híressé tesz **II.** **~-se** híressé lesz
celeiro [szilèjru] *m* magtár, csűr, pajta
celerado [sziliràdu] **I.** *mn* gonosz **II.** *fn, m* gonosztevő
célere [szèlir] *mn* gyors, fürge
celeste [szilèst] *mn* égi
celestial [szilestiàl] *mn* = **celeste**
celeuma [sziléumö] *f* lárma, zaj; *levantar ~* lármát csap
celga [szèlgö] *f növ* mangold
celha [széljö] *f* szempilla
celibatário [szilibötàrju] *mn* és *fn, m* nőtlen, legényember
celibato [szilibàtu] *m* nőtlenség
celofana [szilufönö] *f* celofán
celso [szèlszu] *mn* magasztos, fennkölt
celta [szèltö] *mn* és *fn* kelta
célula [szèlulö] *f* sejt
celular [szilulàr] *mn* sejtszerű; *prisão ~* magánzárka
celulóide [szilulòjd] *f* celluloid
celulose [szilulòz] *f* cellulóz
cem [szö^{n}j] *szn* száz
cementar [szime^{n}ntàr] *1/1 ts* edz, keményít
cemento [szime^{n}ntu] *m* cement
cemitério [szimitèrju] *m* temető
cena [szénö] *f* 1. színpad; *direcção de ~* rendezés; *o rector de ~* rendező; *aparecer* v *entrar em ~* megjelenik a színen; *levar à ~, pôr em ~* színre hoz *v* visz 2. jelenet; *fazer ~s* jeleneteket rendez, botrányt csap 3. színhely
cenário [szinàrju] *m* 1. színpadi díszlet; rendezés 2. *átv* környezet; háttér
cenáculo [szinàkulu] *m* 1. intézeti ebédlő 2. irodalmi klub
cenho [szényu] *m* komor ábrázat, mogorva külső
cénico [szèniku] *mn* színpadi
cenógrafo [szinògröfu] *m* díszletfestő
cenoira, cenoura [szinojrö, -orö] *f* sárgarépa
censo [sze^{n}szu] *m* 1. népszámlálás 2. földbér
censor [sze^{n}szor] *m* 1. cenzor 2. (szigorú) bíráló, kritikus
censura [sze^{n}szurö] *f* 1. cenzúra 2. szigorú bírálat; kifogásolás; *~ à imprensa* sajtócenzúra
censurar [sze^{n}szuràr] *1/1 ts* 1. cenzúráz 2. kifogásol
censurável [sze^{n}szuràvèl] *mn* kifogásolható
cent. = *centavo* szentávó
centavo [szentàvu] *m* 1. századrész 2. szentávó (az escudo századrésze)
centeal [sze^{n}ntyàl] *m* rozsföld
centeio [sze^{n}ntéju] *m* rozs
centelha [sze^{n}ntéljö] *f* szikra
centelhar [sze^{n}ntiljàr] *1/13 tl* szikrázik
centena [sze^{n}nténö] *f* száz; *às ~s* százszámra, százával; *uma ~ de crianças* mintegy száz gyerek
centenar [sze^{n}ntinàr] *m* = **centena**
centenário [sze^{n}ntinàrju] **I.** *mn* százéves **II.** *fn* századik évforduló (ünneplése), századforduló
centésimo [sze^{n}ntèzimu] **I.** *mn* századik **II.** *fn, m* századrész
centímetro [sze^{n}ntimitru] *m* centiméter
cento [sze^{n}ntu] **I.** *szn* száz **II.** *fn, m* 1. száz; *aos ~s* százszámra, százával 2. százalék; *cinco por ~* öt százalék; *de cinco por ~* öt százalékos
centopeia [sze^{n}ntupéjö] *f áll* százlábú
central [sze^{n}ntràl] **I.** *mn* központi; *a América ~* Közép-Amerika **II.** *fn, f* központ; *~ eléctrica* villamosművek; *~ telefónica* v *dos telefones* távbeszélőközpont
centralização [sze^{n}ntrölizöszö^{n}u] *f* központosítás

centralizar [sze^{n}ntrölizàr] *1/1 ts* központosít

centrar [sze^{n}ntràr] *1/1 ts* központosít

centrífuga [sze^{n}ntrifugö] *f* = **centrifugadora**

centrifugadora [sze^{n}ntrifugödorö] *f* centrifuga

centrifugar [sze^{n}ntrifugàr] *1/4 ts* centrifugál

centrífugo [sze^{n}ntrifugu] *mn* centrifugális, központhagyó; *força ~a* centrifugális *v* röpítő erő

centrípeto [sze^{n}ntripitu] *mn* centripetális, a középponthoz közelítő

centro [sze^{n}ntru] *m* **1.** középpont **2.** centrum, közép; gócpont; székhely; *~ da cidade* belváros **3.** *~ (de mesa)* asztalközép

centro-avante [sze^{n}ntruövö^{n}nt] *m sp* középcsatár

centuplicar [sze^{n}ntuplikàr] *1/2 ts* megszázszoroz

cêntuplo [sze^{n}ntuplu] *szn* százszoros

cepa [szépö] *f* **1.** fatönk **2.** szőlőtő **3.** *növ* gyökértörzs, rizóma **4.** *szól: não passar da ~ torta* nem jut előbbre, nem tud zöld ágra vergődni

cepeira [szipéjrö] *f* szőlőtő

cepilho [szipilju] *m* **1.** kis gyalu **2.** fémreszelő **3.** nyereggomb

cepo [szépu] *m* **1.** fatönk, tuskó, tőke **2.** horonygyalu **3.** tompa elméjű alak

cepticismo [szetiszizsmu] *m* szkepticizmus

céptico [szètiku] *mn* és *fn* szkeptikus, mindenben kételkedő

cera [szérö] *f* **1.** viasz; viaszgyertya; *~ para o soalho* padlóviasz **2.** *~ (do ouvido)* fülzsír **3.** *szól: fazer ~* úgy tesz, mintha dolgozna; amerikázik

cerâmica [szirömikö] *f* kerámia

cerâmico [szirömiku] *mn* kerámiai

ceramista [szirömistö] *fn* kerámikus

cerca[1] [szérkö] *f* kerítés; *~ viva* sövénykerítés; *~ de arame farpado* tüskésdrót kerítés

cerca[2] [szérkö] **I.** *hat* közel, a közelben; *aqui ~* itt a közelben; *de ~* közelről **II.** *vsz: ~ de* közel, közelében, mellett; *~ de três quilómetros* mintegy három kilométer(nyire); *por ~ de dois anos* mintegy két évig

cercado [szirkàdu] *m* **1.** kerítés; bekerített terület **2.** járóka

cercadura [szirködurö] *f* foglalat; keret

cercanias [szirköniö(s)] *f tb* környék; közelség

cercar [szirkàr] *1/2, 1/13 ts* **1.** bekerít, körülvesz; bekeretez **2.** *kat* ostrom alá vesz

cerce [szèrsz] *hat: cortar ~* gyökerénél elvág *v* kivág

cercear [szirszjàr] *1/5 ts* **1.** levág; kurtít **2.** *átv* korlátoz, csökkent, megnyirbál

cerco [szérku] *m* **1.** kerítés; bekerítés **2.** kör; kerület; *apertar o ~, átv* bezárja *v* szűkíti a kört **3.** *kat* ostromzár; *pôr (o) ~* ostromzárral körülvesz

cerda [szérdö] *f* sörte; borosta

cerdo [szérdu] *m* sertés, disznó

cerdoso [szirdozu] *mn* sörtés, borostás

cereal [szirjàl] **I.** *mn* gabona- **II.** *fn, m* gabona; *cereais* gabonafélék

cerebelo [sziribélu] *m orv* kisagy

cerebral [sziribràl] *mn* agyi; *átv* szellemi

cerebrino [sziribrinu] *mn* ábrándozó; furcsa, különös

cérebro [szèribru] *m* agy; *átv* ész, értelem

cereja [szirézsö] *f* cseresznye

cerejal [szirizsàl] *m* cseresznyéskert

cerejeira [szirizséjrö] *f* cseresznyefa

cerimónia [szirimònyö] *f* **1.** szertartás; *sem ~* amúgy egyszerűen, a formaságok megelőzésével; *sem mais ~s* minden további teketória nélkül; *fazer ~* ragaszkodik a formaságokhoz **2.** ünnepség; pompa

cerimonial [szirimunyàl] **I.** *mn* szertartásos **II.** *fn, m* szertartás; ünnepély

cerimonioso [szirimunyozu] *mn* szertartásos, formai, formaságokkal teli

cerne [szèrn] *m növ* geszt

cerneira [szirnéjrö] *f* keményfa deszka

cernelha [szirnéljö] *f* mar (lóé)

cerol [sziròl] *m* cipészszurok

ceroulas [szirolös] *f tb* (hosszú) alsónadrág

cerração [szirrösző^{n}u] *f* köd

cerrado [szirràdu] **I.** *mn* **1.** zárt, csukott **2.** sűrű; bozótos **3.** sötét, homályos; *átv* nehezen érthető **II.** *fn, m* bekerített terület

cerradura [szirrödurö] *f* kerítés; fal

cerrar [szirràr] *1/13* **I.** *ts* bezár, lezár (*átv* is); *~ a boca a, átv* hallgatásra kényszerít vkit; *~ o negócio* megköti az üzletet; *átv* lezárja az ügyet; **II.** *tl,* **III.** *~-se* **1.** bezárul **2.** beborul, elsötétül; *cerra o tempo* eső fenyeget

cerro [szérru] *m* domb, halom
certame [szirtöm] *m* vetélkedés, verseny; mérkőzés
certeiro [szirtéjru] *mn* (holt)biztos; *tenho-a* ~ biztos vagyok benne
certeza [szirtézö] *f* biztosság, bizonyosság; *com* ~ biztosan, természetesen; *com toda a* ~ teljes bizonyossággal
certidão [szirtidö^{n}u] *f* bizonylat, igazolás; ~ *de idade* v *de nascimento* születési bizonyítvány
certificado [szirtifikàdu] *m* bizonyítvány, igazolvány; ~ *médico* orvosi bizonyítvány; ~ *de aptidão* alkalmassági bizonyítvány
certificar [szirtifikàr] *1/2 ts* **I.** *ts* **1.** igazol **2.** állít, erősít, bizonygat **II.** **~-se** *de* megbizonyosodik vmiről
certo [szèrtu] **I.** *mn* biztos, bizonyos; határozott, pontos; ~ *dia* egyik napon; *~a gente* egyesek; *amigo* ~ igaz jó barát; ~ *homem* egy bizonyos ember, (egy) valaki; *homem* ~ megbízható ember; *resposta ~a* helyes válasz; *ao* ~, *de* ~, *por* ~ biztosan, bizonyosan; *de (uma) ~a idade* már nem fiatal, koros; *dar por* ~, *ter como* ~ biztosra vesz; *está* ~ **a)** úgy van! helyes! **b)** rendben van! el van intézve! *o relógio está* ~ az óra pontos; *ir sobre* ~ biztosra megy; *tomar como* ~ bizonyosra vesz **II.** *fn, m* biztosság, bizonyosság **III.** *hat* biztosan, bizonyosan
cerume [szirum] *m* fülzsír
cerva [szèrvö] *f* szarvastehén
cerveja [szirvézsö] *f* sör
cervejaria [szirvizsöriö] *f* **1.** söröző **2.** sörfőzde
cervejeiro [szirvizséjru] *m* **1.** sörárus **2.** sörfőző
cervical [szirvikàl] *mn orv* nyaki, nyakszirt-
cerviz [szirvis] *f orv* nyakszirt; nyak
cervo [szèrvu] *m* szarvas
cerzideira [szirzidéjrö] *f* műstoppoló
cerzir [szirzir] *3/8, 3/9 ts* stoppol; műstoppolást végez
cerzidura [szirzidurö] *f* (mű)stoppolás
cesariana [szizörjönö] *f orv: (operação)* ~ császármetszés
céspede [szèspid] *m* gyeptégla
cessação [sziszöszö^{n}u] *f* megszűnés; beszüntetés
cessante [sziszö^{n}nt] *mn* **1.** megszűnő **2.** távozó (tisztviselő)
cessão [sziszö^{n}u] *f* átengedés; átruházás
cessar [sziszàr] *1/13* **I.** *ts* megszüntet, abbahagy, leállít; ~ *fogo, kat* tüzet szüntet **II.** *tl* megszűnik, véget ér; *sem* ~ szüntelen; ~ *de chorar* abbahagyja a sírást
cessar-fogo [sziszàrfogu] *m* tűzszünet
cessionário [sziszjunàrju] *m jog* engedményes
cesta [széstö] *f* **1.** kosár; ~ *de costura* varrókosár; ~ *de lixo* szemétkosár; ~ *de papéis* papírkosár **2.** kosárnyi, kosárra való; *uma* ~ *de bananas* egy kosár banán **3.** *szól:* ~ *rota, átv* mindent kifecsegő személy
cesteiro *m*, **-a** *f* [szistéjru, -ö] *fn* kosárfonó; kosárárus
cesto [széstu] *m* piaci kosár
cetáceos [szitàszjus] *m tb áll* cetek
cetim [sziti^n] *m text* szatén
cetinoso [szitinozu] *mn* selymes; puha
cetro [szètru] *m* jogar
céu [szèu] *m* **1.** ég, égbolt; ~! ó egek! ~ *aberto* derült ég; ~ *carregado* erősen beborult ég; *uma coisa caída do* ~ égből pottyant váratlan szerencse; *fogo do* ~ villám; *elevar até aos ~s* egekig magasztal; *mexer* v *mover* v *revolver ~s e terra* eget-földet megmozgat **2.** ~ *da boca* szájpadlás
ceva [szèvö] *f* **1.** hízlalás **2.** hízlaló étel **3.** *átv* csalétek
cevada [szivàdö] *f* árpa
cevadal [szivödàl] *m* árpaföld
cevadeira [szivödéjrö] *f* abrakos zsák
cevadeiro [szivödéjru] *m* hízlaló ól
cevadinha [szivödinyö] *f* árpagyöngy, gerstli
cevado [szivàdu] **I.** *mn* hizlalt **II.** *fn, m* **1.** hízó sertés **2.** *átv* hájtömeg
cevadura [szivödurö] = **ceva**
cevar [szivàr] *1/13 ts* hizlal
cevo [szévu] *m* csalétek
cf. = *confira, confronte* vesd össze
C. G. T. = *Confederação General do Trabalho* Általános Szakszervezeti Szövetség (Franciaországban)
chá [sà] *m* tea; *dar* ~ *a* bosszant, piszkál vkit; *não ter tomado* ~ *em pequeno, biz* nem volt gyerekszobája, neveletlen
chã [sö^n] **I.** *mn* → **chão** **II.** *fn, f* **1.** lapály; síkság **2.** *konyh* comb(hús)

chacal [sökàl] *m* sakál

chácara [sàkörö] *f* **B** vidéki kertes ház

chacina [söszinö] *f* **1.** öldöklés, vérfürdő; *fazer* ~ *de* v *em, átv* gulyássá aprít vkit **2.** sózott *v* tartósított hús

chacinar [söszinàr] *1/1 ts* **1.** szeletekre vág **2.** *átv* lekaszabol

chacota [sökòtö] *f* gúny; gúnyvers; *fazer* ~ *de* gúnyt űz vkiből

chacotear [sökutyàr] *1/5 ts* kigúnyol

chafariz [söföris] *m* (köz)kút

chafurda [söfurdö] *f* **1.** pocsolya **2.** koszos hely

chafurdar [söfurdàr] *1/1 tl* **1.** sárban fetreng **2.** *átv* lealjasodik

chaga [sàgö] *f* **1.** nyílt seb; sebhely **2.** *átv* csapás, baj

chagado [sögàdu] *mn* sebes, sebhelyes

chagar [sögàr] *1/4, 1/12 ts* **1.** megsebez **2.** *átv* gyötör

chaile [sàjl] *m* sál

chalaça [sölàszö] *f* (rossz) tréfa; gúny; *jogar* ~*s* viccelődik; gúnyos megjegyzéseket tesz

chalacear [sölöszjàr] *1/5 tl* viccelődik; gúnyolódik

chalado [sölàdu] *mn* ízetlen; *átv* unalmas, kedélytelen

chale [sàl] *m* sál

chalé [sölè] *m* faház; nyári lak

chaleira [sölèjrö] *f* **1.** vízforraló kanna, teáskanna **2. B** hízelgő

chalreada [sàlrjàdö] *f* **1.** csicsergés, csiripelés **2.** gagyogás, gügyögés

chalrear [sàlrjàr] *1/5 tl* **1.** csicsereg, csiripel **2.** gagyog, gügyög

chalreio [sàlréju] = **chalreada**

chalupa [sölupö] *f haj* naszád

chama [sömö] *f* **1.** láng **2.** csalimadár

chamada [sömàdö] *f* **1.** hívás, felhívás; telefonhívás **2.** felhívás (iskolában); kihívás (színpadra) **3.** *kat* behívás **4.** névsorolvasás; *fazer a* ~ névsort olvas, jelenlétet ellenőriz

chamado [sömàdu] **I.** *mn* úgynevezett; állítólagos **II.** *fn* **B** = **chamada**

chamalote [sömölot] *m text* **1.** moaré **2.** teveszőr-szövet

chamar [sömàr] *1/1* **I.** *ts* **1.** hív; ~ *a assistência* kihívja a mentőket; **2.** felhív (telefonon) **3.** ~ *(à lição)* felhív az iskolában *v* az órán **4.** kihív (színészt a színpadra) **5.** behív, összehív; magához hív **6.** meghív, kinevez (állásra) **7.** megnevez, elnevez; nevén szólít; ~ *burro a* leszamaraz vkit; ~ *nomes a* mindenfélének elnevez vkit, lehordja a sárga földig **8.** *szól :* ~ *à contas* felelősségre von; ~ *à ordem* rendreutasít; ~ *por Deus* Istenhez folyamodik; *mandar* ~ elküld vkiért, magához hivatja **II.** ~**-se** hívják, nevezik, a neve; *chama-se Margarida* Margitnak hívják; *chamo-me Carlos* Károly a nevem; *como se chama em português?* hogy mondják portugálul?

chamariz [sömöris] *m* **1.** *átv* csalétek; reklám **2.** csalimadár

chambre [sö^{n}br] *m* házikabát, köntös; pongyola

chamejante [sömizsö^{n}nt] *mn* lángoló, tüzes

chamejar [sömizsàr] *1/14 tl* lángol, tüzel

chamiço [sömiszu] *m* rőzse

chaminé [söminè] *m* kémény, kürtő

champanha, champanhe [sö^{n}mpönyö, sö^{n}mpöny] *m* pezsgő

champú [sö^{n}mpu] *m* sampon, hajmosó oldat

chamuscar [sömuskàr] *1/2 ts* megperzsel

chamusco [sömusku] *m* égésszag

chanca [sö^{n}kö] *f biz* nagy láb, „pata"

chança [sö^{n}szö] *f* **1.** tréfa; gúny **2.** hiúság, beképzeltség

chance [sö^{n}sz] *f* esély, kilátás

chancel. = *chancelaria* iroda

chancela [sö^{n}szèlö] *f* **1.** bélyegző **2.** *átv* bélyeg; *trazer a* ~ *de* magán viseli vminek a bélyegét

chancelaria [sö^{n}szilöriö] *f* kancellária

chanceler [sö^{n}szilèr] *m* kancellár

chanchada [sö^{n}sàdö] *f* bohózat

chanfradura [sö^{n}frödurö] *f* félkör alakú bevágás *v* bemélyedés

chantagem [sö^{n}ntàzsö^{n}j] *f* zsarolás; *fazer* ~ zsarol

chantagista [sö^{n}ntözsistö] *mn* és *fn* zsaroló

chantre [sö^{n}ntr] *m* kántor

chão *m*, **chã** *f* [sö^{n}u, sö^n] **I.** *mn* lapos; sima **II.** *fn, m* (sík) föld; padló; *cair no* ~ leesik a földre

chapa [sàpö] *f* **1.** lemez; tábla; ~ *blindada* páncéllemez; **2.** gramofonlemez; *mudar a* ~ más lemezt tesz fel; *átv* témát változtat **3.** *autó* rendszámtábla **4.** ablaktábla, üvegtábla **5.** ismertetőjel; azonossági szám **6.** *nyomd* klisé **7.**

~ *eleitoral* választók névjegyzéke **8.** *átv* közhely **9.** *szól: de* ~ szemközt, szemben; *homem de* ~ **a)** magas termetű férfi **b)** *átv* érdemeket szerzett ember; *cair de* ~ elterül a földön

chapada [söpàdö] *f* **1.** síkság; fennsík **2.** **B** tisztás

chapado [söpàdu] *mn* **1.** lemezes, táblás **2.** *argó* teljes, tökéletes; *asno* v *burro* ~ ostoba fráter, hatökör; *idiota* ~ tökéletes hülye

chapar [söpàr] *1/12* **I.** *ts* **1.** *nyomd* kliséz; lehúz **2.** = **chapear II.** *tl* pacskol, lubickol

chape [sàp] *m* pacskolás, lubickolás; ~! placcs!

chapear [söpjàr] *1/5 ts* **1.** lemezel **2.** furnéroz

chapelada [söpilàdö] *f* **1.** kalapba férő mennyiség **2.** kalaplengetés

chapelaria [söpilöriö] *f* kalapgyár; kalapüzlet

chapeleira [söpiléjrö] *f* kalapdoboz

chapeleiro [söpiléjru] *m* kalaposmester

chapéu [söpèu] *m* kalap; ~ *alto* v *de forma* v *de seda* cilinder; ~ *de chuva* esernyő; ~ *de sol* napernyő; ~ *(de) coco* keménykalap; ~ *de palha* szalmakalap ~ *de três picos* háromszögletű kalap; *levantar* v *tirar o* ~ leveszi a kalapját; kalaplevétellel köszönt; *pôr o* ~ felteszi a kalapját; *é de se lhe tirar o* ~, *biz* le a kalappal! (olyan nagyszerű)

chapim [söpi^{n}] *m áll* cinke, cinege

chapinhar [söpinyàr] *1/1 tl* pacskol, lubickol

chapuz [söpus] *m műsz* tipli; *de* ~ **a)** tótágast **b)** hirtelen, váratlanul

charada [söràdö] *f* (szó)rejtvény

charadismo [sörödizsmu] *m* betűrejtvény

charamela [sörömèlö] *f* pásztorsíp, tilinkó

charanga [sörö^{n}ngö] *f* kisebb fúvószenekar

charão [sörö^{n}u] *m* lakk

charco [sàrku] *m* pocsolya; mocsár

charcutaria [sörkutöriö] *f* hentesüzlet; csemegebolt

charlatanaria [sörlötönöriö] *f* szélhámosság, csalás

charlatanear [sörlötönyàr] *1/5 tl* szélhámoskodik, kuruzsol

charlatão *m*, **-ã** *f* [sörlötö^{n}u, -tö^{n}] *fn* sarlatán, szélhámos, csaló

charneca [sörnèkö] *f* puszta

charneira [sörnèjrö] *f műsz* zsanér, csuklópánt

charola [söròlö] *f* saroglya; *levar em* ~ vállon visz (*pl* hőst)

charpa [sàrpö] *f* vállszalag

charque [sàrki] *m* **B** szárított hús

charro [sàrru] *mn* durva, goromba

charrua [sörruö] *f* eke

charutaria [sörutöriö] *f* **B** dohánybolt, trafik

charuteira [sörutéjrö] *f* szivartárca

charuteiro [sörutéjru] *m* **1.** szivarsodró munkás **2.** **B** dohányárus, trafikos

charuto [sörutu] *m* szivar

chasco [sàsku] *m* **1.** gúny, gúnyos megjegyzés **2.** **B** hirtelen gyeplőrántás

chasquear [söskjàr] *1/5 ts* kigúnyol; megtréfál

chassi(s) [sössi(s)] *m* kocsialváz

chata [sàtö] *f* dereglye

chatada [sötàdö] *f* **B** dorgálás, feddés

chatear [sötyàr] *1/5 ts biz* untat, zaklat, terhére van

chateza [sötézö] *f* **1.** laposság **2.** *átv* középszerűség

chatice [sötisz] = **chateza**

chatim [söti^{n}] *m* csaló kereskedő, üzér

chatinar [sötinàr] *1/1 tl* üzérkedik

chato [sàtu] *mn* **1.** lapos **2.** unalmas

chavão [sövö^{n}u] *m* **1.** nagy kulcs **2.** minta, forma, sablon **3.** elcsépelt frázis, közhely

chavascal [sövöskàl] *m* **1.** terméketlen talaj **2.** bozótos **3.** *átv* disznóól

chavascar [sövöskàr] *1/2, 1/12 ts* összetákol

chavasco [sövàsku] *mn* összetákolt; elfuserált

chavasquice [sövöskisz] *f* kontármunka

chave [sàv] *f* **1.** kulcs; ~ *falsa* álkulcs; ~ *inglesa* franciakulcs; ~ *de boca* (nyitott végű) csavarkulcs; ~ *de parafusos* csavarhúzó; ~ *de porca* csavarkulcs; **B** *casa de* ~*s e ferragens* vastömegcikkbolt; *dar volta à* ~ megfordítja a kulcsot a zárban; *fechar à* ~ kulcsra zár **2.** villanykapcsoló **3.** elzáró csap **4.** *ép* zárókő **5.** *zen* billentyű **6.** *nyomd* összekapcsoló jel **7.** *átv* vminek a kulcsa, nyitja **8.** kulcspont, kulcshelyzet

chaveiro [sövéjru] *m* **1.** kulcsár **2.** börtönőr

chavelho [sövélju] *m áll* tapogató, csáp

chávena [sàvinö] *f* csésze
chaveta [sövétö] *f* cövek; pecek
checar [sèkàr] *1/2 ts* B ellenőriz
checo [sèku] *mn* és *fn* cseh
checoslovaco [sèkuzsluvàku] *mn* és *fn* csehszlovák
Checoslováquia [sèkuzsluvàkjö] *f* Csehszlovákia
chefão [siföⁿu] *m biz* nagy főnök, főmufti
chefatura [siföturö] *f* főnökség
chefe [sèf] *m* főnök, igazgató, vezető; ~ *de departamento* főosztályvezető; ~ *de estação* állomásfőnök; ~ *de Estado* államfő; ~ *do Estado Maior* vezérkari főnök; ~ *de família* családfő; ~ *de obra* mestermű; ~ *de secção* osztályvezető
chefia [sifiö] *f* főnökség, igazgatóság, vezetőség
chefiar [sifjàr] *1/7 ts* vezet, irányít, az élén áll
chega [ségö] *f biz* dorgálás, feddés
chegada [sigàdö] *f* érkezés
chegado [sigàdu] *mn* **1.** megérkezett, beérkezett **2.** szomszédos, közeli; *casas ~as* szomszédos házak; *parente* ~ közeli rokon; *bem* ~! Isten hozta!
chegador [sigödor] *m* (kazán)fűtő
cheganço [sigöⁿszu] *m biz átv* fejmosás
chegar [sigàr] *1/4, 1/13* **I.** *tl* **1.** eljön, megjön, (meg)érkezik; befut; ~ *a ponto* éppen jókor, kapóra jön; ~ *a tempo* idejében érkezik **2.** elér vmeddig, eljut vhova (*a, até*); ~ *a bom termo* eredményesen végződik; *como hei-de* ~ *à estação?* hogyan jutok el az állomáshoz? *chegou a crê-lo* végül is elhitte **3.** ~ *a* kitesz, rúg (összeg); *a quanto chega tudo?* mennyit tesz ki az egész? **4.** elég, elegendő, futja; *o dinheiro não chega* a pénz nem elég; *chega!* elég! ne többet! **5.** ~ *a ser* lesz, válik vmivé; *chegou a (ser) ministro* miniszter lett belőle **6.** *szól:* ~ *à razão* észre térít; ~ *ao vivo* elevenére tapint; *não* ~ *aos calcanhares* v *pés de* ; *não* ~ *as solas dos sapatos de, átv* a sarkába sem léphet; *aonde quer ele* ~? mit akar ezzel elérni? *nada chega à mocidade* semmi sem ér fel a fiatalsággal; **II.** *ts* közelebb hoz v tol; *chegue a sua cadeira* tolja közelebb a székét! **III.** ~**-se** *a* közeledik, odalép vkihez
cheia [séjö] *f* **1.** áradás, magas vízállás **2.** bőség, nagy tömeg
cheio [séju] *mn* telt, tele vmivel (*de*); bővelkedő, gazdag vmiben (*em*); *casa ~a* telt ház; gazdag ház; *maré ~a* dagály; ~ *de anos* v *de dias* éltes, öreg; ~ *de corpo* telt idomú, kövér; ~ *de si* öntelt, büszke; ~ *de vida* életerős, eleven; ~ (*de vinho*) részeg; *em* ~ egészen, teljesen; teljes gőzzel; *acertar* v *pegar em* ~ telibe talál
cheirar [séjràr] *1/1* **I.** *ts* **1.** (meg)szagol **2.** *átv* kiszimatol **II.** *tl* szaglik, szaga van; ~ *bem* (*mal*) jó (rossz) szaga van; ~ *a chamusco* égett szag van; *não me cheira* nincs ínyemre; *isso está cheirando mal, átv* itt bűzlik valami
cheiro [séjru] *m* **1.** szag, illat **2.** szaglás; szaglóérzék **3.** illatszer
cheiroso [séjrozu] *mn* szagos, illatos
cheque [sèk] *m* csekk; utalvány; *caderneta* v *livro de ~s* csekk-könyv
cheta [sétö] *f* fillér, fitying; *não ter* ~ egy lyukas krajcárja sincs
chiada [sjàdö] *f* csipogás, csiripelés
chiadeira [sjödéjrö] *f* rikoltozás, lárma
chiar [sjàr] *1/7 tl* **1.** csipog **2.** sivít **3.** cipel **4.** csikorog **5.** sistereg
chibata [sibàtö] *f* vessző, pálca
chibatar [sibötàr] *1/12 ts* pálcával megüt *v* (el)ver
chibante [siböⁿnt] *mn* **1.** dicsekvő; nagyzoló **2.** sikkes, elegáns
chibo [sibu] *m* gida, gödölye
chicana [sikönö] *f* **1.** ügyvédi fogás, csűrés-csavarás **2.** kibúvó
chicanar [sikönàr] *1/1 tl* = **chicanear**
chicanear [sikönyàr] *1/5 tl* **1.** fondorkodik **2.** akadékoskodik
chicha [sisö] *f* **1.** *gyerm* jó falat, jó „papi" **2.** *isk* puska **3.** B erős szeszes ital
chícharo [sisöru] *m növ* csicseri borsó
chichi [sisi] *m gyerm* pisi; *fazer* ~ pisil, pipil
chicle [sikl] *m* rágógumi
Chico [siku] *m* Feri
chicória [sikòrjö] *f növ* cikória
chicotada [sikutàdö] *f* ostorcsapás
chicote [sikòt] *m* ostor
chicotear [sikutyàr] *1/5 ts* ostoroz
chifre [sifr] *m* szarv; agancs; *pegar o touro pelos ~s* bátran megküzd a nehézségekkel; *pôr os ~s no marido* felszarvazza a férjét
Chile [sili] *m* Chile
chileno [silénu] *mn* és *fn* chilei

chilique [silik] *m nép* könnyebb rosszullét; ájulás
chilrar [silràr] *1/1 tl* csipog, csicsereg
chilrear [silriàr] *1/5* = **chilrar**
chilreio, chilro[1] [silréju, silru] *m* csipogás, csicsergés
chilro[2] [silru] *mn* ízetlen
chim [si^n] *mn* és *fn, m* kínai; →**chinês**
chimarrão [simörrö^{n}u] *m* **B 1.** cukor nélküli tea *v* más ital **2.** szabadon legelésző (vad) szarvasmarhák
chimpanzé [si^{n}mpö^{n}zè] *m* csimpánz
China [sinö] *f* Kína
chinchila [si^{n}silö] *f áll* csincsilla
chinela *f*, **-o** *m* (sinèlö, -u] *fn* papucs
chinês *m*, **-esa** *f* [sinés, -ézö] *mn* és *fn* kínai
chinfrim [si^{n}fri^n] **I.** *mn nép* vacak; közönséges **II.** *fn, m* **B** ricsaj, hűhó
chino [sinu] *mn* és *fn* kínai
chinó [sinò] *m* paróka
chinquilho [si^{n}kilju] *m* korongdobásos játék
chio [siu] *m* **1.** csipogás **2.** nyikorgás
Chipre [sipr] *m* Ciprus
chique [sik] *mn* sikkes, elegáns
chiqueiro [sikéjru] *m* disznóól; *átv* piszkos odú
chiquismo [sikizsmu] *m* sikk, elegancia
chispa [sispö] *f* szikra
chispar [sispàr] *1/1 tl* **1.** szikrázik **2.** felfortyan **3. B** meglép, meglóg
chispe [sisp] *m* sertésláb
chiste [sist] *m* vicc
chistoso [sistozu] *mn* vicces, tréfás; szellemes
chita [sitö] *f text* kattun, színnyomásos pamutszövet
chitão [sitö^{n}u] *isz:* ~! csend!
choca [sòkö] *f* **1.** labdaütő bot **2.** *ját* fagolyó **3.** kolomp **4.** a csordát vezető tehén
choça [sòszö] *f* kunyhó
chocadeira [suködéjrö] *f* **1.** *orv* inkubátor **2.** keltetőgép
chocalhar [suköljàr] *1/12* **I.** *ts* **1.** rázza a kolompot **2.** rázogat (játékkockákat, italkeveréket) **II.** *tl* **1.** cseng, hangzik **2.** (fel)kacag **3.** fecseg
chocalheiro [suköljéjru] *mn* és *fn* fecsegő, szószátyár
chocalhice [suköljisz] *f* fecsegés
chocalho [sukàlju] *m* kolomp
chocante [sukö^{n}nt] *mn* megbotránkoztató
chocar[1] (sukàr] *1/2, 1/15* **I.** *ts* felháborít, megbotránkoztat **II.** *tl*, **III.** **~-se** *com* v *contra* összeütközik vmivel, nekimegy vmnek; *o auto chocou-se com a árvore* az autó nekirohant a fának
chocar[2] [sukàr] **I.** *ts* keltet; kikölt **II.** *tl* megromlik (étel)
chocarrear [sukörrjàr] *1/5 tl* **1.** bolondozik **2.** sikamlós vicceket mesél
chocarreiro [sukörréjru] *mn* és *fn* **1.** bolondozó, mókázó **2.** sikamlós vicceket mesélő
chocarrice [sukörrisz] *f* sikamlós vicc
chocho [sosu] **I.** *mn* **1.** kiszáradt, fonnyadt; *ovo* ~ záptojás **2.** *átv: discurso* ~ semmitmondó beszéd **II.** *fn, m nép* puszi, smaci
choco [soku] **I.** *mn* állott, romlott; *água ~a* poshadt víz; *galinha ~a* kotlóstyúk **II.** *fn, m* **1.** kotlás (ideje); *a galinha está no* ~ a tyúk kotlik **2.** *szól: estar de* ~ ágyban heverészik; *estar no* ~, *átv* készülőben van vmi
chocolate [sukulàt] *m* csokoládé
chocolateira [sukulötéjrö] *f* kakaóskanna
chocolateiro [sukulötéjru] *m* **1.** csokoládégyáros **2.** kakaóültetvényes
chofer [sofèr] *m* sofőr
chofrar [sufràr] *1/15 ts* **1.** hirtelen rálő (vadra) **2.** *átv* rögtönzött gúnyos megjegyzéssel bosszant
chofre [sòfr] *m* hirtelen ütés; *de* ~ váratlanul, hirtelen
choldra [sòldrö] *f nép* **1.** csőcselék **2.** összevisszaság **3.** értéktelen holmi
choldraboldra [sòldröbòldrö] *f nép* zűrzavar, felfordulás
chope [sopi] *m* **B 1.** pohár sör **2.** csapolt sör
choque [sòk] *m* **1.** összeütközés, összekoccanás; csetepaté **2.** *orv* sokk **3.** ~ *eléctrico* áramütés **4.** *kat* rohamcsapat **5.** *átv* megrázkódtatás
choqueiro [sukéjru] *m* költőfészek (tyúkoknak)
choradeira [surödéjrö] *f* **1.** siratóasszony **2.** siránkozás, jajgatás
choramingar [surömi^{n}ngàr] *1/4 tl* siránkozik, jajveszékel
choramingas [surömi^{n}ngös] *mn* és *fn* nyafogó, siránkozó, jajveszékelő
chorão *m*, **chorona** *f* [surö^{n}u, soronö] **I.** *mn* és *fn* siránkozó, jajveszékelő **II.** *fn, m növ* szomorúfűz

chorar [suràr] *1/15* **I.** *ts* megsirat, meggyászol; ~ *a perda de* megsirat vkit *v* vmit **II.** *tl* sír, könnyeket ont; siránkozik; ~ *de alegria* örömkönnyeket sír; ~ *por um olho só* krokodiluskönnyeket hullat
choro [soru] *m* sírás; könnyek
choroso [surozu] *mn* **1.** síró; könnyes **2.** siránkozó, panaszkodó
chorrilho [surrilju] *m* sor, sorozat; *um* ~ *de pragas* káromkodások özöne
chorudo [surudu] *mn* **1.** kövér, zsíros (*átv* is) **2.** jövedelmező, kiadós; *herança* ~*a* gazdag örökség
chorume [surum] *m* **1.** zsír, háj **2.** *átv* bőség, jólét
chorumento [surume^{n}ntu] *mn* zsíros (*átv* is)
choupa [sopö] *f* lándzsa fémhegye
choupal [sopàl] *m* nyárfás
choupana [sopönö] *f* szalmakunyhó
choupo [sopu] *m* nyárfa
chouriço [soriszu] *m* **1.** kolbász, hurka; ~ *de sangue* véres hurka **2.** ablaktömítő
chovediço [suvidiszu] *mn* esős
chover [suvér] *2/8* *tl* esik (eső); ~ *a cântaros* *v* *potes* *v* *baldes* patakokban ömlik az eső; ~ *no molhado* hiábavaló munkát végez; nyitott kapukat dönget; *chova ou faça sol* mindenképpen
chucha [susö] *f* **1.** szopás; szopogatás **2.** csecs; emlő; *dar* ~ *ao menino* szoptatja a csecsemőt
chuchadeira [susödéjrö] *f* **1.** = **chucha** 1. **2.** *átv* jövedelmező üzlet
chuchar [susàr] *1/1* *ts* szopik, szopogat; kiszív; ~ *laranja* narancsot szopogat; *ficar a* ~ *no dedo* ujját szopja; *átv* hoppon marad
chuchurrear [susurrjàr] *1/5* *tl* szürcsöl
chuço [suszu] *m* hegyes bot; gerely
chucrute [sukrut] *m* savanyú káposzta
chué [suè] *mn* vacak; rongyos
chufa [sufö] *f* tréfa, vicc; gúny
chufar [sufàr] *1/1* *ts* gúnyolódik vkivel **T**
chulear [suljàr] *1/5* *ts* **1.** a kelme szélét beférceli **2.** **B** *sp* szurkol (vmelyik csapatnak)
chulipa [sulipö] *f* **1.** *vasút:* talpfa **2.** *köz* seggberúgás
chulo [sulu] *mn* **1.** durva, közönséges **2.** illetlen, sikamlós
chumaçar [sumöszàr] *1/12* *ts* kibélel, kipárnáz
chumaceira [sumöszéjrö] *f* *műsz* csapágy; ~ *de esferas* golyós csapágy; ~ *de rolos* görgős csapágy
chumaço [sumàszu] *m* bélés, kipárnázás; alátét
chumbada [su^{n}mbàdö] *f* **1.** sörétes töltény *v* lövés **2.** ólomnehezék (halászhálón)
chumbado [su^{n}mbàdu] *mn* **1.** ólommal töltött; *dente* ~ betömött fog **2.** berúgott, részeg **3.** *isk biz:* *ficar* ~ megbukik
chumbar [su^{n}mbàr] *1/1* *ts* **1.** forraszt, hegeszt **2.** ólomzárral ellát **3.** ólomnehezéket köt (a halászhálóra) **4.** söréttel megsebesít **5.** *isk* megbuktat **6.** lerészegít, berúgat
chumbo [su^{n}mbu] *m* **1.** ólom; ólomnehezék; *andar com pés de* ~ ólomlábon jár **2.** sörét **3.** *isk* bukás; *apanhar um* ~ megbukik **4.** ész, sütnivaló; *ter* ~ *na testa* van esze
chupadela [supödèlö] *f* szopás; szívás
chupado [supàdu] *mn* *biz* **1.** sovány, aszott **2.** *átv* kiszívott, kizsigerelt, kimerült
chupa-flor [supöflor] *m* *áll* kolibri
chupão [supö^{n}u] *m* cuppanós csók
chupar [supàr] *1/1* *ts* **1.** szop(ik); (ki)szív **2.** tönkretesz, elver (vagyont) **3.** *átv* kimerít, kizsigerel
chupa-sangue [supöszö^{n}ng] *m* *átv* vérszopó
chupeta [supétö] *f* **1.** cucli **2.** szívócső **3.** szalmaszál (italhoz)
chupista [supistö] *fn* **1.** iszákos **2.** parazita, szipolyozó
churrasco [surràsku] *m* **B** nyárson sült pecsenye, lacipecsenye, flekken
churro [surru] *mn* piszkos, koszos
chus [sus] → **bus**
chusma [suzsmö] *f* **1.** tömeg, népség, tolongás **2.** *haj* legénység **3.** sokaság, nagy mennyiség; *uma* ~ *de injúrias* szitkok áradata; *às* ~*s* nagy mennyiségben
chuta! [sutö] *isz* csend!
chutada [sutàdö] *f* **B** *sp* rúgás
chutador [sutödor] *m* **B** *sp* góllövő
chutar [sutàr] *1/1* *ts* **B** *sp* rúg, lő
chute [suti] *m* **B** *sp* rúgás, lövés; átadás; ~ *livre* szabadrúgás
chuteira [sutéjrö] *f* **B** futballcipő
chuva [suvö] *f* eső; ~ *de pedra* jégeső; *queda de* ~ esőzés; *ficar preso pela* ~

elkapja az eső; *o tempo está de* ~ esőre áll az idő
chuvada [suvàdö] *f* kiadós eső
chuveiro [suvéjru] *m* **1.** zuhany; zuhanyozó (helyiség) **2.** záporeső
chuviscar [suviskàr] *1/2 tl* szemerkél
chuvoso [suvozu] *mn* esős
C.^{ia}, **Cia** = *Companhia* társaság
cianídrico [szjönidriku] *mn*: *ácido* ~ ciánhidrogén, kéksav
cianogénio [szjönuzsènyu] *m* ciángáz
ciática [szjàtikö] *f orv* isiász
ciático [szjàtiku] *mn* csípő-; *dor* ~*a* isiász, ülőidegzsába; *nervo* ~ ülőideg
cibernética [szibirnètikö] *f* kibernetika
cibo [szibu] *m* madáreleség
cicatriz [szikötris] *f* sebhely
cicatrização [szikötrizöszö^{n}u] *f* behegedés
cicatrizar [szikötrizàr] *1/1* **I.** *ts* behegeszt, beforraszt (sebet) **II.** *tl* beheged, beforrad
cicerone [szisziròn] *m* idegenvezető
ciciar [sziszjàr] *1/7 tl* **1.** zúg; zizeg **2.** suttog
ciclame [sziklöm] *m növ* ciklámen
ciclismo [sziklizsmu] *m* kerékpársport
ciclista [sziklistö] *fn* kerékpározó
cíclico [szikliku] *mn* ciklikus; időszakos
ciclo [sziklu] *m* **1.** ciklus; időszak **2.** *csill*: ~ *solar* napkör **3.** *irod*: ~ *épico* mondakör
ciclomotor [sziklumutor] *m* (kisebb) motorkerékpár, moped
ciclomotorista [sziklumuturistö] *fn* motorkerékpáros
ciclone [sziklòn] *m* ciklon
ciclónico [sziklòniku] *mn* ciklonszerű
cicuta [szikutö] *f növ* bürök
cidadania [szidödöniö] *f* állampolgárság; polgárjog
cidadão *m*, **-dã** *f* [szidödö^{n}u, -dö^{n}] *fn* állampolgár
cidade [szidàd] *f* város
cidadela [szidödèlö] *f* citadella
cidra [szidrö] *f* almabor
cidreira [szidréjrö] *f növ* cedrátfa, citromfa
cieiro [szjéjru] *m* repedezés (bőrön, ajkakon)
ciência [szje^{n}szjö] *f* **1.** tudomány; *homem de* ~ tudós; ~*s naturais* természettudományok; ~ *social* társadalomtudomány **2.** tudás, ismeret; *ter* ~ *de* tudomása van vmiről
ciente [szje^{n}nt] *mn*: ~ *de* vmiről értesült, vmit ismerő; *fazer* ~ *de* informál, értesít vmiről; *ficar* ~ *de* tudomása van vmiről
científico [szje^{n}ntifiku] *mn* tudományos
cientista [szje^{n}ntistö] *fn* tudós
cifra [szifrö] *f* **1.** szám, számjegy **2.** nulla, zéró **3.** összeg, végösszeg **4.** sifre, titkosírás, rejtjel
cifrado [szifràdu] *mn* rejtjeles
cifrão [szifrö^{n}u] *m* az escudo és a dollár jele: $
cifrar [szifràr] *1/1 ts* **1.** megszámoz, számmal jelez **2.** összefoglal, összegez **3.** sifríroz, rejtjelez
cigano [szigönu] **I.** *mn* cigány-, cigányos **II.** *fn* cigány
cigarra [szigàrrö] *f* **1.** *áll* kabóca, cikáda **2.** *műsz* berregő
cigarraria [szigörröriö] *f* dohánybolt
cigarreira [szigörréjrö] *f* **1.** cigarettatárca **2.** dohánygyári munkásnő
cigarro [szigàrru] *m* cigaretta
cilada [szilàdö] *f* csapda; *cair numa* ~ csapdába esik
cilha [sziljö] *f* nyeregszíj, hasló (lószerszám)
cilhar [sziljàr] *1/1 ts* hevederrel megköt
cilindrada [szili^{n}ndràdö] *f autó* hengerűrtartalom
cilindragem [szili^{n}ndràzsö^{n}j] *f műsz* hengerlés
cilindrar [szili^{n}ndràr] *1/1 ts* hengerel; mángorol
cilíndrico [szili^{n}ndriku] *mn* henger alakú
cilindro [szili^{n}ndru] *m* henger
cílio [szilju] *m* szempilla
cima [szimö] *f* felső rész; csúcs; *de* ~ fentről; *de* ~ *para baixo* fentről lefelé; tetőtől talpig; *a parte de* ~ a felső rész; *em* ~ *de* -on, -en, -ön; *para* ~ fel, felfelé; *por* ~ fent, rajta; *ainda por* ~ tetejébe, ráadásul
cimalha [szimàljö] *f ép* párkányzat
címbalo [szi^{n}mbölu] *m zene* cintányér
cimeira [sziméjrö] *f* **1.** sisakforgó, sisakdísz **2.** *pol* csúcstalálkozó
cimeiro [sziméjru] *mn* felső, legfelső, csúcs-; *conferência* ~*a* csúcsértekezlet; *reunião* ~*a* csúcstalálkozó
cimentar [szime^{n}ntàr] *1/1 ts* megszilárdít
cimento [szime^{n}ntu] *m* **1.** cement; ~ *armado* vasbeton **2.** *átv* alapkő
cimitarra [szimitàrrö] *f* török görbe kard

cimo [szimu] *m* csúcs, orom, tető; *no* ~ *de* -on, -en, -ön, tetején
cinabre, cinábrio [szinàbr, -riu] *m* cinóber
cinamomo [szinömomu] *m* cimetfa
cincar [szi^{n}nkàr] *1/2 tl* elhibáz, bakot lő
cincerro [szi^{n}szérru] *m* **B** kolomp, harang (állat, nyakán)
cincho [szi^{n}su] *m* **1.** sajtforma **2.** olajsajtoló
cinco [szi^{n}nku] **I.** *szn* öt **II.** *fn, m* ötös
cindir [szi^{n}ndir] *3/1 ts* hasít
cine [szini] *m* mozi
cineasta [szinjàstö] *m* **1.** mozioperatőr **2.** filmszakember
cineastro [szinjàstru] *fn, m, f* filmcsillag
cinegética [szinèzsétikö] *f* vadászat tudománya
cine-jornal [szinizsurnàl] *m* filmhíradó
Cinelândia [szinilö^{n}ngyö] *f* filmváros; filmgyár
cinema [szinémö] *m* filmszínház; mozi; ~ *mudo* némafilm; ~ *sonoro* hangosfilm; *sessão de* ~ mozielőadás
cinemateca [szinimötékö] *f* filmtár
cinematografar [szinimötugröfàr] *1/12 ts* filmez
cinematografia [szinimötugröfiö] *f* filmművészet, filmtechnika, filmezés
cinematográfico [szinimötugràfiku] *mn* filmművészeti, film-; *actor* ~ filmszínész
cinematógrafo [szinimötògröfu] *m* kinematográf, mozi
cinemeiro [szinimējru] *fn* **B** gyakori mozilátogató
cineração [szinirö szö^{n}u] *f* elhamvasztás
cinerar [szinirár] *1/14 ts* elhamvaszt
cinerário [szinirárju] **I.** *mn* hamu-, hamv- **II.** *fn, m* hamvveder
cine-teatro [szinètjàtru] *m* **B** filmszínház
cinética [szinètikö] *f* kinetika, mozgástan
cinètico [szinètiku] *mn* kinetikus, mozgási
cingalês *m*, **-esa** *f* [szi^{n}ngölés, -ézö] *mn* és *fn* ceyloni
cingir [szi^{n}zsir] *3/3* **I.** *ts* **1.** felövez, felcsatol **2.** övez, körülvesz **3.** magában foglal, felölel **4.** korlátoz **II.** ~**-se** *a* **1.** tartja magát vmihez **2.** szorítkozik vmire
cínico [sziniku] *mn* és *fn* cinikus; szemérmetlen, arcátlan
cinismo [szinizsmu] *m* cinizmus
cinquenta [szi^{n}nkve^{n}ntö] *szn* ötven
cinquentão *m*, **-tona** *f* [szi^{n}nkve^{n}ntö^{n}u, -tonö *mn* és *fn* ötvenéves
cinquentenário [szi^{n}nkve^{n}ntinàrju] *m* ötvenedik évforduló
cinta [szi^{n}ntö] *f* **1.** öv; ruhaöv; harisnyatartó öv **2.** hasktötő **3.** derék **4.** *ép* szelemen **5.** *műsz* heveder; ~ *de ferro* szalagvas **6.** *posta:* keresztkötés
cintado [szi^{n}ntàdu] *mn* **1.** övvel ellátott **2.** testhezálló
cintar [szi^{n}ntàr] *1/1 ts* **1.** övvel ellát **2.** derekához igazít (ruhát) **3.** (hordót) abroncsol **4.** *posta* keresztkötéssel ellát
cinteiro [szi^{n}ntéjru] *m* **1.** öv **2.** kalapszalag
cintilação [szi^{n}ntilöszö^{n}u] *f* csillogás, ragyogás
cintilante [szi^{n}ntilö^{n}nt] *mn* csillogó, ragyogó
cintilar [szi^{n}ntilàr] *1/1 tl* csillog, ragyog
cinto [szi^{n}ntu] *m* **1.** öv; ~ *de cartuchos* töltényöv; ~ *de castidade* erényöv; ~ *de natação* úszóöv; ~ *de segurança* biztonsági öv; *apertar o* ~ becsatolja az övet **2.** vállszalag
cintura [szi^{n}nturö] *f* **1.** öv **2.** *orv* derék
cinturão [szi^{n}nturö^{n}u] *m* **1.** széles öv **2.** ~ *verde* zöld övezet
cinza [szi^{n}zö] *f* hamu; *quarta-feira de* ~*s* hamvazószerda
cinzeiro [szi^{n}nzéjru] *m* **1.** hamuláda; rakás hamu **2.** hamutál
cinzel [szi^{n}zèl] *m műsz* véső
cinzelar [szi^{n}zilàr] *1/13 ts* **1.** cizellál, megmunkál **2.** *átv* csiszol
cinzento [szi^{n}ze^{n}ntu] *mn* szürke, hamuszínű
cio [sziu] *m* párzás (ideje)
cioso [szjozu] *mn:* ~ *de* féltékeny vkire *v* vmire
cipó [szipò] *m növ* lián
cipoal [szipuàl] *m* liánerdő; *átv* útvesztő
cipreste [sziprèst] *m növ* ciprus
cirandar [sziró^{n}ndàr] *1/1* **I.** *ts* rostál, szitál **II.** *tl* fel-alá járkál
circense [szirsze^{n}sz] *mn* cirkuszi
circo [szirku] *m* cirkusz; körszínház
circuito [szirkujtu] *m* **1.** kerület, határvonal **2.** körzet **3.** körutazás; körséta **4.** áramkör; *curto* ~ rövidzárlat **5.** ~ *de palavras* körülírás
circulação [szirkulöszö^{n}u] *f* **1.** körforgás, keringés; *diário de grande* ~ nagy pél-

dányszámban megjelenő újság 2. közlekedés, forgalom 3. kereskedelmi forgalom; *pôr em* ~ forgalomba hoz; *retirar da* ~ forgalomból kivon 4. *orv:* ~ *sanguínea* v *de sangue* vérkeringés

circulante [szirkulö^{n}nt] *mn* forgalomban levő

circular¹ [szirkulàr] I. *mn* kör alakú; *viagem* ~ körutazás II. *fn, f* körözvény

circular² [szirkulàr] *1/1* I. *ts* körülvesz II. *tl* 1. kering; forgalomban van 2. (*jármű*) közlekedik, jár

circulatório [szirkulötòrju] *mn* 1. kör-, keringési; *movimento* ~ körforgás 2. *orv* vérkeringési

círculo [szirkulu] *m* 1. kör, körvonal 2. *átv* kör, klub, egyesület

circuncidar [szirku^{n}szidàr] *1/1 ts* körülmetél

circuncisão [szirku^{n}szizö^{n}u] *f* körülmetélés

circunciso [szirku^{n}szizu] *mn* és *fn* körülmetélt

circundante [szirku^{n}ndö^{n}nt] *mn* környező, körülvevő

circundar [szirku^{n}ndàr] *1/1 ts* körülvesz

circunferência [szirku^{n}fire^{n}szjö] *f* 1. kerület 2. körzet

circunflexo [szirku^{n}flèkszu] *mn nyelvt: acento* ~ kúpos ékezet

circunjacente [szirku^{n}zsösze^{n}nt] *mn* környező, szomszédos

circunlóquio [szirku^{n}lòkvju] *m* körülírás; köntörfalazás

circunscrever [szirku^{n}skrivér] *2/7 ts* 1. elhatárol, körülhatárol 2. *geom* körülír, szerkeszt vmi köré

circunscrição [szirku^{n}skriszö^{n}u] *f* 1. elhatárolás 2. kerület, körzet 3. *geom* körülírás, köréje szerkesztés

circunscrito [szirku^{n}skritu] *mmi* körülhatárolt; →**circunscrever**

circunspecção [szirku^{n}spèszö^{n}u] *f* körültekintés; megfontoltság

circunspecto [szirku^{n}spètu] *mn* körültekintő; megfontolt

circunstância [szirku^{n}stö^{n}szjö] *f* körülmény, helyzet; ~*s* viszonyok; *nestas* ~*s* ilyen körülmények között

circunstanciado [szirku^{n}stö^{n}szjàdu] *mn* 1. részletes 2. körülményes

circunstancial [szirku^{n}stö^{n}szjàl] *mn* 1. a körülményektől függő 2. *nyelvt: complemento* ~ körülményhatározó

circunstanciar [szirku^{n}stö^{n}szjàr] *1/7 ts* részletez, részletesen előad

circunstante [szirku^{n}stö^{n}nt] I. *mn* környező II. *fn, m, f* körülálló, jelenlevő, néző; ~*s* nézőközönség, hallgatóság

circunvalação [szirku^{n}völöszö^{n}u] *f* 1. *kat* körülsáncolás 2. város határa

circunvolução [szirku^{n}voluszö^{n}u] *f* 1. körben forgás 2. *orv* tekervény

circunvizinho [szirku^{n}vizinyu] *mn* szomszédos, környező

círio [szirju] *m* templomi gyertya

cirro [szirru] *m* 1. cirrusz, pehelyfelhő 2. *orv* kemény rákos daganat

cirrose [szirròz] *f orv* májzsugorodás

cirurgia [szirurzsiö] *f* sebészet

cirurgião [szirurzsjö^{n}u] *m* sebész

cirúrgico [szirurzsiku] *mn* sebészi, sebészeti

cisalpino [szizàlpinu] *mn* az Alpokon inneni

cisão [szizöu] *f* hasadás; *átv* nézeteltérés, összekülönbözés

ciscador [szisködor] *m* **B** gereblye

ciscalho [sziskàlju] *m* = **cisco**

ciscar [sziskàr] *1/2* I. *ts* megtisztít; összesöpör II. ~**-se** kereket old

cisco [szisku] *m* szemét, hulladék; szénpor

cisma [szizsmö] *fn* I. *m vall* egyházszakadás II. *f* 1. tépelődés, töprengés 2. **B** gyanakvás

cismar [szizsmàr] *1/1* I. *ts* fejében forgat *v* fejébe vesz vmit II. *tl* 1. tépelődik, töpreng 2. **B** gyanakszik

cismático [szizsmàtiku] *mn* 1. szakadár 2. töprengő 3. gyanakvó

cisne [szizsn] *m* hattyú

cisqueiro [sziskéjru] *m* 1. szemét, szemétrakás 2. szemetes

cisterna [szistèrnö] *f* ciszterna, víztároló

cistite [szistit] *f orv* hólyaghurut

cisto [szistu] *m orv* hólyag, ciszta

cit. = *citação* idézet

citação [szitöszö^{n}u] *f* 1. idézet 2. *jog* idézés 3. nyilvános elismerés

citadino [szitödinu] I. *mn* városi II. *fn* városlakó

citar [szitàr] *1/1 ts* 1. idéz 2. *jog* megidéz

cítara [szítörö] *f* citera

citerior [szitirjor] *mn* innenső

cítrico [szitriku] *mn: ácido* ~ citromsav

ciume [szjum] *m* féltékenység; *estar com* ~*s* féltékeny; *ter* ~*s de* féltékeny *v* irigy vkire *v* vmire

ciumento [szjume^{n}ntu] *mn* féltékeny
cível [szivèl] **I.** *mn* **1.** *jog* polgárjogi **2.** civil (nem katonai) **II.** *fn, m* polgárjog
cívico [sziviku] *mn* honpolgári; hazafias
civil [szivil] *mn* **1.** polgári, civil; *guerra* ~ polgárháború **2.** udvarias, előzékeny
civilidade [szivilidàd] *f* jólneveltség; udvariasság
civilização [szivilizöszö^{n}u] *f* civilizáció
civilizado [szivilizàdu] *mn* civilizált, kifinomult
civilizar [szivilizàr] *1/1 ts* civilizál, kiművel
civismo [szivizsmu] *m* állampolgári érzület, hazafiság
cizânia [szizönyö] *f* **1.** *növ* konkoly **2.** *átv* egyenetlenség; *espalhar* v *semear a* ~ egyenetlenséget szít
cl. = **1.** *centilitro* centiliter **2.** *classe* osztály
clamar [klömàr] *1/1* **I.** *ts* **1.** kikiált, hangoztat **2.** könyörög vkinek T **II.** *tl* **1.** kiabál, ordít **2.** méltatlankodik, protestál **3.** ~ *por* követel vmit
clamor [klömor] *m* **1.** kiabálás; lárma **2.** jajveszékelés
clamoroso [klömurozu] *mn* zajos, lármás
clandestinidade [klö^{n}ndistinidàd] *f* **1.** titkosság **2.** illegalitás; *viver na* ~ illegalitásban él
clandestino [klö^{n}ndistinu] **I.** *mn* rejtett, titkos **II.** *fn* potyautas
clangor [klö^{n}ngor] *m* harsogás
clara [klàrö] *f* **1.** tojásfehérje **2.** szem fehérje **3.** erdei tisztás
Clara [klàrö] *f* Klára
claraboia [klàröbòjö] *f* tetőablak
clarão [klörö^{n}u] *m* (felvillanó) fény; ragyogás
clarear [klörjàr] *1/5* **I.** *ts* ritkít; megtisztít **II.** *tl* **1.** ritkul **2.** kivilágosodik
clareira [kloréjrö] *f* **1.** erdei tisztás **2.** *átv* hézag
clarete [klörét] **I.** *mn* halványpiros **II.** *fn, m* halványvörös bor
clareza [klörézö] *f* világosság, érthetőség; *com* ~ világosan, érthetően
claridade [klöridàd] *f* világosság, fény
clarificar [klörifikàr] *1/2 ts* tisztít; derít
clarim [klöri^{n}] *m* kürt; *toque de* ~ kürtjel
clarinete [klörinét] *m* klarinét
clarividência [klörivide^{n}szjö] *f* tisztánlátás; éleslátás
clarividente [klörivide^{n}nt] *mn* tisztán látó, élesen látó
claro [klàru] **I.** *mn* **1.** világos **2.** átlátszó, tiszta **3.** derűs, fényes **4.** *átv* világos; érthető; ~ *como água;* ~ *como dois e dois são* v *serem quatro* világos, mint a nap; ~ *que não* természetes, hogy nem; szó sem lehet róla; ~ *que sim* természetesen! hát hogyne! *às* ~*as* nyíltan, világosan; *dizer as cousas às* ~*as* nevén nevezi a gyermeket; ~ *está* nyilvánvaló **II.** *hat* világosan **III.** *fn, m* **1.** világosság; *pôr a* v *em* ~ tisztáz **2.** köz, hézag, üres rész
claro-escuro [klàruiskuru] *mn műv* clair-obscur; félhomály
classe [klàsz] *f* **1.** osztály; ~ *média* középosztály; ~ *operária* munkásosztály; *sociedade sem* ~*s* osztályok nélküli társadalom **2.** csoport, rend, beosztás **3.** *isk* tanterem; tanóra
classicismo [klösziszizsmu] *m* klasszicizmus
clássico [klàsziku] *mn* és *fn* klasszikus
classificação [klöszifiköszö^{n}u] *f* **1.** osztályozás; rangsorolás; beosztás **2.** *isk* osztályzat; kiértékelés **3.** *sp* pontszám (szerinti rangsorolás), helyezés
classificado [klöszifikàdu] *mn* és *fn, sp* helyezett, rangsorolt; *o primeiro* v *o melhor* ~ az első helyezett
classificar [klöszifikàr] *1/2 ts* **I.** *ts* **1.** osztályoz, berendez, rangsorol **2.** minősít (ki)értékel **II.** ~**-se** **1.** minősül **2.** *sp:* ~*-se para a final* bejut a döntőbe
claudicar [klàudikàr] *1/2 tl* sántít; sántikál (*átv* is)
claustral [klàustràl] *mn* kolostori
claustro [klàustru] *m* kolostor
cláusula [klàuzulö] *f* záradék; *átv* kikötés
clausura [klàuzurö] *f vall* klauzúra
clava [klàvö] *f* bunkó; buzogány
clave [klàv] *f zene* kulcs
clavícula [klövikulö] *f anat* kulcscsont
clavija [klövizsö] *f* cövek; faék
clavina [klövinö] *f nép* karabély
clemência [klime^{n}szjö] *f* **1.** kegyelem **2.** kegyesség
clemente [klime^{n}nt] *mn* kegyes, jóságos
cleptomania [klèptumönïö] *f* kleptománia
cleptómano [klèptòmönu] *m* kleptomániás
clerical [klirikàl] *mn* klerikális
clérigo [klèrigu] *m* pap
clero [klèru] *m* klérus, katolikus papság

cliché [klisè] *m* 1. *nyomd* klisé, dúc, nyomólemez 2. *fényk* negatív

cliente [klje^{n}nt] *m, f* 1. kliens, ügyfél 2. (állandó) vevő 3. paciens, beteg

clientela [klje^{n}ntèlö] *f* 1. klientéla 2. vevőkör 3. *orv* klientúra, pacientúra

clima [klimö] *m* klíma, éghajlat

climatérico [klimötèriku] *mn* 1. klimatikus, éghajlati 2. *orv* kritikus, válságos (időszak); *anos* ~*s* klimaktérium

climático [klimàtiku] *mn* éghajlati

clínica [klinikö] *f* 1. klinika 2. orvosi gyakorlat; *médico de* ~ *geral* egyetemes orvos 3. klinikai orvosnő

clínico [kliniku] I. *mn* klinikai II. *fn, m* klinikai orvos

clister [klistèr] *m orv* beöntés

clitóris [klitòris] *m orv* csikló

clivagem [klivàzsö^{n}j] *f* 1. *geol* álrétegeződés 2. *átv* lelki hasadás

cloaca [kluàkö] *f* kloáka; szennyvízcsatorna

clorato [kluràtu] *m vegy* klorát

cloreto [klurétu] *m vegy* klorid; ~ *de sódio* konyhasó

clorídrico [kluridriku] *mn: ácido* ~ sósav

cloro [klòru] *m* klór

clorose [kluròz] *f orv* sápkór, vérszegénység

clube [klub] *m* klub

clubista [klubistö] *fn* klubtag

cm. = *centímetro* centiméter

CNDE = *Conselho Nacional de Desenvolvimento Económico* Országos Gazdaságfejlesztési Tanács

CND = *Conselho Nacional de Desportos* Országos Sporttanács

coabitação [kuöbitöszö^{n}u] *f* együttlakás; együttélés

coabitar [kuöbitàr] *1/1 tl* együtt lakik, együtt él

coacção [kuàszö^{n}u] *f* kényszer; *átv* nyomás

coactivo [kuàtivu] *mn* kényszerítő (erejű)

coadjutor [kuödzsutor] *m* segítőtárs

coadjuvar [kuödzsuvàr] *1/1 ts* segít, támogat

coador [kuödor] *m* 1. (tea)szűrő 2. szita

coadunar [kuödunàr] *1/1 ts* egyesít, összeköt

coagir [kuözsir] *3/3 ts* kényszerít

coagulador [kuögulödor] *m* 1. *áll* oltógyomor 2. tejoltó

coagular [kuögulàr] *1/1* I. *ts* alvaszt II. *tl*, III. ~-*se* megalvad

coágulo [kuàgulu] *m* alvadék

coalhar [kuöljàr] *1/12* = **coagular**

coalheira [kuöljéjrö] *f* = **coagulador**

coalho [kuàlju] *m* = **coágulo**

coalizão [kuölizö^{n}u] *f pol* koalició

coar [kuàr] *1/8* I. *ts* 1. átszűr, átszitál 2. (vasat) olvaszt, önt II. *tl*, III. ~-*se* 1. beszűrődik, behatol; áthat 2. meglép, kereket old

coarctar [kuörtàr] *1/12 ts* kényszerít

co-arrendar [koörre^{n}ndàr] *1/1 ts* együtt bérel

co-autor *m*, -*a f* [koàutor, -ö] *fn* 1. társszerző 2. *jog* bűnrészes, bűntárs

co-autoria [koàuturiö] *f* 1. társszerzőség 2. bűnrészesség

coaxar [kuösàr] *1/12 tl* brekeg

cobaia [kubàjö] *f* 1. tengeri malac 2. *átv* kísérleti nyúl

cobalto [kubàltu] *m ásv* kobalt

cobarde [kubàrd] *mn* és *fn* gyáva

cobardia [kubördiö] *f* gyávaság

coberta [kubèrtö] *f* 1. ágyterítő; ~ *de mesa* asztalterítő 2. tető; fedél; ~ *de carta* levélboríték 3. *haj* fedélzet 4. takaró (*átv* is) 5. *autó* abroncs 6. ~ (*da mesa*) teríték 7. védelem; fedezet; *kat* fedezék

coberto [kubèrtu] I. *mmi* →**cobrir** II. *fn, m* védőtető; *átv* védelem; *estar a* ~ *de* meg van védve vmitől, vkinek *v* vminek a védelme alatt áll; *por-se a* ~ *de* biztonságba helyezi magát vmi elől

cobertor [kubirtor] *m* ágytakaró; paplan

cobertura [kubirturö] *f* 1. takaró 2. tető, fedél 3. B tetőterasz 4. *kat* fedezék 5. menedék 6. fedezet; *cheque sem* ~ fedezetlen csekk 7. *átv* betetőzés

cobiça [kubiszö] *f* mohóság; vágyakozás; sóvárgás

cobiçar [kubiszàr] *1/3 ts* mohón vágyik vmire T, megkíván vmit

cobiçoso [kubiszozu] *mn* sóvárgó

cobra [kòbrö] *f* kígyó; kobra; vipera; *dizer* ~*s e lagartos de* kígyót-békát kiált vkire

cobrador *m*, -*a f* (kubrödor, -ö] *fn* pénzbeszedő

cobrança [kubrö^{n}szö] *f* 1. pénzbeszedés; behajtás 2. *posta: à* ~ utánvéttel

cobrar [kubràr] *1/15 ts* 1. beszed, behajt 2. (vissza)szerez; nyer; ~ *ânimo* bátorságot merít; ~ *fama* hírnévre tesz szert; ~ *forças* erőre kap

cobre [kòbr] *m* **1.** réz **2.** ~*s* rézpénz, aprópénz

cobrição [kubriszö^{n}u] *f áll* befedezés

cobrir [kubrir] *3/12* **I.** *ts* **1.** befed, betakar **2.** (festékréteggel) bevon; (bútort) huzattal ellát **3.** védelmez, oltalmaz; *kat* fedez **4.** *áll:* befedez **5.** (utat) megtesz **6.** elrejt **7.** (kiadásokat) fedez, kifizet **II.** **~-se** **1.** felteszi a kalapját **2.** fedezékbe vonul

cobro [kobru] *m* vége; *pôr ~ a* véget vet vminek

coça [kòszö] *f nép* elverés; *dar uma ~ a* alaposan elpáhol vkit; *levar* v *apanhar uma ~* alapos verést kap

coçado [kuszàdu] *mn* elnyűtt, elhasznált

cocaína [kòköínö] *f* kokain

cocainómano [kòköinòmönu] *fn* kokainista

cocar[1] [kukàr] *1/15 ts* megfigyel, kémlel

cocar[2] [kukàr] *m* **1.** sisakdísz **2.** kokárda; jelvény

coçar [kuszàr] *1/15* **I.** *ts* **1.** vakar **2.** *nép* elpáhol **II.** **~-se** vakarózik

cocção [kòkszö^{n}u] *f* **1.** főzés, forralás **2.** *orv* emésztés

cóccix [kòkszis] *m orv* farkcsont

cócegas [kòszigös] *f tb* csiklandozás; *fazer ~* csiklandoz; *ter ~* csiklandós; viszket; *ter ~ na língua* nem tudja befogni a száját

coceira [kuszéjrö] *f* viszketés

coche [kòs] *m* kocsi; hintó

cocheira [kuséjrö] *f* kocsiszín

cocheiro [kuséjru] *m* kocsis

cochichar [kusisàr] *1/1 tl* suttog, sustorog

cochicho [kusisu] *m* suttogás

cochilar [kusilàr] *1/1 tl* **B** bóbiskol, szundikál

cochilo [kusilu] *m* **B** **1.** bóbiskolás, szundikálás; *tirar um ~* szundít egyet **2.** hiba, tévedés

cochinilha [kusiniljö] *f áll* bíbortetű

cocho [kosu] *m* **B** vályú

coco [koku] *m* kókuszdió

cocó [kokò] *m gyerm* kaka; *fazer ~* kakál

cócoras [kòkurös] *szól: de ~* guggolva; *estar de ~* guggol; *sentar-se* v *por-se de ~* leguggol

cocorocó [kòkòròkò] kukuriku

cocuruto [kukurutu] *m* fejbúb; csúcs

cód. = *códice* kódex

Cód. = *Código* Törvénykönyv

côdea [kodjö] *f* héj; kéreg

codeína [kodéínö] *f* kodein

códice [kòdisz] *m* kódex

código [kòdigu] *m* **1.** törvénykönyv **2.** kód; jelábécé

codorniz [kudurnis] *f áll* fürj

coeducação [kuidukösző^{n}u] *f* koedukáció

coeficiente [kuèfiszje^{n}nt] *m* együttható

coelha [kvéljö] *f* nőstény házinyúl

coelheira [kveljéjrö] *f* nyúlketrec

coelho [kvélju] *m* házinyúl

coentro [kve^{n}ntru] *m növ* koriander

coerção [kvèrszö^{n}u] *f* kényszer

coerc(it)ivo [kvèrsz(it)ivu] *mn* kényszerítő

coerência [kuire^{n}szjö] *f* összefüggés

coerente [kuire^{n}nt] *mn* összefüggő

coesão [kuizö^{n}u] *f* **1.** kohézió, összetartó erő **2.** *átv* összefogás

coeso [kuèzu] *mn átv* egybeforrott

coetâneo [kuétönyu] **I.** *mn* egykorú, korabeli **II.** *fn* kortárs

coevo [kuévu] *mn* = **coetâneo**

coexistência [kuiziste^{n}szjö] *f* együttélés; *~ pacífica* békés együttélés

coexistir [kuizistir] *3/1 tl* egyidejűleg létezik

cofre [kòfr] *m* **1.** pénzszekrény; pénzkazetta **2.** *~ do Estado* állampénztár

co-gestão [kuzsistö^{n}u] *f* közös ügyvitel

cogitabundo [kuzsitöbu^{n}ndu] *mn* elmélkedő, gondolkodó

cogitar [kuzsitàr] *1/1* **I.** *ts* kieszel, kigondol **II.** *tl* elmélkedik, gondolkodik vmin (*de, em*)

cognação [kugnöszö^{n}u] *f* vérrokonság

cognato [kugnàtu] *mn* és *fn* vérrokon

cognome [kugnom] *m* melléknév, ragadványnév

cognoscível [kugnòs-szivèl] *mn* felismerhető

cogumelo [kugumèlu] *m* **1.** *növ* gomba **2.** *~ atómico* atomfelhő

co-herdar [kuirdàr] *1/13 ts* másokkal együtt örököl

co-herdeiro [kuirdéjru] *fn* társörökös

C. O. I. = *Comité Olímpico Internacional*

coibir [kuibir] *3/19* **I.** *ts* gátol, akadályoz **II.** **~-se** *de* tartózkodik vmitől

coice; couce [kojsz, kosz] *m* **1.** rúgás **2.** visszalökés (tűzfegyveré)

coifa [kòjfö] *f* (női) frizura

Coimbra [kui^{n}mbrö] *f* Coimbra

coincidência [kui^{n}szide^{n}szjö] *f* 1. egybevágóság 2. egybeesés, egyidejű bekövetkezés

coincidir [kui^{n}szidir] *3/1 tl* egybeesik

coir... →**cour...**

co-irmão *m*, **co-irmã** *f* [kuirmö^{n}u, -mö^n] *fn* unokatestvér

coisa, cousa [kojzö, kozö] *f* 1. dolog; holmi; ~ *achada* (*do vento*) talált tárgy *v* holmi; ~ *à toa* semmiség, hitványság; ~ *de preço* értékes holmi 2. ügy; *bem vistas as* ~*s* ha alaposan megvizsgáljuk a dolgot 3. ~ *de* körülbelül, mintegy; *há* ~ *de dois anos* mintegy két évvel ezelőtt 4. *szól:* ~*s e loisas* egy és más; *entre outras* ~*s* többek közt; *falar duma* ~ *e outra* mindenféléről elcseveg; *não dizer* ~ *com* ~ összevissza beszél; *ai há* ~! itt valami bűzlik *v* nincs rendben! *ai vem* ~ ez nem jót jelent; *já que a* ~ *é assim* ha már így áll a dolog

coisada, cousada [ko(j)zàdö] *f* egy csomó holmi

coitado [kojtàdu] *mn* 1. szegény, szerencsétlen, nyomorult 2. ~! ó jaj! hej! ~ *de mim!* ó én szerencsétlen! ~ *de papai!* szegény apuka! ~ *dele!* szegény ördög!

coito [kòjtu] *m* közösülés

col. = *coluna* hasáb

cola [kòlö] *f* ragasztószer; enyv

colaboração [kulöburöszö^{n}u] *f* együttműködés, közreműködés

colaboracionista [kulöburöszjunistö] *fn* 1. együttműködő 2. *pol* quisling, hazaáruló

colaborador *m*, **-a** *f* [kulöburödor, -ö] **I.** *mn* együttműködő, segítő **II.** *fn* munkatárs

colaborante [kulöburö^{n}nt] *mn* 1. együttműködő 2. közlékeny

colaborar [kulöburàr] *1/15 tl* együtt dolgozik, közreműködik

colação [kulöszö^{n}u] *f* 1. könnyű uzsonna *v* vacsora 2. másolat egybevetése, összeolvasás 3. cím *v* fokozat adományozása

colacionar [kulöszjunàr] *1/15 ts* egybevet; összeolvas

colagem [kulàzsö^{n}j] *f* 1. (össze)ragasztás 2. bor derítése

colapso [kulàpszu] *m* 1. *orv* kollapszus 2. *átv* összeomlás; *estar à beira do* ~ a tönk szélén áll

colar^1 [kulàr] *m* 1. nyakék, nyaklánc 2. fodor, bodros gallér 3. *műsz* alátétlemez; tömítőgyűrű

colar^2 [kulàr] *1/15* **I.** *ts* 1. (rá)ragaszt; enyvez 2. rányom *v* benyom (pecsétet) 3. (címet) adományoz 4. (bort) derít **II.** *tl argó* csal a vizsgán, „puskázik"

colarinho [kulörinyu] *m* 1. inggallér; ~ *mole* puhagallér 2. **B** sörgallér, sörhab a pohár tetején

colateral [kulötiràl] **I.** *mn* oldalági **II.** *fn* oldalági rokon

colcha [kolsö] *f* ágyterítő

colchão [kolsö^{n}u] *m* 1. matrac; ágybetét; ~ *de molas* rúgós ágybetét, epeda 2. ~ *d'água* gumimatrac

colcheia [kolséjö] *f zene* nyolcad

colchete [kolsét] *m* 1. kapocs; csat 2. szögletes zárójel

colchoaria [kolsvöriö] *f* matrackészítő üzem

colchoeiro [kolsvéjru] *m* matrackészítő

colchonete [kolsunét] *m* szivacsbetét; laticel

coldre [kòldr] *m* pisztolytáska

colear [kuljàr] *1/5 tl* kígyózik, tekerőzik

colecção [kulèszö^{n}u] *f* gyűjtemény

coleccionador *m*, **-a** *f* [kulèszjunödor(ö)] *fn* gyűjtő

coleccionar [kulèszjunàr] *1/15 ts* gyűjt

colecistite [kuliszistit] *f orv* epehólyaggyulladás

colecta [kulètö] *f* 1. *mezőg* begyűjtés 2. alamizsna- *v* adománygyűjtés

colectânea [kulètönyö] *f* (vers)gyűjtemény

colectar [kulètàr] *1/1 ts* 1. megadóztat, adót kivet 2. *mezőg* begyűjt 3. (adományokat *v* aláírásokat) gyűjt

colectividade [kulètividàd] *f* közösség

colectivismo [kulètivizsmu] *m* kollektivizmus

colectivizar [kuletivizàr] *1/1 ts* társadalmi tulajdonba vesz

colectivo [kulètivu] **I.** *mn* kollektív, közös **II.** *fn, m* 1. kollektíva, munkaközösség 2. *nyelvt* gyűjtőnév 3. **B** autóbusz, társasgépkocsi

colector *m*, **-a** *f* [kulètor(ö)] **I.** *mn* gyűjtő- **II.** *fn* 1. adószedő; pénzbeszedő 2. alamizsna- *v* adománygyűjtő 3. *m vill* kollektor

cole(c)toria [kolèturiö] *f* **B** adóhivatal

colega [kulègö] *fn* kolléga, munkatárs, kartárs

colegial [kulizsjàl] **I.** *mn* kollégiumi **II.** *fn* **1.** kollégiumi diák **2.** magántanuló

colégio [kulèzsju] *m* **1.** alapfokú *v* középiskola **2.** testület, közösség

coleira [kuléjrö] *f* nyakszíj, nyakörv

cólera [kòlirö] *f* **1.** harag, düh **2.** *orv* kolera

colérico [kulèriku] *mn* **1.** kolerikus, lobbanékony **2.** haragos, dühös

colete [kulét] *m* **1.** mellény; ~ *de forças* kényszerzubbony **2.** (női) fűző

colgadura [kolgödurö] *f* (fali) kárpit

colheita [kuljéjtö] *f* aratás; begyűjtés, betakarítás

colher[1] [kuljér] *2/8 ts* **1.** arat, begyűjt, betakarít; leszakít (gyümölcsöt); letép *v* szed (virágot) **2.** elkap, magával ragad **3.** *haj* (vitorlát) behúz *v* felgöngyöl **4.** rajtakap, tetten ér; ~ *com as mãos na massa* tetten ér; ~ *de surpresa* meglep

colher[2] [kuljér] *f* **1.** kanál; ~ *de café* kávéskanál; ~ *de chá* teáskanál; ~ *de pau* fakanál; ~ *de sopa* leveseskanál **2.** ~ (*de pedreiro*) vakolókanál **3.** **B** *dar uma* ~ *de chá a* lehetőséget ad vkinek

colherada [kuljiràdö] *f* kanálnyi; *meter a sua* ~ beleszól a társalgásba, elmondja a magáét

colibri [kulibri] *m áll* kolibri

cólica [kòlikö] *f* hascsikarás

colidir [kulidir] *3/1 tl* összeütközik

coligação [kuligöszö^{n}u] *f* **1.** szövetkezés, társulás **2.** *pol* koalíció; *governo de* ~ koalíciós kormány

coligar [kuligàr] *1/4* **I.** *ts* egyesít **II.** **~-se** szövetkezik, társul; összeesküszik

coligir [kulizsir] *3/3 ts* összegyűjt; ~ *dados* adatokat gyűjt

colina [kulinö] *f* domb, halom

colírio [kulirju] *m orv* szemvíz

colisão [kulizö^{n}u] *f* összeütközés (*átv* is)

coliseu [kulizéu] *m* körszínház; cirkusz

colite [kòlit] *f orv* vastagbélgyulladás

colmado [kolmàdu] *m* szalmakunyhó

colmar [kolmàr] *1/1 ts* **1.** szalmával befed **2.** teletölt

colmatar [kolmötàr] *1/12 ts* **1.** feliszapol **2.** (lyukat) betöm

colmeal [kolmjàl] *m* méhes

colmeeiro [kolmjéjru] *m* méhész

colmeia [kolméjö] *f* **1.** méhkas **2.** méhraj

colmilho [kolmilju] *m* agyar, tépőfog

colmo [kolmu] *m* fűszál, szalmaszál, nádszál

colo [kòlu] *m* **1.** nyak; ~ *da garrafa* üveg nyaka **2.** öl, kebel; *ao* ~ nyakában; ölében

colocação [kuluköszö^{n}u] *f* **1.** felállítás, elhelyezés **2.** *ker* kelendőség **3.** állás, alkalmazás **4.** *sp* helyezés

colocar [kulukàr] *1/2, 1/15* **I.** *ts* **1.** felállít; elhelyez; ~ *um anúncio* hirdetést ad fel (újságban) **2.** *ker* piacra dob **3.** állásba helyez, alkalmaz **4.** (pénzt) befektet **II.** **~-se** elhelyezkedik

colofónia [kulufònyö] *f* kolofónium, hegedűgyanta

colóide [kulòjd] *m vegy* kolloid

Colónia [kulònyö] *f* Köln

colónia [kulònyö] *f* **1.** gyarmat **2.** telep, település; ~ *balnear* fürdőtelep

colonial [kulunyàl] *mn* gyarmati

colonialismo [kulunyölizsmu] *m* gyarmatosító politika

colonização [kulunizöszö^{n}u] *f* gyarmatosítás; (be)telepítés

colonizador *m*, **-a** *f* [kulunizödor(ö)] *mn* és *fn* gyarmatosító

colonizar [kulunizàr] *1/1 ts* gyarmatosít; telepít

colono [kulònu] *m* gyarmati lakos; telepes

coloquial [kulukjöl] *mn*: *linguajem* ~ társalgási nyelv

colóquio [kulòkju] *m* beszélgetés

coloração [kuluröszöu] *f* színezés; színezet

colorar [kuluràr] *1/15* = **colorir**

colorau [kuluràu] *m* piros (őrölt) paprika

colorido [kuluridu] **I.** *mn* színes; tarka **II.** *fn*, *m* festés, színezés

colorir [kulurir] *3/10 ts* **1.** színez, kifest **2.** *átv* kiszínez, szépít

colossal [kuluszàl] *mn* kolosszális, óriási; nagyszabású

colosso [kuloszu] *m* kolosszus, óriás

columbófilo [kulu^{n}mbòfilu] *m* galambtenyésztő

coluna [kulunö] *f* **1.** oszlop; →**ordem 7.** **2.** *orv*: ~ *vertebral* hátgerinc, gerincoszlop **3.** *nyomd* hasáb

colunata [kulunàtö] *f* oszlopsor; oszlopos folyosó

colunista [kulunistö] *fn* cikkíró

colutório [kulutòrju] *m orv* szájvíz

colza [kolzö] *f növ* repce

com. = *comandante* parancsnok

com [ko^n] *vsz* 1. -val, -vel; ~ *meus amigos* barátaimmal; ~ *paciência* türelemmel, türelmesen; *vou* ~ *ele* vele megyek 2. (határozói kifejezésekben:) *com lentidão* lassan; ~ *regra* szabályosan 3. (időhatározóként:) ~ *pouco* rövidesen; *partir* ~ *o amanecer* virradatkor indul 4. (szólásokban:) ~ *as lágrimas nos olhos* könnyes szemmel; ~ *ser tarde* jóllehet *v* mivel késő van; *fazer* ~ *que* úgy intézi, hogy; *isto é* ~ *ele* ez reá tartozik, ez az ő dolga

coma [komö] *f* I. 1. haj; sörény 2. sűrű lomb II. (írásjel:) 1. vessző 2. idézőjel III. (*m* és *f*) *orv* kóma, ájultság

comadre [kumàdr] *f* 1. keresztanya 2. komaasszony 3. szülésznő 4. *nép* ágymelegítő

comandante [kumö^{n}ndö^{n}nt] I. *mn* parancsoló II. *fn, m* parancsnok; ~-*(em-)chefe* főparancsnok

comandar [kumö^{n}ndàr] *1/1 ts* 1. parancsol, irányít, utasít 2. ural; élen áll; vezet

comandita [kumö^{n}ndítö] *f ker* betéti társaság

comanditário [kumönditàrju] *m ker* csendestárs

comando [kumö^{n}ndu] *m* 1. parancs, rendelkezés 2. vezetés, irányítás; *tomar o* ~ átveszi az irányítást *v* a parancsnokságot 3. *műsz* vezérlés

comarca [kumàrkö] *f* járás, kerület; *tribunal da* ~ járásbíróság

comarcão *m*, **comarcã** *f* [kumörkö^{n}u, -kö^n] *mn* járási, kerületi

comatoso [kumötozu] *mn* kómás, önkívületi

combalido [ko^{n}mbölidu] *mn* 1. túlérett, rothadó (gyümölcs) 2. legyengült, elerőtlenedett

combalir [ko^{n}mbölir] *3/13 ts átv* megtámad (egészséget, gyümölcsöt)

combate [ko^{n}mbàt] *m* 1. harc, ütközet, viadal; *fora de* ~ harcképtelen; *morrer em* ~ hősi halált hal, elesik 2. *sp* mérkőzés

combatente [ko^{n}mböte^{n}nt] I. *mn* harcoló II. *fn, m* (front)harcos

combater [ko^{n}mbötér] *2/6 ts* és *tl* harcol, küzd

combatividade [ko^{n}mbötividàd] *f* harcias szellem, harckészség

combativo [ko^{n}mbötivu] *mn* harcias, harci

combinação [ko^{n}mbinöszö^{n}u] *f* 1. kombináció; összeállítás 2. vegyület 3. kombiné 4. megállapodás, megegyezés

combinar [ko^{n}mbinàr] *1/1 ts* 1. kombinál; összeállít 2. megbeszél vmit, megállapodik vmiben T

comboiar [ko^{n}mbojàr] *1/1 ts* hadihajókkal kísér (kereskedelmi hajókat)

comboio [komboju] *m* 1. konvoj, hajókaraván; kíséret 2. *vasút* vonat, szerelvény; ~ *correio* személyvonat; ~ *especial* különvonat; ~ *de mercadorias* tehervonat

comburente [ko^{n}mbure^{n}nt] *mn* égést okozó

combustão [ko^{n}mbustö^{n}u] *f* égés, elégés

combustível [ko^{n}mbustivèl] I. *mn* gyúlékony II. *fn, m* üzemanyag; fűtőanyag

combustor [ko^{n}mbustor] *m* B utcai lámpa

começar [kumiszàr] *1/3, 1/13* I. *ts* kezd, elkezd, megkezd; ~ *por* azzal kezdi, hogy; *começa a chover* kezd esni II. *tl* kezdődik

começo [kumészu] *m* kezdet; *közm: um bom* ~ *é meia vitória* jó kezdet fél siker

Comecon = *Conselho para Assistência Económica Mútua*

comédia [kumègyö] *f* vígjáték; komédia (*átv* is)

comediante [kumigyö^{n}nt] *fn* 1. komikus színész 2. komédiás

comedido [kumididu] *mn* 1. mértékletes 2. tartózkodó, szerény

comedir [kumidir] *3/18* I. *ts* mérsékel II. ~**-se** mértéket tart

comedoiro [kumidojru] I. *mn* ehető II. *fn, m* etetővályú

comedor *m*, **-a** *f* [kumidor(ö)] I. *mn* evő II. *fn* 1. nagyevő 2. élősdi, ingyenélő

comedorias [kumiduriös] *f tb* 1. élelmezés 2. élelmezési költségek

comedouro [kumidoru] *m* = **comedoiro**

comemoração [kumimurözö^{n}u] *f* 1. megemlékezés 2. emlékünnep

comemorar [kumimuràr] *1/15 ts* 1. megemlékezik vmiről T 2. megünnepel

comemorativo [kumimurötivu] *mn* megemlékező, emlék-

comemorável [kumimuràvel] *mn* emlékezetes

comendador [kume^{n}ndödor] *m* 1. egyházi javadalmas 2. lovagrend tagja

comenos [kuménus] *m: neste* ~ azalatt, eközben

comensal [kume^{n}szàl] *fn, m, f* asztaltárs

comensurável [kume^{n}szuràvèl] *mn* összemérhető

comentador [kume^{n}ntödor] *m* kommentátor, hírmagyarázó

comentar [kume^{n}ntàr] *1/1 ts* kommentál, magyaráz

comentário [kume^{n}ntàrju] *m* kommentár, magyarázat; *tecer ~s a* megjegyzéseket fűz vmihez

comentarista [kume^{n}ntöristö] *fn* = **comentador**

comer [kumér] *2/8* **I.** *ts* **1.** eszik; étkezik **2.** (rozsda) marja **3.** *ját* kiüt (bábut) **4.** eltékozol **5.** *nép* beveszi, elhiszi **6.** *szól: ~ a abarrotar* teleeszi magát; *~ a isca* bekapja a horgot (*átv* is); *~ as palavras* elharapja a szavakat, nem beszél tisztán; *~ uma herança* nyakára hág az örökségnek; *dar de ~ a* etet (vkit *v* állatot) **II.** **~-se 1.** emészti magát; **2.** *~-se as unhas por* vágyakozik vmi után; *~-se as unhas* v *as mãos de raiva* körmét harapdálja dühében **III.** *fn, m* **1.** evés **2.** ennivaló, élelem

comercial [kumirszjàl] **I.** *mn* kereskedelmi; üzleti; *casa ~* üzletház, cég; *escola* v *instituto ~* kereskedelmi középiskola; *marca ~* védjegy **II.** *fn, m* reklám (rádióban, tévében)

comercialista [kumirszjölistö] *m* kereskedelmi jog szakértője

comercialização [kumirszjölizöszö^{n}u] *f* áruba bocsátás

comercializar [kumirszjölizàr] *1/1 ts* kereskedelmi forgalomba hoz

comerciante [kumirszjö^{n}nt] **I.** *mn* kereskedői **II.** *fn* kereskedő

comerciar [kumirszjàr] *1/6* és *1/7 tl* kereskedik

comerciário [kumirszjàrju] *m* kereskedelemben foglalkoztatott

comerciável [kumirszjàvèl] *mn* forgalomba hozható; értékesíthető

comércio [kumèrszju] *m* **1.** kereskedelem; *~ exterior* külkereskedelem; *~ interior* belkereskedelem; *~ retalhista; ~ a* v *de retalho* kiskereskedelem; *~ por grosso* v *por atacado* nagykereskedelem **2.** üzlet, áruház **3.** forgalom **4.** *~ amoroso* szerelmi viszony **5.** társadalmi érintkezés; *pessoa de muito agradável ~* kellemes társalgó

comes [kòmis] → **bebes**

comestível [kumistivèl] **I.** *mn* ehető **II.** *fn, m* eledel; eleség; *comestíveis, tb* élelmiszer

cometa [kumétö] *m csill* üstökös

cometer [kumitér] *2/7 ts* **1.** elkövet **2.** megtámad **3.** rábíz vmit vkire (*a*)

cometida [kumitidö] *f* támadás

comezaina [kumizàjnö] *f nép* lakmározás; tivornya

comezinho [kumizinyu] *mn* **1.** ehető **2.** egyszerű, igénytelen

comichão [kumisö^{n}u] *f* **1.** viszketés **2.** vágyakozás, sóvárgás

comício [kumiszju] *m* nagygyűlés; összejövetel

cómico [kòmiku] *mn* és *fn* komikus

comida [kumidö] *f* **1.** táplálék, élelem **2.** evés, étkezés; *~ caseira* házi koszt; *quarto e ~* lakás és ellátás

comigo [kumigu] *névm* velem

comilão *m*, **comilona** *f* [kumilö^{n}u, -lonö] *mn* és *fn* nagybélű, falánk

cominação [kuminöszö^{n}u] *f* fenyegetés

cominar [kuminàr] *1/1 ts* büntetéssel fenyeget

cominho [kuminyu] *m növ* kömény(mag)

comiseração [kumizöröszö^{n}u] *f* szánalom, együttérzés

comiserar [kumiziràr] *1/13* **I.** *ts* szánalmat kelt **II.** **~-se** *de* szánalmat érez vki iránt

comissão [kumiszö^{n}u] *f* **1.** megbízás **2.** bizottság **3.** *ker* jutalék

comissariado [kumiszörjàdu] *m* biztosság

comissário [kumiszàrju] *m* megbízott; *~ de bordo* hajópénztáros; *~ de polícia* rendőrkapitány

comissionar [kumiszjunàr] *1/15 ts* megbíz, megbízást ad

comissionista [kumiszjunistö] *fn* **1.** bizományos **2.** *ker* ügynök

comisso [kumiszu] *m* **1.** bírság **2.** bánatpénz

comissura [kumiszurö] *f* ereszték; *~ dos lábios* szájszöglet, szájzug; *~ das pálpebras* szemzug

comité [kumitè] *m* bizottság; *Comité Central do Partido* a Párt Központi Bizottsága; *Comité Internacional da Cruz Vermelha* Nemzetközi Vöröskereszt

comitente [kumite^{n}nt] *m* megbízó, meghatalmazó

comitiva [kumitivö] *f* 1. kíséret 2. társaság

comível [kumivèl] *mn* ehető

como [komu] I. *hat* hogyan, ahogyan; ~ *não!* persze! hát hogyne! miért ne? II. (kérdő névm:) hogyan? ~ *é isso?* hogy van ez, mit jelentsen ez? *a* ~ ? mennyibe kerül? hogy adja? III. *ksz* 1. mint, amint; ~ *quem diz* a) azaz, vagyis b) mint ahogy mondani szokás; ~ *quer* valószínűleg; ~ *quiser* tetszés szerint ahogy tetszik; ahogyan óhajtja; ~ *se* mintha csak; ~ *se nada tivesse acontecido* mintha mi sem történt volna; ~ *sempre* mint mindig; *branco* ~ *a neve* hófehér; *não há* ~ *ele* nincsen párja 2. mivel, minthogy 3. amikor; mihelyt

com.º = *comércio* kereskedelem

comoção [kumuszö^{n}u] *f* megrázkódtatás

cómoda [kòmudö] *f* fiókos szekrény

comodidade [kumudidàd] *f* kényelem, komfort

comodista [kumudistö] *mn* és *fn* kényelmeskedő; önmagával törődő

cómodo [kòmudu] I. *mn* kényelmes II. *fn, m* szoba; ~ *mobiliado* bútorozott szoba

cômoro [komuru] *m* dombocska

comovedor *m*, **-a** *f* [kumuvidor(ö)] *mn* megható

comovente [kumuve^{n}nt] *mn* = **comovedor**

comover [kumuvér] *2/8* I. *ts* meghat, megindít II. **~-se** meghatódik

comp. = *companhia* század

compacto [ko^{n}mpàktu] *mn* tömött; sűrű

compadecer [ko^{n}mpödiszér] *2/2* I. *ts* megszán, sajnál II. 1. **~-se** *de* részvéttel van vki iránt 2. **~-se** *com* a) összefér, kijön vkivel b) összeegyeztethető vmivel

compadecimento [ko^{n}mpödiszime^{n}ntu] *m* szánalom, részvét

compadre [ko^{n}mpàdr] *m* 1. keresztapa 2. koma; jó barát

compadrio [ko^{n}mpödriu] *m* 1. komaság, atyafiság 2. nepotizmus

compaginação [ko^{n}mpözsinöszö^{n}u] *f* 1. egybeillesztés 2. *nyomd* tördelés

compaginar [ko^{n}mpözsinàr] *1/1 ts* 1. egybeilleszt 2. *nyomd* tördel

compaixão [ko^{n}mpàjsö^{n}u] *f* részvét; könyörület

companheira [ko^{n}mpönyéjrö] *f* társnő; élettárs; →**companheiro**

companheirismo [ko^{n}mpönyéjrizsmu] *m* bajtársiasság

companheiro [ko^{n}mpönyéjru] *fn* társ, bajtárs; jó barát; ~ *de escola* iskolatárs, osztálytárs; ~ *de trabalho* munkatárs, kartárs, kolléga; ~ *de viagem* útitárs

companhia [kompönyiö] *f* 1. társaság; ~ *de seguros* biztosító(társaság); *em* ~ *de* vkinek a társaságában; *fazer* ~ *a* szórakoztat vkit 2. színtársulat 3. *kat* század

comparação [ko^{n}mpöröszö^{n}u] *f* 1. összehasonlítás; *em* ~ *com* -hoz képest, -hoz viszonyítva 2. *nyelvt* fokozás

comparar [ko^{n}mpöràr] *1/12 ts* összehasonlít, egybevet

comparativo [ko^{n}mpörötivu] I. *mn* összehasonlító II. *fn, m nyelvt:* (*grau*) ~ középfok

comparável [ko^{n}mpöràvèl] *mn* összehasonlítható

comparecer [ko^{n}mpöriszér] *2/2 tl* megjelenik, eljön; mutatkozik

comparência [ko^{n}mpöre^{n}szjö] *f jog* megjelenés

comparsa [ko^{n}mpàrszö] *f szính* statiszta

comparticipação [kompörtiszipöszö^{n}u] *f* 1. részvétel 2. részesedés 3. állami támogatás

comparticipar [ko^{n}mpörtiszipàr] *1/1 tl* részesedik vmiben (*de*)

compartilhar [kompörtiljàr] *1/1 tl* másokkal osztozik

compartimento [kompörtime^{n}ntu] *m* 1. rekesz 2. szoba, helyiség 3. *vasút* fülke 4. *rep:* ~ *dos passageiros* utastér

compartir [ko^{n}mpörtir] *3/13 ts* feloszt, szétoszt

compassado [ko^{n}mpöszàdu] *mn* 1. kimért, lassú 2. ütemes

compassar [ko^{n}mpöszàr] *1/12 ts* 1. kimér; körzővel mér 2. lelassít 3. *zene* ütemez

compassível [ko^{n}mpöszivèl] *mn* szánakozó

compassivo [ko^{n}mpöszivu] *mn* együttérző

compasso [ko^{n}mpàszu] *m* 1. körző 2. taktus, ütem; *a* ~ ütemesen; *bater o* ~ ütemez, veri a taktust 3. *ao* ~ *de* -hoz viszonyítva, arányában

compatibilidade [ko^{n}mpötibilidàd] *f* összeférhetőség
compatível [ko^{n}mpötivèl] *mn* **1.** összeférő, összeegyeztethető **2.** megfelelő
compatrício [ko^{n}mpötriszju] *fn* = **compatriota**
compatriota [ko^{n}mpötriòtö] *fn* honfitárs
compelir [ko^{n}mpilir] *3/8 ts* kényszerít
compendiar [ko^{n}mpe^{n}ngyàr] *1/7 ts* összefoglal
compêndio [ko^{n}mpe^{n}ngyu] *m* összefoglalás, kivonat; kézikönyv
compendioso [ko^{n}mpe^{n}ngyozu] *mn* kivonatos
compenetrar [ko^{n}mpinitràr] *1/13* **I.** *ts* **1.** áthat **2.** meggyőz vmiről (*de*) **II.** **~-se** *de* meggyőződik vmiről
compensação ko^{n}mpe^{n}szöszö^{n}u] *f* **1.** kompenzáció, kiegyenlítés **2.** *ker* kárpótlás; *em* ~ viszont; cserébe, kárpótlásul
compensador *m*, **-a** *f* [ko^{n}mpe^{n}szödor(ö)] *mn* **1.** kompenzáló **2.** kifizetődő
compensar [ko^{n}mpe^{n}szàr] *1/1 ts* **1.** kompenzál, kiegyenlít **2.** kárpótol, megtérít
competência [ko^{n}mpite^{n}szjö] *f* **1.** illetékesség **2.** szakértelem **3.** vetélkedés; *em* ~ vetélkedve
competente [ko^{n}mpite^{n}nt] *mn* **1.** illetékes **2.** hozzáértő
competição [ko^{n}mpitiszö^{n}u] *f* **1.** versengés, vetélkedés **2.** *sp* verseny, vetélkedő; mérkőzés
competidor *m*, **-a** *f* [ko^{n}mpitidor(ö)] *fn* vetélytárs; *sp* ellenfél
competir [ko^{n}mpitir] *3/8 tl* **1.** vetélkedik, versenyez **2.** ~ *a* tartozik vkire, az ő dolga; *a responsabilidade compete a mi* a felelősséget nekem kell viselnem
compilação [ko^{n}mpilöszö^{n}u] *f* összeállítás, szerkesztés; gyűjtés
compilador *m*, **-a** *f* [ko^{n}mpilödor(ö)] *fn* összeállító, szerkesztő; gyűjtő
compilar [ko^{n}mpilàr] *1/1 ts* összeállít, szerkeszt; gyűjt
compita [ko^{n}mpltö] *f*: *a* ~ versenyezve
complacência [ko^{n}mplösze^{n}szjö] *f* **1.** szívesség, előzékenység **2.** elnézés
complacente [ko^{n}mplösze^{n}nt] *mn* **1.** szíves, előzékeny **2.** elnéző
compleição [kompléjszö^{n}u] *f* **1.** testalkat **2.** természet, hajlam
complementar [ko^{n}mplime^{n}ntàr] *mn* kiegészítő, járulékos, pót-; *imposto* ~ pótadó; *multa* ~ mellékbüntetés
complemento [ko^{n}mplime^{n}ntu] *m* **1.** kiegészítés, pótlás **2.** *nyelvt* kiegészítő; határozó; ~ *directo* tárgy; ~ *indirecto* részeshatározó
completar [ko^{n}mplitàr] *1/13 ts* **1.** kiegészít, pótol; ~ *una quantia* összeget kikerekít **2.** betölt; ~ *sessenta anos* hatvanadik életévét betölti
completo [komplètu] *mn* **1.** teljes; *por* ~ teljesen **2.** megtelt, tele **3.** tökéletes
complexidade [ko^{n}mplèkszidàd] *f* összetettség, bonyolultság
complexo [komplèkszu] **I.** *mn* összetett, bonyolult **II.** *fn*, *m* **1.** komplexus; ~ *de inferioridade* kisebbrendűségi komplexus; gátlás **2.** ~ (*industrial*) kombinát
complicação [ko^{n}mpliköszö^{n}u] *f* **1.** bonyolultság, bonyodalom, nehézség **2.** *orv* szövődmény
complicado [ko^{n}mplikàdu] *mn* bonyolult, nehéz; körülményes
complicar [ko^{n}mplikàr] *1/2* **I.** *ts* bonyolulttá tesz **II.** **~-se** bonyolulttá válik, bonyolódik
complô [ko^{n}mplo] *m* államellenes összeesküvés
componedor [ko^{n}mpunidor] *m nyomd* szedővas
componente [ko^{n}mpune^{n}nt] **I.** *mn* összetevő, rész- **II.** *fn*, *m* **1.** *fiz* tényező **2.** alkatrész **3.** részvevő; tag
compor [kompor] *2/17* **I.** *ts* **1.** összerak, összeállít **2.** szerkeszt, ír, alkot **3.** *zene* komponál, szerez **4.** *nyomd* szed **5.** *távk* tárcsáz **6.** elrendez, rendbe hoz; elsimít (*átv* is); ~ *o cabelo* megfésüli a haját; ~ *os litigantes* kibékíti a perlekedőket; ~ *o rosto* közömbös arcot mutat, nem mutatja érzelmeit **II.** **~-se** *de* **1.** összetevődik, áll vmiből **2.** rendbe hozza magát
comporta [ko^{n}mpòrtö] *f* zsilip
comportamento [ko^{n}mpurtöme^{n}ntu] *m* viselkedés, magatartás
comportar [ko^{n}mpurtàr] *1/15* **I.** *ts* **1.** elnéz, eltűr; elszenved **2.** befogad; tartalmaz **II.** **~-se** viselkedik
composição [ko^{n}mpuziszö^{n}u] *f* **1.** összerakás, összeállítás; ~ *ferroviária* vasúti szerelvény **2.** szerkesztés, írás,

alkotás; fogalmazvány, dolgozat 3. *zene* komponálás; szerzemény 4. *nyomd* szedés; ~ *manual* kézi szedés 5. elrendezés

compositor [ko^{n}mpuzitor] *m* 1. zeneszerző 2. *nyomd* szedő

composto [ko^{n}mpostu] I. *mn* 1. összetett; → **compor** 2. komoly; nyugodt 3. szerény, tartózkodó II. *fn, m* 1. összetétel 2. *vegy* vegyület

compostura [ko^{n}mposturö] *f* 1. illem, illendőség, magatartás 2. elrendezés, rendbehozatal 3. ~*s* szépítőszerek

compota [ko^{n}mpòtö] *f* befőtt, kompót

compoteira [ko^{n}mputéjrö] *f* befőttes tál *v* üveg

compra [ko^{n}mprö] *f* 1. vétel, vásárlás; *fazer* ~*s* bevásárol 2. megvesztegetés

comprador *m*, **-a** *f* [ko^{n}mprödor(ö)] *fn* vevő

comprar [ko^{n}mpràr] *1/1 ts* 1. vásárol, vesz; ~ *barato* (*caro*) olcsón (drágán) vesz; ~ *fiado* v *a crédito* hitelbe vásárol; ~ *a dinheiro* v *ao contado* készpénzért vesz; ~ *a prestações* részletre vásárol; ~ *por preço vil* potom áron vesz; ~ *nabos em saco* látatlanban vásárol vmit, zsákbamacskát vesz 2. megveszteget 3. *kártya* húz; lapot kér

comprável [ko^{n}mpràvèl] *mn* megvásárolható (*átv* is)

comprazer [ko^{n}mprözér] *2/9* I. *ts* megörvendeztet; kedvében jár vkinek T II. *tl* kegyeskedik, méltóztatik III. ~**-se** *com* v *de* v *em* kedvét leli vmiben

compreender [komprje^{n}ndér] *2/1 ts* 1. magában foglal, felölel 2. ért, megért, felfog

compreensão [ko^{n}mprje^{n}szö^{n}u] *f* 1. megértés; felfogás; *de fácil* (*difícil*) ~ könnyen (nehezen) érthető; *de* ~ *lenta* nehéz felfogású 2. belátás

compreensível [ko^{n}mprje^{n}szivèl] *mn* érthető

compreensivo [ko^{n}mprje^{n}szivu] *mn* 1. átfogó 2. megértő

compressa [ko^{n}mprèszö] *f* borogatás

compressão [ko^{n}mpriszöu] *f* 1. nyomás, összenyomás, sűrítés 2. csökkentés

compressibilidade [ko^{n}mpriszibilidàd] *f* összenyomhatóság; préselhetőség

compressor *m*, **-a** *f* [ko^{n}mpriszor(ö)] I. *mn* összenyomó; *rolo* ~ úthenger II. *fn, m műsz* sűrítő

comprido [ko^{n}mpridu] I. *mn* hosszú II. *fn, m* hossz; *ao* ~ hosszában, hosszant; *dez metros de* ~ tíz méter hosszú

comprimento [ko^{n}mprime^{n}ntu] *m* hosszúság; ~ *de onda* hullámhossz

comprimido [ko^{n}mprimidu] I. *mn* összepréselt; sűrített II. *fn, m orv* tabletta

comprimir [ko^{n}mprimir] *3/1 ts* 1. összenyom, sűrít 2. *átv* elnyom

comprobatório [ko^{n}mprubötòrju] *mn* bizonyító, igazoló

comprometedor *m*, **-a** *f* [ko^{n}mprumitidor(ö)] *mn* kompromittáló

comprometer [ko^{n}mprumitér] *2/7* I. *ts* 1. kompromittál; veszélyeztet, kockáztat 2. odaígér; ~ *a palavra* szavát adja II. 1. ~**-se** *a* kötelezi magát vmire 2. ~*-se em* bajba keveredik 3. ~*-se com* eljegyzi magát vkivel

comprometido [ko^{n}mprumitidu] *mn* 1. kompromittált; szégyenbe hozott 2. elkötelezett, elígérkezett; *estou* ~ már elígérkeztem

compromisso [ko^{n}mprumiszu] *m* 1. kompromisszum, megegyezés, kiegyezés; ~ *de casamento* házassági ígéret; eljegyzés; ~ *de credores* megegyezés a hitelezőkkel 2. kötelezettség; *sem* ~ kötelezettség *v* vételkényszer nélkül; *tomar um* ~ kötelezettséget vállal 3. megbeszélt találkozó

comprovação [ko^{n}mpruvöszöu] *f* 1. igazolás; bizonyítás 2. bizonyíték

comprovar [ko^{n}mpruvàr] *1/15 ts* igazol, bizonyít

compulsar [ko^{n}mpulszàr] *1/1 ts* átnéz, átvizsgál; utánanéz

compulsória [ko^{n}mpulszòrjö] *f* kényszernyugdíjazás

compulsório [ko^{n}mpulszòrju] *mn* kényszerítő

compunção [ko^{n}mpu^{n}szöu] *f* magába szállás; töredelem

compungido [ko^{n}mpu^{n}zsidu] *mn* bűnbánó

compungir [ko^{n}mpu^{n}zsir] *3/3* I. *ts* bűnbánatra indít II. ~**-se** megbánást érez

computador [ko^{n}mputödor] *m* komputer, (elektronikus) számológép

computar [ko^{n}mputàr] *1/1 ts* kiszámít

cômputo [komputu] *m* kiszámítás

comum [kumu^n] I. *mn* 1. közös; általános; *de* ~ *acordo* közös megegyezés alapján; *em* ~ közösen 2. közönséges, mindennapi, szokásos; *é ~ ouvir-se dizer que* gyakran lehet hallani, hogy II. *fn, m* 1. átlagember 2. hétköznapiság 3. *Câmara dos Comuns* (angol) alsóház

comuna [kumunö] *f* 1. közösség 2. *tört* kommün

comunal [kumunàl] *mn* községi

comungar [kumu^{n}ngàr] *1/4* I. *ts vall* áldoztat II. *tl* 1. *vall* áldozik 2. *~ com* egy nézeten van vkivel

comunhão [kumunyö^{n}u] *f* 1. *vall* áldozás; úrvacsora 2. közösség; *~ de bens* vagyonközösség

comunicação [kumuniköszö^{n}u] *f* 1. közlés; közlemény 2. közlekedés; forgalom 3. összeköttetés, érintkezés, kapcsolat

comunicado [kumunikàdu] *m* 1. kommüniké, hivatalos jelentés; közlemény; nyilatkozat; *~ conjunto* közös közlemény *v* nyilatkozat 2. hadijelentés

comunicar [kumunikàr] *1/2* I. *ts* közöl, értesít, tudósít II. *tl: ~ com* 1. kapcsolatban áll, érintkezik vkivel 2. telefonon beszél vkivel III. **~-se** *a* átterjed, átragad

comunicativo [kumunikötivu] *mn* 1. átterjedő, ragályos 2. közlékeny 3. *tinta ~a* másolótinta

comunidade [kumunidàd] *f* 1. közösség; testület 2. gyülekezet

comunisante [kumunizö^{n}nt] *mn* a kommunizmussal rokonszenvező

comunismo [kumunizsmu] *m* kommunizmus

comunista [kumunistö] *mn* és *fn* kommunista

comutação [kumutöszö^{n}u] *f* 1. változás; átváltoztatás 2. kicserélés

comutador [kumutödor] *m műsz* átváltó, átkapcsoló

comutar [kumutàr] *1/1 ts* 1. átváltoztat, kicserél 2. *műsz* átkapcsol

comutável [kumutàvèl] *mn* átváltoztatható

CONAB = *Conselho Nacional de Abastecimento*

conca [ko^{n}nkö] *f orv* fülkagyló

concatenação [ko^{n}nkötinöszö^{n}u] *f* egymásba kapcsolódás; összefüggés

concatenar [ko^{n}nkötinàr] *1/14 ts* összekapcsol; összefüggésbe hoz

concavidade [ko^{n}nkövidàd] *f* homorúság

côncavo [ko^{n}nkövu] *mn* homorú

conceber [ko^{n}szibér] *2/6* I. *ts* 1. megért, felfog 2. kiagyal, kigondol, eltervez II. *tl* megfogamzik

concebível [ko^{n}szibivèl] *mn* felfogható, megérthető

conceder [ko^{n}szidér] *2/7 ts* 1. engedélyez; (kérést) teljesít 2. juttat, adományoz

conceição [ko^{n}széjszö^{n}u] *f* 1. fogamzás 2. *vall: ~ da Virgem Maria* szeplőtelen fogantatás (ünnepe)

conceito [ko^{n}széjtu] *m* 1. fogalom, képzet 2. ötlet, elgondolás; *enunciar um ~* ismertet egy elképzelést 3. hírnév; *pessoa de ~* tiszteletre méltó egyén

conceituado [ko^{n}széjtuàdu] *mn* tekintélyes

conceituar [ko^{n}széjtuàr] *1/1 ts* 1. fogalmat *v* ítéletet alkot vmiről T 2. hisz, vél, tart vmilyennek T

conceituoso [ko^{n}széjtuozu] *mn* ötletes, szellemes

concelhio [ko^{n}sziljiu] *mn* városi, községi

concelho [ko^{n}szélju] *m* városi *v* községi tanács

concentração [ko^{n}sze^{n}ntröszö^{n}u] *f* 1. összpontosítás; *campo de ~* koncentrációs tábor 2. töményítés, sűrítés

concentrar [ko^{n}sze^{n}ntràr] *1/1* I. *ts* 1. koncentrál, összpontosít 2. *kat* összevon (csapatokat) 3. *vegy* töményít, sűrít 4. *bány* dúsít II. **~-se** 1. összpontosul 2. elmélyül, magába mélyed

concêntrico [ko^{n}sze^{n}ntriku] *mn* koncentrikus

concepção [ko^{n}szèszö^{n}u] *f* 1. fogamzás 2. felfogás, szemlélet; *~ do mundo* életszemlélet 3. elgondolás, elképzelés, tervezet

concernir [ko^{n}szirnir] *3/8 ts* illet, érint, vonatkozik vmire T

concertar [ko^{n}szirtàr] *1/13* I. *ts* 1. összeegyeztet, egybehangol 2. megbeszél, megtárgyal; kidolgoz (tervet) II. *tl* összhangban áll, egyezik

concertina [ko^{n}szirtinö] *f zene* harmonika

concerto [ko^{n}szértu] *m* 1. megegyezés; összhang, egyetértés; *de ~* összhangban, egyetértésben 2. hangverseny

concessão [ko^{n}sziszö^{n}u] *f* 1. koncesszió; engedély 2. engedmény; kedvezmény

concessionário [ko^{n}sziszjunàrju] **I.** *mn* koncessziós, engedményes **II.** *fn* a koncessziót élvező személy
concessivo [ko^{n}szisziv u] *mn* megengedő
concha [ko^{n}sö] *f* **1.** kagyló **2.** kagylóhéj, osztriga kagylója; teknős páncélja; csiga háza **3.** merőkanál
conchavar [ko^{n}sövàr] *1/12* **I.** *ts* **1.** egyesít, összeköt **2.** megbeszél; megköt (üzletet) **3.** beilleszt **4.** **B** szerződtet, felvesz (munkára) **II.** **~-se** **1.** összebeszél, összeáll vkivel (*com*) **2.** **B** elszerződik, munkába áll
conchegar [ko^{n}sigàr] *1/4, 1/13* = **aconchegar**
conchego [ko^{n}ségu] *m* = **aconchego**
concidadão *m*, **concidadã** *f* [ko^{n}szidödö^{n}u, -dö^n] *fn* honfitárs
conciliação [ko^{n}sziljöszö^{n}u] *f* megbékélés; kiegyezés
conciliar [ko^{n}sziljàr] *1/7* **I.** *ts* **1.** kibékít; összeegyeztet **2.** megszerez, megnyer; *~ o sono* elalszik **II.** **~-se** megegyeznek, egyetértenek
conciliável [ko^{n}sziljàvèl] *mn* összeegyeztethető
concílio [ko^{n}szilju] *m vall* zsinat
concisão [ko^{n}szizö^{n}u] *f* tömörség, rövidség
conciso [ko^{n}szizu] *mn* tömör, rövid
concitar [ko^{n}szitàr] *1/1* *ts* **1.** ösztönöz, buzdít **2.** izgat, felhergel
conclamar [ko^{n}klömàr] *1/12* *tl* **1.** kiált, kiabál **2.** éljenez
concludente [ko^{n}nklude^{n}nt] *mn* döntő; végső
concluir [konkluir] *3/6* *ts* **1.** lezár, befejez; eldönt **2.** következtet vmiből (*de*)
conclusão [ko^{n}nkluzö^{n}u] *f* **1.** lezárás, befejezés **2.** végkövetkeztetés; *jog* záróinditvány; *em ~* egyszóval, röviden
conclusivo [ko^{n}nkluzivu] *mn* döntő, végső
concomitância [ko^{n}nkumitö^{n}szjö] *f* **1.** kisérő jelenség **2.** együttműködés
concomitante [ko^{n}nkomitö^{n}nt] *mn* kísérő, velejáró
concordância [ko^{n}nkurdö^{n}szjö] *f* **1.** egyetértés **2.** *nyelvt* egyezés, egyeztetés
concordar [ko^{n}nkurdàr] *1/15* **I.** *ts* összeegyeztet **II.** *tl* egyezik, összhangban van; *~ com* egyetért vmiben
concordata [konkurdàtö] *f* **1.** konkordátum **2.** kiegyezés a hitelezőkkel
concorde [ko^{n}nkòrd] *mn* egyetértő, egy véleményen levő
concórdia [ko^{n}nkòrgyö] *f* egyetértés, összhang
concorrência [ko^{n}nkurre^{n}szjö] *f* **1.** konkurrencia, versengés, verseny **2.** összetalálkozás **3.** sokadalom, csődület, tolongás **4.** látogatottság; közönség **5.** pályázat
concorrente [ko^{n}nkurre^{n}nt] *mn* és *fn* konkurrens; részvevő; pályázó
concorrer [ko^{n}nkurrér] *2/8* *tl* **1.** összefut, találkozik **2.** versenyez, pályázik vmire (*a*) **3.** *~ para* hozzájárul vmihez, közreműködik, részt vesz vmiben
concorrido [ko^{n}nkurridu] *mn* nagyon látogatott, közkedvelt (hely)
concreção [ko^{n}nkriszö^{n}u] *f* **1.** *geol* konkréció **2.** *orv* összenövés
concretagem [ko^{n}nkritàzsö^{n}j] *f* betonozás
concretização [ko^{n}nkritizöszö^{n}u] *f* megvalósítás; megvalósulás
concretizar [ko^{n}nkritizàr] *1/1* *ts* **1.** megvalósít **2.** kézzelfoghatóvá tesz, pontosan megmagyaráz; szemléltet
concreto [ko^{n}nkrètu] **I.** *mn* **1.** erős, szilárd, kemény **2.** konkrét, pontos, határozott; *não lhe posso dizer nada de ~* semmi konkrétumot nem tudok önnek mondani **II.** *fn, m* beton
concubina [ko^{n}nkubinö] *f* ágyastárs; szerető
concubinato [ko^{n}nkubinàtu] *m* vadházasság
concúbito [ko^{n}nkubitu] *m* nemi közösülés
concupiscência [ko^{n}nkupis-sze^{n}szjö] *f* bujaság
concupiscente [ko^{n}nkupis-sze^{n}nt] *mn* buja
concurso [ko^{n}nkurszu] *m* **1.** verseny, vetélkedés **2.** versenytárgyalás; pályázat; *por ~* pályázat révén; *abrir um ~* pályázatot hirdet **3.** tolongás, csődület **4.** vizsga **5.** közreműködés, támogatás
concussão [ko^{n}nkuszö^{n}u] *f* **1.** megrázkódtatás **2.** közpénzek elsikkasztása
concussionário [ko^{n}nkuszjunàrju] *fn* sikkasztó
cond. = **1.** *condicional* **2.** *condutor*

condado [ko^{n}ndàdu] *m* 1. grófság 2. grófi rang
condão [ko^{n}ndö^{n}u] *m* 1. előjog, kiváltság 2. varázserő; *varinha de* ~ varázsvessző
conde [ko^{n}nd] *m* 1. gróf 2. *kártya* alsó
condecoração [ko^{n}ndikurösző^{n}u] *f* kitüntetés; rendjel
condecorar [ko^{n}ndikuràr] *1/15 ts* kitüntet; rendjelet adományoz vkinek T
condenação [ko^{n}ndinösző^{n}u] *f* 1. elítélés, (büntető) ítélet 2. *vall* kárhozat
condenado [ko^{n}ndinàdu] *mn* és *fn* elítélt
condenar [ko^{n}ndinàr] *1/14 ts* 1. elítél 2. elkárhoztat 3. *o médico já o condenou* az orvos már lemondott róla
condenável [ko^{n}ndinàvèl] *mn* elítélendő; büntetendő
condensação [ko^{n}nde^{n}szöszöu] *f* kondenzáció, sűrítés, tömörítés
condensado [ko^{n}nde^{n}szàdu] *mn: leite* ~ sűrített tej
condensador [ko^{n}nde^{n}szödor] *m* kondenzátor
condensar [ko^{n}nde^{n}szàr] *1/1 ts* 1. kondenzál, sűrít, tömörít 2. tömören fejez ki
condescendência [ko^{n}ndis-sze^{n}nde^{n}szjö] *f* engedékenység; hozzájárulás; jóindulat
condescendente [ko^{n}ndis-sze^{n}nde^{n}nt] *mn* engedékeny; jóindulatú
condescender [ko^{n}ndis-sze^{n}ndér] *2/1 tl* ~ *a* hozzájárul, engedélyez
condessa [ko^{n}ndészö] *f* I. grófné, grófnő II. (fedeles) kosár
condição [ko^{n}ndiszö^{n}u] *f* 1. állapot, helyzet; *condições, tb* körülmények, viszonyok; *estar em condições de* abban a helyzetben van, hogy 2. rang, állás; *de baixa* ~ alacsony származású; *pessoa de* ~ előkelő származású ember 3. feltétel; *com* v *sob a* ~ *de que* azzal a feltétellel, hogy; *por nenhuma* ~ semmi szín alatt; *pôr* v *impor condições* feltételeket szab
condicente [ko^{n}ndisze^{n}nt] *mn* megfelelő
condicionado [ko^{n}ndiszjunàdu] *mn: ar* ~ állandó hőmérsékletű levegő
condicional [ko^{n}ndiszjunàl] I. *mn* feltételes II. *fn, m* feltétel
condicionalismo [ko^{n}ndiszjunölizsmu] *m* 1. *fil* kondicionalizmus 2. feltételezettség, bizonytalanság
condicionamento [ko^{n}ndiszjunöme^{n}ntu] *m* 1. feltételhez kötés, függővé tétel 2. *műsz* kondicionálás, alkalmassá tétel, szabályozás; dúsítás; kiszerelés
condicionar [ko^{n}ndiszjunàr] *1/15 ts* 1. feltételhez köt, függővé tesz vmitől (*de*) 2. kondicionál, alkalmassá tesz, szabályoz; dúsít; kiszerel
condigno [ko^{n}ndignu] *mn* méltányos, megérdemelt; megfelelő
condimentar [ko^{n}ndime^{n}ntàr] *1/1 ts* fűszerez
condimento [ko^{n}ndime^{n}ntu] *m* fűszer
condiscípulo [ko^{n}ndis-szipulu] *m* osztálytárs
condizente [ko^{n}ndize^{n}nt] *mn:* ~ *com* vmivel összeillő, megegyező
condizer [ko^{n}ndizér] *2/12 tl* összeillik, megegyezik; *não* ~ (ruhanemű) nem megy vmivel
condoerse [ko^{n}nduérszi] *2/5* 1. ~ *com* együtt érez vkivel, részvétét fejezi ki vkinek 2. ~ *de* megsajnál, megszán vkit
condolência [ko^{n}ndule^{n}szjö] *f* részvét(nyilvánítás); *apresentar sentidas* ~*s* mély részvétét fejezi ki; *enviamos as nossas* ~*s* fogadja részvétünket
condomínio [ko^{n}nduminyu] *m* közös tulajdon
condução [ko^{n}nduszöu] *f* 1. vezetés, irányítás; kormányzás; *escola de* ~ autóiskola 2. (át)szállítás 3. lefolytatás (ügyé) 4. **B** *nép* szállítóeszköz; *perder a* ~ lekési a csatlakozást
conduta [ko^{n}ndutö] *f* viselkedés, magatartás; *mudar de* ~ változtat magatartásán
condutibilidade [ko^{n}ndutibilidàd] *f fiz, vill* vezetőképesség
conduto [ko^{n}ndutu] *m* 1. cső; (víz)vezeték; csatorna 2. *nép* kenyérhez adott ennivaló
condutor *m*, **-a** *f* [ko^{n}ndutor(ö)] I. *mn* vezető; *fio* ~, *vill* **a)** vezeték **b)** *átv* vezérfonal II. *fn* 1. (idegen)vezető; villamosvezető; *vasút* jegykezelő 2. *fiz* vezető
conduzir [ko^{n}nduzir] *3/14* I. *ts* 1. vezet (járművet) 2. szállít 3. kísér II. ~**-se** viselkedik

cone [kòn] *m geom* kúp; ~ *obliquo* ferde kúp; ~ *truncado* csonka kúp
conectar [kunètàr] *1/1 ts* összeköt
conector [kunètor] *m vill* konnektor, csatlakozó aljzat
cónego [kònigu] *m* kanonok
conexão [kunèkszö^{n}u] *f* **1.** összekötés **2.** *műsz* csatlakozás **3.** *átv* összefüggés
conexo [kunèkszu] *mn* **1.** összekötött, egyesített **2.** *átv* összefüggő
confecção [ko^{n}fèszö^{n}u] *f* **1.** elkészítés **2.** konfekció, készruha
confeccionar [ko^{n}fèszjunàr] *1/15* **1.** elkészít **2.** összeállít (ételt; szótárt)
confederação [ko^{n}fidirösző^{n}u] *f* **1.** szövetség **2.** államszövetség
confederar-se [ko^{n}fidiràrszi] *1/13* szövetkezik
confederativo [ko^{n}fidirötivu] *mn* szövetségi
confeição [ko^{n}féjszö^{n}u] *f* **1.** elkészítés (orvosságé) **2.** kezelés (boré) **3.** **B** édesség
confeiçoar [ko^{n}féjszuàr] *1/8 ts* **1.** elkészít (orvosságot) **2.** kezel (bort) **3.** édességet készít
confeitar [ko^{n}féjtàr] *1/1 ts* cukormázzal bevon
confeitaria [ko^{n}féjtöriö] *f* cukrászda
confeiteiro [ko^{n}féjtéjru] *m* cukrász
confeito [ko^{n}féjtu] *m* cukorka; édesség
conferência [ko^{n}fire^{n}szjö] *f* **1.** konferencia, értekezlet; ~ *da paz* békeértekezlet **2.** előadás; *fazer* ~ előadást tart
conferenciador *m,* **-a** *f* [ko^{n}fire^{n}szjödor(ö)] *fn* **B** = **conferencista**
conferenciar [ko^{n}fire^{n}szjàr] *1/7 tl* **1.** értekezletet tart; értekezik **2.** előadást tart
conferencista [ko^{n}fire^{n}szistö] *fn* előadó
conferir [ko^{n}firir] *3/8* **I.** *ts* **1.** összehasonlít, egybevet; ellenőriz **2.** adományoz (kitüntetést) **3.** megbeszél, megvitat **II.** *tl* egyezik
confessar [ko^{n}fiszàr] *1/13 ts* **1.** bevall, beismer **2.** *vall* gyóntat **II.** ~**-se 1.** *vall* meggyón **2.** *~-se culpado* bűnösnek vallja magát
confessional [ko^{n}fèszjunàl] *mn* **1.** felekezeti **2.** hitvallási
confessionário [ko^{n}fèszjunàrju] *m* gyóntatószék
confesso [ko^{n}fèszu] *mn* bevallott; elismert
confessor [ko^{n}fiszor] *m* **1.** gyóntató **2.** hitvalló
confiabilidade [ko^{n}fjöbilidàd] *f* megbízhatóság
confiado [ko^{n}fjàdu] *mn* **1.** jóhiszemű **2.** konfidens, bizalmaskodó, arcátlan
confiança [ko^{n}fjö^{n}szö] *f* **1.** bizalom; *de* ~ megbízható; *não ter* ~ *em* nincs bizalma vkiben **2.** bizalmasság; arcátlanság
confiante [ko^{n}fjö^{n}nt] *mn* jóhiszemű, bizakodó
confiar [ko^{n}fjàr] *1/7* **I.** *ts* rábíz vmit vkire (*a*) **II.** *tl:* ~ *em,* **III.** ~**-se** *de* megbízik vkiben
confidência [ko^{n}fide^{n}szjö] *f* **1.** bizalom **2.** bizalmas közlés
confidencial [ko^{n}fide^{n}szjàl] *mn* bizalmas
confidenciar [ko^{n}fide^{n}szjàr] *1/7 ts* bizalmasan közöl vmit
confidente [ko^{n}fide^{n}nt] **I.** *mn* bizalmas, meghitt **II.** *fn* vkinek a bizalmasa, kebelbarátja
configuração [ko^{n}figurösző^{n}u] *f* külső alak, megjelenés
configurar [ko^{n}figuràr] *1/1 ts* kialakít
confim [ko^{n}fi^n] **I.** *mn* határos **II.** *fn, m* határ; *até os confins do mundo* a világ végéig
confinante [ko^{n}finö^{n}nt] *mn* határos, szomszédos
confinar [ko^{n}finàr] *1/1* **I.** *ts* határol **II.** *tl* határos vmivel (*com*)
confirmação [ko^{n}firmösző^{n}u] **1.** *átv* megerősítés **2.** *vall* bérmálás; konfirmáció
confirmar [ko^{n}firmàr] *1/1 ts* **1.** *átv* megerősít; **2.** *vall* bérmál; konfirmál
confirmativo [ko^{n}firmötivu] *mn* megerősítő; igazoló
confirmatório [ko^{n}firmötòrju] *mn* = **confirmativo**
confiscação [ko^{n}fisköszöu] *f* elkobzás, lefoglalás
confiscar [ko^{n}fiskàr] *1/1 ts* elkoboz, lefoglal
confissão [ko^{n}fiszö^{n}u] *f* **1.** vallomás, beismerés; *fazer* ~ vallomást tesz, beismer **2.** *vall* gyónás
conflagração [ko^{n}flögrösző^{n}u] *f* világégés; végromlás
conflagrar [ko^{n}flögràr] *1/12 ts* lángba borít
conflito [ko^{n}flitu] *m átv* összeütközés; nézeteltérés

conflituoso [ko^{n}flituozu] *mn* viszályt keltő, vitás
confluência [ko^{n}flue^{n}szjö] *f* egybefolyás
confluente [ko^{n}flue^{n}nt] **I.** *mn* egybefolyó **II.** *fn, m* mellékfolyó
confluir [ko^{n}fluir] *3/6 tl* egybefolyik; beömlik
conformação [ko^{n}furmöszö^{n}u] *f* **1.** alak, alakzat; alakulás **2.** alkalmazkodás; belenyugvás
conformador [ko^{n}furmödor] *m* kalaptágító készülék
conformar [ko^{n}furmàr] *1/15* **I.** *ts* alakít; alkalmaz vmihez (*com, a*) **II.** **~-se** *com* alkalmazkodik vmihez, belenyugszik vmibe
conforme [ko^{n}fòrm] **I.** *mn* megegyező; megfelelő; (*é*) ~ az attól függ; ahogy vesszük; *estar* v *ir* ~ egyezik **II.** *hat* megfelelően **III.** *vsz:* ~ (*a*) értelmében, szerint; ~ *as vossas ordens* utasításaihoz híven **IV.** *ksz* mint, ahogy; *ele ajudará* ~ *puder* segíteni fog, ahogy tud
conformidade [ko^{n}furmidàd] *f* egyezés; megfelelés; *em* ~ *com* vmi szerint, vminek megfelelően; *nesta* ~ ennek megfelelően; ilyen körülmények közt; *está de* ~ *com o original* az eredetivel mindenben egyezik
conformismo [ko^{n}furmizsmu] *m pol* konformizmus, alkalmazkodás
conformista [ko^{n}furmistö] *fn pol* alkalmazkodó
confortar [ko^{n}furtàr] *1/15 ts* **1.** (lélekben) megerősít **2.** megvigasztal
confortável [ko^{n}furtàvèl] *mn* komfortos, kényelmes
conforto [ko^{n}fortu] *m* **1.** erősítés; vigasz **2.** komfort, kényelem
confrade [ko^{n}fràd] *m* kartárs, kolléga; (egyesületi) tagtárs
confrangedor *m*, **-a** *f* [ko^{n}frö^{n}zsidor(ö)] *mn* szívfacsaró
confranger [ko^{n}frö^{n}zsér] *2/3 ts* kínoz, gyötör
confraria [ko^{n}fröriö] *f* egyesület; testület
confraternidade [ko^{n}frötirnidàd] *f* testvéri barátság
confraternização [ko^{n}frötirnizöszö^{n}u] *f* megbarátkozás
confraternizar [ko^{n}frötirnizàr] *1/1 tl* **1.** fraternizál, barátkozik, barátságosan elbeszélget **2.** cimborál
confrontação [ko^{n}fro^{n}ntöszö^{n}u] *f* **1.** szembesítés **2.** szembeállítás, egybevetés
confrontar [ko^{n}fro^{n}ntàr] *1/1* **I.** *ts* szembeállít; egybevet **II.** *tl* ~ *con* határos vmivel
confronto [ko^{n}fro^{n}ntu] *m* **1.** = **confrontação** **2.** hasonlat **3.** *kat* összecsapás
confundir [ko^{n}fu^{n}ndir] *3/1* **I.** *ts* **1.** összekever; összetéveszt **2.** összezavar, megtéveszt **II.** **~-se** **1.** elvegyül; elmosódik **2.** zavarba jön
confusão [ko^{n}fuzö^{n}u] *f* **1.** (zűr)zavar, összevisszaság, rendetlenség **2.** összetévesztés
confuso [ko^{n}fuzu] *mn* zavaros; zagyva
confutar [ko^{n}futàr] *1/1 ts* megcáfol
congelação [ko^{n}zsilöszö^{n}u] *f* fagyasztás; mélyhűtés
congelado [ko^{n}zsilàdu] *mn* fagyasztott, mélyhűtött
congelador *m*, **-a** *f* [ko^{n}zsilödor(ö)] **I.** *mn* fagyasztó **II.** *fn, m* mélyhűtő (készülék)
congelar [ko^{n}zsilàr] *1/13* **I.** *ts* (be)fagyaszt -**II.** **~-se** befagy (*átv* is)
congeminar [ko^{n}zsiminàr] *1/1* **I.** *ts* megkettőz **II.** *tl* barátkozik
congénere [ko^{n}zsènir] *mn* hasonló; rokon
congénito [ko^{n}zsènitu] *mn* vele született
congenial [ko^{n}zsinyàl] *mn* rokon szellemű
congestão [ko^{n}zsistö^{n}u] *f* **1.** vértolulás; ~ *cerebral* gutaütés **2.** tolongás **3.** forgalmi akadály, „dugó"
congestionado [ko^{n}zsistyunàdu] *mn* **1.** eldugult, eltömődött **2.** vérvörös (arcú)
congestionar [ko^{n}zsistyunàr] *1/15* **I.** *ts* eltöm, teletöm **II.** **~-se** **1.** vértolulást kap, vér tolul az agyába (dühtől), feldühödik **2.** eltömődik; *közl* forgalmi „dugó" keletkezik
conglobar [ko^{n}glubàr] *1/15 ts* csomóba rak; felhalmoz
conglomerado [ko^{n}glumiràdu] *m* konglomerátum; halmaz
conglomerar [ko^{n}glumiràr] *1/13 ts* összehalmoz
conglutinar [ko^{n}glutinàr] *1/1 ts* összeragaszt
congraçar [ko^{n}gröszàr] *1/3, 1/12* **I.** *ts* összhangba hoz; kibékít **II.** **~-se** (újra) kibékül

congratulação [ko^{n}grötulöszö^{n}u] *f* szerencsekívánat
congratular [ko^{n}grötulàr] *1/1* **I.** *ts* szerencsét kíván vkinek **T II.** **~-se** *com* együtt örül vkivel
congregação [ko^{n}grigöszö^{n}u] *f* kongregáció; gyülekezet
congregar [ko^{n}grigàr] *1/4, 1/13* **1.** egybehív **2.** egyesít; összefog
congressista [ko^{n}griszistö] *fn* kongresszusi résztvevő, küldött
congresso [ko^{n}grèszu] *m* **1.** kongresszus **2.** ~ *nacional* nemzetgyűlés
côngrua [ko^{n}ngruö] *f* plébánosi fizetés
congruência [ko^{n}ngrue^{n}szjö] *f* **1.** *mat* kongruencia **2.** egyeztetés; megegyezés
congruente [ko^{n}ngrue^{n}nt] *mn* megfelelő; alkalmas
conhaque [kònyàk] *m* konyak
conhecedor *m*, **-a** *f* [kunyiszidor(ö)] **I.** *mn* ~ *de* vminek az ismerője **II.** *fn* szakértő
conhecer [kunyiszér] *2/2 ts* **1.** ismer; tud, ért vmit; ~ *de nome* névről ismer; ~ *de vista* v *de rosto* látásból *v* arcról ismer; ~ *os meios* ismeri a dörgést; *que eu conheça* tudomásom szerint **2.** megismer vkit *v* vmit; *chegar* v *vir a* ~ megismer, megtud; *dar a* ~ **a)** megismertet **b)** tudomására ad; *dar-se* ~ felfedi kilétét; bemutatkozik; *közm: é na necessidade que se conhecem os amigos* bajban tudjuk meg, ki az igazi barátunk
conhecido [kunyiszidu] **I.** *mn* ismert, ismeretes **II.** *fn* ismerős, ismeretség, barát
conhecimento [kunyiszime^{n}ntu] *m* **1.** felismerés, megismerés **2.** tudás, ismeret; *falar com* ~ *de causa* a tények ismeretében, hozzáértően beszél; *ter* ~ *de* tudomása van vmiről; *tomar* ~ *de* **a)** tudomást szerez, értesül vmiről **b)** megismer vkit *v* vmit; *chegou ao meu* ~ *que* tudomásomra jutott, hogy **3.** ismeretség; *travar* ~ ismeretséget köt **4.** *ker, haj* raklevél
cónico [kòniku] *mn* kúp alakú
conivência [kunive^{n}szjö] *f* összejátszás; cinkosság; *de* ~ *com* vkivel összejátszva
conivente [kunive^{n}nt] *mn* **1.** *növ* összehajló **2.** összejátszó, cinkos
conj. = **1.** *conjunção* **2.** *conjuntivo*
conjectura [ko^{n}zsèturö] *f* feltevés; találgatás; *fazer* ~*s* feltételez, találgatásokba bocsátkozik
conjectural [ko^{n}zsèturàl] *mn* feltevéseken alapuló
conjecturar [ko^{n}zsèturàr] *1/1 ts* feltételez, találgat
conjugação [ko^{n}zsugöszö^{n}u] *f* **1.** egyesülés; kapcsolódás **2.** *nyelvt* igeragozás
conjugado [ko^{n}zsugàdu] *mn* **1.** egyesített, egyesült; *com esforço* ~ egyesült erővel **2.** **B** *apartamento* ~ egyszobás összkomfortos lakás
conjugal [ko^{n}zsugàl] *mn* házassági, házas-
conjugar [ko^{n}zsugàr] *1/4* **I.** *ts* **1.** egyesít, összekapcsol **2.** egyeztet, közös nevezőre hoz **3.** *nyelvt* igét ragoz **II.** **~-se** **1.** egybekapcsolódik **2.** együttműködik
cônjuge [ko^{n}zsuzs] *fn* házastárs
conjunção [ko^{n}zsu^{n}szö^{n}u] *f* **1.** egyesítés, összekötés **2.** *nyelvt* kötőszó **3.** alkalom
conjuntamente [ko^{n}zsu^{n}ntöme^{n}nt] *hat* együtt, közösen
conjuntiva [ko^{n}zsu^{n}ntivö] *f orv* szem kötőhártyája
conjuntivite [ko^{n}zsu^{n}ntivit] *f* kötőhártyagyulladás
conjuntivo [ko^{n}zsuntivu] **I.** *mn* kötő- **II.** *fn, m:* (*modo*) ~ kötőmód
conjunto [ko^{n}zsu^{n}ntu] **I.** *mn* egybekötött; együttes **II.** *fn, m* **1.** összesség; *em* ~ a maga összességében, együttesen; *no* ~ *do território* az egész országban *v* országrészben; *declaração em* ~ közös nyilatkozat **2.** összefüggés **3.** készlet; sorozat; ~ *para manicura* körömápoló készlet **4.** *sp* csapat (összetétele)
conjuntura [ko^{n}zsu^{n}nturö] *f* **1.** helyzet; a dolgok állása; körülmények **2.** *közg* konjunktúra
conjura [ko^{n}zsurö] *f* = **conjuração**
conjuração [ko^{n}zsurösző^{n}u] *f* összeesküvés
conjurado [ko^{n}zsuràdu] *fn* összeesküvő
conjurar [ko^{n}zsuràr] *1/1* **I.** *ts* **1.** esdekelve kér, könyörög **2.** elhárít, elűz **II.** *tl*, **III.** **~-se** összeesküvést sző
conjuro [ko^{n}zsuru] *m* **1.** ördögűzés **2.** varázs, bűbájosság

conluiar [ko^{n}lujàr] *1/6* **I.** *ts* felbujtat **II.** **~-se** összejátszik vkivel
conluio [ko^{n}luju] *m* fondorlat; összejátszás
connosco [ko^{n}nòsku] *névm* velünk
conosco [konòsku] B = **connosco**
conquanto [ko^{n}nkvö^{n}ntu] *ksz* jóllehet, ámbár
conquista [ko^{n}nkistö] *f* **1.** (meg)hódítás **2.** eredmény, siker; *obter* **~s** elér eredményeket
conquistador [ko^{n}nkistödor] *m* **1.** hódító **2.** nőcsábász
conquistar [ko^{n}nkistàr] *1/1 ts* **1.** meghódít **2.** **~** *a* elhódít vki elől
cons. = **1.** *conselheiro* **2.** *consoante*
consabido [ko^{n}szöbidu] *mn* tudott, ismert
consagração [ko^{n}szögröszö^{n}u] *f* **1.** *vall* felszentelés; megszentelés **2.** ajánlás
consagrado [ko^{n}szögràdu] *mn* **1.** megszentelt **2.** szentesített, elfogadott, elismert; **~** *pelo uso* használat révén befogadott (szó, szokás) **3.** **~** *a* vkinek ajánlott *v* szentelt
consagrar [ko^{n}szögràr] *1/12* **I.** *ts* **1.** *vall* felszentel **2.** szentesít **3.** ajánl; szentel vkinek *v* vminek (*a*) **II.** **~-se** *a* szenteli magát vminek (*a*)
consanguíneo [ko^{n}szö^{n}ngvinyu] *mn* és *fn* vérrokon
consanguinidade [ko^{n}szö^{n}ngvinidàd] vérrokonság
consciência [ko^{n}s-szje^{n}szjö] *f* **1.** tudat, tudatosság; *ter* **~** *de* tudatában van vminek; *tomar* **~** *de* tudomásul vesz vmit, tudomást szerez vmiről **2.** lelkiismeret; lelkiismeretesség; *caso de* **~** lelkiismereti kérdés; *em* **~** tényleg, valóban; *com a mão na* **~** teljes őszinteséggel; *ter a* **~** *tranquila* nyugodt a lelkiismerete; *pesar na* **~**, *ter a* **~** *carregada* nyomja a lelkiismeretét
consciencioso [ko^{n}s-szje^{n}szjozu] *mn* lelkiismeretes
consciente [ko^{n}s-szje^{n}nt] *mn* tudatos; öntudatos
conscientização [ko^{n}s-szje^{n}ntizöszö^{n}u] *f* **1.** tudatosítás **2.** *pol* öntudatra ébredés
conscientizar [ko^{n}s-szje^{n}ntizàr] *1/1 ts* tudatosít, tudatossá tesz
cônscio [ko^{n}s-szju] *mn:* **~** *de* vminek a tudatában levő
conscrição [ko^{n}skriszö^{n}u] *f kat* sorozás
conscrito [ko^{n}skritu] *mn* és *fn* besorozott; sorköteles
consecução [ko^{n}szikuszö^{n}u] *f* elérés, megszerzés; *de difícil* **~** nehezen elérhető
consecutivo [ko^{n}szikutivu] *mn* egymás utáni; folytatólagos
conseguimento [ko^{n}szigime^{n}ntu] *m* elérés, megszerzés
conseguinte [ko^{n}szigi^{n}nt] *mn* következő; *por* **~** következésképpen
conseguir [ko^{n}szigir] *3/4, 3/8 ts* **1.** elér, elnyer, megszerez **2.** sikerül; *conseguiu falar com ele* sikerült vele beszélnie
conseguível [ko^{n}szigivèl] *mn* elérhető, elnyerhető
conselheiro [ko^{n}sziljéjru] *m* **1.** tanácsos; **~** *de embaixada* követségi tanácsos **2.** tanácsadó
conselho [ko^{n}szélju] *m* tanács; **~** *de Estado* államtanács; **~** *da Europa* Európa-tanács; *Conselho de Ministros* minisztertanács; *Conselho de Segurança* Biztonsági Tanács; *Presidente do Conselho* minisztertanács elnöke, miniszterelnök; *homem de bom* **~** okos ember; *seguir* v *tomar o* **~** megfogadja a tanácsot
consenso [ko^{n}sze^{n}szu] *m* megegyezés; *chegar a um* **~** megegyezésre jut
consentâneo [ko^{n}sze^{n}ntönyu] *mn* összhangban levő; megfelelő
consentimento [ko^{n}sze^{n}ntime^{n}ntu] *m* beleegyezés, hozzájárulás
consentir [ko^{n}sze^{n}ntir] *3/8* **I.** *ts* **1.** engedélyez, jóváhagy **2.** eltűr; megenged **II.** *tl:* **~** *com* egyetért vmiben; **~** *em* beleegyezik vmibe
consequência [ko^{n}szikve^{n}szjö] *f* **1.** következtetés; *tirar as* **~** *s* levonja a következtetéseket **2.** következmény, folyomány; *coisa de* **~** komoly ügy; *em* **~** *de* vminek a következtében *v* alapján; *por* **~** következésképpen, ezért; *aceitar as* **~s** viseli a következményeket
consequente [ko^{n}szikvent] *mn* **1.** **~** *de* vmiből eredő *v* következő **2.** konzekvens, következetes
consequentemente [ko^{n}szikve^{n}ntime^{n}nt] *hat* következésképpen, tehát
consertar [ko^{n}szirtàr] *1/13 ts* megjavít; megfoltoz; **~** *o pneu* megragasztja a gumikereket

conserto [ko^{n}szértu] *m* megjavítás; megfoltozás

conserva [ko^{n}szèrvö] *f* konzerv; *lata de* ~ konzervdoboz

conservação [ko^{n}szirvöszö^{n}u] *f* **1.** megóvás, megőrzés **2.** konzerválás, tartósítás

conservador *m*, **-a** *f* [ko^{n}szirvödor(ö)] **I.** *mn* **1.** fenntartó, védő **2.** *pol* konzervatív **II.** *fn* **1.** konzervatív politikus **2.** (múzeumi) őr, könyvtárőr; felügyelő

conservantismo [ko^{n}szirvö^{n}tizsmu] *m* konzervatizmus

conservar [ko^{n}szirvàr] *1/13* **I.** *ts* **1.** megóv, megőriz **2.** konzervál, tartósít **3.** megtart (emlékezetében), emlékszik **4.** *közl: conserve sua direita* jobbra tarts! **II.** **~-se** (meg)marad; *~-se calado* csendben marad, hallgat

conservatória [ko^{n}szirvötòrjö] *f* **1.** anyakönyvi hivatal **2.** telekkönyvi hivatal

conservatório [ko^{n}szirvötòrju] *m:* ~ (*de música*) zeneművészeti főiskola

conserveiro [ko^{n}szirvéjru] *fn* konzervgyári dolgozó

consideração [ko^{n}szidiröszö^{n}u] *f* **1.** megfontolás, meggondolás; elmélkedés; *tomar en* ~ tekintetbe vesz; *ter em* ~ megfontol **2.** figyelembevétel, vmire való tekintet; tapintat; *em* ~ *a* vmire való tekintettel; *falta de* ~ tapintatlanság; *tomar em* ~ tekintetbe vesz **3.** megbecsülés, tisztelet; tekintély; *de* ~ tekintélyes, jelentős; *com toda a* ~ őszinte tisztelettel *v* nagyrabecsüléssel; *ter* ~ *a* v *por* nagyra becsül **4.** *considerações, tb* indítékok, okok; *por considerações personais* személyi okokból

considerado [ko^{n}szidiràdu] *mn* nagyra becsült

considerando [ko^{n}szidirö^{n}ndu] **I.** *fn, m jog* indokolás **II.** *hat:* ~ *que* tekintettel arra, hogy

considerar [ko^{n}szidiràr] *1/13 ts* **1.** megfontol, meggondol **2.** figyelembe *v* tekintetbe vesz **3.** nagyra becsül, tisztel

considerável [ko^{n}szidiràvèl] *mn* jelentékeny, tekintélyes; jelentős

consignação [ko^{n}szignöszö^{n}u] *f* **1.** letétbe helyezés **2.** (pénz)átutalás **3.** feljegyzés

consignar [ko^{n}szignàr] *1/1 ts* **1.** letétbe helyez; megőrzésre átad **2.** bizományba ad **3.** átutal (pénzt) **4.** feljegyez; jegyzékbe felvesz

consignatário [ko^{n}szignötàrju] *m* **1.** címzett (áruszállításnál) **2.** bizományos

consigo [ko^{n}szigu] *névm* **1.** (ön)magával, (ön)magánál; *levar* v *trazer* ~ magával visz, nála van **2.** önnel; önnél; önökkel, önöknél; *isso não é* ~ **a)** ez nem tartozik önre **b)** ez nem vonatkozik önre

consistência [ko^{n}sziste^{n}szjö] *f* **1.** alkat; állag; álladék **2.** szilárdság, tartósság

consistente [ko^{n}sziste^{n}nt] *mn* **1.** vmiből álló (*em*) **2.** szilárd, tartós

consistir [ko^{n}szistir] *3/1 tl* áll *v* összetevődik vmiből (*em*)

consoada [ko^{n}szuàdö] *f* **1.** könnyű (böjti) vacsora **2.** karácsonyesti vacsora **3.** karácsonyi ajándék

consoante [ko^{n}szuö^{n}nt] **I.** *mn* **1.** összecsengő, rímelő **2.** vminek megfelelő (*a*) **II.** *fn, f* mássalhangzó **III.** *vsz* alapján, értelmében, szerint

consoar [ko^{n}szuàr] *1/8 tl* **I.** összecseng; rímel **II.** karácsonyesti *v* böjti könnyű vacsorát eszik

consola [ko^{n}szòlö] *f ép* gyámkő, tartópillér

consolação [ko^{n}szulöszö^{n}u] *f* vígasz

consolador *m*, **-a** *f* [ko^{n}szulödor(ö)] *mn* és *fn* vígasztaló

consolar [ko^{n}szulàr] *1/15* **I.** *ts* (meg)vígasztal **II.** **~-se** (meg)vígasztalódik

consolidação [ko^{n}szulidöszö^{n}u] *f* konszolidáció, megszilárdítás; megszilárdulás

consolidar [ko^{n}szulidàr] *1/1* **I.** *ts* megszilárdít, megerősít (*átv* is) **II.** **~-se** megszilárdul

consolo [ko^{n}szolu] *m* **1.** vígasz **2.** = **consola**

consonância [ko^{n}szunö^{n}szjö] *f* összhang(zás), összecsengés; harmónia

consorciar [ko^{n}szurszjàr] *1/7* **I.** *ts* **1.** összeköt; egyesít **2.** összeházasít **II.** **~-se** *com* összeházasodik vkivel

consórcio [ko^{n}szòrszju] *m* **1.** *közg* konzorcium **2.** házasság

consorte [ko^{n}szòrt] *fn, m, f* házastárs; üzlettárs

conspícuo [ko^{n}spikvu] *mn* kiemelkedő, figyelemre méltó

conspiração [ko^{n}spirösző^{n}u] *f* összeesküvés
conspirador *m*, **-a** *f* [ko^{n}spirödor(ö)] *mn* és *fn* összeesküvő
conspirar [ko^{n}spiràr] *1/1 tl* összeesküvést sző
conspurcar [ko^{n}spurkàr] *1/2 ts* beszennyez
constância [ko^{n}stö^{n}szjö] *f* állhatatosság; szilárdság
constante [ko^{n}stö^{n}nt] *mn* **1.** állhatatos **2.** állandó, változatlan; szilárd
constar [ko^{n}stàr] *1/1 tl* **1.** áll vmiből (*de, em*) **2.** tudvalevő, ismeretes; *consta que* az a hír járja, hogy; *consta-nos que* tudomásunk van arról, hogy; *que me conste* tudomásom szerint
constatar [ko^{n}stötàr] *1/12 ts* megállapít
constelação [ko^{n}stilösző^{n}u] *f* csillagzat, csillagkép
constelado [ko^{n}stilàdu] *mn* csillagos; csillag alakú
constelar [ko^{n}stilàr] *1/13 ts* csillagokkal teleszór
consternação [ko^{n}stirnösző^{n}u] *f* megdöbbenés; megrőkönyödés
consternar [ko^{n}stirnàr] *1/13 ts* megdöbbent
constipação [ko^{n}stipösző^{n}u] *f* meghűlés; nátha
constipado [ko^{n}stipàdu] **I.** *mn* meghűlt **II.** *fn, m* meghűlés
constipar-se [ko^{n}stipàrszi] *1/1* meghűl, megfázik
constitucional [ko^{n}stituszjunàl] *mn* **1.** alkati, szervezeti **2.** alkotmányos
consituição [ko^{n}stituiszö^{n}u] *f* **1.** felállítás, létesítés **2.** kinevezés, beiktatás **3.** *pol* alkotmány **4.** *orv* testalkat, szervezet
constituinte [ko^{n}stitui^{n}nt] **I.** *mn* **1.** alkotó, összeállító **2.** *pol* alkotmányozó **II.** *fn*, **1.** *m, f* megbízó, meghatalmazó **2.** *m vegy* alkotóelem **3.** *f pol* alkotmányozó nemzetgyűlés
constituir [ko^{n}stituir] *3/6* **I.** *ts* **1.** (meg-) alkot, létesít, képez **2.** (fel)állít, szervez **3.** kinevez, megválaszt, megtesz vminek **II.** **~-se** **1.** megalakul, létrejön **2.** összetevődik vmiből (*de*)
constranger [ko^{n}strö^{n}zsér] *2/3 ts* kényszerít
constrangido [ko^{n}strö^{n}zsidu] *mn* **1.** kényszerült **2.** feszélyezett; kényelmetlen
constringir [ko^{n}stri^{n}zsir] *3/3 ts* összenyom, összeszorít
construção [ko^{n}struszö^{n}u] *f* **1.** építés, alkotás, (meg)tervezés **2.** építmény **3.** *nyelvt* mondat felépítése **4.** *geom* szerkesztés
construir [ko^{n}struir] *3/7 ts* **1.** (meg)épít, (meg)alkot, (meg)tervez **2.** *geom* (meg)szerkeszt
construtivo [ko^{n}strutivu] *mn* konstruktív, építő
construtor *m*, **-a** *f* [ko^{n}strutor(ö)] **I.** *mn* építő; *empresa ~a* építővállalat **II.** *fn, m* **1.** építőmester **2.** *tv*: *~ de imagens* képcső
consuetudinário [ko^{n}szvetudinàrju] *mn* szokásos; *direito ~* szokásjog
cônsul *m* (*tb*: *cônsules*), **consulesa** *f* [ko^{n}szul, -ézö] *fn* konzul; *~ adjunto* alkonzul
consulado [ko^{n}szulàdu] *m* konzulátus
consular [ko^{n}szulàr] *mn* konzuli
consulta [ko^{n}szultö] *f* **1.** tanácskérés **2.** tanácsadás **3.** *orv* rendelés; *horas de ~* rendelés ideje; *marcar uma ~* bejelenti magát az orvosnál **4.** *isk* konzultáció; *obra de ~* kézikönyv
consultar [ko^{n}szultàr] *1/1* **I.** *ts* **1.** tanácsot kér vkitől **T**, megkérdez; *~ a almofada* v *o travesseiro* alszik rá egyet; *~ o espelho* megnézi magát a tükörben **2.** tanácsot ad vkinek **T** **II.** *tl* tanácskozik
consultivo [ko^{n}szultivu] *mn* tanácsadó
consultório [ko^{n}szultòrju] *m* **1.** *~ (médico)* orvosi rendelő **2.** *~ jurídico* jogi tanácsadás
consumação [ko^{n}szumösző^{n}u] *f* **1.** befejezés; teljesülés **2.** **B** (vendéglői) fogyasztás
consumado [ko^{n}szumàdu] *mn* **1.** befejezett; teljes, tökéletes **2.** tapasztalt, ügyes
consumar [ko^{n}szumàr] *1/1 ts* befejez; véghezvisz; végrehajt
consumição [ko^{n}szumiszö^{n}u] *f* **1.** szenvedés, gyötrelem **2.** **B** bosszúság, gond
consumidor *m*, **-a** *f* [ko^{n}szumidor(ö)] *mn* és *fn* fogyasztó
consumir [ko^{n}szumir] *3/12* **I.** *ts* **1.** fogyaszt, elfogyaszt **2.** elpusztít,

tönkretesz 3. *átv* felőröl, gyötör, epeszt II. **~-se** emészti magát, eped, gyötrődik

consumo [ko^{n}szumu] *m* fogyasztás; *artigos* v *bens de ~* fogyasztási cikkek *v* javak

consumpção [ko^{n}szu^{n}szö^{n}u] *f orv* sorvadás

conta [ko^{n}ntö] *f* **1.** számla; *~ corrente* folyószámla; *à ~, por ~* akontó, törlesztésre; *à ~ de* vkinek a számlájára; *a ~ está certa* a számla egyezik; *apurar* v *liquidar as ~s* kiegyenlíti *v* kifizeti a számlákat **2.** számadás **3.** megbecsülés, tekintély; *de ~* számottevő, tekintélyes **4.** számolás; *sem ~* számtalan; *não tem ~* se szeri, se száma; **5.** *vall* rózsafűzér szeme; **6.** *szól: a ~, se faz favor!* fizetek! *isso não é da sua ~* ez nem tartozik önre; *por minha ~* **a)** az én számlám terhére **b)** részemről; ami engem illet; *deixe isso por minha ~* ezt bízza csak rám! *cair* v *dar na ~* figyel, ügyel, óvatos; *dar ~(s) de* számot ad vmiről; *dar boa ~ de si* jól állja meg a helyét; *dar má ~ de si* felsül; *entrar em ~* számításba jön, szerepet játszik; *errar a ~* elszámítja magát; *fazer ~* elszámol, leszámol; *fazer a ~ de* kiszámít vmit; *fazer de ~ que* úgy veszi, mintha; feltételezi, hogy; *ficar muito em ~* jutányos, olcsó; *incluir* v *meter na ~* felszámít, számláz; *levar* v *tomar em ~* számításba vesz vmit, számol vmivel **T**; *deixar de levar em ~* mellőz, nem vesz számításba; *pedir ~a* számon kér; *prestar ~s de* számot ad vmiről, elszámol vmivel; *ter em boa ~* jó véleménnyel van vkiről **T**; *ter em muita ~* nagyra becsül; *sem ter em ~ que* tekintet nélkül arra, hogy; *tomar ~ de* ügyel *v* vigyáz vkire *v* vmire, gondoskodik vkiről *v* vmiről; *a cólera tomou ~ dele* elfogta a düh; *vamos a ~s* térjünk a lényegre! *vender em ~* olcsón adja

contabilidade [ko^{n}ntöbilidàd] *f* könyvvitel, könyvelés; *escritório de ~* **B** könyvelési iroda

contabilista [ko^{n}ntöbilistö] *fn* könyvelő

contacto [ko^{n}ntàtu] *m* **1.** kapcsolat, összeköttetés, érintkezés; *por-se em ~ com* kapcsolatba lép vkivel; *ter ~ com* kapcsolatban áll vkivel **2.** *vill* érintkezés

contado [ko^{n}ntàdu] *mn* megszámolt; *de ~* azonnal; *pagamento de ~* készpénzfizetés

contador [ko^{n}ntödor] *m* **1.** villanyóra, gázóra, mérő **2.** számvizsgáló; könyvelő

contadoria [ko^{n}ntöduriö] *f* számvevőség

contagiar [ko^{n}ntözsjàr] *1/7 ts* megfertőz

contágio [ko^{n}ntàzsju] *m* fertőzés

contagioso [ko^{n}tözsjozu] *mn* fertőző

conta-gotas [ko^{n}ntögotös] *m* cseppentő

contaminação [ko^{n}ntöminöszö^{n}u] *f* **1.** szennyeződés **2.** *nyelvt* szóalakvegyülés

contaminar [ko^{n}ntöminàr] *1/1 ts* megfertőz, beszennyez

contanto que [ko^{n}tö^{n}ntuki] *ksz* amennyiben; feltéve, hogy

conta-quilómetros [ko^{n}ntökilòmitrus] *m* kilométer-mutató

contar [ko^{n}ntàr] *1/1* **I.** *ts* **1.** számol, kiszámol, megszámol; *~ pelos dedos* ujjain megszámolja; *ele está com os dias contados* napjai meg vannak számlálva **2.** felsorol **3.** elmond, előad, elmesél; *~ por miúdo* részletesen beszámol; *conta-se* azt mondják, azt beszélik; *vá ~ isso a outro!* mesélje ezt másnak! **4.** szándékozik vmit megtenni **II.** *tl ~ com* számol vmire *v* vmivel, számít vkire; *conte comigo* számíthat rám; *isso não conta* az nem számít!

contemplação [ko^{n}nte^{n}mplöszö^{n}u] *f* szemlélődés; elmélkedés

contemplar [ko^{n}nte^{n}mplàr] *1/1* **I.** *ts* **1.** szemlél; megfigyel **2.** *~ com* megajándékoz, kitüntet vmivel **II.** *tl* elmélkedik **III.** **~-se** megnézi magát (tükörben)

contemplativo [ko^{n}nte^{n}mplötivu] *mn* szemlélődő; elmélkedő

contemporâneo [ko^{n}nte^{n}mpurönyu] **I.** *mn* egykorú **II.** *fn* kortárs

contemporizar [ko^{n}nte^{n}mpurizàr] *1/1 tl ~ com* megalkuszik vmivel, alkalmazkodik vmihez

contenção [ko^{n}nte^{n}nszöu] *f* viszály

contencioso [ko^{n}nte^{n}szjozu] **I.** *mn* vitás, peres **II.** *fn, m* jogügyi osztály; jogtanácsosi iroda

contenda [ko^{n}nte^{n}ndö] *f* viszály, harc; veszekedés

contender [ko^{n}nte^{n}ndér] *2/1 tl* **1.** viszálykodik; harcol **2.** vitatkozik, perlekedik **3.** *sp* vetélkedik
contentamento [ko^{n}nte^{n}ntöme^{n}ntu] *m* **1.** megelégedés **2.** öröm; boldogság
contentar [ko^{n}nte^{n}ntàr] *1/1* **I.** *ts* kielégít; *difícil de* ~ nehezen kielégíthető **II.** ~**-se** *de, em, com* megelégszik vmivel
contente [ko^{n}nte^{n}nt] *mn* **1.** megelégedett **2.** vidám, örvendő, boldog; *de* ~ örömében
contento [ko^{n}nte^{n}ntu] *m* megelégedés; *a* ~ *de* vkinek a megelégedésére *v* kívánsága szerint
contentor [ko^{n}nte^{n}ntor] *m műsz* konténer, szállítótartály
conter [ko^{n}ntér] *2/23* **I.** *ts* **1.** tartalmaz, magában foglal, felölel **2.** visszatart, féken tart **II.** ~**-se** türtőzteti magát
contérmino [ko^{n}ntèrminu] **I.** *mn* határos **II.** *fn, m* határ
conterrâneo [ko^{n}ntirrönyu] *mn* és *fn* földi
contestação [ko^{n}ntistöszö^{n}u] *f* **1.** pereskedés; vita **2.** ellenkezés; ellenzés **3.** válasz, felelet
contestado [ko^{n}ntistàdu] *mn* vitatott
contestar [ko^{n}ntistàr] *1/13* **I.** *ts* **1.** vitat, kétségbe von **2.** ellenez, ellentmond **3.** *jog* tanúkkal igazol **II.** *tl* ellenkezik
contestatário [kontistötàrju] *fn* pereskedő; vitázó
contestável [ko^{n}ntistàvèl] *mn* vitatható
conteúdo [ko^{n}ntyudu] *m* tartalom
contexto [ko^{n}ntéstu] *m* összefüggés
contextura [ko^{n}ntisturö] *f* **1.** szövedék; felépítés **2.** gondolatmenet
contigo [ko^{n}ntigu] *névm* veled; nálad
contíguo [ko^{n}ntigvu] *mn* szomszédos
continência [ko^{n}ntine^{n}szjö] *f* **1.** önmegtartóztatás **2.** *kat:* ~ *militar* tisztelgetadás, tisztelgés; *fazer* ~ tiszteleg
continental [ko^{n}ntine^{n}ntàl] *mn* kontinentális, szárazföldi
continente [ko^{n}ntine^{n}nt] **I.** *mn* önmegtartóztató **II.** *hat: em* ~ azonnal, legott **III.** *fn, m* kontinens, szárazföld; *Antigo* ~ óvilág; *Novo* ~ újvilág
contingência [ko^{n}nti^{n}zse^{n}szjö] *f* **1.** eshetőség; véletlen **2.** bizonytalanság
contingenciamento [ko^{n}nti^{n}zse^{n}szjöme^{n}ntu] *m ker* kontingentálás, mennyiségi korlátozás
contingente [ko^{n}nti^{n}zse^{n}nt] **I.** *mn* esetleges, lehetséges; bizonytalan **II.** *fn, m* **1.** kontingens, arányos rész; felső keret (létszámé, árué) **2.** *kat* osztag
continuação [ko^{n}ntinuöszö^{n}u] *f* folytatás
continuar [ko^{n}ntinuàr] *1/9* **I.** *ts* folytat **II.** *tl* folytatódik, tovább tart; *a* ~, *continua* folytatása következik; ~ *acordado* még ébren van; *continua a chover* még mindig esik; ~ *doente* még mindig beteg; *continua sem dinheiro* még mindig nincs pénze
continuidade [ko^{n}ntinuidàd] *f* folytonosság
contínuo [ko^{n}ntinuu] **I.** *mn* folytonos; folytatólagos, *de* ~ **a)** azonnal, legott **b)** folytonosan, állandóan **II.** *fn, m* **1.** hivatali segéderő, kifutó **2.** portás; *isk* pedellus
contista [ko^{n}ntistö] *fn* elbeszélő; mesemondó
conto [ko^{n}ntu] *m* **1.** elbeszélés; ~ *de fada* (tündér)mese; ~ *da velha* dajkamese **2.** üres duma; hazugság **3.** ~ (*de reis*) conto (= 1000 escudo) **4.** lándzsavég; bot vége **5.** *um* ~ *de ovos* húsz tucat tojás **6.** *sem* ~ számtalan
contorção [ko^{n}nturszö^{n}u] *f* **1.** kicsavarodás **2.** fintor
contorcer [ko^{n}nturszér] *2/2* **I.** *ts* **1.** kicsavar **2.** eltorzít **II.** ~**-se** vonaglik
contornar [ko^{n}nturnàr] *1/15 ts* **1.** körüljár; megkerül **2.** körvonalaz **3.** elferdít, eltorzít
contorno [kontornu] *m* **1.** kontúr, körvonal **2.** határvonal, periféria **3.** *átv* csiszolás, szépítés (stílusé)
contra [ko^{n}ntrö] **I.** *vsz* ellen; szemben; ~ *a mão* a menetiránnyal szemben; ~ *a vontade* akarata ellen(ére) **II.** *hat* ellene **III.** *fn, m* vminek az ellenkezője; ellenérv; hátrány; *dar o* ~ ellenez; ellenkezik; *isso não tem* ~ semmit sem lehet szólni ellene
contra-acusação [ko^{n}ntràkuzöszö^{n}u] *f* ellenvád
contra-almirante [ko^{n}ntràlmirö^{n}nt] *m* ellentengernagy
contra-ataque [ko^{n}ntràtàk] *m* ellentámadás
contrabaixo [ko^{n}ntröbàjsu] *m zene* kontrabasszus, nagybőgő
contrabalançar [ko^{n}ntröbölö^{n}szàr] *1/3 ts* ellensúlyoz

contrabandear [ko^{n}ntröbö^{n}ngyàr] *1/5 ts* csempészik
contrabandista [ko^{n}ntröbö^{n}ndistö] *fn* csempész
contrabando [ko^{n}ntröbö^{n}ndu] *m* **1.** csempészet; *de* ~ lopva, titokban **2.** csempészáru
contracapa [ko^{n}ntrökàpö] *f nyomd* hátsó fedőlap
contracção [ko^{n}ntröszö^{n}u] *f* **1.** összehúzódás **2.** *nyelvt* összevonás
contracena [ko^{n}ntröszénö] *f* (a színpad hátterében folyó) mellékcselekmény
contracifra [ko^{n}ntröszifrö] *f* titkosírás kulcsa, kódkulcs
contráctil [ko^{n}ntràktil] *mn* összehúzható
contradição [ko^{n}ntrödiszö^{n}u] *f* ellentmondás; *cair em* ~ ellentmondásokba keveredik
contradita [ko^{n}ntröditö] *f jog* kifogás; ellenvélemény
contraditar [ko^{n}ntröditàr] *1/1 ts* ellentmond; tagad
contraditor *m*, **-a** *f* [ko^{n}ntröditor(ö)] *mn* ellentmondó
contraditória [ko^{n}ntröditòrjö] *f* ellentét; ellentmondás
contraditório [ko^{n}ntröditòrju] *mn* ellentmondó
contradizer [ko^{n}ntrödizér] *2/12 ts* ellentmond vminek **T**, meghazudtol
contraente [ko^{n}ntröe^{n}nt] **I.** *mn* szerződő **II.** *fn* szerződő fél
contra-espionagem [ko^{n}ntröispjunàzsö^{n}j] *f* kémelhárítás
contrafacção [ko^{n}ntröfàszö^{n}u] *f* utánzás; hamisítás
contrafactor [ko^{n}ntröfàtor] *m* utánzó; hamisító
contrafazer [ko^{n}ntröfözér] *2/13 ts* utánoz; hamisít
contrafé [ko^{n}ntröfè] *f jog* idézés
contrafeito [ko^{n}ntröféjtu] *mn* **1.** utánzott, hamisított **2.** kényszeredett, kelletlen
contraforte [ko^{n}ntröfòrt] *m* **1.** *ép* támfal **2.** *földr* előhegység
contra-indicação [ko^{n}ntröi^{n}ndiköszö^{n}u] *f orv* ellenjavallat
contra-indicar [ko^{n}ntröi^{n}ndikàr] *1/2 ts orv* ellenjavall
contrair [ko^{n}ntröir] *3/22* **I.** *ts* **1.** összehúz **2.** szerez (barátokat, betegséget) **3.** *szól:* ~ *dívidas* adósságokat csinál; ~ *uma doença* megbetegszik; ~ *casamento* v *matrimónio com* házasságot köt vkivel **II.** ~**-se** összehúzódik, összezsugorodik
contralto [ko^{n}ntràltu] *m zene* kontraltó, mély alt
contramarca [ko^{n}ntrömàrkö] *f* **1.** *ker* ellenjelzés **2.** *szính* visszatérőjegy
contramestre [ko^{n}ntrömèstr] *m* művezető
contraminar [ko^{n}ntröminàr] *1/1 ts* **1.** *kat* ellenaknát helyez el **2.** *átv* meghiusít; „megfúr", „megtorpedóz"
contramuro [ko^{n}ntrömuru] *m ép* támaszfal
contra-ordem [ko^{n}ntröòrdö^{n}j] *f* ellenparancs
contrapartida [ko^{n}ntröpörtidö] *f* **1.** *ker* ellentétel **2.** ellenszolgáltatás; *em* ~ cserében, viszonzásképpen
contrapelo [ko^{n}ntröpélu] *m: a* ~ szőr ellenében; fonákul
contrapesar [ko^{n}ntröpizàr] *1/13 ts* ellensúlyoz
contrapeso [ko^{n}ntröpézu] *m* ellensúly
contraponto [ko^{n}ntröpo^{n}ntu] *m zene* ellenpont
contrapor [ko^{n}ntröpor] *2/17 ts* szembeállít, összehasonlít
contraposição [ko^{n}ntröpuziszö^{n}u] *f* szembeállítás
contraproducente [ko^{n}ntröpruduszе^{n}nt] *mn* ellenkező hatást kiváltó; *factor* ~ ellenható tényező
contraprova [ko^{n}ntröpròvö] *f* **1.** ellenpróba **2.** *jog* ellenbizonyítás **3.** *nyomd* második korrektúra
contra-regra [ko^{n}ntrörrègrö] *m szính* ügyelő
contra-revolução [ko^{n}ntrörivuluszö^{n}u] *f* ellenforradalom
contra-revolucionário [ko^{n}ntrörivuluszjunàrju] **I.** *mn* ellenforradalmi; *actividades* ~*as* ellenforradalmi tevékenység; **II.** *fn* ellenforradalmár
contrariador *m*, **-a** *f* [ko^{n}ntröjödor(ö)] *mn* és *fn* ellenző
contrariar [ko^{n}ntrörjàr] *1/7* **I.** *ts* **1.** ellentmond, ellenez **2.** vkinek akarata ellen cselekszik **3.** gátol, akadályoz **4.** ingerel, bosszant **II.** ~**-se** önmagának ellentmond
contrariedade [ko^{n}ntrörjidàd] *f* **1.** ellentétesség **2.** bosszúság, kellemetlenség

contrário [ko^{n}ntràrju] I. *mn* ellenkező; ellentétes II. *fn*, *m* 1. vminek az ellenkezője; ellentét; *ao* v *pelo* ~ ellenkezőleg; *do* ~ máskülönben 2. *sp* ellenfél

contra-safra [ko^{n}ntröszàfrö] *f* gyenge termést hozó év

contra-senha [ko^{n}ntröszènyö] *f* 1. *kat* jelszó 2. (tömbben maradó) ellenszelvény

contra-senso [ko^{n}ntröszè^{n}szu] *m* abszurdum; értelmetlenség

contrastar [ko^{n}ntröstàr] *1/12* I. *ts* 1. ellenez 2. ellenőriz; hitelesít (nemesfémet) II. *tl* ~ *com* ellentétben áll, ellenkezik vmivel

contrastaria [ko^{n}ntröstöriö] *f* (mérték-) hitelesítő hivatal

contraste [ko^{n}ntràst] *m* 1. kontraszt, éles ellentét 2. szembeállítás 3. hitelesítés; *marca de* ~ fémjelzés 4. ~*s da fortuna* sorscsapások

contratado [ko^{n}ntrötàdu] *mn* szerződtetett; *professor* ~ megbízott tanár

contratador *m*, **-a** *f* [ko^{n}ntrötödor(ö)] *fn* 1. üzletkötő 2. jegyárus

contratante [ko^{n}ntrötö^{n}nt] *mn* és *fn* szerződő (fél)

contratar [ko^{n}ntrötàr] *1/12 ts* 1. szerződést köt 2. szerződtet

contratempo [ko^{n}ntröte^{n}mpu] *m* baj, kellemetlenség; *a* ~ rosszkor; *sofrer um* ~ kellemetlenség éri

contratista [ko^{n}ntrötistö] *fn* vállalkozó

contrato [ko^{n}ntràtu] *m* szerződés; ~ *colectivo de trabalho* kollektív munkaszerződés; *fechar* ~ szerződést köt

contratorpedeiro [ko^{n}ntröturpidéjru] *m* torpedóromboló

contratual [ko^{n}ntrötuàl] *mn* szerződésszerű, szerződésbe foglalt

contravenção [ko^{n}ntröve^{n}szö^{n}u] *f* szabálysértés; kihágás

contraveneno [ko^{n}ntrövinénu] *m* ellenméreg

contravento [ko^{n}ntröve^{n}ntu] *m* 1. ellenszél 2. szélfogó

contraventor *m*, **-a** *f* [ko^{n}ntröve^{n}ntor(ö)] *fn* szabálysértést elkövető személy

contravir [ko^{n}ntrövir] *3/23 ts* szabálysértést *v* kihágást követ el

contribuição [ko^{n}ntribuiszö^{n}u] *f* 1. hozzájárulás 2. adó; adózás

contribuinte [ko^{n}ntribui^{n}nt] *mn* és *fn* adózó, adófizető

contribuir [ko^{n}ntribuir] *3/6 tl* 1. hozzájárul vmihez (*a*) 2. adózik

contributário [ko^{n}ntributàrju] *mn* és *fn* adózó, adófizető

contrição [ko^{n}ntriszö^{n}u] *f* töredelem; bűnbánat

contristar [ko^{n}ntristàr] *1/1 ts* elszomorít

contrito [ko^{n}ntritu] *mn* bűnbánó

controlar [ko^{n}ntrulàr] *1/15 ts* ellenőriz

controle, controlo [ko^{n}ntrol, -u] *m* 1. ellenőrzés; ~ *dos passaportes* útlevélvizsgálat 2. szabályozás; irányítás; vezérlés; ~ *à distância* távvezérlés; ~ *do tom* hangszabályozás; *perder o* ~ *do veiculo* elveszti az uralmat a gépkocsi fölött

controvérsia [ko^{n}ntruvèrszjö] *f* vita; vitatkozás

controverso [ko^{n}ntruvèrszu] *mn* vitatott, vitás

controvertido [ko^{n}ntruvirtidu] *mn* = **controverso**

contudo [ko^{n}ntudu] *ksz* mégis; ennek ellenére

contumácia [ko^{n}ntumàszjö] *f* 1. makacsság 2. *jog* vádlott meg nem jelenése bíróság előtt

contumaz [ko^{n}ntumàs] *mn* makacs

contumélia [ko^{n}ntumèljö] *f* sértés, gyalázás

contumelioso [ko^{n}ntumiljozu] *mn* sértő, gyalázó

contundente [ko^{n}ntu^{n}nde^{n}nt] *mn* zúzó, zúzódást előidéző

contundir [ko^{n}ntu^{n}ndir] *3/1* I. *ts* bezúz, összezúz II. ~**-se** *sp* B megsérül

conturbador *m*, **-a** *f* [ko^{n}nturbödor(ö)] fn 1. rendzavaró; 2. lázító; hőbörgő

conturbar [ko^{n}nturbàr] *1/1 ts* 1. megzavar 2. lázít; hőbörög

contusão [ko^{n}ntuzö^{n}u] *f* zúzódás; zúzott seb

contuso [ko^{n}ntuzu] *mn* zúzott

convalescença [ko^{n}völis-sze^{n}szö] *f* lábadozás; *estar em* ~ lábadozik

convalescente [ko^{n}völis-sze^{n}nt] *mn* és *fn* lábadozó

convalescer [ko^{n}völis-szér] *2/2 tl* lábadozik

convenção [ko^{n}ve^{n}szö^{n}u] *f* egyezmény, megállapodás

convencer [ko^{n}ve^{n}szér] *2/2* I. *ts* meggyőz,

rábeszél; **II.** **~-se** *de* meggyőződik vmiről
convencimento [ko^{n}ve^{n}szime^{n}ntu] *m* **1.** meggyőződés **2.** *nép* beképzeltség
convencional [ko^{n}ve^{n}szjunàl] *mn* **1.** megegyezés szerinti **2.** hagyományos, szokásos; szabványos
convencionar [ko^{n}ve^{n}szjunàr] *1/15* **I.** *ts* megállapodik vmiben **T II.** **~-se** megegyezésre jut
conveniência [ko^{n}vinye^{n}szjö] *f* **1.** illem, illendőség **2.** megegyezés; *matrimónio de ~* érdekházasság **3.** megfelelés; kényelem **4.** előny, haszon; *por ~* célszerűségi okokból; *por ~ própria* saját érdekében
conveniente [ko^{n}vinye^{n}nt] *mn* **1.** illő, illendő **2.** megfelelő; alkalmas; *entender ~* megfelelőnek tart **3.** előnyös, hasznos
convénio [ko^{n}vènyu] *m* egyezmény, megállapodás
conventículo [ko^{n}ve^{n}ntikulu] *m* titkos összejövetel
convento [ko^{n}ve^{n}ntu] *m* kolostor
conventual [ko^{n}ve^{n}ntuàl] *mn* kolostori
convergência [ko^{n}virzse^{n}szjö] *f geom* konvergencia, összehajlás, összetartás
convergente [ko^{n}virzse^{n}nt] *mn geom* összehajló, összetartó, egybefutó; *lente ~* konvergens gyűjtőlencse
convergir [ko^{n}virzsir] *3/3, 3/8 tl* **1.** összehajlik, összetart **2.** közös célra törekszik
conversa [ko^{n}vèrszö] *f* **1.** beszélgetés, társalgás; *~ fiada, átv* szalmacséplés; *mudar de ~* másra tereli a szót; *ser de poucas ~s* szűkszavú **2.** megbeszélés
conversação [ko^{n}virszöszö^{n}u] *f* = **conversa**
conversada [ko^{n}virszàdö] *f* vkinek a kedvese
conversadeira [ko^{n}virszödéjrö] *f* pletykafészek (személy)
conversador *m*,**-a** *f* [ko^{n}virszödor(ö)] *fn* társalgó (személy)
conversão [ko^{n}virszö^{n}u] *f* **1.** átalakulás **2.** átváltás (pénzneme) **3.** *vall* megtérés
conversar [ko^{n}virszàr] *1/13 tl* **1.** beszélget, társalog, elcseveg **2.** érintkezik vkivel
conversível [ko^{n}virszivèl] *mn* = **convertível**
converter [ko^{n}virtér] *2/7* **I.** *ts* **1.** átváltoztat **2.** *vall* megtérít **II.** **~-se** **1.** átváltozik **2.** *pol* átáll
convertível [ko^{n}virtivèl] *mn* **1.** *ker* konvertibilis **2.** átváltoztatható; elcserélhető
convés [ko^{n}vés] *m haj* fedélzet
convexidade [ko^{n}vèkszidàd] *f* domborúság
convexo [ko^{n}vèkszu] *mn* domború
convicção [ko^{n}vikszö^{n}u] *f* meggyőződés
convicto [ko^{n}viktu] *mn* **1.** meggyőződött; *estou ~ de que* meggyőződésem, hogy **2.** *jog: réu ~* elítélt bűnös
convidado [ko^{n}vidàdu] *fn* meghívott vendég
convidar [ko^{n}vidàr] *1/1 ts* **1.** meghív (vendégségbe) **2.** felhív, felszólít
convidativo [ko^{n}vidötivu] *mn* hivogató, csalogató
convincente [ko^{n}vi^{n}sze^{n}nt] *mn* meggyőző
convir [ko^{n}vir] *3/23 tl* **1.** megegyezésre jut; *convenhamos que* maradjunk abban, hogy **2.** megfelel, alkalmas; *não me convém* nem felel meg nekem **3.** kell; illik; *como convém* ahogy kell, ahogy illik; *convém notar que* meg kell jegyezni, hogy; *convém saber* tudni kell; *há-de ~ que* meg kell hagyni, hogy
convite [ko^{n}vit] *m* **1.** meghívás **2.** felhívás, felkérés; *a ~ de* vkinek a felkérésére
conviva [ko^{n}vivö] *fn* asztaltárs, vendég
convivência [ko^{n}vive^{n}szjö] *f* **1.** együttélés **2.** bensőséges barátság
conviver [ko^{n}vivér] *2/1 tl* **1.** együtt él vkivel **2.** érintkezik, kapcsolatot tart fenn vkivel
convívio [ko^{n}vivju] *m* **1.** együttélés; *salão de ~* közös társalgó **2.** ünnepi lakoma
convocação [ko^{n}vuköszöu] *f* **1.** összehívás, meghívás **2.** felhívás, felszólítás **3.** *kat* behívás
convocatória [ko^{n}vukötòrjö] *f* **1.** meghívó (körlevél) **2.** *kat* behívó
convosco [ko^{n}vosku] *névm* veletek; nálatok
convulsão [ko^{n}vulszö^{n}u] *f* **1.** rángatózás; görcs **2.** *pol* forradalmi változás, fordulat
convulsionar [ko^{n}vulszjunàr] *1/15* **I.** *ts* **1.** görcsösen rángat **2.** *átv* felforgat **II.** **~-se** begörcsöl

convulsivo [ko^{n}vulszivu] *mn* görcsös
convulso [ko^{n}vulszu] *mn* 1. görcsökben vonagló 2. eltorzult
coonestar [kuunistàr] *1/13 ts átv* kendőz, szépít, kozmetikáz
cooperação [kuupiröszö^{n}u] *f* együttműködés; közreműködés
cooperador *m*, **-a** *f* [kuupirödor(ö)] I. *mn* közreműködő II. *fn* munkatárs
cooperar [kuupiràr] *1/13 tl* együttműködik; segédkezik
cooperativa [kuupirötivö] *f* szövetkezet
cooperativismo [kuupirötivizsmu] *m* szövetkezeti rendszer
cooperativo [kuupirötivu] *mn* 1. együttműködő 2. szövetkezeti
coordenação [kuurdinöszö^{n}u] *f* 1. egymás mellé rendelés; elrendezés 2. *nyelvt* mellérendelés
coordenadas [kuurdinàdös] *f tb mat* koordináták
coordenador *m*, **-a** *f* [kuurdinödor(ö)] *mn* és *fn* elrendező; egyeztető; *comissão ~a* egyeztető bizottság
coordenar [kuurdinàr] *1/13 ts* egymás mellé rendel; elrendez
coordenativo [kuurdinötivu] *mn* mellérendelő
coorte [kuòrt] *f* sereg
cop. = *cópia* másolat
copa [kòpö] *f* 1. tálaló (szekrény és helység) 2. talpas pohár 3. fakorona 4. kalap teteje, tomp 5. *ját kártya: ~s* kőr; *fechar-se em ~s, nép* egy kukkot sem szól
copada [kòpàdö] *f* pohárnyi
copado [kupàdu] *mn* lombos; sűrű
copar [kupàr] *1/1* I. *ts* 1. megnyír (fát, füvet) 2. hajat kurtít, stuccol II. *tl*, III. **~-se** ágakat hajt, lombosodik
co-participar [kupörtiszipàr] *1/1 tl* másokkal részesedik
co-patrocinar [kupötruszinàr] *1/1 ts* másokkal együtt patronál *v* támogat
COPCON = *Comando de Operações do Continente*
copé [kopè] *m* **B** szalmakunyhó
copeira [kòpéjrö] *f* 1. pohárszék 2. tálaló 3. pincérnő
copeiro [kòpéjru] *m* 1. pohárszék 2. (italokat felszolgáló) pincér
Copenhaga [kupènàgö] *f* Koppenhága
cópia [kòpjö] *f* I. 1. másolat; *tirar uma ~ de* másolatot készít vmiről 2. utánzat II. bőség, sokaság
copiador *m*, **-a** *f* [kupjödor(ö)] *fn* 1. másoló (személy, eszköz) 2. átírókönyv
copiadora [kupjödorö] *f* másológép
copiar [kupjàr] *1/7 ts* 1. (le)másol, másolatot készít 2. átír 3. utánoz
co-pilota [kupilòtö] *m* másodpilóta
copiógrafo [kupjògröfu] *m nyomd* stencil
copioso [kupjozu] *mn* bőséges, gazdag
copirraite [kopirràjt] *m* copyright, kiadói jog
copista [kupistö] *fn* 1. másoló 2. utánzó 3. *nép* részeges alak
copla [kòplö] *f* dalocska; versike
copo [kòpu] *m* 1. pohár; serleg; *um ~ de água* egy pohár víz; *~ de pé* talpas pohár 2. *~s* kardmarkolat 3. *~ d'água* villásreggeli; (otthoni) büfé
cópula [kòpulö] *f* 1. összekapcsolás 2. nemi közösülés 3. *nyelvt* kopula
copular [kupulàr] *1/1* I. *ts* összekapcsol II. *tl* közösül
copulativo [kupulötivu] *mn* összekapcsoló
coque [kòk] *m* 1. koksz 2. *tréf* „barack" a fejre
coqueificar [kokéifikàr] *1/8 ts* kokszosít
coqueiro [kukéjru] *m* kókuszpálma
coqueluche [kokilus] *f* szamárköhögés
cor. = 1. *coroa* 2. *coronel*
cor[1] [kor] *f* 1. szín; arcszín; színezet; *~es inimigas* egymást ütő színek; *~ tirante a verde* zöldbe játszó szín; *~ viva* élénk szín; *de ~* színes 2. festék 3. *átv* külső; látszat; ürügy; *sob ~ de* vminek az ürügyén
cor[2] [kòr] *hat: de ~* könyv nélkül, betéve, fejből
cora [kòrö] *f* (ruha)kékítő; *fazer a ~* (ruhát) kékít
coração[1] [kuröszö^{n}u] *m* 1. szív; *com o ~ em festa* ujjongva; *do ~* szívből; szívesen; *de todo o ~* tiszta szívből; *abrir o ~ a* kiönti a szívét vkinek; *falar com o ~ nas mãos* nyíltan és őszintén beszél; *ter o ~ ao pé da boca* ami a szívén, az a száján; szókimondó 2. bátorság; *alargar o ~* újra nekibátorodik
coração[2] [kòröszö^{n}u] *f* 1. színezés; festés 2. (ruha)kékítés

corado [kòràdu] *mn* **1.** színes **2.** pirospozsgás **3.** elpirult, elvörösödött
coragem [kuràzsö^{n}j] *f* bátorság
corajoso [kurözsozu] *mn* bátor
coral[1] [kuràl] *m áll* korall
coral[2] [kuràl] **I.** *mn* kórus-, énekkari **II.** *fn, m:* (*canto*) ~ karmű, korál, (vallásos) ének
coraleiro [kurölèjru] *m* korallhalász
coralino [kurölinu] *mn* korallpiros
corante [kòrönt] **I.** *mn* színező; festő **II.** *fn, m* festék, festőanyag
corar [kòràr] *1/1* **I.** *ts* **1.** (kelmét) fest **2.** (fehérneműt) kékít **3.** *átv* szépítget **II.** *tl* elpirul
corbelha [kurbéljö] *f* (ajándék)kosár
corça [korszö] *f* őz
corcel [kurszèl] *m* paripa; csatamén
corcha [korsö] *f* fakéreg
corço [korszu] *m* őzbak
corcova [kurkòvö] *f* púp
corcovado [kurkuvàdu] *mn* **1.** púpos **2.** hajlított; görbe
corcovar [kurkuvàr] *1/15* **I.** *ts* hajlít, görbít **II.** *tl* (*ló*) bokkol **III.** **~-se** (meg)hajlik, (el)görbül
corcovear [kurkuvjàr] *1/5 tl* (*ló*) bokkol
corcovo [kurkovu] *m* bokkolás
corcunda [kurku^{n}ndö] *f* = **carcunda**
corda [kòrdö] *f* **1.** kötél; istráng; madzag; zsineg; ~ *reboque* vontatókötél; ~ *de cânhamo* kenderkötél; ~ *de pular, ját* ugrókötél **2.** húr; ~ *dorsal* gerinchúr; ~ *do arco* hegedűvonó *v* íj húrja; *instrumento de* ~ húros hangszer **3.** (óra)rugó; *dar* ~ *ao relógio* felhúzza az órát **4.** *szól:* ~ *d'água* szakadó eső; ~ *sensível, átv* érzékeny pont; *~s vocais* hangszalagok; *estar com a* ~ *na garganta* feje fölött összecsapnak a hullámok
cordame [kurdöm] *m haj* kötélzet
cordão [kurdö^{n}u] *m* **1.** zsinór; zsineg; ~ *de sapato* cipőzsinór **2.** *kat* kordon, zárólánc
cordato [kurdàtu] *mn* okos; józan
cordeiro [kurdéjru] *m* bárány
cordel [kurdèl] *m* zsineg; zsinór; spárga; *livros de* ~ (újságárusnál kapható) olcsó, népszerű könyvek; *romance de* ~ ponyvaregény
cordelhino [kurdiljinu] *m* bábokat rángató zsinór; *mexer os seus ~s* űzi kisded játékait
cordial [kurgyàl] **I.** *mn* szívélyes **II.** *fn, m* szíverősítő
cordialidade [kurgyölidàd] *f* szívélyesség
cordilheira [kurdiljéjrö] *f* hegylánc
cordoalha [kurduàljö] *f haj* kötélzet
cordoaria [kurduöriö] *f* kötélgyártó üzem
cordoeiro [kurduéjru] *m* kötélgyártó
cordovão [kurduvö^{n}u] *m* kordován, szattyánbőr
coreano [kurjönu] *mn* és *fn* koreai
corégono [kurègunu] *m áll* maréna
coreia [kuréjö] *f orv* vitustánc
Coreia [kuréjö] *f:* *a* ~ Korea; *a* ~ *do Norte* Észak-Korea; *a* ~ *do Sul* Dél-Korea
coreografia [kurjugröfiö] *f* koreográfia
coreógrafo [kurjògröfu] *m* koreográfus
coreto [kurétu] *m* zenepavilon
co-réu *m,* **co-ré** *f* [kurrèu, kurrè] *fn* vádlott-társ
coriáceo [kurjàszju] *mn* bőrkeménységű
corifeu [kuriféu] *m* korifeus; vezető egyéniség
coriscada [kuriskàdö] *f* villogás; villanás
coriscar [kuriskàr] *1/2 tl* villog; villan
corisco [kurisku] *m* villogás; villanás
corista [kuristö] *fn* karénekes
coriza [kurizö] *f* nátha
corja [kòrzsö] *f* csőcselék, banda
cornaca [kurnàkö] *m* elefántvezető
cornada [kurnàdö] *f* döfés szarvval
cornamusa [kurnömuzö] *f* duda
córnea [kòrnyö] *f* szaruhártya
cornear [kurnyàr] *1/5 ts* **1.** szarvával megsebesít **2.** *átv* felszarvaz
Cornélio [kurnèlju] *m* Kornél
córneo [kòrnyu] *mn* szarunemű; szarv alakú
córner [kòrnèr] *m sp* sarokrúgás
corneta [kurnétö] *f* kürt, trombita; ~ *acústica* hallócső
cornetada [kurnitàdö] *f* kürtjel
corneteiro [kurnitéjru] *m* kürtös, trombitás
cornetim [kurniti^{n}] *m zene* kornett; piszton
cornicho [kurnisu] *m áll* **1.** szarvacska **2.** csáp
cornija [kurnizsö] *f ép* párkányzat
corno [kornu] *m* **1.** szarv; ~ *da abundância* bőségszaru **2.** csáp **3.** *köz* felszarvazott férj
cornucópia [kurnukòpjö] *f* bőségszaru

cornudo [kurnudu] **I.** *mn* szarvakkal ellátott **II.** *fn, m:* ~*s* szarvasmarha
cornúpeto [kornupitu] **I.** *mn* szarvaival támadó **II.** *fn, m* bika
cornuto [kurnutu] *mn* **1.** = **cornudo** **2.** *raciocínio* ~ szarvasokoskodás, dilemma
coro [koru] *m* **1.** kórus, énekkar **2.** templomi karzat
coroa [kuroö] *f* **1.** korona **2.** koszorú; virágfűzér; ~ *radial* fénykoszorú, dicsfény; ~ *de louros* babérkoszorú **3.** hegycsúcs **4.** *vall* tonzúra
coroação [kuruöszö^{n}u] *f* **1.** (meg)koronázás **2.** megkoszorúzás
coroar [kuruàr] *1/8 ts* **1.** megkoronáz **2.** megkoszorúz **3.** *átv* befejez; betetőz
coroca [koròkö] *mn* **B** betegeskedő
corografia [kurugröfìö] *f földr* tájleírás
coroinha [koroinyö] *m* **B** ministráns
corola [kuròlö] *f növ* párta
coronel [kurunèl] *m* ezredes; ~*-piloto-aviador* repülőezredes
coronha [kuronyö] *f* puskatus
corpanzil [kurpö^{n}zil] *m* hatalmas test; behemót
corpete [kurpét] *m* **1.** melltartó **2.** fűző **3.** ruhaderék
corpinho [kurpinyu] *m* = **corpete**
corpo [korpu] *m* **1.** test; holttest; ~ *vítreo, orv* üvegtest; ~ *de delito* bűntárgy, bűnjel; *Corpo de Deus, vall* úrnapja; *combate* v *luta de* ~ *a* ~ közelharc, kézitusa; *de* ~ *e alma* szívvel-lélekkel; *bem feito de* ~ jó alakú; *tirar o* ~ *fora* dekkol, megbújik, lapul; *tomar* ~ testet ölt **2.** testület; együttes; ~ *gerente* igazgató tanács; **3.** vminek a főrésze, gerince; ~ *de exército* hadtest; ~ *da guarda* testőrcsapat, testőrség **4.** ruhaderék **5.** *nyomd:* betűnagyság
corporação [kurpurösző^{n}u] *f* testület; egyesület; céh
corporal [kurpuràl] *mn* testi
corporativo [kurpurötivu] *mn* korporatív, hivatásrendi, testületi
corpóreo [kurpòrju] *mn* testi
corpulência [kurpule^{n}szjö] *f* testesség
corpulento [kurpule^{n}ntu] *mn* testes
corpúsculo [kurpuskulu] *m* testecske
corr. = *corrente*
correagem [kurrjàzsö^{n}j] *f* szíjáru; szíjak
correame [kurrjàmi] *m* = **correagem**
correcção [kurrèszö^{n}ü] *f* **1.** (ki)javítás; helyreigazítás; *casa de* ~ javítóintézet **2.** korrekt magatartás, becsületesség
correccional [kurrèszjunàl] **I.** *mn* rendőrbírósági **II.** *fn, m* rendőrbíróság
correctivo [kurrètivu] **I.** *mn* javító **II.** *fn, m* **1.** javítás; enyhítés **2.** feddés; büntetés
correcto [kurrètu] *mn* **1.** hibátlan **2.** korrekt; kellő; helyes
corrector [kurrètor] *m* **1.** *nyomd* korrektor **2.** javítóintézeti nevelő
corredeira [kurridejrö] *f* **B** zuhatag, zuhogó
corrediça [kurridiszö] *f* **1.** csúsztatható alkatrész **2.** *szính* kulissza **3.** tolóablak **4.** elhúzható függöny
corrediço [kurridiszu] *mn* tolható, toló-; *laço* ~ lasszó, vetőhurok
corredor[1] *m,* **-a** *f* [kurridor(ö)] **I.** *mn* gyors (lábú) **II.** *fn sp* futó
corredor[2] [kurridor] *m* folyosó
correeiro [kurrjéjru] *m* szíjgyártó
corregedor [kurrizsidor] *m* **1.** *rég* legfőbb városi bíró **2.** *juiz* ~ ítélőbíró
córrego [kòrrigu] *m* **1.** csurgó; lefolyó **2.** mélyút, szurdok
correia [kurréjö] *f* szíj; ~ *transportadora* szállítószalag; ~ *trapezoidal* v *de ventilador* v *de ventoinha, autó* ékszíj; ~ *sem fim* hajtószíj
correio [kurréju] *m* **1.** posta; postahivatal; *pombo* ~ postagalamb; *central dos* ~*s* főposta; *estação dos* ~*s* postahivatal; *pela volta do* ~ postafordultával **2.** postaláda **3.** postás **4.** futár **5.** levelezés; levél; *veio algum* ~ *para mim?* jött levél számomra?
correlação [kurrilösző^{n}u] *f* kölcsönös összefüggés
correlacionar [kurrilöszjunàr] *1/15 ts* egymáshoz viszonyít; kölcsönös összefüggésbe hoz
correlatar [kurrilötàr] *1/12* = **correlacionar**
correlativo [kurrilötivu] *mn* viszonylagos
correligionário [korrilizsjunàrju] *m* hittestvér, hitsorsos
corrente [kurre^{n}nt] **I.** *mn* **1.** folyó; *água* ~ folyóvíz **2.** mindennapi, közönséges; általános; megszokott, szokásos; *linguagem* ~ köznyelv **II.** *fn,*

m **1.** (*mês*) ~ folyó hó **2.** *estar ao ~ de* értesül vmiről, tud a dologról; *pôr ao ~ de* értesít, tájékoztat vmiről; *por-se ao ~* értesüléseket szerez; tájékozódik **III.** *fn, f* **1.** *vill* áram; ~ *alternada* váltóáram; ~ *contínua* egyenáram **2.** lánc; kerékpárlánc **3.** áramlás, folyás, folyam; (víz)ár; (lég-) huzat **4.** *átv* áramlat; irányzat **IV.** *hat* **1.** rendszerint, általában **2.** *falar ~* folyékonyan beszél

correntemente [kurre^{n}ntime^{n}nt] *hat* folyékonyan

correnteza [kurre^{n}ntézö] *f* **1.** (víz)ár, áramlás **2.** vminek hosszú sora; házsor **3.** *átv* könnyedség

correntio [kurre^{n}ntiu] *mn* **1.** folyékony **2.** köznapi, általános

correntista [kurre^{n}ntistö] *fn* folyószámlatulajdonos

correntoso [kurre^{n}ntozu] *mn* sebes folyású, rohanó

correr [kurrér] *2/8* **I.** *tl* **1.** fut, szalad, siet, rohan; ~ *sobre* rárohan; ~ *às mil maravilhas* megy, mint a karikacsapás; *közm: quem corre cansa, quem anda alcança* lassan járj, tovább érsz **2.** folyik; tart (ideig), folytatódik; *os tempos que correm* a mostani idők; *nos dias que correm* manapság, a mai időkben; *o tempo corre chuvoso* esős idő járja **3.** múlik (idő); *o tempo corre* az idő múlik **4.** terjed (hír); *corre que* úgy hírlik, az a hír járja, hogy **5.** forgalomban van (pénz); közlekedik **6.** divatban van, „menő" **7.** *szól: isso corre por minha conta* ez az én számlámra megy, én fizetek **II.** *ts* **1.** bejár, befut; ~ *a Europa* bejárja Európát; ~ *mundo* bejárja a világot, világgá megy; ~ *as tavernas* végigjárja a kocsmákat **2.** üldöz; *o cão correu a lebre* a kutya üldözőbe vette a nyulat **3.** elűz, kiutasít **4.** behúz, összehúz (függönyt); betol (reteszt) **5.** *szól: ~ a vista sobre* végigjár a szeme vmin; *deixar ~ (o marfim)* szabad folyást enged a dolgoknak

correria [kurririö] *f* **1.** *kat* portya, portyázás **2.** rendetlen futás; futkosás

correspondência [kurrispo^{n}nde^{n}szjö] *f* **1.** megfelelés; viszonzás; *em ~ com* vminek megfelelően, vmivel egyetértésben; *ter ~* viszonzásra talál **2.** *vonat* csatlakozás **3.** levelezés; *ter ~ com* levelezést folytat vkivel

correspondente [kurrispo^{n}nde^{n}nt] **I.** *mn* **1.** megfelelő **2.** levelező; *sócio ~* levelező tag **II.** *fn* levélíró; levelező; ~ *especial* kiküldött tudósító

corresponder [kurrispo^{n}ndér] *2/1* **I.** *tl* **1.** megfelel vminek (*a*); ~ *aos seus deveres* teljesíti kötelességét, eleget tesz kötelezettségeinek **2.** levelez **II.** *ts* viszonoz **III.** **~-se** leveleznek egymással

corretagem [kurritàzsö^{n}j] *f* **1.** ügynökösködés **2.** alkuszdíj

corretor [kurritor] *m* **1.** ügynök; alkusz; ~ *de acções* v *de câmbios* tőzsdeügynök; ~ *de imóveis* ingatlanügynök **2.** ~ *de hotel* szállodai inas

corrida [kurridö] *f* **1.** *sp* futás; versenyfutás; verseny; ~ *rústica* terepfutás; kocogás; ~ *de automóveis* autóverseny; ~ *de bicicletas* kerékpárverseny; ~ *de cavalos* lóverseny; ~ *de revezamento* váltófutás, staféta; ~ *de touros* bikaviadal; ~ *de velocidade* gyorsasági verseny; *carro de ~* versenyautó **2.** sietés; szalad(gál)ás; rohanás; hajsza; megrohanás (*pl* bankoké); *de ~* sietve, sebtiben; ~ *armamentista* v *aos armamentos* fegyverkezési hajsza; ~ *atómica* atomfegyverkezési hajsza *estar numa ~ por* szaladgál vmi után **3.** befutott *v* megtett út

corrido [kurridu] *mn* **1.** zavarban levő; szégyenkező **2.** elhasznált, elnyűtt, kopott **3.** elűzött, kiűzött

corrigenda [kurrizse^{n}ndö] *f nyomd* szedéshiba

corrigir [kurrizsir] *3/3* **I.** *ts* **1.** kijavít, helyreigazít; ~ *provas* korrektúrát végez **2.** enyhít **3.** büntet **II.** **~-se** megjavul

corrimaça [kurrimàszö] *f* zsivaj, ordítozás

corrimão [kurrimö^{n}u] *m* karfa; (lépcső-) korlát

corrimento [kurrime^{n}ntu] *m orv* folyás

corriqueiro [kurrikéjru] *mn* köznapi; elcsépelt

corroboração [kurruburöszö^{n}u] *f* megerősítés; megerősödés

corroborante [kurruburö^{n}nt] *mn* (meg-) erősítő

corroborar [kurruburàr] *1/15* **I.** *ts* megerősít **II.** **~-se** megerősödik

corroborativo [kurruburötivu] *mn* = **corroborante**

corroer [kurruér] *2/5 ts* szétrág; mar; tönkretesz (*átv* is)

corromper [kurro^{n}mpér] *2/1* **I.** *ts* **1.** megront, elront (*átv* is) **2.** megveszteget **3.** meghamisít **II.** **~-se** **1.** megromlik **2.** elzüllik

corrosão [kurruzö^{n}u] *f* **1.** *geol* mállás **2.** *vegy* kimaródás

corrosivo [kurruzivu] **I.** *mn* maró; *átv* pusztító **II.** *fn, m* maróanyag

corrugado [kurrugàdu] *mn* ráncos; *chapa ~a; ferro ~* hullámbádog, hullámlemez

corrupção [kurruszö^{n}u] *f* **1.** megromlás, elromlás **2.** korrupció, megvesztegetés; megvesztegethetőség

corruptela [kurrutèlö] *f* **1.** helytelen szóhasználat **2.** *jog* visszaélés

corruptível [kurrutivèl] *mn* **1.** könnyen romló, romlandó **2.** megvesztegethető

corrupto [kurrutu] *mn* **1.** romlott **2.** korrupt, megvesztegetett

corsário [kurszàrju] *m* kalóz, tengeri rabló

Córsega [kòrszigö] *f* Korzika

córsico [kòrsziku] *mn* és *fn* korzikai

corso[1] [korszu] = **córsico**

corso[2] [korszu] *m* **1.** kalózkodás **2.** kocsifelvonulás; (virág)korzó **3.** szardíniák raja *v* vonulása

cortadeira [kurtödéjrö] *f* rádli, derelyemetélő

cortadela [kurtödèlö] *f* = **cortadura**

cortador [kurtödor] *m* **1.** mészáros(legény) **2.** szabász **3.** favágó **4.** vágószerszám; *~ de frios* sonkaszeletelő gép

cortadura [kurtödurö] *f* vágás; bevágás

corta-frio [kòrtöfriu] *m műsz* hidegvágó

corta-mar [kòrtömàr] *m* hullámtörő gát

corta-mato [kòrtömàtu] *m* útrövidítés; átvágás; *a ~* toronyiránt

cortante [kurtö^{n}nt] *mn* vágó; metsző

corta-papel [kòrtöpöpèl] *m* papírvágó kés

cortar [kurtàr] *1/15* **I.** *ts* **1.** vág, átvág, bevág, kivág, levág, megvág, szétvág; *~ o cabelo* hajat vág(at); *~ com os dentes* leharap, kettéharap **2.** áthúz, kihúz; *átv* keresztülhúz, meghiusít **3.** korlátoz, csökkent; *~ as despesas* csökkenti *v* lefaragja a kiadásokat **4.** félbeszakít; megszüntet; lezár (utat); elzár; *~ a água* elzárja a vizet **5.** kiszab (ruhát) **6.** *kártya* leemel **7.** *szól: de ~ o coração* szívet tépő; *~ direito* **a)** toronyiránt megy, átvág **b)** *átv* nyíltan *v* helyesen jár el; *~ à direita* jobbra elkanyarodik **II.** **~-se** megvágja magát

corte[1] [kòrt] *m* **1.** vágás, átvágás, bevágás, elvágás, kivágás, levágás, szétvágás; *~ de cabelo* hajvágás; *gado para ~* vágómarha **2.** (ki)szabás; *um ~ de calças* nadrág elkészítéséhez elegendő szövetdarab; *curso de ~ e costura* szabás-varrás tanfolyam **3.** megszüntetés; törlés; lezárás; *~ de electricidade* áramszünet

corte[2] [kort] *f* **1.** (királyi, fejedelmi) udvar **2.** bíróság, törvényszék; *~ marcial* rögtönítélő bíróság, haditörvényszék **3.** *~s* nemzetgyűlés, parlament; *tört* rendek **4.** udvarlás; *fazer a ~* udvarol

cortejar [kurtizsàr] *1/14 ts* **1.** üdvözöl, köszönt **2.** udvarol vkinek **T**

cortejo [kurtézsu] *m* **1.** üdvözlés **2.** kíséret **3.** processzió, menet; *~ fúnebre* halottas menet

cortelho [kurtélju] *m* sertésól

cortês [kurtés] *mn* udvarias; *~ para com todos* mindenkivel udvarias

cortesã → **cortesão**

cortesania [kurtizöniö] *f* udvari szokások *v* erkölcsök

cortesão *m*, **cortesã** *f* [kurtizö^{n}u, -zö^n] **I.** *mn* udvari **II.** *fn* **1.** *m* udvaronc; **2.** *f* kurtizán

cortesia [kurtiziö] *f* **1.** udvariasság **2.** üdvözlés, köszöntés; bók **3.** tiszteletpéldány

córtex [kòrtèksz] *m* kéreg; *~ cerebral, orv* agykéreg, szürkeállomány

cortiça [kurtiszö] *f* parafa

cortiço [kurtiszu] *m* **1.** méhkas, kaptár **2.** **B** házcsoport közös udvarral

cortilha [kurtiljö] *f* rádli, derelyemetélő

cortina [kurtinö] *f* **1.** függöny; *~ de ferro* vasfüggöny **2.** alacsony védőfal szakadék melletti út szélén

cortinado [kurtinàdu] *m* függönyök

coruchéu [kurusèu] *m ép* piramis *v* torony (épület tetején)

coruja [kuruzsö] *f* **1.** bagoly **2.** csúnya vénasszony, boszorkány

corujão [kuruzsö^{n}u] *m áll* uhu
coruscar [kuruskàr] *1/2 tl* ragyog; villog
coruta [kurutö] *f* = **coruto**
coruto [kurutu] *m* vminek a hegye, csúcsa; ~ *da cabeça* fejbúb; ~ *do milho* kukorica bajsza
corveta [kurvétö] *f haj* korvett
corvo [korvu] *m* holló
cos. = *co-seno* koszinusz
cós [kòs] *m* nadrágöv, „bindni"
coscorrão [kuskurrö^{n}u] *m* ütés a fejre, fejbekólintás
coscuvilhar [kuskuviljàr] *1/1 tl* pletykál; sugdolózik
coscuvilheiro [kuskuviljéjru] *mn* és *fn* pletykáló
co-secante [kuszikö^{n}nt] *f geom* koszekáns
cosedor [kuzidor] *m* könyvfűzőgép
cosedura [kozidurö] *f* varrás; összefűzés
coser [kuzér] *2/8* **I.** *ts* varr, összevarr; ~ *a boca a* hallgatásra kényszerít vkit; ~ *o ouvido com a porta* fülét az ajtóhoz nyomja, hallgatózik **II.** **~-se** *com* odasimul vmihez; *~-se com a parede* odasimul a falhoz; *~-se com a terra* a földhöz lapul
cosmética [kuzsmètikö] *f* kozmetika, szépségápolás
cosmético [kuzsmètiku] **I.** *mn* kozmetikai **II.** *fn* **1.** kozmetikus **2.** kozmetikai szer, bőrkrém
cósmico [kòzsmiku] *mn* kozmikus
cosmo [kòzsmu] *m* világegyetem
cosmogonia [kuzsmuguniö] *f csill* kozmogónia
cosmografia [kuzsmugröfiö] *f* kozmográfia
cosmonauta [kuzsmunàutö] *fn* űrhajós, űrpilóta
cosmonáutica [kuzsmunàutikö] *f* űrhajózás
cosmonave [kuzsmunàv] *f* űrhajó
cosmopolita [kuzsmupulitö] *mn* és *fn* kozmopolita
cosmos [kòzsmus] *m* = **cosmo**
cossaco [kuszàku] *m* kozák
costa [kòstö] *f* **1.** (tenger)part; *dar à* ~ zátonyra fut; *não há mouro na* ~ nem fenyeget veszély **2.** lejtő; emelkedő; ~ *abaixo* lefelé; ~ *acima* felfelé **3.** *~s* hát; *sp:* hátúszás; *às ~s* a hátán; *de ~s* hátra, hanyatt; *pelas ~s* hátulról, a háta mögött; *~s da mão* kézfej; *dar as ~s, virar* v *voltar as ~s a* hátat fordít vkinek *v* vminek; *ter as ~s quentes* jó kapcsolatai vannak, erős protekcióval rendelkezik
costado [kustàdu] *m* **1.** oldal (emberi törzsé); hajóoldal; *dar com os ~s ao chão* földre zuhan **2.** *os quatro ~s* vkinek a szülei és nagyszülei; *árvore do* ~ családfa; *é dos quatro ~s* százszázalékos, tökéletes; tősgyökeres
costal [kustàl] **I.** *mn* borda- **II.** *fn, m* háton vitt holmi súlya
costaneira [kustönéjrö] *f* selejtpapiros
costear [kustyàr] *1/5* **I.** *ts* körüljár vmit **II.** *tl* a part mentén hajózik
costeio [kustéju] *m* partmenti hajózás
costeiro [kustéjru] *mn* partmenti; *região ~a* partvidék
costela [kustèlö] *f* borda; *falsa* ~ álborda
costeleta [kustilétö] *f* bordaszelet; karajhús; kotlett
costumado [kustumàdu] *mn* szokásos, megszokott
costumar [kustumàr] *1/1* **I.** *tl* szokása, szokott **II.** **~-se** *a* hozzászokik vmihez, megszokja
costumário [kustumàrju] *mn* szokásos
costume [kustum] *m* **1.** szokás; *de* ~ megszokott, szokásos; *como de* ~ mint rendesen; *segundo o* ~ szokás szerint; *passar a* ~ szokássá válik; *ter por ~, ter o ~ de* az a szokása, szokott **2.** *~s* életmód; erkölcsök; *de bons ~s* jól nevelt; erkölcsös **3.** **B** öltöny; kosztüm
costumeira [kustuméjrö] *f* szokás
costumeiro [kustuméjru] *mn* szokásos
costura [kusturö] *f* **1.** varrás; *sem* ~ varrás nélküli **2.** *orv* varrat, sebhely
costuradeira [kusturödéjrö] *f nyomd* könyvfűzőgép
costurar [kusturàr] *1/1 ts* varr
costureira [kusturéjrö] *f* varrónő
costureiro [kusturéjru] **I.** *mn* varró- **II.** *fn, m* szabó
cota [kòtö] *f* **I. 1.** kvóta, arányos rész, hányad **2.** tagdíj **3.** (iktató)szám, jelzés **4.** széljegyzet, utalás **5.** (tengerszint feletti) magasság **II.** kés foka **III.** *tört* páncéling
cotação [kutöszö^{n}u] *f* **1.** tőzsdejegyzés **2.** árfolyam; ár(jegyzék) **3.** *átv* megbecsülés, tisztelet
cotado [kutàdu] *mn* megbecsült; *mal* ~

rossz hírű; *sp: as mais ~as equipas* a legjobb csapatok

co-tangente [kutö^{n}zse^{n}nt] *m geom* kotangens

cotanilhoso [kutöniljozu] *mn* hamvas (őszibarack)

cotão [kutö^{n}u] *m* bolyh, pihe; pormacska

cotar [kutàr] *1/15 ts* 1. jegyez (tőzsdén) 2. iktat, jellel *v* számmal ellát (iratot) 3. kivet (adót); megállapít (árat) 4. értékel, felbecsül (*átv* is)

cotejar [kutizsàr] *1/14 ts* összehasonlít; egybevet

cotejo [kutézsu] *m* összehasonlítás, egybevetés

cotiado [kutyàdu] *mn* 1. köznapi 2. elnyűtt, kopott; *átv* elcsépelt

cotiar [kutyàr] *1/7 ts* elhasznál, elnyű, elkoptat

cotidiano [kutigyönu] *mn* mindennapi

cotilhão [kutiljö^{n}u] *m* cotillon, táncfajta

cotim [kuti^n] *m text* csinvat

cotio [kutiu] I. *mn* mindennapi II. *fn, m* köznapi használat

cotização [kutizöszö^{n}u] *f* 1. kvóta, hányad 2. adókivetés 3. értékelés

cotizar [kutizàr] *1/1* I. *ts* 1. arányosan kivet (adót, hozzájárulást) 2. árat megállapít II. **~-se** arányosan hozzájárul

coto [kotu] *m* 1. csonk 2. *~s* kézbütykök

cotovelada [kutuvilàdö] *f* lökés könyökkel

cotovelo [kutuvélu] *m* könyök; *apoiar-se sobre os ~s* könyökére támaszkodik; *falar pelos ~s* csak úgy ömlik belőle a szó; *levantar o ~* felönt a garatra; *ter dor de ~s* fétékeny

cotovia [kutuviö] *f* pacsirta

coturno [kuturnu] *m* koturnus; *de alto ~* magasröptű; dagályos

couce [kosz] *m* = **coice**

coudelaria [kodilöriö] *f* ménes, méntelep

couraça, coiraça [ko(j)ràszö] *f* páncél, mellvért

couraçado [koröszàdu] *m* páncélos cirkáló

couraçar [koröszár] *1/3, 1/12 ts* páncéllal borít

couraceiro [koröszéjru] *m kat* vértes

coureiro, coireiro [ko(j)réjru] *m* bőrkereskedő

courela, coirela [ko(j)rèlö] *f* földsáv

couro, coiro [koru, kojru] *m* bőr; *~ artificial* bőrutánzat; *tira de ~* bőrszíj; *em ~* meztelen(ül); *levar v tirar ~ e cabelo a, átv* alaposan megkopaszt vkit

cousa [kozö] *f* = **coisa**

cousada [kozàdö] *f* = coisada

coutada [kotàdö] *f* vadaskert; vadászterület

coutar [kotàr] *1/1 ts* védett területnek nyilvánít, lezár; betilt (vadászatot)

couto [kotu] *m* 1. vadaskert; védett terület 2. *átv* menedék, oltalom

couval [kovàl] *m* káposztaföld

couve [kov] *f* kelkáposzta; *~-flor* karfiol, kelvirág; *~ marroquina* v *roxa* vöröskáposzta; *~-nabo* fehérrépa; *~-rábano* karalábé; *~ repolho* v *repolhuda* fejeskáposzta; *~-sabóia* fodorkel; *~-de-Bruxelas* bimbóskel, kelbimbó

couvert [kuvèr] *m* teríték; kötelező fogyasztás

cova [kòvö] *f* 1. gödör; lyuk; *~ de raposa* rókalyuk 2. *átv* sír; *estar com um pé na ~* fél lábbal a sírban van

cóvado [kòvödu] *m* rőf

covarde [kuvàrd] *mn* = **cobarde**

coveiro [kuvéjru] *m* sírásó

covil [kuvil] *m* barlang; búvóhely; rablótanya

covinha [kuvinyö] *f* gödröcske (arcon)

coxa [kosö] *f* comb

coxear [kusjàr] *1/5 tl* sántít, biceg

coxia [kusiö] *f* 1. átjáró; folyosó (ágyak, padok közt) 2. csapószék

coxim [kusi^n] *m* párna; párnás szék

coxo [kosu] *mn* sánta, bicegő

cozedura [kuziduröl] *f* 1. főzés 2. főzet

cozer [kuzér] *2/8 ts, tl* főz; *~ ao forno* süt; *~ no bafo* párol, dinsztel

cozido [kuzidu] I. *mn* főtt II. *fn, m* főtt marhahús

cozimento [kuzime^{n}ntu] *m* 1. főzés 2. főzet

cozinha [kuzinyö] *f* konyha; *livro de ~* szakácskönyv; *pia da ~* konyhai (szennyvíz)kiöntő

cozinhar [kuzinyàr] *1/1 tl* főz

cozinheira [kuzinyéjrö] *f* szakácsnő

cozinheiro [kuzinyéjru] *m* szakács

cp. = *compare* vesd össze

C.P. = *Companhia Portuguesa de Caminhos de Ferro* Portugál Vasúti Társaság

CPI = *Comissão Parlamentar de Inquérito*
Cr. = *credor* hitelező
CR = *Conselho de Revolução* Forradalmi Tanács
CR B = *cruzeiro*
crânio [krönyu] *m* koponya
crápula [kràpulö] **I.** *f* **1.** korhelykedés **2.** lump társaság **II.** *m* korhely, lump fráter
crapuloso [kröpulozu] *mn* korhelykedő, lumpoló
craque [kràk] **I.** *m sp* krekk, nagyágyu, sztár **II.** *f ker* krach, csőd, bukás
crase [kràz] *f nyelvt* két magánhangzó összevonása
crasear [krözjàr] *1/5 ts nyelvt* két magánhangzót összevon
crasso [kràszu] *mn* **1.** sűrű, tömött **2.** *átv* durva (hiba)
cratera [krötèrö] *f* **1.** *geol* kráter **2.** kancsó
cravação [krövöszö^{n}u] *f* **1.** rászegelés **2.** (drágakő)foglalat
cravador [krövödor] *m* **1.** (cipész)ár **2.** fűzőgép
cravagem [krövàzsö^{n}j] *m* **1.** szegelés **2.** *növ:* ~ *de centeio* anyarozs
cravar [krövàr] *1/12 ts* **1.** szegel, beszegel, rászegel **2.** beleszúr, beledöf **3.** befoglal (ékszert) **4.** ~ *os olhos em* tekintetét rászegezi vkire
craveira [krövéjrö] *f* (magasságmérő) mérce
craveiro [krövéjru] *m* **1.** *növ* szegfű **2.** virágcserép
cravejador [krövizsödor] *m* **1.** szegkovács **2.** (ékkövet keretbe foglaló) ötvös
cravejar [krövizsàr] *1/14 ts* **1.** rászegel **2.** befoglal (ékkövet) **3.** drágakövekkel kirak
cravelha [krövéljö] *f zene* kulcs (húros hangszeren)
cravelho [krövélju] *m* **1.** faszeg, csapszeg **2.** tolózár, retesz
cravete [krövét] *m* pecek (csaton)
cravinho [krövinyu] *m* apró szeg
cravista [krövistö] *fn* csembalón játszó zenész *v* művész
cravo [kràvu] *m* **1.** szeg; patkószeg **2.** *növ:* ~ (*da India* v *de cabecinha*) szegfű; szegfűszeg **3.** *zene* csembaló **4.** bőrkeményedés
cré [krè] *m* kréta
crear [kriar] *1/5* **B** = **criar**
creche [krès] *f* bölcsőde
credência [kride^{n}szjö] *f* kredenc, pohárszék
credenciado [kride^{n}szjàdu] *mn* ajánlólevelekkel ellátott
credencial [kride^{n}szjàl] **I.** *mn* hitelesítő **II.** *fn, f:* (*cartas*) *credenciais* (diplomata) megbízólevél; *apresentar as suas cartas credencialis* átnyújtja megbízólevelét
credenciar [kride^{n}szjàr] *1/7 ts* **B** akkreditál; igazol, hitelesít
credibilidade [kridibilidàd] *f* hihetőség
creditar [kriditàr] *1/1 ts* hitelez
creditício [kriditiszju] *mn* hitel-; *capacidade* ~*a* hitelképesség
crédito [krèditu] *m* **1.** hitel; *a* ~ hitelbe; *dar* ~ *a* hitelt ad vkinek, *átv* vminek **2.** bizalom **3.** tekintély; jó hírnév; *de* ~ megbízható; tekintélyes; *ker* hitelképes
credo [krèdu] **I.** *fn, m* **1.** hitvallás, hiszekegy **2.** *num* ~ szempillantás alatt **II.** *isz:* ~! jóságos ég! mi a csuda!
credor *m*, **-a** *f* [krèdor(ö)] **I.** *mn:* ~ *de* vmit megérdemlő, vmire méltó **II.** *fn* hitelező
credulidade [kridulidàd] *f* hiszékenység
crédulo [krèdulu] *mn* hiszékeny
cremação [krimöszö^{n}u] *f* halotthamvasztás
cremar [krimàr] *1/14 ts* elhamvaszt
crematório [krimötòrju] *m* krematórium, halotthamvasztó
cremalheira [krimöljéjrö] *f* fogaskerekű vasút
creme [krèm] *m* **1.** ~, *leite-*~ tejszín **2.** krém; ~ *de barbear* borotvakrém **3.** *átv:* krémje, színe-java
crena [krénö] *f műsz, növ* fogazat
crença [kre^{n}szö] *f* hit; hitvallás
crendeiro [kre^{n}ndéjru] *mn* hiszékeny
crendice [kre^{n}ndisz] *f* hiszékenység; babonásság
crente [kre^{n}nt] *mn* és *fn* hívő
creosote, -to [kriozòt, -tu] *m vegy* kreozot
crepe [krèp] *m text* flór
crepitação [kripitöszö^{n}u] *f* sercegés, pattogás
crepitante [kripitö^{n}nt] *mn* sercegő, pattogó

crepitar [kripitàr] *1/1 tl* serceg, pattog
crepuscular [kripuskulàr] *mn* alkonyati
crepúsculo [kripuskulu] *m* szürkület; alkony (*átv* is)
crer [krér] *2/11* **I.** *ts* hisz; vél, gondol; *creio que sim* azt hiszem, hogy igen; *quem haveria de ~!* ki hitte volna! **II.** *tl: ~ em* hisz vkiben *v* vmiben
crescendo [kris-sze^{n}ndu] *m zene* crescendo
crescente [kris-sze^{n}nt] **I.** *mn* növekedő **II.** *fn*, **1.** *m* holdsarló, félhold **2.** *f* dagály
crescer [kris-szér] *2/2 tl* **1.** nő, növekszik, gyarapodik; terjed **2.** megkel (kenyér); megdagad **3.** *~ para* v *sobre* rátámad vkire
crescido [kris-szidu] *mn* felnőtt; fejlett
crescidote [kris-szidòt] *mn* majdnem felnőtt; kamasz
crescimento [kris-szime^{n}ntu] *m* növés; gyarapodás; *~ económico* gazdasági fejlődés
crespar [krispàr] *1/13* = **encrespar**
crespo [kréspu] *mn* **1.** durva; egyenetlen **2.** göndör, bodros, hullámos
cresta [kréstö] *f* pirítás, pörkölés
crestadeira [kristödéjrö] *f* pirító *v* pörkölő edény
crestado [kristàdu] *mn* napbarnított
crestar [kristàr] *1/13 ts* **I. 1.** pirít, pörköl **2.** éget, perzsel **II. 1.** kiveszi a mézet (lépekből) **2.** lop; sikkaszt **3.** *átv* kisebbít, csökkent
crestomatia [kristumötiö] *f* irodalmi olvasókönyv; szöveggyűjtemény
cretáceo [kritàszju] **I.** *mn* kréta- **II.** *fn, m: periodo ~* krétakorszak
cretinismo [kritinizsmu] *m* kretenizmus
cretino [kritinu] *fn* kretén, agyalágyult, hülye
cretone [kritòn] *m text* kreton
cria [kriö] *f* **1.** állat kölyke **2.** nevelés, tenyésztés
criação [krjöszö^{n}u] *f* **1.** alkotás, teremtés; létesítés **2.** termesztés; tenyésztés; *~ porcina* v *de suínos* sertéstenyésztés; *fazer ~* állatokat tenyészt **3.** felnevelés
criada [krjàdö] *f* háztartási alkalmazott; cseléd; *~ de quarto* v *de sala* szobalány
criadagem [krjàdàzsö^{n}j] *f* cselédség, szolgahad
criado [krjàdu] **I.** *mn: bem ~* jól nevelt; jól táplált; *mal ~* neveletlen **II.** *fn, m* **1.** szolga; béres **2.** pincér; *~ de mesa* felszolgáló **3.** *~-mudo* **B** éjjeliszekrény
criador *m*, **-a** *f* [krjödor(ö)] *mn* és *fn* **1.** alkotó, teremtő **2. B** termesztő, tenyésztő
criança [krjö^{n}szö] *f* kisgyerek; *~ de colo* v *de peito* csecsemő; *bilhete para ~s* gyermekjegy
criançada [krjö^{n}szàdö] *f* gyerekhad
criancice [krjö^{n}szisz] *f* gyerekesség
criançola [krjö^{n}szólö] *f* éretlen gyerek, zöldfülű
criar [krjàr] *1/7* **I.** *ts* **1.** alkot, teremt; létesít **2.** termeszt; tenyészt **3.** felnevel **4.** *szól: ~ amizades* barátokat szerez; *~ inimigos* ellenségeket szerez; *~ banhas* v *carnes* meghízik; *~ coragem* nekibátorodik; *~ forças* megerősödik; *~ obstáculos a* akadályokat gördít vki elé; *~ raizes* gyökeret ereszt **II.** **~-se** **1.** terem **2.** nevelődik, felnő
criatura [krjöturö] *f* **1.** teremtett lény **2.** *pejor* kreatúra; vkinek a kiszolgálója
crime [krim] *m* bűncselekmény, gaztett
criminação [kriminiszö^{n}u] *f* vádaskodás
criminal [kriminàl] **I.** *mn* bűnvádi, büntetőjogi **II.** *fn, m* **1.** büntető eljárás **2.** büntetőbíróság
criminalidade [kriminölidàd] *f* bűnözés
criminalista [kriminölistö] *fn* büntetőjogász
criminar [kriminàr] *1/1 ts* megvádol
criminologia [kriminuluzsiö] *f* kriminológia, bűnügytan
criminoso [kriminozu] **I.** *mn* büntetendő **II.** *fn* bűnöző, gonosztevő; *~ de guerra* háborús bűnös
crina [krinö] *f* lószőr; sörény
crinolina [krinulinö] *f* abroncsos szoknya
crioilo, crioulo [krjojlu, krjolu] *mn* és *fn* kreol
cripta [kriptö] *f* kripta
crisálida [krizàlidö] *f áll* (lepke)báb
crisântemo [krizö^{n}ntimu] *m növ* krizantém
crise [kriz] *f közg, orv* krízis; válság; *ameaçar de ~* válsággal fenyeget; *passar por uma ~* válságon megy keresztül
crisma [krizsmö] *m, f vall* szentelt olaj, kenet
crismar [krizsmàr] *1/1* **I.** *ts* **1.** *vall* bér-

mál; konfirmál 2. átkeresztel vkit, gúnynevet ad vkinek **T II.** **~-se 1.** *vall* bérmálkozik; konfirmál 2. más nevet vesz fel

crisol [krizòl] *m* **1.** *műsz* olvasztótégely **2.** tűzpróba

crispar [krispàr] *1/1* **I.** *ts* összezsugorít, ráncol **II.** **~-se 1.** összezsugorodik, ráncosodik; **2.** *~-se as mãos* kezét tördeli

crista [kristö] *f* **1.** taréj; *~ de galo* kakastaréj (*növ* is); *abaixar a ~* meghunyászkodik; *jogar as ~s* kakaskodik, verekszik; *levantar a ~* megnő a szarva **2.** hegyhát, hegygerinc

cristal [kristàl] *m* **1.** kristály **2.** *cristais, tb* kristályáru

cristalino [kristölinu] **I.** *mn* kristálytiszta **II.** *fn, m orv* szemlencse

cristalizar [kristölizàr] *1/1 ts* kristályosít

cristandade [kristö^{n}ndàd] *f* kereszténység

cristão *m*, **cristã** *f* [kristö^{n}u, kristö^n] *mn* és *fn* keresztény

cristianismo [kristyönizsmu] *m* kereszténység

cristianização [kristyönizöszö^{n}u] *f* keresztény hitre térítés

cristianizar [kristyönizàr] *1/1 ts* keresztény hitre térít

Cristo [kristu] *m* Krisztus

cristo [kristu] *m* szegény ördög; bűnbak

Cristóvão [kristòvö^{n}u] *m* Kristóf

critério [kritèrju] *m* **1.** kritérium, ismérv **2.** ítélőképesség; megítélés; belátás; *de ~* belátó, okos, értelmes

criterioso [kritirjozu] *mn* **1.** józanul ítélő, tudatos **2.** belátó, okos, értelmes

crítica [kritikö] *f* kritika, bírálat; *fazer ~ a* bírál vkit *v* vmit; *fazer a ~ de* (művet) ismertet

criticar [kritikàr] *1/2 ts* kritizál, bírál, kifogásol

criticastro [kritikàstru] *m* rossz kritikus

criticável [kritikàvèl] *mn* kifogásolható

crítico [kritiku] **I.** *mn* kritikus, válságos, veszélyes **II.** *mn* és *fn* kritikus, bíráló

critiqueiro [kritikéjru] *m* szőrszálhasogató, rossz bíráló

critiquice [kritikisz] *f* szőrszálhasogatás; értéktelen bírálat

crivar [krivàr] *1/1 ts* **1.** átszitál **2.** átlyukaszt; *~ de balas* szitává lő

crível [krivèl] *mn* elhihető

crivo [krivu] *m* **1.** szita, rosta **2.** szűrőedény; fölözőkanál **3.** öntözőkanna rózsája **4.** kémlelőlyuk **5.** rácsozat, rácsos ablak **6.** *bordado a ~* áttört hímzés

Croácia [kruàszjö] *f* Horvátország

croata [kruàtö] *mn* és *fn* horvát

crochê [krosé] *m* **B** horgolás; *fazer ~* horgol

crocitar [kruszitàr] *1/1 tl* károg, krákog

croco [kròku] *m növ* sáfrány

crocodilo [krukudilu] *m* krokodilus

cromar [krumàr] *1/15 ts* krómoz

cromático [krumàtiku] *mn* kromatikus

cromo [kròmu] *m* **1.** *vegy* króm **2.** *nyomd* színnyomás

cromolitografia [kròmòlitugröfiö] *f nyomd* kromolitográfia, színes kőnyomat

cromotipia, -tipografia [kròmòtipiö, -tipugröfiö] *f nyomd* színnyomás

crónica [krònikö] *f* krónika

crónico [kròniku] *mn* krónikus, idült, huzamos

cronista [kronistö] *fn* **1.** krónikás **2.** krónikaíró, cikkíró

cronologia [kronuluzsiö] *f* kronológia; időbeli sorrend

cronológico [kronulòzsiku] *mn* időrendi

cronómetro [kronòmitru] *m* kronométer; nagyon pontos óra

croque [kròk] *m haj* csáklya

croquete [krokèt] *m konyh* krokett

crosta [kròstö] *f* **1.** (kenyér)héj **2.** kéreg; *~ terrestre* földkéreg **3.** *orv* var

cru *m*, **crua** *f* [kru(ö)] *mn* **1.** nyers (étel); *couro ~* nyersbőr **2.** durva **3.** kegyetlen

crucial [kruszjàl] *m* **1.** kereszt alakú **2.** *átv* döntő (fontosságú)

cruciante [kruszjö^{n}nt] *mn* kínzó, gyötrő

cruciar [kruszjàr] *1/7 ts* kínoz, gyötör

crucificação [kruszifiköszö^{n}u] *f* keresztre feszítés

crucificar [kruszifikàr] *1/2 ts* keresztre feszít

crucifixo [kruszifikszu] *m* feszület

cruel [kruèl] *mn* kegyetlen

crueldade [kruèldàd] *f* kegyetlenség

cruento [krue^{n}ntu] *mn* véres

crueza [kruézö] *f* **1.** nyers állapot **2.** nyerseség, durvaság

crupe [krup] *m orv* krupp, álhártyás torokgyík

crusta [krustö] *f* = **crosta**

cruz [krus] *f* **1.** kereszt; *~ gamada*

horogkereszt; ~ *vermelha* vöröskereszt 2. *átv* baj, szenvedés; *cada qual com sua* ~ mindenkinek megvan a maga keresztje 3. *áll* szügy; mar 4. pénz „írás" oldala; *~es ou cunhos* fej vagy írás 5. *szól: ~es, canhoto!* ments isten! *fazer ~es na boca* nem nyúl ételhez, *átv* hoppon marad

cruzada [kruzàdö] *f* keresztes hadjárat

cruzado [kruzàdu] *mn* keresztes, kereszt-; *palavras ~as* keresztrejtvény

cruzador [kruzödor] *m* cirkáló

cruzamento [kruzöme^{n}ntu] *m* 1. kereszteződés; keresztezés; ~ *de raças* fajok kereszteződése 2. ~ *de caminhos* v *de vias* útkereszteződés

cruzar [kruzàr] *1/1* I. *ts* 1. keresztez 2. átszel, átvág 3. *szól:* ~ *armas;* ~ *o ferro com* összeméri kardját vkivel, párbajozik, megvív; ~ *os braços* **a)** keresztbe fonja karjait **b)** karba tett kézzel áll *v* ül *v* nézi; ~ *com* szembe találkozik vkivel **II.** **~-se** keresztezik egymást

cruzeiro [kruzéjru] *m* 1. nagy kőkereszt 2. (kéj)utazás, portyázás 3. cirkáló 4. kruzejró (brazil pénzegység) 5. *ép* kereszthajó (templomban) 6. *csill: Cruzeiro do Sul* Dél Keresztje

cruzeta [kruzétö] *f* ruhaakasztó

C.^{ta} = *Comandita* betéti társaság

c.^{te} = *corrente* folyó

C.T.T. = *Correios, Telégrafos e Telefones* posta-, távíró- és távbeszélő-hivatal

ctv. = *centavo* szentávó

cu [ku] *m köz* segg

cuba [kubö] *f* (szőlőerjesztő) kád; hordó

Cuba [kubö] *f* Kuba

cubagem [kubàzsö^{n}j] *f* köbözés; köbtartalom

cubano [kubönu] *mn* és *fn* kubai

cubar [kubàr] *1/1 ts* köbtartalmat mér

cubata [kubàtö] *f* afrikai négerkunyhó

cúbico [kubiku] *mn* 1. kocka alakú 2. köb-; *metro* ~ köbméter; *raiz ~a* köbgyök

cubículo [kubìkulu] *m* kamra, cella; ~ *do telefone* **B** telefonfülke

cúbito [kubitu] *m orv* könyökcsont, singcsont

cubo [kubu] *m* 1. kocka 2. köb 3. kerékagy

cuca [kukö] *f* **B** mumus; *fazer* v *pôr* ~ megrémít

cuco [kuku] *m* 1. kakukk 2. kakukkos óra

cucúrbita [kukurbitö] *f* 1. *műsz* lombik hasa 2. *növ* tök

cuecas [kvèkös] *f tb* rövid alsónadrág; bugyi

cueiro [kvéjru] *m* pelenka

cuidado [kujdàdu] *m* 1. gond, gondosság; gondoskodás 2. óvatosság 3. aggodalom, aggódás 4. *szól:* ~! vigyázat! ~ *com a cabeça* vigyázzunk a fejünkre! ~ *com os cães!* vigyázat! harapós kutya! *ao* ~ *de* (levélen:) . . . címén; *com* ~ óvatosan; gondosan; *dar* ~ gondot okoz; *é de* ~? komoly (az ügy)? *deixar ao* ~ *de* vkinek a gondjaira bízza; *estar com* ~ *em* aggódik vkiért *v* vmi miatt; *pôr* ~ *em* ügyel vmire, törődik vmivel, gondoskodik vmiről; *ter* ~ *com* óvatosan bánik vmivel, vigyáz vmire; *ter* ~ *de si* vigyáz magára; *tomar* ~ vigyáz, óvatos

cuidadoso [kujdödozu] *mn* óvatos; gondos

cuidar [kujdàr] *1/1* I. *ts* 1. gondját viseli vkinek *v* vminek, gondoskodik vkiről *v* vmiről, ellát vkit T; ~ *os doentes* ápolja a betegeket 2. hisz, vél, gondol, elképzel; tart vmitől T; *dar que* ~ nyugtalanságra ad okot; *como se cuida* amint vélik; *quem tal cuidaria?* ki hitte volna? II. *tl* 1. ~ *de* **a)** = **cuidar** I. 1.; **b)** óvakodik vkitől *v* vmitől; ~ *da casa* vigyáz a házra; *cuide de si!* törődjék a maga dolgával! **III.** **~-se** 1. vigyáz magára, gondoskodik magáról 2. ápolja magát 3. tartja magát vkinek

cujo, cuja [kuzsu, kuzsö] I. (*mn* és vonatkozó *névm:*) akinek a, amelynek a; *meu amigo, cujos filhos tu também conheces* a barátom, akinek a fiait te is ismered II. *fn, m: o* ~ a nevezett *v* említett (személy)

culatra [kulàtrö] *f* 1. *kat* závárzat 2. *műsz* hengerfej

culinária [kulinàrjö] *f* konyhaművészet

culinário [kulinàrju] *mn* konyhaművészeti, konyhai, konyha-

culminação [kulminöszö^{n}u] *f* kulminálás, tetőzés

culminância [kulminö^{n}szjö] *f* tetőfok

culminante [kulminö^{n}nt] *mn: ponto* ~ csúcspont, tetőpont

culminar [kulminàr] *1/1 tl* kulminál, tetőpontra hág
culpa [kulpö] *f* hiba; bűn; vétség; *dar* v *deitar* v *lançar* v *pôr a culpa a* másra hárítja a hibát *v* vétséget; *ter ~ de* hibás *v* vétkes vmiben; *a ~ é dele* ennek ő az oka
culpabilidade [kulpöbilidàd] *f* **1.** bűnösség **2.** büntethetőség
culpado [kulpàdu] **I.** *mn* vétkes, bűnös vmiben (*de*) **II.** *fn jog* vádlott
culpar [kulpàr] *1/1 ts* vádol; hibáztat
culpável [kulpàvèl] *mn* vádolható
culteranismo [kultirönizsmu] *m* dagályos és cikornyás stílus
cultismo [kultizsmu] *m* = **culteranismo**
cultivação [kultivöszö^{n}u] *f* = **cultivo**
cultivador [kultivödor] *m* **1.** földművelő **2.** *műsz* kultivátor
cultivar [kultivàr] *1/1 ts* **1.** művel, tenyészt, nevel; képez; **2.** *átv* ápol
cultivável [kultivàvèl] *mn* megművelhető
cultivo [kultivu] *m* **1.** földművelés, gazdálkodás; termesztés **2.** *átv* ápolás
culto [kultu] **I.** *mn* **1.** művelt, ápolt **2.** képzett, tanult **II.** *fn, m* **1.** kultusz; vallásgyakorlat **2.** hódolat, tisztelet, imádat
cultor [kultor] *m* **1.** = **cultivador** **2.** műkedvelő
cultuar [kultuàr] *1/15 ts* imád, tisztel
cultura [kulturö] *f* **1.** földművelés, megművelés; tenyésztés, termesztés; *~ alternada* váltógazdálkodás **2.** kultúra, műveltség, művelődés; *~ geral* általános műveltség **3.** kiképzés; *átv* ápolás
cultural [kulturàl] *mn* kulturális, művelődési
cumbuca [ku^{n}mbukö] *f* **B** tökből vájt edény; *meter a mão em ~* pórul jár
cume [kum] *m* **1.** csúcs **2.** *átv* tetőpont
cumeada [kumjàdö] *f* hegygerinc; hegylánc
cumeeira [kumiéjrö] *f* fedélorom
cúmplice [ku^{n}mplisz] *fn* bűntárs, bűnrészes
cumplicidade [ku^{n}mpliszidàd] *f* bűnrészesség
cumpridor *m,* **-a** *f* [ku^{n}mpridor(ö)] **I.** *mn* kötelességtudó, megbízható **II.** *fn* (végrendeleti) végrehajtó
cumprimentar [ku^{n}mprime^{n}ntàr] *1/1 ts* üdvözöl; gratulál; bókol vkinek **T**
cumprimenteiro [ku^{n}mprime^{n}ntéjru] *mn* túlzottan udvariaskodó
cumprimento [kumprime^{n}ntu] *m* **1.** teljesítés, elvégzés, végrehajtás; *no ~ do dever* szolgálat teljesítése közben **2.** üdvözlet, üdvözlés; gratuláció, szerencsekívánat; bók, udvariaskodás; *~s* udvariassági látogatás; *muitos ~s da minha parte* adja át részemről szívélyes üdvözletemet!
cumprir [ku^{n}mprir] *3/1* **I.** *ts* teljesít, elvégez, végrehajt, megtesz; *~ as instruções* az utasításokhoz tartja magát **II.** *tl* **1.** *~ com* = **cumprir I.**; *~ com as suas obrigações* eleget tesz kötelezettségeinek **2.** kell, szükséges; kötelessége; *cumpre-nos estudar* tanulnunk kell
cump.^{to} = *cumprimento* üdvözlet
cumular [kumulàr] *1/1* **1.** felhalmoz **2.** *~ de gentilezas* figyelmességekkel elhalmoz
cumulativo [kumulötivu] *mn* kumulatív, együttes, összesített
cúmulo [kumulu] *m* **1.** rakás, halom; *jog: ~ jurídico* bűnhalmazat **2.** csúcs, orom; *por ~* mindennek a tetejébe; *é o ~* ez a teteje mindennek **3.** *~s* gomolyfelhők
cuneiforme [kunéifòrm] *mn* ék alakú, ék-
cunha [kunyö] *f* **1.** ék; *à ~* zsúfolásig teli **2.** befolyásos személy; *meter uma ~* pártfogót vesz igénybe; *ter boas ~s* jó kapcsolatai vannak
cunhada [kunyàdö *f* sógornő
cunhado [kunyàdu] *m* sógor
cunhagem [kunyàzsö^{n}j] *f* pénzverés
cunhal [kunyàl] *m ép* sarok, szöglet
cunhar [kunyàr] *1/1 ts* **1.** (pénzt, érmét) ver **2.** *átv* kiemel
cunho [kunyu] *m* **1.** pecsétnyomó **2.** bélyeg; fémjelzés **3.** *átv* jelleg, sajátosság
cunicultura [kunikulturö] *f* házinyúltenyésztés
cunicultor [kunikultor] *m* házinyúltenyésztő
cupão [kupö^{n}u] *m* kupon, szelvény
cupidez [kupidés] *f* mohóság; sóvárgás
cúpido [kupidu] *mn* mohó; sóvárgó
cupim [kupi^{n}] *m* **B** *áll* termesz
cúprico [kupriku] *mn* réztartalmú, réz-

cuprífero [kuprifiru] *mn* réztartalmú
cuproso [kuprozu] *mn* rézszínű, rezes
cúpula [kupulö] *f* 1. *ép* kupola, dóm 2. *conferência* v *reunião de* ~ csúcsértekezlet, csúcstalálkozó
cura [kurö] I. *f* kúra, gyógymód, gyógyítás II. *m* plébános
curaçau [kuröszàu] *m* kuraszao, szárított narancshéjból készült likőr
curador [kurödor] *m* gondnok; gyám
curadoria [kuröduriö] *f* gondnokság; gyámság
curandeiro [kurö^n^ndéjru] *m* sarlatán, kuruzsló
curandice [kurö^n^ndisz] *f* kuruzslás
curar [kuràr] *1/1* I. *ts* 1. gyógyít, kezel, ápol 2. (húst) füstöl, eltesz II. *tl* 1. gyógyul 2. ~ *de* törődik vkivel *v* vmivel III. ~-se *de* kigyógyul vmiből
curare [kuràri] *m* B kuráre, indián nyílméreg
curatela [kurötèlö] *f* gondnokság, gyámság
curativo [kurötivu] I. *mn* gyógyító, gyógy- II. *fn, m* 1. gyógyszer 2. sebkötés; flastrom 3. gyógykezelés
curato [kuràtu] *m* plébánia
curável [kurávèl] *mn* gyógyítható
curia [kurjö] *f* kúria, pápai kormánytestület
curiosidade [kurjuzidàd] *f* 1. kiváncsiság; *estar com* ~ *de* kiváncsi vmire 2. tudásvágy, tudásszomj; *ter* ~*s por* érdeklődik vmi iránt 3. nevezetesség
curioso [kurjozu] *mn* kiváncsi; tudni vágyó; *estar* ~ *por* kiváncsi vmire
curista [kuristö] *fn* gyógyhelyi vendég
curral [kurràl] *m* karám
currículo [kurrikulu] *m* 1. tanmenet 2. tanfolyam 3. életrajz
curro [kurru] *m* 1. az egy bikaviadalon részt vevő bikák 2. bikaistálló (a porond mellett)
cursado [kurszàdu] *mn:* ~ *em* jártas, tapasztalt vmiben
cursar [kurszàr] *1/1 ts, tl* 1. tanul, tanfolyamra jár, iskolát végez; ~ *direito* jogot tanul 2. bejár (vidéket, tengert)
cursista [kurszistö] *fn* tanfolyam hallgatója
cursivo [kurszivu] I. *mn* kurzív, dőlt II. *fn, m* kurzív írás, dőlt írás
curso [kurszu] *m* 1. futás; futam; verseny 2. folyás; folyam; *átv* lefolyás, vminek a menete; *em* ~ folyó, folyamatban levő; forgalomban levő; *dar (livre)* ~ *a* szabad folyást enged vminek 3. út, irány 4. tanfolyam; ~*-vestíbulo* előkészítő tanfolyam; ~ *de férias* nyári tanfolyam; *fazer o* ~ *de engenharia* mérnöki tanulmányokat folytat, mérnöknek készül 5. (tőzsdei) árfolyam 6. *műsz* löket
cursoriamente [kurszurjöme^n^nt] *hat* futólagosan
curteza [curtézö] *f* 1. rövidség 2. korlátoltság (*átv* is)
curtidor [kurtidor] *m* timár, cserző
curtir [kurtir] *3/1 ts* 1. cserez 2. kezel; ezd, keményít; kitesz a napra, a napon barnít; ~ *o linho* lent áztat; ~ *o vinho* erjeszti a bort 3. átél, elszenved, eltűr, elvisel 4. udvarol vkinek T
curtido [kurtidu] *mn* edzett, acélozott
curto [kurtu] *mn* 1. rövid; ~ *de palavras* szűkszavú 2. *átv* korlátolt
curto-circuito [kurtuszirkujtu] *m* rövidzárlat
curtume [kurtum] *m* 1. cserzés 2. cserzőanyag; cserzőlé
curumba [kuru^n^mbö] B I. *m* 1. csavargó 2. vándormunkás II. *f* öregasszony
curupira [kurupirö] *f* B erdei manó
curva [kurvö] *f* 1. görbe vonal; ív 2. kanyar; hajlat, hajlás; ~ *acentuada* v *fechada* éles kanyar; ~ *da perna* térdhajlás
curvado [kurvàdu] *mn* 1. hajlított, ívelt; görbe 2. meghajolott, görnyedt; *átv* törődött
curvar [kurvàr] *1/1* I. *ts* 1. hajlít, görbít, ível; ~ *a cerviz* aláveti magát, behódol; beletörődik 2. *átv* alávet akaratának, betör vkit II. *tl* hajlik, görbül, ível; kanyarodik III. ~-se meghajol; lehajol, ráhajol
curvilíneo [kurvilinyu] *mn* görbe vonalú
curvo [kurvu] *mn* hajlított, görbe, ívelt
cuscuta [kuskutö] *f növ* aranka
cuspe [kusp] *m* = **cuspo**
cúspide [kuspid] *f* vminek éles hegye
cuspideira [kuspidéjrö] *f* köpőcsésze
cuspinhar [kuspinyàr] *1/1 tl* köpdös
cuspir [kuspir] *3/12 tl* 1. köp, köpdös; ~ *na cara de* arcul köp vkit 2. *átv:* ~ *afrontas* sértéseket szór; ~ *na honra de* belegázol vkinek a becsületébe; ~ *para o ar* henceg, felvág

cuspo [kuspu] *m* köpés; köpet; nyál
custa [kustö] *f* költség, kiadás; *~s legais* perköltségek; *a toda ~* mindenáron; *à ~ de* **a)** vkinek a költségére **b)** vminél fogva, vminek a révén; *à ~ alheia* más költségére; *à sua ~* saját költségére; *à ~ da vida* élete árán
custar [kustàr] *1/1 tl* **1.** kerül vmibe; *quanto custa?* mennyibe kerül? *~ barato* olcsó: *~ caro* drága, sokba kerül; *~ um dinheirão* v *os olhos da cara* vagyonba kerül, méregdrága; *custe o que custe* v *custar* bármennyibe kerüljön is **2.** fáradságba kerül; nehezére esik; *custa a crer* nehezen hihető; *custa (a) fazer* nem könnyű megcsinálni; *custa-lhe falar* nehezére esik a beszéd; *ganhei mas custou* nyertem, de nehezen ment
custeamento [kustyömeⁿntu] *m* **1.** fenntartási *v* karbantartási költség; kiadás; ráfordítás **2.** finanszírozás
custear [kustyàr] *1/5 ts* finanszíroz; fedezi a költségeket
custeio [kustéju] *m* = **custeamento**
custo [kustu] *m* **1.** költség; ár; *o ~ da vida* megélhetési költségek; *~s de produção* előállítási *v* termelési költségek; *a todo o ~* mindenáron **2.** fáradság, fáradozás; *a ~* nehezen; *a ~ de* árán, révén, segítségével; *a muito ~* üggyel-bajjal; *com grande ~* nagy nehezen; *sem ~* könnyen, fáradság nélkül
custódia [kustògyö] *f* **1.** őrizet; védelem; *~ protectora* védőőrizet **2.** *vall* szentségtartó
custodiar [kustugyàr] *1/7 ts* **1.** őrizetbe vesz **2.** megvéd, oltalmaz
custódio [kustògyu] **I.** *mn* védő, védelmező; őrző **II.** *fn, m* őr
custoso [kustozu] *mn* **1.** költséges **2.** nehéz, fáradságos
cutáneo [kutànyu] *mn orv* bőr-; *erupção ~a* bőrkiütés
cutela [kutèlö] *f* konyhakés; mészárosbárd
cutelaria [kutilöriö] *f* **1.** késárugyár **2.** késárubolt **3.** *~s* késáru
cuteleiro [kutiléjru] *m* késes; késárus
cutelo [kutèlu] *m* **1.** mészárosbárd **2.** vadászkés
cúter [kutèr] *m haj* kutter
cutilada [kutilàdö] *f* késszúrás; kardcsapás
cútis [kutis] *f* bőr; arcbőr
cutuba [kutubà] *mn* **B** *argó* marha jó, csuda klassz
cutucar [kutukàr] *1/1 ts* könyökével *v* lábával meglök (figyelmeztetésül)
cv. = *centavo* szentávó
C.V. = *cavalo-vapor* lóerő
czar [kzàr] *m* cár
czarina [kzarinö] *f* cárné
czarista [kzaristö] *m, f* a cár híve
czarda [kzàrdö] *f* = **xarda**

D

D, d [dé] *m* d (betű)
D. = **1.** *deve* tartozik **2.** *digno* méltó **3.** *direito* jobb **4.** *Dom* úr **5.** *Dona* úrnő
d. = *dia* nap
da = **de** + **a**
dacolá [dökulà] *hat* **1.** onnan **2.** abból kifolyólag
dáctilo [dàtilu] *m* daktilus
dactilografado [döktilògröfàdu] *mn* gépírásos, géppel írt
dactilografar [döktilògröfàr] *1/12 ts, tl* írógéppel (le)ír, gépel
dactilografia [döktilògröfiö] *f* gépírás
dactilógrafo *m,* **-a** *f* [döktilògröfu, -ö] *fn* gépíró(nő)
dádiva [dàdivö] *f* adomány, ajándék
dadivoso [ködivozu] *mn* bőkezű, adakozó
dado [dàdu] **I.** *mmi* → **dar II.** *mn* **1.** adott; *em ~ momento* adott pillanatban; *de braços ~s* karöltve; *de mãos ~as* kéz a kézben; *átv* teljes egyetértésben; *~ que* **a)** tekintettel arra, hogy; mivel, minthogy **b)** feltételezve, hogy; *~as as circunstâncias* tekintettel a körülményekre, a helyzetre való tekintettel; *közm: a cavalo ~ não se olham os dentes* ajándék lónak nem nézik a fogát **2.** vminek hódolója, rabja; *é ~ ao desporto* a sportnak él, rajong a sportért; **III.** *fn, m* **1.** kocka; *aos tombos dos ~s* találomra; ahogy esik, úgy puffan; *está lançado o ~* a kocka el van vetve **2.** adat, adottság, megadott érték *v* nagyság; *os ~s mais importantes* a legfontosabb adatok
dador *m,* **-a** *f* [dödor, -ö] *fn* **1.** adományozó; *~ de sangue* véradó (személy) **2.** *kártya* osztó
dafne [dàfn] *f növ* boroszlán
daí [döi] *hat* **1.** onnan; attól fogva; *~ por adelante* attól fogva *v* kezdve **2.** ezért; ennek következtében
dalém [dölö^{n}j] = *(de + além)* odaátról
dali [döli] *hat* onnan; ebből kifolyólag
dália [dàljö] *f* dália
Dalmácia [dàlmàszjö] *f* Dalmácia
dálmata [dàlmötö] *mn* és *fn* dalmát
daltónico [dàltòniku] *mn* és *fn* színtévesztő, színvak
daltonismo [dàltunizsmu] *m* színtévesztés, színvakság
dama [dömö] *f* **1.** hölgy, dáma; *~ de companhia* társalgónő; *~ de honor* udvarhölgy **2.** *sakk* vezér, királynő **3.** *kártya* felső **4.** *jogo das ~s* dámajáték
damasceno [dömös-szénu] → **damasquino**
damasco [dömàsku] *m* **I.** *text* damaszt **II.** sárgabarack **III.** damaszkuszi penge
damasqueiro [dömöskéjru] *m* sárgabarackfa
damasquilho, damasquim [dömöskilju, -ki^n] *m* damasztszövet
damasquino [dömöskinu] **I.** *mn* damaszt- **II.** *mn* és *fn* damaszkuszi
Damião [dömjö^{n}u] *m* Damján, Döme
damice [dömisz] *f* kényeskedés; affektálás
danação [dönöszö^{n}u] *f* **1.** kárhozat **2.** átok **3.** düh
danado [dönàdu] *mn* **1.** átkozott, átkos; *situação ~a* pokoli helyzet **2.** dühös, haragos **3.** veszett (kutya) **4. B** ügyes, eszes; jártas, gyakorlott
danar [dönàr] *1/1* **I.** *ts* **1.** megkárosít **2.** feldühít **3.** veszettséggel megfertőz

II. ~-se 1. feldühödik 2. megvesz (kutya) 3. ~-*se de juizo* megőrül

dança [dö^{n}szö] *f* tánc; *meter na* ~ táncba visz; *átv* bajba sodor, csőbe húz; *meter-se em* ~*s* nehéz vállalkozásba kezd

dançante [dö^{n}szö^{n}nt] *mn* tánc-; *chá* ~ ötórai tea

dançador *m,* **dançadeira** *f* [dö^{n}szödor, -déjrö] *fn* táncos(nő)

dançar [dö^{n}szàr] *1/3 ts* táncol

dançarina [dö^{n}szörinö] *f* balett-táncosnő, balerina

dançarino [dö^{n}szörinu] *m* balett-táncos

dançata [dö^{n}szàtö] *f* **B** táncmulatság

dândi [dö^{n}ndi] *m* divatbolond, piperkőc

dandismo [dö^{n}ndizsmu] *m* ficsúros öltözködés; nyegleség

danificação [dönifiköszö^{n}u] *f* megkárosítás; kártevés

danificador *m,* **-a** *f* [dönifiködor(ö)] *mn* és *fn* kárt okozó, kártevő

danificar [dönifikàr] *1/2 ts* **1.** megkárosít; árt vkinek **T 2.** elront, tönkretesz

daninho [döninyu] *mn* **1.** káros, ártalmas; *erva* ~*a* gaz, gyom **2.** gonosz, rossz

dano [dönu] *m* kár, veszteség; *fazer* ~ kárt okoz

danoso [dönozu] *mn* káros, ártalmas

dantes [dö^{n}ntis] = (*de* + *antes*) korábban, régebben

danubiano [dönubjönu] *mn* dunai

Danúbio [dönubju] *m: o* ~ a Duna

daquele [dökél] = **de** + **aquele**

daquém [dökö^{n}j] *hat* (= *de* + *aquém*); ~ *e dalém* innen is, onnan is

daqui [döki] *hat* (= *de* + *aqui*) innen; ~ *a oito dias* mához egy hétre; ~ *a três dias* három nap múlva; ~ *em diante* mostantól fogva, ezután

daquilo [dökilu] *hat* (= *de* + *aquilo*) attól, arról, tőle, róla

dar [dàr] **I.** *ts* **1.** ad; átad, lead, megad **2.** *szól:* ~ *que falar* (*ao mundo*) szóbeszédre ad alkalmat; *que mais dá?* nem mindegy? ~ *o sim* kimondja a (boldogító) igent; ~ *a última mão a* az utolsó simításokat végzi, befejez vmit **II.** *tl* **1.** *acabam de* ~ *as sete* most ütötte a hetet; **B** *não dá* nem megy! *quem me dera!* bárcsak (így volna)! **2.** (viszonyszós kifejezések:) ~ **a** *entender* értésére ad; ~ *à costa* partra vetődik; ~ *a fugir* futásnak ered, elfut; ~ **com** (véletlenül) találkozik *v* összefut vkivel; ~ *com o nariz no chão* orra bukik; ~ *com uma solução* megoldást talál; ~ **contra** beleütközik vmibe; ~ **de** *graça* ingyen odaad; ~ *de ombros* vállat von; ~ *de presente* ajándékul ad; ~ *de si, átv* enged, meghajol: ~ **em** nekimegy vminek; ~ *em doido* megbolondul, megőrül; ~ *em nada* semmivé lesz, füstbe megy; ~ *com os olhos em* megpillant vkit *v* vmit; ~ *na vista* *v* *nos olhos* **a)** szembe süt (fény); **b)** *átv* feltűnő, szembetűnik; *sem* ~ *na vista* feltűnés nélkül; ~ *no vivo* elevenére tapint; *não dá para nada* semmire sem jó *v* alkalmas; ~ *para pensar* gondolkodóba ejt; ~ *para a pintura* van tehetsége a festéshez; ~ *para rir* nevetésre késztet; ~ **por a)** vmilyennek vél *v* gondol **b)** vmilyen névre hallgat; ~ *por bem* jónak talál, helyesel; *dá-lo por cem florins* száz forintért adja; *dê lá por onde der* bármi történjék is **III. 1.** ~**se-** adódik, megesik, előfordul; *dá-se como certo* biztosra veszik, bizonyosnak tűnik; *quando se deu a revolução* amikor kitört a forradalom **2.** mutatkozik, vallja magát vmilyennek; ~-*se bem* (*mal*) *com* jól (rosszul) jön ki vkivel; jóban (rosszban) van vkivel; ~**-se** *por culpado* bűnösnek vallja magát ~-*se aos estudos* a tanulmányoknak szenteli magát

Dardanelos [dördönèlus] *m tb: os* ~ a Dardanellák

dardejar [dördizsàr] *1/14* **I.** *ts* **1.** dárdát hajít; **2.** tekintetével átdöf, szúrós pillantásokat lövell **II.** *tl* tűz, süt (nap)

dardo [dàrdu] *m* **1.** lándzsa, gerely; *sp: arremesso* *v* *lançamento de* ~ gerelyhajítás, gerelyvetés **2.** fullánk; **3.** *átv* csípős megjegyzés, szúrás

dares e tomares [dáris i tumáris] *m tb* perlekedés, civódás

daroês [dörvés] *m* dervis

dartro [dàrtru] *m orv* pikkelysömör, bőrhámlás

dartroso [dörtrozu] *mn* és *fn* sömörös

das = **de** + **as**

data [dàtö] *f* **1.** dátum, kelet, keltezés; *pôr a* ~ *à carta* keltezi a levelet; *de fresca* *v* *nova* ~ új keletű; újdonsült;

em ~ *próxima* a közeljövőben **2.** *uma* ~ *de* jókora adag; egy csomó; *uma* ~ *de chuva* kiadós eső

datar [dötàr] *1/12* **I.** *ts* keltez **II.** *tl* datálódik; *isso data de longe* ez már régen történt

datil [dötil] *m* datolya

datileira [dötiléjrö] *f* datolyapálma

dati . . . → **dacti . . .**

dativo [dötivu] *m nyelvt* datívusz, részes eset

Davi, David [dövi(d)] *m* Dávid

d.C. = *depois de Cristo* időszámításunk szerint

d/d = *dias de data* a keltezéstől számítva

DD. = *digníssimo* igen érdemes

ddc.º = *dedicado* ódaadó

de [di] *vsz* **1.** (birtokos eset:) -nak a, -nek a, -é; *as janelas da casa* a ház(nak az) ablakai; *o livro é de meu pai* a könyv az apámé **2.** (anyag jelölésére; vmiből való:) *barra de ferro* vasrúd **3.** (*jelző képzésére:*) -ú, -ő, -s; *de cabelos louros* szőke hajú; *cadeira de braços* karosszék; *cigarros de sessenta centavos* hatvan filléres cigaretták; *jovem de dezoito anos* tizennyolc éves ifjú **4.** (cél, rendeltetés, vmire való:) -ó, -ő; *máquina de escrever* írógép; *sala de jantar* ebédlő **5.** (hely- és eredethatározó:) -ból, -ből, -tól, -től, -ról, -ről, -i; *de cima* fentről; *de perto* közelről, közelből; *vento do Norte* északi szél; *chegar de Lisboa* Lisszabonból jön; *sou de Budapeste* Budapestről jöttem, budapesti vagyok; (párosan:) *de . . . a, de . . . em, de . . . para* -tól . . . -ig; *de cara a cara* szemtől szembe(n); *passou de milionário a pobre* milliomosból szegény lett **6.** (időhatározó jelölésére:) *de dia* nappal; ~ *noite* éjjel; *de dez em dez dias* tíznaponként; *de tempo em tempo* időről időre, időnként; *de uma vez para sempre* egyszer s mindenkorra **7.** (módhatározó jelölésére:) *de boa fé* jóhiszeműen; *ir de carro* kocsival *v* kocsin megy; *de golpe* hirtelen, váratlanul; *de graça* ingyen; *de joelhos* térden állva; *estar de pé* áll **8.** (okhatározó jelölésére:) *chorar de alegria* sír örömében; *está doente de gripe* náthalázban *v* influenzában szenved **9.** (mennyiséget, mértéket jelölő szó után:) *algo de novo* valami új; *uma botelha de cerveja* egy üveg sör; *um copo de água* egy pohár víz; *mais de cinco litros* több mint öt liter; *três metros de fazenda* három méter szövet; *um monte de quinhentos metros de altura* ötszáz méter magas hegy **10.** (címet, rangot, állapotot jelölő szó után:) *a cidade de Coimbra* Coimbra városa; *o título de engenheiro* a mérnöki cím; *pobre de mim!* ó én szerencsétlen! **11.** (igevonzatként főnévi igenév előtt:) *gosto de viajar* szeretek utazni; *é de supor* feltételezhető

dê [dé] **I.** *m* dé (betű neve) **II.** → **dar**

dealbar [diàlbàr] *1/1* **I.** *ts* **1.** fehérít, fehérre fest **2.** bevilágít, beragyog **II.** *tl* **1.** fehéredik, világosodik **2.** tündöklik, ragyog

deambular [diö^{n}mbulàr] *1/1 tl* sétál, járkál; kóborol, kószál

deão [djö^{n}u] *m* **1.** (egyetemi) dékán **2.** prépost; esperes

déb. = *débito* tartozás

debaixo [dibàjsu] **I.** *hat* lent; alatta; *ficar* ~ alulmarad, legyőzik; *meter* ~ legyőz, két vállra fektet **II.** *vsz* ~ *de* alatt; ~ *do solo* a föld alatt; ~ *de certas condições* bizonyos feltételek mellett; ~ *de juramento* eskü alatt; ~ *das mesmas telhas* egy fedél alatt

debalde [dibàld] *hat* hiába, hasztalanul

debandada [dibö^{n}ndàdö] *f* rendetlen futás; *em* ~ pánikszerűen; *pôr em* ~ szétszór, tönkrever

debandar [dibö^{n}ndàr] *1/1* **I.** *ts* szétszór, tönkrever; **II.** *tl,* **III.** ~**-se** szétszóródik; ~*-se!* oszolj!

debate [dibàt] *m* vita; *em* ~ vitatott, kérdéses; *trazer a* ~ vitára bocsát

debater [dibötér] *2/6* **I.** *ts* (meg)vitat, (meg)tárgyal **II.** ~**-se 1.** vergődik **2.** verekszik, küzd; ~*-se com sérias dificuldades* komoly nehézségekkel küzd

debelar [dibilàr] *1/13 ts* legyőz, leküzd

debicar [dibikàr] *1/2 tl* **1.** csőrével csipeget; eszeget **2.** *átv* csipkelődik; kritizál

débil [dèbil] **I.** *mn* gyenge **II.** *fn : um(a)* ~ *mental* gyengeelméjű

debilidade [dibilidàd] *f* gyengeség

debilitar [dibilitàr] *1/1* **I.** *ts* (el)gyengít **II.** ~**-se** (el)gyengül

debitar [dibitàr] *1/1 ts átv* terhére ír, megterhel

débito [dèbitu] *m* **1.** adósság; *levar a ~ de* vkinek a terhére írja, megterhel vkit 2. *ker* „tartozik" oldal
deblaterar [diblötiràr] *1/13 tl* kiabál, ordít
debochado [dibusàdu] *mn* kicsapongó
debochar [dibusàr] *1/15* **I.** *ts átv* megront, tönkretesz **II. ~-se** kicsapong; züllik
debrear [dibriàr] *1/5 ts* sebességváltót üresjárásba tesz
debruar [dibruàr] *1/9 ts* szegélyez, szegélydíszt alkalmaz
debruçar [dibruszàr] *1/3* **I.** *ts* lehajlít **II.** *tl,* **III. ~-se** (ki-, le-, meg)hajol; *~-se na janela* kihajol az ablakon; *~-se para fora* kihajol; *~-se sobre o livro* a könyv fölé hajol; *~-se sobre a situação, pol* áttekinti a helyzetet; *~-se sobre um tema* kiterjeszkedik egy témára
debrum [dibru^n] *m* (ruha)szegély
debulha [dibuljö] *f* cséplés
debulhador *m,* **-deira, -dora** *f* [dibuljödor, -déjrö, -dorö] *fn* cséplő (személy)
debulhadora [dibuljödorö] *f* cséplőgép
debulhar [dibuljàr] *1/1* **I.** *ts* csépel; kimagoz, kihüvelyez **II. ~-se** *em lágrimas* v *em pranto* könnyekre fakad, forró könnyeket hullat
debulho [dibulju] *m* pelyva
debutante [dibutö^{n}nt] *mn* és *fn* kezdő
debutar [dibutàr] *1/1 tl* debütál, először lép fel
debuxar [dibusàr] *1/1 ts* (le)rajzol, vázol
debuxo [dibuso] *m* rajz, vázlat; körvonalak
dec. = *decreto* határozat
década [dèködö] *f* dekád; tíz nap; tíz év; *em meados da ~ de 60* a hatvanas évek derekán
decadência [diköde^{n}szjö] *f* dekadencia, hanyatlás; *estar em ~* hanyatlófélben van
decadente [diköde^{n}nt] *mn* dekadens, hanyatló
decagrama [dikögràmö] *m* dekagramm
decaída [diköidö] *f* **1.** hanyatlás 2. *biz* lejtő, hegyoldal **3.** bukott nő
decaído [diköidu] *mn* **1.** rozoga 2. *átv* lehanyatlott, (le)züllött
decair [diköir] *3/22 tl* hanyatlik, lezüllik; alábbhagy, csökken; → **descair**
decalcar [dikàlkàr] *1/2 ts* pauzíroz, kopíroz
decálogo [dikàlugu] *m* a tízparancsolat
decalque [dikàlk] *m* átmásolás, lemásolás
decampar [dikö^{n}mpàr] *1/1 tl* tábort bont
decanado [dikönàdu] *m* **1.** dékáni hivatal; 2. dékáni tisztség
decano [dikönu] *m* **1.** dékán **2.** *vegy* dekán
decantar [dikö^{n}ntàr] *1/1 ts* **I.** derít, lefejt, átönt **II.** megénekel, dicséretét zengi
decapitação [diköpitöszö^{n}u] *f* fejvétel, lefejezés
decapitar [diköpitàr] *1/1 ts* lefejez, fejét veszi
decatlo [dikàtlu] *m sp* dekatlon, tíztusa
decatlonista [dikötlunistö] *m sp* tíztusában részt vevő sportoló
decenal [diszinàl] *mn* tízéves, tízévenkénti
decenário [diszinàrju] *m* tizedik évforduló
decência [disze^{n}szjö] *f* illem, illendőség, tisztességtudás
decénio [diszènyu] *m* évtized
decente [disze^{n}nt] *mn* **1.** illedelmes, tisztességtudó **2.** rendes, rokonszenves
decentralizar [disze^{n}ntrölizàr] *1/1 ts* decentralizál; széthelyez
decepar [diszipàr] *1/13 ts* levág, megcsonkít; *átv* félbeszakít (társalgást)
decepção [diszèszö^{n}u] *f* csalódás
decepcionante [diszèszjunö^{n}nt] *mn* csalódást okozó, kiábrándító
decepcionar [diszèszjunàr] *1/8 ts* kiábrándít
decerto [diszèrtu] *hat* biztosan
decidido [diszididu] *mn* elszánt
decidir [diszidir] *3/1* **I.** *ts* **1.** elhatároz, eldönt; 2. *~ a* késztet vmire **II.** *tl: ~ de* dönt vmiről *v* vmiben **III. ~-se a** elhatározza, rászánja magát vmire
decifrar [diszifràr] *1/1 ts* **1.** kibetűz 2. megfejt, értelmez **3.** átlát (vkinek a szándékán)
decifrável [diszifràvèl] *mn* kibetűzhető, elolvasható, megoldható
decigramma [diszigrömö] *m* egytized gramm
decilitro [diszilitru] *m* deciliter
décima [dèszimö] *f* tized
decimal [dèszimàl] **I.** *mn* tizedes, tízes; *balança ~* tizedes mérleg **II.** *fn, f* tizedesjegy, tizedestört
decimar [diszimàr] *1/1* = **dizimar**

decímetro [diszimitru] *m* deciméter
décimo [dèszimu] I. *mn* tized, tizedik; ~ *primeiro* tizenegyedik II. *fn, m* tized, tizedrész
decisão [diszizöⁿu] *f* 1. döntés, határozat; *tomar* ~ döntést hoz, elhatározza magát 2. határozottság; *com* ~ határozottan, erőteljesen
decisivo [diszizivu] *mn* döntő, végleges
declamação [diklömöszöⁿu] *f* szavalás, felmondás, előadókészség; *cair na* ~ frázisokat puffogtat
declamador *m*, **-a** *f* [diklömödor(ö)] *m* 1. előadó, szavaló, szónokló 2. szócséplő
declamar [diklömàr] *1/1 ts* 1. előad, szaval, szónokol 2. ~ *contra* uszít vki ellen
declamatório [diklömötòrju] *mn* 1. előadói; 2. ünnepélyes; *biz* dagályos, fellengző
declaração [diklörószöⁿu] *f* 1. kijelentés; nyilatkozat; ~ *do governo* kormánynyilatkozat; ~ *de guerra* hadüzenet 2. vallomás; ~ *jurada* eskü alatt tett nyilatkozat *v* vallomás; ~ *de amor* szerelmi vallomás; ~ *de imposto de renda* jövedelemadóbevallás 3. magyarázat
declarado [diklöràdu] *mn* nyilvánvaló, kifejezett
declaradamente [diklörödömeⁿnt] *hat* nyilván(valóan), kifejezetten
declaradas [diklöràdös] *f tb*: *às* ~ nyíltan, nyilvánosan
declarante [diklöröⁿnt] *mn* és *fn* vallomást tevő
declarar [diklöràr] *1/12* I. *ts* 1. kijelent, állít; ~ *culpado* vétkesnek mond ki 2. bevall, vallomást tesz; *tem alguna coisa sujeita a* ~? van valami elvámolni valója? 3. megmagyaráz, kifejt II. ~**-se** 1. nyilatkozik; ~*-se por ou contra* mellette *v* ellene foglal állást 2. szerelmet vall, kiönti a szívét 3. kitör, keletkezik, támad (*pl* tűzvész)
declinação [diklinöszöⁿu] *f* 1. *nyelvt* névszóragozás 2. *fiz* mágneses elhajlás 3. hanyatlás
declinar [diklinàr] *1/1* I. *ts* 1. névszót ragoz 2. elhárít, visszautasít 3. eltérít; ~ *os olhos* elfordítja tekintetét 4. bemond, megmond; ~ *o* (*seu*) *nome* megmondja a nevét; *sem* ~ *nomes* nevek említése nélkül II. *tl* 1. lehajlik, meghajlik; süllyed; ~ *para* hajlik vmire 2. eltér, letér 3. csökken, alábbhagy (láz) 4. hanyatlik; végéhez közeledik
declinável [diklinàvel] *mn nyelvt* ragozható (névszó)
declínio [diklinyu] *m* hanyatlás, pusztulás, vég
declivar [diklivàr] *1/1 tl* leereszkedik, lejt (terep)
declive [dikliv] I. *mn* = **declivoso**; II. *fn, m* lejtő; lejtés; *em* ~ lejtős
declivoso [diklivozu] *mn* lejtős, meredek
decoada [dikuàdö] *f* lúg
decocção [dikòkszöⁿu] *f* főzet
decocto [dikòktu] *m* főzet
decol . . . → **descol** . . .
decomponível [dikoⁿmpunivèl] *mn* elemeire bontható, lebontható
decompor [dikoⁿmpor] *2/17 ts* 1. elemeire felbont, lebont 2. rombol (atomot) 3. eltorzít (arcvonásokat) II. ~**-se** szétesik, (el)rothad, oszlásnak indul
decomposição [dikoⁿmpuziszöⁿu] *f* 1. felbontás, lebontás 2. (meg)romlás, rothadás; *em* (*estado de*) ~ romlott, rothadó
decoração [dikurószöⁿu] *f* dekoráció, díszítés
decorador *m*, **-a** *f* [dikurödor(ö)] *fn* I. dekoratőr, kirakatrendező, díszlettervező II. könyv nélkül tanuló, jó emlékezőtehetséggel bíró személy
decorar [dikuràr] *1/15 ts* I. dekorál, díszít II. 1. könyv nélkül megtanul; 2. emlékezetében megtart
decorativo [dikurötivu] *mn* dekoratív, díszítő
decoro [dikoru] *m* illem, illendőség; *faltar ao* ~ vét az illendőség ellen
decoroso [dikurozu] *mn* illendő, korrekt
decorrência [dikurréⁿszjö] *f* lefolyás; *em* ~ *do primeiro de Abril* április elsejétől számítva *v* kezdve
decorrer [dikurrér] *2/8 tl* 1. elmúlik, lefolyik; *com o* ~ *do tempo* az idők folyamán 2. megesik, megtörténik
decorrido [dikurridu] *mn* lefolyt, elmúlt
decorticar [dikurtikàr] *1/2 ts* lenyúz; lehámoz, lehéjaz
decotado [dikutàdu] *mn* mélyen kivágott (női ruha)

decotar [dikutàr] *1/15* **I.** *ts* **1.** mélyen kivág (női ruhát) **2.** stuccol, rövidebbre vág, nyes, kurtít **II.** **~-se** mélyen kivágott ruhát vesz fel
decote [dikòt] *m* kivágás (női ruhán)
decrepidez [dikripidés] *f* = **decrepitude**
decrépito [dikrèpitu] *mn* agg, elaggott, roskatag, rozzant
decrepitude [dikripitud] *f* elaggottság, aggkori gyengeség
decrescendo [dikris-sze^{n}ndu] *m zene* decrescendo
decrescente [dikris-sze^{n}nt] *mn* csökkenő, fogyó
decrescer [dikris-szér] *2/2 tl* csökken, fogy; apad, alábbhagy
decrescimento [dikris-szime^{n}ntu] *m* csökkenés; apadás
decréscimo [dikrès-szimu] *m* = **decrescimento**
decretar [dikritàr] *1/13 ts* **1.** elrendel, előír **2.** meg-, odaítél
decreto [dikrètu] *m* rendelet; végzés, határozat
decreto-lei [dikrètuléj] *m* törvényerejű rendelet
decretório [dikritòrju] *mn* döntő (jelentőségű)
decruar [dikruàr] *1/1 ts* **1.** enyhén felfőz, megpuhít **2.** feltör (ugart)
decúbito [dikubitu] *m* **1.** *orv* felfekvés **2.** fekvő helyzet; *~ dorsal* hanyatt fekvés
decuplar [dikuplàr] *1/1 ts* megtízszerez
decuplicar [dikuplikàr] *1/1 ts* megtízszerez
décuplo [dèkuplu] *mn* tízszeres
decurso [dikurszu] *m* lefolyás, (idő)tartam; *no ~ da semana* a hét folyamán
dedada [didàdö] *f* **1.** ujjnyom **2.** ujjnyi
dedal [didàl] *m* gyűszű; *um ~* egy gyűszűnyi
dedaleira [didöléjrö] *f növ* gyűszűvirág
dédalo [dèdölu] *m* labirintus, útvesztő
dedeira [didéjrö] *f* ujjvédő, ujjtok
dedetização [diditizöszö^{n}u] *f* féregirtás (DDT-vel)
dedetizar [diditizàr] *1/1 ts* féregirtószert szór szét
dedicação [didiköszö^{n}u] *f* **1.** (fel)ajánlás **2.** odaadás, ragaszkodás **3.** szorgalom
dedicado [didikàdu] *mn* **1.** (fel)ajánlott **2.** odaadó, ragaszkodó vkihez v vmihez (*a*)
dedicar [didikàr] *1/2* **I.** *ts* **1.** ajánl (könyvet) **2.** felajánl, szentel; ráfordít vmit vmire (*a*) **II.** **~-se** *a* szenteli, feláldozza magát vminek
dedicatória [didikötòrjö] *f* ajánlás
dedignar-se [didignàrszi] *1/1* **1.** megvet, lenéz **2.** *átv* leereszkedik
dedilhação [didiljöszö^{n}u] *f zene* ujjmozgás, ujjtechnika
dedilhar [didiljàr] *1/1 ts zene* **1.** ujjrenddel lát el (zenedarabot) **2.** penget (hangszert)
ded.º = *dedicado* odaadó
dedo [dédu] *m* **1.** ujj; *~ do pé* lábujj **2.** *szól: dois ~s de* két ujjnyi, egy kevés, egy csipetnyi vmiből; *dois ~s de conversa* rövid társalgás, csevegés; *como dois ~s da misma mão* teljesen egyforma, mint két tojás; *conhecer como os próprios ~s* úgy ismeri, mint a tenyerét; *dar ao ~* serényen dolgozik; *examinar a ~* tüzetesen megvizsgál; *mostrar ao ~* ujjal mutogat; *ser apontado a ~* ujjal mutogatnak rá; *pôr o ~ na chaga* v *ferida* érzékeny pontján találja, eltalálja a gyöngéjét; *saber nas pontas dos ~s* a kisujjában van, pompásan tudja; *ter ~* ügyes; okos; *ter ~ para o negócio* van üzleti érzéke
dedução [diduszö^{n}u] *f* **1.** levezetés, következtetés **2.** levonás
dedutivo [didutivu] *mn* levezető, következtető
deduzir [diduzir] *3/14 ts* **1.** levezet, következtet **2.** levon
defasagem [difözàzsöj] *f* **1.** fáziskülönbség **2.** *átv* eltérés
defecação [difiköszö^{n}u] *f* **1.** leszűrés, tisztítás, derítés **2.** *orv* székelés, széklet
defecar [dificàr] *1/2, 1/13* **I.** *ts* megszűr, tisztít, derít **II.** *tl orv* defekál, szükségét végzi
defectível [difètivèl] *mn* tökéletlen, gyarló
defectivo [defètivu] *mn* hiányos, fogyatékos
defeito [diféjtu] *m* hiány, fogyatékosság; hiba
defeituoso [diféjtuozu] *mn* hiányos, fogyatékos, tökéletlen; hibás
defender [dife^{n}ndér] *2/1* **I.** *ts* **1.** (meg)véd, oltalmaz **2.** megtilt **II.** **~-se** védekezik

defendível [dife^{n}ndivèl] *mn* védhető

defensa [dife^{n}szö] *f* = **defesa**

defensável [dife^{n}szàvèl] *mn* **1.** megvédhető **2.** megbocsátható, elnézhető

defensiva [dife^{n}szivö] *f* védekezés; védelmi állás; *estar* v *ficar* v *pôr-se na* ~ védekezik, védekező álláspontra helyezkedik

defensível [dife^{n}szivèl] *mn* = **defensável**

defensivo [dife^{n}szivu] **I.** *mn* védő, védelmi **II.** *fn, m* védelem; óvszer

defensor *m*, **-a** *f* [dife^{n}szor, -ö] *fn* védelmező, oltalmazó

deferência [difire^{n}szjö] *f* **1.** mély tisztelet, hódolat **2.** előzékenység, figyelmesség

deferente [difire^{n}nt] *mn* **1.** tiszteletteljes, hódoló **2.** előzékeny, figyelmes

deferimento [difirime^{n}ntu] *m* **1.** engedélyezés, jóváhagyás **2.** tisztséggel való felruházás

deferir [difirir] *3/8* **I.** *ts* **1.** engedélyez, jóváhagy; kedvezően elintéz (kérvényt) **2.** ~ *o prémio* odaítéli a díjat **II.** *tl:* ~ *a* egyetért vmivel, beleegyezik vmibe

deferível [difirivèl] *mn* engedélyezhető, jóváhagyható

defesa [difézö] *f* **1.** védelem, oltalom; ~ *própria* önvédelem; *sem* ~ védtelen **2.** védőügyvéd **3.** ~*s* állatok védekező szervei: agyarak, szarvak, agancsok **4.** *sp* hátvéd, védelem

defeso [difézu] **I.** *mmi* → **defender II.** *mn* tilos, tiltott **III.** *fn, m* tilalmi idő

défice [dèfisz] *m* deficit, hiány; *cobrar o* ~ pótolja a hiányt

deficiência [difiszje^{n}szjö] *f* **1.** hiány, hiányosság **2.** fogyatékosság

deficiente [difiszje^{n}nt] *mn* **1.** hiányos, tökéletlen **2.** fogyatékos

déficit [dèfiszit] *m* = **défice**

deficitário [difiszitàrju] *mn* veszteséges

definhado [difinyàdu] *mn* **1.** sorvadt, fonnyadt **2.** sovány; agyonhajszolt

definhar [difinyàr] *1/1* **I.** *ts* kimerít, agyonhajszol, elcsigáz **II.** *tl*, **III.** ~**-se** elsorvad, elhervad, elfonnyad; tönkremegy

definição [difiniszö^{n}u] *f* definíció, meghatározás

definido [difinidu] *mn* (meg)határozott

definir [difinir] *3/1 ts* meghatároz

definitivo [difinitivu] *mn* végleges; *em* ~ véglegesen

definível [difinivèl] *mn* meghatározható

deflação [diflöszö^{n}u] *f közg* defláció

deflagração [diflögröszö^{n}u] *f* (ki)robbanás

deflagrador [diflögrödor] *m műsz* gyújtókészülék

deflagrar [diflögràr] *1/12 tl* **1.** elég, leég **2.** (fel)robban **3.** fellángol (*átv* is); *deflagrou um incêndio* tűzvész keletkezett

deflor . . . → **desflor** . . .

defluxo [diflukszu] *m* nátha

deformação [difurmöszö^{n}u] *f* eltorzítás; eltorzulás

deformar [difurmàr] *1/15* **I.** *ts* eltorzít **II.** ~**-se** eltorzul

deforme [difòrm] *mn* torz; alaktalan; csúnya, rút

deformidade [diformidàd] *f* torzalakúság; alaktalanság; rútság

defraudação [difràudöszö^{n}u] *f* csalás; sikkasztás

defraudador *m*, **-a** *f* [difràudödor(ö)] *mn* és *fn* csaló, sikkasztó

defraudar [difràudàr] *1/1 ts* becsap; meglop; ~ *em mil escudos* ezer escudóval becsap; ~ *as esperanças* reményeitől megfoszt; ~ *uma herança* örökéből kiforgat; ~ *a lei* kijátssza a törvényt

defrontar [difro^{n}ntàr] *1/1* **I.** *ts* szembeállít **II.** *tl* szemközt áll *v* ül **III.** ~**-se** **1.** szembekerül, szemben találja magát; ~*-se com problemas* problémákkal viaskodik **2.** *sp* pályára lép; síkraszáll; megmérkőzik

defronte [difro^{n}nt] **I.** *hat* szemközt, szemben **II.** *vsz:* ~ *de* vmivel szemben, vmi előtt

defumar [difumàr] *1/1 ts* füstöl (húst)

defunto [difu^{n}ntu] *mn* és *fn* elhúnyt

degelar [dizsilàr] *1/13 tl* olvad, felenged

degelo [dizsélu] *m* olvadás

degeneração [dizsiniröszö^{n}u] *f* elkorcsosodás; elfajulás

degenerar [dizsiniràr] *1/13 tl* elkorcsosodik; elfajul vmivé (*em*)

deglutir [diglutir] *3/1 ts* lenyel

degolação [digulöszö^{n}u] *f* lefejezés

degolar [digulàr] *1/15 ts* **1.** lefejez; torkát elvágja **2.** leöldös

degradação [digrödöszö^{n}u] *f* **1.** degradálás, lefokozás **2.** lealjasodás, lezüllés **3.** *műv* színek árnyalása

degradante [digrödö^{n}nt] *mn* lealacsonyító, megalázó

degradar [digrödàr] *1/12 ts* **1.** degradál, lefokoz **2.** lealacsonyít, megaláz **3.** megront, tönkretesz

degrau [digràu] *m* **1.** lépcsőfok, létrafok; *cuidado com os ~s* vigyázat, lépcső! **2.** fokozat; rang

degredar [digridàr] *1/13 ts* száműz; deportál

degredo [digrédu] *m* száműzés; deportálás

degustar [digustàr] *1/1 ts* megízlel, megkóstol

deidade [déidàd] *f* istenség

deificar [déifikàr] *1/2 ts* istenít

deitado [déjtàdu] *mn* és *hat* fekvő, fekve; *estar ~* (ágyban) fekszik

deitar [déjtàr] *1/1* **I.** *ts* **1.** dob, hajít, vet **2.** lefektet, ágyba fektet **3.** önt, ont; áraszt **4.** *szól: ~ a fugir* eliramodik, futásnak ered; *~ a perder* tönkretesz; pusztulni hagy; *~ à* v *por terra* földig lerombol; *~ carnes* hízik; *~ uma carta no correio* felad levelet; *~ cartas* kártyát vet, kártyából jósol; *~ cheiro* szagot áraszt; *~ coche* van kocsija; *~ a conta* kiállítja a számlát; *~ fora* kidob, kihajít; kiönt; *~ uma galinha* tyúkot ültet; *~ a mão a* ráteszi a kezét vmire, megragad; *~ uma mão* segédkezet nyújt; *~ raios* villámokat szór; dühöng; *~ umas solas nos sapatos* cipőt megtalpal; *~ sortes* sorsot húz; *~ veneno em* rosszindulatú megjegyzéseket tesz vkire *v* vmire; *~ um vestido novo* felavat egy új ruhát; *~ um véu sobre* fátyolt borít vmire; *~ no chão* földre dob; *~ por fora* kiömlik, kifut (tej); *a quanto deita tudo?* menynyit tesz ki az egész? **II.** *~-se* **1.** lefekszik (aludni); *~-se com as galinhas* a tyúkokkal fekszik **2.** *~-se a* ráveti magát vkire **3.** *~-se a afogar* vízbe öli magát **4.** *~-se aos pés de* vkinek a lábai elé veti magát

deixa [déjsö] *f szính* szerep végszava

deixá-lo! [déjsàlu] *isz* mindegy! nem tesz semmit!

deixar [déjsàr] *1/1* **I.** *ts* **1.** hagy; elhagy, otthagy; hátrahagy **2.** *~ de* abbahagy *v* elmulaszt vmit; *~ de falar* elhallgat; *~ de fazer* elmulaszt megtenni; *~ de fumar* abbahagyja a dohányzást; *~ de ter esperanças* felhagy a reménnyel; *não poder ~ de* nem mulaszthatja el, hogy; *não posso ~ de rir* muszáj nevetnem; nem állhatom meg nevetés nélkül; *não deixe de escrever* ne felejtsen el írni! *não deixe de lá ir* feltétlenül menjen el! *deixe de tolices!* ne butáskodjon! **3.** *szól: ~ atrás* maga mögött hagy, lehagy; *~ crescer o bigode* bajuszt növeszt; *~ dito* meghagy, utasítást ad; *~ fugir a ocasião* elszalasztja az alkalmat; *~ o mundo* v *a vida* eltávozik az élők sorából; *~ a pele* otthagyja a fogát; *~ uma porta aberta* nyitva hagy egy ajtót (*átv* is); *~ o trabalho* abbahagyja a munkát; *~ ver* megmutat; *deixe ver!* mutassa! hadd lássam! *~ em branco* v *em claro* üresen hagy; *~ em* v *no meio* félbehagy; *~ em paz* békében hagy; *~ em silêncio* elhallgat, nem szól róla; *~ para outro dia* máskorra hagy; *negócio que deixa muito* jövedelmező üzlet; *deixe isso comigo* bízza csak rám! **II.** *~-se (ir)* **1.** elhagyja magát; *~-se levar pelo nariz* hagyja magát orránál fogva vezetni **2.** *~-se de* abbahagy vmit; *deixe-se de histórias* hagyja abba a kertelést!

dejecção [dizsèszö^{n}u] *f* **1.** székelés **2.** ürülék

dejecto [dizsètu] *m* ürülék, széklet

dela(s) [dèlö(s)] = **de** + **ela(s)**

delação [dilöszö^{n}u] *f* feljelentés; besúgás

delamber-se [dilö^{n}mbérszi] *1/1* **1.** nyaldossa magát (macska) **2.** tetszeleg **3.** kérkedik, páváskodik

delambido [dilö^{n}mbidu] *mn* **1.** affektált, modoros **2.** hiú, öntelt **3.** *átv* ízetlen; unalmas

delapidação [dilöpidiszö^{n}u] *f* elfecsérlés; pazarlás

delapidar [dilöpidàr] *1/1 ts* elfecsérel, elpazarol

delatar [dilötàr] *1/12 ts* feljelent; besúg

delator *m*, **-a** *f* [dilötor(ö)] *mn* és *fn* feljelentő, besúgó

dele(s) [déli(s)] = **de** + **ele(s)**

delegação [diligöszö^{n}u] *f* **1.** delegáció, küldöttség **2.** megbízás

delegacia [diligösziö] *f* **1.** kirendeltség; megbízotti tisztség **2. B** *~ de polícia* rendőrkapitányság

delegado [diligàdu] *m* **1.** küldött; megbízott **2. B** kerületi rendőrfőnök

delegar [diligàr] *1/4, 1/13 ts* **1.** kiküld **2.** megbíz

deleitar [diléjtàr] *1/1* **I.** *ts* gyönyörködtet **II.** **~-se** *com, de, em* gyönyörködik vmiben

deleitável [diléjtàvèl] *mn* = **deleitoso**

deleite [diléjt] *m* gyönyör, élvezet

deleitoso [diléjtozu] *mn* gyönyörű

deletrear [dilitrjàr] *1/5 ts* betűz; kibetűz

delfim [dèlfi^n] *m* **1.** *áll* delfin **2.** trónörökös (Franciaországban) **3.** **B** *sakk* futó

delgado [dèlgàdu] *mn* vékony; sovány; karcsú

deliberação [dilibirösző^{n}u] *f* **1.** tanácskozás **2.** megfontolás **3.** határozat, végzés

deliberado [dilibiràdu] *mn* **1.** határozott **2.** szándékos

deliberar [dilibiràr] *1/13* **I.** *ts* **1.** megtárgyal **2.** elhatároz **II.** *tl* **1.** tanácskozik **2.** fontolgat, meggondol

delicadeza [diliködézö] *f* **1.** finomság, gyengédség **2.** báj **3.** törékenység (*átv* is)

delicado [dilikàdu] *mn* **1.** finom, gyengéd **2.** bájos; vonzó **3.** törékeny; érzékeny

delícia [diliszjö] *f* gyönyör, élvezet

deliciar [diliszjàr] *1/7* **I.** *ts* gyönyörködtet **II.** **~-se** *com* örül vminek, gyönyörködik vmiben, élvez vmit

delicioso [diliszjozu] *mn* gyönyörű; pompás; bájos; elragadó

delimitação [dilimitösző^{n}u] *f* **1.** körülhatárolás **2.** határ megállapítása

delimitar [dilimitàr] *1/1 ts* **1.** körülhatárol **2.** határt megállapít **3.** megszab

delineação [diliniösző^{n}u] *f* körvonalazás; felvázolás

delinear [diliniàr] *1/5 ts* körvonalaz, skiccel

delinquência [dili^{n}nkve^{n}szjö] *f* bűnözés

delinquente [dili^{n}nkve^{n}nt] *mn* és *fn* bűnöző

delinquir [dili^{n}nkvir] *3/5 tl* bűnözik; bűntényt követ el

delíquio [dilikju] *m* ájulás

delirante [dilirö^{n}nt] *mn* **1.** őrült; őrjöngő, tobzódó **2.** félrebeszélő **3.** örömmámorban úszó

delirar [diliràr] *1/1 tl* **1.** őrjöng, tobzódik **2.** félrebeszél **3.** örömmámorban úszik

delírio [dilirju] *m* **1.** őrjöngés; tobzódás **2.** félrebeszélés **3.** határtalan lelkesedés; örömmámor

delito [dilitu] *m* vétség; bűntény

delonga [dilo^{n}ngö] *f* halasztás

delongar [dilo^{n}ngàr] *1/4 ts* (el)halaszt

demagogia [dimöguzsiö] *f* demagógia

demagógico [dimögòzsiku] *mn* demagóg(ikus)

demagogismo [dimöguzsizsmu] *m* népámítás

demagogo [dimögogu] *m* demagóg, népszónok; népámító

demais [dimàjs] **I.** *mn* túl sok, túlságos; *frio* ~ túl hideg; *é* ~*!* ez aztán már túl sok! **II.** *hat* azonfelül; *por* ~ *a mais* sőt mi több, tetejébe; *por* ~ nagyon is, túlságosan **III.** *fn, m: o* ~ a többi; *os* ~ a többiek

demanda [dimö^{n}ndö] *f* **1.** *jog* per; pereskedés; panasz; kereset; ~ *por perdas e danos* kártérítési per; *mover* v *pôr* ~ keresetet indít **2.** keresés; *ir em* ~ *de* vminek a keresésére indul **3.** *haj: em* ~ *de* irányában, felé

demandante [dimö^{n}ndö^{n}nt] *mn* és *fn* panaszos, felperes

demandar [dimö^{n}ndàr] *1/1 ts* **1.** *jog* beperel, pert indít vki ellen **T** **2.** keres; elérni törekszik **3.** követel; igényel **4.** *haj* irányt vesz vmerre **T**

demão [dimö^{n}u] *f* festékréteg; *dar a última* ~ elvégzi az utolsó simításokat

demarcação [dimörkösző^{n}u] *f* **1.** elhatárolás **2.** határvonal

demarcar [dimörkàr] *1/2, 1/12 ts* **1.** elhatárol **2.** (határt) kijelöl, megjelöl

demasia [dimöziö] *f* túlzás; fölösleg; *em* ~ túlzottan, nagyon is

demasiado [dimözjàdu] **I.** *mn* túlságos, túlzott; fölösleges **II.** *hat* túlságosan, nagyon

demasiar-se [dimözjàrszi[*1/7* túlzásba esik, túllő a célon

demência [dime^{n}szjö] *f* őrület, őrültség

demente [dime^{n}nt] *mn* és *fn* őrült

demissão [dimiszö^{n}u] *f* **1.** visszalépés; lemondás, leköszönés; *apresentar* v *dar a* ~ benyújtja lemondását **2.** elbocsátás; felmentés; *pedir a* ~ felmentését kéri

demissionário [dimiszjunàrju] **I.** *mn* lemondott; (hivatalából) távozó **II.** *fn* lemondott *v* távozó tisztviselő

demitir [dimitir] *3/1* **I.** *ts* állásától megfoszt, elmozdít **II.** *tl,* **III.** **~-se** *de* leköszön, lemond vmiről

demo [dèmu] *m nép* ördög, sátán

democracia [dimukröszïö] *f* demokrácia

democrata [dimukràtö] *fn* demokrata

democrático [dimukràtiku] *mn* demokratikus

democratismo [dimukrötïzsmu] *m* demokratizmus

democratizar [dimukrötizàr] *1/1 ts* demokratizál

demografia [dimugröfïö] *f* demográfia, népesedési statisztika

demográfico [dimugràfiku] *mn* népességstatisztikai

demolição [dimuliszö^{n}u] *f* lebontás; lerombolás

demolir [dimulïr] *3/10 ts* lebont; lerombol

demoníaco [dimunïöku] *mn* ördögi, sátáni

demónio [dimònyu] *m* ördög, sátán; *com mil ~s! com seiscentos ~s!* teringettét! *vai-te com os ~s!* eridj az ördögbe!

demonstração [dimo^{n}ströszö^{n}u] *f* **1.** bizonyítás, igazolás **2.** szemléltető bemutatás; *fiz* kísérlet **4.** tüntetés, tüntető felvonulás **5.** *kat* cselmozdulat

demonstrador *m,* **-a** *f* [dimo^{n}strödor(ö)] **I.** *mn* bizonyító; bemutató **II.** *fn* **1.** kísérlet bemutatója; tanársegéd **2.** tüntető; felvonuló

demonstrar [dimo^{n}stràr] *1/1 ts* **1.** bizonyít, igazol **2.** szemléltet **3.** kimutat

demonstrativo [dimo^{n}strötïvu] *mn* **1.** kifejező, szemléltető **2.** *pronome ~* mutató névmás

demonstrável [dimo^{n}stràvèl] *mn* bizonyítható, igazolható

demora [dimòrö] *f* **1.** halogatás; *sem ~* haladéktalanul **2.** késés **3.** tartózkodás (vhol); *com curta ~* rövid ideig; *qual a ~ na estação?* meddig áll itt a vonat?

demoradamente [dimuràdöme^{n}t] *hat* részletesen

demorado [dimuràdu] *mn* **1.** lassú; késedelmes **2.** *~s aplausos* hosszan tartó taps

demorar [dimuràr] *1/15* **I. 1.** elhalaszt; késleltet; *~ a resposta* adós marad a válasszal **2.** feltart; megvárat **II.** *tl* (sokáig) eltart; *~ a partir* nehezen szánja rá magát az indulásra; *~ em chegar* későn jön *v* érkezik **III. ~-se 1.** tartózkodik vhol **2.** késik **3.** elidőzik

demover [dimuvér] *2/8 ts* **1.** elszállít, eltávolít **2.** *~ de* lebeszél vmiről

demudar [dimudàr] *1/1* **I.** *ts* megváltoztat **II. ~-se** megváltozik; megzavarodik; eltorzul; kifakul

denegação [dinigöszö^{n}u] *f* tagadás; el nem ismerés

denegar [dinigàr] *1/4, 1/13 ts* tagad; nem ismer el

dendê [de^{n}ndé] *m* **B 1.** olajpálma **2.** pálmaolaj

denegrir [dinigrïr] *3/9* **1.** befeketít (*átv* is) **2.** rágalmaz

dengosa [de^{n}ngozö] *f* **B** fehér rum

dengoso [de^{n}ngozu] *mn* **1.** kényeskedő **2. B** érzelgős

dengue [de^{n}ngi] *mn* = **dengoso**

denguice [de^{n}ngïsz] *f* **1.** kényeskedés **2. B** érzelgősség

denigração [dinigröszö^{n}u] *f* rágalmazás

denigrativo [dinigrötïvu] *mn* rágalmazó

denigrir [dinigrïr] *3/1* = *denegrir*

denodado [dinudàdu] *mn* merész, bátor

denodo [dinodu] *m* merészség, bátorság

denominação [dinuminöszö^{n}u] *f* elnevezés, megnevezés

denominador [dinuminödor] *m mat* nevező

denominar [dinuminàr] *1/1 ts* elnevez, megnevez

denotação [dinutöszö^{n}u] *f* megjelölés

denotar [dinutàr] *1/15 ts* megjelöl

densidade [de^{n}szidàd] *f* sűrűség; *~ demográfica* népsűrűség

densímetro [de^{n}szimitru] *m* sűrűségmérő

denso [de^{n}szu] *mn* sűrű; sűrített

dentada [de^{n}ntàdö] *f* **1.** harapás **2.** csípős megjegyzés **3.** *argó* pumpolás

dentado [de^{n}ntàdu] *mn* fogas, fogazott; *roda ~a* fogaskerék

dentadura [de^{n}ntödurö] *f* **1.** fogsor; *~ postiça* műfogsor, protézis **2.** fogazat

dental [de^{n}ntàl] **I.** *mn* fog- **II.** *fn, f nyelvt* foghang

dentar [dentàr] *1/1 ts* **1.** harap **2.** *műsz* fogaz; → **dentear**

dente [de^{n}nt] *m* **1.** fog; agyar; *~ de leite* tejfog; *~ do siso* bölcsességfog; *dor de ~s* fogfájás; *arrancar v tirar um ~* fogat húz; *chumbar v obturar um ~* fogat töm **2.** *szól: ~ por ~* fogat fogért; *andar com os ~s* fogzik, jön a foga; *dar ao ~* mohón eszik, fal; *falar* (*por*) *entre los* ~*s* motyog **3.** *műsz* fog, fogazat; ~ *de serra* fűrészfog **4.** ~ *de alho* fokhagymagerezd

denteação [dentyöszö^{n}u] *f* fogzás

dentear [de^{n}ntyàr] *1/5 ts műsz* fogaz

dentel [de^{n}ntèl] *m műsz* rovátka; horony

dentição [de^{n}ntiszö^{n}u] *f* fogzás

denticulado [de^{n}ntikulàdu] *mn* fogazott

denticular [de^{n}ntikulàr] *mn* = **denticulado**

dentificação [de^{n}ntifiköszö^{n}u] *f* fogképződés

dentifrício [de^{n}ntifriszju] *m* fogkrém

dentífrico [de^{n}ntifriku] *mn* fogmosó-; *água* ~*a* szájvíz; *pó* ~ fogpor

dentina [de^{n}ntinö] *f* fogállomány

dentista [de^{n}ntistö] *fn* fogász; (*médico-*) ~ fogorvos

dentre [de^{n}ntri] = **de** + **entre**

dentro [de^{n}ntru] **I.** *hat:* ~, *por* ~ bent, benne, belül; *a* ~ be, belé, befelé; *de* ~ bentről, belülről; *entrar para* ~ *de casa* bemegy a házba **II.** *vsz:* ~ *de*, ~ *em* -on belül; ~ *de dois anos* két éven belül

dentuça [de^{n}ntuszö] *f* előreálló fogak

denudar [dinudàr] *1/1* **I.** *ts* **1.** levetkőztet **2.** *átv* leleplez **II.** ~**-se** levetkőzik

denúncia [dinu^{n}szjö] *f* **1.** feljelentés; beárulás **2.** *jog* vádirat **3.** leleplezés; nyilvánosságra hozatal

denunciação [dinu^{n}szjöszö^{n}u] *f* **1.** *jog* vád(irat) **2.** kijelentés; kihirdetés; ~ *de guerra* hadüzenet **3.** felmondás (szerződésé)

denunciador *m*, **-a** *f* [dinu^{n}szjödor(ö)] *mn* és *fn* feljelentő; besúgó

denunciante [dinu^{n}szjö^{n}nt] = **denunciador**

denunciar [dinu^{n}szjàr] *1/7* **I.** *ts* **1.** feljelent; beárul **2.** *jog* vádat emel **3.** felfed, leleplez **4.** felmond; ~ *o tratado* felmondja a szerződést **5.** kihirdet, nyilvánosságra hoz **II.** ~**-se** elárulja magát

deparar [dipöràr] *1/12* **I.** *ts* **1.** ad, nyújt, szolgáltat **2.** rábukkan vmire **T II.** *tl*, ~ *com* véletlenül találkozik, összefut vkivel **III.** ~**-se** *a* vkinek a szeme elé tárul; feltűnik, megjelenik; adódik

departamento [dipörtöme^{n}ntu] *m* **1.** (közigazgatási) kerület **2.** (minisztériumi) ügyosztály

depauperação [dipàupiröszö^{n}u] *f* elszegényedés; *átv* elgyengülés

depauperar [dipàupiràr] *1/13* **I.** *ts* szegénnyé tesz; *átv* tönkretesz **II.** ~**-se** elszegényedik; *átv* tönkremegy

depenar [dipinàr] *1/14 ts* megkopaszt (*átv* is)

dependência [dipe^{n}nde^{n}szjö] *f* **1.** függőség; *estar na* ~ *de* alá van rendelve vkinek *v* vminek **2.** melléképület **3.** ~*s* tartozékok

dependente [dipe^{n}nde^{n}nt] *mn:* ~ *de* vmitől függő

depender [dipe^{n}ndér] *2/1 tl* függ vmitől (*de*); *isso depende* az attól függ

dependura [dipe^{n}ndurö] *f* felfüggesztés; lelógás; *estar à* v *na* ~ **a)** egy vasa sincs **b)** hajszálon függ az élete

dependurado [dipe^{n}nduràdu] **I.** *mn olhos* ~*s* bágyadt szemek; szerelmes pillantások **II.** *fn, m* **B** kopár hegyoldal

dependurar [dipe^{n}nduràr] = **pendurar**

depenicar [dipinikàr] *1/2* **I.** *ts* **1.** csipeget **2.** tollait kitépegeti **II.** *tl* alig eszik vmit

deperecer [dipiriszér] *2/2 tl* elgyengül; elsatnyul

depilação [dipilöszö^{n}u] *f* szőrtelenítés

depilador [dipilödor] *m* szőrtelenítő (készülék; krém)

depilar [dipilàr] *1/1 ts* szőrtelenít

depilatório [dipilötòrju] *mn* és *fn, m* szőrtelenítő (szer)

deplorar [dipluràr] *1/15* **I.** *ts* **1.** (meg)sajnál **2.** megsirat **II.** ~**-se** panaszkodik

deplorável [dipluràvèl] *mn* **1.** szánalomra méltó **2.** siralmas, nyomorúságos

depoente [dipue^{n}nt] *mn* és *fn* **1.** tanúvallomást tevő; tanú **2.** *nyelvt:* (*verbo*) ~ álszenvedő ige

depoimento [dipujme^{n}ntu] *m* tanúvallomás; *prestar* ~ vallomást tesz

depois [dipojs] **I.** *hat* **1.** azután, később; *dois meses* ~ két hónappal később; *primeiro o dever e* ~ *o prazer* első a kötelesség, csak azután jön a szórakozás **2.** ezenkívül **II.** *vsz:* ~ *de* után ~ *disso* ezután, ezt követően; ~ *de amanhã* holnapután **III.** *ksz:* ~ *que* miután

depor [dipor] *2/17* **I.** *ts* **1.** letesz, lerak **2.** levet (ruhát) **3.** megfoszt (hivatalától) 4. letétbe helyez; betesz (pénzt a bankba) II. *tl* tanúskodik; tanúvallomást tesz; ~ *contra* ellene vall; *os factos depõem contra ele* a tények ellene vallanak

deportação [dipurtöszö^{n}u] *f* deportálás, száműzés

deportar [dipurtàr] *2/15 ts* deportál, száműz

deposição [dipuziszö^{n}u] *f* 1. letétel (hivataláról) 2. tanúvallomás

depositante [dipuzitö^{n}nt] *fn* betevő (bankba)

depositar [dipuzitàr] *1/1* I. *ts* 1. letétbe helyez, betesz (pénzt a bankba) 2. beléje helyez (bizalmat, reményt) II. **~-se** leülepedik (folyadék)

depositário [dipuzitàrju] *m* őrző, megőrző; kezelő

depósito [dipòzitu] *m* 1. betét; letét; ~ *bancário* bankbetét; *caixa de ~s* takarékpénztár 2. raktár, tárház, tároló; tartály; ~ *de água* víztároló; ~ *de bagagem* **a)** poggyászmegőrző **b)** *rep* csomagtér; ~ *de gasolina* üzemanyagtartály 3. *orv* lerakódás

deposto [dipostu] *mmi* → **depor**

depravação [diprövöszö^{n}u] *f* 1. megrontás 2. romlottság

depravado [diprövàdu] *mn* romlott, züllött

depravar [diprövàr] *1/12* I. *ts* megront; elzülleszt II. **~-se** megromlik; elzüllik

deprecação [diprikőszö^{n}u] *f* könyörgés, esdeklés

deprecar [diprikàr] *1/2, 1/13 ts* könyörög, esedezik vkihez **T**

depreciação [dipriszjöszö^{n}u] *f* 1. leértékelés; értékveszteség 2. *átv* lebecsülés; megvetés

depreciar [dipriszjàr] *1/7 ts* 1. leértékel 2. *átv* lebecsül, megvet

depredador *m,* **-a** *f* [dipridödor(ö)] *mn* és *fn* 1. fosztogató, rabló 2. tékozló

depredar [dipridàr] *1/14 ts* 1. fosztogat, rabol 2. tékozol

depreender [diprje^{n}ndér] *2/1* I. *ts* levezet, következtet; megért II. *~-se de* következik vmiből

depressa [diprèszö] *hat* gyorsan; *o mais ~ possível* a lehető leggyorsabban; *vamos ~* siessünk

depressão [dipriszö^{n}u] *f* 1. süllyedés 2. *földr* medence, mélyedés 3. *ker* pangás 4. *orv* nyomott hangulat, búskomorság

deprimente [diprime^{n}nt] *mn* nyomasztó

deprimir [diprimir] *3/1 ts* 1. lenyom, benyom, behorpaszt 2. elbágyaszt, elgyengít 3. lebecsül, megvet 4. deprimál, lever

depuração [dipurőszö^{n}u] *f* 1. megtisztítás 2. *pol* tisztogatás

depurador *m,* **-a** *f* [dipurödor(ö)] I. *mn* tisztító II. *fn, m* tisztító berendezés

depurar [dipuràr] *1/1 ts* (meg)tisztít

depurativo [dipurötivu] I. *mn* 1. tisztogató, tisztító 2. *orv* vértisztító II. *fn, m orv* vértisztító szer

deputação [diputöszö^{n}u] *f* delegáció, küldöttség

deputado [diputàdu] *m* képviselő; *Câmara dos ~s* képviselőház

deputar [diputàr] *1/1 ts* képviselőként kiküld

dera [dérö] → **dar**

derivação [dirivöszö^{n}u] *f* 1. elvezetés, levezetés (folyóé, áramé) 2. elterelődés 3. elágazás, leágazás 4. *nyelvt* leszármaztatás; szóképzés 5. *vill* mellékáramkör

derivado [dirivàdu] *m* 1. *nyelvt* származékszó 2. *vegy* származék; melléktermék

derivar [dirivàr] *1/1* I. *ts* 1. elvezet, levezet (folyót) 2. elágaztat 3. *nyelvt* származtat II. *tl* 1. *haj* sodródik; eltér útjáról 2. ~ *de* származik, ered vhonnan

derivativo [dirivötivu] I. *mn* 1. *orv* elvezető, elvonó 2. *nyelvt* származtatott, továbbképzett II. *fn, m* 1. *orv* elvezető *v* elvonó szer 2. **B** szórakozás; kikapcsolódás

derma [dèrmö] *m orv* bőr

dermatologia [dèrmötuluzsiö] *f* bőrgyógyászat

dermatologista [dèrmötuluzsistö] *fn* bőrgyógyász

dermatose [dèrmötòz] *f* bőrbetegség

dérmico [dèrmiku] *mn orv* bőr-

derrabado [dirröbàdu] *mn* kurta farkú

derradeiro [dirrödéjru] *mn* utolsó; *por ~* utoljára, végül

derramamento [dirrömöme^{n}ntu] *m* 1. (ki)öntés; ~ *cerebral* agyvérzés; ~ *de sangue* vérontás 2. *átv* terjesztés; népszerűsítés

derramar [dirrömàr] *1/1* **I.** *ts* **1.** önt, önt; (szét)szór; ~ *o sangue* vérét ontja **2.** nyes, megmetsz **3.** terjeszt, népszerűsít **4.** elherdál, elkölt **5.** kivet (adót) **II.** **~-se** **1.** elfolyik, szétfolyik **2.** elterjed

derrame [dirröm] *m* = **derramamento**

derrancar [dirrö^{n}kàr] *1/2* **I.** *ts* elront; megront **II.** **~-se** megromlik (*átv* is)

derrapagem [dirröpàzsö^{n}j] *f autó* farolás, megcsúszás; *entrar em ~* farol, megcsúszik

derrapar [dirröpàr] *1/12 tl autó* farol, megcsúszik

derreado [dirrjàdu] *mn* **1.** hajlott hátú **2.** derékficamban szenvedő

derrear [dirrjàr] *1/5 ts* **1.** agyonfáraszt, lestrapál **2.** leveri a derekát **3.** *átv* (kritikával) lerránt, lehúz

derredor [dirridor] **I.** *hat* köröskörül **II.** *vsz em ~ de* vmi körül

derreter [dirritér] *2/7* **I.** *ts* **1.** megolvaszt; felold **2.** elherdál, elpazarol **3.** *átv* megindít, ellágyít **II.** **~-se** **1.** (meg)olvad **2.** meghatódik **3.** szerelmes lesz

derribar [dirribàr] *1/1* **I.** *ts* **1.** földre terít **2.** ledönt, kidönt; gyökerestől kitép **3.** lerombol, elpusztít **4.** *kat* legyőz, megver; lelő (repülőgépet) **5.** kidob a nyeregből, ledob, levet **6.** megbuktat, megdönt (kormányt) **7.** *ját* kiüt (bábut) **II.** **~-se** **1.** elterül a földön **2.** összedől; elpusztul

derriçar [dirriszàr] *1/3 ts* **1.** fogaival széttép **2.** gúnyt űz vkiből **T** **3.** *nép* csapja a szelet vkinek **T**

derriço [dirriszu] *m* **1.** *nép* flört, udvarlás **2.** vkinek a szerelme, kincse

derrisão [dirrizö^{n}u] *f* kigúnyolás; gúnykacaj

derrisório [dirrizòrju] *mn* **1.** nevetséges **2.** gúnyos

derrocada [dirrukàdö] *f* **1.** rombolás; pusztítás **2.** megdöntés (kormányé); bukás, összeomlás **3.** *kat* vereség

derrocar [dirrukàr] *1/2, 1/15* **I.** *ts* **1.** lerombol; elpusztít **2.** megdönt (kormányt) **3.** leterít, vállra fektet (*átv* is) **II.** **~-se** összedől, összeomlik

derrogar [dirrugàr] *1/4, 1/15 ts* hatályon kívül helyez; módosít

derrota [dirròtö] *f* **1.** vereség; *sofrer uma ~* vereséget szenved **2.** erdőirtás **3.** *haj* útirány

derrotar [dirrutàr] *1/15* **I.** *ts* **1.** legyőz, megver **2.** eltérít útjáról **II.** *tl* letér útjáról **III.** **~-se** eltéved

derrotismo [dirrutizsmu] *m* defetizmus, kishitűség

derrotista [dirrutistö] *mn* és *fn* defetista, kishitű

derruba, derrubada [dirrubö, dirrubàdö] *f* **B** **1.** erdőirtás **2.** tisztviselők leváltása; tömeges elbocsátás

derrubar [dirrubàr] *1/1* = **derribar**

derrube [dirrubi] *m* **B** megdöntés

dês [dés] = **desde**

desabado [dizöbàdu] **I.** *mn* lehajlott karimájú (kalap) **II.** *fn, m* **B** lejtő, domboldal

desabafado [dizöböfàdu] *mn* **1.** szabadon fekvő, szellős **2.** zavartalan, nyugodt

desabafar [dizöböfàr] *1/12* **I.** *ts* **1.** szabaddá tesz, felfed **2.** szellőztet **II.** *tl*, **III.** **~-se** könnyít a lelkén; kiönti a szívét

desabafo [dizöbàfu] *m* megkönnyebbülés; megnyugvás

desabalado [dizöbölàdu] *mn nép* **1.** mérhetetlenül nagy, óriási **2.** gyors, sietős **3.** **B** lelkiismeretlen

desabamento [dizöböme^{n}ntu] *m* beomlás; *átv* összeomlás

desabar [dizöbàr] *1/12* **I.** *ts* **1.** kalap karimáját lehajtja **2.** lebont; lerombol **II.** *tl* **1.** beomlik; leszakad; összecsuklik **2.** *desabou violenta trovoada* heves vihar tört ki

desabitado [dizöbitàdu] *mn* lakatlan

desabitar [dizöbitàr] *1/1 ts* elhagy (lakást, környéket), elköltözik

desabituação [dizöbituöszö^{n}u] *f* **1.** leszoktatás **2.** elszokás vmitől

desabituar [dizöbituàr] *1/9* **I.** *ts* leszoktat vmiről (*de*) **II.** **~-se** *de* leszokik vmiről; *~-se de fumar* abbahagyja a dohányzást

desabonado [dizöbunàdu] *mn* hitelét vesztett; rossz hírű

desabonar [dizöbunàr] *1/8* **I.** *ts* hitelét *v* tekintélyét rontja; rossz hírbe hoz **II.** **~-se** hitelét *v* tekintélyét veszti, rossz hírbe keveredik

desabono [dizöbonu] *m* hitel *v* tekintély hiánya; rossz hírnév; *falar em ~ de* becsmérőleg nyilatkozik vkiről

desabotoar [dizöbutuàr] *1/8* **I.** *ts* kigombol II. *tl*, III. ~-se 1. kigombolkozik 2. rügyezik, fakad 3. *átv* kiönti a szívét

desabrido [dizöbridu] *mn* 1. durva, nyers, érdes 2. viharos

desabrigado [dizöbrigàdu] *mn* 1. nyitott, védtelen 2. könnyen öltözött 3. hajléktalan 4. metsző, hideg (szél)

desabrigar [dizöbrigàr] *1/4* I. *ts* 1. hajlékától megfoszt 2. cserbenhagy II. ~-se 1. kiteszi magát az idő viszontagságainak 2. hajléktalanná válik

desabrigo [dizöbrigu] *m* 1. hajléktalanság 2. elhagyatottság

desabrochar [dizöbrusàr] *1/15* I. *ts* kicsatol (övet); kikapcsol (ruhát) II. *tl* rügyezik, fakad

desabrolhar [dizöbrulhàr] *1/15 tl* kinyílik (virág), rügyezik, fakad

desabusado [dizöbuzàdu] *mn* 1. felvilágosult; *átv* józan 2. szemtelen; szerénytelen

desabusar [dizöbuzàr] *1/1* I. *ts* felvilágosít; *átv* kijózanít II. ~-se kiábrándul; *átv* kijózanodik

desacanhado [dizökönyàdu] *mn* gátlástalan; szerénytelen

desacatado [dizökötàdu] *mn* tiszteletlen

desacatar [dizökötàr] *1/12 ts* 1. tiszteletlen vkivel szemben T 2. lenéz, megvet

desacato [dizökàtu] *m* 1. tiszteletlenség 2. lenézés, megvetés

desacautelado [dizökàutilàdu] *mn* vigyázatlan, óvatlan

desacertado [dizöszirtàdu] *mn* 1. téves 2. oktalan; meggondolatlan

desacertar [dizöszirtàr] *1/13* I. *ts* elhibáz, eltéveszt; ~ *o passo* eltéveszti a lépést; ~ *o tiro* mellélő II. *tl*, III. ~-se 1. téved; melléfog 2. elromlik; nem jár pontosan (óra)

desacerto [dizöszértu] *m* hiba, tévedés

desacomodar [dizökumudàr] *1/15* I. *ts* 1. zavar, zaklat 2. állásából kitesz II. ~-se 1. fárad(ozik) 2. elveszti állását

desacompanhado [dizökoⁿmpönyàdu] *mn* egyedülálló; magányos

desacompanhar [dizökoⁿmpönyàr] *1/1 ts* elhagy, magára hagy

desaconselhado [dizökoⁿsziljàdu] *mn* 1. tanácstalan 2. meggondolatlan

desaconselhar [dizökoⁿsziljàr] *1/14 ts* nem tanácsolja; lebeszéli

desacordado [dizökurdàdu] *mn* 1. egyenetlen; viszálykodó 2. eszméletlen; ájult

desacordar [dizökurdàr] *1/15* I. *ts* viszályt kelt, szembefordít II. *tl*, III. ~-se 1. ellenkezik, ellentmond 2. eszméletét veszti, elájul 3. *zene* lehangolódik

desacordo [dizökordu] *m* 1. egyenetlenség; nézeteltérés 2. önkívület, ájulás

desacostumado [dizökustumàdu] *mn* szokatlan; rendkívüli

desacostumar [dizökustumàr] *1/1* leszoktat vmiről (*de*)

desacreditar [dizökriditàr] *1/1* I. *ts* hitelét *v* tekintélyét rontja; rossz hírbe hoz II. ~-se hitelét *v* tekintélyét veszti

desafectação [dizöfètöszöⁿu] *f* őszinteség; egyszerűség; mesterkéletlenség

desafectado [dizöfètàdu] *mn* őszinte; egyszerű; mesterkéletlen

desafecto [dizöfètu] I. *mn* ellenséges (érzületű) II. *fn*, *m* 1. ellenséges érzület; szeretetlenség 2. B ellenség; riválís; ellenfél

desafeição [dizöféjszöⁿu] *f* elhidegülés; ellenszenv

desafeiçoar-se [dizöféjszuàrszi] *1/8* elhidegül

desafeito [dizöféjtu] *mn* 1. leszoktatott 2. szokatlan

desaferrar [dizöfirràr] *1/13* I. *ts* 1. elold (pl csónakot) 2. *átv* eltérít, lebeszél vmiről (*de*) II. ~-se 1. kiszabadul, kifut (hajó) 2. *~-se de*, *átv* eláll (szándékától)

desafiar [dizöfjàr] *1/7 ts* 1. kihív (párbajra) 2. felkelt; előidéz; ~ *o apetite* étvágyat gerjeszt 3. dacol vmivel T; ~ *o perigo* szembeszáll a veszéllyel; *desafiando a chuva* az eső ellenére

desafinado [dizöfinàdu] *mn* lehangolt (hangszer); hamis

desafinar [dizöfinàr] *1/1* I. *ts zene* lehangol II. ~-se 1. *zene* lehangolódik; nem hangzik tisztán 2. bosszankodik vmi miatt (*com*)

desafio [dizöfiu] *m* 1. kihívás; párbaj 2. *sp* verseny; vetélkedés; mérkőzés; ~ *eliminatório* selejtező mérkőzés; *correr ao* ~ versenyt fut; *entrar em* ~ vetélkedik 3. B vetélkedés rögtönzött dalokkal

desafivelar [dizöfivilàr] *1/13 ts* lecsatol (övet)
desafogado [dizöfugàdu] *mn* 1. szabad, akadálytalan 2. tágas, kényelmes 3. gondtalan, nyugodt; *vida ~a* gondtalan élet
desafogar [dizöfugàr] *1/4, 1/15* I. *ts* 1. megkönnyít; enyhít 2. *átv* felszabadít, szabadjára enged II. *tl*, III. ~**-se** 1. megszabadul vmitől (*de*); *~-se em lágrimas* kisírja magát 2. *~se com o amigo* kiönti a szívét barátja előtt
desafogo [dizöfogu] *m* 1. megkönnyebbülés; megnyugvás 2. jólét; kényelem; *viver com ~* gondtalanul él
desafoguear [dizöfugjàr] *1/5 ts* felfrissít; lehűt
desaforado [dizöfuràdu] *mn* szemtelen
desaforar-se [dizöfuràrszi] *1/15* szemtelenkedik; túlteszi magát mindenen
desafortunado [dizöfurtunàdu] *mn* szerencsétlen
desafreguesar [dizöfrègizàr] *1/13* I. *ts* vkinek a vevőit elcsalogatja II. ~**-se** *de* már nem vásárol tőle, elmarad
desafronta [dizöfro^{n}ntö] *f* elégtétel
desafrontar [dizöfro^{n}ntàr] *1/1 ts* elégtételt vesz, bosszút áll vkin T
desagasalhado [dizögözöljàdu] *mn* 1. hajléktalan; védtelen 2. könnyen *v* elégtelenül felöltözött 3. kellően be nem takart
desagasalho [dizögözàlju] *m* 1. kényelem hiánya; barátságtalan környezet 2. ruhákban *v* takarókban mutatkozó hiány
desagastar [dizögöstàr] *1/12* I. *ts* lecsendesít, megnyugtat II. ~**-se** megnyugszik
desagradar [dizögrödàr] *1/12 tl* nem tetszik
desagradável [dizögrödàvèl] *mn* kellemetlen
desagradecido [dizögrödiszidu] *mn* hálátlan
desagradecimento [dizögrödiszime^{n}ntu] *m* hálátlanság
desagrado [dizögràdu] *m* nemtetszés; *cair* v *incorrer no ~ de* vkinek a nemtetszését váltja ki
desagravar [dizögrövàr] *1/12 ts* 1. jóvátesz; elégtételt ad; megtérít (kárt) 2. megbosszul, bosszút áll 3. *jog* felment
desagravo [dizögràvu] *m* 1. jóvátétel; elégtétel 2. *jog* ítélet megsemmisítése
desagregação [dizögrigöszö^{n}u] *f* bomlás; szétesés
desagregar [dizögrigàr] *1/4, 1/13* I. *ts* felbont; szétválaszt II. ~**-se** felbomlik; szétesik
desaguadoiro, -douro [dizögvödojru, -doru] *m* vízlevezető árok *v* csatorna
desaguamento [dizögvöme^{n}ntu] *m* víz lecsapolása
desaguar [dizögvàr] *1/12* I. *ts* víztelenít; kiszárít II. *tl* torkollik, ömlik
desaguisado [dizögvizàdu] *m* konfliktus, nézeteltérés
desaire [dizàjri] *m* 1. esetlenség; balkezesség 2. balfogás; felsülés 3. balszerencse
desairoso [dizàjrozu] *mn* 1. esetlen; balkezes 2. elhibázott; oda nem illő 3. balszerencsés
desajeitado [dizözséjtàdu] *mn* esetlen; ügyetlen
desajuizado [dizözsujzàdu] *mn* oktalan, meggondolatlan
desajustado [dizözsustàdu] *mn* nem helyénvaló
desajustar [dizözsustàr] *1/1 ts* 1. rendetlenséget csinál 2. (szerződést) felbont
desajuste [dizözsust] *m* szerződés felbontása
desalagar [dizölögàr] *1/4, 1/12 ts* 1. kiszárít, lecsapol 2. *átv* kiszabadít 3. *haj* vízre bocsát
desalentar [dizöle^{n}ntàr] *1/1* I. *ts* elbátortalanít, elcsüggeszt II. ~**-se** kishitűvé lesz, elcsügged
desalento [dizöle^{n}ntu] *m* bátortalanság, csüggedés
desalinhado [dizölinyàdu] *mn* elhanyagolt, rendetlen
desalinhar [dizölinyàr] *1/1 ts* 1. megbontja a rendet 2. elhanyagol 3. elront; szétszed
desalinho [dizölinyu] *m* 1. rendetlenség 2. hanyagság, nemtörődömség 3. ideges lelkiállapot
desalmado [dizàlmàdu] *mn* lelketlen; kegyetlen
desalojar [dizöluzsàr] *1/15* I. *ts* 1. kilakoltat 2. *kat* (állásaiból) kiszorít *v* kiűz II. ~**-se** 1. elköltözik, elmegy 2. *kat* állásait feladja

desalugado [dizölugàdu] *mn* szabad, kibérelhető (szoba)

desamar [dizömàr] *1/1 ts* már nem szeret, elhidegül vki iránt T

desamarrar [dizömörràr] *1/12* I. *ts* (köteléket) kiold; szabaddá tesz II. *tl* 1. *haj* felszedi a horgonyt, kifut 2. *hidroplán* startol

desamarrotar [dizömörrutàr] *1/15 ts* kisimít (papírt, szövetet)

desamável [dizömàvèl] *mn* barátságtalan; udvariatlan

desamigar-se [dizömigàrszi] *1/4* megszakad a barátságuk, összevesznek

desamor [dizömor] *m* elhidegülés

desamorável [dizömuràvèl] *mn* rideg, barátságtalan

desamoroso [dizömurozu] *mn* = **desamorável**

desamparado [dizö^{n}mpöràdu] *mn* 1. védtelen 2. elhagyatott 3. gyámoltalan

desamparar [dizö^{n}mpöràr] *1/12 ts* elhagy, cserbenhagy

desamparo [dizö^{n}mpàru] *m* elhagyatottság; *ao* ~ védtelenül

desancar [dizö^{n}nkàr] *1/2 ts* elver, elpáhol

desandador [dizö^{n}ndödor] *m* csavarhúzó

desandar [dizö^{n}ndàr] *1/1* I. *ts* 1. meglazít (csavart), kicsavar 2. elkezd; ~ *a chorar* sírásba tör ki; ~ *a correr* nekivágtat II. *tl* visszafordul (az úton)

desanexar [dizönèkszàr] *1/1 ts* visszacsatol (területet)

desanichar [dizönisàr] *1/1 ts* 1. kiszed a fészekből 2. kiűz, kikerget

desanimado [dizönimàdu] *mn* 1. levert, csüggedt, lehangolt 2. unalmas

desanimar [dizönimàr] *1/1* I. *ts* 1. elbátortalanít 2. kedvét szegi II. *tl*, III. ~**-se** kedvét veszti; elcsügged

desânimo [dizönimu] *m* csüggetegség; levertség

desaninhar [dizöninyàr] *1/1* = **desanichar**

desanuviado [dizönuvjàdu] *mn* 1. felhőtlen 2. *átv* tiszta, világos

desanuviamento [dizönuvjöme^{n}ntu] *m* *pol* enyhülés

desanuviar [dizönuvjàr] *1/7* I. *ts* 1. eloszlatja a felhőket 2. *átv* felvidít; megnyugtat II. ~**-se** kiderül (ég)

desapaixonado [dizöpàjsunàdu] *mn* szenvtelen, közönyös; rideg

desaparafusar [dizöpöröfuzàr] *1/1 ts* lecsavar, kicsavar

desaparecer [dizöpöriszér] *2/2 tl* eltűnik

desaparecido [dizöpöriszidu] *mn* és *fn* eltűnt

desaparecimento [dizöpöriszime^{n}ntu] *m* eltűnés

desaparelhar [dizöpöriljàr] *1/14 ts* 1. kifog (állatot) 2. *haj* lecsarnakol 3. leszed, leszerel

desapegado [dizöpigàdu] *mn* közönyös; részvétlen

desapegar-se [dizöpigàrszi] *1/4, 1/13* ~ *de* elhatárolja magát vmitől

desapego [dizöpégu] *m* közöny; részvétlenség

desapercebido [dizöpirszibidu] I. *mn* készületlen II. *hat* meglepetésszerűen, váratlanul

desapertar [dizöpirtàr] *1/13* I. *ts* 1. meglazít 2. kigombol, kicsatol, kifűz II. ~**-se** kigombolkozik; kényelembe helyezi magát

desaperto [dizöpértu] *m* lazítás; kioldás

desapiedado [dizöpjidàdu] *mn* könyörtelen, kegyetlen

desapoderado [dizöpudiràdu] *mn* 1. hatalmától megfosztott 2. féktelen; dühös

desapoderar [dizöpudiràr] *1/13* I. *ts* megfoszt (birtokától, hatalmától, állásától) II. ~**-se** *de* lemond vmiről

desapontamento [dizöpo^{n}ntöme^{n}ntu] *m* csalódás; *causar* ~ csalódást okoz

desapontar [dizöpo^{n}tàr] *1/1 ts* csalódást kelt vkiben T

desapossar [dizöpuszàr] *1/15* I. *ts* megfoszt vkit vmitől (*de*) II. ~**-se** *de* 1. lemond vmiről 2. megfosztják vmitől

desapreciar [dizöpriszjàr] *1/7 ts* lebecsül; megvet

desapreço [dizöprészu] *m* lebecsülés; megvetés

desaprender [dizöpre^{n}ndér] *2/1 ts* elfelejt

desapropriar [dizöpruprjàr] *1/7* = **desapossar**

desaprovar [dizöpruvàr] *1/15 ts* helytelenít

desaproveitado [dizöpruvéjtàdu] *mn* 1. fel nem használt; parlagon heverő 2. elszalasztott; elfecsérelt

desaproveitar [dizöpruvéjtàr] *1/1 ts* 1. nem használ fel 2. elszalaszt, elmulaszt

desaquartelar [dizökvörtilàr] *1/13 ts* kilakoltat
desar [dizàr] *m* = **desaire**
desarborizar [dizörburizàr] *1/1 ts* erdőt kivág; fáktól megtisztít
desarmação [dizörmöszö^{n}u] *f* leszerelés; szétszedés
desarmado [dizörmàdu] *mn* **1.** fegyvertelen **2.** *a olho ~, à* v *com a vista ~a* szabad szemmel
desarmamento [dizörmöme^{n}ntu] *m* lefegyverzés; *~ universal e completo* általános és teljes leszerelés
desarmar [dizörmàr] *1/12* **I.** *ts* **1.** lefegyverez; leszerel **2.** szétszed; *haj* lecsarnakol **II.** *tl kat* leszerel **III.** *~*-**se** **1.** megbékül, megnyugszik **2.** *~-se de paciência* elveszti a türelmét
desarmonia [dizörmuniö] *f* **1.** diszharmónia, rossz hangzás **2.** *átv* egyenetlenség
desarmónico [dizörmòniku] *mn* diszharmonikus, rosszul hangzó
desarmonioso [dizörmunyozu] *mn* **1.** nem harmonikus **2.** egyenetlenkedő
desarmonizar [dizörmunizàr] *1/1 ts* zavart kelt; egyenetlenséget szít
desarraigar [dizörràjgàr] *1/4 ts* gyökerestől kitép
desarranjado [dizörrö^{n}zsàdu] *mn* rendetlen
desarranjar [dizörrö^{n}zsàr] *1/1 ts* **1.** rendetlenséget csinál **2.** *átv* felborít; elront; *~ o estômago* elrontja a gyomrát **3.** zavar; kellemetlenkedik
desarranjo [dizörrö^{n}zsu] *m* **1.** rendetlenség **2.** zavar; *causar ~* zavart kelt; alkalmatlankodik
desarrazoado [dizörrözuàdu] *mn* oktalan, esztelen
desarrazoar [dizörrözuàr] *1/8 tl* ostobaságokat mond
desarrear [dizörrjàr] *1/5 ts* kifog (lovat)
desarrimo [dizörrimu] *m* elhagyatottság, támasz nélküliség
desarrolhar [dizörruljàr] *1/9 ts* kidugaszol, kinyit
desarrumação [dizörrumöszö^{n}u] *f* rendetlenség, összevisszaság
desarrumado [dizörrumàdu] *mn* rendetlen
desarrumar [dizörrumàr] *1/1 ts* rendetlenséget csinál
desarticulado [dizörtikulàdu] *mn* nehezen érthető (beszéd)
desarticular [dizörtikulàr] *1/1 ts* **1.** *orv* kiízesít, ízületet vág **2.** kificamít
desarvorar [dizörvuràr] *1/15 ts, tl* **1.** *haj* leszerel; árbocaitól megfoszt **2.** *nép* elhúzza a csíkot
desassanhar [dizöszönyàr] *1/1 ts* lecsillapít (haragot)
desassazonado [dizöszözunàdu] *mn* **1.** éretlen **2.** alkalmatlan, nem időszerű
desasseio [dizöszéju] *m* ápolatlanság
desassimilação [dizöszimilöszö^{n}u] *f* **1.** *biol* lebontás **2.** *nyelvt* elhasonulás
desassisar [dizöszizàr] *1/1* **I.** *ts* megőrjít **II.** *tl,* **III.** *~*-**se** megőrül
desassociar [dizöszuszjàr] *1/7 ts* **1.** *vegy* disszociál **2.** elkülönít, szétválaszt
desassombrado [disöszo^{n}mbràdu] *mn* **1.** napos, napsütötte **2.** nyíltszívű **3.** magabiztos, bátor
desassombro [dizöszo^{n}mbru] *m* **1.** nyíltszívűség **2.** bátorság
desassossegado [dizöszuszigàdu] *mn* nyugtalan
desassossegar [dizöszuszigàr] *1/4, 1/13 ts* nyugtalanít
desassossego [dizöszuszégu] *m* nyugtalanság
desastrado [dizöstràdu] *mn* **1.** szerencsétlen, tragikus **2.** félszeg; tapintatlan
desastre [dizàstr] *m* **1.** szerencsétlenség, tragédia **2.** baleset; *~ de trânsito* v *de viação* közlekedési baleset
desastroso [dizöstrozu] *mn* szerencsétlen, tragikus
desatacar [dizötökàr] *1/2, 1/12 ts* **1.** kinyit, kigombol; kifűz **2.** *kat* elsüt (fegyvert)
desatar [dizötàr] *1/12* **I.** *ts* **1.** felbont (csomagot); kibont (csomót) **2.** kiold, kibont (vitorlát, zászlót); *~ a língua* megoldja a nyelvét **3.** *~ de* megszabadít vmitől, felment vmi alól; *~ de compromissos* felment kötelezettségei alól **4.** megold; *~ as dificuldades* megoldja a nehézségeket **5.** *~ a* elkezd vmit csinálni; *~ a chorar* sírni kezd; *~ a rir* nevetésbe tör ki **II.** *~*-**se** **1.** megszabadul **2.** különválik
desatarraxar [dizötörrösàr] *1/12 ts* lecsavar, kicsavar
desatenção [dizöte^{n}szö^{n}u] *f* **1.** figyelmetlenség **2.** udvariatlanság

desatencioso [dizöte^{n}szjozu] *mn* **1.** figyelmetlen **2.** udvariatlan

desatender [dizöte^{n}ndér] *2/1 ts* **1.** figyelmen kívül hagy; mellőz **2.** udvariatlan vkivel szemben **T 3.** lenéz, megvet

desatento [dizöte^{n}ntu] *mn* figyelmetlen, szórakozott; meggondolatlan

desaterrar [dizötirràr] *1/13 ts* (földet) lehord *v* kiemel

desatilado [dizötilàdu] *mn* értelmetlen; bolond

desatinado [dizötinàdu] *mn* balga, ostoba

desatinar [dizötinàr] *1/1* **I.** *ts* kihoz a sodrából; zavarba hoz **II.** *tl* **1.** kijön a sodrából; zavarba jön **2.** ostobaságot beszél *v* cselekszik

desatino [dizötinu] *m* értelmetlenség; ostobaság

desatracar [dizötrökàr] *1/2, 1/12 ts* **1.** *haj* (kötelet) elold, elindul, kifut **2. B** verekedőket szétválaszt

desatravancar [dizötrövö^{n}nkàr] *1/2 ts* megtisztít (utat); elhárítja az akadályokat

desatrelar [dizötrilàr] *1/13 ts* kifog (állatot)

desautorar [dizàuturàr] *1/15* **I.** *ts* felment tisztsége alól (büntetésből) **II.** **~-se** lejáratja magát

desautorizar [dizàuturizàr] *1/1* **I.** *ts* **1.** felhatalmazást megvon vkitől **T 2.** tekintélyétől megfoszt; hitelét rontja **II.** **~-se** elveszti hitelét *v* tekintélyét

desavença [dizöve^{n}szö] *f* viszály

desavergonhado [dizövirgunyàdu] *mn* szégyentelen

desavindo [dizövi^{n}ndu] *mn* egyenetlenkedő; *andar* **~** *com* haragban van vkivel

desavir [dizövir] *3/23* **I.** *ts* összeveszít **II.** **~-se** összevész

desavisado [dizövizàdu] *mn* vigyázatlan; balga

desavisar [dizövizàr] *1/1 ts* nem tanácsol; lebeszél

desaviso [dizövizu] *m* vigyázatlanság; balgaság

desavistar [dizövistàr] *1/1 ts* elveszít a szeme elől

desazado [dizözàdu] *mn* ügyetlen

desazo [dizàzu] *m* ügyetlenség

desbancar [dizsbö^{n}nkàr] *1/2 ts* **1.** *ját* bankot robbant **2.** *átv* kiüt a nyeregből; föléje kerekedik

desbaratar [dizsbörötàr] *1/12* **I.** *ts* **1.** összekuszál **2.** elherdál; tönkretesz **3.** *kat* tönkrever, futásra kényszerít **II.** **~-se** tönkremegy

desbarate [dizsböràt] *m* = **desbarato**

desbarato [dizsböràtu] *m* **1.** elherdálás **2.** vereség; pusztulás **3.** *ao* **~ a)** vaktában **b)** korlátlanul, szabadon **c)** *vender ao* **~** potom áron *v* veszteséggel elad

desbastar [dizsböstàr] *1/13 ts* **1.** legyalul; levág **2.** ritkít (erdőt, hajat) **3.** *átv* kiművel, kifinomít

desbaste [dizsbàst] *m* **1.** legyalulás **2.** ritkítás

desbobinar [dizsbubinàr] *1/1 ts* leteker (orsóról)

desbocado [dizsbukàdu] *mn* **1.** zabolátlan (ló) **2.** szabad szájú; trágár

desbocar [dizsbukàr] *1/2, 1/15* **I.** *ts* kiönt, szétönt **II.** **~-se 1.** megvadul (ló) **2.** trágárságokat mond

desbordar [dizsburdàr] *1/15 tl* kiárad, kiönt

desbotado [dizsbutàdu] *mn* fakó, színtelen

desbotar [dizsbutàr] *1/15* **I.** *tl,* **II.** **~-se** kifakul; elhalványul

desbravar [dizsbrövàr] *1/12 ts* **1.** megszelídít (lovat) **2.** feltör (ugart)

desc. = *desconto* árengedmény

descabelado [disköbilàdu] *mn* **1.** kopasz **2.** kusza, zilált **3.** értelmetlen; *mentira* **~a** arcátlan hazugság

descabelar [disköbilàr] *1/13 ts* **1.** kitépi a haját **2.** összekuszál, zilál (hajat)

descabelo [disköbélu] *m bikaviadal* tarkón döfés

descaber [disköbér] *2/10 tl* nem fér bele; nem illik bele

descabido [disköbidu] *mn* oda nem illő

descadeirado [disködéjràdu] *mn* csípőficamban szenvedő

descadeirar [disködéjràr] *1/1 ts* **1.** kificamítja vkinek a csípőjét **2.** elver, elpáhol

descaída [disköidö] *f* **1.** lejtés **2.** *haj* sodródás **3.** *átv* hanyatlás

descair [disköir] *3/22* **I.** *tl* **1.** lejt; lefelé hajlik **2.** *haj* sodródik **3.** süllyed; alábbhagy (hőség) **4.** *átv* hanyatlik **5.** *szól: a conversa descaiu noutro* *assunto* a beszéd más témára terelődött **II.** ~**-se** elszólja magát

descalabro [diskölàbru] *m* szerencsétlenség; összeomlás; csőd

descalçadeira [diskàlszödéjrö] *f* csizmahúzó, fakutya

descalçador [diskàlszödor] *m* = **descalçadeira**

descalçar [diskàlszàr] *1/3* **I.** *ts* **1.** lehúz (cipőt, harisnyát) **2.** kienged (féket) **3.** felbont, felszed (utcakövezetet) **II.** ~**-se** leveti a cipőjét

descalço [diskàlszu] *mn* **1.** mezítlábas; *andar* ~ mezítláb jár; *roda* ~*a* abroncs nélküli kerék; *rua* ~*a* kövezet nélküli *v* felszedett utca **2.** felkészületlen; *apanhar* ~ váratlanul ér

descambada [diskö^{n}mbàdö] *f* **B 1.** lejtő **2.** melléfogás, baklövés

descambar [diskö^{n}mbàr] *1/1 tl* **1.** oldalára dől **2.** elcsúszik, megcsúszik **3.** *átv:* ~ *em* vmivé fajul; ~ *no ridículo* nevetségbe fullad

descaminhar [disköminyàr] *1/1* = **desencaminhar**

descaminho [disköminyu] *m* **1.** eltévedés **2.** elvesztés; elkallódás; *levar* ~ elvész, elkallódik **3.** eltévelyedés **4.** sikkasztás

descamisar [diskömizàr] *1/1 ts* **1.** lehúzza az inget vkiről **T 2.** hánt (kukoricát)

descampado [diskö^{n}mpàdu] **I.** *mn* kopár; lakatlan **II.** *fn, m* nyílt terep; pusztaság

descansadeiro [diskö^{n}szödéjru] *m* pihenőhely

descansado [diskö^{n}szàdu] *mn* kipihent; nyugodt; *esteja* ~! legyen nyugodt! *pode ficar* ~ nyugodt lehet

descansar [diskö^{n}szàr] *1/1* **I.** *ts* **1.** pihentet **2.** feltámaszt; megtámaszt; ~ *a cabeça nas mãos* tenyerébe temeti az arcát; *kat:* ~ *armas!* lábhoz! **3.** megnyugtat **II.** *tl* **1.** pihen, kipiheni magát; *sem* ~ szakadatlanul **2.** nyugszik; alszik **3.** megnyugszik; nyugodt **4.** ~ *em* (meg) bízik vkiben

descanso [diskö^{n}szu] *m* **1.** pihenés, üdülés, kikapcsolódás **2.** alvás **3.** nyugalom **4.** állvány; támasz (*átv* is) **5.** szünet

descapotável [disköputàvèl] *mn* nyitható tetejű (autó)

descarado [disköràdu] *mn* arcátlan, szemtelen

descaramento [disköröme^{n}ntu] *m* arcátlanság, szemtelenség

descarar-se [disköràrszi] *1/12* elszemtelenkedik

descarga [diskàrgö] *f* **1.** kirakodás, lerakás **2.** *kat* elsütés (fegyveré); sortűz; *dar uma* ~ sortüzet ad le **3.** *autó* kipufogás **4.** *cano* v *tubo de* ~ lefolyó cső **5.** *vill* kisülés; kisütés **6.** *orv* kiválasztás; székelés

descargo [diskàrgu] *m* **1.** kirakodás **2.** tehermentesítés; könnyítés; *por* ~ *de consciência* lelkiismeretének megnyugtatására **3.** elintézés; teljesítés (kötelezettségé) **4.** *jog* igazolás; felmentés

descaridoso [disköridozu] *mn* embertelen, szívtelen

descarinhoso [diskörinyozu] *mn* szeretet nélküli

descarnado [diskörnàdu] *mn* **1.** hús nélküli (csont) **2.** sovány; *faces* ~*as* beesett arc

descarnar [diskörnàr] *1/12* **I.** *ts* **1.** húst leválaszt (csontról) **2.** lesoványít **II.** ~**-se** lesoványodik

descaro [diskàru] *m* = **descaramento**

descaroçar [disköruszàr] *1/3, 1/15 ts* kimagoz

descarregadoiro [diskörrigödojru] *m* lerakodóhely

descarregador [diskörrigödor] *m* rakodómunkás

descarregadouro [diskörrigödoru] *m* = **descarregadoiro**

descarregar [diskörrigàr] *1/4, 1/13* **I.** *ts* **1.** kirak, lerak **2.** *kat* kilő, elsüt **3.** ütést mér **4.** *vill* kisüt (elemet) **5.** megkönnyít, tehermentesít; ~ *a consciência* könnyít a lelkiismeretén **6.** *jog* felment **7.** megnyes (fát) **8.** *orv* kiválaszt, (ki)ürít **9.** *átv* kiönt, kiad; ~ *a cólera* kiadja mérgét **II.** ~**-se** **1.** megkönnyebbül, megnyugszik **2.** ~**-***se de* megszabadul vmitől, leveti vminek a gondját **3.** *orv* kiürít

descarrilamento [diskörrilöme^{n}ntu] *m* kisiklás

descarrilar [diskörrilàr] *1/1* **I.** *ts* kisiklat **II.** ~**-se** kisiklik

descartar-se [diskörtàrszi] *1/12* **1.** *kártya* skartol **2.** *átv:* ~ *de* megszabadul vmitől, leráz magáról vkit *v* vmit

descascar [disköskàr] *1/12* **I.** *ts* héját leszedi, meghámoz; lehánt **II.** **~-se** hámlik

descasque [diskàsk] *m* meghámozás

descendência [dis-sze^{n}de^{n}szjö] *f* **1.** származás; eredet **2.** utódok, ivadékok

descendente [dis-sze^{n}nde^{n}t] **I.** *mn* **1.** származó, eredő **2.** lemenő, fogyó, csökkenő; *comboio ~* ellenvonat; *linha ~* lemenő ág (családfa); *maré ~* apály **II.** *fn* leszármazott, utód

descender [dis-sze^{n}ndér] *2/1 tl* (le)származik; ered

descentral . . . → **decentral . . .**

descer [dis-szér] *2/2* **I.** *ts* **1.** leszed, levesz **2.** leereszt (függönyt) **3.** leszállít, csökkent (bért, árat) **4.** *~ a escada* lemegy a lépcsőn **II.** *tl* **1.** lemegy, lejön **2.** leszáll, leereszkedik (repülőgép) **3.** kiszáll, leszáll; *~ do automóvel* kiszáll az autóból; *~ do cavalo* leszáll a lóról **4.** alászáll, süllyed; csökken, esik; *~ à terra* v *ao túmulo* sírba száll; *~ do trono* lelép a trónról; *o termómetro desce* süllyed a hőmérő higanyszála; *o acento desce sobre a vogal* a hangsúly a magánhangzóra esik; *vai descendo o sol* lenyugszik a nap; *a tarde desceu* leszállt az est **III.** **~-se** *de, átv* enged vmiben, eláll vmitől

descercar [dis-szirkàr] *1/2, 1/13 ts* **1.** a város ostromát feladja **2.** szabaddá tesz (terepet)

descerrar [dis-szirràr] *1/13 ts* **1.** felnyit, kinyit **2.** felfed, elárul (titkot) **3.** leleplez (szobrot)

descida [dis-szidö] *f* **1.** leszállás; kiszállás **2.** lejtés; lejtmenet; *sp* lesiklás **3.** csökkenés, süllyedés, esés (áré, hőmérsékleté) **4.** *átv* hanyatlás

desclassificado [disklöszifikàdu] *mn* és *fn* deklasszált; lezüllött

descoberta [diskubèrtö] *f* **1.** felfedezés **2.** *kat* felderítés

descoberto [diskubèrtu] **I.** *mn* **1.** felfedezett **2.** fedetlen, nyílt (*átv* is); *a peito ~* nyíltan, őszintén; bátran; **3.** *kat, ker* fedezetlen **4.** hajadonfővel **5.** csupasz, meztelen **II.** *fn, m* **1.** **B** (arany)lelőhely **2.** *ao ~* **a)** a szabadban **b)** nyíltan **c)** védtelenül

descobridor *m,* **-a** *f* [diskubridor(ö)] *mn* és *fn* felfedező

descobrimento [diskubrime^{n}ntu] *m* felfedezés

descobrir [diskubrir] *3/10* **I.** *ts* **1.** felfedez **2.** felfed, kitakar; *átv* leleplez **3.** *kat: ~ o campo* felderíti a terepet **4.** *~ o coração a* kiönti a szívét vkinek **II.** **~-se** **1.** kitakarózik; fedetlenül hagyja magát (*átv* is) **2.** felfedi kilétét **3.** leveszi a kalapját, kalapot emel **4.** feltűnik, látható lesz **5.** kiderül (*átv* is)

descolagem [diskulàzsö^{n}j] *f rep* felszállás

descolar [diskulàr] *1/15 tl rep* felemelkedik a földről

descolonização [diskulunizöszö^{n}u] *f* a gyarmati rendszer megszűntetése

descolonizar [diskulunizàr] *1/1 ts* a gyarmati rendszert megszünteti

descolorar [diskuluràr] *1/15 ts* = **descorar**[1] **I.**

descolorido [diskuluridu] *mn* fakó, színtelen

descolorir [diskulurir] *3/10 tl* = **descorar**[1] **II.**

descomedido [diskumididu] *mn* **1.** mértéktelen **2.** udvariatlan **3.** szerénytelen

descomedir-se [diskumidirszi] *3/18* túloz, túlzásba visz

descompassado [disko^{n}mpöszàdu] *mn* aránytalan; egyenlőtlen

descompassar-se [disko^{n}mpöszàrszi] *1/12* elragadtatja magát; túloz

descompor [disko^{n}mpor] *2/17* **I.** *ts* **1.** összezavar, széthány **2.** szétszed **3.** eltorzít **4.** *átv* szidalmaz; megsért **II.** **~-se** **1.** összekuszálódik; szétesik **2.** elveszti a fejét, izgul; indulatba jön

descomposto [disko^{n}mpostu] *mn* **1.** rendetlen; kusza **2.** illetlen **3.** szemtelen

descompostura [disko^{n}mpusturö] *f* **1.** rendetlenség; hanyagság **2.** *átv* fejmosás, feddés **3.** sértés

descompressão [disko^{n}mpriszö^{n}u] *f* nyomás csökkentése *v* megszüntetése

descomunal [diskumunàl] *mn* rendkívüli, szokatlan

desconceito [disko^{n}széjtu] *m* rossz hírnév

desconceituar [disko^{n}széjtuàr] *1/9 ts* hitelét rontja; rossz hírét költi

desconcertado [desko^{n}szirtàdu] *mn* **1.** rendetlen; zavaros **2.** *átv* megzavarodott, elképedt

desconcertante [disko^{n}szirtö^{n}nt] *mn* meglepő, elképesztő

desconcertar [disko^{n}szirtàr] *1/13* **I.** *ts* **1.** összekuszál **2.** zavarba hoz; meg-

zavar **3.** összeveszít **II.** *tl* **1.** nincs összhangban; nincs felhangolva (hangszer) **2.** nem felel meg **III.** **~-se** megzavarodik, zavarba jön
desconcerto [diskoⁿszértu] *m* **1.** rendetlenség; zavar **2.** viszály **3.** illetlenség
desconchavar-se [diskoⁿsövàrszi] *1/12* összevesz
desconchegar [diskoⁿsigàr] *1/4, 1/13 ts* szétválaszt, különválaszt
desconcordância [diskoⁿkurdöⁿszjö] *f* nem egyezés; ellentét
desconcordante [diskoⁿkurdöⁿt] *mn* nem egyező; ellentétes
desconexão [diskunèkszöⁿu] *f* összefüggéstelenség
desconexo [diskunèkszu] *mn* összefüggéstelen
desconfiado [diskoⁿfjàdu] *mn* **1.** bizalmatlan, gyanakvó; *estou* **~** *que* az a gyanúm, hogy **2.** **~** *de* vmiben kétkedő
desconfiança [diskoⁿfjöⁿszö] *f* bizalmatlanság; gyanakvás
desconfiar [diskoⁿfjàr] *1/7* **I.** *ts* **1.** gyanúsnak talál **2.** kétell, kétségbe von **II.** *tl* **1.** **~** *de* nem bízik, gyanakodik, kételkedik vkiben *v* vmiben **2.** **~** *com* haragszik, neheztel vkire
desconforme [diskoⁿfòrm] *mn* **1.** össze nem illő, elütő **2.** túlméretezett, óriási
desconformidade [diskoⁿfurmidàd] *f* **1.** különbözés; ellentét **2.** aránytalanság
desconfortar [diskoⁿfurtàr] *1/15 ts átv* lever, lesujt
desconforto [diskoⁿfortu] *m* levertség; vígasztalanság
descongelar [diskoⁿzsilàr] *1/13* **I.** *ts* felolvaszt **II.** **~-se** felolvad, felenged
descongestionar [diskoⁿzsistyunàr] *1/15 ts* **1.** *orv* vértolulást megszüntet **2.** (forgalmat) tehermentesít
desconhecer [diskunyiszér] *2/2* **I.** *ts* **1.** nem ismer, nem tud **2.** nem ismer fel; félreismer **II.** **~-se** nem ismer önmagára
desconhecido [diskunyiszidu] *mn* és *fn* **1.** ismeretlen; idegen **2.** ismeretlen tettes
desconhecimento [diskunyiszimeⁿntu] *m* **1.** vminek a nem ismerése **2.** tudatlanság
desconjuntar [diskoⁿzsuⁿntàr] *1/1* **I.** *ts* **1.** szétszed; összezavar, összekuszál **2.** kificamít **II.** **~-se** szétesik
desconsertado [diskoⁿszirtàdu] *mn* szétesett; tönkrement
desconsideração [diskoⁿszidirószöⁿu] *f* **1.** tapintatlanság, udvariatlanság **2.** lebecsülés, megvetés
desconsiderado [diskoⁿszidiràdu] *mn* **1.** meggondolatlan; figyelmetlen **2.** lebecsült, mellőzött
desconsiderar [diskoⁿszidiràr] *1/13* **I.** *ts* **1.** tapintatlan *v* udvariatlan vkivel szemben **T** **2.** figyelmen kívül hagy, lebecsül, megvet **II.** **~-se** elveszti tekintélyét
desconsolação [diskoⁿszulöszöⁿu] *f* = **desconsolo**
desconsolado [diskoⁿszulàdu] *mn* **1.** vígasztalhatatlan **2.** vígasztalan, szomorú; *biz* ízetlen
desconsolador *m*, **-a** *f* [diskoⁿszulödor(ö)] *mn* lesújtó; reménytelen
desconsolar [diskoⁿszulàr] *1/15 ts* mélyen lesújt; bánatot okoz vkinek **T**
desconsolo [diskoⁿszolu] *m* vígasztalanság; bánat
descontar [diskoⁿntàr] *1/1 ts* **1.** leszámít, levon **2.** leszámítol (váltót) **3.** engedményt ad
descontentadiço [diskoⁿnteⁿntödiszu] *mn* igényes; nehezen kielégíthető
descontentamento [diskoⁿteⁿntömeⁿntu] *m* elégedetlenség
descontentar [diskoⁿteⁿntàr] *1/1* **I.** *ts* elégedetlenné *v* bosszússá tesz **II.** **~-se** *de* elégedetlen, nem elégszik meg vmivel
descontente [diskoⁿnteⁿnt] *mn* elégedetlen
descontinuar [diskoⁿntinuàr] *1/9 ts* nem folytatja, nem csinálja tovább
descontínuo [diskoⁿntinvu] *mn* **1.** nem folytatólagos **2.** nem összefüggő
desconto [diskoⁿntu] *m* **1.** leszámítás, levonás **2.** leszámítolás (váltóé); beváltás (csekké) **3.** árengedmény; *conceder um* **~** árengedményt nyújt
descontrolar [diskoⁿntrulàr] *1/15* **I.** *ts* nem ellenőriz **II.** **~-se** nem tud uralkodni önmagán
desconversar [diskoⁿvirszàr] *1/13 tl* **1.** abbahagyja a beszélgetést **2.** **B** témát változtat
desconvidar [diskoⁿvidàr] *1/1 ts* visszavonja a meghívást
desconvir [diskoⁿvir] *3/23 tl* **1.** nem felel

meg; nem illik össze; *não me desconviria* nem esne rosszul nekem, jó néven venném **2.** más véleményen van

descorado [diskòràdu] *mn* fakó, színtelen

descorar[1] [diskòràr] *1/1* **I.** *ts* elszíntelenít **II.** ~ *tl* elszíntelenedik, kifakul

descorar[2] [diskuràr] *1/15 ts* elfelejt (amit tanult)

descor(o)çoar [diskur(u)szvàr] *1/8* **I.** *ts* elcsüggeszt **II.** *tl* elcsügged

descortês [diskurtés] *mn* udvariatlan

descortesia [diskurtiziö] *f* udvariatlanság

descortiçar [diskurtiszàr] *1/3 ts* kérgét lehántja

descortinar [diskurtinàr] *1/1 ts* **1.** a függönyt félrehúzza *v* leveszi **2.** *átv* leleplez; felfedez; megpillant

descoser [diskuzér] *2/8* **I.** *ts* **1.** varrást felfejt **2.** kifecseg (titkot) **II.** **~-se** **1.** felfeslik **2.** *átv biz* kigombolkozik, kiönti szívét

descosido [diskuzidu] *mn* laza, összefüggéstelen

descravar [diskrövàr] *1/12* = **desencravar**

descrédito [diskrèditu] *m* hitelvesztés; rossz hír(név)

descrença [diskre^{n}szö] *f* hitetlenség

descrente [diskre^{n}nt] *mn* hitetlen

descrer [diskrér] *2/11 ts* és *tl* nem hisz vkiben *v* vmiben (**T**, *de, em*); ~ *do futuro* nem bízik jövőjében

descrever [diskrivér] *2/7 ts* leír; *átv* lefest, vázol

descrição [diskriszö^{n}u] *f* leírás

descriminar [diskriminàr] *1/1 ts* felment (vád alól)

descritivo [diskritivu] *mn* leíró

descuidado [diskujdàdu] *mn* gondatlan; hanyag; *acto* ~ meggondolatlan cselekedet

descuidar [diskujdàr] *1/1* **I.** *ts* elhanyagol; figyelmen kívül hagy **II.** **~-se** **1.** elhanyagolja magát **2.** *~-se dos deveres* megfeledkezik a kötelességeiről

descuido [diskujdu] *m* **1.** hanyagság **2.** figyelmetlenség; feledékenység **3.** elnézés, tévedés

desculpa [diskulpö] *f* **1.** bocsánat; *apresentar* v *pedir ~s* bocsánatot kér; *pido-lhe mil ~s* ezer bocsánat! **2.** ürügy, kifogás, mentség

desculpar [diskulpàr] *1/1* **I.** *ts* megbocsát; *desculpe-me* bocsásson meg! **II.** **~-se** bocsánatot kér; mentegetőzik; *~-se da demora* elnézést kér a késésért

descumprimento [diskumprime^{n}ntu] *m* vminek a nem teljesítése

descurar [diskuràr] *1/1 ts* elhanyagol

desde [dézsd] **I.** *vsz* óta; ~ ... *até* ... ...-tól ...-ig; ~ *primeiro até o último* egytől egyig; ~ *aqui* innen, innentől kezdve; ~ *então* azóta; ~ *há dois meses* két hónap óta; ~ *há muito* már régóta; ~ *já* most mindjárt, már most; ~ *já lhe agradecemos tudo* előre is köszönünk önnek mindent; ~ *logo* **a)** azóta **b)** azonnal **c)** elsősorban **d)** természetesen, minden további nélkül; ~ *ontem* tegnap óta; ~ *pequeno* már kicsi kora óta; ~ *sempre* amióta a világ fennáll **II.** *ksz* ~ *que* **1.** amióta **2.** mihelyt **3.** mivel, minthogy, ha már **4.** feltéve, ha

desdém [dizsdö^{n}j] *m* **1.** lebecsülés, megvetés; *com* ~ megvetően **2.** hanyagság; *ao* ~ hanyagul

desdenhar [dizsdinyàr] *1/14 ts* megvet, lenéz

desdenhável [dizsdinyàvèl] *mn* megvetendő

desdenhoso [dizsdinyozu] *mn* megvető; elutasító

desdentado [dizsde^{n}tàdu] *mn* fogatlan

desdita [dizsditö] *f* **1.** szerencsétlenség **2.** balsiker

desditoso [dizsditozu] *mn* **1.** szerencsétlen **2.** balsikerű, sikertelen

desdizer [dizsdizér] *2/12* **I.** *ts* megcáfol; tagad **II.** *tl* ~ *de* ellentmond vminek **III.** **~-se** **1.** visszavonja (szavát) **2.** meghazudtolja magát

desdobramento [dizsdubröme^{n}ntu] *m* **1.** szétnyitás, kibontás, kiteregetés **2.** kiterjesztés, kifejlesztés; kifejtés **3.** kettéválasztás, kettéosztás, felezés **4.** megkettőzés, megduplázás **5.** *vegy* lebontás; felbontás **6.** *rádió:* átkapcsolás külön műsorra **7.** *vasút* pótjárat

desdobrar [dizsdubràr] *1/15* **I.** *ts* **1.** felnyit, kibont; szétnyit, kiteregetet; ~ *a bandeira* kibontja a zászlót **2.** kiterjeszt; kifejleszt **3.** kettéválaszt, kettéoszt, felez; feloszt **4.** megkettőz, megdupláz **5.** *vegy* lebont; felbont **6.** *rádió:* külön műsort sugároz (a főadótól eltérően) **7.** *vasút* pótszerelvényt indít II. ~-se kibontakozik; feltárul

desdoirar, desdourar [dizsdojràr, dizsdoràr] *1/1 ts átv* meggyaláz

desdoiro, desdouro [dizsdojru, dizsdoru] *m* gyalázat

desejar [dizizsàr] *1/14 ts* 1. kíván; ~ *felicidades* sok boldogságot kíván 2. megkíván, óhajt; vágyik vmire T; *deixa muito a* ~ sok kívánnivalót hagy hátra; *desejava ver outro quarto* szeretnék másik szobát (is) látni; *se assim o desejarem* ha úgy kívánják

desejável [diziszàvèl] *mn* kívánatos

desejo [dizézsu] *m* vágy, kívánság, óhaj; *a medida dos seus* ~*s* kívánsága szerint

desejoso [dizézsozu] *mn: estar* ~ *de* kíván, óhajt, szeretne vmit

deselegância [diziligö^{n}szjö] *f* elegancia hiánya

deselegante [diziligö^{n}nt] *mn* nem elegáns

desembaciar [dize^{n}mböszjàr] *1/7 ts* 1. megtisztít 2. letöröl (*pl* párát ablakról)

desembainhar [dize^{n}mböjnyàr] *1/1 ts* 1. ruha szegélyét felfejti 2. kirántja a kardját (hüvelyéből) 3. *átv* kiereszt, megereszt; ~ *as garras* kiereszti karmait; ~ *a língua* megereszti a nyelvét

desembalagem [dize^{n}mbölàzsö^{n}j] *f* kicsomagolás

desembalar [dize^{n}mbölàr] *1/12 ts* kicsomagol

desembaraçado [dize^{n}mböröszàdu] *mn* 1. fesztelen 2. gyors, fürge; ügyes

desembaraçar [dize^{n}mbörószàr] *1/3, 1/12* I. *ts* szabaddá tesz, megtisztít (terepet) II. ~-se 1. szabaddá teszi magát 2. ~-*se de* megszabadul vkitől *v* vmitől 3. siet; *desembarace-se!* siessen! induljon már!

desembaraço [dize^{n}mböràszu] *m* fesztelenség; magabiztosság; könnyedség; *com* ~ könnyedén

desembarcadoiro, -douro [dize^{n}mbörködojru, -doru] *m* 1. kikötőhely 2. rakodóhely

desembarcar [dize^{n}mbörkàr] *1/2, 1/12* I. *ts* kihajóz, (árut) kirak II. *tl* partra száll; kiszáll

desembargador [dize^{n}mbörgödor] *m* legfelső bírósági bíró

desembargar [dize^{n}mbörgàr] *1/4, 1/12 ts* felold az embargó alól

desembargo [dize^{n}mbàrgu] *m* az embargó megszüntetése

desembarque [dize^{n}mbàrk] *m* partraszállás; kiszállás

desembestar [dize^{n}mbistàr] *1/13* I. *ts* 1. kilő (nyilvesszőt) 2. *átv* szór, eláraszt (szitkokkal) II. *tl* rohan, száguld

desembocadura [dize^{n}mbuködurö] *f* torkolat

desembocar [dizembukàr] *1/2, 1/15 tl* torkollik

desembolsar [dize^{n}mbolszàr] *1/1 ts* kifizet, kiad, elkölt; *átv* zsebébe nyúl

desembolso [dize^{n}mbolszu] *m* kifizetés; kiadás, költekezés

desembriagar [dize^{n}mbrjögàr] *1/4, 1/12 ts* kijózanít

desembrulhar [dise^{n}mbruljàr] *1/1 ts* 1. kicsomagol 2. *átv* kibogoz

desembuchar [dize^{n}mbusàr] *1/1 ts* 1. kiad, magából, kiköp 2. kimond, elmond; kifecseg; *desembuche!* ki vele!

desempachar [dize^{n}mpösàr] *1/12 ts* 1. = **desembaraçar** 2. kiszabadít (szorongatott helyzetből)

desempacho [dize^{n}mpàsu] *m* 1. elhárítás (akadályé) 2. kiszabadítás (szorongatott helyzetből)

desempacotar [dize^{n}mpökutàr] *1/15 ts* kicsomagol

desempalhar [dize^{n}mpöljàr] *1/12 ts* (szalmából) kicsomagol

desemparelhar [dize^{n}mpöriljàr] *1/14 ts* szétválaszt (páros dolgokat)

desempatar [dize^{n}mpötàr] *1/12 ts* 1. eldönt; a holtpontról elmozdít 2. ~ *um negócio* ügyet tető alá hoz

desempate [dize^{n}mpàt] *m* eldöntés; *eleição de* ~ pótszavazás; *jogo de* ~ döntő játszma

desempeçar [dize^{n}mpiszàr] *1/3, 1/13 ts* kiszabadít; *átv* kötelékeitől megszabadít

desempecer [dize^{n}mpiszér] *2/2* = **desempeçar**

desempedernir [dize^{n}mpidirnir] *3/8 ts átv* meglágyít; meghat

desempedrar [dize^{n}mpidràr] *1/13 ts* 1. kövezetet felszed 2. kövektől megtisztít (földet)

desempenado [dize^{n}mpinàdu] *mn* 1. egyenes tartású, nyulánk 2. gyors, ügyes

desempenar [dize^{n}mpinàr] *1/14* I. *ts* kiegyenesít II. *tl* kiegyenesedik

desempenhar [dize^{n}mpinyàr] *1/14* **I.** *ts* **1.** zálogból kivált **2.** teljesít (kötelességet); betart (adott szót); ~ *a expectação* megfelel a várakozásnak; ~ *a palavra* beváltja ígéretét **3.** ellát (teendőt, szerepet); ~ *o cargo* ellátja hivatalát; ~ *bem o seu papel* jól játssza a szerepét **II.** **~-se** **1.** kifizeti adósságát **2.** *~-se bem* jól állja meg a helyét

desempenho [dize^{n}mpényu] *m* **1.** kiváltás (zálogból) **2.** teljesítés, végrehajtás, elintézés **3.** *szính* alakítás, játék

desemperrar [dize^{n}mpirràr] *1/13 ts* **1.** meglazít **2.** *átv* jobb belátásra bír, megszelídít

desempestar [dize^{n}mpistàr] *1/13 ts* fertőtlenít

desempoar [dize^{n}mpuàr] *1/8 ts* **1.** kiporol, letörli a port vmiről T **2.** *átv* előítéletektől megszabadít

desempoeirar [dize^{n}mpuéjràr] *1/1 ts* = **desempoar**

desempregado [dize^{n}mprigàdu] *mn* és *fn* állástalan, munkanélküli

desempregar [dize^{n}mprigàr] *1/4, 1/13,* **I.** *ts* elbocsát (állásából) **II.** **~-se** elveszti állását

desemprego [dize^{n}mprégu] *m* állástalanság; munkanélküliség

desemproar [dize^{n}mpruàr] *1/8 ts átv* leszállít a magas lóról

desempunhar [dize^{n}mpunyàr] *1/1 ts* elenged, kezéből kiejt

desemudecer [dizimudiszér] *2/2* **I.** *ts* szólásra bír vkit **II.** *tl* **1.** megtöri a csendet, megszólal **2.** visszanyeri beszélőképességét

desencabeçar [dize^{n}nköbiszàr] *1/3, 1/13 ts* kiveri a fejéből, lebeszél vkit vmiről *(de)*

desencadear [dize^{n}nkögyàr] *1/5* **I.** *ts* **1.** láncról elold **2.** *átv* szabadjára enged, elindít **II.** **~-se** **1.** kiszabadítja magát láncaiból **2.** *átv* kitör, kirobban

desencaixar [dize^{n}nkàjsàr] *1/1* **I.** *ts* **1.** foglalatából kivesz **2.** *orv* kificamít **II.** **~-se** **1.** szétesik **2.** *orv* kificamodik

desencaixotar [dize^{n}nkàjsutàr] *1/15 ts* ládából kicsomagol

desencalhar [dize^{n}nköljàr] *1/12 ts* **1.** *haj* zátonyról kiszabadít **2.** akadályt elhárít

desencaminhado [dize^{n}nköminyàdu] *mn: andar* v *ir* ~ tévúton jár (*átv* is)

desencaminhar [dize^{n}nköminyàr] *1/1* **I.** *ts* **1.** útjáról letérít, félrevezet (*átv* is) **2.** *átv* rossz útra csábít, megront **3.** sikkaszt **4.** nem fizet, elhallgat (adót, tartozást) **II.** **~-se** **1.** eltéved **2.** *átv* rossz útra téved, megtéved

desencantar [dize^{n}nkö^{n}ntàr] *1/1 ts* **1.** kiábrándít **2.** *biz* felkutat; leleplez

desencarregar [dize^{n}nkörrigàr] *1/4, 1/13 ts* **1.** megszabadít (terhétől) **2.** felment állásától

desencerrar [dize^{n}szirràr] *1/13* **I.** *ts* **1.** kiszabadít **2.** *átv* felfed, megtalál **II.** **~-se** **1.** kiszabadul **2.** mutatkozik; kibontakozik

desencharcar [dize^{n}sörkàr] *1/12 ts* kiránt a sárból

desencher [dize^{n}sér] *2/1 ts* kiürít

desencolher [dize^{n}nkuljér] *2/8 ts* kinyújt

desencomendar [dize^{n}nkume^{n}ndàr] *1/1 ts* rendelést visszavon

desencontrar-se [dize^{n}nko^{n}ntràrszi] *1/1* nem találkoznak, elkerülik egymást

desencorajar [dize^{n}nkurözsàr] *1/12 ts* elcsüggeszt

desencravar [dize^{n}nkrövàr] *1/12 ts* **1.** a szögeket kihúzza vmiből *(de)* **2.** *átv* kihúzza a bajból

desencrespar [dize^{n}nkrispàr] *1/13 ts* kisimít (hajat, ráncot)

desenfadadiço [dize^{n}födödiszu] *mn* szórakoztató, vidám

desenfadado [dize^{n}födàdu] *mn* vidám; gondtalan

desenfadar [dize^{n}födàr] *1/12 ts* szórakoztat, mulattat

desenfado [dize^{n}fàdu] *m* szórakozás; pihenés

desenfardar [dize^{n}fördàr] *1/12 ts* kicsomagol

desenfastiar [dize^{n}föstyàr] *1/7 ts* **1.** étvágyat gerjeszt **2.** vidámságra *v* jókedvre hangol

desenfeitar [dize^{n}féjtàr] *1/1 ts* díszétől megfoszt

desenfeitiçar [dize^{n}féjtiszàr] *1/3 ts* varázslattól megszabadít

desenferrujar [dize^{n}firruzsàr] *1/1 ts* **1.** rozsdától megtisztít **2.** (újra) gyakorol (meggémberedett végtagot, elfelejtett nyelvet)

desenfezar [dize^{n}fizàr] *1/13 ts* **1.** üledéktől megtisztít **2.** felüdít; jókedvre hangol

desenfreado [dize^{n}frjàdu] *mn* féktelen; heves

desenfrear [dize^{n}frjàr] *1/5* **I.** *ts* lekantároz **II.** **~-se** **1.** kiszabadul, kitör **2.** féktelen haragra gerjed

desenfronhar [dize^{n}frunyàr] *1/15 ts* **1.** vánkoshuzatot lehúz **2.** kivesz, kicsomagol **3.** ~ *mentiras* összevissza hazudozik

desengaçar [dize^{n}ngöszàr] *1/3, 1/12 ts* **1.** bogyóz (szőlőt) **2.** *nép* fal, zabál

desenganado [dize^{n}ngönàdu] *mn* **1.** kiábrándult **2.** *doente* ~ beteg, akiről az orvosok lemondtak

desenganar [dize^{n}ngönàr] *1/1* **I.** *ts* **1.** kiábrándít **2.** *átv* kinyitja vkinek a szemét **T** **II.** **~-se** **1.** kiábrándul **2.** belátja tévedését

desenganchar [dize^{n}ngö^{n}sàr] *1/1 ts* kikapcsol, lekapcsol

desengano [dize^{n}ngönu] *m* kiábrándulás; csalódás

desengastar [dize^{n}ngöstàr] *1/12 ts* foglalatból kivesz

desengatar [dize^{n}ngötàr] *1/12 ts* **1.** *autó* kiold (tengelykapcsolót) **2.** kifog (lovat) **3.** lekapcsol (vasúti kocsit)

desengonçado [dize^{n}ngo^{n}szàdu] *mn* **1.** sarkából kiemelt **2.** lötyögős (járású)

desengonçar [dize^{n}ngo^{n}szàr] *1/3 ts* **1.** sarkából kiemel; szétszed **2.** meglazít

desengordar [dize^{n}ngurdàr] *1/15* **I.** *ts* lesoványít **II.** *tl* lesoványodik

desengordurar [dize^{n}ngurduràr] *1/1 ts* **1.** leszedi a zsírt **2.** kiveszi a zsírfoltot

desengraçado [dize^{n}ngröszàdu] *mn* **1.** báj nélküli; esetlen **2.** nem érdekes, unalmas

desengraxar [dize^{n}ngrösàr] *1/12 ts* leszedi a zsírját

desengrossar [dize^{n}ngruszàr] *1/15 ts* **1.** vékonyít; lefarag **2.** felhígít

desenhador *m,* **-a** *f* [dizinyödor(ö)] *fn* rajzoló

desenhar [dizinyàr] *1/14* **I.** *ts* rajzol; felvázol **II.** **~-se** kirajzolódik

desenhista [dizenyistö] *fn* **B** **1.** = **desenhador** **2.** ~ *de modas* divattervező

desenho [dizényu] *m* rajz; rajzolás; ~ *animado* rajzfilm; ~ *a mão livre* szabadkézi rajz

desenjoar [dize^{n}zsuàr] *1/8 ts* **1.** a hányingert megszünteti vkiben **T** **2.** elszórakoztat

desenjoativo [dize^{n}zsuötivu] *mn* és *fn* hányingert megszüntető, étvágyat elősegítő (szer)

desenlaçar [dize^{n}löszàr] *1/3, 1/12 ts* **1.** felold, kiold **2.** *átv* kibogoz

desenlace [dize^{n}làsz] *m* **1.** feloldás (köteléké) **2.** *átv* megoldás; kimenetel; ~ *fatal* végzetes kimenetel

desenlamear [dize^{n}lömjàr] *1/1 ts* **1.** sártól megtisztít **2.** rehabilitál

desenlear [dize^{n}ljàr] *1/5 ts* felold, kibont

desenobrecer [dizinubriszér] *2/2 ts* nemességétől megfoszt; lefokoz

desenraizar [dize^{n}rröizàr] *1/10 ts* gyökerestül kitép

desenrascar [dize^{n}rröskàr] *1/2, 1/12 ts* **1.** kibogoz **2.** kihúz a bajból

desenredar [dize^{n}rridàr] *1/13 ts* **1.** kibogoz; megold **2.** ~ *de apuros* kiránt a bajból

desenredo [dize^{n}rrédu] *m* **1.** kibogozás **2.** megfejtés; kimenetel, kifejlet

desenrolar [dize^{n}rrulàr] *1/15* **I.** *ts* **1.** leteker, legombolyít **2.** *átv* kifejt, előad **II.** **~-se** **1.** legombolyodik **2.** kifejlődik; lejátszódik **3.** elterül; feltárul

desenroscar [dize^{n}rruskàr] *1/2, 1/5 ts* **1.** szétsodor, kibont **2.** lecsavar

desenrugar [dize^{n}rrugàr] *1/4 ts* kisimít

desentalar [dize^{n}tölàr] *1/12 ts* kihúz a bajból

desentender [dize^{n}nte^{n}ndér] *2/1* **I.** *ts* **1.** nem érti **2.** úgy tesz, mintha nem értené **II.** **~-se** nem értik meg egymást

desentendimento [dize^{n}nte^{n}ndime^{n}ntu] *m* meg nem értés; félreértés

desenterrar [dize^{n}ntirràr] *1/13 ts* (ismét) kiás; napvilágra hoz

desentoação [dize^{n}ntuöszö^{n}u] *f* **1.** disszonancia, széthangzás **2.** egyenetlenség

desentoado [dize^{n}ntuàdu] *mn* disszonáns, hamis (csengésű)

desentoar [dize^{n}ntuàr] *1/8* **I.** *ts* hamisan énekel **II.** *tl* hamisan cseng **III.** **~-se** helytelenül viselkedik

desentonar [dize^{n}ntunàr] *1/15 ts átv* leszállít a magas lóról

desentorpecer [dize^{n}nturpiszér] *2/2* **I.** *ts* hajlékonnyá teszi, kinyújtja (tagjait) **II.** *tl,* **III.** **~-se** **1.** hajlékonnyá válik **2.** *átv* magához tér, felfrissül

desentrançar [dize^{n}ntrö^{n}szàr] *1/3 ts* kifon, kibont

desentranhar [dize^{n}ntrönyàr] *1/1 ts* **1.** kibelez **2.** kibányász, kiszed (*átv* is)
desentulhar [dize^{n}ntuljàr] *1/1 ts* törmeléktől megtisztít; romtalanít
desentulho [dize^{n}ntulju] *m* romtalanítás
desentupir [dize^{n}ntupìr] *3/1, 3/10 ts* kitisztít (csövet)
desenvencilhar [dize^{n}ve^{n}sziljàr] *1/1 ts* kigöngyöl, kibont; kibogoz
desenvolto [dize^{n}voltu] *mn* **1.** ügyes **2.** magabiztos, fesztelen **3.** pajkos; szemtelen
desenvoltura [dize^{n}volturö] *f* **1.** ügyesség **2.** magabiztosság, fesztelenség **3.** pajkosság; szemtelenség
desenvolver [dize^{n}volvér] *2/8* **I.** *ts* **1.** (ki)fejleszt; ~ *esforços* erőfeszítéseket tesz **2.** kifejt, előad, ismertet **3.** *mat:* ~ *um cálculo* számítást végez **II.** **~-se** (ki)fejlődik
desenvolvido [dize^{n}volvìdu] *mn* fejlett; *países* ~*s* fejlett országok
desenvolvimento [dize^{n}volvime^{n}ntu] *m* **1.** fejlesztés **2.** fejlődés; haladás; *países em* ~ fejlődő országok
desenxabido [dize^{n}söbìdu] *mn* **1.** ízetlen **2.** unalmas
desenxovalhar [dize^{n}suvöljàr] *1/12 ts* **1.** tisztít, foltot kivesz **2.** *átv* tisztára mos
desequilibrado [dizikilibràdu] *mn* **1.** kiegyensúlyozatlan **2.** meghibbant
desequilibrar [dizikilibràr] *1/1 ts* kibillent
desequilíbrio [dizikilìbrju] *m* **1.** egyensúly hiánya; aránytalanság; *ficar em* ~ *com* nincs arányban vmivel **2.** elmezavar
deserção [dizirszö^{n}u] *f* **1.** *kat* szökés **2.** átállás, elpártolás
deserdar [dizirdàr] *1/13 ts* örökségből kizár, kitagad
desertar [dizirtàr] *1/13* **1.** *kat* megszökik **2.** elpártol; otthagy, cserbenhagy
deserto [dizèrtu] **I.** *mn* elhagyott; üres; lakatlan **II.** *fn, m* sivatag
desertor [dizirtor] *m* **1.** katonaszökevény **2.** hitehagyott; disszidens
desesperação [dizispirösző^{n}u] *f* **1.** reménytelenség **2.** kétségbeesés; *meter v pôr em* ~ kétségbe ejt **3.** harag, düh
desesperado [dizispiràdu] *mn* **1.** reménytelen **2.** kétségbeejtő; *estar* ~ kétségbe van esve **3.** haragos, dühös; *luta* ~*a* elkeseredett küzdelem
desesperança [dizispirö^{n}szö] *f* = **desespero**
desesperançar [dizispirö^{n}szàr] *1/13* **I.** *ts* reménységétől megfoszt **II.** **~-se** felhagy minden reménnyel
desespero [dizispéru] *m* kétségbeesés
desestima [dizistìmö] *f* lebecsülés; megvetés, lenézés
desestimar [dizistimàr] *1/1* lebecsül, megvet, lenéz
desfaçado [disfószàdu] *mn* szemtelen
desfaçadez [disfószödés] *f* szemtelenség
desfalcar [disfàlkàr] *1/2 ts* **1.** csökkent; levon **2.** sikkaszt; lop
desfalecer [disföliszér] *2/2* **I.** *ts* gyengít **II.** *tl* **1.** elgyengül **2.** elájul, eszméletét veszti; ~ *de amor* eleped a szerelemtől
desfalque [disfàlk] *m* sikkasztás
desfastio [disföstìu] *m* **1.** jó étvágy **2.** derű, vidámság; *por* ~ szórakozásból
desfavor [disfövor] *m* **1.** kegyvesztettség **2.** rosszakarat
desfavorável [disfövuràvèl] *mn* kedvezőtlen
desfavorecer [disfövuriszér] *2/2 ts* **1.** kegyeit megvonja vkitől **T** **2.** hátrányos helyzetbe hoz **3.** nem áll jól (ruha)
desfazer [disfözér] *2/13* **I.** *ts* **1.** tönkretesz, elpusztít, megsemmisít; *közm:* *o homem faz e Deus desfaz* ember tervez, Isten végez **2.** felbont (csomót; szerződést); ~ *o noivado* felbontja az eljegyzést **3.** feloszt, feldarabol **4.** felold (cukrot) **5.** feloszlat (sereget) **6.** felfejt, szétfejt **7.** *kat, sp* legyőz, lever **8.** szétoszlat; ~ *a dúvida* eloszlatja a kétséget; ~ *um erro* tévedést helyrehoz **II.** **~-se** **1.** szétesik, szétmegy; *um muro a* ~*-se* omladozó fal **2.** elolvad; szétfolyik **3.** ~*-se de* **a)** levet (ruhadarabot) **b)** leráz magáról vkit **c)** megszabadul vmitől; ~*-se de um mau hábito* levet egy rossz szokást **4.** ~*-se em* túlzásba visz vmit; ~*-se em lágrimas* sűrű könnyeket hullat; ~*-se em cumprimentos* nem győz eleget hajlongani, hajbókol; **5.** ~*-se por* minden tőle telhetőt megtesz, hogy
desfear [disfjàr] *1/5 ts* eltorzít
desfechar [disfésàr] *1/13* **I.** *ts* **1.** elsüt (fegyvert), kilő (nyilat) **2.** kinyit (bezárt ajtót); felnyit (levelet) **3.** (ütést)

mér; ~ *um golpe decisivo em* döntő csapást mér vkire *v* vmire 4. hajít, vet, dob; ~ *insultos* sértéseket szór II. *tl* 1. kitör (vihar, botrány) 2. ~ *em* végződik vmivel III. ~**-se** elsül (fegyver)

desfecho [disfésu] *m* vég; kimenetel; kibontakozás

desfeita [disféjtö] *f* 1. sértés 2. *kat* vereség

desfeitear [disféjtyàr] *1/5 ts* sérteget

desfeito [disféjtu] I. *mmi* → **desfazer** II. *mn* 1. vad, viharos; *tempestade ~a* heves vihar 2. zilált; torz; *exército ~* szétvert hadsereg; *fugida ~a* rendetlen futás; *semblante ~* eltorzult arc

desferir [disfirir] *3/8 ts* 1. hajít, dob, vet (dárdát) 2. kilő (nyilat) 3. (ütést) mér 4. kiad (hangot) 5. penget (húrokat) 6. *haj* kifeszít (vitorlát) 7. ~ *a espada* kardot forgat

desferrar [disfirràr] *1/13* I. *ts* 1. patkót levesz 2. kifeszít (vitorlát) II. ~**-se** elveszti patkóját (ló)

desfiar [disfjàr] *1/15* I. *ts* 1. szálakra bont 2. felsorol 3. részletesen elmond II. ~**-se** kirojtosodik

desfibrar [disfibràr] *1/1 ts* rosttalanít

desfiguração [disfigurösző^{n}u] *f* eltorzulás; elkorcsosodás

desfigurar [disfiguràr] *1/1 ts* eltorzít; elcsúfít

desfilada [disfilàdö] *f* 1. elvonulás; parádé 2. *szól: correr à ~* rohan, száguld, vágtat

desfiladeiro [disfilödéjru] *m* (hegy)szoros

desfilar [disfilàr] *1/1 tl* elvonul, felvonul

desfile [disfil] *m* 1. elvonulás; felvonulás; parádé 2. ~ *de modas* divatbemutató

desfitar [disfitàr] *1/1 ts* szemét elfordítja vkiről *v* vmiről **T**

desfloração [disflurösző^{n}u] *f* = **desfloramento**

desfloramento [disfluröme^{n}ntu] *m* 1. elvirágzás 2. szűzességtől megfosztás

desflorar [disfluràr] *1/15 ts* 1. letépi virágát 2. megfosztja szűzességétől 3. megfoszt az újdonság varázsától

desflorecer [disfluriszér] *2/2 tl* elvirágzik

desflorecimento [disfluriszime^{n}ntu] *m* elvirágzás

desfolha [disfòljö] *f* lombhullás

desfolhar [disfuljàr] *1/15* I. *ts* 1. lombjától megfoszt 2. hánt (kukoricát) II. ~**-se** lombját hullatja

desforçar [disfurszàr] *1/3, 1/15* I. *ts* megbosszul II. ~**-se** bosszút áll; elégtételt vesz magának

desforço [disforszu] *m* bosszú; elégtétel

desforra [disfòrrö] *f* megtorlás; revans; *sp* visszavágó mérkőzés; *tirar a ~* elégtételt vesz magának

desforrar[1] [disfurràr] *1/15* I. *ts* 1. visszanyeri (elvesztett pénzét) 2. behozza (elvesztett idejét) 3. kártalanít II. ~**-se** *de* elégtételt vesz magának vmiért

desforrar[2] [disfurràr] *1/15 ts* a bélést lefejti (kabátból)

desfraldar [disfràldàr] *1/1 ts* kifeszít (vitorlát); lobogtat, lenget (zászlót)

desfranzir [disfrö^{n}zir] *3/1 ts* kisimít (ráncokat)

desfrizar [disfrizàr] *1/1 ts* összekuszál, összeborzol

desfrutador [disfrutödor] *m* 1. haszonélvező 2. haszonleső, élősködő 3. gúnyolódó

desfrutar [disfrutàr] *1/1 ts* 1. felhasznál; kihasznál, kizsákmányol 2. kigúnyol 3. ~ *de* élvez vmit

desfrute, desfruto [disfrut, -u] *m* 1. felhasználás, kihasználás 2. haszonélvezet 3. élvezet, élvezés

desgalhar [dizsgöljàr] *1/12 ts* megnyes (fát)

desgarrado [dizsgörràdu] *mn* eltévedt; rossz útra tért

desgarrar [dizsgörràr] *1/12* I. *ts* eltérít II. ~**-se** 1. eltéved 2. *haj* elsodródik 3. *átv* eltévelyedik

desgastar [dizsgöstàr] *1/12* I. *ts* 1. elhasznál; felhasznál 2. elkölt, elfogyaszt 3. kimar (rozsda) II. ~**-se** elhasználódik

desgaste [dizsgàst] *m* elhasználódás

desgostar [dizsgustàr] *1/15* I. *ts* 1. felbosszant 2. nem tetszik vkinek **T**; *isso desgosta-me* ez nekem nem tetszik II. *tl* ~ *de* nem szeret vmit; *não desgosta de viajar* szeret utazni III. ~**-se** *de* megún vmit, megundorodik vmitől

desgosto [dizsgostu] *m* 1. bosszúság 2. undor 3. bánat; *com grande ~ meu* nagy bánatomra; *morrer de ~* meghal bánatában

desgostoso [dizsgustozu] *mn* 1. ~ *de* elégedetlen vmivel 2. rossz ízű 3. undorító

desgovernado [dizsguvirnàdu] *mn* 1. rendetlen 2. könnyelmű; költekező

desgovernar [dizsguvirnàr] *1/13* **I.** *ts* **1.** rosszul vezet *v* irányít **2.** pazarol **II. ~-se 1.** elveszti irányíthatóságát; *o veículo desgovernou-se* a gépkocsi kormányműve felmondta a szolgálatot **2.** elveszti önuralmát

desgoverno [dizsguvérnu] *m* **1.** rossz irányítás **2.** pazarlás, könnyelműség

desgraça [dizsgràszö] *f* **1.** szerencsétlenség; baj; baleset; *para maior ~ sua* szerencsétlenségének betetőzésére; *por ~ (minha)* szerencsétlenség(em)re; *közm: uma ~ alcança outra; uma ~ nunca chega* v *vem só* a baj sosem jár egyedül; csőstül jön a baj **2.** kegyvesztettség; *cair em ~* kegyvesztett lesz **3.** nyomor; *viver na maior ~* a legnagyobb nyomorban él

desgraçado [dizsgröszàdu] *mn* és *fn* szerencsétlen (alak)

desgraçar [dizsgröszàr] *1/3, 1/12 ts* **1.** szerencsétlenné tesz **2.** bajba sodor

desgracioso [dizsgröszjozu] *mn* idomtalan, esetlen

desgrenhado [dizsgrinyàdu] *mn* fésületlen, kócos

desgrenhar [dizsgrinyàr] *1/14 ts* összeborzol

desguarnecer [dizsgvörniszér] *2/2 ts* **1.** megfoszt vmitől **T**; leszed (képeket, függönyöket) **2.** *~ o quarto* kiüríti a szobát (kivisz belőle mindent)

desguedelhar [dizsgidiljàr] *1/14* = **desgrenhar**

desiderato [dizidiràtu] *m* kívánság; követelmény

Desidério [dizidérju] *m* Dezső

desidratar [dizidrötàr] *1/12 ts* víztelenít

designação [dizignöszö^{n}u] *f* **1.** kijelölés, kinevezés **2.** megjelölés, megnevezés

designar [dizignàr] *1/1 ts* **1.** kijelöl, kinevez **2.** megjelöl, megnevez

designativo [dizignötívu] *mn* megjelölő, megkülönböztető

desígnio [dizignyu] *m* szándék; terv

desigual [dizigvàl] *mn* **1.** egyenlőtlen **2.** *terreno ~* egyenetlen talaj

desigualar [dizigvölàr] *1/12* **I.** *ts* megkülönböztet **II.** *tl* különbözik, elüt

desigualdade [dizigvàldàd] *f* **1.** egyenlőtlenség **2.** különbözés

desiludido [diziludídu] *mn* kiábrándult; vmiben csalódott (*de*)

desiludir [diziludír] *3/1* **I.** *ts* kiábrándít **II. ~-se** kiábrándul

desilusão [diziluzö^{n}u] *f* kiábrándulás

desimpedir [dizi^{n}pidír] *3/18 ts* akadályt elhárít; *~ o caminho* szabaddá teszi az utat

desinchar [dizi^{n}sàr] *1/1* **I.** *ts* **1.** lelohaszt (daganatot) **2.** levegőt kienged (gumimatracból, léggömbből) **II.** *tl* lelohad **III. ~-se** alább adja, meghunyászkodik

desinência [dizine^{n}szjö] *f nyelvt* végződés

desinfecção [dizi^{n}fèszö^{n}u] *f* fertőtlenítés

desinfectante [dizi^{n}fètö^{n}nt] *mn* és *fn* fertőtlenítő (szer)

desinfectar [dizi^{n}fètàr] *1/1 ts* fertőtlenít

desinfectório [dizi^{n}fètòrju] *m* **B** fertőtlenítő helyiség

desinfestar [dizi^{n}fistàr] *1/13 ts* megtisztít (rovaroktól)

desinflamar [dizi^{n}flömàr] *1/1* **I.** *ts* gyulladást megszüntet *v* enyhít **II. ~-se** gyulladás megszűnik

desinquietar [dizi^{n}nkjètàr] *1/1 ts* nyugtalanít

desinquieto [dizi^{n}nkjètu] *mn* nyugtalan

desintegração [dizi^{n}ntigröszö^{n}u] *f* felbomlás, szétesés, széthullás; *~ atómica* atommag bomlása

desintegrar [dizi^{n}ntigràr] *1/13* **I.** *ts* felbont, szétbont **II. ~-se** felbomlik, szétbomlik

desinteligência [dizi^{n}ntilizse^{n}szjö] *f* egyenetlenség; viszály

desinteressado [dizi^{n}ntiriszàdu] *mn* **1.** nem érdekelt; közömbös **2.** önzetlen; *ajuda ~a* önzetlen támogatás

desinteressante [dizi^{n}ntiriszö^{n}nt] *mn* nem érdekes

desinteressar [dizi^{n}ntiriszàr] *1/13* **I.** *ts* érdektelenné tesz; lebeszél vmiről (*de*) **II. ~-se** *de* nem érdekli többé vmi

desinteresse [dizi^{n}ntirész] *m* **1.** érdektelenség; közömbösség **2.** önzetlenség

desintrincar [dizi^{n}ntri^{n}nkàr] *1/2 ts* kibogoz (*átv* is)

desintumecer [dizi^{n}ntumiszér] *2/2* **I.** *ts* lelohaszt (daganatot) **II.** *tl*, **III. ~-se** lelohad

desirmanado [dizirmönàdu] *mn* párjától elszakított; egyedülálló

desirmanar [dizirmönàr] *1/1 ts* különválaszt (összetartozó dolgokat)

desistência [diziste^{n}szjö] *f* elállás vmitől, lemondás vmiről; *sp* visszalépés

desistir [dizistir] *3/1 tl* eláll vmitől, lemond vmiről; *sp* visszalép

deslacrar [dizslökràr] *1/12 ts* felbont (levelet)

deslassar [dizslöszàr] *1/12 ts* meglazít

deslavado [dizslövàdu] *mn* 1. elmosódott; fakó 2. szemtelen

desleal [dizsljàl] *mn* hűtlen; becstelen

deslealdade [dizsljàldàd] *f* hűtlenség; becstelenség

desleixado [dizsléjsàdu] *mn* hanyag, nemtörődöm

desleixar-se [dizsléjsàrszi] *1/1* 1. elhanyagolja kötelességeit 2. elhagyja magát

desleixo [dizsléjsu] *m* hanyagság, nemtörődömség

deslembrado [dizsle^{n}mbràdu] *mn* feledékeny

deslembrança [dizsle^{n}mbrö^{n}szö] *f* feledékenység

deslembrar [dizsle^{n}mbràr] *1/1 ts* elfelejt

desligar [dizsligàr] *1/4 ts* 1. felold, kiold (köteléket) 2. kikapcsol (áramot); szétkapcsol (vonalat); ~ *na cara* lecsapja a telefonkagylót 3. felment vmi alól (*de*); ~ *da promessa* ígérete alól felold

deslindar [dizsli^{n}ndàr] *1/1 ts* 1. határt megállapít; elhatárol 2. kiderít, tisztáz, megold

deslizadeiro [dizslizödéjru] *m ját* csúszda

deslizar [dizslizàr] *1/1* I. *tl*, II. **~-se** 1. csúszik, elcsúszik, lecsúszik 2. *átv* átsiklik vmin (*sobre*) 3. kitér vmi elől (*de*)

deslize [dizsliz] *m* 1. csúszás, csúszkálás 2. hiba, tévedés; baklövés

deslocação [dizsluköszö^{n}u] *f* 1. (el)utazás, helyváltoztatás, átköltözés; *custas de* ~ utazási *v* átköltözködési költségek 2. *orv* kificamodás 3. *geol* földréteg elmozdulása

deslocar [dizslukàr] *1/2, 1/15* I. *ts* 1. áthelyez; elköltöztet 2. kificamít 3. elmozdít, kimozdít II. **~-se** 1. elmegy, elutazik, elköltözik vhova (*a, para*) 2. mozgásba jön, elmozdul

deslombado [dizslo^{n}mbàdu] *mn* csípőficamban szenvedő

deslombar [dizslo^{n}mbàr] *1/1* félholtra ver

deslumbrante [dizslu^{n}mbrö^{n}nt] *mn* káprázatos

deslumbrar [dizslu^{n}mbràr] *1/1* I. *ts* (el)vakít (*átv* is) II. **~-se** áltatja magát

deslustrar [dizslustràr] *1/1 ts* 1. elhomályosít 2. *átv* beszennyez, sárba ránt

deslustroso [dizslustrozu] *mn* 1. homályos, fénytelen 2. szégyenletes

desluzido [dizsluzidu] *mn* 1. fénytelen 2. dicstelen; jelentéktelen

desluzir [dizsluzir] *3/14 ts* elhomályosít (*átv* is)

desmaiado [dizsmöjàdu] *mn* 1. ájult, eszméletlen 2. sápadt, színtelen, halvány 3. gyenge

desmaiar [dizsmöjàr] *1/12* I. *ts* lesujt; elcsüggeszt II. *tl* 1. elájul, eszméletét veszti 2. elsápad 3. elsenyved

desmaio [dizsmàju] *m* 1. ájulás 2. sápadtság 3. csüggedés 4. gyengeség

desmama [dizsmàmö] *f* elválasztás (csecsemőé)

desmamar [dizsmömàr] *1/1 ts* elválaszt (csecsemőt)

desmame [dizsmàm] *m* = **desmama**

desmancha-prazeres [dizsmö^{n}söprözéris] *m* ünneprontó

desmanchar [dizsmö^{n}sàr] *1/1* I. *ts* 1. szétszed, szétszerel 2. feldúl, felforgat; örömöt elront 3. érvénytelenít; ~ *o noivado* eljegyzést felbont; ~ *um plano* tervet meghiúsít; ~ *um testamento* végrendeletet megmásít 4. kificamít 5. fércet kiszed II. **~-se** 1. szétesik 2. elromlik 3. kificamodik 4. meghiúsul 5. *~-se em gentilezas* szinte túlzásba viszi a kedveskedést

desmancha-sambas [dizsmö^{n}sösző^{n}mbös] *m* B vagány; huligán

desmancho [dizsmö^{n}su] *m* 1. felfordulás, rendetlenség 2. *nép orv* abortusz

desmandado [dizsmö^{n}ndàdu] *mn* féktelen; fegyelmetlen; garázda

desmandar-se [dizsmö^{n}ndàrszi] *1/1* 1. a parancsnak ellenszegül 2. *átv* túlzásba visz, túllő a célon

desmando [dizsmö^{n}ndu] *m* 1. ellenszegülés 2. túlkapás; garázdálkodás

desmantelar [dizsmö^{n}ntilàr] *1/13 ts* 1. lerombol (falat, várat) 2. leszerel, szétszed

desmarcado [dizsmörkàdu] *mn* 1. mértéktelen 2. óriási

desmarcar [dizsmörkàr] *1/2, 1/12 ts* 1. jelzést eltüntet 2. lerendel, visszavon (foglalást) 3. *ját* leír, töröl (pontokat)

desmascarar [dizsmösköràr] *1/2, 1/12* I. *ts* letépi az álarcot vkiről T; leleplez II. **~-se** leveti álarcát

desmatar [dizsmötàr] *1/12 ts* erdőt irt

desmazelado [dizsmözilàdu] *mn* hanyag; lompos
desmazelar-se [dizsmözilàrszi] *1/13* elhanyagolja magát
desmazelo [dizsmözélu] *m* hanyagság; lomposság
desmedido [dizsmididu] *mn* óriási
desmedir-se [dizsmidirszi] *3/18* = **descomedir-se**
desmedrado [dizsmidràdu] *mn* csenevész, satnya
desmedrar [dizsmidràr] *1/13 tl* elsatnyul
desmembrar [dizsme^{n}mbràr] *1/1* **I.** *ts* **1.** feldarabol **2.** szétválaszt **II.** **~-se** szétesik; feloszlik
desmemoriado [dizsmimurjàdu] *mn* feledékeny
desmentido [dizsme^{n}ntidu] *m* cáfolat; *dar um ~ de* megcáfol vmit
desmentir [dizsme^{n}ntir] *3/8 ts* **1.** megcáfol **2.** meghazudtol **3.** ellentmond vminek **T 4. B** kificamít
desmerecedor *m,* **-a** *f* [dizsmiriszidor(ö)] *mn* érdemtelen vmire (*de*)
desmerecer [dizsmiriszér] *2/2* **I.** *ts* nem érdemli meg **II.** *tl* **1.** értékét veszti **2.** *~ de* méltatlan vmire
desmesura [dizsmizurö] *f* udvariatlanság
desmesurado [dizsmizuràdu] *mn* óriási
desmesurar-se [dizsmizuràrszi] *1/1* túlzásba viszi a dolgot
desmesurável [dizsmizuràvèl] *mn* mérhetetlenül nagy
desmilitarizar [dizsmilitörizàr] *1/1 ts* demilitarizál
desmiolado [dizsmjulàdu] *mn* bolondos; kelekótya
desmobilado [dizsmubilàdu] *mn* bútorozatlan
desmobilização [dizsmubilizöszö^{n}u] *f* demobilizálás
desmobilizar [dizsmubilizàr] *1/1 ts kat* leszerel; lefegyverez
desmoitar [dizsmojtàr] *1/1 ts* művelésre alkalmassá tesz, feltör (földet)
desmontar [dizsmo^{n}ntàr] *1/1* **I.** *ts* **1.** lóról leszállít; kivet a nyeregből **2.** szétszed; leszerel **3.** meghiúsít (tervet) **4.** lehord (földet), kiegyenget (talajt) **5.** *átv* kínos helyzetbe hoz **II.** *tl* leszáll a lóról
desmontável [dizsmo^{n}ntàvèl] *mn* szétszedhető, leszerelhető; levehető
desmoralização [dizsmurölizöszö^{n}u] *f* züllesztés; züllés
desmoralizado [dizsmurölizàdu] *mn* züllött; fegyelmezetlen
desmoralizar [dizsmurölizàr] *1/1 ts* lezülleszt, bomlaszt
desmoronadiço [dizsmurunödiszu] *mn* omladékos
desmoronamento [dizsmurunöme^{n}ntu] *m* **1.** földomlás; kőomlás **2.** beomlás **3.** szétbomlás
desmoronar [dizsmurunàr] *1/15* **I.** *ts* lebont, lerombol **II.** **~-se** **1.** (le)csúszik (talaj) **2.** beomlik, beszakad **3.** *átv* szétesik; lemorzsolódik
desmoutar [dizsmotàr] *1/1* = **desmoitar**
desnacionalizar [dizsnöszjunölizàr] *1/1 ts* nemzeti jellegétől megfoszt
desnatação [dizsnötöszö^{n}u] *f* lefölözés
desnatar [dizsnötàr] *1/12 ts* lefölöz (tejszínt)
desnaturado [dizsnöturàdu] *mn* **1.** természetellenes, embertelen, kegyetlen **2.** *álcool ~* denaturált szesz
desnatural [dizsnöturàl] *mn* nem természetes
desnaturalizar [dizsnöturölizàr] *1/1 ts* honosságától megfoszt
desnaturar [dizsnöturàr] *1/1 ts* **1.** átalakít, megváltoztat **2.** *vegy* denaturál
desnecessário [dizsniszïszàrju] *mn* szükségtelen; fölösleges
desnível [dizsnivèl] *m* szintkülönbség
desnivelar [dizsnivilàr] *1/13 ts* egyenetlenné tesz (talajt)
desnortear [dizsnurtyàr] *1/5* **I.** *ts* **1.** letérít irányától **2.** *átv* félrevezet; összezavar **II.** **~-se** **1.** eltájolódik **2.** nem ismeri ki magát; tanácstalan
desnublado [dizsnublàdu] *mn* felhőtlen
desnublar-se [dizsnublàrszi] *1/1* kiderül
desnudar [dizsnudàr] *1/1* **I.** *ts* **1.** levetkőztet **2.** kopárrá tesz, letarol **II.** **~-se** levetkőzik
desnudez [dizsnudés] *f* meztelenség
desnudo [dizsnudu] *mn* meztelen; kopár
desobedecer [dizobidiszér] *2/2 tl* nem engedelmeskedik; *~ a lei* megszegi a törvényt
desobediência [dizobidje^{n}szjö] *f* engedetlenség
desobediente [dizobidje^{n}nt] *mn* engedetlen
desobrigar [dizobrigàr] *1/4* **I.** *ts* felment

vmi alól (*de*); ~ *do serviço* felment (katonai) szolgálata alól **II.** **~-se** eleget tesz kötelezettségének

desobstrução [dizobstruszö^{n}u] *f* eldugulás megszüntetése

desobstruir [dizobstruir] *3/7 ts* szabaddá tesz, megnyit; megszüntet (eldugulást)

desocupação [dizokupöszö^{n}u] *f* **1.** tétlenség **2.** munkanélküliség

desocupado [dizokupàdu] *mn* **1.** tétlen(kedő) **2.** munkanélküli **3.** nem foglalt, szabad, üres (lakás)

desocupar [dizokupàr] *1/1* **I.** *ts* **1.** kiürít, szabaddá tesz **2.** elbocsát (állásából) **II.** **~-se** **1.** megszabadul vmitől (*de*) **2.** állástalanná válik

desofuscar [dizofuskàr] *1/2* **I.** *ts* **1.** megtisztít **2.** *átv* felvilágosít **II.** **~-se** kitisztul, kiderül (ég)

desolação [dizulöszö^{n}u] *f* **1.** pusztulás **2.** mély szomorúság, levertség

desolado [dizulàdu] *mn* **1.** feldúlt, elpusztított **2.** lesújtott; vígasztalan

desolar [dizulàr] *1/15* **I.** *ts* **1.** elpusztít **2.** mélyen elszomorít, lever **II.** **~-se** bánkódik

desolhado [dizoljàdu] *mn* karikás szemű

desonestidade [dizunistidàd] *f* **1.** becstelenség **2.** illetlenség

desonesto [dizunèstu] *mn* **1.** becstelen **2.** illetlen

desonra [dizo^{n}rö] *f* becstelenség; szégyen; gyalázat

desonrado [dizo^{n}ràdu] *mn* becstelen

desonrar [dizo^{n}ràr] *1/1* **I.** *ts* **1.** megbecstelenít, meggyaláz **2.** megszégyenít **II.** **~-se** megszégyenül

desonroso [dizo^{n}rozu] *mn* **1.** megszégyenítő **2.** gyalázatos

desopilar [dizopilàr] *1/1 ts* **1.** *orv* kitisztít (eldugulást) **2.** *átv* megkönnyít; enyhít **3.** ~ *o fígado* **a)** harsány kacagásra fakad **b)** elfelejti búját-baját

desopilativo [dizopilötivu] *mn* **1.** *orv* dugulást megszüntető **2.** derűt keltő; megnevettető

desoprimir [dizoprimir] *3/1 ts* nyomástól felszabadít

desoras [dizòrös] *f tb*: *a* ~ nem a megfelelő időben, rosszkor

desordeiro [dizurdéjru] *mn* és *fn* hőbörgő

desordem [dizòrdö^{n}j] *f* **1.** rendetlenség, zűrzavar **2.** *pol* nyugtalanság, zavargás **3.** *orv* (működési) zavar

desordenado [dizordinàdu] *mn* rendetlen

desordenar [dizordinàr] *1/14* **I.** *ts* összezavar **II.** **~-se** **1.** összekuszálódik **2.** kicsapong

desorganização [dizorgönizöszö^{n}u] *f* **1.** szervezetlenség; tervszerűtlenség **2.** szétbomlasztás; szétbomlás

desorganizar [dizorgönizàr] *1/1* **I.** *ts* szétzülleszt, szétbomlaszt **II.** **~-se** szétbomlik

desorientação [dizorje^{n}ntöszö^{n}u] *f* zavartság; megzavarodás

desorientado [dizorje^{n}ntàdu] *mn* **1.** tájékozódni nem tudó **2.** tájékozatlan

desorientar [dizorje^{n}ntàr] *1/1* **I.** *ts* **1.** rossz útra térít **2.** *átv* félrevezet **3.** összezavar, zavarba hoz **II.** **~-se** **1.** rossz útra tér **2.** nem ismeri ki magát; zavarba jön

desornar [dizornàr] *1/15* = **desenfeitar**

desossar [dizoszàr] *1/15 ts* kicsontoz

desova [dizòvö] *f* **1.** ívás, ikrázás **2.** halikra

desovar [dizovàr] *1/15 tl* ívik

desoxidar [dizòkszidàr] *1/1 ts* **1.** *vegy* dezoxidál **2.** rozsdától megtisztít

desp. = *despesa*(*s*) költség(ek)

despachado [dispösàdu] *mn* ügyes, gyors

despachante [dispösö^{n}nt] *m* **1.** szállítmányozó **2.** ~ *de alfândega* vámtisztviselő

despachar [dispösàr] *1/12* **I.** *ts* **1.** elintéz, elvégez **2.** elküld, felad (sürgönyt) **3.** kinevez (állásra) **4.** kitölt (ívet) **5.** **B** elbocsát (állásából) **6.** ~ *mercadorias* árut elvámol(tat) **7.** *nép*: ~ *para o outro mundo* másvilágra küld, „kikészít" **II.** **~-se** siet

despacho [dispàsu] *m* **1.** elintézés; ügyintézés; ~ *aduaneiro* vámkezelés; *dias de* ~ félfogadásra kijelölt napok **2.** elküldés, elszállítás **3.** (poggyász)feladás **4.** kinevezés (állásra) **5.** rendelet; intézkedés **6.** **B** könnyedség; fesztelenség

despedaçar [dispidöszàr] *1/3, 1/12 ts* feldarabol, széttép

despedida [dispididö] *f* **1.** búcsúzás; ~ *de solteiro* legénybúcsú; *fazer as suas* ~*s* elbúcsúzik **2.** *átv* vminek a vége; *a* ~ *do dia* a nap vége **3.** elbocsátás (állásból)

despedir [dispidir] *3/18* **I.** *ts* **1.** elbúcsúztat **2.** elbocsát (állásból) **3.** elküld, felad (levelet, poggyászt) 4. ~ *um dardo* dárdát hajít; ~ *uma seta* nyilat kilő; ~ *um suspiro* felsóhajt; ~ *um tiro* lövést lead **II.** **~-se** elbúcsúzik vkitől (*de*)

despegado [dispigàdu] *mn* **1.** elálló (fül) **2.** = **desapegado**

despegar [dispigàr] *1/4, 1/13* **I.** *ts* **1.** elválaszt; leválaszt **2.** abbahagy (munkát); *sem* ~ megszakítás nélkül **II.** **~-se** különválik; leválik

despeitar [dispéjtàr] *1/1 ts* felbosszant, felmérgesít

despeito [dispéjtu] *m* bosszúság; *a* ~ *de* dacára, ellenére

despejado [dispizsàdu] *mn* **1.** tiszta, felhőtlen **2.** üres, szabad **3.** szemérmetlen; szemtelen

despejar [dispizsàr] *1/14* **I.** *ts* **1.** kiürít, szabaddá tesz **2.** kiönt; ont **3.** egy hajtásra kiissza **4.** kilakoltat **II.** *tl* kiköltözik; elmegy **III.** **~-se** felszabadul, megszabadul

despejo [dispézsu] *m* **1.** kiürítés, szabaddá tevés; kiköltözés **2.** kilakoltatás; *ordem de* ~ kilakoltatási végzés **3.** hulladék, limlom **4.** szemtelenség

despender [dispe^{n}ndér] *2/1 ts, tl* **1.** pénzt költ, költekezik **2.** ~ *tempo* időt fordít *v* fecsérel vmire (*a*)

despendurar [dispe^{n}nduràr] *1/1 ts* leakaszt

despenhadeiro [dispinyödéjru] *m* szakadék

despenhar [dispinyàr] *1/14* **I.** *ts* lehajít; letaszít **II.** **~-se** lezuhan

despensa [dispe^{n}szö] *f* éléskamra

despentear [dispe^{n}ntyàr] *1/5 ts* felborzol, összekuszál

desperceber [dispirszibér] *2/7 ts* nem veszi észre

despercebido [dispirszibidu] *mn* észrevétlen; *ele passou* ~ senki sem vette őt észre

desperdiçado [dispirdiszàdu] **I.** *mmi* → **desperdiçar** **II.** *mn* → **desperdiçador**

desperdiçador *m*, **-a** *f* [dispirdiszödor(ö)] *mn* és *fn* pazarló, tékozló

desperdiçar [dispirdiszàr] *1/3 ts* pazarol, tékozol; ~ *palavras* a falnak beszél

desperdício [dispirdiszju] *m* **1.** pazarlás, tékozlás **2.** hulladék

despersonalizar [dispirszunölizàr] *1/1 ts* személytelenít

despersuadir [dispirszvödir] *3/13 ts* lebeszél

despertador [dispirtödor] *m* ébresztőóra

despertar [dispirtàr] *1/13* **I.** *ts* **1.** felébreszt; *faz favor de me* ~ *às seis* kérem, ébresszen fel engem hatkor **2.** *átv* (fel)kelt, kivált; ~ *apetites* étvágyat kelt; ~ *suspeitas* gyanút kelt **II.** *tl,* **III.** **~-se** felébred

desperto [dispèrtu] *mn*: *estar* ~ ébren van

despesa [dispézö] *f* **1.** ráfordítás **2.** **~s** költségek, kiadások; **~s** *miúdas* apró kiadások; *ker:* *deduzidas as* **~s** a költségek levonása után

despido [dispidu] *mn* **1.** meztelen **2.** kopár, csupasz **3.** ~ *de* mentes vmitől; ~ *de preconceitos* előítéletektől mentes

despiedoso [dispjidozu] *mn* részvétlen

despiolhar [dispjuljàr] *1/15 ts* tetvetlenít

despique [dispik] *m sp* visszavágó; reváns

despir [dispir] *3/8* **I.** *ts* **1.** levetkőztet **2.** levet, ledob magáról (ruház) **II.** **~-se** levetkőzik

despistar [dispistàr] *1/1* **I.** *ts* **1.** útjáról letérít **2.** tévútra vezet **II.** **~-se** **1.** eltéved **2.** *autó* kivágódik, farol

despiste [dispisti] *m autó* kivágódás, farolás; *entrar em* ~ farol, megcsúszik

despojar [dispuzsàr] *1/15* **I.** *ts* **1.** kirabol, kifoszt **2.** megfoszt vmitől (*de*); ~ *da herança* megfosztja az örökségétől **II.** **~-se** *de* **1.** levetkőzik; levet vmit **2.** lemond vmiről

despojo [dispozsu] *m* **1.** levetett állati bőr (*pl* kígyóé) **2.** *kat* zsákmány, préda **3.** **~s** *mortais* földi maradványok **4.** **~s** *de naufrágios* hajótörésből eredő roncsok

despolitizado [dispulitizàdu] *mn* politikától mentes

despolpar [dispolpàr] *1/1 ts* **B** kávét hántol

despoluir [dispuluir] *3/6 ts* szennytől *v* fertőzéstől megtisztít (helyiséget)

despontar [dispo^{n}ntàr] *1/1* **I.** *ts* **1.** eltompítja a hegyét *v* élét (ceruzának, késnek) **2.** rövidebbre nyír, stuccol **II.** *tl* **1.** feltűnik, megjelenik; *o sol despontou* felkelt a nap **2.** eszébe ötlik, átvillan az agyán **III.** **~-se** eltompul

desportista [dispurtistö] *fn* sportoló

desportivo [dispurtivu] *mn* sport-

desporto [disportu] *m* sport

desposar [dispuzàr] *1/15* **I.** *ts* **1.** feleségül vesz **2.** férjhez megy vkihez **T II.** **~-se** megházasodik

desposório [dispuzòrju] *m* **1.** eljegyzés **2.** esküvő

déspota [dèsputö] *m* zsarnok, kényúr

despótico [dispòtiku] *mn* zsarnoki

despovoação [dispuvuöszö^{n}u] *f* elnéptelenedés

despovoado [dispuvuàdu] **I.** *mn* elnéptelenedett **II.** *fn, m* lakatlan terület

despovoamento [dispuvuöme^{n}ntu] *m* = **despovoação**

despovoar [dispuvuàr] *1/8 ts* elnéptelenít

desprecatado [disprikötàdu] *mn* óvatlan

desprecatar-se [disprikötàrszi] *1/12* nem vigyáz

desprecaver [disprikövér] *2/6* **I.** *tl* nem ügyel vmire **T II.** **~-se** = **desprecatar-se**

despregar [disprigàr] *1/4, 1/13* **I.** *ts* **1.** szögeket kihúz (ládából); felnyit, kinyit **2.** kisimít (ráncokat); **~** *os olhos de* elfordítja *v* leveszi a szemét vmiről **II.** **~-se** kinyílik

desprendado [dispre^{n}ndàdu] *mn* tehetségtelen

desprender [dispre^{n}ndér] *2/1* **I.** *ts* **1.** elenged, kienged, szabadon bocsát **2.** felold, kiold; lekapcsol, levesz **3.** *átv* szabadjára ereszt; **~** *o voo* elrepül, felrepül **II.** **~-se** **1.** leválik, elkülönül **2.** kiszabadul

desprendido [dispre^{n}ndidu] *mn* **1.** önzetlen; **2.** közömbös vmi iránt (*de*)

desprendimento [dispre^{n}ndime^{n}ntu] *m* **1.** leválás **2.** földcsuszamlás **3.** önzetlenség **4.** közömbösség

despreocupação [disprjokupöszö^{n}u] *f* gondtalanság

despreocupado [disprjokupàdu] *mn* gondtalan

despreocupar [disprjokupàr] *1/1* **I.** *ts* gondoktól megszabadít; megnyugtat **II.** **~-se** **1.** gondtalanul él **2.** nem törődik vele (*de*)

despreparo [dispripàru] *m* készületlenség

desprestigiar [dispristizsjàr] *1/7* **I.** *ts* tekintélyét rontja vkinek **T II.** **~-se** lejáratja magát

desprestígio [dispristizsju] *m* tekintély hiánya

despretensão [disprite^{n}szö^{n}u] *f* igénytelenség

despretensioso [disprite^{n}szjozu] *mn* igénytelen

desprevenido [disprivinidu] *mn* **1.** felkészületlen, mit sem sejtő; *apanhar* **~** váratlanul éri **2.** megfontolatlan

desprezar [disprizàr] *1/13* **I.** *ts* megvet, lenéz; **~** *os perigos* mit sem törődik a veszélyekkel **II.** **~-se** **1.** megalázkodik **2.** szégyenkezik

desprezível [disprizivèl] *mn* megvetésre méltó, hitvány

desprezo [disprézu] *m* megvetés; *dar-se ao* **~** megvetés tárgya lesz

desprimor [disprimor] *m* udvariatlanság, figyelmetlenség

despronunciar [disprunu^{n}szjàr] *1/7 ts jog* a vádat elejti

desproporção [disprupurszö^{n}u] *f* aránytalanság

desproporcionado [disprupurszjunàdu] *mn* aránytalan

desproporcionar [disprupurszjunàr] *1/15 ts* aránytalanná tesz

despropositadamente [disprupuzitàdöme^{n}nt] *hat* ok nélkül, céltalanul

despropositado [disprupuzitàdu] *mn* értelmetlen

depropósito [disprupòzitu] *m* értelmetlenség; ostobaság

desproveito [dispruvéjtu] *m* **1.** hátrány; kár **2.** sikertelenség

desprover [dispruvér] *2/27 ts* nem lát el vmivel, megfoszt vmitől (*de*)

desprovido [disp.uvidu] *mn* ellátatlan; *ser* **~** *de* híján van vminek

desqualificação [diskvölifiköszö^{n}u] *f sp* versenyből kizárás

desqualificar [diskvölifikàr] *1/2 ts sp* versenyből kizár

desquitação [diskitöszö^{n}u] *f* válás; különélés

desquitar [diskitàr] *1/1* **I.** *ts* **1.** *jog* elválaszt (házastársakat), kimondja a válást **2.** felment (kötelezettség alól) **II.** **~-se** **1.** elválik (férj és feleség) **2.** *~-se de* visszalép vmitől, lemond vmiről

desquite [diskit] *m* = **desquitação**

desramar [dizsrömàr] *1/1 ts* megnyes (fát)

desratização [dizsrötizöszö^{n}u] *f* patkányirtás

desregrado [dizsrigràdu] *mn* **1.** rendetlen **2.** kicsapongó

desregramento [dizsrigröme^{n}ntu] *m* 1. rendetlenség 2. kicsapongás

desrespeitar [dizsrispéjtàr] *1/1 ts* 1. tiszteletlenül *v* udvariatlanul viselkedik vkivel szemben **T** 2. figyelmen kívül hagy

desrespeito [dizsrispéjtu] *m* tiszteletlen *v* udvariatlan magatartás

desrespeitoso [dizsrispéjtozu] *mn* tiszteletlen, udvariatlan

dessa [dèszö] = **de** + **essa**

dessalinização [dis-szàlinizöszö^{n}u] *f* víz sótartalmának kivonása

dessangrar [dis-szö^{n}ngràr] *1/1* **I.** *ts* 1. eret vág vkinek **T** 2. *átv* kiszipolyoz; „megvág!! **II.** **~-se** 1. sok vért veszít 2. elvérzik

desse [dészi] = **de** + **esse**

dessecar [dis-szikàr] *1/2, 1/13* **I.** *ts* 1. kiszárít (mocsarat) 2. (meg)szárít **II.** **~-se** kiszárad, megszárad

desselar [diszilàr] *1/13 ts* **I.** lenyergel **II.** 1. leveszi a pecsétet (*pl* ajtóról) 2. **~** *o sobrescrito* leveszi a bélyeget a borítékról

dessemelhança [diszimiljö^{n}szö] *f* hasonlóság hiánya; különbözés

dessemelhante [diszimiljö^{n}nt] *mn* nem hasonló; különböző

dessoldar [diszoldàr] *1/15 ts* leolvaszt (ráforrasztott dolgot)

desta [dèstö] = **de** + **esta**

destabocado [désztabocàdu] *mn* **B** egzaltált, nem egészen beszámítható

destacado [distökàdu] *mn* 1. különválasztott; különálló 2. *zene* staccato 3. kitűnő, kimagasló

destacamento [distököme^{n}ntu] *m kat* különítmény

destacar [distökàr] *1/2, 1/12* **I.** *ts* 1. elválaszt, elkülönít; levág 2. kiküld, kirendel 3. kiemel, kitüntet **II.** *tl*, **III.** **~-se** kiemelkedik, kitűnik

destampado [distö^{n}mpàdu] *mn* 1. fedetlen, fedő nélküli 2. óriási

destampar [distö^{n}mpàr] *1/1* **I.** *ts* felfed, leveszi a fedőt vmiről **T** **II.** *tl* 1. meghibban 2. **~** *a* belekezd vmibe; *destampou a rir* nevetésbe tört ki

destapar [distöpàr] *1/12 ts* 1. fedőt levesz vmiről **T** 2. dugót kihúz vmiből **T**

destaque [distàk] *m* kiemelés; *pessoa de* **~** kiemelkedő egyéniség; *dar* **~** *a* kiemel vmit; *merece* **~** külön figyelmet érdemel; *pôr em* **~** kiemel

destarte [dèstàrt] *hat* ilyen módon, ezáltal

deste [désti] = **de** + **este**

destelhar [distiljàr] *1/14 ts;* **~** *a casa* leszedi a tetőcserepeket a házról

destemido [distimidu] *mn* merész, vakmerő

destemor [distimor] *m* merészség, vakmerőség

destemperado [diste^{n}mpiràdu] *mn* 1. féktelen; mértéktelen 2. lehangolódott (hangszer) 3. (vízzel) hígított, feleresztett 4. *aço* **~** lágyacél 5. *clima* **~** rideg éghajlat 6. *barriga* **~***a* gyenge (hasmenéses) bélrendszer

destemperar [diste^{n}mpiràr] *1/13* **I.** *ts* 1. felhígít, felereszt 2. lehangol (hangszert) 3. lágyít (acélt) 4. **~** *o ventre* elrontja a gyomrát **II.** *tl*, **III.** **~-se** 1. meglágyul (acél) 2. lehangolódik (hangszer) 3. felfortyan, dühbe gurul

destempero [diste^{n}mpéru] *m* 1. féktelenség 2. összevisszaság 3. képtelenség, ostobaság 4. fel nem hangoltság (hangszeré)

desterrar [distirràr] *1/13 ts* száműz; kiutasít

desterro [distérru] *m* számüzetés

destilação [distilöszö^{n}u] *f* folyadéklepárlás

destilador [distilödor] *m* lepárlókészülék

destilar [distilàr] *1/1 ts* lepárol

destilaria [distilöriö] *f* szeszfőzde; szeszgyár

destinação [distinöszö^{n}u] *f* rendeltetés; *lugar de* **~** rendeltetési hely

destinar [distinàr] *1/1* **I.** *ts* szánja vkinek **II.** **~-se** 1. szenteli magát vminek 2. szánva van vkinek

destinatário, -a [döstinötàrju, -jö] *fn* címzett

destingir [disti^{n}zsir] *3/3* **I.** *ts* kiveszi a színét, kifakít **II.** **~-se** kifakul

destino [distinu] *m* 1. sors, végzet; *é senhor do seu* **~** ő maga irányítja sorsát 2. (levél)cím 3. cél, úticél; célállomás; *sem* **~** céltalanul, találomra

destituição [distituiszö^{n}u] *f* elbocsátás

destituído [distituidu] *mn* 1. elbocsátott, elmozdított 2. **~** *de* vminek híján levő; **~** *de razão* értelmetlen, oktalan

destituir [distituir] *3/6 ts* 1. állásától megfoszt, elmozdít, elbocsát 2. **~** *de* megfoszt vmitől

destoar [distuàr] *1/8 tl* hamisan szól *v* cseng

destoldar [distoldàr] *1/1* **I.** *ts* **1.** (ponyvát) levesz vmiről **T**; felnyit, kinyit **2.** derít, tisztít (folyadékot) **II.** **~-se** kitisztul (folyadék; égbolt)

destorcer [distursz**é**r] *2/2 ts* **1.** lecsavar, leteker **2.** kiegyenesít **3.** *orv* helyére tesz (kificamított végtagot) **4.** **~** *caminho* visszafordul (úton)

destra [d**è**strö] *f* jobb kéz; *a* **~** jobbra

destramar [diströmàr] *1/1 ts* **1.** kibogoz **2.** *átv* leleplez

destrambelhado [disträ^{n}mbiljàdu] *mn biz* megkergült

destrambelhar [diströ^{n}mbiljàr] *1/14 tl biz* bedilizik

destrambelho [diströmb**é**lju] *m* **1.** megzavarodás **2.** ostobaság

destrancar [diströ^{n}nkàr] *1/2 ts* keresztrudat levesz (ajtóról)

destratar [diströtàr] *1/12 ts* **B** sérteget, szidalmaz

destravado [diströvàdu] *mn* **1.** béklyóitól megszabadított (állat) **2.** *nép* ütődött

destravar [diströvàr] *1/12 ts* **1.** béklyót levesz (állat lábáról) **2.** *autó* féket kienged

destreza [distr**é**zö] *f* ügyesség

destribar-se [distribàrszi] *1/1 ts* **1.** elveszti a kengyelt; lebukik a lóról **2.** *átv* zavarba jön

destrinçar [distri^{n}szàr] *1/3 ts* **1.** kibogoz **2.** *átv* különválaszt, szétszed, tagol

destro [d**è**stru] *mn* **1.** ügyes **2.** ravasz

destroçado [distruszàdu] *mn*: *estar* **~** le van törve

destroçar [distruszàr] *1/4, 1/15* **I.** *ts* **1.** tönkrever (ellenséget) **2.** eltör, széttör **3.** elherdál (vagyont) **II.** *tl kat* megfutamodik

destroço [distroszu] *m* **1.** megsemmisítés **2.** **~***s* romok, törmelékek

destronar [distrunàr] *1/15 ts* trónjától megfoszt

destroncar [distro^{n}nkàr] *1/2 ts* **1.** megcsonkít **2.** kificamít **3.** felfeszít, feltör (zárat)

destruição [distruiszö^{n}u] *f* elpusztítás

destruidor *m,* **-a** *f* [distruidor(ö)] *mn* és *fn* (el)pusztító

destruir [distruir] *3/7 ts* elpusztít, megsemmisít

destrutivo [distrutivu] *mn* romboló, pusztító

desultório [dizultòrju] *mn* **1.** ugrándozó **2.** *átv* ugrásszerű

desumano [dizum**ö**nu] *mn* embertelen

desunião [dizunyö^{n}u] *f* **1.** elválasztás; elkülönülés **2.** egyenetlenkedés, civódás

desunir [dizunir] *3/1 ts* **1.** elválaszt, elkülönít **2.** megbont; összeveszít

desusado [dizuzàdu] *mn* **1.** nem használt **2.** szokatlan

desusar-se [dizuzàrszi] *1/1* nem használják, kimegy a használatból

desuso [dizuzu] *m* vminek nem használása; *cair em* **~** kimegy a használatból, elavul

desvairado [dizsvàjràdu] *mn* **1.** eszelős **2.** *olhar* **~** révedező pillantás

desvairar [dizsvàjràr] *1/1* **I.** *ts* **1.** megőrjít **2.** megtéveszt **II.** *tl* **1.** félrebeszél **2.** badarságokat mond *v* művel

desvalido [dizsvölidu] *mn* **1.** tehetetlen **2.** elhagyatott

desvalioso [dizsvöljozu] *mn* értéktelen

desvalor [dizsvölor] *m* **1.** értéktelenség **2.** *átv* bátortalanság, kishitűség

desvalorização[dizsvölurizöszö^{n}u]*f* **1.** leértékelés **2.** értékcsökkenés

desvalorizar [dizsvölurizàr] *1/1* **I.** *ts* leértékel **II.** **~-se** értékét veszti

desvanecer [dizsvönisz**é**r] *2/2* **I.** *ts* **1.** szétszór, eloszlat; **~** *suspeitas* elosztlatja a gyanút **2.** megsemmisít; **~** *nódoas* eltünteti a foltokat (ruháról) **3.** legyezgeti a hiúságát, hízeleg vkinek **T**; beképzeltté teszi **II.** **~-se** **1.** szertefoszlik, eltűnik **2.** kérkedik vmivel, büszke vmire (*de, em*)

desvanecido [dizsvöniszidu] *mn* **1.** fakó **2.** hiú, öntelt

desvanecimento [dizsvöniszime^{n}ntu] *m* hiúság, önteltség, gőg

desvantagem [dizsvö^{n}ntàzsö^{n}j] *f* hátrány

desvantajoso [dizsvö^{n}ntözsozu] *mn* hátrányos, kedvezőtlen

desvão [dizsvö^{n}u] *m* **1.** padlás **2.** kis zug

desvariar [dizsvörjàr] *1/7 tl* félrebeszél

desvario [dizsvöriu] *m* **1.** félrebeszélés **2.** lázálom **3.** őrültség

desvelado [dizsvilàdu] *mn* **I.** éber; figyelmes **II.** *átv* **1.** nyílt, nyitott **2.** tiszta, világos

desvelar[1] [dizsvilàr] *1/13* **I.** *ts* ébren tart

II. ~-se 1. virraszt (vkinek az ágya mellett) 2. mindent megtesz vkiért *v* vmiért

desvelar[2] [dizsvilàr] *1/13* I. *ts* feltár, leleplez; ~ *o segredo* rájön a titokra; ~ *a situação* feltárja a helyzetet II. ~-se 1. kitudódik 2. tisztázódik

desvendar [dizsve^{n}ndàr] *1/1 ts* 1. leveszi a kötést (a szeméről) 2. *átv* felnyitja a szemét 3. felfed; feltár

desventura [dizsve^{n}nturö] *f* szerencsétlenség; balszerencse

desventurado [dizsve^{n}nturàdu] *mn* szerencsétlen

desventuroso [dizsve^{n}nturozu] *mn* = **desventurado**

desvergonha [dizsvirgonyö] *f* szemérmetlenség; arcátlanság

desviado [dizsvjàdu] *mn* távoli; félreeső

desviar [dizsvjàr] *1/7* I. *ts* 1. eltérít, letérít 2. elterel (forgalmat) 3. eltávolít; félretol; elhárít; 4. lebeszél vmiről (*de*) 5. *szól:* ~ *a acusação* visszautasítja a vádat; ~ *fundos públicos* közpénzeket sikkaszt; ~ *um golpe* ütést elhárít *v* kivéd; ~ *o olhar* elfordítja tekintetét; ~ *do perigo* megóv a veszélytől; ~ *as suspeitas* elosztlatja a gyanút II. ~-se 1. eltér; letér 2. eltérő véleményen van 3. elkalandozik a tárgytól 4. kitér vmi elől (*de*)

desvio [dizsviu] *m* 1. eltérítés; ~ *de tráfego* forgalom elterelése 2. eltérés, letérés (*átv* is) 3. eltévedés; kerülő (út) 4. sikkasztás 5. *vasút* kitérő 6. kibúvó, ürügy 7. *estar no* ~ munka nélkül van

desvirtuar [dizsvirtuàr] *1/9 ts* 1. lebecsül; érdemeit kisebbíti 2. eltorzít; rossz színben tüntet fel

detalhar [ditöljàr] *1/12 ts* részletez

detectar [ditèktàr] *1/1 ts* 1. észrevesz 2. leleplez

detector [ditèktor] *m távk* detektor

detença [dite^{n}szö] *f* 1. visszatartás 2. elhalasztás

detenção [dite^{n}szö^{n}u] *f* 1. (előzetes) letartóztatás 2. birtoklás

detentor *m,* **-a** *f* [dite^{n}ntor(ö)] *fn* birtokos, tulajdonos; ~ *de um recorde* bajnoki cím hordozója

deter [ditér] *2/23* I. *ts* 1. birtokol; kezében tart 2. visszatart, feltart; megállít; ~ *as lágrimas* visszafojtja könnyeit 3. letartóztat, őrizetbe vesz 4. *sp* kivéd II. ~-se 1. megáll 2. elidőzik; késik 3. *átv* visszatartja magát

detergente [ditirzse^{n}nt] *mn* és *fn* mosó(szer)

deterioração [ditirjuröszö^{n}u] *f* romlás; rongálódás; kár

deteriorar [ditirjuràr] *1/15* I. *ts* 1. elront; megkárosít 2. *átv* megtámad, tönkretesz II. ~-se elromlik, megromlik, tönkremegy

deteriorável [ditirjuràvèl] *mn* romlandó

determinação [ditirminöszö^{n}u] *f* 1. meghatározás 2. elhatározás 3. döntés; utasítás 4. eltökéltség, elszántság

determinado [ditirminàdu] *mn* 1. meghatározott, kijelölt 2. ~ *a* vmire elszánt *v* eltökélt

determinante [ditirminö^{n}nt] I. *mn* meghatározó II. *fn, m mat* determináns

determinar [ditirminàr] *1/1* I. *ts* 1. meghatároz; kijelöl 2. elhatároz 3. előidéz, okoz 4. rávesz, rábír II. ~-se elhatározza *v* rászánja magát

determinativo [ditirminötivu] *mn* 1. meghatározó, döntő 2. *nyelvt* határozói; jelzői

determinável [ditirminàvèl] *mn* meghatározható

detestar [ditistàr] *1/13 ts* utál

detestável [ditistàvèl] *mn* utálatos

detidamente [ditidöme^{n}nt] *hat* behatóan, részletesen

detido [ditidu] I. *mmi* → **deter** II. *mn* 1. beható, részletes, kimerítő 2. elkésett; késői, lassú III. *fn* letartóztatott, őrizetbe vett egyén

detonação [ditunöszö^{n}u] *f* detonáció, dörrenés, hatalmas robbanás

detonador [ditunödor] *m* 1. robbantókupak 2. gyutacs

detonar [ditunàr] *1/8 tl* dörren; durran

detracção [ditràszö^{n}u] *f* becsmérlés

detractivo [ditràtivu] *mn* becsmérlő

detractor *m,* **-a** *f* [ditràtor(ö)] *fn* becsmérlő

detrair [ditröir] *3/22 tl* rágalmaz; „lehúz"

detrás [ditràs] I. *hat* hátul; mögötte; *por* ~ hátulról; *dizer mal de alguém por* ~ vkit a háta mögött megrágalmaz II. *vsz:* ~ *de* mögött, mögé; *por* ~ *de* mögül

detrimento [ditrime^{n}ntu] *m* kár; hátrány; *em* ~ *de* vkinek a kárára *v* hátrányára

detrito [ditritu] *m* **1.** *geol* hordalékiszap; törmelék **2.** rothadó szemét

deturpação [diturpöszö^{n}u] *f* eltorzítás

deturpar [diturpàr] *1/1 ts* eltorzít

Deus [déus] *m* Isten; *meu* ~! uram Isten! ~ *me v nos livre!* ments Isten! *se* ~ *quiser* ha Isten is úgy akarja; *graças a* ~ hála Istennek! *por v pelo amor de* ~ az Isten szerelmére! *prouvera* ~, ~ *queira* adná Isten! *ao* ~*-dará* találomra

deusa [déuzö] *f* istennő

dev. = *devedor* adós

devagar [divögàr] *hat* lassan; *faça favor de falar mais* ~ kérem, beszéljen lassabban! *közm:* ~ *se vai ao longe* lassan járj, tovább érsz!

devanear [divönyàr] *1/5 ts* ábrándozik, álmodozik

devaneio [divönéju] *m* ábrándozás, álmodozás

devassa [divàszö] *f* (hivatalos) vizsgálat

devassado [divöszàdu] *mn* nyílt, szabadon fekvő

devassar [divöszàr] *1/12* **I.** *ts* **1.** behatol, betolakodik vhova **T 2.** kivizsgál, kiderít **3.** áttekint; megszemlél **4.** elterjeszt **5.** kicsapong **II.** ~**-se 1.** elterjed (a híre) **2.** *átv* elindul a lejtőn

devassidão [divöszidö^{n}u] *f átv* romlottság, züllöttség

devasso [divàszu] *mn átv* romlott, züllött

devastação [divöstöszö^{n}u] *f* pusztítás, rombolás

devastar [divöstàr] *1/12 ts* (el)pusztít, rombol

deve [dèvi] *m ker* tartozik; ~ *e haver* tartozik és követel

devedor *m*, **-a** *f* [dividor(ö)] *fn* adós

dever [divér] *2/7* **I.** *ts* **1.** tartozik vmivel **T**, adós; *deve-me muito dinheiro* sok pénzzel tartozik nekem; ~ *os cabelos da cabeça* fülig el van adósodva; *quanto lhe devo?* mennyivel tartozom önnek? *ele deve a todos* mindenkinek tartozik; ~ *ao terço e ao quarto*, ~ *a Deus e todo mundo* fűnek-fának tartozik **2.** köszön vkinek vmit; ~ *favores a* le van kötelezve vkinek; *devo-lhe a vida* az életemet neki köszönhetem **II.** *tl* **1.** kell (vmit tennie); *ele deve ler muito* sokat kell olvasnia; *tal como deve ser* olyan, amilyennek lennie kell **2.** (jövő idejű történést fejez ki:) *ele deve escrever-me* majd írni fog nekem; *hoje deve chover* ma esni fog az eső **3.** (valószínűséget fejez ki:) *deve ser ele* ez ő lesz; *deve ser uma hora* körülbelül egy óra lehet; *isso deve ser verdade* ez bizonyára így is van; *ele já deve estar velho* ő már nyilván öreg **4.** (megfelel a magyar felszólító módnak:) *que devo fazer?* mit tegyek? **5.** (múlt idejű feltételt fejez ki:) *ele não devia ter pago tanto* nem kellett volna ennyit fizetnie **III.** *fn*, *m* **1.** kötelesség; ~ *de honra* becsületbeli kötelesség; *faltar ao seu* ~ nem tesz eleget kötelességének **2.** *isk* házi feladat

deveras [divèrös] *hat* valóban, igazán

devidamente [dividöme^{n}nt] *hat* kellően

devido [dividu] **I.** *mn* kellő; megfelelő; *em* ~ *tempo* **a)** kellő időben **b)** annak idején **II.** *vsz* ~ *a* következtében, miatt; ~ *ao mau tempo, eu não pude sair* a rossz idő miatt nem tudtam elmenni hazulról; ~ *à sua ajuda, eu pude terminar a tarefa* hála az ő segítségének, el tudtam végezni a feladatot **III.** *fn* **1.** kellő dolog **2.** jogos követelés

devir [divir] *3/23 tl* lesz vmivé

devoção [divuszö^{n}u] *f* **1.** áhítat **2.** odaadás; hódolat

devolução [divuluszö^{n}u] *f* **1.** visszaszolgáltatás **2.** *jog* átszállás (vagyoné)

devoluto [divulutu] *mn* szabad, el nem foglalt; *terras* ~*as* művelés alá nem vett földek

devolver [divolvér] *2/8 ts* **1.** visszaad, visszaküld **2.** visszautasít

devolvido [divolvidu] *m posta* címzett nem vette át; vissza a feladónak

devorador *m*, **-a** *f* [divurödor(ö)] *mn* falánk, mindent felfaló

devorar [divuràr] *1/15 ts* fal, felfal (*átv* is); ~ *livros* csak úgy falja a könyveket; ~ *a humilhação* lenyeli a sértést

devotado [divutàdu] *mn* **1.** odaadó; ragaszkodó **2.** ~ *a* vmire ítélt; *ser* ~ *ao esquecimento* feledésre van ítélve

devotar [divutàr] *1/15 ts* szentel, (fel)ajánl

devoto [divòtu] **I.** *mn* jámbor, ájtatos **II.** *fn* **1.** *pejor* szenteskedő **2.** vkinek a híve

dexteridade [déjstiridàd] *f* ügyesség
dextra [déjströ] *f* jobb kéz
dez [dès] **I.** *szn* tíz **II.** *fn, m* tizes
dezanove [dizönòv] *szn* tizenkilenc
dezasseis [dizöszéjs] *szn* tizenhat
dezassete [dizöszèt] *szn* tizenhét
Dezembro [dize^{n}mbru] *m* december; *em ~* decemberben
dezena [dizénö] *f* **1.** tíz darab; *às ~s* tizesével **2.** tíz nap **3.** *~s de milhares de pessoas* több tízezer ember
dezenove [dizinòvi] **B** = **dezanove**
dezesseis [diziszéjsz] **B** = **dezasseis**
dezessete [dizöszèti] **B** = **dezassete**
Dez.º = *Dezembro* december
dezoito [dizojtu] *szn* tizennyolc
DF = *Distrito Federal*
D. G. = *Deus guarde!* Isten ments!
dia [diö] *m* **1.** nap (24 óra); *~ azarento* v *aziago* balszerencsés nap; *~ livre, ~ de folga* szabadnap, pihenőnap; *~ santo* ünnepnap; *~ útil, ~ de trabalho* munkanap; *meio ~* dél; *~ de ano novo* újév napja; *~ de finados* halottak napja; *~ de juízo* (vég)ítélet napja; *~ de Natal* karácsony napja; *~ a ~, ~ após ~, ~ por ~* nap mint nap; *~ sim, ~ não* minden másnap; *ao ~ prefixo* v *marcado* a kijelölt napon; *ao declinar do ~* napnyugtakor; *ao romper do ~* hajnalhasadáskor; *de ~ em ~*; *de ~ para ~* napról napra; *de uns ~s a esta parte* néhány nappal ezelőtt; néhány nap óta; *dentro de cinco ~s* öt napon belül; *dentro de ~s, entre ~* néhány napon belül; *dois ~s antes* két nappal előbb; *em ~s que estão por vir* az elkövetkező napokban *v* időben; *no ~ Primeiro do Maio* május elsején; *no ~ dos de Dezembro* december másodikán; *no ~ seguinte* másnap; *noite e ~, de noite e de ~* éjjel-nappal; *por ~, ao ~* naponként, napjában; *qualquer ~* bármelyik nap(on); *que ~ é hoje?* hanyadika van ma? *o ~ todo, todo o ~* egész nap(on át); *todo ~, todos os ~s* mindennap; *um ~ destes, um destes ~s* valamelyik nap; *bom ~! bons ~s!* jó reggelt! jó napot! *dar os bons ~s* jó reggelt *v* napot kíván; *estar de ~* napos, szolgálatos; *fazer da noite ~; juntar o ~ com a noite* éjt nappallá tesz; *trabalhar aos ~s* napszámba jár **2.** nappal, napfény; *de ~* nappal; *muito de ~* nagyon korán; *já é ~* már nappal van **3.** (élet)kor; idő; *homem de ~s* koros *v* idős ember; *hoje em ~, no ~ de hoje* manapság; *não em meus dias* soha életemben; *nos nossos dias* napjainkban, a mi időnkben; **4.** *szól: andar* v *estar em ~* rendben van a munkájával, nincs lemaradása; *por-se em ~ com* **a)** behozza az elmaradást vmiben **b)** tájékozódik vmi felől **c)** lépést tart (mások munkájával, az eseményekkel); *ter o seu ~, estar nos seus ~s* jó napja van
diabete(s) [diöbèti(s)] *m, f* cukorbetegség
diabético [diöbètiku] *mn* és *fn* cukorbeteg
diabo [gyàbu] *m* ördög; *pobre ~!* szegény ördög! *~! que ~!* az ördögbe! *como ~?* hogy az ördögbe?! *com os ~s!* kutyafáját! *fazer o ~* mindent megtesz, minden követ megmozgat; *fazer o ~ a quatro* **a)** nagy hangon kérkedik **b)** pokoli lármát csap; *mandar ao* v *para o ~* az ördögbe küld; *ter o ~ no corpo* az ördög szállt belé; *está um tempo dos ~s* pocsék idő van; *vá para o ~, valha-te o ~* eridj a pokolba! *o ~ não é tão feio como o pintam* az ördög nem olyan fekete, mint amilyenre festik; *közm: o ~ o deu, o ~ o levou* ebül szerzett jószág ebül vész
diabólico [gyöbòliku] *mn* ördögi
diabrete [gyöbrét] *m* kis ördög
diabrura [gyöbrurö] *f* **1.** ördöngősség **2.** ostoba tréfa
diacho [gyàsu] *m nép* ördög
diácono [gyàkunu] *m* diakónus
diadema [gyödémö] *m* diadém, ékköves fejdísz
diáfano [gyàfönu] *mn* áttetsző
diafragma [gyöfràgmö] *m* **1.** *orv* rekeszizom **2.** *növ* válaszfal, rekesz **3.** *fényk* fényretesz **4.** *műsz* membrán; **5.** *~ do ouvido* dobhártya
diagnose [gyögnòz] *f orv* diagnózis, kórisme
diagnosticar [gyögnustikàr] *1/2 ts* diagnosztikál, betegséget megállapít
diagnóstico [gyögnòstiku] *m* **1.** diagnosztika **2.** diagnózis
diagonal [gyögunàl] **I.** *mn* diagonális, átlós, rézsútos **II.** *fn, f geom* átló
diagrama [gyögrömö] *m* diagram, szemléltető ábra

dialectal [gyölètàl] *mn* nyelvjárási

dialéctica [gyölètikö] *f* dialektika

dialéctico [gyölètiku] **I.** *mn* dialektikus; *materialismo* ~ dialektikus materializmus **II.** *fn, m* dialektika

dialecto [gyölètu] *m* nyelvjárás

dialogado [gyölugàdu] *mn* párbeszédes

dialogar [gyölugàr] *1/4, 1/15* **I.** *ts* párbeszédes alakban megír **II.** *tl* párbeszédet folytat; *pol* tárgyal

diálogo [gyàlugu] *m* párbeszéd

diamante [gyömö^{n}nt] *m* gyémánt; ~ *lapidado* csiszolt gyémánt; ~ *de vidraceiro* üvegvágó gyémánt

diamantífero [gyömö^{n}ntifiru] *mn* gyémánttermő

diamantino [gyömö^{n}ntinu] *mn* gyémánt-, gyémántkeménységű

diâmetro [gyömitru] *m* átmérő

diante [gyö^{n}nt] **I.** *hat* elöl; szemben; *ao* ~, *em* ~ a továbbiakban; a következőkben; a jövőben; *daí* v *dali por* ~ azóta, attól kezdve; *de* ~ elülső; *de amanhã por* ~ holnaptól kezdve; *para* ~ előre, tovább; *mais para* ~ még tovább, messzebb; *ir por* ~ elöl megy; *átv* tovább halad; *levar por* ~ *os seus projectos* megvalósítja terveit **II.** *vsz:* ~ *de* előtt; elé; ~ *de todo o mundo* az egész világ előtt; *falei* ~ *dele* előtte, a jelenlétében beszéltem

dianteira [gyö^{n}ntéjrö] *f* **1.** vminek az eleje v elülső része **2.** *átv* vminek az éle; *na* ~ *das tropas* a csapatok élén; *dar a* ~ *a* előre enged vkit, átadja a vezetést vkinek; *estar na* ~ *de* vezető szerepet tölt be vhol; *tomar a* ~, *sp* átveszi a vezetést **3.** *sp* csatársor

dianteiro [gyö^{n}ntéjru] *mn* elülső; *porta* ~*a* elülső ajtó

diapasão [gyöpözö^{n}u] *m* **1.** hangvilla **2.** *zene* kamarahang **3.** hangterjedelem **4.** *átv* színvonal, mérték; **5.** *szól:* *afinar pelo mesmo* ~ egy követ fúj vkivel; *baixar o* ~ leszállítja a hangot, *átv* leszállítja igényeit

diária [gyàrjö] *f* **1.** napidíj **2.** szállodai szoba egynapi ára **3.** napi kiadások **4.** **B** napi kereset

diário [gyárju] **I.** *mn* napi, naponkénti **II.** *fn, m* **1.** napló **2.** újság, napilap; ~ *do Governo* kormánylap; hivatalos közlöny

diarreia [györréjö] *f* hasmenés

diatermia [gyötirmiö] *f* diatermia, hőkezelés

diatribe [gyötrib] *f* **1.** vádirat; éles kritika **2.** *átv* kirohanás (vki ellen)

dica [dikö] *f* **B** *argó* kósza hír, pletyka

dicção [diszö^{n}u] *f* **1.** kiejtés **2.** előadásmód **3.** szó, kifejezés

dicaz [dikàs] *mn átv* éles, csípős

dichote [disòt] *m* élces megjegyzés

dicionário [diszjunàrju] *m* szótár; *compulsar* v *consultar o* ~ megnézi a szótárt, kikeresi a szótárból

dicionarista [diszjunöristö] *fn* szótáríró, szótárszerkesztő

dicionarizar [diszjunörizàr] *1/1 ts* **1.** szótárba felvesz **2.** szótárszerűen megszerkeszt

didáctico [didàtiku] *mn* didaktikus; oktató jellegű

dieta [gyètö] *f* **I.** diéta, kímélő étrend; *cozinha de* ~*s* diétás konyha; *fazer* ~ diétázik; *pôr a* ~ diétás étrendet ír elő vkinek **T II.** országgyűlés

difamação [difömöszö^{n}u] *f* rágalmazás; becsületsértés

difamador *m*, **-a** *f* [difömödor(ö)] *mn* és *fn* rágalmazó

difamante [difömö^{n}nt] *mn* rágalmazó, becsületsértő

difamar [difömàr] *1/1 ts* rágalmaz, gyaláz

difamatório [difömötòrju] *mn* rágalmazó, gyalázó

diferença [difire^{n}szö] *f* **1.** különbség, különbözés, eltérés; *com a* ~ *de* azzal a különbséggel v eltéréssel, hogy; *fazer* ~ különbséget tesz, megkülönböztet; *fazer conhecer a* ~ érzékelteti a különbséget **2.** nézeteltérés **3.** *mat* különbség, különbözet, maradék

diferençar [difire^{n}szàr] *1/3 ts* **1.** megkülönböztet **2.** *átv* kiemel

diferencial [difire^{n}szjàl] **I.** *mn:* *cálculo* ~ differenciálszámítás **II.** *fn* **1.** *f mat* differenciál **2.** *m autó* differenciálmű

diferenciar [difire^{n}szjàr] *1/7 ts* **1.** = **diferençar** **2.** *mat* differenciál

diferente [difire^{n}nt] *mn* **1.** különböző, eltérő; *coisas* ~*s* különböző dolgok; *ele é* ~ *dos demais* ő nem olyan, mint a többi; *andar* ~ *com* nem ért egyet vkivel **2.** különféle, egyéb, más; *isto é* ~ az más! **3.** több; ~*s coisas* több dolog; ~*s personas* többen

diferentemente [difire^{n}ntime^{n}nt] *hat* másképpen

diferir [difirìr] *3/8* **I.** *ts* elhalaszt **II.** *tl* **1.** különböznek (egymástól) **2.** véleményük eltér

difícil [difìszil] *mn* **1.** nehéz; *tempos difíceis* nehéz idő; *fazer-se* ~ szeszélyeskedik **2.** fáradságos **3.** *cavalo* ~ nehezen kezelhető, könnyen megbokrosodó ló

deficílimo [difiszìlimu] *mn* rendkívül nehéz

dificilmente [difiszilme^{n}nt] *hat* nehezen; alig

dificuldade [difikuldàd] *f* nehézség; *encontrar* ~*s* nehézségekbe ütközik; *fica em pé a* ~ a nehézség továbbra is fennáll; *levantar* v *suscitar* ~*s* nehézségeket támaszt; *lutar com* ~*s* nehézségekkel küzd; *vencer a* ~ leküzdi a nehézséget

dificultação [difikultöszö^{n}u] *f* megnehezítés

dificultar [difikultàr] *1/1* **I.** *ts* megnehezít; akadályoz **II.** ~**-se** bonyolulttá válik

dificultoso [difikultozu] *mn* nehéz; bajos

difidência [difide^{n}szjö] *f* bizalmatlanság

difidente [difide^{n}nt] *mn* bizalmatlan

difracção [difröszö^{n}u] *f fiz* elhajlás; ~ *de luz* fénytörés

difteria [diftiriö] *f orv* diftéria, torokgyík

difundir [difu^{n}ndir] *3/1 ts* **1.** elterjeszt **2.** *rádió* közvetít

difusão [difuzö^{n}u] *f* **1.** (szét)terjedés **2.** *vegy* diffúzió **3.** *rádió* közvetítés **4.** terjengősség

difuso [difuzu] *mn* **1.** kiterjeszkedő; *luz* ~*a* szétszórt fény **2.** terjengős

digerir [dizsirìr] *3/8 ts* **1.** (meg)emészt **2.** elszenved, eltűr; ~ *afrontas* lenyeli a sértéseket **3.** *átv* alaposan átgondol

digerível [dizsirìvèl] *mn* megemészthető

digestão [dizsistö^{n}u] *f* emésztés; *de fácil* ~ könnyen emészthető; *homem de má* ~ nehezen elviselhető ember

digestivo [dizsistìvu] **I.** *mn* emésztő-; *aparelho* ~ emésztőszervek **II.** *fn, m* emésztést elősegítő szer

digestor [dizsistor] *m* sípolófazék, „kukta"

digitado [dizsitàdu] *mn* ujj alakú

digital [dizsitàl] **I.** *mn* ujj-; *impressões digitais* ujjlenyomatok **II.** *fn, f növ* digitálisz, gyűszűvirág

digladiar [diglögyàr] *1/7 tl* harcol, küzd

Dig.^{mo} = *digníssimo* nagyérdemű

dignar-se [dignàrszi] *1/1* méltóztatik, kegyeskedik

dignidade [dignidàd] *f* **1.** méltóság **2.** önérzet

dignificante [dignifikö^{n}nt] *mn* méltóságteljes

dignificar [dignifikàr] *1/2 ts* méltóságra emel; megtisztel

dignitário [dignitàrju] *m* (magasrangú) tisztségviselő

digno [dìgnu] *mn* méltó; ~ *de confiança* megbízható; ~ *de louvor* dicséretre méltó

digressão [digriszö^{n}u] *f* **1.** utazás; kirándulás **2.** távollét **3.** eltérés (a tárgytól) **4.** *csill* digresszió

digressionar [digriszjunàr] *1/15 tl átv* elkalandozik (a tárgytól)

digressivo [digriszìvu] *mn* (tárgytól) eltérő, elkalandozó

dilação [dilöszö^{n}u] *f* elhalasztás; halogatás; *sem* ~ haladéktalanul

dilaceração [dilösziröszö^{n}u] *f* széttépés, szétszakítás

dilacerante [dilösziró^{n}nt] *mn* szívet tépő

dilacerar [dilösziràr] *1/13* **1.** széttép, szétszaggat **2.** *átv* gyötör

dilapidação [dilöpidöszö^{n}u] *f* tékozlás; elherdálás

dilapidar [dilöpidàr] *1/1 ts* (el)tékozol; elherdál

dilatação [dilötöszö^{n}u] *f* kitágítás; kitágulás

dilatador [dilötödor] *m orv* tágítóeszköz

dilatar [dilötàr] *1/12* **I.** *ts* **1.** kitágít, kiszélesít (*átv* is) **2.** kiterjeszt **3.** halogat; elodáz **II.** ~**-se** kiterjed

dilatável [dilötàvèl] *mn* kitágítható; kiterjeszthető

dilatório [dilötòrju] *mn* **1.** késleltető **2.** *jog* halasztó (hatályú)

dilecto [dilètu] *mn* (hőn) szeretett; kedvelt

dilema [dilémö] *m* dilemma

diletante [dilitö^{n}nt] *mn* és *fn* dilettáns; amatőr; műkedvelő

diligência [dilizse^{n}szjö] *f* **1.** buzgóság, iparkodás **2.** gyorsaság, fürgeség **3.** *rég* gyorskocsi, postakocsi **4.** ~*s, átv* lépések; intézkedések; rendszabályok; *realizar* ~*s* lépéseket tesz **5.** *jog* bírósági eljárás

diligenciar [dilizse^{n}szjàr] *1/6, 1/7 ts* iparkodik megtenni
diligente [dilizse^{n}nt] *mn* **1.** szorgalmas; iparkodó **2.** gyors, fürge
diluição [diluiszö^{n}u] *f* **1.** hígított oldat **2.** (fel)hígítás
diluir [diluìr] *3/6 ts* **1.** hígít, felereszt **2.** felolvaszt (vajat)
diluvial [diluvjàl] *mn geol* diluviális; jégkorszakbeli
diluviano [diluvjönu] *mn* **1.** = **diluvial** **2.** *chuva* ~ szakadó eső, felhőszakadás
dilúvio [diluvju] *m* **1.** vízözön; *depois de mim, o ~!* utánam a vízözön! *remontar ao ~* Ádámnál és Évánál kezdi **2.** áradat (*átv* is); *um ~ de palavras* szóáradat
dimanar [dimönàr] *1/1 tl* **1.** folyik **2.** *átv* ered, fakad
dimensão [dime^{n}szö^{n}u] *f* **1.** dimenzió, térbeli kiterjedés **2.** méret, nagyság
diminuendo [diminue^{n}ndu] **I.** *hat zene* diminuendo, halkítva **II.** *fn, m mat* kisebbítendő
diminuição [diminuiszö^{n}u] *f* **1.** kisebbítés, csökkentés **2.** süllyedés, esés **3.** *mat* kivonás
diminuído [diminuidu] *mn* csökkentett; ~ *físico* testi fogyatékosságban szenvedő
diminuidor [diminuidor] *m mat* kivonandó
diminuir [diminuìr] *3/6* **I.** *ts* **1.** kisebbít, csökkent **2.** leszállít (árat) **3.** *mat* kivon **II.** *tl,* **III.** **~-se** **1.** csökken; ~ *de peso* veszít a súlyából, lefogy **2.** gyengül
diminutivo [diminutivu] *mn* és *fn, m* kicsinyítő (képző)
diminuto [diminutu] *mn* pici
Dinamarca [dinömàrkö] *f* Dánia
dinamarquês *m,* **-quesa** *f* [dinömörkés, -kézö] *mn* és *fn* dániai, dán
dinâmica [dinömikö] *f* dinamika, erőtan, mozgástan
dinâmico [dinömiku] *mn* dinamikus; erős
dinamismo [dinömizsmu] *m* **1.** dinamizmus **2.** tetterő
dinamitar [dinömitàr] *1/1 ts* felrobbant
dinamite [dinömit] *f* dinamit
dinamizar [dinömizàr] *1/1 ts* dinamikussá, cselekvőképessé tesz
dínamo [dinömu] *m* dinamó
dinastia [dinöstiö] *f* dinasztia
dinheirada [dinyéjràdö] *f* halom pénz
dinheirame, dinheirão [dinyéjröm, -rö^{n}u] *m* rengeteg pénz
dinheiro [dinyéjru] *m* pénz; ~ *miúdo* aprópénz; ~ *a juros* kamatozó pénz; ~ *de contado* készpénz; ~ *em papel* papírpénz; ~ *para os alfinetes* tűpénz; ~ *deitado a rua* v *ao mar* kidobott pénz; *guardar* ~ takarékoskodik; *jogar o ~ pela janela a fora* az ablakon szórja ki a pénzt; *vender a ~* készpénzért elad; *közm: quem ~ tiver, fará o que quiser* a pénz — hatalom
diocesano [gyuszizönu] *mn* egyházmegyei; püspöki
diocese [gyuszèz] *f* püspökség; egyházmegye
D. I. P. = *Departamento de Imprensa e Propaganda* Terjesztési és Propagandaosztály
dipl. = *diploma* oklevél
diploma [diplomö] *m* **1.** diploma, oklevél **2.** okirat **3.** (kormány)rendelet
diplomacia [diplumöszìö] *f* diplomácia
diplomado [diplumàdu] *mn* diplomás, okleveles
diplomata [diplumàtö] *fn* diplomata
diplomática [diplumàtikö] *f* oklevéltan
diplomático [diplumàtiku] *mn* diplomatikus; diplomáciai; *corpo* ~ diplomáciai testület
dique [dik] *m* gát, töltés
direcção [dirèszö^{n}u] *f* **1.** irány; *em ~ a* felé, irányában **2.** igazgatás; igazgatóság **3.** vezetés, irányítás **4.** *posta* cím **5.** *autó* kormányszerkezet
directiva [dirètivö] *f* direktíva, utasítás; irányelv
directivo [dirètivu] *mn* irányító; *membro* ~ igazgatósági tag
directo [dirètu] **I.** *mn* **1.** egyenes **2.** közvetlen; *comboio* ~ közvetlen vonat **II.** *fn, m* **1.** *ökölvívás* egyenes (ütés) **2.** gyorsvonat
director *m,* **-a** *f* [dirètor(ö)] *fn* igazgató; vezető; ~ *adjunto* aligazgató, igazgatóhelyettes, osztályvezető-helyettes; ~ *geral* vezérigazgató; főosztályvezető; ~ *de escola* iskolaigazgató
directoria [dirèturiö] *f* igazgatóság; vezetőség
directório [dirètòrju] *m* igazgatóság(i tanács); főnökség

directriz [dirètris] *f geom* vezérvonal

direita [diréjtö] *f* 1. jobb kéz; *à* ~ jobbra; *seguir pela* ~ jobbra hajt *v* megy; *conserve* v *guarde a sua* ~ jobbra hajts! 2. *homem às* ~*s* korrekt ember

direito [diréjtu] I. *mn* 1. egyenes; *a* ~ egyenesen 2. jobb, jobb oldali 3. igaz; igazságos II. *hat* 1. egyenesen; *ir logo* ~ *a casa* egyenesen haza megy 2. *átv* becsületesen; *proceder* ~ becsületesen *v* helyesen jár el III. *fn, m* 1. jog; ~*s civis* polgári jogok; ~ *comum* közjog; ~ *costumeiro* v *consuetudinário* szokásjog; ~ *criminal* v *penal* büntetőjog; ~*s humanos* v *de Homem* emberi jogok; ~ *não escrito* iratlan törvény *v* jog; ~*s políticos* v *cívicos* politikai jogok; ~ *à greve* sztrájkjog; ~ *ao trabalho* munkához való jog; ~ *de propriedade* tulajdonjog; ~ *sucessivo* v *de sucessão* öröködési jog; ~ *de trabalho* munkajog; ~ *de votar* szavazati jog; *Faculdade de Direito* jogi fakultás; *a torto e a* ~ **a)** joggal vagy jogtalanul, akarva-nemakarva **b)** vaktában, összevissza; *de pleno* ~ teljes joggal; *em bom* ~ jog szerint; *com que* ~? milyen jogon? *estar no seu* ~ jogában áll; *ter* ~ *a* joga van vmihez 2. ~*s* adó; vám; illeték; ~*s alfandegários* v *de alfândega* vámilleték; ~*s de consumo* fogyasztási adó; *livre de* ~*s* adómentes, vámmentes 3. színoldal (szövete)

direitura [diréjturö] *f* 1. egyenesség 2. becsületesség

diret . . . → **direct . . .**

dirigente [dirizse^{n}nt] *mn* és *fn* vezető, igazgató, irányító; *papel* ~ vezető szerep

dirigido [dirizsidu] I. *mmi* irányított; → **dirigir** II. *mn*: *economia* ~*a* tervgazdálkodás

dirigir [dirizsìr] *3/3* I. *ts* 1. vezet, igazgat; ~ *uma empresa* vállalatot vezet 2. irányít *v* fordít vmerre, vmire (*a, para*); ~ *um apelo a* felhívást intéz vkihez; ~ *a atenção para* figyelmét vmire fordítja; ~ *a palavra a* megszólít vkit, odafordul vkihez; ~ *os passos para* lépteit vmerre irányítja 3. címez, elküld vhova (levelet); II. ~-*se* 1. útját veszi vmerre; ~-*se para Coimbra* Coimbrába megy 2. ~-*se a* fordul vkihez

dirigismo [dirizsìzsmu] *m* ~ *económico* gazdasági irányítás rendszere

dirigível [dirizsìvèl] I. *mn* irányítható II. *fn, m* (kormányozható) léghajó

dirimente [dirime^{n}nt] *mn jog* semmis; bontó; *impedimento* ~ bontó akadály

dirimir [dirimìr] *3/1 ts* érvénytelenít, hatálytalanít; megszüntet; ~ *uma briga* viszályt elsimít; ~ *dúvidas* kételyeket eloszlat

discagem [diskàzsö^{n}j] *f távk* tárcsázás; ~ *direita* közvetlen tárcsázás; távhívás

discente [dis-sze^{n}nt] I. *mn* tanuló; *corpo* ~ tanulók (összessége) II. *fn* tanuló

discernimento [dis-szirnime^{n}ntu] *m* 1. megkülönböztetés; *sem* ~ válogatás nélkül; öntudatlanul 2. ítélőképesség

discernir [dis-szirnìr] *3/8 ts* 1. megkülönböztet 2. elkülönít, szétválaszt 3. értékel, méltat (érdemeket)

disciplina [dis-sziplinö] *f* 1. fegyelem; *conselho de* ~ fegyelmi bizottság; *kat* fegyelmi bíróság 2. tantárgy 3. fenyítőeszközök (pálca, szíj)

disciplinado [dis-sziplinàdu] *mn* fegyelmezett; szófogadó

disciplinar[1] [dis-sziplinàr] *mn* fegyelmi; *penas* ~*es* fegyelmi büntetések

disciplinar[2] [dis-sziplinàr] *1/1 ts* 1. fegyelmez 2. testi fenyítésben részesít

discípulo [dis-szipulu] *m* tanítvány; vkinek a követője

disco [disku] *m* 1. tárcsa; *vasút*: ~ *de caminho de ferro* szemafor 2. *sp* diszkosz 3. gramofonlemez; ~ *de longa duração*, ~ *duplo* nagy lemez, „long play" lemez 4. ~ *voador* repülő csészealj

díscolo [diskulu] *mn* engedetlen; dacos

discordância [diskurdö^{n}szjö] *f* 1. egybe nem illés 2. viszály, széthúzás 3. *zene* hamis hangzás

discordante [diskurdö^{n}nt] *mn* 1. egybe nem illő 2. elütő, eltérő; más véleményen levő 3. rosszul hangzó, fülsértő

discordar [diskurdàr] *1/15 tl* 1. nem illik egybe 2. más véleményen van 3. nincs összhangban, hamisan cseng; *fomentar* v *obrar* v *semear a* ~ viszályt szít

discorde [diskòrd] *mn* = **discordante**

discórdia [diskòrgyö] *f* egyenetlenség, viszály

discorrer [diskurrér] *2/8* I. *ts* 1. befut, végigjár 2. *átv* megbeszél, megtárgyal, megvitat, megítél II. *tl* 1. szétfut, szétszalad 2. beszél, társalog vmiről (*sobre*) 3. ~ *em* gondolkodik, elmélkedik vmin

discoteca [diskutèkö] *f* gramofonlemeztár

discrepância [diskripö^{n}szjö] *f* ellentmondás; ellentét; *sem* ~ egyhangúlag

discrepante [diskripö^{n}nt] *mn* ellentmondó, ellentétes

discrepar [diskripàr] *1/13 tl* 1. más véleményen van, nem egyezik vmiben (*de*) 2. eltér, különbözik vmitől, ellentmond vminek (*de*)

discretear [diskrityàr] *1/5 tl* elcseveg

discreto [diskrètu] *mn* 1. tartózkodó, szerény 2. mérsékelt 3. titoktartó

discrição [diskriszö^{n}u] *f* 1. diszkréció, tapintat; 2. *szól: comer a* ~ annyit eszik, amennyit akar; *render-se a* ~ feltétel nélkül megadja magát

discricionário [diskriszjunàrju] *mn* 1. kizárólagos; korlátlan 2. kötetlen; önkényes

discriminação [diskriminöszö^{n}u] *f* megkülönböztetés; ~ *racial* faji megkülönböztetés

discriminar [diskriminàr] *1/1 ts* 1. megkülönböztet, különbséget tesz (ami között: *entre*) 2. részletez; felsorol

discriminável [diskriminàvèl] *mn* megkülönböztethető

discursar [diskurszàr] *1/1* I. *ts* 1. tanulmányoz, megvizsgál 2. kifejt, magyaráz II. *tl* beszédet *v* előadást tart vmiről (*sobre*)

discurseira [diskurszéjrö] *f* B *nép* 1. szómalom, szócséplés, „üres duma" 2. gyűlés, ahol szócséplés folyik

discursivo [diskurszivu] *mn* 1. beszélgetve kifejtő, következtető, okoskodó (módszer) 2. *nép* bőbeszédű, fecsegő

discurso [diskurszu] *m* 1. beszéd, előadás; *fazer* v *proferir* v *pronunciar um* ~ beszédet mond; előadást tart 2. *nép* fecsegés, locsogás

discussão [diskuszö^{n}u] *f* 1. vita; megvitatás, megbeszélés 2. szóváltás

discutido [diskutidu] *mn* vitatott

discutidor *m*, **-a** *f* [diskutidor(ö)] *mn* és *fn* vitatkozó; civakodó

discutir [diskutir] *3/1* I. *ts* megvitat, megbeszél II. *tl* vitatkozik

discutível [diskutivèl] *mn* vitatható

disenteria [dize^{n}ntiriö] *f orv* vérhas

disentérico [dize^{n}ntèriku] *mn* és *fn orv* vérhasban szenvedő (beteg)

disfarçado [disförszàdu] *mn* 1. álruhába öltözött 2. ál-, hamis; képmutató, színlelt

disfarçar [disförszàr] *1/3, 1/12* I. *ts* 1. álruhába öltöztet 2. színlel, tettet; ~ *a voz* elváltoztatja a hangját 3. leplez, takarni igyekszik II. **~-se** álruhába öltözik; *~-se de palhaço* bohócnak maszkírozza magát

disfarce [disfàrsz] *m* 1. álruha 2. színlelés, tettetés 3. leplezés

disforme [disfòrm] *mn* 1. alaktalan; esetlen 2. torz alakú, rút, elfajzott

disjunção [dizs-zsu^{n}szö^{n}u] *f* szétválasztás, elkülönítés

disjungir [dizs-zsu^{n}zsir] *3/3 ts* 1. kifog (ökröket) 2. *átv* szétválaszt

disjuntivo [dizs-zsu^{n}ntivu] *mn* 1. elválasztó 2. *nyelvt: conjunção ~a* választó kötőszó

disjunto [dizs-zsu^{n}ntu] *mn* szétválasztott

dislate [dizslàt] *m* abszurdum, ostobaság

dispar [dispàr] *mn* 1. nem egyforma; nem hasonló 2. nem egyenlő

disparada [dispöràdö] *f* B vad futás (megvadult állaté); *sair em* ~ elrohan

disparador[1] *m*, **-a** *f* [dispörödor(ö)] *mn* B megszökő, megvadult (állat)

disparador[2] [dispörödor] *m fényk* kioldó; ~ *automático* önkioldó

disparar [dispöràr] *1/12* I. *ts* 1. dob, hajít; kilő; ~ *a pistola* elsüti a pisztolyt; ~ *setas* nyilaz; ~ *um tiro* lő, lövést lead 2. *átv:* ~ *injúrias* sértéseket szór II. *tl* B vad futásnak ered, szétfut (nyáj)

disparatado [dispörötàdu] *mn* 1. értelmetlen, ostoba 2. fonák

disparatar [dispörötàr] *1/12 tl* ostobaságot beszél; ostobán cselekszik

disparate [dispöràt] *m* 1. értelmetlenség, abszurdum 2. fonákság

disparidade [dispöridàd] *f* 1. különbözőség, eltérés 2. B ostobaság, butaság, értelmetlenség; fonákság

dispêndio [dispéngyu] *m* 1. költség, ráfordítás 2. *átv:* veszteség, kár

dispendioso [dispe^{n}ngyozu] *mn* költséges, drága

dispensa [dispe^{n}szö] *f* 1. felmentés (kötelezettség alól) 2. diszpenzáció, felmentő okirat

dispensar [dispe^{n}szàr] *1/1* I. *ts* 1. felment

vmi alól (*de*) **2.** elbocsát (munkahelyről) **3.** *átv* ad, nyújt, oszt(ogat); ~ *favores* szívességeket tesz **4.** megvan vmi nélkül, nem hiányzik **II.** **~-se** *de* mellőz vmit, nem tartja szükségesnek, hogy

dispensário [dispe^{n}szàrju] *m* beteggondozó, ambulancia, rendelőintézet

dispensatório [dispe^{n}szötòrju] *m* (gyógyszertári) laboratórium

dispensável [dispe^{n}szàvèl] *mn* nélkülözhető

dispepsia [dispepsziö] *f orv* diszpepszia, emésztési zavar

dispéptico [dispèptiku] *mn* és *fn* diszpepsziás, rossz emésztésű

dispersar [dispirszàr] *1/13* **I.** *ts* szétszór **II.** **~-se** szétszéled

disperso [dispèrszu] *mn* szétszórt; szétszéledt

displicência [displisze^{n}szjö] *f* **1.** elégedetlenség **2.** rosszkedv **3.** közöny, unalom **4.** **B** gondatlanság, hanyagság

displicente [displisze^{n}nt] *mn* **1.** elégedetlen **2.** rosszkedvű **3.** közömbös; unalmas **4.** **B** gondatlan; hanyag

dispneia [dispnéjö] *f orv* nehéz légzés

disponibilidade [dispunibilidàd] *f* **1.** rendelkezésre állás **2.** *kat* rendelkezési állomány **3.** rendelkezésre álló pénz **4.** hajlandóság

disponível [dispunivèl] *mn* rendelkezésre álló, felhasználható; meglevő, létező

dispor [dispor] *2/17* **I.** *ts* **1.** elrendez, felállít; elhelyez; ~ *os convidados à mesa* a vendégeket asztalhoz ülteti **2.** intézkedik, rendelkezik; utasít, előír **3.** rendbe hoz; elkészít; ~ *as malas para a viagem* előkészíti a bőröndöket az utazáshoz **4.** *mezőg* ültet; ~ *cebolinho* dughagymát ültet **II.** *tl* rendelkezik vmivel (*de*); ~ *de si* ráér, szabad; ~ *de tempo* van ideje **III.** **~-se** *a* v *para* **1.** szándékozik vmit tenni **2.** felkészül vmire **3.** rászánja magát vmire **IV.** *fn, m* rendelkezés; *átv* belátás; *deixo ao seu* ~ az ön megítélésére v belátására bízom; *estou ao seu* ~ rendelkezésére állok

disposição [dispuziszö^{n}u] *f* **1.** fekvés; helyzet **2.** hangulat, kedv; *estar em boa* ~ *de espírito* v *de ânimo* jó hangulatban van; *rir com* ~ jóízűen nevet **3.** hogylét, egészségi állapot; *ter boa* ~ jól érzi magát **4.** hajlam, képesség; *ter* ~ *para a música* van tehetsége a zenéhez **5.** rendelkezés; intézkedés; *estar à* ~ *de* vkinek a rendelkezésére áll; *pôr a* ~ *de* vkinek a rendelkezésére bocsát

dispositivo [dispuzitivu] *m müsz* berendezés, szerkezet, gépezet; ~ *automático* önműködő berendezés; ~ *de protecção* védőberendezés

disposto [dispostu] **I.** *mn* **1.** kész, hajlandó vmire (*a*) **2.** hajlamos; *ser* ~ *a* hajlik vmire **3.** diszponált; *estar bem* ~ **a)** egészséges **b)** jó hangulatban van; *estar mal* ~ **a)** nem jól van, rosszul érzi magát **b)** rossz hangulatban van **4.** *ser bem* ~ *a respeito de* jóindulatú vkivel szemben **II.** *fn, m* rendelkezés, intézkedés

disputa [disputö] *f* **1.** szóváltás, veszekedés **2.** tudományos *v* nyilvános vita **3.** *sp* vetélkedés

disputador *m*, **-a** *f* [disputödor(ö)] *mn* és *fn* **1.** vitázó, veszekedő **2.** *sp* küzdő, versenyző, vetélkedő

disputar [disputàr] *1/1* **I.** *ts* **1.** elvitat **2.** küzd, versenyez vmiért **T** (*sp* is) **II.** *tl* vitatkozik, veszekedik ~ *sobre um cabelo* v *sobre a ponta de uma agulha* semmiségekért veszekszik

disputativo [disputötivu] *mn* vita-, tárgyalási, megvitatási

disputável [disputàvèl] *mn* vitatható

disquisição [diskiziszö^{n}u] *f* vizsgálat, elemzés, kutatás

dissabor [diszöbor] *m* kellemetlenség; bosszúság

dissecação [disziköszö^{n}u] *f* **1.** *orv* boncolás **2.** *átv* boncolgatás, gondos *v* részletes vizsgálat

dissecar [diszikàr] *1/2, 1/13 tl* **1.** *orv* felboncol **2.** *átv* boncolgat, vizsgál

dissecção [diszèkszö^{n}u] *f* = **dissecação**

dissemelhança [diszimiljö^{n}szö] *f* különbözés; különbözőség

dissemelhante [diszimiljö^{n}nt] *mn* nem hasonló; eltérő

disseminação [disziminöszö^{n}u] *f* **1.** elhintés; szétszórás **2.** *átv* elterjesztés

disseminar [disziminàr] *1/1* **I.** *ts* **1.** elhint; szétszór **2.** *átv* elterjeszt **II.** **~-se** elterjed

dissensão [disze^{n}szö^{n}u] *f* egyenetlenkedés, viszály

dissentimento [disze^{n}ntime^{n}ntu] *m* nézeteltérés

dissentir [disze^{n}ntir] *3/8 tl* nem ért egyet

dissertação [diszirtöszö^{n}u] *f* 1. disszertáció; értekezés 2. előadás

dissertar [diszirtàr] *1/13 tl* 1. értekezik, beszél vmiről (*de, sobre*) 2. előadást tart 3. disszertációt ír

dissidência [diszide^{n}szjö] *f* 1. disszidálás, szakadás, elpártolás 2. egyenetlenség, ellentét

dissidente [diszide^{n}nt] *mn* és *fn* disszidens, más véleményen levő; átpártoló

dissilábico [diszilàbiku] *mn nyelvt* kétszótagos

dissílabo [diszilöbu] I. *mn* kétszótagos II. *fn, m* kétszótagos szó

dissimilar [diszimilàr] *mn* nem hasonló, elütő

dissimulação [diszimulöszö^{n}u] *f* képmutatás, szinlelés, tettetés

dissimulado [diszimulàdu] *mn* titkolt, leplezett; színlelt, tettetett

dissimular [diszimulàr] *1/1* I. *ts* titkol, leplez; színlel, tettet II. **~-se** elbújik, elrejtőzik

dissipação [diszipöszö^{n}u] *f* tékozlás, pazarlás

dissipado [diszipàdu] *mn* tékozló, pazarló

dissipador *m*, **-a** *f* (diszipödor(ö)] *mn* és *fn* tékozló, pazarló

dissipar [diszipàr] *1/1* I. *ts* 1. eloszlat, szétszór 2. eltékozol, elpazarol II. **~-se** szertefoszlik; eltűnik

disso [diszu] = **de** + **isso**

dissociação [diszuszjöszö^{n}u] *f* 1. szétválasztás, különválasztás (*átv* is) 2. *vegy* disszociáció, felbontás; felbomlás

dissociar [diszuszjàr] *1/7* I. *ts* 1. szétválaszt, különválaszt (*átv* is) 2. *vegy:* felbont II. **~-se** felbomlik

dissolução [diszuluszö^{n}u] *f* 1. felbontás, feloszlatás (*átv* is) 2. *vegy* oldás, oldódás; oldat 3. *átv* feslettség; kicsapongás

dissolutivo [diszulutivu] *mn* oldó, felbontó

dissoluto [diszulutu] *mn* feslett, kicsapongó; romlott, züllött

dissolúvel [diszuluvèl] *mn* feloldható; felbontható

dissolvente [diszolve^{n}nt] I. *mn* 1. oldó, felbontó 2. *átv* romboló II. *fn, m* oldószer

dissolver [diszolvér] *2/8* I. *ts* 1. felold 2. *átv* felbont; feloszlat II. **~-se** felbomlik; feloszlik

dissonância [diszunö^{n}szjö] *f* 1. *zene* disszonancia, összhang hiánya 2. *átv* egyenetlenség

dissonante [diszunö^{n}nt] *mn* 1. *zene* rosszul hangzó, fülsértő 2. *átv* zavaró; kirívó

dissonar [diszunàr] *1/15 tl* 1. *zene* rosszul hangzik 2. *átv* nem illik össze

dissuadir [diszvödir] *3/13* I. *ts* lebeszél vkit vmiről *(de)* II. **~-se** *de* lemond szándékáról; meggondol vmit

dissuasão [diszvözö^{n}u] *f* lebeszélés

dissuasivo [diszvözivu] *mn* lebeszélő

dissuasório [diszvözòrju] *mn* = **dissuasivo**

distância [distö^{n}szjö] *f* 1. távolság; időköz; *~ percorrida* megtett út; *que ~ é até à estação?* milyen messzire van innen az állomás? 2. *közl* követési távolság; *manter a ~* betartja a követési távolságot 3. *a ~* a távolból, távolról; *de ~ em ~* a) helyenként b) időről időre

distanciar [distö^{n}szjàr] *1/7* I. *ts* 1. eltávolít 2. szétoszt, szétválaszt II. **~-se** *de, átv* eltávolodik vmitől

distante [distö^{n}nt] *mn* távoli

distar [distàr] *1/1 tl* 1. távol fekszik 2. *átv* különbözik

distender [diste^{n}ndér] *2/1* I. *ts* 1. kifeszít, kinyújt 2. lazít (izmokat, idegeket) 3. *~ a vista* néz, tekint II. **~-se** 1. kinyúlik; elterül 2. kinyújtózkodik; pihen, lazít

distenso [diste^{n}szu] *mn* kifeszített; kinyújtott

dístico [distiku] *m* 1. disztichon, párvers 2. felirat; cimke

distinção [disti^{n}szö^{n}u] *f* 1. megkülönböztetés; *sem ~* különbség nélkül; *fazer ~* megkülönböztet 2. kitüntetés; *ter ~ no exame* kitűnően vizsgázik 3. disztingváltság; előkelőség, finomság; *ter ~* disztingvált, előkelő

distinguir [disti^{n}ngir] *3/4* I. *ts* 1. megkülönböztet 2. meglát, észrevesz 3. kitüntet II. **~-se** 1. különbözik vmitől (*de*) 2. kitűnik, kimagaslik

distinguível [disti^{n}ngivèl] *mn* megkülönböztethető; észrevehető

distintivo [disti^{n}ntivu] I. *mn* megkülönböztető II. *fn, m* jelvény, ismertetőjel

distinto [disti^{n}ntu] *mn* 1. különböző, elütő 2. disztingvált, előkelő, jól nevelt 3. kiváló, kitűnő 4. világos, érthető

disto [distu] = **de** + **isto**
distorção [disturszö^{n}u] *f* 1. kificamítás; kificamodás 2. torzítás
distracção [distràszö^{n}u] *f* 1. szórakozottság; figyelmetlenség 2. szórakozás
distractivo [distràtivu] *mn* szórakoztató
distraído [diströidu] *mn* szórakozott
distrair [diströir] *3/22* **I.** *ts* **1.** elvonja figyelmét 2. szórakoztat **3.** ~ *dinheiro* sikkaszt **II.** **~-se** **1.** szórakozott lesz 2. (el)szórakozik
distratar [diströtàr] *1/12 ts* felbont, érvénytelenít (szerződést)
distribuição [distribuiszö^{n}u] *f* **1.** elosztás, kiosztás, szétosztás 2. *posta* kihordás, kézbesítés 3. *szính* szereposztás 4. *kártya* osztás 5. *nyomd* szétszedés, szétdobálás
distribuidor *m*, **-a** *f* [distribuidor(ö)] **I.** *mn* elosztó **II.** *fn* **1.** levélpostás; kézbesítő 2. ~ *automático* pénzbedobós automata 3. *műsz:* ~ *de ignição* gyújtás-elosztó
distribuir [distribuir] *3/6 ts* **1.** eloszt, kioszt, szétoszt 2. *posta* kihord, kézbesít 3. *nyomd* szétszed, szétdobál
distrital [distritàl] *mn* kerületi
distrito [distritu] *m* **1.** (közigazgatási) kerület 2. **B** *Distrito Federal* Szövetségi Terület
disturbar [disturbàr] *1/1 ts* zavar
distúrbio [disturbju] *m* **1.** zavarás 2. *pol* zavarok, nyugtalanság 3. *orv:* ~ *cardíaco* szívműködési zavar; ~ *circulatório* vérkeringési zavar
dita [ditö] *f* szerencse; *ter a* ~ *de* sikerül vmit megtenni
ditado [ditàdu] *m* **1.** tollbamondás 2. közmondás, szállóige
ditador [ditödor] *m* diktátor
ditadura [ditödurö] *f* diktatúra; ~ *do proletariado* proletárdiktatúra
ditafone [ditöfòn] *m* diktafon
ditame [ditöm] *m* **1.** sugallat 2. parancsolat 3. *o* ~ *da consciência* a lelkiismeret hangja
ditar [ditàr] *1/1 ts* **1.** diktál, tollba mond 2. parancsol, előír 3. *átv* sugall, sugalmaz; ihlet
ditatorial [ditöturjàl] *mn* diktatórikus, ellentmondást nem tűrő
ditatório [ditötòrju] *mn* = **ditatorial**
dito [ditu] **I.** *mmi* → **dizer** **II.** *mn* mondott, nevezett; ~ *e feito* a szót tett követte; *está* ~*!* ebben maradunk! *tenho* ~ megmondtam; befejeztem (amit mondani akartam) **III.** *fn*, *m* szólás, szólásmondás; kijelentés; ~ *agudo* szellemes mondás; ~ *sentencioso* aranyköpés
ditongo [dito^{n}ngu] *m* diftongus, kettőshangzó
ditoso [ditozu] *mn* boldog; szerencsés
diurese [gyurèz] *f orv* vizeletkiválasztás
diurético [gyurètiku] *mn* és *fn* vizelethajtó (szer)
diurno [gyurnu] *mn* napi; nappali
diuturnidade [gyuturnidàd] *f* hosszú idő(tartam)
diuturno [gyuturnu] *mn* hosszadalmas, sokáig tartó
div. = *divisão* hadosztály
divã [diva^{n}] *m* dívány, pamlag
divagação [divögöszö^{n}u] *f* **1.** kalandozás, kóborlás 2. elkalandozás, eltérés (a tárgytól) 3. félrebeszélés
divagar [divögàr] *1/4, 1/12 ts* **1.** kóborol, kószál 2. elkalandozik, eltér (a tárgytól) 3. félrebeszél
divergência [divirzse^{n}szjö] *f* **1.** *fiz* divergencia, eltérés, elhajlás 2. nézeteltérés, véleménykülönbség
divergente [divirzse^{n}nt] *mn* **1.** *fiz* divergens, elhajló, eltérő 2. különböző, ellentétes
divergir [divirzsir] *3/3, 3/8 tl* **1.** elhajlik, eltér 2. különbözik, nem egyezik
diversão [divirszö^{n}u] *f* **1.** szórakozás, időtöltés 2. *kat* elterelő hadmozdulat
diversidade [divirszidàd] *f* különféleség, sokféleség
diversificar [divirszifikàr] *1/2* **I.** *ts* változatossá tesz, váltogat **II.** *tl* váltakozik
diversivo [divirszivu] *mn kat* elterelő
diverso [divèrszu] *mn* **1.** különféle, többféle 2. különböző 3. néhány, több; ~*as vezes* több alkalommal
divertido [divirtidu] *mn* szórakoztató, mulattató, mulatságos
divertimento [divirtime^{n}ntu] *m* szórakozás; mulatás, mulatság
divertir [divirtir] *3/8* **I.** *ts* **1.** szórakoztat, mulattat 2. elterel, elvon vmitől (*de*) **II.** **~-se** **1.** szórakozik, mulat; ~*-se a valer* pompásan mulat; *divirta-se!* mulasson jól! 2. ~*-se com* mulat vkin *v* vmin
dívida [dividö] *f* **1.** adósság; *estar crivado de* ~*s* tele van adósságokkal; *estar em*

~ adós; hátralékban van 2. kötelezettség

dividendo [divide^{n}ndu] *n* **1.** *mat* osztandó **2.** osztalék

dividir [dividìr] *3/1 ts* **1.** oszt, beoszt, feloszt; ~ *quinze por três* tizenötöt hárommal oszt; ~ *as despesas* megfelezik a kiadásokat **2.** elválaszt; ~ *uma palavra* szót elválaszt **3.** összeveszít

divinatório [divinötòrju] *mn* jósló; varázsló; kitaláló

divindade [divi^{n}ndàd] *f* istenség

divinizar [divinizàr] *1/1 ts* istenít

divino [divìnu] *mn* isteni, mennyei

divisa [divìzö] *f* **1.** valuta; deviza **2.** jelszó; jelmondat **3.** ismertetőjel **4.** *kat* rangjelzés, karcsík, karsáv

divisão [divizö^{n}u] *f* **1.** osztás, felosztás; ~ *das terras* földosztás; ~ *do trabalho* munkamegosztás **2.** választóvonal **3.** *kat* hadosztály **4.** ügyosztály; ~ *do pessoal* személyzeti főosztály **5.** lakrész, lakóhelyiség; külön bejáratú szoba **6.** *sp* osztály **7.** *átv* egyenetlenség, viszály

divisar [divizàr] *1/1 ts* megpillant, meglát, észrevesz

divisionário [divizjunàrju] *mn* hadosztály-

divisionista [divizjunistö] *mn átv* széthúzó, bomlasztó

divisível [divizivèl] *mn* osztható

diviso [divìzu] *mn* **1.** (meg)osztott **2.** szétválasztott **3.** meghasonlott

divisor [divizor] *m mat* osztó; *maior* v *máximo* ~ *comum* legnagyobb közös osztó

divisória [divizòrjö] *f* **1.** határvonal, választóvonal **2.** válaszfal

divisório [divizòrju] **I.** *mn* (el)választó-, osztó- **II.** *fn, m nyomd* kézirattartó

divorciar [divurszjàr] *1/7* **I.** *ts* **1.** elválaszt (házastársakat) **2.** különválaszt **II.** ~**-se 1.** elválnak (házastársak); ~*-se da mulher* elválik a feleségétől **2.** különválik

divórcio [divòrszju] *m* **1.** (el)válás **2.** meghasonlás, viszály

divulgação [divulgöszö^{n}u] *f* **1.** közzététel, nyilvánosságra hozatal **2.** híresztelés; elterjesztés

divulgar [divulgàr] *1/4 ts* **1.** közzétesz, nyilvánosságra hoz **2.** híresztel; elterjeszt

dizedor *m*, **-a** *f* [dizidor(ö)] *fn* beszélő; fecsegő

dizer [dizér] *2/12* **I.** *ts* mond, megmond; beszél **II.** *tl* **1.** összeillik; *o azul diz bem com o branco* a kék szín jól illik a fehérhez **2.** ~ *em crédito de* mellette szól, javát szolgálja; **III.** ~**-se 1.** *diz-se que* azt mondják, hogy; *dir-se-ia que* azt mondhatná az ember, hogy; *como se diz isso em português?* hogy mondják ezt portugálul? **2.** kiadja magát vminek **IV.** *szól:* ~ *adeus a* elbúcsúzik vkitől *v* vmitől; ~ *amém a tudo* mindenre igent mond; ~ *bem de* kedvezően nyilatkozik vkiről; ~ *as coisas como elas são* nevükön (szépítés nélkül) nevezi a dolgokat; ~ *duas palavras* szól néhány szót; ~ *entre si* v *para consigo* v *com os seus botões* magában mondja; ~ *que não* nemet mond; ~ *que sim* igent mond; ~ *versos* verset szaval; *a bem* ~ az igazat megvallva; hogy úgy mondjam; *para melhor* ~ jobban mondva; szóval; *vale* ~ vagyis, más szóval; *quer* ~ azaz, vagyis; *que quer* ~ *isto?* mit jelentsen ez? *achar que* ~ van mit kifogásolnia; *dar que* ~ *à gente* okot ad a szóbeszédre; *é muito bom de* ~ könnyű ezt mondani; *manda* ~ *que* azt üzeni, hogy; *diga!* mit parancsol, kérem? *não me diga!* ne mondja! *digam o que disserem* akár mit is mondanak; *você* v *o senhor dirá* ahogy ön kívánja; *quem diria!* ki hitte volna! *diz bem* igaza van, jól mondja; *ele diz e faz* amit mond, azt meg is teszi; *é como diz* úgy van, ahogy mondja; *dizem que* azt mondják, hogy; *eu bem dizia!* én mindjárt mondtam! **V.** *fn, m* **1.** mondás, kijelentés; *no* ~ *do ministro* a miniszter szavai szerint **2.** kifejezésmód, stílus; *é correcto no* ~ szabatosan fejezi ki magát

dize-tu-direi-eu [dizitu direjéu] *m* vita(tkozás), szóváltás, civódás

dízima [dizimö] *f* **1.** *mat* tized **2.** *tört* dézsma

dizimar [dizimàr] *1/1 ts* **1.** megtizedel (minden tizediket kivégez) **2.** *tört* megdézsmál **3.** *átv* pusztít (éhség, betegség)

dízimo [dizimu] **I.** *mn* tized **II.** *fn, m* **1.** tizedrész **2.** = **dízima**

dizível [dizivèl] *mn* mondható; kifejezhető

diz-que-diz-que [diszkidiszki] *m* **B** szóbeszéd, pletyka
dl. = *decilitro* deciliter
dm. = *decimetro* deciméter
d.º = *dito* ugyanaz
do [du] = **de** + **o**
dó[1] [dò] *m zene* C-hang, cé
dó[2] [dò] *m* 1. részvét 2. fájdalom 3. gyász; *trazer* ~ gyászban van
doação [duöszö^{n}u] *f* adományozás
doador *m*, **-a** *f* [duödor(ö)] *fn* adományozó; ~ *de sangue* véradó
doar [duàr] *1/8 ts* (meg)ajándékoz; adományoz
dobadoira, dobadoura [dubödojrö, -dorö] *f* matringoló, motolla; *andar numa* ~ izeg-mozog, nincs nyugta
dobagem [dubàzsöj] *f* 1. matringolás 2. gombolyító *v* motolláló üzem(részleg)
dobar [dubàr] *1/15 ts* legombolyít; matringol
doble [dòbl] *mn* 1. dupla 2. *átv* kétszínű
doblete [dublét] *m* dublé, nemes fémmel bevont nem nemes fém
doblez [dublés] *f* kétszínűség
dobra [dòbrö] *f* ránc, redő
dobrada [dubràdö] *f* 1. *konyh* pacal 2. **B** hepehupás talaj
dobradeira [dubrödéjrö] *f nyomd* hajtogatógép
dobradiça [dubrödiszö] *f* 1. zsanér, csuklópánt 2. csapószék
dobrado [dubràdu] **I.** *mn* 1. összehajtott 2. dupla 3. **B** erős, izmos **II.** *fn*, *m* **B** 1. *kat* induló 2. dombos vidék
dobradura [dubrödurö] *f* 1. összehajtás 2. ránc, redő
dobrar [dubràr] *1/15* **I.** *ts* 1. megkettőz, megdupláz; ~ *a parada, ját* megduplázza a tétet; ~ *o passo* sietteti lépteit 2. összehajt 3. körülhajóz, megkerül 4. ~ *a esquina* befordul a sarkon 5. (meg)hajlít ~ *a cerviz, átv* fejet hajt, megalázkodik **II.** *tl* 1. megduplázódik 2. meghajlik; *átv* megalázkodik 3. szól, cseng (lélekharang); *por quem os sinos dobram* akiért a harang szól **III.** ~**-se** = **II. 1., 2.**; **IV.** *fn*, *m ao* ~ *deste século* e századfordulón
dobre [dòbr] **I.** *mn* 1. dupla 2. *átv* kétszínű **II.** *fn*, *m* lélekharang
dobrez [dubrés] *f* kétszínűség
dobro [dobru] *m* vminek a duplája; *elevar para o* ~ a duplájára felemel
doc. = *documento* irat
doca[1] [dòkö] *mn* **B** félszemű
doca[2] [dòkö] *f* 1. kikötőhely 2. dokk; ~ *flutuante* úszódokk; ~ *de conserto* javítódokk
doçaria [duszöriö] *f* 1. édesség(ek); édességbolt 2. cukrázda
doce [dosz] **I.** *mn* 1. édes; *fazer a boca* ~ *a* hízeleg vkinek 2. kedves; gyengéd; *olhar* ~ gyengéd pillantás 3. lágy, puha; 4. *műsz* kovácsolható; *ferro* ~ lágyvas 5. **B** nem feszes **II.** *fn*, *m* 1. édesség 2. dzsem 3. ~ *de calda* v *de fruta* befőtt
doceiro *m*, **-a** *f* [duszéjru, -rö] *fn* 1. cukrász 2. édességek árusítója
docente [dusze^{n}nt] **I.** *mn* oktató; *corpo* ~ tanári testület **II.** *fn* tanár; tanító
dócil [dòszil] *mn* 1. tanulékony 2. szófogadó, engedelmes 3. *átv* engedékeny
docilidade [duszilidàd] *f* 1. tanulékonyság 2. szófogadás, engedelmesség 3. *átv* engedékenység
documentação [dokume^{n}ntöszö^{n}u] *f* 1. dokumentáció 2. adatszolgáltatás 3. okmányok, papírok
documental [dukume^{n}ntàl] *mn* bizonyítékokra alapozott
documentar [dukume^{n}ntàr] *1/1 ts* okmányokkal igazol *v* bizonyít
documentário [dukume^{n}ntàrju] *m* ismeretterjesztő *v* oktatófilm
documento [dukume^{n}ntu] *m* okmány, okirat; oklevél
doçura [duszurö] *f* 1. édesség 2. kedveskedés, gyengédség
doença [due^{n}szö] *f* betegség; ~ *mental* elmebaj
doente [due^{n}nt] *mn* és *fn* beteg; *estar doente* beteg
doentio [duentiu] *mn* 1. betegeskedő 2. egészségtelen, káros
doer [duér] *2/5* **I.** *tl* fáj; *dói-me a cabeça* fáj a fejem **II.** ~**-se** 1. sajnál 2. panaszkodik
doestador *m*, **-a** *f* [duèstödor(ö)] *mn* és *fn* becsületsértő
doestar [duèstàr] *1/13 ts átv* megsért, gyaláz
doesto [duèstu] *m* sértés; gyalázás; szidás
dogma [dògmö] *m* dogma, hittétel; tantétel
dogmática [dogmàtikö] *f* dogmatika, hitágazattan

dogmático [dogmàtiku] *mn* dogmatikus; ellentmondást nem tűrő

dogmatizar [dogmötizàr] *1/1 tl* dogmákat állít fel

dogue [dòg] *m áll* dog, szelindek

doidejar [dojdizsàr] *1/14 tl* bolondozik

doidice [dojdisz] *f* őrültség, bolondság

doidinho [dojdinyu] *mn* meghabarodott

doidivanas [dojdivönös] *fn* zavarodott elméjű

doido [dojdu, dodu] *mn* és *fn* őrült, bolond; *~ furioso* dühöngő őrült; *~ manso* ártalmatlan bolond; csendes őrült; *~ varrido* v *de atar* v *de pedra* kötni való bolond, teljesen őrült; *estar ~ de alegria* magánkívül van örömében; *estar* v *ser ~ por* majd megőrül vkiért *v* vmiért; *à ~a* meggondolatlanul, hebehurgyán

doído [doidu] *mn* **1.** fájdalmas, szomorú **2.** betegeskedő

dói-dói [dòjdòj] *m gyerm* bibi

doir . . . → **dour . . .**

dois *m,* **duas** *f* [dojs, duös] **I.** *szn* két, kettő; *~ a ~* kettesével, párosával; *de duas em duas semanas* kéthetenként; *de ~ em ~ dias* minden másnap; *os ~* mind a kettő, mind a ketten; *às duas por três; a três por dois* **a)** gyakran, minduntalan **b)** váratlanul **II.** *fn, m* **1.** kettes **2.** *em ~ de Maio* május másodikán

dól. = *dólar* dollár

dólar [dòlàr] *m* dollár

dolente [dule^{n}nt] *mn* **1.** fájdalmas **2.** panaszos **3.** szomorú

dolo [dòlu] *m* **1.** gazság; becsapás **2.** *jog* csalás **3.** csel

dolorido [duluridu] *mn* bánatos

doloroso [dulurozu] *mn* **1.** fájdalmas **2.** elszomorító

doloso [dulozu] *mn* csaló, csalárd; fondorlatos

dom^1 [do^n] *m* **1.** adomány, ajándék **2.** *átv* tehetség, hajlam; *ter o ~ das línguas* tehetsége van a nyelvekhez

dom^2 [do^n] *m* **1.** *Dom, dom, don* (portugál nemesek nevét megelőző cím); *Dom Afonso* dom Alfonz *v* Alfonz király **2.** (megszólításban) úr, uram

domador *m,* **-a** *f* [dumödor(ö)] *fn* állatszelídítő

domar [dumàr] *1/15* **I.** *ts* megszelídít **II.** *~***-se** fékezi magát

domável [dumàvèl] *mn* megszelídíthető

doméstica [dumèstikö] *f* **1.** cseléd, háztartási alkalmazott **2.** házvezetőnő

domesticar [dumistikàr] *1/2* **I.** *ts* megszelídít; betanít **II.** *~***-se** megszelídül

doméstico [dumèstiku] **I.** *mn* **1.** házi; háztartási **2.** hazai, honi, belföldi **II.** *fn, m* (házi)szolga

domiciliado [dumisziljàdu] *mn* aki lakik, . . . -i lakos

domiciliar [dumisziljàr] *1/7* **I.** *ts* **1.** letelepít **2.** lakást ad *v* biztosít **II.** *~***-** **1.** letelepedik **2.** (állandó) lakást vesz ki

domiciliário [dumisziljàrju] *mn* házi; *visita ~a* házkutatás

domicílio [dumiszilju] *m* (állandó) lakhely; lakás

dominação [duminöszö^{n}u] *f* uralom; uralkodás

dominador *m,* **-a** *f* [duminödor(ö)] *mn* és *fn* uralkodó

dominante [duminö^{n}nt] **I.** *mn* uralkodó; túlsúlyban levő; kiemelkedő; *classe ~* uralkodó osztály **II.** *fn, f zene* domináns

dominar [duminàr] *1/1* **I.** *ts* **1.** uralkodik vkin *v* vmin **T**; *~ as suas paixões* uralkodik a szenvedélyein **2.** ural; kimagaslik vmiből **T**; *aquele monte domina a planície* az a hegy uralja a síkságot **3.** meghódít **II.** *tl* uralkodik; túlsúlyban van **III.** *~***-se** uralkodik önmagán

domingo [dumi^{n}ngu] *m* vasárnap; *aos ~s* vasárnaponként; *no ~, hat* vasárnap; *vestir a roupa de ~* ünneplőbe öltözik

domingueiro [dumi^{n}ngéjru] *mn* vasárnapi; ünnepi

dominical [duminikàl] *mn* **1.** vasárnapi **2.** *oração ~, vall* a miatyánk

domínio [duminyu] *m* **1.** *~ de* v *sobre* vki fölött gyakorolt hatalom; *~ de si* (*próprio*) önuralom **2.** birtok, tulajdon; *~ aéreo* légitér (országé); *~ público* köztulajdon; *átv: ser de ~ público* köztudomású **3.** *pol* dominium **4.** *átv* terület; hatósugár

dominó [dòminò] *m* dominó (játék és maszk)

domo [dòmu] *m ép* kupola

dona [dònö] *f* **1.** (megszólításban) *~ Inês* Ágnes asszony, Ágnes néni **2.** tulajdonosnő **3.** *~ de casa* háziasszony **4.** *~ da casa* a ház úrnője

donaire [dunàjr] *m* **1.** báj, finomság **2.** ékesség **3.** tréfa; humor

donairoso [dunàjrozu] *mn* 1. bájos, finom; kecses 2. udvarias, kedves
donatário [dunötàrju] *mn jog* megajándékozott
donativo [dunötivu] *m* 1. adomány, ajándék 2. könyöradomány, alamizsna
donde [doⁿnd] *névm* 1. (kérdő) honnan? 2. (vonatkozó) ahonnan; amiből; ezért; ezáltal
doninha [dòninyö] *f áll* menyét
dono [donu] *m* úr; tulajdonos; ~ *da casa* háziúr; ~ *da taverna* kocsmáros; *sem* ~ gazdátlan
donzela [doⁿzèlö] *f* 1. leány; hajadon; *ficar* ~ nem megy férjhez 2. udvarhölgy
donzelona [doⁿzelonö] *f biz* vénkisasszony
doqueiro [dukéjru] *m* dokkmunkás
D.or = *doutor* doktor
dor [dor] *f* 1. fájdalom; ~ *cansada* v *surda* tompa fájdalom; ~ *tenebrante* éles fájdalom; *ter ~es de cabeça* fáj a feje 2. *~es* (*de parto*) szülési fájdalmak; *estar com as ~es* szülési fájdalmai vannak
doravante [dòrövöⁿnt] *hat* mostantól fogva
dorido [duridu] *mn* 1. fájó, fájdalmas 2. beteg; szenvedő 3. gyásztól lesújtott 4. együttérző
dorífora [dòrifòrö] *f* B burgonyabogár
dormente [durmeⁿnt] I. *mn* 1. alvó; álmos 2. mozdulatlan; álló; *água* ~ állóvíz; *tenho um pé* ~ bizsereg a lábam II. *fn, m* 1. gerenda 2. *vasút* talpfa
dormida [durmidö] *f* 1. alvás 2. éjjeli szállás
dormideira [durmidéjrö] *f növ* mák
dormido [durmidu] *mn* 1. alvó; mozdulatlan 2. *noite bem ~a* jól átaludt éjszaka 3. *pão* ~ száraz kenyér
dorminhoco [durminyoku] I. *mn* aluszékony II. *fn* álomszuszék
dormir [durmir] *3/10* I. *ts* ~ *a fome* feledteti éhségét II. *tl, ts* alszik; szunnyad; fekszik; pihen; ~ *a sesta* sziesztázik; ~ *à perna solta*, ~ *a sono solto* mélyen alszik; ~ *ao relento* szabad ég alatt alszik; ~ *como um abade;* ~ *como uma pedra* (*no poço*) úgy alszik, mint a bunda v mormota v tej; ~ *em pé* állva elalszik; ~ *fora* házon kívül alszik; ~ *o sono eterno* örök álmát alussza; ~ *o sono da inocência* az igazak álmát alussza; ~ *sobre o caso* alszik rá egyet, elhalasztja a döntést; ~ *um bom sono* jól kialussza magát III. *fn, m* alvás
dormitar [durmitàr] *1/1 tl* szundít, szundikál
dormitivo [durmitivu] *mn* altató; álmosító
dormitório [durmitòrju] *m* 1. hálóterem 2. B hálószoba 3. B *vasút: carro* ~ hálókocsi
dorna [dòrnö] *f* puttony
Doroteia [durutéjö] *f* Dorottya
dorsal [durszàl] *mn* hát-; *espina* ~ hátgerinc
dorso [dorszu] *m* 1. hát 2. hátlap, hátoldal
dosagem [duzàzsöⁿj] *f* adagolás
dosar [duzàr] *1/15 ts* adagol
dose [dòz] *f* adag; rész
dosear [duzjàr] *1/5* = **dosar**
dosificar [duzifikàr] *1/2 ts* adagokra oszt, adagol
dossel [duszèl] *m* baldachin; ~ *de cama* ágymennyezet
dossie(r) [doszjè(r)] *m* 1. irattartó (mappa) 2. iratcsomó
dotação [dutöszöⁿu] *f* 1. dotáció; javadalmazás 2. alapítvány
dotado [dutàdu] I. *mmi* aki hozományt v kelengyét kapott; →**dotar** II. *mn* tehetséges
dotal [dutàl] *mn : bens dotais* hozományi vagyon
dotar [dutàr] *1/15 ts* 1. javadalmaz 2. hozománnyal lát el, kiházasít
dote [dòt] *m* 1. javadalmazás 2. hozomány 3. *átv* adomány; tehetség 4. B *vender por um* ~ nagyon drágán elad
doud . . . →**doid . . .**
dourada [doràdö] *f áll* aranykeszeg
dourado [doràdu] I. *mn* 1. aranyozott; arany- 2. *átv* boldog II. *fn, m* aranyozás; aranybevonat
dourar [doràr] *1/1 ts* bearanyoz; ~ *a pílula, átv* szép tálalásban ad
douto [dotu] *mn* tanult, művelt
doutor [dotor] *m* 1. doktor (egyetemi fokozat); ~ *em direito* jogi doktor 2. orvos; *~-da-mula-ruça* sarlatán, kuruzsló 3. tudós
doutora [dotorö] *f* doktornő
doutorado [doturàdu] *m* doktori fokozat, doktorátus; ~ *em economia* közgazdasági doktorátus

doutoral [doturàl] *mn* 1. doktori 2. oktató; nagyképű
doutoramento [doturöme^{n}ntu] *m* doktorálás; *prestar provas de* ~ doktorál
doutorando [doturö^{n}ndu] *fn* doktorjelölt
doutorar [doturàr] *1/15* **I.** *ts* doktorrá avat **II.** ~**-se** doktorrá avatják
doutrice [dotrisz] *f* **1.** nagyképűség **2.** kérkedés, nagyzolás **3.** szájhősködés
doutrina [dotrinö] *f* **1.** tan, tudományos elmélet; *a ~ marxista—leninista* a marxista—leninista elmélet; *a ~ materialista* a materialista elmélet **2.** felfogás; elv
doutrinação [dotrinöszö^{n}u] *f* (politikai) oktatás
doutrinal [dotrinàl] *mn* **1.** egy tanra vonatkozó **2.** tanulságos
doutrinar [dotrinàr] *1/1 ts* tanít, (ki)oktat; prédikál
doutrinário [dotrinàrju] **I** *mn* merev, vaskalapos **II.** *fn, m* tan hirdetője
doutrineiro [dotrinéjru] *m* doktrinér, tudálékos ember
doze [doz] **I.** *szn* tizenkettő **II.** *fn, m* tizenkettes
DP B = *Delegacia de Polícia* rendőrőrszoba
Dr. = *Doutor* doktor
Dr.^{a} = *Doutora* doktornő
draconiano [drökunyönu] *mn* drákói
draga [dràgö] *f* **1.** kotrógép, bagger **2.** *haj* sólya
dragagem [drögàzsö^{n}j] *f* kotrás; folyómeder megtisztítása
dragão [drögö^{n}u] *m* **1.** sárkány **2.** *kat* dragonyos
dragar [drögàr] *1/4, 1/12* (ki)kotor (medret)
dragona [drögonö] *f kat* vállrojt, vállpánt
drain . . . → **dren . . .**
drama [drömö] *m* dráma
dramático [drömàtiku] *mn* drámai
dramatizar [drömötizàr] *1/1 ts* dramatizál, színművé átdolgoz
dramatologia, dramaturgia [drömötuluzsiö, -turzsiö] *f* dramaturgia
dramaturgo [drömöturgu] *m* dramaturg; színműíró
drapejado [dröpizsàdu] *m* drapéria
drapejar [dröpizsàr] *1/13* **I.** *ts* drapériával díszít **II.** *tl* leng, lobog
drástico [dràstiku] *mn* drasztikus
drenajem [drinàzsö^{n}j] *f* **1.** *orv* drénezés, váladék elvezetése **2.** alagcsövezés, talajvíz elvezetése **3.** *átv* kiszívás
drenar [drinàr] *1/14 ts* **1.** *orv* drénez **2.** talajt kiszárít
dreno [drénu] *m* **1.** *orv* dréncső **2.** vízlevezető cső
driblar [driblàr] *1/1 tl sp* cselez
drinque [dri^{n}nk] *m* **1.** ital **2.** ivás, ivászat
droga [drògö] *f* **1.** drogéria-áru **2.** rossz (ízű) orvosság; kotyvalék **3.** *szól: dar em ~* **a)** balul üt ki **b)** tönkremegy, elpusztul
drogaria [drugöriö] *f* **1.** háztartási bolt **2. B** illatszerbolt és drogéria
droguista [drugistö] *fn* patikus
dromedário [drumidàrju] *m* dromedár, egypúpú teve
drupa [drupö] *f* csonthéjas gyümölcs
d.^{to} = *direito* jobb
dualidade [duölidàd] *f* kettősség
dualismo [duölizsmu] *m* dualizmus
Duarte [duàrt] *m* Edvárd; Ede
duas [duös] → **dois**
dúbio [dubju] *mn* **1.** ingadozó **2.** kétes, bizonytalan
dubitativo [dubitötivu] *mn* kételkedő
dublagem [dublàzsö^{n}j] *f film* szinkron; szinkronizálás
dublador *m*, **-a** *f* [dublödor(ö)] *fn* dublőr, dublőz
dublar [dublàr] *1/1 ts* (filmet) szinkronizál
ducado [dukàdu] *m* **1.** hercegség **2.** dukát, arany pénz
ducal [dukàl] *mn* hercegi
ducha [dusö] *f* zuhany; zuhanyfürdő; *tomar uma ~* lezuhanyozza magát
duchar [dusàr] *1/1 ts* **B** vízzel leönt *v* lelocsol, öntöz
duche [dus] *m* = **ducha**
dúctil [duktil] *mn* **1.** nyújtható (fém) **2.** *átv* formálható **3.** *átv* alázatos, engedelmes
ductilidade [duktikidàd] *f* **1.** nyújthatóság **2.** rugalmasság, hajlékonyság **3.** alázatosság, engedelmesség
duelista [duilistö] *m* párbajozó
duelo [duèlu] *m* párbaj
duende [due^{n}nd] *m* kobold, manó
dueto [duétu] *m zene* duett, kettős
dulcificar [dulszifikàr] *1/2 ts* **1.** megédesít **2.** csillapít, enyhít
dulcineia [dulszinéjö] *f* vkinek a szerelme

dum, duma [du^n, dumö] = **de** + **um, de** + **uma**
duna [dunö] *f földr* düne
duodécimo [duodèszimu] **I.** *szn* tizenkettedik **II.** *fn, m* tizenketted
duodeno [duodénu] *m orv* duodénum, nyombél, patkóbél
dupla [duplö] *f* **B 1.** szinkronizált film; *fazer a* ~ filmet szinkronizál **2.** *sp* páros mérkőzés
dúplex [duplèksz] *mn* **B** kettős; *casa* ~ kétszintes ház
duplicação [dupliköszö^{n}u] *f* megkettőzés
duplicado [duplikàdu] **I.** *mn* dupla, kettőzött **II.** *fn, m* másolat; *em* ~ két példányban
duplicar [duplikàr] *1/2 ts* **1.** megkettőz **2.** két példányban leír **3.** növel, gyarapít
duplicata [duplikàtö] *f* másodlat; másolat
duplicidade [dupliszidàd] *f* **1.** kettősség **2.** *átv* kétszínűség
duplo [duplu] **I.** *mn* dupla; *palavra de* ~ *sentido* kétértelmű *v* kettős jelentéssel bíró szó **II.** *fn, m o* ~ *de* vminek a duplája
duque [duk] *m* herceg
duquesa [dukézö] *f* hercegnő
dura [durö] *f* = **duração**; *chuva de pouca* ~ rövid ideig tartó eső
durabilidade [duröbilidàd] *f* tartósság
duração [duröszö^{n}u] *f* **1.** időtartam **2.** tartósság; *pano de* ~ tartós, erős szövet *de pouca* ~ nem tartós, rövid életű
duradoiro, duradouro [durödojru, -doru] *mn* tartós, hosszú életű
durante [durö^{n}nt] *vsz* (ideje) alatt; ~ *as férias* a vakáció alatt; ~ *quarenta anos* negyven évig; ~ *todo o ano* egész éven át
durar [duràr] *1/1 tl* **1.** (ideig) tart **2.** (ideig) eltart; kibírja; *ele não dura muito tempo* ő már nem bírja sokáig (meghal); *este sapato durará muito* ez a cipő sokáig fog eltartani; *é de lavar e* ~ nagyon tartós (*pl* ruháról); *közm : não há bem que sempre dure, nem mal que por si perdure* v *que nunca se acabe* semmi sem tart örökké; minden álom egyszer véget ér
durável [duràvèl] *mn* tartós
durázio [duràzju] *mn* **1.** kemény héjú (gyümölcs) **2.** érett *v* idősebb ember
dureza [durézö] *f* **1.** keménység; ~ *do coração* kőszívűség **2.** szigor **3.** *átv* kegyetlenség
duriense [durje^{n}sz] *mn* és *fn* Douro portugál tartományból való
durindana [duri^{n}ndönö] *f tréf* kard; gyíkleső
duro[1] [duru] *mn* **1.** kemény; *cama* ~*a* kemény fekvőhely; *solo* ~ kemény talaj; ~ *de cabeça* keményfejű, csökönyös; ~ *de ouvido* nagyothalló; *közm :* ~ *com* ~ *não faz bom muro* két dudás egy csárdában nem fér meg **2.** *átv* nehéz, fáradságos; *vida* ~*a* küzdelmes élet; ~ *de roer* v *de pelar, átv* nehezen elhihető; nehezen elviselhető **3. B** zsúfolt, tömött; *o teatro estava* ~ *de gente* a színház zsúfolásig megtelt
duro[2] [duru] *n* dúró (spanyol pénz)
dúvida [duvidö] *f* kétség; bizonytalanság; *na* ~ kétség esetén; *sem* ~, *fora de* ~ kétségtelenül; *entrar* v *estar em* ~ kétségben van; kételkedik; *não há* ~ *que* nem kétséges, hogy; *levantar* v *pôr* ~*s* kételyeket támaszt; *pôr em* ~ kétségbe von; *tirar* ~*s* kétségeket eloszlat
duvidar [duvidàr] *1/1* **I.** *ts* kétségbe von **II.** *tl* ~ *de* kételkedik vmiben
duvidoso [duvidozu] *mn* kétes, bizonytalan
duzentos *m*, **duzentas** *f* [duze^{n}ntus, -tös] *szn* kétszáz
dúzia [duzjö] *f* tucat; *à* ~ tucatjával; *às* ~*s* tucatszámra
dz. = *dúzia* tucat

E

E, e [è] *m* e (betű)

e [i] *ksz* **1.** és; meg; *tu e eu* te meg én; **2.** de, pedig, viszont

E. = **1.** *editor* kiadó **2.** *esquerda* bal **3.** *este* Kelet

é [è] **1.** van; →**ser** **2.** *é que* ugyanis, tudniillik

ebanista [ibönistö] *m* műbútor-asztalos

ébano [èbönu] *m* ébenfa

ebonite [èbunit] *f* ebonit, kemény kaucsuk

eborense [èbure^{n}sz] *mn* és *fn* Évora városból való, evorai

ebriedade [èbrjèdàd] *f* részegség

ébrio [èbrju] *mn* **1.** részeg **2.** ~ *de* vmitől megrészegült

ebulição [ibuliszö^{n}u] *f* **1.** forrás; *ponto de* ~ forrpont **2.** *átv* forrongás

ebúrneo [iburnyu] *mn* elefántcsont-

E. C. = *Era Cristã* keresztény kor

ecléctico [iklèktiku] *mn* eklektikus

eclectismo [iklèktizsmu] *m* eklekticizmus

eclesiástico [iklizjàstiku] **I.** *mn* egyházi, papi **II.** *fn, m* egyházi személy, pap

eclipsar [iklipszàr] *1/1* **I.** *ts csill, átv* elsötétít, elhomályosít **II.** ~**-se 1.** *csill* eltűnik **2.** *átv* elrejtőzik; nyoma vész

eclipse [iklipsz] *m* **1.** *csill:* ~ *luar* v *da lua* holdfogyatkozás; ~ *solar* v *do sol* napfogyatkozás **2.** *átv* eltűnés

eclodir [ikludir] *3/11* **I.** *ts* **1.** kifejleszt **2.** kikölt **II.** *tl* kifejlődik

eclosão [ikluzö^{n}u] *f* **1.** kifejlesztés; kifejlődés **2.** kiköltés

eco [èku] *m* visszhang (*átv* is); *encontrar* ~ visszhangra talál; *fazer* ~ visszhangzik

ecoar [èkuàr] *1/8* **I.** *ts* ismétel; utána mond **II.** *tl* visszhangzik

ecologia [ikuluzsiö] *f* ökológia, környezettan

economato [ikunumàtu] *m* gazdasági hivatal

economia [ikunumiö] *f* **1.** gazdaság; gazdálkodás; ~ *agrícola* v *rural* mezőgazdaság; ~ *doméstica* háztartás; ~ *nacional* népgazdaság; ~ *planificada* tervgazdálkodás; ~ *privada* magángazdálkodás, magángazdaság; ~ *socialista* szocialista gazdálkodás **2.** gazdaságtan; ~ *política* politikai gazdaságtan **3.** takarékoskodás; *fazer* ~*s* takarékoskodik

economicidade [ikonumiszidàd] *f* gazdaságosság

económico [ikònòmiku] *mn* **1.** gazdasági; *crise* ~*a* gazdasági válság **2.** gazdaságos; takarékos **3.** olcsó, előnyös

economista [ikunumistö] *fn* közgazdász

economizar [ikunumizàr] *1/1 tl* takarékoskodik

ecónomo [ikònumu] *m* gazdasági intéző

écran [èkra^n] *m* **1.** (kályha)ellenző **2.** mozivászon

ecúleo [ikulju] *m* **1.** kínzóeszköz **2.** *átv* kínzás

eczema [èkzémö] *m* bőrkiütés

ed. = *edição* kiadás

E. D. = *espera deferimento* reméli kedvező elintézését

edacidade [idöszidàd] *f* **1.** mohóság, falánkság **2.** *a* ~ *do tempo* az idő romboló foga

edaz [idàs] *mn* mohó, falánk

edema [idémö] *m orv* ödéma, vizenyő

edematoso [idémötozu] *mn orv* ödémás, vízkóros, dagadt

éden [èdén] *m* éden(kert), paradicsom

edição [idiszö^{n}u] *f nyomd* kiadás

edicto [idi(k)tu] *m* rendelet

edificação [idifiköszö^{n}u] *f* **1.** (fel)építés **2.** építmény **3.** *átv* épülés, tanulság

edificador *m*, **-a** *f* [idifiködor(ö)] *fn* építő, alkotó

edificante [idifikö^{n}nt] *mn* **1.** építő **2.** *átv* épületes, tanulságos

edificar [idificàr] *1/2 ts* **1.** épít **2.** *átv* alkot, teremt **3.** *átv* tanít, nevel

edifício [idifiszju] *m* épület; ~ *público* középület

edil [èdil] *m* városi tanácsnok; városatya

edital [iditàl] *m* **1.** kihirdetés; közzététel **2.** rendelet **3.** hirdetmény **4.** versenytárgyalási kiírás

editar [iditàr] *1/1 ts* kiad (művet)

Edite [idit] *f* Edit

édito [èditu] *m* hirdetmény; *correm ~s de trinta dias* harminc napon át közhírré tétetik

editor *m*, **-a** *f*[iditor(ö)] **I.** *mn (casa) ~a* könyvkiadó vállalat **II.** *fn* (könyv)kiadó

editorial [iditurjàl] **I.** *mn* **1.** kiadói **2.** szerkesztőségi **II.** *fn, m* **1.** kiadóvállalat **2.** szerkesztőségi cikk; vezércikk

Edmundo [idmu^{n}ndu] *m* Ödön

edredão [idridö^{n}u] *m* **1.** pehelytoll **2.** pehelypaplan, dunyha

educação [iduköszö^{n}u] *f* **1.** nevelés **2.** jólneveltség; *sem ~* neveletlen **3.** idomítás **4.** tenyésztés

educacional [iduköszjunàl] *mn* nevelési

educador *m*, **-a** *f* [iduködor(ö)] *mn* és *fn* nevelő; *~a infantil* v *de infância* ovónő

educandário [idukö^{n}ndàrju] *m* nevelőintézet

educando *m*, **-a** *f* [idukö^{n}ndu, -ö] *fn* növendék, tanuló

educar [idukàr] *1/2 ts* **1.** (fel)nevel **2.** termeszt

educativo [idukötivu] *mn* **1.** nevelő, nevelési **2.** tanulságos

efe [èfi] *m* ef (betű neve)

efectivação [ifètivöszö^{n}u] *f* **1.** megvalósítás **2.** befejezés

efectivar [ifètivàr] *1/1 ts* **1.** megvalósít **2.** befejez

efectível [ifètivèl] *mn* megvalósítható

efectividade [ifètividàd] *f* **1.** ténylegesség **2.** hatékonyság

efectivo [ifètivu] **I.** *mn* tényleges; valódi; *membro ~* rendes tag **II.** *fn, m* létszám, állomány

efectuar [ifètuàr] *1/9 ts* megvalósít; keresztülvisz

efeito [iféjtu] *m* **1.** okozat; *causa e ~* ok és okozat; *não há ~ sem causa* mindennek megvan a maga oka **2.** megvalósítás, végrehajtás; *pôr em ~* megvalósít **3.** hatás; benyomás; *~s de luz* fényhatások; *causar ~* benyomást kelt, hatást vált ki **4.** hatály; érvény; *ter ~ imediato* azonnali hatállyal életbe lép **5.** cél; *para ~ de* abból a célból, hogy; *para o ~* ebből a célból **6.** *műsz* teljesítmény **7.** *~s* értékpapírok **8.** siker, eredmény; *ter ~* sikere van **9.** *szól: com ~* valóban, tényleg; *para os devidos ~s* minden eshetőséggel számolva

efeituar [iféjtuàr] *1/9* = **efectuar**

efémera [ifèmirö] *f áll* kérész, tiszavirág

efémero [ifèmiru] *mn* **1.** egynapos **2.** *átv* rövid életű

efemérides [ifimèridis] *f tb* **1.** napló **2.** közlöny, tudósítás

efeminado [ifiminàdu] *mn* elnőiesedett; elpuhult

efeminar [ifiminàr] *1/1 ts* elnőiesít; elpuhít

efervescência [ifirvis-sze^{n}szjö] *f* **1.** *vegy* forrás **2.** *átv* forrongás, nyugtalanság

efervescente [ifirvis-sze^{n}nt] *mn* **1.** *vegy* forrásban levő **2.** *átv* forrongó, nyugtalan

efervescer [ifirvis-szér] *2/2 tl* **1.** *vegy* (fel)forr **2.** *átv* forrong, nyugtalankodik

efet . . . → **efect . . .**

eficácia [ifikàszjö] *f* hatásosság, eredményesség

eficaz [ifikàs] *mn* hatékony, eredményes

eficiência [ifiszje^{n}szjö] *f* **1.** hatékonyság, eredményesség **2.** hatóerő

efígie [ifizsji] *f* kép, képmás (érmen, pénzen)

eflorescência [ifluris-sze^{n}szjö] *f* **1.** kivirágzás **2.** hamvasság (gyümölcsön) **3.** *orv* bőrkiütés

eflorescer [ifluris-szér] *2/2 tl* kivirágzik

efusão [ifuzö^{n}u] *f* **1.** kiöntés, kiömlés; *~ de sangue* vérontás **2.** *átv* áradozás, elragadtatás

efusivo [ifuzivu] *mn átv* túláradó; határtalan

Egeu [izséu] *m: o ~* az Égei-tenger

égide [èzsid] *f* **1.** védőpajzs **2.** védelem;

sob a ~ de vkinek a védelme v védnöksége alatt
egípcio [izsipszju] *mn* és *fn* egyiptomi
Egipto [izsitu] *m* Egyiptom
egoísmo [iguizsmu] *m* önzés
egoísta [iguistö] *mn* és *fn* önző
egrégio [igrèzsju] *mn* kiváló, nevezetes
égua [ègvö] *f* kanca
eia! [éjö] *isz* 1. rajta! 2. ejha!
ei-lo [éjlu] (= *eis* + *o*) íme, itt van
eira [éjrö] *f* szérű; *não ter ~ nem beira, nem ramo de figueira* se kutyája, se macskája; nincs semmije
eirado [éjràdu] *m* 1. (tető)terasz 2. szérű
eis [éjs] *hat* íme, itt van; *~-me* (*aqui*) íme itt vagyok; *~ porque* ez az oka annak, hogy; *~ senão quando* hirtelen, váratlanul; *~ tudo* és ez minden
eito [éjtu] *m* sorrend; *a ~* egymásután
eiva [éjvö] *f* 1. repedés (üvegben) 2. folt (*átv* is); hiba, fogyatékosság
eivar [éjvàr] *1/1* I. *ts* beszennyez II. *~-se* 1. megromlik (gyümölcs) 2. megreped (üveg)
eixo [éjsu] *m* 1. *geom, műsz* tengely; *~ de rotação* forgási tengely 2. *ját* bakugrás; *saltar ao ~* bakot ugrik 3. *szól*: *andar fora dos ~s, átv* rendetlenség támad; *entrar nos seus ~s* rendbe jön; *sair fora dos ~s, átv* túllő a célon
ejaculação [izsökulöszö^{n}u] *f* kilövellés
ejacular [izsökulàr] *1/1 ts* kilövell
ejector [izsètor] *m* 1. vízsugárfecskendő 2. hüvelykivető (lőfegyverben)
ela [èlö] *névm, f* ő, az; *a irmã de ~* az ő huga; *isto é ~ por ~* ez egyre megy, az mindegy; *~s por ~s* szemet szemért, fogat fogért
elaboração [ilöburöszö^{n}u] *f* 1. feldolgozás; kidolgozás 2. *orv* emésztés
elaborar [ilöburàr] *1/15 ts* 1. feldolgoz, kidolgoz 2. *orv* emészt
elasticidade [ilöstiszidàd] *f* rugalmasság
elástico [ilàstiku] I. *mn* rugalmas (*átv* is) II. *fn, m* 1. gumi, törlőgumi 2. gumiszalag 3. gumiszövet
eldorado [èlduràdu] *m* eldorádó
ele[1] [èli] *m* el (betű neve)
ele[2] [él] *névm, m* ő, az; *a mãe de ele* az ő anyja; *vou com ~* vele megyek
electivo [ilètivu] *mn* 1. választási, választói 2. választott
electrão [ilè(k)trö^{n}u] *m fiz* elektron
electricidade [ilètriszidàd] *f* villany; villamosság; *ligar a ~* bevezeti v bekapcsolja a villanyt
electricista [ilètriszistö] *m* 1. villanyszerelő 2. elektrotechnikus 3. *engenheiro ~* villamosmérnök
eléctrico [ilètriku] I. *mn* villamos, villany-, elektromos; *corrente ~a* villamos áram; *fio ~* villanyhuzal; *instalação ~a* villamos berendezés v felszerelés; *poste ~* villanypózna; II. *fn, m* (*carro*) *~* villamos (kocsi); *rede ~a* villanyhálózat
electrificação [ilètrifiköszö^{n}u] *f* villamosítás
electrificar [ilètrifikàr] *1/2 ts* villamosít
electrizar [ilètrizàr] *1/1 ts* 1. (meg)villanyoz 2. *átv* felvillanyoz
electrocardiografia [ilètrukàrgyugröfiö] *f* elektrokardiográfia (EKG)
electrocussão [ilètrukuszö^{n}u] *f* villamosszék általi halálbüntetés
electrocutar [ilètrukutàr] *1/1 ts* villamosszékben kivégez
electrodinâmico [ilètrudinömiku] *mn* elektrodinamikus
electródio, eléctrodo [ilètrògyu, ilètrudu] *m* elektród; *~ negativo* katód; *~ positivo* anód
electrodoméstico [ilètrudumèstiku] *m* villamos háztartási gép v készülék
electrola [ilètròlö] *f* lemezjátszó
electrólise [iletròliz] *f* elektrolízis
electrómetro [ilètròmitru] *m* árammérő
electromotor [ilètrumutor] *m* villamos motor
electrónico [ilètròniku] *mn* elektronikus
electroquímico [ilètrukimiku] *mn* elektrokémiai
electrotecnia [ilètrutikniö] *f* elektrotechnika
electrotécnica [ilètrutèknikö] *f* = **electrotecnia**
electroterapia [ilètrutiröpiö] *f orv* elektroterápia
elefante [ilifönt] *m* elefánt; *~ marinho* v *do mar* rozmár
elefantíase [ilifö^{n}ntiöz] *f orv* elefántkór
elefantino [ilifö^{n}ntinu] *mn* elefánt-, elefántcsontból való
elegância [iligö^{n}szjö] *f* elegancia
elegante [iligö^{n}nt] *mn* elegáns
eleger [ilizsér] *2/3 ts* (meg)választ, kiválaszt, válogat, kikeres
elegia [ilizsiö] *f* elégia
elegíaco [ilizsiöku] *mn* elégikus; bánatos

elegível [ilizsivèl] *mn* megválasztható

eleição [iléjszö^{n}u] *f* 1. választás 2. *tb, pol* választások; *eleições municipais* községi választások

eleito [iléjtu] *mn* és *fn* kiválasztott

eleitor *m*, **-a** *f* [iléjtor(ö)] *mn* és *fn* választó

eleitorado [iléjturàdu] *m* választói testület; választók

eleitoral [iléjturàl] *mn* választó, választási; *campanha* ~ választási hadjárat; *direito* ~ választójog

elementar [ilime^{n}ntàr] *mn* 1. elemi 2. alapvető; *noções* ~*es* alapismeretek

elemento [ilime^{n}ntu] *h* 1. elem, alkotóelem; ~ *químico* kémiai elem; *estar no seu* ~, *átv* elemében van 2. ~*s* **a)** alapfogalmak **b)** *jog* peranyag; tényálladék 3. személy; munkaerő; *é tido por bom* ~ jó munkaerőnek tartják

elenco [ile^{n}nku] *m* 1. jegyzék; lista; katalógus 2. *szính* **a)** együttes **b)** *B* szereposztás

elctr . . . →**electr . . .**

elevação [ilivöszö^{n}u] *f* 1. (fel)emelés; emelkedés; ~ *dos preços* áremelkedés 2. magaslat 3. *átv* előlép(tet)és 4. *átv* emelkedettség; nemesség

elevado [ilivàdu] *mn* 1. magas 2. *átv* fennkölt, magasztos

elevador [ilivödor] *m* 1. felvonó, lift; ~ *de cargas* teherfelvonó 2. elevátor, emelőgép

elevar [ilivàr] *1/13* **I.** *ts* 1. (fel)emel (*átv* is); ~ *a voz* felemeli a hangját 2. felépít 3. *átv* előléptet **II.** ~**-se** (fel)emelkedik (*átv* is)

elidir [ilidir] *3/1 ts nyelvt* kivet (hangzót)

eliminação [iliminöszö^{n}u] *f* 1. kiküszöbölés, eltávolítás 2. *sp* (ki)selejtezés

eliminar [iliminàr] *1/1 ts* 1. kiküszöböl; eltávolít 2. *sp* kiselejtez; *ser eliminado* kiesik

eliminatória [iliminötòrjö] *f sp* selejtező mérkőzés

eliminatório [iliminötòrju] *mn* 1. kiküszöbölő 2. *sp* selejtező

elipse [ilipsz] *f* 1. *geom* ellipszis 2. *nyelvt* (szó)kihagyás

elisão [ilizö^{n}u] *f nyelvt* hangkivetés

elite [elit] *f* elit, válogatott társaság

elixir [ilisir] *m* elixír, csodaszer

elmo [èlmu] *m* sisak

elo [èlu] *m* 1. láncszem (*átv* is) 2. *növ* kacs

elocução [ilukuszö^{n}u] *f* kifejezésmód

elogiar [iluzsjàr] *1/7 ts* dicsér; magasztal

elogio [iluzsiu] *m* dicséret; magasztalás

elogioso [iluzsjozu] *mn* dicsérő; magasztaló; *em termos* ~*s* dicsérő szavakkal, elismerően

eloquência [ilukve^{n}szjö] *f* ékesszólás

eloquente [ilukve^{n}nt] *mn* 1. ékesen szóló 2. *átv* sokat mondó, beszédes

el-rei [èlréj] *m rég* a király

elucidação [iluszidöszö^{n}u] *f* 1. felvilágosítás 2. tisztázás (kérdésé)

elucidar [iluszidàr] *1/1 ts* 1. felvilágosít 2. tisztáz (kérdést)

eludir [iludir] *3/1 ts átv* elkerül, kikerül; ~ *a lei* kijátssza a törvényt

em [ö^{n}j] (névelős alakjai: *no, na, nos, nas, num, numa*) *vsz* 1. (hely:) -ban, -ben, -ba, -be; -on, -en, -ön, -ra, -re; *em Budapeste* Budapesten; *em Lisboa* Lisszabonban; *em Portugal* Portugáliában; *na Hungria* Magyarországon; *no Brasil* Brazíliában; *em baixo* lent; *em cima* fent; *entrar no quarto* bemegy a szobába; *está em casa* otthon van 2. (*idő:*) -ban, -ben; -on, -en, -ön; alatt, folyamán; múlva; *em 1980* 1980-ban; *em Janeiro* januárban; *em 4 de Abril* április negyedikén; *em cinco anos* **a)** öt év múlva **b)** öt év alatt; *na primavera* tavasszal; *em boa hora* éppen jókor, kapóra; *de ano em ano* évről évre 3. (*mód:*) *em francês* franciául; *em húngaro* magyarul; ~ *aparência* látszólag; *em comum* közösen; *em segredo* titokban

E. M. = 1. *Estado Maior* vezérkar 2. *em mão* kezéhez, kezébe

emaciar [imöszjàr] *1/7* **I.** *ts* kimerít; kizsigerel **II.** *tl* lesoványodik

emagrecer [imögriszér] *2/2 tl* lesoványodik, lefogy

emagrecimento [imögriszime^{n}ntu] *m* lesoványodás, fogyás

emanação [imönöszö^{n}u] *f* 1. kiáradás, kisugárzás; kipárolgás 2. *átv* eredet, származás

emanar [imönàr] *1/1 tl* 1. kiárad, kisugárzik; kipárolog 2. *átv* ered, származik

emancipação [imö^{n}szipöszö^{n}u] *f* emancipáció, egyenjogúsítás, felszabadítás; *a* ~ *da mulher* női egyenjogúsítás

emancipar [imö^{n}szipàr] *1/1 ts* egyenjogúsít; felszabadít

emaranhar [imörönyàr] *1/1 ts* összekuszál (*átv* is)

embaçadela [e^{n}mböszödèlö] *f* ámitás; csalás

embaçar [e^{n}mböszàr] *1/3, 1/12* **I.** *ts* **1.** elhomályosít (*átv* is) **2.** becsap, rászed **II.** *tl átv* sóbálvánnyá dermed

embaciar [e^{n}mböszjàr] *1/7* **I.** *ts* **1.** fényétől megfoszt; párával bevon **2.** *átv* befeketít; bemocskol **II.** *tl,* **III.** **~-se 1.** fényét veszti; bepárásodik; **2.** beborul

embaidor *m,* **-a** *f* [e^{n}möjdor(ö)] *mn* és *fn* **1.** csaló, szélhámos **2.** csábító

embainhar [e^{n}mböinyàr] *1/10 ts* **1.** hüvelyébe dug (kardot) **2.** beszeg (ruhát)

embair [e^{n}mböir] *3/22 ts* **1.** becsap; rászed **2.** elcsábít

embaixada [e^{n}mbàjsàdö] *f* nagykövetség

embaixador [e^{n}mbàjsödor] *m* nagykövet

embaixatriz [e^{n}mbàjsötris] *f* nagykövet (nő); nagykövet felesége

embalado [e^{n}mbölàdu] **I.** *mmi* → **embalar** **II.** *mn* gazdag, jómódú

embalador *m,* **-a** *f* [embölödor(ö)] **I.** *mn* **1.** altató, hitegető **2.** *átv* csalóka, csalfa **II.** *fn* csomagoló (személy)

embalagem [e^{n}mbölàzsö^{n}j] *f* csomagolás

embalar [e^{n}mbölàr] *1/12 ts* **I. 1.** elringat, elaltat; *canção de ~* altatódal **2.** elbűvöl **3.** becsap, rászed **4.** *~ o motor* teljes sebességgel járatja a motort **II.** becsomagol **III.** golyóra tölt (puskát)

embalo [e^{n}mbàlu] *m* ringatás

embalsamar [e^{n}mbàlszömàr] *1/1 ts* **1.** bebalzsamoz **2.** illatossá tesz

embandeirar [e^{n}mbö^{n}ndéjràr] *1/1 ts* zászlókkal díszít, zászlódíszbe öltöztet

embaraçado [e^{n}mböröszàdu] *mn* **1.** zavarban levő **2.** bonyolult

embaraçar [e^{n}mböröszàr] *1/3, 1/12* **I.** *ts* **1.** zavarba hoz **2.** megnehezít, bonyolulttá tesz **3.** elzár (utat) **II.** **~-se 1.** zavarba jön **2.** *~-se com* összevesz vkivel

embaraço [e^{n}mböràszu] *m* **1.** nehézség, akadály; *encontrar ~s* nehézségekbe ütközik; *achar-se em ~s* pénzzavarban van **2.** *átv* zavar, zavarodottság **3.** *orv* emésztési zavar(ok) **4.** *biz* terhesség

embaraçoso [e^{n}mböröszozu] *mn* **1.** zavaró; kellemetlen **2.** kényes; kínos

embarcação [e^{n}mbörkösző^{n}u] *f* vízi jármű, hajó, csónak

embarcadoiro, -douro [e^{n}mbörködojru, -doru] *m* **1.** rakodópart **2.** pályaudvar indulási oldala

embarcar [e^{n}mbörkàr] *1/2, 1/12* **I.** *ts* behajóz (szállítmányt), hajóra rak **II.** *tl* hajóra száll; vonatra ül; elutazik

embargar [e^{n}mbörgàr] *1/4, 1/12 ts* **1.** *jog* zár alá vesz **2.** akadályoz; megnehezít

embargo [e^{n}mbàrgu] *m* **1.** *jog* zár alá vétel **2.** akadályozás **3.** tiltakozás; *pôr ~s a* tiltakozik vmi ellen **4.** *sem ~* mégis, mindazonáltal; *sem ~ de* ellenére, dacára

embarque [e^{n}mbàrk] *m* **1.** behajózás **2.** elutazás

embarrar [e^{n}mbörràr] *1/12 ts* **1.** besároz **2.** bevakol

embarricar-se [e^{n}mbörrikàrszi] *1/1* elbarikádozza magát

embarrilar [e^{n}mbörrilàr] *1/1 ts* **1.** hordókba tölt **2.** becsap, rászed

embasamento [e^{n}mbözöme^{n}ntu] *m* **1.** *ép* alap **2.** *átv* megalapozás; megalapozottság

embasbacado [e^{n}mbözsbökàdu] *mn* elámult, elképedt

embasbacar [e^{n}mbözsbökàr] *1/2, 1/12* **I.** *ts* elképeszt **II.** *tl* elámul, elképed

embastar e^{n}mböstàr] *1/12 ts* letűz (varrással)

embastecer [e^{n}mböstiszér] *2/2 ts* besűrít

embastir [e^{n}mböstir] *3/13 ts* **B** = **embastecer**

embate [e^{n}mbàt] *m* **1.** nekiütődés; összekoccanás **2.** támadás, roham **3.** *~s da fortuna* sorscsapások

embater [e^{n}mbötér] *2/6* **I.** *tl,* **II.** **~-se** *com, em* nekiütközik vminek, összekoccan vmivel, beleszalad vmibe

embatocar [e^{n}mbötukàr] *1/2, 1/15 ts* bedugaszol

embatucar [e^{n}mbötukàr] *1/2* **I.** *ts* elhallgattat **II.** *tl* elhallgat, elnémul

embaucar [e^{n}mböukàr] *1/2 ts* becsap, rászed

embebedar [e^{n}mbibidàr] *1/13* **I.** *ts* **1.** leitat **2.** *átv* megrészegít **II.** **~-se 1.** leissza magát **2.** *átv: ~-se com* megrészegül vmitől

embeber [e^{n}mbibér] *2/7* **I.** *ts* **1.** felszív, magába szív **2.** átitat **3.** belemárt; beleszúr, beledöf (kardot); *~ um prego* szöget bever **II.** **~-se 1.** átitatódik **2.** felszívódik **3.** *átv* áthatja vmi, eltelik vmivel (*de*) 4. *szól:* ~-*se em funda meditação* mélyen elgondolkodik

embeberar [e^{n}mbibiràr] *1/13 ts* (meg)itat

embebido [e^{n}mbibidu] *mn* **1.** átitatott **2.** *átv* áthatott vmitől (*de*)

embeiçado [e^{n}mbéjszàdu] *mn biz* szerelmes vkibe (*por*)

embeiçar [e^{n}mbéjszàr] *1/3* **I.** *ts biz* elcsavarja a fejét **II.** ~**-se** *argó* szerelmes lesz, beleesik vkibe (*por*)

embelecar [embilikàr] *1/2, 1/13 ts* elbűvöl; *átv* megszédít

embelecer [e^{n}mbiliszér] *2/2 ts* szépít, csinosít

embeleco [e^{n}mbiléku] *m* **1.** hazugság **2.** csalás, ámítás **3.** képmutatás **4.** **B** akadály

embelezar [e^{n}mbilizàr] *1/13* **I.** *ts* szépít, csinosít **II.** *tl* megszépül

embevecer [e^{n}mbiviszér] *2/2* **I.** *ts* elbűvöl **II.** ~**-se** bűvöletbe esik

embevecimento [e^{n}mbiviszime^{n}ntu] *m* bűvölet, elragadtatás

embezerrar [e^{n}mbizirràr] *1/13 tl nép* duzzog

embicar [e^{n}mbikàr] *1/2* **I.** *tl* **1.** megbotlik vmiben (*com*) **2.** megakad, akadályba ütközik **3.** *haj* partot ér, kiköt **4.** *szól:* ~ *com* összeszólalkozik vkivel **II.** *ts* **B** ~ *um copo de vinho* lehajt egy pohár bort

embiocar [e^{n}mbjukàr] *1/2, 1/15* **I.** *ts* **1.** (fátyollal) eltakar **2.** *átv* takargat; leplez **II.** ~**-se** **1.** eltakarja arcát **2.** álszenteskedik

embira [e^{n}mbirö] *f* **B** rost, rostszál (az embira nevű fa anyagából)

embirar [e^{n}mbiràr] *1/1 ts* **B** megköt(öz)

embirra [e^{n}mbirrö] *f* **1.** csökönyösség **2.** ellenszenv

embirração [e^{n}mbirröszö^{n}u] *f* = **embirra**

embirrante [e^{n}mbirrö^{n}nt] *mn* **1.** csökönyös **2.** ellenszenves

embirrar [e^{n}mbirràr] *1/1 tl* **1.** csökönyösködik; ~ *em* köti az ebet a karóhoz **2.** ~ *com* ki nem állhatja

embirrento [e^{n}mbirre^{n}ntu] *mn* kiállhatatlan; utálatos

emblema [e^{n}mblémö] *m* jelvény; jelkép

emblemático [e^{n}mblimàtiku] *mn* jelképes

embocadura [e^{n}mbuködurö] *f* **1.** (folyó)torkolat **2.** zabla **3.** fuvóka (hangszeren) **4.** *átv* hajlam, tehetség vmihez (*para*)

embocar [e^{n}mbukàr] *1/2, 1/15 ts* **1.** szájához illeszt (hangszert) **2.** felzabláz (lovat) **3.** befordul (utcába)

emboçar [e^{n}mbuszàr] *1/3, 1/15 ts* bevakol

emboço [e^{n}mboszu] *m* bevakolás

êmbolo [e^{n}mbulu] *m müsz* dugattyú

embolsar [e^{n}mbolszàr] *1/15 ts* **1.** zsebébe dug **2.** visszafizet (adósságot); kielégít (hitelezőt)

embondo [e^{n}mbo^{n}ndu] *m* **B** *átv* nehézség

embonecar [e^{n}mbunikàr] *1/2, 1/13 ts* csinosít, cicomáz

embora [e^{n}mbòrö] **I.** *ksz* ámbár, noha, jóllehet; még ha . . . is **II.** *hat* szerencsésen; jókor **III.** *isz* ám legyen! mit bánom én! **IV.** *szól:* *ir-se* ~ elmegy, távozik; *vai-te* ~*!* takarodjál!

emboras [e^{n}mbòrös] *f tb* jókívánságok

emborcar [e^{n}mburkàr] *1/2, 1/15* **I.** *ts* **1.** felfordít, tetejére állít **2.** kiönt, kiürít **II.** ~**-se** hanyatt vágódik

embornal [e^{n}mburnàl] *m* **1.** abrakos zsák **2.** *haj* vízlefolyó

emborrachar [e^{n}mburrösàr] *1/12 nép* **I.** *ts* berúgat **II.** ~**-se** berúg

emborrascar [e^{n}mburröskàr] *1/2, 1/12* **I.** *ts* felkavar; felingerel **II.** ~**-se** viharossá válik (tenger); viharosra fordul (idő)

emboscada [e^{n}mbuskàdö] *f* lesállás; leshely; *fazer uma* ~, *átv* csapdát állít; *por-se em* ~ lesbe áll

emboscar [e^{n}mbuskàr] *1/2, 1/15* **I.** *ts* **1.** lesbe állít **2.** elrejt **II.** ~**-se** **1.** lesbe áll **2.** elrejtőzik

embotar [e^{n}mbutàr] *1/15* **I.** *ts* **1.** eltompít; koptat; ~ *os dentes* vásítja a fogat **2.** *átv* tompít, gyengít **II.** ~**-se** **1.** eltompul; vásik **2.** *átv* tompul, gyengül

embotelhar [e^{n}mbutéljàr] *1/1 ts* palackoz

embraiagem [e^{n}mbröjàzsö^{n}j] *f müsz* kuplung, tengelykapcsoló

embraiar [e^{n}mbröjàr] *1/12 ts müsz* bekapcsol (tengelykapcsolót)

embrandecer [e^{n}mbrö^{n}ndiszér] *2/2* **I.** *ts* megpuhít, meglágyít (*átv* is) **II.** *tl* megpuhul, meglágyul

embranquecer [e^{n}mbrö^{n}nkiszér] *2/2* **I.** *ts* **1.** fehérít **2.** (be)meszel **II.** *tl* megfehéredik; megőszül

embravecer [e^{n}mbröviszér] *2/2* **I.** *ts* feldühít; felingerel **II.** *tl*, **III.** ~**-se** **1.** feldühödik, megvadul **2.** dühöng, háborog

embrear [e^{n}mbrjàr] *1/5 ts* bekátrányoz

embrenhar-se [e^{n}mbrinyàrszi] *1/14* **1.** el-

rejtőzik 2. *átv* belemélyed; ~*-se em meditações* gondolatokba merül
embriagar [e^{n}mbrjögàr] *1/4, 1/12* **I.** *ts* **1.** leréSzegít 2. *átv* megszédít **II.**~**-se 1.** leissza magát 2. *átv* megmámorosodik
embriaguez [e^{n}mbrjögés] *f* **1.** részegség, ittasság 2 *átv* mámor
embrião [e^{n}mbrjö^{n}u] *m* **1.** embrió 2. *átv* kezdeti stádium
embridar [e^{n}mbridàr] *1/1* **I.** *ts* **1.** felkantároz 2. feldobja a fejét (ló) **II.** ~**-se** fennen hordja a fejét, fennhéjázó
embrionário [e^{n}mbrjunàrju] *mn* embrionális; kezdetleges
embroma [e^{n}mbromö] *f* **B 1.** elodázás 2. = **embromação**
embromação [e^{n}mbromöszö^{n}u] *f* **B** ámítás; csalás
embromar [e^{n}mbromàr] *1/1 ts* **B 1.** elodáz 2. ámít, becsap 3. kinevet
embrulhada [e^{n}mbruljàdö] *f* összevisszaság, zűrzavar
embrulhado [e^{n}mbruljàdu] *mn* **1.** zűrzavaros 2. borús, felhős (ég)
embrulhar [e^{n}mbruljàr] *1/1* **I.** *ts* **1.** becsomagol 2. összekuszál, összezavar 3. **B** becsap, rászed 4. ~ *o estômago* felkavarja a gyomrát **II.** ~**-se 1.** összezavarodik; ~*-se no discurso* belezavarodik *v* megakad a beszédében 2. beborul (ég)
embrulho [e^{n}mbrulju] *m* **1.** csomag; *papel de* ~ csomagolópapír 2. zűrzavar, rendetlenség 3. csalás, becsapás 4. *szól: ir no* ~ lépre megy, „bedől"
embrumado [e^{n}mbrumàdu] *mn* ködös
embrutecer [e^{n}mbrutiszér] *2/2* **I.** *ts* **1.** elállatiasít 2. elbutít **II.** *tl* **1.** elállatiasodik 2. elbutul
embruxar [e^{n}mbrusàr] *1/1 ts* megbabonáz, elbűvöl
embuçar [e^{n}mbuszàr] *1/3 ts* eltakar, elfátyoloz
embuchar [e^{n}mbusàr] *1/1 biz* **I.** *ts* teletöm, jóllakat (étellel) **II.** *tl* **1.** mohón fal; majd megfullad 2. hallgat, „lenyeli" 3. bosszankodik; duzzog
embuste [e^{n}mbust] *m* ámítás, csalás
embustear [e^{n}mbustyàr] *1/5 ts* ámít, becsap
embusteiro [e^{n}mbustéjru] *mn* és *fn* **1.** hazug 2. ámító, csaló
embutido [e^{n}mbutidu] **I.** *mn armário* ~ beépített szekrény **II.** *fn, m* berakás, intarzia
embutir [e^{n}mbutir] *3/1 ts* **1.** beépít (falba) 2. berakásokkal díszít
eme [èmi] *m* em (betű neve)
emenda [ime^{n}ndö] *f* **1.** (ki)javítás 2. módosítás 3. toldás, toldalék; folt(ozás) 4. jóvátétel; *não ter* ~ nem tehető jóvá; javíthatatlan
emendar [ime^{n}ndàr] *1/1* **I.** *ts* **1.** (ki)javít 2. módosít 3. megtold; foltoz 4. jóvátesz **II.** ~**-se** megváltozik; megjavul
ementa [ime^{n}ntö] *f* **1.** notesz 2. jegyzék 3. rövid áttekintés 4. étlap
emergência [imirzse^{n}szjö] *f* **1.** felmerülés, felszínre jutás 2. váratlan esemény; *estado de* ~ szükségállapot; *medidas de* ~ **a)** rendkívüli *v* szükséges intézkedések **b)** szükségmegoldás; *porta* v *saída de* ~ vészkijárat
emergente [imirzse^{n}nt] *mn* **1.** felmerülő 2. ~ *de* vmiből eredő
emergir [imirzsir] *3/8, 3/15 tl* **1.** felmerül, felszínre jut (*átv* is) 2. előtűnik; megjelenik
emérito [imèritu] *mn* **1.** kiérdemesült 2. érdemeket szerzett, kiváló; *artista* ~ érdemes művész
emersão [imirszö^{n}u] *f* **1.** felmerülés, előtűnés 2. *csill* kilépés (árnyékból)
emético [imètiku] *mn* és *fn orv* hánytató(szer)
emigração [imigröszö^{n}u] *f* **1.** kivándorlás 2. vándorlás; *ave de* ~ vándormadár
emigrado [imigràdu] *fn* emigráns
emigrar [imigràr] *1/1 tl* kivándorol
eminência [imine^{n}szjö] *f* **1.** *földr* magaslat, domb 2. kiválóság 3. eminencia (bíborosok címe)
eminente [imine^{n}nt] *mn* **1.** *földr* magasan fekvő, kimagasló 2. *átv* kiemelkedő, kiváló
emissão [imiszö^{n}u] *f* **1.** *fiz* kisugárzás 2. *ker* kibocsátás; ~ *de acções* részvénykibocsátás; *banco de* ~ jegybank 3. *távk* adás, közvetítés; ~ *de frequência modulada* sztereoadás 4. ~ *de voz* hangadás; hangképzés
emissário [imiszàrju] *m* **1.** küldött, megbízott 2. titkos ügynök, kém 3. *műsz* levezető csatorna
emissor *m*, **-a** *f* [imiszor(ö)] **I.** *mn* adó; kibocsátó; *banco* ~ bankjegykibocsátó bank, jegybank; *posto* ~, *estação* ~*a* adóállomás **II.** *fn* **1.** *m* (*aparelho*) ~

adókészülék 2. *f (estação)* ~*a* adóállomás

emitir [imitir] *3/1 ts* **1.** *fiz* kisugároz **2.** *ker* kibocsát (pénzt, részvényeket) **3.** *rádió, tv* ad, közvetít **4.** ~ *uma opinião* véleményt nyilvánít

emoção [imuszö^{n}u] *f* izgatottság; felindulás

emocional [imuszjunàl] *mn* érzelmi

emocionante [imuszjunö^{n}nt] *mn* **1.** megható **2.** izgalmas

emocionar [imuszjunàr] *1/15* **I.** *ts* **1.** meghat **2.** felizgat **II.** ~**-se** **1.** meghatódik **2.** felizgul

emoldurar [imolduràr] *1/1 ts* **1.** bekeretez **2.** beilleszt

emoliente [imolje^{n}nt] *mn* és *fn orv* lágyító(szer)

emolir [imolir] *3/12 ts orv* lágyít, puhít

emolumento [imulume^{n}ntu] *m* **1.** nyereség, haszon **2.** honorárium, tiszteletdíj **3.** ~*s* mellékkereset

emotividade [imutividàd] *f* izgulékonyság; indulatosság

emotivo [imutivu] *mn* izgulékony

empa [e^{n}mpö] *f* szőlőkaró

empacar [e^{n}mpàkàr] *1/2 tl* megtorpan (ló)

empachar [e^{n}mpösàr] *1/12 ts* **1.** akadályoz **2.** túlterhel (gyomrot)

empacho [e^{n}mpàsu] *m* **1.** akadály **2.** *orv* ~ *de estômago* gyomorrontás

empacotador [e^{n}mpökutödor] *m* csomagoló (személy)

empacotar [e^{n}mpökutàr] *1/15* **1.** becsomagol **2.** kévébe köt

empada [e^{n}mpàdö] *f* hús- *v* halpástétom; ~ *de massa folhada* gyúrt tészta

empáfia [e^{n}mpàfjö] *f* önteltség

empalhar [e^{n}mpöljàr] *1/12 ts* **1.** szalmát a csűrbe raktároz **2.** szalmába csomagol **3.** szalmával kitöm (állatot) **4.** *átv* feltart, visszatart vkit **5.** **B** összezavar **6.** **B** bajlódik, vesződik

empalheirar [e^{n}mpöljéjràr] *1/1 ts* **1.** = **empalhar** **2.** szalmát *v* gabonát csűrbe *v* kazalba rak **3.** szalmával befon; *cadeira empalheirada* nádszék

empalidecer [e^{n}mpölidiszér] *2/2* **I.** *ts* elsápaszt **II.** *tl* **1.** elsápad **2.** elhalványul, kifakul

empalmar [e^{n}mpàlmàr] *1/1 ts* eltüntet, elcsen, ellop

empanar [e^{n}mpönàr] *1/1 ts* elhomályosít, fényétől megfoszt (*átv* is)

empancar [e^{n}mpö^{n}nkàr] *1/2 ts műsz* tömít, szigetel

empandeirar [e^{n}mpöndéjràr] *1/1 ts* **1.** megtölt, teletölt **2.** *haj* dagaszt (vitorlát a szél) **3.** *nép* becsap, „kitol" vkivel **T** **4.** lerázza a nyakáról, megszabadul vkitől **T**

empandilhar [e^{n}mpö^{n}ndiljàr] *1/1 ts* **1.** ügyesen elcsen **2.** *ját* csal (mással szövetkezve)

empanque [e^{n}mpö^{n}nk] *m műsz* tömítés, szigetelés

empantanar [e^{n}mpö^{n}ntönàr] *1/1* **I.** *ts* mocsárrá változtat, eláraszt **II.** ~**-se** **1.** mocsaras lesz **2.** besüpped a sárba

empantufar-se [e^{n}mpö^{n}ntufàrszi] *1/1* **1.** papucsba bújik **2.** kérkedik; páváskodik

empanturrar [e^{n}mpö^{n}nturràr] *1/1* **I.** *ts* **1.** teletöm (étellel) **II.** ~**-se** telezabálja magát

empanzinar [e^{n}mpö^{n}nzinàr] *1/1* **I.** *ts* megtöm (étellel), jóllakat **II.** *tl* telezabálja magát, „bepakol"

empapar[1] [e^{n}mpöpàr] *1/12* **I.** *ts* **1.** beáztat; átitat **2.** (meg)puhít, lágyít **II.** ~**-se** átitatódik

empapar[2] [e^{n}mpöpàr] *1/12 ts* **B** **1.** teletömi a begyét (szárnyas) **2.** zsebre vág

empapelar [e^{n}mpöpilàr] *1/13 ts* **1.** papírba becsomagol **2.** tapétáz **3.** *átv* őriz, megóv

empapuçado [e^{n}mpöpuszàdu] *mn* megdagadt; kidudorodó; *olhos* ~*s* kidülledt szemek

empaquetar-se [e^{n}mpàkètàrszi] *1/13* **B** gálába vágja magát

emparceirar [e^{n}mpörszéjràr] *1/1 ts* **1.** egyesít; párosít **2.** *sp* csoportosít

emparedar [e^{n}mpöridàr] *1/13* **I.** *ts* **1.** befalaz **2.** bezár **II.** ~**-se** **1.** bezárkózik **2.** elkülönül

emparelhado [e^{n}mpöriljàdu] *mn* páros; *rimas* ~*as* páros rímek

emparelhar [e^{n}mpöriljàr] *1/14* **I.** *ts* **1.** párosít; összerak **2.** egybeilleszt **3.** összehasonlít, egybevet **II.** *tl* párt alkot vmivel, megfelel vminek (*com*) **III.** ~**-se** felér vkivel *v* vmivel (*com*)

emparv(o)ecer [e^{n}mpörv(u)iszér] *2/2* **I.** *ts* elbutít **II.** ~**-se** elbutul

empastar [e^{n}mpöstàr] *1/12 ts* **1.** péppé alakít **2.** ragadóssá tesz; (össze)ragaszt

3. *müv* vastagon felrak (festéket) **II.** **~-se** pépes *v* ragadós lesz
empaste [e^{n}mpàst] *m* **1.** összeragasztás **2.** *müv* impasto, festékek vastag felrakása
empatado [e^{n}mpötàdu] *mn ját, sp* döntetlen
empatar [e^{n}mpötàr] *1/12* **I.** *ts* **1.** akadályoz; visszatart; *a família empatava todo o seu tempo* a család lekötötte minden idejét **2.** befektet (pénzt, nem jövedelmező vállalkozásba) **II.** *tl ját, sp* döntetlenül végződik
empate [e^{n}mpàt] *m* **1.** akadály; akadályoztatás **2.** *ját, sp* döntetlen **3.** egyenlőség (szavazatok számában) **4.** **B** *orv* székrekedés
empavesar [e^{n}mpövizàr] *1/13* **I.** *ts* fellobogóz **II.** **~-se** **1.** kicsípi magát **2.** büszkélkedik
empavonar [e^{n}mpövunàr] *1/8* **I.** *ts* kevélylyé tesz **II.** **~-se** páváskodik, büszkélkedik
empeçar[1] [e^{n}mpiszàr] *1/3, 1/13* **I.** *ts* **1.** összekuszál **2.** akadályoz; megnehezít **3.** megkárosít, kárt okoz vkinek **T** **II.** *tl* **1.** belezavarodik **2.** megbotlik; ~ *na pedra* megbotlik a kőben
empeçar[2] [e^{n}mpiszàr] *1/3, 1/13* **I.** *ts* elkezd, megkezd **II.** *tl* kezdődik
empecer [e^{n}mpiszér] *2/2* = **empeçar**[1]
empecilho [e^{n}mpiszilju] *m* akadály; nehézség
empeço [e^{n}mpészu] *m* **I.** akadály **II.** **B** kezdet
empeçonhar [e^{n}mpiszunyàr] *1/8 ts* megmérgez
empedernido [e^{n}mpidirnidu] *mn* **1.** megkövült **2.** *átv* keményszívű; érzéketlen
empedrado [e^{n}mpidràdu] **I.** *mn* kikövezett **II.** *fn, m* kövezet
empedrar [e^{n}mpidràr] *1/13* **I.** *ts* kikövez (utat) **II.** **~-se** *átv* megkövesedik; érzéketlenné válik
empelo [e^{n}mpélu] *m* (kenyér)tészta
empena [e^{n}mpénö] *f* **1.** meggörbülés, megvetemedés (friss deszkáé) **2.** *ép* házorom
empenagem [e^{n}mpinàzsö^{n}j] *f rep* farokfelület
empenar [e^{n}mpinàr] *1/14* **I.** *tl* meggörbül, megvetemedik (friss deszka) **II.** *ts* tollakkal díszít
empenhamento [e^{n}mpinyöme^{n}ntu] *m átv* kiállás; *o ~ unitário dos trabalhadores* a munkások egységes fellépése
empenhar [e^{n}mpinyàr] *1/14* **I.** *ts* **1.** zálogba tesz, elzálogosít **2.** *átv* leköt, kötelez; ~ *a palavra* szavát adja **3.** *átv* bevet; felhasznál; ~ *esforços* erőfeszítéseket tesz **II.** **~-se** **1.** eladósodik **2.** kötelezi magát **3.** iparkodik, törekszik **4.** *kat* (harcba) bocsátkozik **5.** *~-se em* érdeklődik vmi iránt; érdekelve van vmiben **6.** *~-se por* kiáll vki *v* vmi mellett
empenho [empe^{n}nyu] *m* **1.** elzálogosítás; zálog **2.** kötelezettség **3.** *átv* bevetés; fáradozás; *com ~* kitartóan, állhatatosan **4.** iparkodás, törekvés **5.** érdeklődés; érdekeltség; *pôr* v *ter ~ em* súlyt vet vmire **6.** támogatás; protekció; *carta de ~* ajánlólevél; *meter ~s* protekciót vesz igénybe; *servir de ~ a* kiáll vki mellett; *ter bons ~s* jó összeköttetésekkel *v* protekcióval rendelkezik
emperrar [e^{n}mpirràr] *1/13* **I.** *ts* **1.** megmerevít **2.** *átv* csökönyössé tesz **II.** *tl,* **III.** **~-se** **1.** elakad, megakad; (fegyver) csütörtököt mond **2.** megmakacsolja magát
empertigar-se [e^{n}mpirtigàrszi] *1/4* **1.** kihúzza magát, kiegyenesedik **2.** kérkedik
empilhadeira [e^{n}mpiljödéjrö] *f müsz* emelőtargonca
empilhar [empiljàr] *1/1 ts* halomba rak, felhalmoz
empinado [e^{n}mpinàdu] *mn* **1.** meredek **2.** fellengzős, dagályos (stílus)
empinar [e^{n}mpinàr] *1/1* **I.** *ts* **1.** magasra emel; felállít **2.** lehajt (italt) **II.** **~-se** **1.** kihúzza magát **2.** felágaskodik (ló) **3.** *átv* megköti magát **4.** kérkedik, henceg
empírico [e^{n}mpiriku] **I.** *mn* tapasztalati **II.** *fn, m* tudatlan orvos, sarlatán
emplast(r)ar [e^{n}mplöst(r)àr] *1/13 ts* flastromot rak vmire **T**
emplast(r)o [èmplàst(r)u] *m* **1.** flastrom **2.** toldás, foldozás **3.** betegeskedő ember **4.** kellemetlen *v* unalmas alak
emplumar [e^{n}mplumàr] *1/1 ts* tollal borít *v* díszít
empoar [e^{n}mpuàr] *1/8 ts* **1.** bepúderez **2.** beporoz
empobrecer [e^{n}mpubriszér] *2/2* **I.** *ts* elszegényít, tönkretesz **II.** *tl* **1.** elszegényedik **2.** kimerül

empoeirar [e^{n}mpuéjràr] *1/1 ts* beporoz, porral teleszór
empola [e^{n}mpolö] *f* **1.** *orv* hólyag **2.** buburék **3.** *orv* ampulla **4.** dombocska, halom
empolado [e^{n}mpulàdu] *mn* **1.** *orv* hólyagos **2.** buborékos **3.** *átv* dagályos; felfújt
empolar [e^{n}mpulàr] *1/15* **I.** *ts* **1.** hólyagossá tesz **2.** *átv* felduzzaszt; dagályossá tesz (stílust) **II.** *tl,* **III.** **~-se** **1.** felhólyagzik **2.** megduzzad; dagályos lesz (stílus) **3.** háborog (tenger) **4.** büszke *v* gőgös lesz
empoleirar [e^{n}mpuléjràr] *1/1* **I.** *ts* **1.** felrak a tyúkülőre **2.** *átv* magas állásba kinevez **II.** **~-se** **1.** felül (tyúk) **2.** magas állásba kerül **3.** kérkedik, henceg
empolgante [e^{n}mpolgö^{n}nt] *mn* lebilincselő
empolgar [e^{n}mpolgàr] *1/4, 1/15 ts* **1.** megragad **2.** *átv* magával ragad; lebilincsel
emporcalhar [e^{n}mpurkàljàr] *1/13 ts* bepiszkít
empório [e^{n}mpòrju] *m* **1.** kereskedelmi gócpont **2.** **B** élelmiszerüzlet
empossar [e^{n}mpuszàr] *1/15* **I.** *ts* **1.** birtokba helyez **2.** beiktat; kinevez (állásba) **II.** **~-se** *de* **1.** birtokba vesz vmit **2.** elfoglalja hivatalát
emprazar [e^{n}mprözàr] *1/12* **I.** *ts* **1.** megidéz **2.** kitűz, megállapít (határidőt) **3.** meghív; összehív **II.** **~-se** megbeszél találkozót
empreendedor *m,* **-a** *f* [e^{n}mprje^{n}ndidor(ö)] **I.** *mn: espirito* **~** vállalkozó szellem **II.** *fn* vállalkozó
empreender [e^{n}mprje^{n}ndér] *2/1* **1.** *ts* elvállal, vállalkozik vmire **T** **2.** elkezd vmit, nekilát vminek **T**
empreendimento [e^{n}mprije^{n}ndime^{n}ntu] *m* vállalkozás
empregada [e^{n}mprigàdö] *f* **1.** női alkalmazott **2.** **B** szobalány; *quarto de* **~** személyzeti szoba
empregado [e^{n}mprigàdu] **I.** *mn: bem* **~** **a)** helyesen alkalmazott **b)** megérdemelt **II.** *fn, m* alkalmazott
empregador *m,* **-a** *f* [e^{n}mprigödor(ö)] **I.** *mn: firma* **~a** alkalmazó *v* munkáltató cég **II.** *fn, m* **1.** munkaadó **2.** **B** főnök, tulaj
empregar [e^{n}mprigàr] *1/4, 1/13* **I.** *ts* **1.** alkalmaz, felvesz (munkaerőt); foglalkoztat **2.** felhasznál; ráfordít; **~** *dinheiro* pénzt befektet **II.** **~-se** **1.** állást vállal **2.** foglalkozik vmivel (*em*)
emprego [e^{n}mprégu] *m* **1.** állás, foglalkozás; munkahely **2.** felhasználás; ráfordítás; **~** *do tempo* időbeosztás; *nyelvt: o* **~** *dos tempos* az igeidők használata **3.** (pénz)befektetés
empreguiçar [e^{n}mprigiszàr] *1/3 ts* ellustít
empreitada [e^{n}mpréjtàdö] *f* átalányban vállalt munka; *dar de* **~** vállalkozónak kiad (munkát)
empreitar [e^{n}mpréjtàr] *1/1 ts* átalányösszegért elvállal *v* kiad (munkát)
empreiteira [e^{n}mpréjtéjrö] *f* **B** vállalát
empreiteiro [e^{n}mpréjtéjru] *m* vállalkozó
emprenhar [e^{n}mprinyàr] *1/14* **I.** *tl* **1.** megtermékenyít **2.** teherbe ejt **II.** *tl* teherbe esik
empresa [e^{n}mprézö] *f* vállalat; üzem
empresário [e^{n}mprizàrju] *m* **1.** vállalkozó **2.** *szính* impresszárió
emprestado [e^{n}mpristàdu] *mn* kölcsönadott; kölcsönvett; *pedir* **~** kölcsönkér; *tomar* **~** kölcsönvesz
emprestar [empristàr] *1/13* **1.** *ts* kölcsönad; **2.** **~** *de* kölcsönvesz vkitől
empréstimo [e^{n}mprèstimu] *m* kölcsön; **~** *hipotecário* jelzálogkölcsön
emproado [e^{n}mpruàdu] *mn* öntelt; hiú
emproar-se [e^{n}mpruàrszi] *1/8* felfuvalkodik
empunhadura [e^{n}mpunyödurö] *f* (kard)markolat
empunhar [e^{n}mpunyàr] *1/1 ts* **1.** megfog, megragad **2.** elővesz
empurrão [e^{n}mpurrö^{n}u] *m* lökés; *aos empurrões* lökdösődve
empurrar [e^{n}mpurràr] *1/1 ts* **1.** lök; ellök, félrelök; *empurre* „tolni" (ajtófelirat) **2.** *átv* **~** *a* **a)** rásóz vkire (rossz árut); **b)** kellemetlen megbízást ad vkinek
empuxão [e^{n}mpusö^{n}u] *m* lökés, taszítás
empuxar [e^{n}mpusàr] *1/1 ts* lök, taszít
empuxo [e^{n}mpusu] *m* lökés, taszítás (*fiz* is)
emudecer [imudiszér] *2/2* **I.** *ts* elnémít **II.** *tl* **1.** elnémul **2.** elhallgat
emulação [imulöszö^{n}u] *f* vetélkedés, verseny(zés)
emular [imulàr] *1/1 tl* vetélkedik; versenyez
émulo [èmulu] *m* versenytárs; vetélytárs
emulsão [imulszö^{n}u] *f vegy* emulzió

enaltecer [inàltiszér] *2/2 ts* **1.** felemel **2.** dicsőít, magasztal
enaltecimento [inàltiszime^{n}ntu] *m* dicsőítés, magasztalás
enamorar [inömuràr] *1/15* **I.** *ts* **1.** szerelmet ébreszt vkiben **T** **2.** elbűvöl; megszédít **II.** **~-se** *de* szerelmes lesz, beleszeret vkibe *v* vmibe
enc. = *encadernado* fűzve
encabeçado [e^{n}nköbiszàdu] **I.** *mmi* → **encabeçar** **II.** *mn: trigo ~* kalászos búza
encabeçamento [e^{n}nköbiszöme^{n}ntu] *m* **1.** vezetés, irányítás **2.** cím; címzés; elnevezés **3.** adókivetés
encabeçar [e^{n}nköbiszàr] *1/3, 1/13* **I.** *ts* **1.** vezet, irányít (mozgalmat, küldöttséget); vminek az élére áll **2.** elkezd, megkezd; *~ meias* elkezd harisnyát kötni **3.** felzetet ír; címet ad (könyvnek); megcímez (levelet) **4.** kivet (adót); megállapít (részesedést) **5.** *~ botas* új kaplit rak a cipőre **6.** *biz* fejébe ver; rábeszél, meggyőz **II.** **~-se** fejébe vesz vmit
encabelado [e^{n}nköbilàdu] *mn* szőrös
encabrestar [e^{n}nköbristàr] *1/13 ts* **1.** kötőfékkel megköt (állatot) **2.** *átv* leigáz
encabritar-se [e^{n}nköbritàrszi] *1/1* ágaskodik (ló)
encabruado [e^{n}nköbruàdu] *mn* csökönyös, makacs
encabular [e^{n}nkàbulàr] *1/1* **B** *biz* **I.** *ts* **1.** zavarba hoz **2.** felingerel **II.** *tl*, **III.** **~-se** **1.** zavarba jön **2.** duzzog
encachaçado [e^{n}nkàsàszàdu] *mn* **B** részeg
encachoeirado [e^{n}nkösuéjràdu] *mn* vízeséses, rohanó (folyó)
encadeamento [e^{n}nködjöme^{n}ntu] *m* **1.** összeláncolás **2.** *átv* láncolat, sorozat
encadear [e^{n}nkögyàr] *1/5* **I.** *ts* **1.** megláncol; bilincsbe ver **2.** leigáz, rabságba dönt **3.** *átv* összekapcsol; elrendez (gondolatokat) **4.** *átv* elbűvöl, magával ragad **II.** **~-se** **1.** egybekapcsolódik **2.** egymást követik (események)
encadernação [e^{n}nködirnöszö^{n}u] *f* **1.** könyvkötés **2.** (be)kötés; *~ em meio-couro* félbőrkötés; *~ em meio-pano* félvászonkötés **3.** *átv* ruházat; külső
encadernador *m*, **-a** *f* [e^{n}nködirnödor(ö)] *fn* könyvkötő
encadernar [e^{n}nködirnàr] *1/13 ts* **1.** beköt (könyvet) **2.** új ruhába öltöztet
encafifar [e^{n}nkàfifàr] *1/1* **B** *biz* **I.** *ts* **1.** megszégyenít **2.** megsért, megbánt **II.** *tl* **1.** zavarba jön; szégyenkezik **2.** megsértődik **3.** duzzog
encafuar [e^{n}nköfuàr] *1/9* **I.** *ts* **1.** bezár (diákot büntetésből) **2.** elrejt; eltitkol **II.** **~-se** elrejtőzik
encafurnar [e^{n}nköfurnàr] *1/1* = **encafuar**
encaiporar [e^{n}nkàjporàr] *1/15* **I.** *ts* bajt hoz vkire **T** **II.** *tl*, **III.** **~-se** peche van
encaixar [e^{n}nkàjsàr] *1/1* **I.** *ts* **1.** ládába csomagol **2.** összeilleszt; eresztékébe rak **3.** beékel, berak; *mesas de ~* egymásba tolható zsúrasztalok **4.** *átv* beskatulyáz **5.** kasszíroz, pénzt beszed **II.** *tl* **1.** befér; beillik **2.** *sp* kivéd (labdát) **3.** *sp: ~ bem* jól bírja az ütéseket (ökölvívásban) **4.** *átv* kapóra *v* jókor jön **III.** **~-se** **1.** egymásba illeszkedik **2.** *~-se na conversa* belevegyül a társalgásba
encaixe [e^{n}nkàjs] *m* **1.** ládába csomagolás **2.** beillesztés; beilleszkedés **3.** ereszték, rovátka **4.** **B** pénzkészlet, készpénz
encaixilhar [e^{n}nkàjsiljàr] *1/1 ts* **1.** bekeretez **2.** befoglal (drágakövet)
encaixo [e^{n}nkàjsu] *m* **1.** ládába csomagolás **2.** összeillesztés
encaixotar [e^{n}nkàjsutàr] *1/15 ts* ládába csomagol
encalacrar [e^{n}nkölökràr] *1/12 ts biz* nehéz helyzetbe hoz; *nép* behúz a csőbe
encalçar [e^{n}nkàlszàr] *1/3 ts* sarkában van vkinek **T,** nyomon követ
encalço [e^{n}nkàlszu] *m* **1.** nyomon követés, üldözés **2.** nyom
encalhar [e^{n}nköljàr] *1/12* **I.** *ts* zátonyra futtat **II.** *tl* **1.** zátonyra fut **2.** *átv* elakad, megakad **3.** **B** nincs keletje
encalhe [e^{n}nkàlj] *m* **1.** zátonyra futás **2.** *átv* elakadás; zavar **3.** **B** poros áru
encalho [e^{n}nkàlju] *m* zátony
encalistar [e^{n}nkàlistàr] *1/1 ts nép* bajt hoz vkire **T**
encalistrar [enkàlistràr] *1/1* **B** **I.** *ts* megszégyenít **II.** *tl* szégyenkezik
encalmar [e^{n}nkàlmàr] *1/1* **I.** *ts* **1.** melegít, felhevít **2.** felingerel **II.** *tl* elcsendesedik, megnyugszik
encalvecer [e^{n}nkàlviszér] *2/2 tl* megkopaszodik
encaminhado [e^{n}nköminyàdu] *mn: estar bem ~* jó úton halad (*átv* is)
encaminhar [e^{n}nköminyàr] *1/1* **I.** *ts* **1.**

megmutatja az utat vkinek T 2. útnak indít; elirányít 3. *átv* rávezet; ~ *a conversa para* rátereli a beszédet vmire 4. felterjeszt (kérvényt); folyamatba tesz (ügyet) 5. jó útra térít II. ~-se 1. útnak ered; elindul vhova (*para*) 2. *átv* előrehalad 3. rászánja magát vmire (*a*)

encampar [e^{n}nkö^{n}mpàr] *1/1 ts* 1. *jog* felbont (szerződést) 2. kisajátít 3. olcsón megvesz vkitől (*a*)

encanado [e^{n}nkönàdu] I. *mn: água ~a* vezetékes víz, vízvezeték II. *fn, m* B folyószűkület

encanamento [e^{n}nkönöme^{n}ntu] *m* 1. csőfektetés 2. csatornázás

encanar [e^{n}nkönàr] *1/1* 1. csöveken át vezet (gázt, vizet) 2. csatornáz 3. *orv* helyreigazít (ficamot)

encanastrar [e^{n}nkönöstràr] *1/12 ts* 1. kosárba rak 2. (kosarat) fon

encandear [e^{n}nköngyàr] *1/5 ts* 1. (el)vakít 2. *átv* elkápráztat; megszédít

encanecer [e^{n}nköniszér] *2/2 tl* megőszül

encanelar [e^{n}nkönilàr] *1/14 ts* 1. felcsévél 2. *műsz* rovátkol

encantado [e^{n}nkö^{n}ntàdu] *mn* 1. elvarázsolt 2. elbűvölt; *ficar ~ com* el van ragadtatva vmitől; ~ *em vê-lo* nagyon örülök, hogy látom

encantador *m*, -a *f* [e^{n}nkö^{n}ntödor(ö)] I. *mn* varázslatos; elbűvölő II. *fn* varázsló; ~ *de serpentes* kígyóbűvölő

encantamento [e^{n}nkö^{n}ntöme^{n}ntu] *m* 1. varázs; varázslat 2. csábítás 3. gyönyör(űség)

encantar [e^{n}nkö^{n}ntàr] *1/1* I. *ts* 1. elvarázsol 2. elbűvöl 3. gyönyörködtet; nagy örömet szerez II. ~-se 1. el van bűvölve vmitől (*de*) 2. átváltozik vmivé (*em*) 3. eltűnik

encanto [e^{n}nkö^{n}ntu] *m* 1. varázs 2. bűvölet 3. báj; *é um* ~ gyönyörű

encantoar [e^{n}nkö^{n}ntuàr] *1/8* I. *ts* 1. sarokba állít 2. elkülönít II. ~-se visszavonul (magányába)

encapar [e^{n}nköpàr] *1/12 ts* 1. védőburkolattal ellát 2. ~ *um livro* borítólappal ellát egy könyvet

encapelar [e^{n}nköpilàr] *1/13* I. *ts* felkorbácsol (tengert) II. ~-se háborog (tenger)

encapoeirar [e^{n}nköpuéjràr] *1/1 ts* ketrecbe zár (szárnyast, hizlalásra)

encapotar [e^{n}nköputàr] *1/15* I. *ts* 1. köpenybe burkol; bebugyolál 2. elrejt; titkol II. ~-se 1. beburkolódzik 2. beborul (ég)

encapuzado [e^{n}nköpuzàdu] *mn* álarcos

encapuzar-se [e^{n}nköpuzàrszi] *1/1* a csuklyát fejére húzza

encaracolar [e^{n}nkörökulàr] *1/15 ts* 1. csavarvonal alakúra formál 2. körülcsavar, körülfon

encarado [e^{n}nköràdu] *mn: bem ~* csinos, jóvágású; *mal ~* csúnya; barátságtalan külsejű

encarapinhado [e^{n}nköröpinyàdu] *mn* göndör, bodros

encarapinhar [e^{n}nköröpinyàr] *1/1* I. *ts* göndörít, bodorít II. *tl* fagyni kezd (fagyasztásnál) III. ~-se göndörödik, bodrosodik

encarar [e^{n}nköràr] *1/12* I. *ts* 1. néz, tekint vkire *v* vmire T 2. egyenesen szemébe néz vkinek T 3. *átv: ~ os acontecimentos* áttekinti az eseményeket; ~ *o problema* foglalkozik a kérdéssel; ~ *o perigo* szembenéz a veszéllyel II. *tl ~ com* szemközt találja magát vkivel; ~ *com o amigo* váratlanul elébe toppan a barátja; ~ *com o inimigo* farkasszemet néz az ellenséggel

encarcerar [e^{n}nkörsziràr] *1/13* I. *ts* bebörtönöz II. ~-se *átv* bezárkózik, visszavonul

encardido [e^{n}nkördidu] *mn* 1. piszkos, szennyes 2. B fenyegető, sötét (arc) 3. B *negócio ~* sötét ügy

encarecer [e^{n}nköriszér] *2/2* I. *ts* 1. megdrágít, felemeli az árát 2. *átv* dicsőít, magasztal 3. *átv* túloz II. *tl* megdrágul

encarecidamente [e^{n}nköriszidöme^{n}nt] *hat* igen, nagyon; a legmelegebben (ajánl)

encarecimento [e^{n}nköriszime^{n}ntu] *m* 1. drágulás 2. magasztalás 3. túlzás 4. *com ~* állhatatosan, igen, nagyon

encargo [e^{n}nkàrgu] *m* 1. megbízás; feladat 2. kötelezettség 3. ~ (*fiscal*) adóteher, megadóztatás

encarnação [e^{n}nkörnöszö^{n}u] *f* megtestesülés

encarnado [e^{n}nkörnàdu] I. *mn* hússzínű, élénkpiros II. *fn, m* élénkpiros szín

encarnar [e^{n}nkörnàr] *1/12* I. *ts* 1. megtestesít; megszemélyesít; *szính* ábrázol, bemutat 2. élénkpiros színre fest II. *tl* 1. megtestesül 2. *orv* beheged (seb)

encarniçado [e^{n}nkörniszàdu] *mn* 1. vér

piros; *olhos* ~*s* vérben forgó szemek 2. vérszomjas; véres; *combate* ~ elkeseredett küzdelem

encarniçar [e^{n}nkörniszàr] *1/3* **I.** *ts* **1.** feltüzel, uszít **2.** *átv* elkeserít **II.** **~-se** dühöng

encarquilhado [e^{n}nkörkiljàdu] *mn* **1.** ráncos (arc) **2.** fonnyadt (falevél)

encarquilhar [e^{n}nkörkiljàr] *1/1* **I.** *ts* (össze)ráncol **II.** **~-se** **1.** ráncosodik **2.** összeaszik, fonnyad

encarrancar [e^{n}nkörrö^{n}nkàr] *1/2 tl* **1.** rosszkedvű lesz **2.** befelhősödik (ég)

encarregado [e^{n}nkörrigàdu] **I.** *mn* megbízott **II.** *fn* **1.** ügyvezető **2.** munkafelügyelő **3.** *diplomácia:* ~ *interino de negócios* ideiglenes ügyvívő

encarregar [e^{n}nkörrigàr] *1/4, 1/13* **I.** *ts* megbíz vmivel, rábíz vkire (T) vmit (*de*) **II.** **~-se** *de* elvállal, magára vállal vmit

encarreirar [e^{n}nkörréjràr] *1/1* **I.** *ts* **1.** elindít, útjára ereszt **2.** irányít, intéz **3.** jó útra térít **II.** **~-se** útnak ered, elindul

encarril(h)ar [e^{n}nkörril(j)àr] *1/1* **I.** *ts* **1.** vágányra rak **2.** *átv* a helyes vágányra terel; útnak indít **II.** *tl átv* jó úton halad

encartado [e^{n}nkörtàdu] *mn* okleveles

encartar [e^{n}nkörtàr] *1/12* **I.** *ts* **1.** oklevelet, igazolást, működési engedélyt, iparigazolványt ad **2.** *kártya* (felül)üt **II.** *tl* működési engedélyt szerez *v* kivált; bejegyezteti magát

encarte [e^{n}nkàrt] *m* **1.** bejegyzés (engedélyesé) **2.** működési engedély, iparigazolvány **3.** igazolvány kiállításának díja **4.** *kártya* ütés **5.** *nyomd* ívek közé beiktatott lap

encartuchar [e^{n}nkörtusàr] *1/1 ts* papírzacskóba rak

encasacar-se [e^{n}nközökàrszi] *1/2, 1/12* frakkba öltözik

encascar [e^{n}nköskàr] *1/2, 1/12* **I.** *ts* **1.** hordóba önt *v* tölt **2.** bevakol (falat) **II.** *tl* megkeményedik (föld)

encasque [e^{n}nkàsk] *m* hordóba töltés

encasquetar [e^{n}nköskitàr] *1/13* **I.** *ts* **1.** meggyőz, rábeszél **2.** fejébe vesz vmit **II.** **~-se** fejére teszi a sapkát

encastelar [e^{n}nköstilàr] *1/13* **I.** *ts* **1.** erődökkel megerősít (terepet) **2.** erődbe zár **3.** felhalmoz **II.** **~-se** **1.** erődbe vonul **2.** felhalmozódik

encastoar [e^{n}nköstuàr] *1/8 ts* befoglal (drágakövet)

encavacar [e^{n}nkövökàr] *1/2, 1/12 tl* **1.** megsértődik **2.** bosszankodik; *nép* pipa lesz **3.** zavarba jön

encavar [e^{n}nkövàr] *1/12 ts* **1.** gödröt ás **2.** gödörbe rak

encavilhar [e^{n}nköviljàr] *1/1 ts* cövekkel megerősít

encefalite [e^{n}szifölit] *f* agyvelőgyulladás

enceleirar [e^{n}sziléjràr] *1/1 ts* **1.** csűrbe rak **2.** *átv* felhalmoz

encenação [e^{n}szinöszö^{n}u] *f szính* színre hozatal; rendezés

encenador [e^{n}szinödor] *m szính* rendező

encenar [e^{n}szinàr] *1/14 ts* színpadra visz; bemutat

enceradeira [e^{n}szirödéjrö] *f* B padlókefélő gép

encerado [e^{n}sziràdu] **I.** *mn* **1.** viaszos **2.** viaszszínű **II.** *fn, m* **1.** viaszosvászon **2.** linóleum **3.** vízhatlan ponyva

encerar [e^{n}sziràr] *1/13 ts* viasszal bevon *v* beken

encerramento [e^{n}szirröme^{n}ntu] *m* **1.** zárás; lezárás **2.** *ker* zárlat **3.** *távk:* ~ *da estação* műsorzárás **4.** *acto de* ~ záróülés

encerrar [e^{n}szirràr] *1/13* **I.** *ts* **1.** bezár (ajtót; ülést) **2.** lezár, ~ *a fronteira* lezárja a határt; ~ *ao trânsito* (utat) lezár a forgalom elől **3.** *átv* magában foglal, felölel, tartalmaz **4.** B behajtja *v* betereli a karámba (az állatokat) **II.** **~-se** bezárkózik (*átv* is)

encetar [e^{n}szitàr] *1/13 ts* **1.** megszeg (kenyeret); felnyit (dobozt) **2.** megkezd (tárgyalást)

enchacotar [e^{n}sökutàr] *1/15 ts* kiéget (agyagárut)

encharcar [e^{n}sörkàr] *1/2, 1/12* **I.** *ts* **1.** vízzel eláraszt **2.** mocsárrá változtat **II.** **~-se** **1.** víz alá kerül; mocsárrá változik **2.** elakad a sárban **3.** bőrig ázik **4.** berúg

enchente [e^{n}se^{n}nt] *f* **1.** ár, áradat (*átv* is) **2.** áradás; magas vízállás **3.** ~ *da lua* telihold **4.** ~ *de maré* dagály **5.** *szính* telt ház **6.** ~ (*de gente*) embertömeg; tolongás

encher [e^{n}sér] *2/1* **I.** *ts* **1.** megtölt, teletölt; ~ *a abarrotar* színültig megtölt; ~ *o estômago* megtömi a gyomrát; ~ *os pneus* felfújja a gumiabroncsokat **2.** elhalmoz; ~ *de insultos* sértések özönét zúdítja vkire T; ~ *de presentes* elhalmoz ajándékokkal 3. *átv:* ~ *de* vmivel eltölt; ~ *de alegria* (*esperança, medo*) örömmel (reménnyel, félelemmel) tölt el **II.** ~**-se 1.** megtelik; ~*-se de cólera* majd megpukkad mérgében 2. teleeszi magát 3. vagyont harácsol össze 4. *szól:* ~ *as obrigações* eleget tesz kötelezettségeinek; ~ *a paciência* kimeríti a türelmét

enchido [e^{n}sidu] *m* 1. (hús)töltelék 2. kolbászáru; hurka

enchimento [e^{n}sime^{n}ntu] *m* 1. megtöltés 2. töltelék 3. **B** szeszt és pálinkát eladó és vevő bolt

enchiqueirar [e^{n}sikéjràr] *1/1* **B** 1. ólba terel 2. *nép* csőbe húz

enchumaçar [e^{n}sumöszàr] *1/3, 1/12 ts* kivattáz, kibélel

enciclopédia [e^{n}sziklupègyö] *f* 1. lexikon 2. ~ *viva* élő lexikon; széles tudású ember

enciclopédico [e^{n}sziklupèdiku] *mn* enciklopédikus; átfogó

encimar [e^{n}szimàr] *1/1 ts* 1. vmin *v* vmi fölött van; *uma prateleira encima o sofá* a dívány fölött polc van 2. vminek az elején *v* tetején van; *uma imagem encimava a folha* a lap tetején kép volt 3. felemel; ~ *ao trono* trónra emel 4. *átv* betetőz, koronáz; sikeresen befejez, tető alá hoz

enclaustrar [e^{n}nklàustràr] *1/1 ts* 1. kolostorba zár 2. börtönbe zár, lecsuk

enclausurar [e^{n}nklàuzuràr] *1/1 ts* bezár, lecsuk

enclavinhar [e^{n}nklövinyàr] *1/1 ts:* ~ *os dedos* egymásba fonja ujjait

enclítico [e^{n}nklitiku] *mn nyelvt* saját hangsúly nélküli, simuló (szó)

encoberta [e^{n}nkubèrtö] *f* 1. rejtekhely 2. kibúvó, ürügy

encoberto [e^{n}nkubèrtu] *mn* 1. rejtett, titkos 2. borús, felhős

encobridor *m*, **encobrideira** *f* [e^{n}nkubridor, -déjrö] *fn* orgazda

encobrimento [e^{n}nkubrime^{n}ntu] *m* orgazdaság

encobrir [e^{n}nkubrir] *3/10* **I.** *ts* 1. befed, betakar 2. elrejt; titkol 3. rejteget (lopott holmit) **II.** ~**-se 1.** elrejtőzik 2. felhős lesz, beborul (ég)

encolerizar [e^{n}nkulirizàr] *1/1* **I.** *ts* megharagít **II.** ~**-se** megharagszik

encolha [e^{n}nkoljö] *f* összehúzódás (*átv* is); *meter-se nas* ~*s*, *átv* bezárkózik, visszavonul

encolher [e^{n}nkuljér] *2/8* **I.** *ts* 1. behúz; ~ *as garras* behúzza karmait; ~ *os ombros* vállát vonogatja; ~ *a perna* behúzza a lábát (madár) 2. összehúz, szűkít; csökkent **II.** *tl* 1. összeszűkül (út, folyó) 2. összemegy, összeugrik (szövet) **III.** ~**-se 1.** összekuporodik 2. összehúzza magát (*átv* is); ~*-se nos gastos* csökkenti kiadásait

encolhido [e^{n}nkuljidu] *mn* 1. összehúzódott 2. bátortalan, félénk

encomenda [e^{n}nkume^{n}ndö] *f* 1. rendelés; megbízás; *feito de* v *sob* ~ rendelés után készült 2. ~ *postal* postacsomag

encomendar [e^{n}nkumendàr] *1/1* **I.** *ts* 1. (meg)rendel 2. utasít; megbízást ad vkinek **T** 3. búcsúztat (halottat) 4. ajánl; ~ *à protecção de* vkinek a kegyeibe ajánlja **II.** ~**-se 1.** vkinek a pártfogása alá helyezi magát 2. ajánlja magát; kifejezi hódolatát; üdvözletét küldi

encomiar [e^{n}nkumjàr] *1/7 ts* dicsér; dicsőít

encómio [e^{n}nkòmju] *m* dicséret; dicsőítés

encompridar [e^{n}nko^{n}mpridàr] *1/1 ts* **B** meghosszabbít, megtold

encontradiço [e^{n}nko^{n}ntrödiszu] *mn* akivel *v* amivel gyakran lehet találkozni; *fazer-se* ~ *com* úgy tesz, mintha véletlenül találkozna vkivel

encontrado [e^{n}nko^{n}ntràdu] **I.** *mmi* → **encontrar II.** *mn* ellentétes

encontrão [e^{n}nko^{n}ntrö^{n}u] *m* összeütközés; lökés

encontrar [e^{n}nko^{n}ntràr] *1/1* **I.** *ts* 1. talál, megtalál 2. találkozik vkivel **T**; belebotlik vkibe, összefut vkivel **T** 3. beleütközik vmibe, nekimegy vminek **T** **II.** *tl* ~ *com* összeütközik vmivel; *o automóvel encontrou com o autocarro* az autó összeütközött az autóbusszal; ~ *com as leis* a törvényekbe ütközik **III.** ~**-se 1.** van vhol; *Coimbra encontra-se em Portugal* Coimbra Portugáliában van 2. egymásba fut; összeütközik 3. párbajozik 4. ~*-se nas opiniões* azonos véleményen vannak

encontro [e^{n}nko^{n}ntru] *m* 1. találkozás; ~ *de alto nível* v *de cúpula* csúcstalálkozó; *ir v sair ao* ~ *de* vki elé megy; *ter* ~ *com* találkozik vkivel **2.** *sp* találkozó, mérkőzés; ~ *amistoso* barátságos mérkőzés **3.** *kat* összecsapás **4.** *ir de* ~ *a* **a)** nekiütközik vminek **b)** *átv* ellenkezik vkivel *v* vmivel

encorajar [e^{n}nkurözsàr] *1/12 ts* bátorít; ösztönöz

encorpado [e^{n}nkurpàdu] *mn* **1.** testes; kövér **2.** vastag (szövet, papír)

encorpar [e^{n}nkurpàr] *1/15* **I.** *ts* vastagít **II.** *tl* megvastagodik

encorporar → **incorporar**

encóspias [e^{n}nkòspjös] *f tb* kaptafa, sámfa; *meter-se nas* ~, *átv* begubózik, visszavonul

encosta [e^{n}nkòstö] *f* hegyoldal, lejtő

encostar [e^{n}nkustàr] *1/15* **I.** *ts* **1.** nekitámaszt **2.** ~ *a cabeça* lehajtja a fejét **3.** betesz (ajtót, ablakot) **4.** *átv* felülmúl, legyőz **5.** kicsikar (pénzt) vkitől **T**, megpumpol, „megvág" **6.** elver, megver **II.** **~-se** **1.** megtámaszkodik vmiben (*a, em*) **2.** leheveredik, lepihen **3.** *átv* támaszkodik vmire (*a*) **4.** élősködik vkinek a nyakán (*em*) **5.** **B** kerüli a munkát, lazsál

encosto [e^{n}nkostu] *m* **1.** támla **2.** támasz (*átv* is)

encouraçado [e^{n}nkoröszàdu] **I.** *mn* páncélos **II.** *fn, m* **B** hadihajó

encovado [e^{n}nkuvàdu] *mn: olhos* ~*s* beesett, mélyen fekvő szemek

encovar [e^{n}nkuvàr] *1/15 ts* elás; elrejt

encravação [e^{n}nkrövöszö^{n}u] *f* **1.** beszegelés **2.** *átv* hazugság, ámítás

encravar [e^{n}nkrövàr] *1/15* **I.** *ts* **1.** beszegel; szeget bever **2.** megpatkol **3.** beékel; befoglal (drágakövet) **4.** megállít; leállít; akadályoz **5.** ámít, becsap **II.** *tl nyomd* beszennyeződik, pacás lesz (betű) **III.** **~-se** **1.** beékelődik; behatol; benő a húsba (köröm) **2.** bajba kerül

encrenca [e^{n}nkre^{n}nkö] *f biz* slamasztika, szorongatott helyzet

encrencar [e^{n}nkre^{n}nkàr] *1/2* **I.** *ts* **1.** zavart kelt **2.** bajba sodor **II.** **~-se** zavarossá válik; rosszabbodik (helyzet)

encrespado [e^{n}nkrispàdu] *mn* bodros; fodros

encrespar [e^{n}nkrispàr] *1/13* **I.** *ts* bodorít, kisüt (hajat) **II.** **~-se** **1.** bodrosodik; fodrozódik (víz) **2.** felborzolódik (állat szőre) **3.** felfortyan **4.** felfuvalkodik

encristar-se [e^{n}nkristàrszi] *1/1* gőgösen viselkedik

encruar [e^{n}nkruàr] *1/9* **I.** *ts* **1.** megkeményít (*átv* is) **2.** megnehezít, akadályoz, megakaszt **II.** *tl* **1.** megkeményedik (*átv* is) **2.** *átv* elakad **III.** **~-se** *átv* kiéleződik

encruzamento [e^{n}nkruzöme^{n}ntu] *m* útkereszteződés

encruzar [e^{n}nkruzàr] *1/1* **I.** *ts* **1.** keresztbe rak **2.** keresztez **II.** **~-se** keresztbe rakott lábára ül, törökülésben ül

encruzilhada [e^{n}nkruziljàdö] *f* **1.** útkereszteződés **2.** *átv* válaszút

encurralar [e^{n}nkurrölàr] *1/12 ts* **1.** beterel az istállóba **2.** *átv* sarokba szorít; körülzár

encurtar [e^{n}nkurtàr] *1/1 ts* megrövidít

encurvar [e^{n}nkurvàr] *1/1* **I.** *ts* **1.** meghajlít **2.** megaláz **II.** **~-se** **1.** hajlik; meggörbül **2.** megalázza magát

endecha [e^{n}ndésö] *f* siratóének

endefluxar-se [e^{n}ndiflukszàrszi] *1/1* megfázik, náthás lesz

endemoninhado [e^{n}ndimuninyàdu] *mn* **1.** ördögtől megszállott **2.** féktelen (gyerek)

endemoninhar [e^{n}ndimuninyàr] *1/1* **I.** *ts átv* megőrjít **II.** **~-se** dühöng, őrjöng

endentar [e^{n}nde^{n}ntàr] *1/1 ts müsz* fogaz

endentecer [e^{n}nde^{n}ntiszér] *2/2 tl* fogzik

endereçar [e^{n}ndiriszàr] *1/3, 1/13* **I.** *ts* **1.** küld, irányít; ~ *um convite* meghívót küld; ~ *a palavra a* fordul vkihez, megszólít **2.** megcímez (levelet) **II.** **~-se** *a* **1.** fordul vkihez **2.** elmegy vhova

endereço [e^{n}ndirészu] *m* cím; ~ *telegráfico* sürgönycím

endeusar [e^{n}ndéuzàr] *1/1* **I.** *ts* istenít **II.** **~-se** el van telve önmagával

endiabrado [e^{n}ngyöbràdu] *mn* **1.** ördögi, pokoli **2.** őrjöngő **3.** féktelen (gyerek)

endiabrar [e^{n}ngyöbràr] *1/12 ts átv* megőrjít

endinheirado [e^{n}ndinyéjràdu] *mn* pénzes, gazdag

endireita [e^{n}ndiréjtö] *m pejor* felcser, kuruzsló

endireitar [e^{n}ndiréjtàr] *1/1* **I.** *ts* **1.** kiegyenesít **2.** kijavít, rendbe hoz **II.** *tl* **1.** ~ *para* irányt vesz vmerre **2.** ~

com eligazodik vmiben **3.** *átv* jó útra tér, megjavul **III. ~-se 1.** kiegyenesedik; *közm: pau que nasce torto, tarde ou nunca se endireita* kutyából nem lesz szalonna **2.** *átv* jó útra tér
endívia [e^{n}ndivjö] *f* endivia (saláta)
endividado [e^{n}ndividàdu] *mn* eladósodott
endividar [e^{n}ndividàr] *1/1* **I.** *ts* **1.** adósságokba dönt **2.** lekötelez **II. ~-se 1.** eladósodik **2.** *átv* adósa lesz vkinek
endoenças [e^{n}ndue^{n}szös] *f tb vall* nagycsütörtöki szertartások
endoidecer [e^{n}ndojdiszér] *2/2* **I.** *ts* megőrjít **II.** *tl* megőrül
endomingado [e^{n}ndumingàdu] *mn* ünneplőbe ölözött
endossado [e^{n}nduszàdu] *m ker* forgatmányos
endossante [e^{n}nduszönt] *m ker* forgató, zsiráns
endossar [e^{n}nduszàr] *1/15 ts* **1.** *ker* (váltót) forgat, zsirál **2.** áthárítja a felelősséget vkire (*a*) **3.** (ügyet) másnak átad, „átpasszol" **4.** *átv* támogat, vki mellé áll **T**
endossatário *m* = **endossado**
endosso [e^{n}ndoszu] *m ker* váltóforgatmány; zsirálás
endoudecer [e^{n}ndodiszér] *2/2* = **endoidecer**
endro [e^{n}ndru] *m növ* kapor
End.Tel. = *endereço telegráfico* sürgönycím
endurecer [e^{n}nduriszér] *2/2* **I.** *ts* **1.** megkeményít **2.** edz, megerősít **II.** *tl*, **III. ~-se 1.** megkeményedik **2.** megedződik
ene [èni] *m* **1.** en (betű neve) **2.** *nyomd* betűhely, „n"
E. N. E. = *és-nordeste* kelet-északkelet
enegrecer [inigriszér] *2/2* **I.** *ts* **1.** feketére fest **2.** befeketít, rágalmaz **II. ~-se 1.** feketéllik **2. B** megtelik (emberekkel)
energética [inirzsètikö] *f* energetika
energético [inirzsètiku] *mn* energetikai
energia [inirzsiö] *f* **1.** energia; ~ *atómica* v *nuclear* atomenergia **2.** *átv* tetterő; erély
enérgico [inèrzsiku] *mn* **1.** tetterős **2.** erélyes, határozott
energúmeno [inirguminu] *m* ördögtől megszállott, dühöngő, őrjöngő
enervação [inirvöszö^{n}u] *f* ideggyengeség; ernyedtség
enervante [inirvö^{n}nt] *mn* **1.** idegesítő **2.** idegtépő
enervar [inirvàr] *1/13* **I.** *ts* **1.** elernyeszt, elgyengít **2.** idegesít, felizgat **II. ~-se 1.** elernyed, elgyengül **2.** idegeskedik, felizgul
enevoado [inivuàdu] *mn* ködös; borús
enevoar [inivuàr] *1/8 ts* **1.** ködbe borít; elsötétít **2.** *átv* beárnyékol
enf. = *enfermeiro* ápoló
enfadadiço [e^{n}födödiszu] *mn átv* érzékeny; ingerlékeny
enfadado [e^{n}födàdu] *mn* **1.** bosszús, haragos **2.** unatkozó
enfadar [e^{n}födàr] *1/12* **I.** *ts* **1.** bosszant **2.** untat **II. ~-se 1.** bosszankodik **2.** unatkozik
enfado [e^{n}fàdu] *m* **1.** bosszúság **2.** unalom
enfadonho [e^{n}födonyu] *mn* **1.** fárasztó, terhes **2.** unalmas
enfaixar [e^{n}fàjsàr] *1/1 ts* bepólyáz (gyereket)
enfardadeira [e^{n}fördödéjrö] *f* présgép (takarmány összepréseléséhez)
enfardar [e^{n}fördàr] *1/12 ts* (bálába) csomagol
enfardelar [e^{n}fördilàr] *1/13* = **enfardar**
enfarinhar [e^{n}förinyàr] *1/1* **I.** *ts* **1.** liszttel beszór, belisztez **2.** *átv* bevezet egy tudományba **II. ~-se 1.** belisztezi magát **2.** *átv* felületes ismereteket szerez vmiben (*em*)
enfarpelar [e^{n}förpilàr] *1/13 ts* ünneplőbe öltöztet
enfarrapar [e^{n}förröpàr] *1/12 ts* rongyokba öltöztet
enfarruscar [e^{n}förruskàr] *1/2* **I.** *ts* bekormoz; feketére fest **II. ~-se 1.** bekormozódik **2. B** zsémbeskedik
enfartar [e^{n}förtàr] *1/12 ts* **1.** betöm, eldugaszol **2.** teletöm; jóllakat
enfarte [e^{n}fàrt] *m* **1.** megtömés **2.** csömör **3.** *orv* infarktus
ênfase [e^{n}föz] *f* **1.** pátosz **2.** nyomaték
enfastiado [e^{n}föstyàdu] *mn* megcsömörlött
enfastiar [e^{n}föstyàr] *1/7 ts* **1.** csömört kelt **2.** untat
enfastioso [e^{n}föstyozu] *mn* **1.** csömört keltő **2.** unalmas
enfático [e^{n}fàtiku] *mn* **1.** patetikus **2.** nyomatékos

enfatizar [e^{n}fötizàr] *1/1 ts* hangsúlyoz, kiemel

enfatuado [e^{n}fötuàdu] *mn* öntelt, beképzelt

enfatuar [e^{n}fötuàr] *1/9* **I.** *ts* **1.** elbizakodottá tesz **II.** **~-se** beképzelt lesz

enfeitar [e^{n}féjtàr] *1/1* **I.** *ts* **1.** feldíszít **2.** szépít; szépítget (*átv* is) **II.** **~-se** **1.** csinosítja magát **2.** megszépül **3.** **B** nekibátorodik

enfeite [e^{n}féjt] *m* dísz, ékesség

enfeitiçar [e^{n}féjtiszàr] *1/3 ts* **1.** elvarázsol **2.** *átv* elbűvöl, megigéz

enfeixar [e^{n}féjsàr] *1/1 ts* **1.** batyúba *v* csomóba köt **2.** összeszed, egybegyűjt

enfermagem [e^{n}firmàzsö^{n}j] *f* **1.** betegápolás **2.** betegápoló személyzet

enfermar [e^{n}firmàr] *1/13* **I.** *ts* **1.** beteggé tesz **2.** *átv* lesújt, elszomorít **II.** **~-se** megbetegedik

enfermaria [e^{n}firmöriö] *f* **1.** kórterem; betegszoba **2.** *kat* segélyhely

enfermeira [e^{n}firméjrö] *f* betegápolónő

enfermeiro [e^{n}firméjru] *m* betegápoló

enfermiço [e^{n}firmiszu] *mn* betegeskedő

enfermidade [e^{n}firmidàd] *f* **1.** betegség **2.** (testi) fogyatékosság

enfermo [e^{n}férmu] *mn* és *fn* beteg

enferrujado [e^{n}firruzsàdu] *mn* rozsdás

enferrujar [e^{n}firruzsàr] *1/1* **I.** *ts* rozsdássá tesz **II.** *tl* **1.** (meg)rozsdásodik **2.** *átv* berozsdásodik; elavul

enfesta [e^{n}fèstö] *f* **1.** csúcs; magasság **2.** *átv* tetőpont

enfestado [e^{n}fistàdu] *mn* duplaszéles (textilanyag)

enfeudar [e^{n}fjudàr] *1/1* **I.** *ts* **1.** *tört* hűbérbe ad **2.** leigáz **II.** **~-se** aláveti magát (más akaratának)

enfezado [e^{n}fèzàdu] *mn* satnya, csenevész; fejletlen

enfezar [e^{n}fèzàr] *1/1* **I.** *ts* **1.** mozgásában *v* fejlődésében megakadályoz **2.** felmérgesít **II.** **~-se** **1.** elsatnyul, elpusztul **2.** mérges lesz

enfiada [e^{n}fjàdö] *f* sor, sorozat (*átv* is); *de ~* sorjában, egymásután

enfiado [e^{n}fjàdu] *mn* halvány, sápadt

enfiadura [e^{n}fjödurö] *f* **1.** tű foka **2.** tűbe fűzött cérnahossz

enfiar [e^{n}fjàr] *1/7* **I.** *ts* **1.** befűz (tűbe cérnát) **2.** felfűz; felerősít **3.** felhúz, felvesz (inget, harisnyát, cipőt) **4.** átdöf, átszúr **5.** átmegy, végighalad vmin **T**; *~ a porta* bejön *v* kimegy az ajtón; *~ o caminho* végigmegy az úton **6.** egyfolytában tesz vmit; *~ um sono* folyvást *v* édesdeden alszik; *~ várias histórias* egyik történetet a másik után mondja el **7.** *szól: ~ um copo de vinho* lehörpint egy pohár bort **II.** *tl* **1.** elindul vmerre; *enfiou para casa* haza felé vette útját **2.** elsápad **III.** **~-se** **1.** bemegy; behatol **2.** egymást követik

enfileirar [e^{n}filéjràr] *1/1* **I.** *ts* sorba állít, felállít **II.** **~-se** **1.** sorba áll **2.** *átv* felsorakozik; csatlakozik

enfim [e^{n}fi^n] **I.** *hat* végre, végül (is); elvégre; szóval **II.** *isz* nahát! persze! hogyisne!

enfitar [e^{n}fitàr] *1/1* **I.** *ts* szalagokkal díszít **II.** *ts, tl* mereven néz vkire *v* vmire (**T**, *em*)

enforcar [e^{n}furkàr] *1/2, 1/15* **I.** *ts* **1.** felakaszt **2.** megfojt **3.** elherdál **4.** **B** munkát *v* iskolát kerül **5.** *~ as esperanças* felhagy minden reménnyel **II.** **~-se** felakasztja magát

enformar [e^{n}furmàr] *1/15* **I.** *ts* megformál, formát ad vminek **T** **II.** *tl* **1.** nő, fejlődik **2.** *nép* alaposan bezabál

enfornar [e^{n}furnàr] *1/15 ts* kemencébe rak (kenyeret)

enfraquecer [e^{n}frökiszér] *2/2* **I.** *ts* **1.** (el)gyengít **2.** *átv* lehangol, elkedvetlenít **II.** *tl,* **III.** **~-se** elgyengül

enfrascar [e^{n}fröskàr] *1/2, 1/12* **I.** *ts* üvegcsébe tölt **II.** **~-se** **1.** átitatódik; *~-se de perfumes* beparfümözi magát **2.** lerészegedik, berúg **3.** *átv* belegabalyodik, belemerül vmibe (*em*)

enfrear [e^{n}frjàr] *1/5* **I.** *ts* **1.** felkantároz **2.** (le)fékez **3.** *átv* megfékez, visszatart **II.** **~-se** türtőzteti magát

enfrenar [e^{n}frénàr] *1/1* **B** = **enfrear**

enfrentar [e^{n}fre^{n}ntàr] *1/1* **I.** *ts* **1.** szembeállít **2.** szembeszáll vkivel, záront vkire **T** **3.** *átv* szembenéz vmivel **4.** *sp* kiáll vki ellen, megmérkőzik vkivel **T** **II.** *tl,* **III.** **~-se** *com* elébe áll, bátran szembeszáll

enfriar [e^{n}frjàr] *1/1 ts* lehűt, hűlni hagy

enfronhado [e^{n}frunyàdu] **I.** *mmi* → **enfronhar** **II.** *mn* tanult, okos, jártas vmiben (*em*)

enfronhar [e^{n}frunyàr] *1/8* **I.** *ts* **1.** felhúz, huzatba tesz (párnát) 2. felvesz (harisnyát, cipőt) 3. kitanít, jártassá tesz II. ~-se *em* kiműveli magát vmiben, (ki)tanulmányoz vmit

enfumaçar [e^{n}fumöszàr] *1/3, 1/12 ts* befüstöz

enfumarar [e^{n}fumöràr] *1/12* = **enfumaçar**

enfunar [e^{n}funàr] *1/1* I. *ts* felfúj, dagaszt (szél a vitorlát) II. ~-se 1. felfújódik, kidagad 2. *átv* felfújja magát, pöffeszkedik 3. bosszankodik

enfurecer [e^{n}furiszér] *2/2* I. *ts* feldühít II. *tl,* III. ~-se feldühödik, dühöng; tombol, háborog (szél, tenger)

enfurecido [e^{n}furiszidu] *mn* dühös; dühöngő, tomboló

engaço [e^{n}ngàszu] *m* 1. szőlőcsutka 2. törköly

engaiolar [e^{n}ngöjulàr] *1/15* I. *ts* 1. kalitkába zár 2. bebörtönöz II. ~-se *átv* begubózik

engajar [e^{n}ngözsàr] *1/12* I. *ts* toboroz, verbuvál; felfogad II. ~-se 1. elszegődik; elmegy katonának 2. *~-se no combatimento* harcba bocsátkozik 3. szenteli magát vminek

engalanar [e^{n}ngölönàr] *1/1* I. *ts* kidíszít, szépít II. ~-se díszbe vágja magát

engalfinhar-se [e^{n}ngàlfinyàrszi] *1/1* birokra kel; összeakaszkodik vkivel

enganadiço [e^{n}ngönödiszu] *mn* könnyen félrevezethető

enganado [e^{n}ngönàdu] *mn* 1. megcsalt (férj) 2. *estar ~* csalódik; téved

enganador *m,* **-a** *f* [e^{n}ngönödor(ö)] I. *mn* csalóka II. *fn* csaló, ámító

enganar [e^{n}ngönàr] *1/1* I. *ts* 1. becsap, félrevezet 2. megcsal (házastársat) 3. *szól: ~ a dor* enyhíti fájdalmát; *~ o tempo* agyonüti az időt vmivel II. *tl* hamis látszatot kelt; csal III. ~-se 1. téved 2. *~-se com, en* csalódik vkiben *v* vmiben

engana-vista [e^{n}ngönövistö] *m* káprázat, érzéki csalódás

enganchar [e^{n}ngö^{n}sàr] *1/1 ts* 1. (kampóra) felakaszt 2. rákapcsol, összekapcsol

engano [e^{n}ngönu] *m* 1. csalás, ámítás 2. tévedés, félreértés; *foi ~* téves! (telefonban)

enganoso [e^{n}ngönozu] *mn* csalóka, félrevezető; hamis

engarrafado [e^{n}ngörröfàdu] *mn: vinho ~* palackbor

engarrafar [e^{n}ngörröfàr] *1/12 ts* 1. palackoz, palackba tölt 2. *átv* eltömít; akadályozza a közlekedést

engasgar [e^{n}ngözsgàr] *1/4, 1/12* I. *ts* fojtogat; megfojt II. ~-se 1. torkán akad 2. *átv* belezavarodik, megakad

engastar [e^{n}ngöstàr] *1/12 ts* 1. foglalatba illeszt, befoglal 2. *~ citações* idézeteket szúr közbe

engatar [e^{n}ngötàr] *1/12 ts* 1. kapoccsal összeköt 2. hozzákapcsol (kocsit) 3. befog (lovat)

engate [e^{n}ngàt] *m* kapocs, horog (kocsin, vontatáshoz)

engatilhar [e^{n}ngötiljàr] *1/1 ts* 1. puska kakasát felhúzza 2. *átv* készenlétben tart; felkészül vmire T

engatinhar [e^{n}ngötinyàr] *1/1 tl* 1. négykézláb mászik 2. kezdő vmiben (*em*)

engavetamento [e^{n}ngövetöme^{n}ntu] *m* B egymásba futás (kocsiké)

engelhado [e^{n}zsiljàdu] *mn* ráncos; gyűrött

engelhar [e^{n}zsiljàr] *1/14 ts* I. *ts* ráncol; összegyűr II. *tl,* III. ~-se ráncosodik, gyűrődik

engendrar [e^{n}zse^{n}dràr] *1/1 ts* 1. nemz 2. *átv* létrehoz, szül

engenhar [e^{n}zsinyàr] *1/14 ts* kigondol, kiagyal

engenharia [e^{n}zsinyöriö] *f* 1. mérnöki tudomány 2. *kat: (arma de) ~* műszaki alakulatok

engenheiro [e^{n}zsinyéjru] *m* mérnök; *~ agrónomo* agrármérnök; *~ civil* kultúrmérnök; építészmérnök; *~ electrotécnico* villamossági mérnök; *~ mecânico* gépészmérnök; *~ químico* vegyészmérnök; *~ de minas* bányamérnök; *~ de pontes e calçadas* híd- és útépítő mérnök; *corpo de ~s* műszakiak

engenho [e^{n}zsényu] *m* 1. tehetség; géniusz 2. ügyesség 3. gép, szerkezet 4. B cukornádültetvény (cukorfeldolgozó üzemmel)

engenhoca [e^{n}zsinyòkö] *f* 1. kis szerkezet, alkotmány 2. agyafúrtság

engenhosidade [e^{n}zsinyuzidàd] *f* leleményesség

engenhoso [e^{n}zsinyozu] *mn* leleményes, találékony; ügyes

engessar [e^{n}zsiszàr] *1/13 ts* 1. begipszel 2. *orv* gipszkötést alkalmaz

englobar [e^{n}nglubàr] *1/15 ts* **1.** gömb alakúra formál **2.** *átv* egybefoglal, felölel

eng.^{o} = *engenheiro* mérnök

engodar [e^{n}ngudàr] *1/15 ts* csalogat, csábítgat

engodo [e^{n}ngodu] *m* csalétek

engolfar [e^{n}ngolfàr] *1/15* **I.** *ts* **1.** elnyel (mélység, tenger) **2.** magával ránt **II.** **~-se 1.** nyilt tengerre száll **2.** *átv* elmerül vmiben, belemerül vmibe; *~-se em meditações* gondolatokba mélyed

engolir [e^{n}ngulir] *3/10 ts* **1.** lenyel; felfal **2.** *~ um insulto, ~ em seco* lenyeli a sértést **3.** *~ mentiras* elhiszi a hazugságokat, „beveszi" **4.** *autó : ~ os quilómetros* falja a kilométereket

engomar [e^{n}ngumàr] *1/15 ts* **1.** keményít (ruhanemüt) **2.** kivasal **3.** *~ a voz* felemeli a hangját

engonçar [e^{n}ngo^{n}szàr] *1/1 ts* beakaszt, beemel (ajtót)

engonço [e^{n}ngo^{n}szu] *m* ajtósarok; sarokvas; *boneco de ~s* (madzaggal rángatható) bábu

engorda [e^{n}ngòrdö] *f* hízlalás

engordar [e^{n}ngurdàr] *1/15* **I.** *ts* hízlal **II.** *tl* **1.** meghízik **2.** *átv* gazdagodik

engorde [e^{n}ngòrd] *m* **B** hizlalás

engordurar [e^{n}ngurduràr] *1/1 ts* **1.** bezsíroz **2.** zsírfoltot ejt vmin **T**

engraçado [e^{n}ngröszàdu] *mn* **1.** kedves, bájos **2.** humoros, tréfás, vicces

engraçar [e^{n}ngröszàr] *1/3, 1/12* **I.** *ts* szebbé *v* vonzóvá tesz **II.** *tl* rokonszenvez vkivel; vonzalmat érez vki iránt (*com*) **III.** **~-se** *com* **1.** vkinek a kegyeibe jut **2. B** beleszeret vkibe

engradado [e^{n}ngrödàdu] *m* léckerítés

engradar [e^{n}ngrödàr] *1/12 ts* **1.** léckerítéssel vesz körül **2.** *nyomd* kerettel lát el

engraix.. → **engrax...**

engrandecer [e^{n}ngrö^{n}ndiszér] *2/2* **I.** *ts* **1.** megnagyít **2.** túloz **3.** felmagasztal **II.** *tl,* **III.** **~-se 1.** nő, gyarapodik **2.** hírnévre tesz szert

engranzar [e^{n}ngrö^{n}zàr] *1/1 ts* **1.** felfűz **2.** becsap, rászed

engravatar-se [e^{n}ngrövötàrszi] *1/12* **1.** nyakkendőt vesz fel **2.** kiöltözik

engraxadeira [e^{n}ngrösödéjrö] *f* cipőtisztító stand (utcán)

engraxadela [e^{n}ngrösödèlö] *f* cipőtisztítás, bekenés

engraxador [e^{n}ngrösödor] *m* cipőtisztító

engraxar [e^{n}ngrösàr] *1/12 ts* **1.** (cipőt) tisztít, beken **2.** *~ (as botas a), átv* a talpát nyalja vkinek

engraxate [e^{n}ngrösàt] *m* **B** cipőtisztító

engrazar [e^{n}ngrözàr] *1/12* = **engranzar**

engrenagem [e^{n}ngrinàzsö^{n}j] *f* **1.** *műsz* fogazat; (*roda de*) *~* fogaskerék **2.** fogaskerekű hajtómű; *~ diferencial* differenciálmű **3.** *átv* gépezet

engrenar [e^{n}ngrinàr] *1/14* **I.** *ts* **1.** *műsz* fogaz, fogazattal lát el **2.** fogaskerekeket egymásba illeszt **3.** *átv* elindít, megkezd; *~ uma conversação* beszédbe elegyedik **II.** *tl: ~ para* előkészül, felkészül vmire

engrinaldar [e^{n}ngrinàldàr] *1/1 ts* **1.** virágfüzérrel díszít **2.** szépít, csinosít

engripado [e^{n}ngripàdu] *mn* és *fn* náthalázas beteg

engripar-se [e^{n}ngripàrszi] *1/1* náthalázban megbetegszik

engrossador [e^{n}ngruszàdor] *m* **B** talpnyaló

engrossar [e^{n}ngruszàr] *1/15* **I.** *ts* **1.** besűrít (levest) **2.** megnagyobbít; gyarapít **3. B** hízeleg, tömjénez vkinek **T** **II.** *tl* **1.** megvastagodik; megerősödik **2. B** gorombáskodik

enguia [e^{n}ngiö] *f* angolna

enguiçado [e^{n}ngiszàdu] *mn* és *fn* peches (ember)

enguiçar [e^{n}ngiszàr] *1/3* **I.** *ts* **1.** bajt hoz vkire **T** **2.** satnyává tesz **II.** *tl* **B** leáll (gép), „bedöglik"

enguiço [e^{n}ngiszu] *m* **1.** pech, balszerencse **2.** *átv* akadály, zavar **3.** *autó* defekt

engulhar [e^{n}nguljàr] *1/1* **I.** *ts* **1.** hányingert kelt **2.** sóvárog vmi után **T** **II.** *tl* hányingere van

engulho [e^{n}ngulju] *m* **1.** hányinger **2.** erős vágy

enigma [inigmö] *m* rejtvény, talány

enigmático [inigmàtiku] *mn* rejtélyes

enjeitado [e^{n}zséjtàdu] **I.** *mn* elhagyott, kitett (gyermek) **II.** *fn* lelenc

enjeitar [e^{n}zséjtàr] *1/1 ts* **1.** elutasít, megtagad **2.** elhagy, kitesz (gyermeket)

enjoado [e^{n}zsuàdu] *mn* **1.** *estar ~* hányingere van **2.** undorító **3. B** ellenszenves; kellemetlen

enjoar [e^{n}zsuàr] *1/8* **I.** *ts* **1.** hányingert *v* undort kelt **2.** untat **II.** *tl* hányingere *v* undora van

enjoativo [e^{n}zsuötivu] *mn* **1.** hányingert keltő **2.** unalmas

enjoo [e^{n}zsou] *m* **1.** hányinger **2.** undor

enlaçar [e^{n}löszàr] *1/3, 1/12* **I.** *ts* **1.** befon; átsző **2.** átköt, megköt **3.** *átv* összeköt, egyesít **II.** *tl* ~ *com* kapcsolódik vmihez, csatlakozik **III.** **~-se** **1.** összefonódik **2.** házasságra lép

enlace [e^{n}làsz] *m* **1.** egybefonódás; egyesülés **2.** kötelék, bilincs; ~ *matrimonial* házassági kötelék

enladeirado [e^{n}lödéjràdu] *mn* lankás; lejtős

enlaivar [e^{n}làjvàr] *1/1 ts* bemocskol

enlamear [e^{n}lömjàr] *1/5 ts* **1.** sárral befröcsköl **2.** *átv* beszennyez

enlatado [e^{n}lötàdu] **I.** *mn* dobozos, konzerv- (áru) **II.** *fn, m* konzerváru

enlatar [e^{n}lötàr] *1/12 ts* fémdobozba rak, tartósít

enleado [e^{n}ljàdu] *mn* **1.** belegabalyodott **2.** megzavarodott; bizonytalan

enlear [e^{n}ljàr] *1/5* **I.** *ts* **1.** megköt, odaköt **2.** megbolygat, összekuszál **3.** *átv* zavarba hoz **II.** **~-se** belegabalyodik

enleio [e^{n}léju] *m* **1.** egybefonódás, szövedék **2.** *átv* bonyodalom, szövevény, zavar **3.** *átv* varázs, vonzóerő

enlevar [e^{n}livàr] *1/13* **I.** *ts* gyönyörködtet; elbűvöl **II.** **~-se** gyönyörködik; el van bűvölve

enlevo [e^{n}lévu] *m* **1.** gyönyör; **2.** bűvölet

enliçar [e^{n}liszàr] *1/3 ts* becsap, rászed

enlodar [e^{n}ludàr] *1/15* **1.** besároz, bepiszkít **2.** *átv* bemocskol

enlouquecer [e^{n}lokiszér] *2/2* **I.** *ts* megőrjít **II.** *tl* megőrül

enlutado [e^{n}lutàdu] *mn* **1.** gyászba borult; gyászoló **2.** gyászos; sötét

enlutar [e^{n}lutàr] *1/1* **I.** *ts* **1.** gyászba borít **2.** mélyen lesújt **3.** elsötétít **II.** **~-se** **1.** gyászt ölt **2.** bánkódik, szomorkodik **3.** elsötétedik, beborul

enobrecer [inubriszér] *2/2* **I.** *ts* **1.** nemesít **2.** szépít **II.** **~-se** **1.** megnemesedik **2.** megszépül **3.** hírnevet szerez

enodar [inudàr] *1/15 ts* csomóra köt

enodoar [inuduàr] *1/8 ts* bemocskol, beszennyez (*átv* is)

enojadiço [inuzsödiszu] *mn* **1.** ingerlékeny **2.** (túl)érzékeny

enojar [inuzsàr] *1/15* **I.** *ts* **1.** hányingert *v* undort kelt **2.** bánt, zavar **II.** **~-se** **1.** hányingert érez **2.** bosszankodik

enojo [inozsu] *m* **1.** hányinger, undor, utálat **2.** bosszúság **3.** unalom **4.** bánat

enologia [inuluzsiö] *f* borászat

enorme [inòrm] *mn* óriási, hatalmas

enormidade [inurmidàd] *f* **1.** vminek óriási volta **2.** *átv* szörnyűség

enovelar [inuvilàr] *1/13* **I.** *ts* **1.** gombolyagba teker **2.** *átv* összegabalyít **II.** **~-se** gombolyaggá alakul

enquadrar [e^{n}nkvödràr] *1/12* **I.** *ts* **1.** bekeretez; körülvesz **2.** beilleszt; beolvaszt **II.** *tl* összhangban áll vmivel (*com*) **III.** **~-se** beilleszkedik

enquanto [e^{n}nkvö^{n}ntu] **I.** *ksz* amíg, mialatt, miközben **II.** *hat:* ~ (*isso*) azalatt, ezalatt; ~ *não* addig is, amíg; *por* ~ egyelőre, pillanatnyilag

enraivar [e^{n}rràjvàr] *1/1* = **enraivecer**

enraivecer [e^{n}rràjviszér] *2/2* **I.** *ts* feldühít **II.** *tl*, **III.** **~-se** feldühödik

enraizar [e^{n}rröjzàr] *1/10* **I.** *ts* meggyökereztet **II.** **~-se** **1.** gyökeret ereszt, meggyökerezik **2.** meghonosodik; letelepszik

enrascada [e^{n}rröskàdö] *f* **B** = **enrascadela**

enrascadela [e^{n}rrösködèlö] *f* **1.** baj, „pác" **2.** *biz* csőbehúzás, beleesés

enrascar [e^{n}rröskàr] *1/2, 1/12* **I.** *ts* **1.** hálóba fog (halakat) **2.** *biz* csapdába ejt, csőbe húz **II.** **~-se** *biz* csapdába esik, csőbe húzzák

enredar [e^{n}rridàr] *1/13* **I.** *ts* **1.** hálóba fog (vadat) **2.** *átv* hálójába kerít, behálóz **3.** becsap, rászed **4.** *átv* összegabalyít, bonyolulttá tesz **5.** bonyolít (író, cselekményt) **6.** pletykál; susmusol **II.** **~-se** belegabalyodik

enredo [e^{n}rrédu] *m* **1.** *átv* behálózás; intrika **2.** ámítás, rászedés **3.** bonyolítás; bonyodalom (meseszövésben)

enredoso [e^{n}rridozu] *mn* bonyolult, nehéz

enregelar [e^{n}rrizsilàr] *1/13* **I.** *ts* fagyaszt, megdermeszt **II.** *tl* megfagy, megdermed

enricar [e^{n}rrikàr] *1/2* = **enriquecer**

enrijar [e^{n}rrizsàr] *1/1* = **enrijecer**

enrijecer [e^{n}rrizsiszér] *2/2* **I.** *ts* edz, erősít **II.** *tl*, **III.** **~-se** edződik, erősödik

enriquecer [e^{n}rrikiszér] *2/2* **I.** *ts* **1.** gazdagít (*átv* is) **2.** *bány* dúsít **II.** *tl*, **III.** **~-se** meggazdagodik
enrodilhar [e^{n}rrudiljàr] *1/1* **I.** *ts* **1.** felgöngyöl; összecsavar **2.** becsap, rászed **3.** *átv* behálóz **4.** összekuszál **II.** **~-se** *B* zavarba jön; belezavarodik
enrolar [e^{n}rrulàr] *1/15* **I.** *ts* **1.** felteker, felcsavar **2.** begöngyöl, becsomagol; bebugyolál **3.** elrejt **4.** bonyolít, összezavar **II.** **~-se** **1.** tekeredik, csavarodik (*pl* füst) **2.** erős hullámokat ver (tenger) **3.** bebugyolálja magát
enroscar [e^{n}rruskàr] *1/2, 1/15* **I.** *ts* összeteker; körülteker **II.** **~-se** (össze)tekerődzik
enroupar [e^{n}rropàr] *1/1* *ts* **1.** ruhával ellát **2.** melegen öltöztet
enrouquecer [e^{n}rrokiszér] *2/2* **I.** *ts* rekedtté tesz **II.** *tl* bereked
enrubescer [e^{n}rrubis-szér] *2/2* **I.** *ts* **1.** vörösre fest **2.** pirulásra késztet **II.** *tl*, **III.** **~-se** **1.** elpirul **2.** zavarba jön
enrugado [e^{n}rrugàdu] *mn* ráncos
enrugar [e^{n}rrugàr] *1/4* **I.** *ts* **1.** ráncol **2.** összegyűr **II.** **~-se** **1.** ráncosodik **2.** gyűrődik **3.** fodrozódik (víz tükre)
ensaboadela [e^{n}szöbuödèlö] *f* **1.** beszappanozás **2.** felületes *v* kezdetleges ismeretek; *dar uma ~ de* vminek az elemeire megtanít **3.** korholás, szidás; *dar uma ~ a*, *átv* megmossa a fejét
ensaboado [e^{n}szöbuàdu] *m* mosás szappannal
ensaboadura [e^{n}szöbuödurö] *f* beszappanozás
ensaboar [e^{n}szöbuàr] *1/8* **I.** *ts* **1.** szappanos vízzel lemos; beszappanoz **2.** *átv* megmossa a fejét **3.** *~ a cara a* leken egy pofont vkinek **II.** **~-se** beszappanozza magát
ensaburrado [e^{n}szöburràdu] *mn* *orv* lepedékes (nyelv)
ensacador [e^{n}szöködor] *m* **1.** zsákolómunkás **2.** *B* kávénagykereskedő **3.** *B* kávéexportőr
ensacar [e^{n}szökàr] *1/2, 1/12* *ts* **1.** zsákba tölt **2.** hurkát *v* kolbászt készít
ensaiador [e^{n}szàjödor] *m* **1.** műszaki ellenőr **2.** *szính* rendező
ensaiar [e^{n}szàjàr] *1/12* **I.** *ts* **1.** kipróbál; ellenőriz **2.** bejárat (motort) **3.** *szính* próbál; betanít **II.** **~-se** gyakorolja magát; felkészül
ensaibrar [e^{n}szàjbràr] *1/1* *ts* kaviccsal beszór
ensaio [e^{n}szàju] *m* **1.** próba; ellenőrzés; *tubo de ~* próbacső, kémcső; *viagem de ~*, *műsz* próbaút **2.** *irod* esszé, tanulmány
ensaísta [e^{n}szöistö] *fn* esszéíró
ensancha [e^{n}szö^{n}sö] *f* **1.** kiengedésre szánt szövetrész (ruhán) **2.** *szól: dar ~s a* szabadjára enged vkit
ensanguentado [e^{n}szö^{n}ngve^{n}ntàdu] *mn* véres
ensanguentar [e^{n}szö^{n}ngve^{n}ntàr] *1/1* *ts* bevérez
ensarilhar [e^{n}szöriljàr] *1/1* **I.** *ts* **1.** orsóz **2.** *kat* fegyvereket gúlába rak **II.** *tl* fel-alá járkál
enseada [e^{n}szjàdö] *f* kis öböl
ensebado [e^{n}szibàdu] *mn* **1.** faggyús **2.** piszkos
ensebar [e^{n}szibàr] *1/13* *ts* **1.** faggyúval beken **2.** bepiszkít
ensejar [e^{n}szizsàr] *1/14* *ts* **1.** (alkalmat) ad, nyújt **2.** (alkalomra) vár
ensejo [e^{n}szézsu] *m* kedvező alkalom
ensimesmar-se [e^{n}szimizsmàrszi] *1/13* gondolataiba merül
ensinadela [e^{n}szinödèlö] *f* **1.** tanulság; *servir de ~* tanulságul szolgál **2.** dorgálás
ensinamento [e^{n}szinöme^{n}ntu] *m* **1.** tanítás **2.** tanulság
ensinar [e^{n}szinàr] *1/1* *ts* **1.** tanít, oktat; nevel **2.** betanít; idomít **3.** megmutat; elirányít
ensino [e^{n}szinu] *m* **1.** tanítás, oktatás; nevelés; *~ audivisual* audiovizuális oktatás; *~ médio* középfokú oktatás; *~ por correspondência* levelező oktatás; *estabelecimento de ~* tanintézet **2.** idomítás **3.** tanulság
ensoado [e^{n}szuàdu] *mn* aszott, kiszáradt; hervadt
ensoar[1] [e^{n}szuàr] *1/8* **I.** *tl* elszárad, elhervad **II.** **~-se** kimerül; elbágyad
ensoar[2] [e^{n}szuàr] *1/8* *ts* megzenésít
ensoberbecer [e^{n}szubirbiszér] *2/2* **I.** *ts* büszkévé tesz **II.** **~-se** **1.** büszkélkedik; gőgös lesz **2.** felkorbácsolódik, felcsap (hullám)
ensolarado [e^{n}szulöràdu] *mn* napos, napsütötte
ensombrar [e^{n}szo^{n}mbràr] *1/1* **I.** *ts* **1.** beárnyékol **2.** elsötétít **3.** elszomorít,

lesújt **II.** ~**-se 1.** árnyékba borul **2.** elsötétül **3.** elszomorodik

ensombro [e^{n}szo^{n}mbru] *m* **1.** tető, fedél (árnyék ellen) **2.** *átv* oltalom, védelem

ensopado [e^{n}szupàdu] **I.** *mn* **1.** átázott; átitatott **2.** *carne ~a* gulyásleves **II.** *fn, m konyh* **1.** pörkölt **2.** főzelék feltétellel

ensopar [e^{n}szupàr] *1/15* **I.** *ts* **1.** áztat; átitat **2.** *konyh* párol, dinsztel **II.** ~**-se 1.** átázik, átitatódik **2.** *sp argó* magas pontszámmal, könnyen győz

ensurdecedor *m,* **-a** *f* [e^{n}szurdiszidor(ö)] *mn* fülsiketítő

ensurdecer [e^{n}szurdiszér] *2/2* **I.** *ts* megsüketít **II.** *tl* megsüketül

ensurdecimento [e^{n}szurdiszime^{n}ntu] *m* megsüketülés; süketség

entabuamento [e^{n}ntöbuöme^{n}ntu] *m* **1.** deszkapadló **2.** faburkolat

entabuar [e^{n}ntöbuàr] *1/1* **I.** *ts* deszkával burkol; padlóz **II.** ~**-se** megkeményedik

entabulamento [e^{n}ntöbulöme^{n}ntu] *m* **1.** *ép* párkány **2.** elkezdés; bevezetés

entabular [e^{n}ntöbulàr] *1/1 ts* **1.** elrendez, előkészít **2.** elkezd, megkezd; *~ negociações* tárgyalásokat kezd; *~ relações* kapcsolatokat létesít

entaipar [e^{n}ntàjpàr] *1/1 ts* bekerít; bezár

entalar [e^{n}ntölàr] *1/12* **I.** *ts* **1.** *orv* sínbe rak **2.** beszorít; beékel **3.** *átv* bajba kever; csőbe húz **II.** ~**-se 1.** beszorul, megakad **2.** bajba jut **3.** „bedől" vminek

entalhador [e^{n}ntöljödor] *m* fafaragó; faszobrász

entalhar [e^{n}ntöljàr] *1/1 ts* fába metsz; (szobrot) farag

entalhe, entalho [e^{n}ntàlj, -lju] *m* fafaragás

entanguido [e^{n}ntö^{n}ngidu] *mn* meggémberedett

entanto [e^{n}ntö^{n}ntu] **I.** *hat* ezalatt, eközben; *no ~* mégis, mindazonáltal, ennek ellenére **II.** *ksz* viszont, ellenben

então [e^{n}ntö^{n}u] **I.** *hat* akkor, akkoriban; *de ~* az akkori; *ou ~* vagy pedig **II.** *ksz* ezért, ennélfogva, tehát **III.** *isz* na! na és! hát aztán! *~ que é isso?* hát ez mit jelentsen?

entardecer [e^{n}ntördiszér] **I.** *2/2 tl* alkonyodik **II.** *fn, m: ao ~* alkonyatkor

ente [e^{n}nt] *m* lény; teremtmény; *~s queridos* szerettei, közelállók

enteado *m,* **-a** *f* [e^{n}ntyàdu, -ö] *fn* mostohagyermek

entediar [e^{n}ntigyàr] *1/7* **I.** *ts* **1.** undort kelt **2.** untat **II.** ~**-se 1.** undort érez **2.** unatkozik

entendedor *m,* **-a** *f* [e^{n}nte^{n}ndidor, -ö] **I.** *mn* értelmes, okos **II.** *fn* szakértő, hozzáértő

entender [e^{n}nte^{n}ndér] *2/1* **I.** *ts* **1.** ért, megért, felfog; *fazer-se ~* megérteti magát; *fazer que não entende* úgy tesz, mintha nem értené *dar que ~* gondolkodóba ejt **2.** hisz, vél, gondol **3.** szándékozik vmit tenni **II.** *tl ~ de* ért vmihez, foglalkozik vmivel; *~ de cavalos* ért a lovakhoz; *~ de lagares de azeite, ~ da poda, átv* érti a dolgát **III.** ~**-se 1.** értődik; érthető; *como se entende isso?* hogy kell ezt érteni? *isso já se entende* ez magától értetődik **2.** megértik egymást; *közm: os que se entendem andam juntos* hasonló a hasonlónak örül **3.** *~-se com* illet vkit, vonatkozik vkire; *isso não se entende comigo* ez rám nem vonatkozik **4.** *~-se de, em* kiismeri magát vmiben, tudja; *eu cá me entendo* tudom, hogy mit teszek **IV.** *fn, m* vélemény; *no meu ~* véleményem szerint

entendido [e^{n}nte^{n}ndidu] **I.** *mn* **1.** tudós, jártas vmiben (*em*); *dar-se por ~* úgy tesz, mintha értené; *não se dar por ~* butának tetteti magát **2.** biztos, magától értetődő; *bem ~* kétségtelenül **II.** *fn* szakértő, hozzáértő

entendimento [e^{n}nte^{n}ndime^{n}ntu] *m* **1.** *fil* értelem, ész **2.** megértés; felfogás **3.** vélemény; *no meu ~* véleményem szerint **4.** megbeszélés; *entrar en ~s* megbeszéléseket folytat

entenebrecer [e^{n}ntinibriszér] *2/2* **I.** *ts* **1.** elsötétít **2.** *átv* elszomorít, lesújt **II.** *tl,* **III.** ~**-se** elsötétedik

enterite [e^{n}ntirit] *f orv* bélhurut

enternecedor *m,* **-a** *f* [e^{n}ntirniszidor, -ö] *mn* megható

enternecer [e^{n}ntirniszér] *2/2* **I.** *ts* **1.** meghat **2.** *átv* meglágyít **II.** ~**-se 1.** meghatódik **2.** *átv* ellágyul

enterrador [e^{n}ntirrödor] *m* sírásó

enterramento [e^{n}ntirröme^{n}ntu] *m* temetés

enterrar [e^{n}ntirràr] *1/13* **I.** *ts* **1.** földbe rejt, elás **2.** eltemet **3.** *átv* sírba visz;

tönkretesz **II.** ~**-se 1.** *átv* eltemetkezik, visszavonul **2.** beletemetkezik vmibe (*em*) **3.** tönkremegy (anyagilag) **4.** hitelét veszti, lejáratja magát

enterro [e^{n}ntérru] *m* **1.** temetés **2.** gyászmenet

entesar [e^{n}ntizàr] *1/13* **I.** *ts* **1.** kifeszít **2.** merevít **II.** *tl* feszül **III.** ~**-se 1.** megfeszül, kinyúlik **2.** *átv* nem enged; megköti magát

entesoirar [e^{n}ntizojràr] *1/1 ts* kincseket *v* pénzt halmoz

entestar [e^{n}ntistàr] *1/13 tl* **1.** határos vmivel **2.** szemben van vmivel

entibiar [e^{n}ntibjàr] *1/7* **I.** *ts* **1.** lehűt **2.** *átv* lelohaszt **II.** ~**-se 1.** kihűl **2.** *átv* lelohad

entidade [e^{n}ntidàd] *f* **1.** lény **2.** lényeg; *coisa de* ~ fontos dolog **3.** fontos személyiség; ~ *oficial* hivatalos személy **4. B** szervezet; csoport

entoação [e^{n}ntuöszö^{n}u] *f* **1.** hangadás **2.** hanghordozás, hanglejtés

entoar [e^{n}ntuàr] *1/8 ts* **1.** megadja a hangot; rázendít (egy dalra) **2.** elindít, vmit, belekezd vmibe **T**

entojo [e^{n}ntozsu] *m* **1.** hányinger **2.** kívánósság (terhes nőknél)

entomologia [e^{n}ntumuluzsiö] *f* rovartan

entonação [e^{n}ntunöszö^{n}u] *f* = **entoação**

entono [e^{n}ntonu] *m* gőg, büszkeség

entontecer [e^{n}nto^{n}ntiszér] *2/2* **I.** *ts* **1.** elkábít, elszédít **2.** elbutít, meghülyít **II.** *tl* **1.** elkábul, elszédül **2.** elbutul, meghülyül

entornar [e^{n}nturnàr] *1/15* **I.** *ts* **1.** feldönt, felborít **2.** kiönt; szétszór **3.** kibocsát (hangot, fényt) **4.** eltékozol **5.** lehajt (kelleténél több italt) **II.** ~**-se 1.** kiömlik; szétszóródik **2.** berúg, leissza magát

entorpecer [e^{n}nturpiszér] *2/2* **I.** *ts* elzsibbaszt; megbénít (*átv* is) **II.** *tl* elzsibbad; megbénul (*átv* is)

entorse [e^{n}ntòrsz] *f orv* ficam

entortar [e^{n}nturtàr] *1/15* **I.** *ts* **1.** elgörbít, elhajlít; ~ *os olhos* kancsalít **2.** letéríti az útjáról (*átv* is) **II.** ~**-se 1.** elgörbül, elhajlik **2.** letér a helyes útról (*átv* is) **3.** tönkremegy **4.** *nép* leissza magát

entrada [e^{n}ntràdö] *f* **1.** bemenet; belépés; ~ *proibida* tilos a bemenet; **2.** kapu; ajtó; nyílás; ~ *central* főbejárat; ~ *de serviço* hátsó bejárat **3.** kezdet; *de primeira* ~ mindjárt kezdetben; *à* ~ *da noite* az est beálltakor; *na* ~ *do ano* az év kezdetén; *ter boa* ~ szívesen fogadják; *votos de boas* ~**s** újévi jókívánságok **4.** belépőjegy; ~ *franca* *v* *de carona* ingyen belépés; *meia* ~ féljegy; ~ *pessoal* szabadjegy **5.** *konyh* előétel **6.** *nyomd* bekezdés **7.** címszó; bejegyzés, feljegyzés **8.** import, behozatal; *direitos de* ~ behozatali vám **9.** *ját* betét, talon **10.** *szól:* *dar* ~ *a* **a)** beenged, bebocsát vkit **b)** bevezet, elkönyvel vmit **c)** beérkezik; bekerül vhova

entrado [e^{n}ntràdu] *mn* **1.** belépett **2.** koros, idős **3.** becsípett, spicces **4. B** bizalmaskodó, szemtelen

entrançar [e^{n}ntrö^{n}szàr] *1/3* **I.** *ts* befon, összefon **II.** *tl* csavarog, tétlenkedik **III.** ~**-se** összefonódik

entranhado [e^{n}ntrönyàdu] *mn* **1.** begyökerezett, megrögzött **2.** *átv* bensőséges, mély; szenvedélyes

entranhar [e^{n}ntrönyàr] *1/1* **I.** *ts* bever (szöget); beledöf (tőrt) **II.** ~**-se 1.** behatol **2.** *átv* belemélyed

entranhas [e^{n}ntrönyös] *f tb* **1.** belek; belsőség; belső részek; *nas* ~ *da terra* a föld mélyében **2.** *átv* szív, jóérzés; *homem sem* ~ szívtelen ember **3.** anyaméh **4.** jellem, természet

entranhável [e^{n}ntrönyàvèl] *mn* bensőséges

entrar [e^{n}ntràr] *1/1* **I.** *tl* **1.** bemegy, belép vhova (*em*); *entre!* lépjen be! tessék! szabad! **2.** behatol **3.** ömlik, torkollik vhova (*em*) **4.** érkezik, befut (vonat) **5.** szerepel (*átv* is) **6.** elkezd; ~ *a chorar* sírni kezd; ~ *a estudar* tanulni kezd, nekilát a tanulásnak; ~ *em negociações* tárgyalásokba kezd **7.** részt vesz vmiben (*em*) **8.** megbarátkozik vmivel; tetszik; ~ *na cerveja* megszerette a sört, túl sok sört iszik **9.** *szól:* ~ *bem* *v* *com o pé direito* jól kezdi, kedvezően startol; ~ *de serviço* szolgálatba lép; ~ *em combate* harcba bocsátkozik; ~ *em contacto com* érintkezésbe lép vkivel; ~ *em funcionamento* működésbe lép; ~ *em pormenores* részletekbe bocsátkozik; ~ *em si* magába száll; ~ *em vigor* érvénybe *v* hatályba lép; ~ *para o governo* a kormányt támogatja; ~ *para o partido* belép a pártba; *fazer* ~ benyom, begyömöszöl **II.** *ts* **1.** belép, bevonul vhova **T 2.** behatol vhova **T**

entravar [e^{n}ntrövàr] *1/12 ts* gátol, akadályoz

entrave [e^{n}ntràv] *m* **1.** kötőfék **2.** akadály

entre [e^{n}ntr] *vsz* között, közé; *de* ~ közül; *por* ~ között, kellős közepében; ~ *nós* köztünk; ~ *si* **a)** (ön)magában **b)** maguk között; ~ *as dez e as onze horas* tíz és tizenegy óra között; ~ *lusco e fusco* alkonyatkor; szürkületkor; ~ *a vida e a morte* élet és halál között; *vinte hombres entre mortos e feridos* összesen húsz halott és sebesült; ~ *zangado e sorridente* félig haragudva, félig mosolyogva

entreaberto [e^{n}ntriöbèrtu] *mn* félig nyitott

entreabrir [e^{n}ntriöbrir] *3/13* **I.** *ts* félig *v* halkan kinyit **II.** *tl,* **III.** ~**-se 1.** félig kinyílik **2.** lassan kiderül (az idő)

entreacto [e^{n}ntriàtu] *m* felvonásköz

entreajuda [e^{n}ntrözsudö] *f* kölcsönös segítség

entrecasca [e^{n}ntrikàskö] *f* háncs

entrecho [e^{n}ntrésu] *m* meseszövés; bonyodalom

entrechocar-se [e^{n}ntrisukàrszi] *1/2, 1/15* egymásnak ütődik

entrechoque [e^{n}ntrisòk] *m* összeütközés

entrecobertas [e^{n}ntrikubèrtös] *f tb haj* fedélköz

entrecortado [e^{n}ntrikurtàdu] *mn* félbeszakadt; akadozó

entrecortar [e^{n}ntrikurtàr] *1/15* **I.** *ts* félbeszakít **II.** ~**-se,** *geom* metszik egymást

entrecruzar-se [e^{n}ntrikruzàrszi] *1/1* keresztezik egymást

entrefino [e^{n}ntrifinu] *mn* közepes finomságú

entrega [e^{n}ntrègö] *f* **1.** átadás; *fazer* ~ *de* átad, kiszolgáltat vmit **2.** *ker* leszállítás; ~ *ao domicilio* házhoz szállítás; *prazo de* ~ szállítási határidő **3.** kézbesítés **4.** *kat* megadás **5.** árulás

entregar [e^{n}ntrigàr] *1/4, 1/13* **I.** *ts* **1.** átad **2.** *ker* leszállít **3.** kézbesít **4.** *átv* kiad, elárul **5.** *kat* felad (erődöt) **6.** visszaad (kölcsönzött holmit) **II.** ~**-se 1.** átadja magát vkinek *v* vminek (*a*); ~*-se ao estudo* a tudománynak szenteli magát **2.** *kat* megadja magát

entregue [e^{n}ntrèg] **I.** *mmi* átadott; → **entregar:** *deixar* ~ kézbesít; lead; *ficar* ~ *de* megkap vmit **II.** *mn* **1.** odaadó **2.** ~ *a* vminek szentelt

entrelaçado [e^{n}ntrilöszàdu] *mn* egybefonódott

entrelaçar [e^{n}ntrilöszàr] *1/3, 1/12* **I.** *ts* fon; egybefon **II.** ~**-se 1.** egybefonódik **2.** *átv* gabalyodik

entrelinha [e^{n}ntrilinyö] *f* **1.** sorköz; *ler nas* ~*-s* a sorok közt olvas **2.** *nyomd* térző, ritkító

entrelinhar [e^{n}ntrilinyàr] *1/1 ts* **1.** a sorok közé ír **2.** *nyomd* térzőt tesz a sorok közé

entreluzir [e^{n}ntriluzir] *3/14 tl* **1.** ragyogni kezd (csillag) **2.** átszűrődik (fény)

entremear [e^{n}ntrimjàr] *1/5* **I.** *ts* **1.** középre helyez **2.** összekever **II.** *tl,* **III.** ~**-se 1.** közéjük áll **2.** *átv* beavatkozik

entremeio [e^{n}ntriméju] *m* **1.** betoldás **2.** időköz; *neste* ~ ezalatt

entrementes [e^{n}ntrime^{n}ntis] *hat* ezalatt, azalatt; *neste* ~ közben, ez alatt az idő alatt

entremesa [e^{n}ntrimézö] **I.** *fn, f* asztalnál eltöltött (ebéd)idő **II.** *hat* asztalnál ülve

entremeter [e^{n}ntrimitér] *2/7* = **intrometer**

entremez [e^{n}ntrimés] *m* felvonásközi bohózat

entreolhar-se [e^{n}ntrjuljàrszi] *1/15* egymásra néznek

entreouvir [e^{n}ntriovir] *3/17 ts* nem hallja jól *v* tisztán

entreponte [e^{n}ntripo^{n}nt] *f haj* fedélköz

entreposto [e^{n}ntripostu] *m* áruraktár

entressafra [e^{n}ntriszàfrö] *f* betakarítások közötti időszak

entretanto [e^{n}ntritö^{n}ntu] **I.** *hat* ezalatt, eközben; ~ *que* mialatt, miközben **II.** *ksz* mégis; viszont **III.** *fn, m* közbeeső idő(szak)

entretecer [e^{n}ntritiszér] *2/2 ts* **1.** közbesző **2.** beiktat

entretela [e^{n}ntritèlö] *f* **1.** csinvat **2.** *ép* gyámfal

entretelar [e^{n}ntritilàr] *1/13 ts* **1.** merevvászonnal bélel (kabátgallért) 2. *ép* gyámkővel megtámaszt

entretenimento [e^{n}ntritinime^{n}ntu] *m* szórakozás; időtöltés

entreter [e^{n}ntritér] *2/23* I. *ts* 1. szórakoztat, mulattat 2. feltart, visszatart vkit; ~ *o inimigo* feltartóztatja az ellenséget 3. betölt, elfoglal (időt) 4. enyhít, csillapít (fájdalmat) 5. ~ *esperanças* reményeket táplál II. ~**-se** 1. szórakozik; idejét tölti 2. időzik, késik

entretido [e^{n}ntritidu] *mn* szórakoztató

entrevado [e^{n}ntrivàdu] *mn* és *fn* béna

entrevar[1] [e^{n}ntrivàr] *1/14* I. *ts* megbénít II. *tl*, III. ~**-se** megbénul

entrevar[2] [e^{n}ntrivàr] *1/14* I. *ts* elsötétít II. ~**-se** elsötétül

entrever [e^{n}ntrivér] *2/26* I. *ts* 1. homályosan *v* futólag lát 2. előre megérez, megsejt II. ~**-se** 1. találkoznak egymással 2. tanácskoznak

entrevista [e^{n}ntrivistö] *f* 1. találkozás 2. megbeszélés 3. interjú 4. ~ *colectiva à imprensa* közös sajtóértekezlet

entrevistador *m*, **-a** *f* [e^{n}ntrivistödor(ö)] *fn*: ~ *do rádio* rádióriporter

entrevistar [e^{n}ntrivistàr] *1/1* I. *ts* 1. találkozik vkivel T 2. interjút kér vkitől T II. ~**-se** 1. találkoznak egymással 2. elbeszélget vkivel (*com*)

entrincheirar-se [e^{n}ntrinséjràrszi] *1/1* elsáncolja magát

entristecer [e^{n}ntristiszér] *2/2* I. *ts* elszomorít II. *tl* elszomorodik

entroncado [e^{n}ntro^{n}ncàdu] *mn* tagbaszakadt; vaskos, erős

entroncamento [e^{n}ntro^{n}nkömе^{n}ntu] *m* vasúti elágazás *v* csomópont

entroncar [e^{n}ntro^{n}nkàr] *1/2* I. *ts* egyesít, összeköt II. *tl* 1. összefutnak, találkiznak (utak, vasútvonalak) 2. származik, ered (családfáról) III. ~**-se** rokonságba kerül vkivel (*com*)

entronizar [e^{n}ntrunizàr] *1/1* I. *ts* 1. trónra emel 2. beiktat (állásba) II. ~**-se** trónra lép; hatalomra jut

entrosar [e^{n}ntruzàr] *1/15* *ts* 1. egymásba illeszt (fogaskerekeket) 2. megbarátkoztat; összhangba hoz

entrudo [e^{n}ntrudu] *m* farsang

entrudesco [e^{n}ntrudésku] *mn* farsangi

entufar [e^{n}ntufàr] *1/1* I. *ts* felfúj II. B ~**-se** bosszankodik; megharagszik

entulhar [e^{n}ntuljàr] *1/1* *ts* feltölt (gödröt)

entulho [e^{n}ntulju] *m* törmelék (építkezésből)

entupido [e^{n}ntupidu] *mn* 1. eltömődött 2. bamba; megzavarodott 3. *ter os ouvidos* ~*s* nagyothall

entupir [e^{n}ntupir] *3/1* v *3/12* I. *ts* 1. betöm, eltömít 2. *átv* zavarba hoz II. ~**-se** eltömődik, bedugul

enturvar [e^{n}nturvàr] *1/1* I. *ts* 1. zavarossá tesz 2. *átv* zavarba hoz II. ~**-se** 1. zavarossá válik 2. bosszankodik

entusiasmar [e^{n}ntuzjözsmàr] *1/12* I. *ts* lelkesít, feltüzel II. ~**-se** fellelkesül

entusiasmo [e^{n}ntuzjàzsmu] *m* 1. lelkesedés 2. rajongás 3. kitörő öröm

entusiasta [e^{n}ntuzjàstö] *mn* és *fn* lelkesedő, rajongó

entusiástico [e^{n}ntuzjàstiku] *mn* lelkesedő; lelkes

enumerar [inumiràr] *1/13* *ts* felsorol

enunciado [inu^{n}szjàdu] *m* kijelentés, állítás

enunciar [inu^{n}szjàr] *1/7* *ts* 1. kifejt, előad 2. állít; kifejez 3. kihirdet

envaidar [e^{n}vàjdàr] *1/1* = **envaidecer**

envaidecer [e^{n}vàjdiszér] *2/2* I. *ts* hiúvá tesz II. ~**-se** hiú *v* beképzelt lesz

envasar [e^{n}vözàr] *1/12* = **envasilhar**

envasilhar [e^{n}vöziljàr] *1/1* *ts* hordóba *v* üvegbe tölt (bort)

envelhecer [e^{n}vèljiszér] *2/2* I. *ts* öregít II. ~**-se** 1. megöregszik 2. elavul

envelope [e^{n}vilòp] *m* (levél)boríték

envencilhar [e^{n}ve^{n}sziljàr] *1/1* I. *ts* átköt, megköt II. ~**-se** összekuszálódik

envenenado [e^{n}vininàdu] *mn* mérgezett

envenenador *m*, **-a** *f* [e^{n}vininödor, -ö] *mn* és *fn* méregkeverő

envenenar [e^{n}vininàr] *1/14* I. *ts* 1. megmérgez 2. *átv* kifordít, eltorzít II. ~**-se** megmérgezi magát

enveredar [e^{n}viridàr] *1/13* I. *ts* elirányít, megmutatja az utat vkinek T II. *tl* útnak indul; irányt vesz vmerre (*por*)

envergadura [e^{n}virgödurö] *f* 1. fesztávolság 2. jelentőség; *de grande* ~ nagyszabású

envergar [e^{n}virgàr] *1/13* I. *ts* 1. (vitorlát) odaerősít 2. (kabátot) felvesz, magára ölt 3. meghajlít II. *tl*, III. ~**-se** meghajlik

envergonhado [e^{n}virgunyàdu] *mn* 1. megszégyenült 2. szégyenlős

envergonhar [e^{n}virgunyàr] *1/8* I. *ts* 1. megszégyenít; zavarba hoz 2. megaláz II. **~-se** szégyenkezik

envermelhar [e^{n}virmiljàr] *1/14 ts* pirosra fest

envernizar [e^{n}virnizàr] *1/1 ts* 1. lakkal bevon 2. fényez (bútort)

enviado [e^{n}vjàdu] *m* 1. megbízott; küldött 2. *~ especial* különtudósító

enviar [e^{n}vjàr] *1/7 ts* 1. küld, elküld 2. megcímez; eljuttat

envidar [e^{n}vidàr] *1/1 ts* 1. *kártya* növeli a tétet; invitál 2. *~ todos os esforços* mindent elkövet vmi érdekében (*para*)

envidraçar [e^{n}vidröszàr] *1/3, 1/12* I. *ts* beüvegez II. **~-se** *de lágrimas* könnybe lábad

enviesado [e^{n}vjèzàdu] *mn* ferde, rézsútos, srég

enviesar [e^{n}vjèzàr] *1/1* I. *ts* 1. ferdére vág 2. ferdén állít fel vmit 3. kancsalít 4. kiferdíti (testét, lábát) II. **~-se** *átv* balul üt ki

envilecer [e^{n}viliszér] *2/2* I. *ts* megaláz II. *tl*, III. **~-se** 1. megalázkodik 2. elértéktelenedik

envio [e^{n}viu] *m* 1. elküldés 2. küldemény

enviscar [e^{n}viskàr] *1/2 ts* 1. madárléppel beken 2. *átv* lépre csal

enviuvar [e^{n}vjuvàr] *1/1 tl* özvegységre jut

envolta [èvòltö] *f* zűrzavar; *de ~* vegyesen, válogatás nélkül, összevissza

envolto [e^{n}voltu] I. *mmi* → **envolver** II. *mn* 1. begöngyölt, becsomagolt 2. összekuszált; zavaros

envoltório [e^{n}voltòrju] *m* 1. burkolat 2. csomag 3. csomagolás

envolvente [e^{n}volve^{n}nt] *mn* elbűvölő, elragadó

envolver [e^{n}volvér] *2/8* I. *ts* 1. begöngyöl, beburkol 2. tartalmaz, magába foglal, felölel 3. elbűvöl 4. *átv* magával hoz, eredményez 5. kihat vmire T II. **~-se** belekeveredik, részt vesz vmiben (*em*)

envolvido [e^{n}volvidu] *mn: estar ~ em* részt vesz vmiben; belekeveredett vmibe

enxabido [e^{n}söbidu] *mn* ízetlen

enxada [e^{n}sàdö] *f* 1. kapa 2. kenyérkereset

enxadada [e^{n}södàdö] *f* kapavágás; *à primeira ~, átv* egyből

enxadão [e^{n}södö^{n}u] *m* bontócsákány

enxadrezado [e^{n}södrizàdu] *mn* kockás; sakktáblaszerű

enxadrista [e^{n}södristö] *fn* B sakkozó, sakkjátékos

enxaguar [e^{n}sögvàr] *1/12 ts* (ki)öblít

enxalmo [e^{n}sàlmu] *m* 1. lópokróc 2. semmirekellő

enxame [e^{n}söm] *m* 1. méhraj 2. *átv* raj(zás); áradat

enchamear [e^{n}sömjàr] *1/5* I. *ts* méhrajt befog II. *tl* rajzik; *átv* hemzseg

enxaqueca [e^{n}sökèkö] *f* migrén

enxárcia [e^{n}sàrszjö] *f haj* kötélzet

enxerga [e^{n}sérgö] *f* 1. szalmazsák 2. silány ágy

enxergão [e^{n}sirgö^{n}u] *m* 1. szalmazsák (matracok alatt) 2. ágysodrony

enxergar [e^{n}sirgàr] *1/13 ts* 1. észrevesz; meglát 2. *nép* vél, gondol

enxertadeira [e^{n}sirtödéjrö] *f* oltókés

enxertar [e^{n}sirtàr] *1/13 ts* 1. beolt (fát) 2. *átv* beilleszt, becsempész

enxertia [e^{n}sirtiö] *f* beoltás (fáé); *~ de borbulha* szemzés; *~ de garfo* hasitékba oltás

enxerto [i^{n}sértu] *m* oltvány; *fazer ~ em* beolt

enxó [e^{n}sò] *f* vájó véső

enxofrar [e^{n}sufràr] *1/15 ts* kénez

enxofre [e^{n}sofr] *m* kén

enxotar [e^{n}sutàr] *1/15 ts* elhesseget, elűz

enxoval [e^{n}suvàl] *m* 1. kelengye; ruhanemű 2. babakelengye

enxovalhar [e^{n}suvöljàr] *1/12 ts* 1. bepiszkít, bemocskol 2. gyaláz; rágalmaz

enxovalho [e^{n}suvàlju] *m* 1. bemocskolás 2. gyalázás

enxovia [e^{n}suviö] *f* zárka

enxugadoiro, -douro [e^{n}sugödojro, -doru] *m* szárító helyiség

enxugar [e^{n}sugàr] *1/4* I. *ts* szárít; felszárít II. *tl*, III. **~-se** szárad; felszárad

enxúndia [e^{n}su^{n}ngyö] *f* 1. disznózsír 2. baromfizsír

enxurdar-se [e^{n}surdàrszi] *1/1* sárban hempereg

enxurrada [e^{n}surràdö] *f* 1. rohanó ár 2. *átv* áradat

enxurrar [e^{n}surràr] *1/1* **I.** *ts* eláraszt **II.** *tl* kiönt

enxurro [e^{n}surru] *m* **1.** vízözön **2.** zápor **3.** *átv* áradat

enxuto [e^{n}sutu] *mn* **1.** kiszáradt, száraz **2.** szikár

EPAL = *Empresa Pública das Águas de Lisboa* Lisszaboni Vízművek

épico [èpiku] **I.** *mn* epikus, elbeszélő **II.** *fn, m* epikus költő

epidemia [ipidimiö] *f* járvány, ragály

epidémico [ipidèmiku] *mn* járványos, ragályos

epiderme [ipidèrm] *f orv* epidermisz, felhám

epifania [ipifōniö] *f* vízkereszt

epigástrio, epigastro [ipigàstr(j)u] *m orv* gyomortáj

epiglote [ipiglòt] *f* gégefedő

epígono [ipigunu] *m* epigon; dicstelen utód

epígrafe [ipigràf] *f* felirat

epigrama [ipigrömö] *m* epigramma

epigramático [ipigrömàtiku] *mn* epigrammaszerű; tömör; csattanós

epilepsia [ipilèpsziö] *f orv* nyavalyatörés, eskór

epiléptico [ipilèptiku] *mn* epilepsziás

epilogar [ipilugàr] *1/4, 1/15 ts* összegez, összefoglal

epílogo [ipilugu] *m* **1.** epilógus, utószó, befejezés **2.** utójáték

episcopado [ipiskupàdu] *m* püspökség

episcopal [ipiskupàl] *mn* püspöki

episódico [ipizòdiku] *mn* epizodikus; jelentéktelen; átmeneti

episódio [ipizògyu] *m* epizód

epistaxe [èpistàksz] *f orv* orrvérzés

epístola [èpistulö] *f* **1.** levél **2.** költői levél

epistolar [èpistulàr] *mn* levél-, levélbeli

epistolário [èpistulàrju] *m* levélgyűjtemény

epitáfio [èpitàfju] *m* sírfelirat

epíteto [ipititu] *m* állandó jelző

epitomar [ipitumàr] *1/15 ts* röviden összefoglal

epítome [ipitum] *m* rövid kivonat

época [èpukö] *f* korszak

epopeia [ipupéjö] *f* eposz, hősköltemény

equação [ikvöszö^{n}u] *f mat* egyenlet

equacionar [ikvöszjunàr] *1/15 ts* **1.** elrendez; kiegyenlít **2.** azonosít, egyenlővé tesz

equador [ikvödor] *m* egyenlítő

equatorial [ikvöturjàl] *mn* egyenlítői

equestre [ikvèstr] *mn* lovas; *estátua* lovasszobor

equevo [ikvévu] *mn* azonos korú

equiângulo [ikviö^{n}ngulu] *mn geom* egyenlő szögű

equidade [ikvidàd] *f* **1.** igazságérzet **2.** tárgyilagosság

equidistância [ikvidistö^{n}szjö] *f* egyenlő távolság

equidistante [ikvidistö^{n}nt] *mn geom* egyenlő távolságra fekvő

equilátero [ikvilàtiru] *mn geom* egyenlő oldalú

equilibração [ikilibröszö^{n}u] *f* kiegyensúlyozás

equilibrado [ikilibràdu] *mn* **1.** kiegyensúlyozott **2.** igazságos

equilibrar [ikilibràr] *1/1 ts* kiegyensúlyoz

equilíbrio [ikilibrju] *m* egyensúly

equilibrista [ikilibristö] *fn* egyensúlyozó artista; kötéltáncos

equino [èkvinu] *mn* ló-

equinócio [ikinòszju] *m* napéjegyenlőség

equipa [ikipö] *f* **1.** *sp* csapat; ~ *de futebol* labdarúgó-csapat **2.** munkabrigád; *chefe de* ~ brigádvezető **3.** műszak; ~ *da noite* éjszakai műszak

equipagem [ikipàzsö^{n}j] *f* **1.** *haj* legénység **2.** kísérő személyzet *v* személyek **3.** felszerelés **4.** poggyász

equipamento [ikipöme^{n}ntu] *m* felszerelés

equipar [ikipàr] *1/1 ts* **1.** felszerel **2.** *haj* legénységgel ellát

equiparação [ikipöröszö^{n}u] *f* egyenjogúsítás

equiparar [ikipöràr] *1/12 ts* egyenjogúsít

equipe [ikipi] *f* **B** = **equipa**

equitação [ikitöszö^{n}u] *f* lovaglás; lovassport

equitador [ikitödor] *m* műlovas

equitativo [ikitötivu] *mn* **1.** igazságos, tárgyilagos **2.** méltányos, elérhető (ár)

equivalência [ikivöle^{n}szjö] *f* egyenértékűség

equivalente [ikivöle^{n}nt] **I.** *mn* egyenértékű **II.** *fn, m* egyenérték

equivaler [ikivölér] *2/6 ts* **1.** egyenlő értéke van, felér vmivel (*a*) **2.** megfelel vminek

equivocar [ikivukàr] *1/2, 1/15* **I.** *ts* **1.** félrevezet **2.** összetéveszt **II.** **~-se** **1.** téved **2.** **B** megharagszik

equívoco [ikivuku] **I.** *mn* **1.** kétértelmű **2.** gyanús **II.** *fn, m* **1.** kétértelműség **2.** félreértés **3.** tévedés, elnézés
E. R. = *espera resposta* választ kér
era [èrö] **I.** *fn, f* kor, korszak **II.** → **ser**
erário [iràrju] *m* államkincstár
erecção [irèszö^{n}u] *f* **1.** felállítás (*pl* szoboré) **2.** létesítés (*pl* bizottságé)
erecto [irètu] **I.** *mmi* → **erigir II.** *mn* egyenes; álló
eremita [irimitö] *m* remete
eremita-bernardo [irimitöbirnàrdu] *m áll* remeterák
eremitério [irimitèrju] *m* **1.** remeteség **2.** magány
erguer [irgér] *2/4, 2/7* **I.** *ts* **1.** (fel)emel; ~ *o seu copo* (*a, para*) emeli poharát vmire; ~ *a voz contra* felemeli a hangját vmi ellen **2.** felállít, létesít; felhúz (épületet) **3.** *átv* fellelkesít **II.** ~**-se 1.** feláll (ültéből) **2.** emelkedik (*pl* szobor)
erguido [irgidu] *mn* **1.** felemelt **2.** magas, égbe nyúló
eriçado [iriszàdu] *mn* **1.** göndör **2.** tüskés **3.** borzas
eriçar [iriszàr] *1/3* **I.** *ts* **1.** felborzol **2.** *átv*: ~ *de* teletüzdel vmivel **II.** ~**-se** felborzolódik
erigir [irizsir] *3/3* **I.** *ts* **1.** (fel)állít, emel (*pl* szobrot) **2.** alapít, létesít **3.** *átv* kiemel, kitüntet **II.** ~**-se** *em* kiadja magát vminek, fellép mint
erisipela [irizipèlö] *f orv* orbánc
ermar [irmàr] *1/13* **I.** *ts* elnéptelenít **II.** *tl* magányba vonul
ermida [irmidö] *f* (búcsújáró) kápolna
ermita [irmitö] *m* remete
ermitão *m*, **ermitã** *f* [irmitö^{n}u, irmitö^n] *fn* remete; aszkéta
ermo [érmu] **I.** *mn* elhagyatott, magányos **II.** *fn, m* magány, pusztaság
erosão [iruzö^{n}u] *f* **1.** *geol* erózió **2.** *orv* felmaródás
erosivo [iruzivu] *mn* **1.** *geol* eróziós **2.** maró
erótico [iròtiku] *mn* erotikus, érzéki
erotismo [irutizsmu] *m* erotika
errabundo [irröbu^{n}ndu] *mn* kóborló, tévelygő
errada [irràdö] *f* **B 1.** eltévedés, bolyongás **2.** tévedés, hiba
erradicação [irrödiköszö^{n}u] *f* kiirtás
erradicar [irrödikàr] *1/2 ts* kiirt
erradio [irrödiu] *mn* és *fn* bolyongó; csavargó
errado [irràdu] *mn* **1.** eltévedt **2.** téves, hamis; *estar* ~ téved
errante [irrö^{n}nt] *mn* tévelygő, bolyongó, kóbor(ló)
errar [irràr] *1/13* **I.** *ts* **1.** eltéveszt, elhibáz; ~ *o tempo* elszalasztja a kedvező alkalmat **II.** *tl* **1.** bolyong **2.** téved; ~ *é humano* tévedni emberi dolog
errata [irràtö] *f* **1.** sajtóhiba **2.** sajtóhiba-jegyzék
errático [irràtiku] *mn* bolyongó, vándor-; *bloco* ~, *geol* vándorkő; *febre* ~*a* lappangó láz
erre [èrri] *m* er (betű neve); *levar um* ~ megbukik (vizsgán)
erro [érru] *m* **1.** tévedés; *por* ~ tévedésből **2.** hiba; ~ *crasso* v *grave* v *palmar* v *de palmatória* vaskos hiba, szarvashiba; *corrigir os* ~*s* kijavítja a hibákat **3.** bűn, vétek; *confessar o seu* ~ bevallja vétkét
erróneo [irrònyu] *mn* téves
error [irror] *m* bolyongás
erudição [irudiszö^{n}u] *f* műveltség, tudás
erudito [iruditu] *mn* művelt, tanult
erupção [irupszö^{n}u] *f* **1.** kitörés (*pl* vulkáné) **2.** *orv* kiütés
erva [èrvö] *f* **1.** fű; ~ *brava* v *daninha* v *má* v *ruim* gaz **2.** ~*s* **a)** zöldség **b)** ~ (*medicinais*) gyógyfüvek, gyógynövények
ervaçal [irvöszàl] *m* rét; legelő
erva-doce [èrvödosz] *f* ánizs
ervanário [irvönàrju] *m* **1.** gyógynövénygyűjtő **2.** gyógynövényárus
ervário [irvàrju] *m* herbárium, növénygyűjtemény
ervilha [irviljö] *f* zöldborsó
ervilha-de-cheiro [irviljödiséjru] *f növ* szagos bükköny
ervilhal [irviljàl] *m* borsóföld
ES = *Espírito Santo* (brazil állam)
esbaforido [izsböfuridu] *hat* lihegve, kifulladva
esbandalhar [izsbö^{n}ndöljàr] *1/12* **I.** *ts* **1.** szétdobál **2.** széttép, darabokra tör **3.** szétver, tönkrever, megfutamít **II.** ~**-se 1.** szétfut **2.** elromlik, elzüllik
esbanjador *m*, **-a** *f* [izsbö^{n}zsödor(ö)] *mn* és *fn* pazarló, költekező
esbanjar [izsbö^{n}zsàr *1/1 ts* pazarol, költ

esbarrão [izsbörrö^{n}u] *m* nagy lökés; *dar um ~ em* teljes erővel nekimegy vminek
esbarrar [izsbörràr] *1/12* I. *tl* 1. megbotlik 2. nekimegy, nekiütődik vminek (*em*) 3. véletlenül találkozik vkivel (*com*) II. *ts* 1. dob, taszít 2. meglök 3. B megállítja lovát
esbarro [izsbàrru] *m* összeütközés; lökés
esbater [izsbötér] *2/6 ts műv* színkontrasztot tompít, árnyal
esbelto [izsbèltu] *mn* karcsú, nyúlánk
esbirro [izsbirru] *m* pribék
esboçar [izsbuszàr] *1/3, 1/15 ts* körvonalaz, vázol
esboço [izsboszu] *m* vázlat
esbofar [izsbufàr] *1/15* I. *ts* meghajszol II. *tl*, III. ~-**se** kifullad
esbofetear [izsbufityàr] *1/5 ts* felpofoz
esboroar [izsburuàr] *1/8* I. *ts* szétmállaszt, elporlaszt, elmorzsol II. ~-**se** szétmállik; elpusztul
esborrachar [izsburrösàr] *1/12* I. *ts* 1. szétnyom 2. felpofoz II. ~-**se** 1. szétfreccsen 2. elterül a földön
esbranquiçado [izsbrö^{n}nkiszàdu] *mn* 1. fehéres 2. fakó
esbraseado [izsbrözjàdu] *mn* izzó
esbrasear [izsbrözjàr] *1/5* I. *ts* 1. izzít, hevít 2. *átv* feltüzel II. *tl* izzik, parázslik III. ~-**se** 1. lángra gyúl 2. *átv* felhevül
esbravejar [izsbrövizsàr] *1/14* I. *tl* 1. dühöng, őrjöng 2. ordít, kiabál II. *ts: ~ ameaças* hangosan fenyegetőzik
esbugalhado [izsbugöljàdu] *mn: olhos ~s* kidülledt szemek
esbugalhar [izsbugöljàr] *1/12 ts: ~ os olhos* kimereszti a szemét
esbulhar [izsbuljàr] *1/1 ts* kirabol
esbulho [izsbulju] *m* rablás
esburacar [izsburökàr] *1/2, 1/12* I. *ts* kilyukaszt II. ~-**se** kilyukad
esburgar [izsburgàr] *1/4 ts* 1. leszedi a héját 2. leszedi a húst (a csontról)
esc. = *escudo*
Esc. = *Escola* iskola
escabeche [isköbès] *m* 1. sós lé; pác 2. *nép* hűhó, ricsaj
escabelo [isköbélu] *m* zsámoly
escabichar [isköbisàr] *1/1* I. *ts* 1. felkutat 2. tüzetesen megvizsgál 3. *~ um dente* fogát piszkálja II. *tl* kutat; matat; vájkál
escabioso [isköbjozu] *mn* rühes
escabreado [isköbrjàdu] *mn* ingerült; dühös
escabroso [isköbrozu] *mn* 1. göröngyös, rögös, egyenetlen 2. *átv* nehéz, fáradságos; kényes (ügy
escada [iskàdö] *f* lépcső; létra; *~ de tesoura* kétágú létra
escadaria [isködöriö] *f* 1. lépcsőzet, lépcsőház 2. díszlépcső
escafandrista [isköfö^{n}ndristö] *m* búvár
escafandro [isköfö^{n}ndru] *m* búvárruha
escala [iskàlö] *f* 1. mérővessző, mérték 2. lépték, mértékarány; *em grande ~* nagyarányú; nagy mértékben *v* mennyiségben; *em ~ mundial* világviszonylatban 3. *zene:* skála, hangsor 4. közbeeső kikötő *v* repülőtér (és ott-tartózkodás); *sem ~* leszállás nélkül, közvetlenül; *fazer ~ em* útközben kiköt *v* leszáll 5. ranglista; sorrend; *por ~* sorjában, sorrendben
escalada [isköládö] *f* 1. *kat* roham, megrohamozás 2. eszkaláció, a háború fokozatos kiterjesztése
escalador [isködör] *m* 1. alpinista, sziklamászó 2. *kat* rohamosztagos katona
escalão [isköló^{n}u] *m* 1. lépcsőfok; létrafok 2. *kat* harclépcső, lépcsős felállás
escalar[1] [iskölàr] *1/12* I. *ts* 1. megrohamoz (erődöt) 2. megmászik (meredek sziklát) 3. felemelkedik (a ranglétrán) 4. B lépcsőzetesen beállít munkára (dolgozókat) II. *tl* útközben kiköt (hajó) *v* leszáll (repülőgép)
escalar[2] [iskölàr] *1/12 ts* halat megtisztít pikkelyeitől és besóz
escalavrar [isközlövràr] *1/12 ts* lehorzsol; megkarcol
Escalda [iskàldö] *f: a ~* a Schelde folyó
escaldadela [iskàldödèlö] *f* 1. leforrázás, kisebb égési seb 2. *átv* keserű tanulság
escaldado [iskàldàdu] I. *mn* 1. forró vízben főtt 2. leforrázott; *közm: gato ~ de água fria tem medo* leforrázott macska a hideg víztől is fél 3. *átv: ficar ~* keserű tapasztalatokat szerez II. *fn, m* B manioka-kása
escaldadura [iskàldöduró] *f* 1. égési seb 2. kemény büntetés *v* dorgálás
escaldar [iskàldàr] *1/1* I. *ts* 1. leforráz, megéget 2. forró vízbe tesz 3. fel-

hevít, tüzesít (*átv* is) **4.** kiszárít **II.** *tl* éget, perzsel **III.** **~-se** leforrázza *v* megégeti magát

escaleno [iskölénu] *mn geom* egyenlőtlen oldalú

escaler [iskölér] *m* csónak; dereglye

escalfado [iskàlfàdu] *mn: ovos ~s* buggyantott tojás

escalfador [iskàlfödor] *m* vízmelegítő fazék; forróvíz-tároló edény

escalfar [iskàlfàr] *1/1 ts* **1.** vizet forral **2.** (tojást) buggyant

escalonar [iskölunàr] *1/15 ts* **1.** lépcsőzetesen elrendez **2.** fokokra oszt

escalpar [iskàlpàr] *1/1 ts* megskalpol

escalpelo [iskàlpélu] *m* boncolókés

escalpo [iskàlpu] *m* skalp

escalvado [iskàlvàdu] *mn* **1.** kopasz **2.** kopár; terméketlen

escama [iskömö] *f* pikkely

escamar [isköm̀àr] *1/1* **I.** *ts* pikkelyeitől megtisztít (halat) **II.** **~-se** **1.** *nép* felingerül, bosszankodik **2.** elinal, meglép

escameado [iskömjàdu] *mn* pikkelyes

escamoso [iskömozu] *mn* = **escameado**

escamoteador [iskömutjödor] *m* **1.** bűvész **2.** ügyes tolvaj

escamotear [iskömutyàr] *1/5* **I.** *ts* **1.** észrevétlenül eltüntet **2.** elcsen, elsinkófál **3.** elhallgat, eltitkol **II.** **~-se** észrevétlenül meglép

escampar [iskö^{n}mpàr] *1/1 tl* **I.** kiderül, kitisztul (égbolt); eláll (eső) **II.** elszalad, elinal

escâncara [iskö^{n}nkörö] *f: à ~, às ~s* nyíltan, mindenki szemeláttára

escancarado [iskö^{n}nköràdu] *mn* és *hat* tárva-nyitva

escancarar [iskö^{n}nköràr] *1/12 ts* feltár, tágra nyit

escanchar [iskö^{n}sàr] *1/1* **I.** *ts* szétterpeszt **II.** **~-se** *em* lovagolva ül vmin

escandalizador *m,* **-a** *f* [iskö^{n}ndölizödor(ö)] *mn* és *fn* botrányt okozó

escandalizar [iskö^{n}ndölizàr] *1/1* **I.** *ts* felháborít, megbotránkoztat **II.** *tl* botrányt okoz **III.** **~-se** felháborodik, megbotránkozik

escândalo [iskö^{n}ndölu] *m* **1.** botrány; *armar v causar v dar ~* botrányt okoz *v* rendez **2.** felháborodás

escandaloso [iskö^{n}ndölozu] *mn* botrányos; felháborító

escandecência [iskö^{n}ndisze^{n}szjö] *f* **1.** izzás **2.** erős felindulás

escandecer [iskö^{n}ndiszér] *2/2* **I.** *ts* **1.** izzásba hoz **2.** *átv* felingerel, feldühít **II.** *tl* izzásba jön, izzik **III.** **~-se** *átv* felizgatja magát

Escandinávia [iskö^{n}ndinàvjö] *f* Skandinávia

escandinavo [iskö^{n}ndinàvu] *mn* és *fn* skandináv

escangalhar [iskö^{n}ngöljàr] *1/12* **I.** *ts* szétszed; elront, tönkretesz **II.** **~-se** szétesik, tönkremegy; *~-se com riso* majd szétmegy a nevetéstől

escanhoar [iskönyuàr] *1/8 ts* simára megborotvál

escanifrado [iskönifràdu] *mn nép* nagyon sovány

escaninho [isköninyu] *m* **1.** titkos retesz **2.** rejtekhely

escano [iskönu] *m* sámli, zsámoly

escanteio [iskö^{n}ntéju] *m sp* **B** sarokrúgás; *chutar para ~* sarokrúgást végez

escantilhão [iskö^{n}ntiljö^{n}u] *m* **1.** *műsz* minta, sablon **2.** **de ~** hanyatt-homlok

escanzelado [iskö^{n}zilàdu] *mn nép* nagyon sovány

escapada [isköpàdö] *f* **1.** szökés; elillanás **2.** kibúvó **3.** meggondolatlanság, könnyelműség **4.** hiba, elnézés, elcsúszás

escapadela [isköpödèlö] *f* = **escapada**

escapar [isköpàr] *1/12* **I.** *ts* kiment, megment **II.** *tl* **1.** elszökik, elillan **2.** **~** *a, de* megmenekül vmitől, elkerül vmit; *~ da morte certa* biztos halálból megmenekül; *~ de boa* olcsón megússza; *~ por um triz* kis híja, hogy pórul nem jár **3.** elkerüli a figyelmét **4.** kiesik, kihull; *~-lhe das mãos* kiesik a kezéből **5.** (ki)folyik (víz); ömlik (gáz) **III.** **~-se** **1.** meglép, meglóg **2.** *~-se de* kihúzza magát vmi alól

escaparte [isköpöràt] *m* **1.** üvegszekrény, vitrin **2.** üvegbura **3.** (áruházi) kirakat

escapatória [isköpötòrjö] *f* **1.** kibúvó **2.** *átv* kiskapu

escape [iskàp] *m* **1.** szökés; futás **2.** *műsz* lyuk, rés; *ter um ~* ereszt, nincs szigetelve **3.** (*tubo de*) *escape, műsz, autó* kipufogócső; *vapor de ~* fáradt gőz

escapo [iskàpu] **I.** *mmi* → **escapar**; **II.** *mn* megmenekült, biztonságban levő

escápula [iskàpulö] *f* 1. kampósszeg 2. *átv* támasz; tartás
escapulida [isköpulidö] *f* B = **escapada**
escapulir [isköpulir] *3/12* I. *ts* futni hagy, elenged II. *tl*, III. **~-se** megszökik, meglép
escara [iskàrö] *f orv* var, pörk
escarafunchar [iskörőfu^{n}sàr] *1/1 ts* turkál
escaramuça [iskörömuszö] *f* 1. csetepaté 2. szóváltás
escaramuçar [iskörömuszàr] *1/3 tl* csatározik
escaravelho [iskörövélju] *m áll* 1. skarabeusz 2. ganajtúró
escarcéu [iskörszèu] *m* 1. hullámverés 2. tornyosuló hullám 3. lármázás; *fazer grandes* **~s** nagy hűhót csap semmiért
escarcha [iskàrsö] *f* 1. dér 2. arany- *v* ezüstszövés
escardear [iskörgyàr] *1/5* = **escardilhar**
escardilhar [iskördiljàr] *1/1 ts* gyomlál
escardilho [iskördilju] *m* gyomirtó kapa
escarduçar [iskörduszàr] *1/3 ts* kártol
escarear [iskörjàr] *1/5 ts müsz* csavart besüllyeszt
escarificar [iskörifikàr] *1/2 ts* 1. köpölyöz 2. talajt megforgat
escarlate [iskörlàt] I. *mn* skarlátpiros, élénkpiros II. *fn, m* 1. skarlát szín 2. skarlát színű szövet
escarlatina [iskörlötinö] *f orv* vörheny, skarlát
escarmentar [iskörme^{n}ntàr] *1/1* I. *ts* 1. megbüntet; megdorgál 2. saját kárán megtanít, okossá tesz II. **~-se** saját kárán tanul
escarmento [iskörme^{n}ntu] *m* 1. büntetés; feddés 2. keserű tapasztalat; tanulság
escarnecer [iskörniszér] *2/2* I. *ts* kigúnyol II. *tl* csúfolódik; gúnyt űz vkiből (*de*)
escárnio [iskàrnyu] *m* 1. gúny, kicsúfolás 2. megvetés
escarpa [iskàrpö] *f* 1. rézsű, lejtős oldal 2. meredek hegyoldal
escarpado [iskörpàdu] *mn* lejtős, meredek
escarpar [iskörpàr] *1/12 ts* rézsűt vág; lejtőssé tesz
escarrado [iskörràdu] I. *mmi* → **escarrar** II. *mn*: *é o pai cuspido e* **~** kiköpött apja
escarradeira [iskörrödéjrö] *f* köpőcsésze
escarrador [iskörrödor] *m* = **escarradeira**
escarranchar [iskörrö^{n}sàr] *1/1* I. *ts* szétterpeszti lábait II. **~-se** szétterpesztett lábakkal *v* lovagolva ül vmin (*em*)
escarrar [iskörràr] *1/12 ts* és *tl* köp, kiköp
escarro [iskàrru] *m* köpet
escarvar [iskörvàr] *1/12 tl* kapirgál
escassear [isköszjàr] *1/5* I. *ts* szűk marokkal ad II. *tl* 1. kevesebb lesz, csökken 2. szűkösen van, hiányzik
escassez [isköszés] *f* szűkösség; hiány
escasso [iskàszu] *mn* 1. szűkös 2. zsugori
escavacado [isköyökàdu] *mn* rendkívül sovány; → **escavacar**
escavacar [isközökàr] *1/12* I. *ts* 1. darabokra tör; tönkretesz 2. kimerít, kifáraszt II. *tl* B megharagszik
escavador [iskövödor] *m* exkavátor, kanalas kotrógép
escavar [iskövàr] *1/12 ts* 1. kikotor; kiváj 2. kifürkész, felderít
escaveirado [iskövéjràdu] *mn* beesett arcú, csupa csont és bőr
esclarecer [isklöriszér] *2/2* I. *ts* 1. megvilágít, világossá tesz 2. megmagyaráz 3. híressé tesz II. *tl* 1. kiderül (ég) 2. nappalodik III. **~-se** 1. informálódik 2. hírnévre tesz szert
esclarecimento [isklöriszime^{n}ntu] *m* felvilágosítás, információ
esclerose [iskliròz] *f orv* elmeszesedés
esclerótica [iskliròtikö] *f orv* ínhártya
eclusa [iskluzö] *f* zsilip
escoadoiro, -douro [iskvödojru, -doru] *m* lefolyócső; vízlevezető árok
escoamento [iskvöme^{n}ntu] *m* 1. elfolyás, lefolyás 2. kiszivárgás (*átv* is) 3. *ker* eladás, elhelyezés; *átv* piac
escoar [iskvàr] *1/8* I. *ts* 1. elfolyat, lefolyat 2. szivárogtat II. **~-se** 1. elfolyik, lefolyik 2. elmúlik (idő) 3. eltűnik
escocês *m*, **escocesa** *f* [iskuszés, -ézö] *mn* és *fn* skót
Escócia [iskòszjö] *f* Skócia
escol [iskòl] *m* színe-java
escola [iskòlö] *f* iskola, tanintézet; **~** *particular* magániskola; **~** *de aprendizagem* szakmunkásképző iskola; *navio* **~** iskolahajó
escolar [iskulàr] I. *mn* iskolai II. *fn* iskolás, tanuló
escolaridade [iskulöridàd] *f* iskolázottság; műveltség

escolarizar [iskulörizàr] *1/1 ts* beiskoláz
escolástica [iskulàstikö] *f* skolasztika
escolástico [iskulàstiku] *mn* és *fn* skolasztikus
escolha [iskoljö] *f* **1.** választás, kiválasztás; *à* ~ tetszés szerint; *sem* ~ válogatás nélkül **2.** megválasztás **3.** *isk: múltipla* ~ teszt(rendszer)
escolher [iskuljér] *2/8 ts* **1.** kiválaszt, válogat **2.** megválaszt
escolho [iskolju] *m* **1.** szikla, szirt **2.** *átv* akadály, nehézség
escolta [iskòltö] *f* konvoj; kíséret
escoltar [iskoltàr] *1/1 ts* **1.** fedezet mellett kísér **2.** elkísér
escombros [isko^{n}mbrus] *m tb* omladék, törmelék, szemét
esconde-esconde [isko^{n}ndisko^{n}nd] *m ját* bujócska
esconder [isko^{n}ndér] *2/1* **I.** *ts* **1.** elrejt **2.** eltitkol **II.** ~**-se 1.** elbújik, elrejtőzik **2.** ~*-se de* bujkál vki elől
esconderijo [isko^{n}ndirizsu] *m* rejtekhely
escondidamente [isko^{n}ndidöme^{n}nt] *hat* titokban, sutyiban
escondidas [iskondidös] *f pl: às* ~ titokban, kéz alatt
esconjurar [isko^{n}zsuràr] *1/1 ts* **1.** kérve kér **2.** megátkoz
esconso[1] [isko^{n}szu] **I.** *mn* rézsútos, ferde **II.** *fn, m* **1.** rézsútosság, ferdeség; *de* ~ rézsút, ferdén **2.** sarok, szöglet, zug
esconso[2] [isko^{n}szu] **I.** *mn* rejtett, titkos **II.** *fn, m* rejtekhely
escopo [iskopu] *m* **1.** céltábla **2.** *átv* cél, szándék
escopro [iskopru] *m* **1.** feszítővas **2.** véső
escora [iskòrö] *f* **1.** bányatám **2.** támasz (*átv* is)
escorar [iskuràr] *1/15* **I.** *ts* **1.** megtámaszt **2. B** szembeszáll **3. B** megles vkit, lesbe áll **II.** *tl,* **III.** ~**-se** támaszkodik vkire *v* vmire (*átv* is)
escorbuto [iskurbutu] *m orv* skorbut
escorçar [iskurszàr] *1/3, 1/12 ts műv* skurcol
escorço [iskorszu] *m* **1.** *műv* skurc, távlati rövidülés **2.** összefoglalás, kivonat
escore [iskor] *m sp* pontszám, eredmény; *a partida terminou por um escore de 3 a 2* a mérkőzés eredménye három kettő volt
escória [iskòrjö] *f* **1.** salak **2.** *átv* söpredék, alja
escoriaçao [iskurjöszö^{n}u] *f orv* horzsolás
escoriar [iskurjàr] *1/7 ts* **I.** felhorzsol **II.** salaktól megtisztít
escorpião [iskurpjö^{n}u] *m* skorpió
escorraçar [iskurröszàr] *1/12 ts* elűz, kiűz
escorralhas [iskurràljös] *f tb* üledék, alj
escorregadela [iskurrigödèlö] *f* **1.** elcsúszás, megcsúszás **2.** *átv* baklövés, hiba
escorregadiço [iskurrigödiszu] *mn* **1.** csúszós **2.** *átv* bizonytalan
escorregadio [iskurrigödiu] *mn* = **escurregadiço**
escorregadoiro, -douro [iskurrigödojru, -doru] *m* **1.** csúszós hely **2.** csúszda
escorregar [iskurrigàr] *1/4, 1/13 tl* **1.** csúszik, elcsúszik, lecsúszik, megcsúszik **2.** *átv* hibáz; téved
escorreito [iskurréjtu] *mn* **1.** ép testű; *são e* ~ ép és egészséges **2.** hibátlan
escorrer [iskurrér] *2/8* **I.** *ts* **1.** kiönt, leönt **2.** kifacsar; lecsepegtet **II.** *tl* folyik; csepeg; szivárog; ~ *em sangue* vérbe borul, elönti a vér; ~ *em suor* folyik róla az izzadság
escorropichar [iskurrupisàr] *1/1 ts* fenékig kiissza
escorva [iskòrvö] *f kat* **1.** gyutacs **2.** gyújtónyílás (ágyún)
escote [iskòt] *m* ráeső rész; hányad
escoteiro [iskutéjru] **I.** *mn* **1.** poggyász nélkül utazó **2.** egyedüli, magányos **3. B** hozzáadás nélküli, tiszta; *arroz* ~ tiszta rizs **II.** *fn* **B** = **escuteiro**
escova [iskovö] *f* kefe; ~ *de banho* hátkefe; ~ *de botas* cipőkefe; ~ *de cabelo v de pentear* hajkefe; ~ *de dentes* fogkefe; ~ *esfrega;* ~ *de chão,* **B** padlókefe; ~ *de roupa v para fatos* ruhakefe; ~ *de v para unhas* körömkefe
escova-botas [iskuvöbòtös] *m* **B** talpnyaló
escovadela [iskuvödèlö] *f* **1.** lekefélés **2.** *átv* fejmosás; *dar uma* ~ *a* megmossa vkinek a fejét
escovado [iskuvàdu] *mn* **1.** kikent-kifent **2. B** dörzsölt (alak)
escovar [iskuvàr] *1/15 ts* **1.** kikefél, lekefél **2.** csutakol **3.** *átv* lehord, összeszid **4.** elpáhol, ellátja a baját
escovinha [iskuvinyö] *f* **1.** *növ* búzavirág **2.** kis kefe; *cortar o cabelo à* ~ hajat rövidre vág

escrava [iskràvö] *f* 1. rabszolganő 2. széles karperec

escravatura [iskrövöturö] *f* 1. rabszolgaság 2. rabszolgakereskedelem

escravidão [iskrövidö^{n}u] *f* rabság, rabszolgaság

escravizar [iskrövizàr] *1/1 ts* leigáz, rabságba dönt

escravo [iskràvu] I. *mn* rabszolga- II. *fn, m* rabszolga

escrete [iskrèti] *m* **B** *sp* válogatott csapat

escrevedor [iskrividor] *m* 1. (vmit) író 2. firkász

escrevente [iskrive^{n}nt] *m* írnok; másoló

escrever [iskrivér] *2/7* I. *ts* ír, leír, megír; ~ *a mão* kézzel ír; ~ *a máquina* géppel ír II. **~-se** 1. beiratkozik 2. leveleznek egymással

escrevinhador [iskrivinyödor] *m* firkász

escrevinhar [iskrivinyàr] *1/1 ts* firkál

escriba [iskribö] *m* 1. írnok, másoló 2. *nép* firkász

escrínio [iskrinyu] *m* 1. íróasztal 2. (ékszer)doboz

escrita [iskritö] *f* 1. írás; írásmód 2. átírás; ~ *fonética* fonetikai átírás 3. *ker* könyvvitel, könyvelés

escrito [iskritu] I. *mmi* → **escrever** II.*mn: prova ~a* írásbeli (dolgozat) III. *fn, m* 1. írás, írásmű; *pôr por* ~ írásba foglal 2. fogalmazvány

escritor *m*, **escritora** *f* [iskritor(ö)] *fn* író

escritório [iskritòrju] *m* 1. iroda; hivatal 2. dolgozószoba

escritura [iskriturö] *f* 1. hivatalos írás; okmány; ~ *de casamento* házassági anyakönyvi kivonat 2. *Escritura (Sagrada)* szentírás

escrituração [iskriturösző^{n}u] *f ker* könyvvitel

escriturar [iskrituràr] *1/1 ts* 1. *ker* könyvel 2. kiállít (okmányt) 3. írásban kötelez

escriturário [iskrituràrju] *m* könyvelő

escrivania [iskrivöniö] *f* 1. írnoki *v* jegyzői tisztség 2. íróasztal

escrivaninha [iskrivöninyö] *f* 1. íróasztal 2. írókészlet

escrivão [iskrivö^{n}u] *m* 1. írnok; jegyző 2. anyakönyvvezető

escrófula [iskròfulö] *f orv* skrofula, görvély

escrofuloso [iskrufulozu] *mn* görvélyes

escroto [iskrotu] *m orv* herezacskó

escrúpulo [iskrupulu] *m* 1. aggály, kétely 2. lelkiismeretesség; *com* ~ lelkiismeretesen, gondosan

escrupuloso [iskrupulozu] *mn* 1. aggályoskodó 2. aprólékos, pedáns

escrutar [iskrutàr] *1/1 ts* kivizsgál

escrutinador [iskrutinödor] *m* szavazatszámláló

escrutinar [iskrutinàr] *1/1 ts* megszámolja a szavazatokat

escrutínio [iskrutinyu] *m* 1. titkos szavazás 2. szavazatok megszámlálása

escudar [iskudàr] *1/1 ts* 1. pajzzsal óv *v* véd 2. *átv* védelmez

escudeiro [iskudéjru] *m tört* apród

escudela [iskudèlö] *f* fatál

escudo [iskudu] *m* 1. pajzs 2. címer 3. eskúdó (portugál pénzegység) 4. *rég* tallér 5. *átv* védelem, oltalom

esculpir [iskulpir] *3/1 ts* 1. kivés (kőszobrot); kifarag (faszobrot) 2. bevés 3. *műv* formál, alakít

escultor *m*, **-a** *f* [iskultor(ö)] *fn* szobrász

escultórico [iskultòriku] *mn* = **escultural**

escultura [iskulturö] *f* 1. szobrászat 2. szobor

escultural [iskulturàl] *mn* 1. szobrászati 2. szoborszerű; tökéletes; gyönyörű

escuma [iskumö] *f* 1. hab, tajték 2. salak (olvasztott érce) 3. *átv* szenny, söpredék 4. *szól: lançando ~ pela boca* (dühtől) tajtékozva

escumadeira [iskumödéjrö] *f* habmerő (kanál)

escumalha [iskumàljö] *f átv* söpredék

escumalho [iskumàlju] *m* (érc)salak

escumar [iskumàr] *1/1* I. *ts* habot lemer (*pl* levesről) II. *tl* 1. habzik 2. ~ *de raiva* tajtékzik a dühtől

escumilha [iskumiljö] *f* 1. géz, flór (ruhaanyag) 2. apró sörét

escumoso [iskumozu] *mn* habzó, tajtékzó

escuna [iskunö] *f* kétárbocos vitorláshajó

escuras [iskurös] *f pl: às* ~ sötétben; vaktában; *ficar às* ~ mit sem tud a dologról

escurecer [iskuriszér] *2/2* I. *ts* 1. elsötétít, sötétségbe borít 2. *átv* árnyékot vet vkire *v* vmire **T** II. *tl*, III. **~-se** 1. sötétedik, esteledik; *ao* ~ alkonyatkor 2. beborul

escurentar [iskure^{n}ntàr] *1/1 ts* elsötétít

escuridade [iskuridàd] *f* sötétség

escuridão [iskuridö^{n}u] *f* **1.** sötétség **2.** tudatlanság **3.** nagy bánat, mély szomorúság
escuro [iskuru] **I.** *mn* **1.** sötét; *azul* ~ sötétkék; *faz* ~ sötét van **2.** borús **3.** *átv* sötét; zavaros; nehezen érthető **4.** *voz* ~*a* tompa hang **II.** *fn, m* sötétség
escusa [iskuzö] *f* **1.** bocsánat **2.** mentség **3.** felmentés (kötelezettség alól)
escusado [iskuzàdu] *mn* fölösleges, hiábavaló; *é* ~ *falar nisso* kár erről beszélni; az nem is szó
escusar [iskuzàr] *1/1* **I.** *ts* **1.** megbocsát vkinek **T** **2.** elnéz (hibát, tévedést) **3.** nincs szüksége vmire, megvan nélküle **T** **4.** felment vmi alól (*de*) **II.** *tl* szükségtelen; *não escuso de explicar* nem szükséges megmagyaráznom **III.** ~**-se** **1.** bocsánatot kér, mentegetőzik **2.** ~*-se a* vonakodik vmit tenni
escusável [iskuzàvèl] *mn* megbocsátható
escuta [iskutö] *f* **1.** hallgatódzás; lehallgatás; ~ *clandestina* titkos lehallgatás; *aparelho de* ~ lehallgató készülék; *estar* v *ficar à* ~ hallgatódzik, fülel **2.** *orv* auszkultáció **3.** (*m, f*) cserkész
escutar [iskutàr] *1/1* **I.** *ts* **1.** meghall; meghallgat; ~ *a voz da razão* hallgat az értelem szavára **2.** lehallgat **3.** *orv* auszkultál **II.** *tl* hallgatódzik, fülel
escuteiro [iskutéjru] *fn* cserkész
esdrúxulo [izsdrusulu] *nyelvt: palavra* ~*a* a végétől számított harmadik szótagon hangsúlyos szó
E. S. E. = *és-sueste* kelet-délkelet
esfacelar [isföszilàr] *1/13* **I.** *ts átv* szétrombol, tönkretesz **II.** ~**-se** **1.** *átv* szétesik, elpusztul **2.** üszkösödik
esfaim . . . → **esfome** . . .
esfalfar [isfàlfàr] *1/1 ts* túlerőltet, kimerít
esfaquear [isfökjàr] *1/5 ts* megkésel, megszúr
esfarelar [isförilàr] *1/13 ts* felmorzsol (*kat* is)
esfarpar [isförpàr] *1/12 ts* = **esfarrapar**
esfarrapado [isförröpàdu] *mn* rongyos, toprongyos
esfarrapar [isförröpàr] *1/13 ts* cafatokra tép
esfera [isfèrö] *f* **1.** gömb, golyó **2.** ~ *terrestre* földgömb, földteke, glóbusz **3.** *csill* pálya **4.** *átv* hatáskör; jogkör; működési kör
esfericidade [isfiriszidàd] *f* gömbalak
esférico [isfèriku] **I.** *mn* gömb alakú **II.** *fn, m* **B** futball-labda
esferográfica [isfèrugràfikö] *f* golyóstoll
esfiar [isfjàr] *1/7 ts* szálakra bont
esfíncter [isfi^{n}nktèr] *m orv* záróizom
esfinge [isfi^{n}zs] *f* szfinx
esfoladela [isfulödèlö] *f* **1.** megnyúzás **2.** horzsolás **3.** *átv* kiszipolyozás
esfolar [isfulàr] *1/15 ts* **1.** megnyúz **2.** (bőrt) felhorzsol **3.** *átv* kiszipolyoz
esfolhar [isfuljàr] *1/15 ts* a leveleket letépi; hántol
esfoliar [isfuljàr] *1/7* **I.** *ts orv* hámlaszt **II.** ~**-se** hámlik (bőr)
esfomeado [isfumjàdu] *mn* kiéhezett; nagyon éhes
esfomear [isfumjàr] *1/5 ts* kiéheztet
esforçado [isfurszàdu] *mn* **1.** bátor, merész **2.** erős **3.** szorgalmas
esforçar [isfurszàr] *1/3, 1/15* **I.** *ts* **1.** bátorít **2.** (meg)erősít; ~ *a voz* felemeli a hangját **II.** ~**-se** erőlködik, iparkodik (vmit tenni: *por*)
esforço [isforszu] *m* **1.** erőfeszítés; *empregar todos os* ~*s para* minden erejét latba veti, hogy **2.** bátorság, merészség
esfrangalhado [isfrö^{n}ngöljàdu] *mn* rongyos, toprongyos
esfrega [isfrègö] *f* **1.** dörzsölés **2.** *átv* fárasztó munka **3.** *átv* fejmosás
esfregão [isfrigö^{n}u] *m* felmosóruha; mosókefe; ~ *de arame* drótszivacs
esfregar [isfrigàr] *1/4, 1/13 ts* **1.** dörzsöl; ~ *as mãos de contente* elégedetten dörzsölgeti a kezét **2.** felsúrol **3.** ~ *as costas a* alaposan elver vkit
esfriar [isfrjàr] *1/7* **I.** *ts* lehűt **II.** *tl*, **III.** ~**-se** **1.** lehűl **2.** *átv* elhidegül
esfrolar [isfrulàr] *1/15 ts* dörzsöl; horzsol
esfumar [isfumàr] *1/1* **I.** *ts* **1.** *műv* rajzot eldörzsöl *v* elken **2.** árnyal; letompít **II.** ~**-se** füstté válik, lassan eltűnik
esfumear [isfumjàr] *1/5 tl* füstölög
esfuminho [isfuminyu] *m műv* (rajz)dörzsölő, viser
esgalho [izsgàlju] *m* **1.** *növ* hajtás; ág(csonk) **2.** agancság
esgana [izsgönö] *f nép* szamárköhögés
esganado [izsgönàdu] *mn* mohó, kapzsi; ~ *com fome* éhes
esganar [izsgönàr] *1/1* **I.** *ts* megfojt **II.** ~**-se** **1.** megfullad **2.** ~*-se com sede*

majd meghal a szomjúságtól 3. ~-*se por* mohón vágyódik vmi után
esganiçado [izsgöniszàdu] *mn* rikácsoló (hang)
esganiçar-se [izsgöniszàrszi] *1/3 tl* rikácsol
esgar [izsgàr] *m* fintor
esgaravatar [izsgörövötàr] *1/12 ts* feltúr; átkutat
esgarçar [izsgörszàr] *1/3, 1/12* **I.** *ts* elszakít, leszakít **II.** *tl*, **III.** ~**-se** elszakad
esgarrar [izsgörràr] *1/12* **I.** *ts haj:* eltérít útjáról **II.** *tl*, **III.** ~**-se** letér útjáról
esgazear [izsgözjàr] *1/5 ts* **1.** riadtan *v* rémülten néz **2.** *műv* elhalványít, tompít
esgoelar-se [izsgujlàrszi] *1/8* rekedtre ordítja magát
esgotado [izsgutàdu] *mn* elfogyott, kifogyott (könyv)
esgotadoiro, -douro [izsgutödojru, -doru] *m* lefolyócső
esgotar [izsgutàr] *1/15* **I.** *ts* **1.** kiürít **2.** felhasznál, kimerít, kiárusít; ~ *o assunto* kimeríti a tárgyat **3.** *kat* felőröl **4.** agyonfáraszt, kimerít; ~ *a paciência de* kihoz vkit a béketűrésből **5.** *szính* zsúfolásig megtölt **II.** ~**-se** **1.** kiszárad; kiürül **2.** elfogy (példányszám, kiadás) **3.** elfárad, kimerül
esgoto [izsgotu] *m* **1.** lefolyócső; *águas de* ~ szennyvíz **2.** ~*s* csatornázás; csatornarendszer
esgravatar = **esgaravatar**
esgrima [izsgrimö] *f sp* vívás
esgrimir [izsgrimir] *3/1* **I.** *ts* (kardot) forgat; csörtet **II.** *tl* **1.** vív **2.** *átv* harcol, küzd
esgrimista [izsgrimistö] *fn* **1.** *sp* vívó **2.** vívómester
esgrouviado [izsgrovjàdu] *mn* **1.** sovány és magas **2.** kócos, borzas
esguedelhar [izsgidiljàr] *1/14 ts* összekócol, szétzilál
esgueirar [izsgéjràr] *1/1* **I.** *ts* elcsen **II.** ~**-se** eloson, kilopódzik
esguelha [izsgèljö] *f: de* ~ ferdén, oldalt; *andar de* ~ *com* haragban van vkivel; *estar de meia* ~ kényelmetlenül ül
esguichar [izsgisàr] *1/1* **I.** *ts* kilövell **II.** *tl* kibuggyan
esguicho [izsgisu] *m* **1.** (víz)sugár **2.** fecskendő
esguio [izsgiu] *mn* **1.** karcsú, nyúlánk **2.** testhezálló (ruha)
esladroar [izslödruàr] *1/8 ts* nyes (fát)
eslavo [izslàvu] *mn* és *fn* szláv
eslovaco [izsluvàku] *mn* és *fn* szlovák
esloveno [izsluvénu] *mn* és *fn* szlovén
esmaecer [izsmöiszér] *2/2* **I.** *tl*, **II.** ~**-se** **1.** kifakul **2.** tovatűnik
esmagador *m*, **-a** *f* [izsmögödor(ö)] **I.** *mn* **1.** összezúzó, megsemmisítő (*átv* is) **2.** *átv* nyomasztó, elsöprő; *maioria* ~*a* túlnyomó többség; *prova* ~*a* megdönthetetlen bizonyíték **II.** *fn, m* **1.** (szőlő)prés **2.** (cukornád) zúzda
esmagar [izsmögàr] *1/4, 1/12 ts* **1.** összezúz, megsemmisít (*átv* is) **2.** összenyom, lepréssel **3.** *átv* elnyom **4.** megsemmisít
esmaltar [izsmàltàr] *1/1 ts* **1.** zománcoz; lakkfestékkel bevon **2.** *átv* (fel)díszít, ékesít
esmalte [izsmàlt] *m* **1.** zománc **2.** fogzománc **3.** lakk(festék) **4.** *átv* fény, ragyogás
esmar [izsmàr] *1/13 ts* **1.** felmér, felbecsül **2.** feltételez
esmerado [izsmiràdu] *mn* gondos; kifogástalan
esmeralda [izsmiràldö] *f* smaragd
esmeraldino [izsmiràldinu] *mn* smaragdzöld
esmerar [izsmiràr] *1/13* **I.** *ts átv* tökéletesít, csiszol **II.** ~**-se** **1.** nagy gonddal végzi a munkáját; iparkodik, törekszik **2.** tökéletesíti magát
esmeril [izsmiril] *m* **1.** csiszolókő **2.** csiszolópapír, csiszolóvászon
esmerilado [izsmirilàdu] *mn: vidro* ~ homályos üveg
esmerilar [izsmirilàr] *1/1 ts* **1.** (le)csiszol **2.** homályossá tesz (üveget) **3.** tökéletesít **4.** (ki)nyomoz, (fel)kutat
esmerilhar [izsmirilhàr] *1/1* = **esmerilar**
esmero [izsméru] *m* **1.** gondosság **2.** tökéletesség **3.** elegancia
esmigalhar [izsmigöljàr] *1/12 ts* szétmorzsol
esmiolar [izsmjulàr] *1/15 ts* **1.** kibelez (kenyeret) **2.** szétmorzsol
esmiuçar [izsmjuszàr] *1/3 ts* **1.** szétmorzsol, felaprít **2.** *átv* elemez; részletesen kifejt *v* megmagyaráz
esmiudar [izsmjudàr] *1/1 ts* = **esmiuçar**
esmo [ézsmu] *m* **1.** becslés, hozzávetőle-

ges számítás 2. *a* ~ találomra; *falar a* ~ összevissza beszél; *saber as coisas a* ~ felületes ismeretei vannak
esmoer [izsmuér] *2/5 ts* **1.** megrág, összerág **2.** megemészt
esmola [izsmòlö] *f* **1.** alamizsna **2.** kegy, szívesség **3.** *nép* verés, elpáholás
esmolar [izsmulàr] *1/15* **I.** *ts* **1.** alamizsnát ad **2.** alamizsnát kér **II.** *tl* alamizsnálkodik
esmoler [izsmulèr] *mn* és *fn* **1.** alamizsnálkodó; jótevő **2.** **B** *nép* koldus
esmorecer [izsmuriszér] *2/2* **I.** *ts* **1.** elbátortalanít **2.** gyengít, tompít **II.** *tl* **1.** elcsügged **2.** gyengül, (el)tompul **3.** kialszik (fény)
esmorecido [izsmuriszidu] *mn* csüggedt, levert; szomorú
esmurraçar [izsmurröszàr] *1/3, 1/12 ts* üt, ver, bántalmaz
esmurrar [izsmurràr] *1/1* = **esmurraçar**
és-não-és [èzsnö^{n}uès] *m* csekélység, semmiség
esnobe [izsnòb] *m* sznob
és-nordeste [èzsnordèst] *m* kelet-északkelet
esófago [izòfögu] *m orv* nyelőcső
espaçado [ispöszàdu] *mn* **1.** lassú, kimért (beszéd) **2.** *vida ~a* hosszú élet
espaçar [ispöszàr] *1/3, 1/12 ts* **1.** térközökkel elválaszt **2.** *nyomd* ritkítva szed **3.** elhalaszt **4.** kitágít, kibővít **5.** ritkít (*pl* látogatásokat)
espacejar [ispöszizsàr] *1/13 ts nyomd* ritkít; spáciumoz
espacial [ispöszjàl] *mn* űr-; tér-; *curva* ~ térgörbe; *nave* ~ űrhajó
espaço [ispàszu] *m* **1.** tér, térség; térköz **2.** időköz; *a ~s* időközökben; *de* ~ lassan; *no* ~ *de um mês* egy hónap leforgása alatt **3.** *nyomd* spácium
espaçonave [ispöszunàv] *f* űrhajó
espaçoso [ispöszozu] *mn* tágas; kiterjedt
espada [ispàdö] **I.** *f* **1.** kard; *boa* ~ jó kardvívó; *arrancar* v *tirar a* ~ kardot ránt; *entregar a* ~ megadja magát; *ganhar à ponta da* ~ fegyverrel kiharcol vmit; *jogar à* ~ vív; *medir a* ~ *com* összeméri kardját vkivel; *passar à* ~ keresztüldöfi kardjával; *pôr entre a* ~ *e a parede* két tűz közé vesz, sarokba kényszerít; *puxar da* ~ kardjához kap; **2.** *kártya: ~s* pikk **II.** *m* bikaölő bikaviador
espadachim [ispödösi^n] *m* **1.** kötekedő alak **2.** hencegő fráter
espadagão [ispödögö^{n}u] *m* nehéz kard; pallos
espadana [ispödànö] *f* **1.** *növ* kardvirág, nőszirom, írisz **2.** vízsugár **3.** üstökös csóvája **4.** uszony
espadanar [ispödönàr] *1/1 tl* előtör, fakad (víz)
espadarte [ispödàrt] *m* **B** fűrészhal
espadaúdo [ispödöudu] *mn* széles vállú
espadela [ispödèlö] *f* **1.** (kender)tiloló (szerszám) **2.** *haj* farkormány; kormányrúd
espadelar [ispödilàr] *1/13 ts* tilol
espádua [ispàduö] *f* váll
espaguete [ispögéti] *m konyh* spagetti
espairecer [ispàjriszér] *2/2* **I.** *ts* szórakoztat **II.** *tl* szórakozik, pihen
espaldar [ispàldàr] *m* (szék)támla
espalhafato [ispöljöfàtu] *m* lárma, hűhó
espalhafatoso [ispöljöfötozu] *mn* **1.** lármás **2.** feltűnő
espalhar [ispöljàr] *1/12* **I.** *ts* **1.** szór, elszór, szétszór **2.** (el)terjeszt; ~ *boatos* kósza híreket terjeszt **3.** rostál (gabonát) **4.** *szól:* ~ *o bofe* kiönti a szívét; ~ *lágrimas* könnyeket ont; ~ *os olhos* v *a vista* szemét legelteti; ~ *tristezas* eloszlatja bánatát **II.** **~-se** szétszóródik; elterjed; szétszéled
espalmar [ispàlmàr] *1/1 ts* **1.** kisimít; kinyújt (tésztát) **2.** *haj* kátrányoz; tataroz
espampanante [ispö^{n}mpönö^{n}nt] *mn nép* nagyszerű; remek
espanador [ispönödor] *m* tollseprő; porrongy
espanar [ispönàr] *1/1 ts* port töröl, kiporol, leporol
espancar [ispö^{n}nkàr] *1/2 ts* **1.** elver, elpáhol **2.** szétkerget
espanejador [ispönizsödor] *m* = **espanador**
Espanha [ispönyö] *f* Spanyolország
espanhol *m*, **-a** *f* [ispönyol(ö)] *mn* és *fn* spanyol
espantadiço [ispö^{n}ntödiszu] *mn* ijedős
espantalho [ispö^{n}ntàlju] *m* madárijesztő (*átv* is)
espantar [ispö^{n}ntàr] *1/1* **I.** *ts* **1.** megijeszt **2.** elijeszt, elriaszt **3.** bámulatba ejt, elképeszt **II.** **~-se** **1.** megijed **2.** elképed

espanto [ispö^{n}ntu] *m* **1.** ijedtség; rémület **2.** elképedés
espantoso [ispö^{n}ntozu] *mn* **1.** ijesztő; szörnyű **2.** csodás; rendkívüli; meglepő
esparadrapo [ispörödràpu] *m orv* leukoplaszt
espargir [ispörzsìr] *3/3, 3/13* **I.** *ts* **1.** kiönt, szétönt **2.** (el)hint, szétszór **II.** ~**-se 1.** kiömlik, szétömlik **2.** elterjed
espargo [ispàrgu] *m növ* spárga
esparramar [ispörrömàr] *1/12 ts* szétszór
esparrame [ispàrràmi] *m* **B 1.** szétszórás; szétszóródás; rendetlen futás **2.** veszekedés **3. B** *fazer* ~ nagy hűhót csap semmiért
esparregado [ispörrigàdu] *m* spenót- és spárgalevelekből készített főzelék
esparregar [ispörrigàr] *1/4, 1/13 ts* zöldséget párol
esparrela [ispörrèlö] *f* hurok; csapda (*átv* is); *armar uma* ~ csapdát állít
esparso [ispàrszu] *mn* **1.** szétszórt **2.** elterjedt
espartano [ispörtönu] *mn* és *fn* spártai
espartilho [ispörtilju] *m* fűző
esparto [ispàrtu] *m* alfafű
espasmo [ispàzsmu] *m* **1.** *orv* görcs **2.** eksztázis
espasmódico [ispözsmòdiku] *mn* görcsös
espatifar [ispötifàr] *1/1 ts* **1.** széttép **2.** darabokra tör **3.** eltékozol
espato [ispàtu] *m ásv* pát
espátula [ispàtulö] *f* spatula
espaventar [ispöve^{n}ntàr] *1/1* **I.** *ts* **1.** megijeszt **2.** elképeszt **II.** ~**-se 1.** megijed **2.** elképed **3.** kérkedik, büszkélkedik
espavento [ispöve^{n}ntu] *m* **1.** ijedtség, rémület **2.** elképedés; *coisa de* ~ szédületes dolog **3.** fényűzés, pompa
espaventoso [ispöve^{n}ntozu] *mn* **1.** ijesztő **2.** fényűző, pompás **3.** büszke, gőgös
espavorecer [ispövuriszér] *2/2 ts* megijeszt
espavorir [ispövurìr] *3/10* = **espavorecer**
especado [ispèkàdu] *mn* merev, mozdulatlan
especar [ispèkàr] *1/2* **I.** *ts* megtámaszt **II.** *tl*, **III. 1.** ~**-se** hirtelen megáll, mozdulatlanul áll **2.** támaszkodik
espeçar [ispiszàr] *1/14 ts* megtold
especial [ispiszjàl] *mn* különleges; egyedülálló; *em* ~ különösen
especialidade [ispiszjölidàd] *f* **1.** specialitás, sajátosság, különlegesség; ~ *da casa* a cég reklámja **2.** szakterület; *não é da minha* ~ nem vág az én szakmámba
especialista [ispiszjölistö] *fn* specialista, szakember
especializar [ispiszjölizàr] *1/1* **I.** *ts* **1.** külön kiemel **2.** külön kiképez vmiben (*em*) **3.** kitüntet **II.** ~**-se** specializálódik vmiben (*em*)
especialmente [ispiszjàlme^{n}nt] *hat* különösen
especiaria [ispiszjöriö] *f* fűszer
espécie [ispèszji] *f* **1.** fajta, féle(ség), nem **2.** fűszer **3.** ércpénz; készpénz; természetes fizetőeszköz; *imposto em* ~ természetbeni adó; *pagar em* ~ természetben fizet **4.** *jog* egyedülálló eset **5.** *szól: sob* ~ *de* vminek az ürügyén; *causar* v *fazer* ~ csodálkozást v feltűnést kelt
especieiro [ispiszjéjru] *m* fűszeres
especificação [ispiszifiköszö^{n}u] *f* részletezés
especificar [ispiszifikàr] *1/2 ts* részletez
específico [ispiszifiku] *mn* **1.** különleges, sajátos **2.** *fiz: peso* ~ fajsúly
espécime [ispèszim] *m* mintapéldány, próbadarab, mutatvány
espécimen (*tb: espécimens, especímenes*) [ispèszimén, -szime^{n}s, ispiszíminis] = **espécime**
espectacular [ispètökulàr] *mn* = **espectaculoso**
espectáculo [ispètàkulu] *m* **1.** látványosság **2.** előadás, (szín)darab
espectaculoso [ispètökulozu] *mn* látványos, mutatós; pompás
espectador *m*, **-a** *f* [ispètödor(ö)] *fn* **1.** szemtanú **2.** néző
espectral [ispètràl] *mn* **1.** kísérteties **2.** *fiz* spektrál-, spektrális, színképi; *análise* ~ színképelemzés
espectro [ispètru] *m* **1.** kísértet, szellem **2.** *fiz* spektrum, színkép
especulação [ispikulöszö^{n}u] *f* **1.** üzérkedés, nyerészkedés **2.** *fil* elmélkedés, töprengés **3.** feltételezés; találgatás
especulador [ispikulödor] *m* spekuláns, üzér
especular[1] [ispikulàr] *mn* tükörszerű; átlátszó
especular[2] [ispikulàr] *1/1* **I.** *ts* figyelme-

sen megvizsgál **II.** *tl* **1.** spekulál, üzérkedik **2.** elmélkedik, töpreng **3.** feltételez; találgat

especulativo [ispikulötivu] *mn* **1.** spekulációs, üzérkedő **2.** *fil* spekulatív, elmélkedő; elméleti

espéculo [ispèkulu] *m* (orvosi) tükör

espedaçar [ispidöszàr] *1/12 ts* feldarabol

espelhar [ispiljàr] *1/14* **I.** *ts* **1.** fényez, políroz **2.** tükröz **II.** *tl* fénylik, ragyog **III.** **~-se** **1.** megnézi magát a tükörben **2.** visszaverődik **3.** gyönyörködik vmiben (*em*)

espelharia [ispiljöriö] *f* **1.** tükörgyár **2.** tükörüzlet

espelheiro [ispiljéjru] *m* **1.** tükörkészítő **2.** tükörkereskedő

espelhim [ispilji^n] *m* máriaüveg

espelho [ispélju] *m* **1.** tükör; ~ *ardente* v *ustório* gyújtótükör; ~ *de bolso* zsebtükör **2.** *műsz* kulcslyukpajzs **3.** *átv* példakép

espelta [ispèltö] *f növ* tönköly

espelunca [ispilu^{n}nkö] *f* **1.** barlang **2.** játékbarlang, lebuj

espeque [ispèk] *m* támasz (*átv* is)

espera [ispèrö] *f* **1.** várás, várakozás; *sala de* ~ váróterem; fogadószoba; *estar à* ~ *de* vár vkit *v* vmit **2.** reménykedés **3.** csapda, kelepce; les (vadászaton) **4.** haladék **5.** határidő **6.** *műsz* tartószerkezet

esperança [ispirö^{n}szö] *f* remény; *acalentar* v *alimentar* v *tecer* ~*s* reményeket táplál; *andar* v *estar de* ~*s* gyereket vár (asszony); *dar* ~*s* reményt nyújt, reménnyel kecsegtet; *depositar* ~*s em* reményét vkibe *v* vmibe helyezi; *ter* ~ *de* reménykedik abban, hogy

esperançado [ispirö^{n}szàdu] *mn* reménykedő

esperançar [ispirö^{n}szàr] *1/3* **I.** *ts* reményt kelt vkiben T **II.** **~-se** reménykedik

esperançoso [ispirö^{n}szozu] *mn* **1.** reménykedő, reményteljes **2.** reményeket keltő

esperar [ispiràr] *1/13* **I.** *ts* **1.** remél; *közm: quem espera sempre alcança* a reménység mindig zöld; türelem rózsát terem **2.** vár, elvár; *que está esperando?* mire vár? **II.** *tl* **1.** bizalmát *v* reményét helyezi vkibe (*em*) **2.** vár vkire (*por*); *ele espera por mim* rám vár **III.** **~-se** reménykedik; várja; *quando menos se esperava* amikor a legkevésbé számított rá

esperável [ispiràvèl] *mn* remélhető

esperdiçador *m*, **-a** *f* [ispirdiszödor(ö)] *mn* és *fn* pazarló, tékozló

esperdiçar [ispirdiszàr] *1/3 ts* elpazarol, eltékozol; ~ *tempo* időt fecsérel

esperma [ispèrmö] *m* sperma, ondó

espermacete [ispirmöszèt] *m* cetvelő, cetfaggyú

espernear [ispirnyàr] *1/5 tl* kapálódzik

espertalhão *m*, **espertalhona** *f* [ispirtöljö^{n}u, -jonö] *biz* **I.** *mn* ravasz, minden hájjal megkent **II.** *fn* dörzsölt alak

espertar [ispirtàr] *1/13* = **despertar**

esperteza [ispirtézö] *f* agyafúrtság

esperto [ispèrtu] *mn* **1.** éber **2.** okos; leleményes; *közm: o mundo é dos espertos* szemesnek áll a világ **3.** agyafúrt, ravasz **4.** *água* ~*a* majdnem forró víz

espessar [ispiszàr] *1/13* **I.** *ts* (be)sűrít; tömörít **II.** **~-se** (be)sűrűsödik

espesso [ispészu] *mn* **1.** sűrű (erdő, köd) **2.** tömör, masszív **3.** *átv espírito* ~ nehézkes észjárás

espessura [ispészurö] *f* **1.** sűrűség, tömörség, vastagság **2.** erdő sűrűje

espetada [ispitàdö] *f* **1.** felnyársalás; szúrás **2.** *átv* csőbehúzás

espetar [ispitàr] *1/13* **I.** *ts* **1.** nyársra feltűz (húst) **2.** átszúr, átlyukaszt **3.** *biz* csőbe húz **II.** **~-se** **1.** felnyársalja *v* megszúrja magát **2.** felül a tréfának

espeto [ispétu] *m* **1.** *konyh* nyárs **2.** hórihorgas ember, égimeszelő

espevitadeira [ispivitödéjrö] *f* gyertyakoppantó

espevitado [ispivitàdu] *mn* **1.** élénk; beszédes; nagyhangú; *ele tem a lingua bem* ~*a* jól pörög a nyelve **2.** *átv* modoros; kényes

espevitar [ispivitàr] *1/1* **I.** *ts* **1.** gyertyát koppant **2.** buzdít, feltüzel **3.** modorosan beszél **II.** **~-se** **1.** mesterkélten viselkedik **2.** felingerül, megharagszik

espezinhar [ispèzinyàr] *1/1 ts* tapos, (le)tipor (*átv* is)

espia [ispiö] *fn* **I.** *m*, *f* **1.** felderítő **2.** kém(nő) **II.** *haj* horgonykötél; vontatókötél

espiafado [ispjöfàdu] *mn* hulló szálú, bolyhozódó

espião *m*, **espiã** *f* [ispjö^{n}u, ispjö^n] *fn* 1. kém(nő) 2. spicli, besúgó

espiar [ispjàr] *1/7 ts* **1.** kikémlel, felderít **2.** vár (kedvező alkalomra) **T** **3.** megfigyel; kémkedik

espicaçar [ispiköszàr] *1/3, 1/12 ts* **1.** csőrével belecsíp **2.** megfúr, megszúr **3.** *átv* szurkál, piszkál; ~ *a curiosidade* felkelti a kiváncsiságát

espichar [ispisàr] *1/1* **I.** *ts* **1.** halakat felfűz (kopoltyúikon keresztül) **2.** megfúr, kilyukaszt **3.** csapra ver (hordót) **4.** ~ *couro* kifeszít bőrt (szárítás céljából) **5.** kinyújt; ~ (*a canela*), *nép* meghal **II.** **~-se** **1.** kinyújtózik; végignyúlik **2.** nem válaszol a vizsgáztató kérdéseire **3.** kudarcot vall, felsül

espiche [ispis] *m* szpícs, beszéd, szónoklat

espicho [ispisu] *m* **1.** hordóék, hordócsap **2.** hórihorgas alak, égimeszelő

espiga [ispigö] *f* **1.** kalász **2.** kukoricacsutka **3.** *műsz* csap; pecek **4.** ~ (*das unhas*) berepedt bőr (köröm mellett), körömszálka **5.** bosszúság; nyűg; *apanhar uma* ~ bajba kerül **6.** ámítás, csalás

espigado [ispigàdu] *mn* **1.** kalászba szökött **2.** nyúlánk, karcsú

espigão [ispigö^{n}u] *m* **1.** házorom **2.** *ép* gyámfal **3.** hegykúp; hegycsúcs **4.** = **espiga 4.**; **5.** **B** vízválasztó hegyvonulat

espigar [ispigàr] *1/4* **I.** *tl* **1.** kalászba szökik **2.** kifejlődik, megnő **II.** *ts* ámít, becsap; kellemetlen helyzetbe hoz **III.** **~-se** bajba kerül; lóvá teszik

espigo [ispigu] *m* **1.** karó **2.** *növ* hajtás

espim [ispi^n] *mn* tüskés

espinafre [ispinàfr] *m* spenót

espinal [ispinàl] *mn*: *medula* ~ gerincvelő

espineta [ispinétö] *f zene* spinét

espingarda [ispingàrdö] *f* puska; ~ *de dois canos* kétcsövű puska; *ao alcance de* ~ puskalövésnyire

espingardada [ispingàrdàdö] *f* puskalövés

espinha [ispinyö] *f* **1.** halszálka **2.** tüske **3.** *orv*: ~ (*dorsal*) gerincoszlop, hátgerinc; ~ *nasal* orrcsont **4.** *orv* pattanás, pörsenés **5.** *átv* akadály, nehézség **6.** *szól*: *dar à* ~ meghal; *estar na* ~ **a)** nagyon szegény **b)** nagyon sovány; *quebrar pela* ~ teljesen tönkremegy; *trazer uma* ~ *atravessada na garganta* nyugtalan, bántja vmi; *ter* ~ *com* haragban van vkivel

espinhaço [ispinyàszu] *m* **1.** gerincoszlop, hátgerinc; hát; *quebrar o* ~ kitöri a nyakát **2.** hegyhát; hegylánc

espinhal [ispinyàl] *m* tüskebozóttal benőtt hely

espinhar [ispinyàr] *1/1 ts* **1.** tüskével megszúr **2.** *átv* szurkál; bosszant

espinheiro [ispinyéjru] *m* tüskebokor; ~ *branco* galagonyabokor; ~ *cambra* varjútövis, kutyabenge

espinho [ispinyu] *m* **1.** tüske, tövis; *estar sobre* ~*s* tűkön ül; *közm*: *quem abrolhos semeia* ~*s colhe* ki mint vet, úgy arat; kölcsön kenyér visszajár **2.** *átv* nehézség, bökkenő

espinhoso [ispinyozu] *mn* **1.** tüskés, tövises **2.** *átv* nehéz, fáradságos

espiolhar [ispjuljàr] *1/15 ts* **1.** tetvez **2.** gondosan megvizsgál

espionagem [ispjunàzsö^{n}j] *f* kémkedés

espionar [ispjunàr] *1/15 tl* kémkedik

espique [ispik] *m növ* törzs, szár

espira [ispirö] *f* csavarvonal, csigavonal

espiral [ispiràl] **I.** *mn* csavarvonal alakú **II.** *fn*, *f* **1.** csavarvonal, csigavonal; *em* ~ csavar alakú; *escada em* ~ csigalépcső **2.** *műsz* spirálrugó; hajszálrugó (órában)

espirar [ispiràr] *1/1* **I.** *ts* **1.** kilélegzik **2.** áraszt **II.** *tl* lélegzik; él

espiritismo [ispiritizsmu] *m* spiritizmus

espiritista [ispiritistö] *mn* és *fn* spiritiszta

espírito [ispiritu] *m* **1.** lélek; lelkiállapot; *estado de* ~ lelkiállapot; hangulat; *presença de* ~ lélekjelenlét; *em* ~ gondolatban; lélekben; *exalar o* ~ kiadja a lelkét, meghal; *render o* ~ visszaadja lelkét Istennek; *ver em* ~ lelki szeme előtt látja **2.** szellem; öntudat; ~ *cívico* hazafias öntudat; ~ *mau* gonosz szellem, ördög **3.** hajlam; természet; jellem; ~ *forte* **a)** erős jellem **b)** szabadgondolkodó; ~ *de aventura* kalandor természet; ~ *de porco* **B** zavart keltő egyén **4.** bátorítás; *dar* ~ bátorít, lelkesít **5.** szesz; ~ *de vinho* borszesz **6.** szellemesség; *uma frase de* ~ szellemes megjegyzés; *ter* ~ szellemes

espiritual [ispirituàl] *mn* **1.** lelki **2.** szellemi **3.** értelmes, okos

espirituoso [ispirituozu] *mn* 1. szeszes; *bebida* ~*a* szeszes ital 2. szellemes; *dito* ~ szellemes mondás

espirra-canivetes [ispirrökönivètis] *fn nép* forróvérű, heveskedő

espirrar [ispirràr] *1/1* **I.** *ts* kidob magából, kilövell **II.** *tl* 1. tüsszent 2. serceg 3. kifröccsen, kibuggyan 4. feldühödik, haragszik

espirro [ispirru] *m* tüsszentés; *dar um* ~ tüsszent

esplanada [isplönàdö] *f* szabad térség

esplêndido [isple^{n}ndidu] *mn* ragyogó, fényes, pompás

esplendor [isple^{n}ndor] *m* ragyogás, fény, pompa

esplendoroso [isple^{n}ndurozu] *mn* = **esplêndido**

esplenite [isplinit] *f orv* lépgyulladás

espojar-se [ispuzsàrszi] *1/15* hempereg; fetreng; ~ *com riso* majd megpukkad nevettében

espoleta [ispulétö] *f kat* gyújtó; gyutacs

espoliação [ispuljöszö^{n}u] *f* rablás, fosztogatás

espoliar [ispuljàr] *1/7 ts* rabol, fosztogat

espólio [ispòlju] *m* 1. hagyaték 2. hadizsákmány

esponja [ispo^{n}zsö] *f* szivacs; *passar com a* ~ ; *passar uma* ~ *em* v *sobre* kitörli az emlékezetéből; fátyolt borít vmire

esponjoso [ispo^{n}zsozu] *mn* szivacsos

esponsais [ispo^{n}szàjs] *m tb* eljegyzés

espontaneidade [ispo^{n}ntönéjdàd] *f* önkéntesség; ösztönösség; szabad elhatározás

espontâneo [ispo^{n}ntönyu] *mn* spontán, önkéntes

espora [ispòrö] *f* 1. sarkantyú; *dar* v *picar de* ~*s* megsarkantyúz 2. *növ* szarkaláb 3. ösztönzés 4. hullámtörő gát 5. *növ* anyarozs

esporão [ispurö^{n}u] *m* 1. nagy sarkantyú 2. *áll, növ* sarkantyú 3. hegynyúlvány

esporádico [ispuràdiku] *mn* szórványos

esporear [ispurjàr] *1/5 ts* 1. megsarkantyúz 2. *átv* ösztönöz

espório, esporo [ispòrju, ispòru] *m növ* spóra

esporte [ispòrti] *m* **B** sport; → **desporto**

espórtula [ispòrtulö] *f* borravaló

esportular [ispurtulàr] *1/1* **I.** *ts*, **II.** ~**-se** borravalót ad

esposa [ispozö] *f* feleség

esposar [ispuzàr] *1/15* **I.** *ts* 1. kiházasít; összeházasít 2. nőül vesz vkit; férjhez megy vkihez **T** 3. magára vállal; ~ *um encargo* megbízást elfogad 4. megvéd; támogat; kiáll vki *v* vmi mellett **T** **II.** ~**-se** megházasodik

esposo [ispozu] *m* 1. férj 2. ~*s* házastársak

espraiar [ispröjàr] *1/12* **I.** *ts* 1. partra vet 2. *átv* kibocsát, szór; ~ *raios* sugarakat bocsát ki; ~ *suspiros* sóhajtozik; ~ *tristezas* elhessegeti magától a szomorú gondolatokat; ~ *a vista* a messzeségbe tekint **II.** *tl* visszaáramlik, visszatér a medrébe **III.** ~**-se** 1. kiárad; szétterjed 2. túlzásba visz vmit; ~*-se em louvores* agyba-főbe dicsér; ~*-se em considerações* feltevésekbe bocsátkozik; ~*-se em promessas* fűt-fát ígér

espreguiçadeira [isprigiszödéjrö] *f* nyugszék, nyugágy

espreguiçar-se [isprigiszàrszi] *1/3* leheveredik, elnyúlik

espreita [ispréjtö] *f* megfigyelés; *estar à* ~ figyel, lesben áll; *ter em* ~ megfigyelés alatt tart

espreitar [ispréjtàr] *1/1 ts* megfigyel; megles

espremedor [isprimidor] *m* (citrom-) nyomó; ~ *de batatas* burgonyaprésélő, krumplinyomó

espremer [isprimér] *2/7 ts* 1. kinyom, kiprésel; kifacsar 2. *átv* elnyom; kizsákmányol

espulgar [ispulgàr] *1/4 tl* bolhászkodik

espuma [ispumö] *f* hab (*pl* levesen); tajték

espumadeira [ispumödéjrö] *f* habszedő kanál

espumante [ispumö^{n}nt] *mn* habzó; *vinho* ~ habzóbor; pezsgő

espumar [ispumàr] *1/1* **I.** *ts* leszedi a habot (*pl* levesről) **II.** *tl* habzik (*pl* pezsgő)

espumejar [ispumizsàr] *1/14 tl* 1. habzik 2. *átv* tajtékzik a dühtől

espumoso [ispumozu] *mn* 1. tajtékzó, habzó 2. gyöngyöző (bor)

esq. = *esquerdo* bal

esquadra [iskvàdrö] *f* 1. *kat* hajóraj; repülőgépraj 2. *kat* szakasz gyalogos 3. rendőrőrszoba

esquadrão [iskvödrö^{n}u] *m kat* század

esquadrejar [iskvödrizsàr] *1/14 ts* kinagyol; megformál
esquadria [iskvödriö] *f* **1.** *műsz* szögellő, vinkli **2.** derékszög; lemetszés derékszögben **3.** terméskő **4.** *ép* nyílászáró (ajtó, ablak, redőny *stb*)
esquadrilha [iskvödriljö] *f* **1.** kis hajóraj **2.** repülőkötelék
esquadrinhar [iskvödrinyàr] *1/1 ts* átkutat; kifürkész
esquadro [iskvàdru] *m műsz* szögellő, vinkli
esquálido [iskvàlidu] *mn* **1.** piszkos, szennyes **2.** vékony, sovány
esquartejar [iskvörtizsàr] *1/14 ts* felnégyel
esquecer [iskèszér] *2/2* **I.** *ts* elfelejt; ~ *suas obrigações* megfeledkezik a kötelességeiről **II.** *tl* feledésbe megy; elfelejtődik; *esquece-me o seu nome* a neve kiesett a fejemből **III.** **~-se** *de* megfeledkezik vmiről; *~-se de si* megfeledkezik magáról
esquecidiço [iskèszidiszu] *mn* feledékeny
esquecido [iskèszidu] *mn* **1.** feledékeny **2.** ~ *de* vmiről megfeledkező **3.** megbénult, béna
esquecimento [iskèszime^{n}ntu] *m* **1.** elfelejtés; feledés; feledékenység; *cair no* ~ feledésbe merül **2.** megbénulás, bénaság
esquelético [iskilètiku] *mn* **1.** csontvázszerű **2.** nagyon sovány
esqueleto [iskilétu] *m* **1.** csontváz **2.** *ép* váz; hajóváz; vázlat
esquema [iskémö] *m* séma, vázlat
esquemático [iskimàtiku] *mn* vázlatos
esquematizar [iskimötizàr] *1/1 ts* sematizál
esquentação [iske^{n}ntöszö^{n}u] *f* **1.** melegítés **2.** hőség **3.** *átv* parázs vita
esquentado [iske^{n}tàdu] *mn* **1.** felforralt; forró **2.** ingerült, haragos **3.** ingerlékeny, lobbanékony
esquentador [iske^{n}ntödor] *m* **1.** (víz-)melegítő **2.** ágymelegítő
esquentamento [iske^{n}ntöme^{n}ntu] *m* **1.**= **esquentação** **2.** *nép orv* tripper
esquentar [iske^{n}ntàr] *1/1* **I.** *ts* **1.** (fel-)melegít, felforral **2.** felizgat, megharagít **II.** **~-se** **1.** felmelegszik, felforr **2.** *átv* felingerül; haragra gerjed
esquerda [iskérdö] *f* **1.** bal kéz **2.** bal oldal; *à* ~ balra; *da* ~ *para a direita* balról jobbra; *dobrar à* ~ befordul balra **3.** *pol* baloldal; *de* ~ baloldali
esquerdista [iskirdistö] *m* baloldali politikus, baloldal híve
esquerdo [iskérdu] *mn* **1.** bal **2.** balkezes **3.** ügyetlen, esetlen **4.** *szól: olhar* ~ ferde pillantás; *situação ~a* fonák helyzet
esqui [iski] *m* sí; sísport; sítalp; ~ *aquático* v *sobre água* vízisíelés; *andar de ~s* síel
esquiador *m*, **-a** *f* [iskjödor(ö)] *fn* síelő
esquiar [iskjàr] *1/7 tl* síel
esquife [iskif] *m* **1.** koporsó **2.** *rég* csónak, ladik
esquilo [iskilu] *m* mókus
esquimó [iskimò] *mn* és *fn* eszkimó
esquina [iskinö] *f* **1.** (utca)sarok **2.** *nép: quebrar as ~s* ténfereg, lődörög
esquipação [iskipöszö^{n}u] *f* **1.** *haj* felszerelés; legénység **2.** *biz* ruházat, ruhák; (otthoni) ruhatár **3.** *biz* szeszély, „bogár"
esquipar [iskipàr] *1/1* **I.** *ts* **1.** *haj* felszerel **2.** feldíszít **II.** *tl* poroszkál
esquipático [iskipàtiku] *mn* szeszélyes, bogaras, különc
esquírola [iskirulö] *f orv* csontszilánk
esquisitão *m*, **esquisitona** *f* [iskizitö^{n}u, -tonö] *mn* és *fn* különc
esquisitice [iskizitisz] *f* különcködés
esquisito [iskizitu] *mn* **1.** ritka; értékes **2.** különcködő, furcsa
esquivança [iskivö^{n}szö] *f* tartózkodó *v* barátságtalan viselkedés
esquivar [iskivàr] *1/1* **I.** *ts* **1.** elkerül, kitér az útjából; ~ *o golpe* kitér az ütés elől **2.** megvet, lenéz **II.** **~-se** **1.** észrevétlenül távozik **2.** *~-se de* kitér vki *v* vmi elől
esquivo [iskivu] *mn* **1.** nem barátkozó; barátságtalan **2.** rideg
esquizofrenia [iskizufröniö] *f orv* szkizofrénia
essa[1] [èszö] *f* katafalk; díszes ravatal
essa[2] [èszö] *névm f* ez; ~ *é boa* nem rossz! bravó! (*gúny* is); *mais ~!* még ez is! még csak ez hiányzott! *ora* ~ *é boa* most már aztán elég volt ebből! *por ~s e por outras* egyik vagy másik okból kifolyólag; *nem por ~s nem por outras* semmi esetre se; → **esse**[2]
esse[1] [èszi] *m* esz (betű neve); *andar aos esses, fazer esses* dülöngve jár (részeg)

esse² *m*, **essa** *f* [észi, èszö] *névm* az ott; az öné (a megszólított személy közelében levő személyre *v* tárgyra utal); *como vai essa saúde?* hogy állunk egészség dolgában? *quanto costou essa gravata?* mennyibe került a (maga) nyakkendője? *que tal essa cidade?* milyen az a város (ahol ön most tartózkodik)?
essência [iszeⁿszjö] *f* **1.** lényeg **2.** eszencia, tömény oldat
essencial [iszeⁿszjàl] **I.** *mn* lényeges, fontos **II.** *fn*, *m* lényeg
essoutro [eszòtru] *névm* az a másik (ott)
és-sueste [ès-szuèst] *m* kelet-délkelet
Est. = **1.** *estação* pályaudvar **2.** *Estado* állam **3.** *Estrada* út
esta [èstö] *névm* → **este**²
estabelecer [istöbiliszér] *2/2* **I.** *ts* **1.** alapít, létesít **2.** (intézményt) felállít; megnyit **3.** (szabályt, elvet) lefektet **4.** (adót, szokást) bevezet; meghonosít **5.** *szól:* ~ *um acordo* egyezményt köt; ~ *os parentes* elhelyezi a rokonait (állásokba); ~ *a paz* békét teremt; ~ *um record novo* új rekordot állít fel **II.** ~**-se** **1.** letelepszik **2.** megházasodik **3.** üzletet nyit, vállalatot létesít
estabelecimento [istöbiliszimeⁿntu] *m* **1.** alapítás, létesítés **2.** létesítmény; intézmény; ~ *comercial* kereskedelmi vállalat; ~ *público* közhivatal; ~ *de ensino* tanintézet **3.** település
estabilidade [istöbilidàd] *f* stabilitás; szilárdság
estabilizador [istöbilizödor] *m rep, vill* stabilizátor
estabilizar [istöbilizàr] *1/1 ts* állandósít; megszilárdít
estábulo [istàbulu] *m* istálló
estaca [istàkö] *f* **1.** karó, cölöp **2.** oltóág, oltóvessző; *pegar de* ~ gyökeret ereszt
estacada [istökàdö] *f* (palánk)kerítés
estação [istöszöⁿu] *f* **1.** állomás; ~ *ferroviária* v *do caminho de ferro* vasútállomás **2.** megálló; ~ *de autocarro* v (**B** *de ônibus*) buszmegálló **3.** megállás; tartózkodás vhol; hely; ~ *balneária* fürdőhely; ~ *de cura* gyógyhely; ~ *de veraneio* nyaralóhely **4.** segélyhely; javítóállomás; ~ *de serviço* (autó)szervíz **5.** *rádió, tv:* ~ *emissora* adóállomás **6.** körzet, kerület **7.** évszak; szezon, évad; ~ *balnear* fürdőévad; ~ *calmosa* meleg évszak; ~ *das chuvas* esős évszak **8.** **B** ~ *telegráfica* távíróhivatal
estacar [istökàr] *1/2, 1/12* **I.** *ts* **1.** karókkal megtámaszt **2.** megállít **II.** *tl* **1.** hirtelen megáll **2.** megtorpan; meghökken
estacaria [istököriö] *f* cölöpök; cölöpmű
estacional [istöszjunàl] *mn* évszaktól függő
estacionamento [istöszjunömeⁿntu] *m* parkolás, parkolóhely; *direitos de* ~ parkolási díj
estacionar [istöszjunàr] *1/15 tl* **1.** parkol **2.** várakozik; tartózkodik; *proibição de* ~ várakozni tilos
estacionário [istöszjunàrju] *mn* **1.** állandósult, nem változó, állandó **2.** szilárd; rögzített (ár) **3.** mozdulatlan
estada [istàdö] *f* időzés, tartózkodás vhol
estadão [istödöⁿu] *m* pompa, fényűzés
estadear [istögyàr] *1/5* **I.** *ts* fitogtat **II.** ~**-se** nagyzol, kérkedik
estadia [istödiö] *f* **1.** *haj* kirakodási idő **2.** = **estada**
estádia [istàgyö] *f* távolságmérő
estádio [istàgyu] *m* **1.** stadion **2.** stádium, állapot **3.** ~ *no hotel* szállodai elhelyezkedés
estadismo [istödizsmu] *m* korlátlan államhatalom
estadista [istödistö] *fn* állami funkcionárius; államférfi
estado [istàdu] *m* **1.** állapot, helyzet; ~ *civil* családi állapot; ~ *geral* közérzet; ~ *interessante* másállapot; ~ *de guerra* hadiállapot; ~ *de saúde* egészségi állapot; ~ *de sítio* ostromállapot; *em bom* ~ jó állapotban; *no* ~ *actual das coisas* a dolgok jelenlegi állása mellett **2.** *Estado* állam; *de Estado* állami; *os Estados Unidos da América* az Amerikai Egyesült Államok **3.** társadalmi rend *v* helyzet; ~ *militar* katonai rend, katonaság; ~ *de escravidão* rabszolgaság; ~ *do meio* középosztály **4.** *vegy* halmazállapot; ~ *gasoso* légnemű, ~ *liquido* folyékony (~ *sólido* szilárd) halmazállapot **5.** *szól:* *dar* ~ *à sua filha* férjhez adja a lányát *tomar* ~ ; *mudar de* ~ **a)** megházasodik, megnősül; férjhez megy **b)** megtelepszik

estado-maior [istàdu-möjor] *m kat* vezérkar

estado-tampão [istàdu-tö^{n}mpö^{n}u] *m* ütközőállam

estadual [istöduàl] *mn* **B** (brazil) állami

estadunidense [istödunide^{n}sz] *mn* és *fn* egyesült államokbeli

estafa [istàfö] *f* **1.** fáradtság, kimerültség **2.** nehéz munka, robotolás **3.** *nép* lopás, rablás

estafado [istöfàdu] *mn* **1.** agyonhajszolt, kimerült **2.** elviselt, kopott (ruha)

estafar [istöfàr] *1/12* **I.** *ts* **1.** agyonhajszol, kimerít **2.** bosszant, untat **3.** csal a játékban **II.** **~-se** agyonhajszolja magát

estafermo [istöférmu] *m* **1.** madárijesztő **2.** mamlasz, tökfilkó

estafeta [istöfétö] *fn* **I.** *m* **1.** (lovas) futár, küldönc **2.** **B** táviratkézbesítő **II.** *sp* staféta, váltó

estagiar [istözsjàr] *1/7 tl* próbaidejét tölti, gyakornokoskodik

estagiário [istözsjàrju] *m* próbaidős, gyakornok

estágio [istàzsju] *m* **1.** gyakornoki év; próbaidő **2.** gyakorlati kiképzés **3.** *sp: entrar em ~* edzőtáborba vonul

estagnação [istögnöszö^{n}u] *f* stagnálás, pangás

estagnado [istögnàdu] *mn* **1.** megrekedt; álló (víz) **2.** tétlen; pangásos

estagnante [istögnö^{n}nt] *mn* pangást okozó

estagnar [istögnàr] *1/12* **I.** *ts* **1.** megrekedést *v* pangást okoz **2.** *átv* megbénít **II.** **~-se** stagnál, megbénul

estai [istàj] *m haj* előkötél

estalactite [istölöktit] *f* sztalaktit, függő cseppkő

estalagem [istölàzsö^{n}j] *f* fogadó, vendéglő

estalagmite [istölögmit] *f* sztalagmit

estalajadeiro [istölözsödéjru] *m* fogadós, vendéglős

estalar [istölàr] *1/12* **I.** *ts* eltör; megrepeszt **II.** *tl* **1.** megreped, széthasad; **2.** recseg, ropog **3.** kitör, kirobban; *la guerra estalou* kitört a háború **4.** *szól: ~ de fome* felfordul az éhségtől; *~ de raiva* majd szétpukkad dühében; *~ de riso* hangos kacagásba tör ki; *~ de sede* eleped a szomjúságtól; *a sua paciência estalou* végleg elfogyott a türelme

estaleiro [istöléjru] *m* **1.** hajógyár **2.** **B** szárítóállvány

estalejar [istölizsàr] *1/14 tl* pattog, ropog

estalido [istölidu] *m* pattogás, ropogás

estalinismo [istölinizsmu] *m* sztálinizmus

estalo [istàlu] *m* **1.** csattanás **2.** *~s* pattogás, ropogás **3.** *de ~* **a)** kiváló; *um jantar de ~* kitűnő ebéd **b)** hirtelen, váratlan; *chegou de ~* váratlanul megérkezett

estambre [istö^{n}mbr] *m* **1.** (gyapjú-) fonál **2.** *~ da vida* életút

estame [istöm] *m* **1.** = **estambre** **2.** *növ* porzószál **3.** *text* etamin; szitaszövet

estampa [istö^{n}mpö] *f* **1.** (nyomtatott) kép, rajz, metszet, ábra; *livro de ~s* képeskönyv **2.** nyomtatás; *dar à ~* kinyomtat **3.** lábnyom, nyomdok **4.** külső, megjelenés; *obrar de ~* sablon szerint dolgozik

estampado [istö^{n}mpàdu] *mn text* mintás

estampar [istö^{n}mpàr] *1/1 ts* **1.** rányom (képet, feliratot) vmire **T** **2.** vés, metsz

estamparia [istö^{n}mpöriö] *f* **1.** (szövet-) mintázó gyár *v* részleg **2.** metszetkészítő üzem

estampido [istö^{n}mpidu] *m* robbanás, dörrenés, csattanás

estampilha [istö^{n}mpiljö] *f* **1.** bélyegző **2.** **B** okmánybélyeg **3.** *nép* pofon

estancar [istö^{n}nkàr] *1/2* **I.** *ts* **1.** elállít; felszárít; visszatart; *~ o sangue* elállítja a vérzést **2.** kimerít, kiszárít; olt (éhséget, szomjúságot) **II.** **~-se** **1.** eláll (vérzés); megszűnik **2.** kimerül; kiszárad

estância [istö^{n}szjö] *f* **1.** tartózkodás (vhol); *~ balnear* fürdőhely; *~ do acampamento* kempingezés **2.** tartózkodási hely, (állandó) lakhely **3.** *haj* rév, horgonyzóhely **4.** raktár, rakodóhely **5.** **B** birtok, major **6.** stanza (versszak)

estanciar [istö^{n}szjàr] *1/7 tl* **1.** megáll, megpihen **2.** tartózkodik vhol

estanco [istö^{n}nku] *m* dohánybolt

estandardizar [istö^{n}ndördizàr] *1/1 ts* egységesít, szabványosít

estandarte [istö^{n}ndàrt] *m* zászló

estanhar [istönyàr] *1/1 ts* ónoz; amalgámoz

estanho [istönyu] *m* ón; *folha* v *papel de* ~ sztaniol, ezüstpapír
estanque [istö^{n}nk] **I.** *mn* **1.** vízhatlan **2.** üres, száraz **3.** ~ *ao ar* légmentes **II.** *fn, m* dohánybolt
estanqueiro [istö^{n}nkéjru] *m* dohányárus, trafikos
estante [istö^{n}nt] *f* **1.** állvány, polc; ~ *de música* kottaállvány **2.** könyvszekrény
estar [istàr] *1/17 tl* **1.** van (valahol); ~ *no estrangeiro* külföldön van; *está?* itt van? itthon van? ~ *parado* áll (egy helyben) **2.** van (valahogyan, valamilyen állapotban); *como está?* hogy van? ~ *bem* jól van, egészséges; ~ *mal* rosszul van; ~ *cansado* fáradt **3.** ~ *a* + *fni* (közeli cselekvést fejez ki:) *o ano está a expirar* az évnek nemsokára vége **4.** ~ *a* + *fni,* ~ + *gerúndio* (főleg **B**; a cselekvés folyamatára utal:) *está a dormir, está dormindo* alszik; *estou a ler, estou lendo* (éppen) olvasok **5.** ~ *para* + *fni* (közvetlenül bekövetkező cselekvést fejez ki:) *estou para casar-me* házasodni készülök; *está para chegar* minden percben itt lesz; *está para chover* esőre áll az idő; *está para ver* majd meglátjuk **6.** ~ *por* + *fni* (elvégzendő cselekvést jelöl:) *a casa está por alugar* a ház bérbe adó; *a conta está por pagar* a számlát még ki kell fizetni; *o trabalho está por fazer* a munka még hátravan **7.** ~ *por* + *fn* v *mn* (közeli eseményre utal:) *sua morte está por pouco* már csak pár napja van hátra; *a nomeação está por dias* a kinevezése napok kérdése **8.** *szól: está bom* **a)** rendben van **b)** jól van, egészséges; *está claro* természetesen; *o vestido está-lhe bem* a ruha jól áll rajta; *aí está* így állunk; *deixe-se* ~*!* maradjon még! ~ *às portas de morte* a halál küszöbén áll; ~ *com dor de cabeça* fáj a feje; ~ *com vontade de* kedve van vmihez; ~ *de cama* ágyban fekszik, beteg; ~ *de caminho* útra készül; ~ *de férias* v *de licença* szabadságon van; ~ *de olho em* szemmel tart vkit *v* vmit; ~ *de visita* látogatóban van; ~ *bem de vida* jómódú; *o prédio está em cinco milhões* az ingatlan öt millióba kerül
estatal [istötàl] *mn* állami
estatelado [istötilàdu] *mn* **1.** *cair* ~ *no chão* teljes hosszában elvágódik a földön **2.** *ficar* ~ elképed, sóbálvánnyá mered
estatelar [istötilàr] *1/13* **I.** *ts* leterít a földre **II.** ~**-se 1.** teljes hosszában elterül a földön **2.** szégyenbe kerül, felsül
estática [istàtikö] *f fiz* statika
estatística [istötistikö] *f* statisztika
estatístico [istötistiku] **I.** *mn* statisztikai **II.** *fn* statisztikus
estatização [istötizöszö^{n}u] *f* államosítás
estatitazar [istötitözàr] *1/12 ts* államosít
estátua [istàtuö] *f* szobor
estatuária [istötuàrjö] *f* kőfaragás, szobrászat
estatuário [istötuàrju] **I.** *mn* szobrászati **II.** *fn* kőfaragó, szobrász
estatueta [istötuétö] *f* szobrocska
estatuir [istötuir] *3/6 ts* megállapít, elrendel, előír
estatura [istöturö] *f* termet, alkat
estatuto [istötutu] *m* **1.** törvény, szabályrendelet **2.** alapszabály, szabályzat
estável [istàvèl] *mn* stabil, állandó, szilárd
este^{1} [èst] *m* kelet (égtáj)
este^{2} *m,* **esta** *f* [ésti, èstö] *névm* ez (itt); *nesta* (*cidade*) itt (ebben a városban)
estear [istyàr] *1/7 ts* megtámaszt, alátámaszt
estearina [istyörinö] *f* sztearin
esteatite [istyötit] *f ásv* zsírkő
esteio [istéju] *m* támasz
esteira [istéjrö] *f* **I.** gyékényszőnyeg **II. 1.** hajó sodra **2.** *átv* nyom, nyomdok; *ir na* ~ *de* nyomdokain halad, példáját követi
esteiro [istéjru] *m* **1.** folyóág **2.** fjord, keskeny tengeröböl
estelar [istilàr] *mn* csillag-
estelionato [istiljunàtu] *m* jelzáloggal elkövetett csalás
estêncil [iste^{n}szil] *m* (*papel*) ~ stencil; matrica
estendal [iste^{n}ndàl] *m* **1.** ruhaszárító hely; szárításra kiteregetett ruha **2.** *átv* hosszadalmas és unalmas magyarázat **3.** *fazer* ~ *de* mutogatja, kérkedik vele
estender [iste^{n}ndér] *2/2* **I.** *ts* **1.** kinyújt, kiteregetett; ~ *a mão* kezét nyújtja

2. hosszúra nyújt 3. földre terít 4. *átv* legyőz (vitában) II. ~-se 1. kinyúlik; elterül 2. kiterjed; elterjed 3. elnyúlik; végignyúlik 4. felsül; megbukik (vizsgán)
estenderete [iste^{n}ndirét] *m* 1. fogas kérdés (vizsgán) 2. téves válasz
estendidamente [iste^{n}ndidöme^{n}nt] *hat* kimerítően, részletesen
estenodactilógrafa [istinudötilògröfö] gép- és gyorsírónő
estenodactilografia [istinudötilugröfiö] gép- és gyorsírás
estenógrafa [istinògröfö] *f* gyorsírónő
estenografar [istinugröfàr] *1/12 ts, tl* gyorsírással ír, gyorsír
estenografia [istinugröfiö] *f* gyorsírás
estenográfico [istinugràfiku] *mn* gyorsírásos
estenógrafo [istinògröfu] *m* gyorsíró
estentóreo [iste^{n}ntòrju] *mn: voz ~a* sztentori hang
estepe [istèp] *f* sztyepp
estercada [istirkàdö] *f* trágyázás
estercar [istirkàr] *1/2, 1/13, ts, tl* trágyáz
esterco [istérku] *m* trágya
estercoreiro [istirkuréjru] *m áll* trágyabogár
estere, estéreo [istèr, istèrju] *m* köbméter (tűzifamérték)
estereotipia [istèrèòtipiö] *f nyomd* sztereotipia
estéril [istèril] *mn* 1. terméketlen 2. *orv* steril, baktériummentes
esterilidade [istirilidàd] *f* 1. terméketlenség; meddőség 2. *orv* sterilitás
esterilizador [istirilizödor] *m* sterilizátor
esterilizar [istirilizàr] *1/1 ts* 1. sterilizál, csírátlanít 2. *átv* meddővé tesz
esterlino [istirlinu] *m* font sterling
esterno [istèrnu] *m* mellcsont, szegycsont
esterqueira [istirkéjrö] *f* szemétdomb, szemétgödör
esterroar [istirruàr] *1/8 ts* boronál
estertor [istirtor] *m* hörgés
estertorar [istirturàr] *1/15 tl* hörög
estertoroso [istirturozu] *mn* hörgő
esteta [istètö] *fn* esztéta
estética [istètikö] *f* esztétika
esteticista [istètiszistö] I. *mn* esztétikai II. *fn* 1. esztéta 2. B kozmetikus
estetoscópio [istètuskòpju] *m* sztetoszkóp
esteva [istévö] *f* ekeszarv
Estévão [istèvö^{n}u] *m* István
estiado [istyàdu] *mn* száraz, derüs (idő)
estiagem [istyàzsö^{n}j] *f* 1. (eső utáni) derült, száraz idő 2. szárazság
estiar [istyàr] *1/7 tl* 1. eláll az eső 2. kiderül
estibordo [istibòrdu] *m* hajó jobbfele
estica [istikö] *f* 1. soványság 2. szegénység, nyomor
esticadela [istiködèlö] *f* lökés
esticar [istikàr] *1/2 ts* 1. kinyújt, kifeszít; ~ *a corda* feszesre húzza a kötelet 2. ~ *a canela* v *a perna* v *o pernil, nép* az utolsókat rúgja, meghal
estigma [istigmö] *m* 1. stigma 2. forradás, sebhely 3. *átv* szégyenbélyeg
estigmatizar [istigmötizàr] *1/1 ts átv* megbélyegez; elítél
estilete [istilét] *m* 1. hegyes tőr; 2. *orv* szonda 3. *növ* bibeszál
estilha [istiljö] *f* szálka; szilánk; *fazer em ~s* széthasogat, szétforgácsol
estilhaçar [istiljöszàr] *1/3 ts* széthasogat, szétforgácsol
estilhaço [istiljàszu] *m* forgács, szilánk
estilística [istilistikö] *f* stilisztika
estilístico [istilistiku] *mn* stilisztikai
estilizar [istilizàr] *1/1 ts* stilizál
estilo [istilu] *m* 1. íróvessző 2. stílus, írásmód 3. ~ (*arquitectónico*) építészeti stílus; ~ *barroco, gótico, românico* barokk, gót, román stílus; *mobiliário* v *móveis de* ~ stílbútorok 4. mód, modor, eljárás; *receber em grande* ~ ünnepélyesen fogad vkit
estilógrafo [istilògröfu] *m* töltőtoll
estima [istimö] *f* 1. megbecsülés, tisztelet 2. értékelés 3. szeretet, vonzalom
estimação [istimöszö^{n}u] *f* 1. értékelés, becslés 2. megbecsülés, tisztelet; *ter em* ~ becsül, értékel
estimado [istimàdu] *mn* tisztelt, nagyra becsült
estimador [istimödor] *m* 1. becsüs 2. műértő
estimar [istimàr] *1/1* I. *ts* 1. becsül, felbecsül, értékel 2. megbecsül, tisztel 3. hisz, vél, gondol 4. kíván, óhajt; *estimo que faça boa viagem!* kívánom, hogy jó útja legyen 5. örül vminek T; *estimo que estejas bem* örülök hogy jól vagy II. ~-se ad magára vmit

estimativa [istimötivö] *f* 1. becslés 2. ~ *de custo* előzetes költségvetés
estimativo [istimötivu] *mn* becslésen alapuló; hozzávetőleges
estimulação [istimulöszö^{n}u] *f* ösztönzés, bátorítás
estimulante [istimulö^{n}nt] *m orv* élénkítőszer, izgatószer
estimular [istimulàr] *1/1 ts* 1. ösztönöz, feltüzel 2. élénkít; izgat, „feldob"
estímulo [istimulu] *m* 1. ösztöke 2. ösztökélés, ösztönzés
estio [istiu] *m* nyár
estiolar [istyulàr] *1/15* I. *tl*, II. ~-se elsatnyul
estipendiar [istipe^{n}ngyàr] *1/7 ts* fizetést ad; zsoldot fizet
estipendiário [istipe^{n}ngyàrju] *m* zsoldos
estipêndio [istipe^{n}ngyu] *m* fizetés; zsold
estipulação [istipulöszö^{n}u] *f* 1. megegyezés 2. feltétel, kikötés, záradék
estipulante [istipulö^{n}nt] *mn*: *as partes* ~*s* a szerződő felek
estipular [istipulàr] *1/1 ts* megállapít, feltételként kiköt
estiraçar [istiröszàr] *1/3, 1/12 ts* kinyújt, kifeszít
estirar [istiràr] *1/1* I. *ts* 1. kinyújt, kifeszít 2. földre terít II. ~-se 1. kinyújtózkodik 2. elterül a földön
estirpe [istirp] *f* 1. *növ* gyökértörzs 2. származás, eredet
estiva [istivö] *f* 1. *haj* ballaszt, holtsúly 2. hajóűr 3. (hajó)rakomány 4. deszkahíd; palló
estivador [istivödor] *m* rakodómunkás
estivagem [istivàzsö^{n}j] *f haj* berakodás
estival [istivàl] *mn* nyári
estivar [istivàr] *1/1 haj* 1. a ballasztot elhelyezi 2. megrak; rakodik 3. vámkezel 4. **B** deszkahidat *v* pallót rak le (mocsaras terület fölött)
esto [èstu] *m* 1. hőség 2. *átv* hév, szenvedély 3. dagály
estocada [istukàdö] *f* 1. kardszúrás 2. váratlan esemény
Estocolmo [istukolmu] *m, f* Stockholm
estofador [istufödor] *m* kárpitos
estofar [istufàr] *1/15 ts* kárpitoz; (vattával) megtöm
estofo[1] [istofu] *m* 1. bútorszövet 2. (bútor)tömítés 3. ~*s* párnázott bútorok
estofo[2] [istofu] *mn*: *água* ~*a* állóvíz
estóico [istòjku] *mn* és *fn* sztoikus
estoirada [istojràdö] *f* 1. zaj, zörej, lárma 2. *nép* verekedés, botrány
estoirado [istojràdu] *mn*: *olhos* ~*s* kidülledt szemek
estoirar [istojràr] *1/1* I. *ts* robbant, kirobbant; ~ *nova guerra* újabb háborút robbant ki II. *tl* 1. robban, felrobban, kirobban 2. *átv* kitör; ordít, kiabál; ~ *de riso* nevetésbe tör ki
estoiro [istojru] *m* 1. zaj, zörej; csattanás, robbanás 2. pofon
estojo [istozsu] *m* tok, tartó; ~ *cirúrgico* sebészeti készlet; ~ *de óculos* szemüvegtok; ~ *de unhas* manikűrkészlet (tokban); ~ *de violino* hegedűtok
estola [istòlö] *f* stóla; hosszú sál
estolho [istolju] *m növ* hajtás, sarj
estomacal [istumökàl] *mn* 1. gyomor- 2. gyomorerősítő
estomagar [istumögàr] *1/4, 1/12* I. *ts* bosszant II. ~-se bosszankodik
estômago [istomögu] *m* 1. gyomor 2. kedv, erő, bátorság; *ter* ~ *para tudo* mindent kibír
estomatite [istumötit] *f orv* szájgyulladás
estomatologia [istumötuluzsiö] *f* sztomatológia, fogászat
Estónia [istònyö] *f* Észtország
estónio [istònyu] *mn* és *fn* észt
estonteado [isto^{n}ntyàdu] *mn* kábult, szédült
estontear [isto^{n}ntyàr] *1/5 ts* elkábít, megszédít; megzavar
estopa [istopö] *f* kóc, csepü
estopada [istupàdö] *f* 1. kóc, csepü 2. unalmas dolog
estopar [istupàr] *1/15 ts* 1. eldugaszol, tömít 2. untat; idegesít
estopento [istupe^{n}ntu] *mn* 1. kócszerű, szálas 2. **B** unalmas, terhes
estopim [istupi^n] *m* kanóc
estopinha [istupinyö] *f* 1. finom len *v* kóc 2. *falar às* ~*s* fecseg
estoque [istòk] *m* I. 1. vívótőr 2. *bengala de* ~ tőrös bot II. árukészlet
estoquear [istòkjàr] *1/5 ts* (vívótőrrel) megszúr, átdöf, megsebez
estorcer [isturszér] *2/2, 2/8* I. *ts* 1. kicsavar, kiteker 2. kificamít II. *tl* irányt változtat, elkanyarodik III. ~-se vonaglik
estore [istòr] *m* 1. ablakfüggöny 2. redőny

estornar [istornàr] *1/ ts ker* storníroz
estorninho [isturninyu] *m áll* seregély
estorvar [isturvàr] *1/15 ts* **1.** zavar **2.** akadályoz
estorvo [istorvu] *m* **1.** zavar **2.** akadály
estour... → estoir...
estoutro *m*, **estoutra** *f* [istotru, -rö] *névm, mn* ez itt, ez a másik
estouvado [istovàdu] *mn* szeleburdi; könnyelmű
estouvamento [istovöme^{n}ntu] *m* szeleburdiság, gondatlanság
estrabar [iströbàr] *1/12 tl* ganéz (állat)
estrábico [istràbiku] *mn* kancsal
estrabismo [iströbizsmu] *m* kancsalság
estrada [istràdö] *f* **1.** út; ~ *real* v *mestra* főútvonal, elsőrendű út; ~ *de duas mãos* kétirányú út; ~ *de uma só mão* egyirányú út; ~ *de rodagem,* **B** közút, országút, műút **2.** *átv* út; *a* ~ *do crime* a bűn útja **3.** *csill:* ~ *de Santiago* tejút
estradeiro [iströdéjru] *mn* **B** járkálni szerető; jó gyalogjáró
estradista [iströdistö] *m sp* (mezei) futó
estrado [istràdu] *m* **1.** pódium, emelvény **2.** lábzsámoly
estragar [iströgàr] *1/4, 1/12* **I.** *ts* **1.** tönkretesz, elpusztít, elront; ~ *a amizade* felborítja a barátságot; ~ *a saúde* tönkreteszi az egészségét **2.** eltékozol **II.** **~-se** elpusztul, tönkremegy; megromlik
estrago [istràgu] *m* **1.** kár; tönkretevés, rombolás **2.** pusztulás, romlás **3.** pazarlás, tékozlás
estramónio [iströmònyu] *m növ* maszlag
estrangeirado [iströ^{n}zséjràdu] *mn* **1.** idegeneket utánzó **2.** idegenszerű
estrangeirismo [iströ^{n}zséjrizsmu] *m* idegen szóhasználat
estrangeiro [iströ^{n}zséjru] **I.** *mn* idegen, külföldi **II.** *fn, m* **1.** (*país*) ~ külföld; *ao* ~ külföldre; *do* ~ külföldről; *no* ~ külföldön **2.** *fn, m* (*-a f*) külföldi (férfi, nő)
estrangulação [iströ^{n}ngulöszö^{n}u] *f* **1.** *orv* elszorulás **2.** *műsz* fojtás
estrangular [iströ^{n}ngulàr] *1/1* **I.** *ts* **1.** megfojt, fojtogat **2.** elfojt; ~ *um soluço* visszafojtja a zokogást **II.** **~-se** megfojtja magát
estrangúria [iströ^{n}ngurjö] *f* vizelési nehézség
estranhão [iströnyö^{n}u] *mn* félénk, bátortalan, szégyenlős
estranhar [iströnyàr] *1/1* **I.** *ts* **1.** furcsáll, különösnek tart **2.** nem szokja meg, nem bírja ki; ~ *o clima* az éghajlatot nem bírja **3.** kifogásol; megfedd **4.** fél, bátortalan, idegenkedik vkitől **T II.** **~-se** *de* húzódozik vmitől
estranheza [iströnyézö] *f* **1.** különösség, furcsaság **2.** csodálkozás **3.** megütközés **4.** idegenkedés
estranho [iströnyu] **I.** *mn* **1.** idegen, külföldi **2.** furcsa, különös, feltűnő **3.** ~ *a* vmitől távol álló; ~ *à natureza* természetellenes **4.** félénk, bátortalan **II.** *fn* **1.** idegen **2.** külföldi
Estrasburgo [iströsburgu] *m* Strasbourg
estratagema [iströtözsémö] *m* hadicsel; fortély, furfang
estratégia [iströtèzsjö] *f* stratégia, hadvezetés tudománya
estratégico [iströtèzsiku] **I.** *mn* **1.** hadászati **2.** furfangos **II.** *fn* stratéga
estrategista [iströtizsistö] *m* **1.** stratéga **2.** furfangos ember
estratificação [iströtifiköszö^{n}u] *f* rétegeződés
estratificar [iströtificar [iströtifikàr] *1/2 ts* rétegez
estrato [istràtu] *m* **1.** *geol* réteg **2.** rétegfelhő
estratosfera [iströtusfèrö] *f* sztratoszféra
estreante [istrjö^{n}nt] **I.** *mn* először fellépő (színész), kezdő **II.** *fn* debütáns, kezdő színész *v* művész
estrear [istrjàr] *1/5 ts* **1.** felavat (új ruhát) **2.** először lép fel; elkezd vmit
estrebaria [istriböriö] *f* (ló)istálló
estrabuchar [istribusàr] *1/1 tl* **1.** kapálódzik, rugdalódzik **2.** vonaglik
estreia [istréjö] *f* **1.** bemutató előadás; ősbemutató **2.** első fellépés; bemutatkozás (színészé)
estreitamento [istréjtöme^{n}ntu] *m* **1.** szűkítés **2.** korlátozás; ~ *de pista* útszűkület **3.** szorosabbra fűzés
estreitar [istréjtàr] *1/1* **I.** *ts* **1.** szűkít, szorosabbra vesz; ~ *as relações* szorosabbra fűzi a kapcsolatokat **2.** szorít; összenyom; ~ *em seus braços* karjába zárja **II.** *tl* összeszűkül **III.** **~-se** **1.** szorosabbá válik **2.** korlátozódik
estreiteza [istréjtézö] *f* **1.** szorosság **2.** korlátozottság; szűk keretek **3.** szoros

v bensőséges kapcsolat **4.** nélkülözés, szűkölködés

estreito [istréjtu] **I.** *mn* **1.** szűk, szoros **2.** korlátozott, megszabott **3.** *átv* közeli, bensőséges; *~a amizade* szoros barátság; *~ parentesco* közeli rokonság **4.** szigorú; *averiguação ~a* szigorú kivizsgálás **II.** *fn, m* tengerszoros; hegyszoros

estrela [istrélö] *f* **1.** csillag; *~ fixa* állócsillag; *~ matutina* v *de manhã* hajnalcsillag; *~ vespertina* esthajnali csillag; *ver ~s ao meio-dia* csillagokat lát (fájdalmában) **2.** filmcsillag, filmsztár **3.** szerencse; *confiar na sua ~* bízik a szerencséjében; *levantar* v *pôr nas ~s* egekig magasztal; *ter boa ~* szerencsés csillagzat alatt született **4.** *nyomd:* csillag

estrelado [istriládu] *mn* hóka, fehér foltos (állat)

estrela-do-mar [istrélödumàr] *f áll* tengericsillag

estrelar [istrilàr] *1/13* **I.** *ts* **1.** csillagokkal ékesít **2.** telehint, teleszór **II.** *tl* csillog, ragyog, fénylik

estrelejar [istrilizsàr] *1/14 tl* tündöklik a csillagoktól (ég)

estrelinha [istrilinyö] *f* **1.** *nyomd* csillag **2.** *konyh* csillag alakú száraztészta

estrema [istrémö] *f* mezsgye; határvonal

estremadura [istrimödurö] *f* határszél

estremar [istrimàr] *1/14* **I.** *ts* **1.** elhatárol; különválaszt **2.** kiemel, kitüntet **II.** *~-se* **1.** különválik **2.** kiemelkedik, kitűnik

estreme [istrèm] *mn* tiszta, valódi, vegyítetlen

estremecer [istrimiszér] *2/2* **I.** *ts* **1.** megremegtet; megrendít **2.** *átv* megrázkódtat; megijeszt **3.** gyengédséggel szeret **II.** *tl,* **III.** *~-se* **1.** megijed **2.** fél; remeg

estremecido [istrimiszidu] *mn* **1.** félő, remegő **2.** ijedt, rémült **3.** hőn szeretett

estremunhado [istrimunyàdu] *mn* álomittas

estremunhar [istrimunhàr] *1/1 ts* álmából felriaszt

estrénuo [istrènvu] *mn* bátor

estrepitar [istripitàr] *1/1 tl* zajong, lármázik

estrépito [istrèpitu] *m* zaj, lárma; robaj

estrepitoso [istripitozu] *mn* **1.** zajos, lármás **2.** feltűnő, feltűnést keltő

estria [istriö] *f* **1.** *ép* barázda, rovátka, horony **2.** csíkozás **3.** huzag(olás) (lőfegyveren)

estriar [istrjàr] *1/7 ts ép* barázdál, hornyol

estribar [istribàr] *1/1* **I.** *ts* **1.** lábát a kengyelbe rakja, lóra száll **2.** alátámaszt, (rá)épít, alapoz (*átv* is); *~ uma opinião* véleményt alátámaszt **II.** *~-se em* támaszkodik vmire, alapul vmin

estribeira [istribéjrö] *f* kengyelvas; *perder as ~s* elragadtatja magát; kijön a sodrából; *fazer perder as ~s* kihozza a sodrából; zavarba hozza

estribeiro [istribéjru] *m* istállómester

estribilho [istribilju] *m* **1.** refrén **2.** vminek állandó ismétlése

estribo [istribu] *m* **1.** kengyel (*műsz* és *orv* is); *estar com o pé no ~* indulásra készen áll; *ter o pé em dois ~s* két úrnak szolgál egyszerre, kétkulacsoskodik **2.** kocsihágcsó **3.** *átv* támasz

estricnina [istrikninö] *f* sztrichnin

estridente [istride^n^nt] *mn* csikorgó; fülsiketítő

estridor [istridor] *m* csikorgás; fülsiketítő zaj

estridular [istridulàr] *1/1 ts tl* visít, rikácsol

estrídulo [istridulu] *mn* = **estridente**

estripar [istripàr] *1/1 ts* kibelez (állatot)

estrito [istritu] *mn* **1.** zártkörű **2.** szigorú

estrofe [istròf] *f* strófa, versszak

estroina [istrojnö] *mn* és *fn* szeleburdi, könnyelmű

estroinice [istrojnisz] *f* könnyelműség

estrondar [istro^n^ndàr] *1/1* = **estrondear**

estrondear [istro^n^ngyàr] *1/5 tl* **1.** recseg, ropog; nagy zajt csap **2.** kiabál, ordít **3.** feltűnést kelt

estrondo [istro^n^ndu] *m* **1.** recsegés, ropogás, robaj **2.** *átv* feltűnés; felhajtás; pompa; *festa de ~* hét országra szóló ünnepség

estrondoso [istro^n^ndozu] *mn* **1.** recsegő ropogó; lármás, zajos **2.** feltűnést keltő

estropiar [istrupjàr] *1/7 ts* **1.** megcsonkít, eléktelenít **2.** *átv* elferdít, tönkretesz

estrugido [istruzsidu] *m* **1.** = **estrondo** **2.** *konyh* hagymamártás
estrugir [istruzsir] *3/3* **I.** *ts* **1.** megsüketít **2.** *konyh* hagymamártással készít **II.** *tl* recseg, ropog, visszhangzik
estrumação [istrumöszö^{n}u] *f* trágyázás
estrumar [istrumàr] *1/1 ts* trágyáz
estrume [istrum] *m* trágya
estrumeira [istruméjrö] *f* trágyadomb, trágyagödör
estrupido [istrupidu] *m* = **estrépito**
estrutura [istruturö] *f* struktúra, szerkezet, felépítés
estrutural [istruturàl] *mn* szerkezeti
estruturar [istruturàr] *1/1 ts* szerkeszt, összeállít, felépít
estuar [istuàr] *1/9 tl* **1.** forr **2.** *átv* forrong
estuário [istuàrju] *m* **1.** folyótorkolat **2.** áradásos terület
estucador [istuködor] *m* vakolómunkás
estucar [istukàr] *1/2 ts* bevakol
estudado [istudàdu] *mn* **1.** megtanult, betanult **2.** mesterkélt; képmutató
estudante [istudö^{n}nt] *fn* tanuló, diák(lány); ~ *universitário* (*-a*) egyetemi hallgató(nő)
estudar [istudàr] *1/1* **I.** *ts* **1.** tanul, megtanul; ~ *o terreno* tanulmányozza a terepet **2.** betanul, begyakorol **II.** *tl* tanul; ~ *com* tanul vkinél
estudio [istugyu] *m* **1.** stúdió; műterem **2.** dolgozószoba
estudioso [istugyozu] *mn* szorgalmas; tanulni vágyó
estudo [istudu] *m* **1.** tanulás; tanulmány (*müv* és *zene* is); *seguir* ~*s* tanulmányokat folytat; *ter* ~*s* vannak iskolái **2.** tanulmányozás; *estar em fase de* ~ tanulmányozás alatt van **3.** *műsz* terv, tervezet **4.** alakoskodás, színlelés **5.** iparkodás, törekvés **6.** *de* ~ szándékosan
estufa [istufö] *f* **1.** kályha; fűtőtest **2.** melegház; ~ *fria* üvegház; *planta de* ~ melegházi növény **3.** keltetőgép **4.** ~ *de desinfecção* fertőtlenítőgép
estufadeira [istufödéjrö] *f* (fedett) főzőedény, „kukta"
estufado [istufàdu] **I.** *mn* párolt **II.** *fn, m* párolt hús, pörkölt
estufar [istufàr] *1/1 ts* **1.** szárít **2.** *konyh* párol, dinsztel
estufeiro [istuféjru] *m* kályhás
Estugarda [istugàrdö] *f* Stuttgart
estupefacção [istupifàszö^{n}u] *f* elképedés; megrökönyödés
estupefaciente [istupiföszje^{n}nt] *m* kábítószer
estupefacto [istupifàktu] *mn* elámult, elképedt
estupendo [istupe^{n}ndu] *mn* mesés, csodás, gyönyörű
estupidez [istupidés] *f* butaság, ostobaság
estupidificar [istupidifikàr] *1/2* **I.** *ts* elbutít **II.** ~**-se** elbutul
estúpido [istupidu] *mn* buta, ostoba; *brincadeira* ~*a* ostoba tréfa
estupor [istupor] *m* **1.** megdermedés **2.** *orv* kábulat **3.** elképedés, megdöbbenés
estuprar [istupràr] *1/1 ts* megerőszakol
estupro [istupru] *m* megerőszakolás; *assassínio com* ~ kéjgyilkosság
estuque [istuk] *m ép* stukkó(dísz)
estúrdia [isturgyö] *f átv* kirúgás a hámból, tivornya
esturjão [isturzsö^{n}u] *m* tokhal
esturrado [isturràdu] *mn* **1.** túlhevített **2.** egzaltált, szertelen, forró fejű **3.** meg nem alkuvó; radikális
esturrar [isturràr] *1/1* **I.** *ts* **1.** odaéget; túlságosan megsüt **2.** *átv* feltüzel, lelkesít **II.** *tl*, **III.** ~**-se** **1.** odaég **2.** indulatba jön
esturro [isturru] *m* **1.** odaégetés **2.** odaégetett étel; *criar* ~ odaéget; *cheirar a* ~ kozmás szaga van; *saber a* ~ odaégett *v* kozmás íze van
esvaecer [izsvöjszér] *2/2* **I.** *ts* **1.** eltüntet; ~ *uma mancha* kivesz egy foltot **2.** *átv* eloszlat; semmivé tesz; ~ *um projecto* tervet meghiusít **II.** *tl* elcsügged **III.** ~**-se** **1.** eltűnik, szertefoszlik **2.** elszédül; elájul **3.** ~*-se em sangue* elvérzik
esvair [izsvöir] *3/22* **I.** *ts* párologtat; illatot áraszt **II.** ~**-se** **1.** elpárolog, eltűnik **2.** gyorsan múlik, repül (idő) **3.** *szól:* ~*-se em sangue* elvérzik; ~*-se em suor* elönti a veríték
esvanecer [izsvöniszér] *2/2* = **esvaecer**
esvaziar [izsvözjàr] *1/7* **I.** *ts* **1.** kiürít; szabaddá tesz **2.** kiszivattyúz **3.** légtelenít, (levegőt) kiereszt **II.** ~**-se** kiürül
esverdeado [izsvirgyàdu] *mn* zöldes

esverdinhado [izsvirdinyàdu] *mn* halványzöld
esvoaçar [izsvuöszàr] *1/3, 1/12 tl* lebeg, lengedez
etapa [itàpö] *f* **1.** etap, útszakasz; időszak **2.** *kat* **a)** pihenőállomás **b)** menet (két állomás közt) **c)** napi élelem-adag
etário [itàrju] *mn* kor szerinti, kor-; *faixa ~a, grupo ~, escalão ~* korcsoport
etc. = *et caetera, e assim por diante* s a többi, és így tovább
éter [ètèr] *m vegy* éter
etéreo [itèrju] *mn* **1.** éterszerű **2.** *átv* légies, égi, mennyei
eternidade [itirnidàd] *f* örökkévalóság
eternizar [itirnizàr] *1/1 ts* megörökít
eterno [itèrnu] *mn* örök; végtelen
etileno [ètilénu] *m vegy* etilén
etílico [ètiliku] *mn vegy* etil-
etilo [ètilu] *m vegy* etil
etíope [itiup] *mn* és *fn* etióp
Etiópia [ityòpjö] *f* Etiópia
etiqueta [itikétö] *f* **1.** etikett, szertartás; illemszabályok; *faltar à ~* megszegi az illemszabályokat; *observar a ~* betartja az illemszabályokat **2.** címke
etiquetar [itikitàr] *1/13 ts* címkéz
étnico [ètniku] *mn* etnikai, néprajzi
etnografia [ètnugröfiö] *f* etnográfia, néprajz
etnográfico [ètnugràfiku] *mn* néprajzi
etnologia [ètnuluzsiö] *f* etnológia
eu [éu] *névm* én
E.U.A. = *Estados Unidos da América,* USA
E.U.B. = *Estados Unidos do Brazil* Braziliai Egyesült Államok
eucaristia [éuköristiö] *f vall* oltáriszentség
eufémico [éufèmiku] *mn* eufemisztikus, szépítő (kifejezés)
eufemismo [éufimizsmu] *m* eufemizmus, szépítés; körülírás
eufonia [éufuniö] *f* jóhangzás
eufónico [éufòniku] *mn* jóhangzású, széphangzású
euforia [éufuriö] *f* jó közérzet; pompás hangulat; *com ~* örömmel
Eugénio [éuzsènyu] *m* Jenő
eunuco [éunuku] *m* eunuch
Eurásia [éuràzjö] *f* Eurázia
Europa [Éuròpö] *f* Európa
europeu *m*, **europeia** *f* [éurupéu, -péjö] *mn* és *fn* európai
evacuação [ivökuöszöⁿu] *f* **1.** kiürítés **2.** *orv* székelés **3.** *orv* széklet
evacuar [ivökvàr] *1/9* **I.** *ts* kiürít **II.** *tl orv* székel
evadir [ivödir] *3/13* **I.** *ts* **1.** menekül, megszökik vmi elől **T 2.** *átv* elkerül vmit, kitér vmi elől **II. ~-se 1.** megszökik **2.** bujkál
Evangelho [ivöⁿzsèlju] *m* evangélium
evangélico [ivöⁿzsèliku] *mn* **1.** evangéliumi **2.** evangélikus **3.** *paciência ~a* angyali türelem
evangelista [ivöⁿzsilistö] *m* evangélista
evangelizar [ivöⁿzsilizàr] *1/1 ts vall* igét hirdet
evaporação [ivöpuröszöⁿu] *f* **1.** elpárolgás **2.** kigőzölgés
evaporar [ivöpuràr] *1/15* **I.** *ts* **1.** elpárologtat **2.** elpazarol, elkölt **II.** *tl*, **III. ~-se 1.** elpárolog **2.** *átv* elillan, eltűnik
evasão [ivözöⁿu] *f* **1.** szökés, menekülés **2.** *átv* kibúvó, kitérés (vmi elől) **3.** *~ das divisas* devizák kiáramlása (az országból)
evasiva [ivözivö] *f* kibúvó, kifogás
evasivo [ivözivu] *mn* kitérő; *resposta ~a* kitérő válasz
evento [iveⁿntu] *m* esemény, eset; *em todo ~* mindenesetre
eventual [iveⁿntuàl] *mn* esetleges, véletlen
eventualidade [iveⁿntuölidàd] *f* eshetőség; véletlen körülmény
eversivo [ivèrszivu] *mn* felforgató
evidência [ivideⁿszjö] *f* nyilvánvalóság, bizonyosság; *pôr em ~* **a)** nyilvánvalóvá tesz **b)** hangsúlyoz, kiemel; *pôr-se em ~* magára vonja a figyelmet
evidenciar [ivideⁿszjàr] *1/7* **I.** *ts* bebizonyít; kimutat **II. ~-se** *átv* mutatja magát, szerepel
evidente [ivideⁿnt] *mn* **1.** nyilvánvaló, megdönthetetlen **2.** magától értetődő, természetes
evitar [ivitàr] *1/1 ts* **1.** elkerül, kikerül, elhárít **2.** megelőz; megakadályoz
evitável [ivitàvèl] *mn* elhárítható, megelőzhető
eviterno [ivitèrnu] *mn* örök, végtelen
evocação [ivuköszöⁿu] *f* felidézés, felelevenítés

evocar [ivukàr] *1/2, 1/15 ts* **1.** felidéz, felelevenít 2. megemlékezik vmiről **T** 3. *jog* áttesz (ügyet más bírósághoz)
evocativo, evocatório [ivukötivu, -tòrju] *mn:* ~ *de* vmit felidéző, vmire emlékeztető
evolar-se [ivulàrszi] *1/15* elrepül; eltűnik
evolução [ivuluszö^{n}u] *f* **1.** *biol* evolúció, fejlődés 2. *kat* hadmozdulat
evolucionar [ivuluszjunàr] *1/15* **1.** *haj* manőverez 2. *kat* hadmozdulatokat végez
evolucionismo [evuluszjunizsmu] *m* evolucionizmus
evoluir [ivuluir] *3/6 tl* (ki)fejlődik
evolutivo [ivulutivu] *mn* fejlődési
ex. = 1. *exemplar* példány 2. *exemplo* példa
Ex.ª = *Excelência* nagyméltóságú
exacerbação [izöszirböszö^{n}u] *f* **1.** súlyosbodás 2. elkeseredés
exacerbar [izöszirbàr] *1/13* **I.** *ts* **1.** fokoz, kiélez, súlyosbít 2. elkeserít **II.** **~-se** 1. fokozódik, súlyosbodik 2. felingerül; elkeseredik
exactamente [izàtöme^{n}nt] *hat* pontosan; éppenséggel
exactidão [izàtidö^{n}u] *f* pontosság; *com* ~ pontosan
exacto [izàtu] *mn* pontos; gondos
exageração [izözsiröszö^{n}u] *f* túlzás
exagerar [izözsiràr] *1/13 ts* túloz
exagero [izözséru] *m* túlzás
exalação [izölöszö^{n}u] *f* **1.** kigőzölgés 2. illat
exalar [izölàr] *1/12* **I.** *ts* **1.** (ki)lehel; áraszt; ~ *a sua cólera* kiönti a mérgét; ~ *o último suspiro* kileheli lelkét, meghal **II.** **~-se** *átv* árad, illan
exaltação [izàltöszö^{n}u] *f* **1.** dicsőítés, magasztalás 2. ösztönzés, lelkesítés; lelkesedés 3. felindulás
exaltado [izàltàdu] *mn* egzaltált, szertelen
exaltar [izàltàr] *1/1* **I.** *ts* **1.** *átv* dicsőít, magasztal 2. ösztönöz, lelkesít 3. ingerel, bosszant **II.** **~-se** 1. lelkesedik, rajong 2. felindul 3. bosszankodik 4. dicsekszik
exame [izöm] *m* **1.** kivizsgálás 2. megvizsgálás ~ *médico* orvosi vizsgálat; ~ *pericial* szakértői szemle; ~ *de sangue* vérvizsgálat 3. *isk* vizsga; ~ *escrito* írásbeli vizsga; ~*s orais* szóbeli vizsgák; ~ *final* záróvizsga; ~ *de habilitação* képesítővizsga; ~ *vestibular* v *de admissão* felvételi vizsga; *passar* v *prestar um* ~ vizsgázik; leteszi a vizsgát; *passar no* ~ átmegy a vizsgán; *rodar no* ~ megbukik a vizsgán 4. *jog* kihallgatás
examinador *m*, **examinadora** *f* [izöminödor(ö)] *mn és fn* vizsgáztató
examinando [izöminö^{n}ndu] *fn* vizsgázó
examinar [izöminàr] *1/1 ts* **1.** vizsgáztat 2. *orv* megvizsgál 3. *jog* kivizsgál; kihallgat (tanúkat)
exangue [izö^{n}ng] *mn* **1.** vértelen, vérét vesztett 2. erőtlen, gyenge
exânime [izönim] *mn* élettelen
exantema [izö^{n}ntémö] *m orv* bőrkiütés
exarar [izöràr] *1/12 ts* **1.** bevés (kőbe) 2. bejegyez, feljegyez
exasperar [izöspiràr] *1/13* **I.** *ts* **1.** elkeserít, kétségbe ejt 2. súlyosbít (bajt) **II.** **~-se** 1. elkeseredik, kétségbeesik 2. súlyosbodik (betegség)
exasperação [izöspiröszö^{n}u] *f* elkeseredés, kétségbeesés
exaurir [izàurir] *3/1* **I.** *ts* kimerít, kiürít **II.** **~-se** kimerül
exaustivo [izàustivu] *mn átv* kimerítő; *trabalhão* ~ idegőrlő munka
exausto [izàustu] *mn átv* kimerült, elhasznált
exaustor [izàustor] *m* (légtisztító) ventillátor
exautorar [izàuturàr] *1/15 ts* állásától megfoszt
excarcerar [iskörsziràr] *1/13 ts* börtönből kienged
exceção → **excepção**
excedente [is-szide^{n}nt] **I.** *mn* fölösleges; fennmaradó **II.** *fn, m* fölösleg, maradvány
exceder [is-szidér] *2/7* **I.** *ts* túllép; felülmúl **II.** **~-se** 1. *átv* túllő a célon 2. túltesz önmagán, felülmúlja önmagát
excelência [is-szile^{n}szjö] *f* **1.** kiválóság 2. (megszólítás:) *Vossa Excelência* **a)** Ön **b)** Excellenciád, Nagyméltóságod 3. *por* ~ **a)** kiváltképpen **b)** igazi, példamutató, kiváló; *um escritor por* ~ kimagasló író
excelente [is-szile^{n}nt] *mn* kiváló, kitűnő
excelentíssimo [is-szile^{n}ntiszimu] *mn* **1.** (megszólítás levélben: Mélyen Tisz-

telt; *Excelentíssima Senhora* Nagyságos Asszonyom! *Excelentíssimo Senhor Ministro* Nagyméltóságú Miniszter Úr!
excelso [is-szèlszu] *mn* **1.** magasan fekvő **2.** *átv* fenséges; kiemelkedő
excêntrico [is-sze^{n}ntriku] **I.** *mn* **1.** excentrikus, középponton kívüli, körhagyó **2.** *átv* különcködő; szertelen **II.** *fn, m* **1.** *műsz* excenter **2.** különc **3.** cirkuszi bohóc
excepção [is-szèszö^{n}u] *f* kivétel; *a* v *com* ~ *de* vminek a kivételével; *estado de* ~ kivételes *v* rendkívüli állapot; *közm: não há regra sem* ~; *cada regra tem sua* ~ nincsen szabály kivétel nélkül
excepcional [is-szèszjunàl] *mn* kivételes; rendkívli
excepcionar [is-szèszjunàr] *1/15 ts jog* kifogást emel, kifogásol
excepto [is-szètu] *vsz* kivéve, kivételével
exceptuar [is-szètuàr] *1/9 ts, tv* kivételez, kivételt tesz
excerto [is-szèrtu] *m* kivonat, részlet, szemelvény
excessivo [is-sziszivu] *mn* túlságos, túlzott; nagyon sok
excesso [is-szèszu] *m* **1.** fölösleg; többlet; ~ *de peso* túlsúly; *em* ~ túlságos(an), nagyon sok; *pagar um* ~ pótdíjat fizet **2.** túlzás **3.** ~*s* túlkapások
excídio [is-szigyu] *m vál* kiirtás; elpusztítás
excipiente [is-szipje^{n}nt] *m* **1.** *jog* kifogást *v* óvást emelő személy **2.** *orv* gyógyszer kötőanyaga *v* oldó szere, „vehiculum"
excisão [is-szizö^{n}u] *f orv* kivágás, eltávolítás
excitação [is-szitöszö^{n}u] *f* **1.** izgatottság; izgalom **2.** bátorítás, ösztönzés
excitador *m*, **excitadora** *f* [is-szitödor(ö)] *mn* és *fn* izgató, uszító
excitante [is-szitö^{n}nt] **I.** *mn* izgató **II.** *fn, m* izgatószer
excitar [is-szitàr] *1/1* **I.** *ts* **1.** felingerel, felizgat **2.** lelkesít, bátorít, ösztönöz **3.** *átv* kelt, ébreszt, előidéz; ~ *a curiosidade* felkelti a kiváncsiságát; ~ *ódios* gyűlöletet ébreszt; ~ *o riso* nevetésre fakaszt **II.** ~**-se** **1.** felbuzdul, lelkesül **2.** felizgatja magát, dühös lesz
exclamação [isklömöszö^{n}u: *f* **1.** felkiáltás; *soltar uma* ~ felkiált **2.** (*ponto de*) ~ felkiáltójel
exclamar [isklömàr] *1/1 ts, tl* kiált, kiabál, ordít
exclamativo [isklömötivu] *mn* felkiáltó
exclamatório [isklömötòrju] *mn* = **exclamativo**
excluir [iskluir] *3/6 ts* kizár; eltávolít; ~ *da herança* kizár az örökségből
exclusão [iskluzö^{n}u] *f* kizárás; eltávolítás; *sem* ~ *de ninguém* kivétel nélkül mindenki
exclusiva [iskluzivö] *f* = **exclusão**
exclusive [iskluzivi] *hat* **1.** kizárólag **2.** kizárva
exclusivismo [iskluzivizsmu] *m* **1.** kizárólagosság **2.** zárkózottság; elkülönülés
exclusivo [iskluzivu] *mn* kizárólagos; egyedi
excogitar [iskuzsitàr] *1/1 ts* kigondol
excomungado [iskumu^{n}ngàdu] *mn* **1.** *vall* kiátkozott **2.** átkozott
excomungar [iskumu^{n}ngàr] *1/4 ts vall* kiátkoz
excomunhão [iskumunyö^{n}u] *f vall* kiátkozás
excreção [iskriszö^{n}u] *f* **1.** kiválasztás, kiürítés **2.** ürülék
excremento [iskrime^{n}ntu] *m* ürülék
excrescência [iskris-sze^{n}szjö] *f* **1.** *orv* (hús)kinövés; daganat **2.** *növ* fattyúhajtás; bütyök
excrescente [iskris-sze^{n}nt] *mn: carne* ~ húskinövés
excretar [iskritàr] *1/13 ts él* kiválaszt; kidob magából
excreto [iskrètu] *m él* kiválasztás
excursão [iskurszö^{n}u] *f* **1.** kirándulás **2.** *átv* eltérés (a tárgytól)
excursionista [iskurszjunistö] *fn* kiránduló
excurso [iskurszu] *m* kitérés; eltérés (a tárgytól)
ex-discípulo [izsdis-szipulu] *fn* volt tanítvány
execração [izikröszö^{n}u] *f* utálat; ellenszenv; *provocar* ~ ellenszenvet vált ki
execrando [izikrö^{n}ndu] *mn* utálatos
execrar [izikràr] *1/13 ts* **1.** utál **2.** megátkoz
execrável [izikràvèl] *mn* utálatos
execução [izikuszö^{n}u] *f* **1.** elvégzés,

végrehajtás, kivitelezés; *de difícil ~* nehezen keresztülvihető; *pôr em ~*, *dar à ~* végrehajt, keresztülvisz 2. *szính* játék, előadás, színészi teljesítmény 3. *jog* végrehajtás 4. kivégzés

executante [izikutö^{n}nt] *fn* 1. *zene* előadóművész 2. *jog* végrehajtó

executar [izikutàr] *1/1 ts* 1. elvégez, végrehajt, kivitelez 2. *szính, zene* játszik, előad; *~ o hino* eljátssza a himnuszt 3. *jog* lefoglal; végrehajt 4. kivégez

executável [izikutàvèl] *mn* végrehajtható, elvégezhető

executivo [izikutivu] I. *mn*: *comissão ~a* végrehajtó bizottság; *mandado ~* végrehajtási végzés II. *fn, m* (*poder*) *~* végrehajtó hatalom

executor [izikutor] *m* 1. *~ judicial* bírósági végrehajtó 2. *~ testamentário* végrendelet végrehajtója 3. hóhér

exegese [izizsèz] *f* exegézis, szövegmagyarázat

exemplar [ize^{n}mplàr] I. *mn* példás; *comportamento ~* példás magatartás II. *fn, m* 1. példány 2. *átv* példakép

exemplificar [ize^{n}mplifikàr] *1/2 ts* 1. példákon bemutat 2. példaként említ

exemplo [ize^{n}mplu] *m* 1. példa; *por ~* például; *pôr ~s* példákat hoz fel; *sem ~* példátlan; *dar o ~* jó példával jár elöl 2. példakép; *~ digno de imitar* követendő példa 3. intő példa; *fazer ~ em* példát statuál vkivel

exéquias [izèkjös] *f tb* temetési szertartás; díszes temetés

exequível [izikvivèl] *mn* végrehajtható

exercer [izirszér] *2/2 ts* gyakorol; *~ acção v influência sobre* hatást gyakorol vkire *v* vmire; *~ um desporto* sportot űz; *~ a medicina* orvosként működik

exercício [izirsziszju] *m* 1. gyakorlat; gyakorlás; *~ fiscal* jogi *v* ügyvédi gyakorlat; *fazer ~* gyakorol 2. hivatal; hivatás; *entrar em ~* hivatalba lép; *no ~ das suas funções* hivatásának teljesítése közben 3. *ker*: *~ social* üzleti év 4. *sp*: *~ de ginástica* tornagyakorlat; *~ livre* szabadon választott gyakorlat; *~ obrigatório* kötelező gyakorlat

exercitar [izirszitàr] *1/1 ts* gyakorol

exército [izèrszitu] *m* hadsereg

exibição [izibiszö^{n}u] *f* kiállítás, bemutatás, felmutatás

exibicionismo [izibiszjunizsmu] *m* exhibicionizmus

exibir [izibir] *3/1* I. *ts* kiállít, bemutat, felmutat; *~ conhecimentos* fitogtatja tudományát; *~ um filme* filmet bemutat; *~ seus títulos* bemutatja *v* felmutatja okmányait II. **~-se** 1. mutatja magát 2. kérkedik

exigência [izizse^{n}szjö] *f* 1. követelés 2. követelődzés; igényesség 3. követelmény 4. sürgős kérés

exigente [izizse^{n}nt] *mn* 1. követelő 2. követelődző, igényes

exigir [izizsir] *3/3 ts* követel, igényel

exíguo [izigvu] *mn* csekély, kevéske

exilado [izilàdu] *mn* és *fn* száműzött

exilar [izilàr] *1/1 ts* száműz

exílio [izilju] *m* száműzetés

exímio [izimju] *mn* kimagasló, kiváló

eximir [izimir] *3/1* I. *ts* felment vmi alól (*de*) II. **~-se** kivonja magát vmi alól (*de*)

existência [iziste^{n}szjö] *f* 1. lét, létezés; élet; *seres de ~ real* valóban létező lények 2. *ker* *~s* raktári készlet; *em ~* raktáron levő

existente [iziste^{n}nt] *mn* 1. meglevő, létező 2. *ker* raktáron levő

existir [izistir] *3/1 tl* 1. van, létezik, él 2. *szól* B: *não existe* ilyen nincs

êxito [ézitu] *m* eredmény; siker; *~ assegurado* biztos siker; *alcançar ~* sikert ér el; *ter ~* sikere van

Exma, Exmo = *Excelentíssima, -o* mélyen tisztelt

êxodo [ézudu] *m* tömeges kivándorlás

exoneração [izuniröszö^{n}u] felmentés (állástól)

exonerar [izuniràr] *1/13 ts* felment állásától; *~ a pedido* saját kérelmére felmenti állásától

exorar [izuràr] *1/15 ts* kérve kér, könyörög

exorbitância [izurbitö^{n}szjö] *f* 1. túlzás, túlkapás 2. *nép* nagyon magas ár

exorbitante [izurbitö^{n}nt] *mn* 1. túlzott, túlzásba vitt 2. *átv* szemtelen, szemérmetlen

exorbitar [izurbitàr] *1/1 tl* túlzásba visz, túllő a célon

exorcismar [izurszizsmàr] *1/1 ts* ördögöt űz

exorcismo [izurszizsmu] *m* ördögűzés
exórdio [izòrgyu] *m vál* bevezetés; kezdet
exortação [izurtöszö^{n}u] *f* 1. buzdítás 2. megintés
exortar [izurtàr] *1/15 ts* 1. buzdít 2. megint
exótico [izòtiku] *mn* 1. egzotikus, távoli, idegen 2. furcsa, különös
expandir [ispö^{n}ndir] *3/1* **I.** *ts* 1. kiterjeszt; kiszélesít 2. kifeszít (*pl* vitorlát) 3. *átv* elterjeszt; kinyilvánít **II.** **~-se** 1. kiterjeszkedik, kiterjed 2. kiönti lelkét
expansão [ispö^{n}szö^{n}u] *f* 1. kiterjesztés, kiszélesítés 2. terjeszkedés; elterjedés 3. érzések kiáradása; őszinteség
expansionismo [ispö^{n}szjunizsmu] *m pol* terjeszkedő politika
expansionista [ispö^{n}szjunistö] *mn* terjeszkedő
expansivo [ispö^{n}szivu] *mn* 1. terjedékeny, kiterjedő; *poder* ~ nyújthatóság 2. nyíltszívű, közlékeny
expatriação [ispötrjöszö^{n}u] *f* kivándorlás; önkéntes számkivetés
expatriar [ispötrjàr] *1/7* **I.** *ts* száműz **II.** **~-se** expatriál, hazáját elhagyja
expectação [espètöszö^{n}u] *f* = **expectativa**
expectativa [ispètötivö] *f* 1. várakozás; *contra todas as ~s* minden várakozás ellenére; *corresponder à* ~ megfelel a várakozásnak; *estar na ~ de* vár *v* remél vmit; *manter-se na* ~ várakozó állásponton van 2. *sp* esély
expectoração [ispèkturöszö^{n}u] *f* köpet
expectorar [ispekturàr] *1/15 ts* kiköhög; kiköp
expedição [ispidiszö^{n}u] *f* 1. expediálás, elküldés, továbbítás, leszállítás, kézbesítés 2. expedíció, felfedező út 3. fürgeség, gyorsaság
expedicionário [ispidiszjunàrju] **I.** *mn* expedíciós **II.** *fn* expedíció résztvevője
expediente [ispigye^{n}nt] **I.** *mn* leleményes, ötletes **II.** *fn, m* 1. kisegítő megoldás, kibúvó, ügyeskedés, leleményesség; *homem de grande* ~ leleményes ember; *viver de ~s* ügyeskedésből, egyik napról a másikra él 2. iratcsomó, írások, okmányok 3. hivatali teendő 4. (hivatalos) levelezés 5. (*horas de*) ~ hivatalos idő, munkaidő; *horário de ~ normal* rendes munkaidő; *meio* ~ félnapos munkaidő
expedir [ispidir] *3/18 ts* 1. expediál, elküld, továbbít, leszállít, kézbesít 2. elintéz (levelezést) 3. eltávolít (hivatalából) 4. nyilvánosságra hoz, kiad (rendeletet) 5. ~ *um grito* kiáltást hallat, felkiált
expedito [ispiditu] *mn* fürge, gyors
expelir [ispilir] *3/8 ts* 1. kidob, kiűz 2. ~ *insultos* szitkokat szór
expender [ispe^{n}ndér] *2/1 ts* 1. költ (pénzt) 2. kifejt (elméletet)
expensas [ispe^{n}szös] *f tb* kiadások, költségek; *a ~ de* vkinek a költségére
experiência [ispirje^{n}szjö] *f* 1. tapasztalat; *viagem de* ~ próbaút; *por própria* ~ saját tapasztalatból; *pôr em* ~ kitapasztal, kipróbál; *tomar* ~ tapasztalatra tesz szert 2. kísérlet
experiente [ispirje^{n}nt] *mn* tapasztalt
experimentação [ispirime^{n}ntöszö^{n}u] *f* kísérletezés
experimentado [ispirime^{n}ntàdu] *mn* 1. (ki)tapasztalt 2. kipróbált
experimental [ispirime^{n}ntàl] *mn* kísérleti; *a título* ~ kísérletképpen
experimentar [ispirime^{n}ntàr] *1/1 ts* 1. kipróbál; tapasztal; ~ *a sorte* szerencsét próbál 2. felpróbál (ruhát, cipőt) 3. érez; elszenved; ~ *dissabores* megpróbáltatásokon megy keresztül
experimento [ispirime^{n}ntu] *m* 1. tapasztalat 2. kísérlet
experto [ispèrtu] **I.** *mn* tapasztalt, szakértelemmel bíró **II.** *fn* szakértő, szakember
expiação [ispjöszö^{n}u] *f* vezeklés; bűnhődés
expiar [ispjàr] *1/7 ts, tl* vezekel; jóvátesz
expiatório [ispjötòrju] *mn* engesztelő; *bode* ~ bűnbak
expiração [ispiröszö^{n}u] *f* 1. kilélegzés 2. határidő lejárta
expirar [ispiràr] *1/1* **I.** *ts* 1. kilélegez 2. áraszt **II.** *tl* 1. elhuny, meghal 2. elhalkul 3. kifogy; lejár (határidő)
explanação [isplönöszö^{n}u] *f* magyarázat
explanar [isplönàr] *1/1 ts* (meg)magyaráz
expletiva *f*, **expletivo** *m* [isplètivö, -vu] *fn* kiegészítő szó, toldalékszó
explicação [isplikö szö^{n}u] *f* 1. magyarázat 2. *isk* különóra; tanulószoba

explicadamente [isplikàdöme^{n}nt] *hat* behatóan

explicador *m*, **-a** *f* [ispliködor(ö)] **I.** *mn* magyarázó **II.** *fn isk* korrepetitor, házitanító

explicar [isplikàr] *1/2 ts* **1.** magyaráz **2.** tanít, oktat

explicativo [isplikötivu] *mn* magyarázó

explicável [isplikàvèl] *mn* magyarázható

explícito [ispliszitu] *mn* kifejezett; világos

explodir [ispludir] *3/10 tl* **1.** felrobban **2.** *átv* kirobban, kitör

exploração [isplurösző^{n}u] *f* **1.** kutatás, felkutatás; tanulmányozás; ~ *do espaço* űrkutatás; *viagem de* ~ tudományos expedíció **2.** kibányászás, bányászat **3.** *pol* kizsákmányolás; ~ *do homem pelo homem* embernek ember által való kizsákmányolása **4.** üzem, vállalat; ~ *agrícola* mezőgazdasági üzem

explorado [ispluràdu] *mn* és *fn pol* kizsákmányolt

explorador *m*, **-a** *f* [isplurödor(ö)] *mn* és *fn* **1.** kutató **2.** kizsákmányoló

explorar [ispluràr] *1/12 ts* **1.** kutat, felkutat **2.** kibányász, kitermel; üzemeltet **3.** kizsákmányol

explosão [ispluzö^{n}u] *f* **1.** robbanás; robbantás; ~ *atómica* v *nuclear* atomrobbantás **2.** *átv* megnyilvánulás; kitörés; ~ *de alegria* örömrivalgás; ~ *de raiva* dühkitörés

explosivo [ispluzivu] **I.** *mn* **1.** robbanó **2.** robbanékony **II.** *fn*, *m* robbanóanyag

expoente [ispue^{n}nt] *m* **1.** *mat* hatványkitevő **2.** **B** tudományág kimagasló képviselője

expor [ispor] *2/17* **I.** *ts* **1.** kiállít **2.** kifejt, megmagyaráz **3.** (veszélynek) kitesz **II.** **~-se** *a* kiteszi *v* aláveti magát vminek

exportação [ispurtösző^{n}u] *f* export; kivitel

exportador *m*, **-a** *f* [ispurtödor(ö)] **I.** *mn* exportáló; *casa* **~a** exportcég, exportvállalat **II.** *fn* exportőr

exportar [ispurtàr] *1/15 ts* exportál

exportável [ispurtàvèl] *mn* exportálható; exportképes

exposição [ispuziszö^{n}u] *f* **1.** kiállítás; ~ *universal* világkiállítás **2.** ismertetés, elmondás, kifejtés **3.** fekvés (házé, szobáé) **4.** *fényk* exponálás, megvilágítás; ~ *demasiada* túlexponálás; ~ *insuficiente* alexponálás

expositor [ispuzitor] *m* kiállító

exposto [ispostu] **I.** *mmi* → **expor** **II.** *fn*, *m* **1.** kitett csecsemő, lelenc **2.** *em vista do* ~ az elmondottak alapján

expressão [isprisző^{n}u] *f* **1.** kifejezés; *liberdade de* ~ szólásszabadság; *reduzir à mais simples* ~ **a)** leegyszerűsít (matematikai kifejezést) **b)** *átv* megaláz; nyomorba dönt **2.** kipréselés

expressar [ispriszàr] *1/13* = **exprimir**

expressivo [ispriszivu] *mn* kifejező; sokatmondó

expresso [isprèszu] **I.** *mmi* → **exprimir** **II.** *mn* **1.** kifejezett, világos **2.** sürgős **III.** *fn*, *m* **1.** (*comboio* *v* *trem*) ~ gyorsvonat **2.** (*correio*) ~ gyorsfutár

exprimir [isprimir] *3/1 ts* **1.** kifejez **2.** kiprésel, kifacsar; → **espremer**

exprobração [isprubrösző^{n}u] *f* szemrehányás, „letolás"

exprobrar [isprubràr] *1/15 ts* szemrehányást tesz, szemére vet; „letol"

expropriação [ispruprjösző^{n}u] *f* kisajátítás

expropriar [ispruprjàr] *1/7 ts* kisajátít

expugnar [ispugnàr] *1/1 ts* ostrommal bevesz; kiharcol

expulsão [ispulsző^{n}u] *f* **1.** kiűzés; kiutasítás **2.** kizárás (egyesületből); *sp* kiállítás **3.** *orv* kiválasztás (szervezetből)

expulsar [ispulszàr] *1/1 ts* **1.** kiűz; kiutasít **2.** kizár (egyesületből); *sp* kiállít **3.** *orv* kivet, kiválaszt (szervezetből)

expulso [ispulszu] *mmi* → **expulsar**; *ser* ~ kiutasították, kicsapták, kiállították

expurgação [ispurgösző^{n}u] *f.* **1.** megtisztítás **2.** kijavítás

expurgar [ispurgàr] *1/4 ts* **1.** megtisztít (*átv* is) **2.** kijavít, átír

expurgatório [ispurgötòrju] *mn* (meg-) tisztító; *índice* ~, *vall* index, tiltott könyvek jegyzéke

expurgo [ispurgu] *m* **B** = **expurgação**

exsudar [is-szudàr] *1/1* **I.** *ts* kiizzaszt **II.** *tl* kiizzad

exsudato [is-szudàtu] *m orv* izzadmány

êxtase [éjstöz] *m* eksztázis, elragadtatás; önkívület

extasiar [istözsjàr] *1/7* **I.** *ts* eksztázisba hoz; gyönyörködtet **II.** **~-se** eksztázisba esik, rajong, lelkesedik

extático [istàtiku] *mn* eksztázisban levő, rajongó

extemporâneo [iste^{n}mpurönyu] *mn* alkalmatlan

extensão [iste^{n}szöu] *f* **1.** kiterjedés, hosszúság; nagyság; terjedelem **2.** (távbeszélő) mellékállomás **3.** *nyelvt* tágabb értelem; *por ~* tágabb értelemben

extensível [iste^{n}szivèl] *mn* kinyújtható

extensivo [iste^{n}szivu] *mn* **1.** kiterjesztő **2.** *~ a* vmire kiterjeszthető *v* alkalmazható **3.** extenzív, külterjes

extenso [iste^{n}szu] *mn* hosszú; hosszadalmas; terjedelmes; *por ~* részletesen, teljesen; *o nome por ~* teljes neve, név teljesen kiírva

extenuação [istinuöszö^{n}u] *f* kimerültség, gyengeség

extenuar [istinuàr] *1/1 ts* kimerít; gyengít

exterior [istirjor] **I.** *mn* külső, kül- **II.** *fn, m* **1.** külső (megjelenés); külseje **2.** külföld; *do ~* külföldről; *no ~* külföldön; *notícias do ~* külföldi hírek

exterioridade [istirjuridàd] *f* külső; külsőség

exteriorização [istirjurizöszö^{n}u] *f* *átv* kimutatás, kinyilvánítás

exteriorizar [istirjurizàr] *1/1 ts* kinyilvánít, kifejezésre juttat

exteriormente [istirjorme^{n}nt] *hat* külsőleg

exterminador *m*, **-a** *f* [istirminödor(ö)] *mn* és *fn* öldöklő

exterminar [istirminàr] *1/1 ts* kiirt

extermínio [istirminyu] *m* kiirtás, megsemmisítés; *guerra de ~* irtóháború, irtó hadjárat

externar [istirnàr] *1/13 ts* kifejez; kinyilvánít, kijelent; *~ gratidão* háláját fejezi ki; *~ uma opinião* véleményének ad kifejezést; *~ publicamente* nyilvánosság előtt kijelent

externato [istirnàtu] *m* tanintézet internátus nélkül

externo [istèrnu] **I.** *mn* külső; *ângulo ~, geom* külső szög; *uso ~, orv* külsőleg **II.** *fn* bejáró tanuló

extinção [isti^{n}szö^{n}u] *f* **1.** kioltás **2.** megszűnés; megszüntetés **3.** adósság kifizetése **4.** elpusztítás; tönkretétel

extinguir [isti^{n}ngir] *3/4* **I.** *ts* **1.** elolt, kiolt; *~ a cal* meszet olt **2.** megszüntet **3.** elpusztít, tönkretesz; kiirt **4.** (adósságot) kifizet **5.** elpazarol, eltékozol **II.** **~-se** **1.** kialszik **2.** kimerül **3.** kihal; meghal

extinto [isti^{n}ntu] **I.** *mmi* → **extinguir** **II.** *fn* halott, elhunyt

extintor [isti^{n}ntor] *m* tűzoltó eszköz *v* készülék

extirpação [istirpöszö^{n}u] *f* kiirtás (*átv* is)

extirpar [istirpàr] *1/1 ts* kiirt (*átv* is)

extorquir [isturkir] *3/4, 3/10 ts* zsarol, megzsarol

extorsão [isturszö^{n}u] *f* zsarolás

extra [éjströ] **I.** *mn* **1.** extra, külön; *edição ~* különkiadás **2.** különleges (minőségű) **II.** *fn, m* **1.** *szính* ráadás **2.** *szính* statiszta, néma szereplő **3.** alkalmi munkás

extracção [istràszö^{n}u] *f* **1.** kihúzás, kitépés; foghúzás **2.** (lottó)húzás **3.** *mat* gyökvonás **4.** *ker* kelendőség **5.** *átv* eredet, származás; *de baixa ~* alacsony származású

extractar [istràtàr] *1/1 ts* **1.** elvon, kivon **2.** kivonatol

extractivo [istràtivu] *mn* kitermelő; *indústria ~* bányaipar

extracto [istràtu] *m* **1.** kivonás **2.** kivonat

extradição [iströdiszö^{n}u] *f* extradició, bűntettes kiadása

extraditar [iströditàr] *1/1 ts* bűntettest kiad (más országnak)

extrair [iströir] *3/22 ts* **1.** kihúz (fogat, sorsjegyet) **2.** kibányász **3.** *mat* gyököt von

extranumerário [iströnumiràrju] *mn* és *fn* létszámfölötti

extra-oficial [iströufiszjàl] *mn* nem hivatalos

extraordinário [iströurdinàrju] **I.** *mn* rendkívüli **II.** *fn, m* **1.** rendkívüliség **2.** *~s* rendkívüli kiadások

extraterreno [iströtirrénu] *mn* földön kívüli, űrbeli

extratexto [iströtéjstu] *m: ilustrações em ~* szövegen kívüli ábrák *v* képek

extravagância [iströvögö^{n}szjö] *f* **1.** különcködés, hóbort **2.** *dizer ~s* badarságokat mond

extravagante [iströvögönt] **I.** *mn* **1.** különcködő, hóbortos **2.** költekező

II. *fn* 1. őrült 2. könnyelmű *v* pazarló ember

extravasar [iströvözàr] *1/12* I. *tl*, II. **~-se** kicsordul, kifut (folyadék)

extraviar [iströvjàr] *1/7* I. *ts* 1. útjáról eltérít 2. félrevezet 3. eltüntet; elsikkaszt II. **~-se** 1. eltéved 2. elkallódik

extravio [iströviu] *m* 1. eltérítés 2. félrevezetés 3. elsikkasztás 4. elkallódás

extrema-direita [istrémö-diréjtö] *fn* 1. *f pol* szélső jobboldal 2. *m sp* jobbszélső

extremado [istrimàdu] *mn* rendkívüli, kiváló

extrema-esquerda [istrémö-iskérdö] *fn* 1. *f pol* szélső baloldal 2. *m sp* balszélső

extremar [istrimàr] *1/14* I. *ts* kitüntet II. **~-se** kitűnik

extrema-unção [istrémöu^{n}szö^{n}u] *f vall* utolsó kenet

extremidade [istrimidàd] *f* 1. vminek a vége, széle 2. vminek a hegye; *a ~ dos dedos* az ujjak hegye 3. végső szükség, ínség; *levar à ~* a végső nyomorba dönt 4. *~s* végtagok

extremismo [istrimizsmu] *m pol* szélsőséges nézeteket valló irányzat

extremista [istrimistö] *mn* és *fn pol* radikális

extremo [istrému] I. *mn* 1. végső, szélső; *dor ~a* végtelen fájdalom 2. távoli 3. utolsó II. *fn, m* 1. vminek a vége; *átv* mindennek a teteje; *é o ~ de insolência* ez aztán a szemtelenség teteje 2. véglet, szélső határ; szélsőség; *ao ~* a végsőkig, a végletekig; *em* v *por ~* túlságosan, szerfelett; *é homem dos ~s* a szélsőségek embere; *fazer ~s* minden erőt latba vet; *passar dum ~ ao outro* egyik végletből a másikba esik; *közm: os ~s tocam-se* a szélsőségek találkoznak 3. ínség, nyomor; *está reduzido ao ~* a legvégső nyomorba jutott 4. *sp* szélső 5. *~s* túlzásba vitt szeretet *v* gyengédség

extremoso [istrimozu] *mn* (túlzottan) gyengéd

extrínseco [istri^{n}sziku] *mn* 1. külső; *valor ~* névérték 2. lényegtelen

exuberância [izubirö^{n}szjö] *f* 1. bőség, gazdagság 2. *átv* túláradó érzés

exuberante [izubirö^{n}nt] *mn* 1. bőséges, gazdag 2. *átv* túláradó; *é ~ de alegria* repes a szíve örömében 3. élénk, eleven

exuberar [izubiràr] *1/13* I. *ts* 1. bővelkedik vmiben T 2. *~ felicidade* csak úgy ragyog a boldogságtól II. *tl* gazdag vmiben (*de, em*); *~ de talento* nagyon tehetséges

exultação [izultöszö^{n}u] *f* ujjongás

exultar [izultàr] *1/1 tl* ujjong

exumar [izumàr] *1/1 ts* exhumál, kihantol

ex-voto [ézsvotu] *m* fogadalmi ajándék

F

F, f [èfi] *m* f (betű)
f. = *folha*
fá [fà] *m zene* f hang *v* hangnem
fã [fö^n] *fn* **B 1.** rajongó; ~ *do cinema* mozirajongó **2.** *sp* szurkoló, drukker
F. A. B. B = *Forças Aéreas Brasileiras* Brazil Légierő
fabiano [föbjönu] *m biz* **1.** emberke, alak **2.** szegény ördög
fábrica [fàbrikö] *f* **1.** gyár, üzem; ~ *de aço* acélhuta, acélgyár **2.** házépítés; építkezés **3.** mechanizmus, szerkezet **4.** gyártmány
fabricação [föbriköszö^{n}u] *f* gyártás, előállítás
fabricante [föbrikö^{n}nt] *mn* **1.** gyártó **2.** gyáros
fabricar [föbrikàr] *1/2 ts* **1.** gyárt, előállít **2.** épít **3.** tervez, kigondol; forral
fabrico [föbriku] *m* **1.** gyártás, előállítás; *de bom* ~ jó minőségű **2.** gyártmány, termék
fabril [föbril] *mn* gyári; *indústria* ~ gyáripar; *operário* ~ gyári munkás
fábula [fàbulö] *f* **1.** (állat)mese **2. B** mesés összeg
fabulação [föbulöszö^{n}u] *f* **1.** mese **2.** tanulság; eszmei mondanivaló
fabulador *m*, **-a** *f* [föbulödor(ö)] *mn* és *fn* **1.** mesélő **2.** hazudozó
fabular [föbulàr] *1/1* **I.** *ts* kitalál, költ; hazudik **II.** *tl* mesél
fabulista [föbulistö] *fn* állatmeseíró
fabuloso [föbulozu] *mn* mesés, meseszerű
Fac. = *Faculdade*
faca [fàkö] *f* **1.** kés; ~ *de mato* vadászkés; ~ *de papel* papírkés; *folha de* ~ kés pengéje **2.** *szól: entrar na* ~, *biz* műtétnek veti alá magát, kés alá kerül; *estar com a* ~ *e o queijo na mão; ter o queijo e a* ~ *na mão* ura a helyzetnek, teljhatalommal intézkedik; *pôr a* ~ *ao peito* mellének *v* torkának szegezi a kést
facada [fökàdö] *f* **1.** késszúrás **2.** kellemetlen meglepetés **3.** *nép* pumpolás, kölcsönkérés, „megvágás"
façanha [föszö^{n}nyö] *f* **1.** hőstett **2.** gaztett
facão [fökö^{n}u] *m* nagy kés
faça-você-mesmo [fàszövuszémézsmu] *szól* csináld magad!
facção [fàszö^{n}u] *f* **1.** fegyvertény **2.** *pol* párt; frakció; csoportosulás
faccionar [fàkszjunàr] *1/15 ts* **1.** frakciókra *v* csoportokra oszt **2.** bujtogat, lázít
faccionário [fàkszjunàrju] *mn* és *fn* pártoskodó
facciosismo [fàkszjuzizsmu] *m* pártoskodás; pártütés
faccioso [fàkszjozu] *mn* pártoskodó; pártütő
face [fàsz] *f* **1.** arc; orca; ábrázat; *mudar de* ~ megváltoztatja külsejét **2.** érme fejoldala, „fej" **3.** kelme színe (színoldala) **4.** felület, oldal, oldallap **5.** *szól:* ~ *a* vmivel szemben; ~ *a* ~ szemtől szemben; *de* ~ szemben, elülről; *em* ~ *de* **a)** előtt; jelenlétében **b)** tekintettel vmire; *fazer* ~ *a* szembeszáll vkivel, szembenéz vmivel, eleget tesz vminek
facécia [föszèszjö] *f* tréfa, vicc
faceiro [föszéjru] *mn* ficsúros, piperkőc
faceta [föszétö] *f* **1.** csiszolt oldalfelület (drágakövön) **2.** *átv* oldal (*pl* kérdésé)
facetado [föszitàdu] *mn átv* sokoldalú

facetar [föszitàr] *1/13 ts* csiszol (drágaköveت)
facetear [föszityàr] *1/5* = **facetar**
faceto [föszétu] *mn* tréfás, mulatságos
fachada [fösàdö] *f* **1.** *ép* homlokzat **2.** borítólap, címlap (könyvé) **3.** *átv* külső, látszat
facho [fàsu] *m* **1.** fáklya **2.** világítótorony
facial [föszjàl] *mn orv* arc-; *nervo* ~ arcideg
fácil [fàszil] *mn* **1.** könnyű; ~ *de utilizar* könnyen kezelhető; *isso é* ~ *de dizer* könnyű ezt mondani **2.** könnyelmű; meggondolatlan
facilidade [föszilidàd] *f* **1.** könnyedség; fesztelenség; *com* ~ könnyen, könnyedén **2.** ügyesség; képesség **3.** ~*s* könnyítés; kedvezmény
facilitar [föszilitàr] *1/1* **I.** *ts* **1.** megkönnyít **2.** beszerez, megszerez; ad, juttat **II.** ~**-se 1.** készségesnek mutatkozik **2.** jártasságot szerez vmiben (*em*)
facínora [fösziпurö] *mn* és *fn* gonosztevő, bűnöző
facinoroso [föszinurozu] *mn* = **facínora**
factício [fàktiszju] *mn* mesterséges; mesterkélt (*átv* is)
factível [fàktivèl] *mn* megcsinálható, megvalósítható
facto [fàktu] *m* **1.** tény; ~ *consumado* befejezett tény; *de* ~ tényleg, valóban **2.** eset; esemény; *estar ao* ~ *de* tudomása van a dologról; *pôr ao* ~ *de* tudomására hozza, informálja vmiről
factor [fàtor] *m* **1.** intéző **2.** tényező **3.** *mat* szorzó
factura [fàturö] *f* **1.** véghezvitel **2.** *ker* számla
facturar [fàturàr] *1/1 ts* számláz, számlát kiállít vmiről **T**
faculdade [fökuldàd] *f* **1.** képesség, tehetség, alkalmasság; ~*s mentais* szellemi képességek **2.** jog, kiváltság **3.** egyetemi fakultás, kar
facultar [fökultàr] *1/1 ts* **1.** megenged, engedélyez **2.** nyújt, ad; (jogot) biztosít
facultativo [fökultötivu] **I.** *mn* **1.** nem kötelező **2.** szabadon választható **II.** *fn, m* orvos
facundo [föku^{n}ndu] *mn* ékesen szóló
fada [fàdö] *f* **1.** tündér **2.** gyönyörű nő
fadado [födàdu] *mn* előre meghatározott; *bem* ~ szerencsés; *mal* ~ szerencsétlen
fadar [födàr] *1/12 ts* **1.** előre meghatároz; jövendöl **2.** ad, adományoz; megajándékoz
fadário [födàrju] *m* **1.** sors, végzet **2.** küzdelmes élet
fadiga [födigö] *f* **1.** fáradozás, erőlködés **2.** fáradtság
fadigoso [födigozu] *mn* fárasztó, fáradságos
fadista [födistö] *fn* **1.** fado-énekes **2.** *pejor* kerítő(nő) **2.** *f* prostituált
fado [fàdu] *m* **1.** sors, végzet **2.** fado (portugál népdal)
fagócito [fögòszitu] *m biol* falósejt
fagote [fögòt] *m zene* fagott
fagueiro [fögéjru] *mn* **1.** gyengéd, kedves **2.** elégedett
faguice [fögisz] *f* gyengédség, kedvesség
fagulha [föguljö] *f* **1.** szikra **2.** nyughatatlan ember
faia [fàjö] *f* **I. 1.** bükkfa **2.** ~ *preta* nyárfa **II.** *nyomd* térző, ritkító **III.** fado-énekes
faial [fàjàl] *m* bükkös, bükkerdő
faiança [föjö^{n}szö] *f* fajansz, ónmázas cserépedény
faina [fàjnö] *f* **1.** *haj* szolgálat **2.** munka, meló
faisão [fàjzö^{n}u] *m* fácán
faísca [föiskö] **I.** *mn* **B 1.** tüzes **2.** bátor, merész **II.** *fn, f* **1.** szikra **2.** villámlás; szikrázás
faiscar [föiskàr] *1/2, 1/10 tl* szikrákat szór, szikrázik; villámlik
faixa [fàjsö] *f* **1.** öv **2.** *orv* kötés, pólya **3.** földsáv **4.** ~ (*de trânsito*); ~ *de rolamento* forgalmi *v* közlekedési sáv; ~ *contínua* záróvonal **5.** *címertan* pólya **6.** ~*s* pelenka **7.** *távk* hullámsáv **8.** fénycsík **9.** *átv* ismeretek köre
fala [fàlö] *f* **1.** beszéd **2.** beszélőképesség **3.** (beszélt) nyelv **4.** beszélgetés **5.** ~*s* szavak; *com* ~*s mansas* édes szóval; *de poucas falas* szűkszavú
falação [fölöszö^{n}u] *f* **B** csevegés; *deitar* ~ elcseveg
falácia [fölàszjö] *f* **I.** hangzavar **II.** csalás, ámítás
falacioso [fölöszjozu] *mn* **1.** fecsegő, szószátyár **2.** ámító; csalóka
falaço [fölàszu] *m* **B** szóbeszéd, kósza hír

falada [fölàdö] *f* 1. hangzavar 2. *átv* szóbeszéd, suttogás

faladeira [fölödéjrö] *f* fecsegő asszony, pletykafészek

falado [fölàdu] *mn* 1. elmondott; említett 2. közismert, híres 3. *filme* ~ *em húngaro* magyarul beszélő film 4. *rádió, tv*: *diário* v *jornal* ~ hírek

falador *m*, **faladora** *v* **faladeira** *f* [fölödor(ö), -déjrö] *mn* és *fn* fecsegő; szószátyár

falange [fölö^{n}zs] *f* 1. *tört* falanx 2. sereg, csapat 3. *orv* ujjíz, ujjperec 4. *pol* a Falange, a spanyol fasiszta párt

falante [fölö^{n}nt] *mn* beszélő, beszédes

falar [fölàr] *1/12* I. *ts* beszél, mond, szól; ~ *muitas línguas* sok nyelven beszél; *não fala francês* nem tud franciául; ~ *políticas* politikáról beszél, politizál II. *tl* 1. beszél(get), társalog; 2. beszédet mond, beszél *v* szól vkihez (*a*); ~ *de, em, sobre* beszél vmiről 3. *szól*: ~ *a torto e a direito* összevissza beszél, halandzsáz; *não falando em, sem* ~ *de* nem is szólva arról, hogy; ~ *no ar* a levegőbe beszél; fecseg, locsog; ~ *por* szól vki érdekében; ~ *pelas costas* háta mögött roszszat mond; *a* ~ *a verdade* az igazat megvallva; ~ *a um surdo* v *a uma parede* v *a uma porta* süket fülekre talál, a falnak beszél; *fazer* ~ *de si* beszéd tárgya lesz, feltűnést kelt; *közm*: *quem muito fala, muito erra* sok beszédnek sok az alja III. ~-**se** 1. beszélnek, beszélik; *fala-se muito disso* sok szó esik erről 2. beszélnek egymással IV. *fn, m* 1. beszéd, beszédmód 2. tájszólás 3. *um* ~ *e dois entenderes* kétértelműség

falastrão *m*, **falastrona** *f* [fölöströ^{n}u, -tronö] *mn* és *fn* fecsegő, szószátyár

falatório [fölötòrju] *m* 1. hangzavar 2. társalgó (szoba)

falaz [fölàs] *mn* csalárd; hazug

falcão [fàlkö^{n}u] *m* sólyom

falcatrua [fàlkötruö] *f* 1. szélhámosság 2. gazság

falcatruar [fàlkötruàr] *1/9 ts* becsap, rászed

falecer [föliszér] *2/2 tl* 1. elhuny, meghal; ~ *de tuberculose* tüdővészben hal meg 2. hiányzik, nincs meg 3. ~ *de* nélkülöz vmit, hiányzik neki vmi

falecido [föliszidu] *mn* és *fn* elhalálozott, halott

falena [fölénö] *f áll* éjjeli lepke

falência [föle^{n}szjö] *f* 1. csőd; *abrir* ~ csődbe jut, megbukik 2. hiány; fogyatékosság, hiba

falésia [fölèzjö] *f* sziklafal

falha [fàljö] *f* 1. hasadás; repedés 2. hiba, fogyatékosság; *o motor falha* a motor kihagy 3. *geol* törés, vetődés

falhado [följàdu] I. *mn* 1. repedt 2. hibás; sikertelen; *experiência* ~*a* sikertelen kísérlet; *plano* ~ nem teljesített terv; *tiro* ~ elhibázott lövés II. *fn* szerencsétlen flótás

falhar [följàr] *1/12* I. *ts* 1. elrepeszt, széthasít 2. elhibáz; ~ *o alvo* mellélő II. *tl* 1. kevesebb a kelleténél (súly, mérték); hiányzik belőle 2. nem működik (rendesen), kihagy (motor) 3. nem sikerül, nem jár sikerrel, csütörtököt mond 4. nem teljesít, elmulaszt (kötelességet); *falhou ao prometido* nem váltotta be ígéretét 5. *átv* kihagy (emlékezete); *se não me falha a memória* ha nem csal az emlékezetem 6. B félbeszakítja *v* elhalasztja az utazást 7. B meghál vhol 8. *kártya* passzol

falho [fàlju] *mn* 1. megrepedt, meghasadt 2. hiányos, vminek a híján levő (*em*) 3. sikertelen, hiábavaló

falido [fölidu] *mn* fizetésképtelen, csődbe jutott

falir [fölir] *3/13 tl* csődöt mond (*átv* is)

falsar [fàlszàr] *1/1* I. *ts* 1. hamisít 2. csal a mérésnél 3. feltör, felhasít 4. meghiúsít II. *tl* 1. hazudik; csal 2. hamis hangot ad (hangszer) 3. repedezik

falsário [fàlszàrju] *m* 1. hamisító 2. esküszegő, csaló

falsear [fàlszjàr] *1/5* I. *ts* 1. meghamisít 2. eltör, széttör 3. becsap vkit 4. elárul 5. meghiúsít II. *tl* 1. hamisan szól *v* énekel 2. rosszul lép

falsete [fàlszét] *m zene* fejhang

falsidade [fàlszidàd] *f* hamisság; hazugság

falsificação [fàlszifiköszö^{n}u] *f* 1. hamisítás 2. hamisítvány

falsificador *m*, **-a** *f* [fàlszifiködor(ö)] *mn* és *fn* hamisító

falsificar [fàlszifikàr] *1/2 ts* hamisít

falso [fàlszu] I. *mn* hamis; ál, színlelt;

dente ~ hamis fog, műfog; *golpe* ~ elhibázott ütés; *moeda* ~*a* hamis pénz; *porta* ~*a* tapétaajtó; ~ *testemunho* hamis tanúvallomás; *em* ~ hiába; *dar um passo em* ~ rosszul lép; *átv* ballépést követ el **II.** *fn, m* **1.** hamisság **2.** kétszínű ember **3.** hazugság, rágalom

falta [fàltö] *f* **1.** hiány; ~ *de mão-de-obra* munkaerőhiány; *a* v *por* ~ *de* vminek a hiányában; *sem* ~ feltétlenül, mindenképpen; *fazer* ~ hiányzik; *não me faz* ~ megvagyok nélküle; *ter* ~ *de* hiányt szenved vmiben **2.** hiba, vétek; *cometer uma* ~ hibát követ el; **3.** *sp: bater a* ~ büntetőrúgást végez

faltar [fàltàr] *1/1 tl* **1.** hiányzik, nincs (meg); *pouco faltou para ele cair* kis híja, hogy el nem esett; *não faltava mais nada; era o que faltava* még csak ez hiányzott! **2.** hiányzik vhonnan, távol marad; *faltam dois alunos* két tanuló hiányzik **3.** ámít, becsap; ~ *à verdade;* ~ *com a verdade* nem mond igazat **4.** meghal

falto [fàltu] *mn* vmiben hiányt szenvedő *v* szegény; *está* ~ *de juízo* nincs józan ítélőképessége

faltoso [fàltozu] *mn* hibás, vétkes

fama [fàmö] *f* **1.** hírnév, dicsőség; *ter boa* ~ jó híre van **2.** fáma, szóbeszéd, közvélemény; *corre* ~ *que* az a hír járja, hogy

famélico [fömèliku] *mn* éhes

famigerado, famígero [fömizsiràdu, fömizsiru] *mn* **1.** híres **2.** hírhedt

família [fömiljö] *f* család; rokon; rokonság; *pessoa de* ~ családtag, hozzátartozó; *ser da* ~ a családhoz tartozik

familiar [fömiljàr] **I.** *mn* **1.** családi **2.** családias, szívélyes **3.** ismerős; *seu rosto me é* ~ arca ismerős nekem **II.** **1.** családtag **2.** inas, szolga

familiaridade [fömiljöridàd] *f* családias *v* bensőséges viszony

familiarizar [fömiljörizàr] *1/1* **I.** *ts* hozzászoktat vmihez, megismertet vmivel (*com*) **II.** ~**se** *com* hozzászokik vmihez, megismerkedik vmivel

faminto [föminntu] *mn* **1.** éhes **2.** ~ *de* vmire áhítozó

famoso [fömozu] *mn* híres; nagyszerű

fâmulo [fömulu] *m* segéd; szolga

fanado [fönàdu] *mn* fonnyadt

fanal [fönàl] *m* jelzőlámpa; irányfény

fanático [fönàtiku] *mn* és *fn* fanatikus, vakbuzgó, rajongó

fanatismo [fönötizsmu] *m* fanatizmus, vakbuzgóság

fanatizar [fönötizàr] *1/1 ts* fanatikussá tesz; feltüzel

fancaria [fönnkörlö] *f* **1.** kereskedés szövetekkel **2.** *obra de* ~ kontármunka

fandango [fönndönngu] *m* fandangó (tánc-, és zenefajta)

faneca [fönèkö] *f: ao pintar da* ~ éppen jókor, kapóra

faneco [fönèku] **I.** *mn* fonnyadt, kiszáradt **II.** *fn, m* **1.** darab, falat **2.** **B** *pintar o* ~ duhajkodik

fanfarra [fönfàrrö] *f* **1.** harsona(szó) **2.** fúvószenekar

fanfarrão *m*, **fanfarrona** *f* [fönförrönu, -rronö] *mn* és *fn* hencegő, dicsekvő

fanfarrear [fönförrjàr] *1/5 tl* henceg, dicsekszik

fanfarrice [fönförrisz] *f* hencegés, dicsekvés

fanhoso [fönyozu] *mn* orrhangon beszélő

fanico [föniku] *m* **I. 1.** darabka; törmelék; *partir em* ~*s* apró darabokra széttör **2.** apró mellékkereset **II.** *orv* **1.** idegroham **2.** ájulás

fantasia [fönntözlö] *f* **1.** fantázia, képzelő erő; *de* ~ képzeletbeli; mintás (szövet) **2.** képzelődés **3.** *zene* ábránd **4.** hangulat; szeszély **5.** farsangi jelmez

fantasiar [fönntözjàr] *1/7* **I.** *ts* elképzel, képzeletében megalkot **II.** *tl* képzelődik, álmodozik, ábrándozik **III.** ~**-se** (farsangi) jelmezbe öltözik

fantasioso [fönntözjozu] *mn* gazdag fantáziájú, képzelőerővel rendelkező

fantasista [fönntözistö] **I.** *mn* költött; elképzelt; furcsa **II.** *fn* fantaszta, álomvilágban élő személy

fantasma [fönntàzsmö] *m* agyrém, látomás; fantom

fantasmagoria [fönntözsmöguriö] *f* **1.** *szính* fantazmagória **2.** látomás, kísértet

fantástico [fönntàstiku] *mn* **1.** fantasztikus, hihetetlen **2.** mesés, csodás

fantoche [fönntòsi] *m* báb; *governo* ~ bábkormány

faqueiro [fökéjru] *m* **1.** evőeszköztartó **2.** késműves

faquista [fökistö] *m* késelő
farda [fàrdö] *f* egyenruha, uniformis; formaruha
fardado [fördàdu] *mn* egyenruhás, formaruhás
fardamento [fördöme^{n}ntu] *m* egyenruházat; formaruha
fardar [fördàr] *1/12* **I.** *ts* egyenruhába *v* formaruhába öltöztet **II.** **~-se** egyenruhába *v* formaruhába öltözik
fardel [fördèl] *m* **1.** útravaló élelem **2.** tarisznya
fardo [fàrdu] *m* **1.** batyu; bála **2.** *átv* teher
farejar [förizsàr] *1/14* **I.** *ts* **1.** kiszaglász, kiszimatol **II.** *tl* szimat után megy
farelo [förèlu] *m* **1.** korpa **2.** fűrészpor **3.** *átv* semmiség, csekélység
farelório [förilòrju] *m nép átv* apróság, semmiség
farfalhão *m*, **farfalhona** *f* [förföljö^{n}u, -ljonö] *fn* **1.** szószátyár **2.** hencegő
farfalhar [förföljàr] *1/12* *tl* **1.** susog **2.** fecseg **3.** henceg
farfalheira [förföljéjrö] *f* **1.** susogás; zaj **2.** fecsegés **3.** hencegés
farfalhoso, farfalhudo [förföljozu, -judu] *mn* **1.** kiöltözött **2.** feltűnő **3.** bombasztikus, dagályos
farináceo [förinàszju] *mn* lisztszerű
faringe [föri^{n}zs] *f* *orv* garat
faringite [föri^{n}zsit] *f* garathurut
farinha [förinyö] *f* liszt; *~ de pau* maniókaliszt; *~ de trigo* búzaliszt; *ser ~ do mesmo saco* ő is ugyanolyan
farinhento, farinhoso [förinye^{n}ntu, -nyozu] *mn* lisztes
farisaico [förizàjku] *mn* farizeus, képmutató
fariseu [förizéu] *m* farizeus
farmacêutico [förmöszéutiku] **I.** *mn* gyógyszerészeti; gyógyszertári **II.** *fn* gyógyszerész
farmácia [förmàszjö] *f* **1.** gyógyszertár **2.** gyógyszerészet
farmacologia [förmökuluzsiö] *f* gyógyszertan
farnel [förnèl] *m* = **fardel**
faro [fàru] *m* **I.** szaglás, szimat **II.** világítótorony
farofa [föròfö] *f* **1.** **B** pirított maniókaliszt **2.** hencegés **3.** **B** fecsegés
farol [föròl] *m* **1.** világítótorony **2.** *autó* fényszóró; *~ de nevoeiro* ködlámpa **3.** *haj* fényvető, helyzetfény
faroleiro [förulèjru] *m* világítótorony-őr
farolete [förulét] *m* **B** *autó* helyzetlámpa
farolim [föruli^{n}] *m* (hátsó) helyzetfény
farpa [fàrpö] *f* **1.** (vas)kampó, horog **2.** kampós heggyel ellátott dárda **3.** szakadás (ruhán) **4.** bőrbe akadt szálka
farpado [förpàdu] *mn* hegyes, tüskés
farpão [förpö^{n}u] *m* **1.** szigony **2.** *átv* csapás, baj
farpar [förpàr] *1/12* *ts* **1.** heggyel ellát **2.** megszigonyoz **3.** *biz* elszakít (ruhát)
farpear [förpjàr] *1/5* *ts* megsebez
farpela [förpèlö] *f* *biz* ruha, öltözet
farra [fàrrö] *f* **B** **1.** tivornya **2.** gúny; tréfa
farragem [förràzsö^{n}j] *f* **1.** halom, rakás **2.** keverék
farrapo [förràpu] *m* rongy, cafat
farrear [förrjàr] *1/5* *tl* **B** tivornyázik
farroupilha [förropiljö] *fn* toprongyos alak
farroupo [förropu] *m* malac, süldő
farrusca [förruskö] *f* **1.** koromfolt **2.** rozsdás kard
farrusco [förrusku] *mn* **1.** szénporos, kormos **2.** fekete, sötét
farsa [fàrszö] *f* bohózat
farsante *m*, **farsanta** *f* [förszö^{n}nt, -tö] *fn* bohóc, komédiás
farsista [förszistö] *fn* bohóc
farsola [förszòlö] *mn* **1.** tréfamester **2.** hencegő
farta [fàrtö] *f*: *à ~* bővében
fartar [förtàr] *1/12* **I.** *ts* **1.** jóllakat, kielégít **2.** teletöm, telezsúfol **3.** undort kelt **II.** **~-se** **1.** teletömi magát étellel **2.** *átv* beleun, megcsömörlik; *não se ~ de* nem tud betelni vmivel
farto [fàrtu] *mn* **1.** vmivel jóllakott, kielégült (*de*) **2.** kiadós, bőséges **3.** *estou farto* ebből elegem van! torkig vagyok!
fartura [förturö] *f* **1.** jóllakás **2.** bőség; *com ~* bőven
fascículo [fös-szikulu] *m* **1.** köteg, nyaláb **2.** folytatásos mű egy-egy füzete
fascinante [fös-szinö^{n}nt] *mn* elbűvölő; lenyűgöző
fascinar [fös-szinàr] *1/1* *ts* elbűvöl
fascínio [fös-szinyu] *m* bűvölet, varázs
fascismo [fös-szizsmu] *m* fasizmus
fascista [fös-szistö] *mn* és *fn* fasiszta
fase [fàz] *f* **1.** fázis **2.** időszak **3.** *casa em ~ de construção* épülőfélben levő ház

fasquia [föskiö] *f* léc
fastidioso [föstigyozu] *mn* 1. utálatos 2. unalmas; fárasztó
fastio [föstiu] *m* 1. undor, utálat 2. unalom 3. étvágytalanság; *estar com* ~ nincs étvágya
fasto [fàstu] I. *mn* szerencsés; kedvező II. *fn, m* 1. pompa, fényűzés 2. ~*s* évkönyvek, krónika
fastoso, fastuoso [föstozu, föstuozu] *mn* fényűző, pompás
fatal [fötàl] *mn* fatális, végzetes
fatalidade [fötölidàd] *f* végzetszerűség
fatalista [fötölistö] I. *mn* végzetszerű, elkerülhetetlen II. *fn* fatalista
fateixa [fötéjső] *f* 1. *haj* kis horgony 2. (húsakasztó) kampó
fatia [fötiö] *f* szelet; karéj
fatídico [fötidiku] *mn* sorsdöntő, végzetes
fatigante [fötigö^{n}nt] *mn* fárasztó, nehéz
fatigar [fötigàr] *1/4 ts* fáraszt; megerőltet
fatigoso [fötigozu] *mn* fáradságos
fatiota [fötyòtö] *f* ruha
fato [fàtu] *m* 1. öltöny; 2. ruházat 3. ~ *para senhora* komplé 4. ~ *de banho de uma peça* egyrészes fürdőruha
fátuo [fàtvu] *mn* hiú, öntelt, ostoba
fauce [fàusz] *f* torok, gége
faúlha [föuljö] *f* szikra
faulhento [föulje^{n}ntu] *mn* szikrázó
fauna [fàunö] *f* állatvilág
fauno [fàunu] *m* faun
fausto [fàustu] I. *mn* szerencsét hozó, kedvező II. *fn, m* pompa, ragyogás
faustoso [fàustozu] *mn* pompás; fényes
fautor *m*, **fautriz** *f* [fàutor, fàutris] *mn* és *fn* támogató, előmozdító; ~ *de guerra* háborús gyújtogató
fava [fàvö] *f* 1. bab; babhüvely 2. ~ *preta* fekete szavazógolyó 3. *szól:* ~*s contadas* biztos *v* száz százalékos ügy; *vá a fava!* takarodj innen! *vá a plantar* ~*s* **B** eridj a pokolba! *pagar as* ~*s* megfizeti az okozott kárt; *átv* ráfizet; viseli a következményeket
favela [fövèlö] *f* nyomortanya; szegénynegyed
favelado [föviládu] szegénynegyed lakója
favila [fövilö] *f* parázs, zsarátnok
favo [fàvu] *m méhészet* lép; lépsejt
favor [fövor] *m* 1. kegy, jóindulat 2. szívesség; kedvezés; *preço de* ~ kedvezményes ár; *por* ~*!* kérem! legyen szíves! *é* ~ *fechar a porta* kérjük az ajtót betenni; *fazer um* ~ szívességet tesz; *se faz* ~ ha lenne olyan szíves; *entre, faça* ~ jöjjön be kérem! *faça o* ~ *de me emprestar um lápis* legyen szíves, kölcsönözzön nekem egy ceruzát! 3. levél; *carta de* ~ ajánlólevél; *recebi seu prezado favor de 11 de corrente* megkaptam folyó hó 11-én kelt nagybecsű sorait 4. *szól: bilhete de favor* szabadjegy; *entrada de* ~ szabad belépés; *com o* ~ *da noite* az éjszaka leple alatt; *em* ~ *de* vkinek a javára; *falar a* ~ *de* vkinek az érdekében szól
favorável [fövuràvèl] *mn* kedvező
favorecer [fövuriszér] 2/2 I. *ts* 1. kedvez vkinek *v* vminek **T**; kedvében jár; 2. segít, támogat 3. megtisztel, kitüntet II. ~**-se** 1. kölcsönösen segítik egymást 2. ~*-se de* felhasznál vmit, él vmivel
favoritismo [fövuritizsmu] *m* protekciórendszer, kegyencuralom
favorito [fövuritu] I. *mn* 1. legkedveltebb 2. kedvenc 3. ~ *a vitória* esélyes II. *fn* 1. kedvenc személy 2. *m lóverseny* favorit
faxina [fösinö] *f* 1. rőzseköteg 2. *kat* soros munka; *estar de* ~ belső kaszárnyamunkát végez 3. *átv* pusztulás, romlás
faz-de-conta [fözsdikontö] *m* **B** felszarvazott férj
fazedor [följzidor] *m* készítő, alkotó, kivitelező
fazenda [föze^{n}ndö] *f* 1. birtok, tanya 2. ültetvény; ~ *de café* kávéültetvény 3. vagyon 4. pénzügy 5. szövet, posztó, anyag 6. áru
fazendeiro [föze^{n}ndéjru] *m* 1. farmer, ültetvényes 2. nagybirtokos
fazer [fözér] *2/13* I. *ts* 1. csinál, tesz; *tenho muito que* ~ sok a teendőm; *ter muito que* ~; ~ *muito a* v *para* ~ sok a dolga; *que faço?* mit tegyek? 2. alkot, képez; előállít, teremt; épít 3. megvalósít, véghezvisz, teljesít 4. előidéz, okoz 5. elkészít; ~ *o almoço* ebédet főz 6. rendbe hoz 7. ~ + *fni* (műveltetést fejez ki:); ~ *chorar* megríkat, könnyekre fakaszt; ~ *crer* elhitet; ~ *saltar* felrobbant; ~ *tremer* megremegtet 8. ~ *que* úgy tesz, mintha; *ele faz que estuda* úgy tesz,

mintha tanulna 9. hisz, vél, gondol II. *tl* 1. vmilyen állást betölt; vminek kiadja magát; ~ *de intérprete* tolmácsként működik, tolmácsol; ~ *de sábio* adja a bölcset 2. *faz* (személytelen kifejezésekben): *faz mau tempo* rossz idő van; *faz tempo* ennek jó ideje; *faz vento* szél van, szeles az idő III. ~**-se** 1. lesz, válik vmivé; *~-se famoso* hírnévre tesz szert; *~-se médico* orvos lesz; *~-se rico* meggazdagodik 2. bekövetkezik; *faz-se tarde* későre jár az idő; *fez-se silêncio* csend lett 3. színlel; *~-se de tonto* butának tetteti magát 4. *~-se ver* mutatja magát, mutatkozik IV. *szól:* ~ *amizade* barátságot köt, megbarátkozik; ~ *a cama* megágyaz; ~ *conferência* előadást tart; ~ *esforços* erőfeszítéseket tesz; ~ *quarto* virraszt (beteg ágyánál); ~ *sangue* vérzik; ~ *uma saúde* felköszönt vkit; ~ *versos* verseket ír; ~ *em pedaços* darabokra tör, szétszakít; *dar que* ~ fejtörést okoz; *em quanto faz?* menynyiért adja?

faz-tudo [fàstudu] *m* 1. ezermester 2. mindenes

fé [fè] *f* 1. hit; ~ *do carvoeiro* vak hit; *dar ~ a* hisz vkinek, hitelt ad vminek 2. bizalom; *de boa* ~ jóhiszeműen; *má* ~ rosszindulat; álnokság; *ter ~ em* hisz *v* bízik vkiben *v* vmiben 3. hűség; ~ *conjugal* hitvesi hűség; ~ *púnica* hűtlenség, álnokság; *à falsa* ~ hűtlenül 4. igazolás; tanusítvány; *à* ~ valóban, tényleg; *por minha ~!* becsületemre mondom! *à ~ de quem sou* becsületszavamra! *dar ~ de* a) bizonyságot tesz vmiről, hitelesít vmit b) észrevesz vmit; *fazer ~ de* igazol, tanusít vmit; *em ~ do que* vminek a hiteléül

fealdade [fjàldàd] *f* csúnyaság, rútság

febra [fébrö] *f* 1. rost, rostszál 2. erő; akaraterő; energia 3. sovány hús

febre [fèbr] *f* láz (*átv* is); *ter* ~ lázas; ~ *de ouro* aranyláz; *na ~ do combate* az ütközet hevében

febrífugo [fibrifugu] *mn* és *fn, m* lázcsillapító (szer)

febril [fibril] *mn* lázas

fecal [ficàl] *mn: matérias fecais* fekália, emberi ürülék

fechadura [fisödurö] *f* ajtózár

fechado [fisàdu] *mn* 1. bezárt, lezárt, elzárt; *a portas ~as* zárt ajtók mögött 2. *átv* zárkózott 3. felhős, borús 4. *szól: cara ~a* komor *v* rideg arc; *ferida ~a* behegedt *v* begyógyult seb; *negócio* ~ megkötött üzlet; *noite ~a* sötét éjszaka

fechar [fisàr] *1/13* I. *ts* 1. bezár, elzár, lezár; ~ *a cadeado* lelakatol; ~ *as fronteiras* lezárja a határokat; ~ *a janela* becsukja az ablakot 2. betöm, bedugaszol; ~ *a boca a* betömi vkinek a száját, hallgatásra kényszeríti II. *tl* befejeződik, végződik III. ~**-se** 1. bezárul 2. beborul IV. *szól:* ~ *a carta* leragasztja a levelet; ~ *a mão* ökölbe szorítja a kezét; ~ *um negócio* megköt egy üzletet; *~-se em copas* hallgatásba burkolódzik; *fecha-se a noite* esteledik, sötétedik

fecharia [fisöriö] *f kat* zár

fecho [fésu] *m* 1. zár; lakat; ~ *de bolsa* táskazár; ~ *ecler* v *eclair*, ~ *relâmpago*, ~ *de correr* cipzár; ~ *de segurança* biztonsági *v* láncos retesz 2. *ép:* ~ *de abóbada* zárókő 3. *átv* befejezés

fécula [fèkulö] *f* keményítő

feculento [fikule^{n}ntu] *mn* 1. keményítő tartalmú 2. le nem ülepedett, zavaros

fecundação [fikundöszö^{n}u] *f* megtermékenyítés

fecundar [fiku^{n}ndàr] *1/1* I. *ts* megtermékenyít II. *tl*, III. ~**-se** megtermékenyül

fecundidade [fiku^{n}ndidàd] *f* 1. termékenység 2. bőség

fecundo [fiku^{n}ndu] *mn* 1. termékeny 2. bőséges

fedelho [fidélju] *m átv* kis taknyos, tejfölösszájú

fedentina [fide^{n}ntinö] *f* bűz

feder [fidér] *2/7 tl* bűzlik

federação [fidiröszö^{n}u] *f* 1. szövetség, szövetkezés 2. szövetségi állam

federal [fidiràl] *mn* szövetségi

federalismo [fidirölizsmu] *m* szövetségi államrendszer

federar [fidiràr] *1/13 ts* szövetségi államrendszerbe egyesít

fedor [fidor] *m* bűz

fedorento [fidore^{n}ntu] *mn* büdös, bűzös

feérico [fjèriku] *mn* tündéri

feição [féjszö^{n}u] *f* 1. forma, alak, külső; 2. *feições* arcvonások 3. mód; *à ~ de* vminek a módjára, vmihez hasonlóan;

à ~ kedvezően **4.** természet, jellem(vonás); *homem de boa* ~ jó kedélyű ember

feijão [féjzsö^{n}u] *m* bab; ~*-manteiga* vajbab

feijoada [féjzsuàdö] *f* **B** babfőzelék rizszsel és füstölt disznóhússal

feijoal [féjzsuàl] *m* babföld, babtábla

feijoca [féjzsòkö] *f* nagyszemű bab

feio [féju] *mn* csúnya, rút

feira [féjrö] *f* **1.** vásár; piac; ~ *animal* állatvásár; ~ *do livro* könyvnap **2. B** ~ *livre* zöldség- és gyümölcspiac

feirante [féjrö^{n}nt] *fn* piaci árus

feita [féjtö] *f* **1.** tett, cselekedet **2.** alkalom; *desta* ~ ezúttal, ez egyszer

feitiçaria [féjtiszöriö] *f* varázslat; boszorkányság

feiticeira [féjtiszéjrö] *f* varázslónő; boszorkány

feiticeiro [féjtiszéjru] *m* varázsló; boszorkánymester

feitiço [féjtiszu] **I.** *mn* mesterkélt, hamis **II.** *fn, m* **1.** varázslat, boszorkányság **2.** talizmán

feitio [féjtiu] *m* **1.** forma, alak, külső **2.** (ruha)szabás; fazon **3.** (ruha)csináltatás **4.** mesteri munka **5.** *átv* természet, jellem **6.** *szól: não tenho* ~ *para fazer esta coisa* ez a munka nem fekszik nekem; *perder o tempo e o* ~ hiába vesztegeti az idejét

feito [féjtu] **I.** *mmi* → **fazer; II.** *mn* **1.** kész, befejezett; *um homem* ~ felnőtt ember **2.** elintézett; *negócio* ~ megkötött üzlet **3.** ~ *a* vmihez hozzászokott **4.** *szól:* ~*!* megvan! rendben van! *bem* ~*!* **a)** helyes! **b)** úgy kell neki! ~ *um touro* olyan (erős), mint a bika; *andar* ~ *com* **a)** jól megértik egymást **b)** összejátszanak; *sou* ~ *assim* én már ilyen vagyok; *o que está* ~*, está* ~ ami történt, megtörtént; *é bem* ~ *que* még jó, hogy; *que é* ~ *dele?* **a)** hol van? **b)** mi van vele? **III.** *fn, m* **1.** tett, cselekedet; *homem de* ~*s* a tettek embere; *de* ~ valóban, tényleg **2.** hőstett; ~ *de armas* fegyvertény **3.** eset, esemény

feitor [féjtor] *m* **1.** gazdatiszt; intéző **2.** adminisztrátor **3.** munkafelügyelő **4.** földbérlő **5.** gyáros

feitoria [féjturiö] *f* **1.** intézőség **2.** kereskedelmi vállalat **3.** borkészítés

feitura [féjturö] *f* **1.** elkészítés (módja) **2.** készítmény; termék

feixe [féjsi] *m* köteg, nyaláb; batyu

fel [fèl] *m* epe

felicidade [filiszidàd] *f* **1.** boldogság; szerencse; *por* ~ szerencsére; *dar* ~ szerencsét hoz; *muitas* ~*s!* sok szerencsét! őszintén gratulálok! **2.** siker; *desejar* ~ *a* sok sikert kíván vkinek

felicitação [filiszitöszö^{n}u] *f* szerencsekívánat

felicitar [filiszitàr] *1/1 ts* szerencsét kíván, gratulál vkinek (T) vmihez (*por*)

felino [filinu] **I.** *mn* **1.** macska- **2.** *átv* álnok, ravasz **II.** *fn, m:* ~*s* macskafélék

feliz [filis] *mn* boldog; szerencsés; *Feliz Ano Novo!* boldog új évet!

felizão, felizardo [filizö^{n}u, -zàrdu] *m* mindenben szerencsés ember

felonia [filuniö] *f* **1.** árulás; hűtlenség **2.** kegyetlenség

felpa [fèlpö] *f* **1.** szövet bolyha **2.** *text* plüss **3.** *toalha de* ~ frottírtörülköző

felpudo [fèlpudu] *mn* bolyhos; pihés

feltro [féltru] *m* nemez, filc; *caneta de* ~ rosttoll

fêmea [fémjö] *f* **1.** nőstény **2.** *pejor* nőszemély **3.** *műsz* fűzőlyuk (*pl* csatton)

femeeiro [fimjéjru] *m* szoknyavadász

fêmeo [fémju] *mn* **1.** nőstény-, női **2.** *műsz: ficha* ~*a, vill* konnektor, csatlakozó aljzat

feminidade [fiminidàd] *f* nőiesség

feminil [fiminil] *mn* **1.** női **2.** nőies

feminino [fiminlnu] *mn* női

fémur [fèmur] *m orv* combcsont

fenda [fé^{n}ndö] *f* rés, repedés, hasadás

fender [fe^{n}ndér] *2/1* **I.** *ts* (fel)hasít, szétvág **II.** ~**-se** széthasad; megreped

fenecer [finiszér] *2/2 tl* **1.** véget ér **2.** elhervad **3.** meghal

fénico [fèniku] *mn: ácido* ~ karbolsav

feno [fénu] *m* széna

fenol [finòl] *m vegy* fenol, karbolsav

fenomenal [finuminàl] *mn* fenomenális, tüneményes

fenómeno [finòminu] *m* **1.** jelenség **2.** tünemény **3.** ritkaság

fera [fèrö] *f* vadállat (*átv* is)

feraz [firàs] *mn* termékeny

féretro [fèritru] *m* koporsó

féria [fèrjö] *f* 1. hétköznap 2. napszám; hetibér 3. bérlista 4. *ker* napi bevétel 5. szabad idő, pihenés 6. *~s* szünidő; *~s grandes* (B: *grandes ~s*) nagy szünidő; *~s por doença* betegszabadság; *estar de ~s* szabadságon van

feriado [firjàdu] I. *mn: dia ~* munkaszüneti nap II. *fn, m* ünnepnap, pihenőnap, szabadnap

ferida [firidö] *f* 1. seb; *~ contusa* zúzott seb; *~ incisa* vágott seb; *tocar na ~*, *átv* az elevenjére tapint 2. *átv* sértés

ferido [firidu] *mn* és *fn* 1. sebesült 2. megsértett

ferimento [firimeⁿntu] *m* sebesülés; seb; *sofrer ~s ligeiros* könnyebb sérüléseket szenved

ferino [firinu] *mn* 1. vadállati 2. *átv* sértő

ferir [firir] *3/8* I. *ts* 1. megsebesít 2. *átv* megsért, megbánt; *~ o amor próprio* önérzetét sérti 3. megbüntet 4. *szól: ~ uma batalha* ütközetbe bocsátkozik; *fere ver* rossz nézni, bántja a szemet II. *~-se* 1. megsebzi magát 2. megsértődik

fermentação [firmeⁿntöszöⁿu] *f* 1. erjedés 2. *átv* nyugtalanság

fermentar [firmeⁿntàr] *1/1* I. *ts* 1. erjeszt 2. *átv* izgat, lázít II. *tl* 1. erjed 2. *átv* nyugtalankodik

fermento [firmeⁿntu] *m* 1. erjesztőanyag; élesztő 2. *konyh* sütőpor 3. *átv* csíra; eredeti ok

fero [fèru] *mn* 1. erős, egészséges 2. vad, szilaj

ferocidade [firuszidàd] *f* vadság; kegyetlenség

feroz [firòs] *mn* vad, szilaj; kegyetlen

ferrabrás [firröbràs] *m* hősködő, hencegő

ferradela [firrödèlö] *f* harapás; marás

ferrador [firrödor] *m* patkolókovács

ferradura [firrödurö] *f* patkó

ferrageiro [firrözséjru] *m* vaskereskedő

ferragem [firràzsöj] *f* 1. vasalás; vasalkatrész 2. *ferragens, tb* vasáru; *loja de ferragens* vaskereskedés

ferragista [firrözsistö] *m* = **ferrageiro**

ferrajaria [firrözsöriö] *f* vaskereskedés

ferramenta [firrömeⁿntö] *f* vasszerszám; *máquina-~* szerszámgép

ferrão [firröⁿu] *m* 1. vashegy 2. *áll* fullánk

ferrar [firràr] *1/13* I. *ts* 1. megvasal 2. megpatkol 3. megjelöl, megbélyegez (állatot) 4. *szól: ~ um calote* fizetés nélkül távozik; *~ uma dentada* beleharap; *~ as unhas em* beleereszti körmeit vkibe; *~ as velas* bevonja a vitorlákat II. *tl* 1. harap; szúr 2. *átv: ~ no sono* álomba merül; *~ no trabalho* belemerül a munkába 3. *~ com* dob, hajít, vet vmit III. *~-se* 1. behatol 2. *átv* belemélyed

ferraria [firröriö] *f* 1. kovácsműhely 2. vasgyár 3. vastömeg

ferreiro [firréjru] *m* 1. kovácsmester 2. (szerszám)lakatos

ferrenho [firrényu] *mn* 1. vasszínű 2. vaskeménységű 3. *átv* hajlíthatatlan, konok 4. zsarnoki

férreo [fèrju] *mn* 1. vas-; vastartalmú; *rede ~a* vasúthálózat 2. *átv* hajlíthatatlan, szilárd

ferrete [firrét] *m* 1. bélyegzővas (állatok megjelölésére); *marcar com o ~* megbélyegez 2. *átv* bélyeg, szégyenfolt

ferretear [firrityàr] *1/5 ts* megbélyegez (*átv* is)

ferretoar [firrituàr] *1/8 ts* szurkál (*átv* is)

férrico [fèrriku] *mn vegy* vas-, vastartalmú; *óxido ~* vasoxid

ferro [fèrru] *m* 1. vas; *~ batido* kovácsolt vas; *~ fundido* öntöttvas; *~ laminado* hengerelt vas; *~-liga* vasötvözet; *~ macio* kovácsolható vas; *~ de engomar* v *de passar* vasaló; *~ de frisar* sütővas; *~ em barras* rúdvas; *~ em chapas* v *em folha* lemezvas; *caminho de ~*, B *estrada de ~* vasút; *fio de ~* huzal, drót; *saúde de ~* vasegészség 2. kard; tőr 3. *haj* horgony; *estar sobre ~* horgonyoz 4. *~s* bilincs, béklyó; *meter em ~s, pôr a ~s* bilincsbe v vasra ver 5. *~s velhos* ócskavas, limlom 6. *szól: cabeça de ~* makacs, önfejű ember; *coração de ~* kőszív; *levar ~ na prova de matemática* megbukik a vizsgán matematikából; *pôr a ~ e fogo* tűzzel-vassal elpusztít; *virar o ~ na ferida, átv* vájkál a sebében; *közm: deve-se bater o ~* v *malha no ~ enquanto está quente* addig üsd a vasat, amíg meleg; *közm: quem com ~ mata, com ~ morre* kölcsön kenyér visszajár; aki másnak vermet ás, maga esik bele

ferroada [firruàdö] *f* 1. szúrás (fullánkkal) 2. *átv* szurkálás, piszkálódás

ferroar [firruàr] *1/8* = **ferretoar**

ferrolhar [firruljàr] *1/15 ts* elreteszel; bezár

ferrolho [firrolju] *m* tolózár, retesz; *correr o* ~ elreteszel

ferro-moço [fèrrumoszu] *m* vasúti felszolgáló

ferro-velho [fèrruvèlju] *m* **1.** ószeres **2.** *ferros-velhos* zsibáru, ócskaság

ferrovia [fèrruviö] *f* vasút

ferroviário [fèrruvjàrju] **B I.** *mn* vasúti **II.** *fn, m* vasutas

ferrugem [firruzsö^{n}j] *f* **1.** rozsda **2.** üszög, gabonarozsda

ferrugento [firruzse^{n}ntu] *mn* rozsdás

ferrugíneo [firruzsinyu] *mn* rozsdaszínű

ferruginoso [firruzsinozu] *mn* vastartalmú

fértil [fèrtil] *mn* termékeny

fertilidade [firtilidàd] *f* termékenység

fertilizante [firtilizö^{n}nt] **I.** *mn* megtermékenyítő **II.** *fn, m* trágya

fertilizar [firtilizàr] *1/1* **I.** *ts* termékennyé tesz, megtermékenyít **II.** *tl,* **III.** ~**-se** termékennyé lesz

férula [fèrulö] *f* **1.** *isk rég* (fenyítő) pálca **2.** szigorú felügyelet

fervedoiro, -douro [firvidojru, -doru] *m* **1.** forrás (tűzön) **2.** forrongás, nyugtalanság **3.** nyüzsgés

fervente [firve^{n}nt] *mn* **1.** forró, tüzes **2.** buzgó

ferver [firvér] *2/7* **I.** *ts* (fel)forral; ~ *a fogo lento* lassú tűzön forral **II.** *tl* forr, felforr (*átv* is); *água fervendo* v *a ferver* forró víz; ~ *de cólera* forr a dühtől; ~ *de impaciência* tűkön ül; ~ *em pouca água* minden csekélység felizgatja; *isso faz* ~ *o sangue* ez vérlázító

férvido [fèrvidu] *mn* **1.** forró, izzó **2.** *átv* lelkes; heves

fervilhar [firviljàr] *1/1 tl* **1.** forr **2.** hemzseg; nyözsög **3.** nyugtalankodik

fervor [firvor] *m* **1.** forrás, forrpont **2.** *átv* buzgóság, hév; hevesség

fervoroso [firvurozu] *mn* **1.** izzó, tüzes **2.** *átv* buzgó **3.** heves

fervura [firvurö] *f* **1.** forrás, felforralás **2.** *átv* forrongás, nyugtalanság; *deitar* v *jogar* v *lançar água na* ~ lecsendesít, megnyugtat; lehűti a kedélyeket

festa [fèstö] *f* **1.** ünnep; ünnepély; ünnepség; ~ *pirotécnica* tűzijáték; ~ *de Mães* Anyák Napja; *dar boas* ~*s* boldog ünnepet kíván; *dar uma* ~ *no seu dia aniversário* vendégeket hív meg születésnapjára **2.** vidámság, jókedv; *estar de* ~ vidám, jókedvű; *no melhor da* ~ mikor javában folyt a mulatozás; egyszerre csak **3.** *fazer* ~*s a* simogat, cirógat vkit; szivélyesen fogad vkit

festança [fistö^{n}szö] *f biz* mulatság, muri

festão [fistö^{n}u] *m* **1.** virágfüzér, girland **2. B** = **festança**

festarola [fistöròlö] *f biz* vidám összejövetel

festejar [fistizsàr] *1/14 ts* ünnepel

festejo [fistézsu] *m* **1.** ünnep, ünnepély, ünnepség **2.** kedveskedés

festim [fisti^{n}] *m* **1.** kis (családi) ünnepség **2.** lakoma

festival [fistivàl] **I.** *mn* ünnepi **II.** *fn, m* fesztivál; ~ *mundial* világfesztivál; ~ *desportivo* v **B** *esportivo* sportfesztivál

festividade [fistividàd] *f* **1.** vallási ünnep **2.** ünnepi jókedv; örvendezés

festivo [fistivu] *mn* **1.** ünnepi **2.** vidám

festo [féstu] *m* **1.** szövet szélessége **2.** összehajtás (papírlap *v* szövet közepén) **3.** *subir a* ~ meredeken emelkedik

festoar [fistuàr] *1/8 ts* virágfüzérekkel díszít

fetidez [fitidés] *f* bűz

fétido [fètidu] *mn* bűzös

feto[1] [fètu] *m orv* magzat

feto[2] [fétu] *m növ* páfrány

feudal [féudàl] *mn* feudális, hűbéri

feudalismo [féudölizsmu] *m* feudalizmus, hűbériség

feudo [féudu] *m* hűbér; hűbérbirtok

fêvera [févirö] *f* rost, rostszál

Fevereiro [fiviréjru] *m* február

fez [fés] **I.** → **fazer; II.** *fn, m* fez (bojtos fejfedő)

fezes [fèzis] *f tb* **1.** ürülék, fekálé **2.** salak; üledék **3.** *átv* söpredék

fiação [fjöszö^{n}u] *f* **1.** fonás **2.** (*fábrica de*) ~ fonoda

fiada [fjàdö] *f* kőrakás

fiadeira *f*, **fiadeiro** *m* [fjödéjrö, -ru] *fn* fonómunkás

fiado[1] [fjàdu] *m* fonat

fiado[2] [fjàdu] **I.** *mn* **1.** vkiben *v* vmiben bízó (*em*) **2.** hitelbe *v* kölcsön adott **II.** *hat* hitelbe, kölcsön; *comprar* ~ hitelbe vásárol; *vender* ~ hitelbe elad

fiador [fjödor] *m* **1.** kezes; kezesség **2.** kötőfék **3.** kardbojt **4.** biztonsági lánc (ajtón)
fiambre [fjö^n^mbr] *m* **1.** főtt sonka **2.** **B** útravaló
fiambreria [fjö^n^mbririö] *f* **B** csemegeüzlet
fiança [fjö^n^szö] *f* **1.** kezesség **2.** kaució, óvadék, (pénz)biztosíték **3.** **B** bizalom; *amigo de* ~ bizalmas barát
fiandeira *f*, **fiandeiro** *m* [fjö^n^ndéjrö, -ru] *fn* = **fiadeira**
fiapo [fjàpu] *m* **1.** vékony szál *v* fonal **2.** **B** *tirar um* ~ odapislant
fiar[1] [fjàr] *1/7 ts* **1.** fon **2.** *átv* sző, forral **3.** ~ *fino* nagy körültekintést kíván; kényes ügy(ről van szó)
fiar[2] [fjàr] *1/7* **I.** *ts* **1.** kezeskedik, jótáll vkiért **T** **2.** rábíz **II.** *ts, tl* hitelbe ad (árut) **III.** *tl*, **IV.** **~-se** *de, em* **1.** bízik vkiben *v* vmiben **2.** rábízza magát vkire
fiasco [fjàsku] *m* csőd, bukás; *fazer* ~ csődöt mond, megbukik
fibra [fibrö] *f* rost, rostszál; ~ *de vidro* üvegszál
fibroso [fibrozu] *mn* rostos
ficar [fikàr] *1/2* **I.** *tl* **1.** van vhol; ~ *em casa* otthon van; *onde fica o correio?* hol van a postahivatal? **2.** marad vhol; *não posso* ~ nem maradhatok tovább; ~ *no campo da batalha* ott marad a harcmezőn, elesik a csatában; ~ *vivo* életben marad; ~ *na sua* kitart elvei *v* állítása mellett; *isto fica entre nós* ez maradjon köztünk; ~ *para tia* vénlány marad **3.** marad vmi; hátravan; ~ *sem camisa* semmije sem marad; se inge, se gallérja; *este assunto fica para amanhã* ez az ügy holnapra marad; *este trabalho fica por fazer* ez a munka még hátravan; *fica uma hora até a chegada do comboio* a vonat érkezéséig még egy óra van hátra; *a questão ficou aberta* a kérdés nyitva maradt **4.** (melléknévvel, valamint *com, de* viszonyszóval állapotot jelöl:) ~ *acamado* ágyban marad; ~ *contente* meg van elégedve, örül; ~ *fiel a* hű marad vkihez *v* vmihez; *fique tranquilo* legyen nyugodt! ~ *triste* szomorkodik; ~ *com frio* fázik; ~ *com medo* fél; ~ *de baixo* alulmarad, vereséget szenved; ~ *de cima* felülkerekedik, győz; ~ *de cama* ágynak dől; ~ *de pé* **a)** állva marad **b)** érvényben marad; ~ *de pés juntos, biz* elpatkol, meghal; ~ *sentado* ülve marad; ~ *de queixo na mão* tátott szájjal bámul, álmélkodik **5.** (főnév *v* participio előtt, beálló cselekvést jelöl; lesz, válik vmivé:) ~ *aborrecido* kezd unatkozni; ~ *emocionado* meghatódik; ~ *órfão* árvaságra jut; ~ *parado* megáll; ~ *prisioneiro* fogságba esik; *ficou para chefe* főnök lett belőle **6.** megállja a helyét, szerepel; ~ *bem no exame* jól vizsgázik; ~ *mal no exame* megbukik a vizsgán **7.** illik vmihez, áll vhogy; ~ *ao pintar* pompásan illik; *esta roupa lhe fica bem* ez a ruha jól áll rajta; *esta blusa fica mal com a saia* ez a blúz nem illik a szoknyához **8.** ~ *com* beszerez, megvásárol vmit; *eu fico com este* ezt választom, ennél maradok **9.** ~ *de* megbeszél vmit, marad vmiben, megígér vmit; ~ *de acordo* beleegyezik; *ficou de vir cedo* azt ígérte, hogy korán jön; *em que ficamos?* miben maradunk? **10.** ~ *em* kerül vmibe; *fica em vinte cruzeiros* húsz kruzeiróba kerül **11.** *szól:* ~ *a par de* értesül, tudomást szerez vmiről; ~ *fora do jogo* kimarad a játékból; ~ *sobrando* hoppon marad, kimarad; nem törődnek vele; ~ *sujo* eljátssza a becsületét **II.** **~-se** **1.** megáll **2.** marad vhol
ficção [fikszö^n^u] *f* **1.** fikció, kitalálás, képzelődés **2.** *romance de* ~ *científica* fantasztikus regény
ficha [fisö] *f* **1.** játékpénz, zseton **2.** tantusz **3.** (katalógus-)cédula, kartonlap, kártya **4.** személyi lap **5.** autóbuszjegy **6.** *vill* csatlakozó dugó
fichar [fisàr] *1/1 ts* **B** feljegyez; nyilvántartásba felvesz
fichário [fisàrju] *m* **B** = **ficheiro**
ficheiro [fiséjru] *m* kartoték
fictício [fiktiszju] *mn* költött, kigondolt, képzeletbeli
fidalga [fidàlgö] *f* **1.** nemesasszony **2.** előkelő hölgy
fidalgo [fidàlgu] **I.** *mn* nemesi; előkelő **II.** *fn, m* nemesember
fidalgote [fidàlgòt] *m gúny* kisnemes, kurtanemes
fidalguia [fidàlgiö] *f* **1.** nemesség, nemesi osztály **2.** előkelőség
fidalguice [fidàlgisz] *f* előkelősködés

fidedignidade [fididignidàd] *f* szavahihetőség

fidedigno [fididignu] *mn* szavahihető

fidelíssimo [fidiliszimu] *mn* nagyon hűséges, a leghűségesebb; → **fiel**

fidúcia [fiduszjö] *f* **1.** bizalom **2.** önbizalom **3.** *nép* szemtelenség

fieira [fjéjrö] *f* **1.** *műsz* dróthúzógép **2.** *bány* ércér **3.** zsineg, madzag; (gyöngy)sor **4.** *átv* sor, sorozat **5.** *átv: passar pela* ~ tüzetes vizsgálaton megy keresztül; „megszűrik"

fiel [fjèl] **I.** *mn* **1.** hű, hűséges; ~ *a seus princípios* elvhű **2.** megbízható, pontos **II.** *fn, m* **1.** mérleg nyelve **2.** ~ *de armazém* raktárnok **3.** *fiéis, tb vall* hívők

fig. = *figura*

figa [figö] *f* **1.** *átv biz* füge; *fazer ~s a* fügét mutat vkinek **2.** (ördögűző) amulett **3.** *szól: ~s!* pusztulj innen! *sujeito de uma* ~ szemét alak

figadal [figödàl] *mn* **1.** máj- **2.** *inimigo* ~ halálos ellenség

fígado [figödu] *m* **1.** máj **2.** bátorság, vakmerőség **3.** jellem; *homem de maus ~s* bosszúálló, gonosz ember

figo [figu] *m növ* füge; *não vale um* ~ lyukas krajcárt sem ér

figueira [figéjrö] *f* fügefa

figura [figurö] *f* **1.** alak, termet, külső; *mudar de* ~ megváltoztatja külsejét **2.** ábra, rajz **3.** figura (*pl* táncban) **4.** *szính* szereplő személy; szerep (*átv* is); *fazer* ~ fontos szerepet játszik; *fazer triste* ~ szánalmas szerepet játszik, „lebőg"; *cavaleiro da triste* ~ bús képű lovag; *fraca* ~ szánalmas alak

figuração [figurösző^{n}u] *f* ábrázolás

figurado [figuràdu] *mn* képletes; *sentido* ~ átvitt értelem

figurante *m*, **figuranta** *f* [figurö^{n}nt, -tö] *fn szính* statiszta

figurão [figurö^{n}u] *m* **1.** *biz* nagyfejű **2.** *átv* feltűnés; *fazer um* ~ kitűnik, kiválik

figurar [figuràr] *1/1* **I.** *ts* **1.** ábrázol; bemutat **2.** képvisel **3.** elképzel **4.** színlel, tettet **II.** *tl* szerepel (*szính* is) **III.** ~**-se 1.** elképzel **2.** látszik, tűnik

figurativo [figurötivu] *mn* **1.** ábrázoló, kifejező **2.** képletes

figurinista [figurinistö] *fn* divatrajzoló

figurino [figurinu] *m* **1.** divatrajz **2.** divatlap **3.** szabásminta **4.** divatbáb, piperkőc **5.** *átv* példakép, mintakép

figuro [figuru] *m biz* gyanús külsejű alak

fila [filö] *f* **1.** sor; *em* ~ *indiana* libasorban; *fazer* ~ sorba áll **2.** *chefe de* ~ főkolompos **3.** *cão de* ~ szelindek; láncos kutya

filaça [filàszö] *f* csepű, kenderkóc

filamento [filöme^{n}ntu] *m* **1.** szál, rost **2.** *vill* izzószál

filamentoso [filöme^{n}ntozu] *mn* szálas, rostos

filandras [filö^{n}ndrös] *f tb* **1.** ökörnyál **2.** tengeri fű

filantropia [filö^{n}ntrupiö] *f* **1.** filantrópia, emberbaráti érzés **2.** jótékonykodás

filantrópico [filö^{n}ntròpiku] *mn* **1.** emberbaráti **2.** jótékonykodó

filantropo [filö^{n}ntropu] *m* emberbarát

filão [filö^{n}u] *m bány* ércér

filar [filàr] *1/1 ts* **1.** megragad, elfog **2.** ingyen kap **3.** **B** potyázik; ~ *um cigarro* kikunyerál egy cigarettát

filarmónica [filörmònikö] *f* filharmónia

filarmónico [filörmòniku] *mn* filharmónikus

filatelia [filötiliö] *f* filatélia, bélyeggyűjtés

filatelista [filötilistö] *fn* bélyeggyűjtő

filé [filè] *m* = **filete**

fileira [filéjrö] *f* **1.** sor **2.** *ép: pau de* ~ tetőélgerenda **3.** *~s* katonaélet

filete [filét] *m* **1.** vékony szál *v* szegély **2.** *ép* szegélyléc **3.** *nyomd* **a)** szegélydísz **b)** vonal **4.** *műsz* csavarmenet **5.** *konyh* filé, hússzelet **6.** rece, hálószerű kézimunka **7.** *orv* idegrost **8.** *átv* gerinc

filha [filjö] *f* vkinek a leánya

filharada [filjöràdö] *f* sok gyerek (a családban)

filho [filju] *m* **1.** vkinek a fia **2.** *~s* vkinek a gyerekei

filhó [filjò] *m konyh* forgácsfánk, csöröge

filho-família [filjufömiljö] *f* kiskorú

filhote [filjòt] *m* **1.** vminek a szülöttje **2.** állat kölyke **3.** **B** gyerkőc **4.** **B** protekciós alak

filhotismo [filjotizmu] *m* **B** protekciós rendszer

filiação [filjösző^{n}u] *f* **1.** eredet, származás **2.** rokonsági kötelék; hovatartozás **3.** belépés; felvétel (*pl* pártba) **4.** kapcsolat, összefüggés

filiado [filjàdu] *m* (párt)tag

filial [filjàl] **I.** *mn* gyermeki **II.** *fn, f* fióküzlet

filiar [filjàr] *1/7* **I.** *ts* **1.** örökbe fogad **2.** a tagok sorába felvesz **II.** **~-se** **1.** származik, ered vhonnan (*de*) **2.** tagként belép vhova, csatlakozik vmihez (*a*)

filiforme [filifòrm] *mn* **1.** fonal alakú **2.** *átv* vékony, gyenge

filipino [filipinu] *mn* és *fn* fülöp-szigeti

filisteu [filistéu] *m* filiszter, nyárspolgár

filmagem [filmàzsö^{n}j] *f* **1.** filmfelvétel **2.** filmesítés

filmar [filmàr] *1/1 ts* megfilmesít

filme [film] *m* film; ~ *colorido* v *a cores* színes film; ~ *cultural* v *de divulgação científica* ismeretterjesztő film; ~ *didáctico* oktatófilm; ~ *documentário* dokumentumfilm; ~*-jornal*, ~ *de actualidades* filmhíradó; ~ *em cinemascópio* szélesvásznú film; *girar v rodar um* ~ filmet forgat; *projectar um* ~ filmet vetít

filo [filu] *m növ* csészelevél

filó [filò] *m text* tüll

filologia [filuluzsiö] *f* filológia

filológico [filulòzsiku] *mn* filológiai, nyelvtudományi

filólogo [filòlugu] *m* filológus, nyelvész

filosofal [filuzufàl] *mn: pedra* ~ bölcsek köve

filosofar [filuzufàr] *1/15 tl* bölcselkedik

filosofia [filuzufiö] *f* filozófia, bölcselet

filosófico [filuzòfiku] *mn* filozófiai

filósofo [filòzufu] *m* filozófus, bölcselő

filoxera [filokszèrö] *f* filoxéra, szőlőtetű

filtração [filtröszö^{n}u] *f* szivárgás

filtrar [filtràr] *1/1* **I.** *ts* **1.** (át)szűr, megszűr **2.** *átv* belécsepegtet; sugalmaz **II.** *tl*, **III.** **~-se** **1.** átszivárog **2.** *átv* behatol

filtro [filtru] *m* **1.** filter, szűrő; ~ *de ar* légszűrő; *cigarros com* ~ füstszűrős cigaretták **2.** *fényk* színszűrő, fényszűrő

fim [fi^n] *m* **1.** vég; befejezés; *ao* v *no* ~ *de* vminek a végén; *no* ~ *da rua* az utca végén; *no* ~ *de contas* végeredményben; *no* ~ *do ano* az év végén; *em fins de Abril* április végén; *por* ~ végül; *sem* ~ végtelen, határtalan; *dar* ~ *a* befejez vmit; *pôr* ~ *a* véget vet vminek; *pôr* ~ *à vida* véget vet életének, végez önmagával; *tudo tem um* ~ mindennek vége szakad egyszer **2.** vminek a végpontja, széle, határa; *estar no* ~ *das suas forças* ereje fogytán van; *sua paciência chegou ao fim* türelme végleg elfogyott **3.** *átv* cél, szándék; ~ *em si* öncél; *o fim* (*não*) *justifica os meios; os fins* (*não*) *justificam os meios* a cél (nem) szentesíti az eszközt; *a* ~ *de* avégből, hogy; *com o* ~ *de* azzal a céllal, hogy; *para este* ~ ebből a célból; *conseguir o* ~ eléri célját

fimbria [fi^{n}mbrjö] *f* rojt, szegély

fim-de-semana [fi^{n}diszimönö] *m* hétvég, víkend

finado [finàdu] *m* elhalt; *Dia de* ~*s* halottak napja

final [finàl] **I.** *m* **1.** végső, utolsó; *resultado* ~ végeredmény **2.** *nyelvt: conjunção* ~ célhatározói kötőszó **II.** *fn, m* **1.** vég, befejezés; kimenetel; *nos finais deste ano* ez év végén **2.** *zene* finálé, zárótétel **3.** *f sp* döntő

finalidade [finölidàd] *f* célkitűzés

finalista [finölistö] *fn* **1.** utolsó éves diák **2.** *sp* döntőbe jutott csapat *v* sportoló

finalizar [finölizàr] *1/1* **I.** *ts* befejez **II.** *tl*, **III.** **~-se** befejeződik, véget ér

finalmente [finölme^{n}nt] *hat* végül, végre

finanças [finö^{n}szös] *f tb* **1.** pénzügy **2.** államkincstár

financeiro [finö^{n}széjru] **I.** *mn* pénzügyi **II.** *fn, m* **1.** pénzügyi szakember **2.** *biz* uzsorás

financiamento [finö^{n}szjöme^{n}ntu] *m* **1.** pénzellátmány **2.** befizetés

financiar [finö^{n}szjàr] *1/7 ts* pénzzel ellát, pénzel

financista [finö^{n}szistö] *m* pénzember, pénzügyi szakember

finar [finàr] *1/1* **I.** *tl* véget ér **II.** **~-se** **1.** emészti magát, lefogy **2.** meghal **3.** ~*-se por* vágyódik vmi után

finca [fi^{n}nkö] *f* **1.** támasz (*átv* is) **2.** *às* ~*s* nyomatékosan; gondosan

finca-pé [fi^{n}köpè] *m* **1.** láb megvetése vhol **2.** *átv* kitartás, makacsság **3.** *szól: fazer* ~ *em* **a)** megveti a lábát vhol **b)** *átv* makacsul kitart vmi mellett

fincar [finkàr] *1/2* **I.** *ts* **1.** beszúr, bever; elültet; felállít **2.** támaszkodik vmire (*em*) **II.** **~-se** *em* **1.** megveti a lábát vhol **2.** makacsul kitart vmi mellett

findar [fi^{n}ndàr] *1/1* I. *ts* befejez II. *~-se* befejeződik, véget ér
findável [fi^{n}ndàvèl] *mn* mulandó
findo [fi^{n}ndu] I. *mmi* → **findar** II. *mn* elmúlt, lefolyt
finês *m*, **finesa** *f* [finés, finézö] *mn* és *fn* finn
fineza [finézö] *f* 1. finomság 2. szívesség; figyelmesség; *fazer uma ~* szívességet tesz; *faça a ~!* legyen szíves, legyen olyan jó!
fingido [fi^{n}zsidu] I. *mn* 1. hamis, színlelt 2. látszólagos II. *fn* képmutató
fingimento [fi^{n}zsime^{n}ntu] *m* képmutatás
fingir [fi^{n}zsir] *3/3* I. *ts* 1. kigondol, költ 2. színlel, tettet 3. utánoz II. *tl* képmutatóskodik
finítimo [finitimu] *mn* szomszédos
finito [finitu] *mn* 1. befejezett 2. véges
finlandês *m*, **finlandesa** *f* [fi^{n}lö^{n}dés, -dézö] *mn* és *fn* finnországi, finn
fino [finu] 1. finom; *areia ~a* finom homok; *chuva ~a* szitáló eső; *olhar ~* éles látás; *ouvido ~* finom hallás; *pedaço ~* finom falat; *pedras ~as* drágakövek 2. vékony, karcsú; *cintura ~a* karcsú csípő 3. kifinomult; előkelő; válogatott; *gosto ~* finom *v* kifinomult ízlés 4. éles; *lâmina ~a* éles penge 5. agyafúrt, eszes 6. *fazer-se ~* elszemtelenkedik II. *fn*, *m* 1. finomság, finom dolog 2. vminek a színe-java
finório [finòrju] I. *mn* ravasz, dörzsölt II. *fn* minden hájjal megkent alak
finta [fi^{n}ntö] *f* I. adózás; hozzájárulás II. *sp* 1. cselfogás 2. (ki)cselezés
fintador *m*, **-a** *f* [fi^{n}ntödor(ö)] *mn* és *fn* csaló, szélhámos
fintar[1] [fi^{n}ntàr] *1/1* I. *ts* megadóztat, adót kivet vkire T II. *~-se para* (anyagilag) hozzájárul vmihez
fintar[2] [fi^{n}ntàr] *1/1* I. *ts* becsap, rászed II. *tl* 1. szélhámoskodik 2. *sp* cselez
finura [finurö] *f* 1. finomság 2. agyafúrtság, ravaszság
fio [fiu] *m* 1. fonal, szál; *~ cru* vastag fonal; *~ retorcido* cérna; *~ de linha* varrócérna; *~ de prumo* függőón; *~ de seda* selyemszál 2. (fém)huzal; *~ de arame* rézhuzal; *sem ~* drótnélküli 3. vezeték; *~ de terra* földelés 4. zsineg, spárga; zsinór 5. nyaklánc; *~ de ouro* arany nyaklánc; *~ de pérolas* gyöngysor 6. él (vágó szerszámé); *dar ~ a* kiélesít vmit; *passar ao ~ da espada* kardélre hány 7. gondolatmenet; beszéd fonala; *perder o ~ do discurso* elveszti a beszéd fonalát 8. *szól: ~ quente*, *átv* forró drót; *~ de água* vékony vízsugár; *~ de esperança* halvány reménysugár; *a ~, ~ a ~* egyhuzamban, egymásután; *horas a ~* órák hosszat; *de ~ a pavio* elejétől végig, töviről hegyire; *por um ~* hajszálnyira; *estar por um ~* hajszálon függ; *estar num ~* elnyűtt, kopott (ruha)
fiorde [fjòrd] *m földr* fjord
firma [firmö] *f* 1. aláírás 2. (kereskedő)cég
firmamento [firmöme^{n}ntu] *m* égbolt
firmar [firmàr] *1/1* I. *ts* 1. megerősít, alátámaszt 2. igazol, elismer, aláír II. *~-se em* 1. támaszkodik vmire 2. hivatkozik vmire 3. alapul, épül vmin
firme [firm] *mn* 1. szilárd, erős; *~ vontade* erős akarat; *manter-se ~* szilárdan kitart 2. *kat: ~!* vigyázz!
firmeza [firmézö] *f* 1. szilárdság 2. állhatatosság
fiscal [fiskàl] I. *mn* 1. kincstári 2. adóügyi II. *fn*, *m* 1. vámtiszt 2. adóellenőr 3. *sp: ~ de linha* határbíró
fiscalização [fisközlizöszö^{n}u] *f* ellenőrzés; felügyelet
fiscalizar [fisközlizàr] *1/1 ts* ellenőriz; felügyel
fisco [fisku] *m* államkincstár
fisga [fizsgö] *f* 1. szigony 2. parittya 3. rés, hasadás
fisgar [fizsgàr] *1/4 ts* 1. szigonnyal halászik 2. megfog, megragad 3. *átv* felfog, megért
física [fizikö] *f* fizika, természettan
físico [fiziku] I. *mn* 1. fizikai, természettani; *geografia ~a* fizikai földrajz 2. testi; *castigo ~* testi fenyítés; *educação ~a* testnevelés II. *fn*, *m* 1. fizikum, testalkat, külső 2. fizikus
físico-química [fizikòkimikö] *f* fizikai kémia
fisiologia [fizjuluzsiö] *f* fiziológia, élettan
fisiologista [fizjuluzsistö] *fn* fiziológus
fisionomia [fizjunumiö] *f* fiziognómia, arckifejezés
fissão [fiszö^{n}u] *f* hasadás; *~ nuclear* atommaghasadás

fissura [fiszurö] *f* 1. rés 2. *orv* vágás, vágott seb
fístula [fistulö] *f orv* fisztula, sipoly
fita [fitö] *f* 1. szalag; ~ *cinematográfica* filmszalag; ~ *colante* ragasztószalag; ~ *isolante* szigetelőszalag; ~ *magnética* magnetofonszalag; ~ *métrica* mérőszalag; ~ *perforável* lyukszalag; ~ *preta* gyászszalag; ~ *virgem* üres magnószalag; ~ *de metal* fémszalag; ~ *de seda* selyemszalag; ~ *para máquina de escrever* gépírószalag 2. *átv* képmutatás, komédia; *fazer* ~ alakoskodik, komédiázik
fitar [fitàr] *1/1* I. *ts* néz, szemét rászegezi II. **~-se** nézik egymást, egymásra néznek
fiteiro [fitéjru] *m* 1. szalagszövő, szalaggyáros 2. **B** szoknyavadász; arszlán 3. **B** *ker* vitrin, kirakat
fitilho [fitilju] *m* paszomány, zsinór
fitinha [fitinyö] *f biz* érdemérem, „plecsni"
fito [fitu] I. *mn* 1. *olhar* ~ merev tekintet 2. *orelhas* ~*as* hegyezett fülek 3. *a* v *de* ~ mereven II. *fn, m* cél, szándék (*átv* is)
fitoteca [fitòtèkö] *f* magnószalag-tár
fivela [fivèlö] *f* csat
fixa [fikszö] *f* 1. mérőléc (geodéziában) 2. sínrögzítő vaslemez 3. *műsz* sarokvas
fixação [fikszöszö^{n}u] *f* 1. rögzítés 2. *vegy, fényk* fixálás 3. *átv* megállapítás (*pl* adóé)
fixador *m*, **-a** *f* [fikszödor(ö)] I. *mn* rögzítő II. *fn, m* 1. hajrögzítő szer 2. *fényk* rögzítőfürdő
fixar [fikszàr] *1/1* I. *ts* 1. rögzít; ~ *com pregos* odaszögez, rászögez; ~ *cartazes* hirdetéseket ragaszt 2. *átv* kitűz, megállapít 3. *átv* vhova irányít; ~ *a atenção em* figyelmét összpontosítja vmire; ~ *os olhos* v *a vista em* rámereszti a szemét vkire v vmire; ~ *na memória* emlékezetébe vés; ~ *no papel* írásban rögzít II. **~-se** 1. letelepszik, megtelepedik 2. ~*-se em* néz, megfigyel vmit
fixativo [fikszötivu] *mn* rögzítő
fixe [fis] I. *mn nép* 1. szilárd 2. rendületlen II. *isz* ~*!* ez fix! meglesz!
fixidez [fikszidés] *f* 1. szilárdság 2. állhatatosság
fixo [fikszu] *mn* 1. szilárd, erős 2. merev; *atenção* ~*a* feszült figyelem; *olhar* ~ merev tekintet 3. állandó, változatlan; *domicílio* ~ ; *residência* ~*a* állandó lakóhely; *preço* ~ szabott ár 4. kitűzött, megállapított; *a prazo* ~ a megállapított határidőre
fl. = 1. *florim, florins* 2. *folha*
flácido [flàszidu] *mn* hervadt, petyhüdt, gyenge, erőtlen
flagelar [flözsilàr] *1/13 ts* 1. ostoroz 2. *átv* gyötör, nyugtalanít
flagelo [flözsélu] *m* 1. ostor, korbács 2. *átv* csapás, baj
flagrante [flögrö^{n}nt] *mn* 1. égő, lobogó 2. nyilvánvaló 3. *apanhar* v *pegar em* ~ tetten ér
flama [flömö] *f* láng
flamejante [flömizsö^{n}nt] *mn* lángoló, tüzes
flamejar [flömizsàr] *1/14 tl* 1. (fel)lángol 2. ~ *chispas* szikrákat szór
flamengo [flöme^{n}ngu] *mn* és *fn* flamand
flâmula [flömulö] *f* kis árboczászló
flanco [flö^{n}nku] *m* oldal, oldalsó rész
Flandres [flö^{n}ndris] *f* Flandria
flanela [flönèlö] *f text* flanell
flanquear [flö^{n}nkjàr] *1/5 ts* 1. *kat* minden oldalról megvéd 2. *kat* oldalba támad 3. *áll* v elhúz vmi mellett **T**
flato *m*, **flatulência** *f* [flàtu, flötule^{n}szjö] *fn orv* felfúvódás
flauta [flàutö] *f* 1. fuvola; ~ *mágica* varázsfuvola 2. **B** gúny, gúnyolódás; *levar tudo na* ~ mindenből gúnyt űz, semmit sem vesz komolyan
flautar [flàutàr] *1/1 tl* 1. fuvolázik 2. fuvolázó hangon v mesterkélten beszél
flautear [flàutyàr] *1/15 tl* 1. fuvolázik 2. **B** gúnyolódik
flauteio [flàutéju] *m* 1. fuvolázás 2. **B** gúnyolódás
flautim [flàuti^{n}] *m* pikoló, kisfuvola
flautista [flàutistö] *fn* fuvolás
flebite [flibit] *f orv* visszérgyulladás
flecha [flèsö] *f* 1. nyíl(vessző) 2. hegyes torony
flechar [flisàr] *1/13 ts* 1. nyillal megsebez 2. *átv* kinevet, kigúnyol
fleima, fleuma [fléjmö, fléumö] *f* flegma, egykedvűség, hidegvér
fleumático [fléumàtiku] *mn* flegmatikus, egykedvű, hidegvérű

flexão [flèkszö^{n}u] *f* 1. hajlítás 2. *nyelvt* főnévragozás

flexibilizar [flèkszibilizàr] *1/1 ts* hajlékonnyá tesz

flexível [flèkszivèl] *mn* 1. hajlítható; rugalmas 2. hajlékony (*átv* is); *horário* ~ kötetlen munkaidő 3. *átv* engedékeny 4. *nyelvt* ragozható

flibusteiro [flibustéjru] *m* 1. kalóz 2. rabló 3. szélhámos

floco [flòku] *m* 1. hópehely 2. pehely, pihe

flocoso [flukozu] *mn* pelyhes, pihés

flóculo [flòkulu] *m* kis pihe

flor [flor] *f* 1. virág; 2. virágzás; *estar na* ~ *da idade* v *da vida* élete virágában van 3. penész (folyadék tetején) 4. vminek a színe-java; ~ *da farinha* legfinomabb búzaliszt; ~ *da sociedade* a társadalom színe-java 5. szépség 6. *szól: à* ~ *de água* a víz felszínén; *ter os nervos à* ~ *da pele* nagyon ingerlékeny v ideges, táncolnak az idegei

flora [flòrö] *f* növényvilág

floração [flurösző^{n}u] *f* virágzás (ideje)

floral [fluràl] *mn* virág-

florão [flurö^{n}u] *m ép, nyomd* virágdísz

floreado [flurjàdu] I. *mn* 1. virágos 2. virágzó II. *fn, m* 1. díszítés 2. *zene* koloratúra 3. cikornya

florear [flurjàr] *1/5* I. *ts* 1. virágokkal díszít 2. jártas a kardforgatásban II. *tl* 1. virágzik 2. *átv* kiválik, tündöklik

floreio [fluréju] *m* 1. virágzás 2. virágdísz 3. *átv* szóvirág

floreira [fluréjrö] *f* 1. virágváza 2. virágárusnő

floreiro [fluréjru] *m* virágárus

Florença [flure^{n}szö] *f* Firenze

florescência [fluris-sze^{n}szjö] *f* virágzás

florescer [fluris-szér] *2/2 tl* virágzik (*átv* is)

floresta [flurèstö] *f* 1. erdő 2. *átv* labirintus, útvesztő

florestal [fluristàl] *mn* erdei, erdő-; *engenheiro* ~ erdőmérnök; *guarda* ~ erdőőr

florete [flurét] *f* vívótőr

floretista [fluritistö] *fn* tőrvívó

floricultor [flurikultor] *m* virágkertész

floricultura [flurikulturö] *f* virágkertészet

florido, flórido [fluridu, flòridu] *mn* 1. virágos 2. virágzó (*átv* is)

florilégio [flurilèzsiu] *m* 1. virággyűjtemény 2. antológia

florim [fluri^n] *m* forint

florir [flurir] *3/10* I. *ts* virágokkal díszít II. *tl* virágzik (*átv* is)

florista [fluristö] *fn* virágárus

flotilha [flutiljö] *f kat* flottilla

fluência [flue^{n}szjö] *f* folyékonyság

fluente [flue^{n}nt] *mn* 1. folyékony 2. *átv* könnyed

fluidez [fluidés] *f* folyékonyság

fluido [flujdu] I. *mn* folyékony II. *fn, m* 1. folyadék 2. fluidum

fluir [fluir] *3/6 tl* 1. folyik 2. *átv* ered, következik

fluminense [flumine^{n}sz] *mn* és *fn* Rio de Janeiro államból való

flúor [fluòr] *m vegy* fluor

fluorescência [fluòris-sze^{n}szjö] *f* fluoreszkálás, villódzás

fluorescente [fluòris-sze^{n}nt] *mn* fluoreszkáló, világító

flutuação [flutuösző^{n}u] *f* 1. hullámzás; *linha de* ~, *haj* vízvonal, merülési vonal 2. *átv* ingadozás

flutuador [flutuödor] *m műsz* úszó

flutuante [flutuö^{n}nt] *mn* hullámzó, ingadozó (*átv* is)

flutuar [flutuàr] *1/9 tl* 1. úszik (a víz felszínén) 2. leng, lobog (zászló) 3. *átv* ingadozik

fluvial [fluvjàl] *mn* folyami; *navegação* ~ folyami hajózás

fluviómetro [fluvjòmitru] *m* vízállásjelző készülék

fluxão [flukszö^{n}u] *m orv* vérömleny

fluxo [flukszu] *m* 1. dagály; ~ *e refluxo* apály és dagály 2. *orv* kiválasztás; folyás; takonykór; nátha 3. *átv* áramlat, áramlás; bőség; ~ *de turistas* túristák özönlése, túristaforgalom

FMI = *Fundo Monetário Internacional*

F. M. J. D. = *Federação Mundial da Juventude Democrática*

F. N. L. A. = *Frente Nacional de Libertação de Angola*

F.º = *Filho*

fob, F. O. B. = *ker:* (free on board) *franco a bordo*

fobia [fubiö] *f orv* fóbia, beteges félelem v irtózás

foca [fòkö] *f* 1. *áll* fóka 2. zsugori 3. **B** kezdő, újonc

focagem [fukàzsö^{n}j] *f fényk* beállítás

focal [fukàl] *mn fiz: distância* ~ gyújtótávolság

focar [fukàr] *1/2, 1/15 ts* 1. *fényk* beállít 2. *átv* megvilágít

foçar [fuszàr] *1/4, 1/15 ts* orrával (fel)túr

focinheira [fuszinyéjrö] *f* 1. (állati) orr 2. szájkosár 3. *nép* pofa

focinho [fuszinyu] *m* 1. = **focinheira 1, 3**; 2. *szól: meter o ~ nas coisas alheias* beleüti az orrát más dolgába

foco [fòku] *m* 1. fókusz, gyújtópont; *pôr em ~* rávilágít, feltár 2. jelzőlámpa, zseblámpa 3. *orv* góc; *~ de infecção* fertőzés góca 4. gócpont, középpont, vminek a melegágya; *~ de rebelião* lázadás gócpontja

fofo [fofu] I. *mn* 1. laza, puha 2. rugalmas 3. hiú, beképzelt II. *fn, m* ruha buggyos része, puff

fofoca [fufòkö] *f* B *nép* pletyka, intrika

fofocar [fufukàr] *1/12 tl* pletykál; intrikál

fogaça [fugàszö] *f* kalácsféle

fogacho [fugàsu] *m* 1. lángocska, lángnyelv 2. *átv* haragos fellobbanás

fogagem [fugàzsö^{n}j] *f* 1. *orv* kiütés (hőségtől) 2. *átv* hevesség; ingerlékenység

fogaleira [fugöléjrö] *f* piszkavas

fogão [fugö^{n}u] *m* 1. (konyha)tűzhely; *~ eléctrico* villanytűzhely; *~ de petróleo* petróleumfőző 2. *kat* gyújtólyuk

fogareiro [fugöréjru] *m* főzőlap, ételmelegítő

fogaréu [fugörèu] *m* láng; lángnyelv; tűz

fogo [fogu] *m* 1. tűz; láng; *~ posto* gyújtogatás; *practicar ~ posto* gyújtogat; *~ de palha* szalmaláng; *atiçar o ~* szítja a tüzet; *deitar* v *lançar ~* felgyújt, meggyújt; *pegar fogo* a) felgyújt vmit (*a*) b) égni kezd, meggyulladt, tüzet fog; 2. tűzvész 3. tűzhely; kályha 4. *kat* tűz, tüzelés; *~ cruzado* kereszttűz; *fazer ~* tüzel, lő 5. *láz* 6. *átv* hév, lelkesedés 7. *szól: deitar azeite* v *lenha no fogo* olajat önt a tűzre; *estar entre dois ~s* két tűz között van; *fugir do ~ e cair nas chamas; fugir do fumo e cair no ~* cseberből vederbe jut; *pôr as mãos no ~ por* tűzbe meri tenni a kezét vkiért

fogo-fátuo [fogufàtvu] *m* 1. lidércfény 2. múló dicsőség

fogosidade [fuguzidàd] *f* hév; lelkesedés

fogoso [fugozu] *mn* tüzes, heves (*átv* is)

fogueira [fugéjrö] *f* 1. tűz; láng 2. máglya; *levar à ~* máglyára vet 3. *átv* hév, lelkesedés

fogueiro [fugéjru] *m* fűtő

foguetão [fugitö^{n}u] *m* 1. űrrakéta 2. rakétalövedék

foguete [fugét] *m* 1. rakéta, tűzijáték 2. *kat* rakétalövedék 3. űrrakéta; *~ portador* hordozórakéta 4. *szól: soltar ~s* ujjong; *soltar os ~s antes da festa* előre iszik a medve bőrére

fogueteiro [fugitéjru] *m* tűzszerész

foguista [fugistö] *m* B fűtő

foiç... → **fouç...**

fojo [fozsu] *m* 1. farkasverem; csapda 2. barlang 3. mélység, örvény

folar [fulàr] *m* 1. húsvéti ajándék 2. húsvéti kalács

folclore [fòlklòr] *m* folklór

folclórico [fòlklòriku] *mn* folklorisztikus

fole [fòl] *m* 1. (kovács)fújtató 2. *zene* fújtatóláda

fôlego [foligu] *m* 1. lélegzés, lélegzet; *dar ~* lélegzethez juttat; *ficar sem ~, perder o ~* kifullad; *tomar ~* lélegzetet vesz; *de um ~* egy szúszra 2. *átv* bátorság

folga [fòlgö] *f* 1. (munkaközi) szünet, pihenő; *estar de ~* pihen, szabadnapos 2. *isk: ~ de dez minutos* típerces szünet 3. *műsz* mozgástér; holtjáték 4. *dar ~* bővebbre vesz, kienged (ruhát); *ter ~* bő

folgado [folgàdu] *mn* 1. kipihent; szabad idővel rendelkező 2. gondtalan, vidám; *levar vida ~a* gondtalanul él 3. bő, tág (ruha)

folgança [folgö^{n}szö] *f* pihenés; szórakozás

folgar [folgàr] *1/4, 1/15* I. *ts* 1. pihentet, pihenőt ad 2. kibővít, kienged (ruhát) II. *tl* 1. pihen, szórakozik 2. örül vminek (*com, em*); *folgo muito* nagyon örülök

folgazão *m*, **folgazona** *f* [folgözö^{n}u, -zonö] *mn* és *fn* vidám, pajkos; mulatós

folguedo [folgédu] *m* 1. pihenés, szórakozás 2. játék; tréfa; pajkosság

folha [foljö] *f* 1. *növ* levél; *novo em ~* vadonatúj 2. papírlap; *~ de papel* ív papír, papírív; 3. *nyomd: ~ de rosto* címlap; *falsa ~ de rosto* szennycímlap 4. penge; *~ da charrua* ekevas 5. *műsz* lap, lemez; *~ de Flandres* horganylemez; *~ de lata* bádoglemez 6. újság; *~ oficial* hivatalos lap

7. jegyzék, lista; ~ *de férias* bérlista, fizetési jegyzék 8. ugar, parlag; irtásföld 9. ajtószárny, ablakszárny; *porta de duas* ~*s* kétszárnyú ajtó

folhado [fuljàdu] **I.** *mn* **1.** dús levélzetű **2.** *konyh: massa* ~*a* leveles *v* réteges tészta **II.** *fn, m* **1.** levélzet, lombozat **2.** *konyh* leveles tészta

folhagem [fuljàzsö^{n}j] *f* levelek, lomb

folhar [fuljàr] *1/15* **I.** *ts* **1.** lombokkal díszít **2.** *konyh* hajtogat (leveles tésztát) **II.** *tl* leveleket hajt, lombosodik

folheado [fuljiàdu] **I.** *mn* **1.** leveles **2.** lemezzel borított **II.** *fn, m* furnér(lemez); fémlemez

folhear [fuljiàr] *1/5 ts* **1.** átlapoz, végigfut (iráson) **2.** furnéroz; lemezzel borít

folhedo [fuljédu] *m* lehullott lomb; avar

folheiro[1] [fuljéjru] *mn* **B** **1.** szép termetű **2.** vidám

folheiro[2] [fuljéjru] *m* **B** bádogos

folhelho [fuljélju] *m növ* héj; védőburok

folhento [fulje^{n}ntu] *mn* leveles, lombos

folheta [fuljétö] *f* **1.** fémlapocska **2.** fólia

folhetear [fuljityàr] *1/5 ts* **1.** *műsz* lemezel **2.** furnéroz **3.** befoglal, keretbe rak

folhetim [fuljiti^{n}] *m* tárcacikk

folhetinista [fuljitinìstö] *fn* tárcacikkíró

folheto [fuljétu] *m* röpirat

folhinha [fuljinyö] *f* **1.** könyvlap, füzetlap **2.** furnérlemez **3.** letépős naptár (lapja)

folho [folju] *m* pliszé, berakás, redő

folhoso [fuljozu] **I.** *mn* sűrű levelű, lombos **II.** *fn, m áll* százrétű gyomor

folhudo [fuljudu] *mn* = **folhoso I.**

folia [fuliö] *f* **1.** mókázás **2.** zajos mulatozás

folião [fuljö^{n}u] *m* mókázó, bolondozó

foliar [fuljàr] *1/7 tl* mókázik, bolondozik

fólio [fòlju] *m* **1.** fólio, ívrétalak; *em* ~ ívnagyságban **2.** ívrét alakú könyv *v* lap

fome [fòm] *f* **1.** éhség; *andar* v *estar com* ~, *ter* ~ éhes; *matar* v *satisfazer a* ~ éhségét csillapítja; *matar de* ~ agyonéheztet; *morrer de* ~ éhen hal; *passar* ~ éhezik **2.** ínség, szűkölködés **3.** *átv* mohóság; sóvárgás

fomentador *m*, **-a** *f* [fume^{n}ntödor(ö)] **I.** *mn* **1.** ösztönző **2.** bújtogató, lázító **II.** *fn, m:* ~ *de guerra* háborús uszító

fomentar [fume^{n}ntàr] *1/1 ts* **1.** ösztönöz **2.** fejleszt **3.** *orv* bedörzsöl, beken **4.** *átv* izgat, ingerel; ~ *o ódio* gyűlöletet szít

fomento [fume^{n}ntu] *m* **1.** ösztönzés **2.** fejlesztés; *fundo de* ~ *da habitação* lakásépítési alap **3.** *orv* csillapítószer

fona [fonö] *f* sürgés-forgás; *andar na* ~ sürög-forog

fone [fòni] *m* **1.** telefon **2.** **B** telefonkagyló

fonema [fònémö] *m nyelvt* fonéma

fonética [fonètikö] *f nyelvt* fonetika, hangtan

fonético [fònètiku] *mn* fonetikus; hangtani

fonógrafo [fònògröfu] *m* fonográf

fonómetro [fònòmitru] *m* hangmérő készülék

fontainha [fo^{n}ntöìnyö] *f* kis forrás

fonte [fo^{n}nt] *f* **1.** forrás (*átv* is); ~ *de iluminação* fényforrás; ~ *digna de crédito* megbízható forrás **2.** szökőkút **3.** *orv* halánték

fora[1] [fòrö] **I.** *hat* **1.** (*por*) ~ kint; *comer* ~ házon kívül étkezik; *estar* ~ nincs itt, házon kívül van; *de* ~ kintről, kívülről; *a parte de* ~ a külső rész; *ficar de* ~ kívül marad, nem avatkozik bele; *közm: pequeno por* ~, *grande por dentro* kicsiny a bors, de erős **2.** ki, kifelé; *pôr para* ~ kiteszi a szűrét; *cai* ~, *argó* tűnj el! kopj le! **3.** külföldön **4.** nem számítva; *havia no salão dez pessoas,* ~ *o orador* a teremben tízen voltak az előadón kívül **5.** kivéve, kivétel; *todos vieram* ~ *João* mindenki eljött, János kivételével **II.** *vsz* vmin kívül; vmin felül; ~ *de comum* nem mindennapi; ~ *disso* ezenkívül; ~ *de dúvida* kétségkívül; ~ *de horas* szokatlan időben; rosszkor; ~ *da lei* törvényen kívül(i); ~ *de mão* félreeső; messze, távol(i); ~ *de mim* rajtam kívül; *estar* ~ *de serviço* nem működik (*pl* lift); *estar* v *ficar* ~ *de si* magánkívül van; kikel magából; *estar* ~ *de uso* használaton kívül van **III.** *fn, m* **1.** *sp: um* ~ *do jogo* les **2.** **B**: *dar o* ~ elsomfordál; *dar o* ~ *a* kiadja az útját, kiteszi a szűrét; *levar um* ~ zárt ajtókra talál, nem sikerül neki **IV.** *isz* ki innen! kifelé!

fora[2] [forö] → **ser**

foragem [furàzsö^{n}j] *f* csekély járandóság
foragido [furözsidu] *mn* és *fn* 1. emigráns 2. szökevény, rejtőző
foral [furàl] *m tört* kiváltságlevél
forasteiro [furöstéjru] *mn* és *fn* külföldi; idegen
forca [forkö] *f* akasztófa
força [forszö] *f* 1. erő; ~ *maior* kényszerítő körülmény; *caso de* ~ *maior* kényszerhelyzet; ~ *de ânimo* lelkierő; ~ *de atracção* vonzóerő; ~ *de vontade* akaraterő; *à* ~ *de* vminek az erejénél fogva; *com todas as* ~*s* minden erő latbavetésével; *pela* ~ erőszakkal; *por* ~ akarva-akaratlan; *por* ~ *de hábito* a szokás hatalmánál fogva; *por* ~ *de necessidade* szükségszerűségből; *é* ~ *que* szükséges, hogy; *faltam-me* ~*s para* nincs erőm ahhoz, hogy; *ter* ~ *para* van ereje *v* képessége ahhoz, hogy; *ter* ~ *de lei* törvényerejű 2. erőszak; *ceder à* ~ enged az erőszaknak *v* a túlerőnek; *usar a* ~ erőszakot alkalmaz 3. erőfeszítés; *fazer* ~ erőfeszítéseket tesz, iparkodik 4. erőmű 5. *kat:* ~*s* haderő(k); ~*s aéreas* légierők; ~*s armadas* fegyveres erők; ~*s navais* tengeri erők; ~*s terrestres* szárazföldi erők
forcado [furkàdu] *m* vasvilla
forçado [furszàdu] I. *mn* 1. kényszer-, kényszerítő; *trabalho* ~ kényszermunka 2. szükségszerű; erőltetett; *sorriso* ~ erőltetett mosoly II. *fn* fegyenc
forçamento [furszöme^{n}ntu] *m* kényszerítés
forçar [furszàr] *1/3, 1/15 ts* 1. kényszerít, erőltet, kierőszakol, erőszakot alkalmaz; ~ *os obstáculos* leküzdi az akadályokat; ~ *o passo* sietteti lépteit, kilép; ~ *a voz* erőlteti a hangját 2. felfeszít, betör (ajtót) 3. megerőszakol 4. *átv* kiforgat (értelmet, jelentést)
forcejar [furszizsàr] *1/14 tl* 1. iparkodik, erőlködik vmiért (*por*) 2. *átv* küzd, harcol vmi ellen (*contra*)
fórceps [fòrszèps] *m orv* szülészeti fogó
forçoso [furszozu] *mn* szükséges, elkerülhetetlen; *é* ~ *lutar* küzdeni kell; *é-me* ~ *partir* mindenképpen el kell utaznom
forçudo [furszudu] *mn* izmos, erős
forense [fure^{n}sz] *mn* bírósági; ügyvédi
forja [fòrzsö] *f* kovácsműhely; *estar na* ~ készülőben van, szó van róla
forjador *m*, **-a** *f* [furzsödor(ö)] *mn* és *fn* vminek a kieszelője, kovácsa
forjar [furzsàr] *1/15 ts* 1. kovácsol 2. kiagyal, kigondol
forjicar [furzsikàr] *1/2 ts* (el)fuserál
forma[1] [fòrmö] *f* 1. forma, alak; külső; ~ *do governo* kormányforma, politikai rendszer; *de* ~ *alguma* semmiképpen; *de outra* ~ egyébként, máskülönben; *de qualquer* ~ valamilyen módon; *de tal* ~ *que* úgy, hogy; *desta* ~ ilyen módon; *em* ~ *de* vminek a formájában; *em devida* ~ annak rendje és módja szerint; *pró* ~ a forma kedvéért; *a julgar pela* ~ külseje után ítélve; *não há* ~ nincs rá mód, nem lehetséges 2. *kat:* *debaixo de* ~ rendekbe sorakozz! 3. *sp:* *estar na melhor* ~ a legjobb formájában van
forma[2] [formö] *f müsz* (öntő)minta; (kalap)forma; kaptafa
formação [furmöszö^{n}u] *f* 1. képzés, kiképzés; ~ *de professores* tanárképzés 2. alakulat, képződmény (*geol* is); *em* ~ alakulóban levő 3. *kat:* ~ *motorizada* motorizált alakulat; ~ *de combate* csatarend 4. *átv* beállítottság
formado [furmàdu] I. *mmi* → **formar** II. *mn* 1. tanult, kiképzett 2. egyetemet *v* főiskolát végzett
formal [furmàl] *mn* 1. formális, alaki 2. nyilvánvaló 3. *átv* kifejezett, kimondott; *recusa* ~ kerek elutasítás
formalidade [furmölidàd] *f* formalitás; *por* ~ a forma kedvéért
formalista [furmölistö] *mn* és *fn* a formaságokhoz ragaszodó
formalizar [furmölizàr] *1/1* I. *ts* előírás szerint elintéz *v* megfogalmaz II. ~**-se** 1. megsértődik *v* felháborodik vmi miatt (*de*) 2. kiöltözik
formalmente [furmölme^{n}nt] *hat* alakilag
formão [furmö^{n}u] *m müsz* lyukvéső
formar [furmàr] *1/15* I. *ts* 1. formál, alakít; ~ *uma opinião* véleményt alakít 2. (ki)képez II. ~**-se** 1. kialakul 2. fejlődik, keletkezik 3. kiképezi magát vmiben (*em*)
formativo [furmötivu] *mn* képző, alakító
formato [furmàtu] *m* formátum, alak, méret
formatura [furmöturö] *f* 1. kiképzés

2. *kat* sorakozás, felállás 3. tudományos fokozat
formicida [furmiszidö] *m* hangyairtó szer
formidando [furmidö^{n}ndu] *mn* félelmetes
formidável [furmidàvèl] *mn* 1. borzasztó, rettenetes 2. *biz átv* óriási; pazar
formiga [furmigö] *f* hangya
formigão [furmigö^{n}u] *m* 1. nagy hangya 2. beton(keverék) 3. szeminarista
formigar [furmigàr] *1/4 tl* 1. bizsereg 2. hemzseg, nyüzsög
formigueiro [furmigéjru] *m* 1. hangyaboly 2. bizsergés 3. hemzsegés, nyüzsgés
formiguejar [furmigizsàr] *1/14 tl* 1. bizsereg 2. hemzseg, nyüzsög
formoso [furmozu] *mn* szép
formosura [furmuzurö] *f* szépség
fórmula [fòrmulö] *f* 1. formula 2. recept
formular [furmulàr] *1/1 ts* 1. megszövegez, megfogalmaz 2. receptet ír
formulário [furmulàrju] *m* 1. receptkönyv 2. (irat)mintagyűjtemény
fornada [furnàdö] *f* sütet
fornalha [furnàljö] *f* 1. (kenyérsütő) kemence 2. *müsz* tűztér
fornecedor *m*, **-a** *f* [furniszidor(ö)] *mn* és *fn* szállító
fornecer [furniszér] *2/2* I. *ts* 1. szállít 2. ad, szolgáltat, ellát 3. közöl II. ~**-se** *de* ellátja magát vmivel
fornecimento [furniszime^{n}ntu] *m* 1. szállítás 2. szolgáltatás
fornicar [furnikàr] *1/2 tl* 1. paráználkodik 2. *köz* piszkál, szekál
fornido [furnidu] *mn* 1. erős, tagbaszakadt 2. ~ *de carnes* testes, kövér
fornilho [furnilju] *m* 1. kis tűzhely 2. pipafej
forno [fornu] *m* 1. tűzhely sütője, „ler(li)" 2. kemence; *alto* ~ kohó; ~ *Martin* martinkemence; ~ *de fundição* olvasztókemence
foro[1] [fòru] *m* fórum
foro[2] [foru] *m* 1. földbér 2. privilégium, kiváltság 3. törvényszék
forquear [furkjàr] *1/5 tl* kettéágazik
forqueta [furkétö] *f* 1. kettéágazó fatörzs 2. B két folyó egyesülése
forquilha [furkiljö] *f* 1. háromágú villa 2. tartó; támasz 3. ruhafogas
forra[1] [fòrrö] *f* B bosszú; *ir à* ~ boszút áll
forra[2] [forrö] *f* 1. szegélyezés, (deszka)burkolás 2. (ruha)bélés
forrador [furrödor] *m* kárpitos; tapétázó
forragear [furrözsjàr] *1/5 ts* 1. (füvet) kaszál 2. *átv* átvesz részeket (más művéből)
forrageira [furrözséjrö] *f* B takarmánynövény
forragem [furràzsö^{n}j] *f* takarmány; abrak
forraginoso [furrözsinozu] *mn* takarmánynak való
forrar[1] [furràr] *1/15* I. *ts* 1. bélel (ruhát) 2. ~ (*a papel*) tapétáz 3. *müsz* kitapaszt, kibélel II. ~**-se** magára vesz vmit, beburkolódzik
forrar[2] [furràr] *1/15 ts* 1. felszabadít (rabszolgát) 2. megtakarít, félretesz
forro[1] [forru] *m* 1. bélés 2. (fa)burkolat, borítás 3. bútorhuzat 4. mennyezet
forro[2] [forru] *mn* 1. felszabadított, szabad 2. takarékos
forró [fòrrò] *m* B táncmulatság
forrobodó [fòrròbòdò] *m* B *argó* muri, buli
fortalecer [furtöliszér] *2/2* I. *ts* 1. megerősít 2. bátorít II. ~**-se** megerősödik
fortaleza [furtölézö] *f* 1. erő 2. *kat* erőd
forte [fòrt] I. *mn* 1. erős; *chá* ~ erős tea 2. *átv* erős, nagy; *um calor* ~ nagy hőség; *quantia* ~ nagy összeg; *razão* ~ erős érv; *estar* ~ *de si* magabiztos; *ele é* ~ *em matemática*(*s*) ő jó matematikus; *é* ~ *demais para mim* ez meghaladja erőmet II. *hat* 1. erősen; *dormir* ~ mélyen alszik 2. hangosan; *zene* forte III. *fn, m* 1. vkinek az erős oldala 2. *kat* erőd
fortidão [furtidö^{n}u] *f* erősség
fortificação [furtifiköszö^{n}u] *f* 1. megerősítés 2. *kat* erődítmény 3. *kat* erődépítés tudománya
fortificar [furtifikàr] *1/2 ts* megerősít
fortim [furti^n] *m* kiserőd
fortuito [furtujtu] *mn* 1. véletlen 2. váratlan
fortuna [fortunö] *f* 1. szerencse; *por* ~ szerencsére; 2. sors; *boa* ~ jó sors, siker; *má* ~ balsors, balsiker; *um golpe de* ~ szerencsés véletlen; 3. *fazer* ~ vagyonra tesz szert, meggazdagodik
foscar [fuskàr] *1/2, 1/15 ts* fénytelenít
fosco [fosku] *mn* matt, fénytelen, nem átlátszó

fosforear [fusfurjàr] *1/5 tl* foszforeszkál
fosforeira [fusfuréjrö] *f* gyufatartó
fosforejar [fusfurizsàr] *1/14 tl* foszforeszkál, csillog, ragyog
fosforescência [fusfuris-sze^{n}szjö] *f* foszforeszkálás, villódzás
fosforescer [fusfuris-szér] *2/2 tl* foszforeszkál, villódzik
fosfórico [fusfòriku] *mn* 1. foszfor-; *ácido* ~ foszforsav 2. ingerlékeny, lobbanékony 3. *átv* nehéz; kétes
fósforo [fòsfuru] *m* 1. *vegy* foszfor 2. gyufa; *caixa de* ~*s* gyufásdoboz 3. *em menos de um* ~ szempillantás alatt
fossa [fòszö] *f* 1. árok; ~ *comum* tömegsír 2. gödröcske (arcon, állon) 3. *orv* üreg; ~*s nasais* orrlyukak
fossado [fuszàdu] *m* árok
fossar [fuszàr] *1/15 ts* 1. feltúr (földet) 2. árkot ás, árokkal körülvesz
fossário [fuszàrju] *m* 1. temető 2. sírásó
fóssil [fòszil] I. *mn* 1. megkövesedett, ásatag 2. ósdi II. *fn, m* ősmaradvány
fosso [foszu] *m* árok, gödör
foto [fòtu] *f* fénykép
fotocópia [fòtòkòpjö] *f* fotokópia; fénymásolat; *tirar uma* ~ fényképmásolatot készít
fotogénico [fòtòzsèniku] *mn* jól fényképezhető (arc)
fotografar [futugröfàr] *1/12 ts* 1. (le)fényképez 2. pontosan leír
fotografia [futugröfiö] *f* 1. fénykép; fényképezés 2. felvétel; *bater* v *tirar uma* ~ *a* felvételt készít vkiről *v* vmiről
fotográfico [futugràfiku] *mn* fénykép-, fényképészeti
fotógrafo [futògröfu] *m* fényképész
fotómetro [futòmitru] *m* fotométer
fototelegrafia [fòtòtiligröfiö] *f* képtávirat
fototipia [fòtòtipiö] *f nyomd* fototípia
fouçada [foszàdö] *f* kaszavágás
fouçar [foszàr] *1/3 ts* kaszál
fouce [fosz] *f* kasza
fouveiro [fovéjru] *mn* vörösesbarna; fakó (ló)
foz [fòs] *f* folyótorkolat
fr. = *franco* frank
fracalhão *m*, **fracalhona** *f* [frököljö^{n}u, -ljonö] *mn* és *fn* 1. erőtlen, gyenge 2. félénk, gyáva
fracassar [frököszàr] *1/12* I. *ts* összetör, tönkretesz II. *tl* 1. balul üt ki, nem sikerül 2. megbukik (színdarab)
fracasso [frökàszu] *m* 1. robaj; zaj 2. *átv* csőd, bukás, sikertelenség
fracção [fràszö^{n}u] *f* 1. *mat* tört; ~ *decimal* tizedes tört; ~ *própria* valódi tört; ~ *imprópria* áltört 2. (tört)rész, hányad 3. *pol* frakció; csoport
fraccionar [fràszjunàr] *1/15 ts* feldarabol; feloszt
fraccionário [fràszjunàrju] *mn mat* tört-; → **número** 1.
fraco [fràku] I. *mn* gyenge, erőtlen; *sentir-se* ~ gyengének érzi magát; *está muito* ~ *em matemática* nagyon gyenge a matematikában II. *fn, m* 1. vkinek a gyengéje, gyenge oldala 2. gyenge ember
fracote *m*, **fracota** *f* [fràkòt, -tö] *mn* gyengécske
fractura [fràturö] *f* 1. törés, repedés, hasadás 2. *orv* csonttörés
fracturar [fràturàr] *1/1 ts* 1. eltör (csontot) 2. betör, felfeszít (ajtót)
fradalhão [frödöljö^{n}u] *m pejor* csuhás
frade [fràd] *m* I. szerzetes, barát; ~ *leigo* laikus szerzetes II. *nyomd* nyomáshiba (túl vastag *v* kimaradt nyomás) III. kerékvető (kő)
fraga [fràgö] *f* meredek szikla
fragata [frögàtö] *f haj* fregatt
frágil [fràzsil] *mn* 1. törékeny 2. *átv* gyenge
fragilidade [frözsilidàd] *f* 1. törékenység 2. *átv* gyengeség
fragmentação [fràgme^{n}ntöszö^{n}u] *f* szétdarabolás; felaprítás
fragmentar [fràgme^{n}ntàr] *1/1 ts* szétdarabol; felaprít
fragmentário [fràgme^{n}ntàrju] *mn* töredékes
fragmento [fràgme^{n}ntu] *m* töredék
frago [fràgu] *m* vadcsapás
fragor [frögor] *m* lárma, zaj, robaj
fragoroso [frögurozu] *mn* lármás, zajos
fragoso [frögozu] *mn* 1. sziklás 2. rögös, nehezen járható
fragrância [frögrö^{n}szjö] *f* illat
fragrante [frögrö^{n}nt] *mn* illatos
frágua [fràgvö] *f* 1. kovácsműhely 2. nagy hőség 3. bánat, szomorúság
fralda [fràldö] *f* 1. pelenka 2. ing *v* szoknya alsó része; *em* ~ *de camisa* egy szál ingben. 3 hegy lába; ~ *do mar* tengerpart, strand
fraldilha [fràldiljö] *f* bőrkötény

fraldiqueiro [fràldikéjru] *mn: cão* ~ öleb
fraldoso [fràldozu] *mn* 1. hosszú szárnyú (kabát) 2. bőbeszédű, terjengős
framboesa [frö^{n}mbuézö] *f* málna
framboeseiro [frö^{n}mbuizéjru] *m* málnabokor
França [frö^{n}szö] *f* Franciaország
francalete [frö^{n}nkölét] *m* csatos szíj
francamente [frö^{n}nköme^{n}nt] *hat* nyíltan, őszintén
franca-tripa [frö^{n}nkötripö] *f* B zsinóron rángatott báb
francês *m*, **francesa** *f* [frö^{n}szés, frö^{n}szézö] *mn* és *fn* francia; *à francesa* franciásan, francia módra; *despedir-se* v *sair à francesa* angolosan (búcsúzás nélkül) távozik
francesismo [frö^{n}szizizsmu] *m* gallicizmus, franciás szóhasználat
Franc.º = *Francisco*
franco[1] [frö^{n}nku] *mn* 1. szabad, nyílt; *porto* ~ szabad kikötő; ~ *de porte* portómentes; 2. *átv* nyíltszívű, őszinte
franco[2] [frö^{n}nku] I. *mn* és *fn* frank (néptörzs) II. *fn, m* frank (pénzegység)
franco-atirador [frö^{n}nku-ötirödor] *m* szabad harcos; partizán
francófilo [frö^{n}nkòfilu] *mn* és *fn* franciabarát
francófobo [frö^{n}nkòfubu] *mn* és *fn* franciagyűlölő
franco-maçäo [frö^{n}nkumöszö^{n}u] *m* szabadkőműves
franco-maçonaria [frö^{n}nkumöszunöriö] *f* szabadkőművesség
franga [frö^{n}ngö] *f* csirke, jérce
frangalheiro [frö^{n}ngöljéjru] *mn* rongyos
frangalho [frö^{n}ngàlju] *m* rongy, csafat; *fazer em* ~*s* széttép; *a canoa virou* ~*s* a csónak pozdorjává tört
frangalhote [frö^{n}ngöljòt] *m* fiatal kakas
frango [frö^{n}ngu] *m* 1. fiatal kakas; ~ *grelhado* grillcsirke 2. ifjonc 3. *sp* potyagól
frango-d'água [frö^{n}ngudàgvö] *f* víziszárnyas
frangueiro [frö^{n}ngéjru] *m sp* rossz kapus
franja [frö^{n}zsö] *f* rojt
franjado [frö^{n}zsàdu] *mn* rojtos
franjar [frö^{n}zsàr] *1/1 ts* rojtoz; rojttal szegélyez
franquear [frö^{n}nkjàr] *1/5 ts* 1. bérmentesít 2. adófizetés alól felment 3. megkönnyít; lehetővé tesz 4. *átv* felszabadít; megnyit
franqueza [frö^{n}nkézö] *f* 1. mentesség 2. *átv* nyíltság, őszinteség
franquia [frö^{n}nkiö] *f* 1. mentesség 2. bérmentesítés 3. szabadságjog; kiváltság
franzido [frö^{n}zidu] I. *mn* ráncolt, redős (ruha) II. *fn, m* ránc, redő; pliszé
franzino [frö^{n}zinu] *mn* 1. gyenge, törékeny 2. vékony, finom
franzir [frö^{n}zir] *3/1 ts* 1. ráncol, redőz (ruhát) 2. ~ *os lábios* félrehúzza a száját; ~ *a testa* homlokát ráncolja
fraque [fràk] *m* frakk
fraquejar [frökizsàr] *1/14 tl* 1. elgyengül 2. elcsügged 3. *sp* lemarad, letör
fraqueza [frökézö] *f* gyengeség; ~ *no sangue* vérszegénység; *dar na* ~ elgyengül; *fazer das* ~*s forças* összeszedi minden erejét, nekibátorodik
frasca [fràskö] *f* 1. asztali v konyhaedények 2. élelmiszerkészlet
frasco [fràsku] *m* kis üveg
frase [fràz] *f* 1. mondat 2. frázis, kifejezés; ~ *feita* szólásmód; *fazer* ~*s* frázisokat pufogtat
fraseado [frözjàdu] *m* kifejezésmód
frasear [frözjàr] *1/5 ts* mondatokba szed, mondatokat alkot
fraseologia [frözjuluzsiö] *f* 1. kifejezéskészlet, szólásgyűjtemény 2. kifejezésmód
frasqueira [fröskéjrö] *f* 1. üveg- és palacktartó szekrény *v* polc 2. borospince (palackborok számára) 3. B neszesszer
fraternal [frötirnàl] *mn* testvéri
fraternidade [frötirnidàd] *f* testvériség
fraternizar [frötirnizàr] *1/1 tl* fraternizál, barátkozik
fraterno [frötèrnu] *mn* testvéri
fratricida [frötriszidö] *mn* és *fn* testvérgyilkos
fratricídio [frötriszigyu] *m* testvérgyilkosság
fraudar [fràudàr] *1/1 ts* becsap, rászed
fraude [fràud] *f* csalás
fraudulento [fràudule^{n}ntu] *mn* csaló, csalárd
frauta [fràutö] *f* = **flauta**
frear [frjàr] *1/5 ts* 1. fékez 2. *átv* akadályoz
frecha [frèsö] *f* nyíl
frechada [frèsàdö] *f* nyíllövés

frechar [frèsàr] *1/1 ts* **1.** nyilaz, nyíllal meglő **2.** gyaláz **3.** kigúnyol

freguês *m*, **freguesa** *f* [frègés, frègézö] *fn* **1.** egyházközség tagja **2.** kuncsaft, állandó vevő; törzsvendég

freguesia [frègiziö] *f* **1.** egyházközség **2.** klientúra; vevőkör

frei [fréj] *m* szerzetes, barát

freio [fréju] *m* **1.** zabla; *pôr o* ~ megzaboláz; *tomar o* ~ *nos dentes* megbokrosodik, *átv* megvadul **2.** fék; ~ *de alarme*, ~ *de emergência* vészfék; ~ *de mão* kézifék; *sem* ~ féktelenül; *não ter* ~ *na língua* szókimondó, szabad szájú

freira [fréjrö] *f* apáca

freixo [fréjsu] *m* kőrisfa

Frelimo = *Frente da Libertação de Moçambique*

fremente [frime^{n}nt] *mn* **1.** reszkető, remegő **2.** susogó, zúgó

fremir [frimìr] *3/8 tl* **1.** reszket, remeg **2.** susog, zúg

frémito [frèmitu] *m* **1.** reszketés, remegés **2.** susogás, zúgás

frenar [frinàr] *1/14 ts* fékez; *átv* megfékez

frenesi, frenesim [frinizi, -zi^n] *m* **1.** őrjöngés, dühöngés **2.** tomboló lelkesedés

frenético [frinètiku] *mn* **1.** őrjöngő, dühöngő **2.** *átv* lelkes, tomboló

frente [fre^{n}nt] *f* **1.** elülső oldal, homlokzat; ~ *a* ~ szemtől szemben; *à* ~ elöl, az élen; *de* ~ elölről; *sala com* ~ *para a estrada* utcára néző szoba; *sala de* ~ elülső *v* utcai szoba; *em* ~, *para a* ~ egyenesen; *em* ~ *a* vmivel szemben; *para a* ~ előre **2.** *kat* front, arcvonal; *na* ~ *do trabalho* a munka frontján; *fazer* ~ *a* ellenáll vkinek *v* vminek; szembeszáll vkivel *v* vmivel; *fazer* ~ *ao perigo* szembenéz a veszéllyel **3.** ~ *popular* népfront

frequência [frikvé^{n}szjö] *f* **1.** gyakoriság; *com* ~ gyakran **2.** látogatottság, forgalom **3.** *fiz* frekvencia

frequentador *m*, **-a** *f* [frikve^{n}ntödor(ö)] **I.** *mn* látogató **II.** *fn*: ~ (*habitual*) törzsvendég

frequentar [frikve^{n}ntàr] *1/1 ts* gyakran *v* rendszeresen látogat

frequentativo [frikve^{n}ntötivu] *mn nyelvt* gyakorító

frequente [frikve^{n}nt] *mn* gyakori, ismétlődő; *pulso* ~ gyors pulzus

fresa [frèzö] *f műsz* marógép

fresador [frèzödor] *m* marós

fresar [frèzàr] *1/1 ts* marógéppel megmunkál

fresca [fréskö] *f* frisseség, hűvösség; *à* ~ könnyen öltözve, vékony ruhában; *tomar a* ~ kimegy a friss levegőre; hűsöl

frescalhão *m*, **frescalhona** *f* [frisköljö^{n}u, -ljonö] *mn* friss, fiatalos

fresco [frésku] **I.** *mn* **1.** friss; *de* ~ nemrég, az imént; *pintado de* ~ frissen mázolva **2.** üde; *bebida* ~*a* üdítő ital **3.** új; *notícias* ~*as* friss *v* legújabb hírek **4.** *conto* ~ pajzán történet **II.** *fn, m* **1.** hűvösség; *tomar o* ~ kimegy a friss levegőre **2.** *por-se ao* ~ kereket old, elinal **III.** *fn, m* freskó, falfestmény

frescor [friskor] *m* **1.** frisseség, hűvösség **2.** üdeség

frescura [friskurö] *f* **1.** = **frescor; 2.** *átv* sikamlósság

frese [frèz] **I.** *f műsz* marókés **II.** *m* fréz, eperszín

fresquidão [friskidö^{n}u] *f* = **frescor**

fressura [friszurö] *f* belsőség, zsigerek

fresta [frèstö] *f* **1.** rés, lyuk **2.** keskeny ablak, szellőzőnyílás **3.** ablakrács

frestão [fristö^{n}u] *m* csúcsíves nagy ablak

fretador [fritödor] *m* hajótulajdonos, hajó bérbeadója

fretagem [fritàzsö^{n}j] *f* **1.** hajóbérlés **2.** hajóbérleti díj

fretar [fritàr] *1/14 ts* **1.** hajót bérel *v* bérbe ad **2.** hajót legénységgel lát el

frete [frèt] *m* **1.** áruszállítás; fuvar **2.** (főleg *haj*:) fuvardíj **3.** megbízás **4.** bérbeadás, bérbevétel; *estar a* ~ bérelhető **5.** *moço de* ~*s* **a)** kifutófiú **b)** hordár; anyagmozgató

friacho [frjàsu] *mn* hűvös

friagem [frjàzsö^{n}j] *f* hideg

frialdade [frjàldàd] *f* **1.** hideg **2.** *átv* hidegség, közömbösség

friável [frjàvèl] *mn* mállékony

fricassé [frikàszè] *m konyh* frikasszé

fricativa [frikötivö] *f nyelvt* réshang

fricção [friszö^{n}u] *f* **1.** dörzsölés **2.** *átv* súrlódás

friccionar [friszjunàr] *1/15 ts* dörzsöl, bedörzsöl

frieira [frjéjrö] *f* **1.** *orv* fagyás, fagydaganat **2.** hideg szél **3.** *biz* falánk ember

frieza [frjézö] *f* 1. hideg 2. *átv* hidegség, tartózkodás
frigideira [frizsidéjrö] *fn* 1. *f* serpenyő 2. *m, f* kérkedő, hencegő
frigidez [frizsidés] *f* 1. hidegség 2. *orv* frigiditás
frígido [frizsidu] *mn* hideg, fagyos (*átv* is)
frigir [frizsir] *3/15* I. *ts* 1. zsírban *v* olajban kisüt 2. *átv* zaklat, bosszant II. *tl* 1. sül 2. kérkedik, páváskodik III. **~-se** gyötrődik
frigorífico [friguriflku] I. *mn* hűtő-; *câmara ~a* hűtőkamra II. *fn, m* 1. frizsider, hűtőszekrény 2. hűtőház
frincha [fri^{n}sö] *f* rés
frio [friu] I. *mn* 1. hideg; *animais de sangue ~* hideg vérű állatok 2. érzéstelen; érzéketlen, közömbös II. *fn, m* 1. hideg; *apanhar ~* megfázik; *estar com ~, ter ~* fázik; *está* v *faz ~* hideg van; *não faz ~ nem calor a* nem érdekli, közömbös vkinek; *sinto* v *tenho* (*muito*) *frio* (nagyon) fázom 2. *~s* a) hideg ételek b) hideg felvágott 3. *átv* hidegség, közömbösség
frioleira [frjuléjrö] *f átv* csacsiság, semmiség
friorento [frjure^{n}ntu] *mn* fázékony, fázós
frisa [frizö] *f* I. 1. daróc 2. nemez, filc II. *szính* földszinti páholy III. *ép* fríz, képszék IV. *kat rég: cavalo de ~* spanyolbak, spanyollovas
frisado [frizàdu] I. *mn* göndör, bodros II. *fn, m* göndör haj
frisador [frizödor] *m* hajsütővas
frisante [frizö^{n}nt] *mn* 1. *átv* találó, odaillő 2. meggyőző (érv)
frisar[1] [frizàr] *1/1 ts* 1. göndörít, fodorít 2. *text* bolyhoz
frisar[2] [frizàr] *1/1* I. *ts* 1. találóan kifejez 2. *átv* kiemel, kihangsúlyoz, aláhúz II. *tl* 1. *~ com* hasonlít vmihez 2. *~ por, átv* határos vmivel, érint, súrol vmit
friso [frizu] *m ép* fríz, képszék
fritada [fritàdö] *f* sült étel; *~ de ovos* tojásrántotta
fritar [fritàr] *1/1 ts* zsírban kisüt
frito [fritu] I. *mn* zsírban *v* olajban sült; *batatas ~as* hasábburgonya 2. *szól: estar ~, argó* benne ül a pácban; „gáz" van; II. *fn, m* sült
fritura [friturö] *f* sült *v* kirántott étel
frívolo [frivulu] *mn* 1. könnyűvérű, léha 2. *átv* üres, tartalmatlan
froco [fròku] *m* 1. hópehely 2. rojt
froix... → **froux...**
fronde [fro^{n}nd] *f* lomb
frondear [fro^{n}ngyàr] *1/5 tl* = **frondejar**
frondejar [fro^{n}ndizsàr] *1/14 tl* lombosodik
frondoso [fro^{n}ndozu] *mn* sűrű levelű, lombos
fronha [fronyö] *f* 1. párnahuzat 2. *biz* arc, pofa
frontal [fro^{n}ntàl] I. *mn* homlok- II. *fn, m* 1. homlokcsont 2. *ép* ablak *v* ajtó fölötti dísz
frontão [fro^{n}ntö^{n}u] *m* 1. *ép* orom(zat); oromdísz 2. B labdapálya
frontaria [fro^{n}ntöriö] *f ép* homlokzat
fronte [fro^{n}nt] *f* 1. homlok 2. *ép* homlokzat
frontear [fro^{n}ntyàr] *1/5 ts* szemközt van *v* áll vmivel T
fronteira [fro^{n}ntéjrö] *f* (ország)határ; *guarda de ~* határőr; *atravessar* v *cruzar* v *passar a fronteira* átlépi a határt
fronteiriço [fro^{n}ntéjriszu] *mn* határ-, határos
fronteiro [fro^{n}ntéjru] *mn* 1. szemközti 2. határmenti
frontispício [fro^{n}ntispiszju] *m* 1. *ép* homlokzat 2. *nyomd* címoldal 3. *biz* arc, „cifferblatt"
frota [fròtö] *f* flotta; *~ aérea* légiflotta
frouxel [frosèl] *m* pehelytoll
frouxidão [frosidö^{n}u] *f* 1. lazaság, petyhüdtség 2. gyengeség, erőtlenség
frouxo [frosu] I. *mn* 1. laza, petyhüdt 2. gyenge, erőtlen II. *fn, m* 1. *~ de riso* nevetőgörcs; *~ de sangue* vérzés; *a ~* a) bőven b) egyhangúlag
frugal [frugàl] *mn* frugális, mértékletes, szerény
frugalidade [frugölidàd] *f* mértékletesség, szerénység
fruição [fruiszö^{n}u] *f* 1. birtoklás 2. élvezet
fruir [fruir] *3/6 ts* 1. birtokol 2. élvez vmit, örül vminek T
frumento [frume^{n}ntu] *m* búza
frustrado [frustràdu] *mn* 1. sikertelen, hiábavaló 2. félbehagyott, befejezetlen
frustrar [frustràr] *1/1* I. *ts* 1. meghiúsít, keresztülhúz 2. reményétől megfoszt;

elkedvetlenít II. ~-se 1. kudarcot vall, nem sikerül 2. csalódik
fruta [frutö] *f* gyümölcs
fruteira [frutéjrö] *f* 1. gyümölcsárus (nő) 2. gyümölcsfa 3. gyümölcsöstál, gyümölcskosár
fruteiro [frutéjru] I. *mn* gyümölcs-, gyümölcsös II. *fn, m* 1. gyümölcsárus 2. gyümölcsöstál, gyümölcskosár
frutífero [frutifiru] *mn* 1. gyümölcstermő, gyümölcs- 2. *átv* gyümölcsöző, hasznot hajtó
frutificar [frutifikàr] *1/2 tl* 1. gyümölcsöt *v* termést hoz 2. *átv* gyümölcsözik, hasznot hajt
fruto [frutu] *m* 1. termés; *dar* ~ termést hoz 2. *átv* gyümölcs; eredmény; ~ *proibido* tiltott gyümölcs; *o* ~ *do trabalho* a munka gyümölcsei 3. előny, haszon; *tirar* ~ *de* hasznot húz vmiből
frutuoso [frutuozu] *mn* 1. termékeny 2. előnyös, hasznos
F. S. M. = *Federação Sindical Mundial*
fu [fu] *isz:* ~! pfuj!
fuá [fuá] B. I. *mn* ijedős (ló) II. *fn, m* 1. fejkorpa 2. intrika, ármány(kodás)
fubá [fubá] *m* B 1. kukoricaliszt, rizsliszt 2. lárma; zűrzavar
fubeca [fubèkö] *f* B 1. verés, elpáholás 2. szidás 3. kudarc, vereség
fuçar [fuszàr] *1/1 ts* B 1. turkál, kotorászik 2. (ki)szimatol; keresgél
fuga [fugö] *f* 1. menekülés, szökés; futás; *pôr em* ~ megfutamít 2. *zene* fúga 3. *müsz* áteresztés, szivárgás; hézag; ~ *de gás* gázömlés 4. kibúvó, ürügy
fugacidade [fugöszidàd] *f* múlékonyság, mulandóság
fugar [fugàr] *1/1 ts* megfutamít
fugaz [fugàs] *mn* 1. múló 2. elillanó
fugida [fuzsidö] *f* = 1. **fuga**; 2. *de* ~ sebtében, futólag; *visitar de* ~ benéz vkihez, rövid látogatást tesz vkinél T
fugidiço, fugidio [fuzsidiszu, -diu] *mn* múló, múlékony
fugir [fuzsir] *3/3, 3/12* I. *tl* 1. menekül, szökik, fut; ~ *com o corpo de* félreugrik (pl ütés elől), elkerül vmit T; ~ *da memória* *v* *da mente* kiesik az emlékezetéből, elfelejt; ~ *do perigo* kikerüli a veszélyt 2. gyorsan elmúlik, tovatűnik; *o tempo foge* az idő gyorsan szalad; *fogem os anos* gyorsan múlnak az évek 3. *sp* előretör II. *ts* elkerül vmit, kitér vmi elől T; ~ *a responsabilidade* kivonja magát a felelősség alól
fugitivo [fuzsitivu] I. *mn* menekülő; múló II. *fn* szökevény
fuinha [fuinyö] *f* 1. *áll* nyest; menyét 2. zsugori, fösvény 3. vézna, sovány ember 4. ármánykodó, pletykázó
fula [fulö] *f* 1. sietség; *à* ~ sebtiben 2. nagy tömeg, sokaság
fulano [fulönu] *m* egy valaki; *um* ~ *de tal* egy ilyen és ilyen úr; ~ *e sicrano* X és Y
fulcral [fulkràl] *mn: questões fulcrais* alapvető kérdések
fulcro [fulkru] *m* 1. támasz 2. *átv* támpont, tengely; központ
fulgente, fúlgido [fulzse^{n}nt, fulzsidu] *mn* fényes, ragyogó
fulgir [fulzsir] *3/3 tl* fénylik, ragyog
fulgor [fulgor] *m* fény, ragyogás
fulguração [fulgurösző^{n}u] *f* száraz villám, villogás
fulgurar [fulguràr] *1/1 tl* 1. villámlik, villog 2. fénylik, ragyog
fuligem [fulizsö^{n}j] *f* korom
fuliginoso [fulizsinozu] *mn* kormos, koromszínű
fulminante [fulminö^{n}nt] I. *mn* 1. villámló, villámszerű 2. fenyegető; szörnyű 3. *morte* ~ hirtelen halál; *palavras* ~*s* lesújtó szavak II. *fn, m* 1. *kat* gyújtó 2. gyújtózsinór
fulminar [fulminàr] *1/1* I. *ts* 1. villámmal sujt; megöl 2. megsemmisít, elpusztít 3. (büntetéssel) sújt II. *tl* 1. villámlik 2. fénylik, ragyog
fulo [fulu] I. *mn* dühös; *ficar* ~ *de raiva* tombol dühében II. *fn* mulatt
fumaça [fumàszö] *f* 1. füst(felhő); *közm: donde há fumaça há fogo* nem zörög a haraszt, ha a szél nem fújja 2. szippantás; *tirar uma* ~ szippant egyet 3. gőg; beképzeltség; *ter* ~*s* beképzelt; igényes
fumaçada [fumöszàdö] *f* 1. füst 2. szippantás (dohányból)
fumaceira [fumöszéjrö] *f* füstfelleg
fumacento [fumösze^{n}ntu] *mn* füstölgő
fumador *m*, **-a** *f* [fumödor(ö)] *mn* és *fn* dohányzó, dohányos
fumar [fumàr] *1/1* I. *ts* 1. (cigarettát) szív 2. füstöl (húst) II. *tl* 1. dohányzik 2. füstöl(ög) 3. *átv* feldühödik

fumarento [fumöre^{n}ntu] *mn* füstös, füstölgő

fumarola [fumöròlö] *f* vulkáni kigőzölgés

fumear [fumjàr] *1/5 ts, tl* = **fumegar**

fumegar [fumigàr] *1/4, 1/14* **I.** *ts* kibocsát, terjeszt (illatot) **II.** *tl* **1.** füstöl, füstölög **2.** gőzölög, párolog **3.** bugyborékol; habzik

fumeiro [fuméjru] *m* **1.** kémény, kürtő **2.** füstölőkamra **3.** füstölt hús

fumífugo [fumìfugu] *m müsz* füstfogó

fumigar [fumigàr] *1/4 ts* füstöl (húst)

fumista [fumìstö] *fn* dohányos, dohányzó

fumívoro [fumìvuru] *m müsz* füstfogó

fumo [fumu] *m* **1.** füst; *sem* ~ füst nélküli; *fazer* ~ füstöl; *desfazer-se em* ~ füstbe megy; *lançar* ~ *nos olhos* port hint a szemébe; *ter* ~ égett szaga van; *vender* ~ becsap, rászed; *közm: não há* ~ *sem fogo* nem zörög a haraszt, ha a szél nem fújja **2.** kigőzölgés **3.** gyászszalag **4.** *B* dohány; cigaretta **5.** beképzeltség, hiúság; *ter* ~*s de* kérkedik, nagyzol vmivel

fumoso [fumozu] *mn* **1.** füstös; füstölgő **2.** hiú, beképzelt

funâmbulo [funö^{n}mbulu] *m* kötéltáncos

função [fu^{n}szö^{n}u] *f* **1.** funkció, működés, (hivatali) tevékenység **2.** hivatal; teendő; *cada homem na sua* ~ minden embert a maga helyére **3.** *mat* függvény **4.** ünnepség **5.** *em* ~ *de* vminek arányában, vmitől függően

funchal [fu^{n}sàl] *m* **1.** ánizsföld **2.** *Funchal* (Madeira portugál sziget fővárosa)

funcho [fu^{n}su] *m* ánizs

funcional [fu^{n}szjunàl] *mn* **1.** funkcionális, (élet)működési **2.** *mat* függvény- **3.** célszerű; hasznos

funcionalismo [fu^{n}szjunölizsmu] *m* hivatalnokrendszer, bürokrácia

funcionamento [fu^{n}szjunöme^{n}ntu] *m* működés

funcionar [fu^{n}szjunàr] *1/15 tl* működik

funcionário [fu^{n}szjunàrju] *m* **1.** tisztviselő, hivatalnok **2.** *pol* funkcionárius

funda [fu^{n}ndö] *f* parittya

fundação [fu^{n}ndöszö^{n}u] *f* **1.** alap, alapzat **2.** alapítás **3.** alapitvány **4.** intézmény

fundador *m*, **-a** *f* [fu^{n}ndödor(ö)] *mn* és *fn* alapító

fundamental [fu^{n}ndöme^{n}ntàl] *mn* alap-, alapvető

fundamentar [fu^{n}ndöme^{n}ntàr] *1/1 ts* **1.** lefekteti alapjait **2.** alátámaszt **3.** *átv* bizonyít

fundamento [fu^{n}ndöme^{n}ntu] *m* **1.** alap, alapzat **2.** *átv* alap, ok; *notícia sem* ~ alaptalan hír

fundar [fu^{n}ndàr] *1/1* **I.** *ts* **1.** megalapoz **2.** alapít, létesít **3.** *átv:* ~ *em* vmire épít **II.** ~*-se em* v *sobre* alapul vmin

fundeadoiro, -douro [fu^{n}ngyödojru, -doru] *m* horgonyzóhely

fundear [fu^{n}ngyàr] *1/5 tl* horgonyoz

fundeiro [fu^{n}ndéjru] *mn* mélyen fekvő; alsó

fúndio [fu^{n}ngyu] *m* ingatlan, birtok

fundiário [fungyàrju] *mn* föld-; *imposto* ~ földadó; *propriedade* ~*a* földtulajdon

fundição [fu^{n}ndiszö^{n}u] *f* **1.** (fém)olvasztás, fémöntés **2.** öntöde, kohó, huta

fundidor [fu^{n}ndidor] *m* olvasztár; öntőmunkás

fundilho [fu^{n}ndilju] *m* nadrágülep

fundir [fu^{n}ndir] *3/1* **I.** *ts* **1.** fémet olvaszt, önt **2.** *átv* egybeolvaszt, egyesít **II.** ~*-se* **1.** (szét)olvad **2.** *átv* egybeolvad, egyesül

fundista [fu^{n}ndistö] *fn sp* távfutó

fundível [fu^{n}ndivèl] *mn* olvasztható

fundo [fu^{n}ndu] **I.** *mn* mély **II.** *hat* mélyen; *respirar* ~ mélyen sóhajt **III.** *fn, m* **1.** alap, fenék; *de* ~ *duplo* kétfenekű; *sem* ~ feneketlen **2.** háttér **3.** (pénz)alap, tartalék; ~ *de solidariedade* segélyalap **4.** *átv* alap, lényeg; *a* ~ alaposan; *no* ~ alapjában (véve); lényegében; *conhecer a* ~ alaposan ismer **5.** ~*s* pénzek, vagyon, alaptőke; ~*s públicos* állami értékpapírok; ~*s de reserva* tartalékalap **6.** földterület, ingatlan **7.** völgykatlan; mélység **8.** *szól:* ~ *de agulha* tű foka; *dar* ~ horgonyt vet, lehorgonyoz; *dar o* ~ *ao património* elveri vagyonát; *marchar a um de* ~ libasorban lépked; *ganhar mundos e* ~*s* rengeteg pénzt keres; *ter mundos e* ~*s* dúsgazdag

fundura [fu^{n}ndurö] *f* 1. mélység 2. B levertség
fúnebre [funibr] *mn* temetési, gyászos; *aviso* ~ gyászjelentés
funeral [funiràl] I. *mn* temetési II. *fn, m* 1. temetés 2. *em* ~ gyászruhában
funerário [funiràrju] *mn* temetési, gyász-; → **urna**
funesto [funèstu] *mn átv* gyászos, végzetes
fungão[1] *m*, **fungona** *f* [fu^{n}ngö^{n}u, -gonö] *mn* és *fn* 1. tubákos 2. pityergő, siránkozó
fungão[2] [fu^{n}ngö^{n}u] *m* 1. kucsmagomba 2. anyarozs
fungar [fu^{n}ngàr] *1/4* I. *ts* tubákol II. *tl* zsörtölődik
fungo [fu^{n}ngu] *m növ* gomba
fungoso [fu^{n}ngozu] *mn* szivacsos, lyukacsos
funicular [funikulàr] *m* drótkötélpálya
funil [funil] *m* tölcsér
furação [furöszö^{n}u] *m* orkán
furadeira [furödéjrö] *f műsz* fúró
furador [furödor] *m* lyukasztó szerszám; ár
furão [furö^{n}u] *m* 1. *áll* görény; menyét 2. B minden lében kanál 3. B ügyes és agyafúrt ember
furar [furàr] *1/1* I. *ts* 1. átlyukaszt, átszúr 2. meghiúsít, tönkretesz II. *tl* 1. utat tör magának 2. leküzdi a nehézségeket
fura-vidas [furövidös] *m* agyafúrt üzletember
furgão [furgö^{n}u] *m* 1. *vasút* poggyászkocsi 2. fedett kocsi
furgoneta [furgunétö] *f* kis teherkocsi
fúria [furjö] *f* 1. fúria 2. düh, őrjöngés; *ter uma* ~ feldühödik
furibundo [furibu^{n}ndu] *mn* dühös; dühöngő, őrjöngő
furioso [furjozu] *mn* 1. dühös, dühöngő 2. heves 3. lelkes, lelkesedő
furna [furnö] *f* barlang
furo [furu] *m* 1. lyuk, nyílás 2. *átv* lépcsőfok; *subir um* ~ emelkedik egy fokkal; *subir um* ~ *no conceito de* nagyot nő vkinek a szemében 3. *átv* vezető állású ember, nagyfejű 4. B szenzációs újságcikk
furor [furor] *m* 1. dühöngés, őrjöngés 2. tomboló lelkesedés; *fazer* ~ nagy sikere van, nagy tetszést arat
furriel [furrjèl] *m kat* szállásmester
furta-cor [furtökor] *mn* sanzsan, színjátszó
furtadela [furtödèlö] *f* lopás; *às* ~*s* lopva, titokban
furta-fogo [furtöfogu] *m*: (*lanterna de*) ~ tolvajlámpa
furtar [furtàr] *1/1* I. *ts* 1. lop, csen 2. hamisít, utánoz, plagizál II. ~**-se** 1. elbújik, lapul 2. ~*-se a* kitér vmi elől
furtivo [furtivu] *mn* lopakodó; orv-
furto [furtu] *m* 1. lopás 2. lopott holmi 3. *a* ~ titokban
furúnculo [furu^{n}nkulu] *m orv* furunkulus, kelés
fusa [fuzö] *f zene* harmincketted
fusão [fuzö^{n}u] *f* 1. olvasztás; olvadás; *ponto de* ~ olvadási pont 2. *átv* fúzió, egybeolvadás, egyesülés
fusca [fuskö] *m* B *nép* Volkswagen
fusco [fusku] *mn* sötét, barnás
fuselagem [fuzilàzsö^{n}j] *f* repülőgéptörzs
fusionar [fuzjunàr] *1/15 ts* egybeolvaszt; egyesít
fusível [fuzivèl] I. *mn* olvasztható II. *fn, m vill* biztosíték(dugó)
fuso [fuzu] *m* orsó; *direito como um* ~ egyenes, mint a cövek
fuste [fust] *m* 1. karó, rúd 2. oszloptörzs 3. nyél, szár (*növ* is)
fustigar [fustigàr] *1/4 ts* megvesszőz, ostoroz (*átv* is)
futebol [futibòl] *m* futball (labda és játék); ~ *de salão* teremfoci
futebolista [futibulistö] *m* futballista, labdarúgó
fútil [futil] *mn* 1. könnyelmű, felületes 2. jelentéktelen, haszontalan
futrica [futrikö] *f* 1. kiskocsma 2. B kacat, limlom 3. B jelentéktelen alak, egy senki
futurar [futuràr] *1/1 ts* 1. előre megmond 2. gyanít, sejt, feltételez
futuro [futuru] I. *mn* jövő, eljövendő II. *fn, m* 1. jövő; *no* ~ a jövőben 2. *nyelvt* jövő idő 3. jövendőbeli, vőlegény
futuroso [futurozu] *mn* reményteljes, sokat ígérő

fuxicar [fusikàr] *1/1* I. *ts* 1. összefércel 2. átkutat, feltúr II. *tl* intrikál, ármánykodik
fuxico [fusiku] *m* B 1. intrika, ármány 2. fércmunka
fuzil [fuzil] *m* 1. láncszem 2. puska; ~ *metralhadora* golyószóró 3. tűzcsiholó acél 4. villanó fény
fuzilada [fuzilàdö] *f* 1. puskatűz 2. villámlás, villogás
fuzilamento [fuzilöme^{n}ntu] *m* agyonlövés
fuzilar [fuzilàr] *1/1* I. *ts* agyonlő II. *tl* villámlik; csillog
fuzilaria [fuzilörìö] *f* 1. puskatűz; lövöldözés 2. *átv* bőség
fuzileiro [fuziléjru] *m* lövész

G

G, g [zsé] *m* g (betű)
g, g. = 1. *grama* 2. *grau*
gabar [göbàr] *1/12* I. *ts* 1. dicsér, dicsőít 2. hízeleg vkinek T II. **~-se** *de* dicsekszik vmivel
gabardina [göbördinö] *f* 1. *text* gabardin 2. esőköpeny
gabarito [göböritu] *m* 1. *műsz* űrszelvény, rakszélesség 2. sablon, minta, szabvány 3. B *de alto* ~ osztályon felüli, fényűző, luxus kivitelezésű
gabarola [göböròlö] *fn* dicsekvő, hencegő
gabarolice [göbörulisz] *f* dicsekvés, hencegés
gabinete [göbinét] *m* 1. dolgozószoba 2. (miniszteri) kabinet
gadanha [gödönyö] *f* 1. merőkanál 2. kasza
gadanhar [gödönyàr] *1/1* *ts* 1. kaszál 2. megragad
gadanheira [gödönyéjrö] *f* aratógép
gadanho [gödönyu] *m* 1. vasvilla 2. karom, köröm 3. *biz* kéz, „pracli"
gadão [gödö^{n}u] *m* B nemes fajtájú jószág
gado[1] [gàdu] *m* 1. jószág; ~ *bravo* bikák; ~ *grosso* nagy jószág (szarvasmarha, ló); ~ *miúdo* kis jószág (sertés, juh, kecske); ~ *de cabeceira* törzskönyvezett jószág; ~ *de solta* B szabadon legelő jószág 2. nyáj
gado[2] [gàdu] *m* tőkehal
gafanhoto [göfönyotu] *m* sáska; szöcske
gafe [gàf] *f* baklövés, ügyetlenség
gafeira [göféjrö] *f* rüh
gafeirento [göféjre^{n}ntu] *mn* rühes
gaforina [göfurinö] *f* zilált haj; üstök
gago [gàgu] *mn* és *fn* dadogó, hebegő; *ficar* ~ dadogni kezd
gagosa [gögozö] *f*: *à* ~ a) fáradság nélkül, ingyen b) titokban c) B tetszés szerint
gaguejar [gögizsàr] *1/14* *ts, tl* dadog, hebeg
gaiato [göjàtu] I. *mn* huncut, pajkos, csintalan II. *fn m* utcagyerek, kis csibész
gaio [gàju] I. *mn* vidám, jókedvű; élénk II. *fn, m áll* szajkó
gaiola [göjòlö] *f* 1. kalitka, ketrec 2. börtön, dutyi; *meter na* ~ bebörtönöz 3. *biz* deszkabódé; házacska
gaita [gàjtö] *f* 1. ~ (*de boca*) szájharmonika 2. pásztorsíp; ~ *galega* v *de foles* duda 3. limlom, vacak 4. *biz* pénz, guba 5. *szól: estar de* ~ vidám, jókedvű; *ir-se à* ~ füstbe megy; *saber a* ~*s*; *saber que nem* ~*s* pompás íze van
gaiteiro [gàjtéjru] *f* dudás
gaivagem [gàjvàzsö^{n}j] *f* vízárok
gaivão [gàjvö^{n}u] *m* sarlós fecske
gaivota [gajvòtö] *f* sirály
gaja [gàzsö] *f köz* nőszemély
gajo [gàzsu] *m köz* pasas, pacák
gala [gàlö] *f* 1. gála, ünnepi dísz; *dia de* ~ ünnep(nap); *jantar de* ~ díszvacsora; *noite de* ~ gálaest; *traje de* ~ díszruha; *fazer* ~ *de* büszkélkedik, feszít vmiben 2. báj, szépség
galã [gölö^n] *m* 1. *szính* hősszerelmes 2. *átv* lovag, udvarló
galalau [gölölàu] *m* B óriás
galantaria [gölö^{n}ntöriö] *f* 1. udvariasság, előzékenység 2. finomság
galante [gölö^{n}nt] *mn* 1. udvarias, előzékeny 2. finom 3. szellemes; pikáns (vicc)

galanteador [gölö^{n}ntyödor] *m* udvarló, szerető, lovag

galantear [gölö^{n}ntyàr] *1/5* **I.** *ts* udvarol vkinek **T II.** *tl* bókokat mond

galanteio [gölö^{n}ntéju] *m* udvarlás; bókolás

galão [gölö^{n}u] *m* **I.** paszomány **II. 1.** gallon (angol űrmérték, 4$^1/_2$ liter) **2.** nagy bögre tejeskávé

galardão [gölördö^{n}u] *m* **1.** jutalom **2.** dicsőség

galardoar [gölörduàr] *1/8 ts* megjutalmaz, kitüntet

galarim [gölöri^n] *m* tetőfok; csúcs

galáxia [gölàkszjö] *f* galaxis, csillagrendszer

galé [gölè] **I.** *fn, f* **1.** *haj* gálya **2.** *~s* kényszermunka; *condenar a ~s* kényszermunkára ítél **3.** *nyomd* szedőhajó **II.** *fn, m* gályarab

galeão [göljö^{n}u] *m* **1.** középkori hadihajó **2.** *nyomd* szedővas, sorjázó

galego [gölégu] **I.** *mn* Galícia spanyol tartományból való **II.** *fn* **1.** galíciai **2. B** *gúny* portugál **3.** hordár, málhahordó **4.** goromba fráter

galena, galenita [gölénö, -itö] *f ásv* galenit

galera [gölèrö] *f* **1.** *tört* gálya **2.** tűzoltókocsi **3.** bútorszállító kocsi **4.** olvasztókemence

galeria [göliriö] *f* **1.** galéria; karzat (*szính* is); *szól: para a ~* a nagyközönség számára **2.** fedett folyosó **3.** föld alatti folyosó *v* csatorna **4.** *bány* vájat, táró, tárna **5.** kiállítóterem, tárlat, képtár

galerno [gölèrnu] *m* kellemes északkeleti szellő

Gales [gàlis] *m: o País de ~* Wales

galês *m*, **galesa** *f* [gölés, gölézö] *mn* és *fn* walesi

galfarro [gölfàrru] *m* rendőrspicli

galga [gàlgö] *f* **1.** nőstény agár **2.** *haj* kisebb horgony *v* vasmacska **3.** zúzókő (olajprésben)

galgar [gàlgàr] *1/4* **I.** *ts* **1.** felmegy, felmászik vhova **T**; *~ o monte* megmászsza a hegyet; *~ o passeio* felfut a járdára (autó) **2.** átugrik vmin **T 3.** *átv* túlhalad; *já galgou os cinquenta* már túl van az ötvenen **II.** *tl* ugrik

galgo [gàlgu] *m* **1.** agár **2. B** *andar ~ por* nagyon megkíván vmit

galha [gàljö] *f növ* gubacs

galhardear [göljörgyàr] *1/5 ts* fitogtat vmit, kérkedik vmivel **T**

galhardete [göljördét] *m* kis zászló; árbocszalag

galhardia [göljördiö] *f* **1.** délcegség **2.** nemeslelkűség **3.** bátorság

galhardo [göljàrdu] *mn* **1.** délceg **2.** nemeslelkű **3.** bátor

galheta [göljétö] *f* kis kancsó

galheteiro [göljitéjru] *m* ecet- és olajtartó

galho [gàlju] *m* **1.** ág **2.** *növ* hajtás, sarj **3.** szarv

galhofa [göljòfö] *f* mókázás, évődés; *fazer ~ de* kinevet, kigúnyol vkit

galhofar [göljufàr] *1/15 tl* **1.** mókázik, évődik **2.** gúnyolódik

Galícia [gölìszjö] *f* Galícia (Lengyelországban)

galicínio [göliszìnyu] *m* **1.** kakaskukorékolás **2.** kora reggel

galicismo [göliszìzsmu] *m* gallicizmus, franciás szóhasználat

gálico [gàliku] *mn* és *fn* gall

galimatias [gölimötiös] *m* zagyva beszéd, badarság

galináceos [gölinàszjus] *m tb* tyúkfélék

galinha [gölìnyö] *f* **1.** tyúk; *~ choca* **a)** kotlós tyúk **b)** izgága ember; *pés de ~* szarkalábak (a szem alatt); *quando as ~s tiverem dentes* sohanapján **2.** *átv* gyáva alak

galinha-d'angola [gölìnyö dö^{n}ngòlö] *f* gyöngytyúk

galinheiro [gölinyéjru] *m* **1.** tyúkól **2.** baromfikereskedő **3.** *szính* kakasülő

galinhola [gölinyòlö] *f* szalonka

galinhota [gölinyòtö] *f* szárcsa

galinicultor *m*, **-a** *f* [gölinikultor(ö)] *fn* baromfitenyésztő

galinicultura [gölinikulturö] *f* baromfitenyésztés

galispo [gölìspu] *m* kis kakas

Galiza [gölìzö] *f* Galicia (spanyol tartomány)

galo[1] [gàlu] *m* **1.** kakas; *~ silvestre* süketfajd; *ao cantar do ~* kakasszóra **2.** púp, daganat (ütéstől); kék folt **3.** *~ de briga* v *de rinha* kötekedő alak; *briga de ~s* kakasviadal **4.** *vall: missa do ~* éjféli mise

galo[2] [gàlu] *mn* és *fn* gall

galocha [gölòsö] *f* kalocsni, sárcipő

galopar [gölupàr] *1/15 tl* vágtázik, vágtat

galope [gölòp] *m* vágta; *a todo ~, átv* lóhalálában

galopear [gölupjàr] *1/5 tl* B = **galopar**

galopim [gölupi^n] *m* 1. utcagyerek 2. ~ *eleitoral* kortes

galopinagem [gölupinàzsö^{n}j] *f* korteskedés

galpão [gàlpö^{n}u] *m* B fészer

galrar [gàlràr] *1/1 tl* 1. fecseg, locsog 2. lódít; nagyzol

galrear [gàlrjàr] *1/5 tl* gügyög, gagyog

galucho [gölusu] *m* újonc; kezdő

galvanizar [gàlvönizàr] *1/1 ts* 1. galvanizál 2. *átv* felvillanyoz

galvanómetro [gàlvönòmitru] *m* galvanométer

galvanoplástica [gàlvönoplástikö] *f* galvanoplasztika

gama [gömö] *f* I. *zene* hangsor, skála II. dámszarvastehén

gâmbia [gö^{n}mbjö] *f biz* lábszár; *alargar as ~s* kinyújtja a lábát; *dar às ~s* elfut, menekül

gamela [gömèlö] *f* 1. sajtár, faveder 2. B hazugság

gamelo [gömélu] *m* vályú

gamo [gömu] *m* dámszarvas

gana [gönö] *f* 1. sóvárgás, vágy; *de boa ~* szívesen; *de má ~* kelletlenül; *dar na ~ a, ter ~s de* kedve szottyan vmire 2. harag, gyűlölet; *ter ~ a* haragszik, neheztel vkire

ganância [gönö^{n}szjö] *f* 1. mohóság, kapzsiság 2. nyereség(vágy), haszon(lesés)

ganancioso [gönö^{n}szjozu] *mn* 1. mohó, kapzsi 2. haszonleső

gancho [gö^{n}su] *m* 1. kampó; horog 2. ~ (*de cabelo*) hajtű 3. *sp* horogütés; ~ *da esquerda* balhorog 4. apró maszekmunka; kis mellékkereset

ganchoso [gö^{n}sozu] *mn* kampós; horog alakú

gandaia [gö^{n}ndàjö] *f* guberálás

gandaieiro [gö^{n}ndöjéjru] *fn* guberáló

gândara [gö^{n}ndörö] *f* puszta

ganga [göngö] *f* I. *text* nanking II. 1. *bány* telér 2. *geol* meddő kőzetanyag III. B *ját* játszmasorozat

gânglio [gö^{n}nglju] *m él* ganglion, idegcsomó, idegdúc

gangorra [gö^{n}ngorrö] *f* B mérleghinta, libikóka

gangrena [gö^{n}ngrénö] *f* 1. *orv* üszök, üszkösödés 2. *átv* vminek a rákfenéje

gangrenar [gö^{n}ngrinàr] *1/14* I. *ts* 1. üszkösödést idéz elő 2. *átv* megmételyez, megront II. *~-se orv* üszkösödik

gangrenoso [gö^{n}ngrinozu] *mn orv* üszkös

ganhadeiro [gönyödéjru] *mn* és *fn* kenyérkereső

ganha-dinheiro [gönyödinyéjru] *m* alkalmi munkás, napszámos

ganhão [gönyö^{n}u] *m* munkás, napszámos

ganha-pão [gönyöpö^{n}u] *m* kenyérkereset; megélhetés

ganha-perde [gönyöpèrdi] *m* kiütős dámajáték (a vesztes nyer)

ganhar [gönyàr] *1/1* I. *ts* 1. nyer; *~ tempo* időt nyer; *~ o tempo perdido* behozza az elvesztett időt; 2. elnyer; kap; (meg)keres; *~ o jogo* megnyeri a játékot; *~ a vida, ~ de comer* megkeresi a kenyerét 3. *átv* kiérdemel, kiharcol; szert tesz vmire T; *~ amigos* barátokra tesz szert; *~ fama* hírnévre tesz szert; *~ inimigos* ellenségeket szerez magának 4. eljut vhova; *~ o alto mar* kijut a nyílt tengerre; *~ a praia* eljut a partig, eléri a partot 5. *szól: ~ ânimo* nekibátorodik; *~ a dianteira a* megelőz vkit; *~ doença* megbetegedik II. *tl* 1. nyer 2. felülkerekedik, győz

ganho [gànyu] I. *mmi* → **ganhado** II. *fn, m* 1. nyereség, haszon; *~s e perdas* bevétel és kiadás; tartozik és követel 2. előny

ganhoso [gönyozu] *mn* haszonleső, önző

ganiçar [göniszàr] *1/3 tl* B = **ganir**

ganido [gönidu] *m* csaholás; vonítás

ganir [gönir] *3/1 tl* csahol; vonít

ganja [gö^{n}zsö] *f* B 1. önhittség 2. hiúság

ganjento [gö^{n}zse^{n}ntu] *mn* B 1. önhitt 2. hiú

ganso [gö^{n}szu] *m* liba; lúd; *~ bravo* vadliba 2. B részegség, mámor

ganzepe [gö^{n}zép] *m* horony, vájat

garabulha [göröbuljö] *fn* 1. *f* zűrzavar, összevisszaság 2. *f* irkafirka, ákombákom 3. *m* intrikus, cselszövő

garagem [göràzsö^{n}j] *f* garázs

garagista [görözsistö] *m* B 1. garázstulajdonos 2. garázsmester

garança [görö^{n}szö] *f növ* festőbuzér

garanhão [görönyö^{n}u] *m* tenyészmén

garanjão [görö^{n}zsö^{n}u] *m* langaléta, hórihorgas alak

garante [görö^{n}nt] *fn* kezes

garantia [görö^{n}ntiö] *f* 1. kezesség 2. *~s* kiváltságok

garantir [görö^{n}ntir] *3/1 ts* 1. garantál, kezeskedik, jótáll, szavatol vmiért T 2. megvéd, megóv vmitől (*contra*)

garapa [göràpö] *f* B édes üdítő ital

garatuja [görötuzsö] *f* 1. grimasz, fintor 2. ákombákom, irkafirka, macskakaparás

garatujar [görötuzsàr] *1/1 ts* firkál

garavanço [görövö^{n}szu] *m* gabonarosta

garavato [görövàtu] *m* 1. gyümölcsszedő (rúd) 2. = **garaveto**

garaveto [görövétu] *m* hulladékfa; aprófa

garbo [gàrbu] *m* 1. báj 2. nemes vonás

garboso [görbozu] *mn* 1. bájos 2. nemeslelkű

garça [gàrszö] *f áll* kócsag

garção [gàrszö^{n}u] *m* pincér, felszolgáló

garço [gàrszu] *mn* kékeszöld

garçom [gàrszo^{n}] *m* = **garção**

garçonete [gàrszunét] *f* B pincérnő, felszolgáló

gardunho [gàrdunyu] *m* nyest; menyét

gare [gàr] *f* pályaudvar; peron; *bilhete de ~* peronjegy

garfada [görfàdö] *f* villára férő mennyiség

garfar [görfàr] *1/12 ts* 1. villával felkotor 2. villára tűz 3. olt (növényt)

garfo [gàrfu] *m* 1. villa (evőeszköz); *bom ~* jó evő; falánk ember 2. vasvilla 3. oltóág 4. vándorló méhraj 5. *um ~ de gente* maroknyi csoport

gargalaçar [gàrgàlöszàr] *1/12 ts* 1. üvegből iszik 2. lehörpint

gargalhada [gàrgöljàdö] *f* hahotázás; *dar* v *soltar uma ~* hahotába tör ki; *rir às ~s* hahotázik

gargalhar [gàrgöljàr] *1/12 tl* hahotázik

gargalo [görgàlu] *m* üvegnyak

garganta[1] [görgö^{n}ntö] *f* 1. torok; gége; nyak; *dores de ~*, B torokfájás; *com voz presa na ~* fojtott hangon; *molhar a ~* iszik egy kupicával; *ter alguém atravessado na ~* begyében van vki; *ter boa ~* jó hangja van; *biz: ter muita ~* nagyzol, felvág 2. szűk nyílás; szoros 3. folyó torkolata

garganta[2] [görgö^{n}ntö] *m* B felvágós pasas

gargantão *m*, **gargantona** *f* (görgö^{n}ntö^{n}u, -tonö] *fn* falánk, nagybélű

gargantear [görgö^{n}ntyàr] *1/5 tl* 1. trillázik 2. B nagyzol, felvág

garganteio [görgö^{n}ntéju] *m* trilla

gargantilha [görgö^{n}ntiljö] *f* (díszes) ruhagallér; csipkegallér

gargarejar [görgörizsàr] *1/14 tl* 1. gurguláz, gargarizál 2. *átv* turbékolnak (szerelmesek)

gargarejo [görgörézsu] *m* 1. gargarizálás 2. *átv* turbékolás

gárgula [gàrgulö] *f* 1. ereszcsatorna; lefolyócső 2. vízköpő

gari [gàri] *m* B utcaseprő

garimpeiro [gàri^{n}mpéjru] *m* B gyémántkutató

garimpo [gàri^{n}mpu] *m* B gyémántlelőhely

garlopa [görlòpö] *f műsz* simítógyalu

garnacha [görnàsö] *f* talár

garnisé [görnizè] *m* törpetyúk

garoa [göroö] *f* B szitáló eső

garota [görotö] *f* B *biz* lány, „csaj"

garotada [görutàdö] *f* sihederek csoportja

garotice [görutisz] *f* csibészkedés; csavargás

garoto [görotu] I. *mn* csibészkedő II. *fn, m* 1. csibész, utcagyerek 2. *~s* gyerekek, gyerekhad

garoupa [göropö] *f* B sügér (halfajta)

garoupeira [göropéjrö] *f* sügérfogó halászbárka

garra [gàrrö] *f* karom (*átv* is); *cair nas ~s de* vkinek a karmaiba kerül; *tirar das ~s* kiragadja a karmai közül

garrafa [görràfö] *f* üveg, palack; *~ empalhada* szalmafonatos üveg

garrafal [görröfàl] *mn* nagy; *cereja ~* nagyszemű cseresznye; *letras garrafais* nagybetűk

garrafão [görröfö^{n}u] *m* demizson

garrafeira [görröféjrö] *f* palackborok lerakata

garraio [görràju] *m* 1. tinó 2. *átv* tejfölösszájú

garridice [görridisz] *f* 1. báj, szépség 2. kacérság

garrido [görridu] *mn* 1. elegáns 2. kacér 3. *cor ~a* élénk szín

garrir [görrir] *3/13* I. *tl* 1. csicsereg, csipog 2. fecseg, locsog 3. pajzánkodik, huncutkodik II. **~-se** díszeleg (új ruhájában)

garrochar [görrusàr] *1/15 ts bikaviadal* vasvégű bottal ösztökél (bikát)
garrotar [görrutàr] *1/15 ts* megfojt
garrote [görròt] *m* **I.** nyakvas (kínzóeszköz) **II. B** fiatal bika
garrotilho [görrutilju] *m orv* krupp, álhártyás torokgyík
gárrulo [gàrrulu] *mn* fecsegő, bőbeszédű
garupa [görupö] *f* **1.** állat fara **2.** hátsó ülés motoron **3.** általvető (zsák)
gás [gàs] *m* **1.** gáz; ~ *lacrimogêneo* könnygáz; ~ *de combate* harci gáz; ~ *de iluminação* világítógáz; ~ *dos pântanos* mocsárgáz; *máscara contra gases* gázálarc **2.** *orv: gases* bélgázok
gasalhado [gözöljàdu] *m* **1.** menedék; szállás **2.** vendéglátás; *fazer bom ~ a* szívesen lát vkit
gasalhoso [gözöljozu] *mn* vendéglátó
gasear [gözjàr] *1/5 ts* **1.** elgázosít **2.** gázzal megmérgez
gaseificar [gözéifikàr] *1/2* **I.** *ts* **1.** (el)gázosít **2.** elpárologtat **II.** **~-se** gázzá változik
gaseiforme [gözéifòrm] *mn* gáz alakú, légnemű
gasganete [gözsgönét] *m nép* torok, gége
gasista [gàzistö] *m* **B** **1.** gázlámpa-gyújtogató **2.** gázszerelő
gasnate, gasnete [gözsnàt, gözsnéti] *m* = **gasganete**
gasogénio [gözuzsènyu] *m* gázgenerátor
gasóleo [gözòlju] *m* gázolaj
gasolina [gözulinö] *f* **1.** benzin, üzemanyag; *bomba* v *posto de ~* üzemanyagtöltő állomás, benzinkút, tankolóhely; *meter ~* tankol **2.** (Portugáliában: *m*) motorcsónak
gasómetro [gözòmitru] *m* **1.** gázóra **2.** gáztartály
gasosa [gözòzö] *f* szénsavas limonádé *v* üdítő ital
gasoso [gözozu] *mn* **1.** gáznemű **2.** szénsavas; *água ~a* szódavíz, kristályvíz
gáspea [gàspjö] *f* **1.** cipőfelsőbőr **2.** cipőfolt
gastalho [göstàlju] *m müsz* szorító (asztalosé)
gastar [göstàr] *1/12* **I.** *ts* **1.** (pénzt) kiad, költ vmire (*em*); *~ o tempo* időt fecsérel **2.** költekezik, pazarol **3.** *~ de* vásárol vmit, ellátja magát vmivel **4.** elhasznál; elnyű, elkoptat **5.** *szól: ~ a paciência a* kihozza a béketűrésből; *~ palavras* a falnak beszél; *~ cera com mau* v *ruim defunto* kárba vész a fáradsága; rossz boltot köt **II.** *tl* elhasználódik **III.** **~-se** **1.** elhasználódik, elkopik; elfogy **2.** felőrlődik (egészsége)
gasto [gàstu] **I.** *mmi* → **gastar** **II.** *fn, m* **1.** költség; kiadás; költekezés; *~s miúdos* apró kiadások; *correr com os ~s* vállalja a költségeket; *fazer um grande ~* nagyban költekezik **2.** elhasználás; elhasználódás, kopás
gastralgia [göströlzsiö] *f orv* gyomorbántalom
gástrico [gàstriku] *mn* gyomor-; *suco ~* gyomornedv
gastrite [göstrit] *f orv* gyomorhurut
gastro... [gàstru...] (összetételekben) gyomor-
gastrólatra [göstròlötrö] *fn* hasimádó; gyomorember
gastronomia [göstrunumiö] *f* **1.** ínyencség **2.** szakácsművészet
gastrónomo [göstrònumu] *fn* ínyenc
gastura [gösturö] *f* **B** viszketegség
gata [gàtö] *f* **1.** (nőstény)macska **2.** *haj: mastro da ~* tatárboc **3.** *átv* részegség; mámor; *tomar a ~* leissza magát, berúg **4.** *szól: à ~,* **B** nagy üggyel-bajjal; *andar* v *ir de ~s* négykézláb kúszik
gatafunhar [götöfunyàr] *1/1 tl* firkál
gatafunhos [götöfunyus] *m tb* firkálás, macskakaparás
gatázio [götàzju] *m nép* **1.** karom, köröm **2.** kéz, mancs
gatear [götyàr] *1/5 ts müsz* kapoccsal összefog
gateira [götéjrö] *f* **1.** macskalyuk (ajtón, tetőn) **2.** *ép* szellőzőnyílás (padláson)
gateiro [götéjru] *mn* és *fn* macskabarát
gatilho [götilju] *m müsz* ravasz (lőfegyveren)
gatimanhos [götimönyus] *m tb* hadonászás
gatinha [götinyö] *f* kis cica; *andar de ~s* négykézláb jár
gato [gàtu] *m* **1.** macska; *~ silvestre* v *do mato* vadmacska **2.** kandúr **3.** *müsz* kapocsvas **4.** *átv* ügyeskedő, ravasz ember **5.** hiba, tévedés; *nyomd* sajtóhiba **6.** *szól: ali há ~* itt valami bűzlik; *buscar cinco pés ao ~* akadé-

koskodik; szőrszálhasogató; *comer* v *engolir* ~ *por lebre* **a)** téved, melléfog **b)** hagyja magát becsapni; *correr como* ~ *por brasas* eszeveszetten rohan
gato-pingado [gàtupi^{n}ngàdu] *m* **1.** *rég* halottkísérő **2.** *tréf* néhány ember, gyér közönség
gatunar [götunàr] *1/1 ts* **1.** lop **2.** csal
gatunice [götunisz] *f* **1.** lopás **2.** csalás; gazság
gatuno [götunu] *m* csibész, csirkefogó
gaúcho [göusu] **B I.** *mn* **1.** gaúcho-, gaúcho-szerű **2.** Rio Grande do Sul államból való **II.** *fn, m* dél-amerikai lovas marhapásztor
gaudério [gàudèrju] *m* **1.** mulatozás **2.** kószáló, csavargó **3. B** ingyenélő, potyázó
gáudio [gàugyu] *m* vidámság, mulatság
gaulês *m*, **gaulesa** *f* [gàulés, gaulézö] *mn* és *fn* gall
gávea [gàvjö] *f haj* derékvitorla
gavela [gövèlö] *f* kéve
gaveta [gövétö] *f* **1.** (asztal- *v* szekrény)-fiók **2.** *műsz* tolattyú **3.** *szól:* ~ *de sapateiro* szörnyű rendetlenség
gavião [gövjö^{n}u] *m* **1.** *áll* karvaly **2.** *növ* kacs, inda **3. B** agyafúrt ember **4. B** nőhódító, szoknyavadász
gavinha [gövinyö] *f növ* kacs, inda
gavota [gövòtö] *f zene* gavotte
gaxeta [gösétö] *f műsz* **1.** tömítés **2.** alátétlemez
gaza [gàzö] *f orv* géz
gazão [gözö^{n}u] *m* pázsit, gyep
gaze [gàz] *f orv* géz
gazear [gözjàr] *1/5 tl* **1.** csicsereg, csipog **2.** gagyog **3.** iskolát kerül, „lóg"
gazela [gözèlö] *f* gazella
gazeta [gözétö] *f* **I.** újság, folyóirat, lap **II.** iskolakerülés; *fazer* ~ „lóg" az iskolából
gazeteiro [gözitéjru] *fn* **1.** *pejor* újságíró, firkász **2. B** újságárus
gazua [gözuö] *f* álkulcs, tolvajkulcs
GB = *Guanabara* (brazil állam)
g.^{de} = *grande*
gê [zsé] *m* zsé (a *g* betű neve)
geada [zsjàdö] *f* zuzmara; fagy
gear [zsjàr] *1/5* **I.** *ts* (meg)fagyaszt **II.** *tl* **1.** zuzmarás lesz **2.** (meg)fagy
geladeira [zsilödéjrö] *f* frizsider, hűtőszekrény
gelado [zsilàdu] **I.** *mn* fagyasztott, fagyos; jégbe hűtött **II.** *fn, m* **1.** fagylalt **2. B** hűsítő ital
geladura [zsilödurö] *f* fagykár
gelar [zsilàr] *1/13* **I.** *ts* **1.** fagyaszt **2.** *átv* befagyaszt **II.** *tl*, **III.** ~**-se** befagy; megdermed (*átv* is)
gelatina [zsilötinö] *f* zselatin
gelatinoso [zsilötinozu] *mn* enyvszerű; kocsonyás
geleia [zsiléjö] *f konyh* zselé; (gyümölcs) kocsonya
geleira [zsiléjrö] *f* **1.** *földr* gleccser, jégár **2.** jégkészítő gép; fagylaltgép
gélido [zsèlidu] *mn* jeges; jéghideg
gelo [zsélu] *m* **1.** jég; *banco de* ~ *à deriva* úszó jéghegy; *rompimento de* ~ jégzajlás **2.** fagy; hideg(ség) (*átv* is); *de* ~ fagyos, jéghideg
gelosia [zsiluziö] *f* ablakredőny, zsalugáter
gema [zsémö] *f* **1.** tojássárgája **2.** *növ* bimbó **3.** *átv* vminek a magva, veleje **4.** *szól: brasileiro da* ~ tősgyökeres brazil
gemada [zsimàdö] *f konyh* cukorral, likőrrel kikevert tojássárgája
gémeo [zsèmju] **I.** *mn* **1.** iker, páros, kettős **2.** azonos, egyforma **II.** *fn, m* **1.** ~**s** ikrek; *três* ~*s* hármas ikrek **2.** *Gémeos, csill* ikrek **3.** arasz (22,86 cm)
gemer [zsimér] *2/7* **I.** *tl* **1.** nyög, jajgat, sóhajtozik **2.** dalol (madár); turbékol (galamb) **3.** zúg (tenger); süvölt (szél) **II.** *ts* **1.** elnyög, kinyög vmit **2.** megsirat
gemido [zsimidu] *m* nyögés, sóhajtozás
geminado [zsiminàdu] *mn* kettős; *növ* páros
gen. = *general*
genciana [zse^{n}szjönö] *f növ* tárnics, enciána
gendarmaria [zse^{n}ndörmöriö] *f* csendőrség
gendarme [zse^{n}ndàrm] *m* csendőr
genealogia [zsinyòluzsiö] *f* **1.** genealógia, származástan **2.** leszármazás, családfa
genealógico [zsinyölòzsiku] *mn* származástani; *árvore* ~*a* családfa
genebra [zsinèbrö] *f* borókapálinka
Genebra [zsinèbrö] *f* Genf
general [zsiniràl] *m* **1.** generális, tábornok; ~ *de exército* hadseregtábornok **2.** *átv* vezér, irányító
generala [zsiniràlö] *f* **1.** *kat* dobszó *v*

kürtjel (riadóhoz, sorakozóhoz) 2. tábornokné

generalado, generalato [zsinirölàdu, -àtu] *m* tábornoki rang

generalidade [zsinirölidàd] *f* **1.** általánosság **2.** többség **3.** *~s* alapismeretek

generalíssimo [zsiniröliszimu] *m* generalisszimusz, legfőbb hadvezér

generalizar [zsinirölizàr] *1/1* **I.** *ts* **1.** általánosít **2.** elterjeszt **II.** **~-se** általánossá válik

genérico [zsinèriku] *mn* **1.** faji, nemi **2.** általános

género [zsèniru] *m* **1.** faj; fajta; nem **2.** *nyelvt:* *~ feminino* nőnem; *~ masculino* hímnem **3.** (irodalmi) műfaj **4.** *műv* életkép **5.** *~s* termékek, áruk

generosidade [zsiniruzidàd] *f* **1.** nagylelkűség **2.** bőkezűség

generoso [zsinirozu] *mn* **1.** nagylelkű; nemes **2.** bőkezű **3.** *szól:* *decote ~* mély (ruha)kivágás; *vinho ~* fajbor, óbor

génese, génesis [zsèniz, -zis] *f* genezis, eredet, származás

genética [zsinètikö] *f* örökléstan

genetriz [zsinitris] *f* (szülő)anya

gengibre [zse^{n}zsibr] *m* *növ* gyömbér

gengiva [zse^{n}zsivö] *f* foghús

gengivite [zse^{n}zsivit] *f* *orv* foghúsgyulladás

genial [zsinyàl] *mn* **1.** zseniális; kimagasló **2.** veleszületett

genialidade [zsinyölidàd] *f* zsenialitás, lángelméjűség

génio [zsènyu] *m* **1.** géniusz, lángész **2.** szellem; alkotó erő **3.** tehetség, hajlam **4.** *átv* természet, lelkület; *de ~ áspero* rossz természetű, ingerlékeny; *de bom ~* jóindulatú

genital [zsinitàl] *mn* nemző, nemi; *órgãos genitais* nemi szervek

genitivo [zsinitivu] *m* *nyelvt* birtokos eset

genitor [zsinitor] *m* **1.** nemző **2.** apa, szülő

genitura [zsiniturö] *f* **1.** nemzedék **2.** származás, eredet

genocídio [zsinuszigyu] *m* népirtás

Génova [zsènuvö] *f* Genova

genro [zse^{n}ru] *m* vő

gentaça, gentalha [zse^{n}ntàszö, -tàljö] *f* csőcselék

gente [zse^{n}nt] *f* **1.** nép; emberek; *~ baixa* csőcselék; *~ grande* felnőttek; *muita ~* sokan, sok ember; *pouca ~* kevés ember; *~ de bem* rendes emberek; *~ de cor* színesek, négerek; *direito das ~s* nemzetközi jog; *toda a ~* mindenki; *a ~ diz que* azt mondják, hogy; *fazer-se* v *tornar-se ~* **a)** felnő, nagy lesz **b)** érvényesül; *há ~* van itt valaki, vendég jött; *havia pouca ~ no cinema* kevesen voltak a moziban **2.** család, rokonság **3.** *kat* fegyveres erő; *~ de pé* gyalogság

gentil [zse^{n}ntil] *mn* **1.** kedves, udvarias **2.** bájos, csinos

gentileza [zse^{n}ntilézö] *f* **1.** kedvesség, udvariasság **2.** báj, szépség

gentil-homem [zse^{n}ntilòmö^{n}j] *m* nemesember

gentilício, gentílico [zse^{n}ntiliszju, -tiliku] *mn* pogány

gentinha [zse^{n}ntinyö] *f* *pejor* népség, csőcselék

gentio [zse^{n}ntiu] **I.** *mn* és *fn* pogány **II.** *fn, m* sokaság, tömeg

genuflexão [zsinuflèkszö^{n}u] *f* térdhajlás; *fazer uma ~* térdet hajt

genuinidade [zsinvinidàd] *f* valódiság

genuíno [zsinvinu] *mn* **1.** valódi, igazi **2.** tiszta

geocêntrico [zsjusze^{n}ntriku] *mn* geocentrikus

geodesia, geodésia [zsjudiziö, -dèzjö] *f* geodézia, földméréstan

geografia [zsjugröfiö] *f* földrajz

geográfico [zsjugràfiku] *mn* földrajzi

geógrafo [zsjògröfu] *m* földrajztudós

geologia [zsjuluzsiö] *f* geológia, földtan

geólogo [zsjòlugu] *m* geológus, földtantudós

geometria [zsjumitriö] *f* geometria, mértan; *~ descritiva* ábrázoló mértan; *~ plana* síkmértan; *~ no espaço* térmértan

geométrico [zsjumètriku] *mn* mértani

geração [zsiröszö^{n}u] *f* **1.** nemzés **2.** keletkezés **3.** nemzedék; utódok

gerador [zsirödor] *m* **1.** nemző, apa **2.** *műsz* generátor, áramfejlesztő

gerais [zsiràjs] *m tb* **B** *estar nos seus ~* elemében van, pompásan érzi magát

geral [zsiràl] **I.** *mn* **1.** általános; *reparação ~* generáljavítás; *em ~* általában, többnyire **2.** fő-; *secretário ~* főtitkár **II.** *fn*, *m* **1.** általánosság **2.**

rendfőnök 3. *kártya* szlem 4. *szính* karzat(ülés) 5. **B** központi telefonszám

gerânio [zsirönyu] *m növ* 1. gólyaorr 2. muskátli

gerar [zsiràr] *1/13* I. *ts* 1. nemz 2. *átv* létesít, alkot II. *tl*, III. ~**-se** keletkezik

geratriz [zsirötris] *f geom* alkotó

gerência [zsire^{n}szjö] *f* igazgatás; ügyvezetés; adminisztráció; *conselho de ~* igazgatótanács

gerencial [zsire^{n}szjàl] *mn* igazgatási; adminisztrációs

gerente [zsire^{n}nt] *mn* és *fn* ügyvezető

geri(n)gonça [zsiri(n)go^{n}szö] *f* 1. zagyva beszéd 2. argó, tolvajnyelv

gerir [zsirir] *3/8 ts* intéz, igazgat; vezet, irányít

germânico [zsirmöniku] *mn* germán, német

germanismo [zsirmönizsmu] *m* germanizmus, németes szóhasználat

germano[1] [zsirmönu] I. *mn* igazi, valódi II. *fn* 1. vérrokon 2. édestestvér

germano[2] [zsirmönu] *mn* és *fn* germán

germanófilo [zsirmönòfilu] *mn* és *fn* németbarát

germanofobia [zsirmönòfubiö] *f* németgyűlölet

germanófobo [zsirmönòfubu] *fn* németellenes, németgyűlölő

germe, gérmen [zsèrm, zsèrmén] *m* csíra (*átv* is)

germinação [zsirminöszö^{n}u] *f* 1. csírázás 2. *átv* sarjadzás

germinadoiro, -douro [zsirminödojru, -doru] *m* csíráztató (pince)

germinar [zsirminàr] *1/1* I. *ts átv* szül, létrehoz II. *tl* 1. (ki)csírázik 2. *átv* keletkezik, létrejön

germinativo [zsirminötivu] *mn* csírázó, csírázóképes

gerúndio [zsirungyu] *m nyelvt* gerundium, határozói igenév

gessar [zsiszàr] *1/13 ts* 1. begipszez, gipsszel bevon 2. bevakol

gesso [zsészu] *m* 1. gipsz 2. gipszfigura

gestação [zsistöszö^{n}u] *f* 1. terhesség, vemhesség 2. *átv* vajúdás; kialakítás

gestão [zsistö^{n}u] *f* 1. vezetés, irányítás 2. ügyvezetés, adminisztráció 3. *gestões de paz* béketárgyalások

gestatório [zsistötòrju] *mn* 1. *período ~* terhesség ideje 2. *cadeira ~a* hordszék

gesticulação [zsistikulöszö^{n}u] *f* gesztikulálás, taglejtés

gesticulado [zsistikulàdu] I. *mmi* → **gesticular** II. *fn, m* gesztikulálás

gesticular [zsistikulàr] *1/1* I. *ts* taglejtéssel kifejez II. *tl* gesztikulál

gesto [zsèstu] *m* 1. gesztus, taglejtés, kézmozdulat 2. arckifejezés 3. *átv*: *~ de nobreza* nemes gesztus

gestor [zsistor] *m* = **gerente**

giba [zsibö] *f* púp

gibão [zsibö^{n}u] *m* I. ujjas, zeke II. *áll* gibbon (majom)

gibi [zsibi] *m* **B** négergyerek

giboso [zsibozu] *mn* púpos

giesta [zsjèstö] *f növ* rekettye

giga [zsigö] *f* lapos kosár

gigante [zsigö^{n}nt] I. *mn* óriási II. *fn, m* 1. óriás; *a passos de ~* óriás léptekkel 2. *ép* gyámfal; duc

gigantesco [zsigö^{n}ntésku] *mn* óriási, gigászi

gilete [zsilét] *m* zsilettpenge

gim [zsi^n] *m* gin, rozspálinka

ginasial [zsinözjàl] *mn* 1. tornatermi 2. **B** gimnáziumi

ginasiano [zsinözjànu] *fn* **B** gimnáziumi tanuló

ginásio [zsinàzju] *m* 1. tornaterem 2. **B** gimnázium

ginasta [zsinàstö] *fn* tornász

ginástica [zsinàstikö] *f* testgyakorlás, torna; *~ de aparelhos* szertorna; *~ de solo* talajtorna; *áula de ~* tornacsarnok; *fazer ~* tornászik

ginástico [zsinàstiku] *mn* gimnasztikai, torna-

gincana [zsi^{n}nkönö] *f* ügyességi gyakorlat (*pl* autóversenyen)

ginecologia [zsinèkuluzsiö] *f orv* nőgyógyászat

ginecologista [zsinèkuluzsistö] *fn* nőgyógyász

ginete [zsinét] *m* 1. fajló 2. kiváló lovas

gingar [zsi^{n}ngàr] *1/4 tl* himbálódzik; kacsázva jár

ginja [zsi^{n}zsö] I. *f* meggy II. *m* maradi öreg

ginjeira [zsi^{n}zséjrö] *f* 1. meggyfa 2. *conhecer de ~* már szilvafa korából ismeri

ginjinha [zsi^{n}zsinyö] *f* meggylikőr

girafa [zsiràfö] *f* zsiráf

girândola [zsirö^{n}ndulö] *f* rakéta (tűzijátéknál)
girar [zsiràr] *1/1* **I.** *ts* **1.** kört ír le **2.** bejár; ~ *toda a terra* bejárja az egész világot **3.** *fazer* ~ **a)** forgat, pörget **b)** forgalomba hoz **II.** *tl* **1.** forog; pörög **2.** kanyarodik (út) **3.** forgalomban van **4.** kószál, csavarog
girassol [zsiröszòl] *m növ* napraforgó
giratório [zsirötòrju] *mn* forgó; keringő; *ponte* ~*a* szétnyitható *v* elfordítható híd; *porta* ~*a* forgóajtó
gíria [zsirjö] *f nyelvt* **1.** zsargon, argó **2.** szaknyelv
giriesco [zsirjésku] *mn nyelvt* zsargonszerű; szaknyelvi
girino [zsirinu] *m* békaporonty, ebihal
giro [zsiru] *m* **1.** fordulás, körforgás, keringés **2.** sorrend; *cada um por seu* ~ mindenki csak sorjában **3.** műszak, váltás **4.** *ker* forgalom; *casa de grande* ~ nagy forgalmat lebonyolító cég **5.** séta, túra; *dar um* ~ sétál, kirándul **6.** *átv* kertelés, köntörfalazás
gitano [zsitönu] *m* (spanyol) cigány
giz [zsis] *m* kréta
glabro [glàbru] *mn* **1.** csupasz **2.** borotvált (képű)
glacial [glöszjàl] *mn* jeges, fagyos, hideg
glaciar [glöszjàr] *m* gleccser, jégár
glaciário [glöszjàrju] *mn*: *periodo* ~ jégkorszak
gladíolo [glödiulu] *m növ* kardvirág
glande [glö^{n}nd] *f növ, orv* makk
glândula [glö^{n}ndulö] *f orv* mirigy
glandular [glö^{n}ndulàr] *mn orv* mirigy-
glauco [glàuku] *mn* tengerzöld
glaucoma [glàukomö] *m orv* zöldhályog
gleba [glèbö] *f* **1.** rög, göröngy **2.** szántóföld **3.** *tört*: *servo da* ~ jobbágy
glena [glénö] *f orv* izületi gödör
glicerina [gliszirinö] *f vegy* glicerin
glicínia [gliszinyö] *f növ* glicinia, lilaakác
glicose [glikòz] *f vegy* szőlőcukor
global [glubàl] *mn* globális, átfogó; teljes
globo [globu] *m* **1.** golyó; ~ *ocular* *v* *do olho* szemgolyó **2.** glóbusz; földgolyó; ~ *terrestre* földgömb **3.** gömb alakú lámpaernyő **4.** *em* ~ globálisan, együttesen
globular [glubulàr] *mn* gömb alakú
glóbulo [glòbulu] *m* **1.** golyócska **2.** ~ (*sanguíneo*) vérsejt
glória [glòrjö] *f* **1.** dicsőség; *alcançar a* ~, *cobrir-se de* ~ dicsőséget szerez magának; *dar* ~ *a* dicsőít, magasztal vkit **2.** *műv* glorióla, dicsfény **3.** *átv* fény, ragyogás **4.** *fazer* ~ *de* dicsekszik vmivel, büszke vmire
gloriar [glurjàr] *1/7* **I.** *ts* dicsőít, magasztal **II.** ~**-se** **1.** dicsőséget szerez magának **2.** dicsekszik; büszkélkedik
glorificação [glurifiköszö^{n}u] *f* **1.** dicsőítés, magasztalás **2.** *vall* megdicsőülés
glorificar [glurifikàr] *1/2* **I.** *ts* **1.** dicsőít, magasztal **2.** *vall* megdicsőít **II.** ~**-se** dicsekszik, büszkélkedik
gloríola [gluriulö] *f* meg nem érdemelt dicsőség
glorioso [glurjozu] *mn* dicső, dicsőséges
glosa [glòzö] *f* glossza, szövegmagyarázat
glosar [gluzàr] *1/15 ts* **1.** glosszál, magyarázó jegyzetekkel ellát **2.** kritizál, lekicsinylő megjegyzéseket fűz vmihez **T**
glossário [gluszàrju] *m* magyarázó szótár *v* szójegyzék
glote [glòt] *f orv* hangrés
glutão *m*, **glutona** *f* [glutö^{n}u, glutonö] *mn* és *fn* falánk; nagyevő
glúten [glutén] *m* **1.** *vegy* sikér **2.** ragasztószer
glutinoso [glutinozu] *mn* ragadós, tapadós
gnoma [gnomö] *f* gnóma, velős mondás
gnomo [gnomu] *m* gnóm, manó; törpe
GO = *Goiás* (brazil állam)
gobião [gubjö^{n}u] *m áll* fenékjáró küllő
gobo [gobu] *m* kockakő, burkolatkő
godo [godu] *mn* és *fn* gót
goela [gvèlö] *f* **1.** torok, garat **2.** haszonleső **3.** hencegő, dicsekvő
goelar [gvilàr] *1/14 tl* **1.** kiabál, ordít **2.** sokat beszél
goiaba [gojàbö] *f* **B** *növ* guajava
goiva [gojvö] *f műsz* homorúvéső
goivo [gojvu] *m növ* viola
gol [gol] *m* **B** **1.** gólvonal **2.** gól; ~ *de placa* mintaszerű gól; *fazer* *v* *marcar um* ~ gólt lő
gola [gòlö] *f* **1.** (ruha)gallér **2.** *ép* párkányöv
golaço [gulàszu] *m* **B** *sp* mesteri gól
golada [gulàdö] *f* **1.** hajózócsatorna **2.** *biz* korty, „slukk"
gole [gòl] *m* korty

goleada [goljàdö] *f* B *sp* gólzápor
goleador [goljödor] *m* B *sp* góllövő
golear [goljàr] *1/5 tl* B *sp* 1. gól(oka)t rúg 2. gólokkal győz
goleiro [goléjru] *m* B *sp* kapuvédő
golfada [golfàdö] *f* 1. vízsugár, gőzsugár 2. *orv* hányás; hányadék
golfar [golfàr] *1/1* I. *ts* 1. (ki)hány; ~ *sangue* vért hány 2. *átv* kilök, kibocsát, kiönt II. *tl* áramlik, ömlik, előtör
golfe [golf] *m sp* golf; *campo de* ~ golfpálya
golfinho [golfinyu] *m áll* delfin
golfista [golfistö] *fn* golfjátékos
golfo [golfu] *m* golf, tengeröböl
golo [golu] *m sp* 1. gólvonal, kapu 2. gól
golpe [gòlp] *m* 1. ütés, lökés, csapás; ~ *reverso* visszakezes ütés; ~ *de mar* hullámcsapás; ~ *de morte* v *de preto* halálos csapás; *de* ~ váratlanul, hirtelen; *de um* ~ egy csapásra, egyszerre 2. *átv* vonás; ~ *de pena* tollvonás; ~ *de pincel* ecsetvonás 3. vágás, bevágás 4. nyelés; korty 5. csipetnyi; néhány csepp 6. *szól:* ~ *de Estado* államcsíny; ~ *de graça ;* ~ *de misericórdia* kegyelemdöfés; ~ *de mestre* mesterfogás, mestermű; ~ *de vista* futó pillantás; *aparar o* ~ kivédi az ütést; elhárítja a veszélyt; *dar o* ~, *nép* átver vkit; *dar um* ~ *de vista a* futó pillantást vet vkire *v* vmire; odapillant; *errar o* ~ mellé lő, célt téveszt (*átv* is)
golpear [golpjàr] *1/5 ts* 1. bevagdal; összeszurkál 2. csapást mér vkire *v* vmire T; ~ *o imperialismo* csapást mér az imperializmusra
golpista [golpistö] *mn* és *fn* államcsínyben részt vevő; *oficiais* ~*s* államcsínyben részt vevő *v* vett tisztek
goma [gomö] *f* 1. gumi; ~ *de mascar* rágógumi 2. keményítő; *meter em* ~ keményít 3. ragasztó(szer); ~ *de peixe* halenyv
goma-arábica [gomöràbikö] *f vegy* arab mézga
goma-laca [gomölàkö] *f vegy* sellak
gomo [gomu] *m* 1. hajtás, rügy; *lançar* ~*s* rügyezik 2. (narancs)gerezd
gomoso [gumozu] *mn* 1. gumi-, gumiszerű 2. mézgás
gôndola [go^{n}ndulö] *f* gondola
gondoleiro [go^{n}ndulèjru] *m* gondolás
gongo [go^{n}ngu] *m* gong
gongórico [go^{n}ngòriku] *mn* dagályos (stílus)
goniómetro [gunyòmitru] *m* goniométer, szögmérő műszer
gonorreiö [gunurréjö] *f orv* kankó, tripper
gonzo [go^{n}zu] *m műsz* ajtósarok; sarokvas
gorar [guràr] *1/15* I. *ts* 1. tönkretesz 2. meghiúsít (tervet) II. *tl*, III. ~-se 1. tönkremegy, elromlik 2. meghiúsul
goraz [guràs] *m áll* tengeri keszeg
gordo [gordu] I. *mn* 1. kövér; zsíros 2. termékeny; *terra* ~*a* termékeny talaj 3. *vall: dias* ~*s* farsang utója; *domingo* ~ farsang utolsó vasárnapja; *terça-feira* ~*a* húshagyó kedd 4. *szól: é de entendimento* ~ nehéz a felfogása; *fazer a vista* ~*a* szemet húny vmi fölött II. *fn, m* 1. kövér ember 2. *o* ~ *do porco* a sertéshús kövérje
gorducho [gurdusu] *mn* kövérkés
gordura [gurdurö] *f* 1. zsír, háj 2. kövérség
gordurento [gurdure^{n}ntu] *mn* zsíros, hájas
gorduroso [gurdurozu] *mn* zsíros
gorgolejar [gurgulizsàr] *1/14 tl* 1. gurgulázik 2. bugyborékol, csobog 3. böfög
gorgolhão [gurguljö^{n}u] *m* vízsugár
gorgolhar [gurguljàr] *1/15 tl* fakad, feltör (víz)
gorgulho [gurgulju] *m áll* zsizsik
gorila, gorilha [gurilö, guriljö] *m* gorilla
gorjear [gurzsjàr] *1/5 tl* csicsereg, csiripel
gorjeio [gurzséju] *m* csicsergés, csiripelés
gorjeta [gurzsétö] *f* borravaló
goro [goru] *mn: ovo* ~ záptojás
gorra [gorrö] *f* 1. (ellenzős) sapka 2. *szól: de* ~ közösen, mutyiban; *meter-se de* ~ *com* összebarátkozik, összeáll vkivel
gorro [gorru] *m* 1. svájci sapka, bojtos sapka 2. *kat* tábori sapka
gosma [gòzsmö] *f* píp (madárbetegség)
gostar [gustàr] *1/15* I. *ts* megízlel, megkóstol II. *tl* ~ *de* örül vminek, szeret, kedvel vkit *v* vmit, tetszik vki *v* vmi; ~ *de pão* szereti a kenyeret; *gosto do quadro* tetszik nekem a kép; *não*

gosto da cor nem tetszik nekem a színe; *gosta de escrever cartas* szeret leveleket írni; *gostou?* hogy tetszett? *gostas dele?* (hogy) tetszik neked? **III.** **~-se** szeretik egymást

gosto [gostu] *m* **1.** gusztus, ízlés; *de bom ~* ízléses; *de mau ~* ízléstelen; *tomar ~ a v em* kedvet kap vmihez, rájön vminek az ízére; *vestir-se com ~* ízlésesen öltözködik; *são ~s!* ízlés dolga! *közm: em ~s não há disputas* az ízlések különböznek **2.** öröm; *com muito ~* nagyon szívesen; *muito ~ em conhecê-lo* örülök, hogy megismerhettem; *dar ~ a* örömet szerez vkinek; *dá ~ ver* öröm látni *v* nézni; *tengo ~ em ser-lhe útil* örülök, hogy segítségére lehetek; **3.** kívánság, óhaj; *por ~* kedvtelésből; *segundo o seu ~* kívánsága *v* óhaja szerint; *esteja a ~* helyezze magát kényelembe, érezze magát otthon; *fazer ~ de* (+ *fni*) örömét leli vmiben; *fazer seu ~* kényekedve szerint cselekszik; *se faz ~ nisso* ha önnek úgy tetszik

gostosamente [gustozöme^{n}nt] *hat* örömmel, szívesen

gostoso [gustozu] *mn* **1.** ízléses **2.** ízes, kellemes **3.** örömteljes

gota [gotö] *f* **1.** csepp; *~ a ~* cseppenként **2.** *orv* köszvény

gota-coral [gotökuràl] *f orv* epilepszia, nyavalyatörés

gota-serena [gotöszirénö] *f orv* fekete hályog

goteira [gutéjrö] *f* **1.** ereszcsatorna **2.** lyukas tető **3.** **B** *szól: tem uma ~* hiányzik egy kereke

gotejar [gutizsàr] *1/14 tl* csepeg, (át)szivárog

gótico [gòtiku] **I.** *mn* gót, gótikus **II.** *fn, m* **1.** *ép, műv* gótika, gót stílus **2.** *nyomd: (carácter) ~* fraktúra, gót betű

goto [gotu] *m nép* torok, gége; *cair no ~ de* vkinek a tetszésével találkozik; *dar no ~ de* **a)** megakad a torkán, fulladást okoz **b)** feltűnést kelt

gotoso [gutozu] *mn orv* köszvényes

Gov. = *Governo*

governação [guvirnöszö^{n}u] *f* kormányzás; igazgatás

governadeira [guvirnödéjrö] *f* jó háziasszony

governado [guvirnàdu] **I.** *mmi* → **governar** **II.** *mn* házias, takarékos

governador [guvirnödor] *m* **1.** kormányzó **2.** *~ civil, kb* megyei tanács elnöke

governamental [guvirnöme^{n}ntàl] *mn* kormány-, kormányzati

governança [guvirnö^{n}szö] *f* (rossz) kormányzás; (helytelen) irányítás

governanta [guvirnö^{n}ntö] *f* **1.** házvezetőnő **2.** nevelőnő

governante [guvirnö^{n}nt] *m* **1.** kormányzó **2.** elnök, főnök

governar [guvirnàr] *1/13* **I.** *ts* **1.** kormányoz **2.** vezet, irányít; *~ um auto* autót vezet; *~ a casa* vezeti a háztartást; *közm: governa tua boca segundo tua bolsa* addig nyújtózz, ameddig a takaród ér **II.** *tl* **1.** *haj* engedelmeskedik a kormánynak **2.** jól működik **III.** **~-se** **1.** gazdálkodik; tartja magát vmihez (*por*); *~-se pelas circunstâncias* a körülményekhez igazodik **2.** uralkodik önmagán, fékezi magát

governativo [guvirnötivu] *mn* kormány-, kormányzati

governável [guvirnàvèl] *mn* kormányozható

governichar [guvirnisàr] *1/1 tl gúny* kormányzósdit játszik

governicho [guvirnisu] *m* **1.** jelentéktelen hivatalocska **2.** **B** *gúny* (rossz) kormányzat

governismo [guvirnizsmu] *m* önkényes kormányzati rendszer

governo [guvèrnu] *m* **1.** *pol* kormány **2.** uralkodás, kormányzás **3.** vezetés, irányítás; *~ da casa* háztartás **4.** *haj* kormány(szerkezet) **5.** gyeplő, kantár **6.** *szól: servir de ~* irányelvként szolgál; *digo isto para seu ~* miheztartás végett közlöm ezt önnel

gozado [guzàdu] *mn* **1.** különös, furcsa **2.** **B** *argó* fura, mulatságos

gozador [guzödor] *m* vivőr, élvhajhász

gozar [guzàr] *1/15* **I.** *ts* élvez vmit, örvend vminek; *~ a vida* örül az életnek, kitombolja magát **II.** *tl*, **III.** **~-se** *de* élvez vmit, örül vminek

gozo[1] [gozu] *m* **1.** öröm, élvezet; *não caber em si de ~* örömében majd kiugrik a bőréből; *estar em pleno ~ das faculdades mentais* szellemi képességeinek teljes birtokában van **2.** *jog*

haszonélvezet; *entrar no ~ da sua fortuna* vagyonának élvezetébe lép
gozo[2] [gozu] *m* házőrző kutya
gozoso [guzozu] *mn* örömteli, vidám
gr. = **1.** *grão* **2.** *grátis* **3.** *ker: grosa*
grã [grö^n] **I.** *mn* = **grande**; → **grão**[2] **II.** *fn, f* **1.** *áll* bíbortetű **2.** kárminpiros (szín)
grabato [gröbàtu] *m* szegényes fekvőhely, vacok
Grã-Bretanha [grö^{n}bŕitönyö] *f* Nagy-Britannia
graça [gràszö] *f* **1.** kegy; kedvezés; *descair da ~ de* elveszti vkinek a kegyeit; *estar nas ~s de* vkinek a kegyeiben van **2.** kegyelem; *implorar a ~* kegyelemért könyörög **3.** báj, kecsesség; *com pouca ~* durván, esetlenül; *dizer duas ~s* mond néhány kedves szót **4.** elmésség, szellemesség; élc; tréfa; *~ pesada* durva tréfa; *por ~* tréfából; *dizer* v *fazer ~(s)* vicceket mond; szellemeskedik; tréfálkozik; *ele não está para ~s* nincs tréfálkozó kedvében; *tem ~!* nem rossz! jó vicc! **5.** *~s* köszönet, hála; *~s!* köszönöm! *dar ~s* köszönetet mond; *render ~s* hálát ad **6.** *szól: de ~* ingyen; *nem de ~!* még ingyen sem kell! *cair em ~* tetszik, kedvezően fogadják; *nép: como é a sua ~?* hogy hívják? mi a neve?
gracejar [gröszizsàr] *1/14 tl* tréfálkozik, élcelődik
gracejo [gröszézsu] *m* tréfa, élc
grácil [gràszil] *mn* **1.** gyengéd **2.** finom, törékeny **3.** bájos
gracioso [gröszjozu] **I.** *mn* **1.** bájos, kecses **2.** szellemes, tréfás **3.** ingyenes **II.** *fn* tréfamester, élcfaragó
graçola [gröszòlö] *f* **1.** rossz tréfa **2.** rossz tréfák szerzője
grã-cruz [grö^{n}krus] *f* **1.** nagykereszt (kitüntetés) **2.** nagykereszt tulajdonosa
gradação [grödöszö^{n}u] *f* **1.** fokozatosság, fokozatos átmenet **2.** *irod* klimax, fokozás
gradador [grödödor] *m* borona
gradagem [grödàzsö^{n}j] *f* boronálás
gradar [grödàr] *1/12 ts* boronál
gradaria [grödöriö] *f* rácsozat
grade [gràd] *f* **1.** rács, kerítés **2.** borona **3.** *műv* vakkeret **4.** lóvakaró **5.** börtön (ráccsal kettéosztott) fogadószobája; *ir para as ~s* rács mögé (börtönbe) kerül
gradeado [grögyàdu] *mn* rácsos
gradeamento [grögyöme^{n}ntu] *m* vasrács; kerítés
gradear [grögyàr] *1/5 ts* **1.** elkerít, bekerít **2.** = **gradar**
gradil [grödil] *m* alacsony védőrács
grado[1] [gràdu] *m* kedv; szándék; *mau ~* dacára, ellenére; *mau ~ meu* akaratom ellenére; *de bom ~* szívesen, készséggel; *de mau ~* nem szívesen
grado[2] [gràdu] *m geom* fok; → **grau**
grado[3] [gràdu] *mn* **1.** *mezőg* telt, szemes (kalász) **2.** *átv* kiváló; neves
graduação [grödvöszö^{n}u] *f* **1.** fok; fokbeosztás, skála **2.** alkoholtartalom, fokszám **3.** *kat* rendfokozat **4.** társadalmi rang; *pessoa de ~* magasrangú egyén
graduado [grödvàdu] *mn* **1.** fokokra osztott **2.** egyetemi *v* tudományos fokozattal bíró **3.** (rangjánál) magasabb beosztásban működő; címzetes **4.** rangos, színvonalas; tekintélyes; *vinho ~* fajbor
graduador [grödvödor] *m műsz* szabályozó
gradual [grödvàl] *mn* fokozatos
graduar [grödvàr] *1/9* **I.** *ts* **1.** fokokra oszt **2.** (rangjánál) magasabb munkakörbe oszt be **3.** egyetemi fokozatot ad **II.** **~-se** egyetemi fokozatot szerez; *~-se de doutor* doktori oklevelet szerez
grafar [gröfàr] *1/12 ts* ír
grafia [gröfiö] *f* írás; helyesírás
gráfica [gràfikö] *f* grafika
gráfico [gràfiku] **I.** *mn* **1.** grafikus, rajzzal ábrázolt **2.** írás-, írásbeli; *sinais ~s* írásjelek **II.** *fn, m* **1.** grafikus (nyomdász) **2.** grafikus ábrázolás
grafila [gröfilö] *f* érme feliratos széle
grã-fino [grö^{n}finu] **B** **I.** *mn* **1.** ficsúros, előkelő **2.** pompás, remek **II.** *fn, m* ficsúr; *argó* nagy menő
grafita, grafite [gröfitö, gröfit] *f* grafit
grafologia [gröfuluzsiö] *f* grafológia
grafólogo [gröfòlugu] *m* grafológus, íráselemző
grafómetro [gröfòmitru] *m műsz* szögmérő
grafonola [gröfunòlö] *f* fonográf, gramofon

grainha [gröinyö] *f* (szőlő)mag

gralha [gràljö] *f* 1. varjú 2. pletykás nő 3. *nyomd* (betűcseréből adódó) sajtóhiba

gralhar [gröljàr] *1/12 tl* 1. károg 2. *átv* fecseg; karattyol

grama [grömö] I. *m* gramm II. *f* pázsitfű, pázsit; *não pise na ~* a fűre lépni tilos!

gramadeira [grömödéjrö] *f* tiloló (gép)

gramado [grömàdu] I. *mmi* → **gramar** II. *fn* B 1. gyep, pázsit 2. futballpálya

gramar [grömàr] *1/1* I. *ts* 1. tilol 2. *nép* fal, zabál 3. eltűr, elvisel II. *tl* B *nép* megtesz (utat)

gramática [grömàtikö] *f* nyelvtan

gramatical [grömötikàl] *mn* nyelvtani

gramático [grömàtiku] I. *mn* nyelvtani II. *fn* nyelvtantudós, nyelvész

gramíneas [grömìnyös] *f tb növ* pázsitfűfélék

gramíneo [grömìnyu] *mn* pázsit-, fűféle

gramofone [grömòfòn] *m* gramofon

grampeador [grö^{n}mpjödor] *m* fűzőgép

grampo [grö^{n}mpu] *m* 1. vaskapocs 2. iratkapocs; fűzőkapocs 3. U szeg

granada [grönàdö] *f* 1. *kat* gránát 2. *növ* gránátalma

granadeiro [grönödéjru] *m* gránátos

granar [grönàr] *1/1* I. *ts müsz* szemcséz II. *tl* magot *v* szemet terem (gabona)

grande [grö^{n}nd] I. *mn* 1. nagy; *~ cidade* nagyváros; *um ~ homem* nagy (= híres) ember; *um homem ~* magas termetű ember 2. erős; *~ chuva* szakadó eső; *~ vento* erős szél 3. *átv* hatalmas 4. *szól: à ~, de ~* pazarul, pompásan; *viver à ~* nagy lábon él; *em ~* **a)** nagyjában, általában **b)** nagymértékben II. *fn* nemesember, mágnás; *~ de Espanha* spanyol főnemes

grandeza [grö^{n}ndézö] *f* 1. nagyság 2. lelki nagyság, magasztosság 3. főnemes, főnemesség 4. *~s* pompa

grandiloquência [grö^{n}ndilukve^{n}szjö] *f* fellengzősség

grandíloquo [grö^{n}ndilukvu] *mn* fellengzős

grandiosidade [grö^{n}ngyuzidàd] *f* nagyszerűség; pompa

grandioso [grö^{n}ngyozu] *mn* nagyszerű, pompás

grandote [grö^{n}ndòt] *mn* nagyobbacska, majdnem felnőtt

granel [grönèl] *m* 1. magtár, csűr 2. *nyomd* hasáblevonat 3. *ker: a ~* ömlesztve

granir [grönir] *3/1 ts* kipontoz; pontokból álló vonallal átmásol

granítico [grönitiku] *mn* gránitszerű

granito [grönitu] *m* 1. *ásv* gránit 2. magocska, szemecske

granizar [grönizàr] *1/1 tl* jégeső esik

granizo [grönizu] *m* jégeső

granja [grö^{n}zsö] *f* major; farm

granjear [grö^{n}zsjàr] *1/5 ts* 1. megművel (földet) 2. elér, elnyer, szerez; *~ amigos* barátokat szerez; *~ o primeiro prémio* első díjat nyer; *~ renome* hírnévre tesz szert; *~ a simpatia de* megnyeri vkinek a rokonszenvét

granjeio [grö^{n}zséju] *m* 1. megművelés 2. haszon, nyereség

granjeiro [grö^{n}zséjru] *m* majoros; farmer

granulação [grönulöszö^{n}u] *f* 1. *müsz* szemcsézettség 2. *orv* sarjadzás, szemcseképződés

granular^1 [grönulàr] *mn* szemcsés, szemcsézett

granular^2 [grönulàr] *1/1 ts müsz* szemcséz, szemcséssé alakít

grânulo [grönulu] *m* 1. szemcse 2. *orv* hólyagocska; gennytüsző

granuloso [grönulozu] *mn* szemcsés

grão^1 [grö^{n}u] *m* 1. mag, szem(ecske); *~ de café* kávészem; *~ de chumbo* sörét; *közm: ~ a ~ enche a galinha o papo* sok kicsi sokra megy 2. *orv* hólyagocska, gennytüsző

grão^2 *m*, **grã** *f* [grö^{n}u, grö^n] *mn* nagy-(összetételekben)

grão-de-bico [grö^{n}udibiku] *m* csicseri borsó

grão-ducado [grö^{n}udukàdu] *m* nagyhercegség

grão-duque [grö^{n}uduk] *m* nagyherceg

grão-vizir [grö^{n}uvizir] *m* nagyvezér

grasnar [grözsnàr] *1/12 tl* gágog; károg; brekeg; csörög (szarka)

grassar [grösszàr] *1/12 tl* 1. elharapódzik (betegség) 2. elterjed (hír)

grassento [grösze^{n}ntu] *mn* zsíros, olajos

gratidão [grötidö^{n}u] *f* hála

gratificação [grötifiköszö^{n}u] *f* jutalom; prémium

gratificar [grötifikàr] *1/2* I. *ts* 1. megjutalmaz, megajándékoz 2. borravalót ad II. *tl* köszönetet mond

grátis [gràtis] *hat* ingyen; *entrada* ~ díjtalan belépés

grato [gràtu] *mn* **1.** kellemes **2.** hálás; *fico-lhe muito* ~ nagyon hálás vagyok önnek

gratui(ti)dade [grötuj(ti)dàd] *f* **1.** ingyenesség **2.** *átv* alaptalanság

gratuito [grötujtu] *mn* **1.** ingyenes **2.** *átv* alaptalan

gratulação [grötulöszö^{n}u] *f* szerencsekívánat(ok), jókívánság(ok)

gratular [grötulàr] *1/1 ts* gratulál, szerencsét kíván vkinek **T**

gratulatório [grötulötòrju] *mn* **1.** üdvözlő, szerencsét kívánó **2.** hálaadó

grau [gràu] *m* **1.** *földr, geom, nyelvt* fok; ~ *Celsius* Celsius-fok; ~ *de comparação* hasonlító fok, középfok; ~ *de latitude* szélességi fok; *de* ~ *em* ~, *por* ~*s* fokról fokra, fokozatosan **2.** *átv* fok; mérték; *em alto* ~ magas fokban, nagymértékben **3.** végzettség; rang; képesítés **4.** *isk* **B** *primeiro* ~ alsófokú iskola (1—8. osztály); *ensino de segundo* ~ középfokú oktatás **5.** *isk* osztályzat, érdemjegy

graúdo [gröudu] **I.** *mn* nagy; erős (*átv* is); *dinheiro* ~ tekintélyes pénzösszeg; *feições* ~*as* markáns arcvonások; *milho* ~ nagyszemű kukorica **II.** *fn* gazdag *v* befolyásos személy

gravação [grövöszö^{n}u] *f* **1.** bevésés, bemetszés **2.** hanglemezfelvétel, magnófelvétel; ~ *de som* hangfelvétel

gravador [grövödor] *m* **1.** vésnök **2.** magnetofon; ~ *cassette* kazettás magnó

gravame [grövöm] *m* **1.** *átv* teher; nyomás **2.** súlyos adó **3.** sérelem **4.** zaklatás

gravanço [grövö^{n}szu] *m* csicseri borsó

gravar[1] [grövàr] *1/12 ts* **1.** bevés (*átv* is); *müv:* ~ *à água-forte* karcol, rézkarcot készít; ~ *na memória* emlékezetébe vés **2.** felvesz (lemezre, magnószalagra)

gravar[2] [grövàr] *1/12 ts* **1.** *átv* megterhel; (adóval) sujt **2.** sanyargat, zaklat

gravata [grövàtö] *f* nyakkendő; *szól* **B**: *passar a* ~ *colorada* lefejez

gravata-borboleta [grövàtö burbulétö] *f* csokornyakkendő

gravatão [grövötö^{n}u] *m* pedáns, kicsinyeskedő alak

gravateiro [grövötéjru] *m* nyakkendőkészítő; nyakkendő-árus

grave [gràv] **I.** *mn* **1.** *átv* súlyos, komoly, jelentős; *doença* ~ súlyos betegség; *falta* ~ súlyos hiba; ~ *razão* komoly ok **2.** *som* ~ mély hang **3.** *nyelvt: acento* ~ tompa ékezet; *palavra* ~ az utolsó előtti szótagon hangsúlyos szó **II.** *fn, m* **1.** *fiz* nehéz test **2.** *zene* mély hang

gravela [grövèlö] *f* **1.** törköly **2.** borkő **3.** *orv* vesehomok, apró vesekő

graveto [grövétu] *m* = **garaveto**

gravidade [grövidàd] *f* **1.** nehézség, súly; *centro de* ~ súlypont **2.** *átv* komolyság, fontosság; *doente de* ~ súlyos beteg

gravidez [grövidés] *f orv* terhesség

grávido [gràvidu] *mn* **1.** megrakott, tele vmivel (*de*) **2.** *mulher* ~*a* terhes nő

gravitação [grövitöszö^{n}u] *f* nehézségi erő

gravitar [grövitàr] *1/1 tl* **1.** gravitál, vonzódik vmi felé (*para*) **2.** *csill:* ~ *em volta de* forog vmi körül

gravura [grövurö] *f* **1.** művészi vésés *v* metszés **2.** metszet, karc, véset; ~ *em cobre* rézmetszet **3.** kép, ábra

graxa [gràsö] *f* **1.** cipőkrém **2.** *műsz* kenőanyag

graxento [gröse^{n}ntu] *mn* **B** zsíros; piszkos

graxo [gràsu] *mn* zsíros, kövér

Grécia [grèszjö] *f* Görögország

greco-romano [grèku rumönu] *mn* görögrómai

greda [grédö] *f* kréta

gredoso [gridozu] *mn* krétás

gregário [grigàrju] **I.** *mn* **1.** nyájhoz tartozó, nyájban élő **2.** köz-; *soldado* ~ közkatona **II.** *fn, m* közkatona

grego [grégu] *mn* és *fn* görög; *estar* ~ *em* nem járatos vmiben, nem ismeri az ügyet; *szól: ver-se* ~ nehéz helyzetbe kerül; *isto para mim é* ~ ezt nem értem, ez nekem magas

Gregório [grigòrju] *m* Gergely

gregotins [griguti^{n}s] *m tb* irkafirka

grei [gréj] *f* nyáj (*átv* is)

grelar [grilàr] *1/13* **I.** *tl* rügyezik, hajt **II.** *ts* fixiroz, erősen néz (nőt)

grelha [grèljö] *f* **1.** *konyh* rost **2.** *rádió* rács; ~ *blindada* árnyékolt rács

grelhador [griljödor] *m* grillsütő

grelhar [griljàr] *1/14 ts* roston süt; pirít

grelo [grélu] *m* sarj, hajtás

grémio [grèmju] *m* 1. egyesülés, egyesület, társulat; ~ *da lavoura* földművesszövetkezet 2. öl, kebel (*átv* is)
grenha [grényö] *f* 1. sörény 2. borzas haj 3. sűrű bozót
grenho [grényu] *mn* **B** 1. bozontos, kócos 2. rendetlen, kusza
grés [grès] *m* homokkő
greta [grétö] *f* hasadék; repedés
gretar [gritàr] **I.** *tl*, **II.** ~**-se** 1. elhasad, megrepedezik 2. *átv* felbomlik, szétesik
greve [grèv] *f* sztrájk; ~ *de braços caídos* ülősztrájk; ~ *de fome* éhségsztrájk; *declarar-se em* ~; *por-se em* ~ sztrájkba lép; *estar em* ~, *fazer* ~ sztrájkol
grevista [grivistö] *fn* sztrájkoló
grifar [grifàr] *1/1 ts* 1. göndörít, bodorít 2. aláhúz (szót) 3. *nyomd* dőlt betűvel szed
grifo [grifu] **I.** *mn* 1. göndör 2. *nyomd* kurzív **II.** *fn*, *m* 1. griffmadár 2. rejtvény, talány 3. *nyomd* kurzív szedés; ~ *alemão* ritkított szedés
grilhão [griljö^{n}u] *m* 1. lánc 2. *átv* kötelék, bilincs
grilheta [griljétö] *fn* 1. *f* lábbilincs 2. *m* fegyenc
grilo [grilu] *m* tücsök; *andar à caça de* ~*s* hiábavalóságokkal tölti az idejét
grimaça [grimàszö] *f* grimasz, arcfintor
grimpa [gri^{n}mpö] *f* 1. szélkakas 2. csúcs, orom 3. *szól: abaixar a* ~ *a* letöri a gőgjét; *levantar a* ~ fennhéjázóan viselkedik, ellenszegül
grinalda [grinàldö] *f* girland, virágfüzér
grinfar [gri^{n}fàr] *1/1 tl* csicsereg (fecske)
gringo [gri^{n}ngu] *m* **B** *pejor* külföldi, idegen
gripal [gripàl] *mn* influenzás
gripar-se [gripàrszi] *1/1* **B** influenzában megbetegszik
gripe [grip] *f* influenza; meghűlés
gris [gris] *mn* szürke
grisalho [grizàlju] *mn* szürkés; hamuszínű
griséu [grizèu] *mn* szürkészöld
grisu [grizu] *m* bányalég
gritador *m*, **gritadeira** *f* [gritödor, -déjrö] *mn* és *fn* kiabáló, lármázó, hangoskodó
gritalhão *m*, **gritalhona** *f* [gritöljö^{n}u, -jonö] *mn* és *fn* = **gritador**
gritar [gritàr] *1/1 tl* 1. kiabál, kiált, ordít; ~ *à boca aberta* torkaszakadtából ordít; ~ *de dor* ordít fájdalmában *não me grite!* ne ordítson velem! 2. ~ *por socorro* segítségért kiáltozik 3. ~ *por* tiltakozik vmi ellen
gritaria [gritöriö] *f* ordítozás, kiabálás
grito [gritu] *m* kiáltás; ~ *de guerra* csatakiáltás; *em altos* ~*s*, *a* ~ *ferido* teli torokból; *átv* nagy hűhóval; *dar um* ~ felkiált; *dar* ~*s* kiabál, ordít
grogotó [grogotò] *isz* **B** már késő! nincs tovább!
grogue [gròg] *m* grog
Gronelândia [grunilö^{n}ngyö] *f* Grönland
grosa [gròzö] *f* **I.** *ker* nagytucat (144 drb) **II.** *műsz* ráspoly
groselha [gruzéljö] *f* ribiszke
groselheira [gruziljéjrö] *f* ribiszkebokor
grossaria [gruszöriö] *f* 1. durva posztó 2. = **grosseria**
grosseirão *m*, **-rona** *f* [gruszéjrö^{n}u, -ronö] *mn* és *fn* durva, goromba
grosseiro [gruszéjru] *mn* 1. durva (*átv* is) 2. bárdolatlan, közönséges
grosseria [grusziriö] *f* durvaság, gorombaság
grosso [groszu] **I.** *mn* 1. vastag; *papel* ~ vastag papír 2. nagy; 3. durva (*átv* is) 4. *szól: dinheiro* ~ komoly pénzösszeg; *erro* ~ vaskos hiba; *mar* ~ viharos tenger; *superfície* ~*a* érdes felület; *terra* ~*a* termékeny föld; *falar* ~ **a)** nyomatékosan beszél **b)** gorombán beszél; *fazer a vista* ~*a* úgy tesz, mint aki nem lát sem hall; szemet huny vmi fölött; *jogar* ~ nagy tétekben játszik **II.** *fn*, *m* 1. *o* ~ *do exército* a hadsereg zöme 2. *ker: em* ~, *por* ~ nagyban; *preço por* ~ nagybani *v* viszonteladói ár
grossura [groszurö] *f* 1. vastagság; kövérség 2. **B** gorombaság
grota [gròtö] *f* 1. vízmosás 2. **B** mély völgy
grotesco [grutésku] *mn* groteszk, nevetséges, furcsa
grou [gro] *m áll* daru(madár)
grua [gruö] *f* 1. *áll* nősténydaru 2. *műsz* emelődaru
grudar [grudàr] *1/1* **I.** *ts* ragaszt, ráragaszt **II.** *tl*, **III.** ~**-se** 1. ragad, tapad 2. *átv* sikerül; *não gruda* a dolog nem megy
grude [grud] *m* 1. (asztalos)enyv 2. **B** *hora de* ~ étkezés ideje 3. **B** verekedés 4. **B** szoros barátság

gruista [gruistö] *fn* darus
grulhar [gruljàr] *1/1 tl* fecseg, locsog
grumete [grumét] *m* matrózinas
grumo [grumu] *m* csomócska, rögöcske; ~ *de sangue* alvadt vércsomó
grumoso [grumozu] *mn* darabos, csomós
grunhido [grunyidu] *m* röfögés
grunhir [grunyir] *3/1 tl* **1.** röfög **2.** *átv* morog, zsémbeskedik
grupo [grupu] *m* csoport
gruta [grutö] *f* barlang; odu
grutesco [grutésku] **I.** *mn* barlang- **II.** *fn, m műv* groteszk
guaiaca [gvöjàkö] *f* **B** széles bőröv (kis zsebekkel)
guáiaco [gvàjöku] *m* gvajakfa
guaiara [gvöjàrö] *f* széles lakköv
gualdrapa [gvàldràpö] *f* lótakaró
guampa [gvö^{n}mpö] *f* **B** ivópohárnak használt szarv
guampaço [gvö^{n}mpàszu] *m* öklelés, szarvdöfés
guampudo [gvö^{n}mpudu] *mn* nagy szarvakkal ellátott
guano [gvönu] *m* guanó
guapear [gvàpjàr] *1/5 tl* **B** tetszeleg, páváskodik
guapice [gvöpisz] *f* **1.** merészség, hetykeség **2.** jó fellépés
guapo [gvàpu] *mn* **1.** merész, hetyke **2.** snájdig, jó fellépésű
guará [gvàrà] *m* brazil farkaskutya-fajta
guaraná [gvàrànà] *m* **B** **1.** gvarana (gyümölcsfajta) **2.** üdítő ital
guarapa [gvöràpö] *f* = **garapa**
guarda [gvàrdö] *fn* **I.** *f* **1.** őrzés, őrizet, felügyelet; ~ *de crianças* gyermekmegőrző; *cão de* ~ házőrző kutya **2.** őrség; ~ *avançada* előretolt állás, előőrs; ~ *civil* polgárőrség; ~ *nacional* nemzetőrség; ~ *de honra* díszőrség; *entrar de* ~ átveszi az őrséget; *estar de* ~ őrt áll; szolgálatban van; ügyeletes; *sair de* ~ lelép az őrségről **3.** ~*s* korlát, mellvéd **4.** kardkosár **5.** előzéklap (könyv elején és végén) **6.** kacskaringós aláírás **7.** *sp* védőállás **8.** védelem, oltalom **II.** *m* **1.** őr, őrszem; felvigyázó; ~ *campestre* v *rural* mezőőr; ~ *fronteiriço* határőr; **2.** rendőr; ~ *de giro* szolgálatos rendőr; ~ *de trânsito* forgalmi rendőr
guarda-barreira [gvàrdöbörréjrö] *m* **1.** vámőr **2.** *vasút* sorompóőr
guarda-cadeia [gvàrdöködéjö] *m* börtönőr, fegyőr
guarda-cancela [gvàrdökö^{n}szèlö] *m* **B** *vasút* sorompóőr
guarda-chaves [gvàrdösàvis] *m vasút* váltóőr
guarda-chuva [gvàrdösuvö] *m* esernyő
guarda-costas [gvàrdökòstös] *m* **1.** parti őrhajó **2.** vkinek a testőre
guarda-fato [gvàrdöfàtu] *m* ruhásszekrény
guarda-fogo [gvàrdöfogu] *m* **1.** kályhaellenző **2.** tűzfal
guarda-freio(s) [gvàrdöfréju(s)] *m vasút* fékező
guarda-jóias [gvàrdözsòjös] *m* ékszerdoboz
guarda-lama [gvàrdölàmö] *m* sárhányó, sárvédő
guarda-linha [gvàrdölinyö] *fn vasút* pályaőr; vonalfelvigyázó
guarda-livros [gvàrdölivrus] *m* könyvelő
guarda-loiça, guarda-louça [gvàrdölojszö, -loszö] *m* konyhaszekrény; ebédlőszekrény
guarda-mão [gvàrdömö^{n}u] *m* markolatkosár (kardon)
guarda-marinha [gvàrdömörinyö] *m haj* tengerészkadét
guarda-mor [gvàrdömòr] *m* fővámtiszt
guarda-móveis [gvàrdömòvèjs] *m* **B** bútorraktár
guardanapo [gvàrdönàpu] *m* szalvéta, asztalkendő
guarda-nocturno [gvàrdönòturnu] *m* éjjeliőr
guarda-pó [gvàrdöpò] *m* porköpeny; porfogó
guarda-portão [gvàrdöpurtö^{n}u] *m* kapus, portás
guardar [gvördàr] *1/12* **I.** *ts* **1.** őriz **2.** gondoz, ápol, vigyáz vkire *v* vmire **T**; ~ *um doente* beteget ápol; ~ *a boca* diétázik; ~ *cama* ágyban marad (betegen); ~ *a cara* eltakarja az arcát; ~ *as costas a* megvéd vkit, vkinek a testőre; ~ *distância* betartja a távolságot, tisztes távolban marad; ~ *uma injúria* lenyeli a sértést; ~ *as leis* betartja, tiszteli a törvényt; ~ *palavra* megtartja az igéretét; ~ *para outro dia* elhalaszt, máskorra hagy; ~ *respeito* tiszteletet tanúsít; ~ *segredo* v *sigilo* titkot tart;

~ *silêncio* csendben marad, hallgat, nem szól; **II.** ~**-se** **1.** védekezik; vigyáz magára **2.** *guardai-vos para fora!* kifelé! ki innen!
guarda-redes [gvàrdörédis] *m sp* kapuvédő
guarda-roupa [gvàrdöropö] *m* **1.** ruhásszekrény **2.** ruházat, öltözék, egyéni ruhatár **3.** ruhatár; *szính* kelléktár **4.** *m, f* ruhatáros
guarda-sol [gvàrdöszòl] *m* napernyő
guarda-vento [gvàrdöve^{n}ntu] *m* szélfogó ajtó
guarda-vestidos [gvàrdövistidus] *m* ruhásszekrény
guarda-vista [gvàrdövistö] *m* szemellenző
guardião [gvörgyö^{n}u] *m* **1.** *vall* gvárdián **2.** *sp* **B** kapuvédő **3.** *haj* első altiszt
guarida [gvöridö] *f* **1.** vadállat barlangja, odú **2.** *átv* menedék(hely), védelem; *dar* ~ *a* befogad vkit, oltalmat nyújt vkinek
guarita [gvöritö] *f* **1.** *kat* őrbódé, faköpönyeg **2.** *vasút* őrház, bakterház
guarnecer [gvörniszér] *2/2 ts* **1.** ellát, felszerel; felfegyverez **2.** *kat* helyőrséggel lát el **3.** (ruhát) szegélyez, díszít **4.** *müsz* tömít
guarnição [gvörniszö^{n}u] *f* **1.** *kat* helyőrség **2.** *haj* legénység **3.** szegély, dísz **4.** felszerelés **5.** lószerszám **6.** *müsz* tömítés
guar-te [gvàrti] *szól: sem tir-te nem* ~ mirnix dirnix, bejelentés nélkül
guatemalense, guatemalteco [gvötimöle^{n}sz, -möltéku] *mn* és *fn* guatemalai
guê [gé] *m* gé (hang)
guedelha [gidéljö] *f* sörény
gueixa [géjsö] *f* gésa
guelra [gèlrö] *f* kopoltyú
guerra [gèrrö] *f* **1.** háború; ~ *atômica* v *nuclear* atomháború; ~ *fria* v *a frio* hidegháború ~ *psicológica* v *de nervos* ideghaború; ~*-relâmpago* villámháború; ~ *santa* keresztes háború; ~ *sem quartel* kíméletlen háború; ~ *de posição* állóháború, állóharc; *bebida de* ~ szeszes ital; *conselho de* ~ haditanács; *declaração da* ~ hadüzenet; *declarar a* ~ hadat üzen; *fazer* ~ *a* hadakozik vkivel, háborút visel vki ellen; *fazer* ~ *com bolas de neve* hógolyózik **2.** ellenségeskedés, harc
guerreador *m*, **-a** *f* [girrjödor(ö)] *mn* és *fn* hadviselő
guerrear [girrjàr] *1/5* **I.** *ts* hadat visel vki ellen, hadakozik vkivel **T II.** *tl* harcol, küzd
guerreiro [girréjru] **I.** *mn* harcias **II.** *fn* harcos
guerrilha [girriljö] *fn* **I.** *f* **1.** partizánháború **2.** partizáncsoport **II.** *m, f* partizán
guerrilhar [girriljàr] *1/1 tl* partizánháborút folytat; partizánkodik
guerrilheiro [girriljéjru] *fn* partizán
guia [giö] *fn* **I.** *f* **1.** vezetés, irányítás **2.** fuvarlevél; vámbizonylat **3.** gyeplő, kantár **4.** *müsz* hajtókar (dugattyúé) **5.** **B** járdaszél **II.** *m* **1.** útikalauz, (idegen)vezető (személy *v* könyv) **2.** vezérkos **3.** (vasúti) menetrend **4.** kézikönyv, vezérkönyv
guiador *m*, **-a** *f* [giödor(ö)] **I.** *mn* vezető, irányító **II.** *fn, m* **1.** vezető, **2.** kormány (*pl* kerékpáré) **3.** tárgymutató (könyv végén)
guião [gjö^{n}u] *m* körmeneti zászló
guiar [gjàr] *1/7* **I.** *ts* vezet, irányít, kormányoz; ~ *o auto* autót vezet **II.** ~**-se** *por* igazodik vmi után
guichê [gisé] *m* pénztárablak
Guilherme [giljèrm] *m* Vilmos
guilhotina [giljutinö] *f* nyaktiló
guilhotinar [giljutinàr] *1/1 ts* nyaktilón lenyakaz, lefejez
guinada [ginàdö] *f* **1.** letérés (útvonalról) **2.** hirtelen oldalugrás; *dar uma* ~ **a)** félreugrik **b)** *átv* eláll (üzlettől) **3.** hirtelen fellépő heves fájdalom, roham
guinar [ginàr] *1/1 tl* **1.** letér (útirányról) **2.** oldalt ugrik, kitér vmi elől (*átv* is) **3.** ~ *a torto e a direito* cikcakkban halad
guinchar [gi^{n}sàr] *1/1 tl* **1.** visít **2.** csikorog (fék)
guincho [gi^{n}su] *m* **I. 1.** visítás **2.** (fék)-csikorgás **II.** *müsz* csörlő, vitla
guindado [gi^{n}ndàdu] *mn* cikornyás, fellengzős (stílus)
guindar [gi^{n}ndàr] *1/1 ts* **1.** felhúz, felvon (terhet) **2.** cikornyákkal díszít
guindaste [gi^{n}ndàst] *m müsz* emelődaru; ~ *flutuante* úszódaru
Guiné [ginè] *f* Ginea
guisa [gizö] *f: à* ~ *de* vminek a mintájára; *de tal* ~ ilyen módon
guisado [gizàdu] *m konyh* ragu; pörkölt; párolt hús

guisar [gizàr] *1/1 ts* 1. *konyh* párol; pörköl; elkészít 2. *átv* elirányít, elvezet
guita [gitö] *f* 1. vékony madzag, spárga 2. B *argó* pénz, guba
guitarra [gitàrrö] *f* 1. gitár; ~ *eléctrica* villanygitár 2. B *argó* hamispénz-nyomógép
guitarrear [gitörrjàr] *1/5 tl* gitáron játszik, gitárkísérettel énekel
guitarrista [gitörristö] *fn* gitáros
guizo [gizu] *m* csörgő
gula [gulö] *f* torkosság; falánkság
gulodice, guloseima [guludisz, guluzéjmö] *f* nyalánkság
guloso [gulozu] *mn* 1. falánk 2. torkos, nyalánk
gume [gum] *m* 1. vágószerszám éle; *de dois ~s* kétélű 2. *átv* éleselméjűség
gumífero [gumifiru] *mn* gumitartalmú
guri [guri] *m* B gyerek; *hora do ~* gyermekóra (rádióban)
guria [guriö] *f* B kislány
gurita [guritö] *f* B vén gebe
gurizada [gurizàdö] *f* B 1. gyerekhad 2. gyerekcsíny
gurupês [gurupés] *m haj* orrárboc
gusa [guzö] *f* vasöntvény; *ferro ~* nyersvas
gusano [guzönu] *m* féreg
gustação [gustöszö^{n}u] *f* megízlelés, kóstolás
gustativo [gustötivu] *mn* ízlelő; *nervo ~* ízlelőideg
gutural [guturàl] *mn* torok-; *som ~* torokhang

H

H, h [àgà] *m* h (betű)
h = *hora* óra
ha, ha. = *hectare*
ha [ö^{n}] *isz* hogyan? tessék?
há →**haver**
habanera [öbönérö] *f* táncfajta
hábil [àbil] *mn* **1.** ügyes **2.** *jog* jogképes
habilidade [öbilidàd] *f* **1.** ügyesség **2.** **~***s* tornagyakorlatok
habilidoso [öbilidozu] *mn* ügyes
habilitação [öbilitöszö^{n}u] *f* **1.** képesítés **2.** jogosítvány; **~** *para conduzir* gépkocsivezetői jogosítvány **3.** *jog* jogosultság elismerése *v* igazolása **4.** *habilitações* ismeretek; tudás; műveltség
habilitar [öbilitàr] *1/1* **I.** *ts* **1.** képesít **2.** kiképez, felkészít vmire (*a*) **3.** feljogosít, felhatalmaz **II.** **~-se** **1.** képességet szerez **2.** felkészül **3.** jogosultságát igazolja **4.** sorsjegyet vásárol
habitabilidade [öbitöbilidàd] *f* lakhatóság
habitação [öbitöszö^{n}u] *f* lakás; **~** *social* társasház; *casa de* **~** lakóház; *o problema da* **~** a lakáskérdés
habitacional [öbitöszjunàl] *mn* lakásügyi, lakás-
habitante [öbitö^{n}nt] *mn* és *fn* lakó, lakos
habitar [öbitàr] *1/1 ts, tl* **1.** lakik **2.** *átv* lakozik
habitat [öbitàt] *m* **1.** őshaza **2.** *áll, növ* lelőhely
habitável [öbitàvèl] *mn* lakható
hábito [àbitu] *m* **1.** szokás; *pegar um mau* **~** rossz szokást vesz fel **2.** ruha; →**menor I. 4.**; **3.** szerzetesi ruha; *tomar o* **~** szerzetesi ruhát ölt, szerzetesnek megy; *közm : o* **~** *não faz o monge* nem a ruha teszi az embert **4.** külső, megjelenés; fellépés, magatartás
habituado [öbitvàdu] *fn* törzsvendég
habitual [öbitvàl] *mn* szokásos, megszokott
habitualmente [öbitvölme^{n}nt] *hat* rendszerint; *como* **~** mint rendesen
habituar [öbitvàr] *1/9* **I.** *ts* hozzászoktat vmihez (*a*) **II.** **~-se** *a* hozzászokik vmihez
hálito [àlitu] *m* lélegzet; lehelet
Haia [àjö] *f* Hága
halo [àlu] *m* **1.** *csill, fényk* fényudvar **2.** *átv* nimbusz, dicsfény
haltere [àltèr] *m sp* súlyzó
halterofilia [àltèrofiliö] *f* **B** nehézatlétika
hangar [ö^{n}ngàr] *m* hangár
harmonia [örmuniö] *f* harmónia, összhang; *de* **~** *com* vmivel összhangban
harmónica [örmònikö] *f* (száj)harmonika
harmónico [örmòniku] *mn* harmonikus
harmónio [örmònyu] *m* harmónium
harmonioso [örmunyozu] *mn* harmonikus; kellemesen hangzó
harmonizar [örmunizàr] *1/1* **I.** *ts* összhangba hoz **II.** *tl* összhangban áll
harpa [àrpö] *f* hárfa
harpear [àrpjàr] *1/5 tl* hárfázik
harpejar [àrpizsàr] *1/14* = **harpear**
hasta [àstö] *f* **1.** lándzsa **2.** árverés, elárverezés; **~** *pública* nyilvános árverés, *vender em* **~** *pública* elárverez
haste [àst] *f* **1.** nyél; (zászló)rúd **2.** *növ* szár **3.** szarv **4.** *haj* árboc(csúcs); *a meia* **~** félárbocra eresztve
hastear [östyàr] *1/5* **I.** *ts* felvon (zászlót); kitűz **II.** **~-se** lengedez, lobog
hastil [àstil] *m* nyél, rúd
haurir [àurir] *3/1 ts* **1.** merít, kimerít **2.** magába szív **3.** **~** *forças* erőt merít

havana [övönö] *f B* = **havano**
Havana [övönö] *f* Havanna
havanês *m*, **havanesa** *f* [övönés, -néző] *mn* és *fn* havannai
havano [övönu] *m* havannai szivar
haver [övér] *2/14* **I.** *ts* **1.** birtokol, neki van **2.** megkap, elér, elnyer **3.** (*ter* helyett:) bír, birtokol; *que Deus o haja* nyugodjék békében! *mal haja!* az ördög vigye! **II.** *tl* **1.** (személytelen kifejezésekben, az ige egyes számú 3. személyével:) **a)** *há* van, létezik; *há casos* vannak esetek; *não há nada como viajar* nincs jobb dolog az utazásnál; *não há remédio* ezen nem lehet segíteni; *não há de que* nincs miért! **b)** történik; *que é que houve?* mi történt? *houve um acidente* baleset történt; *haja o que houver!* lesz ami lesz! **c)** (időhatározóként:) *há dias* pár nappal ezelőtt; *há três dias* három nappal ezelőtt, három napja; *há uma hora* egy órája, egy órával ezelőtt; *há muito ; há muito tempo ; há tempos* régen, régóta; *não há muito ; há pouco* nemrég; *ainda há pouco* nem is olyan régen; *estão aqui de há muito* már régóta itt vannak; *que tempo há? há que tempo?* mióta? *houve tempo em que* volt idő, amikor **2.** ~ + *de*, ~ *que* (jövő idejű cselekvést és kellést fejez ki:) *havemos de vencer* győzni fogunk! győznünk kell! *tu hás-de te arrepenter* majd megbánod! *hei-de-fazê-lo* meg fogom csinálni, meg kell(ene) csinálnom; *que lhe havemos de fazer?* mit lehet itt tenni? *que há-de ser de mim?* mi lesz velem? **3.** ~ *por* tart, vél vmilyennek; *todos o havemos por inteligente* mindnyájan okosnak tartjuk őt **4.** (mint segédige, *ter* helyett állhat az összetett igeidőkben:) *havemos visto* (= *temos visto*) *o filme* láttuk a filmet **III.** **~-se** **1.** viselkedik, fellép, eljár; *não sabe ~-se com senhoras* nem tud bánni hölgyekkel **2.** *szól :* *~-se bem* sikere van, sikerül neki; *~-se mal* nincs sikere, nem sikerül neki **IV.** *fn, m* **1.** *ker* „Követel" **2.** *~es* vagyon
haxixe [àsis] *m* hasis, kábítószer
hebdomadário [èbdumödàrju] *m* hetilap
hebraico [ibràjku] *mn* és *fn* = **hebreu**
hebreu *m*, **hebreia** *f* [ibréu, ibréjö] *mn* és *fn* héber
hectare [èktàr] *m* hektár
hediondo [igyo^{n}ndu] *mn* utálatos, visszataszító
hegemonia [izsimuniö] *f* hegemónia, hatalmi fölény
hein [e^{n}i] *isz* **1.** mi az? mit? **2.** na ugye!
Helena [ilénö] *f* Ilona
hélice [èlisz] *f* **1.** csigavonal, csavarvonal, spirál **2.** *műsz* propeller, légcsavar
helicóptero [èlikòptiru] *m* helikopter
hélio [élju] *m vegy* hélium
heliogravura [èljogrövurö] *f* fénynyomat
heliotrópio [èljòtròpju] *m* **1.** *növ* kunkor **2.** *ásv* heliotróp
Helsínquia [èlzi^{n}nkjö] *f* Helsinki
hem [ö^{n}j] *isz* **1.** hogyan? mit? **2.** ugye! nahát!
hemácia, hematia [èmàszjö, èmötiö] *f* vörös vérsejt
hematologia [èmötòluzsiö] *f orv* vértan
hematológico [èmötòlòzsiku] *mn* vér-; *boletim* ~ vérkép
hemiciclo [èmisziklu] *m* **1.** félkör **2.** körszínház **3.** a képviselőház nagyterme
hemisfério [èmisfèrju] *m* félgömb
hemofilia [èmòfiliö] *f* vérzékenység
hemoptise [èmòptiz] *f orv* vérköpés
hemorragia [èmòrrözsiö] *f orv* vérzés
hemorroidal [èmòrròjdàl] *mn* aranyeres, aranyér-
hemorróidas, hemorróides [èmòrròjdös, -dis] *f tb orv* aranyér
hemostático [èmòstàtiku] *mn* és *fn* vérzéscsillapító (szer)
hepatalgia [èpötàlzsiö] *f orv* májbántalom
hepática [èpàtikö] *f növ* májfű
hepático [èpàtiku] *mn* és *fn* májbeteg
hepatite [èpötit] *f* májgyulladás
hera [èrö] *f növ* borostyán, repkény
heráldica [èràldikö] *f* címertan
herança [irö^{n}szö] *f* örökség
herbáceo [èrbàszju] *mn* fűnemű, fű-
herbanário [èrbönàrju] *m* gyógynövénykereskedés
herbário [èrbàrju] *m* herbárium, növénygyűjtemény
herbívoro [èrbivuru] *mn* növényevő
herborista [èrburistö] *fn* gyógynövényárus
herborizador *m*, **-a** *f* [èrburizödor(ö)] *fn* növénygyűjtő
herborizar [èrburizàr] *1/1 tl* növényt gyűjt, botanizál
hercúleo [èrkulju] *mn* herkulesi
herdade [irdàd] *f* földbirtok

herdar [irdàr] *1/13 ts* 1. örököl 2. örökül hagy
herdeiro [irdéjru] *fn* örökös
hereditariedade [iriditörjédàd] *f* öröklékenység
hereditário [iriditàrju] *mn* 1. öröklődő, örökölt 2. örökös
herege [irèzs] *mn* és *fn* eretnek
heresia [irizlö] *f* eretnekség
herético [irètiku] *mn* eretnek
hermético [irmètiku] *mn* hermetikus, légmentesen elzárt
hérnia [èrniö] *f orv* sérv
herói [iròj] *m* hős
heróico [iròjku] *mn* hősies
heroína [iruinö] *f* hősnő
heroísmo [iruizsmu] *m* hősiesség
hesitação [izitöszö^{n}u] *f* habozás
hesitante [izitö^{n}nt] *mn* habozó
hesitar [izitàr] *1/1 tl* habozik
heterodoxo [ètiròdòkszu] *mn* más hitű; elhajló
heterogéneo [ètiròzsènyu] *mn* heterogén, másfajta, másnemű
hexaedro [èkszöèdru] *m geom* hexaéder; kocka
hexagonal [èkszögunàl] *mn* hatszögű
hexágono [èkszàgunu] *m* hatszög
hexâmetro [èkszömitru] *m* hexameter
hg = *hectograma, m* száz gramm
hiato [jàtu] *m nyelvt* hiátus
hibernação [ibirnöszö^{n}u] *f* hibernáció, téli álom
hibernal [ibirnàl] *mn* téli
hibernar [ibirnàr] *1/13 tl* téli álomba merül
híbrido [ibridu] *mn* hibrid, kevert
hidratar [idrötàr] *1/12 ts vegy* hidratál
hidrato [idràtu] *m* hidrát; ~ *de carbono* szénhidrát
hidráulica [idràulikö] *f* hidraulika
hidráulico [idràuliku] *mn* hidraulikus
hídrico [idriku] *mn* víz-
hidroavião [idròövjö^{n}u] *m* hidroplán, vízi repülőgép
hidrocéfalo [idròszèfölu] *m orv* vízfejű
hidroeléctrico [idròilètriku] *mn* hidroelektromos; *central* ~*a* vízi erőmű
hidrófilo [idròfilu] *mn* hidrofil, nedvfelszívó
hidrofobia [idròfubiö] *f orv* 1. víziszony 2. veszettség
hidrófobo [idròfubu] *mn* és *fn* 1. víziszonyban szenvedő 2. veszett
hidrogénio [idròzsènyu] *m* hidrogén; *bomba de* ~ hidrogénbomba
hidrografia [idrògröfiö] *f földr* vízrajz
hidrográfico [idrògràfiku] *mn földr* vízrajzi
hidrólise [idròliz] *f vegy* hidrolízis
hidromel [idròmèl] *m* 1. mézvíz 2. méhsör
hidrómetro [idròmitru] *m* hidrométer
hidrópico [idròpiku] *mn* és *fn* vízkóros
hidropisia [idròpiziö] *f* vízkor
hidroplano [idròplönu] *m* hidroplán, vízi repülőgép
hidroterapia [idròtiröpiö] *f* vízgyógyászat
hidrovia [idròviö] *f* vízi út
hiena [jènö] *f* hiéna
hierarquia [jèrörkiö] *f* hierarchia; rangsor
hierárquico [jèràrkiku] *mn* hierarchikus
hierático [jeràtiku] *mn* hieratikus, papi, vallásos
hieróglifo [jeròglifu] *m* hieroglif(a), képírási jel
hífen [ifén] *m* kötőjel
higiene [izsjèn] *f* higiénia; egészségügy
higiénico [izsjèniku] *mn* 1. higiénikus 2. tiszta, ápolt
higrómetro [igròmitru] *m* higrométer
higroscópio [igròskòpju] *m* higroszkóp
hilariante [ilörjö^{n}nt] *mn* nevettető, vidám; *gás* ~ kéjgáz
hilaridade [ilöridàd] *f* derültség; vidámság; *provocar* ~ derültséget kelt
hímen [imén] *m orv* szűzhártya
himeneu [iminéu] *m* 1. házasság(kötés) 2. esküvő
hino [inu] *m* himnusz
hiper . . . [ipèr] (igekötő) túl-, túlzott
hipérbole [ipèrbuli] *f* 1. *geom* hiperbola 2. túlzás
hiperemia [ipèrèmiö] *f orv* vérbőség, bővérűség
hiperestesia [ipèristiziö] *f* túlérzékenység
hipertensão [ipèrte^{n}szö^{n}u] *f* magas vérnyomás
hipertrofia [ipèrtrufiö] *f orv* hipertrófia, kóros megnagyobbodás, túltengés
hípico [ipiku] *mn* ló-; *concurso* ~ lóverseny
hipismo [ipizsmu] *m* lósport
hipnose [ipnòz] *f orv* hipnózis
hipnótico [ipnòtiku] I. *mn* hipnotikus II. *fn, m* altatószer
hipnotizador [ipnutizödor] *m* hipnotizőr

hipnotizar [ipnutizàr] *1/1 ts* **1.** *orv* hipnotizál **2.** *átv* elbűvöl, megigéz
hipocondria [ipuko^{n}ndriö] *f orv* hipochondria, betegség beképzelése
hipocondríaco [ipuko^{n}ndriöku] *mn* és *fn* hipochondriás, képzelt beteg
hipocrisia [ipukriziö] *f* hipokrízis, képmutatás
hipócrita [ipòkritö] *mn* és *fn* hipokrita, képmutató
hipódromo [ipòdrumu] *m* lóversenypálya
hipófise [ipòfizi] *f orv* hipofízis, agyalapi mirigy
hipopótamo [ipupòtömu] *m* víziló
hipoteca [iputèkö] *f ker, jog* jelzálog
hipotecado [iputikàdu] *mn* eladósodott
hipotecar [iputikàr] *1/2, 1/13 ts* jelzáloggal megterhel
hipotecário [iputikàrju] *mn* jelzálog-; *cédula ~a* jelzáloglevél
hipotecável [iputikàvèl] *mn* jelzáloggal megterhelhető
hipotenusa [iputinuzö] *f geom* átfogó
hipótese [ipòtiz] *f* **1.** hipotézis, feltevés; *na melhor das ~s* a legjobb esetben **2.** *sp* esély
hipotético [iputètiku] *mn* hipotetikus, feltételezett
Hiroxima [irosimö] *f* Hirosima
hirsuto [irzutu] *mn* szőrös; bozontos
hirto [irtu] *mn* **1.** merev; feszes **2.** mozdulatlan **3.** borzas
hispânico [ispöniku] *mn* spanyol
hissope [iszòp] *m vall* szenteltvízhintő
história [istòrjö] *f* **1.** történelem; *~ antiga* ókori történelem; *~ moderna* újkori történelem; *~ natural* természetrajz; *~ universal* egyetemes történelem, világtörténelem **2.** história, történet; *~ de fadas* tündérmese **3.** mesebeszéd; *isso é ~!* ez mind nem igaz! *qual ~!* ostobaság! *deixe-se de ~s!* ne mondjon már ilyeneket! **4.** *szól: cheio de ~s* nehéz természetű, bogaras, szeszélyes
historiado [isturjàdu] *mn* ékítményekkel díszített, cifrázott
historiador *m*, **-a** *f* [isturjödor(ö)] *fn* **1.** történész **2.** elbeszélő, narrátor
historiar [isturjàr] *1/7 ts* **1.** történelmet ír **2.** elmond, elbeszél **3.** díszít, ékesít
histórico [istòriku] *mn* történelmi; történeti
historieta [isturjétö] *f* **1.** rövid történet **2.** anekdota
historiografia [isturjògröfiö] *f* történetírás
historiógrafo [isturjògröfu] *m* történetíró
hl, hl. = *hectolitro, m* száz liter
hodierno [ogyèrnu] *mn* mai
hoje [ozs] *hat* ma; *~ à noite* ma este, ma éjszaka; *~ à tarde* ma délután; *~ ou manhã* előbb-utóbb; *~ por mim, amanhã por ti* ma nekem, holnap neked; *a partir de ~, de ~ em diante* mától kezdve, mától fogva; *de ~* mai; *de ~ a um mês* mához egy hónapra; *de ~ para amanhã* egyik napról a másikra; máról holnapra; *na manhã de ~* ma reggel, ma délelőtt; *por ~ basta* mára elég
holandês *m*, **holandesa** *f* [ulö^{n}ndés, -dézö] *mn* és *fn* hollandi
holocausto [ulukàustu] *m* (engesztelő) áldozat, felajánlás
holofote [òlòfòt] *m* fényszóró
homem [òmö^{n}j] *m* **1.** ember; *~ honrado* tisztességes ember; *~ público* közéleti személyiség; *~ verdadeiro* igaz ember; *~ de acção* tettek embere; *~ de bem* jóravaló, rendes ember; *~ de cor* színes bőrű ember; *~ de espírito* szellemes *v* okos ember; *~ de Estado* államférfi; *~ de idade* idős ember; *~ de lei(s)* jogász; ügyvéd; *haj: ~ do leme* kormányos; *~ do mar* tengerész; *~ de palavra* szavatartó ember; *~ de palha*, **B** stróman, szalmabáb; *~ de peito v de valor* bátor ember; *haj: ~ de quarto* őr; *~ da rua* az utca embere, átlagember; *~ para tudo* ezermester; *~! ~ de Deus!* jó ember! **2.** férfi; *homens* férfiak; *de ~ para ~* mint férfi a férfival, nyíltan, őszintén **3.** *biz* férj; szerető
homem-chave [òmö^{n}j-sàv] *m* kulcsfontosságú ember
homem-rã [òmö^{n}j-rö^n] *m* békaember
homenagear [ominözsjàr] *1/5 ts* **1.** hódolattal *v* tisztelettel van vki iránt **T 2.** ünnepel
homenagem [ominàzsö^{n}j] *f* **1.** hódolat, megbecsülés, tisztelet; *em ~ a* tiszteletére, megbecsülése jeléül; *prestar v render ~ a* kimutatja tiszteletét *v* hódolatát vki iránt; *render a derradeira ~ v as últimas homenagens a* megadja a végtisztességet vkinek **2.** ünneplés
homenzarrão [òme^{n}zörrö^{n}u] *m* hatalmas termetű ember

homenzinho [òme^{n}zinyu] *m* emberke, jelentéktelen alak
homeopatia [òmèòpötiö] *f orv* homeopátia, hasonszenvi gyógymód
homicida [umiszidö] *fn* gyilkos
homicídio [umiszigyu] *m* emberölés, gyilkosság
homiziar [umizjàr] *1/7* **I.** *ts* elrejt; bujtat **II.** ~**-se** (el)rejtőzik
homizio [umiziu] *m* **1.** elrejtés; bujtatás **2.** rejtekhely
homogeneidade [òmòzsènéjdàd] *f* egyneműség
homogeneizar [òmòzsènéjzàr] *1/1 ts* egyneművé tesz, egyneműsít
homogéneo [òmòzsènyu] *mn* egynemű
homologar [umulugàr] *1/4, 1/15 ts* **1.** hivatalosan elismer, jóváhagy **2.** hitelesít
homólogo [umòlugu] **I.** *mn* homológ, azonos értékű **II.** *fn, m* azonos beosztású *v* egyenrangú kolléga
homónimo [umònimu] **I.** *mn* egyforma hangzású **II.** *fn, m* **1.** homonim szó, homonima **2.** névrokon
homúnculo [umu^{n}nkulu] *m* **1.** emberke **2.** hitvány alak
honestidade [unistidàd] *f* **1.** becsületesség **2.** tisztesség
honesto [unèstu] *mn* **1.** becsületes **2.** tisztességes, illő
honorabilidade [unuröbilidàd] *f* **1.** tisztesség **2.** tiszteletreméltóság
honorário [unuràrju] **I.** *mn* tiszteletbeli **II.** ~*s* honorárium, tiszteletdíj; fizetés, munkabér
honorífico [unurifiku] *mn* **1.** megtisztelő **2.** tiszteletbeli
honra [o^{n}rö] *f* **1.** becsület, tisztesség; *palavra de* ~ becsületszó; *questão de* ~ becsületbeli kérdés; *pela minha* ~ becsületemre; *fazer* ~ *aos seus deveres* eleget tesz kötelezettségeinek **2.** tisztelet; megbecsülés; megtisztelés; *lugar de* ~ díszhely, asztalfő; *em* ~ *de* vkinek a tiszteletére **3.** dicsőség **4.** ~*s* kitüntetés; érdemjel **5.** ~*s* tiszteletadás; ~*s fúnebres* v *supremas* végtisztesség; ~*s militares* katonai dísz *v* pompa; *fazer as* ~*s da casa* fogadja a vendégeket **6.** *tenho a* ~ *de o vir cumprimentar* van szerencsém üdvözölni önt
honradez [o^{n}rödés] *f* becsületesség, tisztesség
honrado [o^{n}ràdu] *mn* **1.** becsületes, tisztességes **2.** megbecsült, tisztelt
honrar [o^{n}ràr] *1/1* **I.** *ts* megbecsül, (meg)tisztel **II.** ~**-se** **1.** hírnévre tesz szert **2.** kérkedik, henceg vmivel (*com, de*)
honraria [o^{n}röriö] *f* **1.** megkülönböztetett tisztelet **2.** kitüntetés
honroso [o^{n}rozu] *mn* **1.** megtisztelő **2.** dicső
hóquei [òkèj] *m sp* hoki; ~ *em patins* v *no gelo* jéghoki; ~ *em campo* v *sobre a grama* gyephoki, gyeplabda
hora [òrö] *f* **1.** óra; idő; *que* ~*s são?* hány óra van? *é uma* ~ egy óra van; *é* ~ *e meia* fél kettő; *são duas* ~*s menos um quarto* háromnegyed kettő; *são seis* ~*s em punto* pontosan hat óra van; *um quarto de* ~ egy negyed óra, negyedóra; *o relógio está a dar* ~*s* éppen most üt az óra; *a que* ~*? às que* ~*s?* hány órakor? *às cinco* (~*s*) öt órakor; ~ *derradeira* v *extrema* utolsó *v* végső óra; ~ *grande,* **B** éjfél; ~ *local* helyi idő; ~*s mortas* késő éjszaka; ~*s suplementares* túlóra, túlórázás; ~ *de ponta,* **B** ~ *de rush* csúcsforgalmi idő; ~*s de trabalho* munkaidő; ~ *de verão* nyári időszámítás; ~*s e* ~*s* órák hosszat; *a* v *em boa* ~ jókor, időben; *a* v *em má* ~ rosszkor, nem alkalmas időben; *a cada* ~, *a toda* ~ minden órában; állandóan, minduntalan; *a esta*(*s*) *hora*(*s*) ilyenkor, ebben az időben, jelenleg, most; *a más* ~*s* későn; *a qualquer* ~ bármikor; *a tantas* ~*s* ekkor és ekkor; *a cada* ~ *; a toda* ~ minden órában; folytonosan; *a* ~*s certas* meghatározott időben; *a uma* ~ *daqui* innen egy órányira; *de* ~ *em* ~ óráról órára; *de duas em duas* ~*s* minden két órában; *dentro de uma* ~ egy órán belül; *em cima da* ~ az utolsó percben, éppen időben **2.** *szól: notícias de última* ~ legújabb hírek; *chegar à última* ~ az utolsó percben érkezik; *chegar na* ~ pontosan érkezik; *está na* ~ *de* ideje, hogy: *está na* ~ *de agir* ütött a cselekvés órája; *está na* ~ v *é* ~ *de sair* ideje, hogy induljunk; *está pela* ~ *da morte* méregdrága; *fazer* ~*s* valahogy eltölti *v* agyonüti az időt, várakozik; *são* ~*s* itt az ideje; *ter a barriga a dar* ~*s* éhes; *ter* ~ *marcada* be van jelentve időre; *trabalhar à* ~ órabérben dolgozik
horário [òràrju] **I.** *mn: velocidade* ~*a*

óránkénti sebesség **II.** *fn, m* **1.** menetrend **2.** órarend **3.** ~ *de trabalho* munkaidő **4.** *ker* nyitvatartás
horda [òrdö] *f* horda, banda
horizontal [òrizoⁿntàl] **I.** *mn* vízszintes **II.** *fn, f geom* vízszintes (vonal)
horizonte [òrizoⁿnt] *m* horizont, látóhatár, látókör (*átv* is)
hormona *f*, **hormônio** *m* [òrmonö, òrmonyu] *fn* hormon
horoscópio, horóscopo [òròskòpju, òròskupu] *m* horoszkóp
horrendo, hórrido, horrífico [urreⁿndu, òrridu, urrifiku] *mn* borzalmas, szörnyű
horripilante [urripilöⁿnt] *mn* hajmeresztő; borzalmas
horripilar [urripilàr] *1/1 ts* borzadást okoz
horrível [urrivèl] *mn* borzalmas
horror [urror] *m* **1.** borzalom; *que ~!* milyen szörnyű! **2.** utálat, undor
horrorizar [ururizàr] *1/1* **I.** *ts* borzalmat *v* undort kelt **II.** ~**-se** borzalmat érez, borzad
horroroso [ururozu] *mn* borzalmas, szörnyű
horta [òrtö] *f* zöldségeskert, konyhakert
hortaliça [òrtöliszö] *f* zöldség; *sopa de ~* zöldségleves
hortaliceiro *m*, **-a** *f* [òrtöliszéjru, -ö] *fn* zöldséges (kofa)
hortelã [òrtilöⁿ] *f növ* menta
hortelão *m*, **horteloa** *f* [òrtilöⁿu, -loö] *fn* zöldségtermesztő
hortelã-pimenta [òrtilöⁿpimeⁿntö] *f növ* borsos menta
hortense [òrteⁿsz] *mn* kerti
hortensia [òrteⁿszjö] *f* hortenzia
horticultor [òrtikultor] *m* (virág)kertész
horticultura [òrtikulturö] *f* (virág)kertészet
horto [ortu] *m* kis konyhakert; kis virágoskert
hortigranjeiro [òrtigröⁿzséjru] *mn* **B** háztáji
hóspeda [òspidö] *f* **1.** (női) vendég **2.** szállásadó nő
hospedagem [òspidàzsöⁿj] *f* **1.** vendéglátás **2.** elszállásolás **3.** fogadó; szállás
hospedar [òspidàr] *1/13* **I.** *ts* **1.** vendégül lát **2.** elszállásol **II.** ~**-se** szállásra talál, megszáll
hospedaria [òspidöriö] *f* fogadó; szállás
hóspede [òspid] *m* **1.** vendég; *casa de ~s* penzió **2.** idegen **3.** fogadós; szállásadó
hospedeira [òspidéjrö] *f* **1.** fogadósné; szállásadó (nő) **2.** ~ *de bordo* utaskísérő (hajón, repülőgépen)
hospedeiro [òspidéjru] **I.** *mn* vendéglátó **II.** *fn, m* fogadós; szállásadó
hospício [òspiszju] *m* **1.** szegény(kór)ház, menhely **2.** ~ *de alienados* elmegyógyintézet; ~ *de doidos* bolondokháza
hospital [òspitàl] *m* kórház; ~ *militar* v *de sangue* tábori kórház; *baixar* v *dar baixo ao* ~ kórházba kerül; *ter alta do* ~ kiírják, kiengedik a kórházból
hospitalar [òspitölàr] *mn* kórházi
hospitaleiro [òspitöléjru] *mn* vendéglátó; vendégszerető
hospitalidade [òspitölidàd] *f* vendégszeretet
hospitalização [òspitölizöszöⁿu] *f* kórházba való felvétel; kórházi gondozás
hospitalizar [ospitölizàr] *1/1 ts* kórházba visz, kórházban elhelyez
hoste [òst] *f* sereg, csapat
hóstia [òstyö] *f* **1.** ostya **2.** *vall* áldozat
hostil [òstil] *mn* ellenséges
hostilidade [òstilidàd] *f* ellenségeskedés
hostilizar [òstilizàr] *1/1* **I.** *ts* **1.** ellenségének tekint **2.** megkárosít **II.** ~**-se** viszálykodnak egymással
hotel [òtèl] *m* szálló, szálloda
hotelaria [òtilöriö] *f* szállodaipar
hoteleiro [òtiléjru] **I.** *mn* szálloda-, szállodai; *indústria ~a* szállodaipar **II.** *fn* szállodás
houve [ovi] →**haver**
hulha [uljö] *f* kőszén; ~ *branca* fehér szén (vízi energia)
hulheira [uljéjrö] *f* kőszénbánya, kőszéntelep
hum [uⁿ] *isz* hm!
humanamente [umönömeⁿnt] *hat* emberileg, emberi számítás szerint
humanidade [umönidàd] *f* **1.** emberiség **2.** emberiesség
humanístico [umönistiku] *mn* humanisztikus
humanitário [umönitàrju] *mn* humanitárius, emberbaráti, emberszerető
humanizar [umönizàr] *1/1 ts* **1.** emberré formál **2.** *átv* megszelídít; civilizál
humano [umönu] **I.** *mn* **1.** emberi **2.** humánius **II.** *fn, m: os ~s* az emberek

humedecer [umidiszér] *2/2 ts* benedvesít, megnedvesít

humidade [umidàd] *f* nedvesség

húmido [umidu] *mn* nedves

humífero [umifiru] *mn : solo* ~ humuszos talaj

humildade [umildàd] *f* 1. alázatosság 2. szerénység

humilde [umild] *mn* 1. alázatos 2. szerény 3. szegényes; csekély

humilhação [umiljöszö^{n}u] *f* 1. megalázás 2. megalázkodás

humilhante [umiljö^{n}nt] *mn* megalázó

humilhar [umiljàr] *1/1 ts* megaláz

humílimo [umilimu] *mn* legalázatosabb; → **humilde**

humo [umu] *m* humusz, televény

humor [umor] *m* 1. nedv, nedvesség 2. kedv; kedélyállapot; hangulat; *estar de bom* ~ jó kedve van; *estar de mau* ~ rosszkedvében van 3. humor, humorérzék

humorado [umuràdu] *mn : bem* ~ jókedvű; *mal* ~ rosszkedvű

humorista [umuristö] *fn* humorista

humorístico [umuristiku] *mn* humoros

hungarês *m*, **hungaresa** *f* [u^{n}ngörés, -ézö] *mn* és *fn* **B** magyar

húngaro [u^{n}ngöru] *mn* és *fn* magyar

Hungria [u^{n}ngriö] *f* Magyarország

huno [unu] *mn* és *fn* hun

hurra [urrà] *isz* hurrá!

hússar, hussardo [uszàr, uszàrdu] *m* huszár

hussita [uszitö] *mn* és *fn* huszita

I

I, i [i] *m* i (betű); *i grego* ipszilon; *szól: pôr os pontos nos ii* tisztázza a dolgokat, világosan beszél
iambo [jö^{n}mbu] *m* jambus
ianque [jö^{n}nki] *mn* és *fn* jenki, északamerikai
iate [jàt] *m* jacht
iatismo [jàtizsmu] *m* **1.** jachtsport **2.** vitorlázás
ibérico [ibèriku] *mn* ibériai; spanyol; *a Península Ibérica* az ibériai félsziget
ibero [ibèru] *mn* és *fn* ibér; spanyol
ibid. = *ibidem* ugyanott
ibirapitanga [ibiràpitö^{n}ngà] *f* **B** brazilfa
içar [iszàr] *1/3 ts* felhúz, felvon (zászlót, vitorlát)
ícone [ikon] *m* ikon
iconoclasta [ikonoklàstö] *fn vall* képromboló
icterícia [iktöriszjö] *f orv* sárgaság
ictérico [iktèriku] *mn* és *fn orv* sárgaságban szenvedő
ictiologia [iktyoluzsiö] *f* a halak természetrajza
ictiose [iktyòz] *f orv* halpénzbetegség
id. = *idem* ugyanaz
ida [idö] *f* **1.** menés; járás; *~s e vindas* jövés-menés **2.** utazás; elutazás; *comprar apenas a ~* a jegyet csak oda veszi meg
idade [idàd] *f* **1.** életkor; *~ menor* kiskorúság; *pouca ~* fiatalság; *~ da maioridade* nagykorúság; *limite de ~* korhatár; *de ~* idős, koros; *de meia ~* középkorú; *na ~ de vinte* húszéves korban; *entrar em ~* belép az öregkorba, öregszik; *estar em ~* benne van a korban, elég öreg; *que ~ tem?* hány éves? *tenho trinta anos de ~* harmincéves vagyok **2.** kor, korszak; *~ atómica* atomkorszak; *~ contemporânea* v *moderna* jelenkor; *Idade Média* középkor; *~ da pedra* kőkorszak; *~ da pedra polida* neolitkor, csiszolt kőkor; *~ do ferro* vaskorszak; *~ do ouro* aranykor
ideação [igyöszö^{n}u] *f* fogalomképzés; elgondolás
ideal [igyàl] **I.** *mn* **1.** ideális, eszményi **2.** képzelt, költött **II.** *fn, m* ideál, eszménykép
idealidade [igyölidàd] *f* **1.** eszményiség **2.** álom, elképzelés
idealismo [igyölizsmu] *m* idealizmus
idealista [igyölistö] *mn* és *fn* idealista
idealístico [igyölistiku] *mn* idealisztikus
idealização [igyölizöszö^{n}u] *f* eszményítés
idealizar [igyölizàr] *1/1 ts* eszményít
idear [igyàr] *1/5 ts* **1.** fogalmat alkot **2.** kiagyal, kigondol; elképzel
ideável [igyàvèl] *mn* elképzelhető
ideia [idéjö] *f* **1.** gondolat; fogalom; képzet; *fazer ~ de* fogalmat alkot magának vmiről; *não tenho a menor ~* fogalmam sincs **2.** eszme; *~ fixa* rögeszme **3.** ötlet, elképzelés; *~ esfumada* zavaros elképzelés; *~ falsa* hamis elképzelés; *avançar* v *aventar uma ~* felvet egy ötletet; *meter na ~* fejébe veszi **4.** szándék, terv; *tenho ~ de viajar* utazni szándékozom
identicamente [ide^{n}ntiköme^{n}nt] *hat* azonos módon, ugyanúgy
idêntico [ide^{n}ntiku] *mn* ugyanolyan; azonos vmivel (*com*)
identidade [ide^{n}ntidàd] *f* **1.** azonosság; *bilhete* v *caderneta* v *carteira de ~* személyazonossági igazolvány; *com falsa ~* álnéven **2.** kilét

identificar [ide^{n}ntifikàr] *1/1* I. *ts* 1. megállapítja kilétét 2. azonosít II. ~-se 1. kilétét igazolja 2. azonosítja magát vmivel (*com*)
identificável [ide^{n}ntifikàvèl] *mn* azonosítható
ideologia [igyuluzsiö] *f* ideológia; világnézet
ideológico [igyulòzsiku] *mn* ideológiai; világnézeti
ideologista, ideólogo [igyuluzsistö, igyòlugu] *fn* ideológus
idílico [idiliku] *mn* idillikus; meghitt; bájos
idílio [idilju] *m* idill
idioma [igyomö] *m* 1. nyelv 2. nyelvjárás
idiomático [igyumàtiku] *mn* idiomatikus, vmely nyelvre jellemző
idiossincrasia [igyuszi^{n}nkröziö] *f orv* idioszinkrázia
idiota [igyòtö] *mn* és *fn* idióta, gyengeelméjű
idiotia, idiotice [igyutiö, igyutisz] *f* idiotizmus, hülyeség
idiotismo [igyutizsmu] *m* idiomatizmus, nyelvi sajátosság, sajátos kifejezésmód
idólatra [idòlötrö] *mn* és *fn* bálványimádó
idolatrar [idulötràr] *1/12 ts* bálványoz; istenít
idolatria [idulötriö] *f* 1. bálványimádás 2. *átv* istenítés
ídolo [idulu] *m* bálvány (*átv* is)
idoneidade [idonéjdàd] *f* alkalmasság; képesség
idóneo [idònyu] *mn* alkalmas, képes vmire (*para*)
idoso [idozu] *mn* idős, koros
i.e. = *id est* azaz, vagyis
ignaro [ignàru] *mn* tudatlan, buta
ignávia [ignàvjö] *f* 1. lustaság 2. gyávaság
ignavo [ignàvu] *mn* 1. lusta 2. gyáva
ígneo [ignyu] *mn* tűz-, tüzes
ignescente [ignis-sze^{n}nt] *mn* izzó, égő
ignição [igniszö^{n}u] *f* 1. izzás; elégés 2. *autó* gyújtás; ~ *adiantada* v *avançada* előgyújtás; *vela de* ~ gyújtógyertya
ignívoro [ignivuru] *mn* tűzevő
ignóbil [ignòbil] *mn* aljas, ocsmány
ignomínia [ignuminyö] *f* szégyen, gyalázat
ignominioso [ignuminyozu] *mn* szégyenletes, gyalázatos
ignorância [ignurö^{n}szjö] *f* 1. tudatlanság 2. vminek a nem tudása
ignorantão *m*, **ignorantona** *f* [ignurö^{n}tö^{n}u, -tonö] *mn* és *fn* beképzelt és tudatlan
ignorante [ignurö^{n}nt] *mn* és *fn* tudatlan, buta
ignorar [ignuràr] *1/15 ts* nem tudja, nem ismeri; *não ignoro* jól tudom, jól ismerem; *ninguém ignora* mindenki tudja, köztudomású
ignoto [ignòtu] *mn* ismeretlen
igreja [igrézsö] *f* templom
igual [igvàl] I. *mn* 1. egyenlő, egyforma; hasonló; *partes iguais* egyenlő részek; *a* ~ hasonlóképpen; *por* ~ egyformán; *em* ~ *caso* hasonló esetben; *sem* ~ páratlan a maga nemében; *não tem* ~ nincsen párja, egyedülálló; *nunca vi coisa* ~ ehhez foghatót még nem láttam 2. egyenletes, sima (talaj) 3. kiegyensúlyozott, nyugodt (jellem); *ânimo* ~ nyugodtság, hidegvér II. *fn, m* 1. egyenrangú személy; *tratar de* ~ *para* ~ egyenrangúnak tekint, egyenrangú felekként tárgyalnak; *ele encontrou um* ~ emberére talált; *közm: cada qual com o seu* ~ hasonló a hasonlónak örül 2. *mat* egyenlőség jele
igualar [igvölàr] *1/12* I. *ts* 1. egyenlővé tesz; hasonít 2. egyenget, kisimít 3. *sp* kiegyenlít II. *tl*, III. ~-se felér vmivel (*a*); ugyanolyan (lesz)
igualdade [igvàldàd] *f* 1. egyenlőség, azonosság; egyformaság; hasonlóság; ~ *de direitos* jogegyenlőség; *com* ~ egyenletesen; egyenlően; *em* ~ *de circunstâncias* hasonló körülmények között; *em pé de* ~ egyenlő feltételek mellett; egyenlő mértékben, egyformán; *estar em pé de* ~ *com* egyenrangú vkivel 2. egyenletesség, simaság 3. *mat* egyenlőségi jel
igualha [igvàljö] *f*: *gente da minha* ~ a magamfajták, a hozzám hasonló emberek
igualitário [igvölitàrju] *mn* egyenlőségre törekvő; *num plano* ~ egyenlőségi alapon
igualzinho [igvàlzinyu] *mn* teljesen egyforma
iguaria [igvöriö] *f* ínyencfalat, csemege
ilação [ilöszö^{n}u] *f* következtetés

ilacerável [ilösziràvèl] *mn* elszakíthatatlan

ilaquear [ilökjàr] *1/5* **I.** *ts* hálóba fog, behálóz (*átv* is) **II.** ~**-se** hálóba kerül (*átv* is)

ilegal [iligàl] *mn* **1.** *pol* illegális **2.** *jog* törvénytelen, jogtalan

ilegítimo [ilizsitimu] *mn* **1.** nem jogos **2.** *filho* ~ házasságon kívül született gyermek

ilegível [ilizsivèl] *mn* olvashatatlan

ileso [ilézu] *mn* sértetlen, ép

iletrado [ilitràdu] *mn* tanulatlan, műveletlen

ilha [iljö] *f* **1.** sziget **2.** háztömb

ilhal [iljàl] *m* lágyék, oldal (állaté)

ilhar [iljàr] *1/1 ts* elszigetel, elkülönít

ilharga [iljàrgö] *f* **1.** oldal, csípő, derék; *dor de* ~ derékfájás; *de* ~ oldalt, rézsút **2.** lejtő (hegyé) **3.** *átv* támasz; támogató, segítő, tanácsadó

ilhéu[1] [iljèu] *m* sziklás sziget

ilhéu[2] *m*, **ilhoa** *f* [iljèu, iljoö] *fn* szigetlakó

ilhó [iljò] *m* és *f* fűzőlyuk

ilíaco [iliöku] **I.** *orv mn* medence-; *osso* ~ medencecsont **II.** *f m* medencecsont

ilibação [iliböszö^{n}u] *f* rehabilitáció

ilibado [ilibàdu] *mn* **1.** makulátlan **2.** rehabilitált

ilibar [ilibàr] *1/1 ts* **1.** tisztára mos **2.** rehabilitál

iliberal [ilibiràl] *mn* antiliberális

ilícito [iliszitu] *mn* meg nem engedett, tiltott

ilimitado [ilimitàdu] *mn* korlátlan

ilíquido [ilikidu] *mn ker* nem tiszta (jövedelem); *dívida* ~*a* függő adósság

ilógico [ilòzsiku] *mn* nem logikus, logikátlan

ilogismo [iluzsizsmu] *m* logikátlanság

iludente [ilude^{n}nt] *mn* csalóka

iludir [iludir] *3/1* **I.** *ts* **1.** ámít, becsap; ~ *a lei* kijátssza a törvényt; *deixar-se* ~ *pelas aparências* a látszat megtéveszti őt **2.** eltereli a figyelmet vmiről **T II.** ~**-se** tévhitben ringatja magát

iluminação [iluminöszö^{n}u] *f* **1.** (ki)világítás; ~ *pública* közvilágítás **2.** *átv* hirtelen sugallat **3.** kifestés, díszítés

iluminador [iluminödor] *m műv* miniatűrfestő

iluminar [iluminàr] *1/1 ts* **1.** (ki)világít, megvilágít (*átv* is) **2.** felvilágosít **3.** kifest, díszít

iluminativo [iluminötivu] *mn* **1.** világító **2.** *átv* felvilágosító

iluminura [iluminurö] *f műv* miniatúra, középkori könyvfestészet

ilusão [iluzö^{n}u] *f* **1.** illúzió, érzéki csalódás; ~ *de óptica* optikai csalódás **2.** hiú remény, ábránd; *alimentar ilusões* ábrándokat kerget

ilusionismo [iluzjunizsmu] *m* szemfényvesztés

ilusionista [iluzjunistö] *fn* bűvész, szemfényvesztő

ilusivo [iluzivu] *mn* csalóka

iluso [iluzu] *mn* csalódott

ilusório [iluzòrju] *mn* illuzórikus, hiábavaló, megvalósíthatatlan

ilustração [iluströszö^{n}u] *f* **1.** ábrázolás, érzékeltetés **2.** ábra, kép(melléklet) **3.** képes újság **4.** tudás, műveltség **5.** híresség, kitűnőség

ilustrado [ilustràdu] *mn* **1.** művelt, tanult **2.** *revista* ~*a* képes folyóirat

ilustrar [ilustràr] *1/1* **I.** *ts* **1.** bemutat, ismertet, érzékeltet **2.** híressé tesz **3.** képekkel díszít **II.** ~**-se** híressé válik, kitűnik

ilustre [ilustr] *mn* híres, nevezetes

Il.^{mo} = *Ilustríssimo* (*ilustre* felsőfoka) Nagyságos, Tekintetes (levélcímzés)

ilutação [ilutöszö^{n}u] *f orv* iszapgyógykezelés

ímã [imö^{n}] *m* **B** mágnes

imaculado [imökulàdu] *mn* **1.** makulátlan **2.** *vall*: ~*a concepção* szeplőtelen fogantatás

imagem [imàzsö^{n}j] *f* **1.** kép, ábra **2.** képmás, hasonmás **3.** ábrázolás **4.** képletes kifejezés

imaginação [imözsinöszö^{n}u] *f* **1.** képzelet; képzelődés; fantázia; *em* ~ képzeletben; *isso é pura* ~ ez merő koholmány **2.** képzelőerő; ~ *creativa* alkotó képzelet *v* fantázia

imaginar [imözsinàr] *1/1* **I.** *ts* **1.** elképzel; *imagino* el tudom képzelni **2.** feltételez, vél, gondol **II.** ~**-se** **1.** tartja magát vminek **2.** elképzeli magának

imaginário [imözsinàrju] *mn* **1.** képzeletbeli **2.** *mat* imaginárius

imaginativa [imözsinötivö] *f* képzelőerő

imaginativo [imözsinötivu] *mn* **1.** képzelőerővel rendelkező, találékony **2.** képzelődő; aggályoskodó

imaginoso [imözsinozu] *mn* **1.** elképzelésekben gazdag **2.** képletes
imaleável [imöljàvèl] *mn* **1.** nem kovácsolható **2.** *átv* hajthatatlan, makacs
íman [imö^n] *m* mágnes
imantar [imö^{n}ntàr] *1/1 ts* mágnesez
imaterial [imötirjàl] *mn* testetlen; anyagtalan
imaturo [imöturu] *mn* éretlen
imbatível [i^{n}mbötivèl] *mn* verhetetlen
imbecil [i^{n}mbiszil] *mn* és *fn* gyengeelméjű, hülye
imberbe [i^{n}mbèrb] *mn* **1.** szakálltalan, szőrtelen **2.** pelyhes állú ifjú
imbricado [i^{n}mbrikàdu] *mn* pikkelyszerű
imbróglio [i^{n}mbròlju] *m* zűrzavar, bonyodalom
imbuir [i^{n}mbvir] *3/6 ts* **1.** bemárt, átitat **2.** *átv* megtölt vmivel **T,** beleolt vkibe **T** vmit (*de*)
imediação [imigyöszö^{n}u] *f* közelség, szomszédság; *nas imediações* a közelben, a környéken
imediatamente [imigyötöme^{n}nt] *hat* azonnal
imediato [imigyàtu] **I.** *mn* **1.** közvetlen; szomszédos **2.** azonnali; *teve morte ~a* azonnal meghalt **II.** *fn, m haj* első tiszt
imemorável, imemorial [imimuràvèl, imimurjàl] *mn* ősrégi, ősi
imensidade [ime^{n}szidàd] *f* végtelen nagyság; végtelenség
imenso [ime^{n}szu] *mn* mérhetetlenül nagy, óriási; kimeríthetetlen
imerecido [imiriszidu] *mn* meg nem érdemelt
imergir [imirzsir] *3/3, 3/8* **I.** *ts* belemárt, belemerít **II.** *tl,* **III.** **~-se** **1.** behatol **2.** alámerül
imérito [imèritu] *mn* meg nem érdemelt
imersão [imirszö^{n}u] *f* **1.** bemártás, belemerítés **2.** *csill* immerzió
imersivo [imirszivu] *mn* belemerülési
imerso [imèrszu] **I.** *mmi* → **imergir** **II.** *mn* elmerült
imigração [imigröszö^{n}u] *f* bevándorlás
imigrante [imigrö^{n}nt] *fn* bevándorló
imigrar [imigràr] *1/1 tl* bevándorol
iminência [imine^{n}szjö] *f* vminek fenyegető közelsége
iminente [imine^{n}nt] *mn átv* közeli; fenyegető; *está ~* egészen közel van már, fenyeget
imisção [imis-szö^{n}u] *f* **1.** belekeverés, keveredés **2.** *átv* beavatkozás
imiscuir-se [imiskvirszi] *3/6 átv* beleavatkozik
imitação [imitöszö^{n}u] *f* **1.** utánzás; követés (*pl* példaképeké) **2.** utánzat; *à ~ de* vminek a mintájára *v* példája után
imitador *m,* **-a** *f* [imitödor(ö)] *mn* és *fn* utánzó
imitar [imitàr] *1/1 ts* utánoz; majmol
imitativo [imitötivu] *mn* utánzó
imobiliária [imubiljàrjö] *f* **B** **1.** építkezési vállalat **2.** ingatlanközvetítő hivatal
imobiliário [imubiljàrju] **I.** *mn* ingatlan; *bens ~s* ingatlan birtok **II.** *fn, m* ingatlan (vagyon, telek, ház)
imobilidade [imubilidàd] *f* **1.** mozdulatlanság **2.** *átv* merevség
imobilização [imubilizöszö^{n}u] *f* rögzítés; lekötés (*átv* is)
imobilizar [imubilizàr] *1/1* **I.** *ts* **1.** rögzít, megköt (*átv* is) **2.** *ker* befagyaszt **II.** **~-se** **1.** megáll; megmerevedik **2.** *ker* befagy (*pl* hitel)
imoderação [imudiröszö^{n}u] *f* mértéktelenség
imoderado [imudiràdu] *mn* mértéktelen
imodéstia [imudèstyö] *f* szerénytelenség; szemtelenség
imodesto [imudèstu] *mn* szerénytelen; szemtelen
imódico [imòdiku] *mn* túlzott; *preço ~* rendkívül magas ár
imolação [imulöszö^{n}u] *f* **1.** feláldozás **2.** véráldozat
imolar [imulàr] *1/15 ts* **1.** feláldoz **2.** megöl
imoral [imuràl] *mn* erkölcstelen
imoralidade [imurölidàd] *f* erkölcstelenség
imorredoiro, -doru [imurridojru, -doru] *mn* = **imortal**
imortal [imurtàl] *mn* halhatatlan, örök
imortalidade [imurtölidàd] *f* halhatatlanság
imortalizar [imurtölizàr] *1/1 ts* halhatatlanná tesz; megörökít
imóvel [imòvèl] **I.** *mn* mozdulatlan **II.** *fn, m:* (*bens*) *imóveis* ingatlan vagyon
impaciência [i^{n}mpöszje^{n}szjö] *f* türelmetlenség
impacientar [i^{n}mpöszje^{n}ntàr] *1/1* **I.** *ts* türelmetlenné tesz, idegesít **II.** **~-se** türelmetlenkedik, idegeskedik

impaciente [i^{n}mpöszje^{n}nt] *mn* türelmetlen

impacto [i^{n}mpàktu] *m* 1. lökés, ütés, csapás 2. *kat* becsapódás (lövedéké) 3. *átv* mély benyomás; megrázkódtatás; *de grande* ~ mély benyomást keltő

impagável [i^{n}mpögàvèl] *mn* megfizethetetlen

impalpável [i^{n}mpàlpàvèl] *mn* (ki)tapinthatatlan; megfoghatatlan

ímpar [i^{n}mpàr] *mn* páratlan (*átv* is); *número* ~ páratlan szám

imparcial [i^{n}mpörszjàl] *mn* pártatlan

imparcialidade [i^{n}mpörszjölidàd] *f* pártatlanság

impasse [i^{n}mpàsz] *m* zsákutca (*átv* is); *sair do* ~ kikerül a zsákutcából

impassibilidade [i^{n}mpöszibilidàd] *f* közönyösség, érzéketlenség, szenvtelenség

impassível [i^{n}mpöszivèl] *mn* közönyös, érzéketlen, szenvtelen

impatriótico [i^{n}mpötrjutiku] *mn* hazafiatlan

impávido [i^{n}mpàvidu] *mn* rettenthetetlen, bátor

impecável [i^{n}mpikàvèl] *mn* kifogástalan

impedido [i^{n}mpididu] I. *mn* 1. akadályozott; *estrada* ~*a* lezárt út 2. B *sp* lesen álló (futballjátékos) II. *fn, m kat* tisztiszolga

impedimento [i^{n}mpidime^{n}ntu] *m* 1. akadály; *criar* ~*s* akadályokat támaszt, akadékoskodik 2. B *sp* les

impedir [i^{n}mpidir] *3/18 ts* 1. (meg)akadályoz, visszatart; ~ *o caminho* elállja az utat 2. megtilt

impelir [i^{n}mpilir] *3/8 ts* 1. lök, tol 2. *átv* ösztönöz

impendente [i^{n}mpe^{n}nde^{n}nt] *mn* = **iminente**

impender [i^{n}mpe^{n}ndér] *2/1 tl* 1. *átv* feje fölött ott lebeg; küszöbön áll 2. feladat hárul vkire (*a*); *impende a nós resolver o caso* ránk hárul az a feladat, hogy megoldjuk az esetet

impenetrável [i^{n}mpinitràvèl] *mn* áthatolhatatlan; *átv* kifürkészhetetlen

impenitência [i^{n}mpinite^{n}szjö] *f* megátalkodottság, megrögzöttség

impenitente [i^{n}mpinite^{n}nt] *mn* megátalkodott, megrögzött

impensado [i^{n}mpe^{n}szàdu] *mn* 1. meggondolatlan 2. váratlan

impensável [i^{n}mpe^{n}szàvèl] *mn* elképzelhetetlen

imperador [i^{n}mpirödor] *m* császár

imperar [i^{n}mpiràr] *1/13 tl* uralkodik

imperativo [i^{n}mpirötivu] I. *mn* uralkodó; parancsoló II. *fn, m nyelvt* felszólító mód

imperatório [i^{n}mpirötòrju] *mn* 1. császári 2. parancsoló, feltétlen

imperatriz [i^{n}mpirötris] *f* 1. császárné 2. császárnő

imperceptível [i^{n}mpirszètivèl] *mn* észrevehetetlen

imperdoável [i^{n}mpirdvàvèl] *mn* megbocsáthatatlan

imperecível [i^{n}mpiriszivèl] *mn* el nem múló, örök

imperfeição [i^{n}mpirféjszö^{n}u] *f* tökéletlenség; hiányosság

imperfeito [i^{n}mpirféjtu] I. *mn* 1. tökéletlen, befejezetlen 2. hiányos, nem teljes II. *fn, m nyelvt* folyamatos múlt

imperial [i^{n}mpirjàl] *mn* 1. császári; birodalmi 2. *biz* hetyke; arcátlan

imperialismo [i^{n}mpirjölizsmu] *m* imperializmus

imperialista [i^{n}mpirjölistö] *mn* és *fn* imperialista

imperícia [i^{n}mpiriszjö] *f* tapasztalatlanság

império [i^{n}mpèrju] *m* 1. hatalom, uralom; ~ *de si mesmo* önuralom; *ter* ~ *sobre* hatalmában tart vmit, uralkodik vmi fölött 2. császárság; birodalom 3. *müv*: *estilo* ~ empire stílus

imperioso [i^{n}mpirjozu] *mn* 1. parancsoló, uralkodó 2. gőgös, hetyke 3 *necessidade* ~*a* kényszerítő szükség

imperito [i^{n}mpiritu] *mn* járatlan, tapasztalatlan

impermeabilizar [i^{n}mpirmjöbilizàr] *1/1 ts* vízállóvá *v* vízhatlanná tesz, impregnál

impermeável [i^{n}mpirmjàvèl] I. *mn* 1. vízálló, vízhatlan 2. ~ *ao ar* légmentes II. *fn, m* esőköpeny

impermutabilidade [i^{n}mpirmutöbilidàd] *f* felcserélhetetlenség

impermutável [i^{n}mpirmutàvèl] *mn* felcserélhetetlen; át nem változtatható

imperscrutável [i^{n}mpirskrutàvèl] *mn* kifürkészhetetlen

impersistente [i^{n}mpirsziste^{n}nt] *mn* állhatatlan

impertinência [i^{n}mpirtine^{n}szjö] *f* 1. szemtelenség, arcátlanság 2. illetéktelenség, jogtalan beavatkozás

impertinente [i^{n}mpirtine^{n}nt] *mn* 1. szemtelen, arcátlan 2. illetéktelen, nem a tárgyhoz tartozó

imperturbável [i^{n}mpirturbàvèl] *mn* rendületlen; zavartalan

impérvio [i^{n}mpèrvju] *mn* járhatatlan; áthatolhatatlan

impessoal [i^{n}mpiszvàl] *mn* személytelen

ímpeto [i^{n}mpitu] *m* 1. hevesség 2. lendület ~ *de cólera* haragkitörés; *num* ~ egy ugrással, hirtelen

impetra [i^{n}mpètrö] *f* kérés, könyörgés

impetrar [i^{n}mpitràr] *1/13 ts* 1. kér, könyörög 2. kikönyörög, elér, kieszközöl

impetuosidade [i^{n}mpitvuzidàd] *f* hevesség

impetuoso [i^{n}mpitvozu] *mn* heves

impiedade [i^{n}mpjédàd] *f* 1. istentelenség 2. kegyetlenség

impiedoso [i^{n}mpjédozu] *mn* 1. istentelen 2. kegyetlen

impigem [i^{n}mpizsö^{n}j] *f orv* sömör

impingir [i^{n}mpi^{n}zsir] *3/3 ts* 1. ráerőszakol, „rásóz" 2. elhitet, „bead" 3. ~ *uma bofetada* leken egy pofont

ímpio [i^{n}mpju] *mn* 1. istentelen 2. kegyetlen

implacável [i^{n}mplökàvèl] *mn* kérlelhetetlen, engesztelhetetlen

implantação [i^{n}mplö^{n}ntöszö^{n}u] *f* létesítés; bevezetés

implantar [i^{n}mplö^{n}ntàr] *1/1* I. *ts* létesít, bevezet II. ~**-se** gyökeret ereszt, meghonosodik

implicar [i^{n}mplikàr] *1/2* I. *ts* 1. belekever; belerántl 2. összekuszál, bonyolít (*átv* is) 3. magában foglal; vele jár; szükségessé tesz; megkövetel; *isso não implica que* ez még nem jelenti azt, hogy II. *tl* 1. ellentmond vminek, összeférhetetlen vmivel (*com*) 2. beleköt vkibe (*com*) III. ~**-se** 1. ~*-se num crime* belekeveredik egy bűnténybe 2. ~*-se com* összeszólalkozik vkivel

implícito [i^{n}mpliszitu] *mn* magától értetődő, velejáró

imploração [i^{n}mpluröszö^{n}u] *f* könyörgés

implorar [i^{n}mpluràr] *1/15 ts* könyörög vmiért, kérve kér vmit T

implume [i^{n}mplum] *mn* tollatlan

impolidez [i^{n}mpulidés] *f* udvariatlanság

impolido [i^{n}mpulidu] *mn* 1. *diamante* ~ csiszolatlan gyémánt 2. udvariatlan

impolítico [i^{n}mpulitiku] *mn* apolitikus, politikátlan

imponderado [i^{n}mpo^{n}ndiràdu] *mn* meggondolatlan

imponderável [i^{n}mpo^{n}ndiràvèl] I. *mn* 1. imponderábilis, meg nem mérhető; 2. nem számottevő, jelentéktelen II. *fn, m tb imponderáveis* imponderábiliák, nem érzékelhető dolgok

imponência [i^{n}mpune^{n}szjö] *f* impozáns külső; pompa

imponente [i^{n}mpune^{n}nt] *mn* 1. impozáns, tiszteletet keltő 2. nagyszerű; hatásos

impontual [i^{n}mpo^{n}ntvàl] *mn* pontatlan

impopular [i^{n}mpupulàr] *mn* népszerűtlen

impopularidade [i^{n}mpupulöridàd] *f* népszerűtlenség

impor [i^{n}mpor] *2/17* I. *ts* 1. ráhelyez, rárak; ~ *um nome a* nevet ad vkinek 2. (adóval) megterhel, (büntetéssel) sújt 3. előír; kötelez, (rá)kényszerít; szükségessé tesz; ~ *regras* szabályokat ír elő; ~ *respeito* tiszteletet parancsol; ~ *silêncio* csendet parancsol 4. *nyomd* kilő II. *tl* megjátssza magát; *impõe de grande poeta* nagy költőnek vallja magát III. ~**-se** 1. imponál, tekintélyt parancsol 2. érvényesül 3. szükségessé válik 4. ~*-se a* vkinek a nyakába varrja magát

importação [i^{n}mpurtöszö^{n}u] *f* import, behozatal

importador *m*, **-a** *f* [i^{n}mpurtödor(ö)] I. *mn* behozatali; importáló II. *fn, m* importőr

importância [i^{n}mpurtö^{n}szjö] *f* 1. fontosság, jelentőség; *atribuir* v *dar* v *ligar* ~ *a* jelentőséget tulajdonít vminek; *dar-se* ~ nagy fontosságot tulajdonít önmagának, fontoskodik; *não tem* ~ nem fontos, nem tesz semmit 2. pénzösszeg; érték; *até a* ~ *de cem contos* száz kontó erejéig

importante [i^{n}mpurtö^{n}nt] *mn* 1. fontos, jelentős, lényeges

importar [i^{n}mpurtàr] *1/15* I. *ts* 1. importál, behoz 2. előidéz, okoz; vele jár; ~ *prejuizos* károkat okoz II. *tl* 1. fontos, jelentős; *que me importa?* mi közöm hozzá? *não importa* nem fontos; *pouco importa* nem sokat számít 2. kell, szükséges; *importa-lhe estudar muito* sokat kell tanulnia 3. kitesz (összeget);

a conta importa em mil cruzeiros a számla ezer cruzeirót tesz ki **III. ~-se** *com* törődik vmivel

importável [i^{n}mpurtàvèl] *mn* importálható, behozható, bevihető

importe [i^{n}mpòrt] *m* **1.** (vég)összeg **2.** ár

importunação [i^{n}mpurtunöszö^{n}u] *f* alkalmatlankodás, kellemetlenkedés

importunar [i^{n}mpurtunàr] *1/1 ts* alkalmatlankodik vkinek **T,** zaklat

importuno [i^{n}mpurtunu] *mn* **1.** alkalmatlan **2.** kellemetlen, tolakodó

imposição [i^{n}mpuziszö^{n}u] *f* **1.** ráhelyezés, rátétel; ~ *dum nome* névadás **2.** adóteher; megadóztatás; kiszabás (büntetésé) **3.** ráerőszakolás, kényszer **4.** odaítélés (jutalomé) **5.** *nyomd* kilövés

impossibilidade [i^{n}mpuszibilidàd] *f* lehetetlenség

impossibilitado [i^{n}mpuszbilitàdu] *mn* vmiben akadályozott (*de*); ~ *de trabalhar* munkaképtelen

impossibilitar [i^{n}mpuszibilitàr] *1/1* **I.** *ts* lehetetlenné *v* alkalmatlanná tesz **II. ~-se** lehetetlenné *v* alkalmatlanná válik

impossível [i^{n}mpuszivèl] *mn* lehetetlen

impostação [i^{n}mpustöszö^{n}u] *f műv* beállítás; ~ *de voz* hangvétel

imposto [i^{n}mpostu] **I.** *mmi* →**impor II.** *fn, m* adó, illeték; ~ *de renda* jövedelmi adó; ~ *de selo* bélyegilleték; ~ *de transmissão* vagyonátruházási adó

impostor *m,* **-a** *f* [i^{n}mpustor(ö)] *mn* és *fn* csaló, szélhámos, hazug

impostura [i^{n}mpusturö] *f* csalás, szélhámosság

impotável [i^{n}mputàvèl] *mn* ihatatlan; *água* ~ nem ívóvíz

impotência [i^{n}mpute^{n}szjö] *f* **1.** tehetetlenség **2.** *orv* impotencia

impotente [i^{n}mpute^{n}nt] *mn* **1.** tehetetlen **2.** *orv* impotens

impracticável [i^{n}mprötikàvèl] *mn* **1.** megvalósíthatatlan **2.** járhatatlan (út)

imprecação [i^{n}mpriköszö^{n}u] *f* átkozódás, szitkozódás

imprecar [i^{n}mprikàr] *1/2, 1/14 tl* átkozódik, szitkozódik

impreciso [i^{n}mpriszizu] *mn* pontatlan

impregnação [i^{n}mprignöszö^{n}u] *f* impregnálás; átitatás

impregnar [i^{n}mprignàr] *1/1* **I.** *ts* impregnál, átitat **II. ~-se** impregnálódik, átitatódik

imprensa [i^{n}mpre^{n}szö] *f* **1.** sajtó (*átv* is); nyomógép; *conferência de* ~ sajtóértekezlet **2.** könyvnyomtatás **3.** (könyv)nyomda

imprensar [i^{n}mpre^{n}szàr] *1/1 ts* **1.** sajtol, présel **2.** (rá)nyom (festékkel)

imprescindível [i^{n}mpris-szi^{n}ndivèl] *mn* feltétlenül szükséges

imprescritível [i^{n}mpriskritivèl] *mn* elévülhetetlen

impressão [i^{n}mpriszö^{n}u] *f* **1.** *átv* benyomás; *troca de impressões* véleménycsere; *causar* v *fazer* ~ *em* benyomást gyakorol vkire **2.** *nyomd* nyomás, kinyomatás; ~ *funda* mélynyomás; ~ *ofsete* ofszet; ~ *a cores* színnyomás; ~ *em relevo* domborнyomás; **3.** ~ *digital* ujjlenyomat

impressionante [i^{n}mpriszjunö^{n}nt] *mn* hatásos; megkapó

impressionar [i^{n}mpriszjunàr] *1/15* **I.** *ts* **1.** befolyásol; hatást kelt vkiben **T 2.** *fényk* megvilágít **II. ~-se** *com* hatással van rá vmi

impressionável [i^{n}mpriszjunàvèl] *mn* **1.** fogékony, érzékeny **2.** könnyen befolyásolható

impresso [i^{n}mprèszu] **I.** *mmi* →**imprimir II.** *mn* nyomtatott **III.** *fn, m* **1.** nyomtatvány **2.** röpirat

impressor *m,* **-a** *f* [i^{n}mpriszor(ö)] *fn* **1.** nyomdász **2.** nyomdatulajdonos

imprestável [i^{n}mpristàvèl] *mn* hasznot nem hajtó; értéktelen

impreterível [i^{n}mpritirivèl] *mn* **1.** halaszthatatlan **2.** elkerülhetetlen

imprevidência [i^{n}mprivide^{n}szjö] *f* előrelátás hiánya; gondatlanság

imprevidente [i^{n}mprividènt] *mn* előre nem látó, gondatlan

imprevisão [i^{n}mprivizö^{n}u] *f* = **imprevidência**

imprevisível [i^{n}mprivizivèl] *mn* előre nem látható; váratlan

imprevisto [i^{n}mprivistu] *mn* előre nem látott, váratlan

imprimar [i^{n}mprimàr] *1/1 ts műv* alapoz, alapszínt ad

imprimir [i^{n}mprimir] *3/1.* **I.** *ts* **1.** kinyomat **2.** rányom (*átv* is) **3.** előidéz, okoz; ~ *medo* félelmet kelt; ~ *respeito* tiszteletet parancsol **II. ~-se** *átv* bevésődik

imprimível [i^{n}mprimìvèl] *mn* kinyomatható; nyomdakész
improbabilidade [i^{n}mpruböbilidàd] *f* valószínűtlenség
improbidade [i^{n}mprubidàd] *f* tisztességtelenség
ímprobo [i^{n}mprubu] *mn* **1.** nehéz, fáradságos **2.** tisztességtelen
improcedente [i^{n}mpruszide^{n}nt] *mn* **1.** alaptalan **2.** összefüggéstelen
improdutivo [i^{n}mprudutivu] *mn* improduktív, meddő, nem értékképző
improfícuo [i^{n}mprufìkvu] *mn* hasznot nem hajtó, előnytelen
impropério [i^{n}mprupèrju] *m* sértés, sértegetés
impropriamente [i^{n}mprupriöme^{n}nt] *hat* nem szabatosan, helytelenül
impróprio [i^{n}mpròprju] *mn* **1.** nem szabatos, pontatlan **2.** nem illő, tapintatlan
improrrogável [i^{n}mprurrögàvèl] *mn* halaszthatatlan
improvável [i^{n}mpruvàvèl] *mn* valószínűtlen
improvisação [i^{n}mpruvizöszö^{n}u] *f* rögtönzés
improvisar [i^{n}mpruvizàr] *1/1 ts* rögtönöz
improviso [i^{n}mpruvizu] **I.** *mn* előre nem látott, váratlan; *de* ~ váratlanul **II.** *fn, m* rögtönzés (*irod, zene* is)
imprudência [i^{n}mprude^{n}szjö] *f* (meg)gondolatlanság, vigyázatlanság
imprudente [i^{n}mprude^{n}nt] *mn* meggondolatlan, vigyázatlan
impúbere [i^{n}mpubiri] *mn* (nemileg) éretlen
impudente [i^{n}mpude^{n}nt] *mn* szemérmetlen; arcátlan
impudicícia [i^{n}mpudiszìszjö] *f* szemérmetlenség; arcátlanság
impudico [i^{n}mpudiku] *mn* szemérmetlen
impudor [i^{n}mpudor] *m* szemérmetlenség
impugnar [i^{n}mpugnàr] *1/1 ts átv* megtámad, megcáfol
impulsão [i^{n}mpulszö^{n}u] *f* = **impulso**
impulsionar [i^{n}mpulszjunàr] *1/14 ts* **1.** mozgásba hoz **2.** *átv* ösztönöz
impulsivo [i^{n}mpulszivu] *mn* **1.** *műsz* működtető, hajtó- **2.** *átv* impulzív, heves, indulatos
impulso [i^{n}mpulszu] *m* **1.** indítás, lökés; áramlökés; ~ *inicial* kezdősebesség; *dar* ~ *a* beindít, mozgásba hoz; *átv* lendületet ad **2.** *átv* ösztönzés; *ganhar novo* ~ újabb lendületet nyer; *tomar* ~ ösztönzést nyer, nekilendül
impune [i^{n}mpun] *mn* büntetlen
impunidade [i^{n}mpunidàd] *f* büntetlenség
impunível [i^{n}mpunìvèl] *mn* nem büntethető
impureza [i^{n}mpurézö] *f* tisztátlanság; piszok
impuro [i^{n}mpuru] *mn* tisztátlan, piszkos
imputação [i^{n}mputöszö^{n}u] *f* ráfogás, tulajdonítás
imputar [i^{n}mputàr] *1/1 ts* **1.** *átv* ráfog, felró, tulajdonít **2.** leszámít, levon (összegből)
imputável [i^{n}mputàvèl] *mn* **1.** ráfogható, vkinek *v* vminek tulajdonítható **2.** leszámítandó, levonandó
imputrescível [i^{n}mputris-szìvèl] *mn* **1.** rothadásmentes **2.** nem ronlandó (áru)
imundícia, imundície [imu^{n}ndiszjö, -szji] *f* **1.** szemét, piszok **2.** *átv* tisztátalanság
imundo [imu^{n}ndu] *mn* piszkos, szennyes
imune [imun] *mn* immúnis, vmitől mentes (*de*)
imunidade [imunidàd] *f* **1.** *orv* immunitás **2.** mentesség
imunizar [imunizàr] *1/1 ts* **1.** *orv* immunizál, ellenállóvá tesz **2.** *átv* mentesít, megszabadít vmitől (*contra*)
imutável [imutàvèl] *mn* megváltozhatatlan
inabalável [inöbölàvèl] *mn* **1.** megingathatatlan **2.** *átv* szilárd; állhatatos; *confiança* ~ rendíthetetlen bizalom
inábil [inàbil] *mn* **1.** ügyetlen, hozzá nem értő **2.** *jog* képtelen
inabilidade [inöbilidàd] *f* **1.** ügyetlenség, hozzá nem értés **2.** *jog* képtelenség
inabilitar [inöbilitàr] *1/1 ts* **1.** munkaképtelenné tesz; képtelennek nyilvánít **2.** *átv* megfoszt vmitől (*em*) **3.** ~ *no exame para motorista* megbukik a gépkocsivezetői vizsgán
inabitado [inöbitàdu] *mn* lakatlan
inabitável [inöbitàvèl] *mn* lakhatatlan
inabordável [inöburdàvèl] *mn* megközelíthetetlen
inacabado [inököbàdu] *mn* befejezetlen
inaceitável [inöszéjtàvèl] *mn* elfogadhatatlan
inacessível [inösziszìvèl] *mn* **1.** megközelíthetetlen **2.** *átv* elérhetetlen

Inácio [inàszju] *m* Ignác
inacreditável [inökriditàvèl] *mn* hihetetlen
inactividade [inàtividàd] *f* 1. tétlenség 2. aktív szolgálat szünetelése
inactivo [inàtivu] *mn* 1. tétlen 2. nem tényleges (alkalmazott)
inadequado [inödikvàdu] *mn* nem megfelelő
inadiável [inögyàvèl] *mn* halaszthatatlan
inadmissível [inödmiszivèl] *mn* megengedhetetlen, tűrhetetlen
inadvertência [inödvirte^{n}szjö] *f* figyelmetlenség
inadvertido [inödvirtidu] *mn* 1. figyelmetlen 2. észrevétlen; váratlan
inalação [inölöszö^{n}u] *f* 1. belélegzés 2. *orv* inhaláció
inalar [inölàr] *1/12 ts* belélegzik
inalienável [inöljinàvèl] *mn* elidegeníthetetlen
inalterado [inàltiràdu] *mn* változatlan
inalterável [inàltiràvèl] *mn* 1. megváltozhatatlan; változatlan 2. *átv* rendíthetetlen
inamovível [inömuvivèl] *mn* elmozdíthatatlan (*átv* is)
inane [inön] *mn* 1. üres 2. hiábavaló
inanimado [inönimàdu] *mn* élettelen
inapelável [inöpilàvèl] *mn* fellebbezhetetlen
inaplicável [inöplikàvèl] *mn* nem alkalmazható (*átv* is)
inapreciável [inöpriszjàvèl] *mn* 1. felbecsülhetetlen 2. meghatározhatatlan
inaptidão [inöptidö^{n}u] *f* alkalmatlanság, járatlanság
inapto [inàptu] *mn* nem alkalmas; járatlan
inarticulado [inörtikulàdu] *mn* artikulátlan, tagolatlan, értelmetlen (szó, beszéd)
inarticulável [inörtikulàvèl] *mn* kiejthetetlen
inatacável [inötökàvèl] *mn* megtámadhatatlan (*átv* is)
inatingível [inöti^{n}zsivèl] *mn* 1. elérhetetlen 2. felfoghatatlan
inat... →**inact...**
inato [inàtu] *mn* veleszületett
inaudito [inàuditu] *mn* hallatlan
inaudível [inàudivèl] *mn* nem hallható
inauguração [inàugurösző^{n}u] *f* 1. felavatás; ünnepélyes megnyitás 2. (szobor)leleplezés
inaugural [inàuguràl] *mn* felavató, megnyitó; székfoglaló
inaugurar [inàuguràr] *1/1 ts* 1. felavat, (ünnepélyesen) megnyit 2. (szobrot) leleplez 3. megkezd, elkezd
inavegável [inövigàvèl] *mn* hajózhatatlan
incalculável [i^{n}nkàlkulàvèl] *mn* 1. megszámlálhatatlan 2. kiszámíthatatlan
incandescência [i^{n}nkö^{n}ndis-sze^{n}szjö] *f* 1. fehér izzás 2. *átv* hév
incandescente [i^{n}nkö^{n}ndis-sze^{n}nt] *mn* 1. fehéren izzó 2. *átv* égő, heves
incandescer [i^{n}nkö^{n}ndis-szér] *2/2* **I.** *ts* fehérre izzít **II.** *tl* 1. fehéren izzik 2. felhevül, ég
incansável [i^{n}nkö^{n}szàvèl] *mn* fáradhatatlan
incapacidade [i^{n}nköpöszidàd] *f* 1. alkalmatlanság; (munka)képtelenség 2. *jog* cselekvőképtelenség
incapacitar [i^{n}nköpöszitàr] *1/1 ts* alkalmatlanná *v* képtelenné tesz
incapaz [i^{n}nköpàs] *mn* 1. alkalmatlan, képtelen 2. *jog* cselekvőképtelen 3. *jog* korlátozott jogképességgel rendelkező (büntetésből)
incauto [i^{n}nkàutu] *mn* 1. vigyázatlan 2. naiv, hiszékeny
incendiar [i^{n}sze^{n}ngyàr] *1/6* és *1/7* **I.** *ts* 1. felgyújt 2. *átv* **a)** feltüzel **b)** lángba borít **II.** **~-se** 1. leég 2. *átv* **a)** felhevül **b)** lángba borul
incendiário [i^{n}sze^{n}gyàrju] **I.** *mn* gyújtó-; *bomba ~a* gyújtóbomba **II.** *fn, m* gyújtogató; *~ de guerra* háborús uszító
incêndio [i^{n}sze^{n}ngyu] *m* 1. tűzvész; *autor de ~* gyújtogató; *crime de ~* gyújtogatás (vétsége); *abafar* v *atalhar um ~* tüzet kiolt 2. *átv* (pusztító) láng; fellángolás
incensação [i^{n}sze^{n}szöszö^{n}u] *f* tömjénezés (*átv* is)
incensar [i^{n}sze^{n}szàr] *1/1 ts* tömjénez (*átv* is)
incensurável [i^{n}sze^{n}szuràvèl] *mn* kifogástalan
incentivar [i^{n}sze^{n}ntivàr] *1/1 ts* ösztönöz; fokoz
incentivo [i^{n}sze^{n}ntivu] **I.** *mn* ösztönző **II.** *fn, m* ösztönzés; *prémio de ~* ösztönző prémium

incerteza [i^{n}szirtézö] *f* bizonytalanság; kétség

incerto [i^{n}szèrtu] **I.** *mn* bizonytalan; kétes **II.** *fn, m* **1.** bizonytalanság **2.** *~s* ismeretlen személyek

incessante [i^{n}nsziszö^{n}nt] *mn* szüntelen, állandó

incesto [i^{n}szèstu] **I.** *mn* vérfertőző **II.** *fn, m* vérfertőzés

incestuoso [i^{n}szistvozu] *mn* vérfertőző

inchação [i^{n}söszö^{n}u] *f* **1.** megdagadás **2.** daganat, kelés **3.** *átv* felfuvalkodottság, gőg

inchaço [i^{n}sàszu] *m* = **inchação**

inchado [i^{n}sàdu] *mn* **1.** dagadt **2.** felfuvalkodott, gőgös

inchar [i^{n}sàr] *1/1* **I.** *ts* **1.** felfúj; felduzzaszt **2.** *átv* felfuvalkodottá tesz **II.** *tl,* **III.** **~-se** **1.** megdagad, felfúvódik **2.** *átv* felfuvalkodik

incidência [i^{n}szide^{n}szjö] *f* **1.** beesés; *geom: ângulo de ~* beesési szög **2.** közvetett hatás **3.** *com especial ~ a* különös figyelemmel vmire

incidente [i^{n}szide^{n}nt] **I.** *mn* **1.** *geom, fiz* beeső **2.** közbeeső, járulékos, mellék-; *proposição ~, nyelvt* közbevetett mondat **II.** *fn, m* **1.** közbejött eset, incidens **2.** epizód, mellékkörülmény

incidir [i^{n}szidir] *3/1 tl* **1.** visszaverődik (fény) **2.** előfordul, megesik **3.** *~ em contradição* ellentmondásba keveredik

incineração [i^{n}sziniröszö^{n}u] *f* elégetés, elhamvasztás

incinerar [i^{n}sziniràr] *1/14 ts* eléget, elhamvaszt

incipiente [i^{n}szipje^{n}nt] *mn* kezdő, kezdeti

incisão [i^{n}szizö^{n}u] *f* bevésés; bevágás

incisivo [i^{n}szizivu] **I.** *mn* **1.** metsző, vágó, éles **2.** *estilo ~* tömör stílus **II.** *fn, m* (*dente*) *~* metszőfog

inciso [i^{n}szizu] **I.** *mn* bevágott; vágott (seb) **II.** *fn, m nyelvt:* közbevetett mondat

incitação [i^{n}szitöszö^{n}u] *f* **1.** ingerlés, izgatás **2.** ösztönzés; bujtogatás

incitador *m,* **-a** *f* [i^{n}szitödor(ö)] *mn* és *fn* **1.** ingerlő, izgató **2.** ösztönző, bujtogató

incitamento [i^{n}szitöme^{n}ntu] *m* **1.** ingerlés, izgatás **2.** ösztönzés; bujtogatás

incitante [i^{n}szitö^{n}nt] *mn* **1.** izgató **2.** ösztönző

incitar [i^{n}szitàr] *1/1 ts* **1.** ingerel, izgat **2.** ösztönöz; bujtogat, lázít

incitativo [i^{n}szitötivu] *mn* izgató; ösztönző

incivil [i^{n}szivil] *mn* udvariatlan

incivilizado [i^{n}szivilizàdu] *mn* civilizálatlan

inclemência [i^{n}nklime^{n}szjö] *f* **1.** irgalmatlanság, kegyetlenség **2.** ridegség, zordság (időjárásé)

inclemente [i^{n}nklime^{n}nt] *mn* **1.** irgalmatlan, kegyetlen **2.** barátságtalan, rideg, zord

inclinação [i^{n}nklinöszö^{n}u] *f* **1.** hajlás, lejtés; *~ magnética* mágneses elhajlás; *geom: ângulo de ~* hajlásszög **2.** meghajlás, bók **3.** *átv* hajlam; vonzódás; *casamento de ~* szerelmi házasság

inclinado [i^{n}klinàdu] *mn* ferde, lejtős

inclinar [i^{n}klinàr] *1/1* **I.** *ts* **1.** hajlít, hajt; *~ a cabeça* lehajtja a fejét **2.** hajlamossá tesz vmire (*a*) **II.** *tl* **1.** hajlik, lejt **2.** *átv: ~ a* hajlik vmire **III.** **~-se** **1.** elhajlik, eltér **2.** lehajol; meghajol **3.** enged, beleegyezik

incluído [i^{n}nkluídu] *mn, hat* beleértve; *tudo ~* mindent beleértve, mindennel együtt

incluindo [i^{n}nkluindu] *hat* beleértve; *~ aquecimento* fűtést beleértve

incluir [i^{n}nkluir] *3/6 ts* **1.** belefoglal, belevesz; beszámít **2.** mellékel, csatol

inclusão [i^{n}nkluzö^{n}u] *f* bevonás

inclusivamente, inclusive [i^{n}nkluzivöme^{n}nt, -zivè] *hat* beleértve

incluso [i^{n}nkluzu] *mn* **1.** benne foglalt **2.** mellékelt, csatolt

incobrável [i^{n}nkubràvèl] *mn* behajthatatlan

incoerência [i^{n}nkuire^{n}szjö] *f* összefüggéstelenség

incoerente [i^{n}nkuire^{n}nt] *mn* összefüggéstelen

incógnita [i^{n}nkògnitö] *f mat* ismeretlen

incógnito [i^{n}nkògnitu] **I.** *mn* ismeretlen **II.** *hat* ismeretlenül, álnéven **III.** *fn, m* ismeretlen, inkognitó

incolor [i^{n}nkulor] *mn* színtelen (*átv* is)

incólume [i^{n}nkòlum] *mn* ép és egészséges; sértetlen

incombustível [i^{n}nko^{n}mbustivèl] *mn* tűzálló

incomensurável [i^{n}nkume^{n}szuràvèl] *mn* összemérhetetlen

incomodado [i^{n}nkumudàdu] *mn* **1.** megzavart, zaklatott; *não quero ser ~* ne

zavarjanak! 2. indiszponált; gyengélkedő
incomodar [i^{n}nkumudàr] *1/15* **I.** *ts* zavar, zaklat **II.** ~**-se** nyugtalankodik, sürögforog; *não se incomode!* ne fáradjon! ne zavartassa magát!
incomodativo [i^{n}nkumudötivu] *mn* zavaró, kellemetlen
incomodidade [i^{n}nkumudidàd] *f* **1.** kényelmetlenség **2.** rosszullét, gyengélkedés
incómodo [i^{n}nkòmudu] **I.** *mn* **1.** kényelmetlen **2.** zavaró, kellemetlen **II.** *fn, m* **1.** kényelmetlenség **2.** fáradság, fáradozás; *causar* v *dar* ~ fáradságot *v* kellemetlenséget okoz; *dar-se ao* ~ *de* fáradozik vmin **3.** *orv* menstruáció
incomparável [i^{n}nko^{n}mpöràvèl] *mn* összehasonlíthatatlan
incompatibilidade [i^{n}nko^{n}mpötibilidàd] *f* összeférhetetlenség; összeegyeztethetetlenség
incompatibilizar [i^{n}nko^{n}mpötibilizàr] *1/1 ts* összeférhetetlenné tesz
incompatível [i^{n}nko^{n}mpötivèl] *mn* összeférhetetlen, összeegyeztethetetlen
incompensável [i^{n}nko^{n}mpe^{n}szàvèl] *mn* kiegyenlíthetetlen
incompetência [i^{n}nko^{n}mpite^{n}szjö] *f* **1.** illetéktelenség **2.** képtelenség, alkalmatlanság
incompetente [i^{n}nko^{n}mpite^{n}nt] *mn* **1.** illetéktelen **2.** képtelen, alkalmatlan
incompleto [i^{n}nko^{n}mplètu] *mn* **1.** nem teljes, hiányos **2.** befejezetlen
incomportável [i^{n}nko^{n}mpurtàvèl] *mn* elviselhetetlen
incompreendido [i^{n}nko^{n}mprje^{n}ndidu] *mn* meg nem értett
incompreensão [i^{n}nko^{n}mprje^{n}szö^{n}u] *f* meg nem értés, értetlenség
incompreensível [i^{n}nko^{n}mprje^{n}szivèl] *mn* érthetetlen, felfoghatatlan
incomum [i^{n}nkomu^n] *mn* szokatlan
incomunicável [i^{n}nkumunikàvèl] *mn* **1.** nem közölhető, titkos **2.** zárkózott, nem közlékeny **3.** *jog: preso* ~ magánzárkás, elkülönített fogoly
incomutável [i^{n}nkumutàvèl] *mn* **1.** átváltozhatatlan **2.** elidegeníthetetlen
inconcebível [i^{n}nko^{n}szibivèl] *mn* felfoghatatlan; érthetetlen
inconciliável [i^{n}nko^{n}sziljàvèl] *mn* összeegyeztethetetlen; összeférhetetlen
inconcusso [i^{n}nko^{n}nkuszu] *mn* **1.** rendíthetetlen **2.** megvesztegethetetlen
incondicionado [i^{n}nko^{n}ndiszjunàdu] *mn* abszolút, feltétlen
incondicional [i^{n}nko^{n}ndiszjunàl] *mn* feltétel nélküli, feltétlen
inconfessável [i^{n}nko^{n}fiszàvèl] *mn* elmondhatatlan
inconfesso [i^{n}nko^{n}fèszu] *mn* **1.** be nem vallott **2.** bűnösségét tagadó; megátalkodott
inconfidência [i^{n}nko^{n}fide^{n}szjö] *f* hűtlenség, árulás
inconfidente [i^{n}nko^{n}fide^{n}nt] *mn* hűtlen; áruló
inconfundível [i^{n}nko^{n}fu^{n}divèl] *mn* összetéveszthetetlen
incongruência [i^{n}nko^{n}ngrue^{n}szjö] *f* **1.** össze nem illés **2.** illetlenség **3.** *átv* alaptalanság
incongruente [i^{n}nko^{n}ngrue^{n}nt] *mn* **1.** *geom* össze nem illő **2.** *átv* nem való, illetlen **3.** *átv* alaptalan
inconsciência [i^{n}nko^{n}s-szje^{n}szjö] *f* **1.** öntudatlanság **2.** lelkiismeretlenség **3.** felelőtlenség, könnyelműség
inconsciente [i^{n}nko^{n}s-szje^{n}nt] *mn* **1.** öntudatlan **2.** lelkiismeretlen **3.** felelőtlen, könnyelmű
inconsequência [i^{n}nko^{n}szikve^{n}szjö] *f* következetlenség
inconsequente [i^{n}nko^{n}szikve^{n}nt] *mn* következetlen
inconsideração [i^{n}nko^{n}szidiröszö^{n}u] *f* meggondolatlanság
inconsiderado [i^{n}nko^{n}szidöràdu] *mn* meggondolatlan
inconsistência [i^{n}nko^{n}sziste^{n}szjö] *f* **1.** állhatatlanság **2.** alaptalanság **3.** következetlenség
inconsistente [i^{n}nko^{n}sziste^{n}nt] *mn* **1.** állhatatlan **2.** alaptalan **3.** következetlen
inconsolável [i^{n}nko^{n}szulàvèl] *mn* vigasztalhatatlan
inconstitucional [i^{n}nko^{n}stituszjunàl] *mn* alkotmányellenes
inconsútil [i^{n}nko^{n}szutil] *mn* varrat nélküli
incontável [i^{n}nko^{n}ntàvèl] *mn* megszámolhatatlan
incontestado [i^{n}nko^{n}ntistàdu] *mn* nem vitás; (el)vitathatatlan
incontestável [i^{n}nko^{n}ntistàvèl] *mn* elvitathatatlan; tagadhatatlan

inconteste [i^{n}nko^{n}ntésti] *mn* = **incontestado**

incontido [i^{n}nko^{n}ntidu] *mn* szertelen

incontinência [i^{n}nko^{n}ntine^{n}szjö] *f* **1.** szertelenség; ~ *de linguagem* bőbeszédűség **2.** *orv* inkontinencia; ~ *de urinas* önkéntelen vizelés

incontinente [i^{n}nko^{n}ntine^{n}nt] *mn* szertelen, kicsapongó

incontrastável [i^{n}nko^{n}ntröstàvèl] *mn* megdönthetetlen; megcáfolhatatlan

inconveniência [i^{n}nko^{n}vinye^{n}szjö] *f* neveletlenség, illetlenség

inconveniente [i^{n}nko^{n}vinye^{n}nt] **I.** *mn* neveletlen, illetlen **II.** *fn, m* kellemetlenség; nehézség; hátrány

inconversível [i^{n}nko^{n}virszivèl] *mn* **1.** megfordíthatatlan **2.** *közg* nem konvertibilis

incorporação [i^{n}nkurpurösző^{n}u] *f* **1.** bekebelezés **2.** egyesítés **3.** felvétel (testületbe)

incorporar [i^{n}nkurpuràr] *1/15* **I.** *ts* **1.** bekebelez **2.** egyesít **II.** **~-se** **1.** testet ölt **2.** belép (egyesületbe) **3.** egyesül; csatlakozik

incorpóreo [i^{n}nkurpòrju] *mn* testetlen

incorrecção [i^{n}nkurrèsző^{n}u] *f* **1.** hiba; helytelenség **2.** inkorrektség; tapintatlanság

incorrecto [i^{n}nkurrètu] *mn* **1.** hibás; helytelen **2.** inkorrekt; tapintatlan

incorrer [i^{n}nkurrér] *2/8 tl* ~ *em* kiteszi magát vminek, magára von vmit; ~ *na pena* szabálysértést követ el

incorrigível [i^{n}nkurrizsivèl] *mn* javíthatatlan

incorruptível [i^{n}nkurrutivèl] *mn* **1.** nem romlandó **2.** megvesztegethetetlen

incorrupto [i^{n}nkurrutu] *mn* romlatlan (*átv* is)

incredibilidade [i^{n}nkridibilidàd] *f* hihetetlenség

incredulidade [i^{n}nkridulidàd] *f* hitetlenség, hitetlenkedés

incrédulo [i^{n}nkrèdulu] *mn* hitetlen; hitetlenkedő

incremento [i^{n}nkrime^{n}ntu] *m* **1.** növekedés, gyarapodás **2.** fejlődés; *dar* ~ *a* fejleszt vmit

increpação [i^{n}nkripösző^{n}u] *f* **1.** leszidás **2.** erős kifogásolás; szigorú kritika

increpar [i^{n}nkripàr] *1/14 ts* **1.** nagyon összeszid **2.** erősen kifogásol

incriminação [i^{n}nkriminösző^{n}u] *f* vádolás; kifogásolás

incriminar [i^{n}nkriminàr] *1/1 ts* ~ *de* v *por* vádol vmivel, kifogásol vmiért

incrível [i^{n}nkrivèl] *mn* hihetetlen

incruento [i^{n}nkrue^{n}ntu] *mn* vértelen, vérrontás nélküli

incrustação [i^{n}nkrustösző^{n}u] *f* **1.** *műsz* berakott munka, berakás **2.** kérgesedés **3.** *műsz* kazánkő, vízkő

incrustar [i^{n}nkrustàr] *1/1* **I.** *ts* **1.** berakott munkával díszít **2.** kéreggel v lerakódással bevon **II.** **~-se** **1.** kérgesedik **2.** lerakódás képződik **3.** megrögződik (*átv* is)

incubação [i^{n}nkubösző^{n}u] *f* **1.** keltés, keltetés **2.** *orv* lappangási időszak

incubadora [i^{n}nkubödorö] *f* **1.** keltetőgép **2.** *orv* inkubátor

incubar [i^{n}nkubàr] *1/1 ts* **1.** keltet (baromfit) **2.** *átv* kigondol, tervez

inculcar [i^{n}nkulkàr] *1/2* **I.** *ts* **1.** mutat, kijelöl **2.** ajánl, javasol **3.** *átv* bevés (emlékezetébe) **II.** **~-se** mutatkozik; érvényesül

inculpar [i^{n}nkulpàr] *1/1* **I.** *ts* vádol **II.** **~-se** bűnösnek vallja magát

inculto [i^{n}nkultu] *mn* műveletlen (*átv* is)

incumbência [i^{n}nku^{n}mbe^{n}szjö] *f* megbízás, megbizatás; feladat

incumbir [i^{n}nku^{n}mbir] *3/1* **I.** *ts* megbíz vmivel (*de*) **II.** *tl* vkinek a feladata, kötelessége; *incumbe-lhe a verificação das contas* az ő feladata a számlák ellenőrzése **III.** **~-se** *de* magára vállal vmit

incunábulo [i^{n}nkunàbulu] *m* ősnyomtatvány

incurável [i^{n}nkuràvèl] *mn* gyógyíthatatlan

incúria [i^{n}nkurjö] *f* hanyagság, gondatlanság

incursão [i^{n}nkursző^{n}u] *f* ellenséges betörés, behatolás

incurso [i^{n}nkurszu] *mn:* ~ *por* vétkes vmiben

incutir [i^{n}nkutir] *3/1 ts* bevés (elméjébe)

inda [i^{n}ndö] *hat* = **ainda**

indagação [i^{n}ndőgösző^{n}u] *f* **1.** vizsgálat, nyomozás **2.** kutatás

indagar [i^{n}ndögàr] *1/4, 1/12* **I.** **1.** *ts* (ki)vizsgál, (ki)nyomoz **2.** felkutat **II.** *tl:* ~ *de* tudakozódik vki v vmi után

indébito [i^{n}ndèbitu] *mn* **1.** meg nem érdemelt **2.** önkéntes (felajánlás)

indecência [i^{n}ndisze^{n}szjö] *f* illetlenség, szemérmetlenség

indecente [i^{n}ndisze^{n}nt] *mn* illetlen, szemérmetlen

indecifrável [i^{n}ndiszifràvèl] *mn* **1.** kibetűzhetetlen **2.** érthetetlen

indeciso [i^{n}ndiszizu] *mn* **1.** határozatlan, ingadozó **2.** bizonytalan

indeclinável [i^{n}ndiklinàvèl] *mn* **1.** el nem utasítható, el nem kerülhető **2.** *nyelvt* ragozhatatlan

indecoro [i^{n}ndikoru] *m* illetlenség

indecoroso [i^{n}ndikurozu] *mn* illetlen

indefectível [i^{n}ndifètivèl] *mn* **1.** elmaradhatatlan **2.** el nem múló

indefensável, indefensível [i^{n}ndife^{n}szàvèl, -szivèl] *mn* védhetetlen, tarthatatlan (*átv* is)

indefenso [i^{n}ndife^{n}szu] *mn* = **indefeso**

indeferimento [i^{n}ndifirime^{n}ntu] *m jog* elutasítás

indeferir [i^{n}ndifirir] *3/8 ts* elutasít

indefeso [i^{n}ndifézu] *mn* védtelen

indefesso [i^{n}ndifèszu] *mn* fáradhatatlan

indefinidamente [i^{n}ndifinidöme^{n}nt] *hat* bizonytalan időre

indefinido [i^{n}ndifinidu] *mn* **1.** meghatároz(hat)atlan **2.** határtalan, végtelen

indefinível [i^{n}ndifinivèl] *mn* meghatározhatatlan

indelével [i^{n}ndilèvèl] *mn* **1.** kitörölhetetlen **2.** el nem múló

indelicadeza [i^{n}ndiliködézö] *f* tapintatlanság

indelicado [i^{n}ndilikàdu] *mn* tapintatlan, durva

indemne [i^{n}ndèmn] *mn* sértetlen, ép

indemnidade [i^{n}ndimnidàd] *f* **1.** büntetlenség **2.** kártalanítás

indemnização [i^{n}ndimnizöszö^{n}u] *f* kártalanítás, kárpótlás

indemnizar [i^{n}ndimnizàr] *1/1 ts* **1.** kárpótol vkit vmiért (*por, de*) **2.** lelépést fizet vkinek **T**

indemonstrável [i^{n}ndimo^{n}stràvèl] *mn* bebizonyíthatatlan

independência [i^{n}ndipe^{n}nde^{n}szjö] *f* függetlenség; önállóság; *guerra de* ~ szabadságharc; *ascender à* ~ függetlenné válik

independente [i^{n}ndipe^{n}nde^{n}nt] *mn* független, önálló, szabad; *entrada* ~ külön bejárat

indescritível [i^{n}ndiskritivèl] *mn* leírhatatlan

indesculpável [i^{n}ndiskulpàvèl] *mn* megbocsáthatatlan

indesejável [i^{n}ndizizsàvèl] *mn* nemkívánatos

indestrutível [i^{n}ndistrutivèl] *mn* elpusztíthatatlan

indeterminado [i^{n}nditirminàdu] *mn* határozatlan, bizonytalan

indeterminável [i^{n}nditirminàvèl] *mn* meghatározhatatlan

indevassável [i^{n}ndivöszàvèl] *mn* **1.** átlátszatlan **2. B** csendes, félreeső

indevidamente [i^{n}ndividöme^{n}nt] *hat* jogtalanul

indevido [i^{n}ndividu] *mn* **1.** jogtalan **2.** szokatlan **3.** helytelen

índex [i^{n}ndiksz] *m* **1.** tárgymutató; →**índice 2.** mutatóujj **3.** *vall* tiltott könyvek jegyzéke; *pôr no* ~ indexre tesz

indexar [i^{n}ndikszàr] *1/13 ts* jegyzékbe foglal, nyilvántart

Índia [i^{n}ngyö] *f* India

indiano [i^{n}ngyönu] *mn* és *fn* indiai, hindu

indicação [i^{n}ndiköszö^{n}u] *f* **1.** útmutatás, útbaigazítás **2.** megjelölés; jelzés; utalás **3.** *orv* javallat; utasítás

indicado [i^{n}ndikàdu] *mn* **1.** kijelölt, meghatározott **2.** ajánlatos

indicador *m*, **-a** *f* [i^{n}ndiködor(ö)] **I.** *mn* mutató, mérő-; **II.** *fn, m* **1.** (*dedo*) ~ mutatóujj **2.** *műsz* jelző- *v* mutatókészülék; ~ *de velocidade* sebességmérő **3.** útmutató (könyv), menetrend

indicar [i^{n}ndicàr] *1/2 ts* **1.** mutat, megmutat **2.** megjelöl; jelez; utal vmire **T**

indicativo [i^{n}ndikötivu] *m* **1.** jel, jelzés **2.** *nyelvt* jelentő mód

índice [i^{n}ndisz] *m* **1.** tartalomjegyzék; ~ *onomástico* névmutató; névjegyzék; ~ *das matérias* tárgymutató **2.** katalógus **3.** indexszám, jelzőszám, mutató(szám) **4.** *mat* hatványkitevő

indiciado [i^{n}ndiszjàdu] *mn* és *fn* gyanúsított

indiciar [i^{n}ndiszjàr] *1/7 ts* **1.** kimutat; utal vmire **T 2.** gyanúsít; megvádol

indício [i^{n}ndiszju] *m* **1.** jel **2.** *jog* gyanújel; nyom

indiferença [i^{n}ndifire^{n}szö] *f* közömbösség

indiferente [i^{n}ndifire^{n}nt] *mn* **1.** közömbös **2.** részvétlen, érzéketlen

indiferentemente [i^{n}ndifire^{n}ntime^{n}nt] *hat* 1. közömbösen 2. válogatás nélkül

indígena [i^{n}ndizsinö] *mn* és *fn* bennszülött; helybeli

indigência [i^{n}ndizse^{n}szjö] *f* szegénység; nélkülözés

indigente [i^{n}ndizse^{n}nt] *mn* szegény; nélkülöző

indigerível [i^{n}ndizsirivèl] *mn* megemészthetetlen

indigestão [i^{n}ndizsistö^{n}u] *f* gyomorrontás

indigesto [i^{n}ndizsèstu] *mn* 1. nehezen emészthető 2. *átv* kiállhatatlan

indigitar [i^{n}ndizsitàr] *1/1 ts* 1. ujjal rámutat 2. kijelöl, megjelöl; rámutat, utal vmire **T**

indignação [i^{n}ndignöszö^{n}u] *f* méltatlankodás; felháborodás

indignar [i^{n}ndignàr] *1/1 ts* felháborít

indigno [i^{n}ndignu] *mn* méltatlan; nem méltó vmire (*de*)

indiligente [i^{n}ndilizse^{n}nt] *mn* lusta, hanyag

índio [i^{n}ngyu] *mn* és *fn* 1. indián 2. = **indiano**

indirecta [i^{n}ndirètö] *f átv* célzás; *dar* v *dizer* ~*s* célzásokat tesz

indirecto [i^{n}ndirètu] *mn* 1. közvetett 2. *átv* nem egyenes; *olhar* ~ leplezett pillantás; *resposta* ~*a* kitérő válasz

indiscernível [i^{n}ndis-szirnivèl] *mn* megkülönböztethetetlen

indisciplina [i^{n}ndis-sziplinö] *f* fegyelmezetlenség

indisciplinado [i^{n}ndis-sziplinàdu] *mn* fegyelmezetlen

indisciplinar [i^{n}ndis-sziplinàr] *1/1* **I.** *ts* fegyelmezetlenné tesz, bomlaszt **II.** **~-se** megszegi a fegyelmet; rakoncátlankodik

indisciplinável [i^{n}ndis-sziplinàvèl] *mn* fegyelmezhetetlen

indiscreto [i^{n}ndiskrètu] *mn* indiszkrét

indiscrição [i^{n}ndiskriszö^{n}u] *f* indiszkréció

indiscriminado [i^{n}ndiskriminàdu] *mn* meg nem különböztetett

indiscriminável [i^{n}ndiskriminàvèl] *mn* meg nem különböztethető

indiscutível [i^{n}ndiskutivèl] *mn* vitathatatlan

indisfarçado [i^{n}ndisförszàdu] *mn* leplezetlen

indisfarçável [i^{n}ndisförszàvèl] *mn átv* hamisíthatatlan; tagadhatatlan

indispensável [i^{n}ndispe^{n}szàvèl] *mn* 1. elengedhetetlen 2. nélkülözhetetlen

indisponível [i^{n}ndispunivèl] *mn* rendelkezésre nem álló, fel nem használható

indispor [i^{n}ndispor] *2/17* **I.** *ts* 1. megvisel 2. *átv* lehangol, elkedvetlenít 3. ~ *com* összeveszíti vkivel **II.** **~-se** (meg)haragszik

indisposição [i^{n}ndispuziszö^{n}u] *f* 1. indiszponáltság, gyengélkedés 2. rosszkedv, lehangoltság

indisposto [i^{n}ndispostu] *mn* 1. indiszponált, gyengélkedő 2. rosszkedvű

indissolúvel [i^{n}ndiszuluvèl] *mn* 1. feloldhatatlan 2. *átv* felbonthatatlan

indistinguível [i^{n}ndistingivèl] *mn* megkülönböztethetetlen

indistintamente [i^{n}ndisti^{n}ntöme^{n}nt] *hat* válogatás nélkül

indistinto [i^{n}ndisti^{n}ntu] *mn* nem világos, határozatlan 2. megkülönböztetés nélküli

individual [i^{n}ndividvàl] *mn* egyéni; *provas individuais, sp* egyéni versenyszámok

individualidade [i^{n}ndividvölidàd] *f* egyéniség; egyéni jelleg

individualista [i^{n}ndividvölistö] *mn* és *fn* individualista, önző, önös

individualizar [i^{n}ndividvölizàr] *1/1 ts* egyénít, egyéni sajátságokat vesz figyelembe

individualmente [i^{n}ndividvölme^{n}nt] *hat* egyénileg

indivíduo [i^{n}ndividvu] *m* 1. egyén; személy 2. **B** gyanús *v* sötét alak

indivisível [i^{n}ndivizivèl] *mn* feloszthatatlan

indiviso [i^{n}ndivizu] *mn* fel nem osztott; közös

indizível [i^{n}ndizivèl] *mn* kimondhatatlan

indócil [i^{n}ndòszil] *mn* 1. engedetlen, zabolátlan 2. **B** türelmetlen

índole [i^{n}ndul] *f átv* természet; jellem; *ter boa* ~ jó természete van

indolência [i^{n}ndule^{n}szjö] *f* 1. érzéketlenség, közömbösség 2. lustaság, tunyaság 3. *orv* fájdalommentesség

indolente [i^{n}ndule^{n}nt] *mn* 1. érzéketlen, közömbös 2. lusta, tunya 3. *orv* fájdalommentes

indolor [i^{n}ndulor] *mn* fájdalommentes

indomável [i^{n}ndumàvèl] *mn* féktelen, fékezhetetlen

indomesticável [i^{n}ndumistikàvèl] *mn* megszelídíthetetlen
indómito [i^{n}ndòmitu] *mn* 1. meg nem szelídített, féktelen 2. gőgös, fennhéjázó
Indonésia [i^{n}ndunèzjö] *f* Indonézia
indonésio [i^{n}ndunèzju] *mn* és *fn* indonéz
indouto [i^{n}ndotu] *mn* tanulatlan
indubitável [i^{n}ndubitàvèl] *mn* kétségtelen
indução [i^{n}nduszö^{n}u] *f* 1. *fil, vill* indukció 2. *átv* rábeszélés; csábítás
indúctil [i^{n}nduktil] *mn* 1. merev 2. *átv* nem alkalmazkodó
indulgência [i^{n}ndulzse^{n}szjö] *f* 1. elnézés, megbocsátás 2. *vall* bűnbocsánat
indulgente [i^{n}ndulzse^{n}nt] *mn* engedékeny, elnéző
indultar [i^{n}ndultàr] *1/1 ts* 1. megkegyelmez, megbocsát vkinek **T** 2. felment vmi alól **T**
indulto [i^{n}ndultu] *m* megkegyelmezés, megbocsátás; büntetés elengedése
indumentária [i^{n}ndume^{n}ntàrjö] *f* 1. az öltözködés művészete *v* története 2. öltözék, ruha
indústria [i^{n}ndustrjö] *f* 1. ipar; ~ *ligeira,* **B:** ~ *leve* könnyűipar; ~ *pesada* nehézipar; ~ *petrolífera* olajipar; ~ *siderúrgica* vasipar; ~ *de base* kulcsipar(ág); *pequena* ~ kisipar 2. ügyesség, jártasság; *de* ~ szándékosan 3. *cavalheiro de* ~ szélhámos, csaló
industrial [i^{n}ndustrjàl] **I.** *mn* ipari **II.** *fn* iparos
industrializar [i^{n}ndustrjölizàr] *1/1 ts* iparosít
industriar [i^{n}ndustrjàr] *1/7* **I.** *ts* betanít; kioktat **II.** ~**-se** 1. kitanul vmit (*em*) 2. iparkodik; ügyeskedik
industrioso [i^{n}ndustrjozu] *mn* 1. iparkodó, szorgalmas 2. ügyes, tapasztalt
indutivo [i^{n}ndutivu] *mn* induktív
indutor *m,* **-a** *f* [i^{n}ndutor(ö)] **I.** *mn* indukciós; *bobina* ~*a* indukciós tekercs **II.** *fn, m vill* induktor
induzir [i^{n}nduzir] *3/14 ts* 1. ösztönöz, rábír, rávesz 2. okoz, előidéz; ~ *em erro* tévedésbe ejt 3. következtet
I.N.E. = *Instituto Nacional de Estatística* Országos Statisztikai Hivatal
inebriar [inibrjàr] *1/7* **I.** *ts* megrészegít **II.** ~**-se** 1. lerészegedik 2. *átv* megrészegszik vmitől (*em*)
ineditismo [iniditizsmu] *m* újdonság; eredetiség
inédito [inèditu] **I.** *mn* 1. kiadatlan (mű) 2. ismeretlen, új **II.** *fn, m* kiadatlan mű
inefável [inifàvèl] *mn* kimondhatatlan
ineficácia [inifikàszjö] *f* eredménytelenség; hatástalanság
ineficaz [inifikàs] *mn* eredménytelen; hatástalan
ineficiência [inifiszje^{n}szjö] *f* alkalmatlanság
inegável [inigàvèl] *mn* tagadhatatlan
inelutável [inilutàvèl] *mn* elkerülhetetlen; legyőzhetetlen
inenarrável [ininörràvèl] *mn* elmondhatatlan
inépcia [inèpszjö] *f* 1. tehetségtelenség; ügyetlenség 2. butaság
inepto [inèptu] *mn* 1. tehetségtelen; ügyetlen 2. buta
inequívoco [inikivuku] *mn* kétségtelen; egyértelmű
inércia [inèrszjö] *f* 1. tétlenség, lustaság 2. *fiz* tehetetlenség
inerência [inire^{n}szjö] *f* összetartozás; velejárás
inerente [inire^{n}nt] *mn* összetartozó; vmivel velejáró *v* kapcsolatos (*a*)
inerte [inèrt] *mn* 1. tétlen, lusta 2. tehetetlen
inescrutável [iniskrutàvèl] *mn* kifürkészhetetlen
inescusável [iniskuzàvèl] *mn* megbocsáthatatlan
inesgotável [inizsgutàvèl] *mn* kimeríthetetlen
inesperado [inispiràdu] *mn* nem remélt
inesquecível [iniskèszivèl] *mn* felejthetetlen
inestimável [inistimàvèl] *mn* felbecsülhetetlen
inevitável [inivitàvèl] *mn* elkerülhetetlen
inexactidão [inizàtidö^{n}u] *f* pontatlanság
inexacto [inizàtu] *mn* pontatlan
inexaurível [inizàurivèl] *mn* kimeríthetetlen
inexcedível [inis-szidivèl] *mn* felülmúlhatatlan
inexcusável [iniskuzàvèl] *mn* megbocsáthatatlan
inexequível [inizikvivèl] *mn* kivihetetlen

inexistência [iniziste^{n}szjö] *f* **1.** nemlétezés **2.** hiány
inexistente [iniziste^{n}nt] *mn* nem létező
inexorável [inizuràvèl] *mn* kérlelhetetlen
inexperiência [inispirje^{n}szjö] *f* tapasztalatlanság
inexperiente [inispirje^{n}nt] *mn* **1.** tapasztalatlan **2.** naiv
inexplicável [inisplikàvèl] *mn* megmagyarázhatatlan
inexplorado [inispluràdu] *mn* felderítetlen
inexpressivo [inispriszivu] *mn* kifejezéstelen
inexprimível [inisprimivèl] *mn* kimondhatatlan
inexpugnável [inispugnàvèl] *mn* bevehetetlen; legyőzhetetlen
inextenso [iniste^{n}szu] *mn* **1.** kiterjedés nélküli **2.** *in extenso* teljes egészében
inextinguível [inisti^{n}ngivèl] *mn* elolthatótatlan
inextirpável [inistirpàvèl] *mn* kiirthatatlan
inextricável [inistrikàvèl] *mn* kibogozhatatlan
infalibilidade [i^{n}fölibilidàd] *f* **1.** csalhatatlanság **2.** elkerülhetetlenség
infalível [i^{n}fölivèl] *mn* **1.** csalhatatlan **2.** elkerülhetetlen
infamante [i^{n}fömö^{n}nt] *mn* megszégyenítő, megalázó
infamar [i^{n}fömàr] *1/1 ts* megszégyenít, meggyaláz
infamatório [i^{n}fömötòrju] *mn* becsmérlő, gyalázó
infame [i^{n}föm] **I.** *mn* becstelen; gyalázatos **II.** *fn, m* gazember
infâmia [i^{n}fömjö] *f* becstelenség; gyalázat
infância [i^{n}fö^{n}szjö] *f* **1.** gyermekkor; gyermekévek **2.** gyerekek **3.** *jardim de* ~ óvoda
infando [i^{n}fö^{n}ndu] *mn* utálatos; szörnyű
infanta [i^{n}fö^{n}ntö] *f* infánsnő
infantaria [i^{n}fö^{n}ntörìö] *f kat* gyalogság
infantário [i^{n}fö^{n}ntàrju] *m* csecsemőotthon; *encarregada de* ~ óvónő
infante [i^{n}fö^{n}nt] **I.** *mn* gyerekes **II.** *fn, m* **1.** gyermek, kisfiú **2.** *kat* gyalogos
infanticida [i^{n}fö^{n}ntiszidö] *mn* és *fn* gyermekgyilkos
infanticídio [i^{n}fö^{n}ntiszigyu] *m* gyermekgyilkosság
infantil [i^{n}fö^{n}ntil] *mn* **1.** gyermeki, gyerek- **2.** gyerekes
infatigável [i^{n}fötigàvèl] *mn* fáradhatatlan
infausto [i^{n}fàustu] *mn* szerencsétlen
infecção [i^{n}fèszö^{n}u] *f* fertőzés
infeccionar [i^{n}fiszjunàr] *1/12 ts* = **infectar**
infeccioso [i^{n}fèszjozu] *mn* fertőző
infectar [i^{n}fètàr] *1/1 ts* megfertőz
infecto [i^{n}fètu] *mn* **1.** fertőzött **2.** bűzös
infelicidade [i^{n}filiszidàd] *f* boldogtalanság; *dar* ~ boldogtalanná tesz
infeliz [i^{n}filis] *mn* boldogtalan; szerencsétlen
infelizmente [i^{n}filizsme^{n}nt] *hat* szerencsétlenül; ~ *não* sajnos nem
inferência [i^{n}fire^{n}szjö] *f* következtetés
inferior [i^{n}firjor] **I.** *mn* **1.** alsó **2.** alacsonyabb rendű *v* minőségű; silányabb **II.** *fn* alárendelt; alattvaló
inferioridade [i^{n}firjuridàd] *f* alsóbbrendűség
inferiorizar [i^{n}firjurizàr] *1/1 ts átv* lealacsonyít; csökkent
inferir [i^{n}firir] *3/8 ts* következtet
infernal [i^{n}firnàl] *mn* pokoli, ördögi; *ter ódio* ~ halálosan gyűlöl
inferno [i^{n}fèrnu] *m* pokol
ínfero [i^{n}firu] **I.** *mn* alsó **II.** *fn, m* pokol
infértil [i^{n}fèrtil] *mn* terméketlen
infestar [i^{n}fistàr] *1/13 ts* **1.** ellep, eláraszt **2.** elpusztít, tönkretesz
infesto [i^{n}fèstu] *mn* **1.** ellenséges **2.** káros
inficionar [i^{n}fiszjunàr] *1/15 ts* = **infectar**
infidelidade [i^{n}fidilidàd] *f* **1.** hűtlenség; árulás **2.** *átv* pontatlanság
infiel [i^{n}fjèl] *mn* **1.** hűtlen **2.** *átv* pontatlan **3.** *vall* hitetlen
infiltração [i^{n}filtröszö^{n}u] *f* **1.** beszivárgás **2.** *átv* behatolás
infiltrar [i^{n}filtràr] *1/1* **I.** *ts* **1.** átitat; ~ *a parede* átszivárog a falon **2.** *átv* sugalmaz **II.** **~-se 1.** átszivárog; beszivárog, áthatol (*átv* is) **2.** befurakodik
ínfimo [i^{n}fimu] *mn* legalsó
infindável [i^{n}findàvèl] *mn* vég nélküli, végtelen
infindo [i^{n}fi^{n}ndu] *mn* = **infinito**
infinidade [i^{n}finidàd] *f* **1.** végtelenség **2.** *uma* ~ *de* végtelen sok
infinitesimal [i^{n}finitèzimàl] *mn* rendkívül kicsi, parányi

infinitivo [i^{n}finitivu] *m nyelvt* infinitivus, főnévi igenév

infinito [i^{n}finitu] **I.** *mn* **1.** végtelen; határtalan **2.** számtalan **II.** *fn, m* végtelenség; *até ao ~* a végtelenségig

infirmar [i^{n}firmàr] *1/1 ts* **1.** gyengít **2.** érvénytelenít, megszüntet

inflação [i^{n}flöszö^{n}u] *f* **1.** felfújás; duzzasztás **2.** *átv* gőg, fennhéjázás **3.** infláció, pénzromlás, pénzhígítás

inflacionista [i^{n}flöszjunistö] *mn* inflációs

inflamação [i^{n}flömöszö^{n}u] *f* **1.** meggyulladás **2.** *orv* gyulladás **3.** *átv* fellángolás, hév **4.** *műsz* gyújtás; *regular a ~* gyújtást beállít

inflamado [i^{n}flömàdu] *mn* lángoló, izzó (*átv* is)

inflamar [i^{n}flömàr] *1/1 ts* **I. 1.** meggyújt, lángra lobbant **2.** *átv* feltüzel, hevít **II. ~-se 1.** meggyullad, lángra lobban **2.** *átv* tűzbe jön, felhevül **3.** *orv* gyulladásba megy át

inflamatório [i^{n}flömötòrju] *mn* **1.** gyújtó **2.** gyulladásos

inflamável [i^{n}flömàvèl] *mn* gyúlékony

inflar [i^{n}flàr] *1/1* **I.** *ts* **1.** felfúj **2.** *átv* gőgössé tesz **II. ~-se 1.** felfújódik **2.** henceg, kérkedik

inflectir [i^{n}flètir] *3/8* **I.** *ts* **1.** meghajlít **2.** *~ a voz* hanglejtést változtat **3.** *nyelvt* a szó végződését változtatja, ragoz **II.** *tl* **1.** meghajlik **2.** elhajlik, irányt változtat

inflexão [i^{n}flèkszö^{n}u] *f* **1.** *fiz* elhajlás, irányváltozás **2.** *nyelvt* szóragozás

inflexível [i^{n}flèkszivèl] *mn* **1.** hajlíthatatlan **2.** *átv* hajthatatlan

infligir [i^{n}flizsir] *3/3 ts*: *~ uma pena a* büntetéssel sújt vkit

inflorescência [i^{n}fluris-sze^{n}szjö] *f növ* virágzat

influência [i^{n}flue^{n}szjö] *f* **1.** ráhatás **2.** *átv* befolyás; *movimentar as suas ~s* befolyását latba veti

influenciar [i^{n}flue^{n}szjàr] *1/7 ts* befolyásol

influenciável [i^{n}flue^{n}szjàvèl] *mn* befolyásolható

influente [i^{n}flue^{n}nt] *mn* befolyásos

influenza [i^{n}flue^{n}zö] *f orv* influenza, lázas meghűlés

influir [i^{n}fluir] *3/6* **I.** *ts* **1.** befolyásol **2.** *átv* feltüzel, lelkesít **II.** *tl* befolyást *v* hatást gyakorol vkire *v* vmire (*em*)

influxo [i^{n}flukszu] *m* **1.** áramlás, áradat, özön **2.** *átv* befolyás **3.** *orv* vértolulás

in-fólio [infòlju] **I.** *mn* ívnagyságú **II.** *fn, m* fóliáns

informação [i^{n}furmöszö^{n}u] *f* **1.** információ; felvilágosítás, tájékoztatás; *agência de informações* információs *v* tájékoztató iroda; *pedir informações* felvilágosítást kér; *prestar informações* felvilágosítással szolgál; *tirar v tomar v colher informações* információkat szerez **2.** tudósítás, közlés, jelentés, hír; *informações de última hora* legújabb hírek **3.** *jog* vizsgálat

informado [i^{n}furmàdu] *mn* **1.** tájékozott vmiben (*em*) **2.** *estar ~* értesült vmiről, tud róla

informador *m*, **-a** *f* [i^{n}furmödor(ö)] **I.** *mn* tájékoztató **II.** *fn*: *~ de polícia* besúgó

informante [i^{n}furmö^{n}nt] *mn* = **informador**

informar [i^{n}furmàr] *1/15* **I.** *ts* **1.** informál, felvilágosít, tájékoztat **2.** tudósít, közöl, jelent (újságban) **II. ~-se** informálódik, értesül

informática [i^{n}furmàtikö] *f* adatfeldolgozás (tudománya)

informativo [i^{n}furmötivu] **I.** *mn* adatközlő **II.** *fn, m* tájékoztató; közlemény

informe[1] [i^{n}fòrm] *mn* alaktalan

informe[2] [i^{n}fòrm] *m* jelentés, beszámoló, referátum

infortuna [i^{n}furtunö] *f* = **infortúnio**

infortunado [i^{n}furtunàdu] *mn* szerencsétlen

infortúnio [i^{n}furtunyu] *m* szerencsétlenség

infra-assinado [i^{n}frööszinàdu] *mn* és *fn* alulírott

infracção [i^{n}fràszö^{n}u] *f* megszegés; *~ às leis* törvényszegés; *~ do regulamento do trânsito* közlekedési szabálysértés

infractor *m*, **-a** *f* [i^{n}fràtor(ö)] *mn* és *fn* törvényszegő, szabálysértő

infra-estrutura [i^{n}fröistruturö] *f* **1.** *ép* alépítmény **2.** *közg* alap **3.** *átv* megalapozottság

infrangível [i^{n}frö^{n}zsivèl] *mn* törhetetlen

infringir [i^{n}fri^{n}zsir] *3/3 ts* megszeg (törvényt, szabályt)

infrutífero [i^{n}frutifiru] *mn* **1.** terméketlen **2.** *átv* hiábavaló

infundado [i^{n}fu^{n}ndàdu] *mn* alaptalan; indokolatlan

infundir [i^{n}fu^{n}ndir] *3/1* *ts* 1. beáztat (fehérneműt) 2. önt, beönt, felönt 3. *konyh* leforráz 4. pácba rak 5. *átv:* ~ *vida em* életet önt vkibe

infusão [i^{n}fuzö^{n}u] *f* 1. leforrázás 2. főzet, párlat 3. *konyh, műsz* pác

infusível [i^{n}fuzivèl] *mn* olvaszthatatlan

infuso [i^{n}fuzu] I. *mmi* → **infundir** II. *mn* veleszületett III. *fn, m* főzet, párlat, oldat

infusórios [i^{n}fuzòrjus] *m tb áll* ázalékállatkák

ingénito [i^{n}zsènitu] *mn* veleszületett

ingente [i^{n}zsènt] *mn* óriási

ingenuidade [i^{n}zsinvidàd] *f* naivság, hiszékenység

ingénuo [i^{n}zsènvu] *mn* naiv, hiszékeny

ingerência [i^{n}zsire^{n}szjö] *f* beavatkozás

ingerir [i^{n}zsirir] *3/8* I. *ts* bejuttat a gyomorba, lenyel II. **~-se** beavatkozik

ingestão [i^{n}zsistö^{n}u] *f orv* bevitel, bejuttatás (a gyomorba)

Inglaterra [i^{n}nglötèrrö] *f* Anglia

inglês *m*, **inglesa** *f* [i^{n}nglés, i^{n}nglézö] *mn* és *fn* angol

inglório [i^{n}nglòrju] *mn* dicstelen

ingovernável [i^{n}nguvirnàvèl] *mn* kormányozhatatlan

ingratidão [i^{n}ngrötidö^{n}u] *f* hálátlanság

ingrato [i^{n}ngràtu] *mn* 1. hálátlan; *idade ~a* kamaszkor; *memória ~a* feledékenység 2. *voz ~a* kellemetlen hang

ingrediente [i^{n}ngrigye^{n}nt] *m* hozzávaló, alkotórész

íngreme [i^{n}ngrim] *mn* meredek, lejtős

ingressar [i^{n}ngriszàr] *1/13* *tl* 1. belép (pártba) 2. felvételt nyer (egyetemre) 3. bevonul (kórházba)

ingresso [i^{n}ngrèszu] *m* 1. belépés 2. felvétel 3. beszállítás (kórházba)

íngua [i^{n}ngvö] *f orv* nyirokmirigydaganat

inguinal [i^{n}nginàl] *mn orv* lágyéki

ingurgitar [i^{n}ngurzsitàr] *1/1* I. *ts* 1. mohón eszik *v* iszik, fal (*átv* is) 2. teletöm II. *tl* eldugul III. **~-se** 1. telezabálja magát 2. *átv: ~-se em* elsüllyed (erkölcsi fertőben)

inhaca [inyàkö] *f* **B** bűz

inhapa [inyàpö] *f* **B** ráadás (vásárláskor)

inibição [inibiszö^{n}u] *f* 1. megtiltás 2. akadályozás 3. *orv* gátlás

inibir [inibir] *3/1* I. *ts* 1. megtilt 2. akadályoz, gátol II. **~-se** gátlást érez

inibitivo, inibitório [inibitivu, -tòrju] *mn* 1. tiltó 2. gátló

iniciação [iniszjöszö^{n}u] *f* 1. beavatás vmibe (*em*) 2. bevezetés; kezdet

iniciador *m*, **-a** *f* [iniszjödor(ö)] *mn* és *fn* kezdeményező

inicial [iniszjàl] I. *mn* kezdő, kezdeti, kiinduló; *velocidade ~* kezdősebesség II. *fn, f* kezdőbetű

iniciar [iniszjàr] *1/7* I. *ts* 1. elkezd, megkezd 2. beavat vmibe (*em*) II. **~-se** *em* bedolgozza magát vmibe

iniciativa [iniszjötivö] *f* kezdeményezés; *por ~ de* vkinek a kezdeményezésére; *ter muita ~* nagyon vállalkozó szellemű; *tomar a ~ de* kezdeményez vmit

início [iniszju] *m* kezdet; *dar ~ a* elkezd vmit; *ter ~* elkezdődik

inigualável [inigvölàvèl] *mn* összehasonlíthatatlan

inimaginável [inimözsinàvèl] *mn* elképzelhetetlen

inimigo [inimigu] I. *mn* 1. ellenséges 2. káros II. *fn* ellenség

inimitável [inimitàvèl] *mn* utánozhatatlan

inimizade [inimizàd] *f* ellenségesség; ellenségeskedés

inimizar [inimizàr] *1/1* I. *ts* ellenségévé tesz II. *tl* ellenségeskedést szít III. **~-se** ellenségévé válik (*com*)

ininteligível [ini^{n}ntilizsivèl] *mn* érthetetlen, homályos

ininterrupto [ini^{n}ntirruptu] *mn* szakadatlan; folytonos

iníquo [inikvu] *mn* igazságtalan, méltánytalan

injecção [i^{n}zsèszö^{n}u] *f* 1. *orv* injekció, befecskendezés 2. **B** *a)* gyötrelem *b)* kellemetlen alak

injectado [i^{n}zsètàdu] *mn: olhos ~s* vérben forgó szemek

injectar [i^{n}zsètàr] *1/1* I. *ts* 1. injekcióz, befecskendez 2. *műsz* impregnál (fát) II. **~-se** vértolulást kap, vérvörös lesz

injector [i^{n}zsètor] *m* 1. *orv* fecskendő 2. *műsz* lövettyű, sugárszivattyú

injúria [i^{n}zsurjö] *f* 1. jogtalanság, sérelem 2. sértés; szidalmazás; *fazer uma ~ a* megsért, szidalmaz vkit 3. kár, kártevés; *as ~s do tempo* az idő vasfoga

injuriar [i^{n}zsurjàr] *1/7 ts* 1. sérteget, szidalmaz 2. elront, tönkretesz

injurioso [i^{n}zsurjozu] *mn* sértő, sértegető, szidalmazó

injustiça [i^{n}zsustiszö] *f* igazságtalanság

injustificado [i^{n}zsustifikàdu] *mn* 1. igazolatlan 2. jogosulatlan

injustificável [i^{n}zsustifikàvèl] *mn* igazolhatatlan, megbocsáthatatlan

injusto [i^{n}zsustu] *mn* 1. igazságtalan 2. jogtalan

inobediência [inòbigye^{n}szjö] *f* engedetlenség

inobediente [inòbigye^{n}nt] *mn* engedetlen, szófogadatlan

inobliterável [inòblitiràvèl] *mn* kitörölhetetlen, felejthetetlen

inobservado [inòbszirvàdu] *mn* eddig meg nem figyelt, eddig nem látott

inobservância [inòbszirvö^{n}szjö] *f* figyelembe nem vétel, be nem tartás

inobservante [inòbszirvö^{n}nt] *mn* vmit be nem tartó (*de*)

inocência [inusze^{n}szjö] *f* ártatlanság

inocente [inusze^{n}nt] *mn* ártatlan

in-octavo [inòktàvu] *mn* és *fn* nyolcadrét

inocuidade [inòkvidàd] *f* ártalmatlanság

inoculação [inokulöszö^{n}u] *f orv* (be)oltás

inocular [inokulàr] *1/1 ts* 1. *orv* beolt 2. *átv* beléolt

inócuo [inòkvu] *mn* ártalmatlan

inodoro [inudòru] *mn* szagtalan

inofensivo [inufe^{n}szivu] *mn* ártalmatlan

inolvidável [inolvidàvèl] *mn* felejthetetlen

inominado [inuminàdu] *mn* névtelen, meg nem nevezett

inoperância [inupirö^{n}szjö] *f* hatástalanság

inoperante [inupirö^{n}nt] *mn* hatástalan; semmitmondó

inópia [inòpjö] *f* szükség, hiány

inopinado [inupinàdu] *mn* váratlan

inoportunidade [inupurtunidàd] *f* alkalmatlanság

inoportuno [inupurtunu] *mn* alkalmatlan; időszerűtlen

inorgânico [inurgöniku] *mn* szervetlen

inospitaleiro [inòspitöléjru] *mn* nem vendégszerető, barátságtalan

inospitalidade [inòspitölidàd] *f* vendégszeretet hiánya, barátságtalanság

inóspito [inòspitu] *mn* = **inospitaleiro**

inovação [inuvöszö^{n}u] *f* újítás

inovador *m*, **-a** *f* [inuvödor(ö)] *mn* és *fn* újító

inovar [inuvàr] *1/15 ts* 1. újít 2. felújít

inoxidável [inòkszidàvèl] *mn* rozsdamentes

I.N.P.S. = *Instituto Nacional de Previdência Social* Országos Társadalombiztosító Intézet

inqualificável [i^{n}nkvölifikàvèl] *mn* minősíthetetlen

in-quarto [inkvàrtu] *mn* és *fn nyomd* negyedrét

inquebrantável [i^{n}nkibrö^{n}ntàvèl] *mn* 1. eltörölhetetlen, elszakíthatatlan 2. *átv* megingathatatlan; fáradhatatlan

inquérito [i^{n}nkèritu] *m* kivizsgálás, vizsgálat

inquietação [i^{n}nkjètöszö^{n}u] *f* nyugtalanság

inquietar [i^{n}nkjètàr] *1/1* I. *ts* nyugtalanít II. ~**-se** nyugtalankodik

inquieto [i^{n}nkjètu] *mn* nyugtalan

inquilinato [i^{n}kilinàtu] *m* 1. lakásbérlés, szobabérlet 2. bérlők, albérlők

inquilino [i^{n}kilinu] *fn* bérlő; albérlő; lakó

inquinação [i^{n}nkinöszö^{n}u] *f* beszennyezés; szennyeződés, megfertőzés

inquinar [i^{n}nkinàr] *1/1 ts* beszennyez; megfertőz

inquirição [i^{n}nkiriszö^{n}u] *f* 1. vizsgálat 2. (tanú)kihallgatás

inquirir [i^{n}nkirir] *3/1 ts* 1. kivizsgál 2. kihallgat

inquisição [i^{n}nkiziszö^{n}u] *f* 1. *tört* inkvizíció 2. vizsgálat, nyomozás

inquisidor [i^{n}nkizidor] *m* inkvizitor

inquisitorial [i^{n}nkiziturjàl] *mn* inkvizíciós

insaciabilidade [i^{n}szöszjöbilidàd] *f* telhetetlenség

insaciável [i^{n}szöszjàvèl] *mn* telhetetlen

insalivar [i^{n}szölivàr] *1/1 ts* benyálaz

insalubre [i^{n}szölubr] *mn* egészségtelen, káros

insalubridade [i^{n}szölubridàd] *f* egészségtelenség

insanável [i^{n}szönàvèl] *mn* 1. gyógyíthatatlan 2. *átv* helyrehozhatatlan

insano [i^{n}szönu] *mn* 1. őrült 2. *trabalho* ~ embertelen munka

insatisfação [i^{n}szötisföszö^{n}u] *f* 1. elégületlenség 2. elégedetlenség

insatisfeito [i^{n}szötisféjtu] *mn* 1. kielégületlen 2. elégedetlen

insaturável [i^{n}szöturàvèl] *mn vegy* telíthetetlen
insciência [i^{n}s-szje^{n}szjö] *f* **1.** tudatlanság, vminek a nem tudása **2.** tapasztalatlanság
insciente [i^{n}s-szje^{n}nt] *mn* **1.** tudatlan, vmit nem tudó (*de*) **2.** tapasztalatlan
inscrever [i^{n}skrivér] *2/7* **I.** *ts* **1.** beír, bejegyez, feljegyez **2.** vés, bevés **II.** **~-se** **1.** feliratkozik **2.** jelentkezik
inscrição [i^{n}skriszö^{n}u] *f* **1.** beiratkozás, bejegyzés, feljegyzés **2.** felirat **3.** jelentkezés
inscrito [i^{n}skritu] *mmi* → **inscrever**
inscultura [i^{n}skulturö] *f* **1.** szobrászat **2.** szoboralkotás
insecticida [i^{n}szètiszidö] *mn* és *fn* rovarirtó (szer)
insecticídio [i^{n}szètiszigyu] *m* rovarirtás
insectívoro [i^{n}szètivuru] *mn* és *fn* rovarevő
insectização [i^{n}szètizöszö^{n}u] *f* rovarirtás
insecto [i^{n}szètu] *m* rovar
inseduzível [i^{n}sziduzivèl] *mn* elcsábíthatatlan
inseguro [i^{n}sziguru] *mn* bizonytalan
insensatez [i^{n}sze^{n}szötés] *f* értelmetlenség, badarság
insensato [i^{n}sze^{n}szàtu] *mn* értelmetlen, badar
insensibilidade [i^{n}sze^{n}szibilidàd] *f* érzéketlenség (*átv* is)
insensibilizar [i^{n}sze^{n}szibilizàr] *1/1* *ts* érzéstelenít
insensível [i^{n}sze^{n}szivèl] *mn* **1.** érzéketlen; érzéstelen **2.** észrevehetetlen
inseparável [i^{n}szipöràvèl] *mn* elválaszthatatlan
insepulto [i^{n}szipultu] *mn* temetetlen
inserção [i^{n}szirszö^{n}u] *f* **1.** *műsz* beillesztés; beolvasztás; bekapcsolás **2.** újsághirdetés
inserir [i^{n}szirir] *3/8* *ts* **1.** beilleszt, beolvaszt, beékel (*átv* is) **2.** (apró)hirdetést tesz közzé
inserto [i^{n}szèrtu] *mmi* → **inserir**
inset... → insect...
insídia [i^{n}szigyö] *f* **1.** álnokság **2.** tőr, csapda
insidiar [i^{n}szigyàr] *1/7* **I.** *ts* csapdát állít vkinek **T** **II.** *tl* álnokoskodik
insidioso [i^{n}szigyozu] *mn* álnok, alattomos
insigne [i^{n}szign] *mn* kiváló; nevezetes
insígnia [i^{n}szignyö] *f* jelvény; érdemjel
insignificância [i^{n}szignifikö^{n}szjö] *f* jelentéktelenség; apróság, csekélység
insignificante [i^{n}szignifikö^{n}nt] *mn* jelentéktelen; apró, csekély
insinuação [i^{n}nszinvöszö^{n}u] *f* **1.** *orv* bevezetés, behelyezés **2.** sugalmazás, sejtetés, célzás **3.** gyanúsítás, rágalom
insinuante [i^{n}szinuö^{n}nt] *mn* behízelgő; megnyerő
insinuar [i^{n}szinvàr] *1/9* **I.** *ts* **1.** *orv* bevezet, behelyez **2.** sugalmaz; értésére ad **3.** gyanúsít, rágalmaz **II.** **~-se** **1.** belopódzik **2.** *átv* beférkőzik (vkinek a kegyeibe)
insipidez [i^{n}szipidés] *f* ízetlenség (*átv* is)
insípido [i^{n}szipidu] *mn* ízetlen (*átv* is)
insipiente [i^{n}szipje^{n}nt] *mn* **1.** tudatlan **2.** esztelen, oktalan
insistência [i^{n}sziste^{n}szjö] *f* állhatatosság, kitartás
insistente [i^{n}sziste^{n}nt] *mn* **1.** állhatatos, kitartó **2.** csökönyös, konok **3.** nyomatékos **4.** sürgető
insistir [i^{n}szistir] *3/1* *tl* **1.** (konokul) kitart vmi mellett (*em*) **2.** sürget
insociabilidade [i^{n}szuszjöbilidàd] *f* **1.** emberkerülés **2.** barátságtalan magatartás
insocial [i^{n}szuszjàl] *mn* emberkerülő
insociável [i^{n}szuszjàvèl] *mn* zárkózott
insofismável [i^{n}szufizsmàvèl] *mn* el nem vitatható, tagadhatatlan
insofrido [i^{n}szufridu] *mn* türelmetlen, nyugtalan
insofrível [i^{n}szufrivèl] *mn* kibírhatatlan, tűrhetetlen
insolação [i^{n}szulöszö^{n}u] *f* **1.** napsugárzás **2.** *orv* napszúrás **3.** *orv* napfürdő
insolar [i^{n}szulàr] *1/15* **I.** *ts* kitesz a napra **II.** *tl* napszúrást kap
insolente [i^{n}szule^{n}nt] *mn* szemtelen, arcátlan
insólito [i^{n}szòlitu] *mn* szokatlan
insolúvel [i^{n}szuluvèl] *mn* **1.** (fel)oldhatatlan **2.** *átv* megoldhatatlan
insolvência [i^{n}szolve^{n}szjö] *f* fizetésképtelenség
insolvente [i^{n}szolve^{n}nt] *mn* fizetésképtelen
insondável [i^{n}szo^{n}ndàvèl] *mn* kifürkészhetetlen

insonoro [i^{n}szunoru] *mn* hangtalan
insonorização [i^{n}szunurizöszö^{n}u] *f* hangtompítás
insónia [i^{n}szònyö] *f* álmatlanság
insosso [i^{n}szoszu] *mn* sótalan, ízetlen
inspecção [i^{n}spèszö^{n}u] *f* **1.** felügyelet, ellenőrzés; *visita de* ~ ellenőrző (kör)út **2.** megtekintés, szemle
inspeccionar [i^{n}spiszjunàr] *1/15 ts* **1.** ellenőriz **2.** megtekint, megszemlél
inspector [i^{n}spètor] *m* felügyelő
inspiração [i^{n}spiröszö^{n}u] *f* **1.** belégzés **2.** *átv* ihlet, , sugalmazás
inspirar [i^{n}spiràr] *1/1 ts* **1.** belélegez **2.** megihlet, sugalmaz; ~ *confiança* bizalmat kelt; ~ *respeito* tiszteletet parancsol
instabilidade [i^{n}stöbilidàd] *f* állhatatlanság; bizonytalanság
instalação [i^{n}stölöszö^{n}u] *f* **1.** beiktatás (hivatalba) **2.** *műsz* bevezetés, létesítés **3.** berendezés
instalador [i^{n}stölödor] *m* szerelő
instalar [i^{n}stölàr] *1/12* **I.** *ts* **1.** beiktat (hivatalba) **2.** *műsz* bevezet, létesít **3.** berendez; elhelyez **II.** **~-se** **1.** beköltözik, letelepszik **2.** kényelembe helyezi magát
instância [i^{n}stö^{n}szjö] *f* **1.** sürgető kérés, sürgetés **2.** állhatatosság, kitartás; *com* ~ állhatatosan **3.** hatóság; *tribunal de primeira* ~ elsőfokú bíróság; *em última* ~ végső fokon
instantâneo [i^{n}stö^{n}ntönyu] **I.** *mn* azonnali; hirtelen **II.** *fn, m fényk* pillanatfelvétel
instante [i^{n}stö^{n}nt] **I.** *mn* **1.** sürgős, sürgető **2.** *átv* küszöbön álló, fenyegető **II.** *fn, m* pillanat; *a cada* ~ minden pillanatban; *a todo o* ~ minduntalan; *neste* ~ ebben a pillanatban; *no mesmo* ~ ugyanabban a pillanatban
instar [i^{n}stàr] *1/1* **I.** *ts* kérve kér **II.** *tl* **1.** erősködik, kitart vmi mellett **2.** fenyeget (veszély) **3.** sürgősen szükséges, halaszthatatlan; *insta que partamos* feltétlenül el kell utaznunk
instauração [i^{n}stàuröszö^{n}u] *f* **1.** alapítás, felállítás, létesítés **2.** helyreállítás; újjáépítés
instaurador *m*, ,-a *f* [i^{n}stàurödor(ö)] *mn* és *fn* **1.** alapító, megteremtő **2.** helyreállító, újjáépítő
instaurar [i^{n}stàuràr] *1/1 ts* **1.** alapít, felállít, létesít **2.** helyreállít, újjáépít **3.** *jog:* ~ *um inquérito* pert indít
instável [i^{n}stàvèl] *mn* **1.** állhatatlan, ingatag **2.** bizonytalan, labilis
instigação [i^{n}stigöszö^{n}u] *f* ösztönzés; felbujtás, bujtogatás
instigador *m*, **-a** *f* [i^{n}stigödor(ö] *mn* és *fn* felbujtó, bujtogató
instigar [i^{n}stigàr] *1/4 ts* ösztönöz; felbujt, bujtogat
instilar [i^{n}stilàr] *1/1 ts* **1.** becsepegtet **2.** *átv* beleolt
instintivo [i^{n}sti^{n}ntivu] *mn* ösztönös
istinto [i^{n}sti^{n}ntu] *m* ösztön; ~ *da conservação* önfenntartás ösztöne; *por* ~ ösztönösen
institucionalizar [i^{n}stituszjunölizàr] *ts* törvényesít, alkotmányossá tesz
instituição [i^{n}stitviszö^{n}u] *f* **1.** alapítás, felállítás, létesítés **2.** létesítmény, intézmény; ~ *de crédito* hitelintézet **3.** (tan)intézet **4.** *jog:* ~ *de um herdeiro* örökös nevezése **5.** *instituições* törvénykönyv
instituir [i^{n}stitvir] *3/6 ts* **1.** alapít, felállít, létesít **2.** nevel, formál, oktat **3.** behelyez, beiktat (hivatalába) **4.** *jog:* ~ *herdeiro* örököséül megnevez
instituto [i^{n}stitutu] *m* **1.** intézet; ~ *de história* történelmi intézet **2.** tanintézet; középiskola; főiskola; ~ *de cultura física* testnevelési főiskola; ~ *de educação* nevelőintézet **3.** *vall* szerzetesrend **4.** ~ *de beleza* kozmetikai szalon
instrução [i^{n}struszö^{n}u] *f* **1.** oktatás, tanítás; ~ *pública* közoktatás **2.** kiképzés **3.** tudás, műveltség **4.** utasítás; szabályzat; *instruções* használati *v* kezelési utasítás **5.** *jog* vizsgálat
instruendo [i^{n}strue^{n}ndu] *fn* oktatásban részesülő; tanuló
instruído [i^{n}struidu] *mn* művelt, tanult
instruir [i^{n}struir] *3/7 ts* **1.** oktat, tanít, képez **2.** felvilágosít, kioktat, tájékoztat **3.** *jog* előkészít (peranyagot)
instrumentação [i^{n}strume^{n}ntöszö^{n}u] *f* hangszerelés
instrumental [i^{n}strume^{n}ntàl] **I.** *mn* **1.** eszköz jellegű **2.** *música* ~ hangszeres zene **II.** *fn, m* **1.** szerszámkészlet **2.** *nyelvt* eszközhatározó
instrumentar [i^{n}strume^{n}ntàr] *1/1 ts* hangszerel

instrumentista [i^{n}strume^{n}ntistö] *fn* zenész

instrumento [i^{n}strume^{n}ntu] *m* **1.** eszköz, szerszám; ~ *de produção* termelőeszköz **2.** ~ (*músico*) hangszer; ~ *de vento* v *de sopro* fúvós hangszer; *tocar um* ~ hangszeren játszik **3.** *jog* irat, okmány

instrutivo [i^{n}strutivu] *mn* **I.** tanulságos

instrutor *m*, **-a** *f* [i^{n}strutor(ö)] **I.** *mn* **1.** tanító, oktató **2.** *jog: juiz* ~ vizsgálóbíró **II.** *fn* tanító, oktató

ínsua [i^{n}szvö] *f* sziget (folyóban)

insubmissão [i^{n}szubmiszö^{n}u] *f* engedetlenség; be nem hódolás

insubmisso [i^{n}szubmiszu] *mn* engedetlen; be nem hódoló

insubordinação [i^{n}szuburdinöszö^{n}u] *f* **1.** fegyelmetlenség; engedetlenség **2.** függelemsértés

insubordinado [i^{n}szuburdinàdu] *mn* **1.** fegyelmetlen, engedetlen **2.** függelemsértő

insubordinar [i^{n}szuburdinàr] *1/1* **I.** *ts* izgat, lázít **II.** **~-se** megtagadja az engedelmességet, fellázad, ellenszegül

insubornável [i^{n}szuburnàvèl] *mn* megvesztegethetetlen

insubsistente [i^{n}szubsziste^{n}nt] *mn* **1.** nem létező **2.** *átv* alaptalan; komolytalan

insubstituível [i^{n}szubstitvivèl] *mn* nem helyettesíthető; pótolhatatlan

insucesso [i^{n}szuszèszu] *m* sikertelenség, balsiker

insuficiência [i^{n}szufiszje^{n}szjö] *f* elégtelenség; *orv:* ~ *cardíaca* szívelégtelenség

insuficiente [i^{n}szufiszjènt] *mn* elégtelen

insuflador [i^{n}szuflödor] *m orv* befújó eszköz

insuflar [i^{n}szuflàr] *1/1 ts* **1.** *orv* befúj **2.** felfúj

insulação [i^{n}szulöszö^{n}u] *f* elszigetelődés; elszigeteltség

insulano [i^{n}szulönu] **I.** *mn* sziget- **II.** *fn* szigetlakó

insular [i^{n}szulàr] *1/1 ts* **1.** (el)szigetel **2.** elkülönít

insulina [i^{n}szulinö] *f vegy* inzulin

insulso [i^{n}szulszu] *mn* sótlan; ízetlen

insultar [i^{n}szultàr] *1/1 ts* sérteget, megsért

insulto [i^{n}szultu] *m* **1.** sértés **2.** *orv* roham

insuperável [i^{n}szupiràvèl] *mn* felülmúlhatatlan

insuportável [i^{n}szupurtàvèl] *mn* elviselhetetlen; kibírhatatlan

insuprível [i^{n}szuprivèl] *mn* nem helyettesíthető; pótolhatatlan

insurgente [i^{n}szurge^{n}nt] *mn* és *fn* felkelő; lázadó

insurgir [i^{n}szurzsir] *3/3* **I.** *ts* felkelésre bír, fellázít **II.** *tl:* ~ *contra* szót emel vki *v* vmi ellen **III.** **~-se** felkel, fellázad

insurrecto [i^{n}szurrètu] *mn* és *fn* = **insurgente**

insurreição [i^{n}szurréjszö^{n}u] *f* felkelés; lázadás

insuspeito [i^{n}szuspéjtu] *mn* **1.** nem gyanúsítható **2.** tárgyilagos; szavahihető

insustentável [i^{n}szuste^{n}ntàvèl] *mn* tarthatatlan

I.N.T. = *Instituto Nacional do Trabalho*

intacto [i^{n}ntàktu] *mn* érintetlen, ép, sértetlen

intangível [i^{n}ntö^{n}zsivèl] *mn* érinthetetlen, szent és sérthetetlen

íntegra [i^{n}ntigrö] *f* teljes szöveg; *na* ~ teljes egészében, szó szerint

integração [i^{n}tigröszö^{n}u] *f* **1.** *mat* integrálás **2.** egységesítés, beillesztés, beolvasztás **3.** beilleszkedés, beolvadás; csatlakozás

integral [i^{n}ntigràl] **I.** *mn* **1.** teljes, hiánytalan; *pão* ~ korpás kenyér **2.** *mat: cálculo* ~ integrálszámítás **II.** *fn, f mat* integrál

integralizar [i^{n}ntigrölizàr] *1/1 ts* = **integrar**

integrante [i^{n}tigrö^{n}nt] **I.** *mn* kiegészítő; *oração* ~ alárendelt mondat, mellékmondat; *parte* ~ kiegészítő rész, alkotóelem **II.** *fn m, f* csoport tagja

integrar [i^{n}ntigràr] *1/13 ts* **1.** kiegészít, teljessé tesz **2.** csoportba beoszt, beleilleszt **3.** *mat* integrál

integridade [i^{n}ntigridàd] *f* **1.** teljesség, épség **2.** tisztesség, feddhetetlenség

íntegro [i^{n}ntigru] *mn* **1.** teljes, ép **2.** tisztességes, feddhetetlen

inteirado [i^{n}ntéjràdu] *mn: estar* ~ *de* tájékozott, tud vmiről

inteirar [i^{n}tmajràr] **I.** *ts* **1.** kiegészít, teljessé tesz **2.** tájékoztat **II.** **~-se** *de* megtud vmit, értesül, tudomást szerez vmiről, tájékozódik vmi felől

inteireza [i^{n}ntéjrézö] *f* 1. teljesség 2. *átv* feddhetetlenség; ~ *de carácter* jellemesség

inteiriçar [i^{n}ntéjriszàr] *1/3* I. *ts* megdermeszt (hideg) II. **~-se** megdermed (hidegtől)

inteiriço [i^{n}ntéjriszu] *mn* 1. egy darabból álló, egész 2. *átv* merev, hajthatatlan

inteiro [i^{n}ntéjru] I. *mn* 1. teljes, ép, egész; *por* ~ teljes egészében 2. *átv* feddhetetlen II. *fn, m mat* egész szám

intelecto [i^{n}ntilèktu] *m* ész, értelem

intelectual [i^{n}ntilèktvàl] I. *mn* ész-, észbeli, értelmi, szellemi II. *fn* szellemi munkát végző egyén, értelmiségi; *os intelectuais* az értelmiség

intelectualizar [i^{n}ntilèktvölizàr] *1/1 ts* intellektualizál, túlságosan elvonatkoztat

inteligência [i^{n}ntilizse^{n}szjö] *f* 1. értelem, ész, felfogó képesség 2. értelmesség; belátás; megértés 3. egyetértés; *pejor* összejátszás, cinkosság; *estar de* ~ *com* összejátszik vkivel; *viver em boa* ~ teljes egyetértésben élnek

inteligente [i^{n}tilizse^{n}nt] *mn* 1. értelmes, eszes, okos; *um ser* ~ értelmes lény 2. belátó, megértő

inteligível [i^{n}tilizsivèl] *mn* (meg)érthető

intemperado [i^{n}nte^{n}mpiràdu] *mn* mértéktelen

intemperança [i^{n}nte^{n}mpirö^{n}szö] *f* mértéktelenség

intemperante [i^{n}nte^{n}mpirö^{n}nt] *mn* mértéktelen; féktelen

intempérie [i^{n}nte^{n}mpèrji] *f* rossz idő(járás)

intempestivo [i^{n}nte^{n}mpistivu] *mn* alkalmatlan; rossz időben történő

intemporal [i^{n}nte^{n}mpuràl] *mn* 1. időn kívüli, örök 2. nem világi, lelki, szellemi

intenção [i^{n}nte^{n}szö^{n}u] *f* szándék; ~ *de matar* gyilkossági szándék; *segunda* ~ hátsó gondolat; *na melhor* ~ a legjobb szándékkal; *sem má* ~ nem rossz szándékkal

intencionado [i^{n}nte^{n}szjunàdu] *mn: bem* ~ jó szándékú; *mal* ~ rossz szándékú

intencional [i^{n}nte^{n}szjunàl] *mn* szándékos

intendência [i^{n}nte^{n}nde^{n}szjö] *f* 1. felügyelőség, intézőség 2. *kat* hadbiztosság

intendente [i^{n}nte^{n}nde^{n}nt] *m* 1. felügyelő, intéző 2. *kat* hadbiztos

intender [i^{n}nte^{n}ndér] *2/1 ts* intéz, irányít

intensidade [i^{n}nte^{n}szidàd] *f* 1. intenzitás, hatásfok, erősség 2. *fiz, vill* áramerősség, feszültség

intensificar [i^{n}nte^{n}szifikàr] *1/2 ts* erősít, fokoz

intensivo [i^{n}nte^{n}szivu] *mn* 1. intenzív, erőteljes; fokozott; *curso* ~ gyorsított tanfolyam; *estudo* ~ megfeszített tanulás 2. *mezőg: cultura* ~*a* belterjes gazdálkodás

intenso [i^{n}nte^{n}szu] *mn* 1. erős, heves; *calor* ~ tikkasztó hőség 2. *átv* élénk, friss; *vida social* ~*a* eleven társadalmi élet

intentar [i^{n}nte^{n}ntàr] *1/1 ts* 1. megkísérel, megpróbál 2. *jog:* ~ *acção judicial v um processo contra* pert indít vki ellen

intento [i^{n}nte^{n}ntu] *m* 1. kísérlet; próbálkozás 2. terv, szándék, cél; *com o* ~ *de* azzal a céllal, hogy; *de* ~ szándékosan

intentona [i^{n}nte^{n}ntonö] *f pol* puccskísérlet

interacção [i^{n}ntirösző^{n}u] *f* kölcsönhatás

intercalar [i^{n}ntirkölàr] I. *mn* közbeiktatott II. *1/12 ts* közbeiktat, betold

intercâmbio [i^{n}ntirkö^{n}mbju] *m* kicserélés

interceder [i^{n}ntirszidér] *1/13 tl* közbenjár vki érdekében (*por*)

interceptar [i^{n}ntirszèptàr] *1/1 ts* 1. felfog, visszatart; 2. lehallgat (telefonközlést); megakadályoz (levél továbbítását)

intercessão [i^{n}ntirsziszö^{n}u] *f* közbenjárás

intercessor *m*, **-a** *f* [i^{n}ntirsziszor(ö)] *mn* és *fn* közbenjáró

interdependência [i^{n}ntirdipe^{n}nde^{n}szjö] *f* kölcsönös függés

interdependente [i^{n}ntirdipe^{n}nde^{n}nt] *mn* egymással összefüggő

interdição [i^{n}ntirdiszö^{n}u] *f* 1. tilalom; ~ *do comércio* kereskedelmi forgalom megszüntetése *v* korlátozása 2. *jog* gondnokság alá helyezés

interdisciplinaridade [i^{n}ntirdis-sziplinöridàd] *f* tantárgyak közti kölcsönös összefüggés

interditar [i^{n}ntirditàr] *1/1 ts* = **interdizer**

interdito [i^{n}ntirditu] **I.** *mmi* → **interdizer** **II.** *mn* **1.** tiltott, tilos **2.** *vall* egyházi átokkal sújtott **III.** *fn* **1.** *jog* gondnokság alá helyezett személy **2.** tilalom **3.** *vall* interdiktum, kiközösítés

interdizer [i^{n}ntirdizér] *2/12 ts* **1.** megtilt **2.** *jog* gondnokság alá helyez; jogaitól megfoszt **3.** *vall* tilalom alá helyez (papot, templomot)

interessado [i^{n}ntiriszàdu] **I.** *mn* **1.** érdekelt **2.** önző, haszonleső; *amizade ~a* érdekbarátság **II.** *fn* érdekelt személy

interessante [i^{n}ntiriszö^{n}nt] *mn* érdekes

interessar [i^{n}ntiriszàr] *1/13* **I.** *ts* **1.** érdekel **2.** vonz, lebilincsel **3.** *átv* érint; érdekeltté tesz vmiben (*em*) **4.** *orv* sújt (betegség) **II.** *tl* **1.** érdeklődést vált ki, érdekes **2.** *~ a* érint vkit *v* vmit, fontos vki *v* vmi számára **III.** **~-se** *por* érdeklődik vki *v* vmi iránt, érdekelve van vmiben

interesse [i^{n}ntirész] *m* **1.** haszon, előny **2.** érdek; önzés; *fazer tudo por ~* mindent érdekből tesz **3.** érdeklődés; *demonstrar ~ por, ter ~ por* érdeklődést tanusít vki *v* vmi iránt **4.** érdekesség; *cheio de ~* érdekes, vonzó; *sem ~* érdektelen, közömbös **5.** *ker* érdekeltség, részesedés; kamat

interesseiro [i^{n}ntiriszéjru] *mn* és *fn* önző, haszonleső

interestadual [i^{n}ntiristöduàl] *mn* államközi

interferência [i^{n}ntirfire^{n}szjö] *f* **1.** beavatkozás; áthatás **2.** *fiz* interferencia **3.** *távk* rádióvételi zavar

interferente [i^{n}ntirfire^{n}nt] *mn* **1.** átható **2.** rádióvételt zavaró

interferir [i^{n}ntirfirir] *3/8* **1.** *fiz* interferál **2.** *~ em* beleavatkozik, beleszól vmibe

interfoliar [i^{n}ntirfuljàr] *1/15 ts nyomd* könyv lapjai közé tiszta lapokat köt, belő

interfone [i^{n}ntirfòn] *m* házi telefon

interim [i^{n}ntiri^{n}] *m* ideiglenes állapot; *neste ~* azalatt, addig is

interinado [i^{n}ntirinàdu] *m* = **interinidade**

interinidade [i^{n}ntirinidàd] *f* hivatal ideiglenes ellátása

interino [i^{n}ntirinu] *mn* ideiglenes; helyettes; *representante ~* ideiglenes ügyvivő

interior [i^{n}ntirjor] **I.** *mn* **1.** belső, bel- **2.** belföldi; belügyi **II.** *fn, m* **1.** vminek a belseje; *no ~* belül, bent **2.** belföld, belterület **3.** *műv* enteriőr; *film* belső felvétel **4.** *sp: ~ direito* jobbösszekötő; *~ esquerdo* balösszekötő

interjeição [i^{n}ntirzséjszö^{n}u] *f nyelvt* indulatszó

interligação [i^{n}ntirligöszö^{n}u] *f* kölcsönös összefüggés

interlinear [i^{n}ntirlinyàr] *mn* sorközi, sorok közé írt

interlocutor *m*, **-a** *f* [i^{n}ntirlukutor(ö)] *m fn* **1.** beszélgető társ **2.** szószóló

intermediar [i^{n}ntirmigyàr] *1/6 tl* **1.** közötte van, közte fekszik **2.** közvetít; közbelép

intermediário [i^{n}ntirmigyàrju] **I.** *mn* közbeeső, közbenső **II.** *fn* közvetítő

intermédio [i^{n}ntirmègyu] **I.** *mn* közbeeső **II.** *fn, m* **1.** közbenső idő **2.** közvetítés; *por ~ de* közvetítésével, révén **3.** *zene* intermezzo, közjáték, közzene

intermínável [i^{n}ntirminàvèl] *mn* véget nem érő, végtelen

interministerial [i^{n}ntirministirjàl] *mn* tárcaközi

intermissão [i^{n}ntirmiszö^{n}u] *f* szünet, megszakítás

intermitência [i^{n}ntirmite^{n}szjö] *f* megszakítás, kihagyás, szünet

intermitente [i^{n}ntirmite^{n}nt] *mn* **1.** félbeszakadó, kihagyó; *pulso ~* kihagyó érverés **2.** időszaki; *febre ~* váltóláz

internação [i^{n}ntirnöszö^{n}u] *f* **1.** internálás **2.** elhelyezés gyógyintézetben

internacional [i^{n}ntirnöszjunàl] **I.** *mn* nemzetközi; *tratado v convénio ~* nemzetközi egyezmény **II.** *fn, f* **1.** internacionálé **2.** Internacionálé (himnusz)

internacionalismo [i^{n}ntirnöszjunölizsmu] *m* nemzetköziség; *~ proletário* proletár internacionalizmus

internacionalista [i^{n}ntirnöszjunölistö] *mn* és *fn* internacionalista

internado [i^{n}ntirnàdu] *mn* és *fn* **1.** internált **2.** kórházi ápolt; *ficar ~* kórházba kerül, kórházba szállítják **3.** → **internato**

internar [i^{n}ntirnàr] *1/13* **I.** *ts* **1.** internál **2.** elhelyez (kórházban, internátusban) **II.** **~-se** *em* behatol, elmélyed vmibe (*átv* is)

internato [i^{n}ntirnàtu] *m* internátus, bennlakásos intézet

interno [i^{n}ntérnu] **I.** *mn* belső **II.** *fn* **1.** internátusi növendék, bentlakó tanuló **2.** gyakorló kórházi orvos(tanhallgató)

internupcial [i^{n}ntirnupszjàl] *mn: prazo* ~ két házasság közötti időszak

interparlamentar [i^{n}ntirpörlöme^{n}ntàr] *mn* parlamentközi

interpelação [i^{n}ntirpilöszö^{n}u] *f* **1.** interpelláció; felszólamlás **2.** *jog* felszólítás, idézés

interpelar [i^{n}ntirpilàr] *1/13 ts* **1.** interpellál **2.** kikérdez, kérdést intéz vkihez **T 3.** *jog* felszólít, beidéz

interplanetário [i^{n}ntirplönitàrju] *mn csill* bolygóközi

INTERPOL = *Organização Internacional de Polícia Criminal* Nemzetközi Bűnügyi Rendőrség

interpolação [i^{n}ntirpulöszö^{n}u] *f* közbeiktatás, betoldás, beszúrás

interpolar [i^{n}ntirpulàr] *1/15 ts* közbeiktat, betold, beszúr

interpor [i^{n}ntirpor] *2/17* **I.** *ts* **1.** közbehelyez, közbetesz **2.** *átv: ~ a sua influência* latba veti a befolyását **3.** *jog: ~ agravo* v *recurso* fellebbez **II.** **~-se** közbelép

interpretação [i^{n}ntirpritöszö^{n}u] *f* **1.** értelmezés, magyarázat **2.** fordítás (más nyelvre) **3.** *műv* előadás, művészi tolmácsolás

interpretador *m*, **-a** *f* [i^{n}ntirpritödor(ö)] *mn* és *fn műv* előadó

interpretante [i^{n}ntirpritö^{n}nt] *mn* és *fn* = **interpreta[illegible]dor**

interpretar [i^{n}ntirpritàr] *1/13 ts* **1.** értelmez, magyaráz **2.** lefordít (más nyelvre) **3.** *műv* előad, tolmácsol

interpretativo [i^{n}ntirpritötivu] *mn* **1.** értelmező, magyarázó **2.** *műv: poder ~* előadói készség *v* tehetség

intérprete [i^{n}ntèrprit] *fn* **1.** tolmács **2.** értelmező, magyarázó **3.** *műv* előadó

interregno [i^{n}ntirrègnu] *m* interregnum; átmeneti állapot

inter-relação [i^{n}ntirrilöszö^{n}u] *f* kölcsönös összefüggés

interrogação [i^{n}ntirrugöszö^{n}u] *f* **1.** kérdés, kikérdezés, megkérdezés **2.** (*ponto de*) ~ kérdőjel

interrogar [i^{n}ntirrugàr] *1/4, 1/15 ts* **1.** kérdezget, kikérdez, megkérdez **2.** *jog* kihallgat

interrogativo [i^{n}ntirrugötivu] *mn* kérdő

interrogatório [i^{n}ntirrugötòrju] **I.** *mn* kérdő **II.** *fn, m* **1.** *jog* kihallgatás, kikérdezés **2.** kihallgatás jegyzőkönyve

interromper [i^{n}ntirrompér] *2/1* **I.** *ts* félbeszakít **II.** **~-se** **1.** félbeszakad, abbamarad; **2.** (beszéd közben) megáll, elhallgat

interrupção [i^{n}ntirrupszö^{n}u] *f* **1.** félbeszakítás **2.** *távk: ~ da emissão* adásszünet

interruptor [i^{n}ntirruptor] *m műsz* megszakító, kikapcsoló

intersecção [i^{n}ntirszi(k)szö^{n}u] *f* **1.** *geom* metszés; *ponto de ~* metszőpont **2.** *közl: ~ em círculo* körforgalom

intersindical [i^{n}ntirszi^{n}ndikàl] **I.** *mn* szakszervezetek közötti **II.** *fn, f: a Intersindical* Szakszervezetek Országos Tanácsa

interstício [i^{n}ntirstiszju] *m* térköz; időköz

interurbano [i^{n}ntirurbönu] **I.** *mn* interurbán; *telefonema ~* helyközi *v* távolsági beszélgetés **II.** *fn, m* interurbán hívás

intervalo [i^{n}ntirvàlu] *m* **1.** távolság, köz; **2.** hangköz; időköz; térköz; *por ~s* időközökben, időnként **3.** *szính* felvonásközi szünet **4.** *sp* félidő

intervenção [i^{n}ntirve^{n}szö^{n}u] *f* **1.** beavatkozás; *~ cirúrgica* műtéti beavatkozás; *não ~* be nem avatkozás **2.** közbelépés; közvetítés; *por ~ de* révén, segítségével **3.** felszólalás; *fazer uma ~* felszólal

intervencionado [i^{n}ntirve^{n}szjunàdu] *mn: ~ pelo Estado* államilag támogatott

intervencionista [i^{n}ntirve^{n}szjunistö] *mn* és *fn* beavatkozó; a beavatkozás híve

interveniente [i^{n}ntirvinye^{n}nt] **I.** *mn* **1.** beavatkozó **2.** közvetítő **II.** *fn* **1.** váltókezes **2.** közvetítő, alkusz

intervir [i^{n}ntirvir] *3/23 tl* **1.** beavatkozik, közbelép, közbeszól **2.** részt vesz vmiben (*em*) **3.** közvetít **4.** felszólal **5.** történik, bekövetkezik

intestado [i^{n}ntistàdu] *mn: morrer ~* végrendelet nélkül hal meg

intestinal [i^{n}ntistinàl] *mn orv* bél-; *oclusão ~* bélelzáródás

intestino [i^{n}ntistinu] **I.** *mn* belső; honi; *guerra ~a* polgárháború **II.** *fn, m orv* bél; *~ cego* vakbél; *~ delgado* vékonybél; ~ *grosso* vastagbél; ~*s* belek; belsőség

intimação [i^{n}ntimöszö^{n}u] *f* 1. felhívás 2. *jog* idézés

intimar [i^{n}ntimàr] *1/1* **I.** *ts* **1.** tudat, értesít **2.** kihirdet; ~ *a sentença* kihirdeti az ítéletet **3.** *jog* megidéz; felszólít **II.** *tl* fölényeskedik, nagy hangon beszél

intimativa [i^{n}ntimötivö] *f* erélyes felszólítás; parancsoló hang

intimativo [i^{n}ntimötivu] *mn* **1.** parancsoló; felszólító **2.** erélyes, szigorú

intimidação [i^{n}ntimidöszö^{n}u] *f* megfélemlítés

intimidade [i^{n}ntimidàd] *f* intimitás, meghittség, bizalmasság; *ter* ~ *com, viver na* ~ *de* szoros barátságban él vkivel; *tomar* ~ *com* jó barátságba *v* bizalmas viszonyba kerül vkivel

intimidar [i^{n}ntimidàr] *1/1 ts* megfélemlít

íntimo [i^{n}ntimu] **I.** *mn* **1.** belső **2.** *átv* bensőséges, bizalmas, intim; *amigo* ~ bizalmas barát; *festa* ~*a* családi ünnep **II.** *fn, m* jó barát

intitular [i^{n}ntitulàr] *1/1* **I.** *ts* elnevez, címet ad vminek **T II.** ~**-se** hívják, nevezik, a címe

intolerância [i^{n}ntulirö^{n}szjö] *f* türelmetlenség

intolerante [i^{n}ntulirö^{n}nt] *mn* türelmetlen

intolerável [i^{n}ntuliràvèl] *mn* tűrhetetlen; kibírhatatlan

intonso [i^{n}nto^{n}szu] *mn* **1.** nyiratlan; kócos **2.** felvágatlan (könyv)

intoxicação [i^{n}ntoksziköszö^{n}u] *f* (meg)mérgezés; ~ *alimentar* ételmérgezés

intoxicar [i^{n}ntokszikàr] *1/2 ts* megmérgez

intraduzível [i^{n}ntröduzivèl] *mn* lefordíthatatlan

intranquilo [i^{n}ntrö^{n}nkvilu] *mn* nyugtalan

intransferível [i^{n}ntrö^{n}sfirivèl] *mn* **1.** nem szállítható **2.** átruházhatatlan

intransigência [i^{n}ntrö^{n}zizse^{n}szjö] *f* hajlíthatatlanság, engesztelhetetlenség

intransigente [i^{n}ntrö^{n}zizse^{n}nt] *mn* hajlíthatatlan, engesztelhetetlen

intransitável [i^{n}ntrö^{n}zitàvèl] *mn* **1.** járhatatlan (út; *átv* is) **2.** lezárt (út)

intransitivo [i^{n}ntrö^{n}zitivu] *mn nyelvt* intranzitív, tárgyatlan (ige)

intransmissível [i^{n}ntrö^{n}zsmiszivèl] *mn* átruházhatatlan

intransportável [i^{n}ntrö^{n}spurtàvèl] *mn* nem szállítható

intratável [i^{n}ntrötàvèl] *mn* **1.** hajlíthatatlan **2.** barátságtalan; rideg

intravenoso [i^{n}ntrövinozu] *mn orv* intravénás

intrepidez [i^{n}ntripidés] *f* elszántság, vakmerőség

intrépido [i^{n}ntrèpidu] *mn* elszánt, vakmerő

intricar [i^{n}ntrikàr] *1/2* = **intrincar**

intriga [i^{n}ntrigö] *f* **1.** intrika, fondorkodás **2.** *irod* meseszövés, bonyodalom

intrigante [i^{n}ntrigö^{n}nt] *mn* és *fn* fondorkodó, cselszövő, intrikus

intrigar [i^{n}ntrigàr] *1/4* **I.** *ts* **1.** kíváncsivá tesz, izgat **2.** nyugtalanít, zavar **II.** *tl* fondorkodik, cselt sző, intrikál

intriguista [i^{n}ntrigistö] *mn* és *fn* = **intrigante**

intrincado [i^{n}ntri^{n}nkàdu] *mn* zavaros; bonyolult

intrincar [i^{n}ntri^{n}nkàr] *1/2 ts* **1.** összezavar, összekuszál **2.** bonyolulttá *v* zavarossá tesz

intrínseco [i^{n}ntri^{n}nsziku] *mn* **1.** belső **2.** valódi; lényeges

introdução [i^{n}ntruduszö^{n}u] *f* **1.** bevezetés **2.** *zene* nyitány

introdutivo [i^{n}ntrudutivu] *mn* bevezető, elő-

introduzir [i^{n}ntruduzir] *3/14* **I.** *ts* **1.** bevezet, behoz, bevisz; ~ *um prego na parede* szöget ver a falba **2.** meghonosít **II.** ~**-se** **1.** behatol **2.** meghonosodik

intróito [i^{n}ntròjtu] *m* kezdet; bevezetés

intrometer [i^{n}ntrumitér] *2/7* **I.** *ts* behoz, bevisz; bevezet **II.** ~**-se** beavatkozik

intrometido [i^{n}ntrumitidu] *mn* és *fn* indiszkrét, tolakodó, minden lében kanál

intromissão [i^{n}ntrumiszö^{n}u] *f* beavatkozás

introspecção [i^{n}ntruspèszö^{n}u] *f* önmegfigyelés

introspectivo [i^{n}ntruspètivu] *mn* önmegfigyelő

introversão [i^{n}ntruvirszö^{n}u] *f* introverzió, befelé fordulás

introverso [i^{n}ntruvèrszu] *mn* = **introvertido**

introvertido [i^{n}ntruvirtidu] *mn* **1.** befelé fordult **2.** önmagába mélyedt

intrujão [i^{n}ntruzsö^{n}u] *m* 1. csaló, szélhámos 2. B orgazda
intrujar [i^{n}ntruzsàr] *1/1 ts* becsap; csőbe húz
intrujice [i^{n}ntruzsisz] *f* csalás, szélhámosság
intruso [i^{n}ntruzu] *mn* és *fn* betolakodó, befurakodó
intuição [i^{n}ntuiszö^{n}u] *f* intuíció; ösztönös megérzés
intuitivo [intuitivu] *mn* intuíción alapuló; ösztönös
intuito [i^{n}ntujtu] *m* szándék; cél; *no ~ de* vmi végett
intumescência [i^{n}ntumis-sze^{n}szjö] *f orv* feldagadás; daganat
intumescente [i^{n}ntumis-sze^{n}nt] *mn* dagadni kezdő
intumescer [i^{n}ntumis-szér] *2/2 tl* feldagad, megdagad; felfúvódik
inumação [inumöszö^{n}u] *f* eltemetés, elföldelés
inumano [inumönu] *mn* embertelen
inumar [inumàr] *1/1 ts* eltemet, elföldel
inumerável [inuméràvèl] *mn* megszámlálhatatlan
inúmero [inumiru] *mn* számtalan
inundação [inu^{n}ndöszö^{n}u] *f* 1. áradás 2. *átv* áradat
inundar [inu^{n}ndàr] *1/1 ts* eláraszt (*átv* is)
inusitado [inuzitàdu] *mn* szokatlan; ritka
inútil [inutil] *mn* 1. haszontalan 2. szükségtelen 3. hiábavaló
inutilidade [inutilidàd] *f* 1. haszontalanság 2. hiábavalóság
inutilizar [inutilizàr] *1/1* I. *ts* 1. használhatatlanná tesz 2 *átv* meghiúsít II. *~-se* használhatatlanná tesz
invadir [i^{n}vödir] *3/13 ts* 1. behatol, betör vhova T 2. eláraszt, elönt (*átv* is)
invalidade [i^{n}völidàd] *f* érvénytelenség
invalidar [i^{n}völidàr] *1/1 ts* 1. érvénytelenít 2. erőtlenné tesz, legyengít
invalidez [i^{n}völidés] *f* 1. aggkori gyengeség 2. munkaképtelenség
inválido [i^{n}vàlidu] I. *mn* 1. érvénytelen 2. megrokkant; munkaképtelen II. *fn, m* rokkant; *~ da guerra* hadirokkant
invariável [i^{n}vörjàvèl] *mn* változatlan
invasão [i^{n}vözö^{n}u] *f* 1. invázió, beözönlés 2. *átv* behatolás, beáramlás 3. betegség fellépése *v* terjedése
invasor *m*, **-a** *f* [i^{n}vözor(ö)] *mn* és *fn* támadó; betolakodó; területrabló
invectiva [i^{n}vètivö] *f átv* éles támadás, kirohanás
invectivar [i^{n}vètivàr] *1/1* I. *ts* szid, élesen bírál II. *tl* kikel, kirohanást intéz vki *v* vmi ellen (*contra*)
inveja [i^{n}vèzsö] *f* irigység; *causar ~* irigységet kelt; *comer-se de ~* majd megpukkad az irigységtől; *ter ~ de, v a* irigy vkire *v* vmire
invejar [i^{n}vizsàr] *1/14* I. *ts* 1. irigyel 2. megkíván 3. *não ter que ~ a* nincs miért irigykednie másra, nem marad el más mögött II. *tl* irigykedik
invejável [i^{n}vizsàvèl] *mn* irigylésre méltó
invejoso [i^{n}vizsozu] *mn* és *fn* irigy
invenção [i^{n}ve^{n}szö^{n}u] *f* 1. feltalálás, felfedezés 2. találmány; *privilégio de ~* szabadalom 3. találékonyság, leleményesség 4. *műv* alkotóképesség
invencionar [i^{n}ve^{n}szjunàr] *1/15 ts átv* szépít, kendőz
invencível [i^{n}ve^{n}szivèl] *mn* legyőzhetetlen
invendável, invendível [i^{n}ve^{n}ndàvèl] *mn* nem eladó
inventar [i^{n}ve^{n}ntàr] *1/1 ts* 1. feltalál 2. kiagyal, kigondol
inventariar [i^{n}ve^{n}ntörjàr] *1/7 ts* leltárba felvesz, leltároz
inventário [i^{n}ve^{n}ntàrju] *m* leltár
inventivo [i^{n}ve^{n}ntivu] *mn* találékony, leleményes
invento [i^{n}ve^{n}ntu] *m* találmány
inventor *m*, **-a** *f* [i^{n}ve^{n}ntor(ö)] *mn* és *fn* feltaláló
inverídico [i^{n}viri^{n}diku] *mn* nem igazmondó
invernada [i^{n}virnàdö] *f* 1. téli időszak 2. zord tél 3. B esős évszak
invernadoiro, -douro [i^{n}virnödojru, -doru] *m* 1. téli szállás 2. melegház
invernal [i^{n}virnàl] *mn* téli
invernar [i^{n}virnàr] *1/13 tl* 1. áttelel 2. télies az idő
invernia [i^{n}virniö] *f* télies *v* zord időjárás
inverno [i^{n}vèrnu] *m* tél; *no ~* télen
invernoso [i^{n}virnozu] *mn* télies
inverosímil [i^{n}viruzimil] *mn* valószínűtlen
inverosimilhança [i^{n}viruzimiljö^{n}szö] *f* valószínűtlenség

inverossímil [i^{n}viruszimil] *mn* **B** = inverosímil

inversão [i^{n}virszö^{n}u] *f* **1.** megfordítás, megfordulás **2.** *nyelvt* fordított szórend **3.** *orv* kifordulás

inversível [i^{n}virszivèl] *mn* megfordítható

inverso [i^{n}vèrszu] **I.** *mn* fordított, ellentétes **II.** *fn, m* vminek a fordítottja, ellentéte

inversor [i^{n}virszor] *m vill* átkapcsoló

invertebrado [i^{n}virtibràdu] *mn* és *fn áll* gerinctelen

inverter [i^{n}virtér] *2/7 ts* **1.** megfordít, átállít **2.** *ker* befektet (pénzt) **3.** *vill* átkapcsol

invertido [i^{n}virtidu] *mn orv* perverz, természetellenes

invés [i^{n}ès] *m* visszája; *ao* ~ fordítva; *ao* ~ *de* **a)** ellentétben vmivel **b)** vminek ellenében, vmi helyett

investida [i^{n}vistidö] *f* **1.** támadás, rajtaütés **2.** *átv* célozgatás, piszkálódás

investidura [i^{n}vistidurö] *f* invesztitúra, beiktatás

investigação [i^{n}vistigöszö^{n}u] *f* kutatás; nyomozás

investigador *m,* **-a** *f* [i^{n}vistigödor(ö)] **I.** *mn* kutató, nyomozó **II.** *fn, m* **B** titkosrendőr

investigar [i^{n}vistigàr] *1/4 ts* kutat, nyomoz

investimento [i^{n}vistime^{n}ntu] *m ker* befektetés

investir [i^{n}vistir] *3/8* **I.** *ts* **1.** beiktat (hivatalába), felruház (tisztséggel) **2.** megrohan, megtámad **3.** *ker* befektet **II.** **~-se 1.** hivatalba lép **2.** rohamoz, támad

inveterado [i^{n}vitiràdu] *mn* meggyökeresedett; megrögzött

inveterar-se [i^{n}vitiràrszi] *1/13* meggyökeresedik

inviável [i^{n}vjàvèl] *mn* **1.** járhatatlan **2.** *átv* megvalósíthatatlan

invicto [i^{n}viktu] *mn* legyőzhetetlen

ínvio [i^{n}vju] *mn* úttalan, járhatatlan, áthatolhatatlan

inviolabilidade [i^{n}vjulöbilidàd] *f* sérthetetlenség

inviolável [i^{n}vjulàvèl] *mn* sérthetetlen

invisível [i^{n}vizivèl] *mn* láthatatlan

invocação [i^{n}vuköszö^{n}u] *f* **1.** felhívás **2.** utalás **3.** *irod* invokáció, segítségül hívás

invocar [i^{n}vukàr] *1/2, 1/15 ts* **1.** felhív, felszólít **2.** utal, hivatkozik vmire **T 3.** segítségül hív, kérve kér

invólucro [i^{n}vòlukru] *m* **1.** burkolat, göngyölet **2.** *növ* burok

involuntário [i^{n}vulu^{n}ntàrju] *mn* akaratlan, önkénytelen

invulgar [i^{n}vulgàr] *mn* nem közönséges; rendkívüli

invulnerável [i^{n}vulniràvèl] *mn* sebezhetetlen, sérthetetlen

iodado [jodàdu] *mn* jódtartalmú; *água* *~a* jódoldat

iodar [jodàr] *1/1 ts* jóddal beecsetel

iódico [jòdiku] *mn* jód-

iodismo [jodizsmu] *m* jódmérgezés

iodo [jodu] *m* jód

iodofórmio [jodofòrmju] *m vegy* jodoform

ioga [jogö] *f* jóga

iole [jòli] *f* egyárbocos sportvitorlás

ion, iónio [jon, jonyu] *m vegy* ion

ir [ir] *3/16* **I.** *tl* **1.** megy; ~ *à rua,* ~ *para fora* kimegy az utcára; ~ *ao cinema* moziba megy; ~ *ao encontro* eléje megy; ~ *para casa* hazamegy; ~ *e vir* **a)** fel-alá járkál **b)** jön-megy, ide-oda futkos; *(a)onde vai?* hova megy? *não vai a parte alguma* sehova sem jár el; *vamos!* gyerünk! induljunk! *já vou!* máris megyek! *vou já já* egy pillanat és ott vagyok **2.** (járművön) megy; utazik; ~ *à Itália* Olaszországba utazik; ~ *ao Rio* Rióba utazik (rövid időre); ~ *para o Rio* hazautazik Rióba; ~ *de avião* repül, repülőgéppel utazik; ~ *de bicicleta* kerékpározik; ~ *de eléctrico* (**B**: *de bonde*) villamossal megy; ~ *por mar* tengeren utazik **3.** *átv* megy, halad; *como vão os negócios?* hogy megy az üzlet? *as coisas vão mal* rosszul állnak *v* mennek a dolgok **4.** (egészségileg) van, érzi magát; *como vai o senhor?* hogy van? *vou indo bem* jól vagyok; *ele vai melhor* ő jobban van **5.** vezet (út); *a estrada que vai ao Porto* az Oportóba vezető út; ~ *dar a* v *em* (el)vezet vhova; *a vereda ia dar a uma floresta* az ösvény egy erdőbe vezetett **6.** *átv* illik vmihez; *esta cor não vai bem aqui* ez a szín nem illik ide; *este vestido vai-lhe bem* ez a ruha jól áll rajta **7.** vmilyen távolságra van; *quanto vai de Lisboa a*

Coimbra? milyen messze van Coimbra Lisszabontól? **8.** történik; *o que vai por là?* nálatok mi újság? **9.** (*ir + gerúndio* folyamatos cselekvést jelöl:) ~ *morrendo* a halálán van; *o tempo vai abrandando* az idő kezd megjavulni; *vai-se fazendo velho* (meg)öregszik; *vai-se fazendo tarde* esteledik; *como eu ia dizendo* amint mondottam **10.** (*ir + infinitivo* közeli cselekvést *v* történést jelöl:) *vou comprar o livro* megyek és megveszem a könyvet; *aqui vão fazer uma casa* itt rövidesen ház épül; *vou ver se o director pode recebê-lo* megnézem, fogadhatja-e önt az igazgató; *Paulo vai receber um premio* Pál jutalmat fog kapni; *o senhor vai desculpar mas* elnézést kérek öntől, de; *parece que vai chover* esőre áll az idő **11.** *szól:* ~ *à cara de* ököllel rátámad vkire; ~ *à cena* színre kerül, előadják; ~ *a leilão* elárverezik; ~ *ao* v *para o fundo;* ~ *a pique* elsüllyed; ~ *ao pau* megbukik (vizsgán); ~ *às do cabo* parázs vitába száll; ~ *com cuidado* óvatosan jár el; ~ *contra* nekiütődik; *átv* ellenáll, ellenkezik; ~ (*a*) *ter com* elmegy vkihez, felkeres vkit, találkozik vkivel; *por mal que vá* a legrosszabb esetben; *vai para um ano que* közel egy éve annak, hogy; *já lá vai um ano que* hovatovább már egy éve, hogy; *vai nos oitenta* a nyolcvanas éveket tapossa; *que vai nisso?* mi jelentősége van ennek? *nisso vai a minha fortuna* további sorsom függ ettől; *vai nisso a minha honra* a becsületemről van szó; *quem vai lá?* ki az? *o que lá vai, lá vai* ami elmúlt, elmúlt; késő bánat, eb gondolat; *vamos, não chore mais* ugyan már, ne sírjon! *vamos parar com isso!* most már elég volt ebből! *vou indo* elmegyek, indulok; *vou chegando* már itt se vagyok **II.** ~**-se** **1.** elmegy; elutazik **2.** elmúlik; eltűnik; *jà se foi o tempo!* az az idő már elmúlt! *o dinheiro foi-se todo* az egész pénz elment **3.** meghal; ~*-se desta para melhor* a másvilágra költözik; jobblétre szenderül **4.** *vai-se a panela* kifut (a tűzön étel)

ira [irö] *f* harag

Irã [irö^{n}] *m* Irán

iracúndia [iröku^{n}ngyö] *f* hirtelen harag; lobbanékonyság

iracundo [iröku^{n}ndu] *mn* hirtelen haragú

irado [iràdu] *mn* haragos, dühös

iraniano, irânico [irönyönu, iröniku] *mn* és *fn* iráni

Irão [irö^{n}u] = **Irã**

Iraque [iràk] *m* Irak

iraquiano [irökjönu] *mn* és *fn* iraki

irascível [irös-szivèl] *mn* ingerlékeny

Irene [irèn] *f* Irén

iridescente [iridis-sze^{n}nt] *mn* szivárványszínekben játszó

iris [iris] *fn* **I.** *m* **1.** szivárvány **2.** *orv* szivárványhártya **II.** *f* *növ* pompás nősziröm

irisar [irizàr] *1/1* **I.** *ts* irizál, szivárványszínűvé tesz **II.** ~**-se** a szivárvány színeiben játszik

Irlanda [irlö^{n}ndö] *f* Irország

irlandês *m*, **irlandesa** *f* [irlö^{n}ndés, -dézö] *mn* és *fn* ír, írországi

irmã [irmö^{n}] *f* **1.** nőtestvér **2.** (kórházi) nővér **3.** *vall* apáca

irmanar [irmönar] *1/1* **I.** *ts* **1.** összehoz, közel hoz (egymáshoz) **2.** egyesít; párosít **II.** ~**-se** **1.** kiegyenlítődnek **2.** egyesülnek

irmandade [irmö^{n}ndàd] *f* **1.** (testvérek közti) rokonság **2.** testvériség, barátság **3.** *vall* közösség, szerzet

irmão[1] *m*, **irmã** *f* [irmö^{n}u, irmö^{n}] *mn* **1.** testvéri **2.** egyforma, összeillő; *estas luvas não são irmãs* ezek a kesztyűk nem illenek össze

irmão[2] [irmö^{n}u] *m* **1.** testvér, fiútestvér; ~*s* testvérek; ~ *adoptivo* fogadott testvér; ~ *carnal* v *germano* édestestvér; ~ *colaço* v *de leite* tejtestvér; ~ *consanguíneo* féltestvér (más anyától); ~*s gémeos* ikrek; *meio* ~ féltestvér; *primo* ~ unokatestvér **2.** *vall* szerzetes testvér

irmão-da-opa [irmö^{n}u dö òpö] *m* *nép* szesztestvér

ironia [irunïö] *f* irónia, gúny

irónico [iròniku] *mo* irónikus, gúnyos

ironizar [irunizàr] *1/1* *tl* ironizál, gúnyolódik

iroso [irozu] *mn* haragos, dühös

irra [irrö] *isz* az ördögbe is! teringettét!

irracional [irröszjunàl] *mn* **1.** *fil, mat* irracionális **2.** oktalan, értelmetlen

irradiação [irrögyöszö^{n}u] *f* **1.** kisugár-

zás 2. *orv* kisugárzó fájdalom 3. *átv* elterjedés
irradiador [irrögyödor] *m* radiátor, hősugárzó
irradiar [irrögyàr] *1/7* I. *ts* 1. besugároz 2. *távk* (műsort) sugároz 3. *átv* terjeszt II. *tl*, III. **~-se** 1. sugarakat bocsát ki 2. *átv* terjed
irreal [irrjàl] *mn* irreális, alaptalan, valószínűtlen
irrealizável [irrjölizàvèl] *mn* megvalósíthatatlan
irreconciliável [irrikoⁿsziljàvèl] *mn* kiengesztelhetetlen
irreconhecível [irrikonyiszivèl] *mn* felismerhetetlen
irrecuperável [irrikupiràvèl] *mn* visszaszerezhetetlen
irrecusável [irrikuzàvèl] *mn* visszautasíthatatlan; megcáfolhatatlan
irredutível, irreduzível [irridutivèl, -zivèl] *mn* 1. nem csökkenthető 2. *mat* nem egyszerűsíthető 3. *átv* leküzdhetetlen, megdönthetetlen
irreflectido [irriflètidu] *mn* meggondolatlan
irrefreável [irrifrjàvèl] *mn* fékezhetetlen
irrefutável [irrifutàvèl] *mn* megcáfolhatatlan
irregular [irrigulàr] *mn* 1. szabálytalan; szabályellenes 2. egyenetlen 3. *kat: tropas ~es* irreguláris csapatok 4. *nyelvt* rendhagyó
irregularidade [irrigulöridàd] *f* 1. szabálytalanság, szabályellenesség 2. rendhagyóság
irreligião [irrilizsjöⁿu] *f* vallástalanság, hitetlenség
irreligioso [irrilizsjozu] *mn* vallástalan, hitetlen
irremediável [irrimigyàvèl] *mn* jóvátehetetlen, helyrehozhatatlan
irreparável [irripöràvèl] *mn* 1. = **irremediável** 2. pótolhatatlan
irrepreensível [irriprjeⁿszivèl] *mn* feddhetetlen, kifogástalan
irreprimível [irriprimivèl] *mn* elfojthatatlan, elnyomhatatlan
irrequieto [irrikjètu] *mn* nyugtalan
irresistível [irrizistivèl] *mn* ellenállhatatlan
irresoluto [irrizulutu] *mn* 1. határozatlan 2. megoldatlan
irrespirável [irrispiràvèl] *mn* belélegezhetetlen; *a sala está ~* a teremben fojtó levegő van
irrespondível [irrispondivèl] *mn* 1. megnem válaszolható 2. megcáfolhatatlan
irresponsabilidade [irrispoⁿszöbilidàd] *f* 1. felelőtlenség 2. *jog* beszámíthatatlanság
irresponsável [irrispoⁿszàvèl] *mn* 1. felelőtlen 2. *jog* beszámíthatatlan
irreverência [irrivireⁿszjö] *f* tiszteletlenség
irreverencioso [irrivireⁿszjozu] *mn* tiszteletlen
irreverente [irrivireⁿnt] *mn* tiszteletlen
irreversível [irrivirszivèl] *mn* vissza nem fordítható
irrevogável [irrivugàvèl] *mn* visszavonhatatlan
irrigação [irrigöszöⁿu] *f* öntözés
irrigador [irrigödor] *m* 1. öntözőkanna 2. *orv* beöntőkészülék
irrigar [irrigàr] *1/4 ts* 1. megöntöz 2. *orv* kimos, kiöblít
irrigatório [irrigötòrju] *mn* öntöző-
irrisão [irrizöⁿu] *f* kigúnyolás; gúny
irrisório [irrizòrju] *mn* 1. gúnyos, gúnyolódó 2. nevetséges
irritabilidade [irritöbilidàd] *f* ingerlékenység
irritação [irritöszöⁿu] *f* 1. inger 2. ingerültség 3. ingerlékenység
irritadiço [irritödiszu] *mn* ingerlékeny
irritante [irritöⁿnt] I. *mn* ingerlő, izgató II. *fn, m orv* izgatószer
irritar [irritàr] *1/1 ts* 1. ingerel, izgat 2. felizgat, felbőszít
irritável [irritàvèl] *mn* ingerlékeny
írrito [irritu] *mn* hiábavaló
irromper [irroⁿmpér] *2/1 tl* 1. behatol, betör 2. előtűnik, megjelenik 3. *o destino irrompeu* a sors közbeszólt
irrupção [irrupszöⁿu] *f* 1. behatolás, betörés 2. megjelenés 3. *orv* kiütés
Isabel [izöbèl] *f* Erzsébet
isca [iskö] *f* csalétek; *morder a ~* horogra akad, bekapja a horgot
iscar [iskàr] *1/2 ts* 1. csalétekkel lát el (horgot) 2. *átv* csalogat, csábít
isenção [izeⁿszöⁿu] *f* 1. felmentés; mentesség 2. tárgyilagosság
isentar [izeⁿntàr] *1/1 ts* mentesít
isento [izeⁿntu] *mn* mentes, mentesített; *~ de direitos* vámmentes; *~ do*

serviço militar katonai szolgálat alól felmentett
islame [izslöm] *m* = **islão**
Islândia [izslö^{n}ngyö] *f* Izland
islandês *m*, **islandesa** *f* [izslö^{n}ndés, -dézö] *mn* és *fn* izlandi
islão [izslö^{n}u] *m* iszlám, mohamedán vallás
isolação [izulöszö^{n}u] *f* elszigetelés (*átv* is)
isolacionismo [izulöszjunizsmu] *m* elkülönülési politika
isolador *m*, **-a** *f* [izulödor(ö)] **I.** *mn* szigetelő **II.** *fn, m vill* szigetelő
isolamento [izulöme^{n}ntu] *m* (el)szigetelés; ~ *térmico* hőszigetelés
isolar [izulàr] *1/15 ts* **1.** elkülönít, elszigetel **2.** *műsz* szigetel
isòscele(s) [izòs-szili(s)] *mn geom* egyenlő szárú
isotérmico [izòtèrmiku] *mn* állandóan egyenlő hőmérsékletű
isqueiro [iskéjru] *m* öngyújtó
Israel [izsröèl] *m* Izrael
israelense, israeliano [izsröèle^{n}sz, -èljönu] *mn* és *fn* izraeli, Izraelből való
israelita [izsröèlitö] *mn* és *fn* izraelita
isso [iszu] *névm* ez; *é ~!* **a)** éppen ez az! **b)** nagyon helyes! *é só ~?* ez minden? ez az egész? *apesar disso* ennek ellenére; *para ~, por ~* ezért; *por ~ que* mert; *que tenho eu lá com ~?* nekem mi közöm van ehhez? *nem por ~* **a)** nem annyira **b)** ennek ellenére, mégis; *está muito frio? nem por ~* nagyon hideg van? nem veszélyes; *nem por ~ ele deixa de fazê-lo* csak azért is csinálja
istmo [istmu] *m* földszoros
isto [istu] *névm* ez; ~ *é* azaz, vagyis; *além disto* ezenkívül; *e mais ~ e mais aquilo* és még ez, és még az; és így tovább; satöbbi
Itália [itàljö] *f* Olaszország
italiano [itöljönu] *mn* és *fn* olasz
itálico [itàliku] **I.** *mn* **1.** itáliai **2.** *letra ~a* kurzív *v* dőlt betű **II.** *fn, m nyomd* kurzív, dőlt betű
item [itö^{n}j] **I.** *hat* ezenkívül; valamint **II.** *fn, m* (*tb: itens*) fejezet; bekezdés
iterar [itiràr] *1/14 ts* megismétel
iterativo [itirötivu] *mn* **1.** ismétlő; ismételt **2.** *nyelvt: verbo ~* gyakorító ige
itinerante [itinörö^{n}nt] *mn* és *fn* utazó, vándor
itinerário [itiniràrju] **I.** *mn* út-, úti, utazási **II.** *fn, m* **1.** útirány, útvonal **2.** útleírás; útikalauz **3.** *átv* út, életpálya
Iugoslávia [jugozlàvjö] *f* **B** Jugoszlávia; → **Jugoslávia**
iugoslavo [jugozlàvu] *mn* és *fn* **B** jugoszláv; → **jugoslavo**

J

J, j [zsòtö] *m* j (betű)

já [zsà] **I.** *hat* **1.** már; máris; azonnal; ~ *então* már akkor (is); ~ *não* már nem; ~ *vou* már megyek; ~ ... ~ hol ... hol, majd ... majd; ~ *chora,* ~ *ri* hol sír, hol nevet **2.** *szól:* ~ ~ mindjárt most; ~ *agora* ha már itt tartunk; ~ *dias* már napok óta; ~ *que* ha már egyszer; amennyiben; ~ *se vé* természetesen, persze; *para* ~ **a)** mostanra, egyelőre **b)** már most **c)** először is; hogy azzal kezdjük **II.** *isz* ~*!* igen; úgy bizony! persze! na végre! ~ *pois* jó van hát! helyes!

jabá [zsàbà] *m* **B** szárított hús

jabiraca [zsàbiràkö] *f* **B** *nép* boszorkány

jaca [zsàkö] *fn* **I.** *f* a kenyérfa gyümölcse **II.** *m* afrikai törzsfőnök

jacá [zsàkà] *m* **B** fonott kosár

jaça [zsàszö] *f argó* börtön, „siti"

jacaré [zsökörè] *m* **B** *áll* kajmán, krokodil

jacente [zsösze^{n}nt] **I.** *mn* **1.** fekvő **2.** gazdátlan; *herança* ~ gazdátlan örökség **II.** *fn, m:* ~*s* sziklazátony

jacinto [zsöszi^{n}ntu] *m növ* jácint

Jacó [zsökò] *m* Jakab

já-começa [zsàkumészö] *f* **B** **1.** pálinka (erjesztett mézből) **2.** viszketegség, viszketés

jactância [zsöktö^{n}szjö] *f* **1.** hencegés **2.** hiúság **3.** gőg

jactancioso [zsöktö^{n}szjozu] *mn* **1.** hencegő, dicsekvő **2.** hiú **3.** gőgös

jactar-se [zsöktàrszi] *1/12* henceg, kérkedik vmivel (*de*)

jacto [zsàktu] *m* **1.** dobás; lökés; *a* ~ rohanva, sebtiben; *de um* ~ egyszerre, egy szúszra **2.** sugár; ~ *de água* vízsugár; ~ *de água fria, átv* hideg zuhany, nagy csalódás; ~ *de luz* fénysugár; *avião a* ~ sugárhajtású repülőgép

jaculação [zsökulöszö^{n}u] *f kat* röppálya

jaculatória [zsökulötòrjö] *f vall* rövid fohász

jacumaíba, jacumaúba [zsàkumàìbö, -ubö] *m* **B** révkalauz

jade [zsàd] *m ásv* zsád, nefritkő

jaez [zsöés] *m* **1.** lószerszám **2.** *átv* természet; fajta; *do mesmo* ~ hasonszőrű

Jafa [zsàfö] *f* Jaffa

jagunço [zsögu^{n}szu] *m* **1.** vkinek a testőre **2.** bandita, bérenc, bérgyilkos

Jaime [zsàjm] *m* Jakab

jalapa [zsölàpö] *f növ* jalapa

jaleco [zsöléku] *m* rövid kabát, zeke

jalne [zsàln] *mn* aranysárga

jamais [zsàmàjs] *hat* **1.** soha **2.** ~ *por* ~ egyszer s mindenkorra **3.** *biz* különösképpen

jamanta [zsömö^{n}ntö] *f* **B** **1.** házicipő **2.** elkészült autókat szállító teherautó

Janeiro [zsönéjru] *m* Január

janela [zsönèlö] *f* **1.** ablak; *a* ~ *cai sobre a praça* az ablak a térre néz; *a* ~ *dá* v *deita* v *mira* v *olha para a rua* az ablak az utcára néz; *a* ~ *vira para o nascente* az ablak keleti fekvésű; **2.** *estar à* ~ az ablakban áll **3.** nyílás; lyuk

jangada [zsö^{n}gàdö] *f* tutaj

jangadeiro [zsö^{n}ngödéjru] *m* tutajos

jângal [zsö^{n}ngàl] *m földr* dzsungel, őserdő

Janjoca [zsö^{n}zsòkö] *m* **B** Jancsi

janota [zsönòtö] **I.** *mn* elegáns; ficsúros **II.** *fn, m* ficsúr, divatmajom

janta [zsö^{n}ntö] *f biz* vacsora

jantado [zsö^{n}ntàdu] *mmi* → **jantar**; *depois* ~ vacsora után; *venho* ~ már vacsoráztam

jantar [zsö^{n}ntàr] **I.** *1/1 ts, tl* vacsorázik **II.** *fn, m* vacsora (mint főétkezés)

jantarada [zsöntöràdö] *f* díszebéd, lakoma

jantarão [zsö^{n}ntörö^{n}u] *m* = **jantarada**

Japão [zsöpö^{n}u] *m* Japán (ország)

japonês *m*, **japonesa** *f* [zsöpunés, -nézö] *mn* és *fn* japán, japáni

japónico [zsöpòniku] *mn* japán

jaqueira [zsökéjrö] *f növ* kenyérfa

jaqueta [zsökétö] *f* rövid kabát

jaquetão [zsökitö^{n}u] *m* kétsoros kabát; zeke

jararaca [zsàràràkö] *f* **B 1.** mérges kígyófajta **2.** *növ* kígyófű

jarda [zsàrdö] *f* yard (91 cm)

jardim [zsördi^n] *m* (virágos)kert; ~ *de inverno* télikert

jardinagem [zsördinàzsö^{n}j] *f* kertészet

jardinar [zsördinàr] *1/1 tl* kertészkedik

jardineira [zsördinéjrö] *f* **1.** virágtartó, virágállvány **2.** kertésznő **3.** *konyh* vegyes körítés **4. B a)** mikrobusz **b)** nyitott villamoskocsi

jardineiro [zsördinéjru] *m* kertész

jargão [zsàrgö^{n}u] *m* zsargon

jarra [zsàrrö] *f* (virág)váza

jarrão [zsörrö^{n}u] *m* díszváza

jarrete [zsörrét] *m* **1.** *orv* térdhajlat **2.** (állati) lábszárhús

jarreteira [zsörritéjrö] *f* **1.** harisnyakötő **2.** *ordem da* ~ térdszalagrend

jarro [zsàrru] *m* **1.** vizeskancsó **2.** *növ* oroszlánszáj

jasmim [zsözsmi^n] *m növ* jázmin

jaspe [zsàsp] *m ásv* jáspis

jato → **jacto**

jaula [zsàulö] *f* ketrec; kalitka

javali [zsövöli] *m* vadkan

javalina [zsövölinö] *f* vademse

Java [zsàvö] *f* Jáva

javanês *m*, **javanesa** *f* [zsövönés, -nézö] *mn* és *fn* jávai

javardo [zsövàrdu] **I.** *mn* **1.** goromba, durva **2.** sáros, piszkos **II.** *fn, m* vadkan

jazer [zsözér] *2/6 tl* fekszik, nyugszik; *aqui jaz* itt nyugszik

jazida [zsözidö] *f* **1.** *bány* lelőhely **2.** nyugvóhely **3.** nyugalom, pihenés

jazigo [zsözigu] *m* **1.** *bány* lelőhely **2.** sír; síremlék; kripta

J. C. = *Jesus Cristo*

J.^{e} = *José*

jeira [zséjrö] *f* **1.** földbirtok (19—36 hektár között) **2.** napszám; napszámbér

jeitão [zséjtö^{n}u] *m* **B** *biz* **1.** megjelenés, külső **2.** jellegzetes vonás

jeito [zséjtu] *m* **1.** mód; modor; szokás; ~ *de falar* beszédmodor; *deste* ~ ilyen módon; *de qualquer* ~ valahogyan, valamiképpen; *de todo o* ~ mindenféle; *de* ~ *que* oly módon, hogy **2.** hozzáértés; ügyesség; (mesterségbeli) fogás; hajlam, tehetség; lendület; *falta de* ~ ügyetlenség; *com* ~ hozzáértéssel, ügyesen; *sem* ~ ügyetlenül; *ter* ~ van rátermettsége, ügyes; *não tem* ~ *para nada* semmihez sincs tehetsége, nem ért semmihez; *não tem* ~ *para a música* nincsen tehetsége a zenéhez **3.** gesztus, taglejtés; mozdulat; *fazer um* ~ *de cabeça* fejével int **4.** ficam, rándulás; *dei um* ~ *no pé* kificamítottam a lábamat **5.** forma, külső; látszat; arcvonások, vonalak; *ter* ~ *de* hasonlít vkihez *v* vmihez; *tem o* ~ *de uma pera* körte alakja van; *tem* ~ *de estrangeiro* idegennek látszik **6.** tapintatosság; *com* ~ tapintatosan **7. B** illem, jó modor; *à* ~ illő formában, megfelelően; *tenha* ~! viselkedjék rendesen! **8.** hiba, fogyatékosság; *tem um* ~ hibás; *tem* ~ *nos olhos* kancsalít **9.** *szól: achar um* ~ *para* módját ejti vminek; **B** *biz: daquele* ~ a szokott módján; *portou-se daquele* ~ a tőle megszokott rossz modorát mutatta; *dar um* ~ *a* rendbe hoz vmit; *dar um* ~ *na sala* rendbe hozza a szobát; *dei um* ~ *na televisão* megjavítottam a televíziót; *não dá v leva v tem* ~ ez nem megy; *não tem* ~ *mesmo* teljesen reménytelen ügy, kár megkísérelni; *não vejo* ~ nem látok kiutat *v* lehetőséget; *desculpe o mau* ~, *mas* bocsássa meg, hogy ezt kell mondanom, de; *fazer* ~ kapóra jön; *ficar sem* ~ feszélyezve érzi magát, zavarban van

jeitoso [zséjtozu] *mn* **1.** ügyes **2.** csinos **3.** megfelelő

jejuador *m*, **-a** *f* [zsizsvödor(ö)] *mn* és *fn* böjtölő

jejuar [zsizsvàr] *1/1 tl* **1.** böjtöl **2.** *átv* tartózkodik vmitől (*de*) **3.** nincs tudomása vmiről (*de*)
jejum [zsizsu^n] *m* **1.** böjt; *quebrar o ~* megszegi a böjtöt; *közm: ventre em ~ não ouve a nenhum* az éhség mindenre ráveszi az embert **2.** *szól: ficar em ~* **a)** üres a gyomra **b)** *átv biz* nincsen tudomása vmiről (*de*)
Jeová [zsjuvà] *m* Jahve, Jehova
jerarquia [zsirörkiö] *f* hierarchia, rangsor
jerárquico [zsiràrkiku] *mn* hierarchikus, rangsor szerinti
Jerónimo [zsirònimu] *m* Jeromos
jeropiga [zsirupigö] *f* **1.** szesszel kevert must **2.** nem erjedt (olcsó) bor
jérsei [zsèrszi] *m text* kötszövött gyapjúanyag
jesuíta [zsizvitö] *m* jezsuita
jesuítico [zsizvitiku] *mn* jezsuita
Jesus [zsizus] *m* Jézus; *~!* uram Jézus!
jetica [zsétikà] *f* **B** édes burgonya
jiboia [zsibòjö] *f* **B** óriáskígyó
gipão [zsipö^{n}u] *m* **B** dzsip
jirau [zsiràu] *m* **B** (falábakon álló) polc (edények, ételek elhelyezésére) **2.** cölöpépítmény talapzata
J.º = *João*
joalharia [zsvöljöriö] *f* **1.** ékszerészet **2.** ékszerüzlet **3.** ékszeráru
joalheiro [zsvöljéjru] *m* ékszerész
Joana [zsvönö] *f* Johanna
joanete [zsvönét] *m* **1.** *haj* sudárvitorla **2.** *orv* csontkinövés; tyúkszem
joaninha [zsvöninyö] *f áll* katicabogár
João [zsvö^{n}u] *m* János
joão-fernandes, joão-ninguém [zsvö^{n}u firnö^{n}ndis, -ni^{n}ngö^{n}j] *m biz* jelentéktelen ember, egy senki
joão-pestana [zsvö^{n}u pistönö] *m nép* alvás, álom
Joaquim [zsuöki^n] *m* Joachim
joça [zsòszö] *f* **B** vacak, bóvli
jocosidade [zsukuzidàd] *f* **1.** vidámság, jókedv **2.** tréfa, vicc
jocoso [zsukozu] *mn* **1.** vidám, jókedvű **2.** tréfás, vicces **3.** *dito ~* szellemes megjegyzés
joeira [zsvéjrö] *f* gabonaszelelő kosár; szita, rosta
joeirar [zsvéjràr] *1/1 ts* gabonát szelel; rostál (*átv* is)
joelheira [zsviljéjrö] *f* **1.** *rég* térdpáncél **2.** térdrész (nadrágon) **3.** kitérdelés (nadrágon)
joelheiro [zsviljéjru] *mn* térd-, térdig érő
joelho [zsvélju] *m* **1.** térd; *de ~s* térden állva; *cair de ~s* térdre borul; *curvar os ~s, dobrar o ~* térdet hajt; *estar de ~s* térdepel, térden áll **2.** *műsz* csukló
jogada [zsugàdö] *f ját* **1.** játszma **2.** húzás, dobás, lépés **3.** tét
jogador *m*, **-a** *f* [zsugödor(ö)] *mn* és *fn* játékos
jogar [zsugàr] *1/4, 1/15* **I.** *ts* **1.** játszik; *~ (o) bridge* bridzsezik; *~ as cartas* kártyázik; *~ os dados* kockázik; *~ (o) xadrez* sakkozik **2.** *ját:* húz, dob, lép; kijátssza **3.** *átv* kockára tesz; *~ a vida* életével játszik **4.** dobál, hajigál; *~ fora* kihajít, kidob; **II.** *tl* **1.** játszadozik, tréfálkozik **2.** *műsz* működik, jár, forog **3.** *haj* himbálódzik, ring **4.** *~ com* összeillik vmivel **5.** *szól: átv: ~ aberto* nyílt lapokkal játszik; *~ as armas* jól tud bánni a fegyverrel; *~ de fora* ügyesen kimenekül a csávából; *~ forte* nagy összegekben játszik; *~ na certa* biztosra megy; *sakk: jogam as brancas* fehér lép; *jogou a roupa do corpo* a rajta levő ruhát is eljátszotta, az ingét is otthagyta **III.** **~-se** dobja magát; *~-se de bruços* lehasal; *~-se do andar* leveti magát az emeletről
jogo [zsogu] *m* **1.** játék; szórakozás; *~ de cabra-cega* szembekötősdi; *~ de cena* színpadi játék; *~ das escondidas* bújócska; *jogo de futebol* labdarúgás; *~ de palavras* v *de vocábulos* szójáték; *~s de salão* társasjátékok; *casa de ~* játékkaszinó, játékbarlang: *ser feliz ao ~* szerencséje van a játékban **2.** játékszabályok; *faltar ao ~* nem tartja be a játékszabályokat **3.** *ját* tét **4.** játékszenvedély; *é dado ao ~* a játék rabja **5.** *haj* himbálódzás, ringás **6.** készlet; *~ de ferramentas* szerszámkészlet; *~ de sala de jantar* ebédlőbútor-garnitúra **7.** összefüggő szerkezet; *~ dianteiro* kocsi elülső része *v* elülső kerekei; *~ traseiro* kocsi hátsó része *v* hátsó kerekei **8.** *műsz:* működés **9.** tréfálkozás, gúnyolódás **10.** szándék, terv **11.** agyafúrtság,

ügyesség 12. *szól:* ~*s de água* szökőkút; ~ *de mão* bűvészkedés, bűvészmutatvány; *calar-se* v *fechar-se com o* ~, *esconder o jogo* nem enged bepillantani a kártyáiba, leplezi szándékait; *conhecer o* ~ *a* átlát vkin; *entrar em* ~ működésbe lép, beavatkozik; *estar em* ~ kockán forog; *estar fora do* ~ kimarad a játékból (*átv* is); *fazer o* ~ *de* vkinek a kezére játszik; *fazer boa cara ao mau* ~ jó arcot vág a rossz tréfához; *ver o* ~ *mal parado* észreveszi, hogy baj van

jogo-do-bicho [zsogu du bisu] *m* **B** lottójáték-féle

joguetar [zsugitàr] *1/13 tl* tréfálkozik; gúnyolódik

joguete [zsugét] *m* tréfa, gúny; *servir de* ~, *átv* céltáblául szolgál

joguetear [zsugityàr] *1/5* = **joguetar**

jóia [zsòjö] *f* **1.** ékszer, drágakő **2.** (egyesületbe való) belépési díj **3.** *minha* ~*!* drágaságom! szívem!

jónico [zsòniku] *mn ép* ión, jón

jóquei [zsòkéj] *m* zsoké

Jorge [zsòrzs] *m* György

jorna [zsòrnö] *f biz* napszámbér

jornada [zsurnàdö] *f* **1.** egy nap alatt megtett út; *estar de* ~ úton van **2.** nap; munkanap; *a* ~ *de hoje* a mai nap **3.** *kat* hadjárat; portyázás **4.** *sp* portya **5.** ~ *do Primeiro de Maio* Május Elsejének ünnepe

jornal [zsurnàl] *m* **1.** napszámbér **2.** újság; ~ *sonoro* hangos híradó

jornaleco [zsurnöléku] *m pejor* zugújság

jornaleiro [zsurnöljéru] **I.** *mn* mindennapi **II.** *fn* **1.** napszámos **2.** újságárus

jornalismo [zsurnölizsmu] *m* újságírás

jornalista [zsurnölistö] *fn* újságíró

jornalístico [zsurnölistiku] *mn* újságírói

jorra [zsorrö] *f* **1.** kátrány, szurok **2.** (fém)salak; hulladék

jorrar [zsurràr] *1/15* **I.** *ts* ont **II.** *tl* előbugyog; patakzik

jorro [zso:rru] *m* (víz)sugár; *correr em* ~ patakokban ömlik

José [zsuzè] *m* József

jota [zsòtö] *m* a *j* betű neve

jovem [zsòvö^{n}j] **I.** *mn* fiatal **II.** *fn* **1.** *m* ifjú, fiatalember **2.** *f* (fiatal) leány **3.** *os jovens* a fiatalok, a fiatalság

jovial [zsuvjàl] *mn* joviális, jó kedélyű

jovialidade [zsuvjölidàd] *f* **1.** vidámság, kedélyesség **2.** tréfálkozás; szellemesség

J.^{r} = *ker: Junior* ifjabb

juba [zsubö] *f* oroszlánsörény

jubilação [zsubilöszö^{n}u] *f* **1.** nagy öröm, ujjongás **2.** nyugállományba helyezés

jubilar[1] [zsubilàr] **I.** *mn* jubileumi

jubilar[2] [zsubilàr] *1/1* **I.** *ts* **1.** megörvendeztet **2.** nyugállományba helyez **II.** *tl* nagyon örül, ujjong **III.** ~**-se** nyugállományba vonul

jubileu [zsubiléu] *m* jubileum, emlékünnep; ~ *de ouro* aranylakodalom

júbilo [zsubilu] *m* nagy öröm, ujjongás

jubiloso [zsubilozu] *mn* örömteli, ujjongó

jucundo [zsuku^{n}ndu] *mn* vidám

judaico [zsudàjku] *mn* zsidó

judaismo [zsudöizsmu] *m* zsidóság

judas [zsudös] *m* júdás, áruló

judeu *m*, **judia** *f* [zsudéu, zsudiö] *mn* és *fn* zsidó(nő)

judiar [zsugyàr] *1/7 tl* **1.** csúfolódik, gúnyolódik **2.** ~ *com os animais* kínozza az állatokat

judiaria [zsugyöriö] *f* **1.** zsidónegyed **2.** bosszantás; kínzás

judicatura [zsudiköturö] *f* **1.** bíróság **2.** bírói hatalom, bírói tisztség

judicial [zsudiszjàl] *mn* bírói, bírósági

judiciar [zsudiszjàr] *1/7 tl* bírói ítéletet hoz

judiciário [zsudiszjàrju] **I.** *mn* bírói, bírósági **II.** *fn, f* (*polícia*) ~*a* rendőrbíróság

judicioso [zsudiszjozu] *mn* értelmes, józan

Judite [zsudit] *f* Judit

judo [zsudó] *m sp* judo, cselgáncs

judoca [zsudokö] *m sp* cselgáncsozó

jugo [zsugu] *m* iga

Jugoslávia [zsugozslàvjö] *f* Jugoszlávia

jugoslavo [zsugozslàvu] *mn* és *fn* jugoszláv

juiz [zsvis] *m* **1.** bíró; ~ *de paz* békebíró; ~ *de primeira instância* alsófokú bíróság bírája; járásbíró **2.** döntőbíró; zsűritag **3.** *sp:* ~ *de linha* határbíró

juiza [zsvizö] *f* bíró(nő); → juiz

juízo [zsvizu] *m* **1.** józan ész, értelem; *com* ~ ésszerűen; *homem de* ~ értelmes, megfontolt ember; *não estar em seu* ~ nincs józan eszénél; *crear* v *tomar* ~ észhez tér; *perder o* ~ elveszti józan ítélőképességét **2.** megítélés, vélemény; ítélet; *pelo meu* ~ megítélésem szerint; ~ *de Salomão* salamoni ítélet; *dar* ~ véleményt mond; *fazer* ~*s precipitados* elhamarkodottan ítélkezik; *formar* ~ *de* ítéletet alkot vmiről 3. bíróság; törvényszék; ~ *criminal* büntetőbíróság; *chamar a* ~ törvény elé idéz; *comparecer em* ~ megjelenik a bíróság előtt; *estar em* ~ *com* pereskedik vkivel; *vir a* ~ bírósághoz kerül 4. *vall:* ~ *final* végítélet napja

julgado [zsulgàdu] **I.** *mmi* → **julgar II.** *mn* **1.** átgondolt, meggondolt **2.** elintézett (ügy) **III.** *fn, m* **1.** bírói joghatóság **2.** jogerős ítélet; végleges döntés; *passar* v *transitar em* ~ jogerőre emelkedik

julgador *m,* **-a** *f* [zsulgödor(ö)] **I.** *mn* ítélkező, (el)bíráló **II.** *fn* bíró

julgamento [zsulgöme^{n}ntu] *m* **1.** bírósági tárgyalás **2.** *jog* ítélet, döntés, határozat **3.** megítélés; vélemény; bírálat

julgar [zsulgàr] *1/4* **I.** *ts* **1.** *jog* ítéletet hoz; elítél; ~ *uma pendência* vitás ügyben dönt **2.** megítél; vél, tart vmilyennek **T**; *a* ~ *por* vmi után ítélve; ~ *de interesse* fontosnak tart; ~ *outros por si* maga után ítél meg másokat **II.** ~**-se** tartja magát vmilyennek; ~*-se no dever* v *na obrigação* kötelességének érzi

Julho [zsulju] *m* július

Júlio [zsulju] *m* Gyula

jumenta [zsume^{n}ntö] *f* kancaszamár

jumento [zsume^{n}ntu] *m* szamár

juncal [zsu^{n}nkàl] *m* nádas

junção [zsu^{n}szö^{n}u] *f* **1.** összekötés, egyesítés **2.** egyesülés, találkozás(i pont)

juncar [zsu^{n}nkàr] *1/2 ts* levelekkel *v* virágokkal teleszór

junco [zsu^{n}nku] *m* **1.** nád **2.** sétabot

jungir [zsu^{n}zsir] *3/3 ts* **1.** összeköt, egyesít **2.** elnyom, leigáz

Junho [zsunyu] *m* június

júnior [zsunyòr] *m* **1.** fiatalabb, ifjabb **2.** *sp* ifi, ifjúsági sportoló

junquilho [zsu^{n}nkilju] *m* nárcisz

junta [zsu^{n}ntö] *f* **1.** *műsz* eresztés; illeszkedés; varrat; tömítés **2.** *orv* izület **3.** tanács, tanácskozás, gyűlés; *pol* junta; ~ *de freguesia* községi tanács; *orv:* ~ *de médicos* konzílium **4.** bizottság; ~ *comercial,* **B** kereskedelmi kamara **5.** ökörfogat

juntamente [zsu^{n}ntöme^{n}nt] *hat* egyszerre; egyidejűleg

juntar [zsu^{n}ntàr] *1/1* **I.** *ts* **1.** egybeilleszt, összeköt **2.** egyesít (*átv* is); ~ *os pés, nép* elpatkol **3.** felhalmoz, gyűjt **4.** hozzátesz, hozzáfűz; mellékel **II.** ~**-se 1.** csatlakozik vmihez (*a*) **2.** egyesül, szövetkezik **3.** párosodnak, párzanak

junteira [zsu^{n}ntéjrö] *f műsz* horonygyalu

junto [zsu^{n}ntu] **I.** *mmi* → **juntar II.** *mn* **1.** mellékelt, csatolt **2.** közeli, szomszédos; ~ *a* v *de* vmihez közel, vmi közelében **III.** *hat* **1.** egészen közel **2.** mellékelve, csatoltan **3.** *por* ~ mindenestül, együttesen **4.** *negócio por* ~ nagybani kereskedelem

juntura [zsu^{n}nturö] *f* **1.** *műsz* eresztés; csukló **2.** *orv* ízület

Júpiter [zsupitèr] *m csill* Jupiter

jura [zsurö] *f* **1.** eskü; *fazer uma* ~ esküt tesz **2.** átok; *dizer* ~*s* átkozódik

jurado [zsuràdu] **I.** *mn* **1.** eskü alatt vallott **2.** *inimigo* ~ esküdt ellenség **II.** *fn jog* esküdt

juramento [zsuröme^{n}ntu] *m* **1.** eskü; ~ *de fidelidade* hűségeskü; *prestar* ~ esküt tesz; **2.** fogadalom, ünnepélyes ígéret

jurar [zsuràr] *1/1 ts, tl* **1.** esküt tesz, megesküszik vmire (**T,** *de, por, sobre*); *jurar de vengá-lo* bosszút esküszik **2.** átkozódik

júri [zsuri] *m* **1.** zsűri, bíráló bizottság **2.** esküdtszék, esküdtek

jurídico [zsuridiku] *mn* jogi; *pessoa* ~*a* jogi személy

jurídico-fiscal [zsuridiku-fiskàl] *mn* jogi és pénzügyi

jurisconsulto [zsurisko^{n}szultu] *m* jogász; jogtanácsos

jurisdição [zsurizsdiszö^{n}u] *f* **1.** igazságszolgáltatás **2.** joghatóság **3.** hatáskör *jog*

jurisperito [zsurispiritu] *m* jogász

jurisprudência [zsurisprude^{n}szjö] *f* jogtudomány

jurista [zsuristö] *fn* **I.** jogász, jogtudós **II. 1.** uzsorás **2.** értékpapírok tulajdonosa

juro [zsuru] *m* kamat; ~ *bancário* bankkamat; ~ *simples* egyszerű kamat; ~ *composto,* ~ *sobre* ~*s* kamatos kamat; ~ *de mora* késedelmi kamat; *vence o ~ de dez por cento ao ano* évenként tíz százalékkal kamatozik

jururu [zsururu] *mn* **B** szomorú, rosszkedvű

jus [zsus] *m* jog; igény; *fazer ~ a* **a)** igényt tart, jogot formál vmire **b)** jogot próbál szerezni vmihez

justa [zsustö] *f* **1.** párbaj **2.** vetélkedés **3.** veszekedés, perpatvar

justamente [zsustöme^{n}nt] *hat* **1.** joggal **2.** nagyon helyesen

justapor [zsustöpor] *2/17 ts* mellé helyez, egymás mellé rak

justaposto [zsustöpostu] *mmi* → **justapor**

justaposição [zsustöpuziszö^{n}u] *f* egymás mellé helyezés

justar [zsustàr] *1/1 tl* **1.** lándzsát tör, párbajt vív **2.** vetélkedik **3.** pereskedik

justeza [zsustézö] *f* helyesség, pontosság

justiça [zsustiszö] *f* **1.** igazság; igazságosság; *de ~, por ~* igazság szerint; *falta-lhe a ~* az igazság nem az ő oldalán van **2.** igazságszolgáltatás; *~ gratuita* ingyenes jogi tanácsadás; *fazer ~* igazságot teremt **3.** bíróság; *ir à ~* bírósághoz fordul

justiçar [justiszàr] *1/3 ts* kivégez

justiceiro, justiçoso [zsustiszéjru, -szozu] *mn* **1.** igazságszerető **2.** megvesztegethetetlen

justificação [zsustifiköszö^{n}u] *f* igazolás; bizonyíték

justificado [zsustifikàdu] *mn* igazolt; jogos

justificar [zsustifikàr] *1/2 ts* **1.** igazol; bizonyít **2.** *nyomd* **a)** színel **b)** arányosít

justificativa [zsustifikötivö] *f* igazolás; mentség

justificativo [zsustifikötivu] *mn* igazoló; bizonyító

justo [zsustu] *mn* **1.** igazságos; jogos; *causa ~a* igaz ügy; *pretensão ~a* jogos igény; *recompensa ~a* megérdemelt jutalom **2.** helyes, pontos; *balança ~a* pontos mérleg; *hora ~a* pontos idő; *observação ~a* helyes megjegyzés; *ao ~* pontosan; *no momento ~* a kellő pillanatban; *dez anos ~s* pontosan tíz évig **3.** *vestido ~* szűk *v* testhez simuló ruha

juta [zsutö] *f* **1.** *növ* juta **2.** jutaszövet

juvenil [zsuvinil] *mn* fiatal; fiatalos; *anos juvenis* fiatalkori évek; *ardor ~* fiatalos hév

juventude [zsuve^{n}ntud] *f* fiatalság; ifjúság

K

K, K. = *quilo*

kg, kg. = *quilograma*

kl, kl. = *quilolitro*

km, km. = *quilómetro*

km/h = *quilómetro por hora*

K. O. = *knock out* kiütés

kw = *quilo-watt*

kw/h = *quilo-watt-hora*

L

L, l [èl] *m* L, l (betű)
l. = **1.** *letra* **2.** *linha* **3.** *livro* **4.** *litro*
L. = *largo* tér
la[1] [lö] *névm f* őt, azt; → **lo**
la[2] [là] *m zene* a (hang)
lá [là] *hat* **1.** ott; ~ *fora* ott kint; ~ *em baixo* ott lent; *cá e* ~ itt-ott; itt is, ott is; *para lá* oda; *por* ~ ott valahol, arrafelé **2.** akkor, akkoriban; ~ *nos meus tempos* akkoriban, az én időmben **3.** *biz* (toldalékszó:) *diga* ~ mondja csak! *ouve lá!* figyelj csak ide! *sabe-se lá!* tudja a jó ég! *ele* ~ *sabe* ő csak tudja! *eu* ~ *sei!* (*eu*) *sei* ~! mit tudom én! honnan tudjam? ~ *se foi tudo* minden odaveszett! *toma* ~! fogd! vedd! ~ *vamos nós* végünk van! ~ *pelas seis horas da tarde* úgy este hat óra körül
lã [lö^n] *f* **1.** gyapjú; ~ *cardada* fésűsgyapjú, kamgarn; ~ *fiada* gyapjúfonal; ~ *em bruto* nyers *v* zsíros gyapjú **2.** gyapjúszövet **3.** *növ* pihe, szőrszál, bolyh **4. B** nyers gyapot; ~ *de vidro* üveggyapot **5.** *argó* pénz, guba; *ter pouca* ~ kevés a pénze, „sóher" **6.** *szól:* *andar com pés de* ~ nesztelenül lépked; *ir buscar* ~ *e sair tosquiado* pórul jár
labareda [löbörédö] *f* **1.** lobogó láng, lángnyelv **2.** *átv* hevesség **3.** heves vérű ember
labéu [löbèu] *m* szégyenfolt; *pôr* ~ *a* megszégyenít
lábia [làbjö] *f biz* **1.** ravaszság **2.** rábeszélő készség; szép szavak; *ter muita* ~ jó svádája van
labiadas [löbjàdös] *f tb növ* ajakosok
labiado [löbjàdu] *mn növ* ajakos
labial [löbjàl] **I.** *mn* ajak- **II.** *fn, f nyelvt* ajakhang
lábio [làbju] *m* **1.** ajak **2.** *os* ~*s de uma ferida* seb szélei
labirinto [löbiri^{n}ntu] *m* **1.** labirintus, útvesztő **2.** *átv* bonyodalom, szövevény **3.** *orv* belső fül
labor [löbor] *m* fáradságos munka
laboração [löburöszö^{n}u] *f* **1.** feldolgozás **2.** munka; munkálkodás
laborar [löburàr] *1/15 tl* **1.** dolgozik, munkálkodik, fáradozik **2.** földet művel, szánt
laboratório [löburötòrju] *m* laboratórium
laborioso [löburjozu] *mn* **1.** munkás, dolgos, szorgalmas **2.** nehéz, fáradságos
laborista [löburistö] *mn* és *fn* (angol) munkáspárti
labrego [löbrégu] **I.** *mn* **1.** falusi **2.** parasztos; durva **II.** *fn, m* **1.** paraszt, földműves **2.** talajlazító gép
labuta, labutação [löbutö, löbutöszö^{n}u] *f* fáradságos munka
labutar [löbutàr] *1/1 tl* keményen dolgozik, robotol
laca [làkö] *f* lakk
laçada [löszàdö] *f* hurok
laçador [löszödor] *m* lasszódobó (marhapásztor)
laçar [löszàr] *1/3, 1/12 ts* **1.** lasszóval befog **2.** ~ *a gravata* megköti a nyakkendőjét
lacaio [lökàju] *m* lakáj, szolga (*átv* is)
lacete [löszét] *m* **1.** útkanyar **2.** kis hurok **3.** dülöngélés (vasúti kocsié) **4.** országút kikövezett része (vízmosások ellen)
laço [làszu] *m* **1.** lasszó, pányva **2.** hurok **3.** madárfogó háló; csapda (*átv* is);

armar um ~ a csapdát állít vkinek *v* vminek; *roer* v *soltar o ~* megmenekül a bajból; *ter o ~ na garganta* már a nyakán érzi a hurkot, reménytelen a helyzete 4. *átv* kötelék; kapcsolat; szövetség; *~s de amizade* baráti kapcsolatok; *~s do parentesco* rokoni szálak *v* kötelékek

lacónico [lökòniku] *mn* lakonikus, velős, tömör

laconismo [lökunizsmu] *m* velős tömörség

lacraia [làkràjà] *f* B *áll* százlábú

lacrar [lökràr] *1/12 ts* pecsétviasszal lezár (levelet, üveget)

lacre [làkr] *m* pecsétviasz

lacrimal [lökrimàl] *mn* könny-; *glândula ~* könnymirigy

lacrimejar [lökrimizsàr] *1/14 tl* könnyezik, könnyeket hullat

lacrimogéneo [lökrimuzsènyu] *mn*: *bomba ~a* könnyfakasztó bomba

lacrimoso [lökrimozu] *mn* 1. könnyes, könnyező 2. siralmas, szomorú

lactação [löktöszö^{n}u] *f* 1. tejképződés 2. szoptatás

lactante [löktö^{n}nt] *fn* 1. *f* szoptatós anya 2. *m, f* csecsemő

lactar [löktàr] *1/12* I. *ts* szoptat II. *tl* szopik

lactário [löktàrju] I. *mn* tej-, tejképző II. *fn, m* anyatejgyűjtőhely

láctea [làktyö] *f* haltej

lácteo [làktyu] *mn* tej-, tejes; *Via Láctea, csill* Tejút

lacticínio [löktiszinyu] *m* tejtermék

láctico [làktiku] *mn* tej-

lactòmetro [löktòmitru] *m* tejfajsúlymérő

lactose [löktòz] *f* tejcukor

lacuna [lökunö] *f* 1. lakuna, hiány, hiányosság 2. *orv* üreg; gödör

lacustre [lökustr] *mn* 1. tavi 2. *habitação ~* cölöpépítmény

ladainha [lödöinyö] *f vall* litánia (*átv* is)

ládano [làdönu] *m* tömjén

ladear [lögyàr] *1/5 ts* 1. kísér, oldalán halad; *o rio ladeia o vale* a folyó a völgy mentén folyik; *dois soldados ladeavam o assaltante* két katona kísérte be *v* vezette el a támadót 2. megkerül (*átv* is); *~ o monte* megkerüli a hegyet; *~ a questão* megkerüli a kérdést

ladeira [lödéjrö] *f* hegyoldal; lejtő; *~ abaixo* (*acima*) lejtőn lefelé (felfelé)

ladeirento [lödéjre^{n}ntu] *mn* lejtős

ladeiro [lödéjru] *mn* 1. oldalsó; oldalra hajló 2. *prato ~* lapos tányér

ladinice [lödinisz] *f* agyafúrtság, ravaszság

ladino [lödinu] *mn* agyafúrt, ravasz

lado [làdu] *m* 1. oldal; *dor no ~* oldalfájás; *o outro ~ do rio* a folyó túlsó partja; *no outro ~* szemközt, átellenben; *ao ~ de* vkinek *v* vminek az oldalán, mellett; *~ a ~, ao ~ um do outro* egymás mellett, váll váll mellett; *de ~* oldalt, oldalról; *dormir de ~* oldalán fekve alszik; *olhar de ~ a* ferdén pislant vkire; *de um para o outro ~* ide-oda; *do ~ a ~* teljesen; *por todos os ~s* minden oldalról, mindenfelől; *fazer-se ao ~* félreáll; *pôr de ~* félretesz; *pôr para o ~* félredob 2. *geom* oldal 3. irány; környék; *para que ~?* merre? milyen irányban? *vive pelos ~s de Coimbra* valahol Coimbra környékén lakik 4. *átv* oldal; rész; ág; *~ fraco* vkinek a gyenge oldala; *do ~ paterno* apai részről, apai ágon; *por um ~* egyrészt; *por outro ~* másrészt

ladra [làdrö] *f* 1. tolvajnő 2. gyümölcsszedő rúd 3. *Feira da Ladra* zsibvásár

ladrão [lödrö^{n}u] *m* 1. tolvaj; csirkefogó; útonálló 2. *növ* oldalhajtás; vadhajtás 3. *műsz* túlfolyócső

ladrar [lödràr] *1/12 tl* 1. ugat; *közm: cão que ladra não morde* amely kutya ugat, az nem harap 2. ordít(ozik), szitkozódik

ladrido [lödridu] *m* ugatás

ladrilhar [lödriljàr] *1/1 ts* kőlapokkal padlóz; csempékkel kirak

ladrilheiro [lödriljéjru] *m* téglaégető; csempekészítő

ladrilho [lödrilju] *m* csempe; padlótégla

ladroeira [lödruéjrö] *f* rablótanya

ladroice [lödruisz] *f* 1. lopás, rablás 2. rablótanya

lagar [lögàr] *m* présház

lagarta [lögàrtö] *f* 1. hernyó 2. *műsz* hernyótalp

lagartixa [lögörtisö] *f* kis gyík

lagarto [lögàrtu] *m* gyík

lago [làgu] *m* 1. tó 2. kerti medence 3. tócsa; *um ~ de sangue* vértócsa

lagoa [lögoö] *f* 1. tengerszem 2. pocsolya

lagosta [lögostö] *f* languszta (tengeri rákfajta)
lágrima [làgrimö] *f* **1.** könny; *~s de crocodilo* krokodilkönnyek; *~s de sangue* keserű könnyek; *banhado de ~s* könnyárban úszva; *derramar* v *verter ~s* könnyeket ont **2.** csepp; *~ de vinho* borcsepp
laguna [lögunö] *f* laguna
laia [làjö] *f biz* fajta, féleség; *gente da mesma ~* hasonszőrű alakok; *à ~ de* vminek a módja szerint, mintájára
laical, laico [làjkàl, làjku] *mn* laikus, világi
laivar [làjvàr] *1/1 ts* bepiszkít, beszennyez
laivo [làjvu] *m* **1.** folt, piszok **2.** *növ* erezet **3.** *~s* felületes ismeretek; külső máz
laja, laje [làzsö, làzs] *f* kőlap; betonlap
lajeado [lözsjàdu] *m* kőlapokkal kirakott út
lajear [lözsjàr] *1/5 ts* kőlapokkal kirak, kikövez
lajota [lözsòtö] *f* cementlapocska; *~ em cerâmica* csempe
lama [lömö] *fn* **I.** *f* iszap, sár **II.** *m áll* láma **III.** *m* láma (buddhista szerzetes)
lamaçal, lamaceiro [lömöszàl, -széjru] *m* **1.** mocsár **2.** pocsolya
lamacento [lömösze^{n}ntu] *mn* **1.** mocsaras **2.** sáros
lambada [lö^{n}mbàdö] *f* **1.** botütés **2.** ütlegelés; elpáholás
lambamba [lö^{n}mbö^{n}mbö] *mn* és *fn* **B** iszákos
lambança [lö^{n}mbö^{n}szö] *f* **1.** *nép* lakmározás, zabálás **2.** zsivaj, dáridó **3. B** kérkedés, felvágás
lambão *m*, **lambona** *f* [lö^{n}mbö^{n}u, lö^{n}mbonö] *mn* és *fn* **1.** nagybélű, falánk **2.** hanyag **3.** buta
lambareiro [lö^{n}mböréjru] *mn* és *fn* **1.** nyalánk **2.** ármánykodó
lambarice [lö^{n}mbörisz] *f* nyalakodás; nyalánkság
lamber [lö^{n}mbér] *2/1* **I.** *ts* **1.** nyal, nyaldos (*átv* is); *~ os dedos* az ujját is megnyalja utána; *~ os pés a* a talpát nyalja, hizeleg vkinek **2.** *átv* nagy gonddal kidolgoz **II.** *~-se* száját nyaldossa
lambido [lö^{n}mbidu] *mn* kikent-kifent; simára fésült (haj)
lambiscar [lö^{n}mbiskàr] *1/2 ts, tl nép* ímmel-ámmal eszeget
lambisco [lö^{n}mbisku] *m nép* **1.** falat, darabka **2.** *num ~* pillanat alatt
lambisqueiro [lö^{n}mbiskéjru] *mn* és *fn* **1.** nyalakodó **2.** nagyevő
lambreta [lö^{n}mbrétö] *f* robogó (kis motorkerékpár)
lambri, lambril, *nép* **lambrim** [lö^{n}mbri, lö^{n}mbril, lö^{n}mbri^n] *m* = **lambris**
lambris [lö^{n}mbris] *m tb* belső falburkolat
lambujar [lö^{n}mbuzsàr] *1/1 tl biz* nyalakodik, torkoskodik
lambujem [lö^{n}mbuzsö^{n}j] *f* **1.** nyalakodás **2.** apró mellékkereset; borravaló
lambuzadela [lö^{n}mbuzödèlö] *f* **1.** (zsír)folt **2.** *átv* külső máz, vmihez konyítás
lambuzar [lö^{n}mbuzàr] *1/1 ts* bepiszkít, beszennyez
lamecha [lömésö] *mn* és *fn, m* epekedő szerelmes, nevetséges udvarló
lameira [löméjrö] *f* = **lameiro**
lameiro [löméjru] *m* **1.** ingovány; ártér **2.** legelő, rét
lamela [lömèlö] *f* lamella, vékony lemez
lamelado, lameloso [lömilàdu, -lozu] *mn* lamellás, lemezes
lamentação [löme^{n}ntöszö^{n}u] *f* **1.** jajgatás, jajveszékelés **2.** panaszkodás
lamentar [löme^{n}ntàr] *1/1* **I.** *ts* **1.** megsirat **2.** elpanaszol **3.** *lamento muito* nagyon sajnálom **II.** *~-se* **1.** jajgat, jajveszékel **2.** panaszkodik
lamentável [löme^{n}ntàvèl] *mn* **1.** siránkozó, panaszos **2.** *incidente ~* sajnálatos eset
lamento [löme^{n}ntu] *m* **1.** panasz **2.** *~s* jajgatás, jajveszékelés
lamentoso [löme^{n}ntozu] *mn* **1.** siránkozó, panaszkodó **2.** sajnálatos
lâmina [löminö] *f* **1.** vékony (fém)lemez **2.** *~ (de barba)* borotvapenge **3.** tárgylemez (mikroszkópban)
laminação [löminöszö^{n}u] *f müsz* hengerlés
laminador [löminödor] *m* **1.** hengerész **2.** hengermű
laminagem [löminàzsö^{n}j] *f* = **laminação**
laminar [löminàr] *1/1 ts* (fémet) hengerel
laminoso [löminozu] *mn* lemezes
lâmpada [lö^{n}mpödö] *f* lámpa; *~ a neon* neoncső; *~ de quartzo* kvarclámpa; *~ de rádio* rádiócső; *~ de segurança* biztonsági lámpa

lampadário [lö^{n}mpödàrju] *m* csillár

lampadejar [lö^{n}mpödizsàr] *1/14 tl* fénylik; villog

lamparina [lö^{n}mpörinö] *f* **1.** éjjeliszekrény-lámpa **2.** mécses

lampeiro [lö^{n}mpéjru] *mn* **1.** korán érő, korai **2.** agyafúrt; ügyes

lampejar [lö^{n}mpizsàr] *1/14 tl* fénylik; szikrázik

lampejo [lö^{n}mpézsu] *m* **1.** ragyogás **2.** felvillanás (*átv* is)

lampianista [lö^{n}mpjönistö] *fn* lámpagyújtogató

lampião [lö^{n}mpjö^{n}u] *m* **1.** utcai lámpa **2.** lampion

lampo [lö^{n}mpu] *mn* korán érő, korai

lampreia [lö^{n}mpréjö] *f áll* orsóhal

lamúria [lömurjö] *f* siránkozás

lamuriante [lömurjö^{n}nt] *mn* siránkozó, panaszos

lamuriar [lömurjàr] *1/7 tl* siránkozik, panaszkodik

lança [lö^{n}szö] *f* lándzsa; *quebrar ~s por* lándzsát tör vki *v* vmi érdekében, kiáll vmiért

lança-chamas [lö^{n}szösömös] *m* lángszóró

lançada [lö^{n}szàdö] *f* lándzsadöfés

lançadeira [lö^{n}szödéjrö] *f* **1.** *text* vetélő, szövőke **2.** varrógép hajója **3.** nyughatatlan ember

lançamento [lö^{n}szöme^{n}ntu] *m* **1.** dobás, hajítás; *~ do disco* diszkoszvetés; *~ de martelo* kalapácsvetés; *~ do peso* súlylökés **2.** *haj: ~ (à agua)* vízre bocsátás **3.** *ker* elkönyvelés **4.** *növ* hajtás, sarj **5.** alapkőletétel **6.** adókivetés

lança-minas [lö^{n}szöminös] *m* aknavető

lança-perfume [lö^{n}szöpirfum] *m* illatszóró

lançar [lö^{n}szàr] *1/3* **I.** *ts* **1.** dob, hajít, vet; *~ à costa* partra dob; *~ de si* ellök magától; *~ fora* kidob, kihajít: *~ por terra* földre terít **2.** kibocsát (magából), kihány; *~ sangue pela boca* vért hány **3.** *átv* közzétesz, kihirdet; **4.** forgalomba hoz; *~ uma moda* divatot bevezet; *~ no mercado* piacra dob **5.** *ker* elkönyvel (tételt) **6.** *szól: ~ botões* hajt, rügyezik; *~ imposto sobre* adót kivet vmire; *~ lágrimas abundantes* sűrű könnyeket hullat; *~ luz sobre* fényt vet vmire; *~ mão de* megragad, felhasznál vmit; *lança mão da sua palavra* szaván fogja őt; *~ mão de todos os meios* minden eszközt latba vet; *~ um navio ao mar* tengerre bocsát hajót; *~ uma ponte* hidat ver; *~ uma teoria* elméletet állít fel; *~ terror* rémületet kelt; *~ a vista* v *os olhos a* pillantást vet vkire *v* vmire; *~ à conta de* vkinek a számlájára írja, vkire áthárítja; *~ em ferros* bilincsbe ver; *~ em rosto a* **a)** a szemébe mondja **b)** szemére hányja *v* veti **II.** **~-se 1.** ráveti magát vkire *v* vmire (*sobre, em*); *~-se aos pés de* vkinek a lába elé veti magát; *~-se a correr* nekiiramodik **2.** ömlik, torkollik (folyó)

lança-torpedos [lö^{n}szöturpédus] *m kat* torpedókilövő szerkezet

lance [lö^{n}sz] *m* **1.** dobás, hajítás; *de um ~, do primeiro ~* egy csapásra, egyszerre, hirtelen; *~ de olhos* futó *v* gyors pillantás; *errar o ~* elvéti a célt, *átv:* elhibázza a dolgot **2.** eset, esemény, körülmény; *~ dramático* drámai jelenet; *~ trágico* tragikus eset; *os ~s da fortuna* a sors szeszélyei **3.** veszély; *~ estremo* végveszély; *~s de perigo* veszélyes pillanatok **4.** *~ de casas* házsor **5.** *ját* lépés; támadás

lancear [lö^{n}szjàr] *1/5 ts* **1.** dárdával megsebez **2.** *átv* kínoz ,gyötör **3.** **B** hálóval halászik

lanceiro [lö^{n}széjru] *m* lándzsás katona

lanceolado [lö^{n}szjulàdu] *mn növ* lándzsa alakú

lanceta [lö^{n}szétö] *f orv* lancetta

lancetar [lö^{n}szitàr] *1/13 ts orv* felszúr, felvág (kelést)

lancha [lö^{n}sö] *f* **1.** kisebb hajó, csavargőzös, propeller **2.** (vitorlás) csónak

lanchão [lö^{n}sö^{n}u] *m* dereglye, teherhajó

lanchar [lö^{n}sàr] *1/1 tl* löncsöl, villásreggelizik

lanche [lö^{n}s] *m* löncs, villásreggeli

lanchonete [lö^{n}sunéti] *m* **B** gyorsbüfé

lancinante [lö^{n}szinö^{n}nt] *mn* **1.** *dor ~* nyilalló *v* szaggató fájdalom **2.** *átv* kínzó, fájó

lancinar [lö^{n}szinàr] *1/1 ts* **1.** szúr **2.** *átv* kínoz, gyötör

lanço [lö^{n}szu] *m* **1.** dobás; *~ de dados* kockadobás; *~ de rede* háló kivetése; *de ~* egy csapásra, egyszerre **2.** *~ (de estrada)* útszakasz; *~ de escada* lépcső két pihenő közti része; *~ de* *muro* falrész 3. árverési árajánlat; *meter* v *pôr aos ~s* elárverez

landa [lö^{n}ndö] *f* puszta

landeira [lö^{n}ndéjrö] *f* (parafa)tölgyes

langor [löngor] *m* = **languidez**

langoroso [lö^{n}ngurozu] *mn* = **lânguido**

languento [lö^{n}nge^{n}ntu] *mn* betegeskedő

languescer [lö^{n}ngis-szér] *2/2 tl* 1. elerőtlenedik, elakad 2. senyved, sínylődik

languidez [lö^{n}ngidés] *f* 1. gyengeség, ernyedtség 2. epekedés

lânguido [lö^{n}ngidu] *mn* 1. gyenge, elernyedt 2. epekedő

lanho [lönyu] *m* (kés)vágás

lanífero [lönifiru] *mn* = **lanígero**

lanifício [lönifiszju] *m* 1. gyapjúáru; gyapjúszövet 2. *indústria de ~s* gyapjúfeldolgozó ipar

lanígero [lönizsiru] *mn* gyapjú-; gyapjas, bolyhos

lanoso [lönozu] *mn* gyapjas, bolyhos

lantejoila [lö^{n}ntizsojlö] *f* = **lentejoila**

lanterna [lö^{n}nternö] *f* lámpa, lámpás; zseblámpa; *~ de furta-fogo* tolvajlámpa

lanternagem [lö^{n}ntirnàzsö^{n}j] *f* **B** *autó* karosszériajavítás

lanterneiro [lö^{n}ntirnéjru] *m* 1. lámpatisztító 2. **B** *autó* karosszéria-javító

lanudo [lönudu] *mn* gyapjas; bolyhos

lanugem [lönuzsö^{n}j] *f* bolyh, pihe

lanuginoso [lönuzsinozu] *mn* bolyhos, pihés

lapão *m*, **lapã** *f* [löpö^{n}u, löpö^{n}] *mn* és *fn* lapp, lappföldi

láparo [làpöru] *m* fiatal nyúl, nyulacska

lapela [löpèlö] *f* hajtóka (kabáton)

lapidação [löpidöszö^{n}u] *f* 1. megkövezés 2. drágakőcsiszolás

lapidagem [löpidàzsö^{n}j] *f* drágakőcsiszolás

lapidar^{1} [löpidàr] *mn* lapidáris, rövid, tömör

lapidar^{2} [löpidàr] *1/1 ts* 1. megkövez 2. (drágakövet) csiszol 3. *átv* kicsiszol, tökéletesít

lapidário [löpidàrju] *m* drágakőcsiszoló

lápide [làpid] *f* emlékkő; sírkő

lápis [làpis] *m* ceruza; *~ de cor* színes ceruza

lapiseira [löpizéjrö] *f* 1. töltőceruza 2. ceruzatartó (tok)

Lapónia [löpònyö] *f* Lappföld

lapso [làpszu] *m* 1. *~ (de tempo)* időköz; *no ~ de dois anos* két év leforgása alatt; 2. hiba, botlás

lapuz [löpus] *m* faragatlan alak

laquê [löké] *m* hajlakk

laquear [lökjàr] *1/5 ts* **I.** *orv* elköt, leköt (ütőeret) **II. B 1.** (be)lakkoz 2. hajlakkal beszór

lar [làr] *m* 1. tűzhely 2. *átv* otthon; 3. *pátrios ~es* hazai tájak

laracha [löràsö] *fn* 1. *f* tréfa, vicc 2. *m, f* tréfamester

laranja [lörö^{n}zsö] *f* 1. narancs; *casca de ~* narancshéj 2. narancsszín

laranjada [lörö^{n}zsàdö] *f* narancsszörp

laranjal [lörö^{n}zsàl] *m* narancsliget

laranjeira [lörö^{n}zséjrö] *f* narancsfa

larápio [löràpju] *m* tolvaj; csibész

lardeadeira [lörgyödéjrö] *f* spékelőtű

lardear [lörgyàr] *1/5 ts* spékel

lardo [làrdu] *m* szalonna

lareira [löréjrö] *f* 1. tűzhely 2. kandalló

larg. = *largura* szélesség

larga [làrgö] *f* 1. *à ~* bőven, gazdagon; tetszés szerint 2. *dar ~s a* szabad kezet ad vkinek, szabadjára engedi

largada [lörgàdö] *f* 1. indulás 2. *sp* start; futam 3. élc, vicc

largar [lörgàr] *1/4, 1/12* **I.** *ts* 1. szabadlábra helyez, szabadon ereszt 2. lazít, kienged 3. elejt, kiejt a kezéből 4. elhagy, eldob magától; *~ a família* hátat fordít a családjának; *larga-me!* hagyj békén! 5. ráuszít; *~ os cães* elereszti a kutyákat 6. elkölt, kiad 7. *szól: ~ as armas* leteszi a fegyvert; *~ a pele* vedlik, hámlik; *~ as penas* hullatja tollait (madár); *~ uma risada* nevetésbe tör, felkacag; *~ as velas* kiengedi a vitorlákat **II.** *tl* 1. elindul, elmegy 2. *haj* kifut 3. *sp* startol, nekilendül **III. ~-se** 1. elfut; megszökik 2. eltávozik, elmegy

largo [làrgu] **I.** *mn* 1. széles, tágas 2. *átv* bőkezű; nemes lelkű; *com mãos ~as* bőkezűen 3. *szól: ~s anos* hosszú éveken át; *~ de língua* nyelvelő, feleselő; *~ de palavras* fűt-fát ígérgető; *~ na consciência* tág lelkiismeretű; *passar de ~* (messzire) elkerül, kikerül; *passar de ~ sobre* átsiklik vmin **II.** *fn, m* 1. kis tér 2. szélesség; *com dois metros de ~* két méter szélességben 3. (*mar*) *~* nyílt tenger; *fazer-se ao ~*

nyilt tengerre száll 4. *ao* ~ **a)** részletesen, tüzetesen **b)** távol tartva magától, távolról **III.** *hat: gastar* ~ sokat költ, nagy lábon él

larguear [làrgjàr] *1/5 ts* két kézzel szórja a pénzt

largueza [làrgézö] *f* **1.** szélesség **2.** bőkezűség **3.** pazarlás

largura [làrgurö] *f* szélesség

lariço [löriszu] *m* vörösfenyő

laringe [löri^{n}zs] *f orv* gége(fő)

laríngeo [löri^{n}zsju] *mn* gége-

laringite [löri^{n}zsit] *f orv* gégehurut

laringologista [löri^{n}ngòluzsistö] *fn* gégeszakorvos

laringoscópio [löri^{n}ngòskòpju] *m* gégetükör

larva [làrvö] *f áll* lárva

las [làs] *névm* → **lo**

lasca [làskö] *f* **1.** forgács; szilánk **2.** darab(ka)

lascar [löskàr] *1/2, 1/12* **I.** *ts* **1.** szétforgácsol; szilánkokra tör **2.** darabot letör vmiből **T 3. B** *biz ingratidão de* ~ legsötétebb hálátlanság; *fez-me uma de* ~ alaposan kitolt velem **II.** ~**-se** darabokra *v* szilánkokra tör

lascívia [lös-szivjö] *f* bujaság, erkölcstelenség

lascivo [lös-szivu] *mn* buja, kéjes

lassidão [löszidö^{n}u] *f* fáradtság, kimerültség

lasso [làszu] *mn* **1.** fáradt, kimerült **2.** laza; erőtlen

lástima [làstimö] *f* **1.** sajnálat, sajnálkozás, részvét; *digno de* ~ szánalomra méltó; *sem* ~ könyörtelenül; *causar* v *fazer* ~ részvétet kelt; *ter* ~ sajnálkozik **2.** nyomorúság; *é* ~! *que* ~! milyen kár! **3.** haszontalan ember *v* dolog

lastimar [löstimàr] *1/1* **I.** *ts* **1.** sajnál; részvéttel van vki iránt **T 2.** elszomorít, lesújt **II.** ~**-se** panaszkodik, siránkozik

lastimável [löstimàvèl] *mn* szánalmas, sajnálatra méltó

lastimoso [löstimozu] *mn* **1.** sajnálatos **2.** panaszkodó

lastrar [löstràr] *1/12 ts* **1.** nehezékkel *v* ballaszttal ellát **2.** ~ *o estômago* megtömi a gyomrát

lastrear [löstrjàr] *1/5 ts* = **lastrar**

lastro [làstru] *m* **1.** nehezék, ballaszt **2.** *átv* alap, megalapozás **3.** *tréf* borkorcsolya

lat. = *latitude* szélesség

lata [làtö] *f* **1.** pléh, bádog **2.** bádogdoboz; konzervdoboz **3.** *biz* pofa; *ter cara de* ~ pléhpofával *v* arcátlanul hazudik; *ter muita* ~ nagy a pofája; szemtelen **4.** *dar* ~ *ao namorado* kikosarazza az udvarlóját **5.** *m, f* kellemetlenkedő, unalmas alak

latada [lötàdö] *f* **1.** spalír, kerti lécfal **2.** elverés léccel **3.** *átv* macskazene (új házasok ablaka alatt)

latagão [lötögö^{n}u] *m* égimeszelő, langaléta

latão [lötö^{n}u] *m* sárgaréz

látego [làtigu] *m* **1.** korbács **2.** büntetés, fenyítés

latejar [lötizsàr] *1/14 tl* **1.** dobog, ver (szív) **2.** liheg, szuszog

latejo [lötézsu] *m* szívdobogás; érverés

latente [löte^{n}nt] *mn* lappangó

lateral [lötiràl] *mn* oldalsó, oldal-; *via* ~ mellékutca

latido [lötidu] *m* **1.** ugatás **2.** ~*s da consciência* lelkiismeretfurdalás

latifúndio [lötifungyu] *m* nagybirtok

latim [löti^n] *m* latin nyelv; ~ *vulgar* vulgáris *v* népi latin nyelv; *perder o seu* ~ hiábavaló munkát végez

latinidade [lötinidàd] *f* **1.** latinitás, latin jelleg **2.** a latin népek összesége

latinista [lötinistö] *fn* a latin nyelv művelője

latino [lötinu] *mn* és *fn* latin

latino-americano [lötinu ömirikönu] *mn* és *fn* latin-amerikai

latir [lötir] *3/13 tl* ugat

latitude [lötitud] *f* **1.** *földr* szélesség **2.** éghajlat; vidék **3.** *átv* kiterjedés **4.** *átv* cselekvési szabadság

latitudinário [lötitudinàrju] *mn* **1.** széles, terjedelmes **2.** *átv* liberális

lato [làtu] *mn* széles, tág; *em sentido* ~ tágabb értelemben véve

latoeiro [lötvéjru] *m* bádogos

latrina [lötrinö] *f* árnyékszék, illemhely

latrocínio [lötruszinyu] *m* rablás, útonállás

laudatório [làudötòrju] *mn* dicsérő, dicsőítő

laudo [làudu] *m:* ~ (*pericial*) szakvélemény

láurea [làurjö] *f* **1.** babérkoszorú **2.**

egyetemi fokozat; ~ *de doutor* doktorátus

laureado [làurjàdu] **I.** *mn* babérkoszorús; *poeta* ~ koszorús költő **II.** *fn* díjnyertes; ~ *com o Prémio Nobel* Nobel-díjas

lauto [làutu] *mn* bőséges, kiadós

lava [làvö] *f* **1.** láva **2.** *átv* folyam, áradat

lavabo [lövàbu] *m* **1.** mosdókagyló, mosdótál **2.** mosdóhelyiség, toalett

lavadaria [lövödöriö] *f* mosoda

lavadeira [lövödéjrö] *f* **1.** mosónő **2.** mosógép

lavadela [lövödèlö] *f* kis (ruha)mosás

lavado [lövàdu] *mn* **1.** mosott, kimosott **2.** elmosódott; *cor* ~*a* **a)** elmosódott szín **b)** vízfesték **3.** *szól:* ~ *de ar(es)* szellős; ~ *em sangue* vértől borított; ~ *em lágrimas* könnyben úszó; *de bofes* ~*s* jószívű; *às mãos* ~*as* könnyen, fáradság nélkül; *de mão* ~*a* ingyen

lavadoiro, -douro [lövödojru, -doru] *m* **1.** mosókonyha **2.** mosódeszka

lavadura [lövödurö] *f* **1.** (ruha)mosás **2.** mosogatólé

lavagante [lövögö^{n}nt] *m áll* homár

lavagem [lövàzsö^{n}j] *f* **1.** mosás, tisztítás; ~ *química* v *a seco* száraztisztítás; ~ *de roupa* ruhamosás **2.** *bány* ércmosás **3.** moslék (disznóknak) **4.** *orv* lemosás, kimosás; beöntés **5.** ~ *cerebral* agymosás

lavandaria [lövö^{n}ndöriö] *f* mosoda, tisztítóüzem

lavandeira [lövö^{n}ndéjrö] *f áll* barázdabillegető

lavar [lövàr] *1/12* **I.** *ts* **1.** mos, megmos, lemos, kimos; ~ *a roupa* ruhát mos **2.** *bány* ércet mos **3.** *átv* tisztára mos; *lavo (dai) as minhas mãos* mosom a kezemet, ártatlan vagyok (a dologban); *közm: uma mão lava a outra, e ambas o rosto* kéz kezet mos **II.** ~**-se** mosakodik (*átv* is)

lavatório [lövötòrju] *m* **1.** mosdókagyló, mosdótál **2.** mosdó (helyiség)

lavável [lövàvèl] *mn* mosható

lavoira [lövojrö] *f* = **lavoura**

lavor [lövor] *m* **1.** munka **2.** kézimunka, hímzés **3.** művészi munka **4.** dombor-műves díszítés

lavoura [lövorö] *f* **1.** mezei munka, szántás-vetés **2.** szántás **3.** ültetvény; ~ *de algodão* gyapotföld; ~*s arrozeiras* rizsföldek **4.** termesztés; ~ *algodoeira* gyapottermesztés **5.** **B** hivatásszerű munka, foglalkozás

lavra [làvrö] *f* **1.** szántás, megművelés **2.** **B** arany- v gyémántmező **3.** *átv* készítés, készítmény; *da* ~ *de* vkinek a műve, vkinek a tollából; *da minha (tua, sua stb)* ~ saját készítményű, házilag előállított

lavradeira [lövrödéjrö] *f* **1.** parasztasszony **2.** földművelő asszony **3.** hímzőnő

lavradeiro [lövrödéjru] *mn* mezei munkákra befogott (állat)

lavradio [lövrödiu] **I.** *mn* megművelhető, felszántható **II.** *fn, m* (*terra de*) ~ szántóföld

lavrado [lövràdu] **I.** *mn* **1.** megművelt, felszántott **2.** mintás, faragott, vésett **3.** hímzett **II.** *fn, m* **1.** szántóföld **2.** vésés, cizellálás **3.** hímzés

Lavrador [lövrödor] *m* Labrador

lavrador [lövrödor] *m* szántóvető, földműves

lavrar [lövràr] *1/12* **I.** *ts* **1.** szánt, megművel **2.** gyalul, lesimít **3.** kitermel, kibányász **4.** vés, cizellál **5.** hímez **6.** *átv* kimar, váj; *közm: a água lavra a pedra* csepp vájja a követ **7.** *szól:* ~ *uma acta* felfektet ügyiratot; ~ *um diamante* gyémántot csiszol; ~ *os mares* szántja a tengereket; ~ *moeda* pénzt ver; *jog:* ~ *uma sentença* ítéletet hoz; *sp:* ~ *um tento* gólt rúg **II.** *tl* elterjed

laxação [lösöszö^{n}u] *f* **1.** lazítás, lazulás **2.** lankadás **3.** *orv* hasmenés

laxante [lösö^{n}nt] **I.** *mn* lazító **II.** *fn, m orv* hashajtó

laxar [lösàr] *1/12 ts* **1.** lazít **2.** enyhít **3.** *orv* meghajt, levezet

laxativo [lösötivu] *mn* = **laxante**

lazarento [lözöre^{n}ntu] *mn* **1.** sebekkel borított; kiütéses **2.** leprás **3.** *biz* kiéhezett, nyomorult

lazareto [lözörétu] *m* lazarett; vesztegzár

lázaro [làzöru] *m* leprás; *hospital de* ~*s* leprakórház

lazeira [lözéjrö] *f* **1.** nyomor, baj **2.** éhség, éhezés

lazer [lözér] *m* szabad idő; pihenés; semmittevés

lazulita, lazulite [lözulitö, lözulit] *f ásv* lazúrkő, kékkő

lb. = *libra* angol font
L.^{da} = *ker: Sociedade de Responsabilidade Limitada*
L.^{do} = *Licenciado*
leal [ljàl] *mn* **1.** hűséges; lojális **2.** becsületes
lealdade [ljàldàd] *f* **1.** hűség, lojalitás **2.** becsületesség
leão [ljö^{n}u] *m* oroszlán
Leão [ljö^{n}u] *m* Leó
lebracho [libràsu] *m* nyulacska, nyuszi
lebrão [librö^{n}u] *m* kannyúl
lebre [lèbr] *f* nyúl; nősténynyúl; *levantar uma* ~ **a)** kérdést felvet **b)** veszekedést kezd; *esta* ~ *está corrida* ezzel megvolnánk
lebréu [librèu] *m* agár
leccionar [lèszjunàr] *1/15* **I.** *ts* tanít, oktat **II.** **~-se** órákat vesz, tanul
leccionista [lèszjunistö] *fn* magántanító, instruktor
lectivo [lètivu] *mn* iskolai; *dia* ~ tanítási nap
ledo [lédu] *mn* vidám; boldog
legação [ligöszö^{n}u] *f* követség
legacia [ligösziö] *f* követi rang *v* hatáskör
legado [ligàdu] *m* **I.** hagyaték **II.** pápai követ, nuncius
legal [ligàl] *mn* törvényes, jogos
legalidade [ligölidàd] *f* törvényesség, jogosság
legalização [ligölizöszö^{n}u] *f* törvényesítés; hitelesítés
legalizar [ligölizàr] *1/1 ts* **1.** törvényesnek elismer **2.** hitelesít
legar [ligàr] *1/4, 1/13 ts* **1.** kiküld, követségbe küld **2.** örökül hagy
legatário [ligötàrju] *m* végrendeleti örökös
legenda [lizse^{n}ndö] *f* **1.** felirat **2.** magyarázó szöveg; jelmagyarázat **3.** választási lista
legendário [lizse^{n}ndàrju] **I.** *mn* legendás **II.** *fn, m* **1.** legendák gyűjtője **2.** legendagyűjtemény
legião [lizsjö^{n}u] *f* **1.** légió; *Legião Estrangeira* idegenlégió; *Legião de Honra* becsületrend **2.** sokaság, tömeg
legionário [lizsjunàrju] *m* legionárius
legislação [lizsizslöszö^{n}u] *f* törvényhozás
legislador *m*, **-a** *f* [lizsizslödor(ö)] *mn* és *fn* törvényhozó
legislar [lizsizslàr] *1/1* **I.** *ts* elrendel; kimond **II.** *tl* törvényt hoz
legislativo [lizsizslötivu] *mn* törvényhozó
legislatura [lizsizslöturö] *f* **1.** legislatura, törvényhozó gyűlés mandátumának tartama **2.** törvényhozó hatalom
legista [lizsistö] *fn* jogász; jogtanácsos
legítima [lizsitimö] *f* törvényes rész (örökségből)
legitimação [lizsitimöszö^{n}u] *f* **1.** törvényesítés **2.** igazolás; igazolvány
legitimar [lizsitimàr] *1/1* **I.** *ts* **1.** törvényesít, törvényesnek elismer **2.** igazol **II.** **~-se** igazolja magát
legitimidade [lizsitimidàd] *f* törvényesség, jogszerűség
legítimo [lizsitimu] *mn* **1.** törvényes **2.** jogos; *em ~a defesa* jogos önvédelemből **3.** igazi, valódi
legível [lizsivèl] *mn* olvasható
légua [lègvö] *f* **1.** mérföld; egy óra alatt megtett út (5 km); ~ *marítima* tengeri mérföld (5,555 km) **2.** *szól: à* ~ távolról, messziről; *estar a uma* ~, *estar a cem ~s de* ezer mérföldnyire van vmitől; *fugir às ~s* sürgősen eltávozik
legume [ligum] *m* **1.** hüvelyes vetemény **2.** *~s* zöldség
leguminosas [liguminòzös] *f tb* hüvelyes vetemények
leguminoso [liguminozu] *mn növ* hüvelyes
lei [léi] *f* **1.** törvény; *em nome da* ~ a törvény nevében; *segundo a* ~ a törvény szerint; *átv: dar ~s* uralkodik, parancsol; *transgredir* v *violar a* ~ megszegi a törvényt **2.** jog; ~ *civil* polgárjog; ~ *criminal* büntetőjog; *estudar ~s* jogot tanul **3.** előírás; parancs **4.** fémjelzés, próba; *ouro de* ~ tizennyolckarátos (finom minőségű) arany
leigo [léjgu] **I.** *mn* **1.** világi, laikus **2.** tudatlan **II.** *fn* **1.** világi ember (nem pap) **2.** laikus; tudatlan ember
leilão [léjlö^{n}u] *m* árverés, aukció; *fazer* ~ *de, pôr em* ~ árverésre bocsát
leiloar [léjluàr] *1/8 ts* elárverez
leiloeiro [léjluéjru] *m* árverési kikiáltó
leira [léjrö] *f* **1.** barázdaköz **2.** virágágy
leitão [léjtö^{n}u] *m* (szopós) malac; *em* ~ anyaszült meztelenül

leitaria [léjtöriö] *f* 1. tejgazdaság 2. tejcsarnok

leite [léjt] *m* tej; ~ *coalhado* aludttej; ~ *desnatado* v *magro* lefölözött tej; ~ *de cal* mésztej; ~ *em pó* tejpor; *beber com o* ~ az anyatejjel szív magába; *tirar* ~ *de vaca morta* eső után köpönyeg

leiteira [léjtéjrö] *f* 1. tejesasszony 2. tejeskanna

leiteiro [léjtéjru] I. *mn* tejes; tejelő II. *fn, m* tejesember

leito [léjtu] *m* 1. ágy, fekvőhely; ~ *de campanha* tábori ágy; ~ *da morte* halálos ágy; *guardar o* ~ ágyban marad (beteg) 2. házasság; *filho do primeiro* ~ első házasságból született gyermek 3. folyómeder 4. *müsz* alváz; ágyazat; ~ *ferroviário* pályatest

leitor *m*, **-a** *f* [léjtor(ö)] *fn* 1. olvasó 2. lektor

leitorado [léjturàdu] *m* lektorátus

leitoso [léjtozu] *mn* tej-, tejszerű

leitura [léjturö] *f* 1. olvasás; ~ *da carta* térképolvasás; *sala de* ~ olvasóterem 2. leolvasás (mérőé) 3. olvasottság; *ter muita* ~ nagy az olvasottsága 4. olvasmány

leiva [léjvö] *f* 1. szántó(föld) 2. barázda 3. rög

lema [lémö] *m* 1. *mat, fiz* tétel 2. jelszó, jelmondat

lembradiço [le^{n}mbrödiszu] *mn* jó emlékezőtehetséggel rendelkező

lembrado [le^{n}mbràdu] *mn* 1. emlékezetes; *estar* ~ *de* emlékszik vmire 2. = **lembradiço**

lembrança [le^{n}mbrö^{n}szö] *f* 1. emlékezet; *segundo a minha* ~ emlékezetem szerint; *perder a* ~ *de* kiesik a fejéből vmi, elfelejti; *ter* ~ emlékszik; *trazer à* ~ emlékezetébe idéz; *ela não me sai de* ~ nem tudom őt elfelejteni 2. megemlékezés 3. emlék; ajándék, figyelmesség; *guardar como* ~ emlékként őrzi 4. gondolat, ötlet 5. ~*s* üdvözlet; ~*s à família!* üdvözlöm a kedves családját!

lembrar [le^{n}mbràr] *1/1* I. *ts* 1. emlékeztet vmire (T) vkit (*a*) 2. javasol, tanácsol 3. megemlít; üdvözletét tolmácsolja; *lembre-me à sua família* adja át üdvözletemet a családjának! II. *tl*, III. ~-se *de* emlékszik vmire, eszébe jut vmi; *não me lembro de mais nada* másra nem emlékszem; más nem jut az eszembe; *lembro-me* v *lembra-me de haver visto o teu amigo ali* emlékszem, hogy láttam ott a barátodat

lembrete [le^{n}mbrét] *m* 1. emlékeztető (feljegyzés) 2. dorgálás, feddés

leme [lèm] *m* 1. *haj* kormányrúd; *rep* kormánylap 2. *átv* kormányzás, irányítás; *ter o* ~ kormányoz, irányít 3. *perder o* ~ nem tudja, hogy mitévő legyen

lençaria [le^{n}szöriö] *f* 1. fehérnemű 2. fehérnemű-kereskedés

lenço [le^{n}szu] *m* 1. zsebkendő; ~*-papel* papírzsebkendő 2. fejkendő

lençol [le^{n}szòl] *m* 1. lepedő; ~ *de banho* fürdőlepedő 2. ~ *petrolífero* kőolajmező; ~ *de água* víztükör; ~ *de neve* hótakaró; *estar* v *meter-se em maus lençóis* kellemetlen helyzetbe kerül

lenda [le^{n}ndö] *f* legenda

lendário [le^{n}ndàrju] *mn* legendás

lengalenga [le^{n}ngöle^{n}ngö] *f* hosszú, unalmas beszéd; litánia

lenha [lényö] *f* 1. tűzifa; *átv: deitar* ~ *na fogueira* v *no fogo* olajat önt a tűzre 2. verés, elpáholás

lenhador [linyödor] *m* favágó

lenhar [linyàr] *1/14 tl* fát vág

lenheiro [linyéjru] *m* 1. tűzifakereskedő 2. B tűzifaraktár; fáskamra

lenho [lényu] *m* 1. fa, fahasáb 2. *átv* hajó

lenhoso [linyozu] *mn* fa-, fás

lenificar [linifikàr] *1/2 ts orv* enyhít, csillapít

lenimento [linime^{n}ntu] *m orv* enyhítőszer; kenőcs

leninismo [léninizsmu] *m* leninizmus

leninista [léninistö] I. *mn* lenini, leninista II. *fn* Lenin követője

lenir [linir] *3/8 ts* enyhít, csillapít

lenitivo [linitivu] I. *mn* enyhítő; megnyugtató II. *fn, m* 1. enyhítőszer, nyugtatószer 2. *átv* vigasz, megkönnyebbülés

lente [le^{n}nt] *fn* I. egyetemi lektor; főiskolai tanár II. *f* (üveg)lencse; ~ *de aumento* nagyítólencse

lentejoila, -joula [le^{n}ntizsojlö, -zsolö] *f* flitter, fémpikkely

lenticular [le^{n}ntikulàr] *mn* lencse alakú

lentidão [le^{n}ntidö^{n}u] *f* lassúság

lentigem [le^{n}ntizsö^{n}j] *f orv* bőrfolt; szeplő
lentilha [le^{n}ntiljö] *f növ* lencse
lento [le^{n}ntu] *mn* **1.** lassú **2.** *átv* gyenge; *pulso* ~ gyenge érverés
leoa [ljoö] *f* nőstény oroszlán
Leonardo [ljunàrdu] *m* Lénárt
leonino [ljuninu] *mn* oroszlán-; → **parte 1.**
leopardo [ljupàrdu] *m* leopárd
lépido [lèpidu] *mn* **1.** vidám **2.** eleven, fürge
leporino [lipurinu] *mn* nyúl-; *lábio* ~ nyúlajak
lepra [lèprö] *f* **1.** lepra, bélpoklosság **2.** *átv* fertő
leprosaria [lipruzöriö] *f* lepratelep
leproso [liprozu] *mn* leprás
leque [lèk] *m* **1.** legyező **2.** *átv* ág, ágazat
ler [lér] *2/11 ts, tl* **1.** olvas, elolvas, felolvas; ~ *por baixo* szótagolva olvas **2.** *szól:* ~ *filologia* nyelvészetet tanít; ~ *música* blattol, zeneművet lapról játszik; ~ *provas* korrektúrát végez; ~ *a sorte* szerencsét mond, jövendöl; ~ *de cadeira* nagy szaktudással rendelkezik *v* szól hozzá
lerdo [lèrdu] *mn* **1.** nehézkes, ügyetlen **2.** buta
léria [lèrjö] *f* **1.** fecsegés, locsogás **2.** ~*s* mesebeszéd, ostobaság
lés [lès] *m: de* ~ *a* ~ elejétől végig
lesado [lizàdu] *mn* és *fn* **1.** sérült **2.** sértett **3.** károsult
lesa-majestade [lèzömözsistàd] *f:* (*crime de*) ~ felségsértés
lesão [lizö^{n}u] *f* **1.** sérülés; sértés; ~ *corporal* testi sértés **2.** károsítás; sérelem
lesa-pátria [lèzöpàtrjö] *f:* (*crime de*) ~ hazaárulás
lesar [lizàr] *1/13 ts* **1.** megsért, megsebez **2.** megkárosít
lésbico [lèzsbiku] *mn* leszboszi
lesma [lézsmö] *f* **1.** meztelen csiga **2.** *átv* puhány, lusta ember
lés-nordeste [lèzsnòrdèst] *m* kelet-északkelet
leso [lèzu] *mn* és *fn* **1.** sérült **2.** béna **3.** gyengeelméjű
lés-sueste [lès-szvèst] *m* kelet-délkelet
leste [lèst] *m* **1.** kelet **2.** keleti szél
lesto [lèstu] *mn* gyors, fürge
letal [litàl] *mn* halálos
letão *m*, **letã** *f* [litö^{n}u, litö^n] *mn* és *fn* lett
letargia [litörzsiö] *f* letargia; levertség
letárgico [litàrzsiku] *mn* letargikus, levert, közömbös
letificar [litifikàr] *1/2 ts* felvidít
letivo [litivu] = **lectivo**
Letónia [litònyö] *f* Lettország
letra [létrö] *f* **1.** betű; írás; ~ *inicial* kezdőbetű; ~ *de forma* nyomtatott betű; *à* ~; *ao pé da* ~ betű szerint, szó szerint; *com todas as* ~*s* **a)** teljesen kiírva **b)** részletesen, világosan; *ter boa* ~ szép írása van, szépen ír **2.** *nyomd* betűtípus; ~ *de caixa-alta* nagybetű, verzál; ~ *de caixa-baixa* kisbetű **3.** levél; ~ *aberta* hitellevél; ~ *de transporte* fuvarlevél **4.** *ker:* ~ *de câmbio* váltó; ~ *ao portador* bemutatóra szóló váltó; ~ *à vista* látra szóló váltó **5.** felirat **6.** dalszöveg **7.** *rádió:* ~ *de identificação* hívójel **8.** ~*s* írásmű; irodalom; *belas* ~*s* szépirodalom; *faculdade de* ~*s* bölcsészeti fakultás; *homem de* ~*s* irodalmár; *homem de* ~*s gordas* tudatlan alak
letrado [litràdu] **I.** *mn* tanult, művelt **II.** *fn* **1.** tanult ember; tudós **2.** jogász, ügyvéd
letreiro [litréjru] *m* **1.** felirat; utcanév táblája; cégér **2.** címke
letrista [litristö] *fn* dalszöveg-író
léu [lèu] *m* **1.** *biz* semmittevés, szabad idő **2.** *ao* ~ **a)** találomra, ahogy jön **b)** hajadonfőtt
leucócito [léukòszitu] *m orv* leukocita, fehér vérsejt
leva [lèvö] *f* **1.** *kat* sorozás **2.** csapat, csoport **3.** *haj* horgony felszedése, kifutás
levada [livàdö] *f* **1.** felemelés **2.** folyószakasz **3.** malomárok
levadiça [livödiszö] *f* felvonóhíd
levadiço [livödiszu] *mn* felemelhető; mozgatható
levado [livàdu] *mn biz* nyugtalan; fegyelmetlen; ~ *da breca v do diabo* ördögtől megszállt
levadoira, -doura [livödojrö, -dorö] *f* daruval ellátott rakodó hajó
leva-e-traz [lèvö itràs] *fn* **B** pletykázó, intrikáló személy
levantadiço [livö^{n}ntödiszu] *mn* **1.** nyugtalan, fegyelmetlen **2.** meggondolatlan, könnyelmű
levantado [livö^{n}ntàdu] *mn* **1.** felemelt;

emelt (*átv* is); *estilo* ~ emelkedett stílus; *lugar* ~ magasan fekvő hely **2.** nyugtalan; viharos (tenger) **3.** lázadozó, ellenszegülő

levantamento [livö^{n}ntöme^{n}ntu] *m* **1.** felemelés; felállítás **2.** megszüntetés; ~ *do campo* tábor felszedése; ~ *do cerco* ostromzár megszüntetése **3.** ~ *topográfico* v *del terreno* feltérképezés, felmérés **4.** felkelés, lázadás **5.** *átv* emelkedettség **6.** *sp:* ~ *de pesos* súlyemelés

levantar [livö^{n}ntàr] *1/1* **I.** *ts* **1.** felemel; ~ *o copo* emeli poharát; ~ *os olhos* felnéz, felpillant **2.** felszed, felvesz; ~ *do chão* felveszi a földről **3.** felvon, kitűz (zászlót) **4.** felállít, emel; ~ *uma estátua* szobrot állít **5.** *kat* toboroz, soroz **6.** felébreszt **7.** *átv* felemel; ~ *o preço de* felemeli vminek az árát; ~ *o espírito* felhangol; lelket önt vkibe **8.** felmér (terepet); ~ *um mapa* térképet készít **9.** előkészít (iratokat); felfektet (jegyzőkönyvet) **10.** megszüntet, hatályon kívül helyez **11.** *szól:* ~ *aleives* rágalmaz; ~ *às alturas* égig magasztal; ~ *a cabeça* felemeli a fejét; *átv* ismét talpra áll; ~ *a caça* felveri v kihajtja a vadat; ~ *o campo* felszedi a tábort; ~ *um depósito* pénzt kivesz a bankból; ~ *fervura* forrni kezd; ~ *o fogo* feléleszti a tüzet; ~ *grande riso* harsány nevetésbe tör ki; ~ *o grito* lármát csap, ordítani kezd; ~ *impostos* adót szed v behajt; ~ *o lanço* túllicitál; ~ *a mão contra* kezet emel vkire; ~ *a mesa* **a)** feláll az asztal mellől **b)** leszedi az asztalt; ~ *os obstáculos* elhárítja az akadályokat; ~ *a pista de* vminek a nyomára bukkan; ~ *o povo* felkelésre szólítja a népet; ~ *um prémio* dijat nyer; ~ *uma questão* kérdést felvet; ~ *a sessão* az ülést berekeszti **II.** *tl,* **III.** ~*-se* **1.** feláll, felemelkedik (ültéből) **2.** felkel; ~*-se cedo* korán kel; ~*-se com as estrelas* nagyon korán kel; ~*-se com o pé esquerdo* bal lábbal kel, rosszkedvű; *o dia se levanta* megvirrad **3.** keletkezik, támad, kitör; *levantou-se uma grande tempestade* nagy vihar kerekedett **4.** felkel, fellázad **5.** *átv* talpra áll, rendbe jön; ~*-se de uma doença* felépül betegségből **6.** kel (tészta) **IV.** *fn, m* **1.** felállás; felkelés **2.** *o* ~ *do sol* napkelte

levante [livö^{n}nt] *m* **1.** kelet (égtáj) **2.** felkelés, lázadás **3.** *de* ~ váratlanul; *estar de* ~ útra készen áll

levantino [livö^{n}ntìnu] **I.** *mn* keleti **II.** *fn* a Közel-Kelet lakója

levar [livàr] *1/13* **I.** *ts* **1.** hord, visz; ~ *às costas* a hátán viszi; ~ *para fora* (*para dentro*) kivisz (bevisz); ~ *o copo na boca* szájához emeli a poharat; *leve-me esta mala* vigye ezt a bőröndöt! *pode* ~*-me no seu carro até a estação?* elvinne engem a kocsiján az állomásig? **2.** hord, visel; ~ v *usar chapéu* kalapot hord **3.** vezet, elvezet; ~ *animais* állatokat vezet v hajt; ~ *pela mão* kezénél fogva vezeti **4.** eltölt (időt); eltart (ideig); *quanto tempo vai* ~? meddig fog tartani? *isso leva muito tempo* ez sok időt vesz igénybe **5.** tud bánni vkivel v vmivel, ért vmihez; *saber* ~ *as crianças* tud bánni a gyerekekkel **6.** lebont (házat) **7.** elvesz, elragad, elhord; ~ *à força* erőszakkal elvesz **8.** *szól:* ~ *adiante* v *avante* v *por diante* előbbre visz; folytat; ~ *a sua avante* keresztülviszi akaratát, eléri célját; ~ *chuva* elkapja az eső; *levar vantagem* előnyben van, előnyösebb a helyzete; ~ *uma vida miserável* nyomorúságban tengeti életét; ~ *a bem* jó néven vesz; kedvezően fogad; ~ *a mal* rossz néven vesz; kedvezőtlenül fogad; ~ *a melhor* felülkerekedik, győz, nyer; ~ *a pior* alulmarad, veszít; ~ *a sério* komolyan vesz; ~ *um prejuíço* kárt vall; ~ *ao cabo* v *fim* v *termo* megvalósít, befejez; ~ *com a porta na cara* becsapják az ajtót az orra előtt, elutasítják; ~ *de assalto* ostrommal bevesz; ~ *de brincadeira* nem veszi komolyan; ~ *para tabaco* megkapja a magáét, jól elverik; ~ *pelos ares* felrobbant; *esta vasilha leva dez litros* ebbe a hordóba tíz liter fér; *isso leva água no bico* emögött lappang valami; *que estão levando hoje no cinema?* mit adnak ma a moziban? *amanhã o cinema levará um bom filme* holnap jó filmet adnak a moziban; *que fim levou ele?* mi van vele? mi lett belőle? *que os leve o diabo* az ördög vigye őket! **II.** *tl* **1.** vezet vhova (*átv* is); *onde leva esta estrada?* hova vezet ez az út? 2. kikap, verést kap III. **~-se** 1. elragadtatja magát; *levou-se pela ira* elfogta őt a düh 2. elindul, útnak ered

leve [lèv] I. *mn* 1. könnyű (súlyú); *carga* ~ könnyű teher 2. *átv* könnyű; könnyed; enyhe; *doença* ~ könnyű betegség; *refeição* ~ könnyű tízórai; *ruido* ~ alig hallható zaj; *sono* ~ éber álom; *tecido* ~ vékony szövet; *vinho* ~ könnyű bor; ~ *do siso* könnyelmű; *de* ~, *ao de* ~ enyhén, könnyedén; *nem de* ~ egyáltalán nem, távolról sem; *ter a mão* ~ gyorsan jár a keze II. *fn, m sp* könnyűsúly(ú birkózó *v* ökölvívó)

levedar [lividàr] *1/13* I. *ts* keleszt (tésztát) II. *tl* kel (kenyér)

levedura [lividurö] *f* élesztő; kovász

leveza [livézö] *f* 1. könnyűség 2. *átv* könnyelműség

leviandade [livjö^{n}ndàd] *f* könnyelműség; komolytalanság

leviano [livjönu] *mn* könnyelmű; komolytalan

levitar [livitàr] *1/1 tl* lebeg

lexical [lèkszikàl] *mn* lexikális, szókészleti

léxico [lèkszikú] *m* 1. (szakmai) szótár 2. szókészlet, szókincs

lexicografia [lèkszikugröfiö] *f* szótárírás

lexicográfico [lèkszikugràfiku] *mn* szótárszerkesztési

lexicógrafo [lèkszikògröfu] *fn* szótáríró

lezíria [lizirjö] *f* folyóparti ártér

lha [ljà] = **lhe** + **a, lhes** + **a**

lhaneza [ljönézö] *f* 1. nyíltság, őszinteség 2. természetesség, egyszerűség

lhano [ljönu] *mn* 1. nyílt, őszinte 2. természetes, egyszerű

lhe [lji] *névm* neki; önnek

lhes [ljis] *névm* nekik; önöknek

lho, lha [lju, ljö] = **lhe(s)** + **o** v **a**

lhos, lhas [ljus, ljös] = **lhe(s)** + **os** v **as**

lia [liö] *f* kisajtolás utáni maradék; olajpogácsa

liaça [ljàszö] *f* szalmafonat (üveg elcsomagolásához)

liamba [ljö^{n}mbö] *f* **B** liamba (kábítószer)

liame [ljöm] *m* 1. kötél; madzag; kötőanyag 2. *átv* kötelék

Lião [ljö^{n}u] *m földr* Lyon

liar [ljàr] *1/7 ts* = **ligar**

libação [liböszö^{n}u] *f* 1. italáldozat 2. *fazer libações* felönt a garatra, jócskán iszik

libanês *m*, **libanesa** *f* [libönés, -nézö] *mn* és *fn* libanoni

Líbano [libönu] *m* Libanon

libar [libàr] *1/1* I. *ts* 1. iszik, kiissza, kiüríti 2. kiszívja II. *tl* 1. italáldozatot mutat be 2. felönt a garatra

libelinha [libilinyö] *f áll* szitakötő

libelo [libèlu] *m* 1. *jog* vádirat 2. gúnyirat

libélula [libèlulö] *f* = **libelinha**

liber [libèr] *m növ* háncs

liberal [libiràl] I. *mn* 1. liberális, nagyvonalú; bőkezű 2. *pol* szabadelvű II. *fn pol* liberális, szabadelvű

liberalidade [libirölidàd] *f* bőkezűség

liberalismo [libirölizsmu] *m* liberalizmus

liberalizar [libirölizàr] *1/1 ts* 1. szabadabbá tesz 2. bőven osztogat

liberar [libiràr] *1/13 ts* 1. felszabadít, felment vmi alól (*de*) 2. kivált; törleszt (adósságot)

liberdade [libirdàd] *f* 1. szabadság, függetlenség; ~ *de culto* vallásszabadság; ~ *de imprensa* sajtószabadság; ~ *de movimento* mozgásszabadság; ~ *de palavra* szólásszabadság; *dar toda a* ~ szabad kezet ad 2. szabadlábra helyezés; ~ *provisória* feltételes szabadság; ~ *vigiada, jog* rendőri felügyelet; *pôr em* ~ szabadlábra helyez; *sair em* ~ kiszabadul 3. ~ *poética* költői szabadság 4. *átv* bátorság, merészség; *tomar a* ~ *de* bátorkodik vmit megtenni, megengedi magának 5. ~*s* előjogok, kiváltságok; *ter* ~*s com* bizalmas viszonyban van vkivel; *tomar muitas* ~*s* (túl)sokat enged meg magának

Libéria [libèrjö] *f* Libéria

liberiano [libirjönu] *mn* és *fn* libériai

libertação [libirtöszö^{n}u] *f* 1. felszabadítás; → **movimento 2.**; 2. szabadon bocsátás, szabadlábra helyezés

libertador *m*, **-a** *f* [libirtödor(ö)] *mn* és *fn* felszabadító

libertar [libirtàr] *1/13* I. *ts* 1. felszabadít 2. kiszabadít; szabadon bocsát 3. *átv* felment vmi alól (*de*) II. **~-se** 1. kiszabadul 2. megszabadul vmitől (*de*)

libertinagem [libirtinàzsö^{n}j] *f* kicsapongás, feslettség

libertino [libirtinu] *mn* kicsapongó, feslett

liberto [libèrtu] *mn* **1.** felszabadult (*átv* is) **2.** kiszabadult

Líbia [libjö] *f* Líbia

libidinoso [libidinozu] **I.** *mn* érzéki, buja, kéjes **II.** *fn, m* kéjenc

líbido [libidu] *m* nemi vágy

libra [librö] *f* **1.** font (súlymérték) **2.** font sterling (angol pénznem) **3.** *Libra, csill* Mérleg

libração [libröszö^{n}u] *f* ingás, lengés

librar [libràr] *1/1* **I.** *ts* **1.** lebegtet; egyensúlyba hoz **2.** *átv* : *~ em* alapoz vmire **II.** **~-se** **1.** lebeg **2.** *~-se em* vmin alapul

libré [librè] *f* **1.** libéria; *criado de ~* libériás inas **2.** *átv* megjelenés, külső

libreto [librétu] *m* librettó, opera szövegkönyve

liça [liszö] *f* **1.** küzdőtér, porond (*átv* is) **2.** küzdelem, harc

lição [liszö^{n}u] *f* **1.** tanóra; lecke; *~ individual* v *particular* magánóra; *dar a ~* megtartja az órát; *dar lições* órákat ad; *tomar a ~* kikérdezi a leckét **2.** *átv* lecke, rendreutasítás; *dar uma boa ~ a* alaposan megleckéztet vkit

liceal [liszjàl] *mn* középiskolai

licença [lisze^{n}szö] *f* **1.** engedély, hozzájárulás; *com sua ~* szíves engedelmével; *dar ~* megenged, engedélyez; *dá ~?* megengedi? szabad? **2.** szabadság; szabadságolás; *estar com* v *de ~* szabadságon van; *licença-prémio* jutalomszabadság **3.** szabadosság, önkény

licenciado [lisze^{n}szjàdu] **I.** *mn* **1.** szabadságolt, szabadságon levő **2.** elbocsátott **3.** egyetemet végzett, államvizsgát tett **II.** *fn* : *~ em medicina* vizsgázott *v* okleveles orvos

licenciar [lisze^{n}szjàr] *1/6, 1/7* **I.** *ts* **1.** engedélyez **2.** szabadságol, szabadságra küld **3.** elbocsát (katonaságtól, hivatalából) **II.** **~-se** egyetemi végzettséget szerez

licenciatura [lisze^{n}szjöturö] *f* **1.** egyetemi végzettség **2.** államvizsga

licencioso [lisze^{n}szjozu] *mn* **1.** kicsapongó, feslett **2.** fegyelmezetlen

liceu [liszéu] *m* középiskola; *~ clássico* gimnázium; *~ de artes e ofícios* ipari középiskola

licitação [liszitöszö^{n}u] *f* **1.** licitálás, felülígérés **2.** *~ pública* nyílt versenytárgyalás

licitar [liszitàr] *1/1 ts* **1.** árverésen elad **2.** licitál, felülígér

lícito [liszitu] *mn* megengedett, szabad

liço [liszu] *m text* láncfonal

licor [likor] *m* **1.** folyadék **2.** likőr

licoreiro [likuréjru] *m* likőrkészlet

licorne [likòrn] *m* **1.** egyszarvú (mesebeli állat) **2.** *~-do-mar* narvál, agyaras cethal

licoroso [likurozu] *mn* likőrös, likőrszerű

lida [lidö] *f* munka, fáradozás; küzdelem; *de muita ~* fáradságos; *com muita ~* nagy nehezen

lidador *m*, **-a** *f* [lidödor(ö)] *mn* és *fn* harcos

lidar [lidàr] *1/1 tl* **1.** munkálkodik, fáradozik **2.** harcol, küzd

lide [lid] *m* **1.** harc, küzdelem **2.** jogviszály **3.** bikaviadal

líder [lidèr] *fn* pártvezér

liderança [lidirö^{n}szö] *f* vezetés, irányítás

liderar [lidiràr] *1/13 ts* vezet, irányít

lídimo [lidimu] *mn* = **legítimo**

lido [lidu] *mn* olvasott, művelt

liga [ligö] *f* **1.** liga, szövetség, egyesülés **2.** harisnyatartó **3.** keverés; ötvözés; ötvözet; *fazer boa ~* jól megférnek egymással

ligação [ligöszö^{n}u] *f* **1.** egyesítés, összekötés **2.** *műsz* hálózati csatlakozás **3.** távbeszélő kapcsolás **4.** vonatcsatlakozás **5.** *átv* kapcsolat; *~ de amizade* baráti kapcsolatok

ligadura [ligödurö] *f nyelvt, orv, zene* kötés

ligame, ligámen [ligöm, ligömén] *m* **1.** kapcsolat **2.** házassági akadály

ligamento [ligöme^{n}ntu] *m* **1.** bekötés, összekötés; kapcsolat **2.** *műsz* kötőanyag; cement **3.** *orv* (in)szalag

ligante [ligö^{n}nt] *m* kötőanyag

ligar [ligàr] *1/4* **I.** *ts* **1.** megköt, összeköt **2.** *műsz* bekapcsol, beköt **3.** összeforraszt (*átv* is) **4.** ötvöz **5.** *átv* kapcsol; *não liga duas ideias* nem tudja gondolatait egybeszedni **6.** **B** felhív telefonon **7.** *não ~ a* nem törődik vmivel; *não liga importância a* nem tulajdonít fontosságot vminek **II.** *tl*, **III.** **~-se** **1.** egyesül, csatlakozik **2.** *~-se a* **a)** kapcsolódik vmihez **b)** barátkozik vkivel

ligeira [lizséjrö] *f: à* ~ **a)** könnyedén **b)** könnyen felöltözve **c)** kevés csomaggal
ligeireza [lizséjrézö] *f* **1.** könnyedség **2.** gyorsaság **3.** *átv* könnyelműség, felületesség
ligeiro [lizséjru] *mn* **1.** könnyed, gyors **2.** könnyelmű, felületes
lignificar-se [lignifikàrszi] *1/2* elfásodik
lignite [lignit] *f* lignit
lilás [lilàs] **I.** *mn* lila (szín) **II.** *fn, m növ* orgona
lima[1] [limö] *f* **1.** *műsz* reszelő, ráspoly; ~ *paralela* lapos reszelő; ~ *para unhas* körömreszelő **2.** *a* ~ *do tempo* az idő vasfoga
lima[2] [limö] *f* citrom(fajta)
limador [limödor] *m* csiszológép
limadura [limödurö] *f* **1.** reszelés; reszelék **2.** *átv* kisimítás, tökéletesítés
limalha [limàljö] *f* reszelék
limão [limö^{n}u] *m* citrom
limar [limàr] *1/1 ts* **1.** reszel **2.** *átv* csiszol, tökéletesít
limbo [li^{n}mbu] *m* **1.** szegély, szél **2.** *vall* pokol tornáca
limeira [limėjrö] *f* citromfa
limiar [limjàr] *m* küszöb (*átv* is)
limitação [limitöszö^{n}u] *f* **1.** korlátozás **2.** ~ *de preços* árrögzítés **3.** *átv* korlátozottság
limitado [limitàdu] *mn ker: sociedade* ~*a* korlátolt felelősségű társaság
limitar [limitàr] *1/1* **I.** *ts* **1.** határol **2.** korlátoz **3.** meghatároz, megjelöl **II.** *tl:* ~ *com* határos vmivel **III.** ~**-se** **1.** korlátozódik, szorítkozik vmire (*a*) **2.** ~*-se com* határos vmivel
limitativo [limitötivu] *mn* korlátozó
limite [limit] *m* **1.** határ; ~*s naturais* természetes határok; *sem* ~ határtalan; *tudo tem* ~ mindennek van határa **2.** árhatár; határérték **3.** *prazo* ~ legvégső határidő
limítrofe [limitruf] *mn* határos, szomszédos
limo [limu] *m* **1.** *növ* moszat **2.** iszap
limoal [limvàl] *m* citromfaliget
limoeiro [limvéjru] *m* citromfa
limonada [limunàdö] *f* limonádé
limonite [limunit] *f* limonit, barnavasérc
limoso [limozu] *mn* iszapos
limpa [li^{n}mpö] *f* **1.** tisztítás, tisztogatás **2.** kopár terület
limpa-botas [li^{n}mpöbòtös] *fn biz* cipőtisztító
limpa-brisas [li^{n}mpöbrizös] *m autó* ablaktörlő
limpa-chaminés [li^{n}mpösöminès] *m* kéményseprő
limpadela [li^{n}mpödèlö] *f* tisztítás, takarítás; *dar uma* ~ *a* megtisztít, kitakarít
limpador *m*, **-a** *f* [li^{n}mpödor(ö)] *mn* és *fn* tisztító; törlő
limpar [li^{n}mpàr] *1/1* **I.** *ts* **1.** (meg)tisztít, (ki)takarít **2.** letöröl (port); megtöröl (homlokot) **II.** *tl* kiderül (idő, ég) **III.** ~**-se** **1.** tisztálkodik **2.** megtörli az orrát **3.** *átv* tisztázza magát vki előtt (*com*)
limpeza [li^{n}mpézö] *f* **1.** tisztítás, takarítás; *fazer a* ~ *de* kitakarít, tisztán tart vmit **2.** tisztaság, takarosság; ~ *pública* köztisztaság **3.** ~ *de mãos* tisztakezűség, becsületesség
limpidez [li^{n}mpidés] *f* **1.** tisztaság **2.** átlátszóság
límpido [li^{n}mpidu] *mn* **1.** tiszta **2.** átlátszó **3.** csengő (hang)
limpo [li^{n}mpu] *mn* **1.** tiszta; takaros; *consciência* ~*a* tiszta lelkiismeret; ~ *de mãos* tiszta kezű, becsületes **2.** világos, érthető **3.** *szól: ficar* ~ fillér nélkül marad; *jogar* ~ becsületesen játszik; *átv* becsületesen, nyíltan jár el; *passar* v *pôr* v *tirar a* ~ letisztáz; *átv* kiderít, tisztáz
lince [li^{n}sz] *m áll* hiúz
linchagem [li^{n}sàzsö^{n}j] *f* = **linchamento**
linchamento [li^{n}söme^{n}ntu] *m* lincselés
linchar [li^{n}sàr] *1/1 ts* meglincsel
linda [li^{n}ndö] *f* **1.** határ, szél **2.** határkő
lindar [li^{n}ndàr] *1/1* **I.** *ts* **1.** határt megállapít **2.** elhatárol **II.** *tl:* ~ *com* határos vmivel
lindeira [li^{n}ndéjrö] *f* szemöldökfa
lindeiro [li^{n}ndéjru] *mn* **1.** határ- **2.** határos
lindeza [li^{n}ndézö] *f* szépség
lindo [li^{n}ndu] *mn* szép
lineal [linyàl] *mn* = **linear**
lineamento [linyöme^{n}ntu] *m* **1.** (alap)vonal; körvonal **2.** ~*s* tervezet, vázlat **3.** arcvonás
linear [linyàr] *mn* **1.** vonal-, vonalas; *desenho* ~ mértani rajz, tervrajz; *estilo* ~ világos stílus; *növ: folha* ~

keskeny, hosszú levél 2. *mat: equação* ~ elsőfokú *v* lineáris egyenlet
linfa [li^{n}fö] *f orv* limfa, nyirok
linfático [li^{n}fàtiku] *mn* limfatikus; *vaso* ~ nyirokedény
lingerie [le^{n}zsrí] *f* fehérnemű-üzlet
lingote [li^{n}ngòt] *m* fémrúd
língua [língvö] *f* **1.** *orv* nyelv; ~ *saburrosa* lepedékes nyelv; *deitar a* ~ *(de) fora* kinyújtja *v* kiölti a nyelvét; **2.** (beszélt) nyelv; ~ *estrangeira* idegen nyelv; ~ *falada* beszélt *v* hétköznapi nyelv; ~ *geral* **B** keverék nyelv; ~ *mãe* ősnyelv; ~ *materna* v *nativa* anyanyelv **3.** mérleg nyelve **4.** *átv:* ~ *de água* v *das ondas* hullámverés; ~ *de fogo* lángnyelv; ~ *de terra* földnyelv **5.** *szól:* ~ *afiada* éles *v* hegyes nyelv; *meia* ~, ~ *de trapos* dadogó, hebegő; *bater* v *dar com a* ~ *nos dentes* kikotyogja, kifecsegi (a titkot); *conter a* ~ bölcsen hallgat; *dar à* ~, **B** *trocar de* ~ fecseg; cseveg, elbeszélget; *dobrar a* ~ **a)** kijavítja magát **b)** udvarias hangon beszél; *pôr a* ~ *em* megszól, szapul vkit; *puxar pela* ~ *de* v *a* kihúzza vkiből a szót *v* titkot; beszédre bír vkit; *saber* v *ter na ponta da* ~ betéve *v* fejből tudja; *ter a* ~ *expedita* nem marad adós a felelettel; *ter a palavra debaixo da* ~ a nyelve hegyén van a szó **6.** *m, f* tolmács
linguado [li^{n}ngvàdu] *m* **1.** *nyomd* hasáblevonat, kefelevonat **2.** öntöttvastömb **3.** *áll* lepényhal
linguagem [li^{n}ngvàzsö^{n}j] *f* **1.** nyelv, beszéd **2.** sajátos nyelvhasználat; stílus, beszédmód **3.** állati hang, állatok nyelve
lingueta [li^{n}ngvétö] *f* **1.** nyelvecske **2.** cipőnyelv; mérlegnyelv **3.** *zene* billentyű **4.** *műsz* csap, pecek; zár nyelve
linguiça [li^{n}ngvíszö] *f* (borsos) sertéskolbász; hurka
linguista [li^{n}ngvistö] *fn* nyelvész, nyelvtudós
linguística [li^{n}ngvistikö] *f* nyelvészet
linguístico [li^{n}ngvistiku] *mn* nyelvészeti
linha [linyö] *f* **1.** vonal; vonás; ~ *curva* görbe vonal; ~ *ponteada* v *pontilhada* pontozott vonal; ~ *recta* egyenes vonal; *tirar* v *traçar uma* ~ vonalat húz **2.** sor; *escrever umas* ~*s* ír néhány sort **3.** *sp:* ~ *dianteira* támadósor; ~ *média* fedezetsor **4.** *kat* vonal; határvonal; ~ *de defesa* védővonal; ~ *de demarcação* demarkációs vonal; ~ *de fogo* tűzvonal; *tropas de* ~ sorkatonaság **5.** útvonal, út; járat; közlekedés; ~ *aérea* légi közlekedés, repülőjárat; ~ *férrea* vasútvonal **6.** távbeszélő- és távíróvonal; ~ *conjunta* ikervonal, ikertelefon; ~ *telegráfica* távíróvezeték; *a* ~ *está ocupada* a vonal foglalt; *o telefone não está dando* ~ a telefon nem ad vonalat **7.** irány (*átv* is); ~ *de conduta, átv* **a)** irányvonal **b)** magatartás; ~ *do rumo* (tervbe vett) irány; ~ *do vento* szél iránya **8.** cérna; fonal; madzag, zsineg; ~ *de pescar* horgászzsineg; **9.** leszármazás, családfa **10.** ~ *de montagem* futószalag **11.** *szól: entrar em* ~ *de conta com* tekintetbe vesz vmit, számol vmivel; *estar por uma* ~ hajszálon függ; *perder a* ~ kiesik a szerepéből; *vestir-se com* ~ ízlésesen és divatosan öltözködik
linhaça [linyàszö] *f* lenmag; *óleo de* ~ lenolaj
linhagem [linyàzsö^{n}j] *f* **I.** durva lenvászon **II.** leszármazás; eredet
linho [linyu] *m* **1.** len **2.** lenvászon
linhol [linyòl] *m* szurkos fonal
linifício [linifiszju] *m* **1.** lenfonógyár **2.** vászonáru
linimento [linime^{n}ntu] *m* **1.** *orv* kenőcs (bedörzsölésre) **2.** fájdalomcsillapító szer
linotipia [linutipiö] *f nyomd* linotype, linószedés
linotipista [linutipistö] *fn* linotype szedő
linótipo [linòtipu] *m nyomd* linotype szedőgép
Lípsia [lipszjö] *f* Lipcse
liq. = *ker: liquido*
liquação [likvöszö^{n}u] *f műsz* csurgatás
liquefacção [likifàszö^{n}u] *f* cseppfolyósítás; olvasztás
liquefazer [likifözér] *2/13 ts* cseppfolyósít, (meg)olvaszt
líquen [likén] *m* **1.** *növ* zuzmó **2.** *orv* lichen, bőrbántalom
liquidação [likidöszö^{n}u] *f* **1.** felszámolás, likvidálás; ~ *do analfabetismo* az írástudatlanság felszámolása **2.** *ker* végeladás
liquidar [likidàr] *1/1* **I.** *ts* felszámol, likvi-

dál, megszüntet; ~ *dívidas* kifizeti adósságait II. *tl ker* 1. megszűnik 2. végkiárúsítást rendez

liquidável [likidàvèl] *mn* felszámolható, likvidálható

liquidez [likidés] *f* 1. cseppfolyós állapot, folyékonyság 2. *ker* likviditás

liquidificador [likidifiködor] *m* turmixgép

líquido [likidu] I. *mn* 1. folyékony, folyó 2. *ker* rendelkezésre álló (készpénz); *lucro* ~ tiszta nyereség *v* bevétel II. *fn, m* 1. folyadék; ital 2. folyékony táplálék

lira [lirö] *f* 1. líra (pénzegység) 2. lant

lírica [lirikö] *f* lírai költészet

lírico [liriku] *mn* és *fn* lirikus

lírio [lirju] *m* liliom; ~ *convale* gyöngyvirág

lirismo [lirizsmu] *m* líraiság

Lisboa [lizsboö] *f* Lisszabon

lisboeta, lisbonense [lizsbuétö, lizsbune^{n}sz] *mn* és *fn* lisszaboni

liso [lizu] *mn* 1. sima, egyenletes 2. egyszínű, egyszerű (ruha) 3. *átv* becsületes, őszinte 4. *biz* pénztelen

lisonja [lizo^{n}zsö] *f* hízelgés

lisonjear [lizo^{n}zsjàr] *1/5* I. *ts* 1. hízeleg vkinek T 2. tetszik vkinek T II. ~-**se** 1. kecsegteti magát vmivel (*com*) 2. tetszik magának, tetszeleg

lisonjeiro [lizo^{n}zséjru] *mn* és *fn* hízelgő

lista [listö] *f* 1. sáv, csík; *calças de* ~ csíkos nadrág 2. jegyzék, lista; ~ *eleitoral* választási névjegyzék; ~ *geral* nyereményjegyzék (lottóé); ~ *de preços* árjegyzék; ~ *dos telefones* telefonkönyv 3. étlap; *à* ~ étlap szerint

listão [listö^{n}u] *m* 1. széles sáv *v* csík 2. ácsvonalzó 3. hajó sodra

listel [listèl] *m ép* léc

listra [liströ] *f* vonal, csík (szöveten)

listrado [listràdu] *mn* sávos, csíkos

lisura [lizurö] *f* 1. simaság 2. *átv* becsületesség, őszinteség

liteira [litéjrö] *f* gyaloghintó

literal [litiràl] *mn* betű szerinti, szó szerinti

literário [litiràrju] *mn* irodalmi; művelt

literatice [litirötisz] *f pejor* értéktelen irodalom, firkászat

literato [litiràtu] *fn* 1. irodalmár 2. író

literatura [litiröturö] *f* (szép)irodalom

litíase [litiöz] *f orv* lithiasis, kőbetegség; ~ *biliar* epekő(bántalom); ~ *renal* vesekövek

litigante [litigö^{n}nt] *mn* és *fn* pereskedő; veszekedő

litigar [litigàr] *1/4 ts* 1. pereskedik 2. veszekszik

litígio [litizsju] *m* 1. per, peres ügy 2. perlekedés

litigioso [litizsjozu] *mn* vitás

litografar [litugröfàr] *1/12 ts nyomd* litografál

litografia [litugröfiö] *f nyomd* litográfia; kőnyomat

litoral [lituràl] I. *mn* part menti; tengerparti II. *fn, m* part, partvidék, parti sáv

litro [litru] *m* liter

Lituânia [litvönyö] *f* Litvánia

lituano [litvönu] *mn* és *fn* litván

liturgia [liturzsiö] *f vall* liturgia, szertartásrend

liv. = *livro*

lividez [lividés] *f* halálsápadtság, fakó szín

lívido [lividu] *mn* halálsápadt, fakó

living [livi^{n}ng] *m* nappali szoba

livrar [livràr] *1/1* I. *ts* 1. megszabadít; ~ *o pássaro preso* szabadon engedi az elfogott madarat 2. *átv* megszabadít, megment, megóv vmitől (*de*) II. ~-**se** 1. kiszabadul, megszabadul 2. *átv*: ~-*se de* elkerül, leráz magáról vmit; ~-*se de boa* olcsón megússza

livraria [livröriö] *f* 1. könyvesbolt 2. könyvtár

livre [livr] *mn* 1. szabad, független; *eleições* ~*s* szabad választások; *entrada* ~ szabad *v* ingyenes belépés; *sp*: *pontapé* ~ szabadrúgás; *tradução* ~ szabad *v* nyers fordítás 2. szabad, el nem foglalt; *assento* ~ szabad (ülő)hely; *tempo* ~ szabad idő 3. felmentett, mentes vmitől (*de*); ~ *de impostos* adómentes; ~ *dos perigos* veszélyen kívül levő; *encontra-se já* ~ *de perigo* már túl van a veszélyen; ~ *de preconceitos* előítéletektől mentes; ~ *do serviço militar* katonai szolgálat alól felmentve

livre-câmbio [livri kö^{n}mbju] *m* szabad kereskedelem

livreco [livrèku] *m* (értéktelen) könyvecske

livreiro [livréjru] *m* könyvkereskedő

livre-pensador [livripe^{n}szödor] *m* szabadgondolkodó
livre-roda, livre-rodagem [livriròdö, -rudàzsö^{n}j] *f műsz* szabadonfutó kerék
livresco [livrésku] *mn* könyv-, könyvből tanult
livrete [livrét] *m* könyvecske; jegyzetfüzet
livro [livru] *m* könyv; ~ *caixa* pénztárkönyv; ~ *diário* napló; ~ *mestre*, ~ *razão, ker* főkönyv; ~ *de cavalarias* lovagregény; ~ *de cheques* csekkfüzet, csekkönyv; ~ *de consulta* kézikönyv; ~ *de cozinha* szakácskönyv; ~ *de estudo* tankönyv; ~ *de mortalhas* cigarettapapir-tömb; ~ *de notas* notesz **2.** *áll* százrétű gyomor
livrório [livròrju] *m pejor* fóliáns, ócska könyv
lixa [lisö] *f* csiszolópapír
lixar [lisàr] *1/1* **I.** *ts* csiszol (csiszolópapírral) **II.** **~-se 1.** méltatlankodik, dühöng **2.** bajba jut; pórul jár
lixeira [liséjrö] *f* szemétdomb; szeméttelep
lixeiro [liséjru] *m* szemetes
lixívia [lisivjö] *f* lúg
lixiviar [lisivjàr] *1/7 ts* (ki)lúgoz, kimos
lixo [lisu] *m* szemét; *caixote* v *recipiente de* ~ kuka, szemétgyűjtő tartály; *lata de* ~ szemétláda
lixoso [lisozu] *mn* **1.** szeméttel teli **2.** piszkos
lo *m*, **la** *f* [lu, lö] *névm* őt, azt (*tb: los, las:*) őket, azokat (*r, s, z* végű igealakok után, valamint *nos, vos* és *eis* után; a szóvégi mássalhangzó elmarad:); *vimo-lo, vimo-la* láttuk őt; *diz-no-lo* megmondja azt nekünk; *ei-los, ei-las* íme, itt vannak
ló [lò] *m* **I.** *pão de* ~ piskóta(tészta) **II.** *text* finom, átlátszó szövet (géz, flór) **III.** hajó szélfelőli oldala; *meter de* ~ szél irányába fordít
l.º = *livro*
loa [loö] *f* dicséret; dicshimnusz
loba [lobö] *f* **I.** nőstényfarkas **II.** reverenda
lobacho [lubàsu] *m* farkaskölyök
lobado [lubàdu] *mn növ: folha ~a* karélyos levél
lobal [lubàl] *mn* farkas-
lobato [lubàto] *m* = **lobacho**
lobinho [lubinyu] *m orv* zsírdaganat
lobisomem [lubizòmö^{n}j] *m* farkasember; mumus
lobo [lobu] *m* **I. 1.** farkas; ~ *com pele de ovelha* báránybőrbe bújtatott farkas; *közm:* ~ *não mata* ~ holló a hollónak nem vájja ki a szemét **2.** *szól:* ~ *do mar* **a)** *áll* borjúfóka **b)** *átv* vén tengeri medve; *escuro como a boca do* ~ koromsötét; *ver as orelhas ao* ~ halálos veszélyben forog; *falai no* ~, *ver-lhe-eis a pele* farkast emlegetnek és a kert alatt kullog **II.** *orv* lebeny, karéj; ~ *da orelha* fülcimpa
lobo-cerval [lobuszirvàl] *m* hiúz
lobo-marinho [lobumörinyu] *m* **B** fóka
lôbrego [lobrigu] *mn* **1.** sötét **2.** gyászos
lobrigar [lubrigàr] *1/4 ts* **1.** homályosan *v* messziről lát **2.** véletlenül megpillant **3.** *átv* megsejt
lóbulo [lòbulu] *m* **1.** *orv* kis lebeny **2.** *növ* karéj
lobuloso [lubulozu] *mn* **1.** *orv* lebenyszerű **2.** *növ* karéjokból álló
locação [luköszö^{n}u] *f* **1.** bérbeadás **2.** (föld)bér, bérösszeg **3.** elővételi pénztár **4.** helymegállapítás (út, vasút építéséhez) **5.** *film:* külső felvétel (helye)
local [lukàl] **I.** *mn* helyi, helybeli; *autoridades locais* helyi hatóságok; *cor* ~ couleur local, „helyi színezet", környezetrajz **II.** *fn* **1.** *m* hely, helyiség; *no próprio* ~ a helyszínen, ott helyben **2.** *f* helybeli újsághír
localidade [lukölidàd] *f* **1.** hely, helység, település **2.** helyi sajátság
localização [lukölizöszö^{n}u] *f* **1.** elhelyezés **2.** hely *v* hollét megállapítása
localizar [lukölizàr] *1/1* **I.** *ts* **1.** elhelyez **2.** helyét megállapítja **3.** hollétét felkutatja **II.** **~-se** elhelyezkedik; letelepszik
locanda [lukö^{n}ndö] *f* **1.** kocsma **2.** elárusító bódé
locandeiro [lukö^{n}ndéjru] *m* **1.** kocsmáros **2.** = **locatário**
loção [luszö^{n}u] *f* **1.** *orv* lemosás; fürdő **2.** lemosószer **3.** hajvíz
locatário [lukötàrju] *fn* bérlő
locativo [lukötivu] **I.** *mn* bérlői **II.** *fn, m nyelvt* helyhatározó (eset)
lock-out [lokàut] *m pol* munkáskizárás
locomoção [lukumuszö^{n}u] *f* helyváltoztatás, mozgás
locomotiva [lukumutivö] *f* mozdony

locomotor *m*, **-a** és **locomotriz** *f* [lukumutor(ö), -tris] *mn* mozgató, mozgási

locução [lukuszö^{n}u] *f* **1.** szólás, szólásmód, kifejezés, fordulat **2.** *nyelvt* állandó szókapcsolat **3.** stílus, kifejezésmód

locupletar [lukuplitàr] *1/13* **I.** *ts* **1.** gazdagít **2.** megtölt, teletölt **II.** **~-se 1.** meggazdagodik **2.** megtelik

locusta [lukustö] *f* sáska

locutor *m*, **-a** *f* [lukutor(ö)] *fn rádió, tv* bemondó

locutório [lukutòrju] *m* fogadószoba (fogházban, zárdában)

lodaçal [ludöszàl] *m* **1.** mocsár **2.** sártenger

lodacento [ludösze^{n}ntu] *mn* = **lodoso**

lódão [lòdö^{n}u] *m növ* lótusz

lodo [lodu] *m* **1.** iszap; sár; *banho de* ~ iszapfürdő **2.** *átv* gyalázat

lodoso [ludozu] *mn* iszapos; sáros

loendro [lue^{n}ndru] *m növ* leander

logarítmico [lugöritmiku] *mn* logaritmus-; → **tábua 2.**

logaritmo [lugöritmu] *m* logaritmus

lógica [lòzsikö] *f* logika

lógico [lòzsiku] *mn* logikus, ésszerű, következetes

logo [lògu] **I.** *hat* **1.** azonnal, rögtön, legott; ~, ~ haladéktalanul, máris; ~ *depois* mindjárt azután; ~ *mais, mais* ~ később, azután; ~ *no princípio* mindjárt kezdetben; ~ *que* mihelyt csak; ~ *que possível* a lehető leghamarabb; *para* ~ azonnal, haladéktalanul; *cumpre ir* ~ *chamar o médico* azonnal orvost kell hívni **II.** *ksz* vagyis; következésképpen

logotipo, logótipo [lugutipu, lugòtipu] *m nyelvt* betűszó; mozaikszó

logradouro [lugrödoru] *m* köztér; nyilvános sétatér

lograr [lugràr] *1/15* **I.** *ts* **1.** birtokol, élvez; ~ *saúde* jó egészségnek örvend **2.** elér, elnyer; ~ *o cargo* elnyeri az állást; ~ *o intento* eléri célját **3.** felhasznál; hasznot húz vmiből **T 4.** becsap, rászed **II.** *tl* sikerül; *logrou vencer as dificuldades* sikerült leküzdenie a nehézségeket **III.** **~-se** felhasznál; *~-se da ocasião* él az alkalommal

logro [logru] *m* **1.** vminek a birtoklása *v* élvezete **2.** elérés, elnyerés **3.** csalás, szélhámosság

loiça [lojszö] *f* = **louça**

lóio [lòju] *m* búzavirág

loir . . . → **lour . . .**

loisa [lojzö] *f* = **lousa**

loja [lòzsö] *f* **1.** földszint; földszintes lakás **2.** üzlet, bolt; ~ *de artigos para homem* férfidivatáru-üzlet; ~ *de barbeiro* fodrászat; ~ *de prego* zálogház; ~ *de sapateiro* cipészműhely **3.** szabadkőműves-páholy

lojista [luzsistö] **I.** *mn* bolti; *comércio* ~ kiskereskedelem **II.** *fn* kiskereskedő, boltos

lomba [lo^{n}mbö] *f* **1.** hegyhát **2.** hegyoldal, lejtő

lombada [lo^{n}mbàdö] *f* **1.** hegyvonulat **2.** *áll* hátgerinc **3.** könyvgerinc

lombar [lo^{n}mbàr] *mn* ágyék-, ágyéktáji

lombo [lo^{n}mbu] *m* **1.** hát; ágyék **2.** bélszín **3.** könyvgerinc **4.** *szól: endurecer o* ~ csökönyösködik, megköti magát

lombriga [lo^{n}mbrigö] *f* giliszta; ~ *solitária* galandféreg

lona [lonö] *f* **1.** vitorlavászon **2.** *estar na última* ~ **a)** egy vasa sincs **b)** tönkrement (cipő, ruha)

Londres [lo^{n}ndris] *f* London

londrino [lo^{n}ndrinu] *mn* és *fn* londoni

long. = *longitude* hosszúság

longânime [lo^{n}ngönim] *mn* **1.** nagylelkű **2.** béketűrő

longanimidade [lo^{n}ngönimidàd] *f* **1.** nagylelkűség **2.** béketűrés

longarina [lo^{n}ngörinö] *f müsz* hosszgerenda

longe [lò^{n}zsi] **I.** *hat* távol, messze; ~ *daqui* messzire innen; ~ *de* messze vmitől; ~ *disso* még távolról sem; szó sincs róla! *ao* ~ a messzeségben, a távolban; *de* ~ messziről, távolról; *átv* jóval; *de* ~ *em* ~ **a)** hellyel-közzel **b)** időnként; *para* ~ messzire; *ir* ~ elmegy messzire; *átv* sokra viszi; *ver* ~ messzire ellát; előre lát; *isto vai deitar muito* ~ ez sok időt vesz majd igénybe; *közm:* ~ *dos olhos* v *da vista,* ~ *do coração* a távollevőket könnyű elfelejteni **II.** *mn* távoli; *~s terras* távoli országok **III.** *isz:* *~!* el innen! **IV.** *fn, m* **1.** messzeség **2.** *~s, müv* háttér **3.** távoli hasonlatosság **4.** *dar uns ~s de* körvonalaiban ismertet vmit

longevidade [lo^{n}zsividàd] *f* hosszú élet, magas kor

longevo [lo^{n}zsévu] *mn* hosszú életű, magas korban levő

longilíneo [lo^{n}zsilinyu] *mn* hosszú és sovány

longinquo [lo^{n}zsi^{n}nkvu] *mn* **1.** távoli **2.** tompa, tompított (zaj)

longitude [lo^{n}zsitud] *f földr* hosszúság

longitudinal [lo^{n}zsitudinàl] *mn* hosszanti; hosszúsági; *corte* ~ hosszmetszet

longo [lo^{n}ngu] **I.** *mn* **1.** hosszú **2.** hoszszadalmas **II.** *fn, m* **1.** hosszúság; *ao* ~ *de* hosszában, mentén; *de* ~ *a longo* teljes hosszában, teljes egészében; *o tecido mede um metro de largura por dos metros de* ~ a szövet egy méter széles és két méter hosszú **2.** *divat* hosszú szoknya; maxi

lontra [lo^{n}ntrö] *f áll* vidra

loquacidade [lukvöszidàd] *f* beszédesség; fecsegés

loquaz [lukvàs] *mn* beszédes; fecsegő

loquela [lukvèlö] *f* **1.** beszédkészség **2.** bőbeszédűség

lorde [lòrd] *m* lord

Lorena [lurénö] *f* Lotaringia

loreno [lurénu] *mn* és *fn* lotaringiai

lorota [loròtö] *f* **B** hazugság; dajkamese

loroteiro [lorotéjru] *mn* és *fn* **B** hazug

lorpa [lorpö] *mn* és *fn* buta, tompa elméjű

los [lus] *névm m* őket, azokat; → **lo**

losango [luzö^{n}ngu] *m geom* rombusz

lota [lòtö] *f* halpiac

lotação [lutöszö^{n}u] *f* **1.** részekre osztás, felparcellázás **2.** beosztás; osztályozás; becslés **3.** jövedelmezőség **4.** keverés, dúsítás (boré) **5.** férőhelyek száma (járművön, színházban); ~ *esgotada* „megtelt"; „minden jegy elkelt" **6.** *haj* teherbírás **7.** megállapított létszám, létszámkeret

lotado [lutàdu] *mn* zsúfolt; tömött

lotar [lutàr] *1/15* **I.** *ts* **1.** részekre oszt; felparcelláz **2.** osztályoz (*pl* magvakat) **3.** kever (borokat) **4.** felbecsül, értékel; kiszámítja vminek a jövedelmezőségét **5.** megtölt **6.** kisorsol **7.** kirendel, kiküld (*pl* ellenőrt) **II.** *tl* megtelik; *o cinema ainda não lotou* a mozi még nem telt meg

lotaria [lutöriö] *f* sorsjáték, lutri

lote [lòt] *m* **1.** rész; ~ *de terra* telekrész, parcella **2.** *ker* árutétel **3.** *ker* választék, fajta **4.** *haj* teherbírás

lotear [lotyàr] *1/5 ts* **B** felparcelláz

loteria [lotiriö] *f* **B** sorsjáték, lutri; ~ *esportiva* totó

loto[1] [lòtu] *m növ* lótusz

loto[2] [lotu] *m* lottó

louça [loszö] *f* **1.** asztali edénynemű; ~ *de barro* agyagedény; ~ *fina*, ~ *da China* porcelán edény **2.** fajansz, ónmázas cserépedény **3.** kerámia

loução *m*, **louçã** *f* [loszö^{n}u, loszö^n] *mn* csinos, bájos

louco [loku] **I.** *mn* őrült, bolond; *sucesso* ~ őrült siker; *estar* ~ *de amor* őrülten szerelmes; *fazer* v *pôr* ~ megőrjít; *ser* ~ *por música* majd megőrül a zenéért **II.** *fn* őrült, bolond; ~ *rematado* teljesen őrült; *cada* ~ *com sua mania* mindenkinek megvan a maga vesszőparipája

loucura [lokurö] *f* őrültség, bolondság

loura [lorö] *f* **1.** szőke hajú nő **2.** *nép* font sterling

loureiro [loréjru] *m növ* babér

lourejar [lorizsàr] *1/14* **I.** *ts* sárgára fest **II.** *tl* sárgállik

Lourenço [lore^{n}szu] *m* Lőrinc

louro [loru] **I.** *mn* szőke, szőke hajú **II.** *fn, m* babér; babérlevél; *coroa de* ~*s* babérkoszorú; *dormir sobre os* ~*s*, *dormir à sombra dos* ~*s* pihen babérjain **III.** papagáj

lousa [lozö] *f* **1.** palatábla **2.** kőlap **3.** sírkő

louva-a-deus [lovàdéus] *m áll* ájtatos manó

louvado [lovàdu] **I.** *mn* dicséretes, megdicsért **II.** *fn* **1.** döntőbíró **2.** szakértő

louvaminha [lovöminyö] *f* hízelgés; talpnyalás

louvaminheiro [lovöminyéjru] *mn* és *fn* hízelgő, talpnyaló

louvar [lovàr] *1/1* **I.** *ts* **1.** dicsér; magasztal **2.** felbecsül, értékel **II.** **1.** ~**-se** *em* szakértőként *v* döntőbíróként kijelöl **2.** ~*-se na opinião de*, ~*-se no parecer de* csatlakozik vkinek a véleményéhez

louvável [lovàvèl] *mn* dicséretre méltó

louvor [lovor] *m* dicséret, magasztalás

Lp = *long play ; disco* ~ hosszan játszó nagy hanglemez

Lt.^{da} = *L.*^{da}

lua [luö] *f* 1. hold; ~ *artificial* műhold; ~ *cheia* telihold, holdtölte; ~ *crescente* növő hold; ~ *nova* újhold; *viagem à* ~ utazás a Holdba 2. *átv:* ~ *de mel* mézeshetek; *homem de* ~ zavaros fejű, bolondos; *estar de* ~ rosszkedvű; *estar na* ~ fellegekben jár; *pôr nos cornos da* ~ egekig magasztal; *ter suas* ~*s* szeszélyeskedik, megvannak a maga bogarai

luar [luàr] *m* holdfény; *está* ~ süt a hold

luarento [luöre^{n}ntu] *mn* holdfényes

lúbrico [lubriku] *mn* 1. csúszós 2. *átv* sikamlós

lubrificação [lubrifiköszö^{n}u] *f* olajozás; kenés

lubrificante [lubrifikö^{n}nt] *m* kenőanyag; gépolaj, kenőzsír

lubrificar [lubrifikàr] *1/2 ts* beken, megolajoz

lucarna [lukàrnö] *f* tetőablak

Lucas [lukàs] *m* Lukács

luchar [lusàr] *1/1 ts* bepiszkít

lucidez [luszidés] *f* 1. világosság, fényesség 2. tisztánlátás

lúcido [luszidu] *mn* 1. világos, fényes; *intervalos* ~*s, orv* világos pillanatok 2. tisztánlátó

Lúcifer [luszifèr] *m* Lucifer

lucífugo [luszifugu] *mn* világosságot kerülő (bogár)

lucilar [luszilàr] *i/1 tl* halványan ragyog, villog, pislákol

lúcio [luszju] *m* csuka

lucrar [lukràr] *1/1* I. *ts* 1. kihasznál; ~ *a situação* kihasználja a helyzetet 2. élvez II. *tl* nyer; előnyt *v* hasznot húz vmiből (*com*)

lucrativo [lukrötivu] *mn* jövedelmező, hasznot hajtó; előnyös

lucro [lukru] *m* nyereség, profit, haszon; *dar* ~*s* hasznot hajt

lucubração [lukubröszö^{n}u] *f* 1. éjszakai munka 2. tépelődés, töprengés

lucubrar [lukubràr] *1/1 tl* 1. átvirrasztja az éjszakát (munkában) 2. tépelődik, töpreng

ludibriar [ludibrjàr] *1/7* I. *ts* kigúnyol II. *tl:* ~ *de* gúnyt űz vkiből *v* vmiből

ludíbrio [ludibrju] *m* 1. gúny 2. *tornar-se* ~ nevetség tárgya lesz

ludibrioso [ludibrjozu] *mn* 1. gúnyos 2. nevetséges

lúdico [ludiku] *mn* játékos; játszó

lufada [lufàdö] *f* széllökés; *às* ~*s* lökésszerűen

lufa-lufa [lufölufö] *f nép* sürgés-forgás, hercehurca; *à* ~ sebtiben; *andar numa* ~ sürög-forog, agyonhajszolja magát

lufar [lufàr] *1/1 tl* viharosan fúj (a szél)

lugar [lugàr] *m* 1. hely; ~ *público* nyilvános hely; *data e* ~ *de nascimento* születés ideje és helye; *não estar no seu* ~ nincs a helyén; *tomar* ~ helyet foglal, leül; *este* ~ *está livre?* szabad ez a hely? *este* ~ *está tomado v ocupado* ez a hely foglalt 2. tartózkodási hely; helység; *em que* ~*?* hol? *de algum* ~ valahonnan; *em todo* (*o*) ~ mindenütt, mindenfelé 3. állás, tisztség, hivatal 4. ok; alap; *dar* ~ *a suspeitas* okot szolgáltat a gyanúra 5. *szól:* ~ *comum* közhely; *em* ~ *de* a) vki v vmi helyett b) ahelyett, hogy; *em primeiro* ~ elsősorban, először is, mindenekelőtt; *em segundo* ~ másodsorban, másodszor; *em último* ~ utolsósorban, legvégül; *que faria se estivesse em meu* ~*?* mit tenne az én helyemben? *ter* ~ történik, lezajlik; *o concerto tendrá* ~ *amanhã* a hangverseny holnap lesz (megtartva); *não ter a cabeça no seu* ~ nem tudja, hol áll a feje

lugarejo [lugörézsu] *m* falucska

lugar-tenente [lugörtine^{n}nt] *m* helyettes

lúgubre [lugubr] *mn* gyászos, szomorú; komor

Luis [luis] *m* Lajos

Luisa [luizö] *f* Lujza

lula [lulö] *f* tintahal

lumbago [lu^{n}mbàgu] *m orv* ágyéki izomzsába

lume [lum] *m* 1. tűz; *acender o* ~, *fazer* ~ tüzet gyújt 2. világosság; fény 3. gyertya 4. *átv* műveltség, tudás; *ter* ~ *de* van vmi fogalma vmiről 5. *szól:* ~ *de espelho* tükörfelület; *ao* ~ *de água* a víz felszínén; *dar* v *tirar a* ~ nyilvánosságra hoz, kiad; *falar a* ~ *de palhas* ostobaságokat fecseg; *vir a* ~ napvilágot lát, napvilágra kerül

lumeeira [lumjéjrö] *f* 1. fáklya 2. fény, fénysugár 3. tetőablak

lumeeiro [lumjéjru] *m* 1. nyílás, rés 2. *nép* szentjánosbogár

luminar [luminàr] I. *mn* világító, fénylő II. *fn, m átv* fényes tehetség, nagy szellem, világító fáklya

luminária [luminàrjö] *f* **1.** lámpás **2.** lampion **3.** fény, világítás **4.** *~s* ünnepi kivilágítás
luminescência [luminis-sze^{n}szjö] *f fiz* fénykibocsátás, villódzás
luminescente [luminis-sze^{n}nt] *mn* fényt kibocsátó, világító
luminosidade [luminuzidàd] *f* fényesség, ragyogás
luminoso [luminozu] *mn* **1.** fénylő, világító; kivilágított; *corpo ~* világítótest; *raio ~* fénysugár **2.** ragyogó, fényes; *ideia ~a* ragyogó *v* pompás ötlet; *prova ~a* ragyogó bizonyíték
lunação [lunöszö^{n}u] *f csill* holdhónap
lunar [lunàr] **I.** *mn* hold- **II.** *fn, m* anyajegy
lunático [lunàtiku] *mn* és *fn* **1.** holdkóros **2.** szeszélyes, bogaras
luneta [lunétö] *f* **1.** távcső **2.** orrcsiptető; nyeles szemüveg **3.** kerek ablak **4.** *vall* ostyatartó
lupa [lupö] *f* nagyítóüveg
lupanar [lupönàr] *m* bordélyház
lúpulo [lupulu] *m növ* komló
lupo, lupus [lupu, lupus] *m orv* lupusz, bőrfarkas
lura [lurö] *f* földalatti vacok *v* lyuk
lusco [lusku] *mn* **1.** kancsal; sanda **2.** félszemű
lusco-fusco [luskufusku] *m* esthomály; *ao ~* alkonyatkor
Lusíadas [luziödös] *m tb: os ~* a Luziádok (Camões eposza)
Lusitánia [luzitönyö] *f* Luzitánia, Portugália
lusitano, luso [luzitönu, luzu] *mn* és *fn* portugál
lustração [luströszö^{n}u] *f* kifényesítés
lustrar [lustràr] *1/1* **I.** *ts* **1.** (ki)fényesít, fényez; *~ sapatos* cipőt tisztít *v* fényesít **2.** *~ uma região* bejár *v* felderít egy környéket **3.** felvilágosít; oktat **II.** *tl* fénylik, ragyog
lustre [lustr] *m* **1.** fény, ragyogás; *dar ~ a* kifényesít, fényez vmit **2.** csillár **3.** *átv* dicsőség, fényesség
lustrina [lustrinö] *f text* lüszter
lustrino [lustrinu] *mn* fényes
lustro [lustru] *m* **1.** lustrum, ötéves időszak **2.** *nép* = **lustre**
lustroso [lustrozu] *mn* fényes; fényezett
luta [lutö] *f* **1.** harc, küzdelem; *~ de classes* osztályharc; *~ de vida ou de morte* élethalál-harc; *~ pela existência, ~ pela vida* létért folyó küzdelem **2.** *sp* birkózás; *~ greco-romana* kötött fogású birkózás; *~ livre* szabadfogású birkózás; *~ de boxe* ökölvívás
lutador *m*, **-a** *f* [lutödor(ö)] **I.** *mn* küzdő, harcos **II.** *fn, m* **1.** katona, harcos **2.** *sp* versenyző, birkózó
lutar[1] [lutàr] *1/1 tl* harcol, küzd
lutar[2] [lutàr] *1/1 ts* tűzálló agyaggal bevon, szigetel
luteranismo [lutirönizsmu] *m* lutheranizmus
luterano [lutirönu] *mn* és *fn* lutheránus, evangélikus
luto [lutu] *m* **I. 1.** gyász; *~ aliviado* félgyász; *~ fechado v pesado* mély gyász; *deitar v tomar ~* gyászt ölt; *estar de ~ por* gyászol vkit **2.** bánat, szomorúság **II.** tapasztóanyag; gitt
lutulento [lutule^{n}ntu] *mn* iszapos; sáros
lutuoso [lutvozu] *mn* **1.** gyászoló **2.** bánatos, szomorú
luva [luvö] *f* **1.** kesztyű **2.** *műsz* heveder; csőbilincs **3.** *~s* vesztegetési pénz; sáp **4.** *átv: lançar a ~ a* a kesztyűt dob vkinek, kihív vkit; *apanhar v levantar a ~* felveszi a kesztyűt, elfogadja a kihívást
luvaria [luvöriö] *f* **1.** kesztyűgyár **2.** kesztyűsbolt
luveiro [luvéjru] *m* kesztyűkészítő
luxação [lusöszö^{n}u] *f* kificamodás; ficam
luxar [lusàr] *1/1 ts* kificamít
Luxemburgo [luse^{n}mburgu] *m* Luxenburg
luxo [lusu] *m* **1.** luxus, fényűzés; *artigos v objectos de ~* fényűzési cikkek, luxuscikkek; *dar-se ao ~ de* megengedi magának azt a fényűzést, hogy **2.** **B** udvarias elutasítás
luxuoso [lusvozu] *mn* fényűző; pompás
luxúria [lusurjö] *f* **1.** bujaság **2.** kéjelgés
luxuriante [lusurjö^{n}nt] *mn* dús növésű, buja
luxurioso [lusurjozu] *mn* buja, kéjelgő
luz [lus] *f* **1.** fény; világosság; fényforrás; *~ baixa* tompított fény; *~ eléctrica* villanyfény; *~ de arco* ívfény; *~ de marcha atrás, autó* hátramenetet jelző lámpa; *~ de stop* stopplámpa; *~ de tráfego* közlekedési jelzőlámpa; *~es de ribalta* rivaldafény; *~ do sol* napfény; *meia ~* félhomály; *à ~ de*

vminek a fényében, vminek az alapján; *à ~ do dia* napfénynél; fényes nappal; *apagar a ~* eloltja a villanyt (a gyertyát); *dar ~ verde* zöld fényt ad, szabad utat enged **2.** *átv* világ; *abrir os olhos à ~* a világra jön, megszületik; *cerrar* v *fechar os olhos à ~* örökre lehúnyja szemét, meghal; *dar à ~* világra hoz, szül; *sair* v *vir à ~* napvilágot lát, megjelenik (könyv); *tornar à ~* magához tér (ájultságból) **3.** *luzes* tudományok, ismeretek, tudás; *século das ~es* a felvilágosodás kora; *ter umas ~es* konyít vmit vmihez (*para*)

luzeiro [luzéjru] *m* **1.** lámpa; gyertya **2.** égitest; csillag; *~ da manhã* hajnali csillag; *~ da tarde* esthajnali csillag **3.** *átv* kimagasló egyéniség, lángész

luze-luze [luziluzi] *m nép* szentjánosbogár

luzente [luzeⁿnt] *mn* fénylő, csillogó

luzerna [luzèrnö] *f* lucerna

luzidio [luzidiu] *mn* fénylő, csillogó

luzido [luzidu] *mn átv* fényes, pompás

luzir [luzir] *3/1 tl* **1.** fénylik, ragyog; *közm: nem tudo o que luz é ouro* nem mind arany, ami fénylik **2.** *átv* kifejlődik; érvényesül; megnyilvánul

Lx.ª = *Lisboa* Lisszabon

M

M, m [èmi] *m* m (betű)
m. = **1.** *masculino* **2.** *mês* **3.** *metro* **4.** *minuto* **5.** *morto*
m/ = *meu, minha* enyém, az én . . m
m.ª = *mesma*
M.ª = *Maria* Mária
MA = *Maranhão* (brazil állam)
ma [mö] = **me + a**
má [mà] *mn f* → **mau**
maca [màkö] *f* **1.** hordágy **2.** *haj* függőágy
maça [màszö] *f* **1.** bunkó, buzogány **2.** döngölő; cölöpverő kos
maçã [möszö^n] *f* **1.** alma **2.** ádámcsutka **3.** arccsont, pofacsont **4.** kardmarkolat gombja
macabro [mökàbru] *mn* **1.** hátborzongató **2.** *dança ~a* haláltánc
macaca [mökàkö] *f* **1.** nősténymajom **2.** *biz* csunya nő
macacão [mökökö^{n}u] *m* **B** kezeslábas; munkaruha
macaco [mökàku] **I.** *mn* **1.** furfangos **2.** csúf, csúnya **II.** *fn, m* **1.** (csavarmenetes) kocsiemelő **2.** (*fato*) **~** kezeslábas, munkaruha
maçada [möszàdö] *f* **1.** bunkóütés **2.** elverés, ütlegelés **3.** *átv* fárasztó és unalmas munka **4.** csalás (játék közben) **5.** *que ~!* de unalmas!
macadame [möködöm] *m* makadám (útburkolat)
macadamizar [möködömizàr] *1/1 ts* makadámmal burkol
maçador *m,* **-a** *f* [möszödor(ö)] **I.** *mn* unalmas, terhes **II.** *fn* **1.** alkalmatlankodó ember **2.** *m müsz* lentiló
maçagem [möszàzsö^{n}j] *f* lentilolás
maçal [möszàl] *m* savó
macambúzio [mökömbuzju] *mn* szótlan, mogorva, komor
maçaneta [möszönétö] *f müsz* gomb, kilincsgomb, nyereggomb
mação [möszö^{n}u] *m* szabadkőműves
maçapão [möszöpö^{n}u] *m* marcipán
macaquear [mökökjàr] *1/5 ts* majmol, utánoz
macaquice [mökökisz] *f* majmolás, utánzás
macaquinho [mökökinyu] *m* majmocska; *ter ~s no sótão* baj van nála az emeleten
maçar [möszàr] *1/3, 1/12 ts* **1.** üt, ver **2.** (lent) tilol **3.** *átv* untat, zavar
maçarico [möszöriku] *m müsz* forrasztólámpa
maçaroca [möszöròkö] *f* **1.** orsóra csavart fonal **2.** kukoricacső **3.** hajhullám **4.** köteg, nyaláb
macarrão [mökörrö^{n}u] *m* makaróni
macarrónico [mökörròniku] *mn* makaróni stílusú, kevert nyelvű; *latim ~* konyhalatinság
macedónia [möszidònyö] *f* vegyes salátaés gyümölcstál
macela [möszèlö] *f növ* kamilla
macerar [mösziràr] *1/13 ts* **1.** *vegy* macerál **2.** *átv* sanyargat; zaklat, bosszant
maceta [möszétö] *f* **1.** kis kalapács (kőfaragóé) **2.** dobverő
macete [möszét] *m* nagy fakalapács (szobrászé)
machada [mösàdö] *f* balta
machadada [mösödàdö] *f* baltacsapás
machadinha [mösödinyö] *f* vágóbárd
machado [mösàdu] *m* fejsze
macha-fêmea [màsöfémiö] *f* **1.** *müsz*

zsanér, csuklópánt 2. *biz* hermafrodita

machear [mösjàr] *1/5 ts* **1.** pliszíroz, ráncol, berak **2.** pároztat, befedez

macho [màsu] **I.** *mn* **1.** hím; *tigre* ~ hím tigris **2.** *biz* erős; *vinho* ~ erős bor **II.** *fn, m* **1.** hím állat **2.** öszvér **3.** berakás, redőzet (ruhán) **4.** kapocs **5.** *műsz* fúró

machucar [mösukàr] *1/2 ts* **1.** széttör, szétzúz, felaprít **2.** összegyűr

maciço [möszíszu] **I.** *mn* **1.** masszív, tömör **2.** erős; *~a protesta* heves tiltakozás **II.** *fn, m* **1.** *földr* hegytömb **2.** sűrű erdő

macieira [möszjéjrö] *f* almafa

macilento [möszileⁿntu] *mn* **1.** sovány, vékony **2.** sápadt

macio [möszíu] *mn* **1.** puha; lágy (tapintású) **2.** sima **3.** *átv* szelíd

maço [màszu] *m* **1.** fakalapács ~ *da porta* ajtókopogtató **2.** *műsz* döngölő **3.** csomó, csomag, köteg, nyaláb; ~ *de cartas* levélcsomó; ~ *de cigarros* csomag cigaretta; ~ *de papéis* papírok halmaza

maçonaria [möszunöriö] *f* szabadkőművesség

maconha [mökonyö] *f* **B** marihuána, kábítószer

maçónico [möszòniku] *mn* szabadkőműves

macota [mökòtö] **B I.** *mn* **1.** hatalmas, befolyásos **2.** nagyszerű, pompás **II.** *fn, m* befolyásos ember; tekintély

má-criação [màkrjöszöⁿu] *f* neveletlenség; gorombaság

maçudo [möszudu] *mn* **1.** unalmas **2.** fárasztó

mácula [màkulö] *f* **1.** folt **2.** *átv* szégyenfolt

macular [mökulàr] *1/1 ts* foltossá tesz; beszennyez (*átv* is)

Madalena [mödölénö] *f* Magdolna

madeira [mödéjrö] *fn* **I.** *f* fa; **B** ~ *compensada* furnér(lemez); ~ *de construção* épületfa; ~ *de lei* keményfa; ~ *de minas* bányafa **II.** *m* madeirabor

Madeira [mödéjrö [mödéjrö] *f* Madeira (portugál sziget)

madeiramento [mödéjrömeⁿntu] *m* gerendázat; faváz; padlásszék

madeirar [mödéjràr] *1/1 ts, tl* ácsol, ácsmunkát végez

madeireiro [mödéjréjru] *m* **1.** fakereskedő **2.** ácsmester

madeirense [mödéjreⁿsz] *mn* és *fn* madeirai, Madeira szigetéről való

madeiro [mödéjru] *m* **1.** fagerenda **2.** *átv* fatuskó, tökfilkó

madeixa [mödéjsö] *f* **1.** hajfürt **2.** motring

madraço [mödràszu] *mn* és *fn* lusta, semmirekellő

madrasta [mödràstö] *f* mostohaanya

madre [màdr] *f* **1.** apáca; ~ *superiora* zárdafőnöknő **2.** *orv* méh **3.** *nyomd* matrica **4.** folyómeder **5.** mestergerenda **6.** üledék

madrepérola [màdripèrulö] *f* **1.** gyöngykagyló **2.** gyöngyház

madressilva [màdriszílvö] *f* *növ* lonc

Madri [mödrí] *f* Madrid

madrileno [mödrilénu] *mn* és *fn* madridi

madrinha [mödrínyö] *f* **1.** keresztanya **2.** házassági tanú

madrugada [mödrugàdö] *f* hajnal, virradat; *de* ~ korán reggel, hajnalban; *fazer uma* ~ korán kel

madrugador *m*, **-a** *f* [mödrugödor(ö)] *mn* és *fn* korán kelő

madrugar [mödrugàr] *1/4 tl* korán kel; *közm: a quem madruga Deus ajuda* ki korán kel, aranyat lel

madurar [möduràr] *1/1* **I.** *ts* érlel **II.** *tl* érik, beérik, megérik

madureza [mödurézö] *f* érettség (*átv* is); *exame de* ~ érettségi (vizsga)

maduro [möduru] *mn* érett (*átv* is)

mãe (möⁿj] **I.** *mn* alap-, alapvető; *ideia* ~ alapgondolat **II.** *fn, f* **1.** anya **2.** *átv* szülőanya; vminek az oka, melegágya; *közm: a ociosidade é a* ~ *de todos os vicios* a tunyaság minden bűnnek a szülőanyja

mãe-d'água [möⁿjdàgvö] *f* **1.** forrás; szökőkút; víztorony **2.** víztároló medence **3. B** szirén, vízi tündér **4.** bőgőmasina

maestro [möèstru] *m* **1.** zeneszerző **2.** karnagy

Mafalda [möfàldö] *f* Matild

Mafoma [möfomö] *m* Mohamed

maganice [mögönísz] *f* huncutság, csíny

magano [mögönu] *mn* és *fn* huncut, pajkos

magarefe [mögörèf] *m* mészáros

magazine [mögözín] **B 1.** folyóirat **2.** divatáruház

magia [mözsiö] *f* **1.** mágia, bűvészet **2.** *átv* varázslat
magiar [màzsàr] *mn* és *fn* magyar
mágica [màzsikö] *f* **1.** bűvészmutatvány **2.** mágia, varázslat
magicar [mözsikàr] *1/2 tl biz* töpreng
mágico [màzsiku] **I.** *mn* mágikus, bűvös, varázslatos; *vara* v *varinha ~a* varázsvessző **II.** *fn, m* mágus, varázsló, bűvész
magistério [mözsistèrju] *m* **1.** tanárság; tanári állás **2.** pedagógus pálya
magistrado [mözsistràdu] *m* **1.** magasabb rangú tisztviselő **2.** bíró
magistral [mözsistràl] *mn* **1.** tanítói, tanári **2.** mesteri, tökéletes
magistratura [mözsiströturö] *f* **1.** közhivatal **2.** hivataloskodás **3.** *~ judicial* bírói állás, bíróság
magma [màgmö] *m* **1.** *geol, vegy* magma **2.** *orv* pép
magnanimidade [mögnönimidàd] *f* nagylelkűség
magnânimo [mögnönimu] *mn* nagylelkű
magnate [mögnàt] *m* mágnás
magnésia [mögnèzjö] *f vegy* magnéziumoxid
magnésio [mögnèzju] *m vegy* magnézium; *luz de ~* magnéziumfény
magnesita, magnesite [mögnizitö, -zit] *f ásv* magnezit
magnete [mögnèt] *m* mágnes; *~ em ferradura* mágnespatkó
magnético [mögnètiku] *mn* mágneses; *agulha ~a* mágnestű; *campo ~* mágneses tér; *polo ~* mágneses pólus
magnetismo [mögnitizsmu] *m* mágnesség
magnetite [mögnitit] *f ásv* magnetit, mágnesvaskő
magnetizar [mögnitizàr] *1/1 ts* **1.** mágnesez **2.** delejez, hipnotizál
magnetofone [mögnitufon] *m* magnetofon
magnificência [mögnifisze^{n}szjö] *f* nagyszerűség; pompa
magnificente [mögnifisze^{n}nt] *mn* pazar, pompás
magnífico [mögnifiku] *mn* **1.** nagyszerű, pompás **2.** *~ Reitor* az egyetem rektorának címe
magníloquo [mögnilukvu] *mn* **1.** ékesszóló **2.** fellengző
magnitude [mögnitud] *f* nagyság (*átv* is)
magno [màgnu] *mn* nagy; *Alexandre Magno* Nagy Sándor; *Carlos Magno* Nagy Károly
magnólia [mögnòljö] *f növ* magnólia, liliomfa
mago [màgu] **I.** *mn* bűvös, varázslatos **II.** *fn, m* **1.** mágus, varázsló, bűvész **2.** *vall: os Reis Magos* háromkirályok
mágoa [màgvö] *f* **1.** zúzódás helye, kék folt **2.** *átv* fájdalom, bánat; *arremessar as ~s* félreveti búját-baját *v* rosszkedvét
magoado [mögvàdu] *mn* **1.** sérült **2.** *átv* fájdalmas; bánatos, szomorú
magoar [mögvàr] *1/8 ts* **1.** zúzódást okoz, megsebez, megsért **2.** *átv* fájdalmat okoz, megbánt, lesújt
magote [mögòt] *m* **1.** (ember)csoport, tömeg **2.** halom, rakás
magreza [mögrézö] *f* soványság
magricela [mögriszèlö] **I.** *mn* soványka **II.** *fn* vézna emberke
magro [màgru] *mn* **1.** sovány; *fazer-se ~* lesoványodik **2.** *vall* böjti; *dia ~* böjtnap
Maio [màju] *m* május
maiô [màjo] *m* **B** = **malhô**
maionese [möjunèz] *f konyh* majonéz
maior [möjor] **I.** *mn* **1.** nagyobb; *a ~ parte* a nagyobbik rész, a többség; *pela ~ parte* (leg)nagyobbrészt, jobbára **2.** idősebb **3.** nagykorú **4.** *zene: tom ~* dúr hangnem **II.** *fn* **1.** nagykorú egyén **2.** *m: ~es* ősök, elődök
maioral [möjuràl] *m* **1.** brigádvezető; előmunkás **2.** cselédség *v* pásztorok főnöke **3.** **B** postakocsi kocsisa
maioria [möjuriö] *f* **1.** többség; *~ absoluta* abszolút többség; *em ~* többnyire; *por ~* szavazattöbbséggel **2.** kiválóság, nagyszerűség
maioridade [möjuridàd] *f* nagykorúság
maiozinho [maiuzinyu] *mn* májusi
mais [màjs] **I.** *hat* **1.** többet; *~ e ~*, *cada vez ~* egyre többet, egyre inkább; *ainda ~* még többet **2.** (mint a középfok képzője: -bb) *Carlos é ~ alto* (*do*) *que eu* Károly magasabb nálam; *ele é o ~ velho dos dois irmãos* ő az idősebb a két testvér közül; *~ cedo* korábban; gyorsabban; *quanto ~ cedo melhor* minél előbb, annál jobb **3.** (névelővel a felsőfok képzője: a leg. . .bb); *o ~ velho* a legidősebb

a ~ bela a legszebb **4.** még, ezenkívül, azonkívül; *~ outro* még egy; *que ~?* mi van még? *e que ~?* és még mit parancsol? (üzletben); *quem ~?* ki még? *um pouco ~, algum tanto ~* még egy kicsit **5.** *mat* plusz **6.** inkább, jobban, szívesebben; *gostaria ~ de ficar aqui* szívesebben itt maradnék; *~ quisera ler algo* inkább olvasnék valamit **7.** (megengedő értelemmel): *por ~ que* bármennyire is; *por ~ que custe* bármennyibe is kerüljön; *por ~ que diga* százszor is mondhatom, hiába beszélek; *por ~ que se estude, nunca se consegue aprender tudo* bármennyit is tanul az ember, sohasem tud megtanulni mindent; *por ~ beleza que tenha* akármilyen szép is legyen; *por ~ difícil que seja* bármennyire is nehéz **8.** *szól: ~ adiante* később; a továbbiakban; az alábbiakban; *~ a tempo* előbb, korábban; *~ hoje ~ amanhã; ~ dia menos dia; ~ ano menos ano* maholnap, előbb-utóbb, rövidesen *~ nada; nada ~* semmi több(et), semmi más(t); ez minden; *~ que muito* több(et) a soknál; *~ um razão para* egy okkal több, hogy; *a ~, de ~* túlsok(at), túlságos(an); *a ~ correr* szélsebesen, lóhalálában; *a ~ e melhor* a legjobb esetben; *de ~ a ~* különben, egyébként, ezenkívül; *nem ~ nem menos* se több(et), se kevesebb(et); *não ~* **a)** többé nem, tovább nem **b)** ebből elég! ne tovább! *não ~ que* nem többet mint; csak; *não há ~* nincs több, nincs tovább; *não posso ~* nem bírom tovább, elegem van belőle; *nunca ~* soha többé; *o ~ mínimo* semmiképpen sem; *outro tanto ~* még egyszer annyi; *por pouco ~ de nada* fillérekért, szinte ingyen; *pouco ~ o menos* körülbelül, többé-kevésbé, megközelítően; *sem ~ nada; sem ~ aquelas; sem ~ nem menos* minden ok nélkül; csak úgy; *estar a ~* fölösleges, túl sok; *esteve dez dias ~ para lá do que para cá* tíz napon át élet és halál közt lebegett **II.** *mn* több; *tenho ~ livros que tu* több könyvem van, mint neked; *são mais as vozes (do) que as nozes* több a szó, mint a lényeg; sok hűhó semmiért; **III.** *fn, m* **1.** *o ~* a többi, a hátralevő; *quanto ao ~* ami a többit illeti **2.** a legtöbb; *é o ~ que posso dar* ez a legtöbb, amit adhatok; *passa o ~ do tempo a estudar* legtöbb idejét tanulásra fordítja **3.** *os ~* a legtöbben; *as ~ das vezes* a leggyakrabban **4.** *mat* pluszjel

mais-que-perfeito [màjskipirféjtu] *m nyelvt* régmúlt

mais-querer [màjskirér] *2/18 ts* jobban szeret

mais-valia [màjsvöliö] *f közg* értéktöbblet

maiúscula [möjuskulö] *f* nagybetű

maiúsculo [möjuskulu] *mn* **1.** nagy; *letra ~a* nagybetű **2.** kiváló; rendkívüli; *escritor ~* kiváló író

maj. = *major*

majestade [mözsistàd] *f* **1.** fenség, magasztosság **2.** (cím) *Sua Majestade* őfelsége

majestoso [mözsistozu] *mn* fenséges, magasztos

major [mözsòr] *m kat* őrnagy

mal[1] [màl] *m* **1.** rossz; *dizer* v *falar ~ de* rosszat mond vkiről, rágalmaz vkit; *fazer ~* **a)** rosszat tesz **b)** kárt okoz **c)** bánt, fájdalmat okoz; *querer ~ a* rosszat kíván vkinek, rosszindulatú vki iránt; *que ~ fiz eu?* mi rosszat tettem én? *há ~es que vêm para bem; de todo ~ se tira um bem* minden rosszban van valami jó is **2.** baj, betegség; fájdalom, szenvedés; *~ secreto* nemi baj; *~ de amor* szerelmi bánat; *seu ~ é incurável* az ő baja gyógyíthatatlan **3.** szerencsétlenség; *por meu ~* szerencsétlenségemre **4.** *szól: a ~* akarata ellenére, erőszakkal; *a bem ou a ~, por bem ou por ~* akár tetszik, akár nem; akarva, nem akarva; akár így, akár úgy; *do ~ o menos; de dois ~es o menor* két rossz közül a kisebbiket; *não faz ~* nem baj, nem tesz semmit; *por ~ de* büntetésül vmi miatt; *levar para o ~* rosszra fordul, rosszul végződik

mal[2] [màl] **I.** *hat* **1.** rosszul; *cheirar ~* rossz szaga van; *dormir ~* rosszul alszik; *estar ~ de saúde* rosszul van, beteg; *estar ~ disposto* nincsen jól, gyengélkedik; *os negócios vão ~* rosszul megy az üzlet **2.** alig; nagy nehezen; *~ provou a comida* alig evett valamit; ~ *sabe ler* alig tud olvasni 3. *szól*: ~ *reputado* rossz hírű; ~ *que bem* jól-rosszul; *andar* ~ *disposto* nincsen jó hangulatban; *estar* (*de*) *mal com* rossz viszonyban van vkivel; *estamos* ~! bajban vagyunk! rosszul áll a szénánk! *este traje lhe está* v *fica mal* ez a ruha rosszul áll rajta; *ficar* ~ felsül, bakot lő, kínos helyzetben van; *menos* ~ nem is rossz(ul), egészen jól; *sair* ~ balul üt ki II. *ksz* alighogy; mihelyt; ~ *chegaram, tiveram que partir* alighogy megérkeztek, el kellett utazniuk; ~ *o viu* alighogy megpillantotta

mala [màlö] *f* 1. bőrönd, koffer; utazótáska; *fazer as* ~*s* csomagol 2. postazsák 3. ~ *diplomática* futárposta 4. B *arrastar* ~ hetvenkedik; fenyegetődzik; *arrastar a* ~ becsapják

malabar [mölöbàr] *mn*: *jogos* ~*es* bűvészmutatványok

malabarista [mölöböristö] *m* zsonglőr, bűvész

malaca [màlàkà] *f* B fájás, fájdalom

malacafento [màlàkàfe^{n}ntu] *mn* B beteg, szenvedő

mal-afortunado [màlöfurtunàdu] *mn* szerencsétlen

mal-agradecido [màlögrödiszidu] *mn* hálátlan

malagueta [mölögétö] *f növ* borsféle

malaio [mölàju] *mn* és *fn* maláji

mal-ajambrado [màlözsö^{n}mbràdu] *mn* B rendetlen; hanyagul öltözött

mal-ajeitado [màlözséjtàdu] *mn* = **mal-amanhado**

mal-amanhado [màlömönyàdu] *mn* 1. lompos, elhanyagolt külsejű 2. esetlen, otromba

malandragem, malandrice [mölöndràzsö^{n}j, -drisz] *f* 1. csavargás, semmittevés 2. gazság, csibészség

malandrim, malandro [mölöndri^{n}, mölö^{n}ndru] *m* 1. csavargó 2. csirkefogó

mala-posta [màlöpòstö] *f rég* delizsánsz, postakocsi

malaquite [mölökit] *f ásv* malachit

malar [mölàr] *m* arccsont, pofacsont

malária [mölàrjö] *f* malária

malárico [mölàriku] *mn* maláriás

malas-artes [màlösàrtis] I. *mn*: *pessoa* ~ a) szerencsétlen alak b) intrikus; csaló II. *fn, f tb* intrika; szélhámosság

Malásia [màlàzjö] *f* Malázia

mal-assombrado [màlàszo^{n}mbràdu] B I. *mn* kísértetektől látogatott (hely) II. *fn, m* kísértet

mal-aventurado [màlöve^{n}nturàdu] *mn* szerencsétlen

mal-avindo [màlövi^{n}ndu] *mn* egyenetlenkedő, viszálykodó

mal-avisado [màlövizàdu] *mn* meggondolatlan

malaxador [mölökszödor] *m* (vaj)keverőgép

malaxar [mölökszàr] *1/1 ts* kever (vajat)

mal-azado [màlözàdu] *mn* sorsüldözött

malbaratar [màlbörötàr] *1/12 ts* 1. elherdál, elpazarol 2. ~ *um conselho* semmibe vesz egy tanácsot

malbaratear [màlbörötyàr] *1/5 ts* B = **malbaratar**

malbarato [màlböràtu] *m* elherdálás, pazarlás

malcasado [màlközàdu] *mn* rosszul házasodott

malcheiroso [màlséjrozu] *mn* rossz szagú, büdös

malcomido [màlkumidu] *mn* rosszul táplálkozó; sovány

malcontente [màlko^{n}nte^{n}nt] *mn* elégedetlen

malcriado [màlkrjàdu] *mn* neveletlen

maldade [màldàd] *f* 1. gonoszság 2. rosszaság, csínytevés

maldição [màldiszö^{n}u] *f* 1. átok 2. csapás, szerencsétlenség

maldito [màlditu] *mn* 1. átkozott 2. gonosz

maldizente [màldize^{n}nt] *mn* gonosz nyelvű, rágalmazó

maldizer [màldizér] *2/12* I. *ts* elátkoz II. *tl* 1. átkozódik 2. ~ *de* átkoz, szid vkit *v* vmit

maldoso [maldozu] *mn* 1. gonosz, rossz 2. rosszhiszemű 3. haszontalan, csintalan

maleabilidade [möljöbilidàd] *f* 1. *műsz* nyújthatóság 2. *átv* hajlékonyság, alakíthatóság

malear [möljàr] *1/5 ts* 1. *műsz* kinyújt, kalapál, kovácsol 2. *átv* alakít, formál

maleável [möljàvèl] *mn* 1. *műsz* kinyújtható, kalapálható 2. *átv* alakítható, formálható

maledicência [màlidisze^{n}szjö] *f* gyalázás; rágalmazás

mal-educado [màlidukàdu] *mn* neveletlen

maleficência [màlifisze^{n}szjö] *f* gonoszság; rosszindulat

maleficiar [màlifiszjàr] *1/7 ts* **1.** árt, kárt okoz vkinek **T 2.** megbabonáz

malefício [màlifiszju] *m* **1.** ártalom, kár, megkárosítás **2.** megbabonázás

maléfico [màlèfiku] *mn* **1.** gonosz, rosszindulatú **2.** káros, végzetes

maleita(s) [mölèjtö(s)] *f* (*tb*) váltóláz

mal-encarado [màle^{n}nköràdu] *mn* gyanús *v* visszataszító külsejű

mal-ensinado[màle^{n}nszinàdu] *mn* neveletlen, faragatlan

mal-entendido [màle^{n}nte^{n}ndidu] **I.** *mn* **1.** félreértett **2.** mindent félreértő **II.** *fn, m* félreértés

mal-estar [màlistàr] *m* **1.** rosszullét **2.** kényelmetlenség; kellemetlen helyzet; nyugtalanság

maleta [mölétö] *f* kis bőrönd

malevolência [màlivule^{n}szjö] *f* rosszakarat, rosszindulat

malevolente, malévolo [mölivule^{n}nt, mölèvulu] *mn* rosszakaratú, rosszindulatú

malfadado [màlfödàdu] *mn* szerencsétlen

malfadar [màlfödàr] *1/12 ts* szerencsétlenné tesz; szerencsétlenséget hoz vkire **T**

malfazejo [màlfözézsu] *mn* = **maléfico**

malfazer [màlfözér] *2/13 tl* rosszat tesz, árt, kárt okoz vkinek

malfeito [màlféjtu] *mn* **1.** rosszul megcsinált **2.** alaktalan, torz **3.** gonosz

malfeitor [màlféjtor] *m* gonosztevő

malfeitoria [màlféjturiö] *f* **1.** gonoszság **2.** gaztett, bűntény

malferido [màlfiridu] *mn* **1.** súlyosan sebesült **2.** *combate* ~ véres csata

malferir [màlfirir] *3/8 ts* súlyosan megsebesít

malga [màlgö] *f* csésze; kisebb tál

malha [màljö] *f* **I. 1.** hurok, szem (kötésben); *obras de* ~ kötöttáru; *apanhar* v *levantar as* ~*s* felszedi a (lefutott) szemeket; *fazer* ~ köt **2.** kötött holmi **3.** trikó **4.** *rég* páncéling szeme **5. B** szvetter, kötött mellény **II.** folt (az állat bőrén) **III.** kunyhó **IV.** *ját* dobókorong

malhada [möljàdö] *f* **I. 1.** kalapácsütés **2.** kovácsolás, kalapálás **3.** cséplés **4.** szérű **II. 1.** pásztorkunyhó **2.** akol, karám **3.** juhnyáj **4. B** árnyas hely deleléshez **III.** *átv* **1.** ármány **2.** bonyodalom, szövevény

malhadeiro [möljödéjru] **I.** *mn* durva, faragatlan **II.** *fn, m* csép, cséphadaró

malhado [möljàdu] *mn* foltos, pettyes

malhadoiro, -douro [möljödojru, -doru] *m* (cséplő)szérű

malhar[1] [möljàr] *1/12* **I.** *ts* **1.** kovácsol, kalapácsol **2.** csépel **3.** kinevet, kigúnyol **II.** *tl* **1.** üt, kalapál; ~ *em ferro frio* hiábavaló munkát végez **2.** elver, elnáspángol; *malhou impiedosamente no menino* kegyetlenül elverte a gyereket

malhar[2] [möljàr] *1/12 tl* delel, déli pihenőt tart

malhete [möljét] *m* **1.** kis kalapács **2.** *műsz* horony, eresztėk

malho [màlju] *m* **1.** nagy kalapács, pöröly **2.** döngölő

malhô [màljo] *m* **1.** trikó **2.** fürdőruha

mal-humorado [màlumuràdu] *mn* rosszkedvű

Mali [möli] *m* Máli

malícia [möliszjö] *f* **1.** rosszindulat, rosszhiszeműség **2.** rosszmájúság; csípős megjegyzés

malicioso [möliszjozu] *mn* **1.** rosszindulatú, rosszhiszemű **2.** rosszmájú; csipkelődő

maligna [mölignö] *f* **1.** rosszindulatú láz **2.** tífusz **3. B** malária

malignidade [mölignidàd] gonoszság

maligno [mölignu] *mn* **1.** rosszindulatú **2.** gonosz

má-lingua [màli^{n}ngvö] *f* **1.** megszólás, rágalmazás **2.** *átv* rossz nyelv, rágalmazó

mal-intencionado [màli^{n}nte^{n}szjunàdu] *mn* **1.** rosszindulatú **2.** alattomos

malíssimo [màliszimu] *mn* nagyon rossz; → **mau**

maljeitoso [màlzséjtozu] *mn* ügyetlen

malmequer [màlmikér] *m növ* százszorszép

malnascido [màlnös-szidu] *mn* **1.** sorsüldözött **2.** alacsony származású

malo [màlu] *mn* **B 1.** rossz **2.** hirtelen haragú **3.** *alto e* ~ találomra

malogrado [mölugràdu] *mn* **1.** sikertelen **2.** korán elhunyt

malograr [mölugràr] *1/15* **I.** *ts* **1.** meghiúsít **2.** tönkretesz **II.** **~-se** **1.** meghiúsul **2.** korai halállal elhuny
malogro [mölogru] *m* sikertelenség, bukás
malparado [màlpöràdu] *mn* **1.** veszélynek kitett, veszélyeztetett **2.** bizonytalan
malquerença [màlkire^{n}szö] *f* rosszindulat, ellenséges érzület
malquerente [màlkire^{n}nt] *mn* rosszindulatú, ellenséges
malquerer [màlkirér] **I.** *2/18 ts* rosszindulatú vkivel szemben **T** **II.** *fn, m* rosszindulat, ellenséges érzület
malquistar [màlkistàr] *1/1* **I.** *ts* összeveszít; ellenségévé tesz **II.** *tl* viszályt kelt, ellenségeskedést szít **III.** **~-se** *com todos* **a)** mindenkivel összevész **b)** mindenkit maga ellen hangol
malquisto [màlkistu] *mn* **1.** gyűlölt **2.** nem kedvelt
malsão [màlszö^{n}u] *mn* **1.** egészségtelen **2.** betegeskedő
malsim [màlszi^n] *m* (rendőrségi) besúgó, spicli
malsinar [màlszinàr] *1/1 ts* **1.** besúg, feljelent **2.** rágalmaz
malsoante [màlszvö^{n}nt] *mn* **1.** rosszul hangzó **2.** illetlen; bántó
malsofrido [màlszufridu] *mn* türelmetlen
malta [màltö] *f* **1.** banda, csapat **2.** vándorföldművesek csoportja
malte [màlt] *m* maláta
maltense [màlte^{n}sz] *mn* és *fn* máltai
maltês[1] *m*, **maltesa** *f* [màltés, -tézö] **I.** *mn* máltai **II.** *fn* **1.** máltai, Málta szigetéről való **2.** *m* máltai lovagrend tagja
maltês[2] [màltés] *m* **1.** vándorföldműves **2.** csavargó
maltrapido [màltröpidu] *mn* rongyokba öltözött
maltrapilho [màltröpilju] **I.** *mn* rongyos **II.** *fn* toprongyos alak
maltratar [màltrötàr] *1/12 ts* **1.** bántalmaz, rosszul bánik vkivel *v* vmivel **T** **2.** megsért, megbánt **3.** megkárosít
maluco [möluku] *mn* és *fn* őrült, bolond
maluqueira, maluquice [mölukéjrö, -kisz] *f* őrültség, bolondság
malva [màlvö] *f* **1.** *növ* mályva **2.** *szól: estar nas* **~s** a sírban nyugszik; *ir para as* **~s** fűbe harap, meghal
malvadez [màlvödés] *f* gonoszság; kegyetlenség
malvado [màlvàdu] **I.** *mn* gonosz; kegyetlen **II.** *fn* gonosztevő
malvaísco [màlvöisku] *m növ* fehér mályva
malva-rosa [màlvöròzö] *f növ* mályvarózsa
mama [mömö] *f* **1.** női mell; női mellbimbó **2.** tőgy; csecs **3.** anyatej; *criança de* **~** csecsemő
mamã [mömö^n] *f* mama, anyuka
mamadeira [mömödéjrö] *f* **1.** mellszívó (eszköz) **2.** cuclisüveg
mamado [mömàdu] *mn* csalódott
mamãe [mömö^{n}j] *f* **B** = **mamã**
mamão [mömö^{n}u] **I.** *mn* szopós; *porquinho* **~** szopós malac **II.** *fn, m* sarj, (vad)hajtás
mamar [mömàr] *1/1 ts* **1.** szopik; szop, szív; **~** *com o leite* az anyatejjel szívja magába; *dar de* **~** *a* (meg)szoptat; táplál **2.** csőbe húz, bolonddá tesz **3.** *szól: estar mamando* adja az ártatlant
mamário [mömàrju] *mn* emlő-; tej-; *glândula* **~a** emlőmirigy
mamarracho [mömörràsu] *m* **1.** kontár festő **2.** giccs
mambembe [mö^{n}mbe^{n}mbi] **B** **I.** *mn* közepes; közönséges **II.** *fn, m* **1.** eldugott, távoli hely **2.** vándorszínésztársulat
mamífero [mömifiru] *mn* és *fn* emlős (állat)
mamilar [mömilàr] *mn* emlő-, emlő alakú
mamilo [mömilu] *m* (női) mellbimbó
mamote [mömòt] *m* **1.** csecsemő **2.** **B** szopós állat
mamparrear [mö^{n}mpörrjàr] *1/5 tl* **1.** színleli a munkát **2.** tétlenkedik, lopja a napot
mamulengo [mömule^{n}ngu] *m* **B** bábszínház
mamute [mömut] *m áll* mammut
mana [mönö] *f biz* nőtestvér
maná [mönà] *m* manna; *átv* áldás
manada [mönàdö] *f* **1.** csorda **2.** tömeg; *às* **~s** tömegével
manancial [mönö^{n}szjàl] **I.** *mn* kiapadhatatlan **II.** *fn, m* forrás (*átv* is)
manápula [mönàpulö] *f* nagy kéz, mancs
manar [mönàr] *1/1* **I.** *ts* **1.** önt; csepeg-

tet 2. *átv* előállít, teremt II. *tl* 1. folyik, áramlik, bugyog 2. *átv* ered, származik

mancada [mö^{n}nkàdö] *f* B 1. hiba, tévedés 2. baklövés; *dar uma* ~ bakot lő

mancar [mö^{n}nkàr] *1/2* I. *ts* nyomorékká tesz II. *tl* 1. sántít, sántikál 2. B nem tartja be a szavát

manceba [mö^{n}szébö] *f* ágyas, vadházastárs

mancebia [mö^{n}szibiö] *f* 1. ágyasság, vadházasság 2. kicsapongó életmód 3. nyilvánosház

mancebo [mö^{n}szébu] I. *mn* fiatal II. *fn, m* 1. fiatalember 2. újonc 3. B ruhafogas

mancha [mö^{n}sö] *f* 1. folt; ~ *de sangue* vérfolt 2. szégyenfolt; *carácter sem* ~ feddhetetlen jellem

manchado [mö^{n}sàdu] *mn* 1. foltos 2. beszennyezett (*átv* is)

manchar [mö^{n}sàr] *1/1 ts* bemocskol, beszennyez (*átv* is)

mancheia [mö^{n}séjö] *f* 1. marokba férő mennyiség 2. maroknyi; kis mennyiség

manchete [mö^{n}séti] B 1. öles cím az újság első oldalán 2. vastag betűs cím (újságban, folyóiratban)

manchil [mö^{n}sil] *m* húsvágó bárd

manchu [mö^{n}su] *mn* és *fn* mandzsúriai

Manchúria [mö^{n}surjö] *f* Mandzsúria

manco [mö^{n}nku] *mn* 1. félkarú, féllábú 2. sánta; *estar* ~ sántít 3. hibás, hiányos 4. tudatlan, buta

mancomunação [mö^{n}nkumunöszö^{n}u] *f* (titkos) megegyezés

mancomunar [mö^{n}nkumunàr] *1/1* I. *ts* (mással titokban) kiagyal vmit II. **~-se** összebeszélnek, titokban megállapodnak

manda [mö^{n}ndö] *f* utalás (írásműben)

mandachuva [möndösuvö] *m* B *átv* nagyfejű

mandado [mö^{n}ndàdu] *m* 1. parancs, rendelkezés; ~ *de busca* házkutatási parancs; ~ *de busca e apreensão;* ~ *de prisão* elfogatási parancs 2. megbízás; *fazer duma via dois* ~*s* két legyet üt egy csapásra

mandamento [mö^{n}ndöme^{n}ntu] *m* parancs

mandante [mö^{n}ndö^{n}nt] *mn* és *fn* 1. parancsoló 2. felbujtó 3. *jog* felhatalmazó, megbízó

mandão [mö^{n}ndö^{n}u] *m átv* főnök, góré; *ser* ~ parancsol, rendelkezik

mandar [mö^{n}ndàr] *1/1 ts, tl* 1. parancsol, rendelkezik; *que é que o senhor manda?* miben lehetek szolgálatára? 2. küld, elküld, megküld; ~ *lembranças para todos* üdvözletét küldi mindenkinek 3. vezet, irányít 4. (műveltetést fejez ki:) ~ *fazer* csináltat; ~ *buscar* hivat vkit, elküld vkiért T; ~ *chamar o médico* orvost hivat; 5. *szól:* ~ *à estampa* nyomdába ad, kinyomat; ~ *à memória* emlékezetébe vés; ~ *em testamento* végrendeletileg hátrahagy; ~ *passear;* ~ *à tábua* v *à(s) fava(s)* a pokolba küld

mandatário [mö^{n}ndötàrju] *m* 1. meghatalmazott, megbízott 2. kiküldött, képviselő

mandato [mö^{n}ndàtu] *m* mandátum, megbízás, felhatalmazás

mandíbula [mö^{n}ndibulö] *f* alsó állkapocs

mandil [mö^{n}ndil] *m* 1. konyhakötény 2. (felmosó)rongy

mandinga [mö^{n}ndi^{n}ngö] *f* boszorkányság, varázslat

mandingar [mö^{n}ndi^{n}ngàr] *1/4 ts* elvarázsol, megbűvöl

mandingueiro [mö^{n}ndi^{n}ngéjru] *m* varázsló

mandioca [mö^{n}ngyòkö] *f növ* manióka (gyökér)

mando [mö^{n}ndu] *m* 1. parancsnoklás 2. parancs 3. parancsnokság

mândria [mö^{n}ndrjö] *f* lustaság

mandrião [mö^{n}ndrjöu] I. *mn* lusta II. *fn, m* 1. lusta ember, naplopó 2. női háziköntös

mandriar [mö^{n}ndrjàr] *1/7 tl* lustálkodik, lopja a napot

mandrice [mö^{n}ndrisz] *f* lustaság

mandril [mö^{n}ndril] *m* I. *műsz* tok, tokmány II. *áll* mandrill

manducar [mö^{n}ndukàr] *1/2 ts, tl biz* eszik, majszol

manear [mönyàr] *1/5* = **manejar**

maneável [mönyàvèl] *mn* könnyen kezelhető

maneia [mönéjö] *f* B lábbilincs (lovaknak)

maneio [mönéju] *m* 1. kezelés, irányítás 2. feldolgozás, felhasználás

maneabilidade [mönyöbilidàd] *f* kezelhetőség

maneira [mönéjrö] *f* 1. mód; *à ~ de* módjára, -hoz hasonlóan; *de ~ alguma, de ~ nenhuma* semmiképpen; *de qualquer ~* valamiképpen, valahogyan; *de qualquer ~ que seja* bárhogyan is; *de ~ que* úgy, hogy; *desta ~* ilyen módon, így; *duma ~ ou doutra* ilyen vagy olyan módon; *não há ~ de* nincs rá mód *v* lehetőség, hogy; *descobrir ~* módot *v* lehetőséget talál 2. bevágás, hasíték, slicc (ruhán) 3. *~s* jó fellépés, kellemes modor; *ter ~s* jól nevelt

maneirismo [mönéjrizsmu] *m irod műv* modorosság

maneiro [mönéjru] *mn* 1. könnyen kezelhető 2. *trabalho ~* könnyű munka 3. *ave ~a* szelíd madár (kézből eszik) 4. *atleta ~* ügyes *v* gyors mozgású atléta

maneiroso [mönéjrozu] *mn* jó modorú, illedelmes

manejar [mönizsàr] *1/14 ts* 1. kezel, működtet (*pl* gépet) 2. ért vmihez, tud bánni vmivel **T**; *~ a pena* jól forgatja a tollat, jól ír; *~ o sabre* jól ért a kardforgatáshoz; *~ idiomas estrangeiros* tud idegen nyelveket 3. irányít, vezet; *~ um negócio* üzletet vezet

manejável [mönizsàvèl] *mn* 1. könnyen kezelhető 2. idomítható

manejo [mönézsu] *m* 1. kezelés, működtetés (gépé) 2. hozzáértés 3. vezetés, irányítás 4. lóidomítás; lovaglás; lovarda 5. *~s* **a)** *kat* hadmozdulatok **b)** intrikák, fondorlatok

manèlo [mönèlu] *m* csipetnyi, kevéske

manequim [mönikí^n] *m* 1. maneken 2. próbababa 3. *átv* akaratlan báb

maneta [mönétö] *mn* félkarú

manga[1] [möngö] *f* 1. kabátujj, ingujj; *~ perdida* széles és hosszú kabátujj; *em ~s de camisa* ingujjban 2. gumicső, tömlő 3. tölcsér alakú szűrő 4. *~ de vidro* lámpaüveg, cilinder 5. *~ de água* víztölcsér (tengeren); *~ de nuvem* vihar, forgószél 6. **B** karám 7. *szól: cão de ~* öleb; *dar ~s* kapóra jön; *dar pano para ~s* okot szolgáltat; *ter pano para ~s* bőven van pénze; *não ter pano para ~s* nincs semmije, nélkülöz; *ter alguém de ~* kezében tart vkit, rendelkezik vkivel

manga[2] [mö^{n}ngö] *f növ* 1. mangófa 2. mangófa termése

mangação [mö^{n}ngöszö^{n}u] *f* gúny, gúnyolódás

mangar [mö^{n}ngàr] *1/4 tl* gúnyolódik

mangual [mö^{n}ngvàl] *m* csép(hadaró)

mangueira [mö^{n}ngéjrö] *f* **I.** gumicső, tömlő **II.** *növ* mangófa

manguito [mö^{n}ngitu] *m* 1. muff, karmantyú 2. *argó* obszcén kézmozdulat

manha [mönyö] *f* 1. fogás, fortély, trükk 2. rossz szokás; szeszély; *fazer ~s* szeszélyeskedik; *ter ~* szeszélyes, bogaras 3. *dar-se boa ~* nagyon iparkodik; *közm: dize-me com quem andas, dir-te-ei as ~s que tens* mondd meg nekem, ki a barátod, s én megmondom, hogy ki vagy

manhã [mönyö^n] *f* 1. reggel 2. (*alta*) *~* délelőtt 3. *ao romper da ~* hajnalban; *de ~, pela ~* reggel, délelőtt (hat); *de ~* v *desde a ~ até a noite* reggeltől estig; *esta ~, hoje de ~* ma reggel; *ontem de ~* tegnap reggel; *todas as ~s* minden reggel; *é de ~* reggel van

manhazinha [mönyözinyö] *f*: *de ~* kora reggel

manhoso [mönyozu] *mn* 1. fortélyos; ügyes 2. szeszélyes, csökönyös, akaratos

mania [mönió] *f* mánia, rögeszme, vesszőparipa; *~ das grandezas* nagyzási hóbort; *~ das modas* divathóbort; *deu-lhe a ~ de* az a szeszélyes ötlete támadt, hogy

maníaco [möniöku] *mn* mániákus, hóbortos, bogaras

maniatar [mönjötàr] *1/12 ts* 1. megköti a kezét 2. *átv* kényszerít

manicómio [mönikòmju] *m* elmegyógyintézet, bolondokháza

manicura [mönikurö] *f* 1. kézápolás 2. kézápolást végző személy, „manikűrös"

manicurto [mönikurtu] *mn* 1. rövid kezű 2. *átv* zsugori

manifestação [mönifistöszö^{n}u] *f* 1. megnyilatkozás 2. *pol* felvonulás; tüntetés, tiltakozás 3. *orv* betegség előjele, kórtünet

manifestante [mönifistö^{n}nt] *fn pol* felvonuló; tüntető

manifestar [mönifistàr] *1/13* **I.** *ts* 1. kinyilvánít, kimutat 2. kifejez, ki-

fejezésre juttat; ~ *su deseo* kifejezi óhaját 3. *ker* bevall (árut) II. ~-se kifejezésre jut, megnyilvánul
manifesto [mönifèstu] I. *mn* nyilvánvaló; közismert II. *fn, m* 1. kiáltvány; *Manifesto Comunista* Kommunista Kiáltvány 2. *ker* árunyilatkozat, (vám)bevallás
manigância [mönigö^{n}szjö] *f* mesterkedés; fortély
manilha[1] [möniljö] *f* 1. karperec 2. láncszem 3. bilincs 4. csatornacső
manilha[2] [möniljö] *f* 1. maniladohány, manilaszivar 2. kártyajáték (fajta)
maninho [möninyu] I. *mn* terméketlen; meddő II. *fn, m* 1. meg nem művelt föld; szűzföld 2. *jog:* ~*s* örökös nélküli *v* gazdátlan vagyon
maniota [mönyòtö] *f* béklyó (lovon)
manipanso [mönipö^{n}szu] *m* 1. bálvány 2. kövér ember
manipresto [möniprèstu] *mn* fürge ujjú, ügyes
manipulação [mönipulöszö^{n}u] *f* 1. kezelés; előállítás; eljárás 2. manipuláció, mesterkedés
manipulador [mönipulödor] *m* 1. kezelő (személy) 2. *távk* billentyű
manipular [mönipulàr] *1/1 ts* 1. kezel; működtet (gépet) 2. kézzel kever *v* gyúr 3. elkészít (orvosságot) 4. ~ *um plano* tervet forral 5. *átv* befolyásol, „megdolgoz" vkit
manípulo [mönipulu] *m* marék
manirroto [mönirrotu] *mn* pazarló, tékozló
manivela [mönivèlö] *f* 1. fogantyú 2. *müsz* kurbli, forgattyú, hajtókar; *dar à* ~ kurbliz
manja [mö^{n}zsö] *f* I. 1. étel 2. étkezés II. B *ját* bújócska
manjar[1] [mö^{n}zsàr] *m* 1. étel; táplálék 2. inyencfalat 3. ~ *branco* mandulazselé
manjar[2] [mö^{n}zsàr] *1/1 ts rég* eszik; *közm: quem primeiro anda, primeiro manja* ki korán kel, aranyat lel
manjedoira, -doura [mö^{n}zsidojrö, -dorö] *f* etetővályú, jászol
manjericão, manjerico [mö^{n}zsirikö^{n}u, -riku] *m növ* bazsalikom
manjerona [mö^{n}zsironö] *f növ* majoránna
manju [mö^{n}zsu] = **manchu**
Manjúria [mö^{n}zsurjö] = **Manchúria**
mano[1] [mönu] *m biz* 1. fiútestvér 2. ~*s* testvérek
mano[2] [mönu] *f rég* 1. = **mão** 2. ~ *a* ~, *de* ~ *a* ~ kéz a kézben, barátságosan
manobra [mönòbrö] *f* 1. működés (gépé) 2. kezelés, működtetés 3. *kat* hadgyakorlat; hadmozdulat 4. *vasút* tolatás 5. *átv* manőverezés, mesterkedés 6. *haj* kötélzet
manobrar [mönubràr] *1/15* I. *ts* 1. kezel, működtet 2. irányít, vezet II. *tl* 1. működik, munkát végez (gép) 2. *vasút* tolat 3. *kat* hadgyakorlatot *v* hadmozdulatot végez 4. *átv* manőverez, mesterkedik
manobreiro [mönubréjru] *m* 1. *haj* tapasztalt navigációs tiszt 2. *kat* tapasztalt hadvezér 3. B *vasút* váltókezelő
manoca [mönòkö] *f* B leveles dohánycsomó *v* köteg
manojo, manolho [mönozsu, mönolju] *m* marék, maréknyi
manómetro [mönòmitru] *m müsz* manométer, nyomásmérő
manopla [mönòplö] *f* 1. hosszú ostor 2. *tört* páncélkesztyű 3. *biz* mancs
manosear [mönuzjàr] *1/5 ts* szelídít (állatot)
manquejar [mö^{n}nkizsàr] *1/14 tl* sántít (*átv* is)
mansão [mö^{n}szö^{n}u] *f* 1. (nagy és szép) lakás 2. lakóhely 3. helyzet, fekvés 4. tartózkodás (vhol)
mansarda [mö^{n}szàrdö] *f* manzárd
mansidão [mö^{n}szidö^{n}u] *f* szelídség
mansinho [mö^{n}szinyu] *hat: de* ~ egészen halkan, lassan, óvatosan
manso [mö^{n}szu] I. *mn* 1. szelíd 2. csendes, nyugodt 3. nemes, nemesített (növény) II. *hat:* ~ *e* ~ szép lassan, lépésről lépésre, apránként; *de* ~ lassan, óvatosan; *falar* ~ halkan beszél III. *fn, m* B állóvizes folyószakasz
manta [mö^{n}ntö] *f* 1. takaró, pokróc, pléd; lópokróc 2. nyaksál, fejkendő 3. barázda; gödör (ültetéshez)
mantear [mö^{n}ntyàr] *1/5* I. *ts* 1. ingerel (bikát vörös posztóval) 2. *átv* bosszant, „felhúz" 3. B becsap, rászed II. *tl* árkot húz (ültetéshez)
manteiga [mö^{n}ntéjgö] *f* 1. vaj; ~ *de cacau* kakaóvaj 2. ~ *de porco* (ol-

vasztott) disznózsír 3. *dar* ~ *a* hízeleg, talpát nyalja vkinek
manteigaria [mönntéjgöriö] *f* vajüzem
manteigoso [mönntéjgozu] *mn* 1. vajas 2. zsíros
manteigueira [mönntéjgéjrö] *f* vajtartó
manteigueiro [mönntéjgéjru] *m* vajkereskedő
manteiguento [mönntéjgenntu] *mn* = **manteigoso**
mantel [mönntèl] *m* abrosz
mantelete [mönntilét] *m* rövid női köpeny
mantença [mönntenszö] *f* eltartás; táplálás
manter [mönntér] *2/22* I. *ts* 1. eltart; ~ *a família* eltartja a családot 2. betart, megtart; fenntart; ~ *a ordem* rendet tart; ~ *a palavra* megtartja a szavát; ~ *seus princípios* kitart elvei mellett; ~ *um secreto* megőriz titkot II. **~-se** 1. eltartja *v* fenntartja magát 2. marad; *~-se calado* csendben marad, nem szól, hallgat; *~-se unido* együtt marad 3. *kat* kitart, megtartja állásait 4. *átv*: *~-se em* ragaszkodik vmihez, váltig kitart vmi mellett
mantéu [mönntèu] *m* 1. köpeny 2. sima (ránc nélküli) szoknya
mantilha [mönntiljö] *f* mantilla, spanyol csipkefátyol
mantimento [mönntimenntu] *m* 1. ellátás, eltartás 2. élelem
manto [mönntu] *m* 1. köpeny, palást 2. takaró; fátyol, lepel (*átv* is)
manual [mönvàl] I. *mn* 1. kézi; *habilidade* ~ kézügyesség 2. könnyű; hordozható II. *fn, m* kézikönyv
Manuel [mönuèl] *m* Emánuel
manuelino [mönuèlinu] *mn müv* Manuel-korabeli (késői gót stílus Portugáliában)
manufactor *m*, **-a** *f* [mönufàtor(ö)] I. *mn* 1. gyár-, gyári 2. előállító, gyártó II. *fn, m* gyáros
manufactura [mönufàturö] *f* 1. manufaktúra 2. gyár 3. gyártás; gyártmány
manufacturado [mönufàturàdu] *mn*: *produtos ~s* készáruk, késztermékek
manufacturar [mönufàturàr] *1/1 ts* előállít, gyárt; feldolgoz
manufactureiro [mönufàturéjru] *mn* gyári; *indústria ~a* feldolgozó ipar
manufat... → **manufact...**
manuscrito [mönuskritu] I. *mn* kéziratos II. *fn, m* kézirat
manusear [mönuzjàr] *1/5 ts* 1. kezel 2. lapozgat
manutenção [mönutenszönu] *f* 1. eltartás, ellátás 2. megőrzés, fenntartás, karbantartás 3. intézés, vezetés, irányítás
manzorra [mönzorrö] *f biz* mancs
mão (*tb*: *mãos*) [mönu, mönus] *f* 1. kéz; *~s de anéis* finom kezek; *por ~ própria, por suas ~s* sajátkezűleg; *correr a ~ por* végighúzza a kezét vmin; *dar-se as ~s, pegar da ~* kezet fog; *fazer à ~* kézzel csinál; *fugir das ~s* kiesik *v* kicsúszik a kezéből, *átv* kisiklik a kezéből; *tocar com a ~* megérint 2. elülső láb (négylábú állaté); karom (ragadozó madáré) 3. *növ* kacs 4. ~ (*de almofariz*) mozsártörő; ~ (*de regador*) öntözőkanna rózsája 5. ~ *de papel* egy konc papír, 24/25 ív papír 6. (festék)réteg 7. fogantyú; nyél 8. marék; *às ~s cheias* marékszámra 9. *ját* forduló, parti; kör; *kártya* osztó 10. B irány; menetirány; ~ *dupla* szembejövő forgalom; ~ *inglesa* baloldali közlekedés; ~ *única* egyirányú forgalom; *rua de ~ única* egyirányú utca; *para a ~ direita* jobbra; *para a ~ esquerda* balra; *ir contra a ~* menetiránnyal szemben megy 11. *átv* ügyesség, hozzáértés; ~ *de mestre* mesteri kéz; *boas ~s* ügyes kezek 12. *átv* hatalom; *andar em* v *nas ~s de* vkinek a kezében *v* hatalmában van; *cair nas ~s de* vkinek a karmai közé kerül; *passar às ~s de* vkinek a kezébe *v* hatalmába kerül; *está na minha ~* kezemben *v* hatalmamban van 13. segítség, támogatás; *dar a ~* segít, segítséget nyújt 14. *müv* stílus, kifejezési mód 15. *szól*: ~ *aberta* v *furada*, *~s rotas* tékozló; ~ *amiga* baráti kéz; *~s atadas* gyámoltalan alak; ~ *de ferro* vaskéz, vasszigor; *~s postas* összekulcsolt *v* esdeklő kezek; *de ~s postas* szándékosan, készakarva; *nem à ~ de Deus Padre* semmi szín alatt; *à ~ tenente* közel; közvetlenül; *bens de ~ morta* elidegeníthetetlen vagyon; *com ambas as ~s* két kézzel, nagyon mohón;

com ~ *de gato* titokban, alattomban; *com pés e* ~*s* kézzel-lábbal, teljes erőből; *da* ~ *à boca* váratlanul; *de boa* ~ megbízható forrásból; *de* ~ *cheia* elsőrendű, kitűnő; *de* ~ *em* ~ kézről kézre; *e assim de* ~ *em* ~ és így tovább; *em primeira* ~ első kézből; *em segunda* ~ másodkézből; *por baixo de* ~ titokban, csendben; *chegar* v *vir as* ~*s* verekedésre kerül sor; *dar a* ~ *à palmatória* bűnösnek vallja magát; *dar* v *largar* v *levantar de mão* **T**; *largar* ~ *de* eláll vmitől, lemond vmiről; *estar à* ~ kéznél van; *estar com a*(*s*) ~(*s*) *na massa* **a)** nyakig benne van a munkában **b)** tetten érik; *estar de* ~ *armada contra* gyűlöl vkit; *fazer* ~ *baixa em* ellop vmit; *meter* v *pôr* (*as*) ~*s à obra* nekilát a munkának; *meter os pés pelas* ~*s* belezavarodik, zavarba jön; *ter as* ~*s no seio* ölbe tett kézzel ül, tétlenkedik; *viver de suas* ~*s* keze munkájából él

mão-cheia [mö^{n}usèjö] *f* **1.** tele marok; maroknyi **2.** *de* ~ kitűnő, kiváló

mão-de-obra [mö^{n}udòbrö] *f* munkaerő

maoista [màuistö] *fn pol* Mao követője

Maomé [möumè] *m* Mohamed

maometano [möumitönu] *mn* és *fn* mohamedán

mapa [màpö] *m* **1.** térkép **2.** jegyzék, katalógus

mapa-múndi [màpömu^{n}ndi] *m* világtérkép

mapear [möpjàr] *1/5 ts* feltérképez, felmér

maple [màpl] *m* **1.** jávorfa, juharfa **2.** dívány, fotel

maqueta [mökètö] *f* makett, kicsinyített más

maquia [mökiö] *f* **1.** régi űrmérték, 4,5 liter **2.** őrlési díj

maquilagem [mökilàzsö^{n}j] *f* **1.** arcfestés, kendőzés **2.** arcápolási szerek

máquina [màkinö] *f* **1.** gép; ~ *fotográfica* fényképezőgép; ~ *a vapor* gőzgép; ~ *de barbear* borotvakészülék; ~ *de compor* szedőgép; ~ *de cortar cabelo* hajvágó gép; ~ *de cortar grama* fűnyírógép; ~ *de costura* varrógép; ~ *de escrever* írógép; ~ *de filmar* filmfelvevő gép; ~ *de furar* fúrógép; ~ *de lavar* (*roupa*) mosógép; ~ *de moer carne* húsdaráló; → **moedor 1.** *à* ~ gépi, géppel előállított **2.** mechanizmus, szerkezet; ~ *do relógio* óraszerkezet **3.** mozdony **4.** munkapad **5.** *átv* gépezet, apparátus; ~ *da guerra* hadigépezet; *a* ~ *do Estado* az állami gépezet

maquinação [mökinöszö^{n}u] *f* machináció, mesterkedés, cselszövés

maquinador *m*, **-a** *f* [mökinödor(ö)] *mn* és *fn* mesterkedő, cselszövő

maquinal [mökinàl] *mn* **1.** gépi **2.** *átv* gépies

maquinar [mökinàr] *1/1 ts, tl* mesterkedik, áskálódik

maquinaria [mökinöriö] *f* gépállomány, gépek

maquinismo [mökinizsmu] *m* **1.** mechanizmus, gépezet **2.** gépállomány **3.** színpadi felszerelés

maquinista [mökinistö] *fn* **1.** gépész, gépkezelő; mozdonyvezető **2.** *szính* gépmester

mar [màr] *m* **1.** tenger; ~ *alto* nyílt tenger; ~ *bravo* v *grosso* viharos tenger; ~ *chão* v *de leite* v *de rosas* sima tenger; *banho de* ~ tengeri fürdő *v* fürdés; *no* (*pro*)*fundo do* ~ a tenger fenekén; *por* ~ *e por terra* tengeren és szárazföldön; *fazer-se ao* ~ kifut a tengerre **2.** *átv* tengernyi, nagy mennyiség **3.** *szól: de* ~ *a* ~ teljesen

maranha [mörönyö] *f* **1.** összekuszált gombolyag **2.** ~ *dos cabelos* összekuszált haj **3.** zűrzavar, összevisszaság **4.** ~*s* mesterkedések, cselszövések

maranhão [mörönyö^{n}u] *m* füllentés, hazugság

maranhense [mörönye^{n}sz] *mn* és *fn* Maranhão brazil államból való

maranho [mörönyu] *m konyh* ürüaprólék rizzsel

maranhoso [mörönyozu] *mn* füllentő, hazudozó; ármánykodó

marasmo [möràzsmu] *m* **1.** marazmus, elerőtlenedés **2.** érzéketlenség, közömbösség

maratona [mörötonö] *f sp* maratoni futás

marau [möràu] *m* **1.** csibész **2.** agyafúrt kópé

maravalhas [mörövàljös] *f tb* **1.** gyaluforgács **2.** *átv* csekélység, semmiség

maravilha [möröviljö] *f* csoda; *à ~, às mil ~s* csodásan, nagyszerűen; *fazer ~s* csodákat művel

maravilhar [möröviljàr] *1/1* **I.** *ts* bámulatba ejt **II.** **~-se** csodálkozik, elámul

maravilhoso [möröviljozu] *mn* csodálatos

marca [màrkö] *f* **1.** jel, jelzés; *~ d'água* vízjel; *~ da fábrica* gyári jelzés, védjegy; *~ a v de fogo* (állatra rásütött) bélyeg; *~s da variola* himlőhelyek **2.** pecsét, bélyegző **3.** forradás, sebhely **4.** *átv* vminek a bélyege, nyoma; *~ de infâmia* szégyenfolt; *deixar funda ~ em* mély nyomot hagy vkiben **5.** márka, (elsőrendű) minőség **6.** minta, szabvány **7.** zseton, játékpénz **8.** *sp* pont; gól; csúcsérték **9.** határ (*átv* is); *ir fora das ~s, passar (d)as ~s* túllépi az illendőség határait, elveti a sulykot **10.** *szól: de ~* kimagasló, kiváló; *malandro de ~* cégéres gazember; *de ~ maior* nem mindennapi, rendkívüli

marcação [mörköszö^{n}u] *f* **1.** megjelölés **2.** előjegyzés, helyfoglalás **3.** *haj* tájolás, iránymeghatározás **4.** *szính* színpadi beállítás *v* elrendezés **5.** *ját* tét **6.** *sp* pont, pontszerzés; gól **7.** *sp* lefedezés; *~ cerrada* szoros lefedezés

marcador [mörködor] *m sp* **B** **1.** eredményjelző tábla **2.** góllövő

marçano [mörszönu] *m* boltossegéd; tanonc

marcante [mörkö^{n}nt] *mn* markáns; jellemző

marcar [mörkàr] *1/2, 1/12 ts* **1.** megjelöl, jelzéssel ellát; *~ a fogo* bélyeget süt (állatra) **2.** pecsétel, (le)bélyegez **3.** *átv* megbélyegez, nyomot hagy vmin **T** **4.** *haj* tájol, irányt meghatároz **5.** jelez; *zene: ~ compasso* ütemez, az ütemeket jelzi; *~ época* korszakot alkot; *~ o número* tárcsáz (telefonszámot); *~ passo* helyben jár, *átv* egy helyben topog; *o relógio marca três horas* az óra három órát jelez **6.** meghatároz, kitűz (időpontot); *~ uma consulta* bejelenti magát az orvosnál; *~ um encontro* megbeszél találkozót **7.** megfigyel; nyomon követ **8.** *sp: ~ gol* gólt rúg; *~ um ponto* pontot szerez **9.** *sp* lefedezi (az ellenfél játékosát); *~ com pressão* testtel elnyomja (szabálytalanul)

marcenaria [mörszinöriö] *f* asztalosműhely

marceneiro [mörszinéjru] *m* (mű)bútorasztalos

marcha [màrsö] *f* **1.** menés, menetelés; gyaloglás; *autó: primeira, segunda ~* első, második sebesség; *~ a ré, ~ atrás* hátramenet; *a toda ~* teljes sebességgel; *diminuir a ~* lassít **2.** *kat* menetelés, masírozás; *a ~s forçadas* erőltetett menetben; *~ triunfal* diadalmenet **3.** *zene* induló; *~ fúnebre* gyászinduló; *~ nupcial* nászinduló **4.** *műsz* mozgás, járás, működés; *estar em ~* **a)** menetel **b)** működik, fut, szalad (gép, jármű); *por-se em ~* elindul, mozgásba jön, működni kezd; útnak ered **5.** (menet)sebesség; **6.** *átv* lefolyás, kimenetel

marchante [mörsö^{n}nt] *m* **1.** (vágó)marhakereskedő **2.** **B** vágóhíd-tulajdonos

marchar [mörsàr] *1/12 tl* **1.** megy, jár, mozog **2.** gyalogol; menetel, masíroz **3.** működik (gép) **4.** *átv* fejlődik, halad; *o negócio marcha* jól megy az üzlet, jól állnak az ügyek **5.** **B** fizet (társaságban, mások fogyasztását)

marche-marche [màrs màrs] *m: a ~* futólépésben

marchetado [mörsitàdu] *m* intarzia, berakás

marchetar [mörsitàr] *1/13 ts* berakással díszít (bútort)

marcial [mörszjàl] *mn* harci; harcias

Marco [màrku] *m* Márk

marco [màrku] *m* **1.** határkő; *átv* határ; *~ quilométrico* kilométerkő; *os ~s do conhecimento* a megismerés *v* tudás határai; *dentro dos ~s de* vminek a határai közt **2.** ablak- *v* ajtókeret; *átv* keret; *nos ~s de* vminek a keretében **3.** *~ postal* postaláda **4.** márka (pénznem)

Março [màrszu] *m* március

maré [mörè] *f* **1.** árapály; *~ alta v cheia v enchente v montante* dagály; *~ baixa v vazante v vazia* apály **2.** *átv* kedvező alkalom; *estar de ~* jókedvében van **3.** *contra ventos e ~s* dacolva minden nehézséggel; *ir v nadar v remar contra a ~* az ár ellen úszik

mareação [mörjöszö^{n}u] *f* 1. tengeri utazás 2. navigáció, hajó kormányzása
mareagem [mörjàzsö^{n}j] *f* 1. navigáció, hajó kormányzása 2. *haj* hajtóberenrendezés (vitorlák, gépek) 3. útirány
mareante [mörjö^{n}nt] I. *mn* hajózó II. *fn*, *m* hajós, tengerész
marear [mörjàr] *1/5* I. *ts* 1. *haj* kormányoz 2. émelygést *v* tengeribetegséget idéz elő 3. elhomályosít (fémet) II. *tl* 1. hajózik, tengeren utazik 2. tengeribetegségben szenved III. **~-se** 1. *haj* tájékozódik 2. elhomályosodik, kifakul
marechal [mörisàl] *m* marsall, tábornagy; ~ *de campo* tábor(szer)nagy
mareiro [mörèjru] *m* (*vento*) ~ tenger felőli (kedvező) szél
marejar [mörizsàr] *1/14 tl* átszivárog; csepeg
maremoto [mörimòtu] *m* tengerrengés; szökőár
marfim [mörfi^n] *m* 1. elefántcsont 2. agyar 3. *szól: deixar correr o ~* nem avatkozik bele, hagyja futni a dolgokat
marga [màrgö] *f geol* márga
margarida [mörgöridö] *f növ* százszorszép
Margarida [mörgöridö] *f* Margit
margarina [mörgörinö] *f* margarin
margarita [mörgöritö] *f* 1. gyöngykagyló 2. gyöngy(szem) 3. *növ* százszorszép
margear [mörzsjàr] *1/5 ts* vmi mentén halad; ~ *o rio* a folyó mentén megy
margem [màrzsö^{n}j] *f* 1. vminek a széle; lapszél, margó; *deitar* v *lançar à* ~ abbahagy, mellőz, félredob 2. (folyó-) part 3. *átv* ok; ürügy; lehetőség; *dar ~ a* okot szolgáltat vmire; *deixar ~ para* lehetőséget nyújt vmire
marginal [mörzsinàl] *mn* 1. parti, partmenti 2. lapszéli; *notas marginais* széljegyzetek 3. (*homem*) ~ gyanús elem
marginalizar [mörzsinölizàr] *1/1 ts* mellőz, kirekeszt
marginar [mörzsinàr] *1/1 ts* 1. széljegyzetekkel ellát 2. = **margear**
Maria [mörlö] *f* Mária
maria-fumaça [möriö fumàszö] *f* B *nép* gőzmozdonyos vonat
marialva [mörjàlvö] *m* kitűnő lovas
maribondo [màribo^{n}ndu] *m* = **marimbondo**
maricão [möriko^{n}u] *m* = **maricas**
maricas [mörikös] *m* 1. nőies férfi 2. gyáva alak
marido [möridu] *m* férj
marimacho [mörimàsu] *m* férfias nő
marimba [möri^{n}mbö] *f* 1. xilofon, facimbalom 2. néger dob 3. B rossz zongora
marimbondo [màri^{n}mbo^{n}ndu] *m* B darázs; *casa de* ~ darázsfészek
marinha [mörinyö] *f* 1. tengerészet; flotta; hajóhad; ~ *de guerra* haditengerészet 2. tengerpart 3. sópárló medence, sóbánya 4. *műv* tengeri tájkép
marinhagem [mörinyàzsö^{n}j] *f* hajólegénység, tengerészek
marinhar [mörinyàr] *1/1* I. *ts* 1. (hajót) legénységgel ellát 2. hajót kormányoz II. *tl* 1. tud hajót kormányozni 2. felmászik (árbocra)
marinh(eir)esco [möriny(éjr)ésku] *mn* tengerészi, tengerészeti
marinheiro [mörinyéjru] I. *mn* tengeri; tengerészeti II. *fn*, *m* tengerész, matróz
marinho, marino [mörinyu, mörinu] *mn* tengeri
marinista [mörinistö] *fn* tengeri tájképek festője
mariola [mörjòlö] *m* 1. hordár; kifutófiú 2. csirkefogó, gazember
marionete [mörjunét] *f* báb
mariposa [möripozö] *f* lepke
marisco [mörisku] *m* ehető tengeri kagyló
marítimo [möritimu] I. *mn* tengeri II. *fn*, *m* tengerész
marketing [màrkitin] *m* marketing, piacszervezés
marmanjo [màrmö^{n}zsu] *m* 1. markos legény 2. felnőtt 3. csirkefogó
marmelada [mörmilàdö] *f* 1. birsalmasajt 2. *átv biz* előnyös üzlet
marmeleiro [mörmiléjru] *m* birsalmafa
marmelo [mörmèlu] *m* birsalma
marmita [mörmitö] *f* 1. fazék 2. *kat* csajka 3. ételhordó
marmorário [mörmuràrju] I. *mn* márvány- II. *fn* márványfaragó
mármore [màrmuri] *m* márvány

marmota [mörmòtö] *f áll* mormota

marola [màròlö] *f* **B** nagy tengeri hullám

maroma [möròmö] *f* kötél; *andar na* ~ kötélen táncol; *átv* kockázatnak van kitéve

maromba [möro^{n}mbö] *f* **1.** egyensúlyozó pálca (kötéltáncosé) **2.** *átv* kockázat

maroto [mörotu] **I.** *mn* **1.** ravasz, agyafúrt **2.** *criança* ~*a* rakoncátlan gyerek **II.** *fn, m* naplopó, semmirekellő, csibész

marouço [möroszu] *m* háborgó tenger

marquês [mörkés] *m* márki; őrgróf

marquesa [mörkézö] *f* **1.** márki *v* őrgróf felesége **2.** sezlon

marquise [mörkiz] *f* **1.** védőtető (ajtó, ablak előtt) **2.** pályaudvar üvegtetős csarnoka **3.** beüvegezett veranda

marra [màrrö] *f* **1.** irtókapa **2.** kőzúzó kalapács **3.** útmenti árok **4.** ritkás rész (szőlőben)

marrã [mörrö^{n}] *f* **1.** választási malac **2.** friss sertéshús *v* szalonna

marrão [mörrö^{n}u] *m* **1.** választási malac **2.** nagy kőzúzó kalapács

marrar [mörràr] *1/12 tl* **1.** fejével *v* szarvával döf, öklel **2.** *átv:* ~ *com* belebotlik vkibe *v* vmibe

Marrocos [mörròkus] *m tb* Marokkó

marroquim [mörruki^{n}] *m* szattyán(bőr)

marroquino [mörrukinu] *mn* és *fn* marokkói

marruco [màrruku] *m* **B** tenyészbika

Marselha [mörszèljö] *f* Marseille

marsupial [mörszupjàl] *mn* és *fn, m áll* erszényes

marta [màrtö] *f áll* menyét, nyuszt

Marte [màrt] *m csill, mit* Mars

martelada [mörtilàdö] *f* kalapácsütés

martelagem [mörtilàzsöj] *f* kalapálás

martelar [mörtilàr] *1/13* **I.** *ts* **1.** kalapácsol, kovácsol **2.** unalomig ismétel, sulykol **3.** üti az órát (óra) **4.** *átv:* ~ *os ouvidos de* telebeszéli vkinek a fejét **II.** *tl* erőszakoskodik, konokul kitart

martelo [mörtèlu] *m* **1.** kalapács; ~ *hidráulico* v *de pressão* légkalapács; ~ *pilão* gőzkalapács; *a* ~ kalapácscsal; *átv* erőszakkal **2.** *orv* kalapács (fülben) **3.** tolakodó, kellemetlen alak

Martim; Martinho [mörti^{n}, -tinyu] *m* Márton

martinete [mörtinét] *m* **1.** gőzkalapács **2.** kalapács (zongorában) **3.** napóra mutatója **4.** *áll* **a)** fecske **b)** ölyv

mártir [màrtir] *fn* mártír, vértanú

martírio [mörtirju] *m* mártíromság, vértanúság

martirizar [mörtirizàr] *1/1 ts* kínoz, gyötör

marujo [möruzsu] *m* tengerész, matróz

marulhado [möruljàdu] *mn* elárasztott, vízzel borított

marulhar [möruljàr] *1/1 tl* hullámzik, háborog (tenger)

marulho [mörulju] *m* **1.** hullámverés; háborgás, zúgás (tengeré) **2.** *átv* zűrzavar; lárma

marulhoso [möruljozu] *mn* háborgó, zúgó (tenger)

marxismo [màrkszizsmu] *m* marxizmus

marxista [màrkszistö] *mn* és *fn* marxista

mas^{1} [mös] *ksz* de, azonban, mégis; *nao só,* ~ *também* nemcsak . . ., hanem . . . is

mas^{2} [mös] = **me** + **as**

mascar [möskàr] *1/2, 1/12* **I.** *ts* **1.** rág **2.** *átv* megrág, átgondol **II.** *tl* dünynyög, mormog

máscara [màskörö] *f* **1.** maszk, álarc; ~ *antigás* v *contragás* gázálarc; *baile de* ~*s* álarcosbál; *arrancar a* ~ *a* letépi az álarcot vkiről, leleplez vkit; *deixar* v *largar* v *tirar a* ~ leveti az álarcot (*átv* is) **2.** ~ (*de esgrima*) vívósisak

mascarada [mösköràdö] *f* maskarádé, jelmezes felvonulás

mascarão [möskörö^{n}u] *m ép* arcot *v* álarcot ábrázoló (orom)dísz

mascarar [mösköràr] *1/12* **I.** *ts* **1.** álruhába öltöztet **2.** *átv* álarc mögé rejt, titkol **II.** ~**-se** **1.** álarcot vesz fel, álruhába öltözik **2.** *átv* színlel

mascarilha [mösköriljö] *f* félálarc

mascarra [möskàrrö] *f* **1.** folt, tintafolt; piszok **2.** *átv* szégyenfolt

mascarrar [möskörràr] *1/12 ts* **1.** bepiszkít, beszennyez **2.** csúnyán ír *v* fest, mázol

mascate [möskàti] *m* **B** házaló, utcai árus

mascatear [möskàtyàr] *1/5 tl* **B** házal, utcán árusít

mascote [möskòt] *m* szerencsét hozó tárgy

masculinidade [möskulinidàd] *f* férfiasság

masculino [möskulinu] I. *mn* 1. férfi-, hím- 2. hímnemű II. *fn, m nyelvt:* (*gênero*) ~ hímnem
másculo [màskulu] *mn* 1. férfi-, hím- 2. férfias
masmorra [mözsmorrö] *f* föld alatti börtön
massa [màszö] *f* 1. tömeg; massza; sokaság; ~*s trabalhadores* dolgozók tömegei; *em* ~ **a)** tömegesen **b)** egy emberként 2. (főtt) tészta; ~*s alimentícias* tésztaféleségek; ~ *folhada* leveles tészta 3. *jog:* ~ (*falida*) csődtömeg 4. ~ *de vidraceiro* gitt 5. *biz* pénz, guba 6. *szól: estar com a(s) mão(s) na* ~ munkájával van elfoglalva; *meter as mãos na* ~ belekezd vmibe, elkezd dolgozni
massacrar [möszökràr] *1/12 ts* lemészárol; kiirt
massacre [möszàkr] *m* vérfürdő
massagem [möszàzsöj] *f* masszázs; ~ *facial* arcmasszázs
massagista [möszözsistö] *fn* masszírozó, gyúró
massaroco [möszöroku] *m* kovász
masseira [möszéjrö] *f* dagasztóteknő
massilha [möszìljö] *f* papírmasé, papírgyurma
massinha [möszinyö] *f* 1. levestészta 2. = **massilha**
massudo [möszudu] *mn* 1. tésztás 2. sűrű, tömör; vastag, durva
mastigação [möstigöszö^{n}u] *f* rágás, rágcsálás
mastigar [möstigàr] *1/4 ts* 1. rág, rágcsál 2. *átv* megrág, átgondol 3. dünnyög; mormog; foga között mond, motyog
mastim [möszti^n] *m* 1. komondor, kuvasz 2. rendőrkopó 3. gonosz nyelvű *v* trágár alak
mástique [màstik] *m* masztix
mastodonte [möstudo^{n}nt] *m* 1. *áll* masztodon, őselefánt 2. hatalmas testű ember
mastreação [möstrjöszö^{n}u] *f* 1. árbocozat 2. árbocok felállítása
mastrear [möstrjàr] *1/5 ts haj* árbocoz, árbocokkal felszerel
mastro [màstru] *m* 1. árboc 2. zászlórúd 3. *sp* mászórúd
masturbação [mösturböszö^{n}u] *f* maszturbáció, nemi önkielégítés
mata [màtö] *f* erdő
mata-bicho [màtöbisu] *m* 1. reggeli itóka 2. **B** borravaló
mata-borrão [màtöburrö^{n}u] *m* itatóspapír
mata-cavalos [màtökövàlus] *m tb: a* ~ vágtatva; lóhalálában
matadoiro [màtödojru] *m* = **matadouro**
matador *m*, **-a** *f* [màtödor(ö)] I. *mn* gyilkoló, ölő II. *fn, m* 1. gyilkos 2. matador, bikaölő
matadouro [màtödoru] *m* 1. vágóhíd 2. *átv* vérfürdő
matagal [mötögàl] *m* sűrű bozót
matalotagem [mötölutàzsöj] *f* 1. *haj* élelmiszerkészlet 2. mindenféle vacak
matalote [mötölòt] *m* 1. tengerész, matróz 2. útitárs (tengeren) 3. *haj* saját hajóhoz legközelebbi hajó
mata-moiros, mata-mouros [màtömojrus, -morus] *m* szájhős
matança [mötö^{n}szö] *f* 1. öldöklés, mészárlás 2. levágás (állaté)
matar [mötàr] *1/12* I. *ts* 1. megöl, meggyilkol 2. levág (állatot) 3. tönkretesz 4. bosszant, zaklat 5. *szól:* ~ *a dívida* kifizeti az adósságot; ~ *o tempo* agyonüti az időt; *bater a* ~ félig agyonver; *estar* v *ficar a* ~ pompásan áll rajta (ruha) II. ~**-se** 1. öngyilkos lesz, végez magával 2. agyondolgozza magát
mata-ratos [màtörràtus] *m* patkányméreg
mata-sanos [màtöszànus] *m* rossz orvos
mate[1] [màt] I. *mn* fakó, matt, színtelen II. *fn, m sakk* matt; *dar* ~ *a* bematttol vkit
mate[2] [màti] *m* brazil tea; ~ *chimarrão* cukor nélkül fogyasztott brazil tea
mateiro [mötéjru] *m* 1. erdőőr 2. favágó
matemática [mötimàtikö] *f* matematika
matemático [mötimàtiku] I. *mn* matematikai II. *fn* matematikus
matéria [mötèrjö] *f* 1. anyag; ~ *prima* nyersanyag 2. tárgy, téma; tantárgy; *em* ~ *de* vminek a tárgyában, tekintetében; *entrar na* ~ rátér a tárgyra 3. *orv* genny
material [mötirjàl] I. *mn* 1. anyagi 2. testi 3. dologi II. *fn, m* 1. anyag 2. felszerelés 3. *o* ~ az anyagiak
materialismo [mötirjölizsmu] *m* mate-

rializmus; ~ *histórico* történelmi materializmus
materialista [mötirjölistö] *mn* és *fn* materialista
materializar [mötirjölizàr] *1/1 ts* anyagiasít; megvalósít
maternal [mötirnàl] *mn* anyai; *escola* ~ bölcsőde
maternidade [mötirnidàd] *f* **1.** anyaság **2.** (*casa da*) ~ szülőotthon
materno [mötèrnu] *mn* **1.** anyai; *avô* ~ anyai nagyapa **2.** gyengéd, szerető
Mateus [mötéus] *m* Máté
Matias [mötiös] *m* Mátyás
maticar [möticàr] *1/2 tl* vakkánt (vadászkutya)
matilha [mötiljö] *f* kutyafalka
matina [mötinö] *f* hajnal, reggel; *de* ~ a reggeli órákban
matinada [mötinàdö] *f* **1.** hajnal, reggel **2.** matiné, délelőtti *v* délutáni előadás
matinal [mötinàl] *mn* **1.** reggeli, korai **2.** korán kelő
matinar [mötinàr] *1/1* **I.** *ts* **1.** korán ébreszt **2.** betanít, sulykol **II.** *tl* hajnalban kel
matiné [mötinè] *f* matiné, délelőtti *v* délutáni előadás
matiz [mötis] *m* **1.** szín **2.** árnyalat **3.** *átv* színezet
matizado [mötizàdu] *mn* **1.** árnyalatos **2.** tarka, színes
matizar [mötizàr] *1/1 ts* **1.** árnyal **2.** színez **3.** díszít
mato [màtu] *m* **1.** bozót **2.** B falu (városssal ellentétben) **3.** *szól: cair no* ~, *ganhar o* ~, *nép* megszökik; *estar* v *ficar no* ~ *sem cachorro* kellemetlen helyzetben van; *ser* ~ bőven van; *dinheiro ali é* ~ ott bőven van pénz
matraca [mötràkö] *f* **1.** kereplő **2.** csúfolódás
matraqueado [mötrökjàdu] *mn* tapasztalt, kitanult, ravasz
matraquear [mötrökjàr] *1/5 tl* **1.** kerepel **2.** kifütyül, kigúnyol **3.** kioktat, betanít
matráz [mötràs] *m* retorta, lombik
matreiro [mötréjru] *mn* = **matraqueado**
matricida [mötriszidö] *mn* és *fn* anyagyilkos
matricídio [mötriszigyu] *m* anyagyilkosság
matrícula [mötrikulö] *f* **1.** *isk* beiratkozás; beiratkozási díj **2.** jegyzék, lista **3.** törzskönyv **4.** *autó* rendszám
matricular [mötrikulàr] *1/1* **I.** *ts* **1.** *isk* beír, felvesz **2.** jegyzékbe felvesz **II.** ~-**se**, *isk* beiratkozik
matrimonial [mötrimunyàl] *mn* házassági
matrimoniar [mötrimunyàr] *1/15* **I.** *ts* összeházasít **II.** ~-**se** megházasodik; férjhez megy
matrimónio [mötrimònyu] *m* házasság
matriz [mötris] **I.** *mn* fő-, alapvető; *ideia* ~ alapgondolat **II.** *fn*, *f* **1.** *orv* méh **2.** *nyomd* matrica, anyaminta; stencil **3.** *átv* eredet, forrás **4.** (*casa*) ~ anyaintézet, központ **5.** ~ *predial* kataszter, telekkönyv; ~ (*da contribuição*) *industrial* kereseti adókimutatás
matroca [mötròkö] *f*: *à* ~ találomra
matula [mötulö] *f* **I.** banda, csürhe **II.** B útravaló eleség
matungo [mötu^n^ngu] *m* B gebe
maturação [möturöszö^n^u] *f* érés, megérés
maturar [möturàr] *1/1* **I.** *ts* érlel **II.** *tl* érlelődik
maturativo [möturötivu] *mn* **1.** érlelő **2.** *orv* gyülesztő (szer)
maturescência [möturis-sze^n^szjö] *f* érettség
maturescente [möturis-sze^n^nt] *mn* érlelődő
maturidade [möturidàd] *f* érettség (*átv* is)
matutar [mötutàr] *1/1 tl* töpreng vmin (*em*)
matutino [mötutinu] **I.** *mn* **1.** reggeli, korai **2.** korán kelő **II.** *fn*, *m* B reggeli újság
matuto [mötutu] **I.** *mn* **1.** Isten háta mögött lakó **2.** *biz* ravasz, ügyes **II.** *fn* **1.** vidéki **2.** B bárdolatlan *v* tudatlan paraszt
mau *m*, **má** *f* [màu, mà] **I.** *mn* **1.** rossz; ~ *aluno* rossz tanuló; ~ *ar* rossz levegő; ~ *estado* rossz állapot; ~ *génio* rossz természet; *más notícias* rossz hírek; *tradução má* rossz, pontatlan fordítás; *chegar em má ocasião* rosszkor jön *v* érkezik **2.** gonosz; *acção má* gonosz cselekedet; *às más* **a)** gonosz szándékkal **b)** erőszakkal **3.** *szól:* ~ *de contentar* nehezen kielégíthető, finnyás; *fazer má cara* kelletlen arcot

vág II. *fn*, *m* 1. a rossz, a baj 2. gonosz (ember); *közm: falai no ~ e aparelhai o pau* farkasról beszélnek, itt jár a ház körül III. *isz* 1. jaj! 2. nagy baj!

Maurício [màuriszju] *m* Mór

mausuléu [màuzulèu] *m* mauzóleum

mavioso [mövjozu] *mn* 1. gyengéd, szerető 2. kellemes; lágy

maxila [màkszilö] *f orv* állkapocs

maxilar [màkszilàr] *mn orv* állkapocs-

máxima [màszimö] *f* 1. elv, életelv, életszabály 2. jelige, jelmondat

máxime [màszimi] *hat* főleg, elsősorban

máximo [màszimu] I. *mn* legnagyobb, maximális II. *fn*, *m* maximum, felső határ(érték); *no ~* a) legfeljebb b) legkésőbb; *chegar ao ~*, *átv* eléri tetőfokát

mazanza [màzö^{n}zö] *mn* **B** lusta

mazela [mözèlö] *f* 1. seb, sebhely 2. *átv* baj, fájdalom 3. *átv* sötét folt

mazelar [mözilàr] *1/13 ts* 1. megsebez, sebekkel borít 2. kínoz, gyötör 3. *átv* bemocskol

mazombo [mözo^{n}mbu] I. *mn* dörmögő, morgó II. *fn* **B** európai szülőktől Brazíliában született gyermek

mazorca [màzorkö] *f* **B** zűrzavar, rendetlenség

mazorral [mözurràl] *mn* durva, faragatlan

mazorro [mözorru] *m* tudatlan, neveletlen alak

mazute [mözut] *m* mazut, fűtőolaj

M.ço = *Março*

M.D. = *muito digno* mélyen tisztelt

M.D.P. = *Movimento Democrático Português*

me [mi] *névm* 1. engem; nekem; *entristece-me* elszomorít engem; *compra-me um bonito presente* vegyél nekem egy szép ajándékot! 2. magamat, magamnak; *cortei-me* megvágtam magam

meã → **meão**

meada [mjàdö] *f* 1. matring 2. bonyodalom

meadeira [mjàdéjrö] *f* **B** *text* matringoló; motolla

meado [mjàdu] I. *mn* megfelezett, fél; *pão ~* korpás kenyér II. *fn*, *m* vminek a fele *v* közepe; *no ~* v *em ~s de Maio* május közepén

mealha [mjàljö] *f* csekélység, semmiség

mealheiro [mjöljéjru] I. *mn* filléres II. *fn*, *m* takarékpersely

meandro [mjö^{n}ndru] *m* 1. (folyó)kanyar 2. *átv* útvesztő; csapda

meão *m*, **meã** *f* [mjö^{n}u, mjö^n] I. *mn* 1. középső; *dedo ~* középső ujj 2. közepes, középszerű; *estatura meã* közepes termet II. *fn*, *m* 1. kerékagy 2. fazékfedő gombja *v* fogantyúja

mear [mjàr] *1/5 ts* megfelez

meato [mjàtu] *m orv* csatorna, járat

MEC = *Ministério de Educação e Cultura*

mecânica [mikönikö] *f* mechanika; *~ de precisão* finommechanika

mecânico [miköniku] I. *mn* 1. mechanikai 2. mechanikus, gépies II. *fn*, *m* 1. mechanikus 2. (autó)szerelő 3. *~-dentista* fogász, fogtechnikus

mecanismo [mikönizsmu] *m* mechanizmus, gépezet, szerkezet

mecanizar [mikönizàr] *1/1 ts* gépesít

meças [mèszös] *f tb* 1. *pedir ~* elégtételt *v* magyarázatot követel 2. *pedir ~ a* felér, kiállja a versenyt vkivel *v* vmivel

mecenas [miszénös] *m* mecénás

mecha [mèsö] *f* 1. kanóc; lámpabél; tapló 2. *orv* tampon, dugasz 3. hajfürt 4. szalonna 5. horony 6. *dar* v *deitar ~ na vasilha* kénezi a hordót *v* a bort 7. *szól: sai mais cara a ~ que o sebo* nem éri meg (a fáradságot)

mechagem [misàzsö^{n}j] *f* kénezés

mechar [misàr] *1/13 ts* 1. kénez 2. hornyol; egymásba illeszt 3. *konyh* spékel

mecheiro [miséjru] *m* lámpa égője

meco [méku] *m argó* 1. pasas, alak 2 feslett életű egyén

méd. = *médico*

meda [médö] *f* 1. kazal; asztag 2. halom, rakás

medalha [midàljö] *f* érem; *~ de ouro* a) aranyérem b) aranyérmes

medalhão [midöljö^{n}u] *m* 1. medalion, érem alakú ékszer 2. *ép* kerek *v* ovális faldíszítmény 3. *pejor* figura, alak; törtető

medalhário [midöljàrju] *m* éremgyűjtemény

média [mègyö] *f* 1. átlag; *em ~* átlagban 2. *mat* középarányos 3. **B** nagy csésze tejeskávé

mediação [migyöszö^{n}u] *f* 1. *mat* felezés 2. közvetítés

mediador *m*, **-a** *f* [migyödor(ö)] *mn* és *fn* közvetítő

medial [migyàl] I. *mn* középső II. *fn*, *f*: (*letra*) ~ szó belsejében levő betű

mediana [migyànö] *f geom* felező

medianeiro [migyönéjru] *mn* = **mediador**

mediania [migyöniö] *f* középszerűség, közepesség

mediano [migyönu] *mn* 1. középső 2. közepes

mediante [migyö^{n}nt] I. *mn* közvetítő, kisegítő II. *vsz* révén, segítségével III. *fn*, *m* közbeeső idő

mediar [migyàr] *1/6* I. *ts* 1. felez 2. közvetít II. *tl* 1. közbeesik, közötte van; *entre as duas cidades medeiam cem quilómetros* a két város száz kilométernyire van egymástól 2. elmúlik; *entre os dois acontecimentos mediaram dois anos* a két esemény közt két év telt el

mediato [migyàtu] *mn* közvetett

médica [mèdikö] *f* I. orvosnő II. *növ* lucerna

medicação [midiköszö^{n}u] *f* gyógyítás, gyógykezelés, orvoslás

medical [midikàl] *mn* orvosi

medicamento [midiköme^{n}ntu] *m* gyógyszer, orvosság

medicamentoso [midiköme^{n}ntozu] *mn* gyógyhatású, gyógyító

medição [midiszö^{n}u] *f* mérés

medicar [midikàr] *1/2* I. *ts* 1. gyógykezel 2. orvosságot előír II. **~-se** orvosságot bevesz, gyógykezeli magát

medicastro [midikàstru] *m* rossz orvos, kuruzsló

medicável [midikàvèl] *mn* gyógyítható

medicina [midiszinö] *f* 1. orvostan, orvostudomány; ~ *legal* törvényszéki orvostan 2. orvoslás, gyógyítás 3. gyógyszer, orvosság

medicinal [midiszinàl] *mn* 1. orvosi 2. gyógy-, gyógyító; *planta* ~ gyógynövény

medicinar [midiszinàr] *1/1* = **medicar**

médico [mèdiku] I. *mn* orvosi, orvostani II. *fn*, *m* orvos

médico-legal [mèdiku ligàl] *mn* törvényszéki orvostani

medida [mididö] *f* 1. mérték; mértékegység; ~ *linear* v *de comprimento* v *de extensão* hosszmérték; ~ *de capacidade* ürmérték; ~ *de peso* súlymérték; ~ *de superficie* területmérték; *calçado por* v *sob* ~ mérték után készített cipő; *tirar* v *tomar a* ~ mértéket vesz 2. nagyság; szám (ruháé, kesztyűé) 3. mérés 4. versmérték 5. *zene* ütem 6. rész, arány; *à* ~ *de* a) vminek a mértékében *v* arányában b) mialatt, miközben; *à* ~ *que o tempo passa* mialatt múlik az idő 7. intézkedés, rendszabály; *tomar* ~*s* intézkedéseket tesz, rendszabályokhoz nyúl 8. mértéktartás, tapintat; *agir com* ~ tapintatosan jár el 9. *szól: sem* ~ mértéktelenül, végtelenül; *encher as* ~*s* tökéletesen kielégít; *não estar com meias* ~*s* nem sokat teketóriázik; *fazer tudo com conta, peso e* ~ mindenben okosan és bölcsen jár el; *levar a todos pela mesma* ~ egy kalap alá vesz mindenkit

medidor *m*, **-a** *f* [mididor(ö)] *mn* és *fn* mérő (műszer és személy); ~ *de pressão* nyomásmérő

medieval, medievo [migyivàl, migyèvu] *mn* középkori

médio [mègyu] I. *mn* 1. közép-, középső; *dedo* ~ középső ujj 2. átlagos; *distância* ~*a* hozzávetőleges távolság 3. *isk* középfokú; *ensino* ~ középfokú oktatás II. *fn*, *m sp* fedezet; ~ *direito* (*esquerdo*) jobbfedezet (balfedezet)

médio-centro [mègyu sze^{n}ntru] *m sp* középfedezet

medíocre [midiukr] I. *mn* közepes II. *fn*, *m* 1. átlagember 2. középszerűség

medir [midir] *3/18* *ts* 1. mér, lemér, megmér 2. *átv* mérlegel, felbecsül; ~ *as suas palavras* megfontolja szavait 3. összemér; ~ *armas* összemérik fegyverüket; ~ *as suas forças* összemérik erejüket 4. *szól:* ~ *o chão com o corpo* teljes hosszában elterül a földön; ~ *os minutos* minden percet kihasznál; ~ *os outros por si* maga után ítél meg másokat; *não* ~ *sacrifícios* nem kímél költséget *v* fáradságot; *não ter mãos a* ~ tele van munkával

meditabundo [miditöbu^{n}ndu] *mn* = **meditativo**

meditação [miditöszö^{n}u] *f* elmélkedés, tűnődés

meditar [miditàr] *1/1* *ts, tl* elmélkedik, tűnődik vmin **T**

meditativo [miditötivu] *mn* elmélkedő, tűnődő

mediterrâneo [miditirrönyu] **I.** *mn* **1.** földközi; *mar* ~ beltenger **2.** földközi-tengeri **II.** *fn, m: o Mediterrâneo* a Földközi-tenger

mediterrânico [miditirröniku] *mn* **1.** mediterrán; *clima* ~ mediterrán éghajlat **2.** földközi-tengeri

medível [midivèl] *mn* (meg)mérhető

medo [médu] *m* félelem; *a* ~ félve, félénken; *com* ~ félelemből; *estar com* ~, *ter* ~ fél; *causar* v *fazer* v *induzir* v *meter* v *pôr medo* félelmet kelt; megijeszt; *ter* ~ *da própria sombra* a maga árnyékától is megijed; *não tem* ~ *ao trabalho* nem fél a munkától

medonho [midonyu] *mn* szörnyű, borzasztó

medra, medrança [mèdrö, midrö^{n}szö] *f* növekedés, fejlődés

medrar [midràr] *1/13* **I.** *ts* növeszt, fejleszt **II.** *tl* nő, fejlődik

medrica(s) [midrikö(s)] *m* félénk, gyáva alak

medronheiro [midrunyéjru] *m* szamócafa (Arbutus)

medronho [midronyu] *m* a szamócafa gyümölcse

medroso [midrozu] *mn* félénk, gyáva

medula [midulö] *f* **1.** csontvelő **2.** *átv* vminek a magva, lényege

medular [midulàr] *mn* **1.** velő- **2.** lényeges, alapvető

meduloso [midulozu] *mn* **1.** *növ* puha belű **2.** *átv* hajlékony; puha

medusa [miduzö] *f áll* medúza

méd. vet. = *médico veterinário* állatorvos

meeiro [mjéjru] **I.** *mn* felező, felezhető **II.** *fn, m* **1.** feles bérlő **2.** társtulajdonos

mefítico [mifitiku] *mn* dögletes, bűzös

megafone [migöfòn] *m* megafon

megalomania [migölumöniö] *f* nagyzási hóbort

megalómano [migölòmönu] *fn* nagyzási hóbortban szenvedő

megalópole [migölòpuli] *f* nagyváros

meia [méjö] *f* **I. 1.** harisnya; ~ *elástica* gumiharisnya; ~*s de homem*, **B** ~ *curta* férfizokni **2.** kötés, kötöttáru; *luva de* ~ kötött kesztyű; *fazer* ~ köt **II.** ~*s* feles bérlet *v* üzlet; *a* ~, *de* ~ felesben

meia-cana [méjökönö] *f* félgömbölyű reszelő

meia-idade [méjöidàd] *f* **1.** középkorúság (30—55 év között) **2.** *Meia-Idade* középkor

meia-laranja [méjölörö^{n}zsö] *f* félkör

meia-lona [méjölonö] *f* durva vászon

meia-lua [méjöluö] *f* félhold

meia-luz [méjölus] *f* félhomály

meia-noite, meia-noute [méjönojt, -not] *f* éjfél

meia-tinta [méjöti^{n}ntö] *f* középszín

meigo [méjgu] *mn* gyengéd, kedves

meiguice [méjgisz] *f* gyengédség, kedvesség

meio [méju] **I.** *mn* fél; ~*a hora* **a)** fél egy (óra) **b)** fél órát; ~ *litro* fél liter; *três horas e* ~*a* **a)** fél négy **b)** három és fél órát; *um e* ~, *uma e* ~*a* másfél; *dividir a despensa* ~ *e* ~ felerészben viselik a költségeket **II.** *hat* félig, félig-meddig, majdnem; ~ *morto* félholtan **III.** *fn, m* **1.** vminek a közepe; *justo* ~ arany középút; *de* ~ *a meio* teljesen; *em* v *no* ~ *de* **a)** vminek a közepén **b)** között; *cortar pelo* ~ kétfelé vág; *ficar em* ~ abbamarad **2.** eszköz; ~*s de comunicação* közlekedési eszközök; ~*s de pagamento* fizetési eszközök; ~*s de produção* termelőeszközök; ~*s de transporte* szállítóeszközök; *por* ~ *de* révén, által; *por* ~*s sinistros* tisztességtelen úton; *conhecer os* ~*s* ismeri a dürgést; *empregar todos os* ~*s possíveis* minden lehető eszközt felhasznál; *não há* ~ *de o convencer* nem lehet őt meggyőzni **3.** környezet; ~ *social* társadalmi környezet

meio-corpo [méjukorpu] *m* felsőtest, mell; *retrato a* ~ mellkép

meio-dia [méjudiö] *m* dél; *antes do* ~ délelőtt; *ao* ~ délben; *por volta do* ~ déltájban

meio-fio [méjufiu] *m* járdaszegély

meio-pesado [méjupizàdu] *m sp* félnehézsúly

meio-relevo [méjurilévu] *m* féldombormű

meio-soprano [méjuszuprönu] *m* mezzoszoprán

meio-termo [méjutérmu] *m* **1.** középérték; átlag **2.** *átv* mérséklet

meio-tom [méjuto^n] *m zene* félhang

mel [mèl] *m* **1.** méz; **B** ~ *de engenho* szirup, cukoroldat; *palavras de* ~ mézesmázos szavak **2.** *átv* édesség **3.** *szól: dar* ~ *pelos beiços a, ser de* ~ *com* hizeleg vkinek; **B** *perder o* ~ *e a cabaça* se pénz, se posztó; *comprar por dez reis de* ~ *coado* szinte ingyen vásárol meg vmit
melaço [milàszu] *m* melasz
melado [milàdu] *mn* **1.** mézszínű **2.** mézédes, mézes
melância [milö^{n}szjö] *f* görögdinnye
melancial [milö^{n}szjàl] *m* dinnyeföld
melancolia [milö^{n}nkuliö] *f* melankólia, búskomorság, levertség
melancólico [milö^{n}nkòliku] *mn* melankólikus, búskomor, levert
melão [milö^{n}u] *m* sárgadinnye
melena [milénö] *f* hosszú haj, sörény
melenudo [milinudu] *mn* hosszú hajú
melga [mèlgö] *f* szúnyog(fajta)
melgueira [milgéjrö] *f* **1.** méhkas **2.** megtakarított pénzecske **3.** könnyű kereset
melhor [miljòr] **I.** *mn* jobb; *o* ~ a legjobb; *quanto mais* ~ minél több, annál jobb; *fazer* ~ megjavít, tökéletesít; *não há nada* ~ nincs annál jobb; ~ *seria* jobb volna; *um pouco é melhor do que nada* a kevés is jobb, mint a semmi **II.** *hat* jobban; ~ *que nunca* jobban, mint valaha; *cada vez* ~ egyre jobb(an); *estar* v *ir* ~ jobban van **III.** *fn, m* **1.** a jobb, a legjobb; *é o* ~ *de todos* ő a legjobb; *o* ~ *é irmos embora* a legjobb lesz, ha elmegyünk **2.** *szól: o* ~ *da história* a történet java *v* legérdekesebb része; *mudar para* ~ jóra *v* jobbra fordul **IV.** *isz* ~! így is jó! annál jobb!
melhora [miljòrö] *f* javulás (egészségileg); *estimo as suas* ~*s* jobbulást kívánok
melhoramento [miljurömé^{n}ntu] *m* **1.** javítás **2.** javulás; haladás
melhorar [miljuràr] *1/15* **I.** *ts* **1.** megjavít, jobbá tesz **2.** helyreállít, *átv* talpra állít, meggyógyít **II.** *tl*, **III.** ~**-se** (meg)javul
melhoria [miljuriö] *f* **1.** javítás; javulás; ~ *de vencimentos* fizetésjavítás, fizetésemelés **2.** előny
meliante [miljö^{n}nti] *m* **1.** naplopó **2.** csirkefogó, gonosztevő
mélico [mèliku] *mn* **I.** mézes, mézédes **II.** dallamos
melífero [milifiru] *mn* mézelő, méztermő
melífico [milifiku] *mn* **1.** = **melífero** **2.** mézes; édes (*átv* is)
melífluo [milifluu] *mn* **1.** mézes, mézzel folyó **2.** *átv* lágy; dallamos
melindrar [mili^{n}ndràr] *1/1* **I.** *ts* megbánt, megsért **II.** ~**-se** megsértődik, sértve érzi magát
melindre [mili^{n}ndr] *m* **1.** túlérzékenység **2.** finom érzés, tapintat **3.** *növ* nebáncsvirág **4.** **B** affektálás, modorosság
melindroso [mili^{n}ndrozu] *mn* **1.** túlérzékeny; sértődékeny **2.** kényes; *saúde* ~*a* gyenge egészség **3.** *átv* kényes, nehéz; *operação* ~*a* nehéz és életveszélyes operáció; *situação* ~*a* kényes helyzet **4.** **B** modoros
melissa [miliszö] *f növ* mézfű
meloal [miluàl] *m* dinnyeföld
melodia [miludiö] *f* **1.** melódia, dallam **2.** dallamosság
melodioso [milugyozu] *mn* dallamos
melodrama [miludràmö] *m* melodráma
meloerio [miluéjru] *m* dinnye (mint növény)
melomaníaco, melômano [milumöniöku, milòmönu] *mn* és *fn* zenebolond, zenerajongó
melopeia [milupéjö] *f* **1.** *zene* monoton dallam **2.** recitatív; énekbeszéd
meloso [milozu] *mn* mézes, mézédes
melro [mèlru] *m* **1.** feketerigó; ~ *dourado* sárgarigó **2.** agyafúrt, ravasz alak
membrana [me^{n}mbrönö] *f* **1.** *orv* hártya; ~ *mucosa* nyálkahártya **2.** *távk* membrán
membranoso [me^{n}mbrönozu] *mn* hártyás, hártyaszerű
membro [me^{n}mbru] *m* **1.** *orv* végtag **2.** (egyesületi, család)tag; ~ *honorário* tiszteletbeli tag; *carta* v *cartão de* ~ tagsági igazolvány
membrudo [me^{n}mbrudu] *mn* tagbaszakadt, erős
memorando [mimurö^{n}ndu] **I.** *mn* emlékezetes **II.** *fn, m* **1.** memorandum, diplomáciai jegyzék **2.** *ker* értesítés, közlés **3.** notesz, zsebkönyv
memorandum [mimurö^{n}ndu^{n}] *m* = **memorando II. 1.** és **2.**

memorar [mimuràr] *1/15 ts* 1. emlékeztet vmire T 2. visszaemlékszik vmire T 3. megünnepel, megül (ünnepet)
memorável [mimuràvèl] *mn* emlékezetes
memória [mimòrjö] *f* 1. emlékezet; *de ~* emlékezetből, könyv nélkül; *ter de ~* betéve tudja; *de toda a ~ dos homens* emberemlékezet óta; *fazer ~* visszaemlékszik; *ter boa ~* jó az emlékezőtehetsége; *ter em ~* emlékezetében megtart; *ter ~ de galo* v *de grilo* tyúkesze van; *varrer da ~* kitörli az emlékezetéből; *se a ~ não me falha* ha emlékezetem nem csal 2. megemlékezés; említés; *digno de ~* megemlékezésre méltó 3. emlék; *de boa ~* boldog emlék(ezet)ű; *em* v *à ~ de* vminek az emlékére 4. emlékmű 5. emlékirat, memorandum 6. disszertáció, értekezés 7. *~s* memoárok, visszaemlékezés
memorial [mimurjàl] I. *mn* említésre méltó, nevezetes II. *fn, m* 1. emlékirat, feljegyzés 2. beadvány 3. notesz, zsebkönyv
memoriar [mimurjàr] *1/7 ts* feljegyez, emlékiratot ír vmiről T
memorizar [mimurizàr] *1/1 ts* 1. emlékezetébe idéz 2. könyv nélkül megtanul
menagem [minàzsö^{n}j] *f* 1. *kat* szobafogság 2. őrtorony, vár főtornya
menção [me^{n}szö^{n}u] *f* 1. említés; *~ honrosa* dícséret; *facto digno de ~* említésre méltó cselekedet; *fazer ~ de* említést tesz vmiről 2. szándék, terv; *fazer ~ de sair* távozni készül
mencionar [me^{n}szjunàr] *1/15 ts* (meg)említ, elmond
menchevique, menchevista [me^{n}sivik, -vistö] *mn* és *fn* mensevik
mendaz [me^{n}ndàs] *mn* hazug, képmutató
mendicante [me^{n}ndikö^{n}nt] *mn* és *fn* koldus
mendicidade [me^{n}ndiszidàd] *f* koldulás; *asilo de ~* szegényház
mendigar [me^{n}ndigàr] *1/4 ts, tl* koldul
mendigo [me^{n}ndigu] *m* koldus
mendubi(m), menduí [me^{n}ndubi, -dubi^{n}, me^{n}ndvi] *m* földi mogyoró
menear [minyàr] *1/5* I. *ts* 1. lenget, lóbál; mozgat; *~ a cabeça* fejét csóválja *v* rázza; *~ a cauda* farkát csóválja; *~ os braços* hadonászik; *~ os olhos* szemét forgatja; *~ os pés* lábával kalimpál 2. *tud* bánni vmivel; *~ as armas* ért a fegyverforgatáshoz; *~ o lume* feléleszti a tüzet; *~ um pincel* jól bánik az ecsettel, szépen fest II. *~-se* 1. inog; leng 2. mozog
meneável [minyàvèl] *mn* 1. mozgatható 2. *átv* kezelhető, hajlítható
meneio [minéju] *m* 1. (test)mozgás, tagleités 2. lengetés, bólintás, intés 3. lengés, ringás 4. kezelés, irányítás, vezetés 5. agyafúrtság; mesterkedés 6. *átv* haszon, nyereség
menestrel [ministrèl] *m* *tört* hegedős, lantos
menina [mininö] *f* 1. leány; *~s e jovens* lányok és ifjak 2. kisasszony (megszólításban) 3. *~ do olho* pupilla, szembogár; *átv* szemefénye, kedvenc
menineiro [mininéjru] *mn* 1. gyermeki, gyerekes 2. gyermekszerető
meninge [mini^{n}zs] *f orv* agyhártya
meningite [mini^{n}zsit] *f* agyhártyagyulladás
meninice [mininisz] *f* 1. gyermekkor 2. gyerekesség
menino [mininu] *m* 1. kisfiú 2. fiatalúr
Meno [ménu] *m: o ~* a Majna (folyó)
menopausa [mènòpàuzö] *f orv* klimax, kritikus kor
menor [minòr] I. *mn* 1. kisebb; *nos ~es detalhes* a legapróbb részletekig 2. fiatalabb; *o seu irmão ~* fiatalabb testvére, öccse 3. kiskorú, fiatalkorú 4. *szól: águas ~es, orv* magzatvíz; *hábitos* v *trajes ~es* alsóruha, alsó fehérnemű; *tom ~* moll hangnem II. *fn* 1. kiskorú 2. *~es* utódok, unokák 3. *~es* apróság, semmiség
menoridade [minuridàd] *f* 1. kiskorúság 2. minoritás, kisebbség
menos [ménus] I. *hat* 1. kevesebb(et), kevésbé; *~ (do) que* kevesebb(et), mint; *ao* v *pelo ~* legalább; *mais ou ~* többé-kevésbé; *mais dia, ~ dia* valamelyik napon, egyszer; *nada ~ que* nem kevesebb, mint 2. *mat* mínusz II. *vsz* vkin *v* vmin kívül, kivételével; *~ aos domingos* vasárnap kivételével; *~ eu* kivéve engem; rajtam kívül; *a ~ de, a ~ que* ha csak nem III. *fn, m* 1. a legkevesebb 2. a legalacsonyabb ár
menoscabar [ménusköbàr] *1/12 ts* 1. befejezetlenül hagy 2. lekicsinyel, lebecsül, megvet

menoscabo [ménuskàbu] *m* 1. befejezetlenség 2. lekicsinylés, megvetés
menosprezar [ménusprizàr] *1/13 ts* lebecsül, megvet
menosprezo [ménusprézu] *m* lebecsülés, megvetés
mensageiro [me^{n}szözséjru] *fn* 1. hírnök; küldönc; kiküldött 2. *átv* vminek az előhírnöke
mensagem [me^{n}szàzsö^{n}j] *f* 1. üzenet 2. hír
mensal [me^{n}szàl] *mn* havi, havonkénti
mensalidade [me^{n}szölidàd] *f* 1. havibér, havi illetmény 2. eltartás havi díja 3. havi részlet
mensalista [me^{n}szölistö] *fn* havidíjas alkalmazott
mensário [me^{n}szàrju] I. *mn* asztali; étkezési II. *fn, m* havi folyóirat
menstruação [me^{n}struöszö^{n}u] *f* menstruáció
mensuração [me^{n}szurösző^{n}u] *f* mérés
mensurar [me^{n}szuràr] *1/1 ts* (meg)mér
mensurável [me^{n}szuràvèl] *mn* mérhető
menta [me^{n}ntö] *f növ* menta
mental [me^{n}ntàl] *mn* I. 1. észbeli, gondolati, szellemi; *cálculo* ~ fejszámolás 2. pszichikai, lelki; *perturbação* ~ elmezavar; II. *orv* áll-
mentalidade [me^{n}ntölidàd] *f* mentalitás, gondolkodásmód
mentalizar [me^{n}ntölizàr] *1/1 ts* elgondol, elképzel
mentalmente [me^{n}ntölme^{n}nt] *hat* gondolatban; lélekben
mente [me^{n}nt] *f* 1. ész; értelem; *ter* ~ emlékezetében tart 2. szándék; *de boa* ~ készséggel, szívesen; *de má* ~ nem szívesen, kelletlenül
mentecapto [me^{n}ntikàptu] *mn* gyengeelméjű; esztelen, ostoba
mentido [me^{n}ntidu] *mn* hazug; csalóka
mentir [me^{n}ntir] *3/8 tl* hazudik; ámít, csal
mentira [me^{n}ntirö] *f* hazugság; csalás; *parece* ~*!* (szinte) hihetetlen!
mentirola [me^{n}ntiròlö] *f* füllentés
mentiroso [me^{n}ntirozu] *mn* hazug; csalóka
mento [me^{n}ntu] *n* áll
mentor [me^{n}ntor] *m* mentor, pártfogó, tanácsadó
menu [ménu] *m* étlap
mequetrefe [mikitrèf] *m* 1. minden lében kanál 2. csibész, csirkefogó
meramente [mèröme^{n}nt] *hat* csupán; egyszerűen
merca [mèrkö] *f biz* bevásárlás
mercadejar [mirködizsàr] *1/14 tl* kereskedik; üzletel
mercadinho [mirködinyu] *m* **B** kis bolt
mercado [mirkàdu] *m* piac; vásár; ~ *livre* szabadpiac; *Mercado Comum Europeu* Európai Közös Piac
mercador [mirködor] *m* kereskedő; *fazer ouvidos de* ~ úgy tesz, mintha nem hallaná
mercadoria [mirködurìö] *f* áru
mercante [mirkö^{n}nt] I. *mn* kereskedelmi; *frota* v *marinha* ~ kereskedelmi flotta II. *fn* kereskedő
mercantil [mirkö^{n}ntil] *mn* 1. kereskedelmi, üzleti 2. haszonleső, pénzsóvár
mercantilismo [mirkö^{n}ntilizsmu] *m* 1. merkantilizmus 2. haszonlesés
mercar [mirkàr] *1/2, 1/13 ts* 1. felvásárol (viszonteladás céljából) 2. elér, megszerez (munkával)
mercê [mirszé] *f* 1. jutalom; bér (*átv* is) 2. kegy; szívesség; *andar* v *estar à* ~ *de* ki van szolgáltatva vki *v* vmi szeszélyének; *Vossa Mercê* Kegyed, Kegyelmességed (régebbi megszólítás); ~ *de Deus* hála Istennek!
mercearia [mirszjöriö] *f* fűszerbolt, vegyeskereskedés
merceeiro [mirszjéjru] *m* fűszeres
mercenário [mirszinàrju] I. *mn* zsoldos; *átv* megvásárolható II. *fn, m* 1. zsoldos katona 2. bérmunkás
mercurial [mirkurjàl] I. *mn* higany- II. *fn, m* 1. higanyt tartalmazó gyógyszer 2. *növ* szélfű 3. *biz* fejmosás, letolás
mercúrico [mirkuriku] *mn* higanyos, higanytartalmú
mercúrio [mirkurju] *m* higany
merda [mèrdö] *f köz* szar
merecedor *m*, **-a** *f* [miriszidor(ö)] *mn:* ~ *de* vmit megérdemlő, vmire méltó
merecer [miriszér] *2/2* I. *ts* (meg)érdemel, kiérdemel II. *tl: bem* ~ *de* nagy szolgálatot tesz vkinek; érdemeket szerez vmivel kapcsolatban
merecido [miriszidu] *mn* megérdemelt; jogos
merecimento [miriszime^{n}ntu] *m* érdem
merenda [mire^{n}ndö] *f* tízórai; uzsonna; útravaló

merendar [mireⁿndàr] *1/1 tl* tízórait eszik; uzsonnázik

merengue [mireⁿng] *m* habcsók, habsütemény

meretriz [miritris] *f* prostituált, kéjnő

mergulhador [mirguljödor] *m* búvár

mergulhão [mirguljöⁿu] *m* **1.** *áll* búvármadár **2.** *növ* dugvány, bújtóág

mergulhar [mirguljàr] *1/1* **I.** *ts* **1.** alámerít **2.** dugványoz, bujtványról szaporít **3.** beledöf (tőrt) **II.** *tl*, **III.** **~-se** **1.** alámerül **2.** behatol (erdőbe) **3.** *a lua mergulhou-se entre as nuvens* a hold a felhők mögé rejtőzött **4.** belemártja magát (*átv* is)

mergulhia [mirguljiö] *f mezőg* bujtás útján való szaporítás

mergulho [mirgulju] *m* **1.** alámerülés **2.** (könnyű)búvársport **3.** *kat: bombardeiro de ~* zuhanó bombázó

meridiano [mirigyönu] **I.** *mn* **1.** délköri **2.** déli (tizenkét órai) **II.** *fn, m* meridián, délkör

meridional [mirigyunàl] **I.** *mn* déli, délvidéki **II.** *fn* déli ember

merinaque [mirinàk] *m* krinolin, abroncsos szoknya

meritíssimo [miritiszimu] *mn* nagyérdemű

mérito [mèritu] *m* érdem; *pessoa de ~* érdemes személy; *sócio de ~* tiszteletbeli tag; *isso não tem ~ nenhum* ezt mindenki meg tudja csinálni; nem nagy kunszt

meritório [miritòrju] *mn* érdemes, dicséretre méltó

mero [méru] *mn átv* tiszta; *~ acaso* tiszta véletlen; *é ~a fantasia* ez merő kitalálás

MES = *Movimento de Esquerda Socialista*

mês [més] *m* **1.** hónap; *ao ~, por ~* havonta; *no ~ passado* a múlt hónapban; *no ~ que vem* a jövő hónapban; *no mês de Maio* május hónapban **2.** havibér; havi fizetés; *~ chave* lakbérhónap

mesa [mézö] *f* **1.** asztal; *~ elástica* kihúzható asztal; *~ de cozinha* konyhaasztal; *~ de jantar* ebédlőasztal; *~ de jogo* játékasztal; *~ de trinchar* tálalóasztal; *~ para telefone* telefonasztalka **2.** étkezés, ellátás; *à ~* asztalnál, étkezés közben; *levantar-se da ~* feláll az asztaltól; *pôr a ~*; **B** *botar a ~* megteríti az asztalt; *por-se à ~, ir para a ~* asztalhoz ül; *para a ~!* tálalva van! **3.** elnökség; *o presidente da ~* a bizottság *v* választmány elnöke

mesada [mizàdö] *f* havi fizetés

mesa-redonda [mézö ridoⁿndö] *f* **1.** kerek asztal **2.** közös étkezés (penzióban); *jantar à ~* közös asztalnál étkezik

mesário [mizàrju] *m* elnökségi *v* bizottsági tag

mescla [mèsklö] *f* **1.** keverék **2.** *text* színkeverék

mesclado [miskládu] *mn* **1.** kevert **2.** tarka

mesclar [misklàr] *1/13 ts* (össze)kever

mesentério [mizeⁿntèrju] *m orv* bélfodor

meseta [mizétö] *f földr* fennsík

mesma [mézsmö] *f*: *dar na ~* ugyanolyan, mint volt; *ficar na ~* ugyanott van, ahol volt; *o doente continua na ~* a beteg állapota nem változott

mesmíssimo [mizsmiszimu] *mn* pontosan ugyanolyan

mesmo [mézsmu] **I.** *mn* ugyanaz; ugyanolyan; *ao ~ tempo* ugyanakkor; *da ~a forma; do ~ modo* hasonlóképpen, ugyanúgy; *pela ~a razão* ugyanezért **2.** maga; *ele ~ o diz* ő maga mondja ezt; *de si ~* magától, önként **II.** *fn, m* ugyanaz (a dolog); *o ~ acontece comigo* ugyanúgy vagyok én is (vele); *o ~ se deu comigo* ugyanaz történt velem is; *isso vem a dar no ~* ez végeredményben egyre megy; *para mim é o ~* nekem mindegy **III.** *hat* **1.** (*ainda*) *~ que* még ha . . . is; *ainda ~ que assim fosse* még ha így is volna; *~ que ele houvesse mentido* még ha hazudott is **2.** éppen; *agora ~* most azonnal; *aqui ~* itt helyben, itt mindjárt; *hoje ~* még ma; *lá ~* ugyanott; *por isso ~* éppen ezért; *nem ~* még nem is, még . . . sem; *é ~* ez így igaz; *é isso ~!* ez az! *estava achando ~!* mindjárt gondoltam!

mesquinhar [miskinyàr] *1/1 ts, tl* zsugorodik

mesquinharia, mesquinhez [miskinyöriö, -nyés) *f* **1.** zsugoriság **2.** kicsinyesség **3.** jelentéktelenség; szegényesség

mesquinho [miskinyu] *mn* **1.** zsugori, fukar **2.** kicsinyes **3.** jelentéktelen; szegényes

mesquita [miskitö] *f* mecset
messe [mèsz] *f* **I.** aratás (*átv* is) **II.** kantin, tiszti étkezde
mester [mistèr] *m* = **mister**
mestiço [mistiszu] *m* mesztic, félvér
mestra [mèströ] **I.** *fn*, *f* tanítónő, tanárnő; ~ *de piano* zongoratanárnő; **II.** *mn* → **mestre I.**
mestrança [miströ^{n}szö] *f* **1.** fegyvergyártó üzem **2.** hajógyár **3.** céh; ipartestület
mestre *m*, **mestra** *f* [mèstr, mèströ] **I.** *mn* **1.** mester-; fő-; *chave ~a* tolvajkulcs, álkulcs; *estrada ~a* főútvonal; *parede ~a* főfal; *raiz ~a* főgyökér; *trave* v *viga ~a* mestergerenda **2.** mesteri, kiváló **II.** *fn*, *m* **1.** mester; *~-sala* szertartásmester; *~-de-armas*, *~ de esgrima* vívómester; *~ de cozinha* főszakács; *~-de-obras* munkavezető, pallér; *o uso faz ~; usa e serás ~* gyakorlat teszi a mestert; *közm: ~ fora, dia santo na loja* ha nincs macska, cincognak az egerek **2.** tanító, tanár; *~-escola* népiskolai tanító
mestria [mistriö] *f* mesteri tudás
mesura [mizurö] *f* bók, meghajlás
mesurado [mizuràdu] *mn* **1.** kimért, lassú (léptek) **2.** óvatos, megfontolt **3.** mérsékelt; mértéktartó
mesureiro [mizuréjru] *mn* hajbókoló, hajlongó
mesurice [mizurisz] *f* hajbókolás, hajlongás
meta [mètö] *f* **1.** *sp* célvonal **2.** határ(kő); korlát **3.** *átv* cél
metabolismo [mitöbulizsmu] *m orv* anyagcsere
metacarpo [mitökàrpu] *m orv* kézközép
metade [mitàd] *f* vminek a fele; *a cara ~* élete párja; *por ~ do preço* feleáron
metafísica [mitöfizikö] *f* metafizika
metafísico [mitöfiziku] **I.** *mn* metafizikai **II.** *fn*, *m* metafizikus
metáfora [mitàfurö] *f* metafora
metafórico [mitöfòriku] *mn* képes, átvitt értelmű
metal [mitàl] *m* **1.** fém; *~ amarelo* sárgaréz; *metais preciosos* nemesfémek **2.** pénz **3.** *~ de voz* hangszín
metálico [mitàliku] *mn* fém-, fémes; *voz ~a* érces hang
metalífero [mitölifiru] *mn* fémtartalmú
metalóide [mitölòjd] *m* nemfémes elem
metalurgia [mitölurzsiö] *f* fémkohászat
metalúrgico [mitölurzsiku] *mn* fémkohászati
metamorfose [mitömurfoz] *f* metamorfózis, átalakulás
metamorfosear [mitömurfuzjàr] *1/5 ts* átalakít, átváltoztat
metástase [mitàstöz] *f orv* áttétel, áthelyezés
metatarso [mitötàrszu] *m orv* lábközép
metediço [mitidiszu] *mn* tolakodó, minden lében kanál
metempsicose [mite^{n}mpszikòz] *f* lélekvándorlás
meteórico [mityòriku] *mn* meteorikus, légköri
meteorismo [mityurizsmu] *m orv* meteorizmus, a has felfúvódása
meteoro [mityòru] *m* meteor, hullócsillag
meteorologia [mityòruluzsiö] *f* meteorológia, időjárástan, légkörtan
meteorológico [mityòrulòzsiku] *mn* meteorológiai; *boletim ~* időjárásjelentés
meteorologista [mityòruluzsistö] *fn* meteorológus
meter [mitér] *2/7* **I.** *ts* **1.** tesz, helyez, rak, állít; *~ a chave na fechadura* a kulcsot a zárba dugja; *~ o dinheiro no banco* bankba rakja a pénzt; *~ com força* beerőszakol **2.** *átv* elhelyez, berak; *~ o filho no colégio* elhelyezi a fiát a kollégiumban **3.** *átv* felvesz, beír (jegyzékbe) **4.** előidéz, okoz; *~ dó* fájdalmat okoz; *~ respeito* tiszteletet parancsol **5.** beledöf, beleszúr; *meteu a espada até os copos* markolatig döfte belé a kardját **6.** *szól: ~ a cara em, argó* betolja a képét vhova; *~ a colherada* v *o bedelho* beleszól, közbeszól; *~ os dedos pelos olhos* félrevezet, becsap; *~ dente em* ért vmihez, megért vmit; *~ o filho na medicina* fiát orvosnak szánja; *~ a mão em* **a)** kezébe vesz, megragad vmit **b)** kordában tart vkit **c)** rátámad vkire; *~ a caminho* helyes irányba terel; *~ das gordas a* elhiteti vkivel; *~ dentro* **a)** bezár, lecsuk **b)** bedönt (kaput); *~ dentro o navio* a hajót beviszi a kikötőbe; *~ de posse* hivatalába v birtokába helyez; *~ em boa* belerránt a bajba; *~ na cabeça* **a)** fejébe vesz

b) könyv nélkül megtanul; *meta isso na cabeça!* jól jegyezze ezt meg magának! ~ *no coração* szívébe zár, megszeret; ~ *num chinelo* **a)** felülkerekedik vkin T **b)** túljár az eszén; zavarba hoz; **II.** *tl* **1.** *haj* bemerül a vízbe **2.** ~ *por* végigmegy vmin **III.** ~*-se* **1.** bezárkózik, megbújik vhol (*em*); ~*-se consigo* (*mesmo*) magába zárkózik, csak a maga dolgával törődik **2.** ~*-se em* elmegy vhova, megszáll vhol; ~*-se para dentro* bemegy **3.** torkollik (folyó) **4.** ~*-se a* feltolja *v* kiadja magát vmilyennek; ~*-se a sábio* adja a nagy tudóst; ~*-se à cara* mutogatja magát, felhívja magára a figyelmet **5.** ~*-se com* beleköt vkibe **6.** *szól:* ~*-se a médico* orvosnak megy; ~*-se em cabeça* fejébe veszi; *meteu-se na cama* ágyba bújt, lefeküdt; ~*-se no assunto até a ponta dos cabelos* nyakig benne van a dologban; ~*-se no meio* közbeveti magát; közvetít; ~*-se pela fruta* a gyümölcsre veti magát, sok gyümölcsöt eszik; *não saber onde se* ~ nem tud hova lenni (szégyenében); *em boa me meti eu!* szép kis bajba jutottam!

meticulosidade [mitikuluzidàd] *f* **1.** aggályoskodás **2.** aprólékos pontosság, pedánsság **3.** félénkség

meticuloso [mitikulozu] *mn* **1.** aggályoskodó **2.** aprólékosan pontos, pedáns **3.** félénk

metido [mitidu] **I.** *mmi* → **meter II.** *mn* **1.** tolakodó, kíváncsiskodó **2.** ~ *com* vkivel szoros barátságban levő **3.** ~ *consigo* zárkózott, magába mélyedt **4.** ~ *em* jártas; érdekelt vmiben

metódico [mitòdiku] *mn* módszeres, tervszerű

método [mètudu] *m* **1.** módszer, eljárás **2.** *átv* tervszerűség

metragem [mitràzsö^{n}j] *f* hosszúság méterekben; *um filme de curta* ~ rövidfilm *um filme de longa* ~ játékfilm

metralha [mitràljö] *f* **1.** *kat rég* kartács **2.** *átv* golyózápor

metralhador [mitröljödor] *m* géppuskás katona

metralhadora [mitröljödorö] *f* gépfegyver

metralhar [mitröljàr] *1/12 ts* gépfegyvertűz alá vesz

métrica [mètrikö] *f* verstan

métrico [mètriku] *mn* méter-; *sistema* ~ méterrendszer

metro [mètru] *m* **1.** méter; ~ *corrido* folyóméter; ~ *quadrado* négyzetméter **4.** versmérték

metrô [métro] *m* metró, földalatti

metrópole [mitròpul] *f* **1.** főváros; székváros **2.** nagyváros **3.** anyaország **2.** *ker* gócpont

metropolitano [mitrupulitönu] **I.** *mn* **1.** nagyvárosi, székvárosi **2.** anyaországi **3.** *vall* érseki **II.** *fn, m* **1.** érsek **2.** metró, földalatti

meu *m*, **minha** *f* [méu, minyö] **I.** *névm, mn* az én . . . m, az enyém; ~ *livro* a könyvem; *este livro é meu* ez az én könyvem, ez a könyv az enyém; *um amigo* ~ egyik barátom; *a minha mesa* az (én) asztalom; *a* ~ *ver* ahogy én látom, az én véleményem szerint **II.** *fn pl: os meus* az enyéimek, a családom

mexediço [misidiszu] *mn* izgő-mozgó, eleven, nyugtalan

mexer [misér] *2/7* **I.** *ts* **1.** mozgat, ráz; lóbál, himbál; ~ *a cauda* farkát csóválja **2.** kever, kavar; ~ *os ovos* tojást habar; *está mexendo com seus nervos* idegeire megy **3.** *átv* összekever; hozzányúl; *não se mexe!* hozzányúlni tilos! **4.** ~ *com* foglalkozik vmivel **II.** *tl*, **III.** ~*-se* mozog, elmozdul, megmozdul; *mexa-se!* gyerünk, mozgás!

mexerica [mésérikö] *f növ* mandarin

mexericar [misirikàr] *1/2 ts, tl* rágalmaz; pletykál

mexerico [misiriku] *m* rágalom; pletyka

mexeriqueiro [misirikéjru] *fn* rágalmazó, intrikus; pletykafészek

mexicano [misikönu] *mn* és *fn* mexikói

México [mèsiku] *m* Mexikó

mexida [misidö] *f* **1.** zűrzavar **2.** egyenetlenség; veszekedés

mexilhão [misiljö^{n}u] *m* ehető kagyló

mezena [mizénö] *f haj* előárboc; tatvitorla

mezinha [mizinyö] *f* **1.** *orv* beöntés **2.** házi orvosság

mezinhar [mizinyàr] *1/1 ts* **1.** *orv* beöntést ad **2.** házilag gyógyít

MFA = *Movimento das Forças Armadas* Fegyveres Erők Mozgalma

mg., mg = *miligrama* miligramm

Mgr. = *Monsenhor*

mi [mi] *m zene* 1. e-hang, e-hangjegy 2. e-húr
miada [mjàdö] *f* nyávogás
miar [mjàr] *1/7 tl* nyávog
mica [mikö] *f ásv* csillám
micáceo [mikàszju] *mn* csillámos; csillámszerű
micção [mikszö^{n}u] *f* vizelés
micróbio [mikròbju] *m* mikroba
microfone [mikròfòn] *m* mikrofon
microscópico [mikruskòpiku] *mn* mikroszkopikus
microscópio [mikruskòpju] *m* mikroszkóp
mictório [miktòrju] *m* vizelde
migalha [migàljö] *f* 1. morzsa 2. morzsányi, kevéske; *às ~s* apránként; *reparar em ~s* kicsinyeskedik; *ele não tem ~ de juízo* csepp esze sincs 3. *~s* ételmaradék
migalhar [migöljàr] *1/12 ts* szétmorzsol
migalhice [migöljisz] *f* csekélység, semmiség
migração [migröszö^{n}u] *f* vándorlás
migratório [migrötòrju] *mn* vándor-, vándorló
Miguel [migèl] *m* Mihály
Miguel Ângelo [migèlö^{n}zsilu] *m* Michelangelo
mijadeiro [mizsödéjru] *m köz* vizelde
mijar [mizsàr] *1/1 tl köz* pisál
mijo [mizsu] *m köz* húgy, pisi
mil. = *milha*
mil [mil] *szn* ezer
milagre [milàgr] *m* csoda; *fazer* v *operar ~s* csodákat művel; *olha o ~!* ez is valami?
milagreiro [milögréjru] *mn* és *fn* 1. csodában hívő 2. csodatevő
milagroso [milögrozu] *mn* 1. csodatevő 2. csodálatos, csodás
milanês *m*, **milanesa** *f* [milönés, -ézö] *mn* és *fn* milánói
Milão [milö^{n}u] *m* Milánó
milavo [milàvu] *m* ezredrész
míldio [milgyu] *m* penész, ragya (növényen)
milefólio [milifòlju] *m növ* cickafark
mil-em-rama [mile^{n}rrömö] *f* = **milefólio**
milenário [milinàrju] I. *mn* 1. ezres 2. ezeréves II. *fn, m* ezer év, évezred
milénio [milènyu] *m* ezer év, évezred
milésimo [milèzimu] I. *szn* ezredik II. *fn, m* ezredrész
milha [miljö] *f* 1. mérföld; *~ marítima* tengeri mérföld
milhafre, milhano [miljàfr, -jönu] *m áll* kánya
milhão [miljö^{n}u] *m* I. millió II. nagyszemű kukorica
milhar [miljàr] *m* ezer; *~es de vezes* ezerszer
milharal, milheiral [miljöràl, miljéjràl] *m* kukoricaföld
milheiro [miljéjru] *m* I. ezer II. *növ* kukorica, tengeri
milho [milju] *m* 1. kukorica, tengeri; *~ miúdo* köles 2. *biz* pénz; *dinheiro como ~* tengersok pénz
miliar [miljàr] I. *mn* kölesszerű II. *fn, f* (*febre*) *~* köleshimlő
miliário [miljàrju] *mn* 1. *marco ~, pedra ~a* mérföldkő 2. *átv* döntő, korszakalkotó 3. = **miliar**
milícia [miliszjö] *f* 1. katonaság; hadsereg 2. katonai alakulat; harccsoport; *~ celeste* mennyei seregek, angyalok 3. *~s* tartalékcsapatok
miliciano [miliszjönu] I. *mn* milíciabeli II. *fn, m* tartalékos
miligrama [miligràmö] *m* milligramm
milimétrico [milimètriku] *mn* milliméteres
milímetro [milimitru] *m* milliméter
milionário [miljunàrju] *mn* és *fn* milliomos
milionésimo [miljunèzimu] I. *szn* milliomodik II. *fn, m* milliomodrész
militança [militö^{n}szö] *f* 1. katonáskodás 2. katonaság
militante [militö^{n}nt] I. *mn* harcoló, küzdő II. *fn, m* 1. harcos 2. aktivista; *os ~s* aktíva
militar[1] [militàr] I. *mn* katonai II. *fn, m* katona
militar[2] [militàr] *1/1 tl* 1. katonáskodik 2. harcol, küzd; *~ por, ~ em favor de* síkra száll vkiért *v* vmiért
militarismo [militörizsmu] *m* militarizmus
militarista [militöristö] *mn* és *fn* militarista
militarizar [militörizàr] *1/1 ts* militarizál
mil-réis [milrèjs] *m* régi portugál és brazil pénzegység (ma: *escudo*, ill. *cruzeiro*)
mim [mi^{n}] *névm*: *a ~* nekem, hozzám; *de ~* tőlem, rólam; *para ~* számomra;

por ~, quanto a ~ részemről, ami engem illet; *cá por ~* kérem! tőlem, felőlem; *pobre de ~!* ó én szerencsétlen! jaj nekem! *por amor de ~* az én kedvemért, miattam; *precisa de ~?* szüksége van rám? *que será de ~?* mi lesz velem?

mimalho [mimàlju] *mn* elkényeztetett; kényeskedő

mimar [mimàr] *1/1 ts* **I.** elkényeztet **II.** mímel; némajátékkal kifejez

mimeografar [miméogràfàr] *1/1 ts* **B** sokszorosít

mimeógrafo [miméògràfu] *m* **B** sokszorosítógép

mimetismo [mimitizsmu] *m* mimikri; alkalmazkodás a környezethez

mímica [mimikö] *f* mimika; arcjáték; némajáték

mimo [mimu] *m* **I.** *szính rég* **1.** mimus, népi bohózat **2.** pantomimot előadó színész **II. 1.** becézés, cirógatás; *dar ~ a* (túlságosan) elkényeztet vkit; *ter ~* el van kényeztetve **2.** gyengédség, finomság **3.** ajándék; figyelmesség **4.** gyönyörűség; *que ~!* milyen szép! milyen kedves!

mimosa [mimòzö] *f növ* mimóza

mimosear [mimuzjàr] *1/5 ts* **1.** kényeztet **2.** megajándékoz

mimoso [mimozu] **I.** *mn* **1.** elkényeztetett, kényeskedő **2.** gyengéd, finom; érzékeny; *palavras ~as* gyengéd szavak **II.** *fn* kedvenc; *~ da fortuna* sors kegyeltje

min. = *minuto*(s)

mina [minö] *f* **1.** bánya; *~ de carvão* szénbánya **2.** ércér, telér **3.** akna (*kat* is) **4.** *átv* kincsesbánya **5.** *~s* bányászat; *escola de ~s* bányásziskola

minar [minàr] *1/1* **I.** *ts* **1.** aknát *v* járatot váj **2.** aláaknáz **3.** tönkretesz, elpusztít **4.** *átv* aláás **II.** *tl* **1.** terjed **2.** fakad, bugyog

minarete [minörét] *m* minaret

mindinho [mi^{n}ndinyu] *m* kisujj

mineira [minéjrö] *f* (érc)bánya

mineiro [minéjru] **I.** *mn* bánya-, bányászati; *indústria ~a* bányászat, bányaipar **II.** *fn, m* bányász

mineração [minirösző^{n}u] *f* feltárás, kiaknázás, kitermelés; *~ a céu aberto* külszíni fejtés

mineral [miniràl] **I.** *mn* ásványi; *água ~* ásványvíz **II.** *fn, m* ásvány

mineralizar [minirölizàr] *1/1 ts* érccé változtat

mineralogia [miniröluzsiö] *f* ásványtan

mineralógico [minirölòzsiku] *mn* ásványtani

mineralogista [miniröluzsistö] *fn* ásványtan tudósa

minério [minèrju] *m* érc; *~ de ferro* vasérc

minga [mi^{n}ngö] *f biz* **1.** = **míngua 2.** *isso não faz ~* ez nem jelent semmit, ez nem fontos

míngua [mi^{n}ngvö] *f* **1.** hiány; nélkülözés; *à ~ de melhor* jobb hiányában; *morrer à ~* éhen hal; *viver na ~* nyomorban él **2.** csökkenés; veszteség; *~ de sangue* vérveszteség

minguado [mi^{n}ngvàdu] *mn* **1.** elégtelen, szűkös **2.** fejletlen, csenevész **3.** gyér, szegényes

minguante [mi^{n}ngvö^{n}nt] **I.** *mn* csökkenő, fogyó; *lua v quarto ~* fogyó hold **II.** *fn, m* **1.** hold utolsó negyede **2.** *átv* hanyatlás

minguar [mi^{n}ngvàr] *1/9 b* **I.** *ts* csökkent, kisebbít (*átv* is) **II.** *tl* **1.** csökken, fogy **2.** hiányzik, nem elegendő

minha [minyö] → **meu**

minhoca [minyòkö] *f* **1.** giliszta **2.** *~s* babona, előítélet; hóbort

miniatura [minyöturö] *f* miniatűr

miniaturista [minyöturistö] *fn* miniatűrfestő

minifúndio [minifungyu] *m* kisbirtok

mínima [minimö] *f zene* félhangjegy

minimizar [minimizàr] *1/1 ts* **1.** minimál, csökkent **2.** lekicsinyel

mínimo [minimu] **I.** *mn* **1.** legkisebb, legalacsonyabb **2.** minimális, csekély **II.** *fn, m* **1.** minimum; *no ~* legalább **2.** kisujj

mínio [minyu] *m* vörös ólomoxid; mínium (festék)

minissaia [miniszàjö] *f* **1.** miniszoknya **2. B** kis üveg sör

ministerial [ministirjàl] *mn* minisztériumi; miniszteri

ministério [ministèrju] *m* **1.** hivatal; szolgálat **2.** minisztérium; *~ de agricultura* mezőgazdasági minisztérium; *~ das comunicações* távközlési minisztérium; *~ da educação e cultura* művelődésügyi minisztérium; *~ das finanças*, **B** *~ da fazenda* pénzügyminisztérium; ~ *da indústria e comércio* ipar-ügyi és kereskedelmi minisztérium; ~ *do interior* belügyminisztérium; ~ *da justiça* igazságügyminisztérium; ~ *dos negócios estrangeiros;* B ~ *das relações exteriores* külügyminisztérium; ~ *da previdência e assistência social* társadalombiztositási minisztérium; ~ *da saúde* egészségügyi minisztérium; ~ *do trabalho* munkaügyi minisztérium; ~ *dos transportes* közlekedésügyi minisztérium **3.** kormány **4.** ~ *público* államügyészség

ministrante [ministrö^{n}nt] *m* **1.** kisegítő **2.** *vall* ministráns

ministrar [ministràr] *1/1* **I.** *ts* ad, nyújt, szolgáltat **II.** *tl* **1.** ellátja a miniszteri teendőket **2.** *átv* ihlet, sugalmaz

ministro [ministru] *m* **1.** miniszter; ~ *interino* államtitkár; *primeiro* ~ miniszterelnök **2.** (köz)tisztviselő **3.** követ; ~ *plenipotenciário* meghatalmazott miniszter **4.** lelkész

Min.º = *Ministro*

minorar [minuràr] *1/15 ts* csökkent; enyhít

minorativo [minurötivu] **I.** *mn* csökkentő; enyhítő **II.** *fn, m* hashajtó szer

minoria [minuriö] *f* kisebbség

minúcia [minuszjö] *f* apróság, csekélység

minucioso [minuszjozu] *mn* **1.** aprólékos, lelkiismeretes **2.** kicsinyes

minuete [minuét] *m* menüett

minúscula [minuskulö] *f* (*letra*) ~ kisbetű

minúsculo [minuskulu] *mn* pici, jelentéktelen

minuta [minutö] *f* **I.** fogalmazvány **II.** **B** frissen készült étel

minutar [minutàr] *1/1 ts* (meg)fogalmaz

minuto [minutu] **I.** *m* perc **II.** *mn* = **diminuto**

mio [miu] *m* nyávogás

miocárdio [mjukàrgyu] *m* szívizom

miocardite [mjukördit] *f* szívizomgyulladás

mioleira [mjuléjrö] *f* (agy)velő

miolo [mjolu] *m* **1.** kenyérbél, dióbél; ~ *dos ossos* csontvelő **2.** *átv* vminek a magva, veleje; *entrar no* ~ *da questão* rátér a dolog lényegére **3.** értelem; ész; *cabeça sem* ~ üres fej; *de* ~ *mole* agyalágyult; *dar no* ~ eszébe jut **4.** ~*s* agy, agyvelő; *fazer saltar os* ~*s* főbe lövi magát

mioma [mjomö] *m orv* izomdaganat

míope [miup] *mn* és *fn* rövidlátó (*átv* is)

miopia [miupiö] *f* rövidlátás (*átv* is)

miosotis [mjòzòtis] *m növ* nefelejcs

mira [mirö] *f* **1.** célgömb; *estar à* ~ lesben áll (vadász); *pôr a* ~ *em* célba vesz vmit, céloz vmire (*átv* is) **2.** (geodéziai) mérőléc **3.** *átv* cél, szándék; *ter a* ~ *em* szándékában áll

mirabolante [miröbulö^{n}nt] *mn* rikító; feltűnést keltő

miraculoso [mirökulozu] *mn* = **milagroso**

miradoiro, miradouro [mirödojru, -doru] *m* kilátótorony

miragem [miràzsö^{n}j] *f* **1.** délibáb **2.** *átv* káprázat

miramar [mirömàr] *m* tengerre néző kilátó

mirante [mirö^{n}nt] *m* belvedere, kilátó

mirar [miràr] *1/1* **I.** *ts* **1.** néz, szemlél, megfigyel **2.** meglát, megpillant **II.** *tl* céloz, célba vesz vmit **T III.** ~**-se** megnézi *v* nézegeti magát a tükörben

miríade [miriöd] *f* **1.** miriád, tízezer **2.** megszámlálhatatlanul sok

miriare [miriàr] *m* egy négyzetkilométer

mirim [miri^{n}] *mn* **B** pici

mirone [miron] *m biz* néző; bámészkodó

mironga [miro^{n}ngö] *f nép* **B** perpatvar, veszekedés

mirra [mirrö] **I.** *f növ* mirha; illatos gyanta **II.** *m* **1.** vézna ember **2.** zsugori

mirrar [mirràr] *1/1* **I.** *ts* **1.** (ki)szárít, aszal **2.** elsorvaszt **II.** *tl*, **III.** ~**-se** **1.** kiszárad **2.** sorvad; lesoványodik

mirtedo [mirtédu] *m* mirtuszliget

mirto [mirtu] *m* mirtusz

misantropia [mizö^{n}ntrupiö] *f* embergyűlölet, emberkerülés

misantropo [mizö^{n}ntropu] *m* embergyűlölő, emberkerülő

miscelânea [mis-szilönyö] f **1.** vegyes cikkek *v* művek **2.** *átv* keverék, egyveleg

miserando [mizirö^{n}ndu] *mn* szánalomra méltó

miserável [miziràvèl] *mn* **1.** szánalomra méltó, szerencsétlen **2.** aljas, nyomorult **3.** gonosz, kegyetlen **4.** zsugori **5.** nyomorúságos; szegény(es)

miséria [mizèrjö] *f* **1.** nyomor, ínség; *cair na* ~, *ficar reduzido à* ~ nyo-

morba jut 2. kicsinyesség, zsugoriság 3. csekélység, semmiség
misericórdia [mizirikòrgyö] *f* 1. szánalom 2. irgalom, könyörület
misericordioso [mizirikurgyozu] *mn* irgalmas, könyörületes
mísero [miziru] *mn* = **miserável**
misérrimo [mizèrrimu] *mn* → **mísero** (felsőfoka)
missa [miszö] *f vall* 1. mise; ~ *baixa* v *calada* v *rezada* csendes mise; ~ *de réquiem* gyászmise; *celebrar* v *dizer* ~ misézik, misét mond 2. *szól: não sabe da* ~ *a metade* rossz értesülései vannak; *vá à* ~! takarodjál! tűnj el!
missal [miszàl] *m vall* misekönyv,
missanga [miszö^{n}ngö] *f* 1. üveggyöngy 2. *nyomd* gyöngybetű 3. csecsebecse
missão [miszö^{n}u] *f* 1. küldetés; megbízás, feladat 2. *vall* misszió, oktatás; térítés
missil, míssil [miszil, miszil] *m csill, kat* rakéta
missionar [miszjunàr] *1/15 ts, tl vall* térít
missionário [miszjunàrju] *m* hittérítő
missiva [miszivö] *f* levél; írásos üzenet
mistela [mistèlö] *f* 1. kotyvalék, lötty 2. zagyvaság
mister [mistèr] *m* 1. foglalkozás, mesterség; ~ *de advogado* ügyvédi hivatás 2. feladat, munka 3. cél, szándék 4. kényszerűség; szükség; *é* ~ szükséges, kell; *não se faz* ~ nem kell, nem szükséges; *quando for* v *seja* ~ szükség esetén
mistério [mistèrju] *m* 1. titok, rejtély 2. misztérium, hittitok
misterioso [mistirjozu] *mn* rejtélyes, titkos
mística [mistikö] *f* misztika, miszticizmus
místico [mistiku] I. *mn* rejtélyes, titokzatos II. *fn* a misztika híve
mistificação [mistifiköszö^{n}u] *f* ködösítés, megtévesztés
mistificar [mistifikàr] *1/2 ts, tl* ködösít, megtéveszt
mistifório [mistifòrju] *m* zagyvaság; összevisszaság
misto [mistu] I. *mn* kevert; vegyes; *bebida* ~*a* kevert ital; *comboio* ~ vegyesvonat; *comissão* ~*a* vegyes bizottság II. *fn, m* keverék
mistura [misturö] *f* 1. mixtúra, gyógyszerkeverék 2. keverék
misturada [misturàdö] *f* 1. keverék 2. kevert ital
misturar [misturàr] *1/1* I. *ts* 1. összekever 2. *él* keresztez II. ~-**se** 1. beleavatkozik 2. összekeveredik
mísula [mizulö] *f ép* párkány
mitene [mitèn] *f* ujjatlan női félkesztyű
mítico [mitiku] *mn* mitikus; mesés, legendás
mitigar [mitigàr] *1/4* I. *ts* enyhít, csillapít (*átv* is); ~ *a sede* szomjúságát csillapítja II. ~-**se** enyhül, csillapodik
mito [mitu] *m* mítosz, hitrege
mitologia [mituluzsiö] *f* mitológia
mitológico [mitulòzsiku] *mn* mitológiai
mitra [mitrö] *f* 1. mitra; püspöksüveg 2. madárbóbita
miuçalha [mjuszàljö] *f* 1. darabka, részecske 2. B = **miudagem**
miudagem [mjudàzsö^{n}j] *f* 1. apróság, csecsebecse 2. gyerekhad
miudear [mjudjàr] *1/5 ts* részletesen elmond
miudeza [mjudézö] *f* 1. kicsiség, kis méret 2. aprólékosság 3. kicsinyesség; szűkkeblűség 4. ~*s* a) csekélység, apróság, csecsebecse b) B divatáru, rövidáru c) *konyh* aprólék; ~*s de galinha* csirkeaprólék
miúdo [mjudu] I. *mn* 1. kicsi; apró; *venda por* ~ eladás kicsinyben 2. gondos, lelkiismeretes, aprólékos; *por* ~ aprólékosan, részletesen 3. kicsinyes, szűkmarkú 4. gyakori; *visitas* ~*as* gyakori v sűrű látogatások; *a* ~ gyakran II. *fn* 1. kicsike, kisfiú; *-a* kislány 2. ~*s* a) aprópénz b) *konyh* belsőségek, aprólék
mixórdia [misòrgyö] *f* 1. keverék; lötty 2. összevisszaság, zagyvaság
ml., ml = *mililitro*
mm., mm = *milímetro* milliméter
mnemónica [mnèmònikö] *f* mnemonika, emlékezettan
mnemotecnia [mnèmòtèkniö] *f* mnemotechnika
M.º = *Maio*
mo [mu] = **me** + **o** nekem azt
mó [mò] *f* I. malomkő; köszörűkő II. halom; tömeg; ~ *de gente* embertömeg
moagem [muàzsö^{n}j] *f* 1. őrlés 2. őrlemény
móbil [mòbil] I. *mn* mozgó; mozgatható

II. *fn, m* 1. motor, hajtómű 2. *átv* indítóok
mobilar [mubilàr] *1/1 ts* berendez
mobília [mubiljö] *f* bútorok, bútorzat; berendezés
mobiliar [mobiljàr] *1/1 ts* **B** = **mobilar**
mobiliária [mobiljàrjà] *f* **B** bútorüzlet
mobiliário [mubiljàrju] **I.** *mn* ingó (vagyon) **II.** *fn, m* **1.** berendezés, bútorzat **2.** ingóságok
mobilidade [mubilidàd] *f* **1.** mozgékonyság **2.** *átv* állhatatlanság
mobilização [mubilizösz$ö^n$u] *f* **1.** *kat* mozgósítás; ~ *geral* általános mozgósítás **2.** pénz forgalomba hozása
mobilizar [mubilizàr] *1/1 ts* **1.** *kat* mozgósít **2.** pénzt forgalomba hoz
mobilizável [mubilizàvèl] *mn* mozgósítható
moca [mòkö] *f* **I.** mokka, feketekávé **II.** furkósbot **III. B 1.** tréfa; gúny **2.** hazugság
moça [mosző] *f* **1.** leány **2.** szolgáló; (gazdasági) cseléd
moçada [muszàdö] *f* fiatalság, fiúk és lányok társasága
moçambicano [musz$ö^n$mbikönu] *mn* és *fn* mozambiki
Moçambique [musz$ö^n$mbik] *f* Mozambik
mocambo [mokömbu] *m* **B 1.** kunyhó **2.** karám
moção [musz$ö^n$u] *f* **1.** mozgás **2.** megrázkódtatás **3.** indítvány, javaslat
moçetão [muszit$ö^n$u] *m* markos legény
mocetona [muszitonö] *f* stramm lány
mochar [musàr] *1/15 ts* megcsonkít
mochila [musilö] *f* hátizsák
mocho [mosu] **I.** *mn* **1.** szarvatlan **2.** megcsonkított, csonka **3.** *árvore ~a* megnyesett fa **II.** *fn, m* **1.** bagoly **2.** emberkerülő **3.** támla nélküli pad
mocidade [muszidàd] *f* fiatalság
moço [moszu] **I.** *mn* fiatal **II.** *fn, m* **1.** legény; fiatalember; ~ *solteiro* legényember **2.** kiszolgáló; pincér; ~ *da cozinha* kukta; ~ *de mulas* öszvérhajcsár; ~ *de navio* hajóinas
moçoila [muszojlö] *f* stramm lány
moda [mòdö] *f* **1.** divat; ~ *masculina* férfidivat(üzlet); *à última ~* a legújabb divat szerint; *entrar em ~* divatba jön; *estar na ~* divatos; *estar fora de ~* nem divatos, divatjamúlt; *já não é ~* már nem divat; *passar de ~* kimegy a divatból; *pôr à ~* átalakít (ruhát); *trajar à ~* divatosan öltözködik **2.** ízlés, mód, szokás; *à ~ de* vkinek ízlése *v* szokása szerint; *à sua ~* a maga módján, kénye-kedve szerint **3.** (divatos) slágerdal **4.** *~s* divatáru; *casa v estabelecimento de ~s* divatáruház
modal [mudàl] *mn* **1.** módbeli **2.** *nyelvt* módhatározói **3.** *zene* modális, a hangnemet meghatározó
modalidade [mudölidàd] *f* **1.** modalitás, módozat, körülmény **2.** kifejezésmód **3.** fajta, féleség
modelar[1] [mudilàr] *mn* mintaszerű
modelar[2] [mudilàr] *1/13* **I.** *ts* **1.** mintáz, alakít **2.** *a roupa modela-lhe as formas* a ruha szorosan rásimul az alakjára **3.** kitervel, kigondol **II.** *~-se por* mintául vesz vkit *v* vmit
modelo [mudélu] *m* **1.** modell, minta **2.** *átv* mintakép, eszmény **3.** *műv* modell (személy) **4.** maneken
moderação [mudirösz$ö^n$u] *f* **1.** mérséklet **2.** mérséklés, csökkentés
moderado [mudiràdu] *mn* mértéktartó; mérsékelt
moderar [mudiràr] *1/13* **I.** *ts* mérsékel, csökkent; enyhít **II.** *~-se* **1.** mérséklődik, csökken **2.** türtőzteti magát
moderativo [mudirötivu] *mn* mérséklő
modernamente [mudèrnöme^{n}nt] *hat* újabban, mostanában
modernice [mudirnisz] *f* modernség, újszerűségre törekvés
modernizar [mudirnizàr] *1/1 ts* újszerűen átalakít
moderno [mudèrnu] *mn* modern, korszerű, mai
modéstia [mudèstyö] *f* szerénység
modesto [mudèstu] *mn* szerény
modicar [mudikàr] *1/2 ts* mérsékel
modicidade [mudiszidàd] *f* **1.** mérséklet **2.** ~ *do preço* alacsony ár
módico [mòdiku] *mn* **1.** mérsékelt, szerény **2.** olcsó
modificação [mudifikösz$ö^n$u] *f* **1.** módosítás, változtatás **2.** módosulás, változás
modificar [mudifikàr] *1/2* **I.** *ts* módosít, változtat **II.** *~-se* módosul, változik
modificativo [mudifikötivu] *mn* módosító; *verbo ~* módbeli segédige
modinha [mòdinyö] *f* dalocska; slágerdal

modista[1] [mudistö] *f* szabónő
modista[2] [mòdistö] *fn* **B** sanzonénekes(nő)
modo [mòdu] *m* **1.** mód; ~ *de escrever* stílus, írásmód; ~ *de produção* termelési mód; ~ *de ser* viselkedés, fellépés; ~ *de trajar* öltözködés; ~ *de vida* életmód; foglalkozás; *a* ~ **a)** módjával, szép lassan **b)** okosan, bölcsen; *ao* ~ *de* vkinek *v* vminek módjára; *a seu* ~ a maga módja szerint; *de* ~ *a* avégből *v* azért, hogy; *de* ~ *que, por* ~ *que* úgy, hogy; *de certo* ~ bizonyos fokig; *de outro* ~ másképpen, különben; *de qualquer* ~ valamiképpen, bárhogyan; *de um* ~ *ou de outro* vagy így, vagy úgy; *deste* ~, *por este* ~ ilyen módon; *do* v *pelo* ~ *seguinte* következőképpen; *veste-se ao* ~ *antigo* régimódra öltözködik **2.** lehetőség; *não houve* ~ *de* nem volt lehetőség arra, hogy **3.** mérséklet **4.** jó modor, udvariasság; eljárás, viselkedés; *com* ~*s* udvariasan, illedelmesen; *com mau* ~ udvariatlanul, gorombán; *não tem* ~*s* nem volt gyerekszobája; *tenha* ~*s!* viselkedjék rendesen! **5.** *nyelvt* igemód; ~ *imperativo* felszólító mód **6.** *zene* hangnem; ~ *maior* dúr hangnem; ~ *menor* moll hangnem
modorra [mudorrö] *f* **1.** álmosság, kábultság, ólmos fáradság **2.** apátia, egykedvűség **3.** kergekór
modorrento [mudurre^{n}ntu] *mn* **1.** álmos, kábult, bódult **2.** egykedvű, közömbös
modulação [mudulöszöou] *f* **1.** moduláció, átmenet **2.** *nyelvt* hangváltozás
modular [mudulàr] *1/1 tl zene* modulál, hangnemet *v* hanglejtést változtat
módulo[1] [mòdulu] *mn* dallamos
módulo[2] [mòdulu] *m* **1.** *ép* modulus **2.** *mat* arányszám, mértékszám
moeda [muèdö] *f* **1.** (érc)pénz; ~ *corrente* forgalomban levő pénz; ~ *sonante* ércpénz; *casa da* ~ pénzverde; *pagar na mesma* ~ hasonlóval viszonoz; *papel* ~ papírpénz; *bater* v *cunhar* ~ pénzt ver; **2.** valuta; ~*-ouro* aranyvaluta; ~ *forte* kemény valuta
moedeira [muidéjrö] *f* **1.** fárasztó munka **2.** fáradtság, kimerültség
moedeiro [muidéjru] *m* **1.** aprópénzerszény **2.** ~ *falso* pénzhamisító
moedela [muidèlö] *f* verés, elpáholás
moedor [muidor] *m* **1.** daráló; ~ *de carne* húsdaráló **2.** kellemetlen alak
moedura [muidurö] *f* darálás, őrlés
moela [muèlö] *f* zúza, madárgyomor
moenda [mue^{n}ndö] *f* **1.** malom, malomkő **2.** őrlemény
moer [muér] *2/5* **I.** *ts* **1.** őröl; ~ *café* kávét őröl **2.** sajtol, kiprésel **3.** elméjében forgat, fontolgat **4.** *átv* kimerít, felőröl; ~ *a paciência* próbára teszi a türelmét **5.** zavar, idegesít **6.** ~ *com pancadas* alaposan elver **II.** ~*-se* **1.** agyonfárad, kimerül **2.** gyötrődik
mofa [mòfö] *f* csúfolódás, gúnyolódás; *fazer* ~ *de* gúnyt űz vkiből *v* vmiből
mofado [mufàdu] *mn* penészes
mofar[1] [mufàr] *1/12* **I.** *ts* penésszel bevon *v* fed **II.** *tl* penészedik (*átv* is)
mofar[2] [mufàr] *1/15 tl* gúnyolódik, csúfolódik
mofatra [mufàtrö] *f* **1.** durva tréfa **2.** gazság
mofento [mufe^{n}ntu] *mn* **1.** penészes **2.** *átv* végzetes
mofina [mufinö] *f* **1.** baj, szerencsétlenség **2.** szerencsétlen nő **3.** zsugori nő **4.** zsugoriság **5. B** gúnyirat
mofino [mufinu] *mn* **1.** szerencsétlen, nyomorult **2.** zsugori **3.** alkalmatlan; kellemetlen **4.** csekély, kicsi; szűk **5. B** gyáva **II.** *fn, m* szerencsétlen alak
mofo [mofu] *m* **1.** penész; *cheirar a* ~ penészszagú; *criar* ~ penészedik **2.** *a* ~, *de* ~ ingyen, potyán
mofoso [mufozu] *mn* = **mofento**
mogno [mògnu] *m* mahagóni
Mogúncia [mugu^{n}szjö] *f* Mainz
moído [muidu] *mn* **1.** őrölt **2.** felőrlődött, kimerült **3.** romlott (hal, hús)
moinha [muinyö] *f* rostaalja
moinho [muinyu] *m* **1.** malom; ~ *de água* vízimalom; ~ *de café* kávéőrlő; ~ *de vento* szélmalom **2.** *szól: levar a água ao seu* ~ a maga malmára hajtja a vizet; *közm : com águas passadas não moem* ~*s* a múltat nem lehet visszahozni
moiraria [mojröriö] *f tört* mórnegyed
moirejar [mojrizsàr] *1/14 tl* agyondolgozza magát, robotol
moiro [mojru] *mn* és *fn* mór
Moisés [mojzès] *m* Mózes
moita [mojtö] **I.** *f* bozót, erdő sűrűje;

bater ~ felveri a vadat; **B**: *na* ~ **a)** lesben **b)** csendben **c)** titokban; *não vejo* ~ *donde lobo saia* nem látok okot az aggodalomra **II.** *isz:* ~*!* pszt! egy szót se!

moitão [mojtö^{n}u] *m müsz* csiga, csigasor

moitar [mojtàr] *1/1 tl* **B** szót sem szól, hallgat

mola [mòlö] *f* **1.** *müsz* rugó; *kat:* ~ *real* ütőszeg rúgója; *a* ~ *do relógio* óra rúgója; *ter boas* ~*s* jó rugózása van **2.** *átv* indítóok **3.** *ter pancada na* ~ bogaras, hóbortos

molambo [molö^{n}mbu] *m* **B 1.** rongy, cafat **2.** gyenge akaratú ember

molar [mulàr] **I.** *mn* **1.** puha, lágy **2.** hiszékeny **II.** *fn, m:* (*dente*) ~ zápfog

moldação [moldöszö^{n}u] *f* (öntödei) öntés, formázás

moldado [moldàdu] *m ép* stukkódíszítés

moldador [moldödor] *m* öntőmunkás; formázó

moldagem [moldàzsö^{n}j] *f* öntés, mintázás, formázás

moldar [moldàr] *1/1* **I.** *ts* **1.** (formába) önt **2.** *átv* alakít, formál **II.** ~**-se** *a* **1.** alkalmazkodik vmihez **2.** ~*-se por* példaképül vesz vkit *v* vmit

moldávio [moldàvju] *mn* és *fn* moldvai

molde [mòld] *m* **1.** öntőforma, minta **2.** szabásminta **3.** sütőforma **4.** *átv* mintakép **5.** *ir de* ~ *a* pompásan illik vkihez *v* vmihez („mintha ráöntötték volna"); *vir de* ~ éppen jókor, kapóra jön

moldura [moldurö] *f* **1.** képkeret **2.** *ép* stukkódíszítés

mole [mòli] **I.** *mn* **1.** puha, lágy **2.** *átv* gyenge, erőtlen **3.** lomha, lusta **II.** *fn, f* tömeg; massza

molecada [mulikàdö] *f* **B** gyerekhad

molecagem [mulikàzsö^{n}j] *f* **1.** gyerekcsíny **2.** = *molecada*

molécula [mulèkulö] *f vegy* molekula

moleiro [muléjru] *m* molnár

molenga [mule^{n}ngö] **I.** *mn* elpuhult; lomha **II.** *fn* puhány

moleque [mulèk] *m* **1.** négerfiú **2. B** kisgyerek **3.** csirkefogó, gazember

molestar [mulistàr] *1/13* **I.** *ts* **1.** nyugtalanít, zavar, terhére van vkinek **T**; *andar molestado* nem jól érzi magát, gyengélkedik **2.** nyom, szorít (cipő, ruha) **3.** *átv* elnyom, szorongat **4.** *átv* megbánt, megsért **II.** ~**-se 1.** megharagszik; megsértődik **2.** nyugtalankodik; *não se moleste!* ne nyugtalankodjék! **3.** megüti *v* megsérti magát; ~*-se num braço* felsérti a karját

moléstia [mulèstyö] *f* **1.** gyengélkedés, rosszullét **2.** nyugtalanság, gyötrelem; *causar* v *dar* ~ nyugtalanít; *tomar* ~ nyugtalankodik

molesto [mulèstu] *mn* **1.** kellemetlen, terhes; ártalmas **2.** fárasztó, nehéz

molete [mulét] *m* kalács

moleza [mulézö] *f* **1.** puhaság **2.** lustaság; ernyedtség

molhadela [muljödèlö] *f* **1.** zuhany; fürdő **2.** átázás; *apanhar uma* ~ bőrig ázik

molhado [muljàdu] **I.** *mn* **1.** átázott; (csurom)vizes **2. B** részeg, ittas **II.** *fn, m* **1.** átázott *v* vizes hely **2.** ~*s* **B** folyékony áru (bor, ecet *stb*); *loja de secos e* ~*s* fűszer- és csemegeüzlet

molhar [muljàr] *1/15* **I.** *ts* áztat; bemárt **II.** ~**-se** átázik

molhe [mòlj] *m* móló, kikötőgát

molheira [muljéjrö] *f* mártásoscsésze

molho[1] [mòlju] *m* csomó, köteg; ~ *de chaves* kulcscsomó; ~ *de trigo* búzakéve

molho[2] [molju] *m* mártás, szósz; ~ *tártaro* tartármártás; ~ *de tomate* paradicsommártás; *deixar* v *pôr de* ~ beáztat; kiáztat

moliço [muliszu] *m* **1.** tetőszalma **2.** moszattrágya

molificar [mulifikàr] *1/1 ts* **1.** megpuhít **2.** *átv* megnyugtat

molinete [mulinét] *m* **1.** forgókereszt (gyalogúton) **2.** *müsz* csörlő **3.** horgászzsineg orsója **4.** gyors forgatás körben (kardé, boté)

molinha [mulinyö] *f* szitáló eső

molinilho [mulinilju] *m* **1.** kézidaráló; ~ *de café* kávédaráló **2.** habverő

molosso [muloszu] *m* **1.** nagy házőrző kutya **2.** eleven, nyugtalan gyerek

molusco [mulusku] *m áll* puhatestű

momentâneamente [mume^{n}ntönyöme^{n}nt] *hat* pillanatnyilag

momentâneo [mume^{n}ntönyu] *mn* pillanatnyi; múló

momento [mume^{n}ntu] *m* **1.** pillanat; ~ *crítico* kritikus pillanat; *a cada* ~ minden pillanatban; *ao* ~ ebben a pillanatban, most azonnal; *neste* ~ ebben a pillanatban; *no* ~ *preciso* **a)** a kellő pillanatban **b)** abban a pillanatban; *por um* ~ egy pillanatra; *por* ~*s* pillanatokig; *venho num* ~ azonnal jövök **2.** *de* ~ fontos

momentoso [mume^{n}ntozu] *mn* fontos, lényeges; komoly

momice [mumìsz] *f* **1.** grimasz, arcfintor **2.** ~*s* képmutatás, komédiázás

momo [momu] *m* **1.** = **momice 2.** pantomim, némajáték

mona [monö] *f* **1.** nősténymajom **2.** rongybaba **3.** *biz* kobak, fej **4.** *biz* részegség; másnaposság, rosszkedv

monacal [munökàl] *mn* szerzetesi

monacato [munökàtu] *m* szerzetesség

Mònaco [mònöku] *m* Monaco

monada [munàdö] *f* **1.** majomkodás **2.** majomsereg

monarca [munàrkö] *m* egyeduralkodó

monarquia [munörkìö] *f* monarchia

monárquico [munàrkiku] *mn* monarchikus

monarquismo [munörkìzsmu] *m* egyeduralmi rendszer

monarquista [munörkìstö] *mn* és *fn* monarchista

monástico [munàstiku] *mn* kolostori; szerzetesi

monção [mo^{n}szö^{n}u] *f* **1.** monszun **2.** kedvező alkalom

monco [mo^{n}nku] *m* **1.** takony **2.** húskinövés a pulyka csőrén

moncoso [mo^{n}nkozu] *mn* **1.** taknyos **2.** *átv* piszkos, elhanyagolt

monda [mo^{n}ndö] *f* **1.** gyomlálás **2.** nyesés

mondadeiro [mo^{n}ndödéjru] *fn* gyomláló, nyeső (személy)

mondador *m*, **-a** *f* [mo^{n}ndödor(ö)] **I.** *m* gyomláló **II.** *fn* **1.** gyomláló (személy) **2.** irtókapa

mondar [mo^{n}ndàr] *1/1 ts* **1.** gyomlál **2.** megnyes (fát) **3.** javít, átdolgoz (művet)

monetário [munitàrju] **I.** *mn* pénz-; *circulação* ~*a* pénzforgalom; *sistema* ~ pénzrendszer **II.** *fn*, *m* **1.** éremgyűjtemény **2.** numizmata, éremgyűjtő

monge [mo^{n}zsi] *m* szerzetes, barát

mongol [mo^{n}ngòl] *mn* és *fn* mongol

Mongólia [mo^{n}ngòljö] *f* Mongólia

mongólico [mo^{n}ngòliku] *mn* mongol

monha [monyö] *f* **1.** szalagdísz **2.** manekén, próbakisasszony

monho [monyu] *m* **1.** hajfonat; konty **2.** fejszalag

monitor [munitor] *m* **1.** tanácsadó **2.** *isk* instruktor **3.** *haj*, *távk* monitor

monja [mo^{n}zsö] *f* apáca

mono [monu] *m* **1.** majom **2.** csúnya ember **3.** nehéz felfogású ember **4.** elfekvő *v* poros áru **5.** *szól*: *pregar um* ~ *a* megtréfál vkit

monocelular [mònòszilulàr] *mn él* egysejtű

monoceronte [monosziro^{n}nt] *m áll* orrszarvú

monóculo [munòkulu] **I.** *mn* félszemű **II.** *fn*, *m* monokli

monofásico [mònòfàziku] *mn* egyfázisú

monogamia [mònògömìö] *f* egynejűség

monógamo [mònògömu] *mn* egynejű

monografar [mònògröfàr] *1/12 ts* monográfiát ír vmiről **T**

monografia [monogröfìö] *f* monográfia

monograma [munugrömö] *m* monogram

monolítico [munulìtiku] *mn* monolitikus, megbonthatatlanul egységes

monólito [munòlitu] *m* monolit, hatalmas emlékkő *v* kőoszlop

monologar [munulugàr] *1/15 tl* magában beszél

monólogo [munòlugu] *m* monológ

monomania [mònòmönìö] *f* rögeszme, hóbort

monomaníaco [mònòmönìöku] *mn* és *fn* monomán, rögeszme rabja

monómio [munòmju] *m mat* egytagú kifejezés

monoplano [mònòplönu] *m* monoplán, egyfedelű repülőgép

monopólio [munupòlju] *m* **1.** *közg* monopólium **2.** *ker* egyedárusítás **3.** kiváltság

monopolista [munupulìstö] **I.** *mn* monopol-, monopóliumot élvező; *capitalismo* ~ monopolkapitalizmus **II.** *fn* **1.** nagytőkés **2.** egyedárus

monopolizar [munupulizàr] *1/1 ts* kisajátít, magának fenntart

monossilábico [mònòszilàbiku] *mn* egyszótagú

monossílabo [mònòszilöbu] **I.** *mn* egyszótagú **II.** *fn*, *m* **1.** egyszótagú szó **2.** *falar por* ~*s* **a)** szűkszavú **b)** célzásokat tesz

monotipo [mònòtipu] *m nyomd* monotype szedőgép

monotonia [munutuniö] *f* egyhangúság; egyformaság; unalmasság

monótono [munòtunu] *mn* egyhangú; egyforma; unalmas

Mons. = *Monsenhor*

monstro [mo^{n}stru] **I.** *mn, h* óriási; *liquidação* ~ nagyszabású kiárusítás **II.** *fn, m* **1.** szörnyeteg (*átv* is) **2.** torzszülött **3.** rendkívüli tehetség **4.** *um* ~ *de beleza* rendkívüli szépség

monstruosidade [mo^{n}struuzidàd] *f* **1.** szörnyűség **2.** szörnyeteg

monstruoso [mo^{n}struozu] *mn* **1.** szörnyű, iszonyú **2.** torz **3.** óriási

monta [mo^{n}ntö] *f* **1.** (vég)összeg; (össz)érték **2.** fontosság, jelentőség; *coisa de pouca* ~ jelentéktelen dolog

monta-cargas [mo^{n}ntökàrgös] *m* **1.** teherfelvonó **2.** emelődaru

montada [mo^{n}ntàdö] *f* **1.** felszállás lóra **2.** hátasló

montado [mo^{n}ntàdu] **I.** *mn* lovas; *ficar* ~ lovaglóülésben ül **II.** *fn, m* (sertések hizlalására szolgáló) tölgyfaliget

montagem [mo^{n}ntàzsöj] *f* **1.** *műsz* felszerelés, összeállítás **2.** *film* montázs, vágás **3.** *szính* színrevitel **4.** *vill* bekapcsolás; kapcsolási táblázat

montanha [mo^{n}ntànyö] *f* **1.** hegység **2.** *átv* nagy halom, rakás **3.** ~*s russas* hullámvasút

montanheira [mo^{n}ntönyéjrö] *f* makkos sertéshizlalás

montanhês *m*, **montanhesa** *f* [mo^{n}ntönyés, -ézö] **I.** *mn* hegyi **II.** *fn* hegylakó

montanhesco [mo^{n}ntönyésku] *mn* hegyekkel borított, hegyes

montanhoso [mo^{n}ntönyozu] *mn* = **montanhesco**

montante [mo^{n}ntö^{n}nt] **I.** *mn* emelkedő, felmenő **II.** *fn, m* **1.** (vég)összeg; *o* ~ *vai a mil cruzeiros* az összeg ezer kruzeiróra rúg **2.** folyó felső folyása; *a* ~ a folyón felfelé **3.** *műsz* tartórúd

montão [mo^{n}ntö^{n}u] *m átv* halom, rakás; *aos montões* halomszámra; *em montões* összedobálva, összevisszaságban

montar [mo^{n}ntàr] *1/1* **I.** *ts* **1.** felszáll (lóra, kerékpárra) **T 2.** felszerel, berendez; ~ *casa* berendezkedik; háztartást nyit; ~ *uma loja* üzletet nyit **3.** befoglal, foglalatba rak (drágakövet) **4.** *haj* körülhajóz, megkerül (hegyfokot) **5.** *szính* színre visz **6.** ~ *em, sobre* rátesz, ráhelyez **7.** *áll* befedez **II.** *tl* **1.** lóra száll; lovagol; ~ *em osso* v *em pelo* szőrén üli meg a lovat **2.** ~ *a* kitesz, rúg (összeg); *a despesa monta a cem escudos* a költségek száz escudót tesznek ki **3.** jelentőséggel bír, fontos; *não monta nada* nem lényeges, nem tesz semmit **III.** ~**-se** lóra ül

montaraz [mo^{n}ntöràs] **I.** *mn* hegyi, hegy- **II.** *fn, m* erdőőr

montaria[1] [mo^{n}ntöriö] *f* **1.** hajtóvadászat (*átv* is) **2.** vadászterület **3.** vadászat tudománya **4.** **B** kenu

montaria[2] [mo^{n}ntöriö] **1.** hátasló **2.** női lovaglóöltözet **3.** női nyereg

monte [mo^{n}nt] *m* **1.** hegy **2.** *átv* halom; ~ *de ruínas* romhalmaz **3.** *jog* örökség **4.** *ját* kassza **5.** ~*s* hegyvidék, hegylánc **6.** *szól: a* ~ **a)** ömlesztve, egy rakásban **b)** találomra; *aos* ~*s* bőven, nagy mennyiségben; ~ *de socorro* zálogház; *andar a* ~ menekül, bujkál, elrejtőzik

monteada [mo^{n}ntyàdö] *f* hajtóvadászat

monteador [mo^{n}ntyödor] *m* = **monteiro**

montear [mo^{n}ntyàr] *1/5 tl* (a hegyekben) vadászik

monteiro [mo^{n}ntéjru] *m* **1.** hegyi vadász **2.** erdőőr

montepio [mo^{n}ntipiu] *m* zálogház

montês *m*, **montesa** *f* [mo^{n}ntés, -tézö] *mn* hegyi; vad; *cabra* ~*a* kőszáli kecske

Montevidéu [mo^{n}ntividéu] *m* Montevideo

montículo [mo^{n}ntikulu] *m* domb, halom

montra [mo^{n}ntrö] *f* kirakat

montureiro [mo^{n}nturéjru] *m* guberáló

monturo [mo^{n}nturu] *m* szemétdomb (*átv* is)

monumental [munume^{n}ntàl] *mn* monumentális, nagyszabású

monumento [munume^{n}ntu] *m* **1.** emlékmű **2.** palota **3.** mauzóleum

MOP = *Mobil Oil Portuguesa*

moquear [mokjàr] *1/5 ts* **B** aszal, szárít (halat, húst)

moqueca [mokékö] *f* **B** halpaprikás

mor [mor] *mn* **1.** nagyobb; → **maior** **2.** fő-; *monteiro-*~ fővadászmester

mora [mòrö] *f* **1.** halasztás, halogatás **2.** késedelem; *juros de* ~ késedelmi kamat

morada [muràdö] *f* 1. lakás; állandó lakhely; lakóház 2. tartózkodás vhol 3. *última* ~ temető

moradia [murödiö] *f* 1. = **morada** 2. *tört* nemeseknek juttatott különpénz

morador *m*, **-a** *f* [murödor(ö)] *fn* 1. lakos 2. lakó; *comissão de ~es* lakóbizottság

moral [muràl] I. *mn* 1. morális, erkölcsi 2. erkölcsös II. *fn* 1. *f* a) erkölcs, erkölcstan b) erkölcsi tanulság 2. *m* lelkiállapot, (harci) szellem, küzdőképesség

moralidade [murölidàd] *f* 1. erkölcsösség 2. erkölcsi tanulság

moralista [murölistö] *fn* 1. erkölcsbíró 2. erkölcsbölcselő

moralizador *m*, **-a** *f* [murölizödor(ö)] *mn* és *fn* moralizáló, erkölcstanító

moralizar [murölizàr] *1/1* I. *ts* erkölcsre tanít II. *tl* 1. erkölcsöt prédikál 2. nézeteit fejtegeti vmiről (*sobre, acerca de*)

morangal [muröⁿngàl] *m* epres(kert)

morango [muröⁿngu] *m* földieper

morangueiro [muröⁿngéjru] *m* 1. eperbokor 2. eperárus

morar [muràr] *1/15 tl* lakik; ~ *em casa do diabo* valahol messze a pokolban lakik; *ir ~ para* elköltözik vhova

moratória [murötòrjö] *f* moratórium, fizetési haladék

morbidez [murbidés] *f* 1. betegeskedés; gyengélkedés 2. *müv* lágyság, finomság

mórbido [mòrbidu] *m* 1. beteg, betegeskedő 2. *müv* lágy, finom

morbo [mòrbu] *m* betegség

morcego [murszégu] *m* 1. denevér 2. *átv* éjszakázó ember

morcela, morcilha [murszèlö, -sziljö] *f* véres hurka

mordaça [murdàszö] *f* pecek; szájkosár (*átv* is)

mordacidade [murdöszidàd] *f* harapósság; csípősség (*átv* is)

mordaz [murdàs] *mn* 1. harapós 2. erős, csípős (étel) 3. *átv* csípős, csipkedő

mordedela [murdidèlö] *f* = **mordedura**

mordedor *m*, **-a** *f* [murdidor(ö)] *mn* 1. harapós 2. B *argó* pumpoló, fejő

mordedura [murdidurö] *f* harapás; harapás nyoma

morde-e-assopra [mòrdiöszoprö] *fn* B képmutató alak

mordente [murdeⁿnt] I. *mn* harapó; harapós (*átv* is) II. *fn* 1. *müsz* maróanyag, pác 2. satu 3. *nyomd* kézirattartó

morder [murdér] *2/8* I. *ts* 1. (meg)harap; megszúr, megcsíp (rovar) 2. (ki)mar 3. *átv* harap, csípked 4. *átv*: ~ *os beiços* v *os lábios* ajkát harapdálja (dühében); ~ *o pó* v *a poeira* fűbe harap II. *tl* 1. harap; szúr; csíp 2. viszket 3. B megpumpol, „megvág" III. **~-se** kétségbeesik, gyötrődik; *~-se de ciumes* féltékenység gyötri; *~-se de inveja* majd megpukkad az irigységtől

mordicar [murdikàr] *1/2 ts* 1. harapdál, (meg)harap 2. szurkál, csipked

mordimento [murdimeⁿntu] *m* 1. harapás 2. lelkiismeretfurdalás

mordomo [mòrdomu] *m* intéző

moreia [muréjö] *f* I. boglya; asztag II. *áll* muréna

morena [murénö] *f* I. *földr* moréna II. sötétbarna (hajú) leány

moreno [murénu] *mn* sötétbarna

morfema [morfémöj *m nyelvt* morféma, szóelem (tő, képző, rag)

morfina [murfinö] *f* morfium

morfinómano [murfinòmönu] *fn* morfinista

morfologia [mòrfuluzsiö] *f nyelvt* alaktan

morfológico [morfulòzsiku] *mn nyelvt* alaktani

morgadio [murgödiu] *m jog* majorátus

morgado [murgàdu] *m jog* 1. majorátus örököse 2. elsőszülött

morgue [mòrg] *f* hullaház

moribundo [muribuⁿndu] *mn* haldokló

morigerado [murizsiràdu] *mn* jólnevelt; tisztességes

moringa [muriⁿngö] *f* B agyagkancsó

moringue [muriⁿng] *m* = **moringa**

mormacento [murmöszeⁿntu] *mn* 1. párás és forró (levegő) 2. *cavalo* ~ takonykóros ló

mormaço [murmàszu] *m* fülledt meleg, forróság

mormente [mormeⁿnt] *hat* főleg, különösen

mormo [mormu] *m* takonykór

mornidão [murnidöⁿu] *f* langyosság (*átv* is)

morno [mornu] *mn* 1. langyos 2. *átv* lagymatag; *de água ~a* se hideg, se meleg

morosidade [muruzidàd] *f* 1. lassúság 2. késlekedés

moroso [murozu] *mn* 1. lassú, lomha 2. késlekedő; késedelmes

morra [morrö] *isz:* ~*!* le vele! halál rá!

morraça [murràszö] *f* 1. láp 2. vinkó

morrão [murrö^{n}u] *m* 1. kanóc 2. gyertyahamv

morrediço [murridiszu] *mn* haldokló; kialvó

morredoiro, morredouro [murridojru, -doru] I. *mn* 1. halandó, múló 2. halált hozó II. *fn, m* járványtól sújtott vidék

morrer [murrér] *2/8* I. *ts* 1. meghal; ~ *de fome* (*de sede, de frio*) éhen hal (szomjan vész, hidegtől elpusztul); ~ *de medo* (*de dor, de saudade*) félelmében (fájdalmában, bánatában) meghal; ~ *de morte natural* természetes halállal hal meg; ~ *de repente* hirtelen meghal; ~ *de riso* halálra neveti magát; ~ *de velho* öregségben meghal; *estar para* ~ halálán van 2. *átv* elmúlik; kialszik (tűz); elvész (meszszeségben) II. ~**(-se)** *por* majd meghal vkiért *v* vmiért, epekedik vki *v* vmi után

morrinha [murrinyö] *f* 1. birkahimlő; rüh 2. kisebb rosszullét 3. futó zápor 4. B izzadságszag

morrinhento [murrinye^{n}ntu] *mn* 1. rühes 2. betegeskedő 3. borús, esős 4. szomorú, lehangoló

morro [morru] *m* halom, dombocska

morsa [mòrszö] *f áll* rozmár

mortadela [murtödèlö] *f* felvágottfajta

mortagem [murtàzsöj] *f műsz* eresztéк; horony

mortal [murtàl] *mn* 1. halandó (*fn* is) 2. halálos; *ódio* ~ halálos gyűlölet; *pecado* ~ halálos bűn; *veneno* ~ halálos méreg

mortalha [murtàljö] *f* 1. halotti lepel 2. cigarettapapír

mortalidade [murtölidàd] *f* halandóság

mortandade [murtö^{n}ndàd] *f* 1. halandóság; ~ *infantil* csecsemőhalandóság 2. *átv* vérfürdő

morte [mòrt] *f* 1. halál; haláleset; ~ *em pé* élő halott; *para a vida e para a* ~ életre-halálra; *condenar à* ~ halálra ítél; *dar a* ~ *a* megöl vkit; *estar com as ânsias da* ~ haláltusát vív 2. pusztulás 3. *de má* ~ gonosz, rosszindulatú

morteiro [murtéjru] *m* I. *kat* mozsár(ágyú) II. mozsár (konyhaeszköz) III. tűzijáték

morticínio [murtiszinyu] *m átv* mészárlás, vérfürdő

mortiço [murtiszu] *mn* 1. kialvó 2. fénytelen 3. sápadt

mortífero [murtifiru] *mn* halálos, halált hozó

mortificação [murtifiköszö^{n}u] *f* 1. sanyargatás, gyötrés 2. megalázás 3. *orv* elhalás; üszkösödés

mortificar [murtifikàr] *1/2 ts* 1. sanyargat, gyötör 2. megaláz 3. *orv* elüszkösít; (ideget) öl

morto [mortu] I. *mmi* → **morrer** II. *mn* 1. halott; *água* ~*a* állóvíz; *cor* ~*a* fakó szín; *dinheiro v capital* ~ holt tőke; *letra* ~*a* holt betű; *língua* ~*a* holt nyelv; *andar v estar* ~ *por* majd meghal vmiért 2. fonnyadt, hervadt; *folhas* ~*as* hervadt levelek III. *fn* halott, elhunyt

mortório [murtòrju] *m* 1. temetés, gyászszertartás 2. termést nem hozó vetésterület 3. *átv* feledés

mortualha [murtvàljö] *f* hullahegy

mortuário [murtvàrju] *mn* 1. halotti 2. temetési

morubixaba [morubisàbö] *m* B törzsfőnök

morzelo [murzélu] *m* fekete ló

mosaico[1] [muzàjku] I. *mn* mozaikszerű II. *fn, m* mozaik

mosaico[2] [muzàjku] *mn* mózesi

mosca [moskö] *f* 1. *áll* légy; ~ *zumbidora* dongólégy; ~ *de cavalo* bögöly; *papel para matar* ~*s* légyfogó papír 2. szépségtapasz 3. kellemetlenkedő alak 4. kis szakáll az alsó ajak alatt 5. céltábla közepe 6. gomblyukszegély; szegélyléc 7. *szól: andar às* ~*s* lopja a napot; *comer* ~, B *argó* bekapja a legyet; *estar às* ~*s* kong az ürességtől (színház, terem); *estar com a* ~ ideges, türelmetlen; *papar* ~*s* száját tátja; *não fazer mal a uma* ~ a légynek sem árt; *podia-se ouvir zumbir uma* ~ a légy zümmögését is lehetett volna hallani; *közm: a quem se faz mel, as* ~*s o comem* aki nagyon jó, azt felfalják a gonoszok

moscada [muskàdö] *f* szerecsendió

moscadeira [musködéjrö] *f* szerecsendiófa

moscadeiro [musködéjru] *m* légycsapó
moscado [muskàdu] *mn* fűszeres, illatos; → **noz**
mosca-morta [moskömortö] *fn* képmutató, alattomos ember
moscão [musköⁿu] *m* nagy légy, dongólégy
moscar [muskàr] *1/2, 1/15 tl átv* elillan, meglép
moscardo [muskàrdu] *m* **1.** bögöly **2. B** *argó* titkosrendőr
moscatel [muskötèl] *m* muskotály (szőlő, bor)
mosco [mosku] *m* **1.** apró légy, muslica **2.** szúnyog
Moscóvia [muskòvjö] *f* = **Moscovo**
moscovita [muskuvitö] *mn* és *fn* moszkvai
Moscovo [muskovu] *m* Moszkva
moslim [muzliⁿ] *mn* és *fn* muzulmán, mohamedán
mosqueado [muskjàdu] *mn* pettyes, foltos
mosquear [muskjàr] *1/5* **I.** *ts* pettyez; telefröccsent **II.** *tl* **B** elhessegeti a legyeket (állat a farkával)
mosqueiro [muskéjru] *m* **1.** légycsapó **2.** legyekkel teli helyiség
mosquete [muskét] *m rég* muskéta
mosqueteiro [muskitéjru] *m tört* muskétás (katona)
mosquiteiro [muskitéjru] *m* szúnyogháló
mosquito [muskitu] *m* moszkitó, szúnyog
mossa [mòszö] *f* **1.** ütés nyoma **2.** csorba **3.** *átv* megrendülés
mostarda [mustàrdö] *f* mustár
mostardeira [mustördéjrö] *f* mustártartó
mosteiro [mustéjru] *m* monostor
mosto [mostu] *m* must
mostra [mòströ] *f* **1.** bemutatás; *com as carnes à ~* meztelenül; *pôr à ~* közszemlére kitesz **2.** *kat* szemle; *passar ~ a* megszemlél **3.** *~s* vminek a jelei; *dar ~s de valor* bátorságról tesz tanúbizonyságot; *fazer ~s de* vminek a látszatát kelti
mostrador [muströdor] *m* **1.** pult, kiszolgálóasztal **2.** óra számlapja; *~ luminoso* világító számlap
mostrar [mustràr] *1/15* **I.** *ts* **1.** mutat, megmutat **2.** kimutat, kinyilvánít; *~ a culpa do acusado* bebizonyítja a vádlott vétkességét; *~ indiferença* közömbösséget tanusít; *~ insegurança* bizonytalanságot árul el; *~ os dentes* vicsorítja a fogát (dühében); fenyegetően lép fel **II.** *~-se* mutatkozik
mostrengo [mustreⁿngu] *m* **1.** madárijesztő **2.** semmirekellő, lusta ember
mostruário [mustruàrju] *m* **B 1.** kiszolgálóasztal **2.** *ker* mintagyűjtemény
mota [mòtö] *f* **1.** gát, töltés **2.** földhányás (fa körül) **3. B** borravaló
mote [mòt] *m* **1.** mottó, jelmondat **2.** (versbe szedett) bölcs mondás **3.** felirat
motejar [mutizsàr] *1/14* **I.** *ts* **1.** kigúnyol, kinevet **2.** elítél, kifogásol; *motejou-o de covarde* gyávának nevezte őt **II.** *tl* gúnyt űz vkiből *v* vmiből (*com, de*)
motejo [mutézsu] *m* gúny, gúnyolódás
motel [mutèl] *m* motel
motete [mutét] *m* **1.** csipkelődés, élcelődés **2.** *zene* motetta
motim [mutiⁿ] *m* **1.** zendülés, lázadás **2.** lárma, zaj **3.** rendetlenség
motivação [mutivöszöⁿu] *f* indokolás, megokolás
motivar [mutivàr] *1/1 ts* **1.** okoz, előidéz **2.** indokol, megokol **3.** érdeklődést kelt vkiben **T**
motivo [mutivu] *m* **1.** ok; *por ~s de saúde* egészségi okokból; *sem ~* ok nélkül; *dar ~ a* okot szolgáltat vmire **2.** *mű, zene* motívum
moto¹ [mòtu] *m* **1.** mozgás; *~ perpétuo* örökmozgó **2.** *de ~ próprio* önszántából, saját kezdeményezésére
moto² [mòtu] *f* motorkerékpár
moto³ [mòtu] *m* = **mote**
motocicleta [motuszikl̀ètö] *f* motorkerékpár; *~ ligeira* moped
motociclismo [motuszikl̀izsmu] *m* motorkerékpár-sport
motociclista [motusziklistö] *fn* motorkerékpáros
motociclo [motusziklu] *m* motorkerékpár
motogodile [motugudili] **B** farmotoros csónak
motonáutica [motonàutikö] *f* motorcsónakázás; motorcsónaksport
motonave [motunàv] *f* motoros hajó
motor [mutor] **I.** *mn* **1.** mozgó **2.** mozgató **II.** *fn, m* **1.** motor; *~ eléctrico* villanymotor; *~ de explosão* robbanómotor; *~ de partida v de arranque*

inditómotor; *de um só* ~ egymotoros 2. hajtóerő

motoreta [muturétö] *f* kismotor, robogó

motorista [muturistö] *fn* **1.** sofőr, gépkocsivezető **2.** mozdonyvezető

motorização [muturizöszö^{n}u] *f* motorizálás, gépesítés

motorizado [muturizàdu] *mn* motorizált, gépesített; *bicicleta ~a* segédmotoros kerékpár

motorizar [muturizàr] *1/1 ts* **1.** motorizál, gépesít **2.** motorral ellát

motorneiro [muturnéjru] *m* **B** villamoskocsi-vezető

motriz [mutris] *mn f: (força)* ~ mozgatóerő

mouco [moku] *mn* süket

mouquice, mouquidão [mokisz, mokidö^{n}u] *f* süketség

mour . . . → **moir** . . .

mout . . . → **moit** . . .

movediço [muvidiszu] *mn* **1.** mozgó; laza (föld) **2.** *átv* állhatatlan, izgága

móveis [mòvèjs] *m tb* **1.** bútor(ok); ~ *de elementos soltos* kombinálható *v* összerakható bútorok; ~ *de vime* nádbútor **2.** ingó vagyon, ingóság

móvel [mòvèl] **I.** *mn* mozgó; *vall: festas móveis* mozgóünnepek **II.** *fn, m* **1.** mozgató erő **2.** inditóok

movelaria [muvilöriö] *f* **B** bútorkereskedés

moveleiro [muviléjru] *m* **1.** bútorasztalos **2.** bútorkereskedő

mover [muvér] *2/8* **I.** *ts* **1.** mozgat, elmozdít (a helyéről) **2.** *átv* megindít, meghat; ~ *às lágrimas* könnyekig meghat **3.** előidéz, okoz; ~ *discórdias* viszályt szül, ellenségeskedést vált ki **II.** *tl* **1.** megmozdul, mozgásba jön **2.** elvetél **III.** **~-se** mozog; *a Terra move-se ao redor do Sol* a föld a nap körül mozog **2.** *átv* megindul, meghatódik

movido [muvidu] *mn* **B** fejletlen, satnya

movimentação [muvime^{n}ntöszö^{n}u] *f* **1.** elindítás **2.** mozgás **3.** *ker* forgalom

movimentar [muvime^{n}ntàr] *1/1 ts* **1.** elindít, mozgásba hoz **2.** *átv* felélénkít, mozgósít **3.** *ker* forgalomba hoz

movimento [muvime^{n}ntu] *m* **1.** mozgás; ~ *rotativo* v *de rotação* körforgás; *pôr em* ~ elindít; beindít (motort), mozgásba hoz; *ker* forgalomba hoz; *por-se em* ~ beindul (gép), mozgásba jön **2.** *átv* mozgalom; ~ *libertador* felszabadítási mozgalom; ~ *de libertação nacional* nemzeti felszabadító mozgalom; ~ *operário* munkásmozgalom; ~ *de resistência* ellenállási mozgalom **3.** mozgalmasság; élénk forgalom; ~ *de letras* levelezés; *farmácia de* ~ forgalmas gyógyszertár; *horas de menos* ~ gyengébb forgalmú órák

móvito [mòvitu] *m* koraszülés, elvetélés

moxama [musàmö] *f* szárított sózott hal

moxamar [musömàr] *1/1 ts* szárít *v* tartósít halat

M.P.L.A. = *Movimento Popular da Libertação de Angola*

ms. = *manuscrito* kézirat

m.^{to} = *muito* nagyon

mu [mu] *m* öszvér

muafos [muàfus] *mt b* **B** régi rongyok, elnyűtt ruha

muamba [muö^{n}mbö] *f* **B** **1.** lopott holmi **2.** csempészáru **3.** feketepiac

muar [muàr] *mn: gado* ~ öszvérek; teherhordó állatok

mucama [mukàmö] *f* **B** *rég* néger rabszolganő

mucilagem [muszilàzsö^{n}j] *f növ* növényi mézga

mucilaginoso [muszilözsinozu] *mn* mézgás; nyákos

muco [muku] *m* nyálka, (orr)váladék

mucosa [mukozö] *f* nyálkahártya

mucosidade [mukuzidàd] *f* nyálka

mucoso [mukozu] *mn* nyálkás; *membrana ~a* nyálkahártya

muçulmano [muszulmönu] *mn* és *fn* muzulmán, mohamedán

mucumbu [muku^{n}mbu] *m* **B** **1.** vacak, limlom **2.** *orv* farkcsont

muda [mudö] **I.** *mn* → **mudo** **II.** *fn, f* **1.** változás, csere **2.** váltás (ruha) **3.** vedlés; *estar na* ~ vedlik **4.** facsemete (átültetése) **3.** mutálás, hangváltozás

mudança [mudö^{n}szö] *f* **1.** változás; felváltás; csere; ~ *de tempo* időváltozás; ~ *para melhor* jobbra fordulás **2.** költözködés **3.** *átv* változékonyság, állhatatlanság **4.** *vasút:* ~ *de via* vasúti váltó **5.** *autó:* ~ *de acelerador* v *de velocidade* sebességváltó

mudar [mudàr] *1/1* **I.** *ts* **1.** változtat, átváltoztat, cserél; (ruhát) vált **2.** *közl* átszáll; *onde é que tenho ~?* hol kell átszállnom? **3.** (palántát) elültet, átültet II. *tl* 1. ~ (*de casa*) elköltözik 2. ~ *de roupa* átöltözik; 3. ~ *de vida* új életet kezd 4. vedlik; ~ *a pena* tollát hullatja 5. mutál (hang) 6. változik; ~ *de cor* színt változtat (elsápad, elpirul); ~ *de opinião* v *de parecer* véleményét megváltoztatja; meggondolja magát III. ~-se 1. elköltözik 2. megváltozik 3. átöltözik

mudável [mudàvèl] *mn* változó, változékony

mudez [mudés] *f* 1. némaság 2. *átv* hallgatás

mudo [mudu] *mn* 1. néma; *nyelvt: letra ~a* néma hang; *ficar* ~ megnémul 2. hallgatag

mugido [muzsidu] *m* 1. (állati) bőgés 2. zúgás, morajlás

mugir [muzsir] *3/3 tl* 1. bőg (állat) 2. zúg, morajlik

mui [mu^{n}j] *hat* nagyon; ~ *triste* nagyon szomorú

muito [mu^{n}jntu] I. *mn* sok; *de ~as maneiras* sokféleképpen; *tenho ~s livros* sok könyvem van II. *hat* 1. nagyon; túlságosan; ~ *bem* nagyon jó(l); ~ *longe* nagyon messze; ~ *pouco* nagyon *v* túlságosan kevés 2. sokat; *não* ~ nem sokat, nem nagyon; *por* ~ *que* bármennyire is; *por* ~ *bom que seja* bármilyen jó is 3. sokkal, jóval; ~ *mais* sokkal több(et); ~ *menos* jóval kevesebb(et); ~ *melhor* sokkal jobb(an) III. *fn, m* 1. sok; *quando* ~ legfeljebb 2. ~*s* sokan; *um de ~s* egy a sok közül

mula [mulö] *f* öszvérkanca

muladar [mulödàr] *m* trágyadomb

mulato [mulàtu] *mn* és *fn* mulatt

muleta [mulétö] *f* 1. mankó; *andar em ~s* mankón jár 2. *átv* támasz, segítség 3. muleta (a toreádor vörös kendője) 4. kis halászhajó

muleteiro [mulitéjru] *m* öszvérhajcsár

mulher [muljér] *f* nő; asszony; feleség; ~ *a dias* bejárónő; ~ *de casa* háziasszony; ~ *de governo* házvezetőnő; B: ~ *do mundo,* ~ *à-toa,* ~ *do fado* prostituált nő

mulheraça [muljiràszö] *f* tenyeres-talpas asszony

mulherame [muljiràmi] *m* B asszonynép, fehérnép

mulherão [muljirö^{n}u] *m* = **mulheraça**

mulherengo [muljire^{n}ngu] I. *mn* nőies II. *fn, m* nőbolond

mulherico [muljiriku] *mn* nőies; gyenge

mulheril [muljiril] *mn* női

mulherinha [muljirinyö] *f* asszonyka; nőcske

mulherio [muljiriu] *m* = **mulherame**

multa [multö] *f* pénzbüntetés; *apanhar uma* ~ pénzbüntetéssel sújtják

multangular [multö^{n}ngulàr] *mn* sokszögű

multar [multàr] *1/1 ts* pénzbüntetést kiszab

multicelular [multiszilulàr] *mn* soksejtű

multicolor, multicor [multikulor, multikor] *mn* sokszínű

multidão [multidö^{n}u] *f* sokaság; embertömeg

multiforme [multifòrm] *mn* sok alakú, sokféle

multilateral [multilötiràl] *mn* sokoldalú (*pl* szerződés)

multilátero [multilàtiru] *mn geom* sokoldalú

multímodo [multimudu] *mn* = **multiforme**

multinacional [multinöszjunàl] *mn* 1. sok nemzetiségű 2. nemzetközi

multiplicação [multiplikösző^{n}u] *f* 1. sokszorosítás 2. *mat* szorzás

multiplicador [multipliködor] *m* 1. sokszorosítógép 2. *mat* szorzó

multiplicando [multiplikö^{n}ndu] *m mat* szorzandó

multiplicar [multiplikàr] *1/2* I. *ts* 1. sokszorosít 2. szoroz, megszoroz II. *tl,* III. ~-se 1. megsokszorozódik, megnövekszik 2. nagy tevékenységet fejt ki

multiplicativo [multiplikötivu] *mn* 1. sokszorosító 2. szorzó

multíplice [multiplisz] *mn* sokféle

multiplicidade [multipliszidàd] *f* 1. sokféleség 2. vminek a nagy száma; gyakoriság

múltiplo [multiplu] I. *mn* 1. sokféle 2. többszörös II. *fn, m mat* többszörös; *menor* ~ *comum;* ~ *mínimo comum* legkisebb közös többszörös

multirracial [multirröszjàl] *mn* sokfajú

multissecular [multiszikulàr] *mn* sok évszázados

multitudinário [multitudinàrju] *mn* tömeg-, tömeges

múmia [mumjö] *f* múmia
mumificar [mumifikàr] *1/2* **I.** *ts* bebalzsamoz **II.** *tl,* **III.** **~-se 1.** múmia lesz **2.** nagyon lesoványodik, összeaszik
mundana [mu^{n}ndönö] *f* félvilági nő
mundan(al)idade [mu^{n}ndön(öl)idàd] *f* **1.** nagyvilági élet **2.** életvágy; élvhajhászás
mundano [mu^{n}ndönu] *mn* **1.** földi **2.** mundén, nagyvilági
mundão [mu^{n}ndö^{n}u] *m* **B** végtelen kiterjedés
mundial [mu^{n}ngyàl] *mn* világ-, világi; *guerra* **~** világháború; *paz* **~** világbéke
mundialmente [mu^{n}ngyölme^{n}nt] *hat:* **~** *conhecido* világszerte ismert
mundícia, mundície [mu^{n}ndiszjö, -szji] *f* tisztaság, rendesség
mundificar [mu^{n}ndifikàr] *1/2 ts* tisztít
mundo[1] [mu^{n}ndu] *m* **1.** világ; *neste* **~** ezen a világon; *o outro* **~** a túlvilág; *do outro* **~** túlvilági ;szokatlan, rendkívüli; *prazeres do* **~** világi örömök; **B** *nép:* **~** *aberto sem porteira* széles nagy világ; *desde que o* **~** *é* **~** a világ fennállása óta; *enquanto o* **~** *for* **~** amíg a világ fennáll; *assim é o* **~** ilyen az élet **2.** *átv* világ; föld(golyó); *o Novo Mundo* az újvilág; *o Velho Mundo, o Mundo Antigo* az óvilág; *dar volta ao* **~**, *girar o* **~** bejárja a világot; *vir ao* **~** világra jön, megszületik **3.** emberek, emberiség; *todo o* **~** mindenki; az egész világ **4.** nagyvilági élet; *homem do* **~** világfi; *ter* **~** jól forog társaságban **5. B** bőség; sokaság; tömeg; *um* **~** *de gente* rengeteg ember **6.** *szól: abarcar o* **~** *com as pernas* mindent egyszerre akar megtenni; *cair no* **~**, *enfiar a cara no* **~** elfut, meglép; **B** *nép: despachar para o outro* **~** a másvilágra küld, megöl; *botar* v *pôr a boca no* **~** **a)** teli torokból kiabál **b)** világgá kürtöl; *viver ao* v *no cabo do* **~** ; *viver no fim do* **~** a világ végében lakik; *viver no* **~** *da lua* a fellegekben jár
mundo[2] [mu^{n}ndu] *mn* tiszta
mungir [mu^{n}zsir] *3/3 ts* fej, megfej
munheca [munyèkö] *f* kézcsukló
munição [muniszö^{n}u] *f kat* **1.** erőd, erődítmény **2.** muníció, lőszer **3.** felszerelés **4.** *munições de boca* **a)** élelem **b)** takarmány **5.** *pão de* **~** komiszkenyér, katonakenyér
munício [muniszju] *m kat* **1.** komiszkenyér, katonakenyér **2.** eleség, élelem
municionar [muniszjunàr] *1/15 ts kat* élelemmel *v* lőszerrel ellát
municionário [muniszjunàrju] *m* gazdasági tiszt, hadbiztos
municipal [muniszipàl] **I.** *mn* városi; *câmara* **~** városháza **II.** *fn, m* **B** városi színház
municipalidade [muniszipölidàd] *f* **1.** városi önkormányzat **2.** városi *v* községi tanács **3.** városháza, községháza
municipalizado [muniszipölizàdu] *mn: serviço* **~** városi *v* községi üzem
municipalizar [muniszipölizàr] *1/1 ts* város *v* község hatáskörébe utal
município [muniszipju] *m* **1.** közigazgatási kerület **2.** városi *v* községi közigazgatás **3.** város *v* község lakossága
munificência [munifisze^{n}szjö] *f* bőkezűség
munificente [munifisze^{n}nt] *mn* bőkezű
Munique [munik] *f* München
munir [munir] *3/3* **I.** *ts* **1.** megvéd, megerősít **2.** ellát vmivel (*de*) **II.** **~-se** *de* **1.** ellátja magát vmivel **2.** **~-se** *de coragem* bátorságot merít; **~-se** *de paciência* felvértezi magát türelemmel
múnus [munus] *m* tisztség, hivatal
muquirana [mukirönö] *f* **B** tetű
murador [murödor] *mn: gato* **~** jó egér- és patkányfogó macska
mural [muràl] **I.** *mn* fal-, fali; *jornal* **~** faliújság **II.** *fn, m:* (*pintura*) **~** falfestmény
muralha [muràljö] *f* kőfal; erődfal; városfal
murar [muràr] *1/1 ts* **1.** körülfalaz **2.** megvéd; megerősít
murchar [mursàr] *1/1 ts* **1.** elhervaszt **2.** *átv* kiszívja erejét, elerőtlenít **II.** *tl,* **III.** **~-se 1.** elhervad **2.** kiszárad; kifakul **3.** *átv* elveszti erejét; elerőtlenedik
murchidão [mursidö^{n}u] *f* **1.** hervadtság **2.** sápadtság **3.** ernyedtség; kedvetlenség
murcho [mursu] *mn* **1.** hervadt, fonnyadt **2.** elernyedt; kedvetlen
múrice [murisz] *m áll* bíborcsiga
murmulhar [murmuljàr] *1/1 tl* **1.** susog (falevél) **2.** csobog, mormol (víz)

murmulho [murmulju] *m* 1. susogás 2. csobogás, mormolás
murmurar [murmuràr] *1/1* I. *ts* suttog II. *tl* 1. susog 2. morog, elégedetlenkedik 3. kifogásol vkit *v* vmit, rosszat mond vkiről *v* vmiről (*contra*)
murmúrio [murmurju] *m* 1. suttogás; *num* ~ suttogva, halkan 2. mormolás, susogás, csobogás 3. *átv* morgás, elégedetlenség
muro [muru] *m* fal; ~ *de pedra* kőfal
murro [murru] *m* ökölcsapás
murta [murtö] *f növ* mirtus
murundu [muruⁿndu] *m* B dombocska, halom
musa [muzö] *f* 1. múzsa 2. költészet
musaranho [muzörönyu] *m áll* cickány
musculado [muskulàdu] *mn* = **musculoso**
muscular [muskulàr] *mn orv* izom-
musculatura [muskulöturö] *f orv* izomzat
músculo [muskulu] *m* izom
musculoso [muskulozu] *mn* izmos; erős
museu [muzéu] *m* múzeum
musgo [muzsgu] *m növ* moha
musgoso [muzsgozu] *mn* mohos
música [muzikö] *f* 1. zene; ~ *ligeira* könnyűzene; ~ *de câmara* kamarazene; *compor* ~ zenét szerez; *tocar* ~ zenél 2. zenedarab, szerzemény 3. kot ta 4. zenekar
musical [muzikàl] *mn* muzikális; jó zenei érzékű
musicar [muzikàr] *1/2* I. *ts* megzenésít II. *tl* zenél
musicata [muzikàtö] *f* 1. zenekar 2. zenélés
musicista [muziszistö] *fn* B 1. zenekedvelő 2. zeneértő
músico [muziku] I. *mn* 1. muzikális 2. zenei II. *fn* 1. muzsikus, zenész 2. zeneszerző
musicólogo [muzikòlugu] *m* zenetudós; zenetörténész
musicómano [muzikòmönu] *m* zenerajongó, zenebolond
musselina [muszilinö] *f text* muszlin
mutabilidade [mutöbilidàd] *f* változandóság
mutação [mutöszöⁿu] *f* 1. változás 2. *szính* színváltozás 3. *nyelvt* hangcsere
mutilação [mutilöszöⁿu] *f* megcsonkítás
mutilado [mulilàdu] I. *mn* megcsonkított II. *fn, m* 1. nyomorék 2. rokkant; ~ *de guerra* hadirokkant
mutilar [mutilàr] *1/1 ts* 1. megcsonkít 2. *átv* megnyomorít, tönkretesz
mutismo [mutizsmu] *m* 1. *orv* némaság 2. hallgatás 3. szűkszavúság
mútua [mutvö] *f* B önsegélyező társulás
mutualidade [mutvölidàd] *f* 1. kölcsönösség, viszonosság 2. kölcsönös segélyezés
mutuar [mutvàr] *1/9 ts* 1. kicserél 2. kölcsönöz
mutuca [mutukö] *f* B bögöly
mútuo [mutvu] I. *mn* kölcsönös; *companhia de socorros* ~*s* segélyegylet; *pacto* v *tratado de assistência* ~*a* kölcsönös segélynyújtási egyezmény II. *fn, m* kölcsön
muxoxo [musosu] *m* B 1. csók, puszi 2. csettintés (nyelvvel, megvetően)

N

N, n [èni] *m* n (betű)
N. = 1. *Norte* 2. *Nota*
n. = 1. *nascido* 2. *nome*
na [nö] **I.** = *em* + *a* **II.** (*a* helyett, *m* után) *amam-na* szeretik őt (*f*); →**no**
nababo [nöbàbu] *m* nábob; dúsgazdag ember
nabal [nöbàl] *m* répaföld
nabo [nàbu] *m* répa; *comprar ~s em saco* zsákbamacskát vesz
nac. = *nacional*
nação [nöszö^{n}u] *f* **1.** nemzet **2.** nép
nácar [nàkàr] *m* gyöngyház
nacional [nöszjunàl] **I.** *mn* **1.** nemzeti **2.** ország-, országos **3.** hazai, honi, belföldi **II.** *fn* honfitárs; állampolgár
nacionalidade [nöszjunölidàd] *f* **1.** nemzetiség **2.** állampolgárság, illetőség, honosság
nacionalismo [nöszjunölizsmu] *m* nacionalizmus
nacionalista [nöszjunölistö] *mn* és *fn* nacionalista
nacionalização [nöszjunölizöszö^{n}u] *f* államosítás
nacionalizar [nöszjunölizàr] *1/1 ts* államosít
naco [nàku] *m* nagy darab, (nagy) falat
nada [nàdö] **I.** *névm* semmi, semmit; *~ de cerimónias* csak semmi hűhó! *~ de novo* semmi újság; *isto não é nada* ez semmi **II.** *hat* egyáltalán nem, távolról sem; *não é ~ longe* nincs messze egyáltalán; *não é ~ mal* ez egyáltalán nem rossz; *não será ~ difícil* cseppet sem lesz nehéz **III.** *fn, m* **1.** semmi; *estimar* v *ter em ~* semmire sem becsül **2.** semmiség, csekélység, jelentéktelenség; *homem de ~* jelentéktelen alak; *~ de fumar aqui!* itt nem szabad dohányozni! *~ disso!* szó sincs róla! szó sem lehet róla! *~ o iguala* semmi sem ér fel vele, párját ritkítja; *~ se me dá* ez számomra közömbös, nekem mindegy; *há ~* épp az imént; *um quase ~*, *um tudo ~* egy egész kevéske; *não é ~ comigo* ez nem tartozik rám; *não é ~ de cuidado* nincs semmi komolyabb baj; *como se ~ fosse* mintha mi sem történt volna; *daqui a ~* azonnal, rögtön; *reduzir a ~* semmivé tesz, megsemmisít; *de ~!* szóra sem érdemes! szívesen! kérem! *em um ~*, *num ~* szempillantás alatt; *não servir para ~* semmire sem jó; *por ~* **a)** majdnem, kis híja **b)** semmiképpen sem **c)** semmiért, ingyen; *por ~ neste mundo* semmi szín alatt; *zangar-se por ~* semmiségeken felbosszankodik
nadada [nödàdö] *f* úszás
nadadeira [nödödéjrö] *f* **1.** uszony **2.** *sp* úszóláb (búvárfelszerelés)
nadador *m*, **-a** *f* [nödödor(ö)] *mn* és *fn* úszó
nadar [nödàr] *1/12 tl* **1.** úszik; *közm: filho de peixe sabe ~* az alma nem esik messze a fájától **2.** *átv: ~ em riquezas* úszik a bőségben
nádega [nàdigö] *f* **1.** far **2.** *~s* ülep
nadinha [nödinyö] *m* kevéske; *espere um ~* várjon egy pillanatig!
nado[1] [nàdu] *m* úszás; *~ livre* gyorsúszás; *~ de borboleta* pillangóúszás; *~ de bruços* v *de peito* mellúszás; *~ de costas* hátúszás; *a ~* úszva; *estar a* v *em ~* úton van (hajó); *passar o rio a ~* átúszik a folyón
nado[2] [nàdu] *mmi* = **nascido, nato**; → **nascer**; *sol ~* felkelő nap, napkelte

nado-morto *m*, **nada-morta** *f* [nàdumortu, nàdömortö] *mn* és *fn* halva született (csecsemő)

nafta [nàftö] *f* nafta, kőolaj, ásványolaj

naftalina [nöftölinö] *f* naftalin

naipe [nàjp] *m* **1.** *kártya* szín **2.** *estar baldo ao* ~ egy vasa sincs

namorada [nömuràdö] *f* vkinek a kedvese, szerelme

namoradeira [nömurödéjrö] *f* kacér nő

namoradeiro [nömurödéjru] *m* szoknyavadász

namoradiço [nömurödiszu] *mn* lobbanékony (természetű)

namorado [nömuràdu] *mn* és *fn*, *m* szerelmes; →**namorada**

namorar [nömuràr] *1/15* **I.** *ts* **1.** udvarol, csapja a szelet vkinek **T 2.** ~ *um emprego* elnyer állást **II.** *tl* kacérkodik **III.** **~-se** *de* beleszeret vkibe *v* vmibe

namori(s)car [nömuri(s)kàr] *1/2 ts, tl* flörtöl

namori)s)co [nömuri(s)ku] *m* flört

namoro [nömoru] *m* **1.** udvarlás, flört **2.** szerelmi kapcsolat, viszony **3.** vkinek a szerelme, kedvese

nana [nönö] *f* altatódal; *fazer* ~ elaltat

nanquim [nö^{n}ki^{n}] *m* **1.** *text* nanking **2.** tus (íróanyag)

não [nö^{n}u] **I.** *hat* **1.** nem, ne; ~ *muito* nem sok; *não o conheço* nem ismerem őt; ~ *creio* nem hiszem; *porque* ~? miért ne? **2.** *não . . . nem . . .* sem . . . , sem . . . ; ~ *dizer nem sim nem* ~ nem mond se igent, se nemet **3.** ~ *só . . . mas também* nemcsak . . . , hanem . . . is; ~ *só estudo, mas também trabalho* nemcsak tanulok, hanem dolgozom is **4.** *szól:* ~ *é (isso)?* ugye? nem úgy van? ~ *há tal coisa!* olyan nincs! szó sem lehet róla! *já* ~ *há* már nincsen (több); ~ *muito depois* nem sokkal később; ~ *obstante* ennek ellenére *v* dacára; ~ *que* nem mintha; *pelo sim, pelo* ~ minden eshetőségre; *ano sim, ano* ~ minden két évben **II.** *fn*, *m* elutasítás; *recebeu um* ~ elutasították

nao-agressão [nö^{n}u ögriszö^{n}u] *f* meg nem támadás; *pacto de* ~ megnemtámadási szerződés

Napoleão [nöpuljö^{n}u] *m* Napóleon

Nápoles [nàpulis] *m* Nápoly

napolitano [nöpulitönu] *mn* és *fn* nápolyi

naquela, naquele, naquilo [nökèlö, -kéli, -kilu] = *em* + *aquela, em* + *aquele, em* + *aquilo*

narciso [nörsziszu] *m* nárcisz

narcose [nörkòz] *f orv* narkózis

narcótico [nörkòtiku] **I.** *mn* kábító, bódító **II.** *fn*, *m* fájdalomcsillapító; altatószer

narcotizar [nörkutizàr] *1/1 ts* narkotizál, érzéstelenít, elbódít

nardo [nàrdu] *m* **1.** *növ* nárdusfű **2.** nárdus, illatos olaj

narícula [nörikulö] *f* orrlyuk

narigudo [nörigudu] *mn* nagy orrú

narina [nörinö] *f* = **narícula**

nariz [nöris] *m* **1.** orr; ~ *aquilino* sasorr; ~ *arrebitado* fitos *v* pisze orr; ~ *chato* v *esborrachado* tömpe orr; *ponta do* ~ orrhegy; *falar pelo* ~ orron keresztül beszél **2.** *átv* szaglás; szimat **3.** *szól: conduzir pelo* ~ orránál fogva vezet; *dar com o* ~ *na porta* **a)** beveri az orrát az ajtóban **b)** zárt ajtókra talál; *dar com a porta no* ~ orra előtt becsapja az ajtót; *deitar sangue pelo* ~ vérzik az orra; *deixar com um* ~ *de palmo* faképnél hagy; *ficar de* ~ *torcido, ficar com* ~ *de palmo e meio* hoppon marad, lógó orral távozik; *meter o* ~ *em tudo* mindenbe beleüti az orrát; *meter os dedos no* ~ orrát piszkálja; *torcer o* ~ felhúzza az orrát, félrehúzza a száját; *não ver um palmo adiante do* ~ nem lát tovább az orránál

narração [nörröszö^{n}u] *f* elbeszélés; elmondás

narrador *m*, **-a** *f* [nörrödor(ö)] *mn* és *fn* elbeszélő, elmondó; narrátor

narrar [nörràr] *1/12 ts* elbeszél, elmond

narrativa [nörrötivö] *f* elbeszélés; történet

narrativo [nörrötivu] *mn* elbeszélő

nas [nös] = *em* + *as*

nasal [nözàl] **I.** *mn* orr-; *som* ~ orrhang **II.** *fn*, *f* orrhang

nasalar [nözölàr] *1/12 ts* orrhangon ejt

nascença [nös-sze^{n}szö] *f* **1.** születés; *de* ~ születésű; *surdo de* ~ születése óta süket **2.** eredet, származás; *afogar à* ~ csírájában elfojt

nascente [nös-sze^{n}nt] **I.** *mn* születő, keletkező; *dia* ~ hajnal(hasadás); *sol* ~ felkelő nap **II.** *fn* **1.** *m* kelet (égtáj) **2.** *f* forrás

nascer [nös-szér] *2/2* **I.** *tl* **1.** születik; ~ *de* *novo, átv* újjászületik 2. létrejön, keletkezik; *fazer ~* létrehoz 3. kezdődik; előtűnik, megjelenik II. *fn, m: ao ~ do sol* napkeltekor

nascido [nös-szìdu] *mn* született; születésű

nascimento [nös-szime^{n}ntu] *m* = **nascença**

nassa [nàszö] *f* varsa (halászeszköz

nastro [nàstru] *m* keskeny szalag (beszegéshez)

nata [nàtö] *f* 1. tejszín 2. *átv* színe-java

natação [nötöszö^{n}u] *f* úszás

natal [nötàl] I. *mn* otthoni, szülői; *país ~* szülőföld II. *fn, m Natal* karácsony; *árvore do Natal* karácsonyfa; *Pai Natal* Télapó

natalício [nötöliszju] I. *mn* születési; *aniversário ~* születési évforduló II. *fn, m* születésnap

natalidade [nötölidàd] *f* születések száma, születési arányszám

natatório [nötötòrju] I. *mn* úszó-; *bexiga ~a* úszóhólyag II. *fn, m* 1. úszómedence 2. akvárium

nateiro [nötéjru] *m* iszaplerakódás

natividade [nötividàd] *f* születés

nativo [nötìvu] *mn* 1. veleszületett; természetes; *água ~a* forrásvíz 2. hazai, honi; honos; *~ de Portalegre* portalegrei születésű

nato [nàtu] *mn* 1. született 2. veleszületett

NATO = *Organização do Tratado do Atlântico Norte* (*OTAN*)

nátrio [nàtrju] *m vegy* nátrium

natural [nöturàl] I. *mn* 1. természeti; *lei ~* természeti törvény 2. veleszületett 3. születésű 4. természetes; valódi; *filho ~* házasságon kívül született fiú; *vinho ~* hamisítatlan bor II. *fn, m* 1. őslakó 2. természet; jellem; hajlam 3. természetesség; *ao ~* eredeti *v* változatlan formában; *fora do ~* szokatlan, rendkívüli; *pintar do ~* természet után fest

naturalidade [nöturölidàd] *f* 1. természetesség; egyszerűség 2. születés, eredet; honosság

naturalista [nöturölistö] *mn* és *fn* 1. naturalista 2. természetkutató

naturalização [nöturölizöszö^{n}u] *f* 1. *jog* honosítás 2. meghonosítás (*pl* növényeké)

naturalizar [nöturölizàr] *1/1* I. *ts* 1. állampolgárságot ad 2. meghonosít (*pl* növényt) II. **~-se** 1. állampolgárságot felvesz 2. meghonosodik

natureza [nöturézö] *f* 1. természet; *műv: ~ morta* csendélet 2. jellem; tulajdonság; jelleg

nau [nàu] *f* hajó

naufragar [nàufrögàr] *1/4, 1/12 tl* 1. hajótörést szenved 2. nem sikerül (vállalkozás) 3. tönkremegy

naufrágio [nàufràzsju] *m* hajótörés (*átv* is)

náufrago [nàufrögu] *mn* és *fn* hajótörött (*átv* is)

náusea [nàuzjö] *f* 1. émelygés, hányinger 2. undor

nauseabundo [nàuzjöbu^{n}ndu] *mn* 1. émelyítő 2. undorító

nauseado [nàuzjàdu] *mn* émelygést *v* hányingert érző

nausear [nàuzjàr] *1/5* I. *ts* 1. émelygést *v* hányingert kelt 2. *átv* undort kelt II. *tl* émelygést *v* hányingert érez

nauta [nàutö] *m* hajós, tengerész

náutica [nàutikö] *f* hajózás (tudománya)

náutico [nàutiku] I. *mn* hajózási; *desporto ~* vízi sport II. *fn, m* hajós, tengerész

naval [növàl] *mn* hajózási; tengeri; *batalha ~* tengeri ütközet; *escola ~* tengerészeti főiskola

navalha [növàljö] *f* 1. bicska 2. borotvakés 3. metsző hideg 4. *átv* gonosz nyelv

navalhada [növöljàdö] *f* 1. bicskaszúrás 2. borotvavágás

nave [nàv] *f* 1. hajó; *~ cósmica v espacial v sideral* űrhajó 2. *ép* templomhajó

navegabilidade [növigöbilidàd] *f* hajózhatóság

navegação [növigöszö^{n}u] *f* hajózás; *~ aérea* léghajózás, repülés; *~ marítima* tengerhajózás

navegador [növigödor] *m* 1. hajós, tengerész 2. navigációs tiszt

navegante [növigö^{n}nt] *m* = **navegador**

navegar [növigàr] *1/4, 1/13* I. *ts* behajóz (tengereket) II. *tl* 1. hajózik 2. repül 3. halad, megy (hajó) 4. *átv* lavirozik, sikeresen megússza (a bajt)

navegável [növigàvèl] *mn* hajózható

naveta [növétö] *f* 1. *text* vetélő 2. varrógép hajója

navio [növìu] *m* hajó; *~ cargueiro v de carga* teherhajó; *~-hospital* kórházhajó; ~ *mercante* kereskedelmi hajó; ~ *quebra-gelos* jégtörő hajó; ~ *de guerra* hadihajó; ~ *de linha* sorhajó; ~ *de vela* vitorlás hajó; *ficar a ver ~s* **a)** pórul jár, kudarcot vall **b)** hoppon marad, becsapják

nazi [nözi] *mn* és *fn* náci, hitlerista

N. B. = *note bem* (nota bene), megjegyzendő

n/c = *ker: nossa conta*

n/c/c = *ker: nossa conta corrente*

N. E. = *Nordeste*

neblina [niblinö] *f* **1.** (gomolygó) köd; *sob ~ nunca ultrapasse, közl* ködben előzni tilos **2. B** szitáló eső

nebulosa [nibulòzö] *f csill* ködfolt

nebuloso [nibulozu] *mn* **1.** ködös, felhős **2.** *átv* lehangoló, szomorú **3.** homályos, zavaros

necedade [niszidàd] *f* **1.** tudatlanság **2.** dőreség, ostobaság

necessária [niszíszàrjö] *f biz* vécé

necessário [niszíszàrju] *mn* szükséges

necessidade [niszíszidàd] *f* **1.** szükség, kényszer; *por ~* szükségképpen; *em caso de ~* szükség esetén; *é de ~* szükséges; *ter ~ de* szüksége van vmire **2.** ínség, nélkülözés **3.** szükséglet; *artigo de ~* közszükségleti cikk; *de primeira ~* elsőrendű fontosságú; létfontosságú **4.** *fazer ~, nép* szükségét végzi

necessitado [niszíszitàdu] *mn* szűkölködő, ínséges

necessitar [niszíszitàr] *1/1* **I.** *ts* **1.** szüksége van vmire **T 2.** kényszerít vmire (*a*) **II.** *tl* **1.** ~ *de* szüksége van vmire **2.** nélkülöz, szegénységben él

necrologia [nikruluzsìö] *f* nekrológ; elhalálozások (jegyzéke)

necrológico [nikrulòzsiku] *mn* elhalálozási

necrológio [nikrulòzsju] *m* **1.** = **necrologia 2.** halotti megemlékezés

necromancia [nikrumöⁿsziö] *f* fekete mágia; varázslás

necromante [nikrumöⁿnt] *m* halottidéző

necrópole [nikròpuli] *f* temető

necrotério [nikrutèrju] *m* tetemnéző, hullaház

necrotizar [nikrutizàr] *1/1 ts* eltemet

néctar [nèktàr] *m* nektár

nédio [nègyu] *mn* zsírtól fénylő (*pl* bőr)

neerlandês *m*, **-desa** *f* [néjrlöⁿndés, -dézö] *mn* és *fn* németalföldi

nefando, nefário [nifőⁿndu, nifàrju] *mn* undok, utálatos

nefas [nèfös] *m: por fas e por ~* okkal vagy ok nélkül

nefasto [nifàstu] *mn* végzetes, gyászos

nefrite [nifrit] *f* vesegyulladás

negaça [nigàszö] *f* csalétek; *fazer ~s a* ingerel vkit

negação [nigöszöⁿu] *f* **1.** tagadás **2.** elutasítás **3.** alkalmatlanság **4.** *ser a ~ de* pont az ellentéte vminek

negacear [nigöszjàr] *1/5 ts* **1.** csalogat **2.** ámít

negão [nigöⁿu] *m* **B** társ, barát; → **nego**

negar [nigàr] *1/4, 1/13* **I.** *ts* **1.** tagad **2.** megtagad, elutasít **II. ~-se 1.** letagadja magát **2.** *~-se a* vonakodik megtenni vmit

negativa [nigötìvö] *f* **1.** tagadás **2.** nemleges válasz, elutasítás

negativo [nigötìvu] **I.** *mn* **1.** tagadó **2.** nemleges, elutasító **3.** negatív **II.** *fn*, *m fényk* negatív

negligência [niglizseⁿszjö] *f* hanyagság, nemtörődömség

negligenciar [niglizseⁿszjàr] *1/7 ts* elhanyagol vmit, nem törődik vmivel **T**

negligente [niglizseⁿnt] *mn* hanyag, nemtörődöm

nego [négu] *m* **B 1.** néger **2.** *nép* kedvesem, barátom, öregem (megszólítás)

negociação [niguszjöszöⁿu] *f* **1.** üzlet(kötés) **2.** *negociações* tárgyalások; *estar em negociações* tárgyalásokat folytat

negociador *m*, **-a** *f* [niguszjödor(ö)] *mn* és *fn* **1.** üzletkötő **2.** közvetítő

negociante [niguszjöⁿnt] *m* kereskedő, üzletember

negociar [niguszjàr] *1/6* vagy *1/7* **I.** *ts* **1.** tárgyal, egyezkedik vmiről; *~ a paz* a békéről tárgyal **2.** áruba bocsát, elad **II.** *tl* **1.** kereskedik **2.** tárgyalásokat folytat

negociarrão [niguszjörröⁿu] *m* előnyös üzlet, „bomba" üzlet

negociata [niguszjàtö] *f* sötét ügy; zugüzlet

negociável [niguszjàvèl] *mn* **1.** eladható **2.** leszámítolható (váltó)

negócio [nigòszju] *m* **1.** kereskedés, kereskedelem; *casa de ~* üzletház **2.** *átv* üzlet; ügy; *~ de água arriba* bonyolult *v* nehéz ügy; *~ da China* előnyös üzlet;

homem de ~s üzletember; *resolver um ~* ügyet elintéz
negocioso [niguszjozu] *mn* **1.** munkás, dolgos, szorgalmas **2.** elfoglalt
negocista [néguszistö] *m* **B** feketéző
negra [négrö] *f* néger nő
negreiro [nigréjru] *m* rabszolgakereskedő
negrejante [nigrizsö^{n}nt] *mn* feketés, feketéllő
negrejar [nigrizsàr] *1/14 tl* **1.** feketéllik **2.** elsötétedik **3.** *átv* bánkódik, szomorkodik
negridão [nigridö^{n}u] *f* feketeség
negrito [nigritu] *m nyomd* fett *v* kövér szedés
negro [négru] **I.** *mn* **1.** fekete; sötét **2.** szomorú, gyászos; *ver tudo ~* mindent sötét színben lát **3.** *câmbio v mercado ~* feketepiac **II.** *fn, m* **1.** néger **2.** sötét szín **3. B** *meu ~* barátom, öregem
negror, negrume [nigror, nigrum] *m* **1.** feketeség, sötétség **2.** bánat, szomorúság
nela [nèlö] = *em* + *ela*
nele [néli] = *em* + *ele*
nem [nö^{n}j] *ksz* sem, és nem (is); *~ eu* én sem; *~ um* egy sem; *~ um, ~ outro* sem az egyik, sem a másik; egyik(ük) sem; *~ tanto, ~ pouco* se nem sok, se nem kevés; *~ de dia ~ de noite* se éjjel, se nappal; *ficar sem amigo ~ dinheiro* barát és pénz nélkül marad; *~ por isso deixa de fumar* csak azért sem hagyja abba a dohányzást; *~ que* még ha ... is; *que ~* mintsem, mint; *magro que ~ um palito* sovány, mint a piszkafa
nenhum *m*, **nenhuma** *f* [ninyu^n, ninyumö] *névm* senki, semmi, egy sem; *de ~a sorte* semmiképpen; *em ~ lugar* sehol; *não há ~ meio* nincs rá lehetőség
nenhures [ninyuris] *hat* sehol
nenúfar [ninufàr] *m növ* tavirózsa
neófito [nèòfitu] *fn* neofita; újonc, újdonsült, kezdő
neolatino [nèòlötinu] *mn nyelvt* újlatin, a latinból fejlődött
neologismo [nèòluzsizsmu] *m nyelvt* neologizmus
neozelandês *m*, **-desa** *f* [nèòzilö^{n}ndés, -dézö] *mn* és *fn* újzélandi
nepotismo [niputizsmu] *m* nepotizmus
nervação [nirvöszö^{n}u] *f növ* erezet
nervado [nirvàdu] *mn növ* erezett
nervo [nèrvu] *m* **1.** ideg; *fazer ~s a* idegesít vkit; *ter ~s* ideges; *isso complica-me com os ~s* ez idegeimre megy **2.** *biz* ín **3.** erő, energia; *de ~* erős, izmos **4.** *növ* erezet **5.** *ép* borda
nervosidade [nirvuzidàd] *f* idegesség
nervosismo [nirvuzizsmu] *m* idegesség
nervoso [nirvozu] *mn* **1.** ideg-; *doença ~a* idegbaj **2.** ideges **3.** erős, izmos **4.** *növ* erezett
nervudo [nirvudu] *mn* **1.** erős idegzetű **2.** erős, izmos
nervura [nirvurö] *f* **1.** *növ* erezet **2.** *ép* borda
néscio [nès-szju] *mn* **1.** tudatlan **2.** buta
nesga [nézsgö] *f* **1.** cvikli, toldás (ruhában) **2.** darabka, részecske, sáv
nêspera [néspirö] *f* naspolya
nespereira [nispiréjrö] *f* naspolyafa
nessa [nèszö] = *em* + *essa*
nesse [nészi] = *em* + *esse*
nesta [nèstö] = *em* + *esta*
neste [nésti] = *em* + *este*
neto *m*, **-a** *f* [nètu, nètö] *fn* unoka; *os ~s* az unokák, a leszármazottak
neuralgia [néurölzsiö] *f orv* neuralgia, idegzsába
neurálgico [nèuràlzsiku] *mn* neuralgikus
neurastenia [néuröstiniö] *f orv* neuraszténia, ideges kimerültség
neurasténico [néuröstèniku] *mn* és *fn* neuraszténiás
neurite [néurit] *f orv* ideggyulladás
neurologia [néuruluzsiö] *f* ideggyógyászat
neurologista [néuruluzsistö] *fn* ideggyógyász
neurose [néuròz] *f orv* neurózis
neutral [néutràl] *mn* semleges; közömbös
neutralidade [néutrölidàd] *f* semlegesség
neutralizar [néutrölizàr] *1/1 ts* semlegesít
neutro [nèutru] *mn* **1.** semleges **2.** *nyelvt* semleges nemű (szó); tárgyatlan (ige)
nevada [nivàdö] *f* havazás, hóesés
nevado [nivàdu] *mn* **1.** hófedte, havas **2.** hófehér **3.** jéghideg, fagyos
nevão [nivö^{n}u] *m* hóvihar
nevar [nivàr] *1/13* **I.** *ts* **1.** behavaz, hóval befed **2.** megfagyaszt, lehűt **II.** *tl* **1** esik a hó **2.** fehérlik, fehéren csillog
nevasca [nivàskö] *f* hóvihar
neve [nèv] *f* **1.** hó; *cristal de ~* hópehely; *frio de ~* erős fagy; *ficar preso pela ~* be van havazva, el van zárva a világtól **2.** hófehérség

neveira [nivéjrö] *f* **1.** jégverem (*átv* is) **2.** hűtőkamra
neveiro [nivéjru] *m* fagylalt és hűsítőital-árus
nevo [nèvu] *m orv* anyajegy
névoa [nèvuö] *f* **1.** szitáló köd **2.** hályog (a szemen)
nevoaça [nivuàszö] *f* **1.** sűrű köd **2.** sötétség
nevoeiro [nivuéjru] *m* = **nevoaça**
nevoento [nivue^{n}ntu] *mn* ködös
nevoso [nivozu] *mn* hófedte, havas
nevr... →**neur...**
nexo [nèkszu] *m* kapcsolat, összefüggés
nhá, nhanhá [nyà, nyànyà] *f* **B** *biz* asszony(om), kisasszony(om)
nhô, nhonhô [nyo, nyonyo] *m* **B** *biz* uram
nica [nikö] *f* semmiség
nicar [nikàr] *1/2 ts* csőrével csipeget
nicho [nisu] *m* **1.** falmélyedés **2.** (szekrény)retesz **3.** *átv* csendes zug
Nicolau [nikulàu] *m* Miklós
nicotina [nikutinö] *f* nikotin
nidificar [nidifikàr] *1/2 tl* fészket rak
nidoroso [nidorozu] *mn* büdös, bűzös
niilista [nijlistö] *mn* és *fn* nihilista
nimbo [ni^{n}mbu] *m* **1.** esőfelhő **2.** nimbusz, dicsfény
nímio [nimju] *mn* túlzott, túlságos
nina [ninö] *f* kislány
ninar [ninàr] *1/1* **I.** *ts* elringat **II.** *tl* alszik
ninfa [ni^{n}fö] *f* **1.** nimfa **2.** *áll* báb
ninguém [ni^{n}ngö^{n}j] *névm* senki
ninhada [ninyàdö] *f* **1.** fészekalja, ellés, költés **2.** *átv* csomó, rakás
ninharia [ninyöriö] *f* semmiség, gyerekesség
ninho [ninyu] *m* **1.** fészek; *fazer o ~* fészket rak; *sair do ~* kirepül a fészkéből **2.** *átv* menedék
nipónico [nipòniku] *mn* és *fn* japán
níquel [nikèl] *m* **1.** nikkel **2.** aprópénz
niquelagem [nikilàzsö^{n}j] *f* nikkelezés
niquelar [nikilàr] *1/13 ts* (be)nikkelez
niquento [nike^{n}ntu] *mn* kicsinyes, bogarászó
niquice [nikisz] *f* kicsinyeskedés, bogarászás
nisso [niszu] = *em + isso*
nisto [nistu] = *em + isto*
nitidez [nitidés] *f* **1.** ragyogás **2.** tisztaság **3.** érthetőség, világosság
nítido [nitidu] *mn* **1.** ragyogó **2.** tiszta **3.** érthető, világos
nítrico [nitriku] *mn* salétrom-; *ácido ~* salétromsav
nitro [nitru] *m* salétrom
nitrogénio [nitruzsènyu] *m* nitrogén
nitroso [nitrozu] *mn* salétromos
nível [nivèl] *m* **1.** *müsz* szintező; *~ de bolha* (*de ar*) buborékos szintező **2.** szint; vízszintes helyzet; *~ de água* vízszint, vízállás; *a ~* vízszintesen **3.** *átv* színvonal; *~ de vida* életszínvonal; *de alto ~* magas színvonalú
nivelador *m*, **-a** *f* [nivilödor(ö)] *mn* és *fn* szintező (személy, eszköz)
nivelamento [nivilöme^{n}ntu] *m* **1.** szintezés **2.** kiegyenlítés, egyengetés
nivelar [nivilàr] *1/13 ts* **1.** szintez **2.** kiegyenlít, egyenget
níveo [nivju] *mn* **1.** havas **2.** hófehér
n/l = *nossa letra* levelünk, váltónk
N. N. E. = *nor-nordeste*
N. N. O., N. N. W = *nor-noroeste*
n.^{o}, n^{o} = *número*
N. O. = *Noroeste*
no [nu] **I.** = *em + o; no ar* a levegőben **II.** (orrhang után, *o* helyett) *traz o livro e pôe-no sobre a mesa* hozd a könyvet és tedd az asztalra; *esperam-no* várják őt **III.** (*nos* helyett *lo, la, los, las* előtt) *ali há um livro, dá-no-lo* ott van egy könyv, add azt ide nekünk
nó [nò] *m* **1.** csomó; *~ cego* dupla csomó; *~ corredio* hurok **2.** *orv* ujjízület **3.** *növ* csomó, bütyök **4.** *haj* csomó (sebesség régi mértékegysége: óránként egy mérföld) **5.** *átv* vminek a lényege, magva **6.** kötelék; *~ matrimonial* házassági kötelék **7.** *átv* szövevény, bonyodalom; *~ górdio* gordiuszi csomó, bonyolult helyzet **8.** *szól: ~ de Adão, ~ da garganta* ádámcsutka; *não dar ponto sem nó* semmit sem tesz érdek nélkül; *ter um ~ na garganta* gombócot érez a torkában
nobiliário [nubiljàrju] **I.** *mn* nemesi **II.** *fn, m* nemzetségkönyv
nobilitar [nubilitàr] *1/1 ts* **1.** nemesi rangra emel **2.** *átv* nemesít
nobre [nòbr] **I.** *mn* **1.** nemes (*átv* is) **2.** *andar ~* első emelet; *salão ~* díszterem **II.** *fn, m* nemes ember
nobreza [nubrézö] *f* **1.** nemesség; előkelőség **2.** nemeslelkűség
noção [nuszö^{n}u] *f* **1.** fogalom **2.** ismeret; tudomás

nocaute [nokàut] *m sp* kiütés
nocautear [nokàutyàr] *1/5 ts sp* kiütéssel legyőz
nocivo [nuszivu] *mn* ártalmas
noctámbulo [noktö^{n}mbulu] *m* **1.** alvajáró **2.** éjszakai életet élő ember
nocturno [noturnu] **I.** *mn* éjszakai, éjjeli; *curso* ~ esti tanfolyam; *guarda* ~ éjjeliőr **II.** *fn, m* **1.** *zene* nocturne **2.** *B* éjszakai vonat
nodal [nudàl] *mn* csomó-; *ponto* ~ csomópont
nódoa [nòdvö] *f* folt (*átv* is)
nodoso [nudozu] *mn* csomós; bütykös
Noé [nuè] *m* Noé
nogueira [nugéjrö] *f* diófa
noitada [nojtàdö] *f* átvirrasztott éjszaka; *fazer* ~ átvirrasztja az éjszakát
noite [nojt, not] *f* **1.** est, este; éjszaka; *à* ~, *de* ~ este; éjjel, éjszaka; *na* ~ *de ontem* tegnap este; *ao cair da* ~ az éj beálltával; *levar* v *passar a* ~ *em branco* v *em claro* átvirrasztja *v* álmatlanul tölti az éjszakát; *boa* ~*!* **a)** jó estét! **b)** jó éjszakát! *apanhou-nos a* ~ ránk esteledett; *cai a* ~, *faz-se* ~ esteledik; *közm: a* ~ *é boa conselheira* az éjszaka jó tanácsadó; *közm: de* ~ *todos os gatos são pardos* sötétben minden tehén fekete **2.** sötétség, homály **3.** *átv* tudatlanság
noitibó [nojtibò] *m* **1.** *áll* kecskefejő **2.** *átv* éjjeli bagoly
noitinha [nojtinyö] *f* késő délután
noiva [nojvö] *f* menyasszony
noivado [nojvàdu] *m* **1.** jegyesség **2.** házasságkötés, menyegző
noivar [nojvàr] *1/1 tl* házhoz eljár, udvarol (házassági szándékkal)
noivo [nojvu] *m* vőlegény; ~*s* jegyesek
nojento [nuzse^{n}ntu] *mn* undorító, utálatos
nojo [nozsu] *m* **1.** undor, utálat; *causar* v *fazer* v *meter* ~ undort kelt **2.** bánat, szomorúság; gyász; *estar em* ~ gyászban van; *tomar* ~ gyászt ölt
nómada, nómade [nòmödö, nòmöd] *mn* és *fn* vándorló; nomád
nome [nom] *m* **1.** név, elnevezés; ~ *comum* köznév; ~ *próprio* tulajdonnév; ~ *de família* családnév; *de* ~ **a)** név szerint **b)** jó hírű, híres; *em* ~ *de* vkinek a nevében; *em meu* ~ nevemben; *só é chefe no* ~ főnök ő, de csak névleg; ~ *de guerra* álnév **2.** hírnév; *alcançar* ~, *adquirir um* ~ hírnévre tesz szert **3.** *nyelvt* főnév **4.** *szól:* ~ *feio* trágárság; *barbaridade sem* ~ példátlan ostobaság; *dar pelo* ~ *de* vmilyen névre hallgat
nomeação [numjöszö^{n}u] *f* kinevezés (állásra)
nomeada [numjàdö] *f* jó hírnév
nomeadamente [numjödöme^{n}nt] *hat* nevezetesen
nomear [numjàr] *1/5* **I.** *ts* **1.** elnevez, hív vmilyennek **T 2.** kinevez (állásra) **II.** ~**-se 1.** nevezi magát, hívják **2.** megadja a nevét
nomenclatura [nume^{n}nklöturö] *f* nómenklatúra
nominação [numinöszö^{n}u] *f* elnevezés; névadás
nominal [numinàl] *mn* **1.** név-, név szerinti; *lista* ~ névjegyzék **2.** névleges; *valor* ~ névérték
nominativo [numinötivu] *m nyelvt* alanyeset
nonada [nònàdö] *f* csekélység, semmiség
nonagenário [nonözsinàrju] *mn* és *fn* kilencvenéves
nonagésimo [nonözsèzimu] *szn* kilencvenedik
nones [nònis] = *nunes*
nongentésimo [no^{n}zse^{n}ntèzimu] = *noningentésimo*
noningentésimo [noni^{n}zse^{n}ntèzimu] *szn* kilencszázadik
nono [nonu] **I.** *szn, mn* kilencedik **II.** *fn, m* **1.** kilenced **2.** kilences
nónuplo [nònuplu] *mn* kilencszeres
nora [nòrö] *f* **I.** meny **II.** *műsz* járgányos vízemelő gép
nordeste [nòrdèst] *m* északkelet
nórdico [nòrdiku] *mn* északi
norma [nòrmö] *f* norma; szabály; előírás
normal [normàl] *mn* **1.** normális, rendes **2.** szabályos; szokásos **3.** *escola* ~ tanítóképző intézet
normalidade [nòrmölidàd] *f* normális állapot
normalista [nòrmölistö] *fn* tanítóképző-intézeti növendék *v* tanár
normalizar [nòrmölizàr] *1/1 ts* **1.** normalizál, a rendes állapotot visszaállítja **2.** szabványosít, egységesít
Normândia [nòrmö^{n}gyö] *f* Normandia
normando [nòrmö^{n}ndu] *mn* és *fn* normandiai, normann

normativo [nòrmötivu] *mn* normatív, irányadó, mértékül szolgáló
nor-nordeste [nòrnòrdèst] *m* észak-északkelet
nor-noroeste [nòrnòrvèst] *m* észak-északnyugat
noroeste [nòrvèst] *m* északnyugat
nortada [nòrtàdö] *f* hideg északi szél
norte [nòrt] **I.** *mn* északi; →**pólo** **II.** *fn, m* **1.** észak **2.** északi szél **3.** tájékozódási pont; irány; *perder o* ~ irányt téveszt; összezavarodik
norte-americano [nòrtiömirikönu] *mn* és *fn* észak-amerikai
nortear [nòrtyàr] *1/5* **I.** *ts* **1.** észak felé irányít **2.** *átv* irányít, vezet **II.** **~-se** **1.** tart vmerre *v* vmi felé **2.** *~-se por* tájékozódik, eligazodik vmi után
nortista [nòrtistö] *mn* és *fn* **B** észak-braziliai
Noruega [nòrvègö] *f* Norvégia
norueguês, -guesa [norvègés, -gézö] *mn* és *fn* norvég
nos [nus] **I.** *névm* bennünket, minket; nekünk **II.** = *em* + *os*
nós [nòs] *névm* mi; *todos* ~ mi mindnyájan
nosso *m*, **nossa** *f* [nòszu, nòszö] *névm* a mienk, a mi . . nk; ~ *amigo* a (mi) barátunk; *~s livros* könyveink; *~as janelas* ablakaink
nostalgia [nustàlzsiö] *f* **1.** honvágy **2.** vágyakozás
nostálgico [nustàlzsiku] *mn* vágyakozó
nota [nòtö] *f* **1.** jel, jelzés **2.** feljegyzés; megjegyzés, észrevétel; *~s públicas* hivatalos feljegyzések; *tabelião de ~s* közjegyző; *digno de* ~ feljegyzésre *v* említésre méltó; *tomar ~ de* **a)** feljegyez vmit **b)** tudomásul vesz vmit **3.** (diplomáciai) jegyzék **4.** *isk* érdemjegy, osztályzat; *tirar boa* ~ jó jegyet *v* osztályzatot kap; *tirar* ~ *baixa* rossz jegyet kap **5.** *zene* kotta, hangjegy **6.** bankjegy **7.** számla **8.** jó hírnév; *escritor de* ~ neves író; *de boa* ~ jó nevű; *de má* ~ hirhedt **9.** *átv* hang; *dar a* ~ megadja a hangot **10.** korholás, szidás
notabilidade [nutöbilidàd] *f* **1.** kiválóság, tekintély **2.** kiváló *v* előkelő személyiség
notabilizar [nutöbilizàr] *1/1* **I.** *ts* **1.** híressé tesz **2.** kiemel **II.** **~-se** kiemelkedik
notação [nutöszö^{n}u] *f* **1.** jelölés, jelölési rendszer **2.** *zene* hangjegyírás
notadamente [nutàdöme^{n}nt] *hat* nevezetesen
notado [nutàdu] *mn* nevezetes
notar [nutàr] *1/15* *ts* **1.** jellel *v* jelzéssel ellát **2.** feljegyez; megjegyez; *nota-se que* meg kell jegyezni, hogy; *note bem!* jegyezze meg jól! **3.** észrevesz **4.** korhol, szid
notariado [nutörjàdu] *m* (köz)jegyzői tisztség
notarial [nutörjàl] *mn* (köz)jegyzői
notário [nutàrju] *m* közjegyző
notável [nutàvèl] *mn* **1.** nevezetes, kiváló **2.** tekintélyes
notícia [nutiszjö] *f* **1.** hír; tudósítás **2.** tudomás **3.** jegyzet, feljegyzés
noticiar [nutiszjàr] *1/7* *ts* **1.** közöl, tudósít **2.** (be)jelent
noticiário [nutiszjàrju] *m* **1.** újságkrónika; (legújabb) hírek **2.** közlés, tudósítás
noticiarista [nutiszjöristö] *fn* hírszerkesztő
noticioso [nutiszjozu] *mn* hírközlő; *resumo* ~ hírösszefoglalás
notificação [nutifiköszö^{n}u] *f* **1.** közlemény **2.** hivatalos értesítés
notificar [nutifikàr] *1/2* *ts* **1.** közöl vkivel **(T)** vmit (*de*) **2.** hivatalosan értesít
notoriedade [nuturjèdàd] *f* **1.** köztudomás, közhír **2.** híresség; *de* ~ *europeia* európai hírű; *de* ~ *mundial* világhírű
notório [nutòrju] *mn* köztudomású; közismert
nout . . . →**noit . . .**
noutro, noutra [notru, notrö] = *em outro, em outra*
Nov.^{o} = *Novembro*
nova [nòvö] *f* hír; *boa* ~ örömhír
novação [nuvöszö^{n}u] *f* **1.** újítás **2.** felújítás
Nova Iorque [nòvöjòrk] *f* New York
nova-iorquino [nòvöjòrkinu] *mn* és *fn* New York-i
novato [nuvàtu] **I.** *mn* kezdő, tapasztalatlan **II.** *fn, m* **1.** újonc, új ember **2.** *isk* új tanuló **3.** elsőéves egyetemi hallgató, „gólya"
nove [nòv] **I.** *szn* kilenc **II.** *fn, m* kilences
novecentos *m*, **novecentas** *f* [novisze^{n}ntus -tös] *szn, mn* kilencszáz
novedio [nuvidiu] *mn* fiatal

novel [nuvèl] *mn* kezdő, tapasztalatlan; *o ~ par* a fiatal házaspár; *soldado ~* újonc

novela [nuvèlö] *f* 1. novella, elbeszélés 2. koholmány, hazugság

noveleiro [nuviléjru] *m* 1. novellaíró 2. hírhajhászó

novelesco [nuvilésku] *mn* 1. regényes 2. *átv* ábrándos

novelista [nuvilistö] *fn* = **noveleiro**

novelo [nuvélu] *m* 1. gombolyag 2. *~ de neve* hólabda 3. *növ: ~ (da China)* hortenzia

Novembro [nuve^{n}mbru] *m* november

novena [nuvénö] *f* 1. kilencnapos időszak 2. kilenc ember; kilenc darab vmiből (*de*) 3. *vall* kilencnapi ájtatosság

noveno [nuvénu] *szn, mn* kilencedik

noventa [nuve^{n}ntö] *szn* kilencven

noviciado [nuviszjàdu] *m* 1. próbaidő; inaskodás 2. *vall* noviciátus

noviço [nuviszu] I. *mn* tapasztalatlan II. *fn, m* 1. újonc, kezdő 2. *vall* novícius

novidade [nuvidàd] *f* 1. újdonság 2. újítás 3. primőr, piaci újdonság 4. B váratlan nehézség *v* akadály; *chegar sem ~* baj nélkül *v* rendben megérkezik; *não há ~!* minden rendben!

novidadeiro [nuvidödéjru] *m* hírhajhászó

novilha [nuviljö] *f áll* üsző

novilhada [nuviljàdö] *f* 1. fiatal bikák 2. bikaviadal fiatal bikákkal

novilho [nuvilju] *m* tinó; fiatal bika

novilúnio [nòvilunyu] *m* újhold

novinho [nuvinyu] *mn* vadonatúj

novo [novu] I. *mn* 1. új; más(ik); *um vestido ~* (vadonat)új ruha; *um ~ vestido* másik ruha; *vinho ~* újbor; *de ~* újból, ismét; *pôr como ~* újjávarázsol, felújít; *que há de ~?* mi újság? 2. fiatal; *meu irmão mais ~* legkisebb *v* kisebbik öcsém II. *fn, m* 1. újság; újdonság 2. új termés 3. kezdő, újonc 4. *os ~s* az új nemzedék

novo-riquista [nòvurikistö] *mn* és *fn* újgazdag

noz [nòs] *f* dió; *~-vómica, növ* farkasmaszlag; *~-moscada* szerecsendió; *~-da-Índia* kókuszdió; *~ de galha* gubacs

nu *m*, **nua** *f* [nu, nuö] I. *mn* 1. meztelen; *~ em pelo* anyaszült meztelen; *pôr a ~* levetkőztet; leleplez 2. csupasz; *espada ~a* kivont kard; *árvores ~as* csupasz fák; *paredes ~as* csupasz *v* sivár falak II. *fn, m müv* akt(kép)

nuança [nuö^{n}szö] *f* nüansz, árnyalat

nubente [nube^{n}nt] *mn* házasulandó

núbil [nubil] *mn* eladó, férjhez adható (lány)

nublado [nublàdu] *mn* 1. felhős 2. *átv* szomorú, levert

nublar [nublàr] *1/1* I. *ts* 1. felhőkkel borít *v* takar 2. *átv* elszomorít II. *~-se* 1. befelhősödik, beborul 2. elszomorodik, elkomorodik

nubloso [nublozu] *mn* felhős

nuca [nukö] *f* nyakszirt, tarkó

nuclear [nukljàr] *mn* nukleáris, atom-; *arma ~* atomfegyver; *propulsão ~* atommeghajtás; *reactor ~* atomreaktor

núcleo [nuklju] *m* 1. *növ* (gyümölcs)mag; dióbél 2. *él* sejtmag 3. atommag 4. *átv* vminek magva, lényege 5. központ, kiindulópont

nudez, nudeza [nudés, -dézö] *f* meztelenség, csupaszság

nudismo [nudizsmu] *m* nudizmus

nudista [nudistö] *fn* nudista

nuelo [nuèlu] *mn* 1. tollatlan (madár) 2. újszülött

nuga [nugö] *f* csekélység, semmiség

nugativo [nugötivu] *mn* könnyűvérű, léha

nulidade [nulidàd] *f* 1. érvénytelenség, hatálytalanság 2. képesség hiánya; haszontalanság 3. értéktelen ember, egy nulla

nulificar [nulifikàr] *1/2 ts* érvénytelenít, hatálytalanít

nulo [nulu] *mn* 1. érvénytelen, hatálytalan, semmis; *fazer ~* hatálytalanít, semmissé nyilvánít 2. hiábavaló, haszontalan 3. jelentéktelen, értéktelen

num, numa [nu^n, numö] = *em + um, em + uma*

núm. = *número*

numeração [numirösző^{n}u] *f* 1. számozás 2. számolás; felsorolás 3. *mat: ~ decimal* tizes számrendszer

numerador [numirödor] *m* 1. *mat* számláló 2. számozógép

numeral [numiràl] I. *mn* szám-; *adjectivo v substantivo ~* számnév II. *fn, m* számnév; *~ cardinal* tőszámnév; *~ ordinal* sorszámnév

numerar [numiràr] *1/13 ts* 1. megszámoz, elrendez 2. megszámol 3. felsorol

numerário [numiràrju] *m* készpénz
numerável [numiràvèl] *mn* kiszámítható; felsorolható
numérico [numèriku] *mn* számbeli, számszerű
número [numiru] *m* **1.** szám; ~ *fraccionário* v *quebrado* törtszám; ~ *inteiro* egész szám; ~ *premiado* nyerőszám; ~ *simples* egyjegyű szám; ~ *de ordem* sorszám **2.** számjegy; ~*s romanos* római számjegyek **3.** *nyelvt:* ~ *singular* egyes szám; ~ *plural* többes szám **4.** műsorszám **5.** újságszám, példányszám **6.** mennyiség, tömeg; *grande* ~ *de* vminek nagy száma; *o maior* ~ a nagyobbik rész, a többség; *sem* ~ számtalan; *un sem* ~ *de vezes* számtalanszor; *no* ~ *dos presentes* a jelenlevők közt **7.** *szól* **B**: *esse sujeito é um* ~*!* az az ember külön szám! (jó pofa)
numeroso [numirozu] *mn* számos, nagyszámú
numismata [numizsmàtö] *fn* éremszakértő
numismática [numizsmàtikö] *f* numizmatika, éremtan
nunca [nu^{n}nkö] *hat* **1.** soha, sohase(m); ~ *jamais* soha, semmi esetre sem; *para* ~ *mais* örökre; *no dia de São Nunca* sohanapján **2.** valaha, valamikor; *mais do que* ~ jobban, mint valaha; *menos do que* ~ kevésbé, mint valaha
núncio [nu^{n}szju] *m* nuncius, pápai követ
nunes [nunis] **I.** *mn* páratlan **II.** *fn, m* páratlan szám
nupcial [nupszjàl] *mn* házassági; menyegzői, nász-
núpcias [nupszjös] *f tb* házasság; menyegző, lakodalom; *noite de* ~ nászéjszaka; *viagem de* ~ nászút; *filhos de segundas* ~ második házasságból született gyermekek; *passar a segundas* ~ újra megházasodik *v* férjhez megy
Nuremberga [nure^{n}mbèrgö] *f* Nürnberg
nutrição [nutriszö^{n}u] *f* táplálás; táplálkozás
nutrido [nutridu] *mn* **1.** jól táplált, kövér **2.** erős, erőteljes
nutriente [nutrje^{n}nt] *mn* tápláló
nutrir [nutrir] *3/1* **I.** *ts* **1.** táplál **2.** *átv* erősít; kiélez **II.** ~**-se** **1.** táplálkozik **2.** megerősödik
nutritivo [nutritivu] *mn* táplálkozási; tápláló
nutriz [nutris] *f* dajka
nuvem [nuvö^{n}j] *f* **1.** felhő; ~ *atómica* atomfelhő; *sem nuvens* felhőtlen; *cair das nuvens* álmélkodik, elámul; *elevar às nuvens, pôr nas nuvens* egekig magasztal; *ir às nuvens* feldühödik **2.** *átv* halom, tömeg; raj, felleg **3.** bánat, szomorúság **4.** *orv* homályos folt
nuvioso [nuvjozu] *mn* = **nublado**
N. W. = *Noroeste* északnyugat
nylon [nàjlon] *m* nylon

O

O, o [ò] *m* o (betű)
O = *Oeste* nyugat
o [u] *m* **I.** *névelő* a, az; *o banco* a pad; *o ouro* az arany **II.** *névm* **a)** őt, azt; *não o vejo* nem látom őt **b)** *o que* az aki, az ami
o., o/= *ordem* rendelés, megbízás
ó [ò] *isz* **1.** (megszólításban) *ó senhor* uram! *ó menina* kisasszony(om)! 2. halló, hé; *ó de casa!* halló! van itt valaki? 3. ó! hej!
oásis [uàzis] *m* oázis
ob. = *obra* mű
obcecação [òbsziköszö^{n}u] *f* **1.** megvakítás; megvakulás 2. csökönyösség
obcecar [òbszikàr] *1/2, 1/13* **I.** *ts* **1.** megvakít 2. *átv* elvakít; megtéveszt **II.** ~-se makacskodik, megátalkodik
ob.cit. = *obra citada* idézett mű
obedecer [òbidiszér] *2/2 tl* **1.** engedelmeskedik 2. betart; figyelembe vesz vmit (*a*); ~ *à lei* betartja a törvényt
obediência [obigye^{n}szjö] *f* engedelmesség; *reconduzir à* ~ megfegyelmez; megfékez
obediente [òbigye^{n}nt] *mn* engedelmes
obesidade [òbizidàd] *f* kövérség
obeso [òbèzu] *mn* kövér
obg.^{o}, obg.^{do} = *obrigado*
óbice [òbisz] *m* akadály, nehézség, zavar
óbito [òbitu] *m* elhalálozás; *atestado v certidão de* ~ halotti anyakönyvi kivonat
objecção [òbzsèszö^{n}u] *f* **1.** ellenvetés 2. akadály, nehézség
objectar [òbzsètàr] *1/1 ts* ellentmond, ellenvetést tesz
objectiva [òbzsètivö] *f* **1.** objektív, tárgylencse 2. *kat* célpont
objectivar [òbzsètivàr] *1/1 ts* **1.** tárgyi formába önt 2. célul kitűz
objectividade [òbzsètividàd] *f* tárgyilagosság
objectivo [òbzsètivu] **I.** *mn* **1.** tárgyi; *nyelvt: complemento* ~ tárgy 2. tárgyilagos **II.** *fn, m* cél, terv, szándék; *ter por* ~ célul kitűz
objecto [òbzsètu] *m* **1.** tárgy, dolog 2. cél, szándék 3. *nyelvt:* ~ *directo* tárgy; ~ *indirecto* részeshatározó
oblíqua [oblikvö] *f geom* ferde egyenes
obliquângulo [oblikvö^{n}ngulu] *mn geom* ferdeszögű
obliquar [oblikvàr] *1/9 c tl* **1.** ferde irányban megy 2. hímez-hámoz, kibúvót keres
obliquidade [oblikvidàd] *f* ferdeség
oblíquo [oblikvu] *mn* **1.** ferde 2. sanda 3. *átv* kétszínű 4. *nyelvt: caso* ~ függő eset
obliteração [òblitiröszö^{n}u] *f* **1.** eltörlés; eltűnés 2. *orv* elzáródás
obliterar [òblitiràr] *1/13 ts* **1.** eltöröl; *átv* elfeledtet 2. *orv* elzár (*pl* véredényt)
oblongo [òblo^{n}ngu] *mn* hosszúkás
óbolo [òbulu] *m* obulus; pénzbeni hozzájárulás
obra [òbrö] *f* **1.** mű, munka; ~ *artística* műalkotás; ~ *de consulta* kézikönyv; ~*s completas de* vkinek az összes művei; ~*s escolhidas* válogatott művek; ~ *de arte* **a)** művészi alkotás, mestermű **b)** építmény **c)** *vasút* alagutak *v* hidak építése; ~ *de caridade* jótékonyság; ~ *de encomenda* rendelésre készült munka; *foi* ~ *de um instante* pillanat műve volt 2. építés; építkezés; ~*s públicas* közmunkák; ~*s* (*na pista*) vigyázat, út-

építés! ~ *de construção* építmény, épület **3.** ~ *de dois meses* körülbelül *v* mintegy két hónapig **4.** székelés; *fazer* ~ szükségét végzi **5.** *haj:* ~*s mortas* hajó víz fölötti része; ~*s vivas* hajó víz alá merülő része **6.** *szól:* (*isso*) *é* ~! nehéz ügy! komoly dolog! *temos* ~ most jön a neheze! *temos* ~ *em casa* mesteremberek dolgoznak nálunk

obra-mestra [òbrömèströ] *f* mestermű

obra-prima [òbröprimö] *f* remekmű

obrar [obràr] *1/15* **I.** *ts* **1.** megcsinál, véghezvisz, kivitelez **2.** *átv* forral, sző **II.** *tl* **1.** dolgozik, munkálkodik **2.** hat (orvosság) **3.** szükségét végzi

obreia [obréjö] *f* **1.** ostya **2.** ragasztószalag

obreira [obréjrö] *f* munkásnő

obreiro [obréjru] *m* munkás

obrepção [obrèpszö^{n}u] *f* vminek csalárd módon való megszerzése

obrigação [obrigöszö^{n}u] *f* **1.** kötelezettség; kötelesség; *assumir uma* ~ kötelezettséget vállal **2.** kötelezvény **3.** lekötelezés; szívesség; *dever obrigações a* le van kötelezve vkinek **4.** kötvény

obrigacionista [obrigöszjunistö] *fn* kötvénytulajdonos

obrigado [obrigàdu] *mn* **1.** lekötelezett, hálás; ~! köszönöm! *muito* ~ nagyon köszönöm; *fico-lhe muito* ~ *pelo que me fez* nagyon hálás vagyok önnek azért, amit értem tett **2.** kényszerült

obrigar [obrigàr] *1/4* **I.** *ts* **1.** kényszerít, kötelez **2.** lekötelez **3.** zálogba ad **II.** ~**-se 1.** kötelezi magát **2.** ~*se por* kezeskedik vkiért *v* vmiért

obrigatário [obrigötàrju] *fn* kötvénytulajdonos

obrigatório [obrigötòrju] *mn* kötelező

obs. = *observação* megjegyzés

obscenidade [òbs-szinidàd] *f* trágárság

obsceno [òbs-szénu] *mn* trágár

obscurantismo [òbskurö^{n}ntizsmu] *m* obskurantizmus; népbutítás

obscurantista [òbskurö^{n}ntistö] *fn* obskurantista; népbutító

obscurecer [òbskuriszér] *2/2* **I.** *ts* **1.** elsötétít **2.** *átv* elhomályosít; ködösít **II.** *tl*, **III.** ~**-se 1.** elsötétül **2.** *átv* elhomályosul; zavarossá válik

obscuridade [òbskuridàd] *f* **1.** sötétség **2.** *átv* homály; zavarosság

obscuro [òbskuru] *mn* **1.** sötét; borús **2.** *átv* nem világos, zavaros; *escrita* ~*a* olvashatatlan írás **3.** ismeretlen; jelentéktelen

obsequente [òbszikve^{n}nt] *mn* **1.** alázatos **2.** szolgálatkész

obsequiador *m*, **-a** *f* [òbzikjödor(ö)] *mn* előzékeny, szolgálatkész

obsequiar [òbzikjàr] *1/6* és *1/7 ts* **1.** kedveskedik vkinek **T 2.** lekötelez vmivel (*com*) **3.** megajándékoz

obséquio [òbzèkju] *m* kedveskedés, figyelmesség, szívesség

obsequioso [òbzikjozu] *mn* előzékeny, szolgálatkesz

observação [òbszirvöszö^{n}u] *f* **1.** megfigyelés; *estar sob* ~ megfigyelés alatt áll **2.** betartás; ~ *da lei* a törvény betartása **3.** észrevétel, megjegyzés **4.** figyelmeztetés

observador *m*, **-a** *f* [òbszirvödor(ö)] *mn fn* megfigyelő

observância [òbszirvö^{n}szjö] *f* betartás (szabályé, törvényé)

observar [òbszirvàr] *1/13 ts* **1.** megfigyel **2.** betart (szabályt), követ **3.** észrevételt tesz, megjegyez; utal vmire **T**

observatório [òbszirvötòrju] *m* **1.** csillagvizsgáló **2.** *kat* megfigyelőhely **3.** kilátó

observável [òbszirvàvèl] *mn* megfigyelhető

obsessão [òbsziszö^{n}u] *f* **1.** zaklatás **2.** lidércnyomás **3.** *orv* rögeszme, mánia

obsessivo [òbsziszivu] *mn* zaklató, gyötrő

obsesso [òbszèszu] *mn* **1.** zaklatott **2.** megszállott

obsessor *m*, **-a** *f* [òbsziszor(ö)] = **obsessivo**

obsoleto [òbszulétu] *mn* elavult

obstáculo [òbstàkulu] *m* akadály; *sp: corrida de* ~*s* akadályfutás

obstante [òbstö^{n}nt] *mn* akadályozó; *não* ~ (ennek) ellenére, mégis

obstar [òbstàr] *1/1* **I.** *ts* akadályoz, meghiúsít **II.** *tl* ellenszegül

obstetra [òbstètrö] *fn* szülész

obstetrícia [òbstitriszjö] *f* szülészet

obstinação [òbstinöszö^{n}u] *f* makacsság, önfejűség

obstinado [òbstinàdu] *mn* makacs, önfejű

obstinar [òbstinàr] *1/1* **I.** *ts* makaccsá tesz **II.** ~**-se** megköti magát, konokul kitart vmi mellett (*em*)

obstipação [òbstipöszö^{n}u] *f orv* székrekedés
obstrução [òbstruszö^{n}u] *f* 1. *pol* obstrukció 2. *orv* eldugulás
obstrucionismo [òbstruszjunizsmu] *m pol* obstruálás módszere
obstruir [òbstruir] *3/7* I. *ts* 1. gátol, akadályoz 2. *orv* eltöm II. **~-se** eldugul, eltömődik
obtemperar [òbte^{n}mpiràr] *1/13* I. *ts* szerényen válaszol II. *tl* engedelmeskedik, aláveti magát vminek (*a*)
obtenção [òbte^{n}szö^{n}u] *f* elnyerés, megszerzés
obter [òbtér] *2/23 ts* elnyer, megkap; megszerez
obturação [òbturöszö^{n}u] *f* 1. eldugaszolás, elzárás 2. fogtömés
obturador *m,* **-a** *f* [òbturödor(ö)] I. *mn* záró, elzáró II. *fn, m fényk* zár, blende **~** *momentâneo* pillanatzár
obturar [òbturàr] *1/1 ts* 1. eldugaszol, elzár 2. fogat töm
obtusângulo [òbtuzö^{n}ngulu] *mn geom* tompaszögű
obtuso [òbtuzu] *mn* 1. tompa; *ângulo* **~** tompaszög 2. nem világos, zavaros 3. tompa elméjű
obviar [òbvjàr] *1/7* I. *ts* elhárít, megelőz II. *tl* ellenáll, ellenszegül
óbvio [òbvju] *mn* nyilvánvaló; világos
ocasião [òközjö^{n}u] *f* 1. alkalom; *preço de* **~** alkalmi ár; *em certa* **~** egy alkalommal, egyszer; *na* **~** éppen; *por* **~** *de* vminek az alkalmából; *se se oferecer a* **~** ha alkalom kínálkozik; *közm: a* **~** *faz o ladrão* alkalom szüli a tolvajt 2. ok, ürügy
ocasionado [òközjunàdu] *mn* 1. előidézett, okozott 2. alkalmi, véletlen 3. B *nép* dühös, ingerült
ocasional [òközjunàl] *mn* alkalmi; véletlen
ocasionar [òközjunàr] *1/15 ts* előidéz, okoz
ocaso [òkàzu] *m* 1. naplemente 2. *átv* letűnés, bukás
occipício [òkszipiszju] *m orv* nyakszirt
occipital [òkszipitàl] I. *mn* nyakszirti II. *fn, m* nyakszirt(csont)
Oceânia [òszjönyö] *f* Óceánia
oceânico [òszjöniku] *mn* óceáni
oceano [òszjönu] *m* óceán
ocelo [òszèlu] *m* 1. rovar szeme 2. kerek petty (madarak tollán)
ocidental [òszide^{n}ntàl] *mn* nyugati
ocidente [òszide^{n}nt] *m* nyugat
ócio [òszju] *m* 1. szabad idő 2. tétlenség
ociosidade [oszjuzidàd] *f* tétlenség; lustaság
ocioso [oszjozu] *mn* 1. tétlen 2. haszontalan
oclusão [òkluzö^{n}u] *f* elzárás; elzáródás (*orv* is)
oco [oku] I. *mn* üreges, kivájt; üres II. *fn, m* 1. üreg, mélyedés; 2. B *cair no* **~** *do mundo* elszökik messzire („a világ végére")
ocorrência [okurre^{n}szjö] *f* 1. eset, esemény 2. alkalom, körülmény
ocorrente [okurre^{n}nt] *mn* esetleges, felmerülő; alkalmi
ocorrer [okurrér] *2/8 tl* 1. megesik, történik; bekövetkezik 2. eszébe jut 3. odasiet 4. **~** *a* gondoskodik vmiről
ocra, ocre [òkrö, òkr] *f* okker (agyagfajta); okkerfesték
octaedro [òktöèdru] *m geom* nyolcszög
octingentésimo [òkti^{n}zse^{n}ntèzimu] *szn, mn* nyolcszázadik
octogenário [òktòzsinàrju] *mn* és *fn* nyolcvanéves
octogésimo [òktòzsèzimu] *szn, mn* nyolcvanadik
octogonal [òctògunàl] *mn* nyolcszögű
octógono [òktògunu] *m* nyolcszög
óctuplo [òktuplu] *mn* nyolcszoros
oculação [okulöszö^{n}u] *f* oltás, szemzés
ocular [okulàr] I. *mn* szem-; →**testemunha**; II. *fn, f fiz* szemlencse
oculista [okulistö] *fn* 1. szemorvos 2. optikus
óculo [òkulu] *m* 1. **~** (*de alcance*) távcső 2. kerek ablak, kerek nyílás 3. **~s** szemüveg; *um par de* **~s** egy szemüveg
ocultação [okultöszö^{n}u] *f* 1. elrejtőzés 2. *csill* csillagfedés
ocultar [okultàr] *1/1* I. *ts* eltitkol; elrejt II. **~-se** elrejtőzik
ocultas [okultàs] *f tb: a* v *às* **~** titokban
oculto [okultu] *mn* 1. elrejtett 2. titkos 3. titokzatos; ismeretlen
ocupação [okupöszö^{n}u] *f* 1. elfoglaltság; foglalkozás; *sem* **~** foglalkozás nélküli, csavargó 2. *kat* elfoglalás, megszállás
ocupado [okupàdu] *mn* 1. foglalt, elfoglalt 2. *kat* elfoglalt, megszállt
ocupante [okupö^{n}nt] *mn* és *fn* 1. elfog-

laló, megszálló 2. *os ~s do automóvel* az autó utasai

ocupar [okupàr] *1/1* I. *ts* 1. elfoglal (helyet, állást) 2. *kat* elfoglal, megszáll 3. foglalkoztat, munkát ad vkinek T II. **~-se** foglalkozik vmivel (*de, em, com*)

O. D. = *ordem do dia* napirend

O. D. C. = *oferece, dedica e consagra* tisztelettel felajánlja

ode [òd] *f* óda

odiar [ògyàr] *1/6 ts* gyűlöl

odiento [ògyèntu] *mn* 1. gyűlölő 2. gyűlöletes

ódio [ògyu] *m* gyűlölet; *ter ~ a* gyűlöl vkit *v* vmit

odiosidade [ògyòzidàd] *f* 1. gyűlölködés 2. gyűlölet

odioso [ògyozu] *mn* gyűlöletes; undorító

odisseia [òdiszèjö] *f* hosszú és kalandos bolyongás

odontalgia [odo^{n}ntàlzsiö] *f orv* fogfájás

odontálgico [odo^{n}ntàlzsiku] *mn* fogfájás elleni (szer)

odontologia [odo^{n}ntuluzsiö] *f* fogászat

odontológico [odo^{n}ntulòzsiku] *mn* fogászati

odontologista, odontólogo [odo^{n}ntuluzsistö, -tòlugu] *fn* fogorvos

odor [odor] *m* szag; illat; *mau ~* rossz szag, bűz; *~ de rosas* rózsaillat

odorante [odurö^{n}nt] *mn* illatozó, illatos

odorar [oduràr] *1/15 tl* illatozik

odorífero, odoroso [odurifiru, odurozu] *mn* = **odorante**

odre [odr] *m* 1. (bor)tömlő 2. kövér ember 3. *átv* részeges hordó

O. E. A. = *Organização dos Estados Americanos*

oés-noroeste [òèzsnorvèst] *m* nyugat-északnyugat

oés-sudoeste [òès-szudvèst] *m* nyugat-délnyugat

oeste [vèst] *m* nyugat

ofegante [ofigö^{n}nt] *mn* 1. lihegő; ziháló 2. *átv* sóvárgó, vágyódó

ofegar [ofigàr] *1/4, 1/13 tl* 1. liheg, zihál 2. sóvárog, vágyódik

ofego [ofégu] *m* nehéz lélegzés, légszomj

ofender [ofe^{n}ndér] *2/1* I. *ts* 1. megbánt, megsért; *~ a honra* becsületére tör, becsületében gázol; *~ o ouvido* sérti az ember fülét; *~ a vista* bántja az ember szemét; *sua presença me ofende* jelenléte sértő rám nézve 2. megszeg; *~ a lei* megszegi a törvényt II. **~-se** *de* megsértődik vmi miatt

ofensa [ofe^{n}szö] *f* 1. sértés; sérelem; *~ corporal* testi sértés; *seja dito sem ~* ne vegye sértésnek 2. sérülés, seb

ofensiva [ofe^{n}szivö] *f kat* támadás; *tomar a ~* támad, támadásba megy át

ofensivo [ofe^{n}szivu] *mn* 1. támadó 2. sértő 3. ártalmas

ofenso [ofe^{n}szu] *mmi* megsértett; → **ofender**

ofensor *m*, **-a** *f* [ofe^{n}szor(ö)] *mn* és *fn* sértő; támadó

oferecer [ofiriszér] *2/2* I. *ts* 1. ajánl, felajánl 2. ad, nyújt; *~ conforto* kényelmet nyújt *v* biztosít II. **~-se** 1. felajánlja magát; ajánlkozik 2. adódik; előfordul 3. eszébe ötlik

oferecimento [ofiriszime^{n}ntu] *m* 1. ajánlat 2. felajánlás 3. adomány, ajándék

oferenda [ofire^{n}ndö] *f* adomány, ajándék

oferendar [ofire^{n}ndàr] *1/1 ts* adományoz, ajándékoz

oferta [ofèrtö] *f* 1. ajánlat 2. *ker*: *procura e ~* kereslet és kínálat 3. felajánlás

ofertar [ofirtàr] *1/13 ts* 1. ajánl 2. *ker* kínál 3. felajánl 4. adományoz, ajándékoz

off-side [òfszàjd] *m sp* les

oficial [ofiszjàl] I. *mn* hivatalos; *folha ~* hivatalos lap II. *fn, m* 1. (katona)tiszt; *~ inferior* altiszt; *~ de carreira* hivatásos tiszt; *~ de dia* napos *v* ügyeletes tiszt; *~ de estado-maior* vezérkari tiszt 2. tisztviselő; segédhivatali tiszt; *~ de barbeiro* borbélysegéd; *~ de diligências v de justiça* bírósági segédtiszt (kézbesítő, végrehajtó) 3. kézműves, kisiparos

oficialato [ofiszjölàtu] *m* tiszti hivatás *v* rang

oficialidade [ofiszjölidàd] *f* tisztikar

oficializar [ofiszjölizàr] *1/1 ts* hivatalosan elismer *v* igazol, szentesít

oficiar [ofiszjàr] *1/7 tl* 1. hivatalosan értesít 2. segédkezik; működik 3. *vall* misézik

oficina [ofiszinö] *f* 1. hivatal(i helyiség) 2. műhely 3. autójavító, szerviz

oficinal [ofiszinàl] *mn* 1. gyógy-; *planta ~* gyógynövény 2. gyógyszertári

ofício [ofiszju] *m* 1. mesterség, foglalkozás; hivatás 2. kötelesség 3. hivatal, szolgálat; *fazer o seu* ~ **a)** hivatalát ellátja, kötelességét végzi **b)** megfelel céljának **4.** hivatalos értesítés *v* írás **5.** *vall* istentisztelet **6.** *tört: Santo Oficio* inkvizíció **7.** *~s* szolgálatok; *bons ~s* segítség

oficioso [ofiszjozu] *mn* **1.** szolgálatkész **2.** félhivatalos **3.** *advogado* ~ hivatalból kirendelt ügyvéd; *mentira ~a* más érdekében mondott hazugság

ofídio [ofigyu] *m* kígyó; *~s* kígyófélék

oftalmia [òftàlmiö] *f* szemgyulladás

oftalmologia [òftàlmuluzsiö] *f* szemészet

oftalmologista [òftàlmuluzsistö] *fn* szemész

ofuscação [ofusköszö^{n}u] *f* elsötétedés, elhomályosodás (*átv* is)

ofuscar [ofuskàr] *1/2* **I.** *ts* **1.** beborít, eltakar **2.** *átv* elhomályosít, árnyékot vet vmire **T II.** ~**-se 1.** kifakul **2.** *átv* elhomályosul

ogiva [ozsivö] *f ép* csúcsív

ogival [ozsivàl] *mn ép* csúcsíves

ogro [ogru] *m* **B** mumus

oh! [o] *isz* ó!

oigalé! [ojgölè] *isz* **B** ejha!

oir... →**our...**

O. I. T. = *Organização Internacional de Trabalho*

oitante [ojtö^{n}nt] *m* **1.** *geom* oktáns, a kör nyolcadrésze **2.** *haj* csillagmagasságmérő

oitava [ojtàvö] *f* **1.** nyolcad(rész) **2.** *zene* oktáv **3.** *irod* stanza, nyolcsoros vers

oitavado [ojtövàdu] *mn geom* nyolcoldalú, oktaéder alakú

oitavo [ojtàvu] **I.** *szn, mn* nyolcadik **II.** *fn, m* nyolcad

oiteiro [ojtéjru] *m* domb, halom

oitenta [ojte^{n}ntö] *szn* nyolcvan

oitentão [ojte^{n}ntö^{n}u] *mn* és *fn* nyolcvanéves

oito [ojtu] **I.** *szn* nyolc **II.** *fn, m* **1.** nyolcas **2.** *szól: ou ~ ou oitenta* vagy mindent, vagy semmit

oitocentos *m*, **oitocentas** *f* [ojtosze^{n}ntus, -tös] *szn, mn* nyolcszáz

olá! [òlà] *isz* **1.** szervusz! **2.** hé! halló! **3.** ni csak! ejnye!

olaria [olöriö] *f* fazekasság; fazekasműhely

olé! [òlè] *isz* **1.** bravó! hurrá! **2.** = *olá*

oleáceo [òljàszju] *mn növ* olajos

oleado [òljàdu] **I.** *mn* olajos **II.** *fn, m* viaszosvászon; linóleum

oleaginoso [òljözsinozu] *mn* olajos, olajtartalmú

olear [òljàr] *1/5 ts* olajoz

oleiro [oléjru] *m* fazekas

óleo [òlju] *m* **1.** olaj; ~ *mineral* ásványolaj, kőolaj; ~ *pesado* kátrányolaj; ~ *vegetal* növényi olaj, étolaj; ~ *volátil* illanó olaj; ~ *de mamona v de ricino* ricinusolaj **2.** olajfesték; *pintar a* ~ olajjal fest

oleoduto [òljudutu] *m* olajvezeték

oleografia [òljugröfiö] *f* olajnyomat

oleoso [òljozu] *mn* olajos; zsíros

olfacto [olfàtu] *m* szaglás; szaglóérzék

olha [òljö] *f* **1.** fazék **2.** húsos zöldségleves

olhada [oljàdö] *f* pillantás; *lançar uma* ~ pillantást vet

olhado [oljàdu] **I.** *mn: bem* ~ szívesen látott, kedvelt; *mal* ~ ellenszenves **II.** *fn, m: mau* ~ szemmel verés

olhar [oljàr] *1/15* **I.** *ts* **1.** néz; ~ *com bons olhos* jó szemmel nézi; ~ *de esguelha v de soslaio* görbén néz; ~ *de perto* közelről megnéz **2.** tekintetbe vesz vmit, törődik vmivel **T**; *sem* ~ *nada* semmivel sem törődve, meggondolatlanul **II.** *tl* **1.** néz; megfigyel; megvizsgál; *olha!* ni csak! *olhe!* nézze! figyelje csak! **2.** *kat:* ~ *direita!* jobbra nézz! ~ *esquerda!* balra nézz! **3.** ~ *por si* vigyáz magára **4.** *szól: não ~ a despesas* nem kíméli a költségeket; ~ *dentro dos olhos,* ~ *na cara a* egyenesen a szemébe néz vkinek; ~ *para o futuro* gondol a jövőre; ~ *pelas crianças* törődik a gyerekekkel; ~ *por cima a* futó pillantást vet vmire **III.** ~**-se** megnézi magát (a tükörben) **IV.** *fn, m* pillantás, tekintet

olheiras [oljéjrös] *f tb* karikás szem

olheirento [oljéjre^{n}ntu] *mn* karikás szemű

olheiro [oljéjru] *m* **I. 1.** (munka)felügyelő **2.** megfigyelő **II.** forrás

olhento [olje^{n}ntu] *mn: queijo* ~ lyukacsos sajt

olhizaino [oljizàjnu] *mn* bandzsa, kancsal

olho [olju] *m* **1.** szem; *a* ~ szemre; *a ~ nu* szabad szemmel; *aos ~s de* vkinek a szeme láttára; *com os ~s fechados* csukott szemmel; vaktában; *vista de* ~ szempillantás; *dar uma vista de ~s a* pillantást vet vmire; *num bater de* ~, *num abrir e fechar de ~s* szempillantás alatt; *~ por ~, dente por dente* szemet szemért, fogat fogért; *~ vivo!* vigyázat! 2. (igés szólások:) *abrir os ~s a* felnyitja vkinek a szemét; *abrir uns grandes ~s* nagy szemeket mereszt; *cerrar* v *fechar os ~s a* szemet húny vmi fölött; *comer* v *devorar* v *tragar com os ~s* majd felfalja a szemével; *deitar* v *lançar* v *botar poeira nos ~s de ; jogar areia nos ~s de* port hint vkinek a szemébe; *dever os ~s da cara* tele van adóssággal; *encher o ~* gyönyörködteti v legelteti a szemét; *entrar pelos ~s* nyilvánvaló, könnyen érthető; *espalancar os ~s* tágra nyitja a szemét; *irem-se os ~s por* erősen megkíván vmit; *meter pelos ~s adentro* világosan megmagyarázza, fejébe veri; *não pregar ~* le sem hunyja a szemét; *não preguei ~ em toda a noite* egy szemet sem aludtam egész éjszaka; *pôr diante dos ~s* szeme elé rakja; *pôr os ~s em alvo* szemét forgatja, álszenteskedik; *ser todo ~s* csupa szem; *ter bom ~* éles szeme van; *ter maiores ~s que barriga* nagyobb a szeme, mint a gyomra; *ter peneira nos ~s* káprázik a szeme; *trazer de ~s ; trazer os ~s em* szemmel tart vkit v vmit; *quatro ~s vêem mais do que dois* négy szem többet lát, mint kettő; *ver o argueiro no ~ do vizinho e não ver uma tranca no seu* más szemében meglátja a szálkát, a magáéban a gerendát sem; *közm : na terra dos cegos, quem tem um ~ é rei* a vakok közt a félszemű már király **3.** kerek ablak **4.** nyílás, lyuk **5.** hurok; tűfok **6.** *növ* rügy, bimbó

olho-d'água [òljudágvö] *m* forrás

olho-de-boi [òljudiboj] *m* kerek ablak

olhudo [òljudu] *mn* nagy szemű

oligarquia [òligörkiö] *f* oligarchia

olimpíada, olimpíade [oli^{n}mpiödö, -di] *f* olimpia

olímpico [oli^{n}mpiku] *mn* olimpiai; *jogos ~s* olimpiai játékok

olisiponense [òlizipune^{n}sz] *mn* lisszaboni

oliva [òlivö] *f* **1.** oliva; olajbogyó **2.** olajfa

oliváceo [òlivàszju] *mn* olajzöld

olival [òlivàl] *m* olajfaliget

oliveira [òlivéjrö] *f* olajfa

olmedal, olmedo [olmidàl, olmédu] *m* szilfaliget

olmo [olmu] *m* szilfa

olor [olor] *m* illat

oloroso [olurozu] *mn* illatos

O. L. P. = *Organização para a Libertação da Palestina*

olvidar [olvidàr] *1/1* **I.** *ts*, **II.** **~-se** elfelejt

olvido [olvidu] *m* feledés

ombrear [o^{n}mbrjàr] *1/5* **I.** *ts* vállán viszi **II.** *tl* **~** *com* vetélkedik vkivel *v* vmivel

ombreira [o^{n}mbréjrö] *f* **1.** vállrész (ruhán) **2.** ajtófélfa **3.** *átv* küszöb

ombro [o^{n}mbru] *m* **1.** váll; *~ com ~* váll váll mellett; *levantar os ~s* vállát vonogatja; *levar aos ~s* vállán viszi; *olhar por cima do ~* lenéz, megvet; *tomar sobre os seus ~s* magára vállal **2.** *átv* erő, erőfeszítés; bátorság; *meter* v *pôr ~s a* hozzálát, nekifekszik vminek **3.** *kat : ~ armas!* vállra!

omeleta, B: omelete [omilétö, -ti] *f* tojáslepény

ominoso [ominozu] *mn* **1.** baljóslatú, végzetes **2.** gyalázatos

omissão [omiszö^{n}u] *f* (el)mulasztás, elhagyás; hiány

omisso [omiszu] **I.** *mmi* elmulasztott; →**omitir II.** *mn* **1.** kihagyott; mellőzött; *fazer caso ~ de* figyelmen kívül hagy, mellőz vmit **2.** hanyag

omitir [omitir] *3/1* **I.** *ts* **1.** elhagy, kihagy, mellőz **2.** elfelejt **II.** **~-se** *diante de* kitér vmi elől

omnicolor [òmnikulor] *mn* tarka, sokszínű

omnímodo [òmnimudu] *mn* mindenféle

omnipotência [òmnipute^{n}szjö] *f* mindenhatóság

omnipotente [òmnipute^{n}nt] *mn* mindenható

omnipresente [òmniprize^{n}nt] *mn* mindenütt jelenlevő

omnisciência [òmnis-szje^{n}szjö] *f* mindentudás

omnisciente [òmnis-szje^{n}nt] *mn* mindentudó

omnívoro [òmnivuru] *mn* mindenevő

omoplata [òmòplàtö] *f* lapocka(csont)

onagro [onàgru] *m* *áll* vadszamár

onça [o^{n}szö] *f* **I.** uncia (kb 30 gramm) **II.** *áll* hópárduc; **B** jaguár

oncologia [o^{n}nkuluzsiö] *f* onkológia, rákkutatás

onda [o^{n}ndö] *f* **1.** hullám; ~ *acústica* v *sonora* hanghullám; ~ *curta, média, longa* rövid-, közép-, hosszúhullám; *ir na* ~ **a)** sodródik az árral **b)** becsapják **2.** *átv* áradat, özön
onde [o^{n}nd] *névm* **1.** (kérdő:) ~*?* hol? *de* ~*?* honnan? **2.** (vonatkozó:) hol, ahol; *a casa* ~ *moro* a ház, amelyben lakom; ~ *quer que seja* bárhol is legyen; *de* ~ *em* ~ **a)** itt is, ott is **b)** időről időre
ondeado [o^{n}ngyàdu] *m* hullámos; göndör (haj)
ondear [o^{n}ngyàr] *1/5* **I.** *ts* göndörít **II.** *tl,* **III.** ~**-se** hullámzik, fodrozódik; kígyózik
ondulação [o^{n}ndulöszö^{n}u] *f* **1.** hullámzás **2.** hepehupásság, egyenetlenség **3.** ondolálás, hajhullám; ~ *permanente* tartós hullám
ondulado [o^{n}ndulàdu] *mn* **1.** hullámos; *cartão* v *papelão* ~ hullámpapír **2.** göndör
ondulante [o^{n}ndulö^{n}nt] *mn* **1.** hullámzó **2.** göndör
ondular [o^{n}ndulàr] *1/1* **I.** *ts* göndörít **II.** *tl* hullámzik, fodrozódik
ondulatório [o^{n}ndulötòrju] *mn*: *movimento* ~ hullámmozgás
onerar [oniràr] *1/13 ts* **1.** megterhel, adóval sújt **2.** *átv* nyom, ránehezedik; *os remorsos oneravam-lhe a consciência* bántotta őt a lelkiismeret
oneroso [onirozu] *mn* **1.** *átv* terhes, súlyos **2.** költséges
oni . . . →**omni . . .**
ónibus [ònibus] *m* **1.** személyvonat **2.** **B** autóbusz; ~ *interestadual* távolsági autóbusz
onomástico [ònòmàstiku] *mn* tulajdonnevekre vonatkozó; →**índice**; *dia* ~ névnap
onomatopeia [ònòmötupéjö] *f nyelvt* hangutánzás
ontem [o^{n}ntö^{n}j] *hat* tegnap
ontologia [o^{n}ntuluzsiö] *f fil* ontológia
ONU = *Organização das Nações Unidas*
ónus [ònus] *m* **1.** teher, megterhelés **2.** adóteher
onze [o^{n}z] **I.** *szn* tizenegy **II.** *fn, m* tizenegyes (szám)
onze-letras [o^{n}zilètrös] *fn* **B** kerítő(nő)
onzena [o^{n}zénö] *f* uzsora(kamat)
onzenário [o^{n}zinàrju] *m* uzsorás
opa [òpö] *f* ujjatlan köpeny
opacidade [opöszidàd] *f* **1.** átlátszatlanság **2.** sötétség, homály (*átv* is)
opaco [opàku] *mn* **1.** átlátszatlan **2.** sötét
opala [opàlö] *f* opál
opalescente, opalino [opölis-sze^{n}nt, -lnu] *mn* opálos fényű, opálszínű
opção [òpszö^{n}u] *f* **1.** *pol* opció **2.** szabad választás (joga) **3.** elővételi jog
ópera [òpirö] *f* **1.** opera **2.** operaház
operação [opiröszö^{n}u] *f* **1.** működés, tevékenység, akció; ~*-relámpago* villámakció; ~*-resgate* mentőakció **2.** *ker, mat* művelet **3.** *orv* operáció, műtét; ~ *cesariana* császármetszés; ~ *de apendicite* vakbéloperáció; *mesa de* ~ műtőasztal; *sala de* ~ műtőterem **4.** *kat* hadművelet **5.** munkamenet
operacional [opiröszjunàl] *mn* **1.** munkára, műveletre *v* tevékenységre vonatkozó; *custo* ~ előállítási költség; *norma* ~ munkanorma **2.** működőképes **3.** *kat* ütőképes, bevetésre alkalmas
operador [öpirödor] *m* **1.** operatőr, műtőorvos, sebész **2.** ~ *cinematográfico* filmoperatőr **3.** ~ *de som* hangmérnök
operante [opirö^{n}nt] *mn* **1.** működő, ható **2.** előállító, termelő
operar [opiràr] *1/13* **I.** *ts* **1.** csinál, előállít, véghezvisz **2.** *orv* operál, műtétet végez; *foi operado a bexiga biliar* epehólyaggal operálták **II.** *tl* tevékenykedik, működik **III.** ~**-se** történik, végbemegy
operariado [opirörjàdu] *m* munkásosztály, munkások
operário [opiràrju] *m* **I.** *mn* munkás-; *comissão* ~*a* munkabizottság; *partido* ~ munkáspárt **II.** *fn, m* munkás; kézműves; ~ *agricola* mezőgazdasági munkás; ~ *assalariado* bérmunkás; ~ *estrangeiro* vendégmunkás
operativo [opirötlvu] *mn* = **operante**
operatório [opirötòrju] *mn* operációs, műtéti
operável [opiràvèl] *mn* megoperálható
opereta [opirétö] *f* operett
operoso [opirozu] *mn* **1.** tevékeny, munkás **2.** nehéz, fáradságos
opilação [opilöszö^{n}u] *f orv* vezeték eltömődése
opimo [opimu] *mn* **1.** gyönyörű **2.** bőséges, gazdag
opinante [opinö^{n}nt] *mn* és *fn* felszólaló, véleményt nyilvánító

opinar [opinàr] *1/1 ts, tl* **1.** felszólal, véleményt mond **2.** nyilatkozik **3.** vél, gondol; *opina-se* úgy vélik, vélni tudják

opinativo [opinötivu] *mn* egyéni véleményen alapuló; vitatható

opinável [opinàvèl] *mn* kérdéses, vitatható

opinião [opinyö^{n}u] *f* **1.** vélemény; ~ *pública* közvélemény; *na minha* ~ véleményem szerint; *dar a sua* ~ megmondja a véleményét; *ser de* ~ *que* azon a véleményen van, hogy; *ter má* ~ *de* rossz véleménnyel van vkiről; *as opiniões brigam* v *divergem* a vélemények eltérnek **2.** elterjedt vélemény, hír; *gozar de uma boa* ~ jó hírnek örvend

opiniático, opinioso [opinyàtiku, -nyozu] *mn* **1.** makacs **2.** öntelt, elbizakodott

ópio [òpju] *m* ópium

opíparo [opipöru] *mn* **1.** pazar, pompás **2.** bőséges, gazdag

opoente, oponente [opue^{n}nt, opune^{n}nt] *mn* és *fn* opponens, ellentmondó

opor [opor] *2/17* **I.** *ts* **1.** akadályoz; ellenáll, ellenszegül vminek **T**; →**resistência**; **2.** ~ *argumentos* ellenérveket sorakoztat fel **II.** ~**-se** ellenkezik; kifogásol vmit (*a*)

oportunamente [opurtunöme^{n}nt] *hat* alkalmas időben, jókor

oportunidade [opurtunidàd] *f* jó alkalom; *aproveitar a* ~ felhasználja a kedvező alkalmat; *deixar escapar a* ~ elszalasztja a jó alkalmat

oportunismo [opurtunizsmu] *m* opportunizmus, elvtelenség

oportunista [opurtunistö] *mn* és *fn* opportunista, elvtelen, megalkuvó

oportuno [opurtunu] *mn* alkalmas, kedvező

oposição [opuziszö^{n}u] *f* **1.** akadály **2.** ellentét, ellentmondás **3.** ellenállás; *fazer* ~ ellenállást tanúsít **4.** *pol* oppozició, ellenzék, ellenpárt

oposicionista [opuziszjunistö] *mn* és *fn* ellenzéki

opositivo [opuzitivu] *mn növ* ellentett, szemben fekvő

oposto [opostu] **I.** *mn* szemben fekvő, ellentétes **II.** *fn, m* ellentét

opressão [opriszö^{n}u] *f* **1.** nyomás, elnyomás **2.** *orv* szorongás

opressivo [opriszivu] *mn* **1.** elnyomó, erőszakos **2.** nyomasztó, fülledt

opresso [oprèszu] *mmi* elnyomott; →**oprimir**

opressor [opriszor] *m* elnyomó

oprimir [oprimir] *3/1 ts* **1.** elnyom **2.** kényszerít **3.** szorongat

opróbrio [opròbrju] *m* szégyen, gyalázat

oprobrioso [oprubrjozu] *mn* szégyenletes, gyalázatos

optar [òptàr] *1/1 ts, tl* opciót gyakorol; választ, dönt vmi mellett (*por*)

optativo [òptötivu] *mn* **1.** kívánatos **2.** *nyelvt: modo* ~ óhajtó mód

óptica [òtikö] *f* **1.** optika **2.** optikai cikkek boltja **3.** *átv* szemlélet, látásmód

óptico [òtiku] **I.** *mn* optikai; *nervo* ~ látóideg **II.** *fn* optikus

optimismo [òtimizsmu] *m* optimizmus, derűlátás

optimista [òtimistö] *mn* és *fn* optimista, derűlátó

óptimo [òtimu] *mn* **1.** legjobb **2.** kiváló

opulência [opule^{n}szjö] *f* gazdagság, bőség

opulento [opule^{n}ntu] *mn* gazdag, bőséges

opúsculo [opuskulu] *m* kis mű, brosúra

ora [òrà] **I.** *hat* most; jelenleg; *por* ~ egyelőre **II.** *ksz* **1.** ~, ~ *pois* ezért, ebből kifolyólag **2.** ~ *um,* ~ *outro* hol az egyik, hol a másik; ~ *ri,* ~ *chora* hol nevet, hol sír **III.** *isz:* ~*!* nahát! ~ *essa!* de kérem! ugyan! no de ilyet! ejha! ~ *nem mais!* persze! úgy is van! ~ *vamos!* **a)** gyerünk már, mi lesz?! **b)** ugyan kérem! hogy is ne! ~ *vejamos* lássuk csak!

oração [òröszö^{n}u] *f* **1.** beszéd **2.** ima; *fazer* ~ imádkozik **3.** *nyelvt* mondat; ~ *principal* főmondat; ~ *subordinada* alárendelt *v* mellékmondat

oráculo [òràkulu] *m* **1.** jóshely **2.** jóslat

orador [òrödor] *m* szónok

oral [òràl] *mn* **1.** szóbeli **2.** *orv* száj-

orangotango [örö^{n}ngutö^{n}ngu] *m* orangután

orar [òràr] *1/1* **I.** *ts* kér, könyörög vkitől **(T)** vmit (*por*) **II.** *tl* imádkozik

orate [òràt] *m* őrült, bolond; *casa de* ~*s* bolondokháza

oratória [òrötòrjö] *f* beszédművészet

oratório [òrötòrju] **I.** *mn* szónoki; *arte* ~*a* szónoklás művészete **II.** *fn, m* **1.** kápolna **2.** *zene* oratórium

orbe [òrb] *m* 1. gömb; ~ *terrestre* földgömb 2. világegyetem
orbicular [òrbikulàr] *mn* gömb alakú; kör alakú
órbita [òrbitö] *f* 1. *csill* keringési pálya; *colocar em* ~ föld körüli pályára indít (űrhajót) 2. *orv* szemüreg 3. *átv* hatókör
orbital [òrbitàl] *mn*: *estação* ~ űrállomás
orça [òrszö] *f* 1. *haj*: *ir à* ~ laviroz, ferdéz 2. *à* ~ szemre, megközelítően
orçador [òrszödor] *m* költségvetési szakértő *v* előadó
orçamental [òrszöme^{n}ntàl] *mn* költségvetési
orçamentário [òrszöme^{n}ntàrju] *mn* költségvetési; *ano* ~ költségvetési év
orçamentista [òrszöme^{n}ntistö] *fn* **B** költségvetési szakember
orçamento [òrszöme^{n}ntu] *m* költségvetés; ~ *do Estado* államháztartás
orçar [òrszàr] *1/1, 1/3* I. *ts* hozzávetőleg kiszámít, előirányoz, költségvetést készít II. *tl* 1. *átv* kitesz valamennyit, közel áll vmihez (*a, por*); ~ *pelos sessenta anos* közel van a hatvanhoz 2. *haj* laviroz
orchata [òrsàtö] *f* üdítő ital
ordeiro [ordéjru] *mn* 1. rendszerető 2. békés, nyugodt
ordem [òrdö^{n}j] *f* 1. rend; ~ *pública* közrend; ~ *do dia* napirend; *em boa* ~ **a)** rendben **b)** békésen; *fora de* ~ rendetlenül, összevissza; *estar na* ~ *do dia* **a)** napirenden van **b)** a nap szenzációja (amelyről mindenki beszél); ~ *do trabalho* munkarend; *perturbar a* ~ megzavarja *v* megbontja a rendet; *pôr em* ~ rendbe hoz *v* rak 2. sor, sorrend; *por* ~ sorrendben, egymás után; ~ *cronológica* időrendi sorrend; *em* ~ *alfabética* betűrendben; *pôr em* ~ *de altura* magasság szerint felállít 3. *kat*: ~ *de combate* csatarend 4. államrend, rezsim, kormányrendszer; ~ *republicana* köztársasági államforma; ~ *social* társadalmi rend 5. parancs; rendelet; rendelkezés; ~ *de pagamento* fizetési meghagyás; ~ *de prisão* elfogatási *v* letartóztatási parancs; *oficial às ordens* parancsőrtiszt; *até nova* ~ újabb rendelkezésig; *emitir uma* ~ rendeletet kibocsát; *estou às suas ordens* rendelkezésére állok 6. *ker* rendelés, megbízás; *dar* ~ rendelést felad 7. *ép* oszloprend; ~ *dórica, jónica, coríntia* dór, jón, korinthoszi oszloprend 8. (minőségi) rend, osztály; *de primeira* ~ elsőrendű 9. rendjel 10. (érdekszövetkezeti) rend, osztály; *a* ~ *dos advogados* az ügyvédek rendje 11. egyházi rend; *tomar ordens* belép a rendbe 12. *nyelvt* szórend; ~ *de ideias* gondolati összefüggés 13. *na* ~ *dos dez mil contos* tízezer kontó értékben
ordenação [ordinöszö^{n}u] *f* 1. parancs, rendelkezés 2. szabályzat 3. elrendezés (*mat* is) 4. *vall* felszentelés
ordenada [ordinàdö] *f geom* ordináta
ordenadamente [ordinàdöme^{n}nt] *hat* rendben, rendesen
ordenado [ordinàdu] I. *mn* elrendezett; →**ordenar**; II. *fn, m* illetmény; fizetés
ordenança [ordinö^{n}szö] *f* 1. szabályzat 2. tisztiszolga
ordenar [ordinàr] *1/14* I. *ts* 1. elrendez 2. elrendel II. *tl* rendelkezik, parancsol III. ~**-se** *vall* szerzetesnek megy
ordenha [ordényö] *f* fejés
ordenhar [ordinyàr] *1/14 ts* (meg)fej
ordinal [ordinàl] *mn*: *numeral* ~ sorszámnév
ordinário [ordinàrju] I. *mn* 1. rendes, megszokott; *sócio* ~ rendes tag 2. mindennapi, közönséges; közepes 3. durva, gyenge minőségű 4. soron levő; *reunião* ~*a* rendes gyűlés II. *fn, m* szokás; *de* ~, *pelo* ~ rendszerint; *sair do* ~ a szokásostól eltér
orear [orjàr] *1/5 ts* szárít; kitesz a napra
orégão [òrègö^{n}u] *m növ* majoránna; *közm*: *nem todo o mato é* ~ nem mind arany, ami fénylik
orelha [oréljö] *f* 1. fül; *pavilhão de* ~ fülkagyló; *fitar as* ~*s* fülét hegyezi, fülel 2. hallás; *ter boa* ~ jó füle van, finom a hallása; *de* ~ hallomásból 3. *átv* fül (edényé, cipőé *stb*) 4. szamárfül (könyvben) 5. *szól*: *de* ~ *fita* fülét hegyezve; *estar endividado até as* ~*s* fülig el van adósodva; *ficar de* ~*s caídas* megszégyenül, lógó orral távozik; *torcer a* ~, *átv* haját tépi (bánatában)
orelhão [oriljö^{n}u] *m* 1. fülhúzás; *dar um* ~ *a* meghúzza a fülét 2. *orv* fültőmirigygyulladás, mumpsz

orelheira [oriljéjrö] *f* 1 disznófül, állat füle 2. fülvédő (sapkán)

orelhudo [oriljudu] *mn* hosszú fülű, füles

órfã →**órfão**

orfanato [orfönàtu] *m* árvaház

órfão *m*, **órfã** *f* [òrfö^{n}u, òrfö^{n}] *mn* és *fn* árva; ~ *de pai e mãe* apátlan-anyátlan árva

orfeão [orfjö^{n}u] *m* dalkör; kórus

orfeonista [orfjunistö] *fn* dalkör tagja

organdi [òrgö^{n}ndi] *m text* organdi, organtin

orgânico [orgöniku] *mn* 1. szerves; *química ~a* szerves kémia 2. alapvető; *lei ~a* alaptörvény

organismo [orgönizsmu] *m* 1. szervezet 2. szerv; ~ *social* társadalmi szerv

organista [orgönistö] *fn* orgonajátékos

organização [orgönizöszö^{n}u] *f* 1. (meg)szervezés 2. *orv* szervezet 3. *átv* szervezet; ~ *clandestina* illegális *v* titkos szervezet; ~ *sindical* szakszervezet; *Organização das Nações Unidas* Egyesült Nemzetek Szervezete; ~ *do partido* pártszervezet

organizado [orgönizàdu] *mn* szervezett

organizador *m*, **-a** *f* [orgönizödor(ö)] *mn* és *fn* szervező; rendező

organizar [orgönizàr] *1/1 ts* (meg)szervez, (meg)rendez

órgão [òrgö^{n}u] *m* 1. szerv; *~s dos sentidos* érzékszervek 2. *átv* szerv, hatóság, intézmény 3. gépalkatrész 4. újság, hírlap; ~ *de imprensa* sajtóorgánum 5. *zene* orgona

orgia [orzsiö] *f* orgia

orgulhar [orguljàr] *1/1* I. *ts* büszkeséggel eltölt II. **~-se** *de* büszkélkedik vmivel

orgulho [orgulju] *m* 1. büszkeség 2. gőg

orgulhoso [orguljozu] *mn* 1. büszke 2. gőgös

orientação [orje^{n}ntöszö^{n}u] *f* 1. tájékoztatás; tájékozódás 2. *átv* irány; irányítás, vezetés

orientador *m*, **-a** *f* [orje^{n}ntödor(ö)] *mn* és *fn* irányító; tanácsadó; ~ *profissional* pályaválasztási tanácsadó

oriental [orje^{n}ntàl] I. *mn* keleti II. *fn*, *m os Orientais* a keleti népek

orientalista [orje^{n}ntölistö] *m* orientalista, keletkutató

orientar [orje^{n}ntàr] *1/1* I. *ts* 1. (iránytűvel) tájol 2. *átv* vezet, irányít II. **~-se** tájékozódik (*átv* is)

oriente [orje^{n}nt] *m* 1. kelet 2. *földr* Kelet; ~ *Extremo, Médio, Próximo* Távol-, Közép-, Közel-Kelet

orifício [orifiszju] *m* nyílás

origem [orizsö^{n}j] *f* 1. eredet,származás 2. *átv* ok; forrás 3. kezdet; *na* ~ kezdetben, eredetileg

original [orizsinàl] I. *mn* 1. eredeti; valódi 2. kezdeti; ősi 3. újszerű 4. különleges, furcsa II. *fn*, *m* 1. eredeti (példány), kézirat 2. *átv* eredeti alak, különc

originalidade [orizsinölidàd] *f* 1. valódiság 2. eredetiség (*átv* is)

originar [orizsinàr] *1/1* I. *ts* előidéz, okoz II. **~-se** keletkezik; származik; kezdetét veszi

originário [orizsinàrju] *mn* 1. eredeti, ősi; *instintos ~s* ősi ösztönök 2. ~ *de* vhonnan származó; vkinek a leszármazottja; *ele é ~ de Lisboa* Lisszabonban született

oriundo [orju^{n}ndu] *mn* vhonnan eredő, származó (*de*)

orizicultura [orizikulturö] *f* rizstermesztés

orla [òrlö] *f* 1. szegély, szél; foglalat 2. ék, betoldás (ruhán)

Orlando [orlö^{n}ndu] *m* Lóránt

orlar [òrlàr] *1/1 ts* szegélyez; beszeg

ornador *m*, **-a** *f* [ornödor(ö)] *mn* és *fn* díszítő

ornamentação [ornöme^{n}ntöszö^{n}u] *f* díszítés

ornamental [ornöme^{n}ntàl] *mn* 1. díszítő 2. mutatós; *sp: salto* ~ műugrás

ornamentar [ornöme^{n}ntàr] *1/1 ts* feldíszít, kidíszít

ornamento [ornöme^{n}ntu] *m* 1. díszítés 2. *átv* dísz, ékesség

ornar [ornàr] *1/1 ts* dekorál, feldíszít, ékesít

ornato [ornàtu] *m* dísz, díszítés; ékesség

ornear [ornyár] *1/5 tl* ordít (szamár)

orneio [ornéju] *m* szamárordítás

ornejar [ornizsàr] *1/14* = **ornear**

ornitologia [ornituluzsiö] *f* ornitológia, madártan

orquestra [orkèströ] *f* zenekar; *director v gerente de* ~ karmester

orquestração [orkiströszö^{n}u] *f* hangszerelés

orquestral [orkistràl] *mn* zenekari

orquestrar [orkistràr] *1/13 ts* hangszerel

orquídea [orkigyö] *f növ* orchidea

ortodoxia [òrtodòksziö] *f* óhitűség, igazhitűség
ortodoxo [òrtodòkszu] *mn* **1.** ortodox, óhitű, igazhitű **2.** *vall* görögkeleti vallású
ortoépia [òrtoèpjö] *f nyelvt* helyes kiejtés (tana)
ortografia [òrtogröfiö] *f* helyesírás; *erro de* ~ helyesírási hiba
ortográfico [òrtogràfiku] *mn* helyesírási; *dicionário* ~ helyesírási szótár
ortopedia [òrtopidiö] *f* ortopédia
ortopedista [òrtopidistö] *fn* ortopéd orvos *v* sebész
orvalhar [orvöljàr] *1/12* **I.** *ts* beharmatoz **II.** *tl* harmatozik
orvalho [orvàlju] *m* harmat
orvalhoso [orvöljozu] *mn* harmatos
os [us] *m tb* **1.** (*névelő:*) a, az; *os livros* a könyvek; *os periódicos* az újságok **2.** *névm* őket, azokat; *vi-os* láttam őket
oscilação [os-szilöszö^{n}u] *f* **1.** rezgés, rezgőmozgás **2.** ingadozás (*átv* is)
oscilante [os-szilö^{n}nt] *mn* **1.** rezgő **2.** ingadozó (*átv* is)
oscilar [os-szilàr] *1/1 tl* **1.** rezeg **2.** ingadozik (*átv* is)
oscilatório [os-szilötòrju] *mn: movimento* ~ rezgőmozgás
oscular [òskulàr] *1/1 ts* (meg)csókol
ósculo [òskulu] *m* csók
ossada [oszàdö] *f* **1.** csonthalmaz **2.** csontváz **3.** vminek a romjai, roncsai
ossamenta [oszöme^{n}ntö] *f* (csont)váz
ossaria [oszöriö] *f* csonthalmaz
ossário [oszàrju] *m* osszárium, csontház
ossatura [oszöturö] *f* **1.** csontváz, csontozat **2.** ~ *do romance* a regény váza *v* felépítése
ósseo [òszju] *mn* csont-, csontos; *medula* ~*a* csontvelő
ossificação [oszifiköszö^{n}u] *f* csontosodás; csontképződés
ossificar-se [oszifikàrszi] *1/2* megcsontosodik
osso [oszu] *m* **1.** csont **2.** vkinek a hamvai, porai **3.** *szól:* ~ *de borboleta* semmiség; ~ *do-pai-joão, orv* farkcsont; ~ *duro de roer, átv* kemény dió; ~*s do ofício* a munkakörrel *v* hivatásssl járó kellemetlenségek; *ser só pele e* ~ csupa csont és bőr, nagyon sovány; *sou eu em carne e* ~ én vagyok, teljes életnagyságban *v* a magam személyében
ossudo [oszudu] *mn* erős csontú; csontos
ostenção [òste^{n}szö^{n}u] *f* = **ostentação**
ostensível, ostensivo [òste^{n}szivèl, -szivu] *mn* **1.** nyilvánvaló, világos **2.** feltűnő
ostentação [òste^{n}ntöszö^{n}u] *f* kérkedés, fitogtatás
ostentar [òste^{n}ntàr] *1/1 ts* fitogtat; kérkedik vmivel **T**
ostentativo [òste^{n}ntötivu] *mn* hivalkodó, kérkedő
ostentoso [òste^{n}ntozu] *mn* fényűző, pazar
ostra [oströ] *f áll* osztriga
ostreira [ostréjrö] *f* osztrigatenyészet
ostreiro [ostréjru] *fn* osztrigaárus
OTAN = *Organização do Tratado do Atlántico Norte* (NATO)
Otão [otö^{n}u] *m* Ottó
oti... →**opti...**
otite [òtit] *f orv* fülgyulladás
otorrinolaringologista [òtorrinolöri^{n}ngoluzsistö] *fn* fül-, orr- és gégeszakorvos
ou [o] *ksz* **1.** vagy; ~ *eu* ~ *ele* vagy én, vagy ő **2.** ~; ~ *seja* azaz, vagyis
oução [oszö^{n}u] *m* atka, kukac
ourela [orèlö] *f* szegély, szél
ouriço [oriszu] *m* **1.** *áll* sün, sündisznó **2.** *növ* vadgesztenye tüskés burka
ourives [orivis] *m* aranyműves, ötvös
ourivesaria [orivizöriö] *f* **1.** aranyművesség, ötvösség **2.** ékszerbolt
ouro [oru] *m* **1.** arany; ~ *negro* kőolaj; ~ *verde*, **B** kávé; ~ *em pó* aranypor **2.** aranypénz **3.** *kártya* kőr
ouropel [orupèl] *m* flitter, aranyfüst, csillogó dísz (*átv* is)
ousadia [ozödiö] *f* merészség, vakmerőség
ousado [ozàdu] *mn* merész, vakmerő
ousar [ozàr] *1/1 ts* merészel
outeiro [otéjru] *m* = **oiteiro**
Out.º = *Outubro*
outo [otu] *m* pelyva
outonada [otunàdö] *f* őszi évad
outonal [otunàl] *mn* őszi
outono [otonu] *m* ősz
outorga [otòrgö] *f* engedély, hozzájárulás
outorgar [oturgàr] *1/4, 1/15 ts* engedélyez, hozzájárul
outrem [otrö^{n}j] *névm* más, egy másik (személy); mások
outro [otru] **I.** *mn* **1.** más; (*no*) ~ *dia* **a)** másnap **b)** máskor **c)** nemrég, a minap; *dum momento para* ~ egyik pillanatról a másikra; *em* ~ *sítio* máshol; *noutro*

tempo máskor, régen; *isso é ~a coisa* az más; *até a ~a vez!* a viszontlátásra! **2.** másik, újabb; **3.** a többi; *as ~as pessoas* a többiek; **II.** *névm* **1.** más, másik; *nenhum ~* senki más; *~ qualquer* bárki más; *um e ~* egyik-másik; *dizer mal uns dos ~s* rosszat mond egyik a másikáról **2.** *os ~s* a többiek **3.** *szól: por ~a* más szóval; *não torno a cair noutra* többé nem dőlök be, többé nem fognak ki rajtam

outrora [otròrö] *hat* máskor, régen, hajdanában

outrossim [otruszi^n] *hat* hasonlóképpen, ugyanúgy

Outubro [otubru] *m* október

ouvida [ovidö] *f: de ~* hallomásból

ouvido [ovidu] *m* **1.** fül; *~ médio* középfül; *dizer ao ~* fülébe súg; *ter dor de ~* fáj a füle **2.** hallás; *ter bom ~* jó hallása van; *tocar de ~* hallás után játszik **3.** *szól: chegar aos ~s* fülébe jut; *dar* v *prestar ~(s) a* meghallgat vkit; hallgat vkinek a szavára; *ser todo ~s* csupa fül

ouvidor *m*, **-a** *f* [ovidor(ö)] *fn jog* ülnök

ouvinte [ovi^{n}nt] *fn* **1.** hallgató; rádióhallgató **2.** *os ~s* a hallgatóság, a jelenlevők

ouvir [ovir] *3/17 ts* **1.** (meg)hallgat vkit, **2.** hallgat vkire **T 3.** *orv* auszkultál **4.** *jog* kihallgat **5.** *szól: por ~ dizer* hallomásból

ova [òvö] *f* **1.** halikra **2.** *argó: uma ~!* fenét!

ovação [ovöszö^{n}u] *f* ováció, zajos éljenzés

ovacionar [ovöszjunàr] *1/15 ts* lelkesen ünnepel

oval [ovàl] *mn* ovális, tojásdad alakú

ovar [ovàr] *1/1 tl* **1.** tojik; petét rak **2.** ívik (hal)

ovário [ovàrju] *m* **1.** petefészek **2.** *növ* magház

oveiro [ovéjru] *m* **1.** madarak petefészke **2.** (lágy)tojástartó

ovelha [ovéljö] *f* **1.** juh *közm: cada ~ tem su parelha* hasonló a hasonlónak örül **2.** *a ~ negra da família* a család szégyene

ovelhum [ovilju^n] *mn: gado ~* juhok, juhállomány; juhnyáj

oviário [oviárju] *m* **1.** juhakol **2.** juhnyáj

ovil [ovil] *m* juhakol

ovíparo [ovipöru] *mn áll* tojásrakó, tojással szaporodó

ovo [ovu] *m* **1.** tojás; *~ afogado* buggyantott tojás; *~s batidos* felvert tojás; *~ cozido* v *duro* kemény tojás; *~s cozidos com molho tartaro* kaszinótojás; *~ escaldado* főtt tojás; *~ estrelado* v *frito* tükörtojás; *~s mexidos* tojásrántotta; *~ quente* lágy tojás; *pôr ~s* tojik **2.** *szól: cheio como um ~* színültig tele, zsúfolt; *fazer ~* titkolódzik; *pisar em ~s* tojástáncot jár

oxalá [osölà] *isz: ~!* bárcsak! *~ que não chova!* bárcsak ne esne!

oxidação [òkszidöszö^{n}u] *f* oxidálódás, rozsdásodás

oxidar [òkszidàr] *1/1* **I.** *ts* oxidál **II.** *~-se* oxidálódik, rozsdásodik

oxidável [òkszidàvèl] *mn* oxidálódó, rozsdásodó

óxido [òkszidu] *m vegy* oxid

oxigenado [òkszizsinàdu] *mn* oxigénes, oxigéntartalmú; *água ~a* hiperoxid, hidrogénes oldat hajfestéshez

oxigenar [òkszizsinàr] *1/14 ts vegy* oxigénnel egyesít

oxigénio [òkszizsènyu] *m vegy* oxigén

oxítono [òkszitunu] *m nyelvt* véghangsúlyos szó

ozone, ozónio [òzòn, òzònyu] *m vegy* ózon

ozonizado [òzunizàdu] *mn* ózontartalmú; ózondús

ozonizar [òzunizàr] *1/1 ts* ózont fejleszt, ózondússá teszi a levegőt

P

P, p [pé] *m* p (betű)
P. = **1.** *Padre* **2.** *Praça*
p. = **1.** página **2.** parte **3.** pé(s) **4.** por **5.** próximo
p.ª = *para*
PA = *Pará* (brazil állam)
Pã [pö^n] *m* Pán
pá [pà] **I.** *fn, f* **1.** lapát; ~ *para bolo* tortaszedő kanál; ~ *do forno* sütőlapát; ~ *do lixo* szemétlapát; ~ *do moinho* malomkerék lapátja; ~ *de pedreiro* kőműveskanál; ~ *do remo* evezőlapát **2.** *szól: chove por uma ~ velha* csak úgy szakad az eső; **B** *biz: ser da ~ virada* heves, indulatos **II.** *isz* bumm!
pabulagem [pöbulàzsö^{n}j] *f* **1.** beképzeltség, gőg **2.** hazugság, csalás
pábulo [pàbulu] *m* **1.** legelő **2.** táplálék (*átv* is) **3.** gúny *v* nevetség tárgya
paca [pàkö] *f* köteg, bála; csomag
pacato [pökàtu] *mn* **1.** békés, békeszerető **2.** csendes, nyugodt
pachola [pösòlö] **I.** *mn* **B** hiú; kérkedő **II.** *fn* **1.** naplopó **2.** tréfamester
pachorra [pösorrö] *f* **1.** kényelmesség, lassúság **2.** türelem
pachorrento [pösurre^{n}ntu] *mn* **1.** kényelmes, lassú **2.** türelmes
paciência [pöszje^{n}szjö] *f* **1.** türelem, türelmesség; *ter ~* türelmes; *fazer perder a ~ a; tentar a ~ de* próbára teszi vkinek a türelmét; *~!* nyugalom! hidegvér! itt nincs mit tenni! *közm: com ~ tudo se vence* türelem rózsát terem **2.** türelemjáték; *kártya* pasziánsz
paciente [pöszje^{n}nt] **I.** *mn* türelmes **II.** *fn* **1.** páciens, beteg **2.** *nyelvt* szenvedő alany
pacificar [pöszifikàr] *1/2 ts* békít, nyugtat
Pacífico [pöszifiku] *m: o ~* a Csendes-óceán
pacífico [pöszifiku] *mn* **1.** békés, békeszerető; *para fins ~s* békés célokra **2.** csendes, nyugodt; *Oceano Pacífico* Csendes-óceán
pacifista [pöszifistö] *mn* és *fn* pacifista
paço [pàszu] *m* **1.** palota; (püspöki) székhely **2.** királyi udvar **3.** ~(s) *de concelho* városháza, községháza
pacoba [pàkòbö] *f* **B** banán
pacote [pökòt] *m* csomag
pacotilha [pökutiljö] *f* **1.** utaspoggyász **2.** gyenge minőségű áru **3.** **B** banda
pacóvio [pökòvju] *mn* buta, együgyű
pactário [pàktàrju] *m* szerződő fél
pacto [pàktu] *m* szerződés
pactuante [pàktuö^{n}nt] *mn* szerződő (fél)
pactuar [pàktuàr] *1/9* **I.** *ts* tervez, forral **II.** *tl* megállapodik; szerződést köt
pactuário [pàktuárju] *m* = **pactário**
padaria [pàdöriö] *f* pékség
padecente [pödisze^{n}nt] **I.** *mn* szenvedő **II.** *fn* páciens, beteg
padecer [pödiszér] *2/2* **I.** *ts* **1.** elszenved, kibír **2.** elnéz, eltűr **II.** *tl* **1.** beteg(eskedik) **2.** ~ *de* vmilyen betegségben szenved
padeiro [pàdéjru] *m* pék
padejar [pödizsàr] **I.** *ts* lapátol, lapátolással tisztít (gabonát) **II.** *tl* kenyeret süt
padiola [pögyòlö] *f* hordágy
padrão [pödrö^{n}u] *m* **1.** szabvány, norma, minta, sablon; ~ *ouro* aranyvaluta **2.** *átv* példakép; irányvonal **3.** határcövek; *átv* mérföldkő **4.** emlék-oszlop

padrasto [pödràstu] *m* **I.** mostohaapa **II.** kimagasló hegy, domb, épület

padre [pàdr] *m* pap, lelkiatya; *o Santo Padre* a szentatya, a pápa

padreador [pödrjödor] *m* tenyészmén

padrear [pödrjàr] *1/5 tl* csikózik, ellik

padre-nosso [pàdrinòszu] *m* miatyánk

padre-santo [pàdriszö^{n}ntu] *m* a szentatya, a pápa

padrinho [pödrìnyu[*m* **1.** keresztapa **2.** házassági tanu **3.** párbajsegéd **4.** *átv* védelmező

padroado [pödruàdu] *m* patronátus, védnökség

padroeiro [pödruéjru] *m* patrónus, védnök

pág. = *página*

paga [pàgö] *f* fizetés, bér

pagador *m*, **-a** *f* [pögödor(ö)] *mn* és *fn* **1.** fizető **2.** pénztáros

pagamento [pögöme^{n}ntu] *m* **1.** fizetés; ~ *adiantado* előleg; *dia de* ~ fizetésnap **2.** részletfizetés; *a* ~*s* részletre

paganismo [pögönìzsmu] *m* pogányság

pagão *m*, **pagã** *f* [pögö^{n}u, pögö^{n}] *mn* és *fn* pogány

pagar [pögàr] *1/4, 1/12 ts, tl* **1.** fizet, kifizet, megfizet (*átv* is); ~ *a prestações* részletekben fizet; ~ *à vista* v *de contado* készpénzzel fizet; ~ *com a vida* életével fizet; *recusar* ~ megtagadja a fizetést **2.** *szól:* ~ *caro* drágán megfizet; ~ *o pato*, ~ *pelos outros* mások helyett fizet (*átv* is); ~ *com ingratidão* hálátlansággal fizet; *ele mo* v *mas pagará* ezért még meglakol!

pagável [pögàvèl] *mn* fizetendő; fizethető

página [pàzsinö] *f* lap, oldal (könyvben)

paginação [pözsinöszö^{n}u] *f* **1.** lapszámozás **2.** *nyomd* tördelés

paginar [pözsinàr] *1/1 ts* **1.** lapokat megszámoz **2.** *nyomd* tördel

pago [pàgu] **I.** *mmi* megfizetett, kifizetett; → **pagar II.** *fn*, *m* = **paga**

pagode [pögòd] *m* **1.** pagoda **2.** bálvány **3.** mulatozás, ricsaj **4. B** *de* ~ garmadával

págs. = *páginas*

pai [pàj] *m* **1.** apa; ~ *de família* családfő **2.** *os* ~*s* a szülők

painço [pöì^{n}szu] *m* köles

painel [pàjnèl] *m* **1.** festmény, vászon **2.** *ép* panel **3.** ~ (*de instrumentos*) műszerfal, szerelékfal

paio [pàju] *m* **1.** sertéskolbász-féle **2. B** hiszékeny, buta alak

paiol [pöjòl] *m* **1.** lőporraktár **2.** hajóraktár **3. B** csűr, magtár

pairar [pàjràr] *1/1 tl* **1.** lebeg, libeg **2.** *haj* sodródik **3.** fenyeget (vihar) **4.** *átv* ingadozik, habozik

país [pöìs] *m* **1.** ország; haza; ~ *amigo* baráti ország; ~ *irmão* testvérország; ~*-membro* tagország **2.** *müv* tájkép

paisagem [pàjzàzsö^{n}j] *f müv* tájkép

paisagista [pàjzözsìstö] *fn* tájképfestő

paisano [pàjzönu] *fn* **1.** földi **2.** civil, polgári (nem katonai) személy **3.** *polícia à* ~*a* polgári ruhás rendőr

Países-Baixos [pöizizsbàjsus] *m tb* Németalföld

paixão [pàjsö^{n}u] *f* **1.** szenvedély **2.** *vall* passió, kínszenvedés; *semana da* ~ nagyhét; *sexta-feira da* ~ nagypéntek **3.** részrehajlás, elfogultság

pajem [pàzsö^{n}j] *m* **1.** *tört* nemesi apród **2.** *haj* matrózinas

pala [pàlö] *f* **1.** sapkaellenző **2.** drágakőfoglalat **3.** cipőnyelv **4.** zsebhajtóka **5.** *autó* napellenző

palacete [pölöszét] *m* magánlak, kúria

palaciano [pölöszjönu] **I.** *mn* **1.** udvari; *golpe* ~ palotaforradalom **2. B** udvarias, jól nevelt **II.** *fn*, *m* udvaronc

palácio [pölàszju] *m* palota; kastély

paladar [pölödàr] *m* **1.** *orv* szájpadlás **2.** *átv* ízlés

paladim, paladino [pölödì^{n}, -dìnu] *m* **1.** (kóbor) lovag **2.** *átv* előharcos; védelmező

palafita [pölöfìtö] *f* cölöpépítmény

palafrém [pölöfrö^{n}j] *m* paripa

palafreneiro [pölöfrinéjru] *m* lovász

pálamo [pàlömu] *m áll* úszóhártya

palanque [pölö^{n}nk] *m* tribün, emelvény

palanquim [pölö^{n}nki^{n}] *m* fedett gyaloghintó, hordszék

palatal [pölötàl] *mn nyelvt* palatális

palatinado [pölötinàdu] *m* **1.** *tört* választófejedelemség **2.** palotagrófi méltóság *v* tartomány **3.** *rég* lengyel tartomány

palatino [pölötìnu] **I.** *mn* **1.** = **palatal** **2.** palotagrófi, nádori **II.** *fn*, *m* palotagróf, nádor

palato [pölàtu] *m* szájpadlás

palavra [pölàvrö] *f* **1.** szó; *jogo de* ~*s* szójáték; *de* ~ szóban; *de poucas* ~*s* szűkszavú; *em breves* v *em poucas ~s* röviden, pár szóban; *em uma ~, numa ~* egyszóval; *na plena acepção da ~; em toda la extensão da ~* a szó szoros v legteljesebb értelmében; *~ por ~* szóról szóra; *não dar* v *dizer ~* egyetlen szót sem szól; *que quer dizer esta ~?* mit jelent ez a szó? **2.** szólás; beszéd; *cortar a ~ a* félbeszakít vkit; *retirar a ~* szavát visszavonja; *negar* v *retirar a ~ a* megvonja a szót vkitől; *pedir a ~* szót kér; *ter a ~* szóhoz jut, engedélyt kap a felszólalásra; *tomar a ~; usar da ~; fazer uso da ~* felszólal, szólásra emelkedik **3.** adott szó; ígéret; *falta de ~* szószegés; *sob ~ (de honra)* becsületszóra; *cumprir a ~* megtartja adott szavát; *dar a ~ (de honra)* becsületszavát adja; *faltar à ~; quebrar a ~* megszegi adott szavát; *ter ~* beváltja ígéretét, megtartja adott szavát **4.** *szól: ~ pesada* gorombaság, sértés; *~s no ar* üres, légből kapott szavak; *molhar a ~* iszik egyet, megnedvesíti a torkát; *pegar na ~* szaván fogja; *nem ~!* egy szót se erről! *~ puxa ~* szó szót követ; *közm: a bom entendedor, meia ~ basta* fél szóból is ért az okos

palavrão [pölövrö^{n}u] *m* **1.** nehezen kiejthető szó **2.** trágárság **3.** *palavrões, átv* nagy szavak

palavreado [pölövrjàdu] *m* fecsegés, *átv* szalmacséplés

palavrear [pölövrjàr] *1/5 tl* fecseg, *átv* szalmát csépel

palavreiro [pölövréjru] *mn* és *fn* fecsegő, szószátyár

palavrório [pölövròrju] *m* = **palavreado**

palavroso [pölövrozu] *mn* bőbeszédű

palco [pàlku] *m* színpad; *~ giratório* forgószínpad

palerma [pölèrmö] *mn* és *fn* ostoba, együgyű

palermice [pölirmisz] *f* ostobaság, együgyűség

Palestina [pölistinö] *f* Palesztina

palestra [pölèströ] *f* beszélgetés, csevegés; *fazer ~s* elbeszélget, elcseveg

palestrar [pölistràr] *1/13 tl* beszélget, cseveg

paleta [pölétö] *f* paletta

paletó [pölitò] *m* **1.** felöltő **2. B** kiskabát

palha [pàljö] *f* **1.** szalma, szalmaszál **2.** *~ de aço* drótszivacs (konyhaedények mosásához) **3.** *~ de madeira* fagyapot **4.** *szól: dar ~ a* orránál fogva vezet vkit; *dormir nas ~s,* **B** nem vigyáz eléggé; *não mexer* v *levantar uma ~* egy szalmaszálat sem tesz keresztbe; *por dá cá aquela ~* komoly ok nélkül, semmiségekért

palhaçada [pöljöszàdö] *f* **1.** bohóckodás **2.** bohócok csoportja

palhaço [pöljàszu] *m* bohóc

palhada [pöljàdö] *f* **1.** szecska, takarmány **2.** *átv* üres beszéd

palhagem [pöljàzsö^{n}j] *f* szalmakazal

palhal, palhar [pöljàl, pöljàr] *m* = **palhoça**

palheireiro [pöljéjréjru] *m* **1.** szalmaárus **2.** szalmaszékfonó

palheiro [pöljéjru] *m* szalmakazal

palheta [pöljétö] *f* **1.** nyelvsíp, fúvóka (fúvós hangszeren) **2.** paletta **3. B** szalmakalap

palhete [pöljét] *mn* szalmaszínű; *vinho ~* halványvörös bor

palhiço [pöljiszu] **I.** *mn* szalma- **II.** *fn, m* szecska, takarmány

palhinha [pöljinyö] *f* **1.** szalmaszál **2.** *cadeira de ~* szalmafonatos szék

palhoça [pöljòszö] *f* **1.** szalmafedeles kunyhó **2.** szalmából fonott köpeny (portugál parasztoknál)

paliar [pöljàr] *1/7 ts* **1.** betakar, leplez (*átv* is) **2.** halogat, elhalaszt **3.** *orv* enyhít, csökkent (fájdalmat)

paliativo [pöljötivu] *mn* és *fn* csillapító(szer)

paliçada [pöliszàdö] *f rég kat* paliszád

palidez [pölidés] *f* sápadtság

pálido [pàlidu] *mn* sápadt; halvány; fakó

pálio [pàlju] *m* **1.** baldachin, díszmennyezet **2.** köpeny, palást

palitar [pölitàr] *1/1 ts: ~ os dentes* fogát piszkálja fogpiszkálóval

paliteiro [pölitéjru] *m* fogvájótartó

palito [pölitu] *m* fogvájó, fogpiszkáló

palma [pàlmö] *f* **1.** pálma, pálmaág **2.** győzelem; dicsőség; *levar a ~* elviszi a pálmát; *eles levam-nos a ~* ők elviszik előlünk a pálmát **3.** *~ (de mão)* tenyér; *conhecer à ~* úgy ismeri, mint a tenyerét; *trazer nas ~s das mãos* tenyerén hordja **4.** *~s* taps; *bater* v *dar ~s* tapsol

palmada [pàlmàdö] *f* ütés tenyérrel

palmar[1] [pàlmàr] *m* pálmaliget
palmar[2] [pàlmàr] *mn* 1. tenyérnyi; arasznyi 2. *átv* kézzelfogható, nyilvánvaló
palmar[3] [pàlmàr] *1/1 ts biz* elcsen; lopkod
palmatoada [pàlmötvàdö] *f rég isk* körmös, ütés tenyérre nádpálcával
palmatória [pàlmötòrjö] *f* 1. *rég isk* nádpálca; lénia; *dar a mão à* ~ beismeri bűnösségét 2. kis kézi gyertyatartó
palmear [pàlmjàr] *1/5* I. *ts* bejár, átkutat (terepet) II. *tl* tapsol
palmeira [pàlméjrö] *f* pálma, pálmafa
palmeta [pàlmétö] *f müsz* spatula
palmilha [pàlmiljö] *f* 1. talpbélés 2. harisnyatalp
palmilhar [pàlmiljàr] *1/1* I. *ts* 1. talpbéléssel ellát (cipőt) 2. fejel (harisnyát) 3. gyalog bejár II. *tl* gyalog megy
palmípede [pàlmìpid] *mn* és *fn/m áll* úszólábú
palmito [pàlmitu] *m* 1. törpepálma 2. pálmaág 3. virágcsokor
palmo [pàlmu] *m* 1. arasz; ~ *a* ~ fokozatosan, lépésről lépésre 2. *um* ~ *de terra* talpalatnyi föld
palpável [pàlpàvèl] *mn* kézzelfogható
pálpebra [pàlpibrö] *f* szemhéj
palpitação [pàlpitöszö^{n}u] *f* 1. remegés, reszketés 2. szívdobogás
palpitante [pàlpitö^{n}nt] *mn* 1. remegő, reszkető 2. izgalmas, érdekes 3. aktuális; égető (kérdés)
palpitar [pàlpitàr] *1/1* I. *ts* előre megérez II. *tl* 1. remeg, reszket 2. dobog (szív) 3. felizgul
palpite [pàlpit] *m* 1. = **palpitação** 2. *ját* tipp, megérzés; *ter um* ~ jó tippje van
palpo [pàlpu] *m* 1. *áll* tapogató; 2. *estar* v *ver-se em* ~*s de aranha, biz* benne ül a pácban, bajba került
palra [pàlrö] *f* csevegés, fecsegés
palrador *m*, **-a** *f* [pàlrödor(ö)] *mn* és *fn* csevegő, fecsegő
palrar [pàlràr] *1/1 tl* 1. gagyog, gügyög 2. fecseg, locsog
paludismo [pöludizsmu] *m* mocsárláz
paludoso, palustre [pöludozu, pölustr] *mn* mocsaras
pamonha [pömonyö] *f* 1. B kukoricalisztből készült kalács 2. *m, f* ostoba alak
pampa [pö^{n}mpö] *f földr* pampa
pâmpano [pö^{n}mpönu] *m* szőlőág
pampilho [pö^{n}mpilju] *m* ösztöke
panacela [pönöszéjö] *f* mindent gyógyító csodaszer
Panamá [pönömà] *m: o* ~ Panama
panar [pönàr] *1/1 ts konyh* paníroz
panarício [pönörìszju] *m orv* körömágygyulladás
panasco [pönàsku] *m* takarmányfű
pança [pö^{n}szö] *f* 1. *áll* bendő 2. gyomor; pocak
panca [pö^{n}nkö] *f* 1. *biz: andar* v *ver-se em* ~*s* a) a bolondját járja b) bajban van 2. *dar* ~*s*, B kitűnik, kiválik
pancada [pö^{n}nkàdö] *f* 1. ütés, lökés; verés; *levar* ~*s* verést kap, elverik 2. hajlam, tehetség; *ter* ~ *para a música* van tehetsége a zenéhez 3. rögeszme, bogár, hóbort; *ter* ~ nála baj van az emeleten 4. ~ (*de chuva*), B záporeső 5. ~ *de mar* a) hullámverés b) B homokos tengerpart 6. *szól: às três* ~*s* hanyagul, összevissza; *de* ~ a) hirtelen, váratlanul b) egy csapásra
pançada [pö^{n}szàdö] *f* 1. ütés *v* lökés a hassal *v* a hasba 2. *argó* kiadós kaja
pancadaria [pö^{n}nködörìö] *f* 1. verekedés 2. *zene* ütőhangszerek
pancrácio [pö^{n}nkràszju] *m nép* hülye, ostoba
pâncreas [pö^{n}nkrjàs] *m orv* hasnyálmirigy
pançudo [pö^{n}szudu] *mn* pocakos
pândega [pö^{n}ndigö] *f* zajos mulatság; *andar na* ~ dőzsöl, mulat
pândego [pö^{n}ndigu] I. *mn* 1. mulatságos, víg 2. könnyelmű II. *fn, m* mulatozó, lump fráter
pandeiro [pö^{n}ndéjru] *m* tamburin, csörgődob
pandilha [pö^{n}ndiljö] I. *f* (rabló)banda II. *m* 1. bandita 2. naplopó
pando [pö^{n}ndu] *mn* dagadt, duzzadt; *velas* ~*as* dagadozó vitorlák
pandorga [pö^{n}dòrgö] *f biz* 1. macskazene 2. kövér nő 3. B *ját* papírsárkány
pane [pön] *f autó* defekt
panegírico [pönizsìriku] I. *mn* dicsőítő, magasztaló II. *fn, m* dicshimnusz
paneiro [pönéjru] *m* kétfülű fűzfakosár
panejar [pönizsàr] *1/14* I. *ts* drapíroz, (kárpitot) redőz II. *tl* leng, lobog

panela [pönèlö] *f* fazék, lábas; ~ *de pressão* „kukta"
panelada [pönilàdö] *f* teli fazék; fazékravaló
panelinha [pönilinyö] *f* **1.** kicsi fazék *v* lábas **2.** banda, klikk; *fazer* ~, *ser da mesma* ~ egy húron pendülnek, összeszűrik a levet **3.** ármánykodás; *desmanchar v desfazer a* ~ meghiúsítja vkinek a (gonosz) szándékait
panema [pönémö] *fn* szerencsétlen flótás, peches alak
panfleto [pö^{n}flétu] *m* pamflet, gúnyirat
pânico [pöniku] *m* pánik, vakrémület; *espalhar o* ~ pánikot kelt
panícula [pönikulö] *f növ* füzérvirágzat
panificação [pönifiköszö^{n}u] *f* kenyérsütés
panificar [pönifikàr] *1/2 ts* kenyeret süt
paninho [pöninyu] *m text* kalikó, karton
paniqueiro [pönikéjru] *m* pánikkeltő
pano [pönu] *m* **1.** szövet, posztó, anyag; ~ *de algodão* pamutszövet; ~ *de linho* lenvászon **2.** ruhadarab, törlőrongy; ~ *de copa v de cozinha* konyharuha; ~ *de pó* portörlő ruha **3.** *szính* függöny; ~ *de fondo* hátsó színházdíszlet; *sobe* (*desce*) *o* ~ a függöny felmegy (legördül) **4.** vitorla; *a todo o* ~, *átv* dagadozó vitorlákkal, teljes gőzzel **5.** (fal)felület, oldal; falrész **6.** *orv* folt az arcon **7.** ~ *quente* meleg borogatás; *átv:* ~*s quentes* félmegoldások **8.** *szól:* ~ *mortuário* halotti lepel; *meter-se nos* ~*s de* vkinek a helyébe képzeli magát
panorama [pönurömö] *m* panoráma, festői kilátás; *müv* körkép
panorâmica [pönurömikö] *f* helyzetkép; *müv* körkép
panorâmico [pönurömiku] *mn* festői, gyönyörű
panqueca [pö^{n}nkèkö] *f* **B 1.** palacsinta **2.** *átv* semmittevés; lődörgés
pantalha [pö^{n}ntàljö] *f* **1.** lámpaernyő **2.** fényellenző
pantana [pö^{n}ntönö] *f* tönkremenés, csőd; *dar em* ~ tönkremegy
pantanal, pântano [pö^{n}ntönàl, pö^{n}ntönu] *m* mocsár, láp, ingovány
pantanoso [pö^{n}ntönozu] *mn* mocsaras, ingoványos
panteão [pö^{n}ntyö^{n}u] *m* panteon
pantera [pö^{n}ntèrö] *f* párduc
pantomima, pantomina [pö^{n}ntumimö, -minö] *f* **1.** *szính* némajáték **2.** *nép* csalás, szélhámosság
pantomineiro [pö^{n}ntuminéjru] *m* csaló, szélhámos
pantufa [pö^{n}ntufö] *f* **1.** házicipő, papucs **2.** kövér, kipingált asszony
pantufo [pö^{n}ntufu] *m* **1.** házicipő, papucs **2.** *nép* kövér alak
panturra [pö^{n}nturrö] *f nép* **1.** pocak **2.** hiúság, beképzeltség
panturrilha [pö^{n}nturriljö] *f* lábikra; vastag vádli
pão (*tb:* *pães*) [pö^{n}u] *m* **1.** kenyér; ~ *duro* száraz kenyér; ~ *fofo v mole* puha kenyér; ~ *com manteiga* vajas kenyér; ~ *de centeio* rozskenyér; ~ *de trigo* búzakenyér **2.** gabona **3.** *átv* táplálék; megélhetés; *o* ~ *de cada dia* a mindennapi kenyér; *ganhar o* ~ megkeresi a kenyerét **4.** *szól:* ~ *de açúcar* cukorsüveg; *pôr a* ~ *e água; pôr a* ~ *e laranja* kenyéren és vízen tart; éheztet; rosszul bánik vkivel **T**; *não é* ~ *para seus dentes* ez nem neki való; ebbe beletörik a foga; *közm:* *mais vale* ~ *hoje que galinha amanhã* jobb ma egy veréb, mint holnap egy túzok
pão-de-ló [pö^{n}udilò] *m* piskóta(tészta)
pão-duro [pö^{n}uduru] *m* **B** *nép* fösvény, zsugori
pãozinho (*tb:* *pãezinhos*) [pö^{n}uzinyu, pö^{n}izinyus] *m* péksütemény, zsemle
papa[1] [pàpö] *m* pápa
papa[2] [pàpö] *f* **1.** kása; pép **2.** *não ter* ~*s na língua* jól felvágták a nyelvét, nem marad adós a válasszal
papá [pöpà] *m* papa
papa-açorda [pàpàszòrdö] *fn nép* mulya alak
papada [pöpàdö] *f* **1.** toka **2.** *áll* lebernyeg
papado [pöpàdu] *m* pápaság
papa-fina [papöfinö] **I.** *mn* finom, ízletes **II.** *fn* nevetséges alak
papagaio [pöpögàju] *m* **1.** papagáj **2.** *ját:* ~ *de papel* papírsárkány
papaguear [pöpögjàr] *1/5 tl* papagáj módjára ismétel
papa-hóstias [pàpöòstyös] *fn* szenteskedő, képmutató
papa-jantares [pàpözsö^{n}ntàris] *fn* parazita, ingyenélő
papai [pàpàj] *m* **B** papa, apuka

papal [pöpàl] *mn* pápai
papa-léguas [pàpölègvös] *m* jó gyalogló
papa-moscas [papömoskös] *m* 1. *áll* légykapó 2. tökfilkó, fajankó
papão [pöpö^{n}u] *m* mumus
papar [pöpàr] *1/12 ts, tl gyerm* eszik, papizik
paparicar [pöpörikàr] *1/2 ts* 1. ímmel-ámmal eszik, eszeget 2. becéz, elkényeztet
paparicos [pöpörikus] *m tb* 1. ínyencfalat 2. becézés, cirógatás
papeira [pöpéjrö] *f orv* 1. golyva 2. mumpsz, fültőmirigygyulladás
papel [pöpèl] *m* 1. papír; ~ *carbono* v *quimico* indigó, átírópapír, másolópapír; ~ *higiénico* toalettpapír; ~ *mata-borrão* itatóspapír; ~ *parafinado* zsírpapír; ~ *de carta* levélpapír; ~ *de embalagem*, ~ *de embrulho* csomagolópapír; ~ *de imprensa* újságpapír; ~ *de impressão* v *de obra*, *nyomd* nyomópapír; ~ *de música* kottapapír; ~ *de parede* tapéta; ~ *para forrar casas* tapéta, fali kárpit; *tira de* ~ cédula, papírdarabka; *ficar no* ~ nem valósul meg, holt betű marad; *forrar a* ~ tapétáz; *lançar* v *pôr no* ~ papírra vet 2. szerep; *fazer* v *representar um* ~ szerepet játszik; *ter um* ~ *importante* fontos szerepet játszik 3. *papéis* a) iratok, okmányok b) értékpapírok, részvények
papelada [pöpilàdö] *f* mindenféle papír, aktahalmaz
papelão [pöpilö^{n}u] *m* 1. karton (papír) 2. B szánalmas szerep; bukás
papelaria [pöpilöriö] *f* papírkereskedés
papeleira [pöpiléjrö] *f* (irodai) íróasztal
papeleiro [pöpiléjru] *m* papírgyáros
papeleta [pöpilétö] *f* 1. hirdetőcédula 2. levélke, üzenet
papelinho [pöpilinyu] *m* 1. cetli, papírdarabka 2. konfetti
papel-moeda [pöpèlmuèdö] *m* papírpénz
papelório [pöpèlòrju] *m* 1. papírhalmaz 2. firkálmány 3. B *representar um* ~ szánalmas szerepet játszik
papelotes [pöpilòtis] *m tb* hajcsavarok
papel-título [pöpèltitulu] *m* címszerep
papelucho [pöpilusu] *m* 1. papírdarabka 2. csomagolópapír 3. firkálmány 4. zugújság
papila [pöpilö] *f orv* szemölcs
papo [pàpu] *m* 1. begy 2. *biz* gyomor, bendő; *encher o* ~ teletömi bendőjét 3. ránc (a ruhán) 4. gőg; fölényesség; *falar de* ~ fölényesen beszél; nagyzol 5. csevegés, fecsegés; *bater um* ~ elbeszélget, elcseveg; *mas isso é outro* ~ de ez már más lapra tartozik
papoila, papoula [pàpoljö, pàpolö] *f növ* mák
papudo [pöpudu] *mn* 1. nagy begyű (madár) 2. golyvás 3. duzzadt, felfújt; *faces* ~*as* pufók arc
paquerar [pàkiràr] *1/14 ts, tl* B *argó* 1. szerelmi kalandra vadászik 2. figyel, őrködik
paquete [pökét] *m* 1. személyszállító hajó 2. kifutófiú
paquiderme [pökidèrm] *m áll* vastagbőrű
Paquistão [pökistö^{n}u] *m*: *o* ~ Pakisztán
par [pàr] I. *mn* 1. egyenlő; hasonló; *sem* ~ egyedülálló, párját ritkító 2. páros; ~ *ou impar* páros vagy páratlan; *dias* ~*es* páros napok II. *fn, m* 1. (egy) pár; *um* ~ *de sapatos* egy pár cipő; *aos* ~*es* párosával, kettesével 2. táncpartner 3. pair, lord, főúr, a felsőház tagja 4. *szól*: *ao* ~ egyenlően, egyformán; *a um* ~ egyenlő szinten; *a* ~ *de* vki *v* vmi mellett, vmihez képest, vmihez viszonyítva; *a* ~ *disso* emellett; *nossos* ~*es* a hozzánk hasonlók; *abrir-se de* ~ *em* ~ tágra nyílik; *andar v estar a(o)* ~ *de* értesült vmiről, tudomása van vmiről; *estar ao* ~ névértékben jegyzik (részvényt a tőzsdén); *é um outro* ~ *de luvas* ez egészen más ügy, ez nem tartozik ide
para [pörö] *vsz* 1. (hely; hova?) ~ *onde?* hova? *ir* ~ *casa* hazamegy; *partiu* ~ *o Brasil* Brazíliába utazott; *vou* ~ *Lisboa* Lisszabonba utazom; *dá* ~ *cá!* add ide! *ele veio* ~ *mim* felém jött, odajött hozzám 2. (*idő*:) ~ *quando?* mikorra? ~ *todo o ano* az egész évre; *de lá* ~ *cá* azóta 3. (*cél*:) -ért, számára; ~ *quê?* minek? mire? milyen célból? ~ *que* avégből, hogy; *copo* ~ *água* vizespohár; *um fato* v *terno* ~ *o verão* nyári ruha; *lutar* ~ *vencer* a győzelemért küzd 4. (hasonlítás:) -hoz képest, -hoz viszonyítva; *sabe muito* ~ *a sua idade* korához ké-

pest már sokat tud **5.** *estar* + ~ azon van, hogy; éppen tenni szándékozik vmit; *estava* ~ *dizer isso* éppen ezt akartam mondani; *eu estava* ~ *sair* éppen indulóban voltam otthonról **6.** (körülbelül:) *há oito* ~ *nove anos* ennek van vagy nyolc-kilenc éve; *possui* ~ *dois milhões* körülbelül két milliója lehet **7.** *átv:* ~ *com* vki irányában *v* vkivel szemben; *é obsequioso* ~ *com todos* mindenkivel szemben előzékeny **8.** (vonzatként:) *paixão* ~ *o jogo* játékszenvedély; *nomear* ~ *director* igazgatónak kinevez; *não servir* ~ *nada* semmire sem jó

parabéns [pöröbö^{n}js] *m tb* jókívánságok, szerencsekívánatok; *dar (os)* ~ *a* gratulál vkinek; *muitos* ~*!* sok-sok szerencsét!

parábola [pöràbulö] *f* **1.** *geom* parabola **2.** példabeszéd

pára-brisa(s) [pàröbrizös] *m* (*tb*) *autó* szélvédő üveg

pára-choques [pàrösòkis] *m* **1.** *vasút* ütközőbak **2.** *autó* lökhárító

parada [pöràdö] *f* **1.** megálló(hely); állomás; ~ *obrigatória* rendes megálló; ~ *a pedido* feltételes megálló; ~ *de autocarro* (**B**: *de ônibus*) buszmegálló; *sinal de* ~ leszállási szándékot jelző csengő **2.** megállás, pihenő; szünet **3.** *kat* díszszemle, parádé **4.** (játék)tét **5.** *ját* főnyeremény **6.** *vívás* kivédés, elhárítás **7.** *sp:* ~ *sobre os braços* kézenállás

paradeiro [pöródéjru] *m* tartózkodási hely

paradigma [pörödigmö] *m nyelvt* paradigma, ragozási minta

paradisíaco [pörödiziöku] *mn* mennyei, paradicsomi

parado [pöràdu] *mn* **1.** álló, nem működő; mozdulatlan; *estar* ~ áll; *átv* pang; *ficar* ~ megáll **2.** állástalan, munkanélküli **3.** *bem* ~ jó állapotban levő, *átv* kedvező; biztos; *mal* ~ rossz állapotban levő; kedvezőtlen, bizonytalan

paradoxal [pörödòkszàl] *mn* meglepő, szokatlan, látszólag ellentmondó

paradoxo [pörödòkszu] *m* látszólagos ellentmondás

parafina [pöröfinö] *f* paraffin

pára-fogo [pàröfogu] *m* kályhaellenző

paráfrase [pöràfröz] *f* **1.** parafrázis **2.** szabad fordítás *v* értelmezés **3.** rosszindulatú megjegyzés

parafrasear [pöröfrözjàr] *1/5 ts* **1.** parafrázist ír vmiből **T 2.** hosszasan értelmez *v* magyaráz

parafusar [pöröfuzàr] *1/1* **I.** *ts* felcsavar, rácsavar **II.** *tl* elgondolkozik, töpreng vmin (*em*)

parafuso [pöröfuzu] *m* **1.** csavar **2.** *műrepülés* dugóhúzó **3.** *ter um* ~ *de mais* (*de menos*) egy kerékkel több (kevesebb) van neki

paragem [pöràzsöj] *f* **1.** megállás **2.** megálló(hely) **3.** tartózkodás(i hely) **4.** környék, vidék

paragonar [pörögunàr] *1/15 ts* egybevet, összehasonlít

parágrafo [pöràgröfu] *m* **1.** paragrafus, törvénycikk **2.** szakasz, cikkely, bekezdés **3.** új bekezdés

Paraguai [pàràgvàj] *m* Paraguay

paraíso [pöröizu] *m* **1.** (mennyei) paradicsom **2.** *szính* karzat, kakasülő

paralela [pörölèlö] *f* **1.** *geom* párhuzamos (egyenes) **2.** *sp:* ~*s* korlát

paralelepípedo [pörölèlipipidu] *m* **1.** *geom* parallelepipedon **2.** kockakő (útburkoláshoz)

paralelismo [pörölilizsmu] *m* **1.** *geom* párhuzamosság **2.** megegyezés, megfelelés

paralelo [pörölèlu] **I.** *mn* párhuzamos **II.** *fn, m* **1.** párhuzam; *pôr em* ~ párhuzamba állít, egybevet **2.** *földr* szélességi kör

paralisação [pörölizöszö^{n}u] *f* **1.** megbénulás (*átv* is) **2.** *ker* pangás

paralisar [pörölizàr] *1/1* **I.** *ts* megbénít **II.** *tl*, **III.** ~*-se* megbénul

paralisia [pöröliziö] *f* **1.** *orv* paralízis, bénulás **2.** *átv* megbénulás

paralítico [pörölitiku] *mn* és *fn* paralitikus

pára-luz [pàrölus] *m* lámpaernyő, fényellenző

paramentar [pöröme^{n}ntàr] *1/1 ts* feldíszít

paramento [pöröme^{n}ntu] *m* **1.** díszítés, dísz **2.** *vall:* ~*s* **a)** miseruhák **b)** oltárdísz

parâmetro [pörömitru] *m* **1.** *mat* paraméter **2.** *közg* jellemző érték, mutató

páramo [pàrömu] *m* lakatlan terület; pusztaság

Paraná [pàrönà] *m* **B** Paraná (brazil állam és folyó)
paraná [pàrönà] *m* **B** folyóág
paraninfo [pöröni^{n}fu] *m* **1.** tanu (keresztelésnél, házasságkötésnél) **2.** *átv* pártfogó
parapeito [pöröpéjtu] *m* **1.** mellvéd, karfa, korlát **2.** ablakpárkány
pára-quedas [pàrökèdös] *m* ejtőernyő
pára-quedismo [pàrökidizsmu] *m* ejtőernyősport
pára-quedista [pàrökidistö] *fn* ejtőernyős
parar [pöràr] *1/12* **I.** *ts* **1.** megállít; ~ *o automóvel* megállítja a kocsit, leáll **2.** *átv* leállít, szüneteltet; ~ *o trabalho* leállítja *v* leteszi a munkát; sztrájkol **3.** *sp* pariroz, elhárít, kivéd **4.** *ját* megtesz (összeget) **5.** ~ *a atenção* magára vonja a figyelmet; ~ *a vista em* rászegezi a tekintetét vkire *v* vmire **II.** *tl* **1.** megáll; *sem* ~ megállás nélkül; *proibido* ~ megállni tilos; *pára em todas as estações* minden állomáson megáll **2.** leáll, szünetel; eláll; *a chuva já parou* az eső már elállt **3.** ~ *de* abbahagy vmit; ~ *de falar* elhallgat **4.** ~ *em* végződik vhogyan; ~ *em mal* rossz vége van; *onde irá a* ~ *isto?* mi lesz ennek a vége? *não sei em que parará este negócio* nem tudom, hogyan végződik majd ez az ügy **5.** *não pára quieto* nem tud nyugodtan maradni; *pára com isso!* hagyd már abba! ebből elég volt!
pára-raios [pàrörràjus] *m* villámhárító
parasita [pörözitö] = **parasito**
parasitar [pörözitàr] *1/1 tl* másokon élősködik, potyázik
parasitismo [pörözitizsmu] *m* élősködés
parasito [pörözitu] *m* **1.** *áll, növ* parazita **2.** élősdi, ingyenélő, potyázó
pára-sol [pàröszòl] *m* napernyő
pára-vento [pàröve^{n}ntu] *m* spanyolfal; (kályha)ellenző; szélfogó
parçaria [pörszöriö] *f* = **parceria**
parceiro [pörszéjru] *m* **1.** társ, üzlettárs; résztulajdonos **2.** *ját* partner
parcela [pörszèlö] *f* **1.** rész, részecske; ~ *de terreno* földrész, parcella **2.** *mat* összeadandó **3.** *vasút: em* ~*s* darabáruként
parcelar [pörszilàr] *1/13 ts* parcelláz; feloszt
parceria [pörsziriö] *f ker* **1.** társulás, szövetkezés **2.** feles bérlet
parche [pàrs] *m* borogatás
parcial [pörszjàl] **I.** *mn* **1.** részleges **2.** részrehajló **II.** *fn* **1.** *isk* részvizsga **2.** vkinek a híve, követője
parcialidade [pörszjölidàd] *f* **1.** részrehajlás **2.** párt **3.** pártosság
parcimônia [pörszimonyö] *f* **1.** takarékosság **2.** szűkmarkúság
parcimonioso [pörszimunyozu] *mn* **1.** takarékos **2.** szűkmarkú
parco [pàrku] *mn* = **parcimonioso**
pardacento [pördösze^{n}ntu] *mn* szürkésbarna
pardal [pördàl] *m* veréb
pardieiro [pörgyéjru] *m* romos épület
pardo [pàrdu] **I.** *mn* szürke; sötét **II.** *fn* mulatt
pardusco [pördusku] *mn* = **pardacento**
parecença [pörisze^{n}szö] *f* hasonlóság
parecer[1] [pöriszér] *2/2* **I.** *tl* **1.** látszik, tűnik; *como bem* v *melhor lhe pareça* ahogy jónak *v* jobbnak látja **2.** valamilyen véleményen van; *que lhe parece?* mi a véleménye? *parece-me que* úgy vélem, hogy; *ao que parece* szemmel láthatóan, úgy látszik **3.** ~ *bem* jól van; ~ *mal* nincs jól **II.** ~*-se* hasonlít vkihez (*com*); *parece-se com o pai* apjára hasonlít
parecer[2] [pöriszér] *m* **1.** látszat; külső; *moça de belo* ~ csinos külsejű leány **2.** vélemény; *sou de* ~ *que* azon a véleményen vagyok, hogy
parecido [pöriszidu] *mn* **1.** hasonló; *algo* ~ valami hasonló, olyasféle; *ser* ~ *com* hasonlít vkire **2.** *bem* ~ formás, szép, csinos; *mal* ~ nem szép, csúnya
paredão [pöridö^{n}u] *m* **1.** magas, vastag fal **2.** **B** meredek, sziklás part
parede [pöréd] *f* **1.** fal, falfelület; *entre quatro* ~*s* négy fal között; *bater* v *dar com a cabeça nas* v *pelas* ~*s* fejjel nekimegy a falnak (*átv* is); *levar à* ~ legyőz, felülmúl; *arrimar* v *pôr os pés à* ~ megveti a lábát a falban; *átv* makacsul ellenkezik; *as* ~*s falam* a falnak is van füle **2.** sztrájk, munkabeszüntetés; *declarar* ~ sztrájkot hirdet; *fazer* ~ sztrájkba lép, sztrájkol
paredista [pöridistö] *fn* sztrájkoló
paredro [pörèdru] *m* **1.** tanácsadó **2.** befolyásos személy **3.** **B** sportklub elnöke

parelha [pöréljö] *f* pár (főleg állat); ~ *de bois* ökörfogat; *correr* ~*s* versenyeznek, vetélkednek; fej fej mellett haladnak; *fazer* ~ hasonlítanak v illenek egymáshoz

parelheiro [pöriljéjru] *m* B versenyló

parelho [pörélju] *mn* hasonló; egyforma

parente *m*, **parenta** *f* [pöre^{n}nt, pöre^{n}ntö] *fn* rokon

parentela [pöre^{n}ntèlö] *f* rokonság (személyek)

parentesco [pöre^{n}ntésku] *m* rokonság, rokoni kapcsolat; *contrair* ~ rokonságba kerül

parêntese, parêntesis [pöre^{n}ntiz, -zis] *m* **1.** közbevetett mondat, beszúrás **2.** zárójel; *entre* ~ zárójelben; *átv* mellesleg szólva; *abrir* ~ **a)** közbeszúr vmit **b)** zárójelben ír; *pôr em* ~(*s*) zárójelbe tesz; *fechar* ~ zárójel bezárva

pária [pàrjö] *m* pária

parição [pöriszö^{n}u] *f* ellés

paridade [pöridàd] *f* **1.** hasonlóság; egyformaság **2.** *közg, ker* paritás

parietal [pörjètàl] **I.** *mn* fali **II.** *fn, m*: (*osso*) ~, *orv* falcsont

parir [pörir] *3/13 ts* szül (*átv* is)

Paris [pöris] *f* Párizs

parisiense [pörizje^{n}sz] *mn* és *fn* párizsi

parla [pàrlö] *f biz* társalgás, beszélgetés

parlamentar[1] [pörlöme^{n}ntàr] **I.** *mn* parlamenti **II.** *fn* országházi képviselő

parlamentar[2] [pörlöme^{n}ntàr] *1/1 ts* tárgyal, tárgyalásokat folytat

parlamentário [pörlöme^{n}ntàrju] *m kat* parlamenter, békekövet

parlamentarismo [pörlöme^{n}ntörizsmu] *m* parlamentarizmus, népképviseleti rendszer

parlamentear [pörlöme^{n}ntyàr] *1/5* = **parlamentar**

parlamento [pörlöme^{n}ntu] *m* **1.** parlament, országház **2.** országgyűlés

parlapatão [pörlöpötö^{n}u] *m* **1.** hazug, szélhámos **2.** kérkedő, nagyzoló

parlapatear [pörlöpötyàr] *1/5 tl* kérkedik, nagyzol

parlapatice [pörlöpötisz] *f* kérkedés, nagyzolás

parlatório [pörlötòrju] *m* **1.** (intézeti) fogadószoba **2.** B csevegés, fecsegés

parlenda, parlenga [pörle^{n}ndö, pörle^{n}ngö] *f* **1.** csevegés, fecsegés **2.** vita, szóváltás

parmesão [pörmizö^{n}u] *m*: (*queijo*) ~ parmezánsajt

pároco [pàruku] *m* plébános

paródia [pöròdyö] *f* paródia, tréfás utánzat

parodiar [pörugyàr] *1/7 ts* parodizál, tréfásan utánoz

parodista [pörudistö] *fn* parodista

parola [pöròlö] *f* **1.** csevegés **2.** üres szalmacséplés

parolagem [pörulàzsö^{n}j] *f* üres fecsegés, locsogás

parolar [pörulàr] *1/15 tl* fecseg, locsog

paroleiro [pörujéjru] *fn* **1.** fecsegő, beszédes **2.** hazug, szélhámos

parolice [pörulisz] *f* fecsegés, locsogás

paróquia [pöròkjö] *f* **1.** parókia, egyházközség, plébánia **2.** plébániatemplom

paroquial [pörukjàl] *mn* egyházközségi, plébániai

paroquiano [pörukjönu] **I.** *mn* = **paroquial II.** *fn* **1.** egyházközséghez tartozó hivő **2.** kliens, törzsvendég

parótida [pöròtidö] *f orv* fültőmirigy

parotidite [pörotidit] *f* fültőmirigy-gyulladás, mumpsz

paroxismo [pöròkszizsmu] *m* **1.** *orv* paroxizmus, tetőpont **2.** szenvedély tetőpontja **3.** véglet, végső határ

paroxítono [pöròkszitunu] *mn nyelvt* a szóvégtől számított harmadik szótagon hangsúlyos (szó)

parque [pàrk] *m* **1.** park; ~ *infantil* (gyermek)játszótér **2.** kocsipark

parqueamento [pörkjöme^{n}ntu] *m* parkolás

parquear [pörkjàr] *1/5 tl* parkol

parquete [pörkét] *m* parkett, rakott padló

parra [pàrrö] *f* szőlőlevél

parrana [pörrönö] *mn* és *fn* toprongyos alak

parreira [pörréjrö] *f* felfuttatott szőlő

parreiral [pörréjràl] *m* szőlőlugas

parricida [pörriszidö] *fn* apagyilkos

parrudo [pörrudu] *mn* tömzsi, zömök

parte [pàrt] *f* **1.** rész; ~ *leonina* v *do leão* oroszlánrész; *à* ~ **a)** külön, elkülönítve **b)** félre **c)** *à* ~ *de* vmitől eltekintve; *de* ~ *a* ~ alaposan, teljesen; *de* v *por* ~ *de* vkinek a részéről v megbízásából; *por minha* ~ részemről, ami engem illet; *em* ~ részben; *em grande* ~ nagy részben, nagyrészt;

por outra ~ másrészről; *por* ~*s* részenként, sorban, pontról pontra; *chamar de* ~ félrehív; *deixar* v *pôr de* ~ félretesz; elfektet; *fazer* ~ *de* vminek a része, vmilyen állományba tartozik, vminek a tagja; *mandar àquela* ~ a pokolba küld; *ter* ~ *em* része van vmiben, részesedik vmiből; *tomar à boa* (*má*) ~ jó (rossz) néven vesz **2.** *átv* partner, fél, oldal; *as altas* ~*s contratantes* a magas szerződő felek; ~*s beligerantes* harcban álló felek **3.** rész(vétel); *tomar* ~ *em* részt vesz vmin *v* vmiben **4.** oldal; irány; *da* ~ *da frente* elölről; *da* ~ *de trás* hátulról; *da* ~ *do sul* délről, dél felől; *de todas as* ~*s* mindenfelől, minden oldalról, minden irányból **5.** hely, táj, vidék; *em alguma* ~ valahol; *em* ~ *alguma* v *nenhuma* sehol; *em* ~ *incerta* ismeretlen helyen; *em outra* ~, *noutra* ~ máshol; *por toda a* ~ mindenütt; *qualquer* ~ valahol **6.** *nyelvt*: ~*s da oração* szófajok **7.** *zene* szólam **8.** értesítés, közlemény; *dar* ~ közöl vkivel (*a*) vmit (*de*) **9.** párt **10.** *jog* panasz; *dar* ~ *de* panaszt emel vki ellen **11.** szerep **12.** *dar* ~ *de* **a)** mutatkozik vmilyennek **b)** színlel, tettet **13.** *a maior* ~ *das vezes* a legtöbbször; *de oito dias a esta* ~ nyolc nap óta

parteira [pörtéjrö] *f* szülésznő, bába

participação [pörtiszipöszö^{n}u] *f* **1.** részvétel **2.** részesedés; ~ *nos lucros* nyereségrészesedés **3.** értesítés, közlés; *fazer* ~ közöl vkivel (*a*) vmit (*de*)

participante [pörtiszipö^{n}nt] **I.** *mn* részt vevő **II.** *fn* részvevő

participar [pörtiszipàr] *1/1* **I.** *ts* értesít vkit, közöl vkivel (*a*) vmit (T) **II.** *tl* részt vesz vmiben (*de, em*)

particípio [pörtiszipju] *m nyelvt* melléknévi igenév

partícula [pörtikulö] *f* **1.** részecske **2.** *nyelvt* particula, nem ragozható szófaj

particular [pörtikulàr] **I.** *mn* **1.** sajátságos, jellegzetes **2.** különös, különleges; *em* ~ különösen, mégpedig, nevezetesen; *nada de* ~ semmi különös **3.** magán-; *vida* ~ magánélet **4.** egyes, külön-, különálló **II.** *fn, m* **1.** magánszemély **2.** ~*es* részletek, apróságok; *neste* ~ ebben a pontban; ebben a tekintetben

particularidade [pörtikulöridàd] *f* sajátosság, különösség

particularizar [pörtikulörizàr] *1/1* **I.** *ts* **1.** részletesen leír *v* elmond **2.** megkülönböztet, kiemel **II.** ~**-se 1.** elkülönül, külön utakon jár **2.** kiválik, kitűnik

particularmente [pörtikulörme^{n}nt] *hat* különösen

partida [pörtidö] *f* **1.** indulás; elutazás; *ponto de* ~ kiindulópont; *estar de* ~ indulófélben van **2.** *ját* parti, játszma **3.** *sp* **a)** start **b)** mérkőzés, találkozó **4.** fegyveres csoport *v* osztag **5.** tréfa; *pregar uma* ~ rossz tréfát űz vkivel (*a*) **6.** *ker: escrituração por* ~*s dobradas* kettős könyvvitel

partidão [pörtidö^{n}u] *m* **1.** jövedelmező állás *v* üzlet **2.** gazdag parti

partidário [pörtidàrju] **I.** *mn* **1.** pártoskodó **2.** párt- **II.** *fn* **1.** párttag **2.** vkinek *v* vminek a híve, követője; ~ *de paz* a béke híve

partidarismo [pörtidörizsmu] *m* pártszellem

partido [pörtidu] *m* **1.** párt; *Partido Comunista Brasileiro* Brazil Kommunista Párt; *Partido Comunista Português* Portugál Kommunista Párt; *Partido Comunista da União Soviética* a Szovjetunió Kommunista Pártja; *Partido Socialista Operário Húngaro* Magyar Szocialista Munkáspárt; ~ *majoritário* többségi párt; *direcção do* ~ pártvezetőség; *sem* ~ pártonkívüli; *tomar o* ~ *de* vkinek a pártját fogja **2.** elhatározás; döntés, határozat; *tomar* ~ elhatározásra jut; *não sabe que* ~ *tomar* nem tudja, hogy mitévő legyen **3.** előny, haszon; *tirar* ~ *de* ügyesen kihasznál vmit, előnyhöz jut vmi révén **4.** parti, házasság **5.** *ját* parti, játszma **6.** B cukornádültetvény

partidor *m,* **-a** *f* [pörtidor(ö)] *mn* és *fn* felosztó

partilha [pörtiljö] *f* **1.** (örök)rész, hányad **2.** felosztás

partilhar [pörtiljàr] *1/1* **I.** *ts* feloszt, szétoszt **II.** *tl* részesedik vmiből (*de*)

partir [pörtir] *3/13* **I.** *ts* **1.** feloszt, szétoszt; ~ *pela metade* v *por meio* felébe oszt, megfelez **2.** széttör; szétszakít **3.** vág, levág; megszeg (kenyeret)

II. *tl* 1. elindul, elutazik 2. kiindul vhonnan (*de*) (*átv* is); *a* ~ *do primeiro do Julho* július elsejétől kezdve III. ~**-se** 1. széttörik; meghasad (*átv* is) 2. elmegy, távozik

partitivo [pörtitivu] *mn nyelvt* részelő

partitura [pörtiturö] *f zene* partitúra

parto [pàrtu] *m* 1. szülés; ~ *prematuro* koraszülés 2. *átv* szülemény

parturiente [pörturje^{n}nt] *f* szülő nő, gyermekágyas nő

parva [pàrvö] *f* reggeli; könnyű tízórai

parvo *m*, **parva** *v* **párvoa** *f* [pàrvu, pàrvö, pàrvuö] *mn* és *fn* buta, tompa elméjű

parvoíce [pörvuisz] *f* butaság

párvulo [pàrvulu] I. *mn* 1. kicsike 2. gyerekes II. *fn*, *m* kisgyerek

pascal [pöskàl] *mn* húsvéti

pascer [pös-szér] *2/2* I. *ts* 1. legeltet 2. táplál 3. szórakoztat; gyönyörködtet; ~ *os olhos em* legelteti a szemét vmin II. *tl* 1. legel 2. táplálkozik 3. mulat, szórakozik 4. gyönyörködik vmiben (*em*)

Páscoa [pàskvö] *f* húsvét; *com cara de* ~ örömtől sugárzó arccal

pascoal [pöskvàl] *mn* húsvéti

pascoela [pöskvèlö] *f vall* fehérvasárnap

pasmado [pözsmàdu] *mn* elképedt, meghökkent; *ficar* ~ elképed, meghökken; elámul

pasmar [pözsmàr] *1/12* I. *ts* 1. elképeszt, meghökkent 2. ~ *os olhos em* elámulva néz vkit *v* vmit II. *tl* elképed, meghökken; elámul

pasmo [pàzsmu] I. *mn* **B** = **pasmado** II. *fn*, *m* 1. meghökkenés; ámulat 2. ájulás

pasmoso [pözsmozu] *mn* elképesztő, meghökkentő; bámulatos

pasquim [pöski^{n}] *m* gúnyirat

passa [pàszö] *f* szárított gyümölcs; (*uva*) ~ mazsola

passada [pöszàdö] *f* 1. lépés 2. ~*s*, *átv* szaladgálás, lótás-futás

passadeira [pöszödéjrö] *f* 1. futószőnyeg 2. gázló, átkelőhely

passadiço [pöszödiszu] I. *mn* átmeneti; múló II. *fn*, *m* 1. átjáró folyosó 2. járda 3. *haj* **B** parancsnoki híd

passadio [pöszödiu] *m* napi élelmezés, koszt

passado [pöszàdu] I. *mn* 1. múlt, elmúlt; ~ (*algum*) *tempo* egy (kis) idő múlva; ~*as algumas horas* néhány óra múlva; *o ano* ~ a múlt évben; *nos tempos* ~*s* hajdanában; *átv*: *águas* ~*as* elmúlt dolgok; olyan, mint a tavalyi hó 2. szárított; túlérett (gyümölcs); sült (hús); *bem* ~ jól átsütött; *bife mal* ~ félig sült bifsztek 3. elképedt, ámuló; ~ *de frio* hidegtől dermedt; ~ *de medo* félelemtől megkövült; *ficar* ~ elképed, megdöbben II. *fn*, *m* 1. a múlt; *no* ~ a múltban 2. *nyelvt* múlt idő; *particípio* ~ múlt idejű melléknévi igenév 3. *os* ~*s* az elődök, az ősök

passadoiro [pöszödojru] *m* = **passadouro**

passador [pöszödor] *m* 1. révész 2. csaló, szélhámos 3. intrikus 4. krumplinyomó

passadouro [pöszödoru] *m* 1. palló 2. átjáró folyosó

passageiro [pöszözséjru] I. *mn* 1. átmeneti, időszaki; múló; *mal* ~ múló rosszullét 2. könnyű; jelentéktelen; *erro* ~, *falta* ~*a* jelentéktelen hiba 3. forgalmas; látogatott II. *fn* 1. utas 2. **B** révész

passagem [pöszàzsöj] *f* 1. átjáró; ~ *inferior* aluljáró; ~ *superior* felüljáró; ~ *secreta* titkos átjáró; ~ *de nível* pályaszinti útkereszteződés *v* átjáró 2. átmenés, áthaladás; átutazás, átrepülés, átkelés; ~ *de fronteira* határátlépés; *de* ~ **a)** átutazóban **b)** *átv* mellesleg; *estar de* ~ átutazóban van 3. út; *abrir* ~ utat nyit, áttör; *dar* ~ átenged, utat enged; *cortar* v *obstruir a* ~ útját állja 4. menetdíj; menetjegy; ~ *aérea* repülés; repülőjárat; repülőjegy 5. *átv* hely, részlet (könyvből) 6. foltozás, javítás (ruhán)

passajar [pöszözsàr] *1/12 ts* (meg)stoppol (harisnyát)

passamanar [pöszömönàr] *1/12 ts* zsinóroz, paszományoz

passamanes [pöszömönis] *m tb* paszomány

passante [pöszö^{n}nt] *mn* 1. átmenő, áthaladó 2. ~ *de* vmit meghaladó; több, mint; *hombre* ~ *dos sessenta* hatvanon túl levő ember; *sua biblioteca tem* ~ *de dez mil volumes* könyvtárában több mint tízezer kötet van 3. gyalogos (*fn* is)

passaporte [pöszöpòrt] *m* útlevél

passa-puré [pàszöpurè] *m* krumplinyomó

passar [pöszàr] *1/12* **I.** *ts* **1.** átlép; átmegy vmin **T**; ~ *a ponte* átmegy a hídon; ~ *o rio* átkel a folyón **2.** átszúr, keresztüldöf; *a espada passara-lhe o coração* a kard a szívébe hatolt **3.** átszitál; leszűr; ~ *o café* megszűri a kávét; ~ *a farinha* átszitálja a lisztet **4.** ~ (*a ferro*) kivasal; ~ *a roupa* kivasalja a ruhát **5.** *isk* felad, kijelöl; *o professor passou a lição* a tanár feladta a leckét **6.** kiad; továbbít; ~ *um decreto* rendeletet kibocsát; ~ *ordens* parancsokat osztogat; ~ *um telegrama* sürgönyt felad *v* továbbít **7.** eltűr, elszenved; kibír; ~ *tristezas* sok szomorúságban van része **8.** eltölt (időt); ~ *uma boa vida* jó élete van, boldogan éli világát; ~ *o inverno no sul* a telet délen tölti; *passou as férias na ilha da Madeira* Madeira szigetén töltötte a szabadságát; *passámos três semanas em Portugal* három hetet töltöttünk Portugáliában **9.** kibocsát; forgalomba hoz; ~ *dinheiro falso* hamis pénzt hoz forgalomba **10.** *konyh* kisüt, megsüt; ~ *um bife* kisüt egy bifszteket **11.** *sp* **B** átpasszol, átad (labdát) **12.** átvisz, átjuttat, átcsempész; ~ *diamantes* gyémántokat csempész át **13.** átad, átnyújt; *passe-me, por favor, o sal* kérem, nyújtsa ide nekem a sót **14.** berak, betesz, bedug, befűz **15.** *fazer* ~ átvisz, átszállít, áttesz; *fazer* ~ *para o outro lado* átszállít a túlsó partra; *fez* ~ *a botelha de mão em mão* kézről kézre adta az üveget **16.** *fazer* ~ *por* vmilyennek elhíresztel, kiad vmilyennek; *tem-se feito* ~ *por médico* orvosnak adta ki magát **17.** átmásol, lemásol **18.** mellőz, elhagy, kihagy; ~ *por cima de* átsiklik vmi felett; *passou duas linhas* kihagyott két sort **19.** ~ *sem* megvan nélküle; *ele não pode* ~ *sem isso* nem tud meglenni nélküle **20.** *szól:* ~ *as marcas* v *as medidas* v *as raias,* ~ *dos limites* túllő a célon; ~ *os olhos por* végigpillant vmin; ~ *uma película* filmet bemutat; ~ *uma repreensão a* fejmosásban részesít vkit; ~ *para trás* becsap; megcsal; *há muito que ela passa o marido para trás* már jó ideje csalja a férjét **II.** *tl* **1.** átmegy; ~ *de Paris a Londres* Párizsból Londonba megy; ~ *para outro lado* átmegy a másik oldalra **2.** áthatol, behatol; *o vento passa pela fresta da porta* a szél befúj az ajtórésen **3.** *átv* átszáll, átkerül; ~ *do pai para o filho* apáról fiúra száll; *a loja passou a novo dono* a bolt új gazdára talált **4.** elmúlik; *tudo passa* minden elmúlik; *já me passou a dor de cabeça* már elmúlt a fejfájásom; *passou-lhe a vontade de estudar* elment a kedve a tanulástól **5.** kimúlik; meghal; ~ *desta para melhor;* ~ *desta vida para a outra* jobblétre szenderül **6.** érzi magát (egészségileg); él valahogy, éldegél; *como tem passado? — vou passando* hogy van? — csak úgy, lassacskán; *passe bem!* minden jót! jó egészséget! ~ *baixo* rosszul megy a dolga; *ter com que* ~ van miből megélnie **7.** történik, megesik, előfordul; *passe o que passe* bármi történjék is **8.** forgalomban van **9.** ~ *por* vminek a hírében áll; *passa por escritor talentoso* tehetséges írónak tartják; ~ *por grande poeta* nagy költő hírében áll **10.** *kártya* passzol **11.** *isk* átmegy **12.** átváltozik, más lesz; *passa de melancólico a exuberante* hullámzik a kedélye, levertségéből átcsap féktelen jókedvre; *passou de aluno a professor* tanítványból tanár lett **13.** átköltözik; ~ *para a nova casa* átköltözik az új házba **14.** áthalad; keresztülfolyik; elmegy mellette, megelőz; *não* ~*!* előzni tilos! **15.** elterjed (hír) **16.** „elmegy", tűrhető, ki lehet bírni; *o almoço não está bom, mas passa* az ebéd nem valami jó, de meg lehet enni **17.** *a lei passou* a törvényt elfogadták **18.** *szól:* ~ *adiante* **a)** előbbre jut, tovább megy **b)** sikereket ér el, boldogul **c)** *sp* előretör, megelőz vkit (*de*); ~ *por casa de* benéz vkihez, meglátogat vkit **III.** ~**-se 1.** történik; *que se passa?* mi történt? 2. átmegy (*átv* is); ~*-se para o lado do inimigo* átáll az ellenséghez **3.** lefolyik, elmúlik

passarada [pöszöràdö] *f* madárraj

passaredo [pöszörédu] *m* = **passarada**

passareira [pöszöréjrö] *f* madárház

passareiro [pöszöréjru] *m* **1.** madarász **2.** madárkereskedő

passarela [pàszörèlö] *f* **B 1.** gyalogos

felüljáró 2. emelvény (divatbemutatókhoz) 3. *rep* lépcső (be- és kiszálláshoz)

pássaro (pàszöru] *m* 1. madár 2. *átv* jómadár, csibész

passatempo [pàszöte^{n}mpu] *m* időtöltés

passe [pàsz] *m* 1. (belépési) engedély 2. bérletjegy; ~ *livre* szabadjegy; ~ *mensal* havibérlet 3. *sp* passzolás, átadás

passeante [pöszjö^{n}nt] *fn* sétáló; őgyelgő

passear [pöszjàr] *1/5* I. *ts* 1. sétáltat 2. ~ *as ruas* végigsétál az utcákon 3. ~ *novas ideias* új eszméket hirdet *v* terjeszt II. *tl* 1. sétál 2. csatangol, kóborol 3. *mandar* ~ kiteszi a szűrét, elküldi a fenébe; *vai ~!* tűnj el! kopj le!

passeata [pöszjàtö] *f* 1. séta 2. B menet, felvonulás

passeio [pöszéju] *m* 1. séta; *dar um* ~ sétál egyet 2. sétány 3. járda

passento [pösze^{n}ntu] *mn: papel* ~ itatóspapír

passional [pöszjunàl] *mn* 1. szenvedélyes 2. *crime* ~ szerelmi bűntény

passiva [pöszivö] *f nyelvt* szenvedő alak

passível [pöszivèl] *mn* 1. érzékeny 2. érzelmi, szentimentális 3. ~ *de* fogékony, hajlamos vmire; ~ *de alegria* vidám kedélyű 4. ~ *de multa* büntethető, büntetendő

passividade [pöszividàd] *f* passzivitás, közömbösség

passivo [pöszivu] I. *mn* 1. passzív, közömbös 2. tétlen 3. szenvedő; → **voz** II. *fn, m ker* passzívák

passo[1] [pàszu] *mn* szárított

passo[2] [pàszu] *m* 1. lépés; ~ *a* ~ lépésről lépésre; *a* ~ lépésben; *a ~s largos* nagy léptekkel; *a ~ de boi* v *de tartaruga* csigalassúsággal; *a cada* ~ minden lépésre; *a poucos ~s* közel, pár lépésnyire; *acelerar* v *apertar* v *dobrar* v *firmar* v *marcar o* ~ sietteti lépteit, kilép; *dar um* ~ lép egyet; *não dar um* ~ egy lépést sem tesz; *dar um mau ~*, *átv* a) félrelép b) felsül, bakot lő 2. menés, járás; *kat: a ~ acelerado* erőltetett menetben; *marcar* ~ helybenjárást végez 3. nyom, nyomdok; *seguir os ~s de* vkinek a nyomdokain halad 4. tánclépés 5. hegyszoros; tengerszoros 6. hely, részlet (könyvben) 7. helyzet, állapot; eset, esemény; ~ *inesperado* váratlan esemény 8. *vall* keresztút állomása 9. *műsz: ~ de parafuso* csavarmenet 10. *szól: ao ~ que* a) mialatt, míg b) amilyen mértékben; *ao mesmo* ~ ugyanakkor, egyidejűleg; *de* ~ mellesleg; *neste* ~ ekkor, ebben a pillanatban; *ceder o ~ a* előreenged vkit; *dar ~s por* lépéseket tesz vmi érdekében; *tomar o ~ a* megelőz vkit

pasta [pàstö] *f* 1. (száraz) tészta; *~s alimentícias* tésztakészítmények (makaróni, metélt tészták *stb*) 2. massza, krém; ~ *dentifrica*; ~ *de dentes* fogkrém, fogpaszta 3. nyersöntvény, vastömb 4. tárca; mappa; *ministro sem* ~ tárca nélküli miniszter

pastagem [pöstàzsö^{n}j] *f* legelő

pastar [pöstàr] *1/12* I. *ts* legeltet II. *tl* 1. legel 2. *átv* gyönyörködik vmiben

pastel [pöstèl] *m* 1. (hús)pástétom 2. sütemény, édes tészta 3. *nyomd* szedésbe belekeveredett idegen betű 4. *műv* pasztell 5. tunya, nyimnyám ember

pastelão [pöstilö^{n}u] *m* 1 nagy pástétom 2. kalács

pastelaria [pöstilöriö] *f* cukrászda

pasteleiro [pöstiléjru] *m* cukrász

pastelista]pöstilistö] *fn* pasztellfestő

pasteurizar [pöstéurizàr] *1/1 ts* pasztőröz

pastilha [pöstiljö] *f* pasztilla; tabletta

pasto [pàstu] *m* 1. eleség, takarmány 2. legelő 3. táplálék (*átv* is); ~ *das chamas* a lángok martaléka; *casa de* ~ étkezde 4. *átv: dar ~ a* tápot nyújt vminek

pastor [pöstor] *m* 1. pásztor; *cão de ~ alemão* német juhászkutya 2. lelkész

pastoral [pösturàl] I. *mn* pásztori II. *fn, f* 1. *irod, zene* pásztorjáték 2. egyházi pásztorlevél

pastorear [pösturjàr] *1/5 ts* 1. legeltet 2. irányít, vezet

pastorejar [pösturizsàr] *1/14 ts* B = **pastorear**

pastoril [pösturil] *mn* 1. pásztori 2. idillikus

pastoso [pöstozu] *mn* pépes, ragacsos

pastrano [pöströnu] I. *mn* falusi, paraszti II. *fn, m* goromba *v* durva fráter

pata [pàtö] *f* I. (nőstény)kacsa II. 1. mancs; pata; karom; *à ~, nép* gyalog;

às quatro ~s négykézláb 2. *haj* horgony kapája 3. *szól: meter a ~,* **B** bakot lő
pataco [pötàku] *m* régi pénzdarab, peták; *não vale um ~* nem ér egy hajítófát se
patada [pötàdö] *f* 1. ütés mancccsal; rúgás 2. *átv* baklövés; *dar uma ~* bakot lő
patamar [pötömàr] *m* 1. lépcsőforduló 2. vízszintes vasúti vonalszakasz
pataqueiro [pötökéjru] *mn* filléres, olcsó; vacak
patarata [pötöràtö] 1. *f* dicsekvés, nagyzolás 2. *m, f* dicsekvő, nagyzoló; ostoba alak
patavina [pötövinö] *f* semmi; *não compreender ~* semmit sem ért
pate [pàt] *m* **B** *sakk* patt
patê [pöté] *m* pástétom
pateada [pötyàdö] *f* 1. lábdobogás 2. *szính: dar ~* kifütyül
patear [pötyàr] *1/5* I. *ts szính* kifütyül II. *tl* 1. dobbant, dobog 2. balszerencséje van
patente [pöteⁿnt] I. *mn* 1. nyílt, nyitott; *estar ~* nyitva van 2. nyilvánvaló II. *fn, f* 1. pátens, okirat; szabadalmi okirat 2. oklevél, diploma 3. *kat* (rend)fokozat; *oficiais de alta ~* magas rangú tisztek; *recebeu a ~ de coronel* előléptették ezredessé 4. (egyesületbe történő) belépés díja
patentear [pöteⁿntyàr] *1/5* I. *ts* 1. kifejt, megvilágít; kimutat 2. *~ uma invenção* találmányt szabadalmaztat 3. kinyit, megnyit II. **~-se** megnyilvánul, mutatkozik
paternal [pötirnàl] *mn* apai
paternidade [pötirnidàd] *f* apaság
paterno [pötèrnu] *mn* apai; *casa ~a* szülői ház
pateta [pötètö] 1. *m* buta fráter 2. *f* buta liba
patetice [pötètisz] *f* butaság
patético [pötètiku] *mn* 1. patetikus, szenvedélyes 2. fenséges, szárnyaló
patibular [pötibulàr] *mn* akasztófára való; *cara ~* tenyérbe mászó kép
patíbulo [pötibulu] *m* akasztófa; vérpad
patifaria [pötiföriö] *f* 1. gazság; pimaszság 2. **B** gyávaság
patife [pötif] I. *mn* 1. pimasz, szemtelen 2. **B** gyáva II. *fn, m* gazember, csibész; *~ da pior espécie* cégéres gazfickó
patim [pötiⁿ] *m* korcsolya; *~ de gelo* szántalp; *patins de rodas* görkorcsolya
patinação [pötinöszöⁿu] *f* korcsolyázás; *~ nas rodas* görkorcsolyázás
patinador *m*, **-a** *f* [pötinödor(ö)] *fn* korcsolyázó
patinagem [pötinàzsöⁿj] *f* korcsolyázás; *~ artística* műkorcsolyázás
patinar [pötinàr] *1/1 tl* 1. korcsolyázik 2. *autó* (meg)csúszik
patinhar [pötinyàr] *1/1 tl* 1. lubickol 2. egy helyben forog (kerék), csúszik
pátio [pàtyu] *m* belső udvar
pato [pàtu] *m* 1. kacsa; *~ bravo* vadkacsa 2. *nép* buta fráter; *cair como um ~* kötélnek áll, becsapják
patogénico [pötuzsèniku] *mn orv* kórokozó
patologia [pötuluzsiö] *f orv* patológia, kórtan
patota [pötòtö] *f* **B** sötét ügylet, csalás, lopás
patranha [pötrönyö] *f* hazugság, mese; *contar ~s* nagyokat füllent
patrão [pötröⁿu] *m* 1. tulaj(donos), gazda, főnök 2. patrónus, védnök, pártfogó 3. uraság; gazda; *közm: ~ fora, feriado na loja* nincs otthon a macska, cincognak az egerek
patrão-mor [pötröⁿumòr] *m* **B** hivatalvezető
pátria [pàtrjö] *f* haza; szülőföld
patriarca [pötrjàrkö] *m* pátriárka
patriarcado [pötrjörkàdu] *m* patriarkátus
patriarcal [pötrjörkàl] *mn* patriarkális; ősi, régimódi
patrício [pötriszju] I. *mn* nemesi, előkelő II. *fn* 1. *tört* patricius 2. honfitárs, földi
patrimonial [pötrimunyàl] *mn* patrimoniális; apjától öröklött
património [pötrimònyu] *m* 1. apai örökség 2. családi vagyon; gazdagság 3. *~ do Estado* államvagyon
pátrio [pàtrju] *mn* 1. apai 2. hazai, szülőföldi
patriota [pötrjòtö] *fn* hazafi
patrioteirismo [pötrjutéjrizsmu] *m* álhaza iság
patrioteiro [pötrjutéjro] *fn* álhazafi
patriótico [pötrjòtiku] *mn* hazafias

patriotismo [pütrjutizsmu] *m* hazafiság; hazaszeretet
patroa [pötroö] *f* 1. ház úrnője 2. tulajdonosnő, főnöknő 3. *biz: a minha* ~ a feleségem
patrocinador *m*, **-a** *f* [pötruszinödor(ö)] *mn* és *fn* pártfogó, védnök
patrocinar [pötruszinàr] *1/1 ts* 1. pártol, védelmez 2. előmozdít
patrocínio [pötruszinyu] *m* 1. oltalmazás 2. védnökség 3. támogatás
patrona [pötronö] *f* I. női pártfogó, védnök II. tölténytáska
patronado [pötrunàdu] *m* = **patronato**
patronal [pötrunàl] *mn* munkaadói
patronato [pötrunàtu] *m* 1. patronátus, védnökség 2. munkaadók szövetsége
patronear [pötrunyàr] *1/5* I. *ts* 1. patronál 2. igazgat, irányít II. *tl* adja a patrónust; lekezel
patronímico [pötrunimiku] *m* patronimikon, az apa nevéből származó vezetéknév
patrono [pötronu] *m* 1. patrónus, védnök 2. védőügyvéd
patrulha [pötruljö] *f* járőr; őrjárat
patrulhar [pötruljàr] *1/1* I. *ts* végigjár, bejár II. *tl* őrjáraton van; cirkál
patrulheiro [pötruljéjru] *m haj* őrnaszád
patuscada [pötuskàdö] *f* dőzsölés, tivornya
patuscar [pötuskàr] *1/2 tl* dőzsöl, tivornyázik
patusco [pötusku] *mn* és *fn* 1. dőzsölő, tivornyázó 2. mulatságos, nevetséges
pau [pàu] *m* 1. fa, faanyag; *colher de* ~ fakanál 2. bot, bunkó; rúd, pózna; nyél; ~ *de bandeira* zászlórúd; *bandeira a meio* ~ félárbocra leeresztett zászló; ~ *de vassoura* seprűnyél 3. rúd alakú tárgy; ~ *de chocolate* rúd csokoládé; *canela em* ~ fahéjrúd 4. *isk* bukás; *levar* ~ *em matemática* megbukik a matematikából 5. verés, elpáholás; *uma sova de* ~ ütlegek özöne; *meter* ~ *em* elver, elnáspángol vkit 6. *nép* egy escudo *v* cruzeiro 7. *kártya* treff, makk; *o nove de* ~*s* treff *v* makk kilences 8. ~*s* agancsok 9. *szól:* ~ *para toda a obra* **a)** mindenes **b)** mindenre felhasználható ember; ~ *de virar tripas* hórihorgas személy; *a dar com um* ~ nagy mennyiségű; *perna de* ~ **a)** faláb **b)** gólyaláb **c)** unalmas, kellemetlenkedő ember; *dar por* ~*s e por pedras* (egyre jobban) feldühödik; *estar a* ~*s* nyomorog
pau-a-pique [pàuöpiki] *m* **B** 1. *cerca de* ~ léckerítés 2. *parede de* ~ rabicfal
pau-brasil [pàubrözil] *m növ* börzsönyfa, vörös festőfa
pau-de-cabeleira [pàudiköbiléjrö] *m* 1. kerítő 2. „elefánt" (szerelmes pár társaságában)
paul [pöul] *m* mocsár
paulada [pàulàdö] *f* 1. botütés 2. ~*s* verés
paulatino [pàulötinu] *mn* lassú, apránkénti
paulificar [pàulifikàr] *1/2 ts* **B** untat, zaklat; bosszant
paulista [pàulistö] *mn* és *fn* Sao Paulo államból való
paulistano [paulistönu] *mn* és *fn* Sao Paulo városból való
paulito [pàulitu] *m* 1. botocska 2. tekebáb
Paulo [pàulu] *m* Pál
pau-mandado [pàumö^{n}ndàdu] *m* szolgálatkész, mindenre felhasználható ember
pauperismo [pàupirizsmu] *m* tömegnyomor
paupérrimo [pàupèrrimu] *mn* koldusszegény
pausa [pàuzö] *f* 1. szünet 2. *zene* szünetjel 3. lassúság; *com* ~ lassan
pausado [pàuzàdu] *mn* lassú; kimért
pausar [pàuzàr] *1/1* I. *ts* 1. lassít; visszatart 2. megszakít, szüneteltet II. *tl* 1. megáll; szünetet tart 2. pihen
pauta [pàutö] *f* 1. vonalas papír 2. sorvezető papír 3. kottapapír 4. jegyzék; lista; tarifa, díjszabás 5. napirend; *estar em* ~ napirenden van 6. *jog* tényálladék 7. tőzsdei árfolyamjegyzék
pautado [pàutàdu] *mn* 1. vonalazott; *papel* ~ **a)** vonalas papír **b)** kottapapír 2. módszeres
pautal [pàutàl] *mn* tarifa szerinti
pautar [pàutàr] *1/1 ts* 1. vonalaz 2. jegyzékbe felvesz 3. tarifát megállapít 4. szabályoz; rendez; összeegyeztet vmivel (*por*)
pautear [pàutyàr] *1/5 tl* **B** cseveg, elbeszélget
pauzinho [pàuzinyu] *m* botocska, pál-

cika; *mexer* v *tecer* v *tocar os ~s* mesterkedik, irányítja a dolgok menetét

pavão [pövö^{n}u] *m* páva

pavela [pövéjö] *f* (szalma)köteg, nyaláb

pávido [pàvidu] *mn* félénk, gyáva, ijedős

pavilhão [pöviljö^{n}u] *m* **1.** pavilon; *~ de caça* vadászlak; *~ dos desportos* sportpavilon, sportcsarnok **2.** árusítóbódé **3.** *orv* fülkagyló **4.** *~ de cama* ágymennyezet **5.** (hajó)zászló

pavimentar [pövime^{n}ntàr] *1/1 ts* **1.** padlóz **2.** utat kikövez *v* aszfaltoz

pavimento [pövime^{n}ntu] *m* **1.** padlózat **2.** kövezet, útburkolat **3.** emelet, épületszint; *~ térreo* földszint

pavio [pöviu] *m* kanóc, lámpabél

pavonear [pövunyàr] *1/5* **I.** *ts* fitogtat **II.** *tl*, **III.** *~-se* páváskodik, pöffeszkedik

pavor [pövor] *m* félelem; rémület

paz [pàs] *f* **1.** béke; *a luta pela ~* a békéért folyó harc; *Conselho Mundial da Paz* béke-világtanács; *concluir a ~* megköti a békét; *fazer* v *firmar as ~es* kibékül, békét köt; *oferecer as ~es a* békejobbot nyújt vkinek **2.** békesség; nyugalom; *gente de ~* békés emberek; *ficar em ~* nyugton marad; *viver em ~ com* békességben él vkivel

pazada [pàzàdö] *f* **1.** lapátnyi **2.** ütés lapáttal

PB = *Paraíba* (brazil állam)

p.b. = *peso bruto*

P. C. = *Partido Comunista*

P. C. B. = *Partido Comunista Brasileiro*

P. C. P. = *Partido Comunista de Portugal* Portugál Kommunista Párt

P. C. U. S. = *Partido Comunista da União Soviética*

P. D. = *Pede Deferimento* az ügy kedvező elintézését kéri (kérvény záradéka)

P. D. C. = *Partido Democrata Cristão*

P.^{e} = *Padre*

PE = *Pernambuco* (brazil állam)

pé [pè] **1.** láb; *~ boto* dongaláb; *~ chato* lúdtalp; *~ dolorido* fájós láb; *aos ~s da cama* az ágy lábánál; *em ~, de ~* állva; *em ~!* állj(atok) fel! *andar* v *ir a ~* gyalog jár *v* megy; *andar de ~ coxo* sántít; *estar de* v *em ~* áll (nem ül) **2.** asztal *v* szék lába; állvány; talapzat **3.** *~ direito* falmagasság **4.** *növ* szár, törzs **5.** versláb **6.** láb (hosszmérték, *kb* 30 cm) **7.** egy darab vmiből; *um ~ de café* egy kávészem; *um ~ de couve* egy káposztafej **8.** törköly; *~ do vinho* bor alja; *fazer ~* lecsapódik, leülepszik **9.** ok, indok, indítóok **10.** ürügy; *achar ~ para* ürügyet talál vmire **11.** a dolgok állása, tényállás; *em que ~ está* v *se encontra?* hogyan áll az ügy? *no ~ em que as coisas estão* a dolgok jelenlegi állása mellett **12.** *szól: ~ ante ~* lábujjhegyen; lopva, óvatosan; *~ de terra* talpalatnyi föld; *~ d'água* záporeső; *~ de vento* szélroham; *a ~ firme* szilárdan, keményen; *ao ~* egészen közel; *ao ~ de* lábánál, mellett, közelében; *com bom ~* könnyen, könnyedén; *com o ~ direito* sikeresen, szerencsésen; *de ~ no chão* mezítláb; *do ~ para a mão* felkészületlenül, kapásból; szempillantás alatt; *em ~ da página* a lap alján; *em ~ de paz* békében; *abrir o ~* elfut, elszalad; *andar de ~* talpra áll, meggyógyul; *apertar o ~* sietteti lépteit; *dar no ~* meglép; *estar com os ~s para a cova* fél lábbal a sírban van; *estar em bom ~* jó állapotban van; *estar em ~ de guerra* hadiállapotban van, hadilábon áll; *ganhar ~* tért hódít; *meter* v *pôr de baixo dos ~s* leigáz, meghódít; *não deixar pôr ~ em ramo verde* kordában tartja; *negar a ~s juntos* konokul tagad; *perder ~* **a)** elveszti a lába alól a talajt **b)** lába nem ér földet (vízben); *pisar a ~s* lábbal tipor; *pôr de ~* felállít; *por-se de* v *em ~* feláll; *saber de que ~ coxeia* ismeri vkinek a gyengéjét; *tomar ~* **a)** lábra kap **b)** földet ér a lába (vízben)

pê [pé] *m* a *p* betű neve

peão [pjö^{n}u] *m* **1.** gyalogos (*kat* is) **2.** *sakk* gyalog(os) **3.** **B** földmunkás; napszámos; gazdasági cseléd

pear [pjàr] *1/5 ts* **1.** megbéklyóz (lovat) **2.** *átv* akadályoz; gúzsba köt

peça [pèszö] *f* **1.** darab; alkatrész; *~ por ~* részenként, darabonként **2.** *text* vég; *~ de linho* vég vászon **3.** *kat* ágyu, löveg **4.** szoba, helyiség **5.** *ját* bábu; sakkfigura **6.** *szính* darab, színmű **7.** ügyirat, akta; okmány **8.** *gúny: boa ~* jómadár, lókötő **9.** csínytevés; *pregar uma ~ a* **a)** tréfát űz vkivel **b)** becsap, rászed vkit

pecado [pikàdu] *m* bűn, vétek; hiba; *que ~!* milyen kár! *cometer um ~* bűnt *v* hibát követ el

pecador *m*, **-a** *f* [piködor(ö)] *mn* és *fn* bűnöző, bűnös, vétkes

pecaminoso [piköminozu] *mn* bűnös

pecar [pikàr] *1/2, 1/13 tl* **1.** vétkezik vmi ellen (*contra*) **2.** *~ por excesso* túlzásba visz vmit **3.** megromlik, elrothad (gyümölcs)

pecha [pésö] *f* hiba, fogyatékosság

pechincha [pisi^{n}sö] *f* **1.** előnyös vétel; *comprar por uma ~* bagóért megveszi **2.** nem várt nyereség

pechinchar [pisi^{n}sàr] *1/1 ts, tl* **1.** alkudozik vmire **T,** lealkudja **2.** váratlan nyereségre tesz szert

pechisbeque [pisizsbèk] *m* talmi, nem valódi arany

pechoso [pisozu] *mn* **1.** fogyatékos **2.** kicsinyes

peco [péku] **I.** *mn* **1.** be nem érett, hervadt, hitvány **2.** *átv* korlátolt, buta **II.** *fn, m* sorvadás; hervadás

peçonha [piszonyö] *f* méreg

peçonhento [piszunye^{n}ntu] *mn* mérges

pecuária [pikvàrjö] *f* állattenyésztés

pecuário [pikvàrju] *mn* és *fn* állattenyésztő

pecuarista [pikvöristö] *m* állattenyésztő

peculato [pikulàtu] *m* állampénzek hűtlen kezelése; sikkasztás

peculiar [pikuljàr] *mn* különleges, sajátságos

peculiaridade [pikuljöridàd] *f* különösség, sajátosság

pecúlio [pikulju] *m* **1.** megtakarított pénz **2.** vagyon

pecúnia [pikunyö] *f* pénz

pecuniário [pikunyàrju] *mn* pénz-, pénzbeli

pedaço [pidàszu] *m* **1.** darab; *um ~ de pão* egy darab kenyér; *feito ~s* darabokra tört, tönkrement; *cair a* v *em ~s* (darabokra) szétesik; *fazer em ~s* darabokra tör; szétszakít **2.** bizonyos idő; *esperei-os um ~* vártam rájuk egy ideig; *há um ~ de tempo* jó ideje, régóta **3.** *átv* részlet (könyvből) **4.** *átv: ~ de asno* nagy szamár

pedagogia [pidöguzsiö] *f* pedagógia, nevelés(tudomány)

pedagógico [pidögòzsiku] *mn* pedagógiai

pedagogo [pidögogu] *m* pedagógus, nevelő

pedal [pidàl] *m műsz* pedál

pedalar [pidölàr] *1/12 tl* pedálozik; kerékpározik

pedantaria [pidö^{n}ntörìö] *f* pedantéria; szőrszálhasogatás

pedante [pidö^{n}nt] **I.** *mn* **1.** pedáns; szőrszálhasogató **2.** nagyképű, beképzelt **3.** tudálékos **II.** *fn* **1.** pedáns ember **2.** fontoskodó alak

pé-de-alferes [pèdiàlfèris] *m* flört; *fazer ~* flörtöl

pé-de-altar [pèdàltàr] *m* papok mellékjövedelme (keresztelők, temetések *stb* díjából)

pé-de-boi [pèdiboj] *m* régimódi ember

pé-de-cabra [pèdikàbrö] *m* feszítővas

pé-de-chumbo [pèdisu^{n}mbu] *m* lusta, késlekedő ember

pé-de-galinha [pèdigölinyö] *m* szem körüli apró ránc, szarkaláb

pé-de-galo [pèdigàlu] *m* **1.** *növ* komló **2.** *mesa de ~* egylábú kerek asztalka

pé-de-meia [pèdiméjö] *m* megtakarított pénzecske

pé-de-moleque [pèdimulèki] *m* **B** földimogyoróval készült édesség

pederasta [pidiràstö] *m* pederaszta

pedernal [pidirnàl] **I.** *mn* sziklás, szirtes **II.** *fn, m* szikla, szirt

pederneira [pidirnéjrö] *f* kovakő

pedestal [pidistàl] *m ép, műv* piedesztál, szobortalapzat, oszlopszék

pedestre [pidèstr] **I.** *m* **1.** gyalogos **2.** egyszerű, szerény **II.** *fn* **B** gyalogos, gyalogjáró; *~ ande pela esquerda* gyalogközlekedés a bal oldalon

pedestrianismo [pidistrjönizsmu] *m sp* távgyaloglás

pé-de-vento [pèdive^{n}ntu] *m* orkán, vihar

pediatra [pigyàtrö] *fn* gyermekorvos

pediatria [pigyötriö] *f* gyermekgyógyászat

pedículo [pidikulu] *m növ* kocsány

pedicuro [pidikuru] *fn* pedikűrös

pedido [pididu] *m* **1.** kérés, kérelem; *a ~ de* vkinek a kérésére; *a seu ~* saját kérelmére **2.** kérvény **3.** *ker* rendelés; megbízás **4.** *ker: o ~ e a oferta* a kereslet és a kínálat **5.** *~ de casamento* leánykérés; házassági ajánlat

pedilúvio [pidiluvju] *m* lábfürdő

pedinchão *m*, **pedinchona** *f* [pidi^{n}sö^{n}u, -sonö] *fn* kéregető

pedinchar [pidi^{n}sàr] *1/1 ts, tl* kéreget

pedinchice [pidi^{n}sisz] *f* kéregetés

pedinte [pidint] *fn* **1.** kéregető, kolduló **2.** kérelmező, kérvényező

pedir [pidir] *3/18* **I.** *ts* **1.** kér, felkér; ~ *um emprego* állást kér; ~ *esmola* alamizsnát kér; ~ *um favor* szívességet kér; ~ *licença* engedélyt kér; *peço-lhe este favor* ezt a szívességet kérem öntől; *peço o teu auxílio* kérem a segítségedet; *quanto pede o senhor por isso?* mennyit tetszik kérni ezért? **2.** követel; elkér; ~ *satisfações* elégtételt követel; ~ *vingança* bosszúért kiált **3.** *ker* rendel, megrendel **4.** ~ *em casamento;* ~ *a mão de* megkéri vkinek a kezét **II.** *tl:* ~ *a Deus por* Istenhez fohászkodik vmiért

peditório [piditòrju] *m* **1.** gyűjtés (jótékony célra) **2.** sürgető kérés

pedómetro [pidòmitru] *m* lépésmérő

pedra [pèdrö] *f* **1.** kő; ~ *fundamental* alapkő; ~ *preciosa* drágakő; ~ *de moinho* malomkő; *carvão de* ~ kőszén **2.** *isk* tábla **3.** sírkő **4.** darab, szem; ~ *de gelo* jégkocka; ~ *de sabão* homokszem **5.** jégeső; *ontem choveu* ~ tegnap jégeső hullott **6.** *ját* bábu, figura **7.** ~*s, orv* vesekövek, epekövek **8.** tompa elméjű, buta ember **9.** *szól:* ~ *angular* vminek a sarkköve; ~ *de escândalo* botránykő; a botrány oka *v* okozója; *coração de* ~ kőszív; *közm: água mole em* ~ *dura tanto bate* v *dá até que fura* csepp vájja a követ

pedrada [pidràdö] *f* **1.** kődobás, megdobás kővel **2.** *átv* sértés

pedra-pomes [pèdröpòmis] *f ásv* habkő, horzsakő

pedraria [pidröriö] *f* **1.** épületkövek **2.** drágakövek

pedra-ume [pèdröum] *f* timsó

pedregal [pidrigàl] *m* köves talaj

pedregoso [pidrigozu] *mn* köves

pedregulhento [pidriguljе^{n}ntu] *mn* kavicsos

pedregulho [pidrigulju] *m* **1.** kőtömb, sziklatömb **2.** törmelékkő, kavics

pedreira [pidréjrö] *f* kőbánya

pedreiro [pidréjru] *m* **1.** kőműves **2.** kőfaragó

pedreiro-livre [pidréjru livr] *m* szabadkőműves

pedrês [pidrés] *mn* fehér- és feketepetytyes

Pedro [pédru] *m* Péter

pedúnculo [pidu^{n}nkulu] *m növ* kocsány

pega[1] [pègö] *f* **1.** fogantyú, nyél, fül **2.** *bikaviadal* bika megragadása **3.** veszekedés, vitatkozás **4. B** erőszakos toborzás

pega[2] [pégö] *f* **I.** szarka **II.** lábbilincs, béklyó

pegada [pègàdö] *f* **1.** lábnyom **2.** *átv* nyomdok; *ir nas* ~*s de* vkinek a nyomdokain halad **3.** *sp* kapura lőtt labda kivédése

pegadiço [pigödiszu] *mn* **1.** ragadós, ragacsos **2.** ragályos (betegség) **3.** tolakodó, kellemetlen (alak)

pegadilha [pigödiljö] *f* **1.** heves vita, veszekedés **2.** ok a veszekedésre

pegado [pigàdu] *mn* **1.** rágagasztott, ráerősített; *konyh* odasült, odaégett **2.** egészen közeli, szomszédos vmivel (*a*) **3.** kitartó; szakadatlan; *chuva* ~*a* el nem álló eső **4.** vkivel baráti viszonyban levő (*com*) **5.** *estar* v *ser* ~ *a* ragaszkodik vmihez; *é* ~ *a seus princípios* ragaszkodik az elveihez; *é* ~ *ao dinheiro* a pénz a mindene

pegador [pigödor] *m* **1.** bikaszelídítő **2.** (cukor)fogó **3. B** *brincar de* ~ fogócskázik

pegajento, pegajoso [pigözse^{n}ntu, -zsozu] *mn* = **pegadiço**

pegamassa [pigömàszö] *f növ* bojtorján

pegão [pigö^{n}u] *m* **1.** hídpillér **2.** ~ *de vento* szélvihar

pegar [pigàr] *1/4, 1/13* **I.** *ts* **1.** ráragaszt, ráerősít; ~ *os selos na carta* ráragasztja a bélyegeket a levélre **2.** megfog, megragad; elfog; ~ *o fugitivo* elfogja a szökevényt; *pegaram-no em flagrante* tetten érték **3.** felfog, megért; *pega facilmente tudo* könnyen felfog mindent **II.** *tl* **1.** odaragad; *o arroz pegou* a rizs odakapott **2.** ~ *a* elkezd vmit; ~ *a correr* futni kezd; startol **3.** ~ *com* határos, szomszédos vmivel **4.** ~ *de* v *em* v *por* megfog, megragad vmit; ~ *no livro* kezébe veszi a könyvet; ~ *pela mão* kézen fog **III.** ~**-se 1.** ráragad, hozzátapad; ~*-se ao ouvido* fülbe mászik (dallam) **2.** ragályos; elterjed **3.** veszekedik, vitatkozik **4.** ~*-se com* beleköt vkibe; összeverekedik vkivel **IV.** *szól:* ~ *um bom emprego* jó állást kifog magának; ~ *um prémio na loteria* nyer a lottón; ~ *na conversa* részt vesz a társalgásban, közbeszól; ~ *no pesado* nehéz munkába kezd, kemény fába vágja a fejszéjét; *o carro não pega* a kocsi nem akar beindulni; *isso não pega!* egy szót sem hiszek ebből! *esta moda começa a* ~ ez a divat kezd elterjedni; *a chuva pegou-se* állandóan esik az eső; *pegue o caminho de esquerda* forduljon be balra! *ele não tem por onde se lhe pegue* nem lehet kifogás ellene, nem lehet rajta kifogni

pego [pégu] *m* **1.** legmélyebb pont (tengerben, folyóban) **2.** *átv* örvény; szakadék

peguilhar [pigiljàr] *1/1 tl* veszekedést provokál

peguilhento [pigilje^{n}ntu] *m* veszekedős

peguilho [pigilju] *m* **1.** akadály, nehézség **2.** ok *v* ürügy (veszekedésre)

peia [péjö] *f* **1.** béklyó, lábbilincs **2. B** ostor **3.** *átv* fékező erő

peita [péjtö] *f* megvesztegetés

peitar [péjtàr] *1/1 ts* megveszteget

peitilho [péjtilju] *m* ingmell

peito [péjtu] *m* **1.** mell; *doente do* ~ tüdőbajos; *trazer o braço ao* ~ fel van kötve a karja **2.** női mell, kebel; *criança v menino de* ~ csecsemő; *dar o* ~ *à criança* szoptatja a csecsemőt **3.** előke, állkendő **4.** *átv* szív, lélek, bátorság **5.** *szól:* ~ *do pé* lábfej felső része, rüszt; *de* ~ *feito* szándékosan; *abrir o* ~ kiönti a szívét; *lutar* ~ *com* ~ közelharcot vív; *pôr* ~ *a* nekikezd vminek, szembenéz vmivel; *tomar a* ~ **a)** megszívlel, komolyan vesz **b)** szívére vesz, mellre szív

peitoral [péjturàl] **I.** *mn* mell- **II.** *fn, m* **1.** ló melle **2.** lószerszám mellszíja **3.** gyógyszer mellbetegségre

peitoril [péjturil] *m* **1.** korlát **2.** ablakpárkány; könyöklő

peixada [péjsàdö] *f* halétel

peixão [péjsö^{n}u] *m* **1.** nagy hal **2. B** *nép* szép, formás nő

peixaria [péjsöriö] *f* halárus boltja

peixe [péjs] *m* **1.** hal; ~ *miúdo* kis hal; ~ *seco* szárított hal **2.** *csill:* *Peixes* Halak **3.** *szól:* ~ *podre* **a)** semmirekellő **b)** reménytelen ügy; *mudo como um* ~ néma, mint a hal; *estar como* ~ *na água* elemében van, pompásan érzi magát; *não ser nem* ~ *nem carne* se hideg, se meleg; nem foglal állást; *não ter nada com o* ~ nincs köze az ügyhöz

peixe-espada [péjsispàdö] *m* kardhal, kardoshal

peixeira [péjséjrö] *f* **1.** halárusnő **2.** halbontó kés **3. B** hal felszolgálására szolgáló tál

peixeiro [péjséjru] *m* halárus

peixelim [péjsili^{n}] *m* apró tengeri hal

peixe-martelo [péjsimörtèlu] *m* kalapácshal, pörölycápa

peixe-serra [péjsiszèrrö] *m* fűrészhal

peixe-voador [péjsivuödor] *m* repülőhal

pejada [pizsàdö] *mn, f* terhes, vemhes

pejado [pizsàdu] *mn* **1.** tele; *estômago* ~ tele gyomor **2.** *átv* szégyenlős, félénk

pejar [pizsàr] *1/14* **I.** *ts* **1.** megtöm, teletöm **2.** túlterhel; akadályoz **II.** *tl* teherbe esik **III.** ~**-se** zavarba jön, szégyenkezik vmi miatt

pejo [pézsu] *m* szégyenlősség, félénkség

pejorativo [pizsurötivu] *mn* megvető, lekicsinylő

pela [pélö, plö] = **por** + **a**

péla [pèlö] *f* **I.** *ját* labda **II. 1.** a paratölgy kérgének lehántása **2.** a paratölgy lehántott kérge

pelada [pilàdö] *f* **I.** kopaszodás; kopaszság **II.** focizás (gyerekek közt)

pelado [pilàdu] *mn* **1.** kopasz **2. B** meztelen **3.** *biz* agyafúrt **4. B** *nép* megkopasztott, pénztelen

peladura [pilödurö] *f* **1.** megkopasztás **2.** megkopaszodás; kopaszság **3.** megnyúzás **4. B** ijedtség

pelagem [pilàzsö^{n}j] *f* állat szőre

pélago [pèlögu] *m* **1.** mély tenger **2.** *átv* feneketlen mélység; örvény

pelame [pilöm] *m* **1.** irha, bőr, nyersbőr **2.** = **pelagem**

pelanca, pelanga [pilö^{n}nkö, pilö^{n}ngö] *f* **1.** petyhüdt bőr **2.** rossz minőségű bőrös hús

pelar [pilàr] *1/13* **I.** *ts* **1.** szőrtelenít **2.** lenyúz, megnyúz **3.** meghámoz **4.** megkopaszt **II.** ~**-se** **1.** megkopaszodik **2.** meztelenre vetkőzik **3.** ~*-se por* odavan, rajong vmiért

pelaria [pilöriö] *f* **1.** szőrmeáru **2.** szőrmekereskedés **3.** szűcsműhely

pele [pèli] *f* **1.** bőr; ~ *de ovelha* báránybőr; *casaco de* ~*s* bőrkabát; *doença de* ~ bőrbetegség **2.** szőrme, szőrmekabát **3.** gyümölcs héja **4.** (bor)tömlő **5.** *szól:* ~ *anserina* v *de galinha, orv* libabőr; *em* ~ meztelenül; *mudar* v *despir a* ~ vedlik; *não caber na* ~ *de contente* örömében majd kiugrik a bőréből; *roer* v *cortar na* ~ *de* minden rosszat elmond vkiről; *salvar a* ~, *escapar com a* ~ menti az irháját; *tirar a* ~ *a* megnyúz, kizsákmányol vkit; *tratar da* ~ bőrét ápolja

pelear [piljàr] *1/5 tl* **B** harcol, küzd

pelega [pilégö] *f* **B** *argó* bankó, bankjegy

peleiro [piléjru] *m* szűcs

peleja [pilézsö] *f* **1.** harc; összecsapás **2.** verekedés

pelejar [pilizsàr] *1/14* **I.** *ts* kiharcol; végigküzd **II.** *tl* harcol, küzd; ~ *pela paz* a békéért küzd

peleteria [pilitirìö] *f* **B** **1.** szőrmekereskedés **2.** szűcsműhely **3.** ~ *artificial* műszőrme

pé-leve [pèlèvi] *m* **B** csavargó

pele-vermelha [pèlivirmèljö] *m* rézbőrű, indián

pelica [pilikö] *f* **1.** kesztyűbőr; *luva de* ~ glasszékesztyű **2.** sevró(bőr)

peliça [pilìszö] *f* szőrmekabát

pelicano [pilikönu] *m* **1.** *áll* pelikán **2.** foghúzó műszer

película [pilìkulö] *f* **1.** *orv* hártya **2.** *fényk* film **3.** mozifilm

pelintra [pili^n^ntrö] **I.** *mn* **1.** kopott, ócska **2.** gondozatlan **3.** zsugori **4.** **B** ficsúrosan öltözött **II.** *fn, m* szegény ördög

pelo [pilu] = **por** + **o**

pêlo [pélu] *m* **1.** haj **2.** szőr **3.** pihe **4.** *szól:* *em* ~ ádámkosztümben, meztelenül; *ir ao* ~ *a* alaposan elver vkit; *ter* ~ túlérzékeny, sértődékeny; *tirar o* ~ *a* megtanít vkit (a) móresre; *vir a* ~ kapóra jön

peloirinho [pilojrìnyu] *m* = **pelourinho**

pelota [pilòtö] *f* **1.** labda **2.** labdajáték **3.** labdacs; galacsin **4.** **B** futball-labda **5.** **B** ökörbőrből készített csónak

pelotão [pilutö^n^u] *m* **1.** *kat* szakasz, raj, osztag **2.** *sp* (kerékpár)versenyzők csoportja

pelotiqueiro [pilutikéjru] *m* **1.** bűvész **2.** akrobata

pelourinho [pilorìnyu] *m* szégyenoszlop

pelúcia [piluszjö] *f text* plüss, félbársony

peludo [piludu] *mn* **1.** szőrös **2.** bolyhos, pihés **3.** *átv* gyanakvó, bizalmatlan; félénk

pelugem [piluzsö^n^j] *f* bolyh, pihe

pena [pénö] *f* **I.** **1.** büntetés; ~ *acessória* mellékbüntetés; ~ *capital,* ~ *de morte* halálbüntetés; ~ *pecuniária* pénzbüntetés; *condenar à* ~ *de morte* halálra ítél; *cumprir uma* ~ büntetést leül; **2.** bánat, szomorúság **3.** gyötrődés, szenvedés **4.** sajnálkozás; szánalom; *causar* ~ szánalmat kelt; *ter* ~ *de* sajnál vkit *v* vmit; *faz-me* ~, *tenho* ~ sajnálom; *tenho* ~ *dele* sajnálom őt; *é* ~, *faz* ~ kár; sajnálatos dolog; *fazia* ~ *vê-lo* szánalom volt nézni őt **5.** *szól:* *com* ~ nagy nehezen; *sob* ~ *de* vminek a terhe mellett; *sob* ~ *de morte* halálbüntetés terhe mellett; *não vale* v *não merece a* ~ nem éri meg, kár a fáradságért **II.** **1.** (madár-)toll **2.** (író)toll **3.** tollhegy **4.** *átv* író **5.** *szól:* *ao correr da* ~ **a)** (ír), ahogy a tollára jön **b)** nagyon sietve, sebtében

penacho [pinàsu] *m* **1.** tollbokréta **2.** kakastaréj **3.** *átv* hatalom, uralom; *apanhar o* ~ magához ragadja a hatalmat

penada [pinàdö] *f* **1.** tollvonás **2.** *dar uma* ~ *por* közbenjár vkinek az érdekében

penado [pinàdu] *mn* **I.** tollas **II.** szenvedő

penal [pinàl] *mn* **1.** büntető; *código* ~ büntető törvénykönyv **2.** büntetendő; *acção* ~ **a)** büntetendő cselekmény **b)** bűnvádi eljárás

penalidade [pinölidàd] *f* **1.** büntetés **2.** *sp* büntetőrúgás, szabadrúgás; *grande* ~, ~ *máxima* tizenegyes; *marcação das grandes* ~*s* tizenegyesrúgások

penalista [pinölistö] *m* büntetőjogi szakértő

penalizar [pinölizàr] *1/1* **I.** *ts* bánatot okoz, lesújt **II.** ~**-se** elkeseredik, gyötrődik

pênalti [pénölti] *m sp* tizenegyes

penar [pinàr] *1/14* **I.** *ts* **1.** fájdalmat okoz, kínoz, gyötör **2.** levezekel **II.** *tl,* **III.** ~**-se** szenved, gyötrődik

penca [pe^n^nkö] *f* **1.** *növ* húsos levél **2.** fürt, csomó; ~ *de bananas* banánfürt; ~ *de chaves* kulcscsomó; *uma* ~ *de filhos* egy csomó gyerek; *em* ~ bőven, garmadával **3.** nagy orr

pencudo [pe^{n}kudu] *mn biz* nagy orrú
pendão [pe^{n}ndö^{n}u] *m* zászló
pendência [pe^{n}nde^{n}szjö] *f* **1.** vita **2.** függő ügy; *na ~ da causa* amíg az ügy elintéződik
pendenga [pe^{n}nde^{n}ngö] *f* **B** = **pendência**
pendente [pe^{n}nde^{n}nt] **I.** *mn* **1.** függő; *átv* függőben levő **2.** közeli; *perigo ~* fenyegető veszély **II.** *fn, m* fülbevaló
pender [pe^{n}ndér] *2/1* **I.** *ts* lehajt; *~ o rosto* lehajtja a fejét **II.** *tl* **1.** függ, lóg; *o lustre pende sobre a mesa* a csillár az asztal fölött lóg **2.** függőben van, függ vmitől (*de*); *~ de um fio* hajszálon függ **3.** *~ a, para* hajlik, dől vmerre; (javára) eldől; *~ para a música* hajlama, tehetsége van a zenéhez; *pendo a crer que* szeretném hinni, hogy
pendor [pe^{n}ndor] *m* **1.** hajlás, lejtő **2.** *átv* hajlam
pêndula [pe^{n}ndulö] *f* ingaóra
pêndulo [pêndulu] **I.** *mn* függő **II.** *fn, m* inga
pendurado [pe^{n}nduràdu] *mn* függő, felfüggesztett
pendurar [pe^{n}nduràr] *1/1* **I.** *ts* **1.** felfüggeszt, felakaszt; felerősít **2.** *~ os olhos em* rámereszti a szemét vmire **II.** *~-se* függ vmitől (*de*)
penduricalho [pe^{n}ndurikàlju] *m* csecsebecse, fityegő
penedia [pinidiö] *f* sziklás terület
penedo [pinédu] *m* szikla
peneira [pinéjrö] *f* **1.** szita, rosta; *passar pela ~* átszitál **2.** szitáló eső
peneirar [pinéjràr] *1/1* **I.** *ts* **1.** (át)szitál **2.** *átv* megrostál **II.** *~-se* **1.** szitál az eső **2.** billeg; kacsázik (menés közben)
peneiro [pinéjru] *m* nagy szita, rosta
penetra [pinètrö] *fn* szemtelen alak; betolakodó; potyázó
penetração [pinitröszö^{n}u] *f* **1.** behatolás, benyomulás **2.** éleslátás
penetrante [pinitrö^{n}nt] *mn* **1.** penetráns, átható, orrfacsaró (szag) **2.** éles; *dor ~* metsző fájdalom **3.** mélyreható; szúrós (tekintet)
penetrar [pinitràr] *1/13* **I.** *ts* **1.** átjár, áthat; áthatol vmin **T 2.** belát, felfog, megért **II.** *tl* behatol; beférkőzik **III.** *~-se de* meggyőződik vmiről
penetrável [pinitràvèl] *mn* **1.** áthatolható **2.** megérthető, felfogható
penha [pényö] *f* szikla, szirt
penhasco [pinyàsku] *m* meredek szikla
penhor [pinyor] *m* zálog (*átv* is); *~ de amizade* barátság záloga; *deixar em ~* zálogba ad *v* tesz
penhora [pinyorö] *f jog* (le)foglalás
penhorado [pinyuràdu] *mn* **1.** elzálogosított **2.** *átv* hálás, lekötelezett; *agradeço muito ~* hálásan köszönöm; *fico muito ~* nagyon hálás vagyok
penhorante [pinyurö^{n}nt] *mn* **1.** elzálogosító **2.** *átv* lekötelező, kedves
penhorar [pinyuràr] *1/15* **I.** *ts* **1.** elzálogosít **2.** *jog* lefoglal **3.** megígér, szavát adja **4.** lekötelez
penhorista [pinyuristö] **I.** *mn* zálog- **II.** *fn* **1.** kölcsönadó **2.** zálogháztulajdonos
penicilina [piniszilinö] *f* penicillin
península [pini^{n}szulö] *f* félsziget
peninsular [pini^{n}szulàr] *mn* és *fn* félszigeti, félszigeten lakó
penitência [pinite^{n}szjö] *f* **1.** *vall* bűnbánat **2.** vezeklés **3.** büntetés
penitenciar [pinite^{n}szjàr] *1/7* **I.** *ts* **1.** *vall* penitenciául kiszab vkire **(T)** vmit (*com*) **2.** vezekel **II.** *~-se* megbánja bűnét
penitenciária [pinite^{n}szjàrjö] *f* fegyház
penitenciário [pinite^{n}szjàrju] **I.** *mn* büntető; javító **II.** *fn* fegyenc
penitente [pinite^{n}nt] *mn* és *fn* bűnbánó, vezeklő
penoso [pinozu] *mn* **1.** fájdalmas **2.** nehéz, fáradságos; *trabalho ~* nehéz munka **3.** *átv* kényes, kínos
pensado [pe^{n}szàdu] *mn* **1.** átgondolt, meggondolt; *bem ~!* ez az! nagyon helyes! **2.** *caso ~* szándék; *de ~ pensado* szándékosan
pensador *m*, **-a** *f* [pe^{n}szödor(ö)] *mn* és *fn* gondolkodó; filozófus; *livre ~* szabadgondolkodó
pensamento [pe^{n}szöme^{n}ntu] *m* **1.** gondolkodás **2.** gondolat; *nem por ~* távolról sem; még álmában sem; **3.** ész; értelem; *vir ao ~* eszébe ötlik **4.** szándék
pensão [pe^{n}szö^{n}u] *f* **1.** nyugdíj; *~ de aposentadoria* öregségi nyugdíj; *~ de invalidez* rokkantsági nyugdíj **2.** (kollégiumi) tartásdíj **3.** panzió **4.** penzum, feladat, elvégzendő munka
pensar [pe^{n}szàr] *1/1* **I.** *ts* **1.** gondol, el-

gondol, kigondol; *maneira* v *modo de* ~ gondolkodásmód; ~ *a mesma coisa* ugyanazt gondolja 2. hisz, vél 3. gondoz (beteget); beköt (sebet) 4. gondoz, etet (állatot) **II.** *tl* **1.** gondolkodik; *sem* ~ gondolkodás nélkül, meggondolatlanul; *pensando bem* ha jól meggondoljuk; *dar que* ~ **a)** gondolkodásra késztet **b)** nyugtalanít; *deixe-me* ~ hadd gondolkodjam 2. gondol vmire (*em*); ~ *no seu trabalho* munkájára gondol 3. meghány-vet vmit (*em, sobre*) 4. szándékozik; *penso partir amanhã* holnap szándékozom elutazni 5. ~ *bem* (*mal*) *de* jó (rossz) véleménye van vkiről **III.** *fn, m* gondolkodás; vélemény; *no meu* ~ véleményem szerint

pensativo [pe^{n}szötivu] *mn* elgondolkodó, eltűnődő

pênsil [pe^{n}szil] *mn* függő-; → **ponte**

pensionar [pe^{n}szjunàr] *1/15 ts* nyugdíjban részesít

pensionário [pe^{n}szjunàrju] **I.** *mn* nyugdíj- **II.** *fn* = **pensionista**

pensionista [pe^{n}szjunistö] *fn* nyugdíjas; eltartott

penso [pe^{n}szu] **I.** *mmi* lehajolt; → **pender** **II.** *fn, m* **1.** gondozás, ápolás 2. *orv* kötés 3. *mezőg* napi takarmányadag

pentagonal [pe^{n}ntögunàl] *mn* ötszögű

pentágono [pe^{n}ntàgunu] *m* ötszög

pentatlo [pe^{n}ntàtlu] *m sp* öttusa

pente [pe^{n}nt] *m* **1.** fésű; ~ *fino* sűrűfésű; *passar a* ~ *fino, átv* átfésül 2. *text* (takács)borda 3. ~ *de balas* tölténytár

penteadeira /pe^{n}ntyödéjrö] *f* **B** toalettasztal

penteado [pe^{n}ntyàdu] *m* frizura, hajviselet

penteador [pe^{n}ntyödor] *m* **1.** fodrász 2. ~ *para barbeiro* fodrászköpeny 3. pongyola

pentear [pe^{n}ntyàr] *1/5* **I.** *ts* fésül **II.** **~-se** fésülködik

pentearia [pe^{n}ntyöriö] *f* fodrászüzlet

Pentecostes [pe^{n}ntikòstis] *m* pünkösd

penudo [pinudu] *mn* tollakkal fedett, tollas

penugem [pinuzsö^{n}j] *f* pehely, pihe

penugento, penujoso [pinuzse^{n}ntu, -zsozu] *mn* pelyhes, pihés

penúltimo [pinultimu] *mn* utolsó előtti

penumbra [pinumbrö] *f* félhomály

penúria [pinurjö] *f* **1.** nagy szegénység, nyomor 2. hiány, nélkülözés

peónia [pjònyö] *f növ* peónia

pepinal [pipinàl] *m* uborkaföld

pepineiro [pipinéjru] *m* uborka (növény)

pepino [pipinu] *m* uborka (termény)

pequenada [pikinàdö] *f* gyerekhad

pequenez [pikinés] *f* kicsiség; csekélység

pequenino [pikininu] *m* kisgyerek

pequeno [pikénu] **I.** *mn* **1.** kicsi, kis 2. csekély; jelentéktelen **II.** *fn* **1.** kisgyerek 2. *de* ~ gyerekkora óta; *em* ~ gyerekkorában

pequeno-burguês *m*, **-guesa** *f* [pikénuburgés, -gézö] **I.** *mn* kispolgári **II.** *fn* kispolgár

pequerrucho [pikirrusu] **I.** *mn* és *fn* kicsike **II.** *fn, m* **B** gyűszű

Pequim [piki^{n}] *m* Peking

per [pér] *vsz: cada um de* ~ *si* ki-ki, külön; *resulta de* ~ *si* magától adódik

pêra [pérö] *f* **1.** körte (gyümölcs) 2. kecskeszakáll 3. *műsz* villanykapcsoló

perada [piràdö] *f* körtebefőtt

peral [piràl] **I.** *mn* körte-, körteszerű **II.** *fn, m* körtéskert

peralta [piràltö] *m* ficsúr, piperkőc

perambular [pérö^{n}mbulàr] *1/1 tl* **B** kószál, csavarog

perante [pirö^{n}nt] *vsz* előtt; jelenlétében

pé-rapado [pèràpàdu] *m* **B** ágrólszakadt

perau [péràu] *m* **B** **1.** mély víz 2. árokpart; vízmosás

perca [pèrkö] *f* **I.** *áll* sügér **II.** *nép* veszteség, kár

percalço [pirkàlszu] *m* **1.** nyereség, váratlan bevétel 2. *biz* baj, kellemetlenség

percalina [pirkölinö] *f text* könyvkötővászon, kalikó

perceber [pirszibér] *2/7 ts* **1.** megért, felfog; *dar a* ~ értésére ad 2. észrevesz, meglát, meghall 3. felvesz (fizetést); (adót) beszed

percentagem [pirsze^{n}ntàzsö^{n}j] *f* **1.** százalék 2. részesedés; arány

percepção [pirszèszö^{n}u] *f* **1.** észlelés, felfogás 2. adószedés

perceptível [pirszètivèl] *mn* **1.** észlelhető, felfogható 2. beszedhető

perceptivo [pirszètivu] *mn* perceptív, észlelő, felfogó

percevejo [pirszivézsu] *m* **1.** poloska 2. rajzszög

percha [pèrsö] *f* 1. *sp* mászórúd 2. guttapercha

percorrer [pirkurrér] *2/8 ts* 1. megtesz utat, befut, beutazik 2. *átv* sietve átnéz, bepillant vmibe T; ~ *com a vista* v *os olhos* végigtekint, végigpillant 3. átkutat; kifürkész

percurso [pirkurszu] *m* 1. út, útvonal 2. útirány; menet 3. folyás (folyóé)

percussão [pirkuszö"u] *f* 1. lökés, ütés 2. *orv* kopogtatás 3. *zene: instrumento de* ~ ütőhangszer

percussionista [pirkuszjunistö] *fn* ütőhangszeres (zenész)

percutir [pirkutir] *3/1 ts* 1. (meg)üt, (meg)lök 2. beleütődik vmibe T 3. *orv* (ki)kopogtat 4. megsebez

perda [pérdö] *f* 1. elvesztés; ~ *de sangue* vérveszteség; *sem* ~ *de tempo* időveszteség nélkül 2. halál; pusztulás

perdão [pirdö"u] *m* 1. bocsánat, megbocsátás; ~! bocsánat! *pedir* ~ bocsánatot kér 2. megkegyelmezés; *obter o* ~ kegyelmet kap

perder [pirdér] *2/15* I. *ts* 1. elveszít; elmulaszt, elszalaszt; ~ *a batalha* elveszti a csatát; *fazer* ~ *a cabeça a* kihoz a sodrából vkit; ~ *a cabeça* elveszti a fejét; ~ *os cabelos* (meg)kopaszodik; ~ *o caminho* eltéveszti az utat, eltéved; ~ *o comboio* (B: *o trem*) lekési a vonatot; ~ *a cor* színét veszti; elsápad; ~ *a maré*, ~ *a ocasião* elszalasztja a jó alkalmat; ~ *de vista* szem elől téveszt; *a* ~ *de vista* ameddig a szem ellát 2. elront, tönkretesz; *átv* megront II. *tl* 1. veszteség éri 2. csökken (ár, érték) III. ~*-se* 1. elvész; ~*-se em futilidades* elvesz a sok apróságban; 2. eltéved 3. zavarba jön; belezavarodik 4. ~*-se por* majd megőrül vkiért *v* vmiért

perdição [pirdiszö"u] *f* 1. veszteség 2. pusztulás 3. *vall* elkárhozás, kárhozat

pedidamente [pirdidöme"nt] *hat* eszeveszetten, őrülten

perdido [pirdidu] I. *mmi* elveszett, eltévedt, elpusztult; → **perder** II. *mn* 1. erkölcstelen, kicsapongó 2. reménytelen; *doente* ~ gyógyíthatatlan beteg 3. távoli, isten háta mögötti 4. *estar* ~ *por* őrülten szerelmes vkibe

perdigão [pirdigö"u] *m áll* fogoly

perdigueiro [pirdigéjru] *m* kopó, vadászkutya

perdiz [pirdis] *f áll* (nőstény)fogoly

perdoar [pirdvàr] *1/8 ts* 1. megbocsát; *queira* ~, *se incomodo* bocsásson meg, ha zavarok 2. kiment 3. elenged (adósságot, büntetést) 4. megkegyelmez; megkímél

perdoável [pirdvàvèl] *mn* megbocsátható

perdulário [pirdulàrju] *mn* és *fn* pazarló, költekező

perduração [pirdurösző"u] *f* huzamosság, hosszú idő(tartam)

perdurar [pirdurar] *1/1 tl* tart (ideig); tovább tart

perdurável [pirduràvèl] *mn* tartós

pereba [pérébö] *f* B 1. rüh 2. bőrkiütés 3. gennyes daganat

perebento [pérébe"ntu] *mn* rühes

perecedor *m*, **-a** *f* [piriszidor(ö)] *mn* 1. mulandó 2. romlandó

perecer [piriszér] *2/2 tl* 1. megszűnik; elpusztul 2. meghal

perecível [piriszivèl] *mn* mulandó; halandó

peregrinação [pirigrinöszö"u] *f* 1. zarándoklás 2. vándorlás; hosszú utazás

peregrinar [pirigrinàr] *1/1 tl* 1. zarándokol 2. vándorol; utazik

peregrino [pirigrinu] I. *mn* 1. idegen 2. ritka 3. rendkívüli; szokatlan 4. vándor- II. *fn*, *m* 1. zarándok 2. idegen

pereira [piréjrö] *f* körtefa

perempção [pire"mszö"u] *f jog* elévülés

perempto [pire"mptu] *mn* elévült

peremptório [pire"mptòrju] *mn* 1. *jog* elévülési 2. döntő; *ordem* ~*a* szigorú parancs; *resposta* ~*a* végleges válasz; *termo* ~ legvégső határidő

perene [pirèn] *mn* véget nem érő; örök

perenidade [pirinidàd] *f* folytonosság; örökkévalóság

perequê [péréké] *m* B veszekedés

perequeté [pérékétè] *mn* B 1. elegáns, ficsúros 2. finnyás

perereca [pérérèkö] *f* B 1. leveli béka (fajta) 2. *átv* kicsi mitugrász alak

pererecar [pérérékàr] *1/2, 1/13 tl* B 1. fel-alá járkál 2. ugrándozik

perfazer [pirfözér] *2/13 ts* 1. befejez 2. megvalósít, végrehajt, teljesít 3. kiegészít, kikerekít

perfectível [pirfètivèl] *mn* tökéletesíthető

perfeição [pirféjszö^{n}u] *f* 1. tökéletesség 2. befejezés
perfeitamente [pirféjtöme^{n}nt] *hat* 1. tökéletesen 2. helyes!
perfeito [pirféjtu] *mn* 1. befejezett 2. tökéletes 3. *nyelvt: pretérito* ~ elbeszélő múlt; *futuro* ~ bevégzett jövő
perfídia [pirfigyö] *f* hitszegés; hűtlenség; álnokság
pérfido [pèrfidu] *mn* hitszegő; hűtlen; álnok
perfil [pirfil] *m* 1. profil, oldalnézet; *de* ~ profilból 2. *ép* keresztmetszet 3. *kat* igazodás
perfilar [pirfilàr] *1/1* I. *ts* 1. oldalnézetben *v* metszetben ábrázol 2. kiegyenesít 3. *kat:* ~! igazodj! II. ~-**se** 1. kiegyenesedik 2. *átv* kirajzolódik
perfilhar [pirfiljàr] *1/1 ts* 1. adoptál, gyermekévé fogad 2. *átv* elfogad, magáévá tesz (tant, véleményt)
perfulgência [pirfulzse^{n}szjö] *f* ragyogás, tündöklés
perfulgente [pirfulzse^{n}nt] *mn* ragyogó, tündöklő
perfumado [pirfumàdu] *mn* illatos
perfumador [pirfumödor] *m* illatszerfüstölő
perfumar [pirfumàr] *1/1 ts* illatosít
perfumaria [pirfumöriö] *f* illatszerbolt
perfume [pirfum] *m* 1. illat 2. illatszer
perfumista [pirfumistö] *fn* 1. illatszergyáros 2. illatszerárus
perfunctório [pirfu^{n}ntòrju] *mn* felületes
perfuração [pirfurösző^{n}u] *f* 1. lyuk, (át)lyukasztás 2. (át)fúrás; *torre de* ~ fúrótorony 3. *orv* átfúródás
perfurador *m,* **-a** *f* [pirfurödor(ö)] I. *mn* lyukasztó; fúró II. *fn, m* 1. fúrógép 2. lyukasztó (eszköz *v* gép)
perfurante [pirfurö^{n}nt] *mn* 1. lyukasztó; fúró 2. éles; *arma* ~ szúrófegyver
perfurar [pirfuràr] *1/1 ts* 1. átlyukaszt, kilyukaszt 2. átfúr
pergaminho [pirgöminyu] *m* 1. pergamen 2. ~*s* nemesi oklevelek
pérgula [pèrgulö] *f* pergola, lugas
pergunta [pirgu^{n}ntö] *f* 1. kérdés; *fazer* ~*s* feltesz kérdéseket 2. kikérdezés, kihallgatás
perguntar [pirgu^{n}ntàr] *1/1 ts, tl* 1. kérdez 2. kikérdez, kihallgat 3. ~ *a* megkérdez vkit 4. ~ *por* keres vkit, érdeklődik *v* tudakozódik vki után
pericárdio [pirikàrgyu] *m orv* szívburok
pericardite [pirikördit] *f orv* szívburokgyulladás
pericarpo [pirikàrpu] *m növ* termésfal
perícia [piriszjö] *f* 1. jártasság, szaktudás 2. tapasztalat
periclitar [piriklitàr] *1/1 tl* veszélyben forog
periferia [pirifiriö] *f* 1. vminek a széle, határa 2. *geom* kerület; felület 3. *átv* közelség; *ficar na* ~ vminek a határán mozog
periférico [pirifèriku] *mn* nem központi; külső
perífrase [pirifràzi] *f irod* körülírás
perifrástico [pirifràstiku] *mn* körülírásos, körülíró
perigar [pirigàr] *1/4 tl* veszélyben forog
perigo [pirigu] *m* veszély; ~ *de morte* életveszély, halálos veszedelem; *correr* ~ veszélyben forog; *estar em* ~ veszélyben van; *ficar em* ~ *de vida* életveszélyben forog; *pôr em* ~ veszélyeztet, veszélybe sodor
perigoso [pirigozu] *mn* veszélyes
perigosidade [piriguzidàd] *f* veszélyesség
perímetro [pirimitru] *m* 1. *geom* kerület 2. körzet
perimir [pirimir] *3/1 tl jog* elévül, hatályát veszti
períneo [pirinyu] *m orv* gát
periodicidade [pirjudiszidàd] *f* időszakosság; periodikus ismétlődés
periódico [pirjòdiku] I. *mn* időszakos; időközönként ismétlődő II. *fn, m* újság; folyóirat
período [piriudu] *m* 1. periódus, időszak 2. korszak 3. *mat* szakasz 4. *nyelvt* összetett mondat
periósteo [pirjòstyu] *m orv* csonthártya
periostite [pirjòstit] *f orv* csonthártyagyulladás
peripécia [piripèszjö] *f* 1. fordulópont 2. váratlan fordulat
périplo [pèriplu] *m* 1. körülhajózás 2. körutazás
periquito [pirikitu] *m* törpepapagáj
periscópio [piriskòpju] *m* periszkóp
peritagem [piritàzsö^{n}j] *f* szakértői vélemény
perito [piritu] I. *mn* tapasztalt II. *fn* szakember; szakértő
peritoneu, peritónio [pirituněu, -tònyu] *m* hashártya

peritonite [piritunit] *f* hashártyagyulladás

perjurar [pirzsurȧr] *1/1 ts, tl* **1.** megtagad (*pl* vallást) **2.** hamisan esküszik, esküjét megszegi

perjúrio [pirzsurju] *m* hamis eskü; esküszegés

perjuro [pirzsuru] *mn* és *fn* esküszegő

permanecer [pirmöniszér] *2/2 tl* **1.** marad, fennmarad, megmarad; *közm: as palavras voam, a escrita permanece* a szó elröppen, az írás megmarad **2.** tovább tart; *~ em pé* állva marad

permanência [pirmöne^{n}szjö] *f* **1.** állandóság, folytonosság **2.** időzés, tartózkodás vhol **3.** ügyelet; készenlét

permanente [pirmöne^{n}nt] **I.** *mn* állandó, folytonos; *serviço ~* állandó ügyelet; éjjel-nappal nyitva **II.** *fn* **1.** *m* **B** szabadjegy **2.** *f* tartós hullám

permeabilidade [pirmjöbilidȧd] *f* **1.** átitathatóság, áthatolhatóság **2.** átbocsátó képesség

permear [pirmjȧr] *1/5* **I.** *ts* **1.** áthat; áthatol vmin **T** **2.** *átv* átjár **II.** *tl* **1.** közbelép, beavatkozik **2.** közbejön, történik

permeável [pirmjȧvèl] *mn* átitatható; átjárható

permeio [pirméju] *m*: *de ~* közben, közbe (*átv* is); *meter-se de ~* közbelép, beavatkozik

permissão [pirmiszö^{n}u] *f* engedély, hozzájárulás

permissionário [pirmiszjunȧrju] *mn* **1.** szabadságolt **2.** engedéllyel bíró

permissível [pirmiszivèl] *mn* megengedhető

permissivo [pirmiszivu] *mn* **1.** megengedő **2.** engedékeny

permitido [pirmitidu] *mn* megengedett

permitir [pirmitir] *3/1 ts* megenged, engedélyez; *se o tempo permitir* ha az idő megengedi

permuta [pirmutö] *f* csere; kicserélés; *~ de prisioneiros* foglyok kicserélése; *acordo de ~s* csereegyezmény

permutar [pirmutȧr] *1/1 ts* **1.** cserél, kicserél **2.** bevált (pénzt)

permutável [pirmutȧvèl] *mn* kicserélhető, felcserélhető

perna [pèrnö] *f* **1.** láb (*átv* is); lábszár; állat lába; *~ artificial* műláb; *~ de cadeira* szék lába **2.** *konyh* comb **3.** (körző)szár **4.** betűk (függőleges) szára *v* vonala **5.** *szól: de ~ para o ar* tótágast; *átv* összevisszaságban; *dar à ~* **a)** táncol **b)** szedi a lábát, gyorsan megy; *dar às ~s* megszökik, meglép; *estar de ~ extendida* tétlenkedik; *meter ~s ao caminho* útnak ered; *passar a ~ a* becsap, vkit, kitol vkivel

pernada [pirnȧdö] *f* **1.** hosszú lépés **2.** vastag faág **3.** folyóág **4.** rúgás

pernaltas [pirnȧltös] *f tb áll* gázlók, gázlómadarak

pernear [pirnyȧr] *1/5 tl* **1.** lábával kapálódzik **2.** ugrándozik

perneiras [pirnéjrös] *f tb* **B** bőrkamásni, lábszárvédő

pernicioso [pirniszjozu] *mn* **1.** ártalmas, káros **2.** gonosz, rossz(indulatú); *febre ~a* súlyos malária

pernil [pirnil] *m* csülök

pernilongo [pirnilo^{n}ngu] **I.** *mn* hosszú lábú **II.** *fn, m* **1.** *áll* partfutó **2.** moszkitó

perno [pèrnu] *m műsz* **1.** (csavar)orsó **2.** csap, pecek

pernoitar [pirnojtȧr] *1/1 tl* az éjszakát tölti, meghál vhol

pernoite [pirnojt] *m* **B** éjszakai szállás

pero [péru] *m* körte alakú alma; *estar são como um ~* makkegészséges

pérola [pèrulö] *f* gyöngy, gyöngyszem (*átv* is); *deitar ~s a porcos* méltatlanokra pazarolja tehetségét

perolífero [pirulifiru] *mn* gyöngytermő

peroração [piruröszö^{n}u] *f* **1.** beszéd zárórésze **2.** rövid szónoklat

perorar [pirurȧr] *1/15* **I.** *tl* **1.** beszédének végéhez ér **2.** fellengzősen beszél, szónokol **II.** *ts átv* kiáll vmi mellett; védelmez; *~ a independência* a függetlenség védelmére kel

perpassar [pirpöszȧr] *1/12* **I.** *ts* **1.** maga mögött hagy **2.** figyelmen kívül hagy, mellőz **II.** *tl* **1.** mellette elhalad **2.** elmúlik, elfolyik (idő)

perpendicular [pirpe^{n}ndikulȧr] **I.** *mn* merőleges **II.** *f geom* merőleges egyenes

perpendículo [pirpe^{n}ndikulu] *m* függőón

perpetração [pirpitrösző^{n}u] *f* elkövetés (bűntetté)

perpetrar [pirpitrȧr] *1/13 ts* elkövet (bűntettet)

perpétua [pirpètvö] *f növ* szalmavirág

perpetuação [pirpitvöszö^{n}u] *f* megörökítés

perpetuar [pirpitvàr] *1/9* **I.** *ts* megörökít **II.** **~-se** örökké fennmarad

perpetuidade [pirpitvidàd] *f* állandóság, örökkévalóság

perpétuo [pirpètvu] *mn* **1.** állandó, folytonos **2.** örökkévaló, örökös **3.** életfogytiglani

perplexidade [pirplèkszidàd] *f* zavar, tanácstalanság

perplexo [pirplèkszu] *mn* **1.** megzavarodott, tanácstalan **2.** megdöbbent

perquirir [pirkirir] *1/1 ts* átvizsgál, átkutat

perquisição [pirkiziszö^{n}u] *f* átvizsgálás, átkutatás

perrengue [pirre^{n}ngi] *mn* **B 1.** gyáva, kishitű **2.** hasznavehetetlen **3.** mogorva, zsémbes **4.** nyakas, önfejű

perrice [pirrisz] *f biz* **1.** csökönyösség **2.** gonoszság

perro [pérru] **I.** *mn* **1.** nehezen nyitható *v* zárható (kapu, zár) **2.** makacs, csökönyös **II.** *fn, m rég* kutya; → **cão**

persa [pèrszö] *mn* és *fn* perzsa

perscrutação [pirskrutöszö^{n}u] *f* tüzetes megvizsgálás

perscrutador *m*, **-a** *f* [pirskrutödor(ö)] *mn* fürkésző, vizsgáló

perscrutar [pirskrutàr] *1/1 ts* tüzetesen megvizsgál

perseguição [pirszigiszö^{n}u] *f* üldözés; *mania de* ~ üldözési mánia

perseguidor *m*, **-a** *f* [pirszigidor(ö)] *mn* és *fn* üldöző

perseguir [pirszigir] *3/4, 3/8 ts* **1.** üldöz **2.** gyötör, zaklat **3.** elítél; megbüntet

perseverança [pirszivirö^{n}szö] *f* **1.** állhatatosság, kitartás **2.** makacsság

perseverante [pirszivirö^{n}nt] *mn* **1.** állhatatos, kitartó **2.** makacs

perseverar [pirsziviràr] *1/13 tl* **1.** állhatatosan kitart vmi mellett (*em*) **2.** tovább tart, nem múlik el

persiana [pirszjönö] *f* zsalu, lécredőny

pèrsico [pèrsziku] *mn* perzsa

persignação [pirszignöszö^{n}u] *f* keresztvetés

persignar-se [pirszignàrszi] *1/1* keresztet vet

persistência [pirsziste^{n}szjö] *f* **1.** állhatatosság; kitartás **2.** tartósság, folytonosság

persistente [pirsziste^{n}nt] *mn* **1.** állhatatos, kitartó **2.** tartós, folytonos

persistir [pirszistir] *3/1 tl* **1.** (állhatatosan) kitart vmi mellett (*em*); ~ *no seu propósito* kitart szándéka mellett **2.** megmarad, tovább tart **3.** fennáll

personagem [pirszunàzsö^{n}j] *f* **1.** személyiség **2.** *irod, szính* szereplő, hős; alak

personalidade [pirszunölidàd] *f* **1.** személy(iség); *culto de* ~ személyi kultusz **2.** egyéniség, jellem

personalismo [pirszunölizsmu] *m* **1.** önzés **2.** *fil* perszonalizmus

personalizar [pirszunölizàr] *1/1* **I.** *ts* **1.** megszemélyesít **2.** személy szerint megnevez **II.** *tl* személyeskedik, sértő célzásokat tesz

personificar [pirszunifikàr] *1/2 ts* megszemélyesít

perspectiva [pirspètivö] *f* **1.** perspektíva, távlat **2.** *geom, müv* távlati ábrázolás **3.** kilátás, remény; *em* ~ kilátásban; remélhetően

perspicácia [pirspikàszjö] *f* éleslátás, éleseszűség

perspicaz [pirspikàs] *mn* éles látású, éles eszű

perspícuo [pirspikvu] *mn* világos, érthető

persuadir [pirszvödir] *3/13* **I.** *ts* **1.** meggyőz vmiről (*de*) **2.** rábeszél vmire (*a*) **II.** **~-se 1.** meggyőződik vmiről (*de*) **2.** rászánja magát vmire (*a*)

persuasão [pirszvözö^{n}u] *f* **1.** meggyőződés **2.** rábeszélés

persuasiva [pirszvözivö] *f* rábeszélő képesség; meggyőző erő

persuasivo [pirszvözivu] *mn* meggyőző

pertença [pirte^{n}szö] *f* **1.** tulajdon; (saját) holmi **2.** illetékesség **3.** ~*s* tartozékok; hozzávaló, kellék

pertence [pirte^{n}sz] *m* **1.** = **pertença** **2.** (vagyon)átruházás

pertencente [pirte^{n}sze^{n}nt] *mn:* ~ *a* **1.** vkinek a tulajdonát képező **2.** vkit illető, vkinek a hatáskörébe tartozó **3.** vmire vonatkozó

pertencer [pirte^{n}szér] *2/2 tl:* ~ *a* **1.** vkinek a tulajdona **2.** vkire tartozik, vkit illet **3.** vmire vonatkozik

pertinácia [pirtinàszjö] *f* konokság, makacsság

pertinaz [pirtinàs] *mn* konok, makacs

pertinente [pirtine^{n}nt] *mn* **1.** vkit *v* vmit

illető, vmire vonatkozó **2.** odaillő, megfelelő, találó

perto [pèrtu] **I.** *hat* közel; *aqui* (*por*) ~ itt (valahol) a közelben **II.** *vsz:* ~ *de* vmihez közel; ~ *de aqui* nem messzire innen; ~ *de mim* a közelemben, mellettem; ~ *das três horas* három óra felé; ~ *de três horas* közel három óra hosszat **III.** *fn, m* **1.** közelség; *ao* ~ közel, a közelben; *de* ~ közelről; *conhecer de* ~ közelről ismer; *acompanhar* v *seguir de* ~ nyomon követ vkit, sarkában van vkinek **T 2.** ~*s* **a)** előtér (festményen) **b)** közel eső tárgyak

perturbação [pirturbösző^{n}u] *f* **1.** zavar; zavarodottság; ~ *respiratória* légzési zavar **2.** zavargás; felfordulás

perturbado [pirturbàdu] *mn* **1.** megzavarodott **2.** nyugtalan

perturbador *m,* **-a** *f* [pirturbödor(ö)] *mn* és *fn* zavaró; ~ *da ordem* rendzavaró

perturbar [pirturbàr] *1/1* **I.** *ts* **1.** zavar, megzavar **2.** összezavar; felkavar **II.** **~-se** megzavarodik; zavarba jön

peru [piru] *m* **1.** pulyka **2.** *biz* **B** epekedő szerelmes **3.** *biz kártya* kibic

Peru [piru] *m* Peru

perua [piruö] *f* **1.** nősténypulyka **2.** részegeskedés, tivornya; *estar com a* ~ másnapos

peruano [pirvönu] *mn* és *fn* perui

peruar [pirvàr] *1/9 tl kártya* kibicel

peruca [pirukö] *f* paróka

perversão [pirvirsző^{n}u] *f* **1.** perverzió, elfajulás **2.** nemi eltévelyedés

perversidade [pirvirszidàd] *f* **1.** perverzitás, romlottság **2.** nemi eltévelyedés

perverso [pirvèrszu] *mn* **1.** perverz, romlott **2.** természetellenes

perverter [pirvirtér] *2/7* **I.** *ts* **1.** megront, elzülleszt **2.** *átv* elferdít, kicsavar **II.** **~-se** elfajul; elzüllik

pervertido [pirvirtidu] *mn* elfajult, romlott, züllött

pervio [pèrvju] *mn* járható

pesa-bebé [pèzöbèbè] *mn: balança* ~ gyermekmérleg

pesa-cartas [pèzökàrtös] *m* levélmérleg

pesadão [pizödö^{n}u] *mn* **1.** nagyon nehéz **2.** nehézkes (járású)

pesadelo [pizödélu] *m* lidércnyomás

pesado [pizàdu] **I.** *mn* **1.** nehéz, súlyos; *água* ~*a* nehézvíz; *comida* ~*a* nehéz étel **2.** fárasztó, kimerítő **3.** mély (hang; gyász) **4.** nehézkes (járású) **5.** *átv* terhes; nehezen elviselhető; ~ *de anos* magas korú, éltes; ~ *de cuidados* gondterhelt **6.** *szól: atmosfera* ~*a* feszült légkör; *coisa bem* ~*a* alaposan meggondolt dolog; *estilo* ~ fellengző stílus; *sono* ~ mély álom **II.** *fn, sp* nehéz súly

pesadote [pizödòt] *mn* **1.** eléggé nehéz **2.** *átv* nehézkes

pesadume [pizödum] *m* **1.** súly **2.** bosszúság **3.** bánat, szomorúság

pesagem [pizàzső^{n}j] *f* mérés; mázsálás

pêsame [pézöm] *m* részvét(nyilvánítás); *visita de* ~ részvétlátogatás; *dar* v *apresentar os* ~*s a* kifejezi részvétét vkinek; *sentidos* ~*s* legmélyebb részvétem !

pesa-papéis [pèzöpöpéjs] *m* levélnehezék, levélnyomó

pesar[1] [pizàr] *1/13* **I.** *ts* **1.** megmér **2.** *átv* mérlegel, megfontol; ~ *as suas palavras* fontolgatja szavait **3.** nyom, súlyos; *quanto pesa?* mennyit nyom? **II.** *tl* **1.** súlya van (*átv* is); *vale quanto pesa* nagyon is megéri; aranyat ér **2.** ránehezedik; ~ *sobre os ombros* vállára nehezedik **3.** *átv* elszomorít, lesújt; *pesa-me muito* nagyon sajnálom; *em que pese a* még ha nem is tetszik vkinek; *a* ~ *de* vminek ellenére, dacára **III.** **~-se** méredzkedik, megméri testsúlyát

pesar[2] [pizàr] *m* **1.** bánat, szomorúság **2.** sajnálat, sajnálkozás; *a meu* ~ sajnálatomra

pesaroso [pizörozu] *mn* **1.** bánatos, levert **2.** bánkódó

pesca [pèskö] *f* halászat; ~ *à linha* horgászás, pecázás

pescada [piskàdö] *f* tőkehal

pescado [piskàdu] *m* hal(étel)

pescador *m,* **-a** *f* [pisködor(ö(] **I.** *mn* halászó, halász- **II.** *fn, m* **1.** halász; horgászó, pecázó **2.** ~ *de águas turvas* a zavarosban halászó

pescanço [piskö^{n}szu] *m: fazer* ~ beleles más kártyáiba

pescar [piskàr] *1/2, 1/13* **I.** *ts* **1.** (halat) fog, kifog **2.** elhalász vki elől **3.** *átv* kiprésel, kicsal; ~ *o segredo* kicsalja a titkot; *não pesca uma palavra a* egyetlen szót sem húz ki belőle **4.**

ért, felfog 5. nyakon csíp, tetten ér **II.** *tl* halászik; ~ *à linha* horgászik, pecázik

pescaria [piskòriö] *f* 1. halászat 2. sok hal (együtt)

pescoço [piskoszu] *m* 1. nyak; *torcer o* ~ kitekeri a nyakát 2. *lóverseny:* fejhossz

peseta [pizétö] *f* pezeta

peso [pézu] *m* 1. súly; teher; nehézség; ~ *bruto* bruttó súly; ~ *liquido* tiszta súly; *em* ~ teljes egészében; mindenestül; *roubar no* ~ csal a mérésnél; *ter dois* ~*s e duas medidas* két mércével mér, részrehajló; *tomar o* ~ *de* megállapítja vminek a súlyát; *vender a* ~ *de ouro* méregdrágán elad 2. *átv* nyomás, teher 3. *átv* fontosság, jelentőség; *argumento de* ~ nyomós érv; *homem de* ~ fontos személyiség 4. *sp* súly, súlycsoport; ~*-mosca* légsúly; ~*-galo* harmatsúly; ~*-pena* pehelysúly; ~ *leve* könnyű súly; ~ *pesado* nehéz súly 5. *sp* súly; súlyzó 6. pézó (pénznem)

pespegar [pispigàr] *1/4, 1/13 ts:* ~ *uma bofetada a* leken egy pofont vkinek

pespego [pispégu] *m* 1. akadály, nehézség; zavar 2. *biz* unalmas *v* kellemetlen ember

pespontar [pispo^{n}ntàr] *1/1 ts* ölt, tüzdel

pesponto [pispo^{n}ntu] *m* öltés, tüzdelés

pesqueira [piskéjrö] *f* halásztanya

pesqueiro [piskéjru] **I.** *mn* halászati, halász- **II.** *fn, m* 1. horogzsineg 2. haltenyészet 3. **B** *nép: estragar o* ~ felborít, elront mindent

pesquisa [piskizö] *f* 1. kutatás, keresés; ~ *de mercado* piackutatás; *centro de* ~*s* kutatóközpont 2. házkutatás 3. kivizsgálás, megvizsgálás

pesquisar [piskizàr] *1/1 ts* 1. kutat, keres 2. kivizsgál, megvizsgál

pêssego [pészigu] *m* őszibarack

pessegueiro [piszigéjru] *m* őszibarackfa

pessimismo [piszimizsmu] *m* borulátás

pessimista [piszimistö] *mn* és *fn* pesszimista

péssimo [pèszimu] *mn* nagyon rossz

pessoa [piszoö] *f* 1. személy, ember, egyén; *uma* ~ valaki; *muitas* ~*s* sokan; *em* ~ személyesen; *de* ~ *a* ~ szemtől szemben 2. személyiség

pessoal [piszvàl] **I.** *mn* személyes, személyi; *objeto de uso* ~ személyes használatra szolgáló tárgy **II.** *fn, m* 1. személyzet 2. **B** emberek, barátok, ismerősök

pestana [pistönö] *f* szempilla; *tirar uma* ~, *nép* szundikál

pestanear [pistönyàr] *1/5 tl* = **pestanejar**

pestanejar [pistönizsàr] *1/14 tl* pislog, hunyorgat

pestanejo [pistönézsu] *m* pislogás, hunyorgatás

pestanudo [pistönudu] *mn* hosszú szempillájú

peste [pèst] *f* 1. pestis 2. ragály 3. büdösség, bűz 4. *é uma* ~ kellemetlen, kiállhatatlan fráter

pestífero [pistifiru] *mn* 1. pestises 2. ragályos 3. büdös, bűzös 4. káros, kártékony

pestilência [pistile^{n}szjö] *f* 1. pestis 2. ragály 3. *átv* mételv

pestilencial [pistile^{n}szjàl] *mn* 1. pestises 2. dögletes

pestilente, pestilento [pistile^{n}nt, -le^{n}ntu] *mn* = **pestilencial**

peta [pétö] *f* 1. hazugság, lódítás 2. ámítás, csalás 3. folt (a ló szemében) 4. kis balta, szekerce

pétala [pètölö] *f növ* (virág)szirom

petar [pitàr] *1/13 ts, tl* ámít, csal

petardo [pitàrdu] *m* petárda; jelzőrakéta

peteca [pétèkö] *f* **B** 1. labda(játék) 2. gúny tárgya

peteleca [pitilékö] *f* **B** pofon, nyakleves

peteleco [pitélèku] *m* **B** fricska

petição [pitiszö^{n}u] *f* kérvény, folyamodvány

peticionário [pitiszjunàrju] *fn* kérvényező, folyamodó

petimetre [pitimètr] *m* ficsúr

petipé [pitipè] *m* mérték, lépték

petiscar [pitiskàr] *1/2, ts, tl* 1. megízlel, megkóstol 2. nyalakodik 3. felületes ismereteket szerez 4. tüzet csihol

petisco [pitisku] *m* 1. inyencfalat, nyalánkság 2. tűzkő 3. nevetséges figura

petisqueira [pitiskéjrö] *f* finom falat

petiz *m*, **-a** *f* [pitis, pitizö] *mn* és *fn* kicsike; gyerek

petizada [pitizàdö] *f* gyerekhad

peto [pétu] **I.** *mn* és *fn* kancsal **II.** *fn, m áll* harkály

petrechar [pitrisàr] *1/13 ts* 1. felszerel 2. felfegyverez

petrechos [pitrésus] *m tb* **1.** felszerelés; szerszámkészlet; ~ *de cozinha* konyhafelszerelés **2.** *kat* hadifelszerelés; lőszer

pétreo [pètrju] *mn* kő-, kőkemény

petrificação [pitrifiköszö^{n}u] *f* megkövülés

petrificar [pitrifikàr] *1/2* **I.** *ts* **1.** kővé változtat **2.** *átv* kővé dermeszt **II.** **~-se** kővé mered (*átv* is)

Petrobrás = *Petróleo Brasileiro Sociedade Anónima*

petroleiro [pitruléjru] **I.** *mn* olaj- **II.** *fn, m:* (*navio*) ~ olajszállító hajó, tankhajó

petróleo [pitròlju] *m* petróleum, kőolaj, ásványolaj; ~ *bruto* nyersolaj; *derivados do* ~ olajtermékek

petrolífero [pitrulifiru] *mn* olajtermő; *indústria* ~*a* kőolajipar

petulância [pitulö^{n}szjö] *f* arcátlanság, szemtelenség

petulante [pitulö^{n}nt] *mn* arcátlan, szemtelen

peúga [pjugö] *f* zokni, rövidharisnya

peugada [pjugàdö] *f* lábnyom, nyomdok

pevide [pivid] *f* **1.** gyümölcsmag; ~ *de melão* dinnyemag **2.** pip, pips (baromfibetegség) **3.** megszenesedett lámpabél **4.** *orv* beszédhiba (az *r* betű hibás ejtése)

p.ex. = *por exemplo*

pexote [pisòt] *m* újonc, tapasztalatlan kezdő

p.ext. = *por extenso*

pez [pés] *m* szurok

P.F. = *por favor*

p.f. = *próximo futuro*

p.f.v. = *por favor, volte* fordítson, kérem

pg. = *pagou* fizetve

pia [piö] *f* **1.** mosdótál **2.** *vall:* ~ *baptismal* keresztelőmedence

piada [pjàdö] *f* **1.** csipogás **2.** tréfa, vicc

piadista [pjödistö] *mn* és *fn* tréfamester

pia-máter [piömàtèr] *f orv* lágy agyhártya

piamente [piöme^{n}nt] *hat* **1.** jámborul **2.** kegyelettel

pianíssimo [pjöniszimu] *hat zene* pianissimo, nagyon halkan

pianista [pjönistö] *fn* zongorista; zongoraművész

pianístico [pjönistiku] *mn* zongora-

piano [pjönu] **I.** *hat zene* piano, halkan **II.** *fn, m* zongora; ~ *de cauda* hangversenyzongora

pianola [pjönòlö] *f* pianóla, gépzongora

pião [pjö^{n}u] *m* búgócsiga, pörgettyű

piar [pjàr] *1/7 tl* **1.** csipog **2.** megszólal, megmukkan **3.** *argó* iszik, „piál"

picada [pikàdö] *f* **1.** szúrás **2.** (rovar-) csípés **3.** zuhanórepülés **4.** csapás, vágott ösvény **5.** kellemetlenség; bánat **6.** hegycsúcs

picadeira [piködéjrö] *f* (utcakövező) kalapács

picadeiro [piködéjru] *m* lovaglóiskola

picadela [piködèlö] *f* szúrás

picadinho [piködinyu] *m* **B** vagdalt hús

picado [pikàdu] **I.** *mn* **1.** foltos, tarka **2.** *mar* ~ viharos tenger **3.** *carne* ~*a* vagdalt hús **4.** ingerült; sértődött **5.** **B** kissé ittas, „spicces" **6.** *voo* ~ zuhanórepülés **II.** *fn, m* **1.** *zene* pizzicato, ujjal pengetve **2.** hasé, darált *v* vagdalt hús

picador [piködor] *m* **1.** lóidomító **2.** lovaglótanár **3.** *bikaviadal* picador **4.** jegylyukasztó (szerszám)

picanço [pikö^{n}szu] *m* harkály

picante [pikö^{n}nt] *mn* **1.** csípős (íz, szag) **2.** pikáns, sikamlós **3.** *dito* ~ csípős megjegyzés

picão [pikö^{n}u] *m* csákány

pica-pau [piköpàu] *m* harkály

pica-peixe [piköpéjs] *m* jégmadár

picar [pikàr] *1/2* **I.** *ts* **1.** szúr, megszúr **2.** csíp, megcsíp (rovar) **3.** csipeget (madár) **4.** apróra vág, darál, vagdal (húst) **5.** *átv* szurkál, ingerel **6.** lopkod; elcsen **7.** ~ *a curiosidade de* felkelti vkinek a kiváncsiságát; ~ *o inimigo* üldözőbe veszi az ellenséget; ~ *terra* földet ér **II.** *tl* **1.** horogra akad (hal) **2.** zuhanórepülést végez **3.** *o sol pica* éget *v* perzsel a nap **III.** **~-se** **1.** megszúrja magát **2.** vakarózik **3.** *pica-se o mar* háborogni kezd a tenger **4.** **~-se** *de* **a)** kérkedik vmivel **b)** megköti magát **5.** *közm: quem se pica alhos come* akinek vaj van a fején, nem megy a napra

picardia [pikördiö] *f* **1.** kópéság, huncutság **2.** pimaszság

picaresco [pikörésku] *mn* pikareszk; *romance* ~ kópéregény

picareta [pikörétö] *f* csákány

picaria [piköriö] *f* **1.** lovaglás **2.** lovaglópálya
pícaro [piköru] *mn* és *fn* huncut, ravasz; csibész
piçarra [piszàrrö] *f* **1.** kőgörgeteg **2.** kavics **3.** sziklacsoport
piçarroso [piszörrozu] *mn* kavicsos; sziklás
piche [pis] *m* (kőszénkátrányból nyert) szurok
pichel [pisèl] *m* kancsó, korsó
pichelaria [pisilöriö] *f* **1.** bádogosmesterség **2.** bádogosműhely **3.** bádogáru
picheleiro [pisiléjru] *m* **1.** bádogos **2.** bádogáru-kereskedő
picles [piklis] *m tb* savanyúság
pico[1] [piku] *m* **1.** vminek az éles hegye, éle **2.** tüske, fullánk **3.** hegycsúcs **4.** (madár)csőr **5.** csípős íz **6.** *átv* szellemesség
pico[2] [piku] *hat: e* ~ és még valamennyi; *meio-dia e* ~ valamivel dél után
picotar [pikotàr] *1/15 ts* **B** kilyukaszt, kezel (jegyet)
pictórico [piktòriku] *mn* **1.** festői **2.** festészeti
picuinha [pikvinyö] *f átv* célzás, csípős megjegyzés
P.I.D.E., Pide = *rég: Polícia Internacional e de Defesa do Estado* (fasiszta államrendőrség)
piedade [pjidàd] *f* **1.** jámborság **2.** kegyelet **3.** részvét, szánalom; könyörület; *sem* ~ könyörtelenül
piedoso [pjidozu] *mn* **1.** jámbor **2.** könyörületes
piegas [pjègös] *mn* és *fn* **1.** kicsinyeskedő **2.** érzelgős
pieguice [pjègisz] *f* **1.** kicsinyesség **2.** érzelgősség
pífano [pifönu] *m* kis fuvola, síp
pifar [pifàr] *1/1* **I.** *ts* **1.** ellop, elcsen **2.** túl sokat iszik **II.** *tl* **B 1.** elromlik, tönkremegy **2.** meghiusul, kútba esik **3.** defektet kap, „lerobban"
pífaro [piföru] *m* = **pífano**
pigarço [pigàrszu] *mn: cavalo* ~ szürke ló
pigarrear [pigörrjàr] *1/5 tl* köhécsel; torkát köszörüli
pigarrento [pigörre^{n}ntu] *mn* **1.** rekedtes **2.** nyálkás
pigarro [pigàrru] *m* **1.** torokköszörülés **2.** nyálka, köpet
pigmentar [pigme^{n}ntàr] *1/1 ts* színez
pigmento [pigme^{n}ntu] *m* pigment, színt adó anyag; színezék
pigmeu *m*, **pigmeia** *f* [pigméu, pigméjö] *fn* pigmeus, törpe
pijama [pizsömö] *m* pizsama
pilantra [pilö^{n}ntrö] *mn* és *fn* **B 1.** csaló **2.** vagány
pilão [pilö^{n}u] *m* **1.** mozsártörő **2.** (kő-) zúzógép **3.** tolósúly (hídmérlegen) **4.** cukorsüveg
pilar[1] [pilàr] *1/1 ts* **1.** széttör, zúz (mozsárban) **2.** meghámoz (*pl* gesztenyét)
pilar[2] [pilàr] *m ép* pillér, oszlop
pilastra [pilàströ] *f ép* pilaszter
pileca [pilèkö] *f nép* gebe
pileque [pilèki] *m* **B 1.** gumiabroncs **2.** ivászat; *tomar um* ~ berúg
pilha [piljö] *f* **I.** halom, rakás (*pl* könyv); *às* ~*s, em* ~ bőven, halomszámra; *ter* ~*s de graça* nagyon szellemes **II.** *vill* elem; ~ *seca* szárazelem **III.** ~ *atómica* atommáglya, atomreaktor **IV. 1.** lopás, lopkodás **2.** *m, f* tolvaj
pilhagem [piljàzsö^{n}j] *f* fosztogatás, rablás
pilhar [piljàr] *1/1* **I.** *ts* **1.** megkap, elér, elnyer; ~ *um cargo* álláshoz jut; ~ *uma gripe* megkapja az influenzát **2.** lop; rabol **3.** elkap, rajtakap; ~ *em flagrante* tetten ér **II.** ~**-se 1.** találja magát vhol **2.** azon veszi észre magát, hogy
pilheira [piljéjrö] *f* **1.** halom, rakás **2.** hamuláda (tűzhely mellett)
pilheiro [piljéjru] *m* víztartály
pilhéria [piljèrjö] *f nép* tréfa; élc
pilheta [piljétö] *f* dézsa, sajtár, vödör
piloro [pilòru] *m orv* pilórus, gyomorkapu, alsó gyomorszáj
piloso [pilozu] *mn növ* szőrös
pilotagem [pilutàzsö^{n}j *f* **1.** gépvezetés; repülés **2.** *haj* révkalauzolás; hajó kormányzása
pilotar [pilutàr] *1/15 ts* **1.** irányít, vezet **2.** hajót *v* repülőgépet vezet; hajózik; repül
piloti [piluti] *m ép* tartóoszlop
piloto [pilotu] *m* **1.** pilóta **2.** révkalauz
pílula [pilulö] *f orv* pirula, labdacs; ~ *anticoncepcional* fogamzásgátló szer
pilungo [pilu^{n}ngu] *m* **B** gebe
pimenta [pime^{n}ntö] *f* **1.** bors **2.** *átv* gonoszság

pimentão [pime^{n}ntö^{n}u] *m* paprika; ~ *verde* zöldpaprika

pimenteira [pime^{n}ntéjrö] *f* **1.** bors (növény) **2.** borstartó

pimento [pime^{n}ntu] *m* (zöld)paprika

pimpão *m*, **pimpona** *f* [pi^{n}mpö^{n}u, -ponö] *mn* és *fn* **1.** kérkedő, felvágós **2.** ficsúros, kiöltözött

pimpar [pi^{n}mpàr] *1/1 tl* **1.** kérkedik, felvág **2.** *átv* kitűnik **3.** szórakozik, mulat

pimpolho [pi^{n}mpolju] *m* **1.** szőlővessző; hajtás, sarj **2.** stramm gyerek

pina [pinö] *f* keréktalp, kerékabroncs

pinacoteca [pinökutèkö] *f* képtár

pináculo [pinàkulu] *m* **1.** *ép* csúcs, orom **2.** *átv* tetőpont, csúcspont

pinça [pi^{n}szö] *f* **1.** pincetta, csipesz **2.** *orv* sebkapocs; ~ *cirúrgica* sebészolló **3.** rák ollója

píncaro [pinköru] *m* csúcs, orom

pincel [pi^{n}szèl] *m* **1.** ecset; ~ *de barba* v *de barbear* borotvaecset **2.** festőművész **3.** festmény

pincelada [pi^{n}szilàdö] *f* ecsetvonás

pincelar [pi^{n}szilàr] *1/13 ts* **1.** ecsettel fest **2.** *orv* beecsetel

pinchar [pi^{n}sàr] *1/1* **I.** *ts* lök, tol **II.** *tl* ugrik, ugrándozik; szökken

pincho [pi^{n}su] *m* ugrás, szökkenés

pindaíba [pi^{n}ndöìbö] *f* **B 1.** (kókuszrostból font) kötél **2.** pénztelenség; *andar* v *estar na* ~ egy vasa sincs

pineal [pinyàl] *mn* toboz alakú; *glândula* ~, *orv* tobozmirigy

pinga [pi^{n}ngö] *f* **1.** csepp; ~ *a* ~ cseppenként; *ficar sem* ~ *de sangue* halálsápadt **2.** bor; pálinka; *andar* v *estar na* ~ ittas, részeg; *gostar da* ~ szereti az italt **3.** *m biz* szegény ördög

pingadeira [pi^{n}ngödéjrö] *f* **1.** serpenyő (a nyársról lecsepegő lé felfogására) **2.** *nép* jövedelmező dolog

pingado [pi^{n}ngàdu] *mn* **1.** telefröcskölt **2.** részeg **3.** *café* ~ feketekávé kevés tejjel

pingalim [pi^{n}ngöli] *m* hosszú ostor

pingar [pi^{n}ngàr] *1/4* **I.** *ts* csepegtet **II.** *tl* **1.** csepeg **2.** csurran-cseppen

pingente [pi^{n}zse^{n}nt] *m* **1.** fülbevaló **2.** függő dísz (*pl* csillárон) **3. B** villamos lépcsőjén lógó utas

pingo [pi^{n}ngu] *m* **I. 1.** (zsír)csepp **2.** disznózsír **II. B** hátasló

pingue [pi^{n}ng] **I.** *mn* **1.** zsíros **2.** jövedelmező **II.** *fn*, *m* disznózsír

pinguela [pi^{n}ngvèlö] *f* palló

pingue-pongue [pi^{n}ngipo^{n}ng] *m* pingpong, asztalitenisz

pinguim [pi^{n}ngvi^{n}] *m áll* pingvin

pinha [pinyö] *f* **1.** fenyőtoboz **2.** *átv* sokaság, tömeg **3.** *biz* kobak, fej

pinhal [pinyàl] *m* fenyves; ~ *de Azambuja* rablótanya

pinhão [pinyö^{n}u] *m* **I.** fenyőmandula **II.** *műsz* fogaskerék

pinheiral [pinyéjràl] *m* fenyves

pinheiro [pinyéjru] *m* fenyő

pinho [pinyu] *m* **1.** fenyőfa (anyag) **2. B** hegedű; *bater o* ~ hegedül

pino [pinu] *m* **1.** faszeg **2.** *műsz* csapszeg; sasszeg **3.** *autó:* szelepszár **4.** zenit, csúcspont, tetőpont; *a* ~ meredeken, függőlegesen; *no* ~ *da calma* a legnagyobb hőségben; *no* ~ *do dia* fényes nappal, délben; *no* ~ *do verão* a nyár derekán

pinote [pinòt] *m* ugrás

pinotear [pinòtyàr] *1/5 tl* **1.** ugrál **2.** rúg (ló)

pinta [pi^{n}ntö] *f* **I. 1.** kis folt, petty **2.** anyajegy **3.** arc(szín); külső; *conhecer pela* ~, **B** első pillantásra megismer *v* kiismer; *ter boa* ~ jó színben van **4.** jel, előjel; *está com* ~ *de chover* esőre áll az idő **II.** pint (régi űrmérték, kb 1,5 l) **III.** jérce

pintadela [pi^{n}ntödèlö] *f* festegetés; *dar uma* ~ *a* átfest vmit

pintado [pi^{n}ntàdu] *mn* **1.** festett; színes **2.** foltos, pettyes **3.** kiváló, kitűnő **4.** szakasztott mása; *é o pai* ~ kiköpött apja

pintalegrete [pi^{n}ntöligrét] **I.** *mn* **1.** ficsúros **2.** beképzelt, hiú **3.** vidám **II.** *fn* **1.** ficsúr **2.** hiú alak **3.** vidám fickó

pintalgar [pi^{n}ntälgàr] *1/4 ts* tarkára fest

pintamonos [pi^{n}ntömonus] *m biz* kontár festő

pintar [pi^{n}ntàr] *1/1* **I.** *ts* **1.** fest; ~ *uma paisagem* tájképet fest; ~ *uma parede* falat fest **2.** *átv* ábrázol, leír **3.** ámít, becsap **4.** ~ *o sete* v *a manta* v *o diabo* v *o caneco* duhajkodik, kirúg a hámból **II.** *tl* **1.** színt kap, színeződik **2.** őszül (haj) **3.** kirajzolódik, felbukkan, előtűnik **4.** ~ *bem* jó úton halad, virágzik; ~ *mal* kedvezőtlenül alakul; *vir ao* ~ kapóra jön **III.** ~**-se 1.** festi magát **2.** mutatkozik, tűnik v milyennek; *o rapaz pinta-se-me inteligente* úgy látom, hogy a fiú intelligens **3.** alkalmas, megfelelő vmire; *o homem pinta-se para a função* az az ember alkalmasnak látszik erre a munkára

pintarroxo [pi^{n}ntörrosu] *m áll* kenderike

pintassilgo [pi^{n}ntöszilgu] *m áll* tengelic(e)

pintinho [pi^{n}ntinyu] *m* kiscsibe; *é como um elefante em meio de ~s* olyan, mint az elefánt a porcelánboltban

pinto [pi^{n}ntu] *m* csibe; *num ~, como um ~* csuromvizes

pintor *m*, **-a** *f* [pi^{n}ntor(ö)] *fn* **1.** festőművész(nő) **2.** ~ *de paredes* szobafestő

pintura [pi^{n}nturö] *f* **1.** festészet; festés **2.** festmény, kép; ~ *a óleo* olajfestmény; *belo que nem uma ~* gyönyörű **3.** leírás, ismertetés

pinturesco [pi^{n}nturésku] *mn* festői

pio [piu] **I.** *mn* **1.** jámbor, istenfélő **2.** könyörületes, adakozó; *casa ~a* árvaház; *estabelecimento ~, instituição ~a* jótékonysági intézmény **II.** *fn, m* **1.** csipogás, csicsergés; *nem um ~!* egy mukkot sem! **2. B** madárcsalogató síp **3.** szőlőprés

piolhento [pjulje^{n}ntu] *mn* tetves

piolho [pjolju] *m* tetű

pioneiro [pjunéjru] *m* **1.** előharcos **2.** úttörő; *acampamento de ~s* úttörőtábor

pior [pjòr] **I.** *mn* rosszabb; → **mau II.** *hat* rosszabbul; → **mal**; *andar de mal a ~* egyre rosszabbul van **III.** *fn, m* a legrosszabb

piora [pjòrö] *f* rosszabbodás

piorar [pjuràr] *1/15* **I.** *ts* rosszabbá tesz **II.** *tl* rosszabbodik; *o doente piorou* a beteg állapota súlyosbodott

pipa [pipö] *f* hordó

piparote [pipöròt] *m* csettintés; fricska

pipeta [pipétö] *f* szívócső

pipi [pipi] *m gyerm* pipike; madár

pipiar [pipjàr] *1/7 tl* csipog, csicsereg

pipilar [pipilàr] *1/1 tl* = **pipiar**

pipilo, pipio [pipilu, pipiu] *m* csipogás, csicsergés

pipo [pipu] *m* **1.** kis hordó **2.** szívócső

pipoca [pipòkö] *f* **B** pattogatott kukorica

pipocar [pipokàr] *1/2, 1/25 ts* pattogat (kukoricát)

pipoco [pipoku] *m* **B 1.** pattogás **2.** robaj, robbanás **3.** felfordulás, zűr

pique [pik] *m* **1.** *rég* pika, lándzsa **2.** csípős íz **3. B** szúrás; vágás **4.** *ját* fogócska **5.** *szól: a ~* **a)** függőlegesen, meredeken **b)** veszélyben; *de* v *por ~* szándékosan, készakarva; *meter* v *pôr a ~* elsüllyeszt (hajót); *estar a ~ de* szándékozik tenni vmit

piquenique [pikinik] *m* piknik, batyúbál

piqueta [pikétö] *f* karó, cölöp

piquetar [pikitàr] *1/13 ts* karókkal kijelöl

piquete [pikét] *m* **1.** karó, cölöp **2.** *kat* osztag; előőrs; őrség; *estar de ~* őrt áll **3.** ügyelet; *serviço de ~* ügyeletes szolgálat **4.** ~ *de greve* sztrájkőrség

piraí [piröi] *m* **B** ostor

pirajá [piràzsà] *m* **B** trópusi zápor

piramidal [pirömidàl] *mn* **1.** piramidális, óriási **2.** nagyszerű, pompás

pirâmide [pirömid] *f* **1.** *geom* gúla **2.** piramis

piranga [pirö^{n}ngö] **I.** *mn* **1.** szegényes, nyomorúságos **2. B** piros **II.** *fn, f* **1.** szegénység, nyomor **2.** vörös agyag

pirão [pirö^{n}u] *m* **B** maniókakása

pirata [piràtö] *m* **1.** kalóz; ~ *aéreo* légi kalóz **2.** csibész

pirataria [pirötöriö] *f* **1.** kalózkodás **2.** csibészség

pirenaico, pireneu [pirinàjku, -néu] *mn* pireneusi

Pirenéus [pirinèus] *m tb: os ~* a Pireneusok

pires [piris] *m* csészealj

pirilampo [pirilö^{n}mpu] *m* szentjánosbogár

pirita [piritö] *f ásv* pirit

piroga [pirògö] *f* piroga, fatörzsből kivájt csónak

pirose [piròz] *f orv* gyomorégés

pirotécnico [pirotèkniku] **I.** *mn* tűzijáték- **II.** *fn* **1.** pirotechnikus **2.** *kat* tűzszerész

pirraça [pirràszö] *f* csínytevés, rossz tréfa

pirueta [pirvétö] *f* piruett

piruetar [pirvitàr] *1/13 tl* piruetteket végez

pisa [pizö] *f* **1.** szőlőpréselés, szőlőtaposás **2.** ütlegelés, verés

pisada [pizàdö] *f* 1. = **pisa** 1.; 2. lábnyom; *seguir as ~s de* vkinek a nyomdokait követi
pisadela [pizödèlö] *f*: *dar uma ~ a* vkinek a lábára lép
pisador *m*, **-a** *f* [pizödor(ö)] I. *mn* taposó, tipró II. *fn*, *m* szőlőprés
pisadura [pizödurö] *f* 1. lábnyom 2. zúzódás, kék folt
pisa-flores [pizöfloris] *m* piperkőc
pisa-mansinho [pizömö^{n}szinyu] *mn* és *fn* 1. képmutató 2. ravasz, ügyes
pisar [pizàr] *1/1* I. *ts* 1. tapos, tipor; *~ as uvas* szőlőt tapos 2. (szét)tör, zúz, őröl; *~ o café* kávét őröl 3. megsebez, megsért 4. *átv* legyőz, elnyom II. *tl* 1. jár, lépked 2. *autó* gázt ad 3. *não ~ em ramo verde* óvatos, körültekintő
pisa-verdes [pizövérdis] *m* = **pisa-flores**
pisca-pisca [pisköpiskö] *f* B *autó* index, irányjelző
piscar [piskàr] *1/2 ts* hunyorít, hunyorgat; *~ o olho a* kacsint vkire
piscatório [piskötòrju] *mn* halászati, halász-
piscícola [pis-szikulö] *mn* haltenyésztési
piscicultor [pis-szikultor] *m* haltenyésztő
piscicultura [pis-szikulturö] *f* haltenyésztés
piscina [pis-szinö] *f* 1. halastó 2. úszómedence 3. *vall* keresztelőkút
pisco [pisku] I. *mn* hunyorító, pislogó II. *fn*, *m áll* pirók
piso [pizu] *m* 1. járás, lépés 2. padló; padozat 3. (utca)kövezet 4. emelet 5. B lábnyom, nyomdok
pisoar [pizvàr] *1/8 ts* (szövetet) tömörít, ványol
pisotear [pizotyàr] *1/5 ts* B tapos, (el-)tipor (*átv* is)
pista [pistö] *f* 1. (láb)nyom, nyomdok; *perder a ~ de* elveszti vkinek a nyomát; *seguir a ~ de* nyomon követ vkit 2. *sp*: *~ (de corrida)* futópálya 3. *rep* kifutópálya 4. autópálya; autóút 5. (tánc)parkett; porond (*átv* is)
pistácia [pistàszjö] *f növ* pisztácia
pistão [pistö^{n}u] *m műsz* dugattyú
pistilo [pistilu] *m növ* termő, bibe
pistola [pistòlö] *f* 1. pisztoly 2. *~ de pintar* szórópisztoly (festéshez)
pistoleiro [pistuléjru] *m* fegyveres bandita
pitada [pitàdö] *f* 1. csipetnyi; késhegynyi 2. *biz* bűz, büdösség
pitar [pitàr] *1/1 ts, tl* B füstöl, dohányzik
piteira [pitéjrö] *f* I. B cigaretta- *v* szivarszipka II. 1. *növ* agavé 2. fügepálinka 3. *biz* ivászat; berugás
pitéu [pitèu] *m biz* finom falat, nyalánkság
pitinga [piti^{n}ngö] *mn* B fehér; tiszta
pito [pitu] *m* B 1. pipa 2. cigaretta 3. *átv* lehordás, fejmosás
pitoresco [piturésku] *mn* festői
pitosga [pitòzsgö] *mn* és *fn biz* 1. rövidlátó 2. hunyorgató
pituita [pitvitö] *f* nyálka; köpet
pituitário [pitvitàrju] *mn*: *glândula ~a* nyálmirigy
pivô [pivo] *m* 1. *műsz* csap; tengely; támasz 2. *átv* főkolompos
pixaim [pisöi^{n}] *mn* B göndör
pixé [pisè] *mn* B odaégett
p.l. = *peso líquido*
placa [plàkö] *f* 1. *műsz* lemez, lap, tábla; *~ metálica* fémtábla; *~ de advertência* figyelmeztető tábla; *~ de indicação* jelzőtábla 2. *autó* rendszámtábla; *~ de nacionalidade* nemzetközi gépkocsijelzés 3. plakett; emlékérem 4. rendjel; kitüntetés 5. *biz* ezüstpénz 6. *vasút*: *~ giratória* fordítókorong 7. fali gyertyatartó
placar[1] [plökàr] *1/12 ts* = **aplacar**
placar[2] [plökàr] *m* 1. kitüntetés, rendjel 2. B *sp* eredményjelző tábla
placenta [plösze^{n}ntö] *f orv* méhlepény
placidez [plöszidés] *f* 1. nyugodtság 2. szelídség
plácido [plàszidu] *mn* 1. nyugodt, higgadt 2. szelíd, békés
plagiar [plözsjàr] *1/7 ts* plagizál
plagiário [plözsjàrju] *m* plagizátor
plagiato, plágio [plözsjàtu, plàzsju] *m* plágium
plaina [plàjnö] *f* gyalu
plaino [plàjnu] I. *mn* sík; sima II. *fn*, *m* síkság, mező
plana [plönö] *f* rang, osztály, kategória; *de primeira ~* elsőrendű
planado [plönàdu] *mn*: *voo ~* sikló repülés
planador [plönödor] *m* vitorlázó repülő
planalto [plönàltu] *m* fennsík
planar [plönàr] *1/1 tl* 1. lebeg 2. sikló *v* vitorlázó repülést végez
planear [plönyàr] *1/5* = **planejar**
planejamento [plönizsöme^{n}ntu] *m* 1.

tervezés 2. (*secretaria do*) ~ tervhivatal; *comissão de* ~ tervbizottság
planejar [plönizsàr] *1/14 ts* **1.** tervez **2.** kitervel, kigondol
planeta [plönétö] *f csill* planéta, bolygó
planetário [plönitàrju] **I.** *mn* planetáris; *sistema* ~ bolygórendszer **II.** *fn, m* planetárium
plangente [plöⁿzseⁿnt] *mn* panaszkodó; panaszos
planície [plöniszji] *f* síkság
planificação [plönifiköszöⁿu] *f* **1.** tervrajzkészítés **2.** tervezés
planificar [plönifikàr] *1/2 ts* **1.** tervrajzot készít **2.** tervez
planimetria [plönimitriö] *f geom* síkmértan
plano [plönu] **I.** *mn* **1.** sík, sima **2.** *átv* egyszerű, világos; *de* ~ **a)** azonnal **b)** röviden; *dizer de* ~ nyíltan és őszintén megmondja **II.** *fn, m* **1.** sík; lap; ~ *horizontal* vízszintes sík; ~ *inclinado* ferde sík **2.** térkép **3.** terv, tervrajz **4.** *átv* szándék, cél **5.** *műv* tér; *primeiro* ~ előtér; *segundo* ~ háttér; *vir a* ~, *átv* előtérbe kerül
planta [plöⁿntö] *f* **1.** növény **2.** lábtalp **3.** térkép (városé); ~ *topográfica* helyrajzi térkép
plantação [plöⁿntöszöⁿu] *f* **1.** (növény-) ültetés **2.** ültetvény
plantador *m*, **-a** *f* [plöⁿntödor(ö)] *mn* és *fn* ültető; ültetvényes
plantão [plöⁿntöⁿu] *m* szolgálatos, ügyeletes; *estar de* ~ szolgálatban van
plantar [plöⁿntàr] *1/1* **I.** *ts* **1.** ültet (növényt) **2.** felállít; földbe ver (cölöpöt) **3.** ~ *a bandeira* felhúzza a zászlót **4.** ~ *as fronteiras* megállapítja a határokat **5.** létesít; ~ *escolas* iskolákat létesít; ~ *uma casa* családot alapít **II.** **~-se** **1.** odaáll **2.** ott marad, letelepszik
plantel [plöⁿntèl] *m* **1.** tenyészállatállomány **2.** *sp* törzsgárda; élcsapat
plantio [plöⁿntiu] *m* = **plantação**
planura [plönurö] *f* fennsík
plaqué [plàkè] *m* dublé(ékszer)
plasma [plàzsmö] *m* plazma
plasmar [plözsmàr] *1/12 ts* formál, alakít
plástica [plàstikö] *f* **1.** szobrászat **2.** emberi test(formák)
plasticidade [plöstiszidàd] *f* **1.** *fiz* képlékenység, formálhatóság **2.** *műv* szoborszerűség
plasticina [plöstiszinö] *f* plasztilin
plástico [plàstiku] **I.** *mn* **1.** képlékeny, formálható **2.** szoborszerű; szemléletes; kifejező **3.** *orv: cirurgia* ~*a* plasztikai sebészet **II.** *fn, m* **1.** plasztik, műanyag; *saco de* ~ nylonzacskó **2.** szobrászművész
plataforma [plötöfòrmö] *f* **1.** lapos tető **2.** peron (pályaudvaron és járművön) **3.** *kat* lövegállás **4.** nyitott tehervagon **5.** *vasút* fordítókorong **6.** *pol* platform; kormányprogram **7.** *sp* emelvény; ugródeszka, trambulin
plátano [plàtönu] *m növ* platán
plateia [plötéjö] *f* színházi földszint
platibanda [plötiböⁿndö] *f* **1.** szegély **2.** korlát (*pl* terasz körül) **3.** virágágyat szegélyező perem
platina [plötinö] *f* **I.** *vegy* platina **II.** **1.** *műsz* nyomólemez **2.** írógéphenger **3.** *kat* vállpánt
platónico [plötòniku] *mn filoz* plátói, platonikus
plausível [plàuzivèl] *mn* **1.** dicséretes **2.** ésszerű, elhihető, elfogadható
plebe [plèb] *f* köznép; népség
plebeísmo [plibéizsmu] *m* közönséges viselkedés *v* kiszólás
plebeu *m*, **plebeia** *f* [plibéu, plibéjö] **I.** *mn* közönséges, pórias **II.** *fn, m* plebejus
plebiscito [plibis-szitu] *m* népszavazás
plêiada, plêiade [plèjödö, plèjöd] *f* **1.** plejád **2.** *Plêiades, csill* Fiastyúk
pleitear [pléjtyàr] *1/5* **I.** *ts, tl* **1.** bepanaszol, panaszt emel **2.** megvédi a maga igazát **3.** igyekszik elérni vmit, verseng vmiért T; vetélkedik **4.** pereskedik; vitatkozik
pleito [pléjtu] *m* **1.** panasz **2.** per; peres ügy **3.** vita, szóváltás
plenamente [plénömeⁿnt] *hat* teljesen, egészen
plenário [plinàrju] **I.** *mn* plenáris, teljes; *assembleia* ~*a* teljes ülés **II.** *fn, m* B esküdtszék
plenilúnio [plinilunyu] *m* telihold
plenipotenciário [pliniputeⁿszjàrju] **I.** *mn* teljhatalmú; → **ministro 3.** **II.** *fn, m* teljhatalmú megbízott
plenitude [plinitud] *f* teljesség
pleno [plénu] **I.** *mn* **1.** teljes, teli; *sessão*

~a plenáris ülés, plénum 2. tökéletes 3. *em ~ dia* fényes nappal; *em ~ verão* a nyár kellős közepén II. *fn, m* plenáris ülés; plénum

pletora [plètòrö] *f* 1. *orv* vérbőség 2. *átv* bőség; fölösleg

pletórico [plètòriku] *mn* bővérű; vérmes

pleura [pléurö] *f orv* mellhártya

pleurisia [pléuriziö] *f orv* mellhártyagyulladás

pluma [plumö] *f* 1. (madár)toll; írótoll 2. B *algodão em ~* vatta

plumagem [plumàzsö^{n}j] *f* tollazat

plúmbeo [plu^{n}mbju] *mn* ólmos, ólom-

plúmeo [plumju] *mn* tollas, toll-

plumitivo [plumitivu] *m pejor* 1. újságíró 2. zúgíró, firkász

plural [pluràl] I. *mn* többes számú II. *fn, m nyelvt* többes szám

pluralidade [plurölidàd] *f* 1. sokaság 2. többség

pluralizar [plurölizàr] *1/1 ts* 1. *nyelvt* többes számba tesz 2. megsokszoroz; megszoroz

pluri... [pluri...] (összetételekben) sok-, több-

pluriemprego [plurje^{n}mprégu] *m* álláshalmozás

plurilingue [plurili^{n}ngvi] *mn* több nyelvű

pluripartidarismo [pluripörtidörizsmu] *m* többpártrendszer

pluvial [pluvjàl] *mn* esős, eső-

pluviómetro [pluvjòmitru] *m* csapadékmérő (készülék)

pluvioso [pluvjozu] *mn* esős, eső-

P.M.P. = *por mão própria* sajátkezűleg

pneu [pnéu] *m* pneumatik, gumiabroncs, köpeny

pneumático [pnéumàtiku] I. *mn* pneumatikus; *correio ~* csőposta II. *fn, m* = **pneu**

pneumonia [pnéumuniö] *f orv* tüdőgyulladás

pneumotórax [pnéumutòröksz] *m orv* légmellkezelés, tüdőtöltés

pó [pò] *m* 1. por; *café em ~* őrölt kávé; *pimenta em ~* törött bors; *fazer ~* poroz, port ver fel; *limpar o ~* port töröl; *reduzir a ~* porrá zúz 2. *~ (de arroz)* púder, rizspor; *estojo de ~*, *porta-~* púderkompakt, púdertartó; *pôr* v *usar ~* púderezi magát 3. *orv* por 4. *~s higiénicos* hintőpor

poalha [pvàljö] *f* szállingózó por

pobre [pòbr] I. *mn* 1. szegény; *um homem ~* szegény ember 2. szánalomra méltó; *um ~ homem* szerencsétlen ember II. *fn* szegény; koldus

pobretão *m*, **pobretona** *f* [pubritö^{n}u, -tonö] *fn* koldusszegény; kéregető

pobrete [pubrét] I. *mn* szegényes II. *fn* szegényke

pobreza [pubrézö] *f* 1. szegénység 2. szegényesség; *~ de sangue* vérszegénység

poça [pòszö] *f* tócsa

poção [puszö^{n}u] *f* kanalas orvosság

poceiro [puszéjru] *m* 1. kútásó (ember) 2. puttony

pocema [poszémö] *f* B kiabálás, lárma

pocilga [puszilgö] *f* disznóól (*átv* is)

poço [poszu] *m* 1. kút 2. *bány* akna 3. *um ~ de* vminek a netovábbja; *é um ~ de ciência* roppant nagy tudós (*gúny* és *tréf* is)

poda [pòdö] *f* (fa)nyesés, metszés

podadeira [pudödéjrö] *f* metszőolló

podagra [pudàgrö] *f orv* lábköszvény

podão [pudö^{n}u] *m* metszőkés; metszőolló

podar [pudàr] *1/15 ts* 1. *mezőg* nyes, (meg)metsz 2. kurtít, ritkít; *~ o cabelo* hajat stuccol 3. B *argó, autó* (meg)előz

podengo [pude^{n}ngu] *m* (nyulakat felhajtó) vadászkutya

poder[1] [pudér] *2/16* 1. -hat, -het; képes; tud; *pode entrar* bejöhet; *~ muito* sokat tehet; *pode ser* lehetséges; 2. *szól: não se pode* nem szabad; *não ~ consigo* ki van merülve; *não posso com ele* nem bírok vele; *não posso mais* már nem bírom tovább; *pudera!* ez csak természetes! hát persze! *quanto eu puder* amennyire tudom, erőmhöz képest

poder[2] [pudér] *m* 1. hatalom; *~ judiciário* bírói hatalom; *~ legislativo* törvényhozó hatalom; *cair em ~* vkinek a hatalmába kerül; *subir ao ~* hatalomra jut; *ter em seu ~* hatalmában tart 2. *átv* lehetőség, képesség; erő; mód; *~ aéreo* légierő; *~ aquisitivo* v *de compra* vásárlóerő; *~ combatente* harcképesség; *a ~ de* révén, segítségével; *não está no meu ~* nem áll módomban 3. mandátum, megbízatás 4. *plenos ~es* teljhatalom 5.

hatás 6. *um* ~ *de gente* hatalmas embertömeg
poderio [pudirlo] *m* hatalom
poderoso [pudirozu] *mn* hatalmas
podre [podr] **I.** *mn* **1.** rothadt, romlott (*átv* is) **2.** ~ *de rico* dúsgazdag **II.** *fn, m* rothadás, romlottság (*átv* is); *há algo de* ~ *no reino da Dinamarca* valami bűzlik Dániában
podridão [pudridö^{n}u] *f* rothadás, romlottság (*átv* is)
podrido [pudridu] *mn* rothadt
poedeira [puidéjrö] *f*: *galinha* ~ tojós tyúk
poeira [puéjrö] **I.** *mn* **B 1.** rossz **2.** haragos, ingerlékeny **II.** *fn, f* **1.** por; *fazer* ~, **B** zavart kelt; *levantar* ~ port ver fel (*átv* is) **2.** önteltség
poeirada [puéjràdö] *f* porfelhő
poeirento [puéjre^{n}ntu] *mn* poros
poema [puémö] *m* (nagyobb) költemény
poente [pue^{n}nt] **I.** *mn*: *sol* ~ lenyugvó nap **II.** *fn, m* nyugat
poesia [puiziö] *f* **1.** költészet **2.** költemény
poeta [puètö] *m* költő
poetar [puètàr] *1/13 ts, tl* költ, versel
poetastro [puètàstru] *m* rossz költő, rímfaragó
poética [puètikö] *f* költészettan, verstan
poético [puètiku] *mn* költői; *arte* ~*a* költészet
poetisa [puitizö] *f* költőnő
poetizar [puitizàr] *1/1* **I.** *ts* költőivé tesz, megszépít **II.** *tl* költeményt ír
pois [pojs] **I.** *hat* hát, így hát, tehát; akkor; ~ *como?* hogyhogy? ~ *é* úgy van! persze! ~ *então, ora* ~ már most, ha már így áll a dolog; ~ *não!* hát hogyne! természetesen! szívesen! csak tessék! ~ *quê!* **a)** ugyan! igazán?! **b)** hát aztán! **II.** *ksz*: ~, ~ *que* mivel, minthogy
pois... → **pous...**
pojar [puzsàr] *1/15 ts, tl haj* kirak, kirakodik; partra száll
polaco [pulàku] *mn* és *fn* lengyel
polaina [pulàjnö] *f* kamásni, bokavédő, lábszárvédő
polar [pulàr] *mn* poláris, sarki; *estrela* ~ sarkcsillag
polca [pòlkö] *f* polka (tánc)
polcar [polkàr] *1/1 tl* polkázik, polkát táncol
poldra [poldrö] *f* hajtás, sarj
poldro *m*, **poldra** *f* [poldru, poldrö] *fn* csikó
polé [pulè] *m műsz* csiga, csigasor
polear [puljàr] *1/5 ts* kínoz, gyötör
polegada [puligàdö] *f* hüvelyk (hosszmérték, 2,5 cm)
polegar [puligàr] *m*: (*dedo*) ~ hüvelykujj; nagy lábujj
poleiro [pulèjru] *m* **1.** kakasülő; *átv* színházi karzat **2.** *átv* hatalom
polémica [pulèmikö] *f* vita; *fazer* ~ vitázik, vitatkozik
polémico [pulèmiku] *mn* **1.** vitázó, vitatkozó **2.** vitás, vitatott
pólen [pòlèn] *m* hímpor, virágpor
polemizar [pulimizàr] *1/1 tl* vitázik, vitatkozik
polia [puliö] *f műsz* dob; tárcsa
poli... [pòli] (összetételekben) sok-, több-
policarpo [pòlikàrpu] *mn növ* sok gyümölcsöt termő
polichinelo [pulisinèlu] *m* paprikajancsi; bohóc
polícia [puliszjö] *f* **1.** rendőrség; ~ *civil* polgári rendőrség; ~ *especial*, **B** politikai rendőrség; ~ *judiciária* bűnügyi rendőrség; ~ *rodoviária* országúti rendőrség; ~ *secreta* titkosrendőrség **2.** *m, f* rendőr
policial [puliszjàl] **I.** *mn* **1.** rendőri **2.** *romance* ~ detektívregény **II.** *fn, m* rendőr
policiamento [puliszjöme^{n}ntu] *m* rendőri felügyelet
policiar [puliszjàr] *1/7 ts* **1.** rendőri felügyeletet gyakorol vki *v* vmi fölött **T 2.** felügyel, vigyáz vmire **T**
policlínica [pòliklinikö] *f* **1.** orvosi rendelőintézet **2.** általános orvosi gyakorlat
policlínico [pòlikliniku] *fn* általános orvos
policromo [pòlikromu] *mn* sokszínű, több színű
policultura [pòlikulturö] *f mezőg* belterjes gazdálkodás
polidez [pulidés] *f* udvariasság
polido [pulidu] *mn* **1.** polírozott, csiszolt **2.** ragyogó **3.** udvarias, finom modorú
polidor [pulidor] *m* fényező
polidura [pulidurö] *f* politur; fényezés; fényes felület

polifonia [pòlifuniö] *f zene* többszólamúság

polifónico [pòlifòniku] *mn* **1.** több szólamú **2.** több értelmű (gyorsírási jel) **3.** több kiejtésű (betű)

poligamia [poligömiö] *f* többnejűség

polígamo [pòligömu] *mn* és *fn* több nejű, több férjű

poliglota [pòliglòtö] *mn* és *fn* poliglott, több nyelven beszélő

poligonal [pòligunàl] *mn geom* sokszögű

polígono [pòligunu] *m* **1.** *geom* sokszög **2.** *kat:* ~ *de tiro* lőtér, tűzérségi gyakorlótér

polígrafo [pòlígröfu] *m* **1.** sokféléről író személy **2.** sokszorosító gép

polimatia [pòlimötiö] *f* sokoldalú tudás

polimento [pulime^{n}ntu] *m* **1.** fényezés; csiszolás **2.** ragyogás **3.** lakkbőr **4.** *átv* csiszoltság; finomság

polinizar [polinizàr] *1/1 ts növ* beporoz

poliomielite [pòljumjélit] *f orv* gyermekbénulás

pólipo [pòlipu] *m áll, orv* polip

polir [pulir] *3/11 ts* **1.** políroz, fényez, csiszol **2.** *átv* kiművel; palléroz; csiszolgat

polissilábico [pòliszilàbiku] *mn* több szótagú

polissílabo [poliszilöbu] **I.** *mn* több szótagú **II.** *fn, m* több szótagú szó

politécnico [politèkniku] **I.** *mn* műszaki **II.** *fn, f:* (*escola*) *~a* műszaki iskola

politeismo [pòlitèizsmu] *m* sokistenhívés

politeista [pòlitèistö] *mn* és *fn* sokistenhívő

política [pulitikö] *f* **1.** politika; ~ *económica* gazdaságpolitika; ~ *exterior v externa* külpolitika; ~ *interna* belpolitika **2.** udvariasság **3.** ravaszság; ügyesség

politicagem [pulitikàzsö^{n}j] *f pejor* politizálgatás

politicar [pulitikàr] *1/2 tl* politizál

político [pulitiku] **I.** *mn* **1.** politikai **2.** udvarias **3.** ravasz; ügyes **II.** *fn, m* politikus

politiqueiro [pulitikéjru] *m gúny* zugpolitikus, kávéházi politikus

politiquice [pulitikisz] *f* politizálgatás

politraumatizado [pòlitràumötizàdu] *mn* és *fn* többszörösen sérült

polivalente [pòlivöle^{n}nt] *mn* **1.** több célra szolgáló; *palavra* ~ több értelemben használt szó **2.** *escola secundária* ~ általános gimnázium

polo [pulu] = *por* + *o*

pólo [pòlu] *m* **I.** *fiz, földr, geom* pólus, sarok; ~ *norte* Északi-sark; ~ *sul* Déli-sark; *de* ~ *a* ~ elejétől végig; *passar de um* ~ *a outro* egyik témáról a másikra ugrik át **II.** *sp* **1.** lovas gyeplabdajáték **2.** ~ *aquático* vízilabdajáték

polonês *m*, **polonesa** *f* [pulunés, -nézö] *mn* és *fn* lengyel

Polónia [pulònyö] *f* Lengyelország

polpa [polpö] *f* **1.** színhús (csont nélkül) **2.** gyümölcs húsa **3.** gyümölcsvelő, pulpa **4.** ~ *de madeira* fapép, cellulóz **5.** ~ *dos dedos* ujjbegy **6.** ~ *dentária* fogbél **7.** fontosság, jelentőség; *encher-se de* ~ fontoskodik

polposo, polpudo [polpozu, polpudu] *mn* húsos

poltrão *m*, **poltrona** *f* [poltrö^{n}u, -ronö] *mn* és *fn* gyáva; félénk

poltrona [poltronö] *f* **1.** karosszék **2.** *szính* zsöllye, földszinti ülés **3.** *B* *~-leito, rep* hátradönthető ülés

poltronear [poltrunyàr] *1/5* **I.** *tl* **1.** gyáváskodik, fél **2.** lustálkodik **II.** *~-se* elterpeszkedik egy karosszékben

polução [puluszö^{n}u] *f orv* pollució

poluente [pulue^{n}nt] *mn* szennyező

poluição [puluiszö^{n}u] *f* **1.** *orv* pollució **2.** *átv* bemocskolás

poluir [puluir] *3/6 ts* bemocskol (*átv* is)

polvilhar [polviljàr] *1/1 ts* **1.** porral telehint **2.** (borsot, cukrot, lisztet) hint vmire; ~ *a comida de sal* megsózza az ételt

polvilho [polviljo] *m* **1.** manióka(liszt) **2.** *~s, konyh, orv* por

polvo [polvu] *m áll* (tengeri) polip

pólvora [pòlvurö] *f* lőpor; ~ *sem fumaça* füst nélküli lőpor

polvorada [polvuràdö] *f* **1.** robbanás **2.** lőporfüst

polvorinho [polvurinyu] *m rég* puskaporos tüsző

polvorosa [polvurozö] *f* **1.** *nép* sürgés-forgás; *andar em* ~ tesz-vesz, sürög-forog **2.** felfordulás, rendetlenség **3.** *pôr os pés em* ~ elinal

pomáceas [pumàszjös] *f tb növ* almafélék

pomada [pumàdö] *f* **1.** kenőcs **2. B** önteltség; hiúság **3. B** hazugság

pomadista [pumàdistö] *fn* **B 1.** öntelt alak **2.** hazudozó

pomar [pumàr] *m* gyümölcsöskert

pomba [po^{n}mbö] *f* (nőstény)galamb

pombal [po^{n}mbàl] *m* galambdúc

pombear [po^{n}mbjàr] *1/5 ts* **1.** üldöz **2.** kikémlel; megfigyel

pombeiro [po^{n}mbéjru] *m* **B 1.** (utcai) baromfiárus **2.** az őserdőket járó kereskedő **3.** rendőrspicli

pombo-correio [po^{n}mbu kurréiu] *m* postagalamb

pomicultor *m,* **-a** *f* [pumikultor(ö)] *fn* gyümölcstermesztő

pomicultura [pumikulturö] *f* gyümölcstermesztés

pomo [pomu] *m* **1.** *növ* almatermés **2.** *átv: o ~ da discórdia* Erisz almája, a viszályt kirobbantó ok; *~ proibido* v *vedado* tiltott gyümölcs

pompa [po^{n}mpö] *f* pompa, fényűzés

pompear [po^{n}mpjàr] *1/5* **I.** *ts* fitogtat **II.** *tl* díszeleg; parádézik

pomposo [po^{n}mpozu] *mn* pompás, fényűző

ponche [po^{n}s] *m* puncs

poncho [po^{n}su] *m* **B** ujjatlan négyszögletes gyapjúköpeny; *forrar o ~* sok pénzt keres; *sacudir o ~ de* **a)** sérteget vkit **b)** provokál, kihív vkit

ponderação [po^{n}ndirőszö^{n}u] *f* **1.** megfontolás, latolgatás **2.** józan ész; körültekintés **3.** fontosság, jelentőség

ponderado [po^{n}ndiràdu] *mn* **1.** megfontolt **2.** józan, komoly

ponderar [po^{n}ndiràr] *1/13* **I.** *ts* mérlegel, meggondol **II.** *tl* fontolgat, latolgat

ponderável [po^{n}ndiràvèl] *mn* **1.** lemérhető, megmérhető **2.** megfontolandó

ponderoso [po^{n}ndirozu] *mn* **1.** súlyos; *átv* nyomós **2.** fontos, jelentős

pónei [pònéj] *m* póni

ponente [pune^{n}nt] = **poente**

ponta [po^{n}ntö] *f* **1.** vminek a hegye; *~ de alfinete* tűhegy; *~ do dedo* ujjhegy; *~ da língua* nyelvhegy; *~ do nariz* orrhegy; *~ do sapato* cipőorr **2.** vminek a vége, csücske; *~ do lenço* (zseb)kendő csücske; *~ da mesa* asztal sarka; *~ da rua* az utca vége **3.** *áll* szarv; → *~s* **4.** *földr* fok, hegyfok; *~ de terra* földnyelv **5.** *~ (de cigarro)* cigarettavég **6.** késhegynyi, kevéske; *ter uma ~ de febre* kissé lázas; *ter uma ~ de vinho* spicces, kissé ittas **7.** *vasút: ~ dos trilhos* holtvágány **8.** *sp* **B** szélső (játékos) **9. B** zuhatag **10.** *horas* v *período de ~* csúcsforgalmi idő **11.** *szól: ~ do dia* napkelte; *de ~ a ~* elejétől végig; *na ~ da unha* nagyon gyorsan; *nas ~s dos pés* lábujjhegyen; *andar de ~ com* haragban van vkivel; *andar na ~,* **B** választékosan öltözik; *estar farto disso até a ~ dos cabelos* torkig elege van belőle; *fazer uma ~, szính* jelentéktelen szerepet játszik; *tomar de ~,* **T** beleköt vkibe

pontada [po^{n}ntàdö] *f orv* metsző *v* szúró fájdalom; oldalszúrás

ponta-de-lança [po^{n}ntödilö^{n}szö] *m* **B** *sp* középcsatár

ponta-direita [po^{n}ntödiréjtö] *m* **B** *sp* jobbszélső

ponta-esquerda [po^{n}ntiskérdö] *m* **B** *sp* balszélső

pontal [po^{n}ntàl] *m* földnyelv

pontalete [po^{n}ntölét] *m* **1.** tartóléc, támasztó gerenda **2.** *~s* fűrészbak

pontão [po^{n}ntö^{n}u] *m* **1.** ponton **2.** pontonhíd

pontapé [po^{n}ntöpè] *m* **1.** rúgás; *dar um ~ a* belerúg vkibe **2.** *sp* rúgás; *~ inicial* kezdő rúgás; *~ livre* szabadrúgás; *~ raso* lapos rúgás

pontar [po^{n}ntàr] *1/1* = **apontar**

pontaria [po^{n}ntöriö] *f* **1.** célbavevés, beirányítás (ágyúé); *fazer ~ em* célba vesz vmit; *ter boa ~* jól tud célozni **2.** cél, célpont

pontas [po^{n}ntös] *f tb* **1.** agancs **2. B** forrásvidék

ponta-seca [po^{n}ntöszékö] *f* hideg tű (rézmetszőé)

ponte [po^{n}nt] *f* **1.** híd; *~ aérea* légi híd; *~ levadiça* felvonóhíd; *~ pênsil* v *suspensa* függőhíd, kábelhíd; *~ de barcas* pontonhíd; *vão da ~* híd ívnyílása **2.** *haj: ~ (de comando)* parancsnoki híd **3.** *haj* fedélzet **4.** *kat* hídfő(állás)

pontear [po^{n}ntyàr] *1/5* **I.** *ts* **1.** kipontoz, pontokkal megjelöl **2.** tűzdel, fércel **3.** (hangszert) penget **II.** *tl* **B** élen jár

ponteira [po^{n}ntéjrö] *f* **1.** gyűszű, kupak (bot végén) **2.** szipkavég

ponteiro[1] [po^{n}ntéjru] *mn* 1. *cão* ~ nem engedelmeskedő kutya 2. *espingarda* ~*a* pontatlan puska; *vento* ~ ellenszél

ponteiro[2] [po^{n}ntéjru] *m* 1. mutatópálca 2. óramutató 3. *zene* pengető 4. B élen járó csapat *v* versenyző

pontiagudo [po^{n}ntyögudu] *mn* hegyes; szúrós

pontificado [po^{n}ntifikàdu] *m* pápaság; pápai méltóság

pontifical [po^{n}ntifikàl] *mn* 1. pápai 2. főpapi

pontificar [po^{n}ntifikàr] *1/2 tl* 1. pontifikál, főpapi szertartást végez 2. nagyképűen szónokol

pontífice [po^{n}ntifisz] *m* 1. főpap 2. *o Sumo Pontífice* a római pápa

pontilha [po^{n}ntiljö] *f* 1. éles *v* szúrós hegy 2. keskeny arany- *v* ezüstrojt 3. (bikaviadalon használt) hegyes tőr

pontilhão [po^{n}ntiljö^{n}u] *m* 1. palló 2. hajóhíd

pontilhar [po^{n}ntiljàr] *1/1 ts* kipontoz, pontozott vonallal megjelöl

pontilhoso [po^{n}ntiljozu] *mn* 1. kínosan pontos 2. sértődékeny

pontinha [po^{n}ntinyö] *f* 1. kis hegy *v* él 2. viszály; harag; *andar de ~ com* haragban van vkivel 3. *uma ~ de* egy kevéske vmiből 4. *da ~* (*da orelha*), B *argó* pompás, döfi, kasa

pontinhos [po^{n}ntinyus] *m tb* három pont, gondolatjel (írásjel)

ponto [po^{n}ntu] *m* 1. pont; *~ alto, átv* fénypont; *~ culminante* tetőpont; *~ fraco, átv* gyenge pont; *~ morto* holtpont; *~ de apoio* támpont; *~ de referência* kiindulópont; támpont; *~ de vista* szempont 2. *fiz, geom* pont; *~ de congelação* fagypont; *~ de contacto* érintkezési pont 3. (helybeli) pont, hely; *~ de bonde*, B villamosmegállóhely; *~ de destino* célállomás; *~ de parada* megállóhely 4. *kat* célpont; *~ de mira* célgömb 5. folt, petty 6. öltés; hurok (kötésben) 7. *orv* varrat 8. *szính* súgó 9. *isk, ját, sp* pont; pontszám; *ganhar por ~s; vencer aos ~s* pontozással nyer 10. napirendi pont, tárgy, téma, kérdés 11. időpont; pillanat; *no mesmo ~* ugyanabban a pillanatban 12. (írásjelekben:) *~ final* pont (a mondat végén); *~ e vírgula* pontosvessző; *dois ~s* kettőspont; *~ de admiração v exclamação* felkiáltójel; *~s de reticência* három pont 13. *isk* vizsgatétel; *tirar o ~* tételt húz 14. *livro de ~* ellenőrzőkönyv; jelenléti ív; *assinar o ~* aláírja a jelenléti ívet 15. *~ de honra* becsületbeli kérdés; *tomar por ~* becsületbeli kérdésnek tekint 16. *szól: ~ por ~* pontról pontra; *bom ~, biz* mulatságos alak; *a ~* a) pontosan b) kellő időben; *a* (*tal*) *~ que, a ~s de* olyannyira, hogy; *até certo ~* bizonyos fokig; *de ~ em branco* tökéletesen, teljesen; *em ~* pontosan; *às três em ~* pontosan három órakor; *em ~ grande* nagyban, nagymértékben; *em ~ pequeno* a) kicsiben, kismértékben b) röviden, kivonatosan; *em todo o ~* teljesen; *baixar de ~* alább hagyja; *dar no ~, ferir o ~* célba talál, fején találja a szöget; *estar a ~ de* azon van, hogy; *estar ao ~ de morrer* halálán van; *estar no seu ~* elemében van; *fazer ~ em* rendszeresen látogat egy helyet; *pôr ~ em* pontot tesz vminek a végére; *pôr os ~s altos* magas igényeket támaszt; *pôr os ~s nos ii* tisztázza, pontosan leszögezi a dolgokat; *subir de ~* a) agyba-főbe dicsér b) emelkedik, növekszik; *a que ~ chegámos!* mire jutottunk! *aí é que bate o ~* itt van a kutya eltemetve; *em que ~ estamos?* hol vagyunk? hol tartunk? *em que ~ vai o assunto?* hogy áll az ügy?

pontoar [po^{n}ntuàr] *1/8 ts* kipontoz

pontuação [po^{n}ntuöszö^{n}u] *f* 1. írásjelek használata 2. *sp* pontozás, kiértékelés

pontual [po^{n}ntvàl] *mn* gondos; pontos

pontualidade [po^{n}ntvölidàd] *f* pontosság

pontuar [po^{n}ntvàr] *1/9 ts* megpontoz, kiteszi az írásjeleket

pontudo [po^{n}ntudu] *mn* 1. hegyes 2. *átv* érdes, szúrós 3. barátságtalan

popa [popö] *f* hajófar; *ir de vento em ~* a) kedvező széllel hajózik b) *átv* kedvez neki a szerencse c) megy, mint a karikacsapás

popelina [pòpilinö] *f text* puplin

populaça [pupulàszö] *f* csőcselék

população [pupulöszö^{n}u] *f* 1. lakosság 2. *~ escolar* tanulók, diákság; *~ operá-*

ria munkásság, munkások; ~ *universitária* egyetemi ifjúság
populacho [pupulàsu] *m* = **populaça**
populacional [pupulöszjunàl] *mn* népességi; *densidade* ~ népsűrűség
popular [pupulàr] **I.** *mn* **1.** népi; *os países de democracia* ~ a népi demokratikus országok **2.** népszerű **II.** *m* polgári személy
popularidade [pupulöridàd] *f* népszerűség
popularizar [pupulörizàr] *1/1* **I.** *ts* népszerűsít; népszerűvé tesz **II.** **~-se** népszerűvé válik
populoso [pupulozu] *mn* népes; sűrűn lakott
por [pur] *vsz* (névelős alakja: *pelo, pela*) **1.** (hely:) -on át, -on végig, keresztül; -on, -en, -ön; -ban, -ben; ~ *ali* ott (valahol) ~ *aqui* itt valahol (a közelben); errefelé; ~ *baixo* lent; ~ *cima* fent; ~ *dentro* bent; ~ *fora* kint; ~ *mar* tengeren; ~ *terra* szárazföldön; *ir pela rua* (végig)megy az utcán; *viajar* ~ *Portugal* beutazza Portugáliát **2.** (idő:) ~ *agora* egyelőre, pillanatnyilag; ~ *ano* évenként, évente; *uma vez* ~ *semana* hetenként egyszer; ~ *cinquenta anos* ötven éven keresztül; *pela manhã* reggel, délelőtt; ~ *toda noite* egész éjszakán át **3.** (ok:) ~ *causa de* vmi miatt; ~ *costume* szokásból; ~ *covardia* gyávaságból; ~ *isto* ezért; ~ *medo* félelmében; ~ *minha causa* miattam; ~ *vaidade* hiúságból **4.** (cél:) *pela pátria* a hazáért; *ir* ~ érte megy **5.** (mód:) ~ *bem ou* ~ *mal* szépszerével vagy erőszakkal; ~ *certo* biztosan, bizonyára; ~ *milagre* csodával határos módon; ~ *milhares* ezerszámra; ~ *partes iguais* egyenlő részekben; ~ *traição* árulás révén; ~ *vias indirectas* kerülő utakon; *conduzir pela mão* kezénél fogva vezeti; *falou* ~ *todos os presentes* valamennyi jelenlevő nevében szólt; *pelo que ele diz* az ő szavai szerint; *pelo que vejo* amint látom; *pelo seu aspecto* külseje után ítélve; *pelo todo* v *tudo* egészben véve, mindent összegezve **6.** (ellenérték:) *comprar* ~ *dez escudos* tíz eskudóért veszi meg; *pelo mesmo preço* ugyanazon az áron; *tomar uma pessoa* ~ *outra* összetéveszt vkit mással; *trocar a casa* ~ *um apartamento* a házát elcseréli egy lakásért **7.** (osztás:) *dez* ~ *cinco* tíz osztva öttel **8.** (részletezés:) ~ *pessoa* személyenként; *um* ~ *um* egyenként, egyik a másik után **9.** (szenvedő szerkezetben a cselekvést végző személyt jelöli:) *o livro foi escrito* ~ *um autor espanhol* a könyvet spanyol szerző írta **10.** (körülbelüliség:) *minha biblioteca anda já* ~ *mil volumes* könyvtáramban már mintegy ezer kötet van; *chegarei pelas duas horas* két óra körül jövök **11.** (megengedő:) ~ *pouco que seja* bármilyen kevés is; ~ *mais que eu fale, não me acredita* bármit is mondjak, csak nem hisz **12.** (teendő; a közeljövőben bekövetkező esemény:) *a coisa está* ~ *fazer* a dolgot még meg kell csinálni; *ainda fica muito* ~ *dizer* még sok mondanivaló van hátra; *não se sabe o que está* ~ *acontecer* nem lehet tudni, hogy mi fog történni **13.** (melléknév v ige vonzataként:) *é louco* ~ *seus filhos* él-hal a fiaiért; *dar-se* ~ *vencido* beismeri vereségét; *jurar* ~ *Deus* megesküszik az Istenre; *todos o têm* ~ *sábio* mindenki bölcsnek véli őt; ~ *quem me toma você?* kinek néz maga engem?
pôr [por] *2/17* **I.** *ts* **1.** tesz, helyez, rak, állít; ~ *água a aquecer* feltesz vizet forralni; ~ *a cabeça na almofada* fejét a párnára fekteti; ~ *o copo sobre a mesa* a poharat az asztalra teszi; ~ *o dinheiro no banco* pénzét bankban helyezi el; ~ *as esperanças em* reménységét helyezi vkibe v vmibe; ~ *flores na jarra* virágokat tesz a vázába; ~ *lenha no lume* fát tesz a tűzre; ~ *um monumento* emlékművet állít **2.** felhúz, felvesz, feltesz (ruhadarabot); ~ *uma camisa branca* fehér inget vesz fel; ~ *as luvas* felhúzza a kesztyűjét; ~ *os óculos* felteszi a szemüvegét **3.** odavisz, közel hoz; ~ *a taça à boca* a csészét a szájához emeli **4.** átrak, átültet; lefordít; ~ *em português* lefordítja portugálra **5.** ráfordít (időt); *o navio pôs dois meses na travessia* a hajó két hónap alatt tette meg az utat **6.** *átv* felvet, fehoz; ~ *argumentos* ellenérveket hoz fel; **7.** ad, nyújt; ~ *dinheiro para as despesas* hozzájárul a költségekhez **8.** feltesz, feltételez; *ponhamos que assim acontece* tegyük fel, hogy ez bekövetkezik **9.** tesz vmire (fogadásból) **10.** *szól:* ~ *a*

assinatura em aláír, aláírásával lát el vmit; ~ *um botão* felvarr egy gombot; ~ *a cabeça fora do carro* kidugja a fejét a kocsiból; ~ *uma carta no correio* levelet felad; ~ *casa* letelepszik; családot alapít; ~ *a culpa a* áthárítja vkire a felelősséget; ~ *impostos* adót kivet; ~ *inquietação a* nyugtalansággal tölt el vkit; ~ *uma lei* törvényt hoz; ~ *limite a* v *em* határt szab vminek; ~ *uma loja* üzletet nyit; ~ *nome a* nevet ad vkinek *v* vminek, elnevez; ~ *um pé falso* rosszul lép; ~ *a pedra no sapato de*; ~ *a pulga atrás da orelha de* gyanút kelt vkiben; ~ *ruge em si* rúzsozza magát; ~ *sal em* megsóz vmit; ~ *muito tempo em* sok időt pazarol vmire; ~ *a coberto* biztonságba helyez, megvéd; ~ *a descoberto* feltár; ~ *a morte* megöl; ~ *em liberdade* szabadlábra helyez, kiszabadít; ~ *em marcha*, ~ *em movimento* működésbe *v* mozgásba hoz; *põe e dispõe à vontade* kénye-kedve szerint jár el; *isso não tira nem põe* ez se nem szoroz, se nem oszt; *közm: o homem põe e Deus dispõe* ember tervez, Isten végez **II.** ~**-se 1.** lesz, válik vmivé; ~*-se branco* elsápad; ~*-se triste* elszomorodik **2.** ~*-se a* nekilát vminek, belekezd vmibe; ~*-se a correr* futásnak ered; ~*-se a escrever* írni kezd; ~*-se aos gritos* kiabálni kezd; ~*-se a rir* elneveti magát **3.** lenyugszik (égitest) **4.** *szól:* ~*-se bem com* kibékül vkivel; ~*-se mal com* összevesz vkivel; ~*-se bom* felépül, meggyógyul; ~*-se a gosto* v *à vontade* kényelembe teszi magát; ~*-se a salvo* biztonságba helyezi magát, megmenekül; ~*-se de conversa com* beszédbe elegyedik vkivel; ~*-se de luto* gyászruhát ölt; ~*-se de vigia* éberen őrködik, vigyáz; ~*-se no lugar de* vkinek a helyébe képzeli magát; *pondo-se no meu lugar que faria o senhor?* ön mit tenne az én helyemben? **III.** *fn, m: o* ~ *do sol* napnyugta; *do raiar ao* ~ *do sol* napkeltétől napnyugtáig

poracá [poràkà] *m* **B** halaskosár

poranduba [porö^{n}ndubö] *f* **B 1.** történet **2.** hír

porão [purö^{n}u] *m* **1.** *haj* hajótér, rakodótér **2. B** pince

porca [pòrkö] *f* **1.** koca, anyadisznó **2.** *műsz* anyacsavar

porcalhão *m*, **porcalhona** *f* [purköljö^{n}u, -jonö] **I.** *mn* piszkos, koszos **II.** *fn* koszfészek (személy)

porção [purszö^{n}u] *f* **1.** porció, adag, rész **2. B** sokaság

porcaria [purkörlö] *f* **1.** piszok, szenny **2.** *átv* disznóság

porcelana [purszilönö] *f* porcelán

porcentagem [pursze^{n}ntàzsö^{n}j] *f* százalék

porcino [purszinu] *mn* sertés-

porco [porku] **I.** *mn* **1.** piszkos, szennyes **2.** obszcén, trágár **II.** *fn, m* **1.** sertés, disznó; ~ *bravo* v *montês* vadkan, vaddisznó **2.** disznóhús **3.** piszkos alak **4. B** *tomar um* ~ leissza magát

porco-espim [porkuispi^{n}] *m* = **porco-espinho**

porco-espinho [porkuispinyu] *m áll* **1.** tarajos sül **2.** sündisznó

porém [purö^{n}j] *ksz* mégis, mindazonáltal

porfia [purfiö] *f* **1.** vita, vitatkozás **2.** konokság; kitartás **3.** versengés; *a* ~ egymással versenyezve

porfiado [purfjàdu] *mn* **1.** konok; kitartó **2.** vitás, vitatott

porfiar [purfjàr] *1/7* **I.** *ts* versenyez vmiért **T**; ~ *um cargo* megpályáz egy állást **II.** *tl* **1.** vitatkozik **2.** ~ *em* konokul kitart vmi mellett **3.** ~ *com* versenyre kel vkivel

porfioso [purfjozu] *mn* = **porfiado**

pórfiro [pòrfiru] *m ásv* porfír

pormenor [purminòr] *m* részlet; apróság; *com todos os* ~*es* a legapróbb részletekig; *descer* v *entrar em* ~*es* részletekbe bocsátkozik

pormenorizar [purminurizàr] *1/1 ts* részletesen elmond

pornografia [purnugröfiö] *f* pornográfia

pornográfico [purnugràfiku] *mn* pornográf

poro [pòru] *m orv* pórus

porosidade [puruzidàd] *f* lyukacsosság

poroso [purozu] *mn* lyukacsos

porquanto [purkvö^{n}ntu] *ksz* mivelhogy, minthogy

porque [purk] *ksz* mert, mivel, minthogy

porquê [purké] **I.** *névm* miért? **II.** *fn, m* vminek az oka, alapja, lényege

porqueira [purkéjrö] *f* disznóól (*átv* is)

porqueiro [purkéjru] *m* **1.** disznópásztor, kondás

porquinho [purkinyu] *m* **I.** malac; ~ *da India* tengerimalac **II.** kenderkóc

porre [porri] *m* B *nép* részegeskedés
porrete [purrét] *m* 1. fütykös, furkósbot 2. gumibot 3. B radikális és biztos gyógymód
porro [porru] *m* *növ* póréhagyma
Port. = *Portugal*
port. = *português*
porta [pòrtö] *f* 1. ajtó, kapu; ~ *corrediça* v *de correr* tolóajtó; ~ *traseira* hátsó ajtó *v* kapu; ~ *da rua* (utcára nyíló) kapu; ~*-janela* erkélyajtó; ~ *de janela* ablaktábla; ~ *de serviço* szolgálati bejárat; ~ *de vaivém* lengőajtó; *vão da* ~ ajtónyílás 2. *szól: de* ~ *a* ~ háztól házig; *andar de* ~ *em* ~ (végig)kilincsel; *arrombar uma* ~ *aberta* tárt kapukat dönget; *atirar com a* ~; *bater a* ~ becsapja az ajtót; *bater à* v *na* ~ bekopog; *errar de* ~ ajtót téveszt (*átv* is); *estar às* ~*s da morte* a halál küszöbén áll
porta-aviões [pòrtöàvjójs] *m* repülőgép-anyahajó
porta-bagagem [pòrtöbögàzsö^{n}j] *m* 1. csomagtartó (kerékpáron) 2. pogygyásztér (autóban)
porta-bandeira [pòrtöbö^{n}ndéjrö] *m* zászlóvívő
porta-bebé [pòrtöbébè] *m* mózeskosár
porta-cartas [pòrtökàrtös] *m* postás levelestáskája
porta-chapéus [pòrtösöpèus] *m* 1. kalapdoboz 2. *B* kalapfogas
portada [purtàdö] *f* 1. (díszes) főkapu 2. *ép* homlokzat 3. könyv díszítéses címlapja
portador *m*, **-a** *f* [purtödor(ö)] I. *mn:* ~ *de* a) vmivel ellátott b) vmit hozó, vívő, hordozó II. *fn* 1. átadó (*pl* levélé, üzeneté) 2. ~ *de armas* fegyverhordozó 3. B hordár; anyagmozgató 4. (részvény)tulajdonos 5. *ker* bemutató (számláé, váltóé) 6. *orv:* ~ (*de doença*) bacilusgazda
porta-estandarte [pòrtöistö^{n}ndàrt] *fn* zászlóvívő
portageiro [purtözséjru] *m* vámszedő
portagem [purtàzsö^{n}j] *f* hídvám, követzetvám
portal [purtàl] *m* (díszes) főkapu
porta-lanterna [pòrtölö^{n}ntèrnö] *m* lámpatartó (kerékpáron)
porta-lápis [pòrtölàpis] *m* 1. töltőceruza 2. ceruzahosszabbító
portaló [purtölò] *m haj* oldalnyílás (kötélhágcsóval való be- és kiszálláshoz)
porta-malas [pòrtömàlös] *m autó* csomagtartó
porta-marmita [pòrtömörmitö] *m* ételhordó (eszköz)
porta-moedas, B: **porta-níqueis** [pòrtömuédös, -nikéjs] *m* pénzerszény
porta-novas [pòrtönòvös] *m* hírhordó, pletykaterjesztő
portanto [purtö^{n}ntu] *ksz* ennélfogva, ezért
portão [purtö^{n}u] *m* kapu
porta-objecto [pòrtöòbzsètu] *m* *müsz* tárgylemez
porta-óculos [pòrtöòkulus] *m* szemüvegtok
porta-penas [pòrtöpénös] *m* tollszár
portar [purtàr] *1/15* I. *ts* 1. hoz, visz, vonszol; 2. *haj:* ~ *pela amarra* vontat 3. *jog:* ~ *por fé* hitelesít II. *tl* érkezik; *haj* befut III. ~**-se** viselkedik
portaria [purtöriö] *f* I. 1. főkapu, főbejárat 2. előcsarnok II. (miniszteri) rendelet
porta-seios [pòrtöszéjus] *m* melltartó
portátil [purtàtil] *mn* hordozható, kézi
porta-voz [pòrtövòs] *m* szócső (*átv* is)
porte [pòrt] *m* 1. szállítás 2. fuvar; fuvardíj 3. *posta* portó; postaköltség 4. *haj* teherbírás 5. magatartás, viselkedés 6. külső, megjelenés 7. fontosság, jelentőség; tekintély 8. *animal de grande* ~ nagyvad
portear [purtyàr] *1/5 ts* bérmentesít (levelet)
porteira [purtéjrö] *f* 1. portásnő, házfelügyelő 2. portás felesége 3. kapu (birtoké, teleké)
porteiro [purtéjru] *m* portás; házfelügyelő
portela [purtélö] *f* 1. portál; főbejárat 2. útkanyar 3. szűk völgyszoros
portenho [purtényu] *mn* és *fn* B Buenos Aires-i
portento [purte^{n}ntu] *m* 1. csoda 2. rendkívüli tehetség
portentoso [purte^{n}ntozu] *mn* csodás, rendkívüli
pórtico [pòrtiku] *m* oszlopcsarnok
portinhola [purtinyòlö] *f* 1. kocsiajtó 2. *haj* lőrés 3. nadrágslicc 4. zsebfedő, zsebhajtóka

Porto [portu] *m*: *o* ~ Oportó; *no* ~ Oportóban

porto[1] [portu] *m* 1. kikötő; kikötőváros; ~ *fluvial* folyami kikötő; ~ *de mar* tengeri kikötő; *tomar* v *ferrar o* ~ befut a kikötőbe 2. *átv* menedék, rév

porto[2] [portu] *m* oportói bor

porto-franco [portufrö"nku] *m* szabadkikötő

porto-riquenho [porturrikényu] *mn* és *fn* Puerto Rico-i

portuário [purtuàrju] I. *mn* kikötői II. *fn*, *m* kikötőmunkás, dokkmunkás

portuense [purtue"sz] *mn* és *fn* oportói

Portugal [purtugàl] *m* Portugália

português *m*, **portuguesa** *f* [purtugés, -gézö] I. *mn* portugál II. *fn* 1. portugál 2. *a Portuguesa* a portugál nemzeti himnusz

portuguesismo [purtugizizsmu] *m* portugál kifejezés *v* nyelvhasználat

portuoso [portuozu] *mn* kikötőkben gazdag

porventura [purve"nturö] *hat* véletlenül, talán, netán

porvindoiro, -douro [purvi"ndojru, -doru] I. *mn* eljövendő, jövő II. *fn*, *m*: *os* ~*s* a jövő nemzedék, az utódok

porvir [purvir] *m* jövő; *no* ~ a jövőben

pós [pòs] I. *vsz* után; *os anos* ~*-1975* az 1975 utáni évek II. *m tb* → **pó**

posar [pòzàr] *1/1 ts* 1. modellt ül *v* áll 2. ~ *para o fotógrafo* fényképezteti magát

pós-boca [pòzsbokö] *f orv* lágy íny *v* szájpadlás

pós-data [pòzsdàtö] *f* későbbi keltezés

pós-datar [pòzsdötàr] *1/12 ts* későbbi keltezéssel lát el

pose [pòz] *f* 1. póz 2. *átv* pózolás; képmutatás 3. *fényk* időfelvétel

pós-eleitoral [pòziléjturàl] *mn* választások utáni (időszak)

pós-escrito [pòziskritu] *m* utóirat

posfácio [pòsfàszju] *m* utószó

pós-graduação [pòzsgrödvöszö"u] *f* (főiskola *v* egyetem utáni) továbbképzés

pós-graduado [pòzsgrödvàdu] *fn* továbbképzős

pós-guerra [pòzsgèrrö] *m* háború utáni időszak

posição [puziszö"u] *f* 1. helyzet, fekvés 2. pozíció, állás, hivatal, rang; ~ *social* társadalmi helyzet 3. *kat* állás, hadállás

positivamente [puzitivöme"nt] *hat* határozottan, valóban

positivo [puzitivu] I. *mn* 1. pozitív, valóságos, tényleges 2. gyakorlati II. *fn*, *m* 1. *fényk* pozitív 2. *nyelvt* alapfok

posologia [puzuluzsiö] *f* (gyógyszer)adagolástan

pós-operatório [pòzòpirötòrju] *mn* műtét utáni

pospelo [puspélu] *m*: *a* ~ 1. szőr ellen 2. visszafelé; fordítva 3. erőszakkal

pospor [puspor] *2/17 ts* 1. hátratesz 2. elhalaszt 3. figyelmen kívül hagy, mellőz 4. ~ *a vida à Pátria* a haza fontosabb számára, mintsem élete

posposição [puspuziszö"u] *f nyelvt* hátravetés

posposto [puspostu] *mmi* hátratett, hátravetett; → **pospor**

possança [puszö"szö] *f* 1. hatalom, erő 2. bátorság

possante [puszö"nt] *mn* 1. hatalmas, erős 2. bátor 3. fenséges

posse [pòszi] *f* 1. birtok; birtoklás; ~ *da terra* földtulajdon; *entrar em* ~ *de* vminek a birtokába lép 2. hivatalba helyezés, beiktatás; *tomar* ~ *de* elfoglalja hivatalát 3. ~*s* a) vagyon, anyagi lehetőségek b) képesség, hozzáértés

possessão [puszíszö"u] *f* birtok

possessivo [puszíszivu] *fn*: (*pronome*) ~ birtokos névmás

possesso [puszèszu] *mn* és *fn* (ördögtől) megszállott

possessor *m*, **-a** *f* [puszíszor(ö)] *mn* és *fn* birtokos

possibilidade [puszibilidàd] *f* 1. lehetőség 2. ~*s* anyagi lehetőségek

possibilitar [puszibilitàr] *1/1 ts* lehetővé tesz

possível [puszivèl] *mn* és *fn* lehető; *o mais* ~ a lehető legjobban *v* legtöbbet; *o menos* ~ a lehető legkevésbé; *será*~? valóban? igazán? ne mondja! *fazer todo o* ~ minden lehetőt megtesz; *na medida do* ~ a lehetőség határain belül

possuidor *m*, **-a** *f* [puszvidor(ö)] *mn* és *fn* birtokló, birtokos

possuir [puszvir] *3/6* I. *ts* 1. birtokol, birtokában van vmi T 2. rendelkezik vmi fölött T II. ~*-se de* át van hatva vmitől; ~*-se de cólera* tajtékzik a dühtől

posta [pòstö] *f* I. 1. szelet; darab 2. *nép*

jövedelmező állás II. *rég* 1. posta 2. postaállomás (ahol a lovakat váltották)

postal [pustàl] I. *mn* postai II. *fn, m* postai levelezőlap

postar [pustàr] *1/15* I. *ts* 1. odaállít 2. B postaládába dob (levelet) II. ~-**se** odaáll; felsorakozik

posta-restante [pòstöristö^{n}nt] *mn* postán maradó; *há cartas na ~ para mim?* van poste-restante levelem?

poste [pòst] *m* 1. cölöp; rúd 2. távírópózna; villanyoszlop

posteiro [postéjru] *m* B csősz

postema [pustémö] *m orv* tályog

postergar [pustirgàr] *1/4, 1/13 ts* 1. maga mögött hagy 2. elhanyagol, mellőz 3. megszeg (törvényt)

posteridade [pustiridàd] *f* 1. utókor 2. a jövő; a jövő nemzedék 3. halál utáni dicsőség; *passar à ~* bevonul a történelembe

posterior [pustirjor] I. *mn* 1. utóbbi, későbbi 2. hátsó II. *fn, m nép* ülep

póstero [pòstiru] I. *mn* jövő, eljövendő II. *fn, m: ~s* jövendő nemzedék, utódok

postiço [pustiszu] *mn* mesterséges, mű-; hamis; *cabelo ~* paróka; *dentes ~s* műfogak

postigo [pustigu] *m* 1. kis ajtó 2. ablakocska; kémlelőnyílás

postila [pustilö] *f* 1. széljegyzet; megjegyzés 2. jegyzetfüzet

postilhão [pustiljö^{n}u] *m* 1. postakocsis 2. küldönc

posto [postu] I. *mmi* → **pôr** II. *mn* 1. *bem ~* a) jó színben levő b) jól öltözött 2. *ao sol ~* napnyugta után 3. *~ que* jóllehet, habár III. *fn, m* 1. hely 2. *kat* hadállás; *~ de observação* figyelőállás 3. poszt; *~ de guarda* őrhely, őrség 4. állás, hivatal; rang 5. *~ policial* v *de polícia* rendőrőrszoba, rendőrörs 6. *~ telefónico público* nyilvános távbeszélő állomás 7. B csőszkunyhó

postre [pòstr] *m* utóétel; desszert

postular [pustulàr] *1/1 ts* 1. kérve-kér, könyörög vmiért T 2. követel

póstumo [pòstumu] *mn* 1. utószülött 2. hátrahagyott (mű)

postura [pusturö] *f* I. 1. póz, testtartás 2. külső, megjelenés 3. utasítás, rendelkezés II. tojásrakás; tojáshozam

potassa [putàszö] *f vegy* hamuzsír; *~ cáustica* marókáli, lúgkő

potássio [putàszju] *m vegy* kálium

potável [putàvèl] *mn* iható; *água ~* ivóvíz

pote [pòt] *m* 1. agyagedény 2. *tréf* kövér ember 3. B *nép: estar de ~* másállapotos

potência [pute^{n}szjö] *f* 1. potencia 2. erő, hatalom (*pol* is); *as grandes ~s* a nagyhatalmak 3. *mat* hatvány; *elevar à ~* hatványoz, hatványra emel 4. befolyásos személy 5. *műsz* teljesítmény; *de grande ~* nagy teljesítményű; *~ máxima* csúcsteljesítmény

potenciação [pute^{n}szjöszö^{n}u] *f mat* hatványozás

potencial [pute^{n}szjàl] I. *mn* potenciális, lehetséges, feltételes II. *fn, m* 1. *fiz* potenciál, feszültség 2. *átv* erőkészlet

potencialidade [pute^{n}szjölidàd] *f* 1. lehetőség 2. teljesítőképesség

potenciar [pute^{n}szjàr] *1/7 ts mat* hatványra emel

potentado [putentàdu] *m* potentát; kényúr; befolyásos személy

potente [pute^{n}nt] *mn* 1. hatalmas, erős 2. befolyásos, tekintélyes 3. energikus, határozott

poterna [putèrnö] *f* titkos ajtó; földalatti folyosó (várban)

potoca [potòkö] *f* B *biz* szélhámosság

potocar [potokàr] *1/2, 1/13 tl* B szélhámoskodik

potoqueiro [potokéjru] *m* B szélhámos

potra [potrö] *f* I. 1. sérv 2. B siker; szerencse 3. gőg; nagyképűség II. kancacsikó

potranco *m*, **potranca** *f* [potrö^{n}nku, -rö^{n}nkö] *fn* B két éven aluli csikó

potreiro [putréjru] *m* 1. lókupec, lókereskedő 2. körülkerített lólegelő

potril [putril] *m* lóidomító helyiség, lovarda

potrilho [putrilju] *m* B csikó

potro [potru] *m* 1. csikó 2. *tört* kínpad, deres

poucachinjo [pokösinyu] *mn* nagyon kevés

pouca-vergonha [pokövirgonyö] *f* 1. szégyentelenség 2. szemtelenség 3. szélhámosság

pouco [poku] I. *mn* 1. kevés; *nem eu tão ~* én sem; *fazer ~ de* lenéz, megvet vkit *v* vmit; *por* ~ *que seja* bármilyen kevés is **2.** gyér; ~ *cabelo* gyér haj **II.** *hat* egy keveset, egy kissé; ~ *antes* kevéssel ezelőtt; ~ *a* ~ szép lassacskán apránként; *daí* v *daqui a* ~ **a)** kevéssel azután **b)** nemsokára, rövidesen; *dentro de* v *em* ~ rövid időn belül, rövidesen; *por* ~ kis híja; *durar* ~ rövid ideig tart **III.** *fn, m* **1.** ~*s* nem sokan, kevesen **2.** *estimar* v *ter em* ~ nem sokra becsül

poucochinho [pokusinyu] *mn* nagyon kevés

poupa [popö] *f* **1.** *áll* búbos banka **2.** bóbita **3.** = *poupança*

poupado [popàdu] *mn* **1.** megtakarított **2.** takarékos

poupança [popö^{n}szö] *f* **1.** (túlzásba vitt) takarékoskodás **2.** szűkmarkúság

poupar [popàr] *1/1* **I.** *ts* **1.** megtakarít, félretesz **2.** (meg)kímél; sajnál; *não* ~ *energia* nem sajnálja a fáradságot; *não* ~ *os inimigos* nem kíméli ellenségeit **II.** *tl* takarékoskodik, beosztással él **III.** ~ **-se 1.** kíméli magát **2.** ~*-se à obrigação* nem tesz eleget kötelezettségének

pouquidade, pouquidão [pokidàd, -dö^{n}u] *f* **1.** vminek a kevés volta **2.** csekélység

pouquinho [pokinyu] *m* kevéske, jóformán semmi

pouquíssimo [pokiszimu] *mn* nagyon kevés

pousada [pozàdö] *f* **1.** szállás **2.** vendégfogadó **3.** kunyhó

pousa-papel [pozöpàpèl] *m* **B** levélnehezék

pousar [pozàr] *1/1* **I.** *ts* tesz, rak, helyez, állít; ~ *um beijo na face de* csókot nyom vkinek az orcájára; ~ *a xícara* leteszi a csészét; ~ *olhar no chão* lesüti szemét; ~ *os olhos sobre* szemét rászegezi vmire **II.** *tl* **1.** megpihen; megszáll vhol **2.** leereszkedik, leszáll (madár, repülőgép) **III.** ~*-se em* megszáll vhol

pousio [poziu] **I.** *mn* meg nem művelt, parlagon hagyott **II.** *fn, m* ugar, parlag

pouso [pozu] *m* **1.** pihenő; szállás **2.** lehorgonyzás **3.** *rep* leszállás **4.** ülőrúd (tyúkólban), kakasülő **5.** *haj* sólya

povaréu [puvörèu] *m* **1.** embertömeg **2.** csőcselék

poveiro [puvéjru] *mn* és *fn* Póvoa de Varzim portugál városból való

povicéu [puvilèu] *m* = **povaréu**

povo [povu] *m* **1.** nép **2.** lakosság **3.** sokaság, tömeg **4.** helység; tanya **5.** *andar na boca* v *na voz do povo* a nép ajkán él; *cair na boca do* ~ közbeszéd tárgya lesz

póvoa [pòvuö] *f* = **povoado**

povoação [puvuöszö^{n}u] *f* **1.** benépesítés **2.** népesség, lakosság **3.** település; tanya

povoado [puvuàdu] **I.** *mn* benépesített; ~ *de árvores* befásított; ~ *de peixes* halban gazdag **II.** *fn, m* falu

povoador *m*, **-a** *f* [puvuödor(ö)] *mn* és *fn* telepes

povoar [puvuàr] *1/8 ts* **1.** benépesít **2.** telepít; ~ *de árvores* befásít **3.** *átv* : ~ *de esperanças* reménységgel eltölt

povoléu [puvulèu] *m* = **povaréu**

pp. = *páginas*

p. p. = **1.** *por poder* megbízásából **2.** *por procura* **3.** *próximo passado*

ppa. = *por procura*

PPD = *Partido Popular Democrático*

PR = *Paraná* (brazil állam)

pra = **para**

praça [pràszö] *f* **1.** (nyilvános) tér; *átv* nyilvánosság; ~ *de automóveis* taxiállomás; *auto(móvel)* v *carro de* ~ taxi; *fazer* ~ *de* nyilvánosságra hoz, elterjeszt; *sair à* ~ nyilvánosságra kerül, ismeretessé válik **2.** piactér, piac; ~ *de peixe* halpiac; *ker* : *desta* ~ itteni, helybeli **3.** porond; ~ *de touros, bikaviadal* aréna **4.** *kat* erőd; ~ *d'armas* **a)** katonai gyakorlótér **b)** erődítmény **5.** *kat* ostromgyűrű **6.** *kat* behívás, sorozás **7.** közkatona; ~ *de reserva* tartalékos **8.** tőzsde **9.** árverés; *ir à* ~ árverésre kerül; *vender em* ~ elárverez **10.** ~*de máquinas* gépház

pracista [pröszistö] *m* **1.** *ker* helybeli ügynök **2. B** *pejor* városlakó

pradaria [prödöriö] *f* rétség

prado [pràdu] *m* **1.** rét **2. B** lóversenypálya

Praga [pràgö] *f* Prága

praga [pràgö] *f* **1.** csapás, katasztrófa **2.** *áll* kártevő **3.** káromkodás; *soltar uma* ~ elkáromkodja magát

pragana [prögönö] *f növ* bajusz, szálka (kalászé)

pragmática [prögmàtikö] *f* **1.** ügyrend, szabályzat **2.** szertartás, etikett

pragmático [prögmàtiku] *mn* gyakorlati; szokásos

praguejar [prögizsàr] *1/14* **I.** *ts* **1.** elátkoz **2.** szidalmaz **3.** rágalmaz **II.** *tl* **1.** káromkodik, átkozódik **2. B** elgazosodik **3. B** bőven van

praguento [pröge^{n}ntu] *mn* **1.** káromkodó **2.** rágalmazó

praia [pràjö] *f* homokpart, strand; *cadeira de ~* strandkosár

praiano [pràjönu] **B I.** *mn* parti, partmenti **II.** *fn* **1.** parti lakos **2.** fürdővendég

prancha [prö^{n}sö] *f* **1.** deszka **2.** *haj* kikötőhíd

pranchada [prö^{n}sàdö] *f* ütés kardlappal

pranchão [prö^{n}sö^{n}u] *m* vastag deszka

prancheta [prö^{n}sétö] *f* **1.** kis deszka **2.** mérőasztal

prantear [prö^{n}ntyàr] *1/5* **I.** *ts* megsirat **II.** *tl* sír; jajgat

pranto [prö^{n}ntu] *m* **1.** sírás, jajgatás **2.** könny(ek)

prata [pràtö] *f* **1.** ezüst **2.** ezüstpénz **3.** ezüsttárgy

prataria [prötöriö] *f* **1.** ezüsttárgyak **2.** ezüst evőeszköz

prateado [prötyàdu] *mn* ezüstös, ezüst-; ezüstözött

pratear [prötyàr] *1/5 ts* ezüstöz, ezüsttel bevon

prateira [prötéjrö] *f* szekrény ezüsttárgyak megőrzésére

prateleira [prötiléjrö] *f* **1.** tányérpolc **2.** szekrénypolc

pratense [pröte^{n}sz] *mn* réti

prática [pràtikö] *f* **1.** gyakorlat; *na ~* a gyakorlatban; *conforme à ~ geral* az általános gyakorlatnak megfelelően; *pôr em ~* gyakorlatba áttesz, megvalósít **2.** tapasztalat; *ter muita ~* nagy gyakorlata *v* sok tapasztalata van **3.** végrehajtás; *~ de vários crimes* több bűntény elkövetése **4.** foglalkoztatás; *~s escolares* iskolai elfoglaltság; tanítás **5.** beszélgetés; tárgyalás; *conduzir ~s* tárgyalásokat folytat

praticagem [prötikàzsö^{n}j] *f* révkalauzolás

praticante [prötikö^{n}nt] **I.** *mn* gyakorló **II.** *fn* gyakornok

praticar [prötikàr] *1/2* **I.** *ts* **1.** gyakorol; *~ desporto* sportol **2.** végrehajt, megvalósít; *~ um roubo* lopást hajt végre **3.** hivatásszerűen működik; *~ a medicina* orvos (hivatását végzi) **4.** *~ um sermão* prédikációt tart **II.** *tl* **1.** gyakornoki évét tölti; praktizál **2.** kapcsolatot tart fenn, látogat; *~ com escritores* sok íróismerőse van

praticável [prötikàvèl] *mn* **1.** megvalósítható **2.** járható (út)

prático [pràtiku] **I.** *mn* **1.** gyakorlati **2.** gyakorló **3.** tapasztalt, jártas **II.** *fn* **1.** hivatást gyakorló egyén **2.** tapasztalt szakember **3.** révkalauz

pratilheiro [prötiljéjru] *m zene* cintányéros

pratinho [prötinyu] *m* **1.** kistányér **2.** *átv: servir de ~* céltáblául szolgál, nevetség tárgya

prato [pràtu] *m* **1.** tányér; *~ fundo* mélytányér; *~ raso* lapostányér; *~ da balança* mérleg serpenyője **2.** *konyh* tál, fogás; *~ pronto* kész étel; *~ à minuta* frissen készített étel; *~ do dia* menü **3.** *~s* cintányér **4.** *szól: dar com os ~s na cara* legsötétebb hálátlansággal fizet; *pôr tudo em ~s limpos, átv* kitálal

praxe [pràsi] *f* **1.** praxis, gyakorlat, szokás **2.** etikett, előírás

praxista [präsistö] *fn* **1.** az előírások alapos ismerője **2.** jogász; ügyvéd

prazentear [pröze^{n}ntyàr] *1/5* **I.** *ts* hízeleg vkinek **T II.** *tl* tréfálkozik, jó kedve van

prazenteio [pröze^{n}ntéju] *m* **1.** hízelgés **2.** kedveskedés

prazenteiro [pröze^{n}ntéjru] *mn* **1.** vidám, jókedvű **2.** kedves, rokonszenves

prazer [prözér] **I.** *2/9 tl* tetszik; *se isto lhe praz* ha önnek is úgy tetszik; *praz-me* tetszik nekem; örülök **II.** *fn, m* **1.** öröm, élvezet; *ao ~* tetszés szerint; *a seu ~* tetszése szerint; *com muito ~* ezer örömmel, nagyon szívesen; *dar ~* örömöt szerez; *sentir v ter ~ em* örömét leli vmiben; *faça-me o ~* legyen olyan szíves; *muito ~ em conhecê-lo!* nagyon örülök, hogy megismerhettem **2.** szórakozás

prazeroso [prözirozu] *mn* **B** = **prazenteiro**

prazo [pràzu] *m* **1.** lejárat; haladék; határidő; *a breve ~, a curto ~* rövid határidőre; *a longo ~* hosszú lejáratú; *num ~ de quatro meses* négy hónap alatt, négy hónapon belül; *dar um ~* haladékot ad **2.** vásárlás részletre; *pa-*

gamento a ~ részletfizetés; *comprar a* ~ részletre vásárol

pré [prè] *m kat* 1. (napi) zsold 2. *praça de* ~ közkatona

pre..., **pré...** [pri, prè] (összetételekben) elő-, előre

pré-ajustar [prèözsustàr] *1/1 ts* előre beigazít *v* beállít

preamar [préömàr] *f* **B** = **preia-mar**

preambular [priöⁿmbulàr] **I.** *mn* bevezető **II.** *1/1 ts* bevezet, bevezetéssel ellát

preâmbulo [priöⁿmbulu] *m* előszó, bevezetés; *sem mais* ~*s* minden további nélkül

pré-aviso [prèövizu] *m* 1. előzetes bejelentés *v* figyelmeztetés 2. felmondás

prebenda [pribeⁿndö] *f* 1. egyházi javadalom 2. zsíros állás

precário [prikàrju] *mn* 1. bizonytalan, ingadozó 2. átmeneti, ideiglenes 3. *saúde* ~*a* gyenge egészségi állapot

preçário [priszàrju] *m* árjegyzék

precatado [prikötàdu] *mn* óvatos

precatar [prikötàr] *1/12* **I.** *ts* figyelmeztet **II.** ~**-se** 1. észbe kap, tudatára ébred 2. felkészül; *precate-se para o pior* legyen felkészülve a legrosszabbra

precaução [prikàuszöⁿu] *f* 1. óvatosság 2. *tomar precauções* óvintézkedéseket tesz

precaver [prikövér] *2/6* **I.** *ts* 1. megelőz, elhárít (bajt) 2. figyelmeztet, óva int **II.** ~**-se** 1. vigyáz magára 2. felkészül vmire (*contra*)

precavido [prikövidu] *mn* óvatos; előrelátó

prece [prèsz] *f* ima, könyörgés, kérés

precedência [priszideⁿszjö] *f* elsőség, elsőbbség

precedente [priszideⁿnt] **I.** *mn* előző, megelőző **II.** *fn, m* 1. előzmény 2. példa; *sem* ~ példátlan, példa nélküli

preceder [priszidér] *2/7* **I.** *ts* 1. előtte jár; vminek az élén halad **T** 2. megelőz **II.** *tl:* ~ *a* felette áll vminek, felülmúl, megelőz vmit

preceito [priszéjtu] *m* 1. előírás 2. szabály; ~*s gramaticais* nyelvtani szabályok; *a* ~ szabályszerűen, tökéletesen

preceituar [priszéjtvàr] *1/9 ts tl* előír; normákat megállapít

preceituário [priszéjtvàrju] *m* szabálygyűjtemény

preceptor [priszètor] *m* nevelő, pedagógus, házitanító

precinta [priszi ⁿntö] *f* 1. bőröv 2. *haj* hajóperem, prémfa

preciosidade [priszjuzidàd] *f* kincs, drágaság

precioso [priszjozu] *mn* 1. értékes, drága 2. gyönyörű 3. *estilo* ~ cikornyás stílus

precipício [priszipiszju] *m* 1. szakadék, mélység 2. *átv* romlás, pusztulás

precipitação [priszipitöszöⁿu] *f* 1. nagy sietség, kapkodás 2. *vegy* lecsapódás; csapadék

precipitado [priszipitàdu] **I.** *mn* siető, kapkodó **II.** *fn, m vegy* lecsapódás, lerakódás, üledék

precipitar [priszipitàr] *1/1* **I.** *ts* 1. ledob, letaszít 2. siettet 3. *vegy* lecsapódást előidéz **II.** *tl vegy* lecsapódik **III.**~**-se** 1. leveti magát 2. rohan, rárohan, ráveti magát 3. elhamarkodottan cselekszik 4. *vegy* lecsapódik 5. *rep:* ~*-se no solo* lezuhan

precípuo [priszipvu] *mn* fő-, lényeges

precisado [priszizàdu] *mn* 1. nélkülözött, szükségelt 2. nélkülöző, ínséget szenvedő 3. *estar* ~ *de* szüksége van vmire

precisamente [priszizömeⁿnt] *hat* 1. pontosan 2. ~*!* helyes! úgy van!

precisão [priszizöⁿu] *f* 1. szükség; hiány; *ter* ~ *de* szüksége van vmire 2. pontosság; *balança de* ~ precíziós mérleg; *com* ~ precízen, pontosan

precisar [priszizàr] *1/1* **I.** *ts* 1. pontosan meghatároz; részletez 2. megnevez 3. szüksége van vmire **T II.** *tl* 1. ~ *de* szüksége van vmire, kell vmi, hiányol vmit 2. szegénységben él, nélkülöz 3. *precisa-se* keresünk (újsághirdetésben)

preciso [priszizu] *mn* 1. szükséges; *é* ~ kell, szükséges 2. precíz, pontos 3. világos, érthető

preclaro [priklàru] *mn* 1. híres, nevezetes 2. gyönyörű

preço [préSzu] *m* ár; érték; ~ *corrente* napi ár; ~ *único* v *unitário* egységár; ~ *de compra* vételár; ~ *de custo* önköltségi ár; ~ *de mercado* piaci ár; ~ *de venda* eladási ár; ~*s ao* v *para o consumidor* fogyasztói árak; *a bom* ~ olcsón; *a* ~ *de banana*, **B** roppant olcsón, fillérekért; *de* ~ értékes; *por nenhum* ~ semmi áron; *descer de* ~ lemegy az ára; *os* ~*s desceram* az árak estek; *subir de* ~

felmegy az ára; *pôr ~ a* megállapítja vminek az árát, áraz; *ter em ~* nagyra becsül; *não ter ~* **a)** értéktelen **b)** megfizethetetlen; *átv : pagar o ~ dos crimes* megfizet a bűneiért
precoce [prikòsz] *mn* **1.** korai, korán érő **2.** koraérett (gyermek)
precocidade [prikuszidàd] *f* koraérés; koraérettség
preconceber [priko^{n}szibér] *2/7 ts* előre eltervez *v* kigondol
preconcebido [priko^{n}szibidu] *mn* **1.** előre megalkotott (vélemény) **2.** elfogult
preconceito [priko^{n}széjtu] *m* előítélet; elfogultság
preconizar [prikunizàr] *1/1 ts* **1.** hirdet, kihirdet, kinyilvánít **2.** dicsőít, magasztal
precursor *m*, **-a** *f* [prikurszor(ö)] *fn* előfutár
pré-datar [prèdötàr] *1/12 ts* előrekeltez
predatório [pridötòrju] *mn* rabló-, kalóz-
predecessor [pridisziszor] *m* előd
predestinação [pridistinöszö^{n}u] *f vall* predestináció, eleve elrendelés
predestinado [pridistinàdu] *mn* **1.** *vall* előre elrendelt **2.** vmire hivatott *v* született (*para*)
predestinar [pridistinàr] *1/1 ts* **1.** *vall* előre elrendel **2.** szán, kijelöl vmire (*para*)
predial [prigyàl] *mn* ingatlanra *v* földbirtokra vonatkozó; *imposto ~* földadó; *registo ~* telekkönyv(i hivatal)
prédica [prèdikö] *f* prédikáció (*átv* is)
predicação [pridiköszö^{n}u] *f* **1.** prédikáció **2.** *nyelvt* állítás, kijelentés
predicado [pridikàdu] *m* **1.** tulajdonság **2.** jó tulajdonság, erény **3.** *nyelvt* állítmány
predicador [pridiködor] *m vall* prédikátor, hitszónok
predição [pridiszö^{n}u] *f* jövendölés, jóslás; jóslat
predicativo [pridikötivu] *mn nyelvt* állítmányi; *nome ~* névszói állítmány
predilecção [pridilèszö^{n}u] *f* előszeretet; fokozott vonzalom —
predilecto [pridilètu] *mn* és *fn* kedvenc
prédio [prègyu] *m* ingatlan; földbirtok, telek; épület, ház
predispor [pridispor] *2/17 ts* előkészít, előre elrendez
predisposição [pridispuziszö^{n}u] *f* **1.** előkészítés **2.** fogékonyság **3.** (betegségre való) hajlam
predisposto [pridispostu] **I.** *mmi* előkészített; →**predispor; II.** *mn* **1.** fogékony vmi iránt (*a, para*) **2.** hajlamos (betegségre)
predizer [pridizér] *2/12 ts* előre megmond; megjósol
predominar [priduminàr] *1/1 tl* **1.** uralkodik **2.** túlsúlyban van
predomínio [pridumìnyu] *m* **1.** uralom **2.** túlsúly
pré-eleitoral [prèiléjturàl] *mn* **B** választások előtti; *campanha ~* választási hadjárat
preeminência [prjimine^{n}szjö] *f* elsőség; kiváltság; előny
preeminente [prjimine^{n}nt] *mn* kiváló, kiemelkedő
preempção [prie^{n}szö^{n}u] *f jog* elővétel(i jog)
preencher [prie^{n}sér] *2/1 ts* megtölt, betölt, kitölt; *~ os buracos* betömi a lyukakat; *~ um cargo* v *um posto* hivatalt *v* állást betölt; *~ as exigências* eleget tesz a követelményeknek; *~ um formulário* űrlapot kitölt
preenchimento [prie^{n}sime^{n}ntu] *m* megtöltés, betöltés, kitöltés; *~ de vagas* üres állások betöltése
pré-escolar [prèjskulàr] *mn* az iskolaköteles kor előtti
pré-esforçado [prèjsfurszàdu] *mn : concreto ~* előfeszített beton
preestabelecer [prèistöbiliszér] *2/2 ts* előre megállapít *v* meghatároz
pré-estreia [prèistréjö] *f* **B** **1.** *szính* nyilvános főpróba **2.** *film* előzetes bemutató
preexistente [prèiziste^{n}nt] *mn* vmi előtt létező (*a*)
pré-fabricado [prèföbrikàdu] *mn* előre gyártott
prefaciar [priföszjàr] *1/7 ts* előszóval ellát; bevezet
prefácio [prifàszju] *m* előszó; bevezetés
prefeito [priféjtu] *m* **1.** prefektus **2.** **B** polgármester **3.** kollégiumi nevelő, felügyelő tanár
prefeitura [priféjturö] *f* **1.** prefektura; prefektusi hivatal *v* méltóság **2.** **B** városháza; polgármesteri hivatal
preferência [prifire^{n}szjö] *f* **1.** előnyben részesítés, kedvezés; *com ~* kiváltképp;

de ~ főként; szívesebben; *dar a* ~ *a* előnyben részesít vkit *v* vmit **2.** előny, kedvezmény **3.** *közl* elsőbbségadás; *dê a* ~ elsőbbségadás kötelező

preferencial [prifire^{n}szjàl] **I.** *mn* kedvezményes **II.** *fn, f* **B** *közl* főútvonal

preferente [prifire^{n}nt] *mn* előnyben részesítő

preferido [prifiridu] *mn* előnyben részesített, kedvelt, szeretett

preferir [prifirìr] *3/8* **I.** *ts* **1.** előnyben részesít, jobban szeret; ~ *o café ao chá* jobban szereti a kávét, mint a teát **2.** inkább *v* szívesebben tesz vmit; *preferiu morrer a ser traidor* inkább a halált, semmint az árulást választotta **II.** *tl* elsőbbsége van; többet ér; *o teatro prefere ao cinema* a színház többet nyújt a mozinál

preferível [prifirìvèl] *mn* ajánlatosabb, különb

prefigurar [prifiguràr] *1/1 ts* **1.** előre elképzel, feltételez **2.** előreveti vminek az árnyékát **T**

prefixar [prifikszàr] *1/1 ts* előre megállapít

prefixo [prifikszu] **I.** *mn* előre megállapított **II.** *fn, m nyelvt* előtag, előképző, igekötő

prega [prègö] *f* **1.** ránc, redő (arcon, ruhán) **2.** *geol* redő; bemélyedés

pregação [prègöszö^{n}u] *f* **1.** (erkölcsi) prédikáció **2.** *átv* fejmosás

pregadeira [prigödéjrö] *f* tűpárna

pregador [prigödor] *m* **I. 1.** hitszónok **2.** erkölcsprédikátor **II. 1.** fűzőgép, fűzőkapocs **2.** melltű **3.** csipesz; csiptető

pregão [prigö^{n}u] *m* **1.** kihirdetés (*vall* is) **2.** kikiáltás (vásári; árverési)

pregar[1] [prègàr] *1/4* **I.** *ts* **1.** hirdet, terjeszt (tant) **2.** ajánl, javasol, tanácsol **3.** fitogtat; henceg vmivel **T**; ~ *valentia* szájhősködik **II.** *tl* **1.** prédikál; ~ *aos peixes* v *no deserto* a falnak beszél **2.** ~ *contra* kikel vki *v* vmi ellen

pregar[2] [prigàr] *1/4, 1/13* **I.** *ts* **1.** odaszegez, felerősít; ~ *os olhos* rászegezi tekintetét **2.** bevarr; rávarr **3.** felragaszt, ráragaszt **4. B** kifárad, kifullad; *autó* defektet kap, leáll **5.** *szól:* ~*uma mentira* hazudik; ~ *um murro* ökölcsapást mér; *não* ~ *olho* le sem hunyja a szemét **II.** *tl* leterít; *pregou com ele no chão* leteperte a földre

pregar[3] [prègàr] *1/4 ts* ráncol, redőz

pré-glacial [prèglöszjàl] *mn* jégkorszak előtti

prego [prègu] *m* **1.** szeg; ~ *caibral* v *de caverna*, **B** vaskapocs **2.** kalaptű **3.** *biz* zálogház; *pôr no* ~ zálogba csap **4. B** hazugság, lódítás **5. B** ivászat; lerészegedés **6. B** fáradtság, kimerültség **7.** *szól: carta de* ~ hétpecsétes levél; *dar o* ~, **B a)** elfárad, kimerül **b)** megadja magát; *dar os* ~*s*, **B** feldühödik; *ir no* ~, **B** késik; *não botar* v *meter* ~ *sem estopa* semmit sem csinál önzetlenül

pregoar [prigvàr] *1/9 ts* **1.** kikiált (árut) **2.** kihirdet

pregoeiro [prigvéjru] *m* kikiáltó (vásáron, árverésen)

preguear [prègiàr] *1/5 ts* ráncol, redőz

preguiça [prigiszö] *f* **1.** lustaság, lomhaság **2. B** *áll* lajhár

preguiçar [prigiszàr] *1/5 tl* tétlenkedik, lustálkodik

preguiceira [prigiszéjrö] *f* heverő, szezlon

preguiceiro [prigiszéjru] **I.** *mn* lusta, lomha **II.** *fn, m* heverő, szezlon

preguiçoso [prigiszozu] **I.** *mn* lusta, lomha **II.** *fn* **1.** naplopó **2.** *áll* lajhár

preguista [prigistö] *fn nép* zálogház-tulajdonos

pregunt... →**pergunt...**

pregustar [prigustàr] *1/1 ts* **1.** megízlel, megkóstol **2.** előre élvez

pré-história [prèistòrjö] *f* őstörténet, történelem előtti kor

pré-histórico [prèistòriku] *mn* történelem előtti

preia-mar [préjömàr] *f* dagály

preito [préjtu] *m* **1.** tisztelet, megbecsülés **2.** egyezmény

prejudicado [prizsudikàdu] *fn* károsult

prejudicar [prizsudikàr] *1/2 ts* **1.** megkárosít **2.** hátrányos helyzetbe hoz **3.** használhatatlanná tesz

prejudicial [prizsudiszjàl] *mn* káros; hátrányos

prejuízo [prizsvìzu] *m* **1.** kár; ~*s materiais* anyagi károk; *causar* ~ kárt okoz **2.** hátrány **3.** elfogultság, előítélet; ~ *popular* néphit

prelado [prilàdu] *m* prelátus

prelecção [prilèszö^{n}u] *f* (oktató) előadás

preleccionar [prilèszjunàr] *1/8 ts, tl* előadást tart vmiről **T**

prelector [prilètor] *m* lektor; előadó
prelevar [prilivàr] *1/14* **I.** *ts* megbocsát **II.** *tl* kiemelkedik, kitűnik
prelibar [prilibàr] *1/1 ts* előre élvez
preliminar [priliminàr] **I.** *mn* **1.** előzetes **2.** előkészítő, bevezető; *curso ~* előkészítő tanfolyam **II.** *fn, m* bevezetés, előzetes tárgyalás; *~es da paz* előzetes béketárgyalások **III.** *fn, f* **1.** előfeltétel, kikötés **2.** **B** *sp* előmérkőzés
prelo [prèlu] *m* sajtó; *estar no ~* sajtó alatt van; *sair do ~* elhagyja a sajtót
preludiar [prilugyàr] *1/7* **I.** *ts* **1.** *zene* bevezetőül előad **2.** bevezet, előkészít **II.** *tl* **1.** hangpróbát tart (fellépés előtt) **2.** hangol (hangszert)
prelúdio [prilugyu] *m* **1.** *zene* előjáték **2.** bevezetés, kezdet **3.** hangpróba **4.** hangolás (hangszeré)
prematuramente [primöturöme^{n}nt] *hat* idő előtt, túl korán
prematuro [primöturu] *mn* **1.** koraérett **2.** idő előtti
premeditação [primiditöszö^{n}u] *f* előre megfontolt szándék
premeditado [primiditàdu] *mn* előre kigondolt, előre megfontolt
premeditar [primiditàr] *1/1 ts* előre kigondol, előre megfontol
premência [prime^{n}szjö] *f* **B** sürgősség
premente [prime^{n}nt] *mn* **1.** nyomó-; *bomba ~* nyomószivattyú **2.** sürgős
premer [primér] *2/7 ts* **1.** megnyom; összenyom; *~ limões* citromot facsar **2.** *átv* elnyom
premiado [primjàdu] *mn* és *fn* megjutalmazott; díjnyertes; *bilhete ~* nyerő sorsjegy
premiar [primjàr] *1/6, 1/7 ts* megjutalmaz; kitüntet
prémio [prèmju] *m* **1.** jutalom; *ganhar* v *levar* v *(ob)ter um ~* jutalmat kap, jutalomban részesül **2.** (kitűzött) díj; *grande ~* nagydíj; *~ de consolação* vigaszdíj **3.** prémium, pénzjutalom **4.** *~ de seguro* biztosítási díj
premir [primir] *3/9* = **premer**
premissa [primiszö] *f fil* előzmény, kiinduló pont
premunição [primuniszö^{n}u] *f* **1.** figyelmeztetés, óvás **2.** megelőzés (bajé) **3.** védekezés
premunir [primunir] *3/1* **I.** *ts* **1.** figyelmeztet, óva int **2.** megelőz (bajt) **3.** *~ de* ellát vmivel **II.** *~-se contra* védekezik vmi ellen
prenda [pre^{n}ndö] *f* **1.** adomány, ajándék **2.** tehetség, hajlam **3.** *ját: jogo de ~s* zálogosdi
prendado [pre^{n}ndàdu] *mn* tehetséges
prendar [pre^{n}ndàr] *1/1 ts* **1.** megajándékoz, megjutalmaz **2.** kitanít, képesít
prendedor [pre^{n}ndidor] *m* csipesz; *~ de roupa* ruhacsipesz (szárítókötélen)
prender [pre^{n}ndér] *2/1* **I.** *ts* **1.** felerősít **2.** odaköt, megköt, ráköt; összeköt, egyberak **3.** elfog, letartóztat; fogságba ejt **4.** gátol, akadályoz; zavar **5.** lekenyerez, megveszteget **6.** vonz; megbűvöl **II.** *tl* **1.** gyökeret ver **2.** odaragad; megakad; *o automóvel prende na lama* az autó beleragad a sárba **3.** *~ com* összefügg vmivel **III.** *~-se* **1.** beleakad vmibe *(em)* **2.** *~-se com* belegabalyodik vmibe; törődik vmivel; aggódik vmiért; *~-se com ninharias* csip-csup dolgokra pazarolja idejét; *a mãe prende-se com a saúde do bebé* az anya aggódik a kisgyermeke egészségéért **3.** *~-se a* megszeret vkit, beleszeret vkibe
prenha [prènyö] *mn, f nép* = **prenhe**
prenhe [prèny] *mn* **1.** teherben levő, terhes **2.** *átv* vmivel teli; *~ de consequências* (súlyos) következményekkel járó
prenhez [prinyés] *f* terhes állapot, terhesség
prenoção [prinuszö^{n}u] *f* **1.** előzetes ismeret **2.** halvány fogalom
prenome [prinom] *m* utónév; keresztnév
prensa [pre^{n}szö] *f* **1.** prés; *~ hidráulica* hidraulikus prés **2.** *~ tipográfica* nyomda(gép), sajtó **3.** *fényk* másolókeret
prensar [pre^{n}szàr] *1/1 ts* (össze)présel
prenunciar [prinu^{n}szjàr] *1/7 ts* előre megmond; megjósol
prenúncio [prinu^{n}szju] *m átv* hírnök, előjel
preocupação [prjukupöszö^{n}u] *f* **1.** aggodalom, gond **2.** egyetlen gond, főfoglalkozás **3.** előítélet, elfogultság
preocupado [prjukupàdu] *mn* aggódó, nyugtalan; *estar ~* aggódik, nyugtalankodik
preocupar [prjukupàr] *1/1* **I.** *ts* aggaszt, nyugtalanít **II.** *~-se* **1.** aggódik, nyugtalankodik **2.** *~-se com* törődik vmivel

preopinante [priupinö^{n}nt] *mn* és *fn* az előtte(m) szóló

preparação [pripöröszö^{n}u] *f* **1.** előkészítés; előkészület **2.** *konyh* elkészítés **3.** *vegy* preparátum, vegyészeti *v* gyógyszerészeti készítmény **4.** *átv* felkészültség, tudás, hozzáértés

preparado [pripöràdu] *m* = **preparação 3.**

preparador *m*, **-a** *f* [pripörödor(ö)] *mn* és *fn* előkészítő; preparátor

preparar [pripöràr] *1/12* **I.** *ts* **1.** előkészít **2.** *konyh* elkészít **3.** felszerel, ellát **4.** kiképez vmire (*para*) **5.** preparál, kikészít **6.** (gyógyszert) összeállít, elkészít **II. ~-se 1.** előkészül; *~-se para o exame* felkészül a vizsgára **2. B** tanul, művelődik

preparativo [pripörötivu] **I.** *mn* előkészítő **II.** *fn, m: ~s* előkészületek

preparatório [pripörötòrju] **I.** *mn: curso ~* előkészítő tanfolyam **II.** *fn, m: ~s* bevezető tanulmányok

preparo [pripàru] *m* **1.** előkészület **2.** *jog* előleg (perköltségekre) **3.** *~s* hozzávalók, ruhadíszek **4. B** felkészültség, tudás

preponderância [pripo^{n}ndirö^{n}szjö] *f* **1.** túlnyomó rész; túlsúly **2.** hatalmi fölény

preponderante [pripo^{n}ndirö^{n}nt] *mn* **1.** túlsúlyban levő **2.** uralkodó; döntő **3.** *papel ~* vezető szerep

preponderar [pripo^{n}ndiràr] *1/13 tl* **1.** fölényben *v* túlsúlyban van **2.** érvényesül, érvényre jut

prepor [pripor] *2/17 ts* **1.** eléje tesz **2.** előnyben részesít; *~ a saúde aos prazeres* többre becsüli az egészségét, mint az élvezeteket **3.** vminek az élére állít, kinevez

preposição [pripuziszö^{n}u] *f nyelvt* prepozíció, elöljáró, viszonyszó

preposto [pripostu] **I.** *mmi* eléje tett; →**prepor II.** *fn* **1.** vezető, főnök **2.** küldött, képviselő

prepotência [pripute^{n}szjö] *f* hatalmaskodás; túlkapás; fölényeskedés

prepotente [pripute^{n}nt] *mn* hatalmaskodó; fölényeskedő; szemtelen

pré-primário [prèprimàrju] **B** *mn: curso ~* óvoda

prerrogativa [prirrugötivö] *f* előjog, kiváltság

pres. = *presidente*

presa [prézö] *f* **1.** elvétel; megfosztás **2.** zsákmány; fogás; *fazer ~ de* v *em* elrabol, zsákmányol **3.** elfogás, foglyul ejtés **4.** agyar; ragadozó madár karma **5.** női fogoly

presbita [prizsbitö] *mn* és *fn* távollátó

presbitério [prizsbitèrju] *m vall* presbitérium

presbítero [prizsbitiru] *m vall* presbiter

presbitia [prizsbitiö] *f* távollátás

presbitismo [prizsbitizsmu] *m* = **presbitia**

presciência [pris-szje^{n}szjö] *f* **1.** előrelátás **2.** előérzet

prescindir [pris-szi^{n}ndir] *3/1 tl* eltekint vmitől, lemond vmiről, mellőz vmit (*de*)

prescindível [pris-szi^{n}ndivèl] *mn* mellőzhető

prescrever [priskrivér] *2/7* **I.** *ts* **1.** előír; meghatároz **2.** *orv* elrendel, felír (orvosságot) **II.** *tl jog* elévül

prescrição [priskriszö^{n}u] *f* **1.** előírás **2.** *jog* elévülés

prescrito [priskritu] *mmi* előírt; →**prescrever**

presença [prize^{n}szö] *f* **1.** jelenlét; *em ~ de* **a)** vkinek a jelenlétében **b)** tekintettel vmire, vminek a következtében **2.** külső, megjelenés; *com boa ~* jó megjelenésű

presencial [prize^{n}szjàl] *mn* jelenlevő; *testemunha ~* szemtanú

presenciar [prize^{n}szjàr] *1/6, 1/7 ts* **1.** jelen van vhol **T 2.** lát, átél vmit

presentâneo [prize^{n}ntönyu] *mn* **1.** pillanatnyi, gyors **2.** gyorsan ható, hatékony

presente [prize^{n}nt] **I.** *mn* **1.** jelenlevő; *estar ~* jelen van; *vall: ofício de corpo ~* halotti mise; *fazer ~* értesít, közöl; *ter ~* szem előtt tart, emlékszik vmire **T 2.** mostani, jelenlegi; *o ano ~* a foyó év; *ao ~* jelenleg **3.** *átv* nyilvánvaló, szembetűnő **II.** *fn, m* **1.** jelen; *nyelvt: (tempo) ~* jelen idő **2.** ajándék; *~ de aniversário* születésnapi ajándék; *dar de ~, fazer ~ de* ajándékul ad vmit **3.** *os ~s* a jelenlevők **4.** *ker: com a ~* jelen levelünkkel *v* sorainkkal

presentear [prize^{n}ntyàr] *1/5 ts* megajándékoz

presépio [prizèpju] *m* **1.** istálló **2.** jászol

preservação [prizirvöszö^{n}u] *f* megőrzés,

megvédés; ~ *ambiental* környezetvédelem

preservar [prizirvàr] *1/13 ts* megóv, megvéd

preservativo [prizirvötìvu] **I.** *mn* védő, óvó **II.** *fn, m* **1.** megbetegedés ellen védő orvosság **2.** óvszer

presidência [prizide^{n}szjö] *f* **1.** elnökség **2.** elnöki hivatal **3.** asztalfő

presidencial [prizide^{n}szjàl] *mn* elnöki

presidente [prizide^{n}nt] **I.** *mn* elnöklő **II.** *fn* **1.** elnök; ~ *da república* köztársasági elnök **2.** ülés elnöke

presidiar [prizigyàr] *ts kat* helyőrséggel megerősít

presidiário [prizigyàrju] **I.** *mn* **1.** *kat* helyőrségi **2.** fegyházi **II.** *fn* fegyenc

presídio [prizìgyu] *m* **1.** helyőrség **2.** erőd **3.** fegyház

presidir [prizidìr] *3/1* **I.** *ts* irányít, vezet; kormányoz, igazgat **II.** *tl:* ~ *a* elnököl vhol

presilha [priziljö] *f* **1.** nadrágtartó vége; hurok **2.** talpalló (nadrágon, bokavédőn)

preso [prézu] **I.** *mmi* elfogott; →**prender**; *ficar* ~ fennakad **II.** *fn* letartóztatott; fogoly; ~ *político* politikai fogoly

pressa [prèszö] *f* **1.** sietség; *à* ~, **B** *às* ~*s*, *de* ~ sietve; *a toda a* ~ lóhalálában; *estar com* ~, *ter* ~, *dar-se* ~ siet **2.** sürgősség

pressagiar [priszözsjàr] *1/7 ts* **1.** előre megmond, jövendöl **2.** előre megérez

presságio [priszàzsju] *m* **1.** jövendölés **2.** előjel; előérzet

pressão [priszö^{n}u] *f* nyomás; ~ *arterial* v *sanguínea* vérnyomás; ~ *atmosférica* légnyomás; *examinar a* ~ *nos pneus* ellenőrzi a légnyomást a gumiabroncsokban; *fazer* ~ *sobre* nyomást gyakorol vkire

pressentido [prisze^{n}ntìdu] *mn* **1.** előre megérzett **2.** érzékeny; finom hallású **3.** bizalmatlan

pressentimento [prisze^{n}ntime^{n}ntu] *m* előérzet

pressentir [prisze^{n}ntìr] *3/8 ts* sejt; megérez; észrevesz

pressionar [priszjunàr] *1/8 ts* nyomást gyakorol vkire *v* vmire **T**

pressupor [priszupor] *1/17 ts* feltételez, gyanít vmit, következtet vmire **T**

pressuposto [priszupostu] **I.** *mmi* feltételezett; →**pressupor** **II.** *fn, m* **1.** feltételezés **2.** szándék, terv

pressuroso [priszurozu] *mn* **1.** sietős, gyors **2.** gondos, figyelmes **3.** türelmetlen, nyugtalan

prestação [pristöszö^{n}u] *f* **1.** szolgáltatás; ~ *dos serviços* közszolgáltatások; ~ *de trabalho extraordinário* különmunka; túlórázás **2.** ~ *de contas* elszámolás; számadás; ~ *de provas* bizonyítás, bizonyítékok bemutatása **3.** részlet(fizetés) **4.** ~ *de juramento* eskütétel

prestadio [pristödìu] *mn* **1.** szolgálatkész, előzékeny **2.** hasznos; előnyös

prestador *m*, **-a** *f* [pristödor(ö)] *mn* és *fn* **1.** = **prestadio** **2.** kölcsönző

prestamista [pristömìstö] *fn* **1.** pénzkölcsönző **2.** uzsorás **3.** részletre vásárló

prestância [pristö^{n}szjö] *f* **1.** kiválóság **2.** szolgálatkészség **3.** haszon, előny

prestante [pristö^{n}nt] *mn* **1.** kiváló, kitűnő **2.** szolgálatkész **3.** hasznos, előnyös

prestar [pristàr] *1/13* **I.** *ts* **1.** ad, nyújt, szolgáltat **2.** kölcsön ad, kölcsönöz **3.** *átv* juttat, szolgáltat; ~ *atenção a* figyelmet szentel vminek; ~ *cuidado a* gondoz vkit, törődik vkivel; ~ *fé* hisz, bizalma van vkiben *v* vmben (*a*); ~ *serviço militar* katonai szolgálatot teljesít; ~ *socorro* segítséget nyújt **II.** *tl:* ~ *para* jó vmire; *não presta para nada* semmire se jó **III.** ~**-se** *a* **1.** alkalmas vmire **2.** leereszkedik; beleegyezik vmbe

prestativo [pristötìvu] *mn* = **prestadio**

prestável [pristàvèl] *mn* **1.** alkalmas, megfelelő **2.** használható **3.** szolgálatkész

prestes [prèstis] **I.** *mn* **1.** hajlandó, kész vmire (*a*) **2.** gyors, fürge **3.** *estar* ~ *a* már-már azon van, hogy; *está* ~ *a chegar* minden pillanatban itt lehet **II.** *hat* gyorsan

presteza [pristézö] *f* **1.** gyorsaság, sietség; *com* ~ gyorsan, sietve **2.** ügyesség

prestidigitação [pristidizsitöszö^{n}u] *f* **1.** kézügyesség **2.** bűvészkedés

prestidigitador [pristidizsitödor] *m* bűvész

prestigiação [pristizsjöszö^{n}u] *f* **1.** bűvészkedés **2.** boszorkányság, mágia

prestigiador [pristizsjödor] *m* **1.** bűvész **2.** boszorkánymester, mágus

prestigiar [pristizsjàr] *1/7 ts* hírnevet *v*

tekintélyt kölcsönöz; nem hoz szégyent vkire *v* vmire T

prestígio [pristizsju] *m* **1.** presztizs, tekintély; *gozar de* ~ tekintélynek örvend **2.** *átv* varázs, vonzerő

prestigioso [pristizsjozu] *mn* **1.** tekintélyes; befolyásos **2.** *átv* varázslatos, bűbájos

préstimo [prèstimu] *m* **1.** hasznosság, célszerűség; *sem* ~ hasznavehetetlen **2.** szolgálat(készség), szívesség

prestimoso [pristimozu] *mn* **1.** hasznavehető **2.** szolgálatkész

préstito [prèstitu] *m* kíséret, menet; ~ *fúnebre* halottas menet

presto [prèstu] **I.** *mn* gyors **II.** *hat* gyorsan

presumido [prizumidu] *mn* **1.** beképzelt, öntelt **2.** *jog* feltételezett, feltételezhető

presumir [prizumir] *3/1* **I.** *ts* feltételez **II.** *tl* beképzelt, öntelt; *presume de sábio* tudósnak képzeli magát

presumível [prizumivèl] *mn* feltételezhető, feltehető

presunção [prizu^{n}szö^{n}u] *f* **1.** feltételezés **2.** önteltség, beképzeltség

presunçoso [prizu^{n}szozu] *mn* öntelt, beképzelt

presuntivo [prizu^{n}ntivu] *mn* feltételezett; állítólagos

presunto [prizu^{n}ntu] *m* sonka

pretendente [prite^{n}nde^{n}nt] *m* **1.** kérő **2.** pályázó **3.** trónkövetelő

pretender [prite^{n}ndér] *2/1* **I.** *ts* **1.** igényel, követel; ~ *indenização* kártérítést követel **2.** kér; kíván; ~ *a mão de* megkéri vkinek a kezét; ~ *emprego* állást keres; *pretende-se* keresünk (újsághirdetésben) **3.** szándékozik **4.** állít, hangoztat, erősít **II.** *tl* iparkodik, törekszik

pretendida [prite^{n}ndidö] *f* jövendőbeli, menyasszony

pretensão [prite^{n}szö^{n}u] *f* **1.** igény, követelés; *sem pretensões* igénytelen; *ter pretensões a* igényt tart vmire **2.** kívánság, óhaj **3.** önteltség, elbizakodottság **4.** hencegés, kérkedés

pretensioso [prite^{n}szjozu] *mn* **1.** követelődző **2.** elbizakodott, öntelt

pretenso [prite^{n}szu] *mn* feltételezett, állítólagos

preterir [pritirir] *3/8 ts* **1.** mellőz, elhagy **2.** elhallgat

pretérito [pritèritu] **I.** *mn* elmúlt **II.** *fn, m nyelvt* múlt idő

pretextar [pritistàr] *1/1 ts* ürügyül felhoz

pretexto [pritèstu] *m* ürügy; *a* v *sob* ~ *de* vminek az ürügyén

pretidão [pritidö^{n}u] *f* feketeség

preto [prétu] **I.** *mn* **1.** fekete **2.** B: *situação* ~*a* komoly helyzet **II.** *fn, m* **1.** fekete szín; **2.** néger **3** *pôr o* ~ *no branco* írásban lefektet, papírra vet, leír

pretório [pritòrju] *m* bíróság

prevalecer [privöliszér] *2/2* **I.** *tl* **1.** felülkerekedik vkin *v* vmin (*sobre*) **2.** érvényesül, sikert ér el **II.** ~**-se** **1.** ~*-se contra* fellázad vki ellen **2.** ~*-se de* hasznot húz vmiből; visszaél vmivel

prevalência [privöle^{n}szjö] *f* fölény; felsőbbrendűség

prevaricação [privörikószö^{n}u] *f* **1.** hivatali kötelesség elmulasztása **2.** hivatalos hatalommal űzött visszaélés

prevaricar [privörikàr] *1/2 tl* **1.** hivatali mulasztást követ el **2.** visszaél hivatalos hatalmával

prevenção [prive^{n}szö^{n}u] *f* **1.** megelőzés; elhárítás; *de* ~ elővigyázatosságból; *estar de* ~, *kat* riadókészültségben van **2.** elfogultság; *sem* ~ elfogulatlanul, tárgyilagosan

prevenido [privinidu] *mn* **1.** óvatos, elővigyázatos **2.** bizalmatlan, gyanakvó **3.** elfogult

prevenir [privinir] *3/9* **I.** *ts* **1.** előkészít **2.** megelőz (*átv* is); elhárít **3.** figyelmeztet; értesít **4.** befolyásol; elfogulttá tesz **II.** ~**-se** **1.** felkészül vmire (*para* **2.** ellátja magát vmivel (*de*)

preventivo [prive^{n}ntivu] *mn* **1.** megelőző, óvó; *detenção* v *prisão* ~*a* vizsgálati fogság; *medidas* ~*as* óvintézkedések

prever [privér] *2/26 ts* **1.** előre lát, számol vmivel T **2.** jósol

pré-vestibular [prèvistibulàr] *mn* és *fn*: (*curso*) ~ egyetemi *v* főiskolai felvételi vizsgára előkészítő (tanfolyam)

previamente [prèvjöme^{n}nt] *hat* előzetesen, ezt megelőzően

previdência [privide^{n}szjö] *f* **1.** előrelátás **2.** gondoskodás **3.** ~ *social* társadalombiztosítás

previdente [privide^{n}nt] *mn* **1.** előrelátó **2.** óvatos, elővigyázatos

prévio [prèvju] *mn* előzetes; *sem* ~ *aviso* előzetes értesítés nélkül

previsão [privizö^{n}u] *f* 1. előrelátás 2. feltételezés, sejtés; ~ *do tempo* időjóslás, időjárásjelentés 3. óvatosság, elővigyázatosság
previsível [privizivèl] *mn* előrelátható
previsto [privistu] I. *mmi* előre látott; →**prever;** II. *mn jog : acção ~a pela lei* törvény által tiltott cselekmény
prezado [prizàdu] *mn* nagyra becsült, igen tisztelt
prezar [prizàr] *1/13* I. *ts* 1. értékel, nagyra becsül 2. tisztel; szeret II. **~-se** 1. büszke vmire; *preza-se de ser brasileiro* büszke arra, hogy brazíliai 2. ad magára vmit; *nenhum hombre que se preze faz tal coisa* ilyet egy ember sem tesz, aki ad valamit magára
prima [primö] *f* I. unokanővér, unokahúg II. *zene* 1. prím 2. E-húr (hegedűn)
primacial [primöszjàl] *mn* 1. fő-, legfőbb; *necessidades primaciais* elsőrendű szükségletek 2. elsőrangú, kiváló
primado [primàdu] *m* 1. elsőség, elsőbbség 2. kiválóság
primar [primàr] *1/1 ts* 1. az első helyen áll 2. kiválik, kitűnik vmivel (*por*)
primário [primàrju] *mn* 1. első 2. kezdeti, alap-, elemi; *ensino ~, instrução ~a* alapfokú *v* elemi oktatás; *escola ~a* alsófokú v elemi iskola 3. **B** primitív; korlátolt
primavera [primövèrö] *f* 1. tavasz; *na ~* tavasszal 2. *növ* tavaszi kankalin
primaveral, primaveril [primöviràl, -ril] *mn* tavaszi
primaz [primàs] *m vall* (herceg)prímás
primazia [primöziö] *f* 1. elsőbbség 2. kiválóság 3. *vall* prímási méltóság
primeira [priméjrö] *f:* 1. *à ~* mindjárt kezdetben; első látásra 2. *de ~* elsőrangú, kiváló
primeiramente [priméjröme^{n}nt] *hat* először (is), mindenekelőtt
primeiranista [priméjrönistö] *fn* elsőéves tanuló *v* hallgató
primeiro [priméjru] I. *szn, mn* első; *aos ~s dias do mês* a hónap elején II. *hat* **a)** először, mindenekelőtt **b)** eleinte, kezdetben; *~ do que* előbb, mint; *~ que* mielőtt III. *fn, m* elseje; *no ~ do mês* a hónap első napján
primeiro-ministro [priméjru ministru] *m* miniszterelnök
primevo [primévu] *mn* ősi, ősrégi; primitív
primícias [primiszjös] *f tb* 1. primőrök, piaci újdonság(ok) 2. *átv* kezdet
primitivo [primitivu] *mn* 1. ősi; egyszerű, primitív; 2. kezdeti, kezdetleges 3. *nyelvt : palavra ~a* tőszó; *sociedade ~a* őstársadalom; *tempos ~s* ősidők
primo[1] [primu] *mn* 1. első 2. *mat: (número) ~* törzsszám, prímszám
primogénito [primuzsènitu] *mn* és *fn* elsőszülött
primor [primor] *m* 1. kiválóság 2. tökéletesség; mesteri alkotás 3. szépség, gyönyörűség
primordial [primurgyàl] *mn* ősi; kezdeti, kezdetleges
primoroso [primurozu] *mn* tökéletes, kiváló, pompás
prímula [primulö] *f növ* primula
princesa [pri^{n}szézö] *f* hercegnő
principado [pri^{n}szipàdu] *m* hercegség
principal [pri^{n}szipàl] I. *mn* fő-, alapvető II. *fn, m* 1. fődolog, lényeg 2. főnök, vezető 3. *vall* principális 4. *ker* (alap)tőke (kamatok nélkül)
príncipe[1] [pri^{n}szip] *m* 1. herceg; fejedelem; *~ herdeiro* trónörökös 2. *~ das trevas* ördög
príncipe[2] [pri^{n}szip] *mn: edição ~* első kiadás
principesco [pri^{n}szipèsku] *mn* hercegi; fejedelmi
principiador *m*, **-a** *f* [pri^{n}szipjödor(ö)] *mn* és *fn* kezdeményező
principiante [pri^{n}szipjö^{n}nt] *mn* és *fn* kezdő; újonc
principiar [pri^{n}szipjàr] *1/7* I. *ts* elkezd, megkezd II. *tl* (el)kezdődik
princípio [pri^{n}szipju] *m* 1. kezdet; *do ~* kezdettől fogva, elejétől; *do ~ ao fim* elejétől végig; *em ~s do próximo ano* a jövő év elején; *no ~* kezdetben; *no ~ do mês* a hónap kezdetén; *dar ~ a* elkezd vmit 2. elv, alapelv; *de ~* elvből 3. *~s* alapfogalmak, alapismeretek
prior *m* [prjor] *m vall* prior, zárdafőnök
prioresa [prjurézö] *f vall* főnöknő
prioridade [prjuridàd] *f* elsőbbség
prioritário [prjuritàrju] *mn* elsőbbséget élvező
prisão [prizö^{n}u] *f* 1. fogság; 2. letartóztatás; →**ordem 5.**; 3. börtön; *~ correccional* javítóintézet; *~ maior* szigo-

rított börtön 4. ~ *de ventre* székrekedés, szorulás 5. *átv* kötelék, bilincs
prisional [prizjunàl] *mn* fogoly-; *campo* ~ fogolytábor; *estabelicimento* ~ börtön
prisioneiro [prizjunéjru] **I.** *mn* **1.** letartóztatott **2.** fogságba esett **II.** *fn* fogoly; ~ *de guerra* hadifogoly; *fazer* ~ elfog, fogságba ejt
prisma [prizsmö] *m* és *f* **1.** *ásv, fiz* prizma **2.** *geom* hasáb
privação [privöszö^{n}u] *f* **1.** elvesztés; veszteség **2.** megfosztás, megvonás **3.** nélkülözés, ínség; *sofrer privações* nélkülözések közt él
privada [privàdö] *f* árnyékszék, illemhely
privado [privàdu] **I.** *mmi* megfosztott; →**privar**; ~ *de direitos* jogfosztott **II.** *mn* **1.** vmit nélkülöző; ~ *de recursos* nincstelen, szegény **2.** magán-, személyes, személyi; *vida* ~*a* magánélet **III.** *fn, m* favorit, kedvenc
privança [privö^{n}szö] *f* bizalmasság; családias kapcsolat
privar [privàr] *1/1* **I.** *ts* megfoszt vmitől (*de*) **II.** *tl:* ~ *com* bizalmas, baráti viszonyban van vkivel **III.** ~*-se de* lemond vmiről
privativo [privötivu] *mn* **1.** magán-, saját; sajátos **2.** kizárólagos; különleges **3.** (*prefixo, sufixo*) ~ fosztó képző
privilegiado [privilizsjàdu] *mn* kiváltságos
privilegiar [privilizsjàr] *1/7 ts* kiváltságban részesít
privilégio [privilèzsju] *m* **1.** kiváltság; előjog; ~ *de venda* egyedárusítás (joga) **2.** egyéni tehetség
pr.º = *prémio*
pró [prò] **I.** *hat* számára, javára; *movimento* ~*-paz* békemozgalom; ~*-americano* amerikabarát; ~*-socialista* a szocialistákat pártoló *v* támogató **II.** *fn, m* haszon, előny; *os* ~*s e os contras* **a)** az előnyök és a hátrányok **b)** a mellette és az ellene szóló érvek
prò, pròs [prò, pròs] = **para o, para os**
proa [proö] *f* **1.** hajó elülső része, hajóorr **2.** gőg, fennhéjázás *abaixar a* ~ *a, átv* leszállít vkit a magas lóról
probabilidade [pruböbilidàd] *f* valószínűség
probante, probatório [prubö^{n}nt, prubötòrju] *mn jog* bizonyító
probidade [prubidàd] *f* becsületesség
problema [prublémö] *m* **1.** probléma, kérdés, nehézség **2.** (számtani) feladat
problemática [prublimàtikö] *f* problematika, problémák összessége
problemático [prublimàtiku] *mn* kétséges, kérdéses
probo [pròbu] *mn* becsületes
probóscide [prubòs-szid] *f áll* ormány
procacidade [pruköszidàd] *f* szemtelenség
procaz [prukàs] *mn* szemtelen
procedência [pruszide^{n}szjö] *f* eredet, származás
procedente [pruszide^{n}nt] *mn* **1.** vhonnan eredő, származó, érkező (*de*) **2.** logikus, következetes
proceder [pruszidér] *2/7* **I.** *tl* **1.** ered, származik **2.** cselekszik, eljár **3.** ~ *a* hozzálát vmihez; *procede-se a* sor kerül vmire **4.** ~ *contra* eljárást indít, eljár vki ellen **5.** halad; folytatódik **6.** *jog* alapja *v* bizonyító ereje van **II.** *fn, m* = **procedimento**
procedimento [pruszidime^{n}ntu] *m* **1.** eljárás, viselkedés **2.** ~ *judicial* bírósági eljárás, per
procela [pruszèlö] *f* vihar
procelária [pruszilàrjö] *f áll* viharmadár, albatrosz
proceloso [pruszilozu] *mn* viharos
prócer [pròszir] *m* **1.** fontos személyiség **2.** pártvezér
processamento [prusziszöme^{n}ntu] *m:* ~ *de dados* adatfeldolgozás
processar [prusziszàr] *1/13 ts* **1.** beperel **2.** eljár; működik; ~ *multas* pénzbüntetéseket kiszab **3.** (okmányokat) ellenőriz **4.** (pert) előkészít, folyamatba tesz
processo [pruszèszu] *m* **1.** *műsz* eljárás; (munka)folyamat; lebonyolítás; ~ *de produção* termelési *v* előállítási folyamat **2.** *jog* peres eljárás, per; ~ *sumário* gyorsított eljárás; *ir a* ~ bírósághoz folyamodik **3.** periratcsomó, periratok
processual [prusziszvàl] *mn* per-; *despesas processuais* perköltségek
procissão [prusziszö^{n}u] *f* processzió, menet, felvonulás; *em* ~ *de triunfo* diadalmenetben
proclama [pruklömö] *m* házasulandók kihirdetése
proclamação [pruklömöszö^{n}u] *f* **1.** kiáltvány **2.** kihirdetés, közzététel

proclamar [pruklömàr] *1/1* **I.** *ts* **1.** kikiált **2.** kihirdet, közzétesz **II.** **~-se** **1.** vmivé nyilvánítja magát **2.** vmilyennek mutatja magát; *proclama-se bom aluno* jó tanuló benyomását kelti
procrastinar [prukröstinàr] *1/1* **I.** *ts* elhalaszt, halogat, késleltet **II.** *tl* késlekedik
procriar [prukrjàr] *1/7* **I.** *ts* nemz; világra hoz **II.** *tl* sokasodik, szaporodik
procura [prukurö] *f* **1.** keresés; *andar* v *ir a ~ de* vminek a keresésére indul **2.** *ker* kereslet; *produto de grande ~* keresett termék
procuração [prukurösző^{n}u] *f* **1.** *jog* meghatalmazás **2.** *ker* cégjegyzési jogosítás; *por ~* per procura, meghatalmazás folytán
procurador [prukurödor] *m* **1.** meghatalmazott, megbízott **2.** ügyész, jogi képviselő **3.** *~ da República* államügyész; *~ geral* főállamügyész
procuradoria [prukuröduriö] *f* ügyészség
procurar [prukuràr] *1/1* **I.** *ts* **1.** keres *közm: quem procura sempre acha* aki keres, az talál **2.** kutat, felkutat **3.** szerez **II.** *tl* az ügyész teendőit látja el
prodigalidade [prudigölidàd] *f* **1.** pazarlás, tékozlás **2.** bőség, gazdagság
prodigalizar [prudigölizàr] *1/1* *ts* **1.** pazarol, tékozol **2.** bőkezűen ad; *~ cuidados a* gondoskodásaival eláraszt vkit
prodigar [prudigàr] *1/4* *ts* = **prodigalizar**
prodígio [prudizsju] *m* csoda; *menino ~* csodagyermek
prodigioso [prudizsjozu] *mn* csodás
pródigo [pròdigu] *mn* és *fn* pazarló, tékozló
produção [pruduszö^{n}u] *f* **1.** termelés, előállítás, gyártás; *excesso de ~* túltermelés **2.** termék, gyártmány **3.** *irod, műv* alkotás, mű
producente [prudusze^{n}nt] *mn* **1.** termelő, előállító, gyártó **2.** *jog* bizonyító; logikus
produtividade [prudutividàd] *f* termelékenység
produtivo [prudutivu] *mn* **1.** termelő; *forças ~as* termelőerők **2.** hasznot hajtó, nyereséges **3.** gyümölcsöző, termékeny
produto [prudutu] *m* **1.** termék, gyártmány; termény; áru, cikk **2.** hozam, jövedelem **3.** *mat* szorzat; eredmény
produtor *m*, **-a** *f* [prudutor(ö)] *mn* és *fn* termelő, gyártó, előállító
produzir [pruduzir] *3/14* **I.** *ts* **1.** termel, előállít, gyárt **2.** *műv* alkot, teremt **3.** *átv* előteremt, szerez; *~ testemunhas* tanúkat szerez **4.** előidéz, okoz; *~ efeito* hatást vált ki, befolyásol; *~ bom lucro* szép jövedelmet biztosít; *~ perdas* veszteséggel jár v zárul **5.** *szính* előad **II.** **~-se** (elő)adódik, bekövetkezik
proeminência [pruimine^{n}szjö] *f* **1.** emelkedés, magaslat **2.** kiemelkedés, kidudorodás
proeminente [pruimine^{n}nt] *mn* **1.** *átv* kiemelkedő, kiváló **2.** előreálló, előreugró
proémio [pruèmju] *m* bevezetés, előszó
proeza [pruézö] *f* hőstett; kimagasló teljesítmény
prof. = *professor*
profanação [prufönösző^{n}u] *f* megszentségtelenítés, kegyeletsértés
profanar [prufönàr] *1/1* *ts* megszentségtelenít
profano [prufönu] *mn* és *fn* **1.** profán, avatatlan; világi (nem vallási) **2.** közönséges, hétköznapi
profecia [prufisziö] *f* jövendölés, jóslás
proferir [prufirir] *3/8* *ts* kiejt, kimond; *~ palavras de apreço* dícsérően nyilatkozik
professar [prufiszàr] *1/13* **I.** *ts* **1.** vall (hitet, tant) **2.** (hivatást, foglalkozást) gyakorol; *~ a advocacia* ügyvédi pályán működik **3.** tanít, előad **4.** terjeszt (eszmét) **5.** ünnepélyesen megígér, megfogad; *~ fidelidade* hűséget fogad **6.** *átv* kimutat (érzelmet); *~ amizade a* szeretetet tanúsít vki iránt **II.** *tl vall* rendbe belép
professo [prufèszu] *mn* és *fn* jártas, szakértő, „profi"
professor *m*, **-a** *f* [prufiszor(ö)] *fn* tanító(nő), tanár(nő), professzor; *~ catedrático* v *de cadeira* tanszékvezető tanár; *~ particular* magántanár; *~ de liceu* középiskolai tanár; *~ do magistério primário* elemi iskolai tanító
professorado [prufiszuràdu] *m* **1.** tanárság; pedagógus hivatás **2.** tanári kar *v* testület **3.** tanszék
professoral [prufiszuràl] *mn* pedagógus-, tanári

professorando [prufiszurö^{n}ndu] *m* **B** tanárjelölt
profeta [prufètö] *m* próféta
profético [prufètiku] *mn* profetikus, jóslatszerű
profetisa [prufitizö] *f* jósnő
profetizar [prufitizàr] *1/1 ts* jövendöl, jósol
proficiência [prufiszje^{n}szjö] *f* hozzáértés; ügyesség
proficiente [prufiszje^{n}nt] *mn* hozzáértő, ügyes
proficuidade [prufikvidàd] *f* haszon, előny
profícuo [prufikvu] *mn* hasznos, előnyös
profiláctico [prufilàtiku] *mn* betegség megelőzésére irányuló (gyógyszer)
profilaxia [prufilàksziö] *f orv* profilaxis, megelőző védekezés
profissão [prufiszö^{n}u] *f* **1.** foglalkozás, hivatás; *de* ~ hivatásos **2.** *átv* hitvallás, felfogás
profissional [prufiszjunàl] **I.** *mn* **1.** hivatással járó; hivatali **2.** szakmai; szakirányú, szak-; *ensino* v *instrução* ~ szakoktatás; *escola* ~ szakiskola **II.** *fn* **1.** professzionista, hivatásos, „profi" **2. B** szakember
prófugo [pròfugu] *mn* és *fn* **1.** menekült **2.** disszidált
profundar [prufu^{n}ndàr] *1/1* **I.** *ts* **1.** kimélyít, kiás **2.** *átv* kitanulmányoz **II.** *tl* behatol, belemélyed **III.** ~**-se** *átv* a mélyére hatol
profundas [prufu^{n}ndös] *f tb nép* a pokol feneke
profundeza, profundidade [prufu^{n}ndézö, -didàd] *f* mélység (*átv* is)
profundo [prufu^{n}ndu] **I.** *mn* **1.** mély; *dor ~a* mély fájdalom; *ferida ~a* mély seb **2.** *átv* nagy, mélyreható; *~a ignorância* szörnyű tudatlanság **II.** *fn, m* mélység
profusão [prufuzö^{n}u] *f* **1.** pazarlás, tékozlás **2.** nagy bőség; *em* ~ bőven
profuso [prufuzu] *mn* **1.** pazarló, tékozló **2.** bőséges
progénie [pruzsènyi] *f* **1.** eredet, származás **2.** nemzetség **3.** ivadék, utódok
progenitor [pruzsinitor] *m* **1.** ősapa **2.** *~es* elődök, ősök
progenitura [pruzsiniturö] *f* = **progénie**
prognose [prugnòzi] *f* prognózis
prognosticar [prugnustikàr] *1/2 ts* előre megmond, megjósol
prognóstico [prugnòstiku] *m* prognózis
programa [prugrömö] *m* **1.** program **2.** terv **3.** tanterv
programação [prugrömöszö^{n}u] *f* **1.** programozás **2.** beütemezés
programático [prugrömàtiku] *mn* **1.** programszerű **2.** programot adó
programar [prugrömàr] *1/1 ts* **1.** tervet készít vmiről **T 2.** programoz **3.** beütemez
progredimento [prugridime^{n}ntu] *m* haladás; fejlődés
progredir [prugridir] *3/9 tl* halad; fejlődik
progressão [prugriszö^{n}u] *f* **1.** haladás, fejlődés **2.** *mat* haladvány
progressista [prugrisziststö] **I.** *mn* haladó (gondolkodású) **II.** *fn* a haladás híve
progressivo [prugriszivu] *mn* **1.** haladó, fejlődő **2.** *átv* haladó (szellemű) **3.** progresszív, fokozatosan emelkedő; *imposto* ~ progresszív adó(zás)
progresso [prugrèszu] *m* haladás, fejlődés; *fazer ~s* szépen fejlődik, sikereket ér el
proibição [pruibiszö^{n}u] *f* tilalom; ~ *de estacionar* várakozni tilos
proibido [pruibidu] *mn* tilos; *é ~ fumar* dohányzás tilos
proibir [pruibir] *3/19 ts* megtilt
proibitivo, proibitório [pruibitivu, -tòrju] *mn* **1.** tiltó, korlátozó **2.** *preço* ~ megfizethetetlen ár
projecção [pruzsèszöu] *f* **1.** dobás, hajítás **2.** *geom* vetület **3.** (film)vetítés **4.** *átv* jelentőség; hatás
projectar [pruzsètàr] *1/1 ts* **1.** dob, hajít **2.** *geom, fényk* vetületet készít **3.** (filmet) vetít **4.** *átv* tervez
projéctil [pruzsètil] *m* lövedék
projecto [pruzsètu] *m* **1.** terv, szándék **2.** ~ *de lei* törvénytervezet
projector [pruzsètor] *m* **1.** fényszóró **2.** vetítőkészülék **3.** filmvetítőgép
projet . . . project . . .
prol [pròl] *m* előny, haszon; *em* ~ *de* előnyére, javára
prolapso [prulàpszu] *m orv* előreesés; süllyedés
prole [pròli] *f* ivadék, utód(ok), sarj; *mãe de* ~ *numerosa* sokgyermekes anya
proletariado [prulitörjàdu] *m* proletariátus; *ditadura de* ~ proletárdiktatúra
proletário [prulitàrju] *mn* és *fn* proletár;

~*s de todos os países, uni-vos!* világproletárjai, egyesüljetek!
proliferação [prulifiröszö^{n}u] *f* **1.** szaporodás **2.** *átv* elterjedés, kiterjedés
proliferar [prulifiràr] *1/13 tl* **1.** (osztódás útján) szaporodik **2.** *átv* elterjed
prolificação [prulifiköszö^{n}u] *f* szaporodás
prolificar [prulifikàr] *1/2 tl* szaporodik
prolífico [prulifiku] *mn* szapora
prolixo [prulikszu] *mn* hosszadalmas, terjengős
prólogo [pròlugu] *m* prológ, bevezetés; előhang, előjáték
prolonga [prulo^{n}ngö] *f* **1.** elhalasztás **2.** megnyújtás, meghosszabbítás
prolongação [prulo^{n}ngöszö^{n}u] *f* meghosszabbítás
prolongado [prulo^{n}ngàdu] *mn* hosszú; hosszan tartó
prolongamento [prulo^{n}ngöme^{n}ntu] *m* = **prolongação**
prolongar [prulo^{n}ngàr] *1/4* **I.** *ts* **1.** meghosszabbít **2.** folytat **3.** *átv* elnyújt, kihúz **4.** elhalaszt **II.** **~-se** **1.** elterül **2.** elhúzódik, elnyúlik
prolóquio [prulòkju] *m* szólás; bölcs mondás
promessa [prumèszö] *f* **1.** ígéret; *cumprir a ~* betartja ígéretét; *fazer ~* ígéretet tesz **2.** fogadalom
prometedor *m*, **-a** *f* [prumitidor(ö)] *mn* sokat ígérő
prometer [prumitér] *2/7 ts* **1.** ígér, megígér; *~ mundos e fundos* fűt-fát ígér **2.** kilátásba helyez; *o dia promete chuva* ma, úgy látszik, esni fog **3.** *~ lealdade* feleskůszik **II.** *tl* **1.** reményekre jogosít fel; *este rapaz promete* ebből a fiúból lesz még valami **2.** *~ muito (pouco)* jónak (rossznak) ígérkezik **III.** **~-se** **1.** elvár; *~-se sucesso* sikereket vár **2.** eljegyzi magát
prometido [prumitidu] **I.** *mn* megígért; *terra ~a* ígéret földje **II.** *fn* jegyes
prometimento [prumitime^{n}ntu] *m* ígéret
promiscuidade [prumiskvidàd] *f* **1.** összevisszaság **2.** keveredés
promíscuo [prumiskvu] *mn* **1.** összekevert; rendetlen; zavaros **2.** vegyes **3.** közös; *nyelvt: nome ~* közös nemű főnév
promissão [prumiszö^{n}u] *f* ígéret; *terra da ~* ígéret földje
promissor *m*, **-a** *f* [prumiszor(ö)] *mn* sokat ígérő
promissória [prumiszòrjö] *f ker* kötelezvény, váltó
promoção [prumuszö^{n}u] *f* **I.** **1.** előlépés, előléptetés **2.** indítvány **II.** **B** propaganda
promontório [prumo^{n}ntòrju] *m* tenger fölé emelkedő hegyfok; előhegység
promotor *m*, **-a** *f* [prumutor(ö)] **I.** *mn* és *fn* kezdeményező, előidéző **II.** *fn, m jog* a vád képviselője; *~ público*, **B** ügyész
promover [prumuvér] *2/8 ts* **1.** előmozdít **2.** előidéz, okoz **3.** előléptet **4.** *jog* indítványoz
promulgação [prumulgöszö^{n}u] *f* kihirdetés, közzététel
promulgar [prumulgàr] *1/4 ts* **1.** kihirdet, közzétesz, ismertet **2.** (törvényt) jogerőre emel
pronome [prunom] *m nyelvt* névmás
pronominal [prunuminàl] *mn* névmási; *verbo ~* visszaható ige
pronóstico [prunòstiku] *mn* beképzelt, öntelt
prontamente [pro^{n}ntöme^{n}nt] *hat* **1.** azonnal, rögtön **2.** készségesen
prontidão [pro^{n}ntidö^{n}u] *f* **1.** gyorsaság; sietség **2.** készség; *estar* v *ficar de ~* készen áll vmire
prontificar [pro^{n}ntifikàr] *1/2* **I.** *ts* **1.** elkészít **2.** felajánl, nyújt, ad **II.** **~-se** késznek mutatkozik vmire, ajánlkozik
pronto [pro^{n}ntu] **I.** *mn* **1.** gyors; azonnali; *~ socorro* mentőszolgálat; *andar ~ a habitar* azonnal beköltözhető lakás **2.** kész; kész vmire *(a)*; *estar ~ a agir* tettre kész; *quando estará ~?* mikor lesz készen? **3.** tevékeny, agilis **4.** talpraesett, szavakész **5.** **B** *biz* tönkrement; *estar ~* egy vasa sincs **6.** *szól: a ~* készpénzért; *num ~* pillanat alatt **II.** *isz: ~!* halló!
prontuário [pro^{n}ntvàrju] *m* **1.** kézikönyv **2.** jegyzetfüzet, notesz **3.** **B** személyi lap
pronúncia [prunu^{n}szjö] *f* **1.** kiejtés **2.** *jog* vádemelés
pronunciação [prunu^{n}szjöszö^{n}u] *f* kiejtés
pronunciado [prunu^{n}szjàdu] *mn* **1.** markáns, jellegzetes **2.** kifejezett, világos **3.** *jog* vádlott
pronunciamento [prunu^{n}szjöme^{n}ntu] *m*

1. lázadás, felkelés 2. állásfoglalás, nyilatkozat 3. felszólalás 4. *jog* bírói döntés

pronunciar [prunu^{n}szjàr] *1/7* **I.** *ts* **1.** kiejt **2.** beszél, felszólal **3.** kijelent; kihirdet **4.** *jog* vád alá helyez; ~ *inocente* ártatlannak nyilvánít **II.** **~-se** **1.** nyilatkozik, állást foglal **2.** fellázad

propagação [prupögöszö^{n}u] *f* (el)terjesztés; (el)terjedés

propagador *m*, **-a** *f* [prupögödor(ö)] *mn* és *fn* terjesztő; ~ *de boatos* hírharang; rémhírterjesztő

propaganda [prupögö^{n}ndö] *f* propaganda, hírverés

propagandista [prupögö^{n}ndistö] *fn* propagandista

propagar [prupögàr] *1/4, 1/12* **I.** *ts* **1.** terjeszt, elterjeszt, kiterjeszt **2.** szaporít, megsokszoroz **3.** propagál, népszerűsít **II.** *tl*, **III.** **~-se** **1.** elterjed **2.** szaporodik

propalar [prupölàr] *1/12 ts* terjeszt; nyilvánosságra hoz

propedêutica [propidèutikö] *f* bevezetés a tudományba, előkészítés

propender [prupe^{n}ndér] *2/1 ts* **1.** (el)hajlik **2.** *átv* hajlamosságot mutat vmi felé (*a, para*)

propensão [prupe^{n}szö^{n}u] *f* **1.** hajlás **2.** *átv* hajlam

propenso [prupe^{n}szu] *mn* hajlamos, hajló vmire (*a, para*)

propiciar [prupiszjàr] *1/7 ts* **1.** elősegít **2.** lehetővé tesz

propício [prupiszju] *mn* kedvező

propina [prupinö] *f* **1.** borravaló **2.** *isk* felvételi díj; vizsgadíj

propinar [prupinàr] *1/1 ts* **1.** inni ad, megitat; ~ *um sonífero ao doente* altatószert ad be a betegnek **2.** nyújt, ad, szolgáltat

propinquidade [prupi^{n}nkvidàd] *f* közelség

propinquo [prupi^{n}nkvu] **I.** *mn* közeli, szomszédos **II.** *fn, m:* ~*s* rokonok

proponente [prupune^{n}nt] *mn* és *fn* indítványozó

propor [prupor] *2/17* **I.** *ts* **1.** indítványoz, javasol **2.** ígér, megígér **3.** ajánl, kínál **4.** előterjeszt; bemutat **5.** *szól:* ~ *uma acção contra* pert indít vki ellen; ~ *histórias* történeteket mesél *v* mond el; ~ *obrigações a* kötelességeket ró vkire **II.** *tl* javaslatot tesz **III.** **~-se** **1.** felteszi magában; szándékozik vmit tenni **2.** ~*-se a deputado* képviselőnek jelölteti magát

proporção [prupurszö^{n}u] *f* arány; méret; *à* ~ arányosan; *à* ~ *que* aszerint, hogy; *em* ~ *de* vminek az arányában; *tomar grandes proporções* nagy arányokat ölt

proporcionado [prupurszjunàdu] *mn* arányos; *bem* ~ szép testalkatú

proporcional [prupurszjunàl] *mn* arányos

proporcionar [prupurszjunàr] *1/15 ts* **1.** arányosít; összhangba hoz **2.** ad, nyújt, szolgáltat **3.** lehetővé tesz

proposição [prupuziszö^{n}u] *f* **1.** javaslat, indítvány **2.** *nyelvt* mondat **3.** állítás, kijelentés **4.** (tan)tétel

propositado [prupuzitàdu] *mn* szándékos

propósito [prupòzitu] *m* **1.** terv, szándék, elhatározás; *com o firme* ~ *de* azzal a feltett szándékkal, hogy **2.** cél **3.** ok; *a que* ~? miért? milyen okból (kifolyólag)? *a* ~ *de qué?* hogy-hogy? mire föl? **4.** *szól:* *a*~ **a)** kapóra, éppen jókor **b)** hogy el ne felejtsem; erről jut eszembe; *a* ~ *de* vmit illetően, ami ... illeti; *de* ~ szándékosan, készakarva; *mal a* ~ rosszkor, alkalmatlan időben; *homem de* ~ céltudatos, okos ember; *está fora de* ~ ez nem tartozik ide

proposta [prupòstö] *f* **1.** javaslat; ~ *de lei* törvényjavaslat **2.** ajánlat **3.** döntés, határozat

propriamente [pròprjöme^{n}nt] *hat* tulajdonképpen; ~ *dito* hogy úgy mondjam

propriedade [pruprjédàd] *f* **1.** tulajdon; ~ *privada* magántulajdon **2.** (föld)birtok; *pequena* ~ kisbirtok **3.** (egyéni) tulajdonság, jellemvonás **4.** *nyelvt* szabatosság **5.** *repartição da* ~ *industrial* szabadalmi hivatal

proprietário [pruprjétàrju] *fn* tulajdonos

próprio [pròprju] **I.** *mn* **1.** saját; *casa* ~*a* saját ház **2.** maga; *ele* ~ ő maga **3.** megfelelő, alkalmas vmire (*para*) **4.** jellemző, jellegzetes **5.** pontos; *na hora* ~*a* pontosan **6.** tulajdonképpeni **7.** *szól:* *amor* ~ önérzet; hiúság; *no sentido* ~ *da palavra* a szó szoros értelmében **II.** *fn, m* **1.** tulajdon; ~*s nacionais* állami javak **2.** tulajdonság **3.** futár, hírnök

propugnador *m*, **-a** *f* [prupugnödor(ö)] *mn* és *fn* vminek a harcosa, védelmezője

propugnar [prupugnàr] *1/1* **I.** *ts* **1.** kiharcol **2.** védelmez **II.** *tl*: **~** *por* harcol vmiért

propulsão [prupulszö^{n}u] *f műsz* meghajtás; *força de* **~** hajtóerő

propulsar [prupulszàr] *1/1* *ts* **1.** hajt; lök **2.** *átv* előmozdít, ösztönöz

propulsionar [prupulszjunàr] *1/15* = **propulsar**

propulsivo [prupulszivu] *mn* hajtó, mozgató

propulsor *m*, **-a** *f* [prupulszor(ö)] **I.** *mn* hajtó, mozgató **II.** *fn*, *m műsz* hajócsavar; légcsavar

prorrogação [prurrugöszö^{n}u] *f* **1.** *átv* meghosszabbítás **2.** halasztás, elnapolás

prorrogar [prurrugàr] *1/4*, *1/15* **1.** *átv* meghosszabbít **2.** elhalaszt, elnapol

prosa [pròzö] *f* **1.** próza **2.** **B** *biz* csevegés; *dar uma prosinha* elcseveg egy kicsit

prosador *m*, **-a** *f* [pruzödor(ö)] *fn* prózaíró

prosáico [pruzàjku] *mn* **1.** prózai **2.** *átv* hétköznapi, közönséges

prosaismo [pruzöizsmu] *m* prózaiság

prosápia [pruzàpjö] *f* **1.** eredet; családfa **2.** gőg, büszkeség

proscénio [prus-szènyu] *m* proszcénium, a színpad előtere

proscrever [pruskrivér] *2/7* *ts* **1.** száműz **2.** megszüntet

proscrição [pruskriszö^{n}u] *f* **1.** száműzés **2.** megszüntetés

proscrito [pruskritu] **I.** *mmi* → **proscrever** **II.** *mn* és *fn* száműzött

prosear [prozjàr] *1/5* *tl* **B** **1.** cseveg, beszélget **2.** udvarolgat

proselitismo [pruzilitizsmu] *m* térítői buzgóság

prosélito [pruzèlitu] *m* **1.** új hívő **2.** vkinek híve *v* követője

prosista [pruzistö] *fn* **1.** prózaíró **2.** **B** bőbeszédű alak

prospecção [pruspiszö^{n}u] *f* talajkutatás

prospectar [pruspitàr] *1/13* *ts* talajkutatásokat végez

prospecto [pruspètu] *m* **1.** *átv* kilátás, eshetőség **2.** terv **3.** prospektus, ismertető

prosperar [pruspiràr] *1/13* **I.** *ts* felvirágoztat **II.** *tl* **1.** (fel)virágzik **2.** boldogul, érvényesül

prosperidade [pruspiridàd] *f* **1.** virágzás, fellendülés **2.** boldogulás, érvényesülés **3.** jómód, boldogság

próspero [pròspiru] *mn* **1.** virágzó **2.** kedvező; szerencsés

prossecução [pruszikuszö^{n}u] *f* folytatás

prosseguindo [pruszigi^{n}ndu] *hat* a továbbiak során

prosseguir [pruszigir] *3/4*, *3/8* **I.** *ts* folytat **II.** *tl* folytatódik

prosternar [prustirnàr] *1/13* **I.** *ts* **1.** földreborulásra kényszerít **2.** megaláz **II.** **~-se** **1.** földre borul **2.** megalázkodik

prostíbulo [prustibulu] *m* bordélyház

prostituição [prustitviszö^{n}u] *f* **1.** prostitúció **2.** *átv* meggyalázás

prostituir [prustitvir] *3/6* **I.** *ts* prostituál **II.** **~-se** prostituálja magát

prostituta [prustitutö] *f* prostituált; kéjnő

prostração [pruströszö^{n}u] *f* **1.** földreborulás **2.** teljes kimerülés

prostrar [prustràr] *1/15* **I.** *ts* **1.** földre dob **2.** *átv* lever, megaláz **II.** **~-se** **1.** földre borul **2.** elterül

protagonista [prutögunistö] *fn* főszereplő; főhős

protecção [prutèszö^{n}u] *f* **1.** protekció, pártfogás **2.** védelem, oltalom; **~** *à maternidade e à infância* anya- és csecsemővédelem; **~** *do ambiente* környezetvédelem

proteccionismo [prutèszjunizsmu] *m* védővámrendszer

protector *m*, **-a** *f* [prutètor(ö)] **I.** *mn* védő, védelmező **II.** *fn* protektor, pártfogó

protectorado [prutèturàdu] *m* **1.** pártfogóság **2.** *pol* protektorátus

proteger [prutizsér] *2/3*, *2/7* *ts* **1.** protezsál, pártfogol **2.** véd, védelmez, oltalmaz

protegido [prutizsidu] *fn* pártfogolt, védenc

protelar [prutilàr] *1/13* = **prorrogar**

protervo [prutèrvu] *mn* szemtelen, arcátlan

prótese [pròtiz] *f* **1.** *orv* protézis, műfogsor, művégtag; **~** *auditiva* hallókészülék **2.** *nyelvt* protézis, toldalékhangzó (szó elején)

protestação [prutistöszö^{n}u] *f* tiltakozás

protestante [prutistö^{n}nt] *mn* és *fn* **1.** tiltakozó **2.** *vall* protestáns

protestantismo [prutistö^{n}ntizsmu] *m vall* protestantizmus

protestar [prutistàr] *1/13* **I.** *ts* **1.** ünnepélyesen megígér *v* megfogad **2.** állít, bizonygat **3.** biztosít, szavatol **4.** *ker* megóvatol **II.** *tl* tiltakozik

protesto [prutèstu] *m* **1.** tiltakozás; *telegrama de ~* tiltakozó távirat; *em gesto de ~* tiltakozásképpen; *elevar um ~* tiltakozik **2.** ünnepélyes ígéret *v* fogadalom **3.** szilárd elhatározás **4.** *ker* megóvatolás

protet... → **protect...**

protético [prutètiku] *mn orv* protézises

protocolar [prutukulàr] *mn* protokolláris

protocolo [prutukòlu] *m* **1.** protokoll **2.** jegyzőkönyv **3.** etikett, illemszabályok; *quebrar o ~* szakít az előírásokkal; eltekint az udvariaskodástól

protótipo [prutòtipu] *m* prototípus, őspéldány, mintakép

protuberância [prutubirö^{n}szjö] *f* kidudorodás; dudor

protuberante [prutubirö^{n}nt] *mn* kiemelkedő, kidudorodó

prouvera [provèrö] → **prazer I.**

prova [pròvö] *f* **1.** bizonyíték; *~s materiais* tárgyi bizonyítékok; *dar ~s de* bizonyságát adja vminek **2.** próba, kísérlet; *~ de carga* terhelési próba; *à ~ d'água v de chuva* vízhatlan; *à ~ de bombas* bombabiztos; *à ~ de fogo* tűzálló; *carro à ~ de bala* golyóbiztos páncélautó; *a toda a ~* kipróbált, bevált; *pôr à ~* próbára tesz **3.** ruhapróba **4.** vizsga; *~ escrita* írásbeli vizsga; *~ oral* szóbeli vizsga **5.** *sp* verseny **6.** *nyomd* korrektúra **7.** *átv* megpróbáltatás, szenvedés **8.** megízlelés, megkóstolás

provação [pruvöszö^{n}u] *f* **1.** próba **2.** *átv* megpróbáltatás

provadamente [pruvàdöme^{n}nt] *hat* kétségtelenül

provado [pruvàdu] *mn* **1.** bebizonyított **2.** jártas, tapasztalt **3.** kipróbált, bevált **4.** *átv* hányatott, megpróbáltatásokkal teli

provador [pruvödor] *m* (bor)kóstoló (személy)

provadura [pruvödurö] *f* **1.** megízlelés **2.** kóstoló

provar [pruvàr] *1/15 ts* **1.** (be)bizonyít; *~ com factos* tényekkel bizonyít **2.** kipróbál, próbára tesz; ellenőriz; *~ fortuna* szerencsét próbál; *~ forças com* összeméri erejét vkivel **3.** *átv* átél, tapasztal; *~ dificuldades* nehéz helyzetben van; *~ fome* éhezik **4.** (ruhát) felpróbál **5.** megízlel, megkóstol

provável [pruvàvèl] *mn* valószínű

provecto [pruvèktu] *mn* **1.** előrehaladott; *aluno ~* jó tanuló **2.** *idade ~a* magas kor

provedor [pruvidor] *m* **1.** szállító **2.** gondnok

proveito [pruvéjtu] *m* haszon, előny; *em ~ de* vkinek *v* vminek a javára; *dar v fazer ~* használ, jót tesz; *ser de ~* hasznos, előnyös; *sacar v tirar ~ de* hasznot húz vmiből; *trazer ~* hasznot hajt; *bom ~!* jó étvágyat! kedves egészségére!

proveitoso [pruvéjtozu] *mn* hasznos, előnyös

proveniência [pruvinye^{n}szjö] *f* eredet, származás

proveniente [pruvinye^{n}nt] *mn*: *~ de* vhonnan eredő, származó

provento [pruve^{n}ntu] *m* haszon; bevétel, nyereség

prover [pruvér] *2/27* **I.** *ts* **1.** gondoskodik vmiről **T 2.** ellát, felszerel vmivel (*de*) **3.** állást betölt **4.** kinevez vmilyen állásra (*em*) **II.** *tl*: *~ a* gondoskodik vmiről **III.** **~-se** *de* ellátja magát vmivel

proverbial [pruvirbjàl] *mn* közmondásos

provérbio [pruvèrbju] *m* közmondás

proveta [pruvétö] *f fiz, vegy* kémcső, próbacső

providência [pruvide^{n}szjö] *f* **1.** *vall* gondviselés **2.** óvatossági rendszabály; *tomar ~s* intézkedéseket tesz **3.** szerencsés véletlen

providencial [pruvide^{n}szjàl] *mn* **1.** gondviselésszerű **2.** alkalmas időben érkező

providenciar [pruvide^{n}szjàr] *1/7 ts, tl* **1.** intézkedéseket tesz **2.** gondoskodik vmiről (**T**, *a*)

providente, próvido [pruvide^{n}nt, pròvidu] *mn* **1.** előrelátó **2.** megfontolt, óvatos

provido [pruvidu] *mn* **1.** jól felszerelt, ellátott **2.** (állásra) kinevezett

provimento [pruvime^{n}ntu] *m* **1.** (élelmiszer)ellátás **2.** élelmiszer **3.** kinevezés (állásra) 4. *jog: dar ~ a* helyt ad vminek

província [pruvi^{n}szjö] *f* provincia; tartomány; vidék; terület

provincial [pruvi^{n}szjàl] I. *mn* tartományi; vidéki II. *fn, m vall* provinciális, tartományfőnök

provincialismo [pruvi^{n}szjölizsmu] *m* 1. *nyelvt* tájnyelvi sajátság 2. *átv* szűklátókörűség

provinciano [pruvi^{n}szjönu] *mn* és *fn* vidéki; falusi; kisvárosi

provindo [pruvi^{n}ndo] *mn: ser ~ de* vhonnan származó

provir [pruvir] *3/23 tl* ered, származik vhonnan (*de*)

provisão [pruvizö^{n}u] *f* 1. ellátás; *~ de mantimentos* élelmiszerellátás 2. élelmiszer 3. készlet, raktár; tartalék; *previsões de reserva* tartalékok 4. intézkedés; rendelkezés

provisor [pruvizor] *m* beszerző, szállító

provisório [pruvizòrju] *mn* ideiglenes; átmeneti

provocação [pruvuköszö^{n}u] *f* 1. provokáció, kihívás 2. beugratás 3. ingerlés, izgatás

provocador *m*, **-a** *f* [pruvuködor(ö)] I. *mn* 1. kihívó 2. ingerlő II. *fn, m* 1. felbujtó, bujtogató 2. beugrató ügynök

provocante [pruvukö^{n}nt] *mn* provokáló, kihívó

provocar [pruvukàr] *1/2, 1/15 ts* 1. provokál, kihív 2. sérteget 3. előidéz, okoz; *~ desordens* zavargásokat kelt 4. elősegít; ösztönöz

provocativo [pruvukötivu] *mn* = **provocante**

proximamente [pròszimöme^{n}nt] *hat* 1. legközelebb 2. nemrég 3. körülbelül, mintegy 4. közel

proximidade [pròszimidàd] *f* 1. közelség; szomszédság 2. közeli rokonság 3. *~s* környék

próximo [pròszimu] I. *mn* 1. közeli; legközelebbi; *no mês ~ futuro* a jövő hónapban; *em começos de Abril ~ passado* múlt április elején; *estar ~* küszöbön áll 2. következő, jövő; *na ~a semana* a jövő héten 3. közvetlen; egyenes; *causa ~a* közvetlen ok 4. *~ de* vmihez közel levő II. *hat: aqui ~* itt a közelben III. *fn, m* embertárs, felebarát; *amor ao ~* felebaráti szeretet

prudência [prude^{n}szjö] *f* 1. okosság; *falta de ~* meggondolatlanság 2. óvatosság; *com muita ~* nagyon óvatosan

prumo [prumu] *m* 1. *haj* mérőón 2. *átv* okosság, éleselméjűség 3. *a ~* függőlegesen

prurido [pruridu] *m* 1. viszketegség; viszketés 2. türelmetlenség

prurir [prurir] *3/1* I. *ts* 1. viszketést okoz 2. *átv* ösztönöz; ingerel II. *tl* 1. viszket 2. türelmetlen 3. *~ por* vágyódik vmi után

Prússia [pruszjö] *f* Poroszország

prussiano [pruszjönu] *mn* és *fn* porosz

prússico [pruszíku] *mn: ácido ~* ciánhidrogén, kéksav

P.S. = *post-scriptum, pós-escrito* utóirat

pseudónimo [pszéudònimu] I. *mn* álnéven szereplő II. *fn, m* álnév

psicanálise [pszikönàliz] *f* pszichoanalízis, lélekelemzés

psicanalista [pszikönölistö] *fn* pszichoanalitikus (szakember)

psicologia [pszikuluzsiö] *f* pszichológia, lélektan

psicológico [pszikulòzsiku] *mn* pszichológiai, lélektani

psicologista, psicólogo [pszikuluzsistö, -kòlugu] *fn* pszichológus

psicopata [pszikopàtö] *fn* pszichopata, kóros lelki alkatú egyén

psicopatia [pszikopötiö] *f* pszichopátia, kóros lelki alkat

psicose [pszikòz] *f* pszichózis, elmezavar, elmebaj

psiquiatra [pszikjàtrö] *fn* pszichiáter, elmegyógyász

psiquiatria [pszikjötriö] *f* pszichiátria, elmekórtan

psiquiátrico [pszikjàtriku] *mn* elmekórtani

psíquico [pszíkiku] *mn* pszichikai, lelki

psitacismo [pszitöszizsmu] *m orv* 1. gépies gondolkodás 2. szajkózás

psitacose [pszitököz] *f* papagájkór

psiu [pszju] *isz* pszt!

pts., **p.**^{tas} = *pesetas*

pua [puö] *f* 1. tüske 2. szúrós hegy 3. *műsz* fúró; furdancs

puberdade [pubirdàd] *f* pubertás, serdülőkor

púbere [pubir] *mn* serdülő

publicação [publiköszö^{n}u] *f* 1. (könyv)-kiadás 2. kihirdetés, közzététel
pública-forma [publiköfòrmö] *f* hitelesített másolat
publicar [publikàr] *1/2 ts* 1. kiad (könyvet) 2. kihirdet, közzétesz
publicidade [publiszidàd] *f* 1. nyilvánosság 2. propaganda; reklám 3. hirdetés; hirdetések rovata (újságban) 4. *dar* ~ *a* a) nyilvánosságra hoz b) reklámoz; *ter larga* ~ jól ismerik, közismert
publicista [publiszistö] *fn* publicista
público [publiku] I. *mn* 1. köz-; *bem* ~ közvagyon; *bem-estar* ~ közjólét; *cargo* ~ közhivatal; *empregado* v *funcionário* v *servidor* ~ közalkalmazott, köztisztviselő; *saúde* ~*a* közegészség(ügy) 2. nyilvános; nyílt; *votação* ~*a* nyílt szavazás; *em* ~ nyilvánosan; *declaração em* ~ nyilvános kijelentés; *fazer-se* v *tornar-se* ~ nyilvánosságra kerül; *faz-se* ~ *que* tudatjuk, hogy; *pôr em* ~ nyilvánosságra hoz, közzétesz 3. közismert II. *fn, m* közönség
púcaro [puköru] *m* (agyag)korsó, fazék
pude [pudi] → **poder**
pudendo [pude^{n}ndu] *mn* 1. szégyenkező, szemérmes 2. *orv: partes* ~*as* szeméremtest, nemi szerv
pudente [pude^{n}nt] *mn* = **pudico**
pudera [pudèrö] 1. → **poder;** 2. *isz* hát persze! nem is csoda!
pudibundo [pudibu^{n}ndu] *mn* szégyenkező, szemérmes
pudicícia [pudiszíszjö] *f* szemérmesség
pudico, púdico [pudiku, pudiku] *mn* szemérmes
pudim [pudi^n] *m konyh* puding
pudor [pudor] *m* szemérem; szégyenérzet; *atentado ao* ~ szemérem elleni bűntett
puerícia [puiriszjö] *f* gyermekkor
puericultor [puirikultor] *m* gyermekgondozó
puericultura [puirikulturö] *f* gyermekgondozás
pueril [puiril] *mn* gyermeki; gyermekes
puerilidade [puirilidàd] *f* gyermekesség
puérpera [puèrpirö] *f* szülőanya
puerperal [puirpiràl] *mn: febre* ~ gyermekágyi láz
puerpério [puirpèrju] *m orv* szülés
puf [puf] *isz* ah! jaj! ejnye!
pufe [puf] *m* 1. puff, alacsony párnázott ülőke 2. puff, női ruhaujj bugygyos része
púgil [puzsil] *m* = **pugilista**
pugilato [puzsilàtu] *m* ökölvívás, bokszolás
pugilismo [puzsilizsmu] *m sp* ökölvívás
pugilista [puzsilistö] *m* ökölvívó
pugna [pugnö] *f* harc, csata, küzdelem
pugnacidade [pugnöszidàd] *f* harciasság
pugnar [pugnàr] *1/1 tl* 1. harcol, küzd 2. vitatkozik, veszekedik
pugnaz [pugnàs] *mn* harcias
puir [puir] *3/6 ts* 1. elhasznál, elkoptat 2. políroz; kifényesít
pujança [puzsö^{n}szö] *f* életerő; átütő erő
pujante [puzsö^{n}nt] *mn* erős, életerős
pujar [puzsàr] *1/1* I. *ts* felülmúl, legyőz II. *tl* elérni törekszik, erőlködik
pular [pulàr] *1/1* I. *ts* átugrik vmin T; ~ *a cerca* átugrik a kerítésen II. *tl* 1. ugrál, ugrándozik; ~ *de contente* ugrándozik örömében 2. erősen dobog (szív) 3. rohamosan nő
pulga [pulgö] *f* 1. bolha; 2. B *argó* kisautó 3. *com a* ~ *na orelha* bizalmatlanul
pulgão [pulgö^{n}u] *m* levéltetű
pulgoso, pulguento [pulgozu, -ge^{n}ntu] *mn* bolhás
pulha [puljö] I. *mn* hitvány, aljas; szégyentelen II. *fn* 1. *f* a) rossz tréfa b) ocsmány beszéd 2. *m* hitvány alak
pulhice [puljisz] *f* 1. hitványság 2. nyomorúságos élet
pulmão [*tb: pulmões*) [pulmö^{n}u, pulmojs] *m* tüdő
pulmonar [pulmunàr] *mn* tüdő-; *tuberculose* ~ tüdővész
pulo [pulu] *m* 1. ugrás; *aos* ~*s* ugrándozva; *de um* ~, *num* ~ egy ugrással; *num* ~, *em dois* ~*s* egykettőre, nagyon gyorsan; *dar um* ~ ugrik (egyet); *dar* ~*s* ugrándozik 2. *dar um* ~ *a* beugrik vhova; *dei um* ~ *à farmácia* beugrottam a gyógyszertárba 3. *átv: dar um* ~ nagyot nő; *o garoto deu um* ~ *enorme* a fiú óriásit nőtt 4. (heves) szívdobogás
pulôver [pulovèr] *m* pulóver
púlpito [pulpitu] *m vall* szószék
pulsação [pulszöszö^{n}u] *f* érverés; szívdobogás
pulsar [pulszàr] *1/1* I. *ts* 1. tol, lök

2. mozgásba hoz 3. penget (húrokat) 4. átérez, megérez 5. kipuhatol II. *tl* 1. dobog, ver (szív) 2. liheg; nehezen lélgezik
pulseira [pulszéjrö] *f* karkötő, karperec
pulso [pulszu] *m* 1. pulzus, érverés; *tomar o ~ de* a) megtapogatja vkinek a pulzusát b) *átv* kipuhatolja vkinek a szándékát 2. erő; *homem de ~* erős, erélyes ember; *ter ~* van ereje
pulular [pululàr] *1/1 tl* hemzseg
pulverização [pulvirizöszö^{n}u] *f* 1. porlasztás, porrá zúzás 2. megsemmisítés 3. permetezés
pulverizador *m*, **-a** *f* [pulvirizödor(ö)] I. *mn: bomba ~a* permetezőgép II. *fn, m műsz* porlasztó
pulverizar [pulvirizàr] *1/1 ts* 1. porlaszt, porrá zúz 2. megsemmisít 3. permetez
pulveroso, pulverulento [pulvirozu, -rule^{n}ntu] *mn* poros
pum [pum] *isz* bumm!
puma [pumö] *m áll* puma
punção [pu^{n}szö^{n}u] *f* 1. *orv* punkció, csapolás 2. *orv* lancetta 3. *műsz* ár, lyukasztóvas
punçar [pu^{n}szàr] *1/3 ts* = **puncionar**
puncionar [pu^{n}szjunàr] *1/15 ts* 1. *orv* felszúr, megcsapol 2. *műv* poncol, fémjelez
pundonor [pu^{n}ndunor] *m* önérzet
pundonoroso [pu^{n}ndunurozu] *mn* önérzetes
pungente [pu^{n}zse^{n}nt] *mn* 1. szúró 2. éles, fájdalmas
pungir [pu^{n}zsir] *3/3* I. *ts* 1. (meg)szúr 2. (meg)csíp (rovar) 3. izgat; ösztönöz 4. elszomorít, lesújt II. *tl* 1. sarjadni kezd 2. serked (szakáll)
punhada [punyàdö] *f* ökölcsapás
punhado [punyàdu] *m* 1. marék 2. maroknyi; *um ~ de gente* maroknyi csoport
punhal [punyàl] *m* tőr
punhalada [punyölàdö] *f* tőrdöfés
punho [punyu] *m* 1. ököl; *a ~s fechados* ökölbe szorított kézzel 2. mandzsetta, kézelő 3. nyél, fogantyú 4. *pelo próprio ~* sajátkezűleg
punibilidade [punibilidàd] *f jog* büntethetőség
punição [puniszö^{n}u] *f* (meg)büntetés
punir [punir] *3/1* I. *ts* megbüntet II. *tl* harcol, küzd vmiért (*por*)
punitivo [punitivu] *mn* büntető
punível [punivèl] *mn* 1. büntethető 2. büntetendő
pupila [pupilö] *f* I. gyámleány; nevelt; növendék II. pupilla, szembogár
pupilo [pupilu] *m* gyámfiú; nevelt; növendék
puramente [purömе^{n}nt] *hat* csak, csupán
purê [puré] *m konyh* püré, áttört étel
pureza [purézö] *f* 1. tisztaság 2. ártatlanság 3. *nyelvt* szabatosság
purga [purgö] *f* hashajtó
purgação [purgöszö^{n}u] *f* megtisztítás; megtisztulás
purgante [purgö^{n}nt] I. *mn* 1. (meg)tisztító 2. hashajtó II. *fn, m* 1. hashajtószer 2. unalmas személy
purgar [purgàr] *1/4* I. *ts* 1. megtisztít 2. *átv* levezekel II. *~-se* hashajtót vesz be
purgativo [purgötivu] *mn* 1. tisztító 2. hashajtó
purgatório [purgötòrju] I. *mn* tisztító II. *fn, m vall* purgatórium, tisztítóhely
purificação [purifiköszöou] *f* tisztítás; tisztulás
purificar [purifikàr] *1/2* I. *ts* (meg)tisztít, (ki)fényesít II. *~-se* megtisztul (*átv* is)
purificativo, purificatório [purifikötivu, -tòrju] *mn* tisztító
purismo [purizsmu] *m nyelvt* purizmus
purista [puristö] *fn nyelvt* nyelvtisztító, nyelvőr
puro [puru] *mn* 1. tiszta; valódi, hamisítatlan; *céu ~* felhőtlen ég; *~a lã* tiszta gyapjú; *de ~ sangue* telivér 2. ártatlan, tiszta lelkű 3. egyszerű, közvetlen, őszinte; *~a e simplesmente* egyszerűen és őszintén 4. *nyelvt* szabatos 5. *~ de* mentes vmitől
púrpura [purpurö] *f* bíbor
purpurado [purpuràdu] *m vall* bíboros
purpúreo, purpurino [purpurju, purpurinu] *mn* bíborvörös
púrpuro [purpuru] *mn* = **purpúreo**
purulento [purule^{n}ntu] *mn* gennyes
pus [pus] I. → **pôr** II. *fn, m* genny
pusilânime [puzilönim] *mn* kishitű; bátortalan
pusilanimidade [puzilönimidad] *f* kishitűség; bátortalanság
pústula [pustulö] *f orv* gennytüsző, gennyes pattanás

pustulento [pustule^{n}ntu] *mn* pattanásos

putativo [putötìvu] *mn* **1.** állítólagos **2.** *jog* törvényesnek vélt

putrefacção [putrifàszö^{n}u] *f* rothadás, bomlás

putrefaciente [putriföszje^{n}nt] *mn* rothasztó, bomlasztó

putrefactivo [putrifàtìvu] *mn* rothasztó, bomlasztó

putrefacto [putrifàktu] *mn* rothadt; romlott (*átv* is)

putrescência [putris-sze^{n}szjö] *f* rothadás; oszlás

putrescente [putris-sze^{n}nt] *mn* rothadó

putrescível [putris-szìvèl] *mn* rothadásnak kitett

pútrido [putridu] *mn* rothadt

puxa [pusö] *isz* **B** ejnye! nahát!

puxada [pusàdö] *f* **1.** rándítás, lendítés **2. B** hosszú menetelés **3.** *kártya* kezdés, kijátszás

puxadeira [pusödéjrö] *f* fogantyú, fül

puxadinho [pusödinyu] **I.** *mn* ficsúros **II.** *fn, m* ficsúr

puxado [pusàdu] *mn* **1.** kifeszített, kinyújtott **2.** ficsúros; kiöltözött **3.** méregdrága **4.** fárasztó, nehéz; *exame*~ nehéz vizsga; *trabalho* ~ fárasztó munka **5.** *prato* ~ ínyenctál

puxador [pusödor] *m* kilincsgomb; fogantyú, fiók kihúzója

puxão [pusö^{n}u] *m* hirtelen rántás

puxa-puxa [pusàpusö] *f* **B** cukorkaféle

puxar [pusàr] *1/1* **I.** *ts* **1.** húz, előhúz, elővesz; ~ *a cadeira* magához húzza a széket; ~ *uma nota* elővesz egy bankjegyet; ~ *para baixo* lehúz; ~ *para cima* felhúz **2.** kihúz, kiránt, kiráncigál; ~ *um revólver* revolvert ránt elő; ~ *a rolha da garrafa* kirántja a dugót az üvegből **3.** kifeszít, kinyújt; ~ *um cordão* kifeszít egy kötelet **4.** előidéz, okoz; megkezd; ~ *conversa* társalogni kezd, beszédbe elegyedik **5.** ösztönöz; ingerel **II.** *tl* **1.** ~ *a* hasonlít vkire; *o filho puxou ao pai* a gyerek az apjára ütött **2.** ~ *de, por* előhúz, elővesz vmit; ~ *por dinheiro* pénzt vesz elő; ~ *de uma faca* kést ránt elő **3.** ~ *para* hajlik, hajlamos vmire; ~ *para médico* tehetséget érez az orvosi pályára **III.** ~**-se** ficsúrosan öltözködik **IV.** *szól:* ~ *uma bofetada* leken egy pofont; ~ *muita energia* sok üzemanyagot fogyaszt; ~ *o lustro ao calçado* kifényesíti a cipőjét; ~ *os preços* felhajtja az árakat, jó drágán ad el; ~ *de uma perna* egyik lábára sántít; ~ *do peito* megerőltető munkát végez; ~ *pela cabeça* megerőlteti az agyát; tanul; ~ *pelas orelhas* meghúzza a fülét; ~ *pelo relógio* felhúzza az órát; ~ *pela voz* hangosan beszél, kiabál; *ir puxando, nép* meghal, elpatkol; *közm: mentira puxa mentira* az első hazugságot követi a többi

puxa-sacos [pusöszàkus] *m* **B** hízelgő, talpnyaló

puxo [pusu] *m* **1.** hajfonat; bóbita **2.** *orv* székerőltetés

Q

Q, q [ké] *m* q (betű)
q = *que*
q. = *quintal* mázsa
q.^{do} = *quando*
Q.G. = *Quartel-General* főhadiszállás
q.^{m} = *quem*
q.^{to} = *quanto*
quacre [kvàkr] *m* kvéker
quaderna [kvödèrnö] *f ját* négyes (kártyán, kockán)
quadra [kvàdrö] *f* **1.** négyszögletes szoba **2.** városnegyed **3. B** háztömb **4.** négysoros vers(szak) **5.** *ját* négyes **6.** évnegyed; évszak; *na ~ estival* a nyári évadban **7. B** sportpálya
quadrado [kvödràdu] **I.** *mn* **1.** négyszögletes **2.** négyzetes, négyzet-; → **raiz 2.**; **3.** *biz* teljes, tökéletes; *besta ~a, átv* címeres ökör **II.** *fn, m* **1.** négyzet; *elevar ao ~* négyzetre emel **2.** *nyomd* spácium, térző
quadragesimal [kvödrözsizimàl] *mn* negyven napos; *vall* böjti
quadragésimo [kvödrözsèzimu] *szn, mn* negyvenedik
quadrangulado [kvödrö^{n}nguldàdu] *mn* négyszögletes
quadrangular [kvödrö^{n}ngulàr] *mn* négyszögű, négyszögletes
quadrângulo [kvödrö^{n}ngulu] *m* négyszög
quadrante [kvödrö^{n}nt] *m* **1.** *geom* körnegyed, ívnegyed **2.** számlap (órán, mérőeszközön)
quadrar [kvödràr] *1/12* **I.** *ts* **1.** négyszögűvé tesz **2.** *mat* négyzetre emel **II.** *tl* **1.** kvadrál, illik, összevág vmivel (*a, com*) **2.** tetszik
quadrático [kvödràtiku] *mn* négyzetes
quadratim [kvödröti^{n}] *m nyomd* kis kvadrát
quadratura [kvödröturö] *f* négyszögesítés; *~ do círculo* a kör négyszögesítése
quadriculado [kvödrikulàdu] *mn* kockás; *papel ~* kockás papír
quadricular [kvödrikulàr] **I.** *mn* kockás **II.** *1/1 ts* kockákra oszt
quadrienal [kvödrjénàl] *mn* **1.** négyévi **2.** négy évenként ismétlődő
quadriénio [kvödrjènyu] *m* négy év
quadriga [kvödrigö] *f* négyes fogat
quadril [kvödril] *m* csípő
quadrilátero [kvödrilàtiru] **I.** *mn* négyoldalú **II.** *fn, m* négyszög
quadrilha [kvödriljö] *f* **1.** négyes (tánc) **2.** (rabló)banda
quadrilheiro [kvödriljéjru] *m* rabló, bandita
quadrimestre [kvödrimèstr] *m* négy hónap, harmadév
quadrimotor [kvödrimutor] *m* négymotoros repülőgép
quadringentésimo [kvödri^{n}zse^{n}ntèzimu] *szn, mn* négyszázadik
quadrinhos [kvödrinyus] *m tb* regény képekben
quadrissílabo [kvödriszilöbu] **I.** *mn* négyszótagú **II.** *fn, m* négyszótagú szó
quadro [kvàdru] *m* **1.** kép, festmény; *~ de gênero* zsánerkép, életkép **2.** filmkocka **3.** falitábla; *~ preto* iskolai fekete tábla **4.** jegyzék, kimutatás **5.** *vill* kapcsolótábla **6.** keret, képkeret **7.** *kat, pol* káder
quadrúpede [kvödrupid] *mn* és *fn* négylábú
quadruplicar [kvödruplikàr] *1/2 ts* megnégyszerez

quádruplo [kvàdruplu] *mn* négyszeres

qual. = *qualidade*

qual (*tb : quais*) [kvàl, kvàjs] **I.** *mn, névm* **1.** melyik? milyen? ~ *dos dois?* melyik a kettő közül? *por* ~ *razão?* miért? milyen oknál fogva? ~ *é a altura daquela árvore?* milyen magas az a fa? **2.** *o* ~, *a* ~ aki, amely; *os quais, as quais* akik, amelyek; *pelo* ~ amiért is, és ennélfogva **II.** *ksz* ahogyan, amilyen; *seja* ~ *for* bármilyen legyen is; *seja* ~ *for a sua intenção* bármit is szándékozik tenni **III.** *isz* ugyan! ne mondd! igazán?! ~ *o quê!* szó sincs róla! ~ *história!* ~ *lá!* ~ *nada!* micsoda ostobaság!

qualidade [kvölidàd] *f* **1.** minőség; *de alta* ~ kiváló minőségű **2.** tulajdonság; képesség **3.** társadalmi helyzet, rang

qualificação [kvölifiköszö^{n}u] *f* **1.** minősítés; osztályozás **2.** képesítés; *elevar a sua* ~ magasabb képesítést szerez

qualificado [kvölifikàdu] *mn* **1.** képesített **2.** kipróbált; alkalmas **3.** minőségi, kiváló

qualificar [kvölifikàr] *1/2* **I.** *ts* **1.** minősít; osztályoz; ~ *de inteligente* okosnak tart **2.** képesít **II.** **~-se** képesítést szerez

qualificativo [kvölifikötivu] **I.** *mn* **1.** minősítő **2.** minőségi **II.** *fn, m* meghatározás

qualificável [kvölifikàvèl] *mn* minősíthető

qualitativo [kvölitötivu] *mn* minősítő

qualquer (*tb : quaisquer*) [kvàlkér, kvàjskér] **I.** *névm* valaki, akárki; *um* ~ egy senki **II.** *mn* valamely(ik), akármely(ik); ~ *coisa* valami, akármi; *em* ~ *lugar* akárhol, bárhol; ~ *pessoa* akárki, bárki; *a* v *em* ~ *altura* akármikor; *um livro* ~ akármilyen könyv; ~ *que seja* akármilyen is az

quando [kvö^{n}ndu] **I.** *névm* mikor? *desde* ~? mióta? **II.** *hat: de* ~ *em* ~, *de vez em* ~ időnként; ~ *menos* legalább; **III.** *ksz* **1.** amikor ~ *quiser* bármikor **2.** ha, amennyiben

quant. = *quantidade*

quanta [kvö^{n}ntö] → **quantum**

quantia [kvö^{n}ntiö] *f* **1.** mennyiség **2.** összeg

quantidade [kvö^{n}ntidàd] *f* **1.** mennyiség; nagyság **2.** sokaság, tömeg; *uma* ~ *de gente* néptömeg **3.** *nyelvt* hang kiejtésének időtartama, hosszúság, rövidség

quantioso [kvö^{n}ntyozu] *mn* **1.** számos; jelentékeny **2.** gazdag

quantitativo [kvö^{n}ntitötivu] *mn* mennyiségi

quanto [kvö^{n}ntu] **I.** *mn, névm* **1.** mennyi? hány? *em* ~ *tempo?* mennyi idő alatt? ~ *quer pelo apartamento?* mennyit kér a lakásért? ~*s são?* hányan vannak? *a* ~*s estamos hoje?* hányadika van ma? **2.** amennyi, ahány; ~ *quiser* akármennyi(t); *todos* ~*s* mindannyian, valamennyien; *tudo* ~ mindaz, ami; *tanto* ... ~ annyi(t) ..., amennyi(t); ~ *mais* ..., *tanto* ... minél ..., annál ...; ~ *mais barato, melhor* minél olcsóbb, annál jobb **II.** *hat* **1.** amennyire, ahogy; ~ *eu saiba* tudomásom szerint **2.** ~ *a* ami ... illeti; ~ *a isso* ami azt illeti

quantum (*tb : quanta*) [kvö^{n}ntu, kvö^{n}ntö] *m fiz* kvantum; *teoria dos quanta* kvantumelmélet

quão [kvö^{n}u] *hat* **1.** = **quanto II.**; **2.** (a)milyen; *é tão grande* ~ *forte* olyan nagy, mint amilyen erős; ~ *dura fatiga!* milyen nehéz munka!

quarenta [kvöre^{n}ntö] *szn* negyven

quarentão *m*, **quarentona** *f* [kvöre^{n}ntö^{n}u, -tonö] *mn* és *fn* negyvenéves

quarentena [kvöre^{n}nténö] *f* **1.** negyven nap **2.** negyven darab vmiből **3.** karantén, vesztegzár

quaresma [kvörèzsmö] *f vall* nagyböjt

quaresmar [kvörizsmàr] *1/13 tl* böjtöl

quarta [kvàrtö] *f* **1.** negyed, negyedrész **2.** *zene* kvart **3.** szerda **4.** *sp :* ~*s de final* negyeddöntő

quartã [kvörtö^n] *mn f* és *fn : (febre)* ~ negyednapos láz

quarta-feira [kvàrtöféjrö] *f* szerda

quartanista [kvörtönistö] *fn* negyedéves tanuló *v* hallgató

quartear [kvörtyàr] *1/5 ts* négy részre feloszt

quarteirão [kvörtéjrö^{n}u] *m* **1.** huszonöt (darab) **2.** háztömb

quartel [kvörtèl] *m* **1.** negyed, negyedrész **2.** negyedév, évnegyed **3.** időszak **4.** kvártély, szállás, lakás **5.** kaszárnya; *estar de* ~ szolgálatos (kaszárnyában) 6. kímélet; *sem* ~ kíméletlenül; *não dar* ~ *a* kíméletlenül elbánik vkivel; *pedir* ~ kíméletért könyörög

quartel-general [kvörtèlzsiniràl] *m* főhadiszállás

quarteto [kvörtétu] *m zene* kvartett; ~ *de cordas* vonósnégyes

quartilho [kvörtilju] *m* icce (régi űrmérték); fél liter

quartinho [kvörtinyu] *m* 1. régi aranypénz 2. szobácska 3. B vécé

quarto [kvàrtu] I. *szn, mn* negyed(ik) II. *fn, m* 1. negyed, negyedrész; *um* ~ *de litro* negyed liter 2. negyedóra; *uma (hora) e um* ~ negyed kettő; *passar um mau* ~ *de hora* kellemetlen perceket él át 3. szoba; ~ *de dormir* hálószoba 4. *nyomd* kvart, negyedrét alak 5. *kat, haj* őrség; *estar de* ~ őrt áll

quartzo [kvàrtszu] *m ásv* kvarc

quase [kvàz] *hat* majdnem, mintegy

quasimodo [kvözimòdu] *m* 1. *vall* húsvét utáni vasárnap 2. B szörnyszülött, szörnyeteg

quaternário [kvötirnàrju] *mn* 1. négyrészes 2. *zene* négyütemes 3. *geol* negyedkori

quatorze [kvötorzi] *szn* B tizennégy; → **catorze**

quatro [kvàtru] I. *szn* négy II. *fn, m* 1. négyes (szám) 2. *o* ~ *de Abril* április negyedike

quatrocentista [kvàtruszeⁿntistö] *mn* és *fn:* 15. századbeli (festő, költő)

quatrocentos *m*, **-centas** *f* [kvàtruszeⁿntus, -tös] I. *szn, mn* négyszáz II. *fn, m* a 15. század

que [ki] I. *névm* 1. (kérdő:) **a)** mi? mit? ~ *é?* mi ez? mi az? ~ *aconteceu?* mi történt? ~ *deseja?* mit óhajt? *de* ~ *se trata?* miről van szó? *por* ~*?* miért? (kiemelve:) *o* ~ *é* ~ *fazes aqui?* mit csinálsz te itt? **b)** milyen? ~ *móveis tem?* milyen bútorai vannak? 2. (vonatkozó:) aki, akik; amely, amelyek; *as pessoas* ~ *acabam de chegar* a személyek, akik most jöttek; *as torres* ~ *vês* a tornyok, amelyeket látsz; *o que* ami; *pelo* ~ és ennek következtében II. *ksz* 1. hogy; *creio* ~ *virá* azt hiszem, hogy eljön; *pediu-me* ~ *viesse* arra kért, hogy jöjjek; *não sei* ~ *dizer* nem tudom, hogy mit mondjak 2. (okhatározói:) mert, mivel; *já não posso ficar* ~ *tenho muito* ~ *fazer* nem maradhatok tovább, mert sok a dolgom 3. (célhatározói:) avégből, hogy; *conto-lhe histórias* ~ *não esteja aborrecido* történeteket mesélek neki, hogy ne unatkozzék 4. (hasonlító:) ~, *do* ~ mint; *frio* ~ *nem gelo* olyan hideg, mint a jég 5. (megengedő:) ~ *entre!* hadd jöjjön be! 6. *que ... (ou) que ...* akár ..., akár ...; ~ *queira* ~ *não queira* akár akar, akár nem; akár tetszik, akár nem 7. (folyamat:) *corre* ~ *corre* ő csak fut és fut 8. *szól: bem* ~ jóllehet; *como* ~ mintha csak; *com tal* ~, *contanto* ~ feltéve, ha; *a menos* ~ ha csak nem; *de modo* ~ úgyhogy; úgy, hogy; *pois* ~ mert, mivelhogy; *ninguém* ~ *eu* csak én; *ter* ~ *fazer* el van foglalva; *tenho* ~ *ir* mennem kell III. *isz* milyen ...! micsoda ...! ~ *barulho!* micsoda zaj! ~ *bom!* milyen jó!

quê [ké] I. *fn, m* 1. valami; *um* ~ *misterioso* valami titokzatos 2. *szól: sem* ~ *nem para quê* minden ok nélkül, csak úgy; *nao há* v *tem de* ~ nincs miért; (erősítő:) *ele disse o* ~*?* mit is mondott ő? II. *isz:* ~*!* hogyan?! hát lehetséges?

quebra [kèbrö] *f* 1. törés 2. megszakítás; *sem* ~ megszakítás nélkül, folyton 3. csőd, tönkremenés 4. *biz* sérv 5. hiány, veszteség

quebra-cabeça [kèbrököbészö] *m* fejtörő, rejtvény

quebrada [kibràdö] *f* 1. lejtő 2. szakadék 3. *geol* repedés, rés

quebradeira [kibrödéjrö] *f* 1. fáradtság, gyengeség 2. B pénztelenség, csőd 3. ~ *de cabeça* fejtörő

quebradiço [kibrödiszu] *mn* törékeny

quebrado [kibràdu] I. *mn* 1. eltört, széttört 2. tört; *linha* ~*a* tört vonal 3. tönkrement 4. fáradt; gyönge 5. *átv* megtört, levert 6. sérves II. *fn, m* 1. *mat* törtszám 2. ~*s* aprópénz

quebrador [kibrödor] *m* aszfaltbontó gép

quebradura [kibrödurö] *f* 1. törés 2. repedés, rés 3. *orv* sérv

quebra-esquinas [kèbröiskinös] *m* lődörgő, lézengő

quebra-gelos [kèbrözsélus] *m:* (*navio*) ~ jégtörő hajó

quebra-luz [kèbrölus] *m* lámpaernyő
quebra-mar [kèbrömàr] *m* hullámtörő gát
quebra-nozes [kèbrönòzis] *m* diótörő
quebrantar [kibrö^{n}ntàr] *1/1* **I.** *ts* **1.** eltör, széttör **2.** csökkent, enyhít, nyugtat **3.** *átv* elnyom **4.** gyengít, fáraszt, kimerít **5.** megszeg (adott szót, esküt, törvényt) **II.** **~-se** **1.** elgyengül, kimerül **2.** elcsügged
quebranto [kibrö^{n}ntu] *m* **1.** elgyengülés, kimerülés **2.** szemmel verés, megigézés
quebrar [kibràr] *1/13* **I.** *ts* **1.** eltör, széttör; ~ *o copo* eltöri a poharat **2.** elszakít, szétszakít (*átv* is); ~ *as relações com* megszakítja a kapcsolatot vkivel; ~ *o galho,* **B** *argó* megoldja a problémát **3.** *átv* félbeszakít, megzavar; ~ *o silêncio* megtöri a csendet **4.** kimerít, legyengít; ~ *o entusiasmo* lehűti a lelkesedést **II.** *tl* **1.** eltörik, széttörik **2.** elszakad, szétszakad; **3.** megtörik (fény, hullám) **4.** elhajlik, eltér; *o vento quebrou* a szél irányt változtatott **5.** tönkremegy, csődbe jut **6.** *orv* sérvet kap **III.** **~-se** **1.** eltörik, széttörik **2.** megszakad, megszűnik
quebrável [kibràvèl] *mn* törékeny
quebreira [kibréjrö] *f biz* fáradtság, kimerültség
quebro [kèbru] *m* **1.** testhajlás **2.** *zene* moduláció
queda [kèdö] *f* **1.** esés, bukás; zuhanás (*átv* is); *a ~ do governo* a kormány bukása; *dar uma ~* esik, bukik; *continuar em ~* tovább zuhan (ár, árfolyam) **2.** lejtő, hajlás **3.** hajlam, tehetség; *ter ~ para a música* van tehetsége a zenéhez **4.** bűn, bűnbeesés
quedar [kidàr] *1/13* **I.** *tl,* **II.** **~-se** **1.** megáll **2.** marad, megmarad
quedo [kédu] *mn* **1.** csendes, nyugodt **2.** mozdulatlan **3.** *~ e ~* lassan; halkan; óvatosan
quefazeres [kifözéris] *m tb* teendők
quefir [kifir] *m* kefír
queijada [kéjzsàdö] *f* túróslepény
queijaria [kéjzsörlö] *f* sajtkészítő üzem
queijeiro [kéjzséjru] *m* sajtkészítő; sajtárus
queijo [kéjzsu] *m* sajt; *pão pão, ~ ~* nevén nevezi a gyermeket, nyílt, őszinte
queima [kéjmö] *f* **1.** elégetés **2.** tűzvész **3.** **B** (szezonvégi) kiárusítás
queimação [kéjmöszö^{n}u] *f* **1.** = **queima** **2.** szemtelenség **3.** bosszantás
queimada [kéjmàdö] *f* **1.** erdőégés **2.** talajégetés
queimadela [kéjmödèlö] *f* = **queimadura**
queimado [kéjmàdu] **I.** *mn* elégett, elégetett **II.** *fn, m* megégett holmi; *cheiro de ~* égett szag; *gosto ~* odaégett íz
queimadura [kéjmödurö] *f* **1.** elégés **2.** égési seb
queimar [kéjmàr] *1/1* **I.** *ts* **1.** eléget; megéget **2.** *átv* megsemmisít, tönkretesz **3.** elherdál **4.** **B** megsebesít, rálő vkire **T** **5.** *szól: ~ as pestanas* könyvek fölött rontja a szemét; magol, bifláz; *~ o último cartucho* utoljára megkísérel vmit **II.** *tl* elég, leég **III.** **~-se** **1.** elég, leég **2.** **B** megharagszik vkire, összezördül vkivel (*com*)
queima-roupa [kéjmörropö] *f: à ~* **a)** szemtől szemben **b)** közvetlen közelről
queimo [kéjmu] *m* csípős íz
queira [kéjrö] → **querer**
queixa [kéjsö] *f* panasz; *fazer ~ de* panaszkodik *v* panaszt emel vmi miatt; *apresentar v dar ~ contra* panaszt emel *v* keresetet indít vki ellen
queixada [kéjsàdö] *f* állkapocs
queixar-se [kéjsàrszi] *1/1* **1,** panaszkodik vmi miatt (*de*); *de que se queixa?* mi a panasza? **2.** *jog* panaszt emel, keresetet indít
queixo [kéjsu] *m* **1.** áll **2.** alsó állkapocs
queixoso [kéjsozu] **I.** *mn* **1.** panaszkodó **2.** panaszos **II.** *fn jog* panaszos, felperes
queixume [kéjsum] *m* panasz
quejando [kizsö^{n}ndu] *mn* ugyanolyan, hasonló; hasonszőrű
quelha [kéljö] *f* **1.** csatorna **2.** sikátor, szűk utca
quem [kö^{n}j] *névm* **1.** ki? kit? *~ é?* ki az? *~ sabe?* ki tudja? *kat: ~ vive?* állj! ki vagy? *a ~?* kinek? *de ~?* kitől? kiről? **2.** aki, akit; *há ~ diga* van, aki azt mondja; *~ quer que seja; seja ~ for* bárki legyen is az
quentão [ke^{n}ntö^{n}u] *m* **B:** *~* (*do vinho*) forralt bor
quente [ke^{n}nt] *mn* **1.** forró, meleg; *ferro ~* tüzes vas; *está ~* (nagyon) meleg van **2.** erős, csípős (étel) **3.** *átv* tüzes; élénk; *ter uma recepção ~* meleg fogadtatásban részesül

quentura [ke^{n}nturö] *f* hőség, meleg
quepe, quépi [kèpi] *m kat* sapka
queque [kèk] *m* keksz; kalács
quer [kér] **I.** → **querer II.** *ksz* akár; ~..., ~... akár..., akár...; ~ *queira,* ~ *não* akár akar, akár nem; *virá,* ~ *chova,* ~ *faça sol* el fog jönni, akár esik, akár süt a nap; *onde* ~ *que* bárhol; *como* ~ *que seja* akárhogy is álljon a dolog
querela [kirèlö] *f* **1.** *jog* panasz, kereset; *dar* ~ *contra* keresetet indít vki ellen **2.** veszekedés, viszály
querelado [kirilàdu] *fn* alperes; vádlott
querelador *m,* **-a** *f* [kirilödor(ö)] *fn* panaszos, felperes
querelante [kirilö^{n}nt] *fn* = **querelador**
querelar [kirilàr] *1/13* **I.** *tl* **1.** *jog:* ~ *contra* panaszt emel vki ellen **2.** veszekedik **II.** ~**-se** panaszkodik vmire (*de*)
querena [kirènö] *f* **1.** hajótest víz alatti része **2.** *biz* útirány
querença [kire^{n}szö] *f* szeretet, ragaszkodás
querência [kire^{n}szjö] *f* **B 1.** kedvenc tartózkodási hely **2.** családi fészek, otthon
querer [kirér] *2/18 ts* **1.** akar; kíván, óhajt; *por* ~ szándékosan, készakarva; *sem* ~ akaratlanul, véletlenül; *queira dizer-me* legyen szíves, mondja meg nekem; *queira o senhor sentar-se* kérem, foglaljon helyet! ~ *é poder* akarni annyi, mint tudni is **2.** kér, követel; szüksége van vmire **T 3.** szeret; kedvel ~ *antes* jobban *v* inkább szeret; ~ *bem a* szeret, kedvel vkit; ~ *mal a* nem szeret; utál, gyűlöl vkit
querido [kiridu] **I.** *mn* szeretett, kedves **II.** *fn:* ~*!* kedvesem! kincsem!
quermesse [kèrmèsz] *m* (templomi) búcsú; vásár
querosene [kéroszèn] *m* petróleum
quesito [kizitu] *m* vitás kérdés
questão [kistö^{n}u] *f* **1.** kérdés; probléma; ~ *aberta* nyitott kérdés; ~ *de opinião* felfogás kérdése; ~ *de tempo* idő kérdése; *a pessoa em* ~ a kérdéses *v* szóban forgó személy; *esgotar a* ~ kimeríti a kérdést; *estar sob* ~ kérdéses, nincs eldöntve; *fazer* ~ *de* presztizskérdést csinál vmiből; *pôr uma* ~ kérdést feltesz; problémát felvet; *pôr em* ~ kérdésessé tesz; *é* ~ *dum momento* pillanat kérdése az egész **2.** veszekedés, vita
questionar [kistyunàr] *1/15* **I.** *ts* **1.** kikérdez, megkérdez **2.** vitat, kétségbe von **II.** *tl* vitatkozik; veszekedik
questionário [kistyunàrju] *m* kérdőív
questionável [kistyunàvèl] *mn* kérdéses
questiúncula [kistyu^{n}nkulö] *f* apró *v* lényegtelen vita
quezília [kiziljö] *f* **1.** utálat, ellenszenv **2.** bosszúság **3.** viszály
quiçá [kiszà] *hat* ki tudja; talán
quício [kiszju] *m* ajtósarok, sarokvas
quietação [kjètöszö^{n}u] *f* **1.** megnyugtatás **2.** nyugalom
quietar [kjètàr] *1/1 ts* megnyugtat
quieto [kjètu] *mn* **1.** nyugodt; békés **2.** csendes
quietude [kjètud] *f* **1.** nyugalom; békesség **2.** csend
Quieve [kjèv] *f* Kijev
quilatação [kilötöszö^{n}u] *f* megvizsgálás, próba (aranyé)
quilatar [kilötàr] *1/12 ts* megvizsgál, (arany)próbát csinál
quilate [kilàt] *m* **1.** aranytartalom; karát **2.** *átv* kiválóság
quilha [kiljö] *f* hajótő, hajógerenda
quilo [kilu] *m* **I.** kiló **II.** *orv* chylus, nyiroknedv
quilograma [kilugrömö] *m* kilogramm
quilogrâmetro [kilugrömitru] *m* méterkilogramm
quilometragem [kilumitràzsö^{n}j] *f* **1.** mérés kilométerekben **2.** kilométerekben megtett út
quilometrar [kilumitràr] *1/13 ts* kilométerekben megad *v* számít
quilométrico [kilumètriku] *mn* kilométer-
quilómetro [kilòmitru] *m* kilométer
quilovátio, quilowatt [kiluvàtyu, -vòt] *m* kilowatt
quimbembe [ki^{n}mbe^{n}mbi] **B I.** *mn* toprongyos **II.** *fn, m* viskó, kunyhó
quimbembeques [ki^{n}mbe^{n}mbèkis] **B** *m tb* csecsebecse; fityegő
quimera [kimèrö] *f* **1.** mesebeli szörnyeteg **2.** agyrém, ábránd
quimérico [kimèriku] *mn* fantasztikus; ábrándszerű
química [kimikö] *f* kémia, vegytan
químico [kimiku] **I.** *mn* kémiai, vegytani **II.** *fn* kémikus, vegyész

quimono [kimonu] *m* kimonó

quina [kinö] *f* **I. 1.** kínafa **2.** *orv* kinin **II. 1.** ötös (kártyajátékban) **2.** pajzs (a portugál címerben) **III.** sarok, szöglet

quinado [kínàdu] *mn* **I.** kinintartalmú **II.** ötrészes

quinau [kinàu] *m* **1.** *isk* kijavítás; piros aláhúzás **2.** *dar um ~ em* kijavít vkit

quincha [ki^{n}sö] *f* **B** szalmatető

quindim [ki^{n}ndi^n] *m* **1.** tetszelgés **2.** *biz* bökkenő **3.** *konyh* kókuszcsók

quingentésimo [kvi^{n}zse^{n}ntèzimu] *szn, mn* ötszázadik

quinhão [kinyö^{n}u] *m* **1.** rész, részesedés **2.** sors, végzet

quinhentista [kinye^{n}ntistö] *mn* és *fn:* 16. századbeli (festő, költő)

quinhentos *m,* **quinhentas** *f* [kinye^{n}ntus, -ös] *szn, mn tb* ötszáz

quinhoeiro [kinyuéjru] *mn* és *fn* vmiben részesedő (*de*)

quinina [kininö] *f* kinin

quinquagenário [kvi^{n}nkvözsinàrju] *mn* és *fn* ötvenéves

quinquagésimo [kvi^{n}nkvözsèzimu] *szn, mn* ötvenedik

quinquenal [kvi^{n}nkvinàl] *mn* ötéves; *plano ~* ötéves terv

quinquénio [kvi^{n}nkvènyu] *m* öt év

quinquilharias [ki^{n}nkiljöriös] *f tb* **1.** játékszerek **2.** csecsebecse

quinta [ki^{n}ntö] *f* **I.** farm; földbirtok; *estar nas suas sete ~s* pompásan érzi magát **II.** *zene* kvint

quinta-essência [ki^{n}ntöisze^{n}szjö] *f* kvintesszencia, vminek a lényege, veleje

quinta-feira [ki^{n}ntöféjrö] *f* csütörtök; *às quintas-feiras* minden csütörtökön; *na ~* csütörtökön

quintal [ki^{n}ntàl] *m* **I.** ház mögötti kis kert **II.** 60 kg (súlymérték); *~ métrico* mázsa

quintanista [ki^{n}ntönistö] *fn* ötödik osztályos tanuló, ötödéves hallgató

quintar [ki^{n}ntàr] *1/1 ts* öt részre oszt; öttel oszt

quinteiro [ki^{n}ntéjru] *m* gazdatiszt

quinteto [ki^{n}ntétu] *m zene* kvintett, öttagú zenekar

quinto [ki^{n}ntu] **I.** *szn, mn* ötödik **II.** *fn, m* **1.** ötödrész **2.** ötös (szám)

quintuplicar [ki^{n}ntuplikàr] *1/2 ts* öttel szoroz; megötszöröz

quíntuplo [ki^{n}ntuplu] *mn* ötszörös

quinze [ki^{n}z] **I.** *szn* tizenöt **II.** *fn, m* **1.** tizenötös (szám) **2.** *~ dias* két hét

quinzena [ki^{n}zénö] *f* **1.** két hét **2.** kétheti bér

quinzenal [ki^{n}zinàl] *mn* kétheti

quinzenário [ki^{n}zinàrju] *m* kéthetenként megjelenő folyóirat

quiosque [kjòsk] *m* **1.** kioszk **2.** elárusító bódé

quiromancia [kirumö^{n}sziö] *f* tenyérjóslás

quiromante [kirumö^{n}nt] *fn* tenyérjós

quis [kis] → **querer**

quisto [kistu] *m orv* ciszta

quitação [kitöszö^{n}u] *f* nyugta

quitanda [kitö^{n}ndö] *f* **1.** árusító bódé **2. B** nyakba akasztott árusító láda

quitandeiro [kitö^{n}ndéjru] *fn* zöldség- és gyümölcsárus

quitar [kitàr] *1/1* **I.** *ts* **1.** felment vmi alól **T,** elengedi vkinek az adósságát **2.** otthagy, elhagy; *~ a vida* meghal **3.** (meg)akadályoz **II. ~-se 1.** megszabadul vmitől (*de*) **2.** elválnak, különválnak

quite [kit] *mn* kvitt, nem adós többé; szabad, mentes vmitől (*de*); *ver-se ~ de cuidados* megszabadul gondjaitól; *estamos ~s* kvittek vagyunk

quitute [kituti] **B** *m* **1.** ínyencfalat **2.** *átv* kedveskedés, becézés

quixotada [kisutàdö] *f* **1.** hóbort **2.** szájhősködés, hetvenkedés

quixotesco [kisutésku] *mn* **1.** hóbortos **2.** romantikus, ábrándozó

quizila, quizília [kizilö, kiziljö] *f* **B** = **quezília**

quociente [kòszje^{n}nt] *m mat* hányados

quórum [kvòru^n] *m* határozatképességhez szükséges létszám

quota [kvòtö] *f* kvóta, hányad, arányos rész

quotidiano [k(v)òtigyönu] *mn* mindennapi, naponkénti

quotiliquê [kutiliké] *m* jelentéktelen alak *v* dolog; *questão de ~* lényegtelen kérdés

quotização [kutizöszö^{n}u] *f* **1.** tőzsdei árfolyamjegyzés **2.** = **cotização**

quotizar [kutizàr] *1/1 ts* **1.** jegyez (tőzsdén) **2.** = **cotizar**

q.v. = *queira ver* lásd

R

R, r [èrri] *m* R, r (betű)
R. = 1. *rei* király 2. *reprovado* elégtelen (vizsgán) 3. *réu* vádlott 4. *rua* út, utca
R.[a] = *rainha* királynő
rã [rö[n]] *f* béka
rabada [röbàdö] *f* 1. hajfonat 2. *áll* farok 3. farkcsapás
rabadela [röbödèlö] *f áll* farktő; far (madáré)
rabadilha [röbödiljö] *f* = **rabadela**
rabado [röbàdu] *mn* farokkal ellátott
rabanada [röbönàdö] *f* I. 1. farkcsapás 2. ~ *de vento* szélroham II. *konyh* édes tésztaféle
rabanete [röbönét] *m* retek
rábano [ràbönu] *m* (fehér) répa
rabear [röbjàr] *1/5 tl* 1. farkát csóválja 2. izeg-mozog 3. *átv* nyugtalankodik
rabeca [röbékö] *fn* 1. *f* hegedű 2. *m* hegedűs 3. *tocar* ~ *de* megszól, szid vkit, rosszat mond vkiről
rabecão [röbikö[n]u] *m* 1. nagybőgő; ~ *pequeno* cselló 2. B halottaskocsi
rabejar [röbizsàr] *1/14* I. *ts bikaviadal* farkon ragadja a bikát II. *tl* ruha uszályával a földet söpri
rabequista [röbikistö] *m* hegedűs
rábia [ràbjö] *f* = **raiva**
rabiar [röbjàr] *1/7 tl* dühöng
rabiça [röbiszö] *f* ekeszarv
rabicho [röbisu] *m* 1. hajfonat 2. farkszíj (lószerszámon) 3. B szenvedély; szerelem
rábico [ràbiku] *mn* : *cão* ~ veszett kutya
rabicó [röbikò] *mn* B farkatlan
rábido [ràbidu] *mn* dühöngő, őrjöngő
rabino [röbìnu] I. *mn* pajkos, csintalan; nyugtalan II. *fn, m* rabbi; ~*-mor* főrabbi
rabisca [röbiskö] *f* = *rabisco*
rabiscar [röbiskàr] *1/2 tl* 1. firkál, csúnyán ír 2. mázol (rossz festő)
rabisco [röbisku] *m* : ~*s* 1. ákombákom írás 2. mázolmány
rabo [ràbu] *m* 1. farok 2. fogantyú; edény füle 3. *nép* ülep 4. *szól* : *meter o* ~ *entre as pernas* fülét-farkát behúzza, fél; *olhar com o* ~ *do olho* szeme sarkából, lopva tekint
rabona [röbonö] *f* rövid kabát
rabote [röbòt] *m műsz* nagyoló gyalu
rabudo [röbudu] *mn* 1. hosszú farkú 2. hosszú uszályú
rabugem [röbuzsö[n]j] *f* 1. rüh, kosz 2. zsémbesség, rosszkedv
rabugento [röbuzse[n]ntu] *mn* 1. rühes, koszos 2. zsémbes, rosszkedvű
rabujar [röbuzsàr] *1/1 tl* 1. zsémbeskedik 2. szeszélyeskedik; nyafog
rábula [ràbulö] *m* törvénycsavaró, zugprókátor
rabulice [röbulisz] *f* törvénycsavarás
raça [ràszö] *f* 1. faj; *a* ~ *humana* az emberi faj 2. fajta, nem; *de* ~ nemes, telivér; *de má* ~ gonosz, rossz
ração [rószö[n]u] *f* (élelmiszer)adag; ételadag; fejadag; *pôr à* ~ jegyrendszert vezet be
racemo [rószému] *m* 1. *növ* fürtvirágzat 2. szőlőfürt
racha [ràsö] *f* 1. repedés, rés 2. szilánk; forgács
rachadura [rösödurö] *f* (meg)repedés (talajé)
rachar [rösàr] *1/12* I. *ts* 1. (fel)hasít; ~ *lenha* fát vág 2. megrepeszt; *frio de*

~ dermesztő hideg **3. B** megfelez (bevételt) **II.** *tl,* **III. ~-se** megreped; széthasad
racial [röszjàl] *mn* faji; → **discriminação**
racimo [röszimu] *m* = **racemo**
raciocinar [röszjuszinàr] *1/1 tl* **1.** érvel, következtet **2.** megfontol, meggondol
raciocínio [röszjuszinyu] *m* **1.** érvelés, következtetés **2.** fontolgatás
racional [röszjunàl] **I.** *mn* **1.** *fil, mat* racionális **2.** ésszerű, józan **II.** *fn, m* értelmes lény
racionalidade [röszjunölidàd] *f* ésszerűség
racionalismo [röszjunölizsmu] *m fil* racionalizmus
racionalizar [röszjunölizàr] *1/1 ts* racionalizál, ésszerűsít; hatékonyabbá tesz
racionamento [röszjunöme^{n}ntu] *m* fogyasztás korlátozása; *sistema de* ~ jegyrendszer
racionar [röszjunàr] *1/15 ts* **1.** adagol **2.** etet (állatokat) **3.** korlátoz, jegyre ad
racismo [röszizsmu] *m* fajelmélet
racista [röszistö] **I.** *mn* faj- **II.** *fn* fajgyűlölő
rada [ràdö] *f* rév, horgonyzóhely
radar [rödàr] *m* radar(készülék)
radiação [rödjöszö^{n}u] *f* (ki)sugárzás
radiactividade [ràdiàtividàd] *f* rádióaktivitás
radiactivo [ràdiàtivu] *mn* rádióaktív
radiado [rödiàdu] **I.** *mn* sugaras, sugárszerű **II.** *fn, m:* **~s** = **radiários**
radiador [rödiödor] *m műsz* radiátor; fűtőtest; *autó* hűtő
radial [rödiàl] *mn* és *fn:* (*avenida*) ~ sugárút
radiante [rödiö^{n}nt] *mn* sugárzó
radiar [rödiàr] *1/7* **I.** *ts* sugároz **II.** *tl* ragyog, tündöklik
radiários [rödiàrjus] *m tb áll* sugárállatkák
radical [rödikàl] **I.** *mn* **1.** tő-, gyökér- **2.** alapvető **3.** *cura* ~ erős *v* hatékony gyógymód **4.** *pol* radikális **II.** *fn, m* **1.** *nyelvt* szótő **2.** *mat* gyökjel **3.** *pol* radikális
radicar [rödikàr] *1/2* **I.** *ts* gyökeret ereszt **II.** *tl,* **III. ~-se** (meg)gyökerezik
radiciação [rödiszjöszö^{n}u] *f mat* gyökvonás
radícula [rödikulö] *f növ* hajszálgyökér
radinho [rödinyu] *m* kis rádió(készülék)
rádio [ràdiu] *m* **I.** *orv* rádiusz, orsócsont **II.** *vegy* rádium **III.** = **radiograma**; **IV.** *m* és *f* rádió; *~-teatro,* **B** hangjáték; *estação de* ~ rádió-adóállomás; *emitir* v *transmitir pela* ~ rádión közvetít
radiocomunicação [ràdiukumuniköszö^{n}u] *f* **1.** rádióösszeköttetés **2.** rádióközvetítés
radiodifusão [ràdiudifuzö^{n}u] *f* rádióközvetítés
radiodifusora [ràdiudifuzorö] *f* rádióadóállomás
radioemissor-receptor [ràdiuimiszor-risziptor] *m:* ~ *portátil* hordozható rádióadó-vevő (készülék)
radiofónico [ràdiufòniku] *mn* rádió-; *noticiário* ~ rádión közvetített hírek
radiofoto [ràdiufòtu] *m* rádiófénykép
radiografar [ràdiugröfàr] *1/12 ts* **1.** (meg)röntgenez **2.** rádiótáviratot küld
radiografia [ràdiugröfiö] *f* **1.** (meg)röntgenezés **2.** röntgenfelvétel
radiograma [ràdiugrömö] *m* rádiótávirat
radiola [ràdiòlö] *f* rádió- és gramofonkészülék
radiologia [ràdiuluzsiö] *f* radiológia, röntgenológia
radiologista [ràdiuluzsistö] *fn* röntgenológus
radioscopia [ràdiuskupiö] *f* röntgenvizsgálat; átvilágítás
radiotelegrafista [ràdiutiligröfistö] *fn* rádiótávirász
radioterapia [ràdiutiröpiö] *f* rádioterápia
radiotransmissão [ràdiutrö^{n}zsmiszö^{n}u] *f* rádióközvetítés
radiotransmissora [ràdiutrö^{n}zsmiszorö] *f* rádió-adóállomás
radiouvinte [ràdiuvi^{n}nt] *fn* rádióhallgató
rafa [ràfö] *f biz* éhség; nyomor
rafado [röfàdu] *mn* elnyűtt, kopott
rafar [röfàr] *1/12 ts* elnyű, elkoptat
rafeiro [röféjru] *mn* és *fn:* (*cão*) ~ juhászkutya
ráguebi [réjgibi] *m ját* rögbi
raia [ràjö] *f* **I. 1.** vonal, vonás; csík; **~s** (*da palma da mão*) a tenyér vonalai **2.** hajválaszték **3.** *átv* határ, határvonal; *tocar as* **~s** eljut a végső határig **4. B** lóversenypálya; *fechar a* ~ utolsónak fut be **5. B** papírsárkány **II.** *áll* rája
raiado [röjàdu] *mn* **1.** csíkos **2.** ráncos (homlok)

raiar [röjàr] *1/12* **I.** *ts* **1.** sávoz, csíkoz **2.** *átv* érint, súrol, közel áll vmihez **T**; ~ *pelos sessenta anos* közel áll a hatvanhoz **II.** *tl* **1.** sugároz; ragyog **2.** (fel)virrad (*átv* is) **3.** *do* ~ *ao pôr do sol* virradattól napnyugtáig

raineta [ràjnétö] *f* **1.** ranettalma **2.** leveli *v* zöld béka

rainha [röinyö] *f* **1.** királynő **2.** királyné **3.** *sakk* vezér

rainha-cláudia [röinyö klàvgyö] *f növ* ringló

rainunculo [ràjnu^n^nkulu] *m* = **ranúnculo**

raio [ràju] *m* **1.** sugár; *um* ~ *de esperança* reménysugár **2.** *geom* rádiusz, sugár **3.** kerékküllő **4.** villám; ~*s me partam se* itt süllyedjek el, ha; ~*s te partam* v *te comam!* a villám csapjon beléd! **5.** körzet; ~ *de acção* hatósugár; ~ *visual* látótávolság; *num* ~ *de dez quilómetros* tíz kilométeres körzetben **6.** *szól* **B** *não consigo encontrar o* ~ *do papel* nem találom azt az átkozott papírost!

raiva [ràjvö] *f* **1.** veszettség **2.** (féktelen) düh, őrjöngés; *estar com* ~, *ter* ~ *a* dühös vkire; *meter* ~ dühít, bosszant

raivar [ràjvàr] *1/1 tl* dühöng

raivoso [ràjvozu] *mn* **1.** veszett **2.** dühöngő, dühös; vad

raiz [*tb: raízes*) [röis, röizis] *f* **1.** gyökér; *arrancar de* v *pela* ~ gyökerestül kitép; *deitar* v *lançar raízes* gyökeret ereszt, meggyökerezik **2.** *mat* gyök; ~ *quadrada* négyzetgyök **3.** *saber de* ~ alaposan ismer

raiz-forte [röisfòrt] *f növ* torma

rajada [rözsàdö] *f* **1.** szélroham **2.** hirtelen dühkitörés **3.** *kat* golyózápor, sorozat

ralação [rölöszö^n^u] *f* **1.** *konyh* reszelés **2.** *átv* bosszúság; bánat

ralador [rölödor] *m* (konyhai) reszelő

raladura [rölödurö] *f* reszelék

ralar [rölàr] *1/12* **I.** *ts* **1.** reszel (diót, tormát) **2.** bosszant, gyötör **II.** ~**-se** gyötrődik; bánkódik

ralé [rölè] *f* **1.** csőcselék, söpredék **2.** *nép* erő, energia **3.** ragadozó madár vadászzsákmánya

ralear [röljàr] *1/5* **I.** *ts* **1.** ritkít **2.** felhígít **II.** *tl*, **III.** ~**-se** ritkul

raleira [röléjrö] *f* **1.** üres rész *v* folt a vetés közt **2.** hiány, fogyatékosság

ralhar [röljàr] *1/12 tl* **1.** veszekszik **2.** kiabál, ordít

ralho [ràlju] *m* veszekedés; hangos szóváltás

rali [röli] *m* autóverseny, motorverseny

ralo [rálu] **I.** *mn* **1.** ritka, ritkás **2.** *luz* ~*a* gyenge fény **II.** *fn, m* **1.** (konyhai) reszelő **2.** szita **3.** *áll* lótetű, lótücsök **4.** hörgés; hörghurut

rama [römö] *f* **1.** lomb, lombozat **2.** *nyomd, text* keret **3.** *em* ~ nyers; *algodão em* ~ vatta **4.** *pela* ~ felületesen

ramada [römàdö] *f* **1.** lombozat **2.** lombtető

ramado [römàdu] *mn* lombos

ramagem [römàzsö^n^j] *f* **1.** lomb **2.** *text* virágminta; *de* ~ virágmintás

ramal [römàl] *m* **1.** szál, fonál **2.** (gyöngy)sor, füzér **3.** *vasút* elágazás **4.** mellékútvonal **5.** távbeszélő mellékállomás **6.** *bány* keresztvágat **7.** bojt, rojt (sapkán)

ramalhar [römöljàr] *1/12 tl* susog, zizeg

ramalhete [römöljét] *m* **1.** virágcsokor **2.** *átv* csokor; gyűjtemény

ramalho [römàlju] *m* (levágott) faág

ramalhudo [römöljudu] *mn* **1.** sűrűn lombos; ágas-bogas **2.** *olhos* ~*s* sűrű szemöldökkel elátott szemek **3.** susog, susogó, zizegő **4.** szószátyár, tartalmatlan (írás, szónok)

rambles [rö^n^mblis] *mn* **B** *argó* ócska, vacak

rameira [röméjrö] *f* utcai nő

ramerrão [römirrö^n^u] *m* **1.** egyhangú zaj **2.** *átv* egyhangúság, taposómalom

ramificação [römifiköszö^n^u] *f* **1.** *növ* ágazat **2.** *átv* elágazás

ramificar [römifikàr] *1/2* **I.** *ts* **1.** elágaztat **2.** *átv* ágakra oszt **II.** ~**-se** **1.** elágazik **2.** *átv* ágakra oszlik

ramo [römu] *m* **1.** ág, gally **2.** virágcsokor **3.** *átv* elágazás **4.** (tudomány)-ág **5.** foglalkozási ág, szakma **6.** *orv* roham; ~ *de ar* agyvérzés, gutaütés **7.** (rokonsági, leszármazási) ág **8.** kocsmai cégér **9.** *vall: Domingo de Ramos* virágvasárnap

ramoso [römozu] *mn* sokágú; ágas-bogas

rampa [rö^n^mpö] *f* **1.** feljáró, felhajtó **2.** lejtő

rançar [rö^n^szàr] *1/3 tl* megavasodik

rancharia [rö^{n}söriö] *f* B település, tanya

rancheiro [rö^{n}séjru] *m* 1. *kat* szakács 2. B farmer, telepes

rancho [rö^{n}su] *m* 1. csoport, csapat; *de* ~ közösen, együttesen; *fazer* ~ csoportba verődik 2. tömegszállás 3. közös étkezés; egytálétel 4. B kunyhó

ranço [rö^{n}szu] *m* 1. avas íz *v* szag 2. *átv* elavultság

rançoso [rö^{n}szozu] *mn* 1. avas 2. állott; elcsépelt, elavult

rancor [rö^{n}nkor] *m* neheztelés; harag; gyűlölet

rancoroso [rö^{n}nkorozu] *mn* neheztelő; haragos; gyűlölködő

ranger [rö^{n}zsér] *2/3* I. *ts:* ~ *os dentes* csikorgatja fogait II. *tl* csikorog, nyikorog

rangido [rö^{n}zsidu] *m* csikorgás, nyikorgás

rangífer, rangífero [rö^{n}zsifèr, rö^{n}zsifiru] *m áll* rénszarvas

rangir [rö^{n}zsir] *3/3* = **ranger**

ranho [rönyu] *m nép* takony

ranhoso [rönyozu] *mn* taknyos

ranhura [rönyurö] *f műsz* barázda, hornyolat, falc

ranúnculo [rönu^{n}nkulu] *m növ* boglárka

ranzinza [rö^{n}zi^{n}zö] *mn* B 1. makacs 2. házsártos, zsémbes

rapace [röpàsz] *mn* 1. ragadozó 2. kapzsi

rapacidade [röpöszidàd] *f* 1. ragadozó természet 2. kapzsiság

rapadeira [röpödéjrö] *f* vakarókés; kaparóvas

rapadela [röpödèlö] *f* vakarás; kaparás

rapado [röpàdu] *mn* simára borotvált (arc); kopaszra nyírt (fej)

rapadura [röpödurö] *f* 1. simára borotválás; kopaszra nyírás 2. B nem finomított cukor; *entregar a* ~, *nép* eláll a szándékától 3. vakarék, hulladék

rapagão [röpögö^{n}u] *m* erős fickó

rapapé [röpöpè] *m* 1. hajlongás, bókolás 2. *átv* talpnyalás

rapar [röpàr] *1/12* I. *ts* 1. (le)vakar, (le)kapar 2. simára leborotvál; rövidre nyír 3. ellop, elcsen 4. elragadja a halál II. *tl* kaparja *v* túrja a földet (ló) III. ~**-se** megborotválkozik; lenyír(at)ja a haját

rapariga [röpörigö] *f* 1. fiatal leány 2. B utcalány

rapa-tachos [ràpötàsus] *m biz* nagyétkű, telhetetlen ember

rapaz [röpàs] *m* 1. legény, fiatalember 2. kifutófiú

rapazelho [röpözélju] *m* (komisz) kölyök

rapaziada [röpözjàdö] *f* 1. gyerekhad 2. gyerekes csínytevés

rapazinho [röpözinyu] *m* kisfiú

rapazola [röpözòlö] *m* legény, fiatalember

rapé [röpè] *m* tubák, burnót; *tomar* ~ tubákol

rapidez [röpidés] *f* gyorsaság; *com* ~ gyorsan

rápido [ràpidu] I. *mn* 1. gyors 2. sebes folyású II. *fn, m* 1. B gyors áradat, zuhatag 2. gyorsvonat III. *hat:* ~, *as* ~*as* gyorsan

rapina [röpinö] *f* rablás; *ave de* ~ ragadozó madár; *guerra de* ~ rablóhadjárat

raponço [röpo^{n}szu] *m növ* raponca

raposa [röpozö] *f* 1. róka 2. *átv: velha* ~ öreg róka 3. *apanhar* v *pregar uma* ~ megbukik a vizsgán

raposeira [röpuzéjrö] *f* 1. rókalyuk 2. jóleső pihenés *v* alvás 3. részegség, mámor

raposeiro [röpuzéjru] *mn* ravasz

raposo [röpozu] *m* 1. (hím)róka 2. ravasz alak

rapsódia [röpszògyö] *f* rapszódia

rapsódico [röpszòdiku] *mn* rapszodikus; szeszélyes; csapongó

raptar [röptàr] *1/12 ts* 1. elrabol 2. elszöktet

rapto [ràptu] *m* 1. elrablás 2. nőrablás, szöktetés 3. *átv* eksztázis, elragadtatás

raptor [ràptor] *m* rabló; nőrabló

raqueta [rökétö] *f* 1. (tenisz)ütő, rakett 2. (rakett alakú) hótalp

raquítico [rökitiku] *mn* 1. angolkóros 2. csenevész, satnya

raquitismo [rökitizsmu] *m* 1. angolkór 2. *növ* elsatnyulás

rarear [rörjàr] *1/5* I. *ts* ritkít II. *tl* ritkul

rarefacção [rörifàszö^{n}u] *f* 1. ritkítás 2. ritkulás

rarefazer [rörifözér] *2/13* I. *ts* megritkít II. ~**-se** megritkul

rerefeito [rörifèjtu] *mmi* és *mn* ritkított; → **rarefazer**

raridade [röridàd] *f* ritkaság

raro [ràru] I. *mn* 1. ritka 2. híg II. *hat* ritkán

rasa [ràzö] *f* 1. *rég* véka (űrmérték, *kb*

20 *l*) 2. a legalacsonyabb ár 3. *pôr à* v *pela* ~ rossz hírbe kever, megrágalmaz

rasante [rözö^{n}nt] *mn kat: fogo* ~ pásztázó tűz; *voo* ~ mélyrepülés

rasar [rözàr] *1/12* **I.** *ts* **1.** lesimít (űrmértéket) 2. kiegyenlít, egyenget 3. majdnem érint, (szinte) súrol **II.** ~**-se** 1. kiegyenlítődik 2. színültig megtelik 3. kicsordul

rasca [ràskö] *f* **1.** kerítőháló, húzóháló 2. halászhajó 3. **B** *nép* ivászat, részegeskedés 4. *szól: estar* v *ver-se à* ~ bajban van, benne ül a pácban; *levar* ~ *na assadura* lefölözi a nyereséget

rascadeira [rösködéjrö] *f* **B** lóvakaró

rascador [rösködor] *m* kaparóvas, saraboló

rascadura [rösködurö] *f* horzsolás, karcolás

rascante [röskö^{n}nt] *mn* és *fn* csípős, karcos (bor)

rascar [röskàr] *1/2, 1/12 ts* **1.** lekapar, levakar 2. megsebez, felsebez 3. zavar, kellemetlen(kedik)

rascunhar [röskunyàr] *1/1 ts* megfogalmaz; felvázol

rascunho [röskunyu] *m* fogalmazvány; vázlat

rasgadela [rözsgödèlö] *f* = **rasgão**

rasgado [rözsgàdu] *mn* **1.** szakadt, eltépett 2. széles, tágas; nagy; *olhos* ~*s* nagy szemek; *testa* ~*a* széles homlok 3. *átv* nyílt; fesztelen 4. túlzott, túlzásba vitt; *fazer* ~ *elógio de* égig magasztal vkit *v* vmit

rasgadura [rözsgödurö] *f* = **rasgão**

rasgão [rözsgö^{n}u] *m* szakadás (ruhán)

rasgar [rözsgàr] *1/4, 1/12* **I.** *ts* **1.** elszakít, eltép, széttép; *rasgar a carta sem ler* széttépi a levelet anélkül, hogy elolvasná 2. áttör (falat); kitágít (nyílást) 3. feltép; hasít; ~ *as ondas* hasítja a hullámokat; ~ *a terra* felássa a földet, barázdát von; ~ *as trevas* szétoszlatja a ködöt *v* a sötétséget 4. *átv* tépi, hasítja (szívét a fájdalom) **II.** *tl* előtűnik; *o dia rasgou cedo* egykettőre megvirradt **III.** ~**-se** 1. elszakad, szétszakad 2. felbomlik; feloszlik 3. elterül, szétterül 4. gyötrődik

rasgo [ràzsgu] *m* **1.** szakadás; rés, nyílás 2. tollvonás; ecsetvonás; *de um* ~ egyetlen (toll)vonással 3. jellemvonás 4. ~ (*de heroísmo*) hőstett, hősiesség 5. hirtelen ötlet; zseniális lépés; ügyes fogás; ~ *de eloquência* ékes szavú megnyilatkozás; ~ *de generosidade* nemes cselekedet

raso [ràzu] **I.** *mn* **1.** lapos; sík; *campo* ~ síkság 2. kopár, üres; *paredes* ~*as* kopár falak 3. színültig telt 4. *cabelo* ~ rövidre nyírt haj; *sapato* ~ lapos sarkú cipő; *soldado* ~ közkatona **II.** *fn, m* **1.** síkság 2. sekély víz 3. *sp:* ~*s* síkfutás

rasoira, rasoura [rözojrö, -zorö] *f* simítófa (űrmértékhez)

raspa [ràspö] *f* **1.** forgács; reszelék 2. kaparóvas

raspadeira [röspödéjrö] *f* kaparóvas

raspadela [röspödèlö] *f* kaparás, vakarás

raspão [röspö^{n}u] *m* **1.** horzsolás 2. *de* ~ ferdén

raspar [röspàr] *1/12* **I.** *ts* **1.** lekapar, levakar 2. (le)horzsol **II.** ~**-se** *nép* elinal; *raspa!* kotródj el innen!

rastear [röstyàr] *1/5* = **rastejar**

rasteira [röstéjrö] *f* **1.** buktatás 2. *átv* álnokság

rasteiro [röstéjru] *mn* **1.** kúszó, mászó; *planta* ~*a* kúszónövény 2. *átv* csúszómászó, hízelgő 3. *cão* ~ vizsla 4. *voo* ~ mélyrepülés

rastejar [röstizsàr] *1/14* **I.** *ts* **1.** nyomon követ 2. kipuhatol **II.** *tl* **1.** kúszik; vonszolja magát 2. *átv* megalázkodik

rastejo [röstézsu] *m* **1.** nyomon követés 2. kipuhatolás 3. kúszás, mászás

rastelar [röstilàr] *1/13 ts* boronál

rastelo [röstélu] *m* borona

rastilho [röstilju] *m* gyújtózsinór, kanóc

rasto [ràstu] *m* **1.** nyom, nyomdok; *desaparecer sem deixar* ~*s* nyom nélkül eltűnik 2. *a* ~, *de* ~ kúszva, mászva; *andar de* ~*s* vonszolja magát; *levar de* ~*s* cipel, vonszol

rastrear [röstrjàr] *1/5* **I.** = **rastejar**; **II.** *ts* **B** (meg)gereblyéz

rastrilho [röstrilju] *m* **B** gereblye

rastro [ràstru] *m* = **rasto**

rata [ràtö] *f* **I.** **1.** (nőstény)patkány *v* egér 2. *argó* sok gyermeket szülő nő **II.** **B** **1.** baklövés, „gikszer" 2. kudarc

ratão [rötö^{n}u] *m* **1.** nagy patkány 2. hímpatkány

ratão *m*, **ratona** *f* [rötö^{n}u, rötonö] *mn* és

fn **1.** mókás, szórakoztató **2.** szellemes **3.** eredeti alak; különc
ratazana [rötözönö] *f* **1.** patkány **2.** *biz* furcsa, nevetséges alak **3.** **B** *argó* tolvaj
ratear [rötyàr] *1/5 ts* arányosan eloszt
rateio [rötéju] *m* arányos elosztás
rateiro [rötéjru] *mn* és *fn* egerésző, patkányfogó macska *v* kutya
ratificação [rötifiköszö^{n}u] *f* ratifikálás
ratificar [rötifikàr] *1/2 ts* ratifikál
ratinhar [rötinyàr] *1/1 tl* **1.** alkudozik **2.** krajcároskodik
ratinheiro [rötinyéjru] *mn* **1.** alkudozó **2.** krajcároskodó
ratinho [rötinyu] *m* **1.** kis egér **2.** tejfog **3.** idénymunkás; napszámos
Ratisbona [rötizsbonö] *f* Regensburg
rato [ràtu] **I.** *mn* egérszínű **II.** *fn, m* **1.** egér; *~-catita,* **B** kis egér **2.** tolvaj; *~ de automóveis* autótolvaj; *~ de hotel* szállodai tolvaj **3.** *átv: ~ de biblioteca* könyvmoly; *~ de sacristia* szenteskedő, álszent
rato-branco [ràtubrö^{n}nku] *m* **B** rendőr, zsaru
rato-cego [ràtuszègu] *m* vakondok
rato-d'água [ràtudàgvö] *m* **B** vízipatkány
ratoeira [rötvéjrö] *f* **1.** egérfogó **2.** *átv* csapda
ratona [rötonö] *f* **1.** patkány **2.** szeszélyes nőszemély
ratoneiro [rötunéjru] *m* csibész; tolvaj
ratonice [rötunisz] *f* kisebb lopás
ravina [rövinö] *f* **1.** hegyi patak **2.** vízmosás
ravióli [rövjòli] *m konyh* vagdalt húsból készült gombóc; hasé, húsos derelye
razão [rözö^{n}u] *f* **1.** értelem, (józan) ész; belátás; ítélőképesség; *casamento de ~* érdekházasság; *chamar à ~* észre térít, meggyőz; *perder a ~* elveszti józan ítélőképességét **2.** ok, indok; *~ de Estado* államérdek; *razões de família* családi okok; *~ de ser* létjogosultság; *com ~* joggal; *com toda a ~* teljes joggal; *com justa ~* jogosan; *com que ~?* milyen jogcímen? *sem ~ alguma* minden ok nélkül; *em ~ de* vmi miatt, vmire való tekintettel; *dar ~ de* számot ad vmiről **3.** igaz(ság); *dar ~ a* igazat ad vkinek; *ter ~* igaza van; *não ter ~, estar fora de ~* nincs igaza **4.** *mat* arány; *~ direita* egyenes arány; *na ~ inversa de* vminek a fordított arányában; *à ~ de 5 por cento* öt százalékban **5.** *m ker: (livro de) ~* főkönyv **6.** *f ~ social* (kereskedő)cég
razia [rözìö] *f* **1.** betörés (idegen területre, rablási szándékkal) **2.** fosztogatás, rablás
razoável [rözvàvèl] *mn* **1.** értelmes, észszerű; *seja ~!* lássa be! **2.** *preço ~* elfogadható ár
r/c = *rés-do-chão*
re... [ri] **1.** (igekötő:) újra-, ismét **2.** (erősítő szócska:) *contar e recontar* újra és újra elmondja; *falso e refalso* teljesen hamis
ré [rè] *f* **I.** vádlott (nő); → **réu** **II.** *zene* d hang **III.** **1.** hajó fara **2.** *a ~* hátra; *autó: marcha a ~* hátramenet; *dar marcha a ~* hátrafelé megy **3.** *pôr de ~* félretesz; mellőz
rê [ré] *m* er (betű neve)
reabastecer [riöböstiszér] *2/2, 2/7 ts* újból ellát *v* felszerel
reabilitação [riöbilitöszö^{n}u] *f* rehabilitáció
reabilitar [riöbilitàr] *1/1 ts* rehabilitál
reabrir [riöbrir] *3/13* **I.** *ts* újból kinyit **II.** *~-se* ismét megnyílik
reacção [riàszö^{n}u] *f* **1.** *él, fiz, vegy* reakció, ellenhatás, visszahatás **2.** *pol* reakció **3.** *átv* reagálás, válasz
reaccionário [riàszjunàrju] *mn* és *fn, pol* reakciós
reactivar [riàtivàr] *1/1 ts* **1.** újra munkába állít **2.** újra működtet
reactivo [riàtivu] *mn fiz* reaktív; *arma ~a* rakétafegyver
reactor [riàtor] *m: ~ atómico* atomreaktor
reafirmar [riöfirmàr] *1/1 ts* újra megerősít
reagente [riözse^{n}nt] *m vegy* reagens
reagir [riözsir] *3/3 tl* **1.** reagál vmire (*a*) **2.** ellenáll; védekezik
reajustar [riözsustàr] *1/1 ts* **1.** újra (el)rendez *v* szabályoz **2.** újra összhangba hoz
real[1] [rjàl] *mn* **I.** **1.** igazi, valódi, valóságos **2.** reális, reál-; *número ~* reális *v* valós szám **II.** királyi
real[2] [rjàl] *m* **1.** régi portugál, brazíliai és spanyol ezüstpénz (*tb: reais*) **2.** régi portugál és brazíliai pénzegység (*tb: reis*)

realçar [rjàlszàr] *1/3* I. *ts* 1. felemel, magasít 2. *átv* kiemel; szépít II. **~-se** kiemelkedik; *átv* fellendül
realce [riàlsz] *m* 1. kiemelés, hangsúlyozás; *dar ~ a* kiemel vmit 2. *átv* fény, ragyogás
realejar [riölizsàr] *1/14* **B** *ts* szajkó módjára ismétel
realejo [riölézsu] *m* kintorna, verkli
realengo [riöle^{n}ngu] *mn* 1. királyi 2. **B:** *ao ~* rendetlenül, összevisszaságban
realeza [riölézö] *f* 1. királyi méltóság 2. fenség; pompa
realidade [rjölidàd] *f* valóság; *na ~* a valóságban; valóban
realismo [rjölizsmu] *m* I. realizmus II. királyság (államforma)
realista [rjölistö] *mn* és *fn* I. realista II. királypárti
realização [rjölizöszö^{n}u] *f* 1. megvalósítás; megvalósulás 2. *ker* pénzzététel 3. filmalkotás
realizador *m*, **-a** *f* [rjölizödor(ö)] I. *mn* és *fn* megvalósító, kivitelező II. *fn* filmrendező
realizar [rjölizàr] *1/1* I. *ts* 1. megvalósít 2. *ker* pénzzé tesz 3. teremt, alkot 4. *szính* színre visz, rendez 5. megtart (rendezvényt) II. **~-se** lefolyik, lezajlik
realizável [rjölizàvèl] *mn* megvalósítható
realmente [rjölme^{n}nt] *hat* valóban, ténylegesen
reanimar [riönimàr] *1/1* *ts* életre kelt, felráz; újra életet önt vkibe *v* vmibe **T**
reaparecer [riöpöriszér] *2/2* *tl* újra megjelenik *v* előtűnik
reapreciar [riöpriszjàr] *1/7* *ts* 1. újraértékel 2. újra megvizsgál (kérdést)
rearmamento [riörmöme^{n}ntu] *m* újrafegyverkezés
reat... react...
reatar [riötàr] *1/12* *ts* 1. újra megköt 2. ismét folytat 3. *~ as relações diplomáticas* újra felveszi *v* visszaállítja a diplomáciai kapcsolatokat
reato [rjàtu] *m* vétség
reaver [riövér] *2/14* I. *ts* visszakap, visszanyer II. **~-se** újra magához tér
reavivar [riövivàr] *1/1* *ts* feléleszt, felfrissít
rebaixa [ribàjsö] *f* árleszállítás
rebaixado [ribàjsàdu] *mn* 1. leszállított (ár) 2. *tecto ~* alacsony *v* csapott tető
rebaixar [ribàjsàr] *1/1* I. *ts* 1. leereszt, lesüllyeszt; alacsonyabbá tesz 2. leszállít (árat) 3. *átv* megaláz II. **~-se** 1. leereszkedik, süllyed 2. megalázza magát 3. méltatlanul viselkedik
rebaixo [ribàjsu] *m* 1. ereszkedés, süllyedés 2. lépcsőforduló 3. manzárd
rebalsar [ribàlszàr] *1/1* I. *tl*, II. **~-se** elmocsarasodik
rebanho [ribönyu] *m* I. 1. nyáj 2. *pejor* banda, csőcselék II. *áll* héja
rebarba [ribàrbö] *f* 1. öntésvarrat; érdesség 2. *nyomd* sorköz
rebarbar [ribörbàr] *1/12* *ts* (öntésvarratot, érdességet) lecsiszol
rebarbativo [ribörbötivu] *mn* 1. visszataszító 2. kellemetlen
rebate [ribàt] *m* 1. váratlan támadás 2. riadó; *~ falso* vaklárma; *dar ~, tocar a ~* félreveri a harangokat, fellármáz 3. *átv* előérzet 4. *ker* árengedmény
rebater [ribötér] *2/6* *ts* 1. újra üt *v* ver 2. visszaver (támadást); elhárít 3. elvitat; visszautasít; megcáfol 4. *átv* elfojt, elnyom, visszatart 5. leküzd, megszüntet (betegséget, lázat) 6. *~ um prego* kiálló szeghegyet visszagörbít 7. *ker* a) diszkontál, leszámítol b) haszonnal elad; spekulál 8. *divat* visszahajt
rebatida [ribötidö] *f* *sp* visszapattanás
rebelão *m*, **rebelona** *f* [ribilö^{n}u, -lonö] *mn* 1. csökönyös, engedetlen (ló) 2. makacs
rebelar [ribilàr] *1/13* I. *ts* fellázít II. **~-se** fellázad
rebelde [ribèld] *mn* és *fn* rebellis, lázadó, zendülő, ellenszegülő; *doença ~* makacs, nehezen gyógyuló betegség
rebeldia [ribèldiö] *f* lázadás, zendülés, ellenszegülés; makacsság
rebelião [ribiljö^{n}u] *f* lázadás, zendülés
rebenque [ribe^{n}nk] *m* **B** lovaglóostor
rebentação [ribe^{n}ntöszö^{n}u] *f* hullámtörés; zajlás
rebentão [ribe^{n}ntö^{n}u] *m* *növ* gyökérhajtás, sarj
rebentar [ribe^{n}ntàr] *1/1* I. *ts* 1. felrobbant 2. *~ o cavalo* agyonhajszolja a lovát II. *tl* 1. (fel)robban; kipukkad (gumiabroncs) 2. megtörik (hullám) 3. *átv* kirobban, kitör (háború) 4. *növ* hajtani *v* sarjadni kezd 5. *szól: ~ de*

fome éhen hal; ~ *em lágrimas* könnyekre fakad; ~ *de riso* majd megpukkad nevettében; *rebentaram os aplausos* tapsvihar tört ki; *a tempestade rebentou* kitört a vihar

rebento [ribe^{n}ntu] *m* **1.** hajtás, sarj **2.** *átv* sarjadék **3.** *átv* eredmény, vminek a gyümölcse

rebitar [ribitàr] *1/1 ts* szegecsel

rebite [ribit] *m* szegecs

reboar [ribvàr] *1/8 tl* visszhangzik

rebocador [ribuködor] *m* **1.** vontatóhajó **II.** vakolómunkás

rebocar [ribukàr] *1/2, 1/15 ts* **I.** *haj* vontat **II.** (be)vakol

rebocável [ribukàvèl] *mn* vontatható

reboco [riboku] *m* vakolat

rebojo [ribozsu] *m* **B 1.** fergeteg **2.** örvény

rebolado [ribulàdu] *m* riszálás

rebolão [ribulö^{n}u] *mn* és *fn, m* hencegő

rebolar [ribulàr] *1/15* **I.** *ts* gurít, hengerget **II.** *tl*, **III.** ~**-se 1.** riszálja magát **2.** gurul

rebolcar [ribulkàr] *1/2* **I.** *ts* **1.** gurít, hengerít **2.** dob, hajít **II.** ~**-se** hempereg (a sárban)

rebolear [ribuljàr] *1/5* **I.** *ts* **B** a pányvát megforgatja (dobásra készen) **II.** ~**-se** riszálva jár

reboleira [ribuléjrö] *f* erdő sűrűje, bozótos

reboliço [ribuliszu] *mn* **1.** henger alakú **2.** forgó

rebolo [ribolu] *m* **1.** köszörűkő **2.** *nép* henger; *aos* ~*s, de* ~ hengergetve, hemperegve

reboludo [ribuludu] *mn* kövér és gömbölyű

reboque [ribòk] *m* **1.** vontatás; *cabo de* ~ vontatókötél; *dar* ~ *a* vontat vmit **2.** *carro de* ~ (villamos) pótkocsi **3.** *ir a* ~ *de* szolgai módon követ vkit

rebordagem [riburdàzsö^{n}j] *f* **1.** hajók összeütközéséből eredő kár **2.** kártérítés

rebordão [riburdö^{n}u] *mn növ* vadon növő

rebordar [riburdàr] *1/15 ts* leköszörül (üveget)

rebordo [ribordu] *m* szél, perem

rebotalho [ributàlju] *m* selejt, hulladék

rebotar [ributàr] *1/15* **I.** *ts* eltompít (kést) **II.** ~**-se** *de* húzódozik vmitől

rebu [ribu] *m* megfejthetetlen rejtély

rebuçado [ribuszàdu] **I.** *mn* **1.** becsomagolt **2.** rejtett, titkos **II.** *fn, m* (becsomagolt) cukorka, bonbon

rebuçar [ribuszàr] *1/3* **I.** *ts* **1.** elrejt, eltakar **2.** színlel, tettet **II.** ~**-se 1.** eltakarja az arcát **2.** *átv* álarc mögé bújik

rebuço [ribuszu] *m* **1.** (felhajtott) kabátgallér; hajtóka **2.** színlelés, képmutatás

rebuliço [ribuliszu] *m* **1.** pokoli zaj **2.** felfordulás, zűrzavar **3.** háborgó tömeg

rebulir [ribulir] *3/12 ts* **1.** újra felforral **2.** *átv* átnéz, kijavít

rébus [rèbus] *m* rébusz, rejtvény, talány

rebusca [ribuskö] *f* **1.** újbóli keresés **2.** utószüret, tallózás

rebuscado [ribuskàdu] *mn* keresett, mesterkélt (stílus)

rebuscar [ribuskàr] *1/2 ts* **1.** újra keres, előkeres **2.** keresgél; tallóz **3.** cikornyákkal díszít (stílust) **4. B** megszerez magának; harácsol

rebusco [ribusku] *m* = **rebusca**

rec. = *receita*

recacau [rikàkàu] *m* **B** rendetlenség, összevisszaság

recadeiro, recadista [riködéjru, -distö] *fn* kifutó, küldönc

recado [rikàdu] *m* **1.** üzenet; *moço de* ~*s* kifutófiú; *deixar* ~ üzenetet hagy; *fazer* ~*s* üzeneteket közvetít; *mandar* ~ üzen **2.** megbízás **3.** ~*s* üdvözlet

recaída [riköidö] *f orv* visszaesés

recaidiço [riköidiszu] *mn* visszaeső

recair [riköir] *3/22 tl* **1.** visszaesik (*orv* is); ~ *no mismo erro* ugyanabba a hibába esik ismét **2.** esik, hárul; *as suspeitas recairam sobre um inocente* a gyanu ártatlan személyre hárult; *em que sílaba recai o acento?* melyik szótagra esik a hangsúly?

recalcado [rikàlkàdu] *mn* **1.** letaposott, letiport; döngölt **2.** visszafojtott, eltitkolt; *ódios* ~*s* visszafojtott gyűlölet **3. B** kimerült (teherhordásban)

recalcar [rikàlkàr] *1/2 ts* **1.** tapos, tipor; döngöl **2.** kitart vmi mellett; ~ *um pedido* állhatatosan kitart kérése mellett **3.** meggátol; visszatart; ~ *as lágrimas* visszafojtja könnyeit **4. B:** ~ *a perna* kificamítja a lábát

recalcitrante [rikàlszitrö^{n}nt] *mn* makacs; engedetlen

recalcitrar [rikàlszitràr] *1/1 tl* makacskodik; ellenkezik, dacol
recalque [rikàlk] *m* **1.** visszafojtás (érzelmeké) **2.** gátlás **3.** *ép* süllyedés
recamar [rikömàr] *1/1 ts* **1.** kihímez **2.** kidíszít **3.** befed, betakar
recâmara [rikömörö] *f* (hátsó) kamra
recambiar [rikö^{n}mbjàr] *1/7 ts* **1.** visszaad **2.** kicserél; ~ *prisioneiros* foglyokat cserél
recâmbio [rikö^{n}mbju] *m* **1.** visszaadás **2.** csere **3.** *peça de* ~ pótalkatrész
recamo [rikömu] *m* **1.** hímzés **2.** díszítés
recanto, rikö^{n}ntu] *m* rejtett zug
recapitulação [riköpitulöszö^{n}u] *f* rövid összefoglalás
recapitular [riköpitulàr] *1/1 ts* összefoglal, röviden megismétel
recapturar [riköpturàr] *1/1 ts* újra elfog
recarga [rikàrgö] *f* újabb támadás
recatado [rikötàdu] *mn* **1.** szerény, tartózkodó **2.** okos; óvatos
recatar [rikötàr] *1/12* **I.** *ts* **1.** megóv, megvéd **2.** titokban tart **II.** **~-se** **1.** elrejtőzik **2.** távol tartja magát vkitől *v* vmitől (*de*)
recato [rikàtu] *m* **1.** szerénység, tartózkodás **2.** óvatosság **3.** rejtekhely; *a bom* ~ biztos helyen
recear [riszjàr] *1/5* **I.** *ts* fél, tart vmitől **T** **II.** *tl:* ~ *pela vida de* félti vkinek az életét **III.** **~-se** *de* fél vkitől *v* vmitől
recebedor [riszibidor] *m* adószedő, adófelügyelő
recebedoria [riszibiduriö] *f* adóhivatal
receber [riszibér] *2/7* **I.** *ts* **1.** kap; ~ *o castigo* megkapja a büntetését; ~ *o devido, átv* megkapja a magáét; ~ *uma herança* örököl; ~ *o ordenado* fizetést kap; ~ *em recompensa* jutalmul kap **2.** behajt, beszed (adót) **3.** fogad (vendégeket) **4.** férjhez megy vkihez, nőül vesz vkit **II.** *tl* vendégeket fogad, fogadónapja van **III.** **~-se** (*em casamento*) megházasodnak
recebimento [riszibime^{n}ntu] *m* = **recepção**
receio [riszéju] *m* félelem; *não ter* ~*s* nem fél; *tenho* ~ *de que chova* attól tartok, hogy esni fog
receita [riszéjtö] *f* **1.** bevétel **2.** *orv* vény **3.** *konyh* recept
receitar [riszéjtàr] *1/1 ts, tl orv* felír (orvosságot)
receituário [riszéjtvàrju] *m orv* vénykönyv
recém . . . [riszö^{n}j] (összetételekben) újonnan, nemrég
recém-casado [riszö^{n}jközàdu] *mn* újdonsült házas
recém-chegado [riszö^{n}jsigàdu] *mn* nemrég *v* imént érkezett
recém-falecido [riszö^{n}jföliszidu] *mn* nemrég elhunyt
recém-nascido [riszö^{n}jnös-szidu] *mn* újszülött
recender [risze^{n}ndér] *2/1 ts, tl* illatot áraszt
recenseamento [risze^{n}szjöme^{n}ntu] *m* összeírás; népszámlálás
recensear [risze^{n}szjàr] *1/5 ts* összeír; ~ *a população* népszámlálást végez
recente [risze^{n}nt] *mn* új, újabb, nem régi
recentemente [risze^{n}töme^{n}nt] *hat* nemrég, újabban
receoso [riszjozu] *mn* félénk
recepção [riszèszö^{n}u] *f* **1.** fogadás; *dar* ~ fogadást rendez **2.** *ker* (át)vétel; *aviso de* ~ átvétel igazolása; átvételi elismervény; *acusar a* ~ *da carta* igazolja a levél vételét **3.** (szállodai) recepció
recepcionar [riszèszjunàr] *1/15* **I.** *tl* fogadásokat rendez **II.** *ts* **B** fogad (érkezőket)
recepcionista [riszèszjunistö] *fn* **B** a vendégeket fogadó szállodai alkalmazott
receptação [riszèptöszö^{n}u] *f* **1.** rejtegetés **2.** orgazdaság
receptáculo [riszèptàkulu] *m* **1.** *növ* vacok **2.** gyűjtőmedence, tartály **3.** gyülekezőhely
receptador [riszèptödor] *m* orgazda
receptar [riszèptàr] *1/1 ts* rejteget (lopott holmit)
receptivo [riszèptivu] *mn* fogékony
receptor [riszèptor] *m* **1.** *müsz* vevőkészülék **2.** telefonkagyló **3.** orgazda
recessão [risziszö^{n}u] *f* **1.** eltávozás, eltávolodás **2.** ~ *económica* gazdasági visszaesés
recesso [riszèszu] *m* **1.** magány; menedékhely **2.** félrevonulás, pihenés
rechaçar [risöszàr] *1/3, 1/12 ts* visszaver; elhárít
recheado [risjàdu] **I.** *mn* **1.** töltött **2.** színültig telt **II.** *fn, m* töltelék
rechear [risjàr] *1/5 ts* **I.** *ts* **1.** megtölt

2. gazdagít, gazdaggá tesz **II. ~-se** 1. megtelik 2. meggazdagodik

rechego [riségu] *m* 1. *vadászat* leshely 2. rejtekhely, menedék

recheio [riséju] *m* 1. megtöltés 2. *konyh* töltelék 3. berendezés (lakásé)

rechinar [risinàr] *1/1 tl* 1. csikorog, nyikorog 2. zizeg 3. ciripel

recibo [riszibu] *m* nyugta, elismervény

recidiva [riszidivö] *f orv* visszaesés

recidivo [riszidivu] *mn* visszaeső

recife [riszif] *m* szirt, szikla(part)

recinto [riszi^{n}ntu] *m* 1. elkerített tér 2. sportpálya 3. színhely (szabadtéri rendezvényé)

recipiente [riszipje^{n}nt] *m* edény, tartály

reciprocar [risziprukàr] *1/2, 1/15* **I.** *ts* kölcsönösen kicserél **II. ~-se** váltakozik, váltja egymást

reciprocidade [risziprusziddàd] *f* kölcsönösség

recíproco [risziprukuj **I.** *mn* 1. kölcsönös 2. *mat* reciprok **II.** *fn, m mat* reciprok (érték)

récita [rèszitö] *f* 1. színházi előadás 2. előadóest; szavalóverseny

recitação [riszitöszö^{n}u] *f* szavalat; felolvasás

recitador *m*, **-a** *f* [riszitödor(ö)] *fn* szavaló; előadóművész

recital [riszitàl] *m* előadói est

recitar [riszitàr] *1/1 ts, tl* előad; elszaval

recitativo [riszitötivu] *m zene* recitativo, énekbeszéd

reclamação [riklömöszö^{n}u] *f* 1. reklamáció, felszólamlás, panasz; *fazer uma ~* reklamál 2. *~ de danos e prejuízos* kártérítési követelés

reclamar [riklömàr] *1/1* **I.** *ts* 1. reklamál, felszólamlással *v* panasszal él 2. követel, igényel **II.** *tl* tiltakozik vmi ellen (*contra*)

reclame [riklöm] *m* reklám

reclamo [riklömu] *m* 1. madársíp, csalimadár 2. reklám 3. reklamáció, felszólamlás 4. követelés, igény 5. figyelem felhívása, utalás

reclassificar [riklöszifikàr] *1/1 ts* 1. átértékel 2. új fizetési osztályba besorol

reclinar [riklinàr] *1/1* **I.** *ts: ~ a cabeça* lehajtja a fejét **II. ~-se** végignyúl, lefekszik

reclinável [riklinàvèl] *mn* lehajtható (ülés)

reclusão [rikluzö^{n}u] *f* börtön(büntetés), elzárás; *~ perpétua* életfogytiglani elzárás

recluso [rikluzu] **I.** *mn* bezárt **II.** *fn, m* 1. remete 2. fogoly

rec.º = *recebido*

recobrar [rikubràr] *1/15* **I.** *ts* 1. visszakap 2. visszanyer (egészséget) **II. ~-se** felépül (betegségből)

recolha [rikoljö] *f* 1. gyűjtés, betakarítás 2. védőtető; kocsiszín; garázs

recolher [rikuljér] *2/8* **I.** *ts* 1. (össze)gyűjt, betakarít 2. megőriz 3. befogad, menedéket nyujt 4. beszed, behajt (adót, pénzt) 5. bevon, kivon a forgalomból 6. *~ à prisão* börtönbe vet **II.** *tl* 1. hazatér 2. kórházba kerül 3. *kat: tocar a ~* takarodót fúj **III. ~-se** 1. visszamegy, visszatér 2. menedéket keres, elrejtőzik 3. *~-se à cama* lefekszik aludni 4. gondolatokba merül 5. *orv* visszahúzódik, leapad (gyulladás) 6. összehúzza magát, takarékoskodik

recolhido [rikuljidu] **I.** *mn* 1. összegyűjtött, begyűjtött 2. visszavonult, magányos 3. *estar ~* ágyban van, még nem kelt fel **II.** *fn, m nyomd* sorbehúzás (bekezdésben)

recolhimento [rikuljime^{n}ntu] *m* 1. visszavonultság 2. gondolatokba mélyedés

recomeçar [rikumiszàr] *1/3, 1/13* **I.** *ts* újrakezd; felújít **II.** *tl* újrakezdődik; felújul

recomendação [rikume^{n}ndöszö^{n}u] *f* 1. ajánlás 2. jó tanács; figyelmeztetés 3. *recomendações, tb* üdvözlet

recomendar [rikume^{n}ndàr] *1/1* **I.** *ts* 1. ajánl; *recomenda-me à tua família* add át üdvözletemet a családodnak 2. tanácsol 3. megbíz; rábíz; *~ um segredo a* titkot bíz vkire **II. ~-se** 1. ajánlja magát 2. rábízza magát vkire (*a*)

recomendatório [rikume^{n}ndötòrju] *mn: carta ~a* ajánlólevél

recomendável [rikume^{n}ndàvèl] *mn* ajánlható

recompensa [riko^{n}mpe^{n}szö] *f* 1. jutalom 2. kártérítés, kártalanítás; ellenszolgáltatás

recompensar [riko^{n}mpe^{n}szàr] *1/1 ts* 1. megjutalmaz 2. kárpótol, kártalanít

recompor [riko^{n}mpor] *2/17 ts* **1.** újjászervez, átalakít **2.** *nyomd* újra szed

recomposição [riko^{n}mpuziszö^{n}u] *f* **1.** újjászervezés, átalakítás **2.** *nyomd* újraszedés

reconcentrar [riko^{n}sze^{n}ntràr] *1/1 ts* **1.** egyesít, összegyűjt **2.** *kat* csapatokat összevon **3.** (gondolatait) összpontosítja

reconciliação [riko^{n}sziljöszö^{n}u] *f* kibékülés

reconciliar [riko^{n}sziljàr] *1/7* **I.** *ts* **1.** kibékít **2.** összeegyeztet **II.** **~-se** **1.** kibékül **2.** megbékül

recondicionar [riko^{n}ndiszjunàr] *1/15 ts* **B** *műsz* felújít, regenerál

recôndito [riko^{n}nditu] **I.** *mn* rejtett **II.** *fn, m* rejtekhely

recondução [riko^{n}nduszö^{n}u] *f* **1.** visszavezetés **2.** visszahelyezés (a régi állásba) **3.** újramegválasztás **4.** (bérleti) szerződés felújítása

reconduzir [riko^{n}nduzir] *3/14 ts* **1.** visszavezet, visszakísér **2.** visszahelyez; visszaállít; **~** *ao estado de origem* eredeti állapotába visszaállít; **~** *à razão* észre térít **3.** újra megválaszt **4.** felújít (bérleti szerződést)

reconfortante [riko^{n}furtö^{n}nt] **I.** *mn* **1.** erősítő **2.** vigasztaló **II.** *fn, m orv* erősítő (szer)

reconfortar [riko^{n}furtàr] *1/15 ts* **1.** erősít **2.** (meg)vigasztal

reconhecer [rikunyiszér] *2/2* **I.** *ts* **1.** felismer; **~** *pela voz* felismeri a hangjáról **2.** elismer, beismer; **~** *o seu erro* beismeri tévedését **3.** felderít, kivizsgál **4.** hálás vmiért **T** **II.** **~-se** *jog* beismerő vallomást tesz; **~-se** *culpado* beismeri bűnösségét

reconhecido [rikunyiszidu] *mn* hálás

reconhecimento [rikunyiszime^{n}ntu] *m* **1.** felismerés; *sinais de* **~** ismertetőjelek **2.** elismerés, beismerés **3.** *kat* felderítés; *avião de* **~** felderítőgép **4.** hálaérzet; *em* **~** *de* vminek az elismeréséül, hálából vmiért

reconhecível [rikunyiszivèl] *mn* felismerhető

reconquista [riko^{n}nkistö] *f* **1.** visszahódítás **2.** **~** *da liberdade* felszabadulás

reconquistar [riko^{n}nkistàr] *1/1 ts* visszahódít; visszaszerez

reconsiderar [riko^{n}nszidiràr] *1/13* **I.** *ts* újból megfontol **II.** *tl* megmásítja elhatározását *v* véleményét

reconstituição [riko^{n}stitviszö^{n}u] *f* helyreállítás; helyrehozatal

reconstituinte [riko^{n}stitvi^{n}nt] *m orv* erősítő (szer)

reconstituir [riko^{n}stitvir] *3/6 ts* helyreállít; helyrehoz (*átv* is)

reconstrução [riko^{n}struszö^{n}u] *f* újjáépítés; átszervezés

reconstruir [riko^{n}struir] *3/7 ts* újjáépít; átszervez

recontar [riko^{n}ntàr] *1/1 ts* **1.** újra elbeszél **2.** átszámol

recontro [riko^{n}ntru] *m* **1.** összeütközés **2.** összetűzés, csetepaté **3.** véletlen találkozás

reconvalescer [riko^{n}völis-szér] *2/2 tl* lábadozik

reconvenção [riko^{n}ve^{n}szö^{n}u] *f jog* viszontkereset

reconversão [riko^{n}vèrszö^{n}u] *f* **1.** visszaváltozás **2.** átállítás

recopiar [rikupjàr] *1/1 ts* újból leír *v* lemásol

recopilação [rikupilöszö^{n}u] *f* **1.** kivonat **2.** (törvény)gyűjtemény

recopilar [rikupilàr] *1/1 ts* **1.** kivonatol, összefoglal **2.** egybegyűjt

recordação [rikurdöszö^{n}u] *f* **1.** emlékezés **2.** emlék **3.** visszaidézés, ismétlés

recordar [rikurdàr] *1/15* **I.** *ts* **1.** emlékeztet vmire **T** **2.** emlékszik vmire **T** **II.** **~-se** *de* emlékszik vmire

recorde [rikòrd] *m* **1.** *sp* rekord, csúcs(eredmény); *bater* v *quebrar o* **~** csúcsot javít *v* megdönt **2.** kiváló teljesítmény

recordista [rikòrdistö] *fn sp* rekorder, csúcstartó; **~** *mundial* világcsúcstartó

recorrente [rikurre^{n}nt] **I.** *mn* visszatérő **II.** *fn jog* fellebbező

recorrer [rikurrér] *2/8* **I.** *ts* **1.** újra megtesz *v* befut egy utat **2.** átnéz, átfut **3.** felidéz **II.** *tl* **1.** folyamodik vkihez *v* vmihez (*a*); **~** *aos amigos* barátjaihoz folyamodik; **~** *à força* v *à violência* erőszakhoz folyamodik **2.** *jog:* **~** (*da sentença*) fellebbez (az ítélet ellen)

recortado [rikurtàdu] *mn* **1.** kivágott, kiszabdalt **2.** cikcakkos, szaggatott

recortar [rikurtàr] *1/15* **I.** *ts* **1.** kivág; kiszab **2.** *falar recortando* akadozva beszél **II.** **~-se** kirajzolódik

recorte [rikòrt] *m* 1. (újság)kivágás 2. nyesés 3. *átv* vonás 4. vminek a körvonalai

recoser [rikuzér] *2/8 ts* 1. újból megvarr 2. összevarr

recostar [rikustàr] *1/15* I. *ts* 1. lehajt 2. nekitámaszt II. **~-se** 1. nekitámaszkodik 2. lefekszik, ledől (kerevetre) 3. oldalára dől *v* hajlik

recovagem [rikuvàzsö^{n}j] *f* 1. (áru)szállítás 2. szállítóvállalat 3. szállítás díja

recovar [rikuvàr] *1/14 ts* szállít

recoveiro [rikuvéjru] *m* 1. szállítómunkás 2. öszvérhajcsár

recozer [rikuzér] *2/8 ts* 1. újra megfőz 2. *műsz* újra izzít

recrear [rikrjàr] *1/5* I. *ts* 1. felüdít, felfrissít 2. felvidít II. **~-se** 1. felüdül 2. felvidul

recreativo [rikrjàtivu] *mn* 1. szórakoztató 2. pihentető

recreio [rikréju] *m* 1. pihenés; üdülés 2. szórakozás; *viagem de ~* kedvtelésből tett utazás 3. *isk* óraközi szünet

recrescer [rikris-szér] *2/8 tl* 1. újra nő 2. megnő, megerősödik 3. történik, megesik 4. bőven van

recriminação [rikriminöszö^{n}u] *f* 1. szemrehányás, panasz 2. *jog* ellenvád, viszonvád

recriminar [rikriminàr] *1/1 ts* 1. bírál, kifogásol 2. *jog* viszonvádat emel

recrudescência [rikrudis-sze^{n}szjö] *f* 1. erősödés, fokozódás

recrudescer [rikrudis-szér] *2/2 tl* 1. felújul, fellángol 2. erősödik, fokozódik

recruta [rikrutö] *fn* 1. *m* újonc 2. *f* újonckiképzés

recrutamento [rikrutöme^{n}ntu] *m* újoncozás, toborzás

recrutar [rikrutàr] *1/1 ts* újoncoz, toboroz

recta [rètö] *f geom* egyenes

rectal [rètàl] *mn orv* végbél-

rectangular [rètö^{n}ngulàr] *mn* derékszögű

rectângulo [rètö^{n}ngulu] *m* derékszög

rectidão [rètidö^{n}u] *f átv* egyenesség, becsületesség

rectificação [rètifiköszö^{n}u] *f* 1. kijavítás 2. helyreigazítás

rectificar [rètifikàr] *1/2 ts* 1. kijavít 2. helyreigazít

rectilíneo [rètilinyu] *mn geom* egyenes vonalú

recto [rètu] I. *mn* 1. egyenes; *ângulo ~* egyenes szög 2. helyes; *pronúncia ~a* helyes kiejtés 3. *átv* becsületes, igazságos II. *fn, m orv* végbél

rectriz [rètris] *f áll* kormánytoll

récua [rèkvö] *f* 1. málhás állatok csoportja 2. *nép* banda, csürhe

recuada [rikvàdö] *f* = **recuo**

recuado [rikvàdu] *mn* 1. hátsó, hátul levő 2. távoli

recuar [rikvàr] *1/9* I. *ts* 1. visszatol, hátratol 2. *~ o automóvel* hátratolat az autóval II. *tl* 1. hátrál, visszamegy; *~ diante das dificuldades* meghátrál a nehézségek előtt 2. *~ de* eláll vmitől

recuo [rikuu] *m* 1. hátrálás, visszavonulás; *aos ~s, de ~* hátrálva 2. *kat* visszalökés (ágyúé)

recuperação [rikupiröszö^{n}u] *f* 1. visszaszerzés 2. *orv* felépülés

recuperar [rikupiràr] *1/13* I. *ts* 1. viszszaszerez 2. pótol, behoz II. **~-se** 1. rendbe jön (anyagilag) 2. meggyógyul

recurso [rikurszu] *m* 1. lehetőség, megoldás, kiút 2. eszköz, mód; *usar de todos os ~s* minden eszközt felhasznál 3. kérvény, folyamodvány 4. *jog* fellebbezés 5. *~s* anyagi eszközök; segélyforrás; *estar sem ~s* nincsen pénze

recurvado [rikurvàdu] *mn* hajlított, görbe

recurvar [rikurvàr] *1/1* I. *ts* hajlít, görbít II. **~-se** (meg)hajlik, görbül

recurvo [rikurvu] *mn* = **recurvado**

recusa [rikuzö] *f* 1. visszautasítás 2. megtagadás 3. vonakodás

recusar [rikuzàr] *1/1* I. *ts* 1. visszautasít; *~ um convite* meghívást visszautasít 2. megtagad, elutasít; *~ um pedido* kérést elutasít II. **~-se** 1. vonakodik 2. *~-se a obedecer* megtagadja az engedelmességet 3. *jog:* illetéktelennek jelenti ki magát

redacção [ridàszö^{n}u] *f* 1. (meg)szerkesztés 2. szerkesztőség

redactor [ridàtor] *m* szerkesztő

redactor-chefe [ridàtorsèf] *m* főszerkesztő

redarguir [ridörgvir] *3/5 ts* 1. ellenvet; válaszol; visszavág 2. szemére vet; vádol

rede [réd] *f* 1. háló; *botar v lançar a ~* kiveti a hálót 2. hajháló 3. függőágy 4. hálózat; *~ ferroviária* vasúti hálózat; ~ *rodoviária* úthálózat 5. *átv* csapda; *armar uma* ~ csapdát állít

rédea [règyö] *f* gyeplő; *a* ~ *solta* **a)** féktelenül **b)** lóhalálában; *tomar as* ~*s* kezébe veszi az irányítást

redemoinho [ridimuinyu] *m* = **remoinho**

redenção [ride^{n}szö^{n}u] *f* 1. *vall* megváltás 2. kiváltás (váltságdíjjal)

redentor *m*, **-a** *f* [ride^{n}ntor(ö)] *mn* és *fn* megváltó; kiváltó

redibição [ridibiszö^{n}u] *f* adásvételi szerződés felbontása

redibir [ridibir] *3/1 ts* adásvételi szerződést felbont

redigir [ridizsir] *3/3 ts* 1. megfogalmaz, leír 2. (meg)szerkeszt (cikket)

redil [ridil] *m* 1. juhakol, karám 2. *átv: voltar ao* ~ visszatér a szülői házhoz

redimir [ridimir] *3/1* = **remir**

redistribuir [ridistribvir] *3/6 ts* újból feloszt *v* szétoszt

rédito [rèditu] *m* 1. visszatérés 2. *ker* bevétel; nyereség

redivivo [ridivivu] *mn* új életre kelt, újjáéledt

redobrar [ridubràr] *1/15* I. *ts* 1. újra megkettőz; megnégyszerez 2. (fel)erősít, fokoz 3. ismételget, hajtogat 4. ~ *a toalha* összehajtogatja a törülközőt II. *tl*, III. ~**-se** erősödik, fokozódik

redoma [ridòmö] *f* üvegbúra

redonda [rido^{n}ndö] *f* B futball-labda

redondel [rido^{n}ndèl] *m* aréna, küzdőtér, porond

redondeza [rido^{n}ndézö] *f* 1. kerekség; földkerekség 2. környék, szomszédság

redondo [rido^{n}ndu] I. *mn* 1. kerek; *número* ~ kerek szám 2. gömbölyű, gömb alakú 3. *em* ~ körös-körül; *negar-se em* ~ kereken elutasít II. *hat: cair* ~ teljes hosszában elterül a földön

redor [ridòr] *m* 1. környék 2. *ao* ~ körös-körül; *em* ~ *de* vmi körül

redrar [ridràr] *1/13 ts* gyomlál

redução [riduszö^{n}u] *f* 1. csökkentés; ~ *de preços* árleszállítás 2. lerövidítés; kicsinyítés; kicsinyített másolat 3. *mat* redukció, egyszerűsítés, összevonás 4. *orv* helyreigazítás, beigazítás (csonté, izületé) 5. létszámcsökkentés 6. *zene:* ~ *para piano* zongorára átírt változat 7. ~ *a escravidão* rabszolgaságba döntés

redundância [ridu^{n}ndö^{n}szjö] *f* bőbeszédűség; dagályosság

redundante [ridu^{n}ndö^{n}nt] *mn* bőbeszédű; dagályos

redundar [ridu^{n}ndàr] *1/1 tl* 1. túlfolyik; kiárad 2. bőven van; hemzseg 3. ~ *em, átv* eredményez vmit, vezet vhova

reduplicar [riduplikàr] *1/2 ts* 1. megduplá́z 2. ismétel

redutível [ridutivèl] *mn* 1. visszavezethető 2. *mat* egyszerűsíthető

reduto [ridutu] *m* 1. rejtekhely, menedékhely 2. *kat* erődítmény 3. *átv* védőbástya

reduzir [riduzir] *3/14* I. *ts* 1. csökkent, leszállít; ~ *as despesas* csökkenti a kiadásokat *v* költségeket; ~ *ao mínimo* a minimumra csökkent; ~ *o pessoal* létszámcsökkentést hajt végre 2. kisebbít; kicsinyített másolatot készít vmiből 3. *mat* redukál, egyszerűsít, összevon; ~ *a um denominador comum* közös nevezőre hoz 4. *orv* helyre igazít (csontot, ízületet) 5. kényszerít, alávet; ~ *ao silêncio* elhallgattat 6. vmivé változtat; ~ *a cinzas* elhamvaszt, megsemmisít; ~ *a dinheiro* pénzzé tesz, elad 7. visszaállít 8. rövidre fog, röviden előad II. ~**-se** 1. csökken; korlátozódik vmire (*a*) 2. átalakul vmivé (*a*)

reduzível [riduzivèl] *mn* = **redutível**

reedição [rjidiszö^{n}u] *f* új kiadás

reedificação [rjidifiköszö^{n}u] *f* 1. újjáépítés 2. helyreállítás

reedificar [rjidifikàr] *1/2 ts* 1. újjáépít 2. helyreállít

reeditar [rjiditàr] *1/1 ts* újra kiad (könyvet)

reeducação [rjiduköszö^{n}u] *f* 1. átképzés 2. gyógyító nevelés

reeducar [rjidukàr] *1/2 ts* 1. átképez 2. gyógyító nevelésben részesít

reembarcar [rie^{n}mbörkàr] *1/2, 1/12* I. *ts* újra behajóz II. *tl* újra hajóra száll

reembarque [rie^{n}mbàrk] *m* 1. újra behajózás 2. visszaszállás a hajóra

reembolsar [rie^{n}mbolszàr] *1/15* I. *ts* 1. visszafizet, megtérít 2. kártalanít 3. visszakap (pénzt) II. ~**-se** megtérül a pénze

reembolsável [rie^{n}mbolszàvèl] *m* B havi elszámolásra árusító cég *v* vállalat

reembolso [rie^{n}mbolszu] *m* 1. visszafizetés; megtérítés 2. ~ (*postal*) utánvét

reencher [rie^{n}sér] *2/1 ts* újra megtölt, utánatölt

reencontrar [rie^{n}nko^{n}ntràr] *1/1* **I.** *ts;* **II.** **~-se** *com* újból találkozik vkivel

reentrante [rie^{n}ntrö^{n}nt] *mn* beszögellő, beugró

reentrar [rie^{n}ntràr] *1/1 tl* **1.** újra belép **2.** hazamegy **3.** ~ *em si* magához tér

reenviar [rie^{n}nviàr] *1/7 ts* **1.** újra elküld **2.** visszaküld

reenvidar [rie^{n}nvidàr] *1/1 ts átv* kamatostul visszafizet; megbosszul

reescalonar [rjiskölunàr] *1/15 ts:* ~ *as dívidas* átütemezi az adósságok visszafizetését

reexame [rjizöm] *m* újbóli átvizsgálás; revízió

reexaminar [rjizöminàr] *1/1 ts* újból átvizsgál; revideál

reexpedir [riéjspidir] *3/18 ts* **1.** visszaszállít **2.** továbbküld, utánaküld

ref. = **1.** *referência* **2.** *reformado*

refalsado [rifàlszàdu] *mn* hamis, képmutató

refalsamento [rifàlszöme^{n}ntu] *m* **1.** hamisság, képmutatás **2.** árulás

refazer [rifözér] *2/13* **I.** *ts* **1.** újból megcsinál; ~ *o caminho* újból megteszi az utat **2.** átalakít, átrendez **3.** megigazít, rendbe hoz; átdolgoz **4.** helyreállít, meggyógyít; ~ *as forças* visszaszerzi régi erejét **5.** kárpótol; veszteségét behozza **II.** **~-se** **1.** felépül, meggyógyul; *~-se da fatiga* kipiheni fáradalmait **2.** *átv* összeszedi magát, rendbe jön

refazimento [rifözime^{n}ntu] *m* **1.** átalakítás, átrendezés **2.** átdolgozás **3.** helyreállítás **4.** kártalanítás

refece [rifèsz] **I.** *mn* **1.** hitvány, aljas **2.** olcsó **II.** *hat* olcsón

refego [rifégu] *m* ránc, redő (arcon, ruhán)

refeição [rifèjszö^{n}u] *f* étkezés

refeito [riféjtu] **I.** *mmi* → **refazer; II.** *mn* erős; egészséges

refeitorio [rifèjtòrju] *m* (kollégiumi, kolostori) ebédlő

refém [rifö^{n}j] *m* túsz

referência [rifire^{n}szjö] *f* **1.** jelentés; közlés **2.** hivatkozás, utalás; *fazer ~s a* hivatkozik, utal vmire **3.** felvilágosítás; dokumentáció; *em* v *com ~ a* hivatkozással vmire, vmit illetően **4.** *~s* ajánlás, ajánlólevél; *dar* v *apresentar boas ~s* jó ajánlásokat ad

referendar [rifire^{n}ndàr] *1/1 ts* aláírásával megerősít; ellenjegyez

referendo, referendum [rifire^{n}ndu, -du^{n}m] *m* **1.** népszavazás **2.** *diplomácia* újabb utasítások kérése

referente [rifire^{n}nt] *mn:* ~ *a* vmire vonatkozó, vmit illető

referido [rifiridu] *mn* említett, szóban forgó

referir [rifirir] *3/8* **I.** *ts* **1.** jelent, közöl, előad, referál **2.** tulajdonít vminek, összefüggésbe hoz vmivel (*a*) **II.** **~-se** *a* **1.** hivatkozik, utal, céloz vmire **2.** vonatkozik vkire *v* vmire, kapcsolatos vkivel *v* vmivel; *no que se refere ao assunto* ami az ügyet illeti

referver [rifirvér] *2/7* **I.** *ts* újra felforral **II.** *tl* **1.** újra felforr **2.** *átv* forrong; újra fellángol

refestelar-se [rifistilàrszi] *1/13* **1.** élvez vmit, gyönyörködik vmiben (*em*) **2.** *~-se numa poltrona* kényelmesen elnyúlik egy karosszékben

refilão *m*, **refilona** *f* [rifilö^{n}u, -lonö] *mn* és *fn* **1.** harapós **2.** ellenszegülő, makacs

refilar [rifilàr] *1/1* **I.** *ts* megharap, (szájával) elkap **II.** *tl* ellenszegül; csökönyösködik

refinação [rifinöszö^{n}u] *f* **1.** (cukor)finomítás **2.** *átv* kifinomultság, választékos ízlés

refinado [rifinàdu] *mn* **1.** megtisztított, finomított; *açúcar* ~ rafinált cukor **2.** kifinomult; *gosto* ~ kifinomult ízlés **3.** *átv* rafinált, minden hájjal megkent; *um* ~ *patife* cégéres gazember

refinamento [rifinöme^{n}ntu] *m* **1.** megtisztulás, finomítás **2.** kifinomultság **3.** ravaszság, furfang

refinar [rifinàr] *1/1* **I.** *ts* **1.** megtisztít, finomít **2.** *átv* csiszol, kifinomít **3.** *átv* erősít, fokoz; kiélez **II.** **~-se** **1.** megtisztul **2.** *átv* kifinomul; tökéletesedik

refinaria [rifinöriö] *f* (cukor-, kőolaj-) finomító

reflectido [riflètidu] *mn* **1.** *raio* ~ visszaverődött fénysugár **2.** átgondolt, meggondolt **3.** józan, komoly

reflectir [riflètir] *3/8* **I.** *ts* **1.** visszaver **2.** *átv* visszatükröz **II.** *tl* **1.** visszaverődik **2.** elmélkedik, (el)gondolkodik **III.** **~-se** **1.** visszatükröződik **2.** érezteti hatását vmiben (*em*)

reflectivo [riflètivu] *mn* elmélkedő, gondolkodó

reflector [riflètor] *m* **1.** reflektor, fényszóró **2.** ~ *de aquecimento* hősugárzó

reflet... → reflect...

reflexão [riflèkszö^{n}u] *f* **1.** visszaverődés **2.** megfontolás, meggondolás; *depois de séria* ~ komoly megfontolás után **3.** észrevétel, megjegyzés; *não admitir reflexões* nem tűr ellenmondást

reflexionar [riflèkszjunàr] *1/15 tl* elmélkedik, gondolkodik

reflexivo [riflèkszivu] *mn* **1.** elmélkedő, gondolkodó **2.** *nyelvt* visszaható; *verbo* ~ visszaható ige

reflexo [riflèkszu] **I.** *mn* **1.** visszavert, visszaverődő **2.** reflex-, önkénytelen **II.** *fn, m* **1.** visszaverődés **2.** *átv* visszatükrözés; képmás **3.** *él* reflex **4.** visszahatás

reflorescer [rifluris-szér] *2/2* **I.** *ts* újra felvirágoztat **II.** *tl* **1.** újra kivirágzik **2.** *átv* (ismét) felvirágzik

reflorestamento [riflurèstöme^{n}ntu] *m* befásítás

reflorestar [riflurèstàr] *1/1 ts* befásít

refluir [rifluir] *3/6 tl* visszafolyik; visszaözönlik (*átv* is)

refluxo [riflukszu] *m* **1.** visszafolyás **2.** apály

refocilar [rifuszilàr] *1/1* **I.** *ts* **1.** erősít, fellendít **2.** felüdít **II.** **~-se** **1.** újabb erőt gyűjt **2.** felüdül, pihen **3.** elnyújtózkodik

refogado [rifugàdu] *m konyh* **1.** rántás **2.** mártás

refogar [rifugàr] *1/4, 1/15 ts konyh* **1.** beránt **2.** mártást készít vmihez **T**

reforçar [rifurszàr] *1/3, 1/15* **I.** *ts* megerősít **II.** **~-se** megerősödik

reforço [riforszu] *m* (meg)erősítés, megszilárdítás

reforma [rifòrmö] *f* **1.** reform; ~ *agrária* földreform **2.** átalakítás; kijavítás **3.** nyugállományba helyezés, nyugdíjazás; *dar a* ~ *a* nyugállományba helyez vkit **4.** *Reforma* reformáció

reformação [rifurmöszö^{n}u] *f* átalakítás; felújítás

reformado [rifurmàdu] *mn* és *fn* **1.** nyugdíjazott, nyugdíjas **2.** református, protestáns

reformador [rifurmödor] *m* **1.** reformátor, újító **2.** hitújító

reformar [rifurmàr] *1/15* **I.** *ts* **1.** átalakít; felújít **2.** kijavít, rendbe hoz **3.** nyugállományba helyez **II.** **~-se** **1.** megjavul; erőre kap; fellendül **2.** nyugdíjba vonul

reformatório [rifurmötòrju] *m* javítóintézet

reformular [rifurmulàr] *1/1 ts* átdolgoz, átalakít

refracção [rifràszö^{n}u] *f fiz* refrakció, fénytörés

refractar [rifràktàr] *1/1 ts* megtör (fénysugarat)

refractário [rifràktàrju] **I.** *mn* **1.** ellenszegülő; engedetlen **2.** *orv* immúnis, nem fogékony **3.** tűzálló; *argila* v *terra* ~*a* tűzálló agyag; samott **II.** *fn, m* katonai szolgálatot megtagadó egyén

refranger [rifrö^{n}zsér] *2/3 ts* = **refractar**

refrão [rifrö^{n}u] *m* refrén

refrat... refract...

refrear [rifrjàr] *1/5* **I.** *ts* megfékez, visszatart (*átv* is) **II.** **~-se** fékezi, türtőzteti magát

refrega [rifrègö] *f* **1.** csetepaté, összecsapás **2.** fáradozás, vesződés **3.** **B** viharos szél

refreio [rifréju] *m* **1.** fékezés **2.** fék

refrescante [rifriskö^{n}nt] *mn* frissítő, üdítő

refrescar [rifriskàr] *1/2, 1/13* **I.** *ts* **1.** frissít, üdít **2.** ~ *a memória de* felfrissíti vkinek az emlékezetét **II.** **~-se** **1.** felfrissül **2.** megnyugszik

refresco [rifrésku] *m* **1.** üdítő ital **2.** *átv* felüdülés, megkönnyebbülés **3.** **B** verés, ütlegelés

refrigeração [rifrizsirösző^{n}u] *f* lehűtés; lehűlés

refrigerado [rifrizsiràdu] *mn*: *motor* ~ *a água* vízhűtéses motor

refrigerador [rifrizsirödor] *m* hűtőszekrény; hűtőberendezés

refrigerante [rifrizsirö^{n}nt] **I.** *mn* **1.** hűtő- **2.** frissítő, üdítő **II.** *fn, m* **1.** üdítő ital **2.** hűtőberendezés

refrigerar [rifrizsiràr] *1/13* **I.** *ts* **1.** lehűt **2.** felfrissít **3.** *átv* megvígasztal **II.**

~-se 1. lehűl 2. felfrissül 3. *átv* megvígasztalódik

refrigério [rifrizsèrju] *m* 1. lehűtés, lehűlés 2. felfrissülés 3. *átv* vígasz, megkönnyebbülés

refugado [rifugàdu] *mn* 1. félredobott; értéktelen 2. kézbesíthetetlen (levél)

refugar [rifugàr] *1/4 ts* 1. félredob 2. visszautasít 3. B elkülönít

refugiado [rifuzsjàdu] *mn* és *fn* menekült

refugiar-se [rifuzsjàrszi] *1/7* 1. menekül 2. oltalmat keres

refúgio [rifuzsju] *m* menedék(hely) (*átv* is)

refugo [rifugu] *m* hulladék, maradék

refulgência [rifulzse^{n}szjö] *f* fényesség, ragyogás

refulgir [rifulzsìr] *3/3 tl* ragyog, tündöklik

refundição [rifu^{n}ndiszö^{n}u] *f* 1. újraöntés, átöntés (fémé) 2. *átv* átdolgozás

refundir [rifu^{n}ndìr] *3/1 ts* 1. újraönt, átönt 2. *átv* átdolgoz

refutação [rifutöszö^{n}u] *f* megcáfolás; cáfolat

refutar [rifutàr] *1/1 ts* megcáfol

reg. = *regimento*

rega [règö] *f* 1. (meg)öntözés; *carro de ~* öntözőkocsi 2. *nép* eső

rega-bofe [règöbòf] *m* muri, dinomdánom

regaço [rigàszu] *m* öl (*átv* is); *embalar no ~* ölében elringat

regadio [rigödiu] I. *mn* öntözéses II. *fn, m* öntözés

regador *m,* **-a** *f* [rigödor(ö)] I. *mn* és *fn* öntöző (személy) II. *fn, m* öntözőkanna

regalada [rigölàdö] *f: à ~* vidáman; pompásan

regalado [rigölàdu] *mn* 1. (meg)ajándékozott 2. vidám; örömteli 3. kitűnő, pompás

regalão *m,* **regalona** *f* [rigölö^{n}u, -lonö] I. *mn* és *fn* 1. ajándékozó 2. tréfálkozó, jókedvű 3. falánk, nagybélű II. *fn, m* nagy ajándék

regalar [rigölàr] *1/12* I. *ts* 1. megörvendeztet 2. megajándékoz II. **~-se** 1. örül vminek (*a*) 2. *~-se com bons almoços* nem sajnálja magától a jó ebédeket

regalia [rigöliö] *f* 1. előjog 2. kedvezmény 3. jutalom

regalo [rigàlu] *m* 1. öröm, élvezet 2. vidámság, jókedv 3. jólét; kényelem 4. muff, karmantyú

regar [rigàr] *1/4, 1/13 ts* (meg)öntöz

regata [rigàtö] *f sp* regatta, evezős- *v* vitorlásverseny

regatar [rigötàr] *1/12 ts* vesz és elad kicsiben

regatear [rigötyàr] *1/5* I. *ts* 1. lealkuszik 2. *átv* kisebbít, csökkent, lebecsül 3. zsugoriskodik vmivel T; *~ louvores* szűken méri a dicséreteket II. *tl* veszekedik

regateio [rigötéju] *m* alkudozás

regateira [rigötéjrö] *f* kofa

regato [rigàtu] *m* patak

regedor [rizsidor] *m* községi elöljáró

regedoria [rizsiduriö] *f* községi elöljáróság

regelado [rizsilàdu] *mn* 1. megfagyott 2. fagyos, nagyon hideg

regelar [rizsilàr] *1/15* I. *ts* megfagyaszt II. *tl* megfagy

regelo [rizsélu] *m* 1. megfagyás 2. *átv* fagyosság

regência [rizse^{n}szjö] *f* 1. régensség 2. *zene* vezénylés; *sob a ~ de* vkinek a vezénylésével 3. *nyelvt* vonzat; *~ verbal* igevonzat

regeneração [rizsiniröszö^{n}u] *f* regenerálás; felújítás; megjavítás

regenerar [rizsiniràr] *1/3 ts* 1. *él* regenerál, újra képez 2. felújít, megjavít

regente [rizse^{n}nt] I. *mn* vezető, irányító II. *fn* 1. régens 2. karmester 3. tanszékvezető tanár 4. *~ agricola* intéző

reger [rizsér] *2/3, 2/7* I. *ts* 1. igazgat, irányít, vezet 2. *zene* vezényel 3. tanszéket vezet 4. *nyelvt: ~ o acusativo* tárgyesetet vonz II. **~-se** *por* vmi után igazodik, vmilyen elvet követ

região [rizsjö^{n}u] *f* régió; táj; terület

regicida [rizsiszidö] *fn* királygyilkos

regime [rizsìm] *m* 1. rezsim, uralom; kormányrendszer 2. *orv* életmód, életrend 3. étrend; diéta 4. *nyelvt* vonzat 5. *em ~ de* vminek a keretében; *em ~ livre* kötetlen munkaidővel; *em ~ de avença* előfizetéses alapon

regimental [rizsime^{n}ntàl] *mn* 1. *kat* ezredhez tartozó, ezred- 2. szabályszerű, előírásos

regimentar [rizsime^{n}ntàr] *1/1 ts* hatóságilag megállapít *v* szabályoz

regimento [rizsime^{n}ntu] *m* 1. igazgatás, irányítás 2. szabályzat; ~ *interno* házirend 3. *kat* ezred 4. regiment; sereg; tömeg

régio [rèzsju] *mn* királyi

regional [rizsjunàl] *mn* regionális; területi

regionalismo [rizsjunölizsmu] *m* 1. helyi érdekek előnyben részesítése 2. *nyelvt* táji sajátosság

registado [rizsistàdu] *mn* 1. *ker* bejegyzett 2. *posta: carta ~a* ajánlott levél

registador *m*, **-a** *f* [rizsistödor(ö)] I. *mn* feljegyző, regisztrátor II. *fn*, *m* 1. feljegyző *v* regisztráló készülék 2. (dolgozók érkezését és távozását) ellenőrző óra

registar [rizsistàr] *1/1 ts* 1. feljegyez, regisztrál 2. ellenőriz 3. *posta* ajánlottan küld

registo [rizsistu] *m* 1. regiszter, jegyzék; ~ *civil* anyakönyv(i hivatal); *preços de* ~ árjegyzék szerinti árak 2. bejegyzés, feljegyzés 3. könyvjelző, olvasójel 4. név- és tárgymutató 5. *zene* regiszter 6. *posta* ajánlás; *sob* ~ ajánlva 7. *nyomd* soregyen 8. vámellenőrzés

registr... → **regist...**

reg.º = 1. *registado* 2. *regulamento*

rego [régu] *m* 1. barázda 2. vízárok 3. választék (hajban)

regozijar [riguzizsàr] *1/1* I. *ts* megörvendeztet II. **~-se** örvend

regozijo [riguzizsu] *m* nagy öröm, ujjongás; gyönyör

regra [règrö] *f* 1. szabály; ~ *de jogo* játékszabály; *~s de trânsito* közlekedési szabályok 2. szabályzat; *transgredir as ~s* a szabályok ellen vét; *em ~, por via de ~* rendszerint 3. *mat* szabály; művelet; ~ *de três* hármasszabály; *as quatro ~s* a négy alapművelet 4. vonalzó 5. (írott) sor; vonal 6. *~s* menstruáció

regrado [rigràdu] *mn* 1. értelmes, okos 2. mérsékelt; tartózkodó

regrar [rigràr] *1/13* I. *ts* 1. szabályoz 2. mérsékel 3. vonalaz II. **~-se** *em* igazodik vmi után

regredir [rigridir] *3/9 tl* elmegy, eltávozik

regressão [rigriszö^{n}u] *f* 1. regresszió, visszafejlődés 2. *él* visszaalakulás

regressar [rigriszàr] *1/13* I. *ts* visszaküld II. *tl* visszatér

regressivo [rigriszivu] *mn* 1. visszafejlődő 2. visszamenő

regresso [rigrèszu] *m* 1. visszafejlődés; hanyatlás 2. visszatérés; *estar de* ~ visszatér

régua [règvö] *f* vonalzó; *~-te* fejes vonalzó

regueira [rigéjrö] *f* öntöző- *v* vízlevezető árok

regueiro [rigéjru] *m* = **regueira**

regulação [rigulöszö^{n}u] *f* szabályozás

regulador *m*, **-a** *f* [rigulödor(ö)] *mn* és *fn* szabályozó

regulamentação [rigulöme^{n}ntöszö^{n}u] *f* hivatalos szabályozás

regulamentar[1] [rigulöme^{n}ntàr] *mn* előírásos, szabályszerű

regulamentar[2] [rigulöme^{n}ntàr] *1/1 ts* hivatalosan szabályoz *v* előír

regulamento [rigulöme^{n}ntu] *m* 1. szabályzat, rendszabály; ~ *do código de trânsito* közlekedési szabályzat, kresz 2. szabályrendelet; rendelkezés

regular[1] [rigulàr] *mn* 1. szabályos 2. szabályszerű 3. rendes, pontos; ~ *no pagamento* pontos fizető 4. közepes; tűrhető 5. *exército* ~ reguláris hadsereg, sorkatonaság

regular[2] [rigulàr] *1/1* I. *ts* 1. szabályoz 2. beigazít, beállít (órát) 3. *átv* mérsékel, visszatart (indulatot) II. *tl* 1. működik (gép); jár (óra) 2. *átv: não* ~ nem beszámítható III. **~-se** *por* igazodik vmihez

regularidade [rigulöridàd] *f* szabályosság; szabályszerűség

regularizar [rigulörizàr] *1/1 ts* 1. szabályoz 2. rendez 3. kijavít, rendbe hoz

régulo [règulu] *m* afrikai törzsfőnök

regurgitar [rigurzsitàr] *1/1* I. *ts* kihány, kiokád II. *tl* 1. hány, okád 2. kiárad, kiönt; kiömlik 3. ~ *de gente* tömve van, zsúfolt

rei [réj] *m* király; *közm:* ~ *morto,* ~ *posto* meghalt a király, éljen a király

reimpressão [rji^{n}mpriszö^{n}u] *f* utánnyomás; új kiadás

reimprimir [rji^{n}mprimir] *3/1 ts* újra nyomtat *v* kiad

reinação [réjnöszö^{n}u] *f* 1. dáridó, vígasság 2. B pajkosság, csintalankodás

reinadio [réjnödiu] *mn* és *fn* vidám; mulatságos alak

reinado [réjnàdu] *m* uralkodás

reinar [réjnàr] *1/1 tl* uralkodik
reincidência [rji^{n}nszide^{n}szjö] *f* **1.** viszszaesés **2.** makacsság
reincidente [rji^{n}szide^{n}nt] *mn* **1.** visszaeső **2.** makacs
reincidir [rji^{n}nszidir] *3/1 tl* **1.** újból viszszaesik vmibe (*em*) **2.** makacskodik
reineta [réjnétö] *f* ranett (alma)
reiniciar [rjiniszjàr] *1/7 ts* újra elkezd
reino [réjnu] *m* **1.** királyság **2.** *átv* világ; ~ *animal e vegetal* állat- és növényvilág
reintegrar [rji^{n}ntigràr] *1/13 ts* **1.** viszszahelyez (állásba) **2.** visszavezet, visszavisz
réis [rèjs] *m tb* → **real**[2] **2.**
reiterado [rjitiràdu] *mn* ismételt; többszöri
reiterar [rjitiràr] *1/13 ts* (meg)ismétel
reitor *m*, **-a** *f* [réjtor(ö)] *fn* **1.** rektor **2.** igazgató
reitorado [réjturàdu] *m* rektori hivatal, rektorátus
reitoria [réjturiö] *f* **1.** = **reitorado** **2.** rektori tisztség
reiuno [réjunu] *mn* **B 1.** állami **2.** gazdátlan (jószág) **3.** értéktelen, vacak
reivindicação [réjvi^{n}ndiköszö^{n}u] *f* **1.** követelés **2.** *jog* visszakövetelés **3.** igény
reivindicar [réjvi^{n}ndikàr] *1/2 ts* **1.** követel **2.** *jog* visszakövetel **3.** igényel
reivindicativo [réjvi^{n}ndikötivu] *mn* (vissza)követelő
reixa [réjsö] *f* **1.** kis deszka **2.** ablakrács **3.** ablakredőny
rejeição [rizséjszö^{n}u] *f* **1.** kilökés, kivetés, kidobás, eldobás **2.** elutasítás, elvetés
rejeitar [rizséjtàr] *1/1 ts* **1.** kilök, kivet, kidob, eldob **2.** elutasít, elvet; ~ *uma proposta* javaslatot elvet
rejeitável [rizséjtàvèl] *mn* elvethető, elutasítható
rejubilar [rizsubilàr] *1/1* **I.** *ts* megörvendeztet **II.** *tl*, **III.** ~**-se** örül, ujjong
rejúbilo [rizsubilu] *m* öröm, ujjongás
rejuvenescer [rizsuvinis-szér] *2/2* **I.** *ts* **1.** megfiatalít **2.** *átv* megújít, felfrissít **II.** *tl* megfiatalodik **III.** ~**-se** fiatalítja magát
rela [rèlö] *f* **I.** kis béka **II.** madárfogó kelepce
relação [rilöszö^{n}u] *f* **1.** kapcsolat, viszony, érintkezés; *estreitas relações* szoros kapcsolatok; *relações de trabalho* munkaviszonyok; *com* ~ *a* vminek a tekintetében; *em* ~ *a* -hoz viszonyítva, -hoz képest; *ter relações com* kapcsolatban áll vkivel **2.** jelentés, beszámoló **3.** elbeszélés, leírás **4.** jegyzék, felsorolás **5.** *zene* hangköz
relacionado [rilöszjunàdu] *mn*: ~ *com* kapcsolatos vmivel
relacionar [rilöszjunàr] *1/15* **I.** *ts* **1.** kapcsolatot teremt, kapcsolatba hoz vmivel (*com*) **2.** összehasonlít, egybevet **3.** jelent, beszámol **4.** elbeszél, leír **5.** jegyzékbe foglal, felsorol **II.** ~**-se 1.** kapcsolatban áll vmivel **2.** kapcsolatot teremt, ismeretséget köt vkivel (*com*)
relâmpago [rilö^{n}mpögu] *m* villám; *visita* ~ villámlátogatás
relamp(agu)ear [rilö^{n}mp(ög)jàr] *1/5 tl* villámlik
relampejar [rilö^{n}mpizsàr] *1/14* = **relampaguear**
relançamento [rilö^{n}szöme^{n}ntu] *m*: ~ *económico* gazdasági fellendülés
relançar [rilö^{n}szàr] *1/3 ts* **1.** újra dob **2. B** újra piacra dob **3.** = **relancear**
relance [rilö^{n}sz] *m*: ~ (*de olhos* v *de vista*) (gyors) pillantás; *de* ~ szempillantás alatt, villámgyorsan
relancear [rilö^{n}szjàr] **I.** *1/5 ts*: ~ **T,** ~ *os olhos para* pillantást vet vkire *v* vmire **II.** *fn*, *m* (gyors) pillantás
relapso [rilàpszu] *mn* **1.** javíthatatlan, visszaeső **2.** makacs, önfejű
relar [rilàr] *1/13 ts* **1.** = **ralar 2. B** könnyedén érint, súrol
relatar [rilötàr] *1/12 ts* **1.** elbeszél, elmond, leír **2.** jelent, közöl
relatividade [rilötividàd] *f* relativitás, viszonylagosság
relativo [rilötivu] *mn* **1.** viszonylagos **2.** ~ *a* vmire vonatkozó(lag) **3.** *nyelvt*: *pronome* ~ vonatkozó névmás
relato [rilàtu] *m* **1.** elbeszélés **2.** jelentés, közlés
relator [rilötor] *m* **1.** elbeszélő **2.** előadó; referens
relatório [rilötòrju] *m* **1.** elbeszélés, elmondás, közlés **2.** beszámoló jelentés
relaxação [rilàsöszö^{n}u] **1.** lazítás, lazulás **2.** enyhítés, enyhülés; gyengülés **3.** felmentés, feloldás **4.** elzüllés
relaxado [rilösàdu] *mn* **1.** laza; ernyedt

2. enyhe; gyenge 3. hanyag 4. züllött

relaxar [rilösàr] *1/12* **I.** *ts* **1.** lazít, ernyeszt 2. enyhít, gyengít 3. felment, felold 4. elzülleszt, megront **II.** *tl*, **III.** **~-se** **1.** enyhül, gyengül 2. hahanyag lesz; elhanyagolja magát

relegação [riligöszö^{n}u] *f* **1.** száműzés, száműzetés 2. eltávolítás, háttérbe szorítás

relegar [riligàr] *1/4, 1/13 ts* **1.** száműz, 2. eltávolít; ~ *para segundo plano* háttérbe szorít

relembrar [rile^{n}mbràr] *1/1 ts* emlékezetébe visszaidéz, emlékeztet

relento [rile^{n}ntu] *m* esti harmat

reler [rilér] *2/11 ts* újra elolvas

reles [rèlis] *mn biz* **1.** közönséges, hitvány 2. jelentéktelen; vacak

relevação [rilivöszö^{n}u] *f* **1.** kiemelés, kidomborítás (*átv* is) 2. enyhítés 3. megbocsátás; felmentés

relevado [rilivàdu] *mn* **1.** kiemelt, kidomborított 2. kiemelkedő, kiváló 3. megbocsátott; felmentett

relevância [rilivö^{n}szjö] *f* **1.** kiemelkedés, kidomborodás 2. fontosság, jelentőség

relevante [rilivö^{n}nt] *mn* fontos, jelentős

relevar [rilivàr] *1/13* **I.** *ts* **1.** kiemel, kidomborít (*átv* is) 2. enyhít (fájdalmat) 3. megbocsát; felment **II.** *tl* fontos, szükséges **III.** **~-se** kiemelkedik, kitűnik

relevo [rilévu] *m* **1.** *műv* dombormű 2. *földr* domborzat 3. *átv* kiemelés; *pôr em* ~ kiemel

relha [réljö] *f* ekevas

relho [rélju] **I.** *mn*: *velho e* ~ nagyon régi **II.** *fn, m* ostor

relicário [rilikàrju] *m* ereklyetartó

religião [rilizsjö^{n}u] *f* vallás

religiosa [rilizsjozö] *f* apáca

religiosidade [rilizsjuzidàd] *f* vallásosság

religioso [rilizsjozu] **I.** *mn* **1.** vallásos 2. lelkiismeretes **II.** *fn, m* szerzetes

relinchar [rili^{n}sàr] *1/1 tl* nyerít

relincho [rili^{n}su] *m* nyerítés

relíquia [rilikjö] *f* ereklye

relógio [rilòzsju] *m* **1.** óra; ~ *despertador* ébresztőóra; *~-pulseira*, ~ *de pulso* karóra; ~ *de bolso* zsebóra; ~ *de parede* falióra; ~ *de ponto* gyári óra; ~ *de torre* toronyóra; *o meu* ~ *está* v *vai adiantado* (*atrasado*) az órám siet (késik) 2. mérő, gázóra, villanyóra; taksamérő 3. *bomba de* ~ pokolgép, időzített bomba

relojoaria [riluzsvöriö] *f* **1.** órásmesterség 2. órásműhely 3. óraszerkezet

relojoeiro [riluzsvéjru] *m* órás

relutância [rilutö^{n}szjö] *f* **1.** vonakodás; ellenállás 2. ellenszenv, undorodás

relutante [rilutö^{n}nt] *mn* 1. vonakodó, ellenálló 2. makacs

relutar [rilutàr] *1/1 tl* **1.** vonakodik, ellenáll 2. makacskodik

reluzir [riluzir] *3/14 tl* fénylik, ragyog

relva [rèlvö] *f* fű, gyep

relvado [rèlvàdu] *m* **1.** gyep(szőnyeg) 2. rét

relvar [rèlvàr] *1/1 ts* befüvesít

Rem. = *remetente* feladó

remada [rimàdö] *f* evezőcsapás

remador *m*, **-a** *f* [rimödor(ö)] *mn* és *fn* evezős (személy)

remanchar [rimö^{n}sàr] *1/1 tl* **1.** késlekedik; elidőzik 2. kószál, csavarog

remanescente [rimönis-sze^{n}nt] **I.** *mn* fennmaradó, megmaradó **II.** *fn, m* maradék, maradvány

remansado [rimö^{n}szàdu] *mn* **1.** csendes nyugodt 2. lassú; lomha

remansear [rimö^{n}szjàr] *1/5* **I.** *tl*, **II.** **~-se** megnyugszik, nyugodt; nyugalomban van

remanso [rimö^{n}szu] *m* **1.** csend, nyugalom 2. pihenés, üdülés 3. állóvíz

remansoso [rimö^{n}szozu] *mn* = **remansado**

remar [rimàr] *1/14* **I.** *ts*: ~ *o bote* evez(ővel hajtja a csónakot) **II.** *tl* **1.** evez 2. repül

remarcar [rimörkàr] *1/2, 1/12 ts* **1.** újra áraz 2. leértékel, kiárusít

rematado [rimötàdu] *mn* **1.** befejezett, tökéletes 2. *átv* megrögzött -

rematador *m*, **-a** *f* [rimötödor(ö)] *mn* és *fn, sp* befutó, finiselő

rematar [rimötàr] *1/12* **I.** *ts* befejez, bevégez **II.** *tl* **1.** végződik, véget ér 2. *sp* finisel; (kapura) lő

remate [rimàt] *m* **1.** befejezés, vég; utolsó simítás; *em* ~, *como* ~ befejezésül; *dar* v *pôr* ~ *a* befejez vmit 2. *sp* **a)** finis **b)** kapuralövés

remedeio [rimidéju] *m* *nép* enyhítőszer; flastrom (*átv* is)

remediado [rimigyàdu] *mn* tehetős, jómódú; *lavrador* ~ középparaszt; *com isto estou* ~ ez nagyot lendít rajtam

remediar [rimigyàr] *1/6* **I.** *ts* **1.** gyógyít; *átv* orvosol (bajt) **2.** segít, kisegít **II.** **~-se** segít magán, boldogul valahogy

remediável [rimigyàvèl] *mn* **1.** gyógyítható **2.** *átv* orvosolható

remédio [rimègyu] *m* gyógyszer, orvosság (*átv* is); ~ *caseiro* házi orvosság; *não há* ~ ; *não tem* ~ itt nincs mit tenni, ezen nem lehet segíteni; *não ter nem para os* ~*s* egy vasa sincs

remeiro [riméjru] **I.** *mn* evezős (csónak) **II.** *fn* evezős (személy)

remela [rimèlö] *f* genny (szemből)

remelar [rimilàr] *1/13* *tl* gennyezik (szemből)

rememorar [rimimuràr] *1/15* *ts* **1.** emlékezetébe visszaidéz **2.** emlékeztet vmire **T**

remendado [rime^{n}ndàdu] *mn* **1.** foltozott **2.** foltos

remendão [rimendö^{n}u] *m* **1.** foltozó varga **2.** fuser, kontár

remendar [rime^{n}ndàr] *1/1* *ts* **1.** megfoltoz **2.** ~ *os erros* kijavítja a hibákat **3.** ~ *a linguagem* idegenszerűségeket visz a nyelvbe

remendeira [rime^{n}ndéjrö] *f* foltozó *v* stoppoló varrónő

remendo [rime^{n}ndu] *m* **1.** folt(ozás) **2.** folt (állat szőrén)

remessa [rimèszö] *f* **1.** *ker* küldemény, szállítmány; ~ *postal* postai küldemény **2.** átutalás

remetente [rimite^{n}nt] *mn* és *fn* küldő, szállító; feladó

remeter [rimitér] *2/7* **I.** *ts* **1.** küld; utána küld (levelet) **2.** átutal **3.** rábíz; ~ *ao acaso* a véletlenre bízza; ~ *sua vida a riscos* életét kockáztatja **4.** elhalaszt **II.** *tl* megtámad vkit, rátámad vkire (*contra*) **III.** **~-se** *a* **1.** rábízza magát vkire **2.** hivatkozik vmire **3.** **~-se** *ao silêncio* elhallgat

remexer [rimisér] *2/7* **I.** *ts* **1.** feltúr, felkavar **2.** rázogat **II.** *tl,* **III.** **~-se** izeg-mozog

remigrar [rimigràr] *1/1* *tl* visszavándorol

reminiscência [riminis-sze^{n}szjö] *f* visszaemlékezés; ~*s do passado* a múlt emlékei

remir [rimir] *3/1* (hiányos ige; tőhangsúlyos alakjait **redimir** pótolja) **I.** *ts* **1.** kivált (rabságból, zálogból); kiszabadít (fogságból) **2.** jóvátesz; ~ *a culpa* megbűnhődik **II.** **~-se** **1.** kiváltja magát; kiszabadul **2.** *átv* rehabilitálja magát **3.** kivonja magát vmi alól (*de*)

remirar [rimiràr] *1/1* **I.** *ts* **1.** újból megnéz **2.** szemügyre vesz; ~ *dos pés à cabeça* végigmér vkit **T** **II.** **~-se** *no espelho* megnézi magát a tükörben

remissão [rimiszö^{n}u] *f* **1.** elengedés, megbocsátás; *sem* ~ szüntelenül; kérlelhetetlenül; *falta sem* ~ megbocsáthatatlan mulasztás **2.** *vall* bűnbocsánat **3.** enyhülés (betegségé) **4.** *irod* utalás

remissível [rimiszivèl] *mn* megbocsátható

remissivo [rimiszivu] *mn* *irod:* utaló; *nota* ~*a* utalás

remisso [rimiszu] *mn* **1.** hanyag, lusta **2.** lassú

remitência [rimite^{n}szjö] *f* **1.** *orv* enyhülés, javulás **2.** *ker* átutalás; visszafizetés

remitente [rimite^{n}nt] *mn* *orv:* *febre* ~ váltóláz

remitir [rimitir] *3/1* **I.** *ts* **1.** megbocsát, elenged **2.** megtérít, visszafizet **3.** enyhít, gyengít **II.** *tl* enyhül, gyengül (rosszullét)

remível [rimivèl] *mn* megváltható

remo [rému] *m* **1.** evező; *apertar os* ~*s* beledől az evezőkbe **2.** evezősport

remoção [rimuszö^{n}u] *f* **1.** eltávolítás **2.** *átv* áthelyezés, elmozdítás

remoçar [rimuszàr] *1/3, 1/15* **I.** *ts* megfiatalít **II.** *tl* megfiatalodik

remodelação [rimudilöszö^{n}u] *f* átalakítás

remodelar [rimudilàr] *1/15* *ts* átalakít

remoer [rimvér] *2/5* **I.** *ts* **1.** újból megdarál *v* őröl **2.** kérődzik vmin **T** **3.** *átv* újra átgondol, megrág vmit **4.** zaklat **II.** **~-se** bosszankodik; feldühödik

remoinhar [rimvinyàr] *1/11* *tl* örvénylik

remoinho [rimvinyu] *m* **1.** örvény, örvénylés **2.** forgószél

remolhar [rimuljàr] *1/15* *ts* (újra) beáztat

remolho [rimolju] *m* beáztatás

remonta [rimo^{n}ntö] *f* 1. *kat* lószállítás, lópótlás 2. *nép* kijavítás
remontado [rimo^{n}ntàdu] *mn* 1. nagyon magas 2. távoli 3. *átv* magasztos
remontar [rimo^{n}ntàr] *1/1* I. *ts* 1. magasba emel 2. *kat* kiegészíti a lóállományt 3. kijavít, rendbe hoz II. *tl* 1. ismét lóra száll 2. *átv* visszanyúlik, visszatér III. **~-se** 1. felszáll a magasba 2. *~-se de* távol tartja magát vmitől
remoque [rimòk] *m átv* csipkelődés
remoquear [rimukjàr] *1/5* I. *ts* szurkál, bánt vkit II. *tl* csipkelődik, gúnyolódik
remora [rimòrö] *f* 1. elhalasztás; haladék 2. *átv* akadály, nehézség
remorder [rimurdér] *2/8* I. *ts* 1. újra megharap 2. rágalmaz 3. *átv* kínoz, gyötör; *a consciência remorde-o* bántja őt a lelkiismerete II. **~-se** *de* feldühödik vmi miatt
remorso [rimòrszu] *m* lelkiismeret-furdalás
remoto [rimòtu] *mn* 1. távoli 2. *tempos ~s* rég múlt idők
remover [rimuvér] *2/8 ts* 1. kimozdít a helyéről 2. *átv* elmozdít, áthelyez 3. elszállít, beszállít; *~ ao hospital* kórházba szállít 4. eltávolít (*átv* is)
remuneração [rimunirösző^{n}u] *f* 1. díjazás, megfizetés 2. megjutalmazás, jutalom
remunerador *m*, **-a** *f* [rimunirödor(ö)] *mn* 1. jól fizető, jövedelmező 2. jutalmazó
remunerar [rimuniràr] *1/13 ts* 1. díjaz, megfizet 2. megjutalmaz
remunerativo, remuneratório [rimunirötivu, -tòrju] *mn* 1. jövedelmező 2. jutalom jellegű
rena [rénö] *f* rénszarvas
renal [rinàl] *mn orv* vese-
renano [rinönu] *mn* és *fn* rajnai, Rajna menti
renascença [rinös-sze^{n}szö] *f* 1. újjáéledés 2. *tört* reneszánsz
renascentista [rinös-sze^{n}tistö] *mn* és *fn* reneszánsz kori
renascer [rinös-szér] *2/2, 2/6 tl* 1. újjáéled; felvirágzik 2. megújhodik 3. *átv* megjavul
renascimento [rinös-szime^{n}ntu] *m* = **renascença**
renda [re^{n}ndö] *f* I. 1. bevétel; jövedelem; *~ nacional* nemzeti jövedelem; *~ per capita* egy főre jutó jövedelem 2. földbér, házbér II. csipke
rendado [re^{n}ndàdu] I. *mn* csipkés (szélű) II. *fn, m* csipkeszegély
rendedoiro, -douro [re^{n}ndidojru, -doru] *mn* jövedelmező
rendeiro [re^{n}ndéjru] *fn* I. (föld)bérlő; gazdálkodó II. csipkekészítő, csipkeverő
render [re^{n}ndér] *2/1* I. *ts* 1. megadásra kényszerít; *~ as armas* leteszi a fegyvert; *~ a fortaleza* feladja az erődöt 2. *~ a guarda* v *a sentinela* őrséget levált 3. jövedelmez, hoz a konyhára 4. *átv* ad, nyújt; *~ contas de* számot ad vmiről; *~ justiça* igazságot szolgáltat; *~ público* közhírré tesz, nyilvánosságra hoz; *~ serviço* szolgálatot tesz; *~ testemunho* igazol, tanúsít II. *tl* 1. hasznot hajt 2. elhasad, megreped III. **~-se** 1. megadja magát 2. *átv* enged; aláveti magát
rendição [re^{n}ndiszö^{n}u] *f* 1. *kat* feladás, megadás 2. (őrség)váltás 3. *átv* engedékenység
rendido [re^{n}ndidu] *mn* 1. legyőzött, alávetett 2. elhasadt, megrepedt 3. engedelmes; odaadó 4. *átv* szemlélődő
rendilha [re^{n}ndiljö] *f* finom csipke
rendilhado [re^{n}ndiljàdu] I. *mn* csipkés; csipkézett II. *fn, m* csipkeszegély
rendimento [re^{n}ndime^{n}ntu] *m* I. = **rendição** II. 1. bevétel, haszon; jövedelem 2. *műsz* hatásfok; teljesítmény 3. *sp* teljesítő képesség 4. *orv* ficam
rendível [re^{n}ndivèl] *mn* jövedelmező
rendoso [re^{n}ndozu] *mn* hasznot hajtó, nyereséges
renegado [rinigàdu] *mn* és *fn* 1. renegát, hitehagyott 2. gyűlöletes 3. *biz* gonosztevő
renegar [rinigàr] *1/4, 1/13* I. *ts* 1. megtagad (hitet) 2. megvet, utál 3. elárul 4. cáfol, tagad 5. visszautasít II. *tl: ~ de* 1. megtagad, otthagy vmit 2. eltekint vmitől, megvan vmi nélkül
rengo [re^{n}ngu] *mn* B sánta
renguear [re^{n}ngjàr] *1/5 tl* sántít, sántikál
renhida [rinyidö] *f sp* küzdelem, vetélkedés
renhido [rinyidu] *mn* heves; *batalha ~a* véres csata

renhir [rinyir] *3/1* **I.** *ts* **1.** küzd, vetélkedik vmiért **2.** (csatában) megver **II.** *tl* **1.** küzd, harcol **2.** vitatkozik
renitência [rinite^{n}szjö] *f* **1.** makacsság **2.** ellenállás; ellenkezés
renitente [rinite^{n}nt] *mn* **1.** makacs **2.** ellenálló
renitir [rinitir] *3/1 tl* **1.** makacsul kitart **2.** ellenkezik
Reno [rénu] *m: o* ~ a Rajna
renome [rinom] *m* dicsőség, hírnév
renova [rinòvö] *f* megújhodás
renovação [rinuvöszö^{n}u] *f* renoválás, helyreállítás, felújítás; tatarozás
renovador *m,* **-a** *f* [rinuvödor(ö)] **I.** *mn* renováló, felújító **II.** *fn* újító
renovar [rinuvàr] *1/15* **I.** *ts* **1.** renovál, felújít, helyreállít; tataroz **2.** *átv* felelevenít, felfrissít; ~ *o fogo* feléleszti a tüzet; ~ *a memória* felfrissíti az emlékezetét **II.** *tl növ* kihajt, kirügyezik **III.** ~**-se** **1.** újra visszatér **2.** új életre kel, megfiatalodik
renovo [rinovu] *m* **1.** *növ* hajtás, rügy **2.** *átv* sarj; új családi ág **3.** ~*s, mezőg* első termés
renque [re^{n}nk] *m* sor; ~ *de pilastras* oszlopsor
rente [re^{n}nt] **I.** *mn* **1.** egészen közeli **2.** *cabelo* ~ rövidre nyírt haj **II.** *hat* egészen közel; *passar* ~ súrol, alig érint **III.** *vsz* egészen közel vmihez, szorosan mellette (*a, com, de*)
rentear [re^{n}tyàr] *1/5* **I.** *ts* rövidre vág **II.** *tl* bókol, udvarol
renúncia [rinu^{n}szjö] *f átv* lemondás
renunciar [rinu^{n}szjàr] *1/7 ts, tl* lemond vmiről, visszautasít vmit **(T,** *a***)**
reordinar [riòrdinàr] *1/1 ts* újból elrendez
reorganização [riòrgönizöszö^{n}u] *f* átszervezés, újjászervezés
reorganizar [riòrgönizàr] *1/1 ts* átszervez, újjászervez
reostato, reóstato [rjòstátu, rjòstötu] *m vill* reosztát
Rep. = *Repartição* (ügy)osztály
repa [répö] *f* gyér haj
reparação [ripöröszö^{n}u] *f* **1.** kijavítás, rendbehozatal **2.** jóvátétel; kártérítés
reparador *m,* **-a** *f* [ripörödor(ö)] **I.** *mn* (meg)javító, helyrehozó **2.** *átv* egészséges; új erőt adó **II.** *fn* helyreállító
reparar [ripöràr] *1/12* **I.** *ts* **1.** kijavít, megjavít, helyrehoz **2.** *átv* jóvátesz; ~ *os danos* megtéríti a kárt **3.** elégtételt ad **4.** *átv* helyrehoz, erőt ad **II.** *tl* **1.** néz; *repare!* nézze csak! *repare-se* vegye figyelembe! **2.** ~ *em* néz, szemlél, megfigyel vmit; ügyel, tekintettel van vmire; *sem* ~ *nos gastos* költségeket nem kímélve **III.** ~**-se** **1.** védekezik vmi ellen (*de*) **2.** (anyagilag) rendbe jön
reparável [ripöràvèl] *mn* kijavítható; helyrehozható
reparo [ripàru] *m* **1.** kijavítás, helyrehozatal **2.** sánc, fedezék; *átv* védelem; *ao* ~ *de* vkinek *v* vminek a fedezete mellett **3.** észrevétel, megjegyzés; *fazer* ~*s em* megjegyzéseket fűz vmihez **4.** *sem fazer* ~*s em* tekintet nélkül vmire
repartição [ripörtiszö^{n}u] *f* **1.** felosztás **2.** ügyosztály; hivatal **3.** kirendeltség
repartir [ripörtir] *3/13 ts* feloszt, szétoszt
repartível [ripörtivèl] *mn* felosztható
repassar [ripöszàr] *1/12* **I.** *ts* **1.** újra átlép (*pl* határt); újra végigmegy vmin **T 2.** áthat, átitat, megtölt (*átv* is) **3.** újra elolvas; átismétel; ~ *a lição* átismétli a leckét **4.** emlékezetébe visszaidéz, visszaemlékezik vmire **T II.** *tl* átengedi a nedvességet; *o tecto repassa* a tető átszivárog **III.** ~**-se** **1.** átázik **2.** ~*-se de alegria* öröm tölti el
repastar [ripöstàr] *1/12* **I. 1.** újra legeltet **2.** jól megetet **II.** *tl,* **III.** ~**-se** teleeszi magát, lakmározik
repasto [ripàstu] *m* **1.** bőséges élelem **2.** étkezés **3.** lakoma
repatriação [ripötrjöszö^{n}u] *f* repatriáció, visszatérés
repatriar [ripötrjàr] *1/7* **I.** *ts* hazájába visszaküld **II.** ~**-se** hazájába visszatér
repelão [ripilö^{n}u] *m* **1.** lökés, taszítás **2.** roham, támadás **3.** *de* ~ erőszakosan, hevesen
repelente [ripile^{n}nt] **I.** *mn* visszataszító **II.** *fn, m* (szúnyog)riasztó szer
repelir [ripilir] *3/8* **I.** *ts* **1.** *kat* visszaszorít, visszaver **2.** ellök, taszít **3.** visszautasít; ~ *as calúnias* visszautasítja a rágalmakat; ~ *o recurso, jog* elutasítja a fellebbezést **II.** ~**-se** taszítják egymást
repelo [ripélu] *m: a* ~ erőszakkal, hevességgel

repensar [ripe^{n}szàr] *1/1 ts, tl* átgondol, meggondol, fontolgat
repente [ripe^{n}nt] *m* **1.** hirtelen mozdulat **2.** rögtönzés **3.** *de* ~ hirtelen, váratlanul
repentino [ripe^{n}ntinu] *mn* hirtelen, váratlan
repercussão [ripirkuszö^{n}u] *f* **1.** *fiz* visszaverődés **2.** visszhang (*átv* is) **3.** *átv* kihatás
repercutir [ripirkutir] *3/1* **I.** *ts* **1.** *fiz* visszaver **II.** ~**-se 1.** visszaverődik; *átv* visszhangra talál; kihat vmire (*em*)
repertório [ripirtòrju] *m* **1.** tárgymutató **2.** gyűjtemény **3.** kézikönyv **4.** *szính* repertoár, műsorszámok **5.** *átv* élő lexikon
repes [rèpis] *m text* ripsz
repesar [ripizàr] *1/13 ts* **1.** újra megmér **2.** *átv* újra fontolgat
repetente [ripite^{n}nt] *mn* és *fn*, *isk* ismétlő
repetição [ripitiszö^{n}u] *f* **1.** (meg)ismétlés **2.** *kat: arma de* ~ ismétlőfegyver
repetidamente [ripitidöme^{n}nt] *hat* ismételten
repetidor *m*, **-a** *f* [ripitidor(ö)] **I.** *mn* ismétlő **II.** *fn* repetitor, magántanító
repetir [ripitir] *3/8* **I.** *ts* **1.** megismétel; ~ *o curso*, *isk* osztályt ismétel **2.** utánoz **II.** *tl*, **III.** ~**-se** megismétlődik
repetitório [ripititòrju] *mn* **1.** ismétlő **2.** utánzó
repicar [ripikàr] *1/2* **I.** *ts* **1.** apró darabokra vág *v* tép **2.** ~ *os sinos* meghúzza a harangokat **II.** *tl* **1.** harangoz **2.** *kártya* megduplázza a tétet
repimpar [ripi^{n}mpàr] *1/1* **I.** *ts* teletömi vkinek a gyomrát **II.** ~**-se 1.** teleeszi magát **2.** ~*-se no canapé* elterpeszkedik a kanapén
repinchar [ripi^{n}sàr] *1/1 tl* szétfröccsen
repintar [ripi^{n}ntàr] *1/1 ts* **1.** fest; újra befest, átfest **2.** színez
repique [ripik] *m* **1.** felaprózás, feldarabolás **2.** harangozás, ünnepi harangzúgás **3.** összekoccanás (*pl* biliárdgolyóké) **4.** harangok félreverése, riadó; ~ *falso* vaklárma
repisa [ripizö] *f* másodszori szőlőtaposás; *vinho de* ~ vinkó
repisado [ripizàdu] *mn* **1.** kitaposott **2.** *átv* agyoncsépelt
repisar [ripizàr] *1/1* **I.** *ts* **1.** újra tapos (földet, szőlőt) **2.** *átv* hangoztat, unalomig ismétel **II.** *tl:* ~ *em*, *átv* nyargal vmin
replantar [riplö^{n}ntàr] *1/1 ts* újra beültet; átültet
replantio [riplö^{n}ntiu] *m* újraültetés; átültetés
repleção [riplèszö^{n}u] *f* telítettség
repleto [riplètu] *mn* **1.** telis-tele, zsúfolt **2.** teljesen jóllakott
réplica [rèplikö] *f* **1.** válasz **2.** viszonválasz, visszavágás
replicar [riplikàr] *1/2 ts, tl* válaszol; visszavág
repois... [ripojz] → **repous...**
repolho [ripolju] *m* fejes káposzta
repolhudo [ripuljudu] *mn* telt idomú; gömbölyded
repoltrear-se [ripoltrjàrszi] *1/5* elterpeszkedik
repontão *m*, **repontona** *f* [ripo^{n}ntö^{n}u, -tonö] *mn* és *fn* **1.** ellenszegülő; csökönyös **2.** feleselő; goromba
repontar [ripo^{n}ntàr] *1/1 tl* **1.** feltűnik, megjelenik; *o sol repontou* megvirradt **2.** ellenkezik; felesel
repor [ripor] *2/17* **I.** *ts* **1.** visszahelyez, visszatesz; ~ *no lugar* visszateszi a helyére **2.** visszaad, visszavisz **3.** helyreállít **II.** ~**-se** helyreáll, visszaáll
reportagem [ripurtàzsö^{n}j] *f* **1.** riport, tudósítás **2.** riporterség
reportar [ripurtàr] *1/15* **I.** *ts* **1.** visszahoz, visszavisz **2.** visszatart **3.** tulajdonít vminek (*a*) **II.** ~**-se** *a* **1.** hivatkozik vmire **2.** kapcsolódik vmihez, vonatkozik vmire
repórter [ripòrtèr] *fn* riporter, tudósító
reposição [ripuziszö^{n}u] *f* **1.** visszatétel, visszahelyezés **2.** *szính* újbóli műsorra tűzés, felújítás **3.** pihenés, üdülés **4.** *műsz: peças de* ~ pótalkatrészek
repositório [ripuzitòrju] *m* **1.** lerakat; raktár **2.** gyűjtemény; (törvény)tár
reposta [ripòstö] *f kártya* tét
repostada [ripustàdö] *f* szemtelen válasz
repostar [ripustàr] *1/15 ts, tl* szemtelenül válaszol; visszavág
reposteiro [ripustéjru] *m* ajtófüggöny
reposto [ripostu] *mmi* visszatett; → **repor**
repousado [ripozàdu] *mn* higgadt, nyugodt
repousar [ripozàr] *1/1* **I.** *ts* **1.** pihentet

2. megnyugtat **II.** *tl* **1.** pihen, nyugszik, alszik **2.** leülepedik **3.** *mezőg* parlagon marad

repouso [ripozu] *m* **1.** pihenés, nyugalom; *mandar a ~* nyugalomba küld, nyugdíjaz **2.** munkaszünet

repreender [riprje^{n}ndér] *2/1 ts* szid, korhol, kifogásol

repreensão [riprje^{n}szö^{n}u] *f* szidás, korholás, kifogásolás

repreensível [riprije^{n}szivèl] *mn* kifogásolható

repreensivo [riprje^{n}szivu] *mn* korholó; kifogásoló

represa [riprézö] *f* **1.** duzzasztógát; zsilip **2.** visszatartás, felhalmozás (*átv* is); *~ de paixões* visszafojtott szenvedélyek **3.** *ép* konzol, gyámkő, tartópillér

represália [riprizàljö] *f* megtorló intézkedés

represar [riprizàr] *1/13 ts* **1.** felhalmoz, összegyűjt (vizet) **2.** visszatart, (meg)akadályoz **3.** visszafojt (indulatokat) **4.** elfog, fogságba ejt

representação [riprizi^{n}ntöszö^{n}u] *f* **1.** bemutatás; bemutatkozás **2.** ábrázolás **3.** *szính* előadás **4.** képviselet; *~ diplomática* diplomáciai képviselet; *despesas de ~* reprezentációs költségek **5.** *jog* ellenvetés, kifogásolás

representante [riprize^{n}ntö^{n}nt] **I.** *mn* képviselő **II.** *fn:* *~ comercial* kereskedelmi képviselő; *~ plenipotenciário* teljhatalmú megbízott

representar [riprize^{n}ntàr] **I.** *ts* **1.** mutat, bemutat **2.** ábrázol **3.** *szính* előad, játszik **4.** képvisel; *fazer-se ~* képviselteti magát **II.** *tl* **1.** *szính* fellép, játszik **2.** *~ de* mutatkozik vmilyennek; *~ de herói* a hős szerepét játssza **3.** *jog* kifogással él, panaszt emel **III. ~-se 1.** megjelenik, mutatkozik **2.** bemutatkozik

representativo [riprize^{n}ntötivu] *mn* **1.** képviselő, képviseleti; *assembleia ~a* népképviseleti országgyűlés **2.** reprezentatív, mutatós **3.** *arte ~a* ábrázoló művészet

repressão [ripriszö^{n}u] *f* **1.** elnyomás; *governo de ~* zsarnoki kormány **2.** *átv* elfojtás; megfékezés; *~ do contrabando* a csempészés megszüntetése

repressivo [ripriszivu] *mn* elnyomó

reprimenda [riprime^{n}ndö] *f* dorgálás, feddés, megrovás

reprimir [riprimir] *3/1* **I.** *ts* **1.** elnyom **2.** visszafojt, visszatart **3.** büntet **II. ~-se** türtőzteti magát

reprivatização [riprivötizöszö^{n}u] *f közg* újból magántulajdonba helyezés

réprobo [rèprubu] *mn* és *fn* átkozott, gonosz

reprodução [ripruduszö^{n}u] *f* **1.** (le)másolás; sokszorosítás **2.** *él* szaporítás, tenyésztés; szaporodás **3.** utánzás **4.** ismertetés, leírás

reprodutivo [riprudutivu] *mn* **1.** másoló, sokszorosító **2.** *él* szaporító

reprodutor *m*, **reprodutriz** *f* [riprudutor, -tris] **I.** *mn* szaporító, tenyész- **II.** *fn*, *m* tenyészállat; *boi ~* tenyészbika

reproduzir [ripruduzir] *3/14* **I.** *ts* **1.** lemásol; sokszorosít **2.** *él* szaporít, tenyészt **3.** utánoz **4.** bemutat, ismertet, leír **II. ~-se 1.** sokasodik, szaporodik **2.** megújul; ismétlődik

reproduzível [ripruduzivèl] *mn* **1.** szaporítható; sokszorosítható **2.** újra előállítható

reprovação [ripruvöszö^{n}u] *f* **1.** elutasítás, elvetés **2.** elítélés, kifogásolás; *olhar de ~* szemrehányó pillantás **3.** *isk* megbuktatás; megbukás **4.** *átv* lenézés, megvetés

reprovado [ripruvàdu] *mn* **1.** elutasított, elvetett **2.** kifogásolt **3.** *isk* (meg)bukott

reprovar [ripruvàr] *1/15 ts* **1.** elutasít, elvet; ellene szavaz **2.** elítél, kifogásol **3.** *isk* (meg)buktat

reprovável [ripruvàvèl] *mn* kifogásolható

reptar [rèptàr] *1/1 ts* **1.** provokál, kihív **2.** megvádol **3.** *~ com* ellenez vmit, szakít vmivel (*pl* szokásokkal)

réptil (*tb: reptis* v *répteis*) [rèptil] *m* **1.** *áll* csúszómászó **2.** *átv* talpnyaló

repto [rèptu] *m* provokáció, kihívás

república [rèpublikö] *f* **1.** köztársaság; *~ federada* szövetségi köztársaság; *~ popular* népköztársaság **2.** egyetemi diákotthon

republicano [rèpublikönu] *mn* és *fn* köztársasági, köztársaságpárti

repudiar [ripugyàr] *1/7 ts* **1.** eltaszítja magától a feleségét, elválik a feleségétől T **2.** elutasít, visszautasít; tiltakozik vmi ellen T 3. *jog* önként lemond vmiről T

repúdio [ripugyu] *m* visszautasítás, elvetés

repugnância [ripugnö^{n}szjö] *f* ellenszenv; undorodás

repugnante [ripugnö^{n}nt] *mn* ellenszenves; undorító

repugnar [ripugnàr] *1/1* **I.** *ts* elutasít **II.** *tl* **1.** ellenszenvet vált ki, undort kelt **2.** ellenszegül, ellentmond vminek (*a*)

repulsa, repulsão [ripulszö, ripulszö^{n}u] *f* **1.** *fiz* taszítás **2.** undorodás; *causar* ~ undort kelt

repulsar [ripulszàr] *1/1 ts* **1.** ellök, eltaszít; elűz, elkerget **2.** visszautasít **3.** visszaver (hangot)

repulsivo [ripulszivu] *mn* **1.** *fiz* taszító **2.** *átv* visszataszító

reputação [riputöszö^{n}u] *f* hírnév, tekintély

reputar [riputàr] *1/1* **I.** *ts* **1.** hisz, vél, gondol vmilyennek T **2.** becsül, értékel **3.** ~ *o nome da família* jó hírt szerez családjának **II.** **~-se** tartja magát vmilyennek; *reputa-se bom desenhista* jó rajzolónak tartja magát

repuxão [ripusö^{n}u] *m* rándítás; (erős) lökés

repuxar [ripusàr] *1/1* **I.** *ts* **1.** rándít, ráncigál **2.** visszaránt **3.** ~ *um muro* megtámaszt egy falat **II.** *tl* sugárban feltör, kibuggyan

repuxo [ripusu] *m* **1.** rándítás, ráncigálás **2.** visszarántás **3.** *ép* támasz, pillér **4.** vízsugár; szökőkút

requebrado [rikibràdu] **I.** *mn* gyengéd; epekedő; szerelmes **II.** *fn*, *m* = **requebro 3.**

requebrar [rikibràr] *1/13* **I.** *ts* **1.** udvarol, teszi a szépet; ~ *os olhos* epekedő pillantásokat vet; ~ *a voz* gyengéd hangon szól **2.** riszál, ringat **II.** **~-se** illegeti-billegeti magát

requebro [rikébru] *m* **1.** epekedés **2.** szerelmes pillantás **3.** riszálás, ringatás **4.** *zene* trilla

requeijão [rikéjzsö^{n}u] *m* túró

requeimado [rikéjmàdu] *mn* **1.** megégett **2.** napbarnított

requeimar [rikéjmàr] *1/1* **I.** *ts* **1.** megéget **2.** megbarnít (bőrt) **II.** *tl* éget, csíp (erős étel) **III.** **~-se** *com* bánkódik vmi miatt

requentão [rike^{n}ntö^{n}u] *m* **B** feketekávé konyakkal

requentar [rike^{n}ntàr] *1/1* **I.** *ts* (újra) felmelegít **II.** **~-se** odaég, odakap

requerente [rikire^{n}nt] *mn* és *fn* kérvényező, folyamodó

requerer [rikirér] *2/19 ts* **1.** kér vmit, folyamodik vmiért T **2.** követel, igényel

requerimento [rikirime^{n}ntu] *m* **1.** kérvény, folyamodvány **2.** *jog* beadvány

requesta [rikèstö] *f* **1.** folyamodás, pályázás vmire **2.** veszekedés; hajbakapás

requestador *m*, **-a** *f* [rikistödor(ö)] *mn* és *fn* pályázó

requestar [rikistàr] *1/13 ts* **1.** pályázik vmire, folyamodik vmiért T **2.** udvarol vkinek T

réquiem [rèkjö^{n}j] *m* rekviem, halotti mise (*zene* is)

requife [rikif] *m* zsinór; szegélydísz

requintado [riki^{n}ntàdu] *mn* **1.** finom **2.** kifinomult; előkelő

requintar [riki^{n}ntàr] *1/1* **I.** *ts* tökéletesít; kifinomít **II.** **~-se** **1.** tökéletesedik, kifinomul **2.** túlzott eleganciával *v* nevetségesen öltözködik

requinte [riki^{n}nt] *m* **1.** tökéletesség **2.** finomság, választékosság

requisição [rikiziszö^{n}u] *f* **1.** követelés, igénylés **2.** *jog* megkeresés

requisitar [rikizitàr] *1/1 ts* **1.** követel, igényel **2.** *jog* megkeres

requisito [rikizitu] *m* **1.** jogos követelés **2.** követelmény, feltétel

requisitório [rikizitòrju] *m jog* vádirat, vádindítvány, vádbeszéd

rês [rés] *f* marha; vágóállat

rés [rès] **I.** *mn* sima, lapos **II.** *hat:* (*ao*) ~ *de* egészen közel vmihez, a tövénél

rescaldar [riskàldàr] *1/1 ts* **1.** felmelegít, felhevít **2.** túlhevít; éget

rescaldeiro [riskàldéjru] *m* resó, főzőlap

rescaldo [riskàldu] *m* **1.** (tűz okozta) hőség, forróság **2.** parázs; forró hamu **3.** étel- *v* tányérmelegítő **4.** *átv* utóhatás, utóíz **5.** *no* ~ *da discussão* a vita hevében

rescindir [ris-szi^{n}ndir] *3/1 ts* érvényteleníť, felbont (szerződést)

rescisão [ris-szizö^{n}u] *f* érvénytelenítés, felbontás

rescrever [riskrivér] *2/7 ts* újra megír, átír

rescrição [riskriszö^{n}u] *f* felhatalmazás (pénz felvételére)
rescrito [riskritu] **I.** *mmi:* → **rescrever II.** *fn, m* **1.** *tört* királyi rendelet **2.** *egyh* pápai rendelkezés
rés-do-chão [rèzsdusö^{n}u] *m* földszint
resenha [rizényö] *f* **1.** beszámoló **2.** áttekintés **3.** részletes felsorolás
resenhar [rizényàr] *1/14 ts* **1.** beszámol vmiről **T 2.** áttekint **3.** részletesen felsorol
reseda [rizédö] *f növ* rezeda
reserva [rizèrvö] *f* **1.** tartalék; ~ *de ouro* aranytartalék; *roda de* ~ pótkerék **2.** *kat:* *oficial de* ~ tartalékos tiszt **3.** nyugállomány; *passar a* ~ nyugdíjba megy **4.** előjegyzés, lefoglalás (*pl* szállodában) **5.** ~ (*natural*) rezervátum, természetvédelmi terület **6.** *átv* tartózkodás; óvatosság **7.** *átv* fenntartás, kikötés; *sem* ~ feltétel nélkül
reservação [rizirvöszö^{n}u] *f* jogfenntartás
reservado [rizirvàdu] **I.** *mn* **1.** tartalékolt, félretett **2.** *átv* tartózkodó, óvatos **3.** titkos **4.** fenntartott (hely) **II.** *fn, m* **1.** külön terem (étteremben) **2. B** illemhely
reservar [rizirvàr] *1/13* **I.** *ts* **1.** tartalékol, félretesz **2.** titokban tart, eltitkol **3.** előjegyez(tet), lefoglal (*pl* szobát) **4.** megóv, megvéd **II.** **~-se 1.** visszatartja magát, tartózkodik vmitől (*de*) **2.** kíméli magát
reservatório [rizirvötòrju] *m* **1.** tároló helyiség *v* medence **2.** tartály **3.** ~ *d'água* víztároló, víztorony
reservista [rizirvistö] *m* rezervista, tartalékos katona
resfolegadoiro, -doru [risfolgödojru, -doru] *m* szellőzőnyílás
resfol(e)gar [risfolgàr] *1/4, 1/13 tl* **1.** liheg, szuszog **2.** kifújja magát, pihen **3.** böfög; pöfög
resfôlego, resfolgo [risfoligu, -folgu] *m* **1.** lihegés, szuszogás **2.** lélegzetvétel; pihenés
resfriado [risfrjàdu] **I.** *mn* megfázott, meghűlt; *ficar* ~ meg van fázva **II.** *fn, m* megfázás, meghűlés; *apanhar um* ~ megfázik, meghűl
resfriador *m*, **-a** *f* [risfrjödor(ö)] **I.** *mn* hűtő- **II.** *fn, m* hűtőedény, hűtőkészülék
resfriamento [risfrjöme^{n}ntu] *m* **1.** hűtés **2.** megfázás, meghűlés
resfriar [risfrjàr] *1/7* **I.** *ts* lehűt (*átv* is) **II.** *tl*, **III.** **~-se 1.** kihűl **2.** elkedvetlenedik **3.** megfázik, meghűl
resgatar [rizsgötàr] *1/12* **I.** *ts* **1.** bevált, kivált, megvált **2.** megbocsát; kiment **II.** **~-se** kiváltja magát (fogoly)
resgate [rizsgàt] *m* **1.** kiváltás; kiszabadítás **2.** váltságdíj
resguardar [rizsgvördàr] *1/12* **I.** *ts* **1.** megóv, megvéd **2.** megfigyel, szemmel tart **3.** betart, követ (előírást) **II.** **~-se** óvja magát, védekezik vmi ellen (*de*)
resguardo [rizsgvàrdu] *m* **1.** védelem **2.** védőberendezés **3.** óvintézkedés **4.** titok; *sem* ~ tartózkodás nélkül, őszintén **5.** megőrzés; őrizet **6.** borítólap (könyvé) **7.** kímélés; *dieta de* ~ kímélő étrend
residência [rizide^{n}szjö] *f* lakóhely; lakás
residencial [rizide^{n}szjàl] *mn* **1.** lakóhelyi; körzeti **2.** lakás-; *casa* ~ lakóház
residente [rizide^{n}nt] **I.** *mn* vhol lakó (*em*) **II.** *fn, m* **1.** rezidens **2.** helytartó, kormányzó
residir [rizidir] *3/1 tl* **1.** székel; lakik **2.** *átv* lakozik, rejlik; *é nisso que reside a dificuldade* ebben rejlik a nehézség, itt a bökkenő
resíduo [rizidvu] **I.** *mn* visszamaradó **II.** *fn, m* **1.** maradék **2.** *vegy* üledék **3.** ~*s* **a)** maradványok **b)** régi előítéletek
resignação [rizignöszö^{n}u] *f* **1.** lemondás vmiről **2.** megnyugvás, beletörődés
resignado [rizignàdu] *mn* belenyugodott, beletörődött
resignar [rizignàr] *1/1* **I.** *ts* lemond vmiről **T**; ~ *a presidência* elnöki tisztéről lemond **II.** **~-se** megnyugszik, beletörődik vmibe (*com*)
resina [rizinö] *f* gyanta
resinar [rizinàr] *1/1 ts* **1.** gyantát szed *v* kivon **2.** gyantával bevon, gyantáz
resinoso [rizinozu] *mn* gyantás
resipiscência [rizipis-sze^{n}szjö] *f* megbánás, bűnbánat
resistência [riziste^{n}szjö] *f* **1.** ellenállás (*fiz* és *vill* is); ~ *passiva* passzív ellenállás; *fazer* v *opor* ~ ellenállást fejt ki; *romper* v *vencer a* ~ letöri az ellenállást; *capacidade de* ~ ellenállóképesség **2.** tartósság **3.** *átv* kitartás

resistente [rizisté^{n}nt] *mn* **1.** ellenálló; ellenállóképes **2.** tartós **3.** erős, szilárd

resistir [rizistir] *3/1* **I.** *ts* ellenáll vminek T **II.** *tl* **1.** kitart **2.** ellenáll; ~ *a tentação* ellenáll a kísértésnek

resma [rézsmö] *f* rizsma (papír mértékegysége)

resmungão *m*, **resmungona** *f* [rizsmu^{n}ngö^{n}u, -gonö] *mn* és *fn* morgó, zsörtölődő

resmungar [rizsmu^{n}ngàr] *1/4 tl* morog, zsörtölődik

resolução [rizuluszö^{n}u] *f* **1.** határozat, döntés **2.** elhatározás; *tomar uma* ~ elhatározza magát **3.** határozottság **4.** ~ *dum contrato* szerződés érvénytelenítése *v* felbontása **5.** ~ *dum problema* probléma megoldása **6.** *orv* felszívódás **7.** hasmenés

resolutivo [rizulutivu] **I.** *mn* oldó **II.** *fn, m orv* oldószer

resoluto [rizulutu] *mn* határozott; elszánt

resolver [rizolvér] *2/8* **I.** *ts* **1.** *vegy, orv* (fel)old **2.** elintéz, megold **3.** elhatároz **4.** érvénytelenít, felbont (szerződést) **5.** átalakít **II.** ~**-se** **1.** (fel)oldódik, részeire bomlik **2.** átalakul **3.** elhatározza magát, dönt **4.** alapul vmin (*em*)

resolvido [rizolvidu] *mn* **1.** elintézett, megoldott **2.** határozott, bátor

respaldar[1] [rispàldàr] *m* (szék)támla

respaldar[2] [rispàldàr] *1/1 ts* **1.** kisimít, kiegyenget **2.** *átv* támogat

respaldo [rispàldu] *m* **1.** kisimítás, egyengetés **2.** (szék)támla **3.** *átv* támogatás

respectivamente [rispètivömé^{n}nt] *hat* illetőleg

respectivo [rispètivu] *mn* **1.** megfelelő, megillető **2.** idevágó

respeitabilidade [rispéjtöbilidàd] *f* tiszteletreméltóság

respeitado [rispéjtàdu] *mn* **1.** tisztelt, megbecsült **2.** tekintélyes

respeitante [rispéjtö^{n}nt] *mn:* ~ *a* vmit illető, vmivel kapcsolatos; *negociações* ~*s ao cessar-fogo* a tűzszünettel kapcsolatos tárgyalások

respeitar [rispéjtàr] *1/1* **I.** *ts* **1.** tisztel, becsül **2.** tiszteletben tart; ~ *a lei* betartja a törvényt **3.** tekintetbe vesz **4.** ~ *os méritos* elismeri vkinek az érdemeit **II.** *tl:* ~ *a* illet; *no* v *pelo que respeita o projecto* ami a tervet illeti **III.** ~**-se** tisztelettel van önmagával szemben

respeitável [rispéjtàvèl] *mn* **1.** tiszteletre méltó **2.** tekintélyes

respeito [rispéjtu] *m* **1.** tisztelet, megbecsülés; *família de* ~ tisztességes család; *faltar ao* ~ tiszteletlenül viselkedik **2.** tiszteletben tartás **3.** respektus, tekintély **4.** tekintet, viszonylat, vonatkozás; *a* ~ *de, com* ~ *a* vmit illetően; *a todos os* ~*s* minden tekintetben, minden vonatkozásban; *a meu* ~ ami engem illet **5.** ~*s* üdvözlet, kézcsók

respeitoso [rispéjtozu] *mn* tisztelettudó, tiszteletteljes

respiga [rispigö] *f* tallózás

respigar [rispigàr] *1/4* **I.** *ts átv* gyűjtöget **II.** *tl* tallóz

respingão *m*, **respingona** *f* [rispi^{n}ngö^{n}u, -gonö] *mn* és *fn* **1.** ellenszegülő, csökönyös **2.** goromba

respingar[1] [rispi^{n}ngàr] *1/4* **I.** *ts* **1.** telefröccsent **2.** szikrát szór (tűz) **II.** *tl* kifröccsen **III.** ~**-se** befröcsköli magát

respingar[2] [rispi^{n}ngàr] *1/4* **I.** *ts* megrúg vkit, belerúg vkibe T **II.** *tl* **1.** ellenszegül, csökönyösködik, rugdalózik **2.** felesel, gorombán válaszol

respingo [rispi^{n}ngu] *m* **I.** fröccsenés **II.** goromba *v* szemtelen válasz

respiração [rispirösző^{n}u] *f* lélegzés; lélegzet; *fazer perder a* ~ *a* kifullaszt vkit; *ter a* ~ *difícil* nehezen lélegzik

respiradoiro [rispirödojru] *m* = **respiradouro**

respirador [rispirödor] *m* légzőkészülék

respiradouro [rispirödoru] *m* szellőzőnyílás

respirar [rispiràr] *1/1* **I.** *ts* **1.** belélegez **2.** *átv* áraszt, terjeszt **II.** *tl* **1.** lélegzik **2.** *átv* fellélegzik, lélegzethez jut; *sem* ~ szünet nélkül **3.** fúj (szél) **4.** *átv* árad vmiből (*de*)

respiratório [rispirötòrju] *mn* légző-; *aparelho* v *sistema* ~ légzőszervek

respiro [rispiru] *m* **1.** lélegzés, lélegzet **2.** *átv* lélegzetvétel, pihenés **3.** sóhaj; *abafar o* ~ visszafojtja sóhajtását **4.** haladék **5.** *műsz* szelelőlyuk

resplandecência [risplö^{n}ndiszesz^{n}jö] *f* ragyogás

resplandecente [risplö^{n}ndisze^{n}nt] *mn* ragyogó
resplandecer [risplö^{n}ndiszér] *2/2 tl* ragyog, fénylik
resplender [risple^{n}ndér] *2/1* = **resplandecer**
resplendor [risple^{n}ndor] *m* **1.** ragyogás, csillogás **2.** dicsfény, sugárkorona **3.** dicsőség, hírnév
responder [rispo^{n}ndér] *2/1* **I.** *ts, tl* felel, válaszol; ~ *à letra* nyomban visszavág, jól odamondja **II.** *tl* **1.** felel, felelős vmiért (*por*) **2.** megfelel vminek; ~ *às esperanças* megfelel a várakozásnak **3.** felesel, vitázik
responsabilidade [rispo^{n}szöbilidàd] *f* felelősség; *sentido de* ~ felelősségérzet; *assumir a* ~; *tomar sobre si a* ~ magára vállalja a felelősséget; *pedir* ~*s a* felelősségre von vkit
responsabilizar [rispo^{n}szöbilizàr] *1/1* **I.** *ts* felelőssé tesz **II.** ~**-se** *por* felelősséget vállal vmiért
responsável [rispo^{n}szàvèl] *mn* felelős
responso [rispo^{n}szu] *m* **1.** *vall, zene* responsorium **2.** *nép* korholás, fejmosás **3.** *biz* suttogás, szóbeszéd; rágalmazás
resposta [rispòstö] *f* **1.** felelet, válasz; *em* ~ *a seu prezado favor, ker* szíves levelére válaszolva **2.** *pol* hozzáállás vmihez (*a*) **3.** *vívás* riposzt, visszavágás, visszaszúrás
respostada [rispustàdö] *f* goromba válasz
resquício [riskiszju] *m* **1.** töredék; szálka **2.** rés, szűk nyílás **3.** ~*s* vminek a maradványai *v* nyomai
ressaber [riszöbér] *2/20* **I.** *ts* sokat tud, nagyon jól tud **II.** *tl:* ~ *a* vmilyen íze van, vmire emlékeztet
ressabiado [riszöbjàdu] *mn* **1.** rossz ízű **2.** ijedős (ló) **3.** bizalmatlan, gyanakvó **4.** túlérzékeny, sértődős
ressabiar [riszöbjàr] *1/7* **I.** *ts*, **II.** ~**-se** **1.** rossz íze van, avas; megavasodik **2.** megijed (ló, vad) **3.** megsértődik
ressabido [riszöbidu] *mn* **1.** közismert; *isto é sabido e* ~ ezt mindenki tudja, a verebek is ezt csiripelik **2.** rendkívül művelt, nagyon tapasztalt
ressaca [riszàkö] *f* **1.** hullámtörés **2.** hullámzás (*átv* is) **3. B** másnaposság
ressaibo [riszàjbu] *m* **1.** rossz mellékíz **2.** *átv* vminek a nyoma **3.** neheztelés
ressair [riszöir] *3/22 tl* **1.** újból elmegy *v* kimegy **2.** kiemelkedik (*átv* is)
ressaltar [riszàltàr] *1/1* **I.** *ts átv* kiemel, aláhúz **II.** *tl* **1.** ugrál, ugrándoz **2.** lepattan, visszapattan **3.** *ép* előugrik, kiemelkedik **4.** kimagaslik, kitűnik (*átv* is)
ressalte, ressalto [riszàlt, -tu] *m* **1.** kiugró rész, kidomborodás **2.** ugrás; visszapattanás
ressalva [riszàlvö] *f* **1.** kivételezés **2.** feltételhez kötés **3.** biztonságba helyezés, megvédés **4.** kijavítás, helyreigazítás **5.** menlevél; szabadságos irat
ressalvar [riszàlvàr] *1/1* **I.** *ts* **1.** kivételez, kivételt tesz vkivel *v* vmivel **T** **2.** feltételhez köt **3.** biztonságba helyez; megvéd; megment **4.** kijavít, rendbe hoz **5.** menlevelet *v* szabadságos iratot ad **II.** ~**-se** mentegetőzik, védekezik
ressaque [riszàk] *m ker* visszváltó
ressarcir [riszörszir] *3/2, 3/13 ts* **1.** jóvátesz **2.** kártalanít **3.** ellát vmivel (*de*)
ressecar [riszikàr] *1/2, 1/13* **I.** *ts* kiszárít; aszal **II.** ~**-se** kiszárad
resseguro [risziguru] *m* viszontbiztosítás
ressentido [risze^{n}ntidu] *mn* **1.** túlérzékeny, sértődékeny **2.** sértődött, megsértett **3.** *nép* rotható (gyümölcs)
ressentimento [risze^{n}ntime^{n}ntu] *m* neheztelés
ressentir [risze^{n}ntir] *3/8* **I.** *ts* **1.** újból érez **2.** mélyen átérez **II.** ~**-se** *de* **1.** átérez, megérez; észrevesz vmit **2.** rossz néven vesz vmit, megsértődik vmi miatt **3.** érzi vminek a hatását, szenved; ~*-se do calor* szenved a hőségtől
ressequido [riszikidu] *mn* **1.** kiszáradt, aszott **2.** sovány, szikár
ressequir [riszikir] *3/4* (hiányos ige) = **ressecar**
ressicar [riszikàr] *1/2* = **ressecar**
ressoar [riszvàr] *1/8* **I.** *ts* **1.** visszaver, visszhangoz **2.** énekel, dalol **II.** *tl* **1.** visszaverődik, visszhangzik **2.** zeng, harsog (trombita)
ressonância [riszunö^{n}szjö] *f* rezonancia, együttrezgés
ressonante [riszunö^{n}nt] *mn* **1.** együtthangzó, visszahangzó **2.** csengő; harsogó

ressonar [riszunàr] *1/15 tl* **1.** harsog (trombita) **2.** horkol **3.** alszik
ressudar [riszudàr] *1/1* **I.** *ts* kiizzad; ~ *sangue* vért izzad **II.** *tl* újból kiizzad, megizzad
ressumar, ressumbrar [riszumàr, riszu^{n}mbràr] *1/1* **I.** *ts* csepegtet, szivárogtat **2.** *átv* kifejez, mutat **II.** *tl* **1.** csepeg, szivárog **2.** izzad **3.** *átv* megnyilvánul, mutatkozik
ressurgimento [riszurzsime^{n}ntu] *m* feltámadás; újjászületés
ressurgir [riszurzsìr] *3/3 tl* feltámad; újjászületik
ressurreição [riszurréjszö^{n}u] *f* **1.** feltámadás (*vall* is) **2.** *átv* újjáébredés
ressurtir [riszurtìr] *3/1 tl* **1.** felugrik, felszökken **2.** felmerül, mutatkozik
ressuscitação [riszus-szitöszö^{n}u] *f* feltámasztás, új életre keltés
ressuscitar [riszus-szitàr] *1/1* **I.** *ts* **1.** feltámaszt **2.** új életre kelt, újjáéleszt **II.** *tl* **1.** feltámad **2.** új életre kel, újjáéled
restabelecer [ristöbiliszér] *2/2* **I.** *ts* **1.** helyreállít, visszaállít **2.** talpra állít, meggyógyít **II.** **~-se** **1.** helyreáll, rendbe jön **2.** meggyógyul
restabelecimento [ristöbiliszime^{n}ntu] *m* **1.** helyreállítás; ~ *da ordem* a rend helyreállítása **2.** felgyógyulás
restante [ristö^{n}nt] **I.** *mn* fennmaradó **II.** *fn, m* maradék
restar [ristàr] *1/13* **I.** *ts* tartozik (pénzzel) **T** **II.** *tl* **1.** marad, fennmarad, megmarad **2.** hátravan
restauração [ristàurösző^{n}u] *f* **1.** *tört* restauráció **2.** helyreállítás; visszahelyezés
restaurador *m,* **-a** *f* [ristàurödor(ö)] **I.** *mn* **1.** helyreállító **2.** erősítő, erőt adó **II.** *fn* restaurátor, helyreállító
restaurante [ristàurö^{n}nt] *m* **I.** **1.** vendéglő, étterem **2.** étkező, ebédlő **II.** *orv* erősítő (szer)
restaurar [ristàuràr] *1/1* **I.** *ts* **1.** helyreállít, visszaállít **2.** *műv* restaurál, kijavít **II.** **~-se** átv felépül, felgyógyul
réstia [rèstyö] *f* **1.** füzér; ~ *de cebolas* hagymakoszorú **2.** fénysugár, fénycsóva
restinga [risti^{n}ngö] *f* **1.** homokzátony, sziklazátony **2.** **B** bozótos erdő (folyópart mentén)
restituição [ristitviszö^{n}u] *f* **1.** visszaszolgáltatás, megtérítés **2.** helyreállítás; visszahelyezés
restituir [ristitvìr] *3/6 ts* **1.** visszaad; megtérít **2.** helyreállít, visszahelyez
resto [rèstu] *m* **1.** maradék (*mat* is); *o ~ é para si* a többi a magáé **2.** *vegy* üledék **3.** *~s* **a)** ételmaradék **b)** vkinek a földi maradványai **c)** vminek a romjai **4.** *de ~* egyébként, különben
restolhal [ristuljàl] *m* tarló
restolho [ristolju] *m* **1.** gabonaszár **2.** lárma, zaj
restrição [ristriszö^{n}u] *f* megszorítás, korlátozás; *sem ~* korlátlanul; ~ *mental* hallgatólagos fenntartás; *restrições de saída de divisas* devizakorlátozások
restringente [ristri^{n}zse^{n}nt] *mn* és *fn, orv* összehúzó (szer)
restringir [ristri^{n}zsìr] *3/3* **I.** *ts* **1.** összehúz, szűkít **2.** csökkent, korlátoz; ~ *as despesas* csökkenti a kiadásokat **II.** **~-se** **1.** összehúzódik **2.** korlátozódik vmire (*a*)
restritivo [ristritìvu] *mn* korlátozó; szűkítő
restrito [ristritu] *mn* korlátozott; szűkített; szűk; *no sentido ~ da palavra* a szó szoros értelmében
resultado [rizultàdu] *m* **1.** eredmény (*mat* is); *sem ~* eredménytelenül; *dar em ~* eredményez **2.** következmény
resultante [rizultö^{n}nt] **I.** *mn* eredő **II.** *fn, fiz* eredő erő
resultar [rizultàr] *1/1 tl* **1.** ered, származik **2.** adódik, következik vmiből *(de); resulta que* ebből az következik, hogy **3.** ~ *em* végződik vmivel
resumido [rizumìdu] *mn* (le)rövidített, kivonatos; tömör
resumir [rizumìr] *3/1* **I.** *ts* **1.** lerövidít, röviden összefoglal **2.** (röviden) magában foglal, magában egyesíti **II.** **~-se** **1.** csökken **2.** korlátozódik, szorítkozik vmire (*em*)
resumo [rizumu] *m* rövid összefoglalás, kivonat; áttekintés; *em ~* röviden; végeredményben; *rádió, tv: ~ do programa* műsorismertetés
resvaladiço [rizsvölödiszu] *mn* **1.** csúszós **2.** veszélyes
resvaladoiro, -douro [rizsvölödojru, -doru] *m* **1.** csúszós hely **2.** csúszda **3.**

lejtő; szakadék **4.** *átv* banánhéj, lebukás

resvalar [rizsvölàr] *1/12 tl* **1.** (el)csúszik, lecsúszik **2.** elfut, elmenekül **3.** elmúlik, lefolyik (idő) **4.** átalakul vmivé (*em*) **5.** *átv* megtéved, rossz útra tér; ~ *em erro* tévedésbe esik

resvés [rèzsvès] *hat* **1.** szűken, szorosan **2.** pontosan, éppen

reta [rétö] *f* **1.** egyenes vonal **2.** *sp:* ~ *final,* ~ *de chegada* célegyenes

retábulo [ritábulu] *m* oltárfal, oltárkép

retaguarda [rètögvàrdö] *f* **1.** hátvéd **2.** hátország **3.** vminek a hátsó része; *pela* ~ hátulról; *ficar para a* ~ elmarad, hátramarad

retalhar [ritöljàr] *1/12 ts* **1.** felvág, feldarabol **2.** felhasít; megsebez **3.** felszánt **4.** kettéoszt, feloszt **5.** *ker* kicsinyben árusít **6.** **B** kiherél **7.** *átv* szaggat, tép; lesújt

retalhista [ritöljistö] **I.** *mn* kicsinyben árusító **II.** *fn* kiskereskedő

retalho [ritàlju] *m* **1.** szövetdarab, maradék **2.** *ker: venda a* ~ kicsinybeni árusítás

retaliar [ritàljàr] *1/1 ts, tl* megtorol; bosszút áll

retang... → **rectang...**

retardação [ritördöszö^{n}u] *f* **1.** késleltetés **2.** késés **3.** elhalasztás

retardado [ritördàdu] *mn* **1.** késlekedő, lassú **2.** késleltetett **3.** (szellemileg) elmaradott

retardador *m,* **-a** *f* [ritördödor(ö)] *mn* lassító

retardar [ritördàr] *1/12* **I.** *ts* **1.** késleltet **2.** elhalaszt **II.** *tl,* **III.** **~-se** (el)késik, késlekedik

retardatário [ritördötàrju] *mn* és *fn* késlekedő, későn jövő

retarde [ritàrd] *m* **B** = **retardação**

retardio [ritördiu] *mn* lassú, késlekedő

retém [ritö^{n}j] *m* **1.** visszatartás **2.** tartalék; pótlék

retenção [rite^{n}szö^{n}u] *f* **1.** visszatartás **2.** letartóztatás **3.** késleltetés, késés **4.** emlékezetben tartás **5.** fennakadás

retentor [rite^{n}ntor] *m műsz* visszatartó pecek *v* rugó

reter [ritér] *2/23* **I.** *ts* **1.** visszatart, megtart magának; ~ *as lágrimas* visszatartja könnyeit **2.** letartóztat **3.** emlékezetében megőriz **II.** **~-se** **1.** (ott) marad, időzik vhol **2.** türtőzteti magát

retesado [ritizàdu] *mn* kifeszített, feszes; merev (*átv* is)

retesar [ritizàr] *1/13 ts* kifeszít; merevít

reti... → **recti...**

reticência [ritisze^{n}szjö] *f* **1.** szándékos elhallgatás; *falar sem* ~*s* nyíltan beszél **2.** ~*s* három pont (írásjel)

reticente [ritisze^{n}nt] *mn* hallgatag; tartózkodó

reticulado [ritikulàdu] *mn* hálószerű

retículo [ritikulu] *m* **1.** kis háló **2.** *fényk, műsz* fonálkereszt **3.** *növ* erezet **4.** *áll* recés gyomor **5.** *nyomd* raszter

retidão → **rectidão**

retido [ritidu] **I.** *mmi* → **reter** **II.** *mn encontrar-se* v *estar* ~ **a)** letartóztatásban van **b)** el van foglalva

retina [ritinö] *f orv* retina, szem recehártyája

retingir [riti^{n}zsir] *3/3 ts* újrafest, átfest

retinir [ritinir] *3/1 tl* cseng, hangzik

retintim [riti^{n}nti^{n}] *m* csengés, hangzás; csörgés

retinto [riti^{n}ntu] *mn* **1.** átfestett **2.** sötét, fekete; *verde* ~ sötétzöld

retirada [ritiràdö] *f* **1.** távozás **2.** *kat* visszavonulás; *bater em* ~ **a)** visszavonul **b)** visszakozik, visszavonja szavát **3.** magány, visszavonultság

retirado [ritiràdu] *mn* **1.** félreeső **2.** visszavonult, magányos

retirar [ritiràr] *1/1* **I.** *ts* **1.** visszahúz, kihúz; ~ *a mão* visszahúzza *v* elveszi a kezét **2.** *átv, kat* visszavon; ~ *a acusação* a vádat visszavonja *v* elejti **3.** kivált; megment **4.** eltávolít, eltakarít (*pl* romokat) **5.** hasznot húz vmiből (*de*) **II.** *tl,* **III.** **~-se** **1.** visszavonul (*átv* is) **2.** letelepedik vhol (*para*)

retiro [ritiru] *m* **1.** visszavonultság **2.** magány **3.** *vall:* ~ *espiritual* lelkigyakorlat

reto → **recto**

retocar [ritukàr] *1/2, 1/15 ts* **1.** *fényk, műv* retusál **2.** kiigazít, javítgat

retoiç... [ritojsz] → **retouç...**

retoma [ritomö] *f kat* visszafoglalás

retomar [ritumàr] *1/15 ts* **1.** újra elfoglal (helyet) **2.** *kat* visszafoglal

retoque [ritòk] *m* **1.** retusálás **2.** kiigazítás, javítás; *dar os últimos* ~*s a* az utolsó simításokat végzi vmin

retorcedeira [riturszidéjrö] *f műsz* cérnázógép
retorcer [riturszér] *2/2, 2/8* **I.** *ts* **1.** csavar, sodor **2.** *átv* visszafordít, kifordít; ~ *o caminho* elindul visszafelé; ~ *a boca* félrehúzza a száját; ~ *as palavras* elferdíti a szavak értelmét **II.** **~-se** **1.** vonaglik **2.** köntörfalaz
retorcido [riturszidu] *mn* **1.** kicsavart, görbe **2.** *átv* cikornyás
retórica [ritòrikö] *f* **1.** retorika, szónoklattan **2.** *pejor* szónokiasság
retórico [ritòriku] *nn* **1.** retorikus, szónoki **2.** bőbeszédű, dagályos
retornar [riturnàr] *1/15* **I.** *ts* **1.** visszamarad, visszahoz, visszaküld **2.** viszszafordulásra kényszerít **II.** *tl* visszafordul; visszatér; *proibido* ~, *közl* megfordulni tilos
retornelo [riturnèlu] *m irod, zene* ritornell
retorno [ritornu] *m* **1.** visszaadás, viszszaküldés **2.** *ker* visszáru **3.** *ker* árucsere **4.** visszajáró pénz **5.** visszafordulás; visszatérés **6.** viszonzás (szívességé); *em* ~ viszonzásul
retorquir [riturkir] *3/4, 3/10 ts, tl* **1.** felel, válaszol **2.** ellenvetést tesz
retorsão [riturszö^{n}u] *f* **1.** csavarás, sodrás, cérnázás **2.** ellenvetés, visszavágás **3.** retorzió, megtorlás
retorta [ritòrtö] *f vegy* retorta
retorto [ritortu] *mn* = **retorcido**
retos [rétus] *m tb* üres szavak, duma; *não me venhas com* ~ nekem aztán dumálhatsz!
retouça [ritoszö] *f* kötélhinta
retouçar [ritoszàr] **I.** *tl*, **II.** **~-se** **1.** hintázik **2.** ide-oda szaladgál **3.** hentereg
retracção [ritràszö^{n}u] *f ép, orv* összehúzódás
retraço [ritràszu] *m* **I.** szecska **II.** *~s* *átv* maradvány, csökevény
retractação [ritràtöszö^{n}u] *f* visszavonás (állításé)
retractar [ritràtàr] *1/1* **I.** *ts* **1.** visszavon (kijelentést) **2.** újra (meg)tárgyal (ügyet) **II.** **~-se** **1.** bevallja tévedését **2.** visszavon vmit (*de*)
retráctil [ritràtil] *mn* visszahúzható; behúzható (*pl* karom)
retractivo [ritràtivu] *mn*: *força ~a* visszahúzó erő
retraído [ritröidu] *mn* **1.** visszahúzott, behúzott **2.** *átv* félénk, bátortalan **3.** *homem* ~ visszavonultan *v* magánosan élő ember **4.** *lugar* ~ magányos *v* félreeső hely
retrair [ritröir] *3/22* **I.** *ts* **1.** behúz, bevon; visszahúz, visszavon (*átv* is) **2.** összehúz, összeszorít, kisebbít **3.** *kat* viszszavon (csapatokat) **4.** eltitkol; viszszafojt **5.** elijeszt, eltérít vmitől (*de*) **II.** **~-se** **1.** visszavonul; eltávozik **2.** összehúzódik **3.** magába mélyed
retransmissão [ritrö^{n}zsmiszö^{n}u] *f távk* **1.** újraközvetítés **2.** továbbítás
retransmitir [ritrö^{n}zsmitir] *3/1 távk* **1.** újra közvetít **2.** továbbít
retratar[1] [ritrötàr] *1/12* **I.** *ts* **1.** arcképet készít vkiről, lefest, lefényképez vkit **2.** leír, lefest, bemutat **3.** tükröz, kifejez **II.** **~-se** **1.** önarcképet készít **2.** lefesteti *v* lefényképezteti magát **3.** mutatkozik, tükröződik
retratar[2] [ritràtàr] *1/1* **B** = **retractar**
retratista [ritrötistö] *fn* **1.** arcképfestő **2.** fényképész
retrato [ritràtu] *m* **1.** arckép; ~ *a corpo inteiro* teljes alakot ábrázoló kép; *o menino é o ~ do pai* a gyermek szakasztott mása az apjának **2.** fénykép **3.** leírás, ismertetés **4.** *tirar o ~ a* lefest *v* lefényképez vkit
retravar [ritrövàr] *1/12 ts* felújít, újrakezd
retreta [ritrétö] *f kat* takarodó
retrete [ritrét] *m* illemhely
retribuição [ritribviszö^{n}u] *f* **1.** fizetés, illetmény **2.** jutalom **3.** ellenszolgáltatás, viszonzás
retribuir [ritribvir] *3/6 ts* **1.** díjaz, megfizet **2.** megjutalmaz **3.** viszonoz
retrincado [ritri^{n}nkàdu] *mn* alattomos, kétszínű
retrincar [ritri^{n}nkàr] *1/2 ts, tl* **1.** újból megharap *v* harapdál **2.** elferdíti, kifordítja (a szavak értelmét) **3.** sugdolózik
retroactivo [rètròàtivu] *mn* retroaktív, visszaható (erejű); *com efeitos ~s* visszamenőleg
retroagir [rètròözsir] *3/3, 3/13 tl* **1.** visszaható ereje van **2.** *átv* változtat (a meglevő helyzeten)
retroceder [rituszidér] *2/7* **I.** *ts* visszaad, visszaszármaztat **II.** *tl* **1.** hátrál, viszszavonul **2.** *átv* hanyatlik; visszafejlődik

retrocessão [ritrusziszö^{n}u] *f* 1. *jog* visszaszármaztatás 2. = **retrocesso**

retrocesso [ritruszèszu] *m* 1. hátrálás 2. hanyatlás, visszafejlődés 3. *müsz: tecla de* ~ visszaváltó billentyű (írógépen)

retrógrado [ritrògrödu] I. *mn* hátra- *v* visszafelé mozgó II. *mn* és *fn* reakciós, maradi

retrós [ritròs] *m* selyemfonal, selyemcérna

retrosaria [ritruzöriö] *f* rövidáru-kereskedés

retroseiro [ritruzéjru] *fn* rövidáru-kereskedő

retrospecção [rètròspèszö^{n}u] *f* visszapillantás

retrospectiva [rètròspètivö] *f* = **retrospecção**

retrospectivo [rètròspètivu] *mn* retrospektív, a múltba visszatekintő

retrospecto [rètròspètu] *m* visszapillantás

retroversão [retròvèrszö^{n}u] *f* 1. visszafordítás (szövegé) 2. *orv* hátraesés (méhé)

retroverter [rètròvirtér] *2/7 ts* 1. visszarendel 2. visszafordít (szöveget)

retrovisor [rètròvizor] *m autó: (espelho)* ~ visszapillantó tükör

retrucar [ritrukàr] *1/2* = **retorquir**

retumbância [ritu^{n}mbö^{n}szjö] *f* 1. dörgés, dübörgés 2. visszhang 3. hűhó, parádé

retumbante [ritu^{n}mbö^{n}nt] *mn* 1. dörgő, dübörgő 2. visszhangzó

retumbar [ritu^{n}mbàr] *1/1* I. *ts* visszaver (hangot) II. *tl* 1. dörög, dübörög 2. visszhangzik

réu *m*, **ré** *f* [rèu, rè] I. *mn* bűnös II. *fn* vádlott; alperes

reuma [révmö] *f* nátha, meghűlés, hurut

reumático [révmàtiku] *mn* reumás, reumatikus

reumatismo [révmötizsmu] *m* reuma, reumatizmus

reunião [riunyö^{n}u] *f* 1. egyesítés; egyesülés 2. összejövetel; estély 3. gyűlés; értekezlet; találkozó

reunificar [riunifikàr] *1/2* I. *ts* egyesít II. ~-se egyesül

reunir [rjunir] *3/1* I. *ts* 1. egyesít 2. összehív 3. összegyűjt; egybeterel 4. hozzácsatol II. *tl* összeül; tanácskozik III. ~-se 1. egyesül 2. összejönnek, egybegyűlnek, találkoznak

Rev. = 1. *Revista* folyóirat 2. *Reverendo* Tisztelendő

revacinação [rivöszinöszö^{n}u] *f orv* újraoltás

revacinar [rivöszinàr] *1/1 ts orv* újraolt

revalidar [rivölidàr] *1/1 ts* 1. újraérvényesít 2. igazol, megerősít

revalorizar [rivölurizàr] *1/1 ts* revalorizál, eredeti értékére visszaállít (pénznemet)

revanche [rivö^{n}s] *f* revans; bosszúállás; visszavágás

revanchista [rivö^{n}sistö] I. *mn* revansista II. *fn* a revánspolitika híve

Revd.^{mo} = *Reverendíssimo*

reveillon [révéjo^{n}] *m* szilveszteri mulatság

revel [rivèl] *mn* 1. rebellis, lázadó 2. ellenszegülő; makacs 3. *réu* ~ idézés ellenére távolmaradt vádlott

revelação [rivilöszö^{n}u] *f* 1. felfedés, feltárás 2. *pol* bejelentés, nyilatkozat 3. *fényk* előhívás 4. *vall* kinyilatkoztatás 5. *átv* felfedezés; leleplezés

revelador *m*, **-a** *f* [rivilödor(ö)] *mn* és *fn*: *(banho)* ~, *fényk* előhívó

revelar [rivilàr] *1/13* I. *ts* 1. felfed, feltár 2. *pol* bejelent, közzétesz 3. *fényk* előhív 4. *vall* kinyilatkoztat II. ~-se 1. feltárul 2. mutatkozik, bizonyul

revelia [riviliö] *f* 1. vádlott meg nem jelenése a bíróság előtt; *julgar à* ~ in contumaciam, távollétében elítél 2. *deixar correr a* ~ a véletlenre bízza (ügy lefolyását)

revenda [rive^{n}ndö] *f* viszonteladás

revendedor *m*, **-a** *f* [rive^{n}ndidor(ö)] *fn* viszonteladó

revender [rive^{n}ndér] *2/1 ts* viszontárusít

rever[1] [rivér] *2/25* I. *ts* 1. viszontlát 2. revideál, felülvizsgál, átnéz 3. *nyomd:* ~ *provas tipográficas v de imprensa* korrektúrát csinál II. ~-se 1. visszatükröződik 2. *~-se no espelho* megnézi magát a tükörben

rever[2] [rivér] *2/26* I. *ts* 1. kipárologtat, kiválaszt (*pl* verejtéket) 2. *átv* kimutat, elárul II. *tl* 1. párolog; izzad 2. nyilvánosságra kerül

reverberação [rivirbiröszö^{n}u] *f* visszaverődés

reverberar [rivirbiràr] *1/13 ts* visszaver (hangot, fényt)
revérbero [rivèrbiru] *m* 1. visszaverődés 2. utcai lámpa 3. reflektor 4. *átv* fény, ragyogás
reverdecer [rivirdiszér] *2/2* I. *ts* 1. újra kizöldít 2. felújít, felfrissít 3. emlékezetében felidéz II. *tl* 1. újra kizöldül 2. felújul, megújul, megifjodik 3. *átv* megerősödik; lendületet vesz
reverência [rivire^{n}szjö] *f* 1. hódoló tisztelet 2. meghajlás, köszönés
reverenciar [rivire^{n}szjàr] *1/7 ts* 1. tisztel, becsül 2. mélyen meghajol(va köszön) vkinek T
reverencioso [rivire^{n}szjozu] *mn* tisztelettudó; alázatos
reverendíssimo [rivire^{n}ndiszimu] I. *mn* 1. főtisztelendő 2. *nép* rendkívül nagy; *um ~ tolo* szörnyen buta ember II. *fn* (megszólításban:) *Vossa Reverendíssima* Főtisztelendőséged
reverendo [rivire^{n}ndu] *mn* tisztelendő
reverente [rivire^{n}nt] *mn* tisztelettudó
reversão [rivirszö^{n}u] *f* 1. visszatérés 2. fordulat; átalakulás 3. visszaszállás (vagyoné) 4. reaktiválás
reversível, reversivo [rivirszivèl, -szivu] *mn* 1. *fiz, vegy* átalakítható 2. kifordítható (szövet) 3. átruházható, visszaszármaztatható (vagyon)
reverso [rivèrszu] I. *mn* 1. ellentétes; fordított 2. kifordított, megfordított 3. gonosz, rossz II. *fn, m* hátsó rész; fonákja, visszája; *o ~ da medalha* az érem másik oldala (*átv* is)
reverter [rivirtér] *2/7 tl* 1. visszatér 2. *jog* visszaszáll (vagyon) 3. *~ activo* reaktiválják 4. *~ a favor* v *em proveito* v *em benefício de* vkinek a birtokába kerül, vkinek a javát szolgálja
revertível [rivirtivèl] = **reversível**
revés [rivès] *m* 1. hátsó rész; fonákja, visszája; *ao ~* ellenkezőleg; fordítva 2. visszakezes ütés 3. balszerencse, szerencsétlenség 4. *de ~* ferdén, oldalt, rézsút
revesso [rivészu] *mn* 1. = **reverso I.**; 2. bütykös, csomós (*pl* fa) 3. *átv* csavaros észjárású; fondorlatos; fonák
revestimento [rivistime^{n}ntu] *m* falburkolat; útburkolat
revestir [rivistir] *3/8* I. *ts* 1. (újra) felvesz (ruhát); magára ölt 2. burkolattal ellát; befed; *~ as paredes de papel* tapétázza a falakat 3. *átv* felvesz; ölt; *a frase reveste dupla significação* a mondat kettős értelmet vesz fel 4. *átv* felruház, ráruház; *~ de dignidade* magas tisztségre kinevez II. **~-se** 1. (díszruhába) öltözik 2. *átv* felvértezi magát, ellátja magát vmivel (*de*); *~-se de importância* fontossággal bír; *~-se de paciência* türelemmel viseltetik
revezamento [rivizöme^{n}ntu] *m* 1. (fel)váltás 2. *sp* staféta, váltófutás
revezar [rivizàr] *1/13* I. *ts* (fel)vált (*pl* őrséget) II. *tl,* III. **~-se** váltják egymást
revezes [rivézis] *f tb*: *a ~* időnként, olykor-olykor
revezo [rivézu] *m* (időszaki) legelő
revidar [rividàr] *1/1* I. *ts* 1. viszonoz 2. visszautasít (rágalmat) 3. megboszszul, kamatostul visszafizet (sérelmet) II. *tl* ellentmond, ellenvetéseket tesz
revide [rivid] *m* 1. visszavágás 2. boszszúállás
revigorar [riviguràr] *1/15* I. *ts* új erőt ad II. *tl,* III. **~-se** új erőre kap, megerősödik
revinda [rivi^{n}ndö] *f* visszatérés
revir [rivir] *3/23 tl* visszajön, visszatér
revirar [riviràr] *1/1* I. *ts* 1. elfordít, megváltoztat; *~ o cavalo* megfordítja a lovát; *~ a rota* megváltoztatja az útirányt 2. (fel)forgat; *~ a gaveta* feltúrja a fiókot (keresgélve); *~ o estômago* hányingert kelt; *~ o dente* fogát vicsorítja, fenyeget; *~ os olhos* szemét forgatja II. *tl* visszafordul, visszatér III. **~-se** *na cama* forgolódik az ágyban
reviravolta [rivirövòltö] *f* 1. forgolódás; piruett 2. *pol* fordulat 3. B *nép* útkanyar
revisão [rivizö^{n}u] *f* 1. ellenőrzés; *~ de passaportes* útlevélvizsgálat 2. revideálás, felülvizsgálat 3. *nyomd*: *~ (de provas)* korrektúra 4. *jog* per újrafelvétele
revisar [rivizàr] *1/1 ts* 1. ellenőriz, megvizsgál 2. revideál, felülvizsgál 3. *~ um passaporte* vízummal lát el útlevelet 4. *nyomd* korrektúrát csinál
revisionismo [rivizjunizsmu] *m* revizionizmus

revisor *m*, **-a** *f* [rivizor(ö)] **I.** *mn* ellenőrző **II.** *fn* **1.** revizor **2.** *vasút* kalauz, jegyellenőr **3.** *nyomd* korrektor

revista [rivistö] *f* **1.** ellenőrzés; vizsgálat; ~ *médica* orvosi vizsgálat **2.** *kat* (dísz)szemle, parádé; *passar em* ~ szemlét tart, megszemlél **3.** *irod* szemle, folyóirat **4.** *szính* revü

revistar [rivistàr] *1/1 ts* **1.** megvizsgál **2.** *kat* szemlét tart, megszemlél **3.** kikutat; megmotoz

revisto [rivistu] *mn* felülvizsgált; átnézett, javított

reviver [rivivér] *2/1* **I.** *ts* **1.** újra átél **2.** (új) életre kelt **3.** emlékezetében felidéz **II.** *tl* **1.** feltámad, életre kel **2.** *átv* feléled, erőre kap

revivescência [rivivis-sze^{n}szjö] *f* újjáéledés

revivescer [rivivis-szér] *2/2* = **reviver**

revivificar [rivivifikàr] *1/2 ts* **1.** feltámaszt **2.** fellendít, újjáéleszt

revoada [rivuàdö] *f* **1.** elrepülés, visszarepülés **2.** madárraj **3.** *átv* sokaság, sereg **4.** kedvező alkalom **5. B** repülősport-ünnepség

revoar [rivuàr] *1/8 tl* **1.** elrepül, visszarepül **2.** *átv* forog, kavarog (agyában)

revocação [rivuköszö^{n}u] *f* **1.** visszahívás, visszarendelés **2.** visszavonás, érvénytelenítés

revocar [rivukàr] *1/2, 1/13 ts* **1.** visszahív, visszarendel **2.** *átv* visszavon, érvénytelenít

revogação [rivugöszö^{n}u] *f* hatályon kívül helyezés, érvénytelenítés

revogar [rivugàr] *1/13 ts* hatályon kívül helyez, érvénytelenít

revolta [rivòltö] *f* **1.** felkelés, lázadás **2.** felháborodás

revoltado [rivoltàdu] *mn* = **revoltoso**

revoltante [rivoltö^{n}nt] *mn* felháborító

revoltar [rivoltàr] *1/15* **I.** *ts* **1.** fellázít **2.** felháborít **II.** **~-se** **1.** fellázad **2.** felháborodik

revoltear [rivoltyàr] *1/5* **I.** *ts* felforgat (talajt) **II.** *tl* forgolódik

revolto [rivoltu] **I.** *mmi* → **revolver** **II.** *mn* háborgó, viharos (*átv* is)

revoltoso [rivoltozu] *mn* és *fn* lázadó, felkelő

revolução [rivuluszö^{n}u] *f* **1.** forradalom; ~ *industrial* ipari forradalom; *a Grande Revolução Socialista de Outubro* a Nagy Októberi Szocialista Forradalom **2.** tengely körüli forgás **3.** *csill* revolúció

revolucionar [rivuluszjunàr] *1/15* **I.** *ts* **1.** forradalmasít **2.** gyökerestől átalakít **II.** **~-se** fellázad

revolucionário [rivuluszjunàrju] **I.** *mn* forradalmi; *movimento* ~ forradalmi megmozdulás **II.** *fn* **1.** forradalmasító, újító, haladó szellemű **2.** forradalmár

revolutear [rivulutyàr] *1/5 tl* **1.** forgolódik **2.** ide-oda röpköd

revolver [rivolvér] *2/8* **I.** *ts* **1.** (fel)forgat; ~ *os olhos* szemét forgatja **2.** fellázít **3.** *átv* meghány-vet **II.** *tl* **1.** körben forog **2.** *átv* háborog; nyugtalan **III.** **~-se** forgolódik, hánykolódik

revólver [rivòlvèr] *m* revolver

revoo [rivou] *m* visszarepülés

reza [rèzö] *f* ima

rezar [rizàr] *1/13* **I.** *ts* imát mond; ~ *a Bíblia* a bibliát olvassa **II.** *tl* **1.** imádkozik **2.** mond; szól; *a lei reza* a törvény kimondja

rezina [rizinö] *fn* **B** csökönyös, önfejű alak

rezingar [rizi^{n}ngàr] *1/4* **I.** *ts, tl* morog, dörmög **II.** *tl* veszekedik, vitatkozik

rezingão *m*, **rezingona** *f* [rizi^{n}ngö^{n}u, -gonö] *mn* és *fn* zsémbeskedő; veszekedő

ria [riö] *f* folyó hajózható szakasza

riacho [rjàsu] *m* folyócska

riba [ribö] *f* **1.** magas folyópart **2.** *nép* csúcs, tető; *em* ~ fent

ribaldo [ribàldu] *mn* és *fn* csibész, gazember

ribalta [ribàltö] *f* rivalda(fény)

ribamar [ribömàr] *m* tengerpart

ribanceira [ribö^{n}széjrö] *f* **1.** magas folyópart **2.** meredek sziklapart

ribeira [ribéjrö] *f* **1.** lapos (folyó)part; strand **2.** bővízű patak **3. B** marhatenyésztő körzet **4.** *estar na fresca* ~ jókedvében van

ribeirada [ribéjràdö] *f* rohanó ár

ribeirinhas [ribéjrinyös] *f tb áll* vízimadarak

ribeirinho [ribéjrinyu] **I.** *mn* folyó mellett élő *v* levő **II.** *fn, m* kifutófiú

ribeiro [ribéjru] *m* folyócska; patak

ribombar [ribo^{n}mbàr] *1/1 tl* (menny)dörög; csattan

ribombo [ribo^{n}mbu] *m* dörgés; csattanás

ricaço [rikàszu] *mn* és *fn* dúsgazdag

ricanho [rikönyu] *mn nép* gazdag és fösvény

riçar [riszàr] *1/3* **I.** *ts* **1.** göndörít (hajat) **2.** felfésül **II.** *tl* égnek mered (haj)

Ricardo [rikàrdu] *m* Richárd

rícino [riszinu] *m növ* ricinus; *óleo de* ~ ricinusolaj

rico [riku] **I.** *mn* **1.** gazdag; *chegar a* ~; *tornar-se* ~ meggazdagodik **2.** bőséges; termékeny; *terra* ~ termékeny talaj **3.** pazar, pompás; *um presente* ~ értékes ajándék **4.** szép, csinos **5.** finom, ízletes (étel) **II.** *fn* gazdag ember; *novo* ~ újgazdag

riço [riszu] **I.** *mn* göndör **II.** *fn, m* **1.** hajbetét **2.** gyapjúszövet

ricochetar [rikusitàr] *1/14 tl* visszapattan

ricochete [rikusét] *m* visszapattanás

ricochetear [rikusityàr] *1/5* = **ricochetar**

ricota [rikòtö] *f* túró

ricto [riktu] *m* vigyorgás

ridente [ride^{n}nt] *mn* **1.** nevető **2.** *átv* mosolygó, virágzó

ridicularia [ridikulöriö] *f* **1.** nevetséges dolog **2.** *átv* semmiség; ostobaság

ridicul(ar)izar [ridikul(ör)izàr] *1/1* **I.** *ts* kinevet, nevetségessé tesz **II.** **~-se** nevetségessé válik

ridículo [ridikulu] **I.** *mn* nevetséges **II.** *fn, m* nevetséges dolog; *meter a* ~ nevetségessé tesz; *cair no* ~, *prestar-se ao* ~ nevetségessé válik

rifa [rifö] *f* tárgysorsjáték

rifada [rifàdö] *f kártya* azonos színű lapok

rifão [rifõu] *m* közmondás; szólás

rifar [rifàr] *1/1 ts* **1.** kisorsol **2.** ellop, elcsen **3.** faképnél hagy

rifle [rifl] *m* ismétlőfegyver

rigidez [rizsidés] *f* **1.** merevség **2.** *átv* hajthatatlanság, szigor

rígido [rizsidu] *mn* **1.** merev **2.** hajthatatlan, szigorú

rigor [rigor] *m* **1.** szigor, szigorúság; *a* ~ szigorúan véve; *com todo o* ~ teljes szigorral **2.** zordság; zord idő; *no* ~ *do inverno* a tél kellős közepén **3.** (szigorú) pontosság; *com o máximo* ~ ~ a lehető legpontosabban **4.** előírás; *de* ~ előírásos

rigoroso [rigurozu] *mn* **1.** szigorú **2.** zord **3.** pontos

rijeza [rizsézö] *f* **1.** keménység **2.** hajthatatlanság

rijo [rizsu] *mn* **1.** kemény, ellenálló; *carne* ~*a* kemény *v* nyúlós hús **2.** erős **3.** kitartó, makacs, hajthatatlan

rim (*tb: rins*) [ri^{n}, ri^{n}s] *m* **1.** vese **2.** *tb* ágyéktáj, derék

rima [rimö] *f* **I.** rím, vers **II.** rés, repedés; nyílás **III.** rakás, halom **IV.** **B** *növ* kenyérfa

rimar [rimàr] *1/1* **I.** *ts* versbe szed **II.** *tl* **1.** rímel **2.** megfelel, egyezik; összeillik

rimoso [rimozu] *mn* **1.** repedéses **2.** *növ* felrepedő

rincão [ri^{n}nkö^{n}u] *m* **1.** félreeső hely, zug, sarok **2.** esőcsatorna

rinchada [ri^{n}sàdö] *f* harsány kacagás

rinchar [ri^{n}sàr] *1/1 tl* **1.** nyerít **2.** nyikorog

rinchavelhada [ri^{n}söviljàdö] *f tréf* harsogó nevetés

rinchavelhar [ri^{n}söviljàr] *1/14 tl* harsogó nevetésbe tör ki

rincho [ri^{n}su] *m* nyerítés

ringue [ri^{n}ng] *m sp* ring, szorító

rinha [rinyö] *f* **B** kakasviadal

rinite [rinit] *f orv* orrnyálkahártya gyulladása; nátha

rinoceronte [rinusziro^{n}nt] *m* rinocérosz, orrszarvú

rinque [ri^{n}k] *m sp* korcsolyapálya

rio [riu] *m* **1.** folyó **2.** *átv* folyam; áradat; tömeg; *um* ~ *de dinheiro* halom pénz

rio-grandense [riugrö^{n}nde^{n}sz] *mn* és *fn* Rio Grande-ból való

ripa [ripö] *f* **1.** léc **2.** *orv* borda; *meter a* ~ *em*, **B** *nép* alaposan elver vkit

ripada [ripàdö] *f* **1.** botütés **2.** ütlegelés **3.** *átv* fejmosás, dorgálás **4.** **B** korty pálinka

ripado [ripàdu] *m* **1.** léckerítés **2.** növénykert; melegház

ripanço [ripö^{n}szu] *m* **1.** (len)fésű, gereben **2.** gereblye **3.** heverő, kerevet **4.** lustaság, tétlenkedés; *estar de* ~ lustálkodik **5.** lustálkodó, tétlenkedő alak

ripar [ripàr] *1/1 ts* **I.** **1.** lécekre vág (deszkát) **2.** lécekkel ellát (falat, tetőt) **II.** **B** **1.** lent fésül, gerebenez **2.** gereblyével kiegyenget **3.** rövidre vágja (a ló sörényét) **4.** ágról leszedi a leveleket *v* a gyümölcsöket (végighúzva tenyerét)

rípio [ripju] *m* **1.** kavics, sóder (rések

betöltésére) 2. *irod* toldalékszó (verssor kiegészítéséhez)
ripostar [ripustàr] *1/15 ts, tl* 1. *vívás* riposztoz, visszavág 2. tüstént megválaszol, rávág
riqueza [rikézö] *f* 1. gazdagság; bőség 2. gyönyörűség, élvezet
rir [rir] *3/21* I. *tl*, II. **~-se** 1. nevet; *fazer* ~ megnevettet; *para* ~ tréfából, a tréfa kedvéért; ~ *a bandeiras despregadas* hangosan kacag, hahotázik; ~ *até chorar* a könnyei potyognak a nevetéstől; ~ *até morrer* holtra neveti magát; ~ *à socapa* kajánul vigyorog; ~*(-se) na(s) barba(s)* v *na cara* arcába v szemébe nevet; *közm: ri melhor quem ri no fim* jól nevet, ki utoljára nevet 2. **~-se** *com* v *de* nevet vkin *v* vmin, kinevet vkit *v* vmit
risada [rizàdö] *f* nevetés, kacagás, hahota
risca [riskö] *f* 1. vonal; csík; *à* ~ pontosan, gondosan; *às* ~*s* csíkos; vonalazott; 2. hajválaszték 3. ~ *de união* kötőjel
riscado [riskàdu] I. *mn* vonalas, csíkos II. *fn, m* csíkos szövet
riscar [riskàr] *1/2* I. *ts* 1. vonalaz; csíkoz 2. kihúz, töröl (*pl* szavakat) 3. felvázol 4. tervez 5. megjelöl, felír 6. ~ *um fósforo* gyufát gyújt 7. ~ *o cavalo* hirtelen rántással megállítja a lovát II. *tl* 1. megszűnik (*pl* barátság) 2. veszekedik 3. kockáztat 4. provokál, kihív 5. **B** váratlanul megjelenik III. **~-se** 1. eltűnik, elmosódik 2. kiesik az emlékezetéből 3. otthagyja állását, lemond
risco [risku] *m* I. 1. vonal, vonás 2. vázlat; terv 3. **B** látóhatár II. rizikó, kockázat; *a* ~ *de* vminek a kockáztatásával; *a sua conta e* ~, *ker* számlájára és veszélyére; *correr* ~ kockázatnak kitesz, kockáztat
risível [rizivèl] *mn* nevettető; nevetséges
riso [rizu] *m* 1. nevetés; ~ *amarelo* kényszeredett mosoly; *cair de* ~ majd eldől a nevetéstől; *estar perdido de* ~ fuldoklik a nevetéstől; *meter a* ~ nevetségessé tesz, kinevet; *prestar-se ao* ~ nevetségessé válik, jót lehet nevetni rajta 2. nevetséges dolog 3. jókedv, vidámság
risonho [rizonyu] *mn* 1. nevető, mosolygó 2. vidám, örvendő 3. kellemes 4. boldog, virágzó; *futuro* ~ reménytelies jövő
risota [rizòtö] *f* 1. kacagás 2. gúnyos kacaj
risote [rizòt] *mn* gúnyolódó, mindent kifigurázó
risoto [rizotu] *m konyh* rizottó
rispidez, rispideza [rispidés, -dézö] *f* durvaság, érdesség (*átv* is)
ríspido [rispidu] *mn* durva, érdes (*átv* is)
riste [rist] *m rég* lándzsasaru
rítmico [ritmiku] *mn* ritmikus, ütemes
ritmista [ritmistö] *m* **B** ütőhangszer kezelője; dobos
ritmo [ritmu] *m* ritmus, ütem; *ao* ~ ütemben, ütemesen
rito [ritu] *m* rítus, szertartás
ritual [ritvàl] I. *mn* szertartásos II. *fn, m* 1. szertartás 2. *vall* szertartáskönyv
rival [rivàl] I. *mn* vetélkedő II. *fn* vetélytárs, versenytárs
rivalidade [rivölidàd] *f* vetélkedés, versengés
rivalizar [rivölizàr] *1/1* I. *ts,* II. *tl:* ~ *com* vetélkedik, verseng, versenyez vkivel III. **~-se** vetélkednek egymással
rixa [risö] *f* 1. veszekedés, perlekedés 2. verekedés 3. felfordulás, zűrzavar
rixador *m*, **-a** *f* [risödor(ö)] *mn* és *fn* krakéler, kötekedő
rixar [risàr] *1/1 tl* verekedik; kötekedik
rixoso [risozu] *mn* verekedő, kötekedő
rizicultor [rizikultor] *m* rizstermelő
rizicultura [rizikulturö] *f* rizstermelés
rizoma [rizomö] *m növ* rizóma, gyökértörzs
RJ = *Rio de Janeiro* (brazil állam)
RN = *Rio Grande do Norte* (brazil állam)
robalo [rubàlu] *m áll* tengeri süllő
Roberto [rubèrtu] *m* Róbert
roble [ròbl] *m* tölgyfa
roborar [ruburàr] *1/15 ts* 1. megerősít 2. bizonyít
roborativo [ruburötivu] *mn* 1. erősítő 2. bizonyító
roborizar [ruburizàr] *1/1* = **roborar**
robustecer [rubustiszér] *2/2* I. *ts* erősít II. **~-se** erősödik
robustez, robusteza [rubustés, -tézö] *f* erő, erőteljesség

robusto [rubustu] *mn* **1.** erős **2.** *átv* szilárd

roca [ròkö] *f* **I.** rokka **II.** szikla

roça [ròszö] *f* **1.** irtás, irtvány **2.** **B** szántóföld; ültetvény **3.** **B** mezőség

roçada [ruszàdö] *f* **1.** cserjeirtás, talajművelés **2.** **B** irtás, irtvány

roçado [ruszàdu] *m* **1.** megtisztított földterület **2.** tisztás **3.** ültetvény

roçadoira, -doura [ruszödojrö, -dorö] *f* kasza; sarló

roçadura [ruszödurö] *f* könnyed érintés, súrolás

roçagante [ruszögö^{n}nt] *mn* földig érő (ruha)

rocal [rukàl] **I.** *mn* kőkemény **II.** *fn, m* nyaklánc (üveggyöngyből)

rocalha [rukàljö] *f* **1.** üveggyöngy-szemek, rózsafűzérszemek **2.** üveggyöngy nyakék

rocambolesco [rukö^{n}mbulésku] *mn* fantasztikus

rocar [rukàr] *1/2, 1/15 tl sakk:* rosíroz, bástyáz

roçar [ruszàr] *1/3, 1/15* **I.** *ts* **1.** kivág (fát) **2.** könnyedén megérint, súrol **3.** elnyű, elkoptat **II.** *tl,* **III.** **~-se** hozzáér, súrlódik

roceiro [ruszéjru] *m* kisgazda; farmer

rocha [ròsö] *f* **1.** kőzet **2.** szikla

rochedo [rusédu] *m* meredek szikla

rochoso [rusozu] *mn* sziklás

rociar [ruszjàr] *1/7* **I.** *ts* **1.** beharmatoz **2.** befröcsköl **3.** teleszór **II.** *tl* harmatozik

rocim [ruszi^n] *m* gebe

rocio [rusziu] *m* harmat

rócio [ròszju] *m* **B** gőg; hiúság

rocioso [ruszjozu] *mn* harmatos

rococó [ròkòkò] *mn* és *fn* **1.** rokokó (stílus) **2.** *átv* elavult, ízléstelen (dolog)

roda [ròdö] *f* **1.** kerék; *~ dianteira* elülső kerék; *~ traseira* hátsó kerék; *~ livre* szabadonfutó kerék; *~ do leme, haj* kormánykerék; *~ de moinho* malomkerék; *raio da ~* kerékküllő; *suplício da ~* kerékbetörés **2.** kör; baráti kör; társaság; *a alta ~* az előkelő társaság; *fazer ~* kört alkot, körben feláll **3.** kerek szelet; *~ de limão* citromszelet **4.** *~ (de fortuna)* szerencsekerék; lottójáték; *amanhã anda a ~* holnap lottóhúzás lesz **5.** (ruha)bőség; *saia de muita ~* bő szoknya **6.** *orv: ~ (de joelho)* térdkalács **7.** sokaság; *uma ~ de gente* embertömeg **8.** *szól: a ~ dos anos* az évek múlása; *a quinta ~ do carro* ötödik kerék, kerékkötő; *à ~ de* vmi körül; *andar à ~* körben jár *v* mozog; körüljár vmit (*de*); *andar numa ~ viva* egy perc nyugta sincs; *anda-me a cabeça à ~* szédülök; azt sem tudom, hol áll a fejem; *brincar de ~* körtáncot jár; *fazer a ~ a* udvarol vkinek; *meter na ~* (gyermeket) kitesz; *untar as ~s* megveszteget

rodada [rudàdö] *f* **1.** egy kerékfordulat, körforgás **2.** rund (ivásban, kártyában) **3.** *sp* forduló **4.** *ker* körtárgyalás

rodado [rudàdu] *mn* **1.** kerekes **2.** *saia ~a* bő szoknya **3.** elhasznált, kopott; *caminho ~* rossz, hepehupás út; *disco muito ~* elkopott lemez **4.** *o carro tem 50 000 km ~s* a kocsi *50 000* kilométert futott le

rodagem [rudàzsö^{n}j] *f* **1.** kerékmű, kerekek **2.** *autó* bejáratás; *carro em ~* bejáratós kocsi

roda-gigante [ròdözsigö^{n}nt] *f* óriáskerék

Ródano [ròdönu] *m: o ~* a Rhone (folyó)

rodante [rudö^{n}nt] *mn* gördülő; *material ~, vasút* gördülőanyag

rodapé [ròdöpè] *m* **1.** (földig érő) ágykárpit **2.** *ép* lábazati burkolat **3.** padlóléc (a fal mentén); keretléc **4.** *újsághír* tárcacikk (a lap alján)

rodar [rudàr] *1/15* **I.** *ts* **1.** gördít, gurít **2.** forgat (filmet is) **3.** körüljár, bejár; megtesz (utat) **4.** *rég* kerékbe tör **5.** ár mentén hajózik **II.** *tl* **1.** gördül, gurul **2.** forog **3.** kocsin megy, elkocsizik vhova (*para*) **4.** balsikere van; megbukik **5.** *nép* elbocsátják állásából **6.** elmúlik; *o tempo roda* az idő eljár

roda-viva [ròdövivö] *f* **1.** állandóan forgó kerék **2.** hercehurca

rodear [rugyàr] *1/5* **I.** *ts* **1.** körülvesz, körülállt; *~ de cuidados* gondoskodásával veszi körül **2.** körüljár, körülutazik; *~ a África* körülhajózza Afrikát; *~ com a vista v com os olhos* körüljártatja a tekintetét vhol **T 3.** vmi körül forog; *a Terra rodeia o Sol* a föld a nap körül forog **4.** megkerül, kikerül **II.** *tl* forog **III.** **~-se** körülveszi magát (*pl* barátokkal)

rodeio [rudéju] *m* **1.** kerülő (út) **2.** kibúvó; köntörfalazás; *sem ~s* nyíltan, kertelés nélkül; *andar* v *vir com ~s* köntörfalaz **3. B** marha összeterelése; *parar rodeio* összetereli a marhát
rodeira [rudéjrö] *f* **1.** kocsiút **2.** keréknyom
rodeiro [rudéjru] *m* keréktengely, gördülő *v* futótengely
rodela [rudèlö] *f* **1.** kis karika **2. B** hencegés; lódítás
Ródano [ròdönu] *m* a Rhone folyó
Rodes [rodis] *f* Rodosz (sziget és város)
rodilha [rudìljö] *f* **1.** mosogatórongy **2.** tekercs (fejre, teherhordáshoz)
rodízio [rudizju] *m* **1.** kerekecske; görgő (*pl* szék lábán) **2.** vízimalom keréklapátja **3.** mesterkedés (a törvény kijátszására) **4.** turnusos étkezés egységáron
rodo [rodu] *m* **1.** hótoló eszközhöz hasonló nyeles szerszám (*pl* gabonaszemek összesöprögetéséhez) **2.** *a ~* bőven, tömegével
Rodolfo [rudolfu] *m* Rudolf
rodopiante [rudupjö^{n}nt] *mn: escada ~* csigalépcső
rodopiar [rudupjàr] *1/7 tl* kering, forog
rodopio [rudupiu] *m* **1.** keringés, forgás **2.** örvénylés **3.** *andar num ~* sürögforog, serénykedik
rodovalho [ruduvàlju] *m áll* rombuszhal
rodovia [rodovìö] *f* **B** közút; *~ principal* főútvonal; *~ secundária* mellékútvonal
rodoviária [rodovjàrjö] *f* **B 1.** távolsági autóbuszállomás **2.** (*companhia*) *~* távolsági autóbuszvállalat, „Volán"
roedeira [roidéjrö] *f* **B** *biz* féltékenység
roedor *m*, **-a** *f* [rujdor(ö(] **I.** *mn* rágcsáló **II.** *fn, m: ~es, áll* rágcsálók
roedura [rujdurö] *f* **1.** rágcsálás (nyoma) **2.** *orv* horzsolás
roer [ruér] *2/5* **I.** *ts* **1.** rág, lerág, megrág, rágcsál; *~ unhas* körmét rágja **2.** *átv* felőröl, mar, roncsol **3.** *átv* emészt, gyötör, kínoz **4.** rosszat mond vkiről, kibeszél vkit **T 5.** *szól: ~ a corda* **a)** nem tartja meg adott szavát **b)** nem megy el a megbeszélt találkozóra **II.** *tl* **B** *biz* **1.** leissza magát **2.** féltékenykedik **3.** *~ em* rágódik vmin
rofo [rofu] **I.** *mn* ráncos **II.** *fn, m* ránc, redő
rogação [rugöszö^{n}u] *f* kérés, könyörgés
rogador *m*, **-a** *f* [rugödor(ö)] *mn* és *fn* **1.** kérő, könyörgő **2.** közbenjáró, közvetítő
rogar [rugàr] *1/4, 1/15 ts* kér, könyörög; *fazer-se ~* v *rogado* kéreti magát; *~ pragas* átkozódik
rogo [rogu] *m* **1.** kérés, könyörgés; *a ~* felkérésre, közkívánatra **2.** ima
roído [ruidu] *mn* **1.** kimart; kirágott **2. B** *biz* részeg
rojão [rozsö^{n}u] *m* **B 1.** elnyújtott gitárhang **2.** erőltetett menetelés **3.** kimerítő munka **4.** stressz, feszült idegállapot **5.** betegség súlyosbodása **6.** tűzijáték
rojar [ruzsàr] *1/15* **I.** *ts* **1.** vonszol, húz **2.** dob, hajít **II.** *tl*, **III.** **~-se** a földön kúszik
rojo [rozsu] *m* **1.** vonszolás **2.** kúszás; *de ~* kúszva
rol [ròl] *m* jegyzék, lista; *~ da roupa* mosócédula
rola [rolö] *f* gerle
rolador [rulödor] *m* áramszedő (villamoskocsié)
rolamento [rulöme^{n}ntu] *m* **1.** gördülés **2.** *műsz* csapágy; *~ de esferas* golyóscsapágy; *~ de rolos cónicos* görgőscsapágy
rolante [rulö^{n}nt] *mn* gördülő; *escada ~* mozgólépcső
rolão [rulö^{n}u] *m* **I.** pelyva **II.** henger alakú fa (súlyos terhek csúsztatásához)
rolar[1] [rulàr] *1/15* **I.** *ts* **1.** görget; forgat **2.** felfűrészel (fát, hengeralakra) **II.** *tl* (le)gördül; gurul; *~ de rir* gurul a nevetéstől
rolar[2] [rulàr] *1/15 tl* turbékol
roldana [roldönö] *f műsz* csiga, csigasor
roldão [roldö^{n}u] *m* zűrzavar; *de ~* összevissza, rendetlenül
roleta [rulétö] *f* **1.** rulett (szerencsejáték) **2.** kósza hír; „kacsa"
rolete [rulét] *m* **1.** kis henger **2.** tekercs
rolha [roljö] *f* **1.** dugó; *~ de cortiça* parafadugó; *~ de vidro* üvegdugó; *tirar a ~ à garrafa* kihúzza a dugót a palackból **2.** *nép* ravasz kópé **3.** *szól: meter uma ~ na boca* (el)hallgat
rolhar [ruljàr] *1/15 ts* bedugaszol
roliço [ruliszu] *mn* gömbölyű, kövér, telt

rolo [rolu] *m* **1.** *müsz* henger; ~ *de pintura* festőhenger **2.** tekercs; ~ *de filme* filmtekercs **3.** henger alakú díványpárna **4.** ~ *para massa* sodrófa **5.** ablaktömítés **6.** hamis hajtincs **7.** hajcsavaró **8.** nagy hullám **9.** ~ *de fumaça* füstgomoly **10.** ~ *de gente* embertömeg **11.** B *nép* tömegverekedés

rolo [rolu] *m* (hím)gerle

rolote [rulot] *m autó* lakókocsi

romã [rumö^n] *f* gránátalma

romagem [rumàzsö^{n}j] *f* = **romaria**

romana [rumönö] *f* gyorsmérleg

romança [rumö^{n}szö] *f* románc

romance [rumö^{n}sz] *m* regény

romancear [rumö^{n}szjàr] *1/5 ts* regényalakban megír

romanceiro [rumö^{n}széjru] *m* románcgyűjtemény

romancista [rumö^{n}szistö] *fn* regényíró

romanesco [rumönésku] **I.** *mn* romantikus **II.** *fn, m* romantika

romani [rumöni] *m* cigánynyelv

românico [rumöniku] **I.** *mn* **1.** újlatin, román **2.** *ép:* *estilo* ~ román stílus **II.** *fn, m* **1.** újlatin *v* román nyelv **2.** *ép* román stílus

romanista [rumönistö] *fn* **1.** a római jog szakértője **2.** az újlatin nyelvek művelője

romano [rumönu] *mn* és *fn* római

romanticismo [rumö^{n}ntiszizsmu] *m* romanticizmus

romântico [rumö^{n}ntiku] *mn* és *fn* romantikus

romantismo [rumö^{n}ntizsmu] *m* = **romanticismo**

romaria [rumöriö] *f* **1.** zarándoklás **2.** falusi ünnep, búcsú **3.** együtt utazók csoportja **4.** *közm:* *boa* ~ *faz, quem em casa fica em paz* mindenütt jó, de legjobb otthon

romazeira [rumözéjrö] *f* gránátalmafa

rombo [ro^{n}mbu] **I.** *mn* buta, tompa elméjű **II.** *fn, m* **1.** *geom* rombusz **2.** lék, rés, lyuk

romeiro [ruméjru] *fn* zarándok

Roménia [rumènyö] *f* Románia

romeno [ruménu] *mn* és *fn* román

rompante [ro^{n}mpö^{n}nt] **I.** *mn* **1.** heves, viharos **2.** gőgös, kevély **3.** szemtelen **II.** *fn, m* **1.** hevesség **2.** gőg **3.** *nép* haragkitörés

rompente [ro^{n}mpe^{n}nt] *mn* **1.** heves, vad **2.** gőgös; kihívó **3.** *leão* ~ ágaskodó oroszlán (címerben)

romper [ro^{n}mpér] *2/1* **I.** *ts* **1.** tör, eltör **2.** eltép, szétszakít **3.** feltör, felszánt (ugart) **4.** megtör, hasít, szel (hullámokat) **5.** *kat* szétver (sereget) **6.** *kat* kezd, elkezd; ~ *o fogo* tüzet nyit, tüzelni kezd; ~ *a guerra* kirobbantja a háborút **7.** abbahagy, félbeszakít **8.** felbont (házasságot, szerződést); megszakít (tárgyalást); megszeg; ~ *o acordo de paz* megszegi a békeegyezményt; ~ *as leis* megszegi a törvényeket **9.** *szól:* ~ *um caminho* utat tör; ~ *o coração a* vkinek a szívébe hatol (kés, tőr); ~ *dentes* fogzik; ~ *um segredo* titkot elárul; ~ *o silêncio* megtöri a csendet **II.** *tl* **1.** előtör; kitör, előbukkan **2.** *átv* kitör; ~ *em choro* sírva fakad; ~ *em cólera* haragra lobban; ~ *em riso* nevetésbe tör ki **3.** ~ *com* szakít vkivel *v* vmivel **4.** előtűnik, megjelenik **III.** **~-se** **1.** eltörik; elszakad **2.** széthasad **IV.** *fn, m:* *ao* ~ *do dia* napkeltekor, hajnalban

rompimento [ro^{n}mpime^{n}ntu] *m* **1.** törés **2.** szakadás **3.** *átv:* ~ *das relações* a kapcsolatok megszakítása

ronca [ro^{n}nkö] *f* **1.** horkolás **2.** dicsekvés **3.** B *meter a* ~ *em* megszól, kibeszél vkit *v* vmit

roncadura [ro^{n}nködurö] *f* horkolás

roncar [ro^{n}nkàr] *1/2 tl* **1.** horkol **2.** zúg, dörög **3.** dicsekedik

roncaria [ro^{n}nköriö] *f* = **ronca 1., 2.**

ronçaria [ro^{n}szöriö] *f* lassúság; piszmogás

roncear [ro^{n}szjàr] *1/5 tl* lassan jár, andalog; piszmog

ronceirismo [ro^{n}széjrizsmu] *m* lassúság, piszmogás

ronceiro [ro^{n}széjru] *mn* lassú; piszmogó

roncha [ro^{n}sö] *f* B véraláfutás

ronco [ro^{n}nku] *m* **1.** horkolás **2.** zúgás, dörgés; zakatolás **3.** röfögés **4.** *orv* hörgés **5.** *átv* hencegés

ronda [ro^{n}ndö] *f* **1.** körjárat; őrjárat; *andar de* ~ ellenőrző *v* felfedező körútra indul **2.** körtánc

rondar [ro^{n}ndàr] *1/1* **I.** *ts* **1.** őrjáratot tart **2.** körülvesz **3.** ~ *a casa* a ház körül ólálkodik **4.** *as despesas rondam* *os mil contos* a költségek ezer kontó körül mozognak

rondó [ro^{n}ndò] *m irod, zene* rondó, körvers; körtánc

ronha [ronyö] *f* **1.** rüh, kosz **2.** *nép* agyafúrtság

ronhento, ronhoso [runye^{n}ntu, runyozu] *mn* **1.** rühes **2.** *nép* agyafúrt

ronqueira [ro^{n}nkéjrö] *f* rekedtség; hurut

ronquejar [ro^{n}nkizsàr] *1/14 tl* horkol; hortyog

ronquido [ro^{n}nkidu] *m* zihálás (lóé)

ronrom [ro^{n}ro^{n}] *m* dorombolás

ronronar [ro^{n}runàr] *1/15 tl* dorombol

roque [ròk] *m* **1.** *sakk* **a)** bástya **b)** rosírozás, bástyázás **2.** *szól: sem rei nem* ~ szabadon, gondtalanul; céltalanul

roqueiro [rukéjru] *mn* **1.** sziklás; **2.** sziklára épített; *fortaleza ~a* sziklaerőd

roquete [rukét] *m* **I.** *műsz* furdancs **II.** *vall* karing

ror [ror] *m nép* csomó, halom; tömeg

rosa [ròzö] *f* **1.** rózsa **2.** rózsaszín; *cor de* ~ rózsaszínű; *ver tudo cor-de-~* rózsás színben látja a világot **3.** *átv: de* ~ rózsás, pompás; *dia de ~s* gyönyörű nap; *estar num mar de ~s* úszik a boldogságban

rosácea [ruzàszjö] *f* **1.** *ép* rozetta; ablakrózsa **2.** *növ: ~s* rózsafélék

rosáceo [ruzàszju] *mn* rózsa-, rózsás

rosa-chá [ròzösà] *f* tearózsa

rosado [ruzàdu] *mn* rózsa-; *óleo* ~ rózsaolaj

rosa-do-japão [ròzöduzsöpö^{n}u] *f növ* kamélia

rosa-dos-ventos [ròzöduzsvèntus] *f haj* szélrózsa

rosal [ruzàl] *m* = **roseiral**

rosário [ruzàrju] *m vall* rózsafüzér

rosbife [ròzsbif] *m* sült marhahús

rosca [roskö] *f* **1.** *műsz* csavarmenet; *tampa com* ~ (csavarmenetes) kupak; *abrir uma* ~ csavarmenetet vág **2.** tekergés, gyűrűzés (kígyóé) **3.** perec **4.** *nép* berúgás; részegség **5.** *m, f* ravasz, dörzsölt alak

roscar [ruskàr] *1/2, 1/15 ts* **1.** csavarmenettel ellát **2.** felcsavar, rácsavar

roseira [ruzéjrö] *f* rózsatő; rózsabokor

roseiral [ruzéjràl] *m* rózsakert

róseo [ròzju] *mn* **1.** rózsa-, rózsás **2.** rózsaszínű

roseta [ruzétö] *f ép* rozetta, rózsa alakú dísz

rosmaninho [ruzsmöninyu] *m növ* rozmaring

rosnar [ruzsnàr] *1/15 tl* **1.** morog **2.** *átv* suttog; *rosnam que* azt suttogják, hogy

rosquilha [ruskiljö] *f* perec

rosquinha [ruskinyö] *f* B = **rosquilha**

rossio [rusziu] *m* nagy tér

rosto [rostu] *m* **1.** arc; *bater no* ~ arcul üt **2.** *nyomd* címlap **3.** kép (érmén) **4.** elülső oldal, homlokzat **5.** *szól:* ~ *a* ~ szemtől szemben; *dar de* ~ *com* összetalálkozik vkivel; *fazer* ~ *a* **a)** néz *v* nyílik vmerre **b)** szembeszáll vkivel

rostral [rustràl] *mn nyomd: página* ~ címoldal

rostro [ròstru] *m* **1.** *haj* hajóorr **2.** *áll* csőr, madárorr; szipóka

rota [ròtö] *f* **I.** út, útirány; *de* ~ *batida* **a)** egyenesen; megállás nélkül **b)** sebbel-lobbal **II.** *vall* rota, legfőbb egyházi bíróság

rotação [rutöszö^{n}u] *f* **1.** forgás, fordulat; ~ *da terra* a föld (egyszeri) körforgása **2.** *mezőg:* ~ *(da cultura)* vetésforgó

rotáceo [rutàszju] *mn* kerék alakú

rotacismo [rutöszizsmu] *m orv* az *r* hibás ejtése

rotador *m*, **-a** *f* [rutödor(ö)] **I.** *mn* forgató **II.** *fn, m* **1.** *(músculo)* ~ forgató izom **2.** *~es* kerekes férgek

rotar [rutàr] *1/15 tl* (körben) forog

rotariano, rotário [rutörjönu, rutàrju] *mn* és *fn* rotaryánus, a Rotary Club tagja

rotativa [rutötivö] *f nyomd* rotációs gép

rotatividade [rutötividàd] *f ker* forgalmazás; *de alta* ~ nagy forgalmat lebonyolító

rotativista [rutötivistö] *fn* rotációs gép kezelője

rotativo; **rotatório** [rutötivu, -tòrju] *mn* **1.** forgó **2.** rotációs

rotear [rutyàr] *1/5* **I.** *ts* hajót kormányoz **II.** *tl* hajózik

roteirista [rutéjristö] *fn* forgatókönyv írója

roteiro [rutéjru] *m* **1.** útirány; útiterv **2.** útleírás **3.** körséta **4.** térkép (városé) **5.** forgatókönyv **6.** gyűlés *v* vita munkaterve **7.** *átv* irányvonal

Roterdão [rutirdö^{n}u] *m* Rotterdam
rotim [ruti^n] *m növ* rotang(pálma)
rotina [rutinö] *f* **1.** rutin, jártasság, nagyfokú gyakorlat **2.** megszokott munka; egyhangúság **3.** tunyaság **4.** program (számítógéptechnikában)
rotineiro [rutinéjru] **I.** *mn* **1.** rutinos, gyakorlott, jártas **2.** megszokott, szokásos **II.** *fn* megszokás rabja; maradi
roto [rotu] **I.** *mmi* törött; szakadt; → **romper II.** *mn* rongyos; lyukas
rótula [ròtulö] *f* **1.** *orv* térdkalács **2.** *műsz* csuklópánt, zsanér **3.** redőnyléc
rotulagem [rutulàzsö^{n}j] *f* cimkézés
rotular [rutulàr] *1/1 ts* cimkéz
rótulo [ròtulu] *m* cimke; árcédula
rotunda [rutu^{n}ndö] *f* **1.** *ép* rotunda, kerek alaprajzú épület **2.** körtér
rotundidade [rutu^{n}ndidàd] *f* kerekség, gömbölyűség
rotundo [rutu^{n}ndu] *mn* **1.** kerek, gömbölyű **2.** kövér **3.** *átv* határozott; *negação* ~*a* kerek elutasítás
rotura [ruturö] *f* törés
roubalheira [roböljéjrö] *f* **1.** rablás; rablótámadás **2.** közvagyon elsikkasztása
roubar [robàr] *1/1 ts* **1.** (el)rabol, kirabol, kifoszt **2.** (el)lop; *foi roubado* megloptak
roubo [robu] *m* **1.** rablás **2.** lopás
rouco [roku] *mn* rekedt
roufenhar [rofinyàr] *1/14 tl* orron át beszél
roufenho [rofényu] *mn* orron át beszélő
roupa [ropö] *f* **1.** ruha; ~ *branca* fehérnemű; ~ *interior*, ~ *de baixo*, ~*s menores* alsó fehérnemű; ~ *de banho*, **B** fürdőruha; ~ *de cama* ágynemű; ~ *para o trabalho* munkaruha **2.** *szól:* ~ *de ver a Deus*, **B** *nép* új *v* ünneplő ruha; *chegar a* ~ *ao corpo* v *ao pelo a* alaposan elver vkit
roupagem [ropàzsö^{n}j] *f* **1.** öltözet, ruházat **2.** *átv* külső
roupão [ropö^{n}u] *m* **1.** házikabát, köntös **2.** fürdőköpeny
rouparia [ropöriö] *f* **1.** ruhafélék **2.** ruhatár
roupa-velha [ropövèljö] *f* **B** hús- és zöldségmaradékokból készült étel
roupa-velheiro [ropövèljéjru] *m* ószeres
roupeiro [ropéjru] *m* **1.** ruhatáros **2. B** ruhásszekrény **3. B** *argó* falazó
rouquejar [rokizsàr] *1/14 tl* **1.** rekedt hangon beszél **2.** károg, krákog **3.** zúg (tenger)
rouquenho [rokényu] *mn* rekedtes
rouquidão [rokidö^{n}u] *f* rekedtség
rouxinol [rosinòl] *m* csalogány, fülemüle
roxear [rusjàr] *1/5* **I.** *ts* lila színűre fest **II.** *tl* ibolyaszínbe játszik; elvörösödik
roxidão [rusidö^{n}u] *f* ibolyaszín
roxo [rosu] **I.** *mn* **1.** ibolyaszínű **2.** *átv* heves; mértéktelen; *andar* ~ *por*, **B** *biz* **a)** őrülten szerelmes lesz vkibe **b)** heves vágyat érez vmi után
R.P. = *República Portuguesa*
RS = *Rio Grande do Sul* (brazil állam)
R.S.F.F. = *responda, se faz favor* szíves válaszát kérem *v* kérjük
rua [ruö] *f* **1.** utca; *pôr na* ~, *pôr no olho da* ~ kiteszi a szűrét az utcára **2.** *isz:* ~*!* ki innen! mars!
ruão [ruö^{n}u] *m* almásderes (ló)
rubefacção [rubifàszö^{n}u] *f orv* piros kiütés
rubéola [rubèulö] *f orv* rózsahimlő
rubi [rubi] *m* rubin
rubiáceas [rubjàszjös] *f tb növ* buzérfélék
rubicão [rubikö^{n}u] *m* Rubicon; *passar* v *atravessar o* ~ átlépi a Rubicont
rubicundo [rubiku^{n}ndu] *mn* piros; pirospozsgás
rubificar [rubifikàr] *1/2* **I.** *ts* pirosít **II.** *tl*, **III.** ~**-se** elvörösödik
rubim [rubi^n] *m* rubin
rublo [rublu] *m* rubel
rubor [rubor] *m* **1.** piros szín **2.** szégyenpír, szégyenérzet
ruborescer [ruburis-szér] *2/2* **I.** *tl*, **II.** ~**-se** elvörösödik; elpirul
ruborizar [ruburizàr] *1/1* **I.** *ts* **1.** pirosra fest **2.** zavarba hoz **II.** ~**-se** elvörösödik; elpirul
rubrica [rubrikö] *f* **1.** rovat, hasáb, cím **2.** rövidített aláírás, kézjegy **3.** *szính* utasítás (kéziratban) **4.** (vörös betűs) fejezetcím (*pl* kódexben)
rubricar [rubrikàr] *1/2 ts* **1.** rubrikáz, rovatokra oszt **2.** kézjegyével ellát
rubro [rubru] *mn* élénkpiros; vérvörös
ruçar [ruszàr] *1/3* **I.** *ts* szürkére fest; megőszít **II.** *tl*, **III.** ~**-se** megőszül; öregszik
ruço [ruszu] *mn* **1.** szürkés, hamuszínű;

cabelo ~ őszülő haj 2. kifakult, színehagyott 3. B világosbarna, szőke
rude [rud] *mn* **1.** műveletlen; egyenetlen (talaj) 2. *átv* durva, bárdolatlan, goromba 3. *clima* ~ rideg éghajlat
rudeza [rudézö] *f* **1.** érdesség, durvaság 2. faragatlanság, gorombaság 3. ridegség
rudimentar [rudime^{n}ntàr] *mn* elemi, kezdetleges, primitív
rudimento [rudime^{n}ntu] *m* **1.** *él* rudimentum, csökevény 2. ~*s* elemi ismeretek, alapfogalmak
ruela [rvèlö] *f* utcácska
rufar [rufàr *1/1 ts, tl* dobol
rufião [rufjö^{n}u] *m* utcalányoktól eltartott férfi; selyemfiú
rufo [rufu] *m* dobpergés; *num* ~ szempillantás alatt
ruga [rugö] *f* ránc, redő
rúgbi [rugbi] *m* B *sp* rögbi
ruge [ruzs] *m* ajakrúzs
ruge-ruge [ruzsiruzsi] *m* **1.** suhogás, susogás 2. B zűrzavar
rugido [ruzsidu] *m* (oroszlán)bőgés, ordítás
rugir [ruzsir] *3/3 tl* **1.** bőg, ordít 2. zúg, susog (falevél)
rugoso [rugozu] *mn* ráncos, redős
ruibarbo [rujbàrbu] *m növ* rebarbara
ruído [rvidu] *m* **1.** lárma, zaj 2. szóbeszéd, pletyka 3. *fazer* ~ feltűnést kelt
ruidoso [rvidozu] *mn* **1.** lármás, zajongó 2. feltűnést keltő
ruim [rui^{n}] *mn* **1.** rossz, romlott 2. ártalmas 3. gonosz
ruína [ruinö] *f* **1.** rombadőlés, beomlás 2. pusztulás; tönkremenés 3. ~*s* romok, maradványok
ruinoso [ruinozu] *mn* **1.** düledező 2. *átv* ártalmas
ruir [ruir] *3/6 tl* összedől, beomlik
ruiva [rujvö] *f növ* festőbuzér
ruivo [rujvu] *mn* barnásvörös, rőt
rum [ru^{n}] *m* rum
ruma [rumö] *f* halom, rakás
rumar [rumàr] *1/1* **I.** *ts haj* irányít, kormányoz vmerre (*para*) **II.** *tl* irányt vesz, tart vmi felé
rume, rúmen [rum, rumén] *m áll* bendő
ruminação [ruminöszö^{n}u] *f* **1.** kérődzés 2. *átv* latolgatás, megfontolás
ruminadoiro, -douro [ruminödojru, -doru] *m* begy, előgyomor
ruminante [ruminö^{n}nt] *mn* és *fn, m* kérődző
ruminar [ruminàr] *1/1 ts, tl* **1.** kérődzik; megrág 2. latolgat, megfontol
rumo [rumu] *m* **1.** *haj* útirány; ~ *a* vminek az irányában, vmi felé; *mudar de* ~ irányt változtat (*átv* is) 2. *átv* irány, cél; *sem* ~ cél nélkül; *imprimir um novo* ~ *a* új irányt szab vminek; *meter* v *pôr a* ~, *átv* egyenesbe hoz, a helyes útra terel; *tomar* ~ *para* irányt vesz vmerre 3. ~ *de vida* életmód
rumor [rumor] *m* **1.** lárma, zaj; *sem* ~ zajtalanul; *fazer* ~ lármát csap, zajong 2. moraj, hangzavar 3. szóbeszéd, híresztelés, mendemonda
rumorejar [rumurizsàr] *1/14 tl* **1.** lármázik, zajong 2. morajlik, zúg 3. *rumoreja-se* az a hír járja, azt híresztelik
rumorejo [rumurézsu] *m* **1.** lárma, zaj 2. morajlás, zúgás 3. híresztelés, mendemonda
rumoroso [rumurozu] *mn* lármás, zajos; hangos
runa [runö] *f* **I.** *növ* fenyőfa nedve **II.** ~*s* rúnák, rovásírás
rupestre [rupèstr] *mn* **1.** sziklán termő, szikla- 2. sziklán épült 3. *műv*: *pintura* ~ barlangfestészet
rúptil [ruptil] *mn* törékeny
ruptura [rupturö] *f* = **rotura**
rural [ruràl] *mn* **1.** falusi, vidéki 2. mezei, mező-; *guarda* ~ mezőőr
rusga [ruzsgö] *f* **1.** zűrzavar, összevisszaság 2. veszekedés, civakodás 3. rendőri razzia
Rússia [ruszjö] *f* Oroszország
russo [ruszu] *mn* és *fn* orosz
rusticar [rustikàr] *1/2 tl* **1.** falun él 2. földet művel
rusticidade [rustiszidàd] *f* parasztosság; faragatlanság
rústico [rustiku] **I.** *mn* **1.** falusi 2. durva, faragatlan 3. egyszerű **II.** *fn* falusi, paraszt
rutabaga [rutöbàgö] *f növ* karórépa, takarmányrépa
rutilante [rutilö^{n}nt] *mn* ragyogó, tündöklő
rutilar [rutilàr] *1/1 tl* ragyog, tündöklik
ruvinhoso [ruvinyozu] *mn* **1.** rozsdás 2. szeszélyes 3. rosszkedvű

S

S, s [èszi] *m* s (betű)

S. = **1.** *São, Santo, Santa* szent **2.** *Sul* Dél

s. = **1.** *sem* nélkül **2.** *seu(s), sua(s)* az övé(i)

S.A. = **1.** *Sociedade Anónima* részvénytársaság **2.** *Sua Alteza* őfensége

sã → **são**

sábado [szàbödu] *m* szombat; *no ~* szombaton

sabão [szöbö^{n}u] *m* **1.** szappan; *~ de barba* v *de barbear* borotvaszappan; *bola de ~* szappanbuborék **2.** *biz átv* fejmosás

sabedor *m,* **-a** *f* [szöbidor(ö)] *mn* és *fn* vminek a tudója (*de*)

sabedoria [szöbiduriö] *f* **1.** bölcsesség, tudás **2.** óvatosság; mértékletesség

saber [szöbér] *2/20* **I.** *ts* **1.** tud; *~ línguas* tud nyelveket; *~ de cor* könyv nélkül tud; *~ o que está dizendo* tudja, hogy mit beszél; *quem sabe?* ki tudja? **2.** *~, vir a ~* megtud; *dar a ~, fazer ~* tudat, közöl, ismertet; *veio a ~-se* kitudódott **3.** tudja, ért hozzá; *~ nadar* tud úszni; **4.** *szól: a ~* tudniillik, ugyanis; *ao que sabemos* tudomásunk szerint; *fique sabendo* tudja meg! *não se pode ~* nem lehet tudni; *não querer ~ de* hallani sem akar róla; *que eu saiba* tudomásom szerint; *sabe que mais?* tudja mit? *sabe-se lá; Deus sabe* Isten tudja! *sem eu ~* tudtomon kívül **II.** *tl* **1.** (sokat) tud, művelt, okos **2.** íze v szaga van; *~ bem* jó íze van; *esta botelha sabe a cerveja* ennek az üvegnek sörszaga van **III.** *fn, m* **1.** tudás, ismeret **2.** hozzáértés

sabiá [szàbjà] *m* **B** énekes rigó

sabichão *m,* **sabichona** *f* [szöbisö^{n}u -sonö] *mn* és *fn* **1.** nagy tudós **2.** *gúny* tudálékos

sabidas [szöbidös] *f tb: às ~* nyíltan; *às não ~* titokban

sabido [szöbidu] *mn* **1.** ismeretes, tudott (dolog) **2.** *~ em* tudós, jártas vmiben **3.** *átv* körültekintő; ravasz

sábio [szàbju] *mn* és *fn* bölcs, tudós; tanult (ember)

saboaria [szöbvöriö] *f* szappangyár

saboeiro [szöbvéjru] *m* szappangyáros

saboneira [szöbunéjrö] *f* = **saboneteira**

sabonete [szöbunét] *m* **1.** pipereszappan **2.** *átv*: *apanhar um ~* fejmosásban részesül

saboneteira [szöbunitéjrö] *f* szappantartó

sabor [szöbor] *m* **1.** íz; *sem ~* ízetlen **2.** *átv* jelleg, belső tulajdonság **3.** *ao ~ de* tetszése szerint; *proceder a seu ~* saját feje után indul

saborear [szöburjàr] *1/5* **I.** *ts* **1.** ízletessé tesz **2.** élvezi (vminek az ízét) **3.** örül vminek **T II.** *~-se em* gyönyörködik vmiben

saboroso [szöburozu] *mn* **1.** ízletes **2.** kellemes

sabotador [szöbutödor] *m* szabotőr

sabotagem [szöbutàzsö^{n}j] *f* szabotázs

sabotar [szöbutàr] *1/15 ts* szabotál

sabre [szàbr] *m* kard

sabugo [szöbugu] *m* **1.** *növ* bodza **2.** *~ do milho* kukoricatorzsa

sabugueiro [szöbugéjru] *m növ* bodzafa

sabujar [szöbuzsàr] *1/1 ts* aljas módon hízeleg, talpát nyalja vkinek **T**

sabujice [szöbuzsisz] *f átv* talpnyalás

sabujo [szöbuzsu] *m* **1.** kopó, vadászkutya **2.** talpnyaló
saburra [szöburrö] *f* **1.** *orv* lepedék **2.** *haj* nehezék
saburrento, saburroso [szöburre^{n}ntu, -rrozu] *mn orv* lepedékes
saca [szàkö] *f* **1.** nagy zsák **2.** piaci táska
saca-bocado [szàköbukàdu] *m műsz* átverőszeg, lyukasztó
sacada [szökàdö] *f* **I. 1.** húzás, rántás **2.** *átv* kivitel, export **II. 1.** erkély, balkon **2.** tető kinyúló része
sacadela [szököděllö] *f* hirtelen rántás; zökkenés
sacado [szökàdu] *m ker* intézvényezett, váltó kibocsátója
sacador [szököd**o**r] *m ker* váltó tulajdonosa
sacaí [szàkài] *m* **B** rőzse
saca-molas [szàkömòlös] *m* **1.** foghúzó fogó **2.** *pejor* amatőr fogász
sacanga [szökö^{n}ngö] *f* **B** rőzse
sacão [szökö^{n}u] *m* hirtelen ugrás (lóé); zökkenés
sacar [szökàr] *1/2, 1/12 ts* **1.** kihúz, kiránt; ~ *do bolso* elővesz a zsebéből **2.** *átv* kivisz, exportál **3.** *ker* intézvényez, váltót kibocsát vkire (*sobre*) **4.** *átv* kivesz, kihúz (*pl* titkot vkiből)
sacarificar [szökörifikàr] *1/2 ts* cukorrá változtat
sacarina [szököríinö] *f* szaharin
sacarino [szökörinu] *mn* cukortartalmú, cukros
saca-rolhas [szàköroljös] *m* dugóhúzó
sacerdócio [szöszirdòszju] *m* papság; papi hivatás
sacerdotal [szöszirdutàl] *mn* papi
sacerdote [szöszirdòt] *m* pap
sacerdotisa [szöszirdutiszö] *f* papnő
sacha [szàsö] *f* **1.** gyomlálás **2.** = **sacho**
sachadura [szösödurö] *f* gyomlálás
sacharola [szösöròlö] *f* kerti kapa
sacho [szàsu] *m* irtókapa
saciado [szöszjàdu] *mn* jóllakott; *átv* kielégült
saciar [szöszjàr] *1/7 ts* **1.** megtölt; jóllakat; ~ *a fome* éhségét csillapítja **2.** *átv* kielégít; ~ *os desejos* vágyait kielégíti
saciedade [szöszjidàd] *f* jóllakás, jóllakottság
saco [szàku] *m* **1.** zsák; ~ *de dormir* hálózsák; ~ *de mão* kézitáska, retikül; ~ *de viagem* útitáska **2.** *text* zsákvászon **3.** *nép* kövér, esetlen ember **4. B** öböl **5.** *szól: despejar o* ~, *átv* kitálal, mindent elmond; *meter a viola no* ~ elhallgat; *tenho o* ~ *cheio* most aztán már elegem van! *vender gato no* ~ zsákbamacskát árul **6.** = **saque I.**
sacola [szökòlö] *f* kétrészes, vállra vetett tarisznya
sacolejar [szökulizsàr] *1/14 ts* ráz, rázogat
saco-roto [szàkurrotu] *m* fecsegő, szószátyár
sacramental [szökröme^{n}ntàl] *mn* **1.** szentségi **2.** szokásos **3.** kötelező
sacramentar [szökröme^{n}ntàr] *1/1 ts* **1.** *vall* szentséget szolgáltat vkinek **T 2.** *átv* szentesít, törvényesít
sacramento [szökröme^{n}ntu] *m vall* szentség
sacrário [szökràrju] *m* szentély
sacrifical [szökrifikâl] *mn* áldozati
sacrificar [szökrifikàr] *1/2* **I.** *ts* áldozatot hoz, feláldoz (*átv* is) **II.** **~-se 1.** feláldozza magát **2.** szenteli magát vminek (*a*)
sacrifício [szökrifiszju] *m* **1.** áldozat, feláldozás **2.** *átv* önfeláldozás; lemondás
sacrilégio [szökrilèzsju] *m* szentségtörés
sacrílego [szökriligu] *mn* szentségtörő
sacristão [szökristö^{n}u] *m* sekrestyés
sacristia [szökristiö] *f* sekrestye
sacro [szàkru] *mn* **1.** szent; *música* ~*a* egyházi zene **2.** *orv: (osso)* ~ keresztcsont
sacrossanto [szökruszö^{n}ntu] *mn* szentséges, legszentebb
sacudida [szökudidö] *f* rázás
sacudidela [szökudidèlö] *f* **1.** egy kis rázás *v* lökés **2.** *átv* egy kis fejmosás
sacudido [szökudidu] **I.** *mmi* → **sacudir II.** *mn* **1.** nyers, durva (modor) **2.** fürge, ügyes **3. B** nyúlánk; fess
sacudir [szökudir] *3/12 ts* **1.** ráz, kiráz, leráz, megráz; ~ *a cabeça* fejét rázza **2.** *átv* felráz, ösztönöz
sádico [szàdiku] *mn* és *fn* szadista
sadio [szödiu] *mn* egészséges
safa [szàfö] *isz* **1.** pfuj! **2.** teringettét!
safadeza [szöfödézö] *f* aljasság
safado [szöfàdu] *mn* **1.** (el)használt, kopott (ruha) **2.** aljas, hitvány

safanão [szöfönö^{n}u] *m* 1. rázás, lökés 2. *nép* pofon
safar [szöfàr] *1/12* **I.** *ts* **1.** kihúz, lehúz **2.** szabaddá tesz, kiszabadít **3.** ellop, elcsen **4.** elhasznál, elkoptat **II.** **~-se** **1.** *átv* kiszabadul (bajból), megússza **2.** meglép, kereket old
sáfara [szàförö] *f* **1.** köves, sivatagos terep **2.** szikla
sáfaro [szàföru] *mn* műveletlen, vad, puszta
safira [szàfirö] *f* zafír
safo [szàfu] *mn* **1.** megmenekült, szabad **2.** elnyűtt, kopott
safra [szàfrö] *f* **I.** **1.** (évi) termés; *ano de boa* ~ termékeny esztendő **2.** (*colheita de*) ~ betakarítás **3.** **B** marhavásár ideje **II.** üllő
sagacidade [szögöszidàd] *f* eszesség, éleselméjűség
sagaz [szögàs] *mn* eszes, éles elméjű
sagitário [szögyitàrju] *m* **1.** *tört* nyíllövő **2.** *csill* Nyilas
sagrado [szögràdu] *mn* szent; *átv* sérthetetlen
sagrar [szögràr] *1/12* **I.** *ts* **1.** felszentel, felavat; ~ *santo* szentté avat **2.** felajánl, odaad **II.** **~-se** *campeão, sp* elnyeri a bajnoki címet
sagu [szögu] *m* szágó
sagueiro [szögvéjru] *m* *növ* szágópálma
saia [szàjö] *f* szoknya; ~ *e casaco* kosztüm; ~ *de baixo* alsószoknya
saibreira [szàjbréjrö] *f* kavicsbánya
saibro [szàjbru] *m* kavics; sóder
saibroso [szàjbrozu] *mn* kavicsos
saída [szöidö] *f* **1.** kijárat; *beco* v *rua sem* ~ zsákutca **2.** elutazás; indulás; ~ *para estrangeiro* külföldi utazás **3.** *ker* eladás, értékesítés; *artigo de grande* ~ kelendő áru, keresett cikk **4.** megjelenés (újságé) **5.** *kat* kitörés **6.** *átv* kivezető út; megoldás **7.** ötlet; elmés mondás; csattanó
saído [szöidu] *mn* **1.** távoli **2.** kidülledt (szem); kiálló (fog) **3.** *andar muito* ~ ritkán van otthon **4.** *áll:* *andar* ~ párzási kedvében van
saimento [szöime^{n}ntu] *m* halottas menet
sair [szöir] *3/22* **I.** *tl* **1.** kimegy, kijön, előjön; elmegy; ~ *de casa* elmegy hazulról; ~ *para o ar livre* kimegy a szabad levegőre **2.** indul, elindul, elutazik; kifut (hajó), startol (repülőgép) **3.** kilép, kiválik vhonnan (*de*); ~ *do emprego* otthagyja az állását **4.** megjelenik (könyv); *acaba de* ~ most jelent meg **5.** előtűnik, előjön, mutatkozik **6.** *átv* ered, folyik, következik **7.** ~ *à* hasonlít vkire; *sai ao pai* apjára ütött **8.** lesz, válik vmivé; ~ *vencedor* v *vitorioso de* győztesként kerül ki vmiből; *saiu boa professora* jó tanárnő lett belőle **9.** *átv* kifakad, kirohan; ~ *fora de si* kikel magából **10.** *szól:* ~ *caro* sokba kerül; ~ *certo* bebizonyosodik; ~ *a campo* kirándul a szabadba; ~ *à janela* az ablakhoz áll; ~ *com a sua* előhozakodik ötleteivel; ~ *do atoleiro, átv* kivergődik a zsákutcából; ~ *de dívida* kimászik az adósságokból; ~ *de embaraços* kilábol a kellemetlenségekből; ~ *da infância* kinő a gyermekkorból; ~ *da memória* kiesik a fejéből; ~ *a sorte grande a* megüti a főnyereményt; *o rio saiu do leito* a folyó kilépett a medréből **II.** **~-se** **1.** megmenekül, kilábol vmiből (*de*) **2.** eltér, eltávolodik vmitől (*de*) **3.** *~-se bem* **a)** sikerül, jól végződik **b)** érvényesül, megállja a helyét; *~-se mal* kudarcot vall, „lebőg", „ráfázik"
sal [szàl] *m* **1.** só; ~ *comum* v *de cozinha* konyhasó **2.** élénkség **3.** elmésség
sala [szàlö] *f* terem; szoba; ~ *de estar* nappali; ~ *de jantar* ebédlő; ~ *de visitas* szalon, fogadószoba
salada [szölàdö] *f* **1.** saláta **2.** *átv* zavar, összevisszaság
saladeira [szölödéjrö] *f* salátatál
salafrário [szölöfràrju] *m* semmirekellő, haszontalan fráter
salamaleque [szölömölèk] *m* bókolás, hajlongás
salamandra [szölömö^{n}ndrö] *f* *áll* szalamandra
salame [szölöm] *m* szalámi
salão [szölö^{n}u] *m* **1.** terem **2.** szalon, fogadószoba **3.** kiállítási terem **4.** **B** ~ (*de barbeiro*) fodrászszalon
salário [szölàrju] *m* fizetés, munkabér; *~-base* alapfizetés; *~-hora* órabér; ~ *mensal* havibér; ~ *mínimo* bérminimum; ~ *à jorna* v *ao dia* napibér; ~ *em aberto* fizetés megegyezés szerint; ~ *por peça* darabbér
salaz [szölàs] *mn* buja, kéjelgő

saldar [szàldàr] *1/1 ts* **1.** kifizet, kiegyenlít **2.** *átv*: ~ *contas com* leszámol vkivel
saldo [szàldu] **I.** *mmi* kiegyenlített, kifizetett; → **saldar**; **II.** *fn, m* **1.** egyenleg, szaldó; ~ *positivo* fölösleg; ~ *negativo* hiány **2.** ~*s* (időszaki) kiárusítás
saleiro [szöléjru] *m* **1.** sótartó **2.** sóárus
saleta [szölétö] *f* kis terem
salga [szàlgö] *f* besózás
salgação [szàlgöszö^{n}u] *f* **1.** besózás **2.** *átv* boszorkányság
salgadeira [szàlgödéjrö] *f* **1.** besózás **2.** edény (amelyben húst tartósítanak sólében)
salgado [szàlgàdu] *mn* **1.** sós, sózott; túlságosan sós **2.** méregdrága, borsos (ár) **3.** *átv* találó, csípős (élc)
salgar [szàlgàr] *1/1 ts* besóz, megsóz; ~ *demais* túlságosan megsóz
sal-gema [szàlzsémö] *m* kősó
salgueiro [szàlgéjru] *m* fűzfa; ~*-chorão* szomorúfűz
salicílico [szöliszíliku] *mn*: *ácido* ~ szalicilsav
salicultura [szölikulturö] *f* **1.** sóbányászat **2.** só mesterséges előállítása
saliência [szölje^{n}szjö] *f ép* kiugró rész
salientar [szölje^{n}tàr] *1/1* **I.** *ts* kiemel; *átv* aláhúz, hangsúlyoz **II.** ~**-se** kiemelkedik, kitűnik (*átv* is)
saliente [szölje^{n}nt] *mn* **1.** kiugró **2.** *átv* kiemelkedő, kiváló; feltűnő
salífero [szölifiru] *mn* sótartalmú
salificar [szölifikàr] *1/2 ts* sóvá alakít
salina [szölinö] *f* sóbánya
salinação [szölinöszö^{n}u] *f* sóképződés
salineiro [szölinéjru] **I.** *mn* só- **II.** *fn, m* **1.** sótelepi munkás **2.** sóárus
salinidade [szölinidàd] *f* sótartalom
salino [szölinu] *mn* sótartalmú
salitre [szölitr] *m* salétrom
salitroso [szölitrozu] *mn* salétromos
saliva [szölivö] *f* **1.** nyál **2.** *átv*: *engolir a* ~ lenyeli a békát
salivação [szölivöszö^{n}u] *f* nyáladzás
salivar[1] [szölivàr] *1/1 tl* nyáladzik
salivar[2] [szölivàr] *mn* nyál-; *glândulas* ~*es* nyálmirigyek
salivoso [szölivozu] *mn* **1.** nyálas **2.** nyállal tele
salmão [szàlmö^{n}u] *m* lazac
salmear [szàlmjàr] *1/5 ts* zsoltárokat énekel
salmista [szàlmistö] *m* **1.** zsoltárköltő **2.** zsoltárénekes
salmo [szàlmu] *m* zsoltár
salmodia [szalmudiö] *f* **1.** zsoltáréneklés **2.** *átv* unalmas előadás; egyhangúság
salmoeira [szàlmuéjrö] *f* — = **salmoura**
salmoeiro [szàlmuéjru] *m* sós lével tele hordó (hús tartósításához)
salmoir... → **salmour...**
salmonete [szàlmunét] *m* tengeri márna
salmoura [szàlmorö] *f* **1.** sós lé (hús tartósításához) **2.** sós lével tele hordó
salmourar [szàlmoràr] *1/1 ts* sós lében tartósít (húst, halat)
salobre, salobro [szölobr, szölobru] *mn* kissé sós
saloio [szöloju] **I.** *mn* **1.** paraszti, durva, nyers **2.** agyafúrt, ravasz **II.** *fn, m* **1.** Lisszabon környéki paraszt **2.** agyafúrt alak
salpicão [szàlpikö^{n}u] *m* kolbász
salpicar [szàlpikàr] *1/2 ts* **1.** megsóz **2.** befröcsköl **3.** pettyez, tarkít **4.** *átv* bemocskol; szégyenbe hoz
salpico [szàlpiku] *m* **1.** sószem **2.** fröcscsentett folt
salpimenta [szàlpime^{n}ntö] *f* só és bors keveréke
salpimentar [szàlpime^{n}ntàr] *1/1 ts* **1.** sóval és borssal meghint **2.** *átv* megszid, lehord
salpresar [szàlprizàr] *1/13 ts* kissé megsóz
salpreso [szàlprézu] *mn* kissé megsózott
salsa [szàlszö] *f* petrezselyem
salseira [szàlszéjrö] *f* mártásoscsésze
salseiro [szàlszéjru] *m* zápores̋ő
salsicha [szalszisö] *f* vékony kolbász; virsli
salsichão [szàlszisö^{n}u] *m* vastag kolbász
salsicharia [szalszisöriö] *f* **1.** hentesüzlet **2.** hentesáru
salsicheiro [szàlszoséjru] *m* hentes
saltada [szàltàdö] *f* **1.** ugrás **2.** (rabló-) támadás, rablás; lopás **3.** *dar uma* ~ *a* felugrik vkihez (rövid látogatóba)
saltado [szàltàdu] *mn* kiálló, előreugró
saltador *m*, **-a** *f* [szàltödor(ö)] *mn* és *fn* ugró; *sp* műugró
saltão *m*, **saltona** *f* [szàltö^{n}u, -tonö] **I.** *mn* ugró, ugráló, ugrándozó **II.** *fn, m nép* szöcske
saltar [szàltàr] *1/1* **I.** *ts* **1.** átugrik vmin

v vmit T 2. ~ *uma palavra* kihagy egy szót (*nyomd* is) II. *tl* 1. ugrik, ugrál, ugrándozik; ~ *fora* kiugrik; ~ *da cama* kiugrik az ágyból; ~ *do cavalo* leugrik a lóról; ~ *de contente* ugrándozik örömében; ~ *de um assunto a outro* egyik témáról egy másikra ugrik át; ~ *aos olhos* v *à vista* szembetűnik, szemet szúr; *fazer* ~ levegőbe röpít, felrobbant 2. B leszáll (járműről)

salteado [szàltyàdu] *mn* nem sorjában következő, rendszertelen; *perguntas ~as* összevissza feltett kérdések; *saber de cor e* ~ pompásan tud vmit, a kisujjában van

salteador [szàltyàdor] *m* útonálló, rabló

salteamento [szàltyöme^{n}ntu] *m* útonállás, rablás

saltear [szàltyàr] *1/5* I. *ts* megtámad; kirabol II. ~-**se** megijed

saltimbanco [szàlti^{n}mbö^{n}nku] *m* vásári komédiás, csepürágó

saltitar [szàltitàr] *1/1 tl* ugrándozik

salto [szàltu] *m* 1. ugrás; ~ *mortal* halálugrás; ~ *à* v *de vara* rúdugrás; ~ *em altura* magasugrás; ~ *em comprimento* v *à distância* távolugrás; *aos ~s* ide-oda ugrálva (*átv* is); *de* ~ váratlanul, hirtelen; *de um* ~ egy ugrással; *dar um* ~ ugrik egyet; *dar um* ~ *a* futólag benéz vkihez *v* vhova 2. vízesés 3. útonállás, rablás 4. ~ (*de sapato*) cipősarok; ~ *de borracha* gumisarok; *sapato de* ~ *alto* magas sarkú cipő

salubérrimo [szölubèrrimu] *mn* nagyon egészséges; → **salubre**

salubre [szölubr] *mn* egészséges, higiénikus

salubridade [szölubridàd] *f* egészség

salubrificar [szölubrifikàr] *1/2 ts* egészségessé *v* higiénikussá tesz

salutar [szölutàr] *mn* 1. egészséges, higiénikus 2. *átv* üdvös, hasznos

salva [szàlvö] *f* I. 1. *kat* sortűz 2. *átv* sorozat; áradat; özön; ~ *de gargalhadas* harsány nevetés; ~ *de gracejos* élcek özöne; ~ *de palmas* tapsorkán II. tálca; ~ *de prata* ezüsttálca III. *növ* zsálya

salvação [szàlvöszö^{n}u] *f* 1. (meg)mentés 2. üdvözlés, köszöntés 3. üdv, üdvözülés; *exército de* ~ üdvhadsereg

salvador [szàlvödor] *m* megmentő; üdvözítő

salvados [szàlvàdus] *m tb* (hajótörésből) megmentett javak

salvaguarda [szàlvögvàrdö] *f* 1. védelem, oltalom 2. *kat* védőőrség 3. menlevél

salvaguardar [szàlvögvördàr] *1/12 ts* megvéd, oltalmaz

salvamento [szàlvöme^{n}ntu] *m* 1. megmentés 2. biztonság 3. menedék(hely) 4. siker

salvante [szàlvö^{n}nt] I. *mn* megmentő II. *vsz* kivéve, kivételével

salvar[1] [szàlvàr] *1/1* I. *ts* 1. megment 2. megóv, megvéd; megőriz 3. menteget, igazol 4. átugrik vmin *v* vmit T II. ~-**se** megmenekül; *salve-se quem puder* mindenki fusson, amerre lát!

salvar[2] [szàlvàr] *1/1 ts* 1. sortűzzel köszönt 2. üdvözöl 3. üdvözletét küldi

salva-vidas [szàlvövidös] *m* mentőkészülék; mentőcsónak; mentőöv

salve [szàlvè] *isz* üdvözöllek!

salvo [szàlvu] I. *mmi* megmentett; → **salvar**; II. *mn* ép; *são e* ~ ép és egészséges; *a* ~ biztonságban; ~ *seja* isten ments! *chegar a* ~ épségben megjön; *pôr a* ~ biztonságba helyez III. *vsz* vmin kívül, kivételével; ~ *erro ou omissão, ker* tévedések és hibák lehetőségének fenntartásával

salvo-conduto [szàlvukondutu] *m* menlevél

Salzeburgo [szàlziburgu] *m* Salzburg

samambaia [szömö^{n}mbàjà] *f* B páfrány, haraszt

samango [szömö^{n}ngu] *m* B lusta alak

samaritano [szömöritönu] *mn* és *fn* szamaritánus

samba [szö^{n}mbö] *m* B énekkel kísért tánc

samburá [szö^{n}mburà] *f* B halászkosár

samo [szömu] *m* faháncs, szijácsfa

sanar [szönàr] *1/1 ts* 1. meggyógyít 2. *átv* rendbe hoz; szanál

sanatório [szönötòrju] *m* szanatórium

sanável [szönàvèl] *mn* 1. gyógyítható 2. szanálható

sanção [szö^{n}szö^{n}u] *f* 1. szankció, szentesítés, jóváhagyás, megerősítés 2. megtorló intézkedés; *aplicar severas sanções* szigorú megtorlást alkalmaz

sancionar [szö^{n}szjunàr] *1/15 ts* szankcionál, jóváhagy, elismer

sandália [szö^{n}ndàljö] *f* szandál; ~ *havaiana* strandpapucs

sândalo [szö^{n}ndölu] *m növ* szantálfa

sandeu *m*, **sandia** *f* [szö^{n}ndéu, szö^{n}ndiö] *mn* és *fn* ostoba, idióta; naív

sandice [szö^{n}ndisz] *f* ostobaság

sanduiche [szö^{n}ndvis] *f* szendvics

saneamento [szönyöme^{n}ntu] *m* **1.** szanálás, rendbehozatal **2.** megtisztítás **3.** csatornázás **4.** *átv* tisztogatás; elbocsátás; bélistázás

sanear [szönyàr] *1/5 ts* **1.** szanál, rendbe hoz; kijavít, helyreigazít **2.** megtisztít **3.** csatornáz **4.** *átv* tisztogat; elbocsát; bélistáz

sanefa [szönèfö] *f* **1.** kárpit (ablak fölött) **2.** *műsz* vaspánt

sanfona [szö^{n}fonö] *f* **B** **1.** kintorna **2.** *isk argó* „puska"

sangrado [szö^{n}ngràdu] *mn* **1.** vérző **2.** sebesült **3.** kimerült, gyenge

sangradoiro, -douro [szö^{n}ngrödojru, -doru] *m* **1.** *orv* érvágás **2.** *orv* könyökhajlat **3.** lecsapoló árok

sangradura [szö^{n}ngrödurö] *f orv* érvágás

sangrar [szö^{n}ngràr] *1/1* **I.** *ts* **1.** eret vág **2.** megsebez **3.** *átv* kimerít, elgyengít **4.** *átv* kiszipolyoz, „megvág" **II.** *tl* vérzik; *ele sangra do nariz* vérzik az orra **III.** **~-se** **1.** eret vágat magán **2.** elvérzik **3.** elgyengül **4.** *átv* tönkremegy

sangrento [szö^{n}ngre^{n}ntu] *mn* vérző, véres

sangria [szö^{n}ngriö] *f* **1.** *orv* érvágás **2.** vérzés **3.** vízelvezető árok; lecsapolás **4.** zsarolás, „megvágás"

sangue [szö^{n}ng] *m* **1.** vér; *o ~ subiu à cabeça* fejébe szállt a vér, feldühödött; *gelou-se-me o ~ nas veias* megfagyott a vér az ereimben **2.** (rokoni) vér, származás; *~ azul* kék vér, előkelő származás; *de ~* vérbeli, fajtiszta

sangue-frio [szö^{n}ngifriu] *m* hidegvér; *a ~* hidegvérrel

sanguento [szö^{n}ngve^{n}ntu] *mn* **1.** véres **2.** vérszomjas

sanguessuga [szö^{n}ngiszugö] *f* **1.** pióca **2.** zsaroló, kizsákmányoló **3.** pumpoló

sanguina [szö^{n}ngvinö] *f* **1.** *ásv* vörös vasokker **2.** *műv* vörös krétarajz

sanguinário [szö^{n}ngvinàrju] *mn* vérengző, vérszomjas

sanguíneo [szö^{n}ngvinyu] *mn* **1.** vér-; *vaso ~* véredény **2.** bővérű; vérmes **3.** szangvinikus (természetű)

sanguinolentu, sanguinoso [szö^{n}ngvinule^{n}ntu, -nozu] *mn* véres

sanha [szönyö] *f* düh, harag

sanhoso, sanhudo [szönyozu, -nyudu] *mn* dühös, haragos

sanidade [szönidàd] *f* **1.** egészség **2.** higiénia, egészségügy

sanificar [szönifikàr] *1/2 ts* egészségessé tesz; fertőtlenít

sanitário [szönitàrju] *mn* egészségügy

sanja [szö^{n}zsö] *f* vízlevezető árok

santa-bárbara [szö^{n}ntö-bàrbörö] *f haj* lőporkamra

santantonhino [szö^{n}ntö^{n}ntuninyu] *m biz* kedvenc; *átv* nebáncsvirág

santarrão *m*, **santarrona** *f* [szö^{n}ntörrö^{n}u, -rronö] *fn* álszent, szenteskedő

santeiro [szö^{n}ntéjru] **I.** *mn* jámbor, istenfélő **II.** *fn* **1.** szentképfestő **2.** szentképárusító

santiâmen [szö^{n}ntiömèn] *m: num ~* szempillantás alatt

santidade [szö^{n}ntidàd] *f* szentség; *Sua Santidade* őszentsége (a pápa)

santificar [szö^{n}ntifikàr] *1/2 ts* **1.** szentesít **2.** szentté avat

santimónia [szö^{n}ntimònyö] *f* **1.** jámbor életmód **2.** szenteskedés, képmutatás

santinho [szö^{n}tinyu] **1.** szentképecske **2.** szent életű ember

santíssimo [szö^{n}ntiszimu] **I.** *mn* legszentebb **II.** *fn, m vall* oltáriszentség

santo [szö^{n}ntu] *mn* **1.** szent; *~ de pau oco* álszent, képmutató; *Dia de todos os Santos* mindenszentek napja **2.** hatékony; *~ remédio* hatékony orvosság **3.** *szól: fazer-se de ~* adja a szentet, az ártatlant; *ficar com o ~ e a esmola* két legyet üt egy csapásra; *~s de casa não fazem milagres* senki sem próféta saját hazájában

santo-e-senha [szö^{n}ntviszényö] *m kat* jelszó

santuário [szö^{n}ntvàrju] *m* szentély

são[1] *m*, **sã** *f* [sö^{n}u, szö^{n}] *mn* **1.** egészséges **2.** józan; tárgyilagos; *homem de juizo ~* józan ítélőképességű ember

são[2] [szö^{n}u] *mn* (= **santo** rövidített

alakja mássalhangzóval kezdődő név előtt:) szent; ~ *João* Szent János

são-bernardo [szö^{n}u birnàrdu] *m* bernáthegyi (kutya)

são-miguel [szöu migèl] *m nép* **1.** aratás **2.** haszon, előny; *ter o seu* ~ megvan a maga haszna

sapa [szàpö] *f* **1.** ásó **2.** *kat* futóárok **3.** *átv* aknamunka

sapador [szöpödor] *m kat* utász, árkász

sapal [szöpàl] *m* mocsár, ingovány

sapar [szöpàr] *1/12 tl* **1.** ás, lapátol **2.** *kat* futóárkot ás

sapata [szöpàtö] *f* **1.** házicipő, papucs **2.** *műsz* fékpofa **3.** *ép* konzol, gyámkő, tartópillér **4.** *vasút* síntalp

sapatada [szöpötàdö] *f* ütés cipővel *v* tenyérrel; pofon

sapataria [szöpötöriö] *f* **1.** cipőüzlet **2.** cipészműhely

sapateado [szöpötyàdu] *m* néptánc lábdobbantással

sapatear [szöpötyàr] *1/5 tl* dobbant (cipő sarkával)

sapateiro [szöpötéjru] *m* **1.** cipőkereskedő **2.** cipész

sapatilha [szöpötiljö] *f* könnyű vászoncipő, tornacipő, tánccipő

sapato [szöpàtu] *m* **1.** cipő; ~ *de ténis* teniszcipő; ~ *de verniz* lakkcipő **2.** *szól: andar com a pedra no* ~ gyanakszik, gyanakvó; bizalmatlan; óvatos; *meter-se num* ~ reszket félelmében; *saber onde aperta o* ~ ismeri vkinek a gyengéjét; *é aí que aperta o* ~ itt szorít a cipő; *átv* ez itt a bökkenő

sape [szàp] *isz* sicc!

sapear [szöpjàr] *1/5 ts* **B** lopva néz; megfigyel

sapeca [szöpèkö] **I.** *mn, f: garota* ~ kacér lány **II.** *fn, f* **B 1.** perzselés, pörkölés **2.** elpáholás, ütlegelés

sápido [szàpidu] *mn* ízletes

sapiência [szöpje^{n}szjö] *f* bölcsesség

sapiente [szöpje^{n}nt] *mn* bölcs

sapinhos [szöpinyus] *m tb orv* szájpenész

sapiranga [szöpirö^{n}ngö] *f* **B** szemhéjgyulladás

sapo [szàpu] *m* **1.** varangyos béka; **2.** *szól: dizer ~s e saramântigas contra* kígyót-békát kiált vkire; *engolir ~s* lenyeli a békát, eltűri a sértést

saponáceo [szöpunàszju] *mn* szappanos

saponária [szöpunàrjö] *f növ* szappangyökér

saponificação [szöpunifiköszö^{n}u] *f* **1.** *vegy* szappanosítás **2.** szappangyártás

saponificar [szöpunifikàr] *1/2 ts* **1.** *vegy* szappanosít **2.** szappant gyárt

saporífero; saporífico [szöpurifiru, -ifiku] *mn* ízletes

sapremar [szöprimàr] *1/13 ts* **B** emelőrúddal felemel (terhet)

sapudo [szöpudu] *mn* tömzsi, zömök

saque [szàk] *m* **I.** fosztogatás; rablás; *meter* v *pôr a* ~ kifoszt, kirabol **II.** *ker* **1.** váltókibocsátás **2.** váltó; *emitir um* ~ váltót kibocsát **III.** *sp* szerválás, adogatás

saqueador *m*, **-a** *f* [szökjödor(ö)] *mn* és *fn* fosztogató

saquear [szökjàr] *1/5 ts* fosztogat

saquete [szökét] *m* zsákocska

saquinho [szökinyu] *m* zacskó

saquitel [szökitèl] *m* kis zsák, zacskó

sarabanda [szöröbö^{n}ndö] *f* **1.** szaraband (tánc) **2.** sürgés-forgás **3.** *átv* szidás, korholás

sarabatana [szöröbötönö] *f* **1.** szócső **2.** fúvócső (nyilak kifújására)

sarabulhento [szöröbulje^{n}ntu] *mn* **1.** érdes **2.** pattanásos

sarabulho [szöröbulju] *m* **1.** érdesség **2.** pattanás (bőrön)

sarabulhoso [szöröbuljozu] *mn* = **sarabulhento**

saracotear [szörökutyàr] *1/5* **I.** *ts* ide-oda mozgat, riszálja (derekát) **II.** *tl* barangol, kószál **III.** **~-se** kecsesen lépked

sarado [szöràdu] *mn* **B** *biz* **1.** ügyes, furfangos **2.** bátor, erős **3.** falánk

saraiva [szöràjvö] *f* **1.** jégeső; jégszem **2.** *átv:* ~ *de insultos* sértések özöne

saraivada [szöràjvàdö] *f* **1.** jégeső **2.** *átv* vminek nagy tömege, özön

saraivar [szöràjvàr] *1/1* **I.** *ts* elveri a jégeső **II.** *tl* jégeső esik

saramântiga [szörömö^{n}ntigö] *f nép áll* szalamandra

sarambé [szörö^{n}mbè] *m* ostoba, együgyű

sarampo [szörö^{n}mpu] *m orv* kanyaró

saranda [szörö^{n}ndö] *m* **B** naplopó, csavargó

sarandalhas [szörö^{n}ndàljös] *f tb* **1.** hulladék **2.** csőcselék

sarandear [szörö^{n}ngyàr] *1/5 tl* riszálja magát; kecsesen lépked

sarapantar [szöröpö^{n}ntàr] *1/1* **I.** *ts* megijeszt; elképeszt **II.** **~-se** megijed; elképed

sarapintado [szöröpi^{n}ntàdu] *mn* tarka, foltos, pettyes

sarapintar [szöröpi^{n}ntàr] *1/1 ts* tarkít pettyez

sarar [szöràr] *1/12* **I.** *ts* **1.** meggyógyít **2.** *átv* kigyógyít, leszoktat vmiről **T II.** *tl*, **III.** **~-se** meggyógyul

sarau [szöràu] *m* estély, esti összejövetel; *~ de gala* gálaest

sarça [szàrszö] *f növ* szedercserje

sarçal [szörszàl] *m* szederbozót

sarcasmo [szörkàzsmu] *m* szarkazmus, epés gúny

sarcástico [szörkàstiku] *mn* maróan gúnyos

sarcófago [szörkòfögu] *m* szarkofág

sarcoma [szörkòmö] *m orv* szarkóma, rosszindulatú daganat

sarda [szàrdö] *f* **I.** szeplő **II.** makréla

Sardenha [szördényö] *f földr* Szardínia

sardento [szörde^{n}ntu] *mn* szeplős

sardinha [szördinyö] *f* **1.** szardínia; *~ fumada* füstölt szerdínia, sprotni **2.** *szól: estar como ~ em canastra* v *lata* szoronganak mint a heringek; *tirar a ~ com a mão do gato* mással kapartatja ki a gesztenyét; *não vale uma ~* fabatkát sem ér; *közm: nem cada dia rabo de ~* nem mindig papsajt

sardinheira[1] [szördinyéjrö] *f* **1.** szardíniát árusító kofa **2.** szardíniahalászat **3.** halászháló (szardíniafogáshoz)

sardinheira[2] [szördinyéjrö] *f növ* **1.** gólyaorr **2.** muskátli

sardinheiro [szördinyéjru] *m* szardíniaárus

sardo [szàrdu] *mn* és *fn* szardíniai, szárd

sardónico [szördòniku] *mn: riso ~* erőltetett, gúnyos nevetés

sardoso [szördozu] *mn* = **sardento**

sarg. = *sargento* őrmester

sargaço [szörgàszu] sargasso, tengeri moszat *v* fű

sargentear [szörzse^{n}ntyàr] *1/5 tl* adja az őrmestert, fennhangon parancsolgat

sargento [szörzse^{n}ntu] *m kat* őrmester

sarigué [szörigè] *f áll* erszényes emlős, fiahordó

sarilho [szörilju] *m* **1.** *műsz* csörlő; motolla **2.** *kat* fegyvergúla; *pôr as armas em ~* gúlába rakja a fegyvereket **3.** *sp* kelep **4.** *biz: que ~!* milyen pech! milyen bosszantó!

sarja [szàrzsö] *f* **I.** *text* szerzs **II.** *orv* vágás

sarjar [szörzsàr] *1/12 ts orv* felvág

sarjeta [szörzsétö] *f* vízlevezető árok *v* cső

S.A.R.L. = *Sociedade Anónima de Responsabilidade Limitada* Korlátolt Felelősségű Részvénytársaság

sarmento [szörme^{n}ntu] *m* **1.** szőlővessző **2.** venyige

sarna [szàrnö] *f* **1.** *orv* rüh **2.** *átv* nyűg, kolonc

sarnento, sarnoso [szörne^{n}ntu, szörnozu] *mn* rühes

sarpar [szàrpàr] *1/1* **B I.** *ts* horgonyt felszed **II.** *tl haj* kifut

sarrabulho [szörröbulju] *m* **1.** alvadt sertésvér (étel is) **2.** *átv* zenebona; zűrzavar

sarrafaçar [szörröföszàr] *1/12 ts* **1.** tompa késsel vagdos **2.** kontárkodik

sarrafear [szörröfjàr] *1/5 ts* **1.** felfűrészel **2.** *sp* **B** durván játszik, „lekaszálja" ellenfelét

sarrafo [szörràfu] *m* faléc

Sarre [szàri] *m* Saar-vidék

sarrento [szörre^{n}ntu] *mn orv* lepedékes

sarro [szàrru] *m* **1.** *orv* lepedék **2.** borkő **3.** fogkő

Satanás [szötönàs] *m* sátán

satânico [szötöniku] *mn* sátáni

satélite [szötèlit] *m* **1.** *csill* bolygó; *~ artificial* műhold **2.** *átv* csatlós

sátira [szàtirö] *f* szatíra

satírico [szötiriku] *mn* és *fn* szatirikus

sátiro [szàtiru] *m* szatír

satisfação [szötisfösző^{n}u] *f* **1.** elégedettség, megelégedés; *à sua ~* megelégedésére, tetszése szerint **2.** elégtétel **3.** kárpótlás; viszonzás; *em ~ de* vminek a viszonzásaképpen

satisfatório [szötisfötòrju] *mn* kielégítő

satisfazer [szötisfözér] *2/13* **I.** *ts* **1.** kielégít, teljesít, eleget tesz vminek **T**; *~ um desejo* kívánságot teljesít; *~ a dívida* visszafizeti az adósságot; *~ todas as exigências* minden kívánalmat kielégít **2.** örömöt szerez vkinek **T 3.** kárpótol, viszonoz; *~ danos de* *guerra* háborús károkat megtérít **II.** *tl* **1.** ~ *a* kielégít vkit *v* vmit **2.** ~ *com* eleget tesz vminek; *não satisfez com a sua obrigação* nem tett eleget kötelezettségének **III.** ~**-se 1.** jóllakik **2.** ~*-se com* megelégszik vmivel **3.** ~*-se de* bosszút áll vkin

satisfeito [szötisféjtu] **I.** *mmi* → **satisfazer; II.** *mn* **1.** megelégedett **2.** jóllakott

sativo [szötivu] *mn* vetési

saturação [szöturöszö^{n}u] *f* **1.** *vegy* telítés; telítettség **2.** *átv* jóllakottság

saturar [szöturàr] *1/1 ts* **1.** telít, megtölt **2.** jóllakat

saturnal [szöturnàl] *f* orgia; *saturnais* szaturnália

saturnismo [szöturnizsmu] *m* ólommérgezés

Saturno [szöturnu] *m csill* Saturnus

saudação [szöudöszö^{n}u] *f* üdvözlés; üdvözlet

saudade [szöudàd] *f* **1.** vágyódás, honvágy; *estar com* ~*s, ter* ~ *de* vágyat érez vmi után **2.** bánkódás, szomorkodás, mélabú; *causar* v *fazer* ~*s* lehangol **3.** ~*s* szívélyes üdvözlet; *dar* ~*s* szívélyes üdvözletét küldi

saudar [szöudàr] *1/11 ts* **1.** üdvözöl **2.** felköszönt

saudável [szöudàvèl] *mn* **1.** egészséges **2.** hasznos, üdvös

saúde [szöud] *f* **1.** egészség; *casa de* ~ egészségház; magánkórház; *à sua* ~ egészségére! *estar com* ~; *gozar (de) boa* ~; *ter boa* ~ jó egészségben van, jó egészségnek örvend **2.** ~*!* üdv!

saudosismo [szöuduzizsmu] *m* a régi idők visszasírása

saudoso [szöudozu] *mn* a múltban élő; mélabús

sáurio [szàurju] *m* gyíkféle

saúva [szöuvö] *f* **B** hangya

sauval [szöuvàl] *m* **B** hangyaboly

savana [szövànö] *f* szavanna

saveiro [szövéjru] *m* **1.** halászcsónak **2.** csónakos, révész

saxão *m*, **saxona** *f* [szàkszö^{n}u, szàkszonö] *mn* és *fn* szász

saxofone [szàkszòfòn] *m* szaxofon

Saxónia [szàkszònyö] *f* Szászország

saxónio [szàkszònyu] *mn* és *fn* szász

sazão [szözö^{n}u] *f* **1.** évszak, szezon **2.** *átv* jó alkalom, alkalmas időpont

sazonado [szözunàdu] *mn* **1.** érett, beérett **2.** *átv* megérett

sazonalidade [szözunölidàd] *f* idényjelleg

sazonar [szözunàr] *1/15* **I.** *ts* **1.** érlel (*átv* is) **2.** *konyh* fűszerez **II.** ~**-se** megérik, beérik

sazonável [szözunàvèl] *mn* **1** érlelődő **2.** termékeny (talaj)

s/c = **1.** *sua carta* levele **2.** *sua casa* háza **3.** *sua conta* számlája

S.C. = *sentidas condolências* fogadja őszinte részvétemet

sc., scs = *saco, sacos* zsák, zsákok

s.d. = *sem data* keltezés *v* évszám nélkül

S.E. = **1.** *Sueste* délkelet **2.** *Sua Eminência* őeminenciája **3.** *salvo erro* tévedések fenntartásával

SE = *Sergipe* (brazil állam)

se[1] [szi] *névm* **1.** magát, magának; magukat, maguknak; *vê-se no espelho* megnézi magát a tükörben; *compra-se uma nova gravata* új nyakkendőt vesz magának **2.** (visszaható igét képez:) *lavar* mos; *lavar-se* mosakodik; *tranquilize-se* nyugodjék meg! **3.** egymást, egymásnak; *eles se conhecem* ismerik egymást; *não se amam* nem szeretik egymást **4.** (általános alanyt fejez ki:) *diz-se* azt mondják, azt beszélik; *como se sabe* mint ismeretes; *aqui não se fuma!* itt nem lehet dohányozni! **5.** (szenvedő szerkezetet pótol:) *aluga-se moradia com jardim* kertes lakás kiadó

se[2] [szi] *ksz* **1.** ha; *se ao menos* ha legalább; *se assim for* ha már így áll a dolog; **2.** hogy vajon; hogy . . .-e *não sei se é verdade* nem tudom, hogy igaz-e

sé [szè] *f* **1.** egyházmegye **2.** székesegyház **3.** *a Santa Sé* a Szentszék, a Vatikán

sê [szé] → **ser**

seara [szjàrö] *f* **1.** lábon álló gabona **2.** gabonaföld

SEATO = *Organização do Tratado do Sudeste Asiático*

seba [szèbö] *f* moszattrágya

sebáceo [szibàszju] *mn* faggyú-; *glândula* ~*a* faggyúmirigy

sebada [szibàdö] *f* = **sebe**

Sebastião [sziböstyö^{n}u] *m* Sebestyén

sebe [szèb] *f* kerítés; ~ *viva* élő sövény

sebenta [szibe^{n}ntö] *f isk* litografált jegyzet
sebento [szibe^{n}ntu] *mn* piszkos, zsírfoltos
sebo [szébu] *m* 1. faggyú 2. B antikvárium 3. B: *~!* ugyan már! mi az ördög!
seborreia [sziburréjö] *f orv* seborrhoea, faggyútúltermelés
seboso [szibozu] *mn* 1. faggyús 2. piszkos, zsíros
séc. = *século* évszázad
seca[1] [szèkö] *f* 1. szárítás 2. vesződés, fáradozás 3. nyűg, teher; (*m, f*) kellemetlen ember
seca[2] [székö] *f* szárazság, aszály
secadoiro [sziködojru] *m* = **secadouro**
secador [sziködor] *m* szárító készülék; *~ de cabelos* hajszárító
secadouro [sziködoru] *m* szárítókamra
secante [szikö^{n}nt] I. *mn* 1. szárító 2. kellemetlenkedő, tolakodó II. *fn* 1. *m* szikkatív, szárító anyag 2. *f geom* szelő, metsző; szekáns
secar [szikàr] *1/2, 1/13* I. *ts* 1. szárít; aszal 2. *átv* zaklat, untat II. *tl*, III. **~-se** kiszárad; kiapad
secativo [szikötivu] *mn* és *fn* szárító (anyag)
secção [szèkszö^{n}u] *f* 1. metszet; metszés 2. osztály, részleg; *~ de pessoal* személyzeti osztály; *~ de roupas* ruhaosztály 3. *kat* szakasz 4. *közl* útszakasz
seccionar [szèkszjunàr] *1/15 ts* 1. felszeletel 2. elvág, levág
sécia [szèszjö] *f* 1. elegáns nő 2. elegáns ruha 3. *növ* őszirózsa
sécio [szèszju] *mn* és *fn* divatmajmoló, piperkőc
seco [széku] I. *mn* 1. száraz, kiszáradt; *pão ~* száraz kenyér 2. szárított, aszalt 3. sovány, vézna 4. B *está ~ por sair* alig várja, hogy elmehessen 5. *átv: riso ~* kényszeredett nevetés II. *fn, m* 1. homokzátony; *o navio deu em ~* a hajó zátonyra futott 2. *~s e molhados* fűszer és csemege
secr. = *secretário*
secreção [szikriszö^{n}u] *f orv* kiválasztás
secreta [szikrètö] *fn* 1. *f* disszertáció megvédése (zárt ajtók mögött) 2. *m* titkosrendőr
secretaria [szikritöriö] *f* 1. titkárság 2. *~ (de Estado)* minisztérium
secretária [szikritàrjö] *f* 1. titkárnő 2. íróasztal(ka)
secretariado [szikritörjàdu] *m* titkárság
secretariar [szikritörjàr] *1/7 tl* titkárként dolgozik
secretário [szikritàrju] *m* 1. titkár 2. *~ (de Estado)* államtitkár, miniszter
secreto [szikrètu] *mn* titkos; titkolt
sectário [szèktàrju] *mn* és *fn* szektás
sectarismo [szèktörizsmu] *m* szektásság
sector [szèktor] *m* szektor
secular [szikulàr] I. *mn* 1. évszázados 2. világi II. *fn, m* világi ember (nem pap)
secularidade [szikulöridàd] *f* 1. világiasság 2. világi papság
secularização [szikulörizöszö^{n}u] *f* egyházi tulajdon államosítása
secularizar [szikulörizàr] *1/1 ts* államosít (egyházi tulajdont)
século [szèkulu] *m* 1. évszázad; *o vinte ~* a huszadik század 2. korszak
secundar [sziku^{n}ndàr] *1/1 ts* 1. segít, támogat 2. B válaszol 3. B ismétel
secundário [sziku^{n}ndàrju] *mn* 1. másodlagos, másodrendű 2. *isk* középfokú; *ensino ~*; *instrução ~a* középfokú oktatás; *escola ~a* középiskola 3. *átv* mellékes, alárendelt
secundinas [sziku^{n}ndinös] *f tb orv* méhlepény, placenta
secundogénito [sziku^{n}nduzsènitu] *mn* és *fn* másodszülött
secura [szikurö] *f* 1. szárazság 2. *átv* ridegség
seda [szédö] *f* 1. selyem; *~ bruta* v *crua* v *em rama* nyersselyem; *~ vegetal* műselyem 2. *~s* sörte
sedaço [szidàszu] *m* szűrő
sedar [szidàr] *1/13 ts* (meg)nyugtat, csillapít
,**sedativo** [szidötivu] *mn* és *fn* nyugtató csillapító (szer)
sede[1] [szèd] *f* 1. ülés, ülőhely 2. székhely 3. *átv* központ
sede[2] [széd] *f* 1. szomjúság; *matar a ~* szomját oltja; *andar* v *estar com ~, ter ~* szomjas 2. *átv* mohó vágy
sedeiro [szidéjru] *m text* gereben
sedentário [szide^{n}ntàrju] I. *mn* 1. ülő; *vida ~a* ülő életmód 2. otthon ülő, házias II. *fn* otthon ülő ember

sedento [szide^{n}ntu] *mn* 1. szomjas 2. ~ *de* vmi után vágyódó; ~ *de dinheiro* pénzsóvár; ~ *de prazer* élvezethajhászó

sediado [szigyàdu] *fn:* ~ *em Portalegre* portalegrei lakos

sedição [szidiszö^{n}u] *f* lázadás, felkelés

sedicioso [szidiszjozu] *mn* és *fn* lázadó, felkelő

sedimentação [szidime^{n}ntöszö^{n}u] *f* 1. üledékképződés 2. *orv* vérsejtsüllyedés

sedimentar[1] [szidime^{n}ntàr] *mn* üledékes

sedimentar[2] [szidime^{n}ntàr] *1/1 tl* leülepedik, lerakódik

sedimento [szidime^{n}ntu] *m* üledék, lerakódás

sedoso [szidozu] *mn* 1. selymes 2. sörtés

sedução [sziduszö^{n}u] *f* 1. csábítás 2. *átv* varázs

sedutor *m*, **-a** *f* [szidutor(ö)] **I.** *mn* csábító, elbűvölő **II.** *fn, m* csábító

seduzir [sziduzir] *3/14 ts* 1. elcsábít 2. *átv* elbűvöl 3. megveszteget

sega[1] [szègö] *f* kaszálás; aratás

sega[2] [szégö] *f* ekecsoroszlya

segada [szigàdö] *f* kaszálás; aratás

segadeira [szigödéjrö] *f* 1. kasza 2. aratógép

segadoiro [[szigödojru] *mn* = **segadouro**

segador *m*, **-a** *f* [szigödor(ö)] *mn* és *fn* kaszáló; arató

segadouro [szigödoru] *mn* érett, kaszálható, learatható

segar [szigàr] *1/4, 1/13 ts* 1. lekaszál levág, arat 2. *átv* véget vet vminek T

segmentar [szègme^{n}ntàr] *1/1 ts* cikkelyekre *v* szeletekre vág

segmento [szègme^{n}ntu] *m* 1. cikkely, szelet 2. *geom* körszelet, gömbszelet

Seg.^{o} = *seguro*

segredar [szigridàr] *1/13* **I.** *ts* súg, odasúg **II.** *tl* sugdolózik

segredeiro [szigridéjru] *mn* titkolózó

segredo [szigrédu] *m* 1. titok; *em* ~ titokban; ~ *profissional* hivatali titok ~ *de polichinelo* nyílt titok 2. magánzárka 3. titkos fiók *v* retesz

segregar [szigrigàr] *1/4, 1/13 ts* elkülönít, elválaszt

seguida [szigidö] *f: em* ~ azonnal, rögtön utána

seguidamente [szigidöme^{n}nt] *hat* ezután, ezt követően

seguido [szigidu] *mn* 1. egymást követő; *três horas* ~*as* három órán át 2. összefüggő; *não dizer duas palavras* ~*as* nem tud két összefüggő szót kimondani

seguidor *m*, **-a** *f* [szigidor(ö)] *mn* és *fn* követő, folytató, hívő

seguimento [szigime^{n}ntu] *m* 1. követés 2. folytatás 3. kíséret 4. következmény

seguinte [szigi^{n}nt] *mn* következő

seguir [szigir] *3/4, 3/8* **I.** *ts* 1. követ, vki *v* vmi után megy T; ~ *a estrada* végigmegy az úton; ~ *o exemplo* követi a példát; *fazer* ~ utána küld 2. üldöz 3. kísér 4. figyelemmel kísér, megfigyel 5. folytat; ~ *medicina* orvosi tanulmányokat folytat **II.** *tl* 1. tovább megy, folytatja útját; *siga a direito v em frente* menjen egyenesen tovább; *siga à direita* forduljon be jobbra; *seguiu pela esquerda* bal felé vette útját 2. *a* ~ **a)** azután **b)** egyfolytában; *horas a* ~ órák hosszat **III.** ~**-se** következik; *donde segue-se que* ebből az következik, hogy

segunda [szigu^{n}ndö] *f* 1. *zene* szekund 2. *nyomd* második korrektúra 3. *um bilhete v uma passagem de* ~ másodosztályú menetjegy 4. *autó* második sebesség

segunda-feira [szigu^{n}ndöféjrö] *f* hétfő; *na* ~ hétfőn; *às* ~*s-s* minden hétfőn

segundamente [szigu^{n}ndöme^{n}nt] *hat* másodszor

segundanista [szigu^{n}ndönistö] *fn isk* másodéves hallgató

segundo [szigu^{n}ndu] **I.** *szn, mn* 1. második 2. másodlagos, mellékes 3. hasonló; *não ter* ~ páratlan a maga nemében **II.** *fn, m* másodperc **III.** *hat* másodszor **IV.** *vsz* szerint, értelmében; ~ *o costume* szokás szerint **V.** *ksz* aszerint; amint; ~ *se afirma* amint mondják, amint hírlik

segundo-génito [szigu^{n}nduzsènitu] *mn* és *fn* másodszülött

segurado [sziguràdu] *mn* és *fn* biztosított (egyén)

segurador *m*, **-a** *f* [sziguródor(ö)] *mn* biztosító

segurança [szigurö^{n}szö] *f* 1. biztonság; *porta de* ~ vészkijárat 2. garancia, biztosíték; *carta de* ~ jótállás 3. biztos fellépés

segurar [szigurȧr] *1/1* **I.** *ts* 1. felerősít,

megerősít 2. megfog, tart, visszatart 3. garantál, szavatol, jótáll vmiért T 4. (be)biztosít; ~ *o automóvel* bebiztosítja autóját II. ~-se 1. megkapaszkodik vmiben 2. bebiztosítja magát 3. biztosítást köt

segure [sziguri] *f* bárd; szekerce

seguro [sziguru] I. *mn* 1. biztos; *carta ~a* menlevél; ~ *de si* magabiztos; *estar em lugar* ~ biztonságban van; *ter por* ~ biztosra vesz 2. megbízható; állhatatos; *amigo* ~ megbízható barát; *tempo* ~ állandó jellegű időjárás 3. bebiztosított 4. *vaca ~a* vemhes tehén II. *fn, m* 1. biztosítás; ~ *obrigatório de automóvel* kötelező gépjárműbiztosítás; ~ *social* társadalombiztosítás; ~ *contra acidentes* baleset-biztosítás; ~ *contra incêndio* v *fogo* tűzkár elleni biztosítás; ~ *contra roubo* lopás elleni biztosítás; ~ *de bagagens* poggyászbiztosítás; ~ *de vida* életbiztosítás; ~ *em grupo* csoportos biztosítás; *pôr no* ~ bebiztosít 2. biztonság; *ir pelo* ~, *ir sobre o* ~ biztosra megy

seio [széju] *m* 1. kebel, öl (*átv* is) 2. *orv* üreg; ~ *frontal* homloküreg 3. kanyar, hajlás 4. (tenger)öböl 5. *szól: guardar no* ~ lelke mélyén őriz

seira [széjrö] *f* fonott kosár

seis [széjs] I. *szn* 1. hat 2. hatodik II. *fn, m* 1. hatos (szám, jármű, játékkártya *v* kocka) 2. *no* ~ *de setembro* szeptember hatodikán

seiscentos, seiscentas [széjs-sze^{n}ntus, -tös] *szn, mn* hatszáz

seita [széjtö] *f* szekta

seiva [széjvö] *f* 1. *növ* növénynedv 2. *átv* erő, életerő

seivoso [széjvozu] *mn* 1. zamatos 2. erős, életerős

seixo [széjsu] *m* kavics

seixoso [széjsozu] *mn* kavicsos

seja [szézsö] 1. legyen; → **ser** 2. *szól:* ~*!* ám legyen! *ou* ~ azaz, vagyis

sela [szèlö] *f* nyereg

selada [szilàdö] *f* hegynyereg

selado [szilàdu] I. *mn* 1 felnyergelt 2. nyereg alakú, hajlított 3. lebélyegzett; *papel* ~ okmánybélyeges papír II. *fn, m* csípőhajlat; lábfejhajlat

seladura [szilödurö] *f* nyergelés

selagem [szilàzsö^{n}j] *f* 1. lebélyegzés 2 bérmentesítés 3. ólomzárral lezárás

selar [szilàr] *1/13 ts* I. felnyergel II. 1. bélyegzővel ellát 2. bérmentesít 3. lepecsétel, ólomzárral lezár 4. *átv* megpecsétel, megerősít

selaria [szilöriö] *f* 1. nyereggyártás 2. nyereggyártó műhely

selecção [szilèszö^{n}u] *f* 1. kiválasztás, megválogatás 2. *él:* ~ *natural* természetes kiválogatódás 3. *sp* válogatott csapat

seleccionar [szilèszjunàr] *1/15 ts* kiválogat

selecta [szilètö] *f* antológia, szemelvénygyűjtemény

selectar [szilètàr] *1/1 ts* kiválogat

selectividade [szilètividàd] *f rádió* szelektivitás

selectivo [szilètivu] *mn* 1. válogató, kiválasztó 2. *rádió* szelektív

selecto [szilètu] *mn* válogatott

seleiro [szilèjru] I. *mn* 1. nyereghez szokott (jó lovas) 2. belovagolt (ló) II. *fn, m* nyereggyártó

selet... → **select...**

selha [széljö] *f* dézsa

selim [szili^{n}] *m* kis nyereg, kerékpárnyereg

selo [szélu] *m* 1 pecsét; ólomzár; bélyegző 2. bélyeg; ~ *fiscal* illeték- *v* okmánybélyeg; ~ *postal* levélbélyeg 3. *átv* bélyeg, jel, nyom

sellva [szèlvö] *f* trópusi (ős)erdő

selvagem [szèlvàzsö^{n}j] I. *mn* 1. erdei; *animais selvagens* erdei vadak 2. vad, durva; műveletlen II. *fn* vadember

selvagíneo [szèlvözsinyu] *mn* vad-; *carne ~a* vadhús

selvajaria [szèlvözsöriö] *f* vadság; durvaság

selvático [szèlvàtiku] *mn* 1. erdei 2. vad, durva

selvoso [szèlvozu] *mn* erdős

sem [szö^{n}j] *vsz* nélkül; ~ *dúvida* kétségtelenül; ~ *tardar* késedelem nélkül; ~ *que* anélkül, hogy; ~ *dizer palavra* szó nélkül

semáforo [szimàfuru] *m* 1. *haj* fényjeladó készülék 2. *vasút* szemafor 3. *közl* jelzőlámpa

semana [szimönö] *f* 1. hét; *vall:* ~ *santa* nagyhét; *duas vezes por* ~ hetenként kétszer; *faz* v *há uma* ~ egy héttel ezelőtt, egy hete; *na* ~ *dos nove dias* holnapután kiskedden, sohanapján;

na ~ passada a múlt héten 2. munkahét; hetibér

semanal [szimönàl] *mn* **1.** heti **2.** hetenként megjelenő

semanário [szimönàrju] **I.** *mn* heti **II.** *fn, mn* hetilap

semântica [szimö^{n}ntikö] *mn nyelvt* jelentéstani

semântico [szimö^{n}ntiku] *mn nyelvt* jelentéstani

semblante [sze^{n}mblö^{n}nt] *m* **1.** arc **2.** külső, megjelenés

sem-cerimónia [szö^{n}jszirimònyö] *f* fesztelenség

sem-cerimonioso [szö^{n}jszirimunyozu] *mn* fesztelen

sêmea [szémjö] *f* **1.** korpa **2.** (*pão de*) *~* barna kenyér

semeação [szimjöszö^{n}u] *f* vetés, veteményezés; elültetés

semeada [szimjàdö] *f* bevetett terület

semeadoiro [szimjödojru] *m* = **semeadouro**

semeador *m*, **-a** *f* [szimjödor(ö)] **I.** *mn* vető **II.** *fn, m* **1.** vetőgép **2.** magvető, vetőmunkás

semeadouro [szimjödoru] *m* bevetésre váró terület

semeadura [szimjödurö] *f* **1.** vetés **2.** vetőmag

semear [szimjàr] *1/5 ts* **1.** vet **2.** *átv* terjeszt; teleszór; *~ discórdias* viszályt hint; *közm: quem semeia ventos colhe tempestades* ki szelet vet, vihart arat

semelhança [szimiljö^{n}szö] *f* hasonlóság

semelhante [szimiljö^{n}nt] *mn* **1.** hasonló; olyan **2.** hasonszőrű; *meus ~s* a hozzám hasonlók

semelhar [szimiljàr] *1/14* **I.** *ts* **1.** hasonlít vkire **T 2.** emlékeztet vkire **T II.** *tl*, **III.** **~-se** *a* hasonlít vkire

sémen [szemén] *m* sperma, ondó

semental [szime^{n}ntàl] *mn* **1.** vetési **2.** *cavalo ~* tenyészcsődör

semente [szime^{n}nt] *f* **1.** mag **2.** csíra (*átv* is)

sementeira [szime^{n}ntéjrö] *f* **1.** vetőmag **2.** vetésterület **3.** vetés ideje **4.** *átv* eredet, forrás

sementeiro [szime^{n}ntéjru] *m* **1.** magvető, vetőmunkás **2.** vetőmagzsák

semestral [szimistràl] *mn* félévi

semestre [szimèstr] *m* szemeszter, félév

sem-fim [szö^{n}jfi^n] **I.** *mn* végtelen **II.** *fn, m* **1.** végtelenség **2.** sokaság; *um ~ de vezes* számtalanszor

semi-breve [szimibrèv] *f zene* egész hang(jegy)

semicírculo [szimiszirkulu] *m* félkör

semicolcheia [szimikolséjö] *f zene* tizenhatod

semicondutor [szimiko^{n}ndutor] *m vill, műsz* félvezető

semicúpio [szimikupju] *m* ülőfürdő

semi-estatal [szimistötàl] *mn* államilag támogatott

semifinal [szimifinàl] *m sp* elődöntő

semifusa [szimifuzö] *f zene* hatvannegyed

semilunar [szimilunàr] *mn* félhold alakú

semimorto [szimimortu] *mn* félholt

seminação [sziminöszö^{n}u] *f* **1.** magszóródás **2.** megtermékenyítés

seminal [sziminàl] *mn* **1.** mag- **2.** termő, termékeny

seminário [sziminàrju] *m* **1.** faiskola **2.** *isk* szeminárium **3.** papnevelő intézet

seminarista [sziminörìstö] *m* papnövendék

semínima [sziminimö] *f zene* negyedhangjegy

seminu *m*, **seminua** *f* [sziminu(ö)] *mn* félig meztelen

semi-oficial [szimiòfiszjàl] *mn* félhivatalos

semita [szimitö] *mn* és *fn* szemita

semítico [szimitiku] *mn* szemita

semitom, semitono [szimito^n, -tonu] *m nyelvt* félhangzó

semivogal [szimivugàl] *f nyelvt* félmagánhangzó

sem-justiça [szö^{n}jzsustiszö] *f* igazságtalanság; jogtiprás

sem-nome [szö^{n}jnom] *mn* névtelen

sem-número [szö^{n}jnumiru] **I.** *mn* számtalan **II.** *fn, m* megszámlálhatatlan mennyiség

sêmola, semolina [szémulö, -inö] *f* dara

sem-par [szöjpàr] *mn* páratlan (a maga nemében), egyedülálló

sempiterno [sze^{n}mpitèrnu] *mn* örökké tartó

sempre [sze^{n}mpr] **I.** *hat* mindig; *~ que* valahányszor **II.** *fn, m* örökkévalóság; *para ~, para todo o ~* örökre, mindenkorra; *até ~!* **a)** a viszontlátásra! **b)** mindenkor állok rendelkezésére

sempre-verde, sempre-viva [sze^{n}mpriverd, -vivö] *f növ* örökzöld

sem-razão [szö^{n}jrözö^{n}u] *f* 1. oktalanság 2. igaztalanság
sem-sal [szö^{n}jszàl] *mn* sótalan, ízetlen
sem-segundo [szö^{n}jszigu^{n}ndu] *mn* páratlan (a maga nemében)
sem-vergonha [szö^{n}jvirgonyö] *mn* és *fn* szégyentelen, szemtelen
sena [szénö] *f ját* hatos (dobás)
Sena [szénö] *m földr* Szajna
senado [szinàdu] *m* 1. szenátus 2. felsőház; képviselőház
senador [szinödor] *m* 1. szenátor 2. **B** *nép* vén gebe
senão [szinö^{n}u] **I.** *ksz* 1. ha (csak) nem; egyébként, ellenkező esetben; *~ quando* hirtelen, egyszerre csak 2. *não . . . ~* csak; *nada faz ~ dormir* nem csinál egyebet, csak alszik **II.** *fn, m* hiba, bökkenő
senatoria [szinötoriö] *f* **B** szenátori megbízás *v* rang
senatorial [szinöturjàl] *mn* szenátusi
senda [sze^{n}ndö] *f* (gyalog)ösvény
sendeiro [sze^{n}ndéjru] *m* 1. gebe 2. naplopó
sene [szèn] *m növ*: *folhas de ~* szennalevelek
senha [szényö] *f* 1. jel 2. jelszó 3. belépőjegy; visszatérő jegy 4. nyugta, elismervény
senhor [szinyor] *m* 1. úr; *grão ~* nagyúr; *ser ~ de si* a maga ura; *estar ~ da situação* ura a helyzetnek 2. tulajdonos, gazda; *~ de engenho,* **B** cukorgyáros 3. (megszólításban) ön; *que deseja o ~?* mit óhajt?
senhora [szinyorö] *f* 1. hölgy, asszony 2. úrnő, tulajdonosnő 3. feleség 4. (megszólításban) hölgyem, asszonyom, ön, maga; *a ~ é muito bondosa* maga nagyon kedves
senhorear [szinyurjàr] *1/5* **I.** *ts* ural, hatalmában tart **II.** *tl* uralkodik **III.** *~-se de* hatalmába kerít vmit
senhoria [szinyuriö] *f* 1. uralkodás, uralom 2. birtok, földtulajdon 3. uraság; *Vossa Senhoria* Tisztelt Uram; *ker:* Tisztelt Cím!
senhorial [szinyurjàl] *mn* urasági
senhoril [szinyuril] *mn* 1. előkelő 2. méltóságteljes
senhorinha [szinyurinyö] *f* **B** kisasszony
senhorio [szinyuriu] *m* 1. uralom; rendelkezés joga 2. uradalom, birtok 3. birtokos; (ház)tulajdonos
senhorita [szinyuritö] *f* **B** kisasszony
senil [szinil] *mn* elaggott; szenilis
senilidade [szinilidàd] *f* elaggottság; szenilitás
sénior [szènyòr] **I.** *mn* idősebb **II.** *fn, m sp* szenior, idős sportoló
seno [szénu] *m geom* szinusz
sensabor [sze^{n}szöbor] *mn* 1. ízetlen 2. unalmas
sensaboria [sze^{n}szöburiö] *f* 1. ízetlenség 2. unalmasság
sensação [sze^{n}szöszö^{n}u] *f* 1. érzés; érzet 2. szenzáció; *fazer ~* feltűnést kelt
sensacional [sze^{n}szöszjunàl] *mn* szenzációs
sensatez [sze^{n}szötés] *f* józan ész; megfontoltság
sensato [sze^{n}szàtu] *mn* józan; megfontolt
sensibilidade [sze^{n}szibilidàd] *f* érzékenység
sensibilizar [sze^{n}szibilizàr] *1/1* **I.** *ts* 1. érzékelhetővé tesz 2. meghat 3. hatást gyakorol vkire **T** **II.** *~-se* meghatódik
sensitiva [sze^{n}szitivö] *f* 1. *növ* mimóza 2. *átv* mimózalélek
sensitivo [sze^{n}szitivu] *mn* érző; érzelmi; érzelmes
sensível [sze^{n}szivèl] *mn* 1. érzékeny 2. érzékelhető
senso [sze^{n}szu] *m* 1. értelem, ész; ítélőképesség; *bom ~, ~ comum* józan ész 2. érzék; *ter ~ artístico* művészi érzékkel rendelkezik
sensorial [sze^{n}szurjàl] *m* érzéki, érzékszervi
sensual [sze^{n}szvàl] *mn* érzéki; kéjsóvár
sensualidade [sze^{n}szvölidàd] *f* érzékiség
sentar [sze^{n}ntàr] *1/1* **I.** *ts* (le)ültet **II.** *tl,* **III.** *~-se* leül
sentença [sze^{n}nte^{n}szö] *f* 1. szentencia, bölcs mindás 2. *jog* ítélet; *proferir v pronunciar uma ~* ítéletet hirdet 3. döntés, határozat
sentenciar [sze^{n}nte^{n}szjàr] *1/6, 1/7* **I.** 1. megítél 2. *jog* elítél vmire (*a*) **II.** *tl* 1. ítélkezik 2. vélekedik
sentencioso [sze^{n}nte^{n}szjozu] *mn* szentenciózus; tanulságos; oktató
sentido [sze^{n}ntidu] **I.** *mn* 1. érzékeny 2. sértődékeny; *ficar ~* megsértődik

3. mélyen átérzett (bánat, részvét) 4. *carne ~a* romlott hús II. *fn, m* 1. érzés; érzékszerv; *os cinco ~s* az öt érzékszerv 2. értelem, jelentés; *em todo o ~ da palavra* a szó teljes értelmében 3. tudat, eszmélet; *ficar sem ~s, perder os ~s* eszméletét veszti, elájul 4. szempont; *en este ~* ebben a tekintetben, ebből a szemszögből 5. *közl* (út)irány; *rua de ~ único* egyirányú utca; *em ~ contrário* ellenkező *v* szemközti irányban 6. cél, szándék III. *isz* 1. *~!* vigyázat! 2. *kat* vigyázz!

sentimental [szeⁿntimeⁿntàl] *mn* 1. érzelmi, érzelmes 2. szentimentális, érzelgős

sentimentalidade [szeⁿntmeⁿntölidàd] *f* 1. érzelmesség 2. érzelgősség

sentimentalismo [szeⁿntimeⁿntölizsmu] *m* szentimentalizmus, érzelgősség

sentimento [szeⁿntimeⁿntu] *m* 1. érzelem; érzés; *~ patriótico* hazafias érzés; *~ de culpa* bűntudat; *~ de dever* kötelességérzet; *~ de inferioridade* kisebbségi *v* kisebbrendűségi érzés; *cantar com ~* érzéssel énekel 2. szeretet, ragaszkodás 3. bánat, szomorúság 4. *~s* részvét; *dar ~s* részvétét kifejezi

sentina [szeⁿntinö] *f* 1. hajófenék 2. vécé 3. *átv* fertő, kloáka 4. romlott lelkű alak

sentinela [szeⁿntinèlö] *f* őrszem; őr; *estar de ~* őrt áll

sentir [szeⁿntir] *3/8* I. *ts* 1. érez; *fazer ~, dar a ~* éreztet 2. megérez, sejt 3. átérez, (el)szenved 4. sajnál; *sinto muito* nagyon sajnálom 5. hall; meghallgat II. **~-se** 1. érzi magát; *como se sente?* hogy érzi magát? 2. megsértődik vmiért (*de*) III. *fn, m* 1. érzelem 2. vélemény, felfogás

S.E.O. = *salvo erro ou omissão*

separação [szipöröszöⁿu] *f* 1. elválás, elkülönülés 2. elválasztás, elkülönítés; *muro de ~* válaszfal 3. válás

separadamente [szipöràdömeⁿnt] *hat* elkülönítve, külön

separado [szipöràdu] *mn* 1. elválasztott; elkülönített 2. különálló, külön; *quarto ~* külön bejáratú szoba; *em ~* külön

separador *m*, **-a** *f* [szipörödor(ö)] I. *mn* szétválasztó II. *fn, m műsz* szeparátor

separar [szipöràr] *1/12* I. *ts* 1. szétválaszt, különválaszt (*átv* is) 2. kiválaszt, kiemel II. **~-se** 1. elkülönül különválik 2. elválik vkitől (*de*)

sépia [szèpjö] *f* szépia (festék)

septicémia [szèptiszèmjö] *f orv* vérmérgezés, szepszis

sèptico [szèptiku] *mn orv* vérmérgezéses, szeptikus

septingentésimo [szèptiⁿzseⁿntèzimu] *szn, mn* hétszázadik

septuagenário [szèptvözsinàrju] *mn* és *fn* hetvenéves

septuagésimo [szèptvözsèzimu] *mn* hetvenedik

septuplo [szèptuplu] *mn* hétszeres

sepulcral [szipulkràl] *mn* síri; *aspecto ~* kísérteties külső; *lousa ~* sírkő(lap)

sepulcro [szipulkru] *m* sír

sepultar [szipultàr] *1/1 ts* eltemet

sepulto [szipultu] *mmi* eltemetett; → **sepultar**

sepultura [szipulturö] *f* 1. sír 2. temetés; *dar ~ a* eltemet vkit

sequaz [szikvàs] *fn* vkinek a híve, követője

sequeiro [szikéjru] I. *mn* száraz; aszályos II. *fn, m* 1. száraz talaj 2. szárítóhely

sequela [szikvèlö] *f biz* 1. következmény 2. sorozat; *~ de imagens* képsorozat 3. *orv* utóbaj 4. csürhe, banda 5. *na ~ de* vminek a következtében, vmi után

sequência [szikveⁿszjö] *f* 1. következmény; folytatás 2. *kártya* sorozat 3. *zene* szekvencia 4. *na ~ de* vminek a következtében

sequer [szikér] *hat*: *nem ~* még ... sem; *nem ~ teve tempo de comer* még arra sem volt ideje, hogy egyék

sequestração [szikiströszöⁿu] *f* 1. *jog* zár alá vétel, lefoglalás 2. jogtalan eltulajdonítás; *~ de avião* géprablás 3. emberrablás

sequestrar [szikistràr] *1/13 ts* 1. *jog* zár alá vesz, lefoglal 2. jogtalanul letartóztat 3. forgalomból kivon 4. rabol (embert, gépet) 5. *orv* elkülönít

sequioso [szikjozu] *mn* 1. szomjas 2. száraz, aszályos 3. *estar ~ de* áhítozik vmire

séquito [szèkitu] *m* kíséret

ser [szér] I *2/21* 1. van; *é cedo ainda* még korán van; *são oito* (*horas*) nyolc óra van; *sou doente* beteg vagyok; *era primavera* tavasz volt; *não somos alemães* nem vagyunk németek; *serei breve* rövid leszek; (*é, são* alakokat sokszor nem fordítjuk:) *é necessário* szükséges; *ele é médico* ő orvos; *aquelas senhoras são portuguesas* azok a hölgyek portugálok **2.** van, létezik; *~ ou não ~* lenni vagy nem lenni **3.** történik; *que foi?* mi történt? *tinha de ~* ennek így kellett történnie **4.** *ser + mmi* (szenvedő igealak:) *foi escrito* meg lett írva; *tudo será feito como queira* minden úgy lesz, ahogy akarja **5.** *ser com* érint vkit, vonatkozik vkire; *esta advertência não é com ele* ez a figyelmeztetés nem vonatkozik reá **6.** *ser de* (a harmadik személyben) **a)** valakié **b)** valamiből való; **c)** valahova valósi; *o carro é de meu pai* a kocsi az apámé; *os vestidos eram de seda* a ruhák selyemből voltak; *é de São Paulo* Sao Paulóból való **7.** *~ para* valakinek a számára való, valamire jó; *esta carta é para ti* ez a levél neked szól; *isso não é para ti* ez nem neked való **8.** *~ que* (kiemel:) *quando é que vens?* mikor jössz el? *eu é que não vou* én nem megyek el; *era que eu queria sair* én történetesen el akartam menni hazulról **9.** *vir a ~* lesz, válik vmivé **10.** *szól: a ~ assim* ha így áll a dolog; *a ~ certo* ha ez igaz; *a não ~ que* kivéve, ha; ha csak nem; *ainda que fosse* még ha így is volna; *assim seja* úgy legyen! remélem, hogy így is lesz; *como há-de ~?* milyennek óhajtja? milyen legyen? *é bom de trabalho* jól dolgozik; *é de opinião de que* azon a véleményen van, hogy; *é de crer* feltehető; *é de vê-lo* ezt látni kell! *ele não é para brincadeiras* ő nem érti a tréfát; *fosse como fosse* akárhogy is alakulnak a dolgok; *isso é bem dele* ez rávall; *quanto é? são cem escudos* mennyibe kerül? száz escudóba; *seja como for; como quer que seja* akárhogy is áll a dolog; *seja o que for* bármi legyen is az; *somos quatro* négyen vagyunk; *sou contra* ellene vagyok, ellenzem **II.** *fn, m* **1.** lét, létezés **2.** lény; *~es vivos* élőlények

seráfico [sziràfiku] *mn* angyali

serão [szirö^{n}u] *m* **1.** esti túlórázás **2.** túlóradíj **3.** estély; est

serapilheira [sziröpiljéjrö] *f* zsákvászon

sereia [sziréjö] *f* **1.** *mit* szirén, csábító hangú *v* alakú nő **2.** *műsz* sziréna

serenar [szirinàr] *1/14* **I.** *ts* megnyugtat, csillapít **II.** *~-se* megnyugszik, lecsillapodik

serenata [szirinàtö] *f* szerenád

serenidade [szirinidàd] *f* **1.** derű **2.** nyugalom

sereníssimo [sziriniszimu] *mn* őmagassága, őfensége

sereno [szirénu] **I.** *mn* **1.** derűs **2.** nyugodt **II.** *fn, m* **1.** estharmat **2.** éjjeliőr

seriação [szirjöszö^{n}u] *f* elrendezés, osztályozás

serial [szirjàl] *mn* sorozatos

seriamente [szirjöme^{n}nt] *hat* komolyan

seriar [szirjàr] *1/7 ts* elrendez, osztályoz

sericícola [sziriszikulö] *mn* és *fn* selyemhernyó-tenyésztő

sericicultor *m*, **-a** *f* [sziriszikultor(ö)] *mn* és *fn* = **sericícola**

sericicultura [sziriszikulturö] *f* selyemhernyó-tenyésztés

série [szèrji] *f* **1.** sorozat; *produção* v *fabricação em ~* sorozatgyártás **2.** *mat* sor **3.** *fora de ~* nem mindennapi, rendkívüli; *escritor fora de ~* kimagasló író

seriedade [szirjidàd] *f* **1.** komolyság **2.** megbízhatóság

seringa [sziri^{n}ngö] *f orv* fecskendő

seringação, seringada [sziri^{n}ngöszö^{n}u, -gàdö] *f* befecskendezés

seringal [sziri^{n}ngàl] *m* gumifaültetvény

seringar [sziri^{n}ngàr] *1/4 ts* **1.** befecskendez **2.** megöntöz **3.** *orv* kimos **4.** untat; gyötör

seringueira [sziri^{n}ngéjrö] *f* **B** gumifa

seringueiro [sziri^{n}ngéjru] *m* gumifaültetvényen dolgozó munkás

sério [szèrju] **I.** *mn* **1.** komoly **2.** megbízható **II.** *hat* komolyan; *levar* v *tomar a ~* komolyan vesz **III.** *fn, m* komolyság

sermão [szirmö^{n}u] *f* **1.** prédikáció, szentbeszéd **2.** kioktatás; fejmosás; *passar um ~ a* megleckéztet vkit

serôdio [szirogyu] *mn* **1.** késői **2.** későn érő

serpão [szirpö^{n}u] *m növ* kakukkfű

serpeante [szirpjö^{n}nt] *mn* kígyózó, kanyargó
serpear [szirpjàr] *1/5 tl* kígyózik, kanyarog
serpejar [szirpizsàr] *1/14 tl* = **serpear**
serpentar [szirpe^{n}ntàr] *1/1 tl* = **serpear**
serpente [szirpe^{n}nt] *f* kígyó
serpentear [szirpe^{n}ntyàr] *1/5 tl* = **serpear**
serpentina [szirpe^{n}ntinö] *f* **1.** szerpentin, kanyargós út **2.** *ásv* szerpentin **3.** szerpentin, papírkígyó **4.** (háromágú) gyertyatartó **5.** *műsz* hajlított cső, csőkígyó
serpentino [szirpe^{n}ntinu] *mn* **1.** kígyószerű **2.** kígyózó, kanyargó
serpete [szirpét] *m* kerti kés
serra [szèrrö] *f* **1.** fűrész; ~ *braçal* kézifűrész; ~ *circular* v *sem fim* körfűrész **2.** hegylánc; hegyhát; hegy **3.** **B** fűrészhal **4.** *ir* v *subir à* ~ megsértődik; feldühödik
serração [szirröszö^{n}u] *f* **1.** fűrészelés **2.** fűrésztelep
serradiço [szirrödiszu] *mn*: *madeira* ~*a* fűrészelt fa(áru)
serradura [szirrödurö] *f* **1.** fűrészelés **2.** fűrészpor
serralharia [szirröljöriö] *f* **1.** lakatosmesterség **2.** lakatosműhely
serralheiro [szirröljéjru] *m* lakatos
serralho [szirràlju] *m* szeráj; hárem
serrania [szirröniö] *f* **1.** hegylánc **2.** hegyvidék
serrano [szirrönu] **I.** *mn* hegy-, hegyi **II.** *fn* hegylakó
serrar [szirràr] *1/13 ts, tl* **1.** fűrészel **2.** *argó*: ~ *um cigarro* kipotyáz magának egy cigarettát **3.** ~ *de cima* előnyös helyzetben van; lefölöz
serraria [szirröriö] *f* **1.** fűrészbak **2.** fűrésztelep
serreado [szirrjàdu] *mn* cakkos, fogazott
serrilha [szirriljö] *f* **1.** fogazat, fogazás **2.** *ép* fűrészfog-ékítmény **3.** csipkézett szél
serrilhado [szirriljàdu] *mn*: *faca* ~*a* fűrészfogas kés
serrinho [szirrinyu] *m* **B** fűrészpor
serrotar [szirrutàr] *1/15 ts* lefűrészel, szétfűrészel
serrote [szirròt] *m* rókafarkú fűrész
sertã [szirtö^n] *f* (hosszúnyelű) serpenyő
sertanejo [szirtönézsu] *mn* és *fn* őserdőben *v* vadonban élő
sertanista [szirtönistö] *m* **B** őserdő *v* vadon felkutatója *v* alapos ismerője
sertão [szirtö^{n}u] *m* brazil őserdő; vadon
sérum [szèru^n] *m* **1.** *él* vérsavó **2.** *orv* szérum, oltóanyag
serva [szèrvö] *f* szolgáló, cseléd
servente [szirve^{n}nt] **I.** *mn* szolgáló **II.** *fn* **1.** *m* szolga; segédmunkás **2.** *f* szolgáló, cseléd
serventia [szirve^{n}ntiö] *f* **1.** felhasználás; alkalmazás **2.** használhatóság; *não ter* ~ *alguma* semmire sem használható **3.** kisegítés; helyettesítés **4.** kiszolgálás **5.** átjáró; folyosó
serventuário [szirve^{n}ntuàrju] *mn* kiszolgáló; *pessoal* ~ kiszolgáló személyzet
Sérvia [szèrvjö] *f rég* Szerbia
serviçal [szirviszàl] **I.** *mn* **1.** szolgai **2.** szolgálatkész **II.** *fn* **1.** *m* szolga; lakáj **2.** *f* szolgáló, cseléd
serviço [szirviszu] *m* **1.** szolgálat; ~ *militar obrigatório* kötelező katonai szolgálat; *escada de* ~ szolgálati lépcső, hátsó feljáró; *farmácia de* ~ ügyeletes gyógyszertár; *aos seus* ~*s* szolgálatára; *estar de* ~ szolgálatban van, szolgálatos; *fazer bom* ~ jó szolgálatot tesz; *prestar* ~ szolgál, szolgálatot tesz **2.** kiszolgálás; ~ *automático* önkiszolgálás; ~ *rápido* gyors kiszolgálás **3.** munka, teendő, dolog **4.** ~*s* szolgáltatások; ~*s públicos* közszolgáltatások, közművek **5.** készlet; ~ *de chá* teáskészlet
servidão [szirvidö^{n}u] *f* **1.** (rab)szolgaság **2.** *tört* jobbágyság **3.** *jog* szolgalom
servido [szirvidu] *mn* **1.** használt, elhasználódott **2.** *ser* ~ méltóztatik, kegyeskedik; *é* ~ *de jantar connosco?* ugye velünk ebédel? *sendo Deus* ~; *se Deus for* ~ ha Isten is úgy akarja **3.** *estamos bem* ~*s!* ezt jól megkaptuk!
servidor *m*, **-a** *f* [szirvidor(ö)] **I.** *mn* **1.** szolgálatkész **2.** pontos **II.** *fn*, *m* szolga; alkalmazott
servil [szirvil] *mn* szolgai
servilismo [szirvilizsmu] *m* szervilizmus, szolgalelkűség
sérvio [szèrvju] *mn* és *fn* szerb
servir [szirvir] *3/8* **I.** *ts* **1.** szolgál; ~ *a pátria* a hazát szolgálja **2.** kiszolgál; felszolgál; ~ *café* felszolgálja a kávét **3.** ellát (tisztséget) **II.** *tl* **1.** katonai szolgálatot teljesít **2.** ~ *de* vmiül szolgál; ~ *de exemplo* példaképül szolgál; ~

de intérprete tolmácsként dolgozik; ~ *de lição* tanulságul szolgál; *que isto lhe sirva de lição!* ehhez tartsa magát! ~ *de pretexto* ürügyül szolgál **3.** megfelel, alkalmas; *para que serve isso?* mire jó ez? *estas calças não me servem* ezt a nadrágot nem tudom használni **III.** **~-se 1.** felhasznál vmit (*de*); *~-se da ocasião* él az alkalommal **2.** kiszolgálja magát; vesz magának (asztalnál); *sirva-se!* parancsoljon! vegyen magának! *sirva-se de vinho!* öntsön magának bort! **3.** szíveskedik; *sirva-se de me responder* legyen szíves válaszolni nekem

servível [szirvivêl] *mn* hasznos, használható

servo [szèrvu] *m* **I.** *mn* szolgai; alárendelt **II.** *fn, m* **1.** szolga **2.** *tört* jobbágy

sésamo [szèzömu] *m növ* szezám

sesquicentenário [sziskisze^{n}ntinàrju] *m* **B** százötvenedik évforduló

sessão [sziszö^{n}u] *f* **1.** ülés; ~ *especial* rendkívüli ülés; ~ *de abertura* megnyitó ülés; *está aberta* (*fechada*) *a* ~ az ülést megnyitom (bezárom) **2.** ülésszak **3.** (mozi)előadás

sessar [sziszàr] *1/13 ts* **B** átszitál, rostál

sessenta [szisze^{n}ntö] *szn* hatvan

sessentão *m*, **sessentona** *f* [szisze^{n}ntö^{n}u, -tonö] *mn* és *fn* hatvanéves

sesta [szèstö] *f* szieszta, (ebéd utáni) pihenő

sestear [szistyàr] *1/5 tl* ebéd utáni pihenőt tart

sestro [szèstru] **I.** *mn* **1.** bal **2.** baljóslatú **II.** *fn, m* **1.** sors; *mau* ~ szerencsétlenség, baj **2.** rossz szokás; mánia

set . . . →**sept . . .**

seta [szètö] *f* **1.** nyíl(vessző) **2.** óramutató **3.** *átv* csípős megjegyzés

setada [szitadö] *f* **1.** nyilazás, nyíllövés **2.** nyíl által okozott seb

sete [szèt] **I.** *szn* hét **II.** *fn, m* hetes (szám)

setear [szityàr] *1/5 ts* nyíllal megsebez

setecentista [szètisze^{n}ntistö] *mn* és *fn:* 17. századbeli (festő, író)

setecentos, setecentas [szètisze^{n}ntus, -tös] *szn, mn* hétszáz

seteira [szitéjrö] *f* **1.** lőrés **2.** ablakmélyedés

setembrino [szite^{n}mbrinu] *mn* szeptemberi

setembre [szite^{n}mbr] *m* szeptember

setenta [szite^{n}ntö] *szn* hetven

setentrional [szite^{n}ntrjunàl] **I.** *mn* északi **II.** *fn* északon lakó

sétima [szètimö] *f zene* szeptim

sétimo [szètimu] **I.** *szn, mn* hetedik **II.** *fn m* heted

Set.^{o} = *Setembro*

seu^1 *m*, **sua** *f* [szèu, szuö] *névm, mn* **1.** az ő . . . je, az övé; *seu pai* az ő apja; *a sua casa* a háza; *esta casa é sua* ez a ház az övé **2.** *os seus* az övéi, az ő családja **3.** az ön . . . -ja, az öné; *onde está seu irmão?* hol van (az ön) testvére? **4.** *seu burro!* te szamár! maga szamár! *seu idiota!* maga hülye! *sua bruxa!* maga boszorkány! **5.** *ter de seu* **a)** az övé, az ő tulajdona **b)** van mit aprítania a tejbe; van vagyona; *não tem de seu um minuto* egy perc szabad ideje sincs **6.** *a sua* **a)** vkinek a szándéka, terve **b)** véleménye, felfogása **c)** álláspontja, akarata; *qual é a sua?* mi a szándéka? *levaram a sua avante* keresztülvitték szándékukat; *na sua, você não tem razão* véleménye szerint magának nincs igaza; *ele está* v *fica na sua* ő kitart a maga álláspontja mellett; **7.** *as suas* vki részéről megszokott csínyek, tréfák; *é uma das suas* ez reá vall, ez jellemző rá; *o menino fez uma das suas* a gyerek újabb csínyt követett el

seu^2 [szèu] *m biz* = **senhor**

seu-vizinho [szèuvizinyu] *m nép* gyűrűsujj

sevandija [szivö^{n}ndizsö] *f* **1.** féreg **2.** ingyenélő, parazita

severidade [sziviridàd] *f* szigorúság

severo [szivèru] *mn* szigorú

sevícia [sziviszjö] *f* kegyetlen bánásmód

S. Ex.ª = *Sua Excelência*

sexagenário [szèkszözsinàrju] *mn* és *fn* hatvanéves

sexagésimo [szèkszözsèzimu] *szn, mn* hatvanadik

sexcentésimo [szèsze^{n}ntèzimu] *szn, mn* hatszázadik

sexenal [szèkszinàl] *mn* **1.** hatéves **2.** hat évenként ismétlődő

sexénio [szèksze^{n}nyu] *m* hat év

sexo [szèkszu] *m* szex, nem

sexta [széjstö] *f zene* szext

sexta-feira [széjstöféjrö] *f* péntek; *às sextas-feiras* minden pénteken; *na* ~ pénteken; ~ *santa* nagypéntek

sextanista [széjstönistö] *m* hatodéves tanuló *v* diák
sextante [széjstö^{n}nt] *m csill, haj* szextáns, szögmérő eszköz
sexteto [széjstétu] *m zene* szextett
sextilha, sextina [széjstilhö, -tinö] *f* hatsoros vers
sexto [széjstu] **I.** *szn, mn* hatodik **II.** *fn, m* hatod
sêxtuplo [széjstuplu] *mn* hatszoros
sexual [szèkszvàl] *mn* szexuális, nemi
sexualidade [szèkszvölidàd] *f* szexualitás, nemiség, nemi élet
sezão [szizö^{n}u] *f* váltóláz
sezonismo [szizunizsmu] *m* mocsárláz, malária
s/f. = *seu favor* becses sorai
s. f. f. = *se faz favor* kérem
si[1] [szi] *névm* (csak viszonyszó után) **1.** *de* ~ (ön)magától, (ön)magáról; *de* ~ *para* ~ önmagától; *em* ~, *só por* ~ önmagában (véve); *para* ~ magában; a maga számára; *por* ~ *mesmo* magától; *dar sinal de* ~ életjelt ad magáról; *estar em* ~ magánál van; *estar satisfeito com* ~ *próprio* meg van elégedve önmagával **2.** (megszólításban:) *gosto de si* örülök magának; ön tetszik nekem; *eis aqui uma carta para* ~ itt egy levél az ön számára
si[2] [szi] *m zene* H-hang
siá [szjà] *f* **B** = **senhora**
siamês *m*, **siamesa** *f* [szjömés, szjömézö] *mn* és *fn* sziámi; *irmãos siameses* sziámi ikrek
Sião [szjö^{n}u] *m* Sziám
siba [szibö] *f* **B** tintahal
Sibéria [szibèrjö] *f* Szibéria
siberiano [szibirjönu] *mn* és *fn* szibériai
sibilante [szibilö^{n}nt] **I.** *mn* **1.** süvítő (szél) **2.** *nyelvt* sziszegő **II.** *fn, f* sziszegő mássalhangzó
sibilar [szibilàr] *1/1 tl* **1.** süvít **2.** sziszeg
sicativo [szikötivu] *mn* és *fn, m* szárító (szer)
Sicília [sziszilljö] *f* Szicília
siciliano [sziszilljönu] *mn* és *fn* szicíliai
sicrano [szikrönu] *m* egy valaki; *fulano*, ~, *beltrano* X, Y, Z; az egyik, egy másik, egy harmadik
sideral, sidéreo [szidiràl, szidèrju] *mn* csillagászati, csillag-
sidérico [szidèriku] *mn* vas-
siderite [szidirit] *f geol* vaspát
siderurgia [szidirurzsiö] *f* vasipar
siderúrgico [szidirurzsiku] *mn* vasipari
sidra [szidrö] *f* almabor
sifão [szifö^{n}u] *m* szifon; autoszifon
sífilis [szifilisz] *f orv* szifilisz, vérbaj
sifilítico [szifilitiku] *mn* és *fn* vérbajos
sigilo [szizsilu] *m* **1.** titok; ~ *confessional, vall* gyónási titok; ~ *profissional* hivatali titok **2.** titoktartás; *guarda-se* ~, ~ *absoluto* (újságokban) teljes diszkréció
sigla [sziglö] *f* betűs szórövidítés; mozaikszó
signatário [szignötàrju] *mn* és *fn* aláíró
significação [szignifiköszö^{n}u] *f* jelentés (szóé)
significado [szignifikàdu] *m* = **significação**
significar [szignifikàr] *1/2 ts* **1.** jelent (szó) **2.** utal vmire **T**
significativo [szignifikötivu] *mn* jelentős; sokatmondó
signo [szignu] *m csill* jel, jegy; *sob o* ~ *de* vminek a jegyében
sílaba [szilöbö] *f* szótag
silabação [szilöböszö^{n}u] *f* szótagolás
silagem [szilàzsö^{n}j] *f mezőg* **1.** silózás **2.** silótakarmány
silenciador [szile^{n}szjödor] *m műsz* hangtompító (berendezés)
silenciar [szile^{n}szjàr] *1/7* **I.** *ts* **1.** elhallgat **2.** elhallgattat **II.** *tl* hallgat; ~ *sobre o facto* hallgat a dologról
silêncio [szilè^{n}szju] *m* csend; ~*!* csend (legyen)! ~ *sepulcral v de morte* síri *v* halotti csend; *passar em* v *por* ~ hallgatással mellőz; *fez-se* ~ csend lett
silencioso [szile^{n}szjozu] **I.** *mn* csendes **II.** *fn, m* = **silenciador**
sílex [szilèksz] *m* kovakő
sílfide [szilfid] *f* **1.** *mit* szilfid **2.** *átv* légies tünemény
silhueta [sziljuétö] *f* sziluett, árnykép; körvonalak
sílice [szilisz] *m* = **sílex**
síliqua [szilikvö] *f növ* becő
silo [szilu] *m mezőg* siló, takarmányraktár
siluro [sziluru] *m* harcsa
silva [szilvö] *f* **1.** szederbokor **2.** tüskebozót **3.** irodalmi szemelvények
silvado [szilvàdu] *m* szederbozót
silvar [szilvàr] *1/1 tl* **1.** fütyül, füttyent **2.** sziszeg
silveira [szilvéjrö] *f* = **silva 1.**

silvestre [szilvèstr] *mn* vadon termő; erdei, mezei

silvicultura [szilvikulturö] *f* erdőgazdaság, erdőművelés

silvo [szilvu] *m* **1.** fütty **2.** sziszegés

sim [szi^{n}] *hat* igen; *responder que* ~ igenlően válaszol; *claro que* ~! természetesen! *isso* ~! **a)** ez már igen! **b)** no de ilyet! *pelo* ~, *pelo não* mindenesetre; *pois* ~? valóban? igazán? *pois* ~! **a)** hát persze! **b)** nem bánom!

Simão [szimö^{n}u] *m* Simon

simbólico [szi^{n}mbòliku] *mn* szimbolikus, jelképes

simbolizar [szi^{n}mbulizàr] *1/1 ts* szimbolizál, jelképez

símbolo [szi^{n}mbulu] *m* **1.** szimbólum, jelkép **2.** *közl* útburkolati jel

simetria [szimitriö] *f* szimmetria, arányosság

simétrico [szimètriku] *mn* szimmetrikus, arányos

simiesco [szimjésku] *mn* majomszerű

similar [szimilàr] *mn* hasonló

similitude [szimilitud] *f* hasonlóság

símile [szimili] **I.** *mn* hasonló **II.** *fn, m* **1.** összehasonlítás **2.** hasonlóság

símio [szimju] **I.** *mn* majom-, majomszerű **II.** *fn, m* majom

simpatia [szi^{n}mpötiö] *f* szimpátia, rokonszenv

simpático [szi^{n}mpàtiku] *mn* **1.** szimpatikus, rokonszenves **2.** *orv: nervo* ~ szimpatikus ideg **3.** *tinta* ~*a* láthatatlanná váló vegytinta

simpatizante [szi^{n}mpötizö^{n}nt] *mn* és *fn pol* szimpatizáns

simpatizar [szi^{n}mpötizàr] *1/1 tl* szimpatizál vkivel *v* vmivel, rokonszenvet érez vki *v* vmi iránt (*com*)

simples [szi^{n}mplis] *mn* **1.** egyszerű; *estilo* ~ egyszerű stílus **2.** egy, egyetlen; *fazer uma* ~ *observação* egyetlen megjegyzést tesz **3.** naiv, együgyű

simplesmente [szi^{n}mplizsme^{n}nt] *hat* egyszerűen

simplicidade [szi^{n}mpliszidàd] *f* **1.** egyszerűség **2.** naivitás, együgyűség

simplificar [szi^{n}mplifikàr] *1/2 ts* egyszerűsít

simplório [szi^{n}mplòrju] **I.** *mn* naiv, együgyű **II.** *fn, m* naiv lélek

simpósio [szi^{n}mpòzju] *m* **1.** szimpozion, lakoma **2.** tudományos tanácskozás

sim-senhor [szi^{n}szinyor] *m nép* fenék, ülep

simulação [szimulöszö^{n}u] *f* szimulálás, színlelés, tettetés, ~ *de contrato* színlelt szerződés

simulacro [szimulàkru] *m* **1.** csalóka kép **2.** színlelés; látszat **3.** látomás

simulado [szimulàdu] *mn* színlelt; látszólagos

simulador *m*, **-a** *f* [szimulödor(ö)] *mn* és *fn* szimuláns

simular [szimulàr] *1/1 ts, tl* szimulál, színlel, tettet

simultaneidade [szimultönéjdàd] *f* egyidejűség

simultâneo [szimultönyu] *mn* egyidejű

sina [szinö] *f* sors, végzet; *ler a* ~ *de* jósol, jövendöl vkinek

sinagoga [szinögògö] *f* zsinagóga

sinal [szinàl] *m* **1.** jel; ~ *horário* időjel(zés); *a um* ~ adott jelre; *em* ~ *de protesto* tiltakozás jeléül; *em* ~ *de reconhecimento* hálája jeléül; *por* ~ egyébként; történetesen; *não dar* ~ *de vida* nem ad életjelt magáról; *falar por sinais* jelbeszédet folytat; *fazer* ~ int, jelez; *fazer o* ~ *da cruz* keresztet vet **2.** anyajegy **3.** vminek a jele, nyoma (*átv* is) **4.** *közl* jelzés; ~ *aberto v verde* zöld fény, szabad út; ~ *fechado v vermelho* tilos *v* piros jelzés; ~ *luminoso* **a)** fényjelzés **b)** jelzőlámpa; ~ *sonoro* hangjelzés; *accionar o* ~ *sonoro* hangjelzést ad; ~ *de advertência* figyelmeztető tábla; ~ *de direcção* irányjelző tábla; ~ *de trânsito* közúti jelzés; ~ *de viação* közúti jelzőtábla **5.** előjel; *mau* ~ rossz előjel **6.** előleg, foglaló **7.** aláírás **8.** *ker* cégjelzés, márka **9.** közjegyzői hitelesítés **10.** *sinais* ismertetőjelek, személyleírás; *sinais particulares* különös ismertetőjelek

sinaleiro [szinöléjru] *m* **1.** *vasút* forgalmista **2.** (*polícia*) ~ forgalmi rendőr

sinalização [szinölizöszö^{n}u] *f* **1.** jelzés **2.** közúti jelzés *v* jelzőberendezés

sinalizar [szinölizàr] *1/1 ts* **1.** jelez **2.** útjelzésekkel ellát

sinapismo [szinöpizsmu] *m orv* mustártapasz

sincelo [szi^{n}szèlu] *m* jégcsap

sinceridade [szi^{n}sziridàd] *f* őszinteség, nyíltság

sincero [szi^{n}szèru] *mn* őszinte, nyílt

sincopar [szi^{n}nkupàr] *1/15 ts* 1. *zene* szinkópál 2. *nyelvt* hangot kihagy
síncope [szi^{n}nkup] *f zene, nyelvt* szinkópa
sincrónico [szi^{n}nkròniku] *mn* szinkrón, egy időben történő
sincronizar [szi^{n}nkrunizàr] *1/1 ts* szinkronizál; összehangol
sindical [szi^{n}ndikàl] *mn* szakszervezeti; *caderneta* ~ szakszervezeti igazolvány
sindicalismo [szi^{n}ndikölizsmu] *m* szindikalizmus
sindicalizar [szi^{n}ndikölizàr] *1/1 ts* szakszervezetbe tömörít
sindicância [szi^{n}ndikö^{n}szjö] *f* kivizsgálás
sindicar [szi^{n}ndikàr] *1/2 ts* 1. szakszervezetet létesít 2. kivizsgál
sindicato [szi^{n}ndikàtu] *m* 1. szindikátus, kapitalista vállalatok érdekszövetsége 2. szakszervezet
síndico [szi^{n}ndiku] *m* 1. *jog* szindikus 2. ~ *de falência* csődtömeggondnok
síndroma, síndrome [szi^{n}ndrumö, szi^{n}ndrum] *f orv* szindróma, tünetcsoport
sinecura [szinikurö] *f* szinekúra, kevés munkával és jó fizetéssel járó munkahely
sineiro [szinéjru] I. *mn* haranggal ellátott (*pl* torony) II. *fn, m* 1. harangöntő 2. harangozó
sineta [szinétö] *f* csengő; kis harang
sinete [szinét] *m* (cég)bélyegző; pecsét
sinfonia [szi^{n}funiö] *f* szimfónia
sinfónico [szi^{n}fòniku] *mn* szimfonikus
singeleza [szi^{n}zsilézö] *f* 1. egyszerűség, természetesség 2. naivság
singelo [szi^{n}zsèlu] *mn* 1. egyszerű, természetes 2. naiv 3. *às* ~*as* egyedül
singrar [szi^{n}ngràr] *1/1 tl* vitorlázik
singular [szi^{n}ngulàr] *mn* 1. egyedüli, egyedülálló; *combate* ~ párbaj 2. különleges, szokatlan, ritka 3. különös, furcsa 4. *nyelvt:* (*número*) ~ egyes szám
singularidade [szi^{n}ngulöridàd] *f* 1. egyedüliség 2. különlegesség 3. különösség, furcsaság
singularizar [szi^{n}ngulörizàr] *1/1* I. *ts* 1. kiemel, kidomborít 2. részletez II. ~-**se** kitűnik, kiválik
sinhá [szinyà] *f* B *nép* = **senhora**
sinházinha [szinyàzinyö] *f* B *nép* kisasszony
sinhô [szinyo] *m* B *nép* = **senhor**
sinistra [sziniströ] *f* bal kéz
sinistrado [szinistràdu] *mn* és *fn* balesetet szenvedett, kárvallott
sinistrar [szinistràr] *1/1 tl* balesetet szenved; károsul
sinistro [szinistru] I. *mn* 1. bal 2. baljóslatú, vészes; fenyegető; *olhares* ~*s* fenyegető pillantások; *silêncio* ~ vihar előtti csend 3. gonosz, sötét II. *fn, m* 1. baleset; ~ *marítimo* hajótörés 2. károsodás, veszteség
sino [szinu] *m* 1. harang; *tocar os* ~*s* harangoz 2. ~ *de mergulhador* búvárharang
sínodo [szinudu] *m vall* szinódus, egyházi zsinat
sinólogo [szinòlugu] *m* szinológus, Kína-kutató
sinónimo [szinònimu] I. *mn* szinonim II. *fn, m* szinonima, rokon értelmű szó
sinopse [szinòpsz] *f* szinopszis, összefoglalás
sinóptico [szinòptiku] *mn* szinoptikus, összefoglaló; áttekintő
sintáctico [szi^{n}ntàktiku] *mn nyelvt* mondattani
sintaxe [szi^{n}ntàsz] *f nyelvt* mondattan
sinteco [szi^{n}ntèku] *m* padlófesték, „vilupál"
síntese [szi^{n}ntizi] *f* szintézis, összefoglalás
sintético [szi^{n}ntètiku] *mn* 1. szintetikus, összefoglaló 2. mesterségesen előállított; *borracha* ~*a* műgumi
sintetizar [szi^{n}ntitizàr] *1/1 ts* szintetizál, egységbe foglal
sintoma [szi^{n}ntomö] *m* 1. *orv* szimptóma, tünet 2. előjel
sintomático [szi^{n}ntumàtiku] *mn* 1. *orv* szimptomatikus, tüneti 2. jellemző, jellegzetes
sintonizar [szi^{n}ntunizàr] *1/1 ts, tl* behangol (rádiót)
sinuosidade [szinvuzidàd] *f* kanyargósság
sinuoso [szinvozu] *mn* kanyargós
sinusite [szinuzit] *f orv* arcüreggyulladás
sionismo [sziunizsmu] *m* cionizmus
sirga [szirgö] *f* 1. hajóvontató kötél 2. hajóvontatás 3. *trazer à* ~ vontat
sirgar [szirgàr] *1/4 ts haj* vontat
sirgo [szirgu] *m* selyemhernyó
Síria [szirjö] *f* Szíria
sírio [szirju] *mn* és *fn* szíriai
siroco [sziroku] *m* sirokkó

sismal, sísmico [szizsmàl, szizsmiku] *mn* földrengési
sismo [szizsmu] *m* földrengés
sismógrafo [szizsmògröfu] *m* szeizmográf, földrengésjelző műszer
sismologia [szizsmuluzsiö] *f* földrengéstan
siso [szizu] *m* józan ész; *de* ~ okosan, értelmesen
sistema [szistémö] *m* **1.** szisztéma, rendszer; ~ *nervoso* idegrendszer; *por* ~ rendszeresen, tervszerűen **2.** ~ *de Estado* államforma **3.** ~ *de ensino* tanítási módszer
sistemático [szistimàtiku] *mn* rendszeres; tervszerű
sistematizar [szistimötizàr] *1/1 ts* rendszeresít
sisudez [szizudés] *f* **1.** értelmesség **2.** komolyság
sisudo [szizudu] *mn* **1.** értelmes **2.** komoly
sitiar [szityàr] *1/7 ts* **1.** *kat* ostromgyűrűvel körülzár, ostromol **2.** *átv* megostromol, zaklat
sítio [szityu] *m* **1.** hely **2.** fekvés, helyzet **3.** *kat* ostrom; *pôr* ~ *a* ostromgyűrűbe fog, ostromol **4. B a)** falu **b)** földbirtok
sito [szitu] *mn* = **situado**
situação [szituöszöⁿu] *f* **1.** helyzet; *estar numa* ~ *crítica* súlyos helyzetben van **2.** fekvés, elhelyez(ked)és **3.** családi körülmények; vagyoni helyzet **4.** állás, munkahely
situado [szitvàdu] *mn* elhelyezett, vhol fekvő; *estar* ~ vhol van, vhol fekszik
situar [szitvàr] *1/9* **I.** *ts* elhelyez, tesz, állít vhova **II.** ~**-se** elhelyezkedik; leül
S. M. = *Sua Majestade*
s/o = *ker: sua ordem*
S. O. = *Sudoeste*
só [szò] **I.** *mn* egyedüli; magányos; *lugares sós* magányos helyek; *só por só* különkülön; *a sós* egyedül, magányosan; *nem um só* egyetlen egy sem; *como um só homem* egy emberként; *estamos sós* egyedül vagyunk **II.** *hat* csak, egyedül; *estaremos só tres* csak hárman leszünk; *uma só palavra* csak egy szóra! **III.** *que só*, **B** mint; *é esperto que só o irmão* okos, mint a testvére
sô [szo] *m nép* = **senhor**
soada [szvàdö] *f* **1.** hangzás, csengés **2** lárma, zaj **3.** *átv* suttogás, szóbeszéd
soado [szvàdu] **I.** *mmi* elhangzott; →**soar** **II.** *mn* **1.** megtárgyalt; *questão* ~*a* lezárt kérdés **2.** híres, nevezetes
soalha [szvàljö] *f* csörgő (csörgődobon)
soalhado [szvöljàdu] *m* (fa)padlózat
soalhar [szvöljàr] *1/12 ts* padlóz, parkettáz
soalheira [szvöljéjrö] *f* **1.** perzselő nap **2.** legnagyobb hőség **3.** napsütötte hely
soalheiro [szvöljéjru] **I.** *mn* napsütötte, napnak kitett **II.** *fn, m* napos oldal
soalho [szvàlju] *m* fapadló, parkett
soante [szvöⁿnt] *mn* hangzó, csengő; *bem* ~ kellemes csengésű, dallamos
soar [szvàr] *1/8* **I.** *ts* **1.** megszólaltat; ~ *o sino* meghúzza a harangot; *o relógio soava dez horas* az óra tizet ütött **2.** *átv* dicsőít **II.** *tl* **1.** cseng, hangzik; *o* h *não soa na palavra* **hora** a *hát* nem ejtik a *hora* szóban; *o sino soou* megszólalt a harang **2.** üt (az óra); *as seis horas soaram* hatot ütött az óra **3.** *átv* elterjed (hír); ~ *aos ouvidos de* vkinek a füléhez jut **4.** megfelel, tetszik; *isso não me soa* (*lá muito bem*) ez nekem nem tetszik; itt valami nincs rendben
sob [szob] *vsz* alatt; *átv* mellett; ~ *a direcção de* vkinek az irányítása mellett; ~ *o domínio espanhol* a spanyol uralom alatt; ~ *emenda* a változtatás jogát fenntartjuk; ~ *o fogo de artilharia* tüzérségi tűzben; ~ *minha palavra* szavamra (mondom)
sobejamente [szubézsömeⁿnt] *hat* bőségesen; túlságosan
sobejar [szubizsàr] *1/14 tl* **1.** bőven *v* túl sok van **2.** megmarad
sobejidão [szubizsidöⁿu] *f* **1.** fölösleg **2.** túl nagy mennyiség
sobejo [szubézsu] **I.** *mn* **1.** fölös, bőséges, túl sok **2.** óriási **II.** *hat:* ~, *de* ~ bőségesen **III.** *fn, m:* ~*s* fölösleg, maradék
soberana [szubirönö] *f* uralkodónő, fejedelemasszony
soberania [szubirönïö] *f* **1.** uralkodó hatalom **2.** szuverenitás, felségjog
soberano [szubirönu] **I.** *mn* szuverén, korlátlan (hatalmú) **II.** *fn, m* korlátlan uralkodó, fejedelem
soberba [szubérbö] *f* gőg
soberbo [szubérbu] *mn* **1.** gőgös **2.** pazar, pompás
sobra [szòbrö] *f* **1.** fölösleg, maradék; *de* ~ túl sok; több a kelleténél; *ficar de* ~

fölösleges(sé válik); *saber de ~* nagyon is jól tudja 2. *átv: com ~s* fölényesen

sobraçado [szubröszàdu] *hat* karonfogva, karöltve

sobraçar [szubröszàr] *1/3, 1/12 ts* karon fog

sobrado [szubràdu] I. *mn* 1. fölös, megmaradó 2. *átv: ~ de méritos* érdemdús II. *fn, m* 1. padlózat 2. B a) emelet b) emeletes ház

sobral [szubràl] *m* parafatölgyekkel beültetett hely

sobrancear [szubrö^{n}szjàr] *1/5 ts* ural vmit, vmi fölé emelkedik T

sobranceiro [szubrö^{n}széjru] *mn* 1. kiemelkedő, kimagasló 2. *átv* gőgös

sobrancelha [szubrö^{n}széljö] *f* szemöldök; *carregar* v *franzir as ~s* homlokát ráncolja

sobranceria [szubrö^{n}szirìö] *f* gőg

sobrar [szubràr] *1/15 tl* 1. túl sok van; *o dinheiro sobra-lhe* úszik a pénzben 2. fölöslegként mutatkozik; megmarad; *basta e sobra* több a kelleténél

sobre [szobr] I. *vsz* 1. -on, -en, -ön; *o periódico está ~ a mesa* az újság az asztalon van 2. fölött; *~ a cabeça* a feje fölött 3. táján, körül, felé; *~ o anoitecer* este felé 4. mentén, hosszában; *andar ~ as margens do rio* a folyópart mentén megy 5. *átv* -ról, -ről, vmit illetően; *~ isto* erről; *escrever ~ viagens* utazásokról ír 6. után; *~ comer* étkezés után; *beber copo ~ copo* egyik poharat a másik után issza ki; *~ a chuva veio o frio* az eső után hideg lett 7. ellenében; *empréstimo ~ penhor* zálogra felvett kölcsön 8. azonfelül, hogy; nemcsak . . . , hanem . . . is; *~ rico, é inteligente* azonfelül, hogy gazdag, okos is; *~ excelente poeta, é grande prosador* nemcsak kiváló költő, hanem neves prózaíró is; *~ velho, é enfermo* azonfelül, hogy öreg, még beteg is 9. *szól: ~ dez um* tíz közül egy; *correr ~ o bandido* a bandita nyomában van, üldözi a banditát; *a fera cresceu ~ o caçador* a vadállat rátámadt a vadászra; *descer de ~ a árvore* lemászik a fáról; *tomar ~ si* elvállal II. *hat: por ~* azonkívül, tetejébe

sobreaviso [szobriövìzu] *m* 1. előzetes figyelmeztetés; *pôr de ~ contra* óva int vkitől *v* vmitől 2. résen állás; *estar de ~* résen áll

sobrecarga [szobrikàrgö] *f* 1. túlterhelés 2. túlsúly 3. felülnyomás (bélyegen)

sobrecarregar [szobrikörrigàr] *1/4, 1/13 ts* 1. túlterhel 2. *átv* sanyargat 3. felülnyomással lát el (bélyeget)

sobrecarta [szobrikàrtö] *f* 1. második levél (az első folytatása) 2. levélboríték

sobrecasaca [szobriközàkö] *f div, rég* szalonkabát

sobrecenho [szobriszényu] *m* mogorva ábrázat

sobrecéu [szobriszèu] *m* baldachin, díszmennyezet

sobredito [szobriditu] *mn* fent említett

sobredoirar, -dourar [szobridojràr, -doràr] *1/1 ts* 1. arannyal bevon, bearanyoz (*átv* is) 2. magasztal, dicsőít

sobreeminente [szobrimine^{n}nt] *mn* kimagasló, pompás

sobreerguer [szobrirgér] *2/4 ts* magasabbra emel

sobreexaltar [szobrizàltàr] *1/1 ts* agybafőbe dicsér

sobreexceder [szobris-szidér] *2/7 ts* felülmúl

sobreexcelente [szobris-szile^{n}nt] *mn* káprázatos, felülmúlhatatlan

sobreexcitação [szobris-szitöszö^{n}u] *f* erős felindultság

sobreexcitar [szobris-szitàr] *1/1 ts* nagyon felingerel

sobre-humano [szobrumönu] *mn* emberfeletti

sobreiral [szubréjràl] *m* = **sobral**

sobreiro [szubréjru] *m* parafatölgy

sobrelanço [szobrilö^{n}szu] *m* túllicitálás, ráígérés

sobrelevar [szobrilivàr] *1/13* I. *ts* 1. felemel 2. magasabbra emel 3. felülmúl, legyőz 4. eltűr, elszenved II. *tl*, III. *~-se* kiemelkedik, kitűnik (*átv* is)

sobreloja [szobrilòzsö] *f* 1. félemelet 2. üzlet fölötti helyiség

sobrelotação [szobrilutöszö^{n}u] *f* 1. *haj* túlterhelés 2. túlzott igénybevétel

sobremaneira [szobrimönéjrö] *hat* túlságosan, túlzottan

sobremanhã [szobrimönyö^n] *f* délelőtt

sobremão [szobrimö^{n}u] *f: de ~* 1. kiadósan 2. gondosan; behatóan

sobremesa [szobrimézö] *f* utóétel

sobremodo [szobrimòdu] *hat* túlságosan, túlzottan
sobrenadar [szobrinödàr] *1/12 tl* a felszínen úszik
sobrenatural [szobrinöturàl] *mn* természetfölötti
sobrenome [szobrinom] *m* **1.** családnév **2.** ragadványnév
sobrenomear [szobrinumjàr] *1/5 ts* ragadványnevet ad vkinek **T**
sobreolhar [szobrioljàr] *1/15 ts* (megvetően) végigmér
sobreosso [szobrioszu] *m* csontkinövés (állaton)
sobrepaga [szobripàgö] *f* túlfizetés; jutalom, borravaló
sobreparto [szobripàrtu] **I.** *fn, m* gyermekágyi láz **II.** *hat* szülés után
sobrepensar [szobripe^n^szàr] *1/1 ts* alaposan meggondol
sobrepesar [szobripizàr] *1/13* **I.** *ts* **1.** túlterhel **2.** mérlegel, alaposan megfontol **II.** *tl* **1.** ránehezedik **2.** keserűséget okoz
sobrepeso [szobripézu] *m* túlsúly
sobrepor [szobripor] *2/17* **I.** *ts* **1.** egymásra rak **2.** hozzátesz; tetéz (*átv* is) **3.** *átv* fölébe helyez vmit **(T)** vminek (*a*); ~ *seus interesses particulares aos da nação* egyéni érdekeit a haza érdekei fölé helyezi **II.** **~-se** **1.** föléje kerekedik, háttérbe szorít vkit v vmit (*a*) **2.** egymást követik (események)
sobreposição [szobripuziszö^n^u] *f* **1.** egymásra helyezés **2.** *geol* rétegeződés
sobreposse [szobripòsz] *hat* túlságosan, túlzottan
sobreposto [szobripostu] **I.** *mn* egymásra helyezett **II.** *fn, m* ruhadísz; csipkeszegély
sobrepovoar [szobripuvuàr] *1/8 ts* túlnépesít
sobrepujante [szobripuzsö^n^nt] *mn* mindent felülmúló, túlzott
sobrepujar [szobripuzsàr] *1/1* **I.** *ts* **1.** felülmúl vmiben (*em*) **2.** legyőz **II.** *tl* **1.** kiugrik, kinyúlik **2.** *átv* kiemelkedik, kitűnik
sobrescrever [szobriskrivér] *2/ts* **1.** föléje ír, ráír **2.** címzéssel ellát
sobrescritar [szobriskritàr] *1/1 ts* címzéssel ellát
sobrescrito [szobriskritu] **I.** *mmi* →**sobrescrever** **II.** *fn, m* **1.** levélboríték **2.** címzés
sobressair [szobriszöir] *3/22 tl* **1.** kimagaslik, kitűnik (*átv* is) **2.** szembetűnik; feltűnést kelt
sobressalente [szobriszöle^n^nt] *mn* **1.** kimagasló, kiemelkedő (*átv* is) **2.** fölös; *peças ~s* pótalkatrészek
sobressaltar [szobriszàltàr] *1/1* **I.** *ts* **1.** váratlanul ér, meglep **2.** megijeszt; megfélemlít **3.** ~ *os obstáculos* átugorja az akadályokat **II.** **~-se** **1.** összerezzen **2.** megijed
sobressalto [szobriszàltu] *m* **1.** váratlan meglepetés; *de* ~ váratlanul **2.** ijedtség; félelem; *ter um* ~ összerezzen; megijed **3.** nyugtalanság **4.** zavar, zökkenő; *sem ~s* zökkenők nélkül
sobressaturar [szobriszöturàr] *1/1 ts* túltelít
sobresselente [szobriszile^n^nt] *mn* = **sobressalente**
sobrestar [szobristàr] *1/17* **I.** *ts* **1.** abbahagy **2.** elhalaszt **II.** *tl* **1.** türtőzteti magát **2.** *átv* fenyeget, feje fölött lebeg
sobretarde [szobritàrd] **I.** *hat* késő délután, estefelé **II.** *fn, m* késő délután
sobretaxa [szobritàsö] *f* **1.** pótdíj **2.** pótadó
sobretudo [szobritudu] **I.** *fn, m* felöltő **II.** *hat* elsősorban, főleg
sobrevento [szobrive^n^ntu] *m* **1.** szélroham **2.** váratlan (és kellemetlen) fordulat
sobrevir [szobrivir] *3/23 tl* történik, megesik; váratlanul bekövetkezik
sobrevivência [szobrivive^n^szjö] *f* életben maradás; túlélés
sobrevivente [szobrivive^n^nt] *mn* életben maradt; vmit túlélő
sobreviver [szobrivivér] *2/1 tl* életben marad; túlél vmit (*a*)
sobrevoar [szobrivuàr] *1/8 ts* átrepül, vmi fölött elrepül
sobrevoo [szobrivou] *m* átrepülés
sobriedade [szubrjidàd] *f* józanság, mértékletesség
sobrinha [szubrinyö] *f* unokahug (testvér leánya)
sobrinho [szubrinyu] *m* unokaöcs (testvér fia)
sóbrio [szòbrju] *mn* józan, mértéktartó
sobrolho [szubrolju] *m* szemöldök
Soc. = *Sociedade* Társaság
socalco [szukàlku] *m* **1.** terasz (hegyoldalban) **2.** támfal (út mentén)

socapa [szukàpö] *f*: *à* ~ titokban, lopva

socar [szukàr] *1/4, 1/15* **I.** *ts* **1.** ököllel (meg)üt **2.** dagaszt (tésztát) **3.** széttör (mozsárban); őröl (kávét) **II.** ~**-se 1.** **B** ököllel nekimennek egymásnak **2.** elbújik

socarrão *m*, **socarrona** *f* [szukörrö^{n}u, -ronö] *mn* és *fn* agyafúrt, ravasz

socava [szukàvö] *f* föld alatti barlang

socavar [szuköv**à**r] *1/12 ts* kiváj; (vermet) ás

sociabilidade [szuszjöbilid**à**d] *f* barátkozó érzület

sociabilizar [szuszjöbiliz**à**r] *1/1 ts* társas életre nevel

social [szuszj**à**l] *mn* **1.** szociális, társadalmi **2.** társasági, egyesületi; *firma* ~ bejegyzett cég

social-democracia [szuszjàldimukrösziö] *f* szociáldemokrácia

social-democrata [szuszjàldimukr**à**tö] *mn* és *fn* szociáldemokrata

socialismo [szuszjölizsmu] *m* szocializmus

socialista [szuszjölistö] *mn* és *fn* szocialista; *emulação* ~ szocialista munkaverseny

socialização [szuszjölizösz**ö**^{n}u] *f* társadalmasítás, társadalmi tulajdonba vétel

socializar [szuszjöliz**à**r] *1/1 ts* társadalmasít, társadalmi tulajdonba vesz

sociável [szuszj**à**vel] *mn* **1.** társaságot kedvelő **2.** kedves, előzékeny

sociedade [szuszjid**à**d] *f* **1.** társadalom; ~ *comunista* kommunista társadalom **2.** társaság, egyesület; ~ *anónima*; ~ *por acções* részvénytársaság; *homem de* ~ társaságbeli ember

sócio [szòszju] *m* **1.** *ker* társ, üzlettárs **2.** tagtárs **3.** bűntárs, cinkos

sócio-económico [szòszjuikunòmiku] *mn* társadalmi és gazdasági

sociologia [szuszjuluzsiö] *f* szociológia, társadalomkutatás

sociológico [szuszjulòzsiku] *mn* szociológiai

sociólogo [szuszjòlugu] *m* szociológus

soco[1] [szòku] *m* **1.** facipő, fapapucs **2.** *ép* alapzat; szobor talapzata

soco[2] [szoku] *m* **I.** ökölcsapás **II.** *isz* **B** pfuj!

soçobrar [szuszubr**à**r] *1/15* **I.** *ts* **1.** felfordít, tetejére állít **2.** elmerít, elsüllyeszt **3.** *átv* nyugtalanít, izgat **II.** *tl* **1.** felfordul (pl csónak), elsüllyed **2.** tönkremegy, semmivé lesz **III.** ~**-se** elcsügged

soçobro [szuszobru] *m* **1.** hajótörés **2.** nyomor, szükség **3.** veszély **4.** elcsüggedés

socorrer [szukurr**é**r] *2/8* **I.** *ts* segít, támogat **II.** ~**-se 1.** (segítségért) folyamodik vkihez (*a*) **2.** ~*-se de* felhasznál vmit, él vmivel

socorrista [szukurristö] *fn*: ~ *da primeira hora* elsősegélyt nyújtó személy; mentő

socorro [szukorru] **I.** *m* **1.** segítség, támogatás; *primeiros* ~*s*, *pronto* ~ elsősegély, mentőszolgálat; *bradar* v *clamar por* ~, *pedir* ~ segítségért kiált; *ir de* ~; *vir em* ~ vkinek a segítségére siet **2.** segély; adomány **3.** *kat* erősítés **II.** *isz*: ~! segítség!

soda [szòdö] *f* **1.** *vegy* szóda, szénsavas nátrium **2.** szódavíz

sódico [szòdiku] *mn* szóda-, nátrium-

sódio [szògyu] *m vegy* nátrium; *sulfato de* ~ glaubersó

soer [szvér] *2/5 tl* szokott; *como sói acontecer* ahogy ez már történni szokott

soerguer [szvirgér] *2/4* **I.** *ts* félig *v* kissé felemel **II.** ~**-se** félig *v* kissé felemelkedik

sofá [szuf**à**] *m* szófa; dívány; heverő; ~*-cama* rekamié, ágydívány

sofanete [szufönét] *m* kis pamlag

Sófia [szòfjö] *f földr* Szófia

Sofia [szufiö] *f* Zsófia

sofisma [szufizsmö] *m* szofizma, álokoskodás

sofismar [szufizsm**à**r] *1/1 ts* **1.** csűr-csavar **2.** eltorzít, meghamisít

sofista [szufistö] *fn* szofista; álbölcselkedő

sofisticado [szufistik**à**du] *mn* **1.** meghamisított **2.** **B** ízléses; kifinomult; minden igényt kielégítő

sofístico [szufistiku] *mn* szofisztikus; körmönfont (okoskodás)

sofrear [szufrj**à**r] *1/5* **I.** *ts* fékez, visszatart (*átv* is) **II.** ~**-se** türtőzteti magát

sofredor *m*, **-a** *f* [szufridor(ö)] *mn* és *fn* szenvedő

sôfrego [szòfrigu] *mn* **1.** falánk, mohó **2.** türelmetlen **3.** vmire vágyódó (*de*)

sofreguidão [szufrigid**ö**^{n}u] *f* **1.** falánkság, mohóság 2. türelmetlenség 3. vágyódás

sofrer [szufrér] *2/8* **I.** *ts* **1.** (el)szenved; kibír; *sofrer dores terríveis* szörnyű fájdalmai vannak **2.** eltűr, megenged; *não ~ réplica* nem tűr ellentmondást **II.** *tl* szenved vmiben (*de*)

sofrido [szufridu] *mn* türelmes; *mal ~* türelmetlen

sofrimento [szufrime^{n}ntu] *m* **1.** szenvedés; fájdalom **2.** türelem, türelmesség

sofrível [szufrivèl] *mn* **1.** elviselhető, tűrhető **2.** közepes, kielégítő **3.** *isk* elégséges

soga [szògö] *f* kötél; *andar à ~*, **B** szerelmes; *levar* v *trazer à ~*, *átv* **B** pórázra fogja, hatalmában tartja

sogra [szògrö] *f* anyós

sogro [szogru] *m* após

soja [szòzsö] *f növ* szója(bab)

sol [szòl] *m* **I.** nap, napfény; *assado ao ~*, *queimado pelo ~* napbarnított; *de ~ a ~* napkeltétől napnyugtáig; *está ~*, *faz ~* süt a nap; *pôr ao ~* kitesz a napra; *tomar o ~* napozik; *ver o ~ quadrado*, **B** *argó* rács mögül nézi a világot **II.** *zene* G-hang **III.** szol, Peru pénzegysége

sola [szòlö] *f* **1.** cserzett bőr **2.** cipőtalp; *pôr ~s a* megtalpal; *não chegar às ~s dos sapatos de* a közelébe *v* a nyomába se ér **3.** *~ do pé* lábtalp **4.** *sp* talpalás; *entrar de ~* talpal

solama [szolömö] *f* **B** perzselő nap

solanáceas [szulönàszjös] *f tb növ* burgonyafélék

solão [szolö^{n}u] *m* **B** perzselő nap; rekkenő hőség

solapa [szulàpö] *f* farkasverem; csapda (*átv* is); *à ~* vkinek a tudta nélkül, háta mögött

solapado [szulöpàdu] *mn* **1.** aláásott, aláaknázott **2.** rejtett, titkos

solapar [szulöpàr] *1/12* **I.** *ts* **1.** aláás, aláaknáz (*átv* is) **2.** elrejt, eltitkol **II.** *~-se* elrejtőzik

solar[1] [szulàr] *mn* nap-; *sistema ~* naprendszer

solar[2] [szulàr] *1/15 ts* megtalpal

solar[3] [szulàr] *m* régi udvarház, kúria

solarengo [szulöre^{n}ngu] *mn* nemesi, előkelő

solário [szulàrju] *m* **1.** tetőterasz, napozó **2.** napóra

solavanco [szulövö^{n}nku] *m* hirtelen lökés; zökkenés

solda [szòldö] *f* **1.** forrasztás, hegesztés; *~ autógena* autogénhegesztés **2.** forrasz; *ferro de ~* forrasztópáka

soldada [szoldàdö] *f* bér, fizetés

soldadesca [szoldàdéskö] *f pejor* gyülevész sereg

soldado [szoldàdu] *m* katona; *~ desconhecido* ismeretlen katona; *~ recruta* újonc

soldador [szoldödor] *m* forrasztó, hegesztő (munkás)

soldadura [szoldöduro] *f* forrasztás, hegesztés

soldar [szoldàr] *1/15* **I.** *ts* forraszt, hegeszt **II.** *tl*, **III.** *~-se* beforr, beheged (seb)

soldo [szoldu] *m* **1.** zsold, fizetés **2.** régi pénznem

solecismo [szuliszizsmu] *m* durva hiba

soledade [szulidàd] *f* magányosság

soleira [szuléjrö] *f* **1.** küszöb **2.** kocsihágcsó

solene [szulèn] *mn* ünnepélyes, ünnepi

solenidade [szulinidàd] *f* ünnepélyesség

solenizar [szulinizàr] *1/1 ts* (meg)ünnepel

solércia [szulèrszjö] *f* agyafúrtság, ravaszság

solerte [szulèrt] *mn* agyafúrt, ravasz

soleta [szulétö] *f* talpbélés; betéttalp

soletrar [szulitràr] *1/13 ts* szótagol; kibetűz

solevantar [szulivö^{n}ntàr] *1/1* **I.** *ts* kissé felemel **II.** *~-se* kissé felemelkedik

solevar [szulivàr] *1/13* = **solevantar**

solfejar [szolfizsàr] *1/14 ts zene* szolmizál

solfejo [szolfézsu] *m zene* szolfézs, szolmizálás

solferino [szolférinu] *m* **B** skarlátpiros szín

solha [szoljö] *f áll* lepényhal

solho [szolju] *m* **I.** padló **II.** *áll* tok(hal)

solicitação [szuliszitöszö^{n}u] *f* **1.** kérés; sürgetés **2.** igény **3.** *műsz* igénybevétel; megterhelés

solicitador *m*, **-a** *f* [szuliszitödor(ö)] *mn* és *fn* **1.** kérelmező **2.** ügyvédbojtár

solicitar [szuliszitàr] *1/1* **I.** *ts* **1.** kér, sürget **2.** kijár, elér **3.** ösztönöz **II.** *~-se* aggódik, nyugtalankodik

solicitante [szuliszitö^{n}nt] = **solicitador**

solícito [szuliszitu] *mn* **1.** buzgó, szorgalmas **2.** gondos **3.** készséges; figyelmes

solicitude [szuliszitud] *f* **1.** buzgóság,

szorgalom 2. gondosság 3. segítőkészség
solidão [szulidö^{n}u] *f* magány
solidar [szulidàr] *1/1 ts* megszilárdít; megerősít
solidariedade [szulidörjidàd] *f* szolidarítás, összetartás
solidário [szulidàrju] *mn* 1. szolidáris, összetartó 2. *ker, jog* egyetemlegesen felelős
solidarizar [szulidörizàr] *1/1 ts, tl* szolidaritást vállal
solidéu [szulidèu] *m* papi sapka
solidez [szulidés] *f* 1. szilárdság, keménység 2. *átv* megbízhatóság
solidificar [szulidifikàr] *1/2* I. *ts* 1. megszilárdít, megkeményít 2. megerősít II. **~-se** 1. megszilárdul, megkeményedik 2. megerősödik
sólido [szòlidu] I. *mn* 1. szilárd, erős 2. komoly, megalapozott 3. *átv* megbízható II. *fn, m fiz* szilárd test
solilóquio [szulilòkju] *m* monológ
sólio [szòlju] *m* trón
solista [szulistö] *fn* szólista
solitária [szulitàrjö] *f* 1. *áll* galandféreg 2. magánzárka
solitário [szulitàrju] I. *mn* magányos; elhagyatott II. *fn, m* 1. remete 2. szoliter, önállóan keretbe foglalt nagy gyémánt
sólito [szòlitu] *mn* szokásos
solo [szòlu] *m* 1. föld, talaj; *o ~ pátrio* a hazai föld II. *zene* szóló, magánszám
sol-posto [szòlpostu] *m* napnyugta
solstício [szòlstiszju] *m csill* napforduló, napéjegyenlőség
solta [szoltö] *f* 1. béklyó, lábbilincs 2. feloldás, felszabadítás; *à ~* szabadon, fesztelenül 3. B legelő
soltar [szoltàr] *1/15* I. *ts* 1. elold, kiold; *~ o cabo, haj* eloldja a kötelet; *~ o cão* eloldja a kutyát 2. *~ as rédeas* megereszti *v* meglazítja a gyeplőszárat (*átv* is) 3. kiszabadít, szabadon enged 4. elejt, kiejt (a kezéből) 5. hajít, dob; *~ uma pedrada* követ hajít; *~ um perfume agradável* kellemes illatot áraszt; *~ um tiro* lövést lead 6. kiejt, kimond; *~ um discurso* kivág egy szpícset; *~ um grito* felkiált; *~ a língua* megoldja a nyelvét; *~ palavrões* átkozódik; *~ suspiros* sóhajtozik II. **~-se** 1. meglazul, megoldódik 2. kiszabadul, kiszabadítja magát 3. *átv* felszabadul, feloldódik
solteirão [szoltéjrö^{n}u] *m* agglegény
solteirona [szoltéjronö] *f* vénkisasszony
solto [szoltu] I. *mmi* →**solver** II. *mn* 1. szabadon engedett, szabad; *cabelo ~* kibontott haj 2. laza; bő, kényelmes (ruha) 3. *~ de língua* **a)** jó svádájú **b)** szabad szájú; *vida ~a* feslett élet(mód)
soltura [szolturö] *f* 1. feloldás, kiszabadítás 2. lazítás 3. féktelenség; feslettség 4. megoldás (problémáé) 5. *~ de ventre* hasmenés
solubilidade [szulubilidàd] *f vegy* oldhatóság
solução [szuluszö^{n}u] *f* 1. *vegy* oldat 2. megoldás; *a ~ da crise* a válság megoldása 3. *~ de uma dívida* adósság kifizetése
soluçar [szuluszàr] *1/3 tl* 1. zokog 2. csuklik 3. *haj* bukdácsol 4. háborog, zúg (tenger)
solucionar [szuluszjunàr] *1/15 ts* megold
soluço [szuluszu] *m* 1. zokogás 2. csuklás; *ter ~s, estar com ~s* csuklik 3. *haj* bukdácsolás 4. tenger háborgása, zúgása
soluçoso [szuluszozu] *mn* zokogó
solutivo [szulutivu] *mn* és *fn, m* 1. oldó (szer) 2. hashajtó (szer)
soluto [szulutu] *m vegy* (vizes) oldat
solúvel [szulúvèl] *mn* oldódó, oldható; *café ~* nescafé, vízben gyorsan oldódó kávésűrítmény
solvência [szolve^{n}szjö] *f* fizetésképesség
solvente [szolvènt] *mn ker* szolvens, fizetésképes
solver [szolvér] *2/8 ts* 1. felold 2. megold 3. kifizet, kiegyenlít
solvível [szolvivèl] *mn* kifizethető; kiegyenlíthető
som [szo^{n}] *m* 1. hang, hangzás; *volume de ~* hangerősség 2. *ao ~ de* vminek a kíséretében; *ao ~ do piano* zongorakísérettel 3. *em ~ de* vminek a módján; *em ~ de paz* békés szándékkal, *em ~de guerra* ellenség módjára, ellenséges érzülettel; 4. *dizer em alto e bom ~* világosan és érthetően megmondja; kereken kimondja; *falar sem tom nem ~* értelmetlenül *v* összevissza fecseg
soma [szomö] *f* 1. *mat* összeadás 2. összeg; összegezés, összefoglalás 3. ösz-

szesség 4. *grande* ~ *de bens* nagy vagyon

somar [szumàr] *1/15* I. *ts* 1. *mat* összead 2. összegez, összefoglal II. *tl:* ~ *em* kitesz, rúg (összeg)

somático [szumàtiku] *mn* testi

somatologia [szumötuluzsiö] *f* testtan

somatório [szumötòrju] I. *mn* összegező II. *fn, m* összegezés

sombra [szo^{n}mbrö] *f* 1. árnyék; ~ *de suspeita* gyanú árnyéka; *fazer* ~ *a* árnyékot vet vkire *v* vmire (*átv* is) 2. homály, sötétség 3. *szól: à* ~ *de* vminek az árnyékában, vkinek *v* vminek a védelme alatt; *de boa* ~ vonzó, kellemes; *de má* ~ kellemetlen; *nem por* ~*s* távolról sem; *pôr à* ~, *biz* lecsuk, hidegre tesz; *ser uma* ~ *do que foi* már csak árnyéka önmagának; *tudo lhe faz* ~ minden bántja *v* idegesíti őt

sombral [szo^{n}mbràl] *m* árnyékos hely

sombreado [szombrjàdu] I. *mn* árnyékos II. *fn, m műv* árnyékolás, vonalkázás

sombrear [szombrjàr] *1/5* I. *ts* 1. beárnyékol, árnyékot vet vmire T 2. *átv* elhomályosít, beárnyékol II. *tl műv* árnyékol; vonalkáz

sombreira [szo^{n}mbréjrö] *f* lámpaernyő

sombreireiro [szombréjréjru] *m* kalapos (mester)

sombreiro [szombréjru] I. *mn* árnyékos, árnyékot nyújtó II. *fn, m* széles karimájú kalap

sombrinha [szo^{n}mbrinyö] *f* 1. napernyő 2. ~*s* árnyjáték, árnyképek

sombrio [szo^{n}mbriu] I. *mn* 1. árnyékos 2. *átv* sötét, szomorú II. *fn, m* árnyékos hely

somenos [szuménus] *mn* alacsonyabb rendű, gyenge minőségű

somente [szòme^{n}nt] *hat* csak, csupán

sonâmbulo [szunö^{n}mbulu] *mn* és *fn* alvajáró

sonância [szunö^{n}szjö] *f* 1. hangzás, csengés 2. dallam

sonante [szunö^{n}nt] I. *mn* csengő II. *fn, m* (*metal*) ~ ércpénz, készpénz

sonata [szunàtö] *f zene* szonáta

sonda [szo^{n}ndö] *f* 1. mélységmérő, mérőón 2. *geol* talajfúró 3. *orv* szonda

sondagem [szo^{n}ndàzsö^{n}j] *f* 1. szondázás, mélységmérés 2. talajfúrás; 3. *átv* felkutatás; kivizsgálás ~ *à opinião pública* közvéleménykutatás

sondar [szo^{n}ndàr] *1/1 ts* 1. szondáz, szondával méréseket végez 2. *átv* puhatolódzik, tájékozódik 3. *átv* felkutat; kivizsgál

soneca [szunèkö] *f* szundítás; *dar uma* ~ szundít egyet

sonegação [szunigöszö^{n}u] *f* 1. elhallgatás, eltitkolás 2. elcsenés

sonegar [szunigàr] *1/4, 1/13* I. *ts* 1. elhallgat, eltitkol 2. elcsen II. ~**-se** *a* kivonja magát vmi alól

soneto [szunétu] *m* szonett

sonhador *m*, **-a** *f* [szunyödor(ö)] *mn* és *fn* álmodozó

sonhar [szunyàr] *1/8* I. *ts* 1. álmában lát 2. elképzel; sejt II. *tl* 1. álmodik vkivel *v* vkiről, vmivel *v* vmiről (*com, em*) 2. álmodozik, ábrándozik; ~ *com a glória* dicsőségről álmodozik

sonho [szonyu] *m* 1. álom 2. ábránd

sonido [szunidu] *m* 1. hang; csengés 2. lárma, zaj

sono [szonu] *m* alvás; álmosság; *cair de* ~ állva elalszik (olyan álmos); *dormir a* ~ *solto* mélyen alszik; *pegar no* ~ elalszik; *ter* ~, *estar com* ~ álmos; *ter um* ~ *agitado* nyugtalanul alszik

sonolência [szunule^{n}szjö] *f* álmosság

sonolento [szunule^{n}ntu] *mn* álmos

sonoridade [szunuridàd] *f* 1. hangosság 2. hangzás 3. ~ *da sala* a terem akusztikája 4. *film* hangfelvétel

sonorizar [szunurizàr] *1/1 ts* 1. *nyelvt* (hangzót) zöngésít 2. *film* hanggal ellát

sonoro [szunòru] *mn* 1. *nyelvt* zöngés (mássalhangzó) 2. *filme* ~ hangosfilm 3. *voz* ~*a* csengő hang

sonsa [szo^{n}szö] *f* 1. titkolódzás; *pela* ~ titokban 2. képmutatás 3. alattomosság

sonso [szo^{n}szu] *mn* 1. titkolódzó 2. képmutató 3. alattomos

sopa [szopö] *f* 1. leves 2. lébe mártott kenyérdarab 3. B *biz átv* gyerekjáték; *isto é* ~ ez gyerekjáték; *este trabalho é uma* ~ ez rendkívül egyszerű munka 4. B *biz* autóbusz 5. *szól: cair como a* ~ *no mel* éppen kapóra jön; *estar às* ~*s de* vkinek a nyakán élősködik; *molhado como uma* ~ bőrig ázott; *molhar a* ~ elpáhol

sopapo [szupàpu] *m* 1. pofon 2. *sp* horog (ütés) 3. *de* ~ hirtelen, váratlanul

sopé [szupè] *m* **1.** hegy lába **2.** lábazat
sopeira [szupéjrö] *f* levesestál
sopesar [szupizàr] *1/13 ts* **1.** mérlegel (tenyerében tartva) **2.** ellensúlyoz **3.** arányosan szétoszt
sopor [szupor] *m* mély álom; kábultság; aléltság
soporífero [szupurifiru] *mn* = **soporífico**
soporífico [szupurifiku] **I.** *mn* **1.** álmosító **2.** unalmas **II.** *fn, m* altatószer
soprano [szuprönu] *m zene* szoprán (hang, énekesnő)
soprar [szupràr] *1/15* **I.** *ts* **1.** fúj, felfúj, kifúj; ~ *o balão* felfújja a labdát **2.** elfúj, elolt (gyertyát) **3.** feléleszt (tüzet) **4.** súg, sugdolózik **5.** *isk:* ~ *a lição* súgja a leckét **6.** *ját* kiüt (bábut)
sopro [szopru] *m* **1.** lehelet; fuvallat **2.** hang, hangzás **3.** *orv* zörej (tüdőben, szívben)
soquete [szukét] *m műsz* égőfoglalat
S.^{or} = *Sénior* idősebb
sordícia, sordície [szurdiszjö, -diszji] *f* = **sordidez**
sordidez [szurdidés] *f* **1.** piszok, szenny **2.** piszkos zsugoriság **3.** aljasság
sórdido [szòrdidu] *mn* **1.** piszkos **2.** piszkosan zsugori **3.** aljas, hitvány
sorgo [szorgu] *m növ* cirok
sorna [szornö] **I.** *mn* lassú; lomha **II.** *fn* **1.** *f* lassúság, lomhaság **2.** *m, f* henyélő, naplopó
sornar [szurnàr] *1/15 tl* **1.** tétlenkedik **2.** horkol; alszik
soro [szoru] *m* **1.** szérum **2.** (tej)savó
sóror, soror [szòròr, szòror] *f* nővér (apáca megszólítása)
sorrate [szurràt] *m: de* ~ titokban, lopva
sorrateiro [szurrötéjru] *mn* agyafúrt, ravasz
sorrelfa [szurrélfö] **I.** *mn* agyafúrt, ravasz **II.** *fn* **1.** *f* agyafúrtság; képmutatás **2.** *m, f* ravasz alak
sorridente [szurride^{n}nt] *mn* mosolygó; vidám
sorrir [szurrir] *3/21 tl* mosolyog; *a sorte lhe sorriu* rámosolygott a szerencse
sorriso [szurrizu] *m* mosoly; ~ *amarelo* kényszeredett mosoly
sorte [szòrt] *f* **1.** sors, végzet **2.** véletlen; *à* ~ találomra **3.** szerencse; *boa* ~ jó szerencse; *má* ~ balszerencse; *por* ~ szerencsére; *caber* v *cair* v *tocar em* ~ osztályrészül jut; *confiar na* ~ bízik a szerencséjében; *dar* ~, B szerencsét hoz; *estar com* ~, *ter* ~ szerencséje van, szerencsés, kedvez neki a szerencse; *tenha boa* ~*!* jó szerencsét! **4.** sors(húzás); *tirar a* ~ sorsot húz; *tirar a* ~ *grande* megüti a főnyereményt; *a* ~ *está lançada* a kocka el van vetve **5.** sorsjegy; ~ *grande* főnyeremény; *casa de* ~ sorsjegyiroda, lottózó **6.** fajta, féle(ség); *de alguma* ~ valamiképpen; *de* ~ *que* úgy, hogy; *desta* ~, *de tal* ~ ilyenképpen; *de várias* ~*s* különféle **7.** rész, részesedés **8.** *bikaviadal* menet, szám
sorteado [szurtyàdu] *mn* **1.** sorsolás útján kiválasztott **2.** *bilhete* ~ kihúzott sorsjegy
sortear [szurtyàr] *1/5 ts* **1.** sorsolással megválaszt **2.** kisorsol **3.** kiválogat **4.** elrendez
sorteio [szurtéju] *m* **1.** (ki)sorsolás **2.** kiválogatás **3.** elrendezés
sortida [szurtidö] *f kat* **1.** kirohanás **2.** betörés
sortido [szurtidu] **I.** *mn* **1.** jól felszerelt (üzlet) **2.** válogatott **3.** vegyes, különféle **II.** *fn, m ker* választék
sortilégio [szurtilèzsju] *m* **1.** boszorkányság; varázslat **2.** cselszövés
sortir [szurtir] *3/11* **I.** *ts* **1.** ellát, felszerel **2.** kiválogat; osztályoz **II.** *tl* osztályrészül jut
sorumbático [szuru^{n}mbàtiku] *mn* **1.** mogorva **2.** szomorú, bánatos
sorva [szorvö] *f növ* berkenye
sorvedoiro, -douro [szurvidojru, -doru] *m* **1.** örvény **2.** szakadék
sorver [szurvér] *2/8 ts* **1.** szürcsöl **2.** magába szív **3.** *átv* elnyel, elpusztít
sorvete [szurvét] *m* fagylalt
sorveteira [szurvitéjrö] *f* fagylaltgép
sorveteiro [szurvitéjru] *m* B fagylaltárus
sorveteria [szurvitiriö] *f* B fagylaltozó
sorvo [szorvu] *m* **1.** hörpintés **2.** korty **3.** *beber de um* ~ egy hajtásra kiissza
sósia [szòziö] *m* hasonmás, eleven mása
soslaio [szuzslàju] *m: de* ~ ferdén, oldalról
sossegado [szuszigàdu] *mn* nyugodt, csendes
sossegar [szuszigàr] *1/4, 1/13* **I.** *ts* **1.** megnyugtat **2.** csillapít **II.** *tl,* **III.** ~**-se** **1.** megnyugszik **2.** pihen, alszik
sossego [szuszégu] *m* nyugalom; megnyugvás

sota [szòtö] *fn* 1. *f kártya* dáma, felső; *orelhar a* ~ kártyázik; *szól: dar* ~ *e ás* túltesz a többieken 2. *m* fullajtár, lovas kísérő; (posta)kocsis
sotaina [szutàjnö] *f* 1. reverenda 2. *átv* pap
sótão [szòtöⁿu] *m* 1. padlás 2. manzárd
sotaque [szutàk] *m* 1. csípős megjegyzés 2. jellegzetes kiejtés *v* hanglejtés
sotavento [szòtöveⁿntu] *m haj* szél alatti oldal
soterrar [szutirràr] *1/13 ts* eltemet
sotopor [szòtupor] *2/17 ts* 1. alája rak *v* tesz 2. alárendel, alávet
soturno [szuturnu] *mn* 1. szomorú, gyászos 2. félelmetes, ijesztő
souto [szotu] *m* 1. liget 2. gesztenyés
sova [szòvö] *f* adag ütleg; *dar uma boa* ~ *a* alaposan elver vkit
sovaco [szuvàku] *m* 1. *orv* hónalj 2. izzlap
sovaquinho [szuvökinyu] *m* izzadságszag
sovar [szuvàr] *1/15 ts* 1. elver, elpáhol 2. dagaszt 3. présel (szőlőt)
sovela [szuvèlö] *f műsz* ár
sovelar [szuvilàr] *1/13 ts* árral átlyukaszt
soviete [szòvjèt] *m* szovjet, tanács; *Soviete Supremo da URSS* a Szovjetunió Legfelsőbb Tanácsa
soviético [szòvjètiku] **I.** *mn* szovjet; *poder* ~ szovjethatalom; *regime* ~ szovjetrendszer **II.** *fn* szovjet ember
sovietismo [szòvjètizsmu] *m* szovjethatalom, szovjetrendszer
sovina [szuvinö] **I.** *mn* fukar, zsugori **II.** *fn, f* 1. gyalupad 2. fúró 3. faszeg 4. *műsz* csap
sovinar [szuvinàr] *1/1 ts* 1. átfúr; átlyukaszt 2. *átv* bosszant, untat
sovinice [szuvinisz] *f* fukarság
sòzinho [szòzinyu] *mn* egyedül
SP = *São Paulo* (brazil állam)
S. P. = *sentidos pêsames* fogadja őszinte részvétemet
Sr. = *Senhor* úr
Sr.ª = *Senhora* úrnő; -né
Srs. = *Senhores*
ss. = *seguintes* következő, alábbi sorok *v* oldalak
S. S. = *Sua Santidade*
S. S.ª = *Sua Senhoria*
S. S. E. = *su-sueste* dél-délkelet
S. S. O. = *su-sudoeste* dél-délnyugat
S.ta, **S.to** = *Santa, Santo* szent
S. T. J. = *Supremo Tribunal de Justiça*
sua [szuö] *névm, mn* →**seu**
suã [szuöⁿ] *f* **B** sertésfartő
suaçu [szvàszu] *m* **B** szarvas
suado [szvàdu] *mn* 1. izzadt 2. *dinheiro* ~ keservesen megkeresett pénz
suadoiro, -douro [szvödojru, -doru] *m* 1. izzadás 2. izzasztószer 3. edénymosás forró (sós)vízben 4. nyeregtakaró
suão [szvöⁿu] **I.** *mn* déli **II.** *fn, m* forró déli szél
suar [szvàr] *1/9 ts, tl* 1. izzad, kiizzad *fazer* ~ kiizzaszt, megizzaszt 2. *átv* beleizzad; fáradozik; ~ *pelo pão* nehéz munkával keresi meg kenyerét
suarento [szvöreⁿntu] *mn* izzadt, verejtékes
suástica [szvàstikö] *f* horogkereszt
suave [szvàv] *mn* 1. enyhe, szelíd, lágy 2. kényelmes, kellemes
suavidade [szvövidàd] *f* 1. enyheség, szelídség, lágyság 2. kényelem, kellemesség
suavizar [szvövizàr] *1/1 ts* enyhít, csillapít, megkönnyít
subagudo [szubögudu] *mn orv* szubakut, félheveny
subalimentação [szubölimeⁿntöszöⁿu] hiányos táplálkozás
subalternizar [szubàltirnizàr] *1/1 ts* alárendel, alávet
subalterno [szubàltèrnu] *mn* és *fn* alárendelt
subalugar [szubölugàr] *1/4* = **sublocar**
subaquático [szubökvàtiku] *mn* víz alatti
subarrendar [szubörreⁿndàr] *1/1 ts* albérletbe kiad
subarrendatário [szubörreⁿndötàrju] *m* albérlő
subchefe [szubsèf] *m* helyettes főnök
subcomissão [szubkumiszöⁿu] *f* albizottság
subconsciente [szubkoⁿs-szjeⁿnt] **I.** *mn* tudat alatti **II.** *fn, m* tudatalattiság
subcutâneo [szubkutönyu] *mn orv* bőr alatti
subdelegar [szubdiligàr] *1/4, 1/13 ts* megbízást továbbad
subdesenvolvido [szubdizeⁿnvulvidu] *mn* kevéssé fejlett, fejlődésben levő (ország)
subdirecção [szubdirèszöⁿu] *f* aligazgatóság

subdirector [szubdirètor] *m* aligazgató, igazgatóhelyettes

súbdito [szubditu] *mn* és *fn* alattvaló

subdividir [szubdividir] *3/1 ts* tovább feloszt, alosztályokra oszt

subdivisão [szubdivizö^{n}u] *f* **1.** alosztályokra osztás **2.** alosztály

subemprego [szube^{n}mprégu] *m* nem teljes kihasználás (munkaerőé, gépé)

subentender [szube^{n}nte^{n}ndér] *2/1* **I.** *ts* beleért, hozzágondol; feltételez **II.** ~-**se** magától értetődik

subentendido [szube^{n}nte^{n}ndidu] **I.** *mn* beleértett, hozzágondolt **II.** *fn, m* burkolt célzás

subequatorial [szubikvöturjàl] *mn* az egyenlítőhöz közel fekvő

subequipado [szubikipàdu] *mn* hiányosan felszerelt

subespécie [szubispèszji] *f él* alfaj

subestimar [szubistimàr] *1/1 ts* **B** alábecsül

sub-humano [szubumönu] *mn* embertelen

subida [szubidö] *f* **1.** emelkedés **2.** emelés, felszállítás, felvitel **3.** emelkedő; lejtő **4.** áremelkedés

subidamente [szubidöme^{n}nt] *hat* magas fokban

subido [szubidu] *mn* **1.** magas **2.** fennkölt **3.** kiváló, nevezetes

subinspector [szubi^{n}spètor] *m* felügyelőhelyettes

subinte [szubi^{n}nt] *mn* emelkedő

subintendente [szubi^{n}nte^{n}nde^{n}nt] *m* helyettes intéző, helyettes munkafelügyelő

subintitular [szubi^{n}ntitulàr] *1/1 ts* alcímmel ellát, alcímet ad vminek **T**

subir [szubir] *3/12* **I.** *ts* **1.** felszállít, felvisz **2.** felmegy vmin **T**; ~ *a escada* felmegy a lépcsőn **3.** felemel (árat), magasít (falat); előléptet **4.** *átv* dicsőít, magasztal **II.** *tl* **1.** felmegy; ~ *ao primeiro andar* felmegy az első emeletre; ~ *ao trono* trónra lép **2.** beszáll, felszáll (járműre); ~ *para o comboio* (**B**: *o trem*) felszáll a vonatra; ~ *ao navio* felszáll a hajóra **3.** felszáll, felemelkedik (a magasba) **4.** megnő, gyarapodik **5.** (ár) emelkedik, megdrágul **6.** *átv* magasabb állásba kerül, előlép **III.** ~-**se** felemelkedik (*átv* is)

súbito [szubitu] *mn* hirtelen, váratlan; *de* ~ egyszerre csak

subjacente [szubzsösze^{n}nt] *mn* alatta fekvő

subjectivar [szubzsètivàr] *1/1 ts fil* szubjektivál; az énre vonatkoztat

subjectividade [szubzsètividàd] *f* szubjektivitás, egyéni felfogás *v* szempont

subjectivo [szubzsètivu] *mn* szubjektív, alanyi, egyéni, személyes

subjugar [szubzsugàr] *1/4 ts* **1.** alávet, leigáz **2.** *sp* legyőz **3.** *átv* visszafojt **4.** megszelídít (állatot)

subjuntivo [szubzsu^{n}ntivu] **I.** *mn nyelvt* alárendelt; függő **II.** *fn, m* : (*modo*) ~ kötőmód

sublevação [szublivöszö^{n}u] *f* felkelés, lázadás

sublevar [szublivàr] *1/13* **I.** *ts* **1.** felemel **2.** felkelésre felszólít, fellázít **II.** ~-**se** felkel, fellázad

sublimado [szublimàdu] **I.** *mn vegy* szublimált **II.** *fn, m vegy* szublimát

sublimar [szublimàr] *1/1* **I.** *ts* **1.** *vegy* szublimál **2.** *átv* felemel, tökéletesít **II.** ~-**se** *átv* kiemelkedik, kitűnik

sublime [szublim] *mn* **1.** fennkölt, magasztos **2.** kiváló **3.** fenséges; pompás; gyönyörű

sublimidade [szublimidàd] *f* **1.** magasztosság **2.** kiválóság

sublinhar [szublinyàr] *1/1 ts* **1.** aláhúz **2.** *átv* kiemel; *deve* ~-*se que* ki kell hangsúlyozni, hogy

sublocação [szublukószö^{n}u] *f* albérlet

sublocar [szublukàr] *1/2, 1/15 ts* albérletbe ad

sublocatário [szublukötàrju] *fn* albérlő

submarino [szubmörinu] **I.** *mn* tenger alatti **II.** *fn, m* tengeralattjáró

submergir [szubmirzsir] *3/3, 3/8* **I.** *ts* **1.** elsüllyeszt; vízbe merít **2.** eláraszt **3.** elnyel (hullám) **II.** *tl*, **III.** ~-**se** alámerül; elsüllyed

submergível [szubmirzsivèl] *mn* = **submersível**

submersão [szubmirszö^{n}u] *f* **1.** elsüllyesztés **2.** alámerülés; elsüllyedés **3.** elárasztás; áradás

submersível [szubmirszivèl] **I.** *mn* alámerülő **II.** *fn, m* búvárhajó

submerso [szubmèrszu] **I.** *mmi* elsüllyesztett, elsüllyedt; →**submergir**; **II.** *mn* gondolatokba mélyedt

submeter [szubmitér] *2/7 ts* **1.** alávet, alárendel (*átv* is); ~ *à crítica* bírálatnak

veti alá 2. benyújt, beterjeszt, előterjeszt; ~ *o projecto à aprovação* benyújtja a javaslatot jóváhagyás végett
subministrar [szubministràr] *1/1 ts* szállít; ellát vmivel (T) vkit (*a*)
submissão [szubmiszö^{n}u] *f* 1. alárendelés 2. alárendeltség 3. alázat
submisso [szubmiszu] *mn* alárendelt; engedelmes
submundo [szubmu^{n}ndu] *m* alvilág
subnutrição [szubnutriszö^{n}u] *f* hiányos táplálkozás
subordinação [szuburdinöszö^{n}u] *f* 1. alárendelés (*nyelvt* is) 2. alárendeltség
subordinada [szuburdinàdö] *f nyelvt* alárendelt mondat, mellékmondat
subordinado [szuburdinàdu] I. *mn* alárendelt; →**oração** II. *fn, m* alattvaló, alárendelt
subordinar [szuburdinàr] *1/1 ts* alárendel
subornar [szuburnàr] *1/15 ts* megveszteget
subornável [szuburnàvèl] *mn* megvesztegethető
suborno [szubornu] *m* megvesztegetés
subpor [szubpor] *2/17 ts* alája tesz
subproduto [szubprudutu] *m* melléktermék
sub-repção [szubrèpszö^{n}u] *f* félrevezetés, csalárdság
sub-reptício [szubrèptiszju] *mn* félrevezető, csalárd
subscrever [szubskrivér] *2/7* I. *ts* 1. aláír 2. *átv* elfogad, jónak tart II. *tl*, III. ~**-se** *para* 1. előfizet vmire 2. jegyez (kölcsönt)
subscrição [szubskriszö^{n}u] *f* 1. aláírás 2. előfizetés 3. (kölcsön)jegyzés
subscrito [szubskritu] *mmi* I. aláírt; →**subscrever** II. *mn* és *fn* alulírott
subscritor *m*, **-a** *f* [szubskritor(ö)] *mn* és *fn* aláíró
subsecretário [szubszikritàrju] *m* államtitkár
subsequente [szubszikve^{n}nt] *mn* következő
subserviência [szubszirvje^{n}szjö] *f* szolgalelkűség
subserviente [szubszirvje^{n}nt] *mn* szolgalelkű
subsidiado [szubszigyàdu] *mn* és *fn* (államilag) segélyezett, segélyben részesülő; *refeições* ~*as* kedvezményes étkezés
subsidiar [szubszigyàr] *1/7 ts* segélyez, támogat
subsidiário [szubszigyàrju] *mn* 1. segélyező, segély- 2. kisegítő, kiegészítő 3. mellék-; *rio* ~ mellékfolyó
subsídio [szubszigyu] *m* 1. segély, anyagi támogatás; ~ *na doença* betegségi segély 2. ~*s* adalékok
subsistência [szubsziste^{n}szjö] *f* 1. lét, létezés; fennállás 2. létfenntartás, megélhetés; *meios de* ~ létfeltételek
subsistente [szubsziste^{n}nt] *mn* létező; fennálló
subsistir [szubszistir] *3/1 tl* 1. létezik, fennáll 2. érvényben *v* hatályban van 3. él; táplálkozik
subsolador [szubszulödor] *m* mélyszántásra való eke
subsolar [szubszulàr] *1/15 ts* mélyszántást végez
subsolo [szubszolu] *m* altalaj, föld mélye
substabelecer [szubstöbiliszér] *2/2 ts* 1. helyettesének kinevez 2. meghatalmazást átruház
substância [szubstö^{n}szjö] *f* 1. *fil* szubsztancia 2. anyag; ~ *química* vegyi anyag 3. állomány 4. vminek a lényege, veleje; *em* ~ lényegében; röviden
substancial [szubstö^{n}szjàl] I. *mn* 1. tápláló, kiadós 2. tartalmas; lényeges; jelentős; fontos II. *fn, m* lényeg
substanciar [szubstö^{n}szjàr] *1/7 ts* 1. (fel)táplál, erősít 2. lényegében kifejt, összefoglal
substancioso [szubstö^{n}szjozu] *mn* 1. tápláló, kiadós 2. *átv* tartalmas
substantivar [szubstö^{n}ntivàr] *1/1 ts nyelvt* 1. főnevesít 2. főnévként használ
substantivo [szubstö^{n}ntivu] I. *mn* 1. megtestesült 2. nyilvánvaló, kézzelfogható II. *fn, m nyelvt* főnév
substituição [szubstitviszö^{n}u] *f* 1. helyettesítés 2. csere 3. pótlás
substituinte [szubstitvi^{n}nt] *mn* helyettesítő, pótló
substituir [szubstitvir] *3/6 ts* 1. helyettesít, helyébe lép 2. lecserél, kicserél 3. pótol
substituível [szubstitvivèl] *mn* helyettesíthető, pótolható
substituto [szubstitutu] I. *mn* helyettesítő, pót- II. *fn* helyettes
substrato [szubstràtu] *m* szubsztrátum, alaptényező

subtensa [szubte^{n}szö] *f geom* húr

subterfúgio [szubtirfuzsju] *m* kibúvó, ürügy; *usar de ~s* kibúvókat talál

subterrâneo [szubtirrönyu] **I.** *mn* **1.** föld alatti **2.** *movimento ~* földalatti *v* illegális mozgalom **II.** *fn, m* **1.** föld alatti helyiség *v* folyosó **2.** szuterén, alagsor **3.** *~s* kulisszatitkok, rejtelmek

subtérreo [szubtèrrju] *mn* = **subterrâneo I.**

subtil [szubtìl] *mn* **1.** finom, vékony **2.** kifinomult; *audição ~* finom hallás; *observação ~* éles megfigyelés **3.** halk, nesztelen (járás) **4.** ügyes, leleményes **5.** éles eszű; szellemes

subtileza [szubtilézö] *f* **1.** finomság, vékonyság **2.** kifinomultság **3.** ügyesség, leleményesség **4.** éleselméjűség; szellemesség

subtilizar [szubtilizàr] *1/1* **I.** *ts* **1.** megfinomít, kifinomít **2.** elemel, elcsen **II.** *tl* bölcselkedik, okoskodik

subtracção [szubtràszö^{n}u] *f* **1.** *mat* kivonás **2.** lopás, sikkasztás

subtraendo [szubtröe^{n}ndu] *m mat* kivonandó

subtrair [szubtröir] *3/22* **I.** *ts* **1.** *mat* kivon **2.** elrabol, magával visz **3.** lop, sikkaszt **4.** kivesz (foltot) **II.** *~-se a* **1.** kivonja magát vmi alól **2.** megmenekül vmitől

subtropical [szubtrupikàl] *mn földr* szubtrópusi

subumano [szubumönu] *mn* embertelen

suburbano [szuburbönu] *mn* külvárosi

subúrbio [szuburbju] *m* külváros

subvenção [szubve^{n}szö^{n}u] *f* szubvenció, (állami) segély

subvencionar [szubve^{n}szjunàr] *1/15 ts* szubvencionál, segélyez, támogat

subversão [szubvirszö^{n}u] *f* felforgatás; felforgató tevékenység

subversivo [szubvirszivu] *mn* felforgató

subversor *m*, **-a** *f* [szubvirszor(ö)] *mn* és *fn* felforgató

subverter [szubvirtér] *2/7 ts* felforgat, megdönt

suc. = **1.** *sucessor* utód(ja) **2.** *sucursal* fiókintézet

sucata [szukàtö] *f* fémhulladék; ócskavas

sucção [szukszö^{n}u] *f* (ki)szívás; (ki)szopás

sucedâneo [szuszidönyu] **I.** *mn* helyettesítő, pótló **II.** *fn, m* pótanyag

suceder [szuszidér] *2/7 tl* **1.** történik; *que sucedeu?* mi történt? *suceda o que ~* bármi történjék is **2.** következik vki *v* vmi után (*a*)

sucedido [szuszididu] **I.** *mn*: *ser bem ~* sikere van; *ser mal ~* balsikere van **II.** *fn, m* esemény, eset

sucessão [szuszuszö^{n}u] *f* **1.** egymás után következés **2.** öröklés, örökösödés **3.** örökség **4.** utódok

sucessivo [szuszuszivu] *mn* **1.** egymás után következő **2.** folytonos, szakadatlan **3.** örökösödési

sucesso [szuszèszu] *m* **1.** esemény, eset **2.** eredmény; siker; *ter ~* sikere van **3.** szülés; *mau ~*, *nép* elvetélés

sucessor [szuszuszor] *m* utód; örökös

súcia [szuszjö] *f* banda, klikk

sucinto [szuszi^{n}ntu] *mn* rövid, tömör

súcio [szuszju] *m* csavargó; csibész

suco [szuku] *m* **1.** *él* nedv; →**gástrico; 2.** *lé*; *~ de laranja* narancslé **3.** *átv* vminek a veleje, magva

sucoso [szukozu] *mn* = **suculento**

suculento [szukule^{n}ntu] *mn* **1.** leveses; zamatos **2.** tápláló, kiadós **3.** zsíros

sucumbir [szuku^{n}mbir] *3/1 tl* **1.** összeroskad (teher alatt) **2.** *átv* veszít, beadja a derekát, elbukik **3.** összeomlik **4.** meghal

sucursal [szukurszàl] *mn* és *fn*: *(casa) ~* fiókintézet, fióküzlet

sucussão [szukuszö^{n}u] *f* megrendítés; megrendülés

sudação [szudöszö^{n}u] *f orv* izzadás

Sudão [szudö^{n}u] *m* Szudán

sudário [szudàrju] *m* **1.** szemfedő; halotti lepel **2.** bűnlajstrom

sudoeste [szudvèst] *m* délnyugat

sudorífero, sudorífico [szudurifiru, -fiku] *mn* és *fn* izzasztó(szer)

Suécia [szvèszjö] *f* Svédország

sueco [szvèku] *mn* és *fn* svéd

sueste [szvèst] *m* délkelet

suéter [szvètèr] *m* szvetter, kötött mellény, ujjas

suficiência [szufiszje^{n}szjö] *f* **1.** elegendő mennyiség **2.** képesség, alkalmasság **3.** elbizakodottság

suficiente [szufiszje^{n}nt] *mn* **1.** elegendő **2.** elégséges, kielégítő **3.** használható; alkalmas

sufixo [szufikszu] *m nyelvt* szuffixum, képző, jel, rag

sufocação [szufuköszö^{n}u] *f* 1. fuldoklás 2. *orv* megfulladás 3. *átv* elfojtás
sufocar [szufukàr] *1/2, 1/15* I. *ts* 1. fojtogat 2. megfojt 3. *átv* elfojt, elnyom, lever II. **~-se** megfullad
sufragar [szufrögàr] *1/4, 1/12 ts* 1. támogat vkit, szavaz vkire T 2. *vall* imádkozik (vkinek a lelki üdvéért)
sufrágio [szufràzsju] *m* 1. szavazat; *direito ao ~* szavazati jog 2. *vall* ima, fohász, könyörgés; *em ~s por alma de* vkinek a lelki üdvéért
sugação [szugöszö^{n}u] *f* kiszívás
sugadoiro, -douro [szugödojru, -doru] *m áll* szívóka
sugar [szugàr] *1/4 ts* 1. kiszív 2. *átv* kiprésel, kicsikar, kiszipolyoz
sugerir [szuzsirir] *3/8 ts* 1. szuggerál, sugalmaz 2. ajánl, javasol 3. előidéz, okoz
sugestão [szuzsistö^{n}u] *f* 1. szuggesztió, sugalmazás 2. ajánlat, javaslat, tanács; *~ do chefe* a konyhafőnök ajánlata (étlapon) 3. ösztönzés
sugestionar [szuzsistyunàr] *1/15 ts* 1. szuggerál, sugalmaz 2. elhitet, befolyásol 3. ösztönöz
sugestionável [szuzsistyunàvèl] *mn* befolyásolható
sugestivo [szuzsistivu] *mn* 1. szuggesztív, sugalló 2. ösztönző
Suiça [szviszö] *f* Svájc
suiças [szviszös] *f tb* barkó, pofaszakáll
suicida [szviszidö] *mn* és *fn* öngyilkos
suicidar-se [szviszidàrszi] *1/1* öngyilkosságot követ el
suicídio [szviszigyu] *m* öngyilkosság
suiço [szviszu] *mn* és *fn* svájci
suinicultura [szvinikulturö] *f* sertéstenyésztés, disznóhizlalás
suino [szvinu] I. *mn* disznó-, sertés-; *gado ~* -sertésállomány, sertések II. *fn, m* disznó, sertés
sujar [szuzsàr] *1/1 ts* bemocskol, beszennyez (*átv* is)
sujeição [szuzséjszö^{n}u] *f* 1. alávetettség, elnyomatás 2. függőség; lekötöttség 3. feszélyezettség
sujeira [szuzséjrö] *f* piszok, szenny
sujeitar [szuzséjtàr] *1/1* I. *ts* 1. alávet 2. megfékez 3. kényszerít, rávisz vmire (*a*) II. **~-se** aláveti magát vminek, belenyugszik vmibe (*a*)
sujeito [szuzséjtu] I. *mn* 1. alávetett 2. engedelmes 3. vminek kitett, vmire kötelezett (*a*); *~ a direitos* adóköteles, vámköteles 4. vmitől függő (*a*) II. *fn, m* 1. *fil* szubjektum, logikai alany 2. személy; alak; valaki 3. *nyelvt* alany 4. tárgy, téma
sujidade [szuzsidàd] *f* piszok, szenny
sujo [szuzsu] *mn* piszkos, szennyes
sul [szul] *m* 1. dél; *ao ~ de Lisboa* Lisszabontól délre 2. déli szél
sul-americano [szulömirikönu] *mn* és *fn* dél-amerikai
sulcar [szulkàr] *1/2 ts* 1. barázdál, barázdát szánt 2. *~ o mar* járja a tengereket 3. *átv* ráncossá tesz (arcot) 4. átszel, keresztülvezet (út)
sulco [szulku] *m* 1. barázda 2. hajó sodra 3. ránc, redő
sulfatar [szulfötàr] *1/12 ts* permetez (szőlőt)
sulfato [szulfàtu] *m vegy* szulfát, a kénsav sója
sulfeto [szulfétu] *m vegy* a kén-hidrogén sója
sulfito [szulfitu] *m vegy* a kénessav sója
sulfurar [szulfuràr] *1/1 ts* kénnel vegyít; kénez
sulfúreo [szulfurju] *mn* kénes, kén-
sulfureto [szulfurétu] *m* = **sulfeto**
sulfúrico [szulfuriku] *mn* kén-; *ácido ~* kénsav
sulfurino [szulfurinu] *mn* kénszínű
sulfuroso [szulfurozu] *mn* kéntartalmú
sulista [szulistö] *mn* és *fn* dél-braziliai
sultão [szultöu] *m* szultán
suma [szumö] *f* 1. összeg 2. lényeg, rövid tartalom; *em ~* röviden, egyszóval
sumamente [szumöme^{n}nt] *hat* nagyon is, szerfölött
sumarento [szumöre^{n}ntu] *mn* leveses; zamatos
sumariar [szumörjàr] *1/7 ts* 1. összefoglal 2. rövidre fog
sumário [szumàrju] I. *mn* 1. rövid; lerövidített 2. gyorsított (*pl* bírósági eljárás) II. *fn, m* 1. összefoglalás, kivonat 2. tartalmi ismertetés
sumição [szumiszö^{n}u] *f* = **sumiço**
sumiço [szumiszu] *m* eltűnés; *levar ~* eltűnik
sumidade [szumidàd] *f* 1. csúcs, csúcspont 2. kimagasló egyéniség
sumidiço [szumidiszu] *mn* könnyen tovatűnő

sumido [szumidu] *mn* 1. eltűnt; rejtett 2. *faces ~as* beesett orcák; *letras ~as* alig olvasható, elmosódott írás; *olhos ~s* mélyen fekvő szemek; *voz ~a* alig hallható hang

sumidoiro, -douro [szumidojru, -doru] *m* 1. *műsz* lefolyó; kifolyócső 2. levezető árok; pöcegödör

sumir [szumir] *3/10* I. *ts* 1. eltüntet; elrejt 2. elveszít 3. *átv* felemészt; tönkretesz II. *tl*, III. ~**-se** eltűnik

sumo[1] [szumu] I. *mn* legfelsőbb, legnagyobb, igen nagy II. *fn, m* csúcs, tető(pont) (*átv* is)

sumo[2] [szumu] *m* lé; zamat

sumoso [szumozu] *mn* = **sumarento**

sumptuosidade [szu^{n}mptvuzidàd] *f* fény, pompa

sumptuoso [szumptvozu] *mn* fényes, pompás

súmula [szumulö] *f* rövid áttekintés *v* kivonat

sunt . . . →**sumpt . . .**

suor [szvor] *m* izzadság, verejték; *com o ~ do rosto* orcája verejtékével

superabundância [szupèröbu^{n}ndö^{n}szjö] *f* nagy bőség, gazdagság

superabundante [szupèröbu^{n}ndö^{n}nt] *mn* bőséges

superabundar [szupèröbu^{n}ndàr] *1/1 tl* bőven van, bővelkedik vmiben (*de*)

superar [szupiràr] *1/13 ts* 1. felülmúl 2. legyőz, leküzd

superávit [szupiràvit] *m ker* fölösleg; nyereség

supercílio [szupèrszilju] *m* szemöldök

supereminente [szupèrimine^{n}nt] *mn* messze kimagasló

superestimar [szupèristimàr] *1/1 ts* túlbecsül

superestrutura [szupèristruturö] *f* felépítmény

superficial [szupirfiszjàl] *mn* 1. felületi 2. felületes

superfície (szupirfiszji) *f* 1. terület 2. felület 3. *átv* külszín 4. *à ~* a felszínen (*átv* is)

superfino (szupirfinu) *mn* rendkívül finom

supérfluo (szupèrfluu) *mn* fölösleges; céltalan

supergelado [szupirzsilàdu) *mn* mélyhűtött

superintendência (szupiri^{n}nte^{n}nde^{n}szjö) *f* főfelügyelet, főintézőség

superintendente [szupiri^{n}nte^{n}nde^{n}nt] *m* főfelügyelő, főintéző

superintender [szupiri^{n}nte^{n}ndér] *2/1 ts* 1. vezet, irányít 2. felügyel

superior [szupirjor] I. *mn* 1. felsőbb, magasabb; *ensino v instrução ~* felsőfokú oktatás; *escola ~* főiskola 2. jobb; *de qualidade ~* kiváló minőségű; *ser ~ a* felülmúl vmit, jobb vminél II. *fn, m* 1. főnök, elöljáró 2. *vall* rendfőnök, házfőnök

superiora [szupirjorö] *f vall* főnöknő

superioridade [szupirjuridàd] *f* 1. felsőbbrendűség, fölény 2. előny 3. kiválóság

superiorizar-se [szupirjurizàrszi) *1/1* fölénybe kerül

superiormente [szupirjurme^{n}nt] *hat* fentről, magasabb helyről

superlativo [szupirlötivu] I. *mn* felsőfokú, kimagasló, kiváló II. *fn, m nyelvt* felsőfok

superlotado [szupirlutàdu] *mn* B túlzsúfolt

supermercado [szupirmirkàdu] *m* önkiszolgáló nagyáruház

superno [szupèrnu] *mn* 1. magasabb; igen magas 2. *átv* kiváló, kitűnő

supero-anterior [szupiruö^{n}ntirjor] *mn* felső elülső

superpopulação [szupirpupulöszö^{n}u] *f* túlnépesség

superpotência [szupirpute^{n}szjö] *f* nagyhatalom

superpovoamento [szupirpuvuöme^{n}ntu] *m* túlnépesedés

superprodução [szupirpruduszö^{n}u] *f* túltermelés

superrápido [szupirràpidu] *mn* rendkívül gyors

supersônico [szupirszoniku] *mn* szuperszonikus, a hang sebességét meghaladó

superstição [szupirstiszö^{n}u] *f* babona

supersticioso [szupirstiszjozu] *mn* babonás

supérstite [szupèrstit] *mn* életben maradt, túlélő

supervisão [szupirvizö^{n}u] *f* főfelügyelet

supervisionar [szupirvizjunàr] *1/15 ts* felügyeletet gyakorol vmi fölött T

supetão [szupitö^{n}u] *m*: *de ~* hirtelen, váratlanul

supino [szupinu] *mn* 1. magas, magasan fekvő 2. hanyatt fekvő 3. *átv: ignorância ~a* nagyfokú tudatlanság

supl. = *suplemento* melléklet

suplantar [szuplö^{n}ntàr] *1/1 ts* 1. helyéről kiszorít, kitúr 2. helyettesít, pótol

suplementar [szuplime^{n}ntàr] I. *mn* kiegészítő, pót-, segéd- II. *1/1 ts* kiegészít

suplemento [szuplime^{n}ntu] *m* 1. kiegészítés; hozzáadás; pótlás 2. pótdíj 3. újságmelléklet

suplência [szuple^{n}szjö] *f* helyettesség; helyettesítés

suplente [szuple^{n}nt] I. *mn* helyettesítő II. *fn* 1. helyettes 2. *sp* tartalék

supletivo [szuplitivu] *mn* kiegészítő, pótló; *ensino ~* a) továbbképzés b) korrepetálás

supletório [szuplitòrju] *mn* = **supletivo**

súplica [szuplikö] *f* 1. kérvény, folyamodvány 2. kérés, könyörgés 3. *vall* ima

suplicado [szuplikàdu] *fn jog* alperes

suplicante [szuplikö^{n}nt] I. *mn* könyörgő II. *fn* 1. kérvényező, folyamodó 2. *jog* felperes

suplicar [szuplikàr] *1/2 ts* könyörög, esdekel

supliciar [szupliszjàr] *1/7 ts* 1. kivégez 2. kínoz, gyötör

suplício [szupliszju] *m* 1. kínzás, kínvallatás 2. kivégzés, halálbüntetés 3. gyötrelem

supor [szupor] *2/17 ts* 1. feltételez 2. gyanít, sejt

suportar [szupurtàr] *1/15 ts* 1. tart, (meg)támaszt; kibír (terhet) 2. *átv* eltűr, elvisel

suportável [szupurtàvèl] *mn* elviselhető, kibírható

suporte [szupòrt] *m müsz* támaszték; tartó; állvány; pillér

suposição [szupuziszö^{n}u] *f* 1. feltevés, feltételezés 2. találgatás 3. (meg)hamisítás

supositivo [szupuzitivu] *mn* feltételes; feltételezhető

supositório [szupuzitòrju] *m orv* végbélkúp

suposto [szupostu] I. *mmi* feltételezett; →**supor;** II. *mn* 1. állítólagos 2. *~ que* feltéve, hogy *v* ha III. *fn, m* feltételezés

supracitado, supradito [szupröszitàdu, -ditu] *mn* fent említett

supranacional [szuprönöszjunàl] *mn pol* nemzetek fölötti

supranatural [szuprönöturàl] *mn* természetfölötti

supranumerário [szuprönumiràrju] *mn* számfeletti

suprapartidário [szupröpörtidàrju] *mn* pártok fölötti

suprasensível [szuprösze^{n}szivèl] *mn* túlérzékeny

supremacia [szuprimösziö] *f* felsőség, főhatalom; vezető szerep

supremo [szuprému] *mn* 1. legfelső 2. végső, legutolsó

supressão [szupriszö^{n}u] *f* 1. megszüntetés, eltörlés; betiltás 2. cenzúra; törlés, kihagyás 3. elhallgatás, eltitkolás

suprimento [szuprime^{n}ntu] *m* 1. kiegészítés; *~ de ordenado* bérkiegészítés, bérpótlék 2. segély 3. kölcsön

suprimir [szuprimir] *3/1 ts* 1. megszüntet, eltöröl; betilt 2. cenzúráz; töröl, kihagy 3. elhallgat, eltitkol

suprir [szuprir] *3/1 ts* 1. kiegészít, pótol 2. helyettesít 3. ellát; kielégít (igényt) 4. kijavít, helyrehoz; *~ a falta* kiigazítja a hibát

supuração [szupuröszö^{n}u] *f orv* gennyesedés

supurante [szupurö^{n}nt] *mn* gennyes, gennyesedő

supurar [szupuràr] *1/1 tl* gennyed, genynyesedik

supurativo [szupurötivu] *mn* és *fn orv* gennyesedést okozó (szer)

surdez [szurdés] *f* süketség

surdina [szurdinö] *f zene* hangfogó; *à ~, em ~, na ~* a) tompítva, halkan b) titokban, lopva

surdir [szurdir] *3/1 tl* 1. kifolyik, előbugyog 2. mutatkozik, előtűnik 3. *átv* ered, származik

surdo [szurdu] *mn* 1. süket; *~ como uma porta* süket, mint az ágyú 2. tompa, halk 3. titkolt, titkos 4. érzéketlen; *ficar ~ a* elzárkózik vki *v* vmi elől

surdo-mudo [szurdumudu] *mn* és *fn* süketnéma

surgidoiro, -douro [szurzsidojru, -doru] *m* horgonyzóhely

surgir [szurzsir] *3/3 tl* 1. előtűnik, megjelenik 2. felbukkan; felszínre kerül (*átv* is) 3. felemelkedik; felkel (nap) 4. *~ do sono* felébred álmából 5. *haj* kikötőbe ér 6. elmúlik; *dez anos surgiram* tíz év telt el

suro [szuru] *mn áll* farkatlan

surpreendente [szurprje^{n}nde^{n}nt] *mn* meglepő

surpreender [szurprje^{n}ndér] *2/1* **I.** *ts* **1.** meglep **2.** váratlanul ér **3.** rajtakap **4.** bámulatba ejt, elképeszt **5.** kicsal (pénzt) vkiből (*a*) **II.** **~-se** meglepődik

surpresa [szurprézö] *f* **1.** meglepetés **2.** meglepődés **3.** váratlan esemény; *de ~* váratlanul

surpresar [szurprizàr] *1/13* = **surpreender**

surpreso [szurprézu] *mn* meglepődött; csodálkozó

surra [szurrö] *f nép* adag verés; *dar uma ~ a* alaposan elver vkit

surrado [szurràdu] *mn* **1.** elnyűtt, kopott (ruha) **2.** *átv* elcsépelt; divatjamúlt **3.** zsíros, piszkos

surrador [szurrödor] *m* cserzőmunkás; tímár

surrão [szurrö^{n}u] *m* **1.** pásztorok bőrtarisznyája **2.** kopott, piszkos ruházat **3.** piszkos alak, koszfészek

surrar [szurràr] *1/1* **I.** *ts* **1.** cserez (bőrt) **2.** elver, elnáspángol **3.** elkoptat, elnyű (ruhát) **II.** **~-se** elkopik, elhasználódik

surriba [szurribö] *f mezőg* felásás, megforgatás (földé, az elültetett fa körül)

surribar [szurribàr] *1/1 ts mezőg* felás, megforgat

surripiar [szurripjàr] *1/7 ts* ellop, elcsen

surro [szurru] *m* piszok, szenny

surtida [szurtidö] *f kat* kirohanás; támadás

surtir [szurtir] *3/1* **I.** *ts* **1.** eredményez, okoz **2.** *~ efeito* eredménnyel jár, sikerül **II.** *tl*: *~ bem* sikerül; *~ mal* balul üt ki

surto [szurtu] **I.** *mn* lehorgonyzott (hajó) **II.** *fn, m* **1.** felbukkanás (*pl* betegségé) **2.** *átv* magasba törés, szárnyalás **3.** lendület **4.** *ker* hossz, emelkedő irányzat; gazdasági fellendülés

sus! [szus] *isz* hajrá! rajta!

susceptibilidade [szus-szètibilidàd] *f* **1.** fogékonyság **2.** érzékenység

susceptibilizar [sus-szètibilizàr] *1/1* **I.** *ts* megbánt, megsért **II.** **~-se** megsértődik

susceptível [szus-szetivèl] *mn* **1.** fogékony vmi iránt (*de*) **2.** érzékeny **3.** sértődékeny

suscet... →**suscept...**

suscitar [szus-szitàr] *1/1 ts* **1.** előidéz, előhív, okoz, szül; *~ escândalo* botrányt kelt **2.** ösztönöz **3.** ingerel; szít

suserania [szuzirönìö] *f tört* hűbériség

suserano [szuzirönu] *m* hűbérúr

suspeição [szuspéjszö^{n}u] *f* gyanakvás

suspeita [szuspéjtö] *f* **1.** gyanú; bizalmatlanság; *causar ~* gyanút kelt; *lançar ~s sobre* gyanúba fog, (meg)gyanúsít vkit **2.** gyanítás, feltételezés

suspeitar [szuspéjtàr] *1/1* **I.** *ts* **1.** gyanúsít **2.** sejt, gyanít **II.** *tl* gyanakszik vkire *v* vmire (*de*)

suspeito [szuspéjtu] *mn* **1.** gyanús **2.** kétes, bizonytalan **3.** *juiz ~* elfogult *v* részrehajló bíró

suspeitoso [szuspéjtozu] *mn* gyanakvó

suspender [szuspe^{n}ndér] *2/1* **I.** *ts* **1.** felakaszt, felfüggeszt, felerősít **2.** a magasba emel; a levegőben tart; *~ a âncora* felszedi a horgonyt **3.** félbeszakít, leállít; *~ os pagamentos* leállítja a kifizetéseket; *~ o trabalho* abbahagyja a munkát **4.** *átv* felfüggeszt (állásából) **5.** (bizonytalan időre) betilt (újságot) **6.** (bizonytalan időre) elhalaszt **II.** **~-se** **1.** fennakad **2.** függ, lóg **3.** félbeszakad

suspensão [szuspe^{n}szö^{n}u] *f* **1.** felfüggesztés (*átv* is); *candeeiro de ~* függőlámpa **2.** félbeszakítás, (ideiglenes) beszüntetés **3.** betiltás; eltiltás **4.** *zene* fermata; késleltetés **5.** *műsz autó* rugószerkezet **6.** elhalasztás

suspenso [szuspe^{n}szu] **I.** *mmi* felfüggesztett; →**suspender;** **II.** *mn* **1.** függő; *jardim ~* függőkert **2.** tanácstalan; bizonytalan; *estar ~* függ; lebeg; *átv* függőben van; *ficar ~* megáll (beszédben), elhallgat; *ter ~* **a)** hiteget **b)** izgalomban tart

suspensório [szuspe^{n}szòrju] *m* **1.** *orv* sérvkötő **2.** *~s* nadrágtartó

suspicácia [szuspikàszjö] *f* bizalmatlanság, gyanakvás

suspicaz [szuspikàs] *mn* bizalmatlan, gyanakvó

suspirado [szuspiràdu] *mn* várva várt, hőn óhajtott

suspirar [szuspiràr] *1/1* **I.** *ts* **1.** sóhajtozik, vágyakozik vmi után *T* **2.** elsírja bánatát **II.** *tl* **1.** sóhajtozik **2.** susog (szél) **3.** ~ *por* **a)** vágyódik vmi után **b)** epekedik vkiért, szerelmes vkibe

suspiro [szuspiru] *m* **1.** sóhaj **2.** epekedés, vágyódás **3.** *konyh* habcsók

suspiroso [szuspirozu] *mn* **1.** sóhajtozó **2.** panaszos, siránkozó **3.** hőn óhajtott

sussurrar [szuszurràr] *1/1 ts, tl* **1.** susog, suttog **2.** zümmög

sussurro [szuszurru] *m* **1.** susogás, suttogás **2.** zümmögés

sustar [szustàr] *1/1* **I.** *ts* **1.** megállít **2.** feltartóztat **3.** (ideiglenesen) beszüntet, leállít **II.** *tl,* **III.** **~-se** megáll

sustenido [szustinidu] *zene* **I.** *mn : dó ~* cisz (hang) **II.** *fn, m* diesis, kereszt

sustentação [szuste^{n}ntöszö^{n}u] *f* **1.** alátámasztás, megtámasztás **2.** támogatás, segítség **3.** megtartás, megőrzés **4.** eltartás, táplál(koz)ás

sustentar [szustentàr] *1/1* **I.** *ts* **1.** tart, megtámaszt **2.** fenntart, megtart, megőriz **3.** kibír, eltűr, elvisel **4.** eltart, táplál, élelmez **5.** megvéd, oltalmaz; *~ a sua tese* megvédi disszertációját **6.** kijelent, állít, bizonygat; bizonyít **II.** **~-se** **1.** tartja magát, kibírja, ellenáll **2.** *~-se com o seu trabalho* munkájából tartja fenn magát **3.** *~-se do ar* **a)** a fellegekben jár **b)** nagyon keveset eszik

sustento [szuste^{n}ntu] *m* **1.** támasz, segítség **2.** megőrzés, fenntartás; létfenntartás **3.** táplálkozás; táplálék

suster [szustér] *2/23* **I.** *ts* **1.** tart, megtámaszt **2.** visszatart, megfékez; megakadályoz; *~ as arremetidas* állja, visszaveri a támadásokat; *~ as lágrimas* visszafojtja könnyeit **3.** megtart, megőriz **4.** eltart, táplál **II.** **~-se** **1.** tartja magát; megáll a lábán (*átv* is) **2.** visszatartja magát, türtőzteti magát

susto [szustu] *m* ijedtség; *apanhar* v *levar um ~* megijed; *pregar um ~ a* megijeszt vkit, ráijeszt vkire

su-sudoeste [szuszudvèst] *m* dél-délnyugat

su-sudeste [szuszudèst] *m* dél-délkelet

su-sueste [szuszuèst] = *su-sueste* déldélnyugat

sut . . . →**subt . . .**

sutiã [szutyö^n] *m* melltartó

sutura [szuturö] *f orv* varrás, varrat

suturar [szuturàr] *1/1 ts orv* varr, bevarr

T

T, t [té] *m* t (betű)

t. = **1.** *tomo* kötet **2.** *tonelada* tonna **3.** *tara* burkolatsúly

T. = **1.** *tara* tára, burkolatsúly **2.** *travessa* utca

ta [tà] = *te* + *a* neked azt

tá! [tà] *isz* **B** *nép* jó! rendben!

tabacada [töbökàdö] *f* **B** *nép* pofon, nyakleves

tabacal [töbökàl] **I.** *mn* dohány- **II.** *fn, m* dohányültetvény

tabacaria [töbököriö] *f* trafik, dohányos bolt

tabaco [töbàku] *m* dohány; *levar para o seu* ~ alapos verést kap; megleckéztetik

tabaqueira [töbökéjrö] *f* dohányosszelence, dohányzacskó

tabaqueiro [töbökéjru] **I.** *mn* dohány- **II.** *fn* dohányos, dohányzó

tabaréu [töbörèu] *m* **1.** *kat* újonc **2.** kezdő, tapasztalatlan

tabe [tàbi] *f* *orv* tábesz, gerincvelősorvadás

tabela [töbèlö] *f* **1.** tabella, tábla; jegyzék; lista; ~ *comparativa* összehasonlító táblázat; ~ *salarial* fizetési táblázat; bérkimutatás; ~ *de logaritmos* logaritmustábla; *sp:* ~ *do marcador* eredménytáblázat **2.** tárgymutató; katalógus **3.** díjszabás, tarifa; ~ *de preços* árjegyzék; *preço de* ~ árjegyzéki *v* hatósági ár **4.** menetrend; *chegar à* ~ menetrend szerint, pontosan érkezik (vonat) **5.** biliárdasztal pereme **6.** *szól:* *cair pela* ~ **a)** rosszul van **b)** kínos helyzetbe kerül; *censurar por* ~ burkoltan kifogásol

tabelado [töbilàdu] *mn:* *preço* ~ hatósági *v* rögzített ár

tabelamento [töbilöme^{n}ntu] *m* ármegállapítás

tabelar [töbilàr] **I.** *mn* jegyzék *v* táblázat szerinti **II.** *1/13* *ts* árakat megállapít

tabelião [töbiljö^{n}u] *m* jegyző

taberna [töbèrnö] *f* **1.** kocsma **2.** étkezde

tabernáculo [töbirnàkulu] *m* **1.** sátor **2.** *nép* lakás

tabernal [töbirnàl] *mn* **1.** kocsmai **2.** piszkos

tabernário [töbirnàrju] *mn* = **tabernal**

taberneira [töbirnéjrö] *f* kocsmárosné

taberneiro [töbirnéjru] *m* kocsmáros

tabique [töbik] *m* válaszfal

tabla [tàblö] *f* (bádog)lemez

tablado [töblàdu] *m* **1.** emelvény; színpad **2.** híd burkolata

taboca [tàbòkö] *f* **B** **I.** (brazíliai) bambusz **II.** ámítás; becsapás

tabua [tàbuö] *f* **1.** **B** hüvelyes növényfajta **2.** *mandar à* ~ a pokolba küld

tábua [tàbvö] *f* **1.** deszka; ~ *de engomar* *v* *de passar* vasalódeszka; ~ *para cortar carnes* vágódeszka **2.** tábla; ~ *do xadrez* sakktábla; ~ *logarítmica* *v* *de logaritmos* logaritmustábla **3.** kőlap, márványlap **4.** ~ *da matéria* tartalomjegyzék **5.** *szól:* ~ *de salvação, átv* mentsvár; *dar* ~ *a* csalódást kelt vkiben; *levar* ~ csalódik; *fazer* ~ *rasa, átv* szakít a múlttal, új életet kezd

tabuada [töbvàdö] *f* **1.** tartalomjegyzék **2.** ~ *de multiplicar* egyszeregy (táblázata)

tabuado [töbvàdu] *m* **1.** deszkapadló **2.** deszkafal

tabuão [töbvö^{n}u] *m* **1.** vastag deszka **2.** palló

tabuinha [töbvinyö] *f* 1. kis deszka; *salvar-se por uma* ~ csodával határos módon megmenekül 2. *~s* zsalu
tábula [tàbulö] *f* *ját* korong, bábu
tabulado [töbulàdu] *m* 1. deszkakerítés 2. deszkapadló 3. emelvény
tabulador [töbulödor] *m* *műsz* tabulátor
tabuleiro [töbuléjru] *m* 1. tálca 2. sakktábla 3. virágágy 4. lépcsőforduló 5. tepsi
tabuleta [töbulétö] *f* 1. cégtábla 2. hirdetőtábla 3. jelzőtábla
taburno [töburnu] *m* 1. lábzsámoly 2. lépcsőfok
taça [tàszö] *f* 1. serleg, pohár 2. *sp* kupa
tacanharia [tökönyöriö] *f* zsugoriság
tacanhear [tökönyjàr] *1/5 tl* zsugorodik
tacanho [tökànyu] *mn* 1. alacsony termetű 2. zsugori 3. kicsinyes 4. álnok, ravasz
tacão [tökö^{n}u] *m* 1. cipősarok 2. *szính* lábdobogás, kifütyülés
tacha [tàsö] *f* 1. lapos fejű szeg; kárpitosszeg 2. folt 3. *átv* hiba, fogyatékosság
tachar [tösàr] *1/12* I. *ts* 1. kifogásol 2. ~ *de* nevez, minősít vmilyennek; ~ *de ignorante* tudatlansággal vádol II. **~-se** leissza magát
tacho [tàsu] *m* 1. lábas 2. *biz* szakácsnő
tácito [tàszitu] *mn* 1. hallgatag; csendes 2. hallgatólagos; *aprovação ~a* hallgatólagos beleegyezés
taciturno [töszitumu] *mn* 1. hallgatag, szűkszavú 2. bánatos, szomorú
taco [tàku] *m* 1. *ját* dákó 2. golfütő 3. *műsz* tipli, faék 4. **B** darab; falat
tactear [tötyàr] *1/5* I. *ts* 1. (ki)tapogat 2. *átv* kipuhatol II. *tl* 1. tapogatózik 2. *átv* puhatolózik
táctica [tàtikö] *f* taktika
táctico [tàtiku] I. *mn* taktikai II. *fn, m* taktikus
tacto [tàtu] *m* 1. tapintás; érintés 2. *átv* tapintat
tafetá [töfità] *m* *text* tafota, taft
taful [töful] I. *mn* 1. piperkőc; „kicsípett" 2. vidám II. *fn* 1. ficsúr 2. szenvedélyes játékos
tafularia [töfulöriö] *f* 1. ficsúros viselkedés 2. ficsurak 3. játékszenvedély
tafulhar [töfuljàr] *1/1 ts* eldugaszol
tafulho [töfulju] *m* 1. eldugaszolás 2. dugó
tagano [tögönu] *mn* a Tejo folyó melletti
tagantar [tögö^{n}ntàr] *1/1 ts* ostoroz
tagantear [tögö^{n}ntyàr] *1/5 ts* = **tagantar**
tagarela [tögörèlö] I. *mn* fecsegő II. *fn* 1. *f* zsivaj, lárma 2. *m, f* pletykafészek, hírharang
tagarelar [tögörilàr] *1/13 ts, tl* 1. fecseg 2. kifecseg, elárul; híresztel
tagarelice [tögörilisz] *f* fecsegés
tagaté [tögötè] *m* 1. cirógatás 2. hízelgés
Tailândia [tájlö^{n}gyö] *f* Taiföld
tailandês *m*, **-desa** *f* [tájlö^{n}dés, dézö] *mn* és *fn* taiföldi
tainha [töinyö] *f* tengeri pérhal
taipa [tàjpö] *f* vályogfal; *casa de* ~ vályogház, vályogkunyhó
taipal [tàjpàl] *m* 1. vályogfal 2. zsalu 3. leereszthető kocsi- *v* szekéroldal
taipar [tàjpàr] *1/1 ts* vályogfalat húz
tal [*tb* : *tais*) [tàl] *mn, névm* ilyen, olyan; ~ *qual* ugyanilyen, ugyanolyan; pontosan ugyanúgy; ~ *qual o pai* teljesen az apja; ~ . . ., ~ . . . amilyen . . ., olyan . . .; *közm* : ~ *pai*, ~ *filho* amilyen az apa, olyan a fia; az alma nem esik messze a fájától; *outro* (*que*) ~ ugyanaz; ugyanolyan; még egy olyan; *o* ~ a szóbanforgó, az illető; *um* ~ egy bizonyos valaki; *José de* ~ egy ilyen és ilyen József; *trinta e* ~ harminc és még valamennyi; *a* ~ *ponto* olyannyira, olyan mértékben; *de* ~ *maneira*, *de* ~ *modo* ilyen módon; ~ *não acontece* ilyen nincs! *não creio em* ~ ilyenben nem hiszek, ezt nem hiszem; *nunca se viu* ~ ilyen még nem volt; *que* ~? (hát) hogy vagyunk?
tala [tàlö] *f* *orv* sín; *pôr ~s* a sínbe rak (végtagot)
talagarça [tölögàrszö] *f* *text* kanavász
tálamo [tàlömu] *m* 1. nászágy 2. *átv* menyegző
talante [tölö^{n}nt] *m* akarat; *a seu* ~ kénye-kedve szerint
talão [tölö^{n}u] *m* 1. harisnya *v* cipő sarokrésze 2. talon, szelvény
talar[1] [tölàr] *mn* : *hábito* ~ talár
talar[2] [tölàr] *1/12 ts* 1. árkokat von (talaj szárításához) 2. ~ *árvores* fákat dönt *v* kivág 3. *átv* elpusztít, tönkretesz

talco [tàlku] *m* 1. *ásv* zsírkő 2. hintőpor
talentaço [töle^{n}ntàszu] *m biz* óriási tehetség
talento [töle^{n}ntu] *m* tehetség
talentoso [töle^{n}ntozu] *mn* tehetséges
talha [tàljö] *f* **I.** 1. vágás, metszés; szabás 2. (fa)faragás **II.** (agyag)korsó
talhada [töljàdö] *f* darab; szelet
talhadeira [töljödéjrö] *f* 1. konyhakés 2. szecskavágó
talhado [töljàdu] **I.** *mn* 1. felvágott, kivágott 2. faragott 3. alkalmas, megfelelő vmire (*para*) 4. *leite* ~ aludtej 5. *preço* ~ kialkudott ár 6. *bem* ~ jó alakú, formás **II.** *fn, m* **B** szakadék; völgykatlan
talhador [töljödor] *m* 1. henteslegény 2. húsvágó kés 3. húsvágó deszka
talha-frio [tàljöfriu] *m* asztalosvéső
talha-mar [tàljömàr] *m* 1. hajóorr 2. hullámtörő
talhão [töljö^{n}u] *m* 1. megművelt földsáv 2. virágágy
talhar [töljàr] *1/12* **I.** *ts* 1. vág; bevág, felvág, kivág; kettévág, szétvág; ~ *o dedo* megvágja az ujját; ~ *as ondas* szeli a hullámokat 2. *műv* farag; metsz 3. kiszab (ruhát) 4. ~ *árvores* kivág fákat **II.** *tl*, **III.** **~-se** 1. megalvad (tej) 2. megromlik, tönkremegy 3. széthasad
talharim [töljöri^{n}] *m* metélt tészta
talhe [tàlj] *m* 1. termet, alak 2. szabás
talher [tàljèr] *m* 1. evőeszköz 2. teríték; vkinek a helye az asztalnál
talho [tàlju] *m* 1. vágás 2. nyesés (fáké) 3. húsbolt 4. húsvágó tőke 5. *átv* megszüntetés; leállítás 6. *vir a* ~ *de foice* kapóra jön
talião [töljö^{n}u] *m* megtorlás
talim [töli^{n}] *m* kardszíj
talinga [töli^{n}gö] *f haj* kikötőkötél
talingar [töli^{n}ngàr] *1/4 ts* kiköt (hajót)
talisca [töliskö] *f* 1. rés, repedés 2. szilánk, forgács
talismã [tölizsmö^{n}] *m* talizmán
talo [tàlu] *m* 1. *növ* szár, kocsány, nyél 2. ~ *de coluna* oszloptörzs
tal-qualmente [tàlkvàlme^{n}nti] *hat* éppen úgy
taluda [töludö] *f nép* főnyeremény (lottón)
taludão [töludö^{n}u] *m* erős, izmos ember
taludar [töludàr] *1/1 ts* lejtősít (töltést)
talude [tölud] *m* 1. lejtő; hajlás 2. töltésoldal, rézsű
taludo [töludu] *mn* 1. *növ* vastag szárú 2. magas növésű, erős
talvegue [tàlvèg] *m* völgyszoros
talvez [tàlvés] *hat* talán; ~ *chova hoje* talán esik ma
tamanca [tömö^{n}nkö] *f* = **tamanco**
tamanco [tömö^{n}nku] *m* fatalpú cipő
tamanduá [töm^{n}nduà] *m* **B** 1. *áll* hangyász 2. nehéz lelkiismereti kérdés
tamanho [tömönyu] **I.** *mn* 1. olyan nagy 2. olyan kiváló **II.** *fn, m* nagyság, méret
tamanqueiro [tömö^{n}nkéjru] *m* facipőkészítő
tâmara [tömörö] *f* datolya
tamareira [tömöréjrö] *f* datolyapálma
também [tö^{n}mbö^{n}j] *hat* is, szintén; ~ *não* sem; ~ *eu não* én sem
tambo [tö^{n}mbu] *m* **I.** esküvő **II.** **B** 1. kunyhó 2. (fejő)istálló
tambor [tö^{n}mbor] *m* 1. dob (*műsz* is) 2. *orv* dobhártya
tamborete [tö^{n}mburét] *m* támla nélküli szék, ülőke
tamboril [tö^{n}mburil] *m* = **tamborim**
tamborilada [tö^{n}mburilàdö] *f* dobpergés
tamborilar [tö^{n}mburilàr] *7/7 tl* ujjaival dobol
tamborileiro [tö^{n}mburiléjru] *fn* (tamburin)dobos
tamborim [tö^{n}mburi^{n}] *m* tamburin
tamiça [tömiszö] *f* 1. madzag, zsineg, spárga 2. *növ* rekettye
tamis [tömis] *m* 1. finom szita 2. gyapjúszövet
Tamisa [tömizö] *f* a Temze (folyó)
tamisar [tömizàr] *1/1 ts* finom szitán átszitál
tampa [tö^{n}mpö] *f* 1. fedő; fedél 2. **B** *argó* kalap, „tökfedő"
tampão [tö^{n}mpö^{n}u] *m* 1. nagy fedő; nagy dugó 2. *vasút, műsz* ütköző; *Estado de* ~ ütközőállam
tampo [tö^{n}mpu] *m* 1. hordófenék 2. *zene* fogólap (hegedűn)
tamponar [tö^{n}mpunàr] *1/15 ts* betöm, bedugaszol
tanado [tönàdu] *mn* barna színű
tanchão [tö^{n}sö^{n}u] 1. hajtás, sarj; oltóág 2. (szőlő)karó
tanchar [tö^{n}sàr] *1/1 ts* 1. elültet 2. karóz (szőlőt)

tanga [tö^{n}ngö] *f* 1. ágyékkötő 2. merész szabású fürdőruha

tangedor *m*, **-a** *f* [tö^{n}zsidor(ö)] *mn* és *fn* (hangszeren) játszó, zenész

tangência [tö^{n}zse^{n}szjö] *f* érintés; *geom: ponto de* ~ érintkező pont

tangente [tö^{n}zse^{n}nt] **I.** *mn* érintő, érintkező **II.** *fn, f geom* tangens **3.** *escapar pela* ~ üggyel-bajjal megmenekül, megússza valahogy

tanger [tö^{n}zsér] *2/3* **I.** *ts* **1.** hangszeren játszik; pengeti a húrokat **2.** harangoz **II.** *tl* **1.** cseng, hangzik, szól **2.** ~ *a* érint vmit, vonatkozik vmire

tangerina [tö^{n}zsirinö] *f növ* mandarin

tangerineira [tö^{n}zsirinéjrö] *f* mandarinfa

tangível [tö^{n}zsivèl] *mn* érzékelhető

tânico [töniku] *mn: ácido* ~ csersav

tanino [töninu] *m* tannin, csersav, cserzőanyag

tanoaria [tönvöriö] *f* kádármesterség

tanoeiro [tönvéjru] *m* kádár

tanque [tö^{n}nk] *m* **I. 1.** víztartály **2.** üzemanyagtartály **3.** mosóteknő **II.** *kat* harckocsi, tank

tanquista [tö^{n}nkistö] *m* harckocsizó katona

tanta [tö^{n}ntö] *m* **1.** afrikai dob **2.** gong

tanto [tö^{n}ntu] **I.** *mn, névm* annyi, olyan sok, olyan nagy; *~a gente!* mennyi ember! ~ *faz;* ~ *monta;* ~ *vale* egyre megy; mindegy; ~ *se me dá; para mim,* ~ *faz* nekem mindegy; *ele tem sessenta e ~s anos* ő hatvan meg egynéhány éves, hatvanon felül van **II.** *hat* annyit, annyira; ~ *mais que* annál is inkább, mert; ~ *menos* annál kevésbé; ~ *melhor* annál jobb; ~ *pior* annál rosszabb; *se* ~ legfeljebb **III.** *fn, m* **1.** bizonyos mennyiség *v* összeg; ~ *quanto, outro* ~ ugyanannyi; *três ~s de* háromszor annyi *v* olyan nagy, mint; *ele recebe* ~ *por mês* havonta kap egy bizonyos összeget **2.** *~s* anynyian: *outros ~s* ugyanannyian **IV.** *ksz:* ~ *que* mihelyt; *com* ~ *que* feltéve, ha; *por* ~ ezért; ~ . . . *como* . . . mind . . ., mind . . .; ~ *um, como outro* az egyik is, a másik is; mind a kettő

tão [tö^{n}u] *hat* **1.** olyan, annyira; ~ *pouco* olyan kevés; ~ *depressa* azonnal, rögtön **2.** = *tanto*

tão-balalão [tö^{n}u bölölö^{n}u] *m* bim-bam

tão-pouco [tö^{n}upoku] *hat* sem, nem is

tão-só [tö^{n}uszò] *hat* csak, kizárólag

T.A.P. = *Transportes Aéreos Portugueses*

tapa [tàpö] *f* **1.** betakarás, befedés **2.** pata **3.** pofon, nyakleves **4.** csattanós válasz

tapa-boca [tàpöbokö] *f* **1.** szájonvágás **2.** gyapjúsál

tapada [töpàdö] *f* **1.** körülkerített park **2.** vadaskert

tapado [töpàdu] *mn* **1.** betakart **2.** *átv* buta, tudatlan

tapar [töpàr] *1/12* **I.** *ts* **1.** befed, fedővel letakar **2.** bedugaszol **3.** betakargat, bebugyolál **4.** elzár; bekerít **5.** betöm, befog; ~ *uma cova* gödröt betemet; ~ *os olhos* beköti a szemét; ~ *as orelhas v os ouvidos* befogja a fülét; *tapa essa boca!* fogd be a szádat! **II.** *~-se* jól betakarja *v* bebugyolálja magát

tapeação [tàpjàszö^{n}u] *f* **B** ámítás, csalás

tapear [tàpjàr] *1/5 ts* **B** ámít, becsap

tapeçaria [töpiszöriö] *f* **1.** faliszőnyeg; gobelin **2.** tapéta, fali kárpit **3.** virágszőnyeg

tapeceiro [töpiszérju] *m* **1.** szőnyegszövő **2.** szőnyegkereskedő

tapera [tàpèrà] **B I.** *mn* **1.** félszemű **2.** hibbant, ütődött **II.** *fn, f* **1.** düledező ház **2.** elhagyott, elhanyagolt ültetvény

tapete [töpét] *m* **1.** szőnyeg **2.** ~ *de neve* hótakaró; ~ *verde* **B** *argó* futballpálya

tapeteiro [töpitéjru] *m* **1.** szőnyegszövő **2.** szőnyegkereskedő

tapicuri [tàpikuri] *m* **B** maniókabor

tapioca [töpjòkö] *f* tapióka

tapona [töponö] *f biz* pofon, nyakleves

tapulho [töpulju] *m* dugó; dugasz

tapume [töpum] *m* sövénykerítés; deszkakerítés

taquara [tàkvàrö] *f* **B** bambusznád

taquaral [tàkvàràl] *m* bambusznáddal benőtt hely

taquicardia [tökikördiö] *f orv* szapora szívverés

taquígrafa [tökigröfö] *f* gyorsírónő

taquigrafar [tökigröfàr] *1/12 ts* gyorsír

taqigrafia [tökigröfiö] *f* gyorsírás

taquígrafo [tökigröfu] *m* gyorsíró

taquímetro [tökimitru] *m* sebességmérő

tara [tàrö] *f* **1.** tára, burkolatsúly **2.** fogyatkozás, hiba **3.** terheltség

tarado [töràdu] *mn* 1. fogyatékos, hibás 2. terhes 3. *ser* ~ *por, com* egészen odavan vkiért *v* vmiért
taramela [törömèlö] *f* 1. ajtóretesz (fából) 2. fecsegés, locsogás; *dar à* ~ fecseg, locsog
taramelar [törömilàr] *1/13 tl* fecseg, locsog
taramelice [törömilisz] *f* fecsegés, locsogás
tarântula [törö^{n}ntulö] *f áll* tarantellapók
tarar [töràr] *1/12 ts* tárál, megállapítja a burkolatsúlyt
tarara [töràrö] *f* szelelőrosta
tardança [tördö^{n}szö] *f* 1. késlekedés, késés 2. halogatás
tardar [tördàr] *1/12* I. *ts* késleltet, halogat, elhalaszt II. *tl* késlekedik, késik; *o mais* ~ legkésőbb; *sem mais* ~ haladéktalanul; ~ *em chegar* késik; *não* ~ *em responder* nem késik a válasszal , azonnal válaszol; ~ *a levantar-se* nem siet felkelni
tarde [tàrd] I. *hat* későn; *é* ~ késő van; *de* ~ *em* ~ időről időre; *mais* ~ később; *mais cedo ou mais* ~ előbb-utóbb; *antes que seja demasiado* ~ mielőtt még túl késő II. *fn, f* délután; este; *boa* ~*!* jó estét! (déltől az est beálltáig mondják); *à* ~, *de* ~, *pela* ~ délután; este; *todas as* ~*s* minden délután; *ao fim da* ~ este, estefelé; *a meio de* ~ délután öt óra körül
tardeza [tördézö] *f* lassúság
tardígrado [tördigrödu] *m áll:* ~*s* foghíjasok
tardinha [tördinyö] *f* az est beállta
tardio [tördiu] *mn* 1. lassú 2. késői
tardo [tàrdu] *mn* 1. lassú 2. késlekedő 3. lusta
tareco [törèku] I. *mn* nyugtalan; pajkos II. *fn, m* 1. nyughatatlan alak 2. ócska bútor; limlom
tarefa [törèfö] *f* 1. feladat, teendő 2. akkordmunka, teljesítménybérben fizetett munka 3. B hold (területmérték, több mint 3000 m^2)
tarefeiro [törifèjru] *m* 1. vállalkozó 2. darabbérben dolgozó munkás
tareia [töréjö] *f* verés; *dar uma valente* ~ *a* alaposan elver vkit; *levar uma* ~ verést kap
tarifa [törifö] *f* tarifa, díjszabás
tarifar [törifàr] *1/1 ts* díjszabást megállapít
tarifário [törifàrju] *mn* tarifa-, tarifális
tarimba [töri^{n}mbö] *f* 1. priccs, támlátlan deszkaágy 2. katonaélet 3. *ter* ~, B nagy gyakorlata *v* tapasztalata van
tarja [tàrzsö] *f* 1. díszes szegély *v* keret 2. ~ *de luto* gyászkeret
tarjado [törzsàdu] *mn:* ~ (*de preto*) gyászkeretes
tarouco [töroku] *mn* 1. hülye 2. agyalágyult
tarouquice [törokisz] *f* 1. hülyeség 2. agyalágyultság
tarraco [törràku] *mn* tömzsi, zömök
tarraxa [törràsö] *f* 1. csavar 2. csavarmenetvágó (szerszám) 3. ék
tarraxar [törrösàr] *1/12 ts* rácsavar
tarro [tàrru] *m* fejősajtár
tarso [tàrszu] *m orv* lábtő
tartamudear [törtömugyàr] *1/5 tl* dadog, hebeg
tartamudez [törtömudés] *f* dadogás, hebegés
tartamudo [törtömudu] *mn* és *fn* dadogó, hebegő
tartárico [törtàriku] *mn: ácido* ~ borkősav
tártaro [tàrtöru] *m* I. 1. *vegy* borkő 2. fogkő II. *irod* pokol; alvilág III. *mn* és *fn* tatár
tartaruga [törtörugö] *f* teknősbéka
tarugo [törugu] *m* 1. karó 2. csapszeg, faszeg
tasca [tàskö] *f* kocsma
tascar [töskàr] *1/2, 1/12 ts* 1. (kendert) tilol 2. ~ *o freio* zabláját harapdálja; *átv* visszafojtja haragját
tasco [tàsku] *m* 1. kóc, csepű 2. = **tasca**
tasquinha [töskinyö] *f* tiloló (szerszám)
tasquinhar [töskinyàr] *1/1 ts, tl* 1. kendert tilol 2. étvágytalanul eszik 3. szapul másokat
tatalar [tàtàlàr] *1/1 tl* B csattog; lármát csap
tatamba [tàtö^{n}mbö] *fn* B hebegő, dadogó
tataranha [tötörönyö] *mn* és *fn* félénk, bátortalan
tataranhar [tötörönyàr] *1/1 tl* 1. hebeg, dadog 2. bátortalanul viselkedik
tato [tàtu] *m* B = **tacto**
tatu [tàtu] *m áll* tatu, örvös állat
tatuagem [tötvàzsö^{n}j] *f* tetoválás
tatuar [tötvàr] *1/9 ts* tetovál
taumaturgia [tàumöturzsiö] *f* csodatevés
taumaturgo [tàumöturgu] *m* csodatevő

taurino [tàurinu] *mn* bika-

tauro [tàuru] *m csill* Bika

tauromaquia [tàurumökiö] *f* bikaviadal

tautologia [tàutuluzsiö] *f nyelvt* szószaporítás

tavão [tövö^{n}u] *m áll* bögöly

taverna [tövèrnö] =*f* **taberna**

taverneiro [tövirnéjru] *m* = **taberneiro**

taxa [tàsö] *f* **1.** taksa, díjszabás **2.** adó; illeték; ~ *de consumo* fogyasztási adó **3.** kamatláb **4.** *posta* portó, bírság

taxação [tösöszö^{n}u] *f* **1.** értékmegállapítás **2.** árszabályozás **3.** megadóztatás

taxador [tösödor] *m* **1.** becslő, ármegállapító **2.** adókivető

taxar [tösàr] *1/12 ts* **1.** árat megállapít *v* szabályoz **2.** megadóztat **3.** ~ *as despesas* korlátozza a kiadásokat

taxativo [tösötivu] *mn* **1.** korlátozó, megszorító **2.** *opinião* ~*a* határozott vélemény

táxi [tàkszi] *m* taxi

taxímetro [tökszimitru] *m* taxaméter

Tcheco-Eslováquia [csèkozlovàkjö] *f* **B** Csehszlovákia

tcheco-eslovaco [csèkozlovàku] *mn* és *fn* **B** csehszlovák

te [ti] *névm* **1.** téged, neked; *ajudo-te com prazer* szívesen segítek neked **2.** magadat, magadnak; *porquê no te lavas?* miért nem mosakszol? *veste-te depressa!* gyorsan öltözz fel!

té [tè] = **até**

tê [té] *m* té (betű neve)

teada [tyàdö] *f* szövet, fonat

teagem [tyàzsö^{n}j] *f* **1.** szövet **2.** *orv* sejtszövet

tear [tyàr] *m* **1.** ~ *manual* szövőszék; ~ *mecânico* szövőgép; ~ *de malha* kötőgép **2.** óramű

teatral [työtràl] *mn* **1.** színpadi, színházi **2.** *átv* színpadias

teatro [tyàtru] *m* **1.** színház; ~ *de bonecos* v *de marionetas* bábszínház **2.** színművészet **3.** színhely; ~ *de guerra* hadszíntér **4.** *orv:* ~ *anatómico* boncterem

tecedor *m*, **tecedeira** *f* [tiszidor, -déjrö] *fn* **1.** szövő(nő) **2.** *átv* cselszövő

tecedura [tiszidurö] *f* **1.** szövés **2.** szövet **3.** vetülék **4.** intrika

tecelagem [tiszilàzsö^{n}j] *f* **1.** szövőmesterség **2.** szövöde; *fábrica de* ~ szövőgyár

tecelão *m*, **teceloa** *f* [tiszilö^{n}u, -loö] *fn* szövő(nő)

tecer [tiszér] *2/2* **I.** *ts* **1.** sző; **2.** *átv* kigondol; szövöget; ~*o elógio de* vkinek a dícséretét zengi; ~ *intrigas* cselt sző, ármánykodik **II.** ~**-se** összefonódik

tecido [tiszidu] *m* szövet; ruhaanyag

tecla [tèklö] *f* billentyű

teclado [tiklàdu] *f* **1.** billentyűzet **2.** zongoraművészet

técnica [tèknikö] *f* technika

técnico [tèkniku] **I.** *mn* technikai, műszaki; *termo* ~ műszó, szakkifejezés **II.** *fn* **1.** technikus **2.** szakember; ~ *de contas* számvizsgáló, könyvelő

tecnicolor [tèknikulor] *mn* és *fn* színes film

tecnologia [tèknuluzsiö] *f* technológia

tecnológico [tèknulòzsiku] *mn* technológiai

tecnólogo [tèknòlugu] *m* technológus

tecto [tètu] *m* tető; mennyezet; födém; *sem* ~ hajléktalan

tectónica [tètònikö] *f* **1.** *geol* tektonika **2.** *ép* architektonika, építészettan

tédio [tègyu] *m* **1.** unalom **2.** bosszúság

tedioso [tigyozu] *mn* unalmas

Teerão [tijrö^{n}u] *m* Teherán

tegumento [tigume^{n}ntu] *m* **1.** *orv* testtakaró **2.** *növ* magburok

teia [tėjö] *f* **1.** szövet **2.** *műv* vászon, festmény **3.** farács (tárgyalóteremben, templomban) **4.** *átv* szövevény **5.** *a* ~ *da vida* az élet fonala **6.** *költ* fáklya

teima [téjmö] *f* önfejűség, makacsság

teimar [téjmàr] *1/1 tl* **1.** makacskodik **2.** makacsul kitart vmi mellett, ragaszkodik vmihez (*em*)

teimoso [téjmozu] *mn* **1.** önfejű, makacs **2.** hosszan tartó; kitartó

teixo [téjsu] *m* tiszafa

tejadilho [tizsödilju] *m* kocsitető

tejano [tizsönu] *mn* tajói, a Tejo folyó melletti

Tejo [tézsu] *m* a Tajo *v* Tejo folyó

tel. = **1.** *telefone* **2.** *telegrama*

tela [tèlö] *f* **1.** szövet **2.** *műv* vászon, festmény **3.** mozivászon **4.** sodrony **5.** beszéd tárgya; *vir à* ~ szóba *v* szőnyegre kerül

telão [tilö^{n}u] *m szính* reklámfüggöny

teleducação [tiliduköszö^{n}u] *f* tévéiskola

teleférico [tilifèriku] *m* drótkötélpálya

telefilme [tilifilm] *m* tévéfilm

telefonada [tilifunàdö] *f* telefonbeszélgetés; *dar uma ~ a* felhív vkit

telefonar [tilifunàr] *1/15 ts, tl* **1.** telefonál **2.** *~ a* felhív vkit; *telefono-lhe hoje à noite* ma este fel fogom hívni (önt)

telefone [tilifòn] *m* telefon; *chamar ao ~* a telefonhoz hív; *chamar por ~* telefonon felhív

telefonema [tilifunémö] *m* telefonbeszélgetés; *dar* v *fazer um ~ a* felhív vkit

telefonia [tilifuniö] *f* **1.** telefonálás **2.** rádió(készülék)

telefónico [tilifòniku] *mn* telefon-, távbeszélő; *cabina ~a* telefonfülke; *estação ~a* távbeszélő állomás; *guia* v *lista ~a* telefonkönyv; *rede ~a* távbeszélő hálózat

telefonista [tilifunistö] *fn* telefonkezelő

telefotografia [tilifutugröfiö] *f* képtávirat

telegrafar [tiligröfàr] *1/12 ts, tl* sürgönyöz, táviratozik

telegrafia [tiligröfiö] *f* távírás

telegráfico [tiligràfiku] *mn* távirati; távíró

telegrafista [tiligröfistö] *fn* távirász

telégrafo [tilègröfu] *m* távíró(készülék)

telegrama [tiligrömö] *m* sürgöny, távirat

teleguiado [tiligiàdu] **I.** *mn* távolról irányított **II.** *fn, m* távolról irányított lövedék

telejornal [tilizsurnàl] *m* tévéhírek

telémetro [tilèmitru] *m műsz* távmérő

telepatia [tilipötiö] *f* telepátia

telepático [tilipàtiku] *mn* telepatikus

telescópico [tiliskòpiku] *mn* egymásba tolható; harmonikaszerű

telescópio [tiliskòpju] *m* teleszkóp, távcső

telescritor [tiliskritor] *m* távgépíró, telexgép

telespectador *m,* **-a** *f* [tilispiktödor(ö)] *fn* tévénéző

teleteatro [tilityàtru] *m* tévészínmű, tévéjáték

teletipo [tilitipu] *m* telexgép

telever [tilivér] *2/27 ts* **B** a tévében lát *v* néz

televisão [tilivizö^{n}u] *f* televízió; *~ a cores* színes televízió

televisar [tilivizàr] *1/1* = **televisionar**

televizinho [tilivizinyu] *fn* **B** *gúny* tévénéző a szomszédból

televisionar [tilivizjunàr] *1/15 ts* televízión közvetít

televisor *m,* **-a** *f* [tilivizor(ö)] **I.** *mn* televíziós **II.** *fn* **1.** *m* televíziókészülék **2.** *f* (*estação*) *~a* televízióállomás

telex [tèliksz] *m* telex

telexar [tèlikszàr] *1/13 ts* telexez, telexen továbbít

telha [téljö] *f* **1.** tetőcserép **2.** *nép* hóbort, mánia; *dar na ~* rögeszméje támad; *estar com a ~* meghibbant; *ter ~* nem normális; *ter uma ~ a mais* egy kerékkel több van neki; *ter uma ~ a menos* egy kerékkel kevesebb van neki; **3.** *de ~s abaixo* széles e világon

telhado [tiljàdu] *m* **1.** tető; *água de ~* tetőfelület **2.** részszeg **3.** hibbantság

telhador [tiljödor] *m* tetőfedő

telhadura [tiljödurö] *f* cserépégető gyár

telhal [tiljàl] *m* cserépégető kemence

telhar [tiljàr] *1/14 ts* tetőcseréppel fed, cserepez

telheira [tiljéjrö] *f* tetőcserépgyár

telheiro [tiljéjru] *m* **1.** cserépégető (munkás) **2.** védőtető; fészer

telhudo [tiljudu] *mn biz* hóbortos

telúrico [tiluriku] *mn geol* földi; *águas ~as* talajvíz

tema [témö] *m* **1.** téma, tárgy **2.** *isk* feladat, gyakorlat **3.** *nyelvt* szótő

temário [timàrju] *m* **B** témakör; tárgysorozat

temático [timàtiku] *mn* **1.** a témára vonatkozó; tárgykör szerinti **2.** *nyelvt* szótő-

temente [time^{n}nt] *mn*: *~ a Deus* istenfélő

temer [timér] *2/7* **I.** *ts* fél vmitől **T**; *fazer-se ~* félelmet *v* rettegést kelt **II.** *tl* fél, retteg

temerário [timiràrju] *mn* **1.** vakmerő, merész **2.** meggondolatlan

temeridade [timiridàd] *f* vakmerőség

temeroso [timirozu] *mn* **1.** félelmetes **2.** félénk

temido [timidu] *mn* **1.** rettegett, rettenetes **2.** félénk

temível [timivèl] *mn* rettenetes, szörnyű

temor [timor] *m* **1.** félelem, ijedtség **2.** tisztelet (vki iránt) **3.** gondosság, pontosság

têmpera [te^{n}mpirö] *f* **1.** *műsz* edzés **2.** *átv* jellem(vonás) **3.** *pintura a ~* temperafestmény

temperado [te^{n}mpiràdu] *mn* **1.** *műsz* edzett; *aço* ~ edzett acél **2.** mérsékelt; *zona ~a, földr* mérsékelt öv **3.** *konyh* ízletesen elkészített, fűszerezett

temperamento [te^{n}mpiröme^{n}ntu] *m* **1.** vérmérséklet, természet **2.** arányosság **3.** mérséklet

temperança [te^{n}mpirö^{n}szö] *f* mérséklet; *ter* ~ mértéket tart

temperar [te^{n}mpiràr] *1/13* **I.** *ts* **1.** fűszerez, ízletesen elkészít (ételt) **2.** *műsz* edz **3.** mérsékel, enyhít; felhígít **4.** felhangol (hangszert) **II.** **~-se 1.** edződik **2.** mérsékli magát

temperatura [te^{n}mpiröturö] *f* hőmérséklet, hőfok

tempero [te^{n}mpéru] *m* **1.** *konyh* fűszer, hozzávaló **2.** *átv* eljárás; módszer **3.** *orv* enyhítőszer

tempestade [te^{n}mpistàd] *f* vihar

tempestear [te^{n}mpistyàr] *1/5* **I.** *ts* **1.** felkavar, felkorbácsol **2.** bánt, sérteget **II.** *tl* háborog

tempestivo [te^{n}mpistivu] *mn* időszerű, alkalmas

tempestuoso [te^{n}mpistvozu] *mn* viharos

templo [te^{n}mplu] *m* **1.** templom **2.** kőművespáholy

tempo [te^{n}mpu] *m* **1.** idő; *a* ~ időben, idejében, jókor; *a seu* ~ a maga idejében; *algum* ~ *atrás* nem is olyan régen; *àquele* ~ abban az időben; *com* ~ nyugodtan, szép lassan; *com o* ~ idővel; *com o correr do* ~ idők múltával; *de* ~ *a* ~ időnként; *fora de* ~ rosszkor; *muito* ~ hosszú ideig, sokáig; *neste meio* ~ ezalatt, eközben; *no* ~ *presente* jelenleg; *é* ~ *de* itt az ideje, hogy; *isso requer* ~ ehhez idő kell; *se for ainda* ~ ha még nem késő; *meter* ~ *em meio* vár, nem sieti el a dolgot; *não ter* ~ nincs ideje, nem ér rá; *não ter* ~ *a perder* nincs veszteni való ideje; *virá* ~ *em que* eljön még az az idő, amikor; *atrás de ~s ~s vêm* az idő mindent megold **2.** időjárás; *que* ~ *está hoje?* milyen idő van ma? ~ *coberto* borús idő; *está* v *faz bom* ~ szép idő van; *o* ~ *pôe-se bom* az idő jóra fordul **3.** időszak, kor(szak); *o* ~ *das vindimas* a szüret ideje; *de ~s imemoriais* emberemlékezet óta; *no* ~ *de* vkinek *v* vminek az idejében; *acabar o seu* ~ idejét múlta; *andar* v *ir com o* ~ lépést tart a korral; *közm: cada coisa a seu tempo* mindent a maga idejében! **4.** *műsz* ütem; *motor de quatro ~s* négyütemű motor **5.** *zene* tempó, időmérték **6.** *sp* félidő

temporada [te^{n}mpuràdö] *f* **1.** időszak **2.** szezon, évad; ~ *alta* főidény; ~ *morta* holt idény; ~ *teatral* színházi évad; ~ *de caça* vadászati idény

temporal [te^{n}mpuràl] **I.** *mn* **1.** időbeli; múlandó **2.** anyagi, világi **3.** halánték- **II.** *fn, m* halántékcsont

temporalidade [te^{n}mpurölidàd] *f* ideiglenesség, időlegesség

temporalizar [te^{n}mpurölizàr] *1/1* *ts* elvilágiasít

temporão *m*, **temporã** *f* [te^{n}mpurö^{n}u, -rö^n] *mn* **1.** idő előtti **2.** koraérett

temporário [te^{n}mpuràrju] *mn* ideiglenes, átmeneti

têmporas [tê^{n}mpurös] *f tb orv* halánték

temporização [te^{n}mpurizöszö^{n}u] *f* halogatás, húzás-halasztás

temporizar [te^{n}mpurizàr] *1/1* **I.** *ts* elhalaszt, halogat **II.** *tl* **1.** várakozó álláspontra helyezkedik **2.** megalkuszik (a pillanatnyi helyzettel)

ten. = *tenente*; *ten.-cor.* = *tenente-coronel*

tenacidade [tinöszidàd] *f* **1.** szívósság **2.** makacsság

tenaz [tinàs] **I.** *mn* **1.** szívós **2.** makacs **II.** *fn, f:* ~, *~es* harapófogó, fogóvas

tenca [te^{n}nkö] *f áll* compó, cigányhal

tençã [te^{n}szö] *f* kegydíj

tençao [te^{n}szö^{n}u] *f* **1.** szándék; *segunda* ~ hátsó gondolat; *de* ~ szándékosan; *fazer* ~ *de* szándékozik vmit tenni **2.** *jog* írásbeli vélemény **3.** (választási) jelszó **4.** könyv témája, mondanivalója **5.** *átv* odaadás, tisztelet

tencionar [te^{n}szjunàr] *1/15* **I.** *ts* tervez; szándékozik vmit tenni **II.** *tl jog* véleményez

tenda [te^{n}ndö] *f* **1.** sátor **2.** vásárosbódé

tendão [te^{n}ndö^{n}u] *m orv* ín; ~ *de Aquiles* Achilles-ín

tendeiro [te^{n}ndéjru] *fn* vásárosbódé tulajdonosa

tendência [te^{n}nde^{n}szjö] *f* **1.** irány, irányzat; ~ *altista*; ~ *para subir* emelkedő irányzat (tőzsdén) **2.** hajlam, törekvés

tendencioso [te^{n}nde^{n}szjozu] *mn* **1.** ten-

denciózus, célzatos, szándékos 2. elfogult, rosszindulatú
tender [te^{n}ndér] *2/1* I. *ts* 1. nyújt, kinyújt; odanyújt 2. dagaszt (kenyeret); duzzaszt (vitorlát) II. *tl:* ~ *para* törekszik vmire, hajlik vmi felé, hajlamos vmire III. ~**-se** kiterjed, kinyúlik
tênder [te^{n}ndèr] *m vasút* szeneskocsi, szerkocsi
tenebroso [tinibrozu] *mn* 1. sötét (*átv* is) 2. borzalmas
tenência [tine^{n}szjö] *f* 1. hadnagyi rang 2. B tetterő 3. B szokás
tenente [tine^{n}nt] *m* 1. helyettes 2. ~, *segundo-tenente* hadnagy; *primeiro-*~ főhadnagy
tenente-coronel [tine^{n}nt kurunèl] *m* alezredes
ténia [tènyö] *f* galandféreg, bélgiliszta
ténis [tènis] *m* tenisz; ~ *de mesa* asztalitenisz; *campo de* ~ teniszpálya
tenista [tènistö] *fn* teniszező
tenor [tinor] *m zene* tenor
tenro [te^{n}ru] *mn* 1. lágy, puha; *carne* ~*a* puha hús 2. zsenge; fiatal 3. szelíd 4. bájos, szép
tensão [te^{n}szö^{n}u] *f* 1. *vill* feszültség; *alta* ~ nagyfeszültség; *de baixa* ~ alacsony feszültségű, gyengeáramú 2. *átv* feszültség, feszült helyzet; ~ *internacional* nemzetközi feszültség 3. *fiz* nyomás; ~ *de vapor* gőznyomás 4. *orv:* ~ *arterial* vérnyomás
tenso [te^{n}szu] *mn* 1. kifeszített 2. *átv* feszült; *gravemente* ~ rendkívül feszült
tensor *m* **-a** *f* [te^{n}szor(ö)] I. *mn* feszítő II. *fn, m:* (*músculo*) ~ feszítőizom
tenta [te^{n}ntö] *f orv* szonda
tentação [te^{n}ntöszö^{n}u] *f* (meg)kísértés
tentáculo [te^{n}ntàkulu] *m áll* tapogató
tentador *m,* **-a** *f* [te^{n}ntödor(ö)] *mn* és *fn* kísértő, csábító
tentame, tentâmen [te^{n}ntöm, -ömén] *m* kísérlet, próba
tentar [te^{n}ntàr] *1/1 ts* 1. megkísérel, megpróbál; ~ *fortuna;* ~ *a sorte* v *a ventura* szerencsét próbál 2. próbára tesz 3. megkísért, kísértésbe visz
tentativa [te^{n}ntötivö] *f* kísérlet; ~ *malograda* sikertelen kísérlet; ~ *de homicídio* gyilkossági kísérlet; *fazer uma* ~ kísérletet tesz
tentear [te^{n}ntyàr] *1/5 ts* I. kitapogat; szondáz; megvizsgál (*átv* is) II. mérlegel; kiszámít; takarékosan beoszt
tentilhão [te^{n}ntiljö^{n}u] *m áll* pinty, pintyőke
tento [te^{n}ntu] *m* 1. figyelmesség, gondosság; *a* ~ figyelmesen; *pôr* v *ter* ~ *em* figyel, ügyel vmire 2. körültekintés, óvatosság; *sem* ~ meggondolatlanul; *proceder com* ~ óvatosan jár el 3. zseton, játékpénz 4. *sp* pont; gól; *marcar* ~*s* pontokat szerez; gólokat rúg 5. *műv* kéztámasztó (festőé) 6. B lasszószíj
ténue [tènvi] *mn* vékony, finom; törékeny, gyenge
teocracia [tyukröszïö] *f* teokrácia, papi v egyházi uralom
teologia [tyuluzsïö] *f* hittudomány
teológico [tyulòzsiku] *mn* hittudományi
teólogo [tyòlugu] *m* teológus; papnövendék
teor [tyor] *m* 1. tartalom (írásműé); *é do seguinte* ~ a következőképpen szól 2. *bány, vegy* tartalom; ~ *alcoólico* szesztartalom; ~ *em ferro* vastartalom 3. norma; rendszer; mód; ~ *de vida* életmód
teorema [tyurémö] *m* teoréma, tantétel
teoria [tyuriö] *f* teória, elmélet
teórico [tyòriku] I. *mn* elméleti II. *fn, m* elméleti szakember
teorizar [tyurizàr] *1/1 tl* teoretizál
tepidez [tipidés] *f* 1. langyosság 2. *átv* közömbösség
tépido [tèpidu] *mn* 1. langyos 2. közömbös
ter [tér] *2/22* I. *ts* 1. van vkinek vmije, birtokol vmit; *ele tem muito dinheiro* neki sok pénze van; *não tenho nada* nincs semmim, semmim sincs 2. tart; megtart; ~ *na mão* kezében tart 3. visszatart; *tenha a respiração por segundos* tartsa vissza a lélegzetét néhány másodpercre 4. magában foglal, tartalmaz; *o barril tem 50 litros* a hordóba 50 liter fér; *o livro tem 400 páginas* a könyv 400 oldalra terjed; *o salão tem 100 metros quadrados* a terem területe 100 négyzetméter 5. elfoglal, betölt (állást); ~ *um cargo importante* fontos állást tölt be 6. kap, elnyer; *teve uma grande herança* nagy örökség birtokába került 7. tart, vél,

gondol; *eu tenho para mim* nekem az a véleményem **8.** tart valamilyennek; *tenho-o como pessoa de bem* rendes embernek tartom őt **9.** becsül vmire; *~ em muito* sokra becsül, nagyra tart **10.** *~ de, ~ que* kell; *tenho de ir a Madrid* Madridba kell utaznom; *tenho que estudar* tanulnom kell **11.** (sok szólásmódban:) *aqui tem o livro* tessék, itt a könyv; *tem ares de patife* tenyérbe mászó képe van; *quantos anos tem?* hány éves? *a criança tem cinco anos* a gyerek ötéves; *tenho a certeza de* v *que* biztos vagyok benne, hogy; *não tem dúvida* ez nem kétséges; *~ o hábito* v *o costume de* az a szokása, hogy; *~ a misma idade* ugyanolyan idős, vele egykorú; *~ à mão* keze ügyében van; *tenho a mesma opinião* azonos véleményen vagyok; *ele tem muito do pai* sok mindenben hasonlít az apjára; *isto nada tem com aquilo* ennek semmi köze ahhoz; *não tens nada com isso* ehhez neked semmi közöd; *que é que você tem?* mi a baja? mi hiányzik? *~ o propósito de* az a szándéka, hogy; *~ talento* tehetséges; **II.** (mint segédige az összetett igeidőket képezi:) *tenho telefonado todos os dias* minden nap telefonáltam **III.** (*há* helyett:) *aqui tem telefone?* van itt telefon? *tem muita gente aqui* itt sokan vannak **IV.** *~-se* **1.** tartózkodik vhol; *~-se em casa* otthon tartózkodik **2.** tartja magát (*átv* is); *~-se em pé* áll (a lábán); *~-se feliz* boldognak tartja magát; *tem-se por grande homem* nagy embernek képzeli magát **3.** türtőzteti magát **4.** *~-se a* ragaszkodik vkihez *v* vmihez; *tem-se muito à família* nagyon szereti a családját

terapeuta [tiröpéutö] *m* terapeuta, kezelőorvos

terapêutica [tiröpéutikö] *f* gyógyászat, gyógykezelés

terapêutico [tiröpéutiku] *mn* gyógyászati, gyógykezelési

terça [tèrszö] **I.** *mn: ~ parte* harmadrész **II.** *fn, f* **1.** kedd **2.** *zene, sp* terc

terçã [tirszö^n] *f: (febre) ~* (harmadnapos) váltóláz

terçado [tirszàdu] *m* **1.** rövid, széles kard **2.** *B* nagy konyhakés

terça-feira [térszöféjrö] *f* kedd; *na ~* kedden; *às terças-feiras* minden kedden

terçar [tirszàr] *1/3, 1/13 ts* **1.** három részre oszt **2.** három dolgot egybekever **3.** *~ por* kiáll vki érdekében, küzd vmiért

terceira [tirszéjrö] *f zene* harmad

terceiramente [tirszéjröme^{n}nt] *hat* harmadszor

terceiranista [tirszéjrönistö] *fn* harmadéves hallgató *v* tanuló

terceiro [tirszéjru] *szn, mn* harmadik

terceto [tirszétu] *m zene* tercett

terciário [tirszjàrju] *mn: período ~, geol* tercier, harmadkor

terciopelo [tèrszjupélu] *m* bársony

terço [térszu] *m* **1.** harmad(rész); **2.** *vall* rózsafüzér, olvasó

terçol [tirszòl] *m orv* szemárpa

terebintina [tiribi^{n}ntinö] *f* terpentin

terebinto [tiribi^{n}ntu] *m* terpentinfa

terebrante [tiribrö^{n}nt] *mn* fúró; *dor ~* szúró *v* nyilalló fájdalom

terebrar [tiribràr] *1/13 ts* (át)fúr

Teresa [tirézö] *f* Teréz

tergiversação [tirzsivirszöszö^{n}u] *f* kertelés, hímezés-hámozás

tergiversar [tirzsivirszàr] *1/13 tl* **1.** kertel; kibúvókat keres **2.** tétovázik

termal [tirmàl] *mn* termál-; *água ~* termálvíz, hévíz

termas [tèrmös] *f tb* termálfürdő

térmico [tèrmiku] *mn* **1.** termál-; *fonte ~a* termálforrás **2.** hőtartó; *garrafa ~a* termosz, hőpalack

terminação [tirminöszö^{n}u] *f* **1.** befejezés; vég **2.** *nyelvt* végződés

terminal [tirminàl] *m* végállomás

terminante [tirminö^{n}nt] *mn* **1.** befejező; végleges **2.** határozott; nyomatékos

terminar [tirminàr] *1/1* **I.** *ts* **1.** befejez, bevégez **2.** határt megállapít, elhatárol **II.** *tl* **1.** befejeződik, véget ér; *terminado o encontro* a találkozás végén **2.** *nyelvt* végződik vmire (*em*)

término [tèrminu] *m* **1.** végállomás **2.** = **termo**[2]

terminologia [tirminuluzsiö] *f* terminológia, szakszókincs

térmite [tèrmit] *f áll* termesz

termo[1] [tèrmu] *m* termosz, hőpalack

termo[2] [térmu] **1.** határ; vég; *sem ~* határtalan, végtelen; *pôr ~ a* véget vet vminek **2.** határkő **3.** határidő

4. *jog* perirat 5. szó, kifejezés; *em breves ~s* néhány szóban; *em próprios ~s* szóról szóra; *falando em bons ~s* enyhén szólva 6. környék; kerület 7. *nyelvt* mondatrész; *~ de comparação* a hasonlat egyik tagja 8. *mat* tag 9. mód; *a ~ que* oly módon, hogy 10. viszony, kapcsolat; *estar em bons ~s com* jó viszonyban van vkivel 11. *szól: ~ médio, meio ~* átlag; középérték; (arany) középút; *meios ~s* a) célzások, utalások b) kibúvók; *em ~s* annak rendje és módja szerint; *nos ~s de* vminek az értelmében; *por outros ~s* más szóval; *levar a bom ~* szerencsésen befejez

termodinâmica [tèrmòdinömikö] *f fiz* termodinamika

termómetro [tirmòmitru] *m* hőmérő; *~ clínico* lázhőmérő

termonuclear [tèrmònukljàr] *mn* termonukleáris

terneiro [tirnéjru] *m* B tinó

terno[1] [tèrnu] *mn* 1. szelíd, kedves 2. lágy, puha

terno[2] [tèrnu] 1. hármas (találat, kártyalap, játékkocka) 2. trió; három személy *v* dolog együtt 3. B rend ruha, öltöny

ternura [tirnurö] *f* szelídség; kedvesség

terra [tèrrö] *f* 1. föld; földgolyó; *~ de ninguém* senki földje; *vir a ~* ledől, összeomlik 2. talaj; *~ virgem* szűzföld 3. *~ (firme)* szárazföld; *por ~* szárazföldön; *navegar ~ a ~* a part mentén hajózik; *pôr pé em ~* földet ér; partra száll 4. ország; haza; *~ natal* szülőföld, haza 5. földbirtok 6. *vill* földelés

terra-a-terra [tèrrötèrrö] *mn átv* lapos, közönséges

terraço [tirràszu] *m* terasz

terrado [tirràdu] *m* = **terraço**

terramoto [tirrömòtu] *m* földrengés

terra-nova [tèrrönòvö] *m* újfundlandi kutya

terraplenagem [tèrröplinàzsö^{n}j] *f* földmunka; feltöltés

terraplenar [tèrröplinàr] *1/14 ts* földdel feltölt; talajt egyenget

terrapleno [tèrröplénu] *m* 1. földtöltés, vasúti töltés 2. kiegyengetett talaj

terreal [tirrjàl] *mn* földi; világi; *prazeres terreais* földi *v* világi gyönyörök

terreiro [tirréjru] *m* 1. szabad térség, porond 2. udvar

terremoto [tirrimòtu] *m* földrengés

terrenal [tirrinàl] *mn* = **terrestre**

terreno [tirrénu] I. *mn* földi, világi II. *fn, m* 1. földterület; talaj; terep 2. *átv* működési terület, szakma 3. *átv: ganhar ~* teret nyer, halad; *perder ~* teret veszít, hátrányos helyzetbe kerül

térreo [tèrrju] *mn* 1. földi 2. földszinti; *andar ~* földszint

terrestre [tirrèstr] *mn* földi; világi

terrificante [tirrifikö^{n}nt] *mn* = **terrífico**

terrificar [tirrifikàr] *1/2 ts* megrémít

terrífico [tirrifiku] *mn* rémítő

terrina [tirrinö] *f* levesestál

terriola [tirrjòlö] *f* tanya

territorial [tirriturjàl] *mn* területi; *águas territoriais* felségvizek

território [tirritòrju] *m* 1. terület 2. B közigazgatási *v* joghatósági kerület

terrível [tirrivèl] *mn* rettenetes, szörnyű

terror [tirror] *m* 1. rémület, rettegés 2. terror, rémuralom

terrorismo [tirrurizsmu] *m* = **terror** 2.

terrorista [tirrurlstö] I. *mn* terrorisztikus II. *fn, m* terrorista

terrorizar [tirrurizàr] *1/1 ts* terrorizál, rettegésben tart

terroso [tirrozu] *mn* 1. földdel kevert, föld- 2. földszínű

terso [tèrszu] *mn* 1. tiszta 2. fényes, ragyogó

tertúlia [tirtuljö] *f* 1. családi(as) estély *v* mulatság 2. törzsasztal 3. irodalmi kör

tes. = *tesoureiro*

tese [tèz] *f* 1. tézis; (vita)tétel; tárgy 2. disszertáció, értekezés

teso [tézu] I. *mn* 1. kifeszített 2. merev; *olhar ~* merev tekintet; *vento ~* metsző szél 3. bátor; erős 4. *átv* kemény, hajthatatlan II. *fn, m* 1. meredek sziklacsúcs 2. B sziget (áradás idején)

tesoir . . . → **tesour . . .**

tesoira, tesoura [tizojrö, tizorö] *f* 1. olló; *~ de cortar cabos* huzalvágó olló; *~ de podar* metszőolló; *~ para unhas* körömvágó olló 2. *átv* rágalmazó

tesourada [tizoràdö] *f* 1. ollóvágás 2. rosszindulatú megjegyzés

tesourar [tizoràr] *1/1 ts* 1. ollóval elvág *v* szétvág 2. rágalmaz, rosszat mond vkiről T

tesouraria [tizoröriö] *f* kincstár
tesoureiro [tizoréjru] *m* **1.** kincstárnok **2.** pénztáros
tessitura [tisziturö] *f átv* felépítés, szerkezet
test. = *testemunha*
testa [tèstö] *f* **1.** homlok; *fazer ~ a* ellenáll vkinek *v* vminek **2.** *átv* fej, fő **3.** vminek az eleje, éle; *à ~ de* vminek az élén **4.** *~ de ferro* stróman
testada [tistàdö] *f* **1.** ház előtti járda- *v* úttestrész **2.** ütés *v* lökés a homlokkal **3.** **B** butaság, szamárság **4.** *varrer a ~* kitér a felelősség elől, mossa a kezeit
testador *m*, **-a** *f* [tistödor(ö)] *mn* és *fn* végrendelkező
testamentaria [tistöme^{n}ntöriö] *f* végrendelet végrehajtása
testamentário [tistöme^{n}ntàrju] *mn* végrendeleti
testamenteiro [tistöme^{n}ntéjru] *m* végrendelet végrehajtója
testamento [tistöme^{n}ntu] *m* **1.** végrendelet **2.** *vall: Novo Testamento* újszövetség; *Velho Testamento* ószövetség, ótestamentum
testar[1] [tistàr] *1/13* **I.** *ts* testál, örökül hagy **II.** *tl* **1.** végrendelkezik **2.** tanúskodik vmiről (*de*)
testar[2] [tistàr] *1/13 ts* **1.** kipróbál **2.** ellenőriz
teste [tèst] *m* teszt, képességvizsgálat
testeira [tistéjrö] *f* előrész; homlokoldal
testemunha [tistimunyö] *f* **1.** tanú; *~ auricular* *v* *de ouvido* fültanú; *~ ocular* *v* *de vista* szemtanú; *~ falsa* hamis tanú; *~ de acusação* terhelő tanú; *~ de defesa* mentő tanú **2.** határkő, mérföldkő
testemunhal [tistimunyàl] *mn* tanúvallomáson alapuló, tanú-
testemunhar [tistimunyàr] *1/1* **I.** *ts* **1.** tanúsít, bizonyít **2.** kifejezésre juttat, kimutat; *~ gratidão* kimutatja háláját **II.** *tl* **1.** tanúja vminek **2.** tanúskodik
testemunho [tistimunyu] *m* **1.** tanúskodás; *dar ~ de* tanúskodik vmiről **2.** tanúság, bizonyság; *em ~ de* vminek a bizonyáságul *v* tanújeléül
testículo [tistikulu] *m orv* here
testificar [tistifikàr] *1/2 ts* igazol, bizonyít
testilha [tistiljö] *f* veszekedés; vita
testo[1] [tèstu] *mn biz* határozott; erős
testo[2] [téstu] *m* (fazék)fedő
testudo [tistudu] *mn* **1.** széles homlokú **2.** *átv* keményfejű, nyakas
tesura [tizurö] *f* **1.** feszesség **2.** gőg, önteltség
teta [tétö] *f* mellbimbó; csecs
tétano [tètönu] *m orv* tetanusz, merevgörcs
tetina [titinö] *f* cuclisüveg szopókája
tetraedro [tètröèdru] *m geom* tetraéder, négylap
tetragonal [tètrögunàl] *mn* négyszögletes; négyszögű
tetrágono [tètràgunu] *m geom* négyszög
tétrico [tètriku] *mn* **1.** szomorú, gyászos **2.** komor; barátságtalan
tetro [tètru] *mn* **1.** sötét; fekete **2.** borzalmas
teu *m*, **tua** *f* [téu, tuö] **I.** *névm, mn* a te . . . d, a tied; *o teu livro* a könyved; *a tua mesa* a te asztalod; *esse lápis não é teu* ez a ceruza nem a tied **II.** *fn, m: os teus* a tieid, a te családod
teuto [téuto] *mn* teuton, germán, német
teuto-brasileiro [téutubröziléjru] *mn: acordo ~* német—brazil egyezmény
teutónico [teutòniku] *mn* = **teuto**
tevê [tévé] *f* tévé
têxtil [téjstil] *mn* textil-; *indústria ~* textilipar
texto [téjstu] *m* szöveg
textual [téjstvàl] *mn* szó szerinti; → **tradução**
textura [téjsturö] *f* **1.** szövés **2.** szövet **3.** *geol* talajszerkezet **4.** *átv* felépítés
texugo [tisugu] *m* **1.** *áll* borz **2.** kövér ember
tez [tés] *f* arcbőr; arcszín
ti [ti] *névm* téged, neked; *a ~* neked, hozzád; *de ~* tőled; *para ~* számodra; *sobre ~* rólad; *penso em ~* rád gondolok
tia [tiö] *f* **1.** nagynéni; *ficar para ~* vénlány marad **2.** néni, nénike
tíbia [tibjö] *f orv* sípcsont
tibieza [tibjézö] *f* **1.** langyosság **2.** lanyhaság, lagymatagság
tíbio [tibju] *mn* **1.** langyos **2.** lanyha, lagymatag **3.** *luz ~a* gyenge fény
tição [tiszö^{n}u] *m* **1.** zsarátnok, üszök **2.** *biz* sötétbarna hajú *v* arcú ember
tico [tiku] *m* **B** darabka; falatka; kortyocska
tiçoeiro [tiszvéjru] *m* piszkavas

tido [tidu] **I.** *mmi* → **ter II.** *mn: é ~ por homem de bem* rendes ember hírében áll

tifo [tifu] *m orv* tífusz

tifóide [tifòjdi] *mn* tífuszos

tigela [tizsèlö] *f* tál, csésze; tégely; *de meia ~* középszerű; *quebrar a ~*, **B** felavatja az új ruháját

tigrado [tigràdu] *mn* tigrisszerűen csíkos *v* sávos

tigre [tigr] *m* tigris

tigrino [tigrinu] *mn* tigrisszerű; vérszomjas

tijoleiro [tizsuléjru] *m* téglaégető (munkás)

tijolo [tizsolu] *m* tégla; *~ furado* üreges tégla; *cor de ~* téglaszínű

tijuca [tizsukö] *f* **B** = **tijuco**

tijucal [tizsukàl] *m* mocsaras terület

tijuco [tizsuku] *m* **B** mocsár, pocsolya

tijupá [tizsupà] *m* **B** (indián) kunyhó

til [til] *m nyelvt* tilde (~)

tília [tiljö] *f* hársfa; *chá de ~* hársfatea

tilintar [tili^{n}tàr] *1/1 tl* cseng; csilingel

timão [timö^{n}u] *m* **1.** kocsirúd, szekérrúd **2.** *haj* kormány(rúd) **3.** *átv* irányítás, vezetés

timbale [ti^{n}mbàl] *m* **1.** üstdob **2.** *konyh* kis formában sült pástétom

timbaleiro [ti^{n}mböléjru] *m* üstdobos

timbrar [ti^{n}mbràr] *1/1* **I.** *ts* **1.** bélyegzővel ellát; *~ um escudo* pajzsot címerrel ellát **2.** jellemez, minősít; *timbrar de competente* hozzáértőnek, értelmesnek minősít **II.** *tl* kérkedik; *~ de sábio* nagy tudósnak adja ki magát

timbre [ti^{n}mbr] *m* **1.** bélyegző **2.** vízjel **3.** cégjelzés **4.** hangszínezet **5.** *átv: fazer ~ de* becsületbeli kérdést csinál vmiből

time [tim] *m sp* csapat

timidez [timidés] *f* félénkség

tímido [timidu] *mn* **1.** félénk, bátortalan **2.** gyáva

timoneiro [timunéjru] *m* **1.** *haj* kormányos **2.** vezető, vezér

timorato [timuràtu] *mn* **1.** félénk **2.** bizonytalan, ingadozó

tímpano [ti^{n}mpönu] *m* **1.** *orv* dobhártya; *~s* fülek **2.** *zene* üstdob **3.** *ép, műv* timpanon, orommező **4.** *műsz* merítőkerék

tina [tinö] *f* **1.** kád **2.** dézsa

tinalha [tinàljö] *f* puttony

tineta [tinétö] *f biz* **1.** hajlam, tehetség **2.** makacsság

tingir [ti^{n}zsir] *3/3 ts* (be)fest

tinha [tinyö] *f* ótvar; kosz

tinhoso [tinyozu] *mn* ótvaros; koszos

tinido [tinidu] *m* csengés; csörgés

tinir [tinir] *3/1 tl* **1.** cseng; csörög **2.** didereg **3.** *estar v ficar a ~* egy lyukas garasa sincs

tino [tinu] *m* **1.** józan ész; értelmesség; *sem ~* értelmetlenül; *perder o ~* elveszti a fejét; nem tudja, hogy mit tegyen **2.** megérzés, szimat; *pelo ~* tapogatózva **3.** tapintat, figyelmesség **4.** *szól: a ~* megközelítően, becslés szerint, szemre; *dar ~* észrevesz, meglát; *não dar ~ de si* magánkívül van

tinta [ti^{n}ntö] *f* **1.** tinta **2.** festék; *~ de impressão* nyomdafesték **3.** *átv* színezet; árnyalat **4.** *carregar nas ~s* kiszínez, eltúloz vmit

tinteiro [ti^{n}ntéjru] *m* tintatartó

tintim [ti^{n}nti^n] *m: ~ por ~* aprólékosan, részletesen

tintinar [ti^{n}ntinàr] *1/1 tl* cseng, csilingel

tinto [ti^{n}ntu] *mn* **1.** festett **2.** foltos, piszkos **3.** *vinho ~* vörös bor

tintura [ti^{n}nturö] *f* **1.** festés **2.** festék **3.** *orv* oldat, kivonat; *~ de iodo* jódtinktúra **4.** *átv* felületes tudás, máz

tinturaria [ti^{n}nturöriö] *f* kelmefestő (műhely), vegytisztító

tintureiro [ti^{n}nturéjru] *m* **1.** kelmefestő, vegytisztító (személy) **2. B** *biz* rabszállító rendőrkocsi

tio [tiu] *m* **1.** nagybácsi; *~-avô* dédnagybácsi **2.** bácsi

tip. = *tipografia*

tipicidade [tipiszidàd] *f* típusszerűség

típico [tipiku] *mn* **1.** tipikus, sajátságos **2.** szokásos, általános

tipo [tipu] *m* **1.** típus **2.** minta; árufajta **3.** szimbólum; vminek a megszemélyesítője **4.** *nyomd* betűtípus **5.** *biz* alak, pofa

tipografia [tipugröfiö] *f* **1.** könyvnyomtatás **2.** nyomda

tipográfico [tipugràfiku] *mn* nyomdai; *erro ~* sajtóhiba; *primeira ~a* kefelevonat

tipógrafo [tipògröfu] *m* nyomdász

tipóia [tipòjö] *f* **1.** fiáker, rozoga bérkocsi **2.** (hálóból készült) hordágy **3. B** *orv* kart felkötő kendő

tique[1] [tik] *m orv* tic, rángatódzó mozgás
tique[2] [tik] *m*: *não disse nem* ~ *nem taque* egy kukkot sem szólt
tiquetaque [tiktàk] *m* tik-tak
tiquinho [tikinyu] *m* **B** egy kevéske; *espere um* ~ várjon egy pillanatig
tira[1] [tirö] **I.** *f* **1.** (papír)sáv; *fazer* v *rasgar em* ~*s* darabokra tép **2.** szalag **II.** *m argó* titkosrendőr, detektív, zsaru
tira[2] [tirö] *szól*: ~ *que* ~ állandóan, folytonosan
tiracolo [tirökòlu] *m* vállszíj; *a* ~ vállon átvetve
tirada [tiràdö] *f* **1.** export, kivitel **2.** nagy távolság, hosszú út **3.** hosszú időköz **4.** tiráda, szóáradat **5.** *de uma* ~ egy szúszra; egyfolytában
tiradoura [tirödorö] *f* szekérrúd; ekerúd
tiragem [tiràzsö^{n}j] *f* **1.** húzás, kihúzás **2.** huzat (kéményben) **3.** *nyomd* nyomtatás; levonat **4.** *nyomd* példányszám **5.** *műsz* nyújtás, hengerelés **6.** postaláda kiürítése
tira-linhas [tirölinyös] *m műsz* túskihúzó
tiranete [tirönét] *m gúny* kis zsarnok, kiskirály
tirania [tiröniö] *f* **1.** zsarnokság, önkényuralom **2.** kegyetlen elnyomás
tiranicida [tiröniszidö] *m* zsarnokölő
tirânico [tiröniku] *mn* **1.** zsarnoki, önkényes **2.** kegyetlen
tiranizar [tirönizàr] *1/1 ts* zsarnokoskodik
tirano [tirönu] *m* tirannus, zsarnok
tira-nódoas [tirönòdvös] *m* folttisztító szer
tirante [tirö^{n}nt] **I.** *mn* **1.** húzó, vonó **2.** vmilyen színbe hajló; ~ *a verde* zöldbe játszó **II.** *vsz* kivéve; ~*s dois ou três, estes livros são ótimos* egy-kettő kivételével ezek a könyvek kitűnők **III.** *fn*, *m* **1.** húzókötél, istráng **2.** *műsz* hajtórúd **3.** *ép* kötőgerenda
tirar [tiràr] *1/1* **I.** *ts* **1.** húz, von, vonszol; vonz; *o imã tira o ferro* a mágnes vonzza a vasat **2.** kihúz; elővesz; kivesz; ~ *do bolso* zsebéből előhúz *v* kivesz; ~ *o revólver* előrántja a revolverét; ~ *as nódoas* kiveszi a foltokat; ~ *as férias* kiveszi a szabadságát; ~ *de dificuldades* kihúz a bajból **3.** levesz, levet (ruhát); ~ *a camisa* leveti az ingét; ~ *os sapatos* leveszi a cipőjét **4.** kiszabadít, megszabadít; ~ *de prisão* börtönből kiszabadít **5.** készít, csinál; ~ *uma cópia* másolatot készít; ~ *uma radiografia de* röntgenképet készít vmiről **6.** vált, kivált; megvált; ~ *o bilhete* megváltja a jegyet; ~ *a carta* kiváltja az igazolványt **7.** kap, szerez; → **nota 4.** ~ *licença* engedélyt kap **8.** dob, vet, hajít **9.** ellop, elcsen, elragad **10.** *mat* kivon **11.** kiír, átír; kivonatol **12.** kihúz, elhagy, töröl **13.** kiürít (postaládát) **14.** *nyomd* kinyom **15.** *sp* **B** rúg, lő **16.** *szól*: ~ *água* vizet merít; ~ *um bocado* eszik egy falatot; ~ *uma conclusão* következtetést levon; ~ *um curso* tanfolyamra jár, tanfolyamot végez; ~ *fogo* tüzet csihol; ~ *mercadorias* árut exportál; ~ *a mesa* leszedi az asztalt; *não* ~ *os olhos de* le nem veszi a szemét vkiről *v* vmiről; ~ *a prova* ellenőriz; ~ *satisfações* elégtételt követel; ~ *a vida a* megöl vkit; ~ *do intento* eltéríti őt szándékától; *tirando* kivéve, vmitől eltekintve **T**; *sem* ~ *nem pôr* egészen pontosan; *tira isso da cabeça!* verd ki a fejedből! *isso não tira* ez nem tesz semmit; *não tira nem põe* se nem szoroz, se nem oszt **II.** *tl* **1.** elhúzódik **2.** ~ *para verde* zöld színbe játszik **3.** nyilaz **III.** ~**-se 1.** elmegy hazulról; *não me tirei de casa* ki se tettem a lábamat hazulról **2.** megszabadul vmitől (*de*)
tireóide [tirjòjd] *f (glândula)* ~ pajzsmirigy
tirete [tirét] *m* kötőjel
tiririca [tiririkö] **B I.** *mn* ingerült, dühös **II.** *fn* zsebtolvaj
tiritar [tiritàr] *1/1 tl* didereg
tiro [tiru] *m* **1.** dobás, hajítás **2.** lövés; ~ *ao alvo* céllövészet; *abater* v *matar a* ~ lelő, agyonlő; *dar um* ~ lövést lead; *errar o* ~ célt téveszt; *estar a* ~ *de espingarda* puskalövésnyire van **3.** lőtávolság **4.** lőtér; *carreira de* ~ lőállás **5.** fogat; *animais de* ~ igásállatok **6.** *sp* lövés, rúgás; ~ *directo* (közvetlen) szabadrúgás; ~ *indirecto* közvetett szabadrúgás; ~ *de canto*, **B** sarokrúgás **7.** *átv* csípős megjegyzés **8.** *szól*: *de um* ~ egyszerre, egy csapásra; *sair o* ~ *pela culatra* visszafelé sül el a dolog

tirocínio [tiruszìnyu] *m* 1. gyakorlati idő 2. tanonckodás
Tirol [tiròl] *m*: *o* ~ Tirol
tirolês *m*, **-esa** *f* [tirulés, -ézö] *mn* és *fn* tiroli
tirotear [tirutyàr] *1/5 tl* lövöldöz
tiroteio [tirutéju] *m* lövöldözés
Tirreno [tirrénu] *m*: *o* ~ a Tirrén-tenger
tir-te [tirti] *szól*: *sem* ~ *nem guar-te* minden előzetes értesítés nélkül
tisana [tizönö] *f* herbatea; gyógyital
tísica [tizikö] *f* tüdővész
tísico [tiziku] *mn* tüdővészes
tisna [tizsnö] *f* fekete festékanyag
tisnar [tizsnàr] *1/1 ts* 1. bekormoz 2. befeketít, rágalmaz
tisne [tizsn] *m* 1. feketeség; fekete folt 2. korom
tít. = *título*
titã [titöⁿ] *m* titán
titánico [titöniku] *mn* titáni
títere [titiri] *m* 1. báb 2. *nép* pojáca
titi [titi] *gyerm* 1. *m* nagybácsi 2. *f* nagynéni
titia [titiö] *f gyerm* nagynéni
titilar [titilàr] *1/1 ts* 1. csiklandoz 2. *átv* hízeleg vkinek **T**
titio [titiu] *m* **B** *biz* nagybácsi
titubear [titubjàr] *1/5 ts* 1. támolyog 2. *átv* ingadozik, habozik
titular[1] [titulàr] *1/1 ts* 1. címet *v* nevet ad vkinek, vminek **T** 2. szólít, nevez
titular[2] [titulàr] **I.** *mn* 1. címzetes, tiszteletbeli 2. kinevezett, rendes; *professor* ~ kinevezett *v* rendes tanár *sp*: *time* ~ bajnokcsapat **II.** *fn*, *m*: ~ *da pasta da justiça* igazságügyminiszter
título [titulu] *m* 1. cím 2. név; elnevezés 3. méltóság, rang 4. okirat 5. *ker* értékpapír 6. *jog* jogcím; *a* ~ *de quê?* milyen jogon? *a* ~ *de* vminek a címén, jogán, alapján; vminek az ürügyén; *a justo* ~ teljes joggal
T.M.G. = *tempo médio de Greenwich*
to [tu] = *te* + *o* neked azt
toa [toö] *f* 1. vontatókötél; *levar a* ~ vontat 2. *à* ~ találomra
toada [tvàdö] *f* 1. lárma, zaj 2. hangzás, csengés 3. dallam, dal 4. mód; *nesta* ~ ilyen módon; *numa* ~ egyhuzamban 5. *átv* mendemonda, híresztelés
toadilha [tvödiljö] *f* dalocska
toalha [tvàljö] *f* 1. törülköző; ~ *turca* frottírtörülköző; ~ *de mão* kéztörlő 2. abrosz, asztalterítő; *pôr a* ~ megteríti az asztalt 3. ~ *de água* víztükör
toalheiro [tvöljéjru] *m* törülközőtartó
toar [tvàr] *1/8 tl* 1. hangzik, cseng 2. megfelel; tetszik 3. összhangban áll vmivel (*com*)
toca [tòkö] *f* 1. odu; lyuk 2. menedék
toca-discos [tuködiskus] *m* lemezjátszó
tocado [tukàdu] *mn* 1. rothadó (gyümölcs) 2. *átv* ütődött, bolond 3. spicces, becsípett
tocador [tuködor] *m* 1. muzsikus, zenész 2. **B** öszvérhajcsár
toca-fita [tuköfitö] *m* **B** magnetofon
tocaia [tokàjö] *f* **B** csapda; les
tocaiar [tokàjàr] *1/1* **B** **I.** *ts* lesből megtámad *v* megöl **II.** *tl* lesben áll, leselkedik
tocaio [tukàju] *mn* és *fn* azonos nevű; drusza
toca-lápis [tukölàpis] *m* ceruzabél-tartó (körzőszáron)
tocante [tuköⁿnt] *mn* 1. érintő; illető; *no* ~ *a* ami ... illeti 2. megható, megindító
tocar [tukàr] *1/2, 1/15* **I.** *ts* 1. érint, megérint, hozzányúl; ~ *os copos* koccint; ~ *a meta* célhoz ér; *é favor não* ~ hozzányúlni tilos 2. meghat, megindít 3. játszik (hangszeren); ~ *guitarra* v *violão* gitároz; ~ *tambor* dobol; *o relógio toca as cinco horas* az óra öt órát jelez 4. partot ér, kiköt vhol **T** 5. határos, szomszédos vmivel **T** 6. **B** hajt, terel (állatokat) **II.** *tl* 1. közel áll vmihez; *sua fortuna toca a 10 milhões* vagyona megközelíti a tízmilliót 2. osztályrészül jut 3. *átv* érint, illet vkit *v* vmit (*a*); *pelo que toca ao resto* ami a többit illeti 4. soron van vki (*a*) 5. telefonon felhív vkit (*para*) 6. megy, elindul vhova (para); *toquei* (*-me*) *para casa* elindultam hazafelé 7. szól, cseng, hangzik; *o telefone toca* szól a telefon 8. *szól*: *toque!* menjen tovább! siessen! **III.** ~*-se* 1. érintkezik 2. találkozik 3. rothadni kezd (gyümölcs) 4. *nép* kezd becsípni
tocha [tòsö] *f* 1. fáklya 2. nagy viaszgyertya
toco [toku] *m* (gyertya)csonk
todavia [todövìö] *ksz* mégis
todo [todu] **I.** *mn* 1. egész; ~ *o ano, o*

ano ~ az egész év(ben); *~a a família* az egész család 2. minden, mindegyik; ~ *ano*, *~s os anos* minden évben; *de ~a a espécie* mindenféle **II.** *fn*, *m* az egész, minden; *ao* ~ összesen; *de* ~ egészen, teljesen; mindenestül; *de ~ em* ~ teljes egészében

todo-poderoso [todupudirozu] *mn* mindenható

toesa [tvézö] *f* öl (mérték)

tofo [tofu] *m* 1. *ásv* tufa 2. *orv* mészlerakódás

toga [tògö] *f* tóga; talár

togado [tugàdu] *m* bíró

toic... [tojk] → **touc...**

toir... [tojr] → **tour...**

tojo [tozsu] *m növ* rekettye

tolda [tòldö] *f* 1. *haj* felső fedélzet 2. védőtető, ponyva

toldado [toldàdu] *mn* 1. betakart 2. borús, felhős 3. *vinho* ~ zavaros bor 4. ittas, részeg

toldar [toldàr] *1/15* **I.** *ts* **1.** betakar (ponyvával) 2. elsötétít, elhomályosít (*átv* is) **II.** **~-se** 1. zavaros lesz (bor) 2. beborul 3. lerészegedik

toldo [toldu] *m* védőtető; ponyva

toleima [tuléjmö] *f* = **tolice**

toleirão *m*, **toleirona** *f* [tuléjrö^{n}u, -ronö] *mn* és *fn* nagyon buta; *átv* állat, barom

tolejar [tulizsàr] *1/14 tl* ostobaságokat mond *v* tesz

tolerada [tuliràdö] *f* nyilvántartott *v* bárcás kéjnő

tolerância [tulirö^{n}szjö] *f* 1. tűrés, elnézés 2. türelem 3. *orv* tolerancia

tolerante [tulirö^{n}nt] *mn* 1. elnéző 2. türelmes

tolerar [tuliràr] *1/13 ts* 1. eltűr, elvisel 2. elnéz

tolerável [tuliràvèl] *mn* elviselhető

tolher [tuljér] *2/8* **I.** *ts* 1. megakadályoz; ~ *o caminho* v *o passo a* elállja vkinek az útját 2. megtilt 3. megbénít, megdermeszt 4. elvesz, elrabol vmit vkitől (*a*) **II.** **~-se** megbénul; *~-se de medo* megdermed az ijedtségtől

tolhido [tuljidu] *mn* béna; merev

tolice [tulisz] *f* butaság, ostobaság

tolo [tolu] *mn* és *fn* buta, ostoba

tom [to^n] *m* 1. hang; hangnem; *dar* ~ megadja a hangot; énekbe kezd; *sair do* ~, *zene* detonál 2. *átv* tónus, stílus, modor; *mudar de* ~ más hangon kezd beszélni 3. *műv* színek árnyalata, összhatás 4. *orv* tónus

tomada [tumàdö] *f* 1. elfoglalás, bevétel; foglyul ejtés 2. mozifelvétel; „snitt"; ~ *exterior* külső felvétel 3. B ~ (*eléctrica*), *vill* konnektor, csatlakozó aljzat 4. ~ *de posição* állásfoglalás

tomado [tumàdu] *mn* 1. meghódított, bevett, elfoglalt 2. ~ *de* vmivel eltelt; vmilyen bajban szenvedő; ~ *de alegria* örömteli; ~ *de medo* v *de pavor* ijedtséggel *v* rettegéssel telve; ~ *de sono* álomittas(an); ~ *de vinho* borgőzös, részeg; *ter a garganta ~a* torokgyulladása van

tomar [tumàr] *1/15* **I.** *ts* **1.** vesz, fog; ~ *armas* fegyvert ragad; ~ *em suas mãos* kezébe vesz; ~ *nos braços* karjaiba zár; ~ *pela mão* kézen fog; ~ *a sério* komolyan vesz 2. bevesz, elfoglal; ~ *de assalto* rohammal bevesz; ~ *a cidade* elfoglalja a várost 3. elvesz, elragad, ellop 4. elfogja valami; *tomou-o o medo* félelem szállta meg 5. kivesz (lakást); igénybe vesz (szolgáltatást) 6. (ki)választ; követ; ~ *o bom caminho* a helyes utat választja 7. *átv* felfog; ~ *em brincadeira* tréfának veszi a dolgot; ~ *por modelo* mintának vesz **8.** magához vesz (ételt, italt); ~ *um café* kávét iszik; ~ *uma sopa* levest eszik; ~ *um remédio* gyógyszert vesz be 9. járműt igénybe vesz, felszáll; ~ *um eléctrico* (**B**: *um bonde*) villamosra száll **10.** *szól:* ~ *alegria com* örül vminek; ~ *amor a* megszeret vkit; ~ *ânimo* összeszedi bátorságát; ~ *um ar risonho* derűs képet vág; ~ *a bem* jó néven vesz; ~ *a mal* rossz néven vesz; ~ *conta de si* visszanyeri önuralmát; ~ *férias* kiveszi a szabadságát; ~ *fogo* tüzet fog, meggyullad; ~ *força* erőre kap; ~ *juízo* megjön az esze; ~ *o largo* nyílt tengerre száll; ~ *a liberdade de* veszi a bátorságot vmihez; ~ *ódio a* meggyűlöl vkit *v* vmit; ~ *origem* kezdetét veszi, ered vhonnan (*de*); ~ *terra* kiköt, partra száll; *közm:* *mais vale um toma que dois te darei* jobb ma egy veréb, mint holnap egy túzok **II.** *tl* 1. ~ *por* v *para* elutazik vhova 2. *tomara!* reméljük! bárcsak úgy volna! *tomara eu!* örülnék neki! nem is volna rossz nekem! *tomara eu saber* bár tudnám! 3. *toma lá!* itt van, nesze! *toma lá, dá cá* adsza-nesze III. **~-se** 1. összevesz vkivel (*com*) 2. *~-se de* eltelik *v* megtelik vmivel; *~se de medo* elfogja a félelem; *~-se de vinho* lerészegedik

Tomás [tumàs] *m* Tamás

tomatada [tumötàdö] *f* sűrített paradicsom

tomate [tumàt] *m* paradicsom

tomateiro [tumötéjru] *m növ* paradicsom(bokor)

tombada [to^{n}mbàdö] *f* **B** hegyoldal

tombador [to^{n}mbödor] *m* **B** meredek lejtő; szakadék

tombar[1] [to^{n}mbàr] *1/1* **I.** *ts* feldönt, ledönt **II.** *tl* **1.** leesik (a földre) **2.** *tomba a noite* leszáll az est **III.** **~-se** **1.** felborul **2.** oldalára dől

tombar[2] [to^{n}mbàr] *1/1* *ts* **1.** feljegyez, összegyűjt; jegyzékbe foglal **2.** telekkönyvez

tombo [to^{n}mbu] *m* **I.** esés; bukfenc **II.** telekkönyv

tômbola [to^{n}mbulö] *f ját* tombola

Tomé [tumè] *m* Tamás

tomilho [tumilju] *m növ* kakukkfű

tomo [tomu] *m* **1.** kötet **2.** rész; felosztás **3.** fontosság

ton. = *tonel*

tona [tonö] *f* **1.** vékony héj; *~ de cebola* hagymahéj **2.** *à ~ de água* a víz felszínén; *aflorar v vir à ~ de água* a felszínre kerül, felbukkan

tonal [tunàl] *mn zene* tonális, hangnemi

tonalidade [tunölidàd] *f* **1.** *zene* hangnemiség **2.** *műv* tónus

tonante [tunö^{n}nt] *mn* dörgő

tonel [tunèl] *m* **1.** hordó **2.** részeges alak

tonelada [tunilàdö] *f* tonna

tonelagem [tunilàzsö^{n}j] *f* tonnatartalom

tónica [tònikö] *f* **1.** *zene* tonika, alaphang **2.** *átv* főtéma **3.** *nyelvt* hangsúlyos magánhangzó

tonicidade [tuniszidàd] *f* **1.** *orv* tónus, rendes feszültségi állapot **2.** *nyelvt* hangsúlyosság

tónico [tòniku] **I.** *mn* hangsúlyos; *acento ~* hangsúlyt jelölő ékezet; *nota ~a* alaphang; *vogal ~a* hangsúlyos magánhangzó **II.** *fn, m orv:* (*medicamento*) *~* erősítő szer

tonificar [tunifikàr] *1/2 ts orv* erősít

toninha [tuninyö] *f áll* delfin

tonismo [tunizsmu] *m orv* tetanusz, merevgörcs

tonitruante [tunitruö^{n}nt] *mn* **1.** menny-dörgő **2.** *átv* fellengzős

tono [tonu] *m* **1.** hang, hangzás **2.** *orv* tónus

tonsura [to^{n}szurö] *f* tonzúra

tonsurado [to^{n}szuràdu] *m* katolikus pap

tontear [to^{n}ntyàr] *1/5 tl* **1.** hülyéskedik, ostobákat beszél **2.** szédül, forog a feje **3.** bóbiskol **4.** megzavarodik

tontice [to^{n}ntisz] *f* butaság, ostobaság

tonto [to^{n}ntu] **I.** *mn* szédülő; *ficar ~ com muito barulho* szédül a feje a nagy lármától **II.** *mn* és *fn* buta, ostoba

tontura [to^{n}nturö] *f* **1.** szédülés **2.** butaság, ostobaság

topar [tupàr] *1/15* **I.** *ts* **1.** (meg)talál **2.** *ját* va banque-ot játszik, mindent egy lapra tesz fel **3.** beleegyezik vmibe, elfogad (meghívást) **II.** *tl,* **III.** **~-se** véletlenül találkozik, összefut vkivel (*com*)

topázio [tupàzju] *m ásv* topáz

tope [tòp] *m* **1.** összeütközés **2.** csúcs, orom; *~ do monte* hegycsúcs **3.** *átv* tetőpont **4.** kalapszalag **5.** nehézség; zavar

topetada [tupitàdö] *f* lökés, döfés (fejjel)

topetar [tupitàr] *1/13* **I.** *ts* **1.** fejjel elér *v* érint **2.** *átv* emelkedik, elér, eljut vhova **T** **II.** *tl* **1.** elér, érint vmit (*com*), *chega a ~ com o tecto da casa* fejével szinte érinti a mennyezetet **2.** felemelkedik, felnyúlik

topete [tupét] *m* **1.** tupír, felfésült haj, hajtincs **2.** szemtelenség, pimaszság

topetudo [tupitudu] *mn* **B** szemtelen, pimasz

tópico [tòpiku] **I.** *mn* **1.** helyi **2.** *orv* topikus, külsőleg ható **II.** *fn, m* **1.** *orv* külsőleg alkalmazott gyógyszer **2.** *átv* tárgy, téma **3.** újsághír (mindennapi eseményről) **4.** *~s* közhelyek

topo[1] [tòpu] *m* összeütközés

topo[2] [topu] *m* vminek a teteje, csúcsa, vége; *~ da escada* lépcső felső vége; *no ~ da sala* a terem végében; *de ~* hirtelen, váratlanul

topografia [tupugröfiö] *f* topográfia, helyrajz

topográfico [tupugràfiku] *mn* helyrajzi; → **levantamento 3.**

toque [tòk] *m* **1.** (meg)érintés **2.** lökés, ütés **3.** játszás (hangszeren) **4.** hang; ~ *do tambor* dobszó **5.** *kat* jel, jelzés; ~ *de alarma* riadó; ~ *de alvorada* ébresztő; ~ *de recolher* v *de silêncio* takarodó; ~ *de reunir* sorakozó **6.** kézfogás, kézszorítás **7.** *műv* ecsetvonás **8.** különleges zamat, buké **9.** vminek a nyoma, maradványa **10.** *szól: pedra de* ~ próbakő; *a* ~ *de caixa* **a)** dobszóval **b)** gyorsan, sebtében

toranja [turö^{n}zsö] *f* grapefruit, citrancs

torar [turàr] *1/15 ts* szétfűrészel

tórax [tòröksz] *m* mellkas

torçal [turszàl] *m* **1.** paszományzsinór **2.** selyemfonal

torção [turszö^{n}u] *f* **1.** csavarás; csavarodás **2.** kólika (állatoké)

torcedoira [turszidojrö] *f* cérnázógép

torcedor *m,* **-a** *f* [turszidor(ö)] **I.** *mn* csavaró; sodró **II.** *fn* **1.** *m* cérnaorsó **2.** *m műsz* pecek, szorítófa **3.** *m, f sp* szurkoló, drukker

torcedoura [turszidorö] *f* = **torcedoira**

torcedura [turszidurö] *f* **1.** csavarás; sodrás **2.** forduló, kanyar **3.** *orv* ínrándulás **4.** *átv* csűrés-csavarás; fortély; kibúvó

torcer [turszér] *2/2, 2/8* **I.** *ts* **1.** csavar; sodor; ~ *a roupa* kifacsarja a fehérneműt **2.** meghajlít, elgörbít **3.** kificamít **4.** *átv* megmásít, eltorzít, elferdít **5.** *szól:* ~ *a boca* félrehúzza a száját; ~ *o caminho* kerülőt tesz; *aqui é que a porca torce o rabo* itt van a kutya eltemetve **II.** *tl* **1.** forog, fordul **2.** hajlik, görbül **3.** *átv* enged, belemegy a dologba **4.** *sp* szurkol, drukkol vkinek (*para*) **III.** ~**-se** vonaglik (fájdalmában)

torcicolo [turszikòlu] *m* **1.** kanyar, forduló; hajlás **2.** *orv* nyakferdülés **3.** *áll* nyaktekercs (madár) **4.** *átv* kibúvó

torcida [turszidö] *f* **1.** lámpabél **2.** *sp* **B** szurkolótábor

torcido [turszidu] *mn* **1.** ferde, görbe; *ter a vista* ~*a* bandzsít, kancsalít **2.** kanyargós

tordo [tordu] *m áll* rigó

tormenta [turme^{n}ntö] *f* **1.** vihar **2.** felfordulás; zavargás

tormento [turme^{n}ntu] *m* kín, szenvedés, gyötrelem; *meter a* ~ kínpadra feszít

tormentoso [turme^{n}ntozu] *mn* viharos

torna [tòrnö] *f jog* értéktöbblet-térítés

tornada [turnàdö] *f* visszatérés

tornadiço [turnödìszu] *mn* **1.** renegát, hitehagyott **2.** szökevény, áruló

tornado [turnàdu] *m* tornádó, viharos forgószél

tornar [turnàr] *1/15* **I.** *ts* **1.** visszaad, visszaküld **2.** átalakít, átváltoztat vmivé (*em*); ~ *em húngaro* magyarra fordít **3.** tesz valamilyenné; ~ *agradável* kellemessé tesz; ~ *públicò* közzétesz **II.** *tl* **1.** visszatér; ~ *à pátria* hazájába visszatér **2.** felel, válaszol **3.** ismétel, ismét *v* újból tesz vmit; ~ *a dizer* ismét mondja; ~ *a pedir* újra kér; ~ *a sair* ismét elmegy hazulról **4.** *szól:* ~ *mão* ellenáll, ellenszegül; ~ *a si* magához tér; ~ *por* pártját fogja vkinek **III.** ~**-se** **1.** visszatér **2.** lesz valamilyenné; ~*se amarelo* megsárgul; ~*-se são* meggyógyul; ~*-se suspeito* gyanússá válik

tornassol [turnöszòl] *m* **1.** *vegy* lakmusz(papír) **2.** *növ* napraforgó

torna-viagem [turnövjàzsö^{n}j] *f* visszatérés (tengeri útról)

torneador *m,* **-a** *f* [turnyödor(ö)] *fn* esztergályos

tornear [turnyàr] *1/5 ts* **1.** esztergályoz **2.** körülvesz; körüljár **3.** *átv* tökéletesít, csiszol, farag **II.** *tl* turnén (művészkörúton, portyán) vesz részt

tornearia [turnyöriö] *f* **1.** esztergályosság **2.** esztergályosműhely

torneio [turnéju] *m* **I.** esztergálás; *átv* csiszolás; csiszoltság **II.** *sp* bajnoki torna; viadal

torneira [turnéjrö] *f* (víz)csap

torneiro [turnéjru] *fn* esztergályos

tornejar [turnizsàr] *1/14* **I.** *ts* **1.** meggörbít **2.** körüljár **II.** *tl* **1.** meggörbül **2.** visszafordul, visszatér

torninho [turninyu] *m* satu

torniquete [turnikét] *m* **1.** (útelzáró) forgókereszt (gyalogosok átbocsátására) **2.** *orv* érnyomó

torno [tornu] *m* **1.** esztergapad **2.** satu(pad) **3.** vízcsap; hordócsap **4.** fadugó; cövek **5.** *em* ~ körös-körül; *em* ~ *de* vmi körül

tornozelo [turnuzélu] *m* boka, bokacsont

toro [toru] *m* 1. (kivágott) fatörzs 2. fatönk, tuskó, tőke 3. (állati) törzs végtagok nélkül
toró [torò] *m* B zápóreső
toronja [turoⁿzsö] *f* = **toranja**
torpe [torp] *mn* I. aljas, becstelen; undorító II. 1. merev 2. félénk, bátortalan
torpedear [turpigyàr] *1/5 ts* megtorpedóz (*átv* is)
torpedeiro [turpidéjru] *m* 1. torpedónaszád 2. torpedónaszádon szolgáló tengerész
torpedo [turpédu] *m* 1. *kat* torpedó 2. *áll* villamos rája
torpeza [turpézö] *f* aljasság, becstelenség; szemérmetlenség
tórpido [tòrpidu] *mn* 1. merev 2. kábult
torpor [turpor] *m* 1. merevség 2. kábultság
torquês [torkész] *f* B *müsz* harapófogó
torrada [turràdö] *f* pirított kenyérszelet
torradeira [turrödéjrö] *f* kenyérpirító (készülék)
torrado [turràdu] *mn* 1. pirított 2. száraz, szárított 3. fonnyadt
torrão [turröⁿu] *m* 1. rög; föld; talaj; ~ *natal* szülőföld, haza 2. darab; kocka (cukor) 3. *torrões* földbirtok
torrar [turràr] *1/15 ts* 1. szárít, aszal; *um calor de* ~ perzselő hőség 2. pörköl (kávét); pirít (kenyeret) 3. B: ~ *dinheiro* szórja a pénzt
torre [torr] *f* 1. torony; ~ *petrolífera* fúrótorony 2. templomtorony 3. *sakk* bástya
torrefacção [turrifàszöⁿu] *f* pörkölés
torrefacto [turrifàtu] *mn* pörkölt
torrencial [turreⁿszjàl] *mn* zuhogó; *chuva* ~ szakadó eső
torrencialmente [turreⁿszjölmeⁿnt] *hat: está a chover* ~ csak úgy zuhog az eső
torrente [turreⁿnt] *f* 1. hegyi patak; zuhogó 2. *átv* áradat; ~ *de palavras* szóáradat; *a* ~*s*, *em* ~*s* patakokban
torresmo [turrézsmu] *m* töpörtyű
tórrido [tòrridu] *mn* forró; → **zona** 2.
torrificar [turrifikàr] *1/2 ts* 1. pörköl 2. szárít, aszal
torrinha [turrinyö] *f* 1. tornyocska 2. színházi karzat
torta [tòrtö] *f* 1. torta 2. olajpogácsa
torteira [turtéjrö] *f* tortasütő forma
tortilha [turtiljö] *f* cukrászsütemény
torto [tortu] I. *mn* 1. ferde, görbe; ~ *das pernas* görbe lábú 2. ~ (*da vista v dos olhos*) kancsal, bandzsa 3. *átv* hamis; helytelen II. *hat* 1. ferdén, görbén 2. fonákul, helytelenül; *responder* ~ élesen *v* gorombán válaszol
tortulho [turtulju] *m* 1. *növ* gomba 2. tagbaszakadt legény
tortuosidade [turtvuzidàd] *f* 1. kanyargósság 2. *átv* alattomosság
tortuoso [turtvozu] *mn* 1. kanyargós 2. *átv* alattomos
tortura [turturö] *f* 1. kín, kínzás, kínvallatás 2. gyötrelem, gyötrődés
torturar [turturàr] *1/1* I. *ts* kínoz, gyötör II. ~-**se** kínlódik, gyötrődik
torvação [turvöszöⁿu] *f* 1. nyugtalanság, izgalom 2. harag; ingerültség
torvar [turvàr] *1/15* I. *ts* nyugtalanít, izgat; ~ *de medo* aggaszt; ~ *de susto* megijeszt II. *tl*, III. ~-**se** 1. nyugtalankodik, izgul 2. haragszik
torvelinhar [turvilinyàr] *1/1 tl* kavarog, örvénylik
torvelinho [turvilinyu] *m* kavargás, örvénylés; forgatag
torvo [torvu] *mn* 1. ijesztő 2. dühös
tosa [tòzö] *f* I. birkanyírás II. ütlegek zápora
tosão [tuzöⁿu] *m* gyapjú
tosar [tuzàr] *1/15 ts* I. 1. megnyír 2. lelegel II. elver, elpáhol
toscanejar [tuskönizsàr] *1/14 tl* bóbiskol
tosco [tosku] *mn* durva, faragatlan (*átv* is)
tosquia [tuskiö] *f* 1. birkanyírás (ideje) 2. szigorú bírálat
tosquiar [tuskjàr] *1/7 ts* 1. megnyír 2. megnyes 3. *átv* megnyirbál; kifoszt
tosse [tòsz] *f* köhögés; ~ *convulsa* szamárköhögés
tossido [tuszidu] *m* köhécselés (figyelem felkeltése céljából)
tossir [tuszir] *3/10 tl* köhög
tosta [tòstö] *f* pirított kenyérszelet
tostão [tustöⁿu] *m* garas (régi pénznem); *não ter um* ~ nincs egy garasa
tostar [tustàr] *1/15 ts* 1. pirít 2. lebarnít (bőrt)
total [tutàl] I. *mn* egész, teljes, összes; *guerra* ~ totális háború *v* hadviselés II. *fn*, *m* végösszeg
totalidade [tutölidàd] *f* összesség; *na* ~ teljes egészében, összesen

totalitário [tutölitàrju] *mn: estado* ~ korlátlan hatalmon alapuló állam
totalizador [tutölizödor] *m lóverseny* totalizatőr
totalizar [tutölizàr] *1/1 ts* **1.** összegez **2.** összesen kitesz
totobola [tòtòbòlö] *f* totó
touca [tokö] *f* fejkötő; női sapka
toucado [tokàdu] *m* frizura, hajviselet
toucador [toködor] *m* toalettasztal; *objectos de* ~ toalettszerek
toucar [tokàr] *1/2 ts* **1.** (meg)fésül **2.** feldíszít, ékesít
toucinho [toszinyu] *m* szalonna; *manta de* ~ zsírszalonna
toupeira [topéjrö] *f* vakondok
tourada [toràdö] *f* **1.** bikacsorda **2.** bikaviadal
tourão [torö^{n}u] *m* görény
toureador [torjàdor] *m* torreádor
tourear [torjàr] *1/5 ts, tl* **1.** bikaviadalban részt vesz, bikával harcol **2.** *átv* üldöz **3.** **B** flörtöl, udvarol
toureio [toréju] *m* bikaviadal
toureiro [toréjru] *m* torreádor
touril [toril] *m* bikaistálló
touro [toru] *m* bika
toutiço [totiszu] *m* tarkó
toutinegra [totinègrö] *f áll* poszáta
tóxico [tòksziku] **I.** *mn* mérges **II.** *fn, m* méreg
toxicômano [tòkszikomönu] *fn* kábítószer rabja
toxina [tòkszinö] *f orv* toxin
T.R. = *toneladas registadas* regisztertonna
trabalhadeira [tröböljödéjrö] *mn* és *fn, f* **1.** dolgos, munkás (nő) **2.** női munkaerő
trabalhado [tröböljàdu] *mn* **1.** kidolgozott, megmunkált **2.** *átv* csiszolt **3.** *vida* ~*a* küzdelmes élet
trabalhador *m,* **-a** *f* [tröböljödor(ö)] **I.** *mn* munkás, dolgos **II.** *fn* dolgozó
trabalhão [tröböljö^{n}u] *m* nagy *v* kimerítő munka
trabalhar [tröböljàr] *1/12* **I.** *ts* **1.** megmunkál; megművel **2.** *átv* gyötör, kínoz; ~ *um cavalo* lovat betör, belovagol **II.** *tl* **1.** dolgozik; ~ *por jornal* napszámban dolgozik **2.** működik (gép); *o relógio trabalha bem* az óra jól jár **3.** *ker* kereskedik vmivel (*em, com*) **4.** iparkodik elérni vmit (*em*)
trabalheira [tröböljéjrö] *f biz* nagy strapa
trabalhista [tröböljistö] *mn* és *fn* munkáspárti; *partido* ~ munkáspárt
trabalho [tröbàlju] *m* **1.** munka; ~ *braçal* v *físico* v *manual* kézzel végzett *v* fizikai munka; ~ *intelectual* szellemi munka; ~ *social* társadalmi munka; ~ *à tarefa* v *à peça* v *de empreitada* darabmunka; *código do* ~ munkatörvénykönyv; *disciplina do* ~ munkafegyelem; *jornada de* ~ munkanap; ~*s públicos* közmunkák **2.** mű; működés **3.** fáradozás; nehézség; ~*s de parto* szülési fájdalmak
trabalhoso [tröböljozu] *mn* **1.** munkaigényes **2.** fáradságos
traça [tràszö] *f* **I.** **1.** vázlat; tervrajz **2.** fortély, fogás **3.** **B** megjelenés, külső **II.** **1.** *áll* moly **2.** *átv* kullancs
traçado [tröszàdu] *m* **I.** **1.** vázlat, tervrajz, alaprajz **2.** *müsz* előrajz **3.** grafikon **4.** *vasút* nyomvonal **II.** **B** vitorlavászon
traçante [trösző^{n}nt] *mn: bala* ~ nyomjelző lövedék
traçar [tröszàr] *1/3, 1/12 ts* **I.** **1.** vázol, felrajzol; tervet készít; *átv* tervez, kigondol **2.** (határt) von, (vonalat) húz **3.** utat épít, nyomvonalat kijelöl **4.** átvág, keresztez **5.** elhatároz, dönt **II.** **1.** megeszik, kirág (moly) **2.** **B** *biz* jó étvággyal megeszik, lenyel, eltüntet **3.** untat; gyötör
tracção [tràszö^{n}u] *f* **1.** húzás, vontatás; húzóerő; ~ *animal* állati erővel végzett vontatás; ~ *eléctrica* villamos vontatás; *animal de* ~ igavonó állat; *prova de* ~ szakítópróba **2.** *autó* kerékmeghajtás; ~ *dianteira, traseira* elülső, hátsó kerékmeghajtás
tracejado [trösziziszàdu] *m* szaggatott vonal
tracejar [trösziziszàr] *1/14 ts* vonalkáz
traço [tràszu] *m* **1.** vonás, vonal; *duplo* ~ egyenlőségi jel; *nos seus* ~*s gerais* nagy vonásaiban **2.** nyom; *seguir o* ~ *de* nyomon követ vkit **3.** ismertetőjel; arcvonás **4.** részlet (könyvből) **5.** esemény, eset
tracoma [trökomö] *m orv* trachoma
tracto [tràtu] *m* **1.** terep; útszakasz **2.** időköz
tractor [tràtor] *m* traktor
tractorista [tràturistö] *fn* traktoros

trad. = *tradução; traduzido*

tradição [trödiszö^{n}u] *f* tradíció, hagyomány; szokás

tradicional [trödiszjunàl] *mn* hagyományos; szokásos

tradicionalista [trödiszjunölistö] *mn* és *fn* a hagyományokhoz mereven ragaszkodó

trado [tràdu] *m müsz* 1. fúró 2. fúrólyuk

tradução [tröduszö^{n}u] *f* fordítás; ~ *literal* v *textual* szó szerinti fordítás; ~ *simultânea* szimultán fordítás

tradutor *m*, **-a** *f* [trödutor(ö)] *fn* fordító

traduzir [tröduzir] *3/14* **I.** *ts* **1.** (le)fordít **2.** kifejez; ~ *em factos* v *em obras* tettekre vált, tettekben juttat kifejezésre **II.** **~-se** mutatkozik, kifejezésre jut

trafegar [tröfigàr] *1/4, 1/13 tl* **1.** kereskedik **2.** keményen dolgozik, fáradozik **3.** **B** közlekedik

tráfego [tràfigu] *m* **1.** kereskedelem **2.** fáradság, munka **3.** (társadalmi) érintkezés, kapcsolat **4.** forgalom; ~ *ferroviário* vasúti forgalom; ~ *fluvial* folyami szállítás; ~ *telefónico* távbeszélő-forgalom; ~ *engarrafado* forgalmi dugó; *director de* ~ diszpécser, forgalomirányító

traficância [tröfikö^{n}szjö] *f* **1.** üzletelés **2.** üzérkedés

traficante [tröfikö^{n}nt] **I.** *mn* üzletelő **II.** *fn* üzérkedő; szélhámos

traficar [tröfikàr] *1/2 ts, tl* **1.** kereskedik **2.** *biz* üzérkedik; szélhámoskodik

tráfico [tràfiku] *m* **1.** kereskedelem **2.** üzérkedés; szélhámosság

tragada [trögàdö] *f* **B** slukk, szippantás, korty

tragadoiro, -douro [trögödojru, -doru] *m* szakadék, mélység

tragar [trögàr] *1/4, 1/12 ts* **1.** (el)nyel, lenyel **2.** fal, felfal (*átv* is) **3.** lehörpint **4.** eltűr; ~ *uma afronta* sértést lenyel **5.** *não poder* ~ nem bírja, ki nem állhatja

tragédia [trözsègyö] *f* tragédia

trágico [tràzsiku] **I.** *mn* tragikus **II.** *fn* **1.** tragédiaíró **2.** tragikus színész

tragicomédia [trözsikumègyö] *f* tragikomédia

trago [trà gu] *m* **1.** korty; *de um* ~ egyszerre, egy szuszra; *beber a ~s* kortyonként iszik, szürcsölget **2.** *átv* bánat, szomorúság **3.** baj, szerencsétlenség

traição [tràjszö^{n}u] *f* árulás; *alta* ~ hazaárulás; *à* ~ áruló módon

traiçoeiro [tràjszvéjru] *mn* **1.** áruló **2.** alattomos

traidor *m*, **-a** *f* [tràjdor(ö)] *mn* és *fn* áruló

trailer [tràjlèr] *m* **1.** *film* előzetes **2.** *autó* lakóház

traina [tràjnö] *f* húzóháló, kerítőháló

traineira [tràjnéjrö] *f* halászcsónak

trair [tröir] *3/22 ts* **1.** elárul vkit, hűtlen lesz vkihez *v* vmihez **T**; ~ *os seus juramentos* esküjét megszegi; ~ *um segredo* titkot kifecseg **2.** csalódást kelt; ~ *as esperanças* nem váltja be a hozzáfűzött reményeket

trajar[1] [trözsàr] *1/12* **I.** *ts* hord, visel (ruhát) **II.** *tl* **1.** öltözködik; ~ *de festa* ünneplőbe öltözik; ~ *de preto* feketébe öltözik **2.** *na primavera as árvores trajam de verde* tavasszal a fák kizöldülnek

trajar[2] [trözsàr] *m* = **traje**

traje [tràzsi] *m* ruha, öltözék, viselet; ~ *espacial* űrhajósöltözet; ~ *à paisana* polgári ruha; ~ *de banho* fürdőruha; ~ *de cerimónia* v *de rigor* estélyi ruha; ~ *de fantasia* maskara, jelmez; ~ *de passeio*, ~ *de rua* utcai öltözet; *em ~s de Adão* ádámkosztümben

trajecto [trözsètu] *m* **1.** utazás; átkelés **2.** útvonal, útszakasz

trajectória [trözsètòrjö] *f* **1.** röppálya **2.** út, útvonal (*átv* is)

trajo [tràzsu] *m* = **traje**

tralha [tràljö] *f* **1.** halászháló **2.** limlom, vacak

trama [trömö] *f* **1.** szövet **2.** *text* vetülék **3.** *átv* szövevény, bonyodalom **4.** intrika, ármány **5.** **B** (csere)üzlet

tramar [trömàr] *1/1 ts* **1.** sző **2.** összeesküszik vki *v* vmi ellen (*contra*) **3.** kigondol, kitalál **4.** ármánykodik, cselt sző

trambecar [trö^{n}mbikàr] *1/2 tl* inog, támolyog

trambolhão [trö^{n}mbuljö^{n}u] *m* **1.** esés, zuhanás, bukfenc; *dar um* ~ nagyot esik **2.** *átv* hanyatlás

trambolhar [trö^{n}mbuljàr] *1/15 tl* **1.** esik, zuhan, bukfencezik **2.** dadog, hebeg

trambolho [trö^{n}mbolju] *m* **1.** béklyó (ló számára) **2.** *átv* akadály, nehézség; nyűg **3.** *~ debchaves* kulcscsomó

trâmite [trömit] *m* **1.** út; irány **2.** *átv: ~s* hivatalos út; *seguir os ~s legais* halad a maga útján (ügy intézése)

tramóia [trömòjö] *f* **1.** trükk, fortély, fogás **2.** intrika, ármány

tramontana [trömo^{n}ntönö] *f* **1.** *csill* sarkcsillag **2.** irány, irányérzék; *perder a ~* **a)** eltájolja magát **b)** *átv* elveszti a fejét, megzavarodik **3.** északi szél

tramontar [trömo^{n}ntàr] **I.** *1/1 tl* lenyugszik (a nap, a hegyek mögött) **II.** *fn, m* napnyugta

trampolim [trö^{n}mpuli^n] *m* trambulin, ugródeszka

trampolina [trö^{n}mpulinö] *f biz* csalás; gazság

trampolinar [trö^{n}mpulinàr] *1/1 tl* szélhámoskodik

trampolineiro [trö^{n}mpulinéjru] *m* csaló, szélhámos

trampolinice [trö^{n}mpulinisz] *f* = **trampolina**

trâmuei [trömvéj] *m* **1.** villamos **2.** helyiérdekű vonat

tranca [trö^{n}nkö] *f* **1.** keresztrúd, ajtózár **2.** *átv* akadály, nehézség **3.** *nép* láb, lábszár; *dar às ~s* elfut, meglóg; *estar pouco seguro nas ~s* alig áll a lábán

trança [trö^{n}szö] *f* **1.** copf, hajfonat **2.** paszomány

trancar [trö^{n}nkàr] *1/2* **I.** *ts* **1.** elreteszel, elzár **2.** *átv* befejez; véget vet vminek T **3.** kihúz, töröl, megsemmisít **II.** **~-se 1.** bezárkózik **2.** *átv* magába zárkózik, elzárkózik

trançar [trö^{n}szàr] *1/3 ts* befon (hajat)

tranca-ruas [trö^{n}nköruös] *m* **1.** hencegő **2.** **B** rossz autóvezető (forgalmi akadály előidézője) **3.** botrányokozó, krakéler

trancelim [trö^{n}szili^n] *m* paszomány, sújtás

trancelinha [trö^{n}szilinyö] *f* **1.** keskeny díszzsinór **2.** **B** intrika, áskálódás

tranco [trö^{n}nku] *m* **1.** ugrás (lóé) **2.** lökés, zökkenés; *a ~s e barrancos* üggyel-bajjal, nagy nehezen

tranqueira [trö^{n}nkéjrö] *f* sánc; fedezék; *levantar ~* elsáncolja magát

tranqueiro [trö^{n}nkéjru] *m* **1.** fűrészbak **2.** ajtószárfa

tranqueta [trö^{n}nkétö] *f müsz* csappanó

tranquilidade [trö^{n}nkvilidàd] *f* nyugalom

tranquilizante [trö^{n}nkvilizö^{n}nt] *mn* és *fn, m* nyugtató(szer)

tranquilizar [trö^{n}nkvilizàr] *1/1 ts* **I.** megnyugtat **II.** **~-se** megnyugszik

tranquilo [trö^{n}nkvilu] *mn* nyugodt

trans... [trö^{n}s, trö^{n}zs, trö^{n}z] (igekötő) át-, túl-

transacção [trö^{n}zàszö^{n}u] *f* **1.** kiegyezés, egyezség **2.** *ker* ügylet, üzletkötés

transaccionar [trö^{n}zàszjunàr] *1/8 tl* **1.** kiegyezik **2.** üzletet köt

transacto [trö^{n}zàtu] *mn* elmúlt, előző

transatlântico [trö^{n}zötlö^{n}ntiku] **I.** *mn* tengerentúli **II.** *fn, m* óceánjáró hajó

transbordar [trö^{n}zsburdàr] *1/15* **I.** *ts* **1.** eláraszt, kiáraszt **2.** átszállít, átrak (egyik hajóról a másikra) **II.** *tl* **1.** kiárad **2.** kicsordul **3.** *átv: ~ de alegria* nem tud hova lenni örömében **4.** *közl* átszáll

transbordo [trö^{n}zsbordu] *m* **1.** kiáradás **2.** átszállítás, átrakás **3.** *közl* átszállás

transcendência [trö^{n}s-sze^{n}nde^{n}szjö] *f* felsőbbrendűség

transcendente [trö^{n}s-sze^{n}nde^{n}nt] *mn* magasabb rendű

transcender [trö^{n}s-sze^{n}ndér] *2/1* **I.** *ts* felülmúl vkit *v* vmit; túlmegy vmin T **II.** *tl* kiemelkedik, kitűnik

transcrever [trö^{n}skrivér] *2/7 ts* lemásol; átír

transcrição [trö^{n}skriszö^{n}u] *f* lemásolás; átírás

transcrito [trö^{n}skritu] **I.** *mmi* lemásolt, átírt; → **transcrever; II.** *fn, m* másolat

transe [trö^{n}sz] *m* **1.** kritikus pillanat **2.** rettegés **3.** veszély **4.** önkívület **5.** *a todo o ~* mindenáron, feltétlenül

transepto [trö^{n}szèptu] *m ép* kereszthajó

transeunte [trö^{n}zju^{n}nt] **I.** *mn* átmeneti **II.** *fn* járókelő, gyalogos

transferência [trö^{n}sfire^{n}szjö] *f* **1.** átszállítás **2.** áthelyezés **3.** átadás; átutalás **4.** elhalasztás

transferidor [trö^{n}sfiridor] *m geom* szögmérő

transferir [trö^{n}sfirir] *3/8 ts* **1.** átszállít **2.** áthelyez **3.** átad; átutal **4.** elhalaszt

transferível [trö^{n}sfirivèl] *mn* **1.** átszállítható **2.** átruházható **3.** *ker* forgatható (váltó)

transfiguração [trö^{n}sfiguröszö^{n}u] *f* átváltozás, alakváltozás
transfigurar [trö^{n}sfigurȧr] *1/1 ts* átalakít, átváltoztat
transformação [trö^{n}sfurmöszö^{n}u] *f* átalakítás; átalakulás
transformador [trö^{n}sfurmödor] *m vill* transzformátor
transformar [trö^{n}sfurmȧr] *1/15* **I.** *ts* átalakít **II.** **~-se** átalakul
trânsfuga [trö^{n}sfugö] *fn* szökevény, disszidens; áruló
transfusão [trö^{n}sfuzö^{n}u] *f* átöntés; **~** *de sangue* vérátömlesztés
transgredir [trö^{n}zsgridir] *3/9 ts* **1.** átlép **2.** *átv* áthág, megszeg
transgressão [trö^{n}zsgriszö^{n}u] *f* áthágás, megszegés; kihágás
transgressor *m*, **-a** *f* [trö^{n}zsgriszor] *mn* és *fn* megszegő
transição [trö^{n}ziszö^{n}u] *f* átmenet; *de* **~** átmeneti
transido [trö^{n}zidu] *mn* vmitől áthatott; **~** *de frio* hidegtől megdermedt; **~** *de medo* félelemtől megkövült
transigência [trö^{n}zizse^{n}szjö] *f* **1.** megalkuvás **2.** engedékenység
transigente [trö^{n}zizse^{n}nt] *mn* **1.** megalkuvó **2.** engedékeny
transigir [trö^{n}zizsir] *3/3 tl* kiegyezik; megalkuszik vkivel *v* vmivel (*com*)
Transilvânia [trö^{n}szilvönyö] *f* Erdély
transilvano [trö^{n}szilvönu] *mn* és *fn* erdélyi
transir [trö^{n}zir] *3/1 ts* áthat; megtölt
transitado [trö^{n}zitȧdu] *mn* forgalmas (útvonal)
transitar [trö^{n}zitȧr] *1/1* **I.** *ts* bejár, beutazik **II.** *tl* **1.** jár-kel, járkál; mozog **2.** közlekedik
transitável [trö^{n}zitȧvėl] *mn* járható (út)
transitivo [trö^{n}zitivu] *mn nyelvt* tranzitív, ható, tárgyas (ige)
trânsito [trö^{n}zitu] *m* **1.** átutazás **2.** átmenő forgalom **3.** (utcai) forgalom; **~** *de pedestres* gyalogátkelőhely; *rua de muito* **~** nagyon forgalmas utca; *é proibido o* **~** *de veiculos* behajtani tilos **4.** *átv* átmenet **5.** halál, elmúlás **6.** *ter* **~** *em* bejáratos vhova
transitório [trö^{n}zitȯrju] *mn* **1.** átmeneti **2.** mulandó
translação [trö^{n}zslöszö^{n}u] *f* **1.** átszállítás **2.** áthelyezés **3.** fordítás (más nyelvre) **4.** metafora
transladar [trö^{n}zslödȧr] *1/12* = **trasladar**
transliterar [trö^{n}zslitirȧr] *1/13 ts* betű szerint átír
translúcido [trö^{n}zsluszidu] *mn* áttetsző
transluzir [trö^{n}zsluzir] *3/14* **I.** *tl*, **II.** **~-se** **1.** áttetszik **2.** *átv* kitűnik, kiviláglik
transmigração [trö^{n}zsmigröszö^{n}u] *f* **1.** átköltözés, elvándorlás **2.** **~** *das almas* lélekvándorlás
transmigrar [trö^{n}zsmigrȧr] *1/1 tl* átköltözik, elvándorol
transmissão [trö^{n}zsmiszö^{n}u] *f* **1.** *jog* átruházás **2.** *műsz* (erő)átvitel; áttétel; *correia de* **~** közlőszíj; **~** *por cadeia* láncáttétel; **~** *por engrenagem* fogaskerék-áttétel **3.** *távk* közvetítés; **4.** híradás, hírközlés **5.** *átv* átadás (betegségé); fertőzés; **~** *hereditária* születési hiba
transmissível [trö^{n}zsmiszivėl] *mn* **1.** átruházható **2.** *doença* **~** fertőző betegség
transmissor *m*, **-a** *f* [trö^{n}zsmiszor(ö)] **I.** *mn* átadó, közvetítő **II.** *fn*, *m* távírókészülék
transmitir [trö^{n}zsmitir] *3/1* **I.** *ts* **1.** átad, továbbít **2.** küld; **~** *um telegrama* felad egy sürgönyt **3.** közöl **4.** *távk* közvetít; **~** *em direito* egyenesben közvetít **5.** **~** *doenças* fertőz **II.** **~-se** **1.** továbbterjed **2.** áttevődik; öröklődik **3.** *jog* átszáll
transmontano [trö^{n}zsmo^{n}ntönu] *mn* hegyen túli
transmudar, transmutar [trö^{n}zsmudȧr, -mutȧr] *1/1* **I.** *ts* **1.** átalakít, átformál **2.** átköltöztet **II.** **~-se** átalakul; megváltozik
transmutável [trö^{n}zsmutȧvėl] *mn* átváltoztatható
transoceânico [trö^{n}zȯszjöniku] *mn* óceánon túli
transparecer [trö^{n}spöriszér] *2/2 tl* **1.** átlátszik **2.** előtűnik mutatkozik
transparência [trö^{n}spöre^{n}szjö] *f* átlátszóság
transparente [trö^{n}spöre^{n}nt] **I.** *mn* átlátszó **II.** *fn*, *m* **1.** lámpaellenző **2.** redőny **3.** transzparens
transpiração [trö^{n}spiröszö^{n}u] *f* **1.** izzadás; izzadtság **2.** kigőzölgés; párolgás

transpirar [trö^{n}spiràr] *1/1* I. *ts* 1. kiizzaszt 2. elpárologtat 3. kimutat, elárul II. *tl* 1. izzad 2. párolog 3. kitudódik

transplantação [trö^{n}zsplö^{n}ntöszö^{n}u] *f* 1. átültetés; ~ *de coração* szívátültetés 2. lefordítás (más nyelvre) 3. átköltözés

transplantar [trö^{n}splö^{n}ntàr] *1/1* I. *ts* 1. átültet (*orv* is) 2. lefordít (más nyelvre) II. **~-se** átköltözik

transplante [trö^{n}splö^{n}nt] *m* = **transplantação**

transpor [trö^{n}spor] *2/17* I. *ts* 1. áttesz, átrak 2. átlép; ~ *a fronteira* átlépi a határt 3. *zene* transzponál II. **~-se** elrejtőzik, eltűnik (nap, hold)

transportadora [trö^{n}spurtödorö] *f* B szállítócég

transportar [trö^{n}spurtàr] *1/15* I. *ts* 1. szállít; elvisz 2. lefordít (más nyelvre) 3. *zene* transzponál 4. gyönyörködtet, elbűvöl II. **~-se** 1. átköltözik vhova (*para*) 2. gondolatban visszatér vmihez (*a*) 3. el van ragadtatva vmitől (*por*)

transportável [trö^{n}spurtàvèl] *mn* szállítható

transporte [trö^{n}spòrt] *m* 1. szállítás; ~ *para o hospital* kórházba szállítás 2. szállítóeszköz; ~ *de massa* tömegközlekedés(i eszközök) 3. közlekedés; közlekedési útvonal; *prédio junto a ~s* közlekedési útvonal mellett fekvő ingatlan 4. *zene* transzponálás 5. *átv* elragadtatás; ~ *de ira* haragkitörés 6. *ker* átvitel (összegé)

transposição [trö^{n}spuziszö^{n}u] *f* 1. áttétel, átrakás 2. *zene* transzponálás

transtagano [trö^{n}zstögönu] *mn* a Tejo folyón túli

transtornado [trö^{n}sturnàdu] *mn* 1. felforgatott, rendetlen 2. eltorzított 3. sikertelen; *negócio* ~ kútba esett üzlet 4. ~ *da cabeça* megzavarodott, hibbant

transtornar [trö^{n}sturnàr] *1/15* I. *ts* 1. felforgat, rendetlenséget csinál 2. tönkretesz; meghiúsít; ~ *os projectos de* felborítja vkinek a terveit 3. eltorzít 4. *átv* megzavar; kihoz a sodrából; megőrjít II. **~-se** megzavarodik; kijön a sodrából

transtorno [trö^{n}stornu] *m* 1. felfordulás, zűrzavar 2. kellemetlenség; zavar 3. ~ *da cabeça* v *da razão* elmezavar

transudação [trö^{n}szudöszö^{n}u] *f* izzadás; izzadtság

transudar [trö^{n}szudàr] *1/1* I. *ts* 1. kiizzad 2. átszivárogtat II. *tl* 1. izzad 2. átszivárog, beszivárog 3. kifejezésre jut, megnyilvánul

transunto [trö^{n}szu^{n}ntu] *m* 1. másolat 2. hű képmás 3. példakép

transvasar [trö^{n}zsvözàr] *1/12 ts* áttölt, átönt

transvazar [trö^{n}zsvözàr] *1/12* I. *ts* 1. kiönt, szétönt 2. felborít (poharat) 3. kiürít II. **~-se** kifolyik, kiömlik, szétfolyik

transverberar [trö^{n}zsvirbiràr] *1/13* I. *ts* 1. átereszt (fényt) 2. visszatükröz; kimutat II. **~-se** 1. átszűrődik 2. visszatükröződik

transversal [trö^{n}zsvirszàl] I. *mn* ferde, rézsútos; átlós; keresztező; *rua* ~ keresztutca, mellékutca; *corte* v *secção* ~ keresztmetszet II. *fn* 1. *m* (*músculo*) ~ harántizom 2. *f* (*linha*) ~ oldalági rokonság

transviar [trö^{n}zsvjàr] *1/7* I. *ts* félrevezet (*átv* is) II. **~-se** 1. eltéved 2. megtéved

transvoar [trö^{n}zsvuàr] *1/8 ts, ts* átrepül

tranvia [trö^{n}viö] *f* = **trâmuei**

trapaça, trapaçaria [tröpàszö, tröpöszöriö] *f* csalás, szélhámosság

trapacear [tröpöszjàr] *1/5* I. *ts* becsap, rászed II. *tl:* ~ *ao jogo* csal a játékban

trapaceiro [tröpöszéjru] *m* csaló, szélhámos

trapalhada [tröpöljàdö] *f* zűrzavar

trapalhão *m*, **trapalhona** *f* [tröpöljö^{n}u, -jonö] I. *mn* rongyos, toprongyos II. *fn* 1. toprongyos alak 2. zavarkeltő; ügyetlenkedő 3. rongy(darab)

trapalhice [tröpöljisz] *f* 1. rongyok 2. nevetséges öltözék 3. zűrzavar

trapeira [tröpéjrö] *f* 1. tetőablak 2. manzárd 3. csapda (vadfogáshoz)

trapeiro [tröpéjru] *fn* rongyszedő

trapézio [tröpèzju] *m* trapéz

trapezista [tröpizistö] *fn* légi akrobata

trapezoidal [tröpizojdàl] *mn* trapéz alakú; *correia* ~ ékszíj

trapiche [tröpis] *m haj* áruraktár (kikötőben)

trapo [tràpu] *m* rongy; cafat

trápola [tràpulö] *f* csapda (vadfogáshoz)

trapuz [tröpus] **I.** *m* csattanás, zaj **II.** *isz* krach! bumm!

traqueal [trökjàl] *mn* légcső-

traquear [trökjàr] *1/5* = **traquejar**

traqueia [trökéjö] *f* légcső

traquejar [trökizsàr] *1/14 ts* **1.** üldöz (vadat) **2.** **B** begyakoroltat; kiképez

traquete [trökét] *m haj* előárboc

traquinada [trökinàdö] *f* **1.** lármázás **2.** csínytevés

traquinar [trökinàr] *1/1 tl* **1.** lármázik **2.** csintalankodik

traquinas [trökinös] *mn* és *fn* csintalankodó, csínytevő

traquinice [trökinisz] *f* csintalankodás, csínytevés

trás [tràs] **I.** *hat, vsz* = **atrás**; *de* ~ hátsó **II.** *isz* krach! puff!

tras . . . → **trans . . .**

trasanteontem [trözö^{n}ntio^{n}ntö^{n}j] *hat* három nappal ezelőtt

traseira [trözéjrö] *f* **1.** hátsó rész **2.** far, fenék **3.** *kat* utóvéd **4.** *átv*: *as* ~*s de* vminek az árnyoldalai

traseiro [trözéjru] **I.** *mn* hátulsó, hátsó; *lanterna* ~*a, autó* hátsó lámpa **II.** *fn, m* ülep, fenék

trasfega [trözsfégö] *f* lefejtés (boré)

trasfegar [trözsfigàr] *1/4, 1/13 ts* lefejt (bort); átönt

trasfego [trözsfégu] *m* = **trasfega**

trasfoliar [trözsfuljàr] *1/7 ts* átpauzál, átmásol

traslação, trasladação [trözslöszö^{n}u, -lödöszö^{n}u] *f* = **translação**

trasladador *m*, **-a** *f* [trözslödödor(ö)] *fn* fordító, tolmács

trasladar [trözslödàr] *1/12* **I.** *ts* **1.** átszállít **2.** elhalaszt **3.** lefordít (más nyelvre) **4.** átír, lemásol **5.** *átv* átad, közvetít **II.** ~**-se** átköltözik

traslado [trözslàdu] *m* **1.** átszállítás **2.** átírás, lemásolás **3.** arckép; képmás **4.** mintakép, példa

trasmontano [trözsmo^{n}ntönu] *mn* és *fn* Trás-os-Montes portugál tartományból való

trasorelho [trözurélju] *m orv* mumpsz, járványos fültőmirigy-gyulladás

traspassar [tröspöszàr] *1/12* **I.** *ts* **1.** átkel (folyón, hegyen) **T** **2.** áthat, átjár (*átv* is) **3.** megszeg (törvényt), kihágást követ el; ~ *os limites de* túllépi vminek a határait **4.** elhalaszt **5.** lefordít (más nyelvre) **6.** átír, átmásol **7.** átad, átenged; átruház; elad **II.** ~**-se** **1.** elmegy, eltávozik, elköltözik **2.** elájul **3.** meghal

traspasse [tröspàsz] *m* **1.** átadás, átengedés **2.** albérletbe adás **3.** halál

traspasso [tröspàszu] *m* **1.** = **traspasse** **2.** átható fájdalom **3.** elhalasztás

traste [tràst] *m* **1.** bútor, bútorzat **2.** limlom, vacak holmi **3.** gazember, csibész

trat . . . → **tract . . .**

tratado [trötàdu] *m* **1.** értekezés, tanulmány **2.** megállapodás, megegyezés, szerződés

tratador [trötödor] *m* állatgondozó

tratamento [trötöme^{n}ntu] *m* **1.** bánásmód **2.** ~ *médico* orvosi kezelés **3.** címzés, megszólítás

tratante [trötö^{n}nt] *fn* gazember, csibész

tratar [trötàr] *1/12* **I.** *ts* **1.** bánik vkivel, kezel vkit **T**; ~ *mal* rosszul bánik; ~ *de alto* lekezel; ~ *por tu* tegez, letegez **2.** gondoskodik vkiről, gondoz, ápol, kezel, gyógyít vkit **T**; ~ *um doente* beteget kezelésben részesít; ~ *uma ferida* sebet kezel *v* gyógyít **3.** táplál, ellát **4.** foglalkozik vkivel *v* vmivel **T** **5.** eljár vkihez, barátkozik vkivel **T** **6.** megtárgyal, kifejt; előad **7.** tárgyalásokat folytat **8.** *műsz* megmunkál **II.** *tl* **1.** tárgyal, beszél vmiről, foglalkozik vmivel (*de*) **2.** ~ *de* iparkodik, próbál, készül vmit tenni; ~ *de fugir* menekülni próbál; ~ *de entrar em férias* szabadságra készül menni **3.** kapcsolatot tart fenn, érintkezik vkivel (*com*); *trata cordialmente com todos* mindenkivel barátságos **III.** ~**-se** **1.** szó van vmiről (*de*); *de que se trata?* miről van szó? **2.** gyógyítja magát; ellátja magát **3.** viselkedik; *tratam-se com cerimónia* szertartásosan viselkednek; *tratam-se por você* magázzák egymást

tratável [trötàvèl] *mn* **1.** (könnyen) kezelhető **2.** barátságos, szívélyes

trato [tràtu] *m* **1.** társadalmi érintkezés; modor **2.** viselkedés, bánásmód **3.** megállapodás, szerződés **4.** táplálás, ellátás **5.** ~*s* rossz bánásmód, gyötrés, kínzás; *dar* ~*s a* gyötör, kínoz vkit

traulitada [traulitàdö] *f* **B** *nép* verés, ütlegelés
trauma [tràumö] *m* trauma; súlyos lelki megrázkódtatás
traumático [tràumàtiku] *mn* traumás, trauma okozta; *choque* ~ idegsokk; *febre* ~*a* sebláz
traumatizar [tràumötizàr] *1/1* **I.** *ts* traumát okoz **II.** ~**-se** traumát *v* sérülést szenved
trautear [tràutyàr] *1/5 ts, tl* **1.** dúdol, dudorászik **2.** bírálgat, kifogásol **3.** zavar, zaklat
trava [tràvö] *f* **1.** lábbilincs, fék **2.** *műsz* megakasztás
travação [trövöszö^{n}u] *f ép* gerendázat (összeácsolása)
travado [trövàdu] *mn* **1.** összekötött, egybekapcsolt **2.** kipányvázott (ló) **3.** *lingua* ~*a* nehezen forgó nyelv **4.** *combate* ~ elkeseredett küzdelem **5.** *amizade* ~*a* bensőséges, szoros barátság **6.** *ventos* ~*s* viharos zelek
travanca [trövö^{n}nkö] *f* akadály
travão [trövö^{n}u] *m* **1.** béklyó **2.** *autó* fék; ~ *de pé* lábfék
travar [trövàr] *1/12* **I.** *ts* **1.** összeköt, összekapcsol **2.** megbéklyóz (lovat) **3.** fékez **4.** akadályoz **5.** *szól:* ~ *amizade* barátságot köt; ~ *o caminho* elállja az utat; ~ *conversações* tárgyalásokat folytat; ~ *uma guerra* háborút folytat; ~ *luta* harcba bocsátkozik; ~ *o passo* vonszolja magát; ~ *relações* kapcsolatokat létesít **II.** *tl* **1.** keserű *v* fanyar íze van **2.** *átv* elkeserít **3.** megfog, megragad; ~ *do braço* megragadja a karját **III.** ~**-se** **1.** összekapcsolódik; egyesül **2.** keresztezik egymást **3.** ~*-se de razões* összeakaszkodnak, veszekedni kezdenek
trave [tràv] *f* gerenda
travejamento [trövizsöme^{n}ntu] *m* ácsolat; gerendázat
travejar [trövizsàr] *1/14 ts* gerendáz
través [trövès] *m* **1.** ferdeség, görbeség; *de* ~ ferdén, görbén
travessa [trövèszö] *f* **1.** keresztgerenda **2.** *vasút* talpfa **3.** *bány* harántvágat **4.** (felszolgáló) tál **5.** kis görbe fésű **6.** keresztutca
travessão[1] [tröviszö^{n}u] *mn* szemközti, ellen-; *vento* ~ ellenszél
travessão[2] [tröviszö^{n}u] *m* **1.** nagy gerenda **2.** mérlegrúd **3.** gondolatjel **4.** **B** vízesés **5.** ellenszél **6.** *zene* ütemvonal
travessear [tröviszjàr] *1/5 tl* csintalankodik, pajkoskodik
travesseira [tröviszéjrö] *f* = **travesseiro**
travesseiro [tröviszéjru] *m* **1.** henger alakú párnaalátét **2.** párnahuzat
travessia [tröviszíö] *f* **1.** átkelés; átutazás; *fazer a* ~ *de* átkel vmin, átutazik vmin keresztül **2.** *haj* ellenszél **3.** ~ *de pedestres* gyalogátkelőhely
travesso[1] [trövèszu] *mn* **1.** ferde, rézsútos, haránt-; *por uma mão* ~*a* hajszálnyira **2.** oldal-; *porta* ~*a* oldalajtó, titkos kapu; *átv* „kiskapu"; *por portas* ~*as* görbe utakon, nem tisztességes módon
travesso[2] [trövészu] *mn* **1.** pajzán **2.** pajkos, csintalan
travessura [tröviszurö] *f* **1.** pajzánság **2.** pajkosság, csintalankodás
travesti [trövisti] *m* álruha
travo [tràvu] *m* **1.** fanyarság **2.** keserű utóíz
trazer [trözér] *2/24 ts* **1.** hoz; ~ *notícias* híreket hoz; ~ *de presente* ajándékul hoz; *traga-me meio litro de vinho* hozzon nekem fél liter bort! **2.** elhoz, magával hoz (*átv* is); ~ *nos braços* karján *v* karjaiban hord *v* hoz *v* visz; ~ *graves consequências* súlyos következményekkel jár **3.** idéz, felhoz; ~ *exemplos* példákat idéz *v* felhoz; ~ *à memória* emlékezetébe idéz; ~ *na memória* emlékezetében őriz **4.** *szól:* ~ *a origem de* ered, származik vhonnan; *pessoa de levar e* ~ pletykás, hírhordó
trebelhar [tribiljàr] *1/14* sakkozik
trebelho [tribélju] *m* sakkfigura
trecentésimo [trisze^{n}ntèzimu] *szn, mn* háromszázadik
trecentista [trisze^{n}ntistö] *mn* és *fn* XIV. századbeli (író, művész)
trecho [trésu] *m* **1.** időszak; *a* ~*s* olykor-olykor; *a breve* ~ rövidesen, nemsokára **2.** útszakasz; részlet (könyvből); ~ *por* ~ szakaszonként
tredo [trédu] *mn* **1.** áruló **2.** alattomos, hamis
trêfego [tréfigu] *mn* **1.** ravasz, agyafúrt **2.** eleven; nyugtalan; pajkos
trégua [trègvö] *f* **1.** fegyverszünet; *violar*

a ~ megsérti a fegyvernyugvási egyezményt 2. nyugalom, pihenés; *sem* ~ szüntelenül; *não dar* ~ *a* nem hagyja nyugton; *não ter* ~ nincs nyugalma
treinador [tréjnödor] *m sp* edző
treinamento [tréjnömeⁿntu] *m sp* edzés
treinar [tréjnàr] *1/1 ts* **1.** edz **2.** *átv* kitanít, kiképez
treino [tréjnu] *m* **1.** *sp* edzés **2.** betanítás; kiképzés
treita [tréjtö] *f* **1.** nyom, nyomdok **2.** *átv* szabály; példa
trejeito [trizséjtu] *m* **1.** taglejtés **2.** grimasz, arcfintorítás
trela [trèlö] *f* **1.** póráz; *soltar a* ~ *ao cão* leoldja a pórázt a kutyáról **2.** *átv: largar* v *soltar a* ~ *a* szabadjára enged vkit **3.** *dar* ~ *a,* **B a)** társalog *v* bizalmasan elbeszélget vkivel **b)** viszonozza vkinek az érzelmeit
treliça [triliszö] *f műsz, ép* favázas *v* rácsos szerkezet
trem [tröⁿj] *m* **1.** poggyász **2.** kíséret **3.** *kat* trén, szállítóoszlop, vonatosztály **4.** berendezés; háztartási eszközök; ~ *de cozinha* konyhaeszközök **5.** kocsi, hintó **6. B** vonat; ~ *blindado* páncélvonat; ~ *cargueiro* v *de carga* tehervonat; → **comboio; 7.** *rep:* ~ *de aterrissagem* futómű **8.** *műsz:* ~ *de laminação* v *de laminagem* hengersor
trema [trémö] *m nyelvt* tréma, magánhangzó fölötti két pont
tremebundo [trimibuⁿndu] *mn* **1.** remegő, reszkető, félénk **2.** borzalmas, szörnyű
tremedal [trimidàl] *m* **1.** mocsár, pocsolya **2.** *átv* fertő
tremelicar [trimilikàr] *1/2 ts* remeg, reszket
tremeluzir [trimiluzir] *3/14 tl* villog, pislákol
tremendo [trimeⁿndu] *mn* **1.** borzalmas, szörnyű **2.** hatalmas; rendkívüli
tremer [trimér] *2/7* **I.** *ts* **1.** fél vmitől **T 2.** megreszkettet **3.** ~ *calafrios* kirázza a hideg **II.** *tl* **1.** remeg, reszket; ~ *como varas verdes* reszket, mint a nyárfalevél **2.** fél **3.** villog; vibrál
tremês, tremesinho [trimés, trimizinyu] *mn* **1.** három hónapig tartó **2.** *trigo* ~ tavaszi búza
tremido [trimidu] **I.** *mn* **1.** remegő, reszkető **2.** bizonytalan; kockázatos **II.** *fn, m* remegés, reszketés
tremoceiro [trimuszéjru] *m növ* csillagfürt
tremonha [trimonyö] *f műsz* darálógép beeresztő tölcsére *v* garatja
tremor [trimor] *m* remegés, reszketés; ~ *de terra* földrengés
trempe [treⁿmp] *f* háromlábú állvány
tremular [trimulàr] *1/1* **I.** *ts* lebegtet, lobogtat **II.** *tl* **1.** lebeg, lobog **2.** villog; pislákol **3.** habozik; ingadozik
tremulina [trimulinö] *f* remegő visszfény (víz felszínén)
trémulo [trèmulu] **I.** *mn* **1.** remegő, reszkető **2.** félénk, bizonytalan **II.** *fn, m zene* tremoló
trena [trénö] *f* **1.** hajszalag **2.** *műsz* mérőszalag
trenó [trinò] *m* szán, szánkó
trepadeira [tripödéjrö] *mn* és *fn: (planta)* ~ kúszónövény
trepador *m,* **-a** *f* [tripödor(ö)] *mn* és *fn* kúszó, mászó
trepanar [tripönàr] *1/1 ts orv* (koponyát) lékel
trepar [tripàr] *1/13* **I.** *ts* megmászik vmit **II.** *tl* **1.** felmászik, felkúszik **2.** *átv* felemelkedik, felkapaszkodik **3. B** rágalmaz; megszól
trepidação [tripidöszöⁿu] *f* remegés, reszketés
trepidar [tripidàr] *1/1 tl* **1.** remeg, reszket **2.** habozik, ingadozik
trépido [trèpidu] *mn* remegő, reszkető
três [trés] **I.** *szn* három **II.** *fn, m* hármas (szám); *o* ~ *de Janeiro* január harmadika
tresandar [trizöⁿndàr] *1/1* **I.** *ts* **1.** hátráltat, visszatol (lovat, kocsit) **2.** felforgat; megzavar **II.** *tl* rossz szagot áraszt, bűzlik
trescalar [triskölàr] *1/12* **I.** *ts* átható szagot áraszt **II.** *tl* erős szaga van
tresloucar [trizslokàr] *1/2* **I.** *ts* megőrjít **II.** *tl* megőrül
tresmalhar [trizsmöljàr] *1/12* **I.** *ts* **1.** szemet elejt (kötésnél) **2.** futni *v* szökni hagy **II.** *tl,* **III.** ~**-se 1.** elfut, megszökik **2.** eltéved
tresnoitar [trizsnojtàr] *1/1* **I.** *ts* nem hagy aludni **II.** *tl* álmatlanul tölti el az éjszakát
trespassar [trispöszàr] *1/12* = **traspassar**
trespasse [trispàszi] *m* = **traspasse**
tressuar [triszvàr] *1/9 tl* nagyon izzad

treta [trétö] *f* 1. csel; ravaszság 2. üres, ostoba fecsegés

trevas [trèvös] *f tb* 1. sötétség 2. *átv* tudatlanság

trevo [trévu] *m növ* lóhere

treze [trézi] I. *szn* tizenhárom II. *fn, m* tizenhármas (szám); a tizenharmadik

trezentos *m*, **-as** *f* [trize^{n}ntus, -ös] *szn, mn* háromszáz

triagem [trjàzsö^{n}j] *f* kiválasztás; elkülönítés

triangular [trjö^{n}ngulàr] *mn* háromszögű

triângulo [trjö^{n}ngulu] *m* 1. *geom* háromszög; ~ *equilátero* egyenlő oldalú háromszög 2. *zene* triangulum

tribal [tribàl] *mn* törzsi

tribalismo [tribölizsmu] *m* törzsi szervezet

tribo [tribu] *f* (nép)törzs

tribulação [tribulöszö^{n}u] *f* 1. szenvedés, kín 2. bánat, szomorúság

tribuna [tribunö] *f* tribün; emelvény

tribunal [tribunàl] *m* bíróság, törvényszék; *supremo* ~ legfelső bíróság; ~ (*superior*) *militar* (legfelső) katonai törvényszék; ~ *popular* népbíróság; ~ *de contas* számvevőszék; ~ *da relação* fellebbviteli bíróság; semmítőszék; kúria; *levar a* ~ bíróság elé állít

tribuno [tribunu] *m* népszónok

tributar [tributàr] *1/1* I. *ts* megadóztat II. *tl* adózik (*átv* is); ~ *respeito* tisztelettel adózik

tributário [tributàrju] *mn* és *fn* adófizető

tributo [tributu] *m* 1. adó; adózás 2. járandóság

trica [trikö] *f* intrika, ármánykodás

tri-campeão [trikö^{n}mpjö^{n}u] *m sp* háromszoros (világ)bajnok

tricana [trikönö] *f* 1. durva posztó *v* szövet 2. portugál parasztnő

tricenal [triszinàl] *mn* harmincéves

tricentenário [trisze^{n}nténàrju] I. *mn* háromszázéves II. *fn, m* háromszázadik évforduló

triciclo [trisziklu] *m* tricikli; (háromkerekű) kerékpár

tricô [triko] *m text* trikó(anyag); *agulha de* ~ kötőtű; *artigos de* ~ kötöttáru; *máquina de* ~ kötőgép; *fazer* ~ köt

tricolor [trikulor] *mn* háromszínű

tricorne [trikòrn] *mn* háromszögletű

tricórnio [trikòrnyu] *m* háromszögletű kalap

tricotadeira [trikotödéjrö] *f* kötőde

tricotar [trikotàr] *1/1 ts, tl text* köt

tridente [tride^{n}nt] *m* háromágú szigony

trienal [trjènàl] *mn* 1. három évenként ismétlődő 2. hároméves

triénio [trjènyu] *m* három év

trifólio [trifòlju] *m növ* lóhere

trigal [trigàl] *m* búzamező, búzatábla

trigésimo [trizsèzimu] I. *szn, mn* harmincadik II. *fn, m* harmincad

trigo [trigu] I. *mn* búza- II. *fn, m* 1. búza, gabona; ~ *sarraceno* hajdina, pohánka 2. búzaszem

trigonometria [trigunumitriö] *f geom* trigonometria

trigueiro [trigéjru] *mn* és *fn* barna (arcszínű, hajú)

trilar [trilàr] *1/1 ts, tl zene* trillázik

trilátero [trilàtiru] *mn* háromoldalú

trilha [triljö] *f* 1. cséplés 2. nyom; út, ösvény 3. *átv* példa, minta; *seguir a* ~ *de* követi vkinek a példáját

trilhadeira [triljödéjrö] *f* cséplőgép

trilhado [triljàdu] *mn* 1. kitaposott (ösvény) 2. kipróbált 3. *frase* ~*a* elcsépelt frázis

trilhador *m*, **-a** *f* [triljödor(ö)] *mn* és *fn* cséplő(munkás)

trilhar [triljàr] *1/1 ts* 1. csépel 2. kitapos; követ (utat); ~ *mares* járja a tengereket 3. ~ *um pé* megüti *v* felsérti a lábát

trilho [trilju] *m* 1. csép(hadaró) 2. út, ösvény 3. *átv* irány; gondolkodásmód 4. B sín, vágány

trilião [triljö^{n}u] *m* billió

trilingue [trili^{n}ngvi] *mn* háromnyelvű

trilo [trilu] *m zene* trilla

trimestral [trimistràl] *mn* negyedévi

trimestre [trimèstr] *m* 1. negyedév 2. negyedévi lakbér

trimotor [trimutor] *mn* és *fn* háromnotoros (repülőgép)

trinado [trinàdu] *m* 1. csicsergés 2. *zene* trillázás

trinar [trinàr] *1/1 ts* 1. csicsereg 2. *zene* trilláz

trinca [tri^{n}nkö] *f* 1. háromtagú csoport, trió 2. B utcagyerekek hada 3. B karcolás, karmolás 4. B rés, hasadék

trincar [tri^{n}nkàr] *1/2* I. *ts* 1. elharap, leharap 2. eszeget, majszol 3. ropogtat (fogai közt) II. ~-*se* feldühödik

trincha [tri^{n}sö] *f* 1. ácsszekerce 2. szöghúzó **3.** lapos ecset **4.** darabka, szeletke

trinchador *m*, **-a** *f* [tri^{n}södor(ö)] *mn* és *fn* szeletelő, szétvágó

trinchante [tri^{n}sö^{n}nt] *m* húsvágó kés

trinchar [tri^{n}sàr] *1/1 ts* felszeletel; szétvág

trincheira [tri^{n}séjrö] *f kat* lövészárok, futóárok

trinchete [tri^{n}sét] *m* cipészkés, dikics

trincho [tri^{n}su] *m* húsvágó deszka

trinco [tri^{n}nku] *m* **1.** csappanós kilincs; kallantyú **2.** csettintés

trindade [tri^{n}ndàd] *f* **1.** három tagból álló csoport, trió **2.** *vall: santíssima* ~ szentháromság

trino [trinu] **I.** *mn* hármas; háromszoros **II.** *fn, m* **1.** csicsergés **2.** *zene* trilla

trinómio [trinòmju] *m mat* háromtagú kifejezés

trinque [tri^{n}nk] *m* **1.** szabó ruhaakasztó állványa **2.** elegancia; *de* ~ elegáns; vadonatúj; *andar no* ~ v *nos trinques* nagy gonddal kiöltözik

trinta [tri^{n}ntö] **I.** *szn* harminc **II.** *fn, m* harmincas (szám)

trintanário [tri^{n}ntönàrju] *m* lakáj

trintão *m*, **trintona** *f* [tri^{n}ntö^{n}u, -tonö] *mn* és *fn* harmincéves

trintena [tri^{n}nténö] *f* **1.** mintegy harminc **2.** harmincad

trintenário [tri^{n}ntinàrju] *mn* és *fn* harmincéves

trio [triu] *m* trió

tripa [tripö] *f* **1.** (állati) bél; *comer à ~-forra* eszik, amennyi beléje fér; *viver a ~-forra* más költségén él, potyázik **2.** *~s* belsőség; *fazer das ~s coração* nekibátorodik, bátran szembenéz a nehézségekkel

tripartir [tripörtir] *3/13 ts* három részre oszt

tripé [tripè] *m* statív, háromlábú állvány

tripeça [tripèszö] *f* **1.** háromlábú zsámoly **2.** cipészmesterség

tripeiro [tripéjru] *fn* **1.** belsőség-kereskedő **2.** oportói lakosok gúnyneve

triplex [triplèksz] *mn* **B**: *apartamento* ~ háromszintes lakosztály

triplicar [triplikàr] *1/2 ts* megháromszoroz

tríplice [triplisz] *mn* hármas, háromszoros

triplista [triplistö] *fn sp* hármasugró

triplo [triplu] *mn* háromszoros; *salto* ~, *sp* hármasugrás

tríptico [triptiku] *m* **1.** szárnyas oltárkép **2.** nemzetközi gépkocsi-igazolvány

tripudiar [tripugyàr] *1/7 tl* **1.** lábával dobbant (tánc közben) **2.** duhajkodik, kitombolja magát **3.** ujjong **4.** ~ *no vício* a bűn fertőjébe merül

tripudio [tripugyu] *m* **1.** dobbantás (tánc közben) **2.** duhajkodás **3.** ujjongás **4.** feslettség

tripulação [tripulöszö^{n}u] *f haj, rep* legénység; személyzet

tripulante [tripulö^{n}nt] *m haj, rep* legénység v személyzet tagja

tripular [tripulàr] *1/1 ts* **1.** legénységgel v személyzettel ellát **2.** kormányoz, vezet (hajót, repülőgépet)

triquina [trikinö] *f áll* trichina

tris [tris] *isz* krach bumm!

trisavô *m*, **trisavó** *f* [trizövo, -övò] *fn* ükapa; ükanya

triscar [triskàr] *1/2 tl* **1.** lármázik **2.** veszekedik **3.** pletykál

trissar [triszàr] *1/1 tl* csicsereg

triste [trist] *mn* **1.** szomorú; bánatos **2.** gyászos **3.** gonosz, rosszindulatú

tristeza [tristézö] *f* szomorúság, bánat

tristonho [tristonyu] *mn* szomorú, bánatos

tritongo [trito^{n}ngu] *m nyelvt* hármas magánhangzó

triturador [triturödor] *m* **1.** zúzógép, morzsológép **2.** mozsár

triturar [trituràr] *1/1 ts* **1.** szétmorzsol, szétzúz, porrá tör **2.** *átv* kínoz, gyötör

triunfador *m*, **-a** *f* [trju^{n}födor(ö)] *mn* és *fn* győzedelmeskedő, diadalmaskodó

triunfal [trju^{n}fàl] *mn* diadalmi, diadal-

triunfante [trju^{n}fö^{n}nt] *mn* **1.** diadalmaskodó **2.** nagyszerű, pompás

triunfar [trju^{n}fàr] *1/1 tl* **1.** diadalmaskodik, diadalt arat vki v vmi fölött (*de*) **2.** örvendezik, ujjong

triunfo [trju^{n}fu] *m* diadal; győzelem

trivial [trivjàl] *mn* triviális, közönséges, mindennapi, elcsépelt

trivialidade [trivjölidàd] *f* közönségesség, mindennapiság

triz[1] [tris] *m*: *num* ~ szempillantás alatt; *por um* ~ kis híja, hogy; *por um* ~ *o jarro não se quebrou* kis híja, hogy nem tört el a kancsó

triz[2] [tris] *f nép orv* sárgaság
troar [truàr] *1/8 tl* mennydörög
troca [tròkö] *f* **1.** csere; *em* ~ cserébe **2.** váltás; ~ *de cartas* levélváltás
troça [tròszö] *f* **1.** csúfolódás, gúnyolódás; *fazer* ~ *de* kinevet, kigúnyol vkit **2. B** dőzsölés, kicsapongás
trocadilho [truködilju] *m* szójáték
trocar [trukàr] *1/2, 1/15* **I.** *ts* **1.** cserél, kicserél **2.** összecserél, összetéveszt **3.** összekever, összezavar **4.** vált, bevált; ~ *dinheiro* pénzt vált; *pode-me* ~ *uma nota de cem?* fel tud váltani nekem egy százast? **II.** *tl* megváltoztat; ~ *de lugar* helyet változtat; ~ *de roupa* átöltözik **III.** **~-se** **1.** megváltozik **2.** kölcsönösen viszonoz; ~ *beijos* megcsókolják egymást
troçar [truszàr] *1/3, 1/15* **I.** *ts* kinevet, kigúnyol **II.** *tl* gúnyolódik; ~ *de tudo* mindenből gúnyt űz
troca-tintas [tròkötì^{n}ntös] *m* **1.** kontár festő **2.** csaló, szélhámos
trocho [trosu] *m* bunkó
trocista [truszistö] *mn* és *fn* csúfolódó, gúnyolódó
troco [troku] *m* **1.** aprópénz; *não tenho* ~ nincs apróm **2.** visszajáró pénz **3.** visszavágás, gyors és találó válasz **4.** *a* ~ *de* vminek ellenében; *átv: dar o* ~ *a* visszafizet vkinek
troço [troszu] *m* **1.** csonk, letört darab **2.** rész; (út)szakasz **3.** *kat* csapat, sereg **4.** sokaság, tömeg **5. B** dolog, holmi; vacak **6. B** befolyásos ember, nagyfejű **7. B** *argó* klassz dolog
troféu [trufèu] *m* trófea, győzelmi jelvény
troglodita [trugluditö] *fn* barlanglakó
troix . . . → **troux . . .**
trole [tròli] *m* **B** hajtány; lóré
trolebus [tròlibus] *m* trolibusz
trolha [troljö] *fn* **I.** *f* vakolókanál **II.** *m* **1.** kőműves; kőművessegéd **2.** toprongyos alak
tromba [tro^{n}mbö] *f* **1.** *áll* ormány; szívócső **2.** ~ *de água* víztölcsér, tengeri vihar
trombeta [tro^{n}mbétö] *fn* **1.** *f* trombita **2.** *m* trombitás
trombetear [tro^{n}mbityàr] *1/5 tl* trombitál
trombeteiro [tro^{n}mbitéjru] *m* **1.** trombitás **2.** trombitakészítő **3.** *biz* szúnyog
trombone [tro^{n}mbòn] *m* **1.** puzón, harsona **2.** puzónjátékos
trombudo [tro^{n}mbudu] *mn* **1.** ormányos **2.** mogorva, morcos
trompa [tro^{n}mpö] *f* **1.** kürt; ~ *de caça* vadászkürt **2.** *orv:* ~ *de Eustáquio* Eustach-kürt
trompar [tro^{n}mpàr] *1/1 ts* **B** összeütközik vmivel, nekimegy vminek **T**
trompázio [tro^{n}mpàzju] *m* **B** **1.** összeütközés **2.** ütés; pofon
tronchar [tro^{n}sàr] *1/1 ts* megcsonkít; levág
troncho [tro^{n}su] **I.** *mn* megcsonkított, csonka **II.** *fn, m* csonk
tronchudo [tro^{n}sudu] *mn* **1.** *növ* vastag szárú **2.** tagbaszakadt, erős
tronco [tro^{n}nku] *m* **1.** (fa)törzs; tuskó **2.** *orv* törzs **3.** *ép* oszloptörzs **4.** *geom:* ~ *de pirâmide* csonka gúla **5.** börtön **6.** családfa **7.** távbeszélő vonal(rendszer)
troncudo [tro^{n}nkudu] *mn* tagbaszakadt, erős
trono [tronu] *m* **I.** trón **II.** mennydörgés
tropa [tròpö] *f* **1.** sokaság, tömeg **2.** *kat* csapat; hadsereg; *ir para a* ~ katonának megy **3. B** csorda, nyáj
tropada [trupjàdö] *f* (ló)dobogás
tropear [trupjàr] *1/5 tl* dobog (lábbal)
tropeçar [trupiszàr] *1/3, 1/13 tl* **1.** megbotlik vmiben (*em*); ~ *em dificuldades* nehézségekbe ütközik **2.** tévedésbe esik **3.** *átv* habozik, ingadozik
tropeço [trupészu] *m* akadály, nehézség
trôpego [tropigu] *mn* nehéz járású; sánta
tropeiro [trupéjru] *m* **B** **1.** (marha)hajcsár **2.** marhakereskedő
tropel [trupèl] *m* **1.** (ember)tömeg, sokaság **2.** zűrzavar, rendetlenség **3.** dobogás; zaj; *de* ~, *em* ~ zajongva; rendetlenül; sebtében
tropical [trupikàl] *mn* trópusi
trópico [tròpiku] *m* **1.** forró égöv **2.** térítő; ~ *de Câncer* Ráktérítő; ~ *de Capricórnio* Baktérítő
trotador *m*, **-a** *f* [trutödor(ö)] *mn* és *fn* ügető (ló)
trotão [trutö^{n}u] *m* ügető (ló)
trotar [trutàr] *1/15 tl* **1.** üget **2. B** tréfát űz (elsőéves hallgatókkal)
trote [tròt] *m* **1.** ügetés **2.** *isk* tréfa, „gólyaverés"
trouxa [trosö] *f* **1.** batyú; csomag **2.** *m, f* együgyű, buta alak

trouxe-mouxe [trosimosi] *m*: *a* ~ rendetlenül, összevissza

trova [tròvö] *f* **1.** dalocska **2.** csasztuska, versike

trovador [truvödor] *m* *tört* trubadúr

trovão [truvö^{n}u] *m* **1.** mennydörgés **2.** pokoli zaj

trovejar [truvizsàr] *1/14* *tl* **1.** mennydörög **2.** kiabál, ordít **3.** kikel vmi ellen (*contra*)

troviscar [truviskàr] *1/2* *tl* halkan *v* messziről mennydörög

trovoada [truvuàdö] *f* **1.** vihar és mennydörgés **2.** veszekedés, szóváltás

truanear [truönyàr] *1/5* *tl* bohóckodik

truanice [truönisz] *f* bohóckodás

truão [truö^{n}u] *m* bohóc

trucagem [trukàzsö^{n}j] *f* trükk; trükkfilm

trucidar [truszidàr] *1/1* *ts* **1.** lemészárol **2.** szétroncsol

truculento [trukule^{n}ntu] *mn* kegyetlen, vad

trufa [trufö] *f* *növ* szarvasgomba

trufar [trufàr] *1/1* *ts* *konyh* szarvasgombával megtölt *v* elkészít

truncar [tru^{n}nkàr] *1/2* *ts* **1.** megcsonkít, levág **2.** *átv* megrövidít

trunfar [tru^{n}fàr] *1/1* *tl* **1.** *kártya* tromfol **2.** *átv* fontos szerepet játszik

trunfo [tru^{n}fu] *m* **1.** *kártya* tromf, adu **2.** befolyásos személy, nagyfejű

truque [truk] *m* **1.** trükk, fortély **2.** nyitott vasúti teherkocsi **3.** biliárdjáték

truste [trust] *m* tröszt

truta [trutö] *f* pisztráng

T. S. F. = *telegrafia* v *telefonia sem fios*

tu [tu] *névm* te; *tratar por* ~ tegez

tua [tuö] → **teu**

tuba [tubö] *f* *zene* tuba

tubagem [tubàzsö^{n}j] *f* csőrendszer; csővezeték

tubarão [tuböröⁿu] *m* **1.** *áll* cápa **2.** kapzsi ember; harácsoló

túbera [tubirö] *f* *növ* szarvasgomba

tubérculo [tubèrkulu] *m* **1.** *növ* gumó **2.** *orv* (tüdő)gumó; daganat; bütyök

tuberculose [tubirkulòz] *f* tüdővész

tuberculoso [tubirkulozu] *mn* **1.** *növ* gumós **2.** *orv* tüdővészes

tuberosidade [tubiruzidàd] *f* **1.** *növ* gumó alakú megvastagodás **2.** *orv* csontkinövés, daganat, bütyök

tuberoso [tubirozu] *mn* *növ* gumós

tubo [tubu] *m* cső; ~ *digestivo* bélcsatorna; ~ *de gás néon* neoncső; ~ *de rádio* rádiócső

tubular [tubulàr] *mn* cső alakú

tudo [tudu] *névm* minden; ~ *o que*, ~ *quanto* mindaz, ami; ami csak; ~ *junto* mindent egybevetve; ~ *ao contrário* homlokegyenest ellenkezően; ~ *o mais* minden egyéb; *o seu* ~ az ő mindene; *mais que* ~ főleg; elsősorban, mindenekelőtt; *com* ~ (*isto*) mégis, ennek ellenére; *em* ~ *e por* ~ mindenben, minden tekintetben; *um pouco de* ~ mindenből egy kevés; *estar por* ~ mindenben egyetért; *fazer* (*de*) ~ *por* mindent megtesz vki *v* vmi érdekében

tudo-nada [tudunàdö] *m*: *um* ~ semmiség, csekélység

tufão [tufö^{n}u] *m* tájfun

tufar [tufàr] *1/1* **I.** *ts* felfúj, megdagaszt **II.** *tl*, **III.** ~**-se** **1.** felfújódik, megdagad **2.** büszkélkedik **3.** feldühödik

tufo [tufu] *m* **I. 1.** csomó, nyaláb, (toll)bokréta **2.** puff, buggyos rész női ruhaujjon **II.** *ásv* tufa

tugúrio [tugurju] *m* **1.** kunyhó **2.** menedék

tule [tuli] *m* *text* tüll

tulha [tuljö] *f* **1.** gödör (olajbogyó begyűjtéséhez) **2.** csűr, magtár **3.** gyümölcsszárító

túlipa, tulipa [túlipö, tulipö) *f* tulipán

tumba[1] [tu^{n}mbö] *f* **1.** sír **2.** sírkő **3.** *m*, *f* peches alak

tumba[2] [tu^{n}mbö] *isz* bumm!

tumefacção [tumifàszö^{n}u] *f* *orv* daganat; megdagadás

tumefacto [tumifàktu] *mn* megdagadt

tumefazer [tumiföz ér] *2/13* **I.** *ts* megduzzaszt; daganatot okoz **II.** ~**-se** megdagad

tumeficar [tumifikàr] *1/2* = **tumefazer**

tumidez [tumidés] *f* **1.** daganat **2.** felfuvalkodottság

túmido [tumidu] *mn* **1.** dagadt **2.** felfuvalkodott, gőgös

tumor [tumor] *m* *orv* daganat

tumular[1] [tumulàr] *mn* sír-

tumular[2] [tumulàr] *1/1* *ts* eltemet

túmulo [tumulu] *m* **1.** sír **2.** síremlék

tumulto [tumultu] *m* **1.** felfordulás, zűrzavar **2.** zavargás; nyugtalanság

tumultuar [tumultuàr] *1/9* I. *ts* 1. lázít, izgat 2. szétdobál; felforgat II. *tl.* 1. lázong, zavarog 2. zajong

tumultuário [tumultuàrju] *mn* 1. rendetlen, zavargó 2. lázongó 3. zajos, lármás

tumultuoso [tumultuozu] *mn* = **tumultuário**

tuna [tunö] *f* 1. henyélés; tunya élet; *andar* v *ir a* ~ korhely életet él 2. diákzenekar

tunante [tunö^{n}nt] I. *mn* lusta, henyélő II. *fn* 1. csavargó 2. diákzenész

tunda [tu^{n}ndö] *f* verés, ütlegelés; *dar uma* ~ *a* alaposan elpáhol vkit; *levar uma* ~ alapos verést kap

túnel [tunèl] *m* alagút

tungar [tu^{n}ngàr] B *1/1* I. *ts* elver II. *tl* csökönyösködik

túnica [tunikö] *f* 1. tunika 2. *kat* zubbony 3. *orv* burok, réteg

turba [turbö] *f* sokaság, embertömeg

turbação [turböszö^{n}u] *f* zavar; nyugtalanság

turbamulta [turbömultö] *f* zavargó tömeg; tolongás

turbante [turbö^{n}nt] *m* turbán

turbar [turbàr] *1/1* I. *ts* 1. zavar, nyugtalanít; ~ *a paz* megbontja a békét 2. zavarossá tesz II. **~-se** 1. zavarba jön; nyugtalankodik 2. megzavarodik; zavarossá válik 3. beborul, befelhősödik

túrbido [turbidu] *mn* 1. zavaró 2. zavaros 3. homályos, sötét

turbilhão [turbiljö^{n}u] *m* 1. forgószél 2. örvény 3. *átv* forgatag, kavargás

turbina [turbinö] *f* turbina

turbo-hélice [turboèlisz] *m rep* turbóléggcsavar

turbulência [turbule^{n}szjö] *f* 1. zajongás, garázdálkodás 2. zavargás, lázadás 3. zűrzavar

turbulento [turbule^{n}ntu] *mn* 1. zajongó, féktelen 2. zavargó, lázadozó 3. zavaros

turco [turku] *mn* és *fn* török

turcomano [turkumönu] *mn* és *fn* türkmén

turfa [turfö] *f* tőzeg; turfa

turfe [turf] *m* lóversenytér

turfeira [turféjrö] *f* tőzegtelep

turfista [turfistö] *fn* B lóversenyek kedvelője

túrgido [turzsidu] *mn* dagadó; (meg)dagadt, duzzadt

turíbulo [turibulu] *m* tömjénező (eszköz)

turismo [turizsmu] *m* turisztika, turizmus

turista [turistö] *fn* turista

turístico [turistiku] *mn* turista-, utazási

turma [turmö] *f kat* 1. csapat; század; osztag 2. műszak; ~ *alternada* váltott műszak 3. csoport; brigád 4. *isk* tanulócsoport; osztály; ~ *nocturna* esti dolgozó tanulók

turno [turnu] *m* 1. turnus, műszak, váltás; *mudança de* ~ műszakváltás; *por* ~*s* csoportonként; felváltva 2. sor(rend); *por* ~ sorrendben; *por seu* ~ a maga részéről 3. *sp* B forduló

turpilóquio [turpilòkju] *m* trágár szó *v* beszéd

turquesa [turkézö] *f* türkiz (féldrágakő)

turqui [turki] *mn* türkizkék

Turquia [turkiö] *f* Törökország

turra [turrö] *f* 1. lökés *v* ütés fejjel, fejes 2. csökönyösség 3. civakodás, viszály; *andar* v *viver às* ~*s* folytonosan civakodnak

turrão [turrö^{n}u] *mn biz* csökönyös

turrar [turràr] *1/1 tl* 1. fejével bök *v* lök 2. csökönyösködik 3. civakodik

turturinar [turturinàr] *1/1 tl* B búg (galamb)

turumbamba [turu^{n}mbö^{n}mbö] *f* B *argó* zrí; balhé

turuna [turunö] *mn* B erős, izmos

turv . . . → **turb . . .**

turvo [turvu] *mn* zavaros; *pescar em águas* ~*as* a zavarosban halászik

tuta-e-meia [tutöiméjö] *f* semmiség, csekélység

tutano [tutönu] *m* 1. (csont)velő 2. vminek a magva, lényege 3. tehetség

tutear [tutyàr] *1/5* I. *ts* (le)tegez II. **~-se** tegeződik

tutela [tutèlö] *f* 1. gyámság 2. oltalom, védelem

tutelado [tutilàdu] *fn* gyámság alatt álló gyermek

tutelar[1] [tutilàr] *mn* 1. gyámkodó 2. védelmező, oltalmazó

tutelar[2] [tutilàr] *1/13 ts* 1. gyámkodik vki felett **T** (*gúny* is) 2. véd, oltalmaz
tutor *m* **-a** *f* [tutor(ö)] *fn* 1. gyám 2. védelmező, oltalmazó 3. *mezőg* támasztó karó
tutoria [tuturiö] *f* 1. gyámság 2. védelem, oltalom
tutriz [tutris] *f* = **tutora**
tutu [tutu] *m* **B** 1. mumus 2. *argó* pénz 3. *konyh* babkása
tuxaua [tusàuö] *m* **B** 1. indiánfőnök 2. *pejor* pártvezér
tuzina [tuzinö] *f* **B** verés, ütlegelés
TV = *Televisão*
tzar... → **czar**...
tzigano [cigönu] *mn* és *fn* cigány

U

U, u [u] *m* u (betű)
uai [vàj] *isz* **B** ó! juj!
uariquina [vàrikinö] *f* **B** pirospaprika
uarubé [varubè] *m* **B** maniókaleves
uauaçu [vàvàszu] *m* **B** kókuszpálma
ubá [ubà] *f* **B** (fatörzsbe vájt) csónak
uberdade [ubirdàd] *f* termékenység; *átv* bőség
úbere [ubiri] **I.** *mn* termékeny; *átv* bőséges, gazdag **II.** *fn, m* tőgy
ubiquo [ubikvu] *mn* mindenütt jelenlevő
ucharia [usöriö] *f* éléskamra
Ucrânia [ukrönyö] *f* Ukrajna
ucraniano [ukrönyönu] *mn* és *fn* ukrán
udómetro [udòmitru] *m* esőmérő
ué [vè] *isz* **B** nahát! no de ilyet!
ufa [ufö] **I.** *isz* hej! ó! *~! que prazer!* ó, milyen öröm! **II.** *à ~* **a)** bőven **b)** más számlájára; potyán
ufanar [ufönàr] *1/1* **I.** *ts* **1.** büszkévé tesz **2.** megörvendeztet **II.** *~-se* **1.** büszkélkedik **2.** dicsekszik
ufania [ufönìö] *f* **1.** büszkeség **2.** kevélység, gőg **3.** hencegés
ufano [ufönu] *mn* **1.** büszke vmire (*com, de*) **2.** kevély, gőgös **3.** hencegő
ufanoso [ufönozu] *mn* = **ufano**
ui! [uj] *isz* hej! jaj!
uisque [viski] *m* whisky
uisqueria [viskiriö] *f* **B** pálinkamérés
uivar [ujvàr] *1/1 tl* ordít, üvölt
uivo [ujvu] *m* ordítás, üvöltés
úlcera [ulsziró] *f orv* fekély; *~ gástrica* v *de estômago* gyomorfekély
ulceração [ulsziröszö^{n}u] *f* fekélyesedés; fekély
ulcerar [ulsziràr] *1/13* **I.** *tl,* **II.** *~-se* **1.** elfekélyesedik **2.** gyötrődik, bánkódik
ulceroso [ulszirozu] *mn* fekélyes
uliginoso [ulizsinozu] *mn* mocsaras
ulissiponense [uliszipone^{n}z] *mn* és *fn* lisszaboni
ulmeiro, ulmo [ulméjru, ulmu] *m* szilfa
ulterior [ultirjor] *mn* **1.** túlsó **2.** utóbbi, későbbi **3.** további
ulteriormente [ultirjorme^{n}nt] *hat* később utólag
ultimação [ultimöszö^{n}u] *f* befejezés
ultimado [ultimàdu] *mn* befejezett, kész
ultimamente [ultimöme^{n}nt] *hat* **1.** legutóbb, a minap **2.** utoljára
ultimar [ultimàr] *1/1 ts* **1.** elkészít **2.** befejez, lezár
últimas [ultimös] *f tb* **1.** véglet **2.** végső nyomor **3.** életének utolsó órája; *estar nas ~* halálán van, a végét járja **4.** goromba sértések; *dizer as ~* jól odamond (egy cifrát)
ultimato [ultimàtu] *m* ultimátum; *apresentar* v *dirigir um ~ a* ultimátumot intéz vkihez
último [ultimu] **I.** *mn* **1.** utolsó, végső; *por ~* végül; *em ~a análise* végső soron, végeredményben; *soou a ~a hora* ütött az utolsó óra **2.** legújabb; *~as notícias* legújabb hírek **II.** *fn, m* **1.** *os ~s do mês* a hónap vége **2.** utolsó pohár ital, szentjánosáldás
ultracurto [ultrökurtu] *mn: onda ~a* ultrarövid hullám
ultradireita [ultrödiréjtö] *f pol* szélső jobboldal
ultra-humano [ultröumönu] *mn* emberfölötti
ultrajante [ultrözsö^{n}nt] *mn* sértő

ultrajar [ultrözsàr] *1/12 ts* megsért, sérteget
ultraje [ultràzs] *m* sértés
ultramar [ultrömàr] *m* **1.** tengerentúl **2.** ultramarin(kék)
ultramarino [ultrömörinu] *mn* **1.** tengerentúli **2.** ultramarin
ultrapassagem [ultröpöszàzsö^{n}j] *f autó* előzés; *fazer uma* ~ előz
ultrapassar [ultröpöszàr] *1/12 ts* **1.** átlép, túlhalad; ~ *os Alpes* átkel az Alpokon; ~ *os limites* v *os marcos* túllépi a mértéket; ~ *a paciência de* kimeríti vkinek a türelmét, kihozza a sodrából; ~ *os sessenta anos* meghaladja a hatvan évet **2.** *autó* (meg)előz; ~ *pela esquerda* balra előz **3.** túlteljesít
ultra-som [ultröszo^n] *m* ultrahang
ulular [ululàr] *1/1 tl* ordít, üvölt
um *m*, **uma** *f* [u^n, umö] **I.** *(névelő)* egy; ~ *quadro* egy kép; ~*a menina* egy kislány; → **uns, umas; II.** *szn, névm, mn* egy; *um só* csak egy; *um a um, um por um* egyenként; *um de nós* egyikünk; *tanto faz um como o outro* az egyik olyan, mint a másik **III.** *fn* **1.** *um, m* egyes (szám) **2.** *uma, f; szól: à uma* egy emberként; egyszerre; *escolher das duas uma* két dolog közül (ki)választ egyet; *não estar com uma nem duas* nem tétovázik; *nunca se viu uma assim* ilyen még nem volt!
umas → **uns**
umbela [u^{n}mbèlö] *f* **1.** napernyő **2.** *növ* ernyős virágzat
umbigo [u^{n}mbigu] *m* köldök
umbilical [u^{n}mbilikàl] *mn: cordão* ~ köldökzsinór
umbral [u^{n}mbràl] *m* **1.** ajtófélfa **2.** küszöb
umbroso [u^{n}mbrozu] *mn* **1.** árnyas, árnyékos **2.** sötét
ume [um] *mn, f: pedra-ume* timsó
umedecer = **humedecer**
unânime [unönimi] *mn* egyhangú, azonos érzésű
unanimidade [unönimidàd] *f* egyhangúság, azonos felfogás; *por* ~ egyhangúlag
unção [u^{n}szö^{n}u] *f* **1.** megkenés, bedörzsölés **2.** *vall: extrema* ~ utolsó kenet **3.** *átv* kenetteljesség
undécimo [u^{n}ndèszimu] *szn, mn* tizenegyedik
UNESCO [unèsku] *f* = *Organização das Nações Unidas para a Educação, Ciência e Cultura*
ungir [u^{n}zsir] *3/3 ts* beken, bedörzsöl
unguento [u^{n}ngve^{n}ntu] *m* kenőcs
ungulados [u^{n}ngulàdus] *m tb áll* patások
unha [unyö] *f* **1.** köröm; *fazer as* ~*s* körmeit ápolja *v* tisztítja **2.** *áll* karom; pata **3.** *szól:* ~ *com carne* egy szív, egy lélek; *à* ~*!* rajta! gyerünk! *a* ~*s de cavalo* lóhalálában; *dar à* ~ keményen dolgozik; *defender-se com* ~*s e dentes* körömszakadtáig védekezik; *enterrar a* ~ méregdrágán adja; *deitar* v *meter a* ~ *em* tisztességtelen módon meggazdagodik *v* szerez; *escapar por uma* ~ *negra* hajszál híján menekül meg; *pegar o touro à* ~ egyenesen szembeszáll a veszéllyel; *andar* v *ser (como)* ~ *e carne com* testi-lelki jó barátok; *ter* ~*s na palma* enyves keze van; *ter na* ~ birtokában *v* hatalmában van; *untar as* ~*s de* lekenyerez vkit
unhada [unyàdö] *f* karmolás
unha-de-fome [unyödifòmi] *fn B* fösvény, zsugori
unhar [unyàr] *1/1 ts* **1.** (meg)karmol **2.** *haj* horgonyt vet
unheiro [unyéjru] *m orv* körömméreg, ujjgyulladás
união [unyö^{n}u] *f* **1.** unió, szövetség, egyesülés; *a União Soviética* a Szovjetunió; *a União das Repúblicas Socialistas Soviéticas* a Szovjet Szocialista Köztársaságok Szövetsége **2.** egység, egyetértés; *em perfeita* ~ teljes egyetértésben; *közm: a* ~ *faz a força* egységben az erő **3.** egybekelés, házasság **4.** *nyelvt: traço de* ~ kötőjel
unicidade [uniszidàd] *f* **1.** egyedülállóság **2.** egység; ~ *sindical* szakszervezetek egysége
único [uniku] *mn* **1.** egyetlen; *filho* ~ egyetlen fia; *prato* ~ egytálétel **2.** egységes; *frente* ~*a* egységfront **3.** egyedülálló, egyedüli; ~ *no seu género* egyedülálló a maga nemében **4.** ritka, kivételes; *beleza* ~*a* ritka szépség **5.** *közl: direcção* ~*a* egyirányú közlekedés
unicolor [unikulor] *mn* egyszínű
unicórnio [unikòrnyu] *m áll* orrszarvú

unidade [unidàd] *f* 1. egység; ~ *monetária* pénzegység; ~ *de medida* mértékegység 2. *pol:* ~ *de acção* akcióegység; ~ *de vistas* véleményegység, vélemények azonossága 3. *kat:* ~ *de combate* harci egység
unido [unidu] *mn* 1. egyesült 2. egységes; összeforrott
unificação [unifiköszöⁿu] *f* 1. egységesítés 2. egyesülés
unificar [unifikàr] *1/2 ts* 1. egységesít 2. egyesít
uniforme [unifòrm] I. *mn* 1. egyforma, egységes; egyenletes; *movimento* ~, *fiz* egyenletes mozgás 2. egyhangú, unalmas; *vida* ~ egyhangú élet II. *fn, m* uniformis, egyenruha
uniformidade [unifurmidàd] *f* 1. egyformaság; egyenletesség 2. egyhangúság, unalom 3. egységesség
uniformização [unifurmizöszöⁿu] *f* 1. egyformaság 2. egyenlősítés
uniformizar [unifurmizàr] *1/1 ts* 1. egységesít 2. formaruhába öltöztet
unigénito [unizsènitu] *mn* és *fn* egyszülött, egyke
unilateral [unilötiràl] *mn* egyoldalú; *contrato* ~ egyoldalú szerződés
unir [unir] *3/1* I. *ts* 1. egyesít 2. *átv* párosít; ~ *o talento a modéstia* tehetségét szerénységgel párosítja 3. (össze)egyeztet II. *tl*, III. ~-*se* egyesül
unissex [uniszèksz] *m* B egyforma öltözék férfi és nő részére
uníssono [uniszunu] I. *mn* 1. egybehangzó 2. *zene* unisono, egy hangon, egy szólamúan II. *fn, m* egybehangzás; *em* ~ egybehangzóan
unitário [unitàrju] *mn* egységes, egység-; → **preço**
universal [univirszàl] *mn* általános, egyetemes; *paz* ~ világbéke
universalidade [univirszölidàd] *f* 1. egyetemesség 2. összesség
universalizar [univirszölizàr] *1/1 ts* 1. általánosít 2. elterjeszt, egyetemessé *v* közhasznúvá tesz
universidade [univirszidàd] *f* 1. egyetem; ~ *aberta* szabadegyetem 2. egyetemesség
universitário [univirszitàrju] I. *mn* 1. egyetemes, általános 2. egyetemi II. *fn* 1. egyetemi hallgató 2. egyetemi tanár *v* előadó
universo [univèrszu] I. *mn* 1. egyetemes, általános 2. egész, teljes II. *fn, m* mindenség, világegyetem
uno [unu] *mn* egy, egyetlen
uns, *m*, **umas** *f* [uⁿs, umös] *mn tb* 1. néhány; egy kevés; *uns poucos* néhányan, kevesen; *uns . . ., outros . . .* egyesek . . ., mások . . .; *uns e outros* valamennyien 2. (számnév előtt:) körülbelül, mintegy; *uma jovem de uns dezoito anos* egy körülbelül 18 éves leány; *isto custa uns vinte escudos* ez mintegy húsz escudo-ba kerül
untar [uⁿntàr] *1/1 ts* beken, bedörzsöl
unto [uⁿntu] *m* 1. disznózsír; háj 2. kenőolaj; kenőzsír
untuoso [uⁿntuozu] *mn* 1. zsíros, olajos 2. *átv* kenetteljes
untura [uⁿnturö] *f* 1. bekenés, bedörzsölés 2. kenőcs 3. *átv* máz, felületes tudás
upa [upö] I. *fn, f* 1. ló ágaskodása 2. ugrás; *às* ~*s* ugrándozva II. *isz* hopp! hoppla!
U. P. U. = *União Postal Universal*
urânio [urönyu] *m vegy* urán, uránium
urbanidade [urbönidàd] *f* udvariasság, illem
urbanismo [urbönizsmu] *m* 1. városrendezés, várostervezés 2. városiasodás
urbanista [urbönistö] *fn* városrendezési szakember
urbanização [urbönizöszöⁿu] *f* 1. városrendezés 2. városiasodás
urbanizar [urbönizàr] *1/1 ts* 1. várost elrendez 2. városiasít 3. civilizál, kiművel
urbano [urbönu] *mn* 1. városi 2. udvarias, illedelmes
urbe [urbi] *f* város
urdideira [urdidéjrö] *f text* 1. szövőnő, felvetőnő 2. felvetőgép
urdidor [urdidor] *m* 1. *text* szövőmunkás, felvetőmunkás 2. *átv* cselszövő, intrikus
urdidura [urdidurö] *f* 1. *text* láncfonal felvetése 2. *text* láncfonal 3. *átv* cselszövés, intrika
urdir [urdir] *3/1 ts, tl* 1. *text* láncfonalat felvet, sző 2. *átv* cselt sző, intrikál

uremia [urimiö] *f orv* húgyvérűség

uréter [urètèr] *m orv* húgyvezeték

uretra [urètrö] *f orv* húgycső

urgência [urzse^{n}szjö] *f* sürgősség; *com* ~ sürgősen

urgente [urzse^{n}nt] *mn* sürgős

urgir [urzsir] *3/3 ts, tl* sürget; sürgős; *o tempo urge* az idő sürget

úrico [uriku] *mn: ácido* ~ húgysav

urina [urinö] *f* vizelet, húgy

urinar [urinàr] *1/1* **I.** *ts* **1.** vizelettel kiválaszt **2.** levizel **II.** *tl* vizel, húgyoz

urinol [urinòl] *m* **1.** vizelde **2.** „kacsa" (betegek vizelőedénye)

urna [urnö] *f* urna; ~ *eleitoral* szavazatgyűjtő láda; ~ *funerária* v *mortuária* halotti urna

urologia [uruluzsiö] *f orv* urológia

urologista [uruluzsistö] *fn* urológus

urrar [urràr] *1/1 ts, tl* ordít, üvölt, bőg

urro [urru] *m* ordítás, üvöltés, bőgés

ursa [urszö] *f* **1.** nőstény medve **2.** *csill: Ursa Maior* Nagymedve, Göncölszekér; *Ursa Menor* Kismedve, Kisgöncöl

urso [urszu] *m* **1.** medve; *~-branco* jegesmedve; *~-escuro* barnamedve **2.** emberkerülő, vadóc

U. R. S. S. *f* = *União das Repúblicas Socialistas Soviéticas*

urticáceas [urtikàszjös] *f tb növ* csalánfélék

urticária [urtikàrjö] *f orv* csalánkiütés

urtiga [urtigö] *f* csalán

urubu [urubu] *m* dél-amerikai keselyű; *szól: escovar* v *lavar* ~ állástalanul teng-leng

urzal [urzàl] *m* hangaföld; pusztaság

urze [urzi] *f* hanga; erika

usado [uzàdu] *mn* **1.** használt; elnyűtt, kopott; *roupa ~a* használt ruhanemű **2.** használatos; megszokott; *termo* ~ ~ megszokott *v* szokásos kifejezés

usança [uzö^{n}szö] *f* szokás

usar [uzàr] *1/1* **I.** *ts* **1.** (fel)használ, alkalmaz **2.** hord (ruhát); visel (bajuszt) **3.** elhord, koptat, elnyű **4.** szokott; *usa sair cedo de casa* korán szokott elmenni hazulról **II.** *tl* **1.** használ vmit, él vmivel (*de*) **2.** szokott, szokása; *usa de trabalhar noite adentro* szokása, hogy késő éjszakáig dolgozik **III.** *~-se* elhasználódik, elkopik

usável [uzàvèl] *mn* felhasználható

usina [uzinö] *f* **B** gyár, üzem; ~ *de açúcar* cukorgyár; ~ (*termo*)*nuclear* atomerőmű

uso [uzu] *m* **1.** használat; felhasználás; *fazer* ~ *de* felhasznál vmit, él vmivel; *meter* v *pôr a* ~ használatba vesz, (állandóan) hord, visel **2.** szokás; *~s e costumes* szokások és erkölcsök; *ao* ~ *antigo* régi szokás szerint; *segundo o* ~ szokás szerint; *entrar em* ~ szokássá válik **3.** *para* ~ *de* vkinek a számára v részére

ustão [ustö^{n}u] *f* **1.** *vegy* égés **2.** *orv* kiégetés

usual [uzvàl] *mn* szokásos

usuário [uzvàrju] *mn* és *fn* használó

usucapir [uzuköpir] *3/13 ts jog* birtokbavétellel szerez

usufruir [uzufruir] *3/6 ts* **1.** *jog* vminek a hasznát élvezi **2.** felhasznál, élvez

usufruto [uzufrutu] *m jog* haszonélvezet

usufrutuário [uzufrutvàrju] **I.** *mn* haszonélvezeti **II.** *fn* haszonélvező

usura [uzurö] *f* uzsora; uzsorakamat

usurar [uzuràr] *1/1 tl* pénzt ad uzsorakamatra

usurário [uzuràrju] **I.** *mn* uzsora- **II.** *fn* uzsorás

usurpação [uzurpöszö^{n}u] *f* bitorlás

usurpador [uzurpödor] *m* (trón)bitorló

usurpar [uzurpàr] *1/1 ts* bitorol

utensílio [ute^{n}szilju] *m* szerszám, eszköz; (konyhai) felszerelési tárgy

utente [ute^{n}nt] *mn* és *fn* használó, fogyasztó

uterino [utirinu] *mn* **1.** anyaméhi **2.** *irmão* ~ féltestvér (más apától)

útero [utiru] *m orv* anyaméh

útil [util] *mn* hasznos; alkalmas, célszerű; *juntar o* ~ *ao agradável* a kellemeset egybeköti a hasznossal

utilidade [utilidàd] *f* **1.** hasznosság, célszerűség; *de* ~ *pública* közhasznú, közhasználati **2.** *~s domésticas* háztartási cikkek

utilitário [utilitàrju] **I.** *mn* gyakorlati *v* hasznos célokat szolgáló **II.** *fn* **1.** utilitarista, haszonelvű **2.** (*automóvel* v *veículo*) ~ célszerűségi (kevés üzemanyagot fogyasztó) gépjármű

utilização [utilizöszö^{n}u] *f* **1.** használat; felhasználás **2.** *horário de* ~ *da piscina* a fürdő nyitvatartási ideje

utilizar [utilizàr] *1/1* **I.** *ts* **1.** felhasznál,

igénybe vesz **2.** *ker* értékesít **II.** *tl* használ, segít **III.** **~-se** *de* felhasznál, igénybe vesz vmit
utilizável [utilizàvèl] *mn* felhasználható
utopia [utupiö] *f* utópia
utópico [utòpiku] *mn* utópisztikus
utopista [utupistö] *mn* és *fn* utópista
uva [uvö] *f* szőlő; **~** *moscatel* muskotályszőlő; **~** *passada* szárított szőlő
úvula [uvulö] *f orv* nyelvcsap
uxoricida [ukszuriszidö] *mn* és *fn* feleséggyilkos
uxoricídio [ukszuriszigyu] *m* feleséggyilkosság

V

V, v [vé] *m* v (betű)

v. = 1. *vapor* gőzhajó 2. *você* maga, ön 3. *volt* volt 4. *vide, veja* lásd

v) = *vosso(s), vossa(s)*

V. = *visto*

V.^{a} = 1. *viuva* özvegyasszony 2. *vila* nyaraló

V. A. = *Vossa Alteza* Fenséged

vá → **ir**

vaca [vàkö] *f* 1. tehén 2. marhahús 3. *voltar* v *tornar à ~ fria* visszatér a régi témához

vacada [vökàdö] *f* tehéncsorda

vaca-loira, vaca-loura [vökölojrö, -lorö] *f* szarvasbogár

vaca-marinha [vàkö-mörinyö] *f* rozmár

vacância [vökö^{n}szjö] *f* = **vacatura**

vacante [vökö^{n}nt] *mn* üres, betöltetlen (állás)

vacar [vökàr] *1/2, 1/12 tl* 1. üresedésben van, betöltetlen 2. szabadságon van; pihen

vacaria [vököriö] *f* 1. tehéncsorda 2. tehénistálló 3. tejgazdaság

vacatura [vököturö] *f* üresedés, betöltetlen állás

vacilação [vöszilöszö^{n}u] *f* 1. ingadozás 2. bizonytalanság

vacilante [vöszilö^{n}nt] *mn* 1. ingadozó 2. *átv* állhatatlan

vacilar [vöszilàr] *1/1 tl* 1. ingadozik 2. *átv* nem tud határozni

vacina [vöszinö] *f* 1. tehénhimlő 2. oltóanyag 3. (védő)oltás

vacinar [vöszinàr] *1/1 ts* beolt

vacuidade [vökuidàd] *f* üresség

vacum [vöku^{n}] *mn* marha-; *gado ~* marhaállomány

vácuo [vàkvu] **I.** *mn* üres; betöltetlen **II.** *fn, m* 1. légüres tér; üresség 2. *rep* légörvény

vadear [vögyàr] *1/5 ts* átgázol (a folyón) **T**

vadiar [vögyàr] *1/7 tl* csavarog; tétlenkedik

vadio [vödiu] *m* csavargó, naplopó

vaga [vàgö] *f* **I.** 1. tengeri hullám 2. nagy tömeg, özön 3. *~ de frio* hideghullám **II.** 1. betöltetlen állás, üresedés 2. üres hely, férőhely (szállodában, parkolóhelyen) 3. szabad idő

vagabundear [vögöbungyàr] *1/5 tl* csatangol, kószál

vagabundo [vögöbu^{n}ndu] *mn* és *fn* csavargó; naplopó

vagalhão [vögöljö^{n}u] *m* hatalmas hullám

vaga-lume [vàgölum] *m* szentjánosbogár

vagão [vögö^{n}u] *m* vagon, vasúti kocsi; *~-leito, ~-dormitório* hálókocsi; *~-restaurante* étkezőkocsi

vagar [vögàr] *1/4, 1/12 tl* **I.** 1. csavarog, kószál 2. sodródik (víz színén) 3. *átv* terjed (kósza hír) **II.** 1. üresedésben van (állás) 2. marad *v* van ideje **III.** *fn, m* 1. lassúság; *com ~* szép lassan 2. szabad idő

vagaroso [vögörozu] *mn* 1. lassú, kényelmes 2. nyugodt

vagem [vàzsö^{n}j] *f* 1. *növ* hüvely 2. zöldbab

vagina [vözsinö] *f orv* hüvely

vaginal [vözsinàl] *mn orv* hüvely-

vago [vàgu] *mn* 1. csavargó; bolyongó; *nervo ~* bolygóideg; *olhar ~* réveteg tekintet 2. bizonytalan; zavaros 3. betöltetlen, üres; *casa ~a* lakatlan ház; *nas horas ~as* szabad idejében

vagoneta [vögunétö] *f* csille
vaguear [vögjàr] *1/5 tl* **1.** bolyong, csavarog **2.** tétlenkedik **3.** lebeg (a víz felszínén); sodródik
vaguejar [vögizsàr] *1/14* = **vaguear**
vai [vàj] → **ir**
vaia [vàjö] *f* **1.** gúny **2.** nemzetszés nyilvánítása **3.** *szính:* füttykoncert; *dar* ~ kifütyül
vaiar [vàjàr] *1/1 ts* **1.** kigúnyol **2.** kifütyül
vaidade [vàjdàd] *f* **1.** hiúság, beképzeltség **2.** *átv* semmiség
vaidoso [vàjdozu] *mn* hiú, beképzelt
vai-não-vai [vàjnö^{n}uvàj] *m: num* ~ szempillantás alatt
vaivém [vàjvö^{n}j] *m* **1.** ingadozás, bizonytalanság **2.** jövés-menés **3.** *tört* faltörő kos **4.** *os vaivéns da sorte* a sors viszontagságai
vala [vàlö] *f* **1.** (víz)árok **2.** ~ *comum* tömegsír
valado [völàdu] *m* sáncárok
valar [völàr] *1/12 ts* árokkal körülvesz
valdevinos [vàldivìnus] *m* csavargó, semmirekellő
vale [vàli] *m* **I. 1.** völgy **2.** *vall:* ~ *de lágrimas* siralom völgye **3.** *por montes e* ~*s* hegyen-völgyön át **II. 1.** elismervény, nyugta **2.** ~ *do correio* postai pénzesutalvány **III.** [vàlè] búcsú; *o derradeiro* ~ az utolsó istenhozzád
valência [völe^{n}szjö] *f vegy* vegyérték
valentão [völe^{n}ntö^{n}u] *m* **1.** vagány **2.** szájhős
valente [völe^{n}nt] *mn* **1.** bátor, erős **2.** *remédio* ~ hatékony orvosság
valentia [völe^{n}ntìö] *f* bátorság; hősiesség
valentona [völe^{n}ntonö] *f* **1.** bátor asszony **2.** *à* ~ erőszakosan
valer [völér] *2/25* **I.** *ts* ér vmit; kerül vmibe **T**; *não vale um caracol* fabatkát sem ér; *não vale nada* nem ér semmit; ~ *caro* sokba kerül **II.** *tl* **1.** jelentőséggel bír **2.** használ, segít **3.** érvényben van, érvényes; *deixar de* ~ érvényét veszti; *fazer* ~ *seus direitos* érvényre juttatja jogait; *fazer* ~ *a sua vontade* keresztülviszi akaratát; *fazer-se* ~ érvényesül **4.** ~ *por* felér vmivel; *vale por dois* felér kettővel **5.** *szól: vale a atenção* figyelmet érdemel; *mais vale* többet ér, jobb volna; *a* ~, *para* ~ **a)** alapos, gondos, rendes **b)** alaposan, nagyon; *valha-me Deus!* **a)** Isten segíts! **b)** Istenemre mondom! *valha a verdade* az igazat megvallva; *ou coisa que o valha* vagy valami hasonló(t); *közm: mais vale um pássaro na mão que dois a voar* jobb ma egy veréb, mint holnap egy túzok; *közm: mais vale tarde que nunca* jobb későn, mint soha; *közm: o silêncio vale ouro* hallgatni arany **III.** ~**-se** *de* felhasznál, kihasznál vmit, él vmivel
valeriana [völirjönö] *f növ* macskagyökér
valeta [völétö] *f* útmenti vízárok
valete [völèt] *m kártya* alsó
valetudinário [völitudinàrju] *mn* beteg, gyengélkedő
valha → **valer**
valia [völìö] *f* érték; *de* ~ értékes
validade [völidàd] *f* **1.** törvényesség **2.** érvényesség
validar [völidàr] *1/1 ts* törvényesít, hatályossá tesz
validez [völidés] *f* = **validade**
válido [vàlidu] *mn* **1.** törvényes, hatályos **2.** erős, egészséges **3.** hatékony
valimento [völime^{n}ntu] *m* **1.** érték **2.** tekintély, befolyás **3.** kegy, jóindulat
valioso [völjozu] *mn* **1.** értékes **2.** jelentős, fontos
valise [völìz] *f* bőrönd
valor [völor] *m* **1.** érték; ~ *de uso* használati érték **2.** tehetség, képesség; *homem de grande* ~ nagytehetségű ember **3.** ~*es* értékpapírok, kötvények **4.** ~*es* érdemjegyek **5.** *átv* jelentőség, fontosság; *dar* ~ *a* jelentőséget tulajdonít vminek
valorização [völurizöszö^{n}u] *f* **1.** értékmegállapítás **2.** értéknövekedés
valorizar [völurizàr] *1/1 ts* **1.** értékét megállapítja **2.** értékét növeli
valoroso [völurozu] *mn* bátor; erős
valsa [vàlszö] *f* keringő
valsar [vàlszàr] *1/1 tl* keringőzik
valva [vàlvö] *f áll* kagylóhéj
válvula [vàlvulö] *f* **1.** *orv:* ~ *cardiaca* v *do coração* szívbillentyű **2.** *műsz* szelep; ~ *de segurança* biztonsági szelep **3.** rádiócső
vampiro [vö^{n}mpiru] *m áll* vámpír (*átv* is)
vandálico [vö^{n}ndàliku] *mn* vandál
vandalismo [vö^{n}ndölizsmu] *m* vandalizmus

vândalo [vö^{n}dölu] *m* vandál
vanglória [vö^{n}glòrjö] *f* **1.** önteltség; hiúság **2.** dicsekvés
vangloriar [vö^{n}glurjàr] *1/7* **I.** *ts* agyba-főbe dicsér; hízeleg vkinek **T II.** **~-se** *de* dicsekszik vmivel
vanglorioso [vö^{n}glurjozu] *mn* **1.** öntelt; hiú **2.** dicsekvő
vanguarda [vö^{n}gvàrdö] *f* **1.** *kat* előhad, elővéd **2.** élcsapat; *de* ~ élenjáró; haladó szellemű; *ir na* ~ az élen halad
vanguardista [vö^{n}gvördistö] *fn* élharcos
vaniloquencia [vönilukve^{n}szjö] *f* üres fecsegés
vantagem [vö^{n}tàzsö^{n}j] *f* előny; haszon
vantajoso [vö^{n}tözsozu] *mn* előnyös; hasznos
vão *m*, **vã** *f* [vö^{n}u, vö^n] **I.** *mn* **1.** üres **2.** hiábavaló; *em* ~ hiába, hasztalan **3.** hiú, öntelt **II.** *fn*, *m* (*tb: vãos*) **1.** üresség **2.** (fal)mélyedés; nyílás
vapor [vöpor] *m* **1.** gőz; ~ *saturado* telített gőz; *a todo o* ~ teljes gőzzel **2.** (*navio a*) ~ gőzhajó **3.** pára; kigőzölgés
vaporar [vöpuràr] *1/15* **I.** *ts* párologtat **II.** **~-se** elpárolog
vaporização [vöpurizöszö^{n}u] *f* **1.** páraképződés **2.** permetezés; porlasztás
vaporizador [vöpurizödor] *m* porlasztó; ~ *de perfumes* illatszerszóró
vaporizar [vöpurizàr] *1/1 ts* **I.** *ts* **1.** elpárologtat **2.** porlaszt, permetez **II.** **~-se** elpárolog
vaporoso [vöpurozu] *mn* **1.** páratelt **2.** párás, ködös **3.** *átv* értelmetlen, zavaros **4.** könnyed, légies **5.** hiú, beképzelt
vaqueiro [vökéjru] **I.** *mn* marha- **II.** *fn*, *m* marhapásztor
vaqueta [vökétö] *f* (vékony) tehénbőr **2.** = **baqueta**
vaquinha [vökinyö] *f* **B** közös befektetés, mutyizás
vara [vàrö] *f* **1.** vessző, bot **2.** virgács; pálca **3.** bírói hatáskör; bírói méltóság; (járás)bíróság **4.** büntetés **5.** könyök (hosszmérték, 110 cm) **6.** ~ *de porcos* disznócsorda **7.** *tremer como ~s verdes* reszket, mint a nyárfalevél
varada [vöràdö] *f* vesszőütés
varado [vöràdu] *mn* **1.** zátonyra futott **2.** *ficar* ~ meghökken, elképed
varadoiro, -douro [vörödojru, -doru] *m* **1.** *haj* szárazdokk **2.** pihenőhely
varal [vöràl] *m* **1.** kocsirúd **2.** hordszék rúdja
varanda [vörö^{n}dö] *f* veranda; erkély
varão [vörö^{n}u] *m* **I.** rúd; ~ *de ferro* vasrúd **II.** hímnemű lény; férfi; *filho* ~ fiúgyermek
varapau [vöröpàu] *m* **1.** pózna, rúd; bunkó **2.** **B** langaléta
varar [vöràr] *1/12* **I.** *ts* **1.** elnáspángol **2.** áthatol; keresztülszúr **3.** hajót partra húz **4.** átúszik; ~ *o rio* átússza a folyót **5.** megijeszt **II.** *tl* zátonyra fut
vareio [vöréju] *m* **1.** verés, elnáspángolás **2.** feddés, korholás **3.** **B** lázálom; félrebeszélés
varejador [vörizsödor] *m* ellenőr; felügyelő
varejar [vörizsàr] *1/14* **I.** *ts* **1.** bottal leveri a gyümölcsöt **2.** megbotoz, elver **3.** rőffel mér (posztót) **4.** *átv* ostoroz, ver, sújt **5.** megvizsgál, ellenőriz; átkutat **6.** *kat* pergőtűz alá vesz **7.** **B** kidob, (messzire) eldob **II.** *tl* **1.** lövöldöz **2.** erősen fúj (szél)
varejista [vörizsistö] **B I.** *mn* kiskereskedői **II.** *fn* kiskereskedő
varejo[1] [vörézsu] *m* **1.** gyümölcs leverése **2.** (adóügyi) vizsgálat, ellenőrzés **3.** feddés, megdorgálás **4.** *kat* tüzérségi pergőtűz
varejo[2] [vörézsu] *m* **B** kiskereskedés; *a(o)* ~ kicsinyben; *preço de* ~ kiskereskedői ár; *venda por atacado e a* ~ elárusítás nagyban és kicsinyben
vareta [vörétö] *f* **1.** vessző, pálca **2.** esernyőborda **3.** (körző)szár **4.** *kat rég* töltővessző
varga [vàrgö] *f* **1.** láp, ingovány **2.** halfogó háló
variabilidade [vörjöbilidàd] *f* változékonyság; állhatatlanság
variação [vörjöszö^{n}u] *f* **1.** variáció; változat **2.** megváltozás
variado [vörjàdu] *mn* **1.** különféle, változatos; vegyes **2.** tarka **3.** állhatatlan
variante [vörjö^{n}nt] *f* variáns; változat
variar [vörjàr] *1/7* **I.** *ts* variál, változtat; felcserél **II.** *tl* **1.** változik **2.** eltér, különbözik **3.** félrebeszél
variável [vörjàvèl] *mn* **1.** változó **2.** változékony **3.** *nyelvt* ragozható
varicela [vöriszèlö] *f* bárányhimlő
variedade [vörjidàd] *f* **1.** változatosság,

különféleség 2. változékonyság 3. változat, fajta 4. varieté, tarka színpad
variegado [vörjigàdu] *mn* tarka; különféle
variegar [vörjigàr] *1/4, 1/13 ts* tarkít, tarkára fest
varinha [vörinyö] *f* (vékony) vessző, pálca
vário [vàrju] **I.** *mn* **1.** különféle, **2.** tarka, színes **3.** különböző, elütő **4.** változékony, szeszélyes, ingatag **II.** *fn, m:* *~s* egyesek, néhányan, többen
varíola [vöriulö] *f orv* himlő
variz [vöris] *f orv* értágulás; visszeresség
varonia [vöruniö] *f* **1.** férfiasság **2.** férfiág (leszármazásban)
varonil [vörunil] *mn* **1.** férfias **2.** erős, bátor
varrão [vörrö^{n}u] *m* kandisznó
varredela [vörridèlö] *f* söprés, söprögetés
varredoira [vörridojrö] *f* = **varredoura**
varredor [vörridor] *m* utcaseprő
varredoura [vörridorö] *f* **1.** *haj* toldatvitorla **2.** *átv* öldöklés; pusztítás
varredura [vörridurö] *f* **1.** söprés **2.** szemét, hulladék
varrer [vörrér] *2/6* **I.** *ts* **1.** söpör, kisöpör **2.** megtisztít; tisztogat **3.** *átv* elsöpör; elűz; szétszór **II.** **~-se** **1.** eltűnik **2.** feledésbe merül
varrido [vörridu] **I.** *mn* **1.** kisöpört **2.** őrült **3.** *tolo* ~ tökhülye **II.** *fn, m* (összesöpört) szemét
Varsóvia [vörszòvjö] *f* Varsó; *o Pacto de ~* a varsói szerződés
varsoviano [vörszuvjönu] *mn* és *fn* varsói
várzea [vàrzjö] *f* rónaság
vasa [vàzö] *f* **1.** iszap; sár **2.** *átv* söpredék
vasca [vàskö] *f* **1.** görcs, vonaglás **2.** *~s* hányinger **3.** *~s de agonia* haláltusa
vascão [vöskö^{n}u] = **vasco**
vasco [vàsku] *mn* és *fn* baszk
vascolejar [vöskulizsàr] *1/14 ts* **1.** ráz, megráz, felráz (folyadékot) **2.** *átv* nyugtalanít
vasconço [vösko^{n}szu] *m* **1.** baszk nyelv **2.** zagyva beszéd
vascoso [vöskozu] *mn* hányingertől szenvedő
vascular [vöskulàr] *mn orv* ér-, véredény-
vasculhar [vöskuljàr] *1/1 ts* **1.** söpör, kisöpör **2.** átkutat
vasculho [vöskulju] *m* seprő
vaselina [vözilinö] *f* vazelin
vasilha [vöziljö] *f* **1.** edény **2.** hordó
vasilhame [vöziljöm] *m* **1.** edények **2.** hordók
vaso [vàzu] *m* **1.** edény; *~ comunicante, fiz* közlekedő edény; *közm:* *~ ruim não quebra* rossz pénz nem vész el **2.** virágcserép **3.** éjjeliedény **4.** hajó; *~ de guerra* hadihajó **5.** *növ, orv* hüvely **6.** *~ de rio* folyómeder **7.** *~ sanitário* vécékagyló
vassalagem [vöszölàzsö^{n}j] *f* hűbéresség
vassalo [vöszàlu] *m* vazallus, hűbéres
vassoira, vassoura [vöszojrö, vöszorö] *f* seprő; *~ aspiradora* szőnyegseprő
vassoirar [vöszojràr] *1/1 ts* söpör, összesöpör
vassoirinha [vöszojrinyö] *f* kis seprő
vassoiro [vöszojru] *m* kályhatisztító seprő
vassour . . . → **vassoir . . .**
vastidão [vöstidö^{n}u] *f* **1.** tágasság **2.** terjedelem; kiterjedés **3.** fontosság, jelentőség
vasto [vàstu] *mn* **1.** tágas **2.** kiterjedt **3.** fontos, jelentős
Vaticano [vötikönu] *m* Vatikán
vaticinar [vötiszinàr] *1/1 ts* jósol, jövendöl
vaticínio [vötiszinyu] *m* jósolás, jóslat, jövendölés
vátio [vàtyu] *m vill* watt
vau [vàu] *m* **1.** gázló; *passar a ~* átgázol (folyón) **2.** zátony **3.** kedvező alkalom; *não achar vau* nem talál kiutat; *errar o ~* **B** elhibázza, „eltolja” a dolgot
vaza [vàzö] *f kártya* ütés
vaza-barris [vàzöbörris] *m* **1.** veszélyes partvidék **2.** kincseket rejtő hely **3.** *nép* csőd, bukás
vazadoiro [vözödojru] *m* szennyvízcsatorna
vazador [vözödor] *m müsz* lyukasztó szerszám
vazadouro [vözödoru] *m* = **vazadoiro**
vazadura [vözödurö] *f* **1.** kiürítés **2.** lyukasztás
vazante [vözö^{n}nt] **I.** *mn:* → **maré 1.** **II.** *fn, f* **1.** apály **2.** lefolyás **3.** **B** árterület

vazão [vözö^{n}u] *m* **1.** kifolyás, lefolyás **2.** *átv* árueladás; forgalmazás **3.** *átv* elintézés; megoldás; *dar* ~ *a* **a)** kiszolgál (vevőket) **b)** elintéz (ügyet)

vazar [vözàr] *1/12* **I.** *ts* **1.** kiürít; kiönt **2.** önt (ércet) **3.** kilyukaszt; keresztüldöf **4.** kiszakít, kitép **II.** *tl.* **III.** ~**-se 1.** kiürül **2.** lefolyik, apad

vazio [vözíu] **I.** *mn* **1.** üres **2.** lakatlan **3.** *átv* tartalmatlan **II.** *fn, m* **1.** üresség **2.** légüres tér, vákuum **3.** *orv* lágyék **4.** *konyh* oldalas **5.** *müsz: trabalhar em* ~ üresjáratban van

v/c = *vossa conta*

vd. = (*vide:*) *veja* lásd

vê [vé] *m* vé (betű neve)

veação [vjöszö^{n}u] *f* **1.** elejtett vad, vadászzsákmány **2.** *konyh* vadas étel

veado [vjàdu] *m* szarvas

veda [vèdö] *f* tilalmi idő

vedação [vidöszö^{n}u] *f* **1.** = **veda 2.** körülzárt terület **3.** kerítés

vedar [vidàr] *1/13* **I.** *ts* **1.** megtilt **2.** akadályoz, megakaszt; elállít (vérzést) **3.** bedugaszol **4.** bekerít, körülkerít **II.** *tl* megreked, megáll

vedeta [vidétö] *f* **1.** őrszem; megfigyelő; *estar de* ~ őrt áll **2.** *haj* őrnaszád **3.** = **vedete**

vedete [vidét] *f* revüsztár, mozicsillag

vedo [vèdu] *m* **B** kerítés

vedor [vèdor] *m* **1.** felügyelő; (adó)ellenőr **2.** ~ (*de água*) forráskutató

vêem [véö^{n}j] → **ver**

veemência [vjime^{n}szjö] *f* hevesség, szenvedélyesség

veemente [vjime^{n}nt] *mn* heves, szenvedélyes

vegetação [vizsitöszö^{n}u] *f* **1.** vegetáció, növényzet, növényvilág **2.** *orv* tenyészet

vegetal [vizsitàl] **I.** *mn* növényi **II.** *fn, m* növény

vegetar [vizsitàr] *1/13 tl* **1.** nő, növekszik **2.** tengődik, vegetál

vegetariano [vizsitörjönu] *mn* és *fn* vegetariánus

vegetativo [vizsitötívu] *mn él, orv* vegetatív

végeto [vèzsitu] *mn* életerős

veia [véjö] *f* **1.** ér, visszér **2.** *növ* bordázat (levélen) **3.** *átv* alkotói *v* írói tehetség; *ter* ~ *poética* van költői vénája **4.** *szól: estar em* ~ *de felicidade* szerencséje *v* mázlija van; *estar de boa* ~ jó hangulatban van

veicular [vjikulàr] **I.** *mn* jármű- **II.** *1/1 ts* **1.** (kocsin) szállít **2.** terjeszt; ~ *informações* információkat szolgáltat

veículo [vjíkulu] *m* **1.** jármű, kocsi; ~ *de carga* teherjármű, teherautó **2.** *átv orv* hordozó (betegségé) **3.** gyógyszer oldóanyaga

veiga [véjgö] *f* megművelt földterület; termékeny síkság

veio[1] [véju] *m* **1.** (érc)ér; telér **2.** *müsz* tengely **3.** ~ *de água* csermely **4.** *átv: o* ~ *da questão* a kérdés lényege, veleje, magva

veio[2] [véju] → **vir**

vejo [vézsu] → **ver**

vela [vèlö] *f* **I.** vitorla; *barco à* ~ vitorlás (hajó); *dar à* ~, *fazer-se à* ~ elvitorlázik **II. 1.** virrasztás; *estar de* ~ virraszt **2.** gyertya; ~ *de cera* viaszgyertya; ~ *de ignição, müsz* gyújtógyertya

velacho [vilàsu] *m* **1.** *haj* derékvitorla **2. B** ragadványnév, gúnynév

velada [vilàdö] *f* virrasztás

velado [vilàdu] *mn* fátyolos (*átv* is)

velador *m*, **-a** *f* [vilödor(ö)] **I.** *mn* **1.** virrasztó **2.** *átv* éber **II.** *fn* **1.** őr **2.** *m* gyertyatartó

velame [vilöm] *m* **1.** vitorlázat **2.** *átv* takaró, függöny

velar[1] [vilàr] *mn nyelvt* veláris

velar[2] [vilàr] *1/13* **I.** *ts* őriz, vigyáz vkire **T**; ~ *um doente* beteg ágyánál virraszt **II.** *tl* ébren van, virraszt

velar[3] [vilàr] *1/13* **I.** *ts* **1.** betakar; elfüggönyöz **2.** *átv* eltitkol; ~ *as suas intenções* leplezi szándékát **II.** ~**-se 1.** betakaródzik **2.** beborul **3.** fényt kap (film)

veleidade [viléjdàd] *f* **1.** szeszély, hangulat **2.** sóvárgás

veleiro [viléjru] **I.** *mn* **1.** vitorlás **2.** gyors, fürge **II.** *fn, m* **1.** vitorlakészítő **2.** vitorlás hajó

velejar [vilizsàr] *1/14 tl* vitorlázik

veleta [vilétö] *f* **1.** szélzsák **2.** szélkakas (*átv* is)

velha [vèljö] *f* öregasszony

velhacaria [viljököríö] *f* gazság; csibésztempó

velhaco [viljàku] **I.** *mn* aljas; dörzsölt **II.** *fn, m* csirkefogó, aljas fráter

velharia [viljöriö] *f* **1.** öreges modor **2.** régi lim-lom **3.** elavult kifejezés *v* szó
velhice [vèljisz] *f* öregség
velho [vèlju] **I.** *mn* **1.** öreg, éltes; *está ficando* ~, *faz-se* ~ öregszik **2.** régi, ódon; avult **3.** elnyűtt, kopott **4.** *vinho* ~ óbor **5.** *szól:* ~ *como a sé de Braga* öreg *v* régi, mint az országút; *mais* ~ *que o azeite e vinagre* ősrégi **II.** *fn, m* **1.** öreg ember, aggastyán **2. B** *meu* ~*!* öregem!
velhote *m*, **velhota** *f* [vèljòt, -tö] *mn* és *fn* idősebb, koros (férfi, nő)
velilho [vililju] *m text* muszlin
velino [vilinu] *mn: papel* ~ velin, selymes finom papír
velo [vèlu] *m* gyapjú
velocidade [viluszidàd] *f* **1.** sebesség; *autó: primeira* ~ első sebesség; ~ *máxima* megengedett legnagyobb sebesség; *em plena* ~ teljes sebességgel **2.** *ker: por grande* ~ gyorsáruként; *por pequena* ~ teheráruként
velocímetro [viluszimitru] *m* sebességmérő
velocípede [viluszipid] *m* kerékpár
velocipedista [viluszipidistö] *fn* kerékpáros
velódromo [vilòdrumu] *m* kerékpár-versenypálya
veloso *mn* **1.** gyapjas **2.** pelyhes, pihés **3.** szőrös
veloz [vilòs] *mn* gyors, sebes
veludilho [viludilju] *m text* pamutbársony
veludo [viludu] *m* bársony; velúr
vem, vêm [vö^{n}j, ve^{n}] → **vir**
venal [vinàl] *mn* **1.** eladó, megvásárolható **2.** megvesztegethető
venalidade [vinölidàd] *f* megvesztegethetőség
venatório [vinötòrju] *mn* vadász-
vencedor *m*, **-a** *f* [ve^{n}szidor(ö)] **I.** *mn* győzedelmes **II.** *fn* győző, győztes
vencer [ve^{n}szér] *2/2* **I.** *ts* **1.** legyőz; leküzd **2.** megnyer; ~ *uma batalha* csatát nyer; ~ *uma causa, jog* megnyer egy pert; ~ *a competição* megnyeri a versenyt **3.** ~ *uma tarefa* befejez *v* elintéz egy munkát **4.** (pénzt) keres, kap **II.** *tl* **1.** győz **2.** eléri a célját **III.** ~**-se 1.** uralkodik önmagán **2.** *ker* lejár (fizetési határidő); esedékes
vencida [ve^{n}szidö] *f* vereség; *ir de* ~ legyőzik, leverik; *levar de* ~ **a)** legyőz, lever **b)** felülmúl
vencido]ve^{n}szidu] *mn* **1.** legyőzött; *dar-se por* ~ beismeri vereségét *v* tévedését; megadja magát **2.** *ker* lejárt; esedékes
vencimento [ve^{n}szime^{n}ntu] *m* **1.** legyőzés; győzelem **2.** fizetés, bér **3.** *ker* határidő lejárta, esedékesség **4. B** *dar* ~ *a* intézkedik vmilyen ügyben; elintéz vmit
venda [ve^{n}ndö] *f* **I. 1.** eladás; ~ *antecipada* elővétel; ~ *total* végkiárusítás; *estar à* ~ árusítják, kapható; *pôr a* ~ áruba bocsát, árusít, elad **2.** üzlet, bolt **II. 1.** kendő (szem bekötéséhez) **2.** *átv* vakság; *tirar a* ~ *dos olhos de* felnyitja vkinek a szemét
vendagem [ve^{n}ndàzsö^{n}j] *f* **I. 1.** eladás **2.** *ker* provizió, jutalék **II.** pólya, kötés (szemen)
vendar [ve^{n}ndàr] *1/1 ts* **1.** beköti a szemét **2.** *átv* elvakít
vendaval [ve^{n}ndövàl] *m* vihar
vendável [ve^{n}ndàvèl] *mn* = **vendível**
vendedor *m*, **-a** *f* [ve^{n}ndidor(ö)] *fn* elárusító
vendedoiro, vendedouro [ve^{n}ndidojru, -doru] *m* elárusítóhely
vendeiro [ve^{n}ndéjru] *fn* **1.** boltos **2.** kocsmáros
vender [ve^{n}ndér] *2/1 ts* **1.** elad **2.** elárul vkit **3.** *szól:* ~ *a pele de lobo antes de o matar* előre iszik a medve bőrére; ~ *saúde* majd kicsattan az egészségtől
vendilhão [ve^{n}ndiljö^{n}u] *m* házaló
vendível [ve^{n}ndivèl] *mn* **1.** eladható **2.** kelendő (áru)
venefício [vinifiszju] *m* mérgezés; méregkeverés
veneno [vinénu] *m* méreg
venenoso [vininozu] *mn* mérges
veneração [viniröszö^{n}u] *f* megbecsülés; tisztelet
venerador *m*, **-a** *f* [viniródor(ö)] *fn* vkinek a tisztelője
venerando [vinirö^{n}ndu] *mn* = **venerável**
venerar [viniràr] *1/13 ts* tisztel, becsül
venerável [viniràvèl] *mn* tiszteletreméltó
venéreo [vinèrju] *mn* nemi; *doença* ~*a* nemibetegség
veneta [vinétö] *f* **1.** őrjöngési roham **2.** furcsa ötlet; *dar na* ~ eszébe ötlik

Veneza [vinézö] *f* Velence
veneziana [viniziönö] *f* ablakredőny
veneziano [viniziönu] *mn* és *fn* velencei
Venezuela [vinizuèlö] *f* Venezuela
venho [vényu] → **vir**
vénia [vènyö] *f* **1.** engedély **2.** bocsánat **3.** bók, meghajlás
venial [vinyàl] *mn* megbocsátható
venoso [vinozu] *mn* **1.** eres **2.** erezett
venta [ve^{n}ntö] *f* **1.** orrlyuk **2.** *biz:* ~*s* orr; **3.** *szól: dizer nas ~s* egyenesen a szemébe mondja; *ter cabelinho* v *pelo na ~* arcátlan, szemtelen
ventania [ve^{n}ntöniö] *f* erős szél
ventar [ve^{n}ntàr] *1/1 tl* **1.** *venta* fúj a szél **2.** váratlanul feltűnik *v* megjelenik **3.** *ventou-lhe a sorte* rámosolygott a szerencse
ventarola [ve^{n}ntöròlö] *f* legyező
ventilação [ve^{n}ntilöszö^{n}u] *f* szellőzés; szellőztetés (*átv* is)
ventilador [ve^{n}ntilödor] *m* ventillátor
ventilar [ve^{n}ntilàr] *1/1 ts* **1.** szellőztet **2.** rostál (gabonát) **3.** *átv* megvitat
vento [vèntu] *m* **1.** szél; *~ cortante* metsző szél; *~ favorável* v *de popa* kedvező szél; *golpe* v *rajada de ~* szélroham **2.** szimat; *tomar ~s* megszimatol; *espalhar aos quatro ~s* kikürtöli az egész világnak; *soltar palavras ao ~* a levegőbe beszél; *közm: enquanto há ~ molha-se a vela* addig üsd a vasat, míg meleg
ventoinha [ventuinyö] *f* szélkakas (*átv* is)
ventosa [ve^{n}ntòzö] *f* **1.** *orv rég* köpöly **2.** *áll* szívókorong
ventosidade [ve^{n}ntuzidàd] *f orv* felfúvódás
ventoso [ve^{n}ntozu] *mn* **1.** szeles **2.** *átv* gondtalan, könnyelmű **3.** *átv* nagyképű, gőgös
ventral [ve^{n}ntràl] *mn orv* hasi, has-
ventre [ve^{n}ntri] *m* **1.** has; *dar de ~, orv* székel, székletet ürít **2.** vminek a belső része, magva
ventrículo [ve^{n}ntrikulu] *m* szívkamra
ventríloquo [ve^{n}ntrilukvu] *m* hasbeszélő
ventrudo [ve^{n}ntrudu] *mn* nagyhasú, pocakos
ventura [ve^{n}nturö] *f* **1.** szerencse; sors; véletlen; *má ~, negra ~* balsors; szerencsétlenség; *a ~* találomra; *por ~* véletlenül, netalán, talán **2.** kockázat; *meter em ~* kockáztat
venturoso [ve^{n}nturozu] *mn* **1.** szerencsés **2.** kockázatos
ver [vér] *2/26* **I.** *ts* **1.** lát; *fazer ~* megmutat **2.** meglát, észrevesz **3.** néz, megnéz; megszemlél, megvizsgál **4.** meglátogat; beutazik; *~ mundo* világot lát, utazgat **5.** *szól: ~ com bons olhos* jó szemmel nézi; *~ com maus olhos* rossz szemmel nézi; *~ para crer* **a)** csak azt hiszi el, amit lát **b)** ezt látni kell! *de ver, cheirar e guardar* **B** *nép* csodás, pompás, nagyon klassz; *~ por um óculo* nem tudja elérni, amit akart; *até mais ~!* a viszontlátásra! *coisa de se ~* érdemes megnézni; *está a ~, vamos a ~* majd meglátjuk; *está vendo?* na látja! ugye megmondtam! *fazer que não vê* úgy tesz, mintha nem látná; *maneira de ~* szempont; látószög; *segundo a minha maneira de ~* ahogy én látom a dolgot; *como se vê* amint látható; *pelo que vejo* amint látom; *já se vê* ez magától értetődik; *já se viu isso?* ki látott már ilyet! *veja só!* képzelje csak el! *veja o que faz* gondolja meg, hogy mit cselekszik; *que prazer em vê-lo!* nagyon örülök, hogy látom; *ter que ~ com* köze van vmihez; *não ter nada que ~ com* nincs semmi köze hozzá; *que tenho a ~ com isso?* mi közöm ehhez? *közm: o que os olhos não vêem, o coração não sente* a távollevőket könnyű elfelejteni **II.** *~-se* **1.** látják egymást; találkoznak **2.** *~-se ao espelho* megnézi magát a tükörben **3.** *szól: ~-se em aperto* v *em talas* bajba jutott, bajban van; *~-se doido* azt sem tudja, hol áll a feje; *~-se e desejar-se* kényes helyzetben találja magát **III.** *fn, m* vélemény; *a meu ~* véleményem szerint
veracidade [viröszidàd] *f* igazmondás; szavahihetőség
veraneante [virönyö^{n}nt] *mn* és *fn* nyaraló (személy)
veranear [virönyàr] *1/5 tl* nyaral
veranista [virönistö] = **veraneante**
verão [virö^{n}u] *m* nyár; *~ de São Martinho* vénasszonyok nyara; *este ~* ezen a nyáron; *o ~ passado* a múlt nyáron
veras [vérös] *f tb: as ~s, com todas as ~s* valóban, igazán, szívvel-lélekkel
veraz [viràs] *mn* igaz, igazmondó, őszinte

verba [vèrbö] *f* **1.** cikkely, fejezet, pont **2.** záradék; kikötés **3.** előirányzat; fedezet

verbal [virbàl] *mn* **1.** szóbeli; *exame* ~ szóbeli vizsga **2.** *nyelvt* igei **3.** *nota* ~ szóbeli jegyzék; *processo* ~ jegyzőkönyv

verbalismo [virbölizsmu] *m* üres szószaporítás, szóáradat

verbalizar [virbölizàr] *1/1 ts* szavakba foglal

verbena [virbénö] *f növ* verbéna, vasfű

verberar [virbiràr] *1/13 ts* ostoroz (*átv* is)

verbete [virbéti] *m* **1.** címszó (szótárban) **2.** feljegyzés **3.** cédula (feljegyzéssel)

verbiagem [virbjàzsö^{n}j] *f* **B** fecsegés, szóáradat

verbo [vèrbu] *m* **1.** szó **2.** *nyelvt* ige

verborreia [virburréjö] *f* bőbeszédűség; szóáradat

verbosidade [virbuzidàd] *f* bőbeszédűség, szószátyárkodás

verboso [virbozu] *mn* **1.** bőbeszédű, szószátyár **2.** ékesszóló

verdade [virdàd] *f* igazság; *a pura* ~ a tiszta igazság, a színigazság; *a* ~ *nua e crua* a meztelen *v* leplezetlen igazság; *homem de* ~ igaz ember; *em* v *na* ~ valóban, tényleg; *diga de* ~ mondja meg az igazat! *é* ~ ez igaz; *não é* ~? ugye? nem úgy van? *é* ~ *que* igaz ugyan, hogy; bár; *a* v *para dizer a* ~ az igazat megvallva; *as* ~*s doem* az igazság fáj néha

verdadeiro [virdödéjru] *mn* igazi, valódi

verde [vérdi] **I.** *mn* **1.** zöld **2.** éretlen; nyers (*átv* is); *os* ~*s anos* az ifjúkori évek **3.** *szól: ficar* ~ *de susto* kékülzöldül ijedtében **II.** *fn, m* **1.** zöld szín **2.** zöldtakarmány

verdeal [virgyàl] *mn* zöldes

verde-claro [vérdiklàru] *mn* világoszöld

verde-cré [vérdikrè] *mn* aranyzöld

verde-escuro [vérdiskuru] *mn* sötétzöld

verde-gaio [vérdigàju] *mn* élénkzöld

verdejar [virdizsàr] *1/14 tl* zöldell

verde-mar [vérdimàr] *mn* tengerzöld

verde-montanha [vérdimo^{n}ntönyö] *mn* kékeszöld

verdete [virdét] *m* rézrozsda

verdoengo [virdue^{n}ngu] *mn* **1.** zöldes **2.** éretlen

verdor [virdor] *m* **1.** zöld szín **2.** *konyh* zöldség **3.** *átv* éretlenség, tapasztalatlanság; könnyelműség

verdoso [virdozu] *mn* = **verdoengo**

verdugo [virdugu] *m* hóhér

verdura [virdurö] *f* **1.** mindaz, ami zöld (fű, falevél *stb*) **2.** *konyh* zöldség **3.** éretlenség, tapasztalatlanság

verdureiro [virdurėjru] *m* **B** zöldséges

vereação [virjöszö^{n}u] *f* **1.** városi tanács **2.** városi tanácsnokság

vereador [virjödor] *m* városi tanácsnok

vereda [virédö] *f* ösvény; *de* ~ rögvest, azonnal

veredicto [viriditu] *m* határozat, döntés, ítélet

verga [vérgö] *f* **1.** pálca, vessző **2.** vasdorong **3.** keresztgerenda (ablakon, ajtón) **4.** *haj* vitorlarúd

vergalho [virgàlju] *m* **1.** bikacsök **2.** *nép* csirkefogó

vergame [virgàm] *m haj* vitorlarudak

vergão [virgö^{n}u] *m* **1.** vessző, bot **2.** botütés nyoma

vergar [virgàr] *1/4, 1/13* **I.** *ts* **1.** meghajlít, elgörbít **2.** *átv* alávet, leigáz **II.** *tl:* ~ *ao peso de* görnyed vminek a súlya alatt

vergasta [virgàstö] *f* **1.** vékony vessző, pálca **2.** lovaglóostor **3.** *átv* büntetés

vergastar [virgöstàr] *1/12 ts* **1.** megvesszőz **2.** *átv* ostoroz; megbüntet

vergel [virzsèl] *m* gyümölcsöskert

vergonha [virgonyö] *f* **1.** szégyen; szégyenkezés; *corar de* ~ elpirul szégyenében; *ter* ~ szégyenkezik **2.** gyalázat; *que* ~! micsoda szégyen! milyen gyalázat! **3.** ~*s* szeméremtest; nemiszerv

vergonhoso [virgunyozu] *mn* **1.** szégyenkező, bátortalan **2.** szégyenletes, gyalázatos

vergôntea [virgo^{n}ntyö] *f* **1.** *növ* sarj, hajtás **2.** *átv* sarjadék, utód

verídico [viridiku] *mn* igazmondó

verificação [virifiköszö^{n}u] *f* **1.** ellenőrzés, megvizsgálás **2.** megállapítás

verificador *m*, **-a** *f* [virifiködor(ö)] **I.** *mn* ellenőrző **II.** *fn, m* ellenőr; könyvvizsgáló

verificar [virificàr] *1/2* **I.** *ts* **1.** ellenőriz, megvizsgál **2.** megállapít **II.** ~**-se 1.** megállapítást nyer, beigazolódik **2.** megvalósul, bekövetkezik

verificável [virifikàvèl] *mn* megállapítható
veris . . . → **veros . . .**
verme [vèrm] *m* féreg; ~ *roedor* moly; ~ *solitário* galandféreg
vermelhão [virmilhö^{n}u] *m* cinóber
vermelhidão [virmiljidö^{n}u] *m* (szégyen-)pír
vermelho [virmèlju] **I.** *mn* piros, vörös **II.** *fn, m* **1.** pirosság, vörös szín **2.** *pol* vörös, kommunista
vermelhusco [virmiljusku] *mn* vöröses
vermicida [virmiszidö] *mn* és *fn* = **vermífugo**
vermicular [virmikulàr] *mn* féreg alakú
vermífugo [virmifugu] *mn* és *fn* féreghajtó (szer)
vermute [vèrmut] *m* vermut, ürmös
vernaculista [virnökulistö] *fn* purista, nyelvtisztaság híve
vernáculo [virnàkulu] **I.** *mn* **1.** helyi; vidéki **2.** *átv* tiszta, helyes (nyelvhasználat) **II.** *fn, m* tájszólás
vernal [virnàl] *mn* tavaszi
verniz [virnisj *m* **1.** lakk, kence, firnájsz **2.** *átv* külső máz
vero [véru] *mn* igazi, valódi
verónica [viròniko] *f növ* veronika
verosímil [viruzimil] *mn* valószínű
verosimilhança [viruzimiljö^{n}szö] *f* valószínűség
verossi . . . B →**verosi . . .**
verruga [virrugö] *f* szemölcs, bibircsók
verrugoso [virrugozu] *mn* szemölcsös
verruma [virrumö] *f* fúró
verrumar [virrumàr] *1/1* **I.** *ts* **1.** fúr, átfúr **2.** *átv* kínoz, gyötör **II.** *tl* gondolkodik, elmélkedik
versado [virszàdu] *mn* tapasztalt, jártas vmiben (*em*)
versal [virszàl] *mn* és *fn*: (*letra*) ~ verzál(is), nagy kezdőbetű
versalete [virszölét] *m nyomd* kapitälchen
versão [virszö^{n}u] *f* **1.** fordítás (más nyelvre) **2.** verzió, változat **3.** értelmezés, magyarázat
versar[1] [virszàr] *1/13* **I.** *ts* **1.** (ide-oda) forgat **2.** (mesterséget) űz; gyakorol **3.** *átv* megvizsgál, tanulmányoz; mérlegel **4.** átönt **II.** *tl* ~ *sobre* szól vmiről, tárgyal vmit (könyv); előadást tart vmiről
versar[2] [virszàr] *1/13 ts, tl* versel, verseket ír
versátil [virszàtil] *mn* **1.** állhatatlan, ingatag **2.** *átv* mozgékony; simulékony
versatilidade [virszötilidàd] *f* állhatatlanság
versejador [virszizsödor] *m* **1.** verselő **2.** rímfaragó, rímkovács
versejar [virszizsàr] *1/14 tl* **1.** versel **2.** rímeket farag
versicolor [virszikulor] *mn* tarka
versículo [virszikulu] *m* **1.** pont, fejezet **2.** bibliai vers
versificação [virszifiköszö^{n}u] *f* versforma; verselés
versificar [virszifikàr] *1/2 ts* versbe szed
verso [vèrszu] *m* **I.** vers, verssor; ~*s brancos* v *soltos* rímtelen vers **II.** vminek a hátoldala, visszája; *o* ~ *da medalha* az érem másik oldala
versuto [virszutu] *mn* ügyes, ravasz
vértebra [vèrtibrö] *f* csigolya
vertebrado [virtibràdu] **I.** *mn* gerinces **II.** *fn, m áll*: ~*s* gerincesek
vertebral [virtibràl] *mn orv* csigolya-; →**coluna 2.**
vertedoiro, -douro [virtidojru, -doru] *m müsz* markolókanál; kotróvödör
vertente [virte^{n}nt] **I.** *mn* ömlő, lefolyó; *águas* ~*s* hegyipatakok **II.** *fn, f* **1.** hajlás, lejtő **2.** tető lejtése
verter [virtér] *2/7* **I.** *ts* **1.** önt, kiönt; ~ *sangue* vérzik; vérét ontja **2.** felborít, feldönt **3.** más nyelvre lefordít **II.** *tl* **1.** ömlik **2.** kiárad, kifut **3.** átenged folyadékot, folyik (*pl* edény)
vertical [virtikàl] **I.** *mn* vertikális, függőleges **II.** *fn, f geom* függőleges (vonal)
vértice [vèrtisz] *m* csúcs, csúcspont
vertigem [virtizsö^{n}j] *f* **1.** szédülés **2.** *átv* szédület
vertiginoso [virtizsinozu] *mn* **1.** szédítő **2.** *átv* szédületes
vesgo [vézsgu] *mn* kancsal; *ser* ~ kancsalít
vesicatório [vizikötòrju] *m*: (*emplastro*) ~ hólyaghúzó flastrom
vesícula [vizikulö] *f* **1.** hólyagocska **2.** *orv*: ~ *biliar* epehólyag **3.** *áll* úszóhólyag
vespa [véspö] *f* **I. 1.** *áll* darázs **2.** *átv* kellemetlen fráter **II.** robogó (kerékpár)
vespeiro [vispéjru] *m* darázsfészek
véspera [vèspirö] *f* **1.** előest, előző nap; *na* ~ *dos festejos* az ünnep előestéjén; *estar em* ~*s de*, *átv* vmi előtt áll, tenni

szándékozik vmit 2. *~s, vall* esti ájtatosság; vecsernye
vesperal [vispiràl] **I.** *mn* délutáni **II.** *fn, m* **B** délutáni előadás
vespertino [vispirtinu] **I.** *mn* délutáni **II.** *fn, m* délutáni *v* esti újság
vessada [viszàdö] *f* termékeny, öntözéses földterület
vessar [viszàr] *1/13 ts* talajt mélyszántással előkészít
veste [vèst] *f* ruha, öltözet
véstia [vèstyö] *f* zeke, zubbony, kiskabát
vestiaria [vistyàriö] *f* öltözőhelyiség
vestiário [vistyàrju] *m* **1.** ruhatáros **2.** ruhatár
vestibular [vistibulàr] *m* (főiskolai *v* egyetemi) felvételi vizsga
vestíbulo [vistibulu] *m* **1.** előcsarnok **2.** tornác **3.** *orv* pitvar
vestido [vistidu] *m* ruha, öltözet
vestido-combinação [vistidu ko^{n}mbinöszö^{n}u] *m* komplé (ruha)
vestidura [vistidurö] *f* **1.** ruha, öltözet **2.** *vall* invesztitúra, beiktatás
vestígio [vistizsju] *m* **1.** nyom, lábnyom **2.** *~s, átv* vminek a nyomai, maradványai
vestimenta [vistime^{n}ntö] *f* **1.** ruha, öltözet **2.** *~s, vall* miseruha
vestir [vistir] *3/8* **I.** *ts* **1.** felölt, magára vesz (ruhát) **2.** hord, visel **3.** *átv* befed, betakar; leplez **4.** ékesít, díszít **5.** bevon, kárpitoz **II.** *tl,* **III.** **~-se** öltözködik
vestuário [vistuàrju] *m* öltözet
vetar [vitàr] *1/13 ts* **1.** megvétóz **2.** megtilt **3.** megakadályoz
veterano [vitirönu] *mn* és *fn* veterán
veterinária [vitirinàrjö] *f* állatgyógyászat
veterinário [vitirinàrju] **I.** *mn* állatorvosi **II.** *fn* állatorvos
veto [vètu] *m* vétó; tiltakozás
vetustez [vitustis] *f* aggkor; aggkori gyengeség
vetusto [vitustu] *mn* **1.** ősrégi **2.** viharvert **3.** (koránál fogva) tiszteletben álló
véu [vèu] *m* **1.** fátyol **2.** *átv* ürügy; látszat; *sob o ~ de amizade* a barátság leple alatt **3.** *~ paladino* v *do paladar* lágy szájpadlás
V. Ex.ª = *Vossa Excelência*
vexação [vèsöszö^{n}u] *f* **1.** zaklatás; bosszantás **2.** sanyargatás
vexame [vèsöm] *m* **1.** bosszúság **2.** szégyen, gyalázat
vexar [vèsàr] *1/1 ts* zaklat, bosszant
vexatório [vèsötòrju] *mn* **1.** bosszantó **2.** gyötrő
vez [vés] *f* **1.** -szor, -szer, -ször; *uma ~* egyszer; *duas ~es* kétszer; *uma ou duas ~es* egyszer-kétszer **2.** sorrend; *é a ~ dele* ő van soron, ő következik; *é a minha ~* én vagyok soron, én következem; *esperar a (sua) ~* vár a sorára **3.** alkalom; *perder a ~* elszalasztja az alkalmat **4.** *szól: ainda uma ~, mais uma ~* még egyszer; *alguma ~* egyszer, valamikor; *algumas ~es* néhányszor, időről időre; *às ~es, por ~es* néha, olykor; *cada ~* minden egyes alkalommal, mindig; *cada ~ melhor* egyre jobban; *cada ~ menos* egyre kevesebb, egyre ritkább(an); *cada ~ pior* egyre rosszabb(ul); *cada ~ que* valahányszor; *certa ~* egyszer, egy alkalommal; *da outra ~* legutóbb; *da* v *pela última ~* utoljára, legutóbb; *de quando em ~* olykor-olykor, alkalomadtán; *de uma ~* egyszerre; *de ~, duma ~ para sempre* egyszer s mindenkorra; *de ~ em quando, (uma) vez por outra* időnként, hébehóba; *desta ~* ez egyszer, ezúttal; *duma só ~* egyszerre, egy csapásra; *em ~ de* vmi helyett; *era uma ~* volt egyszer (, hol nem volt); *estar de ~* készen áll; *fazer a ~* v *as ~es de* helyettesít vkit; beugrik vki helyett; *a maior parte das ~es; o* v *as mais das ~es* a legtöbbször, leginkább; *mais ~es* többször, gyakrabban; *muitas ~es* sokszor, gyakran; *outra ~* **a)** máskor **b)** még egyszer; másodszor; *pouco de cada ~* apránként; *quantas ~es?* hányszor? *raras ~es* ritkán; *repetidas ~es* ismételten; *tantas ~es* annyiszor; *um de cada ~* egyenként; *uma ou outra ~* egyszer-másszor; *uma ~ na vida, outra na morte* nagyon ritkán; *uma ~ que* amennyiben, ha már egyszer; *uma ~ não são ~es* egy fecske nem csinál tavaszt; *uma porção de ~es* jó sokszor; *várias ~es* több alkalommal, nem is egyszer
vezeiro [vizéjru] *mn: é ~ em* az a szokása, hogy
vezo [vézu] *m* (rossz) szokás
v. g. = (*verbi gratia:*) *por exemplo* például

via [viö] *f* 1. út (*átv* is); ~ *pública* közút; ~*s respiratórias* légzési utak; *pôr em* ~, *átv* útnak indít, elindít 2. *vasút* vaspálya; vágány; ~ *larga* (*reduzida*) széles (keskeny) vágány 3. útirány; *por* ~ *de* révén, útján; *por* ~ *marítima* tengeri úton; *por* ~ *das dúvidas* minden eshetőséggel számolva; ~ *Paris* Párizson át *v* keresztül; *estar em* ~ *de* (éppen) azon van, hogy 4. ~ *sacra*, *vall* keresztút 5. *segunda* ~ másolat, másodlat 6. *chegar* v *ir* v *passar a* ~*s de facto* tettlegességhez folyamodnak

viabilidade [vjöbilidàd] *f* út járhatósága (*átv* is)

viação [vjöszö^{n}u] *f* 1. úthálózat, közutak 2. közúti forgalom 3. közlekedési eszköz

viador *m*, **-a** *f* [vjödor(ö)] *fn* utas

viaduto [vjödutu] *m* viadukt, völgyhíd

viageiro [vjözséjru] *fn* utas

viagem [vjàzsö^{n}j] *f* utazás; ~ *de estudo* tanulmányút; ~ *de negócios* üzleti út; ~ *de regresso* visszautazás; ~ *relâmpago* villámutazás; *boa* ~! szerencsés utat! *estar de* ~ útra készül; *estar em* ~ úton van

viajante [vjözsö^{n}nt] *mn* és *fn* utazó; utas

viajar [vjözsàr] *1/12* I. *tl* utazik II. *ts* beutazik (vidékeket)

vianda [vjö^{n}ndö] *f* élelem, táplálék, koszt

viandante [vjö^{n}ndö^{n}nt] *m* vándor

viandeiro [vjö^{n}ndéjru] I. *mn* és *fn* falánk, nagybélű II. *fn* = **viandante**

viário [vjàrju] I. *mn* közlekedési II. *fn*, *m* vasúti pályatest

viático [vjàtiku] *m* útravaló (élelem, pénz)

viatura [vjöturö] *f* jármű, kocsi

viável [vjàvèl] *mn* járható (út; *átv* is)

víbora [viburö] *f* vipera

vibração [vibröszö^{n}u] *f* vibrálás, mechanikai rezgés

vibrador *m*, **-a** *f* [vibrödor(ö)] I. *mn* vibráló, rezgő II. *fn*, *m* *műsz* vibrátor; ~ *para betão* v *para concreto* betonkeverő gép

vibrante [vibrö^{n}nt] *mn* 1. vibráló, rezgő 2. zengő (hang); *nyelvt* zöngés (mássalhangzó) 3. *átv* zengzetes; *discurso* ~ lelkes szózat

vibrar [vibràr] *1/1* I. *ts* 1. hajít, vet, dob; ~ *um dardo* dárdát hajít; ~ *um golpe* ütést mér 2. megrezegtet (*pl* húrt) 3. *átv* megráz II. *tl* 1. vibrál, rezeg, remeg 2. zeng, szól

vibrátil [vibràtil] *mn* vibráló; rezgő

vibratório [vibrötòrju] *mn*: *movimento* ~ rezgő mozgás

vibrião [vibrjö^{n}u] *m áll*, *orv* vibrió, baktérium; ~ *colérico* kolerabacilus

viçar [viszàr] *1/3* = **vicejar**

vicariato [vikörjàtu] *m vall* egyházi helynök hivatala *v* tisztsége

vice . . . [viszi . . .] (összetételekben) al-, -helyettes, vice-

vice-almirante [visziàlmirö^{n}nti] *m* viceadmirális

vice-chanceler [viszisö^{n}szilèr] *m* alkancellár

vice-director [viszidirètor] *m* igazgatóhelyettes

vicejar [viszizsàr] *1/14 tl* dúsan nő, tenyészik; burjánzik

vicenal [viszinàl] *mn* húsz évenként ismétlődő

vicênio [viszényu] *m* húsz év

vice-presidente [visziprizide^{n}nt] *m* alelnök

vice-primeiro-ministro [viszi priméjru ministru] *m* miniszterelnök-helyettes

vice-versa [viszivèrszö] *hat* és megfordítva, és vissza(felé)

viciado [viszjàdu] *mn* 1. romlott, rossz; *ar* ~ rossz levegő; ~ *em entorpecentes* kábítószerek áldozatául esett (személy) 2. hamis, hamisított

viciar [viszjàr] *1/7 ts* 1. elront 2. hamisít; megmásít 3. *jog* semmisnek nyilvánít

vício [viszju] *m* 1. hiba, fogyatékosság 2. rossz szokás, bűn 3. *jog* hiányosság, alaki hiba

vicioso [viszjozu] *mn* 1. hibás, rossz; *círculo* ~ circulus vitiosus 2. hamis, hamisított

vicissitude [viszisziitud] *f* 1. változás 2. forgandóság, sorsfordulat 3. ~*s* viszontagságok

viço [viszu] *m* életerő, energia; *átv* tűz

viçoso [viszozu] *mn* életerős, energikus; *átv* tüzes

vid. = (*vide*:) *veja* lásd

vida [vidö] *f* 1. élet; ~ *aventurosa* kalandos élet; ~ *pública* közélet; ~ *de cachorro* v *de cão* kutya élet 2. élénkség; életrevalóság 3. *szól*: *acabar com a* ~ végez magával; *boa* ~ gondtalan élet;

tétlenkedés; *andar a boa* ~ ; *levar boa* ~ ; *levar* ~ *alegre* gondtalanul él; *má* ~ romlottság, alvilági élet; *cada qual com a sua* ~ élni és élni hagyni; *cair na* ~, B prostituálja magát; *dar a* ~ *por* életét feláldozza vkiért *v* vmiért; *em minha* ~ életemben; *nunca na* ~ soha az életben; *nunca na minha* ~ soha életemben; *escapar com* ~ élve megússza; *estar com* ~ (még) él; *fazer* ~ *com* együtt él vkivel; *meta-se com sua* ~ törődjön a maga dolgával! *para toda a* ~ egész életre szólóan; *por minha* ~ életemre; *enquanto há vida, há esperança* ameddig élünk, remélünk

vidão [vidö^n^u] *m* B pazar élet

vide [vid] *f* **1.** szőlővenyige **2.** *nép* köldökzsinór

vidente [vide^n^nt] **I.** *mn* látnoki **II.** *fn* látnok

videofone [vigyufon] *m* képtelefon

vidoeiro [viduéjru] *m* nyírfa

vidraça [vidràszö] *f* ablaküveg; ablaktábla; *porta de* ~ üvegajtó

vidraçaria [vidröszöriö] *f* **1.** üvegezés, üvegek **2.** üveggyár **3.** üvegraktár

vidraceiro [vidröszéjru] *m* üveges

vidrado [vidràdu] *mn* **1.** üvegezett **2.** üveges (szem)

vidragem [vidràzsö^n^j] *f* üvegezés

vidrar [vidràr] *1/1 ts* **1.** mázzal bevon **2.** elhomályosít

vidraria [vidrörlö] *f* **1.** üvegáruk **2.** üvegraktár **3.** üveggyár

vidreiro [vidréjru] **I.** *mn* üveg- **II.** *fn, m* **1.** üveggyári munkás **2.** üveges

vidrento [vidre^n^ntu] *mn* **1.** üvegszerű **2.** *átv* hirtelen haragú, ingerlékeny

vidrilhos [vidriljus] *m tb* üvegáru; üveggyöngy •

vidro [vidru] *m* **1.** üveg; üvegtábla; ~ *plano* síküveg **2.** *autó* szélvédő üveg; ~ *de segurança* szilánkmentes üveg **3.** ~*s* üvegáru **4.** *átv* túlérzékeny, sértődékeny ember

viela [vjèlö] *f* utcácska

Viena [vjènö] *f* Bécs

vienense [vjène^n^sz] *mn* és *fn* bécsi

viés [vjès] *m* **1.** ferde *v* rézsútos irány; *ao* ~, *de* ~, *em* ~ ferdén, rézsútosan, „srég" **2.** ék, betoldás (ruhán)

Vietname [viétnöm] *m* Vietnam

vietnamiano [viétnömjönu] *mn* és *fn* vietnami

viga [vigö] *f* gerenda; ~ *mestre* tetőgerenda

vigamento [vigöme^n^ntu] *m* gerendázat; fedélszék

vigário [vigàrju] *m* **1.** helytartó **2.** *vall:* ~ *de Cristo* pápa **3.** B csaló, szélhámos; *conto do* ~ beugrató mesebeszéd, szélhámosság

vigarista [vigöristö] *fn* csaló, szélhámos

vigência [vizse^n^szjö] *f* érvényesség, hatály

vigente [vizse^n^nt] *mn* érvényes, hatályos

vigésimo [vizsèzimu] **I.** *mn* huszadik **II.** *fn, m* huszad

vigia [vizsiö] *f* **1.** virrasztás; álmatlanság **2.** őrség; őrizet; felügyelet; *ficar de* ~ őrködik **3.** őrházikó; *torre de* ~ őrtorony **4.** nézőlyuk (ajtón) **5.** *haj* hajóablak **6.** *m* őr, őrszem

vigiar [vizsjàr] *1/7* **I.** *ts* **1.** őriz; megfigyel **2.** ellenőriz; felügyel vmire **T II.** *tl* **1.** őrködik; őrt áll **2.** virraszt **III.** ~**-se** vigyáz magára, óvatos

vigilância [vizsilö^n^szjö] *f* **1.** éberség; elővigyázat **2.** őrség; felügyelet; ~ *industrial* iparőrség **3.** gondoskodás; gondosság

vigilante [vizsilö^n^nt] **I.** *mn* **1.** éber **2.** őrködő **3.** gondoskodó, gondos **II.** *fn* őr; felvigyázó

vigília [vizsiljö] *f* **1.** virrasztás; álmatlanság **2.** gondoskodás; gondosság **3.** ünnep előestéje

vigor [vigor] *m* **1.** erő, energia **2.** érvényesség, hatály; *estar em* ~ érvényes, hatályos

vigorar [viguràr] *1/15* **I.** *ts* erősít **II.** *tl* érvényben *v* hatályban van; *deixar de* ~ hatályát veszti

vigorizar [vigurizàr] *1/1* = **vigorar**

vigoroso [vigurozu] *mn* **1.** erős, erőteljes **2.** *átv* kifejező; hatásos

vil (*tb: vis*) [vil, vis] *mn* hitvány, aljas

vila [vilö] *f* **1.** lakótelep **2.** villa, kertes ház

vila-diogo [vilödiogu] *f*: *dar às de* ~ menekül, elfut, kereket old

vilania [vilönlö] *f* **1.** hitványság, aljasság **2.** durvaság **3.** fukarság

vilão *m*, **vilã** *f* [vilö^n^u, vilö^n^] **I.** *mn* **1.** falusi, vidéki, kisvárosi **2.** durva, faragatlan **3.** hitvány, aljas **4.** fukar **II.** *fn* **1.** falusi *v* kisvárosi ember **2.** goromba fráter **3.** hitvány alak **4.** fösvény, zsugori

vilar [vilàr] *m* falucska

vilegiatura [vilizsjöturö] *f* nyaralás

vileza [vilézö] *f* hitványság; *közm: pobreza não é* ~ a szegénység nem szégyen

vilipendiar [vilipe^{n}ngyàr] *1/7 ts* megvet; lepocskondiáz

vilipêndio [vilipe^{n}ngyu] *m* megvetés; becsmérlés

vilipendioso [vilipe^{n}ngyozu] *mn* megvető; becsmérlő

viloso [vilozu] *mn* szőrös; bolyhos

vimaranense [vimöröne^{n}sz] *mn* és *fn* Guimarãesból való

vime [vim] *m* fűzfavessző

vimeiro [viméjru] *m* fűzfa

vimieiro [vimjéjru] *m* füzes

vimos [vimus] →**ver**; **vir**

vinagre [vinàgr] *m* **1.** ecet; ecetsav **2.** besavanyodott ember

vinagreira [vinögréjrö] *f* ecetesüveg

vinagreiro [vinögréjru] *m* ecetgyártó; ecetkereskedő

vinagrento [vinögre^{n}ntu] *mn* ecetes; savanyú

vincado [vi^{n}nkàdu] *mn* kifejezett, határozott

vincar [vi^{n}nkàr] *1/2 ts* **1.** ráncol, redőz **2.** *átv* kiemel, hangsúlyoz

vincilho [vi^{n}szilju] *m* rőzsekötél

vinco [vi^{n}nku] *m* **1.** ránc, redő **2.** sebhely, forradás

vinculado [vi^{n}nkulàdu] *mn* **1.** egyesített **2.** elidegeníthetetlen **3.** *ker* zárolt

vincular [vi^{n}nkulàr] *1/1* **I.** *ts* **1.** összeköt, egyesít vmivel (*a*) **2.** leköt; *átv* (le)kötelez **3.** *ker* zárol **II.** ~**-se 1.** kötelezi magát **2.** lekötelezve érzi magát

vínculo [vi^{n}nkulu] *m* **1.** kötelék **2.** *átv* megkötés; zárolás

vinda [vi^{n}ndö] *f* eljövetel; megérkezés; *na* ~ idejövet

vindicação [vi^{n}ndiköszö^{n}u] *f* jogos igény, jogcím

vindicar [vi^{n}ndikàr] *1/2 ts* **1.** jogosan igényel; követel **2.** *átv* véd, megvéd, igazol **3.** megtorol

vindicativo [vi^{n}ndikötivu] *mn* **1.** megillető, jogos **2.** védő, igazoló **3.** megtorló

vindicta [vi^{n}nditö] *f* megtorlás

vindima [vi^{n}ndimö] *f* szüret

vindimador *m*, **-a** *f* [vi^{n}ndimödor(ö)] *mn* és *fn* szüretelő

vindimar [vi^{n}ndimàr] *1/1 ts, tl* **1.** szüretel **2.** *átv* (fel)habzsol

vindimo [vi^{n}ndimu] *mn* **1.** szüreti; *cesto* ~ puttony **2.** őszi, kései (gyümölcs)

vindita [vi^{n}nditö] *f* = **vindicta**

vindo [vi^{n}ndu] *mn* **1.** aki jött *v* érkezett **2.** ~ *de* vhonnan származó, eredő **3.** *bem* ~! Isten hozta!

vindoiro, -douro [vi^{n}ndojru, -doru] **I.** *mn* jövő, eljövendő **II.** *fn* **B 1.** jövevény, idegen **2.** *os* ~*s* a jövő nemzedék, az utódok

vingança [vi^{n}ngö^{n}szö] *f* bosszú; *tirar* ~ *de* bosszút áll vkiért

vingar [vi^{n}ngàr] *1/4* **I.** *ts* **1.** megbosszul, megtorol **2.** elér vmit (*átv* is) **3.** sikerül megtenni vmit **4.** kárpótol **II.** *tl* **1.** sikerrel jár **2.** virágzik, fejlődik **3.** eljut vhova (*a*) **III.** ~**-se** *de* bosszút áll vmiért

vingativo [vi^{n}ngötivu] *mn* bosszúálló; megtorló

vinha [vinyö] *f* szőlő(hegy), szőlőkert

vinhaça [vinyàszö] *f* **1.** nagy mennyiségű bor **2.** olcsó bor; vinkó **3.** lerészegedés, berúgás

vinhaço [vinyàszu] *m* törköly

vinhão [vinyö^{n}u] *m* jó bor, testes bor

vinhataria [vinyötöriö] *f* szőlőművelés

vinhateiro [vinyötéjru] *m* szőlőtermelő; vincellér

vinhedo [vinyédu] *m* szőlő(kert), szőlőhegy

vinheta [vinyétö] *f* **1.** *nyomd* keretdísz, széldísz; ~ *final* v *de remate* záródísz **2.** vignetta, címke

vinhete [vinyét] *m* gyenge borocska

vinho [vinyu] *m* bor; ~ *branco* fehér bor; ~ *carrascão* karcos bor; ~ *comum* v *de consumo* v *de mesa* v *de pasto* asztali bor; ~ *seco* száraz bor; ~ *verde* savanyú bor; ~ *do Porto* oportói bor; *közm: bom* ~ *dispensa o ramo* jó bornak nem kell cégér

vinhoca [vinyòkö] *f* olcsó bor, lőre

vinífero [vinifiru] *mn* bortermő

vinícola [vinikulö] *mn* szőlőművelő; bortermelő

vinicultor [vinikultor] *m* bortermelő

vinicultura [vinikulturö] *f* bortermelés

vinificar [vinificàr] *1/2 ts* bort készít

vinolência [vinule^{n}szjö] *f* részegség

vinoso [vinozu] *mn* bor-, borízű, borszínű, borszagú

vintavo [vi^{n}ntàvu] *m* huszad

vinte [vi^{n}nt] **I.** *szn* húsz **II.** *fn, m* huszas (szám, jármű, pénz); *dar no* ~ eltalálja, kitalálja

vinte-e-um [vi^{n}ntiu^{n}] *m kártya* huszonegyes

vintém [vi^{n}ntö^{n}j] *m* **1.** huszas (régi pénzérme) **2.** *não ter* ~ egy fityingje sincs

vintena [vi^{n}nténö] *f* körülbelül húsz; *uma* ~ *de metros* mintegy húsz méter

viola [vjòlö] *f* gitár (fajta); *meter a* ~ *no saco* mélyen hallgat

violação [vjulöszö^{n}u] *f* **1.** megsértés **2.** meggyalázás, megerőszakolás

violar [vjulàr] *1/15 ts* **1.** megsért **2.** meggyaláz, megerőszakol

violência [vjule^{n}szjö] *f* **1.** hevesség **2.** erőszak, erőszakos cselekedet; *usar* ~ erőszakot alkalmaz **3.** *jog* kényszer, kényszerítés

violentar [vjule^{n}ntàr] *1/1 ts* **1.** kényszerít **2.** megerőszakol **3.** feltör (zárat) **4.** megmásít (szöveget)

violento [vjule^{n}ntu] *mn* **1.** erős; heves **2.** erőszakos

violeta [vjulétö] *f* **I. 1.** ibolya **2.** ibolyaszín **II.** viola (régi hangszer)

violinista [vjulinistö] *fn* hegedűs; hegedűművész

violino [vjulinu] *m* **1.** hegedű; *tocar* ~ hegedül **2.** hegedűs

violoncelista [vjulo^{n}szilistö] *fn* gordonkás, gordonkaművész

violoncelo [vjulo^{n}szèlu] *m* gordonka, cselló

viperino [vipirinu] *mn* **1.** vipera- **2.** mérges; *átv* gonosz

vir [vir] *3/23 tl* **1.** jön; *venha aqui!* jöjjön ide! **2.** megjön; érkezik; ~ *a tempo* idejében érkezik **3.** *átv* eljön, elkövetkezik; *na semana que vem* a jövő héten **4.** ~ *a* + *fni* (az éppen bekövetkezett cselekvést jelöli:) ~ *a saber* megtud; ~ *a saber-se* köztudomásra jut **5.** *szól:* ~ *à memoria* emlékszik, eszébe jut; ~ *ao caso* jókor *v* kapóra jön; *fazer* ~ *alguém* elküld vkiért; *veio-me à cabeça* eszembe ötlött; *não vem ao caso* ez nem tartozik ide; *a que vem isso?* hogy tartozik ez ide? mire jó ez? *venha o que vier* jöjjön, aminek jönni kell; lesz, ami lesz; ~ *a ficar em* kitesz, rúg (összeg); ~ *a ser* lesz vmivé; ~ *ter com* felkeres vkit; fordul vkihez; ~ *ver alguém* meglátogat vkit; *o pior está por* ~ hátra van még a feketeleves

viração [viröszö^{n}u] *f* enyhe szél, szellő

viracento [virösze^{n}ntu] *m nyelvt* aposztróf, hiányjel

vira-casaca [viröközàkö] *m átv* köpönyegforgató

viragem [viràzsö^{n}j] *f* **1.** fordulás, megfordulás; *ponto de* ~, *átv* fordulópont **2.** *fényk* színezés; színező folyadék

virago [viràgu] *m* férfias nő; némber

vira-lata [viràlàtö] *m* **B** kóbor kutya

virar [viràr] *1/1* **I.** *ts* **1.** megfordít, elfordít; ~ *a cara* elfordítja a fejét; ~ *a folha* v *a página* **a)** lapoz egyet **b)** másra tereli a szót **2.** felborít, feldönt; ~ *o copo* kihörpinti a poharat **II.** *tl* **1.** irányt változtat, elfordul, eltér; ~ *a esquina* befordul a sarkon; *vire à direita* (*à esquerda*) forduljon jobbra (balra) **2.** felborul; *o barco virou* a csónak felborult *v* zátonyra futott **3.** átváltozik, válik vmivé; ~ *estátua* sóbálvánnyá dermed; *ele virou outro* ő már nem a régi, egészen megváltozott; *o tempo virou* az idő megváltozott **4.** ~ *contra* vki ellen fordul, fellázad **III.** **~-se** megfordul, elfordul **IV.** *szól:* ~ *bicho,* **B** felbőszül; ~ *a cabeça a, átv* elcsavarja vkinek a fejét; ~ *na cama* hánykolódik az ágyban

virgem [virzsö^{n}j] **I.** *mn* szűzies, tiszta, érintetlen; *floresta* v *mata* ~ őserdő **II.** *fn, f* szűz; leány

virginal [virzsinàl] *mn* szűzi, szűzies

virgindade [virzsi^{n}ndàd] *f* szűziesség

virgíneo [virzsinyu] *mn* = **virginal**

Virgo [virgu] *m csill* Szűz

vírgula [virgulö] *f* vessző (írásjel)

viril [viril] **I.** *mn* férfias; *idade* ~ férfikor **II.** *fn, m* üvegbura

virilha [viriljö] *f orv* lágyék

virola [viròlö] *f* szorítógyűrű, abroncs

virtual [virtvàl] *mn* virtuális; látszólagos; lehetséges

virtude [virtud] *f* **1.** erény **2.** *átv* erő; hatály; *em* v *por* ~ *de* vminek az alapján *v* következtében

virtuoso [virtvozu] **I.** *mn* **1.** erényes **2.** *átv* erős; *remédio* ~ hatékony orvosság **II.** *fn* kimagasló előadóművész

virulência [virule^{n}szjö] *f* **1.** fertőzőképesség **2.** mérgező hatás (*átv* is)

virulento [virule^{n}ntu] *mn* mérges, mérgező (*átv* is)
virus [virus] *m* vírus, kórokozó
visão [vizö^{n}u] *f* **1.** látás; *erro de* ~ optikai csalódás, káprázat **2.** (*campo de*) ~ látókör **3.** látomás; kísértet
visar [vizàr] *1/1* **I.** *ts* **1.** megcéloz, célba vesz **2.** célul kitűz **3.** láttamoz; vízummal ellát **II.** *tl:* ~ *a* irányul vmire
víscera [vis-sziröl] *f* **1.** *orv* belső szerv **2.** ~*s* belsőségek, belek
visceral [vis-sziràl] *mn orv* belső részekre vonatkozó
visco [visku] *m* **1.** *növ* fagyöngy **2.** madárlép **3.** *átv* csalétek
visconde *m*, **viscondessa** *f* [visko^{n}nd, -dészö] *fn* vicomte (francia főnemesi rang)
viscosidade [viskuzidàd] *f* viszkozitás
viscoso [viskozu] *mn* viszkózus
viseira [vizéjrö] *f* **1.** sisakrostély **2.** sapkaellenző **3.** *átv* arc
visibilidade [vizibilidàd] *f* láthatóság; látási viszonyok
visionar [vizjunàr] *1/15 ts, tl* vizionál, víziói vannak
visionário [vizjunàrju] *mn* és *fn* ábrándozó; fantaszta
visita [vizitö] *f* **1.** látogatás; *bilhete* v *cartão de* ~ névjegy; *estar com* ~*s*, *ter* ~*s* látogatói vannak; *fazer uma* ~ *a* meglátogat vkit; *pagar* v *retribuir uma* ~ látogatást viszonoz **2.** vizsgálat; ~ *alfandegária* vámvizsgálat; ~ *médica* orvosi vizsgálat
visitador *m*, **-a** *f* [vizitödor(ö)] *fn* **1.** látogató **2.** felügyelő, ellenőr
visitante [vizitö^{n}nt] *mn* és *fn* látogató
visitar [vizitàr] *1/1 ts* **1.** meglátogat **2.** felügyel, ellenőriz
visível [vizivèl] *mn* **1.** látható **2.** *estar* ~ itthon van, fogad **3.** *átv* nyilvánvaló
vislumbrar [vizslu^{n}mbràr] *1/1* **I.** *ts* **1.** futólag *v* homályosan lát **2.** gyanít, sejt **II.** *tl* **1.** gyenge fényt vet **2.** kirajzolódik, előtűnik
vislumbre [vizslu^{n}mbri] *m* **1.** gyenge fény **2.** *átv* sejtelem
viso [vizu] *m* **1.** domb, halom **2.** arc, külső **3.** jel, jelzés; *os* ~*s da primavera* a tavasz első jelei
visor [vizor] *m fényk* kereső
vista [vistö] *f* **1.** látás; ~ *curta* közellátás, rövidlátás; *curto de* ~ közellátó, rövidlátó; ~ *cansada* távollátás; *à primeira* ~ első látásra; *até à* ~ viszontlátásra! **2.** pillantás, tekintet; szem; **3.** kilátás; ~ *sobre a cidade* kilátás a városra **4.** külső, alak, termet; *ter boa* ~ kellemes külseje van **5.** ~*s*, *szính* dekoráció, díszletek **6.** ~*s* szándékok, tervek; *segundas* ~*s* hátsó gondolatok, sötét tervek; *ter em* ~ célul kitűz, szándékozik; *ter* ~*s sobre* szándékai vannak vkivel *v* vmivel **7.** *em* ~ *de* vmire való tekintettel; tekintettel arra, hogy; *à* ~ *disso* erre való tekintettel **8.** *szól: homem de* ~*s largas* széles látókörű ember; *à* ~ *de toda a gente* mindenki szeme láttára; *de* ~ látásra, külsőleg; *estar à* ~ **a)** szem előtt van, látható **b)** *átv* készülőben van; *perder-se de* ~ eltűnik (a szeme elől); *pôr à* ~ felfed, feltár; *pôr a* ~ *em* rászegezi a tekintetét, ránéz vkire *v* vmire; *ser guardado à* ~ szemmel tartják, felügyelet alatt áll; *não tirar a* ~ *de* le se veszi a szemét vkiről *v* vmiről
visto [vistu] **I.** *mmi* → **ver**; **II.** *mn* **1.** *bem* ~ szívesen látott; *mal* ~ nem jó szemmel nézett **2.** ~ (+T) tekintve vmit; ~ *que* mivel, minthogy; tekintettel arra, hogy **3.** *szól: a olhos* ~*s* szemmel láthatóan; *está* ~ ez világos, magától értetődő; *ser muito* ~ nagyon jó szakember **II.** *fn, m* **1.** láttamozás **2.** vízum
vistoria [visturiö] *f* **1.** *jog* vizsgálat; helyszíni szemle **2.** ellenőrzés
vistoriar [visturjàr] *1/7 ts* megvizsgál, ellenőriz
vistoso [vistozu] *mn* **1.** szembetűnő **2.** szép; rendkívüli **3.** tekintélyes
visual [vizuàl] *mn* látási, látó
visualização [vizuölizöszö^{n}u] *f* szemléltetés
visualizar [vizuölizàr] *1/1 ts* elképzel, maga elé képzel
vital [vitàl] *mn* **1.** élet- **2.** lényeges, életbe vágó; *ponto* ~ lényeges pont; *questão* ~ alapvető kérdés
vitalício [vitöliszju] *mn* élethossziglani
vitalidade [vitölidàd] *f* életerő; életrevalóság
vitalizar [vitölizàr] *1/1 ts átv* (új) életre kelt
vitamina [vitöminö] *f* vitamin

vitaminado [vitöminàdu] *mn* vitaminos

vitela [vitèlö] *f* **1.** üsző **2.** borjúhús **3.** borjúbőr

vitelo [vitèlu] *m* borjú

vitícola [vitikulö] *mn* és *fn* bortermelő, szőlőtermelő

viticultor [vitikultor] *m* szőlőgazda; vincellér

viticultura [vitikulturö] *f* szőlőtermelés

vítima [vitimö] *f* áldozat (személy)

vitimar [vitimàr] *1/1* **I.** *ts* **1.** feláldoz **2.** megkárosít **II.** *tl*, **III.** **~-se** áldozatul esik, feláldozza magát

vitivinicultura [vitivinikulturö] *f* szőlő- és bortermelés

Vítor [vitur] *m* Viktor, Győző; ~ *Manuel* Viktor Emánuel

vitória [vitòrjö] *f* győzelem; *cantar* ~ győzelmet ünnepel, diadalt ül

vitoriar [viturjàr] *1/7 ts* éljenzéssel köszönt, megtapsol

vitorioso [viturjozu] *mn* győztes

vitral [vitràl] *m* szines üvegablak

vítreo [vitrju] *mn* **1.** üveg-, üvegszerű **2.** átlátszó

vitrificar [vitrifikàr] *1/2 ts vegy* üvegesít

vitrina [vitrinö] *f* **1.** vitrin, üvegszekrény **2.** kirakat

vitrinista [vitrinistö] *fn* kirakatrendező

vitríolo [vitriulu] *m* vitriol, tömény kénsav

vitrola [vitròlö] *f* gramofon

vitualhas [vitvàljös] *f tb* élelem

vituperar [vitupiràr] *1/13 ts* **1.** megró, elítél **2.** gyaláz, szid

vituperável [vitupiràvèl] *mn* elítélendő

vitupério [vitupèrju] *m* **1.** megrovás, elítélés **2.** gyalázat; ocsmány tett **3.** gyalázkodás, sértegetés

vituperioso [vitupirjozu] *mn* gyalázatos

viuva [vjuvö] *f* özvegyasszony

viuvez [vjuvés] *f* özvegység

viuvo [vjuvu] **I.** *mn* özvegységre jutott **II.** *fn, m* özvegy

viva [vivö] **I.** *fn, m* éljenzés; *dar* ~*s a* megéljenez vkit **II.** *isz* vivát! éljen! hurrá!

vivacidade [vivöszidàd] *f* élénkség

vivalma [vivàlmö] *f*: *nem* ~ egyetlen élő lélek sem

vivandeiro [vivö^{n}ndéjru] *m fn tört* markotányos

vivaz [vivàs] *mn* **1.** életerős **2.** szívós, ellenálló

vivedoiro, -douro [vividojru, -doru] *mn* hosszú életű

viveiro [vivéjru] *m* **1.** faiskola **2.** élőhal-tartály; halastó **3.** *átv* vminek a melegágya

vivência [vive^{n}szjö] *f* **1.** lét, élet **2.** élettapasztalat **3.** élmény

vivenda [vive^{n}ndö] *f* lakás; családi ház

viver [vivér] **I.** *2/1 tl* **1.** él; ~ *de* él vmiből; ~ *de pão e água* kenyéren és vízen él; ~ *a custa dos outros* más nyakán él; *não ter com que* ~ nincs miből megélnie **2.** lakik; ~ *com os pais* a szüleinél lakik **II.** *fn, m* élet; életmód

víveres [viviris] *m tb* élelmiszerek

viveza [vivézö] *f* élénkség, elevenség

vivido [vividu] *mn* sokat látott, tapasztalt

vívido [vividu] *mn* **1.** élénk **2.** heves, tüzes **3.** ragyogó, fényes

vivificar [vivifikàr] *1/2 ts* éltet, életet önt vmibe **T** (*átv* is)

vivo [vivu] **I.** *mn* **1.** élő, eleven; *retrato* ~ élethű arckép; *mostrar* ~ *interesse* élénk érdeklődést mutat **2.** erős, átható (*pl* szag) **3.** heves, tüzes; *altercação* ~*a* parázs veszekedés **4.** fényes, ragyogó **5.** *szól*: *água* ~*a* forrásvíz; *águas* ~*as* szökőár; *força* ~*a* mozgató erő; erőszak; *à* ~*a força* erőszakkal; *peso* ~ élősúly; *ao* ~ élethűen; *de* ~*a voz* élőszóval; *do* ~ természet után; *em carne* ~*a* elevenen **II.** *fn, m* **1.** élőlény **2.** vkinek az elevenje, érzékeny pontja; *tocar no* ~ elevenjére tapint **3.** ruhaszegély **4.** jószág, háziállatok **5.** *tv*: *transmitir ao* ~ élő adásban közvetít

vizindário [vizi^{n}ndàrju] *m* **B** szomszédság

vizinhança [vizinyö^{n}szö] szomszédság, közelség (*átv* is); *as relações de boa* ~ jószomszédi viszony

vizinho [vizinyu] **I.** *mn* szomszédos, közeli; rokon, hasonló **II.** *fn* **1.** szomszéd **2.** szobatárs **3.** bérlőtárs

v/l = *vossa letra*

V. M. = **1.** *Vossa Majestade* **2.** *Vossa Mercê*

v/o = *vossa ordem*

voador *m*, **-a** *f* [vuödor(ö)] **I.** *mn* repülő; *disco* ~ repülő csészealj **II.** *fn* légtornász, akrobata

voar [vuàr] *1/8 tl* **1.** repül; felszáll; *fazer* ~ a levegőbe röpít, felrobbant; *közm*:

as palavras voam, os escritos ficam a szó elröppen, az írás megmarad **2.** rohan, siet; *o tempo voa* az idő gyorsan elrepül

vocabulário [vuköbulàrju] *m* szójegyzék; szókincs

vocábulo [vukàbulu] *m* szó

vocação [vuköszö^{n}u] *f* hivatás; hajlam; *errar* ~ pályát téveszt

vocal [vukàl] *mn* **1.** hang-; *cordas vocais* hangszalagok **2.** szóbeli (*pl* közlés)

vocalismo [vukölizsmu] *m* magánhangzórendszer

vocalizar [vukölizàr] *1/1 ts* **1.** *zene* vokalizál **2.** *nyelvt* magánhangzósít

vocativo [vukötivu] *m nyelvt* megszólító eset

Você [vòszé] (megszólítás) Maga, Ön

vociferar [vuszifiràr] *1/13* **I.** *ts* kiált, ordít **II.** *tl* ~ *contra* kikel vki *v* vmi ellen

voejar [vujzsàr] *1/14 tl* röpköd; libeg

voga [vògö] *f* **1.** evezőcsapás **2.** népszerűség; *andar na* ~ népszerű **3.** divat; *estar em* ~ divatos; *pôr em* ~ divatba hoz

vogal [vugàl] *fn* **1.** *f* magánhangzó **2.** *m* szavazattal bíró (tanács)tag

vogar [vugàr] *1/4, 1/15 tl* **1.** evez **2.** halad (vízen), tovasiklik **3.** divatban van

vol. = *volume*

volante [vulö^{n}nt] **I.** *mn* **1.** repülő; *folha* ~ röplap **2.** úszó, vízen tovasikló **3.** mozgó; vándorló **II.** *fn, m* **1.** *autó* kormánykerék, volán **2.** *ját:* tollaslabda **3.** *text* tüll, fátyolszövet **4.** dárda, gerely **5.** *müsz* lendítőkerék; billegő; himba **6.** autóversenyző **7.** lakáj, szolga

volátil [vulàtil] **I.** *mn* **1.** repülő **2.** illanó (olaj) **3.** *átv* állhatatlan **II.** *fn, m áll* szárnyas

volatilizar [vulötilizàr] *1/1* **I.** *ts* elpárologtat **II.** **~-se** elpárolog

volatim [vulöti^{n}] *m* kötéltáncos

voleibol [volijbol] *m* röplabda

volframio [volfràmju] *m vegy* volfrám

volibol [volibol] *m* = **voleibol**

volição [vuliszöu] *f* akaratnyilvánítás

volitar [vulitàr] *1/1 tl* röpköd

volt [vòlt] *m fiz* volt

volta [vòltö] *f* **1.** visszatérés; *na* ~ *de* visszatérőben vhonnan; *estar de* ~ visszatér, visszajön; ismét itt van **2.** forgás; fordulat (*átv* is); *meia* ~ félfordulat **3.** *átv* forgandóság; *as* ~*s da fortuna* a sors szeszélyei **4.** túra, gyalogséta; *dar uma* ~ sétál egyet **5.** alkalom; menet; *escrutinio em duas* ~*s* kétmenetes *v* kétszeri szavazás **6.** válasz; visszavágás **7.** visszajáró pénz **8.** *müsz* csavarmenet **9.** ~ *de rua* utcakanyar, útforduló **10.** ~*s de uma serpente* kígyó tekergése **11.** pálfordulás **12.** *à* v *em* ~ *de* vmi körül; körülbelül; *à* ~ *de quarenta anos* negyven év körül; *em* ~ *de mil escudos* mintegy ezer escudo **13.** *szól:* ~ *do mundo* föld körüli utazás; ~ *e meia* mindúntalan, gyakran; *criado para* ~*s* kifutófiú; *negócio que não tem* ~ megoldhatatlan ügy; *em* ~ sorjában, egymás után; *numa* ~ *de mão* egyetlen mozdulattal, gyorsan; pillanat alatt; *numa* ~ *de olhos* szempillantás alatt; *por* ~ *de* vmi felé, irányában; *andar às* ~*s com* harcban áll, küzd, veszekszik vkivel; *dar* ~ *ao juizo* v *ao miolo* megőrjít, megbolondít vkit (*a*); *deu-lhe o juízo* v *o miolo a volta* megőrült, meghibbant; *dar* ~*s* jön-megy; *dar* ~*s na cama* forgolódik az ágyban; *furtar as* ~*s* kerüli a találkozást, elkerül, kikorül; *ter-se às* ~*s* ellenáll

voltagem [voltàzsö^{n}j] *f* áramfeszültség, voltszám

voltâmetro [voltömitru] *m* voltmérő

voltar [voltàr] *1/15* **I.** *ts* **1.** fordít; elfordít; ~ *a cabeça* v *o miolo a* elcsavarja vkinek a fejét, megbolondítja; ~ *a cara* v *a face* v *o rosto* elfordítja fejét v tekintetét; ~ *a atenção a* figyelmét vmire fordítja; ~ *a página* lapoz egyet **2.** *voltar a esquina* befordul az utcasarkon **3.** visszaad (pénzből) **4.** ~ *a terra* felássa a földet **II.** *tl* **1.** ~ (*atrás* v *para atrás*) visszafordul, visszamegy; ~ *sobre si,* ~ *os seus passos* visszafordul (az úton) **2.** ~ *atrás* hátrafordul; *átv* visszakozik **3.** visszatér vmihez, újra tesz vmit; ~ *a trabalhar* visszatér a munkához, újból dolgozik; **4.** fordul vmerre, befordul; ~ *à direita* befordul jobbra **5.** ~ *a si* magához tér **III.** **~-se** **1.** hátrafordul, hátrapillant **2.** felborul **3.** odafordul vkihez, odaszól vkinek (*a*)

voltear [voltyàr] *1/5* **I.** *ts* **1.** körüljár; megkerül **2.** megforgat; kever **II.** *tl* **1.** (körben) forog, pörög **2.** röpköd, libeg; kering **3.** egyensúlyozó gyakorlatokat *v* (lovas)mutatványokat végez
volteio [voltéju] *m* **1.** egyensúlyozó gyakorlat **2.** kötéltáncos-mutatvány **3.** *sp* kelep
voltejar [voltizsàr] *1/14* = **voltear**
voltímetro [voltimitru] *m* voltmérő
vóltio [vòltyu] *m vill* volt
volubilidade [vulubilidàd] *f* változékonyság; állhatatlanság
volume [vulum] *m* **1.** kötet **2.** csomag **3.** terjedelem; befogadóképesség; ~ *de voz* hangterjedelem
volumoso [vulumozu] *mn* terjedelmes
voluntário [vulu^{n}ntàrju] **I.** *mn* **1.** önkéntes **2.** önkényes **3.** önfejű, akaratos **II.** *fn* **1.** *kat* önkéntes **2.** *isk* vendéghallgató
voluntarioso [vulu^{n}ntàrjozu] *mn* akaratos, önfejű
volúpia [vulupjö] *f* **1.** érzékiség **2.** gyönyör, kéj
voluptuosidade [vuluptvuzidàd] *f* = **volúpia**
voluptuoso [vuluptvozu] *mn* **1.** érzéki **2.** kéjelgő
voluta [vulutö] *f ép* csigavonal, csigadísz
volúvel [vuluvèl] *mn* **1.** állhatatlan **2.** *növ*: *planta* ~ futónövény
volver [volvér] *2/8* **I.** *ts* **1.** fordít, elfordít **2.** irányít; ~ *os olhos a* rámereszti szemét vkire **3.** magával ragad, sodor, visz **4.** visszaad; megtérít **5.** *átv* meghány-vet, meggondol **II.** *tl* **1.** visszatér **2.** elmúlik, tovatűnik; *pouco tempo volvido* kis idő múlva **3.** *kat*: ~ *direita!* jobbra át! **III.** ~**-se** megfordul, hátrafordul **IV.** *fn, m* **1.** elmúlás; lefolyás **2.** *um* ~ *de olhos* gyors pillantás
volvo, vólvulo [volvu, vòlvulu] *m orv* bélcsavarodás
vómer [vòmèr] *m orv* ekecsont (orrban)
vomitar [vumitàr] *1/1 ts* **1.** hány, kihány **2.** *átv*: ~ *injúrias* szitkokat szór
vomitivo [vumitivu] *mn* = **vomitório**
vómito [vòmitu] *m orv* hányás
vómito-negro [vòmitu négru] *m* sárgaláz
vomitório [vumitòrju] *mn* és *fn* hánytató (szer)

vontade [vo^{n}tàd] *f* **1.** akarat; *boa* ~ jóakarat; *de boa* ~ szívesen, készséggel; *de má* ~ nem szívesen; *com* ~ *ou sem ela* akarva-nem akarva; *contra* ~ akarata ellenére, kelletlenül; ~ *férrea* *v de ferro* vasakarat; ~ *popular* népakarat; *por minha* ~ tőlem, részemről; *ter má* ~ *a* haragszik, neheztel vkire **2.** vágy, óhaj, kívánság; *à* ~ tetszés szerint; *estar à* ~ jól érzi magát, kényelembe helyezkedett; *esteja à* ~ érezze magát otthon! *estar com* ~ ~ *de*; *ter* ~ *de* kedve van vmihez **3.** ~*s* szeszélyesség; *fazer as* ~*s de* kielégíti vkinek a szeszélyeit
voo [vou] *m* repülés; *alçar v levantar o* ~ felrepül, a magasba emelkedik; szárnyra kap
voracidade [vurösziddàd] *f* falánkság
voragem [vuràzsö^{n}j] *f* **1.** örvény **2.** szakadék, mélység
voraginoso [vurözsinozu] *mn* **1.** örvénylő **2.** feneketlen (mélység)
voraz [vuràs] *mn* falánk; mohó
vos [vus] *névm* **1.** benneteket; Magukat **2.** nektek; Maguknak
vós [vòs] *névm* ti; Maga, Maguk
vosear [vòszjàr] *1/5 ts* magáz
vosmecê, vossemecê [vòzmészé, vosziмiszé] **B** (megszólítás) Ön, Maga
vossência [vòsze^{n}szjö] **B** (megszólítás) Ön, uram
vosso *m*, **vossa** *f* [vòszu, vòszö] *névm* **1.** a tietek, a ti . . . -tok **2.** a Magáé, a Maga . . . -ja; ~*s filhos* a ti tiaitok, a Maga fiai; *esta carta é vossa* ez a levél a tietek *v* a Magáé
votação [vutöszö^{n}u] *f* szavazás; *passar na* ~ szavazásra bocsát
votado [vutàdu] *mn* **1.** megszavazott **2.** *é muito* ~ nagyon sok szavazatot kapott
votar [vutàr] *1/12* **I.** *ts* **1.** megszavaz, rászavaz; megválaszt **2.** szentel, felajánl **3.** ünnepélyesen megígér, megfogad **II.** *tl* szavaz, leadja szavazatát; ~ *por v a favor de* mellette szavaz; ~ *contra* ellene szavaz **III.** ~**-se** *a* **1.** szenteli magát vminek **2.** ~*-se a uma empresa perigosa* veszélyes vállalkozásba kezd
votivo [vutivu] *mn* fogadalmi
voto [vòtu] *m* **1.** fogadalom **2.** szavazat; ~ *de confiança* bizalmi szavazat;

ir a ~s szavazni megy; *pôr a ~s* szavazásra bocsát; *ter ~* van szavazati joga; *ter ~ na matéria* van beleszólása a dologba, illetékes 3. kívánság, óhaj; *~s de ano bom* újévi jókívánságok; *fazer ~s por* v *que* hőn óhajt vmit, szívből kívánja; *formular um ~* óhaját kifejezi

vovô [vovo] *m gyerm* nagypapa

vovó [vòvò] *f gyerm* nagymama

voz [vòs] *f* 1. hang; *a meia ~* félhangon; halkan; *a* v *de uma ~* egyhangúlag; *em ~ baixa* halkan; *em ~ alta* hangosan, fennhangon; *ao alcance da ~* hallótávolságban; *alçar* v *levantar a ~* felemeli a hangját; *átv* hangoskodik, lázadozik 2. kiáltás; zaj 3. *kat* parancs 4. vélemény; *~ pública* közvélemény 5. beleszólás; szó; *a ~ da consciência* a lelkiismeret szava; *tomar a ~ por* felszólal vkinek az érdekében, kiáll vki *v* vmi mellett 6. *nyelvt: ~ activa* cselekvő alak; *~ passiva* szenvedő alak

vozeador *m,* **-a** *f* [vuzjödor(ö)] *mn* és *fn* hangoskodó; nagyszájú

vozear [vuzjàr] I. *1/5 tl* 1. hangosan beszél, hangoskodik 2. kiabál, ordít II. *fn, m* kiabálás, ordítozás; lárma, zaj

vozearia [vuzjöriö] *f* ordítozás; lárma

vozeirão [vuzéjrö^{n}u] *m* érdes *v* durva hang

vozeiro [vuzéjru] *mn* és *fn* beszédes; fecsegő

vozeria [vuziriö] *f* = **vozearia**

V. Rev.; **V. Rev.**^{a} = *Vossa Reverência*

V. S.; **V. S.**^{a} = *Vossa Senhoria*

v.s.f.f. = *volte, se faz favor* fordíts!

vu [vu] *m* B: *num ~* pillanat alatt

vulcânico [vulköniku] *mn* 1. vulkanikus 2. szertelen, izzó

vulcanizar [vulkönizàr] *1/1 ts* vulkanizál, gumit összeforraszt

vulcão [vulkö^{n}u] *m* vulkán; *~ activo* (*extinto*) működő (kialudt) vulkán

vulcapiso [vulköpizu] *m* B műanyaglap (csempe)

vulgar [vulgàr] *mn* 1. szokásos, mindennapi 2. közönséges, durva

vulgaridade [vulgöridàd] *f* közönségesség

vulgarismo [vulgörizsmu] *m* közönséges *v* durva kifejezés

vulgarização [vulgörizöszö^{n}u] *f* népszerűsítés, terjesztés

vulgarizador *m,* **-a** *f* [vulgörizödor(ö)] *mn* és *fn* népszerűsítő, terjesztő

vulgarizar [vulgörizàr] *1/1 ts* népszerűsít, terjeszt

vulgo [vulgu] I. *fn, m* egyszerű nép; néptömeg II. *hat* vulgárisan; általában

vulnerar [vulniràr] *1/13* 1. *ts* megsebez 2. megsért

vulnerável [vulniràvèl] *mn* sebezhető; *ponto ~* sebezhető *v* érzékeny pont

vulpino [vulpinu] *mn* 1. róka- 2. *átv* ravasz

vulto [vultu] *m* 1. arc 2. külső, megjelenés, termet 3. terjedelem; *fazer ~* terjedelmes; *tomar grande ~* nagy méreteket ölt 4. jelentőség, fontosság; *de ~* jelentős, fontos; *dar ~ a* fontosságot tulajdonít vminek 5. kimagasló személyiség

vultoso [vultozu] *mn* 1. terjedelmes 2. jelentős

vulva [vulvö] *f orv* vulva

vulvite [vulvit] *f orv* hüvelygyulladás

X

X, x [sis] *m* x (betű); *raios-X* röntgensugarak
xá [sà] *m* sah (iráni uralkodó)
xácara [sàkörö] *f* románc; népdal
xacoco [sökoku] *mn* és *fn* egy nyelvet rosszul *v* értelmetlenül beszélő (személy)
xadrez [södrés] *m* **1.** sakk, sakkjáték, sakktábla **2.** kockás ruhaanyag; *em* ~ kockás; **3. B** *nép* fogda, dutyi
xadrezar [södrizàr] *1/14 ts* **1.** kockákra oszt **2. B** lecsuk, bedutyiz
xadrezista [södrizistö] *fn* sakkjátékos
xaile [sàjl] *m* = **chale**
xairel [sàjrèl] *m* nyeregtakaró
xale [sàli] *m* sál
xalmas [sàlmös] *f tb* kocsioldal, szekéroldal
xamate [sömàt] *m* sakk-matt
xampu [sö^{n}mpu] *m* sampon
Xangai [sö^{n}ngàj] *m* Sanghaj
xará [sörà] **B I.** *mn* azonos nevű **II.** *fn* drusza
xarda [sàrdö] *f* csárdás
xareta [sörétö] *f* halászháló
xarife [sörif] *m* seriff
xaropada [sörupàdö] *f* **1.** (pohár *v* üveg) üdítőital **2.** köhögés elleni folyékony orvosság
xarope [söròp] *m* **1.** szörp; gyümölcslé **2.** folyékony orvosság **3. B** unalmas ember
xaroposo [sörupozu] *mn* **1.** szörpszerű **2.** ragadós **3. B** unalmas
xaveco [sövèku] *m* csónak
xelim [sili^n] *m* schilling, shilling (osztrák, ill. angol pénznem)
xenofobia [sinufubiö] *f* idegengyűlölet
xenófobo [sinòfubu] *mn* és *fn* idegengyűlölő
xeque [sèk] *m* **I.** sejk, arab törzsfő **II. 1.** sakk (lépés); *dar* ~ sakkot ad **2.** *átv* veszély, kockázat **3.** *colocar* v *pôr em* ~ **a)** sakkot ad **b)** veszélyeztet; *sofrer um* ~ vereséget szenved, kudarcot vall
xerez [sirés] *m* xeresi bor
xerga [sérgö] **1.** durva gyapjúszövet **2.** nyeregalátét
xerife [sirif] *m* **I.** serif (muzulmán méltóság) **II.** seriff (angol, ill. amerikai bírói tisztség)
xerimbabo [séri^{n}mbàbu] *m* **B** háziállat
xerox [siròksz] *m* **1.** fénymásolat, fotokópia **2.** fénymásológép
xeroxar [sirukszàr] *1/15 ts* fénymásolatot készít vmiről **T**
xeta [sétö] *f* **B** (vki felé dobott) csók, puszi
xícara [sikörö] *f* csésze
xicarada [siköràdö] *f* csészényi, csészére való
xila [silö] *f* szemét, piszok, szenny
xilo [silu] *m növ* gyapotcserje
xilofone [silofòn] *m* xilofon, facimbalom
xilografia [silògröfiu] *f* fafaragás; fametszés, fametszet
xilógrafo [silògröfu] *m* fametsző
xingação [si^{n}ngàszö^{n}u] *f* **B 1.** sértés; szidás **2.** gúny
xingar [si^{n}ngàr] *1/4* **B 1.** sérteget, szid **2.** kigúnyol
xiró [sirò] *m* **B** rizsleves
xis [sis, **B** sisz] *m* iksz (betű neve)
xisto [sistu] *m* pala
xistoso [sistozu] *mn* palás
xixi [sisi] *m* **B** *nép* pisi; *fazer* ~ pisil
xixica [sisikö] *f* **B** *nép* borravaló
xixilado [sisilàdu] *mn* **B** arcátlan, pimasz

xó [sò] *isz* 1. gyi te! 2. hess!
xodó [sodò] *m* B. 1. enyelgés, szerelmeskedés 2. szerelme, szeme fénye
xoxo [sosu] *m* B *nép* csók, puszi
xucro [sukru] *mn* 1. vad, zabolátlan 2. járatlan, tudatlan 3. neveletlen
xurumbambo(s) [suruⁿmbőⁿmbu(s)] *m* B limlom, vacak

Y

Y, y [ipszilon, ipszilu] *m* y (betű; helyette ma már *i*-t írnak)

Z

Z, z [zé] *m* z (betű)

zabaneira [zöbönéjrö] *f* szégyentelen nőszemély

zabumba [zöbu^{n}mbö] *f* **1.** nagydob **2.** *tréf* cilinderkalap

zabumbar [zöbu^{n}mbàr] *1/1 ts* **1.** veri a nagydobot **2.** megsüketít; elkábít **3.** *biz* elver, ütlegel

zaga [zàgö] *f sp* **1.** hátvédek **2.** védelem

zagala [zögàjö] *f* lándzsa

zagal [zögàl] *m* pásztorfiú

zagueiro [zögéjru] *m sp* hátvéd; **~-** *central* középhátvéd

zaguncho [zögu^{n}nsu] *m* dárda

zãibo [zö^{n}jmbu] *mn* **1.** csámpás, x-lábú **2.** kancsal

zaino [zàjnu] *mn* **1.** pej (ló) **2.** *átv* képmutató, kétszínű

zambaio [zö^{n}mbàju] *mn* kancsal, sanda

zambeta [zö^{n}mbétö] *mn* **B** görbe lábú

zambo [zö^{n}mbu] *m fn* **B** néger és indián szülőktől származó személy

zamboa [zö^{n}mboö] *f* **B 1.** grape-fruit fajta **2.** ostoba alak

zambro [zö^{n}mbru] *mn* görbe lábú, csámpás

zambujeiro [zö^{n}mbuzséjru] *m* vad olajfa

zampar [zö^{n}mpàr] *1/1 tl* mohón fal, zabál

zamparina [zö^{n}mpörlnö] *f: à* **~** félrecsapva (kalapról)

zanaga [zönàgö] *mn* kancsal, sanda

zanga [zö^{n}ngö] *f* **1.** ellenszenv; gyűlölet; *ter uma* **~** *a* ellenszenvvel viseltetik vki iránt **2.** harag **3.** bosszúság

zangado [zö^{n}ngàdu] *mn* haragos, bosszús

zangalhão [zö^{n}ngöljö^{n}u] *m* langaléta, égimeszelő

zangalho [zö^{n}ngölju] *m* = **zangalhão**

zângano [zö^{n}ngönu] *m* **1.** uzsorás **2.** élősdi **3.** zsibárus

zangão [zö^{n}ngö^{n}u] *m* **1.** hereméh **2.** naplopó, ingyenélő

zangar [zö^{n}ngàr] *1/4* **I.** *ts* megharagít, feldühít **II.** **~-se** megharagszik, dühös lesz

zangaralhão [zö^{n}ngöröljö^{n}u] *m* = **zangalhão**

zangarrear [zö^{n}ngörrjàr] *1/5 tl* pötyögtet, hamisan *v* rosszul játszik (húros hangszeren)

zanguizarra [zö^{n}ngizàrrö] *f* **1.** lárma, hűhó **2.** pötyögtetés (húros hangszeren)

zanzar [zö^{n}zàr] *1/1* **B** ide-oda elmegy; kószál

zarabatana [zöröbötönö] *f* fúvócső (fegyver)

zaragalhada [zörögöljàdö] *f* **1.** riadalom; zűrzavar **2.** tolongás, jövés-menés

zaragata [zörögàtö] *f* **1.** rendetlenség, zűrzavar **2.** veszekedés; perpatvar

zaragateiro [zörögötéjru] *mn* **1.** nagyhangú; lármás **2.** házsártos

zaragatoa [zörögötoö] *f orv* ecset (*pl* torokecseteléshez)

zaranza [zörö^{n}zö] *mn* **1.** kába, kótyagos **2.** ütődött, balga

zarcão [zörkö^{n}u] *m* mínium (festék)

zarco [zàrku] *mn* világoskék szemű

zarolho [zörolju] *mn* **1.** félszemű **2.** kancsal, sanda

zarpar [zörpàr] *1/12* **I.** *ts* horgonyt felszed **II.** *tl* elhajózik, kifut a kikötőből

zarzuela [zörzuèlö] *f* spanyol operett, vígopera

zás! zás-trás! [zàs, zàstràs] *isz* bumm! puff!

ze [zé] *m* zé (betű neve)
zebra [zébrö] *f áll* zebra 2. B nem várt eredmény (sportban, lottóban)
zebrado [zibràdu] *mn* csíkos
zebrar [zibràr] *1/14 ts* csíkoz
zebu [zibu] *m áll* zebu
zé-da-véstia [zèdövèstyö] *m nép* (egy) valaki
zefir [zèfir] *m* zefir, vékony pamutanyag
zefiro [zèfiru] *m* zefír, enyhe nyugati szél
zelador *m*, **-a** *f* [zilödor(ö)] **I.** *mn* buzgó, serény **II.** *fn* **1.** vminek a szorgalmazója **2.** őr, felügyelő **3.** vámtiszt **4.** házfelügyelő
zelar [zilàr] *1/13* **I.** *ts* **1.** vigyáz, felügyel vkire *v* vmire **T 2.** féltékenyen őriz vmit **II.** *tl* buzgólkodik, serénykedik
zelo [zélu] *m* **1.** buzgóság **2.** *~s* féltékenység; *ter ~s de* féltékeny vkire
zeloso [zilozu] *mn* **1.** buzgó, serény **2.** vmiről gondoskodó, vmivel törődő (*de*) **3.** féltékeny
zénite [zènit] *m* **1.** *csill* zenit, tetőpont **2.** *átv* csúcspont
zepelim [zipili^n] *m* zeppelin, kormányozható léghajó
zé-pereira [zèpiréjrö] *m* nagydobos
zé-povinho, zé-povo [zèpuvinyu, zèpovu] *m* **B 1.** a nép fia **2.** átlagember
zerê [ziré] *mn* = **zarolho**
zero [zèru] *m* **1.** zéró, nulla **2.** senki; semmi; *um ~ à esquerda* egy nagy senki
zetacismo [zètöszizsmu] *m* selypítés, pösze beszéd
zibelina [zibilinö] *f áll* coboly
zigoma [zigomö] *m* pofacsont
ziguezague [zigizàg] *m* cikcakk
ziguezaguear [zigizögjàr] *1/5 tl* cikcakkban megy; cikázik
zimbrar [zi^{n}mbràr] *1/1* **I.** *ts* ostoroz **II.** *tl haj* bukdácsol
zimbro [zi^{n}mbru] *m* **I.** *növ* boróka **II. 1.** harmat **2.** szemerkélő eső
zímico [zimiku] *mn* erjesztő; *ácido ~* tejsav
zina [zinö] *f* tetőpont, csúcspont
zincar [zi^{n}nkàr] *1/2 ts* horgannyal bevon
zinco [zi^{n}nku] *m* cink, horgany
zincógrafo [zi^{n}nkògröfu] *m nyomd* cinkográfus
zinga [zi^{n}ngö] *f haj* rúd, pózna (csónak meghajtásához, sekély vízben)
zíngaro [zi^{n}ngöru] *m* cigány
zingrar [zi^{n}ngràr] *1/1 ts* kinevet, kigúnyol
zinir [zinir] *1/1 tl* süvít; süvölt
ziziar [zizjàr] *1/7 tl* ciripel
zoada [zuàdö] *f* **1.** zaj, zörej **2.** zúgás, zümmögés
zoar [zuàr] *1/8 tl* **1.** zajong **2.** zúg, zümmög
zodiacal [zudiökàl] *mn csill* állatövi
zodíaco [zudiöku] *m csill* zodiákus, állatöv
zoeira [zuéjrö] *f* = **zoada**
zombador *m*, **-a** *v* **-eira** *f* [zo^{n}mbödor(ö), -déjrö] *mn* és *fn* gúnyolódó, csúfolódó (személy)
zombar [zo^{n}mbàr] *1/1 tl* gúnyolódik, csúfolódik vmin (*de*)
zombaria [zo^{n}mböriö] *f* gúnyolódás, csúfolódás
zombetear [zo^{n}mbityàr] *1/5* = **zombar**
zombeteiro [zo^{n}mbitéjru] *m* = **zombador**
zona [zonö] *f* **1.** öv, övezet, sáv; *~ militar* katonai övezet; *~ verde* zöld övezet; *~ de influência, átv* hatósugár **2.** *földr* zóna, égöv, földöv; *~ tórrida* forró égöv **3.** *orv* övsömör
zonchar [zo^{n}sàr] *1/1 tl* szivattyúz
zoncho [zo^{n}su] *m* szivattyúkar
zonear [zonyàr] *1/5 ts* zónákra feloszt
zonzar [zo^{n}zàr] *1/1 ts* elkábít
zonzear [zo^{n}zjàr] *1/5* = **zonzar**
zonzo [zo^{n}zu] *mn* kábult
zoologia [zvuluzsiö] *f* zoológia, állattan
zoológico [zvulòzsiku] *mn* zoológiai, állattani; *jardim ~* állatkert
zoólogo [zvòlugu] *m* zoológus
zootecnia [zvutèkniö] *f* állattenyésztéstan
zootécnico [zvutèkniku] **I.** *mn* állattenyésztéstani **II.** *fn* állattenyésztő
zorra [zorrö] *f* **I.** vén róka (*átv* is) **II. 1.** targonca, kézikocsi **2.** szállító *v* csúsztató berendezés
zorreiro [zurréjru] **I.** *mn* lomha, lusta **II.** *fn* lustálkodó, naplopó
zorro [zorru] *m* **1.** róka **2.** *átv* ravasz róka **3.** régi háziszolga **4.** *andar a ~s v de ~* kúszik
zote [zòt] *mn* és *fn* hülye, bolond
zotismo [zutizsmu] *m* hülyeség, bolondság
zoupeiro [zopéjru] *mn* nehézkes; lomha
zuarte [zvàrti] *m text* nanking
zuir [zuir] *3/6 tl* zúg, zümmög

zumba! [zu^{n}mbö] *isz* krach! bumm!
zumbaia [zu^{n}mbàjö] *f* **1.** mély meghajolás térdhajtással **2.** szolgalelkűség; hízelkedés
zumbaiar [zu^{n}mböjàr] *1/12 ts* **1.** térdhajtással hókol vkinek **T 2.** *átv* talpát nyalja
zumbar [zu^{n}mbàr] *1/1* = **zumbir**
zumbido [zu^{n}mbidu] *m* zúgás; zümmögés
zumbir [zu^{n}mbir] *3/1 tl* zúg; zümmög
zunido [zunidu] *m* = **zumbido**
zunir [zunir] *3/1* = **zumbir**
zunzum [zu^{n}zu^n] *m* **1.** zúgás; zümmögés **2.** susogás, suttogás **3.** kósza hír
zunzunar [zu^{n}zunàr] *1/1 tl* **1.** susog **2.** *átv pejor* suttog, pletykál
zupa! [zupö] *isz* puff! bumm!
zupar [zupàr] *1/1 ts* **1.** (szarvával) felöklel, bök **2.** elver, megver
zuraco [zuràku] *mn* és *fn* **B** *nép* **1.** uzsorás **2.** zsugori
Zurique [zurik] *m* Zürich
zurrada [zurràdö] *f* szamárordítás
zurrapa [zurràpö] *f* olcsó *v* rossz bor, vinkó, lötty
zurrar [zurràr] *1/1 tl* **1.** ordít (szamár), iázik **2.** ver, ütlegel **3.** bolondokat beszél
zurre! [zurri] *isz* el innen! takarodj!
zurro [zurru] *m* szamárordítás, iázás
zurzir [zurzir] *3/1 ts* **1.** ostoroz; elver **2.** megbüntet; ráncba red **3.** sanyargat **4.** szigorúan elbírál; erősen kifogásol

FÜGGELÉK

I. A FŐNEVEK ÉS A MELLÉKNEVEK TÖBBES SZÁMA

(A többes szám jele: *-s*, mássalhangzó után: *-es*)

Egyes szám	Többes szám	Példák
-a, -á, -ã	-as, -ás, -ãs	*cama, camas* ágy, ágyak *branca, brancas* fehér, fehérek *papá, papás* papa, papák *irmã, irmãs* nőtestvér, nőtestvérek
-ão	1) -ões	(a leggyakoribb; *-ção* mindig: *-ções*) *limão, limões* citrom, citromok *lição, lições* lecke, leckék
	2) -ães	*cão, cães* kutya, kutyák *alemão, alemães* német, németek
	3) -ãos	*mão, mãos* kéz, kezek *irmão, irmãos* fivér, fivérek *são, sãos* egészséges, egészségesek
-e	-es	*mãe, mães* anya, anyák *doce, doces* édes, édesek *grande, grandes* nagy, nagyok
-i	-is	*esqui, esquis* síléc, sílécek *lei, leis* törvény, törvények
-al, -el, -ol, -ul	-ais, -eis, -ois, -uis	*canal, canais* csatorna, csatornák *hotel, hotéis* szálloda, szállodák *espanhol, espanhóis* spanyol, spanyolok *taful, tafuis* piperkőc, piperkőcök
-il	1) -is	(véghangsúlyos szavakban) *funil, funis* tölcsér, tölcsérek *gentil, gentis* kedves, kedvesek
	2) -eis	(nem véghangzós szavakban) *réptil, répteis* csúszómászó, csúszómászók *fácil, fáceis* könnyű, könnyűek
-m	-ns	*homem, homens* ember, emberek *jardim, jardins* kert, kertek *comum, comuns* közös, közösek

Egyes szám	Többes szám	Példák
-o, -ó	-os, -ós	*livro, livros* könyv, könyvek *nó, nós* csomó, csomók *branco, brancos* fehér, fehérek *só, sós* egyedüli, egyedüliek
-r	-res	*mar, mares* tenger, tengerek *pintor, pintores* festő, festők
-s	1) -ses	(véghangsúlyos szavakban) *país, países* ország, országok *francês, franceses* francia, franciák *cortês, corteses* udvarias, udvariasak
	2) —	(nem véghangsúlyos szavakban) *atlas, atlas* atlasz, atlaszok *lápis, lápis* ceruza, ceruzák *simples, simples* egyszerű, egyszerűek
-u, -au, -eu	-us, -aus, -eus	*bambu, bambus* bambusznád, bambusznádak *grau, graus* fok, fokok *europeu, europeus* európai, európaiak
-z	-zes	*voz, vozes* hang, hangok *feliz, felizes* szerencsés, szerencsések

II. AZ IGERAGOZÁS

A portugálban az alábbi igemódok és igeidők vannak:

Indicativo	*Kijelentő mód*
Presente	Jelen idő
Pretérito imperfeito	Folyamatos múlt
Pretérito perfeito (simples)	Elbeszélő múlt
Pretérito mais-que-perfeito (simples)	Régmúlt
Futuro do presente simples	Jövő idő
Pretérito perfeito composto	Közelmúlt
Pretérito mais-que-perfeito composto	Összetett régmúlt
Futuro do presente composto	Bevégzett jövő
Condicional	*Feltételes mód*
Futuro do pretérito simples	Jelen idő
Futuro do pretérito composto	Múlt idő
Conjuntivo vagy *Subjuntivo*	*Kötőmód*
Presente	Jelen idő
Pretérito imperfeito	Folyamatos múlt
Futuro (do presente) simples	Jövő idő
Pretérito perfeito (composto)	Közelmúlt
Pretérito mais-que-perfeito (composto)	Régmúlt
Futuro (do presente) composto	Bevégzett jövő

Imperativo	*Felszólító mód*
Positivo	Állító
Negativo	Tagadó
Infinitivo	*Főnévi igenév*
Impessoal simples	Jelen idejű személytelen
Impessoal composto	Múlt idejű személytelen
Pessoal simples	Jelen idejű személyes
Pessoal composto	Múlt idejű személyes
Gerúndio	*Határozói igenév*
Simples	Egyszerű *v* egyidejű
Composto	Összetett *v* előidejű
Particípio	*Múlt idejű melléknévi igenév*

Ragozás szempontjából három típust különböztetünk meg:
1. *-ar* végű igék; pl. *amar* szeretni
2. *-er* végű igék; pl. *vender* eladni
3. *-ir* végű igék; pl. *dividir* felosztani
Példák a szabályos igék ragozására:

1/1 am*ar*	2/1 vend*er*	3/1 divid*ir*

Indicativo

Presente

amo	vendo	divido
amas	vendes	divides
ama	vende	divide
amamos	vendemos	dividimos
amais	vendeis	dividis
amam	vendem	dividem

Pretérito imperfeito

amava	vendia	dividia
amavas	vendias	dividias
amava	vendia	dividia
amávamos	vendíamos	dividíamos
amáveis	vendíeis	dividíeis
amavam	vendiam	dividiam

Pretérito perfeito

amei	vendi	dividi
amaste	vendeste	dividiste
amou	vendeu	dividiu
amámos	vendemos	dividimos
amastes	vendestes	dividistes
amaram	venderam	dividiram

Pretérito mais-que-perfeito simples

amara	vendera	dividira
amaras	venderas	dividiras
amara	vendera	dividira
amáramos	vendéramos	dividíramos
amáreis	vendéreis	dividíreis
amaram	venderam	dividiram

Futuro do presente simples

amarei	venderei	dividirei
amarás	venderás	dividirás
amará	venderá	dividirá
amaremos	venderemos	dividiremos
amareis	vendereis	dividireis
amarão	venderão	dividirão

Pretérito perfeito composto

tenho	amado	tenho	vendido	tenho	dividido
tens	„	tens	„	tens	„
tem	„	tem	„	tem	„
temos	„	temos	„	temos	„
tendes	„	tendes	„	tendes	„
têm	„	têm	„	têm	„

Pretérito mais-que-perfeito composto

tinha	amado	tinha	vendido	tinha	dividido
tinhas	„	tinhas	„	tinhas	„
tinha	„	tinha	„	tinha	„
tínhamos	„	tínhamos	„	tínhamos	„
tínheis	„	tínheis	„	tínheis	„
tinham	„	tinham	„	tinham	„

Futuro do presente composto

terei	amado	terei	vendido	terei	dividido
terás	„	terás	„	terás	„
terá	„	terá	„	terá	„
teremos	„	teremos	„	teremos	„
tereis	„	tereis	„	tereis	„
terão	„	terão	„	terão	„

Condicional

Futuro do pretérito simples

anaria	venderia	dividiria
amarias	venderias	dividirias
amaria	venderia	dividiria
amaríamos	venderíamos	dividiríamos
amaríeis	venderíeis	dividiríeis
amariam	venderiam	dividiriam

Futuro do pretérito composto

teria amado	teria vendido	teria dividido
terias ,,	terias ,,	terias ,,
teria ,,	teria ,,	teria ,,
teríamos ,,	teríamos ,,	teríamos ,,
teríeis ,,	teríeis ,,	teríeis ,,
teriam ,,	teriam ,,	teriam ,,

Conjuntivo

Presente

ame	venda	divida
ames	vendas	dividas
ame	venda	divida
amemos	vendamos	dividamos
ameis	vendais	dividais
amem	vendam	dividam

Pretérito imperfeito

amasse	vendesse	dividisse
amasses	vendesses	dividisses
amasse	vendesse	dividisse
amássemos	vendéssemos	dividíssemos
amásseis	vendésseis	dividísseis
amassem	vendessem	dividissem

Futuro simples

amar	vender	dividir
amares	venderes	dividires
amar	vender	dividir
amarmos	vendermos	dividirmos
amardes	venderdes	dividirdes
amarem	venderem	dividirem

Pretérito perfeito

tenha amado	tenha vendido	tenha dividido
tenhas ,,	tenhas ,,	tenhas ,,
tenha ,,	tenha ,,	tenha ,,
tenhamos ,,	tenhamos ,,	tenhamos ,,
tenhais ,,	tenhais ,,	tenhais ,,
tenham ,,	tenham ,,	tenham ,,

Pretérito mais-que-perfeito

tivesse amado	tivesse vendido	tivesse dividido
tivesses ,,	tivesses ,,	tivesses ,,
tivesse ,,	tivesse ,,	tivesse ,,
tivéssemos ,,	tivéssemos ,,	tivéssemos ,,
tivésseis ,,	tivésseis ,,	tivésseis ,,
tivessem ,,	tivessem ,,	tivessem ,,

Futuro composto

tiver amado	tiver vendido	tiver dividido
tiveres ,,	tiveres ,,	tiveres ,,
tiver ,,	tiver ,,	tiver ,,
tivermos ,,	tivermos ,,	tivermos ,,
tiverdes ,,	tiverdes ,,	tiverdes ,,
tiverem ,,	tiverem ,,	tiverem ,,

Imperativo

Positivo

—	—	—
ama!	vende!	divide!
ame!	venda!	divida!
amemos!	vendamos!	dividamos!
amai!	vendei!	dividi!
amem!	vendam!	dividam!

Negativo

—	—	—
não ames!	não vendas!	não dividas!
não ame!	não venda!	não divida!
não amemos!	não vendamos!	não dividamos!
não ameis!	não vendais!	não dividais!
não amem!	não vendam!	não dividam!

Infinitivo

Impessoal simples

amar	vender	dividir

Impessoal composto

ter amado	ter vendido	ter dividido

Pessoal simples

amar	vender	dividir
amares	venderes	dividires
amar	vender	dividir
amarmos	vendermos	dividirmos
amardes	venderdes	dividirdes
amarem	venderem	dividirem

Pessoal composto

ter amado	ter vendido	ter dividido
teres ,,	teres ,,	teres ,,
ter ,,	ter ,,	ter ,,
termos ,,	termos ,,	termos ,,
terdes ,,	terdes ,,	terdes ,,
terem ,,	terem ,,	terem ,,

Gerúndio

Simples

amando	vendendo	dividindo

Composto

tendo amado	tendo vendido	tendo dividido

Particípio

amado	vendido	dividido

Visszaható igék (Verbos reflexivos)

A visszaható igéket az alapige mintájára ragozzuk; a visszaható névmásokat (*me, te, se, nos, vos, se*) az állító alakokban kötőjellel kapcsoljuk az igealakhoz. A kijelentő mód jövő idejében és a feltételes jelenben a visszaható névmás a tő és a rag között is állhat. Példa a ragozásra:
lavar-se mosakodni
Ind. pres.: lavo-me, lavas-te, lava-se, lavamo-nos, lavais-vos, lavam-se
Ind. fut. imperf.: lavar-me-ei, lavar-te-ás, lavar-se-á, lavar-nos-emos, lavar-vos-eis, lavar-se-ão — vagy: me lavarei, te lavarás stb.
Ind. pret. perf. comp.: tenho-me lavado, tens-te lavado stb.
Cond. pres.: lavar-me-ia, lavar-te-ias, lavar-se-ia, lavar-nos-íamos, lavar-vos-íeis, lavar-se-iam — vagy: me lavaria, te lavarias stb.
Imperat.: lava-te, lave-se, lavemo-nos, lavai-vos, lavem-se
A tagadásban a névmási alakok az ige előtt állanak: não me lavo, não me lavarei, não me tenho lavado, não me lavaria, não te laves stb.

Szenvedő igealak (Voz passiva)

Az ige szenvedő alakját úgy képezzük, hogy a *ser* ige megfelelő alakját ragozzuk az ige participio-ja előtt. Pl. *louvar* dicsérni igét a kijelentő mód jelen idejében így ragozzuk:

sou louvado, -a	dicsérnek engem, „dicsértetem"
és louvado, -a	dicsérnek téged
é louvado, -a	dicsérik őt
somos louvados, -as	dicsérnek bennünket
sois louvados, -as	dicsérnek benneteket
são louvados, -as	dicsérik őket

Ugyanígy a többi módban és időben: *fui louvado, -a* v *tenho sido louvado, -a* dicsértek engem; — *serei louvado, -a* dicsérni fognak engem; — *teria sido louvado, -a* dicsértek volna engem stb.

A rendhagyó igék

A fel nem vett igemódok és idők szabályos képzésűek.

I. Az **-ar** *végű rendhagyó igék*

1/2 A *-car* végű igék *c* helyett *qu*-t írnak *e* előtt. — Tocar:
Ind. pret. perf.: toquei, tocaste stb.
Conj. pres.: toque, toques, toque, toquemos, toqueis, toquem

1/3 A *-çar* végű igék *ç* helyett *c*-t írnak *e* előtt. — Começar:
Ind. pret. perf.: comecei, começaste stb.
Conj. pres.: comece, comeces, comece, comecemos, comeceis, comecem

1/4 A *-gar* végű igék a *g* után (néma) *u*-t iktatnak be *e* előtt. — Pagar:
Ind. pret. perf.: paguei, pagaste stb.
Conj. pres.: pague, pagues, pague, paguemos, pagueis, paguem

1/5 Az *-ear* végű igék az (*i*-nek ejtett) *e*-t *ei*-re változtatják a hangsúlyos szótagban. — Cear:
Ind. pres.: ceio [széju], ceias, ceia, ceamos, ceais, ceiam
Conj. pres.: ceie, ceies, ceie, ceemos, ceeis, ceiem

1/6 Az *-iar* végű igék egy része az *i*-t *ei*-re változtatja a hangsúlyos szótagban. — Odiar:
Ind. pres.: odeio [odéju], od*e*ias, od*e*ia, odi*a*mos, odi*a*is, od*e*iam
Conj. pres.: od*e*ie, od*e*ies, od*e*ie, odi*e*mos, odi*e*is, od*e*iem

1/7 Az *-iar* végű igék másik része az *-i*-t hangsúlyozza (ékezet kitétele nélkül), ha a hangsúly nem a végződésen van. — Enviar:
Ind. pres.: env*i*o, env*i*as, env*i*a, envi*a*mos, envi*a*is, env*i*am
Conj. pres.: env*i*e, env*i*es, env*i*e, envi*e*mos, envi*e*is, env*i*em

1/8 Az *-oar* és *-onar* (*-onhar*) végű igék (*u*-nak ejtett) *o*-ját hangsúlyos helyzetben zárt *o*-nak ejtjük. — Voar:
Ind. pres.: voo (**B**: vôo), voas, voa, vo*a*mos, vo*a*is, voam
Conj. pres.: voe, voes, voe, vo*e*mos, vo*e*is, voem

1/9 Az *-uar* végű igék túlnyomórészt az *u*-t hangsúlyozzák (ékezet kitétele nélkül), a kijelentő és kötőmód jelen idejében, a többes szám első és második személyének kivételével. — Continuar:
Ind. pres.: contin*u*o, contin*u*as, contin*u*a, continu*a*mos, continu*a*is, contin*u*am
Conj. pres.: contin*u*e, contin*u*es, contin*u*e, continu*e*mos, continu*e*is, contin*u*em
a) ritkábban a tőhangzót hangsúlyozzák. — Aguar:
Ind. pres.: águo, águas, água, agu*a*mos, agu*a*is, águam
Conj. pres.: ágüe, águes, águe, agu*e*mos, agu*e*is, águem (**B**: ágüe, ágües stb.)
b) A kettőnél több szótagú *-guar* (*-quar*) végű igék a kötőmód jelen idejében ékezik a hangsúlyos *u*-t. — Averiguar:
Ind. pres.: averig*u*o, averig*u*as, averg*u*a, averigu*a*mos, averigu*a*is, averig*u*am
Ind. pret. perf.: averiguei (**B**: averigüei), averigu*a*ste stb.
Conj. pres.: averigúe, averigúes, averigúe, averigu*e*mos (**B**: averigü*e*mos), averigu*e*is (**B**: averigü*e*is), averigúem

1/10 Azok az igék, amelyeknek tővégi szótagjában *-ai-*, *-ui-* hangzó van, az *-i*-t hangsúlyozzák, és ékezettel is jelölik ott, ahol a hangsúly nem a végződésre esik. — Arraigar:
Ind. pres.: arraígo, arraígas, arraíga, arraig*a*mos, arraig*a*is, arraígam
Conj. pres.: arraígue, arraígues, arraígue, arraigu*e*mos, arraigu*e*is, arraíguem

1/11 Azok az igék, amelyeknek tővégi szótagjában *-au-*, *-iu-* hangzó van, az *-u*-t hangsúlyozzák és ékezettel is jelölik ott, ahol a hangsúly nem a végződésre esik. — Saudar:
Ind. pres.: saúdo, saúdas, saúda, saud*a*mos, saud*a*is, saúdam
Conj. pres.: saúde, saúdes, saúde, saud*e*mos, saud*e*is, saúdem

1/12 A tővégi szótagban az (*ö*-nek ejtett) *a*-t *á*-nak ejtjük, ha hangsúlyos lesz a ragozás folyamán. — Falar:
Ind. pres.: f*a*lo, f*a*las, f*a*la, fal*a*mos, fal*a*is, f*a*lam
Conj. pres.: f*a*le, f*a*les, f*a*le, fal*e*mos, fal*e*is, f*a*lem
Megjegyzés. M, *n*, *nh* előtt megmarad az *a* hang eredeti ejtése.

1/13 A tővégi szótagban az (*i*-nek ejtett) *e*-t *e*-nek ejtjük, ha hangsúlyos lesz a ragozás folyamán. — Quebrar:
Ind. pres.: quebro, quebras, quebra, quebramos, quebrais, quebram
Conj. pres.: quebre, quebres, quebre, quebremos, quebreis, quebrem

1/14 A tővégi szótagban az (*i*-nek ejtett) *e*-t *é*-nek ejtjük a hangsúlyos szótagban *m, n, nh, ch, lh, j* előtt. — Remar:
Ind. pres.: remo, remas, rema, remamos, remais, remam
Conj. pres.: reme, remes, reme, rememos, remeis, remem

1/15 A tővégi szótagban az (*u*-nak vagy zárt *o*-nak ejtett) *o*-t *ò*-nak ejtjük, ha hangsúlyos lesz a ragozás folyamán. — Mofar:
Ind. pres.: mofo [mòfu], mofas, mofa, mofamos, mofais, mofam
Conj. pres.: mofe, mofes, mofe, mofemos, mofeis, mofem
Megjegyzés. Nh után zárt *o*-t kell ejteni: sonhar [szunyar]: sonho [szonyu].

1/16 *Dar:*
Ind. pres.: dou, dás, dá, damos, dais, dão
pret. imp.: dava, davas stb.
pret. perf.: dei, deste, deu, demos, destes, deram [déj, dèsti, déu, dèmus, dèstis, dèrö^{n}u]
mais-que-perf.: dera [dèrö], deras stb.
fut.: darei [döréj], darás, dará, daremos [é], dareis, darão
Cond. pres.: daria, darias stb.
Conj. pres.: dê, dês, dê, dêmos, deis, dêem
pret. imp.: desse, desses, desse, déssemos, désseis, dessem [è]
fut.: der [è], deres, der, dermos, derdes, derem
Imperat.: dá! dai! — não dês! não deis!
Inf. pess.: dar, dares, dar, darmos, dardes, darem
Ger.: dando — *Part.:* dado

1/17 *Estar:*
Ind. pres.: estou, estás, está, estamos, estais, estão
pret. imp.: estava, estavas stb.
pret. perf.: estive, estiveste, esteve [istévi], estivemos, estivestes, estiveram
mais-que-perf.: estivera [è], estiveras stb.
fut.: estarei, estarás stb.
Cond. pres.: estaria, estarias stb.
Conj. pres.: esteja [istézsö], estejas, esteja, estejamos, estejais, estejam
pret. imp.: estivesse [istivèszi], estivesses, estivesse, estivéssemos, estivésseis, estivessem
fut.: estiver, estiveres, estiver, estivermos, estiverdes, estiverem
Imperat.: está! estai! — não estejas! não estejais!
Inf. pess.: estar, estares, estar, estarmos, estardes, estarem
Ger.: estando — *Part.:* estado

II. Az -er végű rendhagyó igék

2/2 A *-cer* végű igék *c* helyett *ç*-t írnak *a* és *o* előtt. — Conhecer:
Ind. pres.: conheço, conheces stb.
Conj. pres.: conheça, conheças, conheça, conheçamos, conheçais, conheçam
(A tőbeli *e* nyílt v zárt ejtése 2/7 szerint!)

2/3 A *-ger* végű igék a *g* helyett *j*-t írnak *a* és *o* előtt. — Eleger:
Ind. pres.: elejo, eleges stb.
Conj. pres.: eleja, elejas, eleja, elejamos, elejais, elejam

2/4 A *-guer* végű igék a (néma) *u*-t kivetik *a* és *o* előtt. — Erguer:
Ind. pres.: ergo, ergues stb.

Conj. pres.: erga, ergas, erga, ergamos, ergais, ergam

2/5 Az *-oer* végű igék az Ind. pres. egyes szám 2. és 3. személyében *-óis*, *-ói* ragot kapnak (*-oes*, *-oe* helyett); egyes igealakokban ékezik a hangsúlyos magánhangzót. — Moer:
Ind. pres.: moo [**B**: môo], móis, mói, moemos, moeis, moem
pret. imp.: moía, moías, moía, moíamos, moíeis, moíam
pret. perf.: moí, moeste, moeu, moemos, moestes, moeram
Conj. pres.: moa, moas, moa, moamos, moais, moam
pret. imp.: moesse, moesses, moesse, moêssemos, moêsseis, moessem
Imperat.: mói! moei! — não moas! não moais!
Part.: moído

2/6 A tővégi szótagban az (*ŏ*-nek ejtett) *a*-t *à*-nak ejtjük, ha hangsúlyos lesz a ragozás folyamán. — Bater:
Ind. pres.: b*a*to, b*a*tes, b*a*te, bat*e*mos, bat*e*is, b*a*tem
Conj. pres.: b*a*ta, b*a*tas, b*a*ta, bat*a*mos, bat*a*is, b*a*tam

2/7 A tővégi szótagban az (*i*-nek ejtett) *e*-t hangsúlyos helyzetben *é*-nek vagy *è*-nek ejtjük az alábbi példa szerint. — Beber:
Ind. pres.: bebo [é], bebes [è], bebe [è], bebemos [bibémus], bebeis [bibéjs], bebem [è]
Conj. pres.: beba [é], bebas [é], beba [é], bebamos, bebais, bebam [é]

2/8 A tővégi szótagban az (*u*-nak vagy *o*-nak ejtett) *o*-t hangsúlyos helyzetben *o*-nak vagy *ò*-nak ejtjük az alábbi példa szerint. — Mover:
Ind. pres.: movo [o], moves [ò], move [ò], movemos [muvémus], moveis [muvéjs], movem [ò]
Conj. pres.: mova, movas, mova, mov*a*mos, mov*a*is, movam [mindig: o]

2/9 *Aprazer:*
Ind. pres.: aprazo, aprazes, apraz, aprazemos, aprazeis, aprazem
pret. perf.: aprouve, aprouveste, aprouve, aprouvemos, aprouvestes, aprouveram
mais-que-perf.: aprouvera, aprouveras stb.
Conj. pres.: apraza, aprazas, apraza stb.
pret. imp.: aprouvesse, aprouvesses, aprouvesse, aprouvéssemos, aprouvésseis, aprouvessem
fut.: aprouver, aprouveres, aprouver, aprouvermos, aprouverdes, aprouverem
Megjegyzés. Comprazer igének a fenti rendhagyó alakok mellett szabályos képzésű alakjai is vannak. *Ind. pret. perf.:* comprazi, comprazeste stb. — *Ind. mais-que-perf.:* comprazera stb. — *Conj. pret. imp.:* comprazesse stb. — *Conj. fut.:* comprazer stb.

2/10 *Caber:*
Ind. pres.: c*a*ibo, cabes, cabe, cabemos, cabeis, cabem
pret. imp.: cabia, cabias stb.
pret. perf.: coube, coubeste, coube, coubemos, coubestes, couberam
mais-que-perf.: coubera, couberas stb.
Conj. pres.: c*a*iba, c*a*ibas, c*a*iba, caib*a*mos, caib*a*is, c*a*ibam
pret. imp.: coubesse, coubesses, coubesse, coubéssemos, coubésseis, coubessem
fut.: couber, couberes, couber, coubermos, couberdes, couberem

2/11 *Crer:*
Ind. pres.: creio, crês, crê, cremos, credes, crêem
pret. imp.: cria, crias, cria, críamos, críeis, criam
pret. perf.: cri, creste [é], creu, cremos, crestes, creram
mais-que-perf.: crera [é], creras, crera, crêramos, crêreis, creram
Conj. pres.: creia [é], creias, creia, creiamos, creiais, creiam

pret. imp.: cresse [é], cresses, cresse, crêssemos, crêsseis, cressem
fut.: crer, creres, crer, crermos, crerdes, crerem
Imperat.: crê! crede! — não creias! não creiais!
Inf. pess.: crer, creres, crer, crermos, crerdes, crerem
Ger.: crendo — *Part.:* crido
Ugyanígy: *Ler.*
2/12 *Dizer:*
Ind. pres.: digo, dizes, diz, dizemos, dizeis, dizem
pret. imp.: dizia, dizias, dizia, dizíamos, dizíeis, diziam
pret. perf.: disse, disseste, disse, dissemos, dissestes, disseram
mais-que-perf.: dissera, disseras, dissera, disséramos, disséreis, disseram
fut.: direi, dirás, dirá, diremos, direis, dirão
Condicional: diria, dirias, diria, diríamos, diríeis, diriam
Conj. pres.: diga, digas, diga, digamos, digais, digam
pret. imp.: dissesse, dissesses, dissesse, disséssemos, dissésseis, dissessem
fut.: disser, disseres, disser, dissermos, disserdes, disserem
Imperat.: diz(e)! dizei! — não digas! não digais!
Inf. pess.: dizer, dizeres, dizer, dizermos, dizerdes, dizerem
Ger.: dizendo — *Part.:* dito
2/13 *Fazer:*
Ind. pres.: faço, fazes, faz, fazemos, fazeis, fazem
pret. imp.: fazia, fazias, fazia, fazíamos, fazíeis, faziam
pret. perf.: fiz, fizeste, fez, fizemos, fizestes, fizeram [fis, fizèsti, fés, fizèmus, fizèstis, fizèrö^{n}u]
mais-que-perf.: fizera, fizeras, fizera, fizéramos, fizéreis, fizeram
fut.: farei, farás, fará, faremos, fareis, farão
Condicional: faria, farias, faria, faríamos, faríeis, fariam
Conj. pres.: faça, faças, faça, façamos, façais, façam
pret. imp.: fizesse, fizesses, fizesse, fizéssemos, fizésseis, fizessem
fut.: fizer, fizeres, fizer, fizermos, fizerdes, fizerem
Imperat.: faz(e)! fazei! — não faças! não façais!
Inf. pess.: fazer, fazeres, fazer, fazermos, fazerdes, fazerem
Ger.: fazendo — *Part.:* feito
2/14 *Haver:*
Ind. pres.: hei, hás, há, havemos *v* hemos, haveis *v* heis, hão
pret. imp.: havia, havias, havia, havíamos, havíeis, haviam
pret. perf.: houve, houveste, houve, houvemos, houvestes, houveram
mais-que-perf.: houvera, houveras, houvera, houvéramos, houvéreis, houveram
fut.: haverei, haverás stb.
Condicional: haveria, haverias stb.
Conj. pres.: haja, hajas, haja, hajamos, hajais, hajam
pret. imp.: houvesse, houvesses, houvesse, houvéssemos, houvésseis, houvessem
fut.: houver, houveres, houver, houvermos, houverdes, houverem
Imperat.: há! havei! — não hajas! não hajais!
Ger.: havendo — *Oart.:* havido
2/15 *Perder:*
Ind. pres.: perco, perdes, perde, perdemos, perdeis, perdem [é]
Conj. pres.: perca, percas, perca, percamos, percais, percam [é]
2/16 *Poder:*
Ind. pres.: posso [ò], podes [ò], pode [ò], podemos, podeis, podem [ò]
pret. imp.: podia, podias stb.
pret. perf.: pude, pudeste [è], pôde, pudemos, pudestes, puderam [è]

mais-que-perf.: pudera [è], puderas, pudera, pudéramos, pudéreis, puderam
fut.: poderei, poderás, poderá, poderemos, podereis, poderão
Condicional: poderia, poderias stb.
Conj. pres.: possa, possas, possa, possamos, possais, possam
pret. imp.: pudesse [è], pudesses, pudesse, pudéssemos, pudésseis, pudessem
fut.: puder [è], puderes, puder, pudermos, puderdes, puderem
Inf. pess.: poder [é], poderes, poder, podermos, poderdes, poderem
Ger.: podendo — *Part.:* podido

2/17 *Pôr:*
Ind. pres.: ponho [o], pões, põe, pomos [o], pondes, põem
pret. imp.: punha, punhas, punha, púnhamos, púnheis, punham
pret. perf.: pus, puseste [è], pôs, pusemos, pusestes, puseram
mais-que-perf.: pusera [è], puseras, pusera, puséramos, puséreis, puseram
fut.: porei, porás, porá, poremos, poreis, porão
Condicional: poria, porias, poria, poríamos, poríeis, poriam
Conj. pres.: ponha [o], ponhas, ponha, ponhamos, ponhais, ponham
pret. imp.: pusesse [è], pusesses, pusesse, puséssemos, pusésseis, pusessem
fut.: puser [è], puseres, puser, pusermos, puserdes, puserem
Imperat.: põe! ponde! — não ponhas! não ponhais!
Inf. pess.: pôr, pores, pôr, pormos, pordes, porem
Ger.: pondo — *Part.:* posto [o]
Megjegyzés. Igekötős összetételeiben a kúpos ékezet elmarad: antepor, compor, dispor, propor stb.

2/18 *Querer:*
Ind. pres.: quero, queres, quer, queremos, quereis, querem
pret. imp.: queria, querias stb.
pret. perf.: quis, quiseste [è], quis, quisemos, quisestes, quiseram
mais-que-perf.: quisera, quiseras, quisera, quiséramos, quiséreis, quiseram
fut.: quererei, quererás stb.
Condicional: quereria, quererias stb.
Conj. pres.: queira, queiras, queira, queiramos, queirais, queiram
pret. imp.: quisesse, quisesses, quisesse, quiséssemos, quisésseis, quisessem
fut.: quiser, quiseres, quiser, quisermos, quiserdes, quiserem
Inf. pess.: querer, quereres, querer, querermos, quererdes, quererem
Ger.: querendo — *Part.:* querido

2/19 *Requerer:*
Ind. pres.: requeiro, requeres, requer(e), requeremos, requereis, requerem
pret. perf.: requeri, requereste, requereu, requeremos, requerestes, requereram
Conj. pres.: requeira, requeiras, requeira, requeiramos, requeirais, requeiram
Egyébként szabályos ige, nem követi *querer* rendhagyóságait.

2/20 *Saber:*
Ind. pres.: sei, sabes, sabe, sabemos, sabeis, sabem
pret. imp.: sabia, sabias stb.
pret. perf.: soube, soubeste [è], soube, soubemos, soubestes, souberam
mais-que-perf.: soubera, souberas stb.
fut.: saberei, saberás, saberá, saberemos, sabereis, saberão
Condicional: saberia, saberias stb.
Conj. pres.: saiba, saibas, saiba, saibamos, saibais, saibam
pret. imp.: soubesse, soubesses, soubesse, soubéssemos, soubésseis, soubessem
fut.: souber, souberes, souber, soubermos, souberdes, souberem
Imperat.: sabe! sabei!

Inf. pess.: saber, saberes, saber, sabermos, saberdes, saberem
Ger.: sabendo — *Part.:* sabido
2/21 *Ser:*
Ind. pres.: sou, és, é, somos, sois, são
pret. imp.: era, eras, era, éramos, éreis, eram
pret. perf.: fui, foste [o], foi, fomos, fostes, foram
mais-que-perf.: fora, foras, fora, fôramos, fôreis, foram
fut.: serei, serás, será, seremos, sereis, serão
Condicional: seria, serias, seria, seríamos, seríeis, seriam
Conj. pres.: seja, sejas, seja, sejamos, sejais, sejam
pret. imp.: fosse, fosses, fosse, fôssemos, fôsseis, fossem
fut.: for, fores, for, formos, fordes, forem
Imperat.: sê! sede! — não sejas! não sejais!
Inf. pess.: ser, seres, ser, sermos, serdes, serem
Ger.: sendo — *Part.:* sido
2/22 *Ter:*
Ind. pres.: tenho, tens, tem, temos, tendes, têm
pret. imp.: tinha, tinhas, tinha, tínhamos, tínheis, tinham
pret. perf.: tive, tiveste, teve, tivemos, tivestes, tiveram
mais-que-perf.: tivera, tiveras, tivera, tivéramos, tivéreis, tiveram
fut.: terei, terás, terá, teremos, tereis, terão
Condicional: teria, terias, teria, teríamos, teríeis, teriam
Conj. pres.: tenha, tenhas, tenha, tenhamos, tenhais, tenham
pret. imp.: tivesse, tivesses, tivesse, tivéssemos, tivésseis, tivessem
fut.: tiver, tiveres, tiver, tivermos, tiverdes, tiverem
Imperat.: tem! tende! — não tenhas! não tenhais!
Inf. pess.: ter, teres, ter, termos, terdes, terem
Ger.: tendo — *Part.:* tido
2/23 *Reter:*
Ind. pres.: retenho, reténs, retém, retemos, retendes, retêm
A többi alak azonos a *ter* alakjaival.
2/24 *Trazer:*
Ind. pres.: trago, trazes, traz, trazemos, trazeis, trazem
pret. imp.: trazia, trazias, trazia, trazíamos, trazíeis, traziam
pret. perf.: trouxe [troszi], trouxeste, trouxe, trouxemos, trouxestes, trouxeram
mais-que-perf.: trouxera, trouxeras, trouxera, trouxéramos, trouxéreis, trouxeram
fut.: trarei, trarás, trará, traremos, trareis, trarão
Condicional: traria, trarias, traria, traríamos, traríeis, trariam
Conj. pres.: traga, tragas, traga, tragamos, tragais, tragam
pret. imp.: trouxesse, trouxesses, trouxesse, trouxéssemos, trouxésseis, trouxessem
fut.: trouxer, trouxeres, trouxer, trouxermos, trouxerdes, trouxerem
Imperat.: traz(e)! trazei! — não tragas! não tragais!
Inf. pess.: trazer, trazeres, trazer, trazermos, trazerdes, trazerem
Ger.: trazendo — *Part.:* trazido
2/25 *Valer:*
Ind. pres.: valho, vales, vale, valemos, valeis, valem
Conj. pres.: valha, valhas, valha, valhamos, valhais, valham
2/26 *Ver:*
Ind. pres.: vejo, vês, vê, vemos, vedes, vêem
pret. imp.: via, vias, via, víamos, víeis, viam
pret. perf.: vi, viste, viu, vimos, vistes, viram

mais-que-perf.: vira, viras, vira, víramos, víreis, viram
fut.: verei, verás, verá, veremos, vereis, verão
Condicional: veria, verias, veria, veríamos, veríeis, veriam
Conj. pres.: veja [é], vejas, veja, vejamos, vejais, vejam
pret. imp.: visse, visses, visse, víssemos, vísseis, vissem
fut.: vir, vires, vir, virmos, virdes, virem
Imperat.: vê! vede! — não vejas! não vejais!
Inf. pess.: ver, veres, ver, vermos, verdes, verem
Ger.: vendo — *Part.:* visto

2/27 *Prover:*
Ind. pres.: provejo, provês, provê, provemos, provedes, provêem
pret. imp.: provia, provias stb.
pret. perf.: provi, proveste, proveu, provemos, provestes, proveram
mais-que-perf.: provira, proviras stb.
Conj. pres.: proveja, provejas stb.
pret. imp.: provesse, provesses stb.
fut.: prover, proveres, prover, provermos, proverdes, proverem
Imperat.: provê! provede!
Inf. pess.: prover, proveres stb.
Ger.: provendo — *Part.:* provido

III. Az -ir végű rendhagyó igék

3/2 A *-cir* végű igék *c* helyett *ç*-t írnak *a* és *o* előtt. — Ressarcir:
Ind. pres.: ressarço, ressarces, ressarce, ressarcimos, ressarcis, ressarcem
Conj. pres.: ressarça, ressarças, ressarça, ressarçamos, ressarçais, ressarçam

3/3 A *-gir* végű igék *g* helyett *j*-t írnak *a* és *o* előtt. — Corrigir:
Ind. pres.: corrijo, corriges, corrige, corrigimos, corrigis, corrigem
Conj. pres.: corrija, corrijas, corrija, corrijamos, corrijais, corrijam

3/4 A *-guir* (és *-quir*) végű igék egy része a (néma) *u*-t kiveti *a* és *o* előtt. — Distinguir:
Ind. pres.: distingo, distingues, distingue, distinguimos, distinguis, distinguem
Conj. pres.: distinga, distingas, distinga, distingamos, distingais, distingam

3/5 A *-guir* végű igék másik része az *u*-t kiejti és egyes alakokat ékezettel lát el az alábbi minta szerint. — Arguir [àrgvìr] (**B**: argüir):
Ind. pres.: arg*u*o, argúis, argúi, argu*i*mos, argu*i*s, argúem (**B**: argüimos, argüis)
pret. imp.: arguía, arguías stb. (**B**: argüía stb.)
pret. perf.: argu*i*, argu*i*ste, argu*i*u, argu*i*mos, argu*i*steis, arguíram (**B**: argüi stb.)
mais-que-perf.: arguíra, arguíras stb. (**B**: argüira stb.)
fut.: arguirei, arguirás stb. (**B**: argüirei stb.)
Condicional: arguir*i*a, arguirias stb. (**B**: argüiria stb.)
Conj. pres.: arg*u*a, arg*u*as, arg*u*a, argu*a*mos, argu*a*is, arg*u*am
pret. imp.: arguísse, arguísses stb. (**B**: argüisse stb.)
fut.: arguir, arguires stb. (**B**: argüir stb.)
Imperat.: argúi!, argu*i*! (**B**: argüi)
Inf. pess.: arguir, arguires stb. (**B**: argüir stb.)
Ger.: arguindo (**B**: argüindo) — *Part.:* arguido (**B**: argüido)

3/6 Az *-uir* végű igék egy része az Ind. pres. egyes szám 2. és 3. személyében *e* helyett *i*-t ír; a hangsúlyos *i* ékezetet kap. — Restituir:

Ind. pres.: restituo, restituis, restitui, restituímos, restituís, restituem
pret. imp.: restituía, restituías stb.
pret. perf.: restituí, restituíste, restituiu, restituímos, restituís, restituíram
mais-que-perf.: restituíra, restituíras, restituíra, restituíramos, restituíreis, restituíram
Conj. pres.: restitua, restituas stb.
pret. imp.: restituísse, restituísses, restituísse, restituíssemos, restituísseis, restituíssem
Ger.: restituindo — *Part.:* restituído

3/7 Az *-uir* végű igék másik részének az Ind. pres.-ben az *-uis, -ui, -uem* végződések mellett *-óis, -ói, -oem* végződésük is van. — Construir:
Ind. pres.: construo, construis *v* constróis, construi *v* constrói, construímos, construís, construem *v* constroem
Imperat.: construi *v* constrói! construí!
A többi alak 3/6 szerint.

3/8 A tővégi *e* hangból *i* lesz az Ind. pres. egyes szám 1. személyében és az egész Conj. pres.-ben. — Despir:
Ind. pres.: dispo, despes [dèspis], despe, despimos, despis, despem
Conj. pres.: dispa, dispas, dispa, dispamos, dispais, dispam

3/9 A tővégi *e* hangból *i* lesz hangsúlyos helyzetben az Ind. pres.-ben, valamint az egész Conj. pres.-ben. — Agredir:
Ind. pres.: agrido, agrides, agride, agredimos, agredis, agridem
Conj. pres.: agrida, agridas, agrida, agridamos, agridais, agridam

3/10 A tővégi (*u*-nak ejtett) *o* hangból *u* lesz az Ind. pres. egyes szám 1. személyében és az egész Conj. pres.-ben. — Dormir:
Ind. pres.: durmo, dormes [dòrmis], dorme [dòrmi], dormimos [durmìmus], dormis [durmìs], dormem [dormõ^{n}j]
Conj. pres.: durma, durmas, durma, durmamos, durmais, durmam

3/11 A tővégi (*u*-nak ejtett) *o* hangból *u* lesz az Ind. pres. tőhangsúlyos alakjaiban és az egész Conj. pres.-ben. — Polir:
Ind. pres.: pulo, pules, pule, polimos, polis, pulem
Conj. pres.: pula, pulas, pula, pulamos, pulais, pulam

3/12 A tővégi *u* hangból (nyílt) *o* lesz az Ind. pres. egyes szám 2. és 3. és a többes szám 3. személyében. — Subir:
Ind. pres.: subo, sobes [szòbis], sobe, subimos, subis, sobem

3/13 A tővégi (*ö*-nek ejtett) *a* hangot *à*-nak ejtjük a tőhangsúlyos alakokban. — Invadir:
Ind. pres.: invado, invades, invade, invadimos, invadis, invadem
Conj. pres.: invada, invadas, invada, invadamos, invadais, invadam

3/14 *Conduzir:*
Ind. pres.: conduzo, conduzes, conduz, conduzimos, conduzis, conduzem
Conj. pres.: conduza, conduzas stb.

3/15 *Frigir:*
Ind. pres.: frijo, freges, frege, frigimos, frigis, fregem
Conj. pres.: frija, frijas, frija, frijamos, frijais, frijam
Imperat.: frege! frigi!
Part.: frito *v* frigido

3/16 *Ir:*
Ind. pres.: vou, vais, vai, vamos, ides, vão
pret. imp.: ia, ias, ia, íamos, íeis, iam
pret. perf.: fui, foste, foi, fomos, fostes, foram [o]
mais-que-perf.: fora, foras, fora, fôramos, fôreis, foram
fut.: irei, irás, irá, iremos, ireis, irão
Condicional: iria, irias, iria, iríamos, iríeis, iriam

Conj. pres.: vá, vás, vá, vamos, vades, vão
pret. imp.: fosse, fosses, fosse, fôssemos, fôsseis, fossem
fut.: for, fores, for, formos, fordes, forem
Imperat.: vai! ide!
Inf. pess.: ir, ires, ir, irmos, irdes, irem
Ger.: indo — *Part.:* ido

3/17 *Ouvir:*
Ind. pres.: oiço *v* ouço, ouves, ouve, ouvimos, ouvis, ouvem
Conj. pres.: oiça *v* ouça, oiças *v* ouças stb.

3/18 *Pedir:*
Ind. pres.: peço [pèszu], pedes, pede, pedimos, pedis, pedem
Conj. pres.: peça, peças, peça, peçamos, peçais, peçam

3/19 *Proibir:*
Ind. pres.: proíbo, proíbes, proíbe, proibimos, proibis, proíbem
Conj. pres.: proíba, proíbas, proíba, proibamos, proibais, proíbam

3/20 *Reunir:*
Ind. pres.: reúno, reúnes, reúne, reunimos, reunis, reúnem
Conj. pres.: reúna, reúnas, reúna, reunamos, reunais, reúnam

3/21 *Rir:*
Ind. pres.: rio, ris, ri, rimos, rides, riem
Conj. pres.: ria, rias, ria, riamos, riais, riam

3/22 *Sair:*
Ind. pres.: s*a*io, s*a*is, s*a*i, saímos, saís, saem
pret. imp.: saía, saías stb.
pret. perf.: saí, saíste, sa*i*u, saímos, saístes, saíram
mais-que-perf.: saíra, saíras stb.
Conj. pres.: s*a*ia, s*a*ias, s*a*ia, sai*a*mos, sai*a*is, s*a*iam
pret. imp.: saísse, saísses stb.
fut.: sair, saíres, sair, saírmos, saírdes, saírem
Imperat.: s*a*i! saí!
Ger.: saindo — *Part.:* saído

3/23 *Vir:*
Ind. pres.: venho, vens, vem, vimos, vindes, vêm
pret. imp.: vinha, vinhas, vinha, vínhamos, vínheis, vinham
pret. perf.: vim, vieste, veio, viemos, viestes, vieram
mais-que-perf.: viera, vieras stb.
fut.: virei, virás, virá, viremos, vireis, virão
Condicional: viria, virias stb.
Conj. pres.: venha, venhas, venha, venhamos, venhais, venham
pret. imp.: viesse, viesses, viesse, viéssemos, viésseis, viessem
fut.: vier, vieres, vier, viermos, vierdes, vierem
Imperat.: vem! vinde!
Inf. pess.: vir, vires, vir, virmos, virdes, virem
Ger.: vindo — *Part.:* vindo

Megjegyzés. Összetett alakjaiban az Ind. pres. egyes szám 2. és 3. személyében ékezet jelöli a hangsúlyt, és a Part. szabályos képzésű; pl. *provir: Ind. pres.:* provenho, provéns, provém, provimos, provindes, provêm — *Part.:* provido.